Y0-BBY-707

Il est important de comprendre les mots pour pouvoir les utiliser correctement !

mots qui peuvent s'écrire de différentes façons

cheque (*USA* **check**) /tʃek/ *n* chèque : *to pay by cheque* payer par chèque ◊ *a cheque card* une carte de garantie bancaire

gram (*aussi* **gramme**) /græm/ *n* (*abrév* **g**) gramme ☛ *Voir Appendice 1.*

prononciation et accentuation

geography /dʒiˈɒgrəfi/ *n* **1** géographie **2** topographie **geographer** /dʒiˈɒgrəfə(r)/ *n* géographe **geographical** /ˌdʒiːəˈgræfɪkl/ *adj* géographique

exemples qui aident à bien comprendre la façon dont s'emploie le mot

necessary /ˈnesəsəri ; *USA* -seri/ *adj* **1** nécessaire : *Is it necessary for us to meet/necessary that we meet?* Faut-il que nous nous rencontrions ? ◊ *if necessary* si besoin est **2** (*conséquence*) inévitable, inéluctable

notes lexicales pour vous permettre d'enrichir votre vocabulaire en apprenant d'autres mots qui ont un rapport avec le mot recherché

mariage *nm* **1** (*noce*) wedding : *Demain nous allons à un ~.* We're going to a wedding tomorrow. ◊ *anniversaire de ~* wedding anniversary

En Grande-Bretagne le mariage peut être célébré à l'église (a **church wedding**) ou au bureau de l'état civil (a **registry office wedding**). La mariée (**bride**) est accompagnée de demoiselles d'honneur (**bridesmaids**). Le marié (**groom**) est accompagné d'un témoin (the **best man**), en général son meilleur ami. La mariée entre dans l'église au bras de son père. Après la cérémonie on donne un banquet (a **reception**).

2 (*institution*) marriage LOC **faire un mariage civil** to get married in a registry office *Voir aussi* CONTRACTER

notes sur la culture

Saint-Sylvestre *nf*

En Angleterre, le dernier jour de l'année s'appelle **New Year's Eve**. En Écosse, où ce réveillon est marqué avec plus d'enthousiasme qu'en Angleterre, on l'appelle **hogmanay**. La coutume veut que l'on se rende chez ses voisins les plus proches après minuit (**first-footing**) avec de menus cadeaux. Le jour suivant, **New Year's Day**, est férié dans tout le Royaume-Uni.

mots qui s'emploient uniquement dans certains contextes, par exemple pour s'adresser à un ami mais pas à un professeur

ta! /tɑː/ *excl* (*GB*, *fam*) merci !

Dictionnaire

Oxford Poche

pour apprendre l'anglais

français–anglais

anglais–français

sous la direction éditoriale de
Colin McIntosh

OXFORD
UNIVERSITY PRESS

OXFORD
UNIVERSITY PRESS

Great Clarendon Street, Oxford OX2 6DP

Oxford University Press is a department of the University of Oxford. It furthers the University's objective of excellence in research, scholarship, and education by publishing worldwide in

Oxford New York

Auckland Cape Town Dar es Salaam Hong Kong Karachi Kuala Lumpur Madrid Melbourne Mexico City Nairobi New Delhi Shanghai Taipei Toronto

With offices in

Argentina Austria Brazil Chile Czech Republic France Greece Guatemala Hungary Italy Japan Poland Portugal Singapore South Korea Switzerland Thailand Turkey Ukraine Vietnam

OXFORD and OXFORD ENGLISH are registered trade marks of Oxford University Press in the UK and in certain other countries

© Oxford University Press 2001

Database right Oxford University Press (maker)

First published 2001

2014 2013 2012 2011

15 14 13 12

No unauthorized photocopying

All rights reserved. No part of this publication may be reproduced, stored in a retrieval system, or transmitted, in any form or by any means, without the prior permission in writing of Oxford University Press, or as expressly permitted by law, or under terms agreed with the appropriate reprographics rights organization. Enquiries concerning reproduction outside the scope of the above should be sent to the ELT Rights Department, Oxford University Press, at the address above

You must not circulate this book in any other binding or cover and you must impose this same condition on any acquirer

Any websites referred to in this publication are in the public domain and their addresses are provided by Oxford University Press for information only. Oxford University Press disclaims any responsibility for the content

This dictionary includes some words which have or are asserted to have proprietary status as trade marks or otherwise. Their inclusion does not imply that they have acquired for legal purposes a non-proprietary or general significance nor any other judgement concerning their legal status. In cases where the editorial staff have some evidence that a word has proprietary status this is indicated in the entry for that word but no judgement concerning the legal status of such words is made or implied thereby

ISBN: 978 0 19 431528 9

Mise en page: Holdsworth Associates, Isle of Wight
Illustrations: Julian Baker, Martin Cox. David Eaton, Margaret Heath, Karen Hiscock, Nigel Paige, Martin Shovel, Paul Thomas, Harry Venning, Michael Woods, Hardlines

Data capture and typesetting by Oxford University Press
Printed in China

Table des matières

Introduction

L'***Oxford Poche*** est le premier dictionnaire bilingue de niveau intermédiaire à avoir été écrit et spécialement conçu pour des Français apprenant l'anglais. Il a été rédigé par une équipe de lexicographes qui, de par leur vaste expérience dans le domaine de l'enseignement, connaissent bien les problèmes auxquels les apprenants français sont confrontés quand ils commencent à apprendre l'anglais. Nous avons voulu concevoir un dictionnaire qui puisse guider les étudiants dans la découverte de la langue anglaise et de la culture anglo-saxonne. Nous avons donc inclus de nombreux exemples ainsi que de nombreuses notes grammaticales, culturelles et lexicales pour illustrer la façon dont sont utilisés les mots.

L'***Oxford Poche*** fait partie d'une nouvelle génération de dictionnaires publiés par la maison d'édition Oxford University Press qui est unique en son genre car elle se base sur le British National Corpus (BNC). Ce corpus est formé à partir d'une vaste banque de données constituée de plus de 100 millions de mots fidèlement retranscrits qui, provenant de diverses sources, reflètent fidèlement la langue anglaise telle qu'elle est parlée de nos jours en Grande-Bretagne.

Nous adressons nos remerciements aux lexicographes suivants pour le soutien qu'ils ont apporté à ce projet : Laurence Larroche, Rose Rociola, Christine Pinvidic, Virginie Renard et Catherine Roux.

Nous remercions également Michael Ashby qui s'est chargé de la phonétique et Kate Mohideen et Jennifer Toby pour leur collaboration en phase finale.

Pour la correction des épreuves, tous nos remerciements à Jo Florio, Elizabeth Ballaster et Mark Temple.

Colin McIntosh

Test sur la façon d'utiliser le dictionnaire

Afin de vous aider à comprendre comment vous pouvez vous servir du dictionnaire ***Oxford Poche*** pour apprendre l'anglais, nous vous proposons un petit test : essayez de répondre aux questions suivantes en vous servant du dictionnaire.

HOW CAN THE OXFORD POCHE HELP ME?
OXFORD POCHE

1 Comment s'appellent la femelle et le petit du ***porc*** en anglais ?

2 Comment dit-on ***football*** en anglais américain ?

3 Quels sont les noms des différentes cartes à jouer en anglais ?

4 Dans la phrase suivante : *I like John's swimsuit*, le mot ***swimsuit*** n'est pas correctement employé. Pouvez-vous le remplacer par le mot qui convient ?

5 Comment souhaite-t-on son ***anniversaire*** à un ami ?

6 Qu'est-ce que disent les Anglais quand ils entendent quelqu'un ***éternuer*** ?

7 Quel est le menu de ***Noël*** traditionnel au Royaume-Uni ?

8 Qu'est-ce que les Anglais mangent traditionnellement le ***mardi gras*** ?

9 Les mots ***peace*** et ***piece*** se prononcent-ils de la même façon ?

10 De combien de façons peut-on prononcer le nom ***row*** et quel en est le sens dans chacun de ces cas?

Lexique

Le dictionnaire ***Oxford Poche*** vous aide à enrichir votre vocabulaire de plusieurs façons : en consolidant vos connaissances sur les mots que vous connaissez déjà, en introduisant de nouvelles données qui se rapportent à ces termes et le cas échéant, en vous donnant la version américaine du terme.

Vous pouvez de plus apprendre des expressions anglaises qui sont réservées à des contextes particuliers.

Tout pays a des fêtes et des traditions qui lui sont propres : dans ce dictionnaire vous découvrirez celles qui sont les plus importantes au Royaume-Uni pour vous permettre de mieux comprendre la culture anglo-saxonne.

Prononciation

Vous trouverez la prononciation des mots dans la partie anglais-français. Les symboles phonétiques sont donnés en bas de page. Lisez également les explications qui sont fournies au début du dictionnaire et à la page 820.

11 Le mot ***lung*** est-il un nom, un adjectif ou un verbe ?

12 Avons-nous correctement employé le nom dans la phrase suivante : *I need some* ***informations*** ? Pourquoi ?

13 Pouvez-vous corriger le verbe dans la phrase suivante : *Jane* **do** *her homework in the library* ?

14 Quel est le prétérit du verbe *to* ***break*** ?

Catégories grammaticales

Vous pouvez voir si le mot est un nom, un verbe ou un adjectif, etc. en regardant les catégories grammaticales données sous chaque entrée.

Vous pouvez découvrir si un nom a un emploi particulier en anglais (par exemple certains noms ne peuvent pas s'employer au pluriel car ils sont indénombrables).

Sous les verbes figurent les formes verbales les plus importantes (prétérit et participe passé). Vous trouverez en outre à la fin du dictionnaire la liste des principaux verbes irréguliers.

15 Quel est le pluriel de ***party*** ?

16 Quelle est la forme en *-ing* du verbe *to* ***hit*** ?

Orthographe

Vous pouvez consulter votre dictionnaire pour vérifier l'orthographe d'un mot. Nous avons également indiqué les petits changements que vous devez effectuer pour former le pluriel d'un mot ou pour conjuguer un verbe.

17 Comment dit-on ***brosse à dents*** ? Et ***brosse à cheveux*** ?

18 Qu'est-ce qu'on utilise pour faire frire un œuf ? Une ***frying pan*** ou une ***saucepan*** ?

Illustrations

Nous avons également ajouté des dessins pour vous aider à identifier les objets qui appartiennent à un même groupe afin que vous puissiez trouver facilement le mot que vous cherchez.

19 Comment lit-on la date suivante en anglais : ***4 July 2002*** ?

20 Comment s'appelle en anglais une personne née en ***Pologne*** ?

Informations supplémentaires

Vous trouverez de nombreuses informations dans les Pages pratiques et les annexes : comment exprimer l'heure, comment faire un appel téléphonique, liste des noms de lieu, etc.

Réponses

1 *Sow* et *piglet*. **2** *Soccer*. **3** *Hearts, diamonds, clubs* et *spades*. **4** *Swimming trunks*. **5** *Happy Birthday!* ou *Many happy returns!* **6** *Bless you!* **7** De la dinde et du Christmas pudding. **8** Des crêpes. **9** Non. **10** 10 De deux façons : /rəʊ/ (rangée) et /raʊ/ (dispute).

11 Un nom. **12** Non, on dit *I need some information* parce que c'est un nom indénombrable. **13** *Jane does her homework in the library*. **14** *Broke*. **15** *Parties*. **16** *Hitting*. **17** *Toothbrush* et *hairbrush*. **18** *A frying pan*. **19** *July the fourth, two thousand and two*. **20** *A Pole*.

Exercice 1

À la fin de certaines entrées, vous trouverez la note *Voir aussi* suivie d'un mot. Si vous regardez alors sous l'entrée mentionnée, vous y découvrirez des traductions très intéressantes qui peuvent parfois être très éloignées du mot d'origine !

Par exemple, à la fin de l'entrée **étranglement**, la note *Voir aussi* vous renvoie à l'entrée **goulet**. Vous y trouverez l'expression **goulet d'étranglement** qui se traduit en anglais par *bottleneck*.

Devinez quelles peuvent être les expressions auxquelles nous vous renvoyons sous les entrées suivantes et découvrez leur équivalent en anglais :

1 loir
2 botte
3 matinée
4 bol
5 vent

Recherchez le sens des expressions auxquelles nous vous renvoyons sous les entrées suivantes :

6 water
7 bird
8 bucket
9 basket
10 bright

Exercice 2

Complétez les phrases suivantes en employant les prépositions qui conviennent :

1 Everybody **laughed** ..... the joke.
2 We were very **pleased** ..... the hotel.
3 It took her a long time to **recover** ..... the accident.
4 He's very **proud** ...... his new motorbike.
5 The house is quite **close** ..... the shops.

Exercice 3

Utilisez votre dictionnaire pour trouver la forme correcte du verbe :

1 Have you **finished** .... (clean) your room?
2 He **keeps** .... (phone) me up.
3 I've **persuaded** Jan .... (come) to the party.
4 Try to **avoid** .... (make) mistakes.
5 She **asked** me .... (shut) the door.

Réponses

Exercice 1

1 dormir comme un loir *to sleep like a log* **2 chercher une aiguille dans une botte de foin** *to look for a needle in a haystack* **3 faire la grasse matinée** *to lie in* **4 en avoir ras le bol** *to have had enough* **5 moulin à vent** *windmill* **6 to feel like a fish out of water** *ne pas se sentir dans son élément* **7 the early bird catches the worm** *l'avenir appartient à ceux qui se lèvent tôt* **8 to kick the bucket** *casser sa pipe* **9 to put all your eggs in one basket** *mettre tous ses œufs dans le même panier* **10 to look on the bright side** *voir le bon côté des choses*

Exercice 2

1 *at* **2** *with* **3** *from* **4** *of* **5** *to*

Exercice 3

1 *cleaning* **2** *phoning* **3** *to come* **4** *making* **5** *to shut*

Aa

à *prép*

- **direction** to : *Ils vont à Nice/au Canada.* They're going to Nice/to Canada.
- **position 1** (*point de référence*) at : *Attends-moi au coin.* Wait for me at the corner. ◊ *Ils étaient assis à table.* They were sitting at the table. ◊ *On se retrouvera à la gare.* We'll meet at the station. ◊ *Ils sont à l'école.* They're at school. ◊ *Je travaille au supermarché.* I work at the supermarket. **2** (*ville, pays, campagne*) in : *Ils travaillent à Tours/à la campagne.* They work in Tours/the country. ◊ *Ils habitent au Canada.* They live in Canada. **3** (*situation dans l'espace*) on : *à gauche/à droite* on the left/on the right
- **destination 1** (*attribution*) to : *Donne-le à ton frère.* Give it to your brother. **2** (*pour*) for : *J'ai acheté un vélo à ma fille.* I bought a bicycle for my daughter.
- **complément indirect**

> Il est possible qu'un complément indirect en français devienne direct en anglais : *répondre à une question* to answer a question ◊ *L'alcool peut nuire à la santé.* Alcohol can damage your health.

- **temps 1** (*heure, âge*) at : *à midi* at 12 o'clock ◊ *à 60 ans* at (the age of) 60 **2** (*période, moment*) at : *à Noël/Pâques* at Christmas/Easter ◊ *à ce moment* at that moment **3** (*siècle*) in : *au XIIe siècle* in the 12th century
- **distance** : *à dix kilomètres d'ici* ten kilometres from here
- **manière** : *aller à pied* to go on foot ◊ *Fais-le à ta manière.* Do it your way.
- **suivi d'un infinitif 1** (*sens actif*) to : *Les choses commencent à changer.* Things are starting to change. ◊ *On était les premiers à arriver.* We were the first to arrive. ◊ *Je n'ai rien à me mettre.* I've nothing to wear. **2** (*sens passif*) : *Il reste encore beaucoup à faire.* There's still a lot to be done.
- **appartenance** : *Ces chaussures ne sont pas à toi.* Those shoes aren't yours. ◊ *À qui sont ces livres ?* Whose books are these?
- **souhaits** : *À demain/lundi !* See you tomorrow/on Monday! ◊ *Au revoir !* Bye!
- **autres constructions 1** (*mesure, répartition*) at : *Ça revient à trois euros chacun.* It works out at three euros each. ◊ *Ils roulaient à 60 kilomètres-heure.* They were going at 60 kilometres an hour. **2** (*prix*) : *Ils sont à six euros le kilo.* They're six euros a kilo. **3** (*Sport*) : *Ils ont gagné 3 à 0.* They won 3-0. **4** (*description*) : *le type aux lunettes* the guy with glasses ◊ *la dame aux cheveux gris* the lady with grey hair **5** (*nourriture*) : *une tarte aux pommes* an apple tart ◊ *un sandwich au jambon* a ham sandwich **6** (*fonction*) : *une tasse à café* a coffee cup **7** (*éventail*) : *de 50 à 60 personnes* between 50 and 60 people **8** (*transport*) : *J'y suis allé à vélo.* I went by bike. **9** (*agent*) : *Nous avons mangé tout le gâteau à nous deux.* We finished off the whole cake between the two of us.

abaisser ◆ *vt* to lower : ~ *les taux d'intérêt* to lower interest rates ◆ **s'abaisser** *v pron* **1** (*descendre*) to come down **2 s'abaisser (à faire qch)** to lower yourself (**by doing sth**) : *Je ne m'abaisserais pas à accepter son argent.* I wouldn't lower myself by accepting his money.

abandon *nm* **1** (*des lieux*) desertion : *Il a été réprimandé pour ~ de poste.* He was reprimanded for deserting his post. **2** (*délaissement*) neglect : *La maison avait un air d'abandon.* The house looked neglected. **3** (*action de renoncer*) abandoning : *l'abandon d'une réforme* the abandoning of a reform LOC **à l'abandon** neglected : *Il a laissé le jardin à l'abandon.* He neglected the garden.

abandonné, -e *pp, adj* **1** (*enfant, chien*) abandoned **2** (*bâtiment*) derelict : *une maison abandonnée* a derelict house *Voir aussi* ABANDONNER

abandonner ◆ *vt* **1** (*laisser définitivement*) to abandon : ~ *un enfant/un animal* to abandon a child/an animal **2** (*renoncer à*) to give *sth* up : ~ *les études* to give up studying **3** (*laisser tomber*) to desert : *Mes amis ne m'abandonneraient jamais.* My friends would never desert me. **4** (*Informatique*) to abort : ~ *un programme* to abort a program ◆ *vi* **1** (*renoncer*) to give up : *N'abandonne pas.* Don't give up. **2** (*Sport*) to withdraw ◆ **s'abandonner** *v pron* **s'abandonner à** to give way **to *sth*** : *Elle s'est abandon-*

née au désespoir. She gave way to despair.

abasourdi, -e *pp, adj* stunned *Voir aussi* ABASOURDIR

abasourdir *vt* **1** (*sidérer*) to stun : *La nouvelle l'a complètement abasourdi.* He was completely stunned at the news. **2** (*par le bruit*) to deafen : *Cela m'a complètement abasourdi.* I was completely deafened.

abat-jour *nm* lampshade

abats *nm* **1** (*animaux*) offal [*indénombrable*] **2** (*volaille*) giblets

abattoir *nm* slaughterhouse

abattre ◆ *vt* **1** (*faire tomber*) to bring *sb* down : *Le boxeur a abattu son adversaire en deux rounds.* The boxer brought down his opponent in two rounds. **2** (*mur, bâtiment*) to knock *sth* down **3** (*arbre*) to cut *sth* down **4** (*animal*) to destroy : *Le cheval s'était fracturé la cheville et il a fallu l'abattre.* The horse fractured its ankle and had to be destroyed. **5** (*personne, avion*) to shoot *sb/sth* down : *~ un avion ennemi* to shoot down an enemy plane **6** (*épuiser*) to wear *sb* out : *Sa grippe l'a abattu.* He was worn out by the flu. **7** (*décourager*) to discourage : *Ne te laisse pas ~.* Don't be discouraged. ◆ **s'abattre** *v pron* **s'abattre (sur)** (*tomber*) to come down (**on** ***sth***) : *L'arbre s'est abattu sur la maison du voisin.* The tree came down on our neighbour's house.

abattu, -e *pp, adj* **1** (*épuisé*) exhausted : *Il est encore très ~.* He's still really exhausted. **2** (*découragé*) downcast *Voir aussi* ABATTRE

abbaye *nf* abbey [*pl* abbeys]

abcès *nm* abscess

abdication *nf* abdication

abdiquer ◆ *vt* to abdicate : *~ le pouvoir* to abdicate power ◆ *vi* ~ **(en faveur de)** to abdicate (**in favour of** ***sb***) : *Il a abdiqué en faveur de son frère.* He abdicated in favour of his brother.

abdomen *nm* abdomen

abdominal, -e ◆ *adj* abdominal ◆ **abdominaux** *nm* **1** (*muscles*) stomach muscles, abdominal muscles (*scientifique*) **2** (*exercices*) sit-ups : *faire des abdominaux* to do sit-ups

abeille *nf* bee

aberration *nf* aberration

abîme *nm* **1** (*gén*) abyss **2** ~ **(entre…)** gulf (**between…**) : *Il y avait un ~ entre nous.* There was a gulf between us.

abîmer ◆ *vt* to damage : *Les déménageurs ont abîmé l'armoire.* The removal men damaged the wardrobe. ◆ **s'abîmer** *v pron* (*aliments*) to deteriorate : *Les fruits se sont abîmés pendant le transport.* The fruit deteriorated during transport. LOC **abîmer le portrait à** to rearrange *sb's* face

aboiement *nm* barking [*indénombrable*]

abolir *vt* to abolish

abolition *nf* abolition

abominable *adj* abominable

abondance *nf* **1** (*grande quantité*) abundance : *Il y avait une ~ de nourriture.* There was an abundance of food. **2** (*luxe*) affluence : *vivre dans l'abondance* to have an affluent lifestyle LOC **en abondance** in abundance

abondant, -e *adj* abundant

abonné, -e *pp, adj, nm-nf* subscriber [*n*] : *Nous sommes ~s au Monde.* We have a subscription to Le Monde. *Voir aussi* S'ABONNER

abonnement *nm* **1** (*souscription*) subscription : *prendre un ~ à une revue* to take out a subscription to a magazine **2** (*Théâtre, métro*) season ticket : *prendre un ~* to buy a season ticket

s'abonner *v pron* **1** (*publication*) to take out a subscription (***to sth***) **2** (*service*) to subscribe (***to sth***) **3** (*Théâtre*) to buy a season ticket (***for sth***)

abord *nm* **abords** surroundings : *les ~s du village* the area surrounding the village LOC **d'abord** first of all **être d'un abord facile** to be approachable : *Il n'est pas d'un ~ facile.* He's not very approachable.

abordable *adj* (*bon marché*) affordable : *Cette robe est d'un prix ~.* This dress is affordable.

abordage *nm* (*Navig*) boarding LOC **à l'abordage !** stand by to board!

aborder *vt* **1** (*lieu, personne*) to approach : *Elle a abordé le virage avec prudence.* She approached the bend carefully. ◊ *Elle s'est fait ~ par un drôle de type.* She was approached by a strange guy. **2** (*problème*) to tackle : *Il a abordé cette tâche avec enthousiasme.* He tackled the job enthusiastically. **3** (*sujet*) to raise : *La question des heures supplémentaires a été abordée.* The matter of overtime was raised.

aborigène *nmf* native LOC **aborigène d'Australie** Aborigine

aboutir *vi* **1** ~ **à** (*se terminer*) to lead **to** ***sth*** : *Le chemin aboutissait à la grande route.* The path led to the main road. **2** (*arriver*) to end up : *Ils ont fini par ~*

dans une clairière. They ended up in a clearing. **3** ~ **à** (*fig*) to result **in** ***sth*** : *Tes pleurs n'aboutiront à rien.* Crying won't get you anywhere. **4** (*réussir*) to pay off : *Les investigations de la police ont abouti.* The police investigations paid off.

aboutissants LOC *Voir* TENANT

aboutissement *nm* culmination

aboyer *vi* to bark (**at** ***sb/sth***) : *Le chien n'arrêtait pas d'aboyer après nous.* The dog wouldn't stop barking at us.

abrasif, -ive *adj, nm* abrasive

abrégé ◆ *pp, adj* abridged ◆ *nm* (*précis*) summary : *un ~ de grammaire* a grammar summary LOC **en abrégé** : *un mot en ~* the abbreviated form of a word ◊ *« compact disc », en ~ « CD »* 'compact disc', abbreviated to 'CD' *Voir aussi* ABRÉGER

abréger *vt* **1** (*texte*) to cut : *~ un rapport* to cut a report **2** (*mot*) to abbreviate : *« Monsieur » s'abrège en « M. »* 'Monsieur' is abbreviated to 'M.' **3** (*visite*) to cut *sth* short : *J'ai dû ~ mon séjour.* I had to cut my visit short. LOC **abrège !** hurry up!

abréviation *nf* abbreviation (**for/of** ***sth***) : *Quelle est l'abréviation de... ?* What's the abbreviation for...? ◊ *UE est l'abréviation de « Union européenne ».* UE stands for 'Union européenne'.

abri *nm* **1** (*lieu*) shelter **2** (*cabane*) shed LOC **à l'abri de** sheltered from *sth* : *à l'abri de la pluie* sheltered from the rain

abricot *nm* apricot

abrité, -e *pp, adj* sheltered *Voir aussi* (S')ABRITER

(s')abriter *vt, v pron* to shelter (*sb/sth*) (***from sth***) : *s'abriter de la pluie* to shelter from the rain

abrupt, -e *adj* **1** (*raide*) steep : *Un sentier ~ menait au sommet.* A steep path lead to the top. **2** (*à pic*) sheer : *une paroi abrupte* a sheer rock face **3** (*personne, ton*) abrupt : *Elle a été très abrupte avec lui.* She was very abrupt with him.

abruti, -e ◆ *pp, adj* stupid ◆ *nm-nf* idiot

absence *nf* absence

absent, -e ◆ *adj* **1** (*école, travail*) absent (***from...***) : *Il était ~ de la réunion.* He was absent from the meeting. ◊ *Cela fait trois fois que vous avez été ~ ce mois.* That's three times you've been absent this month. **2** (*en voyage*) away **3** (*rêveur*) absent-minded : *Il la regardait d'un air ~.* He looked at her absent-mindedly. ◆ *nm-nf* absentee

absentéisme *nm* **1** (*École*) truancy **2** (*travail*) absenteeism

absolu, -e *adj* absolute : *obtenir la majorité absolue* to obtain an absolute majority

absolument *adv* absolutely LOC **absolument pas !** definitely not!

absorbant, -e *adj* **1** (*papier*) absorbent **2** (*travail, livre*) absorbing : *Elle trouvait ce roman vraiment ~.* She found the novel really absorbing.

absorbé, -e *pp, adj* **1** (*pensif*) lost in thought : *Christine a l'air bien absorbée ce soir.* Christine seems lost in thought this evening. **2** ~ **par** (*captivé*) engrossed **in** ***sth*** : *Il était complètement ~ par son livre.* He was deeply engrossed in his book. *Voir aussi* ABSORBER

absorber *vt* **1** (*gén*) to absorb : *~ un liquide/odeur* to absorb a liquid/smell **2** (*boire, manger*) to take : *Il n'a rien absorbé depuis ce matin.* He hasn't taken anything since this morning. **3** (*Comm*) to take *sth* over : *Nous avons absorbé notre concurrent.* We've taken over our competitor. **4** (*personne*) to take up *sb's* time : *S'occuper du bébé l'absorbe complètement.* Looking after the baby takes up all her time.

absorption *nf* **1** (*eau, crème*) absorption **2** (*Comm*) takeover

absoudre *vt* to absolve *sb* (**from/of** ***sth***)

s'abstenir *v pron* **1** (*ne pas voter*) to abstain : *Le député s'est abstenu.* The MP abstained. **2** **s'abstenir (de)** (*ne pas faire*) to abstain (**from** ***sth***) : *s'abstenir de boire/de fumer* to abstain from drinking/smoking

abstention *nf* abstention (***from sth***)

abstinence *nf* abstinence (***from sth***)

abstraction *nf* abstraction LOC **faire abstraction de** to forget *sth*

abstrait, -e *pp, adj* abstract LOC **dans l'abstrait** in the abstract

absurde *adj, nm* absurd

absurdité *nf* **1** (*gén*) absurdity **2** (*chose absurde*) nonsense [*indénombrable*] : *C'est une complète ~ !* It's complete nonsense!

abus *nm* **1** (*délit*) : *un ~ sexuel* sexual abuse **2** ~ **(de)** (*usage excessif ou injuste*) abuse [*indénombrable*] : *un ~ d'alcool* alcohol abuse ◊ *un ~ d'autorité* abuse of authority LOC **abus de confiance** breach of trust **il y a de l'abus !** that's outrageous!

abuser ◆ *vi* ~ **de 1** (*gén*) to abuse *sb/sth* : *N'abuse pas de sa confiance.* Don't abuse his trust. ◊ *Elle a déclaré qu'on avait abusé d'elle.* She claims to have been abused. **2** (*avec excès*) to overdo *sth* : *Prends de l'aspirine si tu veux, mais n'en abuse pas.* Take some aspirin if you want, but don't overdo it. ◆ *vt* (*tromper*) to fool : *se laisser ~* to be fooled LOC **abuser de l'alcool, du tabac, etc.** to drink, smoke, etc. too much

abusif, -ive *adj* **1** (*représentant un abus*) excessive : *l'usage ~ d'antibiotiques* the excessive use of antibiotics **2** (*impropre*) improper

académie *nf* academy [*pl* academies] LOC *Voir* INSPECTEUR

académique *adj* academic

acajou *nm, adj* mahogany

accablant, -e *adj* **1** (*affligeant*) overwhelming : *C'est un spectacle ~.* It's an overwhelming sight. **2** (*chaleur*) sweltering : *Il faisait une chaleur accablante ce soir-là.* It was swelteringly hot that evening.

accabler *vt* to overwhelm *sb* (***with sth***)

accalmie *nf* lull

accaparer *vt* to monopolize : *Il a la sale manie d'accaparer la télécommande.* He has the annoying habit of monopolizing the remote control. LOC **accaparer le marché** to corner the market

accéder *vi* ~ **à 1** (*endroit, Informatique*) to access *sth* : *~ à un programme* to access a program **2** (*accepter*) to grant *sth* : *~ aux désirs de qn* to grant sb's wishes

accélérateur *nm* accelerator LOC **donner un coup d'accélérateur** to put your foot down

accélération *nf* acceleration

accélérer ◆ *vi* to accelerate : *Accélère ou tu vas caler.* Accelerate or you'll stall. ◆ *vt* to speed *sth* up : *Ils ont dû ~ les travaux.* They had to speed up the work. LOC **accélérer le pas** to quicken your pace *Voir aussi* PAS

accent *nm* **1** (*régional, étranger, écrit*) accent : *parler avec un ~ étranger* to speak with a foreign accent ◊ *avec un ~ sur le « e »* with an accent on the 'e' **2** (*emphase*) stress : *avec l'accent sur la dernière syllabe* with the stress on the last syllable LOC **accent aigu** acute **accent circonflexe** circumflex **accent grave** grave **mettre l'accent sur** to stress *sth*

accentuer *vt* **1** (*syllabe*) to stress : *La deuxième syllabe est accentuée.* The stress is on the second syllable. **2** (*faire ressortir*) to accentuate : *Son bonnet accentuait la rondeur de son visage.* Her hat accentuated the roundness of her face.

acceptable *adj* acceptable (***to sb***)

acceptation *nf* acceptance

accepter *vt* **1** (*gén*) to accept : *Est-ce que tu vas ~ leur offre ?* Are you going to accept their offer? ◊ *Nous n'acceptons pas les cartes de crédit.* We do not accept credit cards. **2** (*dire oui à*) to agree (***to sth/to do sth***) : *Il a accepté de partir.* He agreed to leave.

accès *nm* **1** ~ **(à)** (*gén, Informatique*) access (***to sb/sth***) : *la porte d'accès à la cuisine* the door into the kitchen ◊ *~ à la chambre forte* access to the strongroom **2** (*crise*) fit : *Ça lui donne des ~ de toux.* It gives him coughing fits. LOC **avoir accès à** (*institution*) to be admitted to *sth* : *Les femmes ont ~ à l'armée.* Women are admitted to the army. **donner accès à 1** (*lieu*) to lead to *sth* : *Cette porte donne ~ au salon.* This door leads to the sitting room. **2** (*institution*) to give admittance to *sth* : *Cette carte donne ~ au club.* This card gives admittance to the club.

accessibilité *nf* accessibility

accessible *adj* ~ **(à)** accessible (***to sb***) : *Cette région n'est ~ que par avion.* The region is only accessible by plane. ◊ *Cet ouvrage n'est pas ~ à tout le monde.* The book is not accessible to everyone.

accession *nf* **1** (*trône*) : *son ~ au trône* her accession to the throne **2** (*situation*) attainment : *l'accession à l'indépendance des anciennes colonies* the former colonies' attainment of independence

accessoire ◆ *adj* (*non essentiel*) incidental : *Il ne s'agit là que d'un problème ~.* It's just an incidental problem. ◆ *nm* (*vêtements, automobile*) accessory [*pl* accessories]

accident *nm* **1** (*gén*) accident : *un ~ de la circulation* a traffic accident ◊ *avoir un ~* to have an accident **2** (*Géogr*) (geographical) feature LOC **accident d'avion/de voiture** plane/car crash **par accident** accidentally

accidenté, -e ◆ *pp, adj* **1** (*paysage*) rugged **2** (*terrain*) uneven **3** (*difficile*) difficult : *un parcours ~* a difficult journey ◆ *nm-nf* casualty [*pl* casualties]

accidentel, -elle *adj* accidental : *mort accidentelle* accidental death

accidentellement *adv* by accident

acclamations *nf* cheering [*indénombrable*]

acclamer *vt* to acclaim
acclimatation *nf* acclimatization LOC *Voir* JARDIN
acclimater ◆ *vt* to acclimatize *sb/sth* (***to sth***) ◆ **s'acclimater** *v pron* to become acclimatized (***to sth***) : *Elle ne s'était pas bien acclimatée au froid.* She hadn't become acclimatized to the cold.
accommodant, -e *adj* amenable
accommoder ◆ *vt* (*Cuisine*) to prepare ◆ **s'accommoder** *v pron* **1 s'accommoder à** to adapt **to sth** : *s'accommoder au nouveau style de vie* to adapt to your new way of life **2 s'accommoder de** to make the best **of sth** : *Il s'est accommodé de ce qu'il avait reçu.* He made the best of what he'd got.
accompagnateur, -trice *nm-nf* **1** (*Mus*) accompanist **2** (*guide*) courier
accompagnement *nm* **1** (*Mus*) accompaniment : *un morceau sans ~* an unaccompanied piece **2** (*Cuisine*) : *En ~ du poisson, nous servirons des petits pois.* Peas will be served with the fish.
accompagner ◆ *vt* **1** (*gén*) to come/ go with *sb/sth*, to accompany (*plus sout*) : *Tu m'accompagnes ?* Do you want to come (with me)? ◊ *Si tu vas à la plage, je t'accompagne.* If you're going to the beach, I'll come with you. ◊ *la cassette qui accompagne le livre* the tape which accompanies the book **2** (*Mus*) to accompany : *Sa sœur l'accompagnait au piano.* His sister accompanied him on the piano. **3** (*Cuisine*) to serve *sth* ***with sth*** : *~ la viande de légumes* to serve the meat with vegetables ◆ **s'accompagner** *v pron* **s'accompagner de** to be accompanied **by sth** : *La migraine s'accompagne souvent de nausées.* Migraine is often accompanied by nausea.
accompli, -e *pp, adj* accomplished LOC *Voir* FAIT ; *Voir aussi* ACCOMPLIR
accomplir *vt* **1** (*mener à bonne fin, s'acquitter de*) to accomplish : *Il a accompli beaucoup de choses dans sa courte vie.* He accomplished many things in his short life. **2** (*remplir*) to fulfil : *~ son devoir* to fulfil your duty
accomplissement *nm* accomplishment
accompte *nm* deposit
accord *nm* **1** (*gén*) agreement : *parvenir à un ~* to reach an agreement ◊ *rompre un ~* to break an agreement **2** (*Mus*) chord LOC **d'accord** OK : *« Tu me le prêtes ? – D'accord. »* 'Can I borrow it?' 'OK.' ◊ *D'accord ?* OK? **être d'accord** to agree (*with sb/sth*) : *Je suis d'accord avec lui.* I agree with him. ◊ *Je suis d'accord avec les conditions du contrat.* I agree with the terms of the contract. **se mettre d'accord** to agree (*to do sth*) : *Ils se sont mis d'accord pour y aller ensemble.* They agreed to go together.
accordé, -e *pp, adj* in tune *Voir aussi* ACCORDER
accordéon *nm* accordion
accorder ◆ *vt* **1** (*donner*) to grant : *~ un prêt à qn* to grant sb a loan ◊ *Pourriez-vous m'accorder quelques minutes ?* Could you grant me a few minutes of your time? ◊ *~ de l'importance à qch* to give importance to sth **2** (*Sport*) to award : *~ un penalty/un coup franc* to award a penalty/free kick **3** (*Mus*) to tune : *~ un piano* to tune a piano ◆ **s'accorder** *v pron* to agree (***with sth***) : *Le verbe s'accorde avec le sujet.* The verb agrees with the subject. LOC **s'accorder à dire que...** to agree (that)... : *Tout le monde s'accorde à dire que c'était un succès.* Everyone agrees (that) it was a success.
accoster *vt* to accost
accouchement *nm* delivery [*pl* deliveries]
accoucher *vi ~* **(de) 1** (*enfant*) to give birth (***to sb/sth***) : *~ d'un garçon* to give birth to a boy **2** (*œuvre*) to produce *sth* LOC **accouche !** spit it out!
s'accouder *v pron* to lean your elbows ***on sth***
accoudoir *nm* armrest
(s')accoupler *vt, v pron* to mate (*sth*) (***with sth***)
accoutrement *nm* get-up
accro ◆ *adj ~* **(à)** hooked (**on *sth***) ◆ *nmf* fanatic : *un ~ de jazz* a jazz fanatic
accroc *nm* tear
accrochage *nm* **1** (*fait d'accrocher*) hanging **2** (*collision*) accident : *J'ai eu un ~ ce matin.* I had an accident this morning. **3** (*querelle*) row
accrocher ◆ *vt* **1** (*attacher*) to hitch : *~ une remorque à un tracteur* to hitch a trailer to a tractor **2** (*crochet*) to hang *sth* up : *Accroche ton manteau au portemanteau.* Hang your coat up on the hook. **3** (*arrêter*) to buttonhole : *Il m'a accroché à la sortie.* He buttonholed me on the way out. **4** (*accident*) to bump : *Le camion a accroché ma voiture.* The lorry bumped my car. ◆ **s'accrocher** *v pron* **1** (*persévérer*) to hang on **2** (*se disputer*) to have a row
accrocheur, -euse *adj* **1** (*musique, titre*) catchy **2** (*vendeur*) persistent

accroissement *nm* increase

accroître ◆ *vt* to increase : ~ *la production* to increase production ◆ **s'accroître** *v pron* to increase : *La production de l'usine s'est accrue ces dernières années.* The factory's output has increased in recent years.

accroupi, -e *pp, adj* squatting *Voir aussi* S'ACCROUPIR

s'accroupir *v pron* to crouch (down)

accueil *nm* **1** (*façon de recevoir*) welcome : *Il a reçu un ~ chaleureux/enthousiaste.* He received a warm/enthusiastic welcome. **2** (*centre*) reception : *l'accueil des voyageurs* the passengers' reception LOC **faire bon/mauvais accueil à** to make *sb* feel welcome/unwelcome *Voir aussi* BUREAU

accueillant, -e *adj* welcoming

accueillir *vt* **1** (*invité, idée, nouvelle*) to welcome : *Il m'a accueillie avec un sourire.* He welcomed me with a smile. ◊ *Ils ont accueilli la proposition avec enthousiasme.* They welcomed the proposal. **2** (*réfugié*) to take *sb* in : *Ils ont accueilli dix réfugiés.* They took in ten refugees. **3** (*contenir*) to hold : *Cette salle peut ~ 200 personnes.* This room can hold 200 people.

acculer *vt* **1** ~ **contre** (*dans un endroit*) to drive *sb* **against *sth*** : *Elle l'avait acculé contre le mur.* She drove him back against the wall. **2** ~ **à** (*forcer*) to drive *sb* **to *sth*** : ~ *qn au désespoir* to drive sb to despair

accumulation *nf* accumulation LOC *Voir* CHAUFFAGE

accumuler ◆ *vt* to amass : ~ *du bazar* to amass junk ◆ **s'accumuler** *v pron* to pile up, to accumulate (*plus sout*) : *Mon travail s'est accumulé.* My work piled up.

accusateur, -trice *adj* accusing

accusation *nf* accusation : *faire une ~ contre qn* to make an accusation against sb

accusé, -e *nm-nf* (*Jur*) defendant LOC *Voir* BOX

accuser *vt* **1** (*gén*) to accuse *sb* (**of *sth*/doing *sth***) : *Il m'accusait de lui avoir volé son stylo.* He accused me of stealing his pen. **2** (*Jur*) to charge *sb* (**with *sth*/doing *sth***) : ~ *qn de meurtre* to charge sb with murder **3** (*montrer*) to show signs of *sth* : ~ *la fatigue* to show signs of tiredness

ace *nm* ace

acéré, -e *adj* sharp : *griffes acérées* sharp claws

acharné, -e *pp, adj* **1** (*travailleur*) hard : *C'est un travailleur ~.* He's a hard worker. **2** (*effort, compétition*) hard-fought : *Le match a été ~.* It was a hard-fought match. *Voir aussi* S'ACHARNER

acharnement *nm* tenacity LOC **avec acharnement** tooth and nail : *Il s'est battu avec ~ pour obtenir ce poste.* He fought tooth and nail to get this job.

s'acharner *v pron* **1 s'acharner (à)** (*persévérer*) to persevere (***in doing sth***) **2 s'acharner sur** (*persécuter*) to go **at *sb/sth*** : *Elle continuait à s'acharner sur la pauvre bête.* She kept going at the poor animal. **3 s'acharner contre** to be up in arms **about *sth*** : *Ils s'acharnent tous contre le projet.* Everybody is up in arms about the plan.

achat *nm* purchase LOC **faire des achats** to go shopping *Voir aussi* POUVOIR

acheminer ◆ *vt* to dispatch ◆ **s'acheminer** *v pron* **s'acheminer vers** to head **for *sth***

acheter *vt* **1** (*gén*) to buy : *Je veux leur ~ un cadeau.* I want to buy them a present. ◊ *Tu me l'achètes ?* Will you buy it for me? ◊ *J'ai acheté la bicyclette à un ami.* I bought the bike from a friend. **2** (*soudoyer*) to bribe : *Ils avaient acheté la complicité du douanier.* They bribed the customs officer to keep him sweet.

acheteur, -euse *nm-nf* buyer

achèvement *nm* end

achever *vt* **1** (*finir*) to finish *sth* off : *J'achèverai le rapport ce weekend.* I'll finish off the report this weekend. **2** (*tuer*) to destroy : *Ils ont dû ~ le cheval blessé.* The injured horse had to be destroyed. **3** (*épuiser*) to be the death **of *sb*** : *Tu vas m'achever.* You'll be the death of me.

acide ◆ *adj* sharp ◆ *nm* acid LOC *Voir* PLUIE

acidité *nf* acidity

acidulé, -e *adj* acid

acier *nm* steel LOC **acier inoxydable** stainless steel

aciérie *nf* steelworks [*sing*]

acné *nm* acne

à-coup *nm* LOC **par à-coups** in fits and starts

acoustique ◆ *adj* **1** (*qualité, niveau*) sound [*n attrib*] : *une bonne qualité ~* good sound quality **2** (*guitare*) acoustic ◆ *nf* acoustics [*pl*] : *L'acoustique de cette salle n'est pas très bonne.* The acoustics in this hall aren't very good. LOC *Voir* ENCEINTE

acquérir *vt* **1** (*gén*) to acquire : ~ *des richesses/de la gloire* to acquire wealth/fame **2** (*expérience*) to gain **3** (*acheter*) to buy LOC **acquérir la certitude** to become convinced *of sth/that...* : *J'en avais acquis la certitude.* I had become convinced.

acquiescer *vi* to agree : *Tout le monde a acquiescé.* Everyone agreed. LOC **acquiescer d'un signe de tête** to nod

acquis, -e ◆ *pp, adj* acquired ◆ *nm* knowledge [*indénombrable*] : *utiliser ses* ~ to put your knowledge to use LOC **acquis sociaux** social benefits **tenir pour acquis** to take *sth* for granted *Voir aussi* ACQUÉRIR

acquisition *nf* **1** (*gén*) acquisition **2** (*achat*) purchase LOC **faire l'acquisition de** to buy *sth*

acquittement *nm* acquittal

acquitter ◆ *vt* to acquit *sb* (**of sth**) : *Le juge a acquitté l'accusé.* The defendant was acquitted. ◆ **s'acquitter** *v pron* : *s'acquitter d'une dette* to pay a debt

âcre *adj* acrid

acrobate *nmf* acrobat

acrobaties *nf* acrobatics : *faire des* ~ to perform acrobatics

acrobatique *adj* acrobatic

acronyme *nm* acronym

acte *nm* **1** (*action, Théâtre*) act : *un* ~ *violent* an act of violence ◊ *une pièce en quatre* ~*s* a four-act play **2** (*certificat*) certificate : *un* ~ *de naissance/mariage/décès* a birth/marriage/death certificate LOC **acte notarié** deed **passer à l'acte** to go through with it

acteur, -trice *nm-nf* actor [*fém* actress] ☛ *Voir note sous* ACTRESS LOC **acteur principal/actrice principale** male/female lead

actif, -ive *adj* active

action *nf* **1** (*gén*) action : *entrer en* ~ to go into action ◊ ~ *judiciaire* legal action **2** (*Fin*) share **3** (*Sport*) move LOC **bonne action** good deed **mettre en action** to put *sth* into operation **passer à l'action** to get down to business

actionnaire *nmf* shareholder

actionner *vt* **1** (*mettre en marche*) to activate : ~ *un mécanisme* to activate a mechanism **2** (*faire fonctionner*) to drive : *le moteur actionne les turbines.* The motor drives the turbines.

activer ◆ *vt* to speed *sth* up ◆ **(s')activer** *vi, v pron* to get a move on : *Si tu veux qu'on soit à l'heure, il va falloir s'activer !* If you want to be on time we'll have to get a move on.

activité *nf* activity [*pl* activities]

actualiser *vt* to update

actualité *nf* **1** (*événements actuels*) current affairs [*pl*] : *Tu ne suis donc pas l'actualité ?* Don't you keep up to date with current affairs? **2 actualités** (*informations*) news [*indénombrable*] : *les* ~*s régionales* the regional news LOC **d'actualité** topical : *être d'actualité* to be topical ◊ *sujets/thèmes d'actualité* topical issues

actuel, -elle *adj* **1** (*du moment présent*) current : *l'état* ~ *des travaux* the current state of the work ◊ *la situation actuelle de notre pays* the current situation in our country **2** (*de nos jours*) present-day : *la science actuelle* present-day science

> Noter que le mot anglais **actual** ne signifie pas *actuel* mais *exact, réel* : *Quelle est la date exacte du mariage ?* What's the actual date of the wedding?

LOC *Voir* HEURE

actuellement *adv* at the moment : *Il fait* ~ *45 heures par semaine.* At the moment he's working 45 hours a week.

> Noter que le mot anglais **actually** ne signifie pas *actuellement* mais *en fait, vraiment* : *En fait, il a raison.* He's right, actually.

acuité *nf* acuteness

acupuncture *nf* acupuncture

adage *nm* saying

adaptable *adj* adaptable

adaptateur *nm* (*Électr*) adaptor

adaptation *nf* adaptation

adapter ◆ *vt* to adapt : ~ *un roman pour le théâtre* to adapt a novel for the stage ◆ **s'adapter** *v pron* **1** (*s'habituer*) to adapt (***to sth***) : *s'adapter aux changements* to adapt to change **2** (*suivre*) to fit in (***with sb/sth***) : *Nous essayerons de nous* ~ *à votre emploi du temps.* We'll try to fit in with your timetable. **3** (*se fixer*) to fit : *Le tuyau s'adapte au robinet.* The hose fits onto the tap. LOC **adapter pour la scène** to dramatize *sth*

additif *nm* additive

addition *nf* **1** (*opération*) sum : *faire une* ~ to do a sum **2** (*facture*) bill : *L'addition s'il vous plaît !* Could I have the bill, please?

additionner *vt, vi* to add (*sth*) up : ~ *deux et cinq* to add up two and five

adepte *nmf* follower

adéquat, -e *adj* suitable

adhérence *nf* (*pneus*) grip

adhérent, -e *nm-nf* member : *tous les ~s au club* all club members

adhérer *vi* ~ **(à) 1** (*coller*) to stick (**to** ***sth***) **2** (*pneu*) to grip (*sth*) **3** (*devenir membre*) to join (*sth*) : *J'ai adhéré au club en 1999.* I joined the club in 1999.

adhésif, -ive *adj, nm* adhesive LOC *Voir* RUBAN

adhésion *nf* **1** (*inscription*) membership : *remplir le formulaire d'adhésion* to fill out the membership form **2** (*soutien*) backing : *remporter une forte ~* to get strong backing LOC *Voir* CARTE

adieu *nm* goodbye, farewell (*plus sout*) : *un dîner d'adieu* a farewell dinner

adjacent, -e *adj* adjacent

adjectif *nm* adjective

adjoint, -e *nm-nf* assistant

admettre *vt* **1** (*faute, erreur*) to admit : *~ une erreur* to admit a mistake ◊ *J'admets que c'était de ma faute.* I admit (that) it was my fault. **2** (*principe*) to accept **3** (*permettre l'entrée*) to admit *sb/sth* (**to** ***sth***) : *« les chiens ne sont pas admis »* "no dogs allowed"

administrateur, -trice *nm-nf* administrator

administratif, -ive *adj* administrative LOC *Voir* TRAVAIL

administration *nf* **1** (*gén*) administration **2 l'Administration** the Civil Service : *entrer dans l'Administration* to get into the Civil Service LOC *Voir* CONSEIL

administrer *vt* **1** (*gérer*) to administer **2** (*donner*) to administer *sth* (***to sb***) : *~ un médicament/une raclée* to administer a medicine/a beating

admirable *adj* admirable

admirateur, -trice *nm-nf* admirer

admiratif, -ive *adj* admiring

admiration *nf* admiration : *J'ai beaucoup d'admiration pour elle.* I have a lot of admiration for her. LOC **faire l'admiration de** to be admired by *sb* : *Son courage a fait l'admiration de toute sa famille.* Her courage was admired by her whole family.

admirer *vt* to admire : *~ le paysage* to admire the scenery

admissible *adj* acceptable

admission *nf* admission

ADN *nm* DNA

adolescence *nf* adolescence

adolescent, -e *nm-nf* teenager, adolescent (*plus sout*)

s'adonner *v pron* to turn ***to sth*** : *s'adonner à la boisson, à la drogue, etc.* to turn to drink, drugs, etc.

adopter *vt* **1** (*enfant, méthode*) to adopt **2** (*loi*) to pass

adoptif, -ive *adj* **1** (*enfant, pays*) adopted **2** (*parents*) adoptive

adoption *nf* adoption : *un organisme d'adoption* an adoption agency LOC **d'adoption 1** (*famille*) adoptive **2** (*pays*) adopted

adorable *adj* adorable

adoration *nf* **1** (*Relig*) worship **2** (*amour*) adoration LOC **être en adoration devant** to adore *sb*

adorer *vt* **1** (*raffoler de*) to love *sb/sth/doing sth* : *J'adore cette robe.* I love that dress. ◊ *Nous adorons aller au cinéma.* We love going to the cinema. **2** (*Relig*) to worship

adossé, -e *pp, adj* ~ **à/contre** leaning **on/against** ***sb/sth*** : *L'échelle était adossée contre le mur.* The ladder was leaning against the wall.

adoucir ◆ *vt* **1** (*couleur, traits*) to soften : *Cette coupe de cheveux adoucit ses traits.* That haircut softens her features. **2** (*peine*) to ease ◆ **s'adoucir** *v pron* **1** (*température*) to become milder : *Les températures se sont adoucies.* Temperatures have become milder. **2** (*peine*) to ease : *Son chagrin s'adoucira avec le temps.* Her pain will ease with time.

adoucissant *nm* fabric softener

adrénaline *nf* adrenalin

adresse *nf* **1** address : *nom et ~* name and address **2** (*habileté*) skill : *Jongler demande de l'adresse.* Juggling requires skill. LOC *Voir* CARNET, CHANGER

adresser ◆ *vt* to address *sth* **to sb/sth** ◆ **s'adresser** *v pron* (*parler*) to speak ***to sb*** LOC **adresser la parole à** to speak to *sb* : *Il ne m'a pas adressé la parole.* He didn't speak to me.

adroit, -e *adj* skilful

adulte *adj, nmf* adult : *Les ~s riaient autant que les enfants.* The adults laughed as much as the children.

adultère ◆ *adj* adulterous ◆ *nm* adultery

advenir *vi* to become ***of sb/sth*** : *Qu'adviendra-t-il de nous ?* What will become of us? LOC **advienne que pourra/quoi qu'il advienne** come what may

adverbe *nm* adverb

adversaire ◆ *adj* (*équipe*) opposing ◆ *nmf* opponent

adversité *nf* adversity

aération *nf* ventilation LOC *Voir* BOUCHE

aérer ◆ *vt* to air ◆ **s'aérer** *v pron* to get some fresh air LOC *Voir* CENTRE

aérien, -ienne *adj* **1** (*gén*) air [*n attrib*] : *trafic ~* air traffic **2** (*vue, photographie*) aerial LOC *Voir* BASE, COMPAGNIE, CONTRÔLEUR, COURRIER, FORCE, PONT

aérobic *nm* aerobics [*sing*]

aérodynamique *adj* aerodynamic

aérogare *nf* terminal

aéronaute *nmf* balloonist

aéroport *nm* airport : *Nous allons les chercher à l'aéroport.* We're going to meet them at the airport.

aérosol *nm* aerosol

affable *adj* affable

affaibli, -e *pp, adj* weak : *Je l'ai trouvée un peu affaiblie depuis la dernière fois.* I thought she seemed a bit weaker than last time. *Voir aussi* (S')AFFAIBLIR

(s')affaiblir *vt, v pron* to weaken

affaiblissement *nm* weakening

affaire *nf* **1** (*gén*) matter : *discuter d'une ~* to discuss a matter ◊ *C'est une autre ~.* That's another matter. **2** (*histoire publique*) affair : *L'affaire a fait beaucoup de bruit.* The affair caused a big scandal. ◊ *l'affaire Clinton* the Clinton affair **3** (*transaction*) deal : *conclure une ~* to do a deal **4** (*bon achat*) bargain : *Tu as fais une sacrée ~ !* You got a fantastic bargain! **5** (*Jur*) case : *L'affaire passe devant les tribunaux lundi prochain.* The case comes before the court next Monday. **6 affaires** (*effets personnels*) things : *Elle a emporté ses ~s.* She took her things. **7 affaires** (*travail*) business [*sing*] : *faire des ~s* to do business ◊ *Les ~s sont les ~s.* Business is business. ◊ *Je suis ici pour ~s.* I'm here on business. **8 affaires** (*préoccupations personnelles*) affairs : *Je veux d'abord régler mes propres ~s.* I want to sort out my own affairs first. LOC **avoir affaire à** to deal with *sb* : *Je n'ai jamais eu ~ à lui.* I've never had any dealings with him. **ce ne sont pas mes, tes, etc. affaires** it's none of my, your, etc. business **faire l'affaire** to do the trick : *Un peu d'huile fera l'affaire.* A little oil will do the trick. **homme/femme d'affaires** businessman/woman [*pl* businessmen/women] **la belle affaire/tu parles d'une affaire !** big deal! *Voir aussi* CHIFFRE, MÊLER, MINISTÈRE, MINISTRE, OCCUPER, SENS, TIRER

affairé, -e *pp, adj* busy *Voir aussi* S'AFFAIRER

s'affairer *v pron* to bustle about

affaissement *nm* subsidence

s'affaisser *v pron* **1** (*chair*) to sag **2** (*terrain*) to subside

affaler ◆ *vt* to lower ◆ **s'affaler** *v pron* to slump : *Elle s'est affalée dans le canapé.* She slumped into the sofa.

affamé, -e *pp, adj* starving

affecté, -e *pp, adj* affected *Voir aussi* AFFECTER

affecter *vt* **1** (*toucher*) to affect : *Sa mort m'a beaucoup affecté.* I was deeply affected by his death. **2** (*crédits*) to allocate **3** (*simuler*) to feign : *~ la surprise* to feign surprise

affection *nf* **1** (*tendresse*) affection ***(for sb)*** **2** (*maladie*) ailment : *les ~s liées au vieillissement* old people's ailments LOC **avoir beaucoup d'affection pour** to be very fond of *sb* : *Il a beaucoup d'affection pour sa grand-mère.* He's very fond of his grandmother. **se prendre d'affection pour** to become fond of *sb/sth* : *Elle s'est prise d'affection pour moi.* She's become very fond of me.

affectueux, -euse *adj* **1** ~ **(avec)** (*personne*) affectionate (**towards** ***sb/sth***) **2** (*bise, salutation*) warm

affermir ◆ *vt* to strengthen ◆ **s'affermir** *v pron* to become stronger

affichage *nm* **1** (*de poster*) posting : *« ~ interdit »* "no posters" **2** (*montre, écran*) display LOC *Voir* TABLEAU

affiche *nf* poster : *poser une ~* to put up a poster LOC **à l'affiche** on : *C'est à l'affiche depuis un mois.* It's been on for a month.

afficher *vt* to put *sth* up LOC *Voir* DÉFENSE

affilée *nf* LOC **d'affilée 1** (*sans interruption*) solid : *J'ai dormi dix heures d'affilée.* I slept for ten hours solid. **2** (*de suite*) in a row : *travailler trois jours d'affilée* to work three days in a row

s'affilier *v pron* **s'affilier (à)** to join (*sth*) : *Il s'est affilié au parti.* He joined the party.

affiner *vt* to refine

affirmatif, -ive *adj* affirmative

affirmation *nf* assertion

affirmer *vt* to maintain, to say (*plus fam*) : *Elle affirme ne pas l'avoir vu.* She says that she didn't see him.

affliger *vt* to distress

affluence *nf* LOC *Voir* HEURE

affluent *nm* tributary [*pl* tributaries]

afflux *nm* **1** (*sang*) flow **2** (*visiteurs, réfugiés*) flood

affolé, -e *pp, adj* panic-stricken *Voir aussi* S'AFFOLER

affolement *nm* panic

(s')affoler *vt, v pron* to panic

affranchir *vt* **1** (*lettre, paquet*) to pay postage **on *sth*** **2** (*esclave*) to free

affranchissement *nm* **1** (*lettre*) postage : *dispensé d'affranchissement* no stamp necessary **2** (*esclave*) emancipation

affréter *vt* to charter

affreux, -euse *adj* **1** (*mauvais*) awful : *Il fait un temps ~.* The weather is awful. **2** (*horrible*) horrific : *un incendie ~* a horrific fire **3** (*très laid*) hideous : *Il a un nez ~.* He's got a hideous nose.

affront *nm* affront

affrontement *nm* clash

affronter ◆ *vt* **1** (*être confronté à*) to face up to *sth* : *~ la réalité* to face up to reality **2** (*Sport*) to face : *La France va ~ l'Autriche au championnat d'Europe.* France faces Austria in the European Championship. ◆ **s'affronter** *v pron* **1** (*gén*) to clash **2** (*Sport*) to meet **s'affronter avec** to argue (**with *sb***) : *Tu ne feras qu'empirer les choses si tu t'affrontes avec eux.* You'll only make things worse if you argue with them.

affût *nm* LOC **être à l'affût 1** (*proie*) to lie in wait (*for sb/sth*) **2** (*bonne affaire*) to be on the lookout (*for sth*)

affûter *vt* to sharpen

afin LOC **afin de** in order to, so as to (*plus fam*) : *Notez-le, ~ de ne pas oublier.* Write it down so as not to forget. **afin que...** so that... : *Sonnez ~ qu'il puisse vous entendre.* Ring the bell so that he hears you.

africain, -e ◆ *adj* African ◆ **Africain, -e** *nm-nf* African

Afrique *nf* **l'Afrique** Africa

agaçant, -e *adj* annoying

agacer *vt* to get on *sb's* nerves, to irritate (*plus sout*) : *Leur musique m'agace.* Their music is getting on my nerves.

âge *nm* age : *à ton ~* at your age ◊ *des enfants de tous les ~s* children of all ages ◊ *Il n'y avait personne de mon ~.* There wasn't anybody my age. LOC **âge d'or** golden age **âge limite** age limit : *Est-ce qu'il y a un ~ limite ?* Is there an age limit? **avoir l'âge** to be old enough (*for sth/to do sth*) **ce n'est plus de mon, ton, etc. âge** I'm, you're, etc. not up to it any more **d'âge moyen** middle-aged : *un homme d'âge moyen* a middle-aged man **être à l'âge ingrat** to be at an awkward age **faire son âge** to look your age : *Il ne fait pas son âge.* He doesn't look his age. **ne pas avoir l'âge** to be too young (*for sth/to do sth*) **ne plus avoir l'âge** to be too old (*for sth/to do sth*) **quel âge as-tu, a-t-il, etc. ?** how old are you, is he, etc.? : *Quel ~ ils ont ?* How old are they? *Voir aussi* CLASSE, MOYEN, MÛR, TROISIÈME

âgé, -e *adj* old : *Elle est très âgée.* She's very old. ◊ *C'est l'étudiant le plus ~ de la classe.* He's the oldest student in the class. ◊ *Le plus ~ a 15 ans.* The oldest (one) is 15. ☛ *Voir note sous* AGED LOC *Voir* PERSONNE, RÉSIDENCE

agence *nf* agency [*pl* agencies] LOC **agence de voyages** travel agency [*pl* travel agencies] **agence immobilière** estate agent's [*pl* estate agents]

agenda *nm* diary [*pl* diaries]

s'agenouiller *v pron* to kneel (down)

agent *nm* **1** (*représentant*) agent : *Voyez mon ~ à ce propos.* See my agent about that. **2** (*police*) policeman/woman [*pl* policemen/women] LOC **agent de nettoyage** cleaner **agent de police** policeman/woman [*pl* policemen/women] **agent hospitalier** nursing auxiliary [*pl* nursing auxiliaries]

agglomération *nf* built-up area LOC **l'agglomération parisienne** Greater Paris

aggloméré *nm* chipboard

aggravation *nf* worsening

aggraver ◆ *vt* to make *sth* worse ◆ **s'aggraver** *v pron* to get worse : *La situation s'est aggravée.* The situation has got worse.

agile *adj* **1** (*personne*) agile **2** (*doigts*) nimble

agilité *nf* agility

agir ◆ *vi* **1** (*faire quelque chose*) to act, to do something (*plus fam*) : *Assez parlé, il faut ~ !* That's enough talking, now we have to do something. **2** (*se comporter*) to behave : *Tu as très mal agi.* You behaved very badly. **3** (*avoir un effet*) to act : *Ce médicament agit très vite.* This medicine acts really quickly. ◆ **s'agir** *v impers* **s'agir de 1** (*être question de*) to be **about *sb/sth*** : *Je voudrais vous parler, il s'agit de mon fils.* I'd like to speak to you about my son. **2** (*être*) to be *sth* : *Il s'agit d'une simple erreur.* It was a simple mistake. **3** (*falloir*) : *Maintenant, il s'agit de ne pas faire d'erreur.* Now we mustn't make any mistakes.

agitation *nf* **1** (*nervosité*) restlessness : *Il y a trop d'agitation dans cette classe.* This class is too restless. **2** (*activité*) hustle and bustle : *l'agitation de la capitale* the hustle and bustle of the capital

agité, -e *pp, adj* **1** (*vie, journée*) hectic **2** (*mer*) rough **3** (*élève, enfant*) restless : *Il est très ~ aujourd'hui.* He's very restless today. *Voir aussi* AGITER

agiter ◆ *vt* **1** (*bouteille*) to shake : *Bien ~ avant l'utilisation.* Shake well before use. **2** (*mouchoir, bras*) to wave : *~ un drapeau* to wave a flag **3** (*queue*) to wag **4** (*ailes*) to flap **5** (*personne*) to disturb : *Il ne faut pas ~ le malade.* The patient mustn't be disturbed. ◆ **s'agiter** *v pron* **1** (*gén*) to fidget : *Arrête de t'agiter comme ça !* Stop fidgeting like that! **2** (*dans son lit*) to toss and turn : *Elle s'agitait dans son sommeil.* She tossed and turned in her sleep.

agneau *nm* lamb : *un gigot d'agneau* a leg of lamb LOC *Voir* LAINE

agnostique *adj* agnostic

agonie *nf* : *Il est mort après une lente ~.* He died after a long illness.

agoniser *vi* to be dying

agrafe *nf* **1** (*pour papiers*) staple **2** (*Méd*) clip **3** (*Couture*) fastener

agrafer *vt* **1** (*papiers*) to staple **2** (*vêtement*) to fasten

agrafeuse *nf* stapler

agraire *adj* **1** (*réforme*) land [*n attrib*] **2** (*société*) agrarian

agrandir ◆ *vt* **1** (*élargir*) to make *sth* bigger : *~ un trou* to make a hole bigger **2** (*étendre*) to extend : *~ des locaux* to extend the premises **3** (*entreprise, empire*) to expand **4** (*Phot*) to enlarge ◆ **s'agrandir** *v pron* **1** (*vêtements, chaussures*) to stretch **2** (*trou*) to get bigger

agrandissement *nm* **1** (*local, entreprise*) expansion : *l'agrandissement de l'aéroport* the expansion of the airport **2** (*Phot*) enlargement

agréable *adj* **1** (*gén*) pleasant : *une ~ surprise* a pleasant surprise ◊ *une conversation très ~* a very pleasant conversation **2** (*son, vision*) pleasing : *~ à l'œil/à l'oreille* pleasing to the eye/ear

agréer *vt* LOC **veuillez agréer mes salutations distinguées** yours faithfully, yours sincerely ☛ *Voir note sous* SALUTATION

agrément *nm* (*plaisir*) pleasure : *un voyage d'agrément* a pleasure trip

agrémenter *vt* to embellish *sth* ***with sth***

agresser *vt* **1** (*gén*) to attack **2** (*pour voler*) to mug : *Nous nous sommes fait ~ par un homme masqué.* We were mugged by a masked man. **3** (*verbalement*) to be aggressive with *sb* : *Pourquoi m'agresses-tu comme ça ?* Why are you so aggressive with me?

agresseur *nm* **1** (*gén*) attacker **2** (*voleur*) mugger

agressif, -ive *adj* aggressive

agression *nf* **1** ~ **(de)** (*d'une personne*) attack **(on *sb*)** **2** (*pour voler*) mugging

agressivité *nf* aggressiveness

agricole *adj* **1** (*gén*) agricultural **2** (*produits, ouvrier*) farm [*n attrib*] LOC *Voir* EXPLOITATION, TRAVAIL

agriculteur, -trice *nm-nf* farmer LOC *Voir* PETIT

agriculture *nf* agriculture, farming (*moins sout*) : *~ biologique* organic farming

agripper ◆ *vt* **1** (*saisir*) to grab : *Il m'a agrippée par la manche.* He grabbed me by the sleeve. **2** (*serrer*) to cling **to *sb*/*sth*** : *L'enfant agrippait sa mère.* The child clung to his mother. ◆ **s'agripper** *v pron* to hold on (***to sth***) : *Agrippe-toi à la poignée.* Hold on to the handle. ◊ *Agrippe-toi !* Hold on!

agroalimentaire *adj* food [*n attrib*] : *l'industrie ~* the food industry

agronome *nmf* agronomist

agrume *nm* citrus fruit : *les ~s* citrus fruit

ah ! (*aussi* **ha !**) *excl* oh! : *Ah non, pas question !* Oh no, certainly not! ◊ *Ah bon ?* Oh yes? LOC **ah ah ah !** ha! ha!

ahuri, -e *pp, adj* stunned : *Il me regardait d'un air ~.* He looked at me, stunned.

ahurissant, -e *adj* staggering

aide ◆ *nf* help : *Merci pour ton ~.* Thanks for your help. ◊ *J'ai besoin d'aide.* I need some help. ◆ *nmf* assistant LOC **à l'aide !** help! **à l'aide de** with the help of *sth* **aide humanitaire** humanitarian aid **aide ménagère** domestic help **venir en aide à** to come to *sb's* assistance

aider ◆ *vt* to help *sb* (***to do sth***) : *Puis-je vous ~ ?* Can I help you? ◊ *Elle m'a aidée à faire mes devoirs.* She helped me to do my homework. ◆ **s'aider** *v pron* **s'aider de** to use *sth* : *Elle s'est aidée d'un piolet pour monter.* She used an ice axe to climb up.

aide-soignant, -e *nm-nf* nursing auxiliary [*pl* nursing auxiliaries]

aïe ! *excl* **1** (*douleur*) ow! **2** (*mauvaise nouvelle*) oh (dear)! : *~, j'ai fait une gaffe !* Oh dear, I've put my foot in it!

aigle *nm* eagle

aigre *adj* **1** (*lait, caractère*) sour **2** (*vin*) vinegary **3** (*ton*) sharp : *« Certainement pas », dit-elle d'un ton ~.* 'Certainly not', she said sharply.

aigre-doux, aigre-douce *adj* sweet and sour : *du porc à l'aigre-douce* sweet and sour pork

aigreur *nf* **1** (*lait, caractère*) sourness **2** (*ton*) bitterness LOC **aigreurs d'estomac** heartburn [*indénombrable*] : *avoir des ~s d'estomac* to have heartburn

aigu, -uë ◆ *adj* **1** (*gén*) sharp : *une intelligence aiguë* a sharp mind **2** (*angle, douleur, accent*) acute **3** (*son, voix*) high-pitched ◆ **aigus** *nm* (*Mus*) treble [*indénombrable*] : *On n'entend pas bien les ~s.* You can't hear the treble very well. LOC *Voir* ACCENT

aiguille *nf* **1** (*gén*) needle : *enfiler une ~* to thread a needle ◇ *~s de pin* pine needles **2** (*horloge*) hand : *l'aiguille des minutes* the minute hand LOC *Voir* CHERCHER, SENS

aiguilleur *nm* LOC **aiguilleur du ciel** air traffic controller

aiguillon *nm* **1** (*guêpe*) sting **2** (*fig*) spur **3** (*bœufs*) cattle prod

aiguisé, -e *pp, adj* sharp *Voir aussi* AIGUISER

aiguiser *vt* to sharpen

ail *nm* garlic LOC *Voir* GOUSSE, TÊTE

aile *nf* **1** (*gén*) wing : *les ~s d'un avion* the wings of a plane ◇ *l'aile droite du parti* the right wing of the party **2** (*moulin*) sail

aileron *nm* (*requin*) fin

ailier *nm* winger

ailleurs *adv* (*à un autre endroit*) somewhere else, elsewhere (*plus sout*) : *On va ~ ?* Shall we go somewhere else? ◇ *Va faire du bruit ~.* Go and make a noise somewhere else. LOC **d'ailleurs 1** (*de plus*) what's more : *Je ne l'aime pas, d'ailleurs c'est réciproque.* I don't like him, and what's more, the feeling's mutual. **2** (*au fait*) by the way : *Tiens, d'ailleurs, ça me rappelle que...* By the way, that reminds me... **par ailleurs** moreover : *Nous sommes par ~ très contents de notre séjour.* Moreover, we enjoyed our stay very much. *Voir aussi* ESPRIT

aimable *adj* kind : *C'est très ~ de leur part de m'avoir aidé.* It was very kind of them to help me. ◇ *Merci, vous êtes très ~.* Thank you, that's very kind of you.

aimant *nm* magnet

aimant, -e *adj* loving : *père et époux ~* loving husband and father

aimer ◆ *vt* **1** (*gén*) to like *sth/doing sth* : *Je n'aime pas ça.* I don't like it. ◇ *Ils aiment marcher.* They like walking. ◇ *J'aime la façon qu'elle a d'expliquer les choses.* I like the way she explains things. ◇ *J'aimerais savoir pourquoi tu es toujours en retard.* I'd like to know why you're always late. ◇ *J'aimerais que tu m'aides.* I'd like you to help me.

Like to do ou **like doing**? Lorsqu'on parle en général on utilise **like doing sth** : *Est-ce que tu aimes peindre ?* Do you like painting? Dans des contextes spécifiques on emploie **like to do** : *J'aime prendre une douche avant de me coucher.* I like to have a shower before going to bed.

2 (*activité*) to enjoy *sth/doing sth* : *Nous aimons danser/le foot.* We enjoy dancing/football. **3** (*adorer*) to love : *Il l'aime passionnément.* He loves her passionately. ◆ **s'aimer** *v pron* to love each other : *Ils s'aiment, ça se voit.* It's obvious they love each other. LOC **aimer bien** to like *sb/sth/doing sth* : *Elle aime bien le cinéma.* She likes movies. ◇ *J'aime bien prendre mon petit déjeuner au lit.* I like having my breakfast in bed. **aimer mieux** to prefer : *J'aime mieux ne pas en parler.* I prefer not to talk about it. ◇ *Non merci, j'aime mieux un jus de fruit.* No thanks, I'd prefer a fruit juice. ◇ *Elle aimerait mieux que tu t'en ailles.* She'd prefer it if you left. **j'aime autant...** I'd just as soon... : *J'aime autant ne pas la rencontrer.* I'd just as soon not meet her.

aine *nf* groin

aîné, -e ◆ *adj* **1** (*de deux*) elder **2** (*de plus de deux*) eldest ◆ *nm-nf* **l'aîné 1** (*de deux*) the elder **2** (*de plus de deux*) the eldest LOC **être de deux, trois, etc. ans l'aîné de qn** to be two, three, etc. years older than sb : *Il est de six mois mon ~.* He's six months older than me.

ainsi *adv* **1** (*de cette façon*) like this/that, in this/that way (*plus sout*) : *C'est ~ que nous nous sommes rencontrés.* That's how we met. ◇ *Pour monter le meuble, procéder ~.* To assemble the unit, proceed in this way. **2** (*donc*) so : *~ vous êtes allemand ?* So you're German? LOC **ainsi que** (*et*) as well as : *les pays européens ~ que les États-Unis* European countries as well as the United States **et ainsi de suite** and so on (and so forth) **pour ainsi dire** so to speak : *Il a pour ~ dire piqué une crise.* He had a tantrum, so to speak.

air *nm* **1** (*gén*) air : *~ pur* fresh air **2** (*apparence*) look : *d'un ~ pensif* with a thoughtful look **3** (*musique*) tune : *Je ne connais que l'air, pas les paroles.* I only know the tune, not the words. LOC **à l'air** : *la poitrine à l'air* bare-chested **air climatisé/conditionné** air conditioning **air comprimé** compressed air **avoir l'air (de)** to look (like *sth*) : *Il a l'air d'avoir la cinquantaine.* He looks about 50. ◊ *Tu n'as pas l'air de comprendre.* You look puzzled. ◊ *Tu as l'air d'un clown dans ce costume.* You look like a clown in that suit. ◊ *Ces gâteaux ont l'air délicieux.* Those cakes look delicious. **en l'air** up in the air : *jeter qch en l'air* to throw sth up in the air **prendre l'air** to get a breath of fresh air **se donner de grands airs** to put on airs *Voir aussi* ARMÉE, BOL, CARABINE, CHAMBRE, COURANT, FICHER, PAROLE, PIRATE, PISTOLET, PLEIN, REGARDER, SOUFFLE, TÊTE

airbag *nm* air bag

aire *nf* area : *l'aire d'un rectangle* the area of a rectangle ◊ *une ~ de services* a service area

aisance *nf* **1** (*financière*) comfort : *vivre dans l'aisance* to live in comfort **2** (*facilité*) ease : *faire qch avec ~* to do sth with ease

aise *nf* LOC **à l'aise 1** (*bien*) comfortable : *se sentir à l'aise* to feel comfortable **2** (*en liberté*) quite happily : *Ici les enfants peuvent jouer à leur ~.* The children can play here quite happily. **3** (*facilement*) easily : *On y arrivera à l'aise.* We'll easily make it. **mal à l'aise** uncomfortable : *être/se sentir mal à l'aise* to feel uncomfortable **mettre mal à l'aise** to make *sb* feel uncomfortable **se mettre à l'aise** to make yourself comfortable

aisé, -e *adj* **1** (*riche*) well off : *une famille aisée* a well-off family **2** (*facile*) easy : *La tâche n'était pas aisée.* The task wasn't easy.

aisément *adv* easily

aisselle *nf* armpit

ajourner *vt* **1** (*réunion, voyage*) to postpone **2** (*débat, procès*) to adjourn

ajout *nm* addition : *faire un ~ à qch* to make an addition to sth

ajouter *vt* to add *sth* (***to sth***) LOC *Voir* TAXE

ajusté, -e *pp, adj* tight : *une robe très ajustée* a very tight-fitting dress *Voir aussi* AJUSTER

ajuster *vt* **1** (*régler*) to adjust : *~ sa ceinture* to adjust your belt **2** *~* **à/sur** to fit *sth* **to/onto *sth*** : *~ un tuyau sur un robinet* to fit a hose onto a tap LOC **ajuster son tir** to take better aim

alarmant, -e *adj* alarming

alarme *nf* alarm : *donner l'alarme* to raise the alarm ◊ *L'alarme s'est déclenchée.* The alarm went off. LOC **alarme incendie** fire alarm *Voir aussi* SONNETTE

s'alarmer *v pron* **s'alarmer (de)** to get alarmed (**at *sth***)

alarmiste *adj, nmf* alarmist

albinos *adj, nmf* albino [*pl* albinos]

album *nm* album : *un ~ photos* a photograph album

alcool *nm* **1** (*gén*) alcohol : *Elle ne boit jamais d'alcool.* She never drinks alcohol. **2** (*liqueur*) liqueur : *de l'alcool de poire* pear liqueur LOC **alcool à 90°** surgical spirit **alcool à brûler** methylated spirit, meths (*plus fam*) **sans alcool** non-alcoholic *Voir aussi* ABUSER, BIÈRE, NOYER

alcoolique *adj, nmf* alcoholic

alcoolisé, -e *adj* alcoholic LOC *Voir* BOISSON

alcoolisme *nm* alcoholism

alcootest® (*aussi* **alcotest®**) *nm* breath test : *On lui a fait passer un ~.* He was given a breath test.

alentour ◆ *adv* surrounding : *Meaux et les villages ~* Meaux and the surrounding villages ◆ **alentours** *nm* **1** (*gén*) surroundings : *les ~s du château* the surroundings of the castle **2** (*ville*) outskirts : *dans les ~s de la ville* in the outskirts of the city LOC **aux alentours de 1** (*près de*) in the vicinity of **2** (*approximation*) around : *aux ~s de 5 heures* around 5 o'clock ◊ *Ça coûte aux ~s de mille euros.* It costs around a thousand euros.

alerte ◆ *nf* **1** (*alarme*) alert : *en état d'alerte* on alert ◊ *L'alerte a été donnée.* They gave the alert. **2** (*menace*) scare : *Depuis cette ~ il fait plus d'exercice.* Since the scare he does more exercise. ◆ *adj* alert : *Il est très ~ pour son âge.* He's very alert for his age. LOC **alerte à la bombe** bomb scare *Voir aussi* COTE, FAUX

alerter *vt* to alert *sb* (***to sth***) : *On nous a alertés sur les risques.* They alerted us to the risks.

algèbre *nf* algebra

Algérie *nf* **l'Algérie** Algeria

algérien, -ienne ◆ *adj* Algerian ◆ **Algérien, -ienne** *nm-nf* Algerian

algues *nf* **1** (*d'eau douce*) weed

[*indénombrable*] : *L'étang est plein d'algues.* The pond is full of weed. **2** (*d'eau salée*) seaweed [*indénombrable*]

Il existe également le mot **algae**, mais il est plus savant.

alias *adv* alias

alibi *nm* alibi [*pl* alibis] : *avoir un bon ~* to have a good alibi

aliéné, -e *nm-nf* insane person

aligné, -e *adj, pp* lined up : *des rangées de livres bien ~s* books lined up in rows LOC **non aligné** (*pays*) non-aligned *Voir aussi* ALIGNER

alignement *nm* alignment LOC **être dans l'alignement de** to be in line with *sth*

aligner ◆ *vt* **1** (*mettre en ligne*) to line *sb/sth* up : *Elle a aligné ses poupées contre le mur.* She lined up her dolls against the wall. **2** ~ **sur** (*rendre conforme*) to bring *sth* into line ***with sth*** : *Le Royaume-Uni a aligné sa politique sur celle des États-Unis.* The UK has brought its policy into line with the US. ◆ **s'aligner** *v pron* **1** (*se mettre en ligne*) to line up **2 s'aligner sur** (*se conformer*) to align yourself **with *sb/sth***

aliment *nm* (*nourriture*) food : *~s en boîte* tinned food(s) ◊ *~s pour chiens* dog food

alimentaire *adj* food [*n attrib*] : *produits ~s* foodstuffs LOC *Voir* COLIS, DENRÉE, HYGIÈNE, INTOXICATION, PENSION

alimentation *nf* **1** (*action*) feeding : *l'alimentation des nourrissons* the feeding of new-born babies **2** (*régime*) diet : *une ~ équilibrée* a balanced diet **3** (*produits alimentaires*) food : *un magasin d'alimentation* a food store **4** (*approvisionnement*) supply : *contrôler l'alimentation en eau* to regulate the water supply

alimenter ◆ *vt* **1** (*nourrir*) to feed : *Il est alimenté artificiellement.* He's fed artificially. **2** (*approvisionner*) to supply : *~ une ville en eau/électricité* to supply a town with water/electricity ◆ **s'alimenter** *v pron* (*se nourrir*) to eat : *Ils s'alimentent mal.* They eat badly.

alité, -e *pp, adj* : *être ~* to be in bed

allaiter *vt* **1** (*personne*) to breastfeed **2** (*animal*) to suckle

alléchant, -e *adj* tempting

allécher *vt* to tempt

allée *nf* **1** (*parc*) path **2** (*château*) drive **3** (*église, avion, théâtre*) aisle LOC **faire des allées et venues (entre...)** to go back and forth (between...)

allégé, -e *pp, adj* (*yaourt, fromage*) low-fat *Voir aussi* ALLÉGER

alléger *vt* **1** (*charge*) to lighten **2** (*programmes, horaires*) to reduce

allègre *adj* jaunty : *Elle s'éloigna d'un pas ~.* She walked off jauntily.

allégresse *nf* rejoicing

alléluia ! *excl* alleluia!

Allemagne *nf* **l'Allemangne** Germany

allemand, -e ◆ *adj, nm* German : *parler ~* to speak German ◆ **Allemand, -e** *nm-nf* German : *les Allemands* the Germans LOC *Voir* BERGER

aller ◆ *vi* **1** (*gén*) to go : *Ils vont à Rome.* They're going to Rome. ◊ *~ en voiture/train/avion* to go by car/train/plane ◊ *~ à pied* to go on foot ◊ *Il est allé acheter du pain.* He went to buy bread. ◊ *Va voir ton père.* Go and see your father. ◊ *Je ne sais pas où vont les assiettes.* I don't know where the plates go. ◊ *Le prix est allé à mon groupe.* The prize went to my group.

N'oubliez pas qu'en anglais, *aller* se traduit par **to come** lorsqu'on s'approche de la personne à laquelle on s'adresse : *Demain je vais à Canterbury, donc nous nous verrons.* I'm coming to Canterbury tomorrow so I'll see you then.

2 (*se sentir*) : *Je ne vais pas bien.* I don't feel well. ◊ *Comment allez-vous ?* How are you? **3** ~ **(avec)** (*couleurs*) to go **with *sth*** : *Ces chaussettes ne vont pas avec ces chaussures.* Those socks don't go with these shoes. ◊ *Le noir va bien avec toutes les couleurs.* Black goes well with any colour. **4** ~ **à** (*être seyant*) to suit *sb* : *Le rouge te va bien.* Red suits you. ◊ *Ce pull te va mieux.* This jumper suits you better. **5** ~ **à** to fit *sb* (*être à la bonne taille*) : *Cette jupe ne me va plus.* That skirt doesn't fit me any more. **6** ~ **(à)** (*convenir*) to be all right (**for *sth***) : *Est-ce que ça te va demain ?* Is tomorrow all right? ◊ *Ce couteau ne va pas pour couper la viande.* This knife is no good for cutting meat. ◆ *v aux* **1** ~ **faire qch** (*futur proche*) to be going **to do sth** : *Nous allons vendre la maison.* We're going to sell the house. ◊ *Nous allions manger lorsque le téléphone a sonné.* We were just going to eat when the phone rang. **2** ~ **en faisant qch** : *Le chômage va en augmentant.* Unemployment is going up. ◆ **s'en aller** *v pron* **1** (*partir*) to go : *Bon, il est tard, je m'en vais.* Well, it's late. I must be going. **2** (*tache, douleur*) to go away : *Mon mal de tête ne veut pas s'en ~.* My headache won't go away. ◆

nm **1** (*trajet*) outward journey : *à l'aller* on the way there **2** (*billet*) single : *Un ~ pour Reims, s'il vous plaît.* A single to Reims, please. LOC **aller et retour** **1** (*billet*) return (ticket) **2** (*en tout*) there and back : *Il faut trois heures ~ et retour.* It's three hours there and back. **aller simple** single (ticket) **allez !** come on! : *Allez, n'exagère pas !* Come on, don't exaggerate! ◊ *Allez, laisse-moi tranquille !* Come on, leave me alone! ◊ *Allez, on va rater le train !* Come on or we'll miss the train! ◊ *Allez les Bleus !* Come on France! **allons !** come on! : *Allons, un peu de nerf !* Come on, buck up! ◊ *Allons allons, pas de caprice !* Come on now, no fuss! **ça va ?** how are things? **ça va pas, non ?** are you mad? : *« Donne-moi 200 euros. — Ça va pas, non ? »* 'Give me 200 euros.' 'Are you mad?' **comment ça va ?** (*salutation*) how are things? **on y va ?** let's go! **se laisser aller** to let yourself go **va-t'en !** get lost! : *Va-t-en, tu m'énerves !* Get lost, you're getting on my nerves! **y aller** **1** (*partir*) to go : *Il faut y ~, sinon nous serons en retard.* We'd better go or we'll be late. **2** (*commencer*) to start : *Allons-y !* Let's start! ◊ *Vas-y !* Go on! ☛ Les autres expressions formées avec **aller** sont traitées sous le nom, l'adjectif, etc. correspondant : pour **aller trop loin**, par exemple, voir LOIN.

allergie *nf* ~ **(à)** allergy [*pl* allergies] **(to *sth*)** : *avoir/faire une ~ à qch* to be allergic to sth

allergique *adj* ~ **(à)** allergic **(to *sth*)**

alliage *nm* alloy

alliance *nf* **1** (*union*) alliance **2** (*anneau*) wedding ring LOC **par alliance** by marriage : *ma tante par ~* my aunt by marriage

allié, -e ◆ *pp, adj* allied ◆ *nm-nf* ally [*pl* allies] *Voir aussi* S'ALLIER

s'allier *v pron* **s'allier (avec/contre)** to form an alliance **(with/against *sb/sth*)**

alligator *nm* alligator

allô ! *excl* hello!

allocation *nf* **1** (*aide financière*) benefit : *~ chômage* unemployment benefit ◊ *~ logement* housing benefit ◊ *toucher les ~s* to be on benefit **2** (*attribution*) allocation : *l'allocation des ressources* the allocation of resources

allongé, -e *pp, adj* (*personne*) lying : *Il était ~ sur le canapé.* He was lying on the sofa. *Voir aussi* ALLONGER

allonger ◆ *vt* **1** (*tendre*) to stretch *sth* out **2** (*vêtement*) to lengthen **3** (*séjour*) to extend : *J'ai décidé d'allonger mes vacances.* I decided to extend my holiday. ◆ *vi* to get longer : *Les jours allongent.* The days are getting longer. ◆ **s'allonger** *v pron* to lie down : *Il s'est allongé quelques minutes.* He lay down for a few minutes. LOC **allonger le pas** to quicken your step

allumage *nm* (*Autom*) ignition

allumé, -e *pp, adj* **1** (*flamme*) **(a)** (*avec le verbe être*) lit : *J'ai remarqué que le feu était ~.* I noticed that the fire was lit. **(b)** (*avec un nom*) lighted : *une cigarette allumée* a lighted cigarette **2** (*appareil, lumière*) on : *La lumière était allumée.* The light was on. **3** (*fou*) mad : *Mais tu es complètement ~ ou quoi ?* Are you completely mad? *Voir aussi* ALLUMER

allumer ◆ *vt* **1** (*avec une flamme*) to light : *~ un feu* to light a fire **2** (*appareil, lumière*) to turn *sth* on : *Allume la lumière.* Turn the light on. ◆ **s'allumer** *v pron* (*appareil, lumière*) to come on : *Une lumière rouge s'est allumée.* A red light has come on.

allumette *nf* match : *allumer une ~* to strike a match ◊ *une boîte d'allumettes* a box of matches LOC *Voir* BOÎTE

allure *nf* **1** (*aspect*) look : *Je n'aime pas beaucoup son ~.* I don't much like the look of him. ◊ *Je ne peux pas sortir avec cette ~.* I can't go out looking like this. **2** (*vitesse*) speed LOC **à grande/vive allure** at high speed **à toute allure** at top speed : *rouler à toute ~* to drive at top speed **avoir de l'allure** to have style *Voir aussi* BEAU

allusion *nf* hint : *faire une ~* to drop a hint LOC **faire allusion à** to refer *to sb/sth* : *À quoi fais-tu ~ ?* What are you referring to? *Voir aussi* SAISIR

alors *adv* **1** (*à cette époque*) then **2** (*pour cette raison*) so : *Il est tard, ~ dépêche-toi.* It's late, so hurry up. ◊ *Ils n'arrivaient pas, ~ je suis parti.* They didn't come, so I left. ◊ *~ il paraît que tu déménages ?* So you're moving, are you? **3** (*emphatique*) well : *~ ça, je n'en sais rien.* Well, I don't know anything about that. LOC **ça alors !** (*surprise*) goodness me! **ou alors** or else : *demain ou ~ jeudi* tomorrow, or else Thursday

alouette *nf* lark

alourdir *vt* **1** (*personne*) to weigh *sb* down **2** (*programme*) to make *sth* heavier

aloyau *nm* sirloin

alphabet *nm* alphabet

alphabétique *adj* alphabetical

alphabétisation *nf* literacy : *donner*

des cours d'alphabétisation to teach literacy classes

alpinisme *nm* mountaineering : *faire de l'alpinisme* to go mountaineering

alpiniste *nmf* mountaineer

altération *nf* deterioration [*indénombrable*] : *Le tableau a subi des ~s.* The painting has suffered some deterioration.

altérer ◆ *vt* to spoil : *La chaleur altère les aliments.* Heat spoils food. ◆ **s'altérer** *v pron* to deteriorate : *Les couleurs se sont altérées au soleil.* The colours deteriorated in the sun.

alternance *nf* alternation LOC **en alternance** alternately

alternatif, -ive ◆ *adj* alternative ◆ **alternative** *nf* alternative LOC *Voir* COURANT

alterner *vi* to alternate ***with sth*** : *Les jours de pluie alternaient avec des éclaircies.* Rainy days alternated with sunny spells.

Altesse *nf* Highness : *son ~ royale* His Royal Highness

altitude *nf* height, altitude (*plus sout*) : *à 3 000 mètres d'altitude* at an altitude of 3 000 metres

alto ◆ *adj* (*saxophone, etc.*) alto ◆ *nm* **1** (*instrument*) viola **2** (*voix*) alto

altruisme *nm* altruism

altruiste ◆ *adj* altruistic ◆ *nmf* altruist

aluminium *nm* aluminium LOC *Voir* PAPIER

amabilité *nf* LOC **auriez-vous l'amabilité (de...)** if you would be so kind (as to...) : *Auriez-vous l'amabilité de fermer la porte ?* If you would be so kind as to close the door.

amadouer *vt* to cajole

amaigrissement *nm* LOC *Voir* CURE

amalgame *nm* mixture LOC **faire l'amalgame entre** to lump *sth* together : *Il ne faut pas faire l'amalgame entre ces notions.* You mustn't lump all these ideas together.

amande *nf* almond LOC *Voir* PÂTE

amandier *nm* almond tree

amant *nm* lover

amarre *nf* mooring rope LOC *Voir* LARGUER

amarrer *vt* to moor

amas *nm* **un ~ de** a heap ***of sth*** : *La voiture n'était plus qu'un ~ de tôle.* The car was just a heap of metal.

amasser *vt* **1** (*provisions, argent*) to hoard **2** (*fortune*) to amass : *Il a amassé une fortune en moins de deux ans.* He amassed a fortune in less than two years.

amateur, -trice ◆ *adj* **1 ~ de** (*enthousiaste*) keen **on *sth*** : *Je suis très ~ de cyclisme.* I'm very keen on cycling. **2** (*sport*) amateur : *encourager les sports ~s* to encourage amateur sports ◆ *nm-nf* **1** (*spectateur*) lover : *un ~ d'opéra* an opera lover **2** (*non-professionnel*) amateur : *Ils ne jouent pas mal pour des ~s.* They don't play badly for amateurs.

ambassade *nf* embassy [*pl* embassies]

ambassadeur, -drice *nm-nf* ambassador

ambiance *nf* atmosphere LOC **d'ambiance** background [*n attrib*] : *musique d'ambiance* background music

ambiant, -e *adj* LOC *Voir* TEMPÉRATURE

ambigu, -uë *adj* ambiguous

ambiguïté *nf* ambiguity

ambitieux, -ieuse *adj* ambitious

ambition *nf* ambition : *avoir de l'ambition* to be ambitious

ambitionner *vt* to aspire **to *sth***

ambivalent, -e *adj* ambivalent

ambre *nm* amber

ambulance *nf* ambulance

ambulancier, -ière *nm-nf* ambulance driver

ambulant, -e *adj* **1** (*se déplaçant*) travelling : *un cirque ~* a travelling circus **2** (*ironique*) walking : *Sa sœur est une encyclopédie ambulante.* His sister is a walking encyclopedia. LOC *Voir* MARCHAND, VENDEUR

âme *nf* **1** (*gén*) soul : *Il n'y avait pas une ~.* There wasn't a soul there. **2** (*caractère, esprit*) spirit : *une ~ noble* a noble spirit LOC *Voir* CORPS, MORT

amélioration *nf* improvement (***in sb/sth***) : *l'amélioration de son état de santé* the improvement in his health

améliorer ◆ *vt* to improve : *~ les routes* to improve the roads ◆ **s'améliorer** *v pron* to improve, to get better (*plus fam*) : *Si les choses ne s'améliorent pas...* If things don't improve... ◊ *Le temps va continuer à s'améliorer.* The weather will continue to get better. LOC **améliorer sa condition** to better yourself

amen *nm* amen

aménagement *nm* conversion LOC **faire des aménagements dans** to do *sth* up

aménager *vt* **1** (*bâtiment, local*) to convert **2** (*espace*) to create

amende *nf* fine : *se prendre une ~* to get a fine
amendement *nm* amendment (***to sth***)
amender ◆ *vt* (*loi*) to amend ◆ **s'amender** *v pron* to mend your ways
amener ◆ *vt* **1** (*vers soi*) to bring : *Amène-moi le marteau.* Bring me the hammer. ◊ *Qu'est-ce qui t'amène ?* What brings you here? **2** (*loin de soi*) to take : *~ son chien chez le vétérinaire* to take your dog to the vet **3** (*forcer*) to force *sb* ***to do sth*** : *~ qn à changer d'avis* to force sb to change their mind ◊ *Il a été amené à déménager.* He was forced to move out. ◆ **s'amener** *v pron* to show up : *Il s'est amené avec trois heures de retard.* He showed up three hours late. LOC *Voir* VENT
s'amenuiser *v pron* to dwindle
amer, amère *adj* bitter : *être ~ à propos de qch* to be bitter about sth ◊ *rendre qn ~* to make sb bitter
américain, -e ◆ *adj* American ◆ **Américain, -e** *nm-nf* American
Amérique *nf* **l'Amérique** America
amertume *nf* bitterness
ameublement *nm* **1** (*décoration*) furnishing **2** (*meubles*) furniture
ami, -e *nm-nf* friend : *mon meilleur ~* my best friend ◊ *C'est un ~ très proche.* He's a very close friend of mine. ◊ *Nous sommes très ~s.* We're good friends. LOC *Voir* PETIT
amiable *adj* amicable LOC **à l'amiable** **1** (*après un nom*) amicable **2** (*après un verbe*) amicably *Voir aussi* ARRACHER
amiante *nf* asbestos
amical, -e *adj* friendly LOC **peu amical** unfriendly *Voir aussi* MATCH
amicalement *adv* **1** (*parler*) in a friendly way **2** (*en fin de lettre*) best wishes
amidon *nm* starch
amincir *vt* to make *sb* look slimmer : *Cette robe t'amincit.* That dress makes you look slimmer.
amiral *nm* admiral
amitié *nf* **1** (*relation*) friendship : *rompre une ~* to end a friendship **2 amitiés** best wishes, regards (*plus sout*) : *Transmets-lui mes ~s.* Give him my regards. ◊ *Ma mère envoie ses ~s.* My mother sends her regards.
ammoniaque *nf* ammonia
amnésie *nf* amnesia
amnistie *nf* amnesty [*pl* amnesties]
amocher *vt* to smash *sth* up
s'amonceler *v pron* to pile up
amont *adj* (*ski*) uphill LOC **en amont** upstream
amorce *nf* (*début*) beginning
(s')amorcer *vt, v pron* to begin
amorphe *adj* amorphous
amortir *vt* **1** (*son*) to deaden **2** (*choc*) to absorb **3** (*chute*) to cushion : *Les branches ont amorti sa chute.* The branches cushioned her fall. **4** (*rentabiliser*) to make *sth* pay for itself : *J'ai amorti mon ordinateur en moins d'un an.* My computer paid for itself in less than a year. **5** (*dette*) to pay *sth* off
amortissement *nm* (*Fin*) repayment
amortisseur *nm* shock absorber
amour *nm* **1** (*sentiment*) love : *une chanson/histoire d'amour* a love song/love story ◊ *avec ~* lovingly ◊ *son ~ du théâtre* his love of the theatre ◊ *l'amour de ma vie* the love of my life **2** (*personne*) darling : *Tu es un ~ !* You're a darling! ◊ *mon ~* my darling LOC **faire l'amour (à/avec)** to make love (to/with *sb*) **pour l'amour de Dieu !** for God's sake!
amoureux, -euse ◆ *adj* **1** ~ **(de)** (*personne*) in love (**with *sb***) : *Don José est ~ de Carmen.* Don José is in love with Carmen. **2** (*relatif à l'amour*) love [*n attrib*] : *vie amoureuse* love life ◆ *nm-nf* lover : *deux ~ main dans la main* two lovers hand in hand ◊ *un ~ de peinture* an art lover LOC *Voir* TOMBER
amour-propre *nm* pride : *Il a été blessé dans son ~.* His pride was hurt.
amovible *adj* removable
ampère *nm* amp
amphétamine *nf* amphetamine
amphibien *nm* amphibian
amphithéâtre *nm* **1** (*romain*) amphitheatre **2** (*Université*) lecture theatre
ample *adj* **1** (*vêtements*) loose **2** (*jupe*) full **3** (*renseignements*) full : *Pour de plus ~s renseignements, appelez-nous.* Call us for fuller information. LOC **faire plus ample connaissance avec** to get to know *sb* better
amplement *adv* **1** (*démontrer*) amply : *L'expérience a ~ démontré que...* The experiment amply demonstrated that... **2** (*mériter*) richly : *une gifle ~ méritée* a richly-deserved slap **3** (*suffire*) : *Cela suffira ~.*That's more than enough.
ampleur *nf* extent : *constater l'ampleur des dégâts* to ascertain the extent of the damage
amplificateur *nm* amplifier
amplification *nf* amplification

amplifier *vt* to amplify
ampoule *nf* **1** (*Électr*) light bulb **2** (*blessure*) blister
amputation *nf* amputation
amputer *vt* to amputate
amulette *nf* amulet
amusant, -e *adj* funny, amusing (*plus sout*) : *Je n'ai pas trouvé cette plaisanterie très amusante.* I didn't find that joke very funny.
amuse-gueule *nm* appetizer
amusement *nm* **1** (*action*) amusement **2** (*divertissement*) entertainment
amuser ◆ *vt* **1** (*faire sourire*) to amuse : *Sa façon de parler m'amuse.* The way he talks amuses me. **2** (*divertir*) to entertain : *Ça t'amuse de me contredire ?* Do you find it entertaining to contradict me? **3** (*détourner l'attention*) to keep *sb* busy : *Amuse-le pendant que je rentre.* Keep him busy while I go in. ◆ **s'amuser** *v pron* **1** (*passer du bon temps*) to enjoy yourself : *Amuse-toi bien !* Enjoy yourself! ◊ *Il en faut peu pour m'amuser.* I don't need much to enjoy myself. **2 s'amuser (avec)** (*jouer*) to play (**with** ***sth***) : *s'amuser avec un ballon* to play with a ball ◊ *Les enfants s'amusent dans le jardin.* The children are playing in the garden. LOC **pour s'amuser** for fun : *Je le fais pour m'amuser.* I do it for fun. **s'amuser comme un fou** to have a great time
amygdale *nf* tonsil : *J'ai été opéré des ~s.* I had my tonsils out.
an *nm* year LOC **avoir deux, etc. ans** to be two, etc. (years old) : *J'ai dix ans.* I'm ten (years old). **de deux, etc. ans** : *une femme de trente ans* a woman of thirty/a thirty-year-old woman ◊ *Michel, âgé de 17 ans, aime le cinéma.* Michel, aged 17, likes films. ☛ *Voir note sous* OLD *Voir aussi* AÎNÉ, NOUVEAU, PREMIER, VEILLE
anachronique *adj* anachronistic
anachronisme *nm* anachronism
anagramme *nm* anagram
analgésique *nm* painkiller
analogie *nf* analogy [*pl* analogies]
analogue *adj* analogous
analphabète *adj, nmf* illiterate [*adj*] : *être ~* to be illiterate
analphabétisme *nm* illiteracy
analyse *nf* analysis [*pl* analyses] LOC **analyse de sang** blood test *Voir aussi* LABORATOIRE
analyser *vt* to analyse
analyste *nmf* analyst
analytique *adj* analytical
ananas *nm* pineapple
anarchie *nf* anarchy
anarchique *adj* anarchic
anarchisme *nm* anarchism
anarchiste *adj, nmf* anarchist
anatomie *nf* anatomy [*pl* anatomies]
anatomique *adj* anatomical
ancestral, -e *adj* ancestral
ancêtre *nmf* ancestor
anchois *nm* anchovy [*pl* anchovies]
ancien, -ienne *adj* **1** (*vieux*) old : *voitures anciennes* old cars **2** (*précédent*) old, previous (*sout*) : *mon ~ patron* my old boss ◊ *dans mon ~ travail* in my old job **3** (*historique*) former : *l'ancienne Union Soviétique* the former Soviet Union **4** (*publication*) back : *les ~s numéros d'un magazine* the back copies of a magazine **5** (*de l'Antiquité*) ancient LOC **à l'ancienne** traditional **ancien combattant** veteran *Voir aussi* TESTAMENT
ancienneté *nf* (*au travail*) seniority
ancre *nf* anchor LOC **jeter/lever l'ancre** to drop/weigh anchor
andorran, -e ◆ *adj* Andorran ◆ **Andorran, -e** *nm-nf* Andorran
Andorre *nf* **l'Andorre** Andorra
andouille *nf* (*personne bête*) idiot : *Espèce d'andouille !* You idiot!
âne *nm* **1** (*animal*) donkey [*pl* donkeys] **2** (*personne*) dimwit : *Quel ~!* What a dimwit! LOC **faire l'âne** to play the fool : *Arrête de faire l'âne !* Stop playing the fool! *Voir aussi* TÊTU
anéanti, -e *pp, adj* devastated (**at/by** ***sth***) : *~ par la perte de son fils* devastated by the loss of his son *Voir aussi* ANÉANTIR
anéantir *vt* **1** (*éliminer*) to wipe *sth* out **2** (*vaincre*) to annihilate : *~ l'adversaire* to annihilate your opponent **3** (*fatiguer*) to shatter : *Les travaux nous ont anéantis.* We're shattered after the work.
anecdote *nf* anecdote : *raconter une ~* to tell an anecdote
anémie *nf* anaemia LOC **faire de l'anémie** to be anaemic
anémone *nf* anemone LOC **anémone de mer** sea anemone
ânerie *nf* stupid remark LOC **ne dire que des âneries** to talk a load of rubbish
anesthésie *nf* anaesthetic : *J'ai eu une ~ générale/locale.* They gave me a general/local anaesthetic.
anesthésier *vt* to anaesthetize
anesthésiste *nmf* anaesthetist

ange *nm* angel : *Va chercher mon chapeau, tu seras un ~.* Be an angel and get my hat. LOC **ange gardien** guardian angel

angélique *adj* angelic

angine *nf* throat infection

anglais, -e ◆ *adj, nm* English : *parler ~* to speak English ◆ **Anglais, -e** *nm-nf* Englishman/woman [*pl* Englishmen/women] : *les Anglais* the English

Quelquefois nous employons le terme **English** de façon abusive pour parler en général des habitants de la Grande-Bretagne mais cela peut déplaire aux Écossais, aux Gallois et aux Irlandais du Nord. L'expression consacrée est **British**.

◆ **anglaise** *nf* ringlet LOC *Voir* ASSIETTE, CRÈME

angle *nm* **1** (*coin*) corner : *C'est la maison qui fait l'angle avec la rue Danton.* It's the house that's on the corner of rue Danton. **2** (*Géom*) angle : *~ droit/aigu/obtus* right/acute/obtuse angle ◊ *Je vois les choses sous un autre ~.* I see things from a different angle. LOC *Voir* ARRONDIR

Angleterre *nf* **l'Angleterre** England

Quelquefois nous employons le terme **England** pour parler en fait de la Grande-Bretagne mais il ne faut pas oublier que l'Angleterre ne constitue qu'une partie de ce pays. Pour parler de la Grande-Bretagne dans son ensemble l'expression consacrée est **Britain**.

anglican, -e *adj, nm-nf* Anglican

anglophone ◆ *adj* English-speaking ◆ *nmf* English speaker

anglo-saxon, -onne ◆ *adj* Anglo-Saxon ◆ **Anglo-Saxon, -onne** *nm-nf* Anglo-Saxon

angoissant, -e *adj* **1** (*attente*) nerve-racking **2** (*film*) scary

angoisse *nf* anguish : *Il a poussé un cri d'angoisse.* He cried out in anguish. ◊ *Les examens, c'est l'angoisse en ce moment.* I'm in a sweat about my exams at the moment.

angoissé, -e ◆ *pp, adj* anxious

On peut également dire **nervous**, surtout lorsqu'on est anxieux parce qu'on doit faire quelque chose d'important ou de désagréable : *Je suis assez angoissé à cause de mon examen demain.* I'm feeling pretty nervous about the exam tomorrow. Dans un contexte plus général, on peut utiliser les mots **tense** ou **edgy** : *Je suis un peu angoissée aujourd'hui.* I feel a bit tense today.

◆ *nm-nf* worrier *Voir aussi* ANGOISSER

angoisser ◆ *vt* to worry : *Les examens m'angoissent.* I'm worried about my exams. ◆ *vi* to be worried : *Il angoisse à cause de son permis de conduire.* He's worried about his driving test.

anguille *nf* eel

angulaire *adj* LOC *Voir* PIERRE

anguleux, -euse *adj* angular

animal *adj, nm* animal [*n*] : *un ~ domestique/sauvage* a domestic/wild animal LOC **animal de compagnie** pet **animal de ferme** farm animal *Voir aussi* RÈGNE

animateur, -trice *nm-nf* **1** (*Télé*) presenter **2** (*club, camp*) coordinator

animation *nf* **1** (*mouvement*) life : *Il n'y avait pas beaucoup d'animation dans la rue.* There wasn't much going on in the streets. **2** (*Cin*) animation LOC **animation culturelle** cultural activities [*pl*] *Voir aussi* FILM

animé, -e *pp, adj* lively : *La soirée était très animée.* It was a very lively party. ◊ *une ville animée* a lively city LOC *Voir* DESSIN ; *Voir aussi* ANIMER

animer *vt* **1** (*soirée, quartier*) to liven *sth* up **2** (*spectacle*) to present : *~ une émission* to present a programme **3** (*débat*) to lead

anis *nm* **1** (*graine*) aniseed : *bonbons à l'anis* aniseed drops **2** (*liqueur*) anisette

s'ankyloser *v pron* to stiffen

anneau *nm* ring

année *nf* year : *toute l'année* all year (round) ◊ *chaque ~* every year ◊ *Je suis maintenant en troisième ~.* I'm now in the third year. LOC **année bissextile** leap year **année scolaire/universitaire** school/academic year : *à la fin de l'année scolaire* at the end of the school year **d'une année à l'autre** from one year to the next **les années 50, 60, etc.** the fifties, sixties, etc. **une année sur deux** every other year *Voir aussi* LONGUEUR

année-lumière *nf* light year

annexe *nf* annexe

annexer *vt* to annex

anniversaire *nm* **1** (*d'une naissance*) birthday [*pl* birthdays] : *C'est mon ~ lundi.* It's my birthday on Monday. ◊ *Bon ~ !* Happy Birthday! ☛ On peut également dire *Many happy returns !* **2** (*d'un événement*) anniversary [*pl* anniversaries] : *notre ~ de mariage* our wedding anniversary LOC *Voir* CADEAU, JOYEUX

annonce *nf* **1** (*presse*) advertisement, advert (*plus fam*), ad (*fam*) **2** (*affiche*) poster **3** (*déclaration*) announcement LOC **passer une annonce** to advertise : *Il a vendu sa maison en passant une ~ dans le journal.* He sold his house by advertising in the newspaper. *Voir aussi* PETIT

annoncer *vt* **1** (*communiquer, publier*) to announce : *Ils ont annoncé le résultat par haut-parleurs.* They announced the result over the loudspeakers. **2** (*prédire*) to say : *La météo nous a annoncé de la pluie.* The forecast said rain. LOC **s'annoncer bien/mal** to get off to a good/bad start : *Ça s'annonce plutôt mal.* It's got off to quite a bad start.

annotation *nf* annotation

annoter *vt* to annotate

annuaire *nm* directory [*pl* directories] LOC **annuaire électronique** electronic directory [*pl* electronic directories] **annuaire (téléphonique)** telephone directory [*pl* telephone directories], phone book (*plus fam*) : *Cherche-le dans l'annuaire.* Look it up in the telephone directory.

annuel, -elle *adj* annual

annuellement *adv* annually

annulaire *nm* ring finger

annulation *nf* **1** (*gén*) cancellation : *l'annulation du tournoi* the cancellation of the tournament **2** (*mariage*) annulment **3** (*loi*) repeal

annuler *vt* **1** (*gén*) to cancel : *~ un vol/une réunion* to cancel a flight/meeting **2** (*mariage*) to annul **3** (*but, point*) to disallow **4** (*dette*) to settle **5** (*vote*) to declare *sth* invalid

anomalie *nf* anomaly [*pl* anomalies]

ânonner *vt* to read *sth* in a drone

anonymat *nm* anonymity LOC **garder l'anonymat** to remain anonymous *Voir aussi* SORTIR

anonyme *adj* anonymous : *une lettre ~* an anonymous letter LOC *Voir* SOCIÉTÉ

anorak *nm* anorak

anorexie *nf* anorexia (nervosa)

anorexique *adj* anorexic

anormal, -e *adj* **1** (*inhabituel, déficient*) abnormal : *un comportement ~* abnormal behaviour **2** (*injuste*) unfair : *C'est ~ !* That's unfair!

anse *nf* **1** (*panier*) handle **2** (*Géogr*) cove

antagonisme *nm* antagonism

antarctique ◆ *adj* Antarctic ◆ **Antarctique** *nm* **l'Antarctique** **1** (*continent*) Antarctica **2** (*océan*) the Antarctic Ocean LOC *Voir* CERCLE

antécédent *nm* history : *des ~s familiaux* a family history

anténatal, -e *adj* antenatal

antenne *nf* **1** (*Radio, Télé*) aerial **2** (*Zool*) antenna [*pl* antennae] LOC **antenne parabolique** satellite dish **avoir des antennes** to be psychic **être à/sur l'antenne** to be on the air

antérieur, -e *adj* previous

antérieurement *adv* previously LOC **antérieurement à** prior to *sth*

anthropologie *nf* anthropology

anthropologue *nmf* anthropologist

antiadhésif, -ive *adj* non-stick

antiaérien, -ienne *adj* anti-aircraft

antibiotique *nm* antibiotic

anticipation *nf* LOC **par anticipation** in advance : *régler une facture par ~* to pay a bill in advance

anticipé, -e *pp, adj* early : *retraite anticipée* early retirement *Voir aussi* ANTICIPER

anticiper *vt* **1** (*prévoir*) to anticipate : *~ le jeu de son adversaire* to anticipate your opponent's moves **2** (*faire à l'avance*) to bring *sth* forward

anticonformiste *nmf* nonconformist

anticorps *nm* antibody [*pl* antibodies]

anticyclone *nm* anticyclone

antidérapant, -e *adj* non-slip

antidopage *adj* LOC **contrôle/test antidopage** drug test : *Son test ~ s'est avéré positif.* He tested positive.

antidote *nm* ~ **(de/contre)** antidote **(to *sth*)**

antidrogue *adj* anti-drug : *une campagne ~* an anti-drug campaign

antiémeute *adj* riot [*n attrib*] : *boucliers ~* riot shields

antigel *nm* antifreeze

antilope *nf* antelope

antipathie *nf* antipathy

antipathique *adj* unpleasant LOC **être antipathique à** : *Il m'est très ~.* I can't stand him.

antipatriotique *adj* unpatriotic

antipodes *nm* antipodes [*pl*] LOC **être aux antipodes de** to be the opposite of *sth*

antiquaire *nmf* **1** (*magasin*) antique shop **2** (*personne*) antique dealer

antique *adj* ancient : *la Grèce ~* ancient Greece

antiquité *nf* **1** **l'Antiquité** ancient times

[*pl*] **2** (*objet*) antique : *un magasin d'antiquités* an antique shop

antisèche *nf* crib

antiseptique *adj, nm* antiseptic

antisocial, -e *adj* antisocial

antitabac *adj* anti-smoking

antivol ◆ *adj* anti-theft : *dispositif ~* anti-theft device ◆ *nm* lock : *Tu as mis ton ~ ?* Have you locked your bike?

antre *nm* **1** (*local*) den **2** (*animal*) lair

anus *nm* anus [*pl* anuses]

anxiété *nf* anxiety [*pl* anxieties] LOC **être dans l'anxiété** to be anxious

anxieux, -ieuse *adj* anxious : *Il est ~ de savoir comment cela s'est passé.* He's anxious to know how it went.

août *nm* August (*abrév* Aug) ☛ *Voir exemples sous* JANVIER

apaisant, -e *adj* soothing

apaisé, -e *pp, adj* calm *Voir aussi* APAISER

apaisement *nm* **1** (*calme*) calm : *un profond ~* a feeling of deep calm **2** (*conflit*) appeasement

apaiser ◆ *vt* to pacify ◆ **s'apaiser** *v pron* to calm down LOC **apaiser les esprits** to ease people's minds

apathie *nf* apathy

apathique *adj* apathetic

apercevoir ◆ *vt* to catch sight of *sb/sth* ◆ **s'apercevoir** *v pron* **1** (*soi-même*) to catch sight of yourself : *s'apercevoir dans le miroir* to catch sight of yourself in the mirror **2 s'apercevoir (de/que...)** to notice (*sth/(that)...*)

aperçu *nm* insight

apéritif *nm* aperitif [*pl* aperitifs] : *prendre l'apéritif* to have an aperitif

apesanteur *nf* weightlessness

à-peu-près *nm* approximation

aphone *adj* : *devenir ~* to lose your voice ◊ *Je suis ~.* I've lost my voice.

aphte *nm* mouth ulcer

apitoiement *nm* pity

s'apitoyer *v pron* **s'apitoyer sur** to take pity **on *sb***

aplanir *vt* to level

aplati, -e *pp, adj* flat *Voir aussi* APLATIR

aplatir ◆ *vt* to flatten : *~ la pelouse* to flatten the grass ◆ *vt, vi* (*Rugby*) to score : *~ le ballon* to score a try ◆ **s'aplatir** *v pron* **1** (*boîte*) to get flattened **2 s'aplatir contre** (*heurter*) to smash into ***sth*** **3 s'aplatir devant** to grovel **to *sb*** **4** (*tomber*) to fall flat on your face : *Elle s'est aplatie de tout son long sur le pavé.* She fell flat on her face.

aplomb *nm* confidence : *Il est d'un ~ incroyable !* He has incredible confidence. LOC **d'aplomb 1** (*droit*) straight **2** (*en forme*) well

apocalypse *nf* apocalypse

apogée *nf* peak : *atteindre son ~* to reach your peak

apolitique *adj* apolitical

apologie *nf* ~ **de** defence **of *sb/sth***

apostrophe *nf* apostrophe

apôtre *nm* apostle

apparaître *vi* **1** (*se manifester, faire une apparition*) to appear : *Des fissures apparaissaient sur le mur.* Cracks were appearing on the wall. ◊ *~ à la télévision/en public* to appear on television/in public **2** (*figurer*) to be : *Mon numéro n'apparaît pas dans l'annuaire.* My number isn't in the phone book. **3** (*arriver*) to show up : *Pierre est apparu vers les 10 heures.* Pierre showed up around 10 o'clock.

appareil *nm* **1** (*machine*) machine : *Comment fonctionne cet ~ ?* How does this machine work? **2** (*ménager*) appliance **3** (*télévision*) set **4** (*Anat*) system : *l'appareil digestif* the digestive system **5** (*dentaire*) brace : *Je dois porter un ~.* I've got to wear a brace. **6** (*Gymnastique*) apparatus [*indénombrable*] **7** (*téléphone*) telephone LOC **à l'appareil** : *Allô, qui est à l'appareil ?* Hello, who's calling? **appareil à sous** slot machine **appareil électroménager** electrical appliance **appareil photo** camera

apparemment *adv* apparently

apparence *nf* appearance : *une ~ agréable/désagréable* a pleasant/unattractive appearance LOC **contre toute apparence** despite every indication to the contrary **en apparence** seemingly *Voir aussi* SAUVER

apparent, -e *adj* apparent : *sans raison apparente* for no apparent reason

apparenté, -e *pp, adj* related

apparition *nf* **1** (*gén*) appearance **2** (*Relig*) vision **3** (*fantôme*) apparition LOC **avoir des apparitions** to see things **faire son apparition** to appear

appartement *nm* flat LOC *Voir* VÉLO

appartenance *nf* ~ **(à)** membership (**of *sth***) : *~ à un groupe* membership of a group

appartenir *vi* ~ **à** to belong **to *sb/sth*** : *Ce collier appartenait à ma grand-mère.* This necklace belonged to my grandmother.

appât *nm* bait [*indénombrable*] : *utiliser qn comme ~* to use sb as bait

appâter *vt* **1** (*oiseaux, poissons*) to lure **2** (*personne*) to entice sb : ~ *qn avec de fausses promesses* to entice sb with false promises

appauvrir ◆ *vt* **1** (*pays, personne*) to impoverish **2** (*terre*) to deplete ◆ **s'appauvrir** *v pron* to become impoverished

appel *nm* **1** (*action d'appeler, convocation, invitation*) call : *un ~ à l'aide* a call for help ◊ *un ~ téléphonique* a phone call ◊ *l'appel du devoir* the call of duty **2** (*Jur*) appeal : *un ~ d'un jugement* an appeal against a sentence **3** (*supplique*) plea LOC **appel en PCV** reverse charge call **appel interurbain** long-distance call : *faire un ~ interurbain* to make a long-distance call **faire appel** (*Jur*) to appeal : *Ils ont fait ~ du jugement.* They appealed against the sentence. **faire appel à** to appeal to *sb/sth* : *Ils ont fait ~ à notre générosité.* They appealed to our generosity. **faire l'appel** to take the register *Voir aussi* COUR

appeler ◆ *vt, vi* to call : *Son nom est Édouard mais tout le monde l'appelle Doudou.* His name's Édouard but everyone calls him Doudou. ◊ *~ la police* to call the police ◊ *Appelle-moi quand tu seras arrivé.* Give me a ring when you get there. ◊ *Appelle ton frère pour qu'il vienne.* Call your brother. ◊ *Qui a appelé ?* Who called? ◆ **s'appeler** *v pron* to be called : *Comment t'appelles-tu ?* What's your name? ◊ *Je m'appelle Catherine.* I'm called Catherine/My name's Catherine. LOC **appeler en PCV** to reverse the charges **appeler un chat un chat** to call a spade a spade

appendice *nm* **1** (*Anat*) appendix [*pl* appendixes] **2** (*livre, document*) appendix [*pl* appendices]

appendicite *nf* appendicitis

s'appesantir *v pron* **s'appesantir sur** to dwell **on *sth***

appétissant, -e *adj* appetizing LOC **peu appétissant** unappetizing

appétit *nm* appetite : *La promenade t'ouvrira l'appétit.* The walk will give you an appetite. ◊ *avoir bon ~* to have a good appetite LOC **bon appétit !** enjoy your meal!

> Il n'existe pas vraiment d'expression anglaise pour souhaiter un bon appétit au début d'un repas. On peut cependant dire : **Enjoy your meal!** ou **Bon appétit!**

Voir aussi COUPER

applaudir ◆ *vi* to clap ◆ *vt* to applaud

applaudissement *nm* **1 applaudissements** (*ovation*) applause [*indénombrable*] : *grands ~s* loud applause **2** (*approbation*) acclaim : *Son article a reçu l'applaudissement des experts.* Her article was acclaimed by the experts.

applicable *adj* ~ **(à)** applicable (**to *sb/sth***)

application *nf* **1** (*soin*) care **2** (*peinture*) application LOC **avec application** (very) carefully **mettre en application** to apply *sth*

appliqué, -e *pp, adj* **1** (*personne*) hard-working **2** (*science*) applied : *mathématiques appliquées* applied mathematics *Voir aussi* APPLIQUER

appliquer ◆ *vt* to apply *sth* (***to sth***) : *Appliquez la crème sur la zone infectée.* Apply the cream to the infected area. ◊ *~ une règle* to apply a rule ◆ **s'appliquer** *v pron* **s'appliquer à** to apply yourself (**to *sth***) : *s'appliquer à une tâche* to apply yourself to a task

appoint *nm* change : *avoir l'appoint* to have the right change LOC **d'appoint** extra : *un salaire d'appoint* an extra salary

apport *nm* contribution

apporter *vt* **1** (*avec soi*) to bring *sth* (with you) : *Qu'est-ce que tu veux que je t'apporte ?* What shall I bring you? ◊ *Apporte un oreiller.* Bring a pillow with you. ☛ *Voir illustration sous* TAKE **2** (*causer*) to cause : *Le nouveau système va nous ~ des ennuis.* The new system is going to cause problems. **3** (*fournir*) to contribute : *~ une idée intéressante* to contribute an interesting idea

appréciable *adj* considerable

appréciation *nf* **1** (*estimation*) estimate : *une bonne ~ de la valeur de qch* a good estimate of sth's value **2** (*jugement*) discretion : *Je le laisse à votre ~.* I leave it to your discretion. **3** (*Fin*) appreciation

apprécier *vt* **1** (*chose*) to value : *J'apprécie un travail bien fait.* I value a job well done. **2** (*personne*) to think highly **of *sb*** : *Ils t'apprécient beaucoup.* They think very highly of you. ◊ *Il est très apprécié.* He's very highly thought of. **3** (*juger*) to judge : *Il avait mal apprécié la distance.* He had misjudged the distance.

appréhender *vt* ~ **(de)** (*redouter*) to dread *sth/doing sth* : *Il appréhende les examens.* He dreads exams.

appréhension *nf* apprehension LOC **avoir de l'appréhension** to be apprehensive **avoir de l'appréhension à faire qch** to dread doing sth

apprendre *vt* **1** ~ **(à)** (*acquérir des connaissances*) to learn *sth/to do sth* : ~ *le portugais* to learn Portuguese ◊ *Tu devrais ~ à écouter les autres.* You should learn to listen to other people. ◊ *Je veux ~ à conduire.* I want to learn to drive. **2** (*découvrir*) to find out (**about sth**) **3** (*nouvelle*) to hear : *J'ai appris la nouvelle à propos de ton grand-père.* I heard about your grandfather. **4** ~ **à qn/qch à faire qch** (*de nouvelles compétences*) to teach **sb/sth to do sth** : *Qui est-ce qui t'a appris à jouer ?* Who taught you how to play? LOC **apprendre par cœur** to learn *sth* by heart

apprenti, -e *nm-nf* apprentice : *un ~ coiffeur* an apprentice hairdresser

apprentissage *nm* **1** (*d'un métier*) apprenticeship : *faire son ~ chez qn* to do your apprenticeship with sb **2** (*processus*) learning : *l'apprentissage d'une langue* learning a language

apprivoiser *vt* to tame

approbation *nf* approval : *donner son ~ à qch* to give sth your approval

approchable *adj* approachable

approche *nf* **1** ~ **(de)** (*sujet*) approach (**to sth**) : *Ils n'ont pas la même ~ de la question.* They don't have the same approach to the matter. **2** (*temps*) approach : *l'approche du printemps* the approach of spring

approcher ◆ *vt* **1** (*placer plus près*) to bring *sth* closer (**to sb/sth**) : *Il a approché le micro de sa bouche.* He brought the microphone closer to his mouth. ◊ *Approche ta chaise du chauffage.* Bring your chair closer to the heater. **2** (*personne*) to get close to *sb* : *Personne ne peut l'approcher.* No one can get close to him. ◆ *vi* to approach, to get closer (*plus fam*) : *Noël approche.* Christmas is getting closer. ◆ **s'approcher** *v pron* **s'approcher (de)** to go near (*sb/sth*) : *Ne t'approche pas de cette porte, elle vient d'être repeinte.* Don't go near that door. It's just been painted. ◊ *Approche-toi de moi.* Come closer. ◊ *Elle s'est approchée de moi.* She came up to me.

approfondi, -e *pp, adj* thorough *Voir aussi* APPROFONDIR

approfondir *vt* **1** (*trou*) to make *sth* deeper **2** (*sujet*) to go into *sth* in more depth

approfondissement *nm* deepening

approprié, -e *pp, adj* ~ **(à)** appropriate (**for sth**) : *Ta réponse n'était pas très appropriée.* Your reply wasn't very appropriate. ◊ *une robe appropriée à la circonstance* a suitable dress for the occasion *Voir aussi* S'APPROPRIER

s'approprier *v pron* to take *sth* : *Ils nient s'être approprié l'argent.* They say they didn't take the money.

approuver *vt* to approve **of sb/sth** : *Je n'approuve pas leur conduite.* I don't approve of their behaviour.

approvisionnement *nm* supply : *contrôler l'approvisionnement en eau* to regulate the water supply

approvisionner ◆ *vt* to supply *sb* (**with sth**) : *La ferme approvisionne tout le village en œufs.* The farm supplies the whole village with eggs. ◊ *Qui est chargé d'approvisionner les troupes ?* Who is in charge of supplying the troops? ◆ **s'approvisionner** *v pron* **s'approvisionner en** to stock up **on sth** : *s'approvisionner en farine* to stock up on flour

approximatif, -ive *adj* approximate

approximation *nf* approximation

appui *nm* (*soutien*) support : *Le projet a reçu l'appui du directeur.* The plan received the manager's support. LOC **prendre appui sur** to lean on *sth* : *Il a pris ~ sur le pied droit pour sauter.* He leant on his right foot to jump. *Voir aussi* BARRE

appui-tête *nm* headrest

appuyé, -e *pp, adj* ~ **sur/contre** **1** (*incliné*) leaning **against *sth*** : ~ *contre le mur* leaning against the wall ☛ *Voir illustration sous* LEAN[2] **2** (*pour se reposer*) resting **on/against *sth*** : *J'avais la tête appuyée sur le dossier de la chaise.* I was resting my head on the back of the chair. *Voir aussi* APPUYER

appuyer ◆ *vi* ~ **sur** **1** (*bouton*) to press *sth* : ~ *sur la touche deux fois.* Press the key twice. **2** (*sonnette*) to ring *sth* **3** (*gâchette*) to pull *sth* **4** (*accélérateur, frein*) to put your foot **on *sth*** **5** (*syllabe, mot*) to stress *sth* ◆ *vt* **1** (*incliner*) to lean *sth* ***against sth*** : *Ne l'appuie pas contre le mur.* Don't lean it against the wall. ☛ *Voir illustration sous* LEAN[2] **2** (*reposer*) to rest *sth* ***on/against sth*** : *Appuie ta tête sur mon épaule.* Rest your head on my shoulder. **3** (*soutenir*) to support : *La direction appuie sa décision.* The management supports her decision. ◆ **s'appuyer** *v pron* **1** (*se reposer*) to lean (***on/against sb/sth***) : *s'appuyer sur un bâton/contre un mur* to lean on a stick/against a wall **2** (*se fonder*) to rely **on *sth*** : *Sur quoi vous* *appuyez-vous pour affirmer cela ?* What grounds do you have for saying that? ◊ *Elle s'est appuyée sur son expérience passée.* She relied on her past experience.

âpre *adj* **1** (*vent, climat, voix*) harsh **2** (*goût*) bitter

après ◆ *adv* afterwards, later (*plus fam*) : *Il a dit ~ que ça ne lui avait pas plu.* He said afterwards that he didn't like it. ◊ *Ils sont sortis peu de temps ~.* They came out shortly afterwards. ◊ *deux heures ~* two hours later ◆ *prép* **1** (*dans le temps*) after : *~ 2 heures* after 2 o'clock ◊ *un an ~ son arrivée* a year after his arrival ◊ *~ avoir parlé avec eux* after talking to them ◊ *jour ~ jour* day after day **2** (*dans l'espace*) : *La pharmacie est ~ la banque.* The chemist's is after the bank. LOC **après que** after : *~ que tu auras fini tes devoirs, tu pourras mettre la table.* After you've finished your homework, you can lay the table. **après tout** after all **d'après qch** according to sth : *d'après les prévisions* according to predictions **d'après qn** in sb's opinion : *D'après moi, c'est elle la responsable.* In my opinion she is to blame.

après-demain *nm* the day after tomorrow

après-midi *nm ou nf* afternoon : *Je passerai dans l'après-midi.* I'll come round in the afternoon. ◊ *Ils sont arrivés dimanche ~.* They arrived on Sunday afternoon. ◊ *À demain ~.* I'll see you tomorrow afternoon. ◊ *Qu'est-ce que tu fais cet ~ ?* What are you doing this afternoon? ◊ *à 4 heures de l'après-midi* at 4 o'clock in the afternoon ◊ *L'après-midi je vais souvent à la piscine.* I often go swimming in the afternoon. ☛ *Voir note sous* MORNING

après-rasage *nm* after-shave

après-shampooing *nm* conditioner

après-ski *nm* (*chaussure*) moon boot

a priori ◆ *adv* (*au premier abord*) in principle : *A priori, je dirais que c'est possible.* In principle I would say it's possible. ◆ *nm* preconceived idea : *Je n'ai pas d'a priori.* I have no preconceived ideas.

apte *adj ~* **à 1** (*adapté*) suitable **for *sth*** : *Elle est ~ à ce travail.* She's suitable for this job. **2** (*capable*) fit **to do *sth*** : *Il n'est pas ~ à s'occuper de ses enfants.* He's not fit to look after his children.

aptitude *nf* **1** (*gén*) aptitude (***for sth/doing sth***) : *un test d'aptitude* an aptitude test **2 aptitudes** gift [*sing*] : *avoir des ~s musicales* to have a gift for music

aquarelle *nf* watercolour

aquarium *nm* aquarium [*pl* aquariums/aquaria]

aquatique *adj* **1** (*sport, centre*) water [*n attrib*] **2** (*Biol*) aquatic : *la flore ~* aquatic plants

aqueduc *nm* aqueduct

arabe ◆ *adj* **1** (*gén*) Arab : *le monde ~* the Arab world **2** (*langue, chiffres*) Arabic ◆ *nmf* Arab : *les Arabes* the Arabs ◆ *nm* Arabic : *parler ~* to speak Arabic LOC *Voir* CHIFFRE

arachide *nf* peanut LOC *Voir* HUILE

araignée *nf* spider LOC *Voir* TOILE

arbitraire *adj* arbitrary

arbitre *nmf* **1** (*Foot, Boxe*) referee **2** (*Tennis*) umpire **3** (*médiateur*) arbitrator

arbitrer *vt* **1** (*Foot, Boxe*) to referee **2** (*Tennis*) to umpire **3** (*conflit*) to arbitrate

arbre *nm* tree : *un ~ fruitier* a fruit tree LOC **arbre de Noël** Christmas tree **arbre généalogique** family tree

arbuste *nm* shrub

arc *nm* **1** (*Sport*) bow : *un ~ et des flèches* a bow and arrows **2** (*Archit*) arch **3** (*Géom*) arc : *un ~ de 36°* a 36° arc LOC *Voir* TIR

arcade *nf* arcade [*sing*] : *les ~s de la place* the arcade round the square

arc-en-ciel *nm* rainbow : *Regarde, il y a un ~ !* Look! There's a rainbow!

archaïque *adj* archaic

arche *nf* arch LOC **l'arche de Noé** Noah's ark

archéologie *nf* archaeology

archéologique *adj* archaeological LOC *Voir* SITE

archéologue *nmf* archaeologist

archet *nm* bow

archevêque *nm* archbishop

archipel *nm* archipelago [*pl* archipelagos/archipelagoes]

architecte *nmf* architect

architectural, -e *adj* architectural

architecture *nf* architecture

archives *nf* **1** (*documents*) archives : *des ~ historiques* historical archives **2** (*lieu*) archive [*sing*]

arçon *nm* LOC *Voir* CHEVAL

arctique ◆ *adj* Arctic ◆ **Arctique** *nm* **l'Arctique 1** (*région*) the Arctic **2** (*océan*) the Arctic Ocean LOC *Voir* CERCLE

ardent, -e *adj* **1** (*soleil*) blazing **2** (*désir*) fervent **3** (*tempérament*) passionate LOC *Voir* CHAPELLE

ardeur *nf* (*enthousiasme*) enthusiasm

ardoise *nf* slate : *un toit d'ardoise(s)* a slate roof

ardu, -e *adj* hard

arène *nf* **1 arènes** (*amphithéâtre*) amphitheatre [*sing*] **2 arènes** (*courses de taureaux*) ring [*sing*] **3** (*fig*) arena : *l'arène politique* the political arena

arête *nf* **1** (*poisson*) bone **2** (*toit*) ridge

argent *nm* **1** (*monnaie*) money : *Est-ce que tu as de l'argent ?* Have you got any money? ◊ *J'ai besoin d'argent.* I need some money. **2** (*métal*) silver : *une bague en ~* a silver ring LOC **argent de poche** pocket money **argent liquide** cash *Voir aussi* JETER, NOCE, PLAQUÉ

argenté, -e *pp, adj* **1** (*couleur*) silver : *peinture argentée* silver paint **2** (*recouvert d'argent*) silver-plated

argenterie *nf* silverware

argile *nf* clay

argot *nm* **1** (*langage familier*) slang **2** (*jargon*) jargon : *l'argot militaire* military jargon

argument *nm* argument : *les ~s pour et les ~s contre* the arguments for and against

argumentation *nf* line of argument

aride *adj* **1** (*terre, sujet*) dry **2** (*climat*) arid

aristocrate *nmf* aristocrat

aristocratie *nf* aristocracy [*v sing ou pl*]

aristocratique *adj* aristocratic

arithmétique ◆ *adj* arithmetical ◆ *nf* arithmetic

armateur *nm* shipowner

armature *nf* **1** (*bâtiment*) framework **2** (*soutien-gorge*) underwiring : *un soutien-gorge à ~* an underwired bra

arme *nf* **1** (*gén*) weapon : *~s nucléaires* nuclear weapons ◊ *l'arme du crime* the murder weapon **2 armes** (*pour se battre*) arms : *un trafiquant d'armes* an arms dealer **3 armes** (*armoiries*) coat of arms [*sing*] [*pl* coats of arms] : *les ~s de la ville de Paris* the coat of arms of the city of Paris LOC **arme à feu** firearm **arme blanche** knife **prendre les armes** to take up arms *Voir aussi* PERMIS, TRAFIC

armé, -e *pp, adj* ~ **(de)** armed (**with** *sth*) : *Ils étaient ~s de massues.* They were armed with clubs. LOC *Voir* BÉTON, VOL ; *Voir aussi* ARMER

armée *nf* **1** (*gén*) army [*v sing ou pl*] [*pl* armies] : *s'engager dans l'armée* to join the army ◊ *~ de métier* professional army **2** (*service militaire*) : *Il est à l'armée.* He's doing his military service. LOC **armée de l'air** air force **armée de terre** army [*v sing ou pl*] [*pl* armies] *Voir aussi* ATTAQUE, ATTAQUER, CHEF

armements *nm* arms [*pl*] : *le contrôle des ~* arms control LOC *Voir* COURSE

armer ◆ *vt* **1** (*équiper*) to arm *sb* (**with** *sth*) : *Ils ont armé les soldats de fusils.* They armed the soldiers with guns. **2** (*appareil photo*) to wind *sth* on **3** (*arme à feu*) to cock ◆ **s'armer** *v pron* to arm yourself (**with** *sth*) : *Ils s'étaient armés de pieux.* They had armed themselves with stakes. LOC **s'armer de courage** to pluck up courage **s'armer de patience** to be patient

armistice *nm* armistice

armoire *nf* **1** (*gén*) cupboard **2** (*pour les vêtements*) wardrobe LOC **armoire à pharmacie** medicine cabinet

armoiries *nf* arms

armure *nf* armour [*indénombrable*] : *une ~* a suit of armour

arnaque *nf* (*vol*) rip-off [*indénombrable*] : *C'est de l'arnaque !* It's a rip-off.

arnaquer *vt* to rip *sb* off : *se faire ~* to get ripped off

arnaqueur, -euse *nm-nf* swindler

arobas (*aussi* **arobase**) *nm* (*Informatique*) at

> L'arobas @ se lit **at** : *paul@rednet.fr* se lit 'paul at rednet dot f r'.

aromate *nm* **1** (*herbe*) herb **2** (*épice*) spice **3 aromates** herbs and spices

aromatique *adj* aromatic

aromatisé, -e *pp, adj* ~ **(à)** flavoured (**with** *sth*) : *un yaourt ~ à la fraise* a strawberry-flavoured yoghurt

arôme *nm* **1** (*odeur*) aroma : *le bon ~ du café chaud* the delicious aroma of hot coffee **2** (*goût*) flavouring : *~ artificiel de vanille* artificial vanilla flavouring

arpenter *vt* to pace

arrache-pied LOC **d'arrache-pied** flat out

arracher *vt* **1** (*clou, poil*) to pull *sth* out : *Elle s'est arraché un cheveu blanc.* She pulled out a white hair. **2** (*plante*) to pull *sth* up : *~ les mauvaises herbes* to pull the weeds up **3** (*dent*) to take *sth* out : *Le dentiste lui a arraché une dent.* The dentist took his tooth out. **4** (*détacher*) to pull *sth* off : *~ l'étiquette d'une* *chemise* to pull the label off a shirt **5** (*saisir*) to snatch *sth* (**from sb**) : *Elle m'a arraché le journal des mains.* She snatched the newspaper from me. ◊ *On lui a arraché son sac dans la rue.* Her bag was snatched in the street. LOC **arracher les yeux à** to bite *sb's* head off : *Ne lui demande pas, il t'arracherait les yeux.* Don't ask him, he'll bite your head off. **s'arracher les cheveux** to tear your hair out : *C'est à s'arracher les cheveux !* It's enough to make you tear your hair out!

arrangement *nm* **1** (*disposition*) layout : *J'aime bien l'arrangement des pièces.* I like the layout of the rooms. **2** (*accord*) agreement : *parvenir à un ~.* to reach an agreement **3** (*Mus*) arrangement

arranger ◆ *vt* **1** (*régler, disposer, organiser*) to arrange : *Tout est arrangé.* It's all arranged. ◊ *C'est elle qui a arrangé les meubles.* She arranged the furniture. ◊ *Nous allons ~ une entrevue.* We're going to arrange a meeting. **2** (*réparer*) to fix : *Tu peux m'arranger ma montre ?* Can you fix my watch? **3** (*convenir*) to suit : *Demain ça ne m'arrange pas du tout.* Tomorrow doesn't suit me at all. ◆ **s'arranger** *v pron* **1** (*s'améliorer*) to get better, to improve (*plus sout*) : *Si la situation économique s'arrange...* If the economic situation improves... **2** (*bien finir*) to work out : *Au bout du compte tout s'est arrangé.* It all worked out in the end. **3** (*se mettre d'accord*) to arrange **to do sth** : *Elle s'est arrangée avec son mari pour prendre les enfants un week-end sur deux.* She and her husband arranged to take the children every other weekend. **4** (*se débrouiller*) to manage : *Il n'y a pas grand-chose à manger mais on s'arrangera.* There's not much food but we'll manage. ◊ *Elle s'est arrangée pour venir.* She managed to come. LOC **s'arranger à l'amiable** to come to a friendly agreement

arrestation *nf* arrest : *en état d'arrestation* under arrest

arrêt *nm* **1** (*gén*) stop : *Descends au prochain ~.* Get off at the next stop. ◊ *Nous avons fait plusieurs ~s en route.* We made several stops on the way. **2** (*travail*) halt : *Le manque de matériaux a entraîné un ~ du chantier.* Lack of materials brought the building work to a halt. LOC **arrêt de bus** bus stop **sans arrêt 1** (*sans interruption*) non-stop : *travailler sans ~* to work non-stop **2** (*tout le temps*) continually : *Elle pose sans ~ des questions.* She's continually asking questions. *Voir aussi* BANDE

arrêter ◆ *vt* **1** (*gén*) to stop : *Arrête la voiture.* Stop the car. **2** (*appréhender*) to arrest : *Dix personnes ont été arrêtées.* Ten people were arrested. **3** (*but*) to save **4** (*activité*) to give up *sth* : *~ le tennis/la cigarette* to give up tennis/smoking ◆ *vi* **1** to stop it : *Arrête, tu m'énerves !* Stop it, you're getting on my nerves! **2** *~* **de** to stop **doing sth** : *Arrête de crier !* Stop shouting! ◊ *Elle n'arrête pas de m'embêter.* She won't stop annoying me. ◆ **s'arrêter** *v pron* **1** to stop : *Ce train s'arrête dans toutes les gares.* This train stops at every station. ◊ *Je me suis arrêté pour parler à un ami.* I stopped to talk to a friend. **2 s'arrêter de** to stop **doing sth** : *Il s'est arrêté de travailler à 60 ans.* He stopped working at the age of 60. ☛ *Voir note sous* STOP LOC **s'arrêter net** to stop dead

arrhes *nf* deposit [*sing*] (**on sth**) : *verser 20 % d'arrhes* to pay a 20% deposit

arrière ◆ *adj* back : *sur le siège ~* on the back seat ◆ *nm* **1** back : *La ceinture de sécurité est obligatoire à l'arrière.* Seat belts are compulsory in the back. ◊ *à l'arrière de l'autobus* at the back of the bus ◊ *Asseyons-nous plus à l'arrière.* Let's sit further back. **2** (*Sport*) back : *~ droite/gauche* right/left back LOC **en arrière 1** (*dans la direction opposée*) backwards : *faire un pas en ~* to take a step backwards **2** (*derrière*) behind : *rester en ~* to stay behind *Voir aussi* MARCHE, REJETER

arriéré, -e *adj* **1** (*mentalement*) retarded **2** (*rétrograde*) outdated : *Il a des idées arriérées.* His ideas are outdated.

arrière-grand-mère *nf* great-grandmother

arrière-grand-père *nm* great-grandfather

arrière-grands-parents *nm* great-grandparents

arrière-pays *nm* hinterland

arrière-pensée *nf* ulterior motive : *sans ~* without any ulterior motive

arrière-petite-fille *nf* great-granddaughter

arrière-petit-fils *nm* great-grandson

arrière-petits-enfants *nm* great-grandchildren

arrière-plan *nm* background : *à l'arrière-plan* in the background

arrivant, -e *nm-nf* arrival : *les nouveaux ~s* the new arrivals

arrivée *nf* **1** (*gén*) arrival : *le panneau*

des ~s the arrivals board ◊ *Appelez-moi dès votre ~.* Call me as soon as you arrive. **2** (*Sport*) finish LOC *Voir* LIGNE

arriver ◆ *vi* **1** ~ **à/dans** (*gén*) to arrive **(at/in...)** : *Nous sommes arrivés à l'aéroport/l'hôpital à 5 heures.* We arrived at the airport/hospital at 5 o'clock. ◊ *~ à la maison* to arrive home ☛ *Voir note sous* ARRIVE **2** (*temps*) to come : *quand l'été arrivera* when summer comes ◊ *Il arrive un moment où...* There comes a time when... **3** ~ **(à)** (*survenir*) to happen **(to *sb*/*sth*)** : *Je ne sais pas ce qui lui est arrivé.* I don't know what's happened to him. **4** ~ **à** (*parvenir à*) to reach *sth* : *~ à une conclusion* to reach a conclusion **5** ~ **à faire qch** (*réussir*) to manage **to do sth** : *Elle n'est pas arrivée à le convaincre.* She didn't manage to convince him. **6** (*Sport*) to come : *~ second/troisième* to come second/third **7** ~ **à** (*grandeur*) to come up/down **to *sth*** : *Ma fille m'arrive à l'épaule.* My daughter comes up to my shoulder. ◊ *Ses cheveux lui arrivent aux épaules.* Her hair comes down to her shoulders. ◆ *v impers* **1** (*se produire*) to happen : *Il m'est arrivé une histoire incroyable.* An incredible thing happened to me. ◊ *Qu'est-ce qu'il t'arrive ?* What's happening to you? **2** (*événement occasionnel*) : *Il arrive que le moteur chauffe.* Sometimes the engine overheats. ◊ *Il lui arrive de partir sans prévenir personne.* He sometimes goes off without telling anybody. LOC **arriver à l'heure** to be on time **arriver en retard/avance** to be late/early **j'arrive !** coming! *Voir aussi* ÉCHÉANCE, MALHEUR

arrogance *nf* arrogance

arrogant, -e *adj* arrogant

arrondi, -e *pp, adj* rounded *Voir aussi* ARRONDIR

arrondir *vt* **1** (*rendre rond*) to make *sth* round : *Il a raboté le bord de la table pour l'arrondir.* He planed the edge of the table to make it round. **2** (*prix, chiffre*) to round *sth* up/down LOC **arrondir les angles** to smooth things over

arrondissement *nm* arrondissement : *le quatrième ~* the fourth arrondissement

arroser ◆ *vt* **1** (*plante, jardin*) to water **2** (*personne*) to spray : *Elle m'a arrosé avec le jet.* She sprayed me with the hose. **3** (*verser un liquide sur*) to cover *sth* **with sth** : *~ qch d'essence* to cover sth with petrol **4** (*Cuisine*) to baste *sth* **(in *sth*)** : *Bien ~ le poulet avec son jus.* Baste the chicken in its juices. **5** (*fêter*) to celebrate : *Nous avons arrosé son succès.* We celebrated her success. ◆ **s'arroser** *v pron* : *Ça s'arrose !* That calls for a drink!

arrosoir *nm* watering can

arsenal *nm* (*armes*) arsenal

art *nm* art : *une œuvre d'art* a work of art ◊ *l'art contemporain* contemporary art LOC **art martial** martial art **arts graphiques** graphic arts **arts plastiques** plastic arts

artère *nf* artery [*pl* arteries] LOC **grande artère** (*avenue*) main street

artichaut *nm* artichoke

article *nm* **1** (*gén*) article : *J'espère qu'ils vont publier mon ~.* I hope my article gets published. **2** (*Comm*) item **3 articles** (*produits*) goods : *~s de voyage/ménagers* travel/household goods **4** (*dictionnaire*) entry [*pl* entries] LOC **article défini/indéfini** definite/indefinite article **article de fond** feature

articulation *nf* **1** (*Anat*) joint **2** (*prononciation*) articulation LOC **articulation du doigt** knuckle

articuler ◆ *vt* (*mots*) to articulate ◆ *vi* to speak clearly : *Articule !* Speak clearly!

artifice *nm* LOC *Voir* FEU

artificiel, -ielle *adj* **1** (*fabriqué*) artificial : *lumière artificielle* artificial light **2** (*sourire, gentillesse*) forced LOC *Voir* INTELLIGENCE, POUMON, RESPIRATION

artillerie *nf* artillery : *~ légère/lourde* light/heavy artillery

artisan, -e *nm-nf* craftsman/woman [*pl* craftsmen/women]

artisanal, -e *adj* handmade

artisanat *nm* **1** (*activité*) craft **2** (*produits*) handicrafts [*pl*]

artiste *nmf* **1** (*gén*) artist **2** (*Cin, Théâtre*) actor [*fém* actress] **3** (*Mus*) artiste LOC **artiste peintre** painter

artistique *adj* artistic LOC *Voir* FLOU

as *nm* ace : *l'as de cœur* the ace of hearts ◊ *un as du volant* an ace driver ◊ *les as du cyclisme* cycling aces ☛ *Voir note sous* CARTE *Voir aussi* PLEIN

ascendant, -e ◆ *adj* (*mouvement, courbe*) upward ◆ *nm* (*Astrologie*) ascendant

ascenseur *nm* lift : *appeler l'ascenseur* to call the lift

ascension *nf* **1** (*montagne*) ascent **2 l'Ascension** (*fête*) Ascension Day

asiatique ◆ *adj* Asian ◆ **Asiatique** *nmf* Asian

Asie *nf* **l'Asie** Asia

asile *nm* **1** (*Polit*) asylum : *demander l'asile politique* to seek political asylum **2** (*psychiatrique*) psychiatric hospital LOC *Voir* DEMANDEUR

asocial, -e ◆ *adj* antisocial ◆ *nm-nf* misfit

aspect *nm* **1** (*apparence*) look : *Ce poisson a un drôle d'aspect.* That fish looks odd. **2** (*côté*) aspect : *l'aspect juridique* the legal aspect

asperge *nf* asparagus [*indénombrable*] : *Je n'aime pas les ~s.* I don't like asparagus.

asperger ◆ *vt* **1** (*légèrement*) to sprinkle *sb/sth* (***with sth***) : *Il a aspergé la chemise d'eau avant de la repasser.* He sprinkled his shirt with water before ironing it. **2** (*accidentellement*) to splash *sb/sth* (***with sth***) : *se faire ~* to get splashed ◆ *v pron* **s'asperger** to spray yourself (***with sth***) : *s'asperger de parfum* to spray yourself with perfume

asphalte *nm* Tarmac®

asphyxie *nf* suffocation, asphyxia (*plus sout*)

asphyxier ◆ *vt* **1** (*fumée, gaz*) to suffocate, to asphyxiate (*plus sout*) : *La fumée de l'incendie les a presque asphyxiés.* They nearly suffocated in the smoke from the fire. ◆ **s'asphyxier** *v pron* **1** (*se suicider*) to gas yourself : *Il s'est asphyxié au gaz.* He gassed himself. **2** (*étouffer*) to suffocate : *Ouvre la fenêtre, on va s'asphyxier !* Open the window, we're suffocating!

aspirateur *nm* Hoover® : *passer l'aspirateur* to hoover

aspiration *nf* **1** (*désir*) aspiration **2** (*d'air, de poussière*) sucking up

aspirer ◆ *vt* **1** (*respirer*) to sniff **2** (*liquide*) to sip **3** (*avec une paille*) to suck **4** (*machine*) to suck *sth* up ◆ *vi* ~ **à** to aspire ***to do sth*** : *~ à gagner un salaire convenable* to aspire to a decent salary

aspirine *nf* aspirin : *prendre une ~* to take an aspirin

assaillant, -e *nm-nf* assailant

assaillir *vt* to attack LOC **assaillir de questions** to bombard *sb* with questions

assainir *vt* **1** (*bâtiment, cours d'eau*) to clean *sth* up **2** (*air*) to purify

assaisonnement *nm* **1** (*épices*) seasoning **2** (*vinaigrette*) dressing : *La salade manque d'assaisonnement.* There's not enough dressing on the salad.

assaisonner *vt* **1** (*épicer*) to season *sth* (***with sth***) **2** (*avec de la vinaigrette*) to dress *sth* (***with sth***) : *~ une salade* to dress a salad

assassin, -e ◆ *adj* **1** (*regard*) murderous **2** (*remarque*) cutting ◆ *nm* murderer ☛ *Voir note sous* ASSASSINER

assassinat *nm* murder : *commettre un ~* to commit (a) murder LOC *Voir* TENTATIVE

assassiner *vt* to murder : *Il semble qu'il ait été assassiné.* He seems to have been murdered.

> Il existe également le verbe **to assassinate** et les noms **assassination** (*assassinat*) et **assassin** (*assassin*), mais on ne les utilise que pour parler d'un personnage important : *Qui a assassiné le ministre ?* Who assassinated the minister?

assaut *nm* assault LOC **prendre d'assaut** to storm *sth*

assécher ◆ *vt* to drain : *~ un marais* to drain a marsh ◆ **s'assécher** *v pron* **1** (*rivière, étang*) to dry up : *L'étang s'était asséché.* The pond had dried up. **2** (*terre*) to become dry

assemblage *nm* **1** (*action*) assembly : *l'assemblage des parties* the assembly of the parts **2** (*collection*) combination : *un ~ de couleurs* a combination of colours

assemblée *nf* **1** (*réunion*) meeting **2** (*parlement*) assembly [*pl* assemblies]

assembler ◆ *vt* **1** (*monter*) to assemble **2** (*unir*) to join *sth* (together) : *J'ai assemblé les deux morceaux.* I've joined the two pieces (together). ◆ **s'assembler** *v pron* to gather : *La foule s'assemblait sur la place.* The crowd gathered in the square.

asseoir ◆ *vt* to sit : *Il a assis le bébé dans sa poussette.* He sat the baby in her pushchair. ◆ **s'asseoir** *v pron* to sit (down) : *Asseyez-vouz.* Sit down, please. ◊ *On s'est assis par terre.* We sat (down) on the floor.

asservir *vt* to enslave

assez *adv* **1** (*suffisamment*) enough : *Je gagne ~ pour vivre.* I earn enough to live on. ◊ *Non, merci, nous avons ~ mangé.* No thank you, we've had enough. ◊ *Est-ce qu'il y en aura ~ ?* Will there be enough? **2** ~ **de** enough ***sth*** : *Nous n'avons pas ~ d'argent.* We haven't got enough money. **3** (*plutôt*) quite : *Il est ~ intelligent.* He's quite intelligent. ◊ *Ils lisent ~ bien pour leur âge.* They read quite well for their age. ☛ *Voir note sous* FAIRLY LOC **en avoir assez** to be fed up (*with sb/sth/doing sth*) : *J'en ai ~ de toi !* I'm fed up with you!

assidu, -e *adj* diligent

assiduité *nf* diligence LOC **avec assiduité** diligently

assiéger *vt* to besiege : *Nous avons été assiégés par les journalistes.* We were besieged by journalists.

assiette *nf* plate : *Encore une ~ de cassée !* There goes another plate! LOC **assiette anglaise** cold meats [*pl*] **assiette creuse** soup plate **assiette plate** dinner plate **ne pas être dans son assiette** to be out of sorts **petite assiette** dessert plate

assigner *vt* to assign *sth* ***to sb***

assimilation *nf* **1** (*gén*) assimilation : *ses capacités d'assimilation* his ability to assimilate knowledge **2** (*équivalence*) comparison

assimiler ◆ *vt* **1** (*connaissances*) to assimilate, to take *sth* in (*plus fam*) **2** (*digérer*) to digest : *J'assimile mal les oignons.* I can't digest onions. **3** (*comparer*) to compare *sth* ***to sth*** ◆ **s'assimiler** *v pron* **1** (*aliments*) to be digested : *des aliments qui s'assimilent mal* food which is difficult to digest **2** (*personne*) to become assimilated : *s'assimiler au pays* to become assimilated

assis, -e *pp, adj* sitting, seated (*plus sout*) : *Ils étaient ~ à table.* They were sitting at the table. ◊ *Ils sont restés ~.* They remained seated. LOC **être assis entre deux chaises** to be in an awkward position *Voir aussi* COUR ; *Voir aussi* ASSEOIR

assistance *nf* **1** (*présence*) attendance **2** (*à des malades*) care : *l'assistance médicale/sanitaire* medical/health care **3** (*audience*) audience [*v sing ou pl*] LOC **Assistance (publique)** welfare services [*pl*] : *un enfant de l'Assistance* a child in care

assistant, -e *nm-nf* assistant : *l'assistant d'anglais* the English assistant LOC **assistant de production** production assistant **assistant social** social worker

assister ◆ *vt* **1** (*seconder*) to assist : *Il l'assiste dans son travail.* He assists her in her work. **2** (*secourir*) to help : *~ un blessé* to help an injured person ◆ *vi* **~ à 1** (*être présent*) to attend *sth* : *~ à un cours/une réunion* to attend a lesson/meeting ◊ *Plus de 10 000 spectateurs ont assisté au match.* More than 10 000 spectators attended the match. **2** (*spectacle*) to watch *sth* **3** (*accident, meurtre*) to witness *sth* LOC *Voir* CONCEPTION, PUBLICATION

association *nf* **1** (*gén*) association : *~ d'idées* association of ideas **2** (*artisans*) guild LOC **association de défense des consommateurs** consumers' association **association de quartier** residents' association **association sportive** sports club

associé, -e ◆ *pp, adj* **1** (*d'un organisme*) associate : *membres ~s* associate members **2 ~ à** associated **with *sb/sth*** : *des légendes associées aux arcs-en-ciel* legends associated with rainbows ◆ *nm-nf* partner *Voir aussi* ASSOCIER

associer ◆ *vt* to associate *sth* (***with sth***) : *~ le beau temps aux vacances* to associate good weather with the holidays ◆ **s'associer** *v pron* to form a partnership (***to do sth***)

assoiffé, -e *pp, adj* **1** (*avoir soif*) thirsty **2 ~ de** (*avide*) hungry **for *sth*** : *~ de sang* hungry for blood

assombrir ◆ *vt* to darken ◆ **s'assombrir** *v pron* to get dark

assommant, -e *adj* **1** (*ennuyeux*) boring : *Quelle histoire assommante !* What a boring story! **2** (*agaçant*) tiresome : *Il est ~ !* He's so tiresome!

assommer *vt* **1** (*de coups*) to knock *sb* out **2** (*nouvelle*) to leave *sb* speechless : *Cela m'a complètement assommé.* It left me speechless. **3** (*ennuyer*) to bore : *Ça m'assomme d'y aller.* What a bore to have to go there.

assorti, -e *pp, adj* **1** (*en harmonie*) matching : *Elle porte une jupe et une veste assorties.* She's wearing a skirt and matching jacket. ◊ *Les boucles d'oreille sont assorties au collier.* The earrings match the necklace. **2** (*varié*) assorted : *chocolats ~s* assorted chocolates *Voir aussi* ASSORTIR

assortiment *nm* assortment

assortir ◆ *vt* ~ **(à/avec)** to match *sth* (***with sth***) : *~ un pull à un pantalon* to match a jumper with a pair of trousers ◆ **s'assortir** *v pron* to match : *Ces tons s'assortissent bien.* These shades match.

assoupir ◆ *vt* to send *sb* to sleep ◆ **s'assoupir** *v pron* to nod off

assouplir ◆ *vt* to soften ◆ **s'assouplir** *v pron* to get softer : *Tes chaussures finiront par s'assouplir.* Your shoes will get softer.

assouplissement *nm* relaxing LOC **faire des assouplissements** to warm up

assouplisseur *nm* (fabric) softener

assourdir *vt* **1** (*personne*) to deafen **2** (*bruit*) to deaden

assourdissant, -e *adj* **1** (*bruit*) deafening : *un bruit ~* a deafening noise **2** (*bavard*) talkative

assouvir *vt* to satisfy

assujetti, -e *pp, adj* subject ***to sth*** *Voir aussi* ASSUJETTIR

assujettir *vt* **1** (*astreindre*) to subject *sb* ***to sth*** **2** (*soumettre*) to subjugate : *~ une nation* to subjugate a nation

assumer *vt* **1** (*responsabilité*) to take : *~ la responsabilité des dommages* to take responsibility for the damage **2** (*accepter*) to come to terms with *sth* : *Elle n'assume pas bien sa grossesse.* She hasn't come to terms with being pregnant.

assurance *nf* **1** (*confiance en soi*) self-confidence : *Il a beaucoup d'assurance.* He's very confident. **2** (*police*) insurance [*indénombrable*] **3** (*promesse*) assurance LOC **assurance automobile** car insurance **assurance maladie** health insurance **assurance tous risques** comprehensive insurance **assurance voyage** travel insurance **avec assurance** confidently : *Elle parle français avec ~.* She speaks French confidently.

assurance-vie *nf* life insurance [*indénombrable*] : *prendre une ~* to take out life insurance

assuré, -e ◆ *pp, adj* **1** (*confiance en soi*) confident **2** (*certain*) sure ◆ *nm-nf* (*assurance*) policyholder *Voir aussi* ASSURER

assurer ◆ *vt* **1** (*affirmer*) to assure *sb* ***of sth/that...*** : *Elle nous assure qu'elle ne les a pas vus.* She assures us she didn't see them. **2** (*contrat d'assurance*) to insure *sb/sth* (**against sth**) : *Je veux ~ la voiture contre l'incendie et le vol.* I want to insure my car against fire and theft. **3** (*effectuer*) : *Ce train assure la liaison entre Paris et Beauvais.* The train runs between Paris and Beauvais. **4** (*garantir*) to ensure : *pour ~ l'avenir de leurs enfants* in order to ensure their children have a future ◆ **s'assurer** *v pron* **1** (*vérifier*) to make sure (***of sth/that...***) : *Assure-toi que tu as bien fermé les fenêtres.* Make sure you've closed the windows properly. ◊ *s'assurer que tout marche* to ensure that everything works **2** (*assurance*) to insure yourself (***against sth***) : *s'assurer contre les accidents* to insure yourself against accidents **3** (*se pourvoir*) to secure *sth* : *Elle s'est assuré une bonne retraite.* She has secured a good pension. **4** (*se garantir*) to make sure (***of sth***) : *s'assurer d'une place* to make sure of a seat LOC **assurer le logement** to provide *sb* with accommodation **assurer la correspondance** to connect *with sth*

assureur *nm* insurer

astérisque *nm* asterisk

astéroïde *nm* asteroid

asthmatique *adj* asthmatic

asthme *nm* asthma

asticot *nm* maggot

astiquer *vt* to polish

astre *nm* star

astrologie *nf* astrology

astrologique *adj* astrological

astrologue *nmf* astrologer

astronaute *nmf* astronaut

astronome *nmf* astronomer

astronomie *nf* astronomy

astronomique *adj* astronomical

astuce *nf* **1** (*habileté*) shrewdness : *être plein d'astuce* to be very shrewd **2** (*tactique*) trick : *J'ai une ~ pour ouvrir les bocaux.* I've got a trick to open jars.

astucieux, -ieuse *adj* **1** (*habile*) shrewd : *un homme très ~* a very shrewd man **2** (*malicieux*) cunning : *Ils ont mis au point un plan ~.* They devised a cunning plan.

asymétrique *adj* asymmetric LOC *Voir* BARRE

atchoum ! *excl* atishoo!

La personne qui éternue s'excuse généralement en disant **excuse me!** Les gens qui l'entourent peuvent répondre **bless you!**, bien que souvent, on ne dise rien.

atelier *nm* **1** (*local, séance de travail*) workshop : *un ~ de théâtre* a theatre workshop **2** (*Mécan*) garage **3** (*Art*) studio [*pl* studios]

atermoiement *nm* procrastination

athée *adj* atheist : *être ~* to be an atheist

athéisme *nm* atheism

athlète *nmf* athlete

athlétique *adj* athletic

athlétisme *nm* athletics [*sing*]

atlantique ◆ *adj* Atlantic ◆ **Atlantique** *nm* **l'Atlantique** the Atlantic (Ocean)

atlas *nm* atlas [*pl* atlases]

atmosphère *nf* atmosphere : *une ~ polluée* a polluted atmosphere ◊ *une ~ pesante/tendue* a stuffy/uneasy atmosphere

atmosphérique *adj* atmospheric

atome *nm* atom LOC **avoir des atomes crochus** to hit it off *with sb*

atomique *adj* atomic

atomiseur *nm* spray [*pl* sprays]

atout *nm* **1** (*Cartes*) trump **2** (*recours*) asset : *L'expérience est ton meilleur ~.* Experience is your greatest asset.

atroce *adj* **1** (*horrible*) horrific : *un incendie ~* a horrific fire **2** (*mauvais*) awful : *Il fait un temps ~.* The weather is awful.

atrocement *adv* **1** (*horriblement*) dreadfully : *souffrir ~* to suffer dreadfully **2** (*excessivement*) terribly : *Elle est ~ laide.* She's terribly ugly.

atrocité *nf* atrocity [*pl* atrocities]

attachant, -e *adj* **1** (*personne*) charming **2** (*animal*) sweet

attache *nf* fastening

attaché, -e ◆ *pp, adj* fastened : *Les bagages étaient bien ~s.* The luggage was tightly fastened. ◆ *nm-nf* attaché LOC **être attaché à** to be fond of *sb/sth* : *Nous sommes très ~s à notre chien.* We're very fond of our dog. *Voir aussi* ATTACHER

attachement *nm* ~ **(pour)** affection **for *sb/sth***

attacher ◆ *vt* **1** (*avec un lien*) to tie *sb/sth* (up) : *Ils nous ont attaché les mains.* They tied our hands. ◊ *Ils l'ont attaché avec une corde.* They tied him up with a rope. **2** (*joindre*) to fasten : *~ des papiers avec un trombone* to fasten papers together with a paper clip **3** (*accorder*) to attach : *~ beaucoup d'importance à la réussite* to attach a lot of importance to success ◆ *vi* to stick : *Cette casserole attache.* This pan sticks. ◆ **s'attacher** *v pron* **1** (*vêtement*) to fasten : *Ce chemisier s'attache derrière.* This blouse fastens behind. **2 s'attacher à** (*personne*) to get attached **to *sb/sth***

attaquant, -e *nm-nf* **1** (*gén*) attacker **2** (*Foot*) striker

attaque *nf* **1** ~ **(contre)** attack (**on *sb/sth***) **2** (*dans la rue*) mugging **3** (*crise cardiaque*) heart attack **4** (*Foot, Rugby*) break LOC **à l'attaque !** charge! **attaque à main armée** hold-up : *Ils ont commis une ~ à main armée dans une bijouterie.* They held up a jeweller's shop. **être d'attaque** to be on form

attaquer ◆ *vt* **1** (*gén*) to attack **2** (*dans la rue*) to mug : *Je me suis fait ~ dans le métro.* I was mugged on the underground. **3** (*magasin, banque*) to raid **4** (*confronter*) to tackle : *~ un problème* to tackle a problem ◆ **s'attaquer** *v pron* **s'attaquer à** to tackle *sth* : *s'attaquer au problème* to tackle the problem LOC **attaquer à main armée** to hold *sb/sth* up : *~ une agence de la Banque Centrale à main armée* to hold up a branch of the Central Bank

attardé, -e *pp, adj* **1** (*en retard*) late **2** (*région*) backward **3** (*personne*) retarded *Voir aussi* ATTARDER

attarder ◆ *vt* to delay ◆ **s'attarder** *v pron* **1** (*rester, traîner*) to stay late : *s'attarder au bureau* to stay late at the office ◊ *s'attarder chez qn* to stay on at sb's place **2 s'attarder sur** (*sujet*) to dwell **on *sth***

atteindre *vt* **1** (*gén*) to reach : *Je ne peux pas l'atteindre.* I can't reach. **2** (*réaliser*) to achieve : *~ ses objectifs* to achieve your objectives **3** (*affecter*) to affect : *Cela ne m'atteint absolument pas !* It doesn't affect me at all. ◊ *La côte a été fort atteinte par la marée noire.* The coast was seriously affected by the oil slick. **4 être atteint de** (*maladie*) to be suffering **from *sth***

atteinte *nf* attack : *une ~ à la liberté* an attack on freedom.

attelage *nm* **1** (*chevaux, équipe*) team [*v sing ou pl*] **2** (*équipage*) carriage

atteler ◆ *vt* **1** (*cheval*) to harness **2** (*bœufs*) to yoke ◆ **s'atteler** *v pron* **s'atteler à** to knuckle down **to *sth***

attelle *vt* splint : *mettre une ~ à qch* to put sth in a splint

attenant, -e *adj* adjoining : *la grange attenante à la maison* the barn adjoining the house

attendre ◆ *vt* **1** to wait for *sb/sth*, to expect *sb/sth*

> Les deux verbes **to wait**, **to expect** signifient *attendre* mais ne sont pas interchangeables :
>
> **To wait** indique qu'une personne attend, sans rien faire d'autre, que quelqu'un arrive ou que quelque chose se passe : *Attends-moi, s'il te plaît.* Wait for me, please. ◊ *J'attends le bus.* I'm waiting for the bus. ◊ *Nous attendons qu'il s'arrête de pleuvoir.* We are waiting for it to stop raining.
>
> **To expect** s'utilise quand ce qui est attendu est logique et très probable : *Il y avait plus de circulation que je n'attendais.* There was more traffic than I expected. ◊ *J'attendais une lettre de lui hier, mais je n'en ai pas reçu.* I was expecting a letter from him yesterday, but didn't receive one. Si une femme est enceinte on utilise également **expect** : *Elle attend un bébé.* She's expecting a baby.

2 ~ **qch de qn** (*vouloir*) to expect **sth of**

sb : *Qu'est-ce que tu attends de moi ?* What do you expect of me? ◆ *vi* to wait : *J'en ai marre d'attendre.* I'm fed up with waiting. ◆ **s'attendre** *v pron* **s'attendre à** to expect *sth* : *Je m'attends au pire.* I'm expecting the worst. ◊ *Je ne m'attendais pas à la voir.* I didn't expect to see her. LOC **attends !** hold on! : *Attends, nous y sommes presque.* Hold on, we're almost there. **en attendant 1** (*pendant ce temps*) in the meantime **2** (*cependant*) all the same : *En attendant, ça ne me plaît pas trop.* All the same, I'm not too happy with it. **faire attendre** to keep *sb* waiting : *Ils nous ont fait ~ pendant plus d'une heure.* They kept us waiting for over an hour.

attendrir *vt* to move LOC **se laisser attendrir** to feel sorry *for sb*

attendrissant, -e *adj* touching

attentat *nm* **1** (*attaque*) attack (**on sb/ sth**) : *un ~ contre un quartier général de l'armée* an attack on an army headquarters **2** (*tentative d'assassinat*) attempt on *sb's* life : *un ~ contre deux députés* an attempt on the lives of two MPs

attente *nf* **1** (*période*) wait : *L'attente a été interminable.* The wait seemed endless. **2** (*fait d'attendre*) waiting : *L'attente a touché à sa fin.* The waiting came to an end. **3** (*état de conscience*) expectation : *répondre à l'attente de qn* to live up to sb's expectations ◊ *contre toute ~* against all expectations LOC **être dans l'attente de** to be awaiting *sth* : *Nous sommes dans l'attente de sa décision.* We're awaiting his decision. *Voir aussi* FILE, SALLE

attenter *vi* LOC **attenter à la vie de** to make an attempt on *sb's* life : *Ils ont attenté à la vie du juge.* They made an attempt on the judge's life.

attentif, -ive *adj* attentive LOC **être attentif** (*prêter attention*) to pay attention (*to sth*) **rester attentif** to keep your eyes peeled

attention *nf* attention : *Votre ~ s'il vous plaît !* Attention, please! LOC **attention !** look out! : *~ ! Une voiture arrive.* Look out! There's a car coming. ◊ *~ chien méchant !* Beware of the dog! ◊ *~ à la marche !* Mind the step! **avec attention** attentively **faire attention** to be careful : *Fais ~ avec cette cruche !* Be careful with that jug! ◊ *Si je ne fais pas ~, je vais rater le train.* I'll miss the train if I'm not careful. **faire attention à** to pay attention to *sb/sth* : *Ils ne font pas ~ à ce que dit le professeur.* They don't pay any attention to what the teacher says. *Voir aussi* PRÊTER

attentionné, -e *adj* ~ **envers** considerate **towards sb** : *Il était très ~ envers sa grand-mère.* He was very considerate towards his grandmother.

atténuant, -e *adj* mitigating : *circonstances atténuantes* mitigating circumstances

atténuer *vt* **1** (*douleur*) to ease **2** (*couleur, texte*) to tone *sth* down : *~ le ton d'une lettre* to tone down a letter

atterrir *vi* to land : *Nous allons ~ à Roissy.* We shall be landing at Roissy.

atterrissage *nm* landing LOC **atterrissage en douceur** soft landing **atterrissage forcé** emergency landing *Voir aussi* TRAIN

attester *vt* to testify

attirail *nm* **1** (*équipement*) gear : *~ de pêche* fishing gear **2** (*bazard*) paraphernalia : *Il est arrivé avec tout son ~.* He arrived with all his paraphernalia.

attirance *nf* attraction : *ressentir de l'attirance pour qn* to be attracted to sb

attirant, -e *adj* attractive : *C'est une personne très attirante.* He's a very attractive person.

attirer ◆ *vt* **1** (*gén*) to attract : *~ les touristes* to attract tourists ◊ *La lumière attire les papillons de nuit.* Light attracts moths. **2** (*idée*) to appeal **to sb** ◆ **s'attirer** *v pron* **1** (*problèmes, ennuis*) to bring *sth* on yourself **2** (*louanges*) to receive *sth* LOC **s'attirer des ennuis** to get into trouble : *Elle s'est attiré beaucoup d'ennuis.* She's got into a lot of trouble.

attiser *vt* **1** (*feu*) to poke **2** (*désir*) to kindle

attitude *nf* attitude (**to/towards sb/ sth**) : *changer d'attitude* to change your attitude

attraction *nf* attraction : *une ~ touristique* a tourist attraction LOC *Voir* PARC

attrait *nm* attraction : *l'attrait des grandes villes* the attraction of big cities

attraper *vt* **1** (*gén*) to catch : *~ une balle* to catch a ball ◊ *Si j'attrape ce petit morveux, je le tue.* If I catch the little brat I'll kill him. ◊ *~ un rhume* to catch a cold **2** (*saisir*) to grab : *Il m'a attrapé par le bras.* He grabbed me by the arm. **3** (*recevoir*) to get : *~ une amende* to get a fine **4** (*accent*) to pick *sth* up LOC **attraper la main dans le sac** to catch *sb* red-handed **se faire attraper** to get a telling-off *Voir aussi* FROID

attrayant, -e *adj* attractive

attribuable *adj* ~ **à** attributable **to** ***sb/ sth***

attribuer ◆ *vt* **1** (*donner*) to allocate : ~ *un numéro à chaque joueur* to allocate a number to each player **2** (*comme cause*) to put *sth* down ***to sth*** : *J'attribue mon échec à la malchance.* I put my lack of success down to bad luck. **3** (*associer*) to attribute : ~ *un tableau à Monet* to attribute a painting to Monet **4** (*prix*) to award *sth* ***to sb*** ◆ **s'attribuer** *v pron* to claim *sth* : *Il s'est attribué toutes les louanges.* He has claimed all the credit.

attribut *nm* attribute

attribution *nf* **1** (*numéro, place*) allocation **2** (*œuvre*) attribution **3** (*prix, bourse*) award

attristant, -e *adj* sad

attrister ◆ *vt* to sadden ◆ **s'attrister** *v pron* **s'attrister (de)** to be sad (**because of/about *sth***)

attroupement *nm* crowd

s'attrouper *v pron* to gather (***round sb/ sth***)

atypique *adj* atypical

aubaine *nf* **1** (*chance inespérée*) godsend : *C'est une véritable ~ !* It's a real godsend! **2** (*profit inattendu*) windfall

aube *nf* dawn : *Nous nous sommes levés à l'aube.* We got up at dawn.

auberge *nf* inn LOC **auberge de jeunesse** youth hostel

aubergine *nf* **1** (*légume*) aubergine **2** (*personne*) traffic warden

auburn *adj* auburn

aucun, -e ◆ *adj* no, any

> On utilise **no** quand le verbe anglais est à la forme affirmative : *Aucun élève n'est encore arrivé.* No pupils have arrived yet. ◊ *Il n'a montré aucun enthousiasme.* He showed no enthusiasm. **Any** s'utilise quand le verbe anglais est à la forme négative : *Il n'a visité aucun musée pendant son séjour.* He didn't go to any museums during his trip.

◆ *pron* **1** none : *Il y en avait trois, mais il n'en reste ~.* There were three, but there are none left. ◊ ~ *des participants n'a donné la bonne réponse.* None of the participants got the right answer.

audace *nf* **1** (*hardiesse*) boldness **2** (*arrogance*) audacity : *Elle a eu l'audace de lui tenir tête.* She had the audacity to stand up to him.

audacieux, -ieuse *adj* bold

au-dedans inside : *peint ~* painted on the inside LOC **au-dedans de** inside *sth*

au-delà ◆ *adv* further : *Tu n'as pas le droit d'aller ~.* You are not allowed to go any further. ◊ *La borne est située bien ~.* The boundary is much further on. ◆ *nm* **l'au-delà** the afterlife LOC **au-delà de** beyond *sth* : ~ *des montagnes c'est la mer.* Beyond the mountains is the sea.

au-dessous *adv* underneath LOC **au-dessous de** below : *15 degrés au-dessous de zéro* 15 degrees below zero

au-dessus

a painting **above/ over** a bookcase

a house **above** a village

a cover **over** an armchair

jumping **over** a fence

au-dessus *adv* **1** (*gén*) above **2** (*appartement*) upstairs : *Ils habitent ~.* They live upstairs. **3** (*supériorité*) over : *les gens de 30 ans et ~* people aged 30 and over ◊ *la taille ~* the next size up LOC **au-dessus de 1** (*en hauteur de*) above : *L'eau nous arrivait ~ des genoux.* The water came above our knees. ◊ *un degré ~ de zéro* one degree above zero **2** (*pardessus*) over : *voler ~ d'une ville* to fly over a town **3** (*de supériorité*) above : *Il est ~ des autres.* He is above the rest. ◊ *Pour lui, il n'y a rien ~ des huîtres.* Nothing beats oysters for him.

audible *adj* audible

audience *nf* audience : *l'émission au plus fort taux d'audience* the programme with the largest audience

audiovisuel, -elle *adj* audio-visual

audit *nm* audit

auditer *vt* to audit

auditeur, -trice *nm-nf* **1** (*Radio*) listener **2** (*Fin*) auditor LOC **auditeur libre** unregistered student

audition *nf* **1** (*ouïe*) hearing : *perdre l'audition* to lose your hearing

2 (*examen*) audition : *passer une ~* to go for an audition

auditionner *vt, vi* to audition

auditoire *nm* audience

auditorium *nm* concert hall

augmentation *nf* **1** (*nombre, quantité*) rise, increase (*plus sout*) (***in sth***) : *une ~ de la population* an increase in population ◊ *une ~ de personnel* an increase in personnel **2** (*salaire*) rise : *demander une ~* to ask for a rise

augmenter ◆ *vt* **1** (*nombre, quantité*) to increase : *La revue a augmenté sa diffusion.* The magazine increased its circulation. **2** (*donner plus d'argent*) to give *sb* a rise : *J'ai été augmentée le mois dernier.* I got a rise last month. ◆ *vi* **1** (*quantité*) to increase : *La population augmente.* The population is increasing. **2** (*prix*) to go up : *Les cigarettes vont ~.* Cigarettes are going up. **3** (*température*) to rise

augure *nm* omen LOC **être de bon/mauvais augure** to be a good/bad sign

aujourd'hui *adv* **1** (*ce jour-ci*) today : *Il faut qu'on le termine ~.* We've got to get it finished today. **2** (*actuellement*) nowadays : *~, l'emploi de ce terme n'est pas concevable.* Nowadays the use of this term would be inconceivable. LOC **d'aujourd'hui 1** (*de ce jour même*) : *le journal d'aujourd'hui* today's paper ◊ *Ce pain n'est pas d'aujourd'hui.* This bread isn't fresh. **2** (*actuel*) : *la musique d'aujourd'hui* present-day music

aumône *nf* LOC **faire l'aumône** to give money *to sb* *Voir aussi* DEMANDER

auparavant *adv* **1** (*d'abord*) first : *~, lavez-vous les mains.* Wash your hands first. **2** (*dans le passé*) previously : *~ il n'y avait pas l'électricité dans la maison.* Previously the house had no electricity.

auréole *nf* **1** (*Relig*) halo **2** (*tache*) ring

auriculaire *nm* little finger

aurore *nf* dawn

auspices *nm* auspices : *sous les ~ des Nations Unies* under the auspices of the United Nations LOC **sous de bons auspices** propitiously

aussi *adv* **1** (*utilisé seul*) also, too, as well

> **Too** et **as well** s'utilisent généralement en fin de phrase : *Moi aussi je veux y aller.* I want to go too/as well. ◊ *Je suis arrivé en retard aussi.* I was late too/as well. **Also** est la variante plus formelle et se place devant le verbe principal ou derrière un auxiliaire : *Ils vendent aussi des chaussures.* They also sell shoes.

2 (*devant un adjectif/adverbe*) so : *Je ne crois pas qu'il soit ~ naïf.* I don't think he's so naive. ◊ *Je ne pensais pas que tu arriverais ~ tard.* I didn't think you'd be so late. ◊ *Je n'avais jamais eu ~ faim.* I'd never been so hungry. **3** (*avec un nom*) such : *Je ne m'attendais pas à un cadeau ~ cher.* I wasn't expecting such an expensive present. **4** (*emphatique*) : *Quelle idée ~ d'aller caresser ce chien !* What a stupid idea to pat that dog! LOC **aussi... que...** as... as... : *Il est ~ élégant que son père.* He's as smart as his father. ◊ *~ vite que possible* as soon as possible **moi, toi, etc. aussi** me, you, etc. too : *« Je veux un sandwich. — Moi ~. »* 'I want a sandwich.' 'Me too.'

aussitôt *adv* immediately : *Il est parti ~.* He left immediately. ◊ *L'ambulance est arrivée ~ après.* The ambulance arrived immediately after. LOC **aussitôt dit, aussitôt fait** no sooner said than done **aussitôt (que)...** as soon as... : *Je l'ai reconnu ~ que je l'ai vu.* I recognized him as soon as I saw him. ◊ *~ que possible* as soon as possible ◊ *Il s'est mis au travail ~ arrivé.* He started work as soon as he arrived.

austère *adj* austere

austérité *nf* austerity

Australie *nf* **l'Australie** Australia

australien, -ienne ◆ *adj* Australian ◆ **Australien, -ienne** *nm-nf* Australian

autant *adv* **1** (*tellement*) so much [*pl* so many] : *Pourquoi est-ce que tu en as acheté ~ ?* Why did you buy so many? **2** (*la même quantité*) as much/as many again : *Il m'a payé 500 euros et me doit encore ~.* He's paid me 500 euros and still owes me as much again. **3** (*la même chose*) the same : *Il a eu tout juste, tâche d'en faire ~.* He got everything right — try to do the same **4** (*aussi*) just as : *Ils sont ~ coupables.* They are just as guilty. ◊ *Ils sont ~ responsables que nous.* They are just as responsible as we are. **5** (*elliptique*) : *~ son frère est poli, ~ elle est impolie.* She's as rude as her brother is polite. ◊ *~ abandonner tout de suite.* We might as well give up now. LOC **autant... que... 1** (+ *nom indénombrable*) as much... as... : *J'ai bu ~ de bière que toi.* I drank as much beer as you. ◊ *Pleure ~ que tu veux.* Cry as much as you like. **2** (+ *nom pluriel*) as many... as... : *Nous n'avons pas ~ d'amis qu'avant.* We haven't got as many friends as we had before. **d'autant moins que...** : *J'ai d'autant moins envie d'y aller qu'elle y sera.* I'm even less keen on going since she'll be there. **d'autant plus !** all the more reason! **d'autant (plus) que...** especially since... : *Tu devrais lui parler, d'autant plus qu'il repart demain.* You should speak to him, especially since he's leaving tomorrow. **(pour) autant que...** as far as... : *Pour ~ que je puisse en juger...* As far as I can judge... ◇ *~ que je sache* as far as I know

autel *nm* altar

auteur *nm* **1** (*écrivain*) author **2** (*crime*) perpetrator

auteur-compositeur *nm* singer-songwriter

authenticité *nf* authenticity

authentifier *vt* to authenticate

authentique *adj* genuine, authentic (*plus sout*)

auto *nf* car LOC **autos tamponneuses** dodgems : *faire des ~s tamponneuses* to go on the dodgems

autobiographie *nf* autobiography [*pl* autobiographies]

autobiographique *adj* autobiographical

autobus *nm* bus LOC *Voir* IMPÉRIAL

autocar *nm* coach

autocollant *nm* sticker LOC *Voir* ENVELOPPE

autocuiseur *nm* pressure cooker ☛ *Voir illustration sous* SAUCEPAN

autodéfense *nf* self-defence

autodidacte *adj, nmf* self-taught [*adj*] : *Il était en grande partie ~.* He was basically self-taught.

auto-école *nf* driving school

autographe *nm* autograph

automatique *adj* automatic LOC *Voir* CONSIGNE, DISTRIBUTEUR, GUICHET, PILOTE, PRÉLÈVEMENT, RÉPONDEUR, VIREMENT

automatisation *nf* automation

automatisé, -e *pp, adj* automated

automnal, -e *adj* autumnal

automne *nm* autumn : *en ~* in (the) autumn

automobile ◆ *nf* car ◆ *adj* **1** (*gén*) car [*n attrib*] : *constructeurs ~s* car manufacturers ◇ *l'industrie ~* the car industry **2** (*Sport*) motor [*n attrib*] : *sport ~* motor racing LOC *Voir* ASSURANCE, COUREUR, COURSE

automobiliste *nmf* motorist

autonome *adj* autonomous

autonomie *nf* **1** (*politique*) autonomy **2** (*indépendance*) independence : *l'autonomie du pouvoir judiciaire* the independence of the judiciary

autonomiste *adj* separatist : *mouvements ~s* separatist movements

autopont *nm* flyover

autoportrait *nm* self-portrait

autopsie *nf* post-mortem

autorisation *nf* permission : *demander l'autorisation de faire qch* to ask permission to do sth

autorisé, -e *pp, adj* authorized LOC **non autorisé** unauthorized *Voir aussi* AUTORISER

autoriser *vt* **1** (*action*) to authorize : *Ils n'ont pas autorisé la grève.* The strike wasn't authorized. **2** (*donner le droit de*) to give *sb* the right ***to do sth*** : *Cette carte vous autorise à emprunter trois livres.* This ticket gives you the right to borrow three books.

autoritaire *adj* bossy : *Tu es très ~.* You're very bossy.

autorité *nf* authority [*pl* authorities]

autoroute *nf* motorway [*pl* motorways] LOC **autoroute de l'information** information superhighway

auto-stop *nm* hitch-hiking LOC **en auto-stop** : *Je suis venu en ~.* I hitch-hiked. **faire de l'auto-stop** to hitch-hike

auto-stoppeur, -euse *nm-nf* hitch-hiker

autosuffisance *nf* self-sufficiency

autour *adv* around : *Qu'est-ce qu'il y a ~ ?* What is there around? LOC **autour de 1** (*près de*) around : *les personnes ~ de moi* the people around me **2** (*approximativement*) about : *Nous arriverons ~ de dix heures et demie.* We'll get there at about half past ten.

autre ◆ *adj* **1** other : *Est-ce que tu as d'autres couleurs ?* Have you got any other colours? ◇ *l'autre soir* the other night ◇ *mon ~ frère* my other brother ◇ *les ~s étudiants* (the) other students **2 un autre, une autre** another : *une ~ fois* on another occasion ◇ *Il y a un ~ train à 5 heures.* There's another train at 5 o'clock.

> Quelquefois **another** suit un nombre et un nom au pluriel : *Il me reste trois ~s examens.* I've got another three exams to do. On peut également dire dans ce cas : *I've got three more exams.*

◆ *pron* another (one) [*pl* others] : *Est-ce que tu en as un ~ ?* Have you got another (one)? ◇ *Je n'aime pas ceux-ci. Vous en avez d'autres ?* I don't like these ones. Have you got any others? ◇ *Les ~s sont restés chez eux.* The others stayed at home. ◊ *aider les ~s* to help others ☛ **L'autre** se traduit par *the other one* : *Où est l'autre ?* Where's the other one? LOC **à d'autres !** pull the other one! **autre chose** something else : *Je voulais te dire ~ chose.* There was something else I wanted to tell you.

Si la proposition est négative on peut employer **nothing else** ou **anything else**, suivant s'il y a ou non une particule négative dans la phrase : *Ils n'ont pas pu faire autre chose.* They couldn't do anything else / They could do nothing else.

d'autre else : *Si tu as quelque chose d'autre à me dire...* If you've got anything else to tell me... ◊ *Quelqu'un d'autre ?* Anyone else? ◊ *personne d'autre* nobody else ◊ *Il n'y a rien d'autre.* There's nothing else/There isn't anything else. ◊ *Que puis-je faire d'autre pour vous ?* What else can I do for you? **d'un autre côté** on the other hand **l'un que l'autre** : *Ils sont aussi bêtes l'un que l'autre.* One is as stupid as the other. **ni l'un ni l'autre** neither one : *Je ne veux ni l'un ni l'autre.* I don't want either one.

autrefois *adv* in the past LOC **d'autrefois** old : *les coutumes d'autrefois* old customs

autrement *adv* **1** (*d'une autre manière*) differently : *s'habiller ~* to dress differently ◊ *Il n'a pas pu faire ~.* There was nothing else he could do. ◊ *Tu vas me parler ~ !* Don't speak to me like that! **2** (*sinon*) or else : *Ouvre, ~ j'appelle la police.* Open up, or else I'll call the police. **3** (*dans une comparaison*) much : *~ plus grand/moins cher* much bigger/cheaper LOC **autrement dit** in other words : *~ dit, tu t'en fiches.* In other words, you don't care.

Autriche *nf* **l'Autriche** Austria

autrichien, -ienne ◆ *adj* Austrian ◆ **Autrichien, -ienne** *nm-nf* Austrian

autruche *nf* ostrich

autrui *pron* LOC **d'autrui 1** (*de quelqu'un d'autre*) somebody else's : *agir pour le compte d'autrui* to act on somebody else's behalf **2** (*des autres*) other people's : *se mêler des affaires d'autrui* to interfere in other people's business

auvent *nm* awning

auxiliaire ◆ *adj* auxiliary : *un verbe ~* an auxiliary verb ◆ *nmf* assistant

s'avérer *v pron* **1** (+ *adj*) to prove : *Cela pourra s'avérer utile.* It may prove useful. **2 s'avérer que...** to turn out **(that)...** : *s'il s'avérait que le tableau était un faux* if it turned out that the painting was a fake

avachi, -e *pp, adj* (*personne*) slouched : *être ~ dans le canapé* to be slouched on the sofa

aval *adj* (*ski*) downhill LOC **en aval** downstream

avalanche *nf* avalanche

avaler *vt, vi* to swallow : *J'ai mal à la gorge quand j'avale.* My throat hurts when I swallow. ◊ *J'ai avalé un noyau d'olive.* I swallowed an olive stone. ◊ *Il avale tout ce qu'on lui dit.* He swallows everything he's told. ◊ *Une telle humiliation est dure à ~.* It's hard to swallow such humiliation. LOC **avaler de travers** : *J'ai avalé de travers.* It went down the wrong way. **tu as avalé ta langue ?** cat got your tongue?

avance *nf* **1** (*position de tête*) lead : *conserver son ~* to maintain your lead **2** (*sur salaire*) advance : *J'ai demandé une ~ sur mon salaire.* I've asked for an advance on my salary. LOC **à l'avance 1** (*plusieurs jours avant*) in advance : *réserver les billets à l'avance* to book tickets in advance **2** (*en prévoyant un délai suffisant*) in good time : *Préviens-moi suffisamment à l'avance.* Let me know in good time. **d'avance** in advance : *avec deux années d'avance* two years in advance ◊ *payer d'avance* to pay in advance **en avance 1** (*dans le temps*) early : *Je suis toujours en ~ à mes rendez-vous.* I'm always early for my appointments. **2** (*élève, pays*) advanced : *Il est en ~ pour son âge.* He's advanced for his age. ◊ *Nous sommes très en ~ par rapport à l'autre classe.* We're way ahead of the other class. **prendre de l'avance 1** (*horloge*) to gain : *Cette horloge prend de l'avance.* This clock gains. **2** (*personne*) to get ahead : *J'ai commencé hier pour prendre de l'avance.* I started yesterday to get ahead. *Voir aussi* ARRIVER

avancé, -e *pp, adj* advanced : *Il est très ~ pour son âge.* He's very advanced for his age. ◊ *La végétation est très avancée pour la saison.* The vegetation is well advanced for this time of year. *Voir aussi* AVANCER

avancée *nf* **1** (*physique*) overhang **2** (*progrès*) advance : *une ~ technologique* a technological advance

avancement *nm* promotion

avancer ◆ *vt* **1** (*objet*) to move *sth* forward : *J'ai avancé un pion.* I moved a pawn forward. **2** (*événement, date*) to bring *sth* forward : *Nous voulons ~*

l'examen d'une semaine. We want to bring the exam forward a week. ◊ *Nous avons avancé le mariage.* We brought the wedding forward. **3** (*montre*) to put *sth* forward : *N'oublie pas d'avancer ta montre d'une heure.* Don't forget to put your watch forward an hour. **4** (*obtenir*) : *À quoi cela nous avancera-t-il de nous disputer ?* What do we achieve by arguing? **5** (*argent*) to advance *sth* ***(to sb)*** : *Il m'a avancé 200 euros.* He advanced me 200 euros. ◆ *vi* **1** (*personne, véhicule*) to move forward : *Avancez de deux cases.* Move forward two spaces. **2** (*armée*) to advance **3** (*horloge*) to be fast : *Ta pendule avance de cinq minutes.* Your clock is five minutes fast. **4** (*progresser*) to progress : *Ma thèse avance très bien.* I'm getting on very well with my thesis. ◆ **s'avancer** *v pron* **1** (*aller vers l'avant*) to move forward : *Avance-toi, tu verras mieux.* Move forward, you'll be able to see better. **2** (*se compromettre*) to stick your neck out : *Je m'avance un peu en disant ça.* I'm sticking my neck out by saying that. LOC **avancer comme un escargot** to go at a snail's pace *Voir aussi* QUATRE

avant ◆ *adj* front : *les sièges ~* the front seats ◆ *prép, adv* before : *peu ~ minuit* just before midnight ◊ *C'est juste ~ la boucherie.* It's just before the butcher's. ◊ *Nous en avions parlé ~.* We'd talked about it before. ◆ *nm* **1** (*véhicule*) front : *L'avant de la voiture est complètement enfoncé.* The front of the car was completely smashed in. ◊ *Je préfère m'asseoir à l'avant de l'avion.* I prefer to sit at the front of the plane. ☛ *Voir illustrations sous* DEVANT *et* FRONT **2** (*Sport*) forward : *Il joue ~.* He plays forward. LOC **aller de l'avant** to take the initiative : *Il va toujours de l'avant.* He always takes the initiative. **avant de** before *doing sth* : *~ d'aller au lit* before going to bed ◊ *Mets ton manteau ~ de sortir.* Put on your coat before you go out. **avant que...** before... : *~ qu'il ne soit trop tard* before it's too late **avant tout/toute chose 1** (*avant de commencer*) first of all : *~ toute chose, je voudrais dire que...* First of all, I'd like to say... **2** (*surtout*) above all : *~ toute chose, soyez à l'heure.* Above all, don't be late. **d'avant** previous : *la nuit d'avant* the previous night ◊ *J'ai préféré celui d'avant.* I preferred the previous one. **en avant** forward : *J'ai fait un pas en ~.* I took a step forward. ◊ *se pencher en ~* to lean forward **en avant !** (*allons-y*) off we go!

avantage *nm* **1** (*gén*) advantage : *La vie à la campagne a beaucoup d'avantages.* Living in the country has a lot of advantages. ◊ *Il y a des ~s et des inconvénients.* There are advantages and disadvantages. **2** (*Tennis*) advantage : *~, Pierce.* Advantage Pierce. LOC **avoir avantage à faire qch** to be better off doing sth : *Tu aurais ~ à y aller en train.* You'd be better off going by train. **être à son avantage** to look your best : *Elle n'est pas à son ~ avec ce pantalon.* She doesn't look her best in those trousers. *Voir aussi* TIRER

avantagé, -e *pp, adj* : *être ~ par rapport à qn* to have an advantage over sb *Voir aussi* AVANTAGER

avantager *vt* **1** (*favoriser*) to favour : *Ce système avantage les plus démunis.* The system favours the most deprived. **2** (*vêtements, coiffure*) to suit : *Le rouge t'avantage.* Red suits you.

avantageux, -euse *adj* **1** (*conditions*) favourable : *Le change est très ~ en ce moment.* The exchange rate is favourable at the moment. **2** (*prix*) good : *Ce n'est pas ~ de prendre l'avion.* It's not worth flying.

avant-bras *nm* forearm

avant-centre *nm* centre forward

avant-coureur *adj* : *signes ~s* early warning signs

avant-dernier, -ière ◆ *adj* penultimate, last *sb/sth* but one (*plus fam*) : *l'avant-dernier chapitre* the penultimate chapter ◊ *l'avant-dernier arrêt* the last stop but one ◆ *nm-nf* last but one : *Il est l'avant-dernier au classement.* He's the last but one in the classification.

avant-garde *nf* **1** (*Mil*) vanguard **2** (*Art, Littér*) avant-garde : *théâtre d'avant-garde* avant-garde theatre

avant-goût *nm* foretaste : *Le soleil nous donne un ~ des vacances.* The sun is giving us a foretaste of the holidays.

avant-hier *adv* the day before yesterday : *le journal d'avant-hier* the day before yesterday's newspaper LOC **avant-hier soir** the night before last

avant-première *nf* preview : *Le film passe en ~ demain soir.* The film will be previewed tomorrow night.

avant-propos *nm* foreword

avare ◆ *adj* miserly ◆ *nm-nf* miser

avarice *nf* greed

avarié, -e *pp, adj* off [*jamais avant le nom*] : *fruits de mer ~s* seafood that has gone off

avec *prép* **1** (*gén*) with : *Je vis ~ mes*

parents. I live with my parents. ◊ *Accroche-le ~ une punaise.* Stick it up with a drawing pin. ◊ *~ quoi tu le nettoies ?* What do you clean it with? ◊ *~ tout ce travail, je vais finir tard.* With all this work I have to do I'm going to finish late. ☛ se traduit quelquefois par **and** : *du pain ~ du beurre* bread and butter **2** (*impliquant une relation*) : *Elle est très agréable ~ tout le monde.* She is very nice to everybody. LOC **et avec ça ?** (*magasin*) anything else?

avenir *nm* future : *avoir un bon ~* to have a good future ahead of you ◊ *à l'avenir* in the future

Avent *nm* **l'Avent** Advent

aventure *nf* **1** (*péripétie*) adventure : *Nous avons eu une ~ passionnante.* We had an exciting adventure. **2** (*liaison*) fling LOC **dire la bonne aventure** to tell *sb's* fortune

s'aventurer *v pron* to venture ***into sth***

aventurier, -ière ◆ *adj* adventurous ◆ *nm-nf* adventurer

avenu, -e *adj* LOC *Voir* NUL

avenue *nf* avenue

averse *nf* heavy shower : *variable avec des éclaircies et des ~s* changeable with sunny spells and heavy showers

aversion *nf* aversion (***to sth***)

averti, -e *pp, adj* informed *Voir aussi* AVERTIR

avertir *vt* **1** (*d'un danger, d'une menace*) to warn *sb* (**about/of** ***sth***) : *Je les ai avertis du danger.* I warned them about the danger. ◊ *Je t'avertis, si tu n'es pas à l'heure...* I'm warning you, if you're late... **2** (*informer*) to notify : *Vous serez avertis par courrier.* You will be notified by post.

avertissement *nm* **1** (*gén*) warning **2** (*aux lecteurs*) foreword

aveu *nm* **1** (*gén*) admission : *faire un ~* to make an admission **2 aveux** confession [*sing*] : *passer aux aveux* to confess

aveuglant, -e *adj* **1** (*lumière*) blinding **2** (*vérité*) glaringly obvious

aveugle ◆ *adj* blind : *devenir ~* to go blind ◆ *nm-nf* blind man/woman [*pl* blind men/women] : *une collecte pour les ~s* a collection for the blind LOC **devenir aveugle d'un œil** to lose your sight in one eye **être aveugle d'un œil** to be blind in one eye

aveuglé, -e *pp, adj ~* **par** blind with *sth* : *~ par la colère* blind with rage *Voir aussi* AVEUGLER

aveugler *vt* to blind : *Les phares m'ont aveuglé.* I was blinded by the lights.

aviateur, -trice *nm-nf* aviator LOC *Voir* BLOUSON

aviation *nf* aviation LOC **aviation civile** civil aviation **aviation militaire** air force *Voir aussi* CHAMP

avide *adj* greedy

avidité *nf* greed : *manger avec ~* to eat greedily

avilissant, -e *adj* demeaning

avion *nm* aeroplane, plane (*plus fam*) LOC **aller/voyager en avion** to fly : *Nous sommes allés en ~ de Rome à Paris.* We flew from Rome to Paris. **avion à réaction** jet **avion de chasse** fighter (plane) **par avion** (*courrier*) (by) airmail *Voir aussi* ACCIDENT

aviron *nm* **1** (*rame*) oar **2** (*sport*) rowing : *un club d'aviron* a rowing club ◊ *faire de l'aviron* to row

avis *nm* **1** (*gén*) notice : *« fermé jusqu'à nouvel ~ »* "closed until further notice" **2** (*avertissement*) warning : *sans ~ préalable* without prior warning **3** (*opinion*) opinion : *émettre un ~* to give an opinion LOC **à mon, ton, etc. avis** in my, your, etc. opinion *Voir aussi* CHANGER

avisé, -e *pp, adj* far-sighted *Voir aussi* AVISER

aviser *vt* to notify

av. J.-C. *abrév* BC

avocat *nm* avocado [*pl* avocados]

avocat, -e *nm-nf* lawyer

> **Lawyer** en Grande-Bretagne et aux États-Unis est un terme générique qui regroupe deux types différents d'avocats. En Grande-Bretagne, on fait la distinction entre **barristers**, qui peuvent plaider devant n'importe quel type de tribunal, et **solicitors**, qui peuvent intervenir uniquement dans des tribunaux de juridiction inférieure et qui sont normalement chargés de préparer les documents judiciaires et de conseiller leurs clients. Aux États-Unis on emploie le mot **attorney** pour désigner les différents types d'avocats : **criminal attorney**, **tax attorney**, **defense attorney**, etc.

LOC **avocat de la défense** defence counsel [*pl* defence counsel] **avocat du diable** devil's advocate

avoine *nf* oats [*pl*]

avoir ◆ *vt*

• **possession** to have

> Il existe deux formes pour exprimer *avoir* au présent : **have got** et **have**. **Have got** est plus fréquent et n'a pas besoin d'auxiliaire dans des phrases négatives ou interrogatives : *Est-ce que*

tu as des frères et sœurs ? Have you got any brothers or sisters? ◊ *Il n'a pas d'argent.* He hasn't got any money. **Have** doit toujours être accompagné d'un auxiliaire aux formes interrogatives et négatives : *Tu as des frères et sœurs ?* Do you have any brothers or sisters? ◊ *Il n'a pas d'argent.* He doesn't have any money. Avec les autres temps on utilise **to have** : *Quand j'étais petite j'avais un vélo.* I had a bicycle when I was little.

• **obtenir 1** (*document, rendez-vous*) to get : *J'ai pu t'avoir une réduction sur le prix.* I managed to get you a reduction. **2** (*train*) to catch : *Il a eu le train de justesse.* He just caught the train.

• **états, attitudes 1** (*âge*) to be : *Ma fille a dix ans.* My daughter is ten (years old). ◊ *Elle aura 30 ans en août.* She'll be 30 in August. ◊ *Quel âge avez-vous ?* How old are you? **2** (*ressentir, éprouver*) : *J'ai très faim.* I'm very hungry. ◊ ~ *chaud/froid/soif/peur* to be hot/cold/thirsty/frightened ◊ *J'ai beaucoup d'affection pour ta mère.* I'm very fond of your mother. ◊ ~ *de la patience* to be patient

• **aspect** : *Tu as les mains sales.* Your hands are dirty.

• **subir** to have : ~ *un accident/une crise cardiaque* to have an accident/a heart attack

• **duper 1** (*en plaisantant*) to put one over on *sb* : *Elle t'a bien eu !* She put one over on you! **2** (*par escroquerie*) : *Il s'est fait* ~. He was conned.

◆ *v aux* **1** (*temps composés*) to have : *J'ai fini.* I've finished. ◊ *Ils m'avaient dit qu'ils viendraient.* They had told me they would come. **LOC il y a 1** (*il existe*) there is, there are

There is s'utilise avec des noms au singulier : *Il y a une bouteille sur la table.* There's a bottle on the table. ◊ *Il n'y a pas de pain.* There isn't any bread. **There are** s'utilise avec des noms au pluriel : *Combien est-ce qu'il y a de bouteilles ?* How many bottles are there?

2 (*temps*) ago : *il y a cinq ans* five years ago ◊ *il y a longtemps* a long time ago ☛ *Voir note sous* AGO **il y en a qui** : *Il y en a qui ont très peu argent.* There are some with very little money. ☛ Les autres expressions formées avec **avoir** sont traitées sous le nom, l'adjectif, etc. correspondant : pour **avoir raison**, par exemple, voir RAISON.

avortement *nm* **1** (*spontané*) miscarriage **2** (*provoqué*) abortion

avorter *vi* **1** (*spontanément*) to have a miscarriage **2** (*volontairement*) to have an abortion

avoué *pp, adj* self-confessed *Voir aussi* AVOUER

avouer ◆ *vt, vi* to confess (**to *sth*/*doing sth***) : ~ *un crime/assassinat* to confess to a crime/murder ◊ *Ils ont avoué avoir cambriolé la banque.* They confessed to robbing the bank. ◊ *Le suspect a fini par* ~. The suspect eventually confessed. ◊ *J'avoue que je préfère le tien.* I must confess I prefer yours. ◆ **s'avouer** *v pron* **+ adj** to admit : *s'avouer coupable* to admit you are guilty ◊ *s'avouer vaincu* to admit defeat

avril *nm* April (*abrév* Apr) ☛ *Voir exemples sous* JANVIER **LOC** *Voir* POISSON, PREMIER

axe *nm* **1** (*Math, Phys*) axis [*pl* axes] **2** (*route*) road : *les grands* ~*s de la circulation* major roads

azote *nm* nitrogen

azur *nm* azure : *un ciel d'azur* an azure sky

Bb

babiller *vi* to babble

bâbord *nm* port (side) : *à* ~ to port

baby-foot *nm* table football

baby-sitter *nmf* babysitter

baby-sitting *nm* : *faire du* ~ to babysit

bac *nm* **1** (*bateau*) ferry [*pl* ferries] **2** (*récipient*) tub ☛ *Voir illustration sous* CONTAINER **3** *Voir* BACCALAURÉAT **LOC bac à glace** ice tray [*pl* ice trays] **bac à légumes** vegetable compartment **bac à sable** sandpit

baccalauréat (*aussi* **bac**) *nm* baccalaureate : *Il passe le bac cette année.* He's taking his baccalaureate this year. **LOC bac blanc** mocks [*pl*]

bâche *nf* tarpaulin
bachelier, -ière *nm-nf* high school graduate
bâclé, -e *pp, adj* sloppy *Voir aussi* BÂCLER
bâcler *vt* to botch *sth* (up) : *Il a bâclé son travail.* He botched the job.
bacon *nm* bacon
bactérie *nf* bacterium [*pl* bacteria]
badge *nm* badge
badin, -e *adj* playful
badiner *vi* to joke : *Avec elle, on ne badine pas !* She doesn't stand for any nonsense.
badminton *nm* badminton
baffe *nf* smack **LOC** *Voir* COLLER
bafouer *vt* to ridicule
bafouiller *vt, vi* to mumble
bâfrer ◆ *vt* to wolf *sth* down ◆ **se bâfrer** *v pron* to stuff yourself

bagages

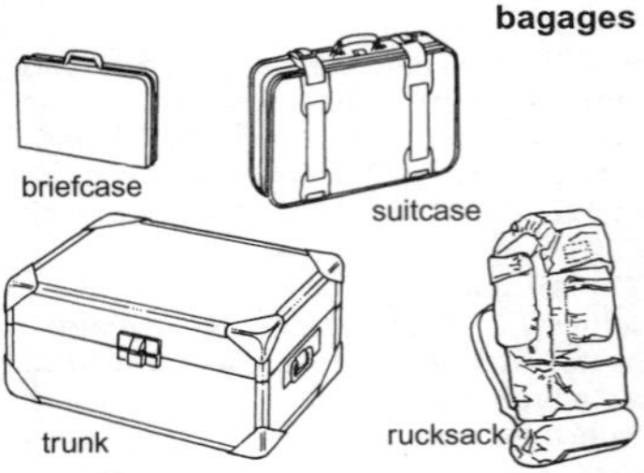

bagage *nm* luggage [*indénombrable*] : *seulement un ~* just one piece of luggage ◊ *Je n'ai pas beaucoup de ~s.* I haven't got much luggage. ☛ *Voir note sous* INFORMATION **LOC bagages à main** hand luggage **faire/défaire ses bagages** to pack/unpack *Voir aussi* RÉCEPTION
bagarre *nf* **1** (*bataille*) fight : *chercher la ~* to be looking for a fight ◊ *~s entre la police et les manifestants* fighting between the police and demonstrators **2** (*fig*) struggle : *C'est toujours la ~ pour les mettre au lit.* It's always a struggle to put them to bed.
(se) bagarrer *vi, v pron* **1** (*se battre*) to fight (***over sth***) : *se ~ pour obtenir qch* to fight to get sth **2** (*se disputer*) to quarrel : *Ils se bagarrent toujours.* They're always quarrelling.
bagarreur, -euse *adj, nm-nf* troublemaker [*n*]
bagatelle *nf* **1** (*somme*) trifling sum : *la ~ de quelques millions* the trifling sum of a few million **2** (*objet*) : *Achète-lui une ~.* Buy him a little something. **3** (*chose sans importance*) stupid thing : *se froisser pour des ~s* to take offence at stupid things
bague *nf* ring **LOC bague de fiançailles** engagement ring
baguette *nf* **1** (*bâton*) stick **2** (*pain*) baguette ☛ *Voir illustration sous* PAIN **3 baguettes** (*de tambour*) drumsticks **4 baguettes** (*pour manger*) chopsticks **5** (*de chef d'orchestre*) baton **LOC baguette magique** magic wand
baie *nf* **1** (*Géogr*) bay [*pl* bays] **2** (*Bot*) berry [*pl* berries] **LOC baie vitrée** picture window
baignade *nf* bathing : *« ~ interdite »* "no bathing" **LOC** *Voir* SURVEILLANT
baigné, -e *pp, adj* bathed : *~ de larmes/sueur/sang* bathed in tears/sweat/blood *Voir aussi* BAIGNER
baigner ◆ *vt* to bath ◆ *vi* ~ **dans** to be swimming **in *sth*** : *Ça baignait dans la graisse.* It was swimming in fat. ◆ **se baigner** *v pron* **1** (*baignoire*) to have a bath **2** (*nager*) to go for a swim **LOC ça/tout baigne (dans l'huile)** everything's fine
baigneur, -euse ◆ *nm-nf* bather ◆ *nm* baby doll
baignoire *nf* bath
bail *nm* lease **LOC ça fait un bail que...** it's ages since... : *Ça fait un ~ qu'on ne s'est pas vus !* It's ages since we've met up!
bâillement *nm* yawn
bâiller *vi* to yawn : *~ de fatigue/d'ennui* to yawn with tiredness/boredom
bâillon *nm* gag **LOC mettre un bâillon à** to gag *sb*
bâillonner *vt* to gag : *Les voleurs l'ont bâillonné.* The robbers gagged him.
bain *nm* bath : *prendre un ~* to have a bath **LOC bain de bouche** mouthwash **bain moussant** bubble bath **le grand/petit bain** the deep/shallow end **prendre un bain de foule** to go on a walkabout **prendre un bain de soleil** to sunbathe **se mettre dans le bain** to get into the swing of things *Voir aussi* BONNET, COULER, MAILLOT, SALLE, SEL
bain-marie *nm* bain-marie : *cuire qch au ~* to cook sth in a bain-marie
baiser *nm* kiss : *Donne un ~ à ta cousine.* Give your cousin a kiss. **LOC** *Voir* COUVRIR, ENVOYER
baisse *nf* **1** (*température*) drop ***in sth*** **2** (*prix*) fall ***in sth*** : *une ~ du prix du café* a fall in the price of coffee
baisser ◆ *vt* **1** (*gén*) to lower : *~ la tête* to lower your head ◊ *Il faudra un peu ~*

la taille. The waist will have to be lowered a little. **2** (*volume*) to turn *sth* down **3** (*prix*) to bring *sth* down, to lower (*plus sout*) ◆ *vi* **1** (*température, niveau*) to fall : *La température a baissé.* The temperature has fallen. **2** (*prix*) to come down : *Le pain a de nouveau baissé.* Bread has come down again. **3** (*vue*) to fail : *Ma vue baisse.* My eyesight's failing. **4** (*enflure*) to go down **5** (*marée*) to go out ◆ **se baisser** *v pron* **1** (*pour ramasser*) to bend down **2** (*pour éviter*) to duck : *Baisse-toi !* Duck! LOC **baisser pavillon** to lower the flag *Voir aussi* ŒIL

bal *nm* **1** (*cérémonieux*) ball **2** (*simple*) dance : *Le ~ commence à minuit.* The dance begins at twelve. LOC **aller au bal** to go dancing **bal costumé** fancy dress ball **bal masqué** masked ball

balade *nf* stroll LOC **faire une balade** to go for a stroll

balader ◆ *vt* to drag ◆ **se balader** *v pron* to go for a stroll

baladeur *nm* personal stereo

balafrer *vt* to slash

balai *nm* **1** (*gén*) broom ☛ *Voir illustration sous* BRUSH **2** (*sorcière*) broomstick **3 balais** (*âge*) : *J'ai cinquante ~s.* I'm fifty. LOC **balai éponge/à franges** mop **du balai !** hop it! *Voir aussi* MANCHE, PLACARD

balance *nf* **1** (*instrument*) scales [*pl*] : *Cette ~ n'est pas très exacte.* These scales aren't very accurate. **2** (*Comm*) balance **3 Balance** (*Astrologie*) Libra ☛ *Voir exemples sous* AQUARIUS **4** (*qui dénonce*) grass

balancer ◆ *vt* **1** (*gén*) to swing **2** (*se débarrasser*) to throw *sth* out : *Elle a balancé ses vieux pulls.* She threw out her old jumpers. **3** (*envoyer*) to send **4** (*à la police*) to grass on *sb* ◆ **se balancer** *v pron* **1** (*sur une balançoire, sur une chaise*) to swing **2** (*osciller*) to sway LOC **balancer le pour et le contre** to weigh up the pros and cons **s'en balancer** not to care : *Il s'en balance.* He couldn't care less.

balancier *nm* pendulum

balançoire *nf* swing : *jouer à la ~* to play on the swings

balayer ◆ *vt* **1** (*nettoyer, raser*) to sweep : *Une vague de terreur a balayé le pays.* A wave of terror swept the country. **2** (*battre*) to thrash : *Nous allons vous ~.* We're going to thrash you. ◆ *vi* to sweep up : *Si tu balaies, je fais la vaisselle.* If you sweep up, I'll do the dishes. LOC **balayer devant sa porte** to put your own house in order

balayeur, -euse *nm-nf* road sweeper

balbutier ◆ *vt, vi* (*adulte*) to stammer : *Il a balbutié quelques mots.* He stammered a few words. ◆ *vi* (*bébé*) to babble

balcon *nm* balcony [*pl* balconies] : *aller sur le ~* to go out onto the balcony

baleine *nf* whale

balise *nf* **1** (*Navig*) buoy [*pl* buoys] **2** (*Aéron*) beacon

balistique *adj* ballistics [*indénombrable*]

ballade *nf* ballad

balle *nf* **1** (*de jeu*) ball : *une ~ de tennis* a tennis ball **2** (*arme*) bullet : *une ~ dans la tête* a bullet wound in the head **3** (*paquet*) bale

ballerine *nf* ballerina

ballet *nm* ballet

ballon *nm* **1** (*gén*) ball : *jouer au ~* to play with a ball **2** (*gonflable, montgolfière*) balloon : *une excursion en ~* a balloon trip **3** (*alcootest*) bag **4** (*appareil*) tank : *le ~ d'eau chaude* the hot water tank LOC **ballon dirigeable** airship

ballonné, -e *pp, adj* bloated

balloter *vt, vi* to toss (*sb/sth*) (about) : *ballotés d'un pays à l'autre* tossed from one country to another

balnéaire *adj* LOC *Voir* STATION

balustrade *nf* railing(s) [*s'utilise souvent au pluriel*]

bambou *nm* bamboo : *une table de ~* a bamboo table

banal, -e *adj* **1** (*ordinaire*) commonplace **2** (*trivial*) banal LOC *Voir* EMPLOI

banalité *nf* **1** (*chose banale*) triviality [*pl* trivialities] **2** (*commentaire*) trite remark : *dire des ~s* to make trite remarks

banane *nf* **1** (*fruit*) banana **2** (*sac*) bumbag

banc *nm* **1** (*siège*) bench **2** (*église*) pew **3** (*poissons*) shoal LOC **banc de sable** sandbank **banc de touche** substitutes' bench **être au banc** (*Jur*) to be in the dock

bancaire *adj* **1** (*compte, carte*) bank [*n attrib*] **2** (*secteur*) banking [*n attrib*] LOC *Voir* RELEVÉ

bancal, -e *adj* **1** (*personne, chaise*) wobbly **2** (*solution*) shaky

bandage *nm* bandage : *L'infirmier a changé mon ~.* The nurse changed my bandage.

bande *nf* **1** (*Méd*) bandage **2** (*papier, tissu*) strip : *Coupez le papier en ~s.* Cut the paper into strips. **3** (*amis*) group **4** (*délinquants*) gang : *une ~ de voyous* a gang of hooligans **5** (*loups, chiens*) pack **6** (*film, vidéo*) tape LOC **bande d'arrêt d'urgence** hard shoulder **bande de copains** friends [*pl*] : *Toute ma ~ de copains va venir.* All my friends are coming. **bande dessinée** comic strip **bande sonore 1** (*Cin*) soundtrack **2** (*autoroute*) rumble strip

bande-annonce *nf* trailer

bandeau *nm* **1** (*cheveux*) hair band **2** (*yeux*) blindfold

bander *vt* to bandage *sb/sth* (up) : *On m'a bandé la cheville.* They bandaged (up) my ankle. ◊ *Elle était bandée de la tête aux pieds.* She was bandaged from head to foot. LOC **bander les yeux à** to blindfold *sb* *Voir aussi* ŒIL

banderole *nf* banner

bandit *nm* bandit

bandoulière *nf* strap LOC **en bandoulière** across your shoulder

banjo *nm* banjo [*pl* banjos]

banlieue *nf* **1** (*périphérie*) suburbs [*pl*] **2** (*quartier*) suburb LOC *Voir* TRAIN

bannir *vt* **1** (*personne*) to banish **2** (*interdire*) to ban

banque *nf* bank : *Il faut que j'aille à la ~.* I have to go to the bank. LOC **banque de données** data bank **banque de sang** blood bank *Voir aussi* EMPLOYÉ

banquer *vi* to cough up : *À toi de ~ !* Your turn to cough up!

banqueroute *nf* bankruptcy LOC **faire banqueroute** to go bankrupt

banquet *nm* banquet (*sout*), dinner : *Ils ont organisé un ~ en son honneur.* They organized a dinner in his honour.

banquette *nf* **1** (*voiture*) seat **2** (*café*) banquette

banquier, -ière *nm-nf* banker

baptême *nm* **1** (*sacrement*) baptism **2** (*cérémonie*) christening LOC **baptême du feu** baptism of fire *Voir aussi* NOM

baptiser *vt* **1** (*sacrement*) to baptize, to christen **2** (*bateau, invention*) to name

baptismal, -e *adj* LOC *Voir* FONTS

bar *nm* bar LOC *Voir* TOURNÉE

baragouiner *vt* **1** (*parler mal*) to have a smattering of *sth* : *~ l'italien* to have a smattering of Italian **2** (*parler incompréhensiblement*) to go on about *sth* : *Qu'est-ce qu'il baragouine ?* What's he going on about?

baraque *nf* **1** (*construction temporaire*) shack **2** (*maison*) house LOC **baraque de chantier** builders' hut **baraque foraine** fairground stall

baraqué, -e *adj* hefty

baratin *nm* patter

barbant, -e *adj* boring

barbare ◆ *adj* **1** (*coutumes*) barbarian **2** (*cruel*) barbaric ◆ *nm-nf* barbarian

barbarie *nf* barbarity

barbe *nf* beard LOC **barbe à papa** candyfloss **quelle/la barbe !** how boring! *Voir aussi* POUSSER, SAVON

barbecue *nm* barbecue : *faire un ~* to have a barbecue

barbelé, -e *adj* LOC *Voir* FIL

barboter ◆ *vt* to pinch ◆ *vi* to paddle

barbouillé *pp, adj* ~ **de** covered **with** *sth* : *Il est tout ~ de chocolat.* He's covered with chocolate. *Voir aussi* BARBOUILLER

barbouiller ◆ *vt* ~ **de** to smear *sth* **with** *sth* ◆ **se barbouiller** *v pron* **se ~ de** to get *sth* all over yourself : *se ~ le visage de confiture* to get jam all over your face

barbu, -e *adj, nm* bearded [*adj*] : *un ~* a bearded man

baril *nm* barrel

bariolé, -e *adj* gaudy : *des couleurs bariolées* gaudy colours

baromètre *nm* barometer

baron, -onne *nm-nf* baron [*fém* baroness]

baroque *adj, nm* baroque

barque *nf* boat LOC **barque à moteur** motor boat

barquette *nf* punnet

barrage *nm* **1** (*retenant l'eau*) dam **2** (*faisant obstacle*) roadblock : *un ~ de police* a police roadblock LOC **barrage de fumée** smokescreen

barre *nf* **1** (*gén*) bar : *une ~ de fer* an iron bar ◊ *une ~ de chocolat* a bar of chocolate **2** (*Foot, Rugby*) crossbar LOC **barre d'appui** safety rail **barre d'outils** toolbar **barre fixe** horizontal bars [*pl*] **barres asymétriques** asymmetrical bars **barres parallèles** parallel bars *Voir aussi* CODE, FRANCHIR

barreau *nm* bar : *derrière les barreaux* behind bars

barrer ◆ *vt* **1** (*route*) to bar **2** (*rayer*) to cross *sth* out : *Barrez tous les adjectifs.* Cross out all the adjectives. **3** (*chèque*) to cross : *un chèque barré* a crossed cheque ◆ **se barrer** *v pron* to leave : *se ~ de chez soi* to leave home

barrette *nf* hair clip

barricade *nf* barricade : *construire une ~* to build a barricade

barricader *vt* to barricade

barrière *nf* barrier : *La ~ était ouverte.* The barrier was up. ◊ *la ~ de la langue* the language barrier LOC **barrière douanière** trade barrier

baryton *nm* baritone

bas, basse ◆ *adj* **1** (*gén*) low : *On a enregistré la température la plus basse à Rouen.* The lowest temperature was in Rouen. ◊ *Son moral est ~.* He's in low spirits. **2** (*chaussures*) low-heeled **3** (*voix*) quiet : *parler à voix basse* to speak quietly **4** (*pauvre*) poor : *les ~ quartiers de la ville* the poor areas of the city ◆ *adv* **1** (*pas haut*) low : *Les oiseaux volent ~.* The birds are flying low. **2** (*doucement*) quietly : *Joue plus ~.* Play more quietly. ◆ *nm* **1** (*page, escalier, colline*) bottom, foot (*plus sout*) : *au ~ de la page* at the bottom of the page **2** (*lingerie*) stocking ◆ **basse** *nf* **1** (*voix*) bass **2** (*guitare*) bass (guitar) : *joueur de basse* bass guitarist LOC **à bas... !** down with...! **basses calories** : *une soupe basses calories* a low-calorie soup **coup bas** : *Ça, c'était un coup ~.* That was below the belt. **en bas 1** (*position*) below **2** (*dans un bâtiment*) downstairs : *Il y a un autre W.-C. en ~.* There's another toilet downstairs. **3** (*direction*) down : *en ~ de la rue/des escaliers* down the street/stairs **plus bas 1** (*sens vertical*) lower : *Mets le tableau plus ~.* Put the picture lower. **2** (*plus loin*) : *plus ~ dans cette rue* further down this street **vers le bas** downwards *Voir aussi* HAUT, TABLE, TÊTE

bascule *nf* scales [*pl*] LOC *Voir* FAUTEUIL

basculer *vi* to topple over

base *nf* **1** (*gén*) base : *une ~ militaire* a military base **2** (*fondement*) basis [*pl* bases] : *La confiance est la ~ de l'amitié.* Trust is the basis of friendship. LOC **base aérienne** airbase **base de données** database **de base** basic : *principes de ~* basic principles *Voir aussi* SALAIRE

base-ball *nm* baseball LOC *Voir* CASQUETTE

baser ◆ *vt* ~ **sur** to base *sth* **on** ***sth*** : *Ils ont basé le film sur un roman.* The film was based on a novel. ◆ **se baser** *v pron* (*personne*) to have grounds (***for sth/doing sth***) : *Sur quoi te bases-tu pour dire cela ?* What grounds do you have for saying that?

basilic *nm* basil

basket *nm* **1** *Voir* BASKET-BALL **2** (*chaussure*) trainer ☛ *Voir illustration sous* CHAUSSURE

basket-ball (*aussi* **basket**) *nm* basketball : *jouer au ~* to play basketball

basque ◆ *adj, nm* Basque ◆ **Basque** *nmf* Basque LOC *Voir* PAYS

basse-cour *nf* chicken run

basses-terres *nf* lowlands

bassin *nm* **1** (*Géogr*) basin : *le ~ de la Loire* the Loire basin **2** (*jardin, parc*) pond LOC **bassin houiller** coalfield **bassin minier** mineral field

bassine *nf* bowl

basson *nm* bassoon

bataille *nf* battle LOC **en bataille** dishevelled *Voir aussi* CHAMP, CHEVAL

bataillon *nm* battalion

bâtard, -e *adj* **1** (*enfant*) bastard **2** (*chien*) mongrel

bateau *nm* **1** (*navire*) ship **2** (*plus petit*) boat : *faire une sortie en ~* to go out in a boat ☛ *Voir note sous* BOAT LOC **aller en bateau** to go by boat/ship **bateau à moteur** motor boat **bateau à rames** rowing boat **bateau à vapeur** steamship **bateau à voiles** sailing boat **bateau de sauvetage** lifeboat **par bateau** by sea

bâti, -e *pp, adj* **1** (*terrain*) built-up **2** (*personne*) : *bien ~* well built *Voir aussi* BÂTIR

bâtiment *nm* building : *Il n'y a plus personne dans le ~.* There's nobody left in the building.

bâtir *vt* **1** (*maison*) to build **2** (*ourlet*) to tack

bâton *nm* stick LOC **bâton de ski** ski pole **coup de bâton** blow

bâtonnet *nm* stick LOC **bâtonnet ouaté** cotton bud

battage *nm* **1** (*publicité*) hype **2** (*blé*) threshing

battant, -e *adj* **1** (*cœur*) beating **2** (*pluie*) driving

batte *nf* bat : *une ~ de base-ball* a baseball bat

battement *nm* **1** (*cœur*) (heart)beat **2** (*volets*) banging **3** (*paupières*) blink **4** (*temps libre*) free time

batterie ◆ *nf* **1** (*Électr, Mil*) battery [*pl* batteries] : *La ~ est à plat.* The battery is flat. **2** (*Mus*) drums [*pl*] : *Jeff Porcaro à la ~.* Jeff Porcaro on drums. ◆ *nmf* drummer LOC **batterie de cuisine** pots and pans [*pl*] ☛ *Voir illustration sous* SAUCEPAN

batteur *nm* **1** (*Mus*) drummer **2** (*Cuisine*) mixer

battre ◆ *vt* **1** (*gén*) to beat : *L'Écosse a battu l'Italie 5 à 0.* Scotland beat Italy 5-0. ◊ *Nous avons été battus en demi-finale.* We were beaten in the semi-final. ◊ *~ les œufs* to beat eggs ◊ *Ils battaient les tambours.* They were beating the drums. **2** (*continuellement*) to beat (against/on *sth*) : *La grêle battait les fenêtres.* The hail was beating against the windows. **3** (*crème*) to whip **4** (*record*) to break : *~ le record mondial* to break the world record **5** (*cartes*) to shuffle **6** (*blé*) to thresh ◆ *vi* **1** (*gén*) to bang : *Cette porte-là bat contre le mur.* That door is banging against the wall. **2** ~ **de** (*ailes*) to flap *sth* ◆ **se battre** *v pron* to fight : *se ~ pour la liberté* to fight for freedom LOC **battre comme plâtre** to give *sb* a beating **battre des paupières** to blink **battre en neige** : *~ les blancs en neige.* Beat the egg whites until they are stiff. *Voir aussi* SENTIER

baume *nm* balm LOC **baume pour les lèvres** lipsalve

bavard, -e ◆ *adj* talkative ◆ *nm-nf* chatterbox

bavardage *nm* chattering : *Cessez ce ~ !* Stop chattering!

bavarder *vi* **1** (*parler beaucoup*) to chatter : *Cessez de ~ !* Stop chattering! **2** (*discuter avec qn*) to chat (*to sb*) (*about sth*)

bave *nf* **1** (*bébé*) dribble **2** (*animal*) foam **3** (*escargot*) slime

baver *vi* **1** (*personne, bébé*) to dribble **2** (*animal*) to slaver LOC **baver d'envie** to drool **en baver** to have a hard time : *Elle en bave.* She's having a hard time.

bavette *nf* bib LOC *Voir* TAILLER

bavoir *nm* bib

bazar *nm* **1** (*désordre*) mess **2** (*affaires*) gear **3** (*marché*) bazaar

bazarder *vt* to scrap

béant, -e *adj* gaping

béat, -e *adj* blissful

béatitude *nf* bliss

beau, belle *adj* **1** (*gén*) beautiful : *une belle maison/voix/femme* a beautiful house/voice/woman ◊ *Que c'est ~ !* How beautiful! **2** (*homme*) good-looking : *un ~ mec* a good-looking guy **3** (*temps*) nice LOC **au beau milieu de** right in the middle of *sth* **avoir beau...** : *Il a ~ être sympathique...* However nice he is... ◊ *Tu as ~ crier...* However much you shout... **avoir belle allure** to cut a fine figure **beau joueur** good loser **bel et bien** well and truly **ça c'est la belle vie !** this is the life! **ce n'est pas beau à voir** it's not a pretty sight **faire beau** to be a nice day : *Il fait ~ aujourd'hui.* It's a nice day today. **fais de beaux rêves !** sweet dreams! **se faire beau** to make yourself beautiful *Voir aussi* JOUER

beaucoup *adv*

• **dans une phrase affirmative** ~ **(de)** a lot (**of** ***sth***) : *J'ai ~ de travail.* I've got a lot of work. ◊ *Il y avait ~ de voitures.* There were a lot of cars. ◊ *Il ressemble ~ à son père.* He's a lot like his father.

Attention à la position des expressions adverbiales **a lot, very much**, etc. en anglais. Elles ne sont jamais placées entre le verbe et le complément d'objet direct : *J'aime beaucoup tes nouvelles chaussures.* I like your new shoes very much.

• **dans une phrase négative ou interrogative** ~ **(de) 1** (+ *nom indénombrable*) much, a lot (**of** ***sth***) (*plus fam*) : *Il n'a pas ~ de chance.* He doesn't have much luck. ◊ *Tu bois ~ de café ?* Do you drink a lot of coffee? **2** (+ *nom pluriel*) many, a lot (**of** ***sth***) (*plus fam*) : *Il n'y avait pas ~ d'Anglais.* There weren't many English people. ☛ *Voir note sous* MANY

• **avec une forme comparative** much : *Tu es ~ plus vieux qu'elle.* You're much older than her. ◊ *~ plus intéressant* much more interesting

beau-fils *nm* **1** (*gendre*) son-in-law [*pl* sons-in-law] **2** (*fils du conjoint*) stepson

beau-frère *nm* brother-in-law [*pl* brothers-in-law]

beau-père *nm* **1** (*père du conjoint*) father-in-law **2** (*mari de la mère*) stepfather

beauté *nf* beauty [*pl* beauties] LOC **être en beauté** to look good **se faire une beauté** to make yourself beautiful *Voir aussi* CONCOURS, GRAIN, INSTITUT, SALON

beaux-arts *nm* fine art [*sing*]

beaux-parents *nm* parents-in-law, in-laws (*plus fam*) : *mes ~* my in-laws

bébé *nm* baby [*pl* babies] : *avoir un ~* to have a baby ◊ *un ~ tigre* a baby tiger LOC **faire le bébé** to be a baby

bébé-éprouvette *nm* test-tube baby [*pl* test-tube babies]

bec *nm* **1** (*oiseau, tortue*) beak **2** (*Mus*) mouthpiece LOC **coup de bec** (*oiseau*) peck *Voir aussi* CLOUER, FLÛTE

béchamel *nf* white sauce

bêche *nf* spade

bêcher *vt* to dig

bêcheur, -euse *adj, nm-nf* stuck-up [*adj*]

becquet *nm* (*Autom*) spoiler

becqueter *vt* to peck at *sth*

bedaine *nf* paunch

bedonnant, -e *adj* pot-bellied

bée *adj* LOC *Voir* BOUCHE

beffroi *nm* belfry

bégayer *vt, vi* to stammer

bégueule *adj* prude

béguin *nm* LOC **avoir le béguin pour** to have a crush on *sb*

beige *adj, nm* beige ☛ *Voir exemples sous* JAUNE

beigne *nf* LOC *Voir* FILER

beignet *nm* **1** (*salé*) fritter **2** (*sucré*) doughnut

bêler *vi* to bleat

belette *nf* weasel

belge ◆ *adj* Belgian ◆ **Belge** *nmf* Belgian

Belgique *nf* **la Belgique** Belgium

bélier *nm* **1** (*animal*) ram **2 Bélier** (*Astrologie*) Aries ☛ *Voir exemples sous* AQUARIUS

belle-famille *nf* in-laws [*pl*]

belle-fille *nf* **1** (*bru*) daughter-in-law [*pl* daughters-in-law] **2** (*fille du conjoint*) stepdaughter

belle-mère *nf* **1** (*mère du conjoint*) mother-in-law **2** (*conjoint du père*) stepmother

belle-sœur *nf* sister-in-law [*pl* sisters-in-law]

belligérant, -e *adj* belligerent

belliqueux, -euse *adj* (*attitude*) warlike

bémol *adj* flat : *si* ~ B flat

bénédicité *nm* grace LOC **dire le bénédicité** to say grace

bénédiction *nf* blessing LOC **donner sa bénédiction à** to give *sb* your blessing

bénéfice *nm* **1** (*Comm, Fin*) profit : *faire des ~s* to produce/make a profit **2** (*avantage*) benefit LOC *Voir* TIRER

bénéficiaire *nmf, adj* **1** (*personne*) beneficiary [*pl* beneficiaries] **2** (*commerce*) profitable : *une entreprise* ~ a profitable business

bénéficier *vi* ~ **(de)** to benefit **(from** ***sth*****)**

bénéfique *adj* beneficial

bénévolat *nm* voluntary work

bénévole ◆ *adj* voluntary ◆ *nmf* volunteer : *Je travaille comme ~.* I work as a volunteer.

bénin, bénigne *adj* **1** (*tumeur*) benign **2** (*pas grave*) minor

bénir *vt* to bless

bénit, -e *adj* holy

benjamin, -e *nm-nf* youngest child [*pl* youngest children]

benne *nf* skip LOC **benne à ordures** dustcart

béquille *nf* (*pour marcher*) crutch : *marcher avec des ~s* to walk on crutches

bercail *nm* fold LOC **rentrer/revenir au bercail** to return to the fold

berceau *nm* (*bébé*) cot

bercer *vt* to rock

berceuse *nf* lullaby [*pl* lullabies]

béret *nm* beret

berge *nf* bank

berger, -ère *nm-nf* shepherd [*fém* shepherdess] LOC **berger allemand** Alsatian **berger des Pyrénées** Pyrenean sheepdog *Voir aussi* CHIEN

berk ! (*aussi* **beurk !**) *excl* ugh! : *~, qu'est-ce que ça sent mauvais !* Ugh, what an awful smell!

berline *nf* (*Autom*) saloon

bermuda *nm* Bermuda shorts [*pl*] ☛ *Voir note sous* PAIR

berne *nf* LOC **en berne** at half mast

berner *vt* to fool

besoin *nm* need LOC **avoir besoin de** to need *sb/sth/to do sth* : *Cet endroit a ~ d'un gérant.* This place needs a manager. ◊ *J'ai ~ de deux pièces pour téléphoner.* I need two coins to make a phone call. ◊ *Prend-le, je n'en ai pas ~.* Take it, I don't need it. ◊ *Vous n'avez pas ~ de venir.* You don't need to come.

bestiole *nf* **1** (*insecte*) insect, creepy-crawly (*fam*) [*pl* creepy-crawlies] **2** (*petite bête*) animal

bétail *nm* livestock

bête ◆ *nf* animal ◆ *adj* silly, stupid

> **Silly** et **stupid** sont pratiquement synonymes, bien que **stupid** soit un peu plus fort : *une idée bête* a stupid idea ◊ *Tu es bête ou quoi ?* How stupid can you get! ◊ *Ne sois pas bête, arrête de pleurer !* Don't be so stupid — stop crying!

LOC **bête noire** bête noire **être bête comme ses pieds** to be (as) thick as two short planks

bêtise *nf* **1** (*stupidité*) stupidity **2** (*action, remarque*) stupid thing : *C'était une ~ à ne pas dire.* That was a stupid thing to say. ◊ *Nous nous disputons toujours pour des ~s.* We're always arguing over stupid little things. LOC

dire des bêtises to talk nonsense : *Ne dis pas de ~s !* Don't talk nonsense! **faire une bêtise** to do something stupid

béton *nm* concrete LOC **béton armé** reinforced concrete

bétonnière *nf* cement mixer

bette *nf* chard [*indénombrable*] : *~s en béchamel* chard in white sauce

betterave *nf* beetroot LOC **betterave à sucre** sugar beet

beugler *vi* **1** (*personne, taureau*) to bellow **2** (*vache*) to moo **3** (*radio*) to blare out

beurk ! *excl Voir* BERK !

beurre *nm* butter LOC **beurre de cacahuètes** peanut butter **beurre demi-sel/doux** slightly salted/unsalted butter **faire son beurre** to make a fortune **mettre du beurre dans les épinards** to make life more comfortable *Voir aussi* ŒIL

beurrer *vt* to butter : *~ une tartine de pain* to butter a slice of bread

beurrier *nm* butter dish

biais *nm* **1** (*Couture*) bias **2** (*côté*) way LOC **de biais** : *Il me regardait de ~.* He was looking at me out of the corner of his eye. **par le biais de** by means of *sth*

bibelot *nm* ornament

biberon *nm* bottle

Bible *nf* Bible

bibliographie *nf* bibliography [*pl* bibliographies]

bibliothécaire *nmf* librarian

bibliothèque *nf* **1** (*livres, bâtiment*) library [*pl* libraries] **2** (*meuble*) bookcase

biblique *adj* biblical

bicarbonate *nm* LOC **bicarbonate (de soude)** sodium bicarbonate

bicentenaire *adj, nm* bicentenary

biceps *nm* biceps [*pl* biceps]

biche *nf* doe

(se) bichonner *vt, v pron* to pamper (yourself)

Bic® *nm* Biro® [*pl* Biros]

bicyclette *nf* bicycle LOC **faire de la bicyclette** to go cycling

bidet *nm* bidet

bidon ◆ *adj* phoney ◆ *nm* drum

bidonville *nm* shanty town

bien[1] ◆ *adj* **1** (*qualité*) good : *L'école est ~.* The school is good. **2** (*en bonne santé*) well : *Je ne me sens pas ~ aujourd'hui.* I don't feel well today. **3** (*à l'aise*) comfortable : *Je me sens ~ dans cette tenue.* I feel comfortable in this outfit. **4** (*convenable*) decent : *des gens très ~* decent people **5** (*adéquat*) OK : *Ça leur a paru ~.* They thought it was OK. ◆ *adv* **1** (*gén*) well : *~ se comporter* to behave well ◊ *une femme ~ habillée* a well-dressed woman ◊ *« Comment va ton père ? — Très ~, merci. »* 'How's your father?' 'Very well, thanks.' **2** (*correctement*) correctly : *J'ai ~ répondu à la question.* I answered correctly. **3** (*pour insister*) : *Je sais ~.* I know. **4** (*très*) very : *La situation est ~ différente.* The situation is very different. ◆ *excl* well : *~, comme nous disions...* Well, as we were saying... ◊ *Eh ~, il ne m'en a pas parlé !* Well, he didn't mention it to me! ◊ *Et ~, je pense que...* Well, I think that... LOC **avoir bien fait de faire** : *Tu as ~ fait de venir.* You were right to come. **bien de** many : *à ~ des égards* in many respects **bien dit !** well said! **bien que** although, though (*plus fam*) : *~ que ceci fût dangereux...* Although it was risky...

> **Although** est plus soutenu que **though**. Lorsqu'on veut insister on peut utiliser **even though** : *Ils n'ont pas voulu venir bien qu'ils savaient que tu serais là.* They didn't want to come, although/though/even though they knew you'd be here.

(très) bien ! (very) good! ☛ Les autres expressions formées avec **bien** sont traitées sous le verbe, l'adjectif, etc. correspondant : pour **bien sûr**, par exemple, voir SÛR.

bien[2] *nm* **1** (*bonne action*) good : *le ~ et le mal* good and evil **2** (*École*) ≈ B **3 biens** (*possessions*) property [*indénombrable*] LOC **biens de consommation** consumer goods **pour le bien de** for the good of *sb/sth* : *pour leur ~* for their own good

bien-être *nm* well-being

bienfaisance *nf* charity : *travail au profit d'une œuvre de ~* charity work

bienfaisant, -e *adj* beneficial

bienfait *nm* **1** (*générosité*) kindness **2** (*avantage, profit*) benefit

bienfaiteur, bienfaitrice *nm-nf* benefactor

bien-fondé *nm* validity

bien-pensant, -e *adj* right-minded

bientôt *adv* **1** (*dans peu de temps*) soon : *Reviens ~.* Come back soon. **2** (*presque*) : *C'est ~ les vacances !* The holidays are almost here! LOC **à bientôt !** see you soon!

bienveillance *nf* benevolence

bienveillant, -e *adj* benevolent

bienvenu, -e ◆ *adj, nm-nf* welcome : *une remarque bienvenue* a welcome remark ◊ *Soyez les ~s !* Welcome! ◆ **bienvenue** *nf* welcome : *souhaiter la ~ à qn* to welcome sb

bière *nf* beer : *Deux ~s, s'il vous plaît.* Two beers, please. ◊ *Nous avons bu quelques ~s avec les gens du bureau.* We had a few beers with the crowd from the office. LOC **bière blonde** lager **bière brune** stout **bière pression** draught beer **bière sans alcool** alcohol-free beer

bifteck *nm* steak

bifurcation *nf* fork

bifurquer *vi* to branch off : *La route bifurque vers la gauche.* The road branches off to the left.

bigame ◆ *adj* bigamous ◆ *nmf* bigamist

bigamie *nf* bigamy

bigarré, -e *adj* colourful

bigot, -e ◆ *adj* bigoted ◆ *nm-nf* bigot

bijou *nm* **1** (*gén*) jewellery [*indénombrable*] : *Les bijoux étaient dans le coffre-fort.* The jewellery was in the safe. ◊ *bijoux volés* stolen jewellery ◊ *un beau ~* a lovely piece of jewellery

Lorsqu'on parle de bijoux précieux on utilise aussi **jewels** : *bijoux très précieux* priceless jewels ◊ *les bijoux de la Couronne* the Crown jewels.

2 (*merveille*) treasure LOC **bijoux fantaisie** costume jewellery [*indénombrable*] *Voir aussi* BOÎTE

bijouterie *nf* jeweller's [*pl* jewellers]

bijoutier, -ière *nm-nf* jeweller LOC *Voir* HORLOGER

bikini *nm* bikini [*pl* bikinis]

bilan *nm* **1** (*Fin*) balance : *un ~ positif/négatif* a positive/negative balance **2** (*résultat*) outcome **3** (*pertes humaines*) toll LOC **bilan de santé** check-up : *se faire faire un ~ de santé* to have a check-up **faire le bilan de** to assess *sth*

bile *nf* bile

biliaire *adj* LOC *Voir* VÉSICULE

bilingue *adj* bilingual

billard *nm* **1** (*jeu*) billiards [*sing*] : *jouer au ~* to play billiards **2** (*table*) billiard table LOC *Voir* SALLE

bille *nf* marble : *jouer aux ~s* to play marbles LOC *Voir* STYLO

billet *nm* **1** (*transport, loterie, entrée*) ticket : *un ~ d'avion* an airline ticket ◊ *un ~ gratuit* a free ticket ◊ *prendre un ~* to get a ticket **2** (*argent*) (bank)note : *des ~s de 50 euros* 50 euro notes LOC **billet aller** single (ticket) **billet aller et retour** return (ticket)

billetterie *nf* **1** (*billets de banque*) cash machine **2** (*voyage, spectacle*) ticket machine

billion *nm* (*un million de millions*) trillion ☛ *Voir note sous* BILLION

binaire *adj* binary

biner *vt* to hoe

binette *nf* hoe

biochimie *nf* biochemistry

biodégradable *adj* biodegradable

biographe *nmf* biographer

biographie *nf* biography [*pl* biographies]

biographique *adj* biographical

biologie *nf* biology

biologique *adj* **1** (*Sciences*) biological **2** (*produits, agriculture*) organic LOC *Voir* HORLOGE

biologiste *nmf* biologist

bip *nm* **1** (*son*) bleep **2** (*appareil*) beeper

biper *vt* to bleep

bis *adv, nm* (*Mus*) encore

bis, -e *adj* (*pain*) brown LOC *Voir* PAIN

biscotte *nf* French toast [*indénombrable*]

biscuit *nm* biscuit LOC **biscuits pour chien** dog biscuits

bise *nf* kiss : *grosses ~s* lots of love LOC **faire la bise à** to give *sb* a kiss

bisexuel, -elle *adj, nm-nf* bisexual

bison *nm* bison [*pl* bison]

bissextile *adj* LOC *Voir* ANNÉE

bistouri *nm* scalpel

bistrot (*aussi* **bistro**) *nm* café

bit *nm* bit

bitume *nm* Tarmac®

bizarre *adj* odd : *une manière très ~ de parler* a very odd way of speaking ◊ *Comme c'est ~ !* How odd! ◊ *Il est un peu ~, tu ne trouves pas ?* He's a bit odd, don't you think?

blabla *nm* waffle

black-out *nm* blackout

blafard, -e *adj* pallid

blague *nf* joke : *raconter une ~* to tell a joke LOC **blague à tabac** tobacco pouch **faire une blague** to play a joke *on sb* : *Ils lui ont fait beaucoup de ~s.* They played a lot of jokes on him.

blaguer *vi* to joke : *Je blague.* I'm only joking. LOC **pour blaguer** jokingly

blagueur, -euse *adj* joker

blaireau *nm* **1** (*animal*) badger **2** (*rasage*) shaving brush

blâmer *vt* to reprimand

blanc, blanche ◆ *adj* white : *poisson/vin ~* white fish/wine ☛ *Voir exemples sous* JAUNE ◆ **Blanc, Blanche** *nm-nf* (*personne*) white man/woman [*pl* white men/women] : *les Blancs* white people ◆ *nm* **1** (*couleur*) white **2** (*volaille*) breast : *~ de poulet* chicken breast **3** (*espace*) gap : *Complétez les ~s avec des noms.* Fill in the gaps with nouns. LOC **à blanc** blank : *cartouche à ~* blank ammunition **avoir un blanc** (*perte de mémoire*) : *J'ai eu un ~.* My mind went blank. **blanc comme un linge** as white as a sheet **blanc d'œuf** egg white **en blanc** blank : *un chèque en ~* a blank cheque **plus blanc que neige** as white as snow *Voir aussi* ARME, BACCALAURÉAT, BLOUSE, BOUDIN, BOULEAU, CANNE, CHEVEU, DRAPEAU, HARICOT, JAMBON, SAIGNER, VOTE

blanchâtre *adj* whitish

blancheur *nf* whiteness

blanchir ◆ *vt* **1** (*gén*) to whiten **2** (*à la chaux*) to whitewash **3** (*argent*) to launder ◆ *vi* to go white : *~ de colère* to go white with rage ◊ *Ses cheveux ont blanchi.* Her hair has gone white.

blanchisserie *nf* laundry

blasé, -e *adj* blasé

blason *nm* coat of arms

blasphème *nm* blasphemy [*indénombrable*]

blasphémer *vi* to blaspheme (***against sb/sth***)

blazer *nm* blazer

blé *nm* wheat

blême *adj* pallid

blêmir *vi* to go pale

blessant, -e *adj* (*fig*) hurtful

blessé, -e ◆ *pp, adj* **1** (*physiquement*) injured : *Il est grièvement ~.* He's badly injured. **2** (*moralement*) hurt : *Il est ~ à cause de ce que tu lui as dit.* He's hurt at what you said. ◆ *nm-nf* injured person [*pl* injured people] : *la liste des ~s* the list of people injured *Voir aussi* BLESSER

blesser ◆ *vt* **1** (*gén*) to injure **2** (*balle, couteau*) to wound ☛ *Voir note sous* BLESSURE ◆ **se blesser** *v pron* to hurt (yourself) : *Je me suis blessé la jambe.* I hurt my leg.

blessure *nf* **1** (*gén*) injury [*pl* injuries] : *de graves ~s* serious injuries **2** (*balle, couteau*) wound

> **Wound** ou **injury**? **Wound** et **to wound** s'emploient lorsque la blessure est causée par une arme (par exemple un couteau, une arme à feu, etc.) de façon délibérée : *blessures par balle* gunshot wounds ◊ *La blessure va vite se cicatriser.* The wound will soon heal. ◊ *Il a été blessé à la guerre.* He was wounded in the war.
>
> Si la blessure est la conséquence d'un accident, on utilise alors **injury** ou **to injure** : *Il n'a été que légèrement blessé.* He only suffered minor injuries. ◊ *Plusieurs personnes ont été blessées par les bris de glaces.* Several people were injured by flying glass.

LOC *Voir* PANSER

blet, blette *adj* overripe

bleu, -e ◆ *adj, nm* blue ☛ *Voir exemples sous* JAUNE ◆ *nm* **1** (*hématome*) bruise : *J'étais couvert de ~s.* I was covered with bruises. **2** (*travail*) overall LOC **bleu ciel/marine** sky/navy blue **bleu turquoise** turquoise *Voir aussi* PEUR

bleuté, -e *adj* bluish

blindage *nm* armour plating

blindé, -e *pp, adj* **1** (*véhicule*) armoured : *une voiture blindée* an armoured car **2** (*verre*) bulletproof **3** (*porte*) reinforced *Voir aussi* SE BLINDER

se blinder *v pron* **1** (*s'endurcir*) to become hardened **2** (*s'armer contre*) to steel yourself : *se ~ contre la critique* to steel yourself against criticism

blizzard *nm* blizzard

bloc *nm* **1** (*gén*) block : *un ~ de marbre* a block of marble **2** (*Polit*) bloc **3** (*de papier*) pad LOC **bloc de départ** starting block **faire bloc avec** to side with *sb* **faire bloc contre** to gang up on *sb*

blocage *nm* **1** (*gén*) blocking **2** (*mental*) mental block

bloc-notes *nm* writing pad

blocus *nm* (*Mil*) LOC **faire le blocus de** to blockade *sth*

blond, -e *adj* fair, blond(e)

> On emploie **fair** si c'est la couleur est naturelle et **blond** si la couleur est naturelle ou artificielle : *Il est ~.* He's got fair/blond hair. ☛ *Voir note sous* BLOND

◆ *nm-nf* blond [*fém* blonde] LOC *Voir* BIÈRE, TABAC, TEINDRE

bloqué, -e *pp, adj* **1** (*obstrué*) blocked **2** (*mécanisme*) jammed **3** (*personne*) stranded **4** (*mentalement*) : *être ~* to have a mental block *Voir aussi* BLOQUER

bloquer ◆ *vt* **1** (*obstruer, Sport*) to block *sth* (up) : ~ *l'entrée* to block the entrance (up) ◊ ~ *une route* to block a road ◊ ~ *un joueur* to block a player **2** (*Mil*) to blockade ◆ *vi* (*gén*) to get stuck : *Je bloque toujours sur ce mot.* I always get stuck on that word. ◆ **se bloquer** *v pron* (*mécanisme*) to jam

se blottir *v pron* to curl up

blousant, -e *adj* loose-fitting

blouse *nf* **1** (*tablier*) overall **2** (*paysan*) smock LOC **blouse blanche 1** (*médecin*) white coat **2** (*chimiste*) lab coat

blouson *nm* jacket : *un ~ de cuir* a leather jacket LOC **blouson d'aviateur** flying jacket

bluff *nm* bluff

bluffer *vi* to bluff

bobard *nm* fib : *raconter des ~s* to tell fibs

bobine *nf* **1** (*fil à coudre, film*) reel **2** (*fil de fer*) coil

bobsleigh *nm* bobsleigh

bocal *nm* **1** (*récipient*) jar ☛ *Voir illustration sous* CONTAINER **2** (*à poissons*) goldfish bowl

body *nm* (*vêtement*) body [*pl* bodies]

bœuf *nm* **1** (*animal de boucherie*) bullock **2** (*animal de trait*) ox [*pl* oxen] **3** (*viande*) beef LOC *Voir* FILET, SOUFFLER

bogue *nm* (*Informatique*) bug

bohème *adj* bohemian

boire *vt, vi* **1** (*gén*) to drink : *Bois-le complètement.* Drink it up. ◊ *Ils ont bu une bouteille entière de vin.* They drank a whole bottle of wine. **2** (*absorber*) to soak *sth* up : *Cette plante boit beaucoup d'eau.* This plant soaks up a lot of water. LOC **boire à la santé de** to drink to *sb's* health **boire à petites gorgées** to sip **boire au robinet/au goulot** to drink straight from the tap/bottle **boire comme un trou** to drink like a fish **boire dans un verre** to drink from a glass **boire un verre** to have a drink

bois *nm* **1** (*matériel*) wood [*gén indénombrable*] : *Utilisez ce morceau de ~ pour boucher le trou.* Use that piece of wood to block up the hole. ◊ *Le chêne est un ~ de grande qualité.* Oak is a high quality wood. ◊ *fait en ~* made of wood **2** (*forêt*) wood [*souvent pl*] : *Allons nous promener dans le ~.* Let's go for a walk in the woods. ☛ *Voir note sous* FOREST **3** (*de construction*) timber LOC **bois à brûler** firewood **bois de pin, chêne, etc.** pine, oak, etc. : *une table en ~ de pin* a pine table **de/en bois** wooden : *une chaise/poutre en ~* a wooden chair/beam ◊ *une cuillère en ~* a wooden spoon ◊ *jambe de ~* wooden leg *Voir aussi* CHARBON, CHÈQUE, GUEULE, TOUCHER

boisé, -e *adj* wooded

boiserie *nf* woodwork

boisson *nf* drink : *~s alcoolisées* alcoholic drinks LOC **boisson non alcoolisée** soft drink

boîte *nf* **1** (*gén*) box : *une ~ en carton* a cardboard box ◊ *une ~ de chocolats* a box of chocolates ☛ *Voir illustration sous* CONTAINER **2** (*boissons, conserves*) can, tin

Can s'utilise pour parler des boissons en boîte : *une boîte de Coca-Cola* a can of Coke. Pour les autres aliments on peut employer **can** ou **tin** : *une boîte de sardines* a can/tin of sardines ☛ *Voir illustration sous* CONTAINER.

3 (*de nuit*) club LOC **boîte à bijoux** jewellery box **boîte à gants** glove compartment **boîte à œufs** egg box **boîte aux lettres 1** (*dans la rue*) postbox **2** (*dans une maison*) letter box **boîte d'allumettes** matchbox **boîte de couleurs** paintbox **boîte de nuit** nightclub **boîte de vitesses** gearbox **boîte noire** black box **boîte postale** post-office box (*abrév* PO box) **en boîte** tinned **mettre à la boîte** to post *sth* **mettre en boîte** to can

boiter *vi* **1** ~ **(de)** (*toujours*) to be lame **(in *sth*)** : *Je boite du pied droit.* I'm lame in my right foot. **2** (*après un accident*) to limp : *Je boite encore un peu.* I'm still limping a bit.

boiteux, -euse *adj* **1** (*personne, animal*) lame **2** (*meuble*) wobbly LOC *Voir* CANARD

boîtier *nm* case

boitiller *vi* to hobble

bol *nm* bowl LOC **avoir du bol** to be lucky : *Ils n'ont vraiment pas de ~ !* They're so unlucky! **(prendre) un bol d'air** (to take) a deep breath *Voir aussi* RAS

bombardement *nm* bombing

bombarder *vt* **1** (*bombes*) to bomb **2** ~ **de** (*harceler*) to bombard *sb* **with *sth*** : *Ils m'ont bombardé de questions.* They bombarded me with questions.

bombardier *nm* bomber

bombe *nf* **1** (*Mil*) bomb : *la ~ atomique* the atomic bomb ◊ *poser une ~* to plant a bomb **2** (*nouvelle*) bombshell : *La nouvelle a fait l'effet d'une ~.* The news was a bombshell. **3** (*atomiseur*) spray LOC **bombe à retardement** time bomb *Voir aussi* ALERTE

bombé, -e *pp, adj* convex

bon, bonne ◆ *adj* **1** (*gén*) good : *C'est une bonne nouvelle.* That's good news. ◊ *Il est ~ de faire de l'exercice.* It's good to take exercise. ◊ *une bonne idée* a good idea ◊ *Ça sent ~ !* That smells really good! ◊ *Ils sont de bonne famille.* They're from a good family. **2** ~ **(avec)** (*aimable*) kind (**to *sb/sth***) : *Ils ont été très ~s à mon égard.* They were very kind to me. **3** (*nourriture*) tasty **4** (*correct, approprié*) right : *Vous êtes sur la bonne route.* You're on the right road. ◊ *Ce n'est pas le ~ moment.* This isn't the right time. ◆ *nm-nf* goody [*pl* goodies] : *C'est le ~ qui a gagné.* The good guy won. ◆ *nm* voucher LOC **bon à rien** good-for-nothing **bon à tout faire** dogsbody [*pl* dogsbodies] **c'est une bonne chose de faite !** that's that! **faire bon** to be fine : *Il fait ~ ce soir.* It's fine this evening. **pour de bon** for good : *Je quitte la France pour de ~.* I'm leaving France for good. ☛ Les autres expressions formées avec **bon** sont traitées sous le nom, l'adjectif, etc. correspondant : pour **bon courage**, par exemple, voir COURAGE.

bonbon *nm* sweet

bonbonne *nf* cylinder : *une ~ de gaz/d'oxygène* a gas/oxygen cylinder

bond *nm* leap LOC **faire un bond** to leap *Voir aussi* LEVER

bonde *nf* (*de baignoire*) plug

bondé, -e *adj* crowded

bondir *vi* **1** (*sauter*) to leap : *Il a bondi vers eux.* He leapt towards them. **2** ~ **sur** to pounce **on *sb/sth*** : *Il a bondi sur son adversaire.* He pounced on his opponent. **3** (*s'indigner*) to hit the roof

bonheur *nm* **1** (*plénitude*) happiness : *le visage même du ~* the picture of happiness **2** (*moment heureux*) : *Quel ~ de ne pas avoir à travailler !* What a relief not to have to work! **3** (*chance*) good fortune : *J'ai eu le ~ de la rencontrer ce matin.* I had the good fortune to meet her this morning. LOC **par bonheur** luckily

bonhomme *nm* chap : *C'est un drôle de ~.* He's a funny chap. LOC **bonhomme de neige** snowman [*pl* snowmen] *Voir aussi* NOM

boniment *nm* **1** (*vendeur*) sales patter : *faire du ~ à qn* to give sb your sales patter **2 boniments** (*mensonges*) tall stories

bonjour *nm, excl* hello : *Il m'a vu mais il ne m'a pas dit ~.* He saw me but didn't say hello.

On peut également dire **good morning!** ou **morning!** le matin et **good afternoon!** l'après-midi.

LOC **donner le bonjour** : *Donne-lui le ~ de ma part.* Give him my regards. ◊ *Donne le ~ à tes parents.* Give my regards to your parents.

bonne *nf* maid LOC **bonne d'enfants** nanny [*pl* nannies]

bonnet *nm* hat : *un ~ de laine* a woolly hat LOC **bonnet de bain** (*pour la piscine*) swimming cap **bonnet de douche** shower cap

bonsoir *nm, excl* **1** (*à l'arrivée*) good evening : *~ mesdames, ~ mesdemoiselles, ~ messieurs.* Good evening, ladies and gentlemen. **2** (*au départ, au coucher*) good night

bonté *nf* kindness [*indénombrable*] : *Merci de toutes vos ~s.* Thank you for all your kindness. LOC **avoir la bonté de** to be so good as *to do sth* : *Aurais-tu la ~ de m'aider ?* Would you be so good as to help me? **bonté divine !** good heavens!

bonus *nm* no-claims bonus

boom *nm* boom (***in sth***) : *le ~ des téléphones portables* the boom in mobile phones

bord *nm* **1** (*gén*) edge : *au ~ de la table* on the edge of the table ◊ *au ~ du chemin* at the edge of the path **2** (*objet circulaire*) rim : *le ~ du vase* the rim of the vase **3** (*rivière*) bank : *au ~ de la Seine* on the banks of the Seine **4** (*lac, mer*) shore **5** (*chapeau*) brim : *un chapeau aux ~s larges* a wide-brimmed hat LOC **à bord** on board : *monter à ~ d'un avion* to get on board a plane **au bord de** (*fig*) on the verge of *sth* : *au ~ des larmes* on the verge of tears **au bord de la mer/rivière** on the seashore/riverside **être au bord de la ruine** to be on the brink of collapse *Voir aussi* COMMANDANT, JOURNAL, TABLEAU, VIRER

bordeaux *nm* **1** (*vin*) claret **2** (*couleur*) burgundy

border *vt* **1** (*arbres*) to line : *une route bordée de tilleuls* a road lined with lime trees **2** (*plantes*) to border **3** (*Couture*) to edge **4** (*enfant*) to tuck *sb* in

bordereau *nm* slip

bordure *nf* **1** (*trottoir*) kerb **2** (*tapis, terrain*) border **3** (*Couture*) edging : *une ~ de dentelle* a lace edging LOC **en bordure de 1** (*en longeant*) next to *sth* **2** (*en entourant*) just outside *sth*

borne *nf* **1** (*route*) milestone **2** (*repère*) landmark **3** (*kilomètre*) kilometre **4 bornes** (*limites*) limits : *Ne dépasse pas les ~s.* Don't cross the limits. LOC

mettre des bornes à to limit *sth* **sans bornes** limitless

borné, -e *pp, adj* **1** (*personne*) narrow-minded **2** (*intelligence*) limited *Voir aussi* BORNER

borner ◆ *vt* **1** (*propriété*) to mark the boundaries of *sth* **2** (*limiter*) to limit ◆ **se borner** *v pron* **se ~ à** to limit yourself **to *sth*** : *se ~ au strict nécessaire* to limit yourself to what is strictly necessary

bosquet *nm* grove

bosse *nf* **1** (*dos*) hump **2** (*enflure*) lump : *avoir une ~ sur le front* to have a lump on your forehead **3** (*carrosserie*) dent : *Ma voiture a pas mal de ~s.* There are quite a few dents in my car. ◊ *J'ai fait une ~ à la voiture.* I dented the car. LOC **avoir la bosse de** to have a flair for *sth* : *Il a la ~ des maths.* He has a flair for maths. *Voir aussi* ROULER

bosselé, -e *pp, adj* bumpy

bosser *vi* to slave away

bossu, -e ◆ *adj* hunched ◆ *nm-nf* hunchback

botanique ◆ *adj* botanical ◆ *nf* botany LOC *Voir* JARDIN

botaniste *nmf* botanist

botte *nf* **1** (*chaussure*) boot ☛ *Voir illustration sous* CHAUSSURE **2** (*foin*) bale **3** (*radis*) bunch LOC **bottes de cheval** riding boots **bottes en caoutchouc** wellingtons *Voir aussi* CHERCHER

bottine *nf* ankle boot

bouc *nm* **1** (*animal*) billy goat **2** (*barbe*) goatee : *porter le ~* to have a goatee LOC **bouc émissaire** scapegoat

bouche *nf* **1** (*Anat, volcan*) mouth : *On ne parle pas la ~ pleine.* Don't talk with your mouth full. ◊ *Il a quatre ~s à nourrir.* He has four mouths to feed. **2** (*entrée*) entrance : *une ~ de métro* the entrance to the underground LOC **bouche cousue !** not a word! **bouche d'aération** air vent **bouche d'incendie** hydrant **de bouche à oreille** by word of mouth **rester bouche bée** (*de surprise*) to be dumbfounded *Voir aussi* BAIN, EMPORTER

bouché, -e *pp, adj* **1** (*bloqué*) blocked : *J'ai toujours le nez ~.* My nose is still blocked. **2** (*profession, secteur*) crowded **3** (*personne*) thick **4** (*Météo*) overcast : *Le ciel est ~.* The sky is overcast. *Voir aussi* BOUCHER

bouchée *nf* **1** (*quantité*) mouthful : *une ~ de saumon* a mouthful of salmon **2** (*au chocolat*) chocolate LOC **mettre les bouchées doubles** to double your efforts **pour une bouchée de pain** for next to nothing

boucher ◆ *vt* **1** (*obstruer*) to block : *Quelque chose bouchait le caniveau.* Something was blocking the drainpipe. ◊ *~ la vue de qn* to block sb's view **2** (*bouteille*) to put the top on *sth* **3** (*trou*) to fill ◆ **se boucher** *v pron* **1** (*fermer*) : *se ~ le nez* to hold your nose **2** (*s'obstruer*) to get blocked LOC **se boucher les oreilles 1** (*pr*) to plug your ears **2** (*fig*) to turn a deaf ear

boucher, -ère *nm-nf* butcher

boucherie *nf* **1** (*magasin*) butcher's [*pl* butchers]

> En anglais, pour designer de nombreux magasins on ajoute **'s** au nom désignant le commerçant, par exemple **butcher's**, **baker's**, etc. Si on veut parler de plusieurs boucheries, on utilise généralement la forme **butchers**, tout comme lorsqu'on veut parler de plusieurs bouchers. Dans certains cas on peut également dire **butcher's shops** : *Il y a deux boucheries dans cette rue.* There are two butchers/two butcher's shops in this street.

2 (*massacre*) massacre

bouche-trou *nm* stopgap

bouchon *nm* **1** (*gén*) top **2** (*en liège*) cork **3** (*en métal/plastique*) stopper **4** (*pêche*) float **5** (*voitures*) traffic jam LOC **bouchon à vis** screw top

boucle *nf* **1** (*ceinture*) buckle **2** (*cheveux*) curl **3** (*Aéron*) loop LOC **boucle d'oreille** earring

bouclé, -e *pp, adj* curly ☛ *Voir illustration sous* CHEVEU ; *Voir aussi* BOUCLER

boucler ◆ *vt* **1** (*ceinturon*) to fasten **2** (*lieu*) to cordon *sth* off **3** (*achever*) to finish : *Ils ont bouclé le projet en trois mois.* They finished the project in three months. ◆ *vi* (*cheveux*) to curl

bouclette *nf* ringlet

bouclier *nm* shield : *un ~ protecteur* a protective shield

bouddhisme *nm* Buddhism

bouddhiste *adj, nmf* Buddhist

bouder *vi* to sulk

boudeur, -euse *adj* sulky

boudin *nm* (*noir*) black pudding LOC **boudin blanc** white pudding

boue *nf* mud : *Ne va pas dans la ~ !* Stay away from the mud! ◊ *traîner qn dans la ~* to drag sb through the mud

bouée *nf* **1** (*gonflable*) rubber ring

2 (*balise*) buoy [*pl* buoys] LOC **bouée de sauvetage/secours** lifebelt

boueux, -euse *adj* muddy

bouffe *nf* grub

bouffée *nf* **1** (*odeur*) whiff **2** (*cigarette*) puff : *tirer une ~ de cigarette* to have a puff of a cigarette **3** (*air*) : *sortir prendre une ~ d'air frais* to go out for a breath of fresh air LOC **bouffée de chaleur** hot flush

bouffer ◆ *vt* **1** (*manger*) to wolf *sth* down **2** (*prendre*) to take *sth* up : *Ça me bouffe tout mon temps.* It takes up all my time. **3** (*consommer*) to use : *Ma voiture bouffe énormément d'huile.* My car uses a lot of oil. ◆ *vi* to stuff yourself

bouffi, -e *pp, adj* puffy

bougeoir *nm* candlestick

bougeotte *nf* itch

bouger ◆ *vt, vi* to move : *~ une pièce aux échecs* to move a chess piece ◊ *Bouge un peu ta chaise.* Move your chair over a bit. ◊ *Ne bouge pas !* Don't move! ◆ *vi* **1** (*sortir*) to budge : *Il ne bouge jamais de chez lui.* He never budges from his house. **2** (*dent*) to be loose : *J'ai une dent qui bouge.* I've got a loose tooth. ◆ **se bouger** *v pron* **1** (*se pousser*) to move **2** (*se dépêcher*) to get a move on

bougie *nf* **1** (*chandelle*) candle : *allumer/éteindre une ~* to light/put out a candle **2** (*Mécan*) spark plug

bougon, -onne *adj* grumpy

bougonner *vi* to grumble

bouillant, -e *adj* boiling : *eau bouillante* boiling water ◊ *Attention, le radiateur est ~.* Be careful, the radiator's boiling.

bouillir *vi* **1** (*gén*) to boil : *Le lait bout.* The milk is boiling. ◊ *Mets les pommes de terre à ~.* Put the potatoes on to boil. ◊ *Je bous intérieurement quand j'y pense.* Just thinking about it makes my blood boil. **2** (*avoir chaud*) to be boiling : *Je bous avec ce pull.* I'm boiling in this jumper. LOC **faire bouillir** to bring *sth* to the boil

bouilloire *nf* kettle

bouillon *nm* **1** (*pour faire la cuisine*) stock [*indénombrable*] : *~ de poulet* chicken stock **2** (*soupe*) broth [*indénombrable*] : *~ de légumes* vegetable broth

bouillonner *vi* to bubble

bouillotte *nf* hot-water bottle

boulanger, -ère *nm-nf* baker

boulangerie *nf* baker's [*pl* bakers] ☛ *Voir note sous* BOUCHERIE

boule *nf* **1** (*gén*) ball : *une ~ de cristal* a crystal ball **2 boules** (*jeu*) bowls [*sing*] LOC **avoir les boules** to have butterflies **avoir une boule dans la gorge** to have a lump in your throat **boule de neige** snowball **boule (de pétanque)** bowl **boule puante** stink bomb **boules de naphtaline** mothballs **boules Quiès®** earplug : *se mettre des ~s Quiès* to plug your ears **se mettre en boule** to curl up

bouleau *nm* birch (tree) LOC **bouleau blanc** silver birch

bouledogue *nm* bulldog

boulet *nm* **1** (*canon*) cannonball **2** (*fig*) millstone

boulette *nf* **1** (*papier*) pellet **2** (*bourde*) blunder : *faire une ~* to make a blunder LOC **boulette de viande** meatball

boulevard *nm* boulevard LOC **boulevard périphérique** ring road

bouleversé, -e *pp, adj* devastated : *Je me suis senti ~ quand il m'a dit ça.* I was devastated when he said that. *Voir aussi* BOULEVERSER

bouleversement *nm* upheaval

bouleverser *vt* **1** (*déranger*) to upset : *La grève a bouleversé tous mes projets.* The strike has upset all my plans. **2** (*troubler*) to devastate : *La mort de sa mère l'a bouleversé.* He was devastated by his mother's death. **3** (*mettre en désordre*) to turn *sth* upside down

boulier *nm* (*Sport, billiard*) scoreboard

boulimie *nf* bulimia

boulimique *adj* bulimic

boulon *nm* bolt

boulot, -otte ◆ *adj* plump ◆ *nm* work : *aller au ~* to go to work LOC **faire des petits boulots** to do odd jobs *Voir aussi* PARLER

boum *nm* (*bruit*) bang

bouquet *nm* **1** (*fleurs*) bunch **2** (*arbres*) clump LOC **c'est le bouquet !** that's the last straw!

bouquin *nm* book

bourde *nf* blunder : *faire une ~* to make a blunder

bourdon *nm* bumblebee

bourdonnement *nm* **1** (*insecte*) buzzing [*indénombrable*] : *On entendait le ~ des mouches.* You could hear the flies buzzing. **2** (*machine*) humming [*indénombrable*]

bourdonner *vi* **1** (*insecte*) to hum **2** (*oreilles*) to ring : *J'ai les oreilles qui bourdonnent.* My ears are ringing.

bourgeois, -e *adj* middle-class

bourgeoisie *nf* middle class(es) [*s'utilise surtout au pluriel*] LOC **haute/petite bourgeoisie** upper/lower middle class(es) [*s'utilise surtout au pluriel*]

bourgeon *nm* bud

bourgeonner *vi* to bud : *Les rosiers commencent à ~.* The roses are starting to bud.

bourrasque *nf* squall

bourratif, -ive *adj* stodgy

bourré, -e *pp, adj* **1** ~ **de** (*plein*) full **of** ***sth*** : *Ce texte est ~ de fautes.* This text is full of mistakes. **2** (*ivre*) plastered LOC **bourré de fric** loaded : *Ils sont ~s de fric.* They're loaded. *Voir aussi* BOURRER

bourreau *nm* **1** (*exécuteur*) executioner **2** (*persécuteur*) torturer LOC **bourreau de travail** workaholic

bourrelet *nm* (*de graisse*) roll

bourrer ◆ *vt* **1** (*remplir*) to fill : *Tu as trop bourré ta valise.* You've filled your case too full. **2** (*de nourriture*) to fill *sb/sth* up : *Leur mère les bourre de gâteaux.* Their mother fills them up with cakes. ◆ **se bourrer** *v pron* to stuff yourself (***with sth***) LOC **bourrer le crâne à** to brainwash *sb*

bourru, -e *adj* gruff

bourse *nf* **1** (*d'études*) grant **2 Bourse** (*marché*) stock exchange : *la Bourse londonienne* the London Stock Exchange LOC **la bourse ou la vie !** your money or your life!

boursouflé, -e *pp, adj* swollen

bousculade *nf* **1** (*agitation*) stampede : *Il y a eu une ~ vers la sortie.* There was a stampede towards the exit. **2** (*précipitation*) rush : *C'est la ~ tous les matins.* It's a rush every morning.

bousculer *vt* **1** (*heurter*) to jostle : *Il m'a bousculé en passant.* He jostled me as he went past. **2** (*presser*) to rush : *Il n'aime pas qu'on le bouscule.* He doesn't like being rushed.

bouse *nf* dung LOC **bouse de vache** cowpat

bousiller *vt* to muck *sth* up : *Il a bousillé le magnétoscope.* He's mucked up the video.

boussole *nf* compass

bout *nm* **1** (*extrémité*) end : *à l'autre ~ de la table* at the other end of the table ◊ *Attrape le ~ de la corde !* Catch the end of the rope! ◊ *Ils vivent à l'autre ~ de la ville.* They live at the other end of town. **2** (*stylo, langue, doigt*) tip : *Je l'ai sur le ~ de la langue.* It's on the tip of my tongue. ◊ *Je ne sens plus le ~ de mes doigts.* I can't feel my fingertips. **3** (*morceau*) piece : *un ~ de pain* a piece of bread LOC **à bout** exhausted : *Il est à ~.* He's exhausted. **à bout de forces** : *Je suis à ~ de forces.* I'm at the end of my tether. **à bout de patience** : *Je suis à ~ de patience.* My patience is running out. **à bout portant** at point-blank range **au bout de** after *sth* : *au ~ d'un an* after a year **au bout du compte** all things considered **au bout du fil** on the phone **d'un bout à l'autre 1** (*ville*) from one end to the other **2** (*livre*) from beginning to end **sur le bout du doigt** like the back of your hand **venir à bout de qch** to overcome sth *Voir aussi* MENER

bouteille *nf* bottle : *une ~ de vin* a bottle of wine LOC **en bouteille** bottled : *Nous achetons de l'eau en ~.* We buy bottled water. **mettre en bouteille** to bottle *sth* *Voir aussi* VERT

boutique *nf* shop : *une ~ de cadeaux* a gift shop LOC *Voir* PARLER

bouton *nm* **1** (*vêtements, sonnette*) button : *Tu as un ~ de défait.* One of your buttons is undone. ◊ *Appuie sur le ~.* Press the button. **2** (*sur la peau*) spot : *J'ai une éruption de ~s.* I've come out in spots. **3** (*d'une radio*) knob : *Le ~ rouge correspond au volume.* The red knob is the volume control. ☛ *Voir illustration sous* HANDLE **4** (*fleur*) bud LOC **bouton de porte** doorknob **bouton d'herpès** cold sore **boutons de manchette** cuff links

boutonner *vt* to button *sth* (up) : *Boutonne ton manteau.* Button your coat up. ◊ *Je lui ai boutonné sa chemise.* I buttoned (up) his shirt.

boutonneux, -euse *adj* spotty

boutonnière *nf* buttonhole

bouton-pression *nm* press stud

bouture *nf* cutting

bovin, -e ◆ *adj* bovine ◆ *nm* **bovins** cattle [*pl*]

box *nm* **1** (*garage*) lock-up **2** (*d'écurie*) stall LOC **box des accusés** dock

boxe *nf* boxing LOC *Voir* COMBAT

boxer ◆ *vi* to box ◆ *vt* (*frapper*) to thump

boxeur *nm* boxer

boyau *nm* **1** (*d'une roue*) inner tube **2 boyaux** (*intestins*) guts

boycotter *vt* to boycott

bracelet *nm* **1** (*bijou*) bracelet **2** (*montre*) strap

braconner *vi* to poach

braconnier, -ière *nm-nf* poacher

braderie *nf* clearance sale

braguette *nf* flies [*pl*] : *Ta ~ est ouverte.* Your flies are undone.

braille *nm* Braille

brailler *vi* to bawl

braire *vi* to bray

braise *nf* embers [*pl*]

brancard *nm* stretcher

branche *nf* **1** (*arbre, famille*) branch : *une ~ de la philosophie* a branch of philosophy **2** (*lunettes*) arm **3** (*secteur*) sector

branché, -e *pp, adj* trendy LOC **être branché sur** to be into *sth Voir aussi* BRANCHER

brancher *vt* **1** (*raccorder*) to connect *sth* (**to/with sth**) **2** (*avec une prise*) to plug *sth* in **3** ~ **qn sur qch** (*sujet de conversation*) to get **sb** talking **about sth** **4** (*intéresser*) : *Ça ne me branche pas.* It's not my thing.

brandir *vt* to brandish

branlant, -e *adj* **1** (*meuble*) wobbly **2** (*dent*) loose

braquer ◆ *vt* **1** (*arme*) to point *sth* **at sb** **2** (*banque*) to hold *sth* up ◆ *vi* (*automobiliste*) to turn ◆ **se braquer** *v pron* to get defensive

bras *nm* **1** (*gén*) arm : *Je me suis cassé le ~.* I've broken my arm. **2** (*mer*) branch LOC **bras de fer** arm-wrestling : *faire une partie de ~ de fer* to arm-wrestle **bras dessus bras dessous** arm in arm ☛ *Voir illustration sous* ARM **les bras croisés** **1** (*pr*) with your arms folded **2** (*fig*) : *Ne reste pas les ~ croisés. Fais quelque chose.* Don't just stand there! Do something. *Voir aussi* SERRER

brassard *nm* armband

brasse *nf* **1** (*nage*) breaststroke : *nager la ~* to do (the) breaststroke **2** (*mouvement*) stroke LOC **brasse papillon** butterfly : *nager la ~ papillon* to do (the) butterfly

brassée *nf* armful

brasser *vt* **1** (*bière*) to brew **2** (*mélanger*) to shuffle **3** (*affaires*) to handle

brasserie *nf* **1** (*café, restaurant*) café **2** (*usine*) brewery [*pl* breweries]

bravade *nf* bravado

brave *adj* **1** (*gentil*) nice **2** (*courageux*) brave

braver *vt* **1** (*danger*) to brave **2** (*ordre*) to disobey

bravo ! ◆ *excl* **1** (*pour applaudir*) bravo! **2** (*pour féliciter*) well done! ◆ *nm* cheer : *Un grand ~ à tous les participants !* A big cheer for all the contestants!

bravoure *nf* bravery

break *nm* (*voiture*) estate car

brebis *nf* ewe LOC **brebis galeuse** black sheep

brèche *nf* gap

bredouille *adj* empty-handed

bredouiller *vi, vt* to mumble

bref, brève ◆ *adj* short ◆ *adv* to cut a long story short : *~, ils les ont attrapés par surprise.* To cut a long story short, they caught them unawares. LOC **être bref** (*en parlant*) to be brief

Brésil *nm* **le Brésil** Brazil

brésilien, -ienne ◆ *adj* Brazilian ◆ **Brésilien, -ienne** *nm-nf* Brazilian

bretelle *nf* **1** (*robe*) shoulder strap **2** (*autoroute*) slip road **3** **bretelles** (*pantalon*) braces

breton, -onne ◆ *adj, nm* Breton ◆ **Breton, -onne** *nm-nf* Breton

brevet *nm* **1** (*invention*) patent **2** (*diplôme*) diploma

breveter *vt* to patent

bribes *nf* fragments LOC **bribes de conversation** snatches of conversation

bric-à-brac *nm* odds and ends [*pl*]

bricolage *nm* do-it-yourself (*abrév* DIY) : *Elle fait beaucoup de ~.* She does a lot of DIY.

bricole *nf* (little) thing : *J'ai acheté quelques ~s pour les enfants.* I've bought a couple of things for the kids.

bricoler ◆ *vt* **1** (*fabriquer*) to knock *sth* up **2** (*réparer*) to fix ◆ *vi* to do odd jobs

bricoleur, -euse *nm-nf, adj* handy [*adj*] : *Ma sœur est la bricoleuse de la maison.* My sister's the handy one around the house.

> Le nom **handyman** signifie aussi *bricoleur*, mais il ne s'emploie que pour les hommes : *Mon mari est ~.* My husband's a handyman.

bride *nf* **1** (*cheval*) bridle **2** (*vêtement*) bar

brider *vt* **1** (*cheval*) to bridle **2** (*personne, émotion*) to keep *sb/sth* under control

bridge *nm* bridge

brièvement *adv* briefly

brièveté *nf* brevity

brigade *nf* **1** (*Mil*) brigade **2** (*police*) squad : *la ~ antiémeute/des stupéfiants* the riot/drug squad

brigadier *nm* **1** (*Mil*) corporal **2** (*gendarmerie*) sergeant

brillant, -e ◆ *adj* **1** (*yeux, couleur*) bright **2** (*surface, cheveux*) shiny **3** (*remarquable*) brilliant : *Les résultats* *ne sont pas ~s.* The results aren't brilliant. **4** (*intelligent*) bright : *Cet élève est très ~.* This student is very bright. ◆ *nm* (*diamant*) diamond

briller *vi* **1** (*gén*) to shine : *Ses yeux brillaient de joie.* Her eyes shone with joy. ◊ *Ça brille !* Look how shiny it is! **2** (*personne*) to stand out LOC **faire briller** to polish *sth*

brin *nm* (*muguet, persil*) sprig LOC **brin d'herbe** blade of grass **un brin de** a touch of *sth* : *un ~ d'humour* a touch of humour

brindille *nf* twig

brio *nm* verve LOC **avec brio** brilliantly

brioche *nf* brioche

brique *nf* **1** (*construction*) brick **2** (*lait*) carton ☛ *Voir illustration sous* CONTAINER

briquet *nm* lighter

brise *nf* breeze

brisé, -e *pp, adj* LOC *Voir* PÂTE ; *Voir aussi* BRISER

brise-lames *nm* breakwater

briser ◆ *vt* **1** (*casser*) to break **2** (*carrière*) to shatter ◆ **se briser** *v pron* to break

bristol *nm* card

britannique ◆ *adj* British ◆ **Britannique** *nmf* Briton : *les Britanniques* the British LOC *Voir* ÎLE

brocante *nf* (*magasin*) second-hand shop

broche *nf* **1** (*bijou*) brooch **2** (*Cuisine*) spit

brochette *nf* **1** (*ustensile*) skewer **2** (*plat*) kebab

brochure *nf* **1** (*publicité*) brochure : *une ~ de voyage* a holiday brochure **2** (*information*) booklet

brocoli (*aussi* **brocolis**) *nm* broccoli [*indénombrable*]

broder *vt* to embroider

broderie *nf* embroidery [*indénombrable*] : *une robe avec des ~s sur les manches* a dress with embroidery on the sleeves

broncher *vi* : *Ils n'ont pas bronché.* They didn't turn a hair. ◊ *sans ~* without turning a hair

bronches *nf* bronchi (*scientifique*) : *Il a les ~ fragiles.* He has a weak chest.

bronchite *nf* bronchitis [*indénombrable*]

bronzage *nm* (sun)tan

bronze *nm* bronze

bronzé, -e *adj, pp* brown *Voir aussi* BRONZER

bronzer ◆ *vt, vi* to tan : *Je bronze très facilement.* I tan very easily. ◆ **se bronzer** *v pron* to get a suntan LOC **se faire bronzer** to sun yourself

brosse *nf* brush ☛ *Voir illustration sous* BRUSH LOC **brosse à cheveux** hairbrush **brosse à dents** toothbrush **brosse à ongles** nail brush **en brosse** : *avoir les cheveux en ~* to have a crew cut

brosser ◆ *vt* (*vêtement, cheveux*) to brush ◆ **se brosser** *v pron* to brush *sth* : *se ~ les cheveux/les dents* to brush your hair/teeth LOC **brosser un tableau de qch** to give an outline of sth

brouette *nf* wheelbarrow

brouhaha *nm* hubbub

brouillard *nm* fog : *Il y a beaucoup de ~.* It's very foggy. LOC *Voir* NAPPE

brouiller ◆ *vt* **1** (*vue*) to blur **2** (*idées*) to muddle *sth* up **3** (*désunir*) to turn *sb* ***against sb*** : *Avec leurs commérages ils ont brouillé les deux sœurs.* With their gossip they turned the two sisters against each other. ◆ **se brouiller** *v pron* **1 se ~ (avec)** (*se fâcher*) to fall out (**with *sb***) : *se ~ avec sa belle-famille* to fall out with your in-laws **2** (*vue*) to become blurred **3** (*idées*) to get confused

brouillon, -onne ◆ *adj* (*personne*) slapdash : *Il est très ~.* He's really slapdash. ◆ *nm* draft LOC **au brouillon** in rough : *Écris d'abord ta rédaction au ~.* Write the essay in rough first. *Voir aussi* CAHIER

broussaille *nf* scrub [*indénombrable*] : *Nous étions cachés dans les ~s.* We were hidden in the scrub. LOC **en broussaille** : *Il a les cheveux en ~.* His hair is a mess.

brousse *nf* bush

brouter *vt, vi* to graze

broutille *nf* trifle

broyer *vt* to crush LOC **broyer du noir** to brood

bruine *nf* drizzle

bruiner *v impers* to drizzle

bruissement *nm* rustling

bruit *nm* noise : *J'ai entendu de drôles de ~s et j'ai eu peur.* I heard some strange noises and got frightened. ◊ *Est-ce que tu as entendu un ~ ?* Did you hear something? ◊ *Ne fais pas de ~.* Don't make any noise. ◊ *La voiture fait beaucoup de ~.* The car is really noisy. LOC **faire plus de bruit que de mal** : *Il fait plus de ~ que de mal.* His bark is worse than his bite. **le bruit court que...** there's a rumour going round (that)...

brûlant, -e *adj* **1** (*casserole, nourriture*) very hot : *C'est ~ !* It's very hot! **2** (*liquide*) boiling hot **3** (*front, soleil*) burning

brûlé, -e ◆ *pp, adj* burnt ◆ *nm* : *une odeur de ~* a smell of burning ◊ *avoir le goût de ~* to taste burnt LOC *Voir* SENTIR, TÊTE ; *Voir aussi* BRÛLER

brûle-pourpoint LOC **à brûle-pourpoint** point-blank

brûler ◆ *vt* **1** (*gén*) to burn : *Tu vas ~ l'omelette.* You're going to burn the omelette. **2** (*eau bouillante*) to scald **3** (*chaleur*) to scorch **4** (*feu rouge*) to jump : *~ un feu* to jump the lights ◆ *vi* **1** (*forêt, maison*) to burn down **2** (*aliment*) to burn **3** (*être brûlant*) to be boiling hot : *Attention, ça brûle !* Be careful, it's boiling hot. ◆ **se brûler** *v pron* **se ~ (avec)** (*personne*) to burn *sth/yourself* (**on** ***sth***) : *se ~ la langue* to burn your tongue ◊ *Je me suis brûlé avec la poêle.* I burnt myself on the frying pan. LOC *Voir* ALCOOL, BOIS

brûlure *nf* **1** burn : *~s au second degré* second-degree burns **2** (*avec un liquide brûlant*) scald **3** (*sensation*) sting LOC **brûlures d'estomac** heartburn [*indénombrable*]

brume *nf* mist

brumeux, -euse *adj* misty

brun, -e ◆ *adj* **1** (*gén*) brown **2** (*cheveux, peau*) dark : *Il a les cheveux ~s.* He's got dark hair. ◊ *Ma sœur est beaucoup plus brune que moi.* My sister's much darker than me. ◆ *nm-nf* person with dark hair : *Le ~ me plaisait.* I fancied the one with dark hair. LOC *Voir* BIÈRE, TABAC

brunir *vi* to go brown

brusque *adj* **1** (*geste, changement*) sudden : *un mouvement ~* a sudden movement **2** (*personne*) abrupt

brusquer *vt* to rush

brut, -e ◆ *adj* **1** (*matière*) raw **2** (*pétrole*) crude **3** (*poids, salaire*) gross **4** (*champagne*) brut ◆ *nm* (*pétrole*) crude ◆ **brute** *nf* : *Cet homme est une vraie brute !* He's such a brute! LOC *Voir* ÉTAT

brutal, -e *adj* **1** (*personne, geste*) brutal **2** (*changement*) sudden

brutalité *nf* **1** (*d'une personne*) brutality **2** (*d'un choc*) suddenness

bruyant, -e *adj* noisy

bruyère *nf* heather

bûche *nf* log LOC **bûche de Noël** Christmas log

bûcher[1] *nm* stake

bûcher[2] *vt, vi* to swot (**up on** ***sth***) : *Il faut que je bûche mes maths.* I have to swot up on my maths.

bûcheron, -onne *nm-nf* woodcutter

bûcheur, -euse *nm-nf* swot

budget *nm* budget : *Je ne veux pas dépasser mon ~.* I don't want to exceed my budget.

buée *nf* steam

buffet *nm* **1** (*meuble*) sideboard **2** (*repas, restaurant*) buffet

buffle *nm* buffalo [*pl* buffalo/buffaloes]

buisson *nm* bush

buissonnière *adj* LOC *Voir* ÉCOLE

bulbe *nm* bulb

bulldozer *nm* bulldozer

bulle *nf* **1** (*de savon*) bubble **2** (*bande dessinée*) speech bubble LOC **faire des bulles 1** (*avec un chewing-gum, de savon*) to blow bubbles **2** (*boisson*) to be fizzy

bulletin *nm* **1** (*Radio, Télé*) bulletin : *un ~ d'informations* a news bulletin **2** (*électoral*) ballot paper : *un ~ nul* a spoilt ballot paper **3** (*scolaire*) report : *Il a eu un bon ~.* He got a good report. LOC **bulletin météorologique** weather report *Voir aussi* VOTE

bungalow *nm* chalet

buraliste *nmf* tobacconist

bureau *nm* **1** (*meuble*) desk **2** (*pièce*) office : *Je serai au ~.* I'll be at the office. ◊ *Elle nous a reçus dans son ~.* She saw us in her office. **3** (*chez soi*) study [*pl* studies] : *Tous les livres sont dans le ~.* All the books are in the study. LOC **bureau d'accueil** reception **bureau de change** bureau de change [*pl* bureaux de change] **bureau de l'état civil** registry office **bureau de poste** post office **bureau de tabac** tobacconist's [*pl* tobacconists]

> En Grande-Bretagne il n'y a pas de bureaux de tabac. Les timbres se vendent dans les **post offices** (bureaux de poste), qui s'occupent également de certaines questions administratives : vignette automobile et redevance télé, versement des retraites, etc. Les **newsagents** vendent également des timbres, en plus de la presse, des bonbons et du tabac. Il n'existe pratiquement plus de **tobacconists**, qui sont des magasins spécialisés dans les articles pour fumeurs.

bureau de vote polling station *Voir aussi* EMPLOYÉ, FOURNITURE, LAMPE

bureaucrate *nmf* bureaucrat

bureaucratie *nf* bureaucracy

bureaucratique *adj* bureaucratic

burin *nm* chisel

bus *nm* bus : *attraper/manquer le ~* to catch/miss the bus LOC *Voir* ARRÊT, IMPÉRIAL

buste *nm* **1** (*torse*) chest **2** (*seins, sculpture*) bust

but *nm* **1** (*objectif*) aim : *atteindre un ~* to achieve an aim ◊ *Quel est le ~ de sa visite ?* What's the aim of her visit? **2** (*destination*) destination **3** (*Sport*) goal : *marquer un ~* to score a goal ◊ *Notre équipe a gagné trois ~s à un.* Our team won three one. LOC **but égalisateur** equalizer *Voir aussi* DROIT, GARDIEN, POTEAU, TIR, TIRER

butane *nm* gas, butane (*techn*)

buté, -e *pp, adj* stubborn *Voir aussi* BUTER

buter ◆ *vi* **1** (*trébucher*) to stumble : *J'ai buté contre une pierre.* I stumbled on a stone. **2** ~ **contre/sur** (*problème*) to come up against *sth* : *Nous avons buté contre de graves difficultés.* We've come up against serious difficulties. ◆ *vt* (*tuer*) to bump *sb* off ◆ **se buter** *v pron* to dig your heels in : *Il s'est buté et n'a rien voulu savoir.* He dug his heels in and refused to listen.

butin *nm* loot

butte *nf* mound

buvard *nm* blotting paper [*indénombrable*]

buvette *nf* refreshment stall

buveur, -euse *nm-nf* heavy drinker

Cc

ça *pron* **1** (*cela*) that : *Qu'est-ce que c'est que ça ?* What's that? ◊ *À part ça, tout va bien.* Apart from that everything's fine. **2** (*ceci*) this : *Qu'est-ce que c'est que ça ?* What's this? ◊ *Il va falloir arrêter ça.* We've got to put a stop to this. **3** (*sujet indéterminé*) it : *Ça me fait mal quand je marche.* It hurts when I walk. ◊ *Est-ce que ça coûte cher ?* Is it expensive? **4** (*emphatique*) : *Pourquoi ça ?* Why? LOC **ça y est !** that's it! : *Ça y est, j'ai fini !* That's it, I've finished! **c'est ça !** that's right! : *C'est ça, très bien.* That's right, very good.

çà LOC **çà et là** here and there

cabane *nf* **1** (*hutte*) hut **2** (*à outils*) shed

cabillaud *nm* cod [*pl* cod]

cabine *nf* **1** (*bateau, avion*) cabin **2** (*vestiaire*) changing room **3** (*de douche, d'hôpital*) cubicle **4** (*camion*) cab LOC **cabine de pilotage** cockpit **cabine d'essayage** fitting room **cabine téléphonique** telephone box

cabinet *nm* **1** (*bureau*) practice : *un ~ d'avocats* a legal practice **2** (*médecin, dentiste*) surgery [*pl* surgeries] **3** (*Polit*) Cabinet [*v sing ou pl*] **4 cabinets** (*toilettes*) toilet [*sing*] LOC **cabinet de toilette** bathroom

câble *nm* **1** (*gén*) cable : *Nous sommes abonnés au ~.* We've got cable TV. **2** (*Navig*) rope LOC *Voir* TÉLÉVISION

cabossé, -e *pp, adj* dented : *Ma voiture est toute cabossée.* There are quite a few dents in my car. *Voir aussi* CABOSSER

cabosser *vt* to dent

se cabrer *v pron* (*cheval*) to rear

cabriolet *nm* convertible

caca *nm* poo : *faire ~* to do a poo

cacahuète (*aussi* **cacahouète**) *nf* peanut LOC *Voir* BEURRE

cacao *nm* cocoa

cache *nf* (*d'armes*) cache

caché, -e *pp, adj* hidden *Voir aussi* CACHER

cache-cache *nm* hide-and-seek : *jouer à ~* to play hide-and-seek

cachemire *nm* cashmere

cadeau *nm* present, gift (*plus sout*) : *faire un ~ à qn* to give sb a present ◊ *faire ~ de qch à qn* to make sb a gift of sth LOC **cadeau d'anniversaire/de Noël** birthday/Christmas present *Voir aussi* IDÉE, PAPIER

cadenas *nm* padlock

cadenasser *vt* to padlock

cadence *nf* **1** (*rythme*) rhythm **2** (*de travail*) rate LOC **en cadence** in time

cadet, -ette *adj, nm-nf* **1** (*de deux enfants*) younger **2** (*de plusieurs enfants*) youngest **3** (*Sport*) junior

cadran *nm* **1** (*montre, boussole*) face **2** (*compteur*) dial LOC **cadran solaire** sundial

cadre *nm* **1** (*tableau*) frame **2** (*employé*) executive : *un ~ supérieur* a senior executive **3** (*milieu*) setting : *dans un ~ très agréable* in a very pleasant setting

caduc *adj* LOC *Voir* ARBRE

cafard *nm* cockroach LOC **avoir le cafard** to feel down

café *nm* **1** (*gén*) coffee : *Tu veux du/un ~?* Would you like some/a coffee? **2** (*établissement*) cafe LOC **café instantané** instant coffee **café noir/au lait** black/white coffee *Voir aussi* CUILLÈRE, CUILLERÉE, MOULIN

caféine *nf* caffeine : *sans ~* caffeine free

cafétéria *nf* snack bar

cafetière *nf* coffee pot LOC **cafetière électrique** coffee-maker

cafouillage *nm* bungling

cage *nf* **1** (*pour animaux*) cage : *mettre un animal en ~* to cage an animal **2** (*Sport*) goal LOC **cage d'escalier** stairwell

cageot *nm* crate

cagnotte *nf* **1** (*caisse commune*) kitty [*pl* kitties] **2** (*loterie*) jackpot

cagoule *nf* balaclava

cahier *nm* notebook LOC **cahier de brouillon** sketchbook **cahier d'exercices** exercise book **cahier de textes** homework book

cahot *nm* jolt

cahoter *vi* to jolt

caille *nf* quail [*pl* quail/quails]

cailler *vi* **1** (*lait*) to curdle **2** (*sang*) to clot **3** (*avoir froid*) to be freezing

caillot *nm* clot

caillou *nm* pebble

caisse *nf* **1** (*gén*) crate **2** (*vin*) case **3** (*magasin*) cash desk **4** (*supermarché*) checkout **5** (*banque*) cashier's desk LOC **caisse à outils** toolbox **caisse d'épargne** savings bank **caisse enregistreuse** till **faire la caisse** to cash up *Voir aussi* GROS, LIVRET, TICKET

caissier, -ière *nm-nf* cashier

cajoler *vt* to make a fuss of *sb*

cajou *nm* LOC *Voir* NOIX

calamar *nm* squid [*pl* squid]

calamité *nf* **1** (*désastre*) calamity [*pl* calamities] **2** (*chose pénible*) nuisance : *Ces mouches sont une ~.* These flies are a nuisance.

calcaire ◆ *adj* **1** (*eau*) hard **2** (*sol*) chalky **3** (*roche*) limestone [*n attrib*] ◆ *nm* **1** (*roche*) limestone **2** (*dans une casserole*) limescale

calciner *vt* to char

calcium *nm* calcium

calcul *nm* **1** (*opération*) calculation : *D'après mes ~s, il a 80 ans.* He's 80 according to my calculations. ◊ *Il faut que je fasse quelques ~s avant de décider.* I have to make some calculations before deciding. **2** (*matière*) arithmetic : *Il est bon en ~.* He's good at arithmetic. **3** (*Méd*) stone LOC **calcul mental** mental arithmetic **faire le calcul** to work it out

calculateur, -trice ◆ *adj* calculating ◆ **calculatrice** *nf* calculator

calculer *vt* **1** (*dépenses, quantité*) to work *sth* out, to calculate (*plus sout*) : *Calcule combien il nous faut.* Work out how much we need. **2** (*avantages, risques*) to weigh *sth* up

calculette *nf* calculator

cale *nf* **1** (*porte*) wedge **2** (*bateau, avion*) hold : *dans la ~ du bateau* in the ship's hold LOC **cale sèche** dry dock

calé, -e *pp, adj* ~ **en** good **at** ***sth*** : *Il est très ~ en maths.* He's really good at maths. *Voir aussi* CALER

caleçon *nm* **1** (*sous-vêtement*) boxer shorts [*pl*] **2** (*pantalon*) leggings [*pl*] ☛ *Voir note sous* PAIR

calendrier *nm* calendar

calepin *nm* notebook

caler ◆ *vi* **1** (*moteur*) to stall : *La voiture a calé.* The car stalled. **2** (*à table*) to be full : *J'ai trop mangé, je cale.* I've eaten too much — I'm full. **3** (*renoncer*) to give up : *Ce problème est trop difficile, je cale.* This problem's too hard — I give up. ◆ *vt* **1** (*avec une cale*) to wedge **2** (*installer*) to prop *sb/sth* up : *Je l'ai calé sur des coussins.* I propped him up on some cushions.

calibre *nm* **1** (*arme, tuyau*) bore : *un pistolet de petit ~* a small bore pistol **2** (*œufs, fruits*) size **3** (*envergure*) calibre : *Ils ne sont pas du même ~.* They're not of the same calibre.

califourchon LOC **à califourchon** astride : *Il était assis à ~ sur le mur.* He was sitting astride the wall.

câlin, -e ◆ *adj* cuddly ◆ *nm* cuddle : *faire des ~s à qn* to give sb a cuddle

câliner *vt* to cuddle

calligraphie *nf* **1** (*écriture*) handwriting **2** (*art*) calligraphy

callosité *nf* callus

calmant *nm* **1** (*douleur*) painkiller **2** (*anxiété*) tranquillizer

calme ◆ *adj* **1** (*gén*) calm : *rester ~* to keep calm ◊ *La mer est ~.* The sea is calm. **2** (*silencieux*) quiet : *Je vis dans un quartier très ~.* I live in a very quiet area. ◆ *nm* **1** (*absence d'agitation*) calm **2** (*tranquillité*) peace and quiet : *le ~ de la campagne* the peace and quiet of the countryside LOC **du calme !** calm down! **avec calme** calmly *Voir aussi* PERDRE

calmer ◆ *vt* **1** (*personne*) to calm *sb* down : *Il n'a pas réussi à la ~.* He couldn't calm her down. **2** (*inquiétude*) to allay **3** (*douleur*) to ease **4** (*faim, soif*) to satisfy **5** (*colère*) to appease ◆ **se calmer** *v pron* **1** (*personne*) to calm down : *Calme-toi, ils seront bientôt là.* Calm down, they'll soon be here. ◊ *Nous commencerons quand tout le monde se sera calmé.* We'll start once everybody has calmed down. **2** (*douleur, tempête*) to ease off : *Le vent s'est calmé.* The wind eased off. **3** (*inquiétude*) to subside

calomnie *nf* **1** (*paroles*) slander **2** (*écrite*) libel

calorie *nf* calorie : *brûler des ~s* to burn off calories ◊ *un régime basses ~s* a low-calorie diet LOC *Voir* BAS

calque *nm* **1** (*dessin*) tracing **2** (*papier*) tracing paper **3** (*imitation*) imitation

calquer *vt* (*dessin*) to trace

calumet *nm* pipe : *le ~ de la paix* the pipe of peace

calvitie *nf* **1** (*perte des cheveux*) baldness **2** (*zone dégarnie*) bald patch

camarade *nmf* **1** (*ami*) friend **2** (*Polit*) comrade LOC **camarade de classe** classmate **camarade d'école** school friend

camaraderie *nf* comradeship

cambouis *nm* grease

cambré, -e *pp, adj* arched

cambriolage *nm* **1** (*magasin, banque*) robbery [*pl* robberies] : *le ~ du supermarché* the supermarket robbery **2** (*maison, bureau*) burglary [*pl* burglaries] : *Il y a eu trois ~s dans cette rue dimanche.* There were three burglaries in this street on Sunday.

cambrioler *vt* **1** (*banque, magasin*) to rob : *Deux hommes ont cambriolé la banque.* Two men robbed the bank. **2** (*maison*) to burgle : *La maison des voisins a été cambriolée.* Our neighbours have been burgled. LOC **se faire cambrioler** to be burgled

cambrioleur, -euse *nm-nf* **1** (*maison*) burglar **2** (*banque*) robber ☛ *Voir note sous* THIEF

caméléon *nm* chameleon

camelote *nf* junk [*indénombrable*] : *C'est de la vraie ~ cet ouvre-boîte !* This tin-opener's a real piece of junk!

caméra *nf* camera LOC **caméra vidéo** video camera

caméraman *nmf* cameraman/woman [*pl* cameramen/women]

camion *nm* lorry [*pl* lorries] LOC **camion de déménagement** removal van

camion-citerne *nm* tanker

camionnette *nf* van

camionneur, -euse *nm-nf* lorry driver

camisole *nf* LOC **camisole de force** straitjacket

camomille *nf* **1** (*plante*) camomile **2** (*infusion*) camomile tea

camouflage *nm* **1** (*Mil*) camouflage **2** (*de la vérité*) concealment

camoufler *vt* **1** (*Mil*) to camouflage **2** (*faits, vérité*) to cover *sth* up, to conceal (*plus sout*)

camp *nm* **1** (*gén*) camp : *faire un ~* to go on a camp **2** (*dans des jeux*) side : *Il a changé de ~.* He changed sides. ◊ *Il a marqué un but contre son propre ~.* He scored an own goal. LOC **camp de concentration** concentration camp **camp de vacances** holiday camp *Voir aussi* FEU, FICHER

campagnard, -e ◆ *adj* country [*n attrib*] ◆ *nm-nf* countryman/woman [*pl* countrymen/women] : *les ~s* country people

campagne *nf* **1** (*nature*) country : *vivre à la ~* to live in the country **2** (*paysage*) countryside : *La ~ est belle en avril.* The countryside looks lovely in April. **3** (*Comm, Polit, Mil*) campaign : *une ~ électorale* an election campaign LOC *Voir* MAISON

campement *nm* **1** (*lieu*) camp **2** (*activité*) camping : *Il faut qu'on s'achète du matériel de ~.* We need to buy some camping equipment.

camper ◆ *vi* (*faire du camping*) to camp : *Ils sont partis ~ ce weekend.* They've gone camping this weekend. ◆ *vt* (*laisser*) to dump ◆ **se camper** *v pron* to plant yourself : *Il s'est campé en plein devant moi.* He planted himself right in front of me.

campeur, -euse *nm-nf* camper

camphre *nm* LOC *Voir* BOULE

camping *nm* **1** (*lieu*) campsite **2** (*activité*) camping LOC **faire du camping** to go camping

campus *nm* campus LOC **hors campus** off-campus

Canada *nm* **le Canada** Canada

canadien, -ienne ◆ *adj* Canadian ◆ **Canadien, -ienne** *nm-nf* Canadian

canaille *adj, nf* mischievous [*adj*]

canal *nm* canal : *le ~ de Suez* the Suez Canal LOC **canal d'irrigation** irrigation channel

canaliser *vt* to channel

canapé *nm* **1** (*siège*) sofa : *un ~ trois places* a three-seater sofa **2** (*Cuisine*) canapé LOC **canapé convertible** sofa bed

canapé-lit *nm* sofa bed

canard *nm* **1** (*animal*) duck

Duck est le nom générique. Pour parler uniquement des mâles, on utilise le terme **drake**. **Ducklings** signifie *canetons*.

2 (*journal*) rag **3** (*fausse note*) wrong note LOC **canard boiteux** lame duck *Voir aussi* FROID

canari *nm* canary [*pl* canaries] LOC *Voir* JAUNE

cancan *nm* **1** (*commérage*) piece of gossip **2** (*danse*) cancan

cancaner *vi* to gossip (***about sb/sth***)

cancanier, -ière ◆ *adj* gossipy ◆ *nm-nf* gossip : *C'est un ~ !* He's such a gossip!

cancer *nm* **1** (*Méd*) cancer [*indénombrable*] : *~ du poumon* lung cancer **2 Cancer** (*Astrologie*) Cancer ☛ *Voir exemples sous* AQUARIUS

cancéreux, -euse *adj* cancerous

cancre *nm* dunce

candidat, -e *nm-nf* **1** (*Polit, Université*) ~ **(à)** candidate (**for *sth***) : *le ~ à la présidence du club* the candidate for chair of the club ◊ *les ~s aux examens* exam candidates **2** (*emploi*) applicant

candidature *nf* **1** ~ **(à)** (*élections*) candidacy (**for *sth***) : *retirer sa ~* to withdraw your candidacy **2** (*emploi*) application LOC *Voir* POSER

caneton *nm* duckling

canette *nf* **1** (*bouteille*) bottle **2** (*boîte*) can ☛ *Voir illustration sous* CONTAINER

caniche *nm* poodle

canicule *nf* hot weather : *C'est la ~.* It's hot. ◊ *un jour de ~* a stiflingly hot day

canif *nm* penknife [*pl* penknives]

canin, -e ◆ *adj* canine ◆ **canine** *nf* canine

caniveau *nm* gutter

cannabis *nm* cannabis

canne *nf* walking stick LOC **canne à pêche** fishing rod **canne à sucre** sugar cane **canne blanche** white stick **canne de golf** golf club

cannelle *nf* cinnamon

cannelloni (*aussi* **cannellonis**) *nm* cannelloni [*indénombrable*]

cannibale *adj, nmf* cannibal [*n*] : *une tribu ~* a cannibal tribe

cannibalisme *nm* cannibalism

canoë *nm* **1** (*bateau*) canoe **2** (*sport*) canoeing : *aller faire du ~* to go canoeing

canoéisme *nm* canoeing

canoéiste *nmf* canoeist

canon ◆ *nm* **1** (*d'artillerie*) cannon **2** (*d'un fusil*) barrel ◆ *adj* : *être ~* to be a stunner LOC *Voir* POUDRE

canoniser *vt* to canonize

canot *nm* boat LOC **canot à moteur** motor boat **canot de pêche** fishing boat **canot de sauvetage** lifeboat **canot pneumatique** inflatable dinghy [*pl* inflatable dinghies]

canotage *nm* boating

canoter *vi* to go boating

cantine *nf* **1** (*lycée, usine*) canteen **2** (*malle*) trunk

canular *nm* hoax

cañon (*aussi* **canyon**) *nm* canyon

caoutchouc *nm* rubber LOC *Voir* BOTTE

cap *nm* **1** (*Géogr*) cape : *le ~ de Bonne Espérance* the Cape of Good Hope **2** (*avion, bateau*) course : *Le bateau a mis le ~ vers le sud.* The ship set course southwards. **3** (*obstacle*) mark : *passer le ~ des 40 ans* to pass the 40 mark

capable *adj* ~ **(de)** capable (**of *sth*/ *doing sth***) : *Je veux des gens ~s et travailleurs.* I want capable, hard-working people. ◊ *Ils ne sont pas ~s de faire ce travail.* They're not capable of doing this job.

capacité *nf* ~ **(de) 1** (*gén*) capacity (**for *sth***) : *un hôtel avec une ~ de 300 personnes* a hotel with capacity for 300 guests ◊ *une grande ~ de travail* a great capacity for work **2** (*aptitude, intelligence*) ability (***to do sth***) [*sing*] : *Elle a les ~s pour le faire.* She has the ability to do it. ◊ *Il a des ~s mais il n'a pas envie d'étudier.* He's got ability but doesn't like studying.

cape *nf* **1** (*longue*) cloak **2** (*courte*) cape

capitaine *nm* captain : *le ~ de l'équipe* the team captain

capital, -e ◆ *adj* crucial ◆ *nm* (*Fin*)

capital ◆ **capitale** *nf* capital LOC *Voir* IMPORTANCE

capitalisme *nm* capitalism

capitaliste *adj, nmf* capitalist

capiteux, -euse *adj* heady

capitonné, -e *pp, adj* padded

capitulation *nf* capitulation

capituler *vi* to surrender

caporal *nm* corporal

capot *nm* bonnet

capote *nf* **1** (*préservatif*) condom **2** (*manteau*) greatcoat **3** (*voiture*) hood

capoter *vi* **1** (*voiture*) to overturn : *La voiture a capoté dans le virage.* The car overturned on the bend. **2** (*échouer*) to come to nothing : *Son plan a complètement capoté.* Her plan came to nothing. LOC **faire capoter** (*négotiations*) to bring *sth* down

cappuccino *nm* cappuccino [*pl* cappuccinos]

câpre *nf* caper

caprice *nm* whim : *agir par ~* to act on a whim ◊ *les ~s de la mode* the whims of fashion LOC **faire des caprices** to throw tantrums

capricieux, -ieuse *adj* **1** (*qui change d'idée*) capricious : *Il a un caractère ~.* He's always changing his mind. **2** (*coléreux*) temperamental : *Il est très ~.* He's very temperamental. **3** (*exigeant*) fussy : *un client ~* a fussy customer

Capricorne *nm* (*Astrologie*) Capricorn ☛ *Voir exemples sous* AQUARIUS

capsule *nf* **1** (*Méd, Astron*) capsule **2** (*bouchon*) bottle top

capter *vt* **1** (*signal*) to pick *sth* up **2** (*Sport*) to catch **3** (*atmosphère, image*) to capture : *Son tableau capte bien l'atmosphère.* Her picture captures the atmosphere.

captif, -ive *adj, nm-nf* captive

captivant, -e *adj* captivating

captiver *vt* **1** (*enchanter*) to captivate **2** (*fasciner*) to fascinate

captivité *nf* captivity

capture *nf* **1** (*fugitif*) capture **2** (*butin*) catch : *C'est une belle ~ !* That's a good catch!

capturer *vt* to capture

capuche *nf* hood : *un sweat à ~* a sweatshirt with a hood

capuchon *nm* **1** (*vêtement*) hood **2** (*stylo*) cap

caquet *nm* LOC *Voir* RABATTRE

caqueter *vi* to cackle

car[1] *conj* because

car[2] *nm* coach

carabine *nf* rifle LOC **carabine à air comprimé** air gun **carabine à plombs** shotgun

caracoler *vi* to parade LOC **caracoler en tête** to be well ahead

caractère *nm* **1** (*gén*) character : *un défaut de ~* a character defect ◊ *les ~s chinois* Chinese characters **2** (*nature*) nature : *Ce n'est pas dans son ~.* It's not in her nature. **3 caractères** (*écrits*) lettering [*indénombrable*] : *Les ~s sont trop petits.* The lettering's too small. LOC **avoir beaucoup/peu de caractère** to be strong-minded / weak-minded **avoir bon caractère** to be good-tempered **avoir mauvais caractère** to be bad-tempered *Voir aussi* FORCE, SALE

caractériser ◆ *vt* to characterize : *La fierté caractérise ce peuple.* Pride characterizes this people. ◆ **se caractériser** *v pron* to be characterized (***by sth***)

caractéristique *adj, nf* characteristic

carafe *nf* carafe

caramel *nm* **1** (*liquide*) caramel **2** (*bonbon*) toffee LOC **caramel mou** fudge

carapace *nf* shell

carat *nm* carat

caravane *nf* caravan

carbone *nm* carbon LOC *Voir* DIOXYDE, HYDRATE, MONOXYDE

carbonique *adj* LOC *Voir* NEIGE

carbonisé *pp, adj* **1** (*personne, forêt*) completely burnt **2** (*voiture*) burnt out

carburant *nm* fuel LOC *Voir* RAVITAILLER

carburateur *nm* carburettor

carcan *nm* straitjacket

carcasse *nf* carcass

cardiaque *adj* heart [*n attrib*] : *Il a des problèmes ~s.* He has heart problems. LOC **être cardiaque** to have a heart condition *Voir aussi* CRISE

cardigan *nm* cardigan

cardinal, -e *adj, nm* cardinal

carême *nm* Lent : *Nous faisons ~.* It's Lent.

carence *nf* deficiency [*pl* deficiencies] : *une ~ en vitamines* a vitamin deficiency

caresse *nf* **1** (*personne*) caress **2** (*animal*) stroke LOC **faire des caresses à 1** (*personne*) to caress *sb* **2** (*animal*) to stroke *sth*

caresser ◆ *vt* **1** (*personne*) to caress **2** (*animal*) to stroke ◆ **se caresser**

v pron to stroke *sth* : *se ~ le menton* to stroke your chin

cargaison *nf* **1** (*avion, bateau*) cargo [*pl* cargoes] **2** (*camion*) load

caricature *nf* caricature : *faire une ~* to draw a caricature

caricaturer *vt* to caricature

carie *nf* tooth decay [*indénombrable*] : *pour empêcher les ~s* to prevent tooth decay

carié, -e *pp, adj* bad *Voir aussi* SE CARIER

se carier *v pron* to decay

caritatif, -ive *adj* charity [*n attrib*]

carnage *nm* carnage

carnaval *nm* carnival : *Tu vas au ~ ?* Are you going to the carnival?

carnet *nm* **1** (*cahier*) notebook **2** (*billets, reçus*) book LOC **carnet d'adresses** address book **carnet de chèques** cheque book **carnet de timbres** book of stamps

carnivore ◆ *adj* carnivorous ◆ *nm* carnivore

carotte *nf* carrot : *~s râpées* grated carrots

carpe *nf* carp [*pl* carp]

carpette *nf* **1** (*petit tapis*) rug **2** (*personne*) doormat

carré, -e *adj, nm* square : *un ~ de chocolat* a square of chocolate LOC **être carré** to be stockily-built *Voir aussi* CENTIMÈTRE, ÉLEVÉ, RACINE

carreau *nm* **1** (*sol, mur*) tile **2** (*tissu*) check : *Les carreaux te vont bien.* Check suits you. **3** (*vitre*) pane : *le ~ de la fenêtre* the window pane **4** (*Cartes*) diamonds ☛ *Voir note sous* CARTE LOC **à carreaux** check : *des pantalons à carreaux* check trousers

carrefour *nm* **1** (*fourche*) junction **2** (*croisement*) crossroads

carrelage *nm* tiles [*pl*]

carreler *vt* to tile : *faire ~ une pièce* to have a room tiled

carrelet *nm* plaice [*pl* plaice]

carrément *adv* **1** (*complètement*) completely : *changer ~ de direction* to change direction completely **2** (*simplement*) just : *C'est ~ de la bêtise.* It's just nonsense. **3** (*sans hésiter*) straight out

carrière *nf* **1** (*pierres*) quarry [*pl* quarries] **2** (*profession*) career : *Je suis au sommet de ma ~.* I'm at the peak of my career.

carriole *nf* cart

carrosse *nm* carriage

carrosserie *nf* bodywork : *Il faut qu'ils réparent la ~.* They need to repair the bodywork.

carrure *nf* **1** (*personne*) build : *Il a une belle ~.* He's well-built. **2** (*vêtement*) : *C'est un peu grand de ~.* It's a bit big across the shoulders.

cartable *nm* school bag

carte *nf* **1** (*gén*) card : *jouer aux ~s* to play cards

> Un jeu de cartes comprend 52 cartes divisées en quatre *couleurs* ou **suits** : **hearts** (*cœur*), **diamonds** (*carreau*), **clubs** (*trèfle*) et **spades** (*pique*). Chaque couleur a un **ace** (*as*), un **king** (*roi*), une **queen** (*reine*), un **jack** (*valet*). Avant de commencer à jouer, on *bat* les cartes (**shuffle**), on les *coupe* (**cut**) et on les *distribue* (**deal**).

2 (*menu*) menu **3** (*Géogr*) map : *C'est sur la ~.* It's on the map. LOC **carte d'abonnement** season ticket **carte d'adhésion** membership card **carte de chômeur** unemployment card **carte de crédit** credit card **carte de Noël** Christmas card **carte de rationnement** ration book **carte de sécurité sociale** medical card **carte (nationale) d'identité** identity card

> Il n'existe pas en Grande-Bretagne ou aux États-Unis de document équivalent à la carte nationale d'identité. Lorsqu'il est nécessaire de prouver son identité (par exemple pour ouvrir un compte bancaire), on présente son passeport ou son permis de conduire.

carte postale postcard *Voir aussi* CHÂTEAU, PAYER

cartel *nm* cartel

cartilage *nm* **1** (*Anat*) cartilage **2** (*Cuisine*) gristle

cartographie *nf* cartography

carton *nm* **1** (*matériel*) cardboard **2** (*boîte*) cardboard box **3** (*cible*) target LOC **carton jaune** yellow card : *Il a eu un ~ jaune.* He was given a yellow card. **faire un carton** to be a success *Voir aussi* VERRE

cartouche *nf* **1** (*projectile, recharge*) cartridge : *une ~ à blanc* a blank cartridge **2** (*cigarettes*) carton **3** (*stylo*) refill

cas *nm* case : *dans ce ~* in that case LOC **au cas où 1** (*gén*) in case... : *Emmène ton parapluie au ~ où il pleuvrait.* Take your umbrella in case it rains. **2** (*employé seul*) just in case : *Emmène ton parapluie au ~ où.* Take your umbrella just in case. **3** (*à supposer que*) if... : *Au ~ où il te demanderait...* If he asks you... **cas limite** borderline case

dans le meilleur/pire des cas at best/ worst **dans tous les cas de figure** whichever way you look at it **en aucun cas** under no circumstances **en cas de** in the event of *sth* : *Briser la glace en ~ d'incendie.* Break the glass in the event of fire. **en tout cas** in any case **être un cas** to be a right one : *C'est vraiment un ~ ton frère !* Your brother's a right one! **être un cas à part** to be something else **faire cas de** to take notice of *sb/sth* *Voir aussi* PAREIL

casanier, -ière *adj* stay-at-home [*n*] : *Elle est très casanière.* She's a real stay-at-home.

cascade *nf* **1** (*chute d'eau*) waterfall **2** (*Cin*) stunt

cascadeur, -euse *nm-nf* stuntman/ stuntwoman [*pl* stuntmen/stunt-women]

case *nf* **1** (*échecs, dames*) square **2** (*sur un formulaire*) box : *marquer la ~ d'une croix* to put a tick in the box **3** (*maison*) hut **4** (*compartiment*) compartment LOC *Voir* MANQUER

caser *vt* to fit *sth* in

caserne *nf* barracks [*v sing ou pl*] : *La ~ est très près d'ici.* The barracks is/are very near here. LOC **caserne de pompiers** fire station

casier *nm* **1** (*meuble de rangement*) rack : *un ~ à bouteilles* a bottle rack **2** (*individuel*) pigeon-hole **3** (*de gym*) locker LOC **casier judiciaire** police record

casino *nm* casino [*pl* casinos]

casque *nm* **1** (*de protection*) helmet : *porter un ~* to wear a helmet **2** (*d'écoute*) headphones

casquette *nf* cap LOC **casquette de base-ball** baseball cap

cassant, -e *adj* brittle

cassation *nf* LOC *Voir* COUR

casse *nf* **1** (*objets cassés*) breakage : *payer la ~* to pay for the breakage **2** (*bagarre*) aggro **3** (*ferraille*) scrapyard LOC **mettre à la casse** to scrap *sth*

cassé, -e *pp, adj* **1** (*objet*) broken **2** (*voix*) cracked *Voir aussi* CASSER

casse-cou ◆ *nmf* daredevil ◆ *adj* reckless : *un projet ~* a reckless enterprise

casse-croûte *nm* snack : *prendre un ~* to have a snack

casse-noisettes *nm* nutcrackers [*pl*]

casse-noix *nm* nutcrackers [*pl*]

casse-pieds ◆ *adj* boring : *Qu'est-ce qu'il est ~, ce gamin !* What a pain that kid is! ◆ *nm-nf* pain : *Quel ~, ce type !* What a pain that bloke is!

casser ◆ *vt* **1** (*gén*) to break : *J'ai cassé le carreau avec mon ballon.* I broke the window with my ball. **2** (*fruits secs*) to crack ◆ *vi* **1** (*gén*) to break **2** (*corde*) to snap **3** (*couple*) to split up : *Ils ont cassé la semaine dernière.* They split up last week. ◆ **se casser** *v pron* **1** (*gén*) to break : *Ça s'est cassé tout seul.* It broke of its own accord. ◊ *Je me suis cassé le bras en jouant au foot.* I broke my arm playing football. **2** (*se tirer*) : *Casse-toi !* Clear off! **3** (*se fatiguer*) to put yourself out : *Je ne vais pas me ~ pour elle.* I'm not going to put myself out for her. LOC **à tout casser 1** (*tout au plus*) at the most **2** (*soirée*) fantastic **casser du sucre sur le dos de** to slag *sb/sth* off **casser la figure à** to smash *sb's* face **casser la glace** to break the ice **casser les pieds à** to go on at *sb* : *Ne me casse pas les pieds !* Don't go on at me! **casser sa pipe** to snuff it **se casser la figure** to fall over **se casser la tête** to rack your brains

casserole *nf* saucepan : *N'oublie pas de laver les ~s.* Don't forget to do the pots and pans. ☛ *Voir illustration sous* SAUCEPAN LOC **à la casserole** braised : *veau à la ~* braised veal

casse-tête *nm* **1** (*jeu*) puzzle **2** (*problème*) headache

cassette *nf* cassette : *une ~ vierge* a blank tape

On peut également dire **tape**. **Rewind** signifie *rembobiner* et **fast forward** *mettre en avance rapide.*

LOC **cassette vidéo** video [*pl* videos]

casseur *nm* **1** (*ferrailleur*) scrap merchant **2** (*manifestation*) trouble-maker

cassis *nm* blackcurrant [*dénombrable*]

cassonade *nf* brown sugar

cassure *nf* break

caste *nf* caste

castor *nm* beaver

castrer *vt* to castrate

cataclysme *nm* cataclysm

cataclysmique *adj* cataclysmic

catalan, -e ◆ *adj, nm* Catalan ◆ **Catalan, -e** *nm-nf* Catalan

catalogue *nm* catalogue

cataloguer *vt* **1** (*trier*) to catalogue **2** (*personne*) to label

catalytique *adj* LOC *Voir* POT

catamaran *nm* catamaran

catapulter *vt* to catapult

cataracte *nf* cataract

catarrhe *nm* catarrh

catastrophe *nf* catastrophe LOC *Voir* POSER

catastrophé, -e *pp, adj* devastated : *Sa mère est catastrophée.* His mother is devastated.

catastrophique *adj* catastrophic

catch *nm* wrestling LOC **faire du catch** to wrestle

catcheur, -euse *nm-nf* wrestler

catéchisme *nm* catechism

catégorie *nf* **1** (*genre*) category [*pl* categories] **2** (*groupe*) group : *~s sociales* social groups **3** (*niveau*) level : *un tournoi de ~ intermédiaire* an intermediate-level tournament **4** (*statut*) status : *ma ~ professionnelle* my professional status LOC **de première/deuxième/troisième catégorie** first-rate/second-rate/third-rate

catégorique *adj* categorical : *un refus ~* a categorical refusal

catégoriser *vt* to categorize

cathédrale *nf* cathedral

catholicisme *nm* Catholicism

catholique *adj, nmf* Catholic : *être ~* to be a Catholic

cauchemar *nm* nightmare : *J'ai fait un ~ la nuit dernière.* I had a nightmare last night.

cause *nf* **1** (*origine, idéal*) cause : *la ~ principale du problème* the main cause of the problem ◊ *Il a tout abandonné pour la ~.* He left everything for the cause. **2** (*motif*) reason : *sans ~ apparente* for no apparent reason LOC **à cause de** because of *sb/sth* **cause perdue** lost cause *Voir aussi* DÉSESPOIR

causer ◆ *vt* **1** (*être la cause de*) to cause : *~ la mort/des blessures/des dégâts* to cause death/injury/damage **2** (*joie, peine*) : *Ça me cause une grande joie/peine.* It's made me very happy/sad. **3** (*discuter*) to talk : *~ politique* to talk politics ◆ *vi* **1** ~ **(de)** to talk (**about** ***sth***) : *Elle cause, elle cause, on ne peut l'arrêter !* She talks non-stop. **2** ~ **avec** to talk **to *sb*** LOC **cause toujours (tu m'intéresses) !** fascinating!

causerie *nf* **1** (*entretien familier*) chat : *de longues ~s près du feu* long chats by the fire **2** (*entretien organisé*) talk (***on sb/sth***)

caustique *adj* caustic

caution *nf* **1** (*Jur*) bail [*indénombrable*] : *une ~ de 3 000 euros* bail of 3 000 euros **2** (*Comm, somme d'argent*) deposit (***on sth***) : *verser une ~ 20 %* to pay a 20% deposit LOC *Voir* LIBERTÉ

cavalcade *nf* **1** (*défilé*) parade **2** (*course bruyante*) stampede

cavale *nf* : *être en ~* to be on the run

cavaler *vi* to rush around

cavalerie *nf* cavalry [*v sing ou pl*]

cavalier, -ière ◆ *adj* cavalier ◆ *nm-nf* **1** (*à cheval*) rider : *Elle est bonne cavalière.* She's a good rider. **2** (*danse*) partner : *changer de ~* to change partners ◆ *nm* **1** (*soldat*) cavalryman [*pl* cavalrymen] **2** (*Échecs*) knight LOC **faire cavalier seul** to go it alone

cave *nf* cellar

caveau *nm* vault

caverne *nf* cave

caverneux, -euse *adj* hollow : *une voix caverneuse* a hollow voice

caviar *nm* caviar

cavité *nf* cavity [*pl* cavities]

CD *nm* CD

CD-ROM *nm* CD-ROM : *un programme sur ~* a program on CD-ROM ☛ *Voir illustration sous* ORDINATEUR

ce, cette ◆ *adj* **1** (*distant*) that [*pl* those] : *cette année-là* that year ◊ *à partir de ce moment* from that moment on **2** (*proche*) this [*pl* these] : *ces livres-ci* these books ◆ *pron* he, she, it : *C'est un homme honorable.* He's an honorable man. ◊ *C'est un droit fondamental.* It's a basic right. LOC **ce que** what : *Souviens-toi de ce que ta mère te disait toujours.* Remember what your mother always used to say. ◊ *Je ferai ce que tu veux.* I'll do whatever you say. ◊ *Je ne sais pas ce que tu veux.* I don't know what you want. **ce qui 1** (*antécédent du pronom relatif*) what : *ce qui est intéressant/difficile est...* the interesting/difficult thing is... **2** (*reprenant une proposition*) which : *Il l'a frappée, ce qui n'est pas acceptable.* He hit her, which just isn't right. ☛ *Voir note sous* WHICH

ceci *pron* this LOC **à ceci près** with one slight difference

cécité *nf* blindness

céder ◆ *vt* **1** (*transmettre*) to hand *sth* over (**to *sb***) : *~ le pouvoir* to hand over power ◊ *Ils ont cédé le bâtiment à la municipalité.* They handed over the building to the council. **2** (*vendre*) to sell ◆ *vi* **1** ~ **(à)** (*transiger*) to give in (**to *sb/sth***) : *Je ne céderai jamais.* I'll never give in. ◊ *~ aux caprices des enfants* to give in to the children's tantrums **2** (*se* *casser*) to give way : *L'étagère a cédé sous le poids des livres.* The shelf gave way under the weight of the books. LOC **céder le passage** to give way *to sb*

cédille *nf* cedilla : *c cédille* c cedilla

cèdre *nm* cedar

ceinture *nf* **1** (*accessoire*) belt : *être ~ noire* to be a black belt **2** (*taille*) waist : *L'eau lui arrivait à la ~.* The water came up to her waist. ◊ *reprendre une jupe à la ~* to take a skirt in at the waist LOC **ceinture de sauvetage** lifebelt **ceinture de sécurité** seat belt **faire ceinture** to go without *Voir aussi* SERRER

ceinturon *nm* belt

cela (*aussi* **ça**) *pron* that : *Tu as vu ~ ?* Did you see that?

célébration *nf* celebration

célèbre *adj* famous : *se rendre ~* to become famous ◊ *Cette région est ~ pour ses vins.* The region is famous for its wines.

célébrer *vt* to celebrate : *~ un anniversaire* to celebrate a birthday

célébrité *nf* celebrity [*pl* celebrities]

céleri *nm* celery

céleste *adj* heavenly

célibataire ◆ *adj* single : *être ~* to be single ◆ *nmf* single man/woman [*pl* single men/women] : *C'est un ~ endurci.* He's a confirmed bachelor. LOC *Voir* MÈRE

cellophane® *nf* Cellophane®

cellulaire *adj* cellular LOC *Voir* ISOLEMENT

cellule *nf* cell

cellulite *nf* cellulite

cellulose *nf* cellulose

Celsius *adj* centigrade (*abrév* C) : *dix degrés ~* ten degrees centigrade

celui, celle *pron* (the) one [*pl* (the) ones] : *~ de Florence est mieux.* Florence's (one) is better. ◊ *ceux de Perpignan* the ones from Perpignan ◊ *Je préfère ceux à pointe fine.* I prefer the ones with a fine point. ◊ *ceux qui se trouvaient dans la maison* the ones who were in the house ◊ *~ qui a les yeux verts/la barbe* the one with green eyes/the beard ◊ *Celui qui arrive le premier doit faire le café.* Whoever gets there first has to make the coffee. LOC **tous ceux qui/toutes celles qui...** everyone who : *Nous avons fait passer un entretien à tous ceux qui ont postulé.* We interviewed everyone who applied.

celui-ci, celle-ci *pron* this one [*pl* these (ones)] : *Je préfère ce costume à ~.* I prefer that suit to this one. ◊ *Tu préfères ceux-ci ?* Do you prefer these?

celui-là, celle-là *pron* **1** (*chose*) that one [*pl* those (ones)] : *Cette voiture-ci est la mienne et celle-là est à Yan.* This car's mine and that one is Yan's. ◊ *Je préfère ceux-là.* I prefer those. **2** (*personne*) : *Tu les connais ceux-là ?* Do you know those people?

cendre *nf* ash : *disperser les ~s* to scatter the ashes LOC *Voir* MERCREDI

cendrier *nm* ashtray [*pl* ashtrays]

censé, -e *adj* LOC **être censé faire qch** to be supposed to do sth : *Je suis ~ faire les courses.* I'm supposed to do the shopping. **être censé savoir** : *Comment étais-je ~ le savoir !* How was I supposed to know!

censeur *nm* censor

censure *nf* censorship

censurer *vt* to censor

cent *adj, nm* **1** (*gén*) a hundred : *Elle a ~ ans aujourd'hui.* She's a hundred today. ◊ *huit ~s* eight hundred ◊ *Il y avait ~ mille personnes.* There were a hundred thousand people. ☛ *Voir Appendice 1.*

> Se traduit par **one hundred** lorsqu'on veut insister sur la quantité : *Je t'ai dit cent, pas deux cents.* I said one hundred, not two.

2 (*de l'euro*) cent LOC **cent mille fois** hundreds of times **cent pour cent** a hundred per cent **pour cent** per cent : *cinq pour ~ de la population* five per cent of the population

centaine *nf* **1** (*Math*) hundred : *les ~s, les dizaines et les unités* hundreds, tens and units **2** (*environ cent*) about a hundred : *une ~ de personnes/fois* about a hundred people/times : *plusieurs ~s* several hundred ☛ *Voir Appendice 1.* LOC **des centaines de...** hundreds of... : *des ~s de personnes* hundreds of people ◊ *des ~s de dollars* hundreds of dollars

centenaire ◆ *adj* hundred-year-old : *un arbre ~* a hundred-year-old tree ◆ *nm* centenary [*pl* centenaries] : *le ~ de sa fondation* the centenary of its founding

centième *adj, nmf* hundredth : *un ~ de seconde* a hundredth of a second ◊ *Je suis la ~ de la liste.* I'm hundredth on the list. ☛ *Voir Appendice 1.*

centigrade *adj, nm* centigrade (*abrév* C)

centime *nm* **1** (*argent*) centime **2** (*somme infime*) : *pas un ~* not a penny

centimètre *nm* **1** (*mesure*) centimetre (*abrév* cm) ☛ *Voir Appendice 1.* **2** (*de* *couturière*) tape measure LOC **centimètre carré** square centimetre **centimètre cube** cubic centimetre

central, -e ◆ *adj* **1** (*principal*) central **2** (*au centre*) : *un appartement ~* a flat in the centre of town ◆ **centrale** *nf* (*énergie*) power station : *une centrale nucléaire* a nuclear power station LOC **central téléphonique** telephone exchange *Voir aussi* CHAUFFAGE

centraliser *vt* to centralize LOC *Voir* CONDAMNATION

centre *nm* centre : *le ~ de la ville* the city centre LOC **centre aéré** outdoor centre **centre commercial** shopping centre **centre culturel** arts centre **centre de formation** training centre **centre d'intérêt** interest : *C'est quelqu'un qui n'a aucun ~ d'intérêt.* He's got no interest in anything. **centre médical** health centre **centre scolaire** school

centré, -e *pp, adj* : *Le titre n'est pas bien ~.* The heading isn't in the centre. LOC **être centré sur** to centre on/around *sth/doing sth* : *La vie d'étudiant est centrée sur l'étude.* Students' lives centre around studying. *Voir aussi* CENTRER

centrer ◆ *vt* to centre : *~ une photo* to centre a photo ◆ *vi* (*Sport*) to cross

centre-ville *nm* city centre

centrifugeuse *nf* juicer

cep *nm* vine stock

cependant *adv* however, nevertheless (*sout*)

céramique *nf* **1** (*matière*) ceramic **2** (*art*) ceramics [*sing*]

cerceau *nm* hoop

cercle *nm* **1** (*forme, groupe*) circle : *former un ~* to form a circle **2** (*association*) society [*pl* societies] **3** (*anneau*) ring : *les ~s olympiques* the Olympic rings LOC **cercle polaire arctique/antarctique** Arctic/Antarctic Circle **cercle vicieux** vicious circle

cercueil *nm* coffin

céréale *nf* **1** (*plante, grain*) cereal **2 céréales** cereal [*gén indénombrable*] : *Je prends des ~s au petit déjeuner.* I have cereal for breakfast.

cérébral, -e *adj* (*Méd*) brain [*n attrib*] : *une tumeur cérébrale* a brain tumour LOC *Voir* COMMOTION, LÉSION

cérémonie *nf* ceremony [*pl* ceremonies] : *la ~ de clôture* the closing ceremony LOC **faire des cérémonies** to make a fuss **sans cérémonies** without ceremony

cérémonieux, -ieuse *adj* formal

cerf *nm* **1** (*gén*) red deer **2** (*mâle*) stag

> **Deer** est le terme générique qui désigne toutes les espèces : chevreuil, cerf, etc. **Stag** (ou **buck**) s'emploie uniquement pour le mâle, **doe** désigne la biche et **fawn** le faon.

cerf-volant *nm* kite

cerise *nf* cherry [*pl* cherries]

cerisier *nm* cherry tree

cerne *nm* : *Dis-donc tu as des ~s !* You've got dark shadows under your eyes.

cerné *pp, adj* : *avoir les yeux ~s* to have dark shadows under your eyes *Voir aussi* CERNER

cerner *vt* to surround

certain, -e ◆ *adj* **1** ~ **(de)** (*convaincu, indéniable*) certain **(of *sth*)**, sure **(of *sth*)** (*plus fam*) : *J'en suis ~.* I'm sure. ◊ *C'est ~.* That's certain. ◊ *Je suis ~ qu'il ne viendra pas.* I'm sure he won't come. **2** (*mal défini*) certain : *avec une certaine inquiétude* with a certain anxiety ◊ *à certaines heures de la journée* at certain times of the day ◊ *dans ~s cas* in certain cases **3** (*avec un nom*) : *Un ~ Rémi Beaurain t'a téléphoné.* A Rémi Beaurain rang for you. ◆ *pron* : *~s d'entre vous sont très paresseux.* Some of you are very lazy. ◊ *~s ont protesté.* Some (people) protested. ◊ *~s aiment ça, d'autres pas.* Some (people) like it, some don't. LOC **jusqu'à un certain point** up to a point **tenir pour certain que...** to take it for granted that...

certainement *adv* **1** (*sans certitude absolue*) surely : *Il la ramènera ~.* He'll surely bring her back. **2** (*avec certitude*) certainly : *Je ne vais ~ pas !* I certainly won't go! LOC **certainement !** of course : *« Faut-il y aller ? — Certainement ! »* 'Must we go?' 'Of course!' **certainement pas !** certainly not!, no way! (*fam*)

certificat *nm* certificate : *~ de mariage/décès* marriage/death certificate LOC **certificat d'études** school leaving certificate

certifié, -e *pp, adj* **1** (*document*) certified **2** (*personne*) qualified : *un professeur ~* a qualified teacher *Voir aussi* CERTIFIER

certifier *vt* **1** (*gén*) to certify **2** (*assurer*) to assure *sb* ***of sth***

certitude *nf* certainty [*pl* certainties] : *C'est une ~.* It's a certainty. LOC **avoir la**

certitude que... to be certain that... *Voir aussi* ACQUÉRIR

cérumen *nm* (*oreilles*) earwax

cerveau *nm* **1** (*Anat*) brain : *une tumeur au* ~ a brain tumour **2** (*personne*) brains [*sing*] : *le* ~ *de la bande* the brains behind the gang

cervelle *nf* **1** (*cerveau*) brain **2** (*Cuisine*) brains [*pl*] LOC *Voir* CREUSER

césarienne *nf* caesarean

cesse *nf* LOC **sans cesse** incessantly

cesser ◆ *vt* ~ **de 1** (*arrêter*) to stop ***doing sth*** : *Il a cessé de pleuvoir.* It's stopped raining. **2** (*abandonner une habitude*) to give up ***doing sth*** : ~ *de fumer* to give up smoking ◆ *vi* to stop : *La pluie a cessé.* The rain has stopped. LOC **faire cesser** to stop *sth*

cessez-le-feu *nm* ceasefire

c'est-à-dire *conj* in other words

chacun *pron* **1** (*chaque élément*) each (one) : *Il y en a trois* ~. There are three each. ◊ ~ *valait 500 euros.* Each one was worth 500 euros. ◊ *Ils nous ont donné* ~ *un sac.* They gave each of us a bag/ They gave us a bag each. **2** (*tout le monde*) everyone : ~ *a le droit de choisir son mode de vie.* Everyone has the right to choose their way of life. LOC **à chacun son truc** whatever turns you on **chacun fait ce qu'il veut** each to his own **tout un chacun** everyone

chagrin *nm* sorrow : *Sa décision leur donna beaucoup de* ~. His decision caused them great sorrow. LOC *Voir* NOYER

chagriner *vt* **1** (*peiner*) to pain **2** (*tracasser*) to bother : *Ce qui me chagrine, c'est que...* What bothers me is that...

chahut *nm* racket : *Quel* ~ *ils font, les voisins !* The neighbours are making a terrible racket!

chahuter *vt* **1** (*homme politique*) to heckle **2** (*professeur*) to tease : *se faire* ~ *par les élèves* to be teased by the students

chaîne *nf* **1** (*gén, Comm*) chain **2** (*Radio*) station **3** (*Télé*) channel : *une* ~ *de télévision* a TV channel ☛ *Voir note sous* TELEVISION **4** (*de musique*) stereo **5** (*montagnes*) mountain range

chaînette *nf* chain

chaînon *nm* link

chair *nf* flesh LOC **avoir la chair de poule** to have goose pimples : *J'ai la* ~ *de poule.* I've got goose pimples.

chaire *nf* pulpit

chaise *nf* chair LOC **chaise haute** high chair **chaise longue** deckchair **chaise roulante** wheelchair *Voir aussi* ASSIS

châle *nm* shawl

chalet *nm* chalet

chaleur *nf* **1** (*forte*) heat : *Il fait une* ~ *torride aujourd'hui.* It's stiflingly hot today. ◊ *la* ~ *du soleil* the heat of the sun **2** (*cordialité*) warmth : *L'Écosse est réputée pour la* ~ *de son accueil.* Scotland is famed for the warmth of its welcome. LOC **être en chaleur** (*femelle*) to be on heat *Voir aussi* BOUFFÉE, CREVER

chaleureux, -euse *adj* warm : *un accueil* ~ a warm welcome

challenge *nm* challenge

chalutier *nm* trawler

chambouler *vt* **1** (*mettre du désordre*) to turn *sth* upside down : *Mes affaires ont été complètement chamboulées.* My things were turned upside down. **2** (*bouleverser*) to upset : *Ce changement a chamboulé tous nos projets.* This change has upset our plans.

chambre *nf* **1** (*à coucher*) bedroom : *N'entre pas dans ma* ~. Don't go into my (bed)room. ◊ *La maison a trois* ~*s.* The house has three bedrooms. **2** (*Polit*) chamber : *la* ~ *législative* the legislative chamber LOC **chambre à air** inner tube **chambre d'amis** guest room **chambre d'hôtes** bed and breakfast : *Ils font* ~ *d'hôtes.* They do bed and breakfast. **chambre de bonne** attic room **Chambre de commerce (et d'industrie)** Chamber of Commerce **chambre double/pour deux personnes** double room **chambre forte** strongroom **chambre froide** cold store **chambre individuelle/pour une personne** single room **chambre meublée** room : *« loue,* ~ *meublée »* "room to let" **chambre mortuaire** chapel of rest **chambre noire** (*Phot*) darkroom *Voir aussi* MUSIQUE, ROBE

chambré, -e *pp, adj* (*vin*) at room temperature

chameau *nm* **1** (*animal*) camel **2** (*insulte*) bastard

chamois *nm* chamois

champ *nm* **1** (*gén*) field : ~*s d'orge* barley fields ◊ ~ *magnétique* magnetic field ◊ *le* ~ *technologique* the field of technology **2 champs** (*campagne*) country [*sing*] : *aller aux* ~*s* to go to the country LOC **à travers champs** across country : *couper à travers* ~*s* to cut across country **champ d'aviation** airfield **champ de bataille** battlefield

champ de courses racecourse **champ visuel** field of vision

champagne *nm* champagne

champêtre *adj* rural

champignon *nm* **1** (*comestible*) mushroom **2** (*parasite*) fungus [*pl* fungi/ funguses] LOC **champignon de couche/ Paris** button mushroom **champignon vénéneux** toadstool

champion, -ionne *nm-nf* champion : *le ~ du monde/d'Europe* the world/ European champion

championnat *nm* championship : *les ~s du monde d'athlétisme* the World Athletics Championships

chance *nf* **1** (*conditions favorables*) luck : *Bonne ~ pour ton examen !* Good luck with your exam! ◊ *donner/porter ~* to bring good luck **2** ~ **(de)** (*probabilité*) chance (**of *sth*/*doing sth***) : *Je crois que j'ai une bonne ~ de réussir.* I think I've got a good chance of passing. ◊ *Quelles sont ses ~s de gagner ?* What are her chances of winning. ◊ *Il y a de grandes ~s (pour) qu'il ne vienne pas.* There's a good chance he won't come. LOC **avoir de la chance** to be lucky **avoir la chance de** to have the good fortune *to do sth* : *J'ai eu la ~ de la rencontrer.* I had the good fortune to meet her. **ne pas avoir de chance** to be unlucky **par chance** fortunately **pas de chance !** hard luck! *Voir aussi* MANQUE, TENTER

chancelant, -e *adj* unsteady

chanceler *vi* to sway

chancelier *nm* chancellor

chanceux, -euse *adj* lucky

chandelier *nm* candelabra

chandelle *nf* (*bougie*) candle LOC **tenir la chandelle** to play gooseberry

change *nm* exchange LOC **gagner/ perdre au change** to do well/to lose out *Voir aussi* BUREAU, LETTRE, TAUX

changeant, -e *adj* changeable

changement *nm* ~ **(de)** change (**in/of *sth***) : *un ~ de température* a change in temperature ◊ *Il y a eu un ~ de plan.* There has been a change of plan. ◊ *J'ai un ~ à Marseille.* I have to change at Marseilles. LOC **changement de vitesses** gear change

changer ◆ *vt* **1** (*gén*) to change : *J'ai décidé de ~ le canapé.* I've decided to change the sofa. ◊ *Le bébé a besoin d'être changé.* The baby needs changing. ◊ *La voiture nous a changé la vie.* The car has changed our life. **2** (*article acheté*) to exchange *sth* (**for *sth***) : *S'il ne te va pas, tu peux le ~.* You can exchange it if it doesn't fit you. **3** (*argent*) to change *sth* (**into *sth***) : *~ des euros en livres* to change euros into pounds **4** (*personne*) to make *sb* look different : *Ça le change énormément.* He looks completely different. **5** (*conte de fées*) to turn *sb/sth* **into *sb*/*sth*** : *être changé en grenouille* to be turned into a frog ◆ *vi* **1** (*gén*) to change : *Ils ne vont pas ~.* They're not going to change. ◊ *Nous avons dû ~ à Dijon.* We had to change in Dijon. **2** ~ **de** to change *sth* : *~ de travail/train* to change jobs/trains ◊ *Je vais ~ de voiture pour une plus grande.* I'm going to change my car for a bigger one. ◊ *~ de vitesse* to change gear ◊ *~ de sujet* to change the subject ◊ *~ de chemise* to change your shirt ◆ **se changer** *v pron* **1** (*s'habiller*) to get changed : *Je vais me ~ parce que je dois sortir.* I'm going to get changed because I have to go out. **2 se ~ en** to turn **into *sb*/*sth*** : *La grenouille s'est changée en prince.* The frog turned into a prince. LOC **changer d'avis** to change your mind : *Je devais y aller mais j'ai changé d'avis.* I was supposed to go but I changed my mind. **changer d'adresse** to move : *Il a changé d'adresse.* He's moved. **changer de couleur 1** (*caméléon*) to change colour **2** (*personne*) to go pale : *Il a changé de couleur en le voyant.* He went pale when he saw him. **changer de disque** : *Change de disque !* Change the record! **changer les idées** to take *sb's* mind off things : *Ça te changera les idées.* That'll take your mind off things. **pour changer** for a change : *Il a fait la vaisselle, pour ~.* He did the washing-up for a change.

chanson *nf* song LOC *Voir* CONNAÎTRE, TOUJOURS

chant *nm* **1** (*discipline*) singing : *étudier le ~* to study singing **2** (*oiseau, baleine*) song **3** (*grillon, cigale*) chirping LOC **au chant du coq** at cockcrow **chant de Noël** (Christmas) carol

chantage *nm* blackmail LOC **faire du chantage à** to blackmail *sb*

chanter ◆ *vt, vi* (*musique*) to sing : *Chante-moi une chanson.* Sing me a song. ◆ *vt* (*raconter*) to be on about *sth* : *Qu'est-ce que tu me chantes ?* What are you on about? ◆ *vi* **1** (*cigale*) to chirp **2** (*coq*) to crow LOC **faire chanter** to blackmail *sb* (*into doing sth*) **si ça me, te, etc. chante** if I, you, etc. feel like it

chanteur, -euse *nm-nf* singer

chantier *nm* **1** (*lieu en construction*) building site : *Il y a eu un accident au ~.* There was an accident at the building site. **2** (*désordre*) tip : *C'est le ~ dans mon bureau.* My office is a tip. LOC **chantier naval** shipyard *Voir aussi* BARAQUE, CHEF

chaos *nm* chaos

chaotique *adj* chaotic

chaparder *vt* to pinch

chapardeur, -euse ◆ *adj* light-fingered ◆ *nm-nf* pilferer

chapeau *nm* hat LOC **chapeau melon** bowler hat *Voir aussi* PORTER

chapelet *nm* (*série*) string : *un ~ de saucisses* a string of sausages ◊ *un ~ de jurons* a string of oaths

chapelle *nf* chapel LOC **chapelle ardente** chapel of rest

chaperon *nm* chaperon

chapiteau *nm* **1** (*privé*) marquee **2** (*cirque*) tent **3** (*colonne*) capital

chapitre *nm* chapter : *À quel ~ est-ce que tu en es ?* What chapter are you on? ◊ *~ 12* chapter 12

chaque *adj* **1** (*gén*) each : *Ils ont donné un cadeau à ~ enfant.* They gave each child a present. **2** (*avec expressions de temps*) every : *~ semaine/fois* every week/time ☛ *Voir note sous* EVERY LOC **à chaque fois** every time : *Ça marche à ~ fois.* It works every time. **chaque chose en son temps** all in good time **chaque fois que...** whenever... : *~ fois que nous partons en vacances tu tombes malade.* Whenever we go on holiday you get ill.

char *nm* **1** (*véhicule*) cart **2** (*de combat*) tank **3** (*dans un défilé*) float

charabia *nm* gibberish

charade *nf* charade

charbon *nm* coal : *un poêle à ~* a coal stove LOC **charbon de bois** charcoal

charcuterie *nf* **1** (*magasin*) delicatessen **2** (*hors d'œuvre*) cold meats [*pl*]

chardon *nm* thistle

charge *nf* **1** (*poids*) load : *~ maximale* maximum load **2** (*responsabilité*) post : *une ~ importante* an important post **3** (*Polit*) office : *la ~ de maire* the office of mayor **4** (*explosif, Électr*) charge **5** (*obligation*) burden LOC **à charge** dependent : *deux enfants à ~* two dependent children **à la charge de** at *sb's* expense : *Les frais d'hébergement sont à votre ~.* Accommodation is at your expense. **charges (locatives)** maintenance costs *Voir aussi* PRISE

chargé, -e *pp, adj* **1** *~* **(de)** (*physiquement*) loaded down (**with** *sth*) : *Ils sont arrivés ~s de valises.* They arrived loaded down with suitcases. **2** *~* **de** (*fig*) burdened **with** *sth* : *~ de responsabilités* burdened with responsibilities **3** *~* **de** (*responsable*) in charge (**of** *sth*/*doing sth*) : *le juge ~ de l'affaire* the judge in charge of the case ◊ *Tu es ~ de collecter l'argent.* You're in charge of collecting the money. **4** (*emploi du temps, journée*) heavy : *un programme de travail ~* a heavy work schedule **5** (*atmosphère*) stuffy **6** (*arme à feu*) loaded : *une arme chargée* a loaded weapon *Voir aussi* CHARGER

chargement *nm* **1** (*action*) loading : *Le ~ du bateau a pris plusieurs jours.* Loading the ship took several days. ◊ *~ et déchargement* loading and unloading **2** (*marchandises*) (**a**) (*avion, bateau*) cargo [*pl* cargoes] (**b**) (*camion*) load

charger ◆ *vt* **1** (*gén*) to load : *Ils ont chargé le camion de cartons.* They loaded the lorry with boxes. ◊ *~ une arme* to load a weapon **2** (*pile, batterie*) to charge **3** *~* **de** (*préposer*) to ask *sb* **to do sth** : *Ils m'ont chargé d'arroser le jardin.* They asked me to water the garden. ◆ **se charger** *v pron* **1** (*s'encombrer*) to weigh yourself down : *Je ne veux pas me ~.* I don't want to weigh myself down. **2 se ~ de** (*s'occuper de*) to look after *sb/sth* : *Qui se charge du bébé ?* Who looks after the baby? ◊ *Mon avocat va se ~ de l'affaire.* My lawyer will look after it.

chargeur *nm* (*Électr*) charger : *~ de piles* battery charger

chariot *nm* **1** (*aéroport, supermarché*) trolley [*pl* trolleys] : *un ~ de supermarché* a shopping trolley **2** (*machine à écrire*) carriage

charismatique *adj* charismatic

charisme *nm* charisma

charitable *adj* *~* **(envers)** charitable (**to/towards** *sb*)

charité *nf* charity : *vivre de ~* to live on charity

charlatan *nm* quack

charmant, -e *adj* **1** (*personne, sourire, endroit*) charming : *un ~ village de Provence* a charming village in Provence **2** (*iron*) : *On va devoir l'attendre, c'est ~ !* We've got to wait for her. Wonderful! LOC *Voir* PRINCE

charme *nm* **1** (*personne*) charm : *Il a beaucoup de ~.* He's got a lot of char- ◊ *Elle n'est pas jolie, mais elle a t- même un certain ~.* She's not rshe has a certain charm. **2** (*intérêt*) appeal [*indénombrable*] **3** (*magie*) spell : *rompre le* ~ to break the spell

charmer *vt* to charm

charmeur, -euse ◆ *adj* engaging ◆ *nm-nf* charmer

charnière *nf* hinge

charnu, -e *adj* fleshy

charognard *nm* scavenger

charogne *nf* **1** (*animal mort*) carrion **2** (*insulte*) bastard

charpente *nf* framework

charpentier *nm* carpenter

charrette *nf* cart

charrue *nf* plough

charte *nf* charter

charter *nm* charter flight

chas *nm* eye

chasse *nf* **1** (*gén*) hunting : *Je n'aime pas la* ~. I don't like hunting. ◊ *aller à la* ~ to go hunting **2** (*expédition*) hunt : *une* ~ *à l'éléphant* an elephant hunt LOC **chasse à cour** hunting **chasse au gros gibier** big game hunting **chasse au petit gibier** shooting **chasse au trésor** treasure hunt **chasse gardée** preserve *Voir aussi* AVION, PARTIE, SAISON

chasse-neige *nm* snowplough

chasser ◆ *vt, vi* **1** (*gén*) to hunt **2** (*avec un fusil*) to shoot ◆ *vt* **1** (*faire fuir*) to drive *sb/sth* away : *Je ne veux pas vous* ~ *mais j'ai du travail.* I don't want to drive you away, but I've got work to do. ◊ ~ *les mouches* to drive flies away **2** (*doute*) to dispel

chasseur, -euse *nm-nf* hunter

châssis *nm* chassis [*pl* chassis]

chaste *adj* chaste

chat, chatte *nm-nf* cat

> **Tom-cat** ou **tom** s'utilise pour désigner le chat mâle, **kittens** pour les chatons. Les chats *ronronnent* (**purr**) et font *miaou* (**miaow**).

LOC **chat siamois** Siamese **il n'y a pas un chat** the place is deserted *Voir aussi* APPELER, CHIEN, LANGUE

châtaigne *nf* **1** (*fruit*) chestnut **2** (*coup*) clout

châtaignier *nm* chestnut (tree)

châtain *adj* brown

château *nm* castle LOC **château d'eau** water tower **château de cartes** house of cards **château de sable** sandcastle

châtiment *nm* punishment LOC **châtiment corporel** corporal punishment

chaton *nm* **1** (*petit chat*) kitten **2** (*d'arbre*) catkin

chatouille *nf* tickle : *craindre les ~s* to be ticklish LOC **faire des chatouilles à** to tickle *sb*

chatouillement *nm* tickling

chatouiller *vt* **1** (*gén*) to tickle : *J'ai la gorge qui me chatouille.* My throat is tickling. **2** (*énerver*) to annoy : *Ce n'est pas le moment de le* ~. This is not the time to annoy him.

chatouilleux, -euse *adj* **1** (*gén*) ticklish **2** (*susceptible*) touchy

châtrer *vt* to neuter

chaud, -e ◆ *adj* **1** (*gén*) hot : *eau chaude* hot water ◊ *Fais attention, c'est* ~. Careful, it's hot. **2** (*tiède*) warm : *La maison est chaude.* The house is warm. ◊ *Ce gilet est très* ~. This cardigan is very warm. ☛ *Voir note sous* FROID ◆ *nm* heat : *On crève de* ~ *!* We're boiling! LOC **avoir chaud** to be/feel hot : *J'ai* ~. I'm hot. **être bien au chaud** to be nice and warm **faire chaud** to be hot : *Il fait très* ~. It's very hot. **faire chaud au cœur** to make *sb* happy **ne faire ni chaud ni froid** : *Elle a raté son examen, mais ça ne lui a fait ni* ~ *ni froid.* She failed, but she wasn't bothered. **ne pas être très chaud pour faire qch** not to be very keen on the idea of doing sth : *Il veut venir passer l'été mais je ne suis pas très* ~. He wants to come here for the summer, but I'm not very keen on the idea. **tenir chaud** to keep *sb* warm : *Cette écharpe te tiendra* ~. That scarf will keep you warm. *Voir aussi* DONNER, PLEURER

chaudière *nf* boiler

chaudron *nm* cauldron

chauffage *nm* **1** (*système*) heating : *Le* ~ *ne marche pas.* The heating doesn't work. **2** (*appareil*) fire : ~ *électrique/au gaz* electric/gas fire LOC **chauffage central** central heating **chauffage par accumulation** storage heating

chauffant, -e *adj* LOC *Voir* COUVERTURE

chauffard *nm* bad driver

chauffe-eau *nm* water heater

chauffer ◆ *vt* (*réchauffer*) to warm *sb/sth* up : *Il va falloir* ~ *la pièce un peu plus pour le bébé.* We'll have to warm the room up a bit more for the baby. ◆ *vi* **1** (*devenir chaud*) to warm up : *Il faut laisser le moteur* ~ *un moment.* You need to let the engine warm up a bit. **2** (*surchauffer*) to overheat : *Le moteur a chauffé.* The engine overheated. ◆ **se chauffer** *v pron* **1** (*personne*) to warm yourself up : *se ~ au soleil* to warm yourself up in the sun **2** (*s'échauffer, Sport*) to warm up LOC **ça chauffe 1** (*barder*) : *Ça chauffe chez les voisins !* There's trouble next door! ◊ *Si tu me le perds, ça va ~ !* If you lose it there'll be trouble! **2** (*être animé*) : *Ça va ~ ce soir en boîte.* It'll be kicking in the club tonight. **faire chauffer** to heat *sth* up : *Je vais te faire ~ ta soupe.* I'll heat up your soup. *Voir aussi* ROUGE

chauffeur *nm* **1** (*camion, voiture*) driver : *un ~ de car* a coach driver **2** (*employé à titre privé*) chauffeur

chaume *nm* (*pour toit*) thatch : *un toit de ~* a thatched roof

chaumière *nf* thatched cottage

chaussée *nf* road LOC *Voir* INGÉNIEUR

chausse-pied *nm* shoehorn

chausser ◆ *vt* **1** (*enfiler*) to put *sth* on : *~ ses bottes* to put your boots on **2** (*mettre à qn*) to put *sb's* shoes on ◆ *vi* ~ **de** (*pointure*) to take : *Tu chausses du combien ?* What size do you take? ◆ **se chausser** *v pron* (*mettre des chaussures*) to put your shoes on

chaussette *nf* sock

chausson *nm* **1** (*pantoufle*) slipper ☛ *Voir illustration sous* CHAUSSURE **2** (*danse*) pump **3** (*de bébé*) bootee LOC **chausson aux pommes** apple turnover

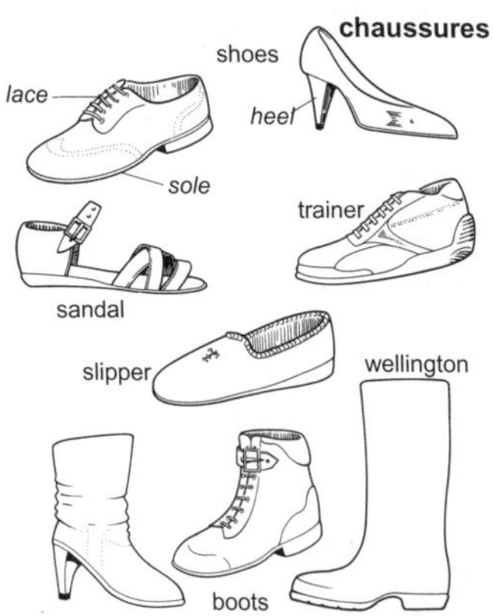

chaussure *nf* shoe : *Mets tes ~s.* Put your shoes on. ◊ *~s plates* flat shoes ◊ *~s à talon* high-heeled shoes LOC **chaussures de football** football boots **chaussures de marche/randonnée** hiking boots **chaussures de ski** ski boots **chaussures en toile** canvas shoes *Voir aussi* CIREUR

chauve *adj* bald : *devenir ~* to go bald

chauve-souris *nf* bat

chauvin, -e ◆ *adj* chauvinistic ◆ *nm-nf* chauvinist

chauvinisme *nm* chauvinism

chaux *nf* lime

chavirer *vi* to overturn : *Le bateau a chaviré.* The boat overturned.

check-up *nm* check-up : *se faire faire un ~* to have a check-up

chef *nm* **1** (*association*) leader : *le ~ du parti* the party leader **2** (*supérieur*) boss : *être le ~* to be the boss **3** (*collectif*) head : *~ de département/d'État* head of department/state ◊ *~ d'entreprise* company head **4** (*tribu*) chief LOC **chef cuisinier/de cuisine** chef **chef d'établissement** (*École*) head **chef de chantier** foreman [*pl* foremen] **chef de clinique** senior registrar **chef de famille** head of the household **chef de gare** station master **chef de produit** product manager **chef de projet** project manager **chef des armées** commander **chef de section** (*professeur*) head of department **chef d'inculpation** charge **chef d'orchestre** conductor

chef-d'œuvre *nm* masterpiece

chef-lieu *nm* capital

chemin *nm* **1** (*sentier*) path : *Le ~ est assez boueux.* The path is quite muddy. **2** (*itinéraire*) way : *Je ne me souviens plus du ~.* I can't remember the way. ◊ *Je l'ai rencontrée en ~.* I met her on the way. ◊ *C'est sur mon ~.* It's on my way. **3** ~ **(de)** (*voie*) path (**to** *sth*) : *le ~ de la gloire* the path to fame LOC **chemin de fer** railway : *voie de ~ de fer* railway line **chemin de halage** towpath **chemin de traverse** short cut **être sur le bon/mauvais chemin** to be on the right/wrong track **faire du chemin 1** (*faire des kilomètres*) to come/go a long way : *En deux jours on a fait du ~.* We've come a long way in two days. **2** (*fig*) to come a long way : *Elle a fait du chemin.* She's come a long way. **faire son chemin** to gain ground : *Petit à petit, l'idée a fait son ~.* Gradually the idea gained ground. **faire son chemin dans la vie** to get on in life **prendre le chemin du retour** to head for home *Voir aussi* MONTRER, REBROUSSER, SE FRAYER

cheminée *nf* **1** (*foyer*) fireplace : *assis près de la ~* sitting by the fireplace **2** (*conduit*) chimney [*pl* chimneys] *faire ramoner la ~* to have the chimney swept ◊ *D'ici, on voit les ~s d'usine.* You can see the factory chimneys from here. **3** (*de bateau*) funnel

chemise *nf* **1** (*vêtement*) shirt : *une ~ à manches longues/courtes* a long-sleeved/short-sleeved shirt **2** (*dossier*) folder LOC **chemise de nuit** nightdress, nightie (*fam*)

chemisier *nm* blouse

chenapan *nm* rascal

chêne *nm* oak (tree) : *une table en ~* an oak table LOC **chêne vert** holm oak

chéneau *nm* gutter

chenil *nm* kennel

chenille *nf* caterpillar

chèque *nm* cheque : *un ~ d'une valeur de...* a cheque for... ◊ *faire/encaisser un ~* to write/cash a cheque LOC **chèque de voyage** traveller's cheque **chèque en bois/sans provision** dud cheque (*fam*), bad cheque *Voir aussi* CARNET, COMPTE, PAYER

chèque-cadeau *nm* gift token

chèque-livre *nm* book token

chèque-restaurant *nm* luncheon voucher

chéquier *nm* chequebook

cher, chère ◆ *adj* **1** (*argent*) expensive, dear (*plus fam*) : *Achète-le, ce n'est pas ~.* Buy it, it's not expensive. **2** (*lettres*) dear ◆ *adv* : *acheter/payer qch très ~* to pay a lot for sth ◊ *Ce modèle coûte assez ~.* This model is quite expensive. LOC **être cher à** to mean a lot to *sb* : *Il m'est très ~.* He means a lot to me. *Voir aussi* COÛTER, PAYER, REVENIR

chercher ◆ *vt* **1** (*gén*) to look for *sb/sth* : *Je cherche du travail.* I'm looking for work. ◊ *J'ai cherché partout.* I've looked everywhere. **2** (*autorités*) to search **for *sb/sth*** : *Ils utilisent les chiens pour ~ la drogue.* They use dogs to search for drugs. **3** (*mot*) to look *sth* up : *~ un mot dans le dictionnaire* to look a word up in the dictionary **4** (*agacer*) to annoy : *Arrête de ~ ta sœur !* Stop annoying your sister! ◆ *vi* ~ **à** to try ***to do sth*** : *Il cherche à me rassurer mais ça ne marche pas.* He tries to reassure me but it doesn't work. LOC **aller chercher qch** to go and get sth, to fetch sth (*plus sout*) : *Il faut que j'aille ~ du pain.* I've got to go and get some bread. ☛ *Voir illustration sous* TAKE **aller chercher qn 1** (*en voiture*) to pick *sb* up : *Nous sommes allés le ~ à la gare.* We picked him up at the station. **2** (*à pied*) to meet : *Va la ~.* Go and meet her. **3** (*faire venir*) to get : *Je suis allé ~ le médecin.* I went to get the doctor. **ne pas chercher loin 1** (*ne pas être cher*) : *Ça ne devrait pas ~ loin.* That shouldn't be expensive. **2** (*être idiot*) : *Ses blagues ne vont pas ~ loin.* His jokes are really stupid. **chercher une aiguille dans une botte de foin** to look for a needle in a haystack **(on) cherche** wanted : *« cherche appartement »* "flat wanted" **tu le cherches !** you're asking for it!

chercheur, -euse *nm-nf* researcher LOC **chercheur d'or** gold prospector **chercheur de trésors** treasure hunter

chéri, -e ◆ *pp, adj* dear ◆ *nm-nf* darling : *Oui ma chérie.* Yes, darling. *Voir aussi* CHÉRIR

chérir *vt* to cherish

chétif, -ive *adj* puny

cheval *nm* **1** (*animal*) horse **2** (*Mécan*) horsepower (*abrév* hp) : *un moteur de 170 chevaux* a 170 horsepower engine LOC **à cheval** on horseback **à cheval sur 1** (*mur*) astride *sth* : *Mets-toi à ~ sur la branche.* Sit astride the branch. **2** (*pays*) : *L'aéroport est à ~ sur deux pays.* The airport straddles two countries. **3** (*exigeant*) : *Il est très à ~ sur la politesse.* He's a stickler for politeness. **cheval d'arçons** vaulting horse **cheval de bataille** hobby horse **cheval de course** racehorse **faire du cheval** to go riding : *Elle fait du ~ depuis l'âge de dix ans.* She's been going riding since the age of ten. **monter à cheval** to ride : *Je ne savais pas monter à ~.* I couldn't ride. *Voir aussi* BOTTE, COURSE, FER, PETIT, PUISSANCE, QUEUE

chevalerie *nf* chivalry

chevalet *nm* (*Art*) easel

chevalier *nm* knight

chevauchée *nf* ride

(se) chevaucher *vt, v pron* to overlap

chevelu, -e *adj* hairy LOC *Voir* CUIR

chevelure *nf* hair

chevet *nm* bedhead LOC **au chevet de** at *sb's* bedside *Voir aussi* TABLE

cheveu *nm* **1** (*unique*) hair : *Il y a un ~ dans mon assiette.* There's a hair in my plate. **2 cheveux** (*chevelure*) hair [*indénombrable*] : *Mes cheveux sont emmêlés.* My hair is tangled. ◊ *pour cheveux gras/normaux/secs* for greasy/normal/dry hair ◊ *avoir les cheveux frisés/raides* to have curly/straight hair LOC **avoir mal aux cheveux** to have a hangover **cheveu(x) blanc(s)** grey hair : *avoir des cheveux blancs* to have grey hair **cheveux fourchus** split ends

cheveux

comme un cheveu sur la soupe : *Il est arrivé comme un ~ sur la soupe.* He turned up like a bad penny. **se faire des cheveux blancs** to worry yourself sick *Voir aussi* ARRACHER, BROSSE, COUPE, COUPER, DRESSER, ÉPINGLE, POUSSER

cheville *nf* **1** (*Anat*) ankle : *Je me suis tordu la ~.* I've twisted my ankle. **2** (*pour vis*) wall plug

chèvre ◆ *nf* goat [*fém* nanny goat] ◆ *nm* (*fromage*) goat's cheese

chevreau *nm* kid

chevreuil *nm* **1** (*animal*) roe deer [*pl* roe deer] **2** (*Cuisine*) venison ☛ *Voir note sous* CERF

chevron *nm* **1** (*motif*) chevron **2** (*poutre*) rafter

chevronné, -e *adj* experienced : *le joueur le plus ~ de l'équipe* the most experienced player in the team

chewing-gum *nm* chewing gum [*indénombrable*] : *Achète-moi des ~s à la menthe.* Buy me some spearmint chewing gum. ◊ *Tu veux un ~ ?* Do you want a piece of chewing gum?

chez *prép* at *sb's* (house) : *Je serai ~ ma sœur.* I'll be at my sister's house. ◊ *aller chez qn* to go to sb's (house) ◊ *Est-ce que tu rentres chez toi ?* Are you going home? ◊ *passer chez qn* to drop in on sb ☛ Dans la langue parlée on omet le mot **house** : *Je serai chez Françoise.* I'll be at Françoise's.

chiant, -e *adj* **1** (*pénible*) annoying **2** (*ennuyeux*) boring

chic ◆ *adj* **1** (*vêtement*) stylish : *une veste très ~* a really stylish jacket **2** (*quartier*) posh : *le quartier ~ de la ville* the posh part of the city ◆ *excl* cool !

chicaner *vi* ~ **(sur)** to quibble (**over** ***sth***) : *On ne va pas ~ !* Let's not quibble!

chicanier, -ière *adj* argumentative

chiche *adj* stingy LOC *Voir* POIS

chiche-kebab *nm* kebab

chicorée *nf* **1** (*salade*) endive **1** (*boisson*) chicory

chien, chienne *nm-nf* dog

Pour parler de la femelle, on utilise le terme **bitch**. Quant aux chiots, on les appelle **puppies**.

LOC **chien de garde** guard dog **chien de berger** sheepdog **chien errant** stray (dog) **chienne de vie !** life's a bitch! **chien errant** stray (dog) **de chien** (*humeur, temps*) lousy : *Quel temps de ~ !* What lousy weather! **être comme chien et chat** to fight like cat and dog *Voir aussi* BISCUIT, CROTTE, HUMEUR, NOM, VIE

chien-loup *nm* Alsatian

chiffon *nm* cloth LOC **chiffon à poussière** duster

(se) chiffonner *vi, v pron* to crumple

chiffre *nm* **1** (*gén*) figure : *un numéro à trois ~s* a three-figure number ◊ *un ~ d'un million d'euros* a figure of one million euros ◊ *les ~s du chômage* the unemployment figures **2** (*téléphone*) digit : *un numéro de téléphone à six ~s* a six-digit phone number LOC **chiffre arabe/romain** Arabic/Roman numeral **chiffre d'affaires** turnover **faire du chiffre** to make a killing

chiffrer ◆ *vt* (*dégâts*) : *On chiffre les dégâts de la tempête à plusieurs milliards.* The storm damage is put at several billion. ◆ *vi* : *Ça finit par ~.* That'll mount up. ◆ **se chiffrer** *v pron* **1 se ~ à** to come **to** ***sth*** : *Les ventes se chiffrent à deux milliards de dollars.* Sales come to two billion dollars. **2 se ~ en/par** to run **into** ***sth*** : *Le nombre de victimes se chiffre par milliers.* The number of victims runs into thousands.

chignon *nm* bun : *Elle porte toujours un ~.* She always wears her hair in a bun.

chimère *nf* illusion

chimérique *adj* illusory

chimie *nf* chemistry

chimique *adj* chemical LOC *Voir* PRODUIT

chimiste *nmf* chemist

chimpanzé *nm* chimpanzee

Chine *nf* **la Chine** China LOC *Voir* ENCRE

chinois, -e ♦ *adj, nm* Chinese : *parler ~* to speak Chinese ♦ **Chinois, -e** *nm-nf* Chinese man/woman [*pl* Chinese men/women] : *les Chinois* the Chinese

chiot *nm* puppy [*pl* puppies] ☛ *Voir note sous* CHIEN

chiper *vt* to pinch *sth* (***from sb***)

chips *nf* crisps

chiquenaude *nf* flick

chirurgical, -e *adj* surgical

chirurgie *nf* surgery LOC **chirurgie esthétique/plastique** cosmetic/plastic surgery

chirurgien, -ienne *nm-nf* surgeon

chirurgien-dentiste *nm* dental surgeon

chlore *nm* chlorine

chloroforme *nm* chloroform

chlorophylle *nf* chlorophyll

choc *nm* **1** (*collision*) impact **2** (*surprise, Méd*) shock : *Quel ~ !* What a shock! ◊ *Ça m'a fait un ~ de l'apprendre.* I got a shock when I heard. ◊ *être sous le ~* to be in shock LOC **tenir le choc** to bear up

chocolat *nm* **1** (*gén*) chocolate : *une tablette de ~* a bar of chocolate ◊ *une boîte de ~s* a box of chocolates **2** (*liquide*) hot chocolate LOC **chocolat noir** plain chocolate

chœur *nm* choir LOC *Voir* ENFANT

choisi, -e *pp, adj* selected *Voir aussi* CHOISIR

choisir *vt, vi* to choose : *Choisis.* You choose. ◊ *~ entre deux choses* to choose between two things ◊ *Il faut ~ sur le menu.* You have to choose from the menu.

choix *nm* **1** (*capacité de choisir*) choice : *ne pas avoir le ~* to have no choice ◊ *faire un ~* to make a choice **2** (*assortiment*) selection : *Ils ont peu de ~.* They've got a poor selection. **3** (*gamme*) range : *un grand ~ d'options* a wide range of options LOC **au choix** as you prefer *Voir aussi* EMBARRAS, FIXER, MORCEAU, QUESTIONNAIRE

choléra *nm* cholera

cholestérol *nm* cholesterol : *Mon (taux de) ~ a augmenté.* My cholesterol (level) has gone up.

chômage *nm* unemployment LOC **au chômage** unemployed : *Ça fait trois ans qu'elle est au ~.* She's been unemployed for three years. *Voir aussi* INSCRIRE, TOUCHER

chômeur, -euse *nm-nf* unemployed [*adj*] : *les ~s* the unemployed LOC *Voir* CARTE

chope *nf* beer mug

choquant, -e *adj* shocking

choquer *vt* **1** (*outrager*) to shock : *Son comportement a choqué mes parents.* My parents were shocked at his behaviour. **2** (*ébranler*) to shake : *Elle a été très choquée par l'accident.* She was shaken by the accident.

choral, -e ♦ *adj* choral ♦ **chorale** *nf* choir [*v sing ou pl*]

chorégraphe *nmf* choreographer

chorégraphie *nf* choreography

chose *nf* thing : *Ils vendent de belles ~s.* They sell nice things. ◊ *Une ~ est claire...* One thing is clear... ☛ Les autres expressions formées avec **chose** sont traitées sous le verbe, l'adjectif, etc. correspondant : pour **aller au fond des choses**, par exemple, voir FOND.

chou *nm* **1** (*légume*) cabbage **2** (*pâtisserie*) choux bun **3** (*terme d'affection*) dear LOC **chou à la crème** cream puff **chou de Bruxelles** Brussels sprout

chouchou *nm* pet : *C'est le ~ du professeur.* He's the teacher's pet.

chouchouter *vt* to pamper

choucroute *nf* sauerkraut

chouette ♦ *nf* owl ♦ *adj, excl* great : *~, c'est le week-end !* Great, it's the weekend!

chou-fleur *nm* cauliflower

choyer *vt* to pamper

chrétien, -ienne *adj, nm-nf* Christian

Christ *nm* **le Christ** Christ

chrome *nm* chrome

chromosome *nm* chromosome

chronique *adj* chronic

chronologie *nf* chronology

chronologique *adj* chronological

chronomètre *nm* stopwatch

chronométrer *vt* to time LOC *Voir* ÉPREUVE

chrysanthème *nm* chrysanthemum

chuchotement *nm* whisper

chuchoter *vt, vi* to whisper : *Il lui a chuchoté quelque chose à l'oreille.* He whispered something in her ear.

chut ! *excl* sh!

chute *nf* **1** (*gén*) fall : *faire une ~* to fall ◊ *la ~ du gouvernement* the fall of the government **2** *~* **de** (*baisse*) drop **in** ***sth*** : *une ~ des prix* a drop in prices ◊ *une ~ de tension* a drop in blood pressure **3** (*cheveux*) loss : *prévenir la ~ des cheveux* to prevent hair loss **4** (*histoire drôle*) punchline LOC **chute d'eau** waterfall **chute de grêle** hailstorm

chute de neige snowfall **chute de pluie** rainfall [*indénombrable*] : *De fortes ~s de pluie sont attendues demain.* Heavy rainfall is expected tomorrow. **être/tomber en chute libre** to be in free fall : *Le dollar est en ~ libre.* The dollar is in free fall. **chute mortelle** fatal fall : *Elle a fait une ~ mortelle dans les Alpes.* She had a fatal fall in the Alps.

chuter *vi* to fall : *L'euro a chuté de deux points par rapport au dollar.* The euro fell two points against the dollar.

cible *nf* target : *prendre qn pour ~* to target sb LOC *Voir* TIR

ciboule *nf* spring onion

ciboulette *nf* chives [*pl*]

cicatrice *nf* scar : *J'ai une ~.* I've got a scar.

cicatriser *vi* to heal

ci-dessous *adv* below

ci-dessus *adv* above

cidre *nm* cider

ciel ◆ *nm* **1** (*gén*) sky [*pl* skies] **2** (*Relig*) heaven ◆ *excl* good heavens! LOC *Voir* AIGUILLEUR, BLEU, SEPTIÈME, TOMBER

cierge *nm* candle

cigale *nf* cicada

cigare *nm* cigar

cigarette *nf* cigarette

cigogne *nf* stork

ci-joint *adv* enclosed : *Veuillez trouver ~...* Please find enclosed...

cil *nm* eyelash

ciller *vi* to blink

cime *nf* summit : *arriver à la ~* to reach the summit

ciment *nm* cement

cimenter *vt* to cement

cimetière *nm* **1** (*gén*) cemetery [*pl* cemeteries] **2** (*d'église*) graveyard LOC **cimetière de voitures** breaker's yard

cinéaste *nmf* film-maker

cinéma *nm* cinema : *aller au ~* to go to the cinema LOC **cinéma multisalle** multiplex (cinema) **de cinéma** (*festival, critique*) film [*n attrib*] : *un acteur/metteur en scène de ~* a film actor/director **faire du cinéma 1** (*travailler dans le cinéma*) to be in film : *Son rêve était de faire du ~.* It was her dream to be in film. **2** (*faire semblant*) to put on an act : *Il a mal au pied, mais il fait un peu de ~.* His foot does hurt, but he's putting on a bit of an act. **se faire du cinéma** to be living in a dream world

cinémathèque *nf* film archive

cinématographique *adj* film [*n attrib*] : *l'industrie ~* the film industry

cinéphile *adj, nmf* film buff [*n*]

cinglant, -e *adj* **1** (*vent*) biting **2** (*pluie*) driving **3** (*réponse*) cutting

cinglé, -e ◆ *pp, adj* **1** (*fou*) nuts : *être ~* to be nuts **2** *~* **de** (*passionné*) mad **about sb/sth** ◆ *nm-nf* crackpot *Voir aussi* CINGLER

cingler *vt* to lash

cinq *adj, nm* **1** (*gén*) five **2** (*date*) fifth ☛ *Voir exemples sous* SIX

cinquantaine *nf* about fifty : *une ~ de personnes/fois* about 50 people/times ◊ *Il doit avoir la ~.* He must be about 50.

cinquante *adj, nm* fifty ☛ *Voir exemples sous* SOIXANTE

cinquantième *adj, nmf* fiftieth ☛ *Voir exemples sous* SOIXANTIÈME

cinquième ◆ *adj, nmf* fifth ☛ *Voir exemples sous* SIXIÈME ◆ *nf* **1** (*École*) ☛ *Voir note sous* COLLÈGE **2** (*vitesse*) fifth (gear)

cintre *nm* coat hanger

cirage *nm* (shoe) polish : *Donne un coup de ~ à tes chaussures.* Give your shoes a polish.

circonférence *nf* circumference

circonflexe *adj* LOC *Voir* ACCENT

circonscription *nf* LOC **circonscription électorale** constituency [*pl* constituencies]

circonspect, -e *adj* cautious

circonspection *nf* caution

circonstance *nf* circumstance : *étant donné les/dans ces ~s...* in the circumstances... LOC **de circonstance** (*remarque*) fitting *Voir aussi* CONCOURS

circuit *nm* **1** (*touristique*) tour **2** (*Sport*) track : *Le pilote a fait dix tours de ~.* The driver did ten laps of the track. **3** (*Électr*) circuit **4** (*canal*) channel : *~s de distribution* distribution channels

circulaire *nf* circular : *faire passer une ~* to send out a circular

circulation *nf* **1** (*gén*) circulation **2** (*trafic*) traffic : *Il y a beaucoup de ~ dans le centre-ville.* There's a lot of traffic in the town centre. LOC **circulation (sanguine)** circulation : *avoir une mauvaise ~* to have poor circulation

circuler *vi* **1** (*gén*) to circulate : *Le sang circule dans les veines.* Blood circulates through your veins. ◊ *faire ~ une lettre* to circulate a letter **2** (*conducteur*) to drive : *Ils circulent prudemment.* They drive carefully. **3** (*train, bus*) to run : *Ils circulent tous les jours.* They run every day. **4** (*rumeur*) to go round LOC **circulez !** move along!

cire *nf* **1** (*gén*) wax **2** (*oreilles*) earwax

ciré *nm* oilskin LOC *Voir* TOILE

cirer *vt* to polish : ~ *ses chaussures* to polish your shoes

cireur, -euse *nm-nf* LOC **cireur/cireuse de chaussures** shoeshine boy/girl

cirque *nm* **1** (*spectacle*) circus [*pl* circuses] **2** (*pagaille*) mess

cisailles *nf* shears [*pl*] ☛ *Voir note sous* PAIR

ciseau *nm* **1** **ciseaux** scissors [*pl*] ☛ *Voir note sous* PAIR **2** (*de sculpteur*) chisel

ciseler *vt* to chisel

citadin, -e ◆ *adj* city [*n attrib*] ◆ *nm-nf* city-dweller

citation *nf* **1** (*phrase*) quotation, quote (*fam*) **2** (*Jur*) summons [*pl* summonses]

cité *nf* (*immeubles*) housing estate LOC **cité universitaire** hall of residence

citer *vt* **1** (*faire référence*) to quote **2** (*Jur*) to summons

citerne *nf* tank

citoyen, -enne *nm-nf* citizen

citoyenneté *nf* citizenship

citron *nm* lemon LOC **citron pressé** lemon juice **citron vert** lime LOC *Voir* JAUNE, SIROP, ZESTE

citronnade *nf* still lemonade

citronnier *nm* lemon tree

citrouille *nf* pumpkin

civière *nf* stretcher

civil, -e ◆ *adj* civil ◆ *nm-nf* civilian LOC **en civil** **1** (*militaire*) in civilian dress **2** (*policier*) in plain clothes *Voir aussi* AVIATION, BUREAU, ÉTAT, MARIAGE

civilement *adv* : *se marier* ~ to get married in a registry office

civilisation *nf* civilization

civilisé, -e *pp, adj* civilized *Voir aussi* CIVILISER

civiliser *vt* to civilize

civique *adj* **1** (*devoir*) civic **2** (*esprit*) public-spirited : *sens* ~ public-spiritedness LOC *Voir* ÉDUCATION, INSTRUCTION

civisme *nm* community spirit

clair, -e *adj* **1** (*gén*) clear : *C'est bien ~ ?* Is that clear? **2** (*couleur*) light : *vert* ~ light green **3** (*lumineux*) bright : *C'est la pièce la plus claire de la maison.* It's the brightest room in the house. **4** (*cheveux, teint*) fair LOC **clair de lune** moonlight : *une promenade au ~ de lune* a moonlight walk **en clair** **1** (*dit franchement*) to put it bluntly : *En ~, il veut démissionner.* To put it bluntly, he wants to resign. **2** (*Télé*) unscrambled **être clair comme de l'eau de roche** to be crystal clear **faire clair** to be daylight : *Il fait ~.* It's daylight. **le plus clair de...** most of... : *passer le plus ~ de son temps au travail* to spend most of your time working **mettre au clair** to make *sth* clear **ne pas avoir les idées claires** not to be thinking clearly **voir clair** to see well : *Je ne vois plus ~, ça doit être l'âge.* I can't see well any more, it must be old age. **y voir clair dans** to get to the bottom of *sth* : *Il est impossible d'y voir ~ dans cette affaire.* It's impossible to get to the bottom of this business. *Voir aussi* TIRER

clairement *adv* clearly

clairière *nf* clearing

clairon *nm* bugle

clairsemé, -e *adj* **1** (*arbres*) sparse **2** (*cheveux*) thin

clairvoyant, -e *adj* perceptive

clameur *nf* **1** (*cris*) shouts [*pl*] : *les ~s de la foule* the shouts of the crowd **2** (*spectacle*) cheers [*pl*] : *les ~s du public* the cheers of the audience

clan *nm* clan

clandestin, -e ◆ *adj* clandestine ◆ *nm-nf* **1** (*immigrant*) illegal immigrant **2** (*passager*) stowaway [*pl* stowaways] LOC *Voir* IMMIGRÉ, VOYAGER

clapier *nm* hutch

clapotement (*aussi* **clapotis**) *nm* lapping

clapoter *vi* to lap

claque *nf* **1** (*gifle*) slap (in the face) : *Elle m'a donné une ~.* She slapped me (in the face). ◊ *recevoir une* ~ to get a slap **2** (*humiliation*) slap in the face : *se prendre une* ~ to get a slap in the face LOC *Voir* CLIQUE

claqué, -e *pp, adj* dead tired *Voir aussi* CLAQUER

claquement *nm* **1** (*fouet*) crack **2** (*bruit soudain*) bang **3** (*langue*) click **4** (*doigts*) snap

claquer ◆ *vt* **1** (*porte*) to slam : ~ *la porte au nez de qn* to slam the door in sb's face **2** (*épuiser*) to wear *sb* out **3** (*argent*) to squander ◆ *vi* **1** (*porte*) to slam **2** ~ **de** (*doigts*) to snap *sth* **3** (*mourir*) to snuff it **4** (*se casser*) : *Ça y est, la voiture a claqué.* That's it, the car's had it. ◆ **se claquer** *v pron* **1** (*s'épuiser*) to wear yourself out **2** (*Méd*) : *se ~ un muscle* to pull a muscle LOC **claquer des dents** : *Je claquais des* *dents.* My teeth were chattering. **faire claquer 1** (*fouet*) to crack *sth* : *faire ~ son fouet* to crack your whip **2** (*langue*) to click *sth* **3** (*doigts*) to snap *sth*

clarification *nf* clarification

clarifier *vt* to clarify : *Pourriez-vous ~ ce que vous venez de dire?* Could you clarify what you just said?

clarinette *nf* clarinet

clarté *nf* **1** (*lumière*) light **2** (*luminosité*) brightness : *la ~ de la lampe* the brightness of the lamp **3** (*fig*) clarity LOC **avec clarté** clearly **faire (toute) la clarté sur** to get to the bottom of *sth*

classe *nf* **1** (*gén*) class : *Nous étions dans la même ~.* We were in the same class. ◊ *voyager en première ~* to travel first class ◊ *les ~s sociales* social classes **2** (*salle*) classroom LOC **classe d'âge** age group **classe moyenne/ouvrière** middle/working class *Voir aussi* CAMARADE, DÉLÉGUÉ, SALLE

classement *nm* **1** (*façon de ranger*) classification **2** (*dans un bureau*) filing **3** (*d'élèves*) grading **4** (*Sports*) ranking(s) [*s'utilise surtout au pluriel*] : *Il est numéro un au ~ mondial.* He's number one in the world rankings.

classer ◆ *vt* **1** (*catégoriser*) to classify : *~ les livres par thème* to classify books according to subject **2** (*ranger*) to file **3** (*affaire*) to close **4** (*Sport*) to rank ◆ **se classer** *v pron* **se ~ (parmi)** to be classed (**amongst...**) LOC **se classer deuxième, troisième, etc.** to come second, third, etc.

classeur *nm* **1** (*meuble*) filing cabinet **2** (*à compartiments*) file **3** (*à anneaux*) ring binder

classification *nf* **1** (*gén*) classification : *la ~ des plantes* the classification of plants **2** (*Sport*) : *match de ~* qualifying match

classifier *vt* to classify

classique ◆ *adj* **1** (*Art, Mus*) classical **2** (*typique*) classic : *le commentaire ~* the classic remark ◆ *nm* **1** (*auteur*) classical author **2** (*œuvre*) classic LOC *Voir* DANSE

clause *nf* clause

claustrophobe *adj* claustrophobic

claustrophobie *nf* claustrophobia : *faire de la ~* to suffer from claustrophobia

clavecin *nm* harpsichord

clavicule *nf* collarbone

clavier *nm* keyboard ☛ *Voir illustration sous* ORDINATEUR

clé (*aussi* **clef**) ◆ *nf* **1 ~ (de)** (*gén*) key [*pl* keys] (**to *sth***) : *la ~ de l'armoire* the key to the wardrobe ◊ *la ~ de la porte* the door key ◊ *la ~ de leur réussite* the key to their success **2** (*Mécan*) spanner **3** (*Mus*) clef ◆ *adj* (*fondamental*) key : *facteur/personne ~* key factor/person LOC **clé de contact** ignition key **clé de sol/fa** treble/bass clef **sous clé** under lock and key *Voir aussi* FERMÉ, FERMER

clémence *nf* clemency

clément, -e *adj* **1 ~ (envers)** (*juge*) lenient (**towards *sb***) **2** (*temps*) mild

clergé *nm* clergy [*pl*]

clic *nm* (*Informatique*) click

cliché *nm* **1** (*sujet*) cliché **2** (*Phot*) negative

client, -e *nm-nf* **1** (*magasin, restaurant*) customer : *un de mes meilleurs ~s* one of my best customers **2** (*entreprise*) client

clientèle *nf* **1** (*magasin, restaurant*) customers [*pl*] **2** (*notaire*) clients [*pl*]

cligner *vt, vi* **~ (de)** to blink : *~ des yeux* to blink LOC **cligner de l'œil** to wink

clignotant, -e ◆ *adj* **1** (*phare*) flashing **2** (*étoile*) twinkling ◆ *nm* (*voiture*) indicator

clignoter *vi* **1** (*lumière*) to flash **2** (*étoile*) to twinkle

climat *nm* **1** (*pr*) climate : *un ~ humide* a damp climate **2** (*fig*) atmosphere : *un ~ amical/tendu* a friendly/tense atmosphere

climatique *adj* climatic

climatisation *nf* air conditioning

climatisé, -e *pp, adj* air-conditioned LOC *Voir* AIR

climatiseur *nm* air conditioning unit

clin *nm* LOC **clin d'œil** wink **en un clin d'œil** in the twinkling of an eye **faire un clin d'œil** to wink (*at sb*) : *Il m'a fait un ~ d'œil.* He winked at me.

clinique ◆ *adj* clinical ◆ *nf* clinic LOC *Voir* CHEF

clip *nm* **1** (*broche*) brooch **2** (*boucle d'oreille*) clip-on earring **3** (*vidéo*) video [*pl* videos]

clique *nf* clique LOC **prendre ses cliques et ses claques** to pack your bags

cliquer *vi* (*Informatique*) to click : *Cliquez sur l'icone.* Click on the icon. ◊ *~ deux fois* to double-click

cliqueter *vi* to rattle

cliquetis *nm* rattle

clochard, -e *nm-nf* tramp

cloche *nf* **1** (*gén*) bell : *Est-ce que tu*

entends les ~s sonner ? Can you hear the bells ringing? **2** (*idiot*) idiot
cloche-pied LOC **marcher/sauter à cloche-pied** to hop
clocher[1] *nm* belfry [*pl* belfries]
clocher[2] *vi* : *Il y a quelque chose qui cloche.* There's something wrong.
clochette *nf* bell
cloison *nf* partition : *abattre une ~* to knock down a partition
cloisonner *vt* **1** (*pièce*) to partition **2** (*compartimenter*) to compartmentalize
cloître *nm* cloister
cloîtré, -e *pp, adj* cloistered *Voir aussi* CLOÎTRER
cloîtrer ◆ *vt* to cloister ◆ **se cloîtrer** *v pron* to shut yourself away
clone *nm* clone : *un ~ de PC* a PC clone
cloné, -e *pp, adj* (*Biol*) cloned : *une brebis clonée* a cloned sheep *Voir aussi* CLONER
cloner *vt* to clone
clope *nf* fag
cloque *nf* blister
cloquer *vi* to blister : *La peinture a cloqué.* The paint has blistered.
clore *vt* to close
clos, -e *pp, adj* closed *Voir aussi* CLORE
clôture *nf* **1** (*de bois*) fence **2** (*haie vive*) hedge **3** (*discours*) conclusion LOC **clôture métallique** wire fence
clôturer ◆ *vt* **1** (*poser une clôture*) to fence *sth* (in) **2** (*terminer*) to end ◆ **se clôturer** *v pron* **se clôturer (par)** to finish off **(with *sth*)**
clou *nm* **1** (*gén*) nail **2** (*sur une ceinture, veste*) stud : *une ceinture garnie de ~s* a studded belt **3 clous** (*passage clouté*) pedestrian crossing [*sing*] : *traverser dans les ~s* to cross at the crossing **4** (*attraction*) highlight : *le ~ du spectacle* the highlight of the show LOC **des clous !** no chance! *Voir aussi* MAIGRE
clouer *vt* **1** (*fixer*) to nail : *Ils ont cloué le tableau au mur.* They nailed the picture to the wall. **2** (*immobiliser*) to pin *sb* down LOC **clouer le bec à** to shut *sb* up **être cloué au lit** to be laid up in bed **être cloué au sol** (*avion*) to be grounded
clouté, -e *adj* studded LOC *Voir* PASSAGE
clown *nm* clown LOC **faire le clown** to play the clown
club *nm* club : *un ~ de jeunes* a youth club LOC **club de golf** golf club **club vidéo** video shop
coaguler *vt, vi* to clot
coalition *nf* coalition
coasser *vi* to croak
cobaye *nm* guinea pig
cobra *nm* cobra
cocaïne *nf* cocaine
cocarde *nf* rosette
cocasse *adj* comical
coccinelle *nf* **1** (*insecte*) ladybird **2** (*voiture*) Beetle
coccyx *nm* coccyx
cocher *vt* to tick
cochon, -onne ◆ *adj* dirty : *des histoires cochonnes* dirty jokes ◆ *nm-nf* **1** (*personne sale*) pig **2** (*vicieux*) filthy beast ◆ *nm* pig

Pig est le nom générique. **Boar** se réfère uniquement au mâle et son pluriel est **boar** ou **boars**. Les petits sont appelés **piglets**.

LOC **cochon de lait** suckling pig **cochon d'Inde** guinea pig
cochonnerie *nf* **1** (*nourriture*) junk (food) [*indénombrable*] : *Arrête de manger des ~s.* Stop eating junk food. **2** (*saleté*) mess [*indénombrable*] **3** (*obscénité*) filth [*indénombrable*] LOC **dire des cochonneries** to be filthy **faire des cochonneries** to make a mess : *Ne fais pas de ~s avec ta nourriture.* Don't make a mess with your food.
cochonnet *nm* **1** (*animal*) piglet **2** (*pétanque*) jack
cockpit *nm* cockpit
cocktail *nm* **1** (*boisson*) cocktail **2** (*réunion*) cocktail party [*pl* cocktail parties]
coco *nm* coconut LOC *Voir* NOIX
cocon *nm* cocoon
cocorico *nm* cock-a-doodle-doo
cocotier *nm* coconut palm
cocotte *nf* casserole ☛ *Voir illustration sous* SAUCEPAN
cocotte-minute® *nf* pressure cooker ☛ *Voir illustration sous* SAUCEPAN
code *nm* **1** (*gén*) code **2 codes** (*phares*) headlights : *Il n'a pas allumé ses ~s.* He hasn't got his headlights on. LOC **code barres** bar code **code de la route** Highway Code **code postal** postcode **passer son code** to take the written part of your driving test **se mettre en codes** to dip your headlights
coder *vt* to code
codifier *vt* to codify
coéquipier, -ière *nm-nf* teammate
cœur *nm* **1** (*gén*) heart : *du fond du ~* from the bottom of your heart ◊ *en*

plein ~ de la ville in the very heart of the city **2** (*pomme*) core : *Peler et enlever le ~.* Peel and remove the core. **3** (*Cartes*) hearts [*pl*] ☛ *Voir note sous* CARTE **4** (*nom affectueux*) sweetheart : *Mon ~ !* Sweetheart! LOC **à cœur ouvert** from the heart **avoir bon cœur** to be kind-hearted **avoir le cœur dur** to be hard-hearted **avoir mal au cœur** to feel sick **avoir un cœur en/d'or** to have a heart of gold **avoir un coup de cœur pour** to take a fancy to *sth* : *Elle a eu un coup de ~ pour cette robe.* She's taken a fancy to that dress. **de bon cœur** willingly : *Ce serait mieux si tu le faisais de bon ~.* It would be better if you did it willingly. **faire mal au cœur** to be heartbreaking **ne pas avoir le cœur de faire qch** not to have the heart to do sth **par cœur** by heart **prendre à cœur 1** (*au sérieux*) to take *sth* seriously : *Il prend son travail trop à ~.* He takes his work too seriously. **2** (*se vexer*) to take *sth* to heart : *C'était une plaisanterie, ne le prends pas à ~.* It was a joke — don't take it to heart. *Voir aussi* APPRENDRE, CHAUD, COURRIER, MALADE

coexistence *nf* coexistence

coexister *vi* to coexist

coffre *nm* **1** (*malle*) chest **2** (*voiture*) boot **3** (*objets de valeur*) safe [*pl* safes] LOC **avoir du coffre** (*avoir du souffle*) to have a lot of puff **coffre à jouets** toy box

coffre-fort *nm* safe [*pl* safes]

coffret *nm* casket

cognac *nm* brandy [*pl* brandies]

cogner ◆ *vt* to hit : *Le ballon l'a cogné à la tête.* The ball hit him on the head. ◆ **se cogner** *v pron* **1 se ~ (contre)** to hit *sth* (**against** ***sth***) : *Il s'est cogné le genou contre la table.* He hit his knee against the table. **2 se ~ à** to bump **into** ***sth***

cohabiter *vi* to live together

cohérence *nf* coherence

cohérent, -e *adj* **1** (*raisonnement*) coherent **2** (*attitude*) consistent

cohésion *nf* cohesion

cohue *nf* crowd

coiffé, -e *pp, adj* LOC **être bien/mal coiffé** : *Elle était très bien coiffée.* Her hair looked really nice. ◊ *Il est toujours mal ~.* His hair always looks a mess. *Voir aussi* COIFFER

coiffer ◆ *vt* to do *sb's* hair : *C'est Pierre qui la coiffe.* Pierre does her hair. ◆ **se coiffer** *v pron* to do your hair : *Coiffe-toi avant de sortir.* Do your hair before you go out. LOC **se faire coiffer** to have your hair done : *Je vais me faire ~.* I'm going to have my hair done.

coiffeur, -euse *nm-nf* hairdresser

coiffure *nf* **1** (*style*) hairstyle **2** (*profession*) hairdressing LOC *Voir* SALON

coin *nm* **1** (*angle, lieu*) corner : *C'est la maison qui fait le ~ avec la rue Danton.* It's the house that's on the corner of rue Danton. ◊ *C'est un ~ tranquille de Bourgogne.* It's a quiet corner of Burgundy. **2** (*cale*) wedge LOC **au coin de la rue** (just) round the corner **du coin de l'œil** out of the corner of your eye : *regarder qn du ~ de l'œil* to look at sb out of the corner of your eye

coincé, -e *pp, adj* **1** (*bloqué, immobilisé*) stuck : *Un noyau d'olive est resté ~ en travers de sa gorge.* An olive stone got stuck in his throat. **2** (*guindé*) uptight : *Il est vraiment ~.* He's really uptight. *Voir aussi* COINCER

coincer ◆ *vt* **1** (*objet*) to wedge : *Coince la porte avec un bout de carton.* Wedge the door shut with a piece of card. **2** (*personne*) to corner ◆ *vi* (*se bloquer*) to jam : *Le tiroir coince.* The drawer jams. ◆ **se coincer** *v pron* **1** (*rester pris*) to get caught : *Ma chaussure s'est coincée dans la grille.* My shoe has got caught in the grating. **2** (*se bloquer*) to jam : *Cette porte s'est coincée.* This door has jammed. **3** (*se prendre*) : *se ~ le doigt* to get your finger caught

coïncidence *nf* coincidence

coïncider *vi* **~ (avec)** to coincide (**with** ***sth***) : *J'espère que ça ne va pas ~ avec les examens.* I hope it doesn't coincide with my exams.

coing *nm* quince

coke *nm* coke

col *nm* **1** (*vêtement*) collar : *le ~ de la chemise* the shirt collar **2** (*montagne*) pass **3** (*bouteille*) neck LOC **col en V** V-neck **col montant** turtleneck **col rond** round neck **col roulé** polo neck

colère *nf* **1** (*humeur*) anger **2** (*caprice*) tantrum : *piquer une ~* to throw a tantrum LOC **en colère (contre)** angry (with *sb*) : *Ils sont en ~ contre moi.* They're angry with me. ◊ *Tu as l'air en ~.* You look angry. **se mettre dans une colère noire** to blow your top **se mettre en colère (contre)** to get angry (with *sb*) (at/about *sth*) : *Ne te mets pas en ~ contre eux.* Don't get angry with them. *Voir aussi* MOUVEMENT

coléreux, -euse (*aussi* **colérique**) *adj* quick-tempered

colimaçon *nm* LOC *Voir* ESCALIER

colin *nm* hake [*pl* hake]

colin-maillard *nm* blind man's buff : *jouer à ~* to play blind man's bluff

colique *nf* colic [*indénombrable*]

colis *nm* parcel ☛ *Voir note sous* PACKET LOC **colis alimentaire** food parcel **colis piégé** parcel bomb **colis postal** parcel

collaborateur, -trice *nm-nf* **1** (*collègue*) colleague **2** (*coauteur, Hist*) collaborator

collaboration *nf* **1** (*à un journal*) contribution **2** (*à un projet*) collaboration : *faire qch en ~ avec qn* to do sth in collaboration with sb

collaborer *vi* ~ **(à) 1** (*projet*) to collaborate (**on *sth***) **2** (*revue*) to contribute (**to *sth***)

collage *nm* collage : *faire un ~* to make a collage

collant, -e ◆ *adj* **1** (*timbre*) sticky **2** (*personne*) clingy **3** (*robe*) tight ◆ *nm* tights [*pl*] : *J'ai filé mon ~.* I've laddered my tights. ☛ *Voir note sous* PAIR

colle *nf* **1** (*gén*) glue **2** (*pour papier peint*) paste **3** (*question difficile*) poser : *poser une ~ à qn* to set sb a poser **4** (*punition*) detention : *Vous deux, une heure de ~ !* You two, an hour's detention!

collé, -e *pp, adj* : *Il est resté ~ dans son fauteuil toute l'après-midi.* He didn't move from his armchair all afternoon. *Voir aussi* COLLER

collecte *nf* collection LOC **faire une collecte** to collect money

collecter *vt* to collect

collectif, -ive *adj* **1** (*responsabilité*) collective **2** (*partagé*) joint : *une action ~* a joint action **3** (*licenciements*) mass **4** (*billet*) group [*n attrib*]

collection *nf* **1** (*gén*) collection : *une ~ de cartes postales* a collection of postcards **2** (*série*) : *une ~ de livres* a set of books LOC **faire collection de** to collect *sth*

collectionner *vt* to collect

collectionneur, -euse *nm-nf* collector

collectivité *nf* community : *esprit de ~* community spirit

collège *nm* **1** (*école*) lower secondary school : *Les enfants sont au ~.* The children are at school. ◊ *aller au ~* to go to school

Les classes de collège de la sixième jusqu'à la troisième s'appellent **years 7-10**. ☛ *Voir note sous* SCHOOL

2 (*association*) association : *le ~ des médecins* the medical association

collègue *nmf* colleague : *un de mes ~s* a colleague of mine

coller ◆ *vt* **1** (*faire adhérer*) to stick : *~ une étiquette sur un colis* to stick a label on a parcel **2** (*mettre*) to put *sth* **against *sth*** : *Il a collé son lit contre la fenêtre.* He put his bed against the window. **3** (*maladie*) to give : *Tu m'as collé ta grippe.* You've given me your flu. **4** (*punir*) to give *sb* detention : *Le prof a collé deux élèves.* The teacher gave two students detention. ◆ *vi* **1** (*sauce*) to stick **2** (*être cohérent*) to hang together : *Ça ne colle pas ce qu'il me dit.* What he tells me doesn't hang together. ◆ **se coller** *v pron* **1 se ~ à/contre** (*se serrer*) to press yourself **against *sb*/*sth*** : *se ~ contre un mur* to press yourself against a wall **2 se ~ à** (*se mettre à*) to get down **to *sth*** : *se ~ au travail* to get down to work LOC **coller une baffe à** to give *sb* a slap

collet *nm* collar LOC **être collet monté** to be all prim and proper **prendre par le collet** to grab *sb* by the collar

collier *nm* **1** (*bijou*) necklace : *un ~ d'émeraudes* an emerald necklace **2** (*chien, chat*) collar

colline *nf* hill LOC *Voir* FLANC

collision *nf* **1** (*accident, bruit*) collision (***with sth***) : *une ~ de front* a head-on collision **2** (*affrontement*) clash LOC **avoir une collision** (*en voiture*) to have a collision

colloque *nm* ~ **sur** discussion (**about *sth***)

colmater *vt* to plug : *Il a colmaté le trou.* He plugged the hole.

colocataire *nmf* flatmate

colombe *nf* dove : *la ~ de la paix* the dove of peace

colon *nm* colonist

côlon *nm* colon

colonel *nm* colonel

colonial, -e *adj* colonial

colonialisme *nm* colonialism

colonie *nf* colony [*pl* colonies] : *les anciennes ~s* former colonies LOC **colonie (de vacances)** summer camp : *aller en ~* to go to summer camp

colonisateur, -trice ◆ *adj* colonizing ◆ *nm-nf* settler

colonisation *nf* colonization

coloniser *vt* to colonize

colonnade *nf* colonnade

colonne *nf* **1** (*gén, Archit, Mil*) column

2 (*Anat*) spine **3** (*fig*) backbone LOC **colonne vertébrale** spinal column

colorant, -e *adj, nm* colouring LOC **sans colorant** no artificial colourings

coloré, -e *pp, adj* **1** (*objet*) coloured **2** (*foule, description*) colourful **3** (*teint*) ruddy *Voir aussi* COLORER

colorer *vt* **1** (*dessin*) to colour *sth* (in) **2** (*cheveux, vêtements*) to dye **3** (*bois*) to stain

colorier *vt* to colour *sth* (in) : *Il a dessiné une balle, puis il l'a coloriée.* He drew a ball and then coloured it in.

coloris *nm* **1** (*Art*) colour : *la gamme de ~ d'un peintre* a painter's range of colour **2** (*couleur*) shade : *Nous avons cette jupe en trois ~.* We've got this skirt in three shades.

colossal, -e *adj* colossal

colporteur pedlar

se coltiner *v pron* to get lumbered with *sth* : *C'est toujours moi qui me coltine la vaisselle !* It's always me who gets lumbered with the washing-up!

coma *nm* coma : *être dans le ~* to be in a coma

combat *nm* **1** (*physique*) fighting [*indénombrable*] : *Il y a eu de violents ~s.* There was fierce fighting. **2** (*fig*) battle : *le ~ contre la drogue* the battle against drugs LOC **au combat** in combat : *soldats tués au ~* soldiers killed in combat **combat de boxe** boxing match **être hors de combat** to be out of action **laisser/mettre hors de combat** to put *sb* out of action

combatif, -tive *adj* **1** (*déterminé*) assertive **2** (*agressif*) aggressive

combattant, -e *nm-nf* combatant LOC *Voir* ANCIEN

combattre ◆ *vt* to combat : *~ l'épidémie* to combat the epidemic ◆ *vi* ~ **contre/pour** to fight **for/against *sb*/ *sth*** : *~ contre les rebelles* to fight (against) the rebels

combien *adv*

- **emploi interrogatif** ~ **(de) 1** (+ *nom indénombrable*) how much : *~ d'argent tu as dépensé ?* How much money did you spend? ◊ *C'est ~ ?* How much is it? **2** (+ *nom pluriel*) how many : *~ de personnes est-ce qu'il y avait ?* How many people were there?
- **emploi exclamatif** how : *Si tu savais ~ c'est difficile !* If you only knew how difficult it is! LOC **combien de temps... ?** how long...? : *Vous avez mis ~ de temps pour venir ?* How long did it take you to get here? ◊ *~ de temps avez-vous vécu à Liège ?* How long did you live in Liège? **le combien sommes-nous ?** what's the date today? **tous les combien ?** how often? : *Le bus passe tous les ~ ?* How often does the bus come?

combinaison *nf* **1** (*gén*) combination : *la ~ de différents styles* the combination of different styles ◊ *la ~ d'un coffre-fort* the combination of a safe **2** (*vêtement*) slip LOC **combinaison spatiale** spacesuit **combinaison de plongée** diving suit **combinaison de ski** ski suit

combine *nf* **1** (*moyen*) scheme **2** (*intrigue*) trick

combiné *nm* receiver

combiner *vt* ~ **(à/avec)** (*gén*) to combine *sth* (**with *sth***) : *~ le travail avec la famille* to combine work with your family life

comble ◆ *adj* packed : *une salle ~* a packed hall ◆ *nm* **1 le ~ de** (*point extrême*) the height of *sth* : *le ~ de l'absurde* the height of absurdity **2 combles** attic [*sing*] : *aménager les ~s en chambres* to convert the attic into bedrooms LOC **être le comble** to be the limit **pour comble** to make matters worse *Voir aussi* FOND

comblé, -e *pp, adj* fulfilled : *Je ne me sens pas ~.* I don't feel fulfilled. *Voir aussi* COMBLER

combler *vt* **1** (*remplir*) to fill : *~ un trou* to fill a hole **2** (*satisfaire*) to satisfy : *~ les vœux de qn* to satisfy sb's wishes ◊ *Vous me comblez !* You're too good to me!

combustible ◆ *adj* combustible ◆ *nm* fuel

combustion *nf* combustion

comédie *nf* **1** (*Théâtre*) comedy [*pl* comedies] **2** (*histoire, caprice*) fuss : *Quelle ~ pour avoir un billet !* What a fuss just to get a ticket! LOC **comédie musicale** musical *Voir aussi* JOUER

comédien, -ienne *nm-nf* actor [*fém* actress]

comédon *nm* blackhead

comestible ◆ *adj* edible ◆ **comestibles** *nm* food [*indénombrable*] LOC **non comestible** inedible

comète *nf* comet

comique ◆ *adj* **1** (*drôle*) funny **2** (*de comédie*) comedy [*n attrib*] : *une série ~* a comedy series ◆ *nmf* comic actor LOC *Voir* FILM

comité *nm* committee [*v sing ou pl*]

commandant *nm* major LOC **commandant de bord** captain

commande *nf* **1** (*Comm*) order : *passer/annuler une* ~ to place/cancel an order **2** (*Art, Littér*) commission **3 commandes** (*Techn*) controls : *le panneau des* ~*s* the control panel **4** (*Informatique*) command

commandement *nm* **1** (*Mil*) command : *passer/prendre le* ~ to hand over/take command **2** (*autorité*) leadership **3** (*Relig*) commandment : *les dix* ~*s* the Ten Commandments

commander ◆ *vt* **1** (*produit, plat*) to order : *Nous avons commandé la soupe comme entrée.* We ordered soup as a starter. **2** (*Art*) to commission **3** (*armée*) to command **4** (*faire marcher*) to control : *Ce bouton commande le chauffage.* This button controls the heating. ◆ *vi* to be the boss : *C'est elle qui commande.* She's the boss.

commando *nm* commando [*pl* commandos]

comme ◆ *adv*

• **comparaison 1** (*avec un nom*) like : *Il a une voiture* ~ *la nôtre.* He's got a car like ours. **2** (*dans des exemples*) like : *les tisanes* ~ *la camomille et la menthe* herbal teas like camomile and peppermint **3** (*suivi d'une proposition*) as : ~ *je disais...* As I was saying... ◊ *J'ai répondu* ~ *j'ai pu.* I answered as best I could. ◊ *Ça s'écrit* ~ *ça se prononce.* It's spelt the way it sounds. **4** (*comparaison*) as : *doux* ~ *la soie* smooth as silk

• **en tant que** as : *Je l'ai rapporté à la maison* ~ *souvenir.* I took it home as a souvenir.

• **exclamation 1** (*suivi d'un adjectif*) how : ~ *c'est ennuyeux/horrible !* How annoying/awful! ◊ ~ *c'est intéressant !* How interesting! **2** (*marque l'intensité*) : ~ *je les aime !* I love them so much! ◊ ~ *tu ressembles à ton père !* You're just like your father!

◆ *conj* (*cause*) as : ~ *j'étais en avance, je me suis fait un café.* As I was early, I made myself a coffee. ◊ ~ *je l'ai perdu, je ne pourrai pas te le prêter.* As I've lost it, I won't be able to lend it to you. LOC **comme ça 1** (*pareil à ceci/cela*) like this/that : *Tiens-le* ~ *ça.* Hold it like this. ◊ *Je veux une voiture* ~ *ça.* I want a car like that. ◊ *Je suis* ~ *ça.* That's the way I am. **2** (*accompagné d'un geste*) : *grand, gros, etc.* ~ *ça* this big, fat, etc. **comme ci comme ça** so so **comme si** as if : *Il me traite* ~ *si j'étais sa fille.* He treats me as if I were his daughter.

> Dans ce type d'expression, il est plus correct de dire « as if I/he/she/it **were** », quoique l'on utilise plutôt « as if I/he/she/it **was** » dans la langue parlée.

commémoratif, -tive *adj* commemorative

commémoration *nf* commemoration

commémorer *vt* to commemorate

commencement *nm* start, beginning (*plus sout*) LOC **être au commencement** to be in its early stages **du commencement à la fin** from start to finish

commencer *vt, vi* ~ **(à)** to start, to begin (***sth/doing sth/to do sth***) : *Commence à mettre la table.* Start laying the table. ◊ *J'ai commencé à me sentir mal.* I started to feel ill. ◊ *Commence sans moi.* Start without me. ☛ *Voir note sous* BEGIN LOC **pour commencer...** to start with...

comment *adv* **1** (*interrogation*) how : ~ *se traduit ce mot ?* How do you translate this word? ◊ *Nous ne savons pas* ~ *cela s'est passé.* We don't know how it happened. **2** (*pour faire répéter*) sorry? : ~ *? Peux-tu répéter ?* Sorry? Can you say that again? **3** (*surprise*) what! : ~ *! Tu n'es pas encore habillé ?* What! Aren't you dressed yet? LOC **comment ça... ?** : ~ *ça, tu ne le savais pas ?* What do you mean, you didn't know? **comment ça va ?** how are things? **comment est/sont... ?** (*description*) what is/are *sb/sth* like? : ~ *était le film ?* What was the film like? ◊ *Tu ne peux pas imaginer* ~ *c'était.* You can't imagine what it was like. **comment se fait-il ?** how come? **comment se fait-il que... ?** how come...? : ~ *se fait-il que tu ne sois pas sortie ?* How come you didn't go out? **comment vas-tu, va-t-il, etc. ?** how are you, is he, etc.? : ~ *vont tes parents ?* How are your parents? *Voir aussi* IMPORTER

commentaire *nm* **1** (*remarque*) comment, remark (*plus fam*) : *faire un* ~ to make a comment/remark **2** (*Radio, Télé, Littér*) commentary : ~ *en direct* live commentary LOC **commentaire de texte** textual criticism **faire des commentaires** to comment (*on sb/sth*) **sans commentaire** no comment

commentateur, -trice *nm-nf* commentator

commenter *vt* **1** (*faire des remarques*) to comment **on** ***sth*** **2** (*texte*) to discuss

commérage *nm* gossip [*indénombrable*] : *Je ne veux pas de ~s dans le bureau.* I don't want any gossip in the office. LOC **faire/raconter des commérages** to gossip

commerçant, -e *nm-nf* shopkeeper

commerce *nm* **1** (*affaires*) trade : *~ extérieur* foreign trade **2** (*magasin*) shop : *Ils ont un petit ~.* They have a small shop. LOC **faire commerce de** to trade in *sth* : *faire ~ d'armes* to trade in arms *Voir aussi* CHAMBRE, VOYAGEUR

commercer *vi* to do business (***with sb***)

commercial, -e ◆ *adj* **1** (*gén*) commercial : *une réussite commerciale* a commercial success **2** (*Écon*) trade [*n attrib*] ◆ *nm-nf* sales and marketing person [*pl* sales and marketing people] LOC *Voir* CENTRE, ÉCHANGE

commercialiser *vt* to market

commettre *vt* **1** (*délit*) to commit **2** (*erreur*) to make

commissaire *nm* **1** (*de police*) superintendent **2** (*d'une commission*) commissioner

commissaire-priseur *nm* auctioneer

commissariat *nm* police station

commission *nf* **1** (*pourcentage*) commission : *une ~ de dix pour cent* ten per cent commission **2** (*mission*) errand **3** (*comité, groupe*) committee [*v sing ou pl*] **4 commissions** shopping [*indénombrable*] : *faire les ~s* to do the shopping **5** (*message*) message LOC **à la commission** on commission

commode ◆ *adj* convenient : *C'est très ~ de l'oublier.* It's very convenient to forget about it. ◆ *nf* chest of drawers [*pl* chests of drawers] LOC **peu commode** inconvenient : *une heure peu ~* an inconvenient time

commodité *nf* convenience

commotion *nf* shock LOC **commotion cérébrale** concussion

commun, -e *adj* **1** (*gén*) common : *un arbre très ~* a very common tree ◊ *un problème ~* a common problem **2 ~ à** (*propre à*) common **to *sb/sth*** : *caractéristiques communes à un groupe* characteristics common to a group LOC **avoir en commun** to have *sth* in common : *Ils ont une chose en ~.* They have one thing in common. **en commun 1** (*ensemble*) together : *travailler en ~* to work together **2** (*public*) public : *transport en ~* public transport **mettre en commun** to share *sth* *Voir aussi* SENS

communautaire *adj* community [*n attrib*] : *les institutions ~s* community institutions

communauté *nf* community [*v sing ou pl*] [*pl* communities] LOC **Communauté européenne** (*abrév* **CE**) European Community (*abrév* EC)

communicatif, -ive *adj* communicative

communication *nf* **1** (*gén*) communication : *manque de ~* lack of communication **2** (*téléphone*) : *La ~ a été coupée.* We were cut off.

communier *vi* to take communion

communion *nf* communion LOC *Voir* PREMIER

communiqué *nm* communiqué LOC **communiqué de presse** press release

communiquer ◆ *vt* to communicate *sth* (***to sb***) : *Ils ont communiqué leurs soupçons à la police.* They've communicated their suspicions to the police. ◆ *vi* ~ **(avec)** to communicate (**with *sb/sth***) : *Je trouve difficile de ~ avec les autres.* I find it difficult to communicate with other people. ◊ *Ma chambre communique avec la tienne.* My bedroom communicates with yours.

communisme *nm* communism

communiste *adj, nmf* communist

compact, -e ◆ *adj* compact ◆ *nm* CD LOC *Voir* DISQUE, LECTEUR

compagnie *nf* company [*pl* companies] : *Il travaille dans une ~ d'assurance.* He works for an insurance company. ◊ *une ~ de danse* a dance company LOC **compagnie aérienne** airline **tenir compagnie à** to keep *sb* company *Voir aussi* ANIMAL

compagnon, compagne *nm-nf* **1** (*ami*) companion **2** (*concubin*) partner : *Céline est venue avec son ~.* Céline came with her partner.

comparable *adj* ~ **à/avec** comparable **to/with *sb/sth***

comparaison *nf* comparison : *Il n'y a aucune ~ entre cette maison et l'ancienne maison.* There's no comparison between this house and the old one.

comparatif, -tive *adj* comparative

comparativement *adv* ~ **à** compared **to/with *sb/sth***

comparé, -e *pp, adj* comparative *Voir aussi* COMPARER

comparer ◆ *vt* to compare *sb/sth* (***to/with sb/sth***) : *Tu ne vas pas ~ cette ville avec la mienne !* Don't go comparing this town to mine! ◆ **se comparer**

v pron **1 se ~ à** (*personne*) to compare yourself **to sb** : *Elle se compare à sa sœur.* She compares herself to her sister. **2** (*objet, situation*) to be comparable : *Ça ne se compare pas.* There's no comparison.

compartiment *nm* compartment

compas *nm* **1** (*Géom*) compasses [*pl*] **2** (*Navig*) compass

compassion *nf* pity, compassion (*plus sout*)

compatibilité *nf* compatibility

compatible *adj* compatible

compatir *vi* ~ **(à)** to sympathize (**with** ***sb***)

compatissant, -e *adj* ~ **(envers)** compassionate (**towards** ***sb***)

compatriote *nmf* fellow countryman/woman [*pl* fellow countrymen/women]

compensation *nf* compensation [*indénombrable*] LOC **en compensation** in compensation

compensatoire *adj* compensatory

compensé, -e *pp, adj* LOC *Voir* SEMELLE ; *Voir aussi* COMPENSER

compenser ◆ *vt* to make up for *sth* : *pour ~ la différence de prix* to make up for the difference in price ◊ *Son honnêteté compense son manque d'originalité.* His honesty makes up for his lack of originality. ◆ **se compenser** *v pron* to cancel each other out : *Les deux extrêmes se compensent.* The two extremes cancel each other out.

compétence *nf* **1** (*capacités*) competence : *manque de ~* incompetence **2** (*fonction*) domain : *être dans les ~s de qn* to be within sb's domain

compétent, -e *adj* competent : *un professeur ~* a competent teacher

compétitif, -ive *adj* competitive

compétition *nf* **1** (*activité*) competition **2** (*rivalité*) rivalry **3** (*épreuve*) event : *~ de natation* swimming event LOC **être en compétition** (*Sport*) to compete : *être en ~ pour le titre* to compete for the title **faire de la compétition** to compete

compilation *nf* compilation

compiler *vt* to compile

se complaire *v pron* **se ~ dans/à** to take pleasure **in** ***sth*****/in** ***doing sth***

complaisance *nf* **1** (*amabilité*) kindness : *faire qch par ~* to do sth out of kindness **2** (*indulgence excessive*) indulgence **3** (*orgueil*) smugness

complaisant, -e *adj* **1** (*prévenant*) obliging **2** (*autosatisfait*) smug **3** (*indulgent*) indulgent

complément *nm* **1** (*supplément*) supplement : *comme ~ vitaminique* as a vitamin supplement **2** (*Gramm*) object LOC **complément d'informations** further information **en complément** as a supplement

complémentaire *adj* **1** (*qualités*) complementary **2** (*additionnel*) supplementary

complet, -ète ◆ *adj* **1** (*entier*) complete : *la collection complète* the complete collection **2** (*hôtel*) full : *L'hôtel est ~.* The hotel is full. **3** (*théâtre*) sold out : *C'est ~.* It's sold out. **4** (*approfondi*) thorough : *un examen ~ des faits* a thorough examination of the facts ◆ *nm* suit LOC **au complet** all together : *réunir la famille au ~* to get the whole family together **c'est complet !** that's all we need! *Voir aussi* PAIN, PENSION

complètement *adv* completely : *Il est ~ idiot.* He's a complete idiot.

compléter *vt* to complete

complexe *adj, nm* complex : *C'est un problème très ~.* It's a very complex problem. ◊ *un ~ de bureaux* an office complex ◊ *avoir un ~ de poids* to have a complex about being fat LOC **complexe sportif** sports centre **complexe d'infériorité/de supériorité** inferiority/superiority complex **faire un complexe** to have a complex

complexé, -e *pp, adj* : *être ~* to have a complex

complexité *nf* complexity [*pl* complexities]

complication *nf* complication

complice ◆ *adj* **1** (*de connivence*) knowing : *un regard ~* a knowing look **2 ~ de** (*apportant son aide*) : *être ~ de qch* to be party to sth ◆ *nmf* accomplice (***in/to sth***) LOC **se faire le complice de** to be a party to *sth*

complicité *nf* complicity

compliment *nm* compliment : *faire un ~ à qn* to pay sb a compliment

complimenter *vt* **~ pour/sur** to compliment *sb* (**on** ***sth***)

compliqué, -e *pp, adj* complicated : *Tu as rendu les choses encore plus compliquées.* You've complicated things even more. *Voir aussi* COMPLIQUER

compliquer ◆ *vt* to complicate ◆ **se compliquer** *v pron* **1** (*se complexifier*) to become complicated **2** (*s'aggraver*) to lead to complications : *La grippe peut se ~.* Flu can lead to complications. LOC **compliquer la vie/l'existence de qn** to make life difficult for sb **se compli-**

quer la vie/l'existence to make life difficult for yourself

complot *nm* plot

comploter *vt, vi* to plot : *Je sais qu'ils complotent quelque chose.* I know they're plotting something.

comploteur, -euse *nm-nf* plotter

comportement *nm* behaviour [*indénombrable*] : *Leur ~ a été exemplaire.* Their behaviour was exemplary.

comporter ◆ *vt* to have : *Toute règle comporte des exceptions.* Every rule has exceptions. ◊ *La maison comporte plusieurs étages.* The house has several floors. ◆ **se comporter** *v pron* to behave : *Il s'est mal comporté.* He behaved badly.

composant *nm* component

composé, -e ◆ *pp, adj* **1** (*gén*) compound : *mots ~s* compound words **2** ~ **de** consisting **of sth** ◆ *nm* compound LOC *Voir* SALADE ; *Voir aussi* COMPOSER

composer ◆ *vt* **1** (*constituer*) to make *sth* up : *Le livre est composé de quatre histoires.* The book is made up of four stories. **2** (*téléphone*) to dial : *Tu as mal composé le numéro.* You've dialled the wrong number. **3** (*Mus*) to compose ◆ **se composer** *v pron* **se ~ de** to consist **of sth** : *Le cours se compose de six matières.* The course consists of six subjects.

compositeur, -trice *nm-nf* composer

composition *nf* **1** (*gén*) composition **2** (*Sport*) line-up **3** (*École*) test

compost *nm* compost

composter *vt* to stamp

compote *nf* stewed fruit : *~ de pomme* stewed apple LOC **en compote** : *Il a le visage en ~.* His face is a mess.

compréhensible *adj* **1** (*intelligible*) comprehensible **2** (*défendable*) understandable

compréhensif, -ive *adj* understanding (***towards sb***)

compréhension *nf* **1** (*faculté, indulgence*) understanding : *avoir des problèmes de ~* to have problems in understanding **2** (*École*) comprehension LOC **être plein de compréhension** to be understanding (*towards sb*)

comprendre ◆ *vt, vi* **1** (*gén*) to understand : *Mes parents ne me comprennent pas.* My parents don't understand me. ◊ *Comme vous le comprendrez...* As you will understand... ◊ *Je ne comprends pas.* I don't understand. ◊ *Je n'ai rien compris du tout à ce qu'il a dit.* I didn't understand a word he said. **2** (*se rendre compte*) to realize : *Ils ont compris combien cela est important.* They've realized how important it is. ◆ *vt* **1** (*inclure*) to include : *La visite comprend un tour du jardin.* The visit includes a tour of the garden. **2** (*être composé de*) to consist **of sth** : *L'œuvre comprend trois actes.* The play consists of three acts. LOC **c'est à n'y rien comprendre** it's completely incomprehensible **faire comprendre qch à qn** to make sth clear to sb **mal comprendre** to misunderstand (*sth*)

compresseur *nm* LOC *Voir* ROULEAU

compression *nf* **1** (*pression*) compression **2** (*diminution*) reduction : *~ du personnel* cuts in staff

comprimé *nm* tablet LOC *Voir* AIR, CARABINE, PISTOLET

comprimer *vt* **1** (*Techn*) to compress **2** (*serrer*) to squeeze **3** (*réduire*) to reduce : *~ les effectifs* to reduce the workforce

compris, -e *pp, adj* including : *TVA comprise* including VAT ◊ *Le service est ~ dans le prix.* The price includes a service charge. ◊ *enfants dont l'âge est ~ entre 11 et 13 ans* children aged between 11 and 13 LOC **non compris** exclusive : *jusqu'au 24 janvier non ~* till 24 January exclusive **tout compris** all-in : *C'est 1 000 euros tout ~.* It's 1 000 euros all-in. **y compris** including : *Nous y sommes tous allés, moi y ~.* We all went, including me. *Voir aussi* COMPRENDRE

compromettant, -e *adj* compromising

compromettre ◆ *vt* **1** (*mettre en danger*) to jeopardize : *~ sa santé* to jeopardize your health **2** (*impliquer*) to implicate ◆ **se compromettre** *v pron* to compromise yourself

compromis, -e *pp, adj* at risk : *Sa santé est fort compromise.* His health is seriously at risk. *Voir aussi* COMPROMETTRE

comptabilité *nf* **1** (*comptes*) accounts [*pl*] : *la ~ d'une société* a firm's accounts **2** (*profession*) accountancy LOC **tenir la comptabilité** to do the accounts

comptable *nmf* accountant

comptant *adj* cash : *payer qch ~* to pay cash for sth LOC **au comptant** for cash

compte *nm* **1** (*calcul*) count **2** (*Comm, Fin*) account : *un ~ courant* a current account LOC **compte à rebours** countdown **compte chèques** cheque account **faire le compte de** to work *sth* out : *J'ai fait le ~ des dépenses.* I've worked out the expenses. **faire un compte rendu** to report *on sth* : *faire un ~ rendu de ce qui a été décidé à la réunion* to report on what was decided at the meeting **ne pas tenir compte de** not to count *sth* : *Si nous ne tenons pas ~ de notre mois de vacances...* If we don't count our month's holiday... **se mettre à son compte** to set up your own business **se rendre compte 1** (*comprendre*) to realize (*that...*) : *Je me suis rendu ~ qu'ils ne m'écoutaient pas.* I realized (that) they weren't listening. **2** (*voir*) to notice *sth/that...* **tenir compte de 1** (*compter*) to keep count of *sth* **2** (*penser à*) to bear *sth* in mind : *Je tiendrai ~ de vos conseils.* I'll bear your advice in mind. **tout compte fait** all things considered **tu te rends compte !** would you believe it? *Voir aussi* BOUT, RELEVÉ

compter ◆ *vt* **1** (*énumérer, calculer*) to count : *Il a compté les passagers.* He counted the passengers. **2** (*évaluer*) to allow : *Il faut ~ une heure pour y aller.* You need to allow an hour to get there. ◊ *~ une baguette pour deux personnes.* Allow one baguette for every two people. **3** (*espérer*) to plan ***to do sth*** : *Il comptait pouvoir partir dans une heure.* He was planning to leave in an hour. ◆ *vi* **1** (*calculer*) to count : *~ sur ses doigts* to count on your fingers ◊ *Compte jusqu'à 50.* Count to 50. **2** ~ **sur** (*se reposer sur*) to count **on *sb/sth*** : *Je compte sur eux.* I'm counting on them. **3** (*importer*) to matter : *Ça ne compte pas.* That doesn't matter. LOC **ne plus compter qch** to lose count of sth : *Je ne compte plus le nombre de fois qu'il m'a posé cette question.* I've lost count of the number of times he's asked me that.

compteur *nm* meter : *le ~ à gaz* the gas meter LOC **compteur de vitesse** speedometer **compteur kilométrique** ≈ milometer

comptine *nf* nursery rhyme

comptoir *nm* **1** (*magasin*) counter : *le ~ parfumerie* the perfume counter **2** (*bar*) bar : *Ils étaient assis au ~ en train de prendre un café.* They were sitting at the bar having a coffee. LOC **comptoir d'enregistrement** check-in desk

compulsif, -ive *adj* compulsive

compulsion *nf* compulsion

comte, -esse *nm-nf* count [*fém* countess]

comté *nm* county [*pl* counties]

concave *adj* concave

concéder *vt* to concede

concentration *nf* concentration : *manque de ~* lack of concentration LOC *Voir* CAMP

concentré, -e ◆ *pp, adj* **1** (*personne*) immersed ***in sth*** : *J'étais si ~ dans ma lecture que je ne t'ai pas entendu entrer.* I was so immersed in the book that I didn't hear you come in. **2** (*substance*) concentrated ◆ *nm* concentrate : *~ de jus de raisin* grape concentrate LOC **concentré de tomates** tomato purée *Voir aussi* LAIT ; *Voir aussi* CONCENTRER

concentrer ◆ *vt* (*attention*) to focus *sth* ***on sth*** : *Ils ont concentré leurs critiques sur le gouvernement.* They focused their criticism on the government. ◆ **se concentrer** *v pron* **se ~ (sur)** to concentrate (**on *sth***) : *Concentre-toi sur ce que tu fais.* Concentrate on what you are doing. LOC **concentrer ses efforts** to concentrate *on sth/doing sth*

concept *nm* concept

concepteur, -trice *nm-nf* designer

conception *nf* **1** (*fécondation, représentation*) conception **2** (*élaboration*) design : *La ~ a été laborieuse.* The design was hard work. **3** (*façon de voir*) outlook : *Il a une curieuse ~ de la vie.* He has a strange outlook on life. LOC **conception assistée par ordinateur** computer-aided design (*abrév* CAD)

concerné, -e *pp, adj* concerned *Voir aussi* CONCERNER

concerner *vt* to concern : *Cela ne vous concerne pas.* That doesn't concern you. ◊ *L'avenir de la planète nous concerne tous.* The future of the planet concerns us all. LOC **en ce qui me, te, etc. concerne** as far as I am, you are, etc. concerned : *En ce qui nous concerne, il n'y a aucun problème.* As far as we're concerned there's no problem.

concert *nm* concert LOC **de concert** together : *Ils ont agi de ~.* They acted together.

concerté, -e *pp, adj* concerted

concertina *nm* concertina

concerto *nm* concerto [*pl* concertos]

concession *nf* concession : *faire une ~* to make a concession

concessionnaire *nmf* **1** (*produit*) distributor **2** (*service*) agent **3** (*automobiles*) dealer

concevable *adj* conceivable

concevoir ◆ *vt* **1** (*idée, plan, roman*) to

conceive **2** (*comprendre*) to understand : *Je n'arrive pas à ~ la chose !* I can't understand it! **3** (*arts graphiques*) to design ◆ *vi* (*devenir enceinte*) to conceive ◆ **se concevoir** *v pron* **1** (*être possible*) to be conceivable **2** (*être compréhensible*) to be understandable

concierge *nmf* **1** (*bâtiment privé*) porter **2** (*école, institution*) caretaker **3** (*hôtel*) receptionist

conciergerie *nf* porter's lodge

conciliant, -e *adj* conciliatory

conciliation *nf* reconciliation

concilier *vt* ~ **(avec)** to reconcile *sth* (**with *sth***) : *~ le travail avec des activités de loisir* to reconcile work with leisure activities

concis, -e *adj* concise

concision *nf* conciseness LOC **avec concision** concisely

concitoyen, -enne *nm-nf* fellow citizen

concluant, -e *adj* conclusive : *peu ~* inconclusive

conclure ◆ *vt* **1** (*déduire*) to conclude *sth* (**from *sth***) : *Ils en ont conclu qu'il était innocent.* They concluded that he was innocent. **2** (*accord*) to reach : *Ils ont conclu un accord de cessez-le-feu.* They reached a ceasefire agreement. ◆ *vi* (*Sport, terminer*) to conclude, to finish (*moins sout*)

conclusion *nf* **1** (*fin*) conclusion : *tirer une ~* to draw a conclusion **2 conclusions** (*résultats d'enquête*) findings LOC **en conclusion** in conclusion

concocter *vt* to concoct

concombre *nm* cucumber

concorder *vi* **1** (*coïncider*) to agree : *Tous les témoignages concordent.* All the accounts agree. **2** ~ **(avec)** to tally (**with *sth***) : *Sa version des faits ne concorde pas avec ce qu'il s'est passé.* His version doesn't tally with what happened.

concourir *vi* **1** ~ **à** (*contribuer*) to work **towards *sth*** **2** (*à un concours*) to take part (***in sth***) **3** ~ **(pour/dans)** (*Sport*) to compete (**for/in *sth***)

concours *nm* **1** (*gén*) competition **2** (*École*) competitive examination **3** (*Radio, Télé*) game show **4** (*aide*) support LOC **concours de beauté** beauty contest **concours de circonstances** combination of circumstances

concret, -ète *adj* concrete

concrétiser ◆ *vt* to make *sth* a reality ◆ **se concrétiser** to materialize

concubin, -ine *nm-nf* partner

concubinage *nm* cohabitation

concurrence *nf* competition : *La ~ est une bonne chose.* Competition is a good thing. ◊ *~ déloyale* unfair competition LOC **être en concurrence avec** to be in competition with *sb/sth* **faire concurrence à** to compete with *sb/sth* : *faire ~ aux sociétés étrangères* to compete with foreign companies

concurrent, -e ◆ *adj* rival ◆ *nm-nf* **1** (*gén*) rival **2** (*Comm*) competitor

condamnation *nf* **1** (*Jur, peine*) sentence **2** (*action*) conviction : *sa troisième ~* his third conviction **3** (*critique*) condemnation LOC **condamnation à mort** death sentence **condamnation à perpétuité** life sentence **condamnation centralisée des portières** central locking

condamné, -e ◆ *pp, adj* **1** (*fermé*) sealed **2** ~ **(à)** (*prédestiné*) doomed (**to *sth***) ◆ *nm-nf* convict LOC **condamné à mort** condemned person *Voir aussi* CONDAMNER

condamner *vt* **1** (*désapprouver*) to condemn **2** (*Jur*) (**a**) (*à une peine*) to sentence *sb* (***to sth***) : *~ qn à mort* to sentence sb to death (**b**) (*pour un délit*) to convict *sb* (**of *sth***) **3** (*interdire l'accès*) to seal *sth* up

condensation *nf* condensation

condensé, -e ◆ *pp, adj* condensed ◆ *nm* summary LOC *Voir* LAIT ; *Voir aussi* (SE) CONDENSER

(se) condenser *vt, v pron* to condense

condescendance *nf* condescension LOC **avec condescendance** condescendingly

condescendant, -e *adj* condescending : *un sourire ~* a condescending smile

condiment *nm* condiment

condition *nf* condition : *Je le ferai à la ~ que vous m'aidiez.* I'll do it on condition that you help me. ◊ *Ils ont posé les ~s.* They laid down the conditions. ◊ *La marchandise est arrivée en parfaite ~.* The goods arrived in perfect condition. LOC **condition préalable** prerequisite **condition requise** requirement **sans condition** unconditional : *une capitulation sans ~* an unconditional surrender ◊ *Il a accepté sans ~.* He accepted unconditionally. *Voir aussi* AMÉLIORER

conditionné, -e *pp, adj* LOC *Voir* AIR ; *Voir aussi* CONDITIONNER

conditionnel, -elle *adj* conditional LOC *Voir* LIBERTÉ

conditionnement *nm* **1** (*personne*) conditioning **2** (*produits*) packing

conditionner *vt* **1** (*personne*) to condition *sb* (**to do sth**) : *Tu es conditionné par ton éducation.* You are conditioned by your upbringing. **2** (*produits*) to package

condoléances *nf* condolences : *Toutes mes ~.* My deepest condolences. ◊ *présenter ses ~ à qn* to offer sb your condolences

conducteur, -trice ◆ *nm-nf* driver

En anglais **conductor** signifie *receveur* ou *contrôleur*.

◆ *nm* (*Phys*) conductor LOC **conducteur de train** train driver

conduire ◆ *vt* **1** (*gén*) to drive : *Qui conduisait la voiture ?* Who was driving? **2** (*moto*) to ride **3** (*mener*) to lead *sb* (**to sth**) : *Les indices nous ont conduits au voleur.* The clues led us to the thief. **4** (*bétail*) to drive ◆ *vi* **1** (*véhicule*) to drive : *Je suis en train d'apprendre à ~.* I'm learning to drive. **2** ~ **à** (*mener*) to lead **to sth** : *Ce chemin conduit au palais.* This path leads to the palace. ◆ **se conduire** *v pron* to behave : *se ~ bien/mal* to behave well/badly LOC *Voir* EXAMEN, PERMIS, RETRAIT

conduite *nf* **1** (*action de conduire*) driving : *~ de jour/nuit* daytime/night-time driving **2** (*comportement*) behaviour [*indénombrable*] **3** (*canalisation*) pipe **4** (*examen*) driving test : *Elle vient juste de passer la ~.* She's just passed her driving test. LOC **conduite à gauche/à droite** left-hand drive/right-hand drive

cône *nm* cone : *~s de pin* pine cones

confection *nf* **1** (*couture*) dressmaking **2** (*fabrication*) making

confectionner *vt* to make

confédération *nf* confederation

conférence *nf* **1** (*Université*) lecture **2** (*congrès, colloque*) conference LOC **conférence de presse** press conference

conférencier, -ière *nm-nf* **1** (*colloque*) speaker **2** (*Université*) lecturer

conférer ◆ *vt* ~ **qch (à qn)** **1** (*diplôme*) to confer **sth (on sb)** **2** (*médaille*) to present **sth (to sb)** ◆ *vi* to confer (**with sb**) (**on sth**)

confesser ◆ *vt* **1** (*péché, tort*) to confess **2** (*personne*) to hear *sb's* confession ◆ **se confesser** *v pron* to go to confession

confession *nf* confession

confessional *nm* confessional

confessionnel, -elle *adj* denominational

confettis *nm* confetti [*indénombrable*]

confiance *nf* **1** (*foi en l'honnêteté*) trust : *gagner la ~ de qn* to gain sb's trust **2** ~ **(en/dans)** (*compétence*) confidence (**in sb/sth**) : *Ils n'ont pas beaucoup ~ en lui.* They don't have much confidence in him. LOC **avoir/faire confiance à** to trust *sb/sth* : *Fais-moi ~.* Trust me. ◊ *Je ne fais pas ~ aux banques.* I don't trust banks. ◊ *Je ne lui fais pas ~.* I don't trust her. **confiance en soi** self-confidence : *Je n'ai pas ~ en moi.* I lack self-confidence. **de confiance** trustworthy : *un employé de ~* a trustworthy employee **mettre sa confiance en** to put your trust in *sb* *Voir aussi* ABUS, DIGNE

confiant, -e *adj* **1** (*certain*) confident **2** (*assuré*) self-confident **3** (*qui a confiance*) trusting

confidence *nf* secret : *faire une ~ à qn* to tell sb a secret LOC **en confidence** in confidence **mettre dans la confidence** to take *sb* into your confidence

confidentiel, -ielle *adj* confidential

confier ◆ *vt* **1** (*remettre*) to entrust *sth* **to sb** : *~ une lettre à qn* to entrust a letter to sb **2** (*communiquer un secret*) to confide *sth* **to sb** : *Il m'a confié ses craintes.* He confided his fears to me. ◆ **se confier** *v pron* **se ~ à** to confide **in sb**

confirmation *nf* confirmation

confirmer ◆ *vt* to confirm ◆ **se confirmer** *v pron* to be confirmed : *Les témoignages se confirment.* The accounts have been confirmed.

confiserie *nf* **1** (*magasin*) confectioner's [*pl* confectioners] **2** (*friandise*) sweets [*pl*]

confisquer *vt* to confiscate

confiture *nf* **1** (*gén*) jam : *~ de pêche* peach jam **2** (*d'orange ou de citron*) marmalade

conflit *nm* conflict : *un ~ entre les deux nations* a conflict between the two nations LOC **conflit de génération** generation gap **conflit d'intérêt** clash of interests

confondre ◆ *vt* to mistake *sb/sth* **for sb/sth** : *Je crois que vous m'avez confondue avec quelqu'un d'autre.* I think you've mistaken me for somebody else. ◊ *~ le sel avec le sucre* to mistake the salt for the sugar ◆ **se confondre** *v pron*

se ~ (avec) (*se mêler*) to merge (**with sth**) : *Les couleurs se confondent.* The colours merge.

conforme *adj* **~ à 1** (*principes, tradition*) in keeping **with sth 2** (*identique*) identical **to sth 3** (*au règlement, normes*) compliant **with sth**

conformément ~ à in accordance **with sth**

se conformer *v pron* **se ~ à 1** (*règles, ordres*) to abide **by sth** : *Nous nous conformerons aux règles.* We'll abide by the rules. **2** (*valeurs, critères*) to conform **to sth**

conformisme *nm* conformity

conformiste *adj, nmf* conformist

conformité *nf* conformity

confort *nm* comfort

confortable *adj* comfortable

confrérie *nf* fraternity [*pl* fraternities]

confrontation *nf* confrontation

confronter *vt* to bring *sb* face to face ***with sb/sth*** LOC **être confronté à** to face *sth* : *Le pays est confronté à une crise grave.* The country is facing a serious crisis.

confus, -e *adj* **1** (*déconcerté*) confused **2** (*peu clair*) confusing : *Ses directions étaient très confuses.* His directions were very confusing. **3** (*embarrassé*) embarrassed

confusion *nf* **1** (*trouble*) confusion : *semer la ~* to cause confusion **2** (*chaos*) muddle : *Il y a eu une ~ phénoménale.* There was a terrible muddle. **3** (*erreur*) mistake : *Ça a dû être une ~.* It must have been a mistake.

congé *nm* **1** (*arrêt de travail*) leave **2** (*vacances*) holiday LOC **congé de maladie** sick leave **congé de maternité** maternity leave **congés scolaires** school holidays **se mettre en congé** to go on leave *Voir aussi* JOURNÉE

congédier *vt* to dismiss

congélateur *nm* freezer

congelé, -e *pp, adj* frozen : *produits ~s* frozen food *Voir aussi* CONGELER

congeler *vt* to freeze

congère *nf* snowdrift

congestion *nf* congestion

congestionné, -e *pp, adj* **1** (*routes*) congested : *Les routes sont congestionnées par la circulation.* The streets are congested with traffic. **2** (*visage*) flushed *Voir aussi* CONGESTIONNER

congestionner *vt* to make *sb* go red in the face : *L'effort lui avait congestionné le visage.* The effort made him go red in the face.

conglomérat *nm* conglomerate

congrès *nm* congress

conifère *nm* conifer

conique *adj* conical

conjecture *nf* conjecture

conjoint, -e ◆ *adj* joint ◆ *nm-nf* spouse

conjonction *nf* conjunction : *en ~ avec qn* in conjunction with sb

conjugal, -e *adj* marital

conjuguer *vt* to conjugate

connaissance *nf* **1** (*relation*) acquaintance **2** (*savoir*) knowledge [*indénombrable*] : *Ils ont mis leurs ~s à l'épreuve.* They put their knowledge to the test. **3** (*conscience*) consciousness LOC **perdre/reprendre connaissance** to lose/regain consciousness **sans connaissance** unconscious : *rester sans ~* to be unconscious *Voir aussi* AMPLE, ENCHANTÉ, REPRENDRE

connaisseur, -euse *nm-nf* connoisseur

connaître ◆ *vt* **1** (*gén*) to know : *Je les connais depuis l'université.* I know them from university. ◊ *Je connais très bien Paris.* I know Paris very well. ◊ *Je n'y connais rien en mécanique.* I don't know anything about mechanics. **2** (*avoir connaissance de*) to know **of *sb/sth*** : *Est-ce que tu connais un bon hôtel ?* Do you know of a good hotel? ◆ **se connaître** *v pron* (*pour la première fois*) to meet (each other) : *Nous nous sommes connus pendant les vacances.* We met during the holidays. LOC **connaître comme sa poche** to know *sth* like the back of your hand **connaître de vue** to know *sb* by sight **je, tu, etc. connais la chanson** I, you, etc. have heard it all before **s'y connaître en** to know about *sth*

connecter *vt* **1** (*unir*) to connect *sth* (up) (***with/to sth***) : *~ l'imprimante à l'ordinateur* to connect the printer to the computer **2** (*brancher*) to plug *sth* in

connexion *nf* **1 ~ (avec)** connection (**to/with *sth***) **2 ~ (entre)** connection (**between…**)

connivence *nf* collusion : *agir/être de ~ avec qn* to be in collusion with sb

connotation *nf* connotation

connu, -e *pp, adj* **~ (pour) 1** (*célèbre*) well known (**for *sth***) **2** (*mauvaise réputation*) notorious (**for *sth***) : *Il est ~ pour son mauvais caractère.* He's notorious for his bad temper. *Voir aussi* CONNAÎTRE

conquérant, -e ◆ *adj* conquering ◆ *nm-nf* conqueror : *Guillaume le Conquérant* William the Conqueror

conquérir *vt* **1** (*Mil, sommet*) to conquer **2** (*cœur*) to win

conquête *nf* conquest

consacrer ◆ *vt* **1** (*Relig*) to consecrate **2** (*vouer*) to devote *sth* ***to sb/sth*** : *Ils ont consacré leur vie au sport.* They devoted their lives to sport. ◆ **se consacrer** *v pron* **se ~ à** to devote yourself ***to sb/ sth***

conscience *nf* **1** (*sentiment moral*) conscience **2** (*connaissance, lucidité*) consciousness : *~ de classe* class consciousness ◊ *perdre/reprendre ~* to lose/regain consciousness LOC **avoir conscience de** to be aware of *sth* **avoir la conscience lourde** to have a guilty conscience **avoir la conscience tranquille** to have a clear conscience **faire prendre conscience de** to make *sb* aware of *sth* **prendre conscience de** to become aware of *sth* *Voir aussi* OBJECTEUR, POIDS

consciencieux, -ieuse *adj* conscientious

conscient, -e ◆ *adj* **1** ~ **(de)** conscious, aware (*plus fam*) (**of** ***sth***) **2** (*Méd*) conscious ◆ *nm* conscious LOC **rendre conscient de** to make *sb* aware of *sth* : *rendre le public ~ du besoin de protéger l'environnement* to make people aware of the need to look after the environment

conscription *nf* conscription

conscrit *nm* conscript

consécutif, -ive *adj* consecutive

conseil *nm* **1** (*recommandation*) advice [*indénombrable*] : *Je vais te donner un ~.* I'm going to give you some advice. ◊ *Ne suis pas leurs ~s.* Don't follow their advice. ☛ *Voir note sous* INFORMATION **2** (*organisme*) council LOC **conseil d'administration** board of directors **conseil municipal** (town) council [*v sing ou pl*] **le conseil des ministres** the Cabinet [*v sing ou pl*]

conseillé, -e *pp, adj* advisable *Voir aussi* CONSEILLER

conseiller *vt* **1** ~ **qch** to recommend **sth (*to sb*)** : *Je te conseille ce restaurant.* I recommend this restaurant. **2** ~ **qn** to advise **sb 3** ~ **à qn de faire qch** to advise **sb to do sth** : *Je te conseille d'accepter ce travail.* I advise you to accept that job. ◊ *« Je l'achète ? — Je ne te le conseille pas. »* 'Shall I buy it?' 'I wouldn't advise you to.' LOC **se faire conseiller par** to take advice from *sb*

conseiller, -ère *nm-nf* **1** (*expert*) adviser **2** (*membre d'un conseil*) councillor

consensus *nm* consensus

consentement *nm* consent

consentir *vi* ~ **(à)** to agree (**to *sth*/ to do *sth***)

conséquence *nf* consequence : *subir les ~s* to suffer the consequences to result LOC **avoir pour conséquence** to result in *sth/doing sth* **en conséquence** as a result **sans conséquence** of no consequence *Voir aussi* VOIE

conséquent, -e *adj* **1** (*important*) substantial : *Il recevait une somme conséquente de ses parents.* He got a substantial amount from his parents. **2** ~ **avec** (*cohérent*) consistent **with *sth*** LOC **par conséquent** therefore

conservateur, -trice ◆ *adj, nm-nf* (*Polit*) conservative ◆ *nm* (*aliments*) preservative : *sans ~s* without preservatives

conservation *nf* **1** (*patrimoine, animaux*) conservation **2** (*livres, tableaux, aliments*) preservation

conservatisme *nm* conservatism

conservatoire *nm* school of music

conserve *nf* **1** (*en boîte*) tinned food : *tomates en ~* tinned tomatoes **2** (*en bocaux*) bottled food LOC **mettre en conserve** (*aliments*) to preserve *sth*

conserver ◆ *vt* **1** (*garder*) to keep : *J'ai conservé ses lettres.* I've still got his letters. **2** (*chaleur*) to retain **3** (*maintenir jeune*) to keep *sb* young ◆ **se conserver** *v pron* **1** (*aliment*) to keep **2** (*personne*) to keep your looks : *Elle s'est bien conservée.* She's kept her looks.

considérable *adj* considerable

considération *nf* **1** (*examen, réflexion*) consideration : *prendre qch en ~* to take sth into consideration **2** ~ **(pour)** (*respect*) respect (**for *sb***) : *avoir de la ~ pour qn* to have respect for sb LOC **avec/ sans considération** considerately/ inconsiderately

considérer *vt* **1** (*soupeser*) to weigh *sth* up, to consider (*plus sout*) : *~ le pour et le contre* to weigh up the pros and cons **2** (*voir, apprécier*) to regard *sb/sth* ***as sth*** : *Je la considère comme notre meilleur joueuse.* I regard her as our best player. LOC **bien/mal considéré** : *un médecin bien considéré* a highly regarded doctor ◊ *Les paris sont mal considérés dans ce pays.* Betting is frowned upon in this country. **tout bien considéré...** on second thoughts...

consigne *nf* **1** (*bagages*) left luggage office **2** (*instruction*) orders [*pl*] LOC **consigne automatique** left luggage lockers [*pl*]

consigné, -e *pp, adj* returnable LOC **non consigné** non-returnable

consistance *nf* consistency LOC **sans consistance 1** (*personne*) spineless **2** (*rumeur*) unfounded

consister *vi* ~ **en/à** to consist **of *sth*/ doing *sth*** : *Mon travail consiste à m'occuper du public.* My work consists of dealing with the public.

consolation *nf* consolation : *le prix de ~* the consolation prize ◊ *C'est une ~ que de savoir que je ne suis pas le seul.* It is (of) some consolation to know that I am not the only one. ◊ *chercher une ~ dans qch* to seek consolation in sth

console *nf* control panel

consoler ◆ *vt* to cheer *sb* up, to console (*plus sout*) : *J'ai essayé de le ~ de la mort de sa mère.* I tried to console him for the loss of his mother. ◊ *J'ai consolé ma sœur et elle a arrêté de pleurer.* I cheered my sister up and she stopped crying. ◆ **se consoler** *v pron* to cheer up : *Ils se sont vite consolés.* They soon cheered up.

consolidation *nf* consolidation

consolider *vt* to consolidate

consommateur, -trice ◆ *adj* consuming : *pays ~s de pétrole* oil-consuming countries ◆ *nm-nf* consumer LOC *Voir* ASSOCIATION

consommation *nf* **1** (*boisson*) drink : *Un billet vous donne droit à une ~.* A ticket entitles you to a drink. **2** (*d'énergie, d'essence*) consumption LOC *Voir* BIEN[3]

consommer *vt* **1** (*gén*) to consume : *un pays qui consomme plus qu'il ne produit* a country which consumes more than it produces **2** (*energie*) to use : *Ce radiateur consomme beaucoup d'électricité.* This radiator uses a lot of electricity. LOC **à consommer de préférence avant...** best before...

consonne *nf* consonant

conspirateur, -trice *nm-nf* conspirator

conspiration *nf* conspiracy [*pl* conspiracies]

constance *nf* **1** (*stabilité*) constancy **2** (*persévérance*) perseverance

constant, -e *adj* **1** (*continu*) constant **2** (*persévérant*) steadfast

constatation *nf* **1** (*observation*) observation : *faire une ~* to make an observation **2 constatations** (*faits constatés*) findings : *les ~s de l'enquête* the findings of the enquiry

constater *vt* to notice : *~ une amélioration* to notice an improvement

constellation *nf* constellation

consternation *nf* dismay : *à la ~ générale* to everybody's dismay

consterner *vt* to dismay

constipation *nf* constipation

constipé, -e *pp, adj* **1** (*Méd*) constipated **2** (*air*) uptight : *Il est un peu ~.* He's a bit uptight. *Voir aussi* CONSTIPER

constiper *vt* to make *sb* constipated

constituant, -e *adj, nm* constituent

constituer *vt* **1** (*être*) to be, to constitute (*sout*) : *Ceci pourrait ~ une menace.* This could be a threat. **2** (*équipe*) to form **3** (*composer*) to make *sth* up : *Ce groupe est constitué d'enfants.* This group is made up of children.

constitution *nf* **1** (*création*) setting up : *la ~ d'un club* the setting up of a club **2 Constitution** (*Polit*) constitution **3** (*individu*) constitution

constitutionnel, -elle *adj* constitutional

constructeur, -trice *nm-nf* builder

constructif, -ive *adj* constructive

construction *nf* **1** (*édification, secteur*) building, construction (*plus sout*) : *en ~* under construction **2** (*industrie*) manufacture : *~ aéronautique* aircraft manufacture

construire *vt, vi* to build : *~ un meilleur avenir* to build a better future ◊ *Ils n'ont pas encore commencé à ~.* They haven't started building yet.

consul *nm* consul

consulat *nm* consulate

consultation *nf* **1** (*gén*) consultation **2** (*Méd*) surgery [*pl* surgeries] : *Le médecin assure la ~ de 9 h à 16 h.* The doctor holds surgery from 9 a.m. to 4 p.m.

consulter ◆ *vt* to consult *sb/sth* (**about *sth***) : *Ils nous ont consultés à propos de cette question.* They've consulted us about this matter. ◆ *vi* to hold surgery : *Le docteur Ansel consulte tous les matins.* Doctor Ansel holds surgery every morning.

consumer ◆ *vt* to consume ◆ **se consumer** *v pron* (*brûler*) to burn

contact *nm* **1** (*gén*) contact **2** (*Autom*) ignition : *mettre/couper le* ~ to switch on/switch off the ignition LOC **avoir un bon contact avec** to get on well with *sb* **maintenir le contact avec** to keep in touch with *sb* **mettre en contact avec** to put *sb* in touch with *sb* **prendre contact avec** to make contact with *sb* **se mettre en contact avec** to get in touch with *sb* : *Je n'arrive pas à me mettre en ~ avec eux.* I can't get in touch with them. *Voir aussi* CLÉ, LENTILLE, VERRE

contacter ◆ *vt* to get hold of *sb*, to contact (*plus sout*) : *J'ai essayé de te ~ toute la matinée.* I've been trying to get hold of you all morning. ◆ **se contacter** *v pron* to get in touch

contagieux, -ieuse *adj* **1** (*malade, maladie*) contagious **2** (*rire*) infectious

contamination *nf* contamination

contaminer *vt* **1** (*Méd*) to infect **2** (*radioactivité, aliments*) to contaminate : *eau contaminée* contaminated water

conte *nm* story [*pl* stories] : *~s de fées* fairy stories

contemplation *nf* contemplation

contempler *vt* to contemplate : *~ une peinture* to contemplate a painting

contemporain, -aine *adj, nm-nf* contemporary [*pl* contemporaries]

conteneur *nm* container

contenir ◆ *vt* **1** (*gén*) to contain : *Ce texte contient quelques erreurs.* This text contains a few mistakes. **2** (*retenir*) to hold *sth* back : *Le petit garçon n'a pas pu ~ ses larmes.* The little boy couldn't hold back his tears. ◆ **se contenir** *v pron* to contain yourself

content, -e *adj* **1** (*gén*) happy **2** ~ **(de)** (*satisfait*) pleased (**with *sb/sth***) : *Nous sommes ~s du nouveau professeur.* We're pleased with the new teacher. LOC **content de soi** self-satisfied

contentement *nm* contentment

contenter ◆ *vt* to satisfy ◆ **se contenter** *v pron* **se ~ de** to be happy **with *sth/doing sth*** : *Je me contenterai de la moyenne.* I'll be happy with a pass. ◊ *Contente-toi de répondre à la question.* Just answer the question.

contenu *nm* contents [*pl*] : *le ~ d'une bouteille* the contents of a bottle

contestable *adj* questionable

contester ◆ *vt* to dispute : *~ une décision* to dispute a decision ◆ *vi* to protest

contexte *nm* context

contigu, -uë *adj* ~ **(à) 1** (*pièce*) adjacent (**to *sth***) **2** (*domaine*) related (**to *sth***)

continent *nm* continent

continental, -e *adj* continental

continu, -e *adj* continuous LOC *Voir* COURANT, JET, JOURNÉE

continuation *nf* continuation

continuel, -elle *adj* continual

continuer *vt, vi* ~ **(qch/à faire qch)** to carry on (**with sth/doing sth**), to continue (**with sth/to do sth**) (*plus sout*) : *Continuez jusqu'à la place.* Carry on till you reach the square. ◊ *On va ~ à en parler.* We'll carry on talking about it later. ◊ *Il continue à faire très chaud.* It's still very hot.

contour *nm* **1** (*profil*) outline **2 contours** (*méandres*) twists and turns : *les ~s de la rivière* the twists and turns of the river

contournement *nm* bypass

contourner *vt* to bypass

contraceptif, -ive *adj, nm* contraceptive : *les méthodes contraceptives* contraceptive methods

contraception *nf* contraception

contracter ◆ *vt* **1** (*gén*) to contract : *~ un muscle* to contract a muscle ◊ *~ le paludisme* to contract malaria **2** (*engagement*) to take *sth* on **3** (*assurance*) to take *sth* out ◆ **se contracter** *v pron* to contract LOC **contracter mariage** to get married (*to sb*)

contraction *nf* contraction

contractuel, -elle *nm-nf* traffic warden

contradiction *nf* contradiction

contradictoire *adj* contradictory

contraindre ◆ *vt* to force *sb* ***to do sth*** ◆ **se contraindre** *v pron* to force yourself ***to do sth***

contrainte *nf* constraint

contraire ◆ *adj* **1** (*opinion, théorie*) opposite **2** ~ **(à)** (*avis, intérêts*) contrary (**to *sth***) ◆ *nm* opposite : *le ~ de...* the opposite of... LOC **au contraire** on the contrary **dire le contraire** : *Je ne dis pas le ~.* I don't disagree. **tout le contraire** quite the opposite : *Ses professeurs pensent tout le ~.* His teachers think quite the opposite.

contrairement ~ **à** contrary **to *sth***

contralto *nm* contralto

contrariant, -e *adj* annoying

contrarié, -e *pp, adj* upset : *Elle a été contrariée par son manque de politesse.* She was upset by his lack of politeness. ◊ *Ils étaient fort ~s d'apprendre son échec.* They were very upset that he failed. *Voir aussi* CONTRARIER

contrarier *vt* **1** (*fâcher*) to annoy *sb* : *Cela m'a contrarié qu'elle ne m'ait pas invité à la soirée.* I was annoyed that she hadn't invited me to the party. **2** (*chagriner*) to upset **3** (*projet*) to thwart

contraste *nm* contrast

contraster *vt, vi* ~ **(avec)** to contrast (*sth*) **(with *sth*)** : ~ *un ensemble de résultats avec un autre* to contrast one set of results with another

contrat *nm* contract LOC **passer un contrat avec** to sign *sb* up

contravention *nf* fine LOC **donner une contravention à** to fine *sb* : *On lui a donné une ~.* He's been fined.

contre *prép* **1** (*gén*) against : *la lutte ~ le crime* the fight against crime ◊ *Debout, ~ le mur.* Stand against the wall. ◊ *Vous êtes pour ou ~ ?* Are you for or against? ◊ *~ sa volonté* against his will **2** (*avec les verbes comme lancer, jeter*) at : *Ils lançaient des pierres ~ les fenêtres.* They threw stones at the windows. **3** (*avec les verbes comme s'écraser*) into : *La voiture s'est écrasée ~ le mur.* The car crashed into the wall. **4** (*résultat*) to : *Ils ont gagné par neuf voix ~ six.* They won by nine votes to six. **5** (*traitement, vaccin*) for : *un remède ~ le cancer* a cure for cancer **6** (*Sport*) versus (*abrév* v, vs) : *Paris St Germain ~ Bordeaux* Paris St Germain v Bordeaux LOC **par contre** on the other hand *Voir aussi* BALANCER, PESER

contrebande *nf* **1** (*activité*) smuggling **2** (*marchandise*) contraband LOC **passer en contrebande** to smuggle *sth* in

contrebandier, -ière *nm-nf* smuggler

contrebasse *nf* double bass

contrecarrer *vt* to thwart

contrecœur LOC **à contrecœur 1** (*gén*) unwillingly : *faire qch à ~* to do sth unwillingly **2** (*donner, prêter*) grudgingly **3** (*accepter*) reluctantly : *Ils ont accepté de venir à ~.* They reluctantly agreed to come.

contredire *vt* to contradict

contrefaçon *nf* forgery

contrefaire *vt* **1** (*signature*) to forge **2** (*invention, enregistrement*) to pirate

contre-jour LOC **à contre-jour** against the light

contremaître, -esse *nm-nf* foreman/ woman [*pl* foremen/ women]

contreplaqué *nm* plywood

contrepoids *nm* counterweight

contresens *nm* misinterpretation LOC **à contresens** the wrong way

contretemps *nm* setback

contribuable *nmf* taxpayer

contribuer *vi* **1** (*gén*) to contribute (***to/ towards sth***) : *Ils ont tous contribué à son cadeau d'anniversaire.* They all contributed towards his birthday present. **2** ~ **(à faire qch)** to help **(to do sth)** : *Ceci contribuera à améliorer l'image de l'école.* It will help (to) improve the school's image.

contribution *nf* ~ **à** contribution **to *sth***

contrit, -e *adj* apologetic

contrôle *nm* **1** (*gén*) control : *perdre le ~* to lose control ◊ *~ des naissances* birth control **2** (*de documents, billets*) check : *~ d'identité* identity check **3** (*École*) test : *Nous avons eu un ~ de maths.* We had a maths test. LOC *Voir* ANTIDOPAGE, TOUR2

contrôler *vt* **1** (*maîtriser*) to control : *~ une ville/ une situation* to control a city/ a situation **2** (*vérifier*) to check : *Il a contrôlé la pression des pneus.* He checked the tyre pressure.

contrôleur, -euse *nm-nf* ticket inspector LOC **contrôleur aérien** air traffic controller

controverse *nf* controversy

controversé, -e *adj* controversial

convaincant, -e *adj* convincing

convaincre *vt* **1** ~ **qn (de qch/que...)** to convince **sb (of sth/that...)** : *Ils nous ont convaincus de son innocence.* They convinced us of his innocence. **2** ~ **qn de faire qch** to persuade **sb to do sth** : *J'ai réussi à le ~ de venir.* I managed to persuade him to come. LOC **se laisser convaincre** to be persuaded **se laisser convaincre de faire qch** to be talked into doing sth : *Je me suis laissé ~ d'aller au cinéma.* I've been talked into going to the cinema.

convalescence *nf* convalescence

convalescent, -e *adj, nm-nf* convalescent

convenable *adj* **1** (*comportement*) proper **2** (*endroit, moment*) suitable **3** (*tenue, personne*) decent **4** (*résultat, salaire*) acceptable

convenir *vi* **1** ~ **à** (*plaire*) to suit : *Cet*

appartement me convient parfaitement. This flat suits me perfectly. ◊ *La semaine prochaine, ça ne me convient pas du tout.* Next week doesn't suit me at all. ◊ *Demain, ça te convient ?* Is tomorrow all right? **2** ~ **à/pour** (*être adapté*) to be suitable **for *sth*/*doing sth*** : *Ce couteau ne convient pas pour couper de la viande.* This knife isn't suitable for cutting meat. **3** ~ **(de)** to agree (**on *sth*/*to do sth***) : *Nous avons convenu de nous voir mardi.* We agreed to meet on Tuesday. LOC **comme convenu** as agreed *Voir aussi* MERVEILLE

convention *nf* **1** (*accord*) convention **2 conventions** (*convenances*) convention [*indénombrable*]

conventionnel, -elle *adj* conventional

convergence *nf* convergence

convergent, -e *adj* convergent

converger *vi* ~ **(vers)** to converge (**on *sth***)

conversation *nf* conversation : *un sujet de ~* a topic of conversation LOC *Voir* BRIBES, DÉTOURNER

conversion *nf* ~ **(à/en)** conversion (**to *sth***)

converti, -e *nm-nf* convert

convertible *adj* LOC *Voir* CANAPÉ

convertir ◆ *vt* **1** (*gén*) to turn *sb/sth* **into *sth*** : *On a converti sa maison en musée.* His house was turned into a museum. **2** (*Relig*) to convert *sb* (**to *sth***) ◆ **se convertir** *v pron* **se** ~ **(à)** (*Relig*) to convert (**to *sth***) : *Ils se sont convertis à l'Islam.* They have converted to Islam.

convexe *adj* convex

conviction *nf* conviction LOC **sans conviction** half-heartedly

convivial, -e *adj* **1** (*ambiance*) friendly **2** (*Informatique*) user-friendly

convoi *nm* convoy

convoiter *vt* to covet

convoquer *vt* **1** (*élève, témoin*) to summon : *Il a été convoqué chez le proviseur.* He was summoned to the head teacher. **2** (*candidat*) : *Je suis convoqué lundi pour l'oral.* I've got my oral on Monday.

convulsion *nf* convulsion

cool *adj* cool : *Ses parents sont très ~.* His parents are really cool.

coopératif, -ive ◆ *adj* cooperative ◆ **coopérative** *nf* cooperative

coopération *nf* **1** (*collaboration*) cooperation **2** (*service militaire*) community service

coopérer *vi* to cooperate (**with *sb***) (**on *sth***) : *Il a refusé de ~ au projet avec eux.* He refused to cooperate with them on the project.

coordination *nf* coordination

coordonner *vt* to coordinate

copain, copine ◆ *nm-nf* **1** (*ami*) friend : *Il est parti en vacances avec des ~s.* He went on holiday with some friends. **2** (*petit ami*) boyfriend [*fém* girlfriend] : *Est-ce que tu as une copine ?* Have you got a girlfriend? ◆ *adj* : *Ils sont très ~s.* They're great friends. LOC *Voir* BANDE

copeau *nm* shaving

copie *nf* **1** (*reproduction*) copy [*pl* copies] : *faire une ~* to make a copy **2** (*feuille*) sheet of paper : *Il a rendu une ~ blanche.* He handed in a blank sheet of paper. LOC **copie de sauvegarde** (*Informatique*) back-up (copy) [*pl* back-ups/back-up copies] : *faire/créer une ~ de sauvegarde* to make a back-up copy

copier *vt, vi* to copy (*sth*) (**from *sb/sth***) : *Je l'ai copié dans un livre.* I copied it from a book. ◊ *Ne copie pas sur Jean.* Don't copy from Jean. ◊ *Copiez cet exercice dans vos cahiers.* Copy this into your exercise books.

copieur, -euse *nm-nf* copycat

copieux, -ieuse *adj* (*repas*) big : *un petit déjeuner ~* a big breakfast

copilote *nmf* **1** (*avion*) co-pilot **2** (*voiture*) co-driver

coq *nm* cock LOC *Voir* CHANT

coque *nf* **1** (*bateau*) hull **2** (*mollusque*) cockle LOC **à la coque** boiled : *un œuf à la ~* a boiled egg

coquelicot *nm* poppy [*pl* poppies]

coqueluche *nf* whooping cough

coquet, -ette *adj* (*personne*) smart

coquetier *nm* eggcup

coquillage *nm* **1** (*coquille*) shell **2** (*mollusque*) shellfish

coquille *nf* **1** (*œuf, noix*) shell **2** (*erreur*) misprint LOC **coquille Saint-Jacques** scallop

coquin, -e ◆ *adj* mischievous ◆ *nm-nf* little monkey

cor *nm* **1** (*Mus*) horn **2** (*au pied*) corn LOC *Voir* RÉCLAMER

corail *nm* (*Zool*) coral

Coran *nm* Koran

corbeau *nm* crow

corbeille *nf* basket LOC **corbeille à linge** laundry basket **corbeille à papier** waste-paper basket ☛ *Voir illustration sous* BIN

corbillard *nm* hearse

corde *nf* **1** (*gén*) rope : *Attache-le avec une ~.* Tie it with some rope. **2** (*Mus*) string : *instruments à ~* stringed instruments LOC **corde à linge** clothes line **corde à sauter** skipping rope **cordes vocales** vocal cords *Voir aussi* PLEUVOIR, SAUTER

cordial, -e *adj* friendly

cordialement *adv* (*dans une lettre*) best wishes, regards (*plus sout*)

cordon *nm* **1** (*corde*) string **2** (*électrique*) lead LOC **cordon de police** police cordon **cordon ombilical** umbilical cord

cordonnier, -ière *nm-nf* shoe repairer

corne *nf* horn LOC *Voir* TAUREAU

cornemuse *nf* bagpipe(s) [*s'utilise souvent au pluriel*] : *jouer de la ~* to play the bagpipes

cornet *nm* **1** (*glace, papier*) cone **2** (*frites*) bag

corniche *nf* **1** (*moulure*) moulding **2** (*escarpement*) ledge

cornichon *nm* gherkin : *~s au vinaigre* pickled gherkins

corporel, -elle *adj* **1** (*gén*) body [*n attrib*] : *langage ~* body language ◊ *température corporelle* body temperature **2** (*besoin, fonction*) bodily LOC *Voir* CHÂTIMENT

corps *nm* body [*pl* bodies] LOC **corps de métier** trade **corps diplomatique** diplomatic corps **corps enseignant** teachers [*pl*] : *Le ~ enseignant a fini par faire grève.* The teachers ended up going on strike. **corps et âme** body and soul *Voir aussi* GARDE, LINGE, MAILLOT

corpulent, -e *adj* stout

correct, -e *adj* **1** (*exact*) right, correct [*plus sout*] : *Toutes les réponses sont correctes.* All the answers are right. **2** (*tenue*) formal **3** (*honnête, poli*) correct : *Il est toujours très ~.* He's always very correct. **4** (*acceptable*) decent : *le droit à un travail ~* the right to a decent job

correcteur, -trice *nm-nf* **1** (*d'examen*) examiner **2** (*Édition*) proofreader LOC **correcteur d'orthographe** spellchecker

correction *nf* **1** (*d'une erreur*) correction : *faire des ~s dans un texte* to make corrections to a text **2** (*devoirs*) marking **3** (*punition*) hiding : *Il va recevoir une de ces ~s !* He's going to get a good hiding. LOC *Voir* MAISON

corrélation *nf* correlation

correspondance *nf* **1** (*courrier*) correspondence **2** (*bus, trains*) connection : *J'ai manqué la ~.* I missed the connection. LOC **par correspondance** by post : *voter par ~* to vote by post *Voir aussi* ASSURER

correspondant, -e ◆ *adj* ~ **(à)** corresponding (**to** ***sth***) : *Quelle est l'expression correspondante en chinois ?* What's the corresponding expression in Chinese? ◆ *nm-nf* **1** (*ami*) pen pal : *J'aimerais bien avoir un ~ anglais.* I'd like to have an English pen pal. **2** (*Journal*) correspondent

correspondre *vi* **1** ~ **(avec)** (*par lettres*) to write **to** ***sb*** : *Ils correspondent depuis longtemps.* They've been writing to each other for ages. **2** ~ **à** (*équivaloir à*) to tally **with** ***sth*** : *Sa version ne correspond pas aux faits.* His story doesn't tally with the facts. **3** ~ **à** (*être lié à*) to go **with** ***sth*** : *Ce texte correspond à une autre photo.* That text goes with another photo. **4** ~ **à** (*être conforme à*) to match *sth* : *Ça correspond tout à fait à ce que je recherche.* That matches what I'm looking for exactly.

corrida *nf* bullfight

corridor *nm* corridor

corriger *vt* **1** (*faute*) to correct : *Corrige-moi si je prononce mal.* Correct me if I say it wrong. **2** (*examen*) to mark : *Je n'ai pas corrigé toutes les copies.* I haven't marked all the papers.

corrompre *vt* **1** (*jeunesse, mœurs*) to corrupt **2** (*avec de l'argent*) to bribe

corrompu, -e *pp, adj* corrupt *Voir aussi* CORROMPRE

corrosif, -ive *adj* corrosive

corruption *nf* **1** (*gén*) corruption **2** (*avec de l'argent*) bribery : *tentative de ~* attempted bribery

corsage *nm* blouse

cortège *nm* procession

corvée *nf* chore : *Quelle ~ !* What a chore!

cosmétique ◆ *adj* cosmetic ◆ **cosmétiques** *nm* cosmetics

cosmique *adj* cosmic

cosmopolite *adj* cosmopolitan

cosmos *nm* cosmos

costaud, -e *adj* **1** (*personne*) sturdily built **2** (*meuble, objet*) sturdy

costume *nm* **1** (*d'homme*) suit : *Il est toujours en ~.* He always wears a suit. **2** (*Théâtre, déguisement*) costume : *~ de pirate* pirate costume **3** (*national, régional*) dress [*indénombrable*] : *le ~ traditionnel breton* traditional Breton dress

LOC **en costume d'Adam/d'Ève** in your birthday suit

costumé, -e *adj* LOC *Voir* BAL

cote *nf* **1** (*Fin*) quotation **2** (*d'une personne*) popularity : *Il a la ~ en ce moment.* His popularity is high at the moment. LOC **cote d'alerte** danger level

côte *nf* **1** (*littoral*) coast : *la ~ est des États-Unis* the east coast of the US **2** (*pente*) hill : *au sommet de cette ~* at the top of this hill **3** (*Anat*) rib : *Il s'est fracturé deux ~s.* He fractured two ribs. **4** (*Cuisine*) chop : *~s de porc/d'agneau* pork/lamb chops LOC **côte à côte** side by side : *marcher ~ à ~* to walk side by side

côté *nm* **1** (*gén*) side : *Un triangle est une figure à trois ~s.* A triangle has three sides. ◊ *Je dors sur le ~.* I sleep on my side. ◊ *de ce ~* on this side ◊ *de l'autre côté de l'Atlantique* on the other side of the Atlantic **2** (*direction*) direction : *Ils sont partis chacun de leur ~.* They all went off in different directions. ◊ *regarder de tous les ~s* to look in all directions LOC **à côté 1** (*près*) nearby : *C'est à ~.* It's nearby. **2** (*contigu*) next door : *le bâtiment d'à ~* the building next door ◊ *les voisins d'à ~* the next-door neighbours **à côté de 1** (*près de*) next to *sb/sth* : *Elle s'est assise à ~ de son amie.* She sat down next to her friend. ◊ *Le cinéma est à ~ du café.* The cinema is next to the cafe. **2** (*par rapport à*) compared to *sth* : *Mes ennuis ne sont rien à ~ des siens.* My troubles are nothing compared to his. **de côté 1** (*en réserve*) aside : *Mettez-moi un pain de ~.* Put a loaf aside for me. **2** (*regarder, marcher*) sideways : *se mettre de ~* to turn sideways **de tous (les) côtés 1** (*courir*) everywhere **2** (*arriver*) from all sides **du côté de 1** (*près de*) near : *Il habite du ~ de la gare.* He lives near the station. **2** (*provenance*) : *Ça vient du ~ de chez eux.* It comes from their place. **3** (*en direction de*) towards : *Il est parti du ~ de la mer.* He headed towards the sea. **du côté maternel/paternel** on my, your, etc. mother's/father's side **d'un côté... de l'autre...** on the one hand... on the other hand... **être du côté de** to be on *sb's* side **voir le bon côté des choses** to look on the bright side *Voir aussi* AUTRE, POINT

côtelé *adj* LOC *Voir* VELOURS, PANTALON

côtelette *nf* chop

cotisation *nf* **1** (*à un club*) subscription **2** (*à la Sécurité sociale*) contribution

cotiser ◆ *vi* **1** (*à un club*) to pay your subscription ***to sth*** **2** (*à la Sécurité sociale*) to pay your contributions ***to sth*** ◆ **se cotiser** *v pron* to chip in : *Ils se sont tous cotisés pour lui faire un cadeau.* They all chipped in to buy her a present.

coton *nm* **1** (*plante, fibre*) cotton **2** (*ouate*) cotton wool [*indénombrable*] : *Je me suis mis du ~ dans les oreilles.* I put cotton wool in my ears. LOC **coton hydrophile** cotton wool

Coton-Tige® *nm* cotton bud

côtoyer *vt* (*personnes*) to mix **with *sb***

cou *nm* neck

couchage *nm* LOC *Voir* SAC

couchant *adj* LOC *Voir* SOLEIL

couche *nf* **1** (*gén*) layer : *la ~ d'ozone* the ozone layer **2** (*peinture, vernis*) coat **3** (*pour bébé*) nappy [*pl* nappies] : *changer la ~ d'un bébé* to change a baby's nappy LOC *Voir* CHAMPIGNON, FAUX

coucher ◆ *vt* **1** (*mettre au lit*) to put *sb* to bed : *Nous avons dû le ~.* We had to put him to bed. **2** (*allonger, poser*) to lay *sth* down ◆ *vi* **1** (*dormir*) to sleep : *Nous coucherons à l'hôtel.* We'll sleep at the hotel. **2** ~ **avec** to sleep **with *sb*** ◆ **se coucher** *v pron* **1** (*aller au lit*) to go to bed : *Tu devrais te ~ tôt aujourd'hui.* You should go to bed early today. ◊ *Il est l'heure d'aller se ~.* Time for bed. **2** (*s'allonger*) to lie down ☛ *Voir note sous* LIE[2] **3** (*soleil*) to set LOC **coucher de soleil** sunset **se coucher tard** to stay up late *Voir aussi* TABLE

couchette *nf* **1** (*train*) couchette **2** (*bateau*) bunk

coucou *nm* cuckoo [*pl* cuckoos] LOC **horloge/pendule à coucou** cuckoo clock

coude *nm* **1** (*Anat*) elbow **2** (*fleuve*) bend LOC **donner un coup de coude à 1** (*en se battant*) to elbow *sb* **2** (*pour attirer l'attention*) to nudge *sb*

coudre *vt, vi* to sew : *~ un bouton* to sew a button on LOC *Voir* BOUCHE, MACHINE

couette *nf* **1** (*édredon*) duvet **2** (*coiffure*) pigtail LOC *Voir* HOUSSE

couiner *vi* **1** (*souris*) to squeak **2** (*freins*) to screech

coulant, -e *adj* LOC *Voir* NŒUD

couler ◆ *vi* **1** (*liquide*) to flow : *L'eau coulait dans la rue.* Water flowed down the street. **2** (*encre, maquillage, nez*) to run : *J'ai le nez qui coule.* My nose is running. **3** (*commerce*) to go bust : *De nombreuses entreprises ont coulé.* Many firms have gone bust. ◆ *vt, vi* (*bateau*) to sink : *Une bombe a coulé le navire.* A bomb sank the ship. LOC **faire couler un bain** to run a bath **se la couler douce** to be bone idle

couleur *nf* **1** (*gén*) colour : *De quelle ~ sont ses yeux ?* What colour are his eyes? ◊ *des tissus de ~s vives* brightly-coloured fabrics

Lorsqu'en français le mot *couleur* est suivi d'un nom de couleur précis, on ne le traduit pas en anglais : *Elle portait un manteau de couleur bleue.* She was wearing a blue coat.

2 (*pour les cheveux*) hair colour : *Elle s'est fait faire une ~.* She's had her hair coloured. **3** (*peinture*) paint **4** (*cartes*) suit LOC **de couleur** coloured : *crayons de ~* coloured pencils **en couleur** : *une photo en ~* a colour photo *Voir aussi* BOÎTE, CHANGER, CRAYON, HAUT

couleuvre *nf* grass snake

coulissant, -e *adj* LOC *Voir* PORTE

coulisser *vi* to slide

coulisses *nf* wings LOC **dans les coulisses 1** (*Théâtre*) backstage **2** (*fig*) behind the scenes

couloir *nm* **1** (*gén*) corridor : *Ne cours pas dans les ~s.* Don't run in the corridors. **2** (*sur une route, Sport*) lane : *le ~ des bus* the bus lane **3** (*avion*) aisle

coup *nm* **1** (*gén*) blow : *Il a pris un grand ~ sur la tête.* He received a severe blow on the head. ◊ *Sa mort fut un ~ dur.* His death came as a heavy blow. **2** (*heurt*) bump : *Je me suis donné un ~ contre le buffet.* I bumped into the sideboard. **3** (*pour attirer l'attention*) knock : *J'ai entendu un ~ à la porte.* I heard a knock at the door. **4** (*horloge*) stroke : *les douze ~s de minuit* the stroke of midnight **5** (*mauvais tour*) trick : *C'est encore un ~ de Stéphane !* Another of Stéphane's tricks! **6** (*Tennis, Golf*) stroke **7** (*Boxe*) punch **8** (*Foot*) kick **9** (*Échecs*) move **10** (*fois*) time : *Ce coup-ci, ça ne se passera pas comme ça !* This time it'll be different! LOC **donner un coup à** to hit *sb/sth* **d'un (seul) coup 1** (*en une fois*) in one go : *Elle a tout bu d'un ~.* She drank it all in one go. **2** (*soudainement*) all of a sudden : *D'un seul ~, il s'est mis à courir.* All of a sudden he started to run. **prendre le coup** to get the hang (*of sth*) ☛ Les autres expressions formées avec **coup** sont traitées sous le nom, l'adjectif, etc. correspondant : pour **coup de foudre**, par exemple, voir FOUDRE.

coupable ◆ *adj* ~ **(de)** guilty (**of** *sth*) : *être ~ d'assassinat* to be guilty of murder ◊ *se sentir ~* to feel guilty ◆ *nmf* culprit : *La police a arrêté les ~s.* The police have arrested the culprits.

coupe *nf* **1** (*verre*) glass : *une ~ à champagne* a champagne glass **2** (*Sport*) cup : *la ~ d'Europe* the European Cup ◊ *la ~ du monde* the World Cup LOC **coupe à fruits** fruit bowl **coupe de cheveux** haircut **coupe transversale** cross-section

coupe-ongles *nm* nail clippers [*pl*]

coupe-papier *nm* paperknife [*pl* paperknives]

couper ◆ *vt* **1** (*gén*) to cut : *Elle a coupé la tomate en deux.* She cut the tomato in half. ◊ *Coupe-le en quatre morceaux.* Cut it into four pieces. ◊ *Coupe le gâteau.* Cut the cake. **2** (*trancher, interrompre*) to cut *sth* off : *La machine lui a coupé un doigt.* The machine cut off one of his fingers. ◊ *Cet élastique me coupe la circulation.* The elastic cuts off my circulation. **3** (*eau, électricité*) to cut *sth* off, to disconnect (*plus sout*) : *Ils ont coupé le téléphone/gaz.* The telephone/gas has been cut off. ◊ *Nous parlions quand tout à coup nous avons été coupés.* We were talking and then suddenly we got cut off. ◊ *Ils nous ont coupé le téléphone.* Our phone's been disconnected. **4** (*découper*) to cut *sth* out : *J'ai coupé le pantalon en suivant le patron.* I cut out the trousers following the pattern. **5** (*route*) to cut across *sth* : *Le sentier coupe la route.* The path cuts across the road. **6** (*appétit, envie*) to take *sth* away **7** (*mélanger*) to water *sth* down **8** (*Cartes*) to cut ◆ *vi* **1** (*gén*) to cut : *Ce couteau ne coupe pas.* This knife doesn't cut. **2** (*raccourci*) to take a short cut : *On peut ~ par là.* We can take a short cut through here. ◆ **se couper** *v pron* (*se blesser*) to cut (yourself) : *Attention, tu vas te ~.* Careful, you'll cut yourself. ◊ *Je me suis coupé la main avec du verre.* I cut my hand on some glass. LOC **couper l'appétit à** to spoil *sb's* appetite **couper les cheveux en quatre** to complicate things **couper la faim** : *Nous avons acheté des fruits pour nous ~ la faim.* We bought some fruit to keep us going. **couper la parole à** to cut *sb* short : *Il m'a coupé la parole puis il est parti.* He cut me short and walked off. **couper ras 1** (*cheveux*) to crop **2** (*ongles, gazon*) to cut *sth* short **être coupé du monde** to be cut off **se faire couper les cheveux** to have your hair cut

couple *nm* **1** (*amoureux*) couple : *Ils*

font un beau ~. They make a really nice couple. **2** (*animaux, équipe*) pair : *le* ~ *gagnant* the winning pair

coupole *nf* dome

coupon *nm* **1** (*bon*) coupon **2** (*de transport*) pass **3** (*tissu*) remnant

coupure *nf* **1** (*blessure*) cut : *Elle s'est fait une* ~ *au doigt.* She cut her finger. **2** (*pause*) break : *la* ~ *du déjeuner* the lunch break LOC **coupure de journal** newspaper cutting **coupure de courant** power cut

cour *nf* **1** (*immeuble*) courtyard **2** (*École*) playground **3** (*d'un roi, Jur*) court LOC **cour d'appel** appeal court **cour d'assises** criminal court **Cour de cassation** ≈ High Court (*GB*) **cour de ferme** farmyard **faire la cour à** to court *sb Voir aussi* CHASSE

courage *nm* **1** (*bravoure*) courage **2** (*énergie*) energy : *Je n'ai pas le* ~ *de travailler.* I haven't got the energy to work. LOC **bon courage !** good luck! **courage !** cheer up! *Voir aussi* ARMER

courageux, -euse *adj* brave : *Tu es très* ~ *!* You're very brave!

couramment *adv* **1** (*parler*) fluently : *Elle parle chinois* ~. She speaks fluent Chinese. **2** (*fréquemment*) commonly : *Cette expression s'emploie* ~. This expression is common.

courant, -e ◆ *adj* (*fréquent*) common : *un arbre très* ~ a very common tree ◆ *nm* current : *Ils ont été emportés par le* ~. They were swept away by the current. LOC **courant alternatif/continu** alternating/direct current **courant d'air** draught **dans le courant de** in the course of *sth* : *dans le* ~ *de l'année* in the course of the year **être au courant (de qch)** to know (about sth) **mettre au courant** to fill *sb* in (*on sth*) : *Il m'a mis au* ~ *de la situation.* He filled me in on what was happening. **se mettre/se tenir au courant** to get/keep up to date **tenir au courant** to keep *sb* informed (*of sth*) : *Tiens-moi au* ~. Keep me informed. *Voir aussi* COUPURE

courbature *nf* LOC **avoir des courbatures** to feel stiff : *J'ai des* ~*s dans les jambes.* My legs feel stiff.

courbaturé, -e *pp, adj* stiff

courbe ◆ *adj* curved : *une ligne* ~ a curved line ◆ *nf* (*ligne, graphique*) curve : *dessiner une* ~ to draw a curve

courbé, -e *pp, adj* : *être* ~ to have a stoop *Voir aussi* COURBER

courber ◆ *vt* **1** (*gén*) to bend **2** (*tête*) to bow ◆ **se courber** *v pron* **1** (*s'incliner*) to bow **2** (*avec l'âge*) to become stooped

courbette *nf* bow

coureur, -euse *nm-nf* (*Sport*) runner LOC **coureur automobile** racing driver **coureur cycliste** cyclist **coureur de fond** long-distance runner

courge *nf* marrow

courgette *nf* courgette

courir ◆ *vi* **1** (*gén*) to run : *Ils couraient dans la cour.* They were running round the playground. **2** (*se presser*) to rush : *Pas la peine de* ~*, tu as encore le temps.* There's no need to rush, you've still got time. ◊ *J'ai couru toute la journée.* I've been rushing around all day. **3** (*coureur automobile, cycliste*) to race **4** ~ **après** to run **after** ***sb*** **5** (*rumeur*) to go round : *Le bruit court qu'il va démissionner.* There's a rumour going round that he's going to resign. ◆ *vt* **1** (*Sport*) to compete **in** ***sth*** : ~ *le 100 mètres* to compete in the 100 metres **2** (*risque, danger*) to run LOC **faire courir** (*bruit*) to spread *sth* **tu peux toujours courir !** you can whistle for it! *Voir aussi* BRUIT

couronne *nf* **1** (*gén*) crown **2** (*fleurs*) wreath LOC *Voir* JOYAU

couronnement *nm* (*roi*) coronation

couronner *vt* to crown : *Il a été couronné roi.* He was crowned king. LOC **pour couronner le tout** to top it all

courrier *nm* post : *Est-ce que j'ai du* ~ *?* Is there any post for me? ☛ *Voir note sous* MAIL LOC **courrier aérien** airmail **courrier du cœur** problem page **courrier électronique** email : *envoyer qch par* ~ *électronique* to email sth ☛ *Voir note sous* EMAIL

courroie *nf* belt LOC **courroie de transmission 1** (*pr*) drive belt **2** (*fig*) communication channel

cours *nm* **1** (*leçon*) lesson : *Elle prend des* ~ *d'anglais.* She's taking English lessons. **2** (*série de leçons*) course : *un* ~ *intensif* an intensive course **3** (*parcours*) course : *le* ~ *d'un fleuve* the course of a river **4** (*monnaie*) exchange rate LOC **au cours de** in the course of *sth* **cours d'eau** watercourse **cours de rattrapage** remedial class **cours par correspondance** correspondence course **donner des cours** to teach : *Je donne des* ~ *dans une école privée.* I teach at an independent school. **en cours** current : *l'année/le mois en* ~ the current year/month **en cours de route** along the way **être en cours** to be under way : *Les travaux sont en* ~. The work is under way *Voir aussi* LIBRE, ROUTE, SALLE

course *nf* **1** (*fait de courir*) running **2** (*compétition*) race : *On fait la ~ jusqu'au bout de la rue !* I'll race you to the end of the road! **3** (*commission*) errand : *faire une ~* to run an errand **4 courses** (*achats*) shopping [*indénombrable*] : *faire des ~s* to do the shopping ◊ *Il fait ses ~s au supermarché.* He does his shopping at the supermarket. **5 courses** (*chevaux*) races **6** (*en taxi*) journey LOC **course à pied** running : *Elle fait de la ~ à pied.* She goes running. **course automobile** motor race **course aux armements** arms race **course cycliste** cycle race **course de chevaux** horse race **course de relais** relay race **course de taureaux** bullfight **course d'obstacles** obstacle race *Voir aussi* CHAMP, CHEVAL, VÉLO, VOITURE

coursier, -ière *nm-nf* messenger

court, -e ◆ *adj* short : *un ~ séjour* a short stay ◊ *Ce pantalon est trop ~ pour toi.* Those trousers are too short for you. ◆ *nm* (*Tennis*) court : *Les joueurs sont déjà sur le ~.* The players are on court. LOC **être à court de** to be short of *sth* : *être à ~ d'argent* to be short of money **court métrage** short film *Voir aussi* DURÉE, ÉCHÉANCE, SOUFFLE, TIRER

court-circuit *nm* short-circuit

courtier, -ière *nm-nf* broker

courtois, -oise *adj* courteous

courtoisie *nf* courtesy [*pl* courtesies] : *par ~* out of courtesy

cousin, -e *nm-nf* cousin LOC **cousin germain** first cousin

coussin *nm* cushion

coût *nm* cost : *le ~ de la vie* the cost of living

couteau *nm* **1** (*instrument*) knife [*pl* knives] : *Ils l'ont menacé avec un ~.* They threatened him with a knife. **2** (*coquillage*) razor shell LOC **coup de couteau** knife wound **donner un coup de couteau à** to stab *sb* *Voir aussi* MENACE

coûter *vi* **1** (*gén*) to cost : *Le billet coûte 36 euros.* The ticket costs 36 euros. ◊ *Combien ça coûte ?* How much is that? ◊ *L'accident a coûté la vie à cent personnes.* The accident cost the lives of a hundred people. **2** (*être difficile*) : *Il me coûte de me lever tôt.* I find it hard to get up early. LOC **coûte que coûte** at all costs **coûter cher 1** (*argent*) to be expensive : *Ça ne coûte pas cher.* It's cheap. **2** (*erreur*) : *Ça va lui ~ cher.* That will cost him dear. **coûter une fortune** to cost a fortune

coûteux, -euse *adj* costly

coutume *nf* custom : *C'est une ~ française.* It's a French custom.

couture *nf* **1** (*activité*) sewing : *une boîte à ~* a sewing box **2** (*sur un vêtement*) seam : *La ~ a craqué.* The seam has split. LOC *Voir* NÉCESSAIRE

couturier, -ière *nm-nf* **1** (*gén*) dressmaker **2** (*haute couture*) designer

couvent *nm* convent

couver ◆ *vt* **1** (*œufs*) to sit **on *sth***; to incubate (*plus sout*) **2** (*personne*) to overprotect : *Elle le couve trop.* She overprotects him. **3** (*maladie*) : *Je crois que je couve quelque chose.* I think I'm sickening for something. ◆ *vi* (*poule*) to brood

couvercle *nm* **1** (*gén*) lid : *Mets le ~ dessus.* Put the lid on. **2** (*qui se visse*) top

couvert, -e ◆ *pp, adj* **1** ~ **(de)** covered (**in/with *sth***) : *~ de taches* covered in stains ◊ *La moquette était couverte de boue.* The carpet was covered with mud. **2** (*personne*) : *bien ~* well wrapped up ◊ *Tu es trop ~.* You've got too much on. **3** (*ciel*) overcast **4** (*installation*) indoor : *une piscine couverte* an indoor swimming pool ◆ *nm* **1** (*place*) place setting : *Ajoute un ~.* Add another place setting. **2 couverts** cutlery [*indénombrable*] : *J'ai juste à sortir les ~s.* I've just got to put out the cutlery. LOC **mettre le couvert** to lay the table **se mettre à couvert** to take cover *from sb/sth* *Voir aussi* GÎTE, PISCINE ; *Voir aussi* COUVRIR

couverture *nf* **1** (*gén*) cover : *la ~ d'un livre* the cover of a book ◊ *Son entreprise lui sert de ~.* His firm is just a cover. **2** (*lit*) blanket : *Mets-lui une ~.* Put a blanket over him. **3** (*dans les médias*) coverage : *la ~ d'un événement dans la presse* press coverage of an event LOC **couverture chauffante** electric blanket **couverture sociale** social security cover *Voir aussi* QUATRIÈME

couveuse *nf* incubator

couvre-feu *nm* curfew

couvre-lit *nm* bedcover

couvrir ◆ *vt* **1** (*recouvrir*) to cover *sb/sth* (**with *sth***) : *Ils ont couvert les murs d'affiches électorales.* They've covered the walls with election posters. ◊ *~ les frais de déplacement* to cover travelling expenses ◊ *~ un livre avec du papier* to cover a book with paper **2** (*emmitoufler*) to wrap (*sb*) up : *Couvre bien la petite.*

Wrap the child up well. **3** (*avec un couvercle*) to put the lid **on** ***sth*** : *Couvre la casserole.* Put the lid on the saucepan. ♦ **se couvrir** *v pron* **1** (*s'habiller*) to wrap up : *Couvre-toi, il fait froid dehors.* Wrap up well, it's cold outside. **2 se ~ de** to get covered **in** ***sth*** **3** (*ciel*) to cloud over **4** (*se protéger*) to cover yourself : *Il nous a menti pour se ~.* He lied to us to cover himself. LOC **couvrir de baisers** to smother *sb* with kisses

cow-boy *nm* cowboy [*pl* cowboys]

crabe *nm* crab

crachat *nm* spit [*indénombrable*]

craché, -e *pp, adj* LOC **tout craché** : *C'est sa mère tout ~.* He's the spitting image of his mother. ◊ *C'est du Louis tout ~ !* That's just typical of Louis! *Voir aussi* CRACHER

cracher ♦ *vi* ~ **(sur)** to spit (**at** ***sb***) : *Il a craché par terre.* He spat on the ground. ♦ *vt* **1** (*sang, noyau*) to spit *sth* (out) **2** (*fumée*) to give *sth* off : *La cheminée crachait beaucoup de fumée.* The fire was giving off a lot of smoke.

crack *nm* **1** (*personne*) ace **2** (*drogue*) crack (cocaine)

craie *nf* chalk [*gén indénombrable*] : *Donne-moi une ~.* Give me a piece of chalk. ◊ *Apporte-moi des ~s.* Bring me some chalk.

craindre *vt* **1** (*avoir peur*) to be afraid : *Il n'y a plus rien à ~.* There's nothing to be afraid of. ◊ *Je crains qu'il ne soit trop tard.* I'm afraid it's too late. ◊ *Je crains d'avoir été maladroit.* I'm afraid I've been tactless. **2** (*ne pas supporter*) to be susceptible **to** ***sth*** : *Je crains les courants d'air.* I'm susceptible to draughts.

crainte *nf* fear : *Je ne l'ai pas dit, de ~ qu'il ne se vexe.* I didn't say it for fear of offending him.

craintif, -ive *adj* timid

crampe *nf* cramp : *J'ai une ~ au pied.* I've got cramp in my foot. ◊ *~s d'estomac* stomach cramps

crampon *nm* **1** (*chaussures de foot*) stud **2** (*alpinisme*) crampon

se cramponner *v pron* ~ **(à) 1** (*gén*) to hold on (**to** ***sb/sth***) : *Cramponne-toi à moi.* Hold on to me. **2** (*fig*) to cling **to** ***sb/sth*** : *se ~ à une idée* to cling to an idea

cran *nm* **1** (*entaille*) notch **2** (*courage*) guts [*pl*] : *C'est quelqu'un qui a du ~.* He's got guts. LOC **cran de sûreté** safety catch

crâne *nm* skull, cranium [*pl* crania] (*scientifique*) LOC *Voir* BOURRER, ENFONCER

crâner *vi* to show off

crâneur, -euse *adj, nm-nf* show-off [*n*]

crapaud *nm* toad

crapule *nf* crook

craquant, e *adj* **1** (*biscuit*) crunchy **2** (*irrésistible*) irresistible : *un sourire ~* an irresistible smile

craquement *nm* **1** (*feuilles mortes, papier*) rustle **2** (*bois, plancher*) creak

craquer *vi* **1** (*bois*) to creak **2** (*se défaire*) to split : *La couture de mon pantalon a craqué.* My trousers have split at the seams. **3** (*s'effondrer*) to crack up : *Il va finir par ~.* He's going to crack up. **4** (*ne pas résister*) : *J'ai craqué pour ces chaussures.* I couldn't resist these shoes. LOC *Voir* PLEIN

crasse *nf* filth LOC *Voir* IGNORANCE

crasseux, -euse *adj* filthy

cratère *nm* crater

cravache *nf* riding crop

cravate *nf* tie

crawl *nm* crawl : *nager le ~* to do the crawl

crawlé, -e *pp, adj* LOC *Voir* DOS

crayon *nm* pencil : *un dessin au ~* a pencil drawing LOC **crayon de couleur** coloured pencil **crayon de papier** pencil

créateur, -trice *nm-nf* **1** (*gén*) creator **2** (*produit*) designer

créatif, -ive *adj* creative

création *nf* creation LOC **création d'emplois** job creation

créativité *nf* creativity

créature *nf* creature

crèche *nf* **1** (*garderie*) crèche **2** (*de Noël*) crib : *Installons la ~ de Noël.* Let's set up the crib.

crédibilité *nf* credibility

crédible *adj* credible

crédit *nm* **1** (*prêt*) credit : *six mois de ~ gratuit* six months' interest-free credit **2** (*fonds*) funds [*pl*] : *Le gouvernement a augmenté les ~s alloués à la défense.* The government has increased the funds allotted to defence. LOC **à crédit** on credit : *Ils ont acheté la caravane à ~.* They bought the caravan on credit. **faire crédit** to give credit *Voir aussi* CARTE

créditer *vt* to credit

créditeur, -trice *nm-nf* creditor

credo *nm* creed

crédule *adj* gullible

crédulité *nf* gullibility

créer *vt* **1** (*gén*) to create : *~ des problèmes* to create problems **2** (*entreprise*) to set *sth* up

crémaillère *nf* LOC *Voir* PENDRE

crématorium *nm* crematorium [*pl* crematoria]

crème ◆ *nf* **1** (*gén*) cream : *de la ~ fouettée* whipped cream ◊ *un foulard de couleur ~* a cream (coloured) scarf **2** (*pâtisserie*) confectioner's custard ◆ *nm* (*café*) white coffee LOC **crème anglaise** custard **crème de soin** cream **crème fraîche** crème fraîche **crème solaire** suntan lotion *Voir aussi* CHOU, HYDRATANT

crémeux, -euse *adj* creamy

créneau *nm* **1** (*moment*) window : *J'ai un ~ lundi après-midi.* I've got a window on Monday afternoon. **2** (*marché*) market : *un ~ porteur* a profitable market

créole ◆ *adj, nm* Creole ◆ **Créole** *nmf* Creole

crêpe *nf* pancake ☛ *Voir note sous* MARDI

crépiter *vi* to crackle

crépuscule *nm* twilight

cresson *nm* watercress [*indénombrable*]

crête *nf* **1** (*coq*) comb **2** (*autres oiseaux, montagne, vague*) crest

crétin, -e ◆ *adj* thick ◆ *nm-nf* idiot

creuser *vt, vi* (*terre*) to dig : *~ un tunnel* to dig a tunnel LOC **se creuser la cervelle/la tête** to rack your brains

creux, creuse ◆ *adj* **1** (*gén*) hollow : *Ce mur est ~.* This wall is hollow. **2** (*sans substance*) flimsy : *un raisonnement ~* a flimsy argument ◆ *nm* **1** (*de la main*) hollow **2** (*période*) slack period LOC **avoir un (petit) creux** to feel peckish *Voir aussi* ASSIETTE

crevaison *nf* puncture

crevé, -e *pp, adj* **1** (*pneu, ballon*) burst **2** (*fatigué*) shattered : *À la fin j'étais ~.* I was shattered by the end. *Voir aussi* CREVER

crever ◆ *vi* **1** (*éclater*) to burst : *Un de mes pneus a crevé.* One of my tyres has burst. **2** (*avoir une crevaison*) to have a puncture : *J'ai crevé deux fois en l'espace d'une semaine.* I've had two punctures in a week. ◆ *vt* to burst : *~ un ballon* to burst a balloon LOC **ça crève les yeux !** it's staring you, us, etc. in the face! **crever de chaleur** to roast **crever un œil à** to poke *sb's* eye out : *Tu as failli me ~ un œil !* You nearly poked my eye out!

crevette *nf* **1** (*rose*) prawn **2** (*grise*) shrimp

cri *nm* **1** (*gén*) shout : *Nous avons entendu un ~.* We heard a shout. **2** (*de douleur, de joie*) cry [*pl* cries] : *pousser des ~s de douleur* to cry out in pain **3** (*animal*) noise : *Comment s'appelle le ~ de la poule ?* What do you call the noise a hen makes? LOC *Voir* RÉCLAMER

criant, -e *adj* **1** (*différence*) striking **2** (*besoin, injustice*) glaring

criard, -e *adj* (*couleur*) loud

crible *nm* LOC **passer au crible** to examine *sth* closely

criblé, -e *pp, adj* ~ **de** (*balles*) riddled **with** ***sth*** LOC **être criblé de dettes** to be up to your eyes in debt

cric *nm* (*voiture*) jack

crier *vi, vt* **1** (*gén*) to shout (**at *sb***) : *Le professeur nous a crié de nous taire.* The teacher shouted at us to be quiet. ◊ *Ils ont crié au secours.* They shouted for help. ◊ *Ne me crie pas après !* Don't shout at me! ☛ *Voir note sous* SHOUT **2** (*hurler*) to scream LOC **crier au scandale** : *L'assemblée a crié au scandale.* There was an outcry in the assembly. **crier de douleur** to cry out in pain **crier victoire** to claim victory *Voir aussi* GRÂCE

crime *nm* **1** (*gén*) crime : *commettre un ~* to commit a crime **2** (*assassinat*) murder

criminalité *nf* crime

criminel, -elle *adj, nm-nf* criminal LOC *Voir* INCENDIE

crinière *nf* mane

crique *nf* cove

criquet *nm* locust

crise *nf* **1** (*gén*) crisis [*pl* crises] : *Le pays sort de la ~.* The country is coming out of the crisis. **2** ~ **de** (*Méd*) attack **of *sth*** : *une ~ d'asthme* an asthma attack **3** (*colère*) tantrum : *faire une ~* to have a tantrum LOC **avoir une crise de nerfs** to become hysterical **crise cardiaque** heart attack **crise de foie** indigestion [*indénombrable*] **crise de fou rire** fit of laughter *Voir aussi* PIQUER

crispé, -e *pp, adj* tense

crissement *nm* screech

crisser *vi* **1** (*gravier*) to crunch **2** (*pneus, freins*) to screech

cristal *nm* crystal

(se) cristalliser *vt, vi, v pron* to crystallize

critère *nm* criterion [*pl* criteria] [*s'utilise beaucoup au pluriel*]

critique ◆ *adj* critical ◆ *nf* **1** (*gén*) criticism [*gén indénombrable*] : *J'en ai assez de tes ~s.* I've had enough of your criticism. **2** (*dans une revue*) review, write-up (*plus fam*) : *La pièce a eu une très bonne ~.* The play got an excellent write-up. **3** (*groupe de journalistes*) critics [*pl*] : *bien reçu de la ~* well received by the critics ◆ *nmf* critic

critiquer *vt, vi* to criticize

croc *nm* fang

croche-pied *nm* LOC **faire un croche-pied à** to trip *sb* up : *Je t'ai vue : tu lui as fait un ~.* I saw you — you tripped him up.

crochet *nm* **1** (*gén*) hook **2** (*détour*) detour : *Nous avons fait un ~ par chez ma soeur.* We made a detour via my sister's place. **3** (*activité*) crochet : *faire du ~* to crochet LOC *Voir* VIVRE

crochu, -e *adj* crooked LOC *Voir* ATOME

crocodile *nm* crocodile

croire ◆ *vt* **1** (*tenir pour vrai*) to believe : *Personne ne me croira.* Nobody will believe me. ◊ *À en croire cet article, on ne devrait plus rien manger.* If this article is to be believed, we shouldn't eat anything. **2** (*penser*) to think : *Ils croient avoir découvert un vaccin.* They think they've discovered a vaccine. ◊ *Tu crois ?* Do you think so? ◊ *« Est-ce que c'est de l'or ? — Je ne crois pas. »* 'Is it gold?' 'I don't think so.' **3** (*supposer*) to reckon : *Je crois qu'il y a environ 60 personnes.* I reckon there must be around 60 people. ◆ *vi* ~ **à/en** to believe **(in)** ***sb/sth*** : *~ en la justice* to believe in justice ◊ *Je ne crois pas à l'histoire qu'il nous a racontée.* I don't believe the story he told us. ◆ **se croire** *v pron* to think you are *sth* : *Il se croit très important.* He thinks he's very important. LOC **c'est à croire que... !** anyone would think...! : *C'est à ~ qu'il est devenu millionaire !* Anyone would think he was a millionaire! **je crois que oui/non** I think so/I don't think so

croisade *nf* crusade

croisement *nm* **1** (*de routes*) junction : *Au ~, tournez à droite.* Turn right when you reach the junction. **2** (*de races*) cross : *un ~ entre un boxer et un doberman* a cross between a boxer and a Dobermann LOC *Voir* FEU

croiser ◆ *vt* **1** (*gén*) to cross : *~ les jambes* to cross your legs **2** (*bras*) to fold **3** (*rencontrer*) to meet : *J'ai croisé Martine l'autre jour dans la rue.* I met Martine in the street the other day. ◆ **se croiser** *v pron* to pass each other : *Nous n'avons fait que nous ~.* We only passed each other.

croisière *nf* cruise : *faire une ~* to go on a cruise

croissance *nf* growth : *Il est en pleine ~.* He's growing fast.

croissant, -e ◆ *adj* increasing ◆ *nm* **1** (*pâtisserie*) croissant ☛ *Voir illustration sous* PAIN **2** (*de lune*) crescent

croître *vi* to grow

croix *nf* cross : *Faites une ~ devant la réponse juste.* Put a cross next to the right answer.

Croix-Rouge *nf* Red Cross

croquant, -e *adj* crunchy

croque-monsieur *nm* toasted sandwich

croquer *vi* (*aliments*) to crunch

croquette *nf* croquette LOC **croquette de poisson** fish cake

croquis *nm* sketch

cross *nm* cross-country race : *participer à un ~* to take part in a cross-country race

crosse *nf* (*fusil*) butt

crotte *nf* droppings [*pl*] : *~s de moutons* sheep droppings LOC **crotte de chien** dog mess

crouler *vi* **1** (*mur*) to collapse **2** ~ **sous** (*poids*) to be laden **with *sth*** : *Le pommier croule sous les fruits.* The apple tree is laden with fruit.

croupe *nf* (*cheval*) rump LOC **en croupe** : *monter en ~ sur une moto* to ride pillion on a motorbike

croustillant, -e *adj* **1** (*pain*) crusty **2** (*détails*) spicy

croûte *nf* **1** (*pain*) crust **2** (*pâtisserie*) pastry **3** (*Méd*) scab **4** (*fromage*) rind

croûton *nm* crouton

croyable *adj* LOC **pas croyable !** unbelievable!

croyance *nf* belief [*pl* beliefs]

croyant, -e *adj, nm-nf* believer [*n*] : *être ~* to be a believer

cru, -e ◆ *adj* **1** (*pas cuit*) raw : *oignons ~s* raw onions **2** (*lait*) unpasteurized : *un fromage au lait ~* cheese made with unpasteurized milk **3** (*choquant*) crude : *un langage plutôt ~* crude language ◆ *nm* (*vin*) vintage : *un grand ~* a great vintage LOC *Voir* JAMBON

cruauté *nf* cruelty [*pl* cruelties]

cruche *nf* jug

crucial, -e *adj* crucial

crucifix *nm* crucifix

crudités *nf* crudités : *un plat de* ~ a dish of crudités

cruel, -elle *adj* cruel

crûment *adv* bluntly

crustacé *nm* shellfish [*pl* shellfish]

crypte *nf* crypt

crypté, -e *adj* **1** (*message*) coded **2** (*Télé*) scrambled

cube *nm* (*Géom*) cube LOC *Voir* CENTIMÈTRE, ÉLEVÉ, MÈTRE

cubique *adj* cubic : *de forme* ~ cube-shaped

cubisme *nm* cubism

cubiste *adj, nmf* cubist

cueillette *nf* **1** (*ramassage*) picking : *la* ~ *des olives* olive picking **2** (*récolte*) crop : *Cette année la* ~ *sera bonne.* There's going to be a good crop this year.

cueillir *vt* (*fruit, fleurs*) to pick

cuillère (*aussi* **cuiller**) *nf* spoon : *une* ~ *en bois* a wooden spoon LOC **cuillère à café** teaspoon **cuillère à soupe** tablespoon *Voir aussi* PETIT

cuillerée *nf* spoonful : *deux* ~*s de sucre* two spoonfuls of sugar LOC **cuillerée à café** teaspoonful **cuillerée à soupe** tablespoonful

cuir *nm* leather : *une veste en* ~ a leather jacket LOC **cuir chevelu** scalp **cuir verni** patent leather : *un sac en* ~ *verni* a patent leather bag

cuire ◆ *vt* to cook ◆ *vi* **1** (*aliment*) to cook **2** (*avoir chaud*) to boil : *On cuit dans la voiture.* It's boiling in the car. LOC **(faire) cuire à feu doux** to simmer **va te faire cuire un œuf !** get lost!

cuisine *nf* **1** (*lieu*) kitchen **2** (*activité, gastronomie*) cooking : *C'est généralement lui qui fait la* ~. He usually does the cooking. ◊ *Je ne sais pas faire la* ~. I can't cook. ◊ *la* ~ *chinoise* Chinese cooking **3** (*art de cuisiner*) cookery : *un cours/livre de* ~ a cookery course/book LOC *Voir* BATTERIE, CHEF, PLACARD, USTENSILE

cuisiner *vt, vi* to cook LOC *Voir* PLAT

cuisinier, -ière ◆ *nm-nf* cook : *être bon* ~ to be a good cook ◆ **cuisinière** *nf* (*appareil*) cooker LOC *Voir* CHEF

cuisse *nf* **1** (*personne*) thigh **2** (*poulet*) leg

cuisson *nf* cooking : *temps de* ~ cooking time

cuit, -e *pp, adj* done : *Le poulet n'est pas encore* ~. The chicken isn't done yet. ◊ *J'aime la viande bien cuite.* I like my meat well done.

Un bifteck saignant se dit **rare** et à point **medium rare**.

LOC **c'est cuit !** (*raté*) we've had it! **être trop cuit** to be overcooked : *Le riz est trop* ~. The rice is overcooked. *Voir aussi* JAMBON ; *Voir aussi* CUIRE

cuite *nf* LOC **prendre une cuite** to get plastered

cuivre *nm* copper

cul *nm* (*derrière, bouteille*) bottom LOC **cul sec !** down in one!

culbute *nf* somersault : *faire une* ~ to do a somersault

culbuter *vi* (*se renverser*) to fall over

cul-de-sac *nm* cul-de-sac [*pl* cul-de-sacs]

culinaire *adj* culinary

culminer *vi* **1** (*atteindre un maximum*) to peak **2** ~ **au-dessus de** (*dominer*) to tower **over** ***sth***

culot *nm* cheek LOC **avoir du culot** to have a cheek **quel culot !** what a cheek!

culotte *nf* knickers [*pl*] ☛ *Voir note sous* PAIR

culotté, -e *adj* cheeky

culpabilité *nf* guilt

culte *nm* **1** ~ **(de)** (*vénération*) worship (**of** ***sb/sth***) : *le* ~ *du soleil* sun worship ◊ *liberté du* ~ freedom of worship **2** (*secte*) cult : *membres d'un nouveau* ~ *religieux* members of a new religious cult **3** (*messe*) service

cultivateur, -trice *nm-nf* grower

cultivé, -e *pp, adj* (*personne*) cultured *Voir aussi* CULTIVER

cultiver ◆ *vt* (*faire pousser*) to grow ◆ **se cultiver** *v pron* (*s'instruire*) to cultivate your mind

culture *nf* **1** (*action de cultiver*) growing : *la* ~ *de tomates* tomato growing **2** (*arts, civilisation*) culture : *le Ministre de la* ~ the Minister of Culture **3** (*connaissances*) knowledge LOC **culture générale** general knowledge : *Pour cet emploi il faut une bonne* ~ *générale.* For this job you need a good general knowledge. **culture physique** physical education (*abrév* PE)

culturel, -elle *adj* cultural LOC *Voir* ANIMATION, CENTRE

culturisme *nm* bodybuilding : *faire du* ~ to do bodybuilding

cumulatif, -ive *adj* cumulative

cupidité *nf* greed

curable *adj* curable

cure *nf* course of treatment : *faire une ~ de vitamines* to take a course of vitamins LOC **cure d'amaigrissement** slimming course **cure de repos** rest cure **cure thermale** : *faire une ~ thermale* to go to a spa

curé *nm* parish priest

cure-dents *nm* toothpick

curieux, -ieuse ◆ *adj* **1** (*indiscret*) inquisitive, nosy (*plus fam*) : *Je te trouve un peu trop ~.* I find you a bit too nosy. **2** (*vif*) inquiring : *avoir l'esprit ~* to have an inquiring mind **3 ~ de** curious ***to do sth*** : *Tu n'es pas ~ de savoir où ils étaient ?* Aren't you curious to know where they were? **4** (*bizarre*) odd : *Il est vraiment ~ par moments.* He's really odd at times. ◊ *Ce qui est ~ c'est que...* The odd thing is that... ◆ *nm-nf* **1** (*indiscret*) busybody [*pl* busybodies] **2** (*badaud*) onlooker

curiosité *nf* curiosity LOC **par curiosité** out of curiosity : *Je suis entré par pure ~.* I went in out of pure curiosity.

curriculum vitae *nm* curriculum vitae (*abrév* CV)

curry *nm* **1** (*épice*) curry powder : *du poulet au ~* curried chicken **2** (*plat*) curry

curseur *nm* cursor

cutané, -e *adj* skin [*n attrib*] : *une affection cutanée* a skin complaint

cutter *nm* Stanley knife [*pl* Stanley knives]

cuve *nf* vat

cuvette *nf* bowl

cybercafé *nm* cybercafe

cyberespace *nm* cyberspace

cybernétique *nf* cybernetics [*sing*]

cyclable *adj* LOC *Voir* PISTE

cycle *nm* **1** (*gén*) cycle **2** (*École*) : *premier/second ~* lower/upper secondary school

cyclique *adj* cyclic

cyclisme *nm* cycling LOC **faire du cyclisme** to go cycling

cycliste *nmf* cyclist LOC *Voir* COUREUR, COURSE

cyclomoteur *nm* moped

cyclone *nm* cyclone

cygne *nm* swan

cylindre *nm* cylinder

cylindrée *nf* cubic capacity : *une grosse/petite ~* a powerful/small engine

cylindrique *adj* cylindrical

cymbale *nf* cymbal

cynique ◆ *adj* cynical ◆ *nmf* cynic

cynisme *nm* cynicism

cyprès *nm* cypress

Dd

dactylo (*aussi* **dactylographie**) ◆ *nf* typing ◆ (*aussi* **dactylographe**) *nmf* typist

dactylographier *vt* to type

daigner *vt* to deign ***to do sth***

daim *nm* **1** (*animal*) fallow deer [*pl* fallow deer] ☛ *Voir note sous* CERF **2** (*matière*) suede : *une veste en ~* a suede jacket

dalle *nf* paving stone LOC **que dalle** not a thing : *J'entends que ~.* I can't hear a thing.

dalmatien *nm* Dalmatian

daltonien, -ienne *adj* colour-blind

dame *nf* **1** (*femme, noblesse*) lady [*pl* ladies] : *un coiffeur pour ~s* a ladies' hairdresser **2 dames** (*jeu*) draughts [*sing*] : *jouer aux ~s* to play draughts LOC *Voir* JEU

se dandiner *v pron* to waddle

Danemark *nm* **le Danemark** Denmark

danger *nm* danger : *Il est en ~.* He's in danger. ◊ *hors de ~* out of danger

dangereux, -euse *adj* dangerous

danois, -e ◆ *adj* Danish ◆ **Danois, -e** *nm-nf* Dane : *les ~* the Danes ◆ *nm* **1** (*langue*) Danish : *parler ~* to speak Danish **2** (*chien*) Great Dane

dans *prép*

• **lieu 1** (*à l'intérieur*) in/inside : *~ l'enveloppe* in the envelope ◊ *Les clés sont ~ le tiroir.* The keys are in the drawer. **2** (*avec mouvement*) into : *Il est entré ~ la pièce.* He went into the room.

- **temps** (*d'ici*) in : *Je te vois ~ une heure.* I'll see you in an hour. ◊ *~ une semaine* in a week
- **approximation** : *Ça doit coûter ~ les 500 euros.* That must cost around 500 euros.

danse *nf* **1** (*style*) dance : *une ~ difficile à apprendre* a difficult dance to learn **2** (*activité*) dancing : *des cours de ~* dance classes LOC **danse classique** ballet *Voir aussi* PISTE

danser *vt, vi* to dance : *~ un tango* to dance a tango ◊ *J'aime beaucoup ~.* I like dancing very much.

danseur, -euse *nm-nf* dancer

dard *nm* sting

date *nf* **1** (*gén*) date : *Quelle est la ~ d'aujourd'hui ?* What's the date today? **2** (*époque*) time : *Depuis cette ~ elle ne lui adresse plus la parole.* She hasn't spoken to him since then. LOC **date limite** (*projet*) deadline **date limite de vente** sell-by date

dater ◆ *vt* to date : *C'est daté du 3 mai.* It is dated 3 May. ◆ *vi* ~ **de** (*exister*) to date **from...** : *Le château date du XIXe siècle.* The castle dates from the 19th century.

datte *nf* date

dattier *nm* date palm

dauphin *nm* dolphin

daurade *nf* bream [*pl* bream]

davantage *adv* more LOC **davantage de** more : *Il y a ~ de débouchés dans ce domaine.* There are more job opportunities in this field.

de ◆ *prép*

- **appartenance 1** (*à une personne*) : *le livre de Pierre* Pierre's book ◊ *le chien de mes amis* my friends' dog ◊ *C'est celui de ma grand-mère.* It's my grandmother's. **2** (*à un objet*) : *une page du livre* a page of the book ◊ *les pièces de la maison* the rooms in the house ◊ *la cathédrale de Poitiers* Poitiers cathedral
- **origine, provenance** from : *Ils sont de Caen.* They are from Caen. ◊ *de Londres à Paris* from London to Paris ◊ *du dessous* from below ◊ *On voit la plage de l'appartement.* You can see the beach from the flat.
- **descriptions 1** (*matière*) : *une robe de lin* a linen dress **2** (*contenu*) of : *un verre de lait* a glass of milk **3** (*âge*) of : *une femme de 30 ans* a woman of 30 **4** (*caractéristiques*) of : *un livre d'un grand intérêt* a book of great interest
- **thème, fonction** : *un livre/professeur de physique* a physics book/teacher ◊ *un cours d'histoire* a history class
- **avec chiffres et expressions de temps** : *plus/moins de dix* more/less than ten ◊ *un timbre de deux euros* a two euro stamp ◊ *de nuit/jour* at night/during the day ◊ *à 2 heures de l'après-midi* at 2 o'clock in the afternoon
- **agent, auteur** by : *un livre de Flaubert* a book by Flaubert ◊ *suivi de trois jeunes* followed by three young people
- **cause** : *mourir de faim* to die of hunger ◊ *Nous avons sauté de joie.* We jumped for joy.
- **après un superlatif** : *le meilleur acteur du monde* the best actor in the world

◆ **du, de la, des** *art indéf* some : *Tant que tu y es, achète des bananes.* Get some bananas while you're there. ◊ *Il faudrait acheter du pain.* We should buy some bread. ◊ *Je vais acheter de nouvelles chaussures.* I'm going to buy some new shoes. ◊ *Tu as de très beaux yeux.* You've got very beautiful eyes. LOC **du... au...** (*date*) from... to... : *du 8 au 15* from the 8th to the 15th

dé *nm* **1** (*à jouer*) dice [*pl* dice] : *jeter les dés* to roll the dice **2** (*à coudre*) thimble

déballer *vt* to unpack

débandade *nf* stampede

débardeur *nm* (*pull*) tank top

débarquement *nm* landing

débarquer ◆ *vt* **1** (*marchandise*) to unload **2** (*personne*) to set *sb* ashore ◆ *vi* to disembark LOC **débarquer à l'improviste** to turn up unexpectedly

débarras *nm* (*pièce*) boxroom LOC **bon débarras !** good riddance!

débarrasser ◆ *vt* (*vider*) to clear *sth* (**of** *sth*) : *J'ai débarrassé le bureau pour toi.* I've cleared the office for you. ◆ *v pron* **se ~ de** (*se défaire de*) to get rid of *sb/sth* : *Je veux me ~ de ce radiateur.* I want to get rid of this heater. ◊ *Il s'est débarrassé de nous rapidement.* He soon got rid of us. LOC **débarrasser la table** to clear the table

débat *nm* debate

débattre ◆ *vt, vi* ~ **(de)** to discuss *sth* ◆ **se débattre** *v pron* to struggle

débauche *nf* **1** (*vice*) debauchery **2** (*profusion*) abundance : *une ~ d'énergie* an abundance of energy

débauché, -e *pp, adj* debauched *Voir aussi* DÉBAUCHER

débaucher *vt* **1** (*licencier*) to lay *sb* off **2** (*distraire*) to sidetrack

débile *adj* moronic

débit *nm* **1** (*Fin*) debit **2** (*eau*) flow : *le ~ du fleuve* the flow of the river
débiter *vt* **1** (*dire*) to reel *sth* off **2** (*soustraire*) to debit LOC **débiter des mensonges** to spout lies
débiteur, -trice *nm-nf* debtor
déblayer *vt* (*neige, gravats*) to clear *sth* away
débloquer ◆ *vt* **1** (*mécanisme*) to unjam **2** (*fonds*) to release ◆ *vi* (*être fou*) to be off your rocker
déboguer *vt* to debug
déboîté, -e *pp, adj* (*articulation*) dislocated *Voir aussi* DÉBOÎTER
déboîter ◆ *vt* (*genou, épaule*) to dislocate ◆ *vi* (*voiture*) to pull out
débordant, -e *adj* overflowing (***with sth***) : *~ de vitalité* overflowing with life
débordé, -e *pp, adj* overwhelmed : *être ~ de travail* to be overwhelmed with work *Voir aussi* DÉBORDER
déborder *vi* **1** (*gén*) to overflow : *Les ordures débordent de la poubelle.* The bin is overflowing with rubbish. **2** ~ **de** (*personne*) to be bursting **with *sth*** : *~ de vitalité* to be bursting with life **3** (*rivière*) to burst its banks LOC *Voir* GOUTTE
débouché *nm* **1** (*perspective*) opening **2** (*travail*) job opportunity [*pl* job opportunities] **3** (*marché*) market
déboucher ◆ *vt* **1** (*conduit*) to unblock **2** (*bouteille*) to uncork ◆ *vi* ~ **sur** (*rue*) to lead **to *sth***
débourser *vt* to pay *sth* (out)
debout *adv* LOC **être debout** to be standing (up) **se mettre debout** to stand up **tenir debout** to hold water : *Cette histoire ne tient pas ~.* This story doesn't hold water. *Voir aussi* HISTOIRE
déboutonner *vt* to unbutton
débraillé, -e *pp, adj* scruffy
débrancher *vt* (*appareil*) to unplug
débrayer *vi* to disengage the clutch
débridé, -e *pp, adj* unbridled
débris *nm* **1** (*morceaux*) fragments **2** (*ordures*) rubbish [*indénombrable*]
débrouillard, -e *adj, nm-nf* resourceful [*adj*]
débrouiller ◆ *vt* **1** (*fils*) to disentangle **2** (*énigme*) to unravel ◆ **se débrouiller** *v pron* **1** (*apprentissage*) to get on : *Il se débrouille bien à l'école.* He's getting on well at school. **2** (*langue*) to get by : *Elle se débrouille maintenant en anglais.* She can get by in English now. **3** (*s'arranger*) to manage : *se ~ tout seul* to manage on your own ◊ *Il s'est débrouillé pour rentrer tout seul.* He managed to get back on his own. ◊ *Ils se sont très bien débrouillés sans nous.* They managed very well without us.
début *nm* (*commencement*) start, beginning (*plus sout*) : *au ~ du roman* at the beginning of the novel ◊ *depuis le ~* from the beginning LOC **au début** at first **au début de...** at the beginning of... : *au ~ de l'année* at the beginning of the year
débutant, -e *nm-nf* beginner
débuter *vt* to begin
décadence *nf* decline
décadent, -e *adj* decadent
décaféiné, -e *adj* decaffeinated
décalage *nm* gap LOC **décalage horaire** **1** (*entre deux pays*) time difference **2** (*après un vol*) jet lag
décalcomanie *nf* transfer
décaler *vt* **1** (*avancer*) to move *sth* forward **2** (*reculer*) to move *sth* back
décalquer *vt* to trace
décamper *vi* to run off
décapiter *vt* to behead
décapotable *adj, nf* convertible
décapsuleur *nm* bottle-opener
décéder *vi* to pass away
déceler *vt* to detect
décembre *nm* December (*abrév* Dec) ☛ *Voir exemples sous* JANVIER
décence *nf* decency
décennie *nf* decade
décent, -e *adj* decent
décentralisation *nf* decentralization
décentraliser *vt* to decentralize
déception *nf* disappointment... : *éprouver une ~* to be disappointed ◊ *Quelle ~ !* What a disappointment!
décerner *vt* to award *sth* (***to sb***) : *On a décerné le prix Nobel à...* The Nobel Prize has been awarded to...
décès *nm* death
décevant, -e *adj* disappointing LOC **être décevant** to be a disappointment
décevoir *vt* to disappoint : *J'ai été déçue de ne pas la voir.* I was disappointed not to see her.
déchaîné, -e *pp, adj* wild *Voir aussi* DÉCHAÎNER
déchaîner ◆ *vt* to unleash ◆ **se déchaîner** *vt* (*devenir agité*) to go wild
décharge *nf* **1** (*électrique*) (electric) shock : *J'ai reçu une ~.* I got an electric shock. **2** (*d'ordures*) tip
déchargé, -e *pp, adj* (*pile, batterie*) flat *Voir aussi* DÉCHARGER

décharger ◆ *vt* to unload : ~ *un camion/un fusil* to unload a lorry/gun ◆ **se décharger** *v pron* (*pile, batterie*) to go flat

se déchausser *v pron* to take your shoes off

déchéance *nf* decay

déchets *nm* **1** (*ordures*) rubbish [*indénombrable*] **2** (*résidus*) waste [*indénombrable*] : ~ *nucléaires* nuclear waste

déchetterie *nf* waste collection centre

déchiffrer *vt* **1** (*message*) to decode **2** (*écriture*) to decipher

déchiqueter *vt* (*papier, tissu*) to tear *sth* to shreds

déchirant, -e *adj* (*émouvant*) heart-rending

déchirement *nm* wrench

déchirer ◆ *vt* **1** (*papier, tissu*) to tear *sth* (up) : *J'ai déchiré ma jupe.* I've torn my skirt. ◊ *Il a déchiré la lettre.* He tore up the letter. **2** (*page*) to tear *sth* out ◆ **se déchirer** *v pron* to tear (*sth*) : *Ce tissu se déchire facilement.* This material tears easily. ◊ *se ~ un ligament* to tear a ligament

déchirure *nf* tear

décidé, -e *pp, adj* determined *Voir aussi* DÉCIDER

décider ◆ *vt, vi* to decide : *Ils ont décidé de vendre la maison.* They've decided to sell the house. ◆ **se décider** *v pron* **1** (*utilisé seul*) to make up your mind : *Décide-toi !* Make up your mind! **2 se ~ à** to decide ***to do sth*** : *Je vais peut-être me ~ à y aller.* I may decide to go. **3 se ~ pour** to decide **on *sb/sth*** : *Nous nous sommes décidés pour le rouge.* We decided on the red one.

décimal, -e ◆ *adj* decimal ◆ **décimale** *nf* decimal

décimer *vt* to decimate

décisif, -ive *adj* decisive

décision *nf* **1** (*gén*) decision : *prendre une ~* to make/take a decision **2** (*détermination*) decisiveness : *faire preuve de ~* to show decisiveness

déclamer *vt* to declaim

déclaration *nf* **1** (*gén*) declaration : *une ~ d'amour* a declaration of love **2** (*en public, Jur*) statement : *selon la ~ du ministre* according to the minister's statement ◊ *Il n'a pas voulu faire de ~.* He didn't want to make a statement. **3** (*accident, crime*) report : *faire une ~ de vol à la police* to report a theft to the police LOC **déclaration d'impôts** tax return

déclarer ◆ *vt* **1** (*gén*) to declare : *Avez-vous quelque chose à ~ ?* Anything to declare? **2** (*en public*) to state : *Le ministre a déclaré qu'il n'en savait rien.* The minister stated that he knew nothing about it. **3** (*vol*) to report **4** (*naissance, décès*) to register ◆ **se déclarer** *v pron* **1 se ~ pour/contre** (*gén*) to come out **in favour of/against *sth*** **2** (*incendie, épidémie*) to break out : *Un incendie s'est déclaré dans les bois.* A fire broke out in the woods. LOC **déclarer forfait 1** (*sportif*) to withdraw **2** (*renoncer*) to give up

déclenchement *nm* **1** (*mécanisme*) setting off **2** (*guerre*) outbreak

déclencher ◆ *vt* **1** (*mécanisme, alarme*) to set *sth* off **2** (*réaction, rires*) to provoke **3** (*conflit*) to spark ◆ **se déclencher** *v pron* (*mécanisme*) to go off : *L'alarme s'est déclenchée en pleine nuit.* The alarm went off in the middle of the night.

déclic *nm* **1** (*bruit*) click **2** (*idée*) : *Soudain j'ai eu un ~.* Suddenly it clicked.

déclin *nm* decline

décliner *vt, vi* to decline

décoder *vt* to decode

décodeur *nm* decoder

décoiffé, -e *pp, adj* : *Tu es complètement ~.* Your hair is in a mess. *Voir aussi* DÉCOIFFER

décoiffer *vt* to mess *sb's* hair up : *Ne me décoiffe pas.* Don't mess my hair up.

décollage *nm* take-off

décoller ◆ *vt* (*étiquette, papier peint*) to remove ◆ *vi* (*avion*) to take off : *L'avion est en train de ~.* The plane is taking off. ◆ **se décoller** *v pron* to come unstuck : *Le timbre s'est décollé.* The stamp has come unstuck.

décolleté, -e ◆ *pp, adj* low-cut : *C'est trop ~.* It's too low-cut. ◊ *une robe décolletée dans le dos* a dress that comes down at the back ◆ *nm* **1** (*d'un vêtement*) neckline : *un ~ plongeant* a plunging neckline **2** (*poitrine*) cleavage LOC **décolleté en V** V-neck

décolorer *vt* **1** (*cheveux*) to bleach **2** (*tissu*) to fade

décombres *nf* rubble [*indénombrable*] : *Il ne reste que des ~.* There's nothing left but rubble.

décommander ◆ *vt* (*rendez-vous*) to call *sth* off ◆ **se décommander** *v pron* to cancel : *Il s'est décommandé au dernier moment.* He cancelled at the last minute.

décomposer ◆ *vt* to break *sth* down (***into sth***) ◆ **se décomposer** *v pron* **1** (*pourrir*) to decompose **2** (*visage*) to fall

décomposition *nf* (*d'un cadavre*) decomposition LOC **en décomposition** decomposing

décompte *nm* (*calcul*) breakdown

se déconcentrer *v pron* to lose your concentration

déconcertant, -e *adj* disconcerting

déconcerter *vt* to disconcert : *Sa réaction m'a déconcerté.* His reaction disconcerted me. LOC **être déconcerté** to be taken aback : *Ils ont été déconcertés par mon refus.* They were taken aback by my refusal.

décongeler *vt* to defrost

déconner *vi* **1** (*dire des bêtises*) to talk rubbish **2** (*faire des bêtises*) to mess around

déconseiller *vt* to advise *sb* **against *sth*/*doing sth*** : *Je lui ai déconseillé d'y aller seul.* I advised him against going alone.

décontenancer ◆ *vt* to put *sb* out ◆ **se décontenancer** *v pron* to be put out

décontracté, -e *pp, adj* **1** (*détendu*) relaxed **2** (*style, tenue*) casual : *vêtements ~s* casual clothes **3** (*insouciant*) laid-back : *Il est très ~.* He's very laid-back. *Voir aussi* (SE) DÉCONTRACTER

(se) décontracter *vt, v pron* to relax

décor *nm* **1** (*pièce*) decor **2** (*Cin, Théâtre*) set **3** (*environnement*) scenery

décorateur, -trice *nm-nf* **1** (*d'intérieurs*) interior decorator **2** (*Théâtre*) set designer

décoratif, -ive *adj* decorative

décoration *nf* **1** (*gén*) decoration : *~s de Noël* Christmas decorations **2** (*médaille*) medal

décorer *vt* **1** (*maison, objet*) to decorate *sth* (***with sth***) **2** (*personne*) to award *sb* a medal (***for sth***)

décortiquer *vt* **1** (*noix*) to shell **2** (*crevette*) to peel **3** (*texte*) to take *sth* to pieces

découdre ◆ *vt* to unpick ◆ **se découdre** *v pron* to come apart at the seams

découper *vt* **1** (*gâteau*) to cut **2** (*viande*) to carve **3** (*image*) to cut *sth* out : *J'ai découpé la photo dans un vieille revue.* I cut the photograph out of an old magazine.

découragé, -e *pp, adj* despondent *Voir aussi* DÉCOURAGER

décourageant, -e *adj* discouraging

décourager ◆ *vt* to discourage ◆ **se décourager** *v pron* to lose heart

décousu, -e *pp, adj* **1** (*vêtement*) coming apart at the seams **2** (*conversation*) disconnected *Voir aussi* DÉCOUDRE

découvert, -e ◆ *pp, adj* **1** (*épaules, tête*) bare **2** (*terrain*) exposed ◆ *nm* (*bancaire*) overdraft LOC **à découvert 1** (*compte, client*) overdrawn **2** (*agir*) openly *Voir aussi* DÉCOUVRIR

découverte *nf* discovery [*pl* discoveries] LOC *Voir* PARTIR

découvrir ◆ *vt* **1** (*trouver*) to discover : *~ un vaccin* to discover a vaccine **2** (*secret, vérité*) to find *sth* (out), to discover (*plus sout*) : *J'ai découvert qu'ils me mentaient.* I found out that they were lying to me. **3** (*enlever le couvercle*) to take the lid **off *sth*** : *~ une casserole* to take the lid off a saucepan ◆ **se découvrir** *v pron* **1** (*au lit*) to throw the bedclothes off **2** (*ôter son chapeau*) to take your hat off LOC **découvrir le pot aux roses** to stumble on the truth

décret *nm* decree

décréter *vt* **1** (*ordonner*) to decree **2** (*décider*) to decide : *Il a décrété qu'il n'irait pas.* He decided that he wouldn't go.

décrire *vt* to describe

décrocher ◆ *vt* **1** (*tableau, rideaux*) to take *sth* down : *Aide-moi à ~ le miroir.* Help me take the mirror down. **2** (*téléphone*) to pick *sth* up : *Décrochez le combiné.* Pick up the phone. ◊ *Il a décroché son téléphone pour ne pas être dérangé.* He took the phone off the hook so he wouldn't be disturbed. **3** (*obtenir*) to land : *~ un bon travail* to land a good job ◆ *vi* **1** (*se déconcentrer*) to switch off : *Au bout de deux heures, j'ai complètement décroché.* After two hours, I completely switched off. **2** (*abandonner*) to drop out : *Elle a décroché en deuxième année.* She dropped out in the second year. ◆ **se décrocher** *v pron* (*tableau, rideau*) to come unhooked

décroissant, -e *adj* decreasing

décroître *vi* to decrease

déçu, -e *pp, adj* disappointed : *être ~* to be disappointed *Voir aussi* DÉCEVOIR

dédaigner *vt* to despise

dédaigneux, -e *adj* disdainful

dédain *nm* scorn

dédale *nm* maze

dedans *adv, nm* inside : *Il a ouvert le sac pour voir ce qu'il y avait ~.* He opened the bag to see what was inside.

◊ *Ne prends pas ce verre, il y a du vinaigre ~.* Don't take this glass, there's vinegar in it. LOC **en dedans (de)** inside (sth) *Voir aussi* FICHER

dédicace *nf* dedication

dédicacer *vt* to autograph *sth* (***for sb***)

dédier *vt* to dedicate *sth* (***to sb***) : *J'ai dédié le livre à mon père.* I dedicated the book to my father.

dédommagement *nm* compensation

dédommager *vt* **1** (*indemniser*) to compensate **2** (*récompenser*) to repay *sb* (**for sth**) : *Je ne sais pas comment les ~ pour tout ce qu'ils ont fait.* I don't know how to repay them for all they've done.

déduction *nf* deduction

déduire *vt* **1** (*conclure*) to deduce *sth* (**from sth**) : *J'en ai déduit qu'il n'était pas chez lui.* I deduced that he wasn't at home. **2** (*soustraire*) to deduct *sth* (**from sth**) : *Il faut que tu déduises les frais de déplacement.* You have to deduct your travelling expenses.

déesse *nf* goddess

défaillance *nf* (*machine*) fault : *La panne est due à une ~ mécanique.* The breakdown is due to a mechanical fault.

défaillant, -e *adj* failing

défaire ◆ *vt* **1** (*nœud*) to undo **2** (*valise*) to unpack **3** (*colis*) to unwrap : *~ un paquet* to unwrap a parcel **4** (*lit*) to unmake **5** (*démonter*) to take *sth* to pieces : *~ un puzzle* to take a jigsaw to pieces ◆ **se défaire** *v pron* **1** (*nœud, couture, paquet*) to come undone : *Mon lacet s'est défait.* My shoelace has come undone. **2 se ~ de** (*se débarrasser de*) to get rid of *sb/sth* : *se ~ d'une vieille voiture* to get rid of an old car LOC *Voir* BAGAGE, VALISE

défaite *nf* defeat

défaitiste *adj, nmf* defeatist [*adj*]

défaut *nm* **1** (*caractère, diamant*) flaw **2** (*machine, meuble*) fault : *un ~ de fabrication* a manufacturing fault **3** (*manque*) lack : *faire ~* to be lacking LOC **à défaut de** failing *sth*

défavorable *adj* unfavourable

défavorisé, -e *pp, adj* underprivileged *Voir aussi* DÉFAVORISER

défavoriser *vt* to disadvantage

défectueux, -euse *adj* defective, faulty (*plus fam*)

défendeur, -eresse *nm-nf* (*Jur*) defendant

défendre ◆ *vt* **1** (*protéger*) to defend *sb/sth* (**against sb/sth**) **2** (*interdire*) to forbid *sb* **sth/to do sth** : *Je te défends d'ouvrir la porte.* I forbid you to open the door. ◆ **se défendre** *v pron* **1** (*lutter*) to defend yourself : *Il est tout à fait capable de se ~ tout seul.* He's perfectly capable of defending himself on his own. **2** (*se débrouiller*) to get by : *Il se défend bien en anglais.* He gets by in English. **3** (*point de vue*) to be valid : *Ça se défend.* That's a valid point.

défense *nf* **1** (*éléphant*) tusk **2** (*protection*) defence : *les ~s de l'organisme* the body's defences ◊ *Leur équipe a une très bonne ~.* Their team has a very good defence. LOC **défense d'afficher** no fly-posting **défense d'entrer** no entry **défense de fumer** no smoking **prendre la défense de** to stand up for *sb* **sans défense** defenceless *Voir aussi* ASSOCIATION, AVOCAT, LÉGITIME

défenseur *nm* defender

défensif, -ive *adj* defensive LOC **être/se tenir sur la défensive** to be/go on the defensive

déférence *nf* deference

déferler *vi* **1** (*vagues*) to break **2** (*foule*) to surge

défi *nm* challenge LOC *Voir* RELEVER

déficience *nf* deficiency [*pl* deficiencies] LOC **déficience mentale** mental deficiency

déficient, -e *adj* **1** (*insuffisant*) inadequate **2** (*Méd*) deficient

déficit *nm* deficit

défier *vt* **1** (*adversaire*) to challenge *sb* (***to sth***) **2** **~ qn de faire qch** to dare **sb to do sth** : *Je te défie de l'appeler.* I dare you to call him. **3** (*danger*) to brave **4** (*mort*) to defy

défigurer *vt* to disfigure : *La maladie l'a défiguré.* He was left disfigured by his illness.

défilé *nm* **1** (*militaire*) parade : *le ~ du 14 juillet* the 14 July parade **2** (*gorges*) gorge LOC **défilé de mode** fashion show

défiler ◆ *vi* **1** (*manifestants, soldats*) to march **2** (*mannequins*) to parade **3** (*se succéder*) to come and go : *Les candidats ont défilé toute la journée.* The candidates have been coming and going all day. **4** (*images*) to flash past ◆ **se défiler** *v pron* to wriggle out of *sth/doing sth* : *N'essaie pas de te ~.* Don't try to wriggle out of it.

défini, -e *pp, adj* (*précis*) defined LOC *Voir* ARTICLE ; *Voir aussi* DÉFINIR

définir *vt* to define

définitif, -ive *adj* **1** (*décision, version*) final : *le résultat ~* the final result **2** (*solution, fermeture*) definitive LOC **en définitive** in the end

définition *nf* definition

définitivement *adv* for good : *Il s'est installé ~ à l'étranger.* He went abroad for good.

défoncé, -e *pp, adj* **1** (*fauteuil*) broken **2** (*route*) full of potholes **3** (*drogue*) high *Voir aussi* DÉFONCER

défoncer ◆ *vt* **1** (*porte, mur*) to break *sth* down **2** (*voiture*) to smash **3** (*route*) to ruin ◆ **se défoncer** *v pron* **se ~ (à)** to get high (**on** ***sth***)

déforestation *nf* deforestation

déformation *nf* **1** (*image, réalité*) distortion **2** (*membre*) deformity [*pl* deformities]

déformé, -e *pp, adj* **1** (*vêtement*) shapeless **2** (*chaussée*) uneven *Voir aussi* DÉFORMER

déformer ◆ *vt* **1** (*corps*) to deform **2** (*vêtement*) to pull *sth* out of shape : *Tu vas ~ les poches de ton manteau.* You'll pull the pockets of your coat out of shape. **3** (*visage, image, réalité*) to distort **4** (*voix*) to alter ◆ **se déformer** *v pron* (*vêtement, objet*) to lose its shape

se défouler *v pron* to unwind

défunt, -e *adj, nm-nf* deceased : *la famille du ~* the family of the deceased

dégagé, -e *pp, adj* **1** (*vue, ciel*) clear **2** (*épaules*) bare **3** (*air, ton*) casual *Voir aussi* DÉGAGER

dégager ◆ *vt* **1** (*déblayer*) to clear : *Dégagez les lieux !* Clear the area! **2** (*libérer*) to free : *Ils ont réussi à le ~ des décombres.* They managed to free him from the rubble. **3** (*odeur, fumée*) to give *sth* off : *Le moteur dégage de la chaleur.* The motor is giving off heat. **4** (*moralement*) to disclaim : *Je dégage ma responsabilité de cette affaire.* I disclaim responsibility for this matter. ◆ *vi* (*partir*) to clear off : *Dégage !* Clear off! ◆ **se dégager** *v pron* **1** (*personne*) to get out **of** ***sth*** : *Il s'est dégagé à temps de sa voiture.* He got out of his car in time. ◊ *J'avais un rendez-vous mais j'ai pu me ~.* I had an appointment but I managed to get out of it. **2** (*ciel*) to clear up : *Le ciel s'est dégagé en fin d'après-midi.* The sky cleared up in the late afternoon. **3** (*fumée, odeur*) to be given off

dégainer *vt* to draw

se dégarnir *v pron* to go bald : *Son front se dégarnit.* He's going bald.

dégât *nm* damage (**to** ***sth***) [*indénombrable*] : *La tempête a fait beaucoup de ~s.* The storm has caused a lot of damage.

dégel *nm* thaw

dégeler *vt, vi* (*décongeler*) to thaw

dégénéré, -e *pp, adj, nm-nf* degenerate *Voir aussi* DÉGÉNÉRER

dégénérer *vi* to degenerate : *La plaisanterie a dégénéré en dispute.* The joke degenerated into an argument.

dégivrer *vt* **1** (*réfrigérateur*) to defrost **2** (*pare-brise*) to de-ice

dégonfler ◆ *vt* (*pneu, ballon*) to let *sth* down ◆ **se dégonfler** *v pron* **1** (*pneu, ballon*) to go down **2** (*personne*) to chicken out

dégouliner *vi* to trickle : *La sueur dégoulinait sur son front.* Sweat was trickling down his forehead.

dégourdi, -e *pp, adj* smart

dégoût *nm* disgust

dégoûtant, -e *adj* **1** (*répugnant*) disgusting : *C'est ~ de jouer avec la nourriture.* It's disgusting to play with your food. **2** (*sale*) filthy : *Sa voiture est dégoûtante !* His car's filthy!

dégoûter *vt* **1** (*répugner*) to disgust : *Son hypocrisie me dégoûte.* His hypocrisy disgusts me. ◊ *Les moules me dégoûtent.* I find mussels disgusting. **2 ~ de** (*ôter l'envie*) to put *sb* off ***sth/doing sth*** : *Ça m'a dégoûté des vacances.* That's put me off holidays.

dégradé *nm* **1** (*de couleurs*) gradation : *un ~ de verts* a gradation of greens **2** (*coiffure*) layered cut

dégrader ◆ *vt* **1** (*officier*) to degrade **2** (*abîmer*) to damage ◆ **se dégrader** *v pron* (*se détériorer*) to deteriorate : *Le quartier s'est beaucoup dégradé.* The area has deteriorated a lot.

dégrafer ◆ *vt* (*vêtement*) to undo ◆ **se dégrafer** *v pron* to come undone : *Ma jupe s'est dégrafée.* My skirt came undone.

degré *nm* **1** (*gén*) degree : *Il fait moins deux ~s.* It's two degrees below zero. ◊ *des brûlures au troisième ~* third-degree burns **2** (*alcool*) : *Ce vin fait 12 ~s.* This wine is 12%. LOC *Voir* ÉQUATION, PREMIER

dégressif, -ive *adj* LOC *Voir* TARIF

dégringoler *vi* to tumble

dégueulasse *adj* disgusting

dégueuler *vt, vi* to puke (*sth*) up

déguisement *nm* **1** (*pour une fête*) fancy dress [*indénombrable*] : *un magasin où l'on peut louer des ~s* a shop where you can hire fancy dress **2** (*pour ne pas être reconnu*) disguise

déguiser ◆ *vt* **1** (*habiller*) to dress *sb* up **as** ***sb/sth*** **2** (*voix, visage*) to disguise

◆ **se déguiser** *v pron* **se ~ en 1** (*pour une fête*) to dress up **as sb/sth** : *Elle s'est déguisée en Cendrillon.* She dressed up as Cinderella. **2** (*pour ne pas être reconnu*) to disguise yourself **as sb/sth**

déguster *vt* (*savourer*) to taste

dehors ◆ *adv* **1** (*à l'extérieur*) outside : *Allons ~.* Let's go outside. ◊ *On pouvait entendre des bruits ~.* You could hear noises outside. **2** (*pas chez soi*) out : *Ils passent toute la journée ~.* They're out all day. ◆ *nm* outside : *les bruits du ~* noises from outside ◆ *excl* get out ! LOC **en dehors de 1** (*à l'extérieur de*) outside *sth* : *en ~ de la ville* outside the town **2** (*excepté*) apart from *sth* : *En ~ de son travail, rien ne l'intéresse.* Apart from his work, nothing interests him. **mettre dehors** to throw *sb* out : *Ils nous ont mis dehors.* We were thrown out. *Voir aussi* FLANQUER

déjà *adv* **1** (*dès maintenant, si tôt*) already : *Il est ~ 3 heures.* It's already 3 o'clock. ◊ *Tu l'as ~ terminé ?* Have you finished it already? ☛ *Voir note sous* YET **2** (*auparavant*) before : *Je lui ai ~ dit.* I told him before. ◊ *Est-ce que tu y es ~ allé ?* Have you been there before? **3** (*pour faire répéter*) : *Elle s'appelle comment ~ ?* What did you say her name was? **4** (*emphatique*) : *Ils nous ont remboursé les billets, c'est ~ ça.* They refunded the tickets — at least that's something. ◊ *Il a fait la vaisselle, c'est ~ quelque chose.* He did the washing-up, which is something at least.

déjeuner ◆ *nm* (*repas*) lunch : *après le ~* after lunch ◊ *à l'heure du ~* at lunchtime ☛ *Voir note sous* DINNER ◆ *vi* **1** (*le midi*) to have lunch : *Ils nous ont invités à ~.* They invited us for lunch. ◊ *Nous déjeunons au restaurant demain.* We're going out for lunch tomorrow. **2** (*le matin*) to have breakfast LOC *Voir* PETIT

déjouer *vt* **1** (*plans*) to foil **2** (*surveillance*) to elude

délabré, -e *pp, adj* dilapidated

délai *nm* **1** (*période*) : *Nous avons un ~ d'un mois pour payer.* We've got a month to pay. **2** (*date limite*) deadline : *Ils n'ont pas respecté les ~s.* They didn't meet the deadline. **3** (*temps supplémentaire*) extension : *Ils nous ont accordé un ~ de quinze jours.* They gave us an extension of two weeks. LOC **dans un délai de** within... **sans délai** without delay

délaisser *vt* to neglect

délasser ◆ *vt* to refresh ◆ **se délasser** *v pron* to relax

délavé, -e *pp, adj* faded

délayer *vt* to mix : *Délayez la farine dans du lait.* Mix the flour with milk.

délégation *nf* delegation

délégué, -e *nm-nf* (*Polit*) delegate LOC **délégué de classe** student representative

déléguer *vt* to delegate

délibération *nf* deliberation

délibéré, -e *pp, adj* deliberate *Voir aussi* DÉLIBÉRER

délibérer *vi* to deliberate

délicat, -e *adj* **1** (*gén*) delicate **2** (*situation*) awkward

délicatesse *nf* **1** (*gén*) delicacy **2** (*tact*) tact : *Il manque vraiment de ~.* He's really tactless.

délice *nm* delight

délicieux, -ieuse *adj* delicious : *Cette tarte est délicieuse.* This tart tastes delicious.

délimiter *vt* to mark *sth* out

délinquance *nf* delinquency LOC **délinquance juvénile** juvenile delinquency

délinquant, -e *nm-nf* delinquent

délire *nm* **1** (*Méd*) delirium **2** (*folie*) madness : *C'est du ~ !* It's madness! LOC **en délire** frenzied

délirer *vi* **1** (*Méd*) to be delirious **2** (*dire des bêtises*) to talk nonsense

délit *nm* crime LOC *Voir* FLAGRANT

délivrer *vt* **1** (*prisonnier*) to release **2** (*certificat, ordonnance*) to issue : *~ un passeport* to issue a passport

déloyal, -e *adj* **1** (*ami*) disloyal **2** (*concurrence*) unfair

delta *nm* delta

deltaplane *nm* **1** (*appareil*) hang-glider **2** (*sport*) hang-gliding

déluge *nm* (*pluie*) downpour LOC **le Déluge** the Flood **un déluge de** a flood of *sth*

démagogie *nf* demagogy

demain *adv, nm* tomorrow : *~ soir* tomorrow evening ◊ *le journal de ~* tomorrow's paper LOC **à demain !** see you tomorrow!

demande *nf* **1** (*requête*) request (**for** *sth*) : *une ~ d'information* a request for information ◊ *faire une ~* to make a request **2** (*Administration*) application (**for** *sth*) : *faire une ~ de bourse* to apply for a grant **3** (*formulaire*) application form **4** (*Écon*) demand : *l'offre et la ~* supply and demand **5** (*Jur*) claim (**for** *sth*) : *faire une ~ d'indemnisation* to put in a claim for compensation LOC **demande d'emploi** job application

demandes d'emploi (*Journal*) situations wanted

demandé, -e *pp, adj* in demand *Voir aussi* DEMANDER

demander ◆ *vt* **1** (*gén*) to ask (*sb*) **for sth**, to request (*plus sout*) : ~ *du pain/l'addition* to ask for bread/the bill ◊ ~ *de l'aide à qn* to ask sb for help ◊ ~ *un entretien* to request an interview **2** (*permission, faveur, somme*) to ask (*sb*) (*sth*) : *Je veux te ~ un service.* I want to ask you a favour. ◊ *Ils demandent 2 000 euros.* They're asking 2 000 euros. ◊ ~ *l'heure/son chemin à qn* to ask sb the time/the way **3** ~ **à qn de faire qch** to ask **sb to do sth** : *Il m'a demandé d'attendre.* He asked me to wait. **4** (*nécessiter*) to require : *Ça demande beaucoup de patience.* It requires a lot of patience. **5** (*appeler*) : *On vous demande au téléphone.* You're wanted on the phone. ◆ **se demander** *v pron* to wonder : *Je me demande où il est.* I wonder where he is. LOC **demander l'aumône 1** (*pr*) to beg **2** (*fig*) to ask for handouts **demander pardon** to apologize (*to sb*) (*for sth*) **je ne demande pas mieux** I'd be only too pleased (*to do sth*) : *Je ne demande pas mieux que de l'aider.* I'd be only too pleased to help. *Voir aussi* GRÂCE

demandeur, -euse *nm-nf* LOC **demandeur d'asile** asylum seeker **demandeur d'emploi** applicant

démangeaison *nf* itch : *J'ai des ~s dans le dos.* I've got an itchy back.

démanger *vt* **1** (*gratter*) to itch : *Sa cicatrice le démange.* His scar itches. ◊ *Ce pull me démange.* This jumper makes me itch. **2** (*envie*) : *Ça me démangeait de tout lui raconter.* I was itching to tell her everything.

démanteler *vt* to dismantle

démaquillant *nm* make-up remover

démarcation *nf* LOC *Voir* LIGNE

démarche *nf* **1** (*administrative*) procedure : *Il a fait les ~s nécessaires.* He followed the necessary procedures. **2** (*allure*) walk : *Je l'ai reconnu à sa ~.* I recognized him by his walk.

démarcheur, -euse *nm-nf* door-to-door salesman/woman [*pl* door-to-door salesmen/women]

démarrage *nm* **1** (*moteur*) starting : *J'ai des problèmes de ~.* I've got problems starting the car. **2** (*affaire, projet*) start

démarrer ◆ *vt* **1** (*moteur*) to start **2** (*commencer*) to get *sth* off the ground ◆ *vi* **1** (*moteur, voiture*) to start **2** (*conducteur*) to drive off **3** (*affaire, projet*) to get off the ground

démarreur *nm* starter

démasquer *vt* to unmask

démêler *vt* (*cheveux, laine*) to untangle

déménagement *nm* move LOC *Voir* CAMION

déménager *vt, vi* to move : *Nous avons déménagé au numéro trois.* We moved to number three.

se démener *v pron* **1** (*s'agiter*) to thrash about **2** (*se donner du mal*) to try your best ***to do sth*** : *Elle s'est démenée pour retrouver du travail.* She tried her best to find work.

dément, -e *adj* **1** (*Méd*) demented **2** (*incroyable*) incredible : *C'est ~ !* It's incredible!

démenti *nm* denial

démentir *vt* to deny : *Il a démenti les accusations.* He denied the accusations.

démesuré, -e *pp, adj* excessive

démettre ◆ *vt* to dismiss : *Il a été démis de ses fonctions.* He was dismissed from his duties. ◆ **se démettre** *v pron* to dislocate : *Elle s'est démis l'épaule.* She dislocated her shoulder.

demeure *nf* (*maison*) mansion

demeurer *vi* **1** (*rester*) to remain **2** (*résider*) to live

demi ◆ *adj* **demi-** half a, half an : *une demi-bouteille de vin* half a bottle of wine ◊ *un demi-kilo* half a kilo ◆ *nm* **1** (*Math, Sport*) half [*pl* halves] **2** (*bière*) glass of beer : *J'ai bu quatre ~s.* I had four glasses of beer. ◆ **demie** *nf* **la demie** half past : *Il est la demie.* It's half past. LOC **à demi** half : *On l'a retrouvé à ~ mort.* He was found half dead. ◊ *Je n'aime pas faire les choses à ~.* I don't like doing things by halves. **et demi 1** (*mesure, durée*) and a half : *un kilo et ~ de tomates* one and a half kilos of tomatoes ◊ *Cela nous a pris deux heures et demie.* It took us two and a half hours. **2** (*pour indiquer l'heure*) : *Il est trois heures et demie.* It's half past three.

demi-cercle *nm* semicircle

demi-écrémé, -e *adj* LOC *Voir* LAIT

demi-finale *nf* semi-final

demi-frère *nm* **1** (*fils du père ou de la mère*) half-brother **2** (*fils du beau-père ou de la belle-mère*) stepbrother

demi-heure *nf* half an hour : *pendant une ~* for half an hour ◊ *toutes les ~s* every half hour

demi-mesure *nf* half measures [*pl*] : *Je n'aime pas les ~s.* I don't like half measures.

demi-pension *nf* **1** (*à l'hôtel*) half board **2** (*à l'école*) : *Il est en ~.* He takes school meals.

demi-sel *adj* LOC *Voir* BEURRE

demi-sœur *nf* **1** (*fille du père ou de la mère*) half-sister **2** (*fille du beau-père ou de la belle-mère*) stepsister

démission *nf* resignation : *Il a donné sa ~.* He handed in his resignation.

démissionner *vi* ~ **(de)** (*travail*) to resign (**from** ***sth***) : *Il a démissionné de son poste.* He resigned from his post.

demi-tour *nm* **1** (*à pied*) about-turn **2** (*en voiture*) U-turn LOC **faire demi-tour** to turn back : *Ce n'est pas la bonne direction, il faut faire ~.* We're going the wrong way, we'll have to turn back.

démo *nf* demo [*pl* demos]

démocrate *nmf* democrat

démocratie *nf* democracy [*pl* democracies]

démocratique *adj* democratic

démodé, -e *pp, adj* old-fashioned : *Cette chemise est démodée.* This shirt's old-fashioned.

demoiselle *nf* young lady [*pl* young ladies] LOC **demoiselle d'honneur** bridesmaid ☛ *Voir note sous* MARIAGE

démolir *vt* **1** (*bâtiment*) to knock *sth* down, to demolish (*plus sout*) **2** (*jouet*) to smash *sth* up

démolition *nf* demolition

démon *nm* (*diable, personne*) devil : *Quel petit ~ !* What a (little) devil!

démonstratif, -ive *adj* demonstrative

démonstration *nf* demonstration

démonter *vt* **1** (*gén*) to take *sth* apart : *~ une bicyclette* to take a bike apart **2** (*échafaudage, rayonnage*) to take *sth* down **3** (*troubler*) to put *sb* out : *Il ne s'est pas laissé ~.* He wasn't put out.

démontrer *vt* **1** (*prouver*) to prove : *Je leur ai démontré que ce n'était pas possible.* I proved to them that it wasn't possible. **2** (*indiquer*) to show

démoralisant, -e *adj* disheartening

démoraliser ◆ *vt* to demoralize ◆ **se démoraliser** *v pron* to lose heart : *Continue, ne te démoralise pas.* Keep going, don't lose heart.

démordre *vi* LOC **ne pas démordre de** to stick to *sth* : *Il n'a pas voulu en ~.* He stuck to his guns.

démotiver *vt* to demotivate

démuni, -e *pp, adj* **1** (*sans défense*) helpless **2** (*pauvre*) deprived

dénaturer *vt* **1** (*goût*) to impair **2** (*pensée*) to distort

dénicher *vt* (*trouver*) to unearth

dénigrer *vt* to run *sth* down, to denigrate (*plus sout*)

dénivellation *nf* **1** (*différence de niveau*) : *Il y a une ~ entre la maison et le jardin.* There's a difference in level between the house and the garden. **2** (*route, terrain*) : *Il y a une ~ de terrain.* The ground isn't level.

dénoncer *vt* **1** (*coupable, camarade de classe*) to report *sb/sth* (**to** ***sb***) : *Ils m'ont dénoncé à la police.* They reported me to the police. ◊ *Elle l'a dénoncé au directeur.* She reported him to the head. **2** (*scandale*) to denounce

dénonciation *nf* denunciation

dénouement *nm* **1** (*roman, film*) ending : *un heureux ~* a happy ending **2** (*affaire*) outcome

dénouer *vt* to undo

denrée *nf* LOC **denrées alimentaires** foodstuffs

dense *adj* **1** (*végétation, brouillard*) dense **2** (*circulation*) heavy

densité *nf* **1** (*gén*) density [*pl* densities] **2** (*brouillard*) thickness

dent *nf* tooth [*pl* teeth] LOC **avoir mal aux dents** to have toothache **dent de lait** milk tooth [*pl* milk teeth] **dent de sagesse** wisdom tooth [*pl* wisdom teeth] *Voir aussi* BROSSE, CLAQUER, GRINCEMENT, GRINCER, LAVER, MORDRE

dentaire *adj* dental

dentelé, -e *pp, adj* serrated

dentelle *nf* lace

dentier *nm* dentures [*pl*]

dentifrice *nm* toothpaste

dentiste *nmf* dentist

dentition *nf* teeth [*pl*]

dénuder *vt* **1** (*épaules*) to bare **2** (*fil électrique*) to strip

dénué, -e *adj* ~ **de** devoid **of** ***sth***

déodorant *nm* deodorant

dépanner *vt* **1** (*voiture, téléviseur*) to fix : *Le garagiste nous a dépannés.* The mechanic fixed our car. **2** (*aider*) to tide *sb* over

dépanneur ◆ *nm* repairman [*pl* repairmen] ◆ **dépanneuse** *nf* breakdown truck

dépareillé, -e *pp, adj* (*chaussette*) odd

départ *nm* **1** (*avion, train*) departure : *le tableau des ~s* the departures board **2** (*personne*) : *Je l'ai vu avant son ~.* I saw him before he left. **3** (*course*) start LOC **au départ** to start with *Voir aussi* BLOC

département *nm* department

départemental, -e *adj* local LOC *Voir* ROUTE

dépassé, -e *pp, adj* out of date : *des idées dépassées* out-of-date ideas *Voir aussi* DÉPASSER

dépassement *nm* (*en voiture*) overtaking

dépasser ◆ *vt* **1** (*quantité, limite, espérances*) to exceed : *Il a dépassé les 170 km à l'heure.* It exceeded 170 km an hour. **2** (*voiture, coureur*) to overtake : *Le favori a été dépassé dans la ligne d'arrivée.* The favourite was overtaken at the finishing line. **3** (*être plus grand*) to be taller ***than sb*** : *Il la dépasse de cinq centimètres.* He's five centimetres taller than her. **4** (*aller plus loin*) to go past *sth* : *Nous avons dépassé la mairie.* We've gone past the town hall. **5** (*être meilleur*) to exceed : ~ *les attentes de qn* to exceed sb's expectations ◆ *vi* **1** (*partie du corps*) to stick out **2** (*objet*) to show : *La doublure dépasse de son manteau.* The lining of his coat is showing. LOC **dépasser les bornes** to go too far : *Cette fois tu as dépassé les bornes.* This time you've gone too far.

se dépêcher *v pron* to hurry up : *Dépêche-toi ! On est en retard.* Hurry up! We're late. ◊ *Dépêche-toi de finir tes devoirs.* Hurry up and finish your homework.

dépeindre *vt* to portray

dépendance *nf* **1** (*personne, pays*) dependence **2** (*drogué*) addiction

dépendant, -e *adj* **1** (*gén*) dependent **2** ~ **(de)** (*drogué*) addicted (**to *sth***)

dépendre *vi* ~ **de 1** (*situation*) to depend **on *sb/sth*** : *Cela dépendra du temps.* It depends on the weather. ◊ *« Tu vas venir ? — Ça dépend. »* 'Will you be coming?' 'That depends.' **2** (*décision*) to be up to *sb* : *Ça ne dépend que de toi.* It's up to you. **3** (*économiquement*) to be dependent **on *sb/sth*** **4** (*faire partie de*) to belong **to *sth*** : *Les jardins dépendent du château.* The gardens belong to the castle.

dépens *nm* LOC **aux dépens de** at *sb's* expense : *à nos* ~ at our expense

dépense *nf* expense LOC **faire des dépenses** to spend money

dépenser ◆ *vt* **1** (*argent*) to spend *sth* (***on sb/sth***) **2** (*consommer*) to use : ~ *moins d'électricité* to use less electricity ◆ **se dépenser** *v pron* to exert yourself

dépensier, -ière *adj* extravagant

déphasé, -e *pp, adj* out of touch

dépistage *nm* screening

dépit *nm* spite : *faire qch par* ~ to do sth out of spite LOC **en dépit de** in spite of *sth* : *en* ~ *de nos avertissements* in spite of our warnings

déplacé, -e *pp, adj* out of place : *une remarque déplacée* an out of place remark *Voir aussi* DÉPLACER

déplacement *nm* **1** (*fait de déplacer*) moving **2** (*voyage*) travelling LOC **être en déplacement** to be away

déplacer ◆ *vt* to move : *Ils ont déplacé toutes mes affaires dans l'autre bureau.* They moved all my things to the other office. ◆ **se déplacer** *v pron* **1** (*bouger, marcher*) to get about : *Elle se déplace avec difficulté.* She gets about with difficulty. **2** (*aller*) to travel : *Ils se déplacent partout en taxi.* They travel everywhere by taxi. LOC **se déplacer une vertèbre** to slip a disc

déplaire *vi* : *Ça ne me déplaît pas.* I don't dislike it. ◊ *Ça ne me déplairait pas.* I wouldn't mind.

déplaisant, -e *adj* unpleasant

dépliant *nm* leaflet

déplier *vt* to unfold

déploiement *nm* deployment

déplorable *adj* deplorable

déplorer *vt* to regret

déployer ◆ *vt* **1** (*carte, journal*) to unfold **2** (*drapeau, voiles*) to unfurl **3** (*troupes*) to deploy **4** (*ailes*) to spread ◆ **se déployer** *v pron* (*troupes*) to be deployed

déporter *vt* (*camp de concentration*) to send *sb* to a concentration camp

déposer ◆ *vt* **1** (*poser*) to put *sth* down, to deposit (*plus sout*) : *Elle a déposé les paquets sur la table.* She put the packages down on the table. **2** (*en voiture*) to drop *sb* off : *Ils m'ont déposé à la maison/à la gare.* They dropped me off at home/at the station. **3** (*argent*) to deposit : *Il a déposé le chèque sur son compte.* He deposited the cheque in his account. **4** (*plainte*) to make ◆ **se déposer** *v pron* **se** ~ **(sur)** (*poussière, sédiment*) to settle (**on *sth***) LOC *Voir* MARQUE, NOM

déposition *nf* statement

dépôt *nm* **1** (*bâtiment*) warehouse **2** (*argent, sédiment, tartre*) deposit **3** (*bus*) depot LOC **dépôt d'ordures** rubbish dump

dépotoir *nm* tip

dépouiller *vt* **1** (*dévaliser*) to rob **2** ~ **de** to strip *sb* **of *sth***

dépourvu, -e *adj* ~ **de** lacking **in *sth*** : *Il est totalement* ~ *de talent.* He's totally lacking in talent. LOC **prendre au dépourvu** to catch *sb* unawares

dépravé, -e *pp, adj* depraved

dépréciation *nf* depreciation

déprécier ◆ *vt* **1** (*Comm*) to depreciate **2** (*personne*) to disparage ◆ **se déprécier** *v pron* **1** (*monnaie*) to depreciate **2** (*personne*) to put yourself down

dépression *nf* depression : *faire de la ~* to suffer from depression LOC **dépression nerveuse** nervous breakdown : *faire une ~ nerveuse* to have a nervous breakdown

déprimant, -e *adj* depressing

déprime *nf* blues [*pl*]

déprimé, -e *pp, adj* depressed *Voir aussi* DÉPRIMER

déprimer ◆ *vt* to depress ◆ *vi* to feel down

depuis *prép* **1** (*temps*) for, since : *Je vis dans cette maison ~ 1995.* I've been living in this house since 1995. ◊ *~ qu'ils sont partis...* Since they left... ◊ *J'habite ici ~ six mois.* I've been living here for six months.

> **For** ou **since** ? **For** sert à indiquer la durée : *Je travaille ici depuis des années.* I've worked here for years. **Since** fait référence au point de départ de l'action : *Je travaille ici depuis 1997/depuis le printemps dernier.* I've worked here since 1997/last spring. Noter qu'en anglais le temps employé varie. ☛ Voir note sous **for**.

2 (*espace*) from : *On voit le château ~ le sommet de la colline.* You can see the castle from the top of the hill. LOC **depuis combien de temps... ?** how long...? : *~ combien de temps étiez-vous au courant ?* How long had you known?

député, -e *nm-nf* deputy [*pl* deputies] ≈ Member of Parliament (*abrév* MP) (*GB*) LOC **député européen** Euro MP

déraciner *vt* to uproot

déraillement *nm* derailment

dérailler *vi* to be derailed : *Le train a déraillé.* The train was derailed. ◊ *faire ~ un train* to derail a train

déraisonnable *adj* unreasonable

dérangement *nm* (*gêne*) inconvenience : *causer du ~ à qn* to cause inconvenience to sb LOC **être en dérangement** to be out of order

déranger ◆ *vt* **1** (*importuner*) to bother : *Excusez-moi de vous ~.* I'm sorry to bother you. **2** (*interrompre*) to disturb : *Elle ne veut pas qu'on la dérange quand elle travaille.* She doesn't want to be disturbed while she's working. **3** (*mettre en désordre*) to mess *sth* up : *Le vent a dérangé ma coiffure.* The wind messed up my hair. ◆ *vi* **1** (*être importun*) to be a nuisance : *Je ne veux pas ~.* I don't want to be a nuisance. **2** (*choquer*) to be disturbing : *La vérité dérange parfois.* The truth can be disturbing. ◆ **se déranger** *v pron* to put yourself out : *Ne vous dérangez pas pour moi.* Don't put yourself out for me. LOC **ça ne me, te, etc. dérange pas** I, you, etc. don't mind (*sth/doing sth*) : *Ça ne me dérange pas de me lever tôt.* I don't mind getting up early. ◊ *Ça ne me dérange pas que tu fumes.* I don't mind you smoking. **ça te/vous dérange... ?** do you mind...? : *Est-ce que ça vous dérange si j'ouvre la fenêtre ?* Do you mind if I open the window? ◊ *Ça te dérangerait de fermer la porte ?* Would you mind shutting the door? **ne pas déranger** do not disturb **si cela ne te/vous dérange pas** if you don't mind

dérapage *nm* skid

déraper *vi* **1** (*glisser*) to skid **2** (*prix*) to get out of control

dérision *nf* scorn LOC **tourner en dérision** to greet *sb/sth* with scorn

dérisoire *adj* derisory

dérive *nf* LOC **à la dérive** adrift

dérivé *nm* (*Ling, Chim*) derivative

dériver *vi* **1** *~* **de** (*provenir*) to come **from** ***sth*** **2** (*aller à la dérive*) to drift

dermatologue *nmf* dermatologist

dernier, -ière ◆ *adj* **1** (*gén*) last : *mardi ~* last Tuesday ◊ *le ~ épisode* the last episode ◊ *C'est la dernière fois que je te le répète.* I'm telling you for the last time. ◊ *au ~ moment* at the last moment

> **Last** indique que la série est terminée : *le dernier album de John Lennon* John Lennon's last album. **Latest** indique que la série peut continuer : *Leur dernier album vient de sortir.* Their latest album has just come out.

2 (*plus récent*) latest : *la dernière mode* the latest fashion ◊ *être habillé à la dernière mode* to be fashionably dressed **3** (*plus haut*) top : *au ~ étage* on the top floor **4** (*plus bas*) bottom : *Ils sont arrivés en dernière position.* They came bottom. ◆ *nm-nf* **1** (*gén*) last (one) : *Nous étions les ~s à arriver.* We were the last (ones) to arrive. **2** (*plus mauvais*) bottom : *le ~ de la classe* the bottom of the class LOC **avoir le dernier mot** to have the last word (*on sth*) **ce dernier** (*mentionné en dernier*) the latter **ces derniers temps** lately **en dernier** last : *Je ferai ça en ~.*

I'll do that last. **en dernier ressort** as a last resort *Voir aussi* LIGNE, QUARTIER

dernièrement *adv* lately

dérober ◆ *vt* to steal ◆ **se dérober** *v pron* **1 se ~ à** (*obligation, regard*) to avoid **2** (*s'effondrer*) to give way

dérouler ◆ *vt* **1** (*papier, tapis*) to unroll **2** (*câble*) to unwind ◆ **se dérouler** *v pron* **1** (*papier, tapis*) to unroll **2** (*câble*) to unwind **3** (*avoir lieu*) to take place : *La scène se déroule dans un appartement.* The scene takes place in an apartment.

déroutant, -e *adj* bewildering

dérouter *vt* to bewilder

derrière ◆ *prép* behind : *~ nous/la maison* behind us/the house ◊ *Je ne sais pas ce qui se cache ~ tout ça.* I don't know what lies behind it all. ◆ *adv* **1** (*gén*) behind : *Les autres arrivent ~.* The others are coming behind. **2** (*à l'arrière*) at/in the back : *Le marché est ~.* The market is at the back. ◆ *nm* **1** (*partie arrière*) back : *le ~ de la maison* the back of the house **2** (*fesses*) bottom, backside (*fam*) LOC **de derrière** (*arrière*) back : *la porte de ~* the back door

dès *prép* from : *~ le début du film* from the beginning of the film LOC **dès lors que** (*puisque*) since **dès que** as soon as : *~ qu'ils m'ont vu, ils se sont mis à courir.* As soon as they saw me, they started running. ◊ *~ que tu arriveras* as soon as you arrive

désabusé, -e *pp, adj* disillusioned

désaccord *nm* disagreement LOC **être en désaccord** to disagree *with sb*

désaccordé, -e *pp, adj* (*instrument*) out of tune

désaffecté, -e *adj* disused

désagréable *adj* unpleasant

désagréments *nm* inconvenience [*sing*] : *Nous nous excusons pour les ~ occasionnés.* We apologize for any inconvenience.

désamorcer *vt* to defuse

désapprobation *nf* disapproval

désapprouver *vt* to disapprove **of** ***sth***

désarmement *nm* disarmament : *le ~ nucléaire* nuclear disarmament

désarmer *vt* to disarm

désarroi *nm* turmoil

désastre *nm* disaster

désastreux, -euse *adj* disastrous

désavantage *nm* disadvantage

désavantagé, -e *pp, adj* at a disadvantage (***compared to sb/sth***)

descendance *nf* descendants [*pl*]

descendant, -e *nm-nf* descendant

descendre ◆ *vi* **1** (*aller/venir en bas*) to go/come down (***from sth***) : *Descends de l'arbre !* Come down from the tree! **2** (*de l'étage*) to go/come downstairs : *Descends me chercher mes lunettes.* Go downstairs and get my glasses. **3** (*voiture*) to get out (***of sth***) : *Ne descendez jamais d'une voiture en marche.* Never get out of a moving car. **4** (*transport en commun, bicyclette*) to get off (*sth*) : *~ d'un autobus* to get off a bus **5** (*être en pente*) to go downhill : *La route descend sur deux kilomètres.* The road goes downhill for two kilometres. ◊ *Ça descend.* We're going downhill. **6** (*atteindre*) to go down to *sth* : *Les rideaux descendent jusqu'au sol.* The curtains go down to the ground. **7** (*température, prix, niveau*) to fall **8 ~ de** (*famille*) to be descended **from** ***sb*** : *Il descend d'un prince russe.* He's descended from a Russian prince. **9 ~ (de)** (*cheval*) to dismount (**from** ***sth***) ◆ *vt* **1** (*porter*) to bring/take *sth* down : *Faut-il ~ cette chaise au deuxième étage ?* Do we have to take this chair down to the second floor? **2** (*attraper*) to get *sth* down : *Pourrais-tu m'aider à ~ la valise qui est sur l'armoire ?* Could you help me get my suitcase down from on top of the wardrobe? **3** (*dévaler*) to go/come down *sth* : *~ la colline* to go down the hill **4** (*tuer*) to bump *sb* off LOC **descendre en flammes** (*critiquer*) to slag *sb* off *Voir aussi* PIQUÉ

descente *nf* **1** (*montagne, avion*) descent : *L'avion a eu des problèmes à la ~.* The plane had problems during the descent. ◊ *Il est tombé dans la ~.* He fell on the way down. **2** (*police*) raid : *La police a fait une ~ dans son magasin.* The police raided his shop. LOC **descente de lit** bedside rug **descente en rappel** abseiling : *faire de la ~ en rappel* to go abseiling *Voir aussi* SKI

descriptif, -ive ◆ *adj* descriptive ◆ *nm* (*description*) description

description *nf* description

désenchanté *pp, adj* disenchanted

désenchantement *nm* disenchantment

déséquilibre *nm* imbalance LOC **en déséquilibre** unstable

déséquilibré, -e *pp, adj, nm-nf* unbalanced [*adj*]

désert, -e ◆ *adj* **1** (*vide*) deserted : *Les rues sont désertes.* The streets are deserted. **2** (*sans habitants*) uninhabited ◆ *nm* desert LOC *Voir* ÎLE

déserter *vt, vi* to desert

déserteur *nm* deserter

désertique *adj* desert [*n attrib*]

désespéré, -e *pp, adj* **1** (*personne*) desperate **2** (*situation, cas*) hopeless *Voir aussi* DÉSESPÉRER

désespérer ◆ *vt* to drive *sb* to despair ◆ *vi* ~ **(de)** to despair (**of *doing sth***) ; to give up hope (**of *doing sth***) (*plus fam*) : *Ne désespère pas de réussir !* Don't despair of succeeding! ◊ *Je ne désespère pas d'arriver à la convaincre.* I haven't given up hope of convincing her. ◆ **se désespérer** *v pron* to despair

désespoir *nm* despair : *Il fait le ~ de ses parents.* He's the despair of his parents. ◊ *à mon grand ~* to my despair LOC **en désespoir de cause** in desperation

déshabillé *nm* negligee

déshabiller ◆ *vt* to undress ◆ **se déshabiller** *v pron* to get undressed : *Il s'est déshabillé et est allé au lit.* He got undressed and went to bed.

désherber *vt* to weed

déshériter *vt* to disinherit

déshonorant, -e *adj* dishonourable

déshonorer ◆ *vt* to disgrace ◆ **se déshonorer** *v pron* to disgrace yourself

déshydrater ◆ *vt* to dehydrate ◆ **se déshydrater** *v pron* to become dehydrated

design ◆ *nm* design ◆ *adj* modern : *une cuisine très ~* a very modern kitchen

designer *nm* designer

désigner *vt* **1** (*montrer*) to point *sb/sth* out : *Il a désigné sa femme du doigt.* He pointed out his wife. **2** (*signifier*) to refer **to *sth*** **3** (*choisir*) to appoint *sb* (*as sth/to do sth*) : *Il a été désigné comme délégué.* He was appointed as delegate.

désillusion *nf* disillusionment

désinfectant, -e *adj, nm* disinfectant

désinfecter *vt* to disinfect

désintégration *nf* disintegration

(se) désintégrer *vt, v pron* to disintegrate

désintéressé, -e *pp, adj* disinterested

désintoxication *nf* detoxification, detox (*fam*)

désinvolte *adj* (*cavalier*) casual

désir *nm* desire (**for *sth***)

désirer *vt* **1** (*souhaiter*) to wish : *~ faire qch* to wish to do sth **2** (*sexuellement*) to desire LOC **laisser à désirer** : *Votre dissertation laisse beaucoup à ~.* Your essay leaves a lot to be desired. **vous désirez ?** (*dans un magasin*) can I help you?

désireux, -euse *adj* eager ***to do sth***

désobéir *vi* ~ **(à)** to disobey (*sb/sth*) : *~ aux ordres/à ses parents* to disobey orders/your parents

désobéissance *nf* disobedience

désobéissant, -e *adj* disobedient

désobligeant, -e *adj* disparaging

désodorisant *nm* air-freshener

désolant, -e *adj* depressing

désolé, -e *pp, adj* **1** (*air, soupir*) desolate **2** (*personne*) sorry (***to do sth/that...***) : *~, il faut que j'y aille.* Sorry, I have to go. ◊ *Je suis ~ de ne pas pouvoir t'aider.* I'm sorry (that) I can't help you. *Voir aussi* DÉSOLER

désoler ◆ *vt* to upset : *Les nouvelles nous ont désolés.* We were upset by the news. ◆ **se désoler** *v pron* to be sorry (***to do sth***)

désordonné, -e *pp, adj* **1** (*personne*) untidy : *Tu es vraiment ~ !* You're so untidy! **2** (*mouvements*) disorganized

désordre *nm* **1** (*fouillis*) mess : *Excusez le ~.* Sorry for the mess. ◊ *La maison était en ~.* The house was (in) a mess. **2** (*agitation*) disorder LOC **mettre en désordre** to make *sth* untidy, to mess *sth* up (*plus fam*)

désorganisation *nf* disruption

désorganisé, -e *pp, adj* (*personne*) disorganized

désorienté, -e *pp, adj* **1** (*perdu*) disorientated **2** (*déconcerté*) confused

désormais *adv* from now on

désosser *vt* to bone

despote *nm* tyrant

dessécher ◆ *vt* **1** (*peau*) to dry *sth* out **2** (*plante*) to wither ◆ **se dessécher** *v pron* **1** (*peau*) to become dry **2** (*plante*) to wither

desserrer *vt* **1** (*ceinture, nœud, étreinte*) to loosen **2** (*frein à main*) to release

dessert *nm* dessert, pudding (*plus fam*) : *Qu'est-ce qu'il y a comme ~ ?* What's for pudding?

desservi, -e *pp, adj* (*transport*) : *Toute cette zone est mal desservie par les transports en commun.* All that area is poorly served by public transport.

dessin *nm* **1** (*Art*) drawing : *prendre des cours de ~* to take drawing lessons ◊ *Fais un ~ de ta famille.* Draw your family. **2** (*motif*) pattern LOC **dessin industriel** technical drawing **dessin animé** cartoon : *Ils adorent les ~s* *animés de Batman.* They love Batman cartoons.

dessinateur, -trice *nm-nf* **1** (*Techn, industriel*) draughtsman/woman [*pl* draughtsmen/women] **2** (*Art*) designer LOC **dessinateur humoristique** cartoonist

dessiner ◆ *vt* **1** (*Art*) to draw **2** (*concevoir*) to design : *un téléviseur dessiné par Starck* a Starck TV ◆ *vi* to draw ◆ **se dessiner 1** (*à l'horizon, dans le brouillard*) to stand out **2** (*solution, résultat*) to take shape LOC *Voir* BANDE

dessous ◆ *adv* underneath : *La clé est ~.* The key is underneath. ◆ *nm* **1** (*face inférieure*) underside : *le ~ de la table* the underside of the table **2** (*bas*) bottom : *l'étagère du ~* the bottom shelf ◊ *Prends celui du ~.* Take the bottom one. **3** (*étage inférieur*) : *le voisin du ~* the downstairs neighbour **4** (*sous-vêtements*) underwear [*indénombrable*] LOC **d'en dessous** (*de l'étage inférieur*) downstairs : *les voisins d'en ~* the downstairs neighbours **en dessous** underneath : *Je porte un T-shirt en ~.* I'm wearing a T-shirt underneath. **en dessous de** below : *Ils habitent en ~ de chez nous.* They live below us. ◊ *Les taux d'intérêt sont tombés en ~ de 3 %.* Interest rates have fallen below 3%.

dessous-de-plat *nm* table mat

dessous-de-table *nm* bribe : *toucher des ~* to accept/take bribes

dessous-de-verre *nm* coaster

dessus ◆ *adv* on top : *Il a déplié la chaise et a mis un coussin ~.* He unfolded the chair and put a cushion on it. ◆ *nm* **1** (*face supérieure, haut*) top : *le ~ de la table* the table top ◊ *l'étagère du ~* the top shelf ◊ *Prends celui du ~.* Take the top one. **2** (*étage supérieur*) : *le voisin du ~* the upstairs neighbour LOC **avoir le dessus** to have the upper hand

dessus-de-lit *nm* bedspread

déstabiliser *vt* to destabilize

destin *nm* fate

destinataire *nmf* addressee

destination *nf* destination LOC **à destination de 1** (*gén*) for… : *le ferry à ~ de Plymouth* the ferry for Plymouth **2** (*vol*) to… : *le vol à ~ de Venise* the flight to Venice

destiné, -e *pp, adj* ~ **à 1** (*adressé*) intended **for *sb*** : *Je crois que cette remarque t'était destinée.* I think that remark was intended for you. **2** (*réservé*) set aside **for *sth*** : *Ces fonds sont ~s à l'aide au développement.* These funds have been set aside for development aid. **3** (*prévu*) intended ***to do sth*** : *une campagne destinée à améliorer l'image du parti* a campaign intended to improve the party's image **4** (*voué*) destined ***to do sth*** : *Ils étaient ~s à se rencontrer.* They were destined to meet.

destinée *nf* destiny

destructeur, -trice *adj* destructive

destruction *nf* destruction

désuet, -ète *adj* old-fashioned

désuni, -e *pp, adj* divided

détachable *adj* detachable

détachant *nm* stain remover

détaché, -e *pp, adj* **1** (*air, ton*) detached : *d'un ton ~* in a detached tone **2** (*libre*) loose : *Je porte toujours mes cheveux ~s.* I always wear my hair loose. *Voir aussi* DÉTACHER

détacher ◆ *vt* **1** (*feuille, chèque*) to tear *sth* off **2** (*corde, animal, prisonnier*) to untie ◆ **se détacher** *v pron* **1** (*animal, prisonnier*) to get loose **2** (*corde*) to come undone **3** (*bouton, étiquette*) to come off

détail *nm* detail LOC **au détail** retail **en détail** in detail

détaillant, -e *nm-nf* retailer

détaillé, -e *pp, adj* **1** (*gén*) detailed **1** (*facture*) itemized *Voir aussi* DÉTAILLER

détailler *vt* **1** (*dévisager*) to scrutinize **2** (*énumerer*) to detail

détecter *vt* to detect

détecteur *nm* detector : *un ~ de mensonges/métaux* a lie/metal detector

détective *nmf* detective LOC **détective privé** private detective

déteindre ◆ *vt, vi* to fade : *~ au lavage* to fade in the wash ◆ *vi* ~ **sur** (*baver*) : *La chemise a déteint sur le pantalon.* The colour of the shirt ran into the trousers.

(se) détendre *vt, v pron* to relax

détendu, -e *pp, adj* (*décontracté*) relaxed *Voir aussi* (SE) DÉTENDRE

détenir *vt* **1** (*pouvoir, record, prisonnier*) to hold **2** (*secret*) to keep

détente *nf* **1** (*relaxation*) relaxation **2** (*arme*) trigger

détention *nf* **1** (*prison*) imprisonment : *11 mois de ~* 11 months' imprisonment **2** (*possession*) possession : *Il a été arrêté pour ~ d'armes.* He was arrested for possession of weapons.

détenu, -e *nm-nf* prisoner

détergent *nm* detergent

détérioration *nf* deterioration

détériorer ◆ *vt* to damage ◆ **se détériorer** *v pron* to deteriorate

déterminant, -e ◆ *adj* determining ◆ *nm* (*Gramm*) determiner

détermination *nf* ~ **(à)** determination (***to do sth***)

déterminé, -e *pp, adj* determined (***to do sth***) *Voir aussi* DÉTERMINER

déterminer *vt* to determine

déterrer *vt* to dig *sth* up : ~ *un os* to dig up a bone

détester *vt* to detest *sth/doing sth*, to hate *sth/doing sth* (*plus fam*) : *Je déteste cette robe.* I hate that dress. ◊ *Je déteste cuisiner.* I hate cooking.

détonateur *nm* detonator

détonation *nf* **1** (*explosion*) explosion **2** (*arme à feu*) shot

détonner *vi* (*jurer*) to clash : *Pensez-vous que ces couleurs détonnent ?* Do you think these colours clash?

détour *nm* detour : *faire un* ~ to make a detour LOC *Voir* VALOIR

détourné, -e *pp, adj* (*indirect*) roundabout : *de façon détournée* in a roundabout way *Voir aussi* DÉTOURNER

détournement *nm* (*d'avion*) hijacking LOC **détournement de fonds** embezzlement

détourner ◆ *vt* **1** (*avion*) to hijack **2** (*argent, fonds*) to embezzle **3** (*attention*) to distract : *Tu devras ~ l'attention du garde.* You have to distract the guard. **4** ~ **de** (*travail, amis*) to get *sb* **away from sb/sth** : *Elle essaie de le ~ de sa famille.* She's trying to get him away from his family. ◆ **se détourner** *v pron* to turn away LOC **détourner le regard/les yeux** to look the other way **détourner la conversation** to change the subject

détraqué, -e ◆ *pp, adj* **1** (*machine, ordinateur*) on the blink **2** (*estomac, foie*) upset **3** (*fou*) nuts ◆ *nm-nf* nutcase *Voir aussi* DÉTRAQUER

détraquer ◆ *vt* **1** (*machine, ordinateur*) to make *sth* go wrong **2** (*estomac, foie*) to upset ◆ **se détraquer** *v pron* **1** (*machine, ordinateur*) to go on the blink **2** (*estomac, foie*) to be upset

détresse *nf* distress LOC **en détresse** (*bateau, avion*) in distress *Voir aussi* FUSÉE, MESSAGE

détriment *nm* LOC **au détriment de** to the detriment of *sb/sth*

détritus *nm* rubbish [*indénombrable*]

détroit *nm* strait(s) [*s'utilise beaucoup au pluriel*] : *le ~ de Bering* the Bering Strait(s)

détruire *vt* **1** (*démolir*) to destroy **2** (*anéantir*) to ruin : ~ *la vie de qn* to ruin sb's life ◊ *L'orage a détruit les récoltes.* The storm has ruined the crops.

dette *nf* debt LOC **avoir une dette envers qn** (*fig*) to be indebted to sb *Voir aussi* CRIBLÉ

deuil *nm* **1** (*douleur*) mourning : *un jour de ~* a day of mourning ◊ *être en ~* to be in mourning **2** (*décès*) death : *Elle est absente en raison d'un ~ dans sa famille.* She's absent because of a death in the family. LOC **porter le deuil** to be dressed in mourning

deux *adj, nm* **1** (*gén*) two : ~ *cents* two hundred ◊ *un jour sur ~* on alternate days **2** (*date*) second **3** (*quelques*) a few : *Je reviens dans ~ minutes.* I'll be back in a few minutes. ◊ *à ~ pas d'ici* a stone's throw from here ☛ *Voir exemples sous* SIX LOC **à deux doigts de** within an inch of *sth* **de deux choses l'une** it's one thing or the other : *De ~ choses l'une : tu sors soit ce soir soit demain.* It's one thing or the other: either you go out tonight or tomorrow. **deux par deux** two by two : *Ils sont entrés ~ par ~.* They went in two by two. **en deux** in half : *couper qch en ~* to cut sth in half **être comme les deux doigts de la main** to be inseparable **les deux** both : *les ~ mains* both hands ◊ *J'aime les ~.* I like both. **tous les deux** both : *Nous aimons tous les ~ voyager.* Both of us like travelling/We both like travelling. *Voir aussi* ASSIS, CHAMBRE, FOIS, JAMAIS, PIERRE, PLIER, REPRISE, TENIR

deuxième *adj, nmf* second ☛ *Voir exemples sous* SIXIÈME

deuxièmement *adv* secondly

deux-pièces *nm* **1** (*appartement*) two-roomed flat **2** (*maillot de bain*) two-piece

deux-points *nm* colon ☛ *Voir pp. 404-405.*

dévaler *vt, vi* to hurtle down (*sth*)

dévaliser *vt* **1** (*lieu*) to ransack : *Ma voiture a été dévalisée.* My car has been ransacked. **2** (*personne*) to rob *sb* of all they have

dévaloriser *vt* **1** (*personne, réussite*) to run *sb/sth* down **2** (*monnaie*) to devalue

dévaluer *vt* to devalue

devancer *vt* **1** (*arriver avant*) to be ahead of *sb* **2** (*anticiper*) to anticipate

devant ◆ *prép* **1** (*gén*) in front of : ~ *la télévision* in front of the television ☛ *Voir illustration sous* FRONT **2** (*en présence de*) before : ~ *les caméras* before the cameras ◊ *comparaître ~ le juge* to appear before the judge **3** (*face à*) in the face of *sth* : ~ *le danger* in the face of danger ◆ *adv* **1** (*à l'avant*) at the front : *Assieds-toi ~ si tu ne vois pas le tableau.*

Sit at the front if you can't see the board. **2** (*en face*) in front **3** (*en avant*) ahead : *Partez ~, nous vous suivons.* Go on ahead, we'll follow you. ◆ *nm* : *le ~* the front LOC **de devant** front : *les sièges de ~* the front seats

devant

opposite in front of

devanture *nf* shop frontage

dévaster *vt* to devastate

développé, -e *pp, adj* developed : *les pays ~s* developed countries *Voir aussi* DÉVELOPPER

développement *nm* **1** (*gén*) development **2** (*Photo*) developing LOC **en (voie de) développement** developing : *pays en (voie de) ~* developing countries

développer ◆ *vt* to develop ◆ **se développer** *v pron* **1** (*croître*) to develop **2** (*s'étendre*) to spread : *C'est une tendance qui se développe chez les jeunes.* The trend is spreading amongst young people.

devenir *vi* **1** (*gén*) to become : *Il est devenu très calme.* He's become very calm. ◊ *Il est devenu chauffeur de taxi.* He became a taxi driver. **2 + adj** to go : *devenir chauve/aveugle* to go bald/blind ◊ *~ fou* to go mad **3** (*pour demander des nouvelles*) : *Que devient ta sœur ?* What's your sister up to? ☛ Les expressions formées avec **devenir** sont traitées sous le nom, l'adjectif, etc. correspondant : pour **devenir veuf**, par exemple, voir VEUF.

déviation *nf* (*circulation*) diversion

dévier ◆ *vt* **1** (*circulation*) to divert **2** (*balle*) to deflect ◆ *vi* (*balle, voiture*) to swerve

devin, devineresse *nm-nf* fortune-teller

deviner *vt* to guess : *Devine ce que j'ai.* Guess what I've got. ◊ *~ la réponse* to guess the answer

devinette *nf* riddle : *poser une ~ à qn* to ask sb a riddle

devis *nm* estimate

dévisager *vt* to stare **at *sb***

devise *nf* **1** (*argent*) (foreign) currency [*gén indénombrable*] : *payer en ~s* to pay in foreign currency **2** (*règle de conduite*) motto [*pl* mottoes]

(se) dévisser *vt, v pron* to unscrew

dévoiler *vt* **1** (*secret, identité*) to reveal **2** (*statue, plaque*) to unveil

devoir[1] ◆ *v aux* **+ inf 1** (*obligation*) to have **to do sth** : *Ils ont dû partir immédiatement.* They had to leave straight away. ☛ *Voir note sous* MUST **2** (*nécessité, recommandation*) must : *Tu dois étudier/obéir au règlement.* You must study/obey the rules. ◊ *La loi doit être abrogée.* The law must be abolished. **3** (*au conditionnel*) should : *Tu ne devrais pas sortir ainsi.* You shouldn't go out like that. ◊ *Cela fait une heure que tu aurais dû être là.* You should have been here an hour ago. ☛ *Voir note sous* SHOULD **4** (*supposition, forme, affirmative*) must : *Elle doit être à la maison maintenant.* She must be home by now. **5** (*supposition, forme, négative*) : *Ce ne doit pas être facile.* It can't be easy. **6** (*prévision*) should : *Ils doivent arriver vers midi.* They should arrive around midday. ◊ *La pluie devrait cesser demain.* The rain should stop tomorrow. ◆ *vt* to owe : *Je te dois 50 euros/une explication.* I owe you 50 euros/an explanation.

devoir[2] *nm* **1** (*obligation morale*) duty [*pl* duties] : *remplir son ~* to do your duty **2 devoirs** (*École*) homework [*indénombrable*] : *faire ses ~s* to do your homework LOC **par devoir** out of a sense of duty

dévorer ◆ *vt* **1** (*manger*) to devour **2** (*insectes*) to eat *sb* alive : *On s'est fait ~ par les moustiques.* We were eaten alive by the mosquitoes. ◆ *vi* to stuff yourself LOC **dévorer du regard/des yeux** to gaze at *sb* **être dévoré d'envie/de jalousie** to be eaten up with envy/jealousy

dévot, -e *adj* devout

dévotion *nf* **1** (*ferveur*) devoutness **2** (*adoration*) devotion : *Le chien la regardait avec ~.* The dog looked at her devotedly.

dévoué, -e *pp, adj* ~ **(à)** devoted (**to *sb/sth***) *Voir aussi* SE DÉVOUER

dévouement *nm* dedication : *Ton ~ envers tes patients est admirable.* Your dedication to your patients is admirable.

se dévouer *v pron* **1 se ~ à** (*se con-*

sacrer à) to dedicate yourself **to *sth* 2 se ~ pour** (*se sacrifier*) to sacrifice yourself **for *sb/sth* 3 se ~ pour faire qch** to offer **to do sth** : *Il s'est dévoué pour faire la vaisselle.* He offered to wash up.

dextérité *nf* dexterity

diabète *nm* diabetes [*indénombrable*] : *avoir du ~* to have diabetes

diabétique *adj*, *nm-nf* diabetic

diable ◆ *nm* devil ◆ *excl* my God ! LOC **de tous les diables** : *Ils faisaient un boucan de tous les ~s.* They were making a hell of a noise. **où, que, etc. diable... ?** where, what, etc. on earth...? : *Pourquoi ~ a-t-elle fait ça ?* Why on earth did she do that? *Voir aussi* AVOCAT, -E

diagnostic *nm* diagnosis [*pl* diagnoses]

diagnostiquer *vt* to diagnose

diagonal, -e ◆ *adj* diagonal ◆ **diagonale** *nf* diagonal line LOC **en diagonale** diagonal *Voir aussi* LIRE[1]

diagramme *nm* diagram

dialecte *nm* dialect

dialogue *nm* **1** (*film, livre*) dialogue **2** (*conversation*) conversation : *Nous avons eu un ~ fort intéressant.* We had a very interesting conversation. LOC **dialogue de sourds** dialogue of the deaf

diamant *nm* diamond

diamètre *nm* diameter : *Il fait un mètre de ~.* It's one metre in diameter.

diapositive *nf* slide

diarrhée *nf* diarrhoea [*indénombrable*] : *avoir la ~* to have diarrhoea

dictateur, -trice *nm-nf* dictator

dictature *nf* dictatorship

dictée *nf* dictation : *Nous allons faire une ~.* We're going to do a dictation.

dicter *vt* to dictate

diction *nf* diction

dictionnaire *nm* dictionary [*pl* dictionaries] : *un ~ bilingue* a bilingual dictionary

dicton *nm* saying

didactique *adj* didactic

dièse *adj*, *nm* (*Mus*) sharp : *fa ~* F sharp

diesel *nm* **1** (*moteur*) diesel engine **2** (*carburant*) diesel

diététique ◆ *adj* **1** (*produits*) health **2** (*repas, menu*) healthy ◆ *nf* dietetics

dieu *nm* **1** (*divinité*) god **2 Dieu** God LOC **bon Dieu !** my God! **Dieu sait si, où, etc.** God knows if, where, etc. **mon Dieu !** good heavens! *Voir aussi* AMOUR

diffamation *nf* **1** (*verbalement*) defamation **2** (*par écrit*) libel : *faire un procès en ~ à qn* to sue sb for libel

différemment *adv* differently : *Nous pensons ~.* We think differently.

différence *nf* difference **between *sth* and *sth*** : *Paris a une heure de ~ avec Londres.* There's an hour's difference between Paris and London. ◊ *la ~ entre deux tissus* the difference between two fabrics ◊ *Il n'y a pas une grande ~ de prix entre les deux.* There's not much difference in price between the two. ◊ *Ça ne fait aucune ~.* It doesn't make any difference. LOC **à la différence de** unlike **faire la différence (entre)** to tell the difference (between)

différencier ◆ *vt* to differentiate *sth* (***from sth***) ; to differentiate **between *sth* and *sth*** ◆ **se différencier** *v pron* : *Ils ne se différencient en aucune façon.* There's no difference between them. ◊ *Il aime se ~ (des autres).* He likes to be different (from the others).

différend *nm* disagreement

différent, -e *adj* **1 ~ (de)** (*distinct*) different (**from/to *sb/sth***) : *Il est très ~ de sa sœur.* He's very different from/to his sister. **2 différents** (*divers*) various : *les ~s aspects du problème* the various aspects of the problem

différer *vt* **1** (*réunion, départ*) to put *sth* off **2** (*paiement*) to defer

difficile *adj* **1** (*gén*) difficult : *être ~ à vivre* to be difficult to live with **2** (*exigeant*) fussy : *Il est très ~.* He's very fussy.

difficilement *adv* with difficulty

difficulté *nf* difficulty [*pl* difficulties] : *avoir de la ~ à faire qch* to have difficulty doing sth ◊ *Il a des ~s en français.* He has difficulty with French. LOC **en difficulté** in trouble **faire des difficultés** to make difficulties

difforme *adj* deformed

difformité *nf* deformity [*pl* deformities]

diffuser *vt* **1** (*Radio, Télé*) to broadcast **2** (*chaleur, lumière*) to diffuse **3** (*nouvelle, information*) to spread

diffusion *nf* **1** (*Radio, Télé*) broadcasting **2** (*nouvelle, information*) dissemination **3** (*Journal*) circulation

digérer *vt*, *vi* **1** (*aliment*) to digest : *Je ne digère pas les poivrons.* Peppers don't agree with me. ◊ *Je digère mal.* I've got poor digestion. **2** (*supporter*) to take *sth* in : *Il n'a toujours pas digéré ce qu'elle lui a dit.* He still hasn't taken in what she told him.

digestif, -ive ◆ *adj* digestive :

l'appareil ~ the digestive system ◆ *nm* (*alcool*) liqueur

digestion *nf* digestion : *Il a des problèmes de ~.* He has digestive problems.

digital, -e *adj* LOC *Voir* EMPREINTE

digne *adj* **1** (*personne, air*) dignified **2 ~ de** worthy **of** ***sb/sth*** : *Ce n'est pas ~ de toi.* It's not worthy of you. ◊ *~ d'attention* worthy of attention LOC **digne de confiance** trustworthy

dignitaire *nm* dignitary [*pl* dignitaries]

dignité *nf* dignity

digression *nf* digression

digue *nf* dyke

dilapider *vt* to squander

dilater ◆ *vt* (*pupilles*) to dilate ◆ **se dilater** *v pron* **1** (*volume*) to expand **2** (*pores, pupilles*) to dilate

dilemme *nm* dilemma

diluer *vt* **1** (*liquide*) to dilute **2** (*sauce, peinture*) to thin *sth* down

dimanche *nm* Sunday [*pl* Sundays] (*abrév* Sun) ☛ *Voir exemples sous* LUNDI LOC **dimanche des Rameaux** Palm Sunday

dimension *nf* dimension : *la quatrième ~* the fourth dimension ◊ *Prends les ~s de l'armoire.* Take down the dimensions of the wardrobe.

diminuer ◆ *vt* to reduce : *Il a dû ~ sa consommation d'alcool.* He had to reduce his alcohol consumption. ◆ *vi* **1** (*prix, chômage*) to drop **2** (*raccourcir*) to get shorter : *Les jours diminuent.* The days are getting shorter.

diminutif, -ive *adj, nm* diminutive

diminution *nf* reduction (***in sth***) : *une ~ du nombre d'accidents* a reduction in the number of accidents

dinde *nf* turkey [*pl* turkeys]

dindon *nm* turkey [*pl* turkeys]

dîner ◆ *nm* dinner, supper : *Qu'est-ce qu'il y a au ~ ?* What's for dinner? ☛ *Voir note sous* DINNER ◆ *vi* **1** (*gén*) to have dinner, to have supper : *Il m'a invité à ~.* He invited me to dinner. **2 ~ de** to have *sth* for dinner, supper : *~ d'une omelette* to have an omelette for supper

dingue ◆ *adj ~* **(de)** crazy (**about *sb/sth***) : *Il est ~ de toi.* He's crazy about you. ◊ *devenir ~* to go crazy ◆ *nmf* nutter : *Il conduit comme un ~.* He drives like a nutter.

dinosaure *nm* dinosaur

dioxyde *nm* dioxide LOC **dioxyde de carbone** carbon dioxide

diphtérie *nf* diphtheria

diplomate ◆ *adj* diplomatic ◆ *nmf* diplomat

diplomatie *nf* diplomacy

diplomatique *adj* diplomatic LOC *Voir* CORPS

diplôme *nm* **1** (*gén*) diploma : *Ce ~ n'est pas reconnu aux États-Unis.* This diploma isn't recognized in the US. **2** (*Université*) degree : *~ universitaire* university degree ◊ *Elle a un ~ d'ingénieur.* She's got a degree in engineering.

diplômé, -e *pp, adj, nm-nf* **1** (*gén*) qualified [*adj*] : *une infirmière diplômée* a qualified nurse **2 ~ (en)** (*Université*) graduate [*n*] (**in *sth***) : *un ~ en biologie* a biology graduate ◊ *un ~ de l'Université de Poitiers* a graduate of Poitiers University *Voir aussi* DIPLÔMER

dire ◆ *vt* **1** (*gén*) to say, to tell : *~ une prière* to say a prayer ◊ *~ la vérité/des mensonges* to tell the truth/lies ◊ *Comment dit-on « je vous en prie » en anglais ?* How do you say 'je vous en prie' in English?

> *Dire* se traduit généralement par **to say** : *« Asseyez-vous », dit-elle.* 'Sit down', she said. ◊ *Qu'est-ce qu'il a dit ?* What did he say? ◊ *Il a dit qu'il était inquiet.* He said that he was worried. Lorsque la personne à qui l'on s'adresse est exprimée, on emploie plutôt **to tell** : *Il m'a dit qu'il serait en retard.* He told me he'd be late. ◊ *Qui te l'a dit ?* Who told you? ☛ *Voir note sous* SAY.

2 ~ à qn de faire qch to tell **sb to do sth** : *Elle m'a dit de me laver les mains.* She told me to wash my hands. **3** (*penser*) to think : *Qu'est-ce que tu en dis ?* What do you think? ◊ *~ que je lui faisais confiance !* To think that I trusted him! ☛ *Voir note sous* ORDER **4 ~ qch à qn** (*rappeler*) : *Ce nom me dit quelque chose/ne me dit rien.* That name rings/doesn't ring a bell. **5 ~ qch à qn** (*tenter*) : *Que diriez-vous d'une balade en forêt ?* What do you say to a walk in the forest? ◊ *Ça ne me dit rien.* I don't feel like it. ◆ **se dire** *v pron* **1** (*penser*) to tell yourself : *Il s'est dit qu'il valait mieux renoncer.* He told himself that it would be better to give up. **2** (*s'employer*) : *Ça ne se dit pas.* You don't say that. LOC **cela dit...** having said that... **dire bien des choses à** to give your regards to *sb* : *Dis-lui bien des choses de ma part.* Give him my regards. **dire du bien/du mal de** to speak well/ill of *sb* **disons...** let's say... : *Disons 6 heures.* Let's say 6 o'clock. **on dirait...** it looks like... : *On dirait de l'argent.* It looks like silver. ◊ *On dirait qu'il va pleuvoir/neiger.* It looks like rain/snow. **on dit que...** they say that... **sans rien dire** without a word ☛ Les autres expressions formées avec **dire** sont traitées sous le nom, l'adjectif, etc. correspondant : pour **dire des bêtises**, par exemple, voir BÊTISE.

direct, -e *adj* **1** (*gén*) direct : *un vol ~* a direct flight ◊ *Quel est le chemin le plus ~?* What's the most direct way? **2** (*train*) through : *Ils ont pris un train ~ pour Bordeaux.* They took a through train to Bordeaux. LOC **en direct (de)** live (from...) : *une représentation en ~* a live performance

directement *adv* **1** (*sans détour*) straight : *Nous sommes retournés ~ à Paris.* We went straight back to Paris. **2** (*personnellement*) directly : *Cela vous concerne ~.* It concerns you directly.

directeur, -trice ◆ *adj* management [*n attrib*] : *le comité ~* the management committee ◆ *nm-nf* **1** (*gén*) director : *le ~ artistique/financier* the artistic/financial director **2** (*École*) head teacher **3** (*banque, magasin, petite entreprise*) manager **4** (*journal, revue*) editor LOC **directeur général** managing director

direction *nf* **1** (*itinéraire*) direction : *Ils sont partis dans des ~s opposées.* They went off in opposite directions. ◊ *un train en ~ de Lille* a train bound for Lille **2** (*dirigeants, gestion*) management : *Ils ont demandé à parler à la ~.* They asked to speak to the management. **3** (*d'une voiture*) steering : *~ assistée* power steering

directive *nf* directive

dirigeable *adj* LOC *Voir* BALLON

dirigeant, -e ◆ *adj* (*classe*) ruling ◆ *nm-nf* **1** (*Polit*) leader **2** (*entreprise*) manager

diriger ◆ *vt* **1** (*gérer*) to run : *~ une entreprise* to run a business **2** (*orchestre*) to conduct **3** (*circulation, acteurs*) to direct **4** (*débat, campagne, parti*) to lead **5** (*recherches, travaux*) to carry *sth* out **6** (*attention, regard*) to turn *sth* ***towards sb/sth*** : *Il dirigea son regard vers elle.* He turned his gaze towards her. **7** (*critique*) to direct *sth* ***at sb/sth*** : *Ils ont dirigé leurs critiques contre le gouvernement.* They directed their criticism at the government. **8** (*véhicule*) to steer **9** (*arme*) to turn *sth* ***on sb*** : *Il a dirigé son arme sur moi.* He turned his gun on me. ◆ **se diriger** *v pron* **se ~ vers** (*aller*) to head **for...** : *se ~ vers la frontière* to head for the border

discernement *nm* good judgement : *agir avec ~* to show good judgement

discerner *vt* **1** (*voir*) to make *sb/sth* out **2** (*différencier*) to distinguish : *~ le vrai du faux* to distinguish truth from fiction

disciple *nmf* disciple

disciplinaire *adj* disciplinary

discipline *nf* **1** (*règlement*) discipline : *maintenir la ~* to maintain discipline **2** (*matière*) subject

discipliné, -e *pp, adj* disciplined *Voir aussi* DISCIPLINER

discipliner *vt* to discipline

disc-jockey *nmf* disc jockey [*pl* disc jockeys] (*abrév* DJ)

discordant, -e *adj* (*sons*) dissonant

discorde *nf* discord

discothèque *nf* **1** (*boîte de nuit*) disco [*pl* discos] **2** (*de prêt*) record library [*pl* record libraries]

discours *nm* speech : *faire/prononcer un ~* to make/give a speech

discréditer *vt* to discredit

discret, -ète *adj* **1** (*réservé*) unassuming **2** (*qui garde les secrets*) discreet **3** (*couleur, parfum*) subtle

discrètement *adv* **1** (*agir*) discreetly **2** (*entrer, sortir*) very quietly

discrétion *nf* discretion

discrétionnaire *adj* discretionary

discrimination *nf* discrimination (***against sb***) : *la ~ raciale* racial discrimination

discriminatoire *adj* discriminatory

disculper ◆ *vt* to exonerate ◆ **se disculper** *v pron* to be vindicated

discussion *nf* **1** (*conversation*) conversation : *Elles ont eu une longue ~ à ce sujet.* They had a long conversation about it. **2** (*débat*) discussion **3** (*protestation*) argument : *Pas de ~ !* No arguments!

discutable *adj* **1** (*notion, fait*) debatable **2** (*décision, goût*) questionable

discuté, -e *pp, adj* (*contesté*) controversial *Voir aussi* DISCUTER

discuter ◆ *vt* (*débattre*) to discuss ◆ *vi* **1** (*parler*) to talk (***to/with sb***) (***about sb/sth***); to discuss *sth* (***with sb***) (*plus sout*) : *Nous avons discuté toute la nuit.* We talked all night. ◊ *~ de politique* to discuss politics ◊ *Nous avons discuté de sujets d'actualité.* We talked about current affairs. ◊ *Nous en discuterons.* We'll talk about it. **2** (*protester*) to argue : *Obéis sans ~ !* No arguments, just do as you're told!

disloquer ◆ *vt* (*articulation*) to dislocate ◆ **se disloquer** (*articulation*) *v pron* to dislocate *sth*

disparaître *vi* **1** (*gén*) to disappear : *Il a disparu sans laisser de traces.* He disappeared off the face of the earth. **2** (*objet*) to go missing : *Mes lunettes ont disparu.* My glasses have gone missing. **3** (*race, espèce*) to become extinct **4** (*mourir*) to die LOC **faire disparaître 1** (*personne, preuves*) to get rid of *sb/sth* **2** (*objet*) to make *sth* disappear

disparité *nf* disparity [*pl* disparities]

disparition *nf* **1** (*gén*) disappearance **2** (*d'une espèce*) extinction **3** (*mort*) death

disparu, -e *nm-nf* missing person [*pl* missing persons]

dispensaire *nm* health centre

dispense *nf* exemption

dispenser *vt* ~ **de** to exempt *sb* **from *sth/ doing sth*** : *Je te dispense de tes remarques.* I don't need any comments from you.

dispersé, -e *pp, adj* **1** (*famille*) scattered **2** (*personne*) disorganized *Voir aussi* DISPERSER

disperser ◆ *vt* **1** (*foule*) to break *sb/sth* up : *La police a dispersé les manifestants.* The police broke up the demonstrators. **2** (*feuilles, cendres*) to scatter ◆ **se disperser** *v pron* **1** (*foule*) to disperse **2** (*personne*) : *Il a tendance à trop se ~.* He has a tendency to try to do too many things.

dispersion *nf* dispersal

disponibilité *nf* availability

disponible *adj* available

disposé, -e *pp, adj* ~ **à** (*décidé*) prepared ***to do sth*** : *Il est ~ à nous aider.* He's prepared to help us. LOC **être bien/ mal disposé envers** to be well/ill disposed towards *sb Voir aussi* DISPOSER

disposer ◆ *vt* (*fleurs, bibelots*) to arrange ◆ *vi* ~ **de** (*avoir*) to have *sth*

dispositif *nm* device

disposition *nf* **1** (*ordre*) layout **2 dispositions** arrangements : *prendre des ~s* to make arrangements LOC **à la disposition de** at *sb's* disposal

disproportionné, -e *adj* **1** (*réaction, efforts*) disproportionate (***to sth***) **2** (*mains, tête*) out of proportion

dispute *nf* row

disputer ◆ *vt* (*match*) to play ◆ **se disputer** *v pron* **1** (*se quereller*) to argue (***with sb***) (***about sth***) : *Ils n'arrêtent pas de se ~ pour des questions d'argent.* They're always arguing about money. **2** (*titre, héritage*) to fight **over *sth***

disqualifier *vt* (*Sport*) to disqualify

disque *nm* **1** (*Mus*) record : *enregistrer/ mettre un ~* to make/play a record **2** (*Informatique*) disk : *le ~ dur* the hard disk **3** (*Sport*) discus **4** (*Anat, object circulaire*) disc LOC **disque compact** compact disc *Voir aussi* CHANGER, LANCER, LECTEUR

disquette *nm* floppy disk ☛ *Voir illustration sous* ORDINATEUR

dissection *nf* dissection

disséquer *vt* to dissect

dissertation *nf* essay [*pl* essays]

dissident, -e *adj, nm-nf* dissident

dissimuler *vt* to conceal : *~ la vérité/ une cicatrice* to conceal the truth/a scar ◊ *~ un délit* to conceal a crime

dissiper ◆ *vt* **1** (*nuages*) to disperse **2** (*malentendu*) to clear *sth* up **3** (*élève*) to distract ◆ **se dissiper** *v pron* **1** (*nuages*) to clear (away) **2** (*élève*) to become restless

dissocier *vt* to separate

dissolvant, -e *nm* **1** (*pour ongles*) nail varnish remover **2** (*détachant*) solvent

(se) dissoudre *vt, v pron* (*dans un liquide*) to dissolve : *Faites ~ le sucre dans le lait.* Dissolve the sugar in the milk.

dissuader *vt* to dissuade *sb* (***from sth/ doing sth***)

distance *nf* **1** (*dans l'espace*) distance : *À quelle ~ se trouve la prochaine station-service ?* How far is it to the next petrol station? ◊ *à une ~ de 500 mètres* 500 metres away **2** (*dans le temps*) gap : *Ces deux livres ont été publiés à trois mois de ~.* These two books were published three months apart. LOC **à distance 1** (*communiquer*) at a distance **2** (*commander*) remotely **garder ses distances** to keep your distance

distancer *vt* to outstrip

distant, -e *adj* **1** (*dans l'espace*) far away, distant (*plus sout*) : *Les deux villages sont ~s de trois kilomètres.* The two villages are three kilometres apart. **2** (*personne*) distant

distillation *nf* distillation

distiller *vt* to distil

distinct, -e *adj* distinct

distinctif, -ive *adj* distinctive

distinction *nf* **1** (*différence*) distinction : *Il faut faire la ~ entre les deux.* You need to make a distinction between the two. **2** (*élégance*) refinement **3** (*récompense*) award LOC **sans distinction** irrespectively **sans distinction de...** irrespective of...

distingué, -e *pp, adj* distinguished LOC

Voir AGRÉER ; *Voir aussi* DISTINGUER

distinguer ◆ *vt* **1** (*différencier*) to tell *sb/sth* (**from sb/sth**) : *Est-ce que tu arrives à ~ les mâles des femelles ?* Can you tell the males from the females? ◊ *Je n'arrive pas à ~ les deux frères.* I can't tell the difference between the two brothers. **2** (*percevoir*) to make *sth* out : *~ une silhouette* to make out an outline ◆ **se distinguer** *v pron* **1 se ~ par** (*se faire remarquer*) to be noted **for sth** : *Elle se distingue par son originalité.* She's noted for her originality. **2** (*s'illustrer*) to distinguish yourself (**in sth**) : *Elle s'est distinguée en philosophie.* She distinguished herself in philosophy. **3 se ~ de** (*se différencier*) to differ **from sb/sth** : *Il se distingue de son jumeau par la couleur de ses yeux.* He differs from his twin in the colour of his eyes.

distraction *nf* **1** (*inattention*) absent-mindedness : *Je me suis trompé de numéro par ~.* I absent-mindedly dialled the wrong number. **2** (*passe-temps*) pastime : *La lecture est sa ~ préférée.* Reading is her favourite pastime. **3** (*divertissement*) entertainment [*indénombrable*] : *Cet endroit manque de ~s.* There isn't enough entertainment in this area.

distraire ◆ *vt* **1** (*amuser*) to keep *sb* amused : *Je leur ai raconté des histoires pour les ~.* I told them stories to keep them amused. **2** (*déconcentrer*) to distract *sb* (**from sth**) : *Ne te laisse pas ~.* Don't let yourself be distracted. ◆ **se distraire** *v pron* **1** (*s'amuser*) to amuse yourself : *Il fait des puzzles pour se ~.* He does jigsaws to amuse himself. **2** (*se détendre*) to relax : *J'ai besoin de me ~.* I need to relax.

distrait, -e *pp, adj* absent-minded *Voir aussi* DISTRAIRE

distrayant, -e *adj* entertaining

distribuer *vt* **1** (*gén*) to distribute : *Ils ont distribué de la nourriture aux réfugiés.* They distributed food to the refugees. **2** (*cartes, coups*) to deal **3** (*courrier*) to deliver

distributeur, -trice *nm-nf* distributor LOC **distributeur automatique 1** (*billets de banque*) cash machine **2** (*boissons*) drinks machine **3** (*titres de transport*) ticket machine

distribution *nf* **1** (*gén*) distribution **2** (*courrier*) delivery **3** (*Cin, Théâtre*) cast LOC **distribution des prix** prize-giving

dit, -e *pp, adj* **1** (*fixé*) agreed : *à l'heure dite* at the agreed time **2** (*appelé*) known as : *Jean Leroux, ~ le Discret* Jean Leroux, known as le Discret *Voir aussi* DIRE

divan *nm* couch

divergence *nf* difference : *des ~s d'opinions* differences of opinion

divergent, -e *adj* divergent

diverger *vi* to diverge

divers, -e *adj* **1** (*varié, différent*) different : *des styles très ~* very different styles **2** (*plusieurs*) various : *à diverses reprises* on various occasions LOC *Voir* FAIT

diversification *nf* diversification

diversifier *vt* to diversify

diversion *nf* diversion

diversité *nf* diversity

divertir ◆ *vt* to amuse ◆ **se divertir** *v pron* to have fun : *Tu devrais te ~ un peu.* You should have a bit of fun.

divertissement *nm* (*passe-temps*) pastime

dividende *nm* dividend

divin, -e *adj* divine LOC *Voir* BONTÉ

diviser *vt* **1** (*gén*) to split : *Cette affaire a divisé la famille.* This business has split the family. ◊ *~ une classe en deux groupes* to split a class into two groups **2** (*Math*) to divide *sth* (**by sth**) : *~ huit par deux* to divide eight by two

division *nf* division : *une équipe de première ~* a first division team

divorce *nm* divorce

divorcé, -e ◆ *pp, adj* divorced ◆ *nm-nf* divorcee *Voir aussi* DIVORCER

divorcer *vi* ~ **(de/d'avec)** to get divorced (**from sb**)

divulgation *nf* disclosure

divulguer *vt* to disclose

dix *adj, nm* **1** (*gén*) ten **2** (*date*) tenth ☛ *Voir exemples sous* SIX LOC **avoir dix sur dix** to get top marks

dix-huit *adj, nm* **1** (*gén*) eighteen **2** (*date*) eighteenth ☛ *Voir exemples sous* SIX

dix-huitième *adj, nmf* eighteenth ☛ *Voir exemples sous* SIXIÈME

dixième *adj, nmf* tenth ☛ *Voir exemples sous* SIXIÈME

dix-neuf *adj, nm* **1** (*gén*) nineteen **2** (*date*) nineteenth ☛ *Voir exemples sous* SIX

dix-neuvième *adj, nmf* nineteenth ☛ *Voir exemples sous* SIXIÈME

dix-sept *adj, nm* **1** (*gén*) seventeen

2 (*date*) seventeenth ☛ *Voir exemples sous* SIX

dix-septième *adj, nmf* seventeenth ☛ *Voir exemples sous* SIXIÈME

dizaine *nf* **1** (*Math*) ten **2** (*environ dix*) about ten : *une ~ de personnes/fois* about ten people/times LOC **par dizaines** by the dozen

do *nm* C : *en ~ majeur* in C major

docile *adj* docile

docks *nm* docks

docteur *nm* doctor (*abrév* Dr)

doctorat *nm* PhD

doctrine *nf* doctrine

document *nm* document

documentaire *nm* documentary [*pl* documentaries]

documentaliste *nmf* (*École*) librarian

documentation *nf* **1** (*informations*) material : *Je cherche de la ~ pour mon exposé.* I'm looking for material for my talk. **2** (*brochures*) brochures [*pl*]

se documenter *v pron* **se ~ (sur)** to gather material (**on *sth***)

dodu, -e *adj* plump

dogmatique *adj* dogmatic

dogmatisme *nm* dogmatism

dogme *nm* dogma

doigt *nm* finger LOC **doigt de pied** toe *Voir aussi* ARTICULATION, BOUT, DEUX, INDIQUER, LÉCHER, LEVER, MONTRER, PETIT

dollar *nm* dollar

domaine *nm* **1** (*propriété*) estate : *un vaste ~* a large estate **2** (*secteur*) field : *le ~ de la biologie* the field of biology

dôme *nm* dome

domestique ◆ *adj* **1** (*gén*) household : *tâches ~s* household chores **2** (*animal*) domestic ◆ *nmf* servant

domicile *nm* home : *changement de ~* change of address LOC **à domicile** home : *livraison à ~* home delivery ◊ *travail à ~* working from home **sans domicile fixe** of no fixed abode *Voir aussi* HOSPITALISATION

dominant, -e *adj* dominant

dominer ◆ *vt* **1** (*gén*) to dominate : *Il veut ~ ses camarades.* He wants to dominate his friends. **2** (*surpasser*) to outplay : *L'équipe française a dominé les Italiens.* The French team outplayed the Italians. **3** (*émotion*) to overcome **4** (*surplomber*) to overlook : *De leur terrasse, on domine la ville.* Their balcony overlooks the town. ◆ *vi* **1** (*être en tête*) to be in the lead : *Leur équipe a dominé pendant la première mi-temps.* Their team was in the lead for the first half. **2** (*couleur, idée*) to stand out : *C'est le rouge qui domine.* It's the red that stands out.

domino *nm* domino [*pl* dominoes] : *jouer aux ~s* to play dominoes

dommage *nm* **1** (*dégâts*) damage [*indénombrable*] : *Il a subi quelques ~s.* It suffered some damage. **2** (*exprimant le regret*) pity : *Quel ~ que tu ne puisses pas venir !* What a pity you can't come! ◊ *C'est ~ de le jeter.* It's a pity to throw it away. ◊ *~ !* What a pity! LOC **dommages et intérêts** damages

dommages-intérêts *nm* damages

dompter *vt* to tame

dompteur, -euse *nm-nf* tamer

don *nm* **1** (*donation*) donation **2** (*aptitude*) gift : *Il a un ~ pour la musique.* He has a gift for music. LOC **avoir le don de faire qch** to have a knack of doing sth : *Il a le ~ de m'énerver !* He has a knack of getting on my nerves! **faire don de** to donate *sth*

donateur, -trice *nm-nf* donor

donation *nf* donation

donc *conj* **1** (*par conséquent*) so, therefore (*sout*) : *Je l'ai perdu, je ne pourrais ~ pas le lui prêter.* I've lost it, so I won't be able to lend it to him. ◊ *Je pense, ~ je suis.* I think therefore I am. **2** (*indiquant une transition*) so : *Je disais ~...* So, as I was saying... LOC **dis donc ! 1** (*pour interpeller*) hey! : *Dis ~, toi, là-bas !* Hey, you there! **2** (*exprimant la surprise, l'admiration*) wow! : *Qu'est-ce qu'il pleut dis ~ !* Wow, look at the rain!

donjon *nm* keep

donné, -e *pp, adj* **1** (*heure, situation*) given **2** (*bon marché*) dirt cheap LOC **étant donné** in view of *sth* : *étant ~ ce qui s'est passé* in view of what has happened **étant donné que...** given that... : *Étant ~ qu'il pleut, ce n'est pas la peine d'y aller.* Given that it's raining, it's not worth going. *Voir aussi* DONNER

donnée *nf* **1** (*gén*) fact **2 données** (*Informatique, Sciences*) data [*indénombrable*] LOC *Voir* BANQUE, BASE

donner ◆ *vt* **1** (*gén*) to give : *Il m'a donné la clé.* He gave me the key. ◊ *~ à boire à qn* to give sb a drink ◊ *~ à manger à qn* to give sb something to eat ◊ *J'ai donné mon manteau à nettoyer.* I gave my coat to be cleaned. **2** (*attribuer*) : *Quel âge tu lui donnes ?* How old do you think she is? **3** (*résultats*) to produce : *Les recherches n'ont rien donné.* The research didn't produce anything. ◊ *Alors, ces travaux, qu'est-ce que ça donne ?* How is the work going? ◆ *vi* ~ **sur** (*être orienté vers*) to overlook *sth* : *Le balcon donne sur* *la place.* The balcony overlooks the square. LOC **donner chaud/faim/froid/soif à** to make *sb* hot/hungry/cold/thirsty : *Cette glace m'a donné soif.* That ice cream has made me thirsty. ☛ Les autres expressions formées avec **donner** sont traitées sous le nom, l'adjectif, etc. correspondant : pour **se donner rendez-vous**, par exemple, voir RENDEZ-VOUS.

donneur, -euse *nm-nf* donor : *un ~ de sang* a blood donor

dont *pron rel* **1** (*complément d'un verbe*) : *Voici l'homme ~ on vous a parlé.* Here's the man you've been told about. ◊ *La maladie ~ il souffre est incurable.* The illness he's suffering from is incurable. **2** (*complément d'un nom*) whose : *les enfants ~ les parents sont divorcés* the children whose parents are divorced ◊ *la maison ~ vous avez peint les portes* the house whose doors you painted **3** (*complément d'un adjectif*) : *le garçon ~ elle est amoureuse* the boy she's in love with ◊ *les dégâts ~ vous êtes responsables* the damage you're responsible for **4** (*parmi lesquels*) of whom : *J'ai dix étudiants, ~ deux Suisses.* I've got ten students, two of whom are Swiss.

dopage *nm* doping

doré, -e *pp, adj* **1** (*peinture, accessoire*) gold [*n attrib*] : *couleurs/tons ~s* gold colours/tones **2** (*bouton, métal*) gilt **3** (*cheveux, époque*) golden **4** (*peau*) tanned **5** (*gâteau, poulet*) golden brown

dorénavant *adv* from now on

dorloter *vt* to pamper

dormeur, -euse *nm-nf* sleeper

dormir *vi* **1** (*gén*) to sleep : *Dors bien !* Sleep well! ◊ *Je n'ai pas dormi de la nuit.* I didn't sleep a wink all night. ◊ *avoir envie de ~* to feel sleepy **2** (*être endormi*) to be asleep : *pendant que ma mère dormait* while my mother was asleep ◊ *Il dort.* He's asleep. **3** (*être inactif*) to be idle : *Dépêchez-vous, ce n'est pas le moment de ~ !* Hurry up, this is no time to be idle! LOC **dormir comme un loir/une souche** to sleep like a log **dormir d'un sommeil profond** to be fast asleep *Voir aussi* EMPÊCHER, HISTOIRE

dorsal, -e *adj* LOC *Voir* ÉPINE

dortoir *nm* dormitory [*pl* dormitories]

dos *nm* **1** (*gén*) back : *J'ai mal au ~.* My back hurts. ◊ *Ils lui ont tiré dans le ~.* They shot him in the back. **2** (*couteau*) blunt edge **3** (*livre*) spine LOC **au dos** at/on the back : *Le prix est au ~.* The price is on the back. **au dos de** on the back of *sth* : *au ~ de la carte* on the back of the card **avoir bon dos** to get the blame : *Sa secrétaire a bon ~ !* His secretary always gets the blame! **de dos** from behind : *Je ne l'ai vu que de ~.* I only saw him from behind. **dos crawlé** backstroke : *nager le ~ crawlé* to do backstroke **être sur le dos de** to be on *sb's* back **faire qch dans le dos de qn** to do sth behind sb's back *Voir aussi* CASSER, FROID, SAC

dosage *nm* dosage

dose *nf* dose

dossier *nm* **1** (*d'une chaise*) back **2** (*documents, Informatique*) file : *établir un ~ sur qn* to open a file on sb ◊ *ouvrir/fermer un ~* to open/close a file LOC **dossier d'inscription** enrolment form **dossier médical** medical record **dossier scolaire** school record

dot *nf* dowry [*pl* dowries]

doté, -e *pp, adj* ~ **de 1** (*qualité*) endowed **with *sth*** : *Elle est dotée d'une grande intelligence.* She has great intelligence. **2** (*équipement*) equipped **with *sth*** : *des véhicules ~s d'une alarme* vehicles equipped with an alarm

douane *nf* **1** (*bureau*) customs [*pl*] : *Nous avons passé la ~.* We went through customs. **2** (*droits*) customs duty [*pl* customs duties]

douanier, -ière ◆ *adj* customs (*n attrib*) ◆ *nm-nf* customs officer LOC *Voir* BARRIÈRE

double ◆ *adj, adv* double ◆ *nm* **1** (*quantité*) twice as much/many : *Ça coûte le ~.* It costs twice as much. ◊ *Son salaire est le ~ du mien.* She earns twice as much as me. ◊ *Il y avait le ~ de gens.* There were twice as many people. **2** (*copie*) copy : *Je lui ai donné un ~ des clés.* I gave him a copy of the keys. **3** (*sosie*) double **4** (*Tennis*) doubles [*pl*] : *~ messieurs* men's doubles LOC **à double sens** (*plaisanterie, mot*) with a double meaning **avoir en double** to have two of *sth* **double vitrage** double glazing *Voir aussi* BOUCHÉE, CHAMBRE, EMPLOI, EXEMPLAIRE, GARER

doublement *adv* doubly

doubler ◆ *vt* **1** (*multiplier par deux*) to double : *Ils ont doublé l'offre.* They doubled their offer. **2** (*dépasser*) to overtake : *Le camion m'a doublé dans le tournant.* The lorry overtook me on the bend. **3** (*film*) to dub : *~ un film en français* to dub a film into French **4** (*acteur*) to stand in **for *sb*** **5** (*vêtement*) to line *sth* (**with *sth***) : *~ un manteau de fourrure* to line a coat with fur ◆ *vi*

1 (*prix, quantité*) to double **2** (*en voiture*) to overtake

doublure *nf* **1** (*vêtement*) lining **2** (*acteur*) stand-in

doucement *adv* **1** (*avancer, conduire*) slowly **2** (*poser, manier*) gently **3** (*parler*) quietly : *Ferme la porte ~.* Close the door quietly.

douceur *nf* **1** (*matière, musique*) softness **2** (*température*) mildness **3** (*caractère*) gentleness **4** (*friandise*) sweet LOC *Voir* ATTERRISSAGE

douche *nf* shower : *prendre une ~* to have a shower LOC *Voir* BONNET, GEL

doucher ◆ *vt* to give *sb* a shower ◆ **se doucher** *v pron* to have a shower

doué, -e *adj* gifted : *Elle est douée pour les études/en dessin.* She has a gift for studying/drawing.

douillet, -ette *adj* **1** (*lit, endroit*) cosy **2** (*personne*) soft

douleur *nf* **1** (*physique*) pain **2** (*morale*) grief LOC *Voir* CRIER, TORDRE

douloureux, -euse *adj* painful

doute *nm* doubt : *J'ai des ~s sur sa sincérité.* I rather doubt his sincerity. LOC **il n'y a pas de doute** there is no doubt **sans aucun doute** without a doubt **sans doute** no doubt *Voir aussi* PROIE, SEMER

douter ◆ *vt, vi* ~ **(de/que...)** to doubt *sth/that...* : *J'en doute.* I doubt it. ◊ *Est-ce que tu doutes de ma parole ?* Do you doubt my word? ◊ *Je doute que ça soit facile.* I doubt that it'll be easy. ◆ **se douter** *v pron* **se ~ de/que** to suspect *sth/that...* : *Il se doute de quelque chose.* He suspects something. ◊ *Je me doute bien que ce n'est pas facile.* I suspect that it's not easy. LOC **je m'en doutais !** just as I thought!

douteux, -euse *adj* **1** (*résultat*) doubtful **2** (*individu, affaire*) shady **3** (*propreté, honnêteté*) dubious

doux, douce *adj* **1** (*lumière, musique, peau, matière*) soft **2** (*personne, pente, vent*) gentle **3** (*climat, piment*) mild **4** (*parfum, vin*) sweet LOC *Voir* BEURRE, COULER, FEU

douzaine *nf* dozen : *deux ~s d'œufs* two dozen eggs ◊ *une ~ de personnes* a dozen people

douze *adj, nm* **1** (*gén*) twelve **2** (*date*) twelfth ☛ *Voir exemples sous* SIX

douzième *adj, nmf* twelfth ☛ *Voir exemples sous* SIXIÈME

doyen, -enne *nm-nf* (*personne la plus âgée*) : *la doyenne du village* the oldest person in the village

draconien, -ienne *adj* **1** (*mesure*) drastic **2** (*régime, discipline*) harsh

dragon *nm* dragon

draguer *vt* to chat *sb* up : *Il passe son temps à ~ les filles.* He spends his time chatting up girls.

dragueur, -euse *nm-nf* flirt

drainer *vt* to drain

dramatique *adj* **1** (*Théâtre*) dramatic **2** (*grave*) tragic

dramatisation *nf* dramatization

dramatiser *vt* to dramatize

drame *nm* **1** (*gén, Théâtre*) drama **2** (*catastrophe*) tragedy [*pl* tragedies] LOC **faire un drame** : *Ce n'est pas la peine d'en faire un ~ !* It's not worth making a drama out of it!

drap *nm* sheet

drapeau *nm* flag : *Les drapeaux étaient en berne.* The flags were flying at half-mast. LOC **drapeau blanc** white flag

drastique *adj* drastic

dresser ◆ *vt* **1** (*animal*) to train **2** (*tente, échafaudage*) to erect, to put *sth* up (*moins sout*) **3** (*liste*) to draw *sth* up **4** (*procès-verbal*) to issue **5** ~ **qn contre qn/qch** to set **sb against sb/sth** ◆ **se dresser** *v pron* **1** (*personne, animal*) to stand up **2** (*obstacle*) to stand **3 se ~ contre** (*s'opposer*) to rebel **against *sb/sth*** LOC **faire dresser les cheveux sur la tête** : *Ça m'a fait ~ les cheveux sur la tête.* My hair stood on end.

dribbler *vt, vi* to dribble (**past *sb***)

drogue *nf* **1** (*substance*) drug : *une ~ douce/dure* a soft/hard drug **2 la drogue** drugs [*pl*] : *la lutte contre la ~* the fight against drugs LOC *Voir* REVENDEUR, TRAFIC

drogué, -e ◆ *pp, adj* drugged ◆ *nm-nf* drug addict *Voir aussi* DROGUER

droguer ◆ *vt* to drug ◆ **se droguer** *v pron* to take drugs

droguerie *nf* hardware shop

droit, -e ◆ *adj* **1** (*côté, main, jambe*) right **2** (*rectiligne*) straight : *Ce cadre n'est pas ~.* That picture isn't straight. ◊ *Tiens-toi ~.* Sit up straight. **3** (*honnête*) upright ◆ *nm* **1** (*autorisation*) right : *Qui vous a donné le ~ d'entrer ?* Who gave you the right to come in here? ◊ *les ~s de l'homme* human rights ◊ *le ~ de vote* the right to vote **2** (*lois*) law : *un étudiant en ~* a law student ◆ *adv* straight : *Il s'est dirigé ~ vers moi.* He came straight towards me. ◆ **droite** *nf* **1** (*gén*) right : *Déplace-toi un peu vers la droite.* Move a bit to the right. **2 la droite** (*Polit*) the Right [*v sing ou pl*] LOC **à droite** on the right : *C'est la deuxième* *porte à droite.* It's the second door on the right. ◊ *Tourne à droite au feu.* Turn right at the traffic lights. **aller droit au but** to come straight to the point **avoir droit à** to be entitled to *sth* : *Il a ~ à une bourse.* He's entitled to a grant. **avoir le droit de faire qch** to be allowed to do sth : *Il n'a pas le ~ de sortir le soir.* He isn't allowed to go out in the evenings. **de droite 1** (*du côté droit*) right-hand : *la porte de droite* the right-hand door **2** (*Polit*) right-wing **donner droit à** to entitle *sb* to *sth* : *Ce bon donne ~ à une réduction.* This coupon entitles you to a discount. **être dans mon, ton, etc. droit** to be within my, your, etc. rights : *Je suis dans mon ~.* I'm within my rights. **tout droit** straight on : *Continuez tout ~.* Go straight on. *Voir aussi* CONDUITE, MAIN, VIRER

droitier, -ière *adj* right-handed

drôle *adj* **1** (*amusant*) funny, amusing (*plus sout*) : *Tes plaisanteries ne sont pas ~s.* Your jokes aren't funny. **2** (*étrange*) funny : *Ça fait un ~ de bruit.* It's making a funny noise. ◊ *C'est un ~ de type.* He's funny.

drôlement *adv* : *On s'est ~ bien amusés.* We had a great time. ◊ *C'était ~ bon.* It was really good.

dromadaire *nm* dromedary [*pl* dromedaries]

du *Voir* DE

dû, due *pp, adj* (*somme*) owing LOC **dû à** due to *sth Voir aussi* DEVOIR

duc, duchesse *nm-nf* duke [*fém* duchess]

duel *nm* duel

dune *nf* dune

duo *nm* **1** (*composition*) duet **2** (*artistes*) duo [*pl* duos]

dupe *adj* gullible LOC **être dupe de** to be taken in by *sb/sth*

duplex *nm* (*appartement*) maisonette

duplicata *nm* duplicate

dur, -e ◆ *adj* **1** (*gén*) hard : *Le beurre est ~.* The butter is hard. ◊ *une vie dure* a hard life ◊ *être ~ avec qn* to be hard on sb **2** (*punition, critique, réalité*) harsh **3** (*coriace*) tough : *Il faut être ~ pour survivre.* You have to be tough to survive. ◊ *Cette viande est un peu dure.* This meat is a bit tough. ◆ *nm-nf* tough nut : *jouer les ~s* to act tough ◆ *adv* hard : *travailler ~* to work hard LOC **dur d'oreille** hard of hearing *Voir aussi* TÊTE, CŒUR, PAIN, PICOLER

durable *adj* lasting

durant *prép* **1** (*au cours de*) during : *~ son séjour en Allemagne* during her stay in Germany **2** (*durée*) for : *~ des années* for years

(se) durcir *vt, vi, v pron* to harden

durée *nf* **1** (*gén*) length : *la ~ d'un film* the length of a film ◊ *Quelle est la ~ du contrat ?* How long is the contract for? **2** (*ampoule, pile*) life : *piles longue ~* long-life batteries LOC **de courte/longue durée** short-lived/long-term **durée de vie** lifespan

durement *adv* (*parler, critiquer*) harshly

durer *vi* to last : *La crise a duré deux ans.* The crisis lasted two years. ◊ *~ longtemps* to last a long time ◊ *Ça n'a pas duré longtemps.* It didn't last long. LOC *Voir* PLAISANTERIE

dureté *nf* **1** (*matériau*) hardness **2** (*viande*) toughness **3** (*personne*) harshness : *traiter qn avec ~* to treat sb harshly

duvet *nm* **1** (*visage, oiseau*) down : *avoir du ~ sur les joues* to have down on your cheeks **2** (*sac de couchage*) sleeping bag LOC **duvet d'oie** goose down

dynamique *adj* dynamic

dynamisme *nm* dynamism

dynamite *nf* dynamite

dynamo *nf* dynamo [*pl* dynamos]

dynastie *nf* dynasty [*pl* dynasties]

dyslexie *nf* dyslexia

dyslexique *adj, nm-nf* dyslexic

Ee

eau *nf* water : *~ courante* running water ◊ *eau douce/salée* fresh/salt water LOC **eau de Cologne** cologne : *se mettre de l'eau de Cologne* to put (some) cologne on **eau de Javel** bleach **eau de pluie** rainwater **eau de Seltz** soda **eau de toilette** eau de toilette **eau du robinet** tap water **eau gazeuse** fizzy mineral water **eau minérale** mineral water **eau oxygénée** hydrogen peroxide **eau plate** still mineral water **eau potable** drinking water *Voir aussi* CHÂTEAU, CHUTE, CLAIR, COURS, GOUTTE, JET, MOULIN, NOYER, RESSEMBLER, TROMBE

eau-de-vie *nf* brandy

ébahi, -e *pp, adj* dumbfounded

ébauche *nf* **1** (*Art*) sketch **2** (*idée générale*) outline **3** (*geste, sourire*) hint

ébaucher *vt* **1** (*Art*) to sketch **2** (*projet, réforme*) to outline **3** (*geste, sourire*) to give a hint of *sth*

ébène *nf* ebony

éblouir *vt* to dazzle

éblouissant, -e *adj* dazzling : *une lumière éblouissante* a dazzling light ◊ *une beauté éblouissante* dazzling beauty

éboueur *nm* dustman [*pl* dustmen]

ébouillanter ◆ *vt* to scald ◆ **s'ébouillanter** *v pron* to scald yourself

ébouriffé, -e *pp, adj* dishevelled

ébranler *vt* to shake

ébrécher *vt* **1** (*vaisselle*) to chip **2** (*lame*) to nick

ébriété *nf* LOC **en état d'ébriété** under the influence of alcohol

ébullition *nf* boiling : *arriver à ~* to come to the boil ◊ *porter qch à ~* to bring sth to the boil LOC **en ébullition** in uproar : *Tout le bureau était en ~*. The whole office was in uproar. *Voir aussi* POINT

écaille *nf* **1** (*poisson*) scale **2** (*tortue, huître*) shell LOC **d'écaille/en écaille** (*lunettes, peigne*) tortoiseshell [*n attrib*]

écailler ◆ *vt* **1** (*poisson*) to scale **2** (*huître*) to open ◆ **s'écailler** *v pron* to flake

écarlate *adj* scarlet ☛ *Voir exemples sous* JAUNE

écart *nm* gap : *Nous avons un an d'écart*. There's a gap of a year between us. LOC **à l'écart** apart (*from sb/sth*) : *Elles se tenaient à l'écart pendant que les autres discutaient*. They stayed apart while the others argued. ◊ *à l'écart du groupe* apart from the group **faire le grand écart** to do the splits **faire un écart** (*cycliste, voiture*) to swerve **mettre à l'écart** to ostracize *sb*

écarté, -e *pp, adj* **1** (*bras, jambes*) wide apart **2** (*endroit*) remote *Voir aussi* ÉCARTER

écarter ◆ *vt* **1** (*éloigner*) to move : *~ la table de la fenêtre* to move the table away from the window **2** (*bras, jambes*) to spread **3** (*rideaux*) to open **4** (*mettre à l'écart*) to remove : *Elle a été écartée de la direction du parti*. She was removed from the leadership of the party. ◆ **s'écarter** *v pron* **1** (*s'éloigner*) to get out of the way : *Écartez-vous de mon chemin*. Get out of my way. **2** (*rideaux, volets*) to open LOC **s'écarter du sujet** to wander off the subject

ecclésiastique *adj* ecclesiastical

échafaudage *nm* scaffolding [*indénombrable*] : *Il y a des ~s partout*. There's scaffolding everywhere.

échalote *nf* shallot

échange *nm* **1** (*gén*) exchange : *un ~ d'opinions* an exchange of views **2** (*linguistique*) exchange visit : *faire un ~ en Angleterre* to go to England on an exchange **3** (*Tennis*) rally LOC **échanges commerciaux** trade [*indénombrable*] **en échange (de)** in return (for *sth/doing sth*) : *Ils n'ont rien reçu en ~*. They got nothing in return. ◊ *en ~ de ton aide en maths* in return for you helping me with my maths **faire l'échange** to swap

échanger *vt* **1** (*troquer*) to exchange *sth* (**for** *sth*), to swap (*fam*) : *~ des prisonniers* to exchange prisoners ◊ *~ des autocollants* to swap stickers **2** (*mots, regard*) to exchange

échantillon *nm* sample : *un ~ de sang* a blood sample

échappement *nm* exhaust LOC *Voir* GAZ, POT

échapper ◆ *vi ~* **à** **1** (*éviter*) to escape *sb/sth* : *~ à la justice* to escape arrest ◊ *Il a réussi à ~ à ses poursuivants*. He managed to escape his pursuers. **2** (*sortir, glisser*) to slip : *Le verre m'a échappé des mains*. The glass slipped out of my hands. ◊ *Un juron lui a échappé*. A swear word slipped out. **3** (*détail*) : *Rien ne t'échappe*. You don't miss a thing. ◊ *Son nom m'échappe*. His name escapes me. ◆ **s'échapper** *v pron* **1** (*arriver à s'enfuir*) to escape (**from** *sb/sth*) : *Le perroquet s'est échappé de sa cage*. The parrot escaped from its cage. **2** (*gaz, liquide*) to leak LOC **laisser échapper 1** (*secret, juron, occasion*) to let *sth* slip : *J'ai laissé ~ qu'elle était enceinte*. I let (it) slip that she was expecting. **2** (*personne, animal*) to let *sb/sth* get away **l'échapper belle** to have a narrow escape

écharde *nf* splinter

écharpe *nf* **1** (*vêtement*) scarf [*pl* scarves] **2** (*d'officier, de maire*) sash **3** (*bandage*) sling : *avoir le bras en ~* to have your arm in a sling

échasse *nf* stilt

échauffement *nm* (*Sport*) warm-up : *exercices d'échauffement* warm-up exercises

s'échauffer *v pron* (*Sport*) to warm up

échéance *nf* (*d'un paiement*) due date LOC **à courte/longue échéance** (*prêt*) short-term/long-term **arriver/venir à échéance** (*paiement*) to be due : *Le remboursement du prêt arrive à ~ aujourd'hui.* Repayment of the loan is due today.

échec *nm* **1** (*tentative, projet*) failure : *subir un ~* to fail **2** (*aux échecs*) check **3 échecs** (*jeu*) chess [*sing*] : *jouer aux ~s* to play chess LOC **échec et mat** checkmate : *faire ~ et mat* to checkmate *Voir aussi* JEU

échelle *nf* **1** (*pour grimper*) ladder **2** (*gradation, sur une carte*) scale : *sur l'échelle de Richter* on the Richter scale ◊ *à l'échelle nationale* on a national scale LOC **à grande/petite échelle** (*carte*) small-scale/large-scale

échelon *nm* **1** (*échelle*) rung **2** (*hiérarchie*) grade **3** (*niveau*) level : *à l'échelon régional* at a regional level

échelonner *vt* to stagger

échiquier *nm* chessboard

écho *nm* **1** (*son*) echo [*pl* echoes] : *Il y avait de l'écho dans la grotte.* The cave had an echo. **2 échos** (*Journal*) gossip column [*sing*]

échographie *nf* scan : *passer une ~* to have a scan

échouer ◆ *vi* **1** (*gén*) to fail : *J'ai échoué en anglais.* I've failed English. **2** (*plans*) to fall through ◆ **s'échouer** *v pron* (*embarcation*) to run aground LOC **faire échouer** (*projet*) to foil *sth*

éclabousser *vt* to splash *sb/sth* (***with sth***)

éclair ◆ *nm* (*orage*) lightning [*indénombrable*] : *J'ai peur des ~s.* Lightning frightens me. ◆ *adj* (*rapide*) lightning [*n attrib*] : *un voyage/une visite ~* a lightning trip/visit LOC *Voir* FERMETURE

éclairage *nm* lighting

éclaircie *nf* sunny spell

éclaircir ◆ *vt* **1** (*couleur*) to lighten **2** (*expliquer*) to clarify : *Est-ce que vous pouvez ~ ce point ?* Can you clarify this point? ◆ **s'éclaircir** *v pron* **1** (*temps, ciel*) to clear up **2** (*mystère*) to be cleared up

éclairer ◆ *vt* **1** (*lampe, lumière*) to light *sth* (up) : *La cuisine était éclairée à la bougie.* The kitchen was lit (up) with candles. ◊ *Éclaire-moi avec la lampe.* Light my way. **2** (*informer*) to enlighten ◆ *vi* (*ampoule*) to give off light : *Ce lampadaire n'éclaire pas beaucoup.* That street lamp doesn't give off much light. ◆ **s'éclairer** *v pron* **1** (*bâtiment, visage*) to light up **2** (*personne*) : *s'éclairer à la bougie* to use candlelight ◊ *Je me suis éclairé avec une torche.* I lit my way with a torch.

éclaireur *nm* (*scout*) (boy) scout LOC **venir/partir en éclaireur** to come/go on ahead

éclaireuse *nf* (*scout*) (girl) guide

éclat *nm* **1** (*brillant*) brightness **2** (*verre, pierre, obus*) splinter LOC **éclat de rire** roar of laughter **éclats de voix** shouting [*indénombrable*] *Voir aussi* RIRE

éclatant, -e *adj* **1** (*couleur, soleil, sourire*) brilliant **2** (*rire, voix*) ringing

éclatement *nm* explosion

éclater ◆ *vi* **1** (*ballon, pneu*) to burst : *Tu vas ~ si tu manges encore.* If you eat any more you'll burst. **2** (*obus*) to explode **3** (*guerre, épidémie*) to break out **4** (*scandale, orage*) to break ◆ **s'éclater** *v pron* to have a great time LOC **éclater de rire** to burst out laughing **éclater en sanglots** to burst into tears

éclipse *nf* eclipse

éclore *vi* (*œuf, poussin*) to hatch

écluse *nf* lock

écœurant, -e *adj* **1** (*gén*) disgusting **2** (*trop sucré*) sickly sweet : *Cette liqueur est écœurante.* This liqueur is sickly sweet.

écœurer *vt* **1** (*nourriture*) to nauseate **2** (*action*) to sicken

école *nf* **1** (*gén*) school : *~ de langues* language school ◊ *On ira après l'école.* We'll go after school. ◊ *Il n'y aura pas ~ lundi.* There's no school on Monday. ◊ *Je vais à l'école en bus.* I go to school by bus. ◊ *Les enfants sont à l'école.* The children are at school.

En Grande-Bretagne, il existe des écoles publiques, **state schools**, et des écoles privées, **independent schools**. Les **public schools** sont un type d'écoles privées plus traditionnelles et plus réputées, comme par exemple Eton et Harrow.

☛ *Voir note sous* SCHOOL **2** (*de niveau universitaire*) college : *~ de police* police college LOC **école maternelle** nursery school **école militaire** military academy **école primaire** primary school **école privée/publique** independent/state school **école secondaire** secondary school **faire l'école buissonnière** to play truant *Voir aussi* CAMARADE

écolier, -ière *nm-nf* schoolboy/girl [*pl* schoolchildren]

écologie *nf* **1** (*Sciences*) ecology **2** (*Polit*) environmentalism

écologique *adj* **1** (*équilibre, catastrophe*) ecological **2** (*produits*) environmentally friendly

écologiste ◆ *adj* **1** (*gén*) environmental : *groupes ~s* environmental groups **2** (*Polit*) Green : *le parti ~* the Green Party ◆ *nmf* **1** (*gén*) environmentalist **2** (*Polit*) Green

économe *adj* thrifty

économie *nf* **1** (*système*) economy [*pl* economies] : *l'économie de notre pays* our country's economy **2** (*gain*) saving : *toutes mes ~s* all my savings LOC **faire des économies** to save (up) : *Elle fait des ~s pour s'acheter une console de jeux.* She's saving up to buy herself a games console. ◇ *faire des ~s d'énergie* to save energy

économique *adj* **1** (*qui coûte peu*) economical : *une voiture très ~* a very economical car **2** (*crise, politique*) economic

économiser *vt, vi* to save : *~ du temps/de l'argent* to save time/money

économiste *nmf* economist

écorce *nf* **1** (*arbre*) bark **2** (*fruit*) peel LOC **l'écorce terrestre** the earth's crust

écorcher ◆ *vt* (*érafler*) to graze ◆ **s'écorcher** *v pron* to graze *sth/ yourself* : *s'écorcher le genou* to graze your knee

écossais, -e ◆ *adj* **1** (*d'Écosse*) Scottish **2** (*à carreaux*) tartan ◆ *nm* Scots : *parler ~* to speak Scots ◆ **Écossais, -e** *nm-nf* Scotsman/woman [*pl* Scotsmen/women] : *les Écossais* the Scots LOC *Voir* TISSU

Écosse *nf* **l'Écosse** Scotland

écosser *vt* to shell

écosystème *nm* ecosystem

écoulement *nm* **1** (*Méd*) discharge **2** (*liquide*) flow

écouler ◆ *vt* (*marchandises*) to sell ◆ **s'écouler** *v pron* **1** (*liquide*) to flow **2** (*temps*) to pass : *Deux jours se sont écoulés depuis son départ.* Two days have passed since he left.

écoute *nf* LOC **être à l'écoute (de)** (*Radio*) to be listening (to *sth*) **être sur écoute** to have your phone tapped : *Je crois que nous sommes sur ~.* I think our phone's been tapped.

écouter ◆ *vt* to listen (**to *sb/sth***) : *Tu ne m'écoutes jamais.* You never listen to me. ◇ *Écoute ! Tu entends ?* Listen! Can you hear it? ◆ **s'écouter** *v pron* (*se soucier de soi*) to worry LOC **s'écouter parler** to like the sound of your own voice

écouteur *nm* **1** (*téléphone*) earpiece **2 écouteurs** (*casque*) headphones

écran *nm* screen : *un ~ d'ordinateur* a computer screen ◇ *le grand/le petit ~* the big/small screen LOC **écran total** sunblock

écrasant, -e *adj* overwhelming : *gagner avec une majorité écrasante* to win by an overwhelming majority

écraser ◆ *vt* **1** (*chose dure*) to crush : *~ de l'ail/des noix* to crush garlic/walnuts **2** (*véhicule*) to run *sb* over : *se faire ~* to be run over **3** (*chose molle, insecte*) to squash **4** (*cigarette*) to stub *sth* out **5** (*en purée*) to mash **6** (*adversaire*) to thrash **7** (*ennemi*) to crush ◆ **s'écraser** *v pron* **1** (*avion*) to crash **2 s'écraser contre** to smash **into *sth*** : *La voiture s'est écrasée contre un arbre.* The car smashed into a tree. **3** (*ne rien dire*) to shut up LOC **écrase !** shut up!

écrémé, -e *pp, adj* skimmed LOC *Voir* LAIT

écrevisse *nf* crayfish [*pl* crayfish]

s'écrier *v pron* to cry out

écrin *nm* case

écrire ◆ *vt* **1** (*gén*) to write : *~ un livre* to write a book **2** (*orthographier*) to spell : *Comment écrit-on « frêne » ?* How do you spell 'frêne'? ◆ *vi* to write : *Tu ne m'écris jamais.* You never write to me. ◇ *Il ne sait pas encore ~.* He can't write yet. ◇ *Ce stylo n'écrit pas.* This pen doesn't write. ◆ **s'écrire** *v pron* **1** (*mutuellement*) to write (to each other) : *Ça fait des années qu'on ne s'écrit plus.* It's been years since we've written. **2** (*s'orthographier*) : *Je ne sais pas comment ça s'écrit.* I don't know how to spell it. ◇ *Comment ça s'écrit ?* How do you spell it? LOC *Voir* MACHINE

écrit *nm* **1** (*examen*) written paper : *Il a eu la moyenne à l'écrit.* He got a pass in the written paper. **2** (*document*) document **3** (*œuvre*) piece of writing LOC **mettre par écrit** to put *sth* in writing

écriteau *nm* sign

écriture *nf* **1** (*gén*) writing **2** (*manière d'écrire*) handwriting [*indénombrable*] : *Il a une ~ illisible.* His handwriting is illegible. **3 Écriture(s)** : *l'Écriture sainte/les Saintes Écritures* Holy Scripture/the Scriptures

écrivain *nm* writer

écrou *nm* nut

écroulement *nm* collapse

s'écrouler *v pron* to collapse : *Ce bâti-*

ment menace de s'écrouler. The building is in danger of collapsing.

écume *nf* foam

écureuil *nm* squirrel

écurie *nf* stable

écusson *nm* **1** (*armoiries*) coat of arms [*pl* coats of arms] **2** (*en tissu*) badge

écuyer, -ère ◆ *nm-nf* (*cavalier*) rider ◆ *nm* (*serviteur*) squire

eczéma *nm* eczema

édifice *nm* edifice

éditer *vt* **1** (*publier*) to publish **2** (*préparer, Informatique*) to edit

éditeur, -trice *nm-nf* **1** (*qui publie*) publisher **2** (*Journal, Radio, Télé, Informatique*) editor

édition *nf* **1** (*action de publier*) publication **2** (*secteur*) publishing : *travailler dans l'édition* to work in publishing ◊ *~ électronique* electronic publishing **3** (*version*) edition : *la première ~ du livre* the first edition of the book **LOC** *Voir* MAISON

éditorial, -e *adj, nm* editorial

édredon *nm* eiderdown

éducatif, -ive *adj* **1** (*gén*) educational : *jeux ~s* educational games **2** (*système*) education [*n attrib*] : *le système ~* the education system

éducation *nf* **1** (*enseignement*) education **2** (*par les parents*) upbringing : *Ils ont eu une bonne ~.* They've been well brought up. **3** (*politesse*) manners [*pl*] : *manquer d'éducation* to be bad-mannered **LOC éducation civique** civics [*sing*] **éducation physique** physical education (*abrév* PE) **éducation sexuelle** sex education **l'Éducation nationale** education department *Voir aussi* MANQUE

édulcorant *nm* (artificial) sweetener

éduquer *vt* **1** (*enseigner à*) to educate **2** (*élever*) to bring *sb* up : *C'est difficile de bien ~ ses enfants.* It's difficult to bring your children up well. **LOC mal éduqué** badly brought up

effacer ◆ *vt* **1** (*avec une gomme*) to rub *sth* out **2** (*avec un effaceur, Informatique*) to delete **3** (*tableau*) to clean **4** (*cassette, bande*) to erase ◆ **s'effacer** *v pron* **1** (*inscription, dessin*) to wear away **2** (*souvenir*) to fade

effaroucher *vt* to frighten

effectif, -ive ◆ *adj* actual : *sept heures de travail effectives* seven hours of actual work ◆ *nm* **1** (*entreprise*) workforce [*sing*] **2** (*classe*) number of students

effectivement *adv* **1** (*en effet*) in fact : *On m'avait prévenue que ce serait difficile, et ~ ça l'était.* I'd been warned it would be difficult, and in fact it was. **2** (*réponse*) that's right : *« Vous dites que vous l'avez vendu hier ? — ~. »* 'Did you say you sold it yesterday?' 'That's right.'

effectuer *vt* **1** (*test, transaction*) to carry *sth* out **2** (*recherches, calcul, démarches*) to do **LOC** *Voir* TOURNÉE

efféminé, -e *pp, adj* effeminate

effet *nm* **1** (*résultat*) effect : *avoir un ~/ne pas avoir d'effet (sur qch)* to have an effect/no effect (on sth) **2** (*impression*) feeling : *Ça fait un drôle d'effet.* It gives you a funny feeling. ◊ *Quel ~ ça te fait de te retrouver ici ?* How does it feel to be back here? **3** (*balle*) spin **LOC effet de serre** greenhouse effect **effets personnels** belongings **effets secondaires** side effects **effets spéciaux** special effects **en effet** indeed : *Elle est en ~ très sympathique.* She's very nice indeed. ◊ *En ~, je m'en souviens.* I remember, in fact. ◊ *« Je t'avais dit que c'était beau. — Oui, en ~. »* 'I told you it was nice.' 'Yes, you did.' **faire de l'effet 1** (*médicament*) to have an effect *on sb* **2** (*faire une impression*) to make an impression *on sb* : *Ça m'a fait beaucoup d'effet de le revoir au bout de tant d'années.* It made quite an impression on me, seeing him again after so many years. **3** (*esthétiquement*) to look nice : *Cette statuette fait beaucoup d'effet ici.* That figure looks very nice there. **sous l'effet de** under the effect of *sth* : *sous l'effet de la chaleur/de la drogue* under the effect of the heat/drugs

efficace *adj* **1** (*qui marche*) effective : *un remède ~* an effective remedy **2** (*personne, dispositif*) efficient : *un assistant très ~* a very efficient assistant

efficacité *nf* **1** (*remède, méthode*) effectiveness **2** (*personne, dispositif*) efficiency

effilé, -e *pp, adj* **1** (*doigts*) slender **2** (*lame*) sharp **3** (*amandes*) flaked

effleurer *vt* to touch *sb/sth* lightly **LOC ça ne m'a même pas effleuré** it didn't even cross my mind

effondrement *nm* collapse

s'effondrer *v pron* to collapse : *Le pont s'est effondré.* The bridge collapsed.

s'efforcer *v pron* to try (hard) (***to do sth***) : *Efforcez-vous d'être à l'heure.* Try to be on time.

effort *nm* effort : *Fais un ~, mange quelque chose.* Make an effort to eat something. ◊ *Ils ont fait de gros ~s.* They made a huge effort. **LOC sans effort** effortlessly *Voir aussi* CONCENTRER, MOINDRE

effrayant, -e *adj* frightening
effrayé, -e *pp, adj* frightened *Voir aussi* EFFRAYER
effrayer *vt* **1** (*faire peur à*) to frighten **2** (*inquiéter*) to worry : *L'ampleur de la tâche m'effraie.* I'm worried about the scale of the task.
s'effriter *v pron* to crumble (away)
effroi *nm* terror
effronté, -e *adj* **1** (*qui n'a aucune honte*) shameless : *être ~* to have no shame **2** (*insolent*) cheeky
effroyable *adj* **1** (*terrifiant*) terrifying **2** (*bruit, douleur*) dreadful
effusion *nf* LOC **avec effusion** (*remercier, embrasser*) effusively **effusion de sang** bloodshed
égal, -e ◆ *adj* **1** (*équivalent*) equal : *Tous les citoyens sont égaux.* All citizens are equal. ◊ *A est ~ à B.* A is equal to B. **2** (*régulier*) steady : *travailler à un rythme ~* to work at a steady pace ◊ *Votre pouls n'est pas très ~.* Your pulse isn't very steady. ◆ *nm-nf* equal LOC **ça m'est, t'est, etc. égal** I, you, etc. don't mind : *« Café ou thé ? — Ça m'est ~. »* 'Coffee or tea?' 'I don't mind.' ◊ *Ça m'est complètement ~ qu'on me critique.* I don't care if they criticize me. *Voir aussi* HUMEUR
également *adv* (*aussi*) also
égaler *vt* to equal
égalisateur, -trice *adj* LOC *Voir* BUT
égaliser ◆ *vi* (*Sport*) to equalize ◆ *vt* **1** (*terrain*) to level **2** (*cheveux*) to straighten *sth* up
égalité *nf* **1** (*équivalence*) equality **2** (*Tennis*) deuce LOC **être à égalité** (*Sport*) to be level
égard *nm* respect [*indénombrable*] : *traiter qn avec beaucoup d'égards* to treat sb with a lot of respect ◊ *par ~ pour qn* out of respect for sb LOC **à cet égard** in this respect **à l'égard de** towards *sb*
égaré, -e *pp, adj* **1** (*personne, chose*) lost **2** (*animal*) stray **3** (*air, regard*) wild *Voir aussi* ÉGARER
égarer ◆ *vt* (*objet*) to mislay ◆ **s'égarer** *v pron* **1** (*se perdre*) to get lost : *Je me suis égaré.* I'm lost. **2** (*lettre, colis*) to go missing **3** (*mentalement*) to ramble **4** (*sortir du sujet*) to wander from the point
égayer *vt* **1** (*personne*) to cheer *sb* up **2** (*fête*) to liven *sth* up **3** (*maison, vêtement*) to brighten *sth* up
église *nf* church : *Ils vont à l'église tous les dimanches.* They go to church every Sunday. ◊ *l'Église catholique* the Catholic Church ☛ *Voir note sous* SCHOOL LOC *Voir* HOMME
égocentrique *adj, nmf* self-centred [*adj*]
égoïsme *nm* selfishness
égoïste *adj, nmf* selfish [*adj*]
égout *nm* sewer
égoutter ◆ *vt* to drain ◆ *vi* **1** (*gén*) to drain : *Laisse ~ la vaisselle.* Leave the dishes to drain. **2** (*vêtements*) to drip ◆ **s'égoutter** *v pron* **1** (*gén*) to drain **2** (*vêtements*) to drip dry
égouttoir *nm* plate rack
égratigner ◆ *vt* to scratch ◆ **s'égratigner** *v pron* to scratch *sth/yourself* : *Je me suis égratigné la main en cueillant des mûres.* I scratched my hand picking blackberries.
eh ! *excl* hey! : *Eh, attention !* Hey, watch out! LOC **eh bien** well : *Eh bien, je ne suis pas très sûr.* Well, I'm not too sure. ◊ *Eh bien, si je m'attendais à ça !* Well, who would have thought it! **eh oui** there we are : *Eh oui, c'est comme ça.* There we are, that's the way it is.
éjecter *vt* to eject
élaboré, -e *pp, adj* elaborate *Voir aussi* ÉLABORER
élaborer *vt* (*stratégie, système*) to work *sth* out
élaguer *vt* to prune
élan[1] *nm* **1** (*Sport*) run-up : *prendre son ~* to take a run-up **2** (*tendresse, générosité*) surge LOC *Voir* EMPORTER
élan[2] *nm* (*animal*) elk
élancement *nm* sharp pain : *J'ai des ~s dans le ventre.* I've got sharp pains in my stomach.
s'élancer *v pron* to dash forward
(s')élargir *vt, v pron* **1** (*route, fossé*) to widen **2** (*chaussures, vêtement*) to stretch **3** (*connaissances, débat*) to broaden
élargissement *nm* widening
élastique ◆ *adj* **1** (*gén*) elastic **2** (*taille*) elasticated ◆ *nm* **1** (*gén*) elastic band **2** (*ruban, cheveux*) elastic LOC *Voir* SAUT
électeur, -trice *nm-nf* voter
élection *nf* election : *organiser des ~s* to call an election ◊ *Les ~s auront lieu en juin.* The elections will be held in June. LOC **élections législatives/municipales/présidentielles** general/local/presidential election(s)
électoral, -e *adj* electoral : *la campagne électorale* the election campaign LOC *Voir* CIRCONSCRIPTION, LISTE

électorat *nm* electorate [*v sing ou pl*] : *L'électorat est blasé.* The electorate is/are disillusioned.

électricien, -ienne *nm-nf* electrician

électricité *nf* **1** (*gén*) electricity : *L'électricité a été coupée pendant l'orage.* The electricity went off during the storm. **2** (*installation*) wiring : *On a dû faire refaire l'électricité.* We had to have the house rewired.

électrique *adj* electric, electrical

> **Electric** s'emploie lorsqu'on se réfère à des appareils électriques, par exemple *electric razor/car/fence*, dans des composés comme *an electric shock*, et dans un sens figuré comme dans *The atmosphere was electric.* **Electrical** se rapporte à l'électricité dans un sens plus général comme par exemple *electrical engineering, electrical goods* ou *electrical appliances.*

LOC *Voir* CAFETIÈRE, ENERGIE, GUIRLANDE, INSTALLATION, RADIATEUR, RASOIR

électroménager *nm* household appliances [*pl*] LOC *Voir* APPAREIL

électronique ◆ *adj* electronic ◆ *nf* electronics [*sing*] LOC *Voir* ANNUAIRE, COURRIER, MESSAGERIE, PUCE, SALLE

élégance *nf* elegance LOC **avec élégance 1** (*habillé*) smartly **2** (*évoluer, marcher*) gracefully

élégant, -e *adj* **1** (*bien habillé*) smart : *une femme très élégante* a smartly dressed woman **2** (*vêtement*) stylish **3** (*style*) elegant : *Il écrit dans un style très ~.* He writes very elegantly.

élément *nm* **1** (*gén, Chim, Math*) element : *les ~s de la classification périodique* the elements of the periodic table **2** (*meubles*) unit LOC **être dans son élément** to be in your element **ne pas se sentir dans son élément** to be like a fish out of water

élémentaire *adj* **1** (*gén*) elementary **2** (*besoin, principe*) basic

éléphant *nm* elephant LOC *Voir* PANTALON

élevage *nm* **1** (*gén*) breeding : *l'élevage de chiens* dog breeding **2** (*bétail*) livestock farming **3** (*ferme*) farm LOC **d'élevage** (*saumon, cailles*) farmed **faire de l'élevage** (*de bétail*) to breed livestock

élevé, -e *pp, adj* (*haut, important*) high : *des niveaux ~s de pollution* high levels of pollution ◊ *températures élevées* high temperatures LOC **bien/mal élevé** well mannered/rude : *C'est mal ~ de bâiller.* It's rude to yawn. ◊ *Tu es vraiment mal ~ !* You're so rude! **élevé à la puissance quatre, etc.** (raised) to the power of four, etc. **élevé au carré/cube** squared/cubed *Voir aussi* ÉLEVER

élève *nmf* pupil : *un de mes ~s* one of my pupils

> **Student** est le mot le plus général et s'emploie aussi bien pour les écoliers que pour les étudiants : *une excursion pour les élèves de cinquième* an excursion for Year 9 students. Le mot **pupil** ne s'utilise pratiquement jamais pour des élèves du secondaire mais continue de s'employer pour les élèves du primaire. En primaire et à l'école maternelle on utilise également beaucoup le mot **children** : *un concours de dessin pour les élèves de l'école primaire* a painting competition for primary school pupils/children.

élever ◆ *vt* **1** (*accroître*) to raise : *~ le niveau de vie* to raise living standards **2** (*enfant*) to bring *sb* up **3** (*bétail*) to rear **4** (*chiens, lapins*) to breed ◆ **s'élever 1** (*monter*) to rise : *La montgolfière s'éleva dans le ciel.* The hot-air balloon rose into the sky. **2** (*s'accroître*) to rise, to go up (*plus fam*) : *La température s'élève en cette saison.* The temperature goes up at this time of year. **3 s'élever à** (*nombre, somme*) to come to : *Le prix du voyage s'élève à mille euros.* The price of the journey comes to a thousand euros. ◊ *Le nombre de candidats s'élève à plus de cent.* The number of candidates comes to more than a hundred.

éleveur, -euse *nm-nf* **1** (*gén*) breeder : *~ de chiens/de chevaux* dog/horse breeder **2** (*bétail*) livestock farmer

élimination *nf* elimination : *par ~* by a process of elimination

éliminatoire ◆ *adj* **1** (*note*) eliminatory **2** (*Sport*) qualifying ◆ *nf* (*Sport*) heat

éliminer *vt* **1** (*gén*) to eliminate **2** (*possibilité*) to rule *sth* out **3** (*Sport*) to disqualify

élire *vt* to elect

élite *nf* elite LOC **d'élite** (*régiment, personnel*) elite

élitiste *adj, nmf* elitist

elle *pron pers* **1** (*personne, sujet*) she : *Virginie et ~ sont cousines.* She and Virginie are cousins. ◊ *C'est ~.* It's her. **2** (*personne, avec une préposition, dans des comparaisons*) her : *C'est pour ~.* It's for her. ◊ *Tu es plus grand qu'elle.* You're taller than her. **3** (*chose, animal*) it LOC **à elle** (*possessif*) hers : *Ce collier était à ~.* This necklace was hers.

elle-même *pron pers* **1** (*personne*) herself : *Elle ne sait que parler d'elle-même.* She can only talk about herself. ◊ *L'artiste elle-même a inauguré l'exposition.* The artist herself opened the exhibition. **2** (*chose, animal*) itself

elles *pron pers* **1** (*sujet*) they **2** (*avec une préposition, dans des comparaisons*) them

elles-mêmes *pron pers* themselves : *Elles ne savent que parler d'elles-mêmes.* They can only talk about themselves.

éloge *nm* (*louange*) praise [*indénombrable*] LOC **faire l'éloge de** to be full of praise for *sb* : *Ils ont fait ton ~.* They were full of praise for you.

éloigné, -e *pp, adj* **1** (*lieu, époque*) remote **2** (*parent*) distant LOC **éloigné de** (*loin*) far from *sth* : *Leur maison est très éloignée du centre.* Their house is very far from the centre. *Voir aussi* ÉLOIGNER

éloigner ◆ *vt* **1** (*enlever*) to move *sb/sth* away (**from *sb/sth***) : *Tu devrais l'éloigner de la fenêtre.* You should move it away from the window. **2** (*sur le plan affectif*) to distance *sb/sth* (**from *sb/sth***) : *Ce désaccord nous a éloignés de mes parents.* The disagreement distanced us from my parents. ◆ **s'éloigner** *v pron* **s'éloigner (de) 1** (*gén*) to move away (**from *sb/sth***) : *Ne t'éloigne pas trop.* Don't go too far away. **2** (*sur le plan affectif*) to distance yourself (**from *sb/sth***) : *s'éloigner de sa famille* to distance yourself from your family

élongation *nf* pulled muscle LOC **se faire une élongation** to pull a muscle

éloquence *nf* eloquence

éloquent, -e *adj* **1** (*gén*) eloquent **2** (*chiffres, résultats*) : *Les chiffres sont ~s.* The figures speak for themselves.

élu, -e *nm-nf* (*responsable*) elected representative : *les ~s régionaux* regional representatives

élucider *vt* to elucidate

éluder *vt* to evade

e-mail *nm* email : *Je t'enverrai les détails par ~.* I'll email you the details.

émail *nm* enamel

émancipation *nf* emancipation

émancipé, -e *pp, adj* (*femme*) liberated *Voir aussi* S'ÉMANCIPER

s'émanciper *v pron* to become independent

émaner *vi* ~ **de** to emanate **from *sth***

emballage *nm* **1** (*boîte*) packaging **2** (*papier*) wrapping LOC *Voir* PAPIER

emballer ◆ *vt* **1** (*empaqueter*) to wrap *sth* (up) (***in sth***) : *Est-ce qu'il faut vous l'emballer ?* Would you like it wrapped? **2** (*enthousiasmer*) to thrill : *L'idée ne m'emballe pas tellement.* The idea doesn't really thrill me. ◆ **s'emballer** *v pron* **1** (*cheval*) to bolt **2** (*personne*) : *Ne t'emballe pas.* Slow down. LOC **emballé sous vide** vacuum-packed

embarcation *nf* boat ☛ *Voir note sous* BOAT LOC *Voir* PORTE

embargo *nm* embargo [*pl* embargoes] : *un ~ commercial/sur les livraisons d'armes* a trade/an arms embargo

embarquement *nm* **1** (*passagers*) boarding : *L'avion est prêt pour l'embarquement.* The plane is ready for boarding. **2** (*marchandises*) loading

embarquer ◆ *vt* **1** (*passagers*) to embark **2** (*marchandises*) to load ◆ *vi* to board

embarras *nm* **1** (*gêne*) embarrassment : *Son ~ était visible.* His embarrassment was obvious. **2** (*pétrin*) fix : *Cela nous sortirait de l'embarras.* That would get us out of this fix. **3** (*situation difficile*) awkward position : *Tu me mets dans l'embarras.* You're putting me in an awkward position. **4** (*dilemme*) difficulty : *Je comprends ton ~.* I understand your difficulty. LOC **avoir l'embarras du choix** to be spoilt for choice

embarrasser ◆ *vt* **1** (*gêner*) to embarrass : *Tu l'embarrasses avec toutes tes questions !* You're embarrassing her with all your questions! **2** (*encombrer*) to clutter *sth* up : *Tout ce bazar embarrasse la table.* All this mess is cluttering up the table. ◆ **s'embarrasser** *v pron* **s'embarrasser (de)** to weigh yourself down (**with *sb/sth***)

embauche *nf* **1** (*action d'embaucher*) employment : *offre d'embauche* offer of employment **2** (*travail*) work : *Il n'y a pas d'embauche sur le chantier.* There isn't any work on the building site. ◊ *~ temporaire* temporary work

embaucher *vt* to take *sb* on, to employ (*plus sout*)

embêtant, -e *adj* annoying

embêtement *nm* hassle : *éviter les ~s* to avoid hassle

embêter ◆ *vt* **1** (*contrarier*) to annoy : *Ça m'embête de ne pas pouvoir y aller.* It annoys me not being able to go. **2** (*importuner*) to pester : *Ne les embête pas !* Don't pester them! **3** (*ennuyer*) to bore : *Ce film m'embête !* This film is boring! ◆ **s'embêter** *v pron* to get bored : *Il s'embête sans ses copains.* He gets bored without his friends.

emblème *nm* emblem

emboîter ◆ *vt* to fit *sth* together : *J'essaie d'emboîter les pièces du puzzle.* I'm trying to fit the pieces of the jigsaw together. ◆ **s'emboîter** *v pron* to fit together : *Les deux bouts s'emboîtent.* The two ends fit together. LOC **emboîter le pas à** to fall in behind *sb*

embouchure *nf* **1** (*rivière*) mouth **2** (*fleuve*) estuary [*pl* estuaries]

embouteillage *nm* (*circulation*) traffic jam

embouteillé, -e *pp, adj* congested

embranchement *nm* junction

embrasser ◆ *vt* to kiss : *Elle m'a embrassée sur le front.* She kissed me on the forehead. ◊ *Je vous embrasse très fort.* Lots of love. ◆ **s'embrasser** *v pron* to kiss : *Nous nous sommes embrassés.* We kissed.

embrayage *nm* clutch

embrouillé, -e *pp, adj* complicated *Voir aussi* EMBROUILLER

embrouiller ◆ *vt* **1** (*rendre confus*) to confuse : *Ne m'embrouille pas.* Don't confuse me. **2** (*relations, question*) to cloud ◆ **s'embrouiller** *v pron* **1** (*s'emmêler*) to get tangled up **2** (*se troubler*) to get confused (***about/over sth***) : *Je m'embrouille avec toutes ces portes.* I get confused with all these doors. **3** (*idées*) to become muddled

embryon *nm* embryo [*pl* embryos]

embuer ◆ *vt* to steam *sth* up : *Les vitres étaient embuées de vapeur.* The windows were steamed up. ◆ **s'embuer** *v pron* to steam up

embuscade *nf* ambush : *tendre une ~ à qn* to lay an ambush for sb LOC **être en embuscade** to lie in ambush

émeraude *nf* emerald

émerger *vi* to emerge

émerveillé, -e *pp, adj* filled with wonder *Voir aussi* ÉMERVEILLER

émerveillement *nm* wonder

émerveiller ◆ *vt* to fill *sb* with wonder ◆ **s'émerveiller** *v pron* **s'émerveiller de/devant** to marvel **at** ***sth*** LOC **s'émerveiller de peu** to be easily impressed

émettre ◆ *vt* **1** (*odeur, chaleur*) to give off *sth* **2** (*son*) to emit ◆ *vt, vi* (*Radio, Télé*) to broadcast

émeute *nf* riot : *L'annonce a provoqué une ~.* The announcement caused a riot.

émeutier, -ière *nm-nf* rioter

émietter *vt* to crumble *sth* (up)

émigration *nf* emigration

émigré, -e *pp, adj, nmf* emigrant [*n*] : *travailleurs ~s* emigrant workers *Voir aussi* ÉMIGRER

émigrer *vi* to emigrate : *Ils ont émigré au Canada.* They emigrated to Canada.

éminence *nf* **1** (*personne*) leading figure **2 Éminence** Eminence

éminent, -e *adj* eminent

émissaire *nm* envoy [*pl* envoys] LOC *Voir* BOUC

émission *nf* **1** (*Radio, Télé*) broadcast **2** (*gaz*) emission **3** (*Techn*) transmission : *problèmes d'émission* transmission problems

emmêler ◆ *vt* to get *sth* tangled (up) ◆ **s'emmêler** *v pron* to get tangled (up)

emménagement *nm* moving in

emménager *vi* to move in, to move ***into sth*** : *Quand est-ce que vous emménagez dans votre nouvel appartement ?* When are you moving into your new flat?

emmener *vt* **1** (*gén*) to take : *J'ai emmené le chien chez le vétérinaire.* I took the dog to the vet. **2** (*police*) to take *sb* away

émotif, -ive *adj* emotional

émotion *nf* **1** (*au niveau affectif*) emotion **2** (*peur*) fright : *Elle m'a donné des ~s.* She gave me a fright. LOC **se remettre de ses émotions** to get over the shock

émoussé, -e *pp, adj* blunt

émouvant, -e *adj* moving

émouvoir ◆ *vt* **1** (*provoquer une émotion*) to move : *J'ai été profondément émue par son discours.* I was deeply moved by his speech. **2** (*toucher*) to touch : *Ta lettre m'a beaucoup émue.* I was very touched by your letter. ◆ **s'émouvoir** *v pron* to be moved (***by sth***)

empailler *vt* to stuff

empaqueter *vt* **1** (*dans une boîte*) to pack **2** (*dans du papier*) to wrap

s'emparer *v pron* **s'emparer de** to take *sth* : *Ils nient s'être emparés de l'argent.* They say they didn't take the money.

empêchement *nm* : *Elle a eu un ~ et n'a pas pu venir.* Something cropped up and she couldn't come.

empêcher *vt* to stop *sb/sth* (***from doing sth***) ; to prevent *sb/sth* (***from doing sth***) (*plus sout*) : *La pluie a empêché le déroulement du mariage.* The rain prevented the wedding from taking place. ◊ *Rien ne t'en empêche.* There's nothing stopping you. LOC **empêcher de dormir** to keep *sb* awake : *Ça ne va pas m'empêcher de dormir.* That won't keep me awake. **je ne peux pas m'en empêcher** I can't help it

empereur, impératrice *nm-nf* emperor [*fém* empress]

empester ◆ *vt* to stink *sth* out ◆ *vi* to stink : *Il empestait l'alcool.* He stank of drink.

emphatique *adj* emphatic

empiéter *vt* ~ **sur** to encroach **on *sth***

s'empiffrer *v pron* **s'empiffrer (de)** to stuff yourself (**with *sth***) : *Je me suis empiffré de gâteaux.* I stuffed myself with cakes.

empiler ◆ *vt* to stack ◆ **s'empiler** *v pron* (*s'accumuler*) to pile up

empire *nm* empire

empirer *vi* to get worse : *La situation a empiré.* The situation has got worse.

empirique *adj* empirical

emplacement *nm* site

emploi *nm* **1** (*poste*) job : *avoir un ~ bien rémunéré* to have a well-paid job ☛ *Voir note sous* WORK[1] **2** (*Écon*) employment : *les chiffres de l'emploi* the employment figures **3** (*usage*) use LOC **emploi du temps** timetable : *un ~ du temps très chargé* a very busy timetable **être sans emploi** to be unemployed *Voir aussi* CRÉATION, DEMANDE, DEMANDEUR, MODE

employé, -e *nm-nf* employee LOC **employé de banque** bank clerk **employé de bureau** office worker

employer *vt* **1** (*personne*) to employ **2** (*utiliser*) to use : *~ la manière forte avec qn* to use strong-arm tactics with sb **3** (*temps, argent*) to spend : *mal ~ son temps* to waste your time

employeur, -euse *nm-nf* employer

empocher *vt* to pocket : *Ils ont empoché une fortune.* They pocketed a fortune.

empoigner *vt* to grab

empoisonner ◆ *vt* to poison ◆ **s'empoisonner** *v pron* : *Ils se sont empoisonnés avec des champignons.* They got food poisoning from eating mushrooms.

emporter ◆ *vt* **1** (*prendre, voler*) to take *sb/sth* (away) : *Emporte les chaises à la cuisine.* Take the chairs into the kitchen. ◊ *Les cambrioleurs ont tout emporté.* The burglars took everything. ☛ *Voir illustration sous* TAKE **2** (*vent, eau*) to carry *sth* away : *Le vent a emporté le toit.* The wind carried the roof away. ◆ **s'emporter** *v pron* to lose your temper : *Il s'emporte à la moindre occasion.* He loses his temper at the slightest thing. LOC **à emporter** to take away : *une pizza à ~* a pizza to take away **emporter la bouche** to take the roof of your mouth off : *Le curry m'a emporté la bouche.* The curry took the roof of my mouth off. **l'emporter sur** to overcome *sb/sth* **se laisser emporter par son élan** to get carried away

empreinte *nf* **1** (*pied, chaussure*) footprint **2** (*animal, véhicule*) track : *~s d'ours* bear tracks LOC **empreinte digitale** fingerprint

empressement *nm* eagerness

s'empresser *v pron* **s'empresser de** to hasten ***to do sth*** : *Je me suis empressé de les remercier.* I hastened to thank them.

emprise *nf* influence : *Elle a une très grande ~ sur sa sœur.* She has a lot of influence over her sister.

emprisonnement *nm* imprisonment : *condamné à l'emprisonnement à vie* sentenced to life imprisonment

emprisonner *vt* to imprison

emprunt *nm* **1** (*action*) borrowing **2** (*somme*) loan LOC **emprunt immobilier** mortgage

emprunter *vt* to borrow : *Il a emprunté ma voiture.* He borrowed my car. ◊ *Pourquoi ne lui demandes-tu pas si tu peux l'emprunter ?* Why don't you ask him if you can borrow it? ☛ *Voir illustration sous* BORROW

emprunt-logement *nm* mortgage : *faire un ~* to get a mortgage

en ◆ *prép* **1** (*mois, saisons*) in : *en été* in the summer ◊ *en l'an 2010* in the year 2010 **2** (*moyen de transport*) by : *en train/avion/voiture* by train/plane/car **3** (*à la manière de*) as : *s'habiller en hippie* to dress as a hippy ◊ *être déguisé en clown* to be disguised as a clown **4** (*désignant le matériau*) made of *sth* : *C'est en bois/verre/plastique.* It's made of wood/glass/plastic. ◊ *un verre en plastique* a plastic cup **5** (*matière*) at : *une bonne note en physique* good marks in physics **6** (*langue*) in : *en français* in French ◆ *conj* **1** (*pendant que*) while, as : *Je l'ai vu en partant.* I saw him as I was leaving. ◊ *Il peint en chantant.* He sings while he paints. ◊ *J'ai été attaqué en rentrant du cinéma.* I was attacked as I was going home from the cinema. **2** (*quand*) when : *Ils ont éclaté de rire en me voyant.* They burst out laughing when they saw me. **3** (*indiquant une action*) : *se réveiller en pleurant* to wake up crying ◆ *pron* **1** (*complément du* *verbe*) : *Tu m'en as déjà parlé.* You've already told me about it. ◇ *Il ne s'en souvient pas.* He doesn't remember it. **2** (*quantité*) some, any : *Tu en veux ?* Do you want some? ◇ *Il n'y en a plus.* There isn't any left. ◇ *Il y en a plusieurs.* There are several (of them). ☛ *Voir note sous* ANY, SOME **3** (*provenance*) : *Tu vas à l'hôpital ? J'en viens.* Are you going to the hospital? I'm just coming from there. **4** (*complément du nom*) : *J'en garde un excellent souvenir.* I have a wonderful memory of it. **5** (*complément de l'adjectif*) : *J'en suis très contente.* I'm very pleased with it. **6** (*emphatique*) : *J'en connais qui ne diraient pas non.* I know some who wouldn't say no. ◇ *Je m'en souviendrai de ta plaisanterie.* I'll remember your joke.

encadrement *nm* **1** (*porte*) frame **2** (*Comm*) management

encadrer *vt* **1** (*tableau, photo*) to frame **2** (*s'occuper de*) to supervise

encaisser *vt* to cash

encastré, -e *pp, adj* built-in

enceinte ◆ *adj* pregnant : *Elle est ~ de cinq mois.* She is five months pregnant. ◆ *nf* enclosure LOC **enceinte (acoustique)** loudspeaker

encens *nm* incense

encercler *vt* to surround *sb/sth* (**with *sb/sth***) : *Nous avons encerclé l'ennemi.* We surrounded the enemy.

enchaînement *nm* chain

enchaîner *vt* **1** (*attacher*) to chain *sb/sth* (**to *sth***) **2** (*idées*) to link

enchanté, -e *pp, adj* delighted (**with *sb/sth***) : *Je suis ~ que vous ayez pu venir.* I'm delighted (that) you've come. LOC **enchanté (de faire votre connaissance)** pleased to meet you *Voir aussi* ENCHANTER

enchantement *nm* **1** (*merveille*) : *Sa visite a été un ~.* Her visit was delightful. **2** (*sort*) spell LOC **comme par enchantement** as if by magic

enchanter *vt* to delight LOC **ça ne m'enchante guère** I can't say I'm happy

enchanteur, -teresse ◆ *adj* enchanting ◆ *nm-nf* enchanter [*fém* enchantress]

enchère *nf* **1** (*offre*) bid : *faire une ~ sur qch* to bid for sth **2** (*activité*) bidding **3 enchères** (*vente*) auction [*sing*] LOC **mettre aux enchères** to auction *sth* *Voir aussi* VENTE

s'enchevêtrer *v pron* to be tangled

enchevêtrement *nm* tangle

enclave *nf* enclave

enclencher ◆ *vt* **1** (*initier*) to set *sth* in motion : *~ un processus* to set a process in motion **2** (*vitesses*) to engage : *~ la première* to engage first gear ◆ **s'enclencher** *v pron* to engage

enclin, -e *adj* ~ **à** inclined **to do *sth*** : *Nous sommes ~s à le faire.* We're inclined to do it.

enclume *nf* anvil LOC *Voir* MARTEAU

encoder *vt* (*Informatique*) to encode

encoller *vt* to glue

encombrant, -e *adj* **1** (*objet*) cumbersome **2** (*personne*) troublesome

encombré, -e *pp, adj* **1** (*pièce*) cluttered **2** (*ligne téléphonique*) jammed **3** (*route, bronches*) congested *Voir aussi* ENCOMBRER

encombrement *nm* **1** (*embouteillage*) traffic jam **2** (*Méd*) obstruction

encombrer ◆ *vt* **1** (*pièce*) to clutter *sth* up **2** (*obstruer*) to block : *Ne vois-tu pas que tu encombres le passage ?* Can't you see you're blocking the way? ◆ **s'encombrer** *v pron* to burden yourself ***with sth***

encore *adv* **1** (*dans des phrases affirmatives ou interrogatives*) still : *Il reste ~ deux heures.* There are still two hours to go. ◇ *Tu es ~ là ?* Are you still here? **2** (*dans des phrases négatives ou interro-négatives*) yet : *« Ils ne t'ont pas ~ répondu ? — Non, pas ~. »* 'Haven't they written back yet?' 'No, not yet.' ◇ *Elles ne sont pas ~ mûres.* They're not ripe yet. ☛ *Voir note sous* STILL[1] **3** (*dans des comparaisons*) even : *Celui-ci me plaît ~ plus.* I like this one even better. ◇ *Ça serait ~ mieux.* That would be even better. **4** (*davantage*) more : *Tu en veux ~ un peu ?* Would you like some more? ◇ *Donnez m'en ~ deux.* Give me two more. **5** (*de nouveau*) again : *Il l'a ~ fait !* He's done it again! ◇ *Le prix de l'essence a ~ augmenté.* The price of petrol has gone up again. **6** (*en plus*) more : *pendant ~ trois mois* for three more months LOC *Voir* PUIS

encourageant, -e *adj* encouraging

encouragement *nm* encouragement

encourager *vt* **1** (*pousser*) to encourage *sb* (**to do *sth***) : *Je les encourage à faire du sport.* I'm encouraging them to take up sport. **2** (*supporter*) to cheer *sb* on : *~ une équipe* to cheer a team on

encre *nf* ink : *un dessin à l'encre* an ink drawing LOC **encre de Chine** Indian ink *Voir aussi* STYLO

encyclopédie *nf* encyclopedia

s'endetter *v pron* to get into debt

endive *nf* chicory [*indénombrable*]

endommager *vt* to damage : *La sécheresse a endommagé les récoltes.* The drought damaged the crops.

endormi, -e *pp, adj* **1** (*qui dort*) sleeping **2** (*sans vivacité*) sleepy : *Je suis ~, ce matin.* I feel sleepy this morning. ◊ *un village ~* a sleepy village *Voir aussi* ENDORMIR

endormir ◆ *vt* **1** (*faire dormir*) to get *sb* off to sleep **2** (*tromper*) to dupe ◆ **s'endormir** *v pron* to fall asleep, to doze off (*plus fam*)

endroit *nm* **1** (*gén*) place : *J'aime cet ~.* I like this place. ◊ *un ~ pour dormir* a place to sleep **2** (*côté*) right side LOC **à l'endroit** (*du bon côté*) on the right side

enduire ◆ *vt* ~ **de** to coat *sth* **with** ***sth*** : *~ qch de graisse* to grease sth ◆ **s'enduire** *v pron* to cover yourself ***with sth*** : *s'enduire le visage d'écran total* to cover your face with sunblock

endurance *nf* **1** (*résistance*) stamina **2** (*Sport*) endurance

endurcir ◆ *vt* to harden ◆ **s'endurcir** **1** (*objet*) to harden **2** (*personne*) to become hardened

endurer *vt* to endure LOC **faire endurer qch à qn** to put sb through sth

énergie *nf* energy [*gén indénombrable*] : *~ nucléaire* nuclear energy ◊ *Je n'ai même pas l'énergie de sortir de mon lit.* I haven't even the energy to get out of bed. LOC **avec énergie** energetically **énergie électrique** electric power **énergie éolienne/solaire** wind/solar power *Voir aussi* MOBILISER

énergique *adj* energetic

énervé, -e *pp, adj* **1** (*agité*) overexcited : *Les enfants sont ~s.* The children are overexcited. **2** ~ **(contre)** (*fâché*) annoyed (**with** ***sb***) (***about sth***) *Voir aussi* ÉNERVER

énerver ◆ *vt* to irritate ◆ **s'énerver** *v pron* **1** (*se mettre en colère*) to get annoyed (***with sb***) (***at/about sth***) : *Il s'énerve pour un rien.* He gets annoyed very easily. ◊ *Ne t'énerve pas après eux.* Don't get annoyed with them. **2** (*s'agiter*) to get worked up : *Ne t'énerve pas !* Keep calm!

enfance *nf* childhood

enfant *nmf* **1** (*gén*) child [*pl* children] ; kid (*plus fam*) : *Ce sont des ~s très mignons.* They're really lovely kids. ◊ *littérature/émissions pour ~s* children's books/programmes **2** (*nouveau-né*) baby [*pl* babies] : *avoir un ~* to have a baby LOC **enfant de chœur** altar boy **enfant prodige** child prodigy [*pl* child prodigies] **faire l'enfant** to be childish : *Ne fais pas l'enfant.* Don't be childish. *Voir aussi* BONNE, GARDE, JARDIN, JEU

enfantin, -e *adj* **1** (*pour enfants*) children's : *littérature enfantine* children's books **2** (*innocent*) childlike : *un sourire ~* a childlike smile **3** (*très facile*) simple : *un exercice d'une simplicité enfantine* a childishly simple exercise

enfer *nm* hell LOC **aller en enfer** to go to hell

enfermer ◆ *vt* **1** (*gén*) to shut *sb/sth* up : *Ils avaient enfermé le chat dans la salle de bains.* They had shut the cat in the bathroom. **2** (*à clé, incarcérer*) to lock *sb/sth* up : *Ils l'ont fait ~.* They had him locked up. ◆ **s'enfermer** *v pron* **1** (*gén*) to shut yourself in **2** (*à clé*) to lock yourself in

enfiler ◆ *vt* **1** (*mettre*) to slip *sth* on : *~ un pull* to slip a jumper on **2** (*aiguille*) to thread ◆ **s'enfiler** *v pron* **1** (*nourriture*) to put *sth* away **2** **s'enfiler dans** (*entrer*) to go down *sth* : *s'enfiler dans un couloir* to go down a corridor

enfin *adv* **1** (*finalement*) at last : *La lettre est ~ arrivée.* The letter's arrived at last. **2** (*exprimant la résignation*) well : *~, c'est la vie.* Well, that's life. **3** (*pour résumer*) in short : *~ bref, il est parti sans payer.* In short, he left without paying. **4** (*exprimant l'impatience*) : *Mais ~, ça ne va pas la tête ?* What on earth are you thinking about? **5** (*en dernier*) lastly

enflammer ◆ *vt* **1** (*mettre en flammes*) to set fire **to** ***sth*** **2** (*rendre rouge*) to make *sth* red **3** (*Méd*) : *Elle avait la gorge enflammée.* Her throat was inflamed. ◆ **s'enflammer** *v pron* **1** (*prendre feu*) to catch fire : *Le réservoir d'essence s'est enflammé.* The petrol tank caught fire. **2** (*Méd*) to become inflamed

enflé, -e *pp, adj* swollen : *un bras/pied ~* a swollen arm/foot *Voir aussi* ENFLER

enfler *vi* to swell (up) : *Ma cheville a enflé.* My ankle has swollen up.

enflure *nf* (*Méd*) swelling : *L'enflure semble avoir diminué.* The swelling seems to have gone down.

enfoncer ◆ *vt* **1** (*clou, pointe*) to hammer *sth* ***into sth*** : *~ des clous dans le mur* to hammer nails into the wall ◊ *Le clou n'est pas bien enfoncé.* The nail hasn't gone in properly. **2** (*pieu*) to drive *sth* ***into sth*** **3** (*porte*) to batter *sth* down ◆ **s'enfoncer** *v pron* **1** (*se mettre*) : *Je me suis enfoncé une épine dans le doigt.*

I've got a thorn in my finger. **2** (*s'enliser*) to sink : *s'enfoncer dans le sable/la boue* to sink into the sand/the mud **3** (*aggraver la situation*) to make things worse LOC **enfoncer qch dans le crâne de qn** to get sth into sb's head

enfouir ◆ *vt* (*gén*) to bury : ~ *ses pieds dans le sable* to bury your feet into the sand ◆ **s'enfouir** *v pron* **s'enfouir dans/sous** to bury yourself **in/under *sth***

s'enfuir *v pron* **1** (*partir en courant*) to run away : *À mon approche, le chat s'est enfui.* The cat ran away when I came near. **2** (*de prison*) to escape (***from sth***) **3 s'enfuir (de)** (*d'un pays*) to flee *sth* : *Ils se sont enfuis du pays.* They fled the country. **4** (*fuguer*) to run away (***from sth***)

enfumé, -e *pp, adj* smoky

engagé, -e *pp, adj* committed *Voir aussi* ENGAGER

engageant, -e *adj* engaging

engagement *nm* **1** (*obligation*) commitment : *remplir ses ~s* to fulfil your commitments **2** (*accord*) agreement : *Vous devez signer cet ~ de remboursement.* You must sign this repayment agreement.

engager ◆ *vt* **1** (*obliger*) to commit *sb* **to *sth*/doing *sth*** **2** (*Sport*) to sign *sb* (up) ◆ **s'engager** *v pron* **s'engager (dans)** (*armée*) to enlist (**in *sth***) LOC **engager des poursuites** to take proceedings (*against sb*)

engendrer *vt* **1** (*concevoir*) to conceive **2** (*causer*) to generate

engin *nm* **1** (*dispositif*) device : *un ~ explosif* an explosive device **2** (*appareil bizarre*) contraption

englober *vt* to embrace

engloutir *vt* **1** (*détruire*) to engulf : *Un raz-de-marée a englouti la ville.* A tidal wave engulfed the town. **2** (*dévorer*) to gobble *sth* up **3** (*perdre*) to squander : ~ *des millions dans un projet* to squander millions on a project

engouffrer *vt* to gobble *sth* (up/down)

engourdi, -e *pp, adj* : *J'ai la jambe engourdie.* My leg's gone to sleep. *Voir aussi* ENGOURDIR

engourdir *vt* (*froid*) to numb

engrais *nm* fertilizer

engraisser *vt* to fatten *sb/sth* (up)

engueulade *nf* row

engueuler ◆ *vt* to tell *sb* off ◆ **s'engueuler** *v pron* to have a row (***with sb***)

énième *adj* (*Math*) nth LOC **pour la énième fois** for the umpteenth time

énigmatique *adj* enigmatic

énigme *nf* **1** (*histoire non résolue*) enigma **2** (*jeu*) riddle

enivrant, -e *adj* heady

enivrer ◆ *vt* to get *sb* drunk ◆ **s'enivrer** *v pron* to get drunk

enjambée *nf* stride

enjeu *nm* (*question*) issue

enjoliver *vt* to embellish

enjoliveur *nm* hubcap

enjoué, -e *adj* cheerful

enlèvement *nm* **1** (*personne*) kidnapping **2** (*ordures*) removal

enlever ◆ *vt* **1** (*ôter*) to take *sth* off/down/out, to remove (*plus sout*) : *Enlève l'étiquette.* Take the label off. ◊ *Enlève tes affaires de mon bureau.* Take your things off my desk. ◊ *Il a enlevé l'affiche.* He took the poster down. ◊ *Enlève tes chaussures.* Take your shoes off. **2** (*Math*) to take *sth* away (***from sth***) : *Si tu enlèves un de trois...* If you take one (away) from three... **3** (*tache*) to remove, to get *sth* out (*plus fam*) **4** (*kidnapper*) to kidnap ◆ **s'enlever** *v pron* **1** (*tache*) to come out **2** (*se retirer*) to come off : *Comment est-ce que le dessus s'enlève ?* How does the top come off?

enneigé, -e *adj* snow-covered

ennemi, -e *adj, nm-nf* enemy [*n*] [*pl* enemies] : *les troupes ennemies* the enemy troops

ennui *nm* **1** (*manque d'intérêt*) boredom **2** (*problème*) problem : *Elle a des ~s de santé/d'argent.* She's got health/money problems. ◊ *Je ne veux pas d'ennuis.* I don't want any trouble. LOC *Voir* ATTIRER, MOURIR

ennuyer ◆ *vt* **1** (*gén*) to bore : *J'espère que je ne t'ennuie pas.* I hope I'm not boring you. ◊ *Cette émission m'ennuie.* This programme is boring. **2** (*contrarier*) to bother : *Ça ne t'ennuie pas de devoir te lever si tôt ?* Doesn't having to get up so early bother you? **3** (*navrer*) : *Ça m'ennuie beaucoup de devoir partir.* I'm really sorry that I've got to go. ◆ **s'ennuyer** *v pron* to get bored LOC **ça t'ennuie... ?** Do you mind...? : *Est-ce que ça t'ennuierait de fermer la porte ?* Would you mind shutting the door? ◊ *Ça vous ennuie si je fume ?* Do you mind if I smoke? **s'ennuyer comme un rat mort** to be bored stiff

ennuyeux, -euse *adj* **1** (*qui ennuie*) boring : *un discours ~* a boring speech ◊

Tu parles d'un film ~ ! What a boring film!

Attention, ne pas confondre **bored** et **boring**. **Bored** désigne un état d'esprit : *Je m'ennuie à mourir !* I'm really bored! **Boring** qualifie la chose ou la personne à l'origine de cette sensation : *Quel discours ennuyeux !* What a boring speech! La différence entre **interested** et **interesting** ainsi qu'entre **excited** et **exciting** est du même ordre.

2 (*gênant*) annoying : *C'est ~, mais on ne peut rien y faire.* It's annoying but it can't be helped.

énoncé *nm* (*problème, théorie*) wording

énoncer *vt* to enunciate

s'enorgueillir *v pron* to be proud ***of sb/sth***

énorme *adj* huge

énormément *adv* ~ **(de)** a lot (**of** ***sth***) : *On apprend ~.* You learn an awful lot. ◊ *Il y avait ~ de voitures.* There were a lot of cars. ◊ *~ d'argent* an awful lot of money

enquête *nf* **1** (*gén*) investigation, inquiry [*pl* inquiries] (***into sth***) : *Il va y avoir une ~ à propos de l'accident.* There'll be an investigation into the accident. **2** (*de consommation*) survey [*pl* surveys] : *effectuer une ~* to carry out a survey

enquêter *vi* ~ **sur** to investigate *sth* : *~ sur une affaire* to investigate a case

enquêteur, -trice *nm-nf* **1** (*police*) investigator **2** (*sondage*) interviewer

enraciné, -e *pp, adj* deep-rooted : *une coutume très enracinée* a deep-rooted custom

enragé, -e *pp, adj* (*Méd*) rabid : *un chien ~* a rabid dog *Voir aussi* ENRAGER

enrager *vi* to be furious. LOC **faire enrager** to annoy *sb*

enrayer *vt* to call a halt to *sth*

enregistrement *nm* **1** (*Mus*) recording : *un ~ en public* a live recording **2** (*inscription*) registration **3** (*bagages*) check-in LOC *Voir* COMPTOIR

enregistrer *vt* **1** (*disque*) to record : *~ un nouvel album* to record a new album **2** (*reproduire sur cassette*) to tape : *Je te l'enregistrerai si tu veux.* I'll tape it for you if you want. ◊ *~ un film sur cassette* to tape a film **3** (*Administration*) to register : *~ une naissance* to register a birth **4** (*noter*) to record : *~ des informations* to record information **5** (*Informatique*) to save : *~ un fichier* to save a file LOC **faire enregistrer** (*à l'aéroport*) to check *sth* in : *Tu as fait ~ les bagages ?* Have you checked in the luggage?

enregistreur, -euse *adj* LOC *Voir* CAISSE

enrhumé, -e *pp, adj* : *Je suis très ~.* I've got a bad cold. *Voir aussi* S'ENRHUMER

s'enrhumer *v pron* to catch a cold

enrichir ◆ *vt* **1** (*augmenter la richesse*) to make *sb* rich **2** (*fig*) to enrich : *Il a enrichi son vocabulaire en lisant.* He enriched his vocabulary by reading. ◆ **s'enrichir** *v pron* to get rich

enrichissement *nm* enrichment

enrober *vt* ~ **de** to coat *sth* ***in/with sth*** : *~ un gâteau de chocolat* to coat a cake in chocolate ◊ *~ qch de panure* to coat sth in breadcrumbs

enrôler ◆ *vt* to recruit ◆ **s'enrôler** *v pron* to enlist

enroué, -e *pp, adj* : *être ~* to be hoarse *Voir aussi* S'ENROUER

s'enrouer *v pron* : *Je me suis enroué à force de crier.* I shouted myself hoarse.

enrouler ◆ *vt* to wind ◆ **s'enrouler** *v pron* to wrap yourself up : *s'enrouler dans une couverture* to wrap yourself up in a blanket

ensanglanté, -e *pp, adj* bloodstained

enseignant, -e ◆ *adj* teaching ◆ *nm-nf* teacher LOC *Voir* CORPS

enseigne *nm* sign

enseignement *nm* **1** (*gén*) teaching : *L'enseignement ne me tente pas vraiment.* Teaching doesn't really tempt me. **2** (*système national*) education : *~ primaire/secondaire* primary/secondary education

enseigner *vt* to teach *sth* (***to sb***) : *Il enseigne les mathématiques.* He teaches maths.

ensemble ◆ *adv* **1** (*gén*) together : *tous ~* all together ◊ *Nous révisons toujours ~.* We always study together. ◊ *Nous le ferons (tous) ~.* We'll do it together. ◆ *nm* **1** (*groupe, Math*) set : *un ~ de mesures pour lutter contre la pollution* a set of anti-pollution measures **2** (*totalité*) whole : *l'ensemble de l'industrie allemande* German industry as a whole **3** (*de musique*) group **4** (*vêtements*) outfit LOC **dans l'ensemble** on the whole : *Dans l'ensemble, nos vacances se sont bien passées.* On the whole, we had a good holiday. **mettre ensemble** (*personnes*) to pair *sb* off (***with sb***)

ensemencer *vt* to sow : *~ un champ* to sow a field

ensoleillé, -e *adj* sunny : *un après-midi ~* a sunny afternoon

ensorceler *vt* to bewitch

ensuite *adv* **1** (*après*) next : *Et que s'est-il passé ~ ?* And what happened next? ◊ *Et ~, nous avons un film d'horreur.* And next we have a horror film. **2** (*plus tard*) later : *On verra ~.* We'll see later.

s'ensuivre *v pron* to ensue

entacher *vt* (*réputation*) to stain

entaille *nf* **1** (*blessure*) cut : *Il a plusieurs ~s au bras.* He has several cuts on his arm. **2** (*coupure profonde*) gash

entailler *vt* to slash

entamer *vt* (*commencer*) to start *sth* (up) : *~ une conversation* to start a conversation

entasser ◆ *vt* to pile *sth* up ◆ **s'entasser** *v pron* **1** (*s'accumuler*) to pile up **2** (*se serrer*) to cram ***into...*** : *Ils se sont entassés dans la voiture.* They crammed into the car.

entendre ◆ *vt* to hear : *Ils n'ont pas entendu le réveil.* They didn't hear the alarm. ◊ *Je ne t'ai pas entendu entrer.* I didn't hear you come in. ◊ *Tu entends quelque chose ?* Can you hear something? ☛ *Voir note sous* SENTIR ◆ **s'entendre** *v pron* **s'entendre (avec)** to get on (**with *sb***) : *Nous nous entendons très bien/mal.* We get on very well/badly. LOC **entendre parler de** : *J'ai beaucoup entendu parler de lui.* I've heard a lot about him. **faire comme si on avait rien entendu** to turn a deaf ear **laisser entendre** to hint at *sth/that...* : *Il a laissé ~ que j'avais réussi l'examen.* He hinted that I'd passed.

entendu, -e *pp, adj* : *~ !* Right! ◊ *C'est ~ ?* All right? LOC **bien entendu** naturally

entente *nf* understanding

enterrement *nm* **1** (*cérémonie*) funeral : *Il y avait beaucoup de monde à l'enterrement.* There were a lot of people at the funeral. **2** (*inhumation*) burial

enterrer *vt* to bury

en-tête *nm* heading

entêté, -e *adj* stubborn

entêtement *nm* stubbornness

enthousiasme *nm* ~ **(pour)** enthusiasm (**for *sth***) LOC **avec enthousiasme** enthusiastically

enthousiasmer ◆ *vt* to thrill ◆ **s'enthousiasmer** *v pron* **s'enthousiasmer (pour)** to get excited (**about/ over *sth***)

enthousiaste ◆ *adj* enthusiastic : *être ~ à propos de qch* to be enthusiastic at/ about sth ◊ *J'étais très ~ quand j'ai commencé.* I was very enthusiastic when I started. ◆ *nmf* enthusiast

s'enticher *v pron* **s'enticher de** to take a fancy **to *sb/sth***

entier, -ière *adj* **1** (*tout*) whole, entire (*plus sout*) : *un rôti ~* a whole joint of meat ◊ *La salle tout entière était debout.* The entire room was on its feet. ◊ *voyager dans le monde ~* to travel all over the world **2** (*intact*) complete : *Il a mon entière confiance.* I have complete confidence in him. ◊ *Le mystère reste ~.* The mystery remains unsolved. **3** (*lait*) full-fat LOC **en entier** whole : *Il a récité le poème en ~.* He recited the whole poem. *Voir aussi* MONDE, PART

entité *nf* entity [*pl* entities]

entonnoir *nm* funnel

entorse *nf* (*Méd*) sprain : *se faire une ~ à la cheville* to sprain your ankle LOC **faire une entorse au règlement** to bend the rules

entortiller *vt* to twist

entourage *nm* entourage

entourer ◆ *vt* **1** (*gén*) to surround *sb/ sth* (**with *sb/sth***) : *Elle était entourée de ses amis qui voulaient la féliciter.* She was surrounded by friends wanting to congratulate her. **2** (*au stylo*) to circle : *~ la bonne réponse* to circle the right answer ◆ **s'entourer** *v pron* **s'entourer de** to surround yourself **with *sb/sth*** : *Ils adorent s'entourer de jeunes.* They love to surround themselves with young people.

entracte *nm* interval

entraide *nf* help

entrain *nm* spirit LOC *Voir* PLEIN

entraînant, -e *adj* (*musique*) catchy

entraînement *nm* **1** (*exercice*) training : *~ physique* physical training ◊ *Il a ~ tous les soirs.* He trains every evening. **2** (*pratique*) practice : *Ça viendra avec l'entraînement.* That will come with practice. LOC *Voir* VÉLO

entraîner ◆ *vt* **1** (*faire travailler*) to train **2** (*provoquer*) to lead **to *sth*** : *La hausse du fuel a entraîné des manifestations.* The rise in heating oil prices led to demonstrations. **3** (*faire fonctionner*) to drive ◆ **s'entraîner** *v pron* to train

entraîneur, -euse *nm-nf* **1** (*de cheval*) trainer **2** (*Sport*) coach

entrave *nf* hindrance

entraver *vt* **1** (*animal*) to shackle **2** (*rendre difficile*) to obstruct : *~ la justice* to obstruct justice

entre *prép* **1** (*gén*) between : *~ le*

magasin et le cinéma between the shop and the cinema **2** (*parmi*) among : *Ils jouent ~ eux.* They're playing among themselves. ◊ *Ils parlaient ~ eux.* They were talking among themselves.

entrebâiller *vt* (*porte*) to leave *sth* ajar

s'entrechoquer *v pron* to clink

entrecôte *nf* fillet steak

entrecoupé, -e *pp, adj* **1** (*voix*) faltering **2** (*phrases*) broken

entrée *nf* **1** (*maison, appartement*) hall **2** (*porte*) entrance (***to sth***) : *Je t'attendrai à l'entrée.* I'll wait for you at the entrance. **3** ~ **(dans)** entry (**into** ***sth***) : *l'entrée de la Slovénie dans l'UE* Slovenia's entry into the EU ◊ *« ~ interdite »* "no entry" **4** (*hôpital, institution, club*) admission (***to sth***) : *L'entrée est gratuite pour les membres.* Admission is free for members. **5** (*billet*) ticket : *Je voudrais deux ~s.* I'd like two tickets. **6** (*repas*) starter LOC **d'entrée** first time : *Je l'ai deviné d'entrée.* I got it right first time. **entrée gratuite/libre** free admission *Voir aussi* EXAMEN, PORTE

entrejambe *nm* crotch

entrelacé *pp, adj* intertwined *Voir aussi* (S')ENTRELACER

(s')entrelacer *vt, v pron* to intertwine

entremets *nm* dessert

entreposer *vt* to store

entrepôt *nm* warehouse

entreprenant, -e *adj* enterprising

entreprendre *vt* **1** (*gén*) to begin **2** (*voyage*) to set off **on** ***sth*** : *~ une tournée* to set off on a tour

entrepreneur, -euse *nm-nf* **1** (*Comm*) businessman/woman [*pl* businessmen/women] **2** (*construction*) contractor

entreprise *nf* **1** (*Comm*) business : *esprit d'entreprise* business sense **2** (*projet*) enterprise LOC **entreprise de pompes funèbres** undertaker's [*pl* undertakers] **entreprise privée** private company **entreprise publique** state-owned company

entrer *vi* **1** (*en allant*) to go in/inside : *Je n'ai pas osé ~.* I didn't dare to go in. **2** (*en venant*) to come in/inside : *Fais-le ~.* Ask him to come in. ◊ *Est-ce que je peux ~ ?* May I come in? **3** ~ **dans** (*en allant*) to go into *sth*, to enter *sth* (*plus sout*) : *N'entre pas dans mon bureau quand je n'y suis pas.* Don't go into my office when I'm not there. ◊ *~ dans les détails* to go into detail **4** ~ **dans** (*en venant*) to come into *sth*, to enter *sth* (*plus sout*) : *Frappe avant d'entrer dans ma chambre.* Knock before you come into my room. **5** ~ **dans** (*profession, sphère sociale*) to enter *sth* **6** ~ **dans** (*Mil, institution, club*) to join *sth* : *~ dans l'armée* to join the army **7** ~ **(dans)** (*tenir*) to fit (**in/into** ***sth***) : *Mes vêtements n'entreront pas dans la valise.* My clothes won't fit in the suitcase. LOC *Voir* DÉFENSE, VIGUEUR

entresol *nm* mezzanine

entre-temps *adv* in the meantime

entretenir ◆ *vt* **1** (*santé, vêtement*) to look after *sth* : *Elle entretient bien ses antiquités.* She looks after her antiques. **2** (*voiture*) to maintain **3** (*subvenir aux besoins de*) to support : *~ une famille de huit personnes* to support a family of eight ◆ **s'entretenir** *v pron* (*parler*) to talk ***to sb about sth***

entretien *nm* **1** (*conversation*) discussion **2** (*travail, Journal*) interview **3** (*réunion*) meeting **4** (*jardin, maison*) upkeep **5** (*plante, vêtement*) care

entrevoir *vt* to glimpse

entrevue *nf* meeting

entrouvert, -e *pp, adj* **1** (*porte, bouche*) half-open **2** (*lèvres*) parted *Voir aussi* ENTROUVRIR

entrouvrir *vt* **1** (*gén*) to half-open **2** (*porte*) to leave *sth* ajar

énumérer *vt* to list, to enumerate (*sout*)

envahi, -e *pp, adj* **1** (*plantes*) overgrown ***with sth*** : *un jardin ~ par les ronces* a garden overgrown with brambles **2** (*insectes*) infested ***with sth*** : *L'appartement est ~ par les cafards.* The flat's infested with cockroaches. *Voir aussi* ENVAHIR

envahir *vt* **1** (*ennemi*) to invade **2** (*plantes*) to overrun **3** (*sentiments*) : *se sentir envahi d'une colère noire* to be seized with rage **4** (*sommeil*) to overcome

envahisseur, -euse ◆ *adj* invading ◆ *nm-nf* invader

enveloppe *nm* **1** (*lettre*) envelope **2** (*peau*) membrane **3** (*céréale*) husk

envelopper *vt* to wrap *sb/sth* up (***in sth***) : *Je l'ai enveloppé dans une couverture.* I wrapped her up in a blanket.

envergure *nf* **1** (*oiseau*) wingspan **2** (*action*) scale

envers[1] *nm* **1** (*tissu*) wrong side **2** (*papier*) back LOC **à l'envers 1** (*la tête en bas*) upside down **2** (*l'intérieur à l'extérieur*) inside out : *Tu as mis ton pull à l'envers.* Your jumper's on inside out. **3** (*le devant derrière*) back to front

envers[2] *prép* towards : *Ils ont été cruels ~ eux.* They were cruel towards them.

enviable *adj* enviable

envie *nf* **1** (*gén*) desire **2** (*convoitise*) envy **3** (*tache de naissance*) birthmark LOC **avoir des envies** to have cravings : *Les femmes enceintes ont quelquefois des ~s.* Some pregnant women have cravings. **avoir des envies de meurtre** to feel like killing somebody **avoir envie de faire qch** to feel like doing sth : *J'ai ~ de manger quelque chose.* I feel like having something to eat. ◊ *Je partirai quand j'en aurai ~.* I'll go when I feel like it. **avoir envie de qch** to fancy sth : *Tu as ~ d'un café ?* Do you fancy a coffee? **l'envie me, te, etc. prend** : *Tout d'un coup l'envie m'a pris d'aller faire des courses.* I suddenly took it into my head to go shopping. **ne plus avoir envie** to go off the idea (*of doing sth*) : *Je n'ai plus ~ d'aller au cinéma.* I've gone off the idea of going to the cinema. *Voir aussi* BAVER, DÉVORER, MOURIR, PÂLIR

envier *vt* to envy : *Je t'envie !* I really envy you!

envieux, -ieuse *adj, nm-nf* envious [*adj*] : *Tu es un ~.* You're very envious.

environ ◆ *adv* about : *J'ai appelé ~ dix personnes.* I rang about ten people. ◊ *Il a ~ 30 ans.* He's about 30. ☛ *Voir note sous* AROUND[1] ◆ **environs** *nm* outskirts : *Ils vivent dans les ~s de Rome.* They live on the outskirts of Rome.

environnant, -e *adj* surrounding

environnement *nm* environment : *la protection de l'environnement* the protection of the environment ◊ *l'environnement familial* the family environment

envisager *vt* to contemplate : *~ une possibilité* to contemplate a possibility

envoi *nm* **1** (*action*) sending **2** (*paquet*) parcel **3** (*Comm*) consignment LOC **coup d'envoi** (*Foot*) kick-off **envoi contre remboursement** cash on delivery (*abrév* COD) *Voir aussi* FRAIS

envol *nm* **1** (*oiseau*) flight **2** (*avion*) take-off LOC **prendre son envol 1** (*oiseau*) to take flight **2** (*avion*) to take off

s'envoler *v pron* **1** (*oiseau*) to fly away **2** (*avion*) to take off **3** (*avec le vent*) to blow off/away : *Son chapeau s'est envolé.* His hat blew off.

envoûtant, -e *adj* **1** (*atmosphère*) enchanting **2** (*charme*) bewitching **3** (*roman*) spellbinding

envoûter *vt* to cast a spell **on *sb***

envoyé, -e *nm-nf* **1** (*émissaire*) envoy [*pl* envoys] **2** (*Journal*) correspondent : *~ spécial* special correspondent

envoyer ◆ *vt* **1** (*expédier*) to send : *Je t'ai envoyé une lettre.* I've sent you a letter. **2** (*faire aller*) to send *sb* ***to do sth*** : *Je l'ai envoyé faire les courses.* I sent him to do the shopping. ◆ **s'envoyer** *v pron* **1** (*échanger*) to exchange *sth* : *s'envoyer des lettres* to exchange letters **2** (*manger*) to wolf *sth* down : *Il s'est envoyé tout le gâteau.* He wolfed down the whole cake. **3** (*boire avidement*) to knock *sth* back LOC **envoyer promener** to tell *sb* to get lost : *S'il t'agace, envoie-le promener.* If he annoys you, tell him to get lost. **envoyer des baisers à** to blow *sb* kisses *Voir aussi* E-MAIL

éolien, -ienne *adj* LOC *Voir* ÉNERGIE, PARC

épagneul *nm* spaniel

épais, épaisse *adj* thick : *La sauce est très épaisse.* The sauce is very thick.

épaisseur *nf* thickness : *Ce morceau de bois fait deux centimètres d'épaisseur.* This piece of wood is two centimetres thick.

(s')épaissir *vt, v pron* to thicken

s'épancher *v pron* to pour your heart out (**to *sb***)

épanoui, -e *pp, adj* **1** (*visage*) radiant **2** (*personne*) fulfilled **3** (*fleur*) in bloom *Voir aussi* S'ÉPANOUIR

s'épanouir *v pron* **1** (*fleur, personne*) to blossom **2** (*visage*) to light up

épanouissement *nm* **1** (*fleur, talent*) flowering **2** (*développement*) fulfilment

épargne *nf* savings [*pl*] LOC *Voir* CAISSE, LIVRET

épargner *vt* **1** (*argent*) to save **2** (*gracier*) to spare : ~ *qch à qn* to spare sb sth

(s')éparpiller *vt, v pron* to scatter : *s'éparpiller dans tous les sens* to scatter in all directions

épars, -e *adj* scattered

épater *vt* to amaze

épaule *nf* shoulder : *porter qn/qch sur ses ~s* to carry sb/sth on your shoulders LOC *Voir* HAUSSEMENT, HAUSSER

épaulette *nf* shoulder pad

épave *nf* wreck

épée *nf* sword

épeler *vt* to spell

éperdu, -e *adj* **1** (*regard*) desperate **2** (*fuite*) headlong

éperdument *adj* **1** (*follement*) : ~ *amoureux* madly in love **2** (*se moquer*) : *Je me moque ~ d'elle.* I couldn't care less about her.

éperon *nm* spur

éphémère *adj* ephemeral

épi *nm* **1** (*céréale*) ear **2** (*cheveux*) tuft LOC **épi de maïs** corn on the cob [*indénombrable*]

épice *nf* spice LOC *Voir* PAIN

épicé, -e *pp, adj* (*Cuisine*) hot : *Cette sauce est fort épicée !* This sauce is terribly hot! *Voir aussi* ÉPICER

épicer *vt* to spice

épicerie *nf* grocer's [*pl* grocers] ☛ *Voir note sous* BOUCHERIE LOC **épicerie fine** delicatessen

épicier, -ière *nm-nf* grocer

épidémie *nf* epidemic : *une ~ de choléra* a cholera epidemic

épier *vt* to spy **on sb**

épilepsie *nf* epilepsy

épiler ◆ *vt* **1** (*sourcils*) to pluck **2** (*à la cire*) to wax : *Il faut que je me fasse ~ les jambes.* I must have my legs waxed. ◆ **s'épiler** *v pron* **1** (*sourcils*) to pluck *sth* **2** (*jambes*) to wax

épinards *nm* spinach [*indénombrable*] : *J'adore les ~.* I love spinach. LOC *Voir* BEURRE

épine *nf* thorn LOC **épine dorsale** spine

épineux, -euse *adj* **1** (*plante*) thorny **2** (*situation*) tricky

épingle *nf* pin ☛ *Voir illustration sous* PIN LOC **épingle à cheveux** hairpin **épingle de sûreté** safety pin *Voir aussi* TIRER

épingler *vt* (*avec des épingles*) to pin *sth* (**to/on sth**) : *J'ai épinglé la manche.* I pinned on the sleeve. LOC **se faire épingler** to get nabbed

épinière *adj* LOC *Voir* MOELLE

épique *adj* epic

épisode *nm* episode : *une série en cinq ~s* a serial in five episodes

épitaphe *nm* epitaph

éplucher *vt* to peel

éplucheur *nm* peeler

épluchures *nf* **1** (*fruits*) peel [*indénombrable*] **2** (*légumes*) peelings : *~ de pommes de terre* potato peelings

éponge *nf* sponge LOC *Voir* BALAI

éponger *vt* **1** (*liquide*) to mop *sth* up **2** (*excédent*) to soak *sth* up **3** (*dettes*) to pay *sth* off

épopée *nf* epic

époque *nf* **1** (*gén*) time : *à cette ~* at that time ◊ *à cette ~ de l'année* at this time of the year ◊ *l'époque la plus froide de l'année* the coldest time of the year **2** (*historique*) age : *l'époque de Louis XIV* the age of Louis XIV LOC **d'époque** period : *meubles d'époque* period furniture

épouser *vt* to marry

épousseter *vt* to dust

épouvantable *adj* terrible : *J'ai vu un accident ~.* I saw a terrible accident. ◊ *C'est ~ !* How terrible! ◊ *Il fait une chaleur ~.* It's terribly hot.

épouvantail *nm* scarecrow

épouvante *nf* **1** (*peur*) terror **2** (*horreur*) horror : *un film d'épouvante* a horror film

épouvanter *vt* **1** (*terrifier*) to terrify **2** (*horrifier*) to horrify

époux, -ouse *nm-nf* husband [*fém* wife, *pl* wives]

épreuve *nf* **1** (*moment difficile*) ordeal **2** (*Sport*) : *Les ~s de saut en hauteur commencent aujourd'hui.* The high jump competition begins today. LOC **épreuve chronométrée** time trial **épreuves de rattrapage** resit [*sing*] **mettre à l'épreuve** to put *sb/sth* to the test

éprouvant, -e *adj* trying

éprouvé *pp, adj* tried and tested *Voir aussi* ÉPROUVER

éprouver **1** (*ressentir*) to feel **2** (*toucher*) to upset

éprouvette *nf* test tube

épuisant, -e *adj* exhausting

épuisé, -e *pp, adj* **1** (*fatigué*) worn out, exhausted (*plus sout*) **2** (*stock*) sold out **3** (*livre*) out of print *Voir aussi* ÉPUISER

épuisement *nm* exhaustion

épuiser ◆ *vt* **1** (*personne*) to wear *sb* out : *Les enfants m'épuisent.* The children wear me out. **2** (*finir*) to exhaust : ~ *un thème* to exhaust a subject **3** (*stock, réserves*) to use *sth* up : *Nous avons épuisé toutes nos provisions.* We've used up all our supplies. ◆ **s'épuiser** *v pron* **1 s'épuiser (à)** (*personne*) to wear yourself out (*doing sth*) : *Elle s'est épuisée à tout nettoyer.* She wore herself out cleaning everything. **2** (*diminuer*) to run out : *Ma patience s'épuise.* My patience is running out.

épuration *nf* **1** (*eau*) purification **2** (*groupe*) purge

épurer *vt* **1** (*eau*) to purify **2** (*groupe*) to purge

équateur *nm* equator

équation *nf* equation

équatorial, -e *adj* equatorial

équerre *nf* **1** (*règle*) set square **2** (*étagère*) bracket LOC **d'équerre/en équerre** at right angles

équestre *adj* riding [*n attrib*] : *un centre* ~ a riding club

équilatéral, -e *adj* LOC *Voir* TRIANGLE

équilibre *nm* **1** (*gén*) balance : *garder/perdre l'équilibre* to keep/lose your balance ◊ *l'équilibre des forces* the balance of power **2** (*Phys, santé*) equilibrium LOC **être en équilibre** to be stable **faire l'équilibre** to do a handstand

équilibré, -e *pp, adj* **1** (*poids*) balanced **2** (*personne*) well-balanced *Voir aussi* S'ÉQUILIBRER

(s')équilibrer *vt, v pron* to balance

équilibriste *nmf* acrobat

équipage *nm* crew [*v sing ou pl*]

équipe *nf* **1** (*groupe de personnes*) team [*v sing ou pl*] : *une* ~ *de foot* a football team ◊ *une* ~ *d'experts* a team of experts **2** (*d'un travail posté*) shift : ~ *de jour/nuit* day/night shift LOC *Voir* TRAVAIL

équipement *nm* **1** (*gén*) equipment [*indénombrable*] : *un* ~ *de laboratoire* laboratory equipment **2** (*Sport*) gear : ~ *de chasse/pêche* hunting/fishing gear

équiper *vt* **1** (*gén*) to equip *sb/sth* (***with sth***) : ~ *un bureau avec des meubles* to equip an office with furniture **2** (*vêtements, Navig*) to fit *sb/sth* out (***with sth***) : ~ *les enfants pour l'hiver* to fit the children out for the winter

équitable *adj* fair

équitation *nf* horse riding LOC **faire de l'équitation** to go horse riding

équité *nf* fairness LOC **en toute équité** in all fairness

équivalent, -e *adj* ~ **(à)** equivalent (**to *sth***)

équivaloir *vi* ~ **à** (*valoir*) to be equivalent **to *sth*** : *Ça équivaut à 60 euros.* That's equivalent to 60 euros.

équivoque *adj* equivocal

érable *nm* maple

éradiquer *vt* to stamp *sth* out

érafler ◆ *vt* to scratch : *N'érafle pas ma voiture.* Don't scratch my car. ◆ **s'érafler** *v pron* to graze *sth/yourself*

éraillé, -e *adj* hoarse

ère *nf* era

érection *nf* erection

éreinter ◆ *vt* to shatter ◆ **s'éreinter** *v pron* to wear yourself out (***doing sth***)

ériger *vt* to erect

éroder ◆ *vt* to erode ◆ **s'éroder** *v pron* to become eroded

érosion *nf* erosion

érotique *adj* erotic

errant, -e *adj* **1** (*personne*) wandering **2** (*animal*) stray LOC *Voir* CHIEN

errer *vi* to wander : *Ils ont passé la nuit à* ~ *dans les rues de la ville.* They spent the night wandering the city streets.

erreur *nf* mistake, error (*plus sout*) : *faire une* ~ to make a mistake ◊ *dû à une* ~ *humaine* due to human error ☛ *Voir note sous* MISTAKE

erroné, -e *adj* : *L'information était erronée.* The information was incorrect.

érudit, -e *adj* learned

érudition *nf* erudition

éruption *nf* **1** (*gén*) eruption **2** (*Méd*) rash **3** (*violence*) outbreak

escabeau *nm* stepladder

escadron *nm* squadron

escalade *nf* **1** (*montagne*) climbing **2** (*violence*) escalation

escalader *vt* to climb

escale *nf* stopover LOC **faire escale à** to stop (over) in...

escalier *nm* **1** (*dans son ensemble*) staircase : *La maison a un* ~ *ancien.* The house has an antique staircase. **2 escaliers** stairs : *Je suis tombé dans les* ~*s.* I fell down the stairs. ◊ *descendre/monter les* ~*s* to go downstairs/upstairs LOC **escalier de secours** fire escape **escalier en colimaçon** spiral staircase **escalier mécanique/roulant** escalator *Voir aussi* CAGE

escalope *nf* escalope

escamoter *vt* to retract

escampette *nf* LOC *Voir* POUDRE

escapade *nf* (*voyage*) trip LOC **faire une escapade** to go on a trip

escargot *nm* snail LOC **escargot de mer** winkle *Voir aussi* AVANCER

escarpé, -e *adj* steep

esclavage *nm* slavery

esclave *adj, nmf* slave [*n*] : *Ils vous traitent comme des ~s.* You are treated like slaves. ◊ *être ~ de l'argent* to be a slave to money

escorte *nf* escort LOC **faire escorte à** to escort *sb*

escorter *vt* to escort

escouade *nf* squad

escrime *nf* fencing LOC **faire de l'escrime** to fence

escroc *nm* swindler

escroquer *vt* to swindle *sb/sth* (**out of** *sth*) : *Il a escroqué des millions de dollars aux investisseurs.* He has swindled investors out of millions of dollars.

escroquerie *nf* **1** (*vol*) con **2** (*fraude*) rip-off : *C'est une ~ !* What a rip-off!

ésotérique *adj* esoteric

espace *nm* space : *Utilisez cet ~.* Use this space. LOC **espaces verts** parks

espacer *vt* to space *sth* out

espadon *nm* swordfish

espadrille *nf* espadrille

Espagne *nf* **l'Espagne** Spain

espagnol, -e ◆ *adj, nm* Spanish : *parler ~* to speak Spanish ◆ **Espagnol, -e** *nm-nf* Spaniard : *les Espagnols* the Spanish

espèce *nf* **1** (*Biol*) species [*pl* species] **2** (*sorte*) kind : *C'était une ~ de vernis.* It was a kind of varnish. LOC **en espèces** cash : *payer en ~s* to pay cash **espèce d'idiot !** you idiot!

espérance *nf* **1** (*espoir*) hope **2** (*aspiration*) expectation : *Ça a dépassé mes ~s.* It exceeded my expectations. LOC **espérance de vie** life expectancy

espérer *vi* to hope : *J'espère qu'il ne pleuvra pas.* I hope it doesn't rain. ◊ *J'espère qu'ils vont gagner !* I hope they win! ◊ *« Je suis sûre que tu vas réussir. — J'espère ! »* 'I'm sure you'll pass.' 'I hope so!'

espiègle *adj* naughty

espion, -ionne *nm-nf* spy [*pl* spies]

espionnage *nm* spying : *On m'accuse d'espionnage.* I've been accused of spying.

espionner *vt* to spy **on** *sb* : *Arrête de m'espionner.* Stop spying on me.

esplanade *nf* esplanade

espoir *nm* hope

esprit *nm* **1** (*gén*) mind : *avoir un ~ ouvert/fermé* to be open-minded/narrow-minded **2** (*attitude*) spirit : *~ d'équipe* team spirit **3** (*humour*) wit LOC **avoir de l'esprit** to be witty **avoir l'esprit ailleurs** to be miles away **avoir l'esprit mal tourné** to have a dirty mind : *Quel ~ mal tourné tu as !* What a dirty mind you've got! **avoir mauvais esprit** : *Tu as vraiment mauvais ~.* You've got a really negative attitude. **Esprit saint** Holy Spirit *Voir aussi* APAISER, LARGEUR, PRÉSENCE, SIMPLE

esquimau, -aude ◆ *nm-nf* Eskimo [*pl* Eskimo/Eskimos] ◆ *nm* (*glace*) choc-ice

esquisse *nf* sketch

esquisser *vt* to draw *sth* up

esquiver ◆ *vt* to dodge ◆ **s'esquiver** *v pron* to slip away

essai *nm* **1** (*de laboratoire*) test **2** (*tentative*) attempt **3** (*Littér*) essay [*pl* essays] LOC **à l'essai** on trial : *Ils m'ont pris à l'usine à l'essai.* I was taken on at the factory for a trial period. **au premier, deuxième, etc. essai** at the first, second, etc. attempt *Voir aussi* PÉRIODE, TUBE

essaim *nm* swarm

essaimer *vi* **1** (*abeilles*) to swarm **2** (*personnes*) to spread

essayage *nm* fitting LOC *Voir* CABINE, SALON

essayer *vt* **1** ~ **(de)** to try (*sth/to do sth*) : *Qu'est-ce qu'il essaie de nous dire ?* What's he trying to tell us? ◊ *Essaie d'arriver à l'heure.* Try to/and get there on time. ◊ *Essaie.* Just try. **2** ~ **(de)** to try (*sth/doing sth*) : *As-tu essayé d'ouvrir la fenêtre ?* Have you tried opening the window? ◊ *J'ai tout essayé, mais sans succès.* I've tried everything but with no success.

> **Try to do** ou **try doing** ? On emploie **try to do** pour parler de l'objectif fixé : *J'ai essayé de le soulever mais il était trop lourd.* I tried to lift it but it was too heavy. On emploie **try doing** pour parler des méthodes employées pour atteindre un objectif : *Si ça ne marche pas, essaie de donner un coup de pied dedans.* If it doesn't work, try kicking it.

3 (*vêtements*) to try *sth* on **4** (*nourriture*) to taste : *Je n'ai jamais essayé le caviar.* I've never tasted caviar.

essence *nf* **1** (*Autom*) petrol **2** (*carac-

tère) essence LOC **essence sans plomb** unleaded petrol

essentiel, -ielle *adj* ~ **(pour)** essential **(to/for *sth*)** LOC *Voir* HUILE

essieu *nm* axle

essor *nm* **1** (*gén*) growth : *L'essor de la région est impressionnant.* The region's growth is impressive. **2** (*oiseau*) flight LOC **prendre son essor 1** (*oiseau*) to soar **2** (*industrie*) to grow

essorer *vt* **1** (*à la main*) to wring *sth* (out) **2** (*à la machine*) to spin

essoreuse *nf* spin dryer LOC **essoreuse à salade** salad spinner

essoufflé, -e *pp, adj* out of breath : *Je suis ~.* I'm out of breath. *Voir aussi* ESSOUFFLER

essouffler ◆ *vt* to leave *sb* breathless ◆ **s'essouffler** *v pron* to get breathless

essuie-glace *nm* windscreen wiper

essuyer ◆ *vt* **1** (*nettoyer*) to wipe **2** (*sueur, larmes*) to wipe *sth* (away) : *Il a essuyé ses larmes.* He wiped his tears away. **3** (*personne, animal*) to dry ◆ **s'essuyer** *v pron* **1** (*tout le corps*) to dry yourself **2** (*nettoyer*) to wipe *sth* : *s'essuyer le nez* to wipe your nose LOC **essuyer la vaisselle** to dry up

est *nm* east (*abrév* E) : *à l'est* in the east ◊ *sur la côte ~* on the east coast ◊ *habiter dans l'est* to live in the east

estampe *nf* print

esthéticien, -ienne *nm-nf* beautician

esthétique ◆ *adj* aesthetic ◆ *nf* aesthetics [*sing*] LOC *Voir* CHIRURGIE

estimation *nf* **1** (*coût, distance, temps*) estimate **2** (*valeur*) valuation

estime *nf* respect (***for sb***) LOC **avoir beaucoup d'estime pour** to think highly of *sb*

estimer ◆ *vt* **1** (*prix*) to value *sth* (***at sth***) : *La bague a été estimée à 20 000 euros.* The ring was valued at 20 000 euros. **2** ~ **que...** (*penser*) to feel **(that)...** **3** (*respecter*) to think highly of *sb* ◆ **s'estimer** *v pron* to consider yourself : *s'estimer menacé* to consider yourself threatened LOC **s'estimer heureux** to count yourself lucky : *20, et tu peux t'estimer heureux.* 20, and you can count yourself lucky.

estival, -e *adj* summer [*n attrib*]

estomac *nm* stomach : *J'ai mal à l'estomac.* I've got stomach-ache. LOC *Voir* AIGREUR, BRÛLEUR

estomper ◆ *vt* to soften ◆ **s'estomper** *v pron* to fade : *La couleur s'est estompée à la lumière.* The colour has faded in the light.

estrade *nf* platform

estragon *nm* tarragon

estropier *vt* to maim

estuaire *nm* estuary [*pl* estuaries]

et *conj* **1** (*liaison*) and : *les garçons et les filles* boys and girls **2** (*dans les questions*) and what about...? : *Et toi ?* And what about you? **3** (*pour dire l'heure*) past : *Il est deux heures et quart.* It's a quarter past two. LOC **et alors ?** so what?

étable *nf* cowshed

établi, -e ◆ *pp, adj* established ◆ *nm* workbench *Voir aussi* ÉTABLIR

établir ◆ *vt* **1** (*fixer*) to set *sth* up : *Ils ont établi leur domicile à Lyon.* They set up home in Lyons. **2** (*déterminer, réputation*) to establish : *~ l'identité d'une personne* to establish the identity of a person ◊ *L'exposition a établi sa réputation en tant que peintre.* The exhibition established him as a painter. **3** (*record*) to set ◆ **s'établir** *v pron* **1** (*se fixer*) to settle **2** (*en affaires*) to set up

établissement *nm* establishment LOC *Voir* CHEF

étage *nm* floor : *J'habite au troisième/dernier ~.* I live on the third/top floor. LOC **de deux, etc. étages** (*bâtiment*) two-storey, etc. : *un immeuble de cinq ~s* a five-storey block

étagère *nf* shelf [*pl* shelves] : *Ces ~s sont tordues.* Those shelves are crooked.

étain *nm* tin

étalage *nm* **1** (*magasin*) window display **2** (*marché*) stall **3** (*personne*) display LOC **faire étalage de** to show *sth* off : *faire ~ de ses connaissances* to show off your knowledge

étaler ◆ *vt* **1** (*tartiner, répandre*) to spread *sth* ***on sth*** : *~ de la confiture sur des tartines* to spread jam on toast **2** (*échelonner*) to spread *sth* ***over sth*** : *~ un travail sur plusieurs jours* to spread a job over several days **3** (*exhiber*) to show *sth* off : *~ son succès* to show off your success ◆ **s'étaler** *v pron* **1** (*se tartiner, se répandre*) to spread **2** (*s'échelonner*) to be spread ***over sth*** **3** (*personne, paysage*) to sprawl : *s'étaler sur le canapé* to sprawl over the sofa LOC **s'étaler de tout son long** to fall flat on your face

étalon *nm* stallion

étanche *adj* **1** (*à l'eau*) waterproof **2** (*à l'air*) airtight

étang *nm* pond

étape *nf* stage : *Nous avons fait le*

voyage en deux ~s. We did the journey in two stages. LOC **par étapes** in stages

état *nm* **1** (*gén*) state : *être dans un ~ lamentable* to be in a terrible state ◊ *l'état de l'économie* the state of the economy **2** (*condition*) condition : *Son ~ n'est pas grave.* Her condition isn't serious. ◊ *La marchandise est arrivée en parfait ~.* The goods arrived in perfect condition. **3 État** state : *la sécurité de l'État* state security LOC **à l'état brut** in its raw state **coup d'État** coup **en bon/mauvais état** in good/bad condition **état civil 1** (*situation*) civil status **2** (*bureau*) registry office **état de santé** state of health **être en état de** to be fit *to do sth* *Voir aussi* BUREAU, ÉBRIÉTÉ, HOMME, MANQUE, PITEUX

États-Unis *nm* **les États-Unis** the United States (*abrév* US/USA) [*v sing ou pl*]

étau *nm* vice

étayer *vt* to prop *sth* up

etc. *adv* etc.

été *nm* summer : *En ~ il fait très chaud.* It's very hot in (the) summer. ◊ *les vacances d'été* the summer holidays ◊ *passer l'été à la plage* to spend the summer by the sea

éteindre ◆ *vt* **1** (*feu*) to put *sth* out **2** (*bougie*) to blow *sth* out **3** (*cigarette*) to stub *sth* out **4** (*lumière, radio, appareil*) to switch *sth* off : *Veuillez ~ votre téléphone portable.* Please switch off your mobile phones. ◆ **s'éteindre** *v pron* to go out : *Ma bougie/cigarette s'est éteinte.* My candle/cigarette went out.

éteint, -e *pp, adj* **1** (*personne*) listless **2** (*couleur*) dull **3** (*volcan*) extinct LOC **être éteint 1** (*lumière, appareil*) to be off **2** (*feu*) to be out *Voir aussi* ÉTEINDRE

étendard *nm* banner

étendre ◆ *vt* **1** (*bras*) to stretch *sth* out **2** (*déplier*) to spread *sth* (out) : *~ une carte sur la table* to spread a map out on the table **3** (*accroître*) to extend : *~ son activité* to extend your activity **4** (*ailes, peinture*) to spread **5** (*linge*) (**a**) (*dehors*) to hang *sth* out : *Il faut que j'aille ~ le linge.* I have to go and hang the washing out. (**b**) (*à l'intérieur*) to hang *sth* up ◆ **s'étendre** *v pron* **1** (*se répandre*) to spread : *L'épidémie s'est étendue dans tout le pays.* The epidemic spread through the whole country. **2** (*dans l'espace*) to stretch : *Le jardin s'étend jusqu'au lac.* The garden stretches down to the lake. **3** (*dans le temps*) to last : *La conversation s'est étendue jusqu'au petit matin.* The conversation lasted till the early hours. **4** (*avec des explications*) to go on

étendu, -e *pp, adj* **1** (*vaste*) extensive **2** (*long*) long **3** (*commun*) widespread **4** (*bras*) outstretched **5** (*vêtements*) : *Le linge est ~.* The washing is on the line. *Voir aussi* ÉTENDRE

étendue *nf* **1** (*terrain*) expanse **2** (*taille*) size **3** (*ampleur*) extent

éternel, -elle *adj* eternal

éternellement *adv* for ever : *Notre amour durera ~.* Our love will last for ever.

s'éterniser *v pron* to drag on

éternité *nf* **1** (*à jamais*) eternity **2 une éternité** (*très longtemps*) ages [*pl*] : *Ça fait une ~ que je ne suis pas allée au théâtre.* It's been ages since I last went to the theatre.

éternuer *vi* to sneeze ☛ *Voir note sous* ATCHOUM !

éthique ◆ *adj* ethical ◆ *nf* ethics [*sing*]

ethnie *nf* ethnic group

ethnique *adj* ethnic LOC *Voir* PURIFICATION

étinceler *vi* **1** (*étoile*) to twinkle **2** (*diamant*) to sparkle

étincelle *nf* spark : *lancer des ~s* to send out sparks

étiqueter *vt* to label

étiquette *nf* **1** (*gén*) label : *l'étiquette d'un paquet/d'une bouteille* the label on a parcel/bottle **2** (*prix*) price tag **3** (*Informatique*) tag

étirer ◆ *vt* **1** (*gén*) to stretch : *~ une corde* to stretch a rope tight **2** (*bras, jambe*) to stretch *sth* out ◆ **s'étirer** *v pron* to stretch

étoffe *nf* (*tissu*) cloth

étoffer ◆ *vt* to expand ◆ **s'étoffer** *v pron* to put on weight

étoile *nf* star : *~ polaire* pole star ◊ *un hôtel trois ~s* a three-star hotel ◊ *une ~ du cinéma* a film star LOC **en étoile** star-shaped **étoile de mer** starfish [*pl* starfish] **étoile filante** shooting star

étoilé, -e *adj* starry : *un ciel ~* a starry sky

étonnant, -e *adj* surprising

étonné *pp, adj* surprised : *Voir aussi* ÉTONNER

étonnement *nm* surprise : *regarder avec ~* to look in surprise

étonner ◆ *vt* to surprise : *Tes connaissances m'étonnent.* Your knowledge surprises me. ◊ *Ils ont été étonnés de nous voir.* They were surprised to see us. ◊ *J'ai été étonnée du désordre.* I was surprised at the mess. ◆ **s'étonner** *v pron* **s'étonner de/que...** to be surprised **at** ***sth*** **/that...**

étouffant, -e *adj* **1** (*chaleur*) stifling **2** (*personne*) oppressive

étouffement *nm* suffocation

étouffer ◆ *vt* **1** (*asphyxier, avec un oreiller*) to suffocate : *La fumée m'étouffait.* The smoke was suffocating me. **2** (*feu*) to smother **3** (*affaire*) to hush *sth* up **4** (*rébellion*) to put *sth* down, to quell (*plus sout*) ◆ *vi* **1** (*mourir par suffocation*) to suffocate (to death) : *Ils sont morts étouffés.* They suffocated to death. **2** (*avoir chaud*) to suffocate : *J'étouffais dans le métro.* I was suffocating on the underground. **3** (*psychologiquement*) to feel stifled : *Elle étouffe dans son couple.* She feels stifled in her relationship. ◆ **s'étouffer** *v pron* **1** (*s'asphyxier*) to suffocate **2** (*avaler de travers*) to choke : *Je me suis presque étouffée avec cette arête.* I almost choked on that bone.

étourderie *nf* **1** (*trait de caractère*) absent-mindedness **2** (*oubli*) careless mistake : *Ça n'était qu'une ~.* It was only a careless mistake.

étourdi, -e *pp, adj, nm-nf* scatty [*adj*] : *Votre fille est une étourdie !* Your daughter is really scatty! *Voir aussi* ÉTOURDIR

étourdir *vt* to stun : *Le coup l'a étourdi.* He was stunned by the blow.

étourdissement *nm* dizzy spell : *avoir un ~* to feel dizzy

étrange *adj* strange : *Toute cette histoire est bien ~.* This whole story is very strange.

étranger, -ère ◆ *adj* foreign ◆ *nm-nf* **1** (*d'un autre pays*) foreigner : *Beaucoup d'étrangers visitent la ville.* Lots of foreigners visit the town. **2** (*personne inconnue*) stranger : *On lui a défendu de parler aux ~s.* He was forbidden to talk to strangers. LOC **à l'étranger** abroad : *Je vis à l'étranger depuis six ans.* I've lived abroad for six years. *Voir aussi* MINISTÈRE, MINISTRE

étranglement *nm* LOC *Voir* GOULET

étrangler ◆ *vt* to strangle ◆ **s'étrangler** *v pron* **1** (*mourir*) to die of suffocation **2** (*avoir la respiration gênée*) to choke (**on *sth***) : *Je me suis étranglé avec une arête.* I choked on a bone.

être[1] ◆ *vi* **1** (*gén*) to be : *Elle est grande.* She's tall. ◊ *Je suis de Laon.* I'm from Laon. ◊ *~ occupé/déprimé* to be busy/depressed ◊ *C'est difficile à croire.* It's hard to believe. ◊ *C'est dans tous les journaux.* It's in all the papers. ◊ *Aujourd'hui je suis un peu fatigué.* I'm a bit tired today. ◊ *« Qui est-ce ? — C'est Françoise. »* 'Who's that?' 'It's Françoise.' ◊ *Dans ma famille nous sommes six.* There are six of us in my family. ◊ *Où est la bibliothèque ?* Where's the library? ◊ *Est-ce que Rose est là ?* Is Rose in?

> En anglais on utilise l'article indéfini **a/an** devant un nom de métier : *Il est médecin/ingénieur.* He's a doctor/an engineer.

2 (*pour la date, l'heure*) : *On est quel jour aujourd'hui ?* What day is it today? ◊ *On est jeudi.* It's Thursday. ◊ *Nous sommes le 3 mai.* It's the third of May. ◊ *Il est 7 heures.* It's 7 o'clock. **3** (*aspect*) to look : *Tu es très beau aujourd'hui.* You look very nice today. **4** ~ **en** (*matière*) to be made **of *sth*** : *C'est en aluminium.* It's made of aluminium. ◆ *v aux* **1** (*voix passive*) to be : *Il sera jugé lundi.* He will be tried on Monday. **2** (*passé*) : *Il est sorti.* He has gone out. ◊ *Ils se sont disputés.* They had an argument. LOC **c'est à qui ?** (*file d'attente*) who's next? **en être à** to be up to *sth* : *J'en suis à la page 100.* I'm up to page 100. **être à** (*prix*) : *À combien sont les bananes ?* How much are the bananas? **être avec** (*appuyer*) to be behind *sb* : *Courage ! On est avec toi !* Go for it, we're behind you! **ne plus y être** : *Non mais tu n'y es plus !* You're mad! **soit 1** (*à savoir*) : *Le 17, soit mardi dernier.* The 17th, that is to say last Tuesday. **2** (*de résignation*) : *Soit !* So be it! ☛ Les autres expressions formées avec **être** sont traitées sous le nom, l'adjectif, etc. correspondant : pour **être dans la lune**, par exemple, voir LUNE.

être[2] *nm* being : *un ~ humain/vivant* a human/living being

étreindre *vt* to embrace

étreinte *nf* embrace

étrenner *vt* to wear *sth* for the first time : *J'étrenne ces chaussures.* It's the first time I've worn these shoes.

étrennes *nf* **1** (*cadeaux*) presents **2** (*au facteur, aux pompiers*) Christmas box [*sing*]

étrier *nm* stirrup

étriqué, -e *adj* **1** (*vêtement*) skimpy **2** (*esprit*) narrow-minded

étroit, -e *adj* **1** (*gén*) narrow **2** (*esprit*) : *être ~ d'esprit* to be narrow-minded

étude *nf* **1** (*gén*) study [*pl* studies] : *Ils ont fait plusiers ~s sur ce sujet.* They've done several studies on the subject.

2 études (*éducation*) education [*sing*] : *~s primaires* primary education ◊ *~s de commerce* business studies **3** (*temps de travail surveillé*) study period : *Les élèves sont restés à l'étude.* The pupils had a study period. **4** (*bureau de notaire*) office LOC **à l'étude** under consideration : *Le projet est à l'étude.* The project is under consideration. ◊ *mettre une question à l'étude* to consider a matter **étude de marché** market research *Voir aussi* CERTIFICAT, EXAMEN, PROGRAMME, TERMINER

étudiant, -e ◆ *adj* student [*n attrib*] ◆ *nm-nf* student : *un groupe d'étudiants en médecine* a group of medical students

étudier ◆ *vt, vi* to study : *J'aimerais ~ l'allemand.* I'd like to study German. ◆ *vt* (*examiner*) to look at *sth* : *Ils étudient la possibilité d'un nouveau bâtiment.* They are looking at the possibility of a new building.

étui *nf* case : *un ~ à lunettes/violon* a glasses/violin case LOC **étui de revolver** holster

étymologie *nf* etymology [*pl* etymologies]

eucalyptus *nm* eucalyptus [*pl* eucalyptuses/eucalypti]

euphémisme *nm* euphemism

euphorie *nf* euphoria

euphorique *adj* euphoric

euro *nm* euro [*pl* euros]

Europe *nf* **l'Europe** Europe

européen, -enne ◆ *adj* European ◆ **Européen, -enne** *nm-nf* European LOC *Voir* COMMUNAUTÉ, DÉPUTÉ, UNION

euthanasie *nf* euthanasia

eux *pron pers* **1** (*sujet*) they : *Nous avons réussi, ~ pas.* We passed, they didn't. **2** (*dans les comparaisons, avec une préposition*) them : *avec ~* with them ◊ *Nous sommes plus grands qu'eux.* We're taller than them. LOC **à eux** (*possessif*) theirs : *Ces livres sont à ~.* Those books are theirs.

eux-mêmes *pron pers* themselves : *Ils ne savent que parler d'eux-mêmes.* They can only talk about themselves.

évacuation *nf* evacuation

évacuer *vt* **1** (*faire sortir*) to evacuate : *~ les réfugiés* to evacuate the refugees **2** (*sortir de*) to clear : *Evacuez le hall s'il vous plaît.* Please clear the hall.

évadé, -e *nm-nf* escapee

s'évader *v pron* **s'évader (de)** to escape (**from** *sb*/*sth*) : *Ils se sont évadés de prison.* They escaped from prison.

évaluation *nf* **1** (*bijou*) valuation **2** (*situation*) assessment

évaluer *vt* **1** (*dégâts*) to assess : *Le moment était venu d'évaluer les résultats.* It was time to assess the results. **2** (*nombre*) to value : *Sa fortune est évaluée à...* Her fortune is valued at...

évangile *nm* gospel : *l'Évangile selon saint Jean* the gospel according to Saint John

s'évanouir *v pron* **1** (*perdre connaissance*) to faint **2** (*se dissiper*) to disappear

évanouissement *nm* fainting fit

évaporation *nf* evaporation

s'évaporer *v pron* to evaporate

évasé, -e *pp, adj* flared

évasif, -ive *adj* evasive

évasion *nf* **1** (*prison*) escape **2** (*distraction*) escapism : *littérature d'évasion* escapist literature LOC **évasion fiscale** tax evasion

éveil *nm* (*réveil*) awakening

éveillé, -e *pp, adj* **1** (*réveillé*) awake **2** (*vif*) bright *Voir aussi* ÉVEILLER

éveiller ◆ *vt* **1** (*peur*) to instil *sth* (**in/into** *sb*) **2** (*intérêt, soupçons*) to arouse *sth* ◆ **s'éveiller** *v pron* **1** (*se réveiller*) to wake up **2** (*se manifester*) to be aroused : *Sa curiosité s'éveille petit à petit.* His curiosity is aroused bit by bit.

événement *nm* event : *Ça a été tout un ~.* It was quite an event.

éventail *nm* **1** (*objet*) fan **2** (*gamme*) range

éventer ◆ *vt* (*affaire*) to reveal ◆ **s'éventer** *v pron* **1** (*se rafraîchir*) to fan yourself **2** (*vin*) to pass its best

éventualité *nf* eventuality [*pl* eventualities] LOC **dans l'éventualité de/où...** in the event of...

éventuel, -elle *adj* **1** (*hypothétique*) possible : *les problèmes ~s* possible problems **2** (*potentiel*) potential : *encourager les investisseurs ~s* to encourage potential investors

éventuellement *adv* possibly

> Noter qu'en anglais **eventually** ne signifie pas *éventuellement* mais *finalement.*

évêque *nm* bishop

évidemment *adv* of course

évidence *nf* evidence LOC **laisser en évidence** to leave *sth* where it can be seen : *Laisse-le bien en ~ pour ne pas que je l'oublie.* Leave it where I can see it or I'll forget it.

évident, -e *adj* obvious LOC **ce n'est**

pas évident 1 (*non garanti*) not necessarily : *Ça marchera peut-être mais ce n'est pas ~.* It may work, but not necessarily. **2** (*pas facile*) it's not easy : *Ce n'est pas ~ d'habiter seul.* It's not easy to live alone.

évier *nm* sink

éviter *vt* **1** ~ **(de)** (*gén*) to avoid *sth/doing sth* : *Elle évitait mon regard.* She avoided my gaze. ◊ *Nous avons réussi à ~ la presse.* We managed to avoid the press. ◊ *Évitez de manger des laitages.* Avoid eating dairy products. **2** (*empêcher*) to prevent : ~ *une catastrophe* to prevent a disaster **3** (*épargner*) to save *sb sth* : *Ça m'évitera bien des tracas.* That will save me a lot of trouble. LOC **si tu peux éviter** if you can help it

évocateur, -trice *adj* evocative

évoluer *vi* **1** (*Biol*) to evolve **2** (*situation, société*) to change

évolution *nf* **1** (*Biol*) evolution **2** (*progrès*) development : *l'évolution des techniques* technological development **3** (*maladie*) progress **4** (*mœurs*) changes [*pl*]

évoquer *vt* to evoke

exact, -e *adj* **1** (*précis*) exact : *Il me faut les dimensions exactes.* I need the exact measurements. ◊ *C'est une copie exacte de l'original.* It's an exact copy of the original. **2** (*description*) precise : *Ils ne m'ont pas donné une description très exacte.* They didn't give me a very precise description. **3** (*vrai, juste*) right : *C'est ~.* That's right. ◊ *Tu as l'heure exacte ?* Have you got the right time?

exactement *adv, excl* exactly : *deux kilos ~* exactly two kilos ◊ *~ !* Exactly!

exactitude *nf* **1** (*réponse*) exactness **2** (*description, horloge*) accuracy LOC **avec exactitude** exactly : *On ne sait pas avec ~.* We don't know exactly.

ex æquo *adv* equal

exagération *nf* exaggeration

exagéré, -e *pp, adj* **1** (*gén*) exaggerated **2** (*excessif*) excessive : *Le prix me semble ~.* I think the price is excessive. *Voir aussi* EXAGÉRER

exagérer *vt, vi* to exaggerate : *~ l'importance de qch* to exaggerate the importance of sth ◊ *N'exagère pas.* Don't exaggerate. ◊ *Franchement tu exagères !* Really, you're going too far!

exaltant, -e *adj* exhilarating

exaltation *nf* exhilaration

exalté, -e *nm-nf* hothead : *une bande d'exaltés* a group of hotheads

examen *nm* **1** (*études*) examination, exam (*plus fam*) : *passer un ~* to do an exam **2** (*Méd*) test LOC **examen d'entrée** entrance exam **examen de fin d'études** finals [*pl*] **examen de la vue** eye test

examinateur, -trice *nm-nf* examiner

examiner *vt* **1** (*gén*) to examine : *~ un patient* to examine a patient **2** (*raison*) to look at *sth* : *Si on examine les motifs de son départ...* If we look at his reasons for leaving... **3** (*possibilité*) to consider : *Il faut ~ toutes les possibilités.* We need to consider all the possibilities.

exaspération exasperation

exaspérer *vt* (*énerver*) to exasperate

excédé, -e *adj* exasperated

excédent *nm* surplus LOC **excédent de bagage** excess baggage

excellence *nf* excellence LOC **par excellence** par excellence

excellent, -e *adj* excellent

excentrique *adj, nmf* eccentric

excepté *prép* except **(for)** ***sb/sth*** : *tous, ~ le dernier* all of them except (for) the last one

exception *nf* exception LOC **à l'exception de** except (for) *sb/sth* : *À l'exception d'un, les autres sont tous des vétérans.* Except for one, the rest are all veterans. **sans exception** without exception

exceptionnel, -elle *adj* exceptional : *une mémoire exceptionnelle* an exceptional memory

excès *nm* ~ **(de)** excess (**of** ***sth***) LOC **à l'excès** too much **excès de vitesse** speeding : *faire un ~ de vitesse* to break the speed limit **faire des excès** to overindulge

excessif, -ive *adj* **1** (*exagéré*) excessive **2** (*personne*) extreme

excitable *adj* excitable

excitant, -e ◆ *adj* exciting ◆ *nm* stimulant

excitation *nf* excitement

excité, -e *pp, adj* **1** (*agité*) in a state of excitement : *Les enfants étaient ~s ce soir.* The children were in a state of excitement this evening. **2** (*enthousiaste*) excited **about *sth/doing sth*** : *Ils sont très ~s à l'idée de partir en vacances.* They're really excited about going on holiday. *Voir aussi* EXCITER

exciter ◆ *vt* **1** (*gén*) to excite **2** (*énerver*) to stir *sb* up : *~ le reste de la classe* to stir up the rest of the class ◆ **s'exciter** *v pron* to get excited (***about/over sth***)

exclamation *nf* exclamation LOC *Voir* POINT

s'exclamer *v pron* to exclaim

exclu, -e ◆ *pp, adj* out of the question : *Il est ~ d'emmener le chien avec nous.* Bringing the dog is out of the question. ◆ *nm-nf* outcast *Voir aussi* EXCLURE

exclure *vt* **1** (*personne*) to exclude *sb/sth* (**from sth**) **2** (*possibilité*) to rule *sb/sth* out

exclusif, -ive *adj* exclusive

exclusion *nf* **1** (*gén*) exclusion **2** (*renvoi*) expulsion

exclusivement *adv* exclusively

exclusivité *nf* scoop LOC **en exclusivité** exclusively : *L'écrivain sera présent en ~.* The writer will make an exclusive appearance.

excursion *nf* excursion : *partir en ~* to go on an excursion

excuse *nf* **1** (*raison*) excuse (**for sth/doing sth**) : *Il trouve toujours une ~ pour ne pas venir.* He always finds an excuse not to come. ◊ *Il n'existe aucune ~ qui puisse justifier ceci.* There's no excuse for this. **2** (*pour demander pardon*) apology [*pl* apologies] : *Il a exigé des ~s.* He demanded an apology. LOC **faire/présenter ses excuses à** to apologize (to *sb*) : *Je vous présente toutes mes ~s.* I do apologize. *Voir aussi* RÉPANDRE

excuser ◆ *vt* to forgive : *Excuse-moi pour l'interruption.* Forgive the interruption. ◆ **s'excuser** *v pron* to apologize (**to sb**) (**for sth**) : *Je m'excuse d'être en retard.* Sorry I'm late. ◊ *Je me suis excusé auprès d'elle pour n'avoir pas écrit.* I apologized to her for not writing. LOC **excusez-moi 1** (*pour attirer l'attention*) excuse me : *Excusez-moi, pouvez-vous m'indiquer la poste ?* Excuse me, can you tell me where the post office is? **2** (*pardon*) I'm sorry : *Excusez-moi, j'espère que je ne vous ai pas fait mal ?* I'm sorry, I hope I didn't hurt you.

exécrable *adj* dreadful

exécuter *vt* **1** (*effectuer*) to carry *sth* out : *~ une opération* to carry out an operation **2** (*Jur, Informatique*) to execute

exécutif, -ive *adj, nm* executive : *corps ~* executive body LOC *Voir* POUVOIR[2]

exécution *nf* **1** (*peine de mort*) execution **2** (*projet*) implementation LOC **mettre à exécution** to carry *sth* out : *Ils ont mis leur menace à ~.* They carried out their threat.

exemplaire ◆ *adj* exemplary ◆ *nm* (*texte, disque*) copy [*pl* copies] LOC **en double/triple exemplaire** in duplicate/triplicate

exemple *nm* example : *J'espère que ça te servira d'exemple.* Let this be an example to you. LOC **ça par exemple !** Well I never! : *Ça par ~ ! Qu'est-ce que tu fais ici ?* Well I never! What are you doing here? **donner l'exemple** to set an example **par exemple** for example (*abrév* e.g.)

exempt, -e *adj* ~ **(de) 1** (*exonéré*) exempt (**from** *sth*) **2** (*libre*) free (**from** *sth*)

exempter *vt* to exempt

exemption *nf* exemption

exercer ◆ *vt* **1** (*profession*) to practise : *~ le droit/la médecine* to practise law/medicine **2** (*autorité, pouvoir*) to exercise **3** (*justice*) to administer ◆ *vi* (*travailler*) to practise : *Je n'exerce plus.* I no longer practise. ◆ **s'exercer** *v pron* **s'exercer (à)** to practise (*sth*) : *Elle s'exerce au piano tous les jours.* She practises the piano every day.

exercice *nm* **1** (*gén*) exercise : *faire un ~ de maths* to do a maths exercise ◊ *Tu devrais faire plus d'exercice.* You should take more exercise. **2** (*profession*) practice **3** (*Fin*) financial year LOC **en exercice** practising *Voir aussi* CAHIER

exhaler *vt* (*odeur*) to give *sth* off

exhaustif, -ive *adj* thorough, exhaustive (*sout*)

exhiber ◆ *vt* to show *sth* off ◆ **s'exhiber** *v pron* to show off

exhibitionnisme *nm* exhibitionism

exhibitionniste *nmf* **1** (*gén*) exhibitionist **2** (*sexuel*) flasher (*fam*)

exigeant, -e *adj* **1** (*qui demande beaucoup*) demanding : *Ne sois pas aussi ~.* Don't be so demanding. **2** (*strict*) strict : *des professeurs très ~s* very strict teachers

exigence *nf* **1** (*nécessité*) requirement **2** (*demande*) demand (**for sth/that...**)

exiger *vt* **1** (*demander*) to demand *sth* (**from sb**) : *J'exige une explication.* I demand an explanation. **2** (*nécessiter*) to require : *Ceci exige une formation particulière.* It requires special training.

exil *nm* exile

exilé, -e ◆ *pp, adj* exiled ◆ *nm-nf* exile *Voir aussi* EXILER

exiler ◆ *vt* to exile *sb* (**from...**) ◆ **s'exiler** *v pron* to go into exile

existant, -e *adj* existing

existence *nf* existence LOC *Voir* COMPLIQUER, GÂCHER

exister *vi* **1** (*gén*) to exist : *Ce mot*

n'existe pas. That word doesn't exist. **2** (*être présent*) : *Il n'existe aucun esprit de coopération entre eux.* There is no spirit of cooperation among them.

exorbitant, -e *adj* exorbitant

exorcisme *nm* exorcism

exorciste *nmf* exorcist

exotique *adj* exotic

exotisme *nm* exoticism

expansif, -ive *adj* (*caractère*) communicative

expansion *nf* **1** (*physique*) expansion **2** (*croissance*) growth : ~ *démographique* population growth

expatrié, -e *pp, adj, nm-nf* expatriate [*n*] : *les Américains ~s en France* expatriate Americans living in France *Voir aussi* EXPATRIER

expatrier ◆ *vt* to exile ◆ **s'expatrier** *v pron* to emigrate

expédier *vt* **1** (*lettre, colis*) to send : ~ *un vélo par avion* to send a bicycle by plane **2** (*se débarrasser de*) to deal **with sb/sth** : *Il a appelé mais je l'ai expédié.* He called but I dealt with him.

expéditeur, -trice *nm-nf* sender

expéditif, -ive *adj* hasty

expédition *nf* **1** (*voyage*) expedition **2** (*envoi*) shipping : *frais d'expédition inclus* shipping costs included

expérience *nf* **1** (*gén*) experience : *J'ai dix ans d'expérience.* I've got ten years' experience. ◊ *Ce fut une belle ~.* It was a great experience. **2** (*Sciences*) experiment : *faire une ~* to carry out an experiment LOC **sans expérience** inexperienced

expérimental, -e *adj* experimental : *à titre ~* on an experimental basis

expérimentation *nf* testing

expérimenté, -e *pp, adj* experienced : *le joueur le plus ~ de l'équipe* the most experienced player in the team *Voir aussi* EXPÉRIMENTER

expérimenter ◆ *vt* (*procédé*) to try *sth* out ◆ *vi* to experiment

expert, -e *nm-nf* ~ **(en)** expert (**at/in/on *sth*/*doing sth***)

expert-comptable *nm* chartered accountant

expertise *nf* **1** (*compétence*) expertise **2** (*maison*) valuation **3** (*dégâts*) assessment

expertiser *vt* **1** (*tableau*) to value **2** (*véhicule accidenté*) to assess

expiration *nf* **1** (*fin*) expiry : *date d'expiration* expiry date **2** (*respiration*) exhalation

expirer *vi* **1** (*délai, passeport*) to expire : *Le délai a expiré hier.* The deadline expired yesterday. **2** (*souffler*) to breathe out

explicatif, -ive *adj* explanatory

explication *nf* explanation

explicite *adj* explicit

expliquer ◆ *vt* to explain *sth* (**to sb**) : *Il m'a expliqué ses problèmes.* He explained his problems to me. ◊ *Cela explique qu'il n'ait pas appelé.* That explains why he hasn't called. ☛ *Voir note sous* EXPLAIN ◆ **s'expliquer** *v pron* **1** (*s'exprimer*) to explain yourself : *Tu vas devoir t'expliquer devant la direction.* You'll have to explain yourself to the management. **2** (*se battre*) to have it out : *Viens dehors, on va s'expliquer.* Let's have it out outside.

exploit *nm* feat

exploitation *nf* **1** (*abus*) exploitation **2** (*entreprise*) concern LOC **exploitation (agricole)** farm **exploitation minière** mining

exploiter *vt* **1** (*utiliser*) to exploit : ~ *l'énergie solaire* to exploit solar energy **2** (*cultiver*) to farm : *Il exploite 100 hectares.* He farms 100 hectares.

explorateur, -trice *nm-nf* explorer

exploration *nf* exploration

exploratoire *adj* exploratory

explorer *vt* to explore

exploser *vi* **1** (*bombe*) to explode : *faire ~ une bombe* to explode a bomb **2** (*maison, véhicule*) to blow up : *L'avion a explosé au décollage.* The plane blew up on take-off. **3** (*se mettre en colère*) to blow your top : *La remarque l'a fait ~.* The remark made him blow his top.

explosif, -ive *adj, nm* explosive

explosion *nf* explosion : *une ~ nucléaire* a nuclear explosion ◊ *l'explosion démographique* the population explosion LOC **faire explosion** to explode

exportateur, -trice ◆ *adj* exporting : *les pays ~s de pétrole* the oil-exporting countries ◆ *nm-nf* exporter

exportation *nf* export

exporter *vt* to export

exposé ◆ *pp, adj* exposed : *une maison exposée plein sud* a south-facing house ◆ *nm* (*présentation*) presentation *Voir aussi* EXPOSER

exposer ◆ *vt* **1** (*tableaux*) to exhibit **2** (*raisons*) to explain **3** (*vie*) to risk **4** (*pellicule*) to expose : *N'ouvre pas l'appareil photo ou tu vas ~ la pellicule.* Don't open the camera or you'll expose the film. ◆ **s'exposer** *v pron*

1 s'exposer à (*risque*) to expose yourself **to sth** **2 s'exposer à** (*critique*) to lay yourself open **to sth** : *Il s'est exposé à de nombreuses critiques.* He has laid himself open to numerous criticisms. **3** (*rester au soleil*) : *Ne t'expose pas trop longtemps au soleil.* Don't stay out in the sun too long.

exposition *nf* **1** (*d'art*) exhibition : *une ~ de photographies* an exhibition of photographs **2** (*d'un thème*) presentation **3** (*Phot*) exposure

exprès ◆ *adj* (*urgent*) express : *une lettre ~* an express letter ◆ *adv* **1** (*intentionnellement*) on purpose : *Je n'ai pas fait ~.* I didn't do it on purpose. **2** (*spécialement*) specially

express *nm* (*café*) espresso [*pl* espressos]

expressément *adv* expressly

expressif, -ive *adj* expressive

expression *nf* expression

exprimer *vt* to express

expulser *vt* **1** (*gén*) to throw *sb* out (**of...**), to expel *sb* (**from...**) (*plus sout*) : *Les squatters ont été expulsés.* The squatters were thrown out. **2** (*Sport*) to send *sb* off : *Il a été expulsé du terrain.* He was sent off (the pitch).

expulsion *nf* **1** (*gén*) expulsion **2** (*Sport*) sending-off [*pl* sendings-off]

exquis, -e *adj* **1** (*plat, boisson*) delicious **2** (*goût, objet*) exquisite

extase *nf* ecstasy [*pl* ecstasies]

s'extasier *v pron* to go into raptures (***over sth***)

extension *nf* **1** (*de muscle*) stretching **2** (*pouvoir, domaine*) extension

exténuant, -e *adj* exhausting

extérieur, -e ◆ *adj* **1** (*éclairage, escalier*) outside : *Le mur ~ est très abîmé.* The outside wall is badly damaged. ◊ *le côté ~ du carton* the outside of the box **2** (*couche, boulevard*) outer : *la couche extérieure de la Terre* the outer layer of the earth **3** (*commerce, politique*) foreign : *la politique extérieure* foreign policy **4** (*apparent*) outward ◆ *nm* **1** (*lieu, boîte*) outside : *l'extérieur de la maison* the outside of the house **2** (*Cin*) location shot : *Il n'y a aucun ~ dans le film.* There were no location shots in the film. LOC **à l'extérieur 1** (*gén*) outside : *Il y a des fissures à l'extérieur.* There are cracks on the outside. **2** (*Sport*) away : *jouer à l'extérieur* to play away *Voir aussi* RELATION

exterminer *vt* to exterminate

externe ◆ *adj* (*gén*) external : *les causes ~s du conflit* the external causes of the conflict ◆ *nmf* day pupil LOC *Voir* USAGE

extincteur *nm* fire extinguisher

extinction *nf* (*espèce*) extinction : *en danger d'extinction* in danger of extinction LOC **extinction des feux** lights out : *après l'extinction des feux* after lights out **extinction de voix** : *avoir une ~ de voix* to lose your voice

extirper ◆ *vt* to get *sb* out ***of sth*** ◆ **s'extirper** *v pron* **s'extirper de** (*fauteuil*) to drag yourself **out of *sth***

extorquer *vt* to extort

extorsion *nf* extortion

extra ◆ *adj* (*supérieur*) top quality ◆ *nm* treat LOC **faire un extra** to treat yourself

extraction *nf* extraction

extrader *vt* to extradite

extradition *nf* extradition

extraire *vt* **1** (*gén*) to extract *sth* ***from sb/sth*** : *~ l'or d'une mine* to extract gold from a mine **2** (*jus*) : *~ le jus d'un citron* to squeeze a lemon

extrait *nm* extract LOC **extrait de naissance** birth certificate

extraordinaire *adj* **1** (*gén*) extraordinary : *une histoire ~* an extraordinary story ◊ *une réunion ~* an extraordinary meeting **2** (*remarquable*) excellent : *Le repas était ~.* The food was excellent. LOC **n'avoir rien d'extraordinaire** to be nothing special : *La maison n'a rien d'extraordinaire.* The house is nothing special.

extrapoler *vt, vi* to extrapolate

extraterrestre *adj, nmf* extraterrestrial

extravagant, -e *adj* eccentric

extraverti, -e *adj* extrovert [*n*] : *Il est très ~.* He's a real extrovert.

extrême ◆ *adj* **1** (*gén*) extreme : *un cas ~* an extreme case ◊ *faire qch avec une ~ précaution* to do sth with extreme care **2** (*le plus loin*) : *situé à l'extrême nord du pays* in the far north of the country ◆ *nm* extreme : *passer d'un ~ à l'autre* to go from one extreme to another ◊ *pousser les choses à l'extrême* to go to extremes

extrêmement *adv* extremely

Extrême-Orient *nm* **l'Extrême-Orient** the Far East

extrémiste *adj, nmf* extremist

extrémité *nf* **1** (*bout*) end **2 extrémités** (*corps*) extremities

exubérance *nf* exuberance

exubérant, -e *adj* exuberant

Ff

fa *nm* (*Mus*) F : *en fa majeur* in F major LOC *Voir* CLÉ

fable *nf* fable

fabricant, -e *nm-nf* manufacturer

fabrication *nf* manufacture, making (*plus fam*) LOC **de fabrication française, espagnole, etc.** made in France, Spain, etc. **fabrication en série** mass production

fabrique *nf* factory LOC **fabrique de sucre/de papier** sugar mill/paper mill

fabriquer *vt* **1** (*Comm*) to manufacture, to make (*plus fam*) **2** (*inventer*) to fabricate : *une histoire fabriquée de toutes pièces* an entirely fabricated story **3** (*faire*) to be up to *sth* : *Qu'est-ce qu'il fabrique ?* What's he up to?

fabuleux, -euse *adj* **1** (*beauté*) fabulous **2** (*chance*) fantastic

façade *nf* façade (*sout*), front : *la ~ de l'hôpital* the front of the hospital

face *nf* **1** (*disque, Géom*) side **2** (*visage*) face **3** (*pièce de monnaie*) : *le côté ~* heads LOC **de face 1** (*portrait*) full-face : *une photo de ~* a full-face photo **2** (*directement*) head-on : *aborder une question de ~* to tackle a question head-on **en face (de)** opposite (*sb/sth*) : *Ma maison est en ~ du stade.* My house is opposite the stadium. ◊ *l'homme qui est assis en ~* the man sitting opposite ◊ *L'hôpital est en ~.* The hospital is across the road. ☛ *Voir illustration sous* DEVANT, FRONT **face à 1** (*en face de*) facing *sb/sth* : *être ~ au public* to face the public **2** (*confronté à*) faced with *sth* : *~ à la crise du sida* faced with the Aids crisis **face à face** face to face **faire face (à) 1** (*répondre à*) to cope (with *sth*) : *Il ne pouvait pas faire ~ à tant de demandes.* He couldn't cope with so many requests. ◊ *Elle n'arrive plus à faire ~.* She can't cope any more. **2** (*affronter*) to stand up to *sb/sth* : *Elle lui a vaillamment fait ~.* She bravely stood up to him. **voir les choses en face** to face up to reality *Voir aussi* PILE

facette *nf* facet

fâché, -e *pp, adj* (*mécontent*) cross (**with** ***sb***) : *Il est ~ contre moi à cause de la voiture.* He's cross with me about the car. ◊ *Je crois qu'ils sont ~s avec moi.* I think they're cross with me. *Voir aussi* FÂCHER

fâcher ◆ *vt* to make *sb* cross : *Tu vas finir par me ~ !* You're going to make me cross! ◆ **se fâcher** *v pron* **se ~ (contre)** to get cross (**with** ***sb***) : *Il s'est vraiment fâché !* He got really cross! ◊ *Il se fâche pour un rien.* He's always getting cross about nothing.

fâcheux, -euse *adj* annoying

facile *adj* easy : *C'est plus ~ que ça n'en a l'air.* It's easier than it looks. ◊ *C'est ~ à dire.* That's easy to say. LOC *Voir* ABORD, ENTRETIEN, PAROLE

facilité *nf* ease LOC *Voir* SOLUTION

faciliter *vt* to make *sth* easier (**for** ***sb***)

façon *nf* (*manière*) way [*pl* ways] (**of** ***doing sth***) : *une ~ de rire particulière* a special way of laughing ◊ *C'est sa ~ d'être.* It's just the way he is. LOC **à ma, ta, etc. façon** my, your, etc. way : *Laisse-les faire à leur ~.* Let them do it their way. ◊ *Je préfère le faire à ma ~.* I'd prefer to do it my way. **de cette façon** like this/that : *C'est plus facile si tu le fais de cette ~.* It's easier if you do it like this. ◊ *Si tu continues de cette ~, je m'en vais.* If you're going to carry on like that, I'm going. **de toute façon** anyway **de façon spontanée, indéfinie, etc.** spontaneously, indefinitely, etc. **façon de parler** : *Entrepreneur, enfin ~ de parler !* Businessman? Hardly! **faire des façons** to be polite **quelle façon de... !** what a way to...! : *Quelle ~ de parler !* What a way to speak!

facteur, -trice ◆ *nm-nf* postman/postwoman [*pl* postmen/postwomen] ◆ *nm* factor : *un ~ clé* a key factor

faction *nf* faction

factuel, -elle *adj* factual

facture *nf* **1** (*domestique*) bill : *la ~ de téléphone* the phone bill ◊ *la ~ du gaz/d'électricité* the gas/electricity bill **2** (*professionnelle*) invoice

facturer *vt* to invoice

facultatif, -ive *adj* optional

faculté *nf* **1** (*capacité*) faculty [*pl* faculties] : *en possession de toutes ses ~s* in full possession of his mental faculties **2** (*université*) university : *s'inscrire à la ~* to enrol at the university **3 Faculté** Faculty [*pl* Faculties] : *~ des Lettres* Faculty of Arts

fade *adj* **1** (*nourriture*) tasteless : *La soupe est un peu ~.* This soup doesn't have much taste. **2** (*personne*) dull

faible ◆ *adj* **1** (*sans force*) weak : *Il a le*

cœur ~. He has a weak heart. **2** ~ **(en)** (*médiocre*) poor (**at/in** ***sth***) : *Tes résultats sont plutôt ~s.* Your results are rather poor. ◊ *Je suis très ~ en histoire.* I'm very weak at history. **3** (*lumière, son*) faint ◆ *nm* ~ **pour** weakness **for** ***sb/sth*** LOC *Voir* POINT

faiblesse *nf* **1** (*physique, morale*) weakness **2** (*éclairage*) faintness

faiblir *vi* **1** (*physiquement*) to get weaker : *Je me sens ~.* I'm getting weaker. **2** (*lumière*) to fade **3** (*monnaie*) to weaken

faïence *nf* china : *une assiette en ~* a china plate

faille *nf* **1** (*Géol*) fault **2** (*caractère*) flaw

faillir *vi* : *J'ai failli tomber.* I almost/nearly fell.

faillite *nf* bankruptcy [*pl* bankruptcies] LOC **faire faillite** to go bankrupt

faim *nf* **1** hunger, starvation, famine

Il ne faut pas confondre les mots **hunger**, **starvation** et **famine**. **Hunger** est le terme générique qui s'utilise comme dans : *faire la grève de la faim* to go on (a) hunger strike. **Starvation** se réfère à la faim soufferte pendant une période de temps prolongée : *On l'a laissé mourir de faim.* They let him die of starvation. Le verbe **to starve** signifie *mourir de faim* et s'utilise beaucoup dans l'expression : *Je meurs de faim.* I'm starving. **Famine** est la faim qui affecte normalement un grand nombre de personnes et est souvent due à une catastrophe naturelle : *une population affaiblie par la faim* a population weakened by famine.

2 ~ **(de)** (*désir*) desire (**for** ***sth*****/to do** ***sth***) : *~ de connaissances* desire for knowledge LOC **avoir faim** to be hungry **avoir une faim de loup** to be starving *Voir aussi* COUPER, DONNER, MANGER, MORT, MOURIR

fainéant, -e ◆ *adj* lazy ◆ *nm-nf* lazybones [*pl* lazybones] : *C'est un ~.* He's a lazybones.

fainéanter *vi* to laze about

faire ◆ *vt*

• se traduit par **to make** dans les cas suivants: **1** (*fabriquer*) : *~ un chemisier* to make a blouse ◊ *Ils font des bicyclettes.* They make bicycles. ◊ *~ un gâteau* to make a cake **2** (*bruit, lit*) : *Tu ne fais jamais ton lit le matin.* You never make your bed in the morning. **3** (*commentaire, promesse, effort, erreur*) : *Il faut que tu fasses un effort.* You must make an effort. ◊ *Tu as fait une faute ici.* You've made a mistake here. **4** (*trou, tache*) : *Le chirurgien a fait une incision sur la peau.* The surgeon made an incision in the skin. **5** (*être*) : *Elle fera un très bon médecin.* She'll make a very good doctor. **6** (*Math*) : *Cinq et cinq font dix.* Five and five make ten. **7** (*transformer*) : *Ils ont fait de lui leur chef.* They made him leader. ☛ *Voir exemples sous* MAKE[1]

• se traduit par **to do** dans les cas suivants : **1** lorsqu'on parle d'une activité sans la nommer : *Qu'est-ce qu'on fait cet après-midi ?* What shall we do this afternoon? ◊ *Je fais ce que je peux.* I do what I can. ◊ *Qu'est-ce que vous faites dans la vie ?* What do you do? ◊ *Qu'est-ce que j'ai fait de mes lunettes ?* What did I do with my glasses? **2** lorsqu'on parle d'un travail, d'une corvée : *Si tu fais la salle de bains, je ferai la cuisine.* If you do the bathroom, I'll do the kitchen. ◊ *Quand est-ce que tu fais les courses ?* When do you do the shopping? ◊ *~ ses devoirs* to do your homework ◊ *Elle a fait une licence d'espagnol.* She did a degree in Spanish. **3** (*vitesse*) : *Il faisait du 120 à l'heure.* He was doing 120 km per hour. ☛ *Voir exemples sous* DO[2]

• se traduit par **to have** dans les cas suivants : **1** (*fête, pause*) : *Je vais ~ une petite sieste.* I'm going to have a little nap. **2** (*repas, pique-nique*) : *~ un pique-nique* to have a picnic **3** (*maladie*) : *Elle a fait une otite.* She had an ear infection. ☛ *Voir exemples sous* HAVE

• **faire faire 1** (*forcer, provoquer*) to make *sb* **do sth** : *~ rire/pleurer qn* to make sb laugh/cry ◊ *Les oignons font pleurer.* Onions make you cry. ◊ *Ma mère m'a fait ~ la vaisselle pour me punir.* My mother made me wash up as a punishment. **2** (*demander, charger*) to get *sb* **to do sth** : *Ils nous font venir tous les samedis.* They're getting us to come in every Saturday. ◊ *Je leur ai fait changer le pneu.* I got them to change the tyre. **3** (*lorsque l'objet direct est une chose*) to have *sth* **done** : *Nous avons fait repeindre le salon.* We had the sitting room painted.

• **autres utilisations: 1** (*écrire*) to write : *~ une rédaction* to write an essay ◊ *Je vous fais un chèque ?* Shall I write you a cheque? **2** (*dire*) to say : *« Non », fit-elle d'un air gêné.* 'No', she said, looking embarrassed. **3** (*peindre, dessiner*) to paint/to draw : *~ un tableau/un trait* to paint a picture/to draw a line **4** (*nœud*) to tie **5** (*distance*) to cover, to do (*plus fam*) : *Nous avons fait 150 km.*

We've covered 150 km. ◊ *Il nous a fallu trois heures pour ~ un kilomètre.* It took us three hours to do one kilometre. ◊ *Je fais 50 km par jour.* I travel/drive 50 km every day. **6** (*coûter*) : *« Elles font combien ? — Elles font 320 euros. »* 'How much is it?' '(It's) 320 euros.' **7** (*mesurer*) : *Il fait trois mètres de long.* It's three metres long. **8** (*taille*) : *~ du 40 (en pantalons)* to take size 40 (trousers) **9** (*jouer*) to play : *~ un match de foot/une partie de cartes* to play a game of football/cards **10** (*sport*) : *~ du judo/de l'aérobic* to do judo/aerobics ◊ *~ du cyclisme/de l'alpinisme* to go cycling/climbing **11** (*école*) to go to *sth* : *Elle a fait Centrale.* She went to Centrale. **12 faire le/la + adj** to pretend to be *sth* : *Ne fais pas la sourde oreille.* It's no good pretending to be deaf. ◊ *Ne fais pas le malin avec moi.* Don't try and be clever with me. ◊ *Arrête de ~ l'imbécile !* Stop being stupid! **13** (*bruit*) to go : *Les canards font coin-coin.* Ducks go quack. ◊ *Ça a fait paf.* It went bang. **14** (*victimes*) to claim : *La guerre a fait de nombreuses victimes.* The war has claimed many lives.

◆ *vi* : *Vas-y si tu veux, mais fais vite.* Go if you want, but be quick. ◊ *Faites comme bon vous semblera.* Do whatever you think is best.

◆ *v impers* **1** (*temps météorologique*) to be : *Il fait froid/chaud/du vent/du soleil.* It's cold/hot/windy/sunny. ◊ *Il a fait très beau l'été dernier.* The weather was very nice last summer. ◊ *Il fait 30°C aux Canaries.* It's 30°C in the Canaries. **2** (*temps chronologique*) : *Ça fait longtemps que tu habites ici ?* Have you been living here long? ◊ *Ça fait des années qu'on se connaît.* We've known each other for years. ◊ *Cela faisait quelques mois qu'ils se connaissaient.* They had known each other for a few months.

◆ **se faire** *v pron* **1** (*fabriquer, créer*) to make *sth* : *se ~ des ennemis* to make enemies ◊ *Je vais me ~ un café/un sandwich.* I'm going to make myself a coffee/a sandwich. **2** (*être poli*) to be done : *Ça ne se fait pas (de lire à table).* It's not done (to read at the table). **3 + adj/adv** to get : *Je me fais vieux.* I'm getting old. ◊ *Il se fait tard.* It's getting late. **4** (*quand on demande à une autre personne de réaliser l'action*) to have *sth* done : *Ils se font construire une maison.* They're having a house built. ◊ *se ~ faire une photo* to have your photo taken **5** (*involontairement*) to get : *Il s'est fait arrêter par la police.* He got arrested by the police. **6 se ~ à** (*s'habituer*) to get used **to sth** : *Tu t'y feras.* You'll get used to it. ◊ *Elle ne s'est jamais faite à la vie de couple.* She has never got used to married life. **7** (*vêtements, chaussures*) to stretch **8** (*se porter*) to be in (fashion) : *Le rose se fait beaucoup cet été.* Pink is very in this summer.

LOC **bien/mal faire** to be right/wrong (*to do sth*) : *Est-ce que j'ai bien fait d'y aller ?* Was I right to go? **ça fait + adj** it looks... : *Ne t'habille pas comme ça, ça fait vieux.* Don't dress like that, it makes you look old. **faire avec** to make do (with *sth*) : *Ce n'est pas l'idéal, mais il faudra ~ avec.* It's not ideal, but we'll have to make do. **faire comme si...** to pretend : *Il a fait comme s'il ne m'avait pas vu.* He pretended he hadn't seen me. **faire sans** to do without : *Tant pis, on fera sans.* Never mind, we'll do without. **ne faire que...** : *Tu ne fais que critiquer.* You do nothing but criticize. **qu'est-ce que ça peut te, lui, etc. faire ?** what's it to you, him, etc.? **s'en faire** to worry : *Ne t'en fais pas pour si peu.* Don't worry about something like that. ☛ Les autres expressions formées avec **faire** sont traitées sous le nom, l'adjectif, etc. correspondant : pour **faire l'idiot**, par exemple, voir IDIOT.

faire-part *nm* announcement

faisable *adj* feasible

faisan *nm* pheasant

fait, -e ◆ *pp, adj* **1** (*fabriqué, adapté*) made : *En quoi est-ce que c'est ~ ?* What's it made of? ◊ *~ à la main/machine* handmade/machine-made ◊ *Ils sont ~s l'un pour l'autre.* They're made for each other. **2** (*fromage*) ripe : *un camembert bien ~* a ripe camembert ◆ *nm* **1** (*gén*) fact : *Cela vient du ~ qu'il n'a pas confiance en lui.* It stems from the fact that he has no self-confidence. **2** (*événement*) event : *sa version des ~s* his version of events LOC **au fait** by the way : *Au ~, tu as des nouvelles d'Alain ?* By the way, do you have any news of Alain? **en fait** actually : *En ~, c'était toi qui l'avais suggéré.* Actually, it was you who suggested it. **fait divers** news item : *la rubrique ~s divers* news in brief **le fait accompli** fait accompli : *mettre qn devant le ~ accompli* to present sb with a fait accompli **ne pas être fait pour (faire) qch 1** (*personne*) to be no good at (doing) sth : *Je ne suis pas ~ pour enseigner.* I'm no good at teaching. **2** (*objet*) to be no good for (doing) sth : *Ce couteau n'est pas ~ pour couper la* *viande.* This knife is no good for cutting meat. *Voir aussi* CHOSE ; *Voir aussi* FAIRE

falaise *nf* cliff

falloir *v impers* **1** (*nécessité*) : *Allez, il faut partir.* Come on, we have to go. ◊ *Il faut que tu le lui dises.* You must tell him. ◊ *Il faudrait que tu viennes.* You should come. ☛ *Voir note sous* MUST **2** (*besoin*) : *Il nous faut quatre chaises de plus.* We need four more chairs. ◊ *Il me faudrait un kilo de poires, s'il vous plaît.* I'd like a kilo of pears, please. **3** (*temps*) to take : *En voiture il faut deux heures.* It takes two hours by car. ◊ *Il nous a fallu des semaines pour le convaincre.* It took us weeks to convince him. LOC **comme il faut 1** (*convenable*) proper : *des gens très comme il faut* very proper people **2** (*correctement*) properly : *faire les choses comme il faut* to do things properly **s'en falloir de peu que...** I, you, etc. almost... : *Il s'en est fallu de peu que je ne parte.* I almost walked out.

falsifier *vt* to forge

fameux, -euse *adj* **1** (*dont on a parlé*) much talked-about : *la fameuse démission du ministre* the much talked-about resignation of the minister **2** (*célèbre*) famous : *une région fameuse pour ses fromages* a region famous for its cheese **3** (*excellent*) great : *Son dernier film n'est pas* ~. Her latest film isn't great.

familial, -e *adj* family [*n attrib*] : *liens familiaux* family ties ◊ *une atmosphère familiale* a family atmosphere ◊ *une entreprise familiale* a family business LOC *Voir* PLANNING

familiariser ◆ *vt* to familiarize *sb* ***with sth*** ◆ **se familiariser** *v pron* to familiarize yourself ***with sth*** : *se ~ avec sa nouvelle école* to familiarize yourself with your new school

familiarité *nf* familiarity

familier, -ière *adj* **1** (*gén*) familiar : *un visage* ~ a familiar face **2** (*parlé*) colloquial

famille *nf* family [*v sing ou pl*] [*pl* families] : *une ~ nombreuse* a large family ◊ *Comment va la ~ ?* How's your family? ◊ *Ma ~ est du nord.* My family is/are from the north.

> Il y a deux façons d'exprimer l'idée de *famille* en anglais : avec le terme **family** (« the Robertson family ») ou en mettant le nom de famille au pluriel (« the Robertsons »). Lorsque **family** est utilisé dans le sens *tous les membres de la famille,* le verbe qui suit se met au pluriel : *Ma famille pense que je suis fou.* My family think I'm crazy. Par contre, lorsqu'on se réfère à la famille comme unité, **family** est suivi d'un verbe au singulier : *La famille moyenne compte 3,5 membres.* The average family has 3.5 members.

LOC **en famille** as a family : *dîner en* ~ to have dinner as a family **être de famille** to run in the family *Voir aussi* CHEF, LAVER, NOM, PÈRE, SITUATION

famine *nf* famine

fan *nmf* fan

fana *nmf* fanatic

fanatique ◆ *adj* fanatical ◆ *nmf* fanatic

fané, -e *pp, adj* **1** (*fleur*) withered **2** (*couleur*) faded *Voir aussi* FANER

faner ◆ *vi* (*fleur*) to wilt ◆ **se faner** *v pron* **1** (*fleur*) to wilt **2** (*couleur*) to fade

fanfare *nf* brass band

fantaisie *nf* **1** (*caprice*) whim **2** (*originalité*) imagination : *un style plein de* ~ a style full of imagination LOC *Voir* BIJOU

fantasme *nm* fantasy

fantastique *adj* **1** (*formidable*) fantastic : ~ *!* Fantastic! **2** (*Littér, Cin*) fantasy **3** (*imaginaire*) imaginary : *une créature* ~ an imaginary creature

fantôme *nm* ghost : *une histoire de ~s* a ghost story

faon *nm* fawn ☛ *Voir note sous* CERF

farce *nf* **1** (*blague*) joke **2** (*Cuisine*) stuffing LOC **faire une farce** to play a joke *on sb*

farceur, -euse ◆ *adj* mischievous : *un enfant* ~ a mischievous child ◆ *nm-nf* joker : *C'est un* ~. He's a real joker.

farcir *vt* to stuff

fard *nm* (*maquillage*) make-up LOC **fard à joues** blusher **fard à paupières** eyeshadow

fardeau *nm* burden

farfelu, -e ◆ *adj* **1** (*personne*) scatty **2** (*idée, projet*) hare-brained ◆ *nm-nf* scatterbrain

farfouiller *vi* ~ **dans** to rummage **through *sth*** : *Elle a farfouillé dans son sac.* She rummaged through her bag.

farine *nf* flour

farouche *adj* **1** (*timide*) timid : *un enfant* ~ a timid child **2** (*acharné*) fierce : *un ~ défenseur des droits de l'homme* a fierce defender of human rights

fascinant, -e *adj* fascinating

fascination *nf* fascination

fasciner *vt* to fascinate : *Les enfants étaient fascinés par ces tours de magie.*

The children were fascinated by those tricks.

fascisme *nm* fascism

fasciste *adj, nmf* fascist

fast-food *nm* fast food restaurant

fatal, -e *adj* **1** (*mortel, irréparable*) fatal : *un accident ~* a fatal accident ◊ *une erreur fatale* a fatal error **2** (*inévitable*) inevitable

fataliste *adj, nmf* fatalist

fatalité *nf* (*destin*) fate

fatidique *adj* fateful

fatigant, -e *adj* **1** (*qui fatigue*) tiring : *Le voyage a été ~.* It was a tiring journey. **2** (*lassant*) tiresome : *C'est ~ de devoir tout le temps répéter la même chose.* It's tiresome to have to repeat the same thing all the time.

fatigue *nf* tiredness LOC *Voir* MORT

fatigué, -e *pp, adj* ~ **(de)** tired (**from sth/doing sth**) : *Ils sont ~s d'avoir autant couru.* They're tired from all that running. *Voir aussi* FATIGUER

fatiguer ◆ *vt* **1** (*physiquement*) to tire *sb/sth* (out) **2** (*agacer*) : *Ça me fatigue d'avoir à répéter tout le temps la même chose.* I get tired of always having to repeat the same thing. ◆ *vi* (*se fatiguer*) to get tired : *Je fatigue, on peut s'arrêter ?* I'm getting tired, can we stop? ◆ **se fatiguer** *v pron* **1** (*physiquement*) to get tired : *Il se fatigue très vite.* He gets tired very easily. **2** (*se donner du mal*) to bother ***(doing sth)*** : *Ce n'était pas la peine que je me fatigue à tout t'expliquer !* There was no point in my bothering to explain everything to you! **3** (*se lasser*) to get tired ***of sth*** : *Elle s'est vite fatiguée de la vie à la campagne.* She soon got tired of life in the country. **4** (*vue, cœur*) to strain : *Allume la lumière, tu vas te ~ les yeux.* Put the light on, you'll strain your eyes.

faubourg *nm* suburb

fauché, -e *pp, adj* (*sans argent*) broke : *Je suis ~.* I'm broke. *Voir aussi* FAUCHER

faucher *vt* **1** (*couper*) to cut **2** (*renverser*) to run *sb* over : *Il s'est fait ~ par une voiture.* He was run over by a car. **3** (*voler*) to pinch : *On m'a fauché mon sac à main.* My handbag's been pinched.

faucon *nm* falcon

se faufiler *v pron* to sneak in : *Je les ai vus se ~.* I saw them sneaking in. ◊ *Nous nous sommes faufilés dans le bus sans payer.* We sneaked onto the bus without paying.

faune *nf* fauna

faussaire *nmf* forger

faute *nf* **1** (*erreur*) mistake : *~s d'orthographe* spelling mistakes ◊ *faire une ~* to make a mistake ☛ *Voir note sous* MISTAKE **2** (*responsabilité*) fault : *Ce n'est pas de ma ~.* It isn't my fault. ◊ *Ce qui s'est passé n'est la ~ de personne.* What happened is nobody's fault. **3** (*Sport*) foul : *commettre une ~* to commit a foul **4** (*Tennis*) fault LOC **faute de** for want of *sth* : *J'ai accepté le poste ~ de mieux.* I accepted the job for want of anything better. **faute de quoi** otherwise : *Sois à l'heure, ~ de quoi nous partirons sans toi.* Be on time, otherwise we'll leave without you. **sans faute** without fail : *Je serai là à midi sans ~.* I'll be there at midday without fail. *Voir aussi* REJETER

fauteuil *nm* **1** (*siège*) armchair : *assis dans un ~* sitting in an armchair **2** (*Cin, Théâtre*) seat : *~ d'orchestre* stalls seat LOC **fauteuil à bascule** rocking chair **fauteuil roulant** wheelchair

fauve *nm* wild animal

faux *nf* scythe

faux, fausse ◆ *adj* **1** (*inexact*) wrong : *Le résultat de l'addition est ~.* The total is wrong. **2** (*non authentique*) false : *des fausses dents* false teeth **3** (*imité*) fake : *de ~ diamants* fake diamonds ◊ *un manteau en fausse fourrure* a fake fur coat **4** (*billet*) forged ◆ *adv* out of tune : *chanter/jouer ~* to sing/play out of tune ◆ *nm* forgery [*pl* forgeries] : *On a découvert que le tableau était un ~.* It was discovered that the painting was a forgery. LOC **faire une fausse manœuvre** (*tactique*) to make a false move **faire un faux mouvement** to make a false move **fausse alerte** false alarm **fausse couche** miscarriage : *faire une fausse couche* to have a miscarriage **faux pas 1** (*fait de trébucher*) : *faire un ~ pas* to stumble **2** (*gaffe*) blunder : *commettre un ~ pas* to make a blunder *Voir aussi* SONNER

faveur *nf* (*service*) favour : *demander une ~ à qn* to ask a favour of sb ◊ *faire une ~ à qn* to do sb a favour LOC **en faveur de** in favour of *sb/sth/doing sth* : *La caissière s'est trompée en ma ~.* The cashier made a mistake in my favour. *Voir aussi* JOUER

favorable *adj* **1** (*bon*) favourable **2** ~ **à** (*en faveur de*) in favour **of *sth/doing sth*** : *Je ne suis pas ~ au maintien de cette loi.* I'm not in favour of keeping this law.

favori, -ite *adj, nm-nf* favourite

favoriser *vt* **1** (*avantager*) to favour :

Ces mesures nous favorisent. These measures favour us. **2** (*faciliter*) to assist : *La situation a favorisé son retour au pouvoir.* The situation assisted his return to power.

favoritisme *nm* favouritism

fax *nm* fax : *envoyer un* ~ to send a fax ◊ *envoyer qch par* ~ to fax sth

faxer *vt* to fax : *Ils ont faxé le document.* They faxed the document.

fécondation *nf* fertilization : ~ *in vitro* in vitro fertilization (*abrév* IVF)

féconder *vt* to fertilize

féculent *nm* starch : *Il faut manger des ~s.* You need to eat starch.

fédéral, -e *adj* federal

fédération *nf* federation

fée *nf* fairy [*pl* fairies]

feignant, -e ◆ *adj* lazy ◆ *nm-nf* layabout : *C'est un* ~. He's a layabout.

feindre *vt* to pretend : *Feins de ne rien savoir.* Pretend you don't know anything. ◊ *J'ai dû ~ la joie.* I had to pretend I was happy.

(se) fêler *vt, v pron* to crack : ~ *un vase* to crack a vase ◊ *Le miroir s'est fêlé.* The mirror has cracked. LOC *Voir* TÊTE

félicitations *nf* congratulations (**on sth/doing sth**) : ~ *pour tes examens !* Congratulations on passing your exams!

féliciter ◆ *vt* to congratulate *sb* (**on sth**) : *Je l'ai félicitée pour sa promotion.* I congratulated her on her promotion. ◆ **se féliciter** *v pron* to be very pleased ***about sth/that...*** : *Je me félicite d'y être allé.* I'm very pleased I went.

félin, -e *adj, nm* feline

fêlure *nf* crack

femelle *adj, nf* female : *un léopard* ~ a female leopard

féminin, -e *adj* **1** (*gén*) female : *le sexe* ~ the female sex **2** (*Sport, mode*) women's : *l'équipe féminine* the women's team ◊ *les magazines ~s* women's magazines **3** (*caractéristique de la femme, Gramm*) feminine : *Elle porte des vêtements très ~s.* She wears very feminine clothes. ☛ *Voir note sous* FEMALE

féminisme *nm* feminism

féministe *adj, nmf* feminist

féminité *nf* feminity

femme *nf* **1** (*gén*) woman [*pl* women] : *une ~ médecin* a woman doctor **2** (*épouse*) wife [*pl* wives] : *Je ne connais pas sa* ~. I don't know his wife. LOC **femme au foyer** housewife [*pl* housewives] **femme de ménage** cleaning lady [*pl* cleaning ladies] *Voir aussi* AFFAIRE, HISTOIRE, POLITIQUE

fendre ◆ *vt* **1** (*bois, lèvre*) to split **2** (*mur, vase*) to crack **3** (*cœur*) to break : *La fugue de leur fils leur a fendu le cœur.* It broke their heart when their son ran away. ◆ **se fendre** *v pron* **1** (*verre, vase*) to crack **2** (*crâne*) to split : *Si tu tombes tu vas te ~ le crâne.* You'll split your head open if you fall. **3 se ~ de** (*somme d'argent*) to cough *sth* up : *Il s'est fendu de 50 euros pour le cadeau de Cécile.* He coughed up 50 euros for Cécile's present. LOC **se fendre d'un sourire** to crack a smile : *Elle ne s'est même pas fendue d'un sourire.* She didn't even crack a smile. **se fendre la pipe/la poire** to split your sides

fenêtre *nf* window : *Ouvre/ferme la* ~. Open/shut the window. LOC *Voir* ENVELOPPE, JETER, REBORD

fente *nf* **1** (*mur, vase*) crack **2** (*distributeur, boîte aux lettres*) slot : *Introduisez la pièce dans la* ~. Insert the coin in the slot.

fer *nm* iron : *une barre de* ~ an iron bar LOC **fer à cheval** horseshoe **fer à repasser** iron **fer forgé** wrought iron *Voir aussi* BRAS, CHEMIN, FIL, SANTÉ

férié, -e *adj* LOC *Voir* JOUR

ferme[1] *nf* farm LOC *Voir* ANIMAL, COUR, TOURISME

ferme[2] *adj* firm : *un matelas* ~ a firm mattress ◊ *Je me suis montré* ~. I stood firm. LOC *Voir* MAIN

fermé, -e *pp, adj* **1** (*gén*) closed, shut (*plus fam*) : *Le musée est ~ le mardi.* The museum is closed on Tuesdays. ☛ *Voir note sous* SHUT **2** (*espace*) enclosed **3** (*chasse, pêche*) : *La pêche au saumon est fermée.* It's the close season for salmon. LOC **fermé à clé** locked LOC *Voir* HERMÉTIQUEMENT ; *Voir aussi* FERMER

fermenter *vt, vi* to ferment

fermer ◆ *vt* **1** (*gén*) to close, to shut (*plus fam*) : *Ferme la porte.* Shut the door. ◊ *J'ai fermé les yeux.* I closed my eyes. **2** (*rideaux*) to draw **3** (*gaz, robinet*) to turn *sth* off **4** (*enveloppe*) to seal **5** (*broche*) to fasten **6** (*usine, succursale*) to close *sth* down ◆ *vi* **1** (*temporairement*) to close, to shut (*plus fam*) : *Nous ne fermons pas à l'heure du déjeuner.* We don't close for lunch. ◊ *Cette porte ferme mal.* This door doesn't close properly. **2** (*définitivement*) to close down ◆ **se fermer** *v pron* **1** (*gén*) to close, to shut (*plus fam*) : *Mes yeux se fermaient.* My eyes were closing. ◊ *La porte s'est fermée.* The door closed. **2** (*broche*) to fasten LOC **fermer à clé 1** (*voiture, porte*) to lock *sth* **2** (*maison*) to lock (*sth*) up : *Tu as fermé à clé avant de partir ?* Did you lock up before leaving? **ferme-la !** shut up! **fermer les yeux (sur)** to turn a blind eye (to *sth*) : *Ses parents ferment les yeux sur ses absences de l'école.* His parents turn a blind eye to his absences from school. **ne pas fermer l'œil** not to sleep a wink : *Je n'ai pas fermé l'œil de la nuit.* I didn't sleep a wink all night.

fermeté *nf* firmness

fermeture *nf* **1** (*acte de fermer*) closing : *heures de ~* closing times ◊ *La ~ des portes est automatique.* The doors close automatically. **2** (*collier, porte-monnaie*) clasp LOC **fermeture (éclair)** zip : *Je n'arrive pas à remonter la ~.* I can't do my zip up.

fermier, -ière ◆ *adj* farm [*n attrib*] ◆ *nm-nf* farmer

fermoir *nm* clasp

féroce *adj* fierce

férocité *nf* ferocity

ferraille *nf* **1** (*métal*) scrap : *mettre une voiture à la ~* to sell a car for scrap ◊ *Ce frigo est bon pour la ~.* This fridge is only fit for scrap. **2** (*monnaie*) small change

ferrailleur, -euse *nm-nf* scrap merchant

ferrer *vt* (*cheval*) to shoe

ferroviaire *adj* rail [*n attrib*]

ferry *nm* ferry [*pl* ferries]

fertile *adj* fertile

fertilité *nf* fertility

fervent, -e *adj* fervent

ferveur *nf* fervour

fesse *nf* buttock

fessée *nf* spanking LOC **donner une fessée à** to smack *sb* : *Si je t'attrape je te donne une ~ !* I'll smack you if I catch you!

festin *nm* feast : *faire un ~* to have a feast

festival *nm* festival : *le ~ de Cannes* the Cannes film festival

festivités *nf* celebrations [*pl*] : *Les ~ se sont prolongées jusque tard dans la nuit.* The celebrations continued till well into the night.

fête *nf* **1** (*célébration privée*) party [*pl* parties] : *faire une ~ d'anniversaire* to have a birthday party **2** (*célébration publique*) festival : *la ~ du village* the village festival **3** (*jour férié*) holiday [*pl* holidays] : *la ~ du premier mai* the May Day holiday ◊ *Vous avez des projets pour les ~s ?* Do you have any plans for the Christmas holidays? **4** (*jour du saint patron*) saint's day : *C'est quand ta ~ ?* When is your saint's day? ☛ En Grande-Bretagne on ne souhaite pas la fête des gens. LOC **faire la fête** to party : *On a fait la ~ jusqu'à 5 heures du matin.* We partied till 5 a.m. **fête foraine** funfair **fête nationale** national holiday **la fête des Mères/Pères** Mother's/Father's Day **la fête des Rois** Epiphany

fêter *vt* to celebrate : *~ un anniversaire* to celebrate a birthday

fétide *adj* fetid

feu *nm* **1** (*gén*) fire : *allumer le ~* to light the fire ◊ *Nous nous sommes assis près du ~.* We sat down by the fire. **2** (*cigarette*) light : *Vous avez du ~ ?* Have you got a light? **3** (*de signalisation*) traffic light(s) : *un ~ rouge* a red light **4** (*cuisinière*) stove : *J'ai le repas sur le ~.* The food's on the stove. LOC **à feu doux/vif** over a low/high heat : *Faites cuire 20 minutes à ~ doux.* Cook for 20 minutes over a low heat. **coup de feu** shot : *J'ai entendu un coup de ~.* I heard a shot. **en feu** on fire : *La grange était en ~.* The barn was on fire. **feu d'artifice** (*spectacle*) fireworks display : *le ~ d'artifice du 14 juillet* the 14 July fireworks display **feu de camp** camp fire **feu de joie** bonfire : *faire un ~ de joie* to make a bonfire ☛ *Voir note sous* BONFIRE NIGHT **feu rouge** (*feux tricolores*) traffic lights **feux d'artifice** fireworks **feux de croisement** dipped headlights : *Je me suis mis en feux de croisement.* I dipped my headlights. **feux de position** sidelights **mettre le feu à** to set fire to *sth* : *Un fou a mis le ~ à l'école.* A madman set fire to the school. **prendre feu** to catch fire : *L'écurie a pris ~.* The stable caught fire. *Voir aussi* ARME, BAPTÊME, EXTINCTION, GRILLER, MAIN

feu, -e *adj* late : *~ mon mari* my late husband

feuillage *nm* foliage

feuille *nf* **1** (*arbre*) leaf [*pl* leaves] : *~s mortes* dead leaves **2** (*papier*) sheet (of paper) : *une ~ blanche* a clean sheet of paper LOC **feuille de paye** payslip *Voir aussi* TREMBLER

feuilleté *nm* pasty [*pl* pasties] LOC *Voir* PÂTE

feuilleter *vt* to flick through *sth* : ~ *une revue* to flick through a magazine

feuilleton *nm* (*télévisé*) serial ☛ *Voir note sous* SERIES

feutre *nm* **1** (*stylo*) felt-tip pen **2** (*matériau*) felt

fève *nf* **1** (*légume*) broad bean **2** (*dans la galette des rois*) lucky charm

février *nm* February (*abrév* Feb) ☛ *Voir exemples sous* JANVIER

fiable *adj* reliable

fiançailles *nf* engagement [*sing*] LOC *Voir* BAGUE

fiancé, -e *nm-nf* fiancé [*fém* fiancée]

se fiancer *v pron* to get engaged (**to sb**) : *Il s'est fiancé avec une collègue.* He got engaged to a colleague.

fibre *nf* fibre : *riche en ~s* rich in fibre LOC **fibre optique** fibre optics

ficeler *vt* to tie : *Ficelle bien le paquet.* Tie the parcel tightly.

ficelle *nf* string

fiche *nf* **1** (*carte*) (index) card **2** (*formulaire*) form : *Veuillez remplir la ~ d'inscription.* Please fill in the registration form. LOC **fiche de paye** payslip

ficher ◆ *vt* **1** (*répertorier*) to put *sth* on file **2** (*mettre*) to put : *Où est-ce que tu as fichu la télécommande ?* Where have you put the remote control? **3** (*donner*) to give : ~ *un coup de poing à qn* to give sb a punch ◊ *Ça m'a fichu un mal de tête terrible.* That's given me a terrible headache. ◊ *Tu m'as fichu la trouille.* You gave me a fright. **4** (*faire*) to do : *Mais qu'est-ce qu'elle fiche ?* What is she doing? ◊ *On n'a rien fichu de toutes les vacances.* We didn't do a thing all holiday. ◆ **se ficher** *v pron* **se ~ de 1** (*ne pas se soucier*) not to care **about sth** : *Il se fiche de tout.* He doesn't care about anything. ◊ *Je me fiche complètement de ce qu'elle pense.* I couldn't care less about what she thinks. **2** (*se moquer*) to make fun of *sb/sth* : *Tu ne vois pas qu'il se fiche de toi ?* Can't you see he's making fun of you? LOC **ficher dehors/à la porte 1** (*de chez soi*) to chuck *sb* out **2** (*congédier*) to sack *sb* : *Ils ont fichu trois employés à la porte.* They sacked three employees. **ficher en l'air** to spoil *sth* : *Tu as fichu tous nos projets en l'air.* You've spoilt all our plans. **ficher la paix à** to leave *sb* alone : *Fiche-moi la paix !* Leave me alone! **ficher le camp** to get lost : *Fiche le camp, je t'ai assez vu !* Get lost, I've had enough of you! **ficher par terre 1** (*faire tomber*) to drop *sth* : *Il a fichu la pile de bouquins par terre.* He dropped the pile of books. **2** (*gâcher*) to mess *sth* up : *Ça a fichu nos projets de vacances par terre.* That's messed up our holiday plans. **se ficher dedans** to be way out : *Je me suis fichu dedans dans mes calculs.* I was way out in my calculations. **se ficher par terre** to fall flat on your face : *Si tu continues comme ça, tu vas te ~ par terre.* If you carry on like that, you'll fall flat on your face.

fichier *nm* **1** (*Informatique*) file : *enregistrer/créer un ~* to save/create a file **2** (*boîte*) card index

fichu, -e *pp, adj* **1** (*cassé*) : *La télé est fichue.* The TV's had it. **2** (*raté*) ruined : *C'est ~ pour le pique-nique.* The picnic's ruined. **3** (*condamné*) done for : *Les médecins pensent qu'il est ~.* The doctors think he's done for. **4** (*exprime l'agacement*) bloody : *Cette fichue voiture ne veut pas démarrer.* This bloody car won't start. LOC **être bien fichu** (*bien bâti*) to have a good body **être mal fichu 1** (*mal bâti*) to be badly made **2** (*malade*) to feel lousy *Voir aussi* FICHER

fictif, -ive *adj* fictitious

fiction *nf* fiction : *une œuvre de ~* a work of fiction

fidèle *adj* ~ **(à) 1** (*loyal*) faithful (**to sb/sth**) : *Il lui a été ~ toute sa vie.* He's been faithful all his life. ◊ *un client ~* a faithful customer **2** (*convictions, parole*) true **to sth** : *~ à ses convictions* true to your convictions **3** (*portrait, récit*) faithful **to sth**

fidélité *nf* faithfulness

fiente *nf* droppings [*pl*]

se fier *v pron* **se ~ à 1** (*faire confiance à*) to trust *sb* : *Ne te fie pas à lui, c'est un menteur.* Don't trust him, he's a liar. ◊ *Il faut parfois se ~ à son instinct.* Sometimes you have to trust your instinct. **2** (*compter sur*) to rely on *sth* : *se ~ à sa mémoire* to rely on your memory LOC **se fier aux apparences** : *On ne peut pas se ~ aux apparences.* You can't go by appearances.

fier, fière ◆ *adj* **1** (*satisfait*) proud (**of sb/sth**) : *Il est ~ de lui.* He is proud of himself. ◊ *Nous sommes ~s de ta réussite.* We're proud of your success. **2** (*hautain*) haughty ◆ *nm-nf* : *faire le ~* to be full of yourself LOC **et fier de l'être !** and proud of it!

fierté *nf* pride LOC *Voir* RAVALER

fièvre *nf* **1** (*température*) temperature : *avoir de la ~* to have a temperature ◊ *avoir un peu de ~* to have a slight temperature ◊ *Il a 40 de ~.* He's got a temperature of 40°. **2** (*maladie, fig*) fever : ~ *jaune* yellow fever LOC *Voir* POUSSÉE

figé, -e *pp, adj* **1** (*locution, sourire*) fixed **2** (*personne*) : *Il est resté ~ sur place.* He was rooted to the spot. *Voir aussi* SE FIGER

se figer *v pron* **1** (*personne, sourire*) to freeze **2** (*huile, sauce*) to congeal

figue *nf* fig

figuier *nm* fig tree

figurant, -e *nm-nf* extra

figure *nf* **1** (*visage*) face : *Il a reçu le ballon en pleine ~.* The ball hit him right in the face. **2** (*graphique, personnalité*) figure : *une grande ~ de la politique* a great political figure LOC **figure de style** stylistic device *Voir aussi* CAS, CASSER, NEZ

figuré, -e *pp, adj* figurative *Voir aussi* FIGURER

figurer ◆ *vi* to be : *Mon numéro ne figure pas dans l'annuaire.* My number isn't in the phone book. ◊ *Elle figurait parmi les premiers arrivés.* She was among the first to arrive. ◆ **se figurer** *v pron* to imagine : *Elle se figure qu'elle va y arriver du premier coup.* She imagines she's going to do it first time.

fil *nm* **1** (*gén*) thread : *une bobine de ~ à coudre* a reel of thread ◊ *J'ai perdu le ~ de la conversation.* I've lost the thread. **2** (*métal*) wire : *~ d'acier/de cuivre* steel/copper wire **3** (*Électr, Télécom*) cable LOC **au fil de** over the course of *sth* : *au ~ des semaines/des années* over the course of the weeks/years ◊ *Au ~ de la conversation certains détails devenaient plus clairs.* Over the course of the conversation certain details became clearer. **coup de fil** call : *donner/passer un coup de ~ à qn* to give sb a call ◊ *Passe-moi un coup de ~ demain.* Give me a call tomorrow. **donner du fil à retordre à** to give *sb* a hard time **fil de fer** wire **fil de fer barbelé** barbed wire **sans fil** cordless : *un téléphone sans ~* a cordless telephone *Voir aussi* BOUT, TÉLÉPHONE

filant, -e *adj* LOC *Voir* ÉTOILE

file *nf* **1** (*alignement*) line : *Formez une ~.* Get in line. **2** (*queue*) queue : *Il y avait toute une ~ de gens qui attendaient.* There was a whole queue of people waiting. **3** (*route*) lane LOC **à la file** (*d'affilée*) one after the other : *Il a mangé trois yaourts à la ~.* He ate three yogurts one after the other. **(en) file indienne** (in) single file **file d'attente** queue *Voir aussi* GARER

filer ◆ *vt* **1** (*collants*) to ladder : *J'ai encore filé mes collants.* I've laddered my tights again. **2** (*suivre*) to tail : *La police les file depuis plusieurs semaines.* The police have been tailing them for several weeks. **3** (*donner*) to give : *File-moi un stylo.* Give me a pen. **4** (*laine, coton*) to spin ◆ *vi* **1** (*aller*) to go : *La moto filait à toute allure.* The motorbike was going at top speed. **2** (*partir*) to dash : *Je suis en retard, il faut que je file.* I'm late, I must dash. **3** (*s'en aller*) to clear off : *Allez, file, et que je ne te revoie plus !* Clear off, and don't let me see you again! **4** (*passer vite*) to fly by : *Les années/semaines filent.* The years/weeks fly by. LOC **filer une beigne à** to give *sb* a whack **laisser filer** (*laisser s'échapper*) to let *sb* get away : *La police a laissé ~ le meurtrier.* The police let the murderer get away.

filet *nm* **1** (*Sport, Chasse, Pêche*) net **2** (*Cuisine*) fillet : *~s de morue* cod fillets **3** (*écoulement*) trickle : *un ~ d'eau/d'huile* a trickle of water/oil LOC **filet à provisions** string bag **filet de bœuf** fillet (steak)

filiale *nf* branch

fille *nf* **1** (*gén*) girl : *les garçons d'un côté et les ~s de l'autre* boys on one side and girls on the other **2** (*jeune femme*) young woman [*pl* young women] : *une ~ de 25 ans* a young woman of 25 **3** (*descendante*) daughter : *Ils ont deux ~s.* They have two daughters. LOC *Voir* JEUNE, VIEUX, UNIQUE

fillette *nf* little girl

filleul, -e *nm-nf* **1** (*sans distinction de sexe*) godchild [*pl* godchildren] **2** (*masculin uniquement*) godson **3** (*féminin uniquement*) god-daughter

film *nm* film LOC **film comique** comedy [*pl* comedies] **film d'animation** animated film **film d'horreur** horror film **film muet** silent film **film policier** detective film *Voir aussi* SUSPENSE

filmer *vt* to film

fils *nm* son : *Ils ont deux filles et un ~.* They have two daughters and a son. LOC **fils à papa** rich kid *Voir aussi* TEL, UNIQUE

filtre *nm* filter

filtrer ◆ *vt* to filter ◆ *vi* to filter (in/out) (***through sth***) : *La lumière filtrait à travers les fissures.* Light was filtering in through the cracks.

fin *nf* **1** (*gén*) end : *à la ~ du mois* at the end of the month ◊ *~ mai* at the end of May ◊ *Ce n'est pas la ~ du monde.* It's not the end of the world. **2** (*but*) aim : *parvenir à ses ~s* to achieve your aims

LOC **à la fin** (*exprime l'agacement*) : *C'est pénible à la ~ !* It's such a pain! **mettre fin à** to put an end to *sth* : *Il est temps de mettre ~ à cette plaisanterie.* It's time to put an end to this joke. **prendre fin** to come to an end *Voir aussi* COMMENCEMENT, EXAMEN, NEZ, PALAIS, SEL

fin, -e *adj* **1** (*gén*) fine : *sable ~* fine sand ◊ *vins ~s* fine wines **2** (*tissu, cheveux, tranche*) thin **3** (*doigts, taille*) slender **4** (*vue, ouïe*) keen LOC *Voir* ÉPICERIE

final, -e ◆ *adj* final : *la décision finale* the final decision ◆ **finale** *nf* final : *la finale de la Coupe* the Cup Final ◊ *Ils sont arrivés en finale.* They got through to the final. LOC *Voir* POINT, QUART, TOUCHE

finalement *adv* **1** (*à la fin*) in the end : *~ je suis arrivé à ouvrir la porte.* In the end I managed to open the door. **2** (*en fin de compte*) actually : *~ elle est assez sympathique.* Actually she's quite nice.

finaliste *adj, nmf* finalist [*n*] : *les équipes ~s* the finalists

finance *nf* **1** (*domaine*) finance : *Elle travaille dans la ~.* She works in finance. **2 finances** (*budget*) finances : *les ~s de l'État* the state's finances ◊ *Vu l'état de mes ~s...* Considering the state of my finances... **3 les Finances** (*ministère*) the Treasury [*sing*] LOC *Voir* MINISTÈRE, MINISTRE

financement *nm* financing [*indénombrable*]

financer *vt* to finance

financier, -ière ◆ *adj* financial : *un conseiller ~* a financial adviser ◆ *nm* financier

finesse **1** (*gén*) fineness **2** (*délicatesse*) delicacy **3** (*astuce*) shrewdness

fini, -e *pp, adj* **1** (*gén*) over : *La fête est finie.* The party's over. **2** (*travail*) finished : *Les travaux sont ~s.* The work is finished. **3** (*total*) complete : *C'est un idiot ~.* He's a complete idiot. *Voir aussi* FINIR

finir ◆ *vt* **1** (*achever, utiliser complètement*) to finish (*sth/doing sth*) : *Je n'ai pas encore fini l'article.* I haven't finished the article yet. ◊ *Tu as fini toute mon eau de Cologne.* You've finished all my cologne. **2** (*conclure*) to end : *Elle a fini sa dissertation avec une citation de Spinoza.* She ended her dissertation with a quotation from Spinoza. ◆ *vi* **1** (*se terminer*) to end : *Les festivités finissent lundi prochain.* The festivities end next Monday. ◊ *La manifestation a fini en tragédie.* The demonstration ended in tragedy. ◊ *Ça finit en pointe.* It ends in a point. **2** ~ **(de faire qch)** (*arrêter*) to finish (**doing sth**) : *Il faut que je finisse de laver la voiture.* I must finish washing the car. **3** ~ **(par)** (*aboutir, devenir*) to end up (***doing sth***) : *Ils ont fini en prison.* They ended up in prison. ◊ *Tu finiras comme ton père.* You'll end up like your father. ◊ *J'ai fini par céder.* I ended up giving in. ◊ *Ce verre va finir par se casser.* That glass will end up broken. ◊ *Ils finiront bien par t'écrire.* They'll write to you eventually. LOC **en finir avec** (*mettre fin*) to put an end to *sth* : *en ~ avec l'injustice* to put an end to injustice **finir bien** to have a happy ending : *Est-ce que le film finit bien ?* Does the film have a happy ending? **finir mal 1** (*gén*) : *Ça va mal ~.* No good can come of this. ◊ *Ce garçon finira mal.* That boy will come to no good. **2** (*film*) : *Le film finit mal.* The film has an unhappy ending. **ne pas en finir** to drag (on) : *La journée n'en finit pas.* Today is really dragging on. *Voir aussi* PARLER

finlandais, -e ◆ *adj, nm* Finnish : *parler ~* to speak Finnish ◆ **Finlandais, -e** *nm-nf* Finn : *les Finlandais* the Finns

Finlande *nf* **la Finlande** Finland

fioul *nm* fuel oil

fisc *nm* tax office

fiscal, -e *adj* tax [*n attrib*] LOC *Voir* ÉVASION, FRAUDE

fission *nf* fission

fissure *nf* crack

fixe *adj* **1** (*immobile, invariable*) fixed : *un point ~* a fixed point ◊ *regarder qn d'un œil ~* to look at sb fixedly ◊ *emprunt à taux ~* fixed-rate loan **2** (*permanent*) permanent : *un poste/contrat ~* a permanent post/contract LOC *Voir* BARRE, IDÉE

fixé, -e *pp, adj* **1** (*attaché*) secure : *Le crochet n'était pas bien ~.* The hook wasn't secure. **2** (*renseigné*) : *Nous voilà ~s.* Now we're in the picture. **3** (*décidé*) : *Je ne suis pas encore très ~.* I haven't quite decided yet. *Voir aussi* FIXER

fixement *adv* LOC *Voir* REGARDER

fixer ◆ *vt* **1** (*gén*) to fix : *~ un prix/une date* to fix a price/date ◊ *Les pieds de la table sont fixés au sol.* The legs of the table are fixed to the ground. **2** (*attention, regard*) to focus ◆ **se fixer** *v pron* **1** (*s'installer*) to settle down **2** (*déterminer*) to set yourself *sth* : *se ~ un but* to set yourself a goal LOC **fixer son choix sur** to decide on *sb/sth* : *Ils ont fixé leur choix sur un trois-pièces* *dans le Marais.* They decided on a three-roomed flat in the Marais.

flacon *nm* bottle

flagrant, -e *adj* **1** (*mensonge, injustice*) flagrant **2** (*erreur*) glaring LOC **en flagrant délit** red-handed : *prendre qn en ~ délit* to catch sb red-handed

flair *nm* **1** (*odorat*) nose : *Ce chien a beaucoup de ~.* This dog has a good nose. **2** (*intuition*) intuition : *avoir du ~* to have intuition

flairer *vt* **1** (*renifler*) to sniff **2** (*piste, gibier*) to scent : *Le chien a flairé une piste.* The dog picked up a scent. **3** (*avoir l'intuition de*) to sense : *~ quelque chose de louche* to sense something suspicious

flamand, -e ◆ *adj, nm* Flemish ◆ **Flamand, -e** *nm-nf* Fleming

flamant *nm* flamingo [*pl* flamingos/ flamingoes]

flambant LOC **flambant neuf** brand new

flambeau *nm* torch : *le ~ olympique* the Olympic torch

flamber ◆ *vt* (*Cuisine*) to flambé : *crêpes flambées* flambéed pancakes ◆ *vi* **1** (*bâtiment*) to burn down : *La maison tout entière a flambé.* The whole house burnt down. **2** (*feu*) to blaze

flamboyant, -e *adj* **1** (*gén*) blazing **2** (*couleur*) fiery

flamboyer *vi* to blaze

flamme *nf* flame LOC **être en flammes** to be ablaze *Voir aussi* DESCENDRE

flan *nm* **1** (*crème*) crème caramel **2** (*tarte*) custard tart

flanc *nm* side LOC **à flanc de colline/ montagne** on the hillside/mountainside *Voir aussi* TIRER

flancher *vi* **1** (*manquer de courage*) to lose your nerve : *Au dernier moment j'ai flanché.* I lost my nerve at the last minute. **2** (*faiblir*) to give out : *Son cœur a flanché.* His heart gave out.

flanelle *nf* flannel

flâner *vi* to stroll

flanqué, -e *pp, adj* ~ **de** flanked **by *sb/ sth*** *Voir aussi* FLANQUER

flanquer *vt* (*donner*) to give : *~ une baffe à qn* to give sb a slap ◊ *Tu m'as flanqué la trouille.* You gave me a fright. ◊ *Ça m'a flanqué un mal de tête terrible.* That's given me a terrible headache. LOC **flanquer dehors/à la porte 1** (*de chez soi*) to chuck *sb* out **2** (*congédier*) to sack *sb* : *Ils ont flanqué trois employés à la porte.* They sacked three employees. **flanquer par terre 1** (*faire tomber*) to drop *sth* : *Il a flanqué la pile de bouquins par terre.* He dropped the pile of books on the floor. **2** (*gâcher*) to mess *sth* up : *Ça a flanqué nos projets de vacances par terre.* That's messed up our holiday plans. **se flanquer par terre** to fall flat on your face

flaque *nf* **1** (*eau*) puddle **2** (*huile, sang*) pool

flash *nm* flash : *photos prises au ~* flash photos

flasque[1] *nf* hip flask

flasque[2] *adj* flabby

flatter *vt* **1** (*complimenter*) to flatter : *Je suis très flattée que tu me dises ça.* I'm very flattered. **2** (*caresser*) to stroke

flatterie *nf* flattery [*indénombrable*]

flatteur, -euse *adj* flattering

fléau *nm* scourge

flèche *nf* **1** (*arme*) arrow **2** (*clocher*) spire LOC *Voir* MONTER, PARTIR

fléchette *nf* dart : *jouer aux ~s* to play darts

fléchir ◆ *vt* (*bras, jambes*) to bend ◆ *vi* **1** (*branche, personne*) to bend : *~ sous le poids de qch* to bend under the weight of sth **2** (*fig*) to waver : *Ce n'est pas le moment de ~.* This is not the time to waver.

flegmatique *adj* phlegmatic

flegme *nm* phlegm

flemmard, -e ◆ *adj* bone idle ◆ *nm-nf* lazybones [*pl* lazybones]

flétri, -e *pp, adj* **1** (*fleur*) withered **2** (*beauté*) faded

fleur *nf* **1** (*gén*) flower : *~s séchées* dried flowers **2** (*arbre fruitier, arbuste*) blossom [*gén indénombrable*] : *~s d'oranger* orange blossom LOC **à fleurs** flowery : *une robe à ~s* a flowery dress **en fleur** in bloom *Voir aussi* POT

fleuri, -e *pp, adj* **1** (*jardin*) in bloom **2** (*motif*) flowery *Voir aussi* FLEURIR

fleurir *vi* **1** (*plante*) to flower **2** (*arbre fruitier, arbuste*) to blossom

fleuriste *nmf* florist's [*pl* florists]

fleuve *nm* river

> En anglais **river** s'écrit avec une majuscule quand il apparaît avec le nom du fleuve : *le fleuve Amazone* the River Amazon.

flexibilité *nf* flexibility

flexible *adj* flexible

flic *nm* cop : *Les ~s arrivent.* The cops are coming.

flipper[1] *nm* pinball machine : *jouer au ~* to play pinball

flipper[2] *vi* to feel down : *Elle flippe*

quand elle est seule. She feels down when she's alone.

flirter *vi* to flirt (***with sb/sth***)

flocon *nm* flake : *~s de neige* snowflakes

floral, -e *adj* floral

flore *nf* flora

florissant, -e *adj* flourishing

flot *nm* (*abondance*) stream : *le ~ des voyageurs* the stream of passengers LOC **à flot** afloat : *Le bateau/Le commerce continue d'être à ~.* The ship/business is still afloat. **remettre à flot 1** (*bateau*) to refloat **2** (*négoce*) to put *sth* back on its feet

flottant, -e *adj* floating

flotte *nf* **1** (*forces navales*) navy [*v sing ou pl*] [*pl* navies] **2** (*ensemble de bateaux*) fleet

flotter *vi* **1** (*gén*) to float : *Le ballon flottait sur l'eau.* The ball was floating on the water. **2** (*drapeau*) to fly **3** (*personne*) : *Je flotte dans cette jupe.* This skirt's too big for me.

flou, -e ◆ *adj* **1** (*photo*) out of focus **2** (*vue, image*) blurred **3** (*souvenir*) hazy ◆ *nm* **1** (*en photo*) fuzziness **2** (*imprécision*) uncertainty : *Je n'aime pas rester dans le ~.* I don't like uncertainty. LOC **flou artistique** soft focus

fluctuation *nf* fluctuation

fluctuer *vi* to fluctuate

fluide ◆ *adj* **1** (*circulation, débat*) free-flowing **2** (*style*) fluent ◆ *nm* fluid

fluor *nm* **1** (*gaz*) fluorine **2** (*dentifrice*) fluoride

fluorescent, -e *adj* fluorescent

flûte *nf* flute LOC **flûte à bec** recorder

flûtiste *nmf* flautist

fluvial, -e *adj* river [*n attrib*] : *le transport ~* river transport

(se) focaliser *vt, v pron* to focus (*sth*) ***on sth***

fœtus *nm* foetus [*pl* foetuses]

foi *nf* faith (***in sb/sth***) LOC **ma foi !** : *Ma ~ oui !* Well, yes!

foie *nm* liver LOC *Voir* HUILE

foin *nm* hay LOC *Voir* CHERCHER, MEULE, RHUME

foire *nf* **1** (*exposition*) fair : *une ~ du livre* a book fair **2** (*fête foraine*) funfair

foirer *vi* to be a disaster

fois *nf* time : *trois ~ par an* three times a year ◊ *Je te l'ai dit cent ~.* I've told you hundreds of times. ◊ *Je gagne quatre ~ plus que lui.* I earn four times as much as he does. ◊ *Celui-ci est trois ~ plus grand que l'autre.* This one's three times bigger than the other one. ◊ *12 ~ 12 font 144.* 12 times 12 is 144. LOC **à la fois 1** (*en même temps*) at once : *faire plusieurs choses à la ~* to do several things at once **2** (*en parlant de deux qualités*) both : *à la ~ fort et durable* both strong and durable **des fois** (*parfois*) sometimes **deux fois** twice : *~ fois plus large* twice as wide **il était une fois...** once upon a time there was... **non mais des fois !** well really! **une bonne fois pour toutes** once and for all **une fois** once **une fois que** once : *Une ~ que vous aurez terminé...* Once you've finished... *Voir aussi* ÉNIÈME, MAINTES, NOMBRE

folie *nf* **1** (*état mental*) madness : *un accès de ~* a sudden madness **2** (*achat extravagant*) extravagance : *faire des ~s* to be extravagant **3** (*bêtise*) crazy thing : *J'ai fait beaucoup de ~s.* I've done a lot of crazy things. ◊ *C'est une ~ d'y aller seul.* It's crazy to go alone.

folklore *nm* folklore

folklorique *adj* folk

foncé, -e *adj* dark : *les yeux marron ~* dark brown eyes

foncer *vi* **1** (*aller vite*) to tear (along) **2** (*prendre des risques*) to go for it : *Vas-y, fonce !* Go for it!

foncier, -ière *adj* (*propriété*) land [*n attrib*] LOC *Voir* IMPÔT

fonction *nf* **1** (*rôle*) function **2 fonctions** (*travail*) duties : *prendre ses ~s* to take up your duties LOC **en fonction de** according to *sth* : *en ~ des disponibilités* according to availability **faire fonction de** to do as *sth* : *Des caisses faisaient ~ de table.* Some boxes did as a table. **fonction publique** civil service

fonctionnaire *nmf* civil servant LOC *Voir* HAUT

fonctionnel, -elle *adj* functional

fonctionnement *nm* operation LOC **en fonctionnement** in operation

fonctionner *vi* **1** (*gén*) to work : *L'alarme ne fonctionne pas.* The alarm doesn't work. ◊ *Comment ça fonctionne ?* How does it work? **2** *~* **à** to run **on *sth*** : *Cette voiture fonctionne au diesel.* This car runs on diesel.

fond *nm* **1** (*gén*) bottom : *au ~ de la mer* at the bottom of the sea **2** (*fleuve*) bed **3** (*rue, couloir*) end : *C'est au ~ du couloir, à droite.* It's at the end of the corridor on the right. **4** (*pièce, scène*) back : *au ~ du restaurant* at the back of the restaurant ◊ *la pièce du ~* the back room **5 fonds** (*argent*) funds : *collecter des ~s* to raise funds **6** (*arrière-plan*) background : *un ~ musical* background music LOC **à fond 1** (*nettoyer*) thoroughly : *Nettoie-le à ~.* Clean it thoroughly. **2** (*rouler*) at top speed **3** (*visser*) tightly **4** (*respirer*) deeply **5** (*s'engager*) deeply **aller au fond des choses** to get to the bottom of it **au fond 1** (*dans son for intérieur*) deep down : *Au ~ (de moi), je savais qu'il avait raison.* Deep down I knew he was right. **2** (*en réalité*) basically : *Au ~ nous sommes plus ou moins d'accord.* We are basically in agreement. **dans le fond** basically **de fond 1** (*problème, question*) fundamental **2** (*athlétisme*) : *une épreuve de ~* a distance event **3** (*ski*) cross-country [*n attrib*] : *un skieur de ~* a cross-country skier **de fond en comble** from top to bottom **sans fond** bottomless *Voir aussi* ARTICLE, COUREUR, DÉTOURNEMENT, LAME, MUSIQUE, SKI

fondamental, -e *adj* **1** (*importance*) fundamental **2** (*recherche*) basic

fondateur, -trice *adj, nm-nf* founder [*n*] : *les membres ~s* the founder members

fondation *nf* **1** (*institution*) foundation **2 fondations** (*construction*) foundations

fondé, -e *pp, adj* valid *Voir aussi* FONDER

fondement *nm* foundation

fonder ◆ *vt* to found ◆ **se fonder** *v pron* **se ~ sur** (*se baser*) : *Sur quoi est-ce que tu te fondes pour dire ça ?* What grounds do you have for saying that? LOC **fonder un foyer** to get married

fonderie *nf* foundry

fondre ◆ *vt* to melt *sth* down ◆ *vi* **1** (*gén*) to melt : *La glace a fondu.* The ice has melted. ◊ *faire ~ le chocolat* to melt the chocolate **2** (*maigrir*) to waste away : *Il a fondu depuis son opération.* He's wasted away to nothing since the operation. **3** (*s'attendrir*) to melt : *Quand il m'achète des fleurs, je fonds complètement.* When he buys me flowers my heart melts. ◆ **se fondre** *v pron* (*disparaître*) to melt ***into sth*** LOC **fondre en larmes** to dissolve into tears *Voir aussi* NEIGE

fondue *nf* fondue

fontaine *nf* fountain

fonte *nf* **1** (*métal*) cast iron **2** (*neige, métaux*) melting LOC **fonte des neiges** thaw

fonts *nm* LOC **fonts baptismaux** font [*sing*]

football (*aussi* **foot**) *nm* football, soccer

Aux États-Unis, on n'utilise que le terme **soccer**, afin de différencier ce jeu du football américain.

LOC *Voir* CHAUSSURE

footballeur, -euse *nm-nf* footballer

forain, -e *adj* LOC *Voir* BARAQUE, FÊTE

force *nf* **1** (*Phys, Mil, Polit*) force : *la ~ de la pesanteur* the force of gravity ◊ *les ~s armées* the armed forces **2** (*énergie physique*) strength [*indénombrable*] : *Je n'ai pas la ~ de continuer.* I don't have the strength to carry on. LOC **à force de** : *À ~ d'essayer, je vais finir par y arriver.* I'll make it if I keep on trying. **de force** by force : *On l'a fait boire de ~.* They forced him to drink. **force de caractère** will-power **forces aériennes** air force [*sing*] **forces de l'ordre** riot police [*v sing ou pl*] **par force** by force : *Ils les ont pris par ~.* They captured them by force. **par la force des choses** by force of circumstances *Voir aussi* BOUT, CAMISOLE, GRÉ, MÉNAGER

forcé, -e *pp, adj* forced LOC *Voir* ATTERRISSAGE, TRAVAIL ; *Voir aussi* FORCER

forcément *adv* **1** (*avant adjectif*) necessarily : *Ce n'est pas ~ vrai.* It's not necessarily true. **2** (*employé seul*) of course : *~, elle était avec lui.* Of course she was with him.

forcer ◆ *vt* **1** (*porte, serrure*) to force **2** (*obliger*) to force *sb* (**to do sth**) : *Je ne veux pas te ~.* I don't want to force you. **3** (*accélérer*) to increase : *~ l'allure* to increase your pace ◆ *vi* (*fournir de gros efforts*) to overdo it : *Il a trop forcé et s'est fait mal au dos.* He overdid it and hurt his back. ◆ **se forcer** *v pron* **1 se ~ à** (*s'obliger*) to force yourself ***to do sth*** **2** (*travailler dur*) to force yourself

forer *vt* to drill a hole in *sth*

forestier, -ière *adj* forest [*n attrib*] LOC *Voir* GARDE

forêt *nf* forest LOC *Voir* INCENDIE

forfait *nm* **1** (*somme globale*) price : *Le ~ séjour comprend tous les repas.* The price includes all meals. **2** (*pour le ski*) ski pass LOC *Voir* DÉCLARER

forfaitaire *adj* **1** (*tarif*) flat **2** (*prix*) inclusive

forge *nf* forge

forgé, -e *pp, adj* LOC *Voir* FER ; *Voir aussi* FORGER

forger ◆ *vt* **1** (*liens*) to forge **2** (*caractère*) to form ◆ **se forger** *v pron* **1** (*opinion*) to form **2** (*réputation*) to establish : *Il s'est forgé une réputation de travailleur.* He's established a reputation for hard work.

forgeron *nm* blacksmith

formalité *nf* formality [*pl* formalities]

format *nm* format

formater *vt* to format

formateur, -trice *nm-nf* trainer

formation *nf* **1** (*préparation à un travail*) training : *un cours de* ~ a training course **2** (*éducation*) education : *Quelle ~ a-t-elle?* What's her educational background? **3** (*composition*) formation : *la ~ d'un gouvernement* the formation of a government LOC **formation professionnelle** vocational training *Voir aussi* CENTRE

forme *nf* **1** (*contour*) shape : *en ~ de croix* in the shape of a cross ◊ *La pièce a une ~ rectangulaire.* The room is rectangular. **2** (*aspect abstrait, Gramm*) form : *prendre la ~ de qch* to take the form of sth **3** (*condition physique*) fitness : *des exercices pour retrouver la ~* exercises to get fit again LOC **avoir la forme (physique)** to be fit : *Il faut avoir la ~.* You need to be fit. **en forme** : *Ta grand-mère n'a pas l'air très en ~.* Your granny doesn't look very well. **pour la forme** to be polite : *Ne le fais pas que pour la ~.* Don't do it just to be polite. **prendre forme** to take shape : *Nos projets sont en train de prendre ~.* Our plans are taking shape. **sous forme de** in the form of *sth Voir aussi* MAINTENIR, PLEIN

formé, -e *pp, adj* LOC **être formé de** to consist of *sb/sth Voir aussi* FORMER

formel, -elle *adj* formal : *une déclaration formelle* a formal declaration

formellement *adv* strictly : *Il est ~ interdit de...* It is strictly forbidden to...

former ◆ *vt* **1** (*créer*) to form : *~ un groupe* to form a group **2** (*préparer à un travail*) to train *sb/sth* (**as/in sth**) : *~ un apprenti* to train an apprentice ◆ **se former** *v pron* **1** (*apparaître*) to form : *Des grumeaux se sont formés.* Lumps have formed. **2** (*apprendre une discipline*) to train LOC **former les rangs** to fall in

formidable *adj* **1** (*sensationnel*) terrific : *C'est un type ~!* He's a terrific bloke! ◊ *passer un moment ~* to have a terrific time **2** (*étonnant*) fantastic : *une puissance ~* fantastic strength LOC **(c'est) formidable !** great!

formulaire *nm* form : *remplir un ~* to fill in a form

formule *nf* formula [*pl* formulas/ formulae]

> **Formula** a deux pluriels : **formulas**, et dans un contexte scientifique, **formulae**.

formuler *vt* to formulate

fort, -e ◆ *adj* **1** (*gén*) strong : *Je ne suis pas très ~.* I'm not very strong. ◊ *un fromage très ~/une odeur très forte* a very strong cheese/smell **2** ~ **(en)** (*doué*) good (**at *sth***) : *Il est ~ en anglais.* He's good at English. **3** (*pluie*) heavy : *De fortes pluies se sont abattues sur la région.* There was heavy rain all over the region. **4** (*douleur*) severe **5** (*accent*) broad : *À Glasgow ils parlent anglais avec un ~ accent.* They speak English with a broad accent in Glasgow. **6** (*incroyable*) : *Le plus ~ c'est qu'il a réussi.* The amazing thing was that he managed. ◆ *adv* **1** (*avec force*) hard : *tirer ~ sur une corde* to pull a rope hard **2** (*son, voix*) loud : *Ne parle pas si ~.* Don't talk so loud. ◊ *Mets-le plus ~.* Turn it up. ◊ *Ne mets pas la musique aussi ~.* Don't play the music so loud. **3** (*bien*) : *Ça ne va pas ~.* It's not good. ◆ *nm* **1** (*forteresse*) fort **2 les forts** (*personnes*) the strong [*pl*] LOC **c'est plus fort que moi, lui, etc.** : *Je l'ai giflé, ça a été plus ~ que moi.* I slapped him, I just couldn't help it. **c'est un peu/trop fort !** that's a bit much! *Voir aussi* CHAMBRE, PARLER

fortement *adv* **1** (*gén*) strongly : *Il est ~ conseillé de lire les instructions.* You are strongly advised to read the instructions. **2** (*baisser*) considerably : *Les températures ont ~ baissé.* Temperatures have gone down considerably.

forteresse *nf* fortress

fortuit, -e *adj* chance [*n attrib*] : *une rencontre fortuite* a chance meeting

fortune *nf* **1** (*richesse*) fortune : *faire ~.* to make a fortune ◊ *Les mariages coûtent une ~.* Weddings cost a fortune. **2** (*chance*) fortune, luck (*plus fam*) : *tenter ~* to try your luck

fortuné, -e *adj* **1** (*riche*) wealthy : *Il n'est pas très ~.* He's not very wealthy. **2** (*chanceux*) lucky, fortunate (*plus sout*)

forum *nm* forum

fosse *nf* (*tombe*) grave LOC **fosse d'orchestre** orchestra pit **fosse septique** septic tank

fossé *nm* ditch

fossette *nf* dimple

fossile *nm* fossil

fossoyeur *nm* gravedigger

fou, folle ◆ *adj* **1** ~ **(de)** (*dément*) mad (**with *sth***) : *devenir ~* to go mad ◊ *Ça me rend ~.* It drives me mad. ◊ *Le public était ~ d'enthousiasme.* The audience went mad with excitement. **2** ~ **de** (*passionné*) mad **about *sb/sth*** : *Je suis ~ des voitures de courses.* I'm mad about racing cars. **3** (*nombre*) huge : *Il y a tou-*

jours un monde ~. There's always a huge number of people. ◊ *Elle dépense des sommes folles en cosmétiques.* She spends huge amounts on cosmetics. **4** (*prix*) extortionate ◆ *nm-nf* madman/woman [*pl* madmen/women] ◆ *nm* (*Échecs*) bishop LOC **avoir le fou rire** to have the giggles **comme un fou** like mad : *Ils conduisent comme des ~s.* They drive like mad. **être fou à lier** to be round the bend **être fou de joie** to be beside yourself with joy : *Elle est folle de joie.* She's beside herself with joy. **être fou de rage** to be in a rage **être fou furieux** to be hopping mad **faire le fou** to act the fool **pas folle la guêpe !** not just a pretty face! **plus on est de fous, plus on rit** the more the merrier *Voir aussi* AMUSER, CRISE, HERBE, HISTOIRE, TEMPS

foudre *nf* lightning : *La ~ est tombée sur l'arbre.* The tree was struck by lightning. LOC **coup de foudre** love at first sight : *Ça a été le coup de ~.* It was love at first sight.

foudroyant, -e *adj* **1** (*mort*) sudden **2** (*succès*) huge : *Sa pièce a eu un succès ~.* His play was a huge success. **3** (*progrès, vitesse*) lightning [*n attrib*] **4** (*regard*) withering

foudroyer *vt* **1** (*foudre*) : *être foudroyé* to be struck by lightning **2** (*fig*) to strike *sb* down : *Une crise cardiaque l'a foudroyé.* He was struck down by a heart attack.

fouet *nm* **1** (*gén*) whip **2** (*Cuisine*) whisk : *battre les œufs au ~* to whisk eggs LOC **coup de fouet** lash

fouetter *vt* to whip

foufou, fofolle *adj* scatty

fougère *nf* fern

fouille *nf* **1** (*inspection*) search **2** (*creusement*) excavation LOC **faire des fouilles** to excavate

fouiller ◆ *vt* **1** (*inspecter*) to search : *Ils ont fouillé les bois.* They searched the woods. ◊ *Ils ont fouillé tous les passagers.* All the passengers were searched. **2** (*Archéologie*) to excavate **3** (*sujet*) to go into *sth* in depth : *Il faudrait ~ un peu plus.* You should go into it in more depth. ◆ *vi* ~ **dans** to rummage around **in** ***sth*** : *Je n'aime pas qu'on fouille dans mes affaires.* I don't like people rummaging around in my affairs.

fouillis *nm* mess : *Range ce ~.* Clear up this mess. ◊ *La maison est un vrai ~.* The house is a mess.

fouiner *vi* ~ **(dans)** to poke around **(in** ***sth*****)** : *Ne fouine pas dans mes lettres.* Don't poke around in my letters.

fouineur, -euse ◆ *adj* nosy : *Ne sois pas si ~ !* Don't be so nosy! ◆ *nm-nf* nosy parker

foulard *nm* scarf [*pl* scarves]

foule *nf* **1** (*gens*) crowd [*v sing ou pl*] : *une ~ de gens* a crowd of people **2 une ~ de** (*beaucoup*) a lot **of** ***sth*** : *une ~ de problèmes* a lot of problems LOC *Voir* BAIN

se fouler *v pron* : *se ~ la cheville* to sprain your ankle

foulure *nf* sprain

four *nm* **1** (*gén*) oven : *allumer le ~* to turn the oven on **2** (*Techn*) furnace **3** (*céramique, tuiles*) kiln LOC **au four** roast : *pommes de terre au ~* roast potatoes *Voir aussi* MICRO-ONDE

fourbe *adj* deceitful

fourbu, -e *adj* (*personne*) worn out

fourche *nf* pitchfork

fourchette *nf* fork

fourchu, -e *adj* forked LOC *Voir* CHEVEU

fourgon *nm* van

fourgonnette *nf* van

fourguer *vt* to flog *sth* ***to sb***

fourmi *nf* ant : *un nid de ~s* an ant's nest LOC **avoir des fourmis** to have pins and needles : *J'ai des ~s dans la jambe.* I've got pins and needles in my leg.

fourmilière *nf* **1** (*fourmis*) anthill **2** (*personnes*) hive of activity

fourmiller *vi* to teem (***with sth***)

fourneau *nm* furnace

fournée *nf* batch

fournir *vt* **1** ~ **qch (à qn)** (*matériel*) to supply **sth (to sb)** : *Ils leur ont fourni des armes.* They supplied arms to them. **2** ~ **qch (à qn)** (*preuves, travail*) to provide **sb with sth** ; to provide **sth** : *Il m'a fourni les informations.* He provided me with the information. **3** ~ **qn (en qch)** (*approvisionner*) to supply **sb (with sth)** : *C'est lui qui nous fournit en vin.* He supplies us with wine. **4** (*effort*) to make

fournisseur, -euse *adj, nm-nf* supplier [*n*]

fourniture *nf* (*action de fournir*) supply LOC **fournitures de bureau** office supplies **fournitures scolaires** school supplies

fourrage *nm* feed

fourré *nm* thicket

fourreau *nm* sheath

fourrer *vt* **1** (*Cuisine*) to fill : *fourré au chocolat* filled with chocolate **2** (*mettre*) to stick : ~ *ses mains dans ses poches* to stick your hands in your pockets ◊ *Où est-ce qu'il a pu le ~ ?* Where can he have put it?

fourre-tout *adj* **1** (*placard*) junk [*n attrib*] : *une pièce ~* a junk room **2** (*terme, catégorie*) catch-all

fourrière *nf* (*pour chiens, voitures*) pound : *« mise en ~ »* "vehicles will be towed away" ◊ *Ma voiture a été emmenée à la ~.* My car was towed away.

fourrure *nf* fur : *un manteau de ~* a fur coat

foutoir *nm* mess [*indénombrable*] : *Je ne peux pas vivre dans ce ~.* I can't live in this mess.

foutu, -e *pp, adj* **1** (*abîmé*) : *Mon ordinateur est ~.* My computer has had it. **2** (*compromis*) ruined : *Ses vacances sont foutues.* Her holiday is ruined. **3** (*mauvais*) bloody : *Il a un ~ caractère.* He's got a bloody awful temper. **4** (*fait*) : *un garçon bien/mal ~* a boy with a good body/not much of a body ◊ *Le système est bien/mal ~.* The system works well/doesn't work well.

foyer *nm* **1** (*maison*) home **2** (*famille*) family **3** (*cheminée*) fireplace **4** (*résidence*) hostel LOC *Voir* FEMME, FONDER

fracas *nm* crash

fracassant, -e *adj* **1** (*bruit*) deafening **2** (*nouvelle*) sensational

(se) fracasser *vt, v pron* to smash

fraction *nf* (*Math*) fraction

fracture *nf* fracture : *Il a une ~ du crâne.* He has a fractured skull.

(se) fracturer *vt, v pron* to fracture

fragile *adj* **1** (*qui se casse*) fragile : *Ces tasses sont très ~s.* These cups are very fragile. **2** (*délicat*) : *être ~ de l'estomac/avoir l'estomac ~* to have a delicate stomach

fragment *nm* fragment

fraîchement *adv* **1** (*moulu*) freshly **2** (*arrivé*) newly

fraîcheur *nf* **1** (*du temps*) coolness **2** (*d'un produit, jeunesse*) freshness

frais *nm* (*dépenses*) expenses : *Je ne gagne pas assez pour couvrir mes ~.* I don't earn enough to cover my expenses. LOC **aux frais de** at *sb's* expense : *rire aux ~ de qn* to laugh at sb's expense **être aux frais de** to be paid for by *sb* : *La nourriture sera à nos ~.* We will pay for the food. **faire des frais** to spend money : *J'ai fait beaucoup de ~ ce mois-ci.* I've spent a lot this month. **faire les frais de** to pay the price of *sth* **frais de garde** child-minding fees **frais d'envoi** postage and packing [*sing*] **frais d'inscription** (*Université*) tuition fees *Voir aussi* NOTE

frais, fraîche *adj* **1** (*température, vêtements*) cool ☛ *Voir note sous* FROID **2** (*nourriture, personne*) fresh : *des œufs ~* fresh eggs ◊ *arriver ~* to arrive fresh **3** (*nouvelles*) latest : *les nouvelles fraîches* the latest news LOC **faire frais 1** (*agréablement*) to be cool : *Il fait plus ~ aujourd'hui.* It's cooler today. **2** (*froid*) to be chilly : *Il fait ~ la nuit.* It's chilly at night. **prendre le frais** to get some fresh air *Voir aussi* CRÈME, PEINTURE

fraise *nf* strawberry [*pl* strawberries]

framboise *nf* raspberry [*pl* raspberries]

franc *nm* (*monnaie*) franc : *~ belge/français/suisse* Belgian/French/Swiss franc

franc, franche *adj* **1** (*sincère*) frank **2** (*clair*) open : *une franche hostilité* open hostility LOC **franc jeu** fair : *jouer/ne pas jouer ~ jeu* to play fair/dirty

français, -e ◆ *adj, nm* French : *parler ~* to speak French ◆ **Français, -e** *nm-nf* Frenchman/woman [*pl* Frenchmen/women] : *les Français* the French

France *nf* **la France** France

franchement *adv* **1** (*sincèrement*) frankly : *Je te le dis ~, je ne te crois pas.* Frankly, I don't believe you. **2** (*très*) really : *C'est ~ difficile.* It's really hard.

franchir *vt* **1** (*obstacle, haie*) to get over *sth* **2** (*limite, seuil*) to cross LOC **franchir la barre de** : *Le chômage a franchi la barre des trois millions.* Unemployment passed the three million mark.

franchise *nf* **1** (*sincérité*) frankness **2** (*Comm*) franchise LOC **en toute franchise** frankly : *Parlons en toute ~.* Let's be frank.

francophone ◆ *adj* French-speaking ◆ *nmf* French speaker

francophonie *nf* **la francophonie** the French-speaking world

frange *nf* fringe : *se faire couper la ~* to have your fringe cut LOC **à franges** fringed : *une veste de cuir à ~s* a fringed leather jacket *Voir aussi* BALAI

frappant, -e *adj* striking

frappé, -e *pp, adj* **1** (*café*) iced **2** (*champagne*) chilled *Voir aussi* FRAPPER

frapper ◆ *vt* **1** (*donner des coups*) to hit : *Ne me frappe pas !* Don't hit me! **2** (*étonner, affecter*) to strike : *J'ai été frappée par sa réaction.* I was struck by his reaction. ◆ *vi* to knock : *On frappe à la porte.* Someone's knocking at the door. LOC **frapper dans ses/des mains** to clap : *Ils ont frappé des mains en rythme.* They clapped in time to the music.

fraternel, -elle *adj* brotherly, fraternal (*plus sout*) : *l'amour ~* brotherly love

fraternité *nf* **1** (*entre hommes*) brotherhood **2** (*entre femmes*) sisterhood

fraude *nf* fraud LOC **fraude fiscale** tax evasion

frauder *vt* to defraud

fraudeur, -euse *nm-nf* **1** (*transport public*) fare dodger **2** (*examen*) cheat **3** (*fisc*) tax evader

frauduleux, -euse *adj* fraudulent

se frayer *v pron* LOC **se frayer un chemin à travers qch** : *Nous nous sommes frayé un chemin à travers la foule.* We elbowed our way through the crowd.

frayeur *nf* fright : *Tu m'as fait une de ces ~s !* What a fright you gave me! LOC **avoir la frayeur de sa vie** to get the fright of your life

fredonner *vt, vi* to hum

free-lance ◆ *adj* freelance ◆ *nmf* freelancer

frein *nm* **1** (*voiture*) brake : *Mes ~s ont lâché.* My brakes failed. ◊ *appuyer sur/relâcher le ~* to put on/release the brake(s) **2** (*réduction*) curb (***on sth***) : *un ~ aux exportations* a curb on exports LOC **coup de frein** : *On a entendu un coup de ~.* There was a screech of brakes. ◊ *donner un coup de ~* to slam on the brakes **frein à main** handbrake : *serrer le ~ à main* to put on the handbrake

freiner ◆ *vt* **1** (*chute, véhicule*) to slow *sth* down **2** (*dépenses*) to curb : *~ la consommation* to curb consumption ◆ *vi* to brake : *J'ai freiné à fond.* I slammed on the brakes.

frêle *adj* frail

frelon *nm* hornet

frémir *vi* to quiver

frêne *nm* ash (tree)

frénésie *nf* frenzy LOC **avec frénésie** **1** (*applaudir*) wildly **2** (*travailler*) frantically

frénétique *adj* frenzied

fréquemment *adv* frequently, often (*plus fam*)

fréquence *nf* frequency [*pl* frequencies]

fréquent, -e *adj* **1** (*répétées*) frequent : *J'ai de fréquentes crises d'asthme.* I have frequent asthma attacks. **2** (*habituel*) common : *C'est ~ dans ce pays.* It is (a) common practice in this country.

fréquenté, -e *pp, adj* **1** (*où il y a du monde*) crowded **2** (*en vogue*) popular LOC **bien/mal fréquenté** downmarket/upmarket *Voir aussi* FRÉQUENTER

fréquenter *vt* **1** (*lieu*) to frequent : *Il ne fréquente pas ce genre d'endroit.* He doesn't frequent that kind of place. **2** (*amis*) to see : *Je ne les fréquente pas beaucoup.* I don't see much of them. **3** (*inconnus*) to deal **with *sb/sth*** : *Je ne fréquente pas ces gens-là.* I don't have any dealings with people like that.

frère *nm* **1** (*parent*) brother : *J'ai un ~ aîné.* I have an older brother. ◊ *mon ~ cadet* my youngest brother ◊ *Est-ce que tu as des ~s et sœurs ?* Have you got any brothers and sisters? **2** (*religieux*) brother : *~ Francis* brother Francis LOC *Voir* SIAMOIS

fret *nm* freight

frétiller *vi* to wriggle LOC **frétiller de la queue** to wag its tail **frétiller d'impatience** to quiver with impatience

friable *adj* crumbly

friandise *nf* delicacy [*pl* delicacies]

fric *nm* dosh LOC *Voir* BOURRÉ, PLEIN

friction *nf* **1** (*frottement*) rubbing **2** (*dispute*) clash : *Il y a eu des ~s entre la police et les manifestants.* There were clashes between police and demonstrators. **3** (*Phys*) friction

frictionner *vt* to rub

frigidaire *nm* refrigerator

frigo *nm* fridge

frigorifié, -e *pp, adj* frozen

frileux, -euse *adj, nm-nf* : *C'est une frileuse.* She feels the cold a lot.

frime *nf* pose : *C'est tout pour la ~.* It's just a pose.

frimer *vi* to show off

frimeur, -euse *nm-nf* show-off

fringues *nf* gear [*indénombrable*]

fripé, -e *pp, adj* **1** (*tissu*) crumpled **2** (*peau*) wrinkled

frire *vt, vi* to fry : *faire ~ des légumes* to fry vegetables

frisé, -e *pp, adj* curly : *J'ai les cheveux ~s.* I've got curly hair. ☛ *Voir illustration sous* CHEVEU ; *Voir aussi* FRISER

friser ◆ *vt* to curl ◆ *vi* to go curly LOC **friser le ridicule, l'absurde, etc.** to border on the ridiculous, the absurd, etc. : *Son admiration pour lui frisait le dévouement.* Her admiration for him bordered on devotion.

frisson *nm* shiver LOC **avoir des frissons** to shiver **donner des frissons** to send shivers down your spine

frissonner *vi* ~ **(de)** to shiver (**with** ***sth***) : ~ *de froid* to shiver with cold

frit, -e ◆ *pp, adj* fried ◆ **frite** *nf* chip LOC *Voir* POMME ; *Voir aussi* FRIRE

friture *nf* **1** (*cuisson*) frying **2** (*poisson*) fried fish [*indénombrable*] **3** (*téléphone*) interference

frivole *adj* frivolous

froid, -e *adj, nm* cold : *Ferme la porte, tu laisses entrer le ~.* Shut the door, you're letting the cold in. ◊ *avoir ~* to be/feel cold ◊ *J'ai ~ aux mains.* My hands are cold.

Il ne faut pas confondre les mots suivants : **cold** et **cool**, **hot** et **warm**. **Cold** indique une température plus basse et plus désagréable que **cool** : *On a eu un hiver vraiment très froid.* It's been a terribly cold winter. **Cool** signifie *frais* plus que froid : *Il fait chaud dehors, mais il fait agréablement frais à l'intérieur.* It's hot outside but it's nice and cool in here. **Hot** décrit une température plus élevée que **warm**. **Warm** est moins chaud et a souvent des connotations agréables. Comparer les exemples suivants : *Je ne peux pas le boire, c'est trop chaud.* I can't drink it, it's too hot. ◊ *Il fait trop chaud ici !* It's too hot here! ◊ *un pull chaud* a warm jumper.

LOC **attraper/prendre froid** to catch cold **donner froid dans le dos** to send shivers down your spine **faire froid** to be cold : *Il fait très ~ dehors.* It's very cold outside. **faire un froid de canard** : *Il fait un ~ de canard.* It's freezing. *Voir aussi* CHAMBRE, CHAUD, DONNER, JETER, MORT, MOURIR, TREMBLER

froideur *nf* coldness

froisser ◆ *vt* **1** (*vêtements*) to crease : *Tu vas la ~ dans la valise.* You'll crease it if you put it in the suitcase. **2** (*papier*) to crumple *sth* (up) : *Il a froissé la page et l'a mise à la poubelle.* He crumpled up the page and threw it in the bin. **3** (*vexer*) to hurt : *Je crois que ce que je lui ai dit l'a froissé.* I think he was hurt by what I said. ◆ **se froisser** *v pron* **1** (*vêtements*) to crease : *Cette jupe se froisse facilement.* This skirt creases easily. **2** (*papier*) to get crumpled **3** (*se vexer*) to be hurt

frôler ◆ *vt* **1** (*gén*) to brush (**against** ***sb/sth***) : *J'ai frôlé sa robe.* I brushed against her dress. **2** (*balle*) to graze : *La balle m'a frôlé la jambe.* The ball grazed my leg. **3** (*approcher*) : ~ *la mort* to have a brush with death ◆ **se frôler** *v pron* to brush against each other : *Nous nous sommes frôlés dans le couloir.* We brushed against each other in the corridor.

fromage *nm* cheese : *un sandwich au ~* a cheese sandwich LOC **fromage à tartiner** cheese spread *Voir aussi* PLATEAU

froncement *nm* LOC **froncement de sourcils** frown

froncer *vt* to gather LOC **froncer les sourcils** to frown

fronde *nf* (*lance-pierre*) catapult

front *nm* **1** (*Anat*) forehead **2** (*Météo*) front : *un ~ froid* a cold front LOC **de front 1** (*par-devant, collision*) head-on **2** (*ensemble*) : *mener de ~ plusieurs activités* to have several activites on the go **faire front (à)** to bear up (against *sth*) : *Elle fait ~ malgré tous les ennuis qui l'accablent.* She's bearing up despite all her problems.

frontal, -e *adj* **1** (*gén*) frontal **2** (*choc*) head-on

frontalier, -ière *adj* border [*n attrib*] : *région frontalière* border area

frontière *nf* **1** (*entre pays*) border, frontier (*plus sout*) : *passer la ~* to cross the border **2** (*limite*) frontier : *reculer les ~s du savoir* to push back the frontiers of knowledge ☛ *Voir note sous* BORDER

frottement *nm* **1** (*physique*) rubbing **2** (*dispute*) clash : *Il y a eu quelques ~s entre la police et les manifestants.* There were clashes between police and demonstrators.

frotter ◆ *vt* **1** (*exercer une pression répétée*) to rub *sth* **2** (*nettoyer*) to scrub ◆ *vi* ~ **contre** to rub **against** ***sth*** : *Le garde-boue frotte contre la roue.* The mudguard rubs against the wheel. ◆ **se frotter** *v pron* **1** (*une partie du corps*) to rub *sth* : *Le petit garçon se frottait les yeux.* The little boy was rubbing his eyes. **2 se ~ contre** (*toucher*) to rub **against** ***sb/sth*** LOC **se frotter les mains** (*fig*) to rub your hands with delight

fructueux, -euse *adj* productive

fruit *nm* fruit [*gén indénombrable*] : *Tu veux un ~?* Do you want some fruit? ◊ *un morceau de ~* a piece of fruit LOC **fruits de mer** shellfish [*indénombrable*] **fruits rouges** soft fruit [*indénombrable*] **fruits secs** dried fruit [*indénombrable*] *Voir aussi* COUPE, JUS, PÂTE, SALADE

fruitier, -ière *adj* fruit [*n attrib*] : *un arbre ~* a fruit tree

frustrant, -e *adj* frustrating
frustration *nf* frustration
fugace *adj* fleeting
fugitif, -ive *nm-nf* fugitive
fugue *nf* (*Mus*) fugue LOC **faire une fugue** to run away
fuir ◆ *vt* **1** (*pays*) to flee : ~ *le pays* to flee the country **2** (*responsabilités*) to shirk **3** (*poursuivant*) to shake *sb* off **4** (*réalité*) to run away from *sth* ◆ *vi* **1** (*tuyau*) to leak **2** (*robinet*) to drip : *Ce robinet fuit.* That tap's dripping. LOC **faire fuir** to drive *sb/sth* away
fuite *nf* **1** (*cavale*) escape, flight (*plus sout*) : *prendre la* ~ to take flight **2** (*écoulement, d'information*) leak : *J'ai découvert d'où vient la* ~. I've found where the leak is. LOC **mettre en fuite** to frighten *sb/sth* away
fulgurant, -e *adj* **1** (*remontée*) meteoric **2** (*douleur*) searing
fulminer *vi* to be fuming : *Ton père fulmine.* Your father is fuming.
fumé, -e *pp, adj* smoked *Voir aussi* FUMER
fumée *nf* smoke : *Il y avait trop de* ~. There was too much smoke. LOC *Voir* BARRAGE, PARTIR
fumer ◆ *vt, vi* to smoke : ~ *la pipe* to smoke a pipe ◊ *Tu devrais arrêter de* ~. You should give up smoking. ◆ *vi* (*produire de la fumée*) : *Ça fume beaucoup.* It gives off a lot of smoke. LOC *Voir* DÉFENSE
fumeur, -euse *nm-nf* smoker LOC **fumeur ou non fumeur ?** smoking or non-smoking?
fumier *nm* manure LOC *Voir* TAS
funambule *nmf* tightrope walker
funèbre *adj* **1** (*relatif à un enterrement*) funeral [*n attrib*] : *la marche* ~ the funeral march **2** (*triste*) mournful LOC *Voir* ENTREPRISE, POMPE, VEILLÉE
funérailles *nf* funeral [*sing*] : *les* ~ *d'un voisin* a neighbour's funeral
funiculaire *nm* funicular (railway)
fur LOC **au fur et à mesure** as I, you, etc. go (along) : *Nous déciderons au* ~ *et à mesure.* We'll decide as we go along. **au fur et à mesure que** as : *Ils s'asseyaient au* ~ *et à mesure qu'ils arrivaient.* They sat down as they arrived.
fureur *nf* fury LOC **faire fureur** to be a hit : *Le film a fait* ~ *à Cannes.* The film was a hit at Cannes. **se mettre dans une fureur noire** to fly into a rage
furibond, -e *adj* furious
furieux, -ieuse *adj* furious : *J'étais* ~ *contre elle.* I was furious with her. LOC **rendre furieux** to infuriate *sb* *Voir aussi* FOU
furoncle *nm* boil
furtif, -ive *adj* furtive
fusain *nm* charcoal
fuseau *nm* LOC **fuseau horaire** time zone
fusée *nf* rocket LOC **fusée de détresse** flare
fusible *nm* fuse : *Les* ~*s ont sauté.* The fuses have blown.
fusil *nm* gun LOC **coup de fusil 1** (*détonation*) shot : *entendre un coup de* ~ to hear a shot **2** (*prix exagéré*) rip-off : *C'est le coup de* ~ *dans ce restaurant.* That restaurant's a rip-off. *Voir aussi* MENACE, TUER
fusillade *nf* **1** (*coups de feu*) shoot-out : *Il est mort au cours de la* ~. He died in the shoot-out. **2** (*bruit de coups de feu*) shooting [*indénombrable*] : *Nous avons entendu une* ~ *dans la rue.* We heard shooting in the street.
fusiller *vt* to shoot LOC **fusiller du regard** to glare at *sb*
fusion *nf* **1** (*Phys*) fusion : *la* ~ *nucléaire* nuclear fusion **2** (*entreprise, parti politique*) merger LOC *Voir* POINT
fusionner *vt, vi* to merge
fût *nm* barrel
futé, -e *adj* smart
futur, -e *adj, nm* future

Gg

gabarit *nm* size

gâcher *vt* **1** (*occasion*) to ruin : *Cela nous a gâché nos vacances.* That ruined our holiday. ◊ *La pluie a gâché nos plans.* The rain ruined our plans. **2** (*nourriture, talent*) to waste LOC **gâcher l'existence de** to make *sb's* life a misery

gâchette *nf* trigger : *appuyer sur la ~* to pull the trigger

gâchis *nm* **1** (*gaspillage*) waste : *C'est du ~ d'utiliser ce beau tissu pour couvrir des coussins.* It's a waste to use this lovely material to cover cushions. **2** (*désordre*) mess : *Quel ~ !* What a mess!

gadget *nm* gadget

gaffe *nf* blunder : *faire une ~* to make a blunder LOC **faire gaffe** to be careful : *Fais ~ à ce que tu fais.* Be careful what you do.

gaffer *vi* to make a blunder

gage *nm* **1** (*garantie*) pledge **2** (*preuve*) proof [*indénombrable*] : *un ~ de son honnêteté* proof of his honesty **3** (*jeu*) forfeit LOC **mettre en gage** to pawn *sth* *Voir aussi* TUEUR

gagnant, -e ◆ *adj* winning : *le numéro/cheval ~* the winning number/horse ◆ *nm-nf* winner : *le ~ de l'épreuve* the winner of the competition LOC **être/sortir gagnant** to do well (*out of sth*) : *Je suis sorti ~ de la restructuration.* I've done well out of the reorganization.

gagne-pain *nm* livelihood

gagner ◆ *vt* **1** (*pari, guerre*) to win : *Qui a gagné le match ?* Who won the match? **2** (*argent, récompense*) to earn : *Je n'ai pas gagné beaucoup ce mois-ci.* I didn't earn much this month. ◊ *~ sa vie* to earn your living ◊ *Il a gagné le respect de tout le monde.* He has earned everybody's respect. ◊ *Tu as bien gagné tes vacances.* You've really earned your holiday. **3** (*obtenir*) to gain (***by/from sth/doing sth***) : *Je me demande ce que je gagnerai à faire tant d'efforts ?* I ask myself what I'll gain from all this effort. **4** (*incendie, maladie*) to spread ***to sth*** : *L'incendie a gagné tout l'immeuble.* The fire spread to the rest of the building. ◆ *vi* **1** (*gén*) to win : *Les visiteurs ont gagné.* The visiting team won. ◊ *Ils ont gagné trois à zéro.* They won three-nil. ◊ *~ au loto* to win the lottery **2** *~* **à faire** : *L'appartement gagnerait à être repeint.* The flat could do with a paint. LOC **gagner du temps** to save time **gagner du terrain** to gain ground : *Le dollar gagne du terrain.* The dollar is gaining ground. **gagner son pain** to earn your living *Voir aussi* CHANGE

gai, -e *adj* **1** (*de bonne humeur*) cheerful : *Il est d'un naturel ~.* He's a cheerful ☛ *Voir note sous* MUSEUM **2** (*balcon*) balcony [*pl* balconies] **3** (*automobile*) roof rack LOC **galerie marchande** shopping centre

galère *nf* **1** (*situation difficile*) hassle : *Ça a été la ~ pour le trouver.* It was a hassle to find it. **2** (*situation embrouillée*) mess : *On est tous dans la même ~.* We're all in the same mess. **3** (*navire*) galley

galerie *nf* **1** (*Art, Théâtre*) gallery [*pl* galleries] : *une ~ d'art* an art gallery ☛ *Voir note sous* MUSEUM **2** (*balcon*) balcony [*pl* balconies] **3** (*automobile*) roof rack LOC **galerie marchande** shopping centre

galet *nm* pebble

galette *nf* pancake

galeux, -euse *adj* (*chien*) mangy LOC *Voir* BREBIS

Galles *nf* LOC *Voir* PAYS

gallois, -oise ◆ *adj, nm* Welsh : *parler ~* to speak Welsh ◆ **Gallois, -e** *nm-nf* Welshman/woman [*pl* Welshmen/women] : *les Gallois* the Welsh

galon *nm* (*uniforme*) stripe

galop *nm* gallop LOC **au galop** : *Ils se sont éloignés au ~.* They galloped off.

galopade *nf* stampede

galoper *vi* to gallop : *Les chevaux galopaient dans le pré.* The horses were galloping in the meadow.

galopin *nm* little monkey

galvaniser *vt* to galvanize

gambader *vi* to gambol

gamelle *nf* canteen

gamin, -e ◆ *adj* lively ◆ *nm-nf* kid : *Ce n'est qu'une gamine.* She's just a kid. LOC **faire gamin** to look very young

gamme *nf* **1** (*Mus*) scale : *~ mineure/majeure* minor/major scale **2** (*éventail*) range : *une grande ~ de couleurs* a wide range of colours

gang *nm* gang

gangrène *nf* gangrene

gangster *nm* gangster

gant *nm* glove LOC **aller comme un gant** **1** (*vêtement*) to fit *sb* like a glove **2** (*emploi*) to suit *sb* perfectly **gant de toilette** facecloth *Voir aussi* BOÎTE

garage *nm* **1** (*voiture*) garage : *La voiture est au ~ en réparation.* The car's at the garage being repaired. **2** (*bus*) depot

garant, -e *nm-nf* guarantor LOC **se porter garant de** to vouch for *sb/sth*

garanti, -e *pp, adj* guaranteed *Voir aussi* GARANTIR

garantie *nf* guarantee : *La ~ est valable un an.* The guarantee lasts for one year. ◊ *Je veux avoir la ~ que les travaux seront terminés.* I want a guarantee that the work will be finished.

garantir *vt* **1** (*gén*) to guarantee : *Nous garantissons la qualité du produit.* We guarantee the quality of the product. **2** (*assurer*) to assure : *Ils viendront, je te le garantis.* They'll come, I assure you.

garçon *nm* **1** (*gén*) boy, lad (*plus fam*) : *Nous aimerions avoir un ~.* We would like a boy. **2** (*jeune homme*) young man [*pl* young men] : *un ~ de 25 ans* a young man of 25 **3** (*restaurant*) waiter LOC *Voir* VIEUX

garde ◆ *nm* (*gén*) guard : *~ de sécurité* security guard ◆ *nf* **1** (*d'un enfant*) custody : *C'est le père qui aura la ~ des enfants.* The father will have custody of the children. **2** (*de médecin*) nurse : *Les ~s sont très mal payées.* Nurses are very badly paid. LOC **de garde** on duty : *le médecin de ~* the doctor on duty ◊ *être de ~* to be on duty **être sur ses gardes** to be on your guard **garde à vue** police custody : *être en ~ à vue* to be in police custody **garde d'enfant** childminder **garde du corps** bodyguard : *entouré de ~s du corps* surrounded by bodyguards **garde forestier** forest ranger **mettre en garde contre** to warn *sb* about *sth* **prendre garde** to watch out (*for sb/sth*) : *Prends ~ aux voleurs.* Watch out for thieves. *Voir aussi* CHIEN, FRAIS, MONTER, PHARMACIE, RELÈVE

garde-à-vous *nm* LOC **garde-à-vous !** attention! **se mettre/être au garde-à-vous** to stand to attention

garde-boue *nm* mudguard

garde-chasse *nm* **1** (*petit gibier*) gamekeeper **2** (*gros gibier*) game warden

garde-côte *nm* coastguard

garde-fou *nm* handrail

garde-manger *nm* larder

garder ◆ *vt* **1** (*gén*) to keep : *Gardez votre billet.* Keep your ticket. ◊ *~ un secret* to keep a secret ◊ *Vous pouvez me ~ la place ?* Could you keep my place? ◊ *Gardez la monnaie.* Keep the change. ◊ *~ la tête baissée* to keep your head down **2** (*malade*) to look after *sb* **3** (*monter la garde, surveiller*) to guard : *~ le coffre-fort* to guard the safe ◊ *~ la frontière/les prisonniers* to guard the border/prisoners ◆ **se garder** *v pron* **1** (*se conserver*) to keep : *Le lait se garde mieux au frigo.* Milk keeps better in the fridge. **2 se ~ de faire** (*s'abstenir*) to be careful **not to do** ***sth*** : *Elle s'est bien gardée de lui laisser son numéro.* She was careful not to give him her number. ☛ Les expressions formées avec **garder** sont traitées sous le nom, l'adjectif, etc. correspondant : pour **garder ses distances**, par exemple, voir DISTANCE.

garderie *nf* nursery [*pl* nurseries]

garde-robe *nf* wardrobe

gardien, -ienne *nm-nf* **1** (*bâtiment public*) caretaker **2** (*entreprise, usine*) guard **3** (*zoo*) keeper LOC **gardien de but** goalkeeper **gardien de la paix** police officer **gardien de nuit** night watchman **gardien de prison** prison officer *Voir aussi* ANGE

gare *nf* station : *Où est la ~ routière ?* Where's the bus station? LOC *Voir* CHEF

(se) garer *vt, v pron* to park : *Où est-ce que tu t'es garé ?* Where have you parked? LOC **se garer en double file** to double-park

se gargariser *v pron* to gargle

gargouille *nf* gargoyle

gargouillement *nm* **1** (*eau*) gurgle **2** (*estomac*) rumbling [*indénombrable*]

gargouiller *vt* **1** (*fontaine*) to gurgle **2** (*estomac*) to rumble : *J'avais l'estomac qui gargouillait.* My tummy was rumbling.

garnir *vt* **1** (*décorer*) to decorate *sth* (***with sth***) **2** (*remplir*) to stock *sth* (***with sth***) : *un congélateur bien garni* a well-stocked freezer **3** (*Cuisine*) to garnish *sth* (***with sth***) : *~ la viande d'un peu de persil.* Garnish the meat with a bit of parsley. LOC *Voir* PANIER

garnison *nf* garrison

garniture *nf* **1** (*voiture*) upholstery [*indénombrable*] **2** (*Cuisine*) garnish : *une ~ de légumes* a garnish of vegetables **3** (*sandwich*) filling

gars *nm* lad

gasoil *nm* diesel

gaspillage *nm* waste : *C'est du ~ !* It's a waste!

gaspiller *vt* to waste : *Ne gaspille pas ton argent.* Don't waste your money.

gaspilleur, -euse *nm-nf* squanderer

gastronome *nmf* gourmet

gastronomie *nf* gastronomy

gastronomique *adj* gastronomic

gâteau *nm* cake : *un ~ d'anniversaire* a birthday cake LOC **gâteau roulé** Swiss roll **gâteau sec** biscuit *Voir aussi* PAPA

gâter ◆ *vt* **1** (*enfant*) to spoil : *Ses parents le gâtent vraiment.* His parents really spoil him. ◊ *Ne le gâte pas tant.* Don't spoil him. **2** (*abîmer*) to ruin ◆ **se gâter** *v pron* **1** (*nourriture*) to go off **2** (*fruit, dent*) to go bad **3** (*temps, situation*) to take a turn for the worse

gâterie *nf* treat

gâteux, -euse *adj* senile

gauche ◆ *adj* **1** (*dans l'espace*) left : *Je me suis cassé le bras ~.* I've broken my left arm. ◊ *la rive ~ de la Seine* the left bank of the Seine **2** (*maladroit*) clumsy : *Il est très ~.* He's very clumsy. ◆ *nf* **1** (*dans l'espace*) left : *Restez à ~.* Keep left. ◊ *conduire à ~* to drive on the left ◊ *la maison sur la ~* the house on the left ◊ *La route tourne à ~.* The road bears left. **2** (*Polit*) **la gauche** the left [*v sing ou pl*] : *La ~ a gagné les élections.* The left has/have won the election. LOC **à gauche** on the left **de gauche** left-wing : *groupes de ~* left-wing groups *Voir aussi* CONDUITE, LEVER, VIRER

gaucher, -ère *adj* left-handed : *être ~* to be left-handed

gaufre *nf* (*Cuisine*) waffle

gaufré, -e *pp, adj* embossed

gaufrette *nf* wafer

gaver *vt* to stuff

gay *adj, nm* gay [*pl* gays]

gaz *nm* **1** (*gén*) gas : *Ça sent le ~.* It smells of gas. ◊ *Je n'ai plus de ~.* I've run out of gas. **2** (*Méd*) wind [*indénombrable*] : *Le bébé a des ~.* The baby's got wind. LOC **gaz d'échappement** exhaust fumes **gaz lacrymogène** tear gas [*indénombrable*] *Voir aussi* RÉCHAUD

gaze *nf* gauze

gazelle *nf* gazelle

gazer ◆ *vt* to gas ◆ *v impers* : *Alors, ça gaze ?* So, how's things?

gazette *nf* gazette

gazeux, -euse *adj* **1** (*boisson*) fizzy **2** (*Chim*) gaseous LOC *Voir* EAU

gazon *nm* **1** (*pelouse*) lawn : *tondre le ~* to mow the lawn **2** (*herbe*) turf LOC *Voir* HOCKEY, TENDEUSE

gazouiller *vi* to twitter

gazouillis *nm* twittering

géant, -e ◆ *adj* **1** (*très grand*) gigantic **2** (*Biol*) giant [*n attrib*] : *un orme ~* a giant elm ◆ *nm-nf* giant [*fém* giantess]

geignard, -e *adj, nm-nf* whinger [*n*]

geignement *nm* whining

geindre *vi* to whine

gel *nm* **1** (*météorologique*) frost : *protéger ses plantes du ~* to protect your plants from frost **2** (*pommade*) gel LOC **gel pour la douche** shower gel

gélatine *nf* gelatine

gelé, -e *pp, adj* **1** (*congelé*) frozen : *un étang ~* a frozen pond **2** (*personne, pièce*) freezing : *Je suis ~ !* I'm freezing! *Voir aussi* GELER

gelée *nf* **1** (*Météo*) frost : *La ~ a abîmé toutes les fleurs.* The frost has damaged all the flowers. **2** (*de fruits*) jelly [*pl* jellies] LOC **gelée royale** royal jelly

geler ◆ *vt, vi* **1** (*transformer en glace*) to freeze : *Le froid a gelé les canalisations.* The pipes are frozen. ◊ *On va ~.* We're going to freeze to death. ◊ *Le lac a gelé.* The lake has frozen over. **2** (*avoir très froid*) to be freezing : *Je gèle.* I'm freezing. ◆ *v impers* : *Il a gelé la nuit dernière.* There was a frost last night.

gélule *nf* capsule

gelure *nf* frostbite [*indénombrable*]

Gémeaux *nm* (*Astrologie*) Gemini ☛ *Voir exemples sous* AQUARIUS

gémir *vi* **1** (*personne*) to groan **2** (*animal*) to whine **3** (*se plaindre*) to moan : *Arrête de ~ sans arrêt !* Stop moaning!

gémissement *nm* **1** (*personne*) groan : *On pouvait entendre les ~s du malade.* You could hear the sick man groaning. **2** (*animal*) whine : *les ~s du chien* the whining of the dog

gênant, -e *adj* **1** (*physiquement*) in the way : *Enlève cette caisse, c'est ~.* Move this crate, it's in the way. **2** (*embarrassant*) embarrassing : *Comme c'est ~ !* How embarrassing! ◊ *une situation gênante* an embarrassing situation LOC **ce n'est pas gênant** it's not a problem

gencive *nf* gum

gendarme *nm* **1** (*policier*) policeman [*pl* policemen] **2** (*fig*) : *C'est un véritable ~ !* He's so bossy!

gendarmerie *nf* **1** (*corps*) police **2** (*locaux*) police station

gendre *nm* son-in-law [*pl* sons-in-law]

gène *nm* gene

gêne *nf* **1** (*honte*) embarrassment : *éprouver de la ~* to feel embarrassed **2** (*douleur*) difficulty [*indénombrable*] : *avoir de la ~ à respirer* to have difficulty breathing

gêné, -e *pp, adj* embarrassed : *être/se sentir ~* to be embarrassed *Voir aussi* GÊNER

généalogie *nf* genealogy

généalogique *adj* genealogical LOC *Voir* ARBRE

gêner ◆ *vt* **1** (*physiquement*) to be in *sb's* way : *Dis-moi si ces cartons te gênent.* Tell me if those boxes are in your way. ◊ *Pousse-toi, tu me gênes.* Move over, you're in my way. ◊ *Est-ce que je gêne ?* Am I in the way? **2** (*embarrasser*) to embarrass : *Ça me gêne de leur demander.* I'm embarrassed to ask them. ◆ **se gêner** *v pron* to feel embarrassed

général, -e ◆ *adj* general ◆ *nm* (*Mil*) general LOC **en général** as a general rule *Voir aussi* CULTURE, DIRECTEUR, QUARTIER, RÉPÉTITION

généralement *adv* usually : *~ je ne déjeune pas.* I don't usually have breakfast. ☛ *Voir note sous* ALWAYS

généralisation *nf* generalization

généralisé, -e *pp, adj* widespread *Voir aussi* GÉNÉRALISER

généraliser *vt, vi* to generalize : *On ne peut pas ~.* You can't generalize.

généraliste ◆ *adj* general ◆ *nmf* general practitioner (*abrév* GP) LOC *Voir* MÉDECIN

généralité *nf* generality LOC *Voir* TIRER

générateur *nm* generator

génération *nf* generation LOC *Voir* CONFLIT

générer *vt* to generate : *~ de l'énergie* to generate energy

généreux, -euse *adj* generous : *Il est très ~ avec ses amis.* He is very generous to his friends.

générique ◆ *adj* generic ◆ *nm* credits [*pl*]

générosité *nf* generosity

genèse *nf* genesis

genêt *nm* broom

généticien, -ienne *nm-nf* geneticist

génétique ◆ *adj* genetic ◆ *nf* genetics [*sing*] LOC *Voir* INGÉNIERIE

génial, -e *adj* **1** (*formidable*) great : *C'est ~ !* Great! ◊ *C'était une fête géniale !* What a great party! **2** (*excellent*) brilliant : *une idée géniale* a brilliant idea ◊ *un pianiste ~* a brilliant pianist

génie *nm* **1** ~ **(de/pour)** (*personne brillante*) genius [*pl* geniuses] **(at *sth*/doing *sth*)** : *un ~ en maths* a mathematical genius ◊ *Pour ce qui est de la mécanique, tu es un véritable ~.* When it comes to mechanics you're a real genius. **2** (*de lampe*) genie **3** (*service technique*) engineering : *~ civil/maritime/génétique* civil/maritime/genetic engineering

génital, -e *adj* genital

génocide *nm* genocide

génoise *nf* sponge cake

génome *nm* genome

genou *nm* knee LOC **à genoux** on your knees : *Tout le monde était à genoux.* Everyone was on their knees. **se mettre à genoux** to kneel (down) : *Il va falloir que tu te mettes à genoux.* You'll have to kneel down. **sur les genoux de** on *sb's* lap : *Elle a pris l'enfant sur ses genoux.* She sat the child on her lap.

genouillère *nf* **1** (*Sport*) knee pad **2** (*Méd*) knee support **3** (*sur un pantalon*) knee patch

genre *nm* **1** (*gén*) kind **(of *sth*)** : *problèmes de ce ~* problems of that kind ◊ *le ~ de personne nerveuse* the nervous kind ◊ *Ce n'est pas mon ~ d'homme.* He's not my type. **2** (*Art, Littér*) genre **3** (*Gramm*) gender **4** (*attitude*) attitude : *Je n'aime pas son ~.* I don't like his attitude. LOC **être le genre de** to be *sb's* style : *Cette blague n'est pas le ~ de ma sœur.* This joke is not my sister's style. **faire du genre** : *N'essaie pas de faire du ~ avec moi.* Don't give me any of your attitude. **se donner un genre** to create an effect

gens *nm* people [*pl*] : *Les ~ pleuraient de joie.* People were crying with joy. ◊ *les ~ bien/ordinaires* well-off/ordinary people

> Noter que le mot **people** est suivi d'un pluriel, sauf quand il signifie *peuple* : *Les gens commencent à s'impatienter.* People are starting to get impatient. ◊ *trop de gens* too many people. **People** est le pluriel de **person** : *Combien de personnes étaient à la réunion ?* How many people were at the meeting?

LOC *Voir* PLEIN

gentil, -ille *adj* ~ **(avec)** (*agréable*) kind **(to *sb*)** : *Comme c'est ~ !* How kind! ◊ *être très ~ avec qn* to be very kind to sb ◊ *C'était très ~ de leur part de m'aider.* It was very kind of them to help me. LOC **vous seriez gentil (de...)** would you be so kind (as to...)? : *Vous seriez ~ de fermer la porte.* Would you be so kind as to close the door?

gentillesse *nf* kindness

gentiment *adv* nicely : *Je te le demande ~.* I'm asking you nicely.

géographie *nf* geography

géographique *adj* geographical

géologie *nf* geology

géologique *adj* geological

géologue *nmf* geologist

géomètre *nmf* surveyor

géométrie *nf* geometry

géométrique *adj* geometric(al)

géranium *nm* geranium

gérant, -e *nm-nf* manager

gerbe *nf* **1** (*fleurs*) bouquet **2** (*eau*) spray **3** (*blé*) sheaf

gercé, -e *pp, adj* chapped

gérer *vt* **1** (*diriger*) to run : *~ un commerce* to run a business **2** (*budget, affaires*) to manage : *apprendre à ~ son budget* to learn to manage your budget

gériatrique *adj* geriatric

germain, -e *adj* LOC *Voir* COUSIN

germe *nm* germ LOC **germes de soja** bean sprouts

germer *vi* to germinate

gérondif *nm* gerund

geste *nm* gesture : *faire un ~* to make a gesture ◊ *un ~ symbolique* a symbolic gesture ◊ *communiquer par ~s* to communicate by gestures LOC **faire un geste de la main/de la tête** to give a wave/a nod : *Il m'a fait un petit ~ de la main.* He gave me a little wave. **pas un geste ou je tire !** don't move or I'll shoot!

gesticuler *vi* to gesticulate

gestion *nf* management : *le service de ~ du personnel* the personnel department

ghetto *nm* ghetto [*pl* ghettoes]

gibier *nm* game : *Je n'ai jamais mangé de ~.* I've never tried game. ◊ *du petit/gros ~* small/large game LOC *Voir* CHASSE

giboulée *nf* shower : *les ~s de mars* April showers

gicler *vi* to spurt

gifle *nf* slap LOC **donner une gifle à** to slap *sb*

gifler *vt* **1** (*personne*) to slap **2** (*pluie, vent*) to lash : *La pluie nous giflait le visage.* The rain lashed our faces.

gigantesque *adj* enormous

gigot *nm* leg : *un ~ d'agneau* a leg of lamb

gigoter *vi* **1** (*se trémousser*) to wriggle : *Elle gigotait pour essayer de se détacher.* She wriggled to try to free herself. **2** (*bouger*) to fidget : *Arrête de ~ !* Stop fidgeting!

gilet *nm* **1** (*de laine*) cardigan **2** (*sans manches*) waistcoat LOC **gilet de sauvetage** life jacket **gilet pare-balles** bulletproof vest

gin *nm* gin

gingembre *nm* ginger

girafe *nf* giraffe

giratoire *adj* LOC *Voir* SENS

girouette *nf* weathervane

gisement *nm* deposit

gitan, -e *adj, nm-nf* gypsy [*n*] [*pl* gypsies]

gîte *nm* shelter LOC **gîte rural** gîte **le gîte et le couvert** board and lodging : *Ils nous ont offert le ~ et le couvert.* They offered us board and lodging.

givre *nm* frost

givré, -e *pp, adj* **1** (*couvert de givre*) covered in frost **2** (*fou*) nuts

glaçage *nm* icing

glace *nf* **1** (*eau gelée*) ice : *Apporte-moi de la ~.* Bring me some ice. **2** (*dessert*) ice cream : *~ au chocolat* chocolate ice cream **3** (*vitre*) glass **4** (*miroir*) mirror : *se regarder dans la ~* to look at yourself in the mirror **5** (*voiture*) window : *Monte la ~, s'il te plaît.* Wind up your window please. LOC *Voir* BAC, CASSER, HOCKEY, MARCHAND, PATIN

glacé, -e *pp, adj* **1** (*eau, lac*) frozen **2** (*personne*) freezing : *Je suis ~.* I'm freezing. ◊ *J'ai les pieds ~s.* My feet are freezing. **3** (*boisson*) iced : *une menthe à l'eau glacée* an iced mint cordial **4** (*vent, pluie*) icy LOC *Voir* MARRON ; *Voir aussi* GLACER

glacer *vt* **1** (*refroidir*) to chill **2** (*gâteau*) to ice

glaciaire *adj* glacial LOC *Voir* PÉRIODE

glacial, -e *adj* **1** (*vent*) icy **2** (*température*) freezing **3** (*personne, ton*) frosty : *Ils lui ont réservé un accueil ~.* They gave him a frosty welcome.

glacier *nm* **1** (*de montagne*) glacier **2** (*magasin*) ice cream parlour

glacière *nf* cool box

glaçon *nm* ice cube : *un bac à ~s* an ice cube tray

glaïeul *nm* gladiolus [*pl* gladioli]

glaires *nf* LOC **avoir des glaires** to have catarrh
glaise *nf* clay LOC *Voir* TERRAIN
gland *nm* **1** (*de chêne*) acorn **2** (*décoration*) tassel
glande *nf* gland
glander *vi* to loaf around
glapir *vi* to yelp
glauque *adj* **1** (*eau*) murky **2** (*atmosphère*) gloomy
glissade *nf* slide : *faire des ~s* to slide around
glissant, -e *adj* slippery
glissement *nm* sliding [*indénombrable*] LOC **glissement de terrain** landslide
glisser ◆ *vi* **1** (*véhicule*) to skid **2** (*surface*) to be slippery : *Attention, ça glisse.* Be careful, it's slippery. **3** (*volontairement*) to slide : *~ sur la glace* to slide on the ice **4** (*accidentellement*) to slip : *J'ai glissé sur une flaque d'huile.* I slipped on a patch of oil. ◊ *~ des mains à qn* to slip out of sb's hands ◆ *vt* to slip : *Il a glissé la lettre dans sa poche.* He slipped the letter into his pocket.
global, -e *adj* **1** (*total*) total : *le chiffre ~ pour 2001* the total figure for 2001 **2** (*d'ensemble*) global : *une vision globale* a global vision
globalement *adv* on the whole
globalisation *nf* globalization
globe *nm* globe
globule *nm* blood cell : *~s blancs/rouges* white/red blood cells
gloire *nf* glory : *la renommée et la ~* fame and glory
glorieux, -euse *adj* glorious
glorifier *vt* to glorify
glossaire *nm* glossary
gloussement *nm* **1** (*rire*) chuckle : *On entendait des ~s.* We could hear someone chuckling. **2** (*poule*) cluck
glousser *vi* **1** (*poule*) to cluck **2** (*rire*) to chuckle
glouton, -onne ◆ *adj* greedy ◆ *nm-nf* glutton
gluant, -e *adj* slimy
gobelet *nm* **1** (*pour boire*) cup : *~ en carton* paper cup **2** (*pour dés*) shaker
gober *vt* to swallow : *Tu n'as quand même pas gobé cette histoire ?* Surely you didn't swallow that story?
goéland *nm* gull
golf *nm* **1** (*sport*) golf **2** (*terrain*) golf course LOC *Voir* CANNE, TERRAIN
golfe *nm* gulf : *le ~ Persique* the Persian Gulf
gomme *nf* rubber
gommer *vt* (*avec une gomme*) to rub *sth* out : *~ un mot* to rub out a word
gond *nm* hinge LOC *Voir* SORTIR
gonflable *adj* inflatable
gonflé, -e *pp, adj* **1** (*ballon, pneu*) inflated **2** (*œil, cheville*) swollen **3** (*personne*) cocky : *Il est drôlement ~ !* He's really got a nerve! *Voir aussi* GONFLER
gonflement *nm* (*Méd*) swelling : *Le ~ semble avoir diminué.* The swelling seems to have gone down.
gonfler ◆ *vt* to blow *sth* up, to inflate (*plus sout*) : *~ un ballon* to blow up a balloon ◆ *vi* **1** (*partie du corps*) to swell (up) : *Sa cheville a beaucoup gonflé.* Her ankle has really swollen up. **2** (*gâteau, pâte*) to rise
gong *nm* gong
gorge *nf* **1** (*Anat*) throat : *J'ai mal à la ~.* I've got a sore throat. **2** (*Géogr*) gorge LOC **avoir la gorge serrée** to have a lump in your throat *Voir aussi* BOULE, RACLER
gorgée *nf* sip : *prendre une ~ de café* to have a sip of coffee LOC *Voir* BOIRE
gorille *nm* **1** (*animal*) gorilla **2** (*garde du corps*) bodyguard
gosier *nm* throat
gosse *nmf* kid
gothique *adj, nm* Gothic
goudron *nm* tar
goudronner *vt* to tarmac : *Ils ont goudronné la route.* They've tarmacked the road.
gouffre *nm* abyss : *être au bord du ~* to be on the edge of the abyss
goulet *nm* LOC **goulet d'étranglement** bottleneck
goulot *nm* neck : *le ~ d'une bouteille* the neck of a bottle LOC *Voir* BOIRE
gourde *nf* **1** (*à eau*) water bottle **2** (*sot*) twit
gourmand, -e *adj, nm-nf* **1** (*sens positif*) : *être ~* to love food **2** (*péj*) greedy [*adj*]
gourmandise *nf* **1** (*sens positif*) love of food **2** (*péj*) greed **3 gourmandises** (*sucreries*) delicacies
gourmet *nm* gourmet
gourou *nm* guru
gousse *nf* (*petits pois*) pod LOC **gousse d'ail** clove of garlic **gousse de vanille** vanilla pod
goût *nm* taste : *L'eau n'a pas de ~.* Water is tasteless. ◊ *Ça a un ~ très bizarre.* It tastes very strange. ◊ *Nous avons des ~s*

complètement différents. Our tastes are completely different. ◊ *une décoration de très bon ~* a tasteful decoration ◊ *Sa remarque était de mauvais ~.* His remark was in bad taste. ◊ *pour tous les ~s* to suit all tastes LOC **avoir bon goût 1** (*aliments*) to taste good **2** (*personne*) to have good taste **avoir mauvais goût 1** (*aliments*) to taste horrible **2** (*personne*) to have no taste **avoir un goût de** to taste of *sth* : *Ça a un ~ de menthe.* It tastes of mint. **par goût** out of choice : *faire qch par ~* to do sth out of choice **prendre goût à** to get into *sth* : *J'ai pris ~ au jardinage.* I've got into gardening. **tous les goûts sont dans la nature** it takes all sorts (to make a world)

goûter ◆ *vt* **1** (*essayer*) to taste : *Goûte-le. Est-ce qu'il faut du sel ?* Taste it. Does it need salt? **2** ~ **à** to try *sth* : *Elle n'a même pas goûté à mon gâteau.* She hasn't even tried my cake. ◆ *vi* to have (afternoon) tea : *Nous goûtons à 4 heures.* We have tea at 4 o'clock. ◆ *nm* (afternoon) tea : *Finis ton ~.* Finish your tea.

goutte *nf* **1** (*gén*) drop : *des ~s de pluie* raindrops ◊ *des ~s pour les yeux* eye drops ◊ *« Du vin ? — Juste une ~, s'il te plaît. »* 'Some wine?' 'Just a drop, thanks.' **2** (*Cuisine*) dash : *Ajouter une ~ de citron* Add a dash of lemon. LOC **avoir la goutte au nez** to have a runny nose **c'est la goutte d'eau qui fait déborder le vase** that's the last straw **goutte à goutte** drop by drop *Voir aussi* RESSEMBLER

gouttelette *nf* droplet

goutter *vi* to drip

gouttière *nf* **1** (*au bord du toit*) guttering **2** (*sur le mur*) drainpipe

gouvernail *nm* rudder

gouvernant, -e ◆ *adj* governing ◆ **gouvernante** *nf* housekeeper

gouvernement *nm* government [*v sing ou pl*] ☛ *Voir note sous* JURY

gouvernemental, -e *adj* government [*n attrib*] : *une coalition gouvernementale* a government coalition

gouverner ◆ *vt* **1** (*pays*) to govern **2** (*bateau*) to steer ◆ *vi* to govern

gouverneur *nm* governor

grâce *nf* **1** (*pardon*) pardon : *~ présidentielle* a presidential pardon **2** (*élégance, Relig*) grace : *la ~ divine* divine grace LOC **crier/demander grâce** to beg for mercy **faire grâce de** (*dette, obligation*) to let *sb* off *sth* : *Il m'a fait ~ des cent euros que je lui devais.* He let me off the hundred euros I owed him. ◊ *Je te fais ~ des détails.* I'll spare you the details. **grâce à** thanks to *sb/sth* : *C'est ~ à toi qu'on m'a offert le poste.* It's thanks to you that I was offered the job.

gracieux, -ieuse *adj* **1** (*élégant*) graceful : *d'un geste ~* with a graceful movement **2** (*avenant*) gracious : *Il n'est pas très ~ !* He's not very gracious!

grade *nm* rank LOC *Voir* MONTER

gradins *nm* terraces : *Les ~ étaient pleins.* The terraces were full.

gradué, -e *adj* graduated

graffiti (*aussi* **graffitis**) *nm* graffiti [*indénombrable*] : *Il y avait des ~s sur tout le mur.* There was graffiti all over the wall.

grain *nm* **1** (*gén*) grain : *un ~ de sable* a grain of sand ◊ *un poulet nourri au ~* a corn-fed chicken **2** (*poussière*) speck **3** (*café*) bean LOC **grain de beauté** beauty spot **grain de poivre** peppercorn **grain de raisin** grape **mettre son grain de sel** to stick your oar in **pas un grain de** not an ounce of : *Elle n'a pas un ~ de jugeote.* She hasn't got an ounce of common sense.

graine *nf* seed : *des ~s pour les oiseaux* birdseed

graissage *nm* lubricating LOC *Voir* HUILE

graisse *nf* **1** (*personne, animal*) fat **2** (*saleté, lubrifiant*) grease

graisser *vt* **1** (*avec de la graisse*) to grease : *~ un moule* to grease a tin **2** (*avec de l'huile*) to oil

graisseux, -euse *adj* greasy

grammaire *nf* grammar

grammatical, -e *adj* grammatical

gramme *nm* gram(me) (*abrév* g) ☛ *Voir Appendice 1.*

grand, -e *adj* **1** (*volume*) large, big *une grande maison/ville* a big house/city ◊ *~ ou petit ?* Large or small? ◊ *Londres est plus ~ que Paris.* London is bigger than Paris. ◊ *La taille est trop grande.* The waist is too big. ☛ *Voir note sous* BIG **2** (*hauteur*) tall : *Il faut être ~ pour jouer au basket.* You need to be tall to play basketball. **3** (*important*) big : *un ~ problème* a big problem ◊ *Il y a une grande différence entre les deux opinions.* There's a big difference between the two opinions. **4** (*nombre, quantité*) large : *une grande quantité de sable* a large amount of sand ◊ *un ~ nombre de personnes* a large number of people **5** (*remarquable*) great : *un ~*

musicien a great musician **6** (*sourire*) broad : *avec un ~ sourire* with a broad smile ☛ *Voir note sous* BROAD **7** (*adulte*) grown-up : *Ses enfants sont ~s maintenant.* Her children are grown-up now. ◊ *Quand je serai ~ je veux être médecin.* I want to be a doctor when I grow up. **8** (*principal*) main : *les ~s boulevards de Paris* the main boulevards of Paris ◊ *les grandes artères* the main arteries LOC **en grande partie** mostly : *Le public se composait en grande partie d'enfants.* The audience was mostly made up of children. **grande personne** (*adulte*) grown-up : *Les grandes personnes se mettront ici.* The grown-ups will stand here. **grande roue** (*fête foraine*) big wheel **grand magasin** department store **grand ouvert** wide open : *laisser la porte grande ouverte* to leave the door wide open **la plus grande partie de** most (of *sb/sth*) : *La plus grande partie du groupe était catholique.* Most of the group was Catholic. *Voir aussi* AIR, ALLURE, ARTÈRE, BAIN, ÉCART, ÉCHELLE, JOUR, MENER, RENOM, SENTIER, TRAIN

grand-chose LOC **ce n'est pas grand-chose** (*pas grave*) it's nothing serious : « *Tu t'es fait mal ? — Oh, ce n'est pas ~.* » 'Have you hurt yourself?' 'Oh, it's nothing serious.' **pas grand-chose** not much : *Tu n'as pas mangé ~.* You haven't eaten much. ◊ *Ça ne vaut pas ~.* It's not worth much. ◊ *Je n'ai pas vu ~ d'intéressant.* I didn't see anything interesting.

Grande-Bretagne *nf* **la Grande-Bretagne** Great Britain (*abrév* GB)

grandement *adv* greatly

grandeur *nf* (*taille*) size : *un appareil photo de la ~ d'une boîte d'allumettes* a camera the size of a matchbox

grandiose *adj* grandiose

grandir *vi* **1** (*taille*) to grow : *Tu as drôlement grandi !* You've really grown! **2** (*âge*) to grow up : *J'ai grandi à la campagne.* I grew up in the country. **3** (*importance*) to increase : *Leur inquiétude grandissait.* Their anxiety increased.

grand-mère *nf* grandmother, granny (*fam*)

grand-oncle *nm* great-uncle

grand-père *nm* grandfather, grandad (*fam*)

grand-route *nf* main road

grand-rue *nf* high street

grands-parents *nm* grandparents

grand-tante *nf* great aunt

grange *nf* barn

granit (*aussi* **granite**) *nm* granite

graphique ◆ *adj* graphic ◆ *nm* graph LOC *Voir* ART

graphisme *nm* (*discipline*) graphic design

graphiste *nmf* graphic designer

grappe *nf* **1** (*raisin*) bunch **2** (*fleurs*) cluster

gras, grasse ◆ *adj* **1** (*peau, cheveux*) greasy : *un shampooing pour cheveux ~* a shampoo for greasy hair **2** (*viande, plat*) fatty **3** (*personne, animal*) plump : *un petit garçon un peu ~* a plump little boy ◆ *nm* **1** (*de viande*) fat : *Ne mange pas le ~ du lard.* Don't eat the bacon fat. **2** (*caractères*) bold : *en ~* in bold LOC **faire la grasse matinée** to lie in *Voir aussi* MATIÈRE

grassouillet, -ette *adj* plump

gratis *adj, adv* free : *Vous avez droit à une boisson ~.* You're entitled to a free drink. ◊ *Les retraités voyagent ~.* Pensioners travel free.

gratitude *nf* gratitude

gratte-ciel *nm* skyscraper

gratter ◆ *vt* **1** (*avec les ongles, les griffes*) to scratch : *~ le dos à qn* to scratch sb's back **2** (*pour enlever*) to scrape *sth* (**off *sth***) : *Nous avons gratté le plancher pour enlever la peinture.* We scraped the paint off the floor. **3** (*démanger*) make *sb* itch : *Ce pull me gratte.* This jumper makes me itch. ◆ *vi* **1** (*avec les ongles, les griffes*) to scratch : *J'ai entendu le chien ~ à la porte.* I heard the dog scratching at the door. **2** (*être rêche*) to be rough : *Ces serviettes grattent.* These towels are rough. ◆ **se gratter** *v pron* to scratch (yourself) : *se ~ la tête* to scratch your head

gratuit, -e *adj* **1** (*non payant*) free **2** (*sans raison*) gratuitous : *violence gratuite* gratuitous violence LOC *Voir* ENTRÉE

gratuitement *adv* for nothing, free : *Les retraités voyagent ~.* Pensioners travel free. ◊ *Nous sommes entrés au cinéma ~.* We got into the cinema for nothing.

gravats *nm* rubble [*indénombrable*]

grave ◆ *adj* **1** (*préoccupant*) serious : *un problème/une maladie ~* a serious problem/illness **2** (*solennel*) solemn : *d'un air ~* with a solemn look **3** (*son, note*) low : *La basse produit des notes ~s.* The bass guitar produces low notes.

4 (*voix*) deep ♦ **graves** *nm* (*Mus*) bass [*indénombrable*] : *On n'entend pas bien les ~s.* You can't hear the bass very well. LOC **ce n'est pas grave** (*pas important*) it doesn't matter : *« Excusez-moi, je suis en retard. — Ce n'est pas ~. »* 'Sorry I'm late.' 'It doesn't matter.' *Voir aussi* ACCENT

gravement *adv* **1** (*de façon préoccupante*) seriously : *Il est ~ blessé.* He's seriously injured. **2** (*avec solennité*) solemnly : *« C'est fini », dit-il ~.* 'It's over', he said solemnly.

graver *vt* **1** (*métal, pierre*) to engrave **2** (*bois*) to carve : *Ils ont gravé leurs initiales sur le tronc.* They carved their initials into the trunk. LOC **rester gravé dans la mémoire de qn** to become imprinted on sb's memory

gravier *nm* gravel

gravillon (*aussi* **gravillons**) *nm* grit [*indénombrable*] : *Ils ont répandu du ~ sur l'allée.* They spread grit on the path.

gravir *vt* to climb

gravité *nf* seriousness : *un incident sans ~* an unimportant incident ◊ *la ~ de sa voix* the seriousness of her voice

gravure *nf* **1** (*reproduction*) engraving **2** (*dans un livre*) plate **3** (*sur bois*) carving

gré *nm* LOC **au gré de qn** for sb's liking : *Les couleurs sont trop vives à mon ~.* The colours are too bright for my liking. **de bon/mauvais gré** willingly/reluctantly : *Elle l'a fait de mauvais ~.* She did it reluctantly. **de gré ou de force** whether you like it or not : *Il faudra qu'il le fasse, de ~ ou de force.* He's got to do it, whether he likes it or not. **de mon, ton, etc. plein gré** of my, your, etc. own accord : *Il les a suivis de son plein ~.* He followed them of his own accord.

grec, grecque ♦ *adj, nm* Greek : *parler ~* to speak Greek ♦ **Grec, Grecque** *nm-nf* Greek man/woman [*pl* Greek men/women] : *les Grecs* the Greeks

Grèce *nf* **la Grèce** Greece

greffe *nf* **1** (*organe*) transplant : *une ~ du rein* a kidney transplant **2** (*peau, Bot*) graft

greffer *vt* **1** (*organe*) to transplant **2** (*peau, Bot*) to graft

grêle *nf* hail LOC *Voir* CHUTE

grêler *v impers* to hail : *Il a grêlé hier soir.* It hailed last night.

grêlon *nm* hailstone

grelotter *vi* to shiver

grenade *nf* **1** (*Mil*) hand grenade **2** (*fruit*) pomegranate

grenat *adj, nm* (*couleur*) dark red ☛ *Voir exemples sous* JAUNE

grenier *nm* **1** (*combles*) attic **2** (*à foin*) loft

grenouille *nf* frog

grès *nm* **1** (*Géol*) sandstone **2** (*pour poterie*) stoneware

grésiller *vi* **1** (*huile*) to sizzle **2** (*radio*) to crackle

grève *nf* (*cessation de travail*) strike : *être/se mettre en ~* to be/go on strike ◊ *une ~ générale/de la faim* a general/hunger strike LOC *Voir* MOUVEMENT

gréviste *nmf* striker : *un ~ de la faim* a hunger striker

gribouillage (*aussi* **gribouillis**) *nm* **1** (*dessin*) doodle **2** (*écriture*) scribble : *Je n'arrive pas à lire tes ~s.* I can't read your scribbles.

gribouiller *vt, vi* **1** (*dessiner*) to doodle **2** (*écrire*) to scribble

grief *nm* grievance

grièvement *adv* badly : *~ blessé* badly wounded

griffe *nf* **1** (*animal*) claw : *Le chat a sorti ses ~s.* The cat showed its claws. **2** (*marque*) label LOC **donner un coup de griffe à** to scratch *sb*

griffer *vt* to scratch : *~ qn au bras* to scratch sb on the arm ◊ *Le chat m'a griffé la main.* The cat scratched my hand.

griffonner *vt, vi* **1** (*écrire*) to scribble : *Elle a griffonné son adresse sur un bout de papier.* She scribbled her address on a bit of paper. **2** (*dessiner*) to sketch

grignoter *vt, vi* to nibble : *Elle grignotait un biscuit.* She nibbled a biscuit. ◊ *Ça te dit de ~ quelque chose ?* Do you fancy something to eat?

gril *nm* grill LOC **être sur le gril** to be on tenterhooks **viande/poisson au gril** grilled meat/fish

grillades *nf* grilled meat [*indénombrable*]

grillage *nm* wire netting

grille *nf* **1** (*clôture*) railing(s) [*s'utilise beaucoup au pluriel*] : *une ~ en fer* iron railings **2** (*fenêtre*) bars [*pl*] **3** (*portail*) gate : *Ferme la ~, s'il te plaît.* Shut the gate, please. **4** (*égout*) grating **5** (*loto*) coupon **6** (*mots croisés*) grid

grille-pain *nm* toaster

griller ♦ *vt, vi* **1** (*pain*) to toast

2 (*viande, poisson*) to grill **3** (*café, marrons*) to roast ◆ *vi* (*ampoule*) to blow LOC **faire griller 1** (*pain*) to toast *sth* **2** (*viande, poisson*) to grill *sth* **3** (*marrons*) to roast *sth* **griller un feu rouge** to go through a red light *Voir aussi* PAIN

grillon *nm* cricket

grimace *nf* grimace LOC **faire des grimaces** to make/pull faces (*at sb*) **faire la grimace** to make a face : *Arrête de faire la ~ et mange.* Don't make a face — just eat it.

grimacer *vi* ~ **(de)** to pull a face, to grimace (*sout*) (**with** ***sth***) : *~ de douleur* to grimace with pain

grimpant, -e *adj* climbing LOC *Voir* PLANTE

grimper *vi* **1** (*route*) to climb steeply **2** (*augmenter*) to soar : *Le prix de l'essence ne cesse de ~.* The price of petrol continues to soar. **3** ~ **à/sur** to climb *sth* : *~ aux arbres* to climb trees

grimpeur, -euse *nm-nf* climber

grinçant, -e *adj* squeaky

grincement *nm* **1** (*vélo*) squeak **2** (*porte*) creak LOC **grincements de dents** (*mécontentement*) discontent [*indénombrable*] : *La nouvelle a provoqué des ~s de dents.* The news caused much discontent.

grincer *vi* **1** (*vélo*) to squeak : *La chaîne de mon vélo grince.* My bicycle chain squeaks. **2** (*porte*) to creak LOC **grincer des dents** to grind your teeth : *Il grince des dents en dormant.* He grinds his teeth in his sleep.

grincheux, -euse *adj, nm-nf* grumpy [*adj*] : *Tu es vraiment ~.* You're so grumpy.

grippe *nf* flu : *J'ai la ~.* I've got (the) flu. ◊ *~ intestinale* gastric flu LOC **prendre en grippe** to have it in for *sb* : *Le professeur m'a pris en ~.* The teacher's got it in for me.

gris, -e ◆ *adj* **1** (*couleur*) grey ☛ *Voir exemples sous* JAUNE **2** (*temps*) dull : *Il fait ~.* It's a dull day. ◆ *nm* grey

grisant, -e *adj* exhilarating

grisâtre *adj* greyish

griser *vt* to intoxicate : *Son succès l'a grisée.* She was intoxicated by her success.

grisonnant, -e *adj* greying : *avoir les cheveux ~s* to be going grey

groggy *adj* **1** (*endormi*) groggy : *Ces cachets m'ont rendu ~.* Those pills have made me groggy. **2** (*suite à un coup*) stunned

grogne *nf* discontent

grognement *nm* **1** (*personne, cochon*) grunt : *pousser un ~* to give a grunt **2** (*chien, ours*) growl

grogner *vi* **1** (*personne, cochon*) to grunt **2** (*chien, ours*) to growl

grognon, -onne *adj* grumpy

groin *nm* snout

grommeler *vt, vi* to grumble : *Qu'est-ce que tu as à ~?* What have you got to grumble about? ◊ *« Ça m'étonnerait », grommela-t-il.* 'That would surprise me', he grumbled.

grondement *nm* **1** (*moteur, torrent*) roar **2** (*chien, lion*) growl **3** (*tonnerre*) rumble : *On entendait le ~ du tonnerre.* You could hear the rumble of thunder.

gronder ◆ *vt* to tell *sb* off (**for** ***sth/doing sth***) ◆ *vi* **1** (*chien, lion*) to growl **2** (*moteur, torrent*) to roar **3** (*tonnerre*) to rumble LOC **se faire gronder** to get a telling-off : *Il s'est fait ~ par ses parents.* He got a telling-off from his parents.

groom *nm* (*dans un hôtel*) bellboy

gros, grosse ◆ *adj* **1** (*personne, animal*) fat **2** (*épais*) thick : *une grosse tranche de pain* a thick slice of bread ◊ *un ~ pull* a thick jumper **3** (*grave*) serious : *une grosse erreur* a serious mistake **4** (*rhume*) bad : *Il a un ~ rhume.* He's got a bad cold. **5** (*important*) large : *une grosse somme* a large amount ◆ *nm-nf* fat man/woman [*pl* fat men/women] LOC **en gros 1** (*approximativement*) roughly : *J'ai calculé en ~.* I worked it out roughly. ◊ *Il y avait en ~ 50 personnes.* There were roughly 50 people. **2** (*Comm*) wholesale : *un magasin de vente en ~* a wholesale shop **gros comme une maison** huge : *un mensonge ~ comme une maison* a huge lie **gros lot 1** (*gén*) first prize **2** (*loto*) jackpot **gros mot** swear word : *dire des ~ mots* to swear **gros orteil** big toe **grosse caisse** bass drum **gros titre** (*Journal*) headline : *Ça a fait les ~ titres ce matin.* It was in the headlines this morning. **le gros de** (*majorité*) the bulk of *sb/sth* : *Nous avons terminé le ~ du travail.* We've finished the bulk of the work. *Voir aussi* CHASSE, JOUER, TÊTE

groseille *nf* redcurrant

grossesse *nf* pregnancy [*pl* pregnancies]

grosseur *nf* **1** (*taille*) size : *des œufs de différente ~* eggs of different sizes ◊ *un caillou de la ~ d'un poing* a stone the size of a fist **2** (*Méd*) lump : *On lui a trouvé une ~ au sein.* They found a lump in her breast.

grossier, -ière *adj* **1** (*personne, langage*) rude : *Tu es vraiment ~ !* You're so rude! **2** (*tissu*) coarse **3** (*approximatif*) rough : *Donnez-moi une estimation grossière.* Give me a rough estimate. ◊ *un croquis ~* a rough sketch

grossièreté *nf* **1** (*manque de politesse*) rudeness : *Il est d'une ~ !* He's so rude! **2** (*parole*) rude word : *dire des ~s* to be rude

grossir ◆ *vi* **1** (*personne*) to put on weight : *J'ai beaucoup grossi.* I've put on a lot of weight. ◊ *J'ai grossi de cinq kilos.* I've put on five kilos. **2** (*loupe, microscope*) to magnify **3** (*rivière*) to rise ◆ *vt* **1** (*loupe, microscope*) to magnify **2** (*vêtement*) to make *sb* look fatter : *Cette jupe la grossit.* That skirt makes her look fatter LOC **faire grossir** (*aliment*) to be fattening : *Les bonbons font ~.* Sweets are fattening.

grossiste *nmf* wholesaler

grotesque *adj* ridiculous : *C'est ~ !* How ridiculous! ◊ *Tu as l'air ~ dans cet accoutrement.* You look ridiculous in that outfit.

grotte *nf* **1** (*naturelle*) cave **2** (*artificielle*) grotto [*pl* grottoes/grottos]

grouillant, -e *adj* ~ **de** swarming **with** *sb/sth*

grouiller ◆ *vi* **1** (*gén*) to swarm about **2** ~ **de** to swarm **with** ***sth*** : *La place grouillait de monde.* The square was swarming with people. ◆ **se grouiller** *v pron* to get a move on : *Grouille-toi, on est en retard !* Get a move on, we're late!

groupe *nm* **1** (*gén*) group : *Nous nous sommes mis par ~s de six.* We got into groups of six. ◊ *J'aime le travail en ~.* I enjoy group work. **2** (*de musique*) band : *un ~ de rock* a rock band LOC **groupe de pression** pressure group **groupe sanguin** blood group

groupement *nm* grouping

grouper ◆ *vt* to put *sb/sth* in a group ◆ **se grouper** *v pron* **1** (*se rassembler*) to get into groups : *se ~ deux par deux* to get into groups of two **2** (*se cotiser*) to club together (***to do sth***) : *Toute la classe s'est groupée pour lui acheter un cadeau.* Everyone in the class clubbed together to buy him a present.

grue *nf* (*machine, oiseau*) crane

grumeau *nm* lump : *une sauce avec des grumeaux* a lumpy sauce

gué *nm* ford LOC **passer à gué** to ford *sth*

guépard *nm* cheetah

guêpe *nf* wasp LOC *Voir* FOU

guêpier *nm* **1** (*nid*) wasps' nest **2** (*piège*) mess : *Il est allé se fourrer dans un ~.* He got into a mess.

guère *adv* hardly : *Elle n'a ~ le sens de l'humour.* She has hardly any sense of humour. ◊ *Il ne fréquente ~ ses collègues.* He hardly ever sees his friends. ◊ *Ce n'est ~ intéressant.* It's hardly very interesting. ◊ *Il n'y avait ~ de places libres.* There were hardly any free seats. LOC *Voir* ENCHANTER

guérilla *nf* **1** (*guerre*) guerrilla warfare **2** (*groupe*) guerrillas [*pl*]

guérillero *nm* guerrilla

guérir ◆ *vt* **1** (*personne, maladie*) to cure : *Cela l'a guéri de sa timidité.* That's cured him of his shyness. **2** (*blessure*) to heal ◆ *vi* **1** (*malade*) to recover **2** (*blessure*) to heal

guérison *nf* recovery LOC *Voir* VOIE

guerre *nf* war : *être en ~ (contre...)* to be at war (with...) ◊ *pendant la Première Guerre mondiale* during the First World War ◊ *déclarer la ~ à qn* to declare war on sb ◊ *~ civile* civil war ◊ *~ froide* cold war LOC **de guerre** (*armes, jouets*) war [*n attrib*] : *films de ~* war films *Voir aussi* NAVIRE, SENTIER

guerrier, -ière ◆ *adj* (*attitude, humeur*) warlike ◆ *nm-nf* warrior

guet *nm* lookout LOC **faire le guet** to be on the lookout

guetter *vt* **1** (*attendre*) to watch (out) **for** ***sb/sth*** : *Je te guetterai à la fenêtre.* I'll be watching for you at the window. ◊ *~ l'arrivée de qn* to watch out for sb **2** (*pour attaquer*) to lie in wait **for** ***sb/sth*** : *L'ennemi les guettait dans l'obscurité.* The enemy lay in wait for them in the darkness.

guetteur, -euse *nm-nf* lookout

gueule *nf* **1** (*bouche*) mouth : *Le chien portait un bâton dans sa ~.* The dog had a stick in its mouth. **2** (*visage*) face : *Il a une sale ~.* He's got a nasty face. LOC **avoir la gueule de bois** to have a hangover **faire la gueule** to sulk **ta gueule !** shut up!

gueuler *vi* **1** (*crier*) to yell **2** (*protester*) to kick up a fuss

gui *nm* mistletoe

guichet *nm* **1** (*gare, Sport*) ticket office **2** (*Cin, Théâtre*) box office LOC **guichet automatique** cash machine

guichetier, -ière *nm-nf* booking clerk

guide ◆ *nmf* (*personne*) guide ◆ *nm* (*livre*) guide : *~ touristique/des hôtels* tourist/hotel guide

guider *vt* to guide

guidon *nm* handlebars [*pl*]

guillemets *nm* inverted commas ☛ *Voir pp. 404-405.* LOC **entre guillemets** in inverted commas

guillotine *nf* guillotine

guimauve *nf* (*confiserie*) marshmallow

guindé, -e *adj* stiff

guirlande *nf* **1** (*de fleurs*) garland **2** (*de Noël*) tinsel [*indénombrable*] LOC **guirlande électrique** fairy lights [*pl*]

guise *nf* LOC **à ma, ta, etc. guise** : *Qu'il agisse à sa ~.* Let him do as he likes. ◊ *Elle n'en fait qu'à sa ~.* She always does exactly as she likes. **en guise de** as : *Il portait une ficelle en ~ de ceinture.* He had a piece of string as a belt.

guitare *nf* guitar : *~ électrique/sèche* electric/acoustic guitar

guitariste *nmf* guitarist

gymnase *nm* gymnasium, gym (*plus fam*)

gymnaste *nmf* gymnast

gymnastique *nf* **1** (*gén*) gymnastics [*sing*] : *les championnats de ~* the gymnastics championships **2** (*éducation physique*) physical education (*abrév* PE) : *un professeur de ~* a PE teacher LOC **faire de la gymnastique** (*chez soi, au gymnase*) to exercise, to work out (*plus fam*)

gynécologue *nmf* gynaecologist

Hh

ha ! *excl Voir* AH !

habile *adj* **1** (*gén*) skilful : *un joueur très ~* a very skilful player **2** (*intelligent*) clever : *une manœuvre très ~* a very clever move LOC **habile de ses mains** handy

habileté *nf* skill

habillé, -e *pp, adj* **1** ~ **en** (*déguisé*) dressed **as** ***sb/sth*/in *sth*** : *J'étais ~ en clown.* I was dressed as a clown. ◊ *être ~ en bleu* to be dressed in blue **2** (*élégant*) dressed up : *Il était un peu trop ~ à mon goût.* He was a bit overdressed for my taste. *Voir aussi* HABILLER

habillement *nm* clothing

habiller ◆ *vt* **1** (*gén*) to get *sb* dressed : *J'ai habillé les enfants.* I got the children dressed. **2** ~ **en** (*déguiser*) to dress *sb* **as *sth*** ◆ **s'habiller** *v pron* **1** (*mettre des vêtements*) to get dressed : *Habille-toi ou tu vas être en retard.* Get dressed or you'll be late. **2** (*porter des vêtements*) to dress : *s'habiller bien/en blanc* to dress well/in white **3 s'habiller en** (*se déguiser*) to dress **as *sth***

habit *nm* **1** (*déguisement*) outfit : *un ~ de cow-boy* a cowboy outfit **2 habits** (*vêtements*) clothes : *mettre ses ~s du dimanche* to put on your Sunday clothes

habitable *adj* habitable

habitant, -e *nm-nf* inhabitant

habitat *nm* **1** (*animaux, plantes*) habitat **2** (*logement*) housing

habitation *nf* (*maison*) dwelling

habiter ◆ *vt* to live **in...** : *Elle habite Lyon.* She lives in Lyons. ◆ *vi* ~ **(à/en)** to live (**in...**) : *Où est-ce que tu habites ?* Where do you live? ◊ *Ils habitent à Poitiers/au second.* They live in Poitiers/on the second floor. ◊ *J'ai longtemps habité en Italie.* I lived in Italy for a long time.

habitude *nf* habit : *Nous écoutons la radio par ~.* We listen to the radio out of habit. LOC **avoir l'habitude (de qch)** to be used to sth : *J'ai l'habitude de ses caprices.* I'm used to his tantrums. ◊ *Ce n'est pas grave, j'ai l'habitude.* It's OK, I'm used to it. **avoir l'habitude de faire qch** to be in the habit of doing sth : *Il a l'habitude de se lever tôt.* He's in the habit of getting up early. **comme d'habitude** as usual **d'habitude** usually : *D'habitude elle n'est jamais en retard.* She's not usually late. **plus/moins... que d'habitude** more/less... than usual : *plus sympathique que d'habitude* nicer than usual **prendre l'habitude** to get into the habit (*of doing sth*) : *Ils ont pris l'habitude de se lever tôt.* They got into the habit of getting up early.

habitué, -e *nm-nf* regular

habituel, -elle *adj* usual : *Nous nous*

verrons à l'endroit ~. We'll meet in the usual place.

habituellement *adv* usually

habituer ◆ *vt* ~ **à** to get *sb* used **to sth/doing sth** : *Ils ont habitué leurs enfants à manger de tout.* They've got their children used to eating everything. ◆ **s'habituer** *v pron* **s'habituer (à)** to get used **to sth/doing sth** : *Tu finiras bien par t'habituer.* You'll get used to it eventually. ◊ *Il va falloir t'habituer à te lever tôt.* You'll have to get used to getting up early. LOC **être habitué (à)** to be used to *sb/sth/doing sth* : *Ce n'est pas grave, je suis habitué.* It's OK, I'm used to it. ◊ *Ils sont habitués à travailler dur.* They're used to working hard.

hache *nf* axe

hacher *vt* **1** (*viande*) to mince **2** (*légumes, herbes*) to chop *sth* (up) LOC *Voir* STEAK, VIANDE

hachis *nm* mince LOC **hachis Parmentier** shepherd's pie

haie *nf* **1** (*clôture*) hedge **2** (*Sport*) hurdle : *le 500 mètres ~s* the 500 metres hurdles

haillon *nm* rag : *en ~s* in rags

haine *nf* hatred (***for/of sb/sth***)

haïr *vt* to hate

halage *nm* LOC *Voir* CHEMIN

hâlé, -e *pp, adj* tanned

haleine *nf* breath : *avoir mauvaise* ~ to have bad breath LOC **de longue haleine** : *un travail de longue* ~ a long drawn-out job **hors d'haleine** out of breath : *Il était hors d'haleine.* He was out of breath. **reprendre haleine** to get your breath back : *Elle s'est arrêtée pour reprendre* ~. She stopped to get her breath back.

haletant, -e *adj* breathless

haleter *vi* to pant

hall *nm* **1** (*maison*) hall **2** (*théâtre, cinéma, hôtel*) foyer **3** (*gare*) concourse

halle *nf* covered market

hallebarde *nf* LOC *Voir* PLEUVOIR

hallucination *nf* hallucination : *avoir des ~s* to hallucinate

hallucinogène *adj* hallucinogenic

halte ◆ *nf* stop : *Nous avons fait plusieurs ~s en chemin.* We stopped several times on the way. ◆ *excl* stop!

hamac *nm* hammock

hamburger *nm* hamburger, burger (*plus fam*)

hameau *nm* hamlet

hameçon *nm* hook LOC *Voir* MORDRE

hamster *nm* hamster

hanche *nf* hip

handball (*aussi* **hand**) *nm* handball

handicap *nm* **1** (*infirmité*) disability [*pl* disabilities] : ~ *physique/mental* physical/mental disability **2** (*désavantage*) handicap

handicapé, -e *pp, adj, nm-nf* disabled [*adj*] : *être* ~ to be disabled ◊ *les personnes handicapées* disabled people ◊ *sièges réservés aux ~s* seats for the disabled LOC **handicapé mental** mentally disabled : *les ~s mentaux* mentally disabled people *Voir aussi* HANDICAPER

handicaper *vt* (*désavantager*) to handicap : *Elle est très handicapée par son bégaiement.* Her stammer is a big handicap.

hangar *nm* **1** (*gén*) shed **2** (*Aéron*) hangar

hanté, -e *pp, adj* haunted : *une maison hantée* a haunted house

hantise *nf* dread

haranguer *vt* to harangue

harcèlement *nm* harassment : ~ *sexuel* sexual harassment

harceler *vt* to pester : *Ils la harcelaient de questions.* They kept pestering her with questions.

hareng *nm* herring LOC **hareng saur** kipper

haricot *nm* bean LOC **haricot blanc/rouge/vert** haricot/kidney/green bean

harmonica *nm* mouth organ

harmonie *nf* harmony [*pl* harmonies]

harmonieux, -ieuse *adj* harmonious

harmoniser *vt* **1** (*couleurs*) to coordinate **2** (*Mus*) to harmonize

harnacher *vt* to harness

harnais *nm* harness

harpe *nf* harp

harpon *nm* harpoon

harponner *vt* **1** (*poisson*) to harpoon **2** (*arrêter*) to waylay

hasard *nm* **1** (*chance*) chance **2** (*destin*) fate : *C'est le ~ qui décidera.* Fate will decide. LOC **au hasard** at random : *Choisis un numéro au ~.* Choose a number at random. **par hasard** by chance : *Nous nous sommes rencontrés complètement par ~.* We met by sheer chance. ◊ *Tu n'aurais pas leur numéro de téléphone par ~ ?* You wouldn't have their number by any chance? **quel hasard !** what a coincidence! : *Vous ici, quel ~ !* What a coincidence seeing you here! *Voir aussi* JEU

hasarder ◆ *vt* **1** (*hypothèse*) to venture **2** (*idée*) to put *sth* forward ◆ **se hasar-**

der *v pron* **1** (*se rendre*) to venture : *Je n'irais pas me ~ dans ce quartier, à ta place.* If I were you I wouldn't venture into that neighbourhood. **2 se ~ à** (*se risquer*) to venture ***to do sth*** : *Ne te hasarde pas à lui demander.* Don't venture to ask him.

hasardeux, -euse *adj* risky

haschisch *nm* hashish

hâte *nf* haste : *Elle le faisait sans trop de ~.* She did it without too much haste. LOC **j'ai, tu as, etc. hâte (de)** I, you, etc. can't wait (*to do sth*) : *Elle a vraiment ~ de prendre l'avion.* She can't wait to get on the plane.

hâter ◆ *vt* to speed *sth* up ◆ **se hâter** *v pron* **se ~ (de)** to hurry (***to do sth***) : *Il va falloir se ~.* We'll have to hurry. ◊ *Il s'est hâté de faire ses bagages.* He hurried to pack. LOC **hâter le mouvement** to get a move on **hâter le pas** to quicken your step

hâtif, -ive *adj* hasty

hausse *nf* (*température, prix*) rise (***in sth***) : *une ~ des prix* a rise in prices ◊ *Il va y avoir une ~ des températures.* There will be a rise in temperatures. LOC **à la hausse** on the uptrend : *Le marché est à la ~.* The market is on the uptrend. **en hausse** rising : *Les températures sont en ~.* Temperatures are rising.

haussement *nm* LOC **haussement d'épaules** shrug

hausser *vt* to raise LOC **hausser la voix** to raise your voice **hausser les épaules** to shrug your shoulders

haut, -e ◆ *adj* **1** (*gén*) tall, high

> **Tall** s'utilise pour parler de personnes, d'arbres et de bâtiments qui sont minces tout en étant hauts : *le bâtiment le plus haut du monde* the tallest building in the world. **High** s'emploie avec des noms abstraits : *un haut niveau d'investissement* a high level of investment. On utilise également **high** pour désigner l'altitude au-dessus du niveau de la mer : *La Paz est la capitale la plus haute du monde.* La Paz is the highest capital in the world.
>
> Les antonymes de **tall** sont **short** et **small** et l'antonyme de **high** est **low**. Les deux mots ont en commun le nom **height**, *hauteur*.

2 (*note*) high : *Je n'arrive pas à chanter les notes hautes.* I can't sing the high notes. ◆ *adv* **1** (*placer, monter*) high : *Ce tableau est trop ~.* That picture is too high up. **2** (*fort*) loudly ◆ *nm* **1** (*d'un bâtiment*) top : *le ~ d'une tour* the top of a tower **2** (*hauteur*) height : *Il fait trois mètres de ~.* It is three metres high. ◆ **haute** *nf* **la haute** (*classe sociale*) high-class people LOC **au plus haut point** intensely : *Il m'énerve au plus ~ point.* He irritates me intensely. **à voix haute** aloud : *Lis à voix haute.* Read aloud. **des hauts et des bas** ups and downs : *Nous avons tous des ~s et des bas.* We all have our ups and downs. **en haut 1** (*de page, mur*) at the top : *Le numéro de page est en ~ à droite.* The page number is at the top on the right. ◊ *tout en ~* at the very top **2** (*vers le haut*) up : *Regarde en ~.* Look up. **3** (*à l'étage au-dessus*) upstairs : *Martine est en ~.* Martine is upstairs. **haute mer** the high sea(s) : *Le bateau était en haute mer.* The ship was on the high sea. **haut en couleur** colourful : *une cérémonie haute en couleur* a colourful ceremony **haute voltige 1** (*cirque*) trapeze **2** (*fig*) : *un exercice de haute voltige* a delicate balancing act **haut fonctionnaire** senior civil servant **haut la main** hands down : *L'équipe locale a gagné ~ la main.* The local team won hands down. **haut les mains !** hands up! **haut placé** high-ranking **tout haut** aloud **vers le haut** upwards *Voir aussi* BOURGEOISIE, CHAISE

hautain, -e *adj* haughty

hautbois *nm* oboe

haut-de-forme *nm* top hat

haute-fidélité *adj, nf* hi-fi

hauteur *nf* **1** (*mesure*) height : *tomber d'une ~ de trois mètres* to fall from a height of three metres **2 hauteurs** (*sommet*) high ground [*indénombrable*] LOC **à la hauteur de...** : *une cicatrice à la ~ du coude* a scar near the elbow **être à la hauteur** to be up to it : *Il n'a pas été à la ~.* He wasn't up to it. **être à la hauteur de** to be up to *sth* : *être à la ~ d'une tâche* to be up to a task **faire deux, trois, etc. mètres de hauteur** (*chose*) to be two, three, etc. metres high **hauteur maximale** maximum headroom *Voir aussi* SAUT

haut-le-cœur *nm* LOC **avoir des haut-le-cœur** to retch : *J'avais des ~.* I was retching.

haut-parleur *nm* loudspeaker : *Ils l'ont annoncé dans les ~s.* They announced it over the loudspeakers. ☛ *Voir illustration sous* ORDINATEUR

hayon *nm* hatchback

hé ! *excl* hey!

hebdomadaire ◆ *adj* **1** (*parution*) weekly : *une revue ~* a weekly magazine **2** (*par semaine*) : *Nous avons une heure* *de gym* ~. We have one hour of PE a week. ◆ *nm* weekly magazine

hébergement *nm* accommodation

héberger *vt* **1** (*gén*) to accommodate : *L'hôtel peut ~ 200 personnes.* The hotel can accommodate 200 people. **2** (*temporairement et gratuitement*) to put *sb* up **3** (*réfugiés, sans-abri*) to house

hébété, -e *pp, adj* dazed

hébreu *nm* Hebrew

hectare *nm* hectare (*abrév* ha)

hédonisme *nm* hedonism

hédoniste *nmf* hedonist

hein *excl* **1** (*pour faire répéter*) eh? **2** (*n'est-ce pas*) : *Tu m'en veux, ~ ?* You've got something against me, haven't you?

hélas ! *excl* alas!

héler *vt* to hail

hélice *nf* (*avion, bateau*) propeller

hélicoptère *nm* helicopter, chopper (*plus fam*)

héliport *nm* heliport

hélium *nm* helium

hémisphère *nm* hemisphere : *l'hémisphère nord/sud* the northern/southern hemisphere

hémophile *adj, nmf* haemophiliac

hémorragie *nf* haemorrhage

hémorroïdes *nf* haemorrhoids

henné *nm* henna

hennir *vi* to neigh

hep ! *excl* hey!

hépatite *nf* hepatitis [*indénombrable*]

héraldique ◆ *adj* heraldic ◆ *nf* heraldry

herbe *nf* **1** (*gén*) grass : *s'allonger dans l'herbe* to lie down on the grass **2** (*Méd, Cuisine*) herb **3** (*marijuana*) dope LOC **herbes folles** wild grass [*indénombrable*] **mauvaise herbe** weed *Voir aussi* BRIN

héréditaire *adj* hereditary

hérédité *nf* heredity

hérésie *nf* heresy [*pl* heresies]

hérétique ◆ *adj* heretical ◆ *nmf* heretic

hérisser *vt* to ruffle

hérisson *nm* hedgehog

héritage *nm* inheritance : *toucher un ~* to come into an inheritance

hériter *vi* ~ **de** to inherit *sth* (***from sb***) : *À sa mort, j'ai hérité de tous ses biens.* On his death I inherited all his property.

héritier, -ière *nm-nf* ~ **(de)** heir (**to *sth***) : *l'héritier du trône* the heir to the throne

Le féminin **heiress** existe aussi, mais ne s'utilise que lorsqu'on parle d'une *riche héritière.*

hermétique *adj* airtight

hermétiquement *adv* LOC **hermétiquement fermé** airtight

hermine *nf* **1** (*animal*) stoat **2** (*fourrure*) ermine

hernie *nf* hernia

héroïne[1] *nf* (*drogue*) heroin

héroïne[2] *nf Voir* HÉROS

héroïque *adj* heroic

héroïsme *nm* heroism

héron *nm* heron

héros, héroïne *nm-nf* hero [*pl* heroes] [*fém* heroine]

herpès *nm* herpes LOC *Voir* BOUTON

hertz *nm* hertz

hésitant, -e *adj* hesitant

hésitation *nf* hesitation

hésiter *vi* **1** ~ **(à)** to hesitate (***to do sth***) : *N'hésite pas à demander.* Don't hesitate to ask. **2** ~ **entre...** to be undecided **between...** : *Nous hésitions entre les deux voitures.* We were undecided between the two cars.

hétérogène *adj* heterogeneous

hétérosexuel, -elle *adj, nm-nf* heterosexual

hêtre *nm* beech (tree)

heure *nf* **1** (*gén*) hour : *Le cours dure deux ~s.* The class lasts two hours. ◊ *120 km à l'heure* 120 km an hour **2** (*montre, moment, horaire*) time : *Quelle ~ il est ?* What time is it? ◊ *À quelle ~ est-ce qu'ils viennent ?* What time are they coming? ◊ *à n'importe quelle ~ du jour* at any time of the day ◊ *~s de consultation/bureau/visite* surgery/office/visiting hours ◊ *à l'heure du déjeuner/dîner* at lunchtime/dinner time **3** (*moment du jour*) : *Il est dix ~s.* It's ten o'clock. ◊ *à neuf ~s* at nine o'clock ◊ *à huit ~s et quart* at quarter past eight ☛ *Voir note sous* O'CLOCK LOC **à l'heure actuelle** at the present time **de l'heure** : *12 euros de l'heure* 12 euros an hour **être l'heure de** to be time *to do sth* : *C'est l'heure d'aller au lit.* It's time to go to bed. **heure de pointe** rush hour **heures d'affluence** peak times : *aux ~s d'affluence* at peak times **heures d'ouverture** opening hours **heures supplémentaires** overtime [*sing*] **l'heure tourne** time is getting on *Voir aussi* ARRIVER, INDU

heureusement *adv* (*par chance*)

luckily : ~, *c'était encore ouvert.* Luckily it was still open. LOC **heureusement !** thank goodness! **heureusement que...** it's a good job... : ~ *que j'ai appelé avant d'y aller.* It's a good job I phoned before going.

heureux, -euse *adj* happy LOC *Voir* ESTIMER

heurter ◆ *vt* to hit *sb/sth* : *La voiture a heurté l'arbre.* The car hit the tree. ◆ **se heurter** *v pron* **1** (*voitures*) to collide **2** (*se cogner*) to bang *sth* **on sth** : *Je me suis heurté la tête contre le placard.* I banged my head on the cupboard. **3** (*se disputer*) to clash : *Nous nous sommes déjà heurtés plusieurs fois.* I've already clashed with him several times. **4 se ~ à** (*être confronté à*) to come up against *sth* : *Je me suis heurté à la rigidité de l'administration.* I came up against the rigidity of the system.

heurtoir *nm* knocker

hexagonal, -e *adj* hexagonal

hexagone *nm* **1** (*Géom*) hexagon **2 l'Hexagone** France

hibernation *nf* hibernation

hiberner *vi* to hibernate

hibou *nm* owl

hic *nm* snag : *Il y a un ~.* There's a snag.

hideux, -euse *adj* hideous

hier *adv* yesterday : ~ *matin/après-midi* yesterday morning/afternoon LOC **d'hier** : *le journal d'hier* yesterday's paper **hier (au) soir** last night

hiérarchie *nf* hierarchy [*pl* hierarchies]

hiéroglyphe *nm* **1** (*caractère*) hieroglyph **2 hiéroglyphes** hieroglyphics

hi-fi *adj, nf* hi-fi

hilarant, -e *adj* hilarious

hilarité *nf* mirth

hindi *nm* Hindi

hindou, -e *adj, nm-nf* Hindu

hindouisme *nm* Hinduism

hippie (*aussi* **hippy**) *adj, nmf* hippie

hippique *adj* riding [*n attrib*] : *club/concours* ~ riding club/competition

hippocampe *nm* sea horse

hippodrome *nm* racecourse

hippopotame *nm* hippo [*pl* hippos]

> **Hippopotamus** est le nom scientifique.

hirondelle *nf* swallow

hirsute *adj* dishevelled

hispanique *adj, nmf* Hispanic

hispanophone ◆ *adj* Spanish-speaking ◆ *nmf* Spanish speaker

hisser ◆ *vt* to hoist ◆ **se hisser** *v pron* to clamber

histoire *nf* **1** (*passé, matière scolaire*) history : ~ *antique/naturelle* ancient/natural history ◊ *J'ai réussi l'examen d'histoire.* I've passed history. **2** (*récit, anecdote*) story [*pl* stories] : *Raconte-nous une ~.* Tell us a story. ◊ *une ~ drôle* a funny story ◊ *une ~ d'amour* a love story **3** (*mensonge*) fib : *Ne me raconte pas d'histoires.* Don't tell fibs. **4 histoires** (*affaires*) affairs : *Je ne veux pas me mêler de vos ~s.* I don't want to interfere in your affairs. **5 histoires** (*problèmes*) trouble [*indénombrable*] : *Je ne veux pas d'histoires, c'est compris ?* I don't want any trouble, ok? LOC **faire des histoires/(toute) une histoire** to make a fuss **histoire à dormir debout** tall story [*pl* tall stories] **histoire de faire** : *J'ai engagé la conversation, ~ d'être poli.* I started chatting, just to be polite. **histoire de fous** rigmarole : *Pour obtenir un passeport, c'est une ~ de fous.* What a rigmarole to get a passport! **homme/femme à histoires** troublemaker **pas d'histoires !** no nonsense! **sans histoire** : *une fille sans ~* an ordinary girl ◊ *mener une vie sans ~* to lead a quiet life *Voir aussi* LONG

historien, -ienne *nm-nf* historian

historique *adj* **1** (*gén*) historical : *documents/personnages ~s* historical documents/figures **2** (*important*) historic : *un triomphe/accord ~* a historic victory/agreement

hit-parade *nm* charts [*pl*] : *être en tête du ~* to be top of the charts

hiver *nm* winter : *vêtements d'hiver* winter clothes ◊ *Je ne fais jamais de vélo en ~.* I never ride my bike in the winter.

hivernal, -e *adj* winter

HLM *nf* council flat : *habiter en HLM* to live in a council flat

ho ! *excl* hey!

hochement *nm* **1** (*pour dire oui*) nod **2** (*pour dire non*) shake

hocher *vt* LOC **hocher la tête 1** (*pour dire oui*) to nod **2** (*pour dire non*) to shake your head

hochet *nm* rattle

hockey *nm* hockey LOC **hockey sur gazon** hockey **hockey sur glace** ice hockey **hockey sur patins à roulettes** roller hockey

hollandais, -e ◆ *adj, nm* Dutch : *parler ~* to speak Dutch ◆ **Hollandais, -e** *nm-nf* Dutchman/woman [*pl*

Dutchmen/women] : *les Hollandais* the Dutch

Hollande *nf* **la Hollande** Holland

holocauste *nm* holocaust

hologramme *nm* hologram

homard *nm* lobster

homéopathe *nmf* homoeopath

homéopathie *nf* homoeopathy

homicide *nm* homicide LOC **homicide involontaire** manslaughter

hommage *nm* **1** (*gén*) homage [*indénombrable*] **2 hommages** regards : *Présentez mes ~s à votre épouse.* Give my regards to your wife. LOC **en hommage à** in honour of *sb/sth* **rendre hommage à** to pay homage to *sb*

homme *nm* **1** (*gén*) man [*pl* men] : *l'homme moderne* modern man ◊ *avoir une conversation d'homme à ~* to have a man-to-man talk ◊ *l'homme de la rue* the man in the street ◊ *les 100 mètres ~* the men's 100 metres ◊ *rayon ~* men's department **2** (*être humain*) human : *les droits de l'homme* human rights ☛ *Voir note sous* MAN LOC **homme d'Église** churchman [*pl* churchmen] **homme d'État** statesman [*pl* statesmen] **pour homme** : *parfum pour ~* men's fragrance *Voir aussi* AFFAIRE, HISTOIRE, POLITIQUE

homme-grenouille *nm* frogman [*pl* frogmen]

homo *adj* gay

homogène *adj* homogeneous

homologue *nmf* counterpart

homonyme ◆ *nm* homonym ◆ *nmf* (*personne*) namesake

homosexualité *nf* homosexuality

homosexuel, -elle *adj*, *nm-nf* homosexual

honnête *adj* honest : *une personne ~* an honest person

honnêteté *nf* honesty : *Personne ne met son ~ en doute.* Nobody doubts his honesty.

honneur *nm* **1** (*gén*) honour : *C'est un grand ~ pour moi d'être ici aujourd'hui.* It's a great honour for me to be here today. **2** (*réputation*) good name : *L'honneur de la banque est en jeu.* The bank's good name is at stake. LOC **avoir l'honneur de** to have the honour of *doing sth* *Voir aussi* DEMOISELLE, INVITÉ, PAROLE

honorable *adj* **1** (*digne*) honourable **2** (*convenable*) creditable

honoraire ◆ *adj* honorary ◆ **honoraires** *nm* fee [*sing*]

honorer *vt* **1** (*montrer son respect*) to honour *sb* (**with sth**) : *une cérémonie pour ~ les soldats* a ceremony to honour the soldiers **2** (*donner du mérite*) to do *sb* credit : *Ton comportement t'honore.* Your behaviour does you credit.

honorifique *adj* honorary

honte *nf* shame LOC **avoir honte** to be ashamed (**of sth/doing sth**) : *Il avait ~ de l'admettre.* He was ashamed to admit it. **faire honte** to make *sb* feel ashamed : *faire ~ à la famille* to make your family feel ashamed **la/quelle honte !** what a disgrace!

honteux, -euse *adj* **1** (*scandaleux*) disgraceful : *C'est vraiment ~, cette histoire !* What a disgraceful business! **2** ~ **(de)** (*sentiment*) ashamed (**of sth**) : *Il se sentait ~.* He felt ashamed.

hooligan *nm* hooligan

hôpital *nm* hospital ☛ *Voir note sous* SCHOOL LOC **hôpital de jour** outpatient clinic **hôpital psychiatrique** psychiatric hospital

hoquet *nm* hiccups [*pl*] : *avoir le ~* to have hiccups

horaire ◆ *nm* **1** (*cours, train*) timetable **2** (*consultation, travail*) hours [*pl*] : *Les ~s de bureau sont 9 heures 17 heures.* Office hours are 9 to 5. ◆ *adj* hourly : *un tarif ~ de 15 euros* an hourly rate of 15 euros LOC *Voir* DÉCALAGE, FUSEAU

horde *nf* horde : *des ~s de touristes* hordes of tourists

horizon *nm* **1** (*ciel*) horizon : *à l'horizon* on the horizon **2 horizons** (*avenir, perspectives*) horizons : *ouvrir de nouveaux ~s* to open up new horizons

horizontal, -e ◆ *adj* horizontal ◆ **horizontale** *nf* horizontal LOC **à l'horizontale** in a horizontal position

horloge *nf* clock : *Quelle heure est-il à l'horloge de la cuisine ?* What time does the kitchen clock say? LOC **horloge biologique** biological clock **horloge parlante** speaking clock *Voir aussi* COUCOU

horloger, -ère *nm-nf* watchmaker LOC **horloger bijoutier** jeweller

horlogerie *nf* **1** (*boutique*) watchmaker's [*pl* watchmakers] **2** (*industrie*) watchmaking

hormone *nf* hormone

horoscope *nm* horoscope

horreur *nf* horror : *un cri d'horreur* a cry of horror ◊ *les ~s de la guerre* the horrors of war ◊ *C'est une véritable ~ !* It's horrible! LOC **avoir horreur de** to hate *sth/doing sth* **quelle horreur !** how awful! *Voir aussi* FILM

horrible *adj* **1** (*mort, pensée*) horrible :

un spectacle ~ a horrible sight **2** (*bruit, douleur*) terrible : *J'ai une ~ douleur à droite.* I have a terrible pain on the right. ◊ *Il fait une chaleur ~.* It's terribly hot. **3** (*goût, odeur*) awful : *Cette pomme a un goût ~.* This apple tastes awful.

horrifié, -e *pp, adj* horrified *Voir aussi* HORRIFIER

horrifier *vt* to horrify

horrifique *adj* horrifying

horripiler *vt* to drive *sb* up the wall

hors *prép* ~ **de 1** (*en dehors de*) outside *sth* : *~ de France* outside France **2** (*loin de, fig*) out **of *sth*** : *~ de danger/de la normale* out of danger/the ordinary ◊ *Garder ~ de la portée des enfants.* Keep out of reach of children. LOC **hors de soi** beside yourself : *Il était ~ de lui.* He was beside himself. **mettre hors de soi** to drive *sb* mad

hors-bord *nm* speedboat

hors-d'œuvre *nm* (*Cuisine*) starter

hors-jeu *nm* offside

hors-la-loi *nm* outlaw

hors-piste *nm* off-piste skiing LOC **faire du hors-piste** to go off-piste skiing

horticulteur, -trice *nm-nf* gardener

horticulture *nf* horticulture

hospice *nm* home LOC **hospice de vieillards** old people's home

hospitalier, -ière *adj* **1** (*personne, ville*) hospitable **2** (*d'hôpital*) hospital [*n attrib*] : *personnel ~* hospital staff ◊ *un centre ~* a hospital LOC *Voir* AGENT

hospitalisation *nf* hospitalization LOC **hospitalisation à domicile** home care

hospitaliser *vt* to admit *sb* to hospital : *Ils l'hospitalisent demain.* He's being admitted to hospital tomorrow. ◊ *Il a été hospitalisé à Lariboisière à 16 h 30.* He was admitted to Lariboisière at 4.30. LOC **se faire hospitaliser** to be admitted to hospital

hospitalité *nf* hospitality : *offrir l'hospitalité à qn* to offer sb hospitality ◊ *Merci de votre ~.* Thank you for your hospitality.

hostile *adj* hostile

hostilité *nf* **1** (*haine*) hostility **2 hostilités** (*guerre*) hostilities

hot dog *nm* hot dog

hôte, hôtesse ◆ *nm-nf* host [*fém* hostess] ◆ *nmf* guest ◆ **hôtesse** *nf* **1** (*de l'air*) stewardess **2** (*congrès*) hostess LOC *Voir* CHAMBRE

hôtel *nm* hotel : *un ~ quatre étoiles* a four-star hotel LOC **hôtel de ville** town hall **hôtel particulier** mansion

hôtelier, -ière ◆ *adj* hotel [*n attrib*] : *l'industrie hôtelière* the hotel industry ◆ *nm-nf* hotelier

hôtellerie *nf* **1** (*hôtel, restaurant*) inn **2** (*métier*) hotel management **3** (*industrie*) hotel trade

hotte *nf* **1** (*cuisinière, cheminée*) hood **2** (*de vendangeur*) basket LOC **hotte aspirante** extractor hood

hou ! *excl* **1** (*effrayer*) boo! **2** (*appeler*) hey! **3** (*pour faire honte*) tut-tut!

houblon *nm* hops [*pl*]

houe *nf* hoe

houille *nf* coal

houiller, -ère ◆ *adj* coal [*n attrib*] ◆ **houillère** *nf* colliery [*pl* collieries] LOC *Voir* BASSIN

houle *nf* swell : *une forte ~* a heavy swell

houleux, -euse *adj* **1** (*mer*) choppy **2** (*réunion*) stormy

hourra ◆ *nm* cheer : *être accueilli par des ~s* to be greeted by cheers ◆ *excl* hooray ! : *~, j'ai réussi mon examen !* Hooray! I've passed! ◊ *Pour le champion, hip hip hip ~ !* Three cheers for the champion!

housse *nf* cover LOC **housse de couette** duvet cover

houx *nm* **1** (*feuille*) holly **2** (*arbre*) holly bush

hublot *nm* **1** (*navire*) porthole **2** (*avion*) window **3** (*machine à laver*) door

hue ! *excl* gee up!

huées *nf* booing [*indénombrable*]

huer ◆ *vt* (*personne, spectacle*) to boo ◆ *vi* (*chouette*) to hoot

huile *nf* **1** (*substance*) oil : *~ de tournesol/d'olive* sunflower/olive oil **2** (*Art*) oil painting : *une ~ de Rembrandt* an oil painting by Rembrandt LOC **huile d'arachide** groundnut oil **huile de foie de morue** cod liver oil **huile de graissage** lubricating oil **huile de maïs** corn oil **huile essentielle** essential oil *Voir aussi* BAIGNER, PEINTURE

huiler *vt* to oil : *~ un verrou* to oil a bolt

huileux, -euse *adj* oily

huilier *nm* oil and vinegar set

huissier *nm* (*Jur*) bailiff

huit *adj, nm* **1** (*gén*) eight **2** (*date*) eighth ☛ *Voir exemples sous* SIX

huitaine *nf* **1** (*semaine*) week : *Elle arrivera dans une ~ de jours.* She'll be arriving in a week's time. **2** (*environ huit*) about eight : *une ~ d'années* about eight years

huitante *adj, nm* eighty ☛ *Voir exemples sous* SOIXANTE

huitantième *adj, nm* eightieth ☛ *Voir exemples sous* SOIXANTIÈME

huitième *adj, nmf* eighth ☛ *Voir exemples sous* SIXIÈME

huître *nf* oyster

hum *excl* **1** (*pour attirer l'attention*) ahem **2** (*exprimant le doute*) hmm

humain, -e ◆ *adj* **1** (*gén*) human : *le corps ~* the human body **2** (*juste*) humane ◆ *nm* human being

humanisme *nm* humanism

humaniste *adj, nm* humanist

humanitaire *adj* humanitarian LOC *Voir* AIDE

humanité *nf* **1** (*humains, altruisme*) humanity : *Ils m'ont traité avec ~.* I was treated humanely. **2 humanités** (*études classiques*) Classics

humble *adj* humble

(s')humecter *vt, v pron* to moisten : *s'humecter les lèvres* to moisten your lips

humeur *nf* mood LOC **être de bonne/mauvaise humeur** to be in a good/bad mood **être d'humeur à** to be in the mood for *doing sth* : *Je ne suis pas d'humeur à blaguer.* I'm not in the mood for jokes. **être d'une humeur de chien** to be in a foul mood **être d'une humeur égale** to be even-tempered **mettre de mauvaise humeur** to make *sb* angry

humide *adj* **1** (*gén*) damp : *Ce mur est ~.* This wall is damp. ◊ *Ces chaussettes sont ~s.* These socks are damp. **2** (*chaleur*) humid : *Il fait une chaleur ~ aujourd'hui.* It's humid today. **3** (*pluvieux*) wet : *un pays ~* a wet country ☛ *Voir note sous* MOIST

humidifier *vt* to dampen

humidité *nf* **1** (*gén*) damp **2** (*atmosphère*) humidity

humiliant, -e *adj* humiliating

humiliation *nf* humiliation

humilier ◆ *vt* to humiliate ◆ **s'humilier** *v pron* to humble yourself (***before sb***)

humilité *nf* humility LOC **en toute humilité** in all humility

humoriste *nmf* humorist

humoristique *adj* humorous LOC *Voir* DESSINATEUR

humour *nm* humour LOC **avoir de l'humour** to have a sense of humour **humour noir** black humour *Voir aussi* SENS

huppé, -e *adj* posh

hurlant, -e *adj* (*strident*) blaring : *une sirène hurlante* a blaring siren

hurlement *nm* **1** (*personne*) shriek **2** (*animal*) howl **3** (*cochon*) squeal **4** (*freins*) screech

hurler ◆ *vt* to yell : *~ à qn de faire qch* to yell at sb to do sth ◊ *Il me hurlait des injures.* He yelled abuse at me. ◆ *vi* **1** (*animaux, personnes*) to howl **2** (*freins*) to screech **3** (*cochon*) to squeal LOC **hurler de rire** to roar with laughter

hutte *nf* hut

hybride *adj, nm* hybrid

hydratant, -e ◆ *adj* moisturizing ◆ *nm* moisturizer LOC **crème hydratante/lait hydratant** moisturizer

hydrate *nm* hydrate LOC **hydrate de carbone** carbohydrate

hydrater ◆ *vt* to moisturize ◆ **s'hydrater** *v pron* to drink fluids : *N'oublie pas de t'hydrater après la gym.* Don't forget to drink plenty of fluids after the gym.

hydraulique *adj* hydraulic

hydroélectrique *adj* hydroelectric

hydrogène *nm* hydrogen

hydrophile *adj* LOC *Voir* COTON

hyène *nf* hyena

hygiène *nf* hygiene LOC **hygiène alimentaire** diet : *une bonne/mauvaise ~ alimentaire* a healthy/unhealthy diet **hygiène corporelle** personal hygiene **hygiène dentaire** oral hygiene

hygiénique *adj* hygienic LOC *Voir* PAPIER, SERVIETTE, TAMPON

hymne *nm* hymn LOC **hymne national** national anthem

hyperactif, -ive *adj* hyperactive

hypermarché *nm* superstore

hypersensible *adj* hypersensitive

hypnose *nf* hypnosis

hypnotique *adj* hypnotic

hypnotiser *vt* **1** (*pr*) to hypnotize **2** (*fig*) to mesmerize

hypnotiseur, -euse *nm-nf* hypnotist

hypnotisme *nm* hypnotism

hypocondriaque *adj, nmf* hypochondriac

hypocrisie *nf* hypocrisy

hypocrite ◆ *adj* hypocritical ◆ *nmf* hypocrite

hypothécaire *adj* mortgage [*n attrib*] : *un prêt ~* a mortgage loan

hypothèque *nf* mortgage

hypothéquer *vt* to mortgage

hypothèse *nf* hypothesis [*pl* hypotheses]

hypothétique *adj* hypothetical

hystérectomie *nf* hysterectomy

hystérie *nf* hysteria

hystérique *adj, nmf* hysterical [*adj*] : *Il est devenu ~.* He became hysterical.

Ii

iceberg *nm* iceberg

ici *adv* **1** (*lieu*) here : *Ils sont ~.* They're here. ◊ *C'est ~ même.* It's right here. ◊ *Viens ~.* Come here. **2** (*temps*) now : *jusqu'ici* up till now LOC **d'ici 1** (*lieu*) from here : *Ils ne sont pas d'ici.* They're not from here. **2** (*temps*) : *Ce sera fini d'ici l'automne.* It will be finished by autumn. **d'ici peu** shortly **par ici** this way : *Par ~ s'il vous plaît.* This way, please.

icône *nf* (*Informatique, Relig*) icon

idéal, -e *adj, nm* ideal : *Ça serait l'idéal.* That would be ideal. ◊ *C'est un homme sans ~.* He's a man without ideals. LOC **avoir un idéal** to have ideals **dans l'idéal** ideally

idéaliser *vt* to idealize

idéalisme *nm* idealism

idéaliste ◆ *adj* idealistic ◆ *nmf* idealist

idée *nf* **1** (*inspiration*) idea : *J'ai une ~.* I've got an idea. **2** (*concept*) concept : *l'idée de la démocratie* the concept of democracy **3 idées** (*idéologie*) convictions : *~s politiques/religieuses* political/religious convictions LOC **aucune idée !** I haven't a clue! **avoir une idée (en tête)** to have something in mind : *Est-ce que tu as une ~?* Do you have anything in mind? **idée cadeau** gift idea **idée fixe** obsession **quelle idée !** what will you, he, etc. think of next? *Voir aussi* CHANGER, CLAIR, MOINDRE

idem *adv* ditto ☛ *Voir note sous* DITTO

identification *nf* identification

identifié, -e *pp, adj* identified LOC **non identifié** unidentified *Voir aussi* IDENTIFIER

identifier ◆ *vt* **1** (*reconnaître*) to identify **2** (*assimiler*) to identify *sb/sth* ***with sth*** ◆ **s'identifier** *v pron* **s'identifier avec** to identify **with** ***sb/sth*** : *Je n'arrivais pas à m'identifier au personnage principal.* I couldn't quite identify with the main character.

identique *adj* ~ **(à)** identical (**to** ***sb/sth***) : *Les deux copies sont ~s.* The two copies are identical. ◊ *Il est ~ au mien.* It's identical to mine.

identité *nf* identity [*pl* identities] : *leur ~ culturelle* their cultural identity LOC *Voir* CARTE, PHOTO, RELEVÉ

idéologie *nf* ideology [*pl* ideologies]

idéologique *adj* ideological

idiomatique *adj* idiomatic

idiot, -e ◆ *adj* stupid ◆ *nm-nf* idiot : *Quel ~ !* What an idiot (he is)! ◊ *mon ~ de beau-frère* my idiotic brother-in-law LOC **faire l'idiot** to play the fool **faire passer pour un idiot** to make a fool of *sb* **l'idiot du village** the village idiot **prendre pour un idiot** to take *sb* for an idiot : *Tu me prends pour un ~ ?* Do you take me for an idiot? *Voir aussi* ESPÈCE

idiotie *nf* stupidity : *le comble de l'idiotie* the height of stupidity LOC **dire des idioties** to talk nonsense

idolâtrer *vt* to idolize

idole *nf* idol

idyllique *adj* idyllic

if *nm* yew

igloo (*aussi* **iglou**) *nm* igloo [*pl* igloos]

ignare ◆ *adj* ignorant ◆ *nmf* ignoramus [*pl* ignoramuses]

ignifugé, -e *pp, adj* fireproof

ignoble *adj* vile

ignorance *nf* ignorance LOC **être d'une ignorance crasse** to be totally ignorant **être dans l'ignorance** to be in the dark *about sth*

ignorant, -e ◆ *adj* ignorant ◆ *nm-nf* ignoramus [*pl* ignoramuses] LOC **faire l'ignorant** to feign ignorance

ignorer *vt* **1** (*ne pas savoir*) not to know : *J'ignore s'ils sont déjà partis.* I don't know if they've already left. **2** (*ne pas tenir compte*) to ignore : *Ils ont décidé d'ignorer les règles du jeu.* They decided to ignore the rules of the game. **3** (*laisser passer*) to overlook : *Tu as ignoré un petit détail.* You've overlooked one small detail.

il *pron pers* **1** (*personne*) he : *Il a faim.* He's hungry. **2** (*chose, animal, sujet d'un v impers*) it : *Il pleut.* It's raining.

île *nf* island : *les ~s Anglo-normandes* the Channel Islands LOC **île déserte** desert island **les îles Britanniques** the British Isles

illégal, -e *adj* illegal

illégalité *nf* illegality LOC **être dans l'illégalité** to be in breach of the law

illégitime *adj* illegitimate

illettré, -e *adj, nm-nf* illiterate

illicite *adj* illicit

illimité, -e *adj* unlimited

illisible *adj* **1** (*écriture*) illegible **2** (*œuvre*) unreadable

illogique *adj* illogical

illumination *nf* **1** (*bâtiment*) floodlighting **2** (*idée*) brainwave : *Caroline vient d'avoir une ~.* Caroline has just had a brainwave.

illuminé, -e *pp, adj* **1** (*bâtiment*) floodlit **2** ~ **(de/par)** (*visage*) radiant (**with** ***sth***) *Voir aussi* ILLUMINER

illuminer ♦ *vt* to light *sth* up : *~ un monument* to light up a monument ◊ *Un sourire illuminait son visage.* A smile lit up her face. ♦ **s'illuminer** *v pron* **s'illuminer (de)** to light up (**with** ***sth***)

illusion *nf* illusion LOC **faire illusion** to fool people **illusion d'optique** optical illusion **ne pas se faire d'illusions** to face facts : *Ne te fais pas d'illusions, ils ne viendront pas.* Face facts, they're not coming. **se faire des illusions** to build up your hopes

s'illusionner *v pron* to delude yourself

illusionniste *nmf* conjurer

illusoire *adj* illusory

illustrateur, -trice *nm-nf* illustrator

illustration *nf* illustration

illustre *adj* illustrious : *personnalités ~s* illustrious figures

illustré ♦ *pp, adj* ~ **(de)** illustrated (**with** ***sth***) ♦ *nm* comic *Voir aussi* ILLUSTRER

illustrer *vt* ~ **(de)** to illustrate *sth* (**with** ***sth***)

îlot *nm* island : *des ~s de prospérité* islands of prosperity

ils *pron pers* they : *Ils ont faim.* They're hungry.

image *nf* **1** (*dessin, Cin, Télé*) picture **2** (*apparence, expression figurée*) image : *Les miroirs déformaient son ~.* The mirrors distorted his image. ◊ *J'aimerais changer mon ~.* I'd like to change my image. LOC **image de marque** corporate image *Voir aussi* SAGE

imaginable *adj* imaginable

imaginaire *adj* imaginary

imaginatif, -ive *adj* imaginative

imagination *nf* imagination LOC **avoir de l'imagination** to have a lot of imagination

imaginer ♦ *vt* **1** (*se représenter*) to imagine : *J'imagine (que oui).* I imagine so. **2** (*inventer*) to think *sth* up, to devise (*plus sout*) ♦ **s'imaginer** *v pron* **1** (*se représenter*) to imagine *sth* : *Elle s'imaginait un soleil rayonnant.* She imagined a blazing sun. **2** (*se voir*) to imagine yourself : *Il s'imaginait au bord de la mer.* He imagined himself at the seaside. **3 s'imaginer (que...)** (*croire*) to think (**that**)... : *Elle s'imagine pouvoir m'avoir.* She thinks she can fool me.

imbattable *adj* unbeatable

imbécile ♦ *adj* stupid ♦ *nmf* idiot : *Tais-toi, ~!* Be quiet, you idiot! LOC **faire l'imbécile** to play the fool **prendre pour un imbécile** to take *sb* for an idiot

imbécilité *nf* stupidity

imbiber ♦ *vt* to soak : *~ le coton d'eau oxygénée.* Soak the cotton wool in hydrogen peroxide. ♦ **s'imbiber** *v pron* **s'imbiber de** to soak *sth* up

imbriqué, -e *pp, adj* **1** (*qui se chevauche*) overlapping **2** (*enchevêtré*) interwoven

imbu, -e *adj* : *Il est vraiment ~ de sa personne.* He's really full of himself.

imbuvable *adj* **1** (*liquide*) undrinkable **2** (*personne*) unbearable

imitateur, -trice *nm-nf* impersonator

imitation *nf* imitation

imiter *vt* **1** (*copier*) to imitate : *Les enfants imitent leurs parents.* Children imitate their parents. **2** (*parodier*) to mimic : *Il sait vraiment bien ~ les professeurs.* He's really good at mimicking the teachers.

immaculé, -e *adj* immaculate

immangeable *adj* inedible

immatriculation *nf* registration LOC *Voir* NUMÉRO

immatriculer *vt* to register : *faire ~ sa voiture* to register your car ◊ *se faire ~ auprès du consulat* to register at the consulate

immature *adj* (*personne*) immature

immaturité *nf* immaturity

immédiat, -e *adj* immediate LOC **dans l'immédiat** for the time being

immédiatement *adv* immediately : *Je me suis levé ~.* I stood up immediately.

immense *adj* **1** (*objet, lieu*) huge : *Cet arbre est ~.* That tree is huge. **2** (*sentiment*) great : *une joie/peine ~* great happiness/sorrow LOC **l'immense majorité** the vast majority [*v pl*]

immensité *nf* immensity

immerger *vt* to submerge

immérité, -e *adj* undeserved

immeuble *nm* block of flats [*pl* blocks of flats]

immigrant, -e *adj, nm-nf* immigrant

immigration *nf* immigration

immigré, -e *nm-nf* immigrant LOC **immigré clandestin** illegal immigrant

immigrer *vi* to immigrate

imminent, -e *adj* imminent : *Leur arrivée est imminente.* They will be arriving imminently.

s'immiscer *v pron* ~ **dans** to meddle **in** ***sth***

immobile *adj* still : *rester* ~ to stand still

immobilier, -ière ◆ *adj* property [*n attrib*] : *le marché* ~ the property market ◆ *nm* property : *la chute de l'immobilier* the fall in property prices LOC *Voir* AGENCE, EMPRUNT, PROMOTEUR

immobiliser *vt* to immobilize

immobilité *nf* **1** (*personne, animal*) immobility **2** (*air, eau*) stillness

immonde *adj* vile

immoral, -e *adj* immoral

immoralité *nf* immorality

immortaliser *vt* to immortalize

immortalité *nf* immortality

immortel, -elle *adj, nm-nf* immortal

immunisé, -e *pp, adj* immune (***to sth***) *Voir aussi* IMMUNISER

immuniser *vt* ~ **(contre)** to immunize *sb* (***against sth***)

immunitaire *adj* immune

immunité *nf* immunity : *bénéficier de l'immunité diplomatique* to have diplomatic immunity

impact *nm* **1** (*collision, impression, répercussion*) impact : *l'impact sur l'environnement* the impact on the environment **2** (*marque*) hole : *deux ~s de balle* two bullet holes

impair, -e *adj* odd : *nombres ~s* odd numbers LOC *Voir* PAIR

impardonnable *adj* unforgivable

imparfait, -e *adj* imperfect

impartial, -e *adj* impartial

impartialité *nf* impartiality

impasse *nf* **1** (*endroit*) cul-de-sac [*pl* cul-de-sacs] **2** (*situation*) deadlock : *sortir de l'impasse* to break the deadlock

impassible *adj* impassive LOC **rester impassible** not to bat an eyelid : *Elle est restée ~.* She didn't bat an eyelid.

impatience *nf* impatience LOC *Voir* FRÉTILLER, PIAFFER

impatient, -e *adj* impatient

impatienter ◆ *vt* to annoy ◆ **s'impatienter** *v pron* **1 s'impatienter (à cause de)** to get worked up (**about** ***sth***) **2 s'impatienter (contre)** to lose your patience (**with** ***sb***)

impayé, -e *adj* unpaid

impeccable *adj* impeccable

impénétrable *adj* impenetrable

impensable *adj* unthinkable

impératif, -ive *adj, nm* imperative

impératrice *nf* empress

imperceptible *adj* imperceptible

imperfection *nf* imperfection

impérial, -e ◆ *adj* imperial ◆ **impériale** *nf* upper deck LOC **autobus/bus à impériale** double-decker

impérialisme *nm* imperialism

impérialiste *adj* imperialist

imperméable ◆ *adj* **1** (*tissu*) waterproof **2** (*sol*) impermeable ◆ (*aussi* **imper**) *nm* mac

impersonnel, -elle *adj* impersonal

impertinence *nf* impertinence LOC **avec impertinence** impertinently

impertinent, -e *adj* ~ **(envers)** impertinent (**to** ***sb***)

imperturbable *adj* imperturbable LOC **rester imperturbable** to remain unperturbed

impitoyable *adj* merciless

implacable *adj* implacable

implanter *vt* **1** (*usine*) to locate **2** (*cheveux, embryon*) to implant

implication *nf* **1** (*participation*) involvement **2** (*conséquence*) implication

implicite *adj* implicit

impliquer *vt* **1** ~ **(dans)** (*mêler*) to implicate *sb* (**in** ***sth***) : *Il a été impliqué dans l'assassinat.* He was implicated in the murder. **2** (*sous-entendre*) to imply

implorer *vt* **1** (*demander*) to beg ***for sth*** : *Ils ont imploré sa pitié.* They begged him for mercy. **2** ~ **qn (de faire qch)** (*supplier*) to beg **sb (to do sth)** : *Elle vous implore de la pardonner.* She begs you to forgive her.

impoli, -e *adj* rude

impolitesse *nf* rudeness

impopulaire *adj* unpopular

importance *nf* **1** (*gravité*) importance : *un événement d'importance internationale* an event of international importance **2** (*taille*) size : *une ville d'une ~ moyenne* a medium-sized town LOC **avoir de l'importance** to be important **ça n'a pas d'importance** it doesn't matter : *Que ce soit noir ou blanc, ça n'a pas d'importance.* It doesn't matter whether it's black or white.

prendre de l'importance to gain in importance **sans importance** unimportant **se donner de l'importance** to make yourself look important

important, -e *adj* **1** (*essentiel, influent*) important : *Il est ~ que tu assistes aux cours.* It's important for you to attend lectures. ◊ *un personnage ~* an important figure **2** (*grand*) considerable : *un nombre ~ d'offres* a considerable number of offers ◊ *une somme importante* a considerable amount of money LOC **faire l'important** to act important **l'important c'est que...** the main thing is (that)... : *L'important c'est qu'il y aille, peu importe comment.* It doesn't matter how he goes, the main thing is that he goes. **se prendre pour quelqu'un d'important** to think you're important

importateur, -trice *nm-nf* importer

importation *nf* import : *l'importation de blé* the import of wheat ◊ *réduire les ~s* to reduce imports LOC **d'importation** imported : *une voiture d'importation* an imported car

importer ◆ *vi* (*avoir de l'importance*) to matter : *La santé est ce qui importe le plus.* Health is what matters most. ◆ *vt* to import : *La France importe du pétrole.* France imports oil. LOC **n'importe comment** any old how **n'importe lequel 1** (*entre deux*) either (one) : *N'importe lequel fera l'affaire.* Either (of them) will do. ◊ *« Lequel des deux livres dois-je choisir ? — N'importe lequel. »* 'Which of the two books should I take?' 'Either one (of them).' **2** (*entre plus de deux*) any (one) : *dans n'importe laquelle de ces villes* in any one of those cities **n'importe où** anywhere : *Tu peux le faire réparer n'importe où.* This can be repaired anywhere. **n'importe quel** any : *Prends n'importe quel bus en direction du centre-ville.* Catch any bus that goes into town. **n'importe qui** (*tout le monde*) anybody : *Ça peut arriver à n'importe qui.* It could happen to anybody. **n'importe quoi 1** (*objet quelconque*) anything : *Offre-lui quelque chose, n'importe quoi.* Offer him something, anything at all. **2** (*niaiserie*) rubbish : *Ce qu'il dit c'est n'importe quoi.* He's talking rubbish. **peu importe** it doesn't matter

import-export *nm* import-export trade LOC **d'import-export** import-export : *une entreprise d'import-export* an import-export business

imposant, -e *adj* **1** (*stature, monument*) imposing **2** (*œuvre*) impressive

imposer ◆ *vt* to impose *sth* (**on sb**) : *~ des conditions* to impose conditions ◆ **s'imposer** *v pron* **1** (*s'astreindre à*) to give yourself *sth* : *s'imposer une discipline* to discipline yourself **2** (*être nécessaire*) to be necessary : *Des mesures s'imposent.* Steps must be taken.

impossibilité *nf* impossibility

impossible *adj, nm* impossible : *Il est quasiment impossible d'obtenir un poste.* It's almost impossible to get a job. ◊ *Ne demande pas l'impossible.* Don't ask (for) the impossible. LOC *Voir* VIE

imposteur *nm* impostor

imposture *nf* sham

impôt *nm* tax : *exempt d'impôts* tax free LOC **impôt foncier** property tax **impôt sur le revenu** income tax *Voir aussi* DÉCLARATION

impraticable *adj* **1** (*idée*) impracticable **2** (*chemin*) impassable

imprécis *adj* imprecise

imprégner *vt* to soak

imprenable *adj* impregnable

imprésario (*aussi* **impresario**) *nm* impresario [*pl* impresarios]

impression *nf* **1** (*sentiment immédiat, marque morale*) impression : *ma première ~* my first impression ◊ *faire ~* to make an impression ◊ *faire bonne/mauvaise ~* to make a good/bad impression **2** (*sensation*) feeling : *J'ai l'impression qu'on nous surveille.* I have a feeling we're being watched. **3** (*procédé*) printing : *prêt pour ~* ready for printing

impressionnable *adj* impressionable

impressionnant, -e *adj* impressive : *une réussite impressionnante* an impressive achievement

impressionner *vt* **1** (*gén*) to impress : *Son efficacité m'impressionne.* I'm impressed by her efficiency. **2** (*choquer*) to shock : *Nous avons été très impressionnés par l'accident.* We were shocked by the accident.

impressionnisme *nm* impressionism

impressionniste *adj, nmf* impressionist

imprévisible *adj* unforeseeable

imprévu, -e ◆ *adj* **1** (*non prévu*) unforeseen : *un événement ~* an unforeseen event **2** (*non prévisible*) unexpected : *une découverte imprévue* an unexpected discovery ◆ *nm* : *Il y a eu un ~.* Something unexpected has come up. ◊ *J'ai de l'argent de côté pour faire face aux ~s.* I've got some money put aside for a rainy day.

imprimante *nf* printer

imprimé, -e ◆ *pp, adj* (*tissu*) printed ◆ *nm* **1** (*formulaire*) form **2** (*prospectus*) booklet *Voir aussi* IMPRIMER

imprimer *vt* **1** (*imprimante*) to print **2** (*empreinte*) to imprint

imprimerie *nf* **1** (*atelier*) printer's [*pl* printers] **2** (*machine*) printing press **3** (*procédé*) printing

imprimeur *nm* printer

improbable *adj* improbable

impromptu, -e *adj, adv* impromptu LOC **à l'impromptu** unexpectedly : *arriver à l'impromptu* to arrive unexpectedly

improvisation *nf* improvisation

improviser *vt* to improvise

improviste LOC **à l'improviste** unexpectedly *Voir aussi* DÉBARQUER

imprudence *nf* carelessness

imprudent, -e *adj* **1** (*conducteur, parole*) careless **2** (*action*) rash

impudent, -e *adj* impudent

impuissance *nf* **1** (*manque de puissance*) powerlessness **2** (*sexuelle*) impotence

impuissant, -e *adj* **1** (*sans puissance*) helpless **2** (*sexuellement*) impotent

impulsif, -ive *adj* impulsive

impulsion *nf* impulse

impulsivité *nf* impulsiveness LOC **avec impulsivité** impulsively : *agir avec* ~ to act impulsively

impur, -e *adj* **1** (*gén*) impure **2** (*eau*) dirty

impureté *nf* impurity [*pl* impurities]

inabordable *adj* **1** (*lieu*) inaccessible **2** (*personne*) unapproachable **3** (*prix*) prohibitive : *un hôtel* ~ a prohibitively-priced hotel

inacceptable *adj* unacceptable

inaccessible *adj* inaccessible

inachevé, -e *adj* unfinished

inactif, -ive *adj* **1** (*personne, cerveau*) idle **2** (*volcan*) inactive

inadapté, -e ◆ *adj* **1** (*enfant*) maladjusted **2** ~ **(à)** (*méthode, outil*) unsuitable (**for** ***sth***) **3** (*mal préparé*) ill-equipped ◆ *nm-nf* misfit

inadéquat, -e *adj* **1** (*inapproprié*) inadequate **2** (*qui ne convient pas*) unsuitable

inanimé, -e *adj* **1** (*matière*) inanimate **2** (*personne*) unconscious

inaperçu, -e *adj* unnoticed LOC **passer inaperçu** to go unnoticed : *Tu ne risques pas de passer* ~. There's no danger of you going unnoticed.

inapproprié, -e *adj* inappropriate : *un commentaire* ~ an inappropriate comment

inarticulé, -e *adj* inarticulate

inattaquable *adj* unassailable

inattendu, -e *adj* unexpected

inattentif, -ive *adj* inattentive

inattention *nf* : *un moment d'inattention* a lapse of concentration ◊ *une faute d'inattention* a careless mistake ◊ *par* ~ through carelessness

inaudible *adj* inaudible

inaugural, -e *adj* **1** (*cérémonie*) opening **2** (*discours*) inaugural

inauguration *nf* opening, inauguration (*sout*) : *la cérémonie d'inauguration* the opening ceremony

inaugurer *vt* to open, to inaugurate (*sout*)

incalculable *adj* **1** (*risque*) incalculable **2** (*nombre*) huge

incandescent, -e *adj* incandescent

incapable *adj* ~ **de** incapable **of** ***sth/ doing sth*** : *Il est ~ de travailler seul.* He's incapable of working on his own.

incapacité *nf* **1** (*impossibilité*) inability (***to do sth***) **2** (*handicapé*) disability

incassable *adj* unbreakable

incendiaire *adj* **1** (*matières*) incendiary **2** (*discours*) inflammatory

incendie *nm* fire : *éteindre un* ~ to put out a fire LOC **incendie criminel/ volontaire** arson **incendie de forêt** forest fire *Voir aussi* ALARME, BOUCHE, LANCE

incendier *vt* to set fire **to** ***sth*** : *Un fou a incendié l'école.* A madman has set fire to the school.

incertain, -e *adj* **1** ~ **(de)** (*personne*) unsure (**of** ***sth***) : *Il est très ~ de son sort.* He is unsure of his fate. **2** (*date, résultat, temps*) uncertain

incertitude *nf* uncertainty

incessant, -e *adj* incessant

inceste *nm* incest

incident *nm* incident

incinérateur *nm* incinerator

incinérer *vt* **1** (*gén*) to incinerate **2** (*cadavre*) to cremate

incisif, -ive ◆ *adj* incisive ◆ **incisive** *nf* incisor

incision *nf* incision : *faire une ~ dans qch* to make an incision in sth

inciter *vt* **1** (*encourager*) to encourage : ~ *qn à prendre une décision* to encourage sb to make a decision **2** (*pousser*) to incite : ~ *qn à la violence* to incite sb to violence

inclinable *adj* reclining : *sièges ~s* reclining seats

inclinaison *nf* **1** (*route*) incline **2** (*mur, siège*) angle

incliner ◆ *vt* **1** (*gén*) to tilt : *Incline un peu l'ombrelle.* Tilt the umbrella a bit. **2** (*approuver, saluer*) to nod : ~ *la tête* to nod your head ◆ **s'incliner** *v pron* **1** (*se pencher*) to lean forward **2 s'incliner (devant)** (*par politesse*) to bow (**to *sb***) **3 s'incliner devant** (*accepter*) to accept *sth* : *Elle s'est inclinée devant les faits.* She accepted the facts. **5** (*s'avouer vaincu*) to bow out

inclure *vt* to include

inclus, -e *pp, adj* inclusive : *du 3 au 7* ~ from the 3rd to the 7th inclusive ◊ *jusqu'au samedi* ~ up to and including Saturday *Voir aussi* INCLURE

inclusion *nf* inclusion

inclusivement *adv* inclusive

incognito *adv* incognito : *voyager* ~ to travel incognito

incohérent, -e *adj* **1** (*confus*) incoherent : *mots ~s* incoherent words **2** (*illogique*) inconsistent : *un comportement* ~ inconsistent behaviour

incolore *adj* colourless

incommoder *vt* to trouble

incomparable *adj* matchless

incompatibilité *nf* incompatibility

incompatible *adj* incompatible

incompétence *nf* incompetence

incompétent, -e *adj, nm-nf* incompetent

incomplet, -ète *adj* incomplete : *information incomplète* incomplete information

incompréhensible *adj* incomprehensible

incompréhension *nf* incomprehension

incompris, -e *adj* misunderstood

inconcevable *adj* inconceivable

inconditionnel, -elle *adj* unconditional

inconfort *nm* discomfort

inconfortable *adj* uncomfortable

inconnu, -e ◆ *adj* unknown : *une équipe inconnue* an unknown team ◆ *nm-nf* stranger

inconscient, -e ◆ *adj* **1** (*sans connaissance, automatique*) unconscious : *Le malade est ~.* The patient is unconscious. ◊ *un geste* ~ an unconscious gesture **2** (*irresponsable*) irresponsible : *Tu es ~.* You're so irresponsible. ◆ *nm* **l'inconscient** the unconscious

inconsolable *adj* inconsolable

incontestable *adj* indisputable

incontinent, -e *adj* incontinent

incontrôlable *adj* **1** (*invérifiable*) unverifiable **2** (*indomptable*) uncontrollable LOC **être incontrôlable** to be out of control

incontrôlé, -e *adj* unchecked

inconvenant, -e *adj* **1** (*attitude, propos*) improper **2** (*terme*) inappropriate

inconvénient *nm* drawback : *Le principal ~ de cet appartement est le bruit.* The main drawback to this flat is the noise. ◊ *Il y a des avantages et des ~s.* It has its advantages and disadvantages. LOC **les inconvénients du métier** : *Ça, ce sont les ~s du métier.* That's just part and parcel of the job.

incorporé, -e *pp, adj* (*Techn*) built-in : *avec antenne incorporée* with a built-in aerial *Voir aussi* INCORPORER

incorporer *vt* **1** (*gén*) to incorporate : *de nouveaux mots incorporés à la langue* new words incorporated into the language **2** (*Cuisine*) to blend *sth* in

incorrect, -e *adj* **1** (*erroné*) incorrect **2** (*conduite*) impolite

incorrigible *adj* incorrigible

incriminer *vt* **1** (*accuser*) to accuse : *On l'a incrimine à tort.* He was wrongly accused. **2** (*action*) to condemn

incroyable *adj* incredible

s'incruster *v pron* **1** (*projectile*) to embed itself : *La balle s'est incrustée dans le mur.* The bullet embedded itself in the wall. **2** (*s'imposer*) to stick around : *Il est arrivé lundi et il s'est incrusté jusqu'à samedi.* He arrived on Monday and stuck around until Saturday.

inculpation *nf* charge LOC *Voir* CHEF

inculper *vt* to charge *sb* ***with sth*** : *Elle a été inculpée de fraude.* She was charged with fraud.

inculquer *vt* ~ **(à)** to instil *sth* (**in *sb***)

inculte *adj* ignorant : *Il est complètement ~.* He's so ignorant.

incurable *adj* (*maladie*) incurable

Inde *nf* **l'Inde** India LOC *Voir* COCHON

indécent, -e *adj* indecent

indécis, -e ◆ *adj* **1** (*caractère*) indecisive **2** (*pas encore décidé*) undecided : *Je suis ~ sur ce que je dois faire.* I'm undecided about what to do. ◆ *nm-nf* **1** (*de caractère*) indecisive [*adj*] : *C'est* *un éternel ~.* He's hopelessly indecisive. **2 les indécis** the don't-knows

indécision *nf* indecision

indéfini, -e *adj* **1** (*période*) indefinite : *une grève indéfinie* an indefinite strike **2** (*malaise, tristesse*) vague LOC *Voir* ARTICLE

indélébile *adj* indelible

indemne *adj* unharmed : *s'en sortir ~* to escape unharmed

indemniser *vt* to pay *sb* compensation (***for sth***)

indemnité *nf* **1** (*allocation*) allowance : *~ de déplacement* travel allowance **2** (*compensation*) payout : *~s de licenciement* redundancy payouts

indéniable *adj* undeniable

indépendance *nf* independence : *accéder à l'indépendance* to achieve independence

indépendant, -e ◆ *adj* **1** (*gén*) independent : *Il est très ~.* He's very independent. **2** (*séparé*) separate : *un logement avec entrée indépendante* accommodation with a separate entrance ◆ *adj, nm-nf* (*travailleur*) self-employed [*adj*] LOC **devenir indépendant** (*partir de chez ses parents*) to leave home

indépendantiste *adj, nmf* separatist

indescriptible *adj* indescribable

indésirable *adj* undesirable

indestructible *adj* indestructible

indéterminé, -e *adj* indefinite : *Le concert est reporté à une date indéterminée.* The concert has been postponed indefinitely.

index *nm* **1** (*doigt*) index finger **2** (*dans un livre*) index [*pl* indexes]

indicateur *nm* **1** (*Techn*) gauge : *~ de pression* pressure gauge **2** (*Écon*) indicator **3** (*informateur*) informer

indicatif *nm* **1** (*Gramm*) indicative **2** (*téléphone*) code : *Quel est l'indicatif de Paris ?* What's the code for Paris? **3** (*musique*) theme tune

indication *nf* **1** (*indice*) indication : *Ce phénomène est une ~ de l'état général de l'économie.* This phenomenon is an indication of the general state of the economy. **2 indications** (*instructions*) instructions : *Suis les ~s du livret.* Follow the instructions in the booklet. **3 indications** (*chemin*) directions : *Nous nous sommes perdus malgré ses ~s.* We got lost in spite of his directions. **4 indications** (*Méd*) indications

indice *nm* **1** (*Math, Écon*) index [*pl* indices] : *l'indice du coût de la vie* the cost of living index **2** (*information*) clue : *Donne-moi un ~.* Give me a clue. **3** (*signe*) sign : *C'est l'indice d'un malaise social grave.* It's a sign of serious social unrest. LOC **indice des prix** price index

indien, -ienne ◆ *adj* Indian : *l'océan Indien* the Indian Ocean ◆ **Indien, -ienne** *nm-nf* Indian : *les Indiens* the Indians LOC *Voir* FILE

indifférence *nf* indifference (***to sb/sth***)

indifférent, -e *adj* indifferent (***to sb/sth***), not interested (***in sb/sth***) (*plus fam*) : *Ils sont ~s à la mode.* They aren't interested in fashion. LOC **ça m'est, t'est, etc. indifférent** it's all the same to me, you, etc.

indigène ◆ *adj* **1** (*flore, faune*) native **2** (*population, langue*) indigenous ◆ *nmf* native

indigeste *adj* indigestible

indigestion *nf* indigestion [*indénombrable*] : *avoir/faire une ~* to have indigestion ◊ *J'ai fait une ~ de mousse au chocolat.* I've eaten too much chocolate mousse.

indignation *nf* indignation

indigne *adj* **1** (*méprisable*) disgraceful : *Votre conduite est ~ !* Your behaviour is disgraceful! **2 ~ (de)** (*pas digne*) unworthy (**of *sb/sth***) : *un comportement ~ d'un directeur* behaviour unworthy of a manager

indigné, -e *pp, adj* indignant (***at/about/over sth***) *Voir aussi* INDIGNER

indigner ◆ *vt* to outrage : *Les déclarations du ministre ont indigné de nombreux Français.* The minister's declarations outraged many French people. ◆ **s'indigner** *v pron* to be outraged (***by sth***) : *Elle s'est indignée de leur conduite.* She was outraged by their behaviour.

indiqué, -e *pp, adj* **1** (*qui convient*) suitable : *C'est le moyen tout ~ de résoudre ce problème.* It's the best way to solve this problem. **2** (*convenu*) specified **3** (*conseillé*) recommended *Voir aussi* INDIQUER

indiquer *vt* **1** (*montrer*) to show, to indicate (*plus sout*) : *~ le chemin* to show the way **2** (*signaler*) to point *sth* out (***to sb***) : *Il a indiqué qu'il y avait une erreur.* He pointed out that there was a mistake. **3** (*panneau*) to mark : *Les flèches vertes indiquent la sortie.* The exit is marked by green arrows. **4** (*horloge*) to say **5** (*dire, donner*) to state : *la date indiquée dans le document* the date stated in the document **6** (*suggérer*) to suggest : *Tout indique qu'elle était au courant.*

Everything suggests she knew. **7** (*conseiller*) to recommend : *Peux-tu m'indiquer un bon boucher?* Can you recommend a good butcher? LOC **indiquer du doigt** to point at *sth*

indirect, -e *adj* indirect

indiscipliné, -e *adj* undisciplined

indiscret, -ète ◆ *adj* **1** (*curieux*) nosy : *C'était ~ de sa part de demander.* It was nosy of her to ask. **2** (*qui parle trop*) indiscreet ◆ *nm-nf* **1** (*curieux*) nosy parker **2** (*qui parle trop*) loose talker LOC **si ce n'est pas indiscret** if you don't mind my asking

indiscrétion *nf* **1** (*curiosité*) inquisitiveness : *Il est d'une ~ notoire.* His inquisitiveness is well known. **2** (*tendance à trop parler*) indiscretion LOC **sans indiscrétion** if you don't mind my asking : *Sans ~, je peux savoir combien tu gagnes?* If you don't mind my asking, how much do you earn?

indiscutable *adj* indisputable

indispensable ◆ *adj* **1** (*essentiel*) essential : *Il est ~ que vous soyez à l'heure.* It's essential that you're on time. **2** (*personne*) indispensable : *se rendre ~* to make yourself indispensable ◆ *nm* the bare essentials [*pl*] : *N'emportez que l'indispensable.* Only take the bare essentials.

indisposé, -e *adj* **1** (*souffrant*) unwell : *Il n'est pas à l'école parce qu'il est ~.* He hasn't come to school because he's unwell. **2** (*qui a ses règles*) : *Elle est indisposée.* She's got her period.

individu *nm* individual

individualité *nf* individuality

individuel, -elle *adj* **1** (*gén*) individual : *portions individuelles* individual portions **2** (*chambre*) single **3** (*maison*) detached

indolent, -e *adj* indolent

indolore *adj* painless

indu, -e *adj* LOC **à des heures indues** at an unearthly hour : *Il rentre toujours à des heures indues.* He always gets back at an unearthly hour.

indubitable *adj* indubitable LOC **c'est indubitable** no doubt about it : *Elle a beaucoup de talent, c'est ~.* She's very talented, no doubt about it. **il est indubitable que...** there is no doubt that...

indubitablement *adv* undoubtedly

indulgence *nf* leniency : *Ils ont fait preuve de beaucoup d'indulgence à son égard.* They've been very lenient with him.

indulgent, -e *adj* **1** (*personne*) lenient **2** (*sourire*) indulgent

industrialisation *nf* industrialization

industrialisé, -e *pp, adj* industrialized : *les pays ~s* industrialized countries

industrie *nf* industry [*pl* industries] : *~ alimentaire/sidérurgique* food/iron and steel industry LOC *Voir* CHAMBRE

industriel, -ielle ◆ *adj* industrial ◆ *nm-nf* industrialist LOC *Voir* DESSIN, QUANTITÉ, UNITÉ, ZONE

inédit, -e *adj* **1** (*roman*) unpublished **2** (*film, CD*) unreleased **3** (*idée, solution*) novel

inefficace *adj* **1** (*gén*) ineffective : *un traitement ~* an ineffective treatment **2** (*personne*) inefficient

inégal, -e *adj* **1** (*surface, qualité, combat*) uneven **2** (*pouls*) irregular

inégalé, -e *adj* unequalled

inégalité *nf* **1** (*injustice*) inequality [*pl* inequalities] : *les ~s sociales* social inequalities **2** (*irrégularité*) unevenness : *l'inégalité du terrain* the unevenness of the ground

inépuisable *adj* **1** (*gén*) inexhaustible : *des réserves ~s de pétrole* inexhaustible oil reserves **2** (*bavard*) : *Elle est ~ sur ce sujet.* She can talk for hours on this subject.

inerte *adj* **1** (*inanimé*) motionless **2** (*apathique*) passive : *Elle était devant la télé, complètement ~.* She sat passively in front of the TV.

inertie *nf* inertia

inespéré, -e *adj* unexpected

inestimable *adj* **1** (*objet*) : *un tableau d'une valeur ~* a priceless painting **2** (*bienfaits, aide*) invaluable

inévitable *adj* inevitable

inexact, -e *adj* wrong : *Les renseignements qu'on vous a donnés sont ~s.* The information you've been given is wrong.

inexcusable *adj* inexcusable

inexistant, -e *adj* non-existent

inexorable *adv* inexorable

inexpérience *nf* inexperience

inexpérimenté, -e *adj* inexperienced

inexplicable *adj* inexplicable

infaillible *adj* infallible

infâme *adj* **1** (*odieux*) vile : *un crime ~* a vile crime **2** (*dégoûtant*) revolting : *une odeur ~* a revolting smell

infanterie *nf* infantry [*v sing ou pl*] LOC **infanterie de marine** marines [*pl*]

infantile *adj* **1** (*maladie*) childhood [*n*

attrib] **2** (*péj*) childish, infantile (*plus sout*) : *Il est complètement ~.* He's really childish.

infarctus *nm* heart attack

infatigable *adj* tireless

infect, -e *adj* horrible : *être ~ avec qn* to be horrible to sb

infecter ◆ *vt* to infect ◆ **s'infecter** *v pron* to become infected : *La plaie s'est infectée.* The wound has become infected.

infectieux, -ieuse *adj* infectious

infection *nf* **1** (*Méd*) infection **2** (*puanteur*) stench : *Quelle ~ !* What a stench!

inférieur, -e ◆ *adj* **1** ~ **(à)** (*en qualité*) inferior (**to sb/sth**) : *d'une qualité inférieure à la vôtre* inferior to yours **2** ~ **(à)** (*plus petit*) lower (**than *sth***) : *un taux de natalité ~ à celui de l'année passée* a lower birth rate than last year **3** (*du bas*) : *à l'étage ~* downstairs ◆ *nm-nf* inferior : *Elle les considère comme ses ~s.* She considers them her inferiors.

infériorité *nf* inferiority LOC *Voir* COMPLEXE

infernal, -e *adj* **1** (*bruit, chaleur*) infernal **2** (*enfant*) diabolical

infester *vt* to infest : *La maison est infestée de souris.* The house is infested with mice.

infidèle *adj* **1** (*personne*) unfaithful (**to sb/sth**) : *Il lui a été ~.* He has been unfaithful to her. **2** (*traduction, portrait*) inaccurate

infidélité *nf* (*en amour*) infidelity [*pl* infidelities]

infiltrer ◆ *vt* to infiltrate ◆ **s'infiltrer** *v pron* **1** (*liquide*) to seep ***through sth*** : *L'eau s'infiltre par une fissure dans le plafond.* The water is seeping through a crack in the ceiling. **2 s'infiltrer dans/chez** (*personne*) to infiltrate *sth*

infime *adj* minute

infini, -e ◆ *adj* infinite : *Les possibilités sont infinies.* The possibilities are infinite. ◊ *Il faut une patience infinie.* You need infinite patience. ◆ *nm* infinity

infinité *nf* LOC **une infinité de** a great many : *une ~ de gens/choses* a great many people/things

infinitif *nm* infinitive

infirme ◆ *adj* disabled ◆ *nmf* disabled person [*pl* disabled people]

infirmerie *nf* **1** (*gén*) infirmary [*pl* infirmaries] **2** (*à l'école*) sickroom

infirmier, -ière *nm-nf* nurse

infirmité *nf* disability [*pl* disabilities]

inflammable *adj* flammable

inflammation *nf* (*Méd*) swelling, inflammation (*sout*)

inflation *nf* inflation

infliger *vt* to inflict *sth* ***on sb***

influence *nf* influence (**on/over sb/sth**) : *Je n'ai aucune ~ sur lui.* I have no influence over him.

influencer *vt* to influence : *Je ne veux pas t'influencer dans ta décision.* I don't want to influence your decision. ◊ *se laisser ~* to be influenced

influer *vi* ~ **sur** to influence *sth*

infographie *nf* computer graphics

infondé, -e *adj* unfounded

informateur, -trice *nm-nf* informer

informaticien, -ienne *nm-nf* IT specialist

information *nf* **1** (*gén*) information (**on/about sb/sth**) [*indénombrable*] : *demander des ~s* to ask for information ◊ *d'après leurs ~s* according to their information

> Certains mots anglais correspondant à des mots français qui s'emploient souvent au pluriel sont indénombrables et ne peuvent donc pas être employés qu'au singulier. Parmi les plus fréquents figurent les mots **information**, **advice**, **furniture**, **luggage** et **news** : *As-tu tous les renseignements nécessaires ?* Have you got all the information? ◊ *Elle m'a donné de bons conseils.* She gave me some good advice. ◊ *Elle se teint les cheveux.* Her hair is dyed. Certains mots ayant trait à la nourriture qui s'emploient surtout au pluriel en français ont pour équivalent un mot anglais qui est singulier, par exemple *spaghetti, brocolis, épinards, asperges* : *Les spaghettis sont trop cuits !* The spaghetti is overcooked! Pour dire *un renseignement, un conseil,* etc. on a recours à l'expression **a piece of** : *C'est un renseignement utile.* That's a useful piece of information.

2 informations (*Radio, Télé*) news [*sing*] : *À quelle heure sont les ~s ?* What time is the news on? ◊ *C'était aux ~s de 20 heures.* It was on the 8 o'clock news. **3** (*Journal, Télé*) news item LOC *Voir* AUTOROUTE, COMPLÉMENT

informatique ◆ *nf* **1** (*École, Université*) computing

> On utilise également l'expression **computer studies** ou **computer science**.

2 (*métier, domaine*) information technology (*abrév* IT) ◆ *adj* computer [*n attrib*] LOC *Voir* MATÉRIEL, PIRATE

informatiser ◆ *vt* to computerize ◆ **s'informatiser** *v pron* to be computerized

informe *adj* shapeless

informel, -elle *adj* informal : *une réunion informelle* an informal gathering

informer ◆ *vt* (*avertir*) to inform *sb* (**of/about sth**) : *Nous devons ~ la police de l'accident.* We must inform the police of the accident. ◆ **s'informer** *v pron* **s'informer (de/sur/au sujet de)** to find out (**about sb/sth**) : *Il faut que je m'informe sur ce qui s'est passé.* I've got to find out what happened.

infos *nf* news [*sing*]

infraction *nf* **1** (*gén*) offence : *une ~ au code de la route* a traffic offence **2** (*accord, contrat, règlement*) breach **of sth** : *une ~ à la loi* a breach of the law

infrarouge *adj, nm* infrared

infrastructure *nf* infrastructure [*indénombrable*]

infuser *vt, vi* to infuse

infusion *nf* herbal tea

ingénierie *nf* engineering LOC **ingénierie génétique** genetic engineering

ingénieur *nm* engineer : *~ agronome/du son* agricultural/sound engineer LOC **ingénieur des Ponts et Chaussées** civil engineer

ingénieux, -ieuse *adj* ingenious

ingéniosité *nf* ingenuity

ingénu, -e *adj* innocent

ingrat, -e ◆ *adj, nm-nf* (*personne*) ungrateful [*adj*] : *Tu es un ~ !* You're so ungrateful! ◆ *adj* **1** (*travail*) thankless **2** (*visage, physique*) unattractive LOC *Voir* ÂGE

ingratitude *nf* ingratitude

ingrédient *nm* ingredient

inhabité, -e *adj* uninhabited

inhabituel, -elle *adj* unusual

inhalateur *nm* inhaler

inhaler *vt* to inhale

inhérent, -e *adj* ~ (**à**) inherent (**in sb/sth**) : *des problèmes ~s au travail* problems inherent in the job

inhibé, -e *pp, adj* : *être ~* to feel inhibited

inhibition *nf* inhibition

inhumain, -e *adj* inhuman

inimaginable *adj* unimaginable

ininflammable *adj* non-flammable

ininterrompu, -e *adj* uninterrupted

initial, -e ◆ *adj* initial ◆ **initiale** *nf* initial

initiation *nf* ~ (**à**) **1** (*instruction*) introduction (**to sth**) : *une ~ à la musique* an introduction to music **2** (*rite*) initiation (**into sth**)

initiative *nf* initiative : *faire preuve d'initiative* to show initiative ◊ *prendre l'initiative* to take the initiative LOC **à l'initiative de** on *sb's* initiative **de sa propre initiative** on your own initiative : *Il est venu de sa propre ~.* He came on his own initiative.

initier ◆ *vt* **1** (*instruire*) to introduce *sb* **to sth** **2** (*culte, secte*) to initiate ◆ **s'initier** *v pron* **s'initier à** to get into *sth* : *J'aimerais m'initier à l'informatique.* I'd like to get into computers.

injecter *vt* ~ **qch à qn/dans qch** to inject **sb/sth with sth**

injection *nf* injection

injoignable *adj* incommunicado

injure *nf* insult

injurier *vt* to insult

injurieux, -ieuse *adj* insulting

injuste *adj* ~ **(avec/envers/vis-à-vis de)** unfair (**on/to sb**) : *C'est ~ vis-à-vis des autres.* It's unfair on the others.

injustice *nf* injustice : *Ils ont commis beaucoup d'injustices.* Many injustices were done. LOC **c'est une injustice** it's not fair

injustifié, -e *adj* unjustified

inné, -e *adj* innate

innocence *nf* innocence

innocent, -e ◆ *adj* **1** (*innocent*) : *Je suis ~.* I'm innocent. **2** (*ingénu*) naive **3** (*blague, jeu*) harmless ◆ *nm-nf* innocent person [*pl* innocent people] LOC **faire l'innocent** to act innocent

innombrable *adj* **1** (*problèmes, cas*) countless **2** (*foule*) vast

innovateur, -trice ◆ *adj* innovative ◆ *nm-nf* innovator

innovation *nf* innovation

innover *vi* to innovate

inodore *adj* odourless

inoffensif, -ive *adj* harmless

inondation *nf* flood

inonder *vt* to flood : *Les champs ont été inondés.* The fields were flooded.

inopportun, -e *adj* inopportune : *un moment ~* an inopportune moment

inoubliable *adj* unforgettable

inouï, -e *adj* unbelievable

inoxydable *adj* LOC *Voir* ACIER

inquiet, -iète *adj* ~ **(pour/au sujet de)** worried (**about *sb*/*sth***) : *Je suis ~ pour les enfants.* I'm worried about the children.

inquiétant, -e *adj* **1** (*nouvelle, situation*) worrying **2** (*silence, regard*) frightening

inquiéter ◆ *vt* to worry : *Les nouvelles nous ont inquiétés.* We were worried by the news. ◊ *La santé de mon père m'inquiète.* My father's health worries me. ◆ **s'inquiéter** *v pron* to worry (**about *sb*/*sth***) : *Ne t'inquiète pas.* Don't worry. ◊ *Ne t'inquiète pas à mon sujet.* Don't worry about me.

inquiétude *nf* anxiety [*pl* anxieties] : *J'ai attendu avec ~.* I waited anxiously.

insalubre *adj* unhealthy

insatiable *adj* insatiable

insatisfait, -e *adj* dissatisfied (***with sb*/*sth***) : *Il est ~ de la façon dont l'affaire a été menée.* He's dissatisfied with the way the business was handled.

inscription *nf* **1** (*École, Université*) enrolment : *Les ~s ont commencé.* Registration has begun. **2** (*gravée*) inscription **3** **inscriptions** (*graffiti*) graffiti [*pl*] : *Il y a des ~s partout sur les murs.* The walls are covered with graffiti. LOC *Voir* DOSSIER, FRAIS

inscrire ◆ *vt* **1** (*enregistrer*) to enrol *sb* (***in sth***) : *Je vais ~ mon fils à l'école.* I'm going to enrol my son in school. **2** (*écrire*) to write **3** (*graver*) to inscribe ◆ **s'inscrire** *v pron* **s'inscrire (à)** **1** (*cours*) to enrol (**for *sth***) : *Je me suis inscrit à un cours de judo.* I've enrolled for judo lessons. **2** (*organisation, parti*) to join *sth* **3** (*concours*) to enter *sth* LOC **s'inscrire au chômage** to sign on

insecte *nm* insect

insecticide *nm* insecticide

insécurité *nf* insecurity [*pl* insecurities]

insémination *nf* insemination : ~ *artificielle* artificial insemination

insensé, -e *adj* **1** (*loufoque*) insane : *C'est une idée insensée.* That's an insane idea. **2** (*énorme, extraordinaire*) unbelievable : *Elle a une veine insensée !* She's unbelievably lucky!

insensible *adj* **1** ~ **(à)** (*personne*) insensitive (**to *sth***) : ~ *au froid/à la souffrance* insensitive to cold/suffering **2** (*membre, nerf*) numb

inséparable *adj* inseparable

insérer *vt* to insert

insertion *nf* integration

insidieux, -ieuse *adj* insidious

insigne *nm* badge

insignifiant, -e *adj* insignificant

insinuation *nf* insinuation

insinuer *vt* to insinuate : *Qu'est-ce que tu insinues, que je mens ?* Are you insinuating that I'm lying?

insipide *adj* bland

insistance *nf* insistance : *avec ~* insistently

insistant, -e *adj* **1** (*personne, regard*) insistent **2** (*attitude*) persistent

insister *vi* **1** ~ **(pour faire qch/pour que...)** to insist (**on doing sth/that...**) : *J'ai insisté pour rester.* I insisted on staying. ◊ *Il a insisté pour qu'on s'en aille.* He insisted that we go. **2** (*au téléphone, à la porte*) to keep trying : *« Ça ne répond pas. — Insiste. »* 'No one's answering.' 'Keep trying.' **3** ~ **sur** (*souligner*) to stress *sth*

insolation *nf* sunstroke [*indénombrable*] : *attraper une ~* to get sunstroke

insolence *nf* **1** (*caractère impertinent*) insolence **2** **insolences** (*paroles*) cheek [*indénombrable*] : *J'en ai assez de tes ~s.* I've had enough of your cheek.

insolent, -e *adj, nm-nf* cheeky [*adj*] : *Il est très ~ avec sa mère.* He's very cheeky to his mother.

insolite *adj* unusual

insoluble *adj* insoluble

insomniaque *adj, nmf* insomniac [*n*]

insomnie *nf* insomnia [*indénombrable*] : *avoir des ~s* to suffer from insomnia

insonorisé, -e *pp, adj* soundproof *Voir aussi* INSONORISER

insonoriser *vt* to soundproof

insouciance *nf* carefree attitude LOC **avec insouciance** nonchalantly

insouciant, -e *adj* carefree

inspecter *vt* to inspect

inspecteur, -trice *nm-nf* inspector LOC **inspecteur d'académie** school inspector **inspecteur de police** detective

inspection *nf* inspection

inspiration *nf* **1** (*artistique*) inspiration : *chercher/trouver l'inspiration* to seek/find inspiration **2** (*idée*) brainwave : *Il a eu une ~.* He had a brainwave.

inspirer ◆ *vt* **1** (*respirer*) to breathe *sth* in **2** (*donner une idée*) to inspire : *Le film lui a été inspiré par son enfance en Irlande.* The film was inspired by his Irish childhood. **3** ~ **qch à qn** (*respect, confiance*) to inspire **sb with sth** : *Ce* *médecin ne m'inspire pas confiance.* That doctor doesn't inspire me with confidence. ◆ *vi* (*respirer*) to breathe in ◆ **s'inspirer** *v pron* **s'inspirer de** to get inspiration **from *sth*** : *L'auteur s'est inspiré d'un fait réel.* The author got his inspiration from a real-life event.

instabilité *nf* instability

instable *adj* **1** (*gén*) unstable : *Il a un caractère très ~.* He's very unstable. **2** (*temps*) changeable

installation *nf* **1** (*gén*) installation **2** (*déménagement*) move : *depuis notre ~ à Biarritz* since our move to Biarritz **3 installations** facilities : *~s sportives* sports facilities LOC **installation électrique** (electrical) wiring **installations sanitaires** sanitation [*indénombrable*]

installer ◆ *vt* **1** (*gén*) to install : *Nous avons fait ~ le chauffage central.* We've had central heating installed. **2** (*aménager*) to put : *J'ai installé mon bureau dans la petite chambre.* I've put my desk in the small bedroom. ◆ **s'installer** *v pron* **1** (*s'asseoir*) to settle down : *Il s'est installé dans le canapé.* He settled down on the sofa. **2** (*dans une maison*) to move ***into sth*** : *Nous venons de nous ~ dans la nouvelle maison.* We've just moved into our new house. **3** (*dans une ville, dans un pays*) to move ***to sth*** : *Ils se sont installés à Prague.* They moved to Prague. **4** (*profession*) to set yourself up : *Elle voudrait s'installer comme coiffeuse.* She'd like to set herself up as a hairdresser. ◊ *s'installer à son compte* to set up on your own

instant *nm* moment : *Un ~, s'il vous plaît.* One moment, please. ◊ *Je reviens dans un ~.* I'll be back in a moment. ◊ *pour l'instant* for the moment LOC **à l'instant** : *Il sort à l'instant.* He's just gone out. **d'un instant à l'autre** from one moment to the next

instantané, -e *adj* **1** (*gén*) instantaneous : *Sa réaction a été instantanée.* His reaction was instantaneous. **2** (*café, soupe*) instant

instinct *nm* instinct : *l'instinct de survie* the survival instinct LOC **d'instinct** instinctively

instinctif, -ive *adj* instinctive

institut *nm* institute LOC **institut de beauté** beauty salon

instituteur, -trice *nm-nf* primary school teacher

institution *nf* **1** (*organisme, Polit*) institution : *les ~s européennes* European institutions **2** (*école privée*) private school

instructeur, -trice *nm-nf* instructor

instructif *adj* instructive

instruction *nf* **1** (*éducation*) education : *avoir de l'instruction* to be educated **2 instructions** (*consignes*) instructions : *suivre les ~s* to follow instructions LOC **instruction civique** civics [*sing*] **instruction religieuse** religious education (*abrév* RE)

instruire ◆ *vt* (*éduquer*) to teach ◆ **s'instruire** *v pron* to learn

instrument *nm* instrument : *~s médicaux* medical instruments ◊ *~s de musique* musical instruments

insu LOC **à l'insu de** without *sb's* knowledge : *On nous filmait à notre ~.* We were being filmed without our knowledge.

insuffisance *nf* **1** (*manque*) insufficiency **2** (*médiocrité*) inadequacy [*pl* inadequacies] **3** (*Méd*) failure : *~ cardiaque/rénale* heart/kidney failure

insuffisant, -e *adj* **1** (*en quantité*) insufficient : *La somme est insuffisante.* The amount is insufficient. **2** (*médiocre*) inadequate : *des résultats scolaires ~s* inadequate results

insulaire ◆ *adj* **1** (*gén*) island [*n attrib*] **2** (*mentalité*) insular ◆ *nmf* islander

insultant, -e *adj* insulting

insulte *nf* insult : *Ils ont échangé des ~s.* They exchanged insults.

insulter *vt* to insult

insupportable *adj* unbearable

s'insurger *v pron* **1** (*population*) to rise up ***against sb/sth*** **2** (*protester*) to be up in arms ***against sb/sth***

insurmontable *adj* insuperable

insurrection *nf* insurrection

intact, -e *adj* intact : *Sa réputation est restée intacte.* His reputation remained intact.

intégral, -e *adj* full : *mon salaire ~* my full salary

intégration *nf* ~ **(dans)** integration **(into *sth*)**

intégré, -e *pp, adj* (*cuisine*) built-in *Voir aussi* INTÉGRER

intégrer ◆ *vt* **1** (*inclure*) to include *sb* (**in *sth***) : *J'ai été intégré à l'équipe.* I've been included in the team. **2** (*immigrés*) to integrate ◆ **s'intégrer** *v pron* **s'intégrer (à/dans)** to fit (**into *sth***)

intégriste *adj, nmf* fundamentalist

intégrité *nf* integrity

intellectuel, -elle *adj, nm-nf* intellectual LOC *Voir* PROPRIÉTÉ, QUOTIENT

intelligence *nf* intelligence LOC **intel-**

ligence artificielle artificial intelligence

intelligent, -e *adj* intelligent, clever (*moins sout*) : *Il est très ~.* He's very intelligent. ◊ *Ah bravo, c'est ~ !* That was clever!

intelligible *adj* intelligible

intello *adj, nmf* highbrow

intenable *adj* **1** (*chaleur*) unbearable **2** (*enfant*) unruly

intendant, -e *nm-nf* (*école*) bursar

intense *adj* intense : *une vague de froid/chaleur ~* intense cold/heat

intensif, -ive *adj* intensive LOC *Voir* SERVICE, UNITÉ

(s')intensifier *vt, v pron* to intensify

intensité *nf* **1** (*gén*) intensity **2** (*vent, voix*) strength

intenter *vt* LOC **intenter un procès à** to sue *sb*

intention *nf* intention : *de bonnes ~s* good intentions LOC **à l'intention de** for *sb* : *un ouvrage à l'intention des enfants* a book for children **avoir l'intention de** to intend *to do sth* : *Nous avons l'intention d'acheter un appartement.* We intend to buy a flat. **dans l'intention de** with the intention of *doing sth*

intentionné, -e *adj* LOC **bien/mal intentionné** well meaning/malicious

intentionnel, -elle *adj* intentional

interactif, -ive *adj* interactive

interchangeable *adj* interchangeable

intercontinental, -e *adj* intercontinental

interdépendant, -e *adj* interdependent

interdiction *nf* ban : *« ~ de fumer »* "no smoking"

interdire *vt* **1** (*gén*) to forbid *sb* ***to do sth*** : *Mon père m'a interdit de sortir.* My father has forbidden me to go out. **2** (*officiellement*) to ban *sb/sth* (***from doing sth***) : *Ils ont interdit la circulation dans le centre.* Traffic has been banned in the town centre. ◊ *Il est interdit de fumer.* Smoking is not allowed. **3** (*empêcher*) to prevent *sb* ***from doing sth*** : *La discrétion m'interdit de révéler les détails.* Discretion prevents me from revealing the details.

interdit, -e *pp, adj* (*de surprise*) speechless LOC *Voir* SENS ; *Voir aussi* INTERDIRE

intéressant, -e *adj* **1** (*livre, conférence*) interesting **2** (*prix, offre*) tempting LOC **faire l'intéressant** to show off

intéressé, -e *pp, adj* **1** (*égoïste*) selfish **2** (*concerné*) concerned [*toujours après le nom*] : *Les personnes intéressées étaient absentes.* The people concerned were absent. *Voir aussi* INTÉRESSER

intéresser ◆ *vt* to interest : *Le documentaire les a beaucoup intéressés.* They were very interested in the documentary. ◊ *Votre opinion ne m'intéresse pas.* I'm not interested in your opinion. ◊ *Est-ce que ça t'intéresse de participer ?* Are you interested in taking part? ◆ **s'intéresser** *v pron* **s'intéresser à** to be interested **in *sth*** : *Le metteur en scène s'intéresse à mon travail.* The director is interested in my work. LOC *Voir* CAUSE

intérêt *nm* **1** (*gén, Fin*) ~ **(pour)** interest (**in *sth***) : *Aujourd'hui, les gens ont moins d'intérêt pour la lecture.* Nowadays there's less interest in reading. ◊ *ne montrer aucun ~ pour qch* to show no interest in sth ◊ *Le roman a suscité un grand ~.* The novel has aroused a lot of interest. ◊ *à 12 % d'intérêt* at 12% interest **2** (*attrait*) relevance : *C'est sans grand ~.* It's of little relevance. **3** (*égoïsme*) self-interest : *Ils l'ont fait par ~.* They did it out of self-interest. LOC **avoir intérêt à faire qch** to be well-advised to do sth : *Vous avez ~ à partir tout de suite.* You'd be well-advised to leave now. **dans l'intérêt de** to the advantage of *sb/sth* : *C'est dans ton ~ d'accepter.* It's to your advantage to accept. *Voir aussi* CENTRE, CONFLIT, DOMMAGE

interface *nf* (*Informatique*) interface

intérieur, -e ◆ *adj* **1** (*gén*) interior : *murs ~s* interior walls **2** (*sentiment*) inner **3** (*poche*) inside **4** (*commerce, vol, politique*) domestic ◆ *nm* interior : *l'intérieur d'un bâtiment/pays* the interior of a building/country LOC **à l'intérieur 1** (*gén*) inside : *Ouvre la boîte, le cadeau est à l'intérieur.* Open the box, the present is inside. **2** (*bâtiment*) indoors : *Je préfère rester à l'intérieur.* I'd rather stay indoors. **à l'intérieur de** inside *sth* : *à l'intérieur de l'enveloppe* inside the envelope **à l'intérieur des terres** inland *Voir aussi* MINISTÈRE, MINISTRE

intérieurement *adv* inwardly

intérimaire ◆ *adj* **1** (*employé*) temporary **2** (*ministre, directeur*) acting ◆ *nmf* temp

interlocuteur, -trice *nm-nf* **1** (*conversation*) : *son ~* the person he is/was talking to **2** (*négociations*) negotiator

interloqué, -e *pp, adj* taken aback

intermédiaire ◆ *adj* **1** (*gén*) intermediate : *une étape ~* an intermediate stage **2** (*taille, pointure*) medium ♦ *nmf* **1** (*médiateur, messager*) intermediary [*pl* intermediaries] : *L'ONU a joué le rôle d'intermédiaire dans le conflit.* The UN acted as an intermediary in the conflict. **2** (*Comm*) middleman [*pl* middlemen] **3** (*messager*) go-between [*pl* go-betweens] LOC **par l'intermédiaire de** through *sb* : *Elle a obtenu un rendez-vous par l'intermédiaire de son cousin.* She got an appointment through her cousin.

interminable *adj* endless

intermittent, -e *adj* intermittent

internat *nm* (*école*) boarding school

international, -e *adj, nm-nf* international

interne ♦ *adj* **1** (*gén*) internal : *organes ~s* internal organs **2** (*face, partie*) inner ♦ *nmf* (*élève*) boarder

Internet *nm* Internet

> En anglais, **Internet** s'emploie pratiquement toujours avec l'article défini : *Je l'ai trouvé sur Internet.* I found it on the Internet. Toutefois, lorsqe **Internet** est employé comme adjectif, on n'utilise pas l'article défini : *fournisseur de service Internet* Internet service provider

LOC *Voir* SERVEUR, SITE

interpeller *vt* **1** (*appeler*) to shout out **to** ***sb*** : *Il m'a interpellée dans la rue.* He shouted out to me in the street. **2** (*police*) to question

interphone® *nm* (*d'un immeuble*) Entryphone® : *Je t'appellerai par l'interphone quand j'arriverai.* I'll buzz you on the Entryphone when I arrive.

interprétation *nf* **1** (*explication*) interpretation **2** (*Cin, Théâtre*) performance : *Ce fut une ~ magistrale.* It was a magnificent performance.

interprète *nmf* **1** (*gén*) interpreter **2** (*Théâtre, Cin, Mus*) performer

interpréter *vt* **1** (*gén, discours*) to interpret : *~ la loi* to interpret the law **2** (*Cin, Théâtre, Mus*) to perform **3** (*chanson*) to sing : *~ un chant de Noël* to sing a carol

interrogateur, -trice ♦ *adj* enquiring : *un regard ~* an enquiring look ♦ *nm-nf* interrogator

interrogatif, -ive *adj, nm* interrogative

interrogation *nf* questioning LOC *Voir* POINT

interrogatoire *nm* interrogation

interroger *vt* **1** (*se renseigner*) to ask *sb* **about sth** : *Je l'ai interrogée à propos de l'examen.* I asked her about the exam. **2** (*École*) to test : *~ un élève* to test a student **3** (*police*) to question : *~ les suspects* to question the suspects

interrompre ♦ *vt* **1** (*gén*) to interrupt : *~ une émission* to interrupt a programme ◊ *Ne m'interromps pas.* Don't interrupt me. **2** (*déranger*) to disrupt : *La grève a interrompu les classes.* The classes were disrupted by the strike. ♦ *vt, vi* (*Informatique*) to abort

interrupteur *nm* switch

interruption *nf* **1** (*pause*) break : *après une ~ de trois semaines* after a break of three weeks **2** (*dans un discours*) interruption **3** (*de négociations*) breaking off LOC **sans interruption** without a break

intersection *nf* intersection

interstice *nm* chink

interurbain, -e *adj* **1** (*Chemin de fer*) intercity : *services ~s* intercity services **2** (*appel*) long-distance

intervalle *nm* **1** (*dans l'espace*) gap : *Plantez les bulbes à 30 cm d'intervalle.* Plant the bulbs 30 cm apart. **2** (*dans le temps*) interval : *à ~s d'une demi-heure* at half-hourly intervals

intervenant, -e *nm-nf* speaker

intervenir *vi* **1** (*urgence*) to intervene : *La police a dû ~.* The police had to intervene. **2** *~* **(dans)** (*parler*) to speak (**in** ***sth***) : *~ dans un débat* to speak during a debate **3** *~* **(en faveur de)** (*intercéder*) to intervene (**on** ***sb's*** **behalf**) : *Ils sont intervenus en ma faveur.* They intervened on my behalf.

intervention *nf* **1** (*engagement*) intervention : *l'intervention de la police* the intervention of the police **2** (*opération*) operation **3** (*discours*) speech : *une ~ du président* a speech by the president

intervertir *vt* to switch

interview *nf* interview

interviewer *vt* to interview

intervieweur, -euse *nm-nf* interviewer

intestin *nm* gut, intestine (*plus sout*) : *~ grêle* small intestine ◊ *gros ~* large intestine

intestinal, -e *adj* intestinal

intime ♦ *adj* **1** (*gén*) intimate : *une conversation ~* an intimate conversation **2** (*amitié, relation*) close : *Ils sont amis ~s.* They're very close friends. ♦ *nmf* close friend LOC *Voir* JOURNAL

intimidant, -e *adj* intimidating : *un regard ~* an intimidating look

intimidation *nf* intimidation
intimider *vt* to intimidate : *être intimidé devant/par qn/qch* to feel intimidated by sb/sth
intimité *nf* **1** (*lien*) intimacy **2** (*privé*) privacy : *le droit à l'intimité* the right to privacy
intitulé, -e *pp, adj* (*livre, film*) called, entitled (*plus sout*) *Voir aussi* INTITULER
intituler ◆ *vt* to call : *Je ne sais pas comment ~ le poème.* I don't know what to call the poem. ◆ **s'intituler** *v pron* to be called, to be entitled (*plus sout*)
intolérable *adj* **1** (*chaleur, souffrance*) unbearable **2** (*acte*) intolerable
intolérance *nf* intolerance
intolérant, -e *adj* intolerant
intonation *nf* intonation
intoxication *nf* poisoning LOC **intoxication alimentaire** food poisoning
intransigeant, -e *adj* **1** (*personne*) intransigent **2** (*discours, attitude*) uncompromising
intrépide *adj* bold
intrigant, -e ◆ *adj* intriguing : *Cette histoire est intrigante !* That's an intriguing story! ◆ *nm-nf* schemer
intrigue *nf* **1** (*Cin, Littér*) plot **2** (*machination*) intrigue
intriguer *vt* to intrigue : *Ça m'intrigue.* I'm intrigued.
intrinsèque *adj* intrinsic
introduction *nf* introduction : *une ~ à la musique* an introduction to music
introduire ◆ *vt* **1** (*mettre dans*) to put *sth* in, to put *sth* **into sth**, to insert (*plus sout*) : *~ la pièce dans la fente.* Insert the coin in the slot. **2** (*personne, sujet*) to introduce **3** (*faire entrer*) to let *sb* in ◆ **s'introduire** *v pron* to get in, to get into *sth* : *Les voleurs se sont introduits par la fenêtre.* The burglars got in through the window.
introspection *nf* introspection
introuvable *adj* **1** (*objet*) nowhere to be found. : *Mes lunettes sont ~s !* My glasses are nowhere to be found. **2** (*criminel*) unaccounted for : *L'assassin reste ~.* The murderer is unaccounted for. **3** (*rare*) unobtainable
introverti, -e ◆ *adj* introverted ◆ *nm-nf* introvert
intrus, -e *nm-nf* intruder
intrusion *nf* intrusion
intuitif, -ive *adj* intuitive
intuition *nf* intuition : *avoir de l'intuition* to have intuition ◊ *avoir l'intuition de qch/que...* to have an intuition about sth/that...
intuitivement *adv* intuitively : *J'ai réagi ~.* I reacted intuitively.
inutile *adj* **1** (*objet, personne*) useless : *trucs ~s* useless junk ◊ *se sentir ~* to feel useless **2** (*travail, discussion*) pointless LOC **c'est inutile** it's a waste of time (*doing sth*) : *C'est ~ d'essayer de le convaincre.* It's a waste of time trying to convince him.
inutilement *adv* needlessly : *Elle s'inquiète ~.* She worries needlessly.
invaincu, -e *adj* unbeaten
invalidant, -e *adj* crippling
invalide ◆ *adj* (*Méd*) disabled ◆ *nmf* disabled person
invariable *adj* unchanging
invariablement *adv* invariably
invasion *nf* **1** (*ennemis, produits*) invasion **2** (*insectes*) plague : *une ~ de moustiques* a plague of mosquitoes
inventaire *nm* **1** (*opération*) stocktaking **2** (*liste*) inventory [*pl* inventories]
inventer *vt* **1** (*découvrir*) to invent : *Gutenberg a inventé l'imprimerie.* Gutenberg invented the printing press. **2** (*imaginer*) to make *sth* up : *~ une excuse* to make up an excuse ◊ *Tu l'as inventé.* You've made that up.
inventeur, -trice *nm-nf* inventor
inventif, -ive *adj* inventive
invention *nf* **1** (*création*) invention : *C'est une de mes ~s.* This is an invention of mine. **2** (*mensonge*) fabrication : *C'est une pure ~ !* It's a complete fabrication! **3** (*imagination*) imagination : *faire preuve d'invention* to show imagination
inverse ◆ *adj* **1** (*proportion*) inverse **2** (*ordre*) reverse **3** (*direction*) opposite : *dans le sens ~ de la rotation* in the opposite direction to the rotation ◆ *nm* opposite : *faire l'inverse de ce qu'il faut faire* to do the opposite of what you're supposed to do LOC **à l'inverse** conversely : *à l'inverse des autres* unlike the others *Voir aussi* SENS
(s')inverser *vt, v pron* to reverse : *La tendance s'est inversée.* The tendency has reversed.
inversion *nf* reversal
invertébré, -e *adj, nm* invertebrate
investigateur, -trice ◆ *adj* (*curieux*) enquiring : *Elle avait l'esprit ~.* She had an enquiring mind. ◆ *nm-nf* investigator
investir ◆ *vt* to invest *sth* (**in sth**) : *Ils ont investi dix millions dans la société.* They've invested ten million in the

company. ◆ **s'investir** *v pron* to invest : *Il s'investit trop dans cette relation.* He's investing too much in this relationship.

investissement *nm* investment

investisseur, -euse *nm-nf* investor

invétéré, -e *adj* inveterate : *C'est un menteur ~.* He's an inveterate liar.

invincible *adj* invincible

invisible *adj* invisible

invitation *nf* invitation (***to sth/to do sth***)

invité, -e *pp, adj, nm-nf* guest [*n*] : *Les ~s sont arrivés à 7 heures.* The guests arrived at 7 o'clock. LOC **invité d'honneur** guest of honour *Voir aussi* INVITER

inviter *vt* **1** ~ **(à)** (*gén*) to invite *sb* (**to** ***sth/to do sth***) : *Elle m'a invité à son anniversaire.* She's invited me to her birthday party. **2** (*boisson, dîner*) : *Je t'invite.* I'll get this one. **3** ~ **à** (*inciter*) to give *sb* an incentive ***to do sth*** : *Ça ne t'invite pas à faire des efforts !* It doesn't give you much incentive to make an effort.

involontaire *adj* involuntary : *un geste ~* an involuntary gesture ◊ *Pardon, c'était ~.* Sorry, it was an accident. LOC *Voir* HOMICIDE

invoquer *vt* to cite : *Il a invoqué des motifs personnels.* He cited personal reasons.

invraisemblable *adj* unlikely

invulnérable *adj* invulnerable

iris *nm* iris

irlandais, -e ◆ *adj, nm* Irish : *parler ~* to speak Irish ◆ **Irlandais, -e** *nm-nf* Irishman/woman [*pl* Irishmen/women] : *les Irlandais* the Irish

Irlande *nf* **l'Irlande** Ireland LOC **Irlande du Nord** Northern Ireland

ironie *nf* irony [*pl* ironies] : *une ~ du sort* one of life's little ironies LOC **faire de l'ironie** to be ironic

ironique *adj* ironic : *être ~* to be ironic

irraisonné, -e *adj* irrational : *une peur irraisonnée* an irrational fear

irrationnel, -elle *adj* irrational : *un comportement ~* irrational behaviour

irréalisable *adj* **1** (*projet*) unworkable **2** (*rêve, idée*) unachievable

irréaliste *adj* unrealistic

irréconciliable *adj* irreconcilable

irréel, -elle *adj* unreal

irréfléchi, -e *adj* reckless

irréfutable *adj* irrefutable

irrégularité *nf* irregularity [*pl* irregularities]

irrégulier, -ière *adj* **1** (*gén*) irregular : *verbes ~s* irregular verbs ◊ *un pouls ~* an irregular heartbeat **2** (*écriture*) untidy **3** (*situation*) not in order

irrémédiable *adj* irremediable : *une perte/erreur ~* an irremediable loss/mistake LOC **c'est irrémédiable** nothing can be done about it

irremplaçable *adj* irreplaceable

irréparable *adj* irreparable

irréprochable *adj* **1** (*conduite, employé*) irreproachable **2** (*goût, manières*) impeccable

irrésistible *adj* **1** (*charme*) irresistible : *une attraction/force ~* an irresistible attraction/force **2** (*envie*) overpowering

irrespectueux, -euse *adj* ~ **envers** disrespectful (**to/towards** ***sb/sth***)

irrespirable *adj* **1** (*air*) unbreathable **2** (*insupportable*) unbearable : *L'atmosphère est devenue ~.* The atmosphere has become unbearable.

irresponsable *adj, nmf* irresponsible [*adj*] : *Tu es un ~ !* You're so irresponsible!

irréversible *adj* irreversible : *une décision ~* an irreversible decision

irrévocable *adj* irrevocable

irrigation *nf* irrigation LOC *Voir* CANAL

irriguer *vt* to irrigate

irritabilité *nf* irritability

irritable *adj* irritable

irritant, -e ◆ *adj* irritating : *Il est vraiment ~ !* He's so irritating! ◆ *nm* (*Méd*) irritant

irritation *nf* irritation

irriter ◆ *vt* to irritate ◆ **s'irriter** *v pron* **1** (*s'énerver*) to get annoyed (***with sb***) (***about sth***) : *Il s'irrite pour un rien.* He gets annoyed very easily. **2** (*Méd*) to get irritated

irruption *nf* LOC **faire irruption dans** to burst into *sth*

Islam *nm* Islam

islamique *adj* Islamic

isolant, -e ◆ *adj* insulating : *matériaux ~s* insulating materials ◆ *nm* insulator LOC *Voir* RUBAN

isolation *nf* insulation

isolé, -e *pp, adj* isolated : *une région isolée* an isolated region ◊ *des cas ~s* isolated cases ◊ *Il se sent très ~.* He feels very isolated. *Voir aussi* ISOLER

isolement *nm* **1** (*éloignement*) remoteness **2** (*personne, Polit*) isolation LOC **isolement cellulaire** solitary confinement : *en ~ cellulaire* in solitary confinement

isolément *adv* in isolation

isoler *vt* **1** (*séparer*) to isolate *sb/sth* (***from sb/sth***) : *Ses opinions l'ont isolée du groupe.* Her opinions have isolated her from the group. **2** (*couper*) to cut *sb/sth* off (***from sb/sth***) : *Les inondations ont isolé le village.* The village was cut off by the floods. **3** (*grenier*) to insulate

isoloir *nm* polling booth

issue *nf* way out : *C'est notre seule ~.* It's the only way out. LOC **issue de secours** emergency exit **sans issue** no way out

isthme *nm* isthmus [*pl* isthmuses] : *l'isthme de Panama* the Isthmus of Panama

Italie *nf* **l'Italie** Italy

italien, -ienne ◆ *adj, nm* Italian : *parler ~* to speak Italian ◆ **Italien, -ienne** *nm-nf* Italian : *les Italiens* the Italians

italique *adj, nm* italic : *en ~* in italics

itinéraire *nm* itinerary [*pl* itineraries], route (*plus fam*) : *l'itinéraire de l'autobus* the bus route

ivoire *nm* ivory

ivre *adj* drunk

ivrogne *nmf* drunk, drunkard (*plus sout*)

Jj

jacasser *vi* to chatter

jachère *nf* fallow land LOC **laisser en jachère** to leave *sth* fallow

jacinthe *nf* hyacinth

jade *nm* jade

jadis *adv* in the past

jaguar *nm* jaguar

jaillir *vi* **1** (*liquide*) to gush (out) (***from sth***) **2** (*personne, animal*) to pop out ***from sth***

jais *nm* jet : *noir comme le ~* jet black

jalousie *nf* jealousy : *C'est uniquement de la ~.* That's just jealousy. LOC *Voir* DÉVORER, PÂLIR

jaloux, -ouse *adj ~* **(de)** jealous (**of sb**) : *être ~ (de qn)* to be jealous (of sb) ◊ *rendre qn ~* to make sb jealous

jamais *adv* never, ever

> **Never** s'utilise quand le verbe anglais est à la forme affirmative : *Je ne suis jamais allé à New York.* I've never been to New York. **Ever** s'emploie quand le verbe est à la forme négative ou à la forme interrogative : *Il ne se passe jamais rien.* Nothing ever happens. ◊ *sans jamais voir le soleil* without ever seeing the sun ◊ *Je n'ai ~ rencontré quelqu'un comme lui.* I've never known anyone like him. ☛ *Voir note sous* ALWAYS

LOC **à jamais** for ever **jamais !** definitely not! **jamais de la vie !** no way! **jamais deux sans trois** third time lucky **plus jamais** never again : *Je ne lui prêterai plus ~ rien.* I'll never lend him anything again. **plus que jamais** more than ever : *Je le veux plus que ~.* I want it more than ever. *Voir aussi* MALHEUR, MIEUX

jambe *nf* leg : *se casser une ~* to break your leg ◊ *croiser/s'étirer les ~s* to cross/stretch your legs LOC **à toutes jambes** as fast as you can : *Ils se sont sauvés à toutes ~s.* They ran away as fast as they could. **être dans les jambes de** to be/get in *sb's* way : *Je ne peux pas passer, tu es toujours dans mes ~s.* I can't get by — you're always (getting) in the way. **faire qch par-dessus la jambe** to do sth superficially **les jambes croisées** cross-legged ☛ *Voir illustration sous* CROSS-LEGGED

jambon *nm* ham LOC **jambon blanc/cuit** cooked ham **jambon cru** cured ham

janvier *nm* January (*abrév* Jan) : *Les examens sont en ~.* We've got exams in January. ◊ *Mon anniversaire est le 12 ~.* My birthday's (on) January 12. ◊ *Nous sommes le 12 janvier.* It's 12 January. ☛ On dit **January the twelfth** ou **the twelfth of January**.

Japon *nm* **le Japon** Japan

japonais, -e ◆ *adj, nm* Japanese : *parler ~* to speak Japanese ◆ **Japonais, -e** *nm-nf* Japanese man/woman [*pl* Japanese men/women] : *les Japonais* the Japanese

japper *vi* to yap

jaquette *nf* **1** (*livre*) cover **2** (*vêtement d'homme*) morning coat

jardin *nm* **1** (*privé*) garden **2** (*parc*) park : *aller au ~* to go to the park LOC **jardin botanique** botanical gardens [*pl*] **jardin d'acclimatation/zoologique** zoo [*pl* zoos] **jardin d'enfants** nursery school **jardin potager** vegetable garden **jardin public** park

jardinage *nm* gardening LOC **faire du jardinage** to do some gardening

jardinerie *nf* garden centre

jardinier, -ière ◆ *nm-nf* gardener ◆ **jardinière** *nf* (*pour fleurs*) window box LOC **jardinière de légumes** vegetable stew

jargon *nm* jargon

jarre *nf* jar

jars *nm* gander

jaser *vi* **1** ~ **(sur)** (*médire*) to gossip (**about** ***sth***) **2** (*bavarder*) to chat **3** (*pie*) to chatter

jatte *nf* basin

jauge *nf* gauge : ~ *d'essence/de pression* petrol/pressure gauge

jauger *vt* **1** (*personne*) to sound *sb* out **2** (*situation*) to weigh *sth* up

jaunâtre *adj* yellowish

jaune ◆ *adj* (*couleur*) yellow : *C'est* ~. It is yellow. ◊ *J'étais habillée en* ~. I was wearing yellow. ◊ *peindre qch en* ~ to paint sth yellow ◊ *le garçon à la chemise* ~ the boy in the yellow shirt ◆ *nm* **1** (*couleur*) yellow : *Je n'aime pas le* ~. I don't like yellow. **2** (*œuf*) yolk : *Battre deux ~s d'œufs.* Beat two egg yolks. ◆ *nmf* (*briseur de grève*) blackleg LOC **jaune canari** canary yellow **jaune citron** lemon *Voir aussi* CARTON, PAGE, TIRER

jaunir ◆ *vt* **1** (*soleil*) to turn *sth* yellow **2** (*nicotine*) to stain ◆ *vi* to go yellow

jaunisse *nf* jaundice

javelot *nm* (*Sport*) javelin : *lancement du* ~ javelin throwing

jazz *nm* jazz

J.-C. *abrév Voir* JÉSUS-CHRIST

je *pron pers* I : *Je suis optimiste.* I'm an optimist.

jean *nm* **1** (*tissu*) denim : *une veste en* ~ a denim jacket **2** (*vêtement*) jeans [*pl*] ☛ *Voir note sous* PAIR

je-m'en-foutiste *adj, nmf* : *C'est un* ~, *il ne s'occupe même pas de ses propres enfants.* He doesn't care about anything, not even his own children.

je-sais-tout *nmf* know-all [*n*]

Jésus-Christ *n pr* Christ LOC **avant/après Jésus-Christ** BC/AD

jet[1] *nm* **1** (*liquide, vapeur*) jet **2** (*abondant*) gush **3** (*flammes*) burst LOC **à jet continu** non-stop **jet d'eau 1** (*fontaine*) fountain **2** (*tuyau*) hose

jet[2] *nm* (*avion*) jet

jetable *adj* disposable

jetée *nf* pier

jeter ◆ *vt* **1** (*à la poubelle*) to throw *sth* away : *Jette-le, c'est très vieux.* Throw it away, it's really old now. **2** ~ **(à)** (*lancer*) to throw *sth* (**to** ***sb***) : *Les enfants jetaient des pierres.* The children were throwing stones. ◊ *Jette les dés.* Throw the dice.

> Quand on lance quelque chose à quelqu'un avec l'intention de nuire, on utilise **to throw sth at sb** : *Ils jetaient des pierres au pauvre chat.* They were throwing stones at the poor cat.

3 ~ **sur** (*poser*) to throw *sth* **over** ***sth*** : ~ *une nappe sur la table* to throw a cloth over the table ◆ **se jeter** *v pron* **1** (*sauter*) to jump : *se* ~ *par la fenêtre/à l'eau* to jump out of the window/into the water **2 se** ~ **sur** to pounce **on** ***sb/sth*** : *Ils se sont jetés sur moi/l'argent.* They pounced on me/the money. **3 se** ~ **dans** (*fleuve*) to flow **into** ***sth*** LOC **jeter aux ordures** to throw *sth* away **jeter aux orties** to throw *sth* away **jeter l'argent par les fenêtres** to waste money **jeter l'éponge** to throw in the towel **jeter un froid** to cast a chill *over sth* **jeter un sort à** to cast a spell (**on** ***sb***) : *La sorcière jeta un sort au Prince.* The witch cast a spell on the Prince. **se faire jeter** to get thrown out *Voir aussi* ANCRE, REGARD

jeton *nm* **1** (*jeu*) counter : *Nous avons perdu un* ~. We've lost a counter. **2** (*équivalent à de l'argent*) token : *un* ~ *de téléphone* a telephone token

jeu *nm* **1** (*activité*) play **2** (*comportant des règles*) game : *un* ~ *de balle* a ball game ◊ *Le tennisman français gagne par trois jeux à un.* The French player is winning by three games to one. **3** (*argent*) gambling **4** (*cartes en main*) hand : *Il essaie toujours de voir mon* ~. He always tries to see my hand. ☛ *Voir note sous* CARTE **5** (*set*) set : *un* ~ *de clés* a set of keys **6** (*espace*) space LOC **ce n'est pas de/du jeu !** it's not fair! **être en jeu** to be at stake **être pris à son propre jeu** to be beaten at your own game : *Elle a été prise à son propre* ~. She was beaten at her own game. **hors jeu** offside **jeu de cartes 1** (*paquet*) pack of cards **2** (*activité*) card game ☛ *Voir note sous* CARTE **jeu d'échecs/de dames** chess/draughts set **jeu de hasard** game of chance **jeu d'enfant** child's play **jeu de l'oie** ≈ snakes and ladders (*GB*) [*sing*] **jeu de mots** pun **jeu de société** board game **jeu vidéo** video game **Jeux olympiques** the Olympic Games **mettre en jeu** to put *sth* at stake **par jeu**

for fun *Voir aussi* FRANC, SALLE, TERRAIN, VIEUX

jeudi *nm* Thursday [*pl* Thursdays] (*abrév* Thur(s)) ☛ *Voir exemples sous* LUNDI LOC **jeudi saint** Maundy Thursday

jeun LOC **à jeun** on an empty stomach **être à jeun** : *Je suis à ~.* I've had nothing to eat or drink.

jeune ◆ *adj* **1** (*gén*) young : *l'élève le plus ~ de la classe* the youngest student in the class ◊ *le ~ frère de Sylvie* Sylvie's younger brother ◊ *La plus ~ a cinq ans.* The youngest (one) is five. **2** (*animal*) baby [*n attrib*] : *un ~ lapin* a baby rabbit **3** (*caractère*) youthful ◆ *nmf* **1** (*garçon*) young man **2** (*fille*) girl, young woman (*plus sout*) **3 jeunes** young people : *la mode des ~s* young people's fashion LOC **faire jeune** to look young **jeune fille** girl **jeune marié** (bride)groom **jeune mariée** bride **les jeunes mariés 1** (*au mariage*) the bride and groom **2** (*après le mariage*) the newly-weds ☛ *Voir note sous* MARIAGE

jeûne *nm* fast : *40 jours de ~* 40 days of fasting

jeûner *vi* to fast

jeunesse *nf* **1** (*âge*) youth **2** (*les jeunes*) young people [*pl*] : *La ~ d'aujourd'hui aime être libre.* The young people of today like to have their freedom. LOC *Voir* AUBERGE

jockey *nm* jockey [*pl* jockeys]

jogging *nm* jogging : *faire du ~* to go jogging

joie *nf* joy : *crier de ~* to shout with joy LOC *Voir* FEU, FOU, SAUTER, SENTIR

joindre ◆ *vt* **1** (*à une lettre*) to enclose **2** (*Informatique*) to attach **3** (*téléphone*) to get hold of *sb* ◆ **se joindre** *v pron* **se ~ à** to join : *Ils se sont joints au groupe.* They joined the group. ◊ *Elle se joint toujours à tout.* She always joins in with everything.

joint *nm* **1** (*Mécan*) joint **2** (*de robinet*) washer **3** (*drogue*) joint

joker *nm* joker

joli, -e *adj* pretty : *Elle est toujours très jolie.* She always looks very pretty. ◊ *Quel ~ bébé !* What a pretty baby!

joncher *vt* to litter : *La rue était jonchée d'ordures.* The street was littered with rubbish.

jongler *vi* to juggle

jongleur, -euse *nm-nf* juggler

jonquille *nf* daffodil

joue *nf* cheek LOC **joue contre joue** cheek to cheek *Voir aussi* FARD, ROUGE

jouer ◆ *vi* **1 ~ (avec)** (*gén*) to play (**with sth**) : *Ils jouent avec leur proie.* They play with their prey. ◊ *À toi de ~.* It's your move. **2 ~ à** to play *sth* : *~ aux cartes* to play cards **3 ~ (de)** (*Mus*) to play (*sth*) : *~ de la guitare* to play the guitar **4** (*artiste*) to perform **5** (*parier*) to gamble ◆ *vt* **1** (*gén*) to play : *~ un match de foot* to play a game of football ◊ *J'ai joué le rôle de Juliette.* I played the part of Juliet. ◊ *Le travail joue un rôle important dans ma vie.* Work plays an important part in my life. **2** (*argent*) to put *sth* **on sth** : *~ 300 euros sur un cheval* to put 300 euros on a horse **3** (*pièce de théâtre*) to put *sth* on LOC **jouer à la loterie** to buy a lottery ticket **jouer au plus malin** to be too clever by half **jouer en faveur de** to work in *sb's* favour **jouer gros** to play for high stakes **jouer la belle** to play off **jouer la comédie** to put on an act **jouer un mauvais/sale tour à** to play a dirty trick on *sb* *Voir aussi* PILE

jouet *nm* toy [*pl* toys] LOC *Voir* COFFRE

joueur, -euse ◆ *adj* playful ◆ *nm-nf* **1** (*Sport*) player : *~ de tennis* tennis player **2** (*parieur*) gambler LOC *Voir* BEAU

joug *nm* yoke

jouir *vi* **~ de** to enjoy *sth* : *~ d'une bonne santé* to enjoy good health

jour *nm* day [*pl* days] : *« Quel ~ sommes-nous ? — Mardi. »* 'What day is it today?' 'Tuesday.' ◊ *le ~ suivant* the following day LOC **au jour le jour** one day at a time **ces jours-ci** the last few days **de jour** during the day : *Ils travaillent de ~.* They work during the day. **de jour en jour** from day to day **de nos jours** nowadays **de tous les jours** everyday : *Je porte mes bottes de tous les ~s.* I'm wearing my everyday boots. **donner le jour à** to give birth to *sb* : *Elle a donné le ~ à une petite fille.* She gave birth to a baby girl. **d'un jour à l'autre** in the future **du jour au lendemain** overnight **être à jour** to be up to date **faire jour** to be light : *commencer à faire ~* to get light **jour de congé** day off **jour de Noël** Christmas Day ☛ *Voir note sous* NOËL **jour des Rois** Epiphany **jour férié** bank holiday [*pl* holidays] **jour pour jour** to the day **mettre à jour** to bring *sb/sth* up to date **mettre au grand jour** to bring *sth* (out) into the open **par jour** a day : *trois fois par ~* three times a day **se faire jour** to come to light **tous les jours** every day

☛ *Voir note sous* EVERYDAY **un de ces jours** one of these days **un jour** one day **un jour sur deux** every other day *Voir aussi* HÔPITAL, LEVER, LUMIÈRE, PLEIN, QUINZE, TOMBÉE, VEILLE, VIVRE

journal *nm* **1** (*quotidien*) newspaper, paper (*plus fam*) : *N'oublie pas d'acheter les journaux.* Don't forget to buy the papers. **2** (*Télé, Radio*) news [*sing*] : *À quelle heure est le ~ ?* What time is the news on? ◊ *C'était au ~ de 20 heures.* It was on the 8 o'clock news. **3** (*personnel*) diary [*pl* diaries] LOC **journal de bord** logbook **journal intime** diary [*pl* diaries] **journal télévisé** television news [*sing*] *Voir aussi* COUPURE, KIOSQUE, LIVREUR, MARCHAND

journalier, -ière *adj* daily

journalisme *nm* journalism

journaliste *nmf* journalist

journalistique *adj* journalistic

journée *nf* day [*pl* days] : *une ~ de huit heures* an eight-hour day ◊ *à la fin de la ~* at the end of the day ◊ *Ils dorment pendant la ~.* They sleep during the day. ◊ *Nous avons passé la ~ à York.* We spent the day in York. LOC **faire la journée continue** to stay open all day **journée portes ouvertes** open day **prendre une journée de congé** to take a day off *Voir aussi* LONGUEUR

jovial, -e jovial

joyau *nm* gem LOC **les joyaux de la couronne** the crown jewels

joyeux, -euse *adj* **1** (*heureux*) happy **2** (*de bonne humeur*) cheerful LOC **c'est joyeux !** great! **joyeux anniversaire !** happy birthday! **joyeux Noël !** happy/merry Christmas!

jubilation *nf* jubilation

jubiler *vi* to be jubilant

judaïsme *nm* Judaism

judiciaire *adj* judicial LOC *Voir* CASIER, POUVOIR[2]

judicieux, -ieuse *adj* sensible : *Ça n'est pas un choix très ~.* It wasn't a very sensible choice.

judo *nm* judo

juge *nmf* judge

jugé LOC **au jugé** by guesswork

jugement *nm* **1** (*raison, intelligence, Jur*) judgement : *C'est une erreur de ~.* It was an error of judgement. **2** (*opinion*) opinion : *émettre un ~* to give an opinion

jugeote *nf* (common) sense : *Tu manques totalement de ~.* You're totally lacking in common sense.

juger *vt* **1** (*gén*) to judge **2** (*accusé*) to try **3** (*considérer*) to consider : *Elle jugeait que cela ne valait pas la peine d'en parler.* She considered it not worth talking about.

jugulaire *adj, nf* jugular

juif, juive ◆ *adj* Jewish ◆ **Juif, Juive** *nm-nf* Jew

juillet *nm* July (*abrév* Jul) ☛ *Voir exemples sous* JANVIER

juin *nm* June (*abrév* Jun) ☛ *Voir exemples sous* JANVIER

juke-box jukebox

jumeau, -elle ◆ *adj, nm-nf* twin [*n*] : *sœurs jumelles* twin sisters ◆ **jumelles** *nf* (*lunettes*) binoculars LOC *Voir* VRAI

jumelé, -e *pp, adj* twinned : *Grenoble est jumelée avec Oxford.* Grenoble is twinned with Oxford. LOC *Voir* MAISON

jument *nf* mare

jungle *nf* jungle

junior *adj, nmf* **1** (*Sport*) junior : *sélection ~* youth squad **2** (*vêtements*) children's

jupe *nf* skirt : *Elle portait une ~ rouge.* She was wearing a red skirt. LOC **être dans les jupes de sa mère** to be tied to your mother's apron strings

jupe-culotte *nf* culottes [*pl*] ☛ *Voir note sous* PAIR

Jupiter *n pr* Jupiter

jupon *nm* petticoat

juré, -e ◆ *pp, adj* sworn ◆ *nm* juror *Voir aussi* JURER

jurer *vt, vi* to swear

juridiction jurisdiction

juridique *adj* legal

juron *nm* swear word : *dire/lâcher des ~s* to swear

jury *nm* **1** (*gén, Jur*) jury [*v sing ou pl*] [*pl* juries]

> De nombreux mots comme **jury**, **committee**, **government**, **staff** et **team** peuvent être suivis d'un verbe au singulier ou au pluriel : *Le jury est sur le point de décerner le prix.* The jury is/are about to award the prize. Si ces mots sont précédés de **a**, **each**, **every**, **this** ou **that**, le verbe est au singulier : *Chaque équipe a un leader.* Each team has a leader. Par contre, si le verbe est au pluriel, les pronoms et adjectifs possessifs qui suivent sont aussi au pluriel (**them** et **their**) : *Le gouvernement a décidé d'améliorer son image.* The government have decided to smarten up their image.

2 (*d'examen*) examining board : *Je suis tombé sur un ~ très sévère.* I got a very strict examining board.

jus *nm* **1** (*gén*) juice : ~ *d'ananas* pineapple juice **2** (*sauce*) gravy LOC **jus de fruit** fruit juice

jusque (*aussi* **jusqu'à**) *prép*

• **temps** until, till (*plus fam*)

> **Till** est plus familier que **until** et ne s'emploie généralement pas en début de phrase : *J'attendrai jusqu'à 8 heures.* I'll wait till 8 o'clock. ◊ *jusqu'alors* until then ◊ *Tu restes jusqu'à quand ?* How long are you staying?

• **lieu 1** (*distance*) as far as... : *Ils sont venus avec moi jusqu'à Bordeaux.* They came with me as far as Bordeaux. ◊ *Jusqu'où ça peut aller ?* How far can it go? **2** (*hauteur, longueur, quantité*) up to... : *L'eau arrivait jusqu'ici.* The water came up to here. ◊ *Elle peut compter jusqu'à dix.* She can count up to ten. **3** (*vers le bas*) down to... : *La jupe m'arrive jusqu'aux chevilles.* The skirt comes down to my ankles. LOC **jusqu'à ce que** until : *Laissez cuire à feu doux jusqu'à ce que les légumes soient tendres.* Simmer until the vegetables are tender. **jusqu'à maintenant/jusqu'ici** up until now

jusque-là *adv* **1** (*dans le temps*) until then : ~ *je ne peux rien dire.* I can't say anything until then. **2** (*dans l'espace*) up to there : *L'eau nous arrivait* ~. The water came up to there. LOC **en avoir jusque-là (de)** to have had it up to here (with *sb/sth*) : *J'en ai jusque-là !* I've had it up to here!

justaucorps *nm* leotard

juste ◆ *adj* **1** (*raisonnable*) fair : *une décision* ~ a fair decision **2** (*correct, exact*) right : *le* ~ *prix* the right price ◊ *Avez-vous l'heure* ~, *s'il vous plaît ?* Have you got the right time, please? **3** (*serré*) tight : *Cette jupe m'est trop* ~. This skirt is too tight for me. **4** (*limite*) : *Une heure pour l'aller, c'est un peu* ~. An hour to get there is cutting it a bit fine. **5** (*Mus*) in tune ◆ *adv* **1** (*exactement, à peine*) just : ~ *avant les examens* just before the exams ◊ ~ *en face de chez moi* right in front of my house **2** (*précisément*) precisely : *Il est 2 heures* ~. It's 2 o'clock precisely. **3** (*Mus*) : *chanter* ~ to sing in tune LOC **au juste** exactly : *Qu'est-ce qu'elle avait, au* ~ *?* What was wrong with her exactly? **ce n'est pas juste !** it's not fair! **être dans le juste** to be in the right **juste assez** just enough : *Nous avons* ~ *assez d'assiettes.* We have just enough plates. **juste au moment où...** just as... : *Ils sont arrivés* ~ *au moment où on partait.* They arrived just as we were leaving. **voir juste** to be right *Voir aussi* TOMBER

justement *adv* **1** (*précisément*) precisely : *C'est* ~ *pour ça qu'il n'est pas venu.* That's precisely why he didn't come. **2** (*avec raison*) rightly

justesse *nf* **1** (*pertinence*) rightness : *Ces résultats confirment la* ~ *de notre stratégie.* These results confirm that our strategy is right. **2** (*précision*) accuracy : *la* ~ *de son tir* the accuracy of his aim LOC **de justesse** by the skin of your teeth : *Ils ont eu l'avion de* ~. They caught the plane by the skin of their teeth.

justice *nf* **1** (*gén*) justice : *J'espère que* ~ *sera faite.* I hope justice is done. **2** (*pouvoir*) law : *Il a toujours des ennuis avec la* ~. He's always in trouble with the law. LOC **aller en justice** to go to court **passer en justice** to stand trial

justifiable *adj* justifiable

justification *nf* justification

justifier *vt* to justify : *Justifie ta réponse.* Justify your answer.

juteux, -euse *adj* juicy

juvénile *adj* youthful : *un air* ~ a youthful appearance LOC *Voir* DÉLINQUANCE

juxtaposer *vt* to juxtapose

Kk

kaki ◆ *adj* khaki : *un pantalon ~* a pair of khaki trousers ☛ *Voir exemples sous* JAUNE ◆ *nm (fruit)* sharon fruit

kaléidoscope *nm* kaleidoscope

kangourou *nm* kangaroo [*pl* kangaroos]

karaoké *nm* karaoke

karaté *nm* karate : *faire du ~* to do karate

kart *nm* go-kart

kermesse *nf* fête

ketchup *nm* ketchup

kidnapper *vt* to kidnap

kidnappeur, -euse *nm-nf* kidnapper

kilo *nm* kilo [*pl* kilos] (*abrév* kg) ☛ *Voir Appendice 1.*

kilogramme *nm* kilogram(me) (*abrév* kg) ☛ *Voir Appendice 1.*

kilomètre *nm* kilometre (*abrév* km) : *120 ~s à l'heure* 120 kilometres an hour ☛ *Voir Appendice 1.*

kilométrique *adj* LOC *Voir* COMPTEUR

kilo-octet *nm* kilobyte

kilowatt *nm* kilowatt (*abrév* kw)

kinésithérapeute (*aussi* **kiné**) *nmf* physiotherapist

kinésithérapie (*aussi* **kiné**) *nf* physiotherapy

kiosque *nm* kiosk LOC **kiosque à journaux** news-stand **kiosque à musique** bandstand

kiwi *nm (fruit)* kiwi fruit [*pl* kiwi fruit]

klaxonner *vt, vi* to hoot (**at sb/sth**) : *Le conducteur de derrière m'a klaxonné.* The driver behind hooted at me.

klaxon® *nm* horn : *appuyer sur le ~* to sound the horn LOC **coup de klaxon** hoot : *donner un coup de ~* to hoot

kleenex® *nm* tissue

KO *adj* **1** (*Boxe*) : *mettre qn KO* to knock sb out **2** (*épuisé*) dead tired : *Je vais me coucher, je suis KO.* I'm going to bed, I'm dead tired.

koala *nm* koala (bear)

K-way® *nm* cagoule

kyste *nm* cyst

Ll

la[1] ◆ *art def* the : *La maison est vieille.* The house is old. ☛ *Voir note sous* THE ◆ *pron pers* **1** (*personne*) her : *Je ne la comprends pas.* I don't understand her. **2** (*chose*) it : *Donne-la-moi.* Give it to me.

la[2] *nm (Mus)* A : *la mineur* A minor

là *adv* **1** (*là-bas*) there : *Il est là.* He's there. ◊ *à 30 kilomètres de là* 30 kilometres from there **2** (*ici*) here : *Est-ce que Claire est là ?* Is Claire here? ◊ *J'ai mal là.* It hurts here. **3** (*à ce moment*) then : *Et là je me suis rendu compte que...* And it's then that I realized... **4** (*en cela*) : *C'est bien là qu'est le problème.* That's the problem. ◊ *Il n'y a là rien d'anormal.* There's nothing abnormal about that. **5** (*avec un démonstratif*) : *cette maison-là* that house ◊ *ces gens-là* those people **6** (*emphatique*) : *Là tu m'épates !* You amaze me! ◊ *Ah, là d'accord.* You're right there. LOC **c'est là que... 1** (*lieu*) that's where... : *C'est là que je suis tombée.* That's where I fell. **2** (*moment*) that's when... : *C'est là que les ennuis ont commencé.* That's when the trouble started. **là où** where : *J'ai nettoyé la moquette là où il y avait des taches.* I cleaned the carpet where it was stained. **par là 1** (*dans cette direction*) that way : *Ils sont partis par là.* They went that way. **2** (*dans les environs*) around there : *Ils habitent quelque part par là.* They live somewhere around there. ◊ *une fille qui passait par là* a girl who was passing by

là-bas *adv* **1** (*lieu que l'on indique*) over there : *Mets-toi ~.* Stand over there. **2** (*pays, région*) there : *~ les gens dînent très tard.* People have dinner very late there.

laboratoire *nm* laboratory [*pl* laboratories] LOC **laboratoire d'analyses (médicales)** medical laboratory

laborieux, -ieuse *adj* laborious LOC **c'est laborieux !** (*ça prend du temps*) it's taking long enough!

labourer *vt* to plough

labyrinthe *nm* **1** (*gén*) labyrinth **2** (*dans un jardin*) maze

lac *nm* lake : *le ~ Léman* Lake Geneva

lacer *vt* to do *sth* up : *Je n'arrive pas à ~ mes chaussures.* I can't do my shoes up.

lacérer *vt* to tear *sth* to shreds

lacet *nm* **1** (*chaussures*) (shoe)lace : *attacher ses ~s* to do your shoelaces up **2** (*tournant*) hairpin bend : *La route fait des ~s.* The road bends. LOC **en lacets** : *une route en ~s* a twisting road

lâche ◆ *adj* **1** (*peu serré*) loose : *une vis ~* a loose screw **2** (*sans courage*) cowardly : *Ne sois pas ~.* Don't be so cowardly. ◆ *nmf* coward : *Espèce de ~ !* Coward!

lâcher ◆ *vt* **1** (*laisser échapper*) to let go **of sb/sth** : *Lâche-moi !* Let go of me! ◊ *Ne lâche pas ma main.* Don't let go of my hand. **2** (*laisser tomber*) to drop : *Elle a lâché le vase.* She dropped the vase. **3** (*chien*) to set *sth* loose : *Ils ont lâché les chiens sur les malfaiteurs.* They set the dogs loose on the criminals. **4** (*ceinture*) to loosen **5** (*cri, soupir, juron*) to let *sth* out ◆ *vi* **1** (*corde*) to snap **2** (*freins*) to fail **3** (*nerfs*) : *Ses nerfs ont lâché.* He broke down.

lâcheté *nf* cowardice [*indénombrable*] : *une ~* an act of cowardice

lacrymogène *adj* LOC *Voir* GAZ

lacté, -e *adj* LOC *Voir* VOIE

lacune *nf* **1** (*dans les connaissances*) gap : *Il a de grosses ~s en français.* He has big gaps in his French. **2** (*dans un ouvrage*) omission

là-dedans *adv* **1** (*à l'intérieur*) in there : *Qu'est-ce qu'il y a ~ ?* What's in there? **2** (*en cela*) about that : *Il n'y a rien d'étonnant ~.* There's nothing surprising about that. LOC **il y en a là-dedans !** not just a pretty face!

là-dessous *adv* **1** (*lieu*) under there : *Est-ce que mes livres sont ~ ?* Are my books under there? **2** (*dans cette affaire*) underneath : *Qu'est-ce qui se cache ~ ?* What's hidden underneath?

là-dessus *adv* **1** (*lieu*) on there : *Est-ce que mes livres sont ~ ?* Are my books on there? **2** (*sur ce sujet*) about that : *Nous sommes tous d'accord ~.* We all agree about that. ◊ *Avez-vous quelque chose à dire ~ ?* Do you have anything to say about that? **3** (*sur ces mots*) at this : *~, elle est partie.* At this she left.

lagon *nm* (*aussi* **lagune** *nf*) lagoon

là-haut *adv* **1** (*gén*) up there : *le château ~* that castle up there **2** (*à l'étage supérieur*) upstairs : *Va ~ me chercher mes lunettes, s'il te plaît.* Go upstairs and get my glasses, please.

laid, -e *adj* **1** (*aspect*) ugly : *une personne/maison laide* an ugly person/house **2** (*malpoli*) not nice : *C'est ~ de faire ça.* It's not nice to do that. LOC **laid comme un pou** as ugly as sin

laideur *nf* ugliness

laine *nf* wool : *~ vierge* new wool LOC **en/de laine** woollen : *un pull en/de ~* a woollen jumper **laine d'agneau** lambswool **laine de verre** glass wool *Voir aussi* CHIEN

laïque (*aussi* **laïc, laïque**) *adj* **1** (*École*) non-religious **2** (*État*) secular

laisse *nf* lead : *Les chiens doivent être tenus en ~.* Dogs must be kept on a lead.

laisser ◆ *vt* **1** (*gén*) to leave : *Où est-ce que tu as laissé les clés ?* Where have you left the keys? ◊ *Laisse-moi tranquille !* Leave me alone! ◊ *Il a laissé la télé allumée.* He left the TV on. ◊ *Si tu le veux, je te le laisse.* If you want it, you can have it. **2** (*permettre*) to let *sb* (**do sth**) : *Mes parents ne me laissent pas sortir la nuit.* My parents don't let me go out at night. ◊ *Ces rideaux laissent passer la lumière.* These curtains let the light through. ◆ **se laisser** *v pron* : *Ne te laisse pas intimider.* Don't let yourself be intimidated. LOC **laisser derrière soi** to leave *sb/sth* behind **laisser faire** : *Laisse-la faire.* Let her get on with it. ◊ *Laisse faire, ce n'est pas grave.* Leave it, it doesn't matter. **se laisser aller** to let yourself go : *Laisse-toi aller, tu es trop contractée.* Let yourself go, you're too tense. ◊ *Il se laisse beaucoup aller depuis que sa femme est partie.* He's really let himself go since his wife left. **se laisser faire 1** (*ne pas résister*) to go with it : *Laisse-toi faire, ça ne fait pas mal.* Just go with it, it doesn't hurt. **2** (*se laisser maltraiter*) to let yourself be pushed around : *Je ne vais pas me ~ faire sans réagir.* I'm not going to let myself be pushed around without reacting. ☛ Les autres expressions formées avec **laisser** sont traitées sous le nom, l'adjectif, etc. correspondant : pour **laisser tomber**, par exemple, voir TOMBER.

laissez-passer *nm* pass : *Vous ne pouvez pas rentrer sans ~.* You can't get in without a pass.

lait *nm* milk : *Nous n'avons plus de ~.* We've run out of milk. LOC **lait concentré/condensé** condensed milk **lait demi-écrémé** semi-skimmed milk

lait écrémé skimmed milk **lait en poudre** powdered milk **lait entier** full-cream milk *Voir aussi* CAFÉ, COCHON, DENT, HYDRATANT, PAIN, RIZ, SOUPE

laitages *nm* dairy products

laiterie *nf* dairy [*pl* dairies]

laitier, -ière ◆ *adj* dairy [*n attrib*] ◆ *nm-nf* milkman [*pl* milkmen] LOC *Voir* VACHE

laiton *nm* brass

laitue *nf* lettuce LOC *Voir* SALADE

lama *nm* (*animal*) llama

lambeau *nm* **1** (*tissu*) rag **2** (*papier*) strip LOC **en lambeaux** in tatters : *Sa chemise était en lambeaux.* His shirt was in tatters.

lambiner *vi* to dawdle

lame *nf* **1** (*couteau, épée*) blade : *~ de rasoir* razor blade **2** (*verre, métal*) strip **3** (*vague*) breaker LOC **lame de fond** (*fig*) upheaval

lamelle *nf* thin slice : *Couper les champignons en ~s.* Slice the mushrooms thinly.

là-même *adv* right there : *Il est ~, sous ton nez.* It's right there under your nose.

lamentable *adj* **1** (*spectacle, film, livre*) dreadful : *être dans un état ~* to be in a dreadful state **2** (*résultats*) poor

se lamenter *v pron* to moan (**about sth**) : *Ça ne sert à rien de se ~ maintenant.* It's no use moaning now. LOC **lamenter sur son sort** to feel sorry for yourself

lampadaire *nm* **1** (*d'intérieur*) standard lamp **2** (*réverbère*) street light

lampe *nf* lamp : *~ de chevet* bedside lamp LOC **lampe de bureau** reading light **lampe de poche** torch

lance *nf* spear LOC **lance d'incendie** fire hose

lancement *nm* launch : *le ~ de leur nouvel album* the launch of their new album

lance-pierres *nm* catapult

lancer ◆ *vt* **1** (*gén*) to throw *sth* (**to sb**) : *Les enfants lançaient des pierres.* The children were throwing stones. ◊ *Lance la balle à ton équipier.* Throw the ball to your team-mate. ◊ *~ le javelot* to throw the javelin **2** (*dans l'intention de blesser*) to throw *sth* **at sb** : *Ils nous ont lancé des pierres.* They threw stones at us. ☛ *Voir note sous* THROW[1] **3** (*flèche*) to shoot **4** (*missile, produit*) to launch **5** (*bombe*) to drop **6** (*flammes, étincelles*) to throw *sth* out : *Le volcan lance encore des cendres.* The volcano is still throwing out ash. **7** (*cri*) to let *sth* out **8** (*regard*) to give : *Elle m'a lancé un regard furieux.* She gave me a furious look. ◆ **se lancer** *v pron* **1** (*oser*) to go for it : *Tant pis, je me lance !* Oh well, I'm going for it! **2** (*se précipiter*) to leap : *se ~ dans le vide* to leap into space ◊ *se ~ en avant* to leap ahead ◆ *nm* throw : *Son dernier ~ était le meilleur.* His last throw was the best one. LOC **lancer du disque** discus **lancer du poids** shot put **se lancer à la poursuite de** to set off in pursuit of *sb/sth* **se lancer dans** (*explication, entreprise*) to launch into *sth Voir aussi* REGARD

landau *nm* pram

lande *nf* moor

langage *nm* language : *Il emploie un ~ très raffiné.* He uses very refined language. ◊ *troubles du ~* language disorders LOC **langage machine** computer language

langer *vt* (*mettre une couche*) to change

langouste *nf* lobster

langoustine *nf* langoustine

langue *nf* **1** (*Anat*) tongue : *tirer la ~ à qn* to stick your tongue out at sb **2** (*langage*) language : *~s vivantes* modern languages ◊ *la ~ parlée* the spoken language LOC **avoir la langue bien pendue** to be a chatterbox **donner sa langue au chat** to give up **langue maternelle** mother tongue **mauvaise langue** gossip : *Ce que tu es mauvaise ~ !* You're such a gossip! **ne pas avoir la langue dans sa poche** : *Elle n'a pas la ~ dans sa poche !* She's never at a loss for words! **ne pas savoir tenir sa langue** to talk too much *Voir aussi* AVALER

languette *nf* tongue

lanière *nf* **1** (*chaussure*) strap **2** (*fouet*) lash **3** (*Cuisine*) strip

lanterne *nf* lantern

lapin, -e *nm-nf* **1** (*animal*) rabbit

> **Rabbit** est le nom générique. Utiliser **buck** pour désigner le mâle, et **doe** pour la femelle. Noter que le pluriel de buck est **buck** ou **bucks**.

2 (*terme affectueux*) darling : *Oui, mon ~.* Yes, my darling. LOC *Voir* POSER

laps *nm* LOC **laps de temps** period of time : *au bout d'un court ~ de temps* after a short period of time

lapsus *nm* slip : *faire un ~* to make a slip

laque *nf* **1** (*cheveux*) hairspray **2** (*peinture, vernis*) lacquer

lard *nm* bacon

large ◆ *adj* **1** (*gén*) wide : *La Loire est*

un fleuve très ~. The Loire is a very wide river. ◊ *un* ~ *choix de desserts* a wide choice of desserts **2** (*visage, dos*) broad : *Il est très* ~ *d'épaules.* He's got very broad shoulders. **3** (*vêtements*) baggy : *un pull* ~ a baggy jumper ☛ *Voir note sous* BROAD ◆ *nm* width : *Combien est-ce que ça fait de* ~ *?* How wide is it? ◊ *Il fait deux mètres de* ~. It is two metres wide. ◆ *adv* (*compter*) generously : *Je préfère prévoir* ~ *plutôt que de manquer de boissons.* I prefer to be generous rather than run out of drinks. LOC **au large** out to sea **au large de** off... : *au* ~ *de Brest* off Brest **dans une large mesure** largely : *Leur succès dépendra dans une* ~ *mesure de leur capacité à se moderniser.* Their success will depend largely on their ability to modernize. **large d'esprit** broad-minded *Voir aussi* LONG

largement *adv* **1** (*amplement*) : *Il y a* ~ *assez de tissu pour la jupe.* There's plenty of material for the skirt. ◊ *C'est* ~ *suffisant.* It's more than enough. ◊ *Nous avons* ~ *le temps de prendre un verre.* We've got plenty of time for a drink. **2** (*communément*) widely : *C'est une opinion* ~ *répandue.* It's a widely-held opinion. **3** (*au moins*) easily : *Il gagne* ~ *le double de ce que je gagne.* He makes easily double what I do.

largesse *nf* generosity

largeur *nf* (*mesure*) width : *Combien est-ce que ça fait de* ~ *?* How wide is it? ◊ *Il fait deux mètres de* ~. It is two metres wide. LOC **largeur d'esprit** broad-mindedness

larguer *vt* **1** (*par avion*) to drop **2** (*abandonner*) to dump : *Parfois j'ai envie de tout* ~. Sometimes I feel like dumping everything. LOC **larguer les amarres** **1** (*bateau*) to cast off **2** (*personne*) to split

larme *nf* tear : *avoir les* ~*s aux yeux* to have tears in your eyes ◊ *Elle était en* ~*s.* She was in tears. LOC *Voir* FONDRE, PLEURER, VERSER

larve *nf* **1** (*Zool*) larva **2** (*personne molle*) wimp : *C'est une vraie* ~. He's a real wimp.

laryngite *nf* laryngitis [*indénombrable*]

las, lasse *adj* weary

lasagnes *nf* lasagne [*indénombrable*]

laser *nm* laser LOC *Voir* RAYON

lassant, -e *adj* tiresome

lasser ◆ *vt* to tire : *Ces histoires commencent à me* ~. I'm starting to get tired of this fuss. ◆ **se lasser** *v pron* to get tired **of sb/sth** : *Elle a fini par se* ~ *de lui.* In the end she got tired of him.

latent, -e *adj* latent

latéral, -e *adj* side [*n attrib*] : *une rue latérale* a side street

latin, -e ◆ *adj* **1** (*gén*) Latin : *la grammaire latine* Latin grammar ◊ *le tempérament* ~ the Latin temperament **2** (*langue*) romance ◆ *nm* Latin LOC *Voir* QUARTIER

latitude *nf* latitude

lauréat, -e ◆ *adj* prize-winning ◆ *nm-nf* prize-winner : ~ *du Prix Fémina* winner of the Prix Fémina

laurier *nm* **1** (*arbre*) bay (tree) **2** (*Culin*) : *une feuille de* ~ a bay leaf ◊ *Je n'ai pas de* ~. I haven't got any bay leaves.

lavable *adj* washable : ~ *en machine* machine washable

lavabo *nm* **1** washbasin **2 lavabos** (*toilettes*) toilet : *Où sont les* ~*s, s'il vous plaît ?* Where is the toilet, please?

lavage *nm* washing

lavande *adj, nf* lavender

lave *nf* lava

lave-linge *nm* washing machine

laver ◆ *vt* to wash : ~ *ses vêtements* to wash your clothes ◆ **se laver** *v pron* **1** (*personne*) to wash : *J'aime me* ~ *à l'eau chaude.* I like to wash in hot water. ◊ *se* ~ *les mains* to wash your hands **2** (*vêtement, objet*) to be washed : *Ça se lave en machine.* It can be washed in the machine. LOC **laver à la main** to handwash *sth* : *Il faut le* ~ *à la main.* It needs to be handwashed. **laver son linge sale en famille** not to wash your dirty linen in public **se laver les dents** to brush your teeth *Voir aussi* MACHINE

laverie *nf* (*automatique*) launderette

lave-vaisselle *nm* dishwasher

laxatif, -ive *adj, nm* laxative

laxiste *adj* lax

layette *nf* baby clothes [*pl*]

le, la ◆ *art déf* **1** (*gén*) the : *Le train a eu du retard.* The train was late. ☛ *Voir note sous* THE **2** (*avec complément du nom*) : *la collègue de mon frère* my brother's colleague **3** (*généralités*) : *Il n'aime pas le chocolat.* He doesn't like chocolate. **4** (*partie du corps*) : *Il s'est lavé les mains.* He washed his hands. ◊ *Elle s'est séché les cheveux.* She dried her hair. ◊ *Il a les yeux bleus.* He's got blue eyes. **5** (*distributif*) a : *22 euros le mètre carré* 22 euros a square metre **6** (*date*) : *Nous sommes bien le 7 juillet ?* Is it 7

July today? **7** (*jour*) : *Elle va à un cours de gym le jeudi.* She goes to a gym class on Thursdays. ◆ *pron pers* **1** (*personne*) him : *Je l'ai jeté dehors.* I threw him out of the house. ◊ *Je l'ai vu samedi après-midi.* I saw him on Saturday afternoon. **2** (*chose, animal*) it : *Où est-ce que tu l'as mis ?* Where did you put it? ◊ *Je ne le crois pas.* I don't believe it. ☛ En tant que complément direct de certains verbes comme *dire, savoir* et *être*, le pronom ne se traduit pas : *Je te le dirai demain.* I'll tell you tomorrow. ◊ *Tu n'es pas encore très experimenté, mais tu le deviendras.* You are not very experienced, but you will be.

leader *nm* leader

lèche-bottes *adj, nmf* creep [*n*] : *Ce qu'elle est ~ !* What a creep! LOC **faire du lèche-bottes à** to suck up to *sb*

lécher *vt* **1** (*avec la langue*) to lick : *Le chien lui a léché la main.* The dog licked his hand. **2** (*effleurer*) to wash **against *sth*** : *Les vagues léchaient le rivage.* The waves washed against the shore. **3** (*perfectionner*) to polish : *un travail léché* a polished piece of work LOC **se lécher les doigts** to lick your fingers

lèche-vitrines *nm* window-shopping : *faire du ~* to go window-shopping

leçon *nf* lesson : *prendre des ~s de conduite* to take driving lessons ◊ *~ particulière* private lesson ◊ *J'espère que ça te servira de ~.* I hope that will be a lesson to you. LOC **donner une leçon à** (*pour rendre plus sage*) to teach *sb* a lesson : *Il a fait ça pour leur donner une ~.* He did that to teach them a lesson. **faire la leçon à** to tell *sb* off

lecteur, -trice *nm-nf* **1** (*gén*) reader **2** (*Université*) language assistant **3** (*Informatique*) drive : *~ de disquettes* disk drive ☛ *Voir illustration sous* ORDINATEUR LOC **lecteur de disques compacts** CD player

lectorat *nm* readership

lecture *nf* reading : *Mon passe-temps favori, c'est la ~.* My favourite hobby is reading. ◊ *N'oublie pas d'emporter de la ~.* Remember to take something to read. LOC **faire la lecture à** to read to *sb Voir aussi* LIVRE

légal, -e *adj* legal

légaliser *vt* to legalize

légendaire *adj* legendary

légende *nf* **1** (*mythe*) legend : *C'est une ~ du football français.* He's a French football legend. **2** (*d'une illustration*) caption **3** (*d'une carte*) key

léger, -ère *adj* **1** (*gén*) light : *repas/vêtements ~s* light food/clothing ◊ *avoir le sommeil ~* to sleep lightly **2** (*peu perceptible*) slight : *un ~ accent belge* a slight Belgian accent **3** (*boisson, cigarettes*) weak : *un café ~* a weak coffee **4** (*brise, pente*) gentle **5** (*agile*) nimble LOC **à la légère** without thinking : *agir à la légère* to act without thinking **prendre à la légère** to take *sth* lightly

légèrement *adv* **1** (*un peu*) slightly : *~ perturbé* slightly unsettled **2** (*vêtu*) lightly

légèreté *nf* lightness

législatif, -ive *adj* legislative LOC *Voir* ÉLECTION, POUVOIR²

législation *nf* legislation

légiste coroner LOC *Voir* MÉDECIN

légitime *adj* **1** (*gén*) legitimate **2** (*justifié*) justified LOC **légitime défense** self-defence : *être en état de ~ défense* to act in self-defence

léguer *vt* **1** (*par testament*) to leave ***sb sth*** : *Sa tante lui a légué toute sa fortune.* His aunt left him all her fortune. **2** (*qualité*) to pass *sth* on ***to sb*** : *Elle leur a légué son amour des voyages.* She passed on her love of travel to them.

légume *nm* vegetable : *Les ~s sont très bons pour la santé.* Vegetables are good for you. ◊ *soupe de ~s* vegetable soup LOC *Voir* BAC, JARDINIER, MARCHAND

lendemain *nm* **le lendemain 1** (*jour suivant*) the next day : *le ~ matin* the next morning ◊ *le ~ de son départ* the day after his departure **2** (*avenir*) the future : *la crainte du ~* fear of the future LOC *Voir* JOUR

lent, -e *adj* slow

lentement *adv* slowly LOC **lentement mais sûrement** slowly but surely

lenteur *nf* slowness LOC **avec lenteur** slowly : *Il se déplaçait avec ~.* He moved slowly.

lentille *nf* **1** (*légume*) lentil **2** (*optique*) lens [*pl* lenses] LOC **lentilles de contact** contact lenses

léopard *nm* leopard

lequel, laquelle ◆ *pron interrogatif* which (one) : *Lequel/laquelle tu préfères ?* Which one do you prefer? ◊ *Auquel des deux projets êtes-vous le plus favorable ?* Which of the two projects are you most in favour of? ◆ *pron rel* **1** (*sujet, personne*) who : *On a appelé le docteur, ~ est arrivé très vite.* We called the doctor, who arrived very quickly. **2** (*objet, personne*) whom : *le client pour ~ il travaille en ce moment* the client (who) he's working for at the moment ☛ *Voir note sous* WHOM **3** (*chose*) which : *la ville vers laquelle ils se dirigent* the city (which) they're heading for ◊ *la rue dans laquelle passe le bus* the street (which) the bus goes along

les ◆ *art déf* the : *les livres que j'ai achetés hier* the books I bought yesterday ☛ *Voir note sous* THE ◆ *pron pers* them : *Je les ai vus au cinéma.* I saw them at the cinema.

lesbienne *nf* lesbian

lésion *nf* lesion LOC **lésions cérébrales** brain damage [*indénombrable*] ☛ *Voir note sous* BLESSURE

lessive *nf* **1** (*lavage*) wash : *Elle fait trois ~s par semaine.* She does three washes a week. **2** (*liquide, poudre*) detergent **3** (*vêtements*) washing : *étendre la ~* to hang out the washing LOC **faire la lessive** to do the washing

leste *adj* **1** (*agile*) nimble : *Elle est très ~ pour son âge.* She's very nimble for her age. **2** (*grivois*) crude : *une plaisanterie un peu ~* a rather crude joke

lester *vt* to weight *sth* down

léthargie *nf* lethargy

léthargique *adj* lethargic

lettre *nf* **1** (*alphabet, courrier*) letter : *poster une ~* to post a letter ◊ *une ~ recommandée* a registered letter **2 lettres** (*Université*) arts LOC **à la lettre** to the letter : *Ils ont suivi les consignes à la ~.* They carried out their instructions to the letter. **en toutes lettres** in black and white **lettre de change** bill of exchange **lettre piégée** letter bomb *Voir aussi* BOÎTE, PAPIER, PIED

leucémie *nf* leukaemia

leur ◆ *pron pers* them : *Je ~ ai donné tout ce que j'avais.* I gave them everything I had. ◊ *Je ~ ai acheté un gâteau.* I bought them a cake./I bought a cake for them. ◆ *adj poss* their : *On leur a volé ~ sac.* Their bag was stolen. ◊ *~s enfants sont très sages.* Their children are very good. ◊ *un de leurs amis* a friend of theirs ◆ *pron poss* **1 le leur, la leur** (*gén*) theirs : *Le ~ est nettement moins grand que le nôtre.* Theirs is considerably smaller than ours. ◊ *Ces chaussures sont les ~s.* These shoes are theirs. **2 les leurs** (*famille*) their family : *Ils seront parmi les ~s à cette occasion.* They'll be with their family on this occasion.

levant *adj* LOC *Voir* SOLEIL

levée *nf* **1** (*courrier*) collection **2** (*sanctions, embargo*) lifting

lever ◆ *vt* **1** (*gén*) to raise : *Lève le bras gauche.* Raise your left arm. ◊ *~ le rideau* to raise the curtain **2** (*sanction, embargo*) to lift ◆ *vi* (*pâte*) to rise ◆ **se lever** *v pron* **1** (*se mettre debout*) to stand up : *Les élèves se sont levés lorsque le directeur est entré.* The pupils stood up when the head teacher came in. **2** (*du lit, vent*) to get up : *Normalement je me lève tôt.* I usually get up early. **3** (*soleil*) to rise **4** (*jour*) to dawn : *Le jour se levait.* Day was dawning. **5** (*brouillard*) to clear **6** (*rideau*) to rise LOC **au lever** first thing in the morning : *un comprimé à prendre au ~* one tablet to be taken first thing in the morning **lever du jour** dawn : *Nous partirons au ~ du jour.* We'll leave at dawn. **lever du soleil** sunrise : *contempler le ~ du soleil* to watch the sunrise **lever la tête** (*pour regarder*) to look up : *Il n'a même pas levé la tête lorsqu'elle est entrée.* He didn't even look up when she came in. **lever le doigt** (*pour répondre*) to put your hand up **lever le voile sur** to bring *sth* out into the open **se lever d'un bond** to jump up : *Je me suis levé d'un bond quand j'ai entendu la sonnette.* I jumped up from my chair when I heard the bell. **se lever du pied gauche** to get out of bed on the wrong side *Voir aussi* ANCRE, ŒIL

levier *nm* lever : *En cas d'urgence, tirer le ~.* In an emergency, pull the lever. LOC **levier de vitesses** gear lever

lèvre *nf* lip LOC *Voir* BAUME, LIRE[1], ROUGE

lévrier *nm* greyhound

levure *nf* **1** (*naturelle*) yeast **2** (*chimique*) baking powder

lexique *nm* **1** (*vocabulaire*) vocabulary : *Elle a un ~ très étendu.* She has a very wide vocabulary. **2** (*dictionnaire*) glossary [*pl* glossaries]

lézard *nm* **1** (*animal*) lizard **2** (*peau*) lizard skin

lézarde *nf* crack

liaison *nf* **1** (*aérienne, ferroviaire*) link **2** (*Télécom*) contact : *La ~ radio est mauvaise.* Radio contact is bad. **3** (*amoureuse*) affair : *avoir une ~ avec qn* to be having an affair with sb LOC **en liaison avec** in collaboration with *sb* : *travailler en ~ étroite avec qn* to work in close collaboration with sb

liasse *nf* bundle : *une ~ de billets neufs* a bundle of crisp notes

Liban *nm* **le Liban** Lebanon

libanais, -e ◆ *adj* Lebanese ◆ **Libanais, -e** *nm-nf* Lebanese

libellule *nf* dragonfly [*pl* dragonflies]

libéral, -e *adj, nm-nf* liberal

libération *nf* **1** (*pays*) liberation **2** (*prisonnier*) release

libéré, -e *pp, adj* **1** (*mis en liberté*) freed **2** (*femme*) liberated *Voir aussi* LIBÉRER

libérer ◆ *vt* **1** (*pays*) to liberate **2** (*prisonnier*) to free : *Les otages viennent d'être ~s.* The hostages have just been freed **3** (*élèves*) to let *sb* out : *Le prof nous a libérés dix minutes avant la fin du cours.* The teacher let us out ten minutes before the end of the lesson. **4** (*chambre d'hôtel*) to vacate : *Veuillez ~ la chambre au plus tard à midi.* Please vacate the room by midday. **5** (*gaz, énergie*) to release **6** (*soulager*) to relieve *sb* **of sth** : *Vous me libérez d'un grand poids.* You're relieving me of a great burden. ◆ **se libérer** *v pron* **1** (*se délivrer*) to escape : *L'otage a réussi à se ~.* The hostage managed to escape. **2** (*se rendre disponible*) to be free : *Je ne pourrai pas me ~ avant 14 heures.* I won't be free before 2 o'clock.

liberté *nf* freedom : *~ d'expression* freedom of speech ◊ *~ de la presse* freedom of the press LOC **en liberté** at liberty : *Le meurtrier est toujours en ~.* The murderer is still at liberty. **en toute liberté** freely : *Vous pouvez vous exprimer ici en toute ~.* You can express yourself freely here. **liberté conditionnelle/surveillée** parole **liberté sous caution** bail **mettre en liberté** to free *sb* **prendre la liberté de** to take the liberty of *doing sth*

libraire *nmf* bookseller

librairie *nf* bookshop

> Le mot anglais **library** ne signifie pas *librairie* mais *bibliothèque*.

libre *adj* **1** (*gén*) free : *Je suis ~ de faire ce que je veux.* I'm free to do what I want. **2** (*siège, chambre, toilettes*) vacant : *Il n'y a pas de places ~s.* There are no vacant seats. **3** (*route, voie*) clear **4** (*feuille*) loose LOC **donner libre cours à** to give free rein to *sth* *Voir aussi* AUDITEUR, CHUTE, ENTRÉE, NAGE

libre-service *nm* **1** (*restaurant*) self-service restaurant **2** (*supermarché*) supermarket **3** (*station-service*) self-service petrol station LOC **en libre-service** self-service : *un restaurant en ~* a self-service restaurant

Libye *nf* **la Libye** Libya

libyen, libyenne ◆ *adj* Libyan ◆ **Libyen, Libyenne** *nm-nf* Libyan

licence *nf* **1** (*diplôme*) degree : *Qu'est-ce que tu as comme ~ ?* What did you do your degree in? **2** (*permis*) permit

licencié ◆ *pp, adj* (*Université*) : *être ~ en allemand* to have a degree in German ◆ *nm-nf* (*Université*) graduate *Voir aussi* LICENCIER

licenciement *nm* dismissal

licencier *vt* **1** (*pour raisons économiques*) to make *sb* redundant **2** (*pour faute*) to dismiss

lie *nf* dregs [*pl*]

lié, -e *pp, adj* **1** ~ **(à)** (*en rapport*) linked (**to** *sth*) **2** (*proche*) close : *Elles sont très liées.* They are very close. *Voir aussi* LIER

liège *nm* cork : *un bouchon en ~* a cork

lien *nm* **1** (*relation, Informatique*) link : *un ~ actif* an active link **2** (*entre personnes*) bond : *Un fort ~ d'amitié s'est établi entre eux.* A strong bond grew up between them. LOC **avoir un lien de parenté avec** to be related to *sb*

lier *vt* **1** (*établir une relation*) to link *sth* (**to/with** *sth*) : *Les médecins lient les troubles cardiaques au stress.* Doctors link heart disease to stress. **2** (*personnes*) to bind : *l'amitié qui les lie* the friendship which binds them **3** (*attacher*) to tie *sth* (up) : *un paquet lié avec de la ficelle* a parcel tied with string LOC **lier connaissance** to strike up an acquaintance : *Ils ont lié connaissance dans le train.* They struck up an acquaintance on the train. **lier conversation** to strike up a conversation (*with sb*) : *Il a lié conversation avec son voisin dans l'avion.* He struck up a conversation with his neighbour on the plane. **se lier (d'amitié)** to become friends (*with sb*) : *Nous nous sommes tout de suite liés d'amitié.* We immediately became friends. *Voir aussi* FOU

lierre *nm* ivy

lieu *nm* place : *mettre qch en ~ sûr* to put sth in a safe place LOC **au lieu de** instead of *sb/sth/doing sth* : *Au ~ de tant sortir, tu ferais mieux d'étudier.* Instead of going out so much, you'd be better off studying. **avoir lieu** to take place : *L'accident a eu ~ à 2 heures du matin.* The accident took place at 2 o'clock in the morning. **donner lieu à** to give rise to *sth* **en premier, second, etc. lieu** first of all, secondly, etc. : *En dernier ~…* Last of all… **il y a lieu de** there is cause for *sth* : *Il n'y a pas ~ de s'inquiéter.* There is no cause for concern. **lieu de naissance 1** (*gén*) birthplace **2** (*sur les formulaires*) place of birth **sur les lieux** on the scene : *La* *police est arrivée sur les lieux dans les cinq minutes.* The police arrived on the scene within five minutes.

lieutenant *nm* lieutenant

lièvre *nm* hare

lifting *nm* facelift : *se faire faire un ~* to have a facelift

ligament *nm* ligament : *se déchirer un ~* to tear a ligament

light *adj* (*boisson*) diet [*n attrib*] : *Coca-Cola ~* Diet Coke ☛ *Voir note sous* LOW-CALORIE

ligne *nf* **1** (*gén*) line : *une ~ droite* a straight line ◊ *~ de chemin de fer* railway line **2** (*corps*) figure : *Elle surveille sa ~.* She looks after her figure. **3** (*Comm*) range : *notre nouvelle ~ de produits de beauté* our new range of beauty products LOC **aller à la ligne** (*en écrivant*) to start a new paragraph **dernière ligne droite 1** (*Sport*) home straight **2** (*fig*) closing stages [*pl*] : *dans la dernière ~ droite de la campagne* in the closing stages of the campaign **en ligne 1** (*alignés*) in line : *se mettre en ~* to get in line **2** (*au téléphone*) on the phone : *Je regrette, elle est en ~.* I'm sorry, she's on the phone. **3** (*Informatique*) online **garder la ligne** to keep slim : *Comment fais-tu pour garder la ~?* How do you keep slim? **ligne d'arrivée** finishing line : *le premier à passer la ~ d'arrivée* the first across the finishing line **ligne de démarcation** dividing line *Voir aussi* PÊCHE, POINT

ligue *nf* league : *la ~ du basketball* the basketball league

se liguer *v pron* to gang up ***on/against sb*** : *Ils se sont tous ligués contre moi.* They all ganged up on me.

lilas *adj, nm* lilac

limace *nf* slug

lime *nf* (*outil*) file : *~ à ongles* nail file

limer *vt* to file

limitation *nf* limitation LOC **limitation de vitesse** speed limit

limite ◆ *nf* **1** (*gén*) limit : *dans la ~ de nos possibilités* as far as possible **2** (*Géogr, Polit*) boundary [*pl* boundaries] ☛ *Voir note sous* BORDER **3 limites** (*intellectuelles*) limitations : *Il connaît ses ~s.* He knows his limitations. ◆ *adv* **1** (*d'un goût douteux*) dubious : *Ses plaisanteries sont toujours un peu ~.* His jokes are always a bit dubious. **2** (*juste*) close : *C'était ~, un peu plus on ratait le train.* It was close — any later and we would have missed the train. **3** (*maximum*) maximum : *vitesse ~* maximum speed LOC **à la limite** at a push : *À la ~, on pourrait passer la nuit à l'aéroport.* At a push, we could spend the night at the airport. **limite de vitesse** speed limit **sans limite** unlimited : *Sa patience est sans ~.* She has unlimited patience. *Voir aussi* ÂGE, CAS, DATE

limité, -e *pp, adj* limited : *un nombre ~ de places* a limited number of places LOC *Voir* SOCIÉTÉ ; *Voir aussi* LIMITER

limiter ◆ *vt* **1** (*restreindre*) to limit **2** (*marquer la frontière*) to delimit ◆ **se limiter** *v pron* **se ~ à 1** (*se restreindre*) to limit yourself **to *sth*/doing *sth*** : *Il s'est limité à l'essentiel.* He limited himself to what was necessary. **2** (*se résumer*) to be limited **to *sth*** : *Leur étude se limite à quelques remarques générales.* Their study is limited to a few general remarks.

limitrophe *adj* neighbouring : *deux pays ~s* two neighbouring countries LOC **être limitrophe (de)** to border **on...** : *L'Espagne est ~ du Portugal.* Spain borders on Portugal.

limonade *nf* lemonade

limousine *nf* limousine

limpide *adj* clear

lin *nm* **1** (*Bot*) flax **2** (*tissu*) linen : *un tailleur en ~* a linen suit

linéaire *adj* linear

linge *nm* **1** (*draps, serviettes*) linen **2** (*lessive*) washing : *~ sale* dirty washing ◊ *étendre le ~* to hang out the washing LOC **linge de corps** underwear **linge de maison** household linen *Voir aussi* BLANC, CORBEILLE, CORDE, LAVER, PÂLE, PANIER, PINCE

lingerie *nf* (*sous-vêtements*) lingerie

lingot *nm* ingot

linguiste *nmf* linguist

linguistique ◆ *nf* linguistics [*sing*] ◆ *adj* linguistic LOC *Voir* SÉJOUR

linotte *nf* LOC *Voir* TÊTE

lion, lionne ◆ *nm-nf* lion [*fém* lioness] ◆ **Lion** *nm* (*Astrologie*) Leo [*pl* Leos] ☛ *Voir exemples sous* AQUARIUS

lionceau *nm* lion cub

liqueur *nf* liqueur : *~ de poire* pear liqueur

liquidation *nf* (*du stock*) stock clearance

liquide ◆ *nm* **1** (*gén*) liquid : *Je ne peux absorber que des ~s.* I can only have liquids. ◊ *~ vaisselle* washing-up liquid **2** (*argent*) cash : *Je n'ai pas de ~ sur moi.* I've no cash on me. ◆ *adj* liquid : *savon ~* liquid soap LOC **en liquide** in cash :

Nous avons payé la voiture en ~. We paid for the car in cash. *Voir aussi* ARGENT

liquider *vt* **1** (*finir*) to finish *sth* off : *Ils ont liquidé tout le champagne.* They finished off all the champagne. **2** (*stock*) to clear **3** (*commerce*) to liquidate **4** (*tuer*) to bump *sb* off

lire¹ *vt, vi* to read : *Lis-moi la liste.* Read me the list. ◊ *J'aime ~.* I like reading. LOC **lire dans les pensées de** to read *sb's* mind **lire en diagonale** to skim through *sth* **lire la musique** to read music **lire sur les lèvres** to lip-read

lire² *nf* (*monnaie*) lira

lis *nm* lily [*pl* lilies]

lisible *adj* **1** (*écriture, manuscrit*) legible **2** (*roman*) readable

lisière *nf* edge

lisse *adj* **1** (*gén*) smooth : *la surface ~ du lac* the smooth surface of the lake **2** (*cheveux*) straight **3** (*pneus*) bald

lisser *vt* to smooth *sth* (out)

liste *nf* list : *~ des courses* shopping list ◊ *~ d'attente* waiting list LOC **être sur la liste rouge** to be ex-directory **listes électorales** electoral roll [*sing*]

lit *nm* **1** (*gén*) bed : *~ d'une personne/de deux personnes* single/double bed ◊ *~s superposés* bunk beds ◊ *faire son ~* to make the bed ◊ *aller au ~* to go to bed ◊ *Tu es toujours au ~ ?* Are you still in bed? ◊ *se mettre au ~* to get into bed **2** (*rivière*) (river) bed LOC **au lit !** time for bed! **faire un lit en portefeuille** to make an apple-pie bed *for sb Voir aussi* CLOUER, DESCENTE, TÊTE

litote *nf* understatement

litre *nm* litre (*abrév* l) ☛ *Voir Appendice 1.*

littéraire *adj* literary

littéral, -e *adj* literal

littérature *nf* literature LOC **littérature policière** crime writing

littoral *nm* coast : *le ~ méditerranéen* the Mediterranean coast

livide *adj* pallid

livraison *nf* delivery [*pl* deliveries] : *~ à domicile* home delivery

livre¹ *nm* book : *un ~ de recettes* a recipe book LOC **livre de lecture** reader **livre de poche** paperback *Voir aussi* SUSPENSE

livre² *nf* **1** (*argent*) pound : *50 ~s* 50 pounds ◊ *~s sterling* pounds sterling **2** (*poids*) pound (*abrév* lb) : *une ~ de cerises* a pound of cherries ☛ *Voir Appendice 1.*

livrer ◆ *vt* **1** (*marchandises*) to deliver **2** (*remettre*) to hand *sb* over (*to sb*) : *~ qn aux autorités* to hand sb over to the authorities ◆ **se livrer** *v pron* **1** (*se rendre*) to give yourself up, to surrender (*plus sout*) (**to sb**) : *Ils se sont livrés à la police.* They gave themselves up to the police. **2** (*se confier*) to open up (*to sb*) **3 se ~ à** to devote yourself **to *sth*** : *Je peux enfin me ~ à ma passion.* I can finally devote myself to my passion.

livret *nm* **1** (*carnet*) book **2** (*registre*) record book LOC **livret de caisse d'épargne** savings book

livreur, -euse *nm-nf* delivery man/woman [*pl* delivery men/women] LOC **livreur de journaux** paper boy [*pl* paper boys] [*fém* paper girl]

local, -e ◆ *adj* local ◆ *nm* premises [*pl*] : *Le ~ est assez grand.* The premises are quite big.

localiser *vt* to locate

localité *nf* **1** (*village*) village **2** (*petite ville*) town

locataire *nmf* tenant

locatif, -ive *adj* LOC *Voir* CHARGE

location *nf* **1** (*action de louer*) (**a**) (*véhicules*) hire : *une société de ~ de voitures* a car hire company (**b**) (*logements*) renting **2** (*prix*) hire charge **3** (*logement*) rented accommodation : *être en ~* to live in rented accommodation LOC *Voir* VOITURE

locomotive *nf* locomotive

locution *nf* idiom

loge *nf* **1** (*théâtre*) dressing room **2** (*gardien*) porter's lodge

logement *nm* **1** (*local d'habitation*) accommodation [*indénombrable*] **2** (*action de loger*) housing [*indénombrable*] : *la crise du ~* the housing problem **3** (*maison*) house : *chercher un ~* to look for a house **4** (*appartement*) flat LOC *Voir* ASSURER

loger ◆ *vt* **1** (*contenir*) to accommodate : *L'hôtel peut ~ 200 personnes.* The hotel can accommodate 200 people. **2** (*sans faire payer*) to put *sb* up : *Après l'incendie, on nous a logés dans une école.* After the fire, they put us up in a school. ◆ *vi* to stay : *Nous avons logé à l'hôtel.* We stayed in the hotel.

logiciel *nm* software [*indénombrable*] : *Ils ont créé un nouveau ~.* They've created a new software package.

logique ◆ *adj* logical ◆ *nf* logic

logo *nm* logo [*pl* logos]

loi *nf* **1** (*corps de lois, principe*) law : *la ~ de la pesanteur* the law of gravity ◊ *enfreindre la ~* to break the law ◊ *les ~s de la nature* the laws of nature **2** (*parle-*

ment) act LOC **faire la loi** to boss people around *Voir aussi* PROJET

loin *adv* ~ **(de)** far (away), a long way (away) (*plus fam*) (**from sb/sth**) : *Ce n'est pas très ~ d'ici.* It isn't very far (away) from here.

Far (away) s'emploie surtout dans des phrases négatives et interrogatives, tandis que dans les phrases affirmatives on emploie **a long way (away)** : *C'est loin.* It's a very long way (away).

LOC **aller loin** to go far **aller trop loin** to go too far : *Cette fois tu es allé trop loin !* You've gone too far this time! **au loin** in the distance **de loin 1** (*pr*) from a distance : *On l'aperçoit même de ~.* You can still see it from a distance. **2** (*fig*) by far : *C'est de ~ ce qui est le plus important.* It's by far the most important thing. **être loin de qch** to be a long way from sth : *Mon école est très ~ de la maison.* My school is a long way from my house. **loin de là** (*pas du tout*) far from it **pas loin de** very nearly : *Il y a eu pas ~ de mille personnes.* There were very nearly a thousand people there. **plus loin 1** (*devant soi*) further on : *six kilomètres plus ~* six kilometres further on **2** (*d'un côté*) further over : *pousser la table plus ~* to push the table further over

lointain, -e ◆ *adj* **1** (*dans l'espace*) distant : *dans un pays ~* in a distant country **2** (*dans le temps*) distant : *un passé ~* the distant past **3** (*parent*) distant ◆ *nm* distance : *dans le ~* in the distance

loir *nm* dormouse LOC *Voir* DORMIR

loisir *nm* leisure [*indénombrable*] : *les ~s* leisure time LOC **de loisir** recreational *Voir aussi* PARC

long, longue ◆ *adj* **1** (*gén*) long : *Ce manteau est trop ~ pour toi.* That coat is too long for you. ◊ *les longues soirées devant le feu* long evenings in front of the fire **2** (*personne*) slow : *Qu'est-ce qu'il est long !* How slow he is! ◆ *nm* length : *Combien est-ce que ça fait de ~ ?* How long is it? ◊ *Elle fait 50 mètres de ~.* It's 50 metres long. ◆ *adv* a lot : *Il en sait ~ sur elle !* He knows a lot about her! LOC **c'est une longue histoire** it's a long story **de long en large** up and down **en dire long sur** to say a lot about *sb/sth* **en long et en large** in great detail **le long de** along... : *marcher le ~ de la rivière* to walk along the river **long métrage** feature film *Voir aussi* CHAISE, DURÉE, ÉCHÉANCE, ÉTALER, HALEINE

longer *vt* to follow

longévité *nf* longevity

longitude *nf* longitude

longtemps *adv* a long time : *il y a ~* a long time ago ◊ *Ils sont arrivés ~ avant nous.* They got here a long time before us. ◊ *Je vais en avoir pour ~.* I'm going to be a long time. LOC **depuis longtemps** for a long time : *J'habite ici depuis ~.* I've been living here for a long time.

longuement *adv* at length : *Pourquoi ne pas en parler plus ~ pendant le dîner ?* Why don't we talk about it at length over dinner?

longueur *nf* length : *Son jardin est d'une ~ incroyable !* His garden is incredibly long! ◊ *Il a renversé du vin sur toute la ~ de sa robe.* He spilt wine all down her dress. ◊ *nager six ~s* to swim six lengths ◊ *Ils auraient dû couper la ~ de la séance.* They should have cut the length of the session. ◊ *Combien ça fait de ~ ?* How long is it? ◊ *Elle fait 50 mètres de ~.* It's 50 metres long. LOC **à longueur de journée/semaine/année** all day/week/year long **longueur d'onde** wavelength *Voir aussi* SAUT, SENS

lopin *nm* LOC **lopin de terre** plot (of land)

loque *nf* **1 loques** (*guenilles*) rags : *être en ~s* to be in rags **2** (*personne*) wreck

lorgner *vt* to eye *sb/sth* up

lors LOC **lors de** during *sth* : *~ d'une visite à l'étranger* during a trip abroad

lorsque *conj* when

losange *nm* diamond LOC **en losange** diamond-shaped

lot *nm* **1** (*partage*) share : *Chacun a eu son ~.* Everybody's had their share. ◊ *Elle a eu son ~ de problèmes.* She's had her share of problems. **2** (*terrain*) plot **3** (*Comm, Informatique*) batch **4** (*aux enchères, destin*) lot LOC *Voir* GROS

loterie *nf* lottery [*pl* lotteries] LOC *Voir* JOUER

lotion *nf* lotion LOC **lotion solaire** suntan lotion

lotissement *nm* **1** (*parcelle*) plot **2** (*parcelles*) (housing) estate

loto *nm* lottery : *jouer au ~* to do the lottery LOC **loto sportif** football pools [*pl*]

lotte *nf* monkfish [*pl* monkfish]

louable *adj* praiseworthy

louange *nf* praise : *digne de ~s* worthy

of praise LOC **à la louange de** in praise of *sb/sth*

louche ◆ *adj* **1** (*lieu*) sleazy **2** (*affaire*) shady ◆ *nf* ladle

loucher *vi* **1** (*défaut*) to be cross-eyed **2** (*convoiter*) to have your eye on *sth* : *~ sur les gâteaux* to have your eye on the cakes

louer *vt* **1** to hire, to rent

> **To hire** s'emploie pour une période de temps courte, comme dans le cas d'une voiture ou d'un déguisement : *Il a loué un costume pour le mariage.* He hired a suit for the wedding. ◊ *Tu ferais mieux de ~ une voiture.* You might as well hire a car. **To rent** implique une période plus longue, par exemple la location d'une maison ou d'une chambre : *Combien est-ce que cela me coûterait de ~ un deux-pièces ?* How much would it cost me to rent a two-bedroomed flat? **To hire sth (out)** s'emploie pour une période de temps courte : *Ils gagnent leur vie en louant des chevaux aux touristes.* They make their living hiring (out) horses to tourists.**To rent sth (out)** se réfère à des périodes de temps longues et s'utilise généralement pour parler d'objets, de maisons ou de chambres : *Ils louent des chambres pour étudiants.* They rent (out) rooms to students. ◊ *un magasin qui loue des appareils ménagers* a shop that rents out household appliances. **To let sth (out)** se réfère uniquement à des maisons ou à des chambres : *Il y a un appartement à louer dans notre immeuble.* There's a flat to let in our block.

2 (*complimenter*) to praise *sb/sth* (**for sth**) : *Ils l'ont louée pour son courage.* They praised her for her courage.

loufoque *adj* crazy

loup, louve *nm-nf* wolf [*pl* wolves]

> Pour spécifier qu'il s'agit d'une louve, on utilise le terme **she-wolf**.

LOC *Voir* FAIM

loupe *nf* magnifying glass

louper *vt* **1** (*manquer*) to miss : *~ l'occasion* to miss your chance **2** (*rater*) to flunk : *~ son examen* to flunk your exam

loup-garou *nm* werewolf [*pl* werewolves]

lourd, -e ◆ *adj* **1** (*gén*) heavy : *une valise lourde* a heavy suitcase ◊ *un repas ~* a heavy meal ◊ *avoir la tête lourde* to have a heavy head ◊ *un ciel ~* a heavy sky **2** (*ennuyeux*) boring : *Ils sont ~s.* They're boring. ◆ *adv* heavy : *peser ~* to be heavy LOC **il fait lourd** the weather is close **pas lourd** not much : *Ça ne vaut pas lourd.* It's not worth much. *Voir aussi* CONSCIENCE

lourdeur *nf* **1** (*gén*) heaviness **2** (*maladresse*) clumsiness **3** (*sans raffinement*) crudeness

loutre *nf* otter

loyal, -e *adj* **1** (*personne*) loyal (***to sb/sth***) **2** (*honnête*) honest

loyauté *nf* loyalty (***to sb/sth***) LOC **avec loyauté** loyally

loyer *nm* rent : *Est-ce que tu as payé le ~ ?* Have you paid the rent?

lubrifiant *nm* lubricant

lubrifier *vt* to lubricate

lubrique *adj* **1** (*personne*) lecherous **2** (*regard, danse*) lewd

lucarne *nf* **1** (*dans le toît*) skylight **2** (*en saillie*) dormer window **3** (*Foot*) top corner of the net

lucide *adj* lucid

lucidité *nf* lucidity

lucratif, -ive *adj* lucrative

lueur *nf* **1** (*faible*) glimmer **2** (*soudaine*) flash

luge *nf* sledge LOC **faire de la luge** to go sledging

lugubre *adj* gloomy

lui *pron pers* **1** (*sujet*) he : *Jean et ~ sont cousins.* Jean and he are cousins. **2** (*avec une préposition, dans les comparaisons*) him : *C'est pour ~.* It's for him. ◊ *Tu es plus grand que ~.* You're taller than him. **3** (*objet indirect*) (to) him, (to) her : *J'ai vu ma patronne mais je ne ~ ai pas parlé.* I saw my boss but I didn't speak to her. ◊ *Nous allons ~ écrire.* We're going to write to him/to her ◊ *Je ~ ai dit la vérité.* I told him/her the truth. **4** (*parties du corps, effets personnels*) : *Ils ~ ont pris sa carte d'identité.* They took away his identity card. **5** (*chose*) it LOC **à lui** his : *Ils ne sont pas à elle, ils sont à ~.* They're not hers, they're his.

lui-même *pron pers* **1** (*personne*) himself : *Il ne sait que parler de ~.* He can only talk about himself. ◊ *Le peintre, ~, a inauguré l'exposition.* The painter himself opened the exhibition. **2** (*chose*) itself : *Le problème s'est résolu de ~.* The problem solved itself.

luire *vi* **1** (*briller*) gleam : *Ses yeux luisaient dans le noir.* His eyes gleamed in the dark. **2** (*étinceler*) glow : *Les braises luisaient toujours.* The embers were still glowing. **3** (*d'humidité*) to glisten : *Son* *front luisait de sueur.* His forehead was glistening with sweat.

luisant, -e *adj* **1** (*brillant*) shiny : *un poil ~* a shiny coat **2** (*surface polie*) gleaming **3** (*mouillé*) glistening **4** (*regard*) glowing

lumière *nf* **1** (*gén*) light : *allumer/éteindre la ~* to turn the light on/off ◊ *Il y a beaucoup de ~ dans cet appartement.* This flat gets a lot of light. **2** (*personne*) genius [*pl* geniuses] **3 lumières** (*intelligence*) insight : *avoir des ~s sur qch* to have an insight into sth ◊ *Nous avons besoin de ses ~s.* We need the benefit of her insight. LOC **lumière du jour** daylight *Voir aussi* PLEIN, SIÈCLE

lumineux, -euse *adj* **1** (*gén*) bright : *une pièce/idée lumineuse* a bright room/idea **2** (*qui répand de la lumière*) luminous : *une montre lumineuse* a luminous watch

lunaire *adj* lunar

lunatique *adj, nmf* temperamental [*adj*]

lundi *nm* Monday [*pl* Mondays] (*abrév* Mon) : *le ~ matin/après-midi* on Monday morning/afternoon ◊ *Je ne travaille pas le ~.* I don't work on Mondays. ◊ *un ~ sur deux* every other Monday ◊ *Cela s'est passé ~ dernier.* It happened last Monday. ◊ *Nous nous verrons ~ prochain.* We'll meet next Monday. ◊ *Mon anniversaire tombe un ~ cette année.* My birthday falls on a Monday this year. ◊ *Ils se marient le ~ 19 août.* They're getting married on Monday August 19. ☛ Se lit : « Monday the nineteenth of August ».

lune *nf* moon : *un voyage sur la ~* a trip to the moon LOC **être dans la lune** to be miles away **lune de miel** honeymoon **pleine/nouvelle lune** full/new moon *Voir aussi* CLAIR, QUARTIER

lunettes *nf* **1** (*gén*) glasses, spectacles (*plus sout*) (*abrév* specs) : *un garçon blond à ~* a fair boy with glasses ◊ *Je ne pouvais pas le voir parce que je n'avais pas mes ~.* I couldn't see him because I didn't have my glasses on. ◊ *Il me faut des ~.* I need glasses. **2** (*motocycliste, skieur, nageur*) goggles LOC **lunettes de soleil** sunglasses

lustre *nm* shine

lustrer ◆ *vt* to polish ◆ **se lustrer** *v pron* to go shiny : *Le tissu du canapé s'est lustré.* The sofa fabric has gone shiny.

lutin *nm* elf [*pl* elves]

lutrin *nm* lectern

lutte *nf* ~ **(contre/pour)** fight (**against/for *sb/sth***) : *la ~ contre la pollution/pour l'égalité* the fight against pollution/for equality ◊ *la ~ pour la vie* the struggle for survival

lutter *vi* **1** (*gén*) to fight : *~ pour la liberté* to fight for freedom **2** *~* **contre** to fight *sb/sth* : *~ contre les préjudices raciaux* to fight racial prejudice

lutteur, -euse *nm-nf* **1** (*gén*) fighter : *C'est un vrai ~.* He's a real fighter. **2** (*Sport*) wrestler

luxation *nf* dislocation

luxe *nm* luxury [*pl* luxuries] : *Je ne peux pas m'offrir de tels ~s.* I can't afford such luxuries. LOC **dans le luxe** in style : *Ils vivent dans le ~.* They live in style. **de luxe** luxury : *un appartement de ~* a luxury apartment

Luxembourg *nm* **le Luxembourg** Luxembourg

luxembourgeois, -e ◆ *adj* Luxembourg [*n attrib*] ◆ *nm* Luxemburgish : *parler ~* to speak Luxemburgish ◆ **Luxembourgeois, -e** *nm-nf* Luxembourger

luxueux, -euse *adj* luxurious

luxure *nf* lust

luxuriant, -e *adj* luxuriant

lycée *nm* upper secondary school

> Les classes de lycée de la seconde jusqu'à la terminale s'appellent **years 11-13**.

lycéen, -enne *nm-nf* upper secondary school student

lymphe *nf* lymph

lyophiliser *vt* to freeze-dry

lyrique *adj* **1** (*poésie*) lyric **2** (*contenu, passionné*) lyrical

lys *nm* lily

Mm

macabre *adj* macabre

macadam *nm* Tarmac®

macaroni *nm* macaroni [*indénombrable*] : *Les ~s sont faciles à cuire.* Macaroni is easy to cook.

mâcher *vt* to chew LOC **ne pas mâcher ses mots** not to mince (your) words

machin *pas nm* **1** (*chose*) thing **2** (*dont on ne connaît pas le nom*) thingummy [*pl* thingummies]

machinal, -e *adj* mechanical

machine *nf* machine LOC **écrire/taper à la machine** to type *sth* **machine à coudre** sewing machine **machine à écrire** typewriter **machine à laver** washing machine : *Je fais deux ~s à laver par jour.* I do two loads of washing a day. **machine à sous** fruit machine *Voir aussi* LANGAGE

machinerie *nf* machinery

machisme *nm* machismo

macho *adj, nm* macho [*adj*]

mâchoire *nf* jaw

maçon *nm* **1** (*gén*) builder **2** (*qui ne pose que des briques*) bricklayer

maçonnerie *nf* **1** (*gros travaux*) building **2** (*ouvrage*) masonry

maculer *vt* to smear

madame *nf* **1** (*titre*) madam [*pl* ladies] : *Bonjour ~.* Good morning, madam. ◊ *Mesdames et messieurs...* Ladies and gentlemen... **2 Mme** (*suivi du nom*) Mrs [*pl* Mrs] : *M. et Mme Ducros* Mr and Mrs Ducros **3** (*pour attirer l'attention*) excuse me! : *~ ! Vous avez fait tomber votre billet.* Excuse me! You've dropped your ticket. LOC **Madame, Monsieur** Dear Sir/Madam ☛ *Voir pp. 404-405*

madeleine *nf* madeleine

mademoiselle *nf* **1** (*titre*) miss : *Bonjour, ~.* Good morning, miss. **2 Mlle** (*suivi du nom*) Miss, Ms

> **Miss** s'utilise avec le prénom ou avec le nom et le prénom : « Miss Jones » ou « Miss Mary Jones » : *Appelle Mlle Lambert.* Phone Miss Lambert. Le titre **Ms**, qui peut s'employer au lieu de **Miss** ou **Mrs**, permet de ne pas préciser la situation de famille.

3 (*pour attirer l'attention*) excuse me! : *~ ! Vous pouvez me servir s'il vous plaît ?* Excuse me! Can you serve me please?

maestro *nm* maestro

mafia *nf* mafia : *la Mafia* the Mafia ◊ *la ~ de la drogue* the drugs mafia

magasin *nm* shop : *~ de chaussures* shoe shop ◊ *~ de jouets* toyshop LOC **faire les magasins** to go shopping *Voir aussi* GRAND

magazine *nm* magazine

mage *nm* LOC *Voir* ROI

magicien, -ienne *nm-nf* magician

magie *nf* magic : *~ blanche/noire* white/black magic ◊ *comme par ~* as if by magic

magique *adj* magic : *pouvoirs ~s* magic powers LOC *Voir* BAGUETTE

magistral, -e *adj* **1** (*interprétation*) masterly **2** (*succès*) brilliant

magistrat *nm* magistrate

magnat *nm* tycoon : *~ de la presse* newspaper tycoon

magnésium *nm* magnesium

magnétique *adj* magnetic LOC *Voir* NORD, PÔLE

magnétisme *nm* magnetism

magnétophone *nf* tape recorder

magnétoscope *nm* video recorder

magnifique *adj, excl* wonderful : *Il a fait un temps ~.* The weather was wonderful.

magouille *nm* fiddle

mai *nm* May ☛ *Voir exemples sous* JANVIER

maigre *adj* **1** (*personne*) thin, skinny (*fam*) ☛ *Voir note sous* MINCE **2** (*Cuisine*) low-fat : *un yaourt ~* a low-fat yogurt **3** (*viande*) lean : *porc ~* lean pork LOC **être maigre comme un clou** to be as thin as a rake

maigreur *nf* thinness

maigrichon, -onne *adj* skinny ☛ *Voir note sous* MINCE

maigrir *vi* to lose weight : *J'ai beaucoup maigri.* I've lost a lot of weight.

maille *nf* **1** (*filet*) mesh **2** (*de tricot*) stitch

maillot *nm* **1** (*Cyclisme*) jersey [*pl* jerseys] : *le ~ jaune* the yellow jersey **2** (*Sport*) shirt : *le ~ numéro 11* the number 11 shirt LOC **maillot de bain 1** (*homme*) swimming trunks [*pl*] : *Ce ~ de bain est trop petit pour toi.* Those swimming trunks are too small for you. ☛ *Voir note sous* PAIR **2** (*femme*) swimming costume **maillot de corps** vest

main *nf* hand : *avoir la ~ ferme* to have a steady hand ◊ *J'ai la ~ qui tremble.* My hand is trembling. ◊ *Lève la ~.* Put your hand up. ◊ *être en bonnes ~s* to be in good hands LOC **à la main** (*manuellement*) by hand : *fait à la ~* handmade **à mains nues** with my, your, etc. bare hands : *Il a saisi l'animal à ~s nues.* He took hold of the animal with his bare hands. **de sa propre main** in your own handwriting : *La lettre a été rédigée de sa propre ~.* The letter was written in his own handwriting. **donner la main à** to hold *sb's* hand : *Donne-moi la ~.* Hold my hand. **donner un coup de main à** to give *sb* a hand **en mettre sa main au feu** to swear to it **en venir aux mains** to come to blows **être la main droite de** to be *sb's* right-hand man **la main dans la main** hand in hand (*with sb*) : *Ils se promenaient la ~ dans la ~.* They were walking along hand in hand. **les mains vides** empty-handed : *Il n'est pas reparti les ~s vides.* He didn't leave empty-handed. **mettre la main sur qch** to lay your hands on sth **mettre la main sur qn** to catch sb : *La police a mis la ~ sur eux.* The police have caught them. **se tenir la main** to hold hands *Voir aussi* ATTAQUE, ATTAQUER, ATTRAPER, BAGAGE, DEUX, FRAPPER, FREIN, FROTTER, GESTE, HABILE, HAUT, LAVER, PORTÉE, SAC, SERRER, TAPER, VOL

main-d'œuvre *nf* labour

maint, -e *adj* a great many LOC **à maintes reprises/maintes (et maintes) fois** time and time again

maintenant *adv* now : *Qu'est-ce que je vais faire ~ ?* What am I going to do now? ◊ *à partir de ~* from now on ◊ *Il était très malade mais ~ il va mieux.* He was very ill but he's better now. LOC *Voir* JUSQUE

maintenir *vt* **1** (*conserver*) to keep : *~ la nourriture au chaud* to keep food hot **2** (*affirmer*) to maintain **3** (*tenir*) to hold : *Bien ~ la bouteille.* Hold the bottle tight. LOC **maintenir en vie** to keep *sb* alive **se maintenir en forme** to keep fit

maire *nm* mayor

mairie *nf* town hall

mais *conj* but : *lentement ~ sûrement* slowly but surely ◊ *Ils travaillent très dur, ~ ils ne le finiront pas.* They're working very hard but they won't get it done. ◊ *~ tu ne me l'avais pas dit !* But you didn't tell me!

maïs *nm* **1** (*plante*) maize **2** (*grain*) sweetcorn LOC *Voir* HUILE

maison ◆ *nf* **1** (*en ville*) house : *une ~ en dehors de Lille* a house on the outskirts of Lille

En Grande-Bretagne, il existe différents types de maisons. Une **detached house** est une maison individuelle sans bâtiment mitoyen tandis qu'une **semi-detached house** est une maison jumelée. La plupart de gens n'habitent pas en immeuble, mais en maisonnettes de ce type, sauf dans les grandes villes où davantage de gens habitent en immeuble. À la campagne, et dans certains petits villages, on trouve des **cottages** qui sont des petites maisons, souvent anciennes et d'aspect plaisant. Un autre type de maison assez courant est le **bungalow**, qui est une maison sans étage.

2 (*foyer*) home **3** (*entreprise*) company [*pl* companies] : *une ~ de disques* a record company ◆ *adj* home-made : *confiture ~* home-made jam LOC **à la maison 1** (*sans déplacement*) at home : *rester à la ~* to stay at home **2** (*avec déplacement*) home : *On rentre à la ~.* We're going home. **maison de campagne** country house **maison de correction** young offenders' institution **maison d'édition** publisher : *C'est chez quelle ~ d'édition ?* Who are the publishers? **maison de retraite** old people's home **maison jumelée/individuelle** semi-detached/detached house *Voir aussi* GROS, LINGE, MAÎTRESSE, PÂTÉ

maisonnée *nf* household

maître, -esse ◆ *nm-nf* **1** (*École*) teacher **2** (*animal*) owner ◆ *nm* (*expert*) master ◆ **maîtresse** *nf* (*d'un homme*) mistress LOC **maître chanteur** blackmailer **maîtresse de maison** housewife [*pl* housewives]

maître-nageur *nm* swimming instructor

maîtrise *nf* **1** (*contrôle*) control : *sa ~ du ballon* his ball control **2** (*langue*) command **3** (*technique*) mastery **4** (*Université*) master's (degree) : *une ~ en économie* a master's in economics

maîtriser *vt* **1** (*matière, technique*) to be good at *sth* **2** (*tenir attaché*) to hold *sb* down : *Deux policiers le maîtrisaient.* Two policemen were holding him down. **3** (*émotion, incendie*) to control

maïzena® *nf* cornflour

Majesté *nf* Majesty [*pl* Majesties] : *Sa ~* His/Her/Your Majesty

majestueux, -euse *adj* majestic

majeur, -e ◆ *adj* (*le plus important, Mus*) major : *La réussite de ses enfants est son souci ~.* The success of his children is his major concern. ◊ *en do ~* in C major ◆ *nm* (*doigt*) middle finger LOC **être majeur** : *Quand je serai ~ je pourrai voter.* I'll be able to vote when I'm eighteen. **la majeure partie de...** most (of)... : *La majeure partie de la classe se composait de filles.* Most of the class were girls. ◊ *la majeure partie des ports français* most French ports

majordome *nm* butler

majorité *nf* majority [*pl* majorities] : *obtenir la ~ absolue* to get an absolute majority LOC **la majorité de...** most (of)... : *La ~ des Anglais préfère vivre à la campagne.* Most English people prefer to live in the country. ☛ *Voir note sous* MOST ; *Voir aussi* IMMENSE

majuscule ◆ *adj* capital, upper case (*plus sout*) : *un « m » majuscule* a capital 'm' ◆ *nf* capital letter, upper case letter (*plus sout*) LOC **en majuscules** in capitals

mal ◆ *adj* **1** (*mauvais*) bad : *Ce film n'était pas si ~ !* The film wasn't that bad! **2** (*immoral*) wrong : *C'est ~ de répondre à ta mère.* It's wrong to answer your mother back. ◆ *adv* **1** (*gén*) badly : *se comporter/parler ~* to behave/speak badly ◊ *un travail ~ payé* a badly paid job ◊ *Ma grand-mère entend très ~.* My grandmother's hearing is very bad. **2** (*en faisant une erreur*) wrongly : *~ répondre à une question* to give the wrong answer ◆ *nm* **1** (*peine*) harm : *Je ne te veux aucun ~.* I don't wish you any harm. **2** (*problème*) problem : *La vente de la maison nous a évité bien des maux.* We avoided a lot of problems by selling the house. **3** (*Phil*) evil : *le bien et le ~* good and evil LOC **avoir du mal à** to find it hard *to do sth* : *J'ai du ~ à me lever tôt.* I find it hard to get up early. **avoir mal à** : *J'ai ~ à la jambe.* My leg hurts. **être/se sentir mal** to be/feel ill **faire mal à** (*produire une douleur*) to hurt *sb* : *Aïe, tu me fais ~ !* Ouch, you're hurting me! ◊ *Ça ne vous fera pas ~ du tout.* This won't hurt (you) at all. ◊ *Leur manque de soutien m'a fait ~.* I was hurt by their lack of support. ◊ *Ça lui a fait ~ de ne pas être invité.* He was hurt that he wasn't invited. **pas mal 1** (*santé*) not bad(ly) : *« Comment va ta mère ? — Pas trop ~. »* 'How's your mother?' 'Not so bad.' ◊ *Nous n'allons pas trop ~.* We're not doing too badly. **2** (*pas laid*) not bad : *Cette veste n'est pas ~.* That jacket's not bad. **pas mal de** quite a lot (of...) : *J'ai pas ~ de choses à faire.* I've got quite a lot of things to do. ◊ *J'ai appris pas ~ de choses en trois mois.* I learnt quite a lot in three months. ◊ *Cela fait pas ~ de temps que je ne suis pas allé la voir.* It's quite a long time since I last visited her. **se donner du mal** to take pains *with sth/to do sth* **se faire mal** to hurt yourself **se faire mal à** to hurt *sth* : *Je me suis fait ~ à la main.* I hurt my hand. ☛ Les autres expressions formées avec **mal** sont traitées sous le nom, l'adjectif, etc. correspondant : pour **avoir le mal de mer**, par exemple, voir MER.

malade ◆ *adj* ill, sick

> **Ill** et **sick** signifient malade, mais ne sont pas interchangeables. **Ill** s'emploie toujours après un verbe : *être malade* to be ill ◊ *tomber malade* to fall ill. **Sick** précède généralement un nom : *s'occuper d'un animal malade* to look after a sick animal, ou quand on se réfère à une absence de l'école ou du lieu de travail : *Il y a 15 enfants malades.* There are 15 children off sick. Attention, l'expression **to be** ou **to feel sick** ne veut pas dire *être malade* mais *avoir envie de vomir* : *J'ai envie de vomir.* I feel sick.

◆ *nmf* **1** (*gén*) sick person ☛ Lorsqu'on se réfère à l'ensemble des gens malades on dit **the sick** : *soigner les ~s* to look after the sick. **2** (*patient*) patient LOC **être malade du cœur** to have heart trouble **rendre malade** to make *sb* sick *Voir aussi* TOMBER

maladie *nf* **1** (*gén*) illness : *Il vient d'avoir une ~ très grave.* He has just recovered from a very serious illness. **2** (*Méd, infectieuse*) disease : *une ~ congénitale* a hereditary disease ◊ *~ de Parkinson* Parkinson's disease ☛ *Voir note sous* DISEASE LOC *Voir* ASSURANCE, CONGÉ

maladif, -ive *adj* sickly

maladresse *nf* **1** (*manque d'adresse*) clumsiness **2** (*manque de tact*) tactlessness **3** (*bévue*) blunder : *Il n'arrête pas de commettre des ~s.* He's always making blunders.

maladroit, -e *adj, nm-nf* **1** (*gauche*) clumsy [*adj*] : *Tu es si ~ !* You're so clumsy! **2** (*sans tact*) tactless [*adj*]

malaise *nm* **1** (*indisposition*) dizzy spell : *Elle a eu un ~.* She had a dizzy spell. **2** (*inquiétude*) unease [*indénombrable*] : *Ses paroles ont créé un ~ dans les cercles politiques.* His words caused unease in political circles.

malaxer *vt* **1** (*gén*) to mix **2** (*beurre*) to cream **3** (*pâte*) to knead

malchance *nf* bad luck : *Ils ont toujours eu beaucoup de ~.* They've always had a lot of bad luck. LOC **avoir la**

malchance de faire qch to be unlucky enough to do sth **par malchance** unfortunately

mâle *adj, nm* male : *une portée de deux ~s et trois femelles* a litter of two males and three females ◊ *C'est un ~ ou une femelle ?* Is it male or female? ☛ *Voir note sous* FEMALE

malédiction *nf* curse : *prononcer une ~ contre qn* to put a curse on sb

malencontreux, -euse *adj* unfortunate

malentendu *nm* misunderstanding : *Il y a eu un ~.* There's been a misunderstanding.

malfaiteur *nm* criminal

malgré *prép* in spite of *sb/sth*

malheur *nm* **1** (*calamité*) misfortune : *Ils ont eu de nombreux ~s.* They've had many misfortunes. **2** (*catastrophe*) accident : *Fais attention sinon cela va se terminer par un ~.* Take care or there'll be an accident. LOC **à quelque chose malheur est bon** every cloud has a silver lining **donner/porter malheur** to bring bad luck **un malheur n'arrive jamais seul** it never rains but it pours

malheureusement *adv* unfortunately

malheureux, -euse ◆ *adj* **1** (*triste*) unhappy : *avoir une vie malheureuse* to lead an unhappy life **2** (*malchanceux*) unlucky ◆ *nm-nf* **1** (*pauvre*) wretch **2** (*peu chanceux*) poor thing : *Il en a vu de toutes les couleurs, le ~ !* He's been through some hard times, poor thing!

malhonnête *adj* dishonest

malhonnêteté *nf* dishonesty

malice *nf* mischievousness

malicieux, -ieuse *adj* mischievous

malin, -igne ◆ *adj, nm-nf* (*intelligent*) clever [*adj*] ◆ *adj* (*Méd*) malignant LOC *Voir* JOUER

malle *nf* trunk ☛ *Voir illustration sous* BAGAGE

malléable *adj* malleable

malmener *vt* to ill-treat

malnutrition *nf* malnutrition

malpropre *adj* **1** (*sale*) grubby **2** (*malhonnête*) dishonest

malsain, -e *adj* unhealthy

malt *nm* malt

maltraiter *vt* to mistreat : *Ils disent qu'ils ont été maltraités.* They say they've been mistreated.

malveillant, -e *adj* malicious

maman *nf* mum ☛ Les jeunes enfants disent souvent **mummy**.

mamelle *nf* **1** (*gén*) breast **2** (*vache*) udder

mamelon *nm* **1** (*personne*) nipple **2** (*animal*) teat

mamie *nf* granny

mammifère *nm* mammal

manche ◆ *nf* **1** (*vêtement*) sleeve : *une chemise à ~s longues/courtes* a long-sleeved/short-sleeved shirt **2 la Manche** the Channel ◆ *nm* (*poignée*) handle ☛ *Voir illustration sous* HANDLE LOC **faire la manche** to beg **manche à balai** broomstick **sans manches** sleeveless *Voir aussi* TUNNEL

manchot, -otte ◆ *adj, nm-nf* **1** (*sans un bras*) one-armed [*adj*] **2** (*sans une main*) one-handed [*adj*] ◆ *nm* penguin

mandarine *nf* mandarin

mandat *nm* (*Jur*) warrant : *un ~ de perquisition* a search warrant LOC **mandat postal** postal order : *toucher un ~ postal* to cash a postal order

manège *nm* **1** (*de foire*) merry-go-round [*sing*] **2** (*centre équestre*) riding school

manette *nf* **1** (*gén*) lever **2** (*Informatique*) joystick ☛ *Voir illustration sous* ORDINATEUR

mangeable *adj* edible

manger ◆ *vt, vi* to eat : *Tu devrais ~ quelque chose avant de sortir.* You should eat something before you go out. ◊ *Ton fils ne veut rien ~.* Your son won't eat. ◆ *vt* (*omettre*) to miss *sth* out : *~ un mot* to miss a word out ◆ **se manger** *v pron* to be eaten : *Ce plat se mange froid.* This dish is eaten cold. LOC **donner à manger à** to feed *sb/sth* **manger à sa faim** to eat your fill **manger comme quatre** to eat like a horse *Voir aussi* SALLE

mangeur, -euse *nm-nf* : *être un gros ~* to be a big eater

mangue *nf* (*fruit*) mango [*pl* mangoes]

maniable *adj* easy to handle

maniaque *adj, nmf* fussy (***about sth***) [*adj*]

manie *nf* **1** (*habitude*) habit : *avoir la ~ de faire qch* to have a habit of doing sth **2** (*particularité*) quirk : *Chacun a ses petites ~s.* Everybody's got their own little quirks.

manier ◆ *vt* to handle : *~ une arme* to handle a weapon ◆ **se manier** *v pron* : *Cette tondeuse se manie facilement.* This lawnmower is easy to handle.

manière *nf* **1** ~ **(de)** (*façon*) way [*pl* ways] (**of *doing sth***) : *sa ~ de parler/s'habiller* her way of speaking/dressing ◊ *une ~ de rire particulière* a special way of laughing ◊ *Il le fait de la même ~ que moi.* He does it the same way as me. **2 manières** (*façon de se comporter*) manners : *avoir de bonnes/mauvaises ~s* to have good/bad manners LOC **à ma, ta, etc. manière** my, your, etc. way : *Je le ferai à ma ~.* I'll do it my way. **de toute manière** anyway **faire des manières** to stand on ceremony **manière d'être** : *C'est sa ~ d'être.* That's the way he is.

maniéré, -e *adj* affected

manifestant, -e *nm-nf* demonstrator

manifestation *nf* **1** (*protestation*) demonstration : *une ~ contre le chômage* a demonstration against unemployment **2** (*expression*) expression : *une ~ de soutien* an expression of support **3** (*événement*) event : *~s culturelles/sportives* cultural/sporting events

manifeste ◆ *nm* manifesto [*pl* manifestos] : *le ~ du parti communiste* the Communist Manifesto ◆ *adj* obvious : *Son mécontentement était ~.* His dissatisfaction was obvious.

manifestement *adv* obviously

manifester ◆ *vt* **1** (*opinion, sentiment*) to express **2** (*montrer*) to show : *Ils ont manifesté beaucoup d'intérêt.* They showed great interest. ◆ *vi* to demonstrate : *~ contre/pour qch* to demonstrate against/in favour of sth ◆ **se manifester 1** (*personne*) to come forward : *Aucun témoin ne s'est manifesté.* No witnesses have come forward. **2** (*phénomène*) to manifest itself

manipulateur, -trice *adj* manipulative

manipulation *nf* **1** (*maniement*) handling **2** (*personnes, résultats*) manipulation

manipuler *vt* **1** (*manier*) to handle : *~ des aliments* to handle food **2** (*malhonnêtement*) to manipulate : *~ les résultats des élections* to manipulate the election results ◊ *Ne te laisse pas ~.* Don't let yourself be manipulated.

manivelle *nf* crank

mannequin *nm* **1** (*objet*) dummy [*pl* dummies] **2** (*personne*) model

manœuvre ◆ *nf* **1** (*véhicule, Mil*) manoeuvre : *faire une ~* to do a manoeuvre ◊ *être en ~s* to be on manoeuvres **2** (*intrigue*) tactic : *des ~s électorales* electoral tactics ◆ *nm* labourer LOC *Voir* FAUX, MARGE

manœuvrer ◆ *vt* **1** (*véhicule*) to manoeuvre **2** (*personne*) to manipulate ◆ *vi* to manoeuvre

manoir *nm* country house

manquant, -e *adj* missing

manque *nm* ~ **de** lack **of** ***sth*** : *son ~ d'ambition/de respect* his lack of ambition/respect LOC **à la manque** second-rate **être en (état de) manque** to be having withdrawal symptoms **manque de chance** too bad : *~ de chance, il s'est mis à pleuvoir juste à ce moment-là.* Too bad it started to rain just at that moment. **manque d'éducation** rudeness : *Quel ~ d'éducation !* How rude!

manqué, -e *pp, adj* **1** (*tentative, occasion*) missed **2** (*gâteau, photo*) ruined *Voir aussi* MANQUER

manquer ◆ *vi* **1** (*être absent*) to be absent : *Elle manque souvent en classe.* She's often absent from class. **2** ~ **de** (*ne pas avoir assez de*) to lack *sb/sth* : *Ils manquent d'affection.* They lack affection. ◊ *De nombreux hôpitaux manquent de médicaments.* Many hospitals lack medicines. ◊ *Nous allons ~ de temps.* We won't have enough time. **3** ~ **à** (*être regretté*) : *Mon lit me manque beaucoup.* I really miss my bed. ◊ *Tu nous manques beaucoup.* We really miss you. **4** ~ **à** (*ne pas respecter*) : *~ à sa promesse* to break a promise ◆ *vt* **1** (*gén*) to miss : *~ un cours* to miss a lesson ◊ *Ne manque pas cette occasion !* Don't miss this opportunity! ◊ *un film à ne pas ~* a film not to be missed ◊ *~ sa cible* to miss the target **2** (*gâteau, photo*) to ruin ◆ *v impers* **1** (*être absent*) : *Est-ce qu'il manque quelqu'un ?* Is there anybody missing? ◊ *Il manque une fourchette.* There's a fork missing. **2** ~ **à** (*faire défaut*) : *Il nous manque 3 000 euros.* We're 3 000 euros short. LOC **il lui manque une case** he/she has a screw loose **il ne manquait plus que ça !** that's all I/we needed! **manquer de respect** to show disrespect *towards sb* **manquer de tact** to be insensitive : *Tu manques vraiment de tact !* You're so insensitive!

manteau *nm* coat : *Mets ton ~.* Put your coat on.

manucure ◆ *nmf* manicurist ◆ *nf* manicure : *se faire faire une ~* to have a manicure

manuel, -elle ◆ *adj* **1** (*activité, travailleur*) manual **2** (*personne*) good with your hands : *Il n'est pas très ~.* He's not very good with his hands. ◆ *nm-nf* manual worker ◆ *nm* **1** (*gén*) manual : *le ~ d'utilisation* the instruction manual **2** (*scolaire*) textbook LOC *Voir* TRAVAIL

manuscrit, -e ◆ *adj* hand-written :

une lettre manuscrite a hand-written letter ◆ *nm* manuscript

mappemonde *nf* **1** (*carte*) world map **2** (*globe*) globe

maquereau *nm* (*poisson*) mackerel

maquette *nf* (*modèle réduit*) model : *une ~ de voilier* a model sailing boat

maquillage *nm* make-up [*indénombrable*]

maquiller ◆ *vt* **1** (*farder*) to make *sb* up : *Elle les a maquillés pour le bal costumé.* She made them up for the fancy-dress ball. **2** (*déguiser*) to cover *sth* up : *~ la vérité* to cover up the truth ◆ **se maquiller** *v pron* to put on your make-up : *Je n'ai pas eu le temps de me ~.* I haven't had time to put on my make-up.

maraîcher, -ère ◆ *adj* vegetable [*n attrib*] ◆ *nm-nf* grower

marais *nm* marsh

marathon *nm* marathon

marbre *nm* marble : *une salle de bains en ~* a marble bathroom LOC **rester de marbre** to be stony-faced : *Ils sont restés de ~ à l'annonce de la nouvelle.* They were stony-faced when the news was announced.

marc *nm* **1** (*café*) grounds [*pl*] **2** (*eau-de-vie*) marc

marchand, -e *nm-nf* shopkeeper LOC **marchand ambulant** travelling salesman **marchand de glaces** ice cream seller **marchand de journaux** newsagent **marchand de légumes/de primeurs** greengrocer *Voir aussi* GALERIE

marchander *vt* to haggle (**over *sth***)

marchandise *nf* goods [*pl*] : *La ~ était endommagée.* The goods were damaged. LOC *Voir* TRAIN, WAGON

marche *nf* **1** (*Mil, Mus, de protestation*) march : *une ~ contre le nucléaire* a march against nuclear power **2** (*à pied*) walk : *à demi-heure de ~* half an hour's walk away ◊ *faire de la ~ (à pied)* to go walking ◊ *faire une ~* to go for a walk **3** (*escalier*) step : *« attention à la ~ »* "mind the step" **4** (*déplacement*) motion : *La voiture était en ~.* The car was in motion. LOC **faire marche arrière** (*renoncer*) to backtrack **marche à suivre** procedure **mettre en marche** to set *sth* in motion **passer la marche arrière** to reverse *Voir aussi* CHAUSSURE

marché *nm* **1** (*Comm, Fin*) market : *Je l'ai acheté au ~.* I bought it at the market. ◊ *~ aux poissons* fish market ◊ *~ aux puces* flea market **2** (*accord*) deal : *conclure un ~* to make/close a deal LOC **marché conclu !** it's a deal! **par-dessus le marché** into the bargain *Voir aussi* ACCAPARER, ÉTUDE

marcher *vi* **1** (*aller à pied*) to walk : *J'ai marché jusqu'ici.* I walked here. **2** ~ **sur/dans** (*poser le pied*) to step **on/in *sth*** : *~ sur le pied de qn* to step on sb's foot ◊ *~ dans une flaque d'eau* to step in a puddle **3** (*fonctionner*) to work : *L'ascenseur ne marche pas.* The lift's not working. **4** (*affaires*) to go : *Les affaires marchent bien/mal.* Business is going well/badly. **5** (*être crédule*) to fall for it : *Ils lui ont raconté une histoire incroyable et elle a marché.* They told her an unbelievable story and she fell for it. LOC **ça marche !** (*d'accord*) OK! **faire marcher qch** to operate sth : *Je n'arrive pas à faire ~ le magnétoscope.* I can't operate the video. **faire marcher qn** to pull sb's leg : *Tu me fais ~ !* You're pulling my leg! **marcher comme sur des roulettes** to go smoothly **se laisser marcher sur les pieds** : *Ne te laisse pas ~ sur les pieds.* Don't let people walk all over you. *Voir aussi* CLOCHE-PIED, QUATRE

mardi *nm* Tuesday [*pl* Tuesdays] (*abrév* Tue(s)) ☛ *Voir exemples sous* LUNDI LOC **mardi gras** Shrove Tuesday

> Mardi gras se traduit aussi par **Pancake Day** en raison de la coutume qui veut qu'on mange des crêpes ce jour-là.

mare *nf* **1** (*étang*) pond **2** (*flaque*) pool : *une ~ de sang* a pool of blood

marécage *nm* marsh

marécageux, -euse *adj* marshy

maréchal *nm* marshal

marée *nf* tide : *à ~ haute/basse* at high/low tide ◊ *La ~ est haute/basse.* The tide has come in/gone out. LOC **marée noire** oil slick *Voir aussi* VENT

margarine *nf* margarine

marge *nf* margin : *dans la ~* in the margin LOC **en marge de** on the fringes of *sth* : *vivre en ~ de la société* to live on the fringes of society **marge de manœuvre** room for manoeuvre **marge de sécurité** safety margin

marginal, -e *nm-nf* outcast

marginaliser *vt* to marginalize

marguerite *nf* daisy [*pl* daisies]

mari *nm* husband

mariage *nm* **1** (*noce*) wedding : *Demain nous allons à un ~.* We're going to a wedding tomorrow. ◊ *anniversaire de ~* wedding anniversary

En Grande-Bretagne le mariage peut être célébré à l'église (a **church wedding**) ou au bureau de l'état civil (a **registry office wedding**). La mariée (**bride**) est accompagnée de demoiselles d'honneur (**bridesmaids**). Le marié (**groom**) est accompagné d'un témoin (the **best man**), en général son meilleur ami. La mariée entre dans l'église au bras de son père. Après la cérémonie on donne un banquet (a **reception**).

2 (*institution*) marriage LOC **faire un mariage civil** to get married in a registry office *Voir aussi* CONTRACTER

marié, -e *pp, adj* : *être ~ (avec qn)* to be married (to sb) LOC *Voir* JEUNE, ROBE ; *Voir aussi* MARIER

marier ◆ *vt* to marry ◆ **se marier** *v pron* **1** (*gén*) to get married : *se ~ à l'église* to get married in church **2 se ~ avec** to marry *sb* : *Je ne me marierai jamais avec toi.* I'll never marry you. **3 se ~ avec** (*s'harmoniser*) to go **with sth** : *Le noir se marie avec toutes les couleurs.* Black goes with every colour. ☛ *Voir note sous* MARIAGE

marijuana *nf* marijuana

marin, -e ◆ *adj* **1** (*gén*) marine : *faune/pollution marine* marine life/pollution **2** (*carte, air*) sea [*n attrib*] ◆ *nm* sailor : *un béret de ~* a sailor hat LOC **marin pêcheur** deep-sea fisherman

marinade *nf* marinade

marine ◆ *nf* navy [*v sing ou pl*] : *la ~ marchande* the Merchant Navy ◆ *adj* navy LOC *Voir* BLEU, INFANTERIE

mariner *vt, vi* to marinate : *(faire) ~ qch* to marinate sth LOC **faire/laisser mariner qn** to let sb stew

marionnette *nf* **1** (*poupée*) puppet **2 marionnettes** (*spectacle*) puppet show [*sing*] LOC *Voir* THÉÂTRE

maritime *adj* **1** (*port, voie*) sea [*n attrib*] **2** (*navigation, commerce*) maritime **3** (*région*) coastal

mark *nm* mark

marketing *nm* marketing

marmelade *nf* stewed fruit LOC **en marmelade** : *J'ai les pieds en ~.* My feet are killing me. **marmelade d'oranges** marmalade

marmite *nf* pot

marmonner *vt, vi* to mutter

Maroc *nm* **le Maroc** Morocco

marocain, -e ◆ *adj* Moroccan ◆ **Marocain, -e** *nm-nf* Moroccan

marque *nf* **1** (*signe*) mark **2** (*aliments, vêtements, cigarettes*) brand : *une ~ de jean* a brand of jeans **3** (*véhicules, électroménager, ordinateurs*) make : *Quelle ~ de voiture est-ce que tu as ?* What make of car have you got? **4** (*Sport*) score : *La ~ est de 40 à 16.* The score is 40-16. ◊ *tenir la ~* to keep score LOC **à vos marques, prêts, partez !** ready, steady, go! **de marque** : *produits de ~* brand name goods ◊ *vêtements de ~* designer clothes **marque déposée** registered trade mark *Voir aussi* IMAGE

marqué, -e *pp, adj* (*affirmé*) marked : *une différence marquée* a marked difference *Voir aussi* MARQUER

marque-pages *nm* bookmark

marquer ◆ *vt* **1** (*gén*) to mark : *~ le sol à la craie* to mark the ground with chalk **2** (*bétail*) to brand **3** (*écrire*) to write : *Je vais le ~ dans mon agenda.* I'll write it in my diary. **4** (*indiquer*) to say : *L'horloge marquait 5 heures.* The clock said 5 o'clock. ◆ *vt, vi* (*Sport*) to score : *Ils ont marqué trois buts à la première mi-temps.* They scored three goals in the first half. ◊ *~ un panier* to score (a basket) LOC **marquer le rythme** to beat time

marqueur *nm* (*stylo*) marker

marquis, -e *nm-nf* marquis [*fém* marchioness]

marraine *nf* **1** (*baptême*) godmother **2** (*bateau, ouvrage d'art*) sponsor

marrant, -e *adj* funny : *un film drôlement ~* a really funny film ◊ *Tiens, c'est ~, je ne m'en étais pas aperçu.* That's funny, I hadn't noticed.

marre LOC **en avoir marre de** to be fed up (with *sb/sth/doing sth*) : *J'en ai ~ de tes bêtises.* I'm fed up with your stupid comments. ◊ *J'en ai ~ de l'entendre parler de cette moto.* I'm fed up with him going on about that motorbike.

marron ◆ *adj* brown : *yeux ~s* brown eyes ◆ *nm* **1** (*fruit*) chestnut : *~s chauds* roast chestnuts **2** (*couleur*) brown ☛ *Voir exemples sous* JAUNE **3** (*coup*) thump : *flanquer un ~ à qn* to thump sb LOC **marrons glacés** marrons glacés

marronnier *nm* chestnut tree

Mars *n pr* Mars

mars *nm* March (*abrév* Mar) ☛ *Voir exemples sous* JANVIER

marteau *nm* hammer LOC **être entre le marteau et l'enclume** to be between the devil and the deep blue sea **être marteau** to be off your rocker **marteau piqueur** pneumatic drill

martial, -e *adj* martial LOC *Voir* ART

martien, -ienne *adj, nm-nf* Martian

martyr, -e *nm-nf* martyr
marxisme *nm* Marxism
marxiste *adj, nmf* Marxist
mascara *nm* mascara : *se mettre du ~* to apply mascara
mascotte *nf* mascot
masculin, -e *adj* **1** (*gén*) male : *la population masculine* the male population **2** (*viril, Gramm*) masculine : *des traits très ~s* very masculine traits ☛ *Voir note sous* MALE
masque *nm* **1** (*gén*) mask : *porter un ~* to wear a mask ◊ *~ à gaz/à oxygène* gas/oxygen mask **2** (*produit de beauté*) face pack
masquer *vt* to mask LOC *Voir* BAL
massacre *nm* (*tuerie*) slaughter LOC **faire un massacre 1** (*gâchis*) to make a mess (*of sth*) : *Ils ont voulu peindre eux-mêmes et ils ont fait un ~.* They wanted to do the painting themselves and they made a mess. **2** (*succès*) to be a huge success : *Elle a fait un ~ à Bercy.* She was a huge success at Bercy.
massacrer *vt* **1** (*tuer*) to slaughter **2** (*mal faire*) to botch *sth* up : *Je l'ai massacré.* I've botched it up.
massage *nm* massage : *faire un ~ à qn* to give sb a massage
masse *nf* **1** (*gén*) mass **2** (*marteau*) sledgehammer LOC **de masse** mass : *culture/communications de ~* mass culture/communication **en masse** in droves : *Les agriculteurs sont venus en ~ pour la manifestation.* The farmers came in droves for the demonstration. **pas des masses** not a lot **une masse/des masses de** masses of *sb/sth* : *une ~ de gens* masses of people
masser ◆ *vt* (*frictionner*) to massage : *~ le dos à qn* to massage sb's back ◊ *se faire ~* to get a massage ◆ **se masser** *v pron* **1** (*se frictionner*) to massage *sth* : *se ~ les pieds* to massage your feet **2** (*se rassembler*) to mass : *Les manifestants se sont massés sur la place.* The demonstrators massed in the square.
masseur, -euse *nm-nf* masseur
massif, -ive ◆ *adj* **1** (*or, bois*) solid **2** (*bâtiment, personne*) massive **3** (*important*) huge, massive (*plus sout*) : *un afflux ~ de touristes* a huge influx of tourists ◆ *nm* **1** (*montagnes*) massif **2** (*fleurs*) clump
massue *nf* club
se masturber *v pron* to masturbate
mat *nm* (*Échecs*) checkmate LOC *Voir* ÉCHEC
mat, -e *adj* **1** (*peinture, métal*) matt **2** (*teint*) dull
mât *nm* **1** (*bateau*) mast **2** (*drapeau*) flagpole
match *nm* match : *regarder un ~ de foot* to watch a football match LOC **faire match nul** to draw (*with sth*) : *Ils ont fait ~ nul contre Manchester United.* They drew with Manchester United. **match aller/retour** first/second leg **match amical** friendly [*pl* friendlies] **match nul** draw : *Ça s'est terminé sur un ~ nul.* It finished in a draw.
matelas *nm* mattress LOC **matelas pneumatique** air bed
matelassé, -e *pp, adj* quilted
matelot *nm* sailor
se matérialiser *v pron* to materialize
matérialiste ◆ *adj* materialistic ◆ *nmf* materialist
matériau *nm* material : *matériaux de construction* building materials ◊ *J'ai tout les matériaux qu'il me faut pour l'article.* I've got all the material I need for the article.
matériel, -ielle ◆ *adj* material ◆ *nm* (*équipement*) equipment : *~ de sport/de laboratoire* sports/laboratory equipment LOC **matériel informatique** hardware **matériel pédagogique** teaching materials [*pl*]
maternel, -elle ◆ *adj* **1** (*de la mère*) motherly, maternal (*plus sout*) : *amour ~* motherly love ◊ *Elle est très maternelle avec lui.* She is very motherly with him. **2** (*parent*) maternal : *grand-père ~* maternal grandfather ◆ **maternelle** *nf* nursery school LOC *Voir* CÔTÉ, ÉCOLE, LANGUE
maternité *nf* **1** (*condition*) motherhood, maternity (*sout*) **2** (*clinique*) maternity hospital LOC *Voir* CONGÉ
mathématicien, -ienne *nm-nf* mathematician
mathématique ◆ *adj* mathematical ◆ **mathématiques** (*abrév* **maths**) *nf* mathematics (*abrév* maths) [*v sing ou pl*] : *Il est bon en ~s.* He's good at maths.
matière *nf* **1** (*substance*) matter : *~ organique* organic matter ◊ *~ grise* grey matter **2** (*sujet*) subject : *être expert en la ~* to be an expert on the subject ◊ *J'ai raté deux ~s.* I've failed two subjects. LOC **matière grasse** fat : *Faire frire les oignons dans un peu de ~ grasse.* Fry the onions in a little fat. **matière première** raw material *Voir aussi* TABLE
matin *nm* morning : *Il part ce ~.* He's leaving this morning. ◊ *à 2 heures du ~*

at 2 o'clock in the morning ◊ *L'examen a lieu lundi ~.* The exam is on Monday morning. ◊ *Nous partons demain ~.* We're leaving tomorrow morning. ◊ *le lendemain ~* the following morning ☛ *Voir note sous* MORNING LOC **du matin au soir** from morning to night *Voir aussi* PETIT, QUATRE

matinal, -e *adj* **1** (*gén*) morning [*n attrib*] : *ma gymnastique matinale* my morning exercises **2** (*personne*) early : *Tu es bien ~ aujourd'hui.* You're very early today. ◊ *Je ne suis pas quelqu'un de très ~.* I'm not a morning person.

matinée *nf* **1** (*matin*) morning **2** (*spectacle*) matinee LOC *Voir* GRAS

matou *nm* tomcat

matraque *nf* (*police*) truncheon LOC **coup de matraque** truncheon blow

maturité *nf* **1** (*personne*) maturity : *Il a fait preuve de ~.* He showed maturity. **2** (*fruit*) ripeness : *lorsque les pêches arriveront à ~* when the peaches are ripe

maudire *vt* to curse

maudit, -e *pp, adj* **1** (*pr*) cursed **2** (*fig*) wretched : *Ces maudites chaussures sont trop étroites pour moi !* These wretched shoes are too tight for me! ◊ *Ce ~ chien... !* That wretched dog...! *Voir aussi* MAUDIRE

maussade *adj* **1** (*personne*) sullen **2** (*temps*) dull

mauvais, -e ◆ *adj* **1** (*gén*) bad : *C'est ~ pour la santé.* It's bad for you. ◊ *Nous avons eu très ~ temps.* We had very bad weather. **2** (*inadéquat*) poor : *des produits de mauvaise qualité* poor quality products ◊ *une mauvaise alimentation* a poor diet ◊ *une mauvaise excuse* a poor excuse **3** (*inapproprié, erroné*) wrong : *Tu as fait le ~ choix.* You've made the wrong choice. ◊ *Ils ont pris la mauvaise décision.* They made the wrong decision. ◊ *C'était la mauvaise réponse.* That was the wrong answer. **4** (*méchant*) nasty **5 ~ en** (*peu doué*) bad **at sth/ doing sth** : *Je suis ~ en mathématiques.* I'm bad at maths. ◆ *adv* : *sentir ~* to smell bad ◊ *Il a fait ~ toute la semaine.* The weather was bad all week. ☛ Les expressions formées avec **mauvais** sont traitées sous le nom correspondant : pour **mauvaise langue**, par exemple, voir LANGUE.

mauve *adj, nm* (*couleur*) mauve ☛ *Voir exemples sous* JAUNE

maximal, -e *adj* maximum : *température maximale* maximum temperature LOC *Voir* HAUTEUR

maxime *nf* maxim

maximiser *vt* to maximize

maximum ◆ *adj* maximum : *Nous avons un délai ~ de 20 jours pour payer.* We've got a maximum of 20 days in which to pay. ◆ *nm* maximum : *un ~ de dix personnes* a maximum of ten people LOC **au maximum 1** (*au plus*) at the most : *200 euros au ~* 200 euros at the most **2** (*le plus possible*) to the full : *Nous devons utiliser nos ressources au ~.* We must make full use of our resources. **un maximum** (*beaucoup*) a huge amount : *On a eu un ~ de problèmes.* We had a huge amount of problems.

mayonnaise *nf* mayonnaise

mazout *nm* oil

me *pron pers* **1** (*objet direct*) me : *Tu ne m'as pas vue ?* Didn't you see me? **2** (*objet indirect*) (to) me : *Ne me le donne pas.* Don't give it to me. ◊ *Elle m'a dit qu'il y avait un problème.* She told me there was a problem. **3** (*partie du corps*) : *Je vais me laver les mains.* I'm going to wash my hands. **4** (*réfléchi*) (myself) : *Je me suis vu dans le miroir.* I saw myself in the mirror.

mec *nm* **1** (*homme*) guy [*pl* guys] : *ce ~ là-bas* that guy over there **2** (*amant*) boyfriend : *son nouveau ~* her new boyfriend

mécanicien, -ienne *nm-nf* mechanic

mécanique ◆ *adj* mechanical : *ennuis ~s* mechanical problems ◊ *gestes ~s* mechanical gestures ◆ *nf* mechanics [*sing*] LOC *Voir* ESCALIER, PELLE, REMONTÉE

mécanisme *nm* mechanism : *le ~ d'une montre* a watch mechanism

mécène *nm* patron

méchanceté *nf* nastiness [*indénombrable*] : *dire des ~s à qn* to say nasty things to sb ◊ *Arrête de faire des ~s à ton frère !* Stop being nasty to your brother!

méchant, -e ◆ *adj* **1** (*personne, remarque*) nasty : *C'est vraiment ~ d'avoir fait ça.* It was a really nasty thing to do. **2** (*enfant*) naughty : *Ne sois pas ~, bois ton lait.* Don't be naughty — drink up your milk. **3** (*grave*) nasty : *un ~ rhume* a nasty cold ◊ *une méchante blessure* a nasty wound ◆ *nm-nf* **1** (*dans une histoire*) villain, baddy [*pl* baddies] (*fam*) : *Le ~ meurt au dernier acte.* The villain dies in the last act. ◊ *À la fin, les bons se battent contre les ~s.* At the end there is a fight between the goodies and the baddies. **2** (*enfant*) naughty [*adj*] : *Arrête de faire le ~.* Stop being naughty.

mèche *nf* **1** (*bougie*) wick **2** (*bombe*) fuse **3** (*perceuse*) bit **4** (*cheveux*) lock **5 mèches** (*plus claires*) highlights : *se faire faire des ~s* to have highlights done

méconnaissable *adj* unrecognizable : *Il était ~ avec ce déguisement.* He was unrecognizable in that disguise.

mécontent, -e *adj* **1** ~ **(de)** dissatisfied (*gén*) **(with *sb/sth*)** **2** (*électeurs*) discontented

mécontenter *vt* to anger

médaille *nf* **1** (*décoration, récompense*) medal : *~ d'or* gold medal **2** (*bijou*) medallion

médaillon *nm* **1** (*bijou*) locket **2** (*Culin*) medallion

médecin *nm* doctor : *aller chez le ~* to go to the doctor's

N'oubliez pas qu'en anglais pour parler de la profession de quelqu'un on utilise l'article indéfini : *Il est médecin/professeur/ingénieur.* He's a doctor/a teacher/an engineer.

LOC **médecin généraliste/traitant** GP **médecin légiste** forensic scientist

médecine *nf* medicine : *étudiant en ~* medical student LOC **médecine vétérinaire** veterinary science

média *nm* medium [*pl* media] : *les ~s* the media

médiateur, -trice *nm-nf* mediator

médiatique *adj* **1** (*gén*) media [*n attrib*] : *couverture ~* media coverage **2** (*personne*) : *Elle n'est pas très ~.* She doesn't come across well in the media.

médical, -e *adj* medical : *un examen ~* a medical examination LOC *Voir* CENTRE, DOSSIER, LABORATOIRE

médicament *nm* medicine : *prescrire un ~* to prescribe a medicine

médiéval, -e *adj* medieval

médiocre *adj* poor : *Ses notes sont très ~s.* His marks are very poor.

médire *vi* to criticize ***sb***

méditation *nf* meditation

méditer ◆ *vi* to meditate (***on sth***) ◆ *vt* (*manigancer*) to plot : *Ils méditent un mauvais coup.* They're plotting something.

Méditerranée *nf* **la Méditerranée** the Mediterranean

méditerranéen, -enne ◆ *adj* Mediterranean ◆ **Méditerranéen, -enne** *nm-nf* Mediterranean

médium *nm* medium

méduse *nf* jellyfish [*pl* jellyfish]

méfiance *nf* suspicion : *Ils nous regardaient avec ~.* They looked at us suspiciously. LOC **méfiance !** be careful!

méfiant, -e *adj* suspicious : *être ~ à l'égard de qn* to be suspicious of sb ◊ *d'un air ~* suspiciously

se méfier *v pron* **1 se ~ de** (*personne*) not to trust *sb/sth* : *Il se méfie de tout le monde.* He doesn't trust anyone. **2** (*faire attention*) to be careful : *Méfie-toi ou il va t'arriver des ennuis.* Be careful, or you'll have problems. ◊ *Elle ne s'est pas méfiée et elle a glissé.* She wasn't being careful and she slipped.

mégalomane *adj, nmf* megalomaniac

méga-octet *nm* megabyte

mégot *nm* cigarette end

meilleur, -e ◆ *adj, nm-nf* **1** (*comparatif*) better (***than sb/sth***) : *Mon dessert était ~ que le tien.* My dessert was better than yours. **2** (*superlatif*) best : *mon ~ ami* my best friend ◊ *la meilleure équipe du championnat* the best team in the league ◊ *C'est la meilleure de la classe.* She's the best in the class. ◊ *Que le ~ gagne !* May the best man win! ◆ *adv* better : *Il fait ~ aujourd'hui.* The weather is better today. ◆ *nm* best : *garder le ~ pour la fin* to save the best for last LOC **ça c'est la meilleure !** that's the best one yet! *Voir aussi* CAS

mélancolie *nf* melancholy

mélancolique *adj* melancholy

mélange *nm* **1** (*gén*) mixture : *un ~ d'huile et de vinaigre* a mixture of oil and vinegar **2** (*tabac, alcool, café, thé*) blend **3** (*racial, social, musical*) mix

mélanger ◆ *vt* **1** (*gén*) to mix : *~ bien les ingrédients.* Mix the ingredients well. **2** (*déranger, confondre*) to get *sth* mixed up : *Ne mélange pas les photos.* Don't get the photos mixed up. ◊ *J'ai mélangé les dates.* I got the dates mixed up. **3** (*cartes*) to shuffle ◆ **se mélanger** *v pron* (*souvenirs, chiffres*) to get mixed up

mêlée *nf* (*Rugby*) scrum

mêler ◆ *vt* **1** (*mélanger*) to mix *sth* (***with sth***) **2** (*impliquer*) to involve *sb* (***in sth***) : *Il ne veut pas qu'on le mêle à cette histoire.* He doesn't want to be involved in this affair. ◆ **se mêler** *v pron* **1 se ~ de** (*des affaires des autres*) to interfere (**in *sth***) : *Ils se mêlent de tout.* They interfere in everything. ◊ *Arrête de te ~ de mes affaires.* Stop interfering in my affairs. **2 se ~ de** (*dispute, sujet*) to get involved (**in *sth***) **3 se ~ à** (*se joindre à*) to join *sth* : *se ~ à la foule* to join the crowd **4 se ~ à** (*fréquenter*) to mix **with *sb*** : *Il ne veut pas se ~ aux gens du* *village.* He doesn't want to mix with people from the village. LOC **mêle-toi de tes affaires !** mind your own business!

mélodie *nf* tune

mélodieux, -ieuse *adj* melodious

mélodique *adj* melodic

mélodramatique *adj* melodramatic

mélodrame *nm* melodrama

mélomane *adj, nmf* music-lover [*n*] : *Elle est très ~.* She loves music.

melon *nm* **1** (*fruit*) melon **2** (*chapeau*) bowler hat

membrane *nf* membrane

membre *nm* **1** (*club, association*) member : *devenir ~ d'un club* to become a member of a club/to join a club ◊ *les pays ~s de l'Union européenne* the member states of the EU **2** (*Anat*) limb

mémé *nf* granny

même ◆ *adj* **1** (*identique*) same : *J'habite dans la ~ maison que lui.* I live in the same house as him. **2** (*précis*) very : *le jour ~ de son départ* the very day of her departure ◊ *C'est cela ~.* That's it exactly. ◆ *pron* **le/la même** the same one [*pl* the same ones] ◆ *adv* **1** (*pour insister*) even : *Tu ne m'as ~ pas appelé.* You didn't even phone me. ◊ *sans ~ s'habiller* without even getting dressed ◊ *Ils m'ont ~ donné de l'argent.* They even gave me money. ◊ *~ moi j'y suis arrivé.* Even I did it. ◊ *~ lui ne sait pas combien il gagne.* Not even he knows how much he earns. **2** (*précisément*) : *Je te promets de le faire aujourd'hui ~.* I promise you I'll get it done by today. ◊ *C'est ici ~ qu'a eu lieu l'accident.* This is the exact spot where the accident happened. LOC **à même** next to : *Je n'aime pas porter de la laine à ~ la peau.* I don't like wearing wool next to my skin. ◊ *dormir à ~ le sol* to sleep on the ground. **de même** the same : *Elle est partie, et lui de ~.* She went, and he did the same. ◊ *« Bonne année ! — Vous de ~ ! »* 'Happy New Year!' 'The same to you!' **de même que** as well as : *ses parents de ~ que sa sœur* her parents as well as her sister **en même temps (que)** at the same time (as *sb/sth*) : *Nous sommes arrivés en ~ temps (qu'eux).* We arrived at the same time (as them). **la même chose** same again : *Garçon ! La ~ chose s'il vous plaît.* Excuse me! Same again please. **même si** even if : *~ si on me payait* even if they paid me *Voir aussi* TOUJOURS

mémoire ◆ *nf* memory : *avoir de la ~* to have a good memory ◊ *perdre la ~* to lose your memory ◆ *nm* **1** (*Université*) thesis [*pl* theses] **2 mémoires** (*autobiographie*) memoirs LOC **à la mémoire de** in memory of *sb* **de mémoire** from memory *Voir aussi* GRAVER, TROU

mémorable *adj* memorable

mémoriser *vt* to memorize

menaçant, -e *adj* threatening

menace *nf* threat : *~s de mort* death threats LOC **sous la menace** under intimidation **sous la menace d'un couteau/fusil** at knifepoint/gunpoint

menacer ◆ *vt* **1** (*gén*) to threaten ***sb/to do sth*** : *Il m'a menacé avec un couteau.* He threatened me with a knife. ◊ *Ils les ont menacés de poursuites.* They threatened to take them to court. ◊ *Ils ont menacé de le tuer.* They've threatened to kill him. **2** ~ **de** (*risquer*) : *Ça menace d'être difficile.* That looks as if it might be difficult. ◆ *vi* : *La pluie menace.* It looks like (it's going to) rain. ◊ *L'orage menace.* A storm is brewing.

ménage *nm* **1** (*nettoyage*) housework : *faire le ~* to do the housework **2** (*couple*) (married) couple : *un jeune ~* a young couple **3** (*Écon*) household LOC **faire des ménages** to work as a cleaner **se mettre en ménage** to set up house (*with sb*) *Voir aussi* FEMME

ménager ◆ *vt* **1** (*personne*) to treat *sb* gently **2** (*santé*) to look after *sth* **3** (*susceptibilités*) to spare **4** (*organiser*) to arrange : *~ une entrevue entre deux personnes* to arrange a meeting between two people ◆ **se ménager** *v pron* to look after yourself : *Le médecin lui a conseillé de se ~.* The doctor advised him to look after himself. LOC **ménager ses forces** to conserve your energy **ne pas ménager sa peine** to spare no effort (*to do sth*)

ménager, -ère ◆ *adj* household ◆ **ménagère** *nf* **1** (*couverts*) cutlery set **2** (*personne*) housewife LOC *Voir* AIDE, TRAVAIL

mendiant, -e *nm-nf* beggar

mendier *vt, vi* to beg (**for *sth***) : *~ de la nourriture* to beg for food

mener ◆ *vt* **1** (*conduire*) to take : *Il les a menés jusqu'au château.* He took them as far as the castle. **2** (*être en tête*) to lead : *Le maire menait la procession.* The mayor led the procession. **3** (*enquête, campagne*) to carry *sth* out **4** (*vie*) to lead : *Ils mènent une vie très calme.* They lead a very quiet life. ◆ *vi* **1** (*aboutir*) to lead : *Ce chemin mène au village.* This track leads to the village. ◊ *Se mettre en colère ne mène à rien.* Getting angry doesn't get you anywhere. **2** (*Sport*) to be leading : *La France mène 3 à 2.* France are leading 3-2. LOC **mener à bien** to see *sth* through **mener grand train** to live in style **mener la belle vie** to live the life of Riley **mener par le bout du nez** to lead *sb* by the nose

meneur, -euse *nm-nf* leader

méningite *nf* meningitis [*indénombrable*]

ménopause *nf* menopause

menottes *nf* handcuffs LOC **mettre/passer les menottes à** to handcuff *sb*

mensonge *nm* lie : *raconter/dire des ~s* to tell lies LOC *Voir* DÉBITER, PIEUX, TISSU

mensualité *nf* instalment : *payer par ~s* to pay in instalments

mensuel, -elle ◆ *adj* monthly : *un salaire ~* a monthly salary ◆ *nm* (*magazine*) monthly [*pl* monthlies]

mensurations *nf* measurements

mental, -e *adj* mental LOC *Voir* CALCUL, DÉFICIENCE, HANDICAPÉ

mentalité *nf* mentality [*pl* mentalities]

menteur, -euse ◆ *adj* untruthful : *Il est très ~.* He's a liar. ◆ *nm-nf* liar

menthe *nf* mint : *bonbons à la ~* mints

mention *nf* LOC **avec mention** : *J'ai eu mon bac avec ~.* I got a distinction in my baccalaureate. **mention passable** pass : *J'ai eu deux ~s passables.* I got two passes. **mention très bien/bien/assez bien** A/B/C : *J'ai eu trois ~s très bien.* I got three A's.

mentionner *vt* to mention

mentir *vi* to lie : *Ne me mens pas !* Don't lie to me! ☛ *Voir note sous* LIE[2]

menton *nm* chin

menu, -e ◆ *adj* **1** (*personne*) slight **2** (*détails, travaux*) small : *de l'argent pour les menues dépenses* money for small expenses ◆ *adv* : *hacher qch ~* to chop sth finely ◆ *nm* menu : *Ce n'était pas au ~.* It wasn't on the menu. ◊ *~ du jour* today's menu ◊ *~ déroulant* pull-down menu LOC **par le menu** down to the last detail

menuiserie *nf* carpentry

menuisier *nm* carpenter

mépris *nm* contempt (***for sb/sth***) : *avoir du ~ pour qn* to show contempt for sb LOC **au mépris de** regardless of *sth*

méprisable *adj* despicable

méprisant, -e *adj* scornful : *sur un ton ~* in a scornful tone

mépriser *vt* (*personne*) to despise, to look down on *sb* (*plus fam*) : *Ils méprisaient les autres étudiants.* They looked down on the other students.

mer *nf* **1** (*gén*) sea : *Cet été je veux aller à la ~.* I want to go to the seaside this summer.

En anglais **sea** s'écrit avec une majuscule lorsque le mot accompagne le nom d'une mer particulière : *la mer Noire* the Black Sea.

2 (*marée*) tide : *La ~ monte.* The tide is coming in. LOC **avoir le mal de mer** to get seasick **prendre la mer** to put out to sea *Voir aussi* ANÉMONE, BORD, ÉTOILE, FRUIT, HAUT, SAUVETAGE, SEL

mercenaire *nm* mercenary [*pl* mercenaries]

mercerie *nf* **1** (*magasin*) haberdasher's [*pl* haberdashers] **2** (*dans un grand magasin*) haberdashery

merci ◆ *excl* thanks! (*fam*), thank you! : *~ beaucoup* thank you very much ◊ *~ de/pour vos conseils.* Thank you for your advice. ◊ *~ d'avoir pensé à moi.* Thank you for thinking of me. ◆ *nm* thank you : *Un grand ~ de la part de tous les élèves.* A big thank you from all the pupils. LOC **à la merci de** at the mercy of *sb/sth*

mercredi *nm* Wednesday [*pl* Wednesdays] (*abrév* Wed(s)) ☛ *Voir exemples sous* LUNDI LOC **Mercredi des Cendres** Ash Wednesday

mercure ◆ *nm* mercury ◆ **Mercure** *n pr* Mercury

merde *nf, excl* shit LOC **de merde** : *cette bagnole de ~* this bloody car

mère *nf* mother : *être ~ de deux enfants* to be the mother of two children ◊ *~ célibataire* single mother LOC **mère porteuse** surrogate mother **Mère supérieure** Mother Superior *Voir aussi* FÊTE, JUPE

méridien *nm* meridian

méridional, -e ◆ *adj* southern ◆ *nm-nf* Southerner

meringue *nf* meringue

mérite *nm* merit LOC **avoir du mérite** to deserve credit : *Il a du ~ à travailler si dur.* He deserves credit for working so hard.

mériter *vt* to deserve : *Tu mérites d'être puni.* You deserve to be punished. LOC **bien mérité** well deserved : *une victoire bien méritée* a well deserved victory **tu l'as bien mérité !** it serves you right!

méritoire *adj* praiseworthy

merlan *nm* whiting [*pl* whiting]

merle *nm* blackbird

merveille *nf* marvel : *une ~ de technologie moderne* a marvel of modern technology LOC **aller/convenir à merveille à**

to suit *sb* perfectly : *Ce travail me convient à ~.* This job suits me perfectly. **être une merveille** to be great **faire des merveilles** to work wonders : *Ce sirop contre la toux fait des ~s.* This cough mixture works wonders. **quelle merveille !** how wonderful!

merveilleux, -euse *adj* wonderful

mésaventure *nf* misadventure

mesquin, -e *adj* **1** (*attitude*) petty **2** (*avare*) mean

message *nm* message : *laisser un ~* to leave a message LOC **message de détresse** SOS message **message publicitaire** advertisement **message texte** text message : *envoyer un ~ texte à qn* to text sb

messager, -ère *nm-nf* messenger

messagerie *nf* LOC **messagerie électronique** email **messagerie vocale** voicemail

messe *nf* Mass LOC **aller à la messe** to go to Mass **messe de minuit** midnight Mass

mesure *nf* **1** (*dimension*) measurement : *Le tailleur a pris mes ~s.* The tailor took my measurements. **2** (*unité, action*) measure : *poids et ~s* weights and measures ◊ *Il faudra prendre des ~s.* Measures will have to be taken. **3** (*Mus*) bar : *les premières ~s d'une symphonie* the first bars of a symphony LOC **être en mesure de faire qch** to be in a position to do sth **(fait) sur mesure** made to measure *Voir aussi* FUR, LARGE

mesuré, -e *pp, adj* measured *Voir aussi* MESURER

mesurer ◆ *vt* to measure : *~ la cuisine* to measure the kitchen ◆ *vi* : *Combien est-ce que tu mesures ?* How tall are you? ◊ *La planche mesure deux mètres sur trois.* The board is two metres by three. ◆ **se mesurer** *v pron* **1** (*se calculer*) to be measured : *La surface se mesure en mètres carrés.* Surface area is measured in square metres. **2** (*se toiser*) to size each other up : *Ils se mesuraient des yeux.* They sized each other up. **3 se ~ à/avec** (*se comparer*) to pit yourself **against *sb***

métabolisme *nm* metabolism

métal *nm* metal

métallique *adj* **1** (*gén*) metal [*n attrib*] : *une barre ~* a metal bar **2** (*couleur, son*) metallic LOC *Voir* CLÔTURE

métallurgie *nf* metallurgy

métamorphose *nf* metamorphosis [*pl* metamorphoses]

métaphore *nf* metaphor

métaphorique *adj* metaphorical

métaphysique ◆ *adj* metaphysical ◆ *nf* metaphysics [*sing*]

météo *nf* weather forecast LOC *Voir* MONSIEUR

météore *nm* meteor

météorique *adj* meteoric

météorite *nf* meteorite

météorologie *nf* meteorology

météorologique *adj* weather [*n attrib*], meteorological (*sout*) : *les prévisions ~s* the weather forecast LOC *Voir* BULLETIN

météorologiste (*aussi* **météorologue**) *nmf* meteorologist

méthode *nf* method

méthodique *adj* methodical

méthodologie *nf* methodology

méticuleux, -euse *adj* meticulous

métier *nm* **1** (*manuel*) trade : *Il est plombier de ~.* He is a plumber by trade. ◊ *apprendre un ~* to learn a trade **2** (*libéral*) profession **3** (*rôle*) job : *faire son ~ de mère* to do your job as a mother **4** (*à tisser*) loom LOC *Voir* CORPS, INCONVÉNIENT

métis, -isse *adj, nm-nf* (person) of mixed race

métrage *nm* LOC *Voir* COURT, LONG

mètre *nm* **1** (*mesure*) (*abrév* m) metre : *le 200 ~s brasse* the 200 metres breaststroke ◊ *Ça se vend au ~.* It's sold by the metre. ☛ *Voir Appendice 1.* **2** (*instrument de mesure*) tape measure LOC **mètre carré** square metre **mètre cube** cubic metre *Voir aussi* HAUTEUR

métreur, -euse *nm-nf* quantity surveyor

métrique *adj* metric : *le système ~* the metric system

métro *nm* underground : *Nous pouvons y aller en ~.* We can go there on the underground.

> Le métro de Londres s'appelle **the tube** : *Nous avons pris le dernier métro.* We caught the last tube.

métropole *nf* metropolis

métropolitain, -e *adj* metropolitan

mets *nm* delicacy [*pl* delicacies]

metteur, -euse *nm-nf* LOC **metteur en scène** film director

mettre ◆ *vt* **1** (*placer*) to put, to place (*plus sout*) : *Mets les livres sur la table/dans une caisse.* Put the books on the table/in a box. ◊ *Ça me met dans une situation très embarrassante.* This puts me in a very awkward position. ◊ *Mets* *la voiture au garage.* Put the car in the garage. ◊ *Où est-ce que tu as mis mes clés ?* Where have you put my keys? ◊ *J'ai mis 2 000 euros sur mon compte.* I put 2 000 euros into my account. ◊ *Mets la nappe.* Put the tablecloth on the table. **2** (*habiller*) to put *sth* on : *Mets-lui son écharpe.* Put his scarf on. **3** (*porter*) to wear : *Qu'est-ce que je vais ~ aujourd'hui ?* What shall I wear today? **4** (*temps*) to take : *J'ai mis un mois à lire le livre.* I took a month to read the book. **5** (*CD, radio*) to put *sth* on **6** (*horloge*) to set : *Mets le réveil à 6 heures.* Set the alarm for 6 o'clock. **7** (*servir*) to give : *Mets-moi un peu plus de soupe, s'il te plaît.* Give me some more soup, please. ◆ **se mettre** *v pron* **1** (*se déplacer*) to move : *se ~ sur le côté* to move over **2 se ~ à** (*s'engager dans, s'intéresser à*) to get involved **in *sth*** : *Elle va se ~ à la politique.* She's going to get involved in politics. **3 se ~ à** (*commencer*) to begin, to start (***sth/doing sth/to do sth***) : *Tout à coup, il s'est mis à pleurer.* All of a sudden he started to cry. ◊ *Il s'est mis à neiger.* It's started snowing. ◊ *Mets-toi au travail.* Get on with some work. **4** (*s'habiller*) to put *sth* on : *Qu'est-ce que je me mets ?* What shall I put on? **5** (*s'introduire*) to get into *sth* : *se ~ au lit/sous la douche* to get into bed/the shower **6** (*debout*) to stand : *Mets-toi près de moi.* Stand next to me. **7** (*s'asseoir*) to sit : *Il s'est mis à table à côté de son frère.* He sat down at the table next to his brother. ☛ Les expressions formées avec **mettre** sont traitées sous le nom, l'adjectif, etc. correspondant : pour **mettre en bouteille**, par exemple, voir BOUTEILLE.

meuble *nm* **1** (*gén*) piece of furniture : *un très joli ~* a lovely piece of furniture **2 meubles** (*ensemble*) furniture [*indénombrable*] : *Les ~s étaient couverts de poussière.* The furniture was covered in dust. ☛ *Voir note sous* INFORMATION

meublé, -e *pp, adj* furnished LOC **non meublé** unfurnished *Voir aussi* CHAMBRE ; *Voir aussi* MEUBLER

meubler ◆ *vt* to furnish ◆ **se meubler** *v pron* to furnish your home

meugler *vi* to moo

meuh ! *excl* moo!

meule *nf* **1** (*de moulin*) millstone **2** (*fromage*) round LOC **meule de foin** haystack

meunier, -ière *nm-nf* miller

meurtre *nm* murder LOC *Voir* ENVIE

meurtrier, -ière *nm-nf* murderer

meute *nf* pack

mexicain, -e ◆ *adj* Mexican ◆ **Mexicain, -e** *nm-nf* Mexican

Mexique *nm* **le Mexique** Mexico

mi *nm* E : *mi majeur* E major

miaou *nm* miaow ☛ *Voir note sous* CHAT

miauler *vi* to miaow

miche *nf* loaf

mi-chemin LOC **à mi-chemin** halfway : *Nous nous arrêterons à ~.* We'll stop halfway.

microbe *nm* microbe, germ (*plus fam*)

microcosme *nm* microcosm

micro-onde *nf* microwave LOC **(four à) micro-ondes** microwave : *faire cuire qch au four à ~s* to microwave sth

micro-ordinateur *nm* microcomputer

microphone (*aussi* **micro**) *nm* microphone, mike (*plus fam*)

microprocesseur *nm* microprocessor

microscope *nm* microscope

microscopique *adj* microscopic

midi *nm* **1** (*heure*) midday : *le repas de ~* the midday meal **2** (*déjeuner*) lunchtime : *Ils sont arrivés à ~.* They arrived at lunchtime. **3 le Midi** the south of France : *Ils passent leurs vacances dans le Midi.* They spend their holidays in the south of France.

miel *nm* honey LOC *Voir* LUNE, RAYON

mien, mienne *pron poss* **le mien, la mienne** mine : *Ta maison est aussi la mienne.* Your house is also mine. LOC **les miens** my family

miette *nf* **1** (*de pain*) crumb : *des ~s de biscuit* biscuit crumbs **2** (*petit morceau*) little bit : *Donne-m'en encore une ~.* Give me a little bit more.

mieux *adj, adv* **1** (*comparatif*) better (***than sb/sth***) : *Je me sens beaucoup ~.* I feel much better. ◊ *Le plus rapidement ce sera fait le ~ ce sera.* The sooner the better. **2** (*superlatif*) best : *celle qui chante le ~* the one who sings best LOC **aller mieux** (*malade*) to be better **de mieux en mieux** better and better **faire pour le mieux** to do your best : *Présente-toi à l'examen et fais pour le ~.* Go to the exam and do your best. **mieux vaut tard que jamais** better late than never *Voir aussi* DEMANDER, RECULER, VALOIR

mignon, -onne *adj* sweet : *Qu'est-ce qu'il est ~ ce bébé !* What a sweet little baby!

migraine *nf* migraine LOC **donner la migraine à** (*fig*) to give *sb* a headache

migrant, -e *adj, nm-nf* migrant

migrateur, -trice *adj* migratory

migration *nf* migration

migrer *vi* to migrate

mijoter ◆ *vi* to simmer : *Laisser ~ cinq minutes.* Leave it to simmer for five minutes. ◆ *vt* to be up to *sth* : *Qu'est-ce que tu mijotes ?* What are you up to?

milice *nf* militia

milieu *nm* **1** (*centre*) middle : *une place avec un kiosque au ~* a square with a news-stand in the middle **2** (*environnement*) environment : *le ~ familial* the family environment LOC **au milieu de...** in the middle of... : *au ~ de la matinée/l'après-midi* in the middle of the morning/afternoon **milieu de terrain** (*joueur*) midfielder *Voir aussi* BEAU, NEZ

militaire ◆ *adj* military : *uniforme ~* military uniform ◆ *nmf* soldier : *Mon père était ~.* My father was in the army. LOC *Voir* AVIATION, ÉCOLE, POLICE, SERVICE

militant, -e *adj, nm-nf* militant

milk-shake *nm* milk shake : *un ~ au chocolat* a chocolate milk shake

mille *adj, nm* **1** (*gén*) (a) thousand : *~ personnes* a thousand people ◊ *un chèque de cinq ~ dollars* a cheque for five thousand dollars

Mille peut aussi se traduire par **one thousand** quand il est suivi d'un autre numéro : *mille trois cent soixante* one thousand three hundred and sixty, ou pour insister : *J'ai dit mille, pas deux mille.* I said one thousand, not two. De 1 100 à 1 900 on utilise très fréquemment les formes **eleven hundred**, **twelve hundred**, etc. : *une course de mille cinq cents mètres* a fifteen hundred metre race.

2 (*années*) : *en 1600* in sixteen hundred ◊ *1713* seventeen thirteen ◊ *l'an 2000* the year two thousand **3** (*Navig*) nautical mile ☛ *Voir Appendice 1.*

millénaire ◆ *adj* age-old : *une tradition ~* an age-old tradition ◆ *nm* millennium [*pl* millennia/millenniums]

mille-pattes *nm* centipede

millésime *nm* vintage

millésimé, -e *adj* vintage

milliard *nm* billion : *25 ~s de dollars* 25 billion dollars

millième *adj, nmf* thousandth : *Je te le dis pour la ~ fois !* I'm telling you for the thousandth time! ◊ *un ~ de seconde* a thousandth of a second

millier *nm* thousand [*pl* thousands] : *des ~s de personnes/mouches* thousands of people/flies LOC **par milliers** in their thousands

milligramme *nm* milligram (*abrév* mg) ☛ *Voir Appendice 1.*

millilitre *nm* millilitre (*abrév* ml) ☛ *Voir Appendice 1.*

millimètre *nm* millimetre (*abrév* mm) ☛ *Voir Appendice 1.*

million *nm* million [*pl* million] : *deux ~s trois cent quinze* two million three hundred and fifteen ◊ *des ~s de particules* millions of particles ☛ *Voir Appendice 1.*

millionième *adj, nmf* millionth

millionnaire *nmf* millionaire [*fém* millionairess] ☛ *Voir note sous* MILLIONAIRE

mi-mât *nm* LOC **à mi-mât** at half-mast

mime *nm* **1** (*personne*) mime artist **2** (*genre*) mime

mimer *vt* **1** (*spectacle*) to mime **2** (*imiter*) to mimic

minable *adj* **1** (*personne, attitude, salaire*) pathetic **2** (*lieu*) grotty : *un quartier ~* a grotty neighbourhood

mince *adj* thin, slim

Thin est le terme le plus général pour traduire *mince*. Il s'emploie tout aussi bien pour les personnes que pour les animaux ou les objets. **Slim** s'emploie quand on se réfère à une personne dont la minceur est attrayante. Il existe également le mot **skinny** qui signifie *maigrichon*.

minceur *nf* slimness

mincir *vi* to get slimmer

mine *nf* **1** (*gén*) mine : *une ~ de charbon* a coal mine **2** (*crayon*) lead **3** (*expression*) expression : *faire triste ~* to have a gloomy expression LOC **avoir bonne mine** to look well **faire mine de** to pretend *to do sth* : *Ils ont fait ~ de ne pas nous voir.* They pretended they hadn't seen us.

miner *vt* **1** (*moral, santé*) to undermine **2** (*Mil*) to mine

minerai *nm* ore : *~ de fer* iron ore

minéral, -e *adj, nm* mineral LOC *Voir* EAU

minéralogique *adj* LOC *Voir* PLAQUE

minet *nm* pussy [*pl* pussies]

minette *nf* **1** (*animal*) pussy [*pl* pussies] **2** (*jeune fille*) babe

mineur, -e ◆ *adj* (*d'importance secondaire, Mus*) minor : *Ça n'est qu'un problème ~.* It's only a minor problem. ◊ *une symphonie en mi ~* a symphony in E minor ◆ *adj, nm-nf* (*personne*) minor :

On ne sert pas d'alcool aux ~s. Alcohol will not be served to minors. ◊ *Il est encore ~.* He's still a minor. ◆ *nm* miner

miniature ◆ *adj* miniature ◆ *nf* miniature

minichaîne *nf* mini (hi-fi) system

minier, -ière *adj* mining [*n attrib*] : *plusieurs compagnies minières* several mining companies LOC *Voir* BASSIN, EXPLOITATION

minigolf *nm* crazy golf

minijupe *nf* miniskirt

minimal, -e *adj* minimal

minime *adj* minimal : *La différence entre eux était ~.* The difference between them was minimal.

minimiser *vt* to play *sth* down : *Elle minimise toujours ses accomplissements.* She always plays down her achievements. ◊ *~ l'importance de qch* to play sth down

minimum *adj, nm* minimum : *le tarif ~* the minimum charge ◊ *réduire la pollution à un ~.* to cut pollution to a minimum LOC **en faire un minimum** to do as little as possible **le minimum vital** subsistence level *Voir aussi* SALAIRE

ministère *nm* (*Polit, Relig*) ministry [*pl* ministries]

> Le titre officiel de la plupart des ministères en Grande-Bretagne est **Department**, par exemple **Department of Social Security**, **Department for Education and Employment**.

LOC **ministère de l'Intérieur** Ministry of the Interior ≈ Home Office (*GB*) **ministère des Affaires Étrangères** Ministry of Foreign Affairs ≈ Foreign Office (*GB*) **ministère des Finances** Ministry of Finance ≈ Treasury (*GB*)

ministériel, -ielle *adj* ministerial

ministre *nm* minister : *le ~ de l'Éducation Nationale française* the French Minister for Education

> Noter qu'en Grande-Bretagne le chef d'un ministère ne s'appelle pas *minister* mais **Secretary of State** ou simplement **Secretary** : *le ~ de l'Éducation Nationale* the Secretary of State for Education/Education Secretary.

ministre de l'Intérieur ≈ Home Secretary (*GB*) **ministre des Affaires Étrangères** ≈ Foreign Secretary (*GB*) **ministre des Finances** ≈ Chancellor of the Exchequer (*GB*) *Voir aussi* CONSEIL, PREMIER

minoritaire *adj* minority LOC **être minoritaire** to be in the minority

minorité *nf* minority [*v sing ou pl*] [*pl* minorities] LOC **être en minorité** to be in the minority

minou *nm* pussy [*pl* pussies]

minuit *nm* midnight : *Ils sont arrivés à ~.* They arrived at midnight. LOC *Voir* MESSE

minuscule ◆ *adj* **1** (*très petit*) tiny **2** (*lettre*) small, lower case (*plus sout*) : *un « m » minuscule* a small 'm' ◆ *nf* small letter, lower case letter (*plus sout*)

minute *nf* minute : *Attendez une ~.* Just a minute.

minuteur *nm* timer

minutie *nf* thoroughness

minutieux, -ieuse *adj* painstaking

miracle *nm* miracle

miraculeux, -euse *adj* miraculous

mirage *nm* mirage

miroir *nm* mirror

miroiter *vi* to sparkle

mis, -e *pp, adj* LOC **bien mis** smart *Voir aussi* METTRE

mise *nf* (*au jeu*) stake LOC **mise à jour** updating **mise au point** (*Phot*) focus [*pl* focuses/foci] : *faire la ~ au point sur qch* to focus on sth **mise en plis** : *se faire faire une ~ en plis* to have your hair set **mise en scène** **1** (*Cin*) direction **2** (*Théâtre*) staging

miser *vi* ~ **(sur)** **1** (*parier*) to bet (**on *sth***) **2** (*compter sur*) to count **on *sth***

misérable ◆ *adj* **1** (*sordide, maigre*) miserable : *une pièce/un salaire ~* a miserable room/wage **2** (*personne, vie*) wretched ◆ *nmf* **1** (*malheureux*) wretch **2** (*avare*) miser

misère *nf* **1** (*pauvreté*) poverty **2** (*petite quantité*) pittance : *Il gagne une ~.* He earns a pittance.

miséricorde *nf* mercy

misogyne ◆ *adj* misogynistic ◆ *nmf* misogynist

missile *nm* missile

mission *nf* mission

missionnaire *nmf* missionary [*pl* missionaries]

mi-temps *nf* **1** (*moitié de match*) half [*pl* halves] : *la première ~* the first half **2** (*à l'arrêt*) half-time : *Ils étaient à 3 contre 1 à la ~.* They were 3-1 at half-time. LOC **à mi-temps** part-time : *un emploi à ~* a part-time job

miteux, -euse *adj* **1** (*lieu*) seedy **2** (*vêtement*) shabby

mitigé, -e *adj* **1** (*réponse*) mixed **2** (*succès*) qualified

mitraillette *nf* sub-machine gun

mixeur (*aussi* **mixer**) *nm* liquidizer

mixte *adj* (*école*) co-educational

mixture *nf* **1** (*plat*) concoction **2** (*mélange*) hotchpotch

mobile ◆ *adj* mobile ◆ *nm* **1** (*motif*) motive : *Le ~ du crime est toujours inconnu.* The motive for the crime is still unknown. **2** (*téléphone, Art*) mobile

mobilier *nm* furniture

mobiliser *vt* to mobilize LOC **mobiliser les énergies** to mobilize people to act

mobilité *nf* mobility

moche *adj* ugly

mode ◆ *nf* fashion : *suivre la ~* to follow fashion ◆ *nm* way LOC **à la mode** fashionable : *un bar à la ~* a fashionable bar **mode d'emploi** instructions for use **passer de mode** to go out of fashion *Voir aussi* DÉFILÉ

modèle *nm* **1** (*gén*) model : *un ~ réduit* a scale model ◊ *le dernier ~* the latest model **2** (*vêtements*) style : *Nous avons plusieurs ~s de veste.* We've got several styles of jacket.

modeler *vt* **1** (*façonner*) to model **2** (*caractère*) to mould LOC *Voir* PÂTE

modéliste *nmf* **1** (*de vêtements*) stylist **2** (*de maquettes*) model-maker

modem *nm* modem

modération *nf* moderation

modéré, -e *pp, adj* moderate *Voir aussi* MODÉRER

modérer *vt* **1** (*vitesse*) to reduce **2** (*langage*) to mind : *Modère tes paroles.* Mind your language.

moderne *adj* modern

(se) moderniser *vt, v pron* to modernize

modeste *adj* modest

modestie *nf* modesty

modification *nf* modification

modifier *vt* **1** (*changer*) to change **2** (*Gramm*) to modify **3** (*techniquement*) to alter

modulaire *adj* modular

module *nm* module

moelle *nf* marrow : *~ osseuse* bone marrow LOC **moelle épinière** spinal cord

moelleux, -euse *adj* **1** (*pain, pull, lit*) soft **2** (*onctueux*) smooth **3** (*voix*) mellow

mœurs *nf* morals

moi *pron pers* **1** (*sujet*) I : *Ma sœur et ~ sommes allées au cinéma.* My sister and I went to the cinema. ◊ *J'ai dit ça, ~ ?* Did I say that? **2** (*complément*) me : *Donne-le-~ !* Give it to me! ◊ *Achète-le-~ !* Buy it for me! **3** (*avec une préposition, dans les comparaisons*) me : *C'est pour ~ ?* Is it for me? ◊ *Viens avec ~.* Come with me. ◊ *Je suis contente de ~.* I'm very pleased with myself. ◊ *Il est plus grand que ~.* He's taller than me. LOC **à moi** mine : *Ces livres sont à ~.* These books are mine. **c'est moi** it's me **moi ?** me? : *Qui ça ? ~ ?* Who do you mean? Me?

moi-même *pron pers* myself : *Je le ferai ~.* I'll do it myself.

moindre *adj* slightest : *Il n'a pas le ~ souci.* He doesn't have the slightest worry. LOC **c'est la moindre des choses** it's the least I could do **ne pas avoir la moindre idée** not to have the faintest idea (*about sth*) **ne pas faire le moindre effort** to not make the least bit of effort

moine *nm* monk

moineau *nm* sparrow

moins ◆ *adv*

- **dans des comparaisons** less (***than sb/sth***) : *Donne m'en ~.* Give me less. ◊ *Cela m'a pris ~ de temps que je pensais.* It took me less time than I thought it would. ☛ Avec les noms désignant des entités dénombrables, il est plus correct d'employer **fewer**, même s'il est courant d'utiliser **less** : *Il y avait ~ de personnes/voitures qu'hier.* There were fewer people/cars than yesterday. *Voir aussi la note sous* LESS.
- **en tant que superlatif** least (***in/of...***) : *la ~ bavarde de la famille* the least talkative member of the family ◊ *l'élève qui travaille le ~* the student who works least ☛ Avec les noms désignant des entités dénombrables, il est plus correct d'employer **fewest**, même s'il est courant d'utiliser **least** : *la classe avec le ~ d'élèves* the class with fewest pupils. *Voir aussi la note sous* LESS. ◆ *prép* **1** (*Math, température*) minus : *Il fait ~ dix degrés.* It's minus ten. ◊ *Cinq ~ trois égalent deux.* Five minus three is two. **2** (*heure*) to : *Il est midi ~ cinq.* It's five to twelve. ◆ *nm* (*signe mathématique*) minus (sign) LOC **à moins que...** unless... : *Je le ferai, à ~ que tu me dises le contraire.* I'll do it, unless you say otherwise. ◊ *à ~ qu'il ne cesse de pleuvoir* unless it stops raining **au moins** at least : *au ~ 100 personnes* no less than 100 people **de moins** too little/too few : *trois fourchettes de ~* three forks too few **de moins en moins** less and less/fewer and fewer : *J'ai de ~ en ~ d'argent.* I've got less and less money. ◊ *Il y a de ~ en*

~ *d'élèves.* There are fewer and fewer students. ◊ *Nous nous voyons de ~ en ~.* We see less and less of each other. **le moins** the least : *C'est le ~ que l'on puisse faire !* It's the least you can do! **moins de 18, etc. ans** : *« l'entrée est interdite aux ~ de 18 ans »* "no entry for under-18s" ☛ Les autres expressions formées avec **moins** sont traitées sous le verbe, l'adjectif, etc. correspondant : pour **le moins possible**, par exemple, voir POSSIBLE.

mois *nm* month : *Les vacances commencent dans un ~.* The holidays start in a month. ◊ *le ~ dernier/prochain* last/ next month ◊ *au début du ~* at the beginning of the month ◊ *être enceinte de deux ~* to be two months pregnant LOC **au mois** monthly : *Nous sommes payés au ~.* We're paid monthly. **par mois** a month : *Combien tu dépenses par ~ ?* How much do you spend a month?

moisi, -e ◆ *pp, adj* mouldy ◆ *nm* **1** (*ce qui est moisi*) mould **2** (*odeur*) must : *Le sous-sol sentait le ~.* The basement smelt musty. ◊ *une odeur de ~* a musty smell *Voir aussi* MOISIR

moisir *vi* **1** (*aliments*) to go mouldy **2** (*personne*) to stagnate

moisissure *nf* mould

moisson *nf* harvest

moissonner *vt* to harvest

moissonneuse-batteuse *nf* combine harvester

moite *adj* **1** (*mains*) sweaty **2** (*chaleur*) muggy

moitié *nf* half [*pl* halves] : *La ~ des députés ont voté contre.* Half the MPs voted against. LOC **à moitié** half : *La bouteille était à ~ vide.* The bottle was half empty. ◊ *Nous étions à ~ endormis.* We were half asleep. ◊ *Il ne fait les choses qu'à ~.* He only half does things. **à moitié prix** half-price : *Je l'ai acheté à ~ prix.* I bought it half-price.

moitié-moitié *adv* half and half

molaire *nf* (back) tooth [*pl* (back) teeth]

molécule *nf* molecule

mollesse *nf* **1** (*muscles*) flabbiness **2** (*cheveux, poignée de main*) limpness **3** (*matelas, coussin*) softness **4** (*personne*) weakness

mollet, -ette ◆ *adj* soft : *un œuf ~* a soft-boiled egg ◆ *nm* calf [*pl* calves]

mollusque *nm* **1** (*animal*) mollusc **2** (*personne*) wimp

moment *nm* **1** (*bref*) moment : *au même ~* at that very moment ◊ *Patientez un ~.* Hold on a moment. **2** (*long*) while : *Elle en aura pour un ~.* It will take her a while. ◊ *Cela fait un bon ~ qu'on ne s'est vus.* We haven't seen each other for a while. **3** (*période*) time [*sing*] : *dans ces ~s de crise* at this time of crisis LOC **à aucun moment** never : *À aucun ~ je n'ai pensé qu'ils le feraient.* I never thought they would do it. **du moment** contemporary : *le meilleur chanteur du ~* the best contemporary singer **du moment que...** as long as... : *du ~ que tu me préviens* as long as you tell me **en ce moment** at the moment : *En ce ~, j'ai suffisamment de travail.* I've got enough work at the moment. **par moments** at times **pour le moment** for the time being **un bon moment** : *Il a parlé pendant un bon ~.* He spoke for quite some time. *Voir aussi* JUSTE

momentané, -e *adj* momentary

momie *nf* mummy [*pl* mummies]

mon, ma *adj poss* my : *mon ami* my friend ◊ *un de mes amis* a friend of mine

monarchie *nf* monarchy [*pl* monarchies]

monarque *nmf* monarch

monastère *nm* monastery [*pl* monasteries]

mondain, -e ◆ *adj* society [*n attrib*] ◆ *nm-nf* socialite

monde *nm* **1** (*planète*) world : *faire le tour du ~* to go round the world **2** (*gens*) people [*pl*] : *Il y avait beaucoup de ~.* There were a lot of people. LOC **c'est le monde à l'envers** it's a crazy world **dans le monde entier** all over the world **le monde du spectacle** show business **mettre au monde** to bring *sb* into the world **pour rien au monde** for love nor money : *Pour rien au ~ je ne mangerais des poivrons.* I wouldn't eat peppers for love nor money. **tout le monde** everyone, everybody

mondial, -e *adj* world [*n attrib*] : *le record ~* the world record

mondialisation *nf* globalization

monétaire *adj* monetary LOC *Voir* UNITÉ

moniteur, -trice ◆ *nm-nf* instructor : *un ~ de gymnastique* a gym instructor ◆ *nm* (*écran*) monitor ☛ *Voir illustration sous* ORDINATEUR

monnaie *nf* **1** (*pièce*) coin **2** (*unité de valeur*) currency [*pl* currencies] : *la ~ canadienne* the Canadian currency **3** (*appoint*) change : *Gardez la ~.* Keep the change. ◊ *Est-ce que tu as de la ~ ?* Have you got any change? ◊ *Ils ne m'ont pas rendu la ~ exacte.* They gave me the wrong change. ◊ *Auriez-vous la ~ de dix dollars ?* Would you have change for ten dollars?

monographie *nf* monograph

monolingue *adj* monolingual

monologue *nm* monologue

mononucléose *nf* glandular fever

monopole *nm* monopoly [*pl* monopolies]

monopoliser *vt* **1** (*conversation, téléphone*) to monopolize, to hog (*fam*) **2** (*attention*) to capture

monotone *adj* monotonous

monotonie *nf* monotony

monoxyde *nm* monoxide LOC **monoxyde de carbone** carbon monoxide

monsieur *nm* **1** (*homme*) man : *Il y a un ~ qui veut te parler.* There's a man who wants to talk to you. **2** (*titre*) sir [*pl* gentlemen] : *Bonjour ~.* Good morning, sir. ◊ *Mesdames et messieurs...* Ladies and gentlemen... **3 M.** (*suivi du nom*) Mr : *Est-ce que M. Sage est là ?* Is Mr Sage in? ◊ *M. et Mme Gaucher* Mr and Mrs Gaucher **4** (*pour attirer l'attention*) excuse me! : *~ ! Vous avez fait tomber votre billet.* Excuse me! You've dropped your ticket. LOC **monsieur météo** weatherman [*pl* weathermen]

monstre *nm* monster

monstrueux, -euse *adj* monstrous

mont *nm* **1** (*gén*) mountain **2** (*avec nom propre*) Mount : *le ~ Everest* Mount Everest

montage *nm* assembly : *une chaîne de ~* an assembly line

montagne *nf* **1** (*gén*) mountain : *en haut d'une ~* at the top of a mountain **2** (*région, type de paysage*) mountains [*pl*] : *une maison à la ~* a cottage in the mountains ◊ *Je préfère la ~ à la mer.* I prefer the mountains to the seaside. **3** (*grande quantité*) loads (**of** *sth*) : *Il y avait une ~ de nourriture.* There was loads of food. LOC **montagnes russes** roller-coaster [*sing*] *Voir aussi* FLANC, SAUVETAGE

montagneux, -euse *adj* mountainous

montant *nm* **1** (*quantité*) amount : *le ~ de la dette* the amount of the debt **2** (*coût*) cost : *le ~ de la réparation* the cost of the repair LOC *Voir* COL

mont-de-piété *nm* pawnshop

monté, -e *pp, adj* LOC *Voir* COLLET ; *Voir aussi* MONTER

montée *nf* **1** (*pente*) climb **2** (*augmentation*) rise : *la ~ des eaux* the rise in the water level ◊ *la ~ de la violence* the rise in violence LOC **en montée** uphill

monter ◆ *vt* **1** (*aller/venir vers le haut*) to go/come up *sth* : *~ une rue* to go up a street **2** (*porter*) to take/bring *sth* up : *Il a monté les valises dans la chambre.* He took the suitcases up to the room. **3** (*mettre plus haut*) to put *sth* up : *Monte-le un peu plus.* Put it a bit higher. **4** (*soulever*) to lift : *Il a monté ses bagages dans le train.* He lifted his luggage onto the train. **5** (*créer*) to set *sth* up : *~ une société* to set up a company **6** (*pièces*) to assemble **7** (*prix*) to put *sth* up, to raise (*plus sout*) **8** (*volume sonore*) to turn *sth* up **9** (*tente*) to put *sth* up ◆ *vi* **1** (*aller/venir vers le haut*) to go/come up : *Nous sommes montés au deuxième étage.* We went up to the second floor. ◊ *~ sur le toit* to go up onto the roof **2** (*température, fleuve*) to rise **3** (*marée*) to come in **4** (*prix*) to go up : *L'essence a monté.* Petrol has gone up in price. **5** (*volume, voix*) to get louder **6 ~ dans** (*voiture*) to get in, to get into *sth* : *Je suis monté dans le taxi.* I got into the taxi. **7** (*transport public*) to get on (*sth*) : *Deux passagers sont montés.* Two passengers got on. **8 ~ à** (*cheval, vélo*) to ride *sth* : *~ à bicyclette* to ride a bike ◊ *J'aime ~ à cheval.* I like riding. LOC **monter à la tête** to go to *sb's* head **monter en flèche** to shoot up : *Les prix ont monté en flèche.* Prices have shot up. **monter en grade** to be promoted **monter sur scène** to go/come onto the stage **monter la garde** to stand guard *Voir aussi* ESCALIER, MOUTARDE

montgolfière *nf* balloon

montre *nf* watch : *Ma ~ retarde.* My watch is slow. LOC **contre la montre** against the clock *Voir aussi* ÉPREUVE, SENS

montrer ◆ *vt* **1** (*gén*) to show : *Montre-moi ton nouveau T-shirt.* Show me your new T-shirt. ◊ *Ils ont montré des signes d'impatience.* They showed signs of impatience. **2** (*désigner*) to point *sth* out : *Il m'a montré le panneau.* He pointed out the sign to me. ◆ **se montrer** *v pron* **1** (*se présenter*) to show your face : *J'espère qu'il n'osera plus se ~ par ici !* I hope he won't dare to show his face round here again! **2** (*se révéler*) to show yourself to be : *Il s'est montré plutôt pessimiste.* He showed himself to be rather pessimistic. LOC **montrer du doigt** to point at/to *sb/sth* **montrer le chemin à** to direct : *L'agent leur a* *montré le chemin.* The policeman directed them.

monture *nf* **1** (*animal*) mount **2** (*lunettes*) frame **3** (*bague*) setting

monument *nm* monument LOC **monument aux morts** war memorial

monumental, -e *adj* monumental

se moquer *v pron* **se ~ de 1** (*rire*) to make fun **of *sb/sth*** : *Arrête de te ~ de moi.* Stop making fun of me. **2** (*être indifférent*) not to care **about *sth*** : *Il se moque complètement de ce qu'on peut penser de lui.* He couldn't care less about what people might think of him.

moquerie *nf* mockery [*indénombrable*]

moquette *nf* fitted carpet LOC **mettre de la moquette dans** to carpet *sth*

moqueur, -euse *adj* **1** (*geste, sourire*) mocking : *d'un ton ~* mockingly **2** (*personne*) : *Elle est très moqueuse.* She's always making fun of people.

moral, -e ◆ *adj* moral ◆ *nm* morale : *Le ~ de l'équipe est bon.* Team morale is high. ◆ **morale** *nf* **1** (*principes*) morals [*pl*] : *Ils ont une morale très stricte.* They have very strict morals. **2** (*d'une fable*) moral LOC **avoir le moral** to be in good spirits **ne pas avoir le moral** : *Nous n'avions pas le ~.* Our spirits were low. *Voir aussi* BAS

moralité *nf* **1** (*conduite*) morals [*pl*] **2** (*conclusion*) moral : *Quelle est la ~ de cette fable ?* What's the moral of the tale?

morbide *adj* morbid

morceau *nm* **1** (*nourriture*) piece, bit (*plus fam*) : *un ~ de gâteau/pain* a piece of cake/bread ◊ *Coupe la viande en morceaux.* Cut the meat into pieces. **2** (*sucre*) lump : *Deux morceaux de sucre, s'il vous plaît.* Two lumps, please. **3** (*Mus*) piece LOC **mettre en morceaux** to smash *sth* to pieces **morceau de choix** prime cut

mordant, -e *adj* **1** (*ironie*) bitter **2** (*remarque*) scathing

mordiller *vt* to nibble

mordre ◆ *vt, vi* to bite : *Le chien m'a mordu la jambe.* The dog bit my leg. ◊ *J'ai mordu dans la pomme.* I bit into the apple. ◆ *vi* ~ **sur** (*empiéter*) to go over *sth* : *Il a mordu sur la ligne de départ.* He went over the starting line. LOC **mordre à l'hameçon** to swallow the bait **mordre à pleines dents dans** to sink your teeth into *sth*

mordu, -e *nm-nf* fan : *les ~s du chocolat* chocolate fans

moribond, -e *adj, nm-nf* dying [*adj*]

morne *adj* gloomy

morose *adj* **1** (*personne*) morose **2** (*temps*) dreary

mors *nm* bit

morse *nm* **1** (*animal*) walrus [*pl* walruses] **2** (*code*) Morse Code : *en ~* in Morse Code

morsure *nf* bite

mort *nf* death LOC **à mort** (*énormément*) : *Elle lui en veut à ~.* She hates his guts. **la mort dans l'âme** with a heavy heart : *Il est parti la ~ dans l'âme.* He left with a heavy heart. **se donner la mort** to kill yourself *Voir aussi* CONDAMNATION, CONDAMNÉ, ENNUYER, PEINE

mort, -e ◆ *pp, adj* **1** (*gén*) dead : *feuilles mortes* dead leaves ◊ *Ils la croyaient morte.* They had given her up for dead. ◊ *La ville est morte en hiver.* The town is dead in winter.

> **Dead** est un adjectif qui s'emploie avec le verbe **to be** : *Ses parents sont morts tous les deux.* Both her parents are dead. **Died** correspond au prétérit et au participe passé du verbe **to die** : *Mon poisson rouge est mort.* My goldfish has died. ◊ *Mon grand-père est mort en 1986.* My grandfather died in 1986.

2 (*fatigué*) shattered **3** (*hors d'usage*) : *Le frigo est ~.* The fridge has had it. ◆ *nm-nf* dead : *Le tremblement de terre a fait des centaines de ~s.* Hundreds of people died in the earthquake. LOC **mort de fatigue** dead tired **mort de faim/froid** starving/freezing **mort de peur** scared to death **mort de soif** dying of thirst **mort ou vif** dead or alive *Voir aussi* MONUMENT, POIDS, POINT, TEMPS ; *Voir aussi* MOURIR

mortalité *nf* mortality

mortel, -elle ◆ *adj* **1** (*gén*) mortal : *Les êtres humains sont ~s.* Human beings are mortal. ◊ *péché ~* mortal sin **2** (*maladie, accident*) fatal **3** (*poison, ennemi*) deadly **4** (*ennui*) deadly boring : *La conférence était absolument mortelle.* The conference was deadly boring. ◊ *Le film est d'un ennui ~.* The film is deadly boring. ◆ *nm-nf* mortal LOC *Voir* CHUTE

mortier *nm* mortar

mortuaire *adj* funeral [*n attrib*] LOC *Voir* CHAMBRE

morue *nf* (*poisson*) cod [*pl* cod] LOC *Voir* HUILE

morve *nf* (*du nez*) snot : *avoir la ~ au nez* to have a snotty nose

mosaïque *nf* mosaic

mosquée *nf* mosque

mot *nm* **1** (*parole*) word : *un ~ de trois lettres* a three-letter word ◊ *Il n'a pas dit un ~.* He didn't say a word. ◊ *Je ne parle pas un ~ de grec.* I don't know a word of Greek. **2** (*message*) note : *Je t'ai laissé un ~ dans la cuisine.* I left you a note in the kitchen. LOC **avoir son mot à dire** to have something to say : *J'ai aussi mon ~ à dire.* I've got something to say too. **en un mot** in a word : *En un ~, j'étais furieuse.* In a word, I was furious. **mot à mot** word for word : *traduire ~ à ~* to translate word for word **mot pour mot** word for word : *Elle lui a tout répété ~ pour ~.* She repeated everything to him, word for word. **mots croisés** crossword [*sing*] : *faire des ~s croisés* to do a crossword **mot de passe** password **prendre au mot** to take *sb* at their word *Voir aussi* DERNIER, GROS, JEU, MÂCHER, PIPER

motard, -e ◆ *nm-nf* (*motocycliste*) biker ◆ *nm* (*policier*) motorcycle policeman [*pl* motorcycle policemen]

moteur, -trice ◆ *adj* **1** (*roue, force*) driving **2** (*Méd*) motor ◆ *nm* engine, motor ☛ *Voir note sous* ENGINE LOC **moteur à réaction** jet engine **moteur de recherche** search engine *Voir aussi* BARQUE, BATEAU, CANOT

motif *nm* **1** (*raison*) reason (**for sth**) : *le ~ de notre voyage* the reason for our trip ◊ *Il s'est absenté sans ~.* He was absent for no reason. **2** (*dessin*) pattern : *une tapisserie à ~s géométriques* a tapestry with geometric patterns

motion *nf* motion

motivation *nf* **1** (*bonne volonté*) motivation **2** (*raison*) motive

motivé, -e *pp, adj* motivated *Voir aussi* MOTIVER

motiver *vt* to motivate : *Personne ne sait ce qui a motivé leur décision.* Nobody knows what motivated their decision.

moto *nf* motorbike : *faire de la ~* to ride a motorbike

motocross *nm* motocross

motocyclisme *nm* motorcycling

motocycliste *nmf* motorcyclist

motte *nf* clod

mou, molle *adj* **1** (*moelleux*) soft : *Ce lit est trop ~.* This bed is too soft. **2** (*chair, ventre*) flabby **3** (*sans énergie*) wimp [*n*] : *Ce que tu es ~ !* You're such a wimp! LOC *Voir* CARAMEL

mouche *nf* **1** (*insecte*) fly [*pl* flies] **2** (*cible*) bullseye LOC **faire mouche 1** (*pr*) to score a bullseye **2** (*fig*) to hit home : *Ta remarque a fait ~.* Your comment hit home. **quelle mouche te, le, etc. pique ?** what's up with you, him, etc.? *Voir aussi* PATTE, TOMBER

moucher ◆ *vt* (*enfant*) to blow *sb's* nose ◆ **se moucher** *v pron* to blow your nose : *Mouche-toi.* Blow your nose.

moucheron *nm* midge

mouchoir *nm* handkerchief [*pl* handkerchiefs/handkerchieves] LOC **mouchoir en papier** tissue

moudre *vt* to grind

moue *nf* pout LOC **faire la moue** to make a face : *Arrête de faire la ~ et mange.* Don't make a face — just eat it.

mouette *nf* seagull

moufle *nf* mitten

mouillé, -e *pp, adj* wet LOC *Voir* POULE ; *Voir aussi* MOUILLER

mouiller ◆ *vt* **1** (*gén*) to get *sb/sth* wet : *Ne mouille pas le sol.* Don't get the floor wet. ◊ *se faire ~* to get wet ◆ **se mouiller** *v pron* **1** (*gén*) to get (*sth*) wet : *se ~ les pieds* to get your feet wet **2** (*s'engager*) to stick your neck out : *Elle ne veut pas se ~.* She doesn't want to stick her neck out.

moulant, -e *adj* tight

moule[1] *nm* **1** (*Cuisine*) tin : *un ~ à gâteaux* a cake tin **2** (*Art, Techn*) cast

moule[2] *nf* mussel

mouler *vt* **1** (*Art, Techn*) to cast **2** (*vêtement*) to be tight : *Ce pantalon la moule trop.* Those trousers are too tight for her.

moulin *nm* mill : *~ à poivre* pepper mill LOC **moulin à eau/vent** watermill/windmill **moulin à café** coffee grinder

moulu, -e *pp, adj* **1** (*café, poivre*) ground **2** (*épuisé*) exhausted *Voir aussi* MOUDRE

mourant, -e *adj* dying

mourir *vi* **1** (*gén*) to die : *~ d'un infarctus* to die of a heart attack **2** (*dans un accident*) to be killed : *Trois personnes sont mortes dans l'accident.* Three people were killed in the accident. ☛ *Voir note sous* MORT, -E LOC **mourir de faim 1** (*pr*) to starve to death **2** (*fig*) to be starving : *Je meurs de faim !* I'm starving! **mourir de froid** to be freezing **mourir d'ennui** to be bored stiff **mourir d'envie de faire qch** to be dying to do sth **mourir de peur** to be scared stiff **mourir de soif 1** (*pr*) to die of thirst **2** (*fig*) to be dying for a drink : *Ils mouraient de soif.* They were dying for a drink.

moussant, -e *adj* LOC *Voir* BAIN

mousse *nf* **1** (*gén*) foam : *~ à raser* shaving foam **2** (*bière*) froth **3** (*savon,* *shampooing*) lather **4** (*végétal*) moss **5** (*Cuisine*) mousse : ~ *au chocolat* chocolate mousse LOC **faire de la mousse** **1** (*savon*) to lather **2** (*liquide vaisselle*) to foam

mousseux, -euse ◆ *adj* **1** (*vin*) sparkling **2** (*lait*) frothy ◆ *nm* sparkling wine

moustache *nf* **1** (*homme*) moustache **2 moustaches** (*chat*) whiskers

moustique *nm* mosquito [*pl* mosquitoes]

moutarde *nf, adj* mustard LOC **la moutarde me, te, etc. monte au nez** I'm, you're, etc. beginning to see red

mouton *nm* **1** (*animal*) sheep [*pl* sheep] : *un troupeau de ~s* a flock of sheep **2** (*viande*) mutton **3** (*peau*) sheepskin : *une veste en ~* a sheepskin jacket **4 moutons** (*poussière*) fluff [*indénombrable*] LOC *Voir* PEAU

mouvant, -e *adj* LOC *Voir* SABLE

mouvement *nm* **1** (*gén*) movement : *un léger ~ de la main* a slight movement of the hand ◊ *le ~ surréaliste* the surrealist movement **2** (*déplacement*) motion : *La voiture était en ~.* The car was in motion. **3** (*activité*) activity : *Il y a beaucoup de ~ dans le bureau.* There's a lot of activity in the office. **4** (*élan*) impulse : *Mon premier ~ a été de protester.* My first impulse was to protest. LOC **mouvement de colère** fit of anger **mouvement de grève** industrial action [*indénombrable*] *Voir aussi* FAUX, HÂTER

mouvementé, -e *adj* **1** (*journée*) hectic : *Nous avons eu un mois très ~.* We've had a really hectic month. **2** (*voyage*) eventful

moyen, -enne ◆ *adj* **1** (*intermédiaire*) medium : *Il est de taille moyenne.* He's of medium height. **2** (*dans la norme, passable*) average : *d'intelligence moyenne* of average intelligence ◊ *le Français ~* the average French person ◊ *Le film est ~.* The film's average. ◆ *adv* : *« Comment ça va ? — ~. »* 'How are things?' 'So so.' ◆ *nm* **1** (*méthode*) means [*pl* means] : *~ de transport* means of transport **2 moyens** (*ressources*) means [*pl*] : *Ils n'ont pas les ~s de s'acheter une maison.* They lack the means to buy a house. **3 moyens** (*intellectuels*) ability [*sing*] ◆ **moyenne** *nf* **1** (*norme, Math*) average **2** (*École*) pass : *avoir la moyenne* to pass LOC **au moyen de** by means of *sth* : *Il a réparé la chambre à air au ~ d'une rustine.* He repaired the inner tube by means of a patch. **en moyenne** on average **il n'y a pas moyen de** it's impossible *to do sth* : *Il n'y a pas ~ de la faire changer d'avis.* It's impossible to make her change her mind. **le Moyen Âge** the Middle Ages [*pl*] : *le bas/haut Moyen Âge* the Early/Late Middle Ages **par mes, tes, etc. propres moyens** under my, your, etc. own steam : *Je suis rentré par mes propres ~s.* I came home under my own steam. *Voir aussi* ÂGE, CLASSE

Moyen-Orient *nm* **le Moyen-Orient** the Middle East

muesli *nm* muesli

muet, -ette *adj* **1** (*handicapé*) dumb **2** (*silencieux*) silent : *Il est resté ~ toute la soirée.* He stayed silent all evening. **3 ~ de** speechless **with *sth*** : *~ de stupeur/d'admiration* speechless with astonishment/admiration LOC **devenir muet 1** (*perdre la parole*) to go dumb **2** (*se taire*) to go quiet *Voir aussi* FILM

mugir *vi* **1** (*vache*) to moo **2** (*taureau*) to bellow **3** (*vent*) to howl

muguet *nm* lily of the valley [*pl* lilies of the valley]

mule *nf* mule LOC *Voir* TÊTE

mulet *nm* **1** (*mammifère*) mule **2** (*poisson*) grey mullet [*pl* grey mullet]

multiculturel, -elle *adj* multicultural

multimédia *adj, nm* multimedia

multinational, -e ◆ *adj* multinational ◆ **multinationale** *nf* multinational

multiple *adj* **1** (*non simple*) multiple : *une fracture ~* a multiple fracture **2** (*nombreux*) numerous : *à de ~s reprises* on numerous occasions LOC *Voir* PRISE, QUESTIONNAIRE

multiplication *nf* **1** (*Math*) multiplication **2** (*augmentation*) increase : *la ~ des sociétés de service* the increase in service companies

multiplicité *nf* multiplicity

multiplier ◆ *vt* **1** (*Math*) to multiply : *~ deux par quatre* to multiply two by four **2** (*augmenter*) to increase : *L'opération multiplie les chances de survie par dix.* The operation increases the chances of survival tenfold. **3** (*répéter*) : *Elle multiplie les erreurs.* She makes countless mistakes. ◆ **se multiplier** *v pron* to multiply

multiracial, -e *adj* multiracial

multisalle *adj* LOC *Voir* CINÉMA

multitude *nf* **une ~ de** a lot **of *sth*** : *une ~ de problèmes* a lot of problems

municipal, -e *adj* municipal LOC *Voir* CONSEIL, ÉLECTION, POLICE

municipalité *nf* **1** (*ville*) town **2** (*conseil*) town council

munir ◆ *vt* ~ **de 1** (*fournir*) to provide *sb* **with** *sth* : *Elle a muni les enfants de sandwiches et de boissons.* She provided the children with sandwiches and drinks. **2** (*équiper*) to fit *sth* **with** *sth* : *La voiture est munie d'une alarme.* The car is fitted with an alarm. ◆ **se munir** *v pron* **se ~ de** to equip yourself **with** *sth* : *Il faut vous ~ de vêtements chauds.* You need to equip yourselves with warm clothes.

munitions *nf* ammunition [*indénombrable*]

mur *nm* wall : *Il y a plusieurs posters au ~.* There are several posters on the wall. LOC **faire le mur** (*s'échapper*) to go over the wall **le mur du son** the sound barrier : *franchir le ~ du son* to break the sound barrier **les murs ont des oreilles** walls have ears

mûr, -e *adj* **1** (*fruit*) ripe **2** (*avancé*) mature : *Xavier est très ~ pour son âge.* Xavier is very mature for his age. LOC **après mûre réflexion** after much thought **d'âge mûr** middle-aged : *un homme d'âge ~* a middle-aged man

muraille *nf* wall : *la Grande Muraille de Chine* the Great Wall of China

mural, -e *adj* mural LOC *Voir* PEINTURE

mûre *nf* **1** (*fruit de la ronce*) blackberry [*pl* blackberries] **2** (*fruit du mûrier*) mulberry [*pl* mulberries]

mûrier *nm* **1** (*ronce*) blackberry bush **2** (*arbre*) mulberry tree

mûrir *vi* **1** (*fruit*) to ripen **2** (*personne*) to mature **3** (*projet, idée*) to come to fruition

murmure *nm* murmur : *le ~ de sa voix/du vent* the murmur of his voice/the wind

murmurer *vt, vi* to murmur

muscade *nf* LOC *Voir* NOIX

muscle *nm* muscle

musclé, -e *adj* muscular

musculaire *adj* muscle [*n attrib*] : *une déchirure ~* a muscle injury

musculation *nf* bodybuilding

museau *nm* **1** (*chien, cheval*) muzzle **2** (*cochon*) snout **3** (*personne*) face

musée *nm* museum : *Il est au ~ du Louvre.* It's in the Louvre. ☛ *Voir note sous* MUSEUM

museler *vt* to muzzle

musical, -e *adj* musical LOC *Voir* COMÉDIE

musicien, -ienne ◆ *adj* musical : *Je ne suis pas très ~.* I'm not very musical. ◆ *nm-nf* musician

musique *nf* music : *Je n'aime pas la ~ classique.* I don't like classical music. LOC **musique de chambre** chamber music **musique de fond** background music *Voir aussi* KIOSQUE, LIRE[1]

musulman, -e *adj, nm-nf* Muslim

mutation *nf* **1** (*changement de poste*) transfer : *Elle a demandé sa ~.* She requested a transfer. **2** (*Biol*) mutation

muter *vt* to transfer

mutiler *vt* to mutilate

mutinerie *nf* **1** (*prisonniers*) riot **2** (*Navig, Mil*) mutiny [*pl* mutinies]

mutisme *nm* silence

mutuel, -elle *adj* mutual

mutuellement *adv* each other, one another : *Ils se détestent ~.* They hate each other. ☛ *Voir note sous* EACH OTHER

myope *adj* short-sighted : *Je suis ~.* I'm short-sighted. LOC **myope comme une taupe** blind as a bat

myopie *nf* short-sightedness

myosotis *nm* forget-me-not

myrtille *nf* bilberry [*pl* bilberries]

mystère *nm* mystery [*pl* mysteries] LOC **faire des mystères** to be mysterious : *Arrête de faire des ~s.* Stop being mysterious.

mystérieux, -ieuse *adj* mysterious

mystique *adj* mystical

mythe *nm* myth

mythique *adj* mythical

mythologie *nf* mythology

mythologique *adj* mythological

Nn

nacre *nf* mother-of-pearl

nage *nf* (*style*) stroke LOC **à la nage** : *Ils ont traversé la rivière à la ~.* They swam across the river. **en nage** pouring with sweat : *être en ~* to be pouring with sweat **nage libre** freestyle

nageoire *nf* **1** (*poisson*) fin **2** (*phoque*) flipper

nager ◆ *vi* **1** (*dans l'eau*) to swim : *Je ne sais pas ~.* I can't swim. ◊ *Et si nous allions ~?* Shall we go for a swim? **2** (*dans ses vêtements*) : *Je nage dans tous mes pantalons.* All my trousers are far too big for me. **3** (*ne pas comprendre*) to be lost : *Je nage complètement !* I'm completely lost! ◆ *vt* to swim : *~ le crawl* to swim the crawl

nageur, -euse *nm-nf* swimmer

naïf, -ïve *adj* naive

nain, -e ◆ *adj* (*Bot, Zool*) dwarf [*n attrib*] : *un conifère ~* a dwarf conifer ◆ *nm-nf* dwarf [*pl* dwarfs/dwarves]

naissance *nf* **1** (*gén*) birth : *date de ~* date of birth **2** (*rivière*) source LOC **de naissance** : *Elle est aveugle de ~.* She was born blind. ◊ *être français de ~* to be French by birth **donner naissance à 1** (*bébé*) to give birth to *sb* **2** (*rumeur, polémique*) to give rise to *sth* *Voir aussi* EXTRAIT, LIEU

naître *vi* **1** (*gén*) to be born : *Où est-ce que tu es né ?* Where were you born? ◊ *Je suis née en 1986.* I was born in 1986. **2** (*espoir, idée, doute*) to start LOC **faire naître** (*espoir, doute*) to give rise to *sth* : *Le traité de paix a fait ~ l'espoir au Moyen-Orient.* The peace treaty gave rise to hope in the Middle-East.

naïveté *nf* naivety

nana *nf* girl : *cette ~ là-bas* that girl over there

naphtaline *nf* LOC *Voir* BOULE

nappe *nf* **1** (*pour la table*) tablecloth **2** (*pétrole*) layer LOC **nappe de brouillard** patch of fog

narcotique *adj, nm* narcotic

narguer *vt* **1** (*personne*) to taunt **2** (*critères*) to flout

narine *nf* nostril

narquois, -e *adj* mocking

narrateur, -trice *nm-nf* narrator

narration *nf* narration

nasal, -e *adj* nasal

nase *adj* **1** (*fatigué*) shattered **2** (*hors d'usage*) : *Mon fax est ~.* My fax has had it.

natal, -e *adj* native : *pays ~* native country LOC *Voir* TERRAIN, VILLE

natalité *nf* birth rate LOC *Voir* TAUX

natation *nf* swimming : *faire de la ~* to go swimming

natif, -ive *adj, nm-nf* native : *Il est ~ de Montbéliard.* He was born in Montbéliard.

nation *nf* nation

national, -e *adj* **1** (*de la nation*) national : *le drapeau ~* the national flag **2** (*intérieur*) domestic : *le marché ~* the domestic market LOC *Voir* CARTE, ÉDUCATION, FÊTE, HYMNE, PARC, ROUTE

nationaliser *vt* to nationalize

nationalisme *nm* nationalism

nationaliste *adj, nmf* nationalist

nationalité *nf* nationality [*pl* nationalities]

natte *nf* **1** (*tresse*) plait : *Elle porte des ~s.* She wears her hair in plaits. **2** (*paillasse*) mat

naturaliser *vt* : *se faire ~ Français* to acquire French nationality

naturaliste *nmf* naturalist

nature ◆ *nf* **1** (*gén*) nature : *la ~ humaine* human nature **2** (*campagne*) countryside : *La ~ est magnifique en automne.* The countryside is magnificent in the autumn. ◆ *adj* (*yaourt*) plain LOC **de/par nature** by nature **de nature à** likely *to do sth* : *une nouvelle de ~ à inquiéter l'opinion publique* news likely to worry people **nature morte** still life [*pl* still lifes] *Voir aussi* GOÛT

naturel, -elle ◆ *adj* **1** (*gén*) natural : *causes naturelles* natural causes ◊ *Il est tout à fait ~ que tu sois inquiet.* It's only natural that you're worried. **2** (*spontané*) unaffected : *un geste ~* an unaffected gesture ◆ *nm* **1** (*caractère*) nature : *Elle est d'un ~ anxieux.* She's anxious by nature. **2** (*spontanéité*) unaffectedness LOC **au naturel** (*thon*) in brine **avec naturel** naturally *Voir aussi* SCIENCE

naturellement *adv* **1** (*bien sûr*) of course : *Oui, ~.* Yes, of course. **2** (*avec naturel*) : *le plus ~ du monde* as if it were the most natural thing in the world

naturiste *adj, nmf* naturist

naufrage *nm* **1** (*bateau*) shipwreck **2** (*entreprise, pays*) collapse : *Le pays est au bord du ~.* The country is on the brink of collapse. LOC **faire naufrage** **1** (*bateau*) to be wrecked **2** (*marin*) to be shipwrecked

naufragé, -e ◆ *adj* shipwrecked ◆ *nm-nf* castaway [*pl* castaways]

nauséabond, -e *adj* nauseating

nausée *nf* nausea LOC **avoir la nausée/des nausées** to feel sick **donner la nausée à** to make *sb* feel sick : *Cette odeur me donne la ~.* That smell makes me feel sick.

nautique *adj* **1** (*gén*) nautical : *une carte ~* a nautical map **2** (*de voile*) sailing : *club ~* sailing club LOC *Voir* SKI, SPORT

naval, -e *adj* naval LOC *Voir* CHANTIER

navet *nm* **1** (*légume*) turnip **2** (*film*) rubbish [*indénombrable*] : *Ce film est un ~.* The film is rubbish.

navette *nf* (*véhicule*) shuttle LOC **faire la navette entre** to commute between... : *Elle fait la ~ entre Paris et Lille pour son travail.* She commutes between Paris and Lille for her job. **navette spatiale** space shuttle

navigable *adj* navigable

navigateur, -trice ◆ *nm-nf* sailor ◆ *nm* (*Informatique*) browser

navigation *nf* **1** (*bateau, avion*) navigation **2** (*Informatique*) browsing

naviguer *vi* **1** (*bateau*) to sail **2** (*avion*) to fly **3** ~ **dans/sur** (*Informatique*) to surf *sth* : *~ sur l'Internet* to surf the Net/Internet

navire *nm* ship LOC **navire de guerre** warship

navrant, -e *adj* appalling

navré, -e *adj* terribly sorry : *Je suis ~ de vous avoir fait attendre.* I'm terribly sorry to have kept you waiting.

nazi, -e *adj, nm-nf* Nazi

ne *adv* **1** (*avec pas*) not : *Je ne sais pas.* I don't know. ◊ *Ce n'est pas un bon exemple.* It's not a good example. **2** (*avec jamais, personne, rien, etc.*) : *Il ne sort jamais.* He never goes out. ◊ *Je n'y connais rien en foot.* I know nothing about football. *Voir* JAMAIS, PERSONNE, RIEN, ETC. **3** (*avec des verbes comme craindre, empêcher, etc.*) : *J'ai peur qu'il ne leur soit arrivé quelque chose.* I'm afraid something has happened to them. ◊ *pour empêcher que la corde ne se casse* to prevent the rope from breaking

né, -e *pp, adj* **1** (*par nature*) born : *un musicien ~* a born musician **2** **née** (*femme mariée*) née *Voir aussi* NAÎTRE

néanmoins *adv* nevertheless

nécessaire ◆ *adj* necessary : *Il n'est pas ~ de crier comme ça.* It's not necessary to shout like that. ◊ *l'argent ~ au voyage* the money necessary for the journey ◊ *Il n'est pas ~ que tu viennes.* You don't have to come. ◊ *si ~* if necessary ◆ *nm* : *Je ferai le ~.* I'll do whatever's necessary. ◊ *N'emporte que le ~.* Only take what you need. LOC **nécessaire de couture** sewing kit **nécessaire de toilette** sponge bag

nécessairement *adv* necessarily : *pas ~* not necessarily

nécessité *nf* **1** (*chose indispensable*) necessity [*pl* necessities] : *Le chauffage est une ~.* Heating is a necessity. **2** ~ **(de)** (*besoin*) need (**for *sth*/to do *sth***) : *Je ne vois pas la ~ d'y aller en voiture.* I don't see the need to go by car. LOC *Voir* PREMIER

nécessiter *vt* to require

nécrologique *adj* LOC *Voir* NOTICE

nectar *nm* nectar : *~ de pêche/de poire* peach/pear nectar

nectarine *nf* nectarine

néerlandais, -e ◆ *adj, nm* Dutch : *parler ~* to speak Dutch ◆ **Néerlandais, -e** *nm-nf* Dutchman/woman [*pl* Dutchmen/women] : *les Néerlandais* the Dutch

néfaste *adj* harmful

négatif, -ive *adj, nm* negative

négligé, -e ◆ *pp, adj* **1** (*mal entretenu*) neglected **2** (*tenue*) scruffy ◆ *nm* negligee *Voir aussi* NÉGLIGER

négligeable *adj* negligible LOC **non négligeable** significant : *une somme non ~* a significant amount

négligence *nf* negligence LOC **par négligence** : *C'est uniquement par ~ qu'il ne les a pas invitées.* It was an oversight that they weren't invited.

négligent, -e *adj* negligent

négliger *vt* to neglect : *Elle a négligé de nous informer.* She neglected to tell us.

négociant, -e *nm-nf* merchant : *~ en vins* wine merchant

négociation *nf* negotiation : *entamer des ~s avec qn* to open negotiations with sb

négocier *vt, vi* to negotiate : *Le gouvernement refuse de ~ avec les terroristes.* The government refuses to negotiate with the terrorists.

neige *nf* snow LOC **aller à la neige** (*ski*) to go skiing **neige carbonique** dry ice **neige fondue** **1** (*qui tombe*) sleet **2** (*au *sol*) slush *Voir aussi* BATTRE, BLANC, BONHOMME, BOULE, CHUTE, FONTE, SURF

neiger *v impers* to snow : *Je crois qu'il va ~.* I think it's going to snow.

neigeux, -euse *adj* **1** (*temps*) snowy **2** (*sommet*) snow-covered

nénuphar *nm* water lily [*pl* water lilies]

néon *nm* **1** (*gaz*) neon **2** (*tube*) neon light

néo-zélandais, -e ◆ *adj* New Zealand ◆ **Néo-Zélandais, -e** *nm-nf* New Zealander

Neptune *n pr* Neptune

nerf *nm* **1** (*gén*) nerve **2** (*viande*) gristle [*indénombrable*] **3** (*énergie*) get-up-and-go : *Allez, du ~ !* Come on, buck up! LOC **être sur les nerfs** to be tense *Voir aussi* BOUT, CRISE, PAQUET, TAPER

nerveux, -euse *adj* **1** (*gén*) nervous : *le système ~* the nervous system ◊ *Il me rend ~.* He makes me nervous. **2** (*cellule, fibre*) nerve [*n attrib*] : *tissu ~* nerve tissue **3** (*émotif*) highly strung : *Il est très ~.* He's very highlnony strung. LOC *Voir* DÉPRESSION

nervosité *nf* nervousness

nervure *nf* (*Bot, Zool*) vein

n'est-ce pas *adv* : *Cette voiture est plus rapide, ~ ?* This car's faster, isn't it? ◊ *Tu aimes les épinards, ~ ?* You like spinach, don't you? ◊ *~ qu'il fait chaud ?* It's hot, isn't it?

net, nette *adj* **1** (*précis*) clear : *La photo n'est pas très nette.* The photo isn't very clear. **2** (*écriture*) neat **3** (*marqué*) marked : *un ~ déclin* a marked decline **4** (*propre*) clean **5** (*après déduction*) net : *revenus ~s* net income ◊ *poids ~* net weight LOC *Voir* ARRÊTER

nettement *adv* **1** (*précisément*) clearly : *Je m'en souviens très ~.* I remember very clearly. **2** (*de façon marquée*) markedly **3** (*beaucoup*) decidedly : *C'est ~ mieux comme ça.* It's decidedly better like that.

nettoyage *nm* cleaning : *produits de ~* cleaning products LOC **nettoyage à sec** dry-cleaning *Voir aussi* AGENT

nettoyer ◆ *vt* **1** (*gén*) to clean : *Il faut que je nettoie les fenêtres.* I've got to clean the windows. **2** (*tache*) to remove ◆ **se nettoyer** *v pron* to clean *sth* : *se ~ les mains* to clean your hands LOC **nettoyer à sec** to dry-clean *sth*

neuf *adj, nm* **1** (*gén*) nine **2** (*date*) ninth ☛ *Voir exemples sous* SIX

neuf, neuve *adj* new : *Est-ce que ces chaussures sont neuves ?* Are those new shoes? ◊ *Quoi de ~ ?* What's new? LOC *Voir* FLAMBANT

neurologue *nmf* neurologist

neutraliser *vt* **1** (*gén*) to neutralize **2** (*empêcher d'agir*) to overpower

neutralité *nf* neutrality

neutre *adj* **1** (*gén*) neutral **2** (*Biol, Gramm*) neuter

neuvième *adj, nmf* ninth ☛ *Voir exemples sous* SIXIÈME

neveu *nm* nephew

névrose *nf* neurosis

névrosé, -e *adj* neurotic

nez *nm* nose : *avoir le ~ qui coule* to have a runny nose LOC **au nez** : *Elle lui a fermé la porte au ~.* She closed the door in his face. ◊ *Il m'a ri au ~.* He laughed in my face. **avoir le nez fin 1** (*odorat*) to have a good sense of smell **2** (*intuition*) to be shrewd **mettre son nez (dans)** to snoop around (in *sth*) : *Je n'aime pas qu'il mette son ~ dans mes affaires.* I don't like him snooping around in my business. **ne pas mettre le nez dehors** : *Je n'ai pas mis le ~ dehors de la journée.* I didn't set foot outside all day. **nez à nez avec** face to face with *sb* **se voir comme le nez au milieu de la figure** to stick out like a sore thumb *Voir aussi* GOUTTE, MENER, MOUTARD, SAIGNEMENT, TIRER

ni *conj* neither... nor...

> **Neither** s'utilise quand le verbe anglais est à la forme affirmative. **Either** s'utilise lorsqu'il est à la forme négative : *Ni toi ni moi ne parlons anglais.* Neither you nor I speak English. ◊ *« Lequel des deux tu préfères ? — Ni l'un ni l'autre. »* 'Which one do you prefer?' 'Neither (of them).' ◊ *Je ne les ai contredits ni l'un ni l'autre.* I didn't argue with either of them. ◊ *Il n'a dit ni oui ni non.* He hasn't said either yes or no.

niais, -e ◆ *adj* silly ◆ *nm-nf* fool

niche *nf* **1** (*chien*) kennel **2** (*renfoncement*) niche

nicher *vi* (*oiseau*) to nest

nickel *nm* nickel

nicotine *nf* nicotine

nid *nm* nest : *faire son ~* to build a nest

nièce *nf* niece

nier *vt* to deny ***sth/doing sth/that...*** : *Il a nié avoir volé le tableau.* He denied stealing the picture.

niveau *nm* **1** (*gén*) level : *50 m au-dessus du ~ de la mer* 50 m above sea level ◊ *au ~ régional* at regional level **2** (*qualité*) standard : *Elle a un bon ~ en maths.* She's reached a high standard in maths. LOC **à tous les niveaux** in every respect **au niveau de... 1** (*à la hauteur de*) : *L'eau nous arrivait au ~ du genou.* The water came up to our knees. ◊ *une cicatrice au ~ du coude* a scar near the elbow **2** (*en ce qui concerne*) : *Il y a un problème au ~ du financement.* There's a problem as regards financing. **niveau de vie** standard of living *Voir aussi* PASSAGE

niveler *vt* (*surface*) to level

noble ◆ *adj* **1** (*gén*) noble **2** (*matériau*) fine ◆ *nmf* nobleman/woman [*pl* noblemen/women]

noblesse *nf* nobility

noce *nf* (*mariage*) wedding : *Ils n'étaient pas invités à la ~.* They weren't invited to the wedding. LOC **noces d'or/d'argent** golden/silver wedding [*sing*]

nocif, -ive *adj* ~ **(pour)** harmful (**to** ***sb/sth***)

nocturne *adj* **1** (*gén*) night [*n attrib*] **2** (*animal*) nocturnal LOC *Voir* VIE

Noël *nm* Christmas : *Nous nous réunissons toujours pour ~.* We always get together at Christmas.

En Grande-Bretagne on fête assez peu la veillée de Noël ou **Christmas Eve**. Le jour le plus important est le 25 décembre, appelé **Christmas Day**. La famille se lève et tout le monde ouvre les cadeaux apportés par **Father Christmas**. Vers 15 heures, la reine fait un discours à la télévision, et ensuite on passe à table pour le **Christmas dinner** : dinde et **Christmas pudding** (gâteau aux fruits secs marinés dans de l'alcool). **Boxing Day** désigne le lendemain de Noël et est un jour férié.

LOC *Voir* ARBRE, BÛCHE, CADEAU, CARTE, CHANT, JOUR, JOYEUX, PÈRE, SAPIN, VEILLE

nœud

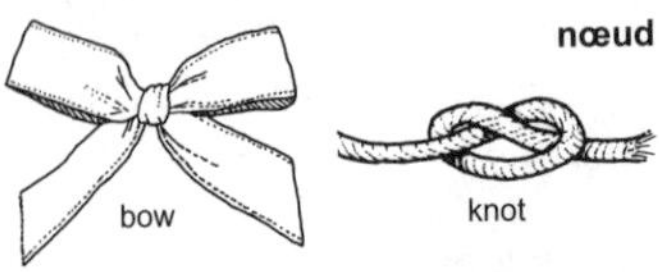

nœud *nm* **1** (*gén*) knot : *faire/défaire un ~* to tie/undo a knot **2** (*décoratif*) bow LOC **nœud coulant** slip-knot **nœud papillon** bow tie

noir, -e ◆ *adj, nm* **1** (*couleur*) black ☛ *Voir exemples sous* JAUNE **2** (*obscurité*) dark : *Il fait ~ ici.* It's dark here. ◊ *J'ai peur du ~.* I'm afraid of the dark. ◊ *Nous nous sommes retrouvés dans le ~.* We were left in the dark. ◆ **Noir, -e** *nm-nf* black man/woman [*pl* black men/women] ☛ *Voir note sous* BLACK LOC **au noir** : *le travail au ~* moonlighting ◊ *travailler au ~* to moonlight *Voir aussi* BÊTE, BOÎTE, BROYER, CAFÉ, CHAMBRE, CHOCOLAT, COLÈRE, MARÉE, MOUTON, ŒIL, POINT

noircir ◆ *vt* to blacken ◆ *vi* to go black

noisetier *nm* hazel

noisette ◆ *nf* **1** (*fruit*) hazelnut **2** (*petite quantité*) : *une ~ de beurre* a knob of butter ◆ *adj* (*couleur*) hazel : *des yeux (couleur) ~* hazel eyes

noix *nf* **1** (*fruit*) walnut **2** (*petite quantité*) : *une ~ de beurre* a knob of butter LOC **noix de cajou** cashew nut **noix de coco** coconut **noix (de) muscade** nutmeg

nom *nm* **1** (*gén*) name : *Nous avons le même ~ !* We've got the same name! **2** (*Gramm*) noun : *~ commun/propre* common/proper noun LOC **au nom de 1** (*à la place de*) on behalf of *sb* : *Il l'a remerciée au ~ du président.* He thanked her on behalf of the president. **2** (*en vertu de*) in the name of *sth* : *au ~ de la loi* in the name of the law **nom de baptême** Christian name **nom de famille** surname **nom déposé** registered trademark **nom d'un chien/d'une pipe/d'un petit bonhomme !** damn! **nom et prénom** (*sur formulaire*) full name **sans nom** unspeakable : *une lâcheté sans ~* an act of unspeakable cowardice **se faire un nom** to make a name for yourself : *Elle s'est fait un ~ dans le cinéma.* She made a name for herself in film. *Voir aussi* TRAITER

nomade ◆ *adj* nomadic ◆ *nmf* nomad

nombre *nm* number : *~ pair/impair* even/odd number LOC **bon nombre de** a lot of : *bon ~ de mes amis* a lot of my friends **en nombre** in large numbers **être au nombre de** to number : *Les invités étaient au ~ de 15.* The guests numbered 15. **nombre de fois** a number of times : *Ça s'est produit ~ de fois.* That's happened a number of times. **nombre premier** prime number

nombreux, -euse *adj* **1** (*grand*) large : *une famille nombreuse* a large family **2** (*multiple*) numerous : *en de nombreuses occasions* on numerous occasions

nombril *nm* navel, belly button (*fam*)

nomination *nf* appointment

nominer *vt* to nominate *sb/sth* (**for**

sth) : *Elle a été nominée à un Oscar.* She was nominated for an Oscar.

nommer ◆ *vt* **1** (*donner un nom à*) to name : *Ils l'ont nommé Vincent.* They named him Vincent. **2** (*citer*) to mention *sb's* name : *sans le* ~ without mentioning his name **3** (*désigner à un poste*) to appoint *sb* (***sth*/*to sth***) : *Il a été nommé président/au poste.* He has been appointed chairman/to the post. ◆ **se nommer** *v pron* to be called *sth* : *Elle se nomme Louise.* She's called Louise.

non ◆ *adv* **1** (*utilisé seul*) no : ~ *merci.* No, thank you. ◊ *J'ai dit* ~. I said no. **2** (*remplaçant une proposition*) not : *On commence oui ou* ~ *?* Are we starting now or not? ◊ *Bien sûr que* ~. Of course not. ◊ *Cette voiture est plus rapide,* ~ *?* This car's faster, isn't it? ◊ *Tu pars ? Moi* ~. Are you going? I'm not. **3** (*surprise*) : ~, *elle a fait ça ?* No, did she really? **4** (*affirmation atténuée*) : ~ *sans mal* not without difficulty ◆ *nm* no [*pl* noes] : *un* ~ *catégorique* a categorical no ☛ Les expressions formées avec **non** sont traitées sous le nom, l'adjectif, etc. correspondant : pour **non meublé**, par exemple, voir MEUBLÉ.

nonante *adj, nm* ninety ☛ *Voir exemples sous* SOIXANTE

nonantième *adj, nmf* ninetieth ☛ *Voir exemples sous* SOIXANTIÈME

nonchalance *nf* nonchalance

nonchalant, -e *adj* casual

non-fumeur, -euse *nm-nf* non-smoker : *zone/compartiment* ~ no-smoking area/compartment

nonne *nf* nun

non-respect *nm* **1** ~ **de** (*Jur*) failure to comply **with *sth*** **2** (*manque de respect*) disrespect [*indénombrable*]

non-sens *nm* nonsense [*indénombrable*]

nord *nm* north (*abrév* N) : *dans le* ~ *de la France* in the north of France ◊ *sur la côte* ~ on the north coast ◊ *habiter dans le Nord* to live in the North LOC **nord magnétique** magnetic north *Voir aussi* IRLANDE

nord-est *nm* north-east (*abrév* NE) LOC **de nord-est** (*vent, direction*) north-easterly

nord-ouest *nm* north-west (*abrév* NW) LOC **de nord-ouest** (*vent, direction*) north-westerly

normal, -e *adj* **1** (*habituel*) normal : *le cours* ~ *des événements* the normal course of events ◊ *C'est* ~. That's the normal thing. **2** (*courant*) ordinary : *un travail* ~ an ordinary job **3** (*standard*) standard : *le processus* ~ the standard procedure LOC **ce n'est pas normal 1** (*c'est étrange*) it's strange : *Ce n'est pas* ~ *qu'il n'ait pas appelé.* It's strange that he hasn't called. **2** (*c'est injuste*) it's not fair : *Ce n'est pas* ~ *qu'il ait le droit et moi pas.* It's not fair that he's allowed and I'm not.

normalement *adv* normally : *vivre* ~ to have a normal life

normalisation *nm* standardization

normaliser ◆ *vt* **1** (*produit*) to standardize **2** (*relations, situation*) to restore *sth* to normal ◆ **se normaliser** *v pron* to return to normal

norme *nf* **1** (*gén*) norm : *être dans la* ~ to be within the norm **2** (*de l'industrie*) standard : *être conforme aux* ~*s* to conform to the standards

Norvège *nf* **la Norvège** Norway

norvégien, -ienne ◆ *adj, nm* Norwegian : *parler* ~ to speak Norwegian ◆ **Norvégien, -ienne** *nm-nf* Norwegian : *les Norvégiens* the Norwegians

nostalgie *nf* **1** (*du passé*) nostalgia **2** (*d'un lieu, d'un pays, etc.*) homesickness : *avoir la* ~ *de son pays* to be homesick

nostalgique *adj* nostalgic

notable ◆ *adj* important ◆ *nm* notable

notaire *nm* ≈ solicitor ☛ *Voir note sous* AVOCAT, -E

notamment *adv* in particular

notarié, -e *adj* LOC *Voir* ACTE

note *nf* **1** (*École, Université*) mark [*souvent au pluriel*] : *avoir de bonnes/mauvaises* ~*s* to get good/bad marks ◊ *Tout dépend de la* ~ *que les juges lui accorderont.* Everything depends on the mark she gets from the judges. ◊ *Il a obtenu la plus haute* ~ *de tous.* He got the highest mark of all. ☛ *Voir note sous* MARK **2** (*Mus, annotation*) note : *une* ~ *aiguë/grave* a high/low note ◊ *prendre des* ~*s* to take notes **3** (*facture*) bill : *la* ~ *d'électricité/de téléphone* the electricity/phone bill ◊ *Garçon, la* ~ *s'il vous plaît !* Could I have the bill, please? **4** (*papier*) notice : *Il y avait une* ~ *sur la porte.* There was a notice on the door. LOC **note de frais** expenses claim **note de service** memo : *faire passer une* ~ *de service* to circulate a memo **prendre note** to take note (*of sth*)

noter *vt* **1** (*écrire*) to note *sth* down : *J'ai noté l'adresse.* I noted down the address. **2** (*École, Université, Sport*) to mark

notice *nf* (*instructions*) instructions [*pl*] LOC **notice nécrologique** obituary [*pl* obituaries]

notification *nf* notification

notion *nf* notion LOC **avoir des notions de** to have a basic grasp of *sth*

notoire *adj* notorious

notoriété *nf* **1** (*célébrité*) notoriety : *Il a acquis une certaine ~.* He has acquired a certain notoriety. **2** (*d'une marque*) fame LOC **être de notoriété publique** to be common knowledge

notre *adj poss* our : *~ famille* our family ◊ *Nous avons quitté ~ manteau.* We took our coats off. ◊ *un de nos amis* a friend of ours

nôtre *pron poss* **le/la nôtre** ours : *Votre voiture est mieux que la ~.* Your car is better than ours.

noué, -e *pp, adj* : *avoir la gorge nouée* to have a lump in your throat ◊ *avoir l'estomac ~* to have a knot in your stomach *Voir aussi* NOUER

nouer *vt* **1** (*attacher*) to tie **2** (*établir*) to establish : *~ une amitié avec qn* to establish a friendship with sb

nougat *nm* nougat

nouille *nf* **1 nouilles** (*pâtes*) noodles **2** (*péj*) idiot

nounours *nm* teddy bear

nourrice *nf* childminder : *une ~ agréée* a registered childminder

nourrir ◆ *vt* **1** (*gén*) to feed *sb/sth* (**on/ with *sth***) : *~ les chevaux avec du foin* to feed the horses (on) hay ◊ *Nous avons de quoi ~ un régiment.* We've got enough food here to feed an army. **2** (*allaiter*) to breastfeed ◆ **se nourrir** *v pron* **1** (*s'alimenter*) to eat **2 se ~ de** (*manger*) to live **on *sth***

nourrissant, -e *adj* nourishing

nourriture *nf* food : *la ~ pour chiens* dog food

nous *pron pers* **1** (*sujet*) we : *~ le ferons.* We'll do it. **2** (*objet direct, dans des comparaisons*) us : *Ils ~ ont vus.* They've seen us. ◊ *Ils sont plus grands que ~.* They're taller than us. **3** (*objet indirect*) (to) us : *Ils ~ ont menti.* They've lied to us. ◊ *Ils ~ ont dit la vérité.* They told us the truth. **4** (*partie du corps, effets personnels*) : *Ils ~ ont volé notre sac.* They stole our bag. **5** (*réfléchi*) (ourselves) : *Nous ~ sommes beaucoup amusés.* We enjoyed ourselves very much. **6** (*réciproque*) each other, one another : *Nous ~ aimons beaucoup.* We love each other very much. ☛ *Voir note sous* EACH OTHER LOC **entre nous** (*en confidence*) between ourselves

nous-mêmes *pron pers* ourselves : *Nous les fabriquons ~.* We make them ourselves.

nouveau, nouvelle ◆ *adj* **1** (*récent*) new : *Tu as vu mon ~ vélo ?* Have you seen my new bike? ◊ *Nous avons de nouveaux voisins.* We've got new neighbours. **2** (*supplémentaire*) further : *De nouveaux problèmes se sont présentés.* Further problems have arisen. **3 ~ dans** (*novice*) new **to *sth*** : *Je suis ~ dans la partie.* I'm new to the subject. ◆ *nm-nf* **1** (*entreprise, armée*) new recruit **2** (*École*) new pupil ◆ *nm* : *Est-ce qu'il y a du ~ ?* Any news? ◊ *Il n'y a rien de ~ dans l'état du patient.* There's no change in the patient's condition. ◆ **nouvelle** *nf* **1** (*information*) news [*indénombrable*] : *J'ai une bonne/mauvaise nouvelle pour toi.* I've got some good/ bad news for you. ◊ *Les nouvelles sont alarmantes.* The news is alarming. ☛ *Voir note sous* INFORMATION **2 les nouvelles** (*Télé, Radio*) the news [*sing*] : *À quelle heure sont les nouvelles ?* What time is the news on? **3** (*Littér*) short story [*pl* short stories] LOC **à/de nouveau** again : *J'ai de ~ échoué.* I've failed again. **avoir des nouvelles de** to hear **from *sb*** : *Est-ce que tu as des nouvelles de ta sœur ?* Have you heard from your sister? **Nouvel An** New Year : *fêter le Nouvel An* to celebrate New Year **tout nouveau** brand new : *Ce produit est tout ~.* This product is brand new. *Voir aussi* LUNE, TESTAMENT

nouveau-né, -e *nm-nf* newborn baby

nouveauté *nf* **1** (*gén*) novelty [*pl* novelties] : *la ~ de la situation* the novelty of the situation ◊ *L'ordinateur est pour moi une ~.* Computers are a novelty to me. ◊ *la dernière ~* the latest thing **2** (*nouveau livre*) new book **3** (*nouveau CD*) new release

Nouvelle-Zélande *nf* **la Nouvelle-Zélande** New Zealand

novateur, -trice *adj* innovative

novembre *nm* November (*abrév* Nov) ☛ *Voir exemples sous* JANVIER

novice ◆ *adj* inexperienced ◆ *nmf* beginner

noyau *nm* **1** (*fruit*) stone **2** (*atome, cellule*) nucleus [*pl* nuclei]

noyé, -e ◆ *pp, adj* ~ **de** (*baigné*) bathed **in *sth*** : *les yeux ~s de larmes* eyes bathed in tears ◆ *nm-nf* drowned person : *repêcher un ~* to recover a drowned body *Voir aussi* NOYER[2]

noyer[1] *nm* walnut (tree)

noyer[2] ◆ *vt* to drown ◆ **se noyer** *v pron* to drown LOC **noyer son chagrin dans l'alcool** to drown your sorrows **se noyer dans un verre d'eau** to make a mountain out of a molehill

nu, -e ◆ *adj* **1** (*personne*) naked : *L'enfant est à moitié ~.* The child is half-naked. **2** (*partie du corps, pièce*) bare : *bras/murs ~s* bare arms/walls ◆ *nm* nude ☛ *Voir note sous* NAKED LOC **mettre à nu 1** (*mur*) to strip *sth* **2** (*vie privée*) to violate *sb's* privacy **nu comme un vers/tout nu** stark naked *Voir aussi* MAIN, ŒIL, PIED, TORDRE

nuage *nm* cloud : *un ~ de fumée* a cloud of smoke ◊ *soulever un ~ de poussière* to raise a cloud of dust LOC **être dans les nuages** to have your head in the clouds

nuageux, -euse *adj* cloudy

nuance *nf* **1** (*couleur*) shade **2** (*subtilité*) nuance : *~s d'interprétation* nuances of interpretation

nuancer *vt* to qualify

nucléaire *adj* nuclear LOC *Voir* RÉACTEUR

nudiste *nmf* nudist

nudité *nf* nudity

nuée *nf* swarm

nuire *vi* ~ **à 1** (*gén*) to damage *sth* : *Fumer nuit gravement à la santé.* Smoking can seriously damage your health. **2** (*personne*) to hurt *sb* : *Il a essayé de me ~.* He tried to hurt me.

nuisible ◆ *adj* **1** ~ **(à)** (*santé*) harmful (**for *sb*/*sth***) : *Le tabac est ~ à la santé.* Cigarettes are harmful. **2** (*animal*) : *animaux/insectes ~s* pests ◆ *nm* pest

nuit *nf* night LOC **bonne nuit !** good night! : *dire bonne ~ à qn* to say good night to sb **de nuit 1** (*travailler, étudier*) at night **2** (*service*) night [*n attrib*] : *service de bus de ~* night bus service **faire nuit** to be/get dark : *Rentrons, il fait ~.* Let's go home, it's dark. ◊ *En hiver il fait ~ tôt.* In winter it gets dark early. *Voir aussi* BOÎTE, CHEMISE, GARDIEN, PAPILLON, TOMBÉE

nul, nulle ◆ *adj* **1** (*non valide*) invalid : *un accord ~* an invalid agreement **2** (*non existant*) non-existent : *Les possibilités sont pratiquement nulles.* The chances are almost non-existent. **3** ~ **(en)** (*incompétent*) useless (**at *sth*/*doing sth***) : *Tu es ~.* You're useless. ◊ *Je suis ~ en sport.* I'm useless at sport. **4** (*mauvais*) rubbish : *Son nouveau CD est ~.* Her new CD is rubbish. **5** (*idiot*) stupid : *Tu es vraiment ~ !* You're really stupid! ◆ *nm-nf* (*idiot*) idiot : *Bande de ~s !* Bunch of idiots! LOC **nul et non avenu** null and void **nulle part** nowhere, anywhere

> **Nowhere** s'utilise quand le verbe anglais est à la forme affirmative : *Pour finir, nous n'irons nulle part.* We'll end up going nowhere. **Anywhere** s'utilise quand le verbe est à la forme négative : *Je ne le trouve nulle part.* I can't find it anywhere.

Voir aussi MATCH, SCORE

nullité *nf* (*personne*) nonentity

numérique ◆ *adj* **1** (*appareil photo, enregistrement*) digital **2** (*valeur*) numerical ◆ *nm* digital technology LOC *Voir* PAVÉ

numéro *nm* **1** (*gén*) number : *un ~ de téléphone* a telephone number ◊ *Est-ce que tu as mon ~ ?* Have you got my phone number? **2** (*publication*) issue : *un ancien ~* a back issue **3** (*Théâtre*) act : *un ~ de cirque* a circus act **4** (*personne*) character : *Quel ~ !* What a character! LOC **numéro d'immatriculation** registration number **numéro un** : *le ~ un de la restauration rapide* the top fast food outlet

numéroter *vt* to number

nu-pieds *adv* barefoot : *marcher ~* to walk barefoot

nuptial, -e *adj* wedding [*n attrib*]

nuque *nf* nape (of the neck)

nu-tête *adv* bareheaded

nutritif, -ive *adj* **1** (*aliments*) nutritious **2** (*valeur*) nutritional

nutrition *nf* nutrition

nylon *nm* nylon

Oo

oasis *nf* oasis [*pl* oases]

obéir *vi* **1** ~ **à** to obey *sb/sth* : *~ à ses parents* to obey your parents **2** (*utilisé seul*) to do as you are told : *Obéis !* Do as you're told!

obéissance *nf* obedience

obéissant, -e *adj* obedient

obèse *adj* obese

obésité *nf* obesity

objecteur *nm* LOC **objecteur de conscience** conscientious objector

objectif, -ive ◆ *adj* objective ◆ *nm* **1** (*finalité*) objective, aim (*plus fam*) : *~s à long terme* long-term objectives **2** (*Mil*) target **3** (*Phot*) lens [*pl* lenses]

objection *nf* objection LOC **faire des objections** to object *to sth*

objectivité *nf* objectivity

objet *nm* **1** (*chose, Gramm*) object **2** (*but*) purpose : *Quel était l'objet de sa visite ?* What was the purpose of his visit? LOC **objets trouvés** lost property [*indénombrable*] : *bureau des ~s trouvés* lost property office

obligation *nf* **1** (*engagement*) obligation **2** (*Fin*) bond LOC **être dans l'obligation de** to be obliged *to do sth* **par obligation** out of a sense of duty : *Il me téléphone par ~.* He phones me out of a sense of duty. **sans obligation** without obligation

obligatoire *adj* compulsory : *l'enseignement ~* compulsory education

obligé, -e *pp, adj* LOC **être obligé de** to have *to do sth* : *Nous sommes ~s de le changer.* We have to change it. **se sentir obligé** to feel obliged *to do sth* *Voir aussi* OBLIGER

obliger ◆ *vt* to force *sb* ***to do sth*** : *On m'a obligé à ouvrir ma valise.* They forced me to open my case. ◆ **s'obliger** *v pron* to force yourself ***to do sth***

oblique *adj* oblique

obnubilé, -e *pp, adj* ~ **par** obsessed **with *sth***

obscène *adj* obscene

obscénité *nf* obscenity [*pl* obscenities] : *dire des ~s* to utter obscenities

obscur, -e *adj* **1** (*noir*) dark **2** (*fig*) obscure : *un poète ~* an obscure poet

obscurité *nf* **1** (*nuit*) darkness **2** (*fig*) obscurity : *vivre dans l'obscurité* to live in obscurity

obsédant, -e *adj* haunting

obsédé, -e *pp, adj, nm-nf* ~ **(de)** obsessed (**with *sth***) [*adj*] : *Il est ~ de lecture.* He's obsessed with books. ◊ *Ma sœur est une obsédée du ménage.* My sister's obsessed with housework. LOC **obsédé sexuel** sex maniac *Voir aussi* OBSÉDER

obséder *vt* to obsess

obsèques *nf* funeral [*sing*]

observateur, -trice ◆ *adj* observant ◆ *nm-nf* observer

observation *nf* observation : *capacité d'observation* powers of observation LOC **être en observation** to be under observation

observatoire *nm* observatory [*pl* observatories]

observer *vt* **1** (*regarder*) to observe, to watch (*plus fam*) : *J'observais les gens de ma fenêtre.* I was watching people from my window. **2** (*respecter*) to observe : *~ une minute de silence* to observe a minute's silence

obsession *nf* obsession (***with sb/sth/doing sth***) : *une ~ pour les motos* an obsession with motorbikes

obsessionnel, -elle *adj* obsessive

obsolète *adj* obsolete

obstacle *nm* **1** (*gén*) obstacle : *éviter un ~* to avoid an obstacle **2** (*fig*) hindrance : *Il ne voulait pas être un ~ à la carrière de sa femme.* He didn't want to hinder his wife's career. LOC *Voir* COURSE

obstétricien, -ienne *nm-nf* obstetrician

obstination *nf* stubbornness

obstiné, -e *pp, adj* stubborn *Voir aussi* S'OBSTINER

s'obstiner *v pron* to persist (***in doing sth***)

obstruction *nf* obstruction LOC **faire obstruction à** to obstruct *sth*

obstruer *vt* to block

obtenir *vt* **1** (*gén*) to obtain, to get (*plus fam*) : *~ un prêt/l'appui de qn* to get a loan/sb's support ◊ *~ un visa* to obtain a visa ◊ *~ que qn fasse qch* to get sb to do sth ◊ *J'ai obtenu une bourse.* I got a grant. **2** (*effet, résultat*) to get, to achieve (*plus sout*) : *J'ai obtenu de bons résultats.* I got good results. **3** (*gagner*) to win : *~ une médaille* to win a medal

obus *nm* shell

occasion *nf* **1** (*fois*) occasion : *en de*

nombreuses ~s on numerous occasions **2** (*opportunité*) opportunity [*pl* opportunities], chance (*plus fam*) (**to do sth**) : *une ~ unique* a unique opportunity **3** (*bonne affaire*) bargain LOC **d'occasion** second-hand : *vêtements d'occasion* second-hand clothes ◊ *voitures d'occasion* second-hand cars

occasionnel, -elle *adj* occasional

occident *nm* west : *les différences entre l'Orient et l'Occident* the differences between East and West

occidental, -e ◆ *adj* western : *le monde ~* the Western world ◊ *l'Europe occidentale* Western Europe ◆ **Occidental, -e** *nm-nf* Westerner

occitan, -e *adj, nm* Occitan

occupant, -e *nm-nf* occupant

occupation *nf* occupation

occupé, -e *pp, adj* **1** ~ **(à)** (*personne*) busy (**with sth/doing sth**) : *Si quelqu'un appelle, dis que je suis ~.* If anyone calls, say I'm busy. **2** (*téléphone, toilettes*) engaged : *C'était ~.* It was engaged. **3** (*pays*) occupied *Voir aussi* OCCUPER

occuper ◆ *vt* **1** (*temps, espace*) to take up *sth* : *L'article occupe la moitié de la page.* The article takes up half a page. ◊ *Ça occupe tout mon temps libre.* It takes up all my spare time. **2** (*donner à faire*) to keep *sb* busy : *Elle tricote, ça l'occupe.* Knitting keeps her busy. **3** (*poste*) to hold : *Elle occupe le poste de directrice.* She holds the position of manager. **4** (*pays, usine*) to occupy ◆ **s'occuper** *v pron* **1** (*faire une activité*) to keep yourself busy **2 s'occuper de** (*se charger*) to take care **of sth** : *Ne t'en fais pas, je m'en occuperai.* Don't worry, I'll take care of it. **3 s'occuper de** (*travailler*) to look after *sb/sth* : *C'est elle qui s'occupe des enfants.* She looks after the children. **4 s'occuper de** (*dans un magasin*) to serve *sb* : *On s'occupe de vous ?* Are you being served? LOC **occupe-toi de ce qui te regarde/de tes affaires !** mind your own business!

occurrence *nf* LOC **en l'occurence** in this case : *la personne concernée, en l'occurence, moi-même* the person concerned, in this case myself

océan *nm* ocean

> En anglais **ocean** s'écrit avec une majuscule lorsqu'il apparaît avec le nom d'un océan : *l'océan Indien* the Indian Ocean.

océanique *adj* ocean [*n attrib*]

ocre *adj, nm* ochre

octave *nf* octave

octet *nm* byte

octobre *nm* October (*abrév* Oct) ☛ *Voir exemples sous* JANVIER

octogénaire *nmf* octogenarian

oculaire *adj* LOC *Voir* TÉMOIN

oculiste *nmf* eye specialist

odeur *nf* smell (**of sth**) : *Il y avait une ~ de roses/brûlé.* There was a smell of roses/burning.

odieux, -ieuse *adj* horrible : *Il a été ~ avec moi.* He was horrible to me.

odorat *nm* smell

œil *nm* eye : *Elle est brune aux yeux verts.* She has dark hair and green eyes. ◊ *Il s'est fait opérer des yeux.* He had an eye operation. ◊ *regarder qn d'un ~ critique* to look at sb critically LOC **à l'œil** (*sans payer*) free : *Voyons si l'on peut entrer à l'œil.* Let's see if we can get in free. **à l'œil nu** to the naked eye : *visible à l'œil nu* visible to the naked eye **à mes, ses, etc. yeux** in my, his, etc. eyes : *À ses yeux, il n'y a pas de problème.* In his eyes, there isn't a problem. **avoir à l'œil** to have your eye on *sb* : *Je vous ai à l'œil.* I've got my eye on you. **avoir l'œil** to have an eye *for sth* **coup d'œil** look : *Il m'a suffi d'un coup d'œil pour comprendre.* One look was enough for me to understand. ◊ *jeter un coup d'œil à qch* to have a look at sth **de ses propres yeux** with your own eyes : *Je l'ai vu de mes propres yeux.* I saw it with my own eyes. **d'un coup d'œil** at a glance **être les yeux dans les yeux** to look into each other's eyes **garder un œil sur** to keep an eye on *sb/sth* : *Garde un ~ sur les enfants.* Keep an eye on the children. **les yeux bandés** blindfold **lever/baisser les yeux** to look up/down **œil au beurre noir** black eye **sous les yeux de** right in front of *sb* : *Le journal est sous tes yeux.* The newspaper is right in front of you. ◊ *Il a volé la moto sous les yeux du propriétaire.* He stole the motorbike right in front of the owner's eyes. *Voir aussi* ARRACHER, AVEUGLE, BANDER, CLIGNER, CLIN, COIN, CREVER, DÉTOURNER, DÉVORER, FERMER, OUVRIR, PRUNELLE, QUITTER, REGARDER, SAUTER

œillet *nm* **1** (*fleur*) carnation **2** (*renfort*) eyelet

œsophage *nm* gullet, oesophagus [*pl* oesophagi/oesophaguses] (*scientifique*)

œuf *nm* **1** (*oiseau*) egg : *pondre un ~* to lay an egg **2 œufs** (*batracien*) spawn [*indénombrable*] **3 œufs** (*poisson*) roe [*indénombrable*] LOC **œuf à la coque** boiled egg **œuf au plat** fried egg **œuf**

dur hard-boiled egg **œufs brouillés** scrambled eggs *Voir aussi* BLANC, BOÎTE, CUIRE

œuvre *nf* work : *une ~ d'art* a work of art ◊ *l'œuvre complète de Gide* the complete works of Gide LOC **œuvre de bienfaisance** charity : *travail au profit d'une ~ de bienfaisance* charity work

offenser *vt* to offend

offensif, -ive ◆ *adj* offensive ◆ **offensive** *nf* offensive

office *nm* LOC **faire office de** to serve **as *sth*** : *Un carton faisait ~ de table.* A cardboard box served as a table.

officiel, -ielle *adj* official

officier *nm* officer

officieux, -ieuse *adj* unofficial

offrande *nf* offering

offre *nf* **1** (*gén*) offer : *une ~ spéciale* a special offer **2** (*Écon, Fin*) supply : *La demande est supérieure à l'offre.* Demand outstrips supply. LOC **offre publique d'achat** takeover bid **offres d'emploi** job vacancies

offrir *vt* **1** (*proposer*) to offer : *Ils nous ont offert un café.* They offered us a cup of coffee. **2** (*faire un cadeau*) to give : *Elle m'a offert un bouquet de fleurs.* She gave me a bunch of flowers. LOC **offert par la maison** : *C'est offert par la maison.* It's on the house.

oh ! *excl* oh! LOC **oh là là ! 1** (*surprise*) good heavens! **2** (*compassion*) oh dear! : *Oh là là, je suis désolé !* Oh dear, I'm so sorry!

oie *nf* goose [*pl* geese]

Lorsqu'il s'agit du mâle, on utilise le mot **gander**.

LOC *Voir* DUVET, JEU

oignon *nm* **1** onion **2** (*Méd*) bunion LOC **ce n'est pas mes, tes, etc. oignons** it's none of my, your, etc. business **occupe-toi de tes oignons !** mind your own business!

oiseau *nm* **1** (*Zool*) bird **2** (*personne*) : *Quel ~ celui-là !* What a character! LOC **oiseau de mer** seabird **oiseau de proie** bird of prey *Voir aussi* VOL

oisif, -ive *adj* idle

olive *nf* olive : *~s farcies/dénoyautées* stuffed/pitted olives

oliveraie *nf* olive grove

olivier *nm* olive tree

olympique *adj* Olympic : *le record ~* the Olympic record LOC *Voir* JEU, VILLAGE

ombilical *adj* LOC *Voir* CORDON

ombragé, -e *pp, adj* shady

ombre *nf* **1** (*absence de soleil*) shade : *Nous nous sommes assis à l'ombre.* We sat in the shade. ◊ *L'arbre faisait de l'ombre à la voiture.* The car was shaded by the tree. ◊ *Tu me fais de l'ombre.* You're keeping the sun off me. **2** (*silhouette*) shadow : *projeter une ~* to cast a shadow ◊ *Elle n'est plus que l'ombre d'elle-même.* She is a shadow of her former self. LOC **ombre à paupières** eyeshadow

ombrelle *nf* parasol

omelette *nf* omelette

omettre *vt* **1** (*gén*) to omit, to leave *sth* out (*plus fam*) **2** ~ **de** to fail ***to do sth*** : *J'ai omis de les prévenir.* I failed to warn them.

omission *nf* omission

omniprésent, -e *adj* constant

on *pron pers* **1** (*impersonnel*) you, one (*plus sout*) : *~ se demande bien pourquoi.* You wonder why. ◊ *~ vit bien ici.* Life here is good. ◊ *~ ne connaît toujours pas l'origine de l'épidémie.* The cause of the epidemic is still not known. **2** (*nous*) we : *~ part demain.* We're going tomorrow.

oncle *nm* uncle : *~ Daniel* Uncle Daniel

onctueux, -euse *adj* smooth

onde *nf* wave : *~s sonores/de choc* sound/shock waves ◊ *~s courtes/moyennes* short/medium wave ◊ *grandes ~s* long wave LOC *Voir* LONGUEUR

ondulé, -e *pp, adj* **1** (*cheveux*) wavy ☛ *Voir illustration sous* CHEVEU **2** (*terrain*) undulating **3** (*carton, tôle*) corrugated *Voir aussi* ONDULER

onduler *vi* **1** (*cheveux*) to be wavy **2** (*tissu*) to ripple

ONG *nf* NGO [*pl* NGOs]

ongle *nm* **1** (*main*) (finger)nail **2** (*pied*)

toenail LOC *Voir* BROSSE, RONGER, VERNIR, VERNIS

ONU *nf* UN

onze *adj, nm* **1** (*gén*) eleven **2** (*date*) eleventh ☛ *Voir exemples sous* SIX

onzième *adj, nmf* eleventh ☛ *Voir exemples sous* SIXIÈME

opale *nf* opal

opaque *adj* opaque

opéra *nm* opera

opérateur, -trice *nm-nf* operator

opération *nf* **1** (*gén, Méd*) operation : *une vaste ~ de police* a huge police operation ◊ *subir une ~ du cœur* to have a heart operation **2** (*Maths*) calculation : *faire des ~s* to do some calculations **3** (*Fin*) transaction LOC *Voir* SALLE

opérer *vt* to operate **on sb** : *se faire ~* to have an operation ◊ *Il faut que je me fasse ~ du pied.* I've got to have an operation on my foot.

ophtalmologiste (*aussi* **ophtalmologue**) *nmf* eye specialist

opiniâtre *adj* **1** (*personne*) stubborn **2** (*lutte*) unrelenting

opinion *nf* opinion : *avoir une bonne/mauvaise ~ de qn/qch* to have a high/low opinion of sb/sth

opium *nm* opium

opportun, -e *adj* **1** (*au bon moment*) timely : *une visite opportune* a timely visit **2** qui convient : *un moment ~* a convenient time

opportuniste *adj, nmf* opportunist

opportunité *nf* opportunity [*pl* opportunities]

opposant, -e *nm-nf* opponent

opposé, -e ◆ *pp, adj* **1** (*opinion, théorie*) opposing **2** (*extrême, direction, côté*) opposite **3** ~ **(à)** (*personne*) opposed (**to** ***sth***) **4** (*différent*) different : *Mes deux frères sont totalement ~s.* My two brothers are totally different. ◆ *nm* opposite : *Le froid est l'opposé de la chaleur.* Cold is the opposite of heat. ◊ *Ses professeurs pensent (tout) l'opposé.* His teachers think the opposite. *Voir aussi* OPPOSER

opposer ◆ *vt* to offer : *~ de la résistance à qn/qch* to offer resistance to sb/sth ◆ **s'opposer** *v pron* **s'opposer à** **1** (*idée*) to oppose *sth* : *s'opposer à une idée* to oppose an idea **2** (*ne pas être d'accord*) to object **to** ***sth*** : *J'irai à la fête si mes parents ne s'y opposent pas.* I'll go to the party if my parents don't object.

opposition *nf* opposition (**to** ***sb/sth***) : *le leader de l'opposition* the leader of the opposition

oppressant, -e *adj* oppressive

oppresser *vt* to oppress

oppresseur *nm* oppressor

oppression *nf* oppression

opprimé, -e ◆ *pp, adj* oppressed ◆ *nm* : *les ~s* the oppressed *Voir aussi* OPPRIMER

opprimer *vt* to oppress

opter *vi* ~ **pour** to opt **for** ***sth*** : *J'ai opté pour un emploi à mi-temps.* I opted for a part-time job.

opticien, -ienne *nm-nf* optician : *aller chez l'opticien* to go to the optician's

optimal, -e *adj* optimum

optimiser *vt* to maximize

optimisme *nm* optimism

optimiste ◆ *adj* optimistic ◆ *nmf* optimist

option *nf* **1** (*gén*) option : *Il n'a pas d'autre ~.* He has no option. ◊ *Il est possible d'apprendre le grec en ~.* You can take Greek as an option. **2** (*Autom*) optional extra

optionnel, -elle *adj* optional

optique ◆ *adj* optical ◆ *nf* **1** (*science*) optics [*sing*] **2** (*perspective*) point of view : *Vu sous cette ~, tu as raison.* Looked at from that point of view, you're right. LOC *Voir* FIBRE, ILLUSION

or[1] *nm* gold : *une médaille d'or* a gold medal LOC *Voir* ÂGE, CHERCHEUR, CŒUR, NOCE, PLAQUÉ

or[2] *conj* and yet : *Il m'accuse, ~ je n'étais pas là.* He's accusing me, and yet I wasn't there.

oracle *nm* oracle

orage *nm* storm : *Un ~ se prépare.* There's a storm brewing. ◊ *Ça sent l'orage.* There's going to be a storm.

orageux, -euse *adj* stormy

oral, -e *adj, nm* oral

orange ◆ *nf* orange ◆ *adj, nm* **1** (*couleur*) orange **2** (*feux tricolores*) amber ☛ *Voir exemples sous* JAUNE ; LOC *Voir* MARMELADE, ZEST

orangeade *nf* orangeade

oranger *nm* orange tree

orateur, -trice *nm-nf* speaker

orbite *nf* **1** (*Astron*) orbit **2** (*œil*) eye socket

orchestre *nm* **1** (*musique classique*) orchestra **2** (*populaire*) band : *un ~ de bal/jazz* a dance/jazz band **3** (*sièges proches de la scène*) stalls [*pl*] LOC *Voir* CHEF, FOSSE

orchidée *nf* orchid

ordinaire ◆ *adj* ordinary : *événements*

~*s* ordinary events ◊ *une fille* ~ an ordinary girl ◆ *nm* **l'ordinaire** the usual LOC **d'ordinaire** usually *Voir aussi* SORTIR

ordinal, -e *adj* ordinal

ordinateur *nm* computer

Lorsqu'on commence de travailler sur un ordinateur la première chose que l'on fait est de se connecter (**log in/on**). Ensuite on doit taper son mot de passe (**key in/enter your password**) puis ouvrir un fichier (**open a file**). Une fois que l'ordinateur est allumé on peut, par exemple, naviguer sur Internet (**surf the Net**) et envoyer des e-mail à ses amis (**email your friends**). Lorsqu'on termine, il ne faut pas oublier d'enregistrer le document (**save the document**). Il est prudent de faire une copie de sauvegarde (**make a back-up copy**). Enfin, on peut se déconnecter (**log off/out**).

LOC **ordinateur personnel** personal computer (*abrév* PC) **ordinateur portable** laptop *Voir aussi* CONCEPTION, PUBLICATION

ordonnance *nf* **1** (*Méd*) prescription **2** (*Jur*) ruling

ordonné, -e *pp, adj* tidy : *une fillette/pièce très ordonnée* a very tidy girl/room *Voir aussi* ORDONNER

ordonner ◆ *vt* **1** (*gén*) to order **2** (*Relig*) to ordain ◆ *vi* ~ **à** (*commander*) to tell *sb* ***to do sth*** ; to order *sb* ***to do sth*** (*plus sout*) : *Il m'a ordonné de m'asseoir.* He told me to sit down. ☛ *Voir note sous* ORDER

ordre *nm* **1** (*agencement, Relig*) order : *par ~ du juge* by order of the court ◊ *par ~ alphabétique* in alphabetical order ◊ *par ~ d'importance* in order of importance **2** (*choses rangées*) tidiness : *J'aime l'ordre.* I like things to be tidy. **3** (*sur un chèque*) : *faire un chèque à l'ordre de qn* to make a cheque payable to sb ◊ *Quel nom je mets pour l'ordre ?* Who shall I make it payable to? **4** (*autorité de contrôle*) professional association : *être rayé de l'ordre* to be struck off LOC **à vos ordres !** at your service! **d'ordre politique, psychologique, etc.** of a political, psychological, etc. nature **jusqu'à nouvel ordre** until further notice : *Personne ne sort du bâtiment jusqu'à nouvel ~.* No one leaves the building until further notice. **mettre en ordre** to tidy *sth* up : *Est-ce que tu peux mettre ta chambre en ~ ?* Could you tidy your bedroom up? **ordre de prix** price range : *C'est dans quel ~ de prix ?* What price range is it in? **ordre du jour** agenda : *être à l'ordre du jour* to be on the agenda *Voir aussi* FORCE, TROUBLER

ordure *nf* **1** (*déchets*) rubbish [*indénombrable*] : *Il y a beaucoup d'ordures dans cette rue.* There's a lot of rubbish in this street. **2** (*personne*) rat LOC *Voir* BENNE, DÉPÔT, JETER, PELLE

oreille *nf* **1** (*Anat*) ear : *avoir mal aux ~s.* to have earache **2** (*plat*) handle LOC **à l'oreille 1** (*en chuchotant*) : *Dis-le-moi à l'oreille.* Whisper it in my ear. **2** (*de mémoire*) by ear : *Je joue du piano à l'oreille.* I play the piano by ear. **avoir de l'oreille** to have an ear for music *Voir aussi* BOUCHE, BOUCHER, BOUCLE, DUR, MUR, RENTRER, SOURD

oreiller *nm* pillow

oreillons *nm* mumps [*sing*] : *avoir les ~* to have (the) mumps

orfèvre *nm* goldsmith

organe *nm* organ LOC **organes génitaux** genitals

organique *adj* organic

organisateur, -trice ◆ *adj* organizing ◆ *nm-nf* organizer

organisation *nf* organization : *~s internationales* international organizations LOC **Organisation des Nations Unies** (*abrév* **ONU**) the United Nations (*abrév* UN)

organisé, -e *pp, adj* organized LOC *Voir* VOYAGE ; *Voir aussi* ORGANISER

organiser ◆ *vt* to organize ◆ **s'organiser** *v pron* **1** (*personne, opposition*) to get yourself organized : *Je devrais mieux m'organiser.* I should get myself better organized. **2** (*récit*) to be organized

organisme *nm* **1** (*Biol*) organism **2** (*organisation*) organization

orgasme *nm* orgasm

orge *nm* barley

orgelet *nm* sty(e) [*pl* sties/styes] : *J'ai un ~.* I've got a stye.

orgie *nf* orgy

orgue *nm* organ

orgueil *nm* pride : *blesser l'orgueil de qn* to hurt sb's pride LOC **être l'orgueil de** to be *sb's* pride and joy

orgueilleux, -euse *adj, nm-nf* proud [*adj*] : *Ce sont des ~.* They're very proud.

orient *nm* **1** (*direction*) east **2 l'Orient** (*pays*) the East

oriental, -e ◆ *adj* eastern : *Europe orientale* Eastern Europe ◆ **Oriental, -e** *nm-nf* Asian

orientation *nf* **1** (*enquête, politique*)

direction **2** (*maison*) aspect **3** (*Sport*) orienteering : *faire de l'orientation* to go orienteering

orienté, -e *pp, adj* LOC **être orienté à** (*bâtiment*) to face : *Le balcon est ~ au sud-est.* The balcony faces south-east. **être orienté vers** to be geared towards *sth Voir aussi* ORIENTER

orienter ◆ *vt* **1** to position : *~ une antenne* to position an aerial **2** *~* **sur** (*enquête*) to focus *sth* **on *sth*** : *~ les recherches sur l'habitat du saumon* to focus your research on the habitat of salmon **3** *~* **sur** (*discussion*) to steer *sth* **towards *sth*** : *~ la discussion sur la question des enfants* to steer the discussion towards the subject of children **4** *~* **vers** (*personne*) to point *sb* **in the direction of *sth*** : *Je l'ai orienté vers l'hôtel de ville.* I pointed him in the direction of the town hall. ◊ *Ses parents l'ont orienté vers les sciences.* His parents pointed him in the direction of science. ◆ **s'orienter** *v pron* **1** (*trouver son chemin*) to find your way around : *J'ai du mal à m'orienter.* I'm having problems finding my way around. **2 s'orienter vers** (*physiquement*) to turn **towards *sth*** : *Ils se sont orientés vers le fleuve.* They turned towards the river. **3 s'orienter vers** (*carrière*) to go **for *sth*** : *Elle s'est orientée vers les sciences.* She went for science.

origan *nm* oregano

originaire *adj* : *être ~ de...* to come from...

original, -e ◆ *adj, nm* original : *C'est une méthode assez ~.* It's quite an original method. ◊ *J'ai gardé l'original.* I kept the original. ◆ *nm-nf* character LOC *Voir* VERSION

originalité *nf* originality

origine *nf* origin : *pays d'origine* country of origin LOC **être à l'origine de** to give rise to *sth*

originel, -elle *adj* original

orme *nm* elm (tree)

orné, -e *pp, adj* ornate *Voir aussi* ORNER

ornement *nm* ornament

ornemental, -e *adj* ornamental

orner *vt ~* **(de)** to decorate *sth* (***with sth***)

ornière *nf* rut

ornithologie *nf* ornithology

ornithologue *nmf* ornithologist

orphelin, -e *adj, nm-nf* orphan [*n*] : *~s de guerre* war orphans ◊ *être ~* to be an orphan LOC **devenir orphelin de mère/père** to lose your mother/father **orphelin de mère/père** motherless/fatherless

orphelinat *nm* orphanage

orteil *nm* toe LOC *Voir* GROS, PETIT

orthodoxe *adj* orthodox LOC **peu orthodoxe** unorthodox

orthographe *nf* spelling : *fautes d'orthographe* spelling mistakes LOC *Voir* CORRECTEUR

orthographier ◆ *vt* to spell ◆ **s'orthographier** *v pron* to be spelt

orthopédique *adj* orthopaedic : *semelles ~s* orthopaedic soles

ortie *nf* nettle LOC *Voir* JETER

os *nm* bone LOC *Voir* PAQUET, PEAU, TREMPER

oscillation *nf* swinging : *l'oscillation du pendule* the swinging of the pendulum

osciller *vi* **1** (*lampe, pendule*) to swing **2** *~* **entre...** (*prix, températures*) to vary **from... to...** : *Le prix oscille entre 50 et 100 euros.* The price varies from 50 to 100 euros. **3** (*se balancer*) to sway **4** (*hésiter*) to waver : *Elle oscillait entre le chapeau et les gants.* She wavered between the hat and the gloves.

osé, -e *pp, adj* **1** (*gén*) daring : *un chemisier/un choix ~* a daring blouse/choice **2** (*choquant*) shocking : *des scènes osées* some shocking scenes *Voir aussi* OSER

oseille *nf* **1** (*Cuisine*) sorrel **2** (*argent*) dosh LOC **avoir de l'oseille** to be rolling in it

oser *vt* to dare (***to do sth***) : *Je n'ai pas osé le lui demander.* I didn't dare to ask him for it. ☛ *Voir note sous* DARE[1]

osier *nm* wicker : *un panier en ~* a wicker basket

ossature *nf* frame

osseux, -euse *adj* bony

ostentatoire *adj* ostentatious

otage *nmf* hostage LOC **garder/tenir en otage** to hold *sb* to ransom **prendre en otage** to take *sb* hostage

OTAN *abrév* NATO

ôter *vt* to remove LOC **ôte-toi de là !** get out of the way!

otite *nf* ear infection

oto-rhino-laryngologiste *nmf* ear, nose and throat specialist

ou *conj* or : *Thé ou café ?* Tea or coffee?

où ◆ *adv interr* where : *Où est-ce que tu l'as mis ?* Where have you put it? ◊ *Tu es d'où ?* Where are you from? ◊ *Où est-ce que tu vas ?* Where are you going? ◆ *adv rel* **1** (*gén*) where : *la ville où je suis née* the city where I was born ◊ *un lieu où habiter* a place to live **2** (*avec préposition*) : *une colline d'où l'on voit la mer* a hill you can see the sea from LOC **où**

diable... ? where on earth...? **par où... ?** which way...? : *Par où ils sont partis ?* Which way did they go? **par où est-ce qu'on va à... ?** how do you get to...?

ouah ! *excl* **1** (*surprise*) wow! **2** (*aboiement*) woof!

ouais *adv* yeah

ouate *nf* cotton wool

ouaté *pp, adj* LOC *Voir* BÂTONNET

oubli *nm* **1** (*fait d'oublier*) forgetting **2** (*omission*) oversight : *C'est un simple ~.* it was a simple oversight. **3** (*anonymat*) oblivion : *tomber dans l'oubli* to sink into oblivion

oublier *vt* **1** (*gén*) to forget : *J'ai oublié d'acheter de la lessive.* I forgot (to buy) the washing powder. **2** (*laisser*) to leave *sth* (behind) : *J'ai oublié mon parapluie dans le bus.* I left my umbrella on the bus. LOC **n'oublie pas que...** remember... : *N'oublie pas que tu as un examen demain.* Remember you've got an exam tomorrow.

ouest *nm* **1** (*direction*) west (*abrév* W) : *à l'ouest* in the west ◊ *sur la côte ~* on the west coast ◊ *habiter dans l'ouest* to live in the west **2 l'Ouest** the West : *les pays de l'Ouest* Western countries

ouf ! *excl* phew!

oui ◆ *adv* yes : *« Est-ce que tu en veux un peu plus ? — ~, s'il te plaît. »* 'Would you like a bit more?' 'Yes, please.' ◊ *Il ne m'a toujours pas dit ~.* He still hasn't said yes. ◆ *nm* : *Il a répondu d'un ~ timide.* He shyly said yes. LOC **faire oui de la tête** to nod **pour un oui (ou) pour un non** at the drop of a hat *Voir aussi* PLUTÔT

ouïe *nf* hearing : *perdre l'ouïe* to lose your hearing

ouragan *nm* hurricane

ourlet *nm* hem : *Ton ~ est décousu.* Your hem has come undone. LOC **faire un ourlet à** to hem *sth*

ours, -e *nm-nf* bear LOC **ours blanc/polaire** polar bear **ours en peluche** teddy bear

oursin *nm* sea urchin

oust ! (*aussi* **ouste!**) *excl* out!

outil *nm* tool LOC *Voir* BARRE, CAISSE

outrage *nm* insult

outre *prép* as well as *sb/sth* : *~ sa famille, il avait invité quelques amis.* As well as his family, he'd invited a few friends. LOC **en outre** besides

outré, -e *pp, adj* **1** (*indigné*) outraged **2** (*exagéré*) exaggerated

outre-mer *adv* overseas

ouvert, -e *pp, adj* **1** ~ **(à)** (*gén*) open (**to** ***sb/sth***) : *Laisse la porte ouverte.* Leave the door open. ◊ *~ au public* open to the public **2** (*robinet*) running : *laisser un robinet ~* to leave a tap running **3** (*fermeture éclair*) undone : *Ta braguette est ouverte.* Your flies are undone. **4** (*personne*) sociable LOC *Voir* CŒUR, GRAND, JOURNÉE ; *Voir aussi* OUVRIR

ouvertement *adv* openly

ouverture *nf* **1** (*gén*) opening : *la cérémonie d'ouverture* the opening ceremony **2** (*vide*) gap LOC *Voir* HEURE

ouvrable *adj* working : *les jours ~s* working days

ouvrage *nm* work

ouvre-boîtes *nm* tin-opener

ouvre-bouteilles *nm* bottle-opener

ouvreur, -euse *nm-nf* usher

ouvrier, -ière ◆ *adj* **1** (*famille, quartier*) working-class **2** (*Écon, Polit*) labour [*n attrib*] : *le mouvement ~* the labour movement ◆ *nm-nf* worker : *des ~s qualifiés/non qualifiés* skilled/unskilled workers LOC **ouvrier agricole** farm labourer

ouvrir ◆ *vt* **1** (*gén*) to open : *N'ouvre pas la fenêtre.* Don't open the window. **2** (*robinet, gaz*) to turn *sth* on **3** (*rideaux*) to draw : *Ouvre les rideaux !* Draw the curtains! ◆ *vi* (*porte*) to open up : *Ouvre !* Open up! ◆ **s'ouvrir** *v pron* **1** (*gén*) to open : *Soudain la porte s'est ouverte.* Suddenly the door opened. **2** (*se blesser*) to gash *sth* : *Je suis tombé et je me suis ouvert le front.* I fell and gashed my forehead. LOC **ne pas ouvrir la bouche/le bec** not to say a word : *Il n'a pas ouvert la bouche de tout l'après-midi.* He didn't say a word all afternoon. **ouvrir le feu** to open fire **ouvrir l'œil** to keep your eyes open : *Le texte contient des fautes, alors ouvrez l'œil !* The text contains some errors, so keep your eyes open! **ouvrir une session** (*Informatique*) to log in/on **s'ouvrir la tête/le crâne** to split your head open

ovaire *nm* ovary [*pl* ovaries]

ovale *adj, nm* oval

ovation *nf* ovation : *faire une ~ à qn* to give sb an ovation

overdose *nf* overdose LOC **avoir/faire une overdose** to overdose

ovni *nm* UFO [*pl* UFOs]

s'oxyder *vt* to oxidize

oxygène *nm* oxygen

oxygéné *pp, adj* (*cheveux*) bleached LOC *Voir* EAU

ozone *nf* ozone : *la couche d'ozone* the ozone layer

Pp

pacifier *vt* to pacify

pacifique ◆ *adj* peaceful ◆ **Pacifique** *nm* Pacific : *l'océan Pacifique/le Pacifique* the Pacific (Ocean)

pacifisme *nm* pacifism

pacifiste *nmf* pacifist

pacotille *nf* trash

pacte *nm* pact

paf ◆ *excl* bang! ◆ *adj* plastered

pagaie *nf* paddle

pagaille *nf* (*désordre*) mess : *Quelle ~ !* What a mess! LOC **en pagaille** (*en désordre*) in a mess **mettre la pagaille dans** to mess *sth* up : *Ne mets pas la ~ dans les tiroirs.* Don't mess the drawers up. *Voir aussi* SEMER

pagayer *vi* to paddle

page[1] *nf* page (*abrév* p) : *à la ~ trois* on page three LOC **Pages Jaunes®** Yellow Pages® *Voir aussi* TOURNER

page[2] *nm* pageboy

paie *nf Voir* PAYE

paiement *nm* payment : *effectuer/faire un ~* to make a payment

païen, païenne *adj* pagan

paillasson *nm* doormat

paille *nf* straw LOC *Voir* TIRER

paillette *nf* sequin

pain

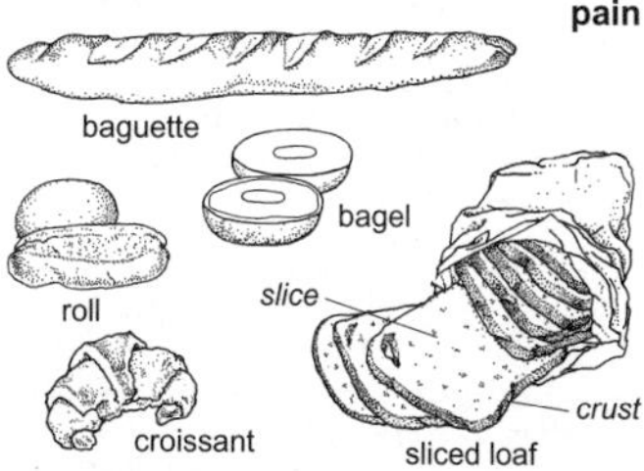

pain *nm* **1** (*gén*) bread [*indénombrable*] : *J'aime le ~ frais.* I like freshly-baked bread. ◊ *Tu veux du ~ ?* Do you want some bread? ☛ *Voir note sous* BREAD **2** (*miche*) loaf [*pl* loaves] LOC **pain au lait** bun **pain bis** brown bread **pain complet** wholemeal bread **pain d'épices** gingerbread **pain dur** stale bread **pain grillé** toast : *une tranche de ~ grillé* a slice of toast **pain perdu** French toast [*indénombrable*] *Voir aussi* BOUCHÉE, GAGNER, PETIT, VENDRE

pair, -e ◆ *adj* even : *nombres ~s* even numbers ◆ **paire** *nf* pair : *une paire de chaussures* a pair of shoes LOC **au pair** : *travailler au ~* to work as an au pair ◊ *une jeune fille au ~* an au pair **pairs et impairs** (*jeu*) odds and evens

paisible *adj* peaceful

paître *vi* to graze

paix *nf* peace : *en temps de ~* in peacetime LOC **faire la paix** to make it up (*with sb*) : *Ils ont fait la ~.* They've made it up. **laisser en paix** to leave *sb/sth* alone : *Laisse-la en ~.* Leave her alone. **ne pas laisser en paix** not to leave *sb* in peace : *Le chef ne nous laisse pas en ~.* Our boss won't leave us in peace. *Voir aussi* FICHER, GARDIEN

palais *nm* **1** (*maison*) palace **2** (*Anat*) palate LOC **avoir le palais fin** to have a refined palate **palais des sports** sports centre

pale *nf* blade

pâle *adj* pale : *rose ~* pale pink ◊ *devenir ~* to go pale LOC **être pâle comme un linge** to be as white as a sheet

palette *nf* **1** (*Art*) palette **2** (*pour charger*) pallet

pâleur *nf* paleness

palier *nm* landing

pâlir *vi* **1** (*personne*) to go pale **2** (*couleur, photo*) to fade LOC **faire pâlir d'envie/de jalousie** to make *sb* go green with envy

palissade *nf* fence

palme *nf* **1** (*feuille*) palm leaf [*pl* palm leaves] **2** (*pour plonger*) flipper **3** (*prix*) prize : *Il a remporté la ~.* He won the prize.

palmé, -e *adj* webbed

palmier *nm* palm (tree)

palourde *nf* clam

palpable *adj* palpable

palper *vt* to feel : *Le médecin m'a palpé le ventre.* The doctor felt my stomach. ◊ *Il a palpé ses poches.* He felt his pockets.

palpitant, -e *adj* (*aventure*) exciting : *C'est un récit ~.* It's an exciting story.

palpitation *nf* palpitation

palpiter *vi* to beat

paludisme *nm* malaria

pamphlet *nm* pamphlet

pamplemousse *nm* grapefruit [*pl* grapefruit/grapefruits]

pan ! *excl* bang!

panacée *nf* panacea

panache *nm* **1** (*brio*) panache **2** (*plumes*) plume

panaché *nm* (*boisson*) shandy [*pl* shandies]

pancarte *nf* placard

pancréas *nm* pancreas

panda *nm* panda

pané, -e *pp, adj* in breadcrumbs : *poisson ~* fish in breadcrumbs

panier *nm* basket : *un ~ de nourriture* a basket of food LOC **mettre un panier** (*Sport*) to score a basket **panier à linge** linen basket

panique *nf* panic LOC **être pris de panique** to be panic-stricken : *Nous avons été pris de ~.* We were panic-stricken. **pas de panique !** don't panic!

paniqué, -e *pp, adj* panic-stricken *Voir aussi* PANIQUER

paniquer *vt, vi* to panic : *Arrête de ~ !* Stop panicking!

panne *nf* **1** (*véhicule, mécanisme*) breakdown : *La ~ de la voiture va me coûter les yeux de la tête.* The breakdown's going to cost me an arm and a leg. **2** (*électricité*) power cut LOC **être en panne 1** (*mécanisme*) to be out of order : *La climatisation est en ~.* The air conditioning is out of order. **2** (*véhicule*) : *Sa voiture est en ~.* His car has broken down. **être en panne de** to have run out of *sth* : *Il est en ~ d'idées.* He's run out of ideas. **rester en panne** to be stumped (*by sth*) *Voir aussi* TOMBER

panneau *nm* **1** (*architectural*) panel **2** (*écriteau*) sign LOC **donner dans le panneau** to fall for it **panneau de signalisation** road sign **panneau publicitaire** hoarding **panneau solaire** solar panel

panorama *nm* view : *contempler un ~ magnifique* to look at a fabulous view

panoramique *adj* panoramic

panse *nf* belly [*pl* bellies] LOC *Voir* PLEIN

pansement *nm* **1** (*compresse*) dressing : *Après avoir nettoyé la blessure, appliquez le ~.* After cleaning the wound apply the dressing. **2** (*sparadrap*) plaster

panser *vt* to dress : *~ une blessure* to dress a wound LOC **panser ses blessures** (*fig*) to lick your wounds

pantalon *nm* trousers [*pl*] : *Je ne trouve pas mon ~ de pyjama.* I can't find my pyjama trousers. ☛ *Voir note sous* PAIR LOC **pantalon à pattes d'éléphant** flares [*pl*] **pantalon en velours côtelé** cords [*pl*]

panthère *nf* panther

pantomime *nf* mime

pantoufle *nf* slipper ☛ *Voir illustration sous* CHAUSSURE

panure *nf* breadcrumbs [*pl*]

paon, paonne *nm-nf* peacock [*fém* peahen]

papa *nm* dad : *Demande à ~.* Ask your dad. ◊ *~ et maman* mum and dad ☛ Les jeunes enfants disent généralement **daddy**. LOC **à la papa** at a snail's pace : *Il conduit vraiment à la ~.* He drives at a snail's pace. **papa gâteau** doting father **papa poule** overprotective father *Voir aussi* BARBE, FILS

papaye *nf* papaya

pape *nm* pope : *le ~ Jean-Paul II* Pope John Paul II

paperasse *nf* **1** (*travail administratif*) paperwork **2** (*documents*) papers [*pl*]

papeterie *nf* stationer's [*pl* stationers]

papi (*aussi* **papy**) *nm* grandad

papier *nm* **1** (*matériau*) paper [*indénombrable*] : *une feuille de ~* a sheet of paper ◊ *Le trottoir est couvert de ~s.* The pavement is covered in bits of paper. ◊ *serviettes en ~* paper napkins ◊ *~ quadrillé/recyclé* squared/recycled paper **2** (*feuille*) piece of paper : *noter qch sur un ~* to note sth down on a piece of paper **3 papiers** (*d'une personne*) (identity) papers : *On m'a demandé mes ~s.* They asked to see my (identity) papers. **4 papiers** (*d'une voiture*) documents LOC **papier à lettres** writing paper **papier cadeau** wrapping paper **papier d'aluminium** foil **papier d'emballage** wrapping paper **papier de verre** sandpaper **papier hygiénique** toilet paper **papier peint** wallpaper **passer au papier de verre** to sand *sth* *Voir aussi* CORBEILLE, CRAYON, FABRIQUE, MOUCHOIR

papier-calque *nm* tracing paper [*indénombrable*]

papillon *nm* **1** (*insecte*) butterfly [*pl* butterflies] **2** (*Sport*) butterfly : *les 200 mètres ~* the 200 metres butterfly LOC **papillon de nuit** moth *Voir aussi* BRASSE, NŒUD

papillonner *vi* to flit

paprika *nm* paprika

paquebot *nm* liner

pâquerette *nf* daisy

Pâques *nf* Easter

paquet *nm* **1** (*gén*) packet : *un ~ de cigarettes* a packet of cigarettes ☛ *Voir* *illustration sous* CONTAINER **2** (*colis*) parcel : *envoyer un ~ par la poste* to post a parcel ☛ *Voir note sous* PARCEL **LOC mettre en paquet** to parcel *sth* up **paquet de nerfs** bundle of nerves **paquet d'os** bag of bones

paquet-cadeau *nm* **LOC faire un paquet-cadeau** : *Est-ce que vous pouvez me faire un ~ ?* Can you gift-wrap it for me, please?

par *prép*

• **lieu 1** (*à travers*) through : *passer ~ le centre de Paris* to go through the centre of Paris **2** (*sans mouvement*) : *Elle s'est assise ~ terre.* She sat down on the ground.

• **temps 1** (*durant, pendant*) : *~ une belle soirée d'été* one fine summer evening **2** (*mesure*) : *À prendre quatre fois ~ jour.* Take four times a day.

• **agent** by : *peint ~ Manet* painted by Manet

• **avec des expressions numériques** : *multiplier six ~ trois* to multiply six by three ◊ *Il mesure 7 cm ~ 2 cm.* It measures 7 cm by 2 cm. ◊ *20 euros ~ heure* 20 euros an/per hour

• **autres constructions 1** (*transport*) : *~ bateau/avion/la poste* by sea/air/post **2** (*au moyen de*) : *Elle a réussi à l'obtenir ~ la force.* She managed to get it by force. **3** (*avec des verbes comme attraper, prendre*) by : *Je l'ai attrapé ~ le bras.* I grabbed him by the arm. ◊ *tenir une casserole ~ le manche* to hold a saucepan by the handle ◊ *Les enfants se tenaient ~ la main.* The children were holding hands. **4** (*succession*) by : *un ~ un* one by one

parabole *nf* **1** (*Bible*) parable **2** (*Géom*) parabola

parabolique *adj* **LOC** *Voir* ANTENNE

parachute *nm* parachute **LOC** *Voir* SAUT

parachuter *vt* **1** (*ravitaillement*) to parachute **2** (*fig*) to land : *Je n'ai pas envie d'être parachuté en Sibérie !* I don't want to be landed in Siberia!

parachutisme *nm* parachuting **LOC faire du parachutisme** to go parachuting

parachutiste *nmf* parachutist

parade *nf* (*défilé*) parade **LOC faire parade de** to show off *sth*

paradis *nm* paradise **LOC aller au paradis** to go to heaven **être au paradis** to be in paradise **paradis terrestre** heaven on earth

paradoxal, -e *adj* paradoxical

paradoxe *nm* paradox

parages *nm* : *Il habite dans les ~.* He lives in the vicinity.

paragraphe *nm* paragraph

paraître *vi* **1** (*donner l'impression*) to seem : *Ils paraissent certains.* They seem certain. **2** (*avoir un aspect*) to look : *Elle paraît plus jeune que son âge.* She looks younger than she really is. **3** (*se montrer*) to appear : *Il paraît souvent en public.* He appears a lot in public. **4** (*journal*) to come out : *Cette revue paraît tous les mardis.* This magazine comes out every Tuesday. **LOC il paraît que...** : *Il paraît qu'ils sont ruinés.* Apparently they're broke.

parallèle ◆ *adj* ~ **(à)** parallel (**to *sth***) : *lignes ~s* parallel lines ◆ *nm* parallel : *faire un ~ entre...* to draw a parallel between... **LOC** *Voir* BARRE

paralysé, -e *pp, adj* paralysed : *rester ~* to be left paralysed ◊ *être ~ des jambes* to be paralysed from the waist down ◊ *Paris était ~ par la grève.* Paris was paralysed by the strike. *Voir aussi* PARALYSER

paralyser *vt* to paralyse

paralysie *nf* paralysis [*indénombrable*]

paramètre *nm* parameter

paramilitaire *adj* paramilitary

paranoïa *nf* paranoia

paranoïaque *adj, nmf* paranoid [*adj*]

parapente *nm* paragliding

parapher *vt* to initial

paraphrase *nf* paraphrase

paraphraser *vt* to paraphrase

paraplégique *adj, nmf* paraplegic

parapluie *nm* umbrella : *ouvrir/fermer un ~* to put up/take down an umbrella

parascolaire *adj* extra-curricular

parasite *nm* **1** (*gén*) parasite **2 parasites** (*brouillage*) interference [*indénombrable*] : *Il y avait des ~s pendant l'émission.* The programme was affected by interference.

parasol *nm* **1** (*de plage, de café*) umbrella **2** (*ombrelle*) sunshade

paratonnerre *nm* lightning conductor

paravent *nm* screen

parc *nm* **1** (*jardin*) park **2** (*bébé*) playpen **LOC parc d'attractions** amusement park **parc de loisirs (à thème)** theme park **parc d'éoliennes** wind farm **parc national** national park

parcelle *nf* **1** (*terrain*) plot **2** (*petite quantité*) bit : *une ~ de bonheur* a bit of happiness

parce que *conj* because : *Il ne vient pas parce qu'il ne veut pas.* He's not coming because he doesn't want to.

parchemin *nm* parchment

parcmètre *nm* parking meter

parcourir *vt* **1** (*gén*) to go **round...** : *Nous avons parcouru l'Espagne en train.* We went round Spain by train. **2** (*distance*) to cover, to do (*plus fam*) : *Cela nous a pris trois heures pour ~ un kilomètre.* It took us three hours to do one kilometre.

parcours *nm* **1** (*bus*) route **2** (*course, rivière*) course LOC *Voir* TRAIN

par-derrière *adv* **1** (*passer*) round the back **2** (*attaquer*) from behind

par-dessous *adv, prép* underneath : *Il faut passer ~.* You have to go underneath.

par-dessus *adv, prép* over : *poser une couverture ~ le canapé* to put a blanket over the sofa ◊ *sauter ~ un obstacle* to jump over an obstacle ☛ *Voir illustration sous* AU-DESSUS

pardessus *nm* overcoat

pardon ◆ *nm* forgiveness ◆ *excl* **1** (*pour s'excuser*) sorry : *~, je vous ai marché sur le pied ?* Sorry, did I stand on your foot? **2** (*pour attirer l'attention*) excuse me : *~ ! Laissez-moi passer !* Excuse me! Let me past! **3** (*quand on n'entend pas bien*) sorry, I beg your pardon (*plus sout*) : *« Je suis Madame Bernaudin. — Pardon ? Madame qui ? »* 'I'm Mrs Bernaudin.' 'Sorry? Mrs who?' ☛ *Voir note sous* EXCUSE LOC *Voir* DEMANDER

pardonnable *adj* forgivable

pardonner *vt* **1** (*gén*) to forgive *sb* (**for** ***sth*/doing *sth***) : *Tu me pardonnes ?* Will you forgive me? ◊ *Je ne lui pardonnerai jamais ce qu'il a fait.* I'll never forgive him for what he did. **2** (*formule*) : *Pardonne-moi de te déranger.* Sorry to disturb you.

pare-balles *adj* LOC *Voir* GILET

pare-brise *nm* windscreen

pare-chocs *nm* bumper

pareil, -eille *adj* **1** (*semblable*) similar : *un modèle ~ à celui-ci* a model similar to this one **2** (*de ce genre*) : *Comment peux-tu dire une chose pareille ?* How can you say such a thing? **3** ~ **(à/que)** (*identique*) the same (**as** ***sb/sth***) : *Cette jupe est pareille que la tienne.* That skirt is the same as yours. LOC **en pareil cas** in that case **rendre la pareille à** to pay *sb* back **sans pareil** incomparable *Voir aussi* CHOSE

pareillement *adv* likewise : *« Joyeux Noël. — Et à vous, ~. »* 'Happy Christmas.' 'Same to you.'

parent, -e ◆ *nm-nf* **1** (*gén*) relative, relation : *un ~ proche/éloigné* a close/distant relation **2 parents** (*père et mère*) parents ◆ *adj* related LOC **être parent avec** to be related to *sb* *Voir aussi* PARTIR

parental, -e *adj* parental

parenté *nf* relationship LOC *Voir* LIEN

parenthèse *nf* **1** (*signe*) brackets [*pl*] : *ouvrir/fermer la ~* to open/close brackets ☛ *Voir pp. 404-405.* **2** (*digression*) digression : *faire une ~* to digress LOC **entre parenthèses** in brackets

parer ◆ *vt* **1** (*esquiver*) to ward *sth* off : *~ une attaque* to ward off an attack **2** (*coup*) to parry ◆ *vi* ~ **à** to prepare **for** ***sth*** : *~ à toute éventualité* to prepare for every eventuality ◆ **se parer** *v pron* **1 se ~ de** to adorn yourself **with *sth*** **2 se ~ contre** to prepare yourself (**for *sth***) : *Il faut se ~ contre toute éventualité.* You have to prepare yourself for every eventuality. LOC **parer au plus pressé** to deal with the most urgent matters first

paresse *nf* laziness

paresser *vi* to laze around

paresseux, -euse ◆ *adj* lazy : *Mon frère est vraiment ~.* My brother is really lazy. ◆ *nm-nf* lazybones [*pl* lazybones] : *C'est un ~.* He's a lazybones.

pare-vent *nm* windbreak

parfaire *vt* **1** (*gén*) to complete : *~ une affaire* to complete a business deal **2** (*connaissances*) to improve : *Je voudrais ~ mon anglais.* I would like to improve my English.

parfait, -e *pp, adj* perfect *Voir aussi* PARFAIRE

parfaitement *adv* perfectly : *~ heureux* perfectly happy

parfois *adv* sometimes

parfum *nm* **1** (*pour le corps*) perfume **2** (*Cuisine*) flavour : *Il existe sept ~s différents.* It comes in seven different flavours. ◊ *Quel ~ tu veux ?* Which flavour would you like?

parfumé, -e *pp, adj* **1** (*Cuisine*) flavoured : *un yaourt ~ à la banane* a banana-flavoured yogurt **2** (*fleur*) sweet-smelling **3** (*mouchoir*) scented *Voir aussi* PARFUMER

parfumer ◆ *vt* to perfume ◆ **se parfumer** *v pron* to put perfume on

parfumerie *nf* perfumery [*pl* perfumeries]

pari *nm* bet : *faire un* ~ to make a bet LOC **pari tenu !** you're on!

parier *vt, vi* ~ **(sur)** to bet (*sth*) **(on sb/ sth)** : ~ *sur un cheval* to bet on a horse ◊ *Je te parie tout ce que tu veux qu'ils ne viendront pas.* I bet you anything you like they won't come. ◊ *Qu'est-ce que tu paries ?* What do you bet?

parisien, -ienne ◆ *adj* Parisian ◆ **Parisien, -ienne** *nm-nf* Parisian : *les Parisiens* the Parisians LOC *Voir* AGGLOMÉRATION

parking *nm* car park : *un* ~ *souterrain* an underground car park

parlant, -e *adj* LOC *Voir* HORLOGE

parlé, -e *pp, adj* spoken : *l'anglais* ~ spoken English *Voir aussi* PARLER

Parlement *nm* Parliament [*v sing ou pl*]

parlementaire ◆ *adj* parliamentary ◆ *nmf* Member of Parliament (*abrév* MP)

parler ◆ *vi* **1** ~ **(avec qn) (de/sur qn/ qch)** to speak, to talk **(to sb) (about sb/ sth)**

> **To speak** et **to talk** ont pratiquement le même sens bien que **to speak** soit plus général : *Parle plus lentement.* Speak more slowly. ◊ *parler en public* to speak in public ◊ *Est-ce que je peux* ~ *à Jean ?* Can I speak to Jean? **To talk** s'utilise davantage lorsqu'il s'agit d'une conversation ou d'un commentaire, ou lorsqu'il y a plusieurs locuteurs : *parler politique* to talk about politics ◊ *Ils sont en train de parler de nous.* They're talking about us. ◊ *Ils parlent de déménager.* They're talking about moving.

2 ~ **de** (*film, livre*) to be about *sth* : *De quoi parle le film ?* What's the film about? ◊ *Le film parle du monde du spectacle.* The film is about show business. ◆ *vt* (*langue*) to speak : *Tu parles russe ?* Do you speak Russian? ◆ **se parler** *v pron* **1** (*communiquer*) to talk : *Ils se sont parlé hier.* They talked to each other yesterday. **2** (*s'entendre*) to be speaking to each other : *Ils ne se parlent pas.* They're not speaking to each other. ◆ *nm* (*façon de parler*) way of speaking : *le* ~ *belge* the Belgian way of speaking LOC **parler à n'en plus finir** to talk nineteen to the dozen **parler boulot/boutique** to talk shop **parler plus/moins fort** to speak up/to lower your voice **parler tout seul** to talk to yourself *Voir aussi* ÉCOUTER, ENTENDRE, FAÇON

parleur *nm* : *beau* ~ smooth talker

parmi *prép* among

parodie *nf* parody [*pl* parodies]

parodier *vt* to parody

paroi *nf* **1** (*cloison*) wall **2** (*montagne*) face : *la* ~ *nord* the north face

paroisse *nf* parish

parole *nf* **1** (*faculté*) speech **2** (*promesse*) word : *Je te donne ma* ~. I give you my word. **3 paroles** (*chanson*) lyrics : *Je ne comprend pas les* ~*s de cette chanson.* I don't understand the lyrics of this song. LOC **avoir la parole facile** to have the gift of the gab **parole d'honneur !** honestly! **paroles en l'air** empty words **passer la parole à** to hand over to *sb* **prendre la parole** to speak *Voir aussi* ADRESSER, COUPER

parquer *vt* **1** (*garer*) park : *Où as-tu parqué la voiture ?* Where did you park the car? **2** (*bestiaux, personnes*) to pen *sb/sth* up

parquet *nm* parquet floor

parrain *nm* **1** (*de baptême*) godfather : *le* ~ *et la marraine* the godparents **2** (*candidat, projet*) sponsor

parrainage *nm* sponsorship

parrainer *vt* to sponsor

parsemer *vt* **1** (*herbes*) to sprinkle : ~ *quelques brins de persil.* Sprinkle a few sprigs of parsley on top. **2** (*feuilles, obstacles*) to strew : *Le gazon est parsemé de feuilles.* The lawn is strewn with leaves.

part *nf* **1** (*gén*) share : *trois* ~*s égales* three equal shares ◊ *Elle ne paye jamais sa* ~. She never pays her share. **2** (*tranche*) slice : *Donne-lui une* ~ *de gâteau.* Give him a slice of cake. LOC **à part 1** (*différent*) different : *un monde à* ~ a different world **2** (*séparé*) separate : *Donne-moi un compte à* ~ *pour ces articles.* Give me a separate bill for these items. **3** (*à l'exception de*) apart from *sb/sth* : *À* ~ *ceci rien d'autre ne s'est passé.* Apart from that nothing happened. ◊ *À* ~ *moi, personne ne l'a dit.* Nobody said it apart from me. **à part entière** : *Je suis membre à* ~ *entière.* I'm a full member. **c'est de la part de qui ?** (*au téléphone*) who's calling? **de la part de** on behalf of *sb* : *de la* ~ *de nous tous* on behalf of us all **faire part de qch à qn** to inform sb of/about sth **mis à part** (*en plus*) as well as : *Mis à* ~ *le fait que ce soit beau, ça me semble pratique.* It's practical as well as pretty. **pour ma, ta, etc. part** as far as I am, you are, etc. concerned **prendre part à** to take part in *sth* *Voir aussi* CAS, ENGAGEMENT, NUL, PLAISANTERIE, QUELQUE

partage *nm* sharing

partager *vt* **1** (*donner une partie, avoir en commun*) to share : ~ *un appartement* to share a flat ◊ *Nous partageons les dépenses de la maison (entre nous).* We share the household expenses (between us). ◊ *Je partage ta peine.* I share your sadness. **2** (*séparer*) to divide : *Un paravent partage la pièce en deux.* A screen divides the room in two. **3** ~ **(en/entre)** (*diviser*) to split *sth* **(into/between...)** : ~ *un héritage entre les deux enfants* to split an inheritance between the two children

partenaire *nmf* partner : *Je ne peux pas jouer parce que je n'ai pas de ~.* I can't play because I haven't got a partner.

partenariat *nm* partnership

parterre *nm* **1** (*fleurs*) bed **2** (*Théâtre*) stalls [*pl*]

parti *nm* (*Polit*) party [*pl* parties] LOC **prendre le parti de** to take *sb's* side *Voir aussi* TIRER

partial, -e *adj* biased

partialité *nf* bias

participant, -e ◆ *adj* participating : *les pays ~s* the participating countries ◆ *nm-nf* **1** (*gén*) participant **2** (*compétition*) contestant

participation *nf* **1** (*intervention*) participation : *la ~ du public* audience participation **2** (*contribution*) contribution : ~ *aux frais* contribution to the costs **3** (*Fin*) share

participe *nm* participle

participer *vi* ~ **(à) 1** (*prendre part*) to participate, to take part (*plus fam*) **(in *sth*)** : ~ *à un projet* to participate in a project **2** (*dépenses*) to contribute **(to *sth*)**

particularité *nf* peculiarity [*pl* peculiarities]

particule *nf* particle

particulier, -ière *adj* **1** (*gén*) characteristic : *Chaque vin a une saveur particulière.* Each wine has its own characteristic taste. **2** (*privé*) private : *cours ~s* private tuition LOC **en particulier 1** (*en privé*) in private : *Pourrais-je le voir en ~ ?* Could I see him in private? **2** (*surtout*) in particular : *Il est fort, en ~ en langues.* He's good at languages in particular. **3** (*un à la fois*) individually : *étudier chaque résultat en ~* to study each result individually *Voir aussi* HÔTEL

particulièrement *adv* particularly

partie *nf* **1** (*gén*) part : *Donne-m'en une partie.* Give me a part of it. ◊ *dans cette ~ du monde* in this part of the world ◊ *Il a plu une bonne ~ de la nuit.* It rained most of the night. **2** (*jeu*) game : *faire une ~ d'échecs* to have a game of chess **3** (*personne*) party [*pl* parties] : *la ~ adverse* the opposing party LOC **partie de chasse/pêche** shooting/fishing party *Voir aussi* GRAND, MAJEURE

partiel, -ielle ◆ *adj* (*incomplet*) partial : *une solution partielle* a partial solution ◆ *nm* mid-year assessment exam

partiellement *adv* partly

partir *vi* **1** ~ **(pour)** (*quitter un lieu*) to leave **(for...)** : *À quelle heure est-ce que l'avion part ?* What time does the plane leave? ◊ *Le train partira au quai numéro cinq.* The train leaves from platform five. ◊ *Vous partez déjà ?* Are you leaving already? ◊ *Ils partent pour Paris demain.* They're leaving for Paris tomorrow. ◊ *Quand il m'a vue, il est parti en courant.* He ran off when he saw me. **2** (*s'enlever*) to come out : *Cette tache ne part pas.* This stain won't come out. **3** (*se déclencher*) : *Le coup est parti.* The pistol went off. **4** (*disparaître, décéder*) to go : *Mon mal de tête est parti.* My headache has gone. ◊ *Son mari est parti avant elle.* Her husband went before her. LOC **à partir de** from...(on) : *à ~ de 21 h* from 9 p.m. onwards ◊ *à ~ de maintenant* from now on ◊ *à ~ de demain* starting from tomorrow **c'est bien/mal parti !** that's a good/bad start! **laisser partir** (*personne*) to let *sb* get away **partir à la découverte de** to go in search of *sth* **partir comme une flèche** to be off like a shot **partir de chez ses parents** to leave home **partir en fumée** to go up in smoke : *Son héritage est parti en fumée.* His inheritance went up in smoke. **partir en quatrième vitesse** to dash off *Voir aussi* ÉCLAIREUR, MARQUE, RENVERSE, VACANCES, VOYAGE

partisan, -e ◆ *adj* ~ **de** in favour **of *sth*/*doing sth*** : *Je ne suis pas ~ de ça.* I'm not in favour of doing that. ◆ *nm-nf* supporter

partition *nf* score

partout *adv* **1** (*gén*) everywhere : *Je t'ai cherché ~.* I've been looking for you everywhere. **2** (*Sport*) : *Ils ont mis deux buts ~.* They drew two all. ◊ *Il y a quatre ~.* It's four all.

parure *nf* **1** (*toilette*) finery : *~ de mariée* bridal finery **2** (*ensemble*) set : *une ~ de lit* a set of bed linen

parvenir *vi* **1** (*socialement*) to make it **2** ~ **à** to reach *sth* : ~ *à un accord* to reach an agreement

pas¹ *adv* not : *Je ne sais ~.* I don't know. ◊ *Ce n'est ~ un bon exemple.* It's not a good example. ◊ *~ que je sache.* Not as far as I know.

pas² *nm* **1** (*gén*) step : *faire un ~ en avant/arrière* to step forward/back ◊ *un ~ vers la paix* a step towards peace **2** (*allure*) pace : *accélérer son ~* to increase your pace **3 des pas** footsteps : *J'ai cru entendre des ~.* I thought I heard footsteps. LOC **pas accéléré** quick march **pas à pas** step by step **pas de la porte** doorstep **pas de vis** thread *Voir aussi* ACCÉLÉRER, ALLONGER, EMBOÎTER, FAUX, HÂTER, REVENIR, TRACE

pascal, -e *adj* Easter

passable *adj* **1** (*film*) not bad **2** (*résultats*) reasonable LOC *Voir* MENTION

passage *nm* **1** (*d'une route, d'un fleuve*) crossing : *Ils ont été arrêtés lors du ~ de la frontière.* They were arrested while crossing the border. **2** (*chemin*) way : *Un arbre barrait le ~.* A tree blocked their way. **3** (*d'un livre, d'un film*) passage LOC **au passage** on the way : *Achète du pain au ~.* Buy some bread on the way. **être de passage** to be passing through **passage à niveau** level crossing **passage clouté/pour piétons** pedestrian/zebra crossing **passage souterrain** subway *Voir aussi* CÉDER

passager, -ère ◆ *adj* passing ◆ *nm-nf* passenger : *les ~s à destination de Bruxelles* passengers bound for Brussels

passant, -e ◆ *nm-nf* passer-by [*pl* passers-by] ◆ *nm* (*ceinture*) loop

passe *nf* (*Sport*) pass LOC **mauvaise passe** (*difficulté*) bad patch : *traverser une mauvaise passe* to go through a bad patch *Voir aussi* MOT

passé, -e ◆ *pp, adj* **1** (*dernier*) last : *la semaine passée* last week **2** (*Gramm, époque*) past : *siècles ~s* past centuries **3** (*heure*) : *Il était 2 heures passées lorsqu'il est arrivé.* It was after 2 o'clock when he arrived. **4** (*couleur*) faded ◆ *nm* past : *Tout ça c'est du ~.* That's all in the past. *Voir aussi* PASSER

passe-montagne *nm* balaclava

passe-partout *nm* skeleton key

passeport *nm* passport

passer ◆ *vt* **1** (*période de temps*) to spend : *Nous avons passé l'après-midi/deux heures à bavarder.* We spent the afternoon/two hours chatting. ◊ *Elle tricote pour ~ le temps.* She knits to pass the time. **2** (*franchir*) to cross : *~ la frontière* to cross the border ◊ *~ une rivière* to cross a river **3** (*examen*) to take : *~ son permis de conduire* to take your driving test

> Noter que **to pass an exam** ne signifie pas *passer un examen* mais *être reçu à un examen.*

4 (*entretien, visite médicale*) to have **5** (*film, émission*) : *Ils passent un bon film ce soir.* There's a good film on tonight. **6** (*CD*) to put *sth* on **7** (*partie du corps*) to put : *~ la tête dans l'entrebâillement de la porte* to put your head round the door **8** (*donner*) to pass : *Passe-moi ce couteau.* Pass me that knife. **9** (*au téléphone*) : *Ne quittez pas, je vous le passe.* Just a moment, I'll put him on. ◊ *Passe-moi Laurent.* Let me speak to Laurent. **10** (*maladie*) to give ***sb sth*** : *Il lui a passé la varicelle.* He gave her chickenpox. **11** (*enfiler*) to slip *sth* on : *Je passe une robe et j'arrive.* I'll just slip a dress on and then I'll be there. **12** (*pardonner*) to overlook : *Il lui passe tous ses caprices.* He overlooks all her tantrums. ◊ *Il a manqué à sa promesse, mais passons.* He broke his promise, but we'll overlook that. **13** (*vitesse*) to change **into *sth*** : *~ la première* to change into first **14** (*loi*) to pass ◆ *vi* **1** (*se déplacer, circuler*) to pass : *La moto est passée à toute vitesse.* The motorbike passed at top speed. **2 ~ devant** to go **past *sth*** : *Ce bus passe devant le musée.* That bus goes past the museum. **3** (*se frayer un chemin*) to get past : *Ne bouge pas, j'arrive à ~.* Don't move, I can get past. **4** (*s'écouler*) to pass : *Trois heures ont passé.* Three hours passed. ◊ *Comme le temps passe vite !* Doesn't time fly! **5** (*aller*) to go : *Je dois ~ à la banque.* I have to go to the bank. **6** (*faire une visite*) to drop in : *~ chez qn* to drop in on sb ◊ *~ voir qn* to drop in to see sb **7 ~ par** (*traverser*) to go **through *sth*** : *Nous sommes passés par l'Allemagne.* We went through Germany. ◊ *On ne peut pas ~ par ici.* There's no way through. **8** (*venir*) : *Le facteur n'est pas encore passé.* The postman hasn't been yet. ◊ *Le bus passe toutes les dix minutes.* The bus comes every ten minutes. **9** (*École*) to move up : *Il est passé en terminale.* He moved up to the final year. **10** (*au cinéma, à la télévision*) to be on : *~ à la télé* to be on TV **11** (*douleur*) to go : *Ça va ~.* The pain will go soon. **12** (*se cacher*) : *Où sont passées mes lunettes ?* Where have my glasses got to? **13** (*être accepté*) to get through : *La loi est passée.* The bill got through. **14** (*devenir*) to be made : *Il est passé directeur.* He was made manager.

15 ~ pour (*être considéré comme*) to be taken **for sb/sth** : *Elle pourrait facilement ~ pour une Italienne.* She could easily be taken for an Italian. ◊ *Je ne veux pas ~ pour un imbécile.* I don't want to be taken for an idiot. **16 ~ sur** (*ignorer*) to pass **over sth** : *Il est passé sur les détails.* He passed over the details. **17** (*décolorer*) to fade : *La couleur a passé au soleil.* The colour has faded in the sun. ◆ **se passer** *v pron* **1** (*se produire*) to happen, to occur (*plus sout*) : *Ça s'est passé hier.* It happened yesterday. ◊ *Qu'est-ce qui se passe ?* What's the matter? **2** (*se dérouler*) to turn out : *Le voyage s'est très bien passé.* The trip turned out really well. **3** (*eau, crème*) to put : *Passe-toi de l'eau sur le visage.* Put some water on your face. **4 se ~ de** (*se dispenser*) to do without (*sb/sth*) : *Je ne peux pas me ~ de voiture.* I can't do without a car. ◊ *Nous nous passerons de lui.* We can do without him. LOC **en passant** on the way : *Je me suis arrêté chez elle en passant.* I stopped off at her place on the way. **laisser passer 1** (*gén*) to make way (*for sb/sth*) : *Laissez ~ l'ambulance !* Make way for the ambulance! **2** (*occasion*) to throw *sth* away : *Tu as laissé ~ la meilleure occasion de ta vie.* You've thrown away the chance of a lifetime. ◊ *laisser ~ une occasion en or* to throw away a golden opportunity **passer prendre** to pick *sb/sth* up : *~ prendre les enfants à l'école* to pick the children up from school **se faire passer pour** to pass yourself off as *sb/sth* : *Il s'est fait ~ pour le fils du propriétaire.* He passed himself off as the owner's son. ☛ Les autres expressions formées avec **passer** sont traitées sous le nom, l'adjectif, etc. correspondant : pour **passer de mode**, par exemple, voir MODE.

passerelle *nf* **1** (*pont*) footbridge **2** (*pour l'embarquement*) gangway [*pl* gangways]

passe-temps *nm* pastime, hobby [*pl* hobbies] : *La photographie est son ~ favori.* Her favourite pastime is photography.

passible *adj* **~ de** liable **to sth**

passif, -ive *adj, nm* passive

passion *nf* passion : *Elle a la ~ des voyages.* She's passionate about travelling.

passionnant, -e *adj* exciting

passionné, -e ◆ *pp, adj* **1** (*gén*) passionate : *un tempérament ~* a passionate temperament **2** (*discussion*) heated ◆ *nm-nf* **~ de** fan **of sth** : *les ~s d'opéra* opera fans LOC **être passionné de** to be mad about *sth* *Voir aussi* PASSIONNER

passionner ◆ *vt* : *Le jazz me passionne.* I love jazz. ◆ **se passionner** *v pron* **se ~ pour** to be mad **about sb/sth**

passoire *nf* **1** (*thé*) strainer **2** (*légumes*) colander

pastel *nm, adj* pastel

pastèque *nf* watermelon

pasteur *nm* pastor

pasteurisé, -e *pp, adj* pasteurized

pastille *nf* lozenge

patauger *vi* to splash about : *Les enfants pataugeaient dans les flaques.* The children were splashing about in the puddles.

pâte *nf* **1** (*à pain*) dough **2** (*à tarte*) pastry **3** (*à gâteau*) mixture **4 pâtes** pasta [*indénombrable*] : *~s à la sauce tomate* pasta with tomato sauce LOC **pâte à modeler** plasticine® **pâte brisée** shortcrust pastry **pâte d'amandes** marzipan **pâte de fruits** fruit jelly [*pl* fruit jellies] **pâte feuilletée** puff pastry

pâté *nm* pâté LOC **pâté de maisons** block

paternel, -elle *adj* **1** (*du père*) paternal : *grand-père ~* paternal grandfather **2** (*amour*) fatherly, paternal (*plus sout*) LOC *Voir* CÔTÉ

paternité *nf* fatherhood, paternity (*sout*)

pâteux, -euse *adj* thick

pathétique *adj* pathetic

pathologique *adj* pathological

patience *nf* patience : *Ma ~ a des limites.* My patience is wearing thin. LOC **avoir de la patience** to be patient *Voir aussi* ARMER, BOUT

patient, -e *adj, nm-nf* patient : *Il faut être ~.* You must be patient.

patienter *vi* to wait

patin *nm* skate LOC **patin à glace** ice skate **patin à roulettes** roller skate **patin en ligne** Rollerblade® *Voir aussi* HOCKEY

patinage *nm* skating : *~ artistique* figure-skating LOC *Voir* PISTE

patiner *vi* **1** (*personne*) to skate **2** (*véhicule*) to skid

patinette *nf* scooter

patineur, -euse *nm-nf* skater

patinoire *nf* ice rink

pâtisserie *nf* **1** (*gâteau*) pastry [*pl* pastries] **2** (*magasin*) cake shop LOC *Voir* ROULEAU
pâtissier, -ière *nm-nf* pastry cook
patois *nm* patois
patraque *adj* under the weather
patrie *nf* (native) country
patriote *nmf* patriot
patriotique *adj* patriotic
patriotisme *nm* patriotism
patron, -onne ◆ *nm-nf* **1** (*chef*) boss **2** (*Relig*) patron saint ◆ *nm* (*Couture*) pattern
patrouille *nf* patrol
patrouiller *vi* to patrol
patte *nf* **1** (*chien, chat*) paw : *Le chien s'est fait mal à la* ~. The dog has hurt its paw. **2** (*oiseau*) foot **3** (*cheveux*) sideboard **4** (*languette*) tab LOC **pattes de mouche** (*écriture*) scrawl [*sing*] *Voir aussi* PANTALON, QUATRE
pâturage *nm* pasture
paume *nf* (*main*) palm
paumé, -e *pp, adj* lost
paupière *nf* eyelid LOC *Voir* BATTRE, FARD
pause *nf* **1** (*dans le travail*) break : *faire une* ~ to have a break ◊ *travailler sans faire de* ~ to work without a break **2** (*dans la conversation*) pause
pause-café *nf* coffee break
pauvre ◆ *adj* **1** (*personne, pays*) poor : *les quartiers ~s de la ville* the poor areas of the city **2** ~ **(en)** (*insuffisant*) low (**in** *sth*) ◆ *nmf* **1** (*gén*) poor man/woman [*pl* poor men/women] : *les riches et les ~s* the rich and the poor **2** (*malheureux*) poor thing : *Il a faim, le ~ !* He's hungry, poor thing!
pauvreté *nf* poverty
se pavaner *v pron* to strut
pavé *nm* (*pierre*) cobblestone : *les ~s* cobbles LOC **être sur le pavé** to find yourself out on the street **pavé numérique** keypad
pavillon *nm* **1** (*maison individuelle*) detached house **2** (*d'exposition*) pavilion : *le ~ de la France* the French pavilion LOC *Voir* BAISSER
pavot *nm* poppy
payant, -e *adj* **1** (*spectacle*) : *L'entrée est payante.* You have to pay to get in. **2** (*hôte*) paying
paye *nf* pay : *Jeudi c'est le jour de la ~ !* Thursday is pay day! LOC *Voir* FEUILLE, FICHE
payer *vt, vi* **1** (*gén*) to pay (*sb/sth*) : *~ ses dettes/ses impôts* to pay your debts/taxes ◊ *C'est bien/mal payé.* It's well/badly paid. **2** (*achat, faute*) to pay **for** *sth* : *Combien as-tu payé ton ensemble ?* How much did you pay for your outfit? ◊ *Mon grand-père me paye mes études.* My grandfather is paying for my education. ◊ *Tu me le payeras !* You'll pay for this! **3** ~ **qch à qn** (*offrir*) to stand **sb sth** : *Viens, je te paye un verre.* Come on, I'll stand you a drink. LOC **faire payer** to charge (*sb for sth*) : *Ils m'ont fait ~ dix euros pour un café.* They charged me ten euros for a coffee. **payer cher** : *Ils ont payé cher leur erreur.* Their mistake cost them dearly. **payer par chèque/avec une carte de crédit** to pay (*for sth*) by cheque/credit card
pays *nm* **1** (*nation*) country [*pl* countries] **2** (*région*) region : *les gens du ~* the people of the region LOC **de pays** local : *jambon de ~* local ham **le Pays basque** the Basque Country **le pays de Galles** Wales
paysage *nm* landscape ☛ *Voir note sous* SCENERY
paysagiste *nmf* **1** (*jardinier*) landscape gardener **2** (*peintre*) landscape artist
paysan, -anne *nm-nf* (*agriculteur*) farmer

On emploie également **peasant**, mais ce terme est péjoratif.

Pays-Bas *nm* **les Pays-Bas** the Netherlands
PCV *nm* LOC *Voir* APPEL, APPELER
péage *nm* toll
peau *nf* **1** (*Anat*) skin : *avoir la ~ claire/mate* to have fair/dark skin **2** (*pomme de terre, agrumes*) peel **3** (*lait, banane, pêche*) skin **4** (*cuir*) leather : *un portefeuille en ~* a leather wallet LOC **être bien/mal dans sa peau** to feel good/bad about yourself **n'avoir que la peau sur les os** to be all skin and bone **peau de mouton** sheepskin : *veste en ~ de mouton* sheepskin jacket **jouer/risquer sa peau** to risk your neck
péché *nm* sin
pêche[1] *nf* fishing : *aller à la ~* to go fishing ◊ *un port de ~* a fishing port ◊ *un bateau de ~* a fishing boat LOC **pêche à la ligne** angling *Voir aussi* CANNE, CANOT, PARTIE
pêche[2] *nf* (*fruit*) peach
pécher *vi* to sin LOC **pécher par** to be too... : *~ par excès de confiance* to be too confident
pêcher[1] ◆ *vi* to fish : *Ils sont partis ~.* They've gone out fishing. ◆ *vt* (*attraper*) to catch : *J'ai pêché deux truites.* I caught two trout.

pêcher[2] *nm* peach tree

pécheur, -eresse *nm-nf* sinner

pêcheur, -euse *nm-nf* fisherman/woman [*pl* fishermen/women] LOC *Voir* MARIN

pectoraux *nm* pectorals, pecs [*plus fam*]

pécuniaire *adj* financial

pédagogie *nf* **1** (*théorie*) education **2** (*qualité*) teaching skills [*pl*]

pédagogique *adj* educational LOC *Voir* MATÉRIEL

pédagogue ◆ *adj* : *Elle est très* ~. She's very good at explaining. ◆ *nmf* educational expert

pédale *nf* pedal

pédaler *vi* to pedal

pédalo® *nm* pedal boat

pédant, -e *adj* pedantic

pédestre *adj* LOC *Voir* RANDONNÉE

pédiatre *nmf* paediatrician

pédicure *nmf* chiropodist

pedigree *nm* pedigree

pègre *nf* underworld

peigne *nm* comb

peigner ◆ *vt* to comb *sb's* hair : *Laisse-moi te* ~. Let me comb your hair. ◆ **se peigner** *v pron* to comb your hair : *Peigne-toi avant de sortir.* Comb your hair before you go out.

peignoir *nm* **1** (*de bain*) bathrobe **2** (*robe de chambre*) dressing gown

peindre *vt, vi* to paint : *Il a peint la porte en rouge.* He painted the door red. ◊ ~ *à l'huile/à l'aquarelle* to paint in oils/watercolours

peine *nf* **1** (*Jur*) sentence : *condamner qn à une* ~ to give sb a sentence **2** (*difficulté*) difficulty **3** (*chagrin*) sorrow LOC **à peine 1** (*presque pas*) hardly : *Il sait à* ~ *lire.* He hardly knows how to read. ◊ *C'est à* ~ *s'il me dit bonjour.* He hardly says hello to me. **2** (*même pas*) scarcely : *Cela fait à* ~ *une année.* It was scarcely a year ago. ◊ *Elle a à* ~ *trois ans.* She is scarcely three years old. **3** (*dès que*) as soon as : *À* ~ *étaient-ils arrivés qu'ils voulaient déjà repartir.* As soon as they arrived they wanted to leave again. **avoir de la peine** to be upset **avoir de la peine à faire qch** to have difficulty doing sth **ce n'est pas la peine** there's no need (*for sth/to do sth*) : *Ce n'est pas la* ~ *de t'énerver !* There's no need to get annoyed! ◊ *Ce n'est pas la* ~ *qu'il vienne.* There's no need for him to come. **faire de la peine à** to upset *sb* : *Cela me fait de la* ~ *de la voir comme ça.* It upsets me to see her like that. **ne pas prendre la peine de** not to bother (*to do sth*) : *Il n'a même pas pris la* ~ *de répondre à ma lettre.* He didn't even bother to reply to my letter. **peine de mort** death penalty **prendre la peine de** to take the trouble *to do sth* **se donner de la peine** to make a big effort : *Il s'est donné de la* ~ *pour retrouver du travail.* He made a big effort to find work. **sous peine de** on pain of *sth Voir aussi* MÉNAGER, PRONONCER, VALOIR

peiné, -e *pp, adj* ~ **(de)** sad (***to do sth***) *Voir aussi* PEINER

peiner ◆ *vt* (*attrister*) to sadden ◆ *vi* (*avoir du mal*) to struggle : *Il a peiné dans la montée.* He was struggling on the way up.

peintre *nmf* painter LOC *Voir* ARTISTE

peinture *nf* **1** (*gén*) painting : *La* ~ *est son passe-temps favori.* Painting is her favourite hobby. **2** (*produit*) paint : *une couche de* ~ a coat of paint LOC **peinture à l'huile 1** (*substance*) oil paint **2** (*tableau*) oil painting **« peinture fraîche »** "wet paint" **peinture murale** mural

péjoratif, -ive *adj* pejorative

pelage *nm* coat

pêle-mêle *adv* in a jumble

peler ◆ *vt* to peel : ~ *une orange* to peel an orange ◆ *vi* (*peau*) to peel : *J'ai le nez qui pèle.* My nose is peeling.

pèlerin *nm* pilgrim

pèlerinage *nm* pilgrimage : *aller en* ~ to go on a pilgrimage

pélican *nm* pelican

pelle *nf* **1** (*gén*) shovel **2** (*plage*) spade : *jouer avec une* ~ *et un seau* to play with a bucket and spade LOC **pelle à ordures** dustpan **pelle mécanique** mechanical digger

pellicule *nf* **1** (*Phot*) film : ~ *couleur/noir et blanc* colour/black and white film **2 pellicules** (*cheveux*) dandruff [*indénombrable*] : *Il a des* ~*s.* He's got dandruff.

pelote *nf* ball : *une* ~ *de laine* a ball of wool

peloter *vt* (*personne*) to paw

peloton *nm* **1** (*Sport*) pack **2** (*Mil*) platoon

se pelotonner *v pron* to curl up

pelouse *nf* **1** (*gén*) grass : *« ~ interdite »* "keep off the grass" **2** (*dans un jardin privé*) lawn

peluche *nf* **1** (*jouet*) cuddly toy [*pl* cuddly toys] **2** (*sur un tissu*) fluff [*indénombrable*] LOC **en peluche** : *un lapin en* ~ a cuddly rabbit

pelure *nf* (*peau*) peel
pénal, -e *adj* penal
pénaliser *vt* to penalize
pénalité *nf* penalty [*pl* penalties]
penalty *nm* penalty [*pl* penalties] : *tirer un ~* to take a penalty ◊ *marquer un ~* to score from a penalty
penaud, -e *adj* sheepish
penchant *nm* fondness LOC **avoir un penchant pour** to be fond of *sb/sth*
pencher ◆ *vt* to tilt : *Penche la bouteille.* Tilt the bottle. ◆ *vi* **1** (*objet, tour*) to lean : *Le tableau penche vers la droite.* The picture leans over to the right. ☛ *Voir illustration sous* LEAN **2** ~ **pour** (*préférer*) : *Nous penchons pour le parti écologiste.* Our sympathies lie with the Green Party. ◆ **se pencher** *v pron* **1** (*s'incliner*) to lean : *Ne te penche pas par la fenêtre.* Don't lean out of the window. **2** (*se baisser*) to bend down : *Je me suis penché pour le ramasser.* I bent down to pick it up.
pendant *prép* **1** (*au cours de*) during : *~ le concert* during the concert **2** (*exprimant une durée*) for : *~ deux ans* for two years

During s'emploie pour indiquer le moment où se déroule l'action, tandis que **for** sert à préciser la durée de l'action : *Je me suis trouvé mal ~ la réunion.* I felt ill during the meeting. ◊ *La nuit dernière, il a plu ~ trois heures.* Last night it rained for three hours.

LOC **pendant ce temps** in the meantime **pendant que...** while... : *~ que tu y es, passe à la pharmacie.* While you're there, drop in to the chemist's.
pendentif *nm* pendant
pendre ◆ *vt* **1** ~ **à** (*gén*) to hang *sth* **from/on** *sth* : *Il a pendu l'écriteau à un clou.* He hung the sign on a nail. **2** (*vêtement*) to hang *sth* up **3** (*personne*) to hang : *Il fut pendu en 1215.* He was hanged in 1215.

Le verbe **to hang** est régulier lorsqu'il signifie *exécuter*, par conséquent le passé se forme en ajoutant **-ed**.

◆ *vi* **1** (*être suspendu*) to hang (***from/on*** **sth**) **2** (*retomber*) to hang down : *Ta jupe pend par-derrière.* Your skirt hangs down at the back. ◆ **se pendre** *v pron* to hang yourself LOC **pendre la crémaillère** to have a house-warming party
pendu, -e ◆ *pp, adj* ~ **(à)** hanging (**on/ from** ***sth***) ◆ *nm* hangman : *jouer au ~* to play hangman LOC **pendu au téléphone** on the phone *Voir aussi* LANGUE ; *Voir aussi* PENDRE
pendule *nf* clock LOC *Voir* COUCOU
pénétrant, -e *adj* **1** (*gén*) penetrating : *un regard ~* a penetrating look **2** (*froid, vent*) bitter
pénétrer ◆ *vt* **1** (*gén*) to penetrate **2** (*liquide*) to soak through *sth* : *La pluie a pénétré mes vêtements.* The rain has soaked through my clothes. **3** (*découvrir*) to get to the bottom of *sth* : *~ un mystère* to get to the bottom of a mystery ◆ *vi* ~ **(dans)** (*entrer*) to enter, to get into *sth* (*plus fam*) : *L'eau a pénétré dans la cave.* The water got into the cellar.
pénible *adj* **1** (*personne*) tiresome : *Qu'est-ce qu'il est ~ !* What a pain! **2** (*travail*) hard **3** (*souvenir, sensation*) painful
péniche *nf* barge
pénicilline *nf* penicillin
péninsule *nf* peninsula
pénis *nm* penis
pénitence *nf* **1** (*Relig*) penance : *faire ~* to do penance **2** (*punition*) punishment
pénitencier *nm* prison
penny *nm* penny [*pl* pence] : *Cela vaut 50 pence.* It's 50 pence. ◊ *une pièce de cinq pence* a five-pence piece

Noter qu'avec des quantités exactes on utilise l'abbréviation **p** : *Ça coûte 50 pence.* It costs 50p. Cela se prononce /fɪfti piː/. ☛ *Voir Appendice 1.*

pensée *nf* thought LOC **par la pensée** in my, your, etc. thoughts : *Je suis avec vous par la ~.* My thoughts are with you. *Voir aussi* LIRE[1]
penser ◆ *vt* **1** (*avoir une opinion sur*) to think *sth* ***of sb/sth*** : *Qu'est-ce que tu penses de Jean ?* What do you think of Jean? ◊ *Qu'est-ce que tu en penses ?* What do you think? **2** (*croire*) to think : *Tu penses qu'ils viendront ?* Do you think they'll come? ◊ *Je pense que tu devrais les appeler.* I think you ought to phone them. ◊ *C'est ce que je pensais.* I thought as much. **3** (*avoir l'intention de*) to think ***about doing sth*** : *Nous pensons nous marier.* We're thinking about getting married. ◊ *Nous pensions y aller demain.* We were going to go tomorrow. ◊ *Tu penses venir ?* Are you going to come? ◆ *vi* **1** ~ **(à)** (*gén*) to think (**about/of** ***sb/sth***) ; to think (**about/of** ***doing sth***) : *Pense à un chiffre.* Think of a number. ◊ *À quoi est-ce que tu penses ?* What are you thinking about? ◊ *Tu ne penses qu'à toi.* You only think of your-

self. **2** ~ **à** (*se souvenir de*) to remember **to do sth** : *Pense à poster la lettre.* Remember to post the letter. LOC **faire penser à** to remind *sb* of *sb/sth/to do sth* : *Il me fait ~ à mon frère.* He reminds me of my brother. ◊ *Fais-moi ~ à lui en parler.* Remind me to speak to him about it. **pensez-y** think it over

pensif, -ive *adj* thoughtful

pension *nf* **1** (*école*) boarding school : *être en ~* to be at boarding school **2** (*hôtel*) guest house **3** (*allocation*) pension LOC **pension alimentaire** alimony **pension complète** full board

pensionnaire *nmf* **1** (*élève*) boarder **2** (*d'un hôtel*) guest

pentagone *nm* pentagon

pente *nf* slope : *une ~ douce/raide* a gentle/steep slope LOC **en pente** downhill

Pentecôte *nf* Whitsun

pénurie *nf* shortage : *Il y a ~ de professeurs.* There is a shortage of teachers.

pépé *nm* grandad

pépier *vi* to chirp

pépin *nm* **1** (*graine*) seed **2** (*problème*) hitch

pépinière *nf* **1** (*d'arbustes*) nursery [*pl* nurseries] **2** (*de talents*) breeding ground

pépite *nf* (*or*) nugget : *~s d'or* gold nuggets

perçant, -e *adj* **1** (*cri, regard*) piercing **2** (*vue*) sharp

percepteur, -trice *nm-nf* (*impôts*) collector

perceptible *adj* perceptible

perception *nf* (*sensation*) perception

percer ◆ *vt* **1** (*gén*) to pierce : *La balle lui a percé le cœur.* The bullet pierced his heart. ◊ *se faire ~ les oreilles* to have your ears pierced **2** (*avec une perceuse*) to drill a hole in *sth* : *Les ouvriers ont percé le mur.* The workmen drilled a hole in the wall. **3** (*faire un trou*) to make a hole in *sth* : *Les aiguilles ont percé le sac.* The needles made a hole in the bag. ◊ *~ un trou dans qch* to make a hole in sth **4** (*mystère*) to get to the bottom of *sth* ◆ *vi* **1** (*dent*) to come through **2** (*soleil*) to come out

perceuse *nf* drill

percevoir *vt* **1** (*bruit, sensation*) to perceive **2** (*argent*) to receive **3** (*impôts*) to collect

perche *nf* (*bâton*) pole LOC *Voir* SAUT

(se) percher *vt, v pron* to perch

perchoir *nm* perch

percussions *nf* percussion [*indénombrable*]

percuter *vt* to crash **into** ***sth*** : *La voiture a percuté un arbre.* The car crashed into a tree.

perdant, -e ◆ *adj* losing : *l'équipe perdante* the losing team ◆ *nm-nf* loser : *être bon/mauvais ~* to be a good/bad loser LOC **être perdant** (*dans une affaire*) to lose out

perdre ◆ *vt* **1** (*gén*) to lose : *J'ai perdu ma montre.* I've lost my watch. ◊ *~ de l'altitude/du poids* to lose height/weight ◊ *J'ai perdu trois kilos.* I've lost three kilos. **2** (*gâcher*) to waste : *~ son temps* to waste time ◊ *sans ~ une minute* without wasting a minute **3** (*occasion*) to miss : *Tu n'as rien perdu.* You didn't miss anything. ◆ *vi* ~ **(à)** (*jeu*) to lose **(at *sth*)** : *Nous avons perdu.* We lost. ◊ *~ aux échecs* to lose at chess ◆ **se perdre** *v pron* to get lost : *Sans carte, vous risquez de vous ~.* If you don't take a map you might get lost. LOC **perdre de vue** to lose sight of *sb/sth* **perdre la tête** to go mad **perdre son calme** to lose your temper *Voir aussi* CHANGE, CONNAISSANCE

perdrix *nf* partridge

perdu, -e *pp, adj* **1** (*gén*) lost : *Je suis complètement ~.* I'm completely lost. **2** (*endroit*) : *Elle vit dans un coin ~.* She lives in the middle of nowhere. **3** (*balle*) stray **4** (*temps*) wasted LOC *Voir* CAUSE, PAIN, TROU ; *Voir aussi* PERDRE

père *nm* father : *Il est ~ de deux enfants.* He is the father of two children. LOC **père de famille** father **le père Noël** Father Christmas ☛ *Voir note sous* NOËL ; *Voir aussi* FÊTE, TEL

péremption *nf* expiry : *Quelle est la date de ~ ?* What's the expiry date?

perfection *nf* perfection

perfectionnement *nm* improvement

perfectionner ◆ *vt* to improve : *Je veux ~ ma technique.* I want to improve my technique. ◆ **se perfectionner** *v pron* to improve : *Il s'est perfectionné en anglais.* He's improved his English.

perfectionniste *adj, nmf* perfectionist

perforatrice *nf* (*pour papier, cuir*) hole punch

perforer *vt* **1** (*gén*) to perforate **2** (*feuille*) to punch

performance *nf* **1** (*gén*) performance : *un moteur de haute ~* a high-performance engine **2** **performances** (*d'une machine*) performance [*sing*] : *Les ~s de cet ordinateur sont exception-*

nelles. This computer's performance is exceptional.

perfusion *nf* drip LOC **être sous perfusion** to be on a drip

péril *nm* danger LOC **mettre en péril** to put *sth* in danger *Voir aussi* RISQUE

périlleux, -euse *adj* perilous LOC *Voir* SAUT

périmé, -e *pp, adj* **1** (*passeport, billet*) out of date **2** (*aliment*) past its sell-by date

périmètre *nm* **1** (*contour*) perimeter **2** (*zone*) area

période *nf* period LOC **par périodes** periodically **période d'essai** trial period **période glaciaire** ice age

périodique ◆ *adj* periodic ◆ *nm* periodical

péripétie *nf* incident

périphérie *nf* **1** (*bord*) periphery **2** (*d'une ville*) outskirts [*pl*]

périphérique *nm* **1** (*boulevard*) ring road **2** (*Informatique*) peripheral

périssable *nf* perishable

perle *nf* **1** (*naturelle*) pearl **2** (*de verre, de plastique*) bead **3** (*personne, chose*) gem : *Son mari est une vraie ~ !* Her husband is a real gem!

permanence *nf* **1** (*service*) : *Une ~ est assurée le samedi.* We are open on Saturdays. **2** (*École*) study room LOC **en permanence** permanently

permanent, -e ◆ *adj* permanent ◆ **permanente** *nf* perm LOC **se faire faire une permanente** to have your hair permed

permettre ◆ *vt* **1** (*autoriser*) to allow *sb* ***to do sth*** : *Je ne te permets pas de me parler sur ce ton.* I won't allow you to speak to me like this. ◊ *Il n'est pas permis de se garer ici.* You are not allowed to park here. **2** (*laisser*) to let *sb* (***do sth***) : *Permettez-moi de vous raccompagner.* Let me see you home. **3** (*rendre possible*) : *Cette méthode permet de gagner du temps.* This method enables you to save time. ☛ *Voir note sous* ALLOW ◆ **se permettre** *v pron* **1** (*s'autoriser*) to allow yourself *sth* : *Il se permet un petit verre de temps en temps.* He allows himself a small drink from time to time. **2** (*économiquement*) to afford : *Nous ne pouvons pas nous le ~.* We can't afford it. LOC **se permettre de** to take the liberty of *doing sth* **vous permettez... ?** may I...? : *Vous permettez que j'utilise votre briquet ?* May I use your lighter?

permis, -e ◆ *pp, adj* allowed ◆ *nm* permit LOC **permis de conduire** driving licence : *réussir son ~ de conduire* to pass your driving test **permis de port d'armes** gun licence **permis de séjour** residence permit **permis de travail** work permit *Voir aussi* RETRAIT ; *Voir aussi* PERMETTRE

permission *nf* **1** (*autorisation*) permission (***to do sth***) : *demander/donner la ~* to ask for/give permission **2** (*Mil*) leave : *Je suis en ~.* I'm on leave. ◊ *J'ai une semaine de ~.* I've got a week off.

perpendiculaire ◆ *adj* **1** (*gén*) perpendicular (***to sth***) **2** (*rue*) : *La rue Beaumarchais est ~ à l'avenue Maillot.* Rue Beaumarchais crosses Avenue Maillot. ◆ *nf* perpendicular

perpétrer *vt* to perpetrate

perpétuel, -elle *adj* perpetual

perpétuer *vt* to perpetuate

perpétuité *nf* perpetuity LOC **à perpétuité** for life *Voir aussi* CONDAMNATION, RÉCLUSION

perplexe *adj* puzzled : *J'étais ~.* I was puzzled.

perquisition *nf* search

perroquet *nm* parrot

perruche *nf* budgerigar, budgie (*fam*)

perruque *nf* wig

persécuter *vt* **1** (*Polit, Relig*) to persecute **2** (*harceler*) to harass

persécution *nf* persecution

persévérant, -e *adj* persevering

persévérer *vi* to persevere

persil *nm* parsley

persistant, -e *adj* persistent

persister *vi* to persist (***in sth/in doing sth***)

personnage *nm* **1** (*livre, film*) character : *le ~ principal* the main character **2** (*personne importante*) personality [*pl* personalities]

personnaliser *vt* to personalize

personnalité *nf* personality [*pl* personalities]

personne ◆ *nf* person [*pl* people] : *des milliers de ~s* thousands of people ◆ *pron* nobody : *~ ne le sait.* Nobody knows that. ◊ *Il n'y avait ~ d'autre.* There was nobody else there.

> Lorsque le verbe est à la forme négative en anglais, on emploie **anybody** : *Il est en colère et ne veut parler à personne.* He is angry and won't talk to anybody.

LOC **en personne** in person : *Donne-le-lui en ~.* Give it to him in person. ◊ *le* *prince en ~* the prince himself **par personne** a head : *500 euros par ~* 500 euros a head **personne âgée** elderly man/woman : *les personnes âgées* the elderly *Voir aussi* CHAMBRE, GRAND, RÉSIDENCE

personnel, -elle ◆ *adj* personal ◆ *nm* staff [*v pl*] : *Le ~ est en grève.* The staff are on strike. ☛ *Voir note sous* JURY **LOC** *Voir* EFFET

personnellement *adv* personally

personnifier *vt* to personify

perspective *nf* **1** (*gén*) perspective **2** (*panorama*) view **3** (*dans le futur*) prospect : *de bonnes ~s* good prospects

perspicace *adj* perceptive

perspicacité *nf* insight

persuader ◆ *vt* **~ de...** to persuade *sb* ***to do sth*** : *J'ai fini par les ~ de venir.* In the end I persuaded them to come. ◆ **se persuader** *v pron* to become convinced (***of sth/that...***)

persuasif, -ive *adj* persuasive

perte *nf* **1** (*gén*) loss : *Ce n'est pas une grosse ~.* It wasn't a great loss. ◊ *La société a subi de grosses ~s.* The company made heavy losses. **2** (*gaspillage*) waste : *C'est une ~ de temps.* This is a waste of time. **LOC à perte de vue** as far as the eye can/could see **pertes et profits** profit and loss

pertinent, -e *adj* relevant

perturbation *nf* **1** (*d'une activité*) disruption **2** (*Météo*) disturbance

perturber *vt* **1** (*circulation, classe*) to disrupt : *Les travaux vont ~ la circulation.* The roadworks will disrupt the traffic. **2** (*personne*) to upset : *Tous ces changements l'ont perturbé.* He's been upset by all these changes.

pervers, -e ◆ *adj* perverted ◆ *nm-nf* pervert

perversion *nf* perversion

pervertir *vt* to corrupt

pesant, -e *adj* **1** (*objet, pas, style*) heavy **2** (*pénible*) oppressive : *Il y a une atmosphère très pesante.* The atmosphere is very oppressive.

pesanteur *nf* **1** (*gén*) heaviness **2** (*Phys*) gravity

pèse-personne *nm* bathroom scales [*pl*]

peser ◆ *vt* to weigh : *~ une valise* to weigh a suitcase ◆ *vi* **1** (*gén*) to weigh : *Combien est-ce que tu pèses ?* How much do you weigh? **2** (*être lourd*) to be heavy : *Ce paquet pèse très lourd !* This parcel is very heavy. **LOC peser des tonnes** to weigh a ton **peser le pour et le contre** to weigh up the pros and cons

pessimisme *nm* pessimism

pessimiste ◆ *adj* pessimistic ◆ *nmf* pessimist

peste *nf* **1** (*fléau*) plague **2** (*personne*) pest

pesticide *nm* pesticide

pet *nm* fart **LOC faire un pet** to fart

pétale *nm* petal

pétarader *vi* to backfire

pétard *nm* **1** (*explosif*) banger **2** (*tapage*) din : *faire du ~* to make a din

péter ◆ *vt* to smash *sth* up : *Il était en colère et a tout pété.* He was angry and smashed everything up. ◆ *vi* (*émettre des gaz*) to fart

pétillant, -e *adj* **1** (*boisson*) sparkling **2** (*personne*) bubbly

pétiller *vi* **1** (*boisson*) to fizz **2 ~ (de)** (*regard*) to sparkle (**with *sth***) **3** (*crépiter*) to crackle

petit, -e ◆ *adj* **1** (*gén*) small : *un ~ problème/détail* a small problem/detail ◊ *Mon jardin est plus ~ que le tien.* My garden is smaller than yours. ☛ *Voir note sous* SMALL **2** (*jeune*) little : *quand j'étais ~* when I was little ◊ *les ~s enfants* little children **3** (*de petite taille*) short : *Il est ~.* He's short. **4** (*peu important*) minor : *quelques ~s changements* a few minor changes ◆ *nm-nf* (*bébé*) baby [*pl* babies] **LOC la petite souris** the tooth fairy **petit agriculteur** small farmer **petit ami/petite amie** boyfriend/girlfriend **petit à petit** bit by bit : *Nous réparons le toit ~ à ~.* We're repairing the roof bit by bit. **petit déjeuner** breakfast : *J'aime prendre mon ~ déjeuner au lit.* I like having breakfast in bed. ◊ *Qu'est-ce que tu veux prendre pour ton ~ déjeuner ?* What would you like for breakfast? **petit doigt/orteil** little finger/toe **petite annonce** classified ad **petite cuillère** teaspoon **petite monnaie** small change **petit matin** the small hours : *jusqu'au ~ matin* until the small hours **petit pain** roll ☛ *Voir illustration sous* PAIN **petits chevaux** (*jeu*) ludo **petits pois** peas *Voir aussi* ASSIETTE, BAIN, BOIRE, BOULOT, BOURGEOISIE, CHASSE, CREUX, ÉCHELLE, NOM, QUANTITÉ, VENDRE

petit-fils, petite-fille *nm-nf* grandson [*fém* granddaughter]

pétition *nf* petition : *rédiger une ~* to draw up a petition

pétitionner *vt* to petition

petit-neveu, petite-nièce *nm-nf* great nephew [*fém* great niece]

petits-enfants *nm* grandchildren

pétrifié, -e *pp, adj* petrified

pétrin *nm* fix : *être dans le ~* to be in a fix ◊ *Ils l'ont mis dans le ~.* They got him into a fix. ◊ *sortir qn du ~* to get sb out of a fix

pétrir *vt* to knead : *~ la pâte à pain* to knead the dough

pétrole *nm* oil : *un puits de ~* an oil well

pétrolier *nm* oil tanker

peu *adv* **1 ~ (de)** (+ *nom indénombrable, avec un verbe*) little, not much (*plus fam*) : *Ils ont très ~ de patience.* They haven't got much patience. ◊ *J'ai ~ d'argent.* I don't have much money. ◊ *Il mange ~ pour sa taille.* He doesn't eat much for his size. ◊ *en raison du ~ d'intérêt* due to lack of interest ☛ *Voir note sous* LITTLE **2 ~ (de)** (+ *nom pluriel*) few, not many (*plus fam*) : *Il a ~ d'amis.* He hasn't got many friends. ◊ *Très ~ sont venus.* Very few came. **3** (*avec un adjectif, adverbe*) not very : *~ souvent* not very often ☛ *Voir note sous* LESS, FEW **LOC peu à peu** gradually **peu après** shortly after : *~ après votre départ* shortly after you left **pour peu** nearly : *Pour ~, je me faisais écraser.* I was nearly run over. **un peu** a little, a bit (*plus fam*) : *un ~ plus/mieux* a little more/better ◊ *un ~ de sucre* a bit of sugar ◊ *Attends un ~.* Wait a bit. ◊ *Ma fille m'aide un ~.* My daughter helps me a bit. **un peu plus/moins (de)** just over/under... : *un ~ moins de 5 000 personnes* just under 5 000 people ☛ Les autres expressions formées avec **peu** sont traitées sous le nom, l'adjectif, etc. correspondant : pour **peu profond**, par exemple, voir PROFOND.

peuple *nm* people : *le ~ français* the French people

peupler *vt* **1** (*région*) to populate **2** (*rivière, bois*) to stock *sth* (**with sth**) **3** (*habiter*) to inhabit

peuplier *nm* poplar

peur *nf* fear (**of sb/sth/doing sth**) : *la ~ de voler/de l'échec* fear of flying/failure **LOC avoir peur (de)** to be afraid (of *sb/sth/doing sth*), to be frightened (of *sb/sth/doing sth*) (*plus fam*) : *Il a très ~ des chiens.* He's really frightened of dogs. ◊ *Il a ~ du noir.* He's afraid of the dark. ◊ *J'ai ~ de me tromper.* I'm afraid of making a mistake. ◊ *Tu as ~ pour un rien.* You're frightened of everything. **avoir peur que** to be afraid (that)... : *J'ai ~ qu'ils ne viennent pas.* I'm afraid they won't come. **avoir une peur bleue de** to be scared stiff of *sb/sth* : *Ils ont une ~ bleue de la mer.* They're scared stiff of the sea. **de peur de** for fear of *sb/sth/doing sth* : *Je ne l'ai pas fait de ~ de me faire gronder.* I didn't do it for fear of being told off. **faire peur à** to frighten *sb*, to scare *sb* (*plus fam*) : *Ses menaces ne me font pas ~.* His threats don't scare me. ◊ *Le chien m'a fait ~.* The dog frightened me. **quelle peur !** how scary! *Voir aussi* MORT, MOURIR

peut-être *adv* perhaps, maybe (*plus fam*) : *« Tu crois qu'elle viendra ? — ~. »* 'Do you think she'll come?' 'Perhaps.' ◊ *~ que oui, ~ que non.* Maybe, maybe not.

phare *nm* **1** (*pour bateaux*) lighthouse **2** (*voiture, moto*) headlight **3** (*vélo*) (bicycle) light

pharmaceutique *adj* pharmaceutical

pharmacie *nf* **1** (*magasin*) chemist's [*pl* chemists] : *Est-ce qu'il y a une ~ pas loin d'ici ?* Is there a chemist's near here? ☛ *Voir note sous* PHARMACY **2** (*études*) pharmacy **LOC pharmacie de garde** duty chemist *Voir aussi* ARMOIRE, TROUSSE

pharmacien, -ienne *nm-nf* chemist

phase *nf* stage, phase (*plus sout*) : *la ~ préliminaire* the preliminary stage

phénoménal, -e *adj* phenomenal

phénomène *nm* phenomenon [*pl* phenomena] : *~s naturels* natural phenomena

philosophe *nmf* philosopher

philosophie *nf* philosophy [*pl* philosophies]

philosophique *adj* philosophical

phobie *nf* phobia

phonétique ◆ *adj* phonetic ◆ *nf* phonetics

phoque *nm* seal

phosphorescent, -e *adj* phosphorescent

photo *nf* photo [*pl* photos] : *un album de ~s* a photograph album ◊ *Il m'a pris en ~.* He took my photo. **LOC photo d'identité** passport photo **se faire prendre en photo** to have your photo taken *Voir aussi* APPAREIL

photocopie *nf* photocopy [*pl* photocopies] : *faire une ~ de qch* to photocopy sth

photocopier *vt* to photocopy

photocopieur *nm* (*aussi* **photocopieuse** *nf*) photocopier

photogénique *adj* photogenic

photographe *nmf* photographer

photographie *nf* **1** (*activité*) photography **2** (*photo*) photograph

photographier *vt* to photograph

photographique *adj* photographic

photomaton® *nm* photo booth
photosynthèse *nf* photosynthesis
phrase *nf* **1** (*plusieurs mots*) sentence **2** (*Mus*) phrase LOC **phrase toute faite** set phrase
physicien, -ienne *nm-nf* physicist
physiologie *nf* physiology
physiologique *adj* physiological
physique ◆ *adj* **1** (*gén*) physical **2** (*besoins*) bodily ◆ *nm* (*aspect*) appearance : *Le ~ est très important.* Appearance is very important. ◆ *nf* physics [*sing*] LOC *Voir* CULTURE, ÉDUCATION, FORME
piaffer *vi* to paw the ground LOC **piaffer d'impatience** to be champing at the bit
pianiste *nmf* pianist
piano *nm* piano [*pl* pianos] LOC **piano à queue** grand piano
pianoter *vi* **1** (*sur un piano*) to tinkle away (at the piano) **2** (*sur une table*) to drum your fingers
pic *nm* **1** (*montagne*) peak : *les ~s couverts de neige* the snow-covered peaks **2** (*outil*) pick **3** (*oiseau*) woodpecker LOC **à pic** straight down *Voir aussi* TOMBER
pichet *nm* jug
pickpocket *nm* pickpocket
picoler *vi* to booze LOC **picoler sec/dur** to hit the bottle
picorer *vt, vi* to peck
picotement *nm* tingling
picoter *vt* **1** (*irriter*) to sting : *La fumée me picote les yeux.* The smoke is stinging my eyes. **2** (*froid*) to make *sth* tingle
pie *nf* magpie
pièce *nf* **1** (*gén*) room : *un appartement de quatre ~s* a four-roomed flat ◊ *N'entre pas dans cette ~.* Don't go into this room. **2** (*de monnaie*) coin : *Est-ce que tu as une ~ de 50 cents ?* Have you got a 50 cent coin? ◊ *Auriez-vous quelques ~s, s'il vous plaît ?* Could you spare some change, please? **3** (*Couture*) patch **4** (*Mécan*) part : *une ~ de rechange* a spare part **5** (*Échecs, Mus*) piece LOC **pièce de théâtre** play [*pl* plays]
pied *nm* **1** (*gén*) foot [*pl* feet] : *le ~ droit/gauche* your right/left foot ◊ *avoir les ~s plats* to have flat feet **2** (*table*) leg : *le ~ de la table* the table leg **3** (*verre*) stem **4** (*lampe*) stand **5** (*statue, colonne*) pedestal LOC **aller/venir à pied** to walk : *Je suis venu à ~ jusqu'ici.* I walked here. **au pied de la lettre** word for word **avoir pied** : *Vous ne devez pas aller là où vous n'avez pas ~.* You mustn't go out of your depth. ◊ *Je n'ai pas ~.* My feet don't touch the bottom. **c'est le pied !** this is heaven! **coup de pied** kick : *Il a donné un coup de ~ dans la table.* He kicked the table. ◊ *Je lui ai donné un coup de ~.* I kicked him. **des pieds à la tête** from top to toe **en pied** (*portrait*) full-length : *une photographie en ~* a full-length photograph **mettre le pied dans le plat** to put your foot in it **pieds nus** barefoot : *J'aime marcher ~s nus dans le sable.* I love walking barefoot in the sand. *Voir aussi* BÊTE, CASSER, COURSE, DOIGT, LEVER, MARCHER, MONTER, PLANTE, POINTE, TÊTE, VERRE
piédestal *nm* pedestal
piège *nm* **1** (*gén*) trap : *tomber dans un ~* to fall into a trap ◊ *tendre un ~ à qn* to set a trap for sb **2** (*ruse*) catch : *C'est trop bon marché, il doit y avoir un ~.* It's too cheap, there must be a catch. LOC **être pris/se faire prendre au piège** to be trapped *Voir aussi* TOMBER
piégé, -e *pp, adj* booby-trapped LOC *Voir* COLIS, LETTRE, VOITURE ; *Voir aussi* PIÉGER
piéger *vt* **1** (*animal, personne*) to trap **2** (*voiture, colis*) to boobytrap
pierre *nf* stone : *un mur de ~* a stone wall LOC **être de pierre** to be stony-faced **faire d'une pierre deux coups** to kill two birds with one stone **pierre angulaire** cornerstone **pierre précieuse** precious stone **pierre tombale** gravestone
piété *nf* piety
piétiner ◆ *vt* **1** (*marcher sur*) to stamp **on** *sth* **2** (*écraser*) to tread *sth* down ◆ *vi* **1** (*trépigner*) to stamp your feet **2** (*avancer lentement*) to stand about **3** (*stagner*) : *Les pourparlers piétinent.* The talks are at a standstill.
piéton, -onne *nm-nf* pedestrian LOC *Voir* PASSAGE
piétonnier, -ière *adj* pedestrian [*n attrib*] : *rue piétonnière* pedestrianized street
piètre *adj* very poor
pieuvre *nf* octopus
pieux, -euse *adj* devout LOC **pieux mensonge** white lie
pigeon *nm* pigeon : *un ~ voyageur* a carrier pigeon
pigeonnier *nm* dovecote
piger *vt* to understand
pigment *nm* pigment
pignon *nm* (*Bot*) pine nut
pile ◆ *nf* **1** (*amoncellement*) pile : *une ~ de journaux* a pile of newspapers **2** (*Électr*) battery [*pl* batteries] : *Les ~s sont usées.* The batteries have run out.

◆ *adv* on the dot : *six heures et demie ~* half past six on the dot LOC **jouer/tirer à pile ou face** to toss a coin : *Nous avons tiré à ~ ou face.* We tossed a coin. **pile ou face** heads or tails

piler *vt* to crush

pilier *nm* pillar

pillage *nm* looting

piller *vt* to loot

pilon *nm* **1** (*pour écraser*) pestle **2** (*poulet*) drumstick

pilotage *nm* piloting LOC *Voir* CABINE

pilote *nmf* **1** (*avion*) pilot **2** (*voiture de course*) racing driver LOC **pilote automatique** automatic pilot : *L'avion était en ~ automatique.* The plane was on automatic pilot.

piloter *vt* **1** (*avion*) to fly **2** (*voiture de course*) to drive **3** (*bateau*) to sail

pilule *nf* pill : *Est-ce que tu prends la ~ ?* Are you on the pill?

piment *nm* pepper LOC **piment rouge** chilli [*pl* chillies]

pimenter *vt* to spice

pimpant, -e *adj* spruce

pin *nm* pine (tree) LOC *Voir* POMME

pinacle *nm* pinnacle LOC **mettre au pinacle** to put *sb* on a pedestal

pince *nf* **1** (*outil*) pliers [*pl*] : *J'ai besoin d'une ~.* I need a pair of pliers. **2** (*pour cheveux*) hairgrip **3** (*crustacé*) pincer **4** (*vélo*) fork **5** (*sucre, glaçons*) tongs [*pl*] LOC **pince à épiler** tweezers [*pl*] **pince à linge** clothes peg

pinceau *nm* paintbrush ☛ *Voir illustration sous* BRUSH

pincée *nf* pinch : *une ~ de sel* a pinch of salt

pincer ◆ *vt* **1** (*pour faire mal*) to pinch **2** (*cordes*) to pluck ◆ **se pincer** *v pron* **1** (*accidentellement*) : *Elle s'est pincé le doigt dans la porte.* She caught her finger in the door. **2** (*volontairement*) to pinch yourself

pinède *nf* pine wood

pingouin *nm* penguin

ping-pong *nm* ping-pong

pingre *adj* stingy

pinte *nf* pint ☛ *Voir Appendice 1.*

pin-up *nf* pin-up

pioche *nf* **1** (*de cultivateur*) pickaxe **2** (*d'un jeu*) pile

piocher ◆ *vt* (*creuser*) to dig ◆ *vi* (*Cartes*) to take a card : *C'est à toi de ~.* It's your turn to take a card.

pion *nm* **1** (*Échecs*) pawn **2** (*jeu de dames*) draught

pionnier, -ière ◆ *adj* pioneering ◆ *nm-nf* pioneer (**in** *sth*) : *un ~ de la chirurgie esthétique* a pioneer in cosmetic surgery

pipe *nf* pipe : *fumer une ~* to smoke a pipe LOC *Voir* CASSER, FENDRE, NOM

piper *vt* LOC **ne pas piper (mot)** not to say a word **sans piper mot** without saying a word

pipi *nm* pee LOC **faire pipi** to pee

piquant, -e ◆ *adj* **1** (*barbe*) prickly **2** (*sauce*) hot ◆ *nm* (*hérisson*) spine

pique *nm* (*Cartes*) spades [*pl*] ☛ *Voir note sous* CARTE

piqué, -e ◆ *pp, adj* **1** (*bois*) worm-eaten **2** (*fruit, miroir*) mildewed **3** (*personne*) barmy ◆ *nm* (*Aéron*) nosedive LOC **faire un/descendre en piqué** to nosedive *Voir aussi* PIQUER

pique-assiette *nm-nf* scrounger : *Tu n'es vraiment qu'un ~ !* You're a real scrounger!

pique-nique *nm* picnic : *faire un ~* to go for a picnic ◊ *Ils sont partis faire un ~ à la campagne.* They went for a picnic in the country.

pique-niquer *vi* to have a picnic

piquer ◆ *vt* **1** (*gén*) to prick : *~ qn avec une épingle* to prick sb with a pin **2** (*Méd*) to give *sb* an injection **3** (*voler*) to pinch : *On m'a piqué mon portefeuille.* My wallet's been pinched. ◆ *vi* **1** (*yeux*) to sting : *J'ai les yeux qui piquent.* My eyes are stinging. **2** (*plante épineuse*) to be prickly : *Fais attention, ça pique fort.* Be careful, it's very prickly. **3** (*moustique, serpent*) to bite **4** (*abeille, guêpe*) to sting ◆ **se piquer** *v pron* **1** (*se vexer*) to take offence **2** (*vin*) to go off **3 se ~ (sur/avec)** to prick yourself (**on/with** *sth*) : *se ~ avec une aiguille* to prick yourself on/with a needle LOC **piquer une crise** (*s'énerver*) to kick up a fuss **piquer une tête** to dive (head first) *Voir aussi* MOUCHE

piquet *nm* picket

piqueur *nm* LOC *Voir* MARTEAU

piqûre *nf* **1** (*Méd*) injection : *faire une ~ à qn* to give sb an injection **2** (*moustique, serpent*) bite : *une ~ de serpent* a snake bite **3** (*abeille, guêpe*) sting

piratage *nm* piracy

pirate *adj, nmf* pirate [*n*] : *un bateau/une station de radio ~* a pirate boat/radio station LOC **pirate de l'air** hijacker **pirate informatique** hacker

pirater *vt* **1** (*disque, vidéo*) to pirate **2** (*Informatique*) to hack **into** *sth*

piraterie *nf* piracy

pire ◆ *adj* **1** (*comparatif*) worse (***than sb/sth***) : *Cette voiture est ~ que celle-là.* This car is worse than that one. ◊ *Je me sens bien ~ aujourd'hui.* I feel much worse today. ◊ *C'est ~ que ce que je pensais.* It's worse than I expected. ◊ *Elle cuisine encore ~ que sa mère.* She's an even worse cook than her mother. **2** ~ **(de)** (*superlatif*) worst (**in/of...**) : *Je suis le ~ coureur du monde.* I'm the worst runner in the world. ◊ *le ~ de tout* the worst of all ◊ *celui qui chante le ~* the one who sings the worst ◆ *nm* worst : *Sa mère a tendance à imaginer le ~.* His mother usually imagines the worst. LOC **au pire** at worst **de pire en pire** worse and worse *Voir aussi* CAS

piromane *nmf* arsonist

pis *adj, adv* LOC *Voir* TANT

piscine *nf* swimming pool LOC **aller à la piscine** to go swimming **piscine couverte** indoor pool

pisse *nf* piss

pissenlit *nm* dandelion

pisser *vi* to piss

pistache *nf* pistachio [*pl* pistachios]

piste *nf* **1** (*traces*) track(s) [*s'emploie souvent au pluriel*] : *suivre la ~ d'un animal* to follow an animal's tracks **2** (*information, de course*) track : *Mets-moi sur la ~.* Put me on the right track. ◊ *une ~ en plein air/couverte* an outdoor/indoor track **3** (*Aeronaut*) runway [*pl* runways] LOC **être sur la piste de** to be on *sb's* trail **piste cyclable** cycle lane **piste de danse** dance floor **piste de patinage** ice rink/skating rink **piste de ski** ski slope *Voir aussi* SKI

pistolet *nm* gun, pistol LOC **pistolet à air comprimé** air gun

piston *nm* **1** (*Mécan*) piston **2** (*contact*) contacts [*pl*] : *Ils ont réussi grâce à leur ~.* It was thanks to their contacts that they passed. LOC **avoir du piston** to be well connected

pistonné, -e *pp, adj* : *être ~* to be well in *Voir aussi* PISTONNER

pistonner *vt* to pull strings **for *sb***

piteux, -euse *adj* sorry LOC **dans un/en piteux état** in a sorry state

pitié *nf* **1** (*compassion*) pity : *avoir de la ~ pour qn* to take pity on sb **2** (*miséricorde*) mercy (***on sb***) LOC **par pitié !** for God's sake! **sans pitié** heartless

pitoyable *adj* pitiful

pitre *nm* clown LOC **faire le pitre** to clown around

pitrerie *nf* LOC **faire des pitreries** to play the fool : *Tu fais toujours des ~s.* You're always playing the fool.

pittoresque *adj* picturesque : *un paysage ~* a picturesque landscape

pivot *nm* pivot

pivoter *vi* **1** (*personne, animal*) to pivot **2** (*porte*) to rotate **3** (*chaise de bureau*) to swivel

pizza *nf* pizza

placage *nm* **1** (*en métal*) plating **2** (*en bois*) veneer

placard *nm* cupboard LOC **placard à balais/de cuisine** broom/kitchen cupboard

place *nf* **1** (*espace*) room : *Il y a de la ~ ?* Is there any room? ◊ *Est-ce que ça prend beaucoup de ~ ?* Does it take up much room? ◊ *Il y a de la ~ dans ma valise pour ton pull.* There's room for your jumper in my suitcase. **2** (*dans un cours*) place : *Il n'y a plus de ~s.* There are no places left. **3** (*cinéma, autobus*) seat : *Est-ce qu'il reste des ~s dans l'autobus ?* Are there any seats left on the bus? **4** (*rang, lieu spécifique*) place : *Le cycliste français est en première ~.* The French cyclist is in first place. ◊ *L'équipe de France est arrivée en dernière ~.* The French team came last. **5** (*emploi*) post **6** (*d'une ville*) square : *la ~ principale* the main square LOC **à ta place** if I were you : *À ta ~ je n'irais pas.* I wouldn't go if I were you. ◊ *À ta ~, j'accepterais l'invitation.* If I were you, I'd accept the invitation. **faire de la place** to make room *(for sb/sth)* **mettre en place** to introduce *sth* : *Ils veulent mettre un nouveau système en ~.* They want to introduce a new system. *Voir aussi* REPRENDRE

placé, -e *pp, adj* (*à un endroit*) positioned : *Il est mal ~.* He is badly positioned. ◊ *quelqu'un de haut ~* somebody at the top LOC **être bien placé pour** to be in a position *to do sth* *Voir aussi* HAUT ; *Voir aussi* PLACER

placement *nm* (*investissement*) investment

placer ◆ *vt* **1** (*gén*) to put : *Je l'ai placé juste à côté de ta photo.* I put it just next to your photo. ◊ *Ils ont placé leur père dans une maison de retraite.* They put their father in a home. **2** (*travail*) to find *sb* a job (***with sb***) **3** (*argent*) to put *sth* ***into sth*** : *~ ses économies sur un compte d'épargne* to put your savings into a savings account ◆ **se placer** *v pron* **1** (*se mettre*) to stand : *Place-toi* *là-bas.* Stand over there. **2 se ~ (comme)** to get a job (**as** ***sth***)

placide *adj* placid

plafond *nm* ceiling : *Il y a une plaque d'humidité au ~.* There's a damp patch on the ceiling. LOC *Voir* SAUTER

plage *nf* **1** (*de sable*) beach : *Nous avons passé la journée à la ~.* We spent the day on the beach. **2** (*disque*) track

plagiat *nm* plagiarism

plagier *vt* to plagiarize

plaider *vt, vi* ~ **(pour/contre)** to plead (**for/against** ***sb/sth***)

plaie *nf* **1** (*blessure*) wound **2** (*chose, personne*) : *Quelle ~ !* What a pain!

plaignant, -e *nm-nf* plaintiff

plaindre ◆ *vt* to feel sorry for *sb* ◆ **se plaindre** *v pron* **se ~ (de)** to complain, to moan (*plus fam*) (**about** ***sb/sth***)

plaine *nf* plain

plainte *nf* **1** (*d'un malade, d'un animal blessé*) moan **2** (*contre une personne*) complaint LOC *Voir* PORTER

plaintif, -ive *adj* plaintive

plaire *vi* ~ **à** (*être au goût de qn*) to please *sb*, to like *sb/sth* [*vt*] : *Il essaie de ~ à tout le monde.* He tries to please everyone. ◊ *Il est plutôt difficile de leur ~.* They're rather hard to please. ◊ *Tu as beaucoup plu à ma mère.* My mother really liked you. ◊ *Cette fille me plaît beaucoup.* I really like that girl. LOC **s'il te/vous plaît** please

plaisance *nf* sailing : *bateaux de ~* pleasure boats

plaisant, -e *adj* pleasant

plaisanter *vi* to joke : *Ne fais pas attention, il plaisante.* Don't take any notice, he's only joking. ◊ *Arrête de ~.* Stop joking. LOC **pour plaisanter** jokingly **tu plaisantes !** you must be joking! : *Te la donner ? Tu plaisantes !* Give it to you? You must be joking!

plaisanterie *nf* joke : *Elle nous a fait rire avec ses ~s.* She made us laugh with her jokes. ◊ *une ~ de bon/mauvais goût* a joke in good/poor taste LOC **faire des plaisanteries** to make jokes **la plaisanterie a assez duré !** the joke has gone on long enough! **plaisanterie à part** joking apart

plaisir *nm* pleasure : *J'ai le ~ de vous présenter M. Ansel.* It is my pleasure to introduce Mr Ansel. LOC **ça m'a, t'a, etc. fait vraiment plaisir** I was, you were, etc. delighted *with sth/to do sth* **prendre plaisir à** to take pleasure *in sth/doing sth* : *Il prend ~ à torturer cette pauvre bête.* He takes pleasure in torturing that poor animal. *Voir aussi* VARIER

plan, -e ◆ *adj* flat : *une superficie plane* a flat surface ◆ *nm* **1** (*gén, Archit*) plan : *J'ai changé mes ~s.* I've changed my plans. **2** (*niveau*) level : *Les maisons sont construites sur des ~s différents.* The houses are built on different levels. ◊ *sur le ~ personnel* on a personal level **3** (*ville, métro*) map **4** (*Cin*) shot LOC *Voir* PREMIER, RELÉGUER

planche *nf* **1** (*de bois*) plank : *un pont construit avec des ~s* a bridge made from planks **2** (*illustration*) plate : *~s en couleur* colour plates LOC **planche à repasser** ironing board **planche à roulette** skateboard

plancher *nm* floor

planer *vi* to glide

planétaire *adj* planetary

planète *nf* planet LOC *Voir* RÉCHAUFFEMENT

planeur *nm* glider

planificateur, -trice *nm-nf* planner

planification *nf* planning

planifier *vt* to plan : *~ son évasion* to plan your escape

planning *nm* schedule LOC **planning familial** family planning

planque *nf* **1** (*cachette*) hideaway **2** (*travail*) cushy job

plant *nm* seedling

plantation *nf* plantation

plante *nf* plant LOC **plante du pied** sole **plante grimpante** creeper **plante verte** house plant

planter ◆ *vt* **1** (*gén*) to plant **2** (*couteau*) to stick *sth* ***into sb/sth*** : *Il a planté le couteau dans la table.* He stuck the knife into the table. **3** (*mettre*) to place : *~ une bouteille sur la table* to place a bottle on the table ◊ *J'ai planté un baiser sur son front.* I placed a kiss on his forehead. ◆ **se planter** *v pron* **1** (*se tenir debout*) to stand : *Il s'est planté juste devant moi.* He came and stood just in front of me. **2** (*échouer*) to mess up : *Elle s'est plantée à l'oral.* She messed up the oral.

planteur, -euse *nm-nf* planter

plantureux, -euse *adj* lush

plaque *nf* **1** (*Phot, Géol*) plate : *~s d'acier* steel plates ◊ *La ~ à l'entrée indique « dentiste ».* The plate on the door says 'dentist'. **2** (*commémorative*) plaque

plaqué, -e *pp, adj* **1** (*métal*) plated **2** (*bois*) veneered : *~ acajou* with a mahogany veneer LOC **plaqué or/**

argent gold-plated/silver-plated *Voir aussi* PLAQUER

plaquer *vt* **1** (*Rugby*) to tackle **2** (*métal*) to plate *sth* (**with** ***sth***) **3** (*bois*) to veneer

plastifier *vt* to laminate

plastique ◆ *adj* plastic ◆ *nm* plastic : *un container en ~* a plastic container ◊ *Couvre-le avec une feuille de ~.* Cover it with a plastic sheet. LOC *Voir* ART, CHIRURGIE, VERRE

plat, -e ◆ *adj* flat ◆ *nm* **1** (*récipient, mets*) dish : *un ~ typique du pays* a national dish ◊ *un ~ d'étain* a tin dish **2** (*élément d'un repas*) course : *le ~ de résistance* the main course LOC **à plat 1** (*horizontalement*) flat : *poser qch à ~* to lay sth flat ◊ *dormir à ~* to sleep without a pillow **2** (*pneu, batterie*) flat **3** (*personne*) run-down **faire du plat** to butter *sb* up **pas de quoi en faire un plat** nothing to write home about **plat cuisiné** ready meal **plat principal** main course : *Qu'est-ce que vous prendrez en ~ principal ?* What would you like as a main course? *Voir aussi* ASSIETTE, EAU

platane *nm* plane tree

plateau *nm* **1** (*pour servir*) tray [*pl* trays] **2** (*Géog*) plateau [*pl* plateaus/ plateaux] **3** (*de cinéma*) set LOC **plateau à fromage** cheeseboard

plate-forme *nf* platform

platine ◆ *nm* platinum ◆ *nf* deck

platitude *nf* platitude

platonique *adj* platonic

plâtre *nm* plaster : *J'ai le bras dans le ~.* My arm's in plaster. LOC *Voir* BATTRE

plâtré, -e *pp, adj* in plaster : *J'ai le bras ~.* My arm's in plaster. *Voir aussi* PLÂTRER

plâtrer *vt* **1** (*mur*) to plaster **2** (*Méd*) to put *sth* in plaster : *Ils m'ont plâtré la jambe.* They put my leg in plaster.

plausible *adj* plausible

plébiscite *nm* plebiscite

plein, -e *adj* ~ **(de) 1** (*rempli*) full (**of** ***sth***) : *~s pouvoirs* full powers ◊ *Cette pièce est pleine de fumée.* This room is full of smoke. **2** (*couvert*) covered **in/with** ***sth*** : *Le plafond était ~ de toiles d'araignées.* The ceiling was covered in cobwebs. **3** (*de nombreux*) a lot **of** ***sth*** : *Il a ~ de renseignements à ce sujet.* He has a lot of information on this subject. LOC **à plein temps** full time : *Ils cherchent quelqu'un à ~ temps.* They're looking for someone to work full time. **en plein...** (right) in the middle of... : *en ~ hiver* in the middle of winter ◊ *en ~ centre de la ville* right in the centre of the city **en plein air** in the open air : *un concert en ~ air* an open-air concert **en plein jour** in broad daylight **être en pleine forme** to be in peak condition **être plein à craquer** to be packed : *Le supermarché était ~ à craquer.* The supermarket was packed. **être plein aux as** (*avoir de l'argent*) to be rolling in it **plein d'entrain** lively **se faire plein de fric** to make a packet : *Ils se sont fait ~ de fric en vendant des glaces.* They've made a packet selling ice cream. **s'en mettre plein la panse** (*manger beaucoup*) to stuff yourself *Voir aussi* COMPRÉHENSION, GRÉ, LUNE, MORDRE

pleinement *adv* fully

pleurer *vi* **1** ~ **(de)** (*gén*) to cry (**with** ***sth***) : *Ne pleure pas.* Don't cry. ◊ *~ de joie/rage* to cry with joy/rage **2** (*yeux*) to water : *J'ai les yeux qui pleurent.* My eyes are watering. LOC **pleurer à chaudes larmes** to cry your eyes out

pleureur *adj* LOC *Voir* SAULE

pleurnicher *vi* **1** (*pleurer*) to snivel **2** (*geindre*) to whine

pleurnicheur, -euse *adj, nm-nf* **1** (*geignard*) whinger **2** (*qui pleure à tout propos*) crybaby [*pl* crybabies] : *Ne sois pas si ~.* Don't be such a crybaby.

pleurs *nm* tears

pleuvoir *v impers* to rain : *Est-ce qu'il pleut ?* Is it raining? LOC **pleuvoir à verse** to pour : *Il pleut à verse.* It's pouring. **pleuvoir des cordes/des hallebardes** to pour down

pli *nm* **1** (*gén*) fold : *Le tissu tombait en formant des ~s.* The material hung in folds. **2** (*jupe*) pleat **3** (*papier, pantalon*) crease **4** (*Cartes*) trick : *J'ai fait trois ~s.* I won three tricks. LOC *Voir* MISE

pliant, -e ◆ *adj* folding : *une table pliante* a folding table ◆ *nm* folding stool

plier ◆ *vt* **1** (*faire un pli*) to fold : *~ un papier en huit* to fold a piece of paper into eight **2** (*courber*) to bend : *~ le genou/une barre de fer* to bend your knee/an iron bar ◆ **se plier** *v pron* **1** (*être pliant*) to fold **2** (*se tordre*) to bend LOC **être plié (en deux/en quatre) 1** (*de rire*) to be doubled up with laughter **2** (*de douleur*) to be bent double **se plier en quatre** to bend over backwards (*to do sth*) : *Il se plie en quatre pour lui faire plaisir.* He bends over backwards to please her.

plinthe *nf* **1** (*mur*) skirting board **2** (*statue*) plinth

plisser ◆ *vt* **1** (*tissu*) to pleat **2** (*nez*) to wrinkle ◆ **se plisser** *v pron* (*vêtement*) to crease : *Cette robe se plisse facilement.* This dress creases easily.

plomb *nm* **1** (*métal*) lead **2** (*Électr*) fuse : *Les ~s ont sauté.* The fuses have blown. **3** (*de chasse*) pellet **4** (*pour sceller*) seal **LOC** *Voir* CARABINE, ESSENCE

plombage *nm* filling : *Un de mes ~s a sauté.* I've lost a filling. ◊ *J'ai trois ~s à me faire faire.* I've got to have three fillings.

plomber *vt* (*dent*) to fill

plomberie *nf* plumbing

plombier *nm* plumber

plongée *nf* diving : *faire de la ~* to go diving **LOC** **plongée sous-marine** scuba-diving *Voir aussi* COMBINAISON

plongeoir *nm* diving board : *sauter du ~* to dive from the board

plongeon *nm* dive

plonger ◆ *vi* to dive ◆ *vt* ~ **dans** to plunge *sth* **in/into** ***sth*** : *~ les légumes dans l'eau bouillante.* Plunge the vegetables into boiling water. ◆ **se plonger** *v pron* **se ~ dans** to bury yourself **in** ***sth*** : *Il se plonge tous les soirs dans son roman.* Every evening he buries himself in his novel.

plongeur, -euse *nm-nf* diver **LOC** **plongeur sous-marin** scuba-diver

plouf *nm, excl* splash : *faire ~* to make a splash

ployer *vt, vi* to bend : *~ le genou* to bend your knee ◊ *La planche ployait sous le poids.* The plank bent under the weight.

pluie *nf* **1** (*gén*) rain : *Ces bottes sont parfaites pour la ~.* These boots are perfect for the rain. ◊ *un jour de ~* a rainy day ◊ *sous la ~* in the rain **2** ~ **de** (*billets, cadeau*) shower **of** ***sth*** **3** ~ **de** (*balles, insultes*) hail **of** ***sth*** **LOC** **pluie radioactive** radioactive fallout **pluie torrentielle** downpour : *Quelle ~ torrentielle !* What a downpour! **pluies acides** acid rain [*indénombrable*] *Voir aussi* CHUTE, EAU

plumage *nm* plumage [*indénombrable*]

plume *nf* feather : *un matelas de ~s* a feather mattress

plumeau *nm* feather duster

plumer *vt* **1** (*oiseau*) to pluck **2** (*personne*) to fleece

plupart *nf* **la ~ de** most (**of**)... : *dans la ~ des cas* in most cases ◊ *la ~ du temps* most of the time ☛ *Voir note sous* MAJORITY **LOC** **pour la plupart** for the most part

pluriel, -ielle *adj, nm* plural

plus ◆ *adv*

- **marquant un comparatif de supériorité** more (***than sb/sth***) : *Londres est ~ grand que Paris.* London is bigger than Paris. ◊ *Elle est ~ grande/intelligente que moi.* She's taller/more intelligent than me. ◊ *Tu as voyagé ~ que moi.* You have travelled more than me/than I have. ◊ *~ de quatre semaines* more than four weeks ◊ *durer ~ longtemps* to last longer ◊ *Il est ~ de deux heures.* It's gone two. ◊ *~ grand que cela n'en a l'air* bigger than it looks
- **marquant un superlatif de supériorité** most : *le magasin qui a vendu le ~ de livres* the shop that has sold most books ◊ *le ~ vieux bâtiment de la ville* the oldest building in the town ◊ *le ~ agréable de tous* the nicest one of all

> Lorsqu'on emploie le superlatif pour comparer deux objets ou deux personnes, on utilise **more** ou **-er**. Comparer les phrases suivantes : *Quel est le lit le plus confortable (des deux) ?* Which bed is more comfortable? ◊ *Quel est le lit le plus confortable de la maison ?* Which is the most comfortable bed in the house?

◆ *nm, prép* (*Math*) plus : *Deux ~ deux égalent quatre.* Two plus two is four. **LOC** **de plus** spare : *Ne t'inquiète pas, j'ai un stylo de ~.* Don't worry. I've got a spare pen. **des plus...** really : *un visage des ~ antipathiques* a really nasty face **en plus** **1** (*aussi*) also : *On l'accuse en ~ de fraude.* He's also accused of fraud. **2** (*et qui plus est*) (and) what's more : *En ~, je ne pense pas qu'il viendront.* What's more, I don't think they'll come. **3** (*table, lit*) spare **en plus de** as well as **ne... plus** : *Je n'habite ~ là.* I don't live there any more. **ne plus avoir de** : *Je n'ai ~ de monnaie.* I've run out of change. **non plus** (*en négation*) neither, nor, either : *« Je n'ai pas vu ce film. — Moi non ~. »* 'I haven't seen that film.' 'Neither have I./Me neither./Nor have I.' ◊ *« Je ne l'aime pas. — Moi non ~. »* 'I don't like it.' 'Nor do I./Neither do I./I don't either. ◊ *Je n'y suis pas allé non ~.* I didn't go either. ☛ *Voir note sous* NEITHER **on ne peut plus...** : *Nous avons crié on ne peut ~ fort.* We shouted as loud as we could. **pas un mot, un jour, etc. de plus** not another word, day, etc. **plus/moins... plus/moins...** the more/the less... the more/the less... : *~ il en a, ~ il en demande.* The more he has, the more he wants. ◊ *~ j'y pense, moins je* *comprends.* The more I think about it, the less I understand. **plus ou moins** more or less **qui plus est** what's more ☛ Les autres expressions formées avec **plus** sont traitées sous le verbe, l'adjectif, etc. correspondant : pour **ne plus s'y retrouver**, par exemple, voir RETROUVER.

plusieurs *adj, pron* several : *à ~ reprises* on several occasions ◊ *Il y a ~ possibilités.* There are several possibilities. ◊ *Cela concerne ~ d'entre vous.* This concerns several of you. ◊ *~ centaines de personnes* several hundred people

Pluton *n pr* Pluto

plutonium *nm* plutonium

plutôt *adv* rather : *Il est ~ laid, mais très sympathique.* He's rather ugly, but very nice. ☛ *Voir note sous* FAIRLY, RATHER LOC **plutôt, oui !** too right!

pluvieux, -ieuse *adj* **1** (*région, saison*) wet **2** (*jour, temps*) rainy

pneu *nm* tyre

pneumatique *adj* pneumatic LOC *Voir* CANOT, MATELAS

pneumonie *nf* pneumonia [*indénombrable*] : *attraper une ~* to catch pneumonia

poche *nf* **1** (*gén*) pocket : *C'est dans la ~ de mon manteau.* It's in my coat pocket. ◊ *une ~ d'air* an air pocket **2** (*déformation*) : *Mon pantalon fait des ~s aux genoux.* My trousers are baggy at the knees. **3 poches** (*sous les yeux*) bags : *J'avais des ~s sous les yeux ce matin.* I had bags under my eyes this morning. LOC **de poche** pocket(-sized) : *guide de ~* pocket guide *Voir aussi* ARGENT, CONNAÎTRE, LAMPE, LANGUE, LIVRE

pocher ◆ *vt* to poach : *Deux œufs pochés, s'il te plaît !* Two poached eggs, please! ◆ *vi* (*vêtement*) to go baggy

pochette *nf* **1** (*disque*) sleeve **2** (*sac à main*) bag

podologie *nf* chiropody

podologue *nmf* chiropodist

poêle ◆ *nm* stove ◆ *nf* frying pan ☛ *Voir illustration sous* SAUCEPAN

poème *nm* poem

poésie *nf* poetry : *la ~ lyrique* lyric poetry

poète, poétesse *nm-nf* poet

poétique *adj* poetic

poids *nm* weight : *gagner/perdre du ~* to put on/lose weight ◊ *vendre qch au ~* to sell sth by weight ◊ *~ brut/net* gross/net weight LOC **avoir un poids sur la conscience** to feel guilty : *J'ai un ~ sur la conscience.* I feel guilty. **de poids** (*fig*) **1** (*personne*) influential **2** (*sujet*) weighty **poids mort** dead weight *Voir aussi* LANCER

poignant, -e *adj* poignant

poignard *nm* dagger LOC **coup de poignard** stab : *donner un coup de ~ à qn* to stab sb

poignarder *vt* to stab

poignée *nf* **1** (*tiroir, porte, parapluie*) handle ☛ *Voir illustration sous* HANDLE **2** (*quantité*) handful : *une ~ de riz* a handful of rice

poignet *nm* **1** (*Anat*) wrist : *se casser le ~* to break your wrist **2** (*de protection*) wristband **3** (*chemise*) cuff

poil *nm* **1** (*individuel*) hair **2** (*pelage*) coat : *Ce chien a un ~ soyeux.* That dog has a silky coat. LOC **à un poil près** by a whisker **être à poil** to be stark naked **être au poil** to be fantastic **être de bon/mauvais poil** to be in a good/bad mood

poilu, -e *adj* hairy : *des bras ~s* hairy arms

poinçon *nm* hallmark

poinçonner *vt* **1** (*billet*) to punch **2** (*marquer*) to hallmark

poing *nm* fist LOC **coup de poing** punch : *donner un coup de ~ à qn* to punch sb

point *nm* **1** (*gén*) point : *Passons au ~ suivant.* Let's go on to the next point. ◊ *Nous avons perdu par deux ~s.* We lost by two points. **2** (*marque, Informatique*) dot **3** (*signe de ponctuation*) full stop ☛ *Voir pp. 404-405.* **4** (*degré*) extent : *Jusqu'à quel ~ ceci est-il vrai ?* To what extent is this true? **5** (*Couture, Méd*) stitch : *Ils m'ont fait trois ~s.* I had three stitches. LOC **à point** (*viande*) medium rare **au point mort** at a standstill : *Les travaux sont au ~ mort depuis deux mois.* The work has been at a standstill for two months. **être sur le point de faire qch 1** (*gén*) to be about to do sth : *Il est sur le ~ de terminer.* It's about to finish. **2** (*pour peu*) to nearly do sth : *Il était sur le ~ de perdre la vie.* He nearly lost his life. **point à la ligne** new paragraph **point d'ébullition/de fusion** boiling point/melting point **point de côté** stitch : *Si je continue à courir je vais avoir un ~ de côté.* I can't run any further or I'll get a stitch. **point de repère** landmark **point de vue** point of view **point d'exclamation** exclamation mark ☛ *Voir pp. 404-405.* **point d'interrogation** question mark ☛ *Voir pp. 404-405.* **point faible** weak point **point final** full stop **point mort 1** (*voiture*) neutral

2 (*négotiations*) deadlock **point noir** blackhead **points de suspension** dot dot dot **un point c'est tout !** and that's that! *Voir aussi* CERTAIN, HAUT, MISE

pointe *nf* **1** (*couteau, crayon*) point **2** (*technologie*) high-tech : *industries de ~* high-tech industries **3 pointes** (*Danse*) points : *faire des ~s* to dance on points LOC **en pointe** pointed **sur la pointe des pieds** on tiptoe : *marcher sur la ~ des pieds* to walk on tiptoe ◊ *Je suis entré/sorti sur la ~ des pieds.* I tiptoed in/out. *Voir aussi* HEURE, TECHNOLOGIE

pointer ◆ *vt* to point *sth* **at sb/sth** ◆ *vi* **1** (*à l'arrivée*) to clock in **2** (*au départ*) to clock off ◆ **se pointer** *v pron* to turn up : *Il se pointe quand il veut.* He turns up whenever he feels like it.

pointillé, -e ◆ *pp, adj ~* **(de)** dotted (**with** *sth*) ◆ *nm* dotted line : *à détacher suivant le ~* tear along the dotted line

pointilleux, -euse *adj ~* **(sur)** fussy (**about** *sth*)

pointu, -e *adj* pointed

pointure *nf* : *Quelle est ta ~ ?* What size shoe do you take?

point-virgule *nm* semi-colon ☛ *Voir pp. 404-405.*

poire *nf* **1** (*fruit*) pear **2** (*personne naïve*) sucker : *C'est une vraie ~.* He's a real sucker. LOC *Voir* FENDRE

poireau *nm* leek LOC **faire le poireau** to hang about

poirier *nm* pear tree LOC **faire le poirier** to do a headstand

pois *nm* **1** (*Bot*) pea **2** (*tissu*) polka dot : *une jupe à ~* a polka-dot skirt LOC **pois chiche** chickpea *Voir aussi* PETIT

poison *nm* **1** (*substance*) poison **2** (*personne*) pest : *Cet enfant est un ~.* This child's a pest.

poisse *nf* jinx : *avoir la ~* to be jinxed ◊ *porter la ~ à qn* to put a jinx on sb

poisseux, -euse *adj* sticky

poisson *nm* **1** (*gén*) fish [*pl* fish] : *Je vais acheter du ~.* I'm going to buy some fish. ◊ *C'est un type de ~.* It's a kind of fish. ◊ *~ d'eau douce* freshwater fish **2 Poissons** (*Astrologie*) Pisces ☛ *Voir exemples sous* AQUARIUS LOC **poisson d'avril** April fool : *faire un ~ d'avril à qn* to play an April fool on sb **poisson rouge** goldfish [*pl* goldfish] *Voir aussi* CROQUETTE, GRIL ☛ *Voir note sous* FISH

poissonnerie *nf* fishmonger's [*pl* fishmongers] ☛ *Voir note sous* BOUCHERIE

poissonnier, -ière *nm-nf* fishmonger

poitrine *nf* **1** (*gén*) chest : *J'ai un rhume de ~.* I've got a cold on my chest. **2** (*de femme*) bust

poivre *nm* pepper LOC *Voir* GRAIN

poivron *nm* pepper LOC **poivron rouge/vert** red/green pepper

poker *nm* poker

polaire *adj* polar LOC *Voir* CERCLE

pôle *nm* pole : *le ~ Nord/Sud* the North/South Pole LOC **pôle magnétique** magnetic pole

polémique ◆ *adj* controversial ◆ *nf* controversy [*pl* controversies]

poli, -e *pp, adj* polite *Voir aussi* POLIR

police *nf* **1** (*force de l'ordre*) police [*pl*] : *La ~ est en train d'étudier le cas.* The police are investigating the case. **2** (*d'assurance*) policy [*pl* policies] : *souscrire à une ~* to take out a policy LOC **police militaire** military police **police municipale** local police *Voir aussi* AGENT, CORDON, INSPECTEUR

policier, -ière *adj* police officer

Beaucoup de gens de nos jours évitent d'employer le suffixe **-man** dans des mots qui désignent un travail ou un poste comme **sportsman**, **policeman** ou **salesman**, à moins qu'on ne parle d'un homme en particulier. De nombreux mots tels que **sportsperson**, **police officer** ou **salesperson** permettent de ne pas préciser le sexe de la personne. *Voir aussi les notes sous* ACTRICE, POMPIER.

LOC *Voir* FILM, LITTÉRATURE

polio *nf* polio

polir *vt* to polish

polisson, -onne ◆ *adj* naughty ◆ *nm-nf* rascal

politesse *nf* politeness

politicien, -ienne *nm-nf* politician : *un ~ de droite* a right-wing politician

politique ◆ *adj* political : *un parti ~* a political party ◆ *nf* **1** (*gén*) politics [*sing*] : *se mettre à la ~* to get involved in politics **2** (*position, programme*) policy [*pl* policies] : *la ~ extérieure* foreign policy LOC **homme/femme politique** politician : *un homme/une femme ~ de gauche* a left-wing politician

pollen *nm* pollen

polluant, -e ◆ *adj* polluting ◆ *nm* pollutant

polluer *vt* to pollute : *Les rejets de l'usine polluent la rivière.* Waste from the factory is polluting the river.

pollution *nf* pollution : *~ atmosphérique* atmospheric pollution

polo *nm* polo shirt
Pologne *nf* **la Pologne** Poland
polonais, -e ◆ *adj, nm* Polish : *parler ~* to speak Polish ◆ **Polonais, -e** *nm-nf* Pole : *les Polonais* the Poles
polyester *nm* polyester
polystyrène *nm* polystyrene
polyvalent, -e *adj* versatile
pommade *nf* ointment LOC **passer de la pommade à** to soft-soap *sb*
pomme *nf* apple LOC **pomme d'Adam** Adam's apple **pomme de pin** pine cone **pomme de terre** potato [*pl* potatoes] **pommes (de terre) frites** chips *Voir aussi* CHAUSSON, PURÉE, TOMBER
pommette *nf* cheekbone : *avoir les ~s saillantes* to have high cheekbones
pommier *nm* apple tree
pompe *nf* **1** (*Techn, essence*) pump **2** (*faste*) pomp LOC **pompe à air** air pump *Voir aussi* ENTREPRISE
pomper *vt* **1** (*aspirer*) to pump **2** (*copier*) to crib **3** (*être fatigué*) to wear *sb* out : *Je suis complètement pompé !* I'm completely worn out!
pompeux, -euse *adj* (*langage*) pompous
pompier *nm* **1** (*personne*) fireman/woman [*pl* firemen/women]

Noter que, bien que les termes **fireman** et **firewoman** existent, il est plus courant d'employer le mot **firefighter** qui s'applique aussi bien aux hommes qu'aux femmes.

2 les pompiers the fire brigade [*sing*] LOC *Voir* CASERNE
poncer *vt* to sand
ponctualité *nf* punctuality
ponctuation *nf* punctuation : *signes de ~* punctuation marks
ponctuel, -elle *adj* punctual

Punctual s'utilise surtout pour désigner la qualité : *Il est important d'être ponctuel.* It's important to be punctual. Quand on veut exprimer l'idée d'*arriver à l'heure* on emploie plutôt l'expression **on time** : *Essaie d'être ponctuel.* Try to get here on time.

ponctuer *vt* to punctuate
pondéré, -e *adj* level-headed
pondre *vt* to lay
poney *nm* pony [*pl* ponies]
pont *nm* **1** (*gén*) bridge : *un ~ suspendu* a suspension bridge **2** (*Navig*) deck : *monter sur le ~* to go up on deck LOC **faire le pont** to have a long weekend **pont aérien** shuttle service *Voir aussi* INGÉNIEUR
pont-levis *nm* drawbridge
pop *adj, nf* pop
pop-corn *nm* popcorn : *Tu veux du ~ ?* Would you like some popcorn?
populaire *adj* popular
populariser ◆ *vt* to popularize ◆ **se populariser** *v pron* to become popular
popularité *nf* popularity
population *nf* population : *la ~ active* the working population
porc *nm* **1** (*animal*) pig : *élevage de ~s* pig farming **2** (*viande*) pork : *longe de ~* loin of pork ☛ *Voir note sous* COCHON
porcelaine *nf* porcelain
porcelet *nm* piglet
porche *nm* porch
porcherie *nf* pigsty [*pl* pigsties] : *Ta chambre est une véritable ~.* Your room is a real pigsty.
pore *nm* pore
poreux, -euse *adj* porous
pornographie *nf* pornography
pornographique *adj* pornographic
port *nm* **1** (*avec infrastructure*) port : *un ~ commercial/de pêche* a commercial/fishing port **2** (*abri pour navires*) harbour : *un ~ naturel* a natural harbour **3** (*fait de porter*) wearing : *Le ~ de mini-jupes est interdit.* The wearing of miniskirts is prohibited. LOC *Voir* PERMIS
portable ◆ *adj* portable ◆ *nm* **1** (*téléphone*) mobile (phone) : *Je t'appelle de mon ~.* I'm calling you on my mobile. **2** (*ordinateur*) laptop LOC *Voir* TÉLÉPHONE
portail *nm* gate
portant, -e *adj* **1** (*de soutien*) load-bearing **2** (*santé*) : *Ils sont bien/mal ~s.* They are in good/poor health. LOC *Voir* BOUT
portatif, -ive *adj* portable : *une télévision portative* a portable television
porte *nf* **1** (*gén*) door : *la ~ principale/de derrière* the front/back door **2** (*ville, château*) gate LOC **de porte en porte** from door to door **porte coulissante/tournante** sliding/revolving door **porte d'embarcation** gate **porte d'entrée** main entrance **prendre la porte** to clear off *Voir aussi* BALAYER, BOUTON, FICHER, FLANQUER, JOURNÉE, PAS
porte-avions *nm* aircraft carrier
porte-bagages *nm* **1** (*vélo*) carrier **2** (*train*) luggage rack **3** (*voiture*) roof rack
porte-bébé *nm* **1** (*couffin*) carry-cot **2** (*sac kangourou*) sling

porte-bonheur ◆ *adj* lucky : *mon numéro* ~ my lucky number ◆ *nm* good-luck charm

porte-clés *nm* key ring

porte-documents *nm* briefcase ☛ *Voir illustration sous* BAGAGE

portée *nf* **1** (*arme, émetteur, télescope*) range : *missiles à moyenne* ~ medium-range missiles **2** (*décision*) impact **3** (*d'un animal*) litter **4** (*Mus*) staff LOC **à la portée de** within *sb's* reach **à portée de la main 1** (*pr*) at hand : *Est-ce que tu as un dictionnaire à* ~ *de la main ?* Have you got a dictionary at hand? **2** (*fig*) within your grasp : *La victoire était à* ~ *de la main.* Victory was within their grasp. **hors de la portée de** out of *sb's* reach

portefeuille *nm* wallet LOC *Voir* LIT

portemanteau *nm* **1** (*sur pied*) coat stand **2** (*crochet*) coat hook

portemine *nm* propelling pencil

porte-monnaie *nm* purse

porte-parapluie *nm* umbrella stand

porte-parole *nmf* spokesperson [*pl* spokespersons/spokespeople]

Les termes **spokesman** et **spokeswoman** existent également, mais on préfère employer **spokesperson** puisque le terme s'applique aussi bien aux hommes qu'aux femmes : *les porte-paroles de l'opposition* spokespersons for the opposition.

porter *vt* **1** (*transporter*) to carry : *Il lui a offert de* ~ *sa valise.* He offered to carry her suitcase. **2** (*vêtements, lunettes*) to wear : *Il portait un costume gris.* He was wearing a grey suit. ◊ *Je porte des chaussures plates.* I wear flat shoes. ◊ *Elle porte des lunettes.* She wears glasses. ◊ *Quel parfum est-ce que tu portes ?* What perfume do you wear? ☛ *Voir note sous* WEAR LOC **porter le chapeau** to carry the can **porter plainte** to complain : *Tu devrais* ~ *plainte puisqu'il ne marche pas.* This doesn't work so you ought to complain. *Voir aussi* DEUIL, GARANT, MALHEUR, ROUGE, TOAST, VOLONTAIRE

porte-savon *nm* soap dish

porte-serviettes *nm* towel rail

porteur, -euse ◆ *nm-nf* **1** (*possesseur*) holder : ~ *d'un passeport français* holder of a French passport **2** (*Méd*) carrier ◆ *nm* porter LOC *Voir* MÈRE

portier *nm* porter

portière *nf* door : *Ta* ~ *n'est pas bien fermée.* Your door isn't closed properly. LOC *Voir* CONDAMNATION

portion *nf* (*nourriture*) portion, helping (*plus fam*) : *une* ~ *de salade russe* a portion of Russian salad

porto *nm* port

portrait *nm* **1** (*peinture*) portrait **2** (*photo*) photograph **3** (*description*) portrayal LOC *Voir* ABÎMER

portrait-robot *nm* identikit picture

portugais, -e ◆ *adj, nm* Portuguese : *parler* ~ to speak Portuguese ◆ **Portugais, -e** *nm-nf* Portuguese man/woman [*pl* Portuguese men/women] : *les Portugais* the Portuguese

Portugal *nm* **le Portugal** Portugal

pose *nf* **1** (*manière*) pose **2** (*Phot*) exposure **3** (*Art*) sitting **4** (*carrelage, moquette*) laying : *Ils n'ont pris qu'une journée pour la* ~. It only took a day to lay the carpet. **5** (*appareil dentaire, serrure*) fitting

posé, -e *pp, adj* calm *Voir aussi* POSER

poser ◆ *vt* **1** (*objet*) to put *sth* (down) : ~ *qch par terre* to put sth on the ground ◊ *Elle a posé la main sur la table.* She put her hand on the table. **2** (*demander*) to ask : *Pourquoi est-ce que tu poses autant de questions ?* Why do you ask so many questions? **3** (*soulever*) to raise : *Le livre pose des questions très importantes.* The book raises very important issues. **4** (*bombe*) to plant **5** (*moquette*) to lay **6** (*papier peint*) to hang ◆ *vi* (*pour une photo*) to pose ◆ **se poser** *v pron* **se** ~ **(sur)** (*oiseaux, insectes*) to land (**on *sth***) LOC **poser sa candidature à** (*emploi*) to apply **for *sth*** **poser un lapin à** to stand *sb* up **se poser en catastrophe** to make an emergency landing

positif, -ive *adj* positive : *Le test était* ~. The test was positive.

position *nf* **1** (*du corps, rang*) position : *dormir dans une mauvaise* ~ to sleep in an awkward position ◊ *Ils ont fini en dernière* ~. They finished last. **2** (*attitude*) stance LOC *Voir* FEU

positionner *vt* to position

posséder *vt* to own

possessif, -ive *adj* possessive

possession *nf* **1** (*terre, maison*) ownership **2** (*arme, drogue*) possession

possibilité *nf* possibility [*pl* possibilities]

possible *adj* possible : *Il est* ~ *qu'ils soient déjà arrivés.* It's possible that they've already arrived. ◊ *Ce n'est pas* ~. It can't be true. LOC **faire tout son possible** to do your best *to do sth* **le moins/plus possible** as little/as much as possible **pas possible !** I don't believe it!

postal, -e *adj* postal : *service ~* postal service LOC *Voir* BOÎTE, CARTE, CODE, COLIS, MANDAT, TRAIN

poste ◆ *nf* **1** (*gén*) post : *commander qch par la ~* to order sth by post **2** (*bureau de poste*) post office : *Où est la ~ ?* Where's the post office? ◆ *nm* **1** (*emploi*) job : *postuler à un ~* to apply for a job ◊ *Sa femme a un bon ~.* His wife's got a good job. **2** (*fonction*) position : *occuper un ~ important dans la société* to have an important position in the firm **3** (*téléphone*) extension **4** (*commissariat*) police station LOC **des postes** postal : *grève/service des ~s* postal strike/service **mettre à la poste** to post *sth* : *mettre une lettre à la ~* to post a letter **poste de radio/télévision** radio/TV set **poste de secours** first-aid post *Voir aussi* BUREAU, CACHET

poster *vt* to post

postérieur, -e ◆ *adj* **1** ~ **(à)** (*date*) later (**than** ***sth***) : *~ à 1950* later than 1950 **2** (*événement*) subsequent : *un événement ~* a subsequent event ◆ *nm* bottom

postérité *nf* posterity

posthume *adj* posthumous

postiche ◆ *adj* false : *une barbe ~* a false beard ◆ *nm* toupee

post-scriptum *nm* postscript (*abrév* PS)

postuler *vt, vi* ~ **(à/pour) qch** to apply **for sth** : *Elle a postulé un emploi auprès d'IBM.* She applied for a job with IBM.

posture *nf* posture

pot *nm* **1** (*en faïence, en argile*) pot **2** (*en verre*) jar ☛ *Voir illustration sous* CONTAINER **3** (*chance*) luck : *avoir du ~* to be lucky **4** (*dans un café*) drink LOC **pot catalytique** catalytic converter **pot d'échappement** exhaust **pot de fleurs** flowerpot **prendre un pot** to have a drink *Voir aussi* DÉCOUVRIR, TOURNER

potable *adj* drinkable LOC *Voir* EAU

potage *nm* soup

potager *nm* vegetable garden LOC *Voir* JARDIN

potasser *vt* to swot up on *sth*

pot-au-feu *nm* beef stew

pot-de-vin *nm* bribe : *toucher des pots-de-vin* to accept/take bribes

pote *nm* mate

poteau *nm* pole : *~ télégraphique* telegraph pole LOC **poteau de but** (goal)post : *Le ballon a heurté le ~ de but.* The ball hit the post.

potence *nf* gallows [*pl* gallows]

potentiel, -ielle *adj* **1** (*gén*) potential **2** (*acheteur, revenu*) prospective

poterie *nf* pottery [*pl* potteries]

potier, -ière *nm-nf* potter

potins *nm* gossip [*indénombrable*]

potion *nf* potion

pot-pourri *nm* **1** (*pour parfumer*) pot-pourri **2** (*Mus*) medley [*pl* medleys]

pou *nm* louse [*pl* lice] LOC *Voir* LAID

poubelle *nf* **1** (*dans la maison*) bin **2** (*dans la rue*) litter bin **3** (*de bureau*) waste-paper basket ☛ *Voir illustration sous* BIN

pouce *nm* **1** (*de la main*) thumb **2** (*mesure*) inch (*abrév* in.) ☛ *Voir Appendice 1.* LOC **coup de pouce** boost : *Le beau temps a donné un coup de ~ au tourisme.* The good weather has given tourism a boost.

poudre *nf* powder [*indénombrable*] LOC **poudre à canon** gunpowder **prendre la poudre d'escampette** to rush off *Voir aussi* LAIT

poudrer *vt* to powder

poudrier *nm* compact

poudrière *nf* **1** (*entrepôt*) powder magazine **2** (*fig*) time bomb

pouf *nm* pouffe

poulailler *nm* **1** (*pour les poules*) hen house **2 le poulailler** (*Théâtre*) the gallery, the gods [*pl*] (*fam*)

poulain *nm* foal

> **Foal** est le nom générique. Pour ne parler que des poulains mâles, on dira **colt**. **Filly** s'emploie uniquement pour la femelle ; noter le pluriel : « fillies ».

poule *nf* hen LOC **poule mouillée** chicken : *Arrête d'être une telle ~ mouillée !* Don't be such a chicken! *Voir aussi* CHAIR, PAPA

poulet *nm* **1** (*animal*) chicken **2** (*police*) cop : *Les ~s arrivent.* The cops are coming.

poulie *nf* pulley [*pl* pulleys]

poulpe *nm* octopus [*pl* octopuses]

pouls *nm* pulse : *Tu as le ~ très faible.* You have a very weak pulse. ◊ *Le médecin m'a pris le ~.* The doctor took my pulse.

poumon *nm* lung LOC **poumon artificiel** iron lung

poupe *nf* stern

poupée *nf* doll : *une ~ de chiffon* a rag doll

pour *prép*

• **but** for : *Je ferais n'importe quoi ~ toi.* I'd do anything for you. ◊ *trop compliqué ~ moi* too complicated for me ◊ *faire* *qch ~ l'argent* to do sth for money ◊ *C'est ~ faire quoi ?* What do you want it for? ◊ *éprouver de l'affection ~ qn* to feel affection for sb ◊ *Votez ~ nous !* Vote for us!

• **lieu** (*destination*) for : *les voyageurs ~ Nice* passengers for Nice ◊ *partir ~ l'Afrique* to leave for Africa

• **temps 1** (*futur*) for : *J'en ai besoin ~ lundi.* I need it for Monday. **2** (*durée*) for : *~ quelques jours seulement* only for a few days ☛ *Voir note sous* FOR

• **cause** for : *Il a été mis à la porte ~ sa paresse.* He was sacked for being lazy.

• **en faveur de** for : *être ~ qn/qch* to be for sb/sth

• **+ inf** : *Je l'ai fait ~ ne pas te déranger.* I did it so as not to bother you. ◊ *Je me suis penché ~ le ramasser.* I bent down to pick it up. ◊ *~ ne pas le rater* so as not to miss it

• **autres constructions 1** (*à la place de*) : *signer ~ qn* to sign for sb ◊ *Elle ira ~ moi.* She'll go instead of me. **2** (*à partager entre*) between : *un livre ~ deux/trois élèves* one book between two/three students

• **+ adj/adv** however : *~ simple qu'il soit, le problème n'en demeure pas moins pressant.* Simple though it may be, the problem is still urgent. LOC **pour moi, toi, etc.** as far as I am, you are, etc. concerned **pour que...** so (that)... : *Je suis venu ~ que tu aies de la compagnie.* I came so (that) you'd have company. ◊ *Je les ai grondés ~ qu'ils ne recommencent pas.* I told them off so that they wouldn't do it again. **le pour et le contre** the pros and cons *Voir aussi* BALANCER, PESER

pourboire *nm* tip : *Je lui ai laissé trois euros de ~.* I left him three euros as a tip.

pourcentage *nm* percentage

pourchasser *vt* to pursue

pourpre *nm* crimson

pourquoi ◆ *adv* why : *~ n'est-il pas venu ?* Why didn't he come? ◊ *~ ça ?* Why? ◊ *~ pas ?* Why not? ◆ *nm* **le ~ (de)** the reason (**for *sth***) : *le ~ de la grève* the reason for the strike

pourri, -e *pp, adj* **1** (*fruit, organisme*) rotten : *une pomme/société pourrie* a rotten apple/society **2** (*viande*) off : *Le poisson était ~.* The fish was off. *Voir aussi* POURRIR

pourrir ◆ *vi* **1** (*végétaux*) to go rotten **2** (*viande*) to go off **3** (*personne*) to rot ◆ *vt* **1** (*à cause de l'humidité*) to rot **2** (*personne*) to spoil : *Le luxe l'avait pourri.* Luxury had spoilt him. **3** (*enfant*) to spoil *sb* rotten : *Sa grand-mère la pourrit complètement.* Her grandmother spoils her rotten.

poursuite *nf* **1** (*gén*) pursuit : *La police s'est mise à la ~ des voleurs.* The police went in pursuit of the robbers. **2** (*chasse*) chase **3** (*continuation*) continuation LOC **être à la poursuite de** to be after *sb/sth* *Voir aussi* ENGAGER, LANCER

poursuivre *vt* **1** (*gén*) to pursue : *~ une voiture/un objectif* to pursue a car/an objective **2** (*continuer*) to continue : *Ils ont poursuivi leur voyage jusqu'en Inde.* They continued their journey as far as India.

pourtant *adv* yet : *et ~...* and yet...

pourvoir ◆ *vt* **1** (*poste*) to fill **2** (*maison*) to fit *sth* out **with *sth*** ◆ **se pourvoir** *v pron* **se ~ de** to provide yourself **with *sth***

pourvu LOC **pourvu que 1** (*à condition que*) as long as : *Je le ferai ~ que tu me laisses tranquille.* I'll do it as long as you leave me in peace. **2** (*dans une exclamation*) : *~ qu'il fasse beau demain !* Let's hope it's nice tomorrow!

pousse *nf* shoot

poussée *nf* **1** (*pression*) pressure : *sous la ~ de l'eau* under the pressure of the water **2** (*Méd*) attack **of *sth*** LOC **poussée de fièvre** : *Elle a eu une ~ de fièvre.* She had a sudden high temperature.

pousser ◆ *vt* **1** (*gén*) to push : *Nous avons dû ~ la voiture jusqu'au garage.* We had to push the car to the garage. ◊ *Il faut le ~ pour qu'il étudie.* You have to push him to make him study. **2** (*charrette, vélo*) to wheel **3** (*encourager*) to encourage *sb* **to do *sth*** : *Sa famille l'a poussé à faire des études.* His family encouraged him to study. **4** (*obliger*) to drive *sb* **to do *sth*** : *La curiosité m'a poussé à entrer.* Curiosity drove me to enter. **5** (*cri*) to give : *~ un cri de douleur* to give a cry of pain **6** (*soupir*) to heave : *~ un soupir de soulagement* to heave a sigh of relief **7** (*recherches*) to pursue ◆ *vi* **1** (*plantes, cheveux, ongles*) to grow : *Comme tes cheveux ont poussé !* Hasn't your hair grown! **2** (*appuyer, bousculer*) to push : *Ne poussez pas !* Don't push! **3** (*exagérer*) : *Faut pas ~ !* That's going a bit far! ◆ **se pousser** *v pron* to move up/over : *Pousse-toi un peu que je puisse m'asseoir.* Move up a bit so I can sit down. LOC **se laisser pousser les**

cheveux, la barbe, etc. to grow your hair, a beard, etc.

poussette *nf* **1** (*d'enfant*) pushchair **2** (*à provisions*) trolley [*pl* trolleys]

poussière *nf* **1** (*saleté*) dust : *Il y a beaucoup de ~ sur l'étagère.* There's a lot of dust on the bookshelf. **2** (*grain de poussière*) speck of dust : *J'ai une ~ dans l'œil.* I've got a speck of dust in my eye. LOC **et des poussières** just over : *100 euros et des ~s* just over 100 euros *Voir aussi* CHIFFON

poussiéreux, -euse *adj* dusty

poussin *nm* chick

poutre *nf* **1** (*bois*) beam **2** (*métal*) girder

pouvoir[1] ◆ *vt* **1** (*gén*) can ***do sth***, to be able ***to do sth*** : *Il ne peut plus marcher depuis son accident.* He hasn't been able to walk since his accident. ◊ *Nous ne pourrons pas venir dimanche.* We can't come on Sunday. ◊ *Tu aurais pu prévenir !* You could have warned me! **2** (*avoir la permission*) can, may (*plus sout*) : *Puis-je parler à André ?* Can I talk to André? ◊ *Puis-je entrer ?* May I come in? ◊ *Vous ne pouvez pas fumer ici.* You can't smoke in here. **3** (*probabilité*) may, could, might

> **Could** et **might** expriment une probabilité moins sûre que **may** : *Ils peuvent arriver à tout moment.* They may arrive at any minute. ◊ *Cela pourrait être dangereux.* It could/might be dangerous.

◆ **se pouvoir** *v pron* : *Il se peut qu'il ait oublié.* He may have forgotten. ◊ *Cela se pourrait bien.* Maybe. LOC **ne plus en pouvoir 1** (*être fatigué*) to be exhausted **2** (*avoir trop mangé*) to be full **ne rien pouvoir à qch** : *Je n'y peux rien.* I can't do anything about it. **tu peux le dire !** you can say that again! ☛ Les autres expressions formées avec **pouvoir** sont traitées sous le nom, l'adjectif, etc. correspondant : pour **tu peux rêver**, par exemple, voir RÊVER. ☛ *Voir note sous* CAN[2], MAY

pouvoir[2] *nm* power : *prendre le ~* to seize power LOC **être au pouvoir** to be in power **le pouvoir exécutif/judiciaire/législatif** the executive/judiciary/legislature **les pouvoirs publics** the authorities **pouvoir d'achat** purchasing power

pragmatique *adj* pragmatic

pragmatisme *nm* pragmatism

prairie *nf* meadow

praticable *adj* **1** (*route*) passable, negotiable **2** (*idée*) feasible

praticien, -ienne *nm-nf* practitioner

pratiquant, -e *adj* practising : *Je suis catholique ~.* I'm a practising Catholic.

pratique ◆ *adj* **1** (*gén*) practical : *Il n'aimait pas beaucoup les travaux ~s.* He didn't like practical work very much. ◊ *Ce n'est pas ~ d'y aller en métro.* It's not practical to go by underground. **2** (*appareil, outil*) handy ◆ *nf* **1** (*gén*) practice : *C'est une ~ courante.* It's a common practice. **2** (*expérience*) practical experience : *Il manque encore de ~.* He still lacks practical experience. LOC **dans la pratique/en pratique** in practice **mettre en pratique** to put *sth* into practice

pratiquement *adv* **1** (*dans des phrases affirmatives*) practically : *Il a ~ terminé.* He's practically finished. **2** (*dans des phrases négatives*) hardly : *Je ne la vois ~ jamais.* I hardly ever see her. ◊ *Il ne reste ~ rien.* There's hardly anything left. ☛ *Voir note sous* NEARLY

pratiquer *vt* **1** (*gén*) to practise : *~ la médecine* to practise medicine **2** (*sport*) to play : *Est-ce que tu pratiques un sport ?* Do you play any sports?

pré *nm* meadow

préalable *adj* **1** (*gén*) previous : *expérience ~* previous experience **2** (*avis, discussion*) prior LOC **au préalable** beforehand *Voir aussi* CONDITION

préambule *nm* (*avant-propos*) introduction

préau *nm* (*d'école*) play area

préavis *nm* advance notice : *Il faut donner un mois de ~.* You have to give a month's notice. LOC **sans préavis** without prior warning

précaire *adj* **1** (*situation*) precarious **2** (*travail*) insecure

précaution *nf* precaution : *prendre des ~s* to take precautions LOC **avec précaution** cautiously **par précaution** as a precaution

précédent, -e *adj* previous

précéder *vt* to precede, to go/come before *sb/sth* (*plus fam*) : *L'adjectif précède le nom.* The adjective goes before the noun. ◊ *L'incendie fut précédé par une grande explosion.* The fire was preceded by a large explosion.

prêcher *vt, vi* to preach

précieux, -ieuse *adj* **1** (*objet, bijou*) precious **2** (*aide*) valuable LOC *Voir* PIERRE

précipice *nm* precipice

précipitation *nf* **1** (*hâte*) rush : *Dans ma ~, j'ai oublié mon sac.* I forgot my bag in the rush. **2 précipitations** (*pluie*) rainfall [*indénombrable*] : *des ~s abondantes* heavy rainfall

précipité, -e *pp, adj* (*décision, départ*) hasty *Voir aussi* PRÉCIPITER

précipiter ◆ *vt* **1** (*personne*) to push : *Il a précipité sa victime du haut de la falaise.* He pushed his victim off the top of the cliff. **2** (*objet*) to throw **3** (*départ*) to hasten ◆ **se précipiter** *v pron* **1** (*se jeter*) to throw yourself : *Le parachutiste s'est précipité dans le vide.* The parachutist threw hinself into space. **2** (*s'élancer, se dépêcher*) to rush : *La foule s'est précipitée vers la porte.* The crowd rushed towards the door. **3** (*s'accélérer*) to move faster : *Les choses se précipitent.* Things are moving faster.

précis, -e *adj* **1** (*clair*) precise : *Les instructions étaient très précises.* The instructions were very precise. **2** (*bien défini*) definite : *Nous n'avons pas fixé de date précise.* We haven't fixed a definite date. **3** (*exact*) exact : *à cet instant ~* at that exact moment ◊ *à 22 heures précises* at 10 o'clock exactly

précisément *adv* exactly : *C'est ~ pour cette raison que je ne veux pas qu'il vienne.* That's exactly why I don't want him to come.

préciser ◆ *vt* **1** (*lieu, date*) to specify **2** (*pensée*) to clarify ◆ **se préciser** *v pron* to become clearer : *Les choses se précisent.* Things are becoming clearer.

précision *nf* **1** (*exactitude*) accuracy **2** (*explication*) clarification : *J'aimerais vous demander quelques ~s.* I'd like you to clarify a few things. LOC **avec précision** accurately

précoce *adj* **1** (*enfant*) precocious **2** (*hiver*) early

préconçu, -e *adj* preconceived

précurseur *nm* forerunner

prédateur, -trice ◆ *adj* predatory ◆ *nm* predator

prédécesseur *nm* predecessor

prédiction *nf* prediction

prédire *vt* to predict

prédisposer *vt* to predispose

prédominant, -e *adj* predominant

prédominer *vt* to predominate

préfabriqué, -e *pp, adj* prefabricated

préface *nf* preface

préférable *adj* preferable LOC **être préférable** : *Il serait ~ de les prévenir.* It would be better to warn them.

préféré, -e *pp, adj, nm-nf* favourite *Voir aussi* PRÉFÉRER

préférence *nf* preference LOC **de préférence** preferably *Voir aussi* CONSOMMER

préférentiel, -ielle *adj* preferential

préférer *vt* to prefer *sb/sth* (**to sb/sth**) : *Je préfère le thé au café.* I prefer tea to coffee. ◊ *Je préfère étudier le matin.* I prefer to study in the morning. ◊ *Je préférerais qu'il ne vienne pas.* I'd prefer him not to come.

Lorsque l'on demande à une personne ce qu'elle préfère, on emploie **would prefer** lorsqu'il s'agit de choses et **would rather** lorsqu'il s'agit d'actions, par exemple : *Préférez-vous du thé ou du café ?* Would you prefer tea or coffee? ◊ *Tu préfères aller au cinéma ou regarder la télé ?* Would you rather go to the cinema or watch TV? Pour répondre à ce type de questions, on emploie **I would rather**, **he/she would rather**, etc. ou **I'd rather**, **he'd/she'd rather**, etc. : *« Tu préfères du thé ou du café ? — Je préfère du thé. »* 'Would you prefer tea or coffee?' 'I'd rather have tea, please.' ◊ *« Tu as envie de sortir ? — Non, je préfère rester à la maison ce soir. »* 'Would you like to go out?' 'No, I'd rather stay at home tonight.' Noter que **would rather** est toujours suivi de l'infinitif sans TO.

préfet *nm* prefect

préhistoire *nf* prehistory

préhistorique *adj* prehistoric

préjudice *nm* harm : *porter ~ à qn* to harm sb

préjugé *nm* prejudice

se prélasser *v pron* to lounge

prélèvement *nm* **1** (*argent*) debit **2** (*sang*) specimen LOC **prélèvement automatique** direct debit

prélever *vt* **1** (*somme*) to debit : *~ de l'argent sur un compte* to debit money from an account **2** (*échantillon*) to take : *~ du sang* to take a blood sample

préliminaire ◆ *adj* preliminary ◆ **préliminaires** *nm* preliminaries

prématuré, -e ◆ *adj* **1** (*bébé, décision*) premature **2** (*mort*) untimely ◆ *nm-nf* premature baby [*pl* premature babies]

préméditation *nf* premeditation LOC **avec préméditation** (*meurtre*) premeditated

premier, -ière ◆ *adj* (*gén*) first (*abrév* 1st) : *la première équipe* the first team ◆ *nm-nf* **1** (*gén*) first (one) : *Nous sommes partis les ~s.* We were the first (ones) to leave. ◊ *arriver le ~* to come first **2** (*meilleur*) top : *Tu es le ~ de la classe.*

You're top of the class. **3** (*date*) : *le ~ mai* the first of May ◆ **première** *nf* **1** (*École*) ☛ *Voir note sous* LYCÉE **2** (*automobile*) first (gear) : *passer en première* to change down to first **3** (*première classe*) first class : *voyager en première* to travel first class **4** (*Cin, Théâtre*) premiere LOC **à première vue** at first glance **de première nécessité** absolutely essential **en premier** first : *Je préfère faire mes devoirs en ~.* I'd rather do my homework first. **faire sa première communion** to take your first communion **le premier avril** ≈ April Fool's Day (*GB*) ☛ *Voir note sous* APRIL FOOL'S DAY **le premier de l'an** New Year's Day **Premier ministre** prime minister **premier plan** close-up **premiers soins** first aid [*indénombrable*] **premier venu** : *Elle est tombée amoureuse du ~ venu.* She fell in love with the first guy that came along. **prendre au premier degré** to take *sth* at face value *Voir aussi* MATIÈRE, NOMBRE, QUARTIER, TÊTE ;

premièrement *adv* firstly

prémonition *nf* premonition

prenant, -e *adj* absorbing

prénatal, -e *adj* antenatal

prendre ◆ *vt* **1** (*gén*) to take : *Prends autant de livres que tu veux.* Take as many books as you like. ◊ *Il a pris un dossier du tiroir.* He took a folder out of the drawer. ◊ *Les voleurs lui ont tout pris.* The thieves took everything. ◊ *Il m'a pris ma place.* He took my seat. ◊ *Je préfère ~ le bus.* I'd rather take the bus. ◊ *Je l'ai pris par le bras.* I took him by the arm. ◊ *J'ai décidé de ~ quelques jours de congé.* I've decided to take a few days off. ◊ *Ils ont bien pris la nouvelle.* They took the news well. **2** (*attraper, surprendre*) to catch : *Il s'est fait ~ en train de voler.* He was caught stealing. **3** (*manger, boire*) to have : *Qu'est-ce que tu vas ~ ?* What are you going to have? **4** (*trouver*) to get : *Je ne sais pas où elle a pris l'argent.* I don't know where she got the money from. **5** (*durée*) to take : *Ça m'a pris deux jours pour le réparer.* It took me two days to fix it. **6** (*occuper*) to take *sth* up : *Les enfants me prennent tout mon temps.* The children take up all my time. **7** (*personne, passager*) to pick *sb* up : *Je passerai te ~ à 2 heures.* I'll pick you up at 2 o'clock. **8** (*acheter*) to buy : *J'ai pris du pain/deux entrées.* I've bought some bread/two tickets. **9** (*emprunter*) to borrow : *Je peux ~ ta voiture ?* Can I borrow your car? **10** (*poids*) to put *sth* on, to gain (*plus sout*) : *J'ai pris trois kilos.* I've put on three kilos. **11** (*bain, douche*) to have **12** (*air, expression*) to take *sth* on, to assume (*plus sout*) **13** (*traiter*) to handle : *On ne sait pas comment la ~.* We don't know how to handle her. **14** ~ **pour** (*par erreur, volontairement*) to take *sb* **for sb** : *Je vous avais pris pour votre frère.* I took you for your brother. ◊ *Tu me prends pour un idiot ?* Do you take me for an idiot? ◊ *Pour qui tu me prends ?* Who do you take me for? ◆ *vi* **1** (*aller*) to turn : *Prenez à droite au carrefour.* Turn right at the crossroads. **2** (*crème, ciment*) to set **3** (*feu*) to light : *Ça ne prendra pas si le bois est mouillé.* It won't light if the wood's wet. ◆ **se prendre** *v pron* **1 se ~ (qch) (dans)** (*rester coincé*) to get (**sth**) caught (**in sth**) : *Je me suis pris le doigt dans la porte.* I got my finger caught in the door. ◊ *Ma chaussure s'est prise dans la grille.* My shoe has got caught in the grating. **2 se ~ pour** (*se considérer*) to think you are *sb* : *Pour qui il se prend ?* Who does he think he is? **3 s'en ~ à qn** (*s'attaquer à*) to pick **on sb** : *Il s'en prend toujours à sa sœur.* He always picks on his sister. LOC **qu'est-ce qui te/vous prend ?** what's got into you? **s'y prendre bien/mal** to go about it the right/wrong way ☛ Les autres expressions formées avec **prendre** sont traitées sous le nom, l'adjectif, etc. correspondant : pour **prendre le soleil**, par exemple, voir SOLEIL.

prénom *nm* first name ☛ *Voir note sous* MIDDLE NAME LOC *Voir* NOM

préoccupation *nf* concern

préoccupé, -e *pp, adj* preoccupied (**with sth**) *Voir aussi* PRÉOCCUPER

préoccuper ◆ *vt* to worry : *La santé de mon père me préoccupe.* My father's health worries me. ◆ **se préoccuper** *v pron* **se ~ (de)** to worry (**about sb/sth**) : *Ne te préoccupe pas de ça.* Don't worry about that.

préparatifs *nm* preparations

préparation *nf* preparation

préparer ◆ *vt* **1** (*gén*) to prepare, to get *sb/sth* ready (*plus fam*) (**for sth**) : *~ le dîner* to get supper ready ◊ *~ qn à un examen* to prepare sb for an exam **2** (*examen, concours*) to study **for sth** ◆ **se préparer** *v pron* **se ~ pour/à** to prepare, to get ready (*plus fam*) **for sth/to do sth** : *Il se prépare pour son examen.* He's preparing for his exam. ◊ *Je me préparais à sortir lorsque ma mère est arrivée.* I was getting ready to go out when my mother arrived.

préposition *nf* preposition

préretraite *nf* early retirement

prérogative *nf* prerogative

près *adv* near (by) : *Nous habitons tout ~.* We live very near by. LOC **à... près** ... or so : *Je l'ai raté à une minute ~.* I missed it by a minute or so. ◊ *Je ne suis pas à cinq minutes ~.* I can spare five minutes or so. ◊ *Nous ne sommes pas à dix euros ~.* We can spare ten euros. **à peu près** about : *Il est à peu ~ 2 heures.* It's about 2 o'clock. **de près 1** (*examiner*) closely : *Nous allons examiner cela de ~.* We're going to examine it closely. **2** (*voir*) close up : *Je ne vois pas bien de ~.* I can't see close up. **près de... 1** (*à peu de distance*) near... : *~ d'ici* near here ◊ *L'école est ~ de chez moi.* The school is near my house. **2** (*presque*) nearly... : *Le train a eu ~ d'une heure de retard.* The train was nearly an hour late. **tenir de près** to keep a tight rein on *sb* *Voir aussi* POIL, SUIVRE

présage *nm* omen

presbyte *adj* long-sighted

préscolaire *adj* pre-school : *enfants en âge ~* pre-school children

prescrire *vt* to prescribe

présence *nf* **1** (*gén*) presence : *Sa ~ me rend nerveux.* I get nervous when he's around. **2** (*à l'école, au travail*) attendance : *~ obligatoire* compulsory attendance LOC **en présence de** in the presence of *sb* **présence d'esprit** presence of mind

présent, -e ◆ *adj, nm-nf* ~ **(à)** present **(at *sth*)** [*adj*] : *les ~s* those present ◊ *parmi les personnes présentes à la réunion* among those present at the meeting ◆ *nm* (*gén, Gramm*) present LOC **à présent** at present **à présent que...** now that...

présentable *adj* presentable

présentateur, -trice *nm-nf* presenter

présentation *nf* **1** (*gén*) presentation : *La ~ est très importante.* Presentation is very important. **2 les présentations** the introductions : *Vous n'avez pas fait les ~s.* You haven't introduced us. **3** (*personne*) appearance : *Elle a une bonne ~.* She has a pleasant appearance.

présenter ◆ *vt* **1** ~ **qch (à qn)** (*gén*) to present **sb with sth** ; to present **sth (to sb)** : *~ une émission* to present a programme ◊ *Il présenta les preuves au juge.* He presented the judge with the evidence. **2** (*personne*) to introduce *sb* **(*to sb*)** : *Quand est-ce que tu vas nous la ~ ?* When are you going to introduce her to us? ◊ *Je vous présente mon mari.* This is my husband.

Les formules employées en anglais pour faire les présentations peuvent être plus ou moins soutenues, en fonction de la situation. Par exemple « John, meet Mary. » (*familier*); « Mrs Smith, this is my daughter Jane. » (*neutre*) ; « May I introduce you. Sir Godfrey, this is Mr Jones. Mr Jones, Sir Godfrey. » (*soutenu*). Une fois que vous avez été présenté, vous pouvez répondre « Hello » (*familier*), « Nice to meet you » (*neutre*), ou « How do you do ? » (*soutenu*). À la formule « How do you do ? » il faut répondre « How do you do ? ».

3 (*excuses, condoléances*) to offer **4** (*film, billet*) to show **5** (*démission*) to tender ◆ **se présenter** *v pron* **1** (*dire son nom*) to introduce yourself **2** (*venir*) to turn up : *Personne ne s'est présenté.* Nobody turned up. ◊ *Il s'est présenté au rendez-vous avec une heure de retard.* He turned up at the meeting place an hour late. **3 se ~ à** (*élection*) to stand **(for *sth*) 4 se ~ à** (*examen*) to sit *sth* : *Je ne me suis pas présenté à l'examen.* I didn't sit the exam. **5 se ~ à** (*pour un emploi*) to apply **for *sth* 6** (*occasion, situation*) to come up **7** (*affaire*) to look : *Les choses se présentent bien/mal.* Things look good/bad. LOC *Voir* EXCUSE

préservatif *nm* condom

préservation *nf* **1** (*patrimoine*) preservation **2** (*environnement*) conservation

préserver *vt* **1** (*gén*) to preserve **2** (*protéger*) to protect : *~ qch du froid/de la chaleur* to protect sth from the cold/the heat

présidence *nf* **1** (*État*) presidency [*pl* presidencies] **2** (*assemblée, société*) chairmanship

président, -e *nm-nf* **1** (*État*) president **2** (*club, société*) chairman/woman [*pl* chairmen/women]

On utilise souvent le terme **chairperson** [*pl* chairpersons] afin d'éviter toute forme de sexisme.

présidentiel, -ielle *adj* presidential LOC *Voir* ÉLECTION

présider *vt* (*assemblée*) to chair : *Le secrétaire présidera la réunion.* The secretary will chair the meeting.

présomption *nf* presumption

présomptueux, -euse *adj* presumptuous

presque *adv* **1** (*dans des phrases affirmatives*) almost, nearly : *Il a ~*

terminé. He has almost finished. ◊ *Je dirais ~ que...* I would almost say... ◊ *C'est ~ l'été.* Summer's nearly here. **2** (*dans des phrases négatives*) hardly : *Je ne la vois ~ jamais.* I hardly ever see her. ◊ *Il ne reste ~ rien.* There's hardly anything left. ☛ *Voir note sous* NEARLY

pressant, -e *adj* urgent

presse *nf* **1** (*gén*) press **2** (*journaux*) the press [*v sing ou pl*] : *Toute la ~ a commenté l'affaire.* All the press have been talking about it. LOC **presse à scandale/à sensation** tabloids [*pl*] *Voir aussi* COMMUNIQUÉ, CONFÉRENCE, SERVICE

pressé, -e *pp, adj* **1** (*travail*) urgent **2** (*citron, orange*) freshly squeezed LOC **être pressé** to be in a hurry (*to do sth*) : *Elle est pressée de partir.* She's in a hurry to leave. ◊ *J'étais tellement ~ que j'ai oublié de le débrancher.* I was in such a hurry that I forgot to unplug it. *Voir aussi* CITRON, PARER ; *Voir aussi* PRESSER

presse-citron *nm* lemon-squeezer

pressentiment *nm* feeling : *J'ai le ~ que...* I have a feeling that...

pressentir *vt* to have a premonition of *sth*

presse-papiers *nm* paperweight

presser ◆ *vt* **1** (*fruit*) to squeeze **2** (*bouton*) to press **3** (*faire se dépêcher*) to rush : *Je n'aime pas qu'on me presse.* I don't like being rushed. ◆ *vi* : *Le temps presse.* Time is pressing. ◊ *Rien ne presse.* There's no hurry. ◆ **se presser** *v pron* **1** (*se dépêcher*) to hurry : *Presse-toi un peu !* Hurry up! **2** (*se serrer*) to huddle up ***to sb***

pressing *nm* dry-cleaner's [*pl* dry-cleaners]

pression *nf* **1** (*gén*) pressure : *la ~ atmosphérique* atmospheric pressure **2** (*bouton*) press stud **3** (*bière*) draught beer LOC **faire pression sur qn** to put pressure on sb (*to do sth*) *Voir aussi* BIÈRE, GROUPE

prestance *nf* presence

prestataire *nmf* (*fournisseur*) provider

prestation *nf* **1** (*allocation*) allowance **2** (*sportif*) performance

prestidigitateur, -trice *nm-nf* conjurer

prestige *nm* prestige

prestigieux, -ieuse *adj* prestigious

présumé, -e *pp, adj* alleged : *le ~ coupable* the alleged culprit *Voir aussi* PRÉSUMER

présumer *vt* to presume

prêt, -e ◆ *adj* ready : *Le dîner est ~.* Dinner is ready. ◊ *Nous sommes ~s à partir.* We're ready to leave. ◆ *nm* (*bancaire*) loan LOC *Voir* MARQUE

prêt-à-porter *nm* ready-to-wear clothes [*pl*]

prétendant, -e ◆ *nm-nf* (*au trône*) claimant ◆ *nm* (*amoureux*) suitor

prétendre *vt* (*affirmer*) to claim : *Elle prétend qu'elle ne savait pas.* She claims she didn't know. ◊ *Ils prétendent ne pas avoir d'argent.* They claim not to have money.

prétendu, -e *pp, adj* so-called *Voir aussi* PRÉTENDRE

prétentieux, -ieuse *adj* pretentious

prétention *nf* **1** (*vanité*) pretentiousness **2** (*ambition*) claim : *Je n'ai pas la ~ de tout savoir.* I don't claim to know everything.

prêter *vt* to lend : *Est-ce que tu peux me ~ de l'argent ?* Can you lend me some money? ◊ *Je lui ai prêté mes livres.* I lent her my books. ☛ *Voir illustration sous* BORROW LOC **prêter attention à** to pay attention to *sth* : *sans ~ attention aux détails* without paying attention to detail **prêter serment** to take an oath

prêteur, -euse *nm-nf* lender LOC **prêteur sur gages** pawnbroker

prétexte *nm* excuse : *Tu trouves toujours un ~ pour ne pas faire la vaisselle.* You always find some excuse not to wash up. LOC **sous aucun prétexte** on no account **sous prétexte de/que...** on the pretext of *sth*/that...

prêtre *nm* priest

preuve *nf* **1** (*gén*) proof [*indénombrable*] : *Nous avons la ~ qu'il a menti.* We have proof that he lied. **2** (*Jur*) evidence [*indénombrable*] : *Il n'y a pas de ~s contre lui.* There's no evidence against him. **3** (*expression*) token : *une ~ d'amour* a token of love LOC **faire preuve de** to show *sth* **faire ses preuves 1** (*personne*) to prove yourself **2** (*méthode*) to prove itself

prévenant, -e *adj* thoughtful : *Tu es toujours si ~.* You're always so thoughtful.

prévenir *vt* **1** (*informer*) to let *sb* know (**about sth**) : *Je les ai prévenus de votre arrivée.* I let them know you were coming. **2** (*mettre en garde, avertir*) to warn *sb* **about sth** : *Je vous avais prévenus que c'était risqué.* I warned you it was risky. ◊ *Je te préviens que si tu ne payes pas...* I'm warning you that if you don't pay... **3** (*éviter*) to prevent : *~ un accident* to prevent an accident LOC **sans prévenir** : *Ils sont arrivés sans ~.* They turned up unexpectedly. ◊ *Il a* *quitté la maison sans* ~. He left home without saying anything.

préventif, -ive *adj* preventive

prévention *nf* prevention LOC **prévention routière** road safety

prévenu, -e *nm-nf* (*Jur*) defendant

prévisible *adj* foreseeable

prévision *nf* forecast : *les ~s météorologiques* the weather forecast LOC **en prévision de** in anticipation of *sth*

prévoir *vt* **1** (*anticiper*) to predict *sth/(that)...* : *Je ne pouvais pas ~ qu'il changerait d'avis.* I couldn't predict he would change his mind. **2** (*programmer*) to expect ***to do sth*** : *Elle prévoit de prendre une année sabbatique.* She expects to take a year off. ◊ *Il est arrivé plus tôt que prévu.* He arrived earlier than expected. LOC **comme prévu** according to plan

prévoyant, -e *adj* far-sighted

prier ◆ *vt* **1** (*Relig*) to pray **to *sth*** **2** (*demander*) to beg *sb* (**to *do sth***) : *Je vous prie de m'écouter.* I beg you to listen to me. ◆ *vi* ~ **(pour)** to pray (**for *sb*/*sth***) LOC **je t'en prie/je vous en prie** **1** (*s'il vous plaît*) please : *Calme-toi, je t'en prie.* Calm down, please. **2** (*de rien*) don't mention it : *« Merci. — Je vous en prie. »* 'Thank you.' 'Don't mention it.' **se faire prier** : *Elle aime se faire ~.* She likes to be coaxed.

prière *nf* (*Relig*) prayer : *dire une ~* to say a prayer LOC **prière de...** : *« ~ de ne pas fumer »* "please do not smoke"

primaire *adj* primary : *couleur ~* primary colour ◊ *enseignement ~* primary education LOC *Voir* ÉCOLE

prime *nf* **1** (*récompense*) bonus [*pl* bonuses] **2** (*indemnité*) allowance **3** (*assurance*) premium

primé, -e *pp, adj* (*film, œuvre*) prize-winning

primeurs *nm* early produce (*indénombrable*) LOC *Voir* MARCHAND

primitif, -ive *adj* primitive

prince *nm* prince LOC **le prince charmant** Prince Charming

princesse *nf* princess

principal, -e ◆ *adj* main, principal (*plus sout*) : *les principaux pays producteurs de sucre du monde* the principal sugar-producing country in the world ◊ *entrée/clause principale* main entrance/clause ◆ *nm* **le principal** the main thing : *C'est le ~.* That's the main thing. ◆ *nm-nf* (*École*) head teacher LOC *Voir* ACTEUR, PLAT, PROFESSEUR, RÔLE

principauté *nf* principality

principe *nm* principle LOC **en principe** in principle **par principe** on principle

printemps *nm* spring : *au ~* in (the) spring

prioritaire *adj* **1** (*projet, mesure*) priority [*n attrib*] **2** (*voiture*) with right of way

priorité *nf* **1** (*gén*) priority [*pl* priorities] : *donner la ~ à qch* to give priority to sth **2** (*sur la route*) right of way : *avoir la ~* to have right of way

pris, -e *pp, adj* **1** (*place*) taken : *Est-ce que cette place est prise ?* Is this seat taken? **2** (*personne*) busy : *Il est très ~ en ce moment.* He's very busy at the moment. **3** (*mains*) full **4** (*nez*) blocked *Voir aussi* PRENDRE

prise

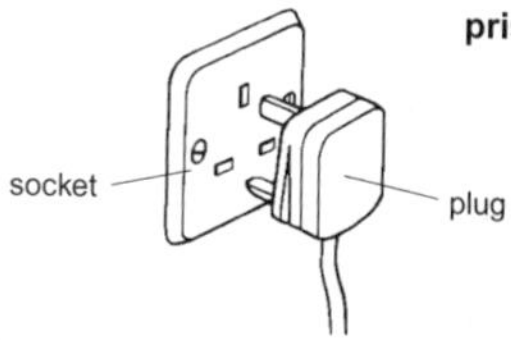

prise *nf* **1** (*appareil électrique*) plug **2** (*au mur*) socket **3** (*point d'appui*) grip : *Je n'ai pas de ~.* I've no grip. **4** (*Judo*) hold **5** (*à la pêche*) catch **6** (*d'une ville, de prisonniers*) taking : *~ d'otages* hostage-taking LOC **prise de sang** blood test : *faire une ~ de sang à qn* to take a blood sample from sb **prise de terre** earth **prise de vues** (*Cin, Télé*) take **prise en charge** (*taxi*) minimum fare **prise multiple** adaptor

prison *nf* prison : *aller en ~* to go to prison ◊ *On l'a mis en ~.* They put him in prison. LOC *Voir* GARDIEN

prisonnier, -ière ◆ *adj* **1** (*en prison*) : *être ~* to be in prison **2** (*coincé*) trapped : *Plusieurs personnes sont encore prisonnières sous les décombres.* Several people are still trapped under the rubble. ◆ *nm-nf* prisoner LOC **faire prisonnier** to take *sb* prisoner : *Il l'ont fait ~.* They took him prisoner.

privatiser *vt* to privatize

privé, -e *pp, adj* private LOC **en privé** in private *Voir aussi* DÉTECTIVE, ÉCOLE, ENTREPRISE, VIE ; *Voir aussi* PRIVER

priver ◆ *vt* ~ **de** to deprive *sb* **of *sth*** ◆ **se priver** *v pron* **se ~ (de)** to go without (*sth*) : *Il se prive de tout pour payer ses études.* He goes without in order to pay for his studies. LOC **priver de sortie** to ground *sb*

privilège *nm* privilege

privilégié, -e *pp, adj, nm-nf* privileged [*adj*] : *les classes privilégiées* the privileged classes ◊ *Nous faisons partie des ~s.* We're among the privileged.

prix *nm* **1** (*coût*) price : *Les bijoux ont atteint un ~ très élevé.* The jewels fetched a very high price. ◊ *Quel est le ~ d'une chambre pour une personne ?* How much is a single room? **2** (*récompense*) prize : *J'ai gagné le premier ~.* I won first prize. ◊ *~ de consolation* consolation prize LOC **à aucun prix** for anything : *Je n'irai à aucun ~.* I wouldn't go for anything. **à tout prix** at all costs **y mettre le prix** to pay up *Voir aussi* DISTRIBUTION, INDICE, MOITIÉ, REMISE

probabilité *nf* **1** (*gén*) likelihood **2** (*Math*) probability LOC **selon toute probabilité** in all probability

probable *adj* likely, probable (*plus sout*) : *Il est ~ qu'il viendra nous chercher.* He'll probably come to look for us. ◊ *Il est peu ~ qu'ils acceptent.* They're unlikely to accept.

probablement *adv* probably : *Il sera ~ en retard.* He'll probably be late.

problème *nm* problem : *Elle m'a raconté ses ~s.* She told me her problems. ◊ *Il a des ~s d'argent.* He has financial problems. ◊ *C'est ton ~.* That's your problem. ◊ *Pas de ~ !* No problem!

procédé *nm* process

procédure *nf* **1** (*méthode*) procedure : *Quelle est la ~ à suivre ?* What's the correct procedure? **2** (*Jur*) proceedings [*pl*]

procès *nm* trial LOC *Voir* INTENTER

procession *nf* procession

processus *nm* process : *un ~ chimique* a chemical process

procès-verbal *nm* **1** (*contravention*) fine **2** (*de réunion*) minutes [*pl*]

prochain, -e *adj* next : *le ~ arrêt* the next stop ◊ *le mois/mardi ~* next month/Tuesday

proche ◆ *adj* **1** ~ **de** (*dans l'espace*) near *sb/sth*, close **to *sb/sth*** : *un village ~ de Tours* a village close to/near Tours **2** (*dans le temps*) : *Noël/Le printemps est ~.* It will soon be Christmas/spring. **3** ~ **(de)** (*sur le plan affectif*) close **(to *sb/sth*)** : *un ami/parent ~* a close friend/relative ◊ *Il est très ~ de son frère.* He's very close to his brother. ☛ *Voir note sous* NEAR ◆ *nm* **les proches** close family [*v pl*]

Proche-Orient *nm* **le Proche-Orient** the Near East

proclamer *vt* to declare

procuration *nf* proxy LOC **par procuration** by proxy *Voir aussi* VOTER

procurer ◆ *vt* **1** ~ **qch à qn** (*argent, place*) to obtain **sth for sb** **2** (*plaisir*) to get ◆ **se procurer** *v pron* to obtain *sth*

procureur *nm* chief prosecutor

prodige *nm* **1** (*personne*) prodigy [*pl* prodigies] **2** (*exploit*) feat LOC *Voir* ENFANT

prodigieux, -ieuse *adj* fantastic

producteur, -trice ◆ *adj* producing : *un pays ~ de pétrole* an oil-producing country ◆ *nm-nf* producer

productif, -ive *adj* productive

production *nf* **1** (*gén*) production : *la ~ d'acier* steel production ◊ *une société de ~* a production company **2** (*industrielle, artistique*) output

productivité *nf* productivity

produire ◆ *vt* to produce : *~ de l'huile/du papier* to produce oil/paper ◆ **se produire** *v pron* (*survenir*) to occur

produit *nm* product : *~s de beauté/d'entretien* beauty/cleaning products LOC **produits chimiques** chemicals *Voir aussi* CHEF ☛ *Voir note sous* PRODUCT

proéminent, -e *adj* prominent

professeur *nm* **1** (*École*) teacher : *un ~ de géographie* a geography teacher **2** (*Université*) lecturer LOC **professeur principal** form teacher

profession *nf* profession ☛ *Voir note sous* WORK[1]

professionnalisme *nm* professionalism

professionnel, -elle ◆ *adj* **1** (*gén*) professional : *un footballeur ~* a professional footballer **2** (*école*) technical ◆ *nm-nf* professional LOC *Voir* FORMATION

profil *nm* **1** (*personne*) profile : *Il est plus beau de ~.* He's better looking in profile. ◊ *un portrait de ~* a portrait in profile ◊ *Mets-toi de ~.* Stand sideways. **2** (*bâtiment, montagne*) outline

profit *nm* **1** (*avantage*) benefit **2** (*gain*) profit LOC *Voir* PERTE, TIRER

profitable *adj* profitable

profiter *vi* **1** ~ **à** (*être utile*) to benefit *sb/sth* **2** ~ **de** (*occasion*) to take advantage of *sth* : *J'ai profité du voyage pour rendre visite à mon frère.* I took advantage of the journey to visit my brother. **3** ~ **de** (*avantage, chance*) to make the most **of *sth*** : *~ de qch au maximum* to make the most of sth ◊ *Profitez-en !* Make the most of it!

profond, -e *adj* deep : *C'est un puits très ~.* It's a very deep well. ◊ *tomber*

dans un sommeil ~ to fall into a deep sleep LOC **peu profond** shallow
profondeur *nf* depth : *à 400 mètres de ~* at a depth of 400 metres
profusion *nf* abundance
progiciel *nm* software package
programmation *nf* programming
programme *nm* **1** (*gén*) programme : *changement de ~* change of programme **2** (*Informatique*) program **3** (*École, Université*) syllabus [*pl* syllabuses] : *Flaubert est au ~.* Flaubert is on the syllabus. LOC **programme d'études/ scolaire** curriculum [*pl* curriculums/ curricula]
programmer *vt* **1** (*élaborer*) to plan **2** (*appareil*) to set : *~ un magnétoscope* to set a video **3** (*Informatique*) to program
programmeur, -euse *nm-nf* programmer
progrès *nm* **1** (*évolution*) progress [*indénombrable*] : *faire des ~* to make progress **2** (*découverte*) advance : *les ~ de la médecine* advances in medicine
progresser *vi* **1** (*faire des progrès*) to make progress : *Il a bien progressé.* He's made good progress. **2** (*avancer*) to advance
progressif, -ive *adj* progressive
progression *nf* **1** (*ennemi*) advance **2** (*maladie*) spread
progressiste *adj* progressive
prohiber *vt* to prohibit
prohibitif, -ive *adj* prohibitive
proie *nf* prey [*indénombrable*] : *oiseaux de ~* birds of prey LOC **être en proie au doute** to be plagued by doubts
projecteur *nm* **1** (*film*) projector **2** (*éclairage*) spotlight **3** (*stade*) floodlight
projectile *nm* projectile
projection *nf* projection
projet *nm* **1** (*gén*) plan : *Est-ce que tu as des ~s pour l'avenir ?* Have you got any plans for the future? **2** (*travail particulier*) project : *Nous sommes presque à la fin du ~.* We're almost at the end of the project. LOC **projet de loi** bill *Voir aussi* CHEF
projeter *vt* **1** (*lancer*) to hurl *sb/sth* (**against sth**) **2** (*faire refléter*) to project : *~ une image sur un écran* to project an image onto a screen **3** (*Cin*) to show : *~ des diapositives/un film* to show slides/ a film
prolétaire *adj, nmf* proletarian
prolétariat *nm* proletariat
prolifération *nf* proliferation
proliférer *vi* to proliferate
prolifique *adj* prolific
prologue *nm* prologue
prolongation *nf* (*Sport*) extra time [*indénombrable*] : *jouer les ~s* to play extra time
prolongement *nm* **1** (*route*) continuation **2** (*délai, accord*) extension : *obtenir un ~ de deux semaines* to get an extension of two weeks
prolonger ◆ *vt* **1** (*durée*) to extend : *~ les dates d'inscription* to extend the registration period **2** (*souffrances*) to prolong : *~ la vie d'un malade* to prolong a patient's life ◆ **se prolonger** *v pron* (*durer*) to go on : *La réunion s'est prolongée jusqu'à 2 heures.* The meeting went on till 2 o'clock.
promenade *nf* **1** (*à pied*) walk **2** (*en vélo, à cheval*) ride **3** (*avenue*) promenade LOC **aller faire une promenade 1** (*à pied*) to go for a walk **2** (*en vélo, à cheval*) to go for a ride
promener ◆ *vt* **1** (*à pied*) to walk : *~ le chien* to walk the dog **2** (*en voiture*) to take *sb* for a drive ◆ **se promener** *v pron* **1** (*à pied*) to walk : *Tous les jours je vais me ~.* I go for a walk every day. **2** (*en vélo, à cheval*) to go for a ride **3** (*en voiture*) to go for a drive LOC *Voir* ENVOYER
promeneur, -euse *nm-nf* walker
promesse *nf* promise : *faire une ~* to make a promise ◊ *Elle a tenu sa ~.* She kept her promise.
prometteur, -euse *adj* promising
promettre *vt* to promise : *Je ne promets pas d'y aller.* I'm not promising I'll go. ◊ *Je promets de revenir.* I promise to come back.
promoteur, -trice *nm-nf* LOC **promoteur (immobilier)** property developer
promotion *nf* **1** (*gén*) promotion : *la ~ d'un film* the promotion of a film ◊ *Il a obtenu une ~.* He got a promotion. **2** (*année*) year : *quelqu'un de la même ~ que moi* one of the people in my year LOC **en promotion** on special offer
promouvoir *vt* **1** (*employé*) to promote *sb* (**to sth**) : *Il a été promu capitaine.* He was promoted to captain. **2** (*encourager*) to promote : *~ le dialogue* to promote dialogue
prompt, -e *adj* quick LOC **prompt rétablissement !** get well soon!
pronom *nm* pronoun
prononcé, -e *pp, adj* **1** (*accent, odeur, goût*) strong : *Elle a un accent belge ~.* She's got a strong Belgian accent. **2** (*traits*) pronounced *Voir aussi* PRONONCER

prononcer ◆ *vt* **1** (*son*) to pronounce **2** (*discours*) to give : ~ *un discours* to give a speech ◆ **se prononcer** *v pron* **se ~ contre/en faveur de** to speak out **against/in favour of *sth*** : *se ~ contre la violence* to speak out against violence LOC **prononcer une peine** to pass sentence

prononciation *nf* pronunciation

pronostic *nm* **1** (*courses, match*) forecast **2** (*Méd*) prognosis [*pl* prognoses]

pronostiquer *vt* to forecast

propagande *nf* (*Polit*) propagande : ~ *électorale* election propaganda

(se) propager *vt, v pron* (*nouvelle*) to spread : *L'incendie se propage à une vitesse foudroyante.* The fire is spreading at lightning speed.

prophète, prophétesse *nm-nf* prophet [*fém* prophetess]

prophétie *nf* prophecy [*pl* prophecies]

prophétiser *vt* to prophesy

propice *adj* **1** ~ **(à)** (*gén*) conducive (**to *sth***) : *un endroit ~ à la discussion* a place that is conducive to discussion **2** (*moment*) favourable : *Le moment n'était pas très ~.* It wasn't a favourable moment.

proportion *nf* **1** (*relation*) proportion : *La longueur doit être en ~ avec la largeur.* The length must be in proportion to the width. **2** (*Math*) ratio : *dans une ~ de un à trois* in a ratio of one to three

proportionnel, -elle *adj* proportional

propos *nm* comments : *J'ai trouvé ses ~ choquants.* I found his comments shocking. LOC **à propos** by the way **à propos de** : *C'est à ~ de ton frère.* It's about your brother. **à quel propos ?** about what?

proposer ◆ *vt* **1** ~ **de/que...** to suggest ***doing sth/(that...)*** : *Je propose d'aller au cinéma ce soir* I suggest going to the cinema this evening. ◊ *Il propose qu'on parte tout de suite.* He suggests we should leave immediately. **2** (*moyen, plan*) to propose : *Je te propose un plan.* I've got a deal for you. **3** (*offrir*) to offer : ~ *de l'aide* to offer help ◆ **se proposer** *v pron* **1 se ~ (pour)** to volunteer (***to do sth***) : *Je me suis proposé pour les raccompagner chez eux.* I volunteered to take them home. **2 se ~ de** (*avoir l'intention*) to intend ***to do sth***

proposition *nf* **1** (*offre*) offer : *faire une ~ à qn* to make sb an offer ◊ *J'ai accepté sa ~.* I accepted his offer. **2** (*projet*) proposal : *La ~ a été rejetée.* The proposal was turned down. **3** (*Gramm*) clause : *une ~ subordonnée* a subordinate clause LOC **faire des propositions (indécentes) à** to proposition *sb*

propre ◆ *adj* **1** (*gén*) clean : *L'hôtel était assez ~.* The hotel was quite clean. **2** (*personnel*) own : *Ce sont ses ~s paroles.* Those are his own words. ◊ *diriger sa ~ entreprise* to run your own business **3 ~ à** (*caractéristique*) peculiar **to *sb/sth*** : *une habitude qui lui est ~* a habit peculiar to him **4** (*enfant*) potty-trained **5** (*sens*) literal : *au sens ~ et figuré* literally and figuratively ◆ *nm* **le propre** (*propreté*) : *sentir le ~* to smell clean LOC **au propre** : *recopier qch au ~* to make a fair copy of sth ☛ Les autres expressions formées avec **propre** sont traitées sous le nom, l'adjectif, etc. correspondant : pour **de sa propre initiative**, par exemple, voir INITIATIVE.

propreté *nf* cleanliness : *d'une ~ remarquable* remarkably clean

propriétaire *nmf* **1** (*gén*) owner : *les nouveaux ~s de la maison* the new owners of the house **2** (*bar, hôtel*) landlord [*fém* landlady] LOC **propriétaire terrien** landowner

propriété *nf* **1** (*gén*) property [*pl* properties] : ~ *privée* private property ◊ *les ~s médicinales des plantes* the medicinal properties of plants **2** (*domaine rural*) estate **3** (*fait de posséder*) ownership LOC **propriété intellectuelle** intellectual property

propulser *vt* to propel

proroger *nf* (*délai*) to extend

proscrire *vt* to ban

prose *nf* prose

prospecter *vt* **1** (*marché*) to canvass **2** (*terrain*) to prospect

prospectus *nm* leaflet

prospère *adj* prosperous

prospérer *vi* to prosper

prospérité *nf* prosperity

prostitué, -e *nm-nf* prostitute

prostitution *nf* prostitution

protagoniste *nm* main character

protecteur, -trice ◆ *adj* protective (***towards sb***) : *un grand frère très ~* a very protective older brother ◆ *nm-nf* protector

protection *nf* protection LOC **protection sociale** social welfare system

protégé, -e *nm-nf* protégé [*fém* protégée]

protéger ◆ *vt* to protect *sb/sth* (**against/from *sb/sth***) : *La loi nous protège des abus.* The law protects us from abuse. ◆ **se protéger** *v pron* **1 se ~ (de)** (*gén*) to protect yourself (**from**

sb/sth) **2 se ~ (de)** (*se réfugier*) to shelter (**from sb/sth**) : *se ~ d'un orage* to shelter from a storm

protéine *nf* protein

protestant, -e *adj, nm-nf* Protestant

protestantisme *nm* Protestantism

protestation *nf* protest : *Ils n'ont pas tenu compte des ~s des élèves.* They ignored the pupils' protests. ◊ *une lettre de ~* a letter of protest

protester *vi* **1 ~ (contre)** (*gén*) to protest (**against sth**) : *~ contre une loi* to protest against a law **2 ~ de** (*affirmer*) : *~ de son innocence* to protest your innocence

prothèse *nf* artificial limb

protocole *nm* protocol

prototype *nm* prototype : *le ~ des nouveaux moteurs* the prototype for the new engines

proue *nf* bow(s) [*s'utilise souvent au pluriel*]

prouesse *nf* feat : *être une sacrée ~* to be quite a feat

prouver *vt* **1** (*démontrer*) to prove : *Cela prouve que j'avais raison.* This proves I was right. **2** (*garantir*) to guarantee : *Ce n'est pas prouvé que ça marchera.* There is no guarantee that it will work.

provenance *nf* origin LOC **en provenance de** from... : *le train en ~ de Bordeaux* the train from Bordeaux

provenir *vi* **~ de** to come **from...**

proverbe *nm* proverb : *C'est un vieux ~.* It's an old proverb.

providence *nf* providence

province *nf* **1 la province** the provinces [*pl*] : *une petite ville de ~* a provincial town **2** (*division administrative*) province : *une ville de la ~ de Namur* a town in the province of Namur

provincial, -e *adj* provincial

proviseur *nm* head teacher

provision *nf* **1** (*réserve*) supply **2 provisions** (*courses*) shopping [*indénombrable*] LOC *Voir* CHÈQUE, FILET

provisoire *adj* **1** (*situation, disposition*) temporary **2** (*gouvernement, mesure*) provisional

provocant, -e *adj* provocative

provocateur, -trice *adj* provocative

provocation *nf* provocation

provoquer *vt* **1** (*personne*) to provoke : *Il dit ça pour te ~.* He says that to provoke you. **2** (*accident*) to cause **3** (*incendie*) to start

proxénète *nm* pimp

proximité *nf* nearness, proximity (*plus sout*) : *la ~ de la mer* the nearness/proximity of the sea

prude *adj* prudish

prudemment *adv* carefully : *Conduis ~ !* Drive carefully!

prudence *nf* caution LOC **avec prudence** carefully : *conduire avec ~* to drive carefully **par prudence** as a precaution : *Par ~, j'avais pris un double des clés.* As a precaution, I'd taken a spare set of keys.

prudent, -e *adj* **1** (*conscient de la sécurité*) careful : *Au volant, soyez ~ !* Be careful at the wheel! **2** (*réservé*) cautious : *Il ne le fera pas, il est bien trop ~.* He won't do it, he's much too cautious. **3** (*conseillé*) wise : *Il est ~ de réserver.* It's wise to book.

prune *nf* plum

pruneau *nm* prune

prunelle *nf* sloe

prunier *nm* plum tree

psaume *nm* psalm

pseudonyme *nm* pseudonym

psychanalyse *nf* psychoanalysis

psychanalyste *nmf* psychoanalyst

psychédélique *adj* psychedelic

psychiatre *nmf* psychiatrist

psychiatrie *nf* psychiatry

psychiatrique *adj* psychiatric LOC *Voir* HÔPITAL

psychique *adj* psychic

psychologie *nf* psychology

psychologique *adj* psychological

psychologue *nmf* psychologist

psychopathe *nmf* psychopath

psychose *nf* psychosis

psychothérapeute *nmf* psychotherapist

psychothérapie *nf* psychotherapy

puant, -e *adj* smelly LOC *Voir* BOULE

puanteur *nf* stink : *Quelle ~ !* What a stink!

puberté *nf* puberty

public, publique ◆ *adj* **1** (*gén*) public : *l'opinion publique* public opinion **2** (*d'État*) state [*n attrib*] : *le secteur ~* the state sector ◆ *nm* **1** (*gén*) public [*v sing ou pl*] : *ouvert/fermé au ~* open/closed to the public ◊ *Le ~ est pour la nouvelle loi.* The public is/are in favour of the new law. ◊ *parler en ~* to speak in public **2** (*spectateurs*) audience [*v sing ou pl*] : *Le ~ lui a fait un accueil très chaleureux.* The audience gave him a very warm welcome. LOC *Voir* ASSISTANCE, ÉCOLE, ENTREPRISE, FONCTION,

JARDIN, NOTORIÉTÉ, POUVOIR, RELATION, TROUBLER

publication *nf* publication LOC **publication assistée par ordinateur** (*abrév* **PAO**) desktop publishing (*abrév* DTP)

publicitaire *adj* advertising [*n attrib*] : *une campagne* ~ an advertising campaign LOC *Voir* MESSAGE, PANNEAU, SPOT

publicité *nf* **1** (*promotion*) advertising : *faire de la* ~ *pour un produit* to advertise a product ◊ *travailler dans la* ~ to work in advertising **2** (*spot publicitaire, documentation*) advertisement, advert (*plus fam*) : *une* ~ *pour un fromage* an advertisement for cheese **3** (*diffusion*) publicity : *L'affaire a reçu trop de* ~. The case has had too much publicity.

publier *vt* **1** (*gén*) to publish : ~ *un roman* to publish a novel **2** (*divulguer*) to publicize

puce *nf* flea LOC **puce (électronique)** microchip

pudeur *nf* shame : *Tu n'as aucune* ~. You've got no shame.

pudique *adj* modest

puer *vt, vi* to stink (**of** *sth*)

puéril, -e *adj* childish

puis *adv* **1** (*continuation*) then : *Battre les œufs* ~ *ajouter le sucre.* Beat the eggs and then stir in the sugar. ◊ *Tu tournes à gauche* ~ *à droite.* You turn left and then right. **2** (*emphatique*) : *Oh et* ~ *zut !* So what! ◊ *et* ~ *voilà !* That's that! LOC **et puis quoi encore !** what next!

puiser *vt* to draw

puisque *conj* **1** (*causal*) as : ~ *tu fais la tête, je m'en vais.* As you're sulking, I'm going. **2** (*d'insistance*) : *Mais puisqu'on te dit qu'il est parti !* But we're telling you he's gone!

puissance *nf* power : *une* ~ *atomique/économique* an atomic/economic power ◊ *une* ~ *de 80 watts* 80 watts of power LOC **puissance (en chevaux)** horsepower [*pl* horsepower] (*abrév* hp) *Voir aussi* ÉLEVÉ

puissant, -e *adj* powerful

puits *nm* well : *un* ~ *de pétrole* an oil well

pull (*aussi* **pullover**) *nm* jumper

pulmonaire *adj* lung [*n attrib*] : *une infection* ~ a lung infection

pulpe *nf* pulp

pulsation *nf* (*cœur*) heartbeat [*sing*] : *Les* ~*s de votre cœur augmenteront après l'exercice.* Your heartbeat increases after exercise.

pulvérisateur *nm* spray [*pl* sprays]

pulvériser *vt* **1** (*arroser*) to spray **2** (*détruire*) to pulverize

punaise *nf* **1** (*clou*) drawing pin ☛ *Voir illustration sous* PIN **2** (*insecte*) bedbug

punir *vt* to punish *sb* (**for** *sth*) : *J'ai été puni pour avoir menti.* I was punished for telling lies.

punition *nf* punishment : *Il va falloir leur donner une* ~. They'll have to be punished.

punk *adj, nmf* punk

pupille *nf* pupil

pupitre *nm* desk

pur, -e *adj* **1** (*gén*) pure : *or* ~ pure gold ◊ *C'était une pure coïncidence.* It was a pure coincidence. **2** (*emphatique*) simple : *la pure vérité* the simple truth

purée *nf* purée : ~ *de marrons* chestnut purée LOC **purée de pommes de terre** mashed potato [*indénombrable*]

pureté *nf* purity

purgatoire *nm* purgatory

purge *nf* purge

purger *vt* **1** (*gén, Méd*) to purge **2** (*moteur, tuyaux*) to bleed **3** (*peine*) to serve

purification *nf* purification LOC **purification ethnique** ethnic cleansing

purifier *vt* to purify

puriste *adj, nmf* purist [*n*]

puritain, -e ◆ *adj* **1** (*d'une modestie exagérée*) puritanical **2** (*Relig*) Puritan ◆ *nm-nf* **1** (*prude*) puritan **2** (*Relig*) Puritan

puritanisme *nm* puritanism

pur-sang *nm* thoroughbred

pus *nm* pus

puzzle *nm* jigsaw : *faire un* ~ to do a jigsaw

PV *nm* fine LOC **mettre un PV à** to fine *sb* : *On lui a mis un* ~. He's been fined.

pygmée *nm* pygmy [*pl* pygmies]

pyjama *nm* pyjamas [*pl*] : *Ce* ~ *est trop petit pour toi.* Those pyjamas are too small for you. ☛ Noter qu'*un pyjama* se dit **a pair of pyjamas** : *Mets deux pyjamas dans la valise.* Pack two pairs of pyjamas.

pylône *nm* **1** (*Électr*) pylon **2** (*Télécom*) mast

pyramide *nf* pyramid

python *nm* python

Qq

quadrillé, -e *pp, adj* squared : *papier ~* squared paper

quadruple ◆ *adj* quadruple ◆ *nm* four times : *Quel est le ~ de quatre?* What is four times four?

quadrupler *vi* to quadruple

quai *nm* **1** (*gare*) platform **2** (*port*) wharf [*pl* wharves] LOC **être à quai** to be in dock **mettre à quai** (*bateau*) to dock

qualificatif, -ive *adj* (*épreuve*) qualifying

qualification *nf* qualification LOC **de qualification** (*épreuve*) qualifying

qualifié, -e *pp, adj* **1** (*personne*) qualified : *Je ne suis pas assez ~ pour le poste.* I'm not qualified enough for the job. **2** (*travail*) skilled *Voir aussi* QUALIFIER

qualifier ◆ *vt* **1** (*décrire*) to label *sb* (**as** ***sth***) : *Ils l'ont qualifiée d'excentrique.* They labelled her as eccentric. **2** (*Sport*) to qualify : *Il a été qualifié pour les Jeux olympiques.* He qualified for the Olympic Games. ◆ **se qualifier** *v pron* **se ~ (pour)** to qualify (**for** ***sth***) : *se ~ pour la finale* to qualify for the final

qualitatif, -ive *adj* qualitative

qualité *nf* quality [*pl* qualities] : *la ~ de la vie dans les villes* the quality of life in the cities ◊ *des produits de grande/mauvaise ~* high/poor quality products LOC **en (ma, ta, etc.) qualité de** in my, your, etc. capacity as *sth* : *en ~ de porte-parole* in her capacity as spokesperson

quand *adv, adv interrogatif* when : *~ est-ce que tu passes ton examen?* When's your exam? ◊ *~ Jean arrivera, nous irons au zoo.* When Jean gets here, we'll go to the zoo. ◊ *Passez à la banque ~ vous voulez.* Pop into the bank whenever you want. ◊ *Demande-lui ~ il arrivera.* Ask him when he'll be arriving. LOC **depuis quand... ?** how long...? : *Depuis ~ est-ce que tu joues au tennis?* How long have you been playing tennis?

> On peut dire aussi **since when ?** mais cette expression a souvent un sens ironique : *Depuis quand tu t'intéresses au sport !* And since when have you been interested in sport?

jusqu'à quand... ? how long...? : *Vous êtes ici jusqu'à ~ ?* How long are you here for? **quand bien même** even if : *~ bien même il dirait oui...* even if he said yes... **quand je pense que...** to think that... : *~ je pense que tu es parti sans rien dire !* To think that you left without saying anything! **quand même 1** (*gén*) anyway : *Je vais y aller ~ même.* I'm going to go anyway. **2** (*emphatique*) : *Tu aurais pu me prévenir, ~ même !* You could have warned me!

quant LOC **quant à...** as for... : *Hélène, ~ à elle, n'a pas voulu venir.* As for Hélène, she didn't want to come.

quantifiable *adj* quantifiable

quantifier *vt* to quantify

quantitatif, -ive *adj* quantitative

quantité *nf* **1** (*gén*) amount : *une petite ~ de peinture/d'eau* a small amount of paint/water : *Quelle ~ de vin ils ont bu !* What a lot of wine they've drunk! **2** (*personnes, objets*) number : *Il y avait une ~ de gens.* There were loads of people. LOC **en petite quantité** in small amounts **en quantité** : *de la nourriture en ~* loads of food **en quantité industrielle** in huge amounts

quarantaine *nf* **1** (*Méd*) quarantine **2** (*environ quarante*) about forty : *une ~ de personnes/fois* about 40 people/times ◊ *Il doit avoir la ~.* He must be about 40.

quarante *adj, nm* forty ☛ *Voir exemples sous* SOIXANTE

quarantième *adj, nmf* fortieth ☛ *Voir exemples sous* SOIXANTIÈME

quart *nm* quarter : *un ~ d'heure/de litre* a quarter of an hour/a litre ◊ *La salle était pleine au trois ~s.* The room was three quarters full. LOC **moins le quart/et quart** a quarter to/a quarter past : *Ils sont arrivés à dix heures moins le ~.* They arrived at a quarter to ten. ◊ *Il est une heure et ~.* It's a quarter past one. **passer un mauvais quart d'heure** to have a bad time of it **quarts de finale** quarter finals

quartier *nm* **1** (*gén*) area : *Dans quel ~ de la ville est-ce que tu habites?* What area of the town do you live in? ◊ *J'ai grandi dans ce ~.* I grew up in this area. **2** (*orange*) segment LOC **du quartier** local : *le boucher du ~* the local butcher **le Quartier latin** the Latin Quarter **premier/dernier quartier (de la lune)** waxing/waning moon **quartier général** headquarters (*abrév* HQ) [*v sing ou pl*] : *Le ~ général de la police est au bout de la rue.* The police headquarters is/are at the end of the street. *Voir aussi* ASSOCIATION

quartz *nm* quartz

quasiment *adv* virtually

quatorze *adj, nm* **1** (*gén*) fourteen **2** (*date*) fourteenth ☛ *Voir exemples sous* SIX

quatorzième *adj, nmf* fourteenth ☛ *Voir exemples sous* SIXIÈME

quatre *adj, nm* **1** (*gén*) four **2** (*date*) fourth ☛ *Voir exemples sous* SIX LOC **à quatre pattes** on all fours : *se mettre à ~ pattes* to get down on all fours **avancer/marcher à quatre pattes** to crawl **dire ses quatre vérités à** to tell *sb* a few home truths **quatre à quatre** : *descendre les escaliers ~ à ~* to run down the stairs **se mettre en quatre** to do your utmost *for sb* **un de ces quatre (matins)** one of these days : *Il faudrait que je passe les voir un de ces ~.* I should go and see them one of these days. *Voir aussi* COUPER, MANGER, PLIER, TIRÉ

quatre-vingt-dix *adj, nm* ninety ☛ *Voir exemples sous* SOIXANTE

quatre-vingt-dixième *adj, nmf* ninetieth ☛ *Voir exemples sous* SOIXANTE

quatre-vingtième *adj, nmf* eightieth ☛ *Voir exemples sous* SOIXANTIÈME

quatre-vingts *adj, nm* eighty ☛ *Voir exemples sous* SOIXANTE

quatrième ◆ *adj, nmf* fourth (*abrév* 4th) ☛ *Voir exemples sous* SIXIÈME ◆ *nf* **1** (*École*) ☛ *Voir note sous* COLLÈGE **2** (*vitesse*) fourth (gear) LOC **quatrième de couverture** (*Édition*) back cover *Voir aussi* PARTIR

quatuor *nm* quartet : *~ à cordes* string quartet

que ◆ *conj* **1** (*introduisant une proposition subordonnée*) (that) : *Il a dit qu'il viendrait cette semaine.* He said (that) he would come this week. ◊ *Je veux ~ tu voyages en première classe.* I want you to travel first class. **2** (*dans des comparaisons*) than : *Mon frère est plus grand ~ toi.* My brother's taller than you. **3** (*pour marquer une conséquence*) (that) : *J'étais si fatiguée ~ je me suis endormie.* I was so tired (that) I fell asleep. **4** (*avec une négation*) only : *Je ne travaille ~ les samedis.* I only work on Saturdays. ◊ *Ce n'est qu'un enfant.* He's only a child. ◊ *Je ne te demande qu'une chose.* I'm only asking you one thing. **5** (*pour donner des ordres*) : *Qu'il parte !* He must leave! ◆ *pron rel* ☛ On préfère, en anglais, ne pas traduire *que* quand il a la fonction de complément, bien qu'il soit correct d'utiliser **that/who** pour les personnes et **that/which** pour les choses : *l'homme que tu as rencontré à Rome* the man (that/who) you met in Rome ◊ *la revue que tu m'as prêtée hier* the magazine (that/which) you lent me yesterday ◆ *pron interrogatif* what : *Que dis-tu ?* What are you saying? ◊ *Qu'est-ce qui te prend ?* What's the matter with you? LOC **est-ce que...** : *Est-ce ~ tu veux venir ?* Do you want to come? ◊ *Est-ce ~ le projet sera terminé ?* Will the project be finished? **que de... !** what a lot of...! : *~ de touristes !* What a lot of tourists!

quel, quelle ◆ *adj*

• **interrogation** what : *Quelle heure est-il ?* What time is it? ◊ *À ~ étage est-ce que tu habites ?* What floor do you live on? ☛ On a tendance à utiliser **which** quand le choix est restreint : *Quelle voiture prendrons-nous aujourd'hui ? La tienne ou la mienne ?* Which car shall we take today? Yours or mine?

• **exclamation 1** (+ *nom dénombrable au pluriel ou nom indénombrable*) what : *Quelles belles maisons !* What lovely houses! ◊ *~ courage !* What courage! **2** (+ *nom dénombrable au singulier*) what a : *Quelle vie !* What a life! ◊ *~ imbécile !* What an idiot!

◆ *pron interrogatif* **1** (*personne*) who : *~ est le plus courageux des deux ?* Who is the braver of the two? **2** (*chose*) what : *Quelle est la capitale du Pérou ?* What's the capital of Peru? LOC **quel que soit** no matter how/what/who *Voir aussi* IMPORTER ☛ *Voir note sous* WHAT

quelconque ◆ *adj* ordinary ◆ *adj ind* any : *Servez-vous d'une assiette ~.* Use any plate.

quelque *adj* **1** (*au singulier*) some : *il y a ~ temps* some time ago ◊ *Si pour ~ raison que ce soit, je suis en retard...* If for some reason I'm late... **2 quelques** (+ *nom dénombrable au pluriel*) a few : *~s amis* a few friends ◊ *~s personnes étaient en retard.* A few people were late. ◊ *à ~s mètres de distance* a few metres away LOC **c'est quelque chose !** : *Il faut voir comme elle lui parle ! C'est ~ chose !* You should see how she speaks to him! It's unbelievable! **et quelques 1** (*quantité, âge*) : *quarante et ~s personnes* forty-odd people ◊ *deux mille euros et ~s* two thousand odd euros **2** (*heure*) just after : *Il était 2 heures et ~s.* It was just after 2 o'clock. **quelque chose** something, anything : *Je voulais te demander ~ chose.* I wanted to ask you something. ◊ *Est-ce que tu veux ~ chose ?* Do you want anything? ◊ *~ chose comme ça* something like that ☛ La différence entre **something** et **anything** est la même qu'entre **some** et **any**. *Voir note sous* SOME. **quelque part** somewhere, anywhere ☛ La différence entre **somewhere** et **anywhere** est la même qu'entre **some** et **any**. *Voir note sous* SOME. **quelque peu** somewhat ☛ *Voir note sous* FEW

quelquefois *adv* sometimes

quelques-uns, -unes *pron* a few : *« Combien est-ce que vous en voudriez ? — ~, c'est tout. »* 'How many would you like?' 'Just a few.'

quelqu'un *pron* somebody, anybody : *Tu crois que ~ viendra ?* Do you think anybody will come? ☛ La différence entre **somebody** et **anybody** est la même qu'entre **some** et **any**. *Voir note sous* SOME.

Noter que **somebody** et **anybody** sont suivis d'un verbe au singulier, cependant le pronom, etc. qui suit est généralement au pluriel (par exemple **their**) : *Quelqu'un a oublié son manteau.* Somebody's left their coat behind.

quémander *vt* to beg

querelle *nf* quarrel : *Il y a toujours des ~s entre eux.* They're always quarrelling.

question *nf* **1** (*interrogation*) question : *Pourrais-je vous poser une ~ ?* Could I ask you something? ◊ *répondre à une ~* to answer a question **2** (*thème*) subject : *La ~ du financement a été abordée.* The subject of money was raised. **3** (*histoire*) matter : *C'est une ~ d'heures.* It's a matter of hours. ◊ *C'est une ~ de vie ou de mort.* It's a matter of life or death. ◊ *une ~ d'intérêt général* a matter of general interest LOC **être question de...** : *Il est ~ de démolir le bâtiment.* There is talk of demolishing the building. ◊ *Il n'est pas ~ de ça dans le livre.* There is no mention of that in the book. **(il n'en est) pas question !** no way! : *Il n'est pas ~ que tu sortes ce soir !* No way are you going out tonight! **mettre en question** to question *sth* **remettre en question** to challenge *sth* *Voir aussi* ASSAILLIR

questionnaire *nm* questionnaire : *remplir un ~* to fill in a questionnaire LOC **questionnaire à choix multiple** multiple choice test

questionner *vt* to question

quête *nf* search LOC **en quête de** in search of *sth*

queue *nf* **1** (*animal*) tail **2** (*file d'attente*) queue : *se mettre à la ~* to join the queue ◊ *Il y avait une longue ~ pour le cinéma.* There was a long queue for the cinema. **3** (*plante, fruit*) stalk LOC **faire la queue** to queue **n'avoir ni queue ni tête** to be absurd **queue de cheval** ponytail *Voir aussi* FRÉTILLER, PIANO

qui ◆ *pron interrogatif* who : *~ est-ce ?* Who is it? ◊ *~ est-ce que tu as vu ?* Who did you see? ◊ *~ est-ce qui vient ?* Who's coming? ◊ *Pour ~ est ce cadeau ?* Who is this present for? ◊ *De ~ est-ce que tu parles ?* Who are you talking about? ◆ *pron rel* **1** (*sujet, personne*) who : *C'est mon frère ~ me l'a dit.* It was my brother who told me. ◊ *l'homme ~ est venu hier* the man who came yesterday **2** (*chose*) that : *la voiture ~ est garée sur la place* the car that's parked in the square

Lorsque **qui** est équivalent à *lequel, laquelle*, etc., il se traduit par **which** : *Ce bâtiment, ~ fut auparavant le siège du Gouvernement, est maintenant une bibliothèque.* This building, which previously housed the Government, is now a library.

3 (*complément*) ☛ En anglais, on préfère ne pas traduire le pronom relatif quand il a une fonction de complément, bien qu'il soit correct d'utiliser **who** ou **whom** : *Le garçon avec qui je l'ai vue hier est son cousin.* The boy (who) I saw her with yesterday is her cousin. ◊ *l'actrice sur qui on a tant écrit* the actress about whom so much has been written **4** (*quiconque*) whoever : *Invite ~ tu veux.* Invite whoever you want. ◊ *Ceux ~ sont pour, levez la main.* Those in favour, raise your hands. LOC **à qui... ?** (*possession*) whose...? : *À ~ est ce manteau ?* Whose is this coat? **qui que ce soit** whoever : *Michel, Julien ou ~ que ce soit* Michel, Julien or whoever

quiche *nf* quiche

quiconque ◆ *pron rel* whoever ◆ *pron ind* anybody : *sans le dire à ~* without telling anybody

quille *nf* skittle : *jouer aux ~s* to play skittles

quincaillerie *nf* **1** (*magasin*) ironmonger's [*pl* ironmongers] **2** (*objets*) hardware : *articles de ~* hardware

quintette *nm* quintet

quinzaine *nf* **1** (*environ quinze*) about fifteen : *une ~ de personnes/fois* about fifteen people/times **2** (*quinze jours*) two weeks [*pl*], fortnight : *la seconde ~ de janvier* the last two weeks of January ◊ *Nous ne partons que pour une ~ de jours.* We're only going for a fortnight.

quinze *adj, nm* **1** (*gén*) fifteen **2** (*date*) fifteenth ☛ *Voir exemples sous* SIX LOC **tous les quinze jours** every fortnight

quinzième *adj, nmf* fifteenth ☛ *Voir exemples sous* SIXIÈME

quitte *adj* even, quits (*plus fam*) : *Nous sommes ~s.* We're even.

quitter *vt* **1** (*lieu*) to leave : *~ la pièce* to leave the room ◊ *Sa femme l'a quitté.* His wife has left him. **2** (*Informatique*) to quit **3** (*retirer*) to take *sth* off : *Quitte tes bottes.* Take off your boots. LOC **ne pas quitter des yeux** not to take your eyes off *sb/sth* : *Il ne l'a pas quittée des yeux de toute la soirée.* He didn't take his eyes off her all evening.

quoi ◆ *pron interrogatif* what : *De ~ tu te mêles ?* What are you getting mixed up in? ◊ *~ de neuf ?* What's new? ◆ *pron rel* : *ce en ~ je suis d'accord avec lui* what I agree with him about ◊ *Ils ont à peine de ~ vivre.* They have hardly enough to live on. ◊ *Il y a de ~ s'interroger.* It makes you wonder. LOC **à quoi bon ?** what's the point? **il n'y a pas de quoi !** don't mention it! **... ou quoi** or what : *Tu viens ou ~ ?* Are you coming or what? **quoi que...** whatever : *~ qu'il arrive, je serai toujours avec toi.* Whatever happens, I'll always be with you. **quoi que ce soit** anything : *Si je peux vous aider en ~ que ce soit...* If I can help you with anything... *Voir aussi* PUIS

quoique *conj* though : *~ petite, elle est très rapide à la course.* Though small, she can run fast.

quota *nm* quota

quotidien, -ienne ◆ *adj* **1** (*journal, tâche*) daily **2** (*vie*) day-to-day ◆ *nm* (*journal*) daily [*pl* dailies]

quotidiennement *adv* every day, daily (*plus sout*)

quotient *nm* LOC **quotient intellectuel** (*abrév* **QI**) intelligence quotient (*abrév* IQ)

Rr

rabâcher *vt* to go on **about *sth***

rabais *nm* discount : *Ils m'ont fait un ~ de 15 %.* They gave me a 15% discount.

rabaisser *vt* (*humilier*) to humiliate : *Il m'a rabaissé devant tout le monde.* He humiliated me in front of everyone.

rabat *nm* (*couverture de livre, enveloppe*) flap

rabattre ◆ *vt* **1** (*refermer*) to close : *~ le capot d'une imprimante* to close the cover of a printer **2** (*plier*) to fold : *~ les deux côtés de l'emballage comme indiqué.* Fold the two sides of the wrapping as shown. ◆ **se rabattre** *v pron* **1** (*se plier*) to fold away : *Les sièges se rabattent pour tenir moins de place.* The seats fold away to take up less space. **2** (*conducteur*) to pull in **3 se ~ sur** (*se consoler*) to fall back **on *sth*** : *Comme il pleuvait, nous nous sommes rabattus sur la télévision.* As it was raining, we fell back on the television. LOC **rabattre le caquet à** to take *sb* down a peg or two

rabbin *nm* rabbi

rabot *nm* plane

raboter *vt* to plane

raccommoder ◆ *vt* (*chaussette*) to mend ◆ **se raccommoder** *v pron* (*réconcilier*) to make up : *Ils ont fini par se ~ après deux jours de dispute.* They finally made up after two days of arguing.

raccompagner *vt* to take *sb* home

raccordement *nm* (*Télécom*) connection

raccorder *vt* to connect

raccourci *nm* short cut : *prendre un ~* to take a short cut

raccourcir ◆ *vt* **1** (*pantalon*) to take *sth* up **2** (*texte*) to shorten ◆ *vi* to get shorter

raccrocher *vt* (*téléphone*) to hang up : *Il s'est mis en colère et a raccroché.* He got angry and hung up. LOC **mal raccrocher** : *Ils ont dû mal ~ le téléphone.* They must have left the phone off the hook.

race *nf* **1** (*humaine*) race **2** (*animal*) breed : *De quelle ~ est-il ?* What breed is it? LOC **de race 1** (*chien*) pedigree **2** (*cheval*) thoroughbred

racheter *vt* (*société*) to buy *sth* out

racial, -e *adj* racial : *la discrimination raciale* racial discrimination ◊ *relations raciales* race relations

racine *nf* root LOC **prendre racine**

(*s'éterniser*) to take root **racine carrée** square root

racisme *nm* racism

raciste *adj, nmf* racist

racket *nm* racket

raclée *nf* beating : *Marseille leur a mis une ~.* Marseille gave them a sound beating. LOC **donner une raclée à** to beat *sb* up

racler *vt* to scrape LOC **se racler la gorge** to clear your throat

raconter *vt* **1** (*histoire*) to tell : *Raconte-moi ce qui s'est passé hier.* Tell me what happened yesterday. ◊ *Ne raconte pas d'histoires !* Don't tell stories! **2** (*colporter*) to say : *On raconte qu'il a fait de la prison.* They say that he's been in prison. LOC *Voir* COMMÉRAGE

radar *nm* radar [*indénombrable*] : *le ~ ennemi* enemy radar

rade *nf* harbour : *la ~ de Brest* Brest harbour LOC **laisser en rade** to leave *sb* in the lurch

radeau *nm* raft

radiateur *nm* radiator LOC **radiateur électrique** electric heater

radiation *nf* radiation

radical, -e *adj, nm-nf* radical

radier *vt* to strike *sb* off

radieux, -ieuse *adj* **1** (*soleil*) brilliant **2** (*sourire*) dazzling

radin, -e *adj* mean, stingy (*plus fam*)

radio *nf* **1** (*poste*) radio [*pl* radios] : *écouter la ~* to listen to the radio **2** (*station*) radio station : *une ~ libre* an independent radio station **3** (*Méd*) X-ray [*pl* X-rays] : *passer une ~ des poumons* to have a chest X-ray LOC **à la radio** on the radio : *Je l'ai entendu à la ~.* I heard it on the radio.

radioactif, -ive *adj* radioactive LOC *Voir* PLUIE

radioactivité *nf* radioactivity

radiocassette *nm* radio cassette player

radiographie *nf* X-ray [*pl* X-rays]

radiographier *vt* to X-ray

radiomessageur *nm* pager : *rechercher qn par ~* to page sb

radio-taxi *nm* minicab

radis *nm* radish

radium *nm* (*Chim*) radium

radius *nm* radius [*pl* radii]

radoter *vi* (*se répéter*) to repeat yourself

se radoucir *v pron* **1** (*ton*) to soften **2** (*temps*) to turn milder

rafale *nf* **1** (*vent*) gust **2** (*balles*) burst

raffiné, -e *pp, adj* refined *Voir aussi* RAFFINER

raffiner *vt* to refine

raffinerie *nf* refinery [*pl* refineries]

raffoler *vi* ~ **de** to be crazy **about *sb*/*sth***

rafler *vt* **1** (*emporter*) to pinch **2** (*prix*) to walk off with *sth*

rafraîchir ◆ *vt* **1** (*refroidir*) to cool *sb*/*sth* (down) **2** (*mémoire*) to refresh ◆ **se rafraîchir** *v pron* **1** (*température*) to get cooler : *Le temps s'est rafraîchi.* The weather has got cooler. **2** (*toilette*) to freshen up

rafraîchissant, -e *adj* refreshing

rafraîchissements *nm* refreshments

rafting *nm* white-water rafting : *faire du ~ (en eau vive)* to go white-water rafting

rage *nf* **1** (*colère*) rage : *Il est entré dans une ~ folle.* He flew into a rage. **2** (*Méd*) rabies : *le vaccin contre la ~* the rabies vaccine LOC *Voir* FOU

rager *vi* to fume

ragoût *nm* stew

raide *adj* **1** (*gén*) stiff : *Je ne supporte pas les cols ~s.* I can't stand wearing stiff collars. **2** (*cheveux*) straight ☛ *Voir illustration sous* CHEVEU **3** (*exagéré*) : *Je trouve ça un peu ~ !* I think that's a bit much.

raidir ◆ *vt* to stiffen ◆ **se raidir** *v pron* (*personne*) to tense (up)

raie *nf* **1** (*cheveux*) parting : *se faire la ~ au milieu* to part your hair in the centre **2** (*poisson*) skate

rail *nm* rail

railler *vt* to taunt

raisin *nm* grapes [*pl*] : *manger du ~* to eat grapes LOC **raisin de Corinthe** currant **raisin sec** raisin *Voir aussi* GRAIN

raison *nf* reason (**for *sth*/*doing sth***) : *la ~ de notre voyage* the reason for our trip ◊ *pour ~s de santé* for health reasons ◊ *Il s'est fâché contre moi sans ~.* He got angry with me for no reason. ◊ *Il doit bien y avoir une ~.* There must be a reason. LOC **avoir raison** to be right : *Nous avons eu ~ de dire non.* We were right to refuse. **donner raison à qn** to say/admit that sb is right : *Un jour ils me donneront ~.* Some day they'll admit I was right. **en raison de** because of *sth* **ne pas avoir raison** to be wrong **pour une raison ou pour une autre** what with one thing and another **sans raison** just like that

raisonnable *adj* reasonable

raisonnement *nm* reasoning

raisonner ◆ *vi* (*penser*) to think : *Il ne raisonnait pas clairement.* He wasn't thinking clearly. ◆ *vt* (*faire entendre raison à*) to reason **with sb**

rajeunir ◆ *vt* to make *sb* look younger ◆ *vi* to be rejuvenated

rajouter *vt* to add

ralenti *nm* LOC **au ralenti** in slow motion

ralentir *vt, vi* to slow (*sth*) down : *Ralentis !* Slow down!

râler *vi* ~ **(contre)** to moan (**about sb/sth**)

râleur, -euse *nm-nf* grouch

rallonge *nf* extension

rallonger *vt* **1** (*gén*) to extend : ~ *une route* to extend a road **2** (*vêtement*) to lengthen

rallumer *vt* to rekindle

ramadan *nm* Ramadan : *faire le* ~ to keep Ramadan

ramassage *nm* collection LOC **ramassage scolaire** school bus service

ramasser *vt* to pick *sth* up : *Ramasse le mouchoir.* Pick up the handkerchief.

rame *nf* **1** (*instrument*) oar **2** (*train*) train : *une* ~ *de métro* a metro train LOC **à la rame** : *Ils ont traversé le détroit à la* ~. They rowed across the straits. *Voir aussi* BATEAU

Rameaux *nm* LOC *Voir* DIMANCHE

ramener *vt* to bring *sth* back

ramer *vi* to row

ramolli, -e *pp, adj* (*avachi*) dopey : *Je me sens vraiment* ~ *après avoir mangé.* I feel really dopey after I've eaten. *Voir aussi* (SE) RAMOLLIR

(se) ramollir *vt, v pron* to soften : *La chaleur ramollit le beurre.* Heat softens butter.

rampart *nf* wall(s) [*s'utilise beaucoup au pluriel*] : *les* ~*s médiévaux* the medieval walls

rampe *nf* **1** (*d'un escalier*) banister(s) [*s'utilise souvent au pluriel*] : *glisser le long de la* ~ to slide down the banisters **2** (*plan incliné*) ramp

ramper *vi* **1** (*animal, personne*) to crawl **2** ~ **devant** (*fig*) to grovel **to sb**

rance *adj* rancid

ranch *nm* ranch

rancœur *nf* rancour

rançon *nf* ransom : *demander une* ~ *élevée* to demand a high ransom

rancune *nf* grudge [*dénombrable*] : *Je ne lui garde aucune* ~. I don't bear him any grudge.

rancunier, -ière *adj* resentful

randonnée *nf* **1** (*promenade à pied*) hike : *faire une* ~ to go on a hike **2** (*promenade à cheval, à bicyclette*) ride LOC **randonnée pédestre** hiking *Voir aussi* CHAUSSURE, SENTIER

randonneur, -euse *nm-nf* rambler

rang *nm* **1** (*rangée*) row : *Ils se sont assis au premier/dernier* ~. They sat in the front/back row. **2** (*Mil, Polit*) rank : *les* ~*s des mécontents* the ranks of the discontented LOC *Voir* FORMER, SECOND

rangé, -e *pp, adj* (*lieu*) tidy *Voir aussi* RANGER

rangée *nf* row : *une* ~ *d'enfants/d'arbres* a row of children/trees

rangement *nm* tidying up : *faire du* ~ to tidy up

ranger ◆ *vt* **1** (*ordonner*) to tidy *sth* up : *Est-ce que tu peux* ~ *ta chambre ?* Can you tidy your bedroom up? **2** (*mettre à sa place*) to put *sth* away : *J'ai rangé tous mes vêtements d'hiver.* I've put away all my winter clothes. ◆ *vi* to tidy up : *Tu peux m'aider à* ~ *?* Will you help me tidy up? ◆ **se ranger** *v pron* to settle down

ranimer *vt* (*personne*) to resuscitate

rapace *nm* bird of prey

rapatrier *vt* to repatriate

râpe *nf* grater : *une* ~ *à fromage* a cheese grater

râpé, -e *pp, adj* (*fromage*) grated LOC **c'est râpé !** (*fig*) that's that! *Voir aussi* RÂPER

râper *vt* to grate

rapide ◆ *adj* **1** (*vitesse*) fast : *un coureur* ~ a fast runner ◊ *Sa moto est très* ~. Her motorbike goes very fast. ☛ *Voir note sous* FAST[1] **2** (*bref*) quick : *Ils n'ont fait qu'une visite* ~. They only made a quick visit. **3** (*progrès*) rapid **4** (*réponse*) prompt **5** (*esprit*) sharp ◆ *nm* (*fleuve*) rapids [*pl*]

rapidité *nf* speed LOC **avec rapidité** quickly

rapiécer *vt* to patch *sth* up

rappel *nm* **1** (*mémoire*) reminder **2** (*vaccin*) booster LOC *Voir* DESCENTE

rappeler ◆ *vt* **1** ~ **qch à qn/à qn de faire qch** to remind **sb** (**about sth/to do sth**) : *Rappelle-moi d'acheter du pain.* Remind me to buy some bread. **2** ~ **qn/qch** (*par association*) to remind *sb* **of sb/sth** : *Il me rappelle mon frère.* He reminds me of my brother. ◆ **se rappeler** *v pron* to remember *sth* : *Je ne me* *rappelle pas son nom.* I can't remember his name. ☛ *Voir note sous* REMIND, REMEMBER

rapport *nm* **1** ~ **(entre)** (*point commun*) connection (**between...**) : *Je ne vois pas le ~ !* I don't see the connection! **2** (*document, exposé oral*) report : *le ~ annuel de la société* the company's annual report **3** (*Math*) ratio : *un ~ d'un garçon pour trois filles* a ratio of one boy to three girls ◊ *un bon ~ qualité-prix* good value for money **4 rapports** (*relations*) relationship [*sing*] (***with sb/ sth***) : *Nos ~ sont purement professionnels.* Our relationship is strictly professional. ◊ *Nous n'avons pas de très bons ~.* We don't get on very well. LOC **en rapport avec** appropriate to *sth* : *un travail en ~ avec mes qualifications* a job appropriate to my qualifications **par rapport à** compared to *sb/sth* : *Il a fait beaucoup de progrès par ~ à l'an dernier.* He's made a lot of progress compared to last year. **rapports sexuels** sexual relations **se mettre en rapport avec** to get in touch with *sb* *Voir aussi* RECUL

rapporter *vt* **1** (*retourner*) to take *sth* back : *J'ai oublié de ~ les livres à la bibliothèque.* I forgot to take the books back to the library. **2** (*ramener*) to bring *sth* back : *Mireille nous a rapporté des épices de Thaïlande.* Mireille brought us back some spices from Thailand. **3** (*transmettre*) to report : *Je rapporte exactement ce qu'il m'a dit.* I'm reporting exactly what he told me. **4** (*entre enfants*) : *Il m'a vu copier et il est allé le ~ au professeur.* He saw me copying and told the teacher. **5** (*argent*) to bring *sth* in : *La location de l'appartement ne leur rapporte pas grand-chose.* Renting out their flat doesn't bring in much money.

rapporteur, -euse *nm-nf* tell-tale

rapproché, -e *pp, adj* close together *Voir aussi* RAPPROCHER

rapprocher ◆ *vt* to bring *sth* closer (***to sth***) : *Rapproche ta chaise de la table.* Bring your chair closer to the table. ◆ **se rapprocher** *v pron* **se ~ (de)** (*dans l'espace, le temps*) to come closer (**to *sb/sth***) **2** (*se ressembler*) to be similar (**to *sth***) **3** (*affectivement*) to become (closer **to *sb***)

raquette *nf* racket : *une ~ de tennis* a tennis racket

rare *adj* rare : *une plante ~* a rare plant LOC **se faire rare** to become scarce

rareté *nf* rarity

ras, -e ◆ *adj* (*cuillerée, mesure*) level ◆ *adv* close-cropped : *les cheveux coupés ~* close-cropped hair LOC **au ras de** level with *sth* : *au ~ du sol* along the floor **en avoir ras le bol** to have had enough of *sb/sth* *Voir aussi* COUPER

raser ◆ *vt* **1** (*barbe*) to shave **2** (*ennuyer*) to bore : *Tu nous rases !* You're so boring! ◆ **se raser** *v pron* **1** (*gén*) to shave : *Tu t'es rasé aujourd'hui ?* Have you shaved today? ◊ *se ~ la tête* to shave your head **2** (*barbe, moustache*) to shave *sth* off : *Il s'est rasé la moustache.* He shaved his moustache off.

raseur, -euse *nm-nf* bore

rasoir ◆ *nm* razor ◆ *adj* boring : *Je trouve ce type vraiment ~.* I find that bloke so boring. LOC **rasoir électrique** electric razor

rassasié, -e *pp, adj* full (***of sth***) : *Ça ira merci, je suis ~.* No thank you, I'm full.

rassemblement *nm* rally [*pl* rallies]

rassembler ◆ *vt* to get *sb/sth* together : *Elle aime ~ la famille pour Noël.* She likes to get the whole family together for Christmas. ◆ **se rassembler** *v pron* to gather

rassis, -e *pp, adj* stale

rassurant, -e *adj* reassuring

rassurer ◆ *vt* to reassure : *Les nouvelles l'ont rassuré.* The news reassured him. ◆ **se rassurer** *v pron* to be reassured : *Rassure-toi, je ne partirai pas sans toi.* Don't worry, I won't leave without you.

rat *nm* rat LOC *Voir* ENNUYER

raté, -e ◆ *pp, adj* ruined : *Ces photos sont ratées.* These photos haven't come out. ◆ *nm-nf* (*personne*) failure : *C'est un ~.* He's a failure. *Voir aussi* RATER

râteau *nm* rake

rater *vt* to miss : *Il a raté son tir.* He missed his shot. ◊ *~ le bus/l'avion* to miss the bus/plane ◊ *Ne rate pas cette occasion/ce film !* Don't miss this opportunity/that film! LOC **ça ne rate jamais** it, he, she, etc. is always the same : *Il va arriver en retard, ça ne rate jamais.* He's bound to be late — he's always the same. **tu ne peux pas le rater** you can't miss it

ratifier *vt* to ratify

ration *nf* ration

rationaliser *vt* to rationalize

rationalité *nf* rationality

rationnel, -elle *adj* rational

rationnement *nm* rationing : *le ~ de l'eau* water rationing LOC *Voir* CARTE

rationner *vt* to ration

ratisser *vt* **1** (*feuilles mortes*) to rake *sth* up **2** (*zone*) to comb : *La police a ratissé tout le quartier.* The police combed the whole area.

rattacher *vt* **1** (*attacher de nouveau*) to re-attach **2** (*service, bureau*) to attach : *Le collège est rattaché au lycée voisin.* The collège is attached to the neighbouring lycée.

rattrapage *nm* catching up LOC *Voir* COURS, ÉPREUVE

rattraper ◆ *vt* **1** (*rejoindre*) to catch *sb* up : *Commence à marcher, je te rattraperai.* You go on — I'll catch you up. **2** (*retard*) to catch up on *sth* : *J'ai deux cours de maths à ~.* I've got to catch up on two maths lessons. ◆ **se rattraper** *v pron* **1** (*se retenir*) to stop yourself from falling **2** (*se faire pardonner*) to make up for it **3** (*sur le temps perdu*) to catch up

rature *nf* crossing out [*pl* crossings out] : *plein de ~s* full of crossings out

rauque *adj* hoarse

ravager *vt* to ravage

ravages *nm* ravages LOC **faire des ravages 1** (*pr*) to wreak havoc **2** (*fig*) to wow everybody

ravaler *vt* (*larmes*) to hold *sth* back LOC **ravaler sa fierté** to swallow your pride

ravi, -e *pp, adj* delighted (**at/with *sth***) : *Je suis ~ de pouvoir vous aider.* I'm delighted to be able to help. *Voir aussi* RAVIR

ravin *nm* ravine

ravir *vt* to delight

ravissant, -e *adj* lovely

ravisseur, -euse *nm-nf* kidnapper

ravitaillement *nm* **1** (*vivres*) supplies [*pl*] **2** (*activité*) restocking

ravitailler *vt* to restock LOC **ravitailler en carburant** to refuel

raviver *vt* (*colère, chagrin*) to revive

rayé, -e *pp, adj* striped : *un pull ~ bleu et blanc* a blue and white striped jumper *Voir aussi* RAYER

rayer *vt* **1** (*mot*) to cross *sth* out **2** (*meuble*) to scratch

rayon *nm* **1** (*soleil*) ray [*pl* rays] : *un ~ de soleil* a ray of sunshine ◊ *Les ~s du soleil peuvent abîmer la peau.* The sun's rays can damage the skin. **2** (*magasin*) department : *~ hommes* menswear department **3** (*roue*) spoke **4** (*distance*) radius : *On trouve de tout dans un ~ de dix kilomètres.* You can find everything within a radius of ten kilometres. **5** (*domaine*) : *L'électronique, ce n'est pas mon ~.* Electronics isn't my thing. LOC **rayon de miel** honeycomb **rayon laser** laser beam **rayons X** X-rays

rayonnant, -e *adj* (*personne*) radiant : *~ de joie* radiant with happiness

rayonnement *nm* **1** (*astre*) radiance **2** (*influence*) influence

rayonner *vi* (*circuler*) to tour : *Nous avons rayonné dans la région.* We toured the region.

rayure *nf* stripe : *une chemise à ~s* a striped shirt

raz-de-marée *nm* tidal wave

ré *nm* D : *en ré majeur* in D major

réacteur *nm* (*moteur*) jet engine LOC **réacteur nucléaire** nuclear reactor

réaction *nf* reaction : *Il a eu une drôle de ~.* His reaction was odd. LOC *Voir* AVION, MOTEUR

réactionnaire *adj, nmf* reactionary [*pl* reactionaries]

réaffirmer *vt* to reaffirm

réagir *vi* ~ **(à) 1** (*se comporter*) to react (**to *sth***) : *Comment a-t-il réagi quand tu lui as dit que tu t'en allais ?* How did he react when you told him you were leaving? **2** (*Méd*) to respond (**to *sth***) : *~ à un traitement* to respond to treatment

réajuster *vt* to readjust

réalisable *adj* achievable

réalisateur, -trice *nm-nf* director

réalisation *nf* **1** (*projet*) carrying out : *Vous serez chargés de la ~ du projet.* You will be in charge of carrying out the plan. ◊ *Les travaux sont en cours de ~.* The work is being carried out. **2** (*objectif, rêve*) fulfilment **3** (*Cin*) production

réaliser ◆ *vt* **1** (*projet*) to carry *sth* out : *~ un projet ambitieux* to carry out an ambitious plan **2** (*rêve, ambition*) to fulfil **3** (*se rendre compte*) to realize : *Je viens de ~ que je ne t'ai rien offert à boire.* I've just realized I haven't offered you a drink. **4** (*Cin*) to direct ◆ **se réaliser** *v pron* **1** (*devenir vrai*) to come true : *Son rêve s'est réalisé.* His dream came true. **2** (*personne*) to fulfil yourself

réalisme *nm* realism

réaliste ◆ *adj* realistic ◆ *nmf* realist

réalité *nf* reality [*pl* realities] : *~ virtuelle* virtual reality LOC **en réalité** actually

réanimation *nf* intensive care : *service de ~* intensive care unit

réanimer *vt* **1** (*Méd*) to resuscitate **2** (*rêve*) to revive

réapparaître *vi* (*objet disparu*) to turn up : *J'avais perdu mes lunettes, mais* *elles ont fini par ~.* I lost my glasses but they turned up later.

rébarbatif, -ive *adj* off-putting

rebattu, -e *pp, adj* hackneyed

rebelle ◆ *adj* **1** (*soldat*) rebel [*n attrib*] **2** (*esprit*) rebellious **3** (*tache*) stubborn ◆ *nmf* rebel

se rebeller *v pron* **se ~ (contre)** to rebel (**against *sb/sth***)

rébellion *nf* rebellion

rebond *nm* (*ballon*) bounce LOC **faire des rebonds** to bounce

rebondir *vi* to bounce (**off *sth***) : *Le ballon a rebondi sur la voiture.* The ball bounced off the car. ◊ *faire ~ une balle* to bounce a ball

rebord *nm* LOC **le rebord de la fenêtre** windowsill

reboucher *vt* **1** (*avec un bouchon*) to put the top **on *sth*** : *~ le tube de dentifrice* to put the top on the toothpaste **2** (*trou*) to stop *sth* (up) : *J'ai rebouché les trous avec du plâtre.* I stopped (up) the holes with plaster.

rebours LOC *Voir* COMPTE

rebrousser *vt* LOC **rebrousser chemin** to turn back

recaler *vt* to fail *sb* (**in *sth***) : *J'ai été recalé dans deux matières.* I failed two subjects.

récapituler *vt* to sum *sth* up

receler *vt* **1** (*objet volé*) to receive **2** (*secret, trésor*) to hold

récemment *adv* recently : *Je l'ai vue ~.* I saw her not long ago/recently. LOC **tout récemment** just recently

recensement *nm* census [*pl* censuses]

récent, -e *adj* recent : *un achat ~* a recent purchase ◊ *leur album le plus ~* their latest album

réception *nf* **1** (*soirée*) party [*pl* parties] : *organiser une petite ~* to have a little party **2** (*bureau d'accueil*) reception **3** (*courrier, marchandise*) receipt : *à la ~ du colis* on receipt of the package LOC **réception des bagages** baggage reclaim

réceptionniste *nmf* receptionist

récession *nf* recession

recette *nf* **1** (*Cuisine*) recipe (**for *sth***) : *Il faut que tu me donnes la ~ de ce plat.* You must give me the recipe for this dish. **2** (*argent*) takings [*pl*] : *La ~ a été bonne aujourd'hui.* The takings were good today. LOC **faire recette** to catch on

receveur, -euse *nm-nf* **1** (*bus*) conductor **2** (*impôts*) collector

recevoir *vt* **1** (*obtenir*) to receive, to get (*plus fam*) : *J'ai reçu ta lettre.* I received/got your letter. **2** (*personne*) to welcome : *Je vous remercie de nous avoir si bien reçus.* Thank you for giving us such a warm welcome. **3 être reçu (à)** (*examen*) to pass (*sth*) : *Elle a été reçue au bac avec mention bien.* She passed her baccalaureate with a B grade. **4** (*pour consultation*) to see : *Le docteur ne reçoit que sur rendez-vous.* The doctor only sees patients with an appointment.

rechange *nm* LOC **de rechange** spare : *des pièces de ~* spare parts ◊ *Prévoyez des vêtements de ~.* Make sure you have a change of clothes.

recharge *nf* (*stylo*) refill

rechargeable *adj* rechargeable

recharger *vt* **1** (*pile, batterie*) to recharge **2** (*appareil photo*) to reload **3** (*stylo*) to refill

réchaud *nm* stove LOC **réchaud à gaz** (*camping*) camping stove

réchauffement *nm* LOC **réchauffement de la planète** global warming

réchauffer ◆ *vt* to warm *sth* up ◆ **se réchauffer** *v pron* to warm up

recherche *nf* **1** ~ **(de)** (*gén*) search (**for *sb/sth***) : *la ~ d'une solution pacifique* the search for a peaceful solution **2** (*scientifique, universitaire*) research [*indénombrable*] (**into/on *sth***) : *Il partage son temps entre la ~ et l'enseignement.* He divides his time between research and teaching. ◊ *Ils font de la ~ en biologie.* They're doing biological research. **3** (*soin*) elegance : *être habillé avec ~* to be elegantly dressed LOC **à la recherche de** in search of *sb/sth* **partir à la recherche de** to be after *sb/sth* *Voir aussi* MOTEUR

recherché, -e *pp, adj* sought-after *Voir aussi* RECHERCHER

rechercher *vt* **1** (*objet*) to be on the lookout for *sth* **2** (*personne*) to look for *sb* **3** (*bonheur*) to seek

rechigner *vi* **1** (*se plaindre*) to grumble : *Fais-le sans ~ !* Shut up and and stop grumbling! **2** ~ **à** to be reluctant ***to do sth*** : *Il ne rechigne pas à la tâche.* He doesn't mind a bit of hard work.

rechute *nf* relapse

rechuter *vi* to have a relapse

récidiver *vi* to reoffend

récif *nm* reef

récipient *nm* container ☛ *Voir illustration sous* CONTAINER

réciproque *adj* mutual

récit *nm* **1** (*conte*) story [*pl* stories] : *un ~*

d'aventures an adventure story **2** (*description*) account : *faire un ~ des événements* to give an account of events

récital *nm* recital

réciter *vt* to recite

réclamation *nf* complaint : *faire une ~* to make/lodge a complaint

réclamer *vt* to ask for *sth* : *Le propriétaire me réclame deux mois de loyer.* The landlord's asking me for two months' rent. LOC **réclamer à cor et à cri** to clamour for *sth*

réclusion *nf* imprisonment LOC **réclusion à perpétuité** life imprisonment

recoin *nm* corner

récolte *nf* harvest

récolter *vt* to harvest

recommandation *nf* recommendation

recommandé, -e ♦ *pp, adj* **1** (*conseillé*) recommended **2** (*lettre, courrier*) registered ♦ *nm en ~* by registered post ◊ *envoyer une lettre en ~* to register a letter *Voir aussi* RECOMMANDER

recommander *vt* to recommend

recommencer *vt, vi* to start (*sth*) again LOC **recommencer à zéro** to start from scratch

récompense *nf* reward LOC **en récompense (de)** as a reward (for *sth*)

récompenser *vt* to reward *sb* (***for sth***)

réconciliation *nf* reconciliation

réconcilier ♦ *vt ~* **qn avec qn** to reconcile **sb with sb** ♦ **se réconcilier** *v pron* to make (it) up (***with sb***) : *Ils se sont querellés, mais ils se sont réconciliés depuis.* They quarrelled but they've made (it) up now.

reconduire *vt* (*raccompagner*) to accompany : *Il m'a reconduite chez moi après le cinéma.* He saw me home after the film.

réconfort *nm* comfort

réconfortant, -e *adj* comforting

réconforter *vt* to comfort

reconnaissance *nf* **1** (*gratitude*) gratitude : *Je lui ai exprimé ma ~.* I told him how grateful I was. **2** (*fait d'identifier*) recognition : *Elle m'a fait un petit signe de ~.* She gave me a small sign of recognition. **3** (*exploration*) reconnaissance : *Ils sont partis en ~.* They went to check the place out.

reconnaissant, -e *adj* grateful : *Je vous suis très ~.* I am very grateful.

reconnaître *vt* **1** (*identifier*) to recognize : *Je ne l'ai pas reconnue.* I didn't recognize her. **2** (*admettre*) to admit : *Je reconnais que j'y suis allé un peu fort.* I admit I went a bit too far. **3** (*officiellement*) to recognize *sth* (**as sth**) : *Ce diplôme n'est pas reconnu en France.* This diploma is not recognized in France.

reconsidérer *vt* to reconsider

reconstituer *vt* (*faits*) to reconstruct

reconstruction *nf* reconstruction

reconstruire *vt* to rebuild

se reconvertir *v pron* to retrain : *Il s'est reconverti dans l'informatique.* He retrained and went into computing.

recopier *vt* to copy

record *nm* record : *battre/établir un ~* to beat/set a record ◊ *en un temps ~* in record time

recourir *vi ~* **à** to resort **to *sth***

recours *nm* resort : *en dernier ~* as a last resort

recouvrer *vt* (*santé*) to recover, to get *sth* back (*plus fam*)

recouvrir *vt* to cover *sb/sth* (**with sth**) : *~ une blessure d'un bandage* to cover a wound with a bandage

récréation *nf* break : *à la ~* during the break

recréer *vt* to recreate

récrimination *nf* recrimination

se recroqueviller *v pron* to huddle up

recrudescence *nf* new upsurge : *une ~ de la violence* a new upsurge in the violence LOC **être en recrudescence** to be worsening

recrue *nf* recruit

recrutement *nm* recruitment

recruter *vt* to recruit

rectangle *nm* rectangle LOC *Voir* TRIANGLE

rectangulaire *adj* rectangular

rectifier *vt* to correct : *~ une erreur* to correct a mistake ◊ *« Non, c'est lui qui a réglé la facture », rectifia-t-elle.* 'No, he paid the bill,' she corrected.

recto *nm* LOC **recto verso** : *J'ai écrit trois pages ~ verso.* I wrote six sides.

rectum *nm* rectum [*pl* rectums/recta]

reçu *nm* **1** (*preuve d'achat*) receipt : *Tu auras besoin du ~ pour l'échanger.* You'll need the receipt if you want to exchange it. **2** (*candidat*) successful candidate : *la liste des ~s* the list of successful candidates

recueillir ♦ *vt* **1** (*informations*) to collect : *~ des signatures* to collect signatures **2** (*prendre chez soi*) to take *sb/sth* in ♦ **se recueillir** *v pron* to spend some time in quiet reflection

recul *nm* detachment LOC **avec le recul** with hindsight : *Avec le ~, j'aurais peut-être dû choisir une autre filière.* With hindsight, perhaps I should have chosen another path. **prendre du recul (par rapport à)** to stand back (from *sth*)

reculé, -e *pp, adj* remote *Voir aussi* RECULER

reculer ◆ *vi* **1** (*mouvement*) to go/move back : *~ de trois pas* to go three steps back **2** (*véhicule*) to reverse **3** *~* **(devant)** (*se dérober*) to back down (**in the face of sth**) : *Je ne recule généralement pas devant les difficultés.* I don't generally back down in the face of problems. ◆ *vt* **1** (*objet*) to push *sth* back : *Tu peux ~ ta chaise s'il te plaît ?* Can you push your chair back, please? **2** (*moment*) to postpone, to put *sth* off (*plus fam*) : *J'ai reculé plusieurs fois le moment du départ.* I've postponed my departure several times. ◆ **se reculer** *v pron* to move back : *Vous pouvez vous ~ un peu, s'il vous plaît ?* Can you move back a little, please? LOC **c'est reculer pour mieux sauter** it's just putting off the inevitable

reculons LOC **à reculons** backwards : *marcher à ~* to walk backwards

récupérer *vt* **1** (*retrouver*) to recover *sth* (**from sb/sth**), to get *sth* back (**from sb/sth**) (*plus fam*) : *Ils ont pu ~ l'argent.* They were able to get the money back. ◊ *Je suis sûr qu'il récupérera ses forces.* I'm sure he'll recover his strength. **2** (*temps*) to make *sth* up : *Il faut que tu récupères tes heures de travail.* You'll have to make up the time.

récurer *vt* to scour LOC *Voir* TAMPON

récurrent, -e *adj* recurrent

recyclage *nm* **1** (*matériaux*) recycling : *le ~ du papier* paper recycling **2** (*personne*) training

recycler ◆ *vt* (*verre, papier, etc.*) to recycle ◆ **se recycler** *v pron* **1** (*nouvelle formation*) to go on a refresher course **2** (*changer de métier*) to retrain

rédacteur, -trice *nm-nf* editor LOC **rédacteur en chef** (*Journal*) editor

rédaction *nf* **1** (*École*) essay [*pl* essays] : *écrire une ~ sur sa ville* to write an essay on your town **2** (*Journal*) editorial staff [*v sing ou pl*]

redéployer *vt* to redeploy

redevance *nf* (*télévision*) (TV) licence

rédiger *vt, vi* to write : *~ une lettre* to write a letter

redire *vt* to repeat LOC *Voir* TROUVER

redoubler ◆ *vt* (*classe*) to repeat ◆ *vi* **1** (*École*) to repeat a year **2** (*pluie*) to increase **3** *~* **de** to increase *sth* : *~ d'attention* to be twice as careful

redoutable *adj* formidable

redouter *vt* **1** (*craindre*) to fear **2** (*appréhender*) to dread : *Je redoute d'y aller.* I dread going there.

redressement *nm* recovery [*pl* recoveries]

redresser ◆ *vt* (*remettre d'aplomb*) to put *sb* back on their feet ◆ **se redresser** *v pron* **1** (*lorsqu'on est assis*) to sit up **2** (*se mettre droit*) to straighten (up) : *Redresse-toi !* Straighten your back! **3** (*Écon*) to pick up : *L'économie se redresse.* The economy is picking up. LOC **redresser la situation** to sort things out **redresser la tête** (*fig*) to stand up for yourself

réduction *nf* reduction

réduire *vt* **1** (*diminuer*) to reduce : *~ une condamnation* to reduce a sentence ◊ *à prix réduit* at a reduced price **2** (*transformer*) to reduce *sth* **to sth** : *L'incendie a réduit la maison en cendres.* The house was reduced to ashes in the fire. **3** (*coûts*) to cut LOC **réduire au silence** (*personne*) to silence *sb* **réduire en miettes** to shatter *sth*

réduit, -e *pp, adj* (*restreint*) restricted : *visibilité réduite* restricted visibility *Voir aussi* RÉDUIRE

réécrire *vt* to rewrite

rééditer *vt* to reissue

réédition *nf* reissue

rééducation *nf* **1** (*spécialité médicale*) physiotherapy : *faire de la ~* to have physiotherapy **2** (*handicapés*) rehabilitation

réel, réelle *adj* real

réélire *vt* to re-elect

réellement *adv* really

réexaminer *vt* to reconsider

réexpédier *vt* to forward

refaire *vt* **1** (*faire à nouveau*) to redo, to do *sth* again : *Je vais devoir le ~.* I'm going to have to do it again. **2** (*rénover*) to do *sth* up : *Nous sommes en train de ~ la salle de bains.* We're doing up the bathroom. LOC **refaire sa vie** to rebuild your life

réfectoire *nm* refectory [*pl* refectories]

référence *nf* reference (**to sb/sth**) : *servir de (point de) ~* to serve as a (point of) reference ◊ *avoir de bonnes ~s* to have good references LOC **de référence** reference : *ouvrages de ~* reference books **faire référence à** to refer to *sb/ sth*

référendum *nm* referendum [*pl* referendums/referenda]

(se) refermer *vt, v pron* to close, to shut (*plus fam*) : *La porte s'est refermée sur moi.* The door closed on me.

refiler *vt* ~ **à** to palm *sth* off **on sb**

réfléchi, -e *pp, adj* **1** (*personne*) thoughtful **2** (*Gramm*) reflexive *Voir aussi* RÉFLÉCHIR

réfléchir ◆ *vi* ~ **(à)** to think (**about sth**) : *Il a réfléchi à ce qu'il allait répondre.* He thought about his answer. ◊ *J'ai dit ça sans ~.* I said it without thinking. ◆ *vt* (*lumière, image*) to reflect

reflet *nm* **1** (*gén*) reflection : *Je voyais mon ~ dans le miroir.* I could see my reflection in the mirror. **2** (*nuance*) sheen : *un tissu à ~s changeants* a material with a sheen **3 reflets** (*cheveux*) highlights

refléter ◆ *vt* to reflect ◆ **se refléter** *v pron* to be reflected

réflexe *nm* reflex : *avoir de bons ~s* to have good reflexes ◊ *Heureusement qu'il a eu le ~ de couper le gaz.* Luckily his first reflex was to turn off the gas.

réflexion *nf* **1** (*pensée*) thought : *Elle a demandé une semaine de ~.* She asked for a week to think it over. **2** (*remarque*) comment : *faire une ~ à qn* to make a comment to sb LOC **réflexion faite** on reflection *Voir aussi* MÛR

reflux *nm* (*mer*) ebb

réforme *nf* reform

réformer *vt* (*changer*) to reform

reformuler *vt* to rephrase

refoulé, -e *pp, adj* repressed *Voir aussi* REFOULER

refouler *vt* **1** (*manifestants, envahisseurs*) to drive *sb* back **2** (*larmes, colère*) to hold *sth* back

refrain *nm* **1** (*chanson*) chorus **2** (*rengaine*) : *C'est toujours le même ~.* It's always the same story.

réfrigérateur *nm* fridge, refrigerator (*plus sout*)

réfrigérer *vt* to refrigerate

refroidir ◆ *vt* **1** (*gén*) to cool *sth* (down) : *Elle a mis la bouteille au frigo pour la ~.* She put the bottle in the fridge to cool it down. **2** (*décourager*) to dampen *sb's* spirits : *Leur accueil m'a refroidi.* Their welcome dampened my spirits. ◆ *vi* **1** (*devenir trop froid*) to get cold : *Ta soupe est en train de ~.* Your soup's getting cold. **2** (*devenir moins chaud*) to cool down : *Attends que ton bain refroidisse.* Wait till your bath cools down. **3** (*temps*) to turn colder ◆ **se refroidir** *v pron* **1** (*temps*) to turn colder **2** (*s'enrhumer*) to catch a cold

refuge *nm* refuge : *chercher ~ auprès de qn* to seek refuge with sb ◊ *un ~ de montagne* a mountain refuge

réfugié, -e *nm-nf* refugee : *un camp de ~s* a refugee camp

se réfugier *v pron* to take refuge : *Il s'est réfugié auprès de sa famille.* He took refuge with his family.

refus *nm* refusal LOC **ce n'est pas de refus** I wouldn't say no

refuser *vt* **1** (*gén*) to refuse *sth/to do sth* : *On nous a refusé l'entrée dans le pays.* We were refused entry into the country. ◊ *Ils ont refusé de payer.* They refused to pay. ◊ *Je refuse de le croire.* I refuse to believe it. **2** (*invitation*) to turn *sb/sth* down : *J'ai refusé leur invitation.* I turned their invitation down. **3** (*rejeter*) to reject : *La majorité des candidats ont été refusés.* The majority of the candidates were rejected.

réfuter *vt* to refute

regagner *vt* **1** (*récupérer*) to regain, to get *sth* back (*plus fam*) : *~ la confiance de qn* to regain sb's trust **2** (*lieu*) to return **to sth** : *Veuillez ~ vos places.* Please return to your places.

regain *nm* (*d'intérêt, de popularité*) renewal

régal *nm* treat : *Mmm, quel ~ !* Mmm, what a treat!

se régaler *v pron* LOC **on s'est régalés 1** (*en mangeant*) it was delicious **2** (*au cinéma, en excursion*) we had a great time

regard *nm* look LOC **jeter/lancer un regard à** to give *sb* a look : *Il m'a lancé un ~ méprisant.* He gave me a scornful look. *Voir aussi* DÉTOURNER, DÉVORER, FUSILLER

regarder ◆ *vt* **1** (*gén*) to look **at sb/ sth** : *~ l'heure* to look at the clock ◊ *Il te regardait beaucoup.* He was looking at you a lot. **2** (*observer*) to watch : *~ la télé* to watch TV ◊ *Ils regardaient les enfants jouer.* They were watching the children play. **3** (*concerner*) to concern : *Ça ne te regarde pas.* That's none of your business. ◆ *vi* ~ **(dans/par)** to look (**in/ through sth**) : *J'ai regardé dans le fichier.* I looked in the file. ◊ *~ par le trou de la serrure* to look through the keyhole ◊ *~ par la fenêtre* to look out of the window ◆ **se regarder** *v pron* **1** (*soi-même*) to look at yourself : *Elle se* *regardait dans la glace.* She was looking at herself in the mirror. **2** (*mutuellement*) to look at each other

Il existe en anglais plusieurs façons de dire *regarder*. Les formes les plus fréquentes sont **to look at** et **to watch**. Tous les autres verbes possèdent des nuances propres. En voici quelques exemples : **gaze** (regarder fixement quelqu'un ou quelque chose pendant longtemps), **glance** (jeter un coup d'œil rapide à quelqu'un ou à quelque chose), **glare** (lancer un regard furieux à quelqu'un), **peep** (regarder quelqu'un ou quelque chose rapidement et sans se montrer), **peer** (regarder quelqu'un ou quelque chose de façon prolongée, parfois avec effort), **stare** (regarder quelqu'un ou quelque chose fixement ou pendant un long moment, avec intérêt ou étonnement). On peut donc dire par exemple : *Don't glare at me!* ◊ *They all stared at her in her orange trousers.* ◊ *He was gazing at the stars.* ◊ *She glanced at the newspaper.*

LOC **regarder en l'air** to look up **regarder fixement** to stare at *sb/sth* : *Il me regardait fixement.* He stared at me. **regarder qn dans les yeux** to look into sb's eyes *Voir aussi* OCCUPER

(se) régénérer *vt, v pron* to regenerate

régent, -e *adj, nm-nf* regent : *le prince ~* the Prince Regent

régime *nm* **1** (*Polit, normes*) regime : *un ~ très libéral* a very liberal regime **2** (*pour perdre du poids*) diet : *être au ~* to be on a diet ◊ *faire un ~* to go on a diet **3** (*bananes, dattes*) bunch

régiment *nm* **1** (*Mil*) regiment **2** (*foule*) army : *tout un ~ de secrétaires* an army of secretaries

région *nf* region : *la ~ parisienne* the Paris region

régional, -e *adj* regional

registre *nm* **1** (*livre*) register **2** (*ton*) style

réglable *adj* adjustable

réglage *nm* **1** (*machine*) adjustment **2** (*moteur, radio*) tuning

règle *nf* **1** (*précepte*) rule : *C'est contre les ~s de l'école.* It's against the school rules. ◊ *en ~ générale* as a general rule ◊ *J'ai pour ~ de ne jamais manger entre les repas.* I make it a rule never to eat between meals. ◊ *la ~ du jeu* the rules of the game **2** (*instrument*) ruler **3 règles** (*menstruation*) period [*sing*] : *avoir ses ~s* to have your period LOC **en règle** (*papiers*) in order

règlement *nm* **1** (*règles*) regulations [*pl*] : *C'est contraire au ~.* It's against the regulations. **2** (*paiement*) payment : *effectuer un ~ en espèces* to make a cash payment **3** (*solution*) settlement : *un ~ à l'amiable* an amicable settlement LOC *Voir* ENTORSE

réglementation *nf* regulations [*pl*]

régler ◆ *vt* **1** (*dette, facture*) to settle **2** (*fournisseur, marchand*) to pay : *Je peux vous ~ par chèque ?* Can I pay by cheque? **3** (*ajuster*) to adjust : *Réglez la température, s'il vous plaît.* Please adjust the temperature. **4** (*moteur, radio*) to tune **5** (*question, problème*) to sort *sth* out, to settle (*plus sout*) : *Ne t'en fais pas, je vais ~ ça.* Don't worry, I'll sort it out. ◊ *J'ai un compte à ~ avec lui.* I've got a score to settle with him. ◆ **se régler** *v pron* (*question*) to be resolved

réglisse *nf* liquorice

règne *nm* reign LOC **le règne animal/végétal** the animal/vegetable kingdom

régner *vi* **1** (*gouverner*) to reign **2** (*prédominer*) : *le mauvais temps régnant sur l'Hexagone* the bad weather over France ◊ *Il règne une certaine confusion dans les milieux d'affaires.* There is confusion in business circles.

régresser *vi* **1** (*chômage*) to fall **2** (*maladie*) to get better **3** (*personne*) to regress

régression *nf* **1** (*chômage*) fall **2** (*maladie*) improvement **3** (*personne*) regression LOC **être en régression** to be in decline

regret *nm* regret : *avoir des ~s* to have regrets ◊ *J'ai le ~ de vous annoncer que...* I regret to inform you...

regrettable *adj* regrettable

regretter *vt* **1** (*être désolé de*) to regret *sth/doing sth/to do sth* : *Je regrette de le lui avoir prêté.* I regret lending it to him. ◊ *Je regrette, je ne peux pas vous aider.* I am sorry, I can't help you. **2** (*avoir la nostalgie de*) to miss : *Nous l'avons tous beaucoup regrettée.* We all really missed her.

(se) regrouper *vt, v pron* to gather

régulariser *vt* (*situation*) to sort *sth* out

régularité *nf* **1** (*visites, mouvement*) regularity **2** (*résultats, travail*) consistency LOC **avec régularité** regularly

régulier, -ière *adj* **1** (*gén*) regular : *verbes ~s* regular verbs ◊ *des visites régulières* regular visits **2** (*résultats, travail*) consistent **3** (*légal*) above board : *Ce que vous avez fait là n'est pas* *très ~.* What you've done isn't quite above board. LOC *Voir* VOL

réhabilitation *nf* **1** (*délinquant*) rehabilitation : *programmes de ~* rehabilitation programmes **2** (*immeuble*) renovation **3** (*quartier*) regeneration

réhabiliter *vt* **1** (*délinquant*) to rehabilitate **2** (*immeuble*) to renovate **3** (*quartier*) to regenerate

rehausser *vt* **1** (*élever*) to raise **2** (*mettre en valeur*) to enhance

rein *nm* **1** (*organe*) kidney [*pl* kidneys] **2 reins** (*région lombaire*) lower back [*sing*] : *avoir mal aux ~s* to have backache

réincarnation *nf* reincarnation

se réincarner *v pron* **se ~ (en)** to be reincarnated **(in/as** ***sb/sth*****)**

reine *nf* **1** (*monarque, Échecs*) queen : *la ~ mère* the Queen Mother **2** (*abeille*) queen bee

réinsertion *nf* (*sociale*) rehabilitation

réintégrer *vt* **1** (*dans ses fonctions*) to reinstate **2** (*lieu, poste, groupe*) to return **to** ***sth*** : *~ son domicile* to return home

réitérer *vt* to repeat

rejet *nm* **1** (*proposition*) dismissal **2** (*greffe, projet de loi, groupe social*) rejection **3 rejets** (*déchets*) waste [*indénombrable*]

rejeter *vt* **1** (*gén*) to reject, to turn *sb/sth* down (*plus fam*) : *Ils ont rejeté notre offre d'aide.* They rejected our offer of help. ◊ *Notre proposition a été rejetée.* Our proposal was turned down. ◊ *Je me suis sentie rejetée.* I felt rejected. **2** (*projet de loi, greffe*) to reject **3** (*déchets*) to discharge : *L'usine rejette des vapeurs toxiques dans l'atmosphère.* The factory discharges toxic fumes into the atmosphere. LOC **rejeter en arrière** (*tête, cheveux*) to throw *sth* back **rejeter la faute sur** to blame *sb (for sth)*

rejoindre *vt* **1** (*rattraper*) to catch up with *sb* : *Il a fini par ~ le peloton de tête.* He eventually caught up with the front runners. **2** (*rendez-vous*) to meet : *Je vous rejoins directement au cinéma.* I'll meet you at the cinema. **3** (*se joindre à*) to join : *Ils nous rejoindront pour la deuxième semaine de vacances.* They'll join us for the second week of the holidays.

réjouir ◆ *vt* to delight : *La nouvelle nous a réjouis.* We were delighted at the news. ◆ **se réjouir** *v pron* (*être content*) to be delighted : *Je me réjouis de l'apprendre.* I am delighted to hear it. ◊ *Je me réjouis pour vous.* I'm delighted for you.

réjouissant, -e *adj* cheering

relâche *nf* (*théâtre*) closure : *faire ~* to be closed LOC **sans relâche** without a break

relâchement *nm* **1** (*muscles, discipline*) relaxation **2** (*attention, effort*) dropping off

relâcher ◆ *vt* **1** (*muscles, étreinte*) to relax **2** (*prisonnier*) to set *sb* free, to release (*plus sout*) ◆ **se relâcher** *v pron* **1** (*muscles, étreinte*) to relax **2** (*discipline, attention*) to slip

relais *nm* (*restaurant*) restaurant : *~ routier* roadside restaurant LOC **passer le relais à** to hand over to *sb* **prendre le relais** to take over *(from sb)* *Voir aussi* COURSE

relancer *vt* **1** (*économie*) to revive **2** (*poursuivre*) to pester

relatif, -ive *adj* **1** (*gén*) relative : *Tout est ~.* It's all relative. **2 ~ à** (*concernant*) regarding *sb/sth*

relation *nf* **1 ~ (avec)** (*gén*) relationship **(with** ***sb/sth*****)** : *entretenir une ~ avec qn* to have a relationship with sb ◊ *Nous n'avons pas de très bonnes ~s.* We don't get on very well. ◊ *Ces deux problèmes sont sans ~.* These two problems are unrelated. **2** (*personne connue*) acquaintance **3 relations** (*personnes influentes*) friends in high places : *Il a des ~s.* He's got friends in high places. LOC **être en relation** to be in touch *(with sb)* **relations extérieures** (*affaires étrangères*) foreign affairs **relations publiques** public relations (*abrév* PR)

relativité *nf* relativity

relax *adj* (*de caractère*) cool

relaxation *nf* relaxation

(se) relaxer *vt, v pron* to relax : *La peinture me relaxe.* Painting relaxes me. ◊ *Il faut que tu te relaxes.* You must relax.

relayer ◆ *vt* to take over **from** ***sb*** ◆ **se relayer** *v pron* to take turns **(*****at sth/ doing sth*****)** : *Nous nous sommes relayés au volant.* We took turns driving.

reléguer *vt* (*Sport*) to relegate : *Ils ont été relégués en troisième division.* They've been relegated to the third division. LOC **reléguer au second plan** to push *sb/sth* into the background

relent *nm* **1** (*gén*) stink **2** (*fig*) whiff : *des ~s de scandale* a whiff of scandal

relevé, -e *pp, adj* (*épicé*) spicy LOC **relevé de compte** statement **relevé d'identité bancaire** bank details [*pl*] *Voir aussi* RELEVER

relève *nf* relief : *La ~ sera bientôt là.* The relief will be here soon. LOC **la relève de la garde** the changing of the Guard **prendre la relève** to take over (*from sb*)

relever ◆ *vt* **1** (*store, prix*) to raise : *Il faudrait ~ les salaires.* Salaries should be raised. **2** (*jupe*) to lift *sth* up **3** (*manches*) to push *sth* up **4** (*cheveux*) to put *sth* up **5** (*remettre debout*) to pick *sb/sth* up **6** (*remarquer*) to notice : *J'ai relevé plusieurs omissions.* I noticed several omissions. **7** (*noter*) to note *sth* down : *Nous avons relevé le numéro d'immatriculation.* We noted down the registration. ◆ **se relever** *v pron* (*se remettre debout*) to get back on your feet LOC **relever le défi** to take up the challenge

relief *nm* (*Géogr*) relief : *une carte en ~* a relief map ◊ *une région au ~ accidenté* an area with a rugged landscape LOC **mettre en relief** to bring *sth* out

relier *vt* **1** (*gén*) to link **2** (*livre*) to bind

religieux, -ieuse ◆ *adj* religious ◆ *nm-nf* monk [*fém* nun] ◆ **religieuse** *nf* (*gâteau*) choux bun LOC *Voir* INSTRUCTION

religion *nf* religion

relique *nf* relic

relire ◆ *vt* (*pour corriger*) to check ◆ **se relire** *v pron* to check your work

reliure *nf* (*couverture*) binding

reluire *vi* to gleam LOC **faire reluire** to polish *sth*

remaniement *nm* **1** (*réorganisation*) reshuffle : *~ ministériel* cabinet reshuffle **2** (*texte*) revision

remanier *vt* **1** (*réorganiser*) to reshuffle **2** (*texte*) to revise

se remarier *v pron* to remarry

remarquable *adj* outstanding

remarque *nf* **1** (*gén*) remark : *faire une ~* to make a remark **2** (*écrite*) comment

remarquer ◆ *vt* **1** (*se rendre compte*) to notice *sth/that...* : *J'ai remarqué que ses chaussures étaient mouillées.* I noticed (that) his shoes were wet. **2** (*dire*) to remark ◆ **se remarquer** *v pron* : *Est-ce que la tache se remarque ?* Is the stain noticeable? ◊ *une affiche qui se remarque* a striking poster LOC **faire remarquer** to point out *that...* : *Il m'a fait ~ qu'il était déjà 10 heures.* He pointed out that it was already 10 o'clock. **remarque...** mind you... : *Remarque, il n'a pas tort.* Mind you, he's not wrong. **se faire remarquer** to attract attention : *Il s'habille comme ça pour se faire ~.* He dresses like that to attract attention. ◊ *Elles adorent se faire ~.* They love to attract attention.

rembobiner *vt* to rewind

rembourrage *nm* padding

remboursable *adj* **1** (*billet, frais*) refundable **2** (*emprunt, dette*) repayable

remboursement *nm* **1** (*billet, frais*) refund **2** (*emprunt, dette*) repayment LOC **contre remboursement** cash on delivery (*abrév* COD) *Voir aussi* ENVOI

rembourser *vt* **1** (*billet, frais*) to refund **2** (*emprunt, dette*) to repay **3** (*personne*) to pay *sb* back

remède *nm* ~ **(pour/contre)** remedy [*pl* remedies] (**for *sth***)

remédier *vi* ~ **à** to remedy *sth* : *~ à la situation* to remedy the situation

se remémorer *v pron* to recall

remerciement *nm* thanks [*pl*] : *quelques mots de ~* a few words of thanks

remercier *vt* to thank *sb* (***for sth/doing sth***) : *sans me ~* without thanking me ◊ *Je vous remercie d'être venu.* Thank you for coming.

remettre ◆ *vt* **1** (*à plus tard*) to put *sth* off, to postpone (*plus sout*) : *La réunion a été remise à lundi.* The meeting has been put off until Monday. **2** (*livrer*) to hand *sb/sth* over (***to sb***) : *~ les documents/les clés* to hand over the documents/keys ◊ *~ qn aux autorités* to hand sb over to the authorities **3** (*prix, médaille*) to present *sth* (***to sb***) **4** (*replacer*) to put *sth* back : *Remets cette bouteille là où tu l'as trouvée.* Put that bottle back where you found it. ◊ *~ qch debout* to stand sth up again **5** (*reconnaître*) to place : *Désolée, je ne vous remets pas.* Sorry, I can't place you. ◆ **se remettre** *v pron* **1 se ~ (de)** (*guérir*) to recover (**from *sth***) : *Le petit garçon s'est remis de la rougeole.* The little boy recovered from the measles. **2 se ~ à** (*activité*) to take *sth* up again : *Je vais me ~ à l'anglais.* I'm going to take up English again. **3 se ~ à faire qch** to start **doing sth again** : *Voilà qu'il se remet à pleuvoir !* It's starting to rain again. LOC **s'en remettre à** to leave it up to *sb* *Voir aussi* ÉMOTION, QUESTION

réminiscence *nf* reminiscence

remise *nf* **1** (*livraison*) handing over : *la ~ de l'argent* the handing over of the money **2** (*rabais*) discount : *Ils nous ont fait une ~.* They gave us a discount. **3** (*abri*) shed LOC **remise des prix** prize-giving

remontée *nf* LOC **remontée mécanique** ski lift

remonter ◆ *vt* **1** (*fleuve, rue*) to go up *sth* **2** (*manches*) to roll *sth* up **3** (*fermeture éclair*) to zip *sth* up **4** (*horloge*) to wind *sth* up **5** (*revigorer*) to pick *sb* up : *Prends ça, ça va te* ~. Take this, it'll pick you up. ◆ *vi* **1** (*retourner en haut*) to go/come back upstairs : *Remonte me chercher mes lunettes.* Go back upstairs and get my glasses. **2** (*augmenter*) to go up : *Le dollar est encore remonté.* The dollar has gone up again. ◊ *Les températures remontent.* Temperatures are going up. **3 remonter à** (*fait, tradition*) to date back **to *sth*** LOC **remonter le moral à** to cheer *sb* up : *Je ne sais plus quoi faire pour lui ~ le moral.* I don't know what to do to cheer him up.

remords *nm* remorse [*indénombrable*] : *avoir des* ~ to feel remorse

remorque *nf* trailer

remorquer *vt* to tow

remous *nm* **1** (*bateau*) wash **2** (*dans une rivière*) eddy [*pl* eddies] **3** (*agitation*) : *Sa déclaration a provoqué des ~ dans les milieux politiques.* His statement caused a stir in political circles.

rempart *nm* rampart

remplaçant, -e *nm-nf* **1** (*professeur*) supply teacher **2** (*médecin*) locum **3** (*Sport*) substitute

remplacement *nm* **1** (*permanent*) replacement **2** (*temporaire, Sport*) substitution LOC *Voir* SOLUTION

remplacer *vt* **1** (*prendre la place de*) to replace *sb/sth* (***with sb/sth***) : *L'ordinateur a remplacé la machine à écrire.* Computers have replaced typewriters. **2** (*changer*) to change : *Est-ce que tu peux ~ l'ampoule ?* Can you change the bulb? **3** (*être suppléant*) to stand in **for *sb*** : *Mon assistant me remplacera.* My assistant will stand in for me.

remplir ◆ *vt* **1** (*gén*) to fill *sb/sth* (***with sth***) : *Remplis la cruche d'eau.* Fill the jug with water. **2** (*fonction*) to hold : ~ *la fonction de doyen* to hold the post of dean **3** (*chèque*) to write *sth* (out) **4** (*formulaire*) to fill *sth* in **5** (*devoir, engagements*) to fulfil ◆ **se remplir** *v pron* to fill (up) (***with sth***) : *La maison se remplit d'invités.* The house is filling (up) with guests.

remporter *vt* **1** (*victoire, match, prix*) to win : *L'équipe a remporté sa première victoire.* The team won its first victory. **2** (*succès*) to score : *Leur dernier album a remporté un énorme succès.* Their latest album has scored an enormous success. **3** (*reprendre*) to take *sth* back : *Tu peux ~ ton cadeau, je n'en veux pas !* You can take your present back, I don't want it!

remue-ménage *nm* upheaval

remuer ◆ *vt* **1** (*partie du corps*) to move **2** (*plat, liquide*) to stir : *Il faut ~ la sauce sans arrêt.* You have to keep stirring the sauce. **3** (*queue*) to wag **4** (*émouvoir*) to move ◆ **se remuer** *v pron* (*s'activer*) to get a move on : *Remue-toi un peu, fainéant !* Get a move on, lazybones! ◊ *Elle ferait mieux de se ~ si elle veut trouver du travail.* She'd better get a move on if she wants to find a job.

rémunérateur, -trice *adj* lucrative

rémunération *nf* pay

rémunérer *vt* **1** (*personne*) to pay **2** (*travail*) to pay **for *sth***

renaissance *nf* **1** (*résurgence*) revival **2 Renaissance** (*Hist*) Renaissance

renaître *vi* **1** (*personne*) to be reborn **2** (*espoir, industrie*) to revive

renard *nm* **1** (*animal*) fox **2** (*peau*) fox fur : *un manteau en ~* a fox fur coat

rencontre *nf* **1** (*réunion*) meeting **2** (*Sport*) match LOC **aller à la rencontre de** to go to meet *sb*

rencontrer ◆ *vt* **1** (*personne*) to meet : *J'ai rencontré ta sœur au parc.* I met your sister in the park. **2** (*difficulté, obstacle*) to encounter ◆ **se rencontrer** *v pron* to meet : *Où vous êtes-vous rencontrés ?* Where did you meet?

rendement *nm* **1** (*production*) output : *J'ai un meilleur ~ le matin.* I work much better in the mornings. **2** (*d'un investissement, d'une terre*) return

rendez-vous *nm* **1** (*médecin, avocat*) appointment : *prendre ~* to make an appointment ◊ *J'ai un ~ chez le dentiste.* I've got a dental appointment. **2** (*amis*) : *~ chez Éric à 8 heures.* Let's meet at Éric's at 8 o'clock. **3** (*amoureux*) date LOC **donner rendez-vous à qn** to arrange to meet sb : *Je leur ai donné ~ devant le théâtre.* I arranged to meet them outside the theatre. **se donner rendez-vous** to arrange to meet : *Nous nous sommes donné ~ à 3 heures.* We arranged to meet at 3 o'clock.

rendre ◆ *vt* **1** (*gén*) to give *sth* back (**to *sb/sth***) ; to return *sth* (**to *sb/sth***) (*plus sout*) : *Tu as rendu les livres à la bibliothèque ?* Did you return the books to the library? **2** (*argent*) to refund : *Votre argent vous sera rendu.* You will have your money refunded. **3** (*faire devenir*) to make : *On dit que la* *souffrance rend plus fort.* They say suffering makes you stronger. **4** (*vomir*) to bring *sth* up ◆ *vi* (*vomir*) to be sick : *J'ai envie de ~.* I feel sick. ◆ **se rendre** *v pron* **1** (*Mil*) to surrender (***to sb/sth***) **2** (*devenir*) to make yourself : *se ~ malade/utile* to make yourself ill/useful **3** (*aller*) to go ***to sb/sth*** : *Elle s'est rendue chez le ministre.* She went to the minister. ☛ Les expressions formées avec **rendre** sont traitées sous le nom, l'adjectif, etc. correspondant : pour **se rendre compte**, par exemple, voir COMPTE.

rendu, -e *pp, adj* LOC *Voir* COMPTE ; *Voir aussi* RENDRE

rêne *nf* rein LOC **tenir les rênes** to be in charge (*of sth*)

renfermé, -e ◆ *pp, adj* (*introverti*) withdrawn ◆ *nm* : *Ça sent le ~.* It smells stuffy. *Voir aussi* RENFERMER

renfermer *vt* to contain

renforcement *nm* strengthening

renforcer *vt* **1** (*gén*) to reinforce *sth* (***with sth***) **2** (*conviction, impression*) to strengthen

renfort *nm* **1** (*aide*) support : *demander du ~* to ask for support **2** *~s* (*Mil*) reinforcements **3** (*coude*) elbow patch

rengaine *nf* (*répétition*) : *C'est toujours la même ~.* It's always the same story.

renier *vt* **1** (*religion, convictions*) to renounce **2** (*enfant, œuvre*) to reject

renifler *vt, vi* to sniff

renne *nm* reindeer [*pl* reindeer]

renom *nm* repute LOC **de (grand) renom** renowned

renommé, -e *adj* renowned : *une région renommée pour ses vins* a region renowned for its wines

renommée *nf* fame

renoncer *vi* ~ **à** **1** (*gén*) to give up *sth/doing sth* : *Ne renonce pas.* Don't give up. ◊ *~ à chercher du travail* to give up looking for work **2** (*héritage, droit*) to renounce *sth*

renouer ◆ *vt* (*liaison, relations*) to renew ◆ *vi* (*rétablir des relations*) to get back together (***with sb***)

renouveau *nm* revival

renouvelable *adj* (*énergie, contrat*) renewable

renouveler ◆ *vt* **1** (*gén*) to renew : *~ un contrat/passeport* to renew a contract/passport **2** (*expérience, promesse*) to repeat **3** (*garde-robe, stocks*) to replace ◆ **se renouveler** *v pron* **1** (*se reproduire*) to happen again : *Et que ça ne se renouvelle pas !* Don't let it happen again! **2** (*être remplacé*) to be renewed

renouvellement *nm* **1** (*gén*) renewal : *la date de ~ du contrat* the renewal date of the contract **2** (*garde-robe, stocks*) replacement

rénovation *nf* **1** (*bâtiment*) renovation : *Ils sont en train de faire des ~s dans le bâtiment.* They're doing renovation work in the building. **2** (*institution, système*) overhaul

rénover *vt* **1** (*bâtiment*) to renovate **2** (*institution, système*) to overhaul

renseignement *nm* **1** (*gén*) information (***on/about sb/sth***) [*indénombrable*] : *demander des ~s* to ask for information ◊ *un ~ important* an important piece of information *Voir note sous* INFORMATION **2 renseignements** (*Télécom*) directory enquiries

renseigner ◆ *vt* to tell *sb* (***about sth***) ◆ **se renseigner** *v pron* to find out (***about sth***) : *Ne bouge pas, je vais me ~.* Don't move, I'll go and find out.

rentable *adj* profitable

rentrée *nf* **1** (*École*) return to school : *C'est bientôt la ~.* We're going back to school soon. **2** (*argent*) income

rentrer ◆ *vi* **1** (*retourner, revenir*) to go/come back (***to...***) : *Ils ne veulent pas ~ dans leur pays.* They don't want to go back to their own country. ◊ *Je crois qu'ils rentrent demain.* I think they're coming back tomorrow. **2** (*entrer*) to come/go in, to come/go inside : *Je n'ai pas osé ~.* I didn't dare to go in. ◊ *Je rentre à l'hôpital demain.* I'm going back into hospital tomorrow. **3** (*contenir*) to fit (***in/into sth***) : *Je ne crois pas que ça rentrera dans le coffre.* I don't think it'll fit in the boot. ◊ *Je ne rentre plus dans cette jupe.* That skirt doesn't fit me any more. **4** ~ **dans** (*véhicule*) to crash **into *sth*** : *Ils sont rentrés dans un arbre.* They crashed into a tree. **5** ~ **dans** (*se cogner*) to bump **into *sb/sth*** : *Je suis rentré dans un lampadaire.* I bumped into a lamp post. ◆ *vt* **1** (*porter à l'intérieur*) to take *sth* in : *Je vais ~ la voiture.* I'm going to take the car in. **2** (*introduire*) to get *sth* in : *Je n'arrive pas à ~ la clé dans la serrure.* I can't get the key in the lock. LOC **rentrer chez soi** to go home **rentrer le ventre** to pull your stomach in **rentrer par une oreille et sortir par l'autre** to go in one ear and out the other

renverse *nf* LOC **partir/tomber à la renverse** to fall flat on your back

renversement *nm* **1** (*tendance, rôles*) reversal **2** (*gouvernement*) overthrow

renverser ◆ *vt* **1** (*faire tomber*) to knock *sb/sth* over : *Fais attention de ne pas ~ le vase.* Careful you don't knock the vase over. **2** (*liquide*) to spill : *J'ai renversé du vin sur le tapis.* I've spilt some wine on the carpet. **3** (*gouvernement*) to overthrow **4** (*piéton*) to knock *sb* down : *Je me suis fait ~ par une voiture.* I was knocked down by a car. ◆ **se renverser** *v pron* **1** (*récipient*) to fall over **2** (*liquide*) to spill **3** (*camion, bateau*) to overturn

renvoi *nm* **1** (*colis, article*) return : *le ~ des marchandises défectueuses* the return of defective goods **2** (*École*) exclusion **3** (*Université*) expulsion **4** (*employé*) dismissal **5** (*dans un texte*) cross-reference LOC **avoir des renvois** to burp

renvoyer *vt* **1** (*personne, colis, article*) to send *sth* back : *Ils m'ont renvoyée chez moi.* They sent me home. **2** (*balle*) to throw *sth* back **3** (*École*) to exclude : *Je me suis fait ~ de l'école.* I've been excluded. **4** (*employé*) to sack **5** (*sons*) to echo *sth* back **6** (*dans un texte*) to refer *sb* ***to sth***

réorganiser *vt* to reorganize

repaire *nm* **1** (*animaux*) den **2** (*voleurs*) hideout

répandre ◆ *vt* **1** (*chaleur, lumière, odeur*) to give *sth* off **2** (*étaler*) to spread *sth* (out) : *Répandez le terreau dans la jardinière.* Spread out the compost in the planter. **3** (*renverser*) to spill : *Il a répandu le contenu de son bol sur la table.* He spilt the contents of his bowl on the table. **4** (*larmes, sang*) to shed **5** (*rumeur, mode*) to spread ◆ **se répandre** *v pron* **1** (*liquide*) to spill **2** (*rumeur, nouvelle, chaleur*) to spread LOC **se répandre en excuses** to apologize profusely

répandu, -e *pp, adj* widespread *Voir aussi* RÉPANDRE

réparation *nf* (*remise en état*) repair : *faire des ~s* to do repairs

réparer *vt* **1** (*gén*) to repair : *Ils vont venir ~ la machine à laver.* They're coming to repair the washing machine. **2** (*erreur, défaut*) to correct

repartir *vi* **1** (*s'en aller*) to leave (again) **2** (*redémarrer*) to start again

répartir ◆ *vt* **1** (*diviser*) to divide *sth* (up) : *~ le travail/les bonbons* to divide (up) the work/sweets ◊ *Ils l'ont réparti entre leurs enfants.* They divided it between their children. **2** (*frais*) to share : *On a réparti les frais d'essence.* We shared the cost of petrol. ◆ **se répartir** *v pron* **1** (*partager*) to split : *Ils se sont réparti le butin.* They split the loot. **2 se ~ en** (*être divisés*) to be divided **into *sth*** : *Les mammifères se répartissent en plus de 4 000 espèces.* Mammals are divided into more than 4 000 species.

répartition *nf* distribution

repas *nm* meal : *un ~ léger* a light meal ◊ *prendre un ~* to have a meal

repassage *nm* ironing : *Il faut encore que je fasse tout le ~.* I've still got to do all the ironing.

repasser ◆ *vt* **1** (*vêtement*) to iron **2** (*examen*) to resit **3** (*frontière*) to cross *sth* again **4** (*disque, film*) to put *sth* on again **5** (*au téléphone*) to put *sb* back on : *Tu me repasses ton papa ?* Can you put your Dad back on? ◆ *vi* **1** (*aller*) to come/go past (*sth*) again : *La voiture est repassée devant la maison.* The car drove past the house again. ◊ *Je repasserai ce soir.* I'll call in again this evening. **2** (*film*) to be showing again LOC *Voir* FER, PLANCHE

repentir ◆ *nm* (*Relig*) repentance ◆ **se ~ (de)** *v pron* **1** (*péché*) to repent (**of *sth***) **2** (*regretter*) to regret : *se ~ d'avoir fait qch* to regret doing sth

répercussion *nf* repercussion

répercuter ◆ *vt* **1** (*son*) to echo *sth* back **2** (*augmentation, ordre*) to pass *sth* on ◆ **se répercuter** *v pron* **1** (*son*) to echo **2 se ~ sur** (*avoir des conséquences*) to have repercussions **on *sth*** : *Cela pourrait se ~ sur l'économie.* It could have repercussions on the economy.

repère *nm* **1** (*marque*) mark **2** (*bâtiment*) landmark **3** (*dans le temps*) reference point LOC *Voir* POINT

repérer ◆ *vt* **1** (*situer*) to locate : *Le sous-marin a été repéré par le radar.* The submarine was located by the radar. **2** (*trouver*) to find : *J'ai repéré un super restau.* I've found a great restaurant. ◆ **se repérer** *v pron* to find your way around : *Je ne me repère pas du tout dans cette ville.* I can't find my way around this town at all. LOC **se faire repérer** to be spotted

répertoire *nm* **1** (*musical*) repertoire **2** (*carnet*) notebook **3** (*Informatique*) directory [*pl* directories]

répéter ◆ *vt, vi* **1** (*gén*) to repeat : *Pourriez-vous ~ s'il vous plaît ?* Could you repeat that please? ◊ *Je ne te le répéterai pas.* I'm not going to repeat it. **2** (*Théâtre*) to rehearse ◆ **se répéter**

v pron **1** (*événement*) to happen again : *Et que ça ne se répète pas !* And don't let it happen again! **2** (*personne*) to repeat yourself

répétitif, -ive *adj* repetitive

répétition *nf* **1** (*mots, action*) repetition **2** (*Théâtre*) rehearsal LOC **répétition générale** dress rehearsal

répit *nm* respite : *ne laisser aucun ~ à qn* to give sb no respite LOC **sans répit** with no respite

replacer *vt* to put *sth* back : *Replace ce livre là où tu l'as trouvé.* Put the book back where you found it.

repli *nm* **1** (*peau, terrain*) fold **2** (*Mil*) withdrawal

replier ◆ *vt* **1** (*canapé, carte routière*) to fold **2** (*jambes*) to tuck *sth* under ◆ **se replier** *v pron* **1** (*canapé, couteau*) to fold **2** (*Mil*) to retreat

réplique *nf* **1** (*réponse*) reply [*pl* replies] **2** (*acteur*) line

répliquer ◆ *vt* to retort : *« Qui t'a demandé ton opinion ? » répliqua-t-il.* 'Who asked you?' he retorted. ◆ *vi* ~ **(à)** to answer (*sb*) back : *Ne réplique pas !* Don't answer back!

répondeur *nm* LOC **répondeur (automatique/téléphonique)** answering machine

répondre ◆ *vi* **1** ~ **(à)** (*gén*) to answer (*sth*), to reply (**to** ***sth***) (*plus sout*) : *~ au téléphone* to answer the phone ◊ *Ils n'ont jamais répondu à mes lettres.* They never answered my letters. ◊ *~ à une question* to answer a question **2** ~ **(à)** (*répliquer*) to answer (*sb*) back : *Ne (me) réponds pas !* Don't answer (me) back! **3** (*réagir*) to respond : *Les freins n'ont pas répondu.* The brakes didn't respond. **4** ~ **de qn** to vouch **for sb** : *Je réponds de lui.* I'll vouch for him. **5** ~ **de qch** to answer **for sb/sth** : *Je ne réponds pas de mes actions !* I won't answer for my actions! ◆ *vt* to reply : *Il a répondu que ça lui était égal.* He replied that he didn't mind. ◊ *Je n'ai rien répondu.* I didn't reply.

réponse *nf* **1** (*gén*) answer, reply [*pl* replies] (*plus sout*) : *Nous n'avons pas obtenu de ~.* We haven't had a reply. ◊ *une ~ claire* a clear answer ◊ *Je veux une ~ à ma question.* I want an answer to my question. **2** (*réaction*) response (***to sth***) : *une ~ favorable au projet de réforme* a favourable response to the planned reform

reportage *nm* report : *Il y a eu un ~ sur l'Inde aux infos.* There was a report about India on the news.

reporter[1] ◆ *vt* **1** (*remettre à plus tard*) to put *sth* off, to postpone (*plus sout*) : *Ils ont dû ~ la réunion d'une semaine.* They had to postpone the meeting for a week. **2** (*copier*) to transfer ◆ **se reporter** *v pron* **se ~ à** (*se référer à*) to refer **to** ***sth*** : *Reportez-vous à la figure 3.* Refer to figure 3.

reporter[2] *nm* reporter

repos *nm* **1** (*absence d'action*) rest : *Le médecin a prescrit du ~.* The doctor prescribed rest. **2** (*paix*) peace : *Je n'ai pas un moment de ~.* I don't get a moment's peace. LOC *Voir* CURE, TEMPS

reposant, -e *adj* restful

reposé, -e *pp, adj* refreshed *Voir aussi* REPOSER

reposer ◆ *vt* **1** (*replacer*) to put *sth* down again **2** (*appuyer*) to rest *sth* (**on** ***sth***) : *~ sa tête sur qch* to rest your head on sth **3** (*détendre*) to rest : *Va à la campagne, ça te reposera.* Go to the country, it'll be a good rest. ◊ *Ça repose les yeux.* It rests the eyes. **4** (*question*) to ask *sth* again ◆ *vi* **1** (*mort*) to lie : *Ses restes reposent dans ce cimetière.* His remains lie in this cemetery. **2** ~ **sur** (*être posé sur*) to rest **on** ***sth*** **3** ~ **sur** (*être fondé sur*) to be based **on** ***sth*** : *Sur quoi repose sa théorie ?* What is his theory based on? ◆ **se reposer** *v pron* **1** (*se détendre*) to rest : *Tu as besoin de te ~.* You need to rest. ◊ *Laisse-moi me ~ quelques minutes.* Let me rest for a few minutes. ◊ *se ~ les yeux* to rest your eyes **2 se ~ sur** (*s'en remettre à*) to rely **on** ***sb*** : *Elle se repose trop sur son mari.* She relies too much on her husband. LOC **repose-toi bien !** have a good rest! ☛ *Voir note sous* LIE[2]

repose-tête *nm* headrest

repoussant, -e *adj* repulsive

repousser ◆ *vt* **1** (*en arrière*) to drive *sb* back : *Ils ont repoussé les manifestants vers la place.* They drove the demonstrators back towards the square. **2** (*attaquant*) to drive *sb* off, to repel (*plus sout*) **3** (*avances, offre*) to reject ◆ *vi* (*plante, cheveux*) to grow back

répréhensible *adj* reprehensible

reprendre ◆ *vt* **1** (*recommencer*) to resume : *~ le travail* to resume work **2** (*se resservir de*) : *Elle a repris du poulet.* She had some more chicken. ◊ *Vous reprendrez bien un peu de gâteau ?* Would you like some more cake? **3** (*personne*) to pick *sb* up : *Je passe te ~ tout à l'heure.* I'll pick you up in a bit. **4** (*corriger*) to correct ◆ *vi* **1** (*recommencer*) to start again : *Les cours* *reprennent en septembre.* Lessons start again in September. **2** (*aller mieux*) to pick up : *L'activité économique semble ~.* Economic activity seems to be picking up. ◆ **se reprendre** *v pron* **1** (*se corriger*) to correct yourself **2** (*se ressaisir*) to pull yourself together LOC **reprendre sa place** to go back to your seat *Voir aussi* CONNAISSANCE, HALEINE

représailles *nf* reprisals (***against sb***)

représentant, -e *nm-nf* **1** (*gén*) representative : *le ~ du parti* the party representative **2** (*de commerce*) sales representative, sales rep (*plus fam*)

représentatif, -ive *adj* representative

représentation *nf* **1** (*gén*) representation **2** (*Théâtre*) performance

représenter *vt* **1** (*organisation, pays*) to represent : *Ils ont représenté la France aux Jeux olympiques.* They represented France in the Olympics. **2** (*tableau, statue*) to depict : *Le tableau représente une bataille.* The painting depicts a battle. **3** (*symboliser*) to symbolize : *Le vert représente l'espérance.* Green symbolizes hope.

répressif, -ive *adj* repressive

répression *nf* repression

réprimande *nf* reprimand

réprimander *vt* to reprimand *sb* (**for *sth*/*doing sth***)

réprimer *vt* **1** (*révolte*) to put *sth* down **2** (*bâillement, fou rire*) to suppress

reprise *nf* **1** (*recommencement*) resumption **2** (*économique*) recovery **3** (*raccommodage*) mending LOC **à deux, trois, etc. reprises** twice, three times, etc. **à plusieurs reprises** on several occasions *Voir aussi* MAINT

repriser *vt* to mend

reproche *nm* reproach : *faire un ~ à qn* to reproach sb

reprocher *vt* ~ **qch à qn** to reproach **sb for sth** : *Il m'a reproché de ne pas l'avoir appelé.* He reproached me for not telephoning him.

reproduction *nf* reproduction

reproduire ◆ *vt* to reproduce ◆ **se reproduire** *v pron* **1** (*animaux*) to reproduce **2** (*erreur, situation*) to happen again : *Et que ça ne se reproduise plus !* Don't let it happen again!

reptile *nm* reptile

républicain, -e *adj, nm-nf* republican

république *nf* republic

répugnant, -e *adj* revolting

répulsion *nf* revulsion

réputation *nf* ~ **(de)** reputation (**for *sth*/*doing sth***) : *avoir bonne/mauvaise ~* to have a good/bad reputation ◊ *Il a la ~ d'être très sévère.* He has a reputation for being very strict.

réputé, -e *adj* well known

requête *nf* request

requin *nm* shark

requis, -e *pp, adj* necessary LOC *Voir* CONDITION

rescapé, -e *nm-nf* survivor

rescousse *nf* LOC **à la rescousse** to the rescue

réseau *nm* network : *le ~ ferroviaire/routier* the rail/road network

réservation *nf* reservation : *faire une ~* to make a reservation

réserve *nf* **1 réserves** (*stock*) reserves : *~s de pétrole* oil reserves **2** (*réticence, territoire*) reservation : *Il a émis quelques ~s.* He expressed some reservations. ◊ *une ~ indienne* an Indian reservation **3** (*parc*) reserve : *une ~ naturelle* a nature reserve **4** (*d'un magasin*) storeroom LOC **en réserve** put by

réservé, -e *pp, adj* reserved *Voir aussi* RÉSERVER

réserver ◆ *vt* **1** (*garder*) to save : *Réserve-moi une place.* Save me a place. **2** (*chambre, table*) to book, to reserve (*plus sout*) : *Nous avons réservé une chambre à l'hôtel.* We've booked a room at the hotel. **3** (*destiner*) to have *sth* in store : *Nous ne savons pas ce que l'avenir nous réserve.* We don't know what the future has in store for us. ◆ **se réserver** *v pron* (*pour un repas*) to save yourself : *Je me réserve pour le dessert.* I'm saving myself for dessert.

réservoir *nm* **1** (*à eau, à essence*) tank **2** (*lac*) reservoir

résidence *nf* **1** (*domicile*) residence **2** (*immeuble*) block of flats [*pl* blocks of flats] LOC **résidence pour personnes âgées** old people's home **résidence secondaire** second home **résidence universitaire** hall (of residence)

résident, -e *nm-nf* resident

résidentiel, -ielle *adj* residential

résider *vi* **1** (*habiter*) to live : *~ à l'étranger* to live abroad **2** ~ **dans** to lie **in *sth*** : *C'est là que réside le problème.* That's where the problem lies.

résidu *nm* **1** (*reste*) residue **2** (*déchet*) waste [*indénombrable*] : *~s toxiques* toxic waste

résiduel, -elle *adj* residual

résignation *nf* resignation

résigné, -e *pp, adj* resigned *Voir aussi* SE RÉSIGNER

se résigner *v pron* to resign yourself ***to sth*** : *Il s'est résigné à y aller.* He resigned himself to going.

résine *nf* resin

résistance *nf* **1** (*gén*) resistance : *Ils n'ont opposé aucune ~.* They didn't put up any resistance. **2** (*sportif*) stamina : *Ils manquent de ~.* They are lacking in stamina. **3** (*appareil électrique*) element

résistant, -e *adj* **1** (*personne*) tough **2** (*tissu*) hard-wearing

résister *vi* **1** ~ **à** (*tempête, douleur*) to withstand *sth* : *Les bidonvilles n'ont pas résisté à l'ouragan.* The shanty towns didn't withstand the hurricane. **2** ~ **(à)** (*tentation*) to resist (*sth/doing sth*) : *Je n'ai pas pu ~ et j'ai mangé tous les gâteaux.* I couldn't resist eating all the cakes. **3** ~ **à** (*personne, attaque*) to resist *sb/sth*

résolu, -e *pp, adj* resolute *Voir aussi* RÉSOUDRE

résolution *nf* **1** (*décision*) resolution : *prendre une ~* to make a resolution **2** (*détermination*) resolve

résonner *vi* to resound

résoudre ◆ *vt* (*problème, mystère*) to solve : *Ils ont résolu le problème en téléphonant.* They solved the problem with a phone call. ◆ **se résoudre** *v pron* **se ~ à** to make up your mind ***to do sth*** : *Il ne s'est toujours pas résolu à lui dire.* He still hasn't made up his mind to tell him.

respect *nm* respect (***for sb/sth***) : *le ~ des autres/de la nature* respect for others/nature LOC *Voir* MANQUER

respectable *adj* respectable : *une personne/somme ~* a respectable person/amount

respecter *vt* **1** (*personne, croyance*) to respect : *~ l'opinion de qn* to respect sb's opinion **2** (*loi, ordre*) to observe : *~ les panneaux de signalisation* to observe road signs LOC **savoir se faire respecter** to command respect

respectif, -ive *adj* respective

respectueux, -euse *adj* respectful

respiration *nf* **1** (*fonction*) breathing : *Sa ~ est régulière.* His breathing is regular. **2** (*souffle*) breath : *retenir sa ~* to hold your breath LOC **respiration artificielle** artificial respiration

respiratoire *adj* respiratory

respirer ◆ *vt* **1** (*air*) to breathe : *~ l'air pur* to breathe fresh air **2** (*bonheur, santé*) to radiate ◆ *vi* **1** (*air*) to breathe : *Respire à fond.* Take a deep breath. **2** (*se reposer*) to get your breath back : *Laissez-moi ~ !* Let me get my breath back!

resplendissant, -e *adj* (*personne, mine*) radiant

responsabilité *nf* responsibility [*pl* responsibilities] : *prendre ses ~s* to face up to your responsibilities LOC *Voir* SOCIÉTÉ

responsable ◆ *adj* **1** (*gén*) responsible (***for sth***) : *Il est ~ de l'accident.* He is responsible for the accident. **2** (*d'un service*) in charge (***of sth***) : *le juge ~ de l'affaire* the judge in charge of the case ◆ *nmf* **1** (*coupable*) person responsible [*pl* people responsible] : *Les ~s se sont dénoncés.* Those responsible gave themselves up. ◊ *Qui est le ~ ?* Who is responsible? **2** (*dirigeant*) person in charge [*pl* people in charge] : *le ~ des travaux* the person in charge of the building work ◊ *Je me suis plaint auprès du ~.* I complained to the person in charge.

se ressaisir *v pron* to pull yourself together : *Allez, ressaisis-toi !* Pull yourself together!

ressemblance *nf* similarity [*pl* similarities]

ressembler ◆ *vi* ~ **à** **1** (*physiquement*) to look like *sb/sth* : *Elle ressemble à une actrice.* She looks like an actress. ◊ *Tu ressembles beaucoup à ta sœur.* You look a lot like your sister. **2** (*par le caractère*) to be like *sb/sth* : *Ça ne lui ressemble pas d'être en retard.* It's not like him to be late. ◆ **se ressembler** *v pron* **1** (*physiquement*) to look alike : *Ils se ressemblent beaucoup.* They look very alike. **2** (*par le caractère*) to be alike : *Nous nous ressemblons trop pour nous entendre.* We're too alike to get on with each other. LOC **se ressembler comme deux gouttes d'eau** to be as alike as two peas in a pod

ressentiment *nm* resentment

ressentir *vt* to feel

resserrer *vt* to tighten

resservir ◆ *vt* to give *sb* another helping : *Est-ce que je te ressers ?* Can I give you another helping? ◆ *vi* to come in useful : *Garde-le, il resservira peut-être un jour.* Keep it, it might come in useful one day. ◆ **se resservir** *v pron* **1** (*à table*) to have another helping : *Je peux me ~ ?* Can I have another helping? **2 se ~ de** (*réutiliser*) to use *sth* again

ressort *nm* (*matelas*) spring LOC **être**

du ressort de to be *sb's* responsibility *Voir aussi* DERNIER

ressortir *vi* **1** (*sortir à nouveau*) to go/come out again **2** (*couleur*) to stand out (***against sth***) : *Le rouge ressort bien sur le fond vert.* The red stands out well against the green background. LOC **faire ressortir 1** (*couleur, beauté*) to bring *sth* out **2** (*fait*) to point *sth* out : *Son rapport fait ~ les avantages de cette méthode.* His report points out the advantages of this method.

ressortissant, -e *nm-nf* national

ressources *nf* **1** (*réserves*) resources : *les ~ humaines/économiques* human/economic resources **2** (*revenus*) means : *une famille sans ~* a family without any means

ressurgir *vi* to reappear

ressusciter *vt* **1** (*Relig*) to resurrect **2** (*ranimer*) to revive

restant, -e ◆ *adj* remaining ◆ *nm* rest

restaurant *nm* restaurant

restaurateur, -trice *nm-nf* **1** (*restaurant*) restaurant owner **2** (*Art*) restorer

restauration *nf* **1** (*Art*) restoration **2** (*gastronomie*) catering

restaurer *vt* to restore

reste *nm* **1** (*gén*) rest : *Je te raconterai le ~ demain.* I'll tell you the rest tomorrow. **2** (*nourriture*) : *Il y a un ~ de poulet/de lait.* There's some chicken/milk left over. **3 restes** (*nourriture*) leftovers : *Tu peux jeter les ~s.* You can throw away the leftovers. **4 restes** (*bâtiment*) remains **5** (*Math*) remainder

rester ◆ *vi* (*dans un lieu, dans un état*) to stay, to remain (*plus sout*) : *~ au lit/à la maison* to stay in bed/at home ◊ *~ pensif/assis* to remain thoughtful/seated ◆ *v impers* (*nourriture, argent, temps*) to be left : *Est-ce qu'il reste du café ?* Is there any coffee left? ◊ *Il reste trois jours avant les vacances.* There are three days left before we go on holiday. ◊ *Il nous reste toujours deux bouteilles.* We've still got two bottles left. ◊ *Il ne me reste plus d'argent.* I haven't got any money left. LOC **en rester à** to get as far as *sth* : *Nous en sommes restés au deuxième chapitre.* We got as far as the second chapter. ☛ Les autres expressions formées avec **rester** sont traitées sous le nom, l'adjectif, etc. correspondant : pour **rester impassible**, par exemple, voir IMPASSIBLE.

restituer *vt* to return

restitution *nf* return

restreindre *vt* to restrict

restreint, -e *pp, adj* limited *Voir aussi* RESTREINDRE

restrictif, -ive *adj* restrictive

restriction *nf* restriction

restructuration *nf* restructuring

résultat *nm* result : *les ~s de l'examen* the exam results

résulter *vi, v impers* ~ **de** to result **from *sth*** : *Il en résulte que nous ne pouvons pas compter sur eux.* As a result, we can't count on them.

résumé *nm* summary [*pl* summaries] : *faire le ~ de qch* to sum sth up LOC **en résumé** in short

résumer ◆ *vt* to summarize *sth* : *~ un livre* to summarize a book ◆ **se résumer** *v pron* **1** (*récapituler*) to sum up : *Pour me ~...* To sum up... **2 se ~ à** (*se limiter à*) to come down **to *sth***

résurrection *nf* resurrection

rétablir ◆ *vt* **1** (*gén*) to restore : *~ l'ordre* to restore order **2** (*communications*) to resume ◆ **se rétablir** *v pron* (*malade*) to recover (***from sth***) : *Il a mis plusieurs semaines à se ~.* He took several weeks to recover.

rétablissement *nm* **1** (*ordre*) restoration **2** (*malade*) recovery LOC *Voir* PROMPT

retard *nm* **1** (*heure*) delay [*pl* delays] : *Le vol est annoncé avec une heure de ~.* A one hour delay is expected on the flight. ◊ *Ça a commencé avec deux minutes de ~.* It began two minutes late. ◊ *Excusez mon ~.* Sorry I'm late. **2** (*pays*) backwardness LOC **avoir du retard** to be late : *Certains vols ont eu du ~.* Some flights were late. ◊ *Le train a cinq heures de ~.* The train is five hours late. **en retard 1** (*heure*) late : *Il est en ~.* He's late. **2** (*tâche*) behind (*with sth*) : *Je suis très en ~ dans mon travail.* I'm very behind with my work. **3** (*pays*) backward **prendre du retard** to fall behind (*in/with sth*) : *Il a pris du ~ dans ses révisions.* He has fallen behind with his revision. *Voir aussi* ARRIVER

retardement *nm* LOC *Voir* BOMBE

retarder ◆ *vt* **1** (*personne, train*) to hold *sb/sth* up, to delay (*plus sout*) : *Tous les vols ont été retardés.* All the flights were delayed. **2** (*départ*) to put *sth* back : *Il a retardé son départ de quelques jours.* He put his departure back a few days. ◆ *vi* (*montre*) to be slow : *Cette montre retarde de dix minutes.* This watch is ten minutes slow.

retenir ◆ *vt* **1** (*immobiliser*) to hold on to *sb/sth* : *S'il ne m'avait pas retenu, je* *serais tombé.* If he hadn't held on to me, I would have fallen. **2** (*empêcher*) to stop *sb* **from doing sth** : *Je ne sais pas ce qui me retient de lui dire ce que je pense.* I don't know what's stopping me from telling him what I think. **3** (*garder*) to keep : *Il m'a retenu plus d'une heure.* He kept me for more than an hour. **4** (*prisonnier*) to hold : *~ qn contre sa volonté* to hold sb against their will **5** (*mémoriser*) to remember : *Retenez bien ce que je vais vous dire.* Make sure you remember what I'm going to tell you. **6** (*respiration*) to hold **7** (*larmes*) to hold *sth* back **8** (*chambre, place*) to reserve **9** (*Math*) to carry : *22 et je retiens 2* 22 and carry 2 ◆ **se retenir** *v pron* **1 se ~ à** (*se rattraper*) to hold on **to sb/sth** : *Je me suis retenu à la rampe.* I held on to the handrail. **2** (*se contrôler*) to stop yourself **from doing sth** : *Je n'ai pas pu me ~ de rire.* I couldn't stop myself from laughing.

retentir *vi* (*bruit, explosion*) to resound

retentissant, -e *adj* resounding

retentissement *nm* repercussions [*pl*]

retenue *nf* **1** (*réserve*) restraint **2** (*École*) detention **3** (*Math*) deduction

réticence *nf* reluctance

réticent, -e *adj* ~ **(à faire qch)** reluctant **(to do sth)**

rétine *nf* retina

retiré, -e *pp, adj* **1** (*éloigné*) remote **2** (*tranquille*) quiet *Voir aussi* RETIRER

retirer ◆ *vt* **1** (*vêtement*) to take *sth* off **2** (*faire sortir*) to remove : *Il a retiré son fils de l'école.* He removed his son from the school. **3** (*objet, droit*) to withdraw *sth* (**from sb/sth**) : *~ un magazine de la circulation* to withdraw a magazine from circulation ◊ *On lui a retiré son permis de conduire.* He had his driving licence withdrawn. **4** (*argent*) to withdraw **5** (*bagages*) to pick *sth* up ◆ **se retirer** *v pron* **1** (*s'établir*) to retire : *Ils se sont retirés à la campagne.* They retired to the countryside. **2 se ~ de** (*activité*) to withdraw **from** *sth* : *se ~ d'un combat* to withdraw from a fight

retombées *nf* repercussions

retomber *vi* **1** (*tomber de nouveau*) to fall down again **2** (*après un saut*) to land **3** (*dans un état*) to lapse : *~ dans ses vieilles habitudes* to lapse into your old ways ◊ *~ malade* to fall ill again **4** (*cheveux*) to hang down **5 ~ sur** (*responsabilité*) to fall **on sb**

retordre *vt* LOC *Voir* FIL

rétorquer *vt* to retort

retoucher *vt* **1** (*tableau*) to retouch **2** (*vêtement*) to alter

retour *nm* **1** (*gén*) return (**to...**) : *à mon ~ à Marseille* on my return to Marseilles ◊ *On se voit à mon ~.* I'll see you when I get back. **2** (*trajet*) return journey LOC **en retour** in return **être de retour** to be back : *À quelle heure est-ce que tu seras de ~ ?* What time will you be back? **retour en arrière** flashback *Voir aussi* ALLER, BILLET, CHEMIN, MATCH

retournement *nm* turnaround

retourner ◆ *vi* to go back : *Je suis retournée chez moi.* I went back home. ◆ *vt* **1** (*changer de côté*) to turn *sth* over : *Retourne le steak.* Turn the steak over. **2** (*vêtement*) to turn *sth* inside out **3** (*compliment*) to return **4** (*lettre, colis*) to send *sth* back **5** (*bouleverser*) to shake *sb* up ◆ **se retourner** *v pron* **1** (*tourner la tête*) to turn round : *Elle s'est retournée et m'a regardé.* She turned round and looked at me. **2** (*changer de position*) to turn over : *se ~ sur le ventre* to turn over onto your stomach **3** (*voiture*) to overturn : *La voiture a dérapé et s'est retournée.* The car skidded and overturned. **4** (*s'organiser*) to sort things out : *Laisse-lui le temps de se ~.* Give him time to sort things out. **5 se ~ contre** (*combattre*) to turn **against** *sb/sth*

retracer *vt* to retrace

retrait *nm* (*d'argent*) withdrawal LOC **retrait de permis de conduire** disqualification from driving

retraite *nf* **1** (*fin de la vie active*) retirement : *~ anticipée* early retirement **2** (*revenu*) pension : *toucher sa ~* to draw your pension **3** (*Mil, Relig*) retreat : *Le général a ordonné la ~.* The general ordered a retreat. LOC **à la retraite** retired **prendre sa retraite** to retire *Voir aussi* MAISON

retraité, -e ◆ *pp, adj* retired : *être ~* to be retired ◆ *nm-nf* pensioner

retransmettre *vt* to broadcast : *~ un match* to broadcast a match

retransmission *nf* broadcast : *une ~ en direct/différée* a live/recorded broadcast

rétrécir ◆ *vt* (*vêtement*) to take *sth* in ◆ *vi* to shrink : *Mon pull a rétréci au lavage.* My jumper shrank in the wash. ◆ **se rétrécir** *v pron* to narrow : *La route se rétrécit à cet endroit.* The road narrows at this spot.

rétrécissement *nm* **1** (*vêtement*) shrinking **2** (*fig*) narrowing

rétrospectif, -ive ◆ *adj* retrospective ◆ **rétrospective** *nf* retrospective

retrousser *vt* (*manches, pantalon*) to roll *sth* up

retrouver ◆ *vt* **1** (*objet perdu, fugitif*) to find : *Je n'ai toujours pas retrouvé mes clés.* I still haven't found my keys. **2** (*revoir*) to meet *sb* again : *Je l'ai retrouvé par hasard dix ans après.* I met him again by chance ten years later. **3** (*rejoindre*) to join : *Je vous retrouverai un peu plus tard.* I'll join you a bit later. **4** (*santé, appétit*) to recover ◆ **se retrouver** *v pron* **1** (*se réunir*) to meet : *Nous avons décidé de nous ~ devant le cinéma.* We decided to meet outside the cinema. **2** (*après une séparation*) to meet again : *Nous nous sommes retrouvés six ans plus tard.* We met again six years later. **3** (*dans un lieu, dans une situation*) to find yourself : *Il s'est retrouvé sans argent.* He found himself without any money. LOC **ne plus s'y retrouver** to be really confused **s'y retrouver 1** (*se repérer*) to find where you are : *J'ai du mal à m'y ~ sur ce plan.* I'm having trouble finding where I am on this map. **2** (*financièrement*) to break even

rétroviseur *nm* rear-view mirror

réunification *nf* reunification

réunifier *vt* to reunify

réunion *nf* **1** (*gén*) meeting : *Elle est en ~.* She's in a meeting. **2** (*amis, famille*) reunion : *une ~ d'anciens élèves* a school reunion

réunir ◆ *vt* **1** (*personnes*) to gather *sb* together : *J'ai réuni mes amis.* I gathered my friends together. **2** (*informations*) to collect **3** (*fonds*) to raise **4** (*qualités*) to have : *~ les qualités nécessaires* to have the necessary qualities ◆ **se réunir** *v pron* to meet : *Nous nous sommes réunis chez lui.* We met at his house.

réussir ◆ *vt* **1** (*examen*) to pass **2** (*vie*) to make a success of *sth* ◆ *vi* **1** (*avoir du succès*) to succeed : *~ dans la vie* to succeed in life **2** (*à un examen*) to pass : *J'ai réussi du premier coup.* I passed first time. **3 ~ (à)** (*parvenir*) to manage (***to do sth***) : *J'ai réussi à les convaincre.* I managed to persuade them. **4 ~ à** (*convenir*) to agree **with *sb*** : *Le café ne me réussit pas.* Coffee doesn't agree with me.

réussite *nf* **1** (*succès*) success : *Ce gâteau est une ~ !* This cake's a real success! **2** (*jeu*) patience : *faire une ~* to play patience

revanche *nf* **1** (*vengeance*) revenge **2** (*Sport*) return game LOC **en revanche** on the other hand **prendre sa revanche** to get your own back (*on sb for sth*)

rêve *nm* dream : *J'ai fait un drôle de ~ cette nuit.* I had a strange dream last night. LOC **de rêve** dream : *une maison de ~* a dream home *Voir aussi* BEAU

réveil *nm* **1** (*pendule*) alarm (clock) : *J'ai mis le ~ à 7 heures.* I've set the alarm for 7 o'clock. **2** (*d'une personne*) : *À mon ~, ils étaient partis.* When I woke up they had left.

réveillé, -e *pp, adj* awake : *Tu es ~ ?* Are you awake? ◊ *être bien ~* to be wide awake *Voir aussi* RÉVEILLER

réveiller ◆ *vt* **1** (*personne*) to wake *sb* up : *À quelle heure veux-tu que je te réveille ?* What time shall I wake you up? **2** (*souvenirs*) to stir *sth* up ◆ **se réveiller** *v pron* **1** (*personne*) to wake (up) : *Je me suis réveillé en sursaut.* I woke with a jump. ◊ *se ~ de bonne/mauvaise humeur* to wake up in a good/bad mood **2** (*douleur, souvenirs*) to return

révélateur, -trice *adj* revealing

révélation *nf* revelation

révéler ◆ *vt* (*secret*) to reveal : *Il ne nous a jamais révélé son secret.* He never revealed his secret to us. ◆ **se révéler** *v pron* (*s'avérer*) to prove to be : *La tâche s'est révélée plus difficile que prévu.* The task proved to be more difficult than we had expected.

revendeur, -euse *nm-nf* dealer LOC **revendeur de drogue** drug dealer

revendicatif, -ive *adj* protest [*n attrib*]

revendication *nf* claim (***for sth***)

revendiquer *vt* **1** (*réclamer*) to claim **2** (*attentat, action*) to claim responsibility **for *sth*** : *L'attentat n'a pas été revendiqué.* Nobody has claimed responsibility for the attack.

revenir *vi* **1** (*gén*) to come back : *Reviens ici.* Come back here. ◊ *Je reviens tout de suite.* I'll be back in a minute. **2** (*sujet, problème*) to arise : *Cette question revient souvent.* This question often arises. **3 ~ à** (*coûter*) to come **to *sth*** : *Ça revient à six euros le mètre.* It comes to six euros a metre. ◊ *Ça nous est revenu à 400 euros.* It came to 400 euros. **4 ~ à** (*équivaloir à*) to amount **to *sth*** : *Ça revient au même.* It amounts to the same thing. **5 ~ à qn** (*souvenir*) to come back **to sb** : *Ça me revient maintenant, il travaille dans l'informatique.* It's coming back to me now. He works in computers. **6 ~ (sur)** (*question*) to go back (**over**

sth) : *Ne revenons pas là-dessus.* Let's not go back over it. **7** ~ **sur** (*décision, promesse*) to go back **on** ***sth*** : *Il est revenu sur sa parole.* He went back on his word. LOC **faire revenir** (*oignons*) to fry *sth* lightly **ne pas en revenir** : *Je n'en reviens pas !* I can't get over it! **ne pas revenir à qn** : *Il a une tête qui ne me revient pas.* I don't like the look of him. **revenir cher** to be expensive **revenir sur ses pas** to retrace your steps

revenu *nm* **1** (*personne*) income : *Il a de gros ~s.* He has a large income. **2 revenus** (*État*) revenue [*indénombrable*] LOC *Voir* IMPÔT

rêver ◆ *vi* **1** ~ **(de)** (*en dormant*) to dream (**about** ***sb/sth***) : *J'ai rêvé de toi cette nuit.* I dreamt about you last night. **2** ~ **(à)** (*rêvasser*) to daydream (**about** ***sb/sth***) : *Elle rêvait aux vacances.* She was daydreaming about the holidays. **3** ~ **de** (*désirer*) to dream **of** ***doing sth*** : *Je rêve d'avoir une moto.* I dream of having a motorbike. ◆ *vt* to dream : *J'ai rêvé que nous faisions le tour du monde.* I dreamt that we were on a world tour. LOC **tu peux toujours rêver !** no chance! **tu rêves !** you wish!

réverbère *nm* street light

révérence *nf* **1** (*homme*) bow **2** (*femme*) curtsy [*pl* curtsies] LOC **faire une révérence 1** (*homme*) to bow **2** (*femme*) to curtsy

rêverie *nf* daydream

revers *nm* **1** (*pièce*) reverse **2** (*main*) back **3** (*veste*) lapel **4** (*pantalon*) turn-up **5** (*Sport*) backhand **6** (*échec*) setback : *subir un ~* to suffer a setback

réversible *adj* reversible

revêtement *nm* **1** (*mur, sol*) covering **2** (*route*) surface

revêtir *vt* **1** (*surface*) to cover **2** (*aspect*) to take *sth* on

rêveur, -euse ◆ *adj* dreamy ◆ *nm-nf* dreamer

revigorer *vt* to invigorate

revirement *nm* turnaround

réviser *vt* **1** (*étudier*) to revise **2** (*réexaminer*) to review **3** (*voiture*) to service

révision *nf* **1** (*École, Université*) revision [*indénombrable*] : *Nous allons faire des ~s aujourd'hui.* We're going to do some revision today. **2** (*inspection*) check **3** (*véhicule*) service

revitaliser *vt* to revitalize

revivre ◆ *vt* to relive ◆ *vi* to come alive again

revoir ◆ *vt* **1** (*personne, film*) to see *sb/sth* again **2** (*installation*) to check **3** (*leçons*) to go over *sth* ◆ **se revoir** *v pron* **1** (*personnes*) to meet again **2** (*en pensée*) to picture yourself : *Je me revois encore lui donnant la lettre.* I can still picture myself giving him the letter. LOC **au revoir !** goodbye!, bye! (*plus fam*)

révoltant, -e *adj* revolting

révolte *nf* revolt

révolter ◆ *vt* to disgust ◆ **se révolter** *v pron* to rebel

révolu, -e *adj* past : *Ces temps sont ~s.* Those times are past.

révolution *nf* revolution

révolutionnaire *adj, nmf* revolutionary [*pl* revolutionaries]

révolutionner *vt* (*transformer*) to revolutionize

revolver *nm* revolver LOC *Voir* ÉTUI, TUER

révoquer *vt* to repeal

revue *nf* **1** (*publication*) magazine **2** (*spectacle*) revue **3** (*Mil*) review LOC **passer en revue** to review *sth*

rez-de-chaussée *nm* ground floor : *un appartement au ~* a ground-floor flat

rhétorique ◆ *adj* rhetorical ◆ *nf* rhetoric

rhinocéros *nm* rhino [*pl* rhinos]

rhubarbe *nf* rhubarb

rhum *nm* rum

rhumatisme *nm* rheumatism [*indénombrable*] : *avoir des ~s* to have rheumatism

rhume *nm* cold : *J'ai un ~.* I've got a cold. ◊ *attraper un ~* to catch a cold LOC **rhume des foins** hay fever

ricaner *vi* to snigger

riche ◆ *adj* **1** (*personne, pays, cuisine*) rich : *une famille ~* a rich family **2** ~ **en** rich **in** ***sth*** : *~ en minéraux* rich in minerals ◆ *nmf* rich man/woman [*pl* rich men/women] : *les ~s* the rich

richesse *nf* **1** (*fortune*) wealth [*indénombrable*] : *amasser des ~s* to amass wealth **2** (*qualité*) richness : *la ~ du terrain* the richness of the land

ride *nf* (*peau*) wrinkle

ridé, -e *pp, adj* wrinkled

rideau *nm* curtain : *Le ~ s'est levé.* The curtain went up. ◊ *ouvrir/fermer les rideaux* to open/close the curtains

ridicule ◆ *adj* ridiculous ◆ *nm* ridicule

ridiculiser ◆ *vt* to ridicule ◆ **se ridiculiser** *v pron* to make a fool of yourself

rien *pron* **1** (*avec ne*) nothing, anything

Nothing s'utilise quand le verbe anglais est à la forme affirmative et **anything** lorsque le verbe est à la forme négative : *Il ne reste ~.* There's nothing left. ◊ *Je n'ai ~ à perdre.* I've nothing to lose. ◊ *Je ne veux ~.* I don't want anything. ◊ *Ils n'ont ~ en commun.* They haven't anything in common.

2 (*en réponse*) nothing : *« Qu'est-ce que tu veux ? — ~. »* 'What do you want?' 'Nothing.' **3** ~ **de** nothing... : *~ de grave, j'espère ?* Nothing serious, I hope? ◊ *~ d'autre* nothing else ◊ *~ de moins/plus que...* nothing less/more than... LOC **ça ne fait rien** it doesn't matter **de rien** not at all, don't mention it : *« Merci pour le dîner. — De ~ ! »* 'Thank you for the meal.' 'Not at all!' **de rien du tout** little : *Ce n'est qu'un petit bleu de ~ du tout.* It's only a little bruise. **en un rien de temps** in no time at all **n'avoir rien à voir** to have nothing to do *with sb/sth* : *Ça n'a ~ à voir avec eux.* That has nothing to do with them. **pour rien 1** (*en vain*) for nothing **2** (*pas cher*) for next to nothing **rien à faire** it's no good : *~ à faire, la voiture ne démarre pas.* It's no good, the car won't start. **rien du tout** nothing at all **rien que** just : *~ que cette fois* just this once ◊ *~ que d'y penser, je me sens mal.* Just thinking about it makes me feel ill. ☛ Les autres expressions formées avec **rien** sont traitées sous le verbe correspondant : pour **ne rien valoir**, par exemple, voir VALOIR.

rigide *adj* **1** (*matériau*) rigid **2** (*sévère*) strict : *Il a des parents très ~s.* His parents are very strict.

rigidité *nf* rigidity

rigolade *nf* **1** (*plaisanterie*) joke : *prendre qch à la ~* to treat sth as a joke **2** (*amusement*) laugh : *Quelle ~ !* What a laugh!

rigoler *vi* **1** (*rire*) to laugh **2** (*plaisanter*) to joke

rigolo, -ote *adj* funny

rigoureux, -euse *adj* **1** (*strict*) strict **2** (*minutieux*) thorough **3** (*hiver*) harsh

rigueur *nf* **1** (*punition, hiver*) harshness **2** (*précision*) rigour LOC **à la rigueur** (*si nécessaire*) if need be

rime *nf* rhyme

rincer ◆ *vt* to rinse ◆ **se rincer** *v pron* to rinse *sth* (out) : *se ~ la bouche* to rinse (out) your mouth

ringard, -e *adj* naff

riposte *nf* retort

riposter ◆ *vt, vi* ~ **(que...)** (*en paroles*) to retort **(that...)** ◆ *vi* (*contre-attaquer*) to counter-attack

rire ◆ *vi* **1** ~ **(de)** (*gén*) to laugh **(at *sb/sth*)** : *Ils se sont mis à ~.* They began to laugh. ◊ *Tout le monde rit d'elle.* Everybody laughs at her. **2** (*s'amuser*) to have a laugh : *Qu'est-ce qu'on peut ~ avec lui !* You can really have a laugh with him! ◆ *nm* **1** (*gén*) laugh : *un ~ nerveux/contagieux* a nervous/infectious laugh **2 rires** laughter [*indénombrable*] : *On entendait les ~s des enfants.* You could hear the children's laughter. LOC **faire rire** to make *sb* laugh **pour rire** as a joke : *Il a dit ça pour ~.* He said it as a joke. **rire aux éclats** to burst out laughing **tu veux rire !** you must be joking! *Voir aussi* CRISE, ÉCLAT, ÉCLATER, FOU, HURLER, TORDRE

risque *nm* risk : *Ne prenez pas de ~s.* Don't take any risks. ◊ *Ils courent le ~ de perdre de l'argent.* They run the risk of losing their money. LOC **à mes, tes, etc. risques et périls** at my, your, etc. own risk *Voir aussi* ASSURANCE

risqué, -e *pp, adj* risky *Voir aussi* RISQUER

risquer ◆ *vt* **1** ~ **(de)** (*gén*) to risk *sth/doing sth* : *Tu risques d'avoir une amende.* You're risking a fine. ◊ *~ sa santé/son argent/sa vie* to risk your health/money/life **2** (*suggestion, question*) to hazard ◆ **se risquer** *v pron* to take the/a risk : *À ta place je ne m'y risquerais pas.* If I were you I wouldn't take the risk. ◊ *se ~ à faire qch* to risk doing sth LOC *Voir* PEAU

rite *nm* rite

rituel, -elle *adj, nm* ritual

rivage *nm* shore

rival, -e *adj, nm-nf* rival

rivaliser *vi* ~ **avec** to compete **with *sb/sth***

rivalité *nf* rivalry [*pl* rivalries]

rive *nf* bank

rivière *nf* river LOC *Voir* BORD

riz *nm* rice LOC **riz au lait** rice pudding

rizière *nf* rice field

robe *nf* **1** (*vêtement*) dress **2** (*cheval*) coat LOC **robe de chambre** dressing gown **robe de mariée** wedding dress

robinet *nm* tap : *ouvrir/fermer le ~* to turn the tap on/off LOC *Voir* BOIRE, EAU

robot *nm* **1** (*gén*) robot **2** (*ménager*) food processor

robuste *adj* robust

roc *nm* rock
rocade *nf* bypass
rocailleux, -euse *adj* rocky
roche *nf* rock LOC *Voir* CLAIR
rocher *nm* rock
rocheux, -euse *adj* rocky
rock *nm* rock : *un groupe de ~* a rock band
rodage *nm* running in LOC **en rodage** : *La voiture est encore en ~.* I'm still running my car in.
roder *vt* **1** (*véhicule, moteur*) to run *sth* in **2** (*personne*) : *Il n'est pas encore rodé.* He hasn't yet got the hang of things. **3** (*technique*) : *Il n'est pas encore rodé.* It isn't yet running smoothly.
rôder *vi* to prowl : *Il rôdait autour de la maison.* He was prowling around the house.
rogne *nf* LOC **être/se mettre en rogne** to be/get annoyed (*with sb*) (*about sth*) **mettre en rogne** to make *sb* mad
rogner ◆ *vt* (*couper*) to trim ◆ *vi* ~ **sur** (*salaire*) to eat into *sth*
rognon *nm* kidney
roi *nm* king LOC **les rois mages** the three wise men *Voir aussi* FÊTE, JOUR, VIVRE
rôle *nm* part : *Il joue le ~ du shérif.* He plays the part of the sheriff. ◊ *Ils ont joué un ~ important dans la réforme.* They played an important part in the reform. LOC **rôle principal/second rôle** leading/supporting role *Voir aussi* TOUR
romain, -e ◆ *adj* Roman ◆ **Romain, -e** *nm-nf* Roman LOC *Voir* CHIFFRE
roman, -e ◆ *adj* (*Archit*) Romanesque ◆ *nm* novel : *un ~ d'aventures* an adventure novel ◊ *un ~ à l'eau de rose/policier* a romantic/detective novel
romancier, -ière *nm-nf* novelist
romand, -e ◆ *adj* French-speaking Swiss ◆ **Romand, -e** *nm-nf* French-speaking Swiss
romantique *adj, nmf* romantic
romarin *nm* rosemary
rompre ◆ *vt* **1** (*charme, liens*) to break **2** (*fiançailles*) to break *sth* off ◆ *vi* (*se séparer*) to split up : *~ avec qn* to split up with sb
ronce *nf* bramble
rond, -e ◆ *adj* **1** (*gén*) round : *une table ronde* a round table ◊ *en chiffres ~s* in round figures **2** (*gros*) plump : *Elle est un peu ronde.* She's a bit plump. ◆ *nm* circle : *en ~* in a circle LOC **ne pas avoir un rond** to be broke : *Je n'ai pas un ~.* I'm broke. **rond de serviette** napkin ring *Voir aussi* COL, TABLE
ronde *nf* **1** (*policier*) beat **2** (*soldat*) patrol **3** (*danse*) : *faire une ~* to dance round in a circle LOC **à la ronde** : *Il n'y avait aucune maison à dix kilomètres à la ~.* There were no houses within ten kilometres. **faire sa ronde 1** (*police*) to be on the beat **2** (*soldat*) to be on patrol
rondelle *nf* (*saucisson, citron*) slice
rond-point *nm* roundabout
ronflement *nm* snore
ronfler *vi* to snore
ronger *vt* **1** (*grignoter*) to gnaw **(at)** ***sth*** : *Le chien rongeait son os.* The dog was gnawing (at) its bone. **2** (*acide, rouille*) to eat *sth* away LOC **se ronger les ongles** to bite your nails
rongeur *nm* rodent
ronronner *vi* to purr
rosbif *nm* roast beef
rose ◆ *adj, nm* (*couleur*) pink ☛ *Voir exemples sous* JAUNE ◆ *nf* (*fleur*) rose LOC *Voir* DÉCOUVRIR
rosé, -e ◆ *adj* (*couleur*) pink ◆ *nm* (*vin*) rosé
roseau *nm* reed
rosée *nf* dew
rosier *nm* rose bush
rossignol *nm* nightingale
rot *nm* burp (*fam*), belch
rotation *nf* rotation : *~ des cultures* crop rotation
roter *vi* to burp (*fam*), to belch
rôti, -e ◆ *pp, adj* roast : *poulet ~* roast chicken ◆ *nm* **1** (*cru*) joint **2** (*cuit*) : *~ de porc* roast pork *Voir aussi* RÔTIR
rotin *nm* rattan
rôtir *vt, vi* to roast LOC **faire rôtir** to roast *sth*
rotule *nf* kneecap
rouage *nm* **1** (*mécanisme*) wheel **2 rouages** (*d'une organisation*) machinery [*indénombrable*]
roue *nf* wheel : *~ avant/arrière* front/back wheel LOC **faire la roue 1** (*gymnaste*) to do a cartwheel **2** (*paon*) to spread its tail **roue de secours** spare wheel *Voir aussi* GRAND
rouge ◆ *adj, nm* red ☛ *Voir exemples sous* JAUNE ◆ *nm* (*vin*) red wine LOC **chauffé/porté au rouge** red-hot **devenir rouge** to go red **devenir/être rouge comme une tomate** to go/be as red as a beetroot **passer au rouge** (*conducteur*) to jump the lights **rouge à joues** blusher : *se mettre un peu de ~ à joues* to put on some blusher **rouge à**

lèvres lipstick : *se mettre du ~ à lèvres* to put on your lipstick *Voir aussi* FEU, FRUIT, GRILLER, HARICOT, LISTE, PIMENT, POISSON, POIVRON

rouge-gorge *nm* robin

rougeole *nf* measles [*sing*]

rouget *nm* red mullet [*pl* red mullet]

rougeur *nf* (*sur la peau*) red blotch

rougir ◆ *vi* ~ **(de) 1** (*gén*) to go red (**with** ***sth***) : *Il a rougi de colère.* He went red with anger. **2** (*de honte, d'émotion*) to blush (**with** ***sth***) : *Elle rougit pour un rien.* She blushes at the slightest thing. ◆ *vt* to redden

rouille *nf* (*du métal*) rust

rouillé, -e *pp, adj* (*métal, personne*) rusty *Voir aussi* ROUILLER

rouiller *vt, vi* to rust : *Les ciseaux ont rouillé.* The scissors have rusted.

roulade *nf* (*galipette*) roll

roulant, -e *adj* LOC *Voir* CHAISE, FAUTEUIL

roulé, -e *pp, adj* LOC *Voir* COL, GÂTEAU ; *Voir aussi* ROULER

rouleau *nm* **1** (*gén*) roll : *rouleaux de papier hygiénique* toilet rolls ◊ *un ~ de pellicule* a roll of film **2** (*pour peindre*) roller LOC **rouleau à pâtisserie** rolling pin **rouleau compresseur** steamroller

roulement *nm* (*employés*) rota : *Ils font un ~.* They have a rota. LOC **par roulement** : *travailler par ~* to work in shifts **roulement de tambour** drum roll

rouler ◆ *vt* **1** (*manche, tapis*) to roll *sth* up : *Il a roulé le bas de son pantalon.* He rolled up his trousers. **2** (*voler*) to con : *Il nous a roulés.* We've been conned. ◆ *vi* **1** (*gén*) to roll : *Les billes ont roulé sous la table.* The marbles rolled under the table. **2** (*véhicule*) to go : *Le camion roulait trop vite.* The lorry was going too fast. **3** (*conducteur*) to drive : *J'ai roulé toute la nuit.* I drove all night. ◆ **se rouler** *v pron* to roll : *se ~ par terre* to roll on the ground LOC **rouler sa bosse** to knock about **se faire rouler** to be conned : *Tu t'es fait ~.* You've been conned.

roulette *nf* **1** (*petite roue*) wheel **2** (*dentiste*) drill **3** (*jeu*) roulette LOC *Voir* HOCKEY, MARCHER, PATIN, PLANCHE

roulotte *nf* caravan

round *nm* (*Boxe*) round

rousseur *nf* LOC *Voir* TACHE

roussir *vt* to brown

route *nf* **1** (*gén*) road : *Prenez la première ~ à droite.* Take the first road on the right. **2** (*chemin*) way : *Je ne me souviens plus de la ~.* I can't remember the way. ◊ *C'est sur ma ~.* It's on my way. LOC **en route** on the way : *Je l'ai rencontrée en ~.* I met her on the way. **être en route** to be on my, your, etc. way **mettre en route 1** (*machine*) to start *sth* **2** (*projet*) to get *sth* started **par la route** by road **route départementale/nationale** B-road/A-road **se mettre en route** (*voyageur*) to set off *Voir aussi* CODE, COURS

routier, -ière ◆ *adj* road [*n attrib*] : *sécurité routière* road safety ◆ *nm* (*camionneur*) lorry driver

routine *nf* routine : *contrôles de ~* routine inspections ◊ *C'est devenu une ~.* It's become a routine.

roux, rousse ◆ *adj* **1** (*personne*) red-haired, ginger (*plus fam*) **2** (*cheveux, pelage*) red ◆ *nm-nf* (*personne*) redhead

royal, -e *adj* royal LOC *Voir* GELÉE

royaume *nm* kingdom

Royaume-Uni *nm* **le Royaume-Uni** the United Kingdom (*abrév* UK)

ruban *nm* ribbon : *Elle avait attaché ses cheveux avec un ~.* She'd tied back her hair with a ribbon. LOC **ruban adhésif** sticky tape **ruban isolant** insulating tape

rubéole *nf* German measles [*sing*], rubella [*scientifique*]

rubis *nm* ruby [*pl* rubies]

rubrique *nf* **1** (*Journal*) section : *la ~ sportive* the sport section ◊ *la ~ des spectacles* the entertainment section **2** (*catégorie*) heading : *Je n'ai rien trouvé sous cette ~.* I didn't find anything under that heading.

ruche *nf* beehive

rude *adj* **1** (*hiver, voix*) harsh **2** (*manières*) coarse **3** (*vie, travail*) hard

rudimentaire *adj* rudimentary

rue *nf* street (*abrév* St) : *une ~ piétonne* a pedestrian street ☛ *Voir note sous* STREET LOC **être à la rue** to be out on the street *Voir aussi* COIN

ruée *nf* rush

ruelle *nf* narrow street

ruer ◆ *vi* to kick ◆ **se ruer** *v pron* **se ~ sur/vers** to rush **for** ***sth***

rugby *nm* rugby : *un match de ~* a rugby match

rugir *vi* to roar

rugissement *nm* roar

rugueux, -euse *adj* rough

ruine *nf* ruin : *La ville était en ~s.* The city was in ruins. ◊ *les ~s d'une ville romaine* the ruins of a Roman city ◊

tomber en ~ to fall into ruin LOC *Voir* BORD

ruiné, -e *pp, adj* ruined *Voir aussi* RUINER

ruiner ◆ *vt* to ruin ◆ **se ruiner** *v pron* **1** (*perdre sa fortune*) to lose everything **2** (*dépenser beaucoup*) to spend all your money (***on sth***)

ruineux, -euse *adj* ruinous

ruisseau *nm* stream

ruisseler *vi* to stream LOC **ruisseler de sueur** to be dripping with sweat

rumeur *nf* **1** (*on-dit*) rumour : *Ce n'est qu'une ~.* It's just a rumour. ◊ *faire courir une ~* to spread a rumour **2** (*bruit*) murmur

ruminer *vi* (*vache*) to ruminate (*techn*), to chew the cud

rupture *nf* **1** (*relation amoureuse*) break-up **2** (*relations diplomatiques*) severing **3** (*contrat*) breach ***of sth***

rural, -e *adj* rural LOC *Voir* GÎTE

ruse *nf* **1** (*stratagème*) trick : *Méfiez-vous, c'est une ~ !* Be careful, it's a trick! **2** (*habileté*) cunning : *obtenir qch par la ~* to get sth by using cunning

rusé, -e *adj* cunning

russe, -e ◆ *adj, nm* Russian : *parler ~* to speak Russian ◆ **Russe** *nmf* Russian : *les Russes* the Russians LOC *Voir* MONTAGNE

Russie *nf* **la Russie** Russia

rustine® *nf* patch

rustique *adj* rustic

rustre ◆ *adj* loutish ◆ *nm* lout

rutabaga *nm* swede

rutilant, -e *adj* gleaming

rythme *nm* **1** (*Mus*) rhythm, beat (*plus fam*) : *avoir le sens du ~* to have a good sense of rhythm **2** (*de production, de travail*) rate : *le ~ de croissance* the growth rate **3** (*de vie*) pace LOC *Voir* MARQUER

rythmé, -e *pp, adj* rhythmic

rythmique *adj* rhythmical

Ss

sabbat *nm* Sabbath

sable *nm* sand : *jouer dans le ~* to play in the sand LOC **sables mouvants** quicksands *Voir aussi* BAC, BANC, CHÂTEAU

sableux, -euse *adj* sandy

sablier *nm* egg timer

sabot *nm* **1** (*chaussure*) clog **2** (*animal*) hoof [*pl* hoofs/hooves] : *les ~s d'un cheval* a horse's hoofs LOC **sabot de Denver®** clamp

sabotage *nm* sabotage

saboter *vt* to sabotage

sac *nm* **1** (*petit*) bag : *un ~ de sport* a sports bag ◊ *un ~ en plastique* a plastic bag **2** (*grand, en jute*) sack LOC **mettre à sac** (*ville*) to sack *sth* **sac à dos** rucksack ☛ *Voir illustration sous* BAGAGE **sac à main** handbag **sac de couchage** sleeping bag **sac de voyage** travel bag *Voir aussi* ATTRAPER

saccager *vt* to sack

saccharine *nf* saccharin

sachet *nm* **1** (*d'herbes*) sachet **2** (*de poudre*) packet : *un ~ de soupe* a packet of soup LOC **sachet de thé** tea bag : *Mets deux ~s de thé dans la théière.* Put two tea bags in the teapot.

sacoche *nf* **1** (*gén*) bag **2** (*de vélo*) saddlebag

sacré, -e *pp, adj* **1** (*Relig*) holy : *un lieu ~* a holy place **2** (*intouchable*) sacred : *Les dimanches sont ~s pour moi.* My Sundays are sacred. **3** (*remarquable*) tremendous : *Elle a une sacrée patience !* She has tremendous patience!

sacrement *nm* sacrament

sacrifice *nm* sacrifice : *Il va falloir que tu fasses des ~s.* You'll have to make some sacrifices.

sacrifier ◆ *vt* to sacrifice : *Elle a sacrifié sa carrière pour avoir des enfants.* She sacrificed her career to have children. ◆ **se sacrifier** *v pron* to make sacrifices : *Mes parents se sont beaucoup sacrifiés.* My parents have made a lot of sacrifices.

sacrilège *nm* sacrilege

sadique ◆ *adj* sadistic ◆ *nmf* sadist

sadisme *nm* sadism

safran *nm* saffron

sage *adj* **1** (*bien élevé*) good : *Sois ~.* Be good. **2** (*avisé*) wise LOC **être sage comme une image** to be as good as gold

sage-femme *nf* midwife [*pl* midwives]

sagesse *nf* **1** (*philosophie, bon sens*) wisdom **2** (*docilité*) good behaviour LOC *Voir* DENT

Sagittaire *nm* (*Astrologie*) Sagittarius ☛ *Voir exemples sous* AQUARIUS

saignant, -e *adj* **1** (*viande*) rare **2** (*blessure*) bleeding

saignement *nm* bleeding [*indénombrable*] LOC **saignement de nez** nosebleed

saigner *vt, vi* to bleed : *Je saigne du nez.* I've got a nosebleed. LOC **ça va saigner !** there'll be trouble! **saigner à blanc** to bleed *sb* white

saillant, -e *adj* **1** (*mâchoire*) prominent **2** (*fait*) salient

saillir *vi* to jut out

sain, -e *adj* **1** (*gén*) healthy **2** (*idée*) wholesome **3** (*structure, entreprise*) solid LOC **sain et sauf** safe and sound

saint, -e ◆ *adj* **1** (*canonisé*) Saint (*abrév* St) **2** (*Relig*) holy : *la sainte Bible* the Holy Bible **3** (*emphatique*) : *Nous sommes restés à la maison toute la sainte journée.* We didn't go out of the house all day. ◆ *nm-nf* saint : *Cette femme est une sainte.* That woman is a saint. LOC *Voir* ESPRIT, JEUDI, TERRE

Saint-Jean *nf* Midsummer's Day

Saint-Sylvestre *nf*

En Angleterre, le dernier jour de l'année s'appelle **New Year's Eve**. En Écosse, où ce réveillon est marqué avec plus d'enthousiasme qu'en Angleterre, on l'appelle **hogmanay**. La coutume veut que l'on se rende chez ses voisins les plus proches après minuit (**first-footing**) avec de menus cadeaux. Le jour suivant, **New Year's Day**, est férié dans tout le Royaume-Uni.

Saint-Valentin *nf* St Valentine

Pour la Saint-Valentin en Grande-Bretagne, la tradition consiste à envoyer une carte anonyme, **a valentine card,** à la personne que l'on aime, avec le message **I love you**.

saisie *nf* **1** (*Informatique*) input **2** (*armes, drogue*) haul : *une ~ de 500 kg de hachisch* a haul of 500 kg of hashish

saisir *vt* **1** (*comprendre*) to get : *Je ne saisis pas.* I don't get it. **2** (*armes, drogue*) to seize : *La police a saisi 10 kg de cocaïne.* The police seized 10 kg of cocaine. **3** (*Informatique*) to input : *~ des données dans un fichier* to input data in a file LOC **saisir l'allusion** to take the hint : *Ils n'ont pas saisi l'allusion.* They didn't take the hint.

saisissant, -e *adj* striking : *une beauté saisissante* striking beauty

saison *nf* season : *la ~ de foot* the football season ◊ *la haute/basse ~* the high/low season LOC **de saison** (*fruit*) seasonal **saison de la chasse** open season

saisonnier, -ière *adj* seasonal

salade *nf* **1** (*Cuisine*) salad **2** (*histoires*) story [*pl* stories] : *Il raconte des ~s.* He's telling stories. LOC **salade de fruits** fruit salad **salade verte/composée** green/mixed salad *Voir aussi* ESSOREUSE

saladier *nm* salad bowl

salaire *nm* **1** (*gén*) pay [*indénombrable*] : *demander une augmentation de ~* to ask for a pay rise **2** (*mensuel*) salary [*pl* salaries] LOC **salaire de base/minimum** basic/minimum wage

salami *nm* salami

salarié, -e *nm-nf* **1** (*ouvrier*) wage earner **2** (*employé*) salaried worker

salaud ◆ *nm* bastard : *Quel ~ !* What a bastard! ◆ *adj* rotten : *C'est vraiment ~ ce qu'il a fait.* It was a really rotten thing to do.

sale *adj* dirty LOC **avoir un sale caractère** to be bad-tempered *Voir aussi* JOUER, LAVER

salé, -e *pp, adj* **1** (*goût*) salty **2** (*avec du sel*) salted : *du beurre ~* salted butter **3** (*prix*) steep : *Les prix sont ~s dans ce restau.* Prices are steep in this restaurant. *Voir aussi* SALER

saler *vt* **1** (*ajouter du sel*) to salt **2** (*en hiver*) to grit : *Ils ont salé les routes.* They've been gritting the roads.

saleté *nf* **1** (*terre*) dirt **2** (*personne nuisible*) nasty piece of work

salière *nf* salt cellar

salir ◆ *vt* to get *sth* dirty : *Ne salis pas la table.* Don't get the table dirty. ◊ *Tu as sali le sol.* You've got mud on the floor. ◆ **se salir** *v pron* to get dirty

salive *nf* saliva

salle *nf* **1** (*gén*) room : *N'entre pas dans cette ~.* Don't go into this room. ◊ *~ de réunion* meeting room **2** (*Cin*) screen : *La ~ 1 est la plus grande.* Screen 1 is the largest. **3** (*hôpital*) ward LOC **salle à manger** dining room **salle d'attente** waiting room **salle de bains** bathroom **salle de billards** billiard hall **salle de classe** classroom **salle de cours 1** (*École*) classroom **2** (*Université*) lecture room **salle de jeux électroniques** amusement arcade **salle de séjour** sitting room **salle de sport** sports hall **salle d'opération** (operating) theatre *Voir aussi* CINÉMA

salon *nm* **1** (*maison*) sitting room **2** (*hôtel*) lounge LOC **salon de beauté** beauty salon **salon de coiffure** hairdresser's [*pl* hairdressers] **salon d'essayage** fitting room ☛ On peut dire aussi **changing room**.

salopette *nf* **1** (*mode*) dungarees [*pl*] **2** (*de peintre*) overalls [*pl*] : *Il portait une ~ bleue.* He was wearing blue overalls. ☛ *Voir note sous* PAIR

salubre *adj* healthy

saluer *vt* to say hello (**to *sb***), to greet (*plus sout*) : *Il m'a vu, mais il ne m'a pas salué.* He saw me but didn't say hello.

salut ◆ *excl* **1** (*bonjour*) hi! **2** (*au revoir*) see you! ◆ *nm* **1** (*sauvegarde*) salvation **2** (*salutation*) greeting

salutaire *adj* **1** (*changement*) salutary **2** (*effet*) beneficial

salutation *nf* greeting LOC **salutations** Yours faithfully, Yours sincerely

> **Yours faithfully** s'emploie lorsqu'on écrit une lettre dont on ne connaît pas le destinataire. Si, par contre, on connaît le nom du destinataire, on utilise **Yours sincerely** en formule de clôture.

Voir aussi AGRÉER

samedi *nm* Saturday [*pl* Saturdays] (*abrév* Sat) ☛ *Voir exemples sous* LUNDI

sanction *nf* sanction : *~s économiques* economic sanctions

sanctionner *vt* **1** (*punir*) to punish **2** (*homologuer, ratifier*) to sanction

sanctuaire *nm* **1** (*lieu sacré*) shrine **2** (*asile*) sanctuary [*pl* sanctuaries]

sandale *nf* sandal ☛ *Voir illustration sous* CHAUSSURE

sandwich *nm* sandwich : *un ~ au fromage* a cheese sandwich LOC *Voir* BOÎTE

sang *nm* blood : *donner son ~* to give blood LOC **bon sang !** for heaven's sake! **en sang** raw : *Tu as le genou en ~.* Your knee is raw. *Voir aussi* ANALYSE, BANQUE, PRISE, VERSER

sang-froid *nm* cool : *garder son ~* to keep your cool LOC **faire qch de sang-froid** to do sth in cold blood

sanglant, -e *adj* bloody

sanglier *nm* wild boar [*pl* wild boar]

sanglot *nm* sob LOC *Voir* ÉCLATER

sangloter *vi* to sob

sanguin, -e ◆ *adj* blood [*n attrib*] ◆ *nm-nf* hothead ◆ **sanguine** *nf* blood orange LOC *Voir* CIRCULATION, GROUPE

sanitaire *adj* **1** (*service, règlement*) health [*n attrib*] : *mesures ~s* health measures **2** (*équipement*) sanitary LOC *Voir* INSTALLATION

sans ◆ *prép* without : *~ sucre* without sugar ◊ *~ réfléchir* without thinking ◆ *adv* : *faire ~* to do without LOC **sans lui, elle, etc.** if it hadn't been for him, her, etc. : *~ lui, j'aurais été tué.* If it hadn't been for him, I would have been killed. **sans que...** : *Ils sont partis ~ qu'on les voie.* They left without anybody seeing them.

> Noter que lorsque *sans* est suivi d'un mot négatif comme *rien, personne*, etc. ce dernier se traduit par **anything**, **anybody**, etc. : *Elle est sortie sans rien dire.* She went out without saying anything.

sans quoi otherwise

sans-abri *nmf* homeless person [*pl* homeless people]

santé *nf* health : *être en bonne/mauvaise ~* to be in good/poor health ◊ *~ publique* public health LOC **à ta/votre santé !** cheers! **avoir une santé de fer** to have an iron constitution *Voir aussi* BILAN, BOIRE, ÉTAT

saper *vt* to undermine

saphir *nm* sapphire

sapin *nm* fir (tree) LOC **sapin de Noël** Christmas tree

sarcasme *nm* sarcasm

sarcastique *adj* sarcastic

sardine *nf* sardine

sardonique *adj* sardonic

satan *nm* Satan

satellite *nm* satellite : *une liaison par ~* a satellite link LOC *Voir* TÉLÉVISION

satin *nm* satin

satire *nf* satire

satirique *adj* satirical

satisfaction *nf* satisfaction

satisfaire ◆ *vt* **1** (*gén*) to satisfy : *~ sa faim/sa curiosité* to satisfy your hunger/curiosity ◊ *Rien ne le satisfait.* He's never satisfied. ◊ *Ce style de vie ne me satisfaisait pas.* That lifestyle didn't satisfy me. **2** (*soif*) to quench **3** (*ambition, rêve*) to fulfil ◆ **se satisfaire** *v pron* **se ~ de** to be satisfied **with *sth*** : *Elle a appris à se ~ de peu.* She's learnt to be satisfied with not very much.

satisfaisant, -e *adj* satisfactory

satisfait, -e *pp, adj* **1** (*gén*) satisfied

(***with sth***) : *un client* ~ a satisfied customer **2** (*content*) pleased (***with sb/sth***) : *Je suis très ~ du travail de mes élèves.* I'm very pleased with my pupils' work. *Voir aussi* SATISFAIRE

saturer *vt* to saturate

Saturne *n pr* Saturn

sauce *nf* sauce : ~ *tomate/blanche* tomato/white sauce

saucisse *nf* sausage

saucisson *nm* salami [*indénombrable*]

sauf *prép* except (**for**) ***sb/sth*** : *Ils y sont tous allés, ~ moi.* Everybody went except me. LOC **sauf si** unless : *On le fera ~ s'il pleut.* We'll do it unless it rains.

sauf, sauve *adj* safe : *Nous sommes ~s.* We're safe. LOC *Voir* SAIN

sauge *nf* sage

saugrenu, -e *adj* crazy

saule *nm* willow LOC **saule pleureur** weeping willow

saumon ◆ *nm* salmon [*pl* salmon] ◆ *adj* (*couleur*) salmon ☛ *Voir exemples sous* JAUNE

sauna *nm* sauna

saupoudrer *vt* ~ **(de)** to sprinkle *sth* (**with *sth***)

saur *adj* LOC *Voir* HARENG

saut *nm* **1** (*gén*) jump : *J'ai traversé le ruisseau d'un ~.* I jumped across the stream. **2** (*animal*) hop **3** (*de trampoline*) dive LOC **faire un saut/des sauts** to jump **faire un saut en parachute** to do a parachute jump **saut à la perche** pole-vault **saut à l'élastique** bungee jumping : *faire du ~ à l'élastique* to go bungee jumping **saut en hauteur/longueur** high jump/long jump **saut périlleux** somersault *Voir aussi* TRIPLE

sauté, -e *pp, adj* sauté : *pommes de terre sautées* sauté potatoes *Voir aussi* SAUTER

sauter ◆ *vi* **1** (*faire des bonds*) to jump : *Ils ont sauté dans l'eau/par la fenêtre.* They jumped into the water/out of the window. ◊ ~ *sur qn* to jump on sb **2** (*fusible*) to blow : *Les plombs ont sauté.* The fuses blew. ◆ *vt* **1** (*obstacle*) to jump : *Le cheval a sauté la haie.* The horse jumped the fence. **2** (*omettre*) to skip : ~ *un repas* to skip a meal LOC **ça saute aux yeux** it's as plain as the nose on your face **faire sauter** to blow *sth* up : *faire ~ un bâtiment* to blow up a building **sauter à la corde** to skip : *Ils étaient en train de ~ à la corde.* They were skipping. **sauter au plafond** to hit the roof **sauter de joie** to jump for joy : *Les enfants sautaient de joie.* The children were jumping for joy. *Voir aussi* CLOCHE-PIED, CORDE, RECULER

sauterelle *nf* grasshopper

sautiller *vi* **1** (*oiseau*) to hop **2** (*enfant*) to skip

sauvage *adj* **1** (*gén*) wild : *animaux ~s* wild animals **2** (*peuple*) savage

sauvagerie *nf* savagery

sauvegarde *nf* safeguard LOC *Voir* COPIE

sauvegarder *vt* **1** (*gén*) to safeguard **2** (*Informatique*) to save : ~ *un fichier* to save a file

sauver ◆ *vt* **1** (*gén*) to save : *Ils l'ont sauvé de l'incendie.* They saved him from the fire. ◊ *La ceinture de sécurité lui a sauvé la vie.* The seat belt saved his life. **2** (*porter secours*) to rescue ◆ **se sauver** *v pron* **se ~ (de)** to run away (**from *sth***) LOC **sauve qui peut !** every man for himself! **sauver les apparences** to keep up appearances

sauvetage *nm* rescue : *le travail de ~* rescue work ◊ *équipe de ~* rescue team LOC **sauvetage en mer/en montagne** sea/mountain rescue *Voir aussi* BATEAU, BOUÉE, CANOË, CEINTURE, GILET

sauveteur *nm* rescuer

savant, -e ◆ *adj* learned ◆ *nm* scientist

saveur *nf* flavour

savoir ◆ *vt* **1** (*gén*) to know : *Je n'ai pas su quoi dire.* I didn't know what to say. ◊ *Je savais qu'il reviendrait.* I knew he would be back. ◊ *Je sais !* I know! **2** ~ **faire qch** can : *Est-ce que tu sais nager ?* Can you swim? ◊ *Je ne sais pas taper à la machine.* I can't type. ☛ *Voir note sous* CAN² ◆ *vi* to know : *Je l'aime beaucoup, tu sais ?* I'm very fond of her, you know. ◊ *On ne sait jamais.* You never know. LOC **je ne sais quoi** something or other : *Il m'a parlé de je ne sais quoi.* He talked to me about something or other. **qu'est-ce que j'en sais !** how should I know? **savoir s'y prendre** to be good *at sth/doing sth* : ~ *s'y prendre en menuiserie* to be good at woodwork **savoir y faire** to be tactful ☛ Les autres expressions formées avec **savoir** sont traitées sous le nom, l'adjectif, etc. correspondant : pour **savoir se faire respecter**, par exemple, voir RESPECTER.

savoir-faire *nm* know-how

savon *nm* soap [*indénombrable*] : *un ~* a bar of soap LOC **passer un savon à** to give *sb* a telling-off : *On m'a encore passé un ~.* I've been told off again. **savon à barbe** shaving soap

(se) savonner *vt, v pron* to soap (yourself)
savonnette *nf* bar of soap
savonneux, -euse *adj* soapy
savourer *vt* to savour : *Il aime ~ son café.* He likes to savour his coffee.
savoureux, -euse *adj* tasty
saxophone *nm* saxophone, sax (*plus fam*)
scandale *nm* scandal : *étouffer un ~* to hush up a scandal LOC **c'est un scandale !** it's outrageous! **faire un scandale** to make a fuss *Voir aussi* CRIER, PRESSE
scandaleux, -euse *adj* scandalous
scandaliser ◆ *vt* to shock ◆ **se scandaliser** *v pron* to be shocked
scander *vt* to chant
scanner (*aussi* **scanneur**) *nm* scanner
scaphandre *nm* diving suit
scarabée *nm* beetle
scarlatine *nf* scarlet fever
sceau *nm* **1** (*empreinte*) seal **2** (*marque*) hallmark
sceller *vt* **1** (*fixer solidement*) to fix *sth* securely : *Les barreaux sont mal scellés.* The bars aren't fixed securely. **2** (*amitié*) to seal
scénario *nm* script
scène *nf* **1** (*lieu, Théâtre*) scene : *la ~ du crime* the scene of the crime ◊ *acte un, ~ deux* act one, scene two **2** (*plateau*) stage : *venir sur ~* to come onto the stage LOC **mettre en scène** (*film, pièce de théâtre*) to direct *sth* *Voir aussi* ADAPTER, METTEUR, MISE, MONTER
scepticisme *nm* scepticism
sceptique ◆ *adj* sceptical ◆ *nmf* sceptic
schéma *nm* **1** (*diagramme*) diagram **2** (*résumé*) outline
schématique *adj* schematic
schizophrène *adj, nmf* schizophrenic
schizophrénie *nf* schizophrenia
Schweppes® *nm* tonic : *Deux ~, s'il vous plaît.* Two tonics, please.
scie *nf* saw
sciemment *adv* wittingly
science *nf* **1** (*gén*) science **2 sciences** (*École, Université*) science [*sing*] : *mon professeur de ~s* my science teacher ◊ *J'ai étudié les ~s.* I studied science. LOC **sciences naturelles** natural science [*sing*]
science-fiction *nf* science fiction
scientifique ◆ *adj* scientific ◆ *nmf* scientist
scier *vt* **1** (*pr*) to saw *sth* (up) : *J'ai scié le bois.* I sawed up the wood. **2** (*fig*) to stagger : *Ça m'a complètement scié.* I was staggered.
scintiller *vi* **1** (*pierre précieuse*) to sparkle **2** (*étoile*) to twinkle
sciure *nf* sawdust
scolaire *adj* **1** (*gén*) school [*n attrib*] : *le début des vacances ~s* the start of the school holidays **2** (*système*) education [*n attrib*] : *le système ~* the education system LOC *Voir* ANNÉE, CENTRE, CONGÉ, DOSSIER, FOURNITURE, PROGRAMME, RAMASSAGE
scolarité *nf* schooling
scooter *nm* scooter
score *nm* **1** (*Sport*) score : *réaliser le même ~* to get the same score **2** (*Polit*) result LOC **score nul** draw
scorpion *nm* **1** (*insecte*) scorpion **2 Scorpion** (*Astrologie*) Scorpio [*pl* Scorpios] ☛ *Voir exemples sous* AQUARIUS
scotch® *nm* (*pour coller*) Sellotape®
scout *nm* scout
script *nm* script
scrupule *nm* scruple LOC **avoir des scrupules à faire qch** to have scruples about doing sth **n'avoir aucun scrupule** to have no scruples
scrupuleux, -euse *adj* scrupulous
scruter *vt* **1** (*horizon*) to scan **2** (*raison*) to analyse : *~ le pourquoi d'une décision* to analyse the reason for a decision
scrutin *nm* **1** (*vote*) ballot **2** (*opération électorale*) poll
sculpter *vt, vi* to sculpt : *J'aimerais ~ la pierre.* I'd like to sculpt in stone.
sculpteur *nm* sculptor [*fém* sculptress]

se

He's looking at himself. They're looking at **each other**.

sculpture *nf* sculpture
se *pron pers*
- **réfléchi 1** (*lui, elle*) himself, herself, itself : *Il s'est acheté un CD.* He bought himself a CD. ◊ *Elle s'est fait mal.* She hurt herself. **2** (*eux, elles*) themselves
- **réciproque** each other, one another : *Ils s'aiment.* They love each other. ☛ *Voir note sous* EACH OTHER

séance *nf* **1** (*gén*) session : ~ *d'entraînement/de clôture* training/closing session **2** (*Cin*) showing

seau *nm* bucket

sec, sèche *adj* **1** (*gén*) dry : *C'est ~ ?* Is it dry? ◊ *un climat très ~* a very dry climate **2** (*personne*) unfriendly **3** (*fruits, fleurs*) dried : *figues sèches* dried figs **4** (*son, coup*) sharp LOC *Voir* CALE, CUL, FRUIT, NETTOYAGE, NETTOYER, PICOLER, RAISIN

sèche-cheveux *nm* hairdryer

sèche-linge *nm* tumble-dryer

sécher ◆ *vt* **1** (*essuyer*) to dry : *Il a séché ses larmes.* He dried his tears. **2** (*classe*) to skip : ~ *un cours* to skip class ◆ *vi* **1** (*cheveux*) to dry **2** (*rivière, terre, blessure*) to dry up LOC **faire sécher** (*bois*) to season *sth*

sécheresse *nf* **1** (*gén*) dryness **2** (*manque de pluie*) drought

séchoir *nm* **1** (*pliable*) clothes horse **2** (*pièce*) drying room

second, -e ◆ *adj, nm-nf* second (*abrév* 2nd) ☛ *Voir exemples sous* SIXIÈME ◆ *nm* **1** (*étage*) second floor **2** (*subalterne*) assistant ◆ **seconde** *nf* **1** (*temps*) second **2** (*École*) ☛ *Voir note sous* LYCÉE **3** (*boîte de vitesse*) second (gear) LOC **de second rang** second-rate *Voir aussi* LIEU, RELÉGUER, RÔLE, TENTATIVE

secondaire ◆ *adj* secondary ◆ *nm* (*éducation*) secondary school : *professeur de ~* secondary school teacher ◊ *Elle est en ~.* She's at secondary school. LOC *Voir* ÉCOLE, EFFET, RÉSIDENCE, ROUTE

seconder *vt* to second

secouer ◆ *vt* to shake : *Secoue la nappe.* Shake the tablecloth. ◊ ~ *le sable (de la serviette)* to shake the sand off (the towel) ◊ *Le tremblement de terre a secoué tout le village.* The earthquake shook the whole village. ◆ **se secouer** *v pron* to wake up : *Il serait temps que tu te secoues un peu !* It's about time you woke up! LOC **secouer la tête** to shake your head

secourir *vt* **1** (*aider*) to help **2** (*alpiniste*) to rescue

secourisme *nm* life-saving

secours *nm* help : *un appel au ~* a cry for help ◊ *porter ~ à qn* to help sb LOC **au secours !** help! *Voir aussi* BOUÉE, ESCALIER, ISSUE, POSTE, ROUE, VOLER

secousse *nf* **1** (*mouvement brusque*) jolt **2** (*géologique*) tremor

secret, -ète *adj, nm* secret LOC **en secret** secretly *Voir aussi* VOTE

secrétaire *nmf* secretary [*pl* secretaries] ◆ *nm* (*meuble*) bureau [*pl* bureaux/bureaus]

secrétariat *nm* **1** (*métier*) secretarial work : *cours de ~* secretarial course **2** (*fonction*) secretariat : *le ~ de l'ONU* the UN secretariat **3** (*bureau du secrétaire*) secretary's office

sécréter *vt* to secrete

sectaire *adj* sectarian

secte *nf* sect

secteur *nm* sector

section *nf* **1** (*gén, Math*) section **2** (*École*) department : *la ~ d'anglais* the English department LOC *Voir* CHEF

sectionner *vt* **1** (*membre, artère*) to sever **2** ~ **(en)** (*diviser*) to divide *sth* up **(into** ***sth*****)**

séculaire *adj* ancient

séculier *adj* secular

sécurité *nf* **1** (*absence de danger*) safety : *la ~ publique/routière* public/road safety **2** (*protection*) security : *contrôles de ~* security checks LOC **Sécurité Sociale** ≈ National Health Service (*GB*) *Voir aussi* CARTE, CEINTURE, MARGE

sédatif *nm* sedative

sédentaire *adj* sedentary

séducteur, -trice ◆ *adj* seductive ◆ *nm-nf* seducer

séduction *nf* **1** (*charme*) charm **2** (*stratagème*) seduction

séduire *vt* to seduce

séduisant, -e *adj* **1** (*physique, perspective*) attractive **2** (*idée*) appealing

segment *nm* segment

ségrégation *nf* segregation

seiche *nf* cuttlefish [*pl* cuttlefish]

seigle *nm* rye

seigneur *nm* lord

seigneurial, -e *adj* manorial

sein *nm* breast : *cancer du ~* breast cancer

seize *adj, nm* **1** (*gén*) sixteen **2** (*date*) sixteenth ☛ *Voir exemples sous* SIX

seizième *adj, nmf* sixteenth ☛ *Voir exemples sous* SIXIÈME

séjour *nm* **1** (*gén*) stay : *son ~ à l'hôpital* his stay in hospital **2** (*salon*) living room LOC **séjour linguistique** language study holiday *Voir aussi* PERMIS, SALLE

séjourner *vi* to stay

sel *nm* salt LOC **sel de mer** sea salt **sel fin** table salt **sels de bain** bath salts *Voir aussi* GRAIN

select, -e *adj* select : *un groupe/restaurant ~* a select group/restaurant

sélectif, -ive *adj* selective

sélection *nf* **1** (*gén*) selection : ~ *sur examen* selection by exam **2** (*équipe*) (national) team : *la ~ française de basket* the French basketball team LOC *Voir* ÉPREUVE

sélectionner *vt* to select

sélectionneur, -euse *nm-nf* selector

self *nm* self-service restaurant

selle *nf* saddle

seller *vt* to saddle *sth* (up)

sellette *nf* hot seat : *être sur la ~* to be in the hot seat

selon *prép* **1** (*du point de vue de, suivant*) according to *sb/sth* : ~ *elle/les plans* according to her/the plans **2** (*en fonction de*) depending on *sth* : ~ *la taille* depending on what size it is ◊ *Peut-être que je le ferai, c'est ~.* I might do it, it depends.

semailles *nf* sowing [*sing*]

semaine *nf* week : *la ~ dernière/prochaine* last/next week ◊ *deux fois par ~* twice a week ◊ *Nous avons une heure de gym par ~.* We have one hour of PE a week. LOC *Voir* LONGUEUR

sémantique ◆ *adj* semantic ◆ *nf* semantics [*sing*]

semblable *adj* ~ **(à)** similar (**to** ***sth***) : *Ils ont des styles très ~s.* They have very similar styles. ◊ *Elles sont très ~s.* They are very similar.

semblant *nm* semblance LOC **faire semblant (de)** to pretend (*to do sth*) : *Il fait ~.* He's just pretending.

sembler ◆ *vi* to seem : *Ils semblent certains.* They seem certain. ◊ *Elle semble être contente de son sort.* She seems happy with herself. ◊ *Il semble vouloir nous aider.* He seems to want to help us. ◆ *v impers* **1** ~ **que...** : *Il semble bien qu'ils ne sont pas d'accord.* It seems that they don't agree. ◊ *Il semble qu'il soit trop tard.* It seems to be too late. **2** ~ **à qn** : *Il me semble que tu devrais les appeler.* I think you ought to phone them.

semelle *nf* **1** (*gén*) sole : *chaussures avec ~s de caoutchouc* rubber-soled shoes **2** (*interne*) insole LOC **semelles compensées** platform soles

semence *nf* seed

semer *vt* **1** (*gén*) to sow : ~ *du blé* to sow wheat **2** (*légumes*) to plant : *Ils ont semé le champ de pommes de terre.* They've planted the field with potatoes. **3** (*aller plus vite*) to give *sb* the slip LOC **semer la pagaille** to create havoc : *La nouvelle a semé la pagaille.* The news created havoc. **semer le doute** to sow doubts

séminaire *nm* **1** (*cours*) seminar **2** (*Relig*) seminary [*pl* seminaries]

semi-remorque *nm* articulated lorry [*pl* articulated lorries]

semoule *nf* semolina

sempiternel, -elle *adj* endless

sénat *nm* senate

sénateur *nm* senator

sénatorial, -e *adj* senatorial

sénile *adj* senile

sénilité *nf* senility

sens *nm* **1** (*gén*) sense : *les cinq ~* the five senses ◊ *Ça n'a pas de ~.* It doesn't make sense. **2** (*signification*) meaning **3** (*direction*) direction LOC **avoir le sens de l'humour** to have a sense of humour : *Il n'a pas le ~ de l'humour.* He has no sense of humour. **bon sens** good sense **dans le sens de la longueur** lengthways **dans le sens des aiguilles d'une montre** clockwise **dans le sens inverse des aiguilles d'une montre** anticlockwise **sens commun** (common) sense : *Tu manques totalement de ~ commun.* You're totally lacking in common sense. **sens des affaires** head for business : *Tu as vraiment le ~ des affaires.* You've got a good head for business. **sens dessus dessous** upside down : *Les voleurs ont mis l'appartement ~ dessus dessous.* The burglars turned the flat upside down. ☛ *Voir illustration sous* ENVERS **sens giratoire** roundabout **sens interdit** no entry **sens unique** one way : *une rue à ~ unique* a one-way street *Voir aussi* DOUBLE, SIXIÈME

sensation *nf* feeling : *une ~ de brûlure* a stinging feeling LOC **faire sensation** to cause a sensation *Voir aussi* PRESSE

sensationnel, -elle *adj* sensational

sensé, -e *adj* sensible : *un homme ~/une décision sensée* a sensible man/decision

sensibiliser *vt* to make *sb* aware (**of** ***sth***)

sensibilité *nf* sensitivity : *être d'une grande ~* to be very sensitive

sensible *adj* **1** (*gén*) sensitive (**to** ***sth***) : *Ma peau est très ~ au soleil.* My skin is very sensitive to the sun. ◊ *C'est une enfant très ~.* She's a very sensitive child. **2** (*notable*) : *une amélioration ~* a noticeable improvement

sensiblement *adv* **1** (*considérablement*) considerably **2** (*plus ou moins*) more or less : *avoir ~ le même âge* to be more or less the same age

sensualité *nf* sensuality

sensuel, -elle *adj* sensual

sentier *nm* path LOC **être sur le sentier de la guerre** to be on the warpath **hors des sentiers battus** off the beaten track **sentier de grande randonnée** long-distance footpath

sentiment *nm* feeling LOC **faire du sentiment** to be sentimental

sentimental, -e *adj* **1** (*gén*) sentimental : *valeur sentimentale* sentimental value **2** (*vie*) love [*n attrib*] : *vie sentimentale* love life

sentimentalité *nf* sentimentality

sentinelle *nf* sentry [*pl* sentries]

sentir ◆ *vt, vi* **1** (*gén*) to feel : *Je n'ai rien senti.* I didn't feel a thing. **2** (*odeur*) to smell (**of** ***sth***) : ~ *la peinture* to smell of paint ◊ *Qu'est-ce que ça sent ?* What's that smell? ◊ *Ce parfum sent bon.* That perfume smells nice.

En anglais on emploie **can** avec des verbes tels que **to see**, **to hear**, **to smell** et **to feel** quand ceux-ci sont des verbes de perception : *Tu m'entends ?* Can you hear me? ◊ *Il y avait encore des odeurs de poisson le lendemain.* You could still smell fish the next day. ◊ *Je ne vois rien !* I can't see a thing!

3 (*suspecter*) to suspect ◆ **se sentir** *v pron* to feel : *Je me sens très bien.* I feel very well. LOC **ne plus se sentir de joie** to be beside yourself with joy **sentir le brûlé** to smell of burning **sentir mauvais** to stink *Voir aussi* ÉLÉMENT, OBLIGÉ, VISER

séparation *nf* **1** (*gén*) separation **2** (*limite*) boundary **3** (*entre pièces*) partition

séparatiste *adj, nmf* separatist

séparé, -e *pp, adj* **1** ~ **(de)** (*conjoints*) separated (**from *sb/sth***) : « *Célibataire ou mariée ? — Séparée.* » 'Married or single?' 'Separated.' **2** (*problèmes, cas*) separate *Voir aussi* SÉPARER

séparément *adv* separately : *Je le paierai ~.* I'll pay for this separately. ◊ *vivre ~* to lead separate lives

séparer ◆ *vt* **1** (*gén*) to separate *sb/sth* (**from *sb/sth***) : *Séparez les boules rouges des vertes.* Separate the red balls from the green ones. ◊ *Ses parents l'ont séparé de ses amis.* His parents separated him from his friends. **2** (*distinguer*) to distinguish *sb/sth* ***from sb/sth*** : *Elle ne peut pas ~ le bon du mauvais.* She can't distinguish good from bad. **3** (*diviser*) to divide : ~ *le jardin en deux* to divide the garden in half ◆ **se séparer** *v pron* **1** (*gén*) to separate, to split up (*plus fam*) : *Elle s'est séparée de son mari.* She separated from her husband. ◊ *Nous nous sommes séparés à mi-chemin.* We split up halfway. **2** (*se diviser*) to divide : *Les sentiers se séparent à ce point.* The paths divide at this point.

sépia *adj, nf* sepia ☛ *Voir exemples sous* JAUNE

sept *adj, nm* **1** (*gén*) seven **2** (*date*) seventh ☛ *Voir exemples sous* SIX

septante *adj, nm* seventy ☛ *Voir exemples sous* SOIXANTE

septantième *adj, nmf* seventieth ☛ *Voir exemples sous* SOIXANTIÈME

septembre *nm* September (*abrév* Sept) ☛ *Voir exemples sous* JANVIER

septième *adj, nmf* seventh ☛ *Voir exemples sous* SIXIÈME LOC **être au septième ciel** to be in seventh heaven

septique *adj* septic LOC *Voir* FOSSE

séquence *nf* sequence

serein, -e *adj* serene

sérénade *nf* serenade

sérénité *nf* serenity

sergent *nm* sergeant

série *nf* series [*pl* series] : *une ~ de catastrophes* a series of disasters ◊ *une nouvelle ~ télévisée* a new TV series ☛ *Voir note sous* SERIES LOC **hors série** custom-built : *un modèle hors ~* a custom-built model *Voir aussi* FABRICATION, TÊTE

sérieusement *adv* seriously : *Tu parles ~ ?* Are you serious?

sérieux, -ieuse *adj* **1** (*gén*) serious : *un livre/thème ~* a serious book/matter **2** (*responsable*) responsible : *C'est un homme ~.* He's a responsible person. LOC **au sérieux** seriously : *prendre qch au ~* to take sth seriously **garder son sérieux** to keep a straight face

seringue *nf* (*Méd*) syringe

serment *nm* oath

sermon *nm* (*Relig*) sermon LOC **faire un sermon à** to give *sb* a lecture (*on sth*)

sermonner *vt* to lecture LOC **se faire sermonner** to get a lecture

séronégatif, -ive *adj* HIV negative

séropositif, -ive *adj* HIV positive

serpent *nm* snake LOC **serpent à sonnette** rattlesnake

serpenter *vi* to wind ***through sth***

serpentin *nm* streamer

serpillière *nf* floor cloth LOC **passer la serpillière** to wash the floor

serre *nf* **1** (*plantes*) greenhouse **2** (*oiseau de proie*) talon LOC *Voir* EFFET

serré, -e *pp, adj* **1** (*vêtements*) tight : *Ces chaussures sont trop serrées.* These shoes are too tight. **2** (*foule*) squashed together **3** (*tissu*) densely woven **4** (*virage*) sharp LOC *Voir* GORGE ; *Voir aussi* SERRER

serre-livres *nm* bookend

serrer ◆ *vt* **1** (*tenir fermement*) to grip **2** (*écrou, nœud*) to tighten : ~ *une vis* to tighten a screw **3** (*vêtements*) to be too tight (**for** ***sb***) : *Le pantalon me serre.* The trousers are too tight (for me). ◆ **se serrer** *v pron* **se** ~ **(contre)** to squeeze up (**against** ***sth***) LOC **serrer dans ses bras** to hug *sb*, to embrace *sb* (*plus sout*) : *Elle a serré ses enfants dans ses bras.* She hugged her children. **serrer la main à** to shake hands (with *sb*) : *Ils se sont serré la main.* They shook hands. **serrer la vis à** to be strict with *sb* **se serrer la ceinture** to tighten your belt

serre-tête *nm* hair band

serrure *nf* lock LOC *Voir* TROU

serrurier, -ière *nm-nf* locksmith

sérum *nm* serum

serveur, -euse ◆ *nm-nf* waiter [*fém* waitress] ◆ *nm* (*Informatique*) server LOC **serveur d'Internet** Internet service provider

serviable *adj* helpful

service *nm* **1** (*gén, Tennis*) service : ~ *d'autobus* bus service **2** (*vaisselle*) dinner service **3** (*faveur*) favour : *demander un* ~ *à qn* to ask a favour of sb **4** (*Comm*) department : *le* ~ *du personnel* the personnel department **5** (*hôpital*) ward **6** (*fonctionnement*) operation : *mettre qch en* ~ to put sth into operation LOC **être de service** to be on duty **hors service** out of order **rendre (un) service à** to do *sb* a favour : *Tu peux me rendre un* ~ *?* Can you do me a favour? **service de presse** press office **service de soins intensifs** intensive care unit **service (militaire)** military service : *Il fait son* ~. He's doing his military service.

En Grande-Bretagne, le service militaire obligatoire n'existe pas.

Voir aussi NOTE

serviette *nf* **1** (*toilette*) towel : ~ *de bain* bath towel **2** (*table*) napkin : ~*s en papier* paper napkins **3** (*porte-documents*) briefcase ☛ *Voir illustration sous* BAGAGE LOC **serviette hygiénique** sanitary towel *Voir aussi* ROND

servile *adj* servile

servir ◆ *vt* to serve : *Ils ont mis longtemps à nous* ~. They took a long time to serve us. ◊ *Je t'en sers un peu plus ?* Would you like some more? ◆ *vi* **1** (*Tennis, Mil*) to serve : ~ *dans la marine* to serve in the navy **2** ~ **de** (*appareil, objet*) to be used **as** ***sth*** : *La caisse m'a servi de table.* I used the box as a table. ◊ *Ce verre servira de vase.* This glass will do as a vase. **3** ~ **à** (*être utilisé*) to be (used) **for** ***doing sth*** : *Ça sert à couper la viande.* It's used for cutting meat. ◊ *À quoi ça sert ?* What's that for? **4** ~ **à** (*être utile pour*) to serve ***to do sth*** : *Ça a servi à clarifier la situation.* It served to clarify things. **5** ~ **de** (*personne*) to act **as** ***sth*** : ~ *d'intermédiaire* to act as an intermediary ◆ **se servir** *v pron* **1 se** ~ **de** (*utiliser*) to use *sth* : *Je me sers beaucoup de l'ordinateur.* I use the computer a lot. ◊ *se* ~ *de ses économies* to use your savings **2 se** ~ **(en)** (*nourriture*) to help yourself (**to** ***sth***) : *Je me suis servi en salade.* I helped myself to salad. ◊ *Servez-vous.* Help yourself. LOC **ça ne sert à rien (de...)** : *Ça ne sert à rien d'essayer de le convaincre.* It's no use trying to convince him. ◊ *Ça ne sert à rien de crier.* There's no point in shouting. **ne pas servir** (*outil*) to be no good (*for doing sth*) : *Ce couteau ne sert pas à couper la viande.* This knife is no good for cutting meat.

servitude *nf* servitude

session *nf* **1** (*gén*) session **2** (*École, Université*) : *J'ai passé les examens de la* ~ *de juin avec succès.* I passed the June exams. LOC *Voir* TERMINER

seuil *nm* threshold : *au* ~ *du XXIe siècle* on the threshold of the 21st century

seul, -e ◆ *adj* **1** (*sans compagnie*) alone : *Elle était (toute) seule à la maison.* She was alone in the house. ◊ *Il parle tout* ~. He talks to himself. ☛ *Voir note sous* ALONE **2** (*unique*) only : *C'est la seule façon d'y arriver.* It's the only way to get there. ◊ *Seules trois personnes se sont présentées.* Only three people came forward. **3** (*sans aide*) by myself, yourself, etc. : *Il mange tout* ~. He can eat by himself now. ◊ *Fais-le tout seul.* Do it yourself. ◊ *Mon sac s'est ouvert tout* ~. My bag opened by itself. **4** (*célibataire*) single : *un club pour hommes et femmes* ~*s* a singles club ◆ *nm-nf* only one : *C'est la seule qui sache nager.* She's the only one who can swim. ◊ *C'est le* ~ *qu'ils avaient en magasin.* It's the only one they had in the shop. LOC **d'un seul coup** in one go **être/se sentir seul** to be/feel lonely **pas un seul** not a single (one) **rester seul** to be (left) on your own **seul à seul** in private : *Je veux te voir ~ à ~.* I want to see you in private. *Voir aussi* CAVALIER, MALHEUR, PARLER

seulement *adv* **1** (*uniquement*) only : *Je travaille ~ le samedi.* I only work on Saturdays. ◊ *quatre personnes ~* only four people **2** (*mais*) but : *Je veux bien, ~ il va falloir en parler au patron.* I'd love to, but I'll have to speak to the boss about it. LOC **non seulement... mais aussi...** not only... but also... **si seulement... !** if only...! : *Si ~ je pouvais y aller !* If only I could go!

sève *nf* (*Bot*) sap

sévère *adj* **1** ~ **(avec)** (*strict*) strict (**with sb**) : *Mon père était très ~ avec nous.* My father was very strict with us. **2** (*punition, jugement*) harsh **3** (*vêtements*) severe

sexe *nm* **1** (*gén*) sex **2** (*parties génitales*) genitals [*pl*]

sexisme *nm* sexism

sexiste *adj, nmf* sexist : *publicité ~* sexist advertising ◊ *une société ~* a sexist society

sexualité *nf* sexuality

sexuel, -elle *adj* **1** (*gén*) sexual : *harcèlement ~* sexual harassment **2** (*éducation, organes*) sex [*n attrib*] LOC *Voir* ÉDUCATION, OBSÉDÉ, RAPPORT

shampooing *nm* shampoo [*pl* shampoos] : *~ antipelliculaire* anti-dandruff shampoo

shooter ◆ *vi* to shoot ◆ **se shooter** *v pron* **se ~ à** to shoot *sth* up

short *nm* shorts [*pl*] : *Il a acheté un nouveau ~.* He bought a new pair of shorts/some new shorts. ☛ *Voir note sous* PAIR

si[1] *nm* (*Mus*) B : *si majeur* B major

si[2] ◆ *adv* **1** (*aussi*) so : *Ne conduis pas si vite.* Don't drive so fast. **2** (*oui*) yes : *« Tu n'aimes pas le lait ? — Si ! »* 'You don't like milk?' 'Yes, I do!' ◊ *Elle n'y va pas, mais moi si.* She's not going but I am. ◆ *conj* **1** (*condition*) if : *Si tu arrives en retard, nous ne pourrons pas y aller.* If you're late, we won't be able to go. ◊ *Si tous les journaux le disent, ce doit être vrai.* If all the papers say so, it must be true. ◊ *Si j'étais riche, je m'achèterais une moto.* If I were rich, I'd buy a motorbike. ☛ Bien qu'il soit plus correct de dire « if I/he/she/it **were** », on utilise maintenant plus souvent « if I/he/she/it **was** » dans la langue courante. **2** (*doute*) whether : *Je ne sais pas si je dois rester ou m'en aller.* I don't know whether to stay or go. LOC **et si... 1** (*crainte*) what if... : *Et s'il leur était arrivé quelque chose ?* What if something has happened to them? **2** (*demande, ordre*) how about...? : *Et si tu m'écrivais de temps en temps ?* How about writing to me sometimes?

siamois, -e *adj* LOC **frères siamois/sœurs siamoises** Siamese twins *Voir aussi* CHAT

sida *nm* Aids

sidéré, -e *pp, adj* amazed (***at/by sth***) : *J'ai été ~ par leur insolence.* I was amazed at their insolence.

sidérurgie *nf* iron and steel industry

sidérurgique *adj* iron and steel [*n attrib*] : *l'industrie ~ française* the French iron and steel industry

sidérurgiste *nm* steel worker

siècle *nm* **1** century [*pl* centuries] : *au XXIe ~* in the 21st century ☛ Se lit : « in the twenty-first century ». **2** (*ère*) age : *Nous vivons au ~ des ordinateurs.* We live in the age of computers. LOC **le Siècle des Lumières** the Enlightenment

siège *nm* **1** (*pour s'asseoir, Polit*) seat **2** (*Mil*) siege LOC **siège social** headquarters (*abrév* HQ) [*v sing ou pl*]

siéger *vi* (*député*) to sit

sien, sienne *pron poss* **le sien, la sienne 1** (*à lui*) his : *un bureau près du ~* an office next to his **2** (*à elle*) hers LOC **faire des siennes** to be up to his, her, etc. old tricks again : *Caroline a encore fait des siennes.* Caroline's been up to her old tricks again.

sieste *nf* siesta LOC **faire la sieste** to have a siesta

sifflement *nm* **1** (*gén*) whistle : *le ~ du vent* the whistling of the wind **2** (*protestation, serpent*) hiss **3** (*oreilles*) buzzing

siffler ◆ *vt* **1** (*air*) to whistle **2** (*personne*) to whistle at *sb* **3** (*acteur*) to boo ◆ *vi* **1** (*personne*) to whistle **2** (*serpent*) to hiss

sifflet *nm* whistle LOC **coup de sifflet** whistle : *L'arbitre a donné un coup de ~.* The referee blew the whistle.

sigle *nm* abbreviation : *Quel est le ~ de... ?* What's the abbreviation for...? ◊ *UE est le sigle d' « Union européenne ».* UE stands for 'Union européenne'.

signal *nm* signal

signalement *nm* description

signaler *vt* **1** (*gén*) to report *sb/sth* (**to sb**) : *Nous avons signalé le vol à la police.* We reported the theft to the police. **2** (*marquer*) to mark : ~ *les fautes au stylo rouge.* Mark the mistakes in red pen. **3** (*dire*) to point *sth* out : *Il a signalé que...* He pointed out that... **4** (*rappeler*) to remind *sb* (**that**)... : *Je te signale que tu n'es pas ma mère !* May I remind you you're not my mother!

signalisation *nf* signalling LOC *Voir* PANNEAU

signaliser *vt* (*route*) to signpost

signature *nf* **1** (*nom*) signature : *Ils ont recueilli des centaines de ~s.* They've collected hundreds of signatures. **2** (*acte*) signing : *La ~ du contrat a lieu aujourd'hui.* The signing of the contract takes place today.

signe *nm* (*gén*) sign : *les ~s du zodiac* the signs of the zodiac ◊ *C'est bon/mauvais ~.* It's a good/bad sign. LOC **donner des signes** to show signs *of sth/doing sth* : *donner des ~s de fatigue* to show signs of fatigue **faire signe à qn de faire qch** to signal to sb to do sth : *Ils me faisaient ~ d'arrêter.* They were signalling to me to stop. **faire (un) signe 1** (*saluer*) to wave (*to sb*) : *Je lui ai fait ~ mais elle ne m'a pas vue.* I waved to her but she didn't see me. ◊ *C'est ton amie Lucie, fais-lui ~.* It's your friend Lucie, give her a wave. **2** (*donner un signal*) to give a/the signal : *Quand le policier te fera ~ tu pourras traverser.* You can cross when the policeman gives the signal. *Voir aussi* ACQUIESCER

signer *vt, vi* to sign : *Signez à l'endroit indiqué.* Sign where indicated.

signet *nm* bookmark

significatif, -ive *adj* significant

signification *nf* meaning

signifier *vt* to mean *sth* (**to sb**) : *Qu'est-ce que ce mot signifie ?* What does this word mean?

silence *nm* silence : *en ~* in silence ◊ *Il régnait un ~ total dans la salle de classe.* There was total silence in the classroom. LOC **silence !** be quiet! *Voir aussi* RÉDUIRE

silencieux, -ieuse *adj* **1** (*gén*) silent : *Il est resté ~.* He remained silent. ◊ *La maison était complètement silencieuse.* The house was totally silent. ◊ *un moteur ~* a silent engine **2** (*tranquille*) quiet : *une rue très silencieuse* a very quiet street

silhouette *nf* silhouette

silicone *nf* silicon

sillage *nm* (*bateau*) wake

sillon *nm* **1** (*agriculture*) furrow **2** (*disque, métal*) groove

sillonner *vt* (*parcourir*) to cross : *Il a sillonné le pays de long en large.* He's crossed the length and breadth of the country.

similaire *adj* similar

similitude *nf* similarity [*pl* similarities]

simple *adj* **1** (*facile*) simple : *Ce n'est pas aussi ~ qu'on croit.* It's not as simple as it looks. ◊ *un repas ~* a simple meal **2** (*pur*) mere : *Ce ne fut qu'une ~ coïncidence.* It was mere coincidence. **3** (*non prétentieux*) straightforward : *C'est quelqu'un de très ~.* He's a very straightforward person. **4** (*modeste*) ordinary : *des gens ~s* ordinary people LOC **simple d'esprit** simple : *Le pauvre homme est un peu ~ d'esprit.* The poor man's a bit simple. *Voir aussi* ALLER

simplement *adv* **1** (*sans prétention*) simply : *Elle nous a reçus ~.* She gave us a simple welcome. **2** (*seulement*) just : *Il voulait ~ te le rappeler.* He just wanted to remind you. LOC **c'est simplement que...** it's just that...

simplicité *nf* simplicity LOC **en toute simplicité** very simply : *Ce sera en toute ~.* It will be a very simple affair.

simplification *nf* simplification

simplifier *vt* to simplify

simulation *nf* simulation

simuler *vt* **1** (*gén*) to simulate **2** (*maladie, folie*) to feign

simultané, -e *adj* simultaneous

sincère *adj* sincere

sincérité *nf* sincerity

singe *nm* **1** (*avec queue*) monkey **2** (*sans queue*) ape

singer *vt* to ape

singularité *nf* peculiarity [*pl* peculiarities]

singulier, -ière *adj* (*Gramm*) singular

sinistre *adj* sinister : *apparence ~* sinister appearance

sinon *conj* or else : *Arrête ~ je crie !* Stop, or else I'll shout!

sinueux, -euse *adj* (*rue*) winding

sirène *nf* **1** (*signal sonore*) siren : *~ de police* police siren **2** (*femme-poisson*) mermaid

sirop *nm* **1** (*de fruits purs*) syrup : *fruits au ~* fruit in syrup ◊ *~ d'érable* maple syrup **2** (*pour boisson à l'eau*) cordial : *~ de framboise/cassis* raspberry/blackcurrant cordial **3** (*médicament*) mixture : *~ pour la toux* cough mixture LOC **sirop de citron** lemon squash

site *nm* site LOC **site archéologique**

archeological site **site Web/Internet** website : *le ~ Web de la société* the company's website ◊ *Consultez notre ~ Web !* Visit our website!

sitôt LOC **de sitôt** : *Il ne me reverra pas de ~ !* He won't be seeing me for a while! **sitôt après** immediately after **sitôt que** as soon as : *Je t'appelle ~ que j'ai des nouvelles.* I'll call you as soon as I get some news.

situation *nf* **1** (*circonstances*) situation : *une ~ difficile* a difficult situation **2** (*emplacement*) position : *~ géographique* geographical position LOC **situation de famille** marital status *Voir aussi* REDRESSER

situé, -e *pp, adj* situated *Voir aussi* SITUER

situer ◆ *vt* **1** (*établir*) to set : *Elle a situé l'histoire en Belgique.* She has set the story in Belgium. **2** (*sur une carte*) to find : *Situe-moi la Suisse sur la carte.* Find Switzerland on the map. ◆ **se situer** *v pron* **1** (*se dérouler*) to take place : *L'action se situe en 1950 à Moscou.* It takes place in Moscow in 1950. **2** (*classification*) to be : *se ~ dans les cinq premiers* to be among the top five

six *adj, nm* **1** (*gén*) six : *le numéro ~* number six ◊ *avoir ~ à un examen* to get six in an exam ◊ *~ et trois font neuf.* Six and three are/make nine. ◊ *~ fois trois dix-huit.* Six threes (are) eighteen. **2** (*date*) sixth : *Nous y sommes allés le 6 mai.* We went on 6 May. ☛ Se lit « the sixth of May ». **3** (*dans les titres*) : *Louis VI* Louis VI ☛ Se lit « Louis the Sixth ». ☛ *Voir Appendice 1.* LOC **à six heures** at six o'clock **il est six heures** it's six o'clock **six cent(s)** six hundred : *~ cent quarante-deux* six hundred and forty-two ◊ *Nous étions ~ cents à la conférence.* There were six hundred of us at the conference. ◊ *il y a ~ cents ans* six hundred years ago **six heures cinq, etc.** five, etc. past six **six heures et demie** half past six **six heures et quart** a quarter past six **six heures moins cinq, etc.** five, etc. to six **six heures moins le quart** a quarter to six **six sur dix** six out of ten ☛ Pour plus d'informations sur l'emploi des nombres, dates, etc., voir Appendice 1.

sixième ◆ *adj, nmf* sixth : *la ~ fille* the sixth daughter ◊ *à la ~ minute* in the sixth minute ◆ *nmf* sixth : *C'est le ~ de la famille.* He's sixth in the family. ◊ *Je suis arrivé ~.* I was the sixth to finish. ◆ *nm* **1** (*fraction*) sixth : *cinq ~s* five sixths **2** (*étage*) sixth floor : *J'habite au ~.* I live on the sixth floor. ◆ *nf* (*École*) ☛ *Voir note sous* COLLÈGE LOC **sixième sens** sixth sense

skateboard *nm* skateboard

ski *nm* **1** (*objet*) ski [*pl* skis] **2** (*Sport*) skiing LOC **ski de fond** cross-country skiing **ski de piste/descente** downhill skiing **ski nautique** waterskiing : *faire du ~ nautique* to go waterskiing *Voir aussi* BÂTON, CHAUSSURE, COMBINAISON, PISTE

skier *vi* to ski : *J'aime beaucoup ~.* I love skiing. ◊ *Ils vont ~ tous les week-ends.* They go skiing every weekend.

skieur, -euse *nm-nf* skier

slalom *nm* slalom

slip *nm* **1** (*homme*) pants [*pl*] **2** (*femme*) knickers [*pl*] ☛ *Voir note sous* PAIR

slogan *nm* slogan

smoking *nm* dinner jacket

sniffer *vt* to sniff

snob ◆ *adj* snobbish ◆ *nmf* snob : *C'est un véritable ~.* He's a real snob.

snober *vt* to snub

snobisme *nm* snobbishness

sobre *adj* sober

sobriété *nf* sobriety

sociable *adj* sociable

social, -e *adj* social LOC *Voir* ACQUIS, ASSISTANCE, CARTE, COUVERTURE, SÉCURITÉ, SIÈGE

socialisme *nm* socialism

socialiste *adj, nmf* socialist

société *nf* **1** (*gén*) society [*pl* societies] : *une ~ de consommation* a consumer society **2** (*entreprise*) company [*pl* companies] : *Il travaille pour cette ~ depuis dix ans.* He's been working for this company for ten years. LOC **société anonyme** ≈ public limited company (*abrév* plc) **société anonyme à responsabilité limitée** ≈ limited company (*abrév* Ltd) *Voir aussi* JEU

sociologie *nf* sociology

sociologique *adj* sociological

sociologue *nmf* sociologist

socle *nm* **1** (*lampe*) base **2** (*statue*) pedestal

soda *nm* pop

sœur *nf* **1** (*parent*) sister : *J'ai une ~ aînée.* I have an older sister. ◊ *ma ~ cadette* my youngest sister ◊ *Est-ce que tu as des frères et ~s ?* Have you got any brothers and sisters? **2** (*religieuse*) sister : *~ Marie* sister Marie LOC *Voir* SIAMOIS

sofa *nm* sofa

soi *pron pers* yourself, oneself (*plus sout*) : *compter sur ~* to rely on yourself

◊ *vouloir qch pour* ~ to want something for yourself LOC **aller de soi** to be understood : *Cela va de soi.* That's understood. **en soi** in itself ☛ *Voir note sous* YOU

soi-disant ◆ *adj* so-called : *le ~ tiers-monde* the so-called Third World ◊ *Sa ~ femme était en fait sa complice.* His so-called wife was actually his accomplice. ◆ *adv* supposedly : *« Ils sont cousins ? — ~. »* 'Are they cousins?' 'Supposedly.' ◊ *Il doit ~ m'appeler à 11 heures.* He's supposed to call me at 11 o'clock.

soie *nf* silk : *une chemise en ~* a silk shirt LOC *Voir* VER

soif *nf* **1** (*gén*) thirst **2** ~ **(de)** (*fig*) desire **(for *sth*)** : *leur ~ de pouvoir/richesses* their desire for power/riches LOC **avoir soif** to be thirsty : *J'ai très ~.* I'm very thirsty. *Voir aussi* DONNER, MORT, MOURIR

soigné, -e *pp, adj* neat *Voir aussi* SOIGNER

soigner ◆ *vt* **1** (*traiter*) to treat : *le médecin qui la soigne* the doctor who's treating her **2** (*s'occuper de*) to look after : *Elle adore ~ les animaux.* She loves looking after animals. **3** (*peaufiner*) to take great care over *sth* : *~ son écriture/apparence* to take great care over your writing/appearance ◆ **se soigner** *v pron* **1** (*prendre un traitement*) : *Il refuse de se ~.* He refuses to take anything. ◊ *se ~ à l'homéopathie* to take homeopathic remedies **2** (*faire attention à soi*) to look after yourself : *Soignez-vous bien.* Look after yourself.

soigneux, -euse *adj* ~ **(avec)** careful **(with *sth*)**

soi-même *pron pers* yourself, oneself (*plus sout*) : *être en paix avec ~* to be at peace with yourself

soin *nm* **1** (*application*) care **2 soins** (*traitement*) treatment [*indénombrable*] : *~s médicaux/de beauté* medical/beauty treatment LOC **avec (beaucoup de) soin** (very) carefully **prendre soin de faire qch** to be careful to do sth : *J'ai pris ~ de ne pas le vexer.* I was careful not to annoy him. **prendre soin de qch** to take care of sth : *Il prend grand ~ de ses affaires.* He takes great care of his things. **prendre soin de qn** to look after sb *Voir aussi* CRÈME, PREMIER, SERVICE, UNITÉ

soir *nm* **1** (*début de soirée*) evening : *Ils sont arrivés dimanche ~.* They arrived on Sunday evening. ◊ *À demain ~.* I'll see you tomorrow evening. ◊ *Il travaille le ~.* He works in the evenings. ☛ *Voir note sous* MORNING **2** (*fin de soirée*) night : *Elle sort tous les samedis ~s.* She goes out every Saturday night. ◊ *10 heures du ~* 10 o'clock at night LOC **ce soir** tonight **du soir** (*robe, cours*) evening [*n attrib*] : *journal du ~* evening paper *Voir aussi* AVANT-HIER, HIER, MATIN

soirée *nf* **1** (*soir*) evening : *Le concert est en ~.* The concert is in the evening. **2** (*fête*) party [*pl* parties] : *Nous sommes invités à une ~.* We're invited to a party. LOC *Voir* TENUE

soit *conj* LOC **soit... soit...** either... or... : *J'irai ~ en train, ~ en autocar.* I'll go either by train or by coach.

soixantaine *nf* about sixty : *une ~ de personnes/fois* about 60 people/times ◊ *Il doit avoir la ~.* He must be about 60.

soixante *adj, nm* sixty LOC **soixante et un, soixante-deux, etc.** sixty-one, sixty-two, etc. ☛ *Voir Appendice 1.*

soixante-dix *adj, nm* seventy ☛ *Voir exemples sous* SOIXANTE

soixante-dixième *adj, nmf* seventieth ☛ *Voir exemples sous* SOIXANTIÈME

soixantième *adj, nmf* sixtieth : *Tu es le ~ de la liste.* You're sixtieth on the list. ◊ *le ~ anniversaire* the sixtieth anniversary ☛ *Voir Appendice 1.*

soja *nm* soya LOC *Voir* GERME

sol *nm* **1** (*dans un bâtiment*) floor **2** (*à l'extérieur*) ground **3** (*terrain*) soil : *un ~ fertile* fertile soil **4** (*Mus*) G : *~ bémol* G flat LOC *Voir* CLÉ, CLOUER

solaire *adj* **1** (*gén*) solar **2** (*crème, huile*) suntan [*n attrib*] LOC *Voir* CADRAN, ÉNERGIE, LOTION, PANNEAU, CRÈME

soldat *nm* soldier

solde *nm* **1** (*d'un compte*) balance **2 soldes** (*rabais*) sale [*sing*] : *les ~s d'été/de janvier* the summer/January sales ◊ *faire les ~s* to go to the sales LOC **en solde** in the sale : *Les sacs sont en ~.* The bags are in the sale. ◊ *acheter qch en ~* to buy sth in the sale

solder *vt* **1** (*compte*) to settle **2** (*marchandises*) to sell *sth* off

sole *nf* sole [*pl* sole]

soleil *nm* sun : *s'asseoir au ~* to sit in the sun LOC **coup de soleil** sunburn [*indénombrable*] : *Cette crème est pour les coups de ~.* This cream is for sunburn. ◊ *Mets ton T-shirt ou tu vas attraper un coup de ~.* Put on a T-shirt or you'll get sunburnt. **faire du soleil** to be sunny **prendre le soleil** to sunbathe **soleil couchant** setting sun **soleil levant** rising sun *Voir aussi* BAIN, COUCHER, LEVER, LUNETTES

solennel, -elle *adj* solemn

solennité *nf* solemnity
solfège *nm* music theory
solidaire *adj* united LOC **être solidaire de** to be behind *sb*
solidarité *nf* solidarity
solide ◆ *adj* **1** (*gén*) solid **2** (*personne*) sturdy ◆ *nm* solid
se solidifier *v pron* to solidify
solidité *nf* solidity
soliste *nmf* soloist
solitaire ◆ *adj* **1** (*sans compagnie*) solitary : *Elle mène une vie ~.* She leads a solitary life. **2** (*lieu*) lonely : *les rues ~s* the lonely streets ◆ *nm* (*Cartes*) patience [*indénombrable*] : *faire un ~* to play a game of patience ◆ *nmf* (*personne*) loner
solitude *nf* loneliness
solliciter *vt* to seek
sollicitude *nf* solicitude
solo *nm* solo [*pl* solos] : *jouer en ~* to play solo
soluble *adj* **1** (*comprimé, sucre*) soluble : *aspirine ~* soluble aspirin **2** (*café*) instant
solution *nf* **1** (*réponse*) solution (**to *sth***) : *trouver la ~ du problème* to find a solution to the problem **2** (*moyen*) way : *C'est notre seule ~.* It's the only way. ◊ *Nous finirons bien par trouver une ~.* We'll find a way. LOC **solution de facilité** easy answer **solution de remplacement** alternative
solvable *adj* solvent
solvant *nm* solvent
sombre *adj* **1** (*gén*) dark **2** (*avenir*) gloomy
sombrer *vi* to sink
sommaire *adj* **1** (*explication*) cursory **2** (*exécution*) summary **3** (*installation*) basic
somme ◆ *nf* (*argent*) amount, sum (*sout*) ◆ *nm* (*sieste*) nap : *faire un ~* to have a nap LOC **en somme** in short **faire la somme de** to add *sth* up **somme toute** all in all
sommeil *nm* sleep [*indénombrable*] : *Tu as les yeux pleins de ~.* Your eyes are full of sleep. LOC **avoir sommeil** to be sleepy *Voir aussi* DORMIR, TOMBER
sommeiller *vi* to doze
sommet *nm* top : *au ~ de la colline* at the top of the hill
somnambule ◆ *adj, nmf* sleepwalker [*n*] : *être ~* to sleepwalk
somnifère *nm* sleeping pill
somnoler *vi* to doze
somptueux, -euse *adj* sumptuous
son *nm* **1** (*bruit*) sound **2** (*céréale*) bran LOC *Voir* MUR
son, sa *adj poss* **1** (*à lui*) his : *C'est de sa faute.* It's his fault. ◊ *un de ses amis* a friend of his **2** (*à elle*) her **3** (*d'un animal, d'une chose*) its **4** (*sujet indéfini*) their : *Chacun ses opinions.* Everyone has their own opinion. ☛ *Voir note sous* THEIR

En anglais les adjectifs et les pronoms possessifs de la troisième personne du singulier ne s'accordent pas avec le genre de la chose possédée mais avec le genre du possesseur : *sa femme* his wife ◊ *son mari* her husband ◊ *Marc a laissé sa chambre en désordre.* Marc left his room in a mess. ◊ *Anna n'était pas dans son bureau.* Anna wasn't in her office.

sondage *nm* (opinion) poll : *d'après les derniers ~s* according to the latest polls
sonde *nf* (*Méd, Astron*) probe
sonder *vt* **1** (*personne*) to sound *sb* out (**about/on *sth***) **2** (*opinion*) to test
songer *vi* ~ **à** to think **about *sth*/*doing sth***
songeur, -euse *adj* thoughtful
sonner ◆ *vt* **1** (*cloche*) to ring **2** (*horloge*) to strike : *L'horloge a sonné midi.* The clock struck twelve. ◆ *vi* **1** (*sonnette, téléphone*) to ring : *~ à la porte* to ring the bell **2** (*réveil*) to go off : *Le réveil n'a pas sonné.* The alarm didn't go off. **3** (*rendre un son*) to sound : *Ce mur sonne creux.* This wall sounds hollow. LOC **sonner faux** not to ring true : *Son histoire sonne faux.* His story doesn't ring true.
sonnerie *nf* **1** (*bruit*) ringing : *la ~ du téléphone* the ringing of the telephone **2** (*mécanisme*) alarm
sonnette *nf* bell : *Appuie sur la ~.* Ring the bell. LOC **sonnette d'alarme** alarm *Voir aussi* SERPENT
sonore *adj* **1** (*Techn*) sound [*n attrib*] : *effets ~s* sound effects **2** (*rire, gifle*) resounding LOC *Voir* BANDE
sophistiqué, -e *adj* sophisticated
soprano *nmf* soprano [*pl* sopranos]
sorbet *nm* sorbet
sorcellerie *nf* witchcraft
sorcier ◆ *nm* **1** (*magicien*) wizard **2** (*guérisseur*) witch doctor ◆ **sorcière** *nf* witch
sordide *adj* sordid
sort *nm* **1** (*destin, hasard*) fate **2** (*maléfice*) spell **3** (*condition*) lot : *être*

content de son ~ to be content with your lot LOC *Voir* JETER, TIRAGE, TIRER

sorte *nf* kind (**of** ***sth***) : *toutes ~s de personnes/d'animaux* all kinds of people/animals LOC **de telle sorte que...** (*si bien que*) so much so that... **en quelque sorte** in a way **faire en sorte que...** to make sure that... : *Je ferai en ~ qu'ils viennent.* I'll make sure they come. ◊ *Fais en ~ que tout soit en ordre.* Make sure everything's OK.

sortie *nf* **1** (*action de sortir*) : *à sa ~ de l'hôpital* when she came out of hospital **2** (*porte*) way out, exit (*plus sout*) : *la ~ de secours* the emergency exit ◊ *« ~ de véhicules »* "keep clear" **3** (*excursion*) outing **4** (*au restaurant, théâtre*) evening out **5** (*disque, film*) release **6** (*livre*) publication LOC *Voir* PRIVER

sortilège *nm* spell

sortir ◆ *vi* **1** (*aller/venir*) to go/come out : *On sort dans le jardin ?* Shall we go out into the garden? ◊ *Je suis sortie pour voir ce qui se passait.* I went out to see what was going on. ◊ *Il ne voulait pas ~ de la salle de bains.* He wouldn't come out of the bathroom. ◊ *en sortant du cinéma* on the way out of the cinema **2** (*au restaurant, avec des amis*) to go out : *Hier soir nous sommes sortis dîner.* We went out for a meal last night. ◊ *Elle sort avec un étudiant.* She's going out with a student. **3** (*produit, soleil*) to come out : *Le disque/livre sort en avril.* The record/book is coming out in April. ◊ *Le soleil est sorti dans l'après-midi.* The sun came out in the afternoon. **4** ~ **de** (*piste, rails*) to go/come off *sth* : *La voiture est sortie de la route.* The car went off the road. **5** ~ **de** (*école, université*) to be a graduate **of** ***sth*** : *Elle sort d'une école de commerce.* She's a business school graduate. **6** (*numéro, sujet*) to come up : *C'est le 34 qui est sorti.* Number 34 came up. ◆ *vt* **1** (*gén*) to take *sth* out (**of** ***sth***) : *~ la poubelle* to take the rubbish out ◊ *Sors les mains de tes poches !* Take your hands out of your pockets! ◊ *Je ne sais pas d'où elle a sorti cet argent.* I don't know where she got the money from. **2** (*disque, film, livre*) to bring *sth* out ◆ **s'en sortir** *v pron* **1** (*après une maladie*) to pull through : *Est-ce qu'elle va s'en ~ ?* Will she pull through? **2** (*se débrouiller*) to manage : *Je m'en sortirai.* I'll manage. LOC **sortir de l'anonymat** to reveal your identity **sortir de la tête** : *Ça m'était complètement sorti de la tête.* It completely slipped my mind. **sortir de l'ordinaire** to be out of the ordinary **sortir de ses gonds** to fly off the handle *Voir aussi* GAGNANT, RENTRER, TOUR, TROMBE

SOS *nm* SOS : *lancer un* ~ to send out an SOS

sosie *nm* double

sou *nm* **sous** cash [*indénombrable*] : *gagner des ~s* to earn some cash LOC **ne pas avoir un sou** to be broke *Voir aussi* MACHINE

soubresaut *nm* start

souche *nf* (*arbre*) stump LOC *Voir* DORMIR

souci *nm* problem : *avoir des ~s* to have problems LOC **donner du souci** to give *sb* trouble : *Ces enfants nous donnent beaucoup de ~.* These kids give us a lot of trouble. **se faire du souci** to worry (*about sb/sth*) : *Arrête de te faire du ~ pour ça.* Stop worrying about it.

soucieux, -ieuse *adj* worried

soucoupe *nf* saucer LOC **soucoupe volante** flying saucer

soudain, -e ◆ *adj* sudden ◆ *adv* suddenly

soudainement *adv* suddenly

soude *nf* soda LOC *Voir* BICARBONATE

souder *vt* (*Techn*) to weld

soudoyer *vt* to bribe

souffle *nm* **1** (*respiration*) breath : *retenir son* ~ to hold your breath **2** (*vent*) breeze **3** (*explosion*) blast LOC **avoir le souffle court** to get out of breath **souffle d'air** breath of wind : *Il n'y a pas un ~ d'air.* There isn't a breath of wind.

soufflé *nm* soufflé

souffler ◆ *vt* **1** (*éteindre*) to blow *sth* out : *~ une bougie* to blow out a candle **2** (*fumée*) to blow : *Il me soufflait sa fumée au visage.* He blew smoke in my face. **3** (*chuchoter*) to whisper : *Il m'a soufflé les réponses.* He whispered the answers to me. **4** (*idée*) to pinch : *~ l'idée de qn* to pinch sb's idea ◆ *vi* **1** (*personne, vent*) to blow : *Elle soufflait sur sa soupe pour la refroidir.* She blew on her soup to cool it down. **2** (*expirer*) to breathe out : *Comptez jusqu'à trois et soufflez !* Count to three and breathe out! **3** (*haleter*) to pant : *Il soufflait en grimpant la côte.* He panted as he climbed the hill. **4** (*se reposer*) to get your breath back : *Laisse-moi ~ !* Let me get my breath back! LOC **souffler comme un bœuf** to puff and pant

souffrance *nf* suffering

souffrant, -e *adj* unwell

souffrir *vi* ~ **(de)** to suffer (**from** ***sth***) : *Il* *souffre de rhumatismes.* He suffers from rheumatism. LOC **souffrir du dos, du cœur, etc.** to have back, heart, etc. trouble : *Il souffre du cœur.* He has heart trouble.

soufre *nm* sulphur

souhait *nm* wish LOC **à tes souhaits !** bless you! ☛ *Voir note sous* ATCHOUM !

souhaitable *adj* desirable

souhaiter *vt* **1** ~ **qch à qn** (*fête, réussite*) to wish **sb sth** : *Je te souhaite bonne chance.* I wish you luck. ◊ *Ils m'ont souhaité un joyeux Noël.* They wished me a happy Christmas. **2** (*espérer*) to wish for *sth* : *Que pourrais-je ~ d'autre ?* What more could I wish for? **3** ~ **que...** to hope (that)... : *Je souhaite que tout s'arrange.* I hope everything works out.

soûl, -e *adj* drunk

soulagé, -e *pp, adj* relieved *Voir aussi* SOULAGER

soulagement *nm* relief : *Quel ~ !* What a relief!

soulager *vt* to relieve : ~ *la douleur* to relieve pain ◊ *Le massage m'a un peu soulagée.* The massage made me feel a bit better.

soûler ◆ *vt* **1** (*rendre ivre*) to get *sb* drunk **2** (*énerver*) to make *sb's* head spin : *Il me soûle avec ses histoires.* He makes my head spin with his stories. ◆ **se soûler** *v pron* **se** ~ **(à)** to get drunk **(on *sth*)**

soulèvement *nm* uprising

soulever ◆ *vt* **1** (*poids, couvercle*) to lift *sth* up : *Soulève ce couvercle.* Lift that lid up. **2** (*problème*) to raise : ~ *des doutes/questions* to raise doubts/questions ◆ **se soulever** *v pron* **1** (*se redresser*) to lift yourself up : *Il s'est soulevé de son fauteuil.* He lifted himself up out of his armchair. **2 se** ~ **(contre)** (*se révolter*) to rebel (**against *sb/sth***) : *Les militaires se sont soulevés contre le gouvernement.* The military rebelled against the government.

souligner *vt* **1** (*d'un trait*) to underline **2** (*mettre l'accent sur*) to highlight

soumettre ◆ *vt* **1** (*rebelles*) to subdue **2** ~ **à** (*exposer*) to subject *sb/sth* **to *sth*** : *Les prisonniers ont été soumis à un interrogatoire.* The prisoners were subjected to interrogation. **3** ~ **à** (*idée*) to submit *sth* **to *sb/sth*** : *Le projet doit être soumis au conseil d'administration.* The project must be submitted to the board. ◆ **se soumettre** *v pron* **1** (*ennemi*) to surrender (***to sb/sth***) **2 se** ~ **à** (*règlement*) to submit **to *sth***

soumis, -e *pp, adj* submissive *Voir aussi* SOUMETTRE

soumission *nf* submission

soupape *nf* valve : *la ~ d'échappement/de sécurité* the exhaust/safety valve

soupçon *nm* **1** (*suspicion*) suspicion : *Il ne faut pas éveiller les ~s.* We mustn't arouse suspicion. **2 un** ~ **de** (*petite quantité*) a bit **of *sth*** : *Il y a un ~ de paprika.* It's got a bit of paprika.

soupçonner *vt* ~ **(de)** to suspect *sb* (**of *sth***) : *Ils soupçonnent le jeune homme d'être un terroriste.* They suspect the young man of being a terrorist.

soupçonneux, -euse *adj* suspicious

soupe *nf* soup [*indénombrable*] : ~ *aux lentilles* lentil soup ◊ *Je vais faire une ~.* I'm going to make some soup. LOC **être soupe au lait** to be a prickly character *Voir aussi* CHEVEU, CUILLÈRE, CUILLERÉE

souper ◆ *nm* supper ◆ *vi* to have supper

soupeser *vt* (*objet*) to feel the weight of *sth*

soupière *nf* soup tureen

soupir *nm* sigh : *pousser un ~* to sigh

soupirer *vi* to sigh

souple *adj* **1** (*sportif*) supple **2** (*matière, horaire, caractère*) flexible

souplesse *nf* **1** (*sportif*) suppleness **2** (*matière, caractère*) flexibility

source *nf* **1** (*d'eau*) spring : *eau de ~* spring water **2** (*origine*) source : *C'est son unique ~ de revenus.* It's his only source of income. LOC **prendre sa source** (*rivière*) to rise **savoir/tenir de source sûre** to have *sth* on good authority

sourcil *nm* eyebrow LOC *Voir* FRONCEMENT, FRONCER

sourciller *vi* LOC **sans sourciller** without batting an eyelid

sourd, -e ◆ *adj* **1** (*personne*) deaf : *devenir ~* to go deaf ◊ *rendre ~* to deafen **2** (*bruit*) dull ◆ *nm-nf* deaf person [*pl* deaf people] : *une école spéciale pour les ~s* a special school for deaf people LOC **faire la sourde oreille** to turn a deaf ear (*to sb/sth*) *Voir aussi* DIALOGUE

sourd-muet, sourde-muette ◆ *adj* deaf and dumb ◆ *nm-nf* deaf mute

souriant, -e *adj* smiling

souricière *nf* (*piège à souris*) mousetrap

sourire ◆ *vi* to smile (**at *sb***) : *Il m'a souri.* He smiled at me. ◆ *nm* smile LOC *Voir* FENDRE

souris *nf* (*animal, Informatique*) mouse

[*pl* mice] ☛ *Voir illustration sous* ORDINATEUR LOC *Voir* PETIT

sournois, -e *adj* sly

sous *prép* under : *C'est ~ la table.* It's under the table. ◊ *Abrite-toi ~ mon parapluie.* Shelter under my umbrella. LOC **sous peu** very soon

sous-bois *nm* undergrowth

sous-directeur, -trice *nm-nf* (*École*) deputy head

sous-entendre *vt* to imply

sous-entendu *nm* hint

sous-estimer *vt* to underestimate

sous-marin, -e ◆ *adj* underwater ◆ *nm* submarine LOC *Voir* PLONGÉE, PLONGEUR

sous-sol *nm* **1** (*maison*) basement **2** (*Géol*) subsoil

sous-titre *nm* subtitle

sous-titrer *vt* to subtitle LOC *Voir* VERSION

soustraction *nf* (*Math*) subtraction

soustraire *vt* to subtract (*sout*), to take *sth* away : *~ 24 de 36* to take 24 away from 36

sous-vêtements *nm* underwear [*indénombrable*]

soute *nf* hold

soutenir *vt* **1** (*défendre*) to support, to back *sb/sth* up (*plus fam*) : *~ une grève/un collègue* to support a strike/colleague ◊ *Mes parents m'ont toujours soutenue.* My parents have always backed me up. **2** (*poids, charge*) to support **3** (*affirmer*) to maintain : *Il soutient que ce n'est pas possible.* He maintains that it isn't possible.

soutenu, -e *pp, adj* **1** (*croissance*) sustained **2** (*rythme*) steady **3** (*langue*) formal *Voir aussi* SOUTENIR

souterrain, -e ◆ *adj* underground ◆ *nm* underground passage LOC *Voir* PASSAGE

soutien *nm* support : *apporter son ~ à qn* to give sb your support

soutien-gorge *nm* bra

soutirer *vt* to get *sth* ***out of sb***

souvenir ◆ *nm* **1** (*mémoire*) memory [*pl* memories] : *Je garde un bon ~ de notre amitié.* I have happy memories of our friendship. **2** (*objet*) souvenir **3** (*dans des formules de politesse*) regards [*pl*] : *Mon bon ~ à tes parents.* Give your parents my regards. ◆ **se souvenir** *v pron* **se ~ (de)** to remember (*sth/doing sth*) : *si je me souviens bien* if I remember rightly ◊ *Je n'arrive pas à me ~ de son nom.* I can't remember his name. ◊ *Je ne me souviens pas de te l'avoir dit.* I don't remember telling you. ☛ *Voir note sous* REMEMBER

souvent *adv* often : *Ton ami ne vient pas ~ nous voir.* Your friend doesn't often come to see us.

souverain, -e *nm-nf* sovereign

souveraineté *nf* sovereignty

soyeux, -euse *adj* silky

spacieux, -euse *adj* spacious

spaghetti (*aussi* **spaghettis**) *nm* spaghetti [*indénombrable*] : *J'adore les ~s.* I love spaghetti.

sparadrap *nm* surgical tape

spasme *nm* spasm

spatial, -e *adj* space [*n attrib*] : *mission/vol ~* space mission/flight LOC *Voir* COMBINAISON, NAVETTE, VAISSEAU

spatule *nf* (*ustensile*) spatula

spécial, -e *adj* **1** (*particulier, exceptionnel*) special **2** (*bizarre*) odd LOC *Voir* EFFET

spécialement *adv* **1** (*en particulier*) especially : *J'aime beaucoup les animaux, ~ les chiens.* I'm very fond of animals, especially dogs. **2** (*exprès*) specially : *~ conçu pour les handicapés* specially designed for handicapped people

spécialisation *nf* specialization

spécialisé, -e *pp, adj* specialized *Voir aussi* SE SPÉCIALISER

se spécialiser *v pron* **se ~ (dans)** to specialize (**in *sth***)

spécialiste *nmf* ~ **(de/en)** specialist (**in *sth***)

spécialité *nf* speciality [*pl* specialities]

spécifier *vt* to specify : *~ tous les détails* to specify every detail

spécifique *adj* specific

spécimen *nm* specimen

spectacle *nm* **1** (*gén*) show : *Nous avons vu un ~ de marionnettes.* We went to see a puppet show. **2** (*scène*) sight : *L'appartement offrait un triste ~.* The flat was a sorry sight. LOC **aller au spectacle** to go to the theatre *Voir aussi* MONDE

spectaculaire *adj* spectacular

spectateur, -trice *nm-nf* **1** (*Théâtre, Mus*) member of the audience : *Les ~s ont beaucoup applaudi.* The audience applauded wildly. **2** (*Sport*) spectator **3** (*dans la rue*) onlooker

spéculateur, -trice *nm-nf* speculator

spéculatif, -ive *adj* speculative

spéculation *nf* speculation

spéculer *vi* to speculate

sperme *nm* sperm

sphère *nf* sphere

sphérique *adj* spherical

spirale *nf* spiral

spiritisme *nm* spiritualism LOC **faire du spiritisme** to attend a seance

spirituel, -elle *adj* **1** (*vie*) spiritual **2** (*personne, plaisanterie*) witty : *une remarque spirituelle* a witty remark

spiritueux *nm* spirits [*pl*]

splendeur *nf* splendour

splendide *adj* splendid

sponsor *nm* sponsor

sponsoriser *vt* to sponsor

spontané, -e *adj* spontaneous

spontanéité *nf* spontaneity

sporadique *adj* sporadic

sport *nm* sport : *Tu pratiques un ~ ?* Do you play any sports? ◊ *~s d'aventure* adventure sports ◊ *~s d'hiver* winter sports

> En anglais, il existe trois expressions possibles pour parler de sport : *jouer au foot, golf, basket, etc.* se dit **to play football, golf, basketball, etc.** *Faire de l'aérobic, de l'athlétisme, du judo, etc.* se dit **to do + nom**, par exemple **to do aerobics, athletics, judo, etc.** *Faire de la natation, de la randonnée, du cyclisme, etc.* se dit **to go + -ing**, par exemple **to go swimming, hiking, cycling, etc.** Cette dernière construction s'utilise surtout en anglais lorsqu'il existe un verbe dérivé du nom, comme **to swim**, **to hike**, **to cycle**.

LOC **de sport** (*magasin, vêtements*) sports [*n attrib*] : *chaussures de ~* sports shoes **faire du sport** to do sport **sport nautique** water sport *Voir aussi* PALAIS, SALLE, VÊTEMENT, VOITURE

sportif, -ive ◆ *adj* **1** (*gén*) sports [*n attrib*] : *compétition sportive* sports competition **2** (*personne*) keen on sport : *Elle a toujours été très sportive.* She's always been very keen on sport. **3** (*comportement, esprit*) sporting ◆ *nm-nf* sportsman/woman [*pl* sportsmen/women] LOC *Voir* ASSOCIATION, COMPLEXE, LOTO

spot *nm* (*lampe*) spotlight LOC **spot publicitaire** advertisement, advert (*plus fam*)

squash *nm* squash

squatter *nmf* squatter

squelette *nm* skeleton

(se) stabiliser *vt, v pron* to stabilize : *L'état du patient s'est stabilisé.* The patient's condition has stabilized.

stabilité *nf* stability

stable *adj* stable

stade *nm* **1** (*Sport*) stadium [*pl* stadiums/stadia] : *le ~ de Marseille* Marseille's ground **2** (*étape*) stage : *à ce ~* at this stage

stage *nm* **1** (*en entreprise*) placement **2** (*de tennis, poterie, etc.*) course : *faire un ~ de voile* to do a sailing course

stagiaire *nmf* trainee

stagnant, -e *adj* (*eau*) stagnant

stagner *vi* to stagnate

stalactite *nf* stalactite

stalagmite *nf* stalagmite

stand *nm* **1** (*fête foraine*) stall **2** (*exposition*) stand

standard ◆ *adj* standard ◆ *nm* (*téléphonique*) switchboard

standardiser *vt* to standardize

standardiste *nmf* switchboard operator

star *nf* star : *une ~ du cinéma* a film star

starter *nm* (*Autom*) choke

station *nf* **1** (*métro, bus, radio*) station : *Vous descendez à quelle ~ ?* Where are you getting off? **2** (*ski*) resort : *une ~ balnéaire/de sports d'hiver* a seaside/winter sports resort LOC **station de taxis** taxi rank **station thermale** spa

stationnaire *adj* stationary

stationnement *nm* parking

station-service *nf* petrol station

statique *adj* static

statistique ◆ *adj* statistical ◆ *nf* **1** (*domaine*) statistics [*sing*] **2 statistiques** (*données*) statistics [*pl*]

statue *nf* statue

stature *nf* stature

statut *nm* **1** (*situation*) status **2 statuts** (*d'une société*) statutes

steak *nm* steak LOC **steak haché** minced beef

sténo (*aussi* **sténographie**) *nf* (*écriture*) shorthand

stéréo *adj, nf* stereo [*pl* stereos] : *une platine cassette ~* a stereo cassette player

stéréotype *nm* stereotype

stérile *adj* sterile

stérilet *nm* coil

stériliser *vt* to sterilize

sternum *nm* breastbone

steward *nm* flight attendant

stigmatiser *vt* to stigmatize

stimulant, -e ◆ *adj* stimulating ◆ *nm* stimulant : *La caféine est un ~.* Caffeine is a stimulant.

stimuler *vt* to stimulate

stipuler *vt* to stipulate

stock *nm* stock : *Notre ~ de viande diminue.* Our stocks of meat are running low. ◊ *en ~* in stock

stocker *vt* to stock

stoïque *adj* stoical

stop ◆ *nm* **1** (*panneau*) stop sign **2** (*auto-stop*) hitch-hiking : *faire du ~* to hitch-hike ◆ *excl* stop!

stopper *vt, vi* to stop

store *nm* **1** (*fenêtre*) blind **2** (*magasin*) awning

strabisme *nm* squint

stratagème *nm* ploy [*pl* ploys]

stratégie *nf* strategy [*pl* strategies]

stratégique *adj* strategic

stress *nm* stress

stressant, -e *adj* stressful

stressé, -e *pp, adj* stressed (out) : *Il est vraiment ~.* He's really stressed.

strict, -e *adj* **1** (*personne, règlement*) strict : *Elle a des parents très ~s.* Her parents are very strict. **2** (*tenue*) austere **3** (*minimum*) bare : *le ~ nécessaire* the bare essentials

strident, -e *adj* shrill

strophe *nf* verse

structure *nf* structure

structurel, -elle *adj* structural

structurer *vt* to structure

studieux, -euse *adj* studious

studio *nm* **1** (*appartement*) studio flat **2** (*Cin, Phot, Télé*) studio [*pl* studios]

stupéfaction *nf* astonishment

stupéfait, -e *pp, adj* astonished : *Nous avons été ~s de ses commentaires.* We were astonished by his comments.

stupéfiant, -e ◆ *adj* astonishing ◆ *nm* (*drogue*) narcotic

stupeur *nf* stupor

stupide *adj* stupid

stupidité *nf* **1** (*caractère*) stupidity **2** (*chose stupide*) stupid thing : *dire des ~s* to say stupid things

style *nm* style : *avoir beaucoup de ~* to have a lot of style LOC *Voir* FIGURE

styliste *nmf* (*mode, industrie*) designer

stylo *nm* pen LOC **stylo (à) bille** ballpoint pen **stylo à encre** fountain pen

subdiviser *vt* to subdivide

subir *vt* **1** (*attaque, dégâts, conséquences*) to suffer : *~ une défaite* to suffer a defeat **2** (*opération, changement*) to undergo

subjectif, -ive *adj* subjective

subjonctif, -ive *adj, nm* subjunctive

sublime *adj* sublime

submergé, -e *pp, adj ~* **(de)** swamped **(with sth)** : *Je suis ~ de travail.* I'm swamped with work. *Voir aussi* SUBMERGER

submerger *vt* (*inonder*) to flood

subordonné, -e *pp, adj, nm-nf* subordinate

subsistance *nf* subsistence

subsister *vi* **1** (*rester*) to remain **2** (*personne*) to subsist (**on sth**)

substance *nf* substance

substantiel, -ielle *adj* substantial

substantif *nm* noun

substituer *vt ~* **A à B** to replace **B with A**

substitution *nf* substitution

subtil, -e *adj* subtle

subtilité *nf* subtlety [*pl* subtleties]

subvenir *vi* : *~ aux besoins de qn* to support sb

subvention *nf* subsidy [*pl* subsidies]

subventionner *vt* to subsidize

subversif, -ive *adj* subversive

succéder ◆ *vi ~* **à 1** (*remplacer*) to succeed *sb* : *Son fils lui succédera sur le trône.* His son will succeed to the throne. **2** (*suivre*) to follow *sb* ◆ **se succéder** *v pron* to follow each other

succès *nm* **1** (*gén*) success **2** (*Mus*) hit : *leur dernier ~* their latest hit LOC **avoir du succès** to be successful : *Cette chanson va avoir du ~ à l'étranger.* This song will be successful abroad.

successeur *nm ~* **(de)** successor (**to sb/sth**) : *On ne connaît pas encore le nom de son ~.* They've yet to name her successor.

successif, -ive *adj* successive

succession *nf* succession

succinct, -e *adj* succinct

succomber *vi ~* **à 1** (*blessures*) to die **of sth 2** (*fatigue, désespoir*) to be overcome **by sth** : *J'ai succombé au sommeil.* I was overcome by sleep.

succulent, -e *adj* succulent

succursale *nf* branch

sucer *vt* to suck : *~ son pouce* to suck your thumb

sucette *nf* lollipop

sucre *nm* sugar : *un morceau de ~* a sugar lump ◊ *Il prend combien de ~s ?* How many sugars does he take? LOC *Voir* BETTERAVE, CASSER, FABRIQUE

sucré, -e *pp, adj* sweet *Voir aussi* SUCRER

sucrer *vt* to put sugar in *sth* : *Je ne me souviens plus si j'ai sucré mon café.* I can't remember if I put sugar in my coffee.

sucreries *nf* (*bonbons*) sweets : *aimer les* ~ to have a sweet tooth

sucrier *nm* sugar bowl

sud *nm* south (*abrév* S) : *au* ~ in the south ◊ *sur la côte* ~ on the south coast ◊ *habiter dans le* ~ to live in the south

sud-africain, -e ◆ *adj* South African ◆ **Sud-Africain, -e** *nm-nf* South African

sud-est *nm* south-east (*abrév* SE) : *la face* ~ *du bâtiment* the south-east face of the building LOC **de sud-est** (*vent, direction*) south-easterly

sud-ouest *nm* south-west (*abrév* SW) LOC **de sud-ouest** (*vent, direction*) south-westerly

Suède *nf* **la Suède** Sweden

suédois, -e ◆ *adj, nm* Swedish : *parler* ~ to speak Swedish ◆ **Suédois, -e** *nm-nf* Swede : *les* ~*s* the Swedes

suer *vi* to sweat LOC **faire suer** to bore *sb* : *Arrête de nous faire* ~ *!* Don't be so boring! ◊ *Tu fais vraiment* ~ *!* What a bore you are!

sueur *nf* sweat LOC **en sueur** sweaty *Voir aussi* RUISSELER

suffire *vi* to be enough : *Ça vous suffit trois kilos ?* Is three kilos enough for you? ◊ *3 000 euros suffiront.* 3 000 euros will be enough. LOC **il suffit de faire qch** all you have to do is… : *Il vous suffit d'appeler ce numéro pour gagner.* All you have to do to win is call this number. **il suffit de qch** sth is enough : *Il n'a jamais mordu personne mais il suffit d'une fois.* He's never bitten anyone but once is enough. ◊ *Il suffit d'un rien pour qu'il se fâche.* It doesn't take much to make him angry. **il suffit que…** : *Il suffit que j'élève la voix pour qu'il pleure.* I only have to raise my voice and he cries.

suffisamment *adv* ~ **(de)** enough (***sth***) : *Je n'ai pas* ~ *de riz pour tout ce monde.* I haven't got enough rice for all these people. ◊ *Je gagne* ~ *pour vivre.* I earn enough to live on.

suffisant, -e *adj* **1** (*adéquat*) enough, sufficient (*plus sout*) : *Tu crois que c'est* ~ *?* Do you think it's enough? ◊ *Si le nombre de candidats n'est pas* ~… If there isn't a sufficient number of candidates… **2** (*vaniteux*) conceited : *Tu es vraiment* ~. You're so conceited.

suffocant, -e *adj* stifling : *Il faisait une chaleur suffocante.* It was stiflingly hot.

suffoquer *vi* to suffocate

suffrage *nm* vote : ~ *universel* universal suffrage

suggérer *vt* to suggest *sth/doing sth/that…* : *Elle suggère de partir tout de suite.* She suggests leaving straight away. ◊ *Je suggère qu'on vote.* I suggest that we vote.

suggestif, -ive *adj* suggestive

suggestion *nf* suggestion

suicidaire *adj* suicidal

suicide *nm* suicide

se suicider *v pron* to commit suicide

suie *nf* soot

suisse ◆ *adj* Swiss ◆ **Suisse** *nmf* Swiss man/woman [*pl* Swiss men/women] : *les* ~*s* the Swiss ◆ **Suisse** *nf* **la Suisse** Switzerland

suite *nf* **1** (*reste*) rest : *Il faut lire la* ~ *pour connaître la solution.* You have to read the rest to find out the answer. ◊ ~ *page 2* continued on page 2 **2** (*plat*) next course : *Tu nous apportes la* ~ *?* Can you bring us the next course? **3** (*hôtel*) suite **4** ~ **(de)** (*film*) sequel (**to** ***sth***) : *Tu as vu la* ~ *de Jurassic Park ?* Have you seen the sequel to Jurassic Park? **5 suites** (*conséquences*) repercussions : *L'affaire n'a pas eu de* ~*s.* There were no repercussions. LOC **à la suite de 1** (*après*) following *sth* **2** (*derrière*) behind *sb* **des suites de** as a result of *sth* : *des* ~*s de la bagarre* as a result of the fight **de suite** in a row : *quatre fois de* ~ four times in a row **par suite de** as a result of *sth* **suite à** with reference to *sth* : ~ *à votre lettre…* With reference to your letter… **tout de suite** immediately : *Rentre tout de* ~ *!* Come back immediately! ◊ *tout de* ~ *après* immediately afterwards *Voir aussi* AINSI

suivant *prép* according to *sth* : ~ *nos calculs* according to our calculations ◊ *Le nombre varie* ~ *les saisons.* The number varies according to the season.

suivant, -e ◆ *adj* following : *le mois* ~ the following month ◆ *nm-nf* next one : *Au* ~. Next, please.

suivi *nm* monitoring

suivre ◆ *vt, vi* **1** (*gén*) to follow : *Suis-moi.* Follow me. ◊ *Un courrier suivra.* A letter will follow. ◊ *Recommence, je ne suis plus du tout.* Start again, I'm not following at all. **2** (*rester à la hauteur*) to keep up (**with *sb/sth***) : *Il va trop vite, je n'arrive pas à le* ~. He's going too fast, I can't keep up with him. ◆ *vt* **1** (*études, cours*) to do : *Je suis un cours d'espagnol.* I'm doing a Spanish course. **2** (*régime*) to be on *sth* : *On lui fait* ~ *un régime sévère.* He's been put on a strict diet. **3** (*patient*) to monitor *sb's* progress : *le médecin qui la suit* the doctor who's monitoring her progress ◆ **se**

suivre *v pron* to follow each another : *On essayera de se ~ en voiture.* We'll try to follow each other in our cars. LOC **à suivre** to be continued **faire suivre** to forward *sth* : *« faire ~ »* "please forward" **suivre à la trace** to follow *sb's* scent : *Les chiens l'ont suivi à la trace.* The dogs followed his scent. **suivre des yeux** to follow *sb* with your eyes **suivre de très près** (*être bien informé sur*) to be up to date on *sth* : *Elle suit toujours la mode de très près.* She's always up to date on the latest fashion. *Voir aussi* MARCHE

sujet *nm* **1** (*domaine particulier*) subject : *le ~ d'un débat/poème* the subject of a talk/poem ◊ *Ne change pas de ~.* Don't change the subject. ◊ *Elle a tous les livres sur le ~.* She has all the books on the subject. **2** (*d'un royaume, Gramm*) subject : *un ~ britannique* a British subject LOC **au sujet de** about *sth*, concerning *sth* (*plus sout*) *Voir aussi* ÉCARTER

super ◆ *adj* fantastic : *C'est une ~ moto !* What a fantastic bike! ◆ *adv* really : *Ça se passe ~ bien.* It's going really well. ◆ (*aussi* **supercarburant**) *nm* (*sans plomb*) lead replacement petrol (*abrév* LRP)

superbe *adj* magnificent : *Il a fait un temps ~.* The weather was magnificent.

superficie *nf* (*Math*) area : *une ~ de 30 mètres carrés* an area of 30 square metres

superficiel, -ielle *adj* superficial

superflu, -e ◆ *adj* **1** (*gén*) superfluous : *détails ~s* superfluous detail **2** (*dépenses*) unnecessary **3** (*poils*) unwanted ◆ *nm* : *se débarrasser du ~* to get rid of what is superfluous

supérieur, -e ◆ *adj* **1** ~ **(à)** (*gén*) higher (**than *sb/sth***) : *un chiffre 20 fois ~ à la normale* a figure 20 times higher than normal ◊ *études supérieures* higher education **2** ~ **(à)** (*qualité*) superior (**to *sb/sth***) : *Il a été ~ à son rival.* He was superior to his rival. **3** (*position*) top : *le coin ~ droit* the top right-hand corner ◊ *la lèvre supérieure* your top lip **4** (*région*) upper : *le cours ~ de la Loire* the upper Loire ◆ *nm-nf* (*hiérarchie*) superior LOC *Voir* MÈRE

supériorité *nf* superiority LOC *Voir* COMPLEXE

supermarché *nm* supermarket

superposer *vt* to superimpose

supersonique *adj* supersonic

superstitieux, -ieuse *adj* superstitious

superstition *nf* superstition

superviser *vt* to supervise

supervision *nf* supervision

supplanter *vt* (*rival*) to supplant

suppléant, -e *nm-nf* (*professeur*) supply teacher

supplément *nm* supplement

supplémentaire *adj* extra : *une couche ~ de vernis* an extra coat of varnish LOC *Voir* HEURE

supplice *nm* **1** (*torture*) torture : *Ces talons sont un vrai ~.* These high heels are torture. **2** (*expérience*) ordeal : *Ces heures d'incertitude ont été un ~.* Those hours of uncertainty were an ordeal.

supplier *vt* to beg *sb* (***to do sth***) : *Je l'ai supplié de ne pas le faire.* I begged him not to do it. ◊ *Reviens, je t'en supplie.* Come back, I beg you.

support *nm* **1** (*gén*) support **2** (*pour tenir un objet*) stand

supportable *adj* bearable

supporter[1] *vt* **1** (*subir*) to bear, to put up with *sb/sth* [*plus fam*] : *Il te faudra ~ la douleur.* You'll have to put up with the pain.

> Quand la phrase est négative, on utilise beaucoup **to stand** : *Je ne la supporte pas.* I can't stand her. ◊ *Je ne supporte pas d'attendre.* I can't stand waiting.

2 (*poids*) to take : *Le pont n'a pas supporté le poids du camion.* The bridge couldn't take the weight of the lorry. **3** (*conséquences*) to face : *Nous allons devoir en ~ les conséquences.* We'll have to face the consequences.

supporter[2] *nm* (*Sport*) supporter

supposer *vt* **1** (*croire*) to suppose (***that***)... : *Je suppose qu'ils viendront.* I suppose they'll come. ◊ *Je suppose que oui/non.* I suppose so/not. **2** (*impliquer*) to presuppose : *Cela suppose une formation préalable.* That presupposes some prior training. LOC **suppose que...** supposing... : *Suppose qu'elle refuse.* Supposing she refuses.

supposition *nf* supposition

suppositoire *nm* suppository [*pl* suppositories]

suppression *nf* suppression

supprimer *vt* **1** (*omettre*) to leave *sth* out : *Je supprimerais ce paragraphe.* I'd leave this paragraph out. **2** (*douleur*) to stop **3** (*poste*) to axe **4** (*abolir*) to abolish : *~ une loi* to abolish a law **5** (*train, service*) to cut

suprématie *nf* supremacy (***over sb/sth***)

suprême *adj* supreme

sur *prép* **1** on : ~ *la table* on the table ◊ *Je l'ai posé ~ les autres disques.* I put it on top of the other records. **2** (*pour couvrir*) over : *poser une couverture ~ le canapé* to put a blanket over the sofa **3** (*au sujet de*) about : *un film ~ l'Écosse* a film about Scotland

sûr, -e *adj* **1** (*sans risque*) safe : *un lieu ~* a safe place **2** (*convaincu*) sure : *Je suis sûre qu'ils ne l'ont pas fait.* I'm sure they didn't do it. ◊ *Il est ~ qu'ils viendront.* He's sure they'll come. **3** (*solide*) secure : *La corde n'est pas très sûre.* The rope isn't very secure. LOC **à coup sûr** definitely : *Je réussirai, à coup ~.* I'll definitely pass. **bien sûr (que...)** of course... : *Bien ~ que non !* Of course not! **j'en étais sûr !** I knew it! **peu sûr** (*dangereux*) unsafe **tu peux être sûr que...** : *Tu peux être ~ qu'ils vont être en retard.* They're bound to be late. *Voir aussi* BIEN, SOURCE

surcharge *nf* surcharge

surchargé, -e *pp, adj* **1** (*camion, personne*) overloaded : *En ce moment je suis ~ de travail.* At the moment I'm overloaded with work. **2** (*style*) overdone *Voir aussi* SURCHARGER

surcharger *vt* **1** ~ **de** to weigh *sb* down **with** *sth* : *Il les surcharge de travail.* He weighs them down with work. **2** (*camion*) to overload

surdité *nf* deafness

surdose *nf* overdose

surdoué, -e ◆ *adj* gifted : *une école pour enfants ~s* a school for gifted children ◆ *nm-nf* gifted child [*pl* gifted children]

sûrement *adv* (*très probablement*) certainly LOC **sûrement pas !** no way! *Voir aussi* LENTEMENT

surenchérir *vi* to outbid

surestimer *vt* to overestimate

sûreté *nf* safety : *par mesure de ~* as a safety measure LOC *Voir* CRAN, ÉPINGLE

surexcité, -e *pp, adj* over-excited

surf *nm* **1** (*activité*) surfing : *faire du ~* to go surfing **2** (*planche*) surfboard LOC **surf des neiges 1** (*activité*) snowboarding **2** (*planche*) snowboard

surface *nf* **1** (*gén*) surface : *la ~ de l'eau* the surface of the water **2** (*Maths*) surface area : *calculer la ~ d'un rectangle* to calculate the surface area of a rectangle

surfer *vi* **1** (*Sport*) to surf **2** ~ **sur** (*Informatique*) to surf *sth* : ~ *sur Internet* to surf the Net/Internet

surgelé, -e *pp, adj* frozen

surgir *vi* to appear

surhumain, -e *adj* superhuman

surligneur *nm* highlighter

surmenage *nm* overwork

surmené, -e *pp, adj* overworked

surmonter *vt* **1** (*difficulté, problème*) to overcome, to get over *sth* (*plus fam*) : *J'ai surmonté ma peur de prendre l'avion.* I've got over my fear of flying. **2** (*épreuve*) to pass

surnaturel, -elle *adj* supernatural

surnom *nm* nickname

surnommer *vt* to nickname : *Ils m'ont surnommée Fil de Fer.* They nicknamed me Skinny.

surpasser ◆ *vt* (*concurrent*) to outdo ◆ **se surpasser** *v pron* to surpass yourself

surpeuplé, -e *adj* overpopulated

surplomber *vt* to overhang

surplus *nm* surplus : *Il y a un ~ de main-d'œuvre bon marché.* There is a surplus of cheap labour.

surpopulation *nf* overpopulation

surprenant, -e *adj* surprising : *Tu ne trouves pas ~ qu'elle n'ait rien dit ?* Doesn't it seem surprising to you that she hasn't said anything?

surprendre *vt* **1** (*gén*) to surprise : *Ça me surprend qu'il ne soit pas déjà arrivé.* I'm surprised he hasn't arrived yet. **2** (*prendre par surprise*) to catch *sb* (unawares) : *Je les ai surpris en train de voler.* I caught them stealing. ◊ *Ils ont surpris les voleurs.* They caught the robbers unawares.

surpris, -e *pp, adj* surprised : *Ils ont été ~ de nous voir.* They were surprised to see us. *Voir aussi* SURPRENDRE

surprise *nf* surprise LOC **prendre par surprise** to take *sb* by surprise

surréalisme *nm* surrealism

surréaliste *adj, nmf* surrealist

sursaut *nm* start

sursauter *vt* to startle

sursis *nm* reprieve LOC **avec sursis** suspended : *condamné à un an de prison avec ~* given a one-year suspended prison sentence

surtout *adv* **1** (*en particulier*) especially : *Ils sont très grands, ~ l'aîné.* They are very tall, especially the older one. **2** (*avant toute chose*) above all : *~ n'oublie pas de poster ma lettre.* Above all, don't forget to post my letter. LOC **surtout pas** certainly not **surtout que...** especially as... : *Je suis en colère*

~ *qu'il me l'avait promis.* I'm angry, especially as he'd promised me.

surveillance *nf* surveillance : *être sous ~* to be under surveillance

surveillant, -e *nm-nf* **1** (*gén*) guard **2** (*École*) supervisor LOC **surveillant de baignade** lifeguard

surveiller *vt* **1** (*observer*) to watch (over) *sb* : ~ *les prisonniers* to watch over the prisoners ◊ *J'ai l'impression d'être surveillée.* I've got the feeling I'm being watched. **2** (*s'occuper de*) to keep an eye on *sb* : *Est-ce que tu peux ~ les enfants ?* Can you keep an eye on the children? **3** (*examen*) to invigilate LOC *Voir* LIBERTÉ

survenir *vi* to arise

survêtement *nm* tracksuit

survie *nf* survival

survivant, -e ◆ *adj* surviving ◆ *nm-nf* survivor

survivre *vi* ~ **(à)** to survive (*sth*) : ~ *à la crise* to survive the crisis

survoler *vt* to fly over *sth* : *Nous avons survolé Venise.* We flew over Venice.

susceptibilité *nf* sensitiveness

susceptible *adj* **1** (*irritable*) touchy **2** ~ **de** likely ***to do sth*** : *La réunion est ~ d'être reportée.* The meeting is likely to be postponed.

susciter *vt* to provoke

suspect, -e ◆ *adj* suspicious ◆ *nm-nf* suspect

suspecter *vt* to suspect *sb* (***of sth/doing sth***)

suspendre ◆ *vt* **1** (*pendre*) to hang : ~ *un lustre* to hang a light **2** (*interrompre*) to suspend : *L'arbitre a suspendu le match pendant une demi-heure.* The referee suspended the game for half an hour. **3** (*reporter*) to postpone ◆ **se suspendre** *v pron* to hang : *se ~ à une branche* to hang from a branch

suspens *nm* LOC **en suspens** (*question, problème*) outstanding **mettre en suspens** to shelve *sth*

suspense *nm* suspense : *un film plein de ~* a film full of suspense LOC **livre/film à suspense** thriller

suspension *nf* (*séance*) suspension LOC *Voir* POINT

suspicieux, -ieuse *adj* suspicious

suspicion *nf* suspicion : *un regard plein de ~* a suspicious look

suture *nf* stitch

svelte *adj* slender

sweat-shirt *nm* sweatshirt

sycomore *nm* sycamore

syllabe *nf* syllable

sylviculture *nf* forestry

symbole *nm* symbol

symbolique *adj* symbolic

symboliser *vt* to symbolize

symbolisme *nm* symbolism

symétrie *nf* symmetry

symétrique *adj* symmetrical

sympathie *nf* liking LOC **avoir de la sympathie pour** to like *sb*

sympathique *adj* nice : *Il m'a paru très ~.* I thought he was very nice.

> Noter que **sympathetic** ne veut pas dire *sympathique* mais *compatissant* : *Ils ont été très compatissants.* They were very sympathetic.

sympathisant, -e *nm-nf* sympathizer : *être ~ du parti libéral* to be a liberal party sympathizer

sympathiser *vi* to get on (well) (***with sb***) : *On s'est rencontrés lors d'une réunion et on a sympathisé.* We met at a meeting and got on well with each other.

symphonie *nf* symphony [*pl* symphonies]

symphonique *adj* **1** (*musique*) symphonic **2** (*orchestre*) symphony [*n attrib*] : *un orchestre ~* a symphony orchestra

symptomatique *adj* symptomatic (***of sth***)

symptôme *nm* symptom

synagogue *nf* synagogue

synchroniser *vt* to synchronize : *Il faut qu'on synchronise nos montres.* We need to synchronize our watches.

syndical, -e *adj* union [*n attrib*] : *un délégué ~* a union delegate

syndicat *nm* (trade) union : *le ~ des mineurs* the miners' union

syndiqué, -e *pp, adj* belonging to a (trade) union

syndrome *nm* syndrome

synonyme ◆ *adj* ~ **(de)** synonymous (**with *sth***) ◆ *nm* synonym

synoptique *adj* LOC *Voir* TABLEAU

synthèse *nf* synthesis

synthétique *adj* synthetic

synthétiseur *nm* synthesizer

systématique *adj* systematic

système *nm* **1** (*gén*) system : *le ~ politique/éducatif* the political/education system ◊ *le ~ solaire* the solar system **2** (*méthode*) way : *J'ai un ~ pour entrer sans payer.* I've got a way of getting in without paying.

Tt

tabac *nm* **1** (*gén*) tobacco : ~ *à pipe* pipe tobacco **2** (*cigarettes*) smoking LOC **tabac blond/brun** Virginia/black tobacco *Voir aussi* ABUSER, BLAGUE, BUREAU

table *nf* **1** (*meuble*) table : *Ne mets pas les pieds sur la ~.* Don't put your feet on the table. **2** (*liste, Math*) table : ~ *de conversion* conversion table ◊ *~s (de multiplication)* (multiplication) tables LOC **la table de deux, etc.** the two, etc. times table **mettre la table** to lay/set the table **table basse** coffee table **table de chevet** bedside table **table des matières** table of contents **table ronde** (*débat*) round table *Voir aussi* DÉBARRASSER, TENNIS, TÊTE

tableau *nm* **1** (*gén, École*) board : *aller au ~* to go up to the board **2** (*Art*) painting **3** (*Techn*) panel : ~ *de contrôle/commandes* control/instrument panel LOC **tableau d'affichage 1** (*informations*) noticeboard **2** (*Sport*) scoreboard **tableau de bord** dashboard **tableau des départs/arrivées** departures/arrivals board **tableau synoptique** diagram *Voir aussi* BROSSE

tablette *nf* bar : *une ~ de chocolat* a bar of chocolate

tableur *nm* spreadsheet

tablier *nm* apron

tabou *adj, nm* taboo [*pl* taboos] : *un sujet/mot ~* a taboo subject/word

tabouret *nm* stool : *Il est monté sur un ~ pour atteindre l'étagère.* He stood on a stool to reach the shelf.

tache *nf* **1** (*saleté*) stain : *une ~ de graisse* a grease stain **2** (*animal*) spot LOC **faire tache d'huile** to gain ground **tache de naissance** birthmark **tache de rousseur** freckle : *Je suis couvert de ~s de rousseur.* I'm covered in freckles.

taché, -e *pp, adj* ~ **(de)** stained (**with sth**) : *Ta chemise est tachée de vin.* You've got a wine stain on your shirt. ◊ *une lettre tachée de sang/d'encre* a bloodstained/ink-stained letter *Voir aussi* TACHER

tâche *nf* task : *une ~ impossible* an impossible task LOC **tâches ménagères** household chores

tacher *vt* to stain : *Ne tache pas la nappe.* Don't stain the tablecloth.

tacheté, -e *pp, adj* (*animal*) spotted

tacite *adj* tacit

taciturne *adj* silent

tacle *nm* tackle

tacler *vt* to tackle

tact *nm* tact : *avoir du ~* to be tactful ◊ *avec ~* tactfully LOC *Voir* MANQUER

tactique *nf* **1** (*stratégie*) tactics [*pl*] : *un changement de ~* a change of tactics **2** (*manœuvre*) tactic : *une excellente ~ électorale* a brilliant electoral tactic

taie *nf* pillowcase

taille *nf* **1** (*gén*) size : *Quelle ~ fait la caisse ?* What size is the box? ◊ *être de/avoir la même ~* to be the same size ◊ *Quelle ~ de chemise tu fais ?* What size shirt do you take? ◊ *Ils n'ont pas la bonne ~.* They haven't got the right size. **2** (*hauteur*) height : *C'est une femme de ~ moyenne.* She's of average height. **3** (*sculpture*) carving

taille-crayon *nm* pencil sharpener

tailler ◆ *vt* **1** (*avec des ciseaux*) to cut *sth* out : *J'ai taillé le pantalon en suivant le patron.* I cut out the trousers following the pattern. **2** (*bois, pierre*) to carve : ~ *qch en corail* to carve sth in coral **3** (*bijou, cristal*) to cut **4** (*arbuste*) to prune **5** (*crayon*) to sharpen ◆ **se tailler** *v pron* **1** (*s'enfuir*) to clear off **2** (*se couper*) to trim *sth* : *se ~ la barbe* to trim your beard LOC **tailler une bavette** to have a chat *with sb*

taillis *nm* copse

taire ◆ *vt* (*passer sous silence*) to keep quiet about *sth* ◆ **se taire** *v pron* **1** (*rester silencieux*) to say nothing : *Je préfère me ~.* I'd rather say nothing. **2** (*cesser de parler*) to be quiet, to shut up (*fam*) : *Taisez-vous !* Be quiet! LOC **faire taire 1** (*gén*) to make *sb* be quiet : *Faites ~ ces enfants !* Make those children be quiet! **2** (*contestataire, protestations*) to silence *sb/sth*

talc *nm* talcum powder [*indénombrable*]

talent *nm* talent (**for sth/doing sth**) : *Il a du ~ pour la musique/la peinture.* He has a talent for music/painting. ◊ *Il a des ~s de comique.* He has a talent for comedy.

talentueux, -euse *adj* talented

taler *vt* to bruise

talkie-walkie *nm* walkie-talkie

talon *nm* heel : *J'ai cassé mon ~.* I've broken my heel. ◊ *Elle ne porte jamais de ~s.* She never wears high heels. ◊ *J'ai mal au ~ droit.* My right heel hurts. LOC **à talons (hauts)** high-heeled **talons plats** low heels

talonner *vt* to hassle : *Il n'arrête pas de me ~ pour que je le lui achète.* He keeps hassling me to buy it for him.

talus *nm* **1** (*naturel*) bank **2** (*artificiel*) embankment

tambour *nm* (*Mus, Mécan*) drum : *jouer du ~* to play the drum ◊ *le ~ d'une machine à laver* the drum of a washing machine LOC *Voir* ROULEMENT

tambourin *nm* tambourine

tambouriner *vi* **1** (*frapper*) to hammer **at sth** : *Il a tambouriné à ma porte toute la soirée.* He hammered at my door all evening. **2** (*tapoter*) to drum ***on sth***

tamis *nm* sieve

tamiser *vt* **1** (*farine*) to sift **2** (*lumière*) to filter

tampon *nm* **1** (*sur un document*) stamp **2** (*pour tableau*) duster LOC **tampon à récurer** scourer **tampon hygiénique** tampon

tamponner ◆ *vt* **1** (*heurter*) to collide **with *sth*** **2** (*document*) to stamp : *~ un passeport* to stamp a passport ◆ **se tamponner** *v pron* to collide

tamponneuse *adj* LOC *Voir* AUTO

tandis LOC **tandis que 1** (*à mesure que*) as : *~ qu'ils entraient* as they came in **2** (*alors que*) whereas : *~ que je travaille, lui, il ne fait rien !* He does nothing, whereas I work.

tangent, -e ◆ *adj* **1** (*Math*) tangential **2** (*tout juste*) touch and go : *C'est ~, je ne sais pas vraiment si j'ai réussi.* It's touch and go—I don't know if I've made it. ◆ **tangente** *nf* tangent

tangible *adj* tangible

tanguer *vi* to pitch

tanière *nf* den : *une ~ de lion/loup* a lion's/wolf's den

tank *nm* tank

tanner *vt* **1** (*personne*) to pester : *Il nous tanne pour qu'on lui achète un vélo.* He keeps pestering us to get him a bike. **2** (*cuir*) to tan

tant *adv* **1** (*quantité*) so much : *gagner ~ par mois* to earn so much a month **2** *~* **de** so much [*pl* so many] : *Il y avait ~ de monde à la gare !* There were so many people at the station! LOC **tant pis !** tough! : *Si ça ne te plaît pas, ~ pis !* If you don't like it, tough! **tant que...** as long as... : *Supporte-le ~ que tu en es capable.* Put up with it as long as you can.

tante *nf* aunt, auntie (*plus fam*) : *~ Lysiane* Aunt Lysiane

tantine *nf* auntie

tapage *nm* racket : *faire du ~* to make a racket LOC **tapage nocturne** disturbance of the peace

tapageur, -euse *adj* rowdy

tape *nf* **1** (*amicale, pour attirer l'attention*) pat : *Il m'a donné une ~ amicale dans le dos.* He gave me a friendly pat on the back. **2** (*coup plus fort*) slap

tape-à-l'œil *adj* flashy : *une voiture très ~* a flashy car ◊ *Il porte toujours des vêtements très ~.* He's a very flashy dresser.

taper ◆ *vt* **1** (*frapper*) to slap **2** (*ordinateur*) to key *sth* in : *Tapez votre code secret.* Key in your PIN number. ◆ *vi* **1** *~* **sur** to thump *sb/sth* : *~ sur la table* to thump the table ◊ *~ sur le piano* to thump away at the piano **2** *~* **contre** to crash **against *sth*** : *Le ballon a tapé contre la porte.* The ball crashed against the door. **3** (*soleil*) to beat down ◆ **se taper** *v pron* **1** (*corvée*) to get landed with *sth* **2** (*plat, boisson*) to scoff : *Il s'est tapé toute la crème caramel.* He scoffed all the crème caramel. LOC **taper dans le mille 1** (*pr*) to hit the bullseye **2** (*fig*) to hit the nail on the head **taper dans ses mains** to clap : *Elle a tapé trois fois dans ses mains.* She clapped three times. **taper sur les nerfs de** to get on *sb's* nerves *Voir aussi* MACHINE

se tapir *v pron* to crouch

tapis *nm* **1** (*grand*) carpet **2** (*plus petit*) rug **3** (*gymnase, salle de bains*) mat LOC **tapis roulant 1** (*pour personnes*) moving pavement **2** (*pour objets*) conveyor belt

tapisser *vt ~* **(de) 1** (*meuble*) to upholster *sth* (**with *sth***) **2** (*murs*) to wallpaper *sth* (**with *sth***)

tapisserie *nf* tapestry [*pl* tapestries]

tapissier, -ière *nm-nf* upholsterer

tapoter *vt* **1** (*surface*) to tap **2** (*joues*) to pat

taquin, -e *adj, nm-nf* tease [*n*]

taquiner *vt* to tease

tard *adv* late : *Nous nous sommes levés ~.* We got up late. ◊ *Je m'en vais, il est ~.* I'm off, it's late. ◊ *~ dans la soirée* late in the evening ◊ *Ils sont rentrés quatre heures plus ~.* They returned four hours later. ◊ *Je te le dirai plus ~.* I'll tell you later. LOC **à plus tard !** see you later! *Voir aussi* COUCHER, MIEUX, TÔT

tardif, -ive *adj* **1** (*excuses*) belated **2** (*heure*) late

taré, -e *adj* crazy

tarif *nm* **1** (*document*) price list **2** (*transports*) fare **3** (*service*) rate : *les ~s postaux* postal rates LOC **tarif dégressif** sliding scale

(se) tarir *vi, v pron* to dry up

tarte *nf* **1** (*pâtisserie*) tart : *une ~ aux pommes* an apple tart **2** (*claque*) smack : *donner une ~ à qn* to give sb a smack
tartelette *nf* tart
tartine *nf* slice of bread and butter : *une ~ de confiture* a slice of bread and jam
tartiner *vt* to spread *sth* **on *sth*** : *~ le pain de confiture* to spread jam on bread LOC *Voir* FROMAGE
tas *nm* **1** (*pile*) pile : *un ~ de sable/livres* a pile of sand/books **2 un ~ de ; des ~ de** (*beaucoup*) lots **of *sth*** : *un ~ de problèmes* a lot of problems ◊ *Ils ont un ~ d'argent.* They've got loads of money. LOC **tas de ferraille 1** (*pr*) scrap heap **2** (*voiture*) wreck **tas de fumier** dunghill
tasse *nf* cup : *une ~ de café* a cup of coffee ☛ *Voir illustration sous* MUG
tasser ◆ *vt* **1 ~ dans** (*personnes*) to pack *sb* **into *sth* 2** (*terre*) to pack *sth* down ◆ **se tasser** *v pron* **1** (*se serrer*) to squeeze up **2** (*en vieillissant*) to shrink **3** (*s'arranger*) to settle down : *Tout ça finira bien par se ~.* It will all settle down in the end.
tata (*aussi* **tatie**) *nf* auntie : *~ Martine* Auntie Martine
tâter ◆ *vt* to feel : *~ le pouls de qn* to feel sb's pulse ◆ **se tâter** *v pron* to feel your way : *Je ne sais pas encore, je me tâte.* I don't know yet, I'm just feeling my way.
tatillon, -onne *adj* fussy
tâtonner *vi* to fumble about
tâtons LOC **à tâtons** : *avancer à ~* to feel your way forward ◊ *chercher qch à ~* to feel for sth
tatouage *nm* tattoo [*pl* tattoos]
tatouer *vt* to tattoo LOC **se faire tatouer** to get a tattoo
taudis *nm* **1** (*maison*) hovel **2** (*lieu mal tenu*) tip : *Sa chambre, c'est un ~ !* His bedroom's a tip!
taule *nf* nick : *être en ~* to be in the nick
taupe *nf* mole LOC *Voir* MYOPE
taureau *nm* **1** (*animal*) bull **2 Taureau** (*Astrologie*) Taurus ☛ *Voir exemples sous* AQUARIUS LOC **prendre le taureau par les cornes** to take the bull by the horns *Voir aussi* COURSE
taux *nm* rate : *le ~ de natalité* the birth rate ◊ *le ~ d'inflation* the rate of inflation LOC **taux de change** exchange rate
taxe *nf* tax LOC **taxe à la valeur ajoutée** value added tax (*abrév* VAT) **taxe de douane** duty [*pl* duties]
taxer *vt* to tax
taxi *nm* taxi : *chauffeur de ~* taxi driver LOC *Voir* STATION
tchin-tchin ! *excl* cheers!
te *pron pers* **1** (*objet direct*) you : *Est-ce qu'il t'a vu ?* Did he see you? **2** (*objet indirect*) (to) you : *Je t'ai apporté un livre.* I've brought you a book. ◊ *Je t'écris bientôt.* I'll write to you soon. ◊ *Je te l'ai acheté.* I bought it for you. **3** (*réfléchi*) (yourself) : *Tu vas te faire mal.* You'll hurt yourself.
technicien, -ienne *nm-nf* technician
technique *nf* **1** (*méthode*) technique **2** (*technologie*) technology : *le développement des ~s* technological advances
technologie *nf* technology [*pl* technologies] : *~ de pointe* state-of-the-art technology
technologique *adj* technological
teck *nm* teak
teindre ◆ *vt* to dye : *~ une chemise en rouge* to dye a shirt red ◆ **se teindre** *v pron* (*personne*) to dye your hair : *se ~ en brun* to dye your hair dark brown LOC **se teindre en blond** to bleach your hair
teint, -e ◆ *pp, adj* dyed ◆ *nm* complexion : *Tu as le ~ très pâle.* You have a very pale complexion. *Voir aussi* TEINDRE
teinter *vt* **1** (*bois*) to stain **2** (*verre*) to tint
teinture *nf* **1** (*pour cheveux, pour tissu*) dye **2** (*pour bois*) stain
teinturerie *nf* dry-cleaner's [*pl* dry-cleaners] : *apporter des vêtements à la ~* to take some clothes to the dry-cleaner's
tel, telle *adj, pron* **1** (*+ nom dénombrable au pluriel ou indénombrable*) such : *dans de telles situations* in such situations **2** (*+ nom dénombrable au singulier*) such a : *une telle mesure* such a measure LOC **tel père tel fils** like father like son **tel que...** such as... : *un autre document ~ qu'un passeport* another document such as a passport **un tel** so-and-so [*pl* so-and-so's] : *Imagine qu'un ~ vienne...* Just suppose so-and-so comes...
télé *nf* TV *Voir* TÉLÉVISION
télécharger *vt* (*Informatique*) to download : *~ qch depuis l'Internet* to download sth from the Internet
télécommande *nf* remote control
télécommunications *nf* telecommunications
télécopie *nf* fax : *envoyer une ~* to send a fax ◊ *Ils l'ont envoyé par ~.* They faxed it.
téléfilm *nm* TV film
télégramme *nm* telegram : *envoyer un ~* to send a telegram
téléobjectif *nm* telephoto lens
télépathie *nf* telepathy

télépathique *adj* telepathic

téléphérique *nm* cable car

téléphone *nm* telephone, phone (*fam*) : *Corinne, ~ !* Phone for you, Corinne! ◊ *Elle est au ~ avec sa mère.* She's on the phone to her mother. ◊ *Tu peux répondre au ~ ?* Can you answer the phone? LOC **coup de téléphone** phone call : *passer un coup de ~* to make a phone call **(téléphone) mobile/portable** mobile (phone) **téléphone sans fil** cordless phone *Voir aussi* PENDU

téléphoner *vi* ~ **à** to telephone *sb*, to phone *sb* (*fam*)

téléphonique *adj* telephone, phone (*fam*) [*n attrib*] LOC *Voir* CABINE, CENTRAL, RÉPONDEUR, ANNUAIRE

télescope *nm* telescope

télescoper ◆ *vt* to crush : *Le camion a télescopé la voiture.* The lorry crushed the car. ◆ **se télescoper** *v pron* to collide

télésiège *nm* chairlift

téléski *nm* ski lift

téléspectateur, -trice *nm-nf* viewer

Télétex® *nm* teletext

téléviser *vt* to televise LOC *Voir* JOURNAL

téléviseur *nm* television (set) (*abrév* TV)

télévision *nf* **1** (*gén*) television (*abrév* TV), telly (*fam*) : *passer à la ~* to be on television ◊ *Allume/Éteins la ~.* Turn the TV on/off. ◊ *Qu'est-ce qu'il y a à la ~ ce soir ?* What's on the telly tonight? ◊ *Nous étions en train de regarder la ~.* We were watching television. ☛ *Voir note sous* TELEVISION **2** (*téléviseur*) television (set) (*abrév* TV) LOC **télévision par câble/satellite** cable/satellite television, cable/satellite TV (*plus fam*)

tellement *adv* **1** ~ **(de)** (*modifiant un nom/verbe*) so much [*pl* so many] : *J'ai ~ mangé que je ne peux plus bouger.* I've eaten so much (that) I can't move. ◊ *Il y avait ~ de monde !* There were so many people! ◊ *Il avait ~ de problèmes !* He had so many problems! **2** (*modifiant un adjectif/adverbe*) so : *C'est ~ difficile que...* It's so hard that... ◊ *Ça fait ~ longtemps que je ne t'ai pas vu !* I haven't seen you for so long! ◊ *Ce sont des enfants ~ gentils que...* They're such good children that...

téméraire *adj* foolhardy

témérité *nf* temerity LOC **avoir la témérité de faire qch** to have the temerity to do sth

témoignage *nm* **1** (*histoire*) account **2** (*Jur*) evidence [*indénombrable*]

témoigner ◆ *vt* ~ **(que...)** (*Jur*) to testify **(that...)** ◆ *vi* **1** ~ **en faveur/contre** to give evidence **in *sb's* favour/against *sb*** **2** ~ **de** (*prouver*) to show *sth* : *Ceci témoigne de leur intégrité.* This shows their integrity.

témoin *nm* **1** (*gén*) witness : *Beaucoup de gens ont été ~s de l'accident.* Many people witnessed the accident. **2** (*Sport*) baton : *passer le ~* to pass the baton **3** (*Techn*) warning light : *~ d'huile* oil warning light LOC **témoin oculaire** eyewitness

tempe *nf* temple

tempérament *nm* temperament

température *nf* temperature : *Demain les ~s vont baisser.* Temperatures will fall tomorrow. ◊ *prendre la ~ de qn* to take sb's temperature LOC **à température ambiante** at room temperature

tempéré, -e *pp, adj* temperate *Voir aussi* TEMPÉRER

tempérer *vt* to temper

tempête *nf* storm

temple *nm* temple

temporaire *adj* temporary LOC *Voir* TRAVAILLEUR

temps *nm* **1** (*gén*) time : *au ~ des Romains* in Roman times ◊ *Tu as encore le ~ de la poster.* You've still got time to send it. ◊ *dans mon ~ libre* in my spare time ◊ *Ça fait combien de ~ que tu étudies l'anglais ?* How long have you been studying English? **2** (*météorologie*) weather : *Hier le ~ était beau/mauvais.* The weather was good/bad yesterday. **3** (*Gramm*) tense LOC **avec le temps** in time : *Tu comprendras avec le ~.* You'll understand in time. **de temps en temps** from time to time **être temps de/que...** : *Je crois qu'il est ~ qu'on s'en aille.* I think it's time we were going. ◊ *Il était ~ que tu nous écrives.* It was about time you wrote to us. ◊ *Il était ~ !* About time too! **mettre/prendre du temps à...** to take a long time *to do sth* : *Elle en met du ~ ta sœur !* Your sister's taking a long time! ◊ *Ils ont mis du ~ à me répondre.* It took them a long time to reply. **passer le temps** to pass the time **peu de temps** not long : *Ils sont arrivés peu de ~ après ton départ.* They arrived not long after you left. ◊ *Elle est arrivée il y a peu de ~.* She arrived not long ago. **temps mort/de repos** (*Sport*) timeout **un temps fou** ages : *Tu as mis un ~ fou.* You've been ages. ◊ *Il passe un ~ fou dans la salle de bains.* He spends ages in the bathroom. *Voir aussi* CHAQUE, DERNIER, EMPLOI, GAGNER, LAPS, MÊME, PENDANT, PLEIN, RIEN, TUER

tenace *adj* **1** (*personne*) tenacious **2** (*tache, mal de tête*) stubborn **3** (*toux, pluie, rumeur*) persistent

ténacité *nf* determination : *travailler avec ~* to work with determination

tenaille *nf* pliers [*pl*] ☛ *Voir note sous* PAIR

tenant, -e ◆ *nm-nf* holder : *Elle est tenante du titre.* She's the title-holder. ◆ *nm* (*adepte*) advocate : *C'est un ~ du libre-échange.* He's an advocate of free trade. LOC **d'un seul tenant** all in one piece **les tenants et les aboutissants** the ins and outs

tendance *nf* **1** (*gén*) tendency [*pl* tendencies] : *Il a ~ à grossir.* He has a tendency to put on weight. ◊ *Il a ~ à compliquer les choses.* He tends to complicate things. **2** (*mode*) trend : *les dernières ~s de la mode* the latest trends in fashion

tendon *nm* tendon

tendre[1] *adj* **1** (*gén*) tender : *un steak ~* a tender steak **2** (*affectueux*) affectionate : *un regard ~* an affectionate look

tendre[2] *vt* to tighten : *~ les cordes d'une raquette* to tighten the strings of a racket

tendresse *nf* tenderness : *traiter qn avec ~* to treat sb tenderly

tendu, -e *pp, adj* **1** (*gén*) tight : *Assure-toi que la corde est bien tendue.* Make sure the rope is tight. **2** (*ambiance, situation*) tense : *Le dîner a été très ~.* There was a lot of tension during dinner. *Voir aussi* TENDRE[2]

ténèbres *nf* darkness [*sing*]

teneur *nf* content

tenir ◆ *vt* **1** (*avec la main, organiser*) to hold : *Tiens bien le parapluie.* Hold the umbrella tight. ◊ *~ une réunion* to hold a meeting **2** (*promesse*) to keep ◆ *vi* **1** (*durer*) to last : *Le tapis tiendra encore un an.* The carpet will last another year. **2** (*résister*) to hold : *Cette étagère ne tiendra pas.* This shelf won't hold. **3 ~ de** (*ressembler à*) to take after *sb* : *Il tient un peu de la famille de sa mère.* He takes after his mother's side of the family. ◆ **se tenir** *v pron* **se ~ à** (*se maintenir*) to hold on **to *sth*** : *se ~ à la rampe* to hold on to the banister ◊ *Tiens-toi à mon bras.* Hold on to my arm. LOC **faire tenir** to fit *sth (into sth)* **(ne pas) savoir à quoi s'en tenir** (not) to know what to expect **un tiens vaut mieux que deux tu l'auras** a bird in the hand is worth two in the bush ☛ Les autres expressions formées avec **tenir** sont traitées sous le nom, l'adjectif, etc. correspondant : pour **tenir la chandelle**, par exemple, voir CHANDELLE.

tennis ◆ *nm* tennis ◆ *nm ou nf* (*chaussure*) tennis shoe LOC **tennis de table** table tennis

tennisman *nm* tennis player

ténor *nm* tenor

tension *nf* **1** (*gén*) tension : *la ~ d'une corde* the tension of a rope **2** (*électrique*) voltage : *fils de haute ~* high voltage cables **3** (*Méd*) blood pressure

tentacule *nm* tentacle

tentant, -e *adj* tempting

tentation *nf* temptation : *Je n'ai pas pu résister à la ~ de le manger.* I couldn't resist the temptation to eat it. ◊ *céder à la ~* to fall into temptation

tentative *nf* attempt (***at doing sth/to do sth***) : *lors d'une dernière ~ pour éviter la catastrophe* in a last attempt to avoid disaster LOC **à la première, seconde, etc. tentative** at the first, second, etc. attempt **tentative d'assassinat** assassination attempt

tente *nf* tent : *monter/démonter une ~* to put up/take down a tent

tenter *vt* **1** (*essayer*) to try *sth/to do sth* : *J'ai tenté de l'en empêcher.* I tried to stop him. **2** (*allécher*) to tempt : *Je suis tenté de partir en vacances.* I'm tempted to go on holiday. LOC **tenter le coup** to have a go **tenter le diable** to court disaster **tenter le tout pour le tout** to risk everything **tenter l'impossible** to attempt the impossible **tenter sa chance** to try your luck

tenture *nf* hanging

ténu, -e *adj* tenuous

tenue *nf* LOC **tenue de combat** battle-dress **tenue de soirée** evening dress : *Je porterai ma ~ de soirée.* I'll be wearing evening dress.

térébenthine *nf* white spirit

tergiverser *vi* to prevaricate

terme *nm* **1** (*gén*) term : *en ~s généraux* in general terms **2** (*fin*) end : *arriver/toucher à son ~* to come to an end

terminaison *nf* ending

terminal, -e ◆ *adj, nm* terminal : *malades en phase terminale* terminally ill patients ◊ *~ de passagers* passenger terminal ◆ **terminale** *nf* (*École*) ☛ *Voir note sous* LYCÉE

terminé, -e *pp, adj* finished : *L'affaire n'est pas terminée.* The case is still open. *Voir aussi* TERMINER

terminer ◆ *vt, vi* to finish : *J'ai terminé mes devoirs.* I've finished my homework. ◆ **se terminer** *v pron* **1** (*prendre fin, dénouement*) to end : *Les festivités se terminent lundi prochain.* The festivities end next Monday. ◊ *Le spectacle se termine à 3 heures.* The show finishes at 3 o'clock. ◊ *Tout s'est terminé merveilleusement bien pour nous.* It all turned out perfectly for us. **2 se ~ (en)** (*en telle forme, en tel aspect*) to end (**in sth**) : *La manifestation s'est terminée en tragédie.* The demonstration ended in tragedy. ◊ *un mot qui se termine en « d »* a word ending in 'd' **3 se ~ (par)** (*avoir pour extrémité*) : *Par quoi ça se termine, par un « d » ou par un « t » ?* What does it end in? A 'd' or a 't'? LOC **terminer ses études** to graduate : *Elle a terminé ses études de droit l'année dernière.* She graduated in law last year. **terminer une session** (*Informatique*) to log off/out

terminologie *nf* terminology

terminus *nm* terminus [*pl* termini]

termite *nm* termite

terne *adj* dull

(se) ternir *vt, v pron* to tarnish

terrain *nm* **1** (*terre*) land [*indénombrable*] : *Ils ont acheté un ~.* They bought some land. **2** (*Tennis, Basket*) court : *Les joueurs sont déjà sur le ~.* The players are already on court. **3** (*Foot, Rugby*) pitch : *un ~ de rugby* a rugby pitch ◊ *aller sur le ~* to come out onto the pitch LOC **sur le terrain** on the spot : *tests sur le ~* on-the-spot tests **terrain de golf** golf course **terrain de jeu** playground **véhicule/voiture tout terrain** off-road vehicle *Voir aussi* GAGNER, GLISSEMENT, MILIEU, VÉLO

terrasse *nf* **1** (*gén*) terrace **2** (*café*) : *Allons nous asseoir en ~.* Let's sit outside. **3** (*balcon*) balcony [*pl* balconies] **4** (*toiture*) (flat) roof [*pl* roofs]

terrasser *vt* to knock *sb* down

terre *nf* **1** (*par opposition à mer, campagne, propriété*) land [*indénombrable*] : *voyager par ~* to travel by land ◊ *cultiver la ~* to work the land ◊ *Il a vendu les ~s qui appartenaient à sa famille.* He sold his family's land. **2** (*pour les plantes, terrain*) soil [*indénombrable*] : *une ~ fertile* fertile soil **3** (*sol*) ground : *Il est tombé par ~.* He fell to the ground. **4 Terre** (*planète*) earth : *La Terre est une planète.* The earth is a planet. LOC **en terre** earthenware : *des pots en ~* earthenware pots **mettre par terre** to ruin *sth* **terre !** land ahoy! **terre ferme** dry land **terre glaise** clay **terre natale** native land **Terre Sainte** the Holy Land *Voir aussi* ARMÉE, FICHER, FLANQUER, INTÉRIEUR, LOPIN, POMME, PRISE, PURÉE, TREMBLEMENT, VER

terreau *nm* compost : *~ pour plantes en pot* potting compost

terre-plein *nm* central reservation

terrestre *adj* land [*n attrib*] : *un animal/une attaque ~* a land animal/attack LOC *Voir* PARADIS

terreur *nf* terror

terreux, -euse *adj* **1** (*boueux*) muddy : *Ses chaussures sont terreuses.* Her shoes are muddy. **2** (*goût, odeur*) earthy **3** (*teint*) grey

terrible *adj* **1** (*très mauvais*) terrible : *un choc/une douleur ~* a terrible shock/pain ◊ *Ils ont eu une année ~.* They had a terrible year. **2** (*positif*) tremendous : *Cette enfant a une force ~.* That child is tremendously strong. ◊ *Le spectacle a eu un succès ~.* The show was a tremendous success. **3** (*énorme*) huge : *J'ai une faim ~.* I'm famished. **4** (*grave*) severe

terrien, -ienne ◆ *adj* land [*n attrib*] ◆ **Terrien, -ienne** *nm-nf* earthling LOC *Voir* PROPRIÉTAIRE

terrier *nm* **1** (*gén*) hole **2** (*lapin*) burrow **3** (*renard*) earth

terrifiant, -e *adj* terrifying

terrifier *vt* to terrify : *J'étais terrifié.* I was terrified.

terrine *nf* **1** (*recipient*) bowl **2** (*Cuisine*) terrine

territoire *nm* territory [*pl* territories]

territorial, -e *adj* territorial

terroir *nm* land [*indénombrable*] : *un ~ qui produit de grands crus* land that produces great vintages LOC **du terroir** local

terroriser *vt* **1** (*faire peur*) to terrify : *J'étais terrorisée à l'idée qu'ils puissent casser la porte.* I was terrified they might knock the door down. **2** (*avec violence*) to terrorize : *Ces voyous terrorisent le voisinage.* Those thugs terrorize the neighbourhood.

terrorisme *nm* terrorism

terroriste *adj, nmf* terrorist

tertiaire *adj* tertiary

test *nm* test : *un ~ d'aptitude* an aptitude test ◊ *faire un ~ de grossesse* to have a pregnancy test

testament *nm* **1** (*Jur*) will : *faire un ~* to make a will **2 Testament** Testament : *l'Ancien/le Nouveau Testament* the Old/New Testament

tester *vt* **1** (*vérifier le fonctionnement de*) to try *sth* out : *~ la machine à laver* to try out the washing machine **2** (*École*) to test *sb* (*on sth*) : *Révise tes verbes et je te testerai après.* Revise your verbs and then I'll test you (on them).

testicule *nm* testicle

tétanos *nm* tetanus

têtard *nm* tadpole

tête *nf* **1** (*gén*) head : *Il fait une ~ de plus que moi.* He's a head taller than me. **2** (*visage*) face : *Si tu avais vu sa ~ !* You should have seen his face! **3** (*liste, ligue*) top : *en ~ de liste* at the top of the list LOC **à la tête de** in charge of *sth* : *Il est à la ~ de la société.* He's in charge of the company. **avoir en tête** to have *sth* in mind **avoir la tête dure** to be stubborn **avoir la tête fêlée** to be touched **avoir la tête qui tourne** to feel dizzy **avoir mal à la tête** to have a headache : *J'ai mal à la ~.* I've got a headache. **avoir toute sa tête** to be all there **avoir une tête de linotte** to be a scatterbrain **c'est tout dans la tête** it's all in the mind **coup de tête** head butt **de la tête aux pieds** up and down : *Il m'a regardé de la ~ aux pieds.* He looked me up and down. **en avoir par-dessus la tête** to be sick to death *of sb/sth* : *J'en ai par-dessus la ~ de vos plaintes.* I'm sick to death of your moaning. **être en tête** to be in the lead **être la tête en l'air** to have your head in the clouds **être une grosse tête** to be big-headed **être une tête de mule** to be pig-headed **faire la tête** to sulk **faire une tête** (*Sport*) to head the ball : *faire une ~ dans le filet* to head the ball into the net **la tête basse** downcast **la tête en bas** upside down ☛ *Voir illustration sous* ENVERS **n'avoir rien dans la tête** to be empty-headed **n'en faire qu'à sa tête** to do as I, you, etc. please : *Fais-en à ta ~.* Do as you please. **ne pas avoir toute sa tête** not to be in your right mind : *Ne fais pas attention à lui, il n'a pas toute sa ~.* Don't take any notice of him, he's not in his right mind. **ne pas savoir où donner de la tête** not to know which way to turn : *Je ne sais plus où donner de la ~.* I don't know which way to turn. **par tête** a/per head **passer par la tête** to cross sb's mind **se mettre qch dans la tête** to take it into your head to do sth **tenir tête à** to stand up to *sb* **tête brûlée** hothead : *une bande de ~s brûlées* a bunch of hotheads **tête d'ail** head of garlic **tête de lit** headboard **tête de série** (*Tennis*) seed **tête de table** head of the table **tête la première** head first : *plonger la ~ la première dans la piscine* to dive head first into the swimming pool *Voir aussi* ACQUIESCER, CARACOLER, CASSER, CREUSER, DRESSER, GESTE, HOCHER, IDÉE, LEVER, MONTER, PERDRE, PIED, PIQUER, QUEUE, REDRESSER, SECOUER, SORTIR

tête-à-tête *nm* tête-à-tête

téter *vi* **1** (*bébé*) to feed : *Il s'endort dès qu'il a fini de ~.* He falls asleep as soon as he's finished feeding. **2** (*animal*) to suckle LOC **donner à téter à** to breastfeed *sb*

tétine *nf* **1** (*biberon*) teat **2** (*pour calmer*) dummy [*pl* dummies]

têtu, -e *adj* stubborn LOC **têtu comme un âne** stubborn as a mule

texte *nm* text LOC *Voir* CAHIER, COMMENTAIRE, MESSAGE, TRAITEMENT

textile *adj* textile [*n attrib*] : *une usine ~* a textile factory

texture *nf* texture

TGV *nm* high-speed train : *Nous allons à Marseille en ~.* We're going to Marseilles by high-speed train.

thé *nm* tea : *Tu veux un ~ ?* Would you like a cup of tea? ◊ *prendre le ~* to have tea LOC *Voir* SACHET

théâtral, -e *adj* theatrical

théâtre *nm* theatre : *aller au ~* to go to the theatre ◊ *le ~ classique/moderne* classical/modern theatre LOC *Voir* PIÈCE

théière *nf* teapot

thème *nm* **1** (*sujet*) subject : *un ~ d'intérêt général* a subject of general interest **2** (*Mus*) theme **3** (*question importante*) question : *~s écologiques/économiques* ecological/economic questions LOC *Voir* PARC

théologie *nf* theology

théorème *nm* theorem

théoricien, -ienne *nm-nf* theoretician

théorie *nf* theory [*pl* theories]

théorique *adj* theoretical

thérapeutique *adj* therapeutic

thérapie *nf* therapy [*pl* therapies] : *~ de groupe* group therapy

thermal, -e *adj* LOC *Voir* CURE, STATION

thermes *nm* baths : *les ~ romains* the Roman baths

thermique *adj* thermal

thermomètre *nm* thermometer

Thermos® *nm* Thermos®

thermostat *nm* thermostat

thèse *nf* thesis [*pl* theses]

thon *nm* tuna [*pl* tuna]

thriller *nm* thriller

thym *nm* thyme

tibia *nm* **1** (*os*) shin bone **2** (*partie de la jambe*) shin

tic *nm* tic : *prendre un ~* to develop a tic

ticket *nm* ticket LOC **ticket de caisse** receipt

tiède *adj* **1** (*nourriture, liquide*) lukewarm **2** (*atmosphère*) warm : *une nuit ~* a warm night

tien, tienne *pron poss* **le tien, la tienne, etc.** yours : *Le ~ est plus rapide que le mien.* Yours is faster than mine.

tiers, tierce ◆ *adj* third ◆ *nm* **1** (*Math*) third : *les deux ~ de la population* two thirds of the population **2** (*individu*) third party : *assurance au ~* third-party insurance

tiers-monde *nm* Third World : *les pays du ~* Third World countries

tige *nf* stalk

tignasse *nf* mop of hair

tigre, -esse *nm-nf* tiger [*fém* tigress]

tilleul *nm* **1** (*arbre*) lime **2** (*infusion*) lime tea

timbale *nf* **1** (*gobelet*) cup **2 timbales** (*Mus*) timpani [*pl*]

timbre *nm* **1** (*poste*) stamp : *Deux ~s pour la France, s'il vous plaît.* Two stamps for France, please. ☛ *Voir note sous* STAMP **2** (*voix*) tone LOC *Voir* CARNET

timbrer *vt* to stamp

timide *adj, nmf* shy [*adj*] : *C'est un ~.* He's shy.

timidité *nf* shyness

timoré, -e *adj* timorous

tinter *vi* **1** (*sonnette*) to ring **2** (*clés*) to jingle

tir *nm* **1** (*au pistolet*) shooting **2** (*visé, Sport*) shot : *un ~ au but* a shot at goal LOC **tir à la cible** target shooting **tir à l'arc** archery **tir au but** (*Sport*) shot *Voir aussi* AJUSTER

tirade *nf* tirade

tirage *nm* **1** (*Journal*) circulation **2** (*cheminée*) draught LOC **tirage au sort** (*loterie*) draw

tirailler *vt* **1** (*bras, manche*) to tug **at *sth*** **2** (*fig*) to tear : *être tiraillé entre son travail et ses enfants* to be torn between your work and your children

tire *nf* LOC *Voir* VOL, VOLEUR

tire-au-flanc *nm* skiver

tire-bouchon *nm* corkscrew

tirelire *nf* money box

tirer ◆ *vt* **1** (*gén*) to pull : *Tire la chaîne.* Pull the chain. ◊ *~ les cheveux de qn* to pull sb's hair **2** (*rideau*) to draw **3** (*sortir*) to take *sth* out : *~ un stylo de son sac* to take a pen out of your bag **4** (*envoyer*) to shoot : *~ une flèche* to shoot an arrow ◆ *vi* **1 ~ (sur)** (*faire feu*) to shoot (**at *sb*/*sth***) : *Ne tirez pas !* Don't shoot! ◊ *Ils tiraient sur tout ce qui bougeait.* They were shooting at everything that moved. ◊ *Elle lui a tiré dessus.* She shot at him. **2 ~ sur** (*couleur*) : *Ses cheveux tirent sur le blond.* He's got blondish hair. **3** (*Sport*) to shoot : *~ au but* to shoot at goal ◆ **se tirer** *v pron* **1 se ~ de** (*sortir*) to get yourself **out of *sth*** : *Il a eu du mal à se ~ de ses difficultés.* He had trouble getting himself out of his mess. **2** (*s'en aller*) to be off : *On se tire ?* Are we off? LOC **se tirer d'affaire** to pull through **tirant sur le jaune, vert, etc.** yellowish, greenish, etc. **tiré à quatre épingles** dressed up to the nines **tirer au clair** to clear *sth* up : *La police n'a jamais tiré cette affaire au* clair. The police have never cleared this case up. **tirer au flanc** to skive **tirer au sort** to draw lots **tirer avantage de** to take advantage of *sth* : *Ils ont tiré avantage de la situation.* They took advantage of the situation. **tirer bénéfice de** to gain advantage from *sth* **tirer des généralités** to generalize **tirer la courte paille** to draw the short straw **tirer la langue** to stick your tongue out : *Ne me tire pas la langue.* Don't stick your tongue out at me. **tirer les vers du nez à** to make *sb* talk **tirer parti de** to make the most of *sth* **tirer profit de** to benefit from *sth* *Voir aussi* GESTE, PILE

tiret *nm* dash

tireur, -euse *nm-nf* shot : *C'est un bon ~.* He's a good shot.

tiroir *nm* drawer

tissage *nm* weaving

tisser *vt* **1** (*tapis*) to weave **2** (*araignée*) to spin

tissu *nm* **1** cloth, material, fabric

> **Cloth** est le mot le plus général pour traduire *tissu* et peut s'utiliser pour désigner le matériau avec lequel on fait les vêtements, les rideaux, etc. et aussi les objets : *C'est en tissu.* It's made of cloth. ◊ *un sac en tissu* a cloth bag. **Material** et **fabric** s'utilisent uniquement lorsqu'on parle du tissu utilisé en couture et en ameublement. **Material** et **fabric** sont des noms dénombrables et indénombrables tandis que **cloth** est généralement indénombrable lorsqu'il signifie tissu : *Certains tissus rétrécissent au lavage.* Some materials/fabrics shrink when you wash them. ◊ *J'ai besoin de plus de tissu pour mes rideaux.* I need to buy some more cloth/material/fabric for the curtains.

2 (*Anat*) tissue LOC **tissu écossais** tartan **un tissu de mensonges** a pack of lies

titre *nm* title : *Quel ~ est-ce que tu as donné à ton roman ?* What title have you given your novel? ◊ *Demain, ils s'* *battent pour le* ~. They're fighting for the title tomorrow. LOC *Voir* GROS

tituber *vi* (*personne*) to stagger

titulaire *nmf* (*passeport, compte en banque*) holder

toast *nm* toast : *porter un ~ en l'honneur de qn* to drink a toast to sb

toboggan *nm* slide

toc ! *excl* **1** (*onomatopée*) : *~ ! ~ !* knock knock! **2** (*emphatique*) : *et ~ !* so there! : *Eh bien je n'y vais pas, et ~ !* Well, I'm not going, so there!

tohu-bohu *nm* pandemonium

toi *pron pers* **1** (*sujet, avec une préposition, dans les comparaisons*) you : *Qu'est-ce que tu veux, ~ ?* What do you want? ◊ *Il est parti avec ~.* He left with you. ◊ *Je suis plus grand que ~.* I'm taller than you. **2** (*réfléchi*) (yourself) : *Habille-toi.* Get dressed. LOC **à toi** yours : *Ces livres sont à ~ ?* Are these books yours? **si j'étais toi** if I were you : *Si j'étais ~, je n'irais pas.* I wouldn't go if I were you.

toile *nf* **1** (*gén*) cloth : *~ de lin* linen **2** (*Art*) canvas LOC **toile cirée** oilcloth **toile d'araignée 1** (*gén*) spider's web **2** (*dans une maison*) cobweb *Voir aussi* CHAUSSURE

toilette *nf* **1** (*soins corporels*) : *faire sa ~* to have a wash **2 toilettes** (*W.-C.*) toilet, loo (*fam*) [*sing*] : *Où sont les ~s s'il vous plaît ?* Where's the toilet, please? ☛ *Voir note sous* TOILET LOC *Voir* CABINET, EAU, GANT, NÉCESSAIRE

toi-même *pron pers* yourself

toiser *vt* to look *sb* up and down

toison *nf* **1** (*animal*) fleece **2** (*chevelure*) mane

toit *nm* roof [*pl* roofs] LOC **toit ouvrant** sunroof [*pl* sunroofs]

tolérance *nf* tolerance

tolérant, -e *adj* tolerant : *Ils sont trop ~s avec toi.* They let you get away with too much.

tolérer *vt* **1** (*supporter*) to bear, to tolerate (*plus sout*) : *Il ne tolère aucun bruit quand il travaille.* He won't tolerate any noise when he's working. **2** (*accepter*) to let *sb* get away with *sth* : *Ils tolèrent trop de choses de ta part.* They let you get away with too much.

tollé *nm* outcry

tomate *nf* tomato [*pl* tomatoes] : *sauce ~* tomato sauce LOC *Voir* CONCENTRÉ, ROUGE

tombal, -e *adj* LOC *Voir* PIERRE

tombe *nf* **1** (*gén*) grave **2** (*monument*) tomb : *la ~ de Marx* Marx's tomb

tombeau *nm* tomb

tombée *nf* LOC **à la tombée du jour/de la nuit** at dusk/nightfall

tomber *vi* **1** (*gén*) to fall : *Le pot de fleurs est tombé du balcon.* The plant pot fell off the balcony. ◊ *Attention, ne tombe pas !* Careful you don't fall! ◊ *Mon pantalon tombe.* My trousers are falling down. ◊ *Mon anniversaire tombe un mardi.* My birthday falls on a Tuesday. ◊ *La nuit tombait.* Night was falling. ◊ *Qu'est-ce qu'il tombe !* What a downpour! **2** (*dent, cheveux*) to fall out : *Ses cheveux tombent.* His hair is falling out. **3 ~ sur** (*responsabilité, soupçon*) to fall **on sb** : *C'est sur moi que les soupçons ont tombé.* Suspicion fell on me. **4** (*mourir*) : *ceux qui sont tombés pendant la guerre* those who died in the war LOC **faire tomber 1** (*renverser*) to drop *sth* : *J'ai fait ~ ma glace.* I dropped my ice cream. **2** (*pousser au sol*) to knock *sb/sth* down : *Il m'a fait ~ d'un coup de poing.* He knocked me down. **laisser tomber** to let *sb* down : *Mes amis ne me laisseraient pas ~.* My friends wouldn't let me down. **laisse tomber !** forget it! **ne pas tomber dans l'oreille d'un sourd** : *Ce n'est pas tombé dans l'oreille d'un sourd.* It didn't fall on deaf ears. **tombé du ciel 1** (*inespéré*) out of the blue **2** (*opportun*) : *C'est tombé du ciel.* It's a real godsend. **tomber à l'eau 1** (*pr*) to fall in the water **2** (*fig*) to fall through **tomber amoureux** to fall in love (*with sb/sth*) **tomber à pic** to come in (very) handy : *C'est tombé à pic.* It came in handy. **tomber bien** to be very welcome **tomber comme des mouches** to drop like flies **tomber dans le piège** to fall into the trap **tomber de sommeil** to be dead on your feet : *Je tombe de sommeil.* I'm dead on my feet. **tomber en morceaux** to fall to pieces **tomber en panne** to break down **tomber juste** (*Comm*) to balance **tomber malade** to get ill : *Il est tombé malade.* He got ill. *Voir aussi* CHUTE, RENVERSE

tombola *nf* raffle

tome *nm* volume

ton *nm* **1** (*gén*) tone : *Ne me parle pas sur ce ~ !* Don't speak to me in that tone of voice! **2** (*couleur*) shade **3** (*Mus*) key [*pl* keys]

ton, ta *adj poss* your : *tes livres* your books ◊ *un de tes amis* a friend of yours

tonalité *nf* **1** (*Mus*) key [*pl* keys] **2** (*couleur*) tone **3** (*téléphone*) dialling tone : *la ~ occupé* the engaged tone

tondeuse *nf* **1** (*pour moutons*) shears [*pl*] **2** (*de coiffeur, pour chiens*) clippers [*pl*] ☛ *Voir note sous* PAIR LOC **tondeuse à gazon** lawnmower

tondre *vt* **1** (*mouton*) to shear **2** (*chien*)

to clip **3** (*couper à ras*) to crop **4** (*pelouse*) to mow LOC *Voir* QUATRE

tongs *nf* flip-flops

tonique ◆ *adj* **1** (*air*) invigorating **2** (*lotion*) toning ◆ *nm* tonic

tonne *nf* ton LOC *Voir* PESER

tonneau *nm* **1** (*barrique*) barrel **2** (*dans un accident*) somersault : *La voiture a fait trois tonneaux.* The car somersaulted three times.

tonner *v impers* to thunder : *Il tonne !* It's thundering!

tonnerre *nm* thunder [*indénombrable*] : *Tu n'as pas entendu un coup de ~ ?* Wasn't that a clap of thunder? ◊ *On n'entend plus le ~.* The thunder's stopped. ◊ *des éclairs et du ~* thunder and lightning

tonsure *nf* bald patch

tonton *nm* uncle : *~ Rémi* Uncle Rémi

toper *vi* LOC **tope/topons là !** put it there!

topinambour *nm* Jerusalem artichoke

toque *nf* hat : *une ~ de cuisinier* a chef's hat

torche *nf* torch

torchon *nm* (*pour la vaisselle*) tea towel

tordre ◆ *vt* **1** (*bras, poignet*) to twist : *Elle lui a tordu le bras.* She twisted his arm. **2** (*linge*) to wring **3** (*clou*) to bend ◆ **se tordre** *v pron* (*pied, poignet*) to twist *sth* : *Il s'est tordu la cheville.* He twisted his ankle. LOC **se tordre de douleur** to writhe in pain **se tordre de rire** to split your sides (laughing)

tornade *nf* tornado [*pl* tornadoes]

torpille *nf* torpedo [*pl* torpedoes]

torrent *nm* (*cours d'eau*) torrent

torrentiel, -ielle *adj* torrential LOC *Voir* PLUIE

torride *adj* scorching

torse *nm* torso [*pl* torsos] LOC **torse nu** stripped to the waist

tort *nm* **1** (*préjudice*) harm : *causer/faire du ~ à qn* to cause/do sb harm **2** (*erreur*) fault : *Elle n'a pas voulu reconnaître ses ~s.* She wouldn't admit she was at fault. LOC **à tort** wrongly : *Il a été accusé à ~.* He was wrongly accused. **à tort et à travers** : *Il parle à ~ et à travers.* He's talking nonsense. **avoir tort** to be wrong : *Il a eu ~ de ne rien dire.* He was wrong not to say anything. **être en tort** to be in the wrong

torticolis *nm* stiff neck : *J'ai attrapé un ~.* I've got a stiff neck.

tortiller ◆ *vt* to twist ◆ **se tortiller** *v pron* to wriggle

tortue *nf* **1** (*terrestre*) tortoise **2** (*de mer*) turtle

tortueux, -euse *adj* tortuous

torture *nf* torture : *sous la ~* under torture

torturer *vt* to torture

tôt *adv* early : *Il est arrivé ~ dans la matinée.* He arrived early in the morning. ◊ *Le lundi, nous fermons plus ~.* We close earlier on Mondays. LOC **au plus tôt** at the earliest **tôt ou tard** sooner or later

total *adj, nm* total LOC **au total** (*en tout*) altogether : *Nous sommes dix au ~.* There are ten of us altogether. *Voir aussi* ÉCRAN

totalement *adv* totally

totaliser *vt* to total

totalitaire *adj* totalitarian

totalité *nf* **la ~ de** all **of** ***sth*** : *La ~ du personnel est en grève.* All of the staff are on strike.

touchant, -e *adj* touching

touche *nf* **1** (*piano, ordinateur*) key [*pl* keys] : *appuyer sur une ~* to press a key **2** (*Télécom*) button **3** (*Sport*) sideline **4** (*détail*) touch : *mettre la dernière ~ à qch* to put the finishing touches to sth **5 une ~ de** (*un peu de*) a touch **of** ***sth*** : *une ~ de couleur/d'ironie* a touch of colour/irony LOC *Voir* BANC

toucher ◆ *vt* **1** (*gén*) to touch : *Je te préviens, ne la touche pas !* I'm warning you, don't touch it! ◊ *J'ai été vraiment touchée qu'il vienne nous voir.* I was really touched that he came to see us. **2** (*balle, coup*) to hit : *Il a été touché à la jambe.* He was hit in the leg. **3** (*allocation, salaire*) to get **4** (*chèque*) to cash **5** (*concerner*) to affect : *Ça nous touche tous.* It affects us all. ◆ *vi* ~ **à 1** (*gén*) to touch *sth* : *Ne touche à rien !* Don't touch anything! **2** (*concerner*) to concern *sth* ◆ *nm* sense of touch : *reconnaître qch au ~* to recognize sth by touch ◆ **se toucher** *v pron* to touch : *Les deux maisons se touchent.* The two houses touch. LOC **pas touche !** don't touch! **toucher le chômage** to be on the dole **touchons du bois !** touch wood!

touffe *nf* clump

touffu, -e *adj* **1** (*sourcils, barbe*) bushy **2** (*feuillage*) dense

toujours *adv* **1** (*tout le temps*) always : *Tu dis ~ la même chose.* You always say the same thing. ◊ *J'ai ~ aimé danser.* I've always liked dancing. ☛ *Voir note sous* ALWAYS **2** (*encore*) still : *Est-ce que tu vis ~ à Londres ?* Do you still live in London? ◊ *Il n'est ~ pas content.* He's still not happy. ☛ *Voir note sous* STILL[1] LOC **c'est toujours la même chanson** it's always the same story **comme tou-**

jours as usual **depuis toujours** : *Je la connais depuis ~.* I've known her all my life. **de toujours** : *des amis de ~* lifelong friends **pour toujours** for good : *Il est parti pour ~.* He left for good. **toujours est-il que...** the fact remains that... : *~ est-il qu'il aurait pu nous prévenir.* The fact remains that he could have warned us. *Voir aussi* CAUSER

toupet *nm* (*culot*) cheek : *Tu as un sacré ~ !* You've got a cheek! ◊ *Quel ~ !* What a cheek!

toupie *nf* top : *faire tourner une ~* to spin a top

tour[1] *nm* **1** (*mouvement*) turn **2** (*mensuration*) measurement : *~ de taille* waist measurement ◊ *Je fais 60 cm de ~ de taille.* I've got a 60 cm waist. **3** (*Sport*) lap : *Ils ont fait trois ~s de piste.* They did three laps of the track. **4** (*dans un jeu, une queue*) turn : *C'est à ton ~ de jouer.* It's your turn to throw. ◊ *Attends ton ~.* Wait your turn. **5** (*de potier*) (potter's) wheel LOC **faire le tour de** to go round *sth* : *faire le ~ du pâté de maisons/du monde* to go round the block/world **faire qch à tour de rôle** to take turns to do sth : *Nous faisons le ménage à ~ de rôle.* We take it in turns to do the housework. **faire un tour 1** (*à pied*) to go for a walk : *Il est sorti faire un ~.* He's gone out for a walk. **2** (*à bicyclette, en voiture*) to go for a spin **tour de magie** magic trick *Voir aussi* JOUER

tour[2] *nf* **1** (*château*) tower **2** (*immeuble*) tower block **3** (*Échecs*) rook, castle (*plus fam*) LOC **tour de contrôle** control tower

tourbillon *nm* **1** (*vent*) whirlwind **2** (*poussière, sable*) whirl **3** (*eau*) whirlpool

tourisme *nm* tourism LOC **faire du tourisme 1** (*dans un pays*) to tour : *faire du ~ en Afrique* to tour round Africa **2** (*dans une ville*) to go sightseeing **tourisme à la ferme** farm holidays [*pl*]

touriste *nmf* tourist

touristique *adj* **1** (*guide*) tourist [*n attrib*] **2** (*lieu*) touristy

tourment *nm* torment

tourmenter ◆ *vt* to torment ◆ **se tourmenter** *v pron* to worry yourself

tournage *nm* filming, shooting (*plus fam*) : *le ~ d'une série télévisée* the filming of a TV series

tournant *nm* **1** (*route*) bend : *un ~ dangereux* a dangerous bend **2** (*étape*) turning point : *Elle est à un ~ de sa carrière.* She's at a turning point in her career. LOC *Voir* PORTE

tourné, -e *pp, adj* (*lait*) off LOC *Voir* ESPRIT ; *Voir aussi* TOURNER

tournée *nf* **1** (*d'un chanteur*) tour : *être/partir en ~* to be/go on tour **2** (*d'un livreur, au bar*) round : *C'est ma ~.* It's my round.

tourner ◆ *vt* **1** (*gén*) to turn : *J'ai tourné la tête.* I turned my head. ◊ *Il m'a tourné le dos.* He turned his back on me. ◊ *~ le volant vers la droite* to turn the steering wheel to the right **2** (*salade*) to toss **3** (*sauce*) to stir **4** (*film*) to film, to shoot (*plus fam*) ◆ *vi* **1** (*gén*) to turn : *~ à droite/gauche* to turn right/left **2 ~ autour de** (*axe*) to go **around sb/sth** : *La Terre tourne autour du soleil.* The earth goes around the sun. **3** (*moteur, machine*) to turn over **4** (*lait, sauce*) to go off ◆ **se tourner** *v pron* **1** (*changer de position*) to turn : *Il s'est tourné vers elle.* He turned towards her. **2** (*faire demi-tour*) to turn round : *Tourne-toi un peu.* Turn round a bit. **3 se ~ vers qn** (*s'en remettre à*) to turn **to sb** : *Je ne sais pas vers qui me ~.* I don't know who to turn to. LOC **bien/mal tourner** to turn out well/badly : *Les choses ont mal tourné pour eux.* Things have turned out badly for them. **faire tourner** to spin *sth* **tourner autour du pot** to beat about the bush : *Arrête de ~ autour du pot.* Stop beating about the bush. **tourner en ridicule** to make a fool of *sb* **tourner la page** to turn over *Voir aussi* DÉRISION, HEURE, TÊTE

tournesol *nm* sunflower

tournevis *nm* screwdriver

tourniquet *nm* (*barrière*) turnstile

tournoi *nm* tournament

tournoyer *vi* to whirl

tournure *nf* (*expression*) turn of phrase LOC **la tournure des événements** the turn of events **prendre une bonne/mauvaise tournure** to take a turn for the better/worse

tourte *nf* pie

Toussaint *nf* **la Toussaint** All Saints' Day ☛ *Voir note sous* HALLOWE'EN

tousser *vi* to cough : *La fumée de cigarette me fait ~.* Cigarette smoke makes me cough.

tout, -e ◆ *adj* **1** (*gén*) all : *J'ai fait ~ le travail.* I've done all the work. ◊ *toute la nuit* all night

> Avec un nom dénombrable au singulier, l'anglais préfère utiliser **the whole** : *Ils vont nettoyer tout le bâtiment.* They're going to clean the whole building.

2 (*chaque*) every : *Je me lève à 7 heures tous les jours.* I get up at 7 o'clock every day. ◊ *tous les dix jours* every ten days ◊ *Tous les combien ?* How often? ☛ *Voir* *note sous* EVERY **3** (*n'importe quel*) any : *à toute heure du jour et de la nuit* any time, day or night **4** ~ **ce que/qui** (*toutes les choses*) : ~ *ce que je t'ai dit est vrai.* Everything I told you was true. ◊ *C'est* ~ *ce qui compte.* That's all that counts. ◆ *pron* **1** (*gén*) all : *C'est* ~ *pour aujourd'hui.* That's all for today. **2** (*toutes les choses*) everything : *Elle lui a* ~ *dit.* She told him everything. ◊ ~ *va bien pour eux.* Everything's going well for them. **3** (*n'importe quoi*) anything : *Mon perroquet mange de* ~. My parrot eats anything. **4 tous** (*tout le monde*) all : *Ce sont tous des menteurs.* They're all liars. ◊ *Nous avons tous aimé la pièce.* We all/All of us liked the play. ◊ *Tous disent la même chose.* Everyone says the same thing.

Noter que **everyone** et **everybody** se construisent avec un verbe au singulier. On emploie cependant le pluriel pour le pronom personnel ou l'adjectif possessif qui suit (**they**, **them** ou **their**) : *Vous avez tous votre crayon ?* Has everyone got their pencils?

◆ *adv* **1** (*complètement*) all : *Ils étaient* ~ *seuls.* They were all alone. ◊ ~ *au début* right at the beginning **2** (*très*) very : *C'est* ~ *près.* It's very close. ◊ ~ *doucement* very gently **3** ~ **en** (*en même temps*) : *Il chantait* ~ *en travaillant.* He sang as he worked. ◆ *nm* **1** (*ensemble*) whole : *former un* ~ to form a whole **2 le** ~ (*la totalité*) the lot : *Il m'a vendu le* ~ *pour trois fois rien.* He sold me the lot for next to nothing. **3 le** ~ (*l'essentiel*) the main thing : *Le* ~ *est de garder son sang-froid.* The main thing is to keep cool. LOC **du tout** at all : *Ce n'est pas clair du* ~. It's not at all clear. **pas du tout** not at all **tous les trois, quatre, etc.** all three, four, etc. : *Ils sont venus tous les trois.* All three came. ◊ *Nous irons tous les trois.* All three of us will be going. **tout à coup/tout d'un coup** suddenly **tout à fait 1** (*complètement*) absolutely : *C'est* ~ *à fait vrai.* It's absolutely true. **2** (*exactement*) exactly : *C'est* ~ *à fait ce que je veux.* That's exactly what I want. **tout au plus** at most ☛ Les autres expressions formées avec **tout** sont traitées sous le nom, l'adjectif, etc. correspondant : pour **tout le monde**, par exemple, voir MONDE.

toutefois *adv* however

tout-terrain *adj, nf* four-wheel drive : *une (voiture)* ~ a four-wheel drive

toux *nf* cough

toxicomane *nmf* drug addict

toxicomanie *nf* drug addiction

toxine *nf* toxin

toxique *adj* toxic

trac *nm* **1** (*avant un examen*) nerves [*pl*] : *avoir le* ~ to be nervous **2** (*sur scène*) stage fright : *avoir le* ~ to suffer from stage fright

tracas *nm* bother

tracasser ◆ *vt* to bother ◆ **se tracasser** *v pron* to worry

trace *nf* **1** (*fugitif*) trail : *Les policiers ont retrouvé sa* ~. The police have picked up his trail. **2** (*animal, véhicule*) track : ~*s d'ours* bear tracks **3** (*marque, indice*) trace : *des* ~*s de sang* traces of blood ◊ *Il n'y avait aucune* ~ *d'elle.* There was no trace of her. LOC **sans laisser de traces** without trace : *Ils ont disparu sans laisser de* ~*s.* They disappeared without trace. **trace de pas** footprint *Voir aussi* SUIVRE

tracer *vt* (*ligne, plan*) to draw

tract *nm* pamphlet

tracteur *nm* tractor

tradition *nf* tradition : *une* ~ *familiale* a family tradition

traditionnel, -elle *adj* traditional

traducteur, -trice *nm-nf* translator

traduction *nf* translation (***from sth***) (***into sth***) : ~ *du français en russe* translation from French into Russian

traduire *vt* to translate (***from sth***) (***into sth***) : ~ *un livre français en anglais* to translate a book from French into English

trafic *nm* **1** (*gén*) traffic : *Le* ~ *est dense.* Traffic is heavy. **2** (*délit*) trafficking LOC **trafic d'armes** gun-running **trafic de drogue** drug trafficking : *Ils faisaient du* ~ *de drogue.* They dealt in drugs.

trafiquant, -e *nm-nf* dealer : *un* ~ *de drogue* a drug dealer

trafiquer ◆ *vt* (*moteur, voiture*) to tamper **with *sth*** ◆ *vi* (*faire du trafic*) to deal ***in sth***

tragédie *nf* tragedy [*pl* tragedies]

tragique *adj* tragic

trahir ◆ *vt* **1** (*gén*) to betray : ~ *un ami/une cause* to betray a friend/cause **2** (*expression*) to give *sb* away : *L'expression de son visage l'a trahi.* His expression gave him away. **3** (*mémoire, forces*) to let *sb* down : *Ma mémoire me trahit.* My memory lets me down. ◆ **se trahir** *v pron* to give yourself away

trahison *nf* **1** (*gén*) betrayal **2** (*envers l'État*) treason : *haute* ~ high treason

train *nm* train : *prendre/rater le* ~ to catch/miss the train ◊ *Je suis allée à Londres en* ~. I went to London by train. LOC **être en train de faire qch** to be doing sth : *Ils étaient en ~ de jouer.* They were playing. **train à grande vitesse** (*abrév* **TGV**) high-speed train **train d'atterrissage** undercarriage **train de banlieue** commuter train **train de vie** lifestyle **train postal/de marchandises** mail/goods train *Voir aussi* CONDUCTEUR, MENER

traîne *nf* (*robe*) train LOC **être à la traîne** to lag behind

traîneau *nm* sleigh

traînée *nf* (*avion, escargot*) trail

traîner ◆ *vt* **1** (*tirer*) to drag : *Il est entré en traînant le sac derrière lui.* He dragged the bag in. ◊ *Ne traîne pas les pieds.* Don't drag your feet. **2** (*emmener*) to drag *sb* along : *Elle l'a traîné chez le coiffeur.* She dragged him along to the hairdresser's. ◆ *vi* **1** (*pendre*) to trail : *Ton manteau traîne par terre.* Your coat is trailing on the ground. **2** (*affaires, vêtements*) to lie around : *Ils ont tout laissé ~.* They left everything lying around. **3** (*s'attarder*) to hang around : *Ne traîne pas en sortant de l'école !* Don't hang around when you come out of school! **4** (*errer*) to wander : *Il passe son temps à ~ dans les rues.* He spends his time wandering the streets. **5** (*prendre du temps*) to drag : *Je trouve que les choses traînent.* I find things are dragging. ◆ **se traîner** *v pron* **1** (*ramper*) to crawl : *se ~ par terre* to crawl along the floor **2** (*aller*) to drag yourself : *Je me suis traîné jusque chez le médecin.* I dragged myself to the doctor's.

train-train *nm* routine

traire *vt* to milk

trait *nm* **1** (*ligne*) line : *tirer un ~* to draw a line **2** (*caractéristique*) characteristic **3 traits** (*du visage*) features LOC **d'un trait** in one go : *boire qch d'un ~* to drink sth in one go **trait de caractère** personality trait **trait d'union** hyphen

traitant *adj* LOC *Voir* MÉDECIN

traite *nf* LOC **d'une traite** in one go : *J'ai lu le livre d'une seule ~.* I read the book all in one go.

traité *nm* (*Polit*) treaty [*pl* treaties]

traitement *nm* **1** (*gén*) treatment : *le même ~ pour tout le monde* the same treatment for everyone ◊ *un ~ contre la cellulite* a treatment for cellulite **2** (*Informatique*) processing LOC **mauvais traitements** ill-treatment [*indénombrable*] : *On leur a fait subir des mauvais ~s en prison.* They were subjected to ill-treatment in prison. **traitement de texte** word processing *Voir aussi* UNITÉ

traiter ◆ *vt* **1** (*gén, Méd*) to treat : *Ils nous ont bien/mal traités.* They treated us well/badly. **2** (*sujet, problème*) to deal with *sth* : *Nous ne traitons que les urgences.* We only deal with emergencies. **3** ~ **qn de qch** to call **sb sth** : *Il l'a traité d'imbécile.* He called him an idiot. **4** (*produit, Informatique*) to process ◆ *vi* **1** ~ **de** (*avoir pour sujet*) to be **about** ***sth*** : *Son livre traite du monde du spectacle.* His book is about show business. **2** (*négocier*) to deal : ~ *avec qn* to deal with sb

traiteur *nm* **1** (*personne*) caterer **2** (*magasin*) delicatessen

traître, -esse ◆ *adj* treacherous ◆ *nm-nf* traitor LOC **prendre en traître** : *Ils l'ont pris en ~.* They went behind his back.

trajectoire *nf* trajectory [*pl* trajectories]

trajet *nm* **1** (*voyage*) : *J'ai une heure de ~ pour aller au travail.* It takes me an hour to get to work. **2** (*d'un autobus*) route

tram *nm* tram

tramer *vt* to plot : *Je sais qu'ils trament quelque chose.* I know they're plotting something.

trampoline *nm* trampoline

tranchant, -e ◆ *adj* **1** (*instrument*) sharp **2** (*ton*) curt ◆ *nm* cutting edge

tranche *nf* (*gâteau, saucisson*) slice : *une ~ de jambon* a slice of ham LOC **en tranches** sliced : *Coupe-le en ~s.* Slice it. **tranche d'âge** age group

tranchée *nf* trench

trancher ◆ *vt* **1** (*couper*) to slice **2** (*question*) to put an end to *sth* ◆ *vi* **1** (*décider*) to decide **2** (*couleur*) to contrast

tranquille *adj* **1** (*gén*) quiet : *Je vis dans un quartier très ~.* I live in a very quiet area. **2** (*sage*) still : *Reste ~ !* Keep still! LOC **laisser tranquille** to leave *sb/sth* alone **sois/soyez tranquille** don't worry : *Sois ~, tout se passera bien.* Don't worry, it'll be OK. *Voir aussi* CONSCIENCE

tranquillisant *nm* tranquillizer

tranquillité *nf* peace : *la ~ de la campagne* the peace of the countryside

transaction *nf* transaction

transat *nm* deckchair

transatlantique *nm* (*paquebot*) liner

transcription *nf* transcription : *une ~ phonétique* a phonetic transcription

transe *nf* trance

transférer *vt* to transfer *sb/sth* (**to** ***sth***) : *Le siège social a été transféré à Toulouse.* The head office was transferred to Toulouse.

transfert *nm* transfer

transformateur *nm* transformer

transformation *nf* **1** (*gén*) transformation **2** (*dans une maison*) alteration

transformer ◆ *vt* **1** (*gén*) to transform *sb/sth* (***into sth***) : ~ *un lieu/une personne* to transform a place/person **2** (*appartement*) to alter **3** ~ **en** (*convertir*) to turn *sth* **into** ***sth*** ◆ **se transformer** *v pron* **1** (*changer*) to change : *Le quartier s'est complètement transformé.* The area's completely changed. **2 se** ~ **en** (*devenir*) to turn **into *sb/sth*** : *La grenouille s'est transformée en prince.* The frog turned into a prince.

transfuge *nmf* defector

transfusion *nf* transfusion : *On lui a fait deux ~s (sanguines).* He was given two (blood) transfusions.

transgénique *adj* genetically modified (*abrév* GM) : *aliments ~s* GM food

transistor *nm* transistor

transition *nf* transition

translucide *adj* translucent

transmettre *vt* **1** (*maladie*) to transmit *sth* (***to sb***) **2** (*message*) to pass *sth* on (***to sb***) : *Nous leur avons transmis la nouvelle.* We passed the news on to them.

transmission *nf* transmission LOC *Voir* COURROIE

transparence *nf* transparency

transparent, -e *adj* **1** (*gén*) transparent : *Le verre est ~.* Glass is transparent. **2** (*vêtement*) see-through : *un chemisier ~* a see-through blouse

transpercer *vt* **1** (*lame*) to pierce **2** (*pluie*) to soak

transpiration *nf* sweat

transpirer *vi* to sweat

transplantation *nf* transplant : ~ *cardiaque* heart transplant

transplanter *vt* to transplant

transport *nm* transport [*indénombrable*] : *les ~s en commun* public transport

transporter *vt* **1** (*gén*) to carry **2** (*dans un véhicule*) to drive

transporteur *nm* carrier LOC **transporteur routier** road haulier

transversal, -e *adj* **1** (*axe*) transverse **2** (*rue*) side [*n attrib*] : *Prenez la rue transversale.* Take the side street. LOC *Voir* COUPE

trapèze *nm* **1** (*cirque*) trapeze **2** (*Géom*) trapezium [*pl* trapeziums]

trapéziste *nmf* trapeze artist

trappe *nf* trapdoor

trapu, -e *adj* **1** (*personne*) stocky **2** (*bâtiment*) squat

traquer *vt* **1** (*animal*) to track **2** (*personne*) to track *sb* down

traumatiser *vt* to traumatize

traumatisme *nm* trauma

travail *nm* **1** (*occupation, lieu*) work [*indénombrable*] : *aller au ~* to go to work ◊ *J'ai appris la nouvelle au ~.* I heard the news at work. ◊ *J'ai beaucoup de ~.* I've got a lot of work to do. ◊ *Ils ont fait du bon ~.* They did some good work. **2** (*tâche, emploi*) job : *J'ai un ~ à finir.* I've got a job to finish. ◊ *un ~ bien payé* a well-paid job ◊ *perdre son ~* to lose your job ◊ *Qu'est-ce que fait ta sœur comme ~?* What does your sister do? ☛ *Voir note sous* WORK[1] **3 travaux** (*de construction*) work [*indénombrable*] : *Ils font des travaux dans leur maison de campagne.* They're doing some work on their country house. **4 travaux** (*sur une route*) roadworks LOC **au travail !** let's get to work! **être sans travail** to be out of work **travail d'équipe** teamwork **travaux agricoles** farm work [*indénombrable*] **travaux forcés** hard labour [*indénombrable*] **travaux manuels** arts and crafts **travaux ménagers** housework [*indénombrable*] **travaux pratiques** practical work [*indénombrable*] *Voir aussi* BOURREAU, PERMIS, TUER

travailler ◆ *vt* **1** (*gén*) to work : ~ *la terre* to work the land **2** (*matière scolaire, morceau de musique*) to work on *sth* : *Tu devrais ~ ton espagnol.* You should work on your Spanish. **3** (*préoccuper*) to be on *sb's* mind : *Cette idée la travaille.* That idea is on his mind. ◆ *vi* **1** (*gén*) to work : *Elle travaille pour une société anglaise.* She works for an English company. ◊ *Il travaille dur.* He works hard. **2** (*se déformer*) to warp : *C'est le bois qui a travaillé.* It's the wood that's warped.

travailleur, -euse ◆ *adj* hard-working ◆ *nm-nf* worker LOC **travailleur temporaire** casual worker

travers LOC **à travers 1** (*gén*) through *sth* : *Il observait les passants à ~ la vitre.* He watched the passers-by through the window. **2** (*marcher, voyager*) across *sth* : *Ils sont passés à ~ champs.* They went across the fields. **de travers 1** (*cadre, chapeau*) not straight : *Tu ne vois pas que le cadre est de ~ ?* Can't you see the picture isn't straight? **2** (*mal*) wrong : *Tout va de ~ !* Everything's going wrong! ◊ *Tu as toujours quelque chose de ~.* You've always got something wrong with you. **3** (*dents*) crooked **en travers de** across *sth* : *Il y avait un* *arbre en ~ de la route.* There was a tree blocking the road. *Voir aussi* AVALER

traverse *nf* (*Chemin de fer*) sleeper LOC *Voir* CHEMIN

traversée *nf* crossing

traverser *vt* **1** (*gén*) to cross : *~ la rue/une rivière* to cross the street/a river ◊ *~ la rue en courant* to run across the street ◊ *~ la rivière à la nage* to swim across the river **2** (*ville, organe, période*) to go through *sth* : *La balle lui a traversé le cœur.* The bullet went through his heart. ◊ *Ils traversent une mauvaise passe.* They're going through a bad patch.

traversin *nm* bolster

travesti *nm* transvestite

trébucher *vi* ~ **(sur)** to stumble (**over** *sth*) : *~ sur une pierre/un mot* to stumble over a stone/a word

trèfle *nm* **1** (*plante*) clover **2** (*Cartes*) clubs [*pl*] ☛ *Voir note sous* CARTE

treillis *nm* (*clôture*) trellis

treize *adj, nm* **1** (*gén*) thirteen **2** (*date*) thirteenth ☛ *Voir exemples sous* SIX

treizième *adj, nmf* thirteenth ☛ *Voir exemples sous* SIXIÈME

tréma *nm* diaeresis

tremblement *nm* **1** (*corps, main*) trembling **2** (*voix*) tremor LOC **tremblement de terre** earthquake

trembler *vi* **1** ~ **(de)** (*personne*) to tremble (**with** *sth*) : *La femme tremblait de peur.* The woman was trembling with fear. ◊ *Il avait la voix qui tremblait.* His voice trembled. **2** (*bâtiment, meubles*) to shake LOC **trembler comme une feuille** to be shaking like a leaf **trembler de froid** to shiver

trempe *nf* (*coups*) thrashing : *recevoir une ~* to get a thrashing LOC **de sa, ta, etc. trempe** of his, your, etc. calibre

trempé, -e *pp, adj* **1** (*personne, vêtements*) soaked : *être ~ de sueur* to be soaked with sweat **2** (*linge*) soaking wet : *Ces draps sont ~s.* These sheets are soaking wet. LOC **être trempé jusqu'aux os** to be soaked to the skin *Voir aussi* TREMPER

tremper ◆ *vt* **1** (*mouiller*) to soak : *On s'est fait ~ par la dernière averse.* We got soaked in the last shower. ◊ *Tu as trempé ma jupe !* You've made my skirt soaking wet! **2** ~ **dans** (*biscuit, tartine*) to dip *sth* **in** *sth* : *~ son pain dans la soupe* to dip your bread in the soup ◆ *vi* **1** (*gén*) to soak : *Mets les lentilles à ~.* Soak the lentils. **2** ~ **dans** (*affaire*) : *Il trempe dans quelque chose de louche.* He's involved in something very odd. LOC **faire tremper** to soak *sth*

tremplin *nm* springboard

trentaine *nf* about thirty : *une ~ de personnes/fois* about 30 people/times ◊ *Il doit avoir la ~.* He must be about 30.

trente *adj, nm* **1** (*gén*) thirty **2** (*date*) thirtieth ☛ *Voir exemples sous* SOIXANTE

trentième *adj, nmf* thirtieth ☛ *Voir exemples sous* SOIXANTIÈME

trépied *nm* tripod

très *adv* very : *Ils sont ~ fatigués.* They're very tired. ◊ *Il n'est pas ~ intelligent.* He's not very intelligent. ◊ *~ lentement/tôt* very slowly/early ◊ *« Tu es fatiguée ? — Pas ~. »* 'Are you tired?' 'Not very.' LOC **très bien 1** (*gén*) very well : *Elle va ~ bien.* She's doing very well. **2** (*d'accord*) OK

trésor *nm* treasure : *découvrir un ~* to find treasure ◊ *Tu es un ~ !* You're a treasure! LOC *Voir* CHASSE, CHERCHEUR

trésorier, -ière *nm-nf* treasurer

tresse *nf* plait : *Fais-toi une ~.* Do your hair in a plait.

tresser *vt* **1** (*cheveux, fils*) to plait **2** (*panier, guirlande*) to weave

tréteau *nm* trestle

treuil *nm* winch

trêve *nf* truce : *demander une ~* to seek a truce LOC **trêve de plaisanterie !** that's enough joking!

tri *nm* **1** (*du courrier*) sorting **2** (*de candidats*) selection LOC **faire le tri de** to sort through *sth* : *J'ai fait le ~ de mes vieux vêtements.* I've sorted through my old clothes. **faire un tri parmi** to select among *sb/sth* : *Nous avons dû faire un ~ parmi les nombreux candidats.* We had to select among the many candidates.

triangle *nm* triangle LOC **triangle équilatéral/isocèle** equilateral/isosceles triangle **triangle rectangle** right-angled triangle

triangulaire *adj* triangular

tribal, -e *adj* tribal

tribord *nm* starboard LOC **à tribord** to starboard

tribu *nf* tribe

tribulations *nf* tribulations

tribunal *nm* court : *comparaître devant le ~* to appear before the court

tribune *nf* **1** (*de stade*) stand : *Nous avons des places dans les ~s.* We've got stand tickets. **2** (*estrade*) platform

tribut *nm* tribute

triche *nf* cheating [*indénombrable*] : *C'est de la ~.* That's cheating.

tricher *vi* to cheat : *Tu triches tout le temps.* You always cheat. ◊ *~ à un examen* to cheat in an exam

tricherie *nf* cheating
tricheur, -euse *adj, nm-nf* cheat [*n*] : *Ce que tu peux être ~ !* You're such a cheat!
tricot *nm* **1** (*pull*) jumper **2** (*ouvrage*) knitting LOC **en tricot** knitted : *une robe en ~* a knitted dress **tricot de corps** vest
tricoter *vt, vi* to knit
tricycle *nm* tricycle, trike (*fam*)
trier *vt* **1** (*courrier*) to sort **2** (*candidats, fruits*) to select
trigonométrie *nf* trigonometry
trilogie *nf* trilogy [*pl* trilogies]
trimbaler (*aussi* **trimballer**) *vt* **1** (*objet*) to lug *sth* about **2** (*personne*) to drag *sb* round
trimestre *nm* **1** (*gén*) quarter **2** (*École, Université*) term : *premier/deuxième/troisième ~* autumn/spring/summer term
trimestriel, -elle *adj* quarterly : *revues/factures trimestrielles* quarterly magazines/bills
tringle *nf* rail : *~ à rideaux* curtain rail
trinquer *vi* ~ **(à la santé de qn/à qch)** to drink a toast (**to sb/sth**) : *Trinquons à leur bonheur.* Let's drink (a toast) to their happiness.
trio *nm* trio [*pl* trios]
triomphal, -e *adj* triumphant
triomphant, -e *adj* (*air, voix*) triumphant
triomphe *nm* triumph
triompher *vi* ~ **(de)** to triumph (**over sb/sth**) : *Ils ont triomphé de leurs ennemis.* They triumphed over their enemies.
tripes *nf* (*Cuisine*) tripe [*indénombrable*]
triple ◆ *adj* triple : *~ saut* triple jump ◆ *nm* three times : *Neuf est le ~ de trois.* Nine is three times three. ◊ *Il gagne le ~ de ce que je gagne.* He earns three times as much as me. LOC *Voir* EXEMPLAIRE
triplé, -e *nm-nf* triplet
tripler *vt, vi* to treble
tripoter *vt* **1** (*chose*) to touch : *Arrête de ~ ce tissu.* Stop touching the material. **2** (*personne*) to paw
trisomique ◆ *adj* Down's syndrome [*n attrib*] ◆ *nmf* Down's syndrome child [*pl* Down's syndrome children]
triste *adj* **1** (*gén*) sad : *être/se sentir ~* to be/feel sad **2** (*endroit*) gloomy : *un paysage/un quartier ~* a gloomy landscape/area **3** (*couleur*) drab
tristesse *nf* **1** (*gén*) sadness **2** (*endroit, temps*) gloominess
troc *nm* (*échange*) swap
trognon *nm* core
trois *adj, nm* **1** (*gén*) three **2** (*date*) third ☛ *Voir exemples sous* SIX LOC *Voir* JAMAIS
troisième ◆ *adj, nmf* third (*abrév* 3rd) ☛ *Voir exemples sous* SIXIÈME ◆ *nf* **1** (*École*) ☛ *Voir note sous* COLLÈGE **2** (*vitesse*) third (gear) LOC **troisième âge** : *activités pour le ~ âge* activities for senior citizens ☛ *Voir note sous* AGED
troisièmement *adv* thirdly
trombe *nf* LOC **en trombe** at high speed : *Ils sont sortis en ~ de la banque.* They shot out of the bank. **trombes (d'eau)** downpour [*sing*] : *Hier il est tombé des ~s d'eau.* It really poured down yesterday.
trombone *nm* **1** (*pour papiers*) paper clip **2** (*instrument*) trombone
trompe *nf* (*éléphant*) trunk
tromper ◆ *vt* **1** (*gén*) to deceive *sb* **about *sth*** : *Il nous a trompés sur la qualité.* He deceived us about the quality. **2** (*être infidèle*) to cheat **on *sb***, to be unfaithful to *sb* (*plus sout*) : *Il trompe sa femme.* He's cheating on his wife. ◆ **se tromper** *v pron* **se ~ (de)** to be wrong (**about *sth***) : *Tu te trompes sur ce point.* You're wrong about that. ◊ *Il s'est trompé de numéro.* He got the wrong number. ◊ *se ~ de route* to take the wrong road ◊ *Tout le monde peut se ~.* We all make mistakes. ◊ *Il s'est trompé dans sa division.* He made a mistake in the division.
trompette *nf* trumpet
trompeur, -euse *adj* **1** (*statistiques*) misleading **2** (*apparence*) deceptive
tronc *nm* **1** (*arbre*) trunk **2** (*Anat*) torso [*pl* torsos]
tronche *nf* mug
tronçon *nm* stretch : *un ~ de route dangereux* a dangerous stretch of road
trône *nm* throne : *monter sur le ~* to come to the throne ◊ *l'héritier du ~* the heir to the throne
trop *adv* **1** (*modifiant un verbe*) too much : *Tu fumes ~.* You smoke too much. ◊ *J'ai ~ bu.* I've had too much to drink. **2** (*modifiant un adj ou adv*) too : *Tu vas ~ vite.* You're going too fast. **3** ~ **de** (+ *nom indénombrable*) too much : *Il y a ~ de nourriture.* There's too much food. **4** ~ **de** (+ *nom pluriel*) too many : *Tu portes ~ de choses.* You're carrying too many things.

Quand *trop* est suivi d'un adjectif il se traduit par **too** : *trop froid* too cold Quand il est suivi d'un nom, la traduction est **too much** ou **too many** : *trop de fumée* too much smoke ◊ *trop de voitures* too many cars.

LOC **de/en trop** too much, too many : *Il y a deux chaises en/de ~.* There are two chairs too many. ◊ *Tu as payé trois euros de ~.* You paid three euros too much. **être de trop** to be in the way : *Nous sommes de ~ ici.* We're in the way here. ☛ Les autres expressions formées avec **trop** sont traitées sous le nom, l'adjectif, etc. correspondant : pour **aller trop loin**, par exemple, voir LOIN.

trophée *nm* trophy [*pl* trophies]

tropical, -e *adj* tropical

tropique *nm* tropic : *le ~ du Cancer/Capricorne* the tropic of Cancer/Capricorn ◊ *les ~s* the tropics

trop-plein *nm* **1** (*d'énergie*) excess **2** (*baignoire*) overflow

troquer *vt* **1** ~ **(contre)** (*commerce*) to trade *sth* (**for** *sth*) **2** ~ **(contre/pour)** (*échanger*) to swap *sth* (**for** *sth*)

trot *nm* trot : *aller au ~* to go at a trot

trotter *vi* **1** (*cheval*) to trot **2** (*bébé*) to toddle : *Regarde, comme il trotte déjà !* Look, he's toddling already! **3** (*marcher beaucoup*) to do a lot of walking : *J'ai trotté toute la journée.* I've been walking all day.

trottiner *vi* to scamper

trottinette *nf* scooter

trottoir *nm* pavement

trou *nm* **1** (*cavité*) hole : *faire un ~* to make a hole ◊ *creuser un ~* to dig a hole **2** (*sur une route*) pothole : *Ces routes sont pleines de ~s.* These roads are full of potholes. **3** (*espace*) gap : *Il y a un ~ de 20 mètres.* There's a 20 metre gap. LOC **avoir un trou de mémoire** to go blank **dans un trou perdu** in the middle of nowhere **trou de serrure** keyhole **trou noir** black hole *Voir aussi* BOIRE

troublant, -e *adj* disturbing

trouble *adj* **1** (*liquide*) cloudy **2** (*affaire*) shady

trouble-fête *nm* spoilsport

troubler ◆ *vt* **1** (*liquide*) to make *sth* cloudy **2** (*déranger*) to disturb ◆ **se troubler** *v pron* **1** (*liquide*) to become cloudy **2** (*se sentir gêné*) to get flustered LOC **troubler l'ordre public** to cause a breach of the peace

trouer *vt* to make a hole in *sth*

trouille *nf* fear LOC **avoir la trouille** to be scared stiff (*of sth/of doing sth*)

troupe *nf* **1** (*bande*) troop **2** (*comédiens*) troupe **3** (*lions*) pride **4 troupes** (*Mil*) troops

troupeau *nm* **1** (*moutons*) flock **2** (*vaches, etc.*) herd : *un ~ d'éléphants* a herd of elephants

trousse *nf* **1** (*crayons*) pencil case **2** (*maquillage*) make-up bag LOC **trousse de secours** first-aid kit

trousseau *nm* **1** (*de clés*) bunch **2** (*de mariée*) trousseau [*pl* trousseaus/trousseaux]

trouvaille *nf* find

trouvé, -e *pp, adj* **1** (*qui est une trouvaille*) perfect : *C'est bien ~ !* that's perfect! **2** (*tout fait*) ready-made : *une excuse toute trouvée* a ready-made excuse LOC *Voir* OBJET ; *Voir aussi* TROUVER

trouver ◆ *vt* **1** (*gén*) to find : *Je ne trouve pas ma montre.* I can't find my watch. ◊ *Ils ont fini par le ~.* They found it in the end. **2** (*estimer, voir*) : *J'ai trouvé ça curieux.* I thought it was strange. ◊ *Je l'ai trouvé très triste.* He seemed very sad. ◊ *J'ai trouvé ton père bien mieux.* Your father is looking a lot better. **3** (*découvrir en cherchant*) : *Moi je trouve 18.* I make it 18. ◆ **se trouver** *v pron* **1** (*être situé*) to be : *Où se trouve ton hôtel ?* Where is your hotel? **2** (*personne*) to find yourself : *Je ne m'étais jamais trouvée dans une situation pareille.* I'd never found myself in a situation like that. **3** (*arriver*) to come : *se ~ en troisième place dans la compétition* to come third in the competition LOC **il se trouve que...** it so happens that... **si ça se trouve** : *Si ça se trouve, ils ne viendront pas.* They might not even come. **trouver à redire** to find fault *with sth* : *Tu trouves à redire à tout.* You find fault with everything. **trouver la mort** to die : *Ils ont trouvé la mort dans un accident de voiture.* They died in a car accident.

truand *nm* gangster

truc *nm* **1** (*chose, spécialité*) thing : *Je n'arrive pas à trouver le ~ pour l'allumer.* I can't find the thing to light it. ◊ *Son ~, c'est la musique.* Music's his thing. **2** (*combine*) trick : *un ~ du métier* a trick of the trade LOC *Voir* CHACUN

truffe *nf* truffle

truie *nf* sow

truite *nf* trout [*pl* trout]

truquer *vt* **1** (*comptes*) to fiddle **2** (*élections*) to rig

T-shirt (*aussi* **tee-shirt**) *nm* T-shirt

tu *pron pers* you : *Tu n'as pas autre chose ?* Don't you have anything else? LOC **être à tu et à toi avec qn** to be on first name terms with sb

tuba *nm* **1** (*instrument*) tuba **2** (*plongée*) snorkel

tube *nm* **1** (*emballage*) tube : *un ~ de dentifrice* a tube of toothpaste ☛ *Voir illustration sous* CONTAINER **2** (*musique*) hit LOC **tube à essai** test tube **tube digestif** digestive tract

tuberculose *nf* tuberculosis (*abrév* TB)

tuer *vt, vi* to kill : *Je vais te ~ !* I'm going to kill you! LOC **se tuer au travail** to work like mad **tuer d'un coup de fusil/revolver** to shoot *sb* dead **tuer le temps** to while away your time

tue-tête LOC **à tue-tête** at the top of your voice

tueur, -euse *nm-nf* killer LOC **tueur à gages** hired assassin

tuile *nf* tile

tulipe *nf* tulip

tumeur *nf* tumour : *~ bénigne/au cerveau* benign/brain tumour

tumulte *nm* uproar

tumultueux, -euse *adj* turbulent

tunique *nf* tunic

Tunisie *nf* **la Tunisie** Tunisia

tunisien, -ienne ◆ *adj* Tunisian ◆ **Tunisien, -ienne** *nm-nf* Tunisian

tunnel *nm* tunnel : *traverser un ~* to go through a tunnel ◊ *le ~ sous la Manche* the Channel Tunnel

turban *nm* turban

turbine *nf* turbine

turbot *nm* turbot [*pl* turbot]

turbulence *nf* **1** (*atmosphérique*) turbulence **2** (*agitation*) unrest

turbulent, -e *adj* unruly

turquoise *adj, nm, nf* turquoise

tutelle *nf* guardianship

tuteur, -trice ◆ *nm-nf* (*Jur*) guardian ◆ *nm* (*support de plante*) stake

tutoyer *vt* to be on familiar terms with *sb*

tuyau *nm* **1** (*conduit*) pipe : *le ~ d'arrivée d'eau* the water pipe **2** (*d'arrosage*) hose LOC **tuyau d'échappement** exhaust pipe **tuyau de vidange** waste pipe

TVA *nf* VAT

tympan *nm* (*oreille*) eardrum

type *nm* **1** (*genre*) type : *Je n'aime pas ce ~ de réactions.* I don't like this type of reaction. **2** (*individu*) guy [*pl* guys] : *Qu'est-ce qu'il est moche, ce ~ !* What an ugly guy!

typhon *nm* typhoon

typique *adj* **1** (*caractéristique*) typical **of sb** : *C'est ~ de sa part d'arriver en retard.* It's typical of her to be late. ◊ *C'est ~ !* That's just typical! **2** (*traditionnel*) traditional : *une danse/un costume ~* a traditional dance/costume

tyran *nm* **1** (*gén*) tyrant **2** (*à l'école*) bully [*pl* bullies] : *C'est un véritable ~ !* He's a real bully.

tyrannie *nf* tyranny

Uu

ulcère *nm* ulcer

ultérieur, -e *adj* later : *à une date ultérieure* at a later date

ultimatum *nm* ultimatum [*pl* ultimatums]

ultime *adj* final

ultraviolet, -ette *adj* ultraviolet

un, une ◆ *art indéf* a, an ☛ La forme **an** s'utilise devant un son vocalique : *un arbre* a tree ◊ *un bras* an arm ◊ *une heure* an hour ◆ *adj* one : *J'ai dit un kilo, pas deux.* I said one kilo, not two. ◆ *pron* **1** (*gén*) one : *Il n'avait pas de cravate, alors je lui en ai prêté une.* He didn't have a tie, so I lent him one. ◊ *C'est forcément l'un d'entre vous.* It must have been one of you. **2 uns** : *Cela plaît aux uns mais pas aux autres.* Some (people) like it, some don't. ◆ *nm* one : *un, deux, trois* one, two, three LOC **les uns les autres** each other, one another : *Ils s'aidaient les uns les autres.* They helped one another. **l'un après l'autre** one after another : *Ils sont arrivés l'un après l'autre.* They arrived one after another. **un par un** one by one : *Rentre-les un par un.* Put them in one by one.

unanime *adj* unanimous : *être ~ à faire qch* to be unanimous in doing sth

unanimité *nf* unanimity LOC **à l'unanimité** unanimously **faire l'unanimité** to win unanimous support

uni, -e *pp, adj* **1** (*amis, couple*) close : *une famille très unie* a very close family ◊ *Ils sont très ~s.* They're very close. **2** (*sans ornement, d'une seule couleur*) plain *Voir aussi* UNIR

unification *nf* unification

unifier *vt* to unify

uniforme ◆ *adj* **1** (*gén*) uniform : *de taille ~* of uniform size **2** (*surface*) even

◆ *nm* uniform : *des soldats en ~* soldiers in uniform

uniformité *nf* uniformity

unilatéral, **-e** *adj* unilateral

union *nf* **1** (*gén*) union : *l'union monétaire* monetary union **2** (*unité*) unity : *L'union fait la force.* There's strength in unity. LOC **Union européenne** European Union (*abrév* EU) *Voir aussi* TRAIT

unique *adj* **1** (*seul*) only : *l'unique exception* the only exception **2** (*sans égal*) unique : *une œuvre d'art ~* a unique work of art LOC **fils/fille unique** only child : *Je suis fils ~.* I'm an only child. *Voir aussi* SENS

unir ◆ *vt* to unite : *les objectifs qui nous unissent* the aims that unite us ◆ **s'unir** *v pron* **1 s'unir à/avec/contre** (*s'associer*) to unite **with/against** ***sb*** **2** (*se combiner*) to go together : *Ces couleurs s'unissent bien.* These colours go well together.

unisson *nm* unison LOC **à l'unisson** in chorus

unité *nf* **1** (*élément, mesure*) unit : *~ de mesure* unit of measurement **2** (*union*) unity : *manque d'unité* lack of unity LOC **unité centrale** central processing unit **unité de soins intensifs** intensive care unit **unité de traitement** processor : *~ de traitement de l'information/de texte* data/word processor **unité monétaire** unit of currency

univers *nm* universe

universel, **-elle** *adj* **1** (*gén*) universal : *un langage ~* a universal language **2** (*histoire, littérature*) world [*n attrib*] : *histoire universelle* world history

universitaire *adj* university [*n attrib*] LOC *Voir* ANNÉE, CITÉ, RÉSIDENCE

université *nf* university [*pl* universities] : *aller à l'université* to go to university

Untel, **Unetelle** *nm-nf* : *Monsieur Untel/Madame Unetelle* Mr/Mrs So-and-so

uranium *nm* uranium

Uranus *n pr* Uranus

urbain, **-e** *adj* urban

urbanisme *nm* town planning

urgence *nf* **1** (*d'une situation, d'une tâche*) urgency **2** (*cas urgent*) emergency [*pl* emergencies] : *en cas d'urgence* in case of emergency **3 urgences** (*Méd*) casualty (department) [*sing*] LOC *Voir* BANDE

urgent, **-e** *adj* urgent : *un travail ~* an urgent job

urine *nf* urine

uriner *vi* to urinate, to pass water (*plus fam*)

urne *nf* **1** (*funéraire*) urn **2** (*Polit*) ballot box

urticaire *nf* rash

usage *nm* **1** (*action d'utiliser, possibilité d'utiliser*) use **2** (*coutume*) custom LOC **à usage externe** for external application **hors d'usage** no longer in use

usagé, **-e** *adj* **1** (*usé*) worn **2** (*déjà utilisé*) used

usager *nm* user

usé, **-e** *pp, adj* **1** (*abîmé*) worn : *des chaussures usées* worn shoes **2** (*plaisanterie*) old **3** (*argument*) well-worn *Voir aussi* USER

user ◆ *vt* **1** (*vêtement, objet, personne*) to wear *sb/sth* out : *~ ses bottes* to wear out your boots ◊ *Il use tous ses pulls aux coudes.* He wears out all his jumpers at the elbows. **2** (*consommer*) to use : *Cette voiture use beaucoup d'essence.* The car uses a lot of petrol. ◆ **s'user** *v pron* **1** (*vêtement, chaussures*) to wear out : *Mon pull s'est usé aux coudes.* My jumper's worn out at the elbows. **2** (*s'épuiser*) to burn yourself out

usine *nf* **1** (*gén*) factory [*pl* factories] : *une ~ de conserves* a canning factory **2** (*ciment, acier, briques*) works [*v sing ou pl*] : *L'usine sidérurgique va fermer.* The steelworks is/are closing down.

usité, **-e** *adj* commonly-used

ustensile *nm* utensil : *~s de cuisine* kitchen utensils

usuel, **-elle** *adj* everyday

usure *nf* (*détérioration*) wear : *Ce tapis a mal résisté à l'usure.* This carpet hasn't worn well. LOC **avoir qn à l'usure** to wear sb down

utérus *nm* womb, uterus (*scientifique*)

utile *adj* useful

utilisateur, **-trice** *nm-nf* user

utilisation *nf* use : *notice d'utilisation* instructions for use

utiliser *vt* to use : *bien ~ son temps* to use your time well ◊ *J'utilise beaucoup l'ordinateur.* I use the computer a lot. ◊ *Il a utilisé tous les moyens pour parvenir à son but.* He used every means possible to reach his goal. LOC **utiliser au mieux** to make the most of *sth*

utilitaire *adj* utilitarian

utilité *nf* usefulness : *être d'une grande ~* to be very useful ◊ *n'avoir aucune ~* to be of no use whatsoever

utopie *nf* Utopia

Vv

V LOC *Voir* COL, DÉCOLLETÉ

vacances *nf* holiday [*pl* holidays]

Holiday ou **holidays** ? En général, on traduit *vacances* par **holiday**, au singulier : *Ces vacances ont été inoubliables.* It was an unforgettable holiday. ◊ *Passe de bonnes vacances !* Have a great holiday! Dans certains contextes, on peut aussi utiliser le pluriel **holidays** : *pendant les vacances scolaires/d'été/de Noël* during the school/summer/Christmas holidays.

LOC **être/partir en vacances** to be/go on holiday *Voir aussi* CAMP, COLONIE

vacancier, -ière *nm-nf* holiday-maker

vacant, -e *adj* vacant : *Il y a trois postes ~s.* There are three vacancies.

vacarme *nm* racket : *faire du ~* to make a racket ◊ *Qu'est-ce que c'est que ce ~ ?* What's all this racket?

vaccin *nm* **1** (*produit*) vaccine : *le ~ contre la polio* the polio vaccine **2** (*piqûre*) vaccination : *se faire faire un ~* to have a vaccination

vacciner *vt* to vaccinate *sb/sth* (**against** *sth*) : *Il faut faire ~ le chien contre la rage.* We've got to have the dog vaccinated against rabies.

vache *nf* (*animal*) cow LOC **oh la vache ! 1** (*admiratif*) wow! **2** (*choc*) bloody hell! **vache laitière** dairy cow *Voir aussi* BOUSE

vachement *adv* really : *Je suis ~ contente.* I'm really happy.

vaciller *vi* **1** (*personne*) to be unsteady **2** (*flamme*) to flicker

va-et-vient *nm* toing and froing

vagabond, -e *nm-nf* tramp

vagin *nm* vagina

vague ◆ *adj* vague : *une réponse ~* a vague answer ◊ *une ~ ressemblance* a vague resemblance ◆ *nf* wave

vaillant, -e *adj* hale and hearty

vain, -e *adj* vain : *une vaine tentative* a vain attempt LOC **en vain** in vain

vaincre *vt* **1** (*ennemi, adversaire*) to defeat **2** (*pauvreté*) to overcome **3** (*maladie*) to conquer

vaincu, -e ◆ *pp, adj* : *s'avouer ~* to give in ◆ *nm-nf* loser : *les vainqueurs et les ~s* the winners and the losers *Voir aussi* VAINCRE

vainqueur *nm* **1** (*Mil*) victor **2** (*Sport*) winner

vaisseau *nm* (*Anat, Bot*) vessel : *vaisseaux capillaires/sanguins* capillary/blood vessels LOC **vaisseau spatial** spacecraft [*pl* spacecraft]

vaisselle *nf* (*plats*) dishes [*pl*] LOC **faire la vaisselle** to do the washing-up *Voir aussi* ESSUYER, TORCHON

valable *adj* **1** (*document*) valid : *Ce passeport n'est plus ~.* This passport is no longer valid. **2** (*directive*) : *Ce que j'ai dit à Pierre est ~ pour toi aussi.* What I told Pierre goes for you too. **3** (*excuse, argument*) valid : *Tous ses arguments étaient très ~s.* All his arguments were valid.

valet *nm* (*Cartes*) jack ☛ *Voir note sous* CARTE

valeur *nf* **1** (*gén*) value : *Ce meuble a une grande ~ sentimentale pour moi.* This piece of furniture has great sentimental value for me. ◊ *Son appartement a pris de la ~.* Her flat has increased in value. **2 valeurs** (*Fin*) stocks and shares LOC **d'une valeur de...** : *une bague d'une ~ de 1 000 euros* a ring worth 1 000 euros **mettre en valeur** to emphasize *sth* **sans valeur** worthless **se mettre en valeur 1** (*soigner son apparence*) to make yourself look good **2** (*par ses qualités*) to show yourself to best advantage *Voir aussi* TAXE

valide *adj* valid

valider *vt* **1** (*billet de train*) to stamp **2** (*diplôme*) : *faire ~ un diplôme* to have a degree recognized **3** (*bulletin de loto*) to have *sth* validated

validité *nf* validity

valise *nf* (suit)case ☛ *Voir illustration sous* BAGAGE LOC **faire/défaire sa valise/ses valises** to pack/unpack

vallée *nf* valley [*pl* valleys]

vallon *nm* dale

valoir *vi* **1** (*coûter*) to cost : *Le livre valait 12 euros.* The book cost 12 euros. ◊ *Combien valent les pêches ?* How much are the peaches? **2** (*avoir comme valeur*) to be worth : *Un dollar vaut environ un euro.* One dollar is worth about one euro. LOC **ça ne me dit rien qui vaille** I've got a bad feeling about it **il vaut mieux...** : *Il vaut mieux que tu prennes ton parapluie.* You'd better take your umbrella. ◊ *Il vaut mieux que tu dises la* *vérité.* You'd better tell the truth. **ne rien valoir** (*être de mauvaise qualité*) to be rubbish **valoir la peine** to be worth it : *Cela vaut la peine à long terme.* It's worth it in the long run. **valoir la peine de faire qch** to be worth doing sth : *Cela ne vaut pas la peine d'y aller pour une demi-heure.* It's not worth going for half an hour. **valoir le détour** to be worth a visit *Voir aussi* TENIR

valse *nf* waltz : *danser la ~* to waltz

valve *nf* valve

vampire *nm* (*personnage mythique*) vampire

vandale *nmf* vandal

vandalisme *nm* vandalism

vanille *nf* vanilla : *glace à la ~* vanilla ice cream LOC *Voir* GOUSSE

vanité *nf* vanity

vaniteux, -euse *adj, nm-nf* vain [*adj*] : *Tu es un ~.* You're so vain.

vanne *nf* gate

vanter ◆ *vt* to praise ◆ **se vanter** *v pron* to show off : *Ils aiment se ~.* They love showing off.

vapeur *nf* **1** (*gén*) steam : *une locomotive à ~* a steam engine ◊ *un fer à repasser à ~* a steam iron **2** (*Chim*) vapour : *~s toxiques* toxic vapours LOC **à la vapeur** steamed : *légumes à la ~* steamed vegetables *Voir aussi* BATEAU

vaporisateur *nm* spray [*pl* sprays]

vaporiser *vt* to spray *sth* (**with *sth***) : *Il est bon de ~ les plantes deux fois par jour.* The plants should be sprayed twice a day.

variable ◆ *adj* **1** (*horaire, capacité*) variable **2** (*temps*) changeable ◆ *nf* variable

variante *nf* variant

variation *nf* variation : *de légères ~s de pression* slight variations in pressure

varice *nf* varicose vein

varicelle *nf* chickenpox

varié, -e *pp, adj* varied *Voir aussi* VARIER

varier ◆ *vt* to vary : *Il faut ~ votre alimentation.* You should vary your diet. ◆ *vi* **1** (*être varié*) to vary : *Les prix varient selon les restaurants.* Prices vary depending on the restaurant. ◊ *Ça varie.* It varies. **2** (*changer*) to change : *Ça ne varie pas au pluriel.* It doesn't change in the plural. LOC **pour varier les plaisirs** for a change

variété *nf* **1** (*diversité, espèce*) variety [*pl* varieties] : *Cette ~ de tomates est très sucrée.* This variety of tomato is very sweet. **2 variétés** (*Mus*) popular music [*indénombrable*] : *émission/spectacle de ~s* popular music show

variole *nf* smallpox

vase *nm* vase LOC *Voir* GOUTTE

vaseux, -euse *adj* (*endormi*) dopey : *Ces cachets m'ont rendu ~.* Those pills have made me dopey.

vasque *nf* basin

vaste *adj* **1** (*gamme, programme*) wide : *une ~ gamme de produits* a wide range of goods **2** (*lieu*) spacious : *un ~ appartement* a spacious flat

Vatican *nm* **le Vatican** the Vatican

vau-l'eau LOC **aller à vau-l'eau** (*projet*) to be in a mess

vaurien *nm* scoundrel

vautour *nm* vulture

se vautrer *v pron* **1 se ~ dans** (*boue*) to wallow **in *sth*** **2 se ~ sur** (*lit*) to sprawl **on *sth***

va-vite LOC **à la va-vite** in a rush : *Il fait tout à la ~.* He does everything in a rush.

veau *nm* **1** (*animal*) calf [*pl* calves] **2** (*viande*) veal

vedette *nf* **1** (*cinéma*) star : *Ce film a pour ~s deux acteurs inconnus.* The film stars two unknown actors. **2** (*bateau*) launch LOC **avoir/tenir la vedette** to top the bill **mettre en vedette** to put *sb* in the spotlight

végétal, -e ◆ *adj* vegetable [*n attrib*] : *huiles végétales* vegetable oils ◆ *nm* plant LOC *Voir* RÈGNE

végétalien, -ienne *adj, nm-nf* vegan : *être ~* to be a vegan

végétarien, -ienne *adj, nm-nf* vegetarian : *être ~* to be a vegetarian

végétation *nf* **1** (*gén*) vegetation **2 végétations** (*Méd*) adenoids

végéter *vi* (*personne*) to be a vegetable

véhémence *nf* vehemence

véhément, -e *adj* passionate

véhicule *nm* vehicle

véhiculer *vt* (*idée*) to spread

veille *nf* **1** (*jour*) day before (*sth*) : *J'ai tout préparé la ~.* I got everything ready the day before. ◊ *la ~ de l'examen* the day before the exam

> Il existe une autre traduction possible, **eve**, qui s'applique à la veille d'une fête religieuse ou d'un événement important : *la veille de la Saint-Jean* Midsummer Eve ◊ *Ils sont arrivés la veille des élections.* They arrived on the eve of the elections.

2 (*appareil électrique*) standby : *mettre qch en mode ~* to put sth on standby LOC

veille de Noël Christmas Eve : *On se rassemble tous la ~ de Noël.* We all get together on Christmas Eve. **veille du Jour de l'An** New Year's Eve : *Qu'est-ce que tu as fait la ~ du Jour de l'An ?* What did you do on New Year's Eve?

veillée *nf* evening LOC **veillée funèbre** wake

veiller ◆ *vt* **1** (*mort*) to keep vigil **over** ***sb*** **2** (*malade*) to sit up **with** ***sb*** ◆ *vi* **1** (*se coucher tard*) to stay up **2** ~ **à faire qch** to be sure **to do sth** : *Veillez à ne pas laisser les fenêtres ouvertes.* Be sure not to leave the windows open. **3** ~ **sur** (*prendre soin de*) to look after *sb/sth* : *Ton parrain veillera sur toi.* Your godfather will look after you.

veilleur, -euse ◆ *nm-nf* (*guetteur*) lookout ◆ **veilleuse** *nf* **1** (*chauffeau*) pilot light **2** (*cuisinière*) minimum LOC **mettre en veilleuse 1** (*casserole*) to put *sth* on a low heat **2** (*projet*) to put *sth* on the back burner **veilleur de nuit** nightwatchman [*pl* nightwatchmen]

veine *nf* **1** (*Anat*) vein **2** (*chance*) stroke of luck : *Quelle ~ !* What a stroke of luck! LOC **avoir de la veine** to be lucky : *Quelle ~ tu as !* You're so lucky!

vélo *nm* bicycle, bike (*plus fam*) : *Tu sais faire du ~ ?* Can you ride a bike? ◊ *aller au travail en ~* to cycle to work ◊ *aller faire un tour en ~* to go for a ride on your bicycle LOC **vélo d'appartement/ d'entraînement** exercise bike **vélo de course** racing bike **vélo tout terrain** mountain bike

vélodrome *nm* velodrome, cycle track (*plus fam*)

vélomoteur *nm* moped

velours *nm* velvet LOC **velours côtelé** corduroy : *Mets ton ~ côtelé.* Wear your corduroy trousers. *Voir aussi* PANTALON

velouté, -e *adj* (*surface*) velvety

velu, -e *adj* hairy

vendange *nf* **1** (*raisins récoltés*) grape harvest : *La ~ n'a pas été très abondante cette année.* The grape harvest wasn't very good this year. **2 vendanges** (*ramassage*) grape-picking [*indénombrable*] : *faire les ~s* to pick the grapes

vendanger *vi* to harvest the grapes

vendeur, -euse *nm-nf* **1** (*dans un magasin*) shop assistant **2** (*dans une société*) sales representative LOC **vendeur ambulant** hawker

vendre ◆ *vt* to sell ◆ **se vendre** *v pron* **1** (*produits*) to sell : *Ce modèle se vend très bien.* This model is selling very well. **2** (*se mettre en valeur*) to sell yourself LOC **à vendre** for sale : *L'appartement du dessus est à ~.* The upstairs flat is for sale. **se vendre comme des petits pains** to sell like hot cakes

vendredi *nm* Friday [*pl* Fridays] (*abrév* Fri) ☛ *Voir exemples sous* LUNDI LOC **vendredi saint** Good Friday

vénéneux, -euse *adj* poisonous LOC *Voir* CHAMPIGNON

vénérable *adj* venerable

vénérer *vt* to worship

vengeance *nf* revenge

venger ◆ *vt* to avenge ◆ **se venger** *v pron* to take revenge (***on sb***) (***for sth***) : *Il s'est vengé de ce qu'ils lui avaient fait.* He took revenge for what they'd done to him. ◊ *Je me vengerai de lui.* I'll get my revenge on him.

venimeux, -euse *adj* poisonous

venin *nm* venom

venir *vi* to come : *Viens ici !* Come here! ◊ *Tu ne viens jamais me voir.* You never come to see me. ◊ *Ces bijoux viennent d'une collection privée.* These jewels come from a private collection.

Come + infinitif peut être remplacé par **come and** + verbe, surtout dans des impératifs : *Viens me voir demain.* Come and see me tomorrow.

LOC **en venir à** to drive at *sth* : *Je ne vois pas où tu veux en ~.* I don't see what you're driving at. **venir de faire qch** to have just done sth : *Je viens de le voir.* I've just seen him. ◊ *Je viens juste d'avoir 18 ans.* I've just turned 18. ☛ Les autres expressions formées avec **venir** sont traitées sous le nom, l'adjectif, etc. correspondant : pour **en venir aux mains**, par exemple, voir MAIN.

vent *nm* wind : *Il y avait trop de ~.* It was too windy. LOC **contre vents et marées** come hell or high water **du vent !** get lost! **en coup de vent** briefly **faire du vent** to be windy : *Il fait toujours du ~.* It's still windy. **faire du vent à** to fan *sb* **quel bon vent t'amène ?** to what do I/ we owe the pleasure? *Voir aussi* MOULIN

vente *nf* sale : *travailler dans la ~* to work in sales LOC **en vente 1** (*à vendre*) for sale : *L'appartement du dessus est en ~.* The upstairs flat is for sale. **2** (*disponible*) on sale : *Ils sont en ~ dans les supermarchés.* They are on sale in supermarkets. **vente aux enchères** auction : *Il l'a acheté dans une ~ aux enchères.* He bought it at an auction. **vente par correspondance** mail-order selling *Voir aussi* DATE

ventilateur *nm* fan

ventilation *nf* ventilation
ventiler *vt* to air : *Laisse la fenêtre ouverte pour bien ~ la pièce.* Leave the window open to air the room properly.
ventouse *nf* (*Zool*) sucker
ventre *nm* **1** (*abdomen*) stomach, tummy [*pl* tummies] (*plus fam*) : *avoir mal au ~* to have stomach-ache **2** (*bedaine*) belly [*pl* bellies] : *avoir du ~* to have a big belly ◊ *Tu es en train de prendre du ~.* You're getting a belly. **3** (*utérus*) womb LOC *Voir* RENTRER
ventriloque *nmf* ventriloquist
venu, -e *pp, adj* LOC **bien/mal venu** appropriate/inappropriate : *Tu serais mal ~ de te plaindre.* It would be inappropriate to complain. *Voir aussi* VENIR
venue *nf* coming : *attendre la ~ de qn* to wait for sb to come
Vénus *n pr* Venus
ver *nm* **1** (*gén*) worm **2** (*dans la nourriture*) maggot LOC **ver à soie** silkworm **ver de terre** earthworm *Voir aussi* TIRER
véranda *nf* veranda
verbal, -e *adj* verbal
verbe *nm* verb
verdâtre *adj* greenish
verdict *nm* verdict
verdure *nf* greenery
verger *nm* orchard
vergeture *nf* stretch mark
verglacé, -e *adj* icy
verglas *nm* black ice
vérification *nf* check
vérifier ◆ *vt* ~ **(que.../si...)** to check **(that.../to see if...)** : *Ils sont venus ~ la chaudière.* They came to check the boiler. ◊ *Est-ce que tu as vérifié s'il fonctionnait ?* Did you check to see if it worked? ◆ **se vérifier** *v pron* to be borne out : *Nos craintes se sont vérifiées.* Our fears have been borne out.
véritable *adj* real : *Cette traduction est un ~ cauchemar.* This translation is a real nightmare.
vérité *nf* truth : *Dis la ~.* Tell the truth. LOC **en vérité** to tell the truth : *En ~, je ne sais plus très bien où je l'ai rangé.* To tell the truth I can't remember where I put it. *Voir aussi* QUATRE
vermicelle *nm* noodle : *soupe au ~* noodle soup
vermine *nf* pest
verni, -e *pp, adj* **1** (*chaussure*) patent leather **2** (*bois*) varnished **3** (*ongles*) painted LOC *Voir* CUIR ; *Voir aussi* VERNIR
vernir *vt* **1** (*bois*) to varnish **2** (*poterie*) to glaze LOC **se vernir les ongles** to paint your nails
vernis *nm* **1** (*bois*) varnish **2** (*poterie*) glaze LOC **vernis à ongles** nail varnish
verre *nm* **1** (*matière*) glass [*indénombrable*] : *Je me suis coupé avec un morceau de ~.* I cut myself on a piece of broken glass. ◊ *une bouteille en ~* a glass bottle **2** (*objet*) glass : *un ~ d'eau* a glass of water **3** (*boisson*) drink : *prendre un ~* to have a drink **4** (*lunettes*) lens LOC **verre à pied** wine glass **verre en plastique/carton** plastic/paper cup **verres de contact** contact lenses *Voir aussi* BOIRE, LAINE, NOYER, PAPIER
verrerie *nf* glassworks [*pl*]
verrou *nm* bolt : *fermer au ~* to bolt *sth* LOC **être sous les verrous** to be behind bars **mettre sous les verrous** to put *sb* behind bars *Voir aussi* TIRER
verrouiller *vt* to bolt
verrue *nf* wart
vers[1] *nm* **1** (*ligne de poésie*) line **2** (*poésie*) verse : *écrire des ~* to write verse LOC **en vers** in verse
vers[2] *prép* **1** (*déplacement*) towards : *aller ~ qn/qch* to go towards sb/sth **2** (*près de*) near : *On s'est promenés ~ Autun.* We went for a walk near Autun. **3** (*temps*) at about : *J'arriverai ~ 3 heures.* I'll be there at about 3 o'clock. ☛ *Voir note sous* AROUND[1]
versant *nm* side
verse LOC *Voir* PLEUVOIR
Verseau *nm* (*Astrologie*) Aquarius ☛ *Voir exemples sous* AQUARIUS
versement *nm* **1** (*paiement*) payment **2** (*dépôt*) deposit **3** (*échelonné*) instalment : *payer qch en plusieurs ~s* to pay for sth in instalments
verser ◆ *vt* **1** (*dans un récipient*) to pour : *Verse le lait dans une autre tasse.* Pour the milk into another cup. ◊ *Verse-lui du vin.* Pour him some wine. **2** (*argent*) to pay *sth* in : *~ de l'argent sur un compte bancaire* to pay money into a bank account ◆ *vi* **1** (*basculer*) to overturn : *La voiture a versé dans le fossé.* The car overturned and went into the ditch. **2** (*couler*) to pour : *Cette casserole verse mal.* This saucepan doesn't pour properly. LOC **verser le sang/des larmes** to shed blood/tears
version *nf* **1** (*gén*) version **2** (*traduction*) translation LOC **en version originale** (*Cin*) in the original language **en version originale sous-titrée** subtitled
verso *nm* back LOC **voir au verso** see overleaf *Voir aussi* RECTO
vert, -e ◆ *adj* **1** (*gén*) green **2** (*fruit*)

unripe : *Ils sont encore ~s.* They're not ripe yet. ◆ *nm* **1** (*couleur*) green **2 les verts** (*Polit*) the Greens LOC **vert bouteille** bottle-green *Voir aussi* CHÊNE, CITRON, ESPACE, HARICOT, POIVRON, SALADE

vertébral, -e *adj* LOC *Voir* COLONNE

vertèbre *nf* vertebra [*pl* vertebrae] LOC *Voir* DÉPLACER

vertébré, -e *adj*, *nm* vertebrate

vertical, -e *adj* **1** (*gén*) vertical : *une ligne verticale* a vertical line **2** (*position*) upright : *en position verticale* in an upright position

vertige *nm* vertigo : *avoir le ~* to get vertigo LOC **donner le vertige à** to make *sb* dizzy

vertigineux, -euse *adj* **1** (*hauteur*) dizzy **2** (*vitesse*) breakneck

vertu *nf* virtue

vertueux, -euse *adj* virtuous

vésicule *nf* LOC **vésicule biliaire** gall bladder

vessie *nf* bladder

veste *nf* jacket

vestiaire *nm* **1** (*vêtements*) wardrobe **2** (*Sport*) changing room **3** (*dans des lieux publics*) cloakroom

vestibule *nm* hall

vestige *nm* **1** (*gén*) relic **2 vestiges** (*civilisation*) remains : *des ~s romains* Roman remains

veston *nm* jacket

vêtement *nm* **1** (*gén*) garment **2 vêtements** clothes : *~ pour enfants* children's clothes ◊ *~s d'occasion* second-hand clothes LOC **vêtements de sport** sportswear

vétéran *nm* veteran

vétérinaire ◆ *adj* veterinary ◆ *nmf* vet

veto *nm* veto [*pl* vetoes]

vêtu, -e *pp*, *adj* ~ **de** dressed **in *sth*** : *Tu es très légèrement ~.* You're not very warmly dressed.

veuf, veuve ◆ *adj* widowed : *Elle a été veuve très jeune.* She was widowed at an early age. ◆ *nm-nf* widower [*fém* widow] LOC **devenir veuf** to be widowed

vexé, -e *pp*, *adj* upset *Voir aussi* VEXER

vexer ◆ *vt* to offend : *Je crois que je l'ai vexée.* I think I offended her. ◆ **se vexer** *v pron* to take offence (**at *sth***) : *Tu te vexes pour un rien.* You take offence at the slightest thing.

viabilité *nf* viability

viable *adj* viable

viaduc *nm* viaduct

viande *nf* (*aliment*) meat : *J'aime la ~ bien cuite.* I like my meat well done. ◊ *~ rouge/blanche* red/white meat LOC **viande hachée** mince *Voir aussi* BOULETTE, GRIL

vibration *nf* vibration

vibrer *vi* to vibrate

vice *nm* **1** (*gén*) vice : *Je n'ai aucun ~.* I don't have any vices. **2** (*habitude*) addiction : *Le jeu est devenu un ~.* Gambling became an addiction.

vice-président, -e *nm-nf* vice-president

vice versa (*aussi* **vice-versa**) *adv* vice versa

vicieux, -ieuse ◆ *adj* depraved ◆ *nm-nf* pervert LOC *Voir* CERCLE

victime *nf* victim : *être ~ d'un cambriolage* to be the victim of a burglary

victoire *nf* victory [*pl* victories] LOC *Voir* CRIER

victorieux, -ieuse *adj* victorious

vidange *nf* LOC **faire faire la vidange** (*Autom*) to have the oil changed *Voir aussi* TUYAU

vide ◆ *adj* **1** (*conteneur*) empty : *une boîte/maison ~* an empty box/house **2** (*regard*) vacant ◆ *nm* **1** (*espace*) space : *être suspendu dans le ~* to be suspended in space **2** (*absence*) vacuum : *Quand il est parti ça a fait un ~.* When he left, it created a vacuum. LOC **sous vide** vacuum-packed : *viande emballée sous ~* vacuum-packed meat *Voir aussi* MAIN

vidéo *nf* video [*pl* videos] : *filmer qch en ~* to video sth LOC *Voir* CAMÉRA, CASSETTE, JEU

vidéocassette *nf* video [*pl* videos]

vidéoclip *nm* video [*pl* videos]

vidéothèque *nf* video library [*pl* video libraries]

vider ◆ *vt* **1** (*gén*) to empty *sth* (out) (**into *sth***) : *Vidons cette boîte.* Let's empty (out) that box. **2** (*poisson*) to gut ◆ **se vider** *v pron* **1** (*devenir vide*) to empty : *Après 21 heures, les rues se vident.* After 9 o'clock, the streets empty. **2** (*mourir*) : *se ~ de son sang* to bleed to death

vie *nf* **1** (*gén*) life [*pl* lives] : *Il a eu une ~ difficile.* His life has been hard. ◊ *Il ne parle jamais de sa ~.* He never talks about his personal life. **2** (*subsistance*) living : *gagner sa ~* to make a living ◊ *Qu'est-ce que vous faites dans la ~?* What do you do for a living? LOC **c'est la vie !** that's life! **de ma, ta, etc. vie** never : *De ma ~ je n'ai vu une chose pareille.* I've never seen anything like it. **en vie** alive : *Ils sont encore en ~.*

They're still alive. **pour la vie** for life **quelle vie de chien !** it's a dog's life! **rendre la vie impossible à** to make *sb's* life a misery **vie nocturne** night life **vie privée** private life : *Il n'aime pas qu'on s'immisce dans sa ~ privée.* He doesn't like people interfering in his private life. *Voir aussi* ATTENTER, BEAU, BOURSE, CHÂTEAU, CHEMIN, COMPLIQUER, DURÉE, ESPÉRANCE, FRAYEUR, JAMAIS, MAINTENIR, MENER, NIVEAU, REFAIRE, TRAIN

vieillard *nm* old man [*pl* old men] LOC *Voir* HOSPICE

vieillesse *nf* old age

vieilli, -e *pp, adj* **1** (*personne, visage*) old-looking **2** (*expression*) dated *Voir aussi* VIEILLIR

vieillir ◆ *vt* **1** (*diminuer physiquement*) to age : *La maladie l'a vieilli.* Illness has aged him. **2** (*donner plus que son âge*) : *Tu me vieillis !* You're making me older than I really am! **3** (*faire paraître plus vieux*) to make *sb* look older : *Ces vêtements te vieillissent.* Those clothes make you look older. ◆ *vi* **1** (*âge*) to get old : *On vieillit tous.* We all get old. **2** (*se dégrader*) to age : *On dirait qu'il a vieilli de dix ans.* He looks as if he's aged ten years. LOC **faire vieillir** (*vin*) to age

vieillissement *nm* ageing

vieillot, -e *adj* quaint

vierge ◆ *adj* **1** (*gén*) virgin : *forêt ~* virgin forest ◊ *huile d'olive ~* extra virgin olive oil **2** (*cassette*) blank ◆ *nmf* virgin : *être ~* to be a virgin ◆ **Vierge** *nf* (*Astrologie*) Virgo [*pl* Virgos] ☛ *Voir exemples sous* AQUARIUS

vieux, vieille ◆ *adj* old ◆ *nm-nf* old man/woman [*pl* old men/women] LOC **ce bon vieux...** good old... : *ce bon ~ Martin* good old Martin **faire vieux** to look old **vieille fille** old maid **vieille ville** old town **vieux garçon** bachelor **vieux jeu** old-fashioned : *Tu es vraiment ~ jeu, papa !* You're really old-fashioned, Dad!

vif, vive *adj* **1** (*personne*) clever : *un esprit ~* a clear mind **2** (*lumière, couleur, yeux*) bright LOC *Voir* ALLURE, FEU, MORT

vigilance *nf* vigilance

vigilant, -e *adj* vigilant

vigne *nf* **1** (*plante*) vine **2** (*champ*) vineyard

vignette *nf* stamp LOC **vignette (automobile)** tax disc

vignoble *nm* vineyard

vigoureux, -euse *adj* strong

vigueur *nf* (*énergie*) vigour LOC **en vigueur** current : *les prix en ~* current prices **être/entrer en vigueur** to be in force/to come into force : *L'accord est en ~ depuis le 15.* The agreement has been in force since the 15th.

VIH *nm* HIV

vilain, -e *adj* **1** (*laid*) ugly **2** (*polisson*) naughty

villa *nf* **1** (*en ville*) house : *une ~ en dehors de Paris* a house on the outskirts of Paris **2** (*sur la côte*) villa

village *nm* village : *les gens du ~* the people from the village LOC **village olympique** Olympic village *Voir aussi* IDIOT

villageois, -e *nm-nf* villager

ville *nf* **1** (*gén*) town **2** (*importante*) city [*pl* cities]

> **Town** ou **city** ? **Town** est le terme générique : *Il faut que j'aille en ville faire des courses.* I've got to go into town and do some shopping. **City** désigne les très grandes villes comme par exemple New York, Paris, etc. En Grande-Bretagne **city** s'applique également à une ville qui jouit de droits particuliers et qui possède, le plus souvent, une cathédrale.

LOC **ville natale** home town *Voir aussi* HÔPITAL, VIEUX

vin *nm* wine : *Prendrez-vous un verre de ~ ?* Would you like a glass of wine? ◊ *~ blanc/rouge/de table* white/red/table wine

vinaigre *nm* vinegar

vinaigrette *nf* vinaigrette

vindicatif, -ive *adj* vindictive

vingt *nm, adj* twenty ☛ *Voir exemples sous* SOIXANTE

vingtaine *nf* about twenty : *une ~ de personnes/fois* about twenty people/times

vingtième *adj, nmf* twentieth ☛ *Voir exemples sous* SOIXANTIÈME

vinicole *adj* wine [*n attrib*] : *industrie ~* wine industry ◊ *région ~* wine-growing region

vinyle *nm* vinyl

viol *nm* rape

violation *nf* (*accord, contrat*) breach **of** *sth* : *une ~ de la loi* a breach of the law

violence *nf* violence

violent, -e *adj* **1** (*gén*) violent : *un tremblement de terre vraiment très ~* a really violent earthquake ◊ *un film ~* a violent film **2** (*vent*) strong **3** (*dispute*) heated

violer *vt* **1** (*sexuellement*) to rape **2** (*loi*) to break **3** (*souveraineté*) to violate

violet, -ette *adj, nm* purple ☛ *Voir exemples sous* JAUNE

violette *nf* violet
violeur *nm* rapist
violon *nm* violin
violoncelle *nm* cello [*pl* cellos]
vipère *nf* adder
virage *nm* bend
virée *nf* trip : *faire une ~ dans un bar* to visit a bar
virement *nm* transfer : *faire un ~ sur le compte de qn* to transfer money to sb's account LOC **virement automatique** standing order
virer *vt* **1** (*argent*) to transfer **2** (*expulser*) to throw *sb* out (*of sth*) LOC **virer à droite/gauche** to shift to the right/left **virer de bord 1** (*voilier*) to tack **2** (*personne*) to do a U-turn
virginité *nf* virginity
virgule *nf* **1** (*ponctuation*) comma ☛ *Voir pp. 404-405.* **2** (*Math*) point : *quarante ~ cinq (40,5)* forty point five (40·5) ☛ *Voir Appendice 1.*
viril, -e *adj* manly, virile (*sout*) : *une voix virile* a manly voice
virilité *nf* manliness
virtuose *nmf* virtuoso [*pl* virtuosos]
virulent, -e *adj* **1** (*grippe*) virulent **2** (*critique*) scathing
virus *nm* virus [*pl* viruses]
vis *nf* screw : *mettre une ~* to put a screw in LOC *Voir* BOUCHON, PAS, SERRER
visa *nm* visa : *~ d'entrée/de sortie* entry/exit visa
visage *nm* face : *L'expression sur son ~ en disait long.* The look on his face said it all.
viscéral, -e *adj* (*haine, sentiment*) deep-seated
viser ◆ *vt* **1** (*cible*) to aim at *sth* **2** (*concerner*) to be aimed at *sb* : *Vous n'êtes pas visés par cette réforme.* This reform is not aimed at you. ◊ *se sentir visé* to feel got at **3** (*passeport*) to stamp **4** (*regarder*) to take a look at *sb/sth* : *Vise un peu sa coiffure !* Take a look at her hairstyle! ◆ *vt, vi* to aim (*sth*) (***at sb/sth***) : *J'ai visé trop haut.* I aimed too high. ◊ *Il m'a visé avec un pistolet.* He aimed his gun at me. ◊ *Qu'est-ce que je vise bien !* What a good aim I've got!
visibilité *nf* visibility : *La ~ n'est pas bonne.* Visibility is poor.
visible *adj* visible
visière *nf* **1** (*sur casquette*) peak **2** (*sans casquette*) eye-shade
vision *nf* **1** (*vue*) (eye)sight **2** (*conception*) view : *Sa ~ des choses est totalement différente de la mienne.* Her view of things is totally different from mine. **3** (*hallucination*) vision : *avoir une ~* to have a vision
visionnaire *adj* visionary
visionner *vt* to view
visite *nf* **1** (*gén*) visit : *heures de ~* visiting hours **2** (*visiteur*) visitor : *On dirait que tu as de la ~.* I think you've got visitors/a visitor. LOC **rendre visite à** to visit *sb* : *Je suis allé lui rendre ~ à l'hôpital.* I went to visit him in hospital.
visiter *vt* to visit : *Nous avons visité Versailles.* We visited Versailles.
visiteur, -euse *nm-nf* **1** (*gén*) visitor : *Le musée accueille chaque jour des milliers de ~s.* The museum welcomes thousands of visitors every day. **2 les visiteurs** (*Sport*) the visiting team [*sing*]
vison *nm* mink
visqueux, -euse *adj* viscous
(se) visser *vt, v pron* to screw : *Visse bien le couvercle.* Screw the top on tightly. ◊ *~ la dernière pièce* to screw on the last bit ◊ *Cette pièce se visse sur celle-ci.* That piece screws onto this one.
visualiser *vt* **1** (*gén, Informatique*) to view : *~ une page Web* to view a Web page **2** (*s'imaginer*) to visualize : *J'essayais de ~ la scène.* I tried to visualize the scene.
visuel, -elle *adj* visual LOC *Voir* CHAMP
vital, -e *adj* **1** (*Biol*) life [*n attrib*] : *le cycle ~* the life cycle **2** (*primordial*) vital : *Le respect des délais est ~ pour ce projet.* Meeting deadlines is vital to the project. LOC *Voir* MINIMUM
vitalité *nf* vitality
vitamine *nf* vitamin : *la ~ C* vitamin C
vite *adv* **1** (*rapidement*) quickly : *S'il vous plaît, docteur, venez ~.* Please, doctor, come quickly. ☛ *Voir note sous* FAST[1] **2** (*peu après*) soon : *J'ai ~ compris son manège.* I soon understood what her game was. LOC **vite !** hurry up! **vite fait** quick(ly)
vitesse *nf* **1** (*rapidité*) speed : *la ~ du son* the speed of sound ◊ *réduire la ~* to reduce speed **2** (*Mécan*) gear : *changer de ~* to change gear LOC **à toute vitesse** at top speed : *Nous sommes partis à toute ~.* We left at top speed. *Voir aussi* BOÎTE, CHANGEMENT, COMPTEUR, EXCÈS, LIMITATION, LIMITE, TRAIN
viticulteur, -trice *nm-nf* wine-grower
viticulture *nf* wine-growing
vitrage *nm* windows [*pl*] LOC *Voir* DOUBLE
vitrail *nm* stained-glass window
vitre *nf* **1** (*maison*) pane : *changer une ~* to change a window pane **2** (*voiture*)

window : *descendre/remonter sa* ~ to wind down/wind up your window

vitré, -e *pp, adj* glazed LOC *Voir* BAIE

vitrier *nm* glazier

vitrine *nf* **1** (*magasin*) shop window **2** (*meuble*) glass cabinet LOC **faire les vitrines** to go window-shopping

vivace *adj* (*plante*) perennial

vivacité *nf* liveliness

vivant, -e *adj* **1** (*personne*) alive : *Mon grand-père est encore* ~. My grandfather is still alive. ◊ *Est-ce qu'il est* ~ ? Is he alive? **2** (*être*) living : *êtres* ~*s* living beings **3** (*ville*) full of life : *Les rues sont toujours très vivantes.* The streets are always full of life.

vive *excl* : ~ *le roi/la République !* Long live the king/the Republic!

vivier *nm* fish farm

vivifiant, -e *adj* invigorating

vivisection *nf* vivisection

vivoter *vi* to scrape by

vivre ◆ *vi* **1** (*gén*) to live : *Il a vécu pratiquement jusqu'à cent ans.* He lived till almost a hundred. ◊ *Où est-ce que tu vis ?* Where do you live? ◊ *Ils vivent à Poitiers.* They live in Poitiers. ◊ *la faune qui vit dans les bois* the animals that live in the woods ◊ *Ils ont vécu ensemble avant de se marier.* They lived together before they got married. **2** ~ **de/avec** (*subsister*) to live **on** ***sth*** : *Nous vivons avec 800 euros par mois.* We live on 800 euros a month. ◊ ~ *de boîtes de conserve* to live on tinned food **3** (*exister*) to be alive : *Mon grand-père vit encore.* My grandfather is still alive. ◆ *vt* **1** (*gén*) to experience **2** (*moments difficiles*) to go through *sth* ◆ **vivres** *nm* provisions LOC **vivre au jour le jour** to live from hand to mouth **vivre aux crochets de** to live off *sb*

vocabulaire *nm* vocabulary [*pl* vocabularies]

vocal, -e *adj* vocal LOC *Voir* CORDE, MESSAGERIE

vocation *nf* vocation

vociférer *vi* to roar

vodka *nf* vodka

vœu *nm* **1** (*Relig*) vow **2** (*souhait*) wish : *faire un* ~ to make a wish **3 vœux** best wishes (**on...**) : *Meilleurs vœux pour la nouvelle année.* Best wishes for the New Year.

vogue *nf* vogue LOC **en vogue** fashionable : *une idée en* ~ a fashionable idea

voici *adv* **1** (*pour désigner*) here is, here are : ~ *le bureau de Nathalie.* Here is Nathalie's office. ☛ *Voir note sous* HERE **2** (*présentations*) this is : ~ *mon frère.* This is my brother. **3** (*introduction*) this is : ~ *ce que nous avons décidé.* This is what we've decided. ◊ ~ *comment il faut faire.* This is what we need to do.

voie *nf* **1** (*rails*) track **2** (*route*) lane : *une route à trois* ~*s* a three-lane road **3** (*hiérarchique*) channel : *passer par la* ~ *hiérarchique* to go through the official channels **4** (*dans la vie*) path : *Elle n'a pas encore trouvé sa* ~. She hasn't found her path in life yet. LOC **en voie de guérison** on the mend **la voie lactée** the Milky Way **par voie de conséquence** consequently **voies respiratoires** respiratory tract [*sing*] *Voir aussi* DÉVELOPPEMENT

voilà *adv* **1** (*pour désigner*) there is, there are : *Le* ~ *!* There he is! ◊ *Les* ~ *!* There they are! **2** (*présentations*) this is : ~ *mon frère.* This is my brother. **3** (*introduction*) : ~ *ce qu'il faut faire.* That's what you have to do. **4** (*conclusion*) : ~ *ce qui s'est passé.* That's what happened. **5** (*emphatique*) : *Nous* ~ *enfin tranquilles !* Now we're happy. LOC **me voilà !** here I come!

voile ◆ *nm* (*tissu*) veil ◆ *nf* **1** (*d'un bateau*) sail **2** (*sport*) sailing : *faire de la* ~ to go sailing LOC *Voir* BATEAU, VOL

voilé, -e *pp, adj* **1** (*femme, menace*) veiled **2** (*ciel*) hazy *Voir aussi* VOILER

voiler *vt* to veil

voilier *nm* sailing boat

voir ◆ *vt* **1** (*gén*) to see : *Ça fait longtemps que je ne l'ai pas vue.* I haven't seen her for a long time. ◊ *Je suis allé le* ~ *à l'hôpital.* I went to see him in hospital. ◊ *Tu vois ?* You see? ◊ *Je ne vois pas pourquoi.* I don't see why. ◊ *Nous verrons.* We'll see. ◊ *Est-ce que tu vois ce que je veux dire ?* Do you see what I mean? ◊ *Voyons !* Let's see! ◊ *Je le voyais venir.* I could see it coming. ◊ *Je vois ça d'ici.* I can just see that. ◊ *Tu vois ce bâtiment là-bas ?* Can you see that building over there? ☛ *Voir note sous* SENTIR **2** (*examiner*) to look at *sth* : *Il faut que je voie ça à tête reposée.* I need to look at it calmly. **3** (*supporter*) : *Je ne peux pas la* ~. I can't stand her. ◆ *vi* to see : *Attends, je vais* ~. Wait, I'll go and see. ◆ **se voir** *v pron* **1** (*soi-même*) to see yourself **2** (*se rencontrer*) to meet : *On se verra ce soir.* We'll meet this evening. **3** (*être visible*) to be obvious : *Je travaille dur mais ça ne se voit pas.* I work hard but it isn't obvious. LOC **à voir** worth seeing : *un spectacle/film à* ~ a show/film worth seeing **avoir à voir** (*sujet*) : *Mais qu'est-ce que ça a à* ~ *?* What's that got to do with it? ◊ *Ça n'a* *rien à ~.* That's got nothing to do with it. **ça se voit que...** you can tell (that)... : *Ça se voyait qu'elle était nerveuse.* You could tell she was nervous. **en faire voir à** to give *sb* a hard time : *Il nous en fait ~ cet enfant !* This boy gives us a hard time! **faire celui qui n'a pas vu** : *Il a fait celui qui ne nous avait pas vus.* He pretended not to have seen us. **je voudrais bien t'y voir !** I'd like to see you try! **tu vas voir !** (*menace*) you'll get what for! **va te faire voir !** get lost! ☛ Les autres expressions formées avec **voir** sont traitées sous le nom, l'adjectif, etc. correspondant : pour **voir clair**, par exemple, voir CLAIR.

voisin, -e ◆ *adj* neighbouring : *pays ~s* neighbouring countries ◆ *nm-nf* neighbour : *Comment sont tes ~s ?* What are your neighbours like?

voisinage *nm* **1** (*quartier*) neighbourhood : *l'une des écoles du ~* one of the schools in the neighbourhood **2** (*voisins*) neighbours [*pl*] : *Tout le ~ est sorti dans la rue.* All the neighbours took to the streets.

voiture *nf* **1** (*auto*) car : *aller en ~* to go by car **2** (*wagon*) carriage LOC **voiture de course** racing car **voiture de location** hire car **voiture de sport** sports car **voiture piégée** car bomb *Voir aussi* ACCIDENT

voiture-lit *nf* sleeping car

voix *nf* **1** (*gén*) voice : *Il a une belle ~.* He has a nice voice. **2** (*Polit*) vote : *100 ~ pour et deux contre* 100 votes in favour, two against LOC **à voix basse** in a quiet voice **à voix haute 1** (*lire*) aloud **2** (*parler*) in a loud voice **sans voix** speechless : *La nouvelle nous a laissés sans ~.* The news left us speechless. *Voir aussi* ÉCLAT, EXTINCTION, HAUSSER

vol *nm* **1** (*oiseau, avion*) flight : *le ~ Paris-Madrid* the Paris-Madrid flight ◊ *~s intérieurs/internationaux* domestic/international flights **2** (*d'objets*) theft : *~ de voitures/bicyclettes* car/bicycle theft ◊ *Il s'est fait expulser de l'école pour ~.* He was expelled for stealing. ☛ *Voir note sous* THEFT **3** (*prix exagéré*) rip-off : *C'est du ~ manifeste !* That's a rip-off! LOC **au vol** in mid-air : *attraper un objet au ~* to catch an object in mid-air **à vol d'oiseau** as the crow flies : *C'est à trois kilomètres à ~ d'oiseau.* It's three kilometres away as the crow flies. **prendre son vol** to fly away **vol à la tire** pickpocketing **vol à main armée** armed robbery **vol à voile** gliding **vol régulier** scheduled flight

volaille *nf* **1** (*viande*) poultry **2** (*oiseau*) fowl

volant, -e ◆ *adj* flying ◆ *nm* **1** (*voiture*) steering wheel **2** (*de tissu*) frill LOC *Voir* SOUCOUPE

volatil, -e *adj* volatile

volcan *nm* volcano [*pl* volcanoes]

volcanique *adj* volcanic

volée *nf* **1** (*oiseaux*) flock **2** (*coups*) volley

voler ◆ *vt* **1** (*argent, objet*) to steal : *On m'a volé ma montre.* My watch has been stolen. ◊ *Il s'est fait ~ sa voiture.* He had his car stolen. **2** (*personne*) to rob : *On m'a volé.* I've been robbed. ☛ *Voir note sous* ROB ◆ *vi* (*oiseau*) to fly : *Les mouettes volaient très haut dans le ciel.* The seagulls were flying very high in the sky. ◊ *Les enfants font ~ leurs cerfs-volants sur la colline.* The children fly their kites on the hill. LOC **voler au secours de** to rush to *sb's* assistance **voler en éclats** to shatter : *La vitre a volé en éclats.* The window shattered.

volet *nm* (*fenêtre*) shutter : *ouvrir/fermer les ~s* to open/close the shutters

voleur, -euse *nm-nf* **1** (*gén*) thief [*pl* thieves] : *Ces épiciers sont des ~s.* They're a bunch of thieves at that grocer's. ◊ *Au ~ !* I've been robbed! **2** (*cambrioleur*) burglar ☛ *Voir note sous* THIEF LOC **voleur à la tire** pickpocket

volley-ball (*aussi* **volley**) *nm* volleyball

volontaire *adj* voluntary LOC **se porter volontaire** to volunteer *Voir aussi* INCENDIE

volonté *nf* **1** (*gén*) will : *contre ma ~* against my will **2** (*désirs*) wishes [*pl*] : *Nous devons respecter sa ~.* We must respect his wishes. **3** (*détermination*) will power : *Il n'a pas de ~.* He has no will power. LOC **bonne volonté** goodwill : *faire preuve de bonne ~* to show goodwill

volontiers *adv* gladly : *J'irais ~ à ta place si je pouvais.* I would gladly go in your place if I could. ◊ *Je reprendrais ~ un peu de soupe.* I would love a little more soup. ◊ *« Tu en veux ? — ~. »* 'Do you want some?' 'I'd love some.'

volt *nm* volt

voltage *nm* voltage

volte-face *nf* LOC **faire volte-face** to do a U-turn

voltige *nf* LOC *Voir* HAUT

voltiger *vi* to flutter

volume *nm* volume : *J'ai acheté le premier ~.* I bought the first volume. ◊

baisser/monter le ~ to turn the volume down/up

volumineux, -euse *adj* bulky : *Ce carton est trop* ~. This box is too bulky. ◊ *C'est très peu* ~. It hardly takes up any room at all.

volupté *nf* pleasure

voluptueux, -euse *adj* voluptuous

vomi *nm* vomit, sick (*plus fam*)

vomir ◆ *vt* to bring *sth* up : *J'ai vomi tout mon dîner.* I brought up all my dinner. ◆ *vi* to be sick, to vomit (*plus sout*) : *J'ai envie de* ~. I think I'm going to be sick.

vorace *adj* voracious

vote *nm* vote : *procéder au* ~ to vote LOC **vote à bulletin secret** secret ballot **vote blanc** blank ballot paper *Voir aussi* BUREAU

voter *vi* to vote (**for sb/sth**) : ~ *pour/contre qch* to vote for/against sth ◊ *J'ai voté pour les écologistes.* I voted Green/for the Greens. LOC **voter par procuration** to vote by proxy

votre *adj poss* your : ~ *maison* your house ◊ *Puis-je prendre* ~ *manteau ?* Shall I take your coats? ◊ *un de vos amis* a friend of yours

vôtre *pron poss* **le/la vôtre** yours : *Le* ~ *est plus rapide que le mien.* Yours is faster than mine.

vouloir ◆ *vt* **1** (*gén*) to want : *Tu veux lequel ?* Which one do you want? ◊ *Je veux sortir.* I want to go out. ◊ *Il veut que nous allions chez lui.* He wants us to go to his house. ☛ *Voir note sous* WANT **2** (*souhait poli*) : *Je voudrais une baguette, s'il vous plaît.* I'd like a baguette, please. ◊ *Il voudrait bien qu'on l'emmène.* He'd really like them to take him. ◆ *vi* to want to : *Je ne veux pas.* I don't want to. ◊ *Bien sûr qu'il veut.* Of course he wants to. LOC **c'est comme tu veux/vous voulez** it's up to you **en vouloir** to have drive : *Ma sœur est quelqu'un qui en veut.* My sister's got a lot of drive. **en vouloir à qn** to be angry with sb : *Tu m'en veux ?* Are you angry with me? ◊ *Il lui en veut de n'avoir rien dit.* He's angry with her for not saying anything. ◊ *Je m'en veux d'avoir dit cela.* I'm angry with myself for saying that. **je veux bien** (*certes*) I know : *Il est malade, je veux bien, mais ça ne l'empêche pas d'écrire.* I know he's ill, but that doesn't stop him writing. **sans le vouloir** unintentionally **si on veut** sort of : *« Il s'est excusé ? — Oui, enfin si on veut. »* 'Did he apologize?' 'Well, sort of.' **vouloir dire** to mean : *Que veut dire ce mot ?* What does this word mean? ◊ *cinq, je veux dire, six* five, I mean six ☛ Les autres expressions formées avec **vouloir** sont traitées sous le nom, l'adjectif, etc. correspondant : pour **tu veux rire**, par exemple, voir RIRE.

voulu, -e *pp, adj* intentional *Voir aussi* VOULOIR

vous *pron pers* **1** (*sujet, objet direct*) you : ~ *allez à la soirée ?* Are you going to the party? ◊ *Je* ~ *invite à dîner.* I'll take you out for a meal. **2** (*objet indirect*) (to) you : *Je* ~ *ai posé une question.* I asked you a question. ◊ *Je* ~ *l'ai donné hier.* I gave it to you yesterday. **3** (*partie du corps, effets personnels*) : *Faites attention sinon ils* ~ *voleront votre sac.* Be careful or they'll steal your bag. **4** (*réfléchi*) yourself [*pl* yourselves] : *Vous* ~ *êtes bien amusés ?* Did you enjoy yourselves? **5** (*réciproque*) each other, one another : *Est-ce que vous* ~ *voyez souvent ?* Do you see each other very often? ☛ *Voir note sous* EACH OTHER LOC **à vous** (*appartenance*) yours : *Est-ce que ceux-ci sont à* ~ *?* Are these yours? **c'est à vous** (*votre tour*) it's your turn **vous aussi !** (*dans un souhait*) the same to you!

vous-même *pron pers* yourself [*pl* yourselves] : *Vous ne savez que parler de* ~. You can only talk about yourself. ◊ *Vous l'avez fait* ~ *?* Did you make it yourself?

voûte *nf* vault

voûté, -e *pp, adj* **1** (*cave*) vaulted **2** (*dos*) bent

vouvoyer *vt* to be on formal terms with *sb*

voyage *nm* journey [*pl* journeys], trip, travel

Il ne faut pas confondre les mots **travel, journey** et **trip**. Le nom **travel** est indénombrable et désigne le fait de voyager en général : *Elle s'intéresse surtout aux livres et aux voyages.* Her main interests are reading and travel. **Journey** et **trip** s'appliquent à un voyage en particulier. **Journey** désigne uniquement le déplacement d'un lieu à un autre : *Le voyage m'a épuisé.* The journey was exhausting. **Trip** inclut également l'idée de séjour : *Comment s'est passé ton voyage à Rome ?* How did your trip to Rome go? ◊ *un voyage d'affaires* a business trip. Il existe d'autres mots anglais pour parler des voyages: **voyage** et **tour**. **Voyage** un long périple en mer : *Christophe Colomb est célèbre pour ses voyages à la découverte du monde.*

Columbus is famous for his voyages of discovery. **Tour** est un voyage organisé au cours duquel on visite divers endroits : *Laurence part en voyage en Terre Sainte.* Laurence is going on a tour around the Holy Land.

LOC **bon voyage !** have a good trip! **être/partir en voyage** to be/go away **voyage organisé** package tour : *partir en ~ organisé* to go on a package tour *Voir aussi* AGENCE, ASSURANCE, CHÈQUE, SAC

voyager *vi* to travel : *~ en avion/voiture* to travel by plane/car ◊ *J'adore ~.* I love travelling. LOC **voyager clandestinement** to stow away

voyageur, -euse *nm-nf* **1** (*passager*) passenger **2** (*touriste*) traveller : *un ~ infatigable* a tireless traveller LOC **voyageur de commerce** salesman/woman [*pl* salesmen/women]

voyant, -e ◆ *adj* loud : *Ta cravate est un peu voyante.* Your tie is a bit loud. ◆ *nm-nf* clairvoyant

voyelle *nf* vowel

voyou *nm* hooligan

vrac LOC **en vrac** **1** (*en désordre*) higgledy-piggledy **2** (*sans emballage*) loose

vrai, -e *adj* **1** (*véridique*) true : *une histoire vraie* a true story **2** (*réel*) real : *Nous avons vu de ~s éléphants.* We saw real elephants. **3** (*véritable*) genuine : *les ~s réfugiés* genuine refugees **4** (*pour exagérer*) real : *un ~ cauchemar* a real nightmare ◊ *Tu es une vraie mère pour moi.* You're a real mother to me. LOC **à vrai dire** to tell the truth : *À ~ dire, je ne sais pas trop si je le crois.* To tell the truth, I don't really know if I believe him. **c'est pas vrai ça !** I don't believe it! : *Je t'avais dit de ne pas le faire, c'est pas ~ ça !* I don't believe it — I told you not to do it! **vrai de vrai** the genuine article : *C'est du champagne, du ~ de ~.* This champagne is the genuine article. **vrais jumeaux** identical twins

vraiment *adv* really : *Elle est ~ tête en l'air.* She's really scatterbrained. ◊ *« Ta coiffure te va bien. — ~ ? »* 'That hairstyle suits you.' 'Really?' ◊ *Cette fois tu as ~ tout gâché !* You've really messed it up this time! LOC **pas vraiment** not really *Voir aussi* PLAISIR

vraisemblable *adj* **1** (*histoire*) plausible **2** (*probable*) probable

vraisemblablement *adv* probably

vrombir *vi* (*moteur*) to roar

VTT *nm* mountain bike

vu, -e *pp, adj* : *vu ce qui s'est passé* in view of what has happened LOC **être bien/mal vu** to be well thought of/frowned upon *Voir aussi* VOIR

vue *nf* **1** (*faculté*) (eye)sight : *Les carottes sont très bonnes pour la ~.* Carrots are very good for your eyes. **2** (*panorama, façon d'envisager*) view : *la ~ depuis ma chambre* the view from my room ◊ *avec ~ sur la mer* overlooking the sea ◊ *une ~ d'ensemble* an overall view LOC **laisser bien en vue** to leave *sth* where it can be seen : *Laisse-le bien en ~ pour que je ne l'oublie pas.* Leave it where I can see it or I'll forget it. *Voir aussi* CONNAÎTRE, EXAMEN, GARDE, PERDRE, PERTE, POINT, PREMIER, PRISE

vulgaire *adj* vulgar

vulnérabilité *nf* vulnerability

vulnérable *adj* vulnerable

Ww

wagon *nm* carriage LOC **wagon de marchandises** freight wagon

wagon-lit *nm* sleeper

wagon-restaurant *nm* dining car

walkman® *nm* Walkman® [*pl* Walkmans]

wallon, -onne ◆ *adj, nm* Walloon ◆ **Wallon, -onne** *nm-nf* Walloon

water-polo *nm* water polo

watt *nm* watt : *une ampoule de 60 ~s* a 60-watt light bulb

W.-C. *nm* WC [*sing*]

Web *nm* **le Web** the Web : *chercher qch sur le ~* to search for sth on the Web LOC *Voir* SITE

week-end *nm* weekend : *Nous ne nous voyons que le ~.* We only see each other at weekends. ◊ *partir en ~* to go away for the weekend

western *nm* western

whisky *nm* whisky [*pl* whiskies]

Xx

x LOC *Voir* RAYON
xénophobie *nf* xenophobia
xylophone *nm* xylophone

Yy

y ◆ *adv* there : *J'y vais.* I'm going. ◊ *J'y vais souvent en vacances.* I often go there on holiday. ◊ *Elle n'y comprend rien.* She doesn't understand at all. ◊ *Il n'y en a plus.* There isn't any left. ◆ *pron* : *N'y pense plus.* Don't think about it any more. ◊ *N'y compte pas !* Don't count on it!
yacht *nm* yacht
yaourt (*aussi* **yoghourt**) *nm* yogurt : ~ *nature/aux fruits* plain/fruit yogurt ◊ ~ *light* low-fat yogurt
yoga *nm* yoga : *faire du* ~ to practise yoga

Zz

zapper *vi* to zap
zapping *nm* channel hopping
zèbre *nm* zebra
zèle *nm* zeal
zélé, -e *adj* zealous
zénith *nm* zenith
zéro *nm* **1** (*gén*) nought : *un cinq et deux ~s* a five and two noughts ◊ ~ *virgule cinq* nought point five **2** (*températures*) zero : *températures en dessous de* ~ temperatures below zero **3** (*numéro de téléphone*) O ☛ Se prononce « o » : *L'indicatif de la France est ~ ~ trente-trois.* The country code for France is double O double three. **4** (*Foot*) nil : *un (à)* ~ one nil ◊ *match nul à ~ partout* a goalless draw **5** (*Tennis*) love : *quinze* ~ fifteen love LOC *Voir* RECOMMENCER
zeste *nm* LOC **zeste de citron/d'orange** lemon/orange zest
zézayer *vi* to lisp
zigzag *nm* zigzag : *un chemin en* ~ a zigzag path
zigzaguer *vi* to zigzag
zinc *nm* **1** (*métal*) zinc **2** (*comptoir*) bar : *Ils étaient assis au ~ en train de prendre un café.* They were sitting at the bar having a coffee.
zodiaque *nm* zodiac : *les signes du* ~ the signs of the zodiac
zombie *nm* zombie : *errer comme un* ~ to go round like a zombie
zone *nf* **1** (*quartier*) area : *une ~ résidentielle* a residential area **2** (*Géog, Mil*) zone : ~ *frontalière/neutre* border/neutral zone **3** (*banlieue défavorisée*) rough area LOC **zone industrielle** industrial estate
zoo *nm* zoo [*pl* zoos]
zoologie *nf* zoology
zoologue (*aussi* **zoologiste**) *nmf* zoologist
zoom *nm* zoom lens
zou ! *excl* shoo!
zut ! *excl* damn!

Pages pratiques

Les pages qui suivent ont été conçues pour vous aider dans votre apprentissage de l'anglais :

Prépositions de lieu

The lamp is **above** the table.

The meat is **on** the table.

The cat is **under** the table.

The lorry is **in front of** the car.

The car is **behind** the lorry.

Sam is **between** Kim and Tom.

Kim is **next to / beside** Sam.

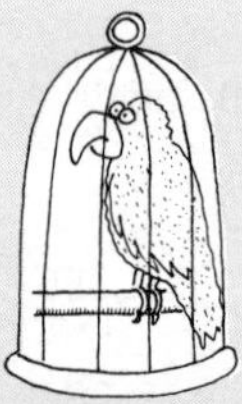

The bird is **in / inside** the cage.

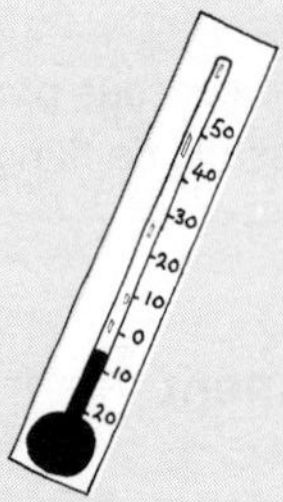

The temperature is **below** zero.

The girl is leaning **against** the wall.

Tom is **opposite** Kim.

The house is **among** the trees.

Prépositions de mouvement

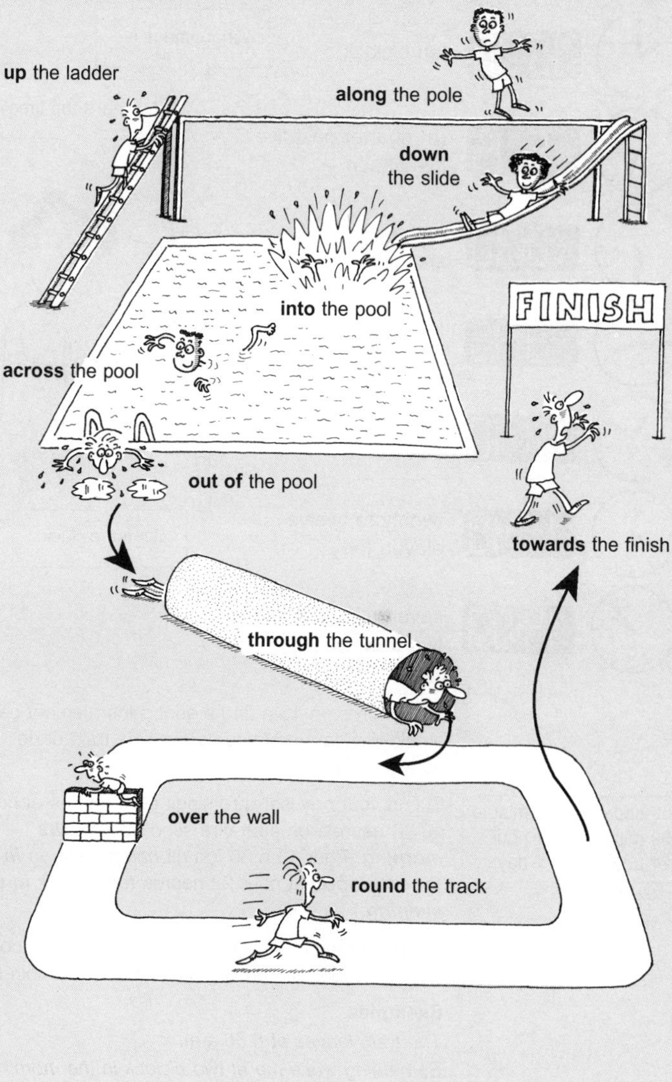

L'heure

ten o'clock

(a) quarter past five
five fifteen

half past six
six thirty

(a) quarter to four
three forty-five

ten past eleven
eleven ten

twenty to twelve
eleven forty

seven minutes past two
two o seven*

What time is it?
What's the time?
It's ten o'clock.

*Les chiffres de 13 à 24 ne sont généralement pas employés, sauf pour les horaires de train et de bus.

60 seconds	=	1 minute
60 minutes	=	1 hour
24 hours	=	1 day

Si l'on veut préciser qu'il s'agit de 6 heures et non de 18 heures, on peut dire *six o'clock* ***in the morning***. Pour 15 h 30, on dit *half past three* ***in the afternoon*** et pour 22 heures *ten o'clock* ***in the evening***.

Pour le langage officiel, on emploie *a.m./p.m.* pour distinguer le matin de l'après-midi ou de la soirée.

Exemples

The train leaves at 6:56 a.m.
Something woke me at two o'clock in the morning.
Office hours are 9 a.m. to 4:30 p.m.

Comment faire un appel téléphonique ?

Comment prononce-t-on les numéros de téléphone ?

36920	three six nine two o (se prononce /əʊ/)
25844	two five eight double four

Pour passer un *coup de téléphone* (*a* ***telephone call)*** on doit *décrocher* (***pick up*** *the* ***receiver***) et *composer le numéro de téléphone* (***dial*** the telephone number). Quand *le téléphone sonne* (***the telephone rings***), votre correspondant *répond* (***answers*** it).

Si votre correspondant est déjà au téléphone, la ligne sonne *occupée* (***engaged***).

Associations de mots

Pour expliquer le sens des mots l'***Oxford Poche*** indique comment les employer correctement en donnant en illustration une expression ou une phrase.

Exemples

Dit-on « light coffee » ou « weak coffee » ? « To say » ou « to tell » a joke ? (Les expressions correctes sont « weak coffee » et « to tell a joke ».) Lorsque vous cherchez un mot dans le dictionnaire, les exemples qui figurent sous cette entrée indiquent les mots qui sont le plus fréquemment employés avec ce mot :

« To take » et « to have » sont les verbes associés à « shower ».

« High » et « poor » sont des adjectifs couramment employés avec le mot « quality ».

shower /'ʃaʊə(r)/ ◆ *n* **1** douche : *to take/have a shower* prendre une douche **2** ~ **(of sth)** pluie (de qch) **3** averse : *April showers* giboulées de mars ◆ **1** *vi* prendre une douche **2** *vt* ~ **sb with sth** (*attentions, cadeaux*) couvrir qn de qch

qualité *nf* quality [*pl* qualities] : *la ~ de la vie dans les villes* the quality of life in the cities ◊ *des produits de grande/mauvaise ~* high/poor quality products LOC **en (ma, ta, etc.) qualité de** in my, your, etc. capacity as *sth* : *en ~ de porte-parole* in her capacity as spokesperson

Exercice 1

Reliez chaque mot du groupe A à un mot du groupe B. Cherchez les mots du groupe B dans votre dictionnaire et lisez les exemples.

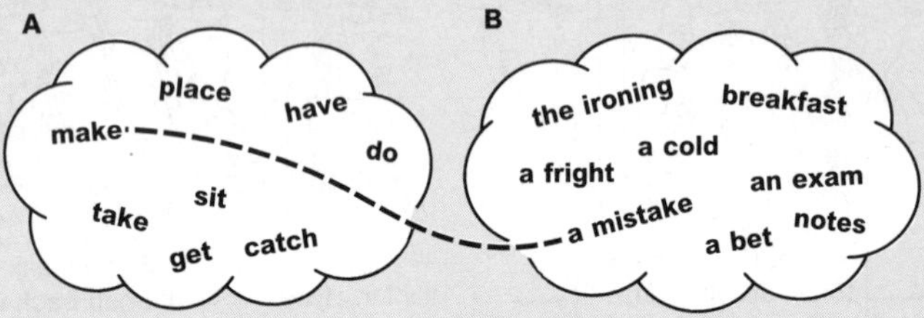

Exercice 2

Cherchez les mots français dans votre dictionnaire et lisez les exemples. Quel est le contraire de...

1 high tide (**marée**) ? ....

2 dark skin (**peau**) ? ....

3 an even number (**nombre**) ? ....

4 a good reputation (**réputation**) ? ....

5 curly hair (**cheveu**) ? ....

6 good marks (**note**) ? ....

7 bad weather (**temps**) ? ....

8 fresh water (**eau**) ? ....

Prépositions et verbes

Le dictionnaire vous indique les prépositions employées à la suite d'un nom, d'un verbe ou d'un adjectif particulier ainsi que la construction employée après un verbe.

Il est indiqué ici que ***married*** est suivi de la préposition ***to***.

married /ˈmærid/ *adj* ~ **(to sb)** marié (à qn) : *to get married* se marier

On peut dire *to love* ***somebody*** ou ***something*** mais on doit dire *to love* ***doing something***.

adorer *vt* **1** (*raffoler de*) to love *sb/sth/doing sth* : *J'adore cette robe.* I love that dress. ◊ *Nous adorons aller au cinéma.* We love going to the cinema. **2** (*Relig*) to worship

✎ *Exercice 3*

À l'aide du dictionnaire, complétez les phrases suivantes en insérant la préposition qui convient.

1 You can **wait** .... me in the hall.
2 My boss is **paying** .... the meal.
3 I'm not **interested** .... old buildings.
4 He **crashed** .... the car in front.
5 I **dreamt** .... you last night.
6 My sister is very **good** .... English.
7 The island is **rich** .... minerals.
6 Everybody was very **nice** .... me when I was in hospital.

✎ *Exercice 4*

Complétez les phrases suivantes en donnant la forme correcte du verbe entre parenthèses.

1 Please **stop** .... (*annoy*) me!
2 My mother won't **let** me .... (*swim*) after lunch.
3 Would you **mind** .... (*give*) me a hand?
4 I **need** .... (*speak*) to you urgently.
5 **Try** .... (*explain*) what happened.
6 I **suggested** .... (*get*) a taxi.
7 I don't want to **risk** .... (*lose*) my place in the queue.
8 The pilot **told** us all.................... (*stay*) calm.

Réponses

Exercice 1
make a mistake, place a bet, take notes, have breakfast, sit an exam, do the ironing, get a fright, catch a cold

Exercice 2
1 low tide **2** fair skin **3** an odd number **4** a bad reputation **5** straight hair **6** bad marks **7** good weather **8** salt water

Exercice 3
1 for **2** for **3** in **4** into **5** about **6** at **7** in **8** to

Exercice 4
1 annoying **2** swim **3** giving **4** to speak **5** to explain **6** getting **7** losing **8** to stay

La ponctuation en anglais

Le *point* ou **full stop** (.) s'emploie à la fin d'une phrase, à moins qu'il ne s'agisse d'une phrase interrogative ou exclamative :

We're leaving now.
That's all.
Thank you.

Il est également employé pour les abréviations :

Acacia Ave.
Walton St.

Le *point d'interrogation* ou **question mark** (?) s'emploie à la fin d'une interrogation directe :

'Who's that man?' Jenny asked.

mais pas à la suite d'interrogations indirectes :

Jenny asked who the man was.

Le *point d'exclamation* ou **exclamation mark** (!) est employé à la fin d'une phrase exprimant la surprise, l'enthousiasme, l'émerveillement, etc. :

What an amazing story!
How well you look!
Oh no! The cat's been run over!

Il est également employé après des interjections ou des onomatopées :

Bye!
Ow!
Crash!

La *virgule* ou **comma** (,) indique une brève pause dans une phrase :

I ran all the way to the station, but I still missed the train.
However, he may be wrong.
Fiona said, 'I'll help you.'
'I'll help you,' said Fiona, 'but you'll have to wait till Monday.'

La virgule peut séparer les différents éléments d'une énumération ou d'une liste mais n'est pas obligatoire devant *and* :

It was a cold, rainy day.
This shop sells records, tapes, and compact discs.

Les *deux-points* ou **colon** (:) s'emploient surtout pour introduire une citation ou une liste :

There is a choice of main course: roast beef, turkey or omelette.

Le *point-virgule* ou **semicolon** (;) est employé pour séparer deux parties bien distinctes au sein d'une phrase :

John wanted to go; I did not.

Il peut également être employé dans une énumération pour séparer divers éléments lorsque la virgule est déjà réservée à un autre usage :

The school uniform consists of navy skirt or trousers; grey, white or pale blue shirt; navy jumper or cardigan.

L'*apostrophe* ou **apostrophe** (') est employé les deux cas suivants :

a) quand une lettre est omise, comme dans le cas des formes contractées du verbe :

hasn't, don't, I'm et *he's*

b) avec la forme possessive :

Peter's scarf
Jane's mother
my friend's car

Quand un nom finit par un *s*, il n'est pas toujours nécessaire de rajouter un second *s*, comme par exemple dans

Jesus' family

Il faut faire attention à la position de l'apostrophe qui varie selon qu'il s'agit d'un nom au singulier ou au pluriel :

the girl's keys
(= les clés de la jeune fille)
the girls' keys
(= les clés des jeunes filles)

Les *guillemets*, **quotation marks** (') ou **inverted commas** ("") sont employés pour introduire un dialogue :

'Come and see,' said Martin.
Angela shouted, 'Over here!'
'Will they get here on time?' she wondered.

Les guillemets sont également employés pour citer le titre d'un livre, d'un film, etc. :

'Pinocchio' is the first film I ever saw.
'Have you read "Emma"?' he asked.

Le *trait d'union* ou **hyphen** (-) est employé pour les mots composés :

mother-in-law
a ten-ton truck

Il est également employé pour ajouter un préfixe à un mot :

non-violent
anti-British

ainsi que pour les nombres tels que :

thirty-four
seventy-nine

Il s'emploie aussi pour aller à la ligne quand on coupe un mot.

Le *tiret* ou **dash** (–) est employé pour isoler une phrase ou une explication au sein d'une autre phrase plus longue. On peut également le trouver à la fin d'une phrase, auquel cas il sert à en résumer le contenu :

A few people – not more than ten – had already arrived.
The burglars had taken the furniture, the TV and stereo, the paintings – absolutely everything.

Les *parenthèses* ou **brackets ( )** sont employées pour donner des informations supplémentaires au sein d'une phrase :

Two of the runners (John and Smith) finished the race in under an hour.

Elles s'emploient également après les nombres ou les lettres qui précèdent les éléments d'une liste :

The camera has two main advantages:
1) *its compact size*
2) *its low price and*
3) *the quality of the photographs*

What would you do if you won a lot of money?
a) *save it*
b) *travel round the world*
c) *buy a new house*

Les verbes à particule *(phrasal verbs)*

Les verbes à particule (*phrasal verbs*) sont des verbes formés de deux ou trois mots. Le premier mot est toujours un verbe qui est suivi d'un adverbe (**to lie down**), d'une préposition (**to look after sb/sth**) ou des deux (**to put up with sb/sth**).

- Dans l'***Oxford Poche***, les *phrasal verbs* sont toujours donnés à la fin de l'entrée du verbe principal, dans la section marquée PHR V. À titre d'exemple, voici la fin de l'entrée de ***to hang*** :

> PHR V **to hang about/around** (*fam*) traîner (*à ne rien faire*) **to hang on** (*fam*) **1** tenir bon **2** patienter : *Hang on a minute!* Attends un instant ! **to hang onto sth** conserver qch **to hang out** (*fam*) traîner **to hang sth out** étendre qch **to hang up** (*fam*) raccrocher (*téléphone*) : *She hung up on me.* Elle m'a raccroché au nez.

Comme vous pouvez le voir, les *phrasal verbs* de chaque verbe sont classés de manière alphabétique selon les particules dont ils sont suivis (***away***, ***back***, ***in***, etc.)

- Souvent un *phrasal verb* peut être remplacé par un autre verbe ayant le même sens. Il est cependant important de se rendre compte que les *phrasal verbs* sont d'usage très courant en anglais parlé et que les verbes sans particule équivalents sont davantage employés à l'écrit ou dans des contextes officiels. Comparez les deux phrases suivantes :

  *I **came back** tired and hungry.*
  *She **returned** to Paris two years later.*

  To come back et **to return** signifient tous deux *revenir* mais sont employés dans des contextes différents.

- Certaines particules ont un sens déterminé quel que soit le verbe avec lequel elles sont employées. Réfléchissez à l'usage de **back**, **on** et **up** dans les phrases suivantes :

  *I'll call you **back** later.*
  *She wrote to him but he never wrote **back**.*
  *Carry **on** with your work.*
  *They stayed **on** for another week at the hotel.*
  *Drink **up**! We have to go.*
  *Eat **up** all your vegetables. They're good for you.*

  Dans ces phrases, **back** indique un sens de retour (coup de téléphone, lettre), **on** donne aux verbes une impression de continuité, tandis que **up** indique que quelque chose est complètement terminé.

✎ Complétez les phrases suivantes en employant **back**, **on** ou **up** :

1 Shall we **carry** ___ after lunch?
2 He **used** ___ all his change on the phone.
3 When are you going to **give** me ___ the book I lent you?
4 He kept **going** ___ about his new girlfriend.
5 Eat ___! Your dinner is getting cold.
6 The teacher told him off for **answering** ___.

Réponses
1 on **2** up **3** back **4** on **5** up **6** back

A bad start

The alarm **goes off** as usual but today Laura can't **get up**. It can't be that late already! she thinks. Why did I **stay up** so late last night? Oh, I remember now! I started reading that book because I was having trouble **dropping off**. I couldn't help **reading on**, it was so interesting… **Come on**, **get on with** it! **Get up** and **put** your clothes **on** or else Mrs Jones will **tell** you **off** for being late again! What a mess! I'd better **tidy up** my room before I **set off** or mum will be really angry. Oh dear, I think I'm getting a headache. I'll just **lie down** for a minute…

✎ Reliez les *phrasal verbs* suivants, extraits de l'histoire ci-dessus, à leur sens :

to go off	to continue reading
to get up	to go to sleep
to drop off	not to go to bed
to read on	to start to ring
to stay up	to leave
to set off	to get out of bed

✎ Répondez aux questions suivantes et comparez vos réponses à celles de votre voisin/e :

What happened next?

Do you think Laura tidied up her room?

What time do you think she set off?

Was Mrs Jones happy with Laura?

What should Laura do next time she can't drop off?

Réponses

to go off = to start to ring
to get up = to get out of bed
to drop off = to go to sleep
to read on = to continue reading
to stay up = not to go to bed
to set off = to leave

Les verbes modaux

Can, **could**, **may**, **might**, **must**, **will**, **would**, **shall**, **should** et **ought to** sont des verbes modaux. Ils s'emploient toujours avec un autre verbe auquel ils ajoutent un sens de possibilité, de probabilité, de devoir, etc.

Grammaticalement, ces verbes ne fonctionnent pas comme les autres :

- ils doivent toujours être suivis d'un autre verbe à l'infinitif sans **to** (**ought to** est la seule exception à cette règle) : *I can swim.*
- ils ne prennent pas de **-s** à la troisième personne du singulier : *She might know.*
- ils n'ont pas besoin de l'auxiliaire **do** aux formes interrogative et négative : *You shouldn't drink and drive.*
- ils ne changent pas de forme : ils n'ont pas donc de forme en **-ing** et en **-ed**.

NOTE : **Ought** est un verbe modal particulier qui est toujours suivi d'un infinitif avec **to**.

Dare et **need** peuvent également être employés comme verbes modaux. Voir sous ces entrées dans le dictionnaire pour plus de détails.

Connaissances et aptitudes

can could

Can you ride a bike?
She couldn't do it.
I could run for miles when I was younger.
She could have passed the exam if she'd worked harder.

NOTE : **be able to** peut également être employé dans ce sens. Voir note sous **can**[2].

He has been able to swim for a year now.
One day we will be able to travel to Mars.

Obligation et devoir

must should ought to

You must be back by three.
The police should do something about it.
You ought to tidy your room more often.
I ought to have gone.
You shouldn't leave the children alone.
I must stop smoking.

NOTE : **have to** et **have got to** peuvent également être employés pour exprimer l'obligation et le devoir. Voir note sous **must**.

Permission

can could may
might (soutenu)

Can I go now?
May I use your phone?
Books may only be borrowed for two weeks.
Could I possibly borrow your car?
You can come if you want.
You may as well go home.
I'll take a seat, if I may.
Might I make a suggestion?

Interdiction

may not must not

You may not take photographs inside the museum.
Cars must not park here.

Conseils

must ought to should

You must see that film – it's great!
He shouldn't work so hard.
You ought to read this book.

You shouldn't leave the taps running.

Probabilité

can could may might
must ought to should will

I can catch a bus from here.
You can't be hungry – we've just eaten!
You must be hungry – you haven't eaten all day.
He should have arrived by now.
That will be the postman.
She could be famous one day.
It could be dangerous.
You may be right.
He might be upstairs.
I might be able to.
Who might she be?
She may/might not come if she's busy.
He couldn't have known that.
She ought to pass. She has studied hard.
Five ought to be enough.

Offres, suggestions et demandes

can could shall will would

Can you help me?
Could you open the door, please?
Could you help me with this box?
Will you sit down, please?
Would you come this way?
Shall I carry that for you?
Shall we go out for a meal?
Will you stay for tea?
Won't you sit down?
Can I help?

Faux amis

Attention aux faux amis !

Beaucoup de mots anglais sont proches de mots français. Certains ont le même sens, comme par exemple les mots **television** (*télévision*) et **biology** (*biologie*), mais d'autres ont un sens totalement différent. Ces mots qui se ressemblent mais qui n'ont pas le même sens sont des **false friends** (*faux amis*). Il est très important de connaître ces différences pour ne pas faire d'erreurs, par exemple pour ne pas qualifier quelqu'un de **sympathetic** (*compréhensif*) lorsqu'en fait vous voulez dire que cette personne est **nice** (*sympathique*).

Voici la liste de quelques **false friends** accompagnés de leur sens en anglais :

Mot français	Équivalent anglais	et non...	qui signifie...
actuel	current; present-day	*actual*	exact ; réel
actuellement	at the moment	*actually*	en fait ; exactement
agenda	diary; address book	*agenda*	ordre du jour
avis	notice ; warning ; opinion	*advice*	conseils
car	coach	*car*	voiture
casserole	saucepan	*casserole*	cocotte
cave	cellar	*cave*	caverne
chips	crisps	*chips*	frites
collège	lower secondary school	*college*	établissement d'enseignement supérieur
conducteur, -trice	driver	*conductor*	chef d'orchestre ; receveur, -euse
demander	to ask for	*to demand*	exiger
large	wide ; broad	*large*	grand
lecture	reading	*lecture*	cours magistral ; conférence
librairie	bookshop	*library*	bibliothèque
parent	relative	*parent*	mère ou père
professeur	teacher	*professor*	professeur d'université
résumer	to summarize	*resume*	reprendre, recommencer
sensible	sensitive	*sensible*	sensé
slip	pants ; knickers	*slip*	glissade ; erreur
spot	spotlight ; advertisement	*spot*	pois ; tâche ; bouton ; endroit
sympathique	nice	*sympathetic*	compatissant
veste	jacket	*vest*	maillot de corps

Ne confondez pas !

Lorsque vous lisez un texte en anglais, ne vous laissez pas tromper par les mots suivants qui ressemblent beaucoup à des mots français mais qui ont un sens complètement différent :

Attention à...	**qui signifie...**
advertisement	annonce, publicité
agree	être d'accord
camera	appareil photo
deception	tromperie
delay	retard
duvet	couette
engine	moteur
eventually	finalement
to ignore	ne pas faire attention à
journey	voyage
location	emplacement
novel	roman
petrol	essence
piece	morceau
to pretend	faire semblant (de ...)
prune	pruneau
raisin	raisin sec
stage	scène ; phase

Trouvez la différence

Le mot français **collier** se traduit par le mot *collar* quand on fait référence au collier d'un chat, d'un chien, etc. Toutefois, si l'on parle du bijou, le mot qui convient est ***necklace***.

collier *nm* **1** (*bijou*) necklace : *un ~ d'émeraudes* an emerald necklace **2** (*chien, chat*) collar

collar /ˈkɒlə(r)/ *n* **1** (*chemise, etc.*) col **2** (*chien*) collier

Faites bien attention quand vous utilisez ce genre de mot qui a parfois le même sens dans les deux langues, mais pas toujours.

1 Complétez le schéma suivant en donnant une deuxième traduction aux mots en caractères gras :

carrière	→ career	warn
circulation	→ circulation	towel
contrôler	→ control	quarry
prévenir	→ prevent	check
serviette	→ serviette	traffic

2 Choisissez le mot qui convient dans les phrases suivantes :

1. Put a clean *serviette / towel* in the bathroom.
2. I *prevented / warned* him that he would get into trouble.
3. Don't forget to *control / check* your answers.
4. The *circulation / traffic* in town is very bad today.
5. Our dog has a leather *necklace / collar*.
6. She wants a *career / quarry* in journalism.

Réponses

Exercice 1
1 quarry
2 traffic
3 check
4 warn
5 towel

Exercice 2
1 towel
2 warned
3 check
4 traffic
5 collar
6 career

Aa

A, a /eɪ/ *n* (*pl* **A's**, **a's** /eɪz/) **1** A, a : *A for Andrew* A comme André ◊ *'bean' (spelt) with an 'a'* « bean » (écrit) avec un « a » ◊ *'Awful' begins/starts with an 'A'.* « Awful » commence par un « a ». ◊ *'Data' ends in an 'a'.* « Data » finit par un « a ». **2** (*Mus*) la **3** (*École*) ☛ *Voir note sous* MARK

a /ə, eɪ/ (*aussi* **an** /ən, æn/) *art indéf* ☛ : **A, an** correspond au français *un, une* sauf dans les cas suivants : **1** (*chiffres*) : *a hundred and twenty people* cent vingt personnes **2** (*professions*) : *She's an MP.* Elle est députée. **3** par : *120 kilometres an hour* 120 kilomètres-heure ◊ *twice a week* deux fois par semaine ◊ *50p a metre* 50 pence le mètre **4** (*personne inconnue*) un certain, une certaine : *Do we know a Joe Reid?* Est-ce qu'on connaît quelqu'un du nom de Joe Reid ?

aback /ə'bæk/ *adv Voir* TAKE

abandon /ə'bændən/ *vt* abandonner : *an abandoned baby/village* un enfant/village abandonné ◊ *We abandoned the attempt.* Nous avons abandonné.

abbess /'æbes/ *n* abbesse

abbey /'æbi/ *n* (*pl* **-eys**) abbaye

abbot /'æbət/ *n* abbé, (Père) supérieur

abbreviate /ə'briːvieɪt/ *vt* abréger **abbreviation** *n* abréviation

ABC /ˌeɪ biː 'siː/ *n* **1** alphabet **2** b.a. ba, rudiments : *the ABC of cookery* les rudiments de la cuisine

abdicate /'æbdɪkeɪt/ **1** *vt, vi* abdiquer **2** *vt* renoncer à **abdication** /ˌæbdɪ'keɪʃn/ *n* abdication

abdomen /'æbdəmən/ *n* abdomen **abdominal** /æb'dɒmɪnl/ *adj* abdominal

abduct /əb'dʌkt, æb-/ *vt* enlever, kidnapper **abduction** *n* enlèvement, rapt

abide /ə'baɪd/ *vt* supporter : *I can't abide watching horror films.* Je ne supporte pas de regarder des films d'horreur. PHR V **to abide by sth** respecter qch (*norme, décision*)

ability /ə'bɪləti/ *n* (*pl* **-ies**) **1** aptitude, capacité : *her ability to accept change* sa capacité d'adaptation **2** talent : *Despite his ability as a dancer...* En dépit de ses talents de danseur...

ablaze /ə'bleɪz/ *adj* **1** en flammes : *to set sth ablaze* mettre le feu à qch **2 to be ~ with sth** briller de qch : *The streets were ablaze with lights.* Les rues brillaient de mille feux.

able /'eɪbl/ *adj* **1 to be ~ to do sth** pouvoir faire qch : *Will he be able to help you?* Est-ce qu'il pourra t'aider ? ☛ *Voir note sous* CAN[2] **2 to be ~ to do sth** savoir faire qch : *to be able to read* savoir lire **3** (**abler**, **ablest**) capable, compétent LOC *Voir* BRING

abnormal /æb'nɔːml/ *adj* anormal **abnormality** /ˌæbnɔː'mæləti/ *n* (*pl* **-ies**) anomalie

aboard /ə'bɔːd/ *adv, prép* à bord (de) : *aboard the ship* à bord du navire ◊ *Welcome aboard!* Bienvenue à bord !

abode /ə'bəʊd/ *n* (*sout*) domicile LOC *Voir* FIXED

abolish /ə'bɒlɪʃ/ *vt* abolir **abolition** *n* abolition

abominable /ə'bɒmɪnəbl ; *USA* -mən-/ *adj* abominable, épouvantable

abort /ə'bɔːt/ **1** *vt, vi* (*Méd*) (faire) avorter : *to abort the pregnancy* interrompre la grossesse **2** *vt* interrompre : *They aborted the launch.* Ils ont interrompu le lancement.

abortion /ə'bɔːʃn/ *n* avortement : *to have an abortion* se faire avorter ☛ *Comparer avec* MISCARRIAGE

abortive /ə'bɔːtɪv/ *adj* avorté : *an abortive coup/attempt* un coup d'État avorté/une tentative avortée

abound /ə'baʊnd/ *vi* ~ **(with sth)** abonder (en qch)

about[1] /ə'baʊt/ *adv* **1** (*aussi* **around**) environ : *It's about that long.* C'est à peu près long comme ça. **2** (*aussi* **around**) vers : *at about 10 o'clock* vers 10 heures ◊ *on about 6 May* aux alentours du 6 mai ☛ *Voir note sous* AROUND[1] **3** (*aussi* **around**) dans les parages : *She's somewhere about.* Elle est dans les parages. ◊ *There are no jobs about.* Il n'y a actuellement pas d'emplois. **4** presque : *Dinner's about ready.* Le dîner est presque prêt. LOC **to be about to do sth** être sur le point de faire qch

about[2] /ə'baʊt/ (*aussi* **around**, **round**) *particule* **1** çà et là : *I could hear people moving about.* J'entendais des gens qui allaient et venaient. **2** partout : *to follow sb about* suivre qn partout **3** là : *Is Ken about?* Est-ce que Ken est là ? ◊ *people sitting about on the grass* des gens assis sur les pelouses ☛ Les verbes à particule formés avec **about** sont traités sous le verbe correspondant : pour **to lie about**, par exemple, voir LIE.

about³ /ə'baʊt/ *prép* **1** *papers strewn about the room* des papiers éparpillés dans toute la pièce ◊ *She's somewhere about the place.* Elle est quelque part par ici. **2** au sujet de : *a book about Scotland* un livre sur l'Écosse ◊ *What's the story about?* Qu'est-ce que ça raconte ? **3** [*avec adj*] : *angry/happy about sth* mécontent/heureux de qch **4** (*caractérisque*) : *There's something about her I don't like.* Elle a un côté qui ne me plaît pas. LOC **how/what about...?** : *How about having eggs for breakfast?* Et si on mangeait des œufs pour le petit déjeuner ? ◊ *What about the cost of petrol?* Et les frais d'essence ?

above¹ /ə'bʌv/ *adv* au-dessus : *the people in the flat above* les gens de l'appartement du dessus ◊ *children aged 11 and above* les enfants à partir de 11 ans

above² /ə'bʌv/ *prép* au-dessus de : *1 000 metres above sea level* 1 000 mètres d'altitude ◊ *above the age of 21* à partir de 21 ans LOC **above all** surtout

abrasive /ə'breɪsɪv/ *adj* **1** (*personne*) mordant, caustique **2** (*détergent*) abrasif

abreast /ə'brest/ *adv* ~ **(of sb/sth)** : *to cycle two abreast* rouler (deux) de front ◊ *A car came abreast of us.* Une voiture est arrivée à notre hauteur. LOC **to be/keep abreast of sth** être/se tenir au courant de qch

abridge /ə'brɪdʒ/ *vt* abréger

abroad /ə'brɔːd/ *adv* à l'étranger : *to go abroad* aller à l'étranger ◊ *Have you ever been abroad?* Est-ce que vous êtes déjà allé à l'étranger ?

abrupt /ə'brʌpt/ *adj* **1** (*changement*) soudain, brusque **2** (*personne*) abrupt, brusque : *He was very abrupt with me.* Il a été très brusque avec moi.

abscess /'æbses/ *n* abcès

abseil /'æbseɪl/ *vi* descendre en rappel **abseiling** *n* rappel

absence /'æbsəns/ *n* **1** absence : *absences due to illness* des congés de maladie **2** [*sing*] absence, manque : *the complete absence of noise* l'absence totale de bruit ◊ *in the absence of new evidence* faute de nouvelles preuves LOC *Voir* CONSPICUOUS

absent /'æbsənt/ *adj* **1** ~ **(from sth)** absent (de qch) : *Who's absent today?* Qui manque à l'appel aujourd'hui ? **2** absent : *an absent look* un regard absent

absentee /ˌæbsən'tiː/ *n* absent, -e

absent-minded /ˌæbsənt 'maɪndɪd/ *adj* distrait, étourdi

absolute /'æbsəluːt/ *adj* absolu

absolutely /'æbsəluːtli/ *adv* **1** absolument : *You're absolutely right.* Tu as tout à fait raison. **2** [*dans les phrases négatives*] : *absolutely nothing* rien du tout **3** (*indiquant un accord*) : *Oh absolutely!* Oh tout à fait !

absolve /əb'zɒlv/ *vt* ~ **sb (from/of sth)** absoudre qn (de qch)

absorb /əb'sɔːb/ *vt* **1** (*aussi fig*) absorber : *The roots absorb the water.* Les racines absorbent l'eau. ◊ *to absorb information* absorber des informations **2** amortir : *to absorb the shock* amortir le choc

absorbed /əb'sɔːbd/ *adj* absorbé

absorbing /əb'sɔːbɪŋ/ *adj* prenant (*livre, film*)

absorption /əb'sɔːpʃn/ *n* **1** (*liquide*) absorption **2** (*personne*) concentration

abstain /əb'steɪn/ *vi* ~ **(from sth/doing sth)** éviter qch/de faire qch ; s'abstenir (de faire qch)

abstract /'æbstrækt/ ◆ *adj* abstrait ◆ *n* (*Art*) œuvre abstraite LOC **in the abstract** dans l'abstrait

absurd /əb'sɜːd/ *adj* absurde : *How absurd!* C'est ridicule ! **absurdity** *n* (*pl* **-ies**) absurdité

abundance /ə'bʌndəns/ *n* abondance

abundant /ə'bʌndənt/ *adj* abondant

abuse /ə'bjuːz/ ◆ *vt* **1** ~ **sb/sth** abuser de qn/qch : *to abuse your power* abuser de son pouvoir **2** insulter **3** maltraiter ◆ /ə'bjuːs/ *n* **1** abus : *drug abuse* toxicomanie **2** sévices sexuels : *child abuse* sévices sexuels exercés sur un enfant **3** mauvais traitement **4** [*indénombrable*] insultes : *They shouted abuse at him.* Ils lui ont lancé des insultes. **abusive** *adj* grossier, injurieux

abysmal /ə'bɪzməl/ *adj* abominable : *abysmal ignorance* une ignorance crasse

abyss /ə'bɪs/ *n* abîme

academic /ˌækə'demɪk/ *adj* **1** scolaire, universitaire : *academic subjects* matières d'enseignement général ◊ *the academic year* l'année scolaire/universitaire **2** théorique **3** (*personne*) : *She wasn't very academic, and hated school.* Elle n'avait pas le goût des études et détestait l'école.

academy /ə'kædəmi/ *n* (*pl* **-ies**) académie

accelerate /ək'seləreɪt/ *vt, vi* accélérer **acceleration** *n* accélération **accelerator** *n* accélérateur

accent /'æksent, 'æksənt/ *n* accent : *a holiday with the accent on fun* des vacances où l'important est de s'amuser

accentuate /ək'sentʃueɪt/ *vt* accentuer

accept /ək'sept/ *vt* **1** accepter : *It's generally accepted that...* Il est généralement admis que... ◊ *I accept that change is necessary.* Je reconnais qu'un changement s'impose. **2** admettre : *I've been accepted by the University.* J'ai été admis à l'université. **3** (*appareil*) : *The machine only accepts 50p coins.* La machine n'accepte que les pièces de 50 pence. LOC *Voir* FACE VALUE

acceptable /ək'septəbl/ *adj* ~ **(to sb)** acceptable (à qn)

acceptance /ək'septəns/ *n* **1** acceptation **2** approbation

access /'ækses/ ◆ *n* **1** ~ **(to sth)** accès (à qch) **2** ~ **to sb** droit de visite auprès de qn : *He has access to his children at weekends.* Il peut voir ses enfants le week-end. ◆ *vt* (*Informatique*) accéder à

accessible /ək'sesəbl/ *adj* accessible

accessory /ək'sesəri/ *n* (*pl* **-ies**) **1** [*gén pl*] accessoire **2** ~ **(to sth)** complice (de qch)

accident /'æksɪdənt/ *n* **1** accident **2** hasard, chance LOC **by accident** par hasard **accidental** /ˌæksɪ'dentl/ *adj* accidentel, fortuit

acclaim /ə'kleɪm/ ◆ *vt* acclamer ◆ *n* [*indénombrable*] applaudissements

accommodate /ə'kɒmədeɪt/ *vt* **1** loger **2** (*véhicule, pièce*) contenir : *The car can accommodate four people.* Cette voiture peut contenir quatre personnes.

accommodation /əˌkɒmə'deɪʃn/ *n* [*indénombrable*] (*GB*) logement : *Accommodation was difficult to find during the Olympic Games.* Il était difficile de trouver à se loger pendant les Jeux olympiques.

accompaniment /ə'kʌmpənimənt/ *n* accompagnement

accompany /ə'kʌmpəni/ *vt* (*prét, pp* **-ied**) accompagner

accomplice /ə'kʌmplɪs ; *USA* ə'kɒm-/ *n* complice

accomplish /ə'kʌmplɪʃ ; *USA* ə'kɒm-/ *vt* accomplir, réaliser

accomplished /ə'kʌmplɪʃt/ *adj* accompli

accomplishment /ə'kʌmplɪʃmənt/ *n* **1** réussite : *That was quite an accomplishment!* Ça n'était pas peu de chose ! **2** talent **3** accomplissement

accord /ə'kɔːd/ ◆ *n* accord LOC **in accord (with sb/sth)** en accord (avec qn/qch) **of your own accord** de soi-même (*sout*) ◆ **1** *vi* ~ **with sth** concorder avec qch **2** *vt* accorder

accordance /ə'kɔːdns/ *n* LOC **in accordance with sth** conformément à qch : *in accordance with your wishes/the regulations* conformément à vos souhaits/au règlement

accordingly /ə'kɔːdɪŋli/ *adv* en conséquence : *to act accordingly* agir en conséquence

according to *prép* selon, d'après

accordion /ə'kɔːdiən/ *n* accordéon

account /ə'kaʊnt/ ◆ *n* **1** (*Fin, Comm*) compte : *a current account* un compte courant **2 accounts** [*pl*] comptabilité, comptes **3** compte rendu, rapport LOC **by/from all accounts** au dire de tous **of no account** sans aucune importance **on account** à crédit **on account of sth** en raison de qch, à cause de qch **on no account**; **not on any account** sous aucun prétexte **to take account of sth**; **to take sth into account** tenir compte de qch ◆ *vi* ~ **for sth** expliquer qch ; justifier qch

accountable /ə'kaʊntəbl/ *adj* ~ **(to sb) (for sth)** responsable (de qch) (envers qn) **accountability** /əkaʊntə'bɪləti/ *n* responsabilité

accountancy /ə'kaʊntənsi/ *n* comptabilité

accountant /ə'kaʊntənt/ *n* comptable

accumulate /ə'kjuːmjəleɪt/ *vt, vi* (s')accumuler **accumulation** *n* accumulation

accuracy /'ækjərəsi/ *n* **1** précision **2** exactitude

accurate /'ækjərət/ *adj* juste, précis **accurately** *adv* avec précision

accusation /ˌækju'zeɪʃn/ *n* accusation

accuse /ə'kju:z/ *vt* ~ **sb (of sth)** accuser qn (de qch) : *He was accused of murder.* Il a été accusé de meurtre. **the accused** *n* (*pl* **the accused**) l'accusé, -e **accusingly** *adv* de façon accusatrice : *to look accusingly at sb* jeter un regard accusateur à qn

accustomed /ə'kʌstəmd/ *adj* **1** ~ **to sth** habitué à qch : *to become/get/grow accustomed to sth* s'habituer à qch **2** habituel

ace /eɪs/ *n* **1** (*Cartes*) as ☛ *Voir note sous* CARTE **2** (*Tennis*) service gagnant

ache /eɪk/ ◆ *n* douleur *Voir aussi* BACKACHE, HEADACHE, TOOTHACHE ◆ *vi* avoir mal, faire mal : *My head aches/is aching.* J'ai mal à la tête.

achieve /ə'tʃi:v/ *vt* **1** (*objectif*) réaliser **2** (*résultat, succès*) obtenir **achievement** *n* **1** réalisation, accomplissement **2** exploit, réussite

aching /'eɪkɪŋ/ *adj* douloureux

acid /'æsɪd/ ◆ *n* acide ◆ *adj* **1** (*goût*) acide, aigre **2** acide : *acid rain* pluies acides **acidity** /ə'sɪdəti/ *n* acidité

acidic /ə'sɪdɪk/ *adj* acide

acknowledge /ək'nɒlɪdʒ/ *vt* **1** (*erreur, vérité*) admettre, reconnaître **2** (*lettre, document*) accuser réception de **3** (*personne*) faire signe à **acknowledgement** (*aussi* **acknowledgment**) *n* **1** reconnaissance (*admission*) **2** accusé de réception **3** remerciement

acne /'ækni/ *n* acné

acorn /'eɪkɔ:n/ *n* gland

acoustic /ə'ku:stɪk/ *adj* acoustique **acoustics** *n* **1** [*sing*] acoustique (*science*) **2** [*pl*] acoustique (*d'une salle*)

acquaintance /ə'kweɪntəns/ *n* **1** connaissance **2** connaissance, ami, -e LOC **to make sb's acquaintance/to make the acquaintance of sb** (*sout*) faire la connaissance de qn **acquainted** *adj* **1** ~ **with sth** au courant de qch **2** *to become/get acquainted* faire connaissance ◊ *to become/get acquainted with sb* faire la connaissance de qn

acquiesce /ˌækwi'es/ *vi* (*sout*) ~ **(in sth)** accepter (qch) **acquiescence** *n* accord

acquire /ə'kwaɪə(r)/ *vt* **1** (*connaissances, propriété*) acquérir **2** (*renseignements*) obtenir **3** (*réputation*) se faire

acquisition /ˌækwɪ'zɪʃn/ *n* acquisition

acquit /ə'kwɪt/ *vt* (-tt-) (*Jur*) ~ **sb (of sth)** acquitter qn (de qch) **acquittal** *n* (*Jur*) acquittement

acre /'eɪkə(r)/ *n* acre (*4 047 mètres carrés*) ☛ *Voir Appendice 1.*

acrobat /'ækrəbæt/ *n* acrobate

acronym /'ækrənɪm/ *n* acronyme

across /ə'krɒs ; USA ə'krɔ:s/ *particule, prép* **1** [*se traduit souvent par un verbe*] à travers : *to swim across* traverser à la nage ◊ *to walk across the street* traverser la rue ◊ *to take the path across the fields* prendre le chemin à travers champs **2** de l'autre côté (de) : *We were across in no time.* Nous étions là en un rien de temps. ◊ *from across the room* de l'autre côté de la pièce **3** en travers (de) : *a bridge across the river* un pont sur la rivière ◊ *A branch lay across the path.* Une branche barrait le chemin. **4** de large : *The river is 800 metres across.* La rivière fait 800 mètres de large. ☛ Les verbes à particule formés avec **across** sont traités sous le verbe correspondant : pour **to come across**, par exemple, voir COME.

acrylic /ə'krɪlɪk/ *adj, n* acrylique

act /ækt/ ◆ *n* **1** acte : *an act of kindness* un acte de bonté **2** (*Théâtre*) acte **3** (*spectacle*) numéro : *a circus act* un numéro de cirque **4** (*Jur*) loi LOC **in the act of doing sth** en train de faire qch **to get your act together** (*fam*) se ressaisir **to put on an act** (*fam*) jouer la comédie ◆ **1** *vi* agir : *to act as an interpreter* servir d'interprète **2** *vi* se comporter **3** *vi, vt* (*Théâtre*) jouer LOC *Voir* FOOL

acting¹ /'æktɪŋ/ *n* jeu, interprétation (*Théâtre*) : *She's done a lot of acting.* Elle a fait beaucoup de théâtre. ◊ *his acting career* sa carrière d'acteur

acting² /'æktɪŋ/ *adj* intérimaire : *He was acting chairman at the meeting.* Il a présidé la réunion par intérim. ☛ Ne s'emploie que devant un nom.

action /'ækʃn/ *n* **1** action **2** [*indénombrable*] mesures (*pour remédier à une situation*) : *Drastic action is needed.* Des mesures draconiennes s'imposent. **3** (*Jur*) action, procès : *to take legal action against sb* faire un procès à qn **4** (*Mil*) action, combat LOC **in action** à l'action **out of action 1** (*appareil*) en panne, hors service **2** (*personne*) hors de combat **to put sth into action** mettre qch à exécution **to take action** agir *Voir aussi* COURSE

activate /'æktɪveɪt/ *vt* déclencher

active /'æktɪv/ *adj* actif : *to take an active part in sth* prendre une part active à qch ◊ *to take an active interest in sth* s'intéresser activement à qch

activity /æk'tɪvəti/ *n* (*pl* **-ies**) activité

actor /'æktə(r)/ *n* acteur, -trice ☛ *Voir note sous* ACTRESS

actress /'æktrəs/ *n* actrice

Le terme **actor** est souvent employé pour désigner un homme comme une femme.

actual /'æktʃuəl/ *adj* **1** exact : *What were his actual words?* Qu'est-ce qu'il a dit exactement ? **2** réel : *based on actual events* basé sur les faits **3** à proprement parler : *the actual city centre* le centre-ville même ☛ *Comparer avec* CURRENT 1, PRESENT-DAY LOC **in actual fact** en fait

actually /'æktʃuəli/ *adv* **1** en fait : *He's actually very bright.* En fait il est très intelligent. ◊ *Actually, my name's Sue, not Ann.* En fait, je m'appelle Sue et non Ann. **2** exactement : *What did she actually say?* Qu'est-ce qu'elle a dit exactement ? **3** vraiment : *You actually met her?* Tu l'as véritablement rencontrée ? ◊ *He actually expected me to leave.* Il s'attendait vraiment à ce que je parte. ☛ *Comparer avec* AT PRESENT *sous* PRESENT[1], CURRENTLY *sous* CURRENT

acupuncture /'ækjupʌŋktʃə(r)/ *n* acupuncture

acute /ə'kjuːt/ ◆ *adj* **1** grave : *an acute need for financial aid* un besoin urgent d'aide financière **2** aigu : *an acute angle* un angle aigu ◊ *acute appendicitis* appendicite aiguë **3** (*remords, embarras*) profond ◆ (*aussi* **acute accent**) *n* accent aigu : *e acute* e accent aigu

AD /ˌeɪ 'diː/ *abrév* **anno domini** ap. J.-C.

ad /æd/ *n* (*fam*) **advertisement** pub (*publicité*), annonce

adamant /'ædəmənt/ *adj* ~ **(about/in sth)** catégorique (sur qch) : *He was adamant about staying behind.* Il voulait absolument rester en arrière.

Adam's apple /ˌædəmz 'æpl/ *n* (*Anat*) pomme d'Adam

adapt /ə'dæpt/ *vt, vi* (s')adapter

adaptable *adj* souple, qui s'adapte facilement **adaptation** *n* adaptation

adaptor /ə'dæptə(r)/ *n* **1** prise multiple **2** adaptateur

add /æd/ *vt* **1** ajouter **2** additionner LOC **to add A and B together** additionner A et B PHR V **to add sth on (to sth)** ajouter qch (à qch) **to add to sth** ajouter à qch **to add up** (*fam*) **1** avoir du sens : *His story doesn't add up.* Son histoire ne tient pas debout. **2** s'additionner : *It all adds up.* Ça chiffre vite. **to add (sth) up** compter (qch), additionner qch **to add up to sth** s'élever à qch : *The bill adds up to £40.* L'addition s'élève à 40 livres.

adder /'ædə(r)/ *n* vipère

addict /'ædɪkt/ *n* **1** *a drug addict* un toxicomane **2** accro, fanatique : *a TV addict* un mordu de télé **addicted** /ə'dɪktɪd/ *adj* ~ **(to sth) 1** *to be addicted to sth* avoir une dépendance à qch **2** fanatique (de qch) ; accro (de qch) **addiction** /ə'dɪkʃn/ *n* accoutumance : *drug addiction* toxicomanie **addictive** /ə'dɪktɪv/ *adj* qui crée une dépendance

addition /ə'dɪʃn/ *n* **1** ajout, adjonction **2** (*Math*) addition LOC **in addition** de plus **in addition to sth** en plus de qch **additional** *adj* supplémentaire

additive /'ædətɪv/ *n* additif

address /ə'dres ; *USA* 'ædres/ ◆ *n* **1** adresse : *an address book* un carnet d'adresses **2** discours LOC *Voir* FIXED ◆ *vt* **1** (*lettre*) adresser **2** ~ **sb** s'adresser à qn **3** ~ **(yourself to) sth** aborder qch

adept /ə'dept/ *adj* ~ **(at sth/doing sth)** doué (en qch/pour faire qch) ; habile (à qch/à faire qch)

adequate /'ædɪkwət/ *adj* **1** adéquat, suffisant **2** (*description, explication*) correct

adhere /əd'hɪə(r)/ *vi* (*sout*) ~ **to sth** adhérer à qch **adherence** *n* ~ **(to sth)** adhésion (à qch) **adherent** *n* adhérent, -e

adhesive /əd'hiːsɪv/ *adj, n* adhésif

adjacent /ə'dʒeɪsnt/ *adj* voisin, attenant

adjective /'ædʒɪktɪv/ *n* adjectif

adjoining /ə'dʒɔɪnɪŋ/ *adj* attenant

adjourn /ə'dʒɜːn/ **1** *vt* suspendre (*interrompre*) **2** *vi* lever la séance

adjust /ə'dʒʌst/ **1** *vt* régler **2** *vt, vi* ~ **(sth) to sth** adapter qch à qch ; s'adapter à qch **adjustment** *n* **1** modification **2** adaptation

administer /əd'mɪnɪstə(r)/ *vt* **1** diriger, administrer **2** (*médicaments*) administrer **3** (*punition*) infliger

administration /əd,mɪnɪ'streɪʃn/ *n* **1** administration **2** gestion **3** gouvernement

administrative /əd'mɪnɪstrətɪv/ *adj* administratif

administrator /əd'mɪnɪstreɪtə(r)/ *n* administrateur, -trice

admirable /'ædmərəbl/ *adj* admirable

admiral /'ædmərəl/ *n* amiral

admiration /,ædmə'reɪʃn/ *n* admiration

admire /əd'maɪə(r)/ *vt* admirer **admirer** *n* admirateur, -trice **admiring** *adj* admiratif

admission /əd'mɪʃn/ *n* **1** entrée **2** (*université, hôpital*) admission **3** aveu

admit /əd'mɪt/ (**-tt-**) **1** *vt* ~ **sb** faire entrer qn **2** *vt* ~ **sb** hospitaliser qn : *to be admitted to hospital* être hospitalisé **3** *vt, vi* ~ **(to) sth** (*culpabilité*) reconnaître qch ; avouer qch **admittedly** *adv* : *Admittedly...* Il faut reconnaître que...

adolescent /,ædə'lesnt/ *adj, n* adolescent, -e **adolescence** *n* adolescence

adopt /ə'dɒpt/ *vt* adopter **adopted** *adj* adopté **adoptive** *adj* adoptif **adoption** *n* adoption

adore /ə'dɔ:(r)/ *vt* adorer

adorn /ə'dɔ:n/ *vt* parer, orner

adrenalin /ə'drenəlɪn/ *n* adrénaline

adrift /ə'drɪft/ *adj* à la dérive

adult /'ædʌlt, ə'dʌlt/ *adj, n* adulte

adultery /ə'dʌltəri/ *n* adultère

adulthood /'ædʌlthʊd/ *n* âge adulte

advance /əd'vɑ:ns ; *USA* -'væns/ ◆ *n* **1** avance **2** progrès **3** (*argent*) avance LOC **in advance** à l'avance ◆ *adj* à l'avance : *advance notice* préavis ◆ **1** *vi, vt* (s')avancer **2** *vi* progresser **advanced** *adj* avancé **advancement** *n* **1** progrès **2** (*dans hiérarchie*) avancement

advantage /əd'vɑ:ntɪdʒ ; *USA* -'væn-/ *n* avantage LOC **to take advantage of sb/sth** profiter de qn/qch, exploiter qn/qch **advantageous** /,ædvən'teɪdʒəs/ *adj* avantageux

advent /'ædvent/ *n* **1** apparition : *the advent of computers* l'apparition des ordinateurs **2 Advent** (*Relig*) Avent

adventure /əd'ventʃə(r)/ *n* aventure **adventurer** *n* aventurier, -ière **adventurous** *adj* aventureux

adverb /'ædvɜ:b/ *n* adverbe

adversary /'ædvəsəri ; *USA* -seri/ *n* (*pl* **-ies**) adversaire

adverse /'ædvɜ:s/ *adj* **1** (*effet, influence*) négatif **2** (*critique*) défavorable **adversely** *adv* de façon négative

adversity /əd'vɜ:səti/ *n* (*pl* **-ies**) adversité

advert /'ædvɜ:t/ *n* (*GB, fam*) annonce, publicité

advertise /'ædvətaɪz/ **1** *vt* : *to advertise a job in the newspaper* faire paraître une annonce pour un emploi dans le journal **2** *vt, vi* faire de la publicité (pour) **3** *vi* ~ **for sb** rechercher qn : *to advertise in the newspaper for a translator* mettre une annonce dans le journal pour rechercher un traducteur **advertisement** /əd'vɜ:tɪsmənt ; *USA* ,ædvər'taɪzmənt/ (*aussi* **advert**, **ad**) *n* ~ **(for sb/sth)** annonce, publicité (pour rechercher qn/pour qch) **advertising** *n* publicité : *an advertising campaign* une campagne de publicité

advice /əd'vaɪs/ *n* [*indénombrable*] conseils : *a piece of advice* un conseil ◊ *I asked for her advice.* Je lui ai demandé conseil. ◊ *to seek/take legal advice* consulter un avocat ☛ *Voir note sous* INFORMATION

advisable /əd'vaɪzəbl/ *adj* recommandé

advise /əd'vaɪz/ *vt, vi* **1** conseiller : *to advise sb to do sth* conseiller à qn de faire qch ◊ *Can you advise me on this?* Pouvez-vous me conseiller sur ce point ? ◊ *You would be well advised to...* Vous feriez mieux de... **2** informer, aviser **adviser** (*USA* **advisor**) *n* conseiller, -ère **advisory** *adj* consultatif

advocacy /'ædvəkəsi/ *n* ~ **of sth** plaidoyer en faveur de qch

advocate /'ædvəkeɪt/ *vt* être partisan de

aerial /'eəriəl/ ◆ *n* (*USA* **antenna**) antenne ◆ *adj* aérien

aerobics /eə'rəʊbɪks/ *n* [*sing*] aérobic

aerodynamic /,eərəʊdaɪ'næmɪk/ *adj* aérodynamique

aeroplane /'eərəpleɪn/ (*USA* **airplane**) *n* avion

aerosol /'eərəsɒl/ *n* aérosol

aesthetic /i:s'θetɪk/ (*USA* **esthetic** /es'θetɪk/) *adj* esthétique

affair /ə'feə(r)/ *n* **1** affaire : *That's my affair.* Ce sont mes affaires. ◊ *the Watergate affair* le scandale du Watergate **2** liaison : *to have an affair with sb* avoir une aventure avec qn LOC *Voir* STATE[1]

affect /ə'fekt/ *vt* **1** affecter, avoir une incidence sur : *How will these changes affect my job?* Quelles vont être les répercussions de ces changements sur mon travail ? **2** toucher, concerner ☛ *Comparer avec* EFFECT

affection /ə'fekʃn/ *n* affection **affectionate** *adj* ~ **(towards sb)** affectueux (envers qn)

affinity /ə'fɪnəti/ *n* (*pl* **-ies**) **1** ressemblance, rapport **2** affinités, attirance

affirm /ə'fɜːm/ *vt* affirmer

afflict /ə'flɪkt/ *vt* affliger : *to be afflicted with rheumatism* avoir des rhumatismes

affluent /'æfluənt/ *adj* riche, aisé **affluence** *n* richesse

afford /ə'fɔːd/ *vt* **1** pouvoir se permettre, avoir les moyens d'acheter : *Can you afford it?* Est-ce que tu peux te le permettre ? ◊ *We can't afford a holiday.* Nous n'avons pas les moyens de nous payer des vacances. **2** (*sout*) fournir, procurer **affordable** *adj* abordable (*prix*)

afield /ə'fiːld/ *adv* LOC **far/further afield** loin/plus loin : *from as far afield as...* d'aussi loin que...

afloat /ə'fləʊt/ *adj* **1** à flot **2** en mer, à bord

afraid /ə'freɪd/ *adj* **1 to be ~ (of sb/sth)** avoir peur (de qn/qch) **2 to be ~ to do sth** avoir peur de faire qch **3 to be ~ for sb** avoir peur pour qn LOC **I'm afraid (that)...** je crains que... : *I'm afraid so/not.* J'ai bien peur que oui/non.

afresh /ə'freʃ/ *adv* à nouveau : *Let's start afresh.* On va reprendre à zéro.

after /'ɑːftə(r) ; *USA* 'æf-/ ◆ *adv* **1** après : *soon after* peu après ◊ *the day after* le lendemain **2** derrière : *She came running after.* Elle est arrivée en courant. ◆ *prép* **1** après : *after lunch* après le déjeuner ◊ *after using this shampoo* après avoir utilisé ce shampooing ◊ *the day after tomorrow* après-demain **2** *time after time* à plusieurs reprises **3** à la recherche de : *They're after me.* Ils sont à ma poursuite. ◊ *What are you after?* Qu'est-ce que tu cherches ? ◊ *She's after a job in advertising.* Elle cherche un poste dans la publicité. **4** *We named him after you.* Nous lui avons donné ton nom. LOC **after all 1** malgré tout **2** après tout ◆ *conj* après que

aftermath /'ɑːftəmɑːθ ; *USA* 'æftəmæθ/ *n* [*sing*] conséquences LOC **in the aftermath of** à la suite de

afternoon /ˌɑːftə'nuːn ; *USA* ˌæf-/ *n* après-midi : *tomorrow afternoon* demain après-midi LOC **good afternoon** bonjour ☛ *Voir note sous* MORNING

afterthought /'ɑːftəθɔːt ; *USA* 'æf-/ *n* idée après coup

afterwards /'ɑːftəwədz ; *USA* 'æf-/ (*USA aussi* **afterward**) *adv* après : *shortly/soon afterwards* peu après

again /ə'gen, ə'geɪn/ *adv* encore, à nouveau : *once again* encore une fois ◊ *never again* plus jamais ◊ *to do sth again* refaire qch LOC **again and again** maintes fois **then/there again** d'un autre côté, par contre *Voir aussi* NOW, OVER, TIME, YET

against /ə'genst, ə'geɪnst/ *prép* contre : *Put the piano against the wall.* Placez le piano contre le mur. ◊ *We were rowing against the current.* Nous ramions à contre courant. ◊ *The mountains stood out against the blue sky.* Les montagnes se détachaient sur le ciel bleu. ☛ Les verbes à particule formés avec **against** sont traités sous le verbe correspondant : pour **to come up against**, par exemple, voir COME.

age /eɪdʒ/ ◆ *n* **1** âge : *to be 18 years of age* avoir 18 ans **2** vieillesse, âge : *It improves with age.* Ça s'améliore avec le temps. **3** époque, ère : *the Stone Age* l'âge de la pierre ◊ *the Dark Ages* le Haut Moyen-Âge **4 ages** une éternité : *It's ages since I saw her.* Cela fait une éternité que je ne l'ai pas vue. LOC **age of consent** âge légal (*pour avoir des rapports sexuels*) **to come of age** atteindre la majorité **under age** mineur *Voir aussi* LOOK[1] ◆ *vt, vi* (*part présent* **ageing** *ou* **aging** *prét, pp* **aged** /eɪdʒd/) vieillir

aged /'eɪdʒd/ ◆ *adj* **1** âgé de : *a boy aged ten* un garçon de dix ans **2** /'eɪdʒɪd/ âgé

Noter que **old people** ou **the elderly** sont des expressions normales pour parler des personnes âgées. *Le troi-*

sième âge se dit **senior citizens** : *activities for senior citizens* activités pour le troisième âge.

◆ /'eɪdʒɪd/ *n* [*pl*] **the aged** les personnes âgées

ageing (*aussi* **aging**) /'eɪdʒɪŋ/ ◆ *adj* **1** vieillissant **2** (*iron*) d'un certain âge ◆ *n* vieillissement

agency /'eɪdʒənsi/ *n* (*pl*-**ies**) agence

agenda /ə'dʒendə/ *n* ordre du jour

Noter que le terme français *agenda* se traduit par **diary**.

agent /'eɪdʒənt/ *n* agent

aggravate /'ægrəveɪt/ *vt* **1** aggraver **2** (*personne*) exaspérer **aggravating** *adj* exaspérant **aggravation** *n* **1** irritation **2** aggravation

aggression /ə'greʃn/ *n* [*indénombrable*] **1** agressivité **2** agression : *an act of aggression* une aggression

aggressive /ə'gresɪv/ *adj* agressif, combatif

agile /'ædʒaɪl ; *USA* 'ædʒl/ *adj* agile **agility** /ə'dʒɪləti/ *n* agilité

aging *Voir* AGEING

agitated /'ædʒɪteɪtɪd/ *adj* agité, inquiet : *to get agitated* s'inquiéter **agitation** *n* agitation

ago /ə'gəʊ/ *adv* : *12 years ago* il y a 12 ans ◊ *How long ago did she retire?* Ça fait combien de temps qu'elle a pris sa retraite ? ◊ *It's 20 years ago that he died.* Ça fait 20 ans qu'il est mort.

Ago s'emploie avec le prétérit : *She arrived a few minutes ago.* Elle est arrivée il y a cinq minutes. Avec le plus-que-parfait on emploie **before** ou **earlier** : *She had arrived two days earlier.* Elle était arrivée deux jours plus tôt. ☛ *Voir exemples sous* FOR 3

agonize, -ise /'ægənaɪz/ *vi* ~ **(about/over sth)** se tourmenter (à propos de qch) **agonized, -ised** *adj* angoissé **agonizing, -ising** *adj* **1** (*décision, choix*) déchirant **2** (*douleur*) atroce **3** (*attente, retard*) angoissant

agony /'ægəni/ *n* (*pl* -**ies**) **1** douleur atroce : *to be in agony* souffrir le martyre **2** angoisse : *It was agony!* Ça a été un vrai supplice !

agree /ə'gri:/ (*prét, pp* **agreed**) **1** *vi* ~ **(with sb) (on/about sth)** être d'accord (avec qn) (sur qch) : *They agreed with me on the major points.* Ils étaient d'accord avec moi sur les points principaux. **2** *vi* ~ **(to sth)** accepter (qch) ; consentir (à qch) : *He agreed to let me go.* Il a accepté de me laisser partir. **3** *vt, vi* ~ **(on) sth** se mettre d'accord sur qch ; convenir de qch : *It was agreed that...* Il était convenu que... **4** *vi* s'entendre **5** *vt* (*projet, etc.*) convenir (de) PHR V **to agree with sb** convenir à qn : *The climate didn't agree with him.* Le climat ne lui convenait pas. **agreeable** *adj* **1** agréable **2** ~ **(to sth)** favorable (à qch)

agreement /ə'gri:mənt/ *n* **1** accord : *to reach an agreement* parvenir à un accord **2** accord, pacte LOC **in agreement with** conformément à

agriculture /'ægrɪkʌltʃə(r)/ *n* agriculture **agricultural** /ˌægrɪ'kʌltʃərəl/ *adj* agricole

ah! /ɑ:/ *excl* ah !

aha! /ɑ:'hɑ:/ *excl* ah !

ahead /ə'hed/ ◆ *particule* **1** devant : *She looked (straight) ahead.* Elle regardait droit devant elle. ◊ *the road ahead* la route devant nous **2** à venir : *the months ahead* les mois à venir LOC **to be ahead** être en avance ☛ Les verbes à particule formés avec **ahead** sont traités sous le verbe correspondant : pour **to press ahead**, par exemple, voir PRESS. ◆ *prép* ~ **of sb/sth 1** (*espace*) devant qn/qch : *directly ahead of us* droit devant nous **2** (*temps*) en avance de qn/qch : *London is five hours ahead of New York.* Il y a un décalage horaire de cinq heures entre Londres et New York. LOC **to be ahead of sb/sth** être en avance sur qn/qch **to get ahead of sb/sth** dépasser qn/qch

aid /eɪd/ ◆ *n* **1** [*indénombrable*] aide, secours : *The Red Cross came to the aid of the refugees.* La Croix Rouge est venue au secours des réfugiés. **2** aide : *teaching aids* support pédagogique LOC **in aid of sth** au profit de qch ◆ *vt* aider, faciliter

Aids (*aussi* **AIDS**) /eɪdz/ *abrév* **Acquired Immune Deficiency Syndrome** sida

ailment /'eɪlmənt/ *n* mal, maladie

aim /eɪm/ ◆ **1** *vt, vi* **to aim sth (at sb/sth)** (*arme*) braquer qch (sur qn/qch) : *She aimed a blow at his head.* Elle l'a frappé à la tête. **2** *vt* **to aim sth at sb/sth** destiner qch à qn/qch **3** *vi* **to aim at/for sth** viser qch **4** *vi* **to aim to do**

sth avoir l'intention de faire qch ◆ *n* but LOC **to take aim** viser

aimless /'eɪmləs/ *adj* sans but **aimlessly** *adv* sans but

ain't /eɪnt/ (*fam*) **1** = AM/IS/ARE NOT *Voir* BE **2** = HAS/HAVE NOT *Voir* HAVE

air /eə(r)/ ◆ *n* air : *air fares* tarifs aériens ◊ *air pollution* pollution atmosphérique LOC **by air 1** par avion **2** en avion **in the air** : *There's something in the air.* Il se trame quelque chose. **to be on the air** être à l'antenne **to give yourself/put on airs** se donner de grands airs **(up) in the air** flou *Voir aussi* BREATH, CLEAR, OPEN, THIN ◆ *vt* **1** aérer **2** (*plainte*) exprimer

air-conditioned /'eə kəndɪʃnd/ *adj* climatisé **air-conditioning** *n* climatisation

aircraft /'eəkrɑːft/ *n* (*pl* **aircraft**) avion

airfield /'eəfiːld/ *n* terrain d'aviation

air force *n* [*v sing ou pl*] armée de l'air

air hostess *n* hôtesse de l'air

airline /'eəlaɪn/ *n* compagnie aérienne **airliner** *n* avion de ligne

airmail /'eəmeɪl/ *n* courrier par avion : *by airmail* par avion

airplane /'eəpleɪn/ *n* (*USA*) avion

airport /'eəpɔːt/ *n* aéroport

air raid *n* raid aérien

airtight /'eətaɪt/ *adj* hermétique

aisle /aɪl/ *n* **1** (*église*) allée **2** (*avion*) couloir

ajar /ə'dʒɑː(r)/ *adj* entrouvert, entrebâillé

akin /ə'kɪn/ *adj* ~ **to sth** semblable à qch

alarm /ə'lɑːm/ ◆ *n* **1** alarme : *to raise/sound the alarm* donner l'alarme **2** frayeur **3** (*aussi* **alarm clock**) réveil (*horloge*) **4** (*aussi* **alarm bell**) sonnerie d'alarme LOC *Voir* FALSE ◆ *vt* alerter, alarmer : *Everybody was alarmed at/by the news.* La nouvelle a alarmé tout le monde. **alarming** *adj* alarmant

alas! /ə'læs/ *excl* hélas !

albeit /ˌɔːl'biːɪt/ *conj* (*sout*) bien que

album /'ælbəm/ *n* album

alcohol /'ælkəhɒl ; *USA* -hɔːl/ *n* alcool : *alcohol-free* sans alcool ◊ *I never touch alcohol.* Je ne bois jamais d'alcool. **alcoholic** /ˌælkə'hɒlɪk/ *adj* **1** (*boisson*) alcoolisé **2** alcoolique **alcoholism** /'ælkəhɒlɪzəm/ *n* alcoolisme

ale /eɪl/ *n* bière

alert /ə'lɜːt/ ◆ *adj* alerte, éveillé ◆ *n* **1** alerte : *to be on the alert* être sur le qui-vive **2** alerte : *bomb alert* alerte à la bombe ◆ *vt* ~ **sb (to sth)** éveiller l'attention de qn (sur qch) ; alerter qn

A level *n* (*abrév* **Advanced level**) (*École*) : *What A levels are you doing/taking?* Quelles épreuves passes-tu au bac ?

> Les **A levels** sont les examens que les étudiants doivent passer en fin d'études secondaires pour pouvoir accéder à l'université.

algae /'ældʒiː, 'ælgiː/ *n* [*v sing ou pl*] algues ☛ *Voir note sous* ALGUES

algebra /'ældʒɪbrə/ *n* algèbre

alibi /'æləbaɪ/ *n* alibi

alien /'eɪliən/ ◆ *adj* **1** étranger **2** ~ **to sb/sth** étranger à qn/qch ◆ *n* **1** (*sout*) étranger, -ère **2** extraterrestre **alienate** *vt* aliéner, écarter

alight /ə'laɪt/ *adj* allumé : *to be alight* être en feu LOC *Voir* SET²

align /ə'laɪn/ **1** *vt* ~ **sth (with sth)** aligner qch (sur qch) **2** *v réfléchi* ~ **yourself with sb** (*Polit*) s'aligner sur qn

alike /ə'laɪk/ ◆ *adj* **1** pareil : *to be/look alike* se ressembler **2** identique : *No two are alike.* Il n'y en a pas deux qui soient identiques. ◆ *adv* de la même façon : *It appeals to young and old alike.* Ça plaît aux jeunes comme aux moins jeunes.

alive /ə'laɪv/ *adj* [*jamais devant un nom*] **1** vivant, en vie : *to stay alive* rester en vie **2** *He's the best player alive.* C'est le meilleur joueur au monde. ☛ *Comparer avec* LIVING LOC **alive and kicking** plein de vie **to keep sth alive 1** (*tradition*) préserver **2** (*souvenir*) entretenir **to keep yourself alive** survivre

all /ɔːl/ ◆ *adj* **1** tout le, toute la : *all day* toute la journée **2** tous les, toutes les : *all six copies* les six exemplaires **3** aucun, aucune : *He denied all knowledge of the crime.* Il a nié avoir connaissance de ce crime. LOC **not as... as all that** : *It's not as easy as all that.* Ce n'est pas si facile que ça. **on all fours** à quatre pattes *Voir aussi* FOR ◆ *pron* **1** tout, tous : *I ate all of it.* J'ai tout mangé. ◊ *All of us agree.* Nous sommes tous d'accord. ◊ *We should all offer to help.* Nous devrions tous proposer notre aide. **2** tout ce qui, tout ce que : *I'll do all I can to help.* Je ferai tout ce que je peux pour t'aider. LOC **all but 1** tous sauf, toutes sauf : *I got all but two questions right.* J'ai bien répondu à toutes les questions sauf deux. **2** pratiquement : *She was all but drowned.* Elle a bien failli se noyer. **all in all** somme toute **all the more** d'autant plus : *If you haven't seen her for a year, that's all the more reason to see her now.* Si tu ne l'as pas vue depuis un an, tu as d'autant plus de raisons de la voir maintenant. **at all** : *I'll come if at all possible.* Je viendrai si je peux. **in all** en tout **not at all 1** pas du tout **2** (*après un remerciement*) de rien ◆ *adv* **1** tout : *dressed all in white* habillé tout en blanc ◊ *all alone* tout seul **2** (*Sport*) partout : *The score is two all.* Le score est à deux partout. LOC **all along** (*fam*) depuis le début **all over 1** dans tout : *all over the world* dans le monde entier **2** *That's her all over.* C'est bien elle ! **3** terminé LOC **all the better** tant mieux **all too** bien trop **not all that...** pas si... : *It's not all that easy.* Ce n'est pas si facile. **to be all for sth** être tout à fait pour qch : *I'm all for accepting the offer.* Je suis tout à fait pour accepter cette offre.

allegation /ˌæləˈgeɪʃn/ *n* allégation

allege /əˈledʒ/ *vt* prétendre, alléguer **alleged** *adj* présumé **allegedly** *adv* soi-disant, prétendument

allegiance /əˈliːdʒəns/ *n* allégeance

allergic /əˈlɜːdʒɪk/ *adj* ~ **(to sth)** allergique (à qch)

allergy /ˈælədʒi/ *n* (*pl* **-ies**) allergie

alleviate /əˈliːvieɪt/ *vt* soulager **alleviation** *n* soulagement

alley /ˈæli/ *n* (*pl* **-eys**) (*aussi* **alleyway**) allée

alliance /əˈlaɪəns/ *n* alliance

allied /əˈlaɪd, ˈælaɪd/ *adj* ~ **(to sth)** **1** (*sujet*) connexe, analogue (à qch) **2** (*Polit*) allié (à qch)

alligator /ˈælɪgeɪtə(r)/ *n* alligator

allocate /ˈæləkeɪt/ *vt* **1** attribuer **2** (*fonds*) affecter **allocation** *n* **1** attribution, affectation **2** (*fonds*) crédits

allot /əˈlɒt/ *vt* (-tt-) ~ **sth (to sb/sth)** attribuer qch (à qn/qch) **allotment** *n* **1** attribution **2** (*GB*) potager (*que la commune loue à un particulier*)

all-out /ˌɔːl ˈaʊt/ ◆ *adj* (*lutte*) acharné ◆ *adv* LOC **to go all out** y aller à fond

allow /əˈlaʊ/ *vt* **1** ~ **(sb/sth to do) sth** permettre (à qn/qch de faire) qch ; autoriser (qn/qch de faire) qch : *"dogs are not allowed"* « interdit aux chiens » ◊ *Are we allowed to look?* Est-ce que l'on peut regarder ?

> **Allow** est employé dans un anglais soutenu ou familier. La forme passive **be allowed to** est très courante. **Permit** est un terme plutôt soutenu qui s'emploie principalement dans la langue écrite. **Let** est d'un style familier et est beaucoup employé dans le langage parlé.

2 ~ **(sb) sth** accorder qch (à qn) **3** prévoir, compter : *You should allow four hours for your journey.* Il faut que vous comptiez quatre heures pour le voyage. **4** admettre, reconnaître PHR V **to allow for sth** tenir compte de qch **allowable** *adj* admissible

allowance /əˈlaʊəns/ *n* **1** *luggage allowance* franchise de bagages **2** indemnité : *travel allowance* indemnité de déplacement **3** sommes déductibles : *tax allowance* abattement fiscal LOC **to make allowances for sb/sth** essayer de comprendre qn/prendre qch en compte

alloy /ˈælɔɪ/ *n* alliage

all right (*aussi* **alright**) *adj, adv* **1** bien : *Does this bike go all right?* Est-ce que ce vélo marche bien ? ◊ *Was the translation all right?* Est-ce que la traduction allait ? **2** satisfaisant : *The photos were all right.* Les photos n'étaient pas mal. **3** (*accord*) d'accord : *It's all right if you don't come.* Ce n'est pas grave si tu ne viens pas. **4** *That's him all right.* C'est bien lui.

all-round /ˌɔːl ˈraʊnd/ *adj* **1** général **2** (*athlète*) complet

all-time /ˈɔːl taɪm/ *adj* record : *an all-time low* une baisse record

ally /əˈlaɪ/ ◆ *vt, vi* (*prét, pp* **allied**) ~ **(yourself) with/to sb/sth** s'allier à qn/qch ◆ /ˈælaɪ/ *n* (*pl* **-ies**) allié, -e

almond /ˈɑːmənd/ *n* **1** amande **2** (*aussi* **almond tree**) amandier

almost /ˈɔːlməʊst/ *adv* presque : *He almost fell.* Il a failli tomber. ☛ *Voir note sous* NEARLY

alone /əˈləʊn/ *adj, adv* **1** seul, tout seul : *I'll go alone.* J'irai tout seul.

> Noter que **alone** ne s'emploie pas devant un nom et n'a pas de connotations particulières. Par contre **lonely** peut être placé devant un nom et a toujours des connotations négatives : *I*

want to be alone. Je veux être seul. ◊ *She was feeling very lonely.* Elle se sentait très seule. ◊ *a lonely house* une maison isolée.

2 seul : *You alone can help me.* Tu es le seul à pouvoir m'aider. LOC **to leave/let sb/sth alone** laisser qn/qch tranquille *Voir aussi* LET[1]

along /ə'lɒŋ ; *USA* ə'lɔ:ŋ/ ◆ *prép* le long de : *a walk along the beach* une promenade le long de la plage ◆ *particule* : *We were driving along.* Nous roulions. ◊ *Bring some friends along (with you).* Amène quelques amis.

Along s'emploie souvent avec des verbes de mouvement à la forme progressive quand on ne précise pas la destination. Dans ce cas, la préposition n'est généralement pas traduite en français.

LOC **along with** en compagnie de **come along!** viens donc ! ☛ Les verbes à particule formés avec **along** sont traités sous le verbe correspondant : pour **to get along**, par exemple, voir GET.

alongside /ə,lɒŋ'saɪd ; *USA* əlɔ:ŋ'saɪd/ *prép, adv* à côté (de) : *A car drew up alongside.* Une voiture s'arrêta à côté.

aloof /ə'lu:f/ *adj* distant (*personne*)

aloud /ə'laʊd/ *adv* à haute voix

alphabet /'ælfəbet/ *n* alphabet **alphabetical** /ˌælfə'betɪkl/ *adj* alphabétique : *in alphabetical order* par ordre alphabétique

already /ɔ:l'redi/ *adv* déjà : *We got there early but Martin had already left.* Nous sommes arrivés tôt mais Martin était déjà parti. ◊ *Have you already eaten?* Avez-vous (déjà) mangé ? ◊ *Surely you're not going already!* Ne me dis pas que tu pars déjà ! ☛ *Voir note sous* YET

alright /ɔ:l'raɪt/ *Voir* ALL RIGHT

also /'ɔ:lsəʊ/ *adv* **1** aussi, également : *I've also met his parents.* J'ai également rencontré ses parents. ◊ *She was also very rich.* Elle était aussi très riche. **2** de plus

altar /'ɔ:ltə(r)/ *n* autel

alter /'ɔ:ltə(r)/ **1** *vt, vi* changer **2** *vt* (*vêtements*) retoucher : *The skirt needs altering.* Cette jupe a besoin d'être retouchée. **alteration** *n* **1** transformation **2** (*vêtement*) retouches

alternate /ɔ:l'tɜ:nət ; *USA* 'ɔ:ltərneɪt/ ◆ *adj* en alternance : *on alternate days* un jour sur deux ◆ /'ɔ:ltɜ:neɪt/ *vt, vi* (faire) alterner, employer tour à tour, se succéder tour à tour

alternative /ɔ:l'tɜ:nətɪv/ ◆ *n* alternative, possibilité : *She had no alternative but to...* Elle n'avait pas d'autre solution que de... ◊ *I was given three alternatives.* On m'a donné le choix entre trois possibilités. ◆ *adj* autre, de remplacement

although (*USA aussi* **altho**) /ɔ:l'ðəʊ/ *conj* bien que ☛ *Voir note sous* BIEN[1]

altitude /'æltɪtju:d ; *USA* -tu:d/ *n* altitude

alto /'æltəʊ/ *n* (*pl* **-os**) alto

altogether /ˌɔ:ltə'geðə(r)/ *adv* **1** entièrement : *I don't altogether agree.* Je ne suis pas entièrement d'accord. **2** en tout **3** tout compte fait : *Altogether, it was disappointing.* Tout compte fait c'était décevant.

aluminium /ˌæljə'mɪniəm/ (*USA* **aluminum** /ə'lu:mɪnəm/) *n* aluminium

always /'ɔ:lweɪz/ *adv* toujours LOC **as always** comme toujours

La position des *adverbes de fréquence* (**always**, **never**, **ever**, **usually**, etc.) dépend du verbe qu'ils accompagnent : ils sont placés après les verbes auxiliaires et modaux (**be**, **have**, **can**, etc.) et devant la plupart des autres verbes : *I've never forgotten her.* Je ne l'ai jamais oubliée. ◊ *She's always ready to criticize other people.* Elle est toujours prête à critiquer les autres. ◊ *I usually go shopping on Mondays.* Je fais généralement mes courses le lundi.

a.m. (*USA* **A.M.**) /ˌeɪ 'em/ *abrév* du matin : *at 7 a.m.* à 7 heures du matin ☛ *Voir note sous* P.M.

am /əm, m, æm/ *Voir* BE

amalgam /ə'mælgəm/ *n* amalgame

amalgamate /ə'mælgəmeɪt/ *vt, vi* fusionner (*sociétés, institutions*)

amateur /'æmətə(r)/ *adj, n* amateur (*non professionnel*)

amaze /ə'meɪz/ *vt* stupéfier : *I was amazed at the news.* La nouvelle m'a stupéfié. **amazement** *n* stupéfaction **amazing** *adj* incroyable

ambassador /æm'bæsədə(r)/ *n* ambassadeur

amber /'æmbə(r)/ ◆ *n* **1** ambre **2** feu orange ◆ *adj* **1** d'ambre **2** (*feux de circulation*) orange

ambiguity /ˌæmbɪ'gju:əti/ *n* (*pl* **-ies**) ambiguïté

ambiguous /æm'bɪgjuəs/ *adj* ambigu

ambition /æm'bɪʃn/ *n* ambition

ambitious /æm'bɪʃəs/ *adj* ambitieux

ambivalent /æm'bɪvələnt/ *adj* ambivalent : *I'm ambivalent about whether to go or not.* Je ne sais pas si je dois y aller ou non.

ambulance /'æmbjələns/ *n* ambulance

ambush /'æmbʊʃ/ *n* embuscade

amen /ɑ:'men, eɪ'men/ *excl*, *n* amen

amend /ə'mend/ *vt* modifier **amendment** amendement

amends /ə'mendz/ *n* [*pl*] LOC **to make amends (to sb) (for sth)** dédommager qn (de qch), se racheter (auprès de qn) (pour qch)

amenities /ə'mi:nətiz ; *USA* ə'menətiz/ *n* [*pl*] **1** équipements **2** installations, aménagements

amiable /'eɪmiəbl/ *adj* aimable

amicable /'æmɪkəbl/ *adj* amical : *in an amicable way* à l'amiable

amid /ə'mɪd/ (*aussi* **amidst** /ə'mɪdst/) *prép* (*sout*) au milieu de : *amid all the confusion* dans toute cette confusion

ammunition /ˌæmju'nɪʃn/ *n* [*indénombrable*] **1** munitions **2** (*fig*) armes, arguments

amnesty /'æmnəsti/ *n* (*pl* **-ies**) amnistie

among /ə'mʌŋ/ (*aussi* **amongst** /ə'mʌŋst/) *prép* parmi, entre : *I was among the last to leave.* J'étais parmi les derniers à partir. ◊ *It is not among the poorer nations.* Il ne compte pas parmi les pays les plus pauvres.

amount /ə'maʊnt/ ◆ *vi* ~ **to sth** **1** s'élever à qch : *Our information doesn't amount to much.* Nous n'avons pas grand-chose comme renseignements. ◊ *John will never amount to much.* John ne fera jamais grand-chose. **2** équivaloir à qch ◆ *n* **1** quantité **2** (*facture*) total, montant **3** (*argent*) somme LOC **any amount of** : *any amount of money* énormément d'argent

amphibian /æm'fɪbiən/ *n* amphibien

amphitheatre (*USA* **amphitheater**) /'æmfɪθɪətə(r)/ *n* amphithéâtre

ample /'æmpl/ *adj* **1** (*proportions*) généreux **2** largement suffisant : *There's ample room for the children.* Il y a largement de la place pour les enfants. **3** (*vêtement*) large **amply** *adv* largement, amplement

amplify /'æmplɪfaɪ/ *vt* (*prét*, *pp* **-fied**) **1** amplifier **2** (*récit, etc.*) développer **amplifier** *n* amplificateur

amputate /'æmpjuteɪt/ *vt*, *vi* amputer **amputation** *n* amputation

amuse /ə'mju:z/ *vt* **1** amuser **2** distraire **amusement** *n* **1** amusement **2** distraction : *an amusement arcade* une galerie de jeux ◊ *an amusement park* un parc d'attractions **amusing** *adj* amusant

an *Voir* A

anaemia (*USA* **anemia**) /ə'ni:miə/ *n* anémie **anaemic** (*USA* **anemic**) *adj* anémique

anaesthetic (*USA* **anesthetic**) /ˌænəs'θetɪk/ *n* anesthésique : *to give sb an anaesthetic* anesthésier qn

analogy /ə'nælədʒi/ *n* (*pl* **-ies**) analogie : *by analogy with* par analogie avec

analyse (*USA* **analyze**) /'ænəlaɪz/ *vt* analyser

analysis /ə'næləsɪs/ *n* (*pl* **-yses** /-əsi:z/) **1** analyse **2** *Voir* PSYCHOANALYSIS LOC **in the last/final analysis** en dernière analyse

analyst /'ænəlɪst/ *n* analyste

analytic /ˌænə'lɪtɪk/ (*aussi* **analytical** /ˌænə'lɪtɪkl/) *adj* analytique

anarchism /'ænəkɪzəm/ *n* anarchisme **anarchist** *adj*, *n* anarchiste

anarchy /'ænəki/ *n* anarchie **anarchic** /ə'nɑ:kɪk/ *adj* anarchique

anatomy /ə'nætəmi/ *n* (*pl* **-ies**) anatomie

ancestor /'ænsestə(r)/ *n* ancêtre **ancestral** /æn'sestrəl/ *adj* ancestral **ancestry** /'ænsestri/ *n* (*pl* **-ies**) ancêtres

anchor /'æŋkə(r)/ ◆ *n* **1** ancre : *to drop anchor* jeter l'ancre **2** (*fig*, *personne*) soutien LOC **at anchor** à l'ancre *Voir aussi* WEIGH ◆ **1** *vt* ancrer **2** *vi* jeter l'ancre

anchovy /'æntʃəvi/ *n* (*pl* **-ies**) anchois

ancient /'eɪnʃənt/ *adj* **1** antique **2** (*fam*) antique, très vieux

and /ænd, ənd/ *conj* **1** et : *you and me* toi et moi **2** (*chiffres*) : *five hundred and sixty-two* cinq cent soixante-deux **3** *Come and see for yourself.* Venez voir vous-même. ◊ *Try and come.* Tâche de venir. **4** [*avec comparatif*] : *bigger and* *bigger* de plus en plus gros ◊ *to get better and better* aller de mieux en mieux **5** (*répétition*) : *I've tried and tried.* J'ai essayé maintes fois. ◊ *for ages and ages* pendant une éternité ◊ *to walk miles and miles* marcher des kilomètres LOC *Voir* TRY

anecdote /'ænɪkdəʊt/ *n* anecdote

anemia, anemic (*USA*) *Voir* ANAEMIA

anesthetic (*USA*) *Voir* ANAESTHETIC

angel /'eɪndʒl/ *n* ange : *a guardian angel* un ange gardien

anger /'æŋgə(r)/ ◆ *n* colère ◆ *vt* mettre en colère

angle /'æŋgl/ *n* **1** (*Géom*) angle **2** (*fig*) aspect, point de vue LOC **at an angle** incliné

angling /'æŋglɪŋ/ *n* pêche (*à la ligne*)

angry /'æŋgri/ *adj* (**-ier**, **-iest**) **1** ~ **(with sb) (at/about sth)** en colère (contre qn) (à cause de/à propos de qch) **2** (*ciel*) menaçant LOC **to get angry** se mettre en colère **to make sb angry** mettre qn en colère **angrily** *adv* avec colère

anguish /'æŋgwɪʃ/ *n* angoisse **anguished** *adj* angoissé

angular /'æŋgjələ(r)/ *adj* **1** plein d'angles **2** (*personne*) anguleux

animal /'ænɪml/ *n* animal : *animal experiments* expériences sur les animaux

animate /'ænɪmət/ ◆ *adj* vivant, animé ◆ /'ænɪmeɪt/ *vt* animer **animation** *n* animation

ankle /'æŋkl/ *n* cheville

annihilate /ə'naɪəleɪt/ *vt* anéantir **annihilation** *n* anéantissement

anniversary /ˌænɪ'vɜːsəri/ *n* (*pl* **-ies**) anniversaire (*d'une date*)

announce /ə'naʊns/ *vt* annoncer **announcement** *n* annonce (*parlée*) LOC **to make an announcement** faire une annonce **announcer** *n* présentateur, -trice

annoy /ə'nɔɪ/ *vt* agacer, ennuyer **annoyance** *n* **1** agacement : *much to our annoyance* à notre grand mécontentement **2** contrariété **annoyed** *adj* mécontent, ennuyé LOC **to get annoyed** se fâcher **annoying** *adj* agaçant

annual /'ænjuəl/ *adj* annuel **annually** *adv* annuellement

anomaly /ə'nɒməli/ *n* (*pl* **-ies**) anomalie **anomalous** *adj* anormal

anonymity /ˌænə'nɪməti/ *n* anonymat

anonymous /ə'nɒnɪməs/ *adj* anonyme

anorak /'ænəræk/ *n* anorak

anorexia /ˌænə'reksiə/ *n* anorexie **anorexic** *adj, n* anorexique

another /ə'nʌðə(r)/ ◆ *adj* un autre, une autre : *another one* un autre ◊ *another five* cinq autres ◊ *I'll do it another time.* Je le ferai une autre fois. ☛ *Voir note sous* AUTRE ◆ *pron* un autre, une autre : *one way or another* d'une façon ou d'une autre ☛ Le pluriel du *pronom* **another** est **others**. Voir aussi ONE ANOTHER

answer /'ɑːnsə(r) ; *USA* 'ænsər/ ◆ *n* **1** réponse : *I phoned, but there was no answer.* J'ai appelé mais ça ne répondait pas. **2** solution LOC **in answer to sth** en réponse à qch **to have/know all the answers** avoir réponse à tout ◆ **1** *vt, vi* ~ **(sb/sth)** répondre (à qn/qch) : *to answer the door* ouvrir la porte **2** *vt* (*accusation*) répondre à **3** *vt* (*prière*) exaucer PHR V **to answer back** répondre (*avec insolence*) **to answer for sb/sth** répondre de qn/qch **to answer to sb (for sth)** être responsable (de qch) devant qn

answering machine (*GB aussi* **answerphone** /'ɑːnsəfəʊn/) *n* répondeur

ant /ænt/ *n* fourmi

antagonism /æn'tægənɪzəm/ *n* antagonisme, hostilité **antagonistic** *adj* antagoniste

antelope /'æntɪləʊp/ *n* (*pl* **antelope** *ou* **-s**) antilope

antenna /æn'tenə/ *n* **1** (*pl* **-nae** /-niː/) (*insecte*) antenne **2** (*pl* **-s**) (*USA*) (*Radio, Télé*) antenne

anthem /'ænθəm/ *n* hymne

anthology /æn'θɒlədʒi/ *n* (*pl* **-ies**) anthologie

anthropology /ˌænθrə'pɒlədʒi/ *n* anthropologie **anthropological** /ˌænθrəpə'lɒdʒɪkl/ *adj* anthropologique **anthropologist** /ˌænθrə'pɒlədʒɪst/ *n* anthropologue

antibiotic /ˌæntibaɪ'ɒtɪk/ *adj, n* antibiotique

antibody /'æntibɒdi/ *n* (*pl* **-ies**) anticorps

anticipate /æn'tɪsɪpeɪt/ *vt* **1** prévoir : *as anticipated* comme prévu ◊ *We anticipate some difficulties.* Nous nous attendons à rencontrer des difficultés. **2** anticiper **3** devancer

anticipation /æn,tɪsɪ'peɪʃn/ *n* **1** anticipation : *in anticipation of sth* en prévision de qch **2** attente **3** impatience

anticlimax /,ænti'klaɪmæks/ *n* déception

anticlockwise /,ænti'klɒkwaɪz/ *adv, adj* dans le sens inverse des aiguilles d'une montre

antics /'æntɪks/ *n* [*pl*] singeries

antidote /'æntidəʊt/ *n* ~ **(for/to sth)** antidote (à/contre qch)

antiquated /'æntɪkweɪtɪd/ *adj* archaïque

antique /æn'ti:k/ ◆ *n* antiquité : *an antique shop* un magasin d'antiquités ◆ *adj* ancien, d'époque : *an antique table* une table d'époque **antiquity** /æn'tɪkwəti/ *n* (*pl* **-ies**) antiquité

antiseptic /,ænti'septɪk/ *adj, n* antiseptique

antithesis /æn'tɪθəsɪs/ *n* (*pl* **-ses** /æn'tɪθəsi:z/) **1** contraire **2** antithèse

antler /'æntlə(r)/ *n* bois, corne (*d'un cerf*)

anus /'eɪnəs/ *n* (*pl* **~es**) anus

anxiety /æŋ'zaɪəti/ *n* (*pl* **-ies**) **1** souci **2** (*Méd*) anxiété **3** ~ **for sth/to do sth** immense désir de qch/de faire qch

anxious /'æŋkʃəs/ *adj* **1** ~ **(about sb/sth)** angoissé, inquiet (pour qn/à propos de qch) **2** ~ **to do sth** impatient, désireux de faire qch : *He was anxious to meet you.* Il avait vraiment envie de te rencontrer. **3** angoissant : *an anxious moment* un moment d'anxiété **anxiously** *adv* avec inquiétude

any /'eni/ ◆ *adj* ☛ *Voir note sous* SOME

• **phrases interrogatives** du, de la, des : *Have you any cash?* Est-ce que tu as de l'argent ? ◊ *Are there any cakes left?* Est-ce qu'il reste des gâteaux ?

• **phrases négatives** de : *She hasn't any appetite.* Elle n'a pas d'appétit. ◊ *He hasn't got any friends.* Il n'a pas d'amis. ◊ *There isn't any doubt.* Il n'y a aucun doute. ☛ *Voir note sous* AUCUN

• **phrases exprimant la supposition** **1** du, de la, des : *If I had any relatives...* Si j'avais de la famille... ◊ *If you see any mistakes, tell me.* Si vous voyez des erreurs, dites-le-moi. **2** un peu de : *If he's got any sense, he won't go.* S'il a un peu de jugeote, il n'ira pas.

Dans les propositions exprimant une supposition ou une condition, **any** est souvent remplacé par **some** : *If you need some help, tell me.* Si tu as besoin d'aide, dis-le-moi.

• **phrases affirmatives** **1** n'importe quel, tout : *just like any other boy* comme tout autre garçon ◊ *Any sensible person would have accepted.* Toute personne un peu sensée aurait accepté. ◊ *Take any one you like.* Prends celui que tu veux. **2** tout : *Give her any information she needs.* Donne-lui toutes les informations dont elle a besoin.

◆ *pron* en : *We haven't any more left.* Nous n'en avons plus. ◊ *Are there any left?* Est-ce qu'il en reste ? ◊ *I don't want any.* Je n'en veux pas.

◆ *adv* [*avant comparatif*] : *Is he feeling any better?* Est-ce qu'il va un peu mieux ? ◊ *We can't go any further.* Nous ne pouvons pas aller plus loin. ◊ *I don't love you any more.* Je ne t'aime plus. ◊ *She doesn't come any longer.* Elle ne vient plus.

anybody /'enibɒdi/ (*aussi* **anyone**) *pron* **1** quelqu'un : *Did you talk to anybody?* Tu as parlé à qui que ce soit ? ◊ *Is anybody there?* Il y a quelqu'un ? **2** [*dans les phrases négatives*] personne : *We didn't meet anybody we knew.* Nous n'avons rencontré personne que nous connaissions. ☛ *Voir note sous* NOBODY **3** [*dans les phrases affirmatives*] n'importe qui : *Ask anybody.* Demande à n'importe qui. ◊ *Invite anybody you like.* Invite qui tu veux. **4** [*dans les comparaisons*] : *He spoke more than anybody.* Il a parlé plus que tous les autres. ☛ *Voir note sous* EVERYBODY, SOMEBODY **LOC anybody else** quelqu'un d'autre : *Anybody else would have refused.* N'importe qui d'autre aurait refusé. *Voir aussi* GUESS

anyhow /'enihaʊ/ *adv* **1** (*fam* **any old how**) n'importe comment **2** (*aussi* **anyway**) de toute façon, en tout cas

anyone /'eniwʌn/ *Voir* ANYBODY

anyplace /'enipleɪs/ (*USA*) *Voir* ANYWHERE

anything /'eniθɪŋ/ *pron* **1** quelque chose : *Has anything unusual happened?* S'est-il passé quelque chose d'inhabituel ? ◊ *Is there anything in these rumours?* Est-ce qu'il y a du vrai dans ces rumeurs ? **2** [*dans les phrases affirmatives*] n'importe quoi : *We'll do* *anything you say.* Nous ferons tout ce que tu voudras. **3** [*dans les phrases négatives ou dans les comparaisons*] rien : *Don't say anything!* Ne dis rien ! ◊ *It was better than anything he'd seen before.* C'était mieux que tout ce qu'il avait vu auparavant. ☛ *Voir note sous* NOBODY, SOMETHING LOC **anything but** tout sauf : *It was anything but pleasant.* C'était tout sauf agréable. ◊ *'Are you tired?' 'Anything but!'* « Tu es fatigué ? — Pas du tout ! » **as... as anything** (*fam*) très : *I was as frightened as anything.* J'étais mort de peur. **if anything** : *I'm a pacifist, if anything.* Je serais plutôt pacifiste.

anyway /'eniweɪ/ *Voir* ANYHOW 2

anywhere /'eniweə(r)/ (*USA aussi* **anyplace**) *adv, pron* **1** [*dans les phrases interrogatives*] quelque part **2** [*dans les phrases affirmatives*] n'importe où : *I'd live anywhere.* Je vivrais n'importe où. ◊ *anywhere you like* où tu veux **3** [*dans les phrases négatives*] nulle part : *I'm not going anywhere special.* Je ne vais nulle part en particulier. ◊ *There isn't anywhere to keep a car.* Il n'y a pas d'endroit où mettre une voiture à l'abri. ☛ *Voir note sous* NOBODY **4** [*dans les comparaisons*] : *more beautiful than anywhere* plus beau que tout autre endroit ☛ *Voir note sous* SOMEWHERE *Voir aussi* NEAR

apart /ə'pɑːt/ *adv* **1** *The two angles are three centimetres apart.* Il y a trois centimètres entre les deux angles. ◊ *wide apart* bien écarté **2** séparé : *They live apart.* Ils vivent séparément. ◊ *I can't pull them apart.* Je n'arrive pas à les séparer. LOC **to take sth apart** démonter qch *Voir aussi* JOKE, POLE

apart from (*USA aussi* **aside from**) *prép* à part

apartment /ə'pɑːtmənt/ *n* appartement

apathy /'æpəθi/ *n* apathie **apathetic** /ˌæpə'θetɪk/ *adj* apathique

ape /eɪp/ ◆ *n* grand singe ◆ *vt* singer

apologetic /əˌpɒlə'dʒetɪk/ *adj* d'excuse : *an apologetic look* un air contrit ◊ *He was apologetic about arriving late.* Il s'est excusé d'être arrivé en retard.

apologize, -ise /ə'pɒlədʒaɪz/ *vi* ~ **(to sb) (for sth)** s'excuser (de qch) (auprès de qn)

apology /ə'pɒlədʒi/ *n* (*pl* **-ies**) excuses LOC **to make no apologies/apology (for sth)** ne pas chercher à se justifier (de qch)

apostle /ə'pɒsl/ *n* apôtre

apostrophe /ə'pɒstrəfi/ *n* apostrophe ☛ *Voir pp. 392-3*

appal (*USA aussi* **appall**) /ə'pɔːl/ *vt* (**-ll-**) scandaliser, écœurer : *He was appalled at/by her behaviour.* Son comportement l'a choqué. **appalling** *adj* épouvantable, scandaleux

apparatus /ˌæpə'reɪtəs ; *USA* -'rætəs/ *n* [*indénombrable*] **1** équipement **2** appareil **3** (*organisation*) machine

apparent /ə'pærənt/ *adj* **1** évident : *to become apparent* devenir évident **2** apparent : *for no apparent reason* sans raison apparente **apparently** *adv* apparemment : *Apparently not.* Il semblerait que non.

appeal /ə'piːl/ ◆ *vi* **1** ~ **(to sb) for sth** lancer un appel (à qn) pour obtenir qch : *She appealed to the authorities for help.* Elle a fait appel aux autorités pour obtenir de l'aide. **2** ~ **to sb (to do sth)** demander à qn de faire qch ; faire appel à qn : *The police appealed to the crowd not to panic.* La police a demandé à la foule de ne pas paniquer. **3** faire un appel **4** ~ **to sb** tenter qn ; plaire à qn **5** ~ **(against sth)** (*Jur*) faire appel (de qch) ; faire opposition (à qch) ◆ *n* **1** appel : *an appeal for help* un appel au secours **2** prière **3** attrait **4** (*Jur*) appel : *the appeal(s) court* la cour d'appel **appealing** *adj* **1** séduisant, attachant : *to look appealing* être attirant **2** suppliant

appear /ə'pɪə(r)/ *vi* **1** apparaître : *to appear on TV* passer à la télévision **2** paraître : *You appear to have made a mistake.* Il semble que tu aies fait une erreur. **3** (*accusé*) comparaître, se présenter **appearance** *n* **1** apparence **2** apparition : *to put in an appearance* faire une apparition LOC **to keep up appearances** sauver les apparences

appendicitis /əˌpendə'saɪtɪs/ *n* appendicite

appendix /ə'pendɪks/ *n* **1** (*pl* **-dices** /-dɪsiːz/) (*texte*) appendice, annexe **2** (*pl* **-dixes**) (*Anat*) appendice

appetite /'æpɪtaɪt/ *n* **1** appétit : *The walk has given me an appetite.* La promenade m'a ouvert l'appétit. **2** ~ **for sth** goût de/pour qch LOC *Voir* WHET

applaud /ə'plɔːd/ **1** *vt, vi* applaudir **2** *vt*

applaudir à **applause** *n* [*indénombrable*] applaudissements : *Let's have a big round of applause for him!* On l'applaudit bien fort !

apple /'æpl/ *n* **1** pomme **2** (*aussi* **apple tree**) pommier

appliance /ə'plaɪəns/ *n* appareil : *electrical/kitchen appliances* appareils électriques/ménagers

applicable /'æplɪkəbl, ə'plɪkəbl/ *adj* valable, applicable

applicant /'æplɪkənt/ *n* candidat, -e

application /ˌæplɪ'keɪʃn/ *n* **1** demande (*d'inscription, etc.*) : *an application form* un dossier de candidature **2** application

applied /ə'plaɪd/ *adj* appliqué

apply /ə'plaɪ/ (*prét, pp* **applied**) **1** *vt* appliquer **2** *vt* (*pression*) exercer : *to apply the brakes* freiner **3** *vi* ~ **(to sb) (for sth)** faire une demande (de qch) (auprès de qn) **4** *vi* ~ **(to sb)** s'appliquer à qn ; être en vigueur : *In this case, the rule does not apply.* Le règlement n'est pas valable dans ce cas. PHR V **to apply yourself to sth** s'appliquer à qch

appoint /ə'pɔɪnt/ *vt* **1** nommer **2** (*sout*) (*heure, lieu*) fixer **appointment** *n* **1** rendez-vous : *to make an appointment* prendre rendez-vous **2** (*désignation*) nomination **3** poste

appraisal /ə'preɪzl/ *n* évaluation

appreciate /ə'pri:ʃieɪt/ **1** *vt* apprécier **2** *vt* (*aide, etc.*) être reconnaissant de : *I'd appreciate it if you'd tell me the truth.* J'aimerais bien que tu me dises la vérité. **3** *vt* (*problème*) se rendre compte de **4** *vi* prendre de la valeur **appreciation** *n* **1** (*gén*) appréciation, évaluation **2** compréhension **3** reconnaissance, remerciement **4** critique (*d'une œuvre*) **5** (*Fin*) hausse **appreciative** *adj* **1 to be** ~ **(of sth)** être reconnaissant (de qch) **2** (*regard*) admiratif **3** (*public*) chaleureux

apprehend /ˌæprɪ'hend/ *vt* appréhender, arrêter **apprehension** *n* appréhension : *filled with apprehension* très inquiet **apprehensive** *adj* inquiet

apprentice /ə'prentɪs/ *n* **1** apprenti, -e : *an apprentice plumber* un apprenti plombier **2** élève **apprenticeship** *n* apprentissage

approach /ə'prəʊtʃ/ ◆ **1** *vt, vi* approcher, s'approcher (de) **2** *vt* ~ **sb** (*pour des conseils, de l'aide*) solliciter qn ; s'adresser à qn **3** *vt* (*problème, tâche*) aborder ◆ *n* **1** approche **2** voie d'accès

appropriate[1] /ə'prəʊprieɪt/ *vt* **1** affecter (*somme d'argent*) **2** s'approprier

appropriate[2] /ə'prəʊpriət/ *adj* approprié, qui convient **appropriately** *adv* **1** convenablement **2** judicieusement

approval /ə'pru:vl/ *n* approbation LOC **on approval** à l'essai

approve /ə'pru:v/ **1** *vt* approuver **2** *vi* ~ **(of sth)** approuver (qch) **3** *vi* ~ **of sb/sth** apprécier qn/qch : *They don't approve of him.* Ils n'ont pas une très bonne opinion de lui. **approving** *adj* approbateur

approximate /ə'prɒksɪmət/ ◆ *adj* approximatif ◆ /ə'prɒksɪmeɪt/ *vi* ~ **to sth** se rapprocher de qch (*être semblable*) **approximately** *adv* environ

apricot /'eɪprɪkɒt/ *n* **1** abricot **2** (*aussi* **apricot tree**) abricotier

April /'eɪprəl/ *n* (*abrév* **Apr**) avril ☛ *Voir note et exemples sous* JANUARY

April Fool's Day *n* le premier avril

> En Grande-Bretagne, la tradition du poisson en papier n'existe pas. Le premier avril, on joue des tours en tous genres et la personne victime d'un poisson d'avril est appelée **April fool**.

apron /'eɪprən/ *n* tablier

apt /æpt/ *adj* (**apter**, **aptest**) approprié LOC **to be apt to do sth** être enclin à faire qch, être susceptible de faire qch : *This wrapping paper is apt to tear.* Ce papier cadeau se déchire facilement. **aptly** *adv* bien : *He was aptly named.* Il portait bien son nom.

aptitude /'æptɪtju:d ; *USA* -tu:d/ *n* aptitude

aquarium /ə'kweəriəm/ *n* (*pl* **-riums** *ou* **-ria**) aquarium

Aquarius /ə'kweəriəs/ *n* Verseau : *My sister is (an) Aquarius.* Ma sœur est Verseau. ◊ *born under Aquarius* né sous le signe du Verseau

aquatic /ə'kwætɪk/ *adj* **1** (*plante, etc.*) aquatique **2** (*sport*) nautique

arable /'ærəbl/ *adj* arable : *arable land* terre cultivable ◊ *arable farming* culture

arbitrary /'ɑ:bɪtrəri ; *USA* 'ɑ:bɪtreri/ *adj* **1** arbitraire **2** (*violence*) gratuit

arbitrate /'ɑ:bɪtreɪt/ *vt, vi* arbitrer **arbitration** *n* arbitrage

arc /ɑːk/ *n* arc (*Géom*)

arcade /ɑːˈkeɪd/ *n* **1** galerie : *a shopping arcade* une galerie marchande ◊ *an amusement arcade* une galerie de jeux **2** arcade

arch /ɑːtʃ/ ◆ *n* voûte, arche ◆ **1** *vt* cambrer, arquer **2** *vi* former une voûte

archaeology (*USA* **archeology**) /ˌɑːkiˈɒlədʒi/ *n* archéologie **archaeological** (*USA* **archeological**) /ˌɑːkiəˈlɒdʒɪkl/ *adj* archéologique **archaeologist** (*USA* **archeologist**) /ˌɑːkiˈɒlədʒɪst/ *n* archéologue

archaic /ɑːˈkeɪɪk/ *adj* archaïque

archbishop /ˌɑːtʃˈbɪʃəp/ *n* archevêque

archer /ˈɑːtʃə(r)/ *n* archer **archery** *n* tir à l'arc

architect /ˈɑːkɪtekt/ *n* architecte

architecture /ˈɑːkɪtektʃə(r)/ *n* architecture **architectural** /ˌɑːkɪˈtektʃərəl/ *adj* architectural

archive /ˈɑːkaɪv/ *n* archive

archway /ˈɑːtʃweɪ/ *n* arche, porche

ardent /ˈɑːdnt/ *adj* fervent, passionné

ardour (*USA* **ardor**) /ˈɑːdə(r)/ *n* ardeur

arduous /ˈɑːdjuəs ; *USA* -dʒʊ-/ *adj* ardu

are /ə(r), ɑː(r)/ *Voir* BE

area /ˈeəriə/ *n* **1** (*aussi Math*) superficie, aire **2** (*Géogr*) région, quartier : *the area manager* le directeur régional **3** (*d'une salle, d'un lieu public*) coin, zone : *the reception area* la réception **4** (*d'activité, etc.*) domaine

arena /əˈriːnə/ *n* **1** (*Sport*) arène **2** (*cirque*) piste **3** (*fig*) scène

aren't /ɑːnt/ = ARE NOT *Voir* BE

arguable /ˈɑːgjuəbl/ *adj* **1** *It is arguable that...* On peut soutenir que... **2** discutable **arguably** *adv* sans doute : *Arguably...* On peut soutenir que...

argue /ˈɑːgjuː/ **1** *vi* se disputer **2** *vt, vi* argumenter, débattre : *She argues that...* Elle affirme que... ◊ *to argue for/against sth* argumenter en faveur de/contre qch

argument /ˈɑːgjumənt/ *n* **1** dispute : *to have an argument* se disputer ☛ *Comparer avec* ROW³ **2** ~ **(for/against sth)** argument (pour/contre qch)

arid /ˈærɪd/ *adj* aride

Aries /ˈeəriːz/ *n* Bélier ☛ *Voir exemples sous* AQUARIUS

arise /əˈraɪz/ *vi* (*prét* **arose** /əˈrəʊz/ *pp* **arisen** /əˈrɪzn/) **1** (*problème*) survenir **2** (*occasion*) se présenter **3** (*orage*) se lever, éclater **4** (*situation, etc.*) résulter, découler : *should the need arise* en cas de besoin **5** (*vieilli*) se lever (*sortir du lit*)

aristocracy /ˌærɪˈstɒkrəsi/ *n* [*v sing ou pl*] (*pl* **-ies**) aristocratie

aristocrat /ˈærɪstəkræt ; *USA* əˈrɪst-/ *n* aristocrate **aristocratic** /ˌærɪstəˈkrætɪk/ *adj* aristocratique

arithmetic /əˈrɪθmətɪk/ *n* arithmétique : *mental arithmetic* calcul mental

ark /ɑːk/ *n* arche (*Religion*)

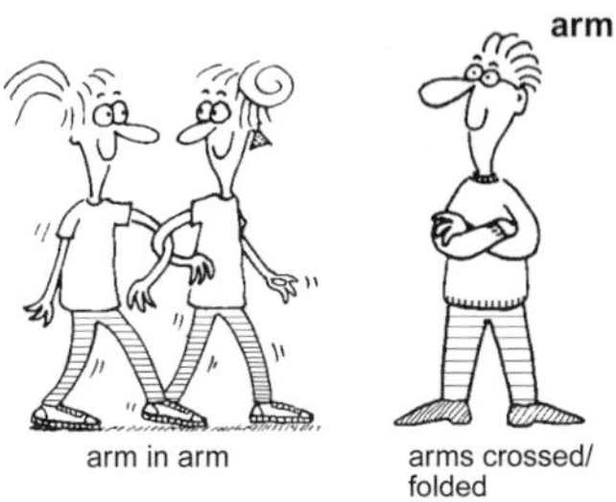

arm /ɑːm/ ◆ *n* **1** bras : *I've broken my arm.* Je me suis cassé le bras.

En anglais, les parties du corps sont généralement précédées de l'adjectif possessif (*my, your, her*, etc.).

2 (*chemise*) manche *Voir aussi* ARMS LOC **arm in arm** bras dessus bras dessous *Voir aussi* CHANCE, FOLD ◆ **1** *vt, vi* (s')armer **2** *vt* munir, équiper : *armed with all the facts* armé de tous les faits

armament /ˈɑːməmənt/ *n* armement : *an armaments factory* une fabrique d'armes

armchair /ɑːmˈtʃeə(r)/ *n* fauteuil

armed /ɑːmd/ *adj* armé

armed forces (*aussi* **armed services**) *n* forces armées

armed robbery *n* vol à main armée

armistice /ˈɑːmɪstɪs/ *n* armistice

armour (*USA* **armor**) /ˈɑːmə(r)/ *n* [*indénombrable*] **1** armure : *a suit of armour* une armure **2** blindage LOC *Voir* CHINK **armoured** (*USA* **armored**) *adj* **1** (*véhicule*) blindé **2** (*navire*) cuirassé

armpit /ˈɑːmpɪt/ *n* aisselle

arms /ɑːmz/ *n* [*pl*] **1** armes : *the arms race* la course aux armements **2** (*Hérald*) armes, armoiries LOC **to be**

up in arms (about/over sth) s'élever (contre qch)

army /ˈɑːmi/ *n* [*v sing ou pl*] (*pl* **armies**) armée

aroma /əˈrəʊmə/ *n* arôme **aromatic** /ˌærəˈmætɪk/ *adj* aromatique

aromatherapy /əˌrəʊməˈθerəpi/ *n* aromathérapie

arose *prét de* ARISE

around[1] /əˈraʊnd/ (*aussi* **about**) *adv* **1** environ, à peu près : *around 200 members* environ 200 membres **2** vers : *around 1850* vers 1850

Dans les expressions de temps, l'adverbe **about** est précédé d'une préposition (**at**, **on**, **in**, etc.), alors que l'adverbe **around** s'utilise seul : *around/at about 6 o'clock* vers 6 heures ◊ *around/on about 15 June* aux alentours du 15 juin

3 dans les parages : *I'll be around if you need me.* Je serai là si tu as besoin de moi. ◊ *There aren't many good teachers around.* Les bons enseignants sont rares.

around[2] /əˈraʊnd/ (*aussi* **round**, **about**) *particule* **1** partout, ici et là : *I've been dashing (a)round all morning.* J'ai couru toute la matinée. **2** autour : *to look (a)round* regarder autour de soi ☛ Les verbes à particule formés avec **around** sont traités sous le verbe correspondant : pour **to lie around**, par exemple, voir LIE.

around[3] /əˈraʊnd/ (*aussi* **round**) *prép* **1** autour de : *(a)round the table* autour de la table ◊ *to travel (a)round Europe* voyager dans toute l'Europe **2** *around here somewhere* quelque part par là ◊ *He's not from around here.* Il n'est pas d'ici.

arouse /əˈraʊz/ *vt* **1** stimuler, susciter **2** exciter (*sexuellement*) **3** réveiller : *She tried to arouse him from his sleep.* Elle essaya de le tirer du sommeil.

arrange /əˈreɪndʒ/ *vt* **1** arranger **2** (*réunion, etc.*) organiser **3** ~ **for sb to do sth** prendre des dispositions pour que qn fasse qch **4** ~ **to do sth/that...** décider de faire qch/que... **5** (*Mus*) arranger **arrangement** *n* **1** disposition **2** accord **3 arrangements** [*pl*] préparatifs **4** (*Mus*) arrangement

arrest /əˈrest/ ◆ *vt* **1** (*criminel*) arrêter **2** (*sout*) (*croissance, etc.*) arrêter, enrayer **3** (*attention*) attirer ◆ *n* **1** arrestation **2** *cardiac arrest* arrêt cardiaque LOC **to be under arrest** être en état d'arrestation

arrival /əˈraɪvl/ *n* **1** arrivée **2** (*personne*) : *new/recent arrivals* nouveaux venus ◊ *late arrivals* retardataires

arrive /əˈraɪv/ *vi* **1** arriver

Arrive in ou **arrive at**? On utilise **arrive in** pour l'arrivée dans un pays : *When did you arrive in England?* Quand êtes-vous arrivé en Grande-Bretagne ? Lorsqu'il s'agit d'un lieu tel qu'une gare, un bureau, etc., on utilise **arrive at** : *We'll phone you as soon as we arrive at the airport.* Nous vous appellerons dès que nous serons arrivés à l'aéroport. L'utilisation de **at** devant un nom de ville indique qu'il s'agit d'une étape. Devant **home**, on ne met pas de préposition : *arriver chez soi* se traduit par **to arrive home**.

2 (*fam*) (*avoir du succès*) réussir, arriver

arrogant /ˈærəgənt/ *adj* arrogant **arrogance** *n* arrogance

arrow /ˈærəʊ/ *n* flèche

arson /ˈɑːsn/ *n* incendie criminel

art /ɑːt/ *n* **1** art : *a work of art* une œuvre d'art **2 the arts** [*pl*] les arts : *the Arts Minister* le ministre de la Culture **3 arts** [*pl*] (*à l'université*) lettres : *Bachelor of Arts* diplôme universitaire en lettres et sciences humaines

artery /ˈɑːtəri/ *n* (*pl* **-ies**) artère

art gallery *Voir* GALLERY 1

arthritis /ɑːˈθraɪtɪs/ *n* arthrite **arthritic** *adj, n* arthritique

artichoke /ˈɑːtɪtʃəʊk/ *n* artichaut

article /ˈɑːtɪkl/ *n* article : *the definite/indefinite article* l'article défini/indéfini ◊ *articles of clothing* vêtements

articulate[1] /ɑːˈtɪkjələt/ *adj* **1** (*personne*) qui s'exprime bien **2** (*discours*) clair

articulate[2] /ɑːˈtɪkjʊleɪt/ **1** *vt* exprimer **2** *vt, vi* articuler

articulated lorry *n* semi-remorque

artificial /ˌɑːtɪˈfɪʃl/ *adj* **1** artificiel **2** (*personne*) affecté

artillery /ɑːˈtɪləri/ *n* artillerie

artisan /ˌɑːtɪˈzæn ; *USA* ˈɑːrtɪzn/ *n* artisan, -e

artist /ˈɑːtɪst/ *n* artiste

artistic /ɑːˈtɪstɪk/ *adj* artistique

artwork /ˈɑːtwɜːk/ *n* illustrations, iconographie

as /əz, æz/ ◆ *prép* **1** (*en qualité de*) comme, en tant que : *I spoke to him as a friend.* Je lui ai parlé en ami. ◊ *Use this plate as an ashtray.* Sers-toi de cette assiette comme cendrier. ◊ *to work as a waiter* être serveur ◊ *Pierce Brosnan as James Bond* Pierce Brosnan dans le rôle de James Bond **2** (*âge*) : *I knew her as a child.* Je la connaissais lorsqu'elle était petite.

Dans les comparaisons et les exemples, on utilise **like** : *a car like yours* une voiture comme la tienne ◊ *Romantic poets, like Byron, Keats, etc.* Les poètes romantiques tels que Byron, Keats, etc.

◆ *adv* **1 as... as** aussi... que : *I'm as strong as you/as you are.* Je suis aussi fort que toi. ◊ *as hard as iron* dur comme du fer ◊ *Come as soon as possible.* Viens le plus vite possible. ◊ *They worked as much as we did.* Ils ont travaillé autant que nous. **2** comme : *as always* comme toujours ◆ *conj* **1** alors que, tandis que : *Think of us as we're crossing the Alps.* Pense à nous quand nous serons en train de traverser les Alpes. **2** étant donné que, comme : *As he wasn't ready...* Comme il n'était pas prêt... **3** comme : *Leave it as it is.* Laisse-le tel quel. **4** au fur et à mesure que LOC **as for sb/sth** quant à qn/qch **as from** (*surtout USA* as of) : *as from/of 12 May* à partir du 12 mai ◊ *as of now* dorénavant **as if/as though** comme si : *as if she were about to say something* comme si elle s'apprêtait à dire quelque chose ◊ *You look as if you've seen a ghost!* On dirait que tu as vu un fantôme ! **as it is** déjà : *I'm late as it is.* Je suis déjà en retard. **as many 1** autant de : *We no longer have as many members as we used to have.* Nous avons moins de membres qu'avant. **2** autant de : *four jobs in as many months* quatre emplois en autant de mois **as many again/more** autant **as many as 1** autant que : *Take as many as you want.* Prends-en autant que tu veux. **2** pas moins de : *as many as ten people* pas moins de dix personnes **3** *You ate three times as many as I did.* Tu as mangé trois fois plus que moi. **as many... as** autant de... que **as much** : *I thought as much.* C'est bien ce que je pensais. **as much as** autant que : *I earn as much as you.* Je gagne autant que toi. **as much again** autant **as to sth/as regards sth** quant à qch **as yet** encore

asbestos /æs'bestəs, əz'bestəs/ *n* amiante

ascend /ə'send/ (*sout*) **1** *vi* monter **2** *vt* (*marches, montagne*) gravir **3** *vt* (*trône*) monter sur

ascendancy /ə'sendənsi/ *n* ~ **(over sb/sth)** ascendant (sur qn/qch)

ascent /ə'sent/ *n* **1** ascension (*d'une montagne*) **2** montée

ascertain /ˌæsə'teɪn/ *vt* (*sout*) établir, vérifier

ascribe /ə'skraɪb/ *vt* ~ **sth to sb/sth** attribuer qch à qn/qch

ash /æʃ/ *n* **1** cendre **2** (*aussi* **ash tree**) frêne

ashamed /ə'ʃeɪmd/ *adj* **to be ~ (of sb/sth)** avoir honte (de qn/qch) LOC **to be ashamed to do sth** avoir honte de faire qch

ashore /ə'ʃɔː(r)/ *adv* à terre, vers le rivage : *to go ashore* débarquer

ashtray /'æʃtreɪ/ *n* cendrier

Ash Wednesday *n* mercredi des Cendres

aside /ə'saɪd/ ◆ *adv* de côté : *to stand aside* s'écarter ◊ *to move sth aside* écarter qch ◆ *n* aparté (*Théâtre*)

aside from *prép* (*surtout USA*) à part

ask /ɑːsk ; *USA* æsk/ **1** *vt, vi* **to ask (sb) (sth)** demander (qch) (à qn) : *to ask a question* poser une question ◊ *to ask about sth* s'informer de qch **2** *vt, vi* **to ask (sb) for sth** demander qch (à qn) **3** *vt* **to ask sb to do sth** demander à qn de faire qch **4** *vt* **to ask sb (to sth)** inviter qn (à qch) LOC **to be asking for trouble/it** (*fam*) chercher les ennuis **don't ask me!** (*fam*) est-ce que je sais, moi ? **for the asking** : *It's yours for the asking.* Si tu le veux, tu n'as qu'à demander. PHR V **to ask after sb** demander des nouvelles de qn **to ask for sb** demander qn **to ask sb out** inviter qn à sortir **to ask sb round** inviter qn (chez soi)

asleep /ə'sliːp/ *adj* endormi : *to fall asleep* s'endormir ◊ *fast/sound asleep* profondément endormi

Devant un nom, on n'emploie pas **asleep** mais **sleeping**, ainsi *un bébé endormi* se traduit par **a sleeping baby**.

asparagus /ə'spærəgəs/ *n* [*indénombrable*] asperge(s)
aspect /'æspekt/ *n* **1** (*d'une situation, etc.*) aspect **2** (*Archit*) exposition
asphalt /'æsfælt ; *USA* -fɔ:lt/ *n* asphalte
asphyxiate /əs'fɪksieɪt/ *vt* asphyxier
aspiration /ˌæspə'reɪʃn/ *n* aspiration
aspire /ə'spaɪə(r)/ *vi* ~ **to sth** aspirer à qch : *He's an aspiring musician.* Il a pour ambition de devenir musicien.
aspirin /'æsprɪn, 'æspərɪn/ *n* aspirine
ass /æs/ *n* **1** âne **2** (*fam*) (*idiot*) imbécile : *to make an ass of yourself* se ridiculiser
assailant /ə'seɪlənt/ *n* (*sout*) agresseur
assassin /ə'sæsɪn ; *USA* -sn/ *n* assassin **assassinate** *vt* assassiner **assassination** *n* assassinat ☛ *Voir note sous* ASSASSINER
assault /ə'sɔ:lt/ ◆ *vt* agresser, assaillir ◆ *n* **1** ~ **(on sb)** agression (contre qn) **2** ~ **(on sth)** assaut (de qch)
assemble /ə'sembl/ **1** *vt, vi* (se) rassembler **2** *vt* (*Mécan*) monter, assembler
assembly /ə'sembli/ *n* (*pl* **-ies**) **1** assemblée : *the Welsh Assembly* l'Assemblée galloise **2** montage : *an assembly line* une chaîne de montage
assert /ə'sɜ:t/ *vt* **1** affirmer **2** (*droits*) faire valoir LOC **to assert yourself** se faire respecter **assertion** *n* affirmation
assertive /ə'sɜ:tɪv/ *adj* assuré
assess /ə'ses/ *vt* **1** évaluer, estimer **2** (*impôts, etc.*) déterminer le montant de **assessment** *n* évaluation **assessor** *n* contrôleur, -euse (*des impôts*)
asset /'æset/ *n* **1** atout : *to be an asset to sb/sth* être un atout pour qn/qch **2 assets** [*pl*] (*Comm*) biens
assign /ə'saɪn/ *vt* ~ **sb/sth to sb/sth** assigner qn/qch à qn/qch ; attribuer qch à qn/qch
assignment /ə'saɪnmənt/ *n* **1** (*École*) devoir **2** mission **3** attribution
assimilate /ə'sɪməleɪt/ **1** *vt* assimiler **2** *vi* ~ **into sth** s'intégrer à qch
assist /ə'sɪst/ *vt* (*sout*) *vi* aider, assister **assistance** *n* (*sout*) aide, assistance
assistant /ə'sɪstənt/ *n* **1** assistant, -e **2** (*aussi* **sales/shop assistant**) vendeur, -euse **3** *the assistant manager* le directeur adjoint
associate1 /ə'səʊʃiət/ *n* associé, -e
associate2 /ə'səʊʃieɪt, -sieɪt/ **1** *vt* ~ **sb/sth with sth** associer qn/qch à qch **2** *vi* ~ **with sb** fréquenter qn
association /əˌsəʊʃi'eɪʃn, -si'eɪʃn/ *n* association
assorted /ə'sɔ:tɪd/ *adj* varié, assorti
assortment /ə'sɔ:tmənt/ *n* assortiment
assume /ə'sju:m ; *USA* ə'su:m/ *vt* **1** assumer, prendre **2** supposer **3** (*air, attitude*) adopter
assumption /ə'sʌmpʃn/ *n* **1** supposition **2** (*pouvoir*) prise
assurance /ə'ʃɔ:rəns ; *USA* ə'ʃʊərəns/ *n* **1** assurance **2** (*aussi* **self-assurance**) assurance, confiance en soi
assure /ə'ʃʊə(r)/ **1** *vt* ~ **sb (of sth/that...)** assurer qn (de qch/que...) **2** *vt* ~ **(sb) sth** assurer qch (à qn) **3** *v réfléchi* ~ **yourself that...** s'assurer que... **assured** *adj* assuré
asterisk /'æstərɪsk/ *n* astérisque
asteroid /'æstərɔɪd/ *n* astéroïde
asthma /'æsmə ; *USA* 'æzmə/ *n* asthme **asthmatic** *adj, n* asthmatique
astonish /ə'stɒnɪʃ/ *vt* étonner, surprendre **astonishing** *adj* étonnant, stupéfiant **astonishingly** *adv* incroyablement **astonishment** *n* étonnement : *to my astonishment* à mon grand étonnement ◊ *He looked at me in astonishment.* Il m'a regardée l'air étonné.
astound /ə'staʊnd/ *vt* stupéfier **astounding** *adj* stupéfiant
astray /ə'streɪ/ *adv* LOC **to go astray** s'égarer **to lead sb astray** détourner qn du droit chemin
astride /ə'straɪd/ *adv, prép* ~ **(sth)** à califourchon (sur qch)
astrology /ə'strɒlədʒi/ *n* astrologie
astronaut /'æstrənɔ:t/ *n* astronaute
astronomy /ə'strɒnəmi/ *n* astronomie **astronomer** *n* astronome **astronomical** /ˌæstrə'nɒmɪkl/ *adj* astronomique
astute /ə'stju:t ; *USA* ə'stu:t/ *adj* astucieux
asylum /ə'saɪləm/ *n* **1** asile, refuge **2** (*aussi* **lunatic asylum**) (*vieilli*) asile (*d'aliénés*)
at /æt, ət/ *prép* **1** (*position, lieu*) à : *at home* à la maison ◊ *at the door* à la porte ◊ *at my mother's* chez ma mère ◊ *at the top of the stairs* en haut des escaliers **2** (*temps*) : *at 3.35* à 3 h 35 ◊ *at dawn* à l'aube ◊ *at night* la nuit ◊ *at the weekend* le week-end ◊ *at times* parfois ◊ *at the moment* actuellement **3** (*prix,*

fréquence, vitesse) à : *at 120 kph* à 120 km/h ◊ *He had the radio on at full volume.* Il faisait marcher la radio à fond. ◊ *two at a time* deux par deux **4** (*direction*) vers : *to throw sth at sth* lancer qch sur qch ◊ *to stare at sb* regarder qn fixement **5** (*réaction*) : *surprised at sth* surpris de qch ◊ *At this, she fainted.* Sur ce, elle s'évanouit. **6** (*activité*) : *at work on a new design* en train de travailler sur un nouveau design ◊ *to be at war* être en guerre ◊ *at play* en train de jouer

ate *prét de* EAT

atheism /'eɪθiɪzəm/ *n* athéisme **atheist** *n* athée

athlete /'æθli:t/ *n* **1** athlète **2** sportif, -ive

athletic /æθ'letɪk/ *adj* **1** athlétique **2** sportif **athletics** *n* [*sing*] athlétisme

atlas /'ætləs/ *n* atlas : *a road atlas* un atlas routier

atmosphere /'ætməsfɪə(r)/ *n* atmosphère

atom /'ætəm/ *n* **1** atome **2** (*fig*) : *not an atom of truth* pas une once de vérité

atomic /ə'tɒmɪk/ *adj* atomique : *the atomic bomb* la bombe atomique

atrocious /ə'trəʊʃəs/ *adj* **1** atroce **2** affreux, atroce **atrocity** /ə'trɒsəti/ *n* (*pl* **-ies**) atrocité

attach /ə'tætʃ/ *vt* **1** attacher : *a house with a garage attached* une maison avec un garage attenant **2** *to be attached to sth* dépendre de qch **3** (*document*) joindre : *A cheque for £500 is attached.* Ci-joint un chèque de 500 livres. **4** (*fig*) : *to attach great importance to sth* attacher beaucoup d'importance à qch **attached** *adj* : *to be attached to sb/sth* être attaché à qn/qch LOC *Voir* STRING **attachment** *n* **1** accessoire **2** ~ **to sb/sth** attachement, affection pour qn/qch

attack /ə'tæk/ *n* **1** ~ **(on sb/sth)** attaque (contre qn/qch) **2** ~ **(on sb/sth)** agression (contre qn/qch) **3** crise : *a heart attack* une crise cardiaque ◆ **1** *vt, vi* attaquer **2** *vt* agresser **attacker** *n* **1** attaquant, -e **2** agresseur

attain /ə'teɪn/ *vt* **1** (*ambition*) réaliser **2** (*but*) atteindre **attainment** *n* **1** (*ambition, objectif*) réalisation **2** résultat

attempt /ə'tempt/ ◆ *vt* tenter : *to attempt to do sth* tenter de faire qch ◆ *n* **1** ~ **(at doing/to do sth)** tentative (de faire qch) **2** *to make an attempt on sb's life* attenter à la vie de qn **attempted** *adj* : *attempted robbery* tentative de vol ◊ *attempted murder* tentative de meurtre

attend /ə'tend/ **1** *vt* assister à, aller à **2** *vi* être présent **3** *vi* ~ **to sb/sth** s'occuper de qn/qch **attendance** *n* présence LOC **in attendance** de service

attendant /ə'tendənt/ *n* gardien, -ienne

attention /ə'tenʃn/ ◆ *n* attention : *for the attention of...* à l'attention de... LOC *Voir* CATCH, FOCUS, PAY ◆ **attention!** *excl* (*Mil*) garde-à-vous !

attentive /ə'tentɪv/ *adj* attentif

attic /'ætɪk/ *n* grenier

attitude /'ætɪtju:d ; *USA* -tu:d/ *n* attitude

attorney /ə'tɜ:ni/ *n* (*pl* **-eys**) **1** (*USA*) avocat, -e ☛ *Voir note sous* AVOCAT, -E **2** mandataire

Attorney-General /əˌtɜ:ni 'dʒenrəl/ *n* **1** (*GB*) ≈ procureur général **2** (*USA*) ≈ ministre de la Justice

attract /ə'trækt/ *vt* attirer **attraction** *n* **1** attrait **2** attraction **attractive** *adj* **1** (*personne*) séduisant **2** (*offre*) attrayant, intéressant

attribute /'ætrɪbju:t/ ◆ *n* attribut ◆ /ə'trɪbju:t/ *vt* ~ **sth to sb/sth** attribuer qch à qn/qch

aubergine /'əʊbəʒi:n/ *n, adj* aubergine

auburn /'ɔ:bən/ *adj* auburn

auction /'ɔ:kʃn, 'ɒkʃn/ ◆ *n* vente aux enchères ◆ *vt* vendre aux enchères **auctioneer** /ˌɔ:kʃə'nɪə(r), ˌɒk-/ *n* commissaire-priseur

audible /'ɔ:dəbl/ *adj* audible

audience /'ɔ:diəns/ *n* **1** [*v sing ou pl*] (*Théâtre, etc.*) public **2** ~ **with sb** audience auprès de qn

audit /'ɔ:dɪt/ ◆ *n* audit ◆ *vt* auditer

audition /ɔ:'dɪʃn/ ◆ *n* audition ◆ *vi* ~ **for sth** passer une audition pour qch

auditor /'ɔ:dɪtə(r)/ *n* commissaire aux comptes

auditorium /ˌɔ:dɪ'tɔ:riəm/ *n* (*pl* **-ria** ou **-riums**) salle

August /'ɔ:gəst/ *n* (*abrév* **Aug**) août ☛ *Voir note et exemples sous* JANUARY

aunt /ɑ:nt ; *USA* ænt/ *n* tante **auntie** (*aussi* **aunty**) (*fam*) *n* tatie, tata

au pair /ˌəʊ 'peə(r)/ *n* jeune fille au pair

austere /ɒ'stɪə(r), ɔ:'stɪə(r)/ *adj* austère, sobre **austerity** *n* austérité

authentic /ɔːˈθentɪk/ *adj* authentique

authenticity /ˌɔːθenˈtɪsəti/ *n* authenticité

author /ˈɔːθə(r)/ *n* auteur

authoritarian /ɔːˌθɒrɪˈteəriən/ ◆ *adj* autoritaire ◆ *n* personne autoritaire

authoritative /ɔːˈθɒrətətɪv ; *USA* -teɪtɪv/ *adj* **1** (*livre, source*) qui fait autorité **2** (*voix*) autoritaire

authority /ɔːˈθɒrəti/ *n* (*pl* **-ies**) autorité LOC **to have it on good authority that...** savoir de source sûre que...

authorization, -isation /ˌɔːθəraɪˈzeɪʃn ; *USA* -rɪˈz-/ *n* autorisation

authorize, -ise /ˈɔːθəraɪz/ *vt* autoriser

autobiographical /ˌɔːtəbaɪəˈgræfɪkl/ *adj* autobiographique

autobiography /ˌɔːtəbaɪˈɒgrəfi/ *n* (*pl* **-ies**) autobiographie

autograph /ˈɔːtəgrɑːf ; *USA* -græf/ ◆ *n* autographe ◆ *vt* dédicacer

automate /ˈɔːtəmeɪt/ *vt* automatiser

automatic /ˌɔːtəˈmætɪk/ ◆ *adj* automatique ◆ *n* **1** automatique (*arme*) **2** voiture à boîte automatique **automatically** *adv* **1** automatiquement **2** machinalement

automation /ˌɔːtəˈmeɪʃn/ *n* automatisation

automobile /ˈɔːtəməbiːl, -məʊ-/ *n* (*surtout USA*) automobile

autonomous /ɔːˈtɒnəməs/ *adj* autonome **autonomy** *n* autonomie

autopsy /ˈɔːtɒpsi/ *n* (*pl* **-ies**) autopsie

autumn /ˈɔːtəm/ (*USA* **fall**) *n* automne

auxiliary /ɔːgˈzɪliəri/ *adj, n* (*pl* **-ies**) auxiliaire

avail /əˈveɪl/ *n* LOC **to no avail** en vain

available /əˈveɪləbl/ *adj* disponible

avalanche /ˈævəlɑːnʃ ; *USA* -læntʃ/ *n* avalanche

avant-garde /ˌævɒŋ ˈgɑːd/ ◆ *adj* d'avant-garde ◆ **the avant-garde** *n* l'avant-garde

avenue /ˈævənjuː ; *USA* -nuː/ *n* **1** (*abrév* **Ave**) avenue **2** (*fig*) possibilité

average /ˈævərɪdʒ/ ◆ *n* moyenne : *on average* en moyenne ◆ *adj* **1** moyen : *average earnings* des revenus moyens **2** (*fam, péj*) moyen ◆ *vt* établir la moyenne de PHR V **to average out (at sth)** s'élever en moyenne (à qch) : *It averages out at 25%.* Ça fait en moyenne 25 %.

aversion /əˈvɜːʃn/ *n* aversion

avert /əˈvɜːt/ *vt* **1** (*regard*) détourner **2** (*crise, etc.*) éviter

aviation /ˌeɪviˈeɪʃn/ *n* aviation

avid /ˈævɪd/ *adj* avide, passionné

avocado /ˌævəˈkɑːdəʊ/ *n* (*pl* **~s**) avocat (*fruit*)

avoid /əˈvɔɪd/ *vt* **1** ~ **(doing) sth** éviter (de faire) qch **2** (*responsabilité*) échapper à **avoidable** *adj* évitable

await /əˈweɪt/ *vt* (*sout*) attendre : *A surprise awaited us.* Une surprise nous attendait.

awake /əˈweɪk/ ◆ *adj* **1** éveillé, réveillé **2** ~ **to sth** (*danger, etc.*) conscient de qch ◆ (*prét* **awoke** /əˈwəʊk/ *pp* **awoken** /əˈwəʊkən/) **1** *vt, vi* (se) réveiller **2** *vt* (*curiosité, soupçon*) éveiller, réveiller **3** *vi* (*émotion*) s'éveiller

Les verbes **awake** et **awaken** appartiennent à la langue soutenue ou littéraire. Dans le langage courant, on utilise le verbe **to wake (sb) up**.

awaken /əˈweɪkən/ **1** *vt, vi* (se) réveiller **2** *vt* (*curiosité*) éveiller, réveiller **3** *vi* (*émotion*) s'éveiller **4** *vi* ~ **to sth** prendre conscience de qch **5** *vt* ~ **sb to sth** (*danger, etc.*) rendre qn conscient de qch ☛ *Voir note sous* AWAKE

award /əˈwɔːd/ ◆ *vt* (*prix*) attribuer : *He was awarded first prize.* Il a reçu le premier prix. ◆ *n* récompense, prix

award-winning /əˈwɔːd wɪnɪŋ/ *adj* primé, qui a reçu un prix

aware /əˈweə(r)/ *adj* ~ **of sth/that...** conscient de qch/du fait que... LOC **as far as I am aware** autant que je sache **to make sb aware of sth** sensibiliser qn à qch *Voir aussi* BECOME **awareness** *n* conscience

away /əˈweɪ/ *particule* **1** (*indiquant la distance*) : *The hotel is two kilometres away.* L'hôtel est à deux kilomètres d'ici. ◊ *It's a long way away.* C'est loin d'ici. **2** (*indiquant la mouvement*) : *Go away!* Va-t'en ! ◊ *They ran away.* Ils se sont enfuis. ◊ *Put your clothes away.* Range tes habits. **3** [*emploi emphatique*] : *She works away all day.* Elle travaille toute la journée. **4** *to melt away* fondre ◊ *to boil away* s'évaporer **5** (*Sport*) à l'extérieur : *an away win* une victoire à l'extérieur LOC *Voir* RIGHT ☛ Les verbes à particule formés avec **away** sont traités sous le verbe correspondant : pour **to get away**, par exemple, voir GET.

awe /ɔː/ *n* crainte mêlée d'admiration, respect LOC **to be in awe of sb** être intimidé par qn **awesome** *adj* impressionnant

awful /ˈɔːfl/ *adj* **1** (*accident, etc.*) affreux, atroce **2** *an awful lot of people* énormément de monde **awfully** *adv* vraiment, terriblement : *I'm awfully sorry.* Je suis vraiment navré.

awkward /ˈɔːkwəd/ *adj* **1** (*moment*) inopportun **2** (*situation, question*) délicat, gênant **3** (*mal à l'aise*) gêné **4** (*peu aimable*) difficile **5** (*malhabile*) maladroit

awoke *prét de* AWAKE

awoken *pp de* AWAKE

axe (*USA* **ax**) /æks/ ◆ *n* hache LOC **to have an axe to grind** prêcher pour sa paroisse ◆ *vt* **1** (*services, dépenses*) supprimer **2** licencier

axis /ˈæksɪs/ *n* (*pl* **axes** /ˈæksiːz/) axe

axle /ˈæksl/ *n* essieu

aye (*aussi* **ay**) /aɪ/ *excl, n* (*vieilli*) oui : *The ayes have it.* Les oui l'emportent. ☛ **Aye** s'utilise en Écosse et dans le nord de l'Angleterre.

Bb

B, b /biː/ *n* (*pl* **B's, b's** /biːz/) **1** B, b : *B for Benjamin* B comme Benjamin ☛ *Voir exemples sous* A, A **2** (*Mus*) si **3** (*École*) ☛ *Voir note sous* MARK

babble /ˈbæbl/ ◆ *n* **1** (*voix*) murmure **2** (*bébé*) babillage ◆ *vt, vi* bredouiller

babe /beɪb/ *n* (*fam*) minette

baby /ˈbeɪbi/ *n* (*pl* **babies**) **1** bébé : *a newborn baby* un nouveau-né ◊ *a baby girl* une petite fille **2** (*animal*) petit : *a baby elephant* un petit éléphant **3** (*USA, fam*) chéri, -e

babysit /ˈbeɪbisɪt/ *vi* (**-tt-**) (*prét* **-sat**) faire du baby-sitting **babysitter** *n* baby-sitter

bachelor /ˈbætʃələ(r)/ *n* célibataire (*homme*) : *a bachelor flat* une garçonnière

back¹ /bæk/ ◆ *n* **1** derrière, arrière : *He always sits at the back of the classroom.* Il est toujours assis au fond de la classe. **2** dos **3** dossier (*d'une chaise*) LOC **at the back of your mind** présent à l'esprit **back to back** dos à dos **back to front** à l'envers ☛ *Voir illustration sous* ENVERS² LOC **behind sb's back** dans le dos de qn **to be glad, pleased, etc. to see the back of sb** être content de voir partir qn **to be glad, pleased, etc. to see the back of sth** être content que qch se termine **to get/put sb's back up** énerver qn **to have your back to the wall** être le dos au mur *Voir aussi* BREAK¹, PAT, TURN ◆ *adj* **1** de derrière : *the back door* la porte de derrière ◊ *your back teeth* les dents du fond **2** (*journal*) : *a back number* un ancien numéro LOC **by/through the back door** par la petite porte ◆ *adv, particule* **1** de retour : *We should be back at the hotel by 7 o'clock.* Nous devrions être de retour à l'hôtel à 7 heures. ◊ *Be back soon.* Reviens vite. ◊ *the way back* le voyage de retour **2** (*position*) : *Stand back!* Reculez ! **3** (*temps*) : *a few weeks back* il y a quelques semaines ◊ *back in the sixties* dans les années 60 **4** (*en retour*) : *Please call me back tomorrow.* Merci de me rappeler demain. LOC **to get/have your own back (on sb)** (*fam*) se venger (de qn) **to go, travel, etc. back and forth** faire la navette ☛ Les verbes à particule formés avec **back** sont traités sous le verbe correspondant : pour **to go back**, par exemple, voir GO¹.

back² /bæk/ **1** *vt* ~ **sb/sth (up)** soutenir qn/qch **2** *vt* financer **3** *vt* (*cheval*) parier sur **4** *vi* ~ **(up)** reculer, faire marche arrière PHR V **to back away (from sb/sth)** reculer (devant qn/qch) **to back down**; (*USA*) **to back off** céder **to back on to sth** donner sur qch (à l'arrière) **to back out (of sth)** se retirer (de qch)

backache /ˈbækeɪk/ *n* mal de dos

backbone /ˈbækbəʊn/ *n* **1** colonne vertébrale **2** pivot, pilier (*d'une organisation*) **3** caractère, courage

backcloth /ˈbækklɒθ/ (*aussi* **backdrop** /ˈbækdrɒp/) *n* toile de fond

backfire /ˌbækˈfaɪə(r)/ *vi* **1** (*voiture*) pétarader **2** (*fig*) avoir l'effet inverse **3** ~ **on sb** (*fig*) se retourner contre qn

background /ˈbækgraʊnd/ *n* **1** arrière-plan, fond **2** contexte **3** origines : *a poor background* un milieu pauvre **4** *background music* musique d'ambiance

backing /ˈbækɪŋ/ *n* **1** soutien **2** (*Mus*) accompagnement

backlash /ˈbæklæʃ/ *n* réaction violente

backlog /ˈbæklɒg/ *n* : *a huge backlog of work* beaucoup de travail en retard

backpack /ˈbækpæk/ ◆ *n* (*surtout USA*) sac à dos ◆ *vi* : *to go backpacking* faire de la randonnée **backpacker** *n* routard, -e

back seat *n* siège arrière LOC **to take a back seat** se tenir en retrait

backside /ˈbæksaɪd/ *n* (*fam*) derrière (*fesses*)

backstage /ˌbækˈsteɪdʒ/ *adv* en coulisse

backstroke /ˈbækstrəʊk/ *n* (*natation*) dos crawlé : *to do backstroke* nager en dos crawlé

back-up /ˈbæk ʌp/ *n* **1** soutien **2** renforts **3** (*Informatique*) sauvegarde

backward /ˈbækwəd/ *adj* **1** vers l'arrière : *a backward glance* un coup d'œil en arrière **2** (*pays, enfant*) arriéré : *a backward step* un pas en arrière

backward(s) /ˈbækwədz/ *adv* **1** en arrière, à reculons : *to go backwards* reculer **2** à l'envers LOC **to go backward(s) and forward(s)** faire la navette

backyard /ˌbækˈjɑːd/ (*aussi* **yard**) *n* **1** (*GB*) arrière-cour **2** (*USA*) jardin de derrière

bacon /ˈbeɪkən/ *n* bacon ☛ *Comparer avec* HAM, GAMMON

bacteria /bækˈtɪəriə/ *n* [*pl*] bactéries

bad /bæd/ *adj* (*compar* **worse** /wɜːs/ *superl* **worst** /wɜːst/) **1** mauvais : *a bad patch* une mauvaise période ◊ *not bad* pas mal ◊ *It's bad for you.* C'est mauvais pour la santé. **2** (*accident, situation*) grave : *to have a bad headache* avoir très mal à la tête **3** (*aliment*) pourri : *to go bad* pourrir LOC **to be bad at sth** : *I'm bad at biology.* Je suis mauvais en biologie. **to be in sb's bad books** : *I'm in his bad books.* Je n'ai pas la cote avec lui. **to go from bad to worse** aller de mal en pis **too bad 1** dommage : *It's too bad you can't come.* C'est vraiment dommage que tu ne puisses pas venir. **2** (*iron*) tant pis ! *Voir aussi* FAITH, FEELING

bade *prét de* BID

badge /bædʒ/ *n* **1** badge **2** (*fig*) symbole

badger /ˈbædʒə(r)/ *n* blaireau

bad language *n* [*indénombrable*] gros mots

badly /ˈbædli/ *adv* (*compar* **worse** /wɜːs/ *superl* **worst** /wɜːst/) **1** mal : *It's badly made.* C'est mal fait. ◊ *to do badly in an exam* avoir de mauvais résultats à un examen ◊ *to treat sb badly* maltraiter qn **2** gravement, sérieusement : *badly damaged* très endommagé ◊ *badly injured* grièvement blessé ◊ *to be badly beaten* recevoir des coups violents **3** (*vouloir*) vraiment : *I badly need this job.* J'ai vraiment besoin de ce boulot. LOC **(not) to be badly off** (ne pas) être pauvre

badminton /ˈbædmɪntən/ *n* badminton

bad-tempered /ˌbæd ˈtempəd/ *adj* **1** qui a mauvais caractère **2** de mauvaise humeur

baffle /ˈbæfl/ *vt* déconcerter **baffling** *adj* déconcertant

bag /bæg/ *n* sac ☛ *Voir illustration sous* CONTAINER LOC **bags of sth** (*fam*) plein de qch : *She has bags of energy.* Elle a de l'énergie à revendre. *Voir aussi* LET[1], PACK

bagel /ˈbeɪgl/ *n* petit pain en couronne ☛ *Voir illustration sous* PAIN

baggage /ˈbægɪdʒ/ *n* [*indénombrable*] (*surtout USA*) bagages

baggy /ˈbægi/ *adj* (**-ier**, **-iest**) ample : *baggy trousers* un pantalon large

bagpipes /ˈbægpaɪps/ (*aussi* **pipes**) *n* cornemuse

bail /beɪl/ *n* [*indénombrable*] **1** caution (*Jur*) **2** mise en liberté provisoire sous caution LOC **to go/stand bail (for sb)** se porter garant (de qn)

bailiff /ˈbeɪlɪf/ *n* **1** huissier **2** intendant, -e

bait /beɪt/ *n* appât

bake /beɪk/ *vt, vi* (faire) cuire : *to bake bread* faire du pain ◊ *a baking tin* un moule ◊ *a baked potato* une pomme de terre en robe des champs **baker** *n* **1** boulanger, -ère **2 baker's** boulangerie **bakery** *n* (*pl* **-ies**) boulangerie

baked beans *n* [*pl*] haricots blancs à la sauce tomate

balance /'bæləns/ ◆ *n* **1** équilibre : *to lose your balance* perdre l'équilibre **2** (*Fin*) solde **3** (*instrument*) balance LOC **on balance** tout bien considéré *Voir aussi* CATCH ◆ **1** *vi* ~ **(on sth)** se maintenir en équilibre (sur qch) **2** *vt* ~ **sth (on sth)** mettre qch en équilibre (sur qch) **3** *vt* équilibrer, compenser **4** *vt* (*budget, etc.*) équilibrer : *to balance the accounts/books* arrêter les comptes/dresser le bilan

balcony /'bælkəni/ *n* (*pl* **-ies**) balcon

bald /bɔːld/ *adj* chauve ☛ *Voir illustration sous* CHEVEU

ball /bɔːl/ *n* **1** (*Sport*) balle, ballon **2** boule **3** (*laine*) pelote **4** bal LOC **to be on the ball** (*fam*) être dégourdi **to have a ball** (*fam*) s'éclater (*s'amuser*) **to start/set the ball rolling** démarrer

ballad /'bæləd/ *n* ballade

ballet /'bæleɪ/ *n* **1** ballet **2** danse classique

ballet dancer *n* danseur, -euse (de ballet)

balloon /bə'luːn/ *n* **1** ballon (*gonflable*) **2** ballon, aérostat

ballot /'bælət/ *n* scrutin, vote (*à bulletin secret*) : *a ballot paper* un bulletin de vote

ballot box *n* urne (*pour voter*)

ballpoint /'bɔːlpɔɪnt/ (*aussi* **ballpoint pen**) *n* stylo à bille

ballroom /'bɔːlruːm/ *n* salle de bal : *ballroom dancing* danse de salon

bamboo /ˌbæm'buː/ *n* bambou

ban /bæn/ ◆ *vt* (**-nn-**) interdire ◆ *n* **ban (on sth)** interdiction (de qch)

banana /bə'nɑːnə ; *USA* bə'nænə/ *n* banane : *a banana skin* une peau de banane

band /bænd/ *n* **1** bande, ruban **2** (*Mus*) groupe, orchestre : *a brass band* une fanfare **3** (*Radio*) (*aussi* **waveband**) bande **4** (*groupe*) bande

bandage /'bændɪdʒ/ ◆ *n* bandage, bande ◆ *vt* mettre un bandage sur, bander

bandwagon /'bændwægən/ *n* LOC **to climb/jump on the bandwagon** (*fam*) prendre le train en marche

bang /bæŋ/ ◆ **1** *vt* cogner : *He banged his fist on the table.* Il a tapé du poing sur la table. ◊ *She banged in the nail with a hammer.* Elle a enfoncé le clou à coups de marteau. **2** *vt* ~ **your head, etc. (against/on sth)** se cogner la tête, etc. (contre qch) **3** *vi* ~ **into sb/sth** rentrer dans qn/qch ; se cogner contre qn/qch **4** *vt, vi* (*porte*) claquer ◆ *n* **1** coup **2** détonation **3** claquement ◆ *adv* (*fam*) : *bang in the middle* en plein milieu ◊ *bang on time* pile à l'heure ◊ *bang up to date* à la pointe de l'actualité LOC **bang goes sth** : *Bang go my chances of promotion.* Je peux dire adieu à mes chances de promotion. **to go bang** (*fam*) éclater ◆ **bang!** *excl* boum !, pan !

banger /'bæŋə(r)/ *n* (*GB, fam*) **1** saucisse **2** pétard **3** (*voiture*) guimbarde : *my old banger* ma vieille bagnole

banish /'bænɪʃ/ *vt* bannir, chasser

banister /'bænɪstə(r)/ *n* rampe

bank¹ /bæŋk/ *n* rive, bord ☛ *Comparer avec* SHORE

bank² /bæŋk/ ◆ *n* banque : *my bank manager* le directeur de l'agence où j'ai mon compte ◊ *a bank statement* un relevé de compte ◊ *a bank account* un compte bancaire LOC *Voir* BREAK¹ ◆ **1** *vt* (*argent*) déposer à la banque **2** *vi* ~ **with...** avoir un compte à... PHR V **to bank on sb/sth** compter sur qn/qch **banker** *n* banquier

bank holiday *n* (*GB*) jour férié

> En Grande-Bretagne le calendrier compte huit jours fériés lors desquels les banques sont fermées de par la loi. En général, il s'agit du lundi. De cette manière les gens ont un long week-end que l'on nomme **bank holiday weekend**. Les **bank holidays** ne correspondent pas forcément en Angleterre, en Écosse et en Irlande du Nord : *We are coming back on bank holiday Monday.* Nous revenons le lundi qui est férié.

banknote /'bæŋknəʊt/ *Voir* NOTE 2

bankrupt /'bæŋkrʌpt/ *adj* en faillite, ruiné LOC **to go bankrupt** faire faillite **bankruptcy** *n* faillite

banner /'bænə(r)/ *n* banderole

banquet /'bæŋkwɪt/ *n* banquet

bap /bæp/ *n* (*GB*) petit pain rond

baptism /'bæptɪzəm/ *n* baptême

baptize, -ise /bæp'taɪz/ *vt* baptiser

bar /bɑː(r)/ ◆ *n* **1** barre : *a bar of chocolate* une tablette de chocolat ◊ *a bar of soap* une savonnette **2** barreau **3** bar

4 comptoir **5** (*Mus*) mesure **6** obstacle **7** (*sable*) barre LOC **behind bars** (*fam*) derrière les barreaux ◆ *vt* (**-rr-**) **1** barrer **2** exclure **3 to bar sb from doing sth** interdire à qn de faire qch LOC **to bar the way** barrer le passage ◆ *prép* sauf

barbarian /bɑːˈbeəriən/ *n* barbare **barbaric** /bɑːˈbærɪk/ *adj* barbare

barbecue /ˈbɑːbɪkjuː/ *n* (*abrév* **BBQ**) barbecue

barbed wire /ˌbɑːbd ˈwaɪə(r)/ *n* [*indénombrable*] fil de fer barbelé

barber /ˈbɑːbə(r)/ *n* **1** coiffeur pour hommes **2 barber's** salon de coiffure pour hommes : *at the barber's* chez le coiffeur

Barber désigne un coiffeur pour hommes et **hairdresser** un coiffeur pour dames, mais de nos jours, presque tous les **hairdressers** travaillent dans des salons mixtes.

bar chart *n* histogramme

bar code *n* code-barres

bare /beə(r)/ *adj* (**barer**, **barest**) **1** nu ☛ *Voir note sous* NAKED **2** (*branche*) nu, dénudé **3** ~ **(of sth)** vide (de qch) : *a room bare of furniture* une pièce vide **4** strict : *the bare essentials* le strict nécessaire ◊ *the bare minimum* le strict minimum **barely** *adv* tout juste, à peine

barefoot /ˈbeəfʊt/ ◆ *adj* aux pieds nus ◆ *adv* pieds nus

bargain /ˈbɑːgən/ ◆ *n* **1** marché : *to make/strike a bargain with sb* faire/conclure un marché avec qn **2** affaire : *to have an eye for a bargain* savoir repérer une bonne affaire ◊ *bargain prices* prix avantageux LOC **into the bargain** par-dessus le marché *Voir aussi* DRIVE ◆ *vi* **1** négocier **2** marchander PHR V **to bargain for sth** (*fam*) s'attendre à qch : *He got more than he bargained for.* Il ne s'attendait pas à ça. **bargaining** *n* négociations : *pay bargaining* négociations salariales

barge /bɑːdʒ/ *n* péniche

baritone /ˈbærɪtəʊn/ *n* baryton

bark[1] /bɑːk/ *n* écorce

bark[2] /bɑːk/ ◆ *n* aboiement ◆ **1** *vi* aboyer **2** *vt, vi* (*personne*) aboyer, crier **barking** *n* aboiements

barley /ˈbɑːli/ *n* orge

barmaid /ˈbɑːmeɪd/ *n* serveuse (*de bar*)

barman /ˈbɑːmən/ *n* (*pl* **-men** /-mən/) (*USA* **bartender**) serveur (*de bar*), barman

barn /bɑːn/ *n* grange

barometer /bəˈrɒmɪtə(r)/ *n* baromètre

baron /ˈbærən/ *n* baron

baroness /ˈbærənəs, ˌbærəˈnes/ *n* baronne

barracks /ˈbærəks/ *n* [*v sing ou pl*] caserne

barrage /ˈbærɑːʒ ; *USA* bəˈrɑːʒ/ *n* **1** tir de barrage **2** pluie, déluge (*de questions, etc.*)

barrel /ˈbærəl/ *n* **1** tonneau, fût **2** (*fusil*) canon

barren /ˈbærən/ *adj* **1** aride, désertique **2** stérile

barricade /ˌbærɪˈkeɪd/ ◆ *n* barricade ◆ *vt* barricader PHR V **to barricade yourself in** se barricader

barrier /ˈbæriə(r)/ *n* **1** barrière **2** portillon **3** obstacle

barrister /ˈbærɪstə(r)/ *n* avocat, -e ☛ *Voir note sous* AVOCAT, -E

barrow /ˈbærəʊ/ *n Voir* WHEELBARROW

bartender /ˈbɑːtendə(r)/ *n* (*USA*) serveur, -euse

base /beɪs/ ◆ *n* base ◆ *vt* **1 to ~ sth on sth** baser, fonder qch sur qch : *The film is based on a true story.* Ce film s'inspire d'une histoire vraie. **2 to be based in/at** être basé à

baseball /ˈbeɪsbɔːl/ *n* base-ball

basement /ˈbeɪsmənt/ *n* sous-sol

bash /bæʃ/ *vt* (*fam*) ◆ **1** *vt* donner des coups à, frapper **2** *vt* : *to bash your head against/on sth* se cogner la tête contre qch **3** *vi* ~ **into sb/sth** rentrer dans qn/qch ◆ *n* coup LOC **to have a bash (at sth)** (*fam*) essayer (qch)

basic /ˈbeɪsɪk/ ◆ *adj* **1** essentiel **2** de base **3** de première nécessité ◆ **the basics** *n* [*pl*] l'essentiel, les notions de base **basically** *adv* dans l'ensemble, au fond

basil /ˈbæzl/ *n* basilic

basin /ˈbeɪsn/ *n* **1** (*aussi* **washbasin**) lavabo ☛ *Comparer avec* SINK **2** bol, jatte **3** cuvette **4** (*Géogr*) bassin

basis /ˈbeɪsɪs/ *n* (*pl* **bases** /ˈbeɪsiːz/) base : *on the basis of sth* sur la base de qch LOC *Voir* REGULAR

basket /ˈbɑːskɪt ; *USA* ˈbæskɪt/ *n* panier, corbeille : *the waste-paper basket* la corbeille à papier LOC *Voir* EGG

be

présent	*forme contractée*	*forme contractée négative*	*prétérit*
I **am**	I**'m**	I**'m not**	I **was**
you **are**	you**'re**	you **aren't**	you **were**
he/she/it **is**	he**'s**/she**'s**/it**'s**	he/she/it **isn't**	he/she/it **was**
we **are**	we**'re**	we **aren't**	we **were**
you **are**	you**'re**	you **aren't**	you **were**
they **are**	they**'re**	they **aren't**	they **were**

forme en -ing **being** *participe passé* **been**

basketball /'bɑːskɪtbɔːl ; *USA* 'bæs-/ *n* basket-ball

bass /beɪs/ ◆ *n* **1** (*chanteur*) basse **2** *to turn up the bass* augmenter les graves **3** (*aussi* **bass guitar**) (guitare) basse **4** (*aussi* **double bass**) contrebasse ◆ *adj* bas, grave ☛ *Comparer avec* TREBLE²

bassoon /bə'suːn/ *n* basson

bat¹ /bæt/ *n* chauve-souris

bat² /bæt/ ◆ *n* **1** batte **2** raquette (*de ping-pong*) ◆ (**-tt-**) **1** *vt* frapper **2** *vi* être le batteur, manier la batte LOC **not to bat an eyelid** (*fam*) ne pas sourciller

batch /bætʃ/ *n* **1** lot **2** paquet, liasse **3** fournée

bath /bɑːθ ; *USA* bæθ/ ◆ *n* (*pl* ~s /bɑːðz ; *USA* bæðz/) **1** bain : *to have/take a bath* prendre un bain **2** baignoire ◆ *vt* (*GB*) donner un bain à

bathe /beɪð/ **1** *vt* (*blessure*) laver **2** *vi* (*GB*) se baigner

bathroom /'bɑːθruːm ; *USA* 'bæθ-/ *n* **1** (*GB*) salle de bains **2** (*USA*, *euph*) toilettes ☛ *Voir note sous* TOILET

baton /'bætn, 'bætɒn ; *USA* bə'tɒn/ *n* **1** (*police*) bâton, matraque **2** (*Mus*) baguette **3** (*Sport*) témoin

battalion /bə'tæliən/ *n* bataillon

batter¹ /'bætə(r)/ **1** *vt* ~ **sb** battre qn : *to batter sb to death* battre qn à mort **2** *vi* ~ **at/on sth** frapper à/sur qch PHR V **to batter sth down** abattre qch **battered** *adj* battu, cabossé

batter² /'bætə(r)/ *n* **1** pâte à frire **2** (*USA*) pâte (*à gâteau*)

battery /'bætəri/ *n* (*pl* **-ies**) **1** (*Électr*) pile **2** (*Autom*) batterie **3** (*Agric*) batterie : *a battery hen* une poule de batterie ☛ *Comparer avec* FREE-RANGE

battle /'bætl/ ◆ *n* **1** bataille **2** lutte LOC *Voir* FIGHT, WAGE ◆ *vi* ~ **(with/against sb/sth) (for sth)** lutter (contre qn/qch) (pour qch)

battlefield /'bætlfiːld/ (*aussi* **battleground**) *n* champ de bataille

battlements /'bætlmənts/ *n* [*pl*] remparts

battleship /'bætlʃɪp/ *n* cuirassé

bauble /'bɔːbl/ *n* babiole

bawl /bɔːl/ *vi, vt* brailler

bay /beɪ/ ◆ *n* **1** baie **2** aire : *a loading bay* une aire de chargement **3** (*aussi* **bay tree**) laurier LOC **to hold/keep sb at bay** tenir qn à distance **keep sth at bay** stopper qch, enrayer qch ◆ *vi* aboyer

bayonet /'beɪənət/ *n* baïonnette

bay window *n* fenêtre en saillie

bazaar /bə'zɑː(r)/ *n* **1** bazar **2** vente de charité *Voir aussi* FÊTE

BBQ *Voir* BARBECUE

BC /ˌbiː 'siː/ *abrév* **before Christ** av. J.-C.

be /bi, biː/ ☛ Pour l'emploi de **be** avec **there** voir THERE.

• **v intransitif 1** être : *Life is like that.* C'est la vie. ◊ *'Who is it?' 'It's me.'* « Qui est là ? — C'est moi. » ◊ *It's mine.* C'est à moi. ◊ *Don't be late!* Ne sois pas en retard ! ◊ *She was angry.* Elle était en colère. ◊ *Is it far?* Est-ce que c'est loin ? **2** (*état de santé*) aller : *How are you?* Comment allez-vous ? ◊ *I'm fine, thanks.* Je vais bien, merci. **3** (*position*) être, se trouver : *Ben's downstairs.* Ben est en bas. ◊ *Kenya is in Africa.* Le Kenya se trouve en Afrique. **4** (*origine*) être, venir : *He's from the Caribbean.* Il vient des Caraïbes. ◊ *She's from India.* Elle est indienne. **5** [*au passé composé uniquement*] aller : *Have you ever been to Rome?* Est-ce que tu es déjà allée à Rome ? ◊ *Has the postman been yet?* Est-ce que le facteur est déjà passé ? ☛ **Been** est parfois employé comme participe passé de **go**. *Voir note sous* GO[1]. **6** *I'm right, aren't I?* J'ai raison, non ? ◊ *I'm hot/afraid.* J'ai chaud/peur. ◊ *Aren't you lucky?* Tu en as de la chance !

Contrairement au français où les noms tels que *chaud, froid, faim, soif,* etc. sont précédés du verbe **avoir**, en anglais on utilise **be** suivi de l'adjectif correspondant.

7 (*âge*) avoir : *He's 16 (years old).* Il a 16 ans. ☛ *Voir note sous* OLD, YEAR **8** (*temps*) : *It's cold/hot.* Il fait froid/chaud. ◊ *It's foggy.* Il y a du brouillard. **9** (*mesures*) mesurer, faire : *How tall are you?* Combien mesures-tu ? ◊ *James is almost two metres tall.* James fait presque deux mètres. **10** (*heure*) être : *It's quarter past two.* Il est deux heures et quart. **11** (*prix*) coûter : *How much is that dress?* Combien coûte cette robe ? ◊ *How much is it?* C'est combien ? **12** (*Math*) faire : *4 and 9 is/are 13.* 4 et 9 font 13.

• **v auxiliaire 1** [*avec un participe passé pour construire le passif*] : *The house has been built.* La maison a été construite. ◊ *He was killed in a plane crash.* Il a été tué dans un accident d'avion. ◊ *Wine is made from grapes.* On obtient le vin en pressant du raisin. ◊ *It is said that he is/He is said to be rich.* On dit qu'il est riche. **2** [*avec -ing pour construire la forme progressive*] : *What are you doing?* Qu'est-ce que tu fais ? ◊ *I'm just coming!* J'arrive ! **3** [*avec l'infinitif*] : *Are we to have dinner here?* Est-ce qu'on dîne ici ? ◊ *They were to marry in June.* Ils devaient se marier en juin. ☛ Les expressions comprenant le verbe **be** sont traitées sous le nom, l'adjectif, etc. correspondant: pour **to be a drain on sth**, par exemple, voir DRAIN. **PHR V to be through** (*GB*) être en ligne : *You're through to accounts.* Je vous passe le service comptabilité. **to be through (with sb/sth)** : *I'm through with you/We're through.* C'est fini entre nous.

beach /biːtʃ/ ◆ *n* plage ◆ *vt* échouer (*bateau*)

beacon /ˈbiːkən/ *n* **1** balise, phare **2** feu d'alarme **3** (*aussi* **radio beacon**) radiobalise

bead /biːd/ *n* **1** perle (*fantaisie*) **2 beads** [*pl*] collier **3** (*sueur*) goutte

beak /biːk/ *n* bec

beaker /ˈbiːkə(r)/ *n* **1** gobelet **2** vase à bec

beam /biːm/ ◆ *n* **1** poutre **2** (*lumière*) rayon **3** (*projecteur*) faisceau lumineux **4** grand sourire ◆ *vi* rayonner : *to beam at sb* faire un grand sourire à qn *vt* transmettre (*Radio, Télé*)

bean /biːn/ *n* **1** haricot : *kidney beans* haricots rouges ◊ *runner beans* haricots d'Espagne ◊ *French beans* haricots verts *Voir aussi* BAKED BEANS **2** (*café*) grain

bear[1] /beə(r)/ *n* ours

bear[2] /beə(r)/ (*prét* **bore** /bɔː(r)/ *pp* **borne** /bɔːn/) **1** *vt* supporter **2** *vt* (*nom, marque*) porter **3** *vt* (*poids*) supporter, soutenir **4** *vt* (*coût, responsabilité*) assumer, supporter **5** *vt* supporter, résister à : *It won't bear close examination.* Cela ne résistera pas à un examen approfondi. **6** *vt* (*sout*) (*enfant*) donner naissance à **7** *vt* (*fruits, résultats*) donner, produire **8** *vi* : *to bear left/right* prendre à gauche/droite **LOC to bear a grudge against sb** en vouloir à qn **to bear a resemblance to sb/sth** ressembler à qn/qch **to bear little/no relation to sth** ne pas avoir grand-chose/n'avoir rien à voir avec qch **to bear sb/sth in mind** garder qn/qch à l'esprit *Voir aussi* GRIN **PHR V to bear sb out** aller dans le sens de qn **to bear sth out** confirmer qch **to bear up (under sth)** ne pas se laisser abattre par qch, tenir le coup : *He's bearing up well under the strain of losing his job.* Il ne se laisse pas abattre par la perte de son emploi. **to bear with sb** être patient avec qn : *Bear with me a moment.* Je vous demande un petit instant. **bearable** *adj* supportable

beard /bɪəd/ *n* barbe **bearded** *adj* barbu

bearer /ˈbeərə(r)/ *n* **1** (*nouvelles*) porteur, -euse **2** (*passeport*) titulaire

bearing /ˈbeərɪŋ/ *n* (*Navig*) position **LOC to get/take your bearings** se repérer **to have a bearing on sth** avoir un rapport avec qch

beast /biːst/ *n* **1** bête, animal **2** brute, monstre

beat /biːt/ ◆ (*prét* **beat** *pp* **beaten** /ˈbiːtn/) **1** *vt, vi* battre : *to beat sb to death* battre qn à mort ◊ *Her heart is still beating.* Son cœur bat encore. **2** *vi* ~ **against/on/at sth** battre qch : *to beat at the door* cogner à la porte ◊ *The rain* *was beating against the windows.* La pluie battait contre les carreaux. **3** *vt* ~ **sb (at sth)** battre qn (à qch) : *This crossword has beaten me.* Ces mots croisés ont eu raison de moi. **4** *vt* (*record*) battre **5** *vt* dépasser, surclasser : *Nothing beats home cooking.* Rien ne vaut la cuisine familiale. LOC **to beat about the bush** tourner autour du pot **off the beaten track** hors des sentiers battus PHR V **to beat sb up** tabasser qn ◆ *n* **1** battement **2** rythme, temps **3** (*police*) secteur, ronde **beating** *n* **1** (*punition*) correction **2** (*cœur*) battement LOC **to take a lot of/some beating** être très fort

beautician /bjuːˈtɪʃn/ *n* esthéticien, -ienne

beautiful /ˈbjuːtɪfl/ *adj* beau **beautifully** *adv* admirablement, merveilleusement

beauty /ˈbjuːti/ *n* (*pl* **-ies**) beauté

beaver /ˈbiːvə(r)/ *n* castor

became *prét de* BECOME

because /bɪˈkɒz ; *USA* -kɔːz/ *conj* parce que **because of** *prép* à cause de : *because of me* à cause de moi

beckon /ˈbekən/ *vt, vi* ~ **(to) sb** faire signe à qn

become /bɪˈkʌm/ *vi* (*prét* **became** /bɪˈkeɪm/ *pp* **become**) devenir : *He became a sailor.* Il est devenu marin. ◊ *to become fashionable* devenir à la mode ◊ *to become angry* se fâcher ◊ *to become aware of sth* se rendre compte de qch *Voir aussi* GET PHR V **to become of sb/sth** advenir de qn/qch : *What will become of me?* Que vais-je devenir ?

bed /bed/ *n* **1** lit : *a single/double bed* un lit à une place/un grand lit ◊ *to go to bed* se coucher ◊ *to make the bed* faire le lit

> Noter que, dans les expressions suivantes, il n'y a pas d'article défini en anglais : *to go to bed* aller au lit ◊ *It's time for bed.* Il est l'heure d'aller au lit.

2 (*aussi* **river bed**) lit (*d'une rivière*) **3** (*aussi* **sea bed**) fond (*de la mer*) **4** (*fleurs*) parterre *Voir aussi* FLOWER BED

bed and breakfast (*aussi abrév* B & B, b & b) *n* chambres d'hôte avec petit déjeuner

bedclothes /ˈbedkləʊðz/ *n* [*pl*] (*aussi* **bedding**) draps et couvertures

bedridden /ˈbedrɪdn/ *adj* cloué au lit

bedroom /ˈbedruːm/ *n* chambre (*à coucher*)

bedside /ˈbedsaɪd/ *n* chevet : *at her bedside* à son chevet ◊ *a bedside table* une table de chevet

bedsit /ˈbedsɪt/ *n* (*GB*) chambre meublée

bedspread /ˈbedspred/ *n* couvre-lit

bedtime /ˈbedtaɪm/ *n* heure du coucher

bee /biː/ *n* abeille

beech /biːtʃ/ (*aussi* **beech tree**) *n* hêtre

beef /biːf/ *n* bœuf (*viande*)

beefburger /ˈbiːfbɜːgə(r)/ *n* hamburger ☛ *Comparer avec* BURGER, HAMBURGER

beehive /ˈbiːhaɪv/ *n* ruche

been /biːn, bɪn ; *USA* bɪn/ *pp de* BE

beer /bɪə(r)/ *n* bière ☛ *Comparer avec* BITTER, ALE, LAGER

beetle /ˈbiːtl/ *n* scarabée

beetroot /ˈbiːtruːt/ (*USA* **beet**) *n* betterave (*rouge*)

before /bɪˈfɔː(r)/ ◆ *adv* avant : *the day/week before* la veille/la semaine d'avant ◊ *I've seen that film before.* J'ai déjà vu ce film. ◆ *prép* **1** avant : *before breakfast* avant le petit déjeuner ◊ *the day before yesterday* avant-hier ◊ *before shaving* avant de se raser **2** devant : *right before my eyes* sous mes propres yeux **3** avant : *He puts his work before everything else.* Il fait passer le travail avant tout le reste. ◆ *conj* avant que : *You must finish your work before you go.* Il faut que tu finisses ton travail avant de partir. ◊ *before the bus comes* avant l'arrivée du bus ◊ *Before I forget...* Avant que j'oublie...

beforehand /bɪˈfɔːhænd/ *adv* avant, à l'avance

beg /beg/ (**-gg-**) **1** *vt, vi* **to beg (sth/for sth) (from sb)** mendier (qch) (auprès de qn) **2** *vt* **to beg sb to do sth** supplier qn de faire qch ☛ *Comparer avec* ASK LOC **to beg sb's pardon** demander pardon à qn **I beg your pardon** pardon ? **beggar** *n* mendiant, -e

begin /bɪˈgɪn/ *vt, vi* (**-nn-**) (*prét* **began** /bɪˈgæn/ *pp* **begun** /bɪˈgʌn/) ~ **(doing/to do sth)** commencer (à faire qch) : *I began to peel.* Je commençais à peler.

> Bien qu'en principe **begin** et **start** puissent être suivis de l'inifinitif ou d'une forme en **-ing**, lorsqu'ils sont conjugués à la forme progressive, ils

ne peuvent être suivis que d'un infinitif : *It is starting to rain.* Il commence à pleuvoir.

LOC **to begin with 1** pour commencer **2** d'abord, au début **beginner** *n* débutant, -e **beginning** *n* **1** début : *at/in the beginning* au début ◊ *from beginning to end* du début à la fin **2** origine

behalf /bɪˈhɑːf ; *USA* -ˈhæf/ *n* LOC **on behalf of sb/on sb's behalf** (*USA* **in behalf of sb/in sb's behalf**) au nom de qn, de la part de qn

behave /bɪˈheɪv/ *vi* ~ **well, badly, etc. (towards sb)** bien, mal, etc. se comporter (envers qn) : *Behave yourself!* Tiens-toi bien ! ◊ *well behaved* sage

behaviour (*USA* **behavior**) /bɪˈheɪvjə(r)/ *n* comportement

behead /bɪˈhed/ *vt* décapiter

behind /bɪˈhaɪnd/ ◆ *prép* **1** derrière : *I dodged behind a tree.* Je me suis esquivé derrière un arbre. ◊ *with the wind behind you* avec le vent derrière soi ◊ *What's behind this sudden change?* Qu'est-ce que cache ce changement soudain ? **2** en retard par rapport à : *to be behind schedule* être en retard sur les prévisions **3** *The manager is behind you.* Le directeur te soutient. ◆ *adv* **1** derrière : *to leave sth behind* oublier qch ◊ *to stay behind* rester ☛ *Comparer avec* FRONT **2** ~ **(in/with sth)** en retard (dans/sur qch) ◆ *n* (*euph*) derrière (*postérieur*)

being /ˈbiːɪŋ/ *n* **1** être : *human beings* les êtres humains **2** existence LOC **to come into being** prendre naissance

belated /bɪˈleɪtɪd/ *adj* tardif

belch /beltʃ/ ◆ **1** *vi* roter **2** *vt* ~ **sth (out)** cracher qch (*fumée*) ◆ *n* rot

belief /bɪˈliːf/ *n* **1** croyance **2** conviction **3** ~ **in sb/sth** confiance en qn/qch LOC **beyond belief** incroyable **in the belief that...** persuadé que... *Voir aussi* BEST

believe /bɪˈliːv/ *vt, vi* croire : *I believe so.* Je crois que oui. LOC **believe it or not** crois-le si tu veux *Voir aussi* LEAD[2] PHR V **to believe in sth 1** croire en qch **2** croire à qch, être partisan de qch : *He believes in getting plenty of exercise.* Il pense que faire beaucoup d'exercice est bon pour la santé. **believable** *adj* croyable, crédible **believer** *n* croyant, -e LOC **to be a (great/firm) believer in sth** être un partisan (convaincu) de qch

bell /bel/ *n* **1** cloche **2** sonnette : *to ring the bell* appuyer sur la sonnette LOC **to ring a bell** dire quelque chose : *His name rings a bell.* Son nom me dit quelque chose.

bellow /ˈbeləʊ/ ◆ **1** *vi* mugir **2** *vt, vi* hurler, beugler ◆ *n* **1** mugissement **2** hurlement

belly /ˈbeli/ *n* (*pl* **-ies**) (*fam*) ventre

belly button *n* (*fam*) nombril

belong /bɪˈlɒŋ ; *USA* -ˈlɔːŋ/ *vi* **1** ~ **to sb/sth** appartenir à qn/qch **2** ~ **to sth** être membre de qch **3** aller : *Where does this belong?* Où est-ce que ça va ? **belongings** *n* [*pl*] effets personnels

below /bɪˈləʊ/ ◆ *prép* **1** au-dessous de : *below sea level* au-dessous du niveau de la mer ◊ *below the surface* sous la surface **2** en-dessous de : *below the age of 18* de moins de 18 ans ◊ *below average* en-dessous de la moyenne ◊ *It was ten degrees below freezing.* Il faisait moins dix. ◆ *adv* **1** en dessous **2** ci-dessous

belt /belt/ *n* **1** ceinture **2** (*Mécan*) courroie : *a conveyor belt* un tapis roulant **3** (*Géogr*) zone : *an industrial belt* une région industrielle LOC **below the belt** : *That remark was rather below the belt.* Cette remarque était un coup bas.

bemused /bɪˈmjuːzd/ *adj* perplexe

bench /bentʃ/ *n* **1** banc **2 the bench** la cour **3 the bench** la magistrature

benchmark /ˈbentʃmɑːk/ *n* **1** point de repère **2** (*Informatique*) test de performance

bend /bend/ ◆ (*prét, pp* **bent** /bent/) **1** *vt, vi* plier, (se) courber **2** *vi* (*aussi* **to bend down**) (*personne*) se pencher PHR V **to be bent on doing sth** vouloir à tout prix faire qch ◆ *n* **1** virage **2** (*fleuve, tuyau*) coude

beneath /bɪˈniːθ/ ◆ *prép* (*sout*) sous, au-dessous de : *beneath contempt* en dessous de tout ◆ *adv* en dessous

benefactor /ˈbenɪfæktə(r)/ *n* bienfaiteur, -trice

beneficial /ˌbenɪˈfɪʃl/ *adj* avantageux, bénéfique

benefit /ˈbenɪfɪt/ ◆ *n* **1** avantage, bienfait **2** allocation : *unemployment benefit* allocation de chômage **3** *a benefit concert* un concert de bienfaisance LOC **to be of benefit to sb** profiter à qn **for sb's benefit** dans l'intérêt de qn **to**

give sb the benefit of the doubt laisser à qn le bénéfice du doute ◆ (*prét, pp* **-fited**, *USA aussi* **-fitted**)) **1** *vt* faire du bien à **2** *vi* ~ **(from/by sth)** profiter de qch ; tirer profit de qch ; en profiter

benevolent /bə'nevələnt/ *adj* **1** bienveillant **2** de bienfaisance **benevolence** *n* bienveillance

benign /bɪ'naɪn/ *adj* **1** bienveillant, affable **2** (*cancer*) bénin

bent /bent/ *prét, pp de* BEND ◆ *n* ~ **(for sth)** penchant (pour qch)

bequeath /bɪ'kwi:ð/ *vt* (*sout*) ~ **sth (to sb)** léguer qch (à qn)

bequest /bɪ'kwest/ *n* (*sout*) legs

bereaved /bɪ'ri:vd/ *adj* (*sout*) endeuillé : *the bereaved* la famille du défunt **bereavement** *n* deuil

beret /'bereɪ ; *USA* bə'reɪ/ *n* béret

berry /'beri/ *n* (*pl* **-ies**) baie (*fruit*)

berserk /bə'sɜ:k/ *adj* fou furieux : *to go berserk* devenir fou furieux

berth /bɜ:θ/ ◆ *n* **1** couchette **2** (*Navig*) poste d'amarrage ◆ *vt, vi* (faire) mouiller

beset /bɪ'set/ *vt* (**-tt-**) (*prét, pp* **beset**) (*sout*) assaillir : *beset by doubts* assailli par le doute

beside /bɪ'saɪd/ *prép* à côté de LOC **beside yourself (with sth)** fou (de qch) : *to be beside yourself with joy* être fou de joie ◊ *to be beside yourself with anger* être hors de soi

besides /bɪ'saɪdz/ ◆ *prép* **1** en plus de **2** à part : *No one writes to me besides you.* Personne ne m'écrit à part toi. ◆ *adv* en plus, d'ailleurs

besiege /bɪ'si:dʒ/ *vt* **1** (*ville*) assiéger **2 to** ~ **sb (with sth)** assaillir qn (de qch)

best /best/ ◆ *adj* (*superl de* **good**) meilleur : *the best pizza I've ever tasted* la meilleure pizza que j'aie jamais mangée ◊ *the best apples in the world* les meilleures pommes du monde ◊ *my best friend* ma meilleure amie ◊ *Who's the best swimmer?* Qui nage le mieux ? *Voir aussi* GOOD, BETTER LOC **best before** : *best before January 2003* à consommer de préférence avant janvier 2003 **best wishes** : *Best wishes, Ann* Amitiés, Ann ◆ *adv* (*superl de* **well**) mieux : *the best dressed* le mieux habillé ◊ *Do as you think best.* Fais pour le mieux. ◊ *best-known* plus connu LOC **as best you can** : *They manage as best they can.* Ils se débrouillent tant bien que mal. ◆ *n* **1 the best** le meilleur, la meilleure : *She's the best by far.* C'est de loin la meilleure. **2 the best** le mieux, le meilleur : *to want the best for sb* vouloir ce qu'il y a de mieux pour qn **3 (the)** ~ **of sth** : *We're (the) best of friends.* Nous sommes les meilleurs amis du monde. LOC **at best** au mieux **to be at your best** être en forme **to do/try your (level/very) best** faire de son mieux **to make the best of a bad job** faire contre mauvaise fortune bon cœur **to the best of my belief/knowledge** autant que je sache

best man *n* garçon d'honneur ☛ *Voir note sous* MARIAGE

bet /bet/ ◆ *vt* (**-tt-**) (*prét, pp* **bet** *ou* **betted**) **to bet on sth** parier sur qch LOC **I bet (that)...** (*fam*) je parie que... : *I bet you he's late.* Je te parie qu'il va arriver en retard. **you bet!** (*fam*) et comment ! ◆ *n* pari : *to place/put a bet (on sth)* parier (sur qch) LOC *Voir* HEDGE

betide /bɪ'taɪd/ LOC *Voir* WOE

betray /bɪ'treɪ/ *vt* trahir **betrayal** *n* trahison

better /'betə(r)/ ◆ *adj* (*compar de* **good**) meilleur : *It was better than I expected.* C'était mieux que je ne m'y attendais. ◊ *He's not feeling any better.* Il ne se sent pas mieux. *Voir aussi* BEST, GOOD LOC **little/no better than...** : *He's no better than a liar.* C'est un menteur, ni plus ni moins. ◊ *The path was little better than a sheep track.* Le sentier n'était qu'une piste à moutons. **to get better 1** s'améliorer **2** aller mieux **to have seen/known better days** avoir connu des jours meilleurs *Voir aussi* ALL ◆ *adv* **1** (*compar de* **well**) mieux : *She plays the guitar better than me/than I (do).* Elle joue de la guitare mieux que moi. ◊ *I like Barcelona better than Madrid.* Je préfère Barcelone à Madrid. LOC **better late than never** (*proverbe*) mieux vaut tard que jamais **better safe than sorry** (*proverbe*) mieux vaut prévenir que guérir **I'd, you'd, etc. better (do sth)** il vaut mieux (faire qch), je, tu, etc. ferais mieux de faire qch : *You'd better let them know.* Il vaut mieux que tu les préviennes. ◊ *We'd better hurry.* Il faut qu'on se dépêche. **to be better off (doing sth)** : *He'd be better off leaving now.* Il ferait mieux de partir maintenant. ◊ *I'd be better off at* *home.* Je serais mieux chez moi. **to be better off without sb/sth** être mieux sans qn/qch *Voir aussi* KNOW, SOON ◆ *n* mieux : *I expected better of him.* J'attendais mieux de lui. LOC **to get the better of sb** l'emporter sur qn : *His shyness got the better of him.* Sa timidité a pris le dessus.

betting shop *n* bureau de paris

between /bɪ'twiːn/ ◆ *prép* entre ◆ *adv* (*aussi* **in between**) entre les deux

beware /bɪ'weə(r)/ *vi* ~ **(of sb/sth)** faire attention (à qn/qch)

bewilder /bɪ'wɪldə(r)/ *vt* déconcerter, dérouter **bewildered** *adj* perplexe, dérouté **bewildering** *adj* déconcertant **bewilderment** *n* perplexité

bewitch /bɪ'wɪtʃ/ *vt* **1** jeter un sort à **2** (*fig*) enchanter

beyond /bɪ'jɒnd/ ◆ *prép* au-delà de : *beyond repair* irréparable LOC **to be beyond sb** (*fam*) : *It's beyond me.* Ça me dépasse. ◆ *adv* au-delà

bias /'baɪəs/ *n* **1** ~ **towards sb/sth** penchant pour qn/qch **2** ~ **against sb/sth** parti pris, préjugé contre qn/qch **3** tendance : *The course has a strong practical bias.* Le cours met l'accent sur la pratique. **biassed** (*aussi* **biased**) *adj* partial

bib /bɪb/ *n* **1** bavoir **2** bavette (*d'un tablier*)

bible /'baɪbl/ *n* bible **biblical** *adj* biblique

bibliography /ˌbɪbli'ɒgrəfi/ *n* (*pl* **-ies**) bibliographie

biceps /'baɪseps/ *n* (*pl* **biceps**) biceps

bicker /'bɪkə(r)/ *vi* se chamailler

bicycle /'baɪsɪkl/ *n* bicyclette, vélo : *to ride a bicycle* faire du vélo

bid /bɪd/ *vt* (**-dd-**) (*prét, pp* **bid**) faire une offre de (*prix*) LOC *Voir* FAREWELL **bidder** *n* enchérisseur, -euse

bide /baɪd/ *vt* LOC **to bide your time** attendre le bon moment

biennial /baɪ'eniəl/ *adj* biennal, bisannuel

big /bɪg/ ◆ *adj* (**bigger**, **biggest**) **1** grand, gros : *a big effort* un gros effort ◊ *the biggest desert in the world* le plus grand désert du monde

> L'adjectif **big**, comme **large**, se rapporte à la taille, à la capacité ou à la quantité. **Large** appartient cependant à un registre plus soutenu.

2 aîné : *my big sister* ma grande sœur **3** (*décision*) important, grand **4** (*erreur*) grave LOC **a big cheese/fish/noise/shot** (*fam*) un gros bonnet **big business** [*indénombrable*] les grandes entreprises **big deal!** (*fam, iron*) la belle affaire ! **to hit/make the big time** (*fam*) réussir ◆ *adv* (**bigger**, **biggest**) (*fam*) : *to think big* voir grand

bigamy /'bɪgəmi/ *n* bigamie

big-head /'bɪg hed/ *n* (*fam*) crâneur, -euse **big-headed** *adj* (*fam*) qui a la grosse tête

bigoted /'bɪgətɪd/ *adj* sectaire

bike /baɪk/ *n* (*fam*) **1** bicyclette, vélo **2** (*aussi* **motor bike**) moto

bikini /bɪ'kiːni/ *n* bikini

bilingual /ˌbaɪ'lɪŋgwəl/ *adj, n* bilingue

bill[1] /bɪl/ ◆ *n* **1** facture, note : *phone/gas bills* notes de téléphone/de gaz ◊ *a bill for 500 euros* une facture de 500 euros **2** (*USA* **check**) (*restaurant*) addition : *The bill, please.* L'addition, s'il vous plaît. **3** (*hôtel*) note **4** (*Théâtre*) affiche **5** projet de loi **6** (*USA*) billet (de banque) : *a ten-dollar bill* un billet de dix dollars LOC **to fill/fit the bill** faire l'affaire *Voir aussi* FOOT ◆ *vt* **1** ~ **sb (for sth)** faire une facture à qn (pour qch) **2** (*film, spectacle*) annoncer par voie d'affiche

bill[2] /bɪl/ *n* bec

billboard /'bɪlbɔːd/ *n* (*USA*) panneau d'affichage

billiards /'bɪliədz/ *n* [*sing*] billard **billiard** *adj* : *a billiard cue* une queue de billard

bin

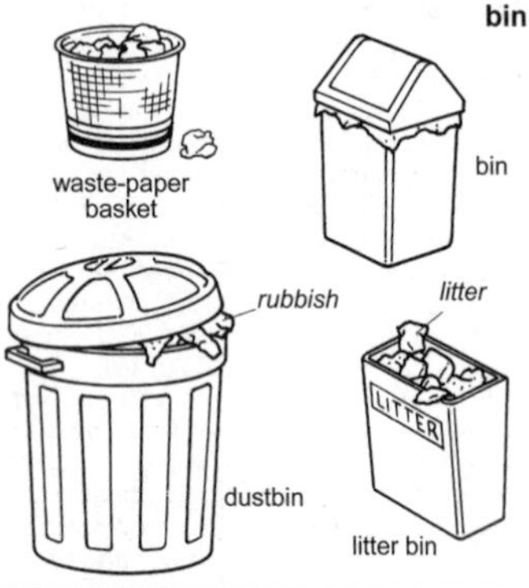

billing /ˈbɪlɪŋ/ *n* : *to get top/star billing* être en tête d'affiche

billion /ˈbɪljən/ *adj, n* milliard

A billion signifie un milliard et ne s'emploie plus de nos jours pour désigner mille milliards. **A trillion** correspond à un million de millions.

bin /bɪn/ *n* **1** poubelle : *the waste-paper bin* la corbeille à papier **2** (*GB*) *Voir* DUSTBIN

binary /ˈbaɪnəri/ *adj* binaire

bind1 /baɪnd/ *vt* (*prét, pp* **bound** /baʊnd/) **1** ~ **sb/sth (together)** attacher qn/qch **2** ~ **sb/sth (together)** (*fig*) unir qn/qch **3** ~ **sb/yourself (to sth)** contraindre qn (à qch) ; s'engager (à faire qch) **4** (*livre*) relier

bind2 /baɪnd/ *n* (*fam*) **1** corvée : *It's a terrible bind.* C'est une vraie corvée. **2** pétrin : *I'm in a bit of a bind.* Je suis dans le pétrin.

binder /ˈbaɪndə(r)/ *n* classeur

binding /ˈbaɪndɪŋ/ ◆ *n* **1** reliure **2** extrafort ◆ *adj* **1** obligatoire **2 to be ~ on/upon sb** lier, engager qn : *This agreement is legally binding on you.* Cet accord vous engage.

binge /bɪndʒ/ ◆ *n* (*fam*) beuverie, gueuleton ◆ *vi* se gaver

bingo /ˈbɪŋgəʊ/ *n* jeu proche du loto joué en public

binoculars /bɪˈnɒkjələz/ *n* [*pl*] jumelles

biochemical /ˌbaɪəʊˈkemɪkl/ *adj* biochimique

biochemist /ˌbaɪəʊˈkemɪst/ *n* biochimiste **biochemistry** *n* biochimie

biodegradable /ˌbaɪəʊdɪˈgreɪdəbl/ *adj* biodégradable

biodiversity /ˌbaɪəʊdaɪˈvɜːsəti/ *n* biodiversité

biographical /ˌbaɪəˈgræfɪkl/ *adj* biographique

biography /baɪˈɒgrəfi/ *n* (*pl* **-ies**) biographie **biographer** *n* biographe

biological /baɪəˈlɒdʒɪkl/ *adj* biologique

biology /baɪˈɒlədʒi/ *n* biologie **biologist** /baɪˈɒlədʒɪst/ *n* biologiste

biotechnology /baɪəʊtekˈnɒlədʒi/ *n* biotechnologie

bird /bɜːd/ *n* oiseau : *a bird of prey* un oiseau de proie LOC *Voir* EARLY

birdwatcher /ˈbɜːdwɒtʃə(r)/ *n* ornithologue amateur **birdwatching** *n* observation de la vie des oiseaux

biro® /ˈbaɪrəʊ/ (*aussi* **Biro**) *n* (*pl* **~s**) stylo (à) bille

birth /bɜːθ/ *n* **1** naissance **2** accouchement LOC **to give birth** accoucher **to give birth to sb/sth** donner naissance à qn/qch

birth control *n* contraception, contrôle des naissances

birthday /ˈbɜːθdeɪ/ *n* anniversaire : *Happy birthday!* Bon anniversaire ! ◊ *a birthday card* une carte d'anniversaire

birthmark /ˈbɜːθmɑːk/ *n* tache de naissance

birthplace /ˈbɜːθpleɪs/ *n* lieu de naissance

biscuit /ˈbɪskɪt/ (*surtout USA* **cookie**) *n* biscuit

bisexual /ˌbaɪˈsekʃuəl/ *adj, n* bisexuel, -elle

bishop /ˈbɪʃəp/ *n* **1** évêque **2** (*Échecs*) fou

bit1 /bɪt/ *n* morceau : *a bit of paper* un bout de papier LOC **a bit 1** un peu : *a bit better* un peu mieux **2** *It's a bit cold for swimming.* Il fait un peu trop froid pour nager. ◊ *It rained quite a bit.* Il a beaucoup plu. **3** un instant : *See you in a bit.* À tout à l'heure. **4** *It's worth a bit.* Ça ne vaut pas rien. **a bit much** (*fam*) un peu fort **a bit of sth** un peu de qch : *a bit of margarine* un peu de margarine ◊ *I've got a bit of shopping to do.* Je dois faire quelques courses. **bit by bit** petit à petit **bits and pieces** (*fam*) bricoles **not a bit; not one (little) bit** pas du tout : *He doesn't care a bit.* Il s'en fiche complètement. **to bits** : *to pull/tear sth to bits* déchirer qch en morceaux ◊ *to fall to bits* tomber en morceaux ◊ *to take sth to bits* démonter qch **to do your bit** (*fam*) y mettre du sien

bit2 /bɪt/ *n* mors (*d'un cheval*)

bit3 /bɪt/ *n* (*Informatique*) bit

bit4 *prét de* BITE

bitch /bɪtʃ/ ◆ *n* **1** chienne ☛ *Voir note sous* CHIEN **2** (*injurieux*) salope ◆ *vi* ~ **(about sb/sth)** médire, dire du mal de qn/qch

bite /baɪt/ ◆ (*prét* **bit** /bɪt/ *pp* **bitten** /ˈbɪtn/) **1** *vt, vi* ~ **(sth/into sth)** mordre (qch) : *to bite your nails* se ronger les ongles **2** *vt* (*insecte*) piquer ◆ *n* **1** morsure **2** bouchée **3** (*insecte*) piqûre

bitter /ˈbɪtə(r)/ ◆ *adj* (**-est**) **1** amer

2 glacial ◆ *n* (*GB*) bière à forte teneur en houblon, au goût légèrement amer **bitterly** *adv* amèrement : *bitterly disappointed* cruellement déçu ◊ *bitterly cold* glacial **bitterness** *n* amertume

bizarre /bɪ'zɑː(r)/ *adj* bizarre

black /blæk/ ◆ *adj* (**-er**, **-est**) **1** (*pr et fig*) noir : *a black eye* un œil au beurre noir ◊ *the black market* le marché noir **2** (*aussi* **Black**) noir (*personne*) **3** (*avenir*) sombre ◆ *n* **1** noir **2** (*personne*) Noir, -e

Black est surtout utilisé au pluriel dans ce sens. Le nom pouvant être péjoratif au singulier, il est préférable d'utiliser l'adjectif : *a black man/woman* ou, en anglais américain : *an African American.*

PHR V **to black out** s'évanouir

blackberry /'blækbəri, -beri/ *n* (*pl* **-ies**) mûre

blackbird /'blækbɜːd/ *n* merle

blackboard /'blækbɔːd/ *n* tableau noir

blackcurrant /ˌblæk'kʌrənt/ *n* [*dénombrable*] cassis

blacken /'blækən/ *vt* **1** noircir **2** (*réputation*) ternir

blacklist /'blæklɪst/ ◆ *n* liste noire ◆ *vt* mettre sur la liste noire

blackmail /'blækmeɪl/ ◆ *n* chantage ◆ *vt* faire chanter **blackmailer** *n* maître chanteur

blacksmith /'blæksmɪθ/ (*aussi* **smith**) *n* **1** forgeron **2** maréchal-ferrant

bladder /'blædə(r)/ *n* vessie

blade /bleɪd/ *n* **1** (*couteau*) lame **2** (*hélice, rame*) pale **3** (*herbe*) brin

blame /bleɪm/ ◆ *vt* **1** ~ **sb (for sth)** ; ~ **sth on sb** rejeter la responsabilité (de qch) sur qn ; reprocher qch à qn ☛ La construction **to blame sb for sth** a le même sens que **to blame sth on sb**. **2** [*dans les phrases négatives*] : *You couldn't blame him for being annoyed.* On ne peut pas lui en vouloir de s'être fâché. LOC **to be to blame (for sth)** être responsable (de qch) ◆ *n* ~ **(for sth)** responsabilité (de qch) ; faute LOC **to lay/to put the blame (for sth) on sb** rejeter la responsabilité de qch sur qn, accuser qn (de qch)

bland /blænd/ *adj* (**-er**, **-est**) fade, insipide

blank /blæŋk/ ◆ *adj* **1** (*feuille*) blanc, vierge **2** (*chèque*) en blanc **3** (*mur*) nu **4** (*cassette, formulaire*) vierge **5** (*balle*) à blanc **6** (*regard*) vide, absent ◆ *n* **1** blanc **2** (*aussi* **blank cartridge**) balle à blanc

blanket /'blæŋkɪt/ ◆ *n* **1** couverture **2** couche : *a blanket of dust* une couche de poussière ◆ *adj* général ◆ *vt* recouvrir

blare /bleə(r)/ *vi* ~ **(out)** retentir, brailler

blasphemy /'blæsfəmi/ *n* [*gén indénombrable*] blasphème **blasphemous** *adj* **1** blasphématoire **2** blasphémateur

blast /blɑːst ; *USA* blæst/ ◆ *n* **1** explosion **2** souffle (*d'une explosion*) **3** rafale : *a blast of air* un souffle d'air LOC *Voir* FULL ◆ *vt* faire sauter PHR V **to blast off** décoller (*fusée*) ◆ **blast!** *excl* zut ! **blasted** *adj* (*fam*) fichu

blatant /'bleɪtnt/ *adj* flagrant, éhonté

blaze /bleɪz/ ◆ *n* **1** incendie **2** flammes **3** [*sing*] **a ~ of sth** : *a blaze of colour* un flamboiement de couleurs ◊ *in a blaze of publicity* sous les feux des projecteurs ◆ *vi* **1** flamber **2** (*lumières*) briller **3** (*fig*) : *His eyes were blazing.* Ses yeux jetaient des éclairs.

blazer /'bleɪzə(r)/ *n* blazer

bleach /bliːtʃ/ ◆ *vt* **1** blanchir **2** décolorer ◆ *n* eau de Javel

bleak /bliːk/ *adj* (**-er**, **-est**) **1** (*paysage*) lugubre, désolé **2** (*temps, journée*) maussade **3** (*fig*) sombre **bleakly** *adv* lugubrement, sombrement **bleakness** *n* **1** austérité, aspect désolé **2** aspect sombre

bleed /bliːd/ *vi* (*prét, pp* **bled** /bled/) saigner **bleeding** *n* saignement, hémorragie

blemish /'blemɪʃ/ ◆ *n* **1** tache **2** bouton (*sur la peau*) ◆ *vt* ternir

blend /blend/ ◆ **1** *vt, vi* (se) mélanger **2** *vi* (*couleurs*) se fondre PHR V **to blend in (with sth)** s'harmoniser (avec qch) ◆ *n* (*sens positif*) mélange **blender** *n* *Voir* LIQUIDIZER *sous* LIQUID

bless /bles/ *vt* (*prét, pp* **blessed** /blest/) bénir LOC **bless you!** **1** à tes souhaits ! ☛ *Voir note sous* ATCHOUM ! **2** tu es un ange ! **to be blessed with sth** avoir la chance d'avoir qch

blessed /'blesɪd/ *adj* **1** béni, saint **2** (*fam*) fichu

blessing /'blesɪŋ/ *n* **1** bénédiction **2** [*gén sing*] bienfait LOC **a blessing in**

disguise (*proverbe*) une bonne chose, tout compte fait

blew *prét de* BLOW

blind /blaɪnd/ ◆ *adj* aveugle LOC *Voir* TURN ◆ *vt* **1** aveugler, rendre aveugle : *to be blinded* être aveuglé **2** aveugler : *His feelings for her blinded him to her faults.* Ses sentiments pour elle l'empêchaient de voir ses défauts. ◆ *n* **1** store **2 the blind** [*pl*] les aveugles **blindly** *adv* aveuglément **blindness** *n* cécité

blind date *n* rendez-vous avec un inconnu/une inconnue

blindfold /ˈblaɪndfəʊld/ ◆ *n* bandeau (*sur les yeux*) ◆ *vt* bander les yeux à ◆ *adv* les yeux bandés

blink /blɪŋk/ ◆ *vi* **1** cligner des yeux **2** (*lumière*) clignoter ◆ *n* battement de paupières LOC **on the blink** détraqué

bliss /blɪs/ *n* bonheur absolu, félicité **blissful** *adj* merveilleux, délicieux

blister /ˈblɪstə(r)/ *n* **1** ampoule, cloque **2** (*vernis*) cloque

blistering /ˈblɪstərɪŋ/ *adj* torride

blitz /blɪts/ *n* **1** (*Mil*) bombardement aérien **2** (*fam*) ~ **(on sth)** attaque (contre qch)

blizzard /ˈblɪzəd/ *n* tempête de neige, blizzard

bloated /ˈbləʊtɪd/ *adj* **1** (*visage*) bouffi **2** ballonné

blob /blɒb/ *n* **1** (grosse) goutte **2** tache

bloc /blɒk/ *n* [*v sing ou pl*] bloc (*Polit*)

block /blɒk/ ◆ *n* **1** (*pierre*) bloc **2** (*bois*) bille **3** (*appartements*) immeuble **4** (*de maisons*) pâté **5** groupe : *a block vote* un vote groupé **6** obstacle : *a mental block* un blocage LOC *Voir* CHIP ◆ *vt* bloquer

blockade /blɒˈkeɪd/ ◆ *n* blocus ◆ *vt* faire le blocus de

blockage /ˈblɒkɪdʒ/ *n* obstruction

blockbuster /ˈblɒkbʌstə(r)/ *n* grand succès

block capitals (*aussi* **block letters**) *n* [*pl*] majuscules d'imprimerie

bloke /bləʊk/ *n* (*GB*, *fam*) mec, type

blond (*aussi* **blonde**) /blɒnd/ ◆ *adj* (**-er**, **-est**) blond ☛ *Voir note sous* BLOND ◆ *n* blond, -e

Le nom **blonde** fait exclusivement référence à une femme.

blood /blʌd/ *n* sang : *my blood group* mon groupe sanguin ◊ *his blood pressure* sa tension artérielle ◊ *a blood test* une analyse de sang LOC *Voir* FLESH *Voir aussi* COLD-BLOODED

bloodshed /ˈblʌdʃed/ *n* effusion de sang

bloodshot /ˈblʌdʃɒt/ *adj* injecté de sang

blood sports *n* [*pl*] sports sanguinaires

bloodstained /ˈblʌdsteɪnd/ *adj* taché de sang

bloodstream /ˈblʌdstriːm/ *n* système sanguin

bloody /ˈblʌdi/ ◆ *adj* (**-ier**, **-iest**) **1** (*bandage, blessure*) ensanglanté : *a bloody nose* le nez en sang **2** (*bataille*) sanglant ◆ *adj, adv* (*GB, fam*) sacré : *What a bloody shame!* C'est vraiment dommage ! ◊ *He's bloody useless!* Il est vraiment nul ! ◊ *Not bloody likely!* Et puis quoi encore ?

bloom /bluːm/ ◆ *n* fleur ◆ *vi* être en fleur

blossom /ˈblɒsəm/ ◆ *n* **1** fleur **2** fleurs (*d'arbres fruitiers*) : *in blossom* en fleur ◆ *vi* fleurir ☛ *Comparer avec* FLOWER

blot /blɒt/ ◆ *n* **1** tache **2** ~ **on sth** (*fig*) : *to be a blot on sth* gâcher qch ◆ *vt* (**-tt-**) **1** (*papier, etc.*) tacher **2** (*avec papier absorbent*) éponger, sécher : *blotting paper* buvard PHR V **to blot sth out 1** (*pensée, souvenir*) effacer qch **2** (*panorama*) masquer qch

blotch /blɒtʃ/ *n* plaque rouge (*sur la peau*) **blotchy** *adj* couvert de taches

blouse /blaʊz ; *USA* blaʊs/ *n* chemisier

blow /bləʊ/ ◆ (*prét* **blew** /bluː/ *pp* **blown** /bləʊn/) **1** *vi* souffler **2** *vi* (*coup de vent*) : *The door blew open/shut.* Un courant d'air a ouvert/fermé la porte. **3** *vt, vi* : *The referee blew his whistle/The referee's whistle blew.* L'arbitre a donné un coup de sifflet. **4** *vt* (*vent*) emporter : *The wind blew us towards the island.* Le vent nous a poussés vers l'île. **5** *vt, vi* (*Électr*) (faire) sauter LOC **blow it!** et puis zut ! **to blow your nose** se moucher

PHR V **to blow away** s'envoler

to blow down/over tomber, être abattu par le vent **to blow sb/sth down/over** (*vent*) faire tomber qn/qch

to blow out s'éteindre (*bougie*) **to blow sth out** souffler qch (*bougie*)

to blow over 1 (*tempête, dispute*) se calmer **2** (*scandale*) s'étouffer

to blow up 1 (*avion, etc.*) sauter **2** (*tempête, scandale*) éclater **3** (*fam*)

éclater, s'emporter **to blow sth up** **1** (*pont, etc.*) faire sauter qch **2** (*ballon, etc.*) gonfler qch **3** (*Phot*) agrandir qch **4** (*fam*) (*faits*) grossir qch
◆ *n* ~ **(to sb/sth)** coup, choc (pour qn/qch) LOC **at one blow/at a single blow** d'un seul coup **to come to blows (over sth)** en venir aux mains (pour qch)

blue /bluː/ ◆ *adj* **1** bleu **2** (*fam*) triste : *to feel blue* avoir le cafard **3** (*film*) porno, X ◆ *n* **1** bleu **2 the blues** [*v sing ou pl*] (*Mus*) le blues **3 the blues** [*v sing ou pl*] : *to have the blues* avoir le cafard LOC **out of the blue** **1** (*arriver*) à l'improviste **2** (*demander*) à brûle-pourpoint

blueprint /ˈbluːprɪnt/ *n* ~ **(for sth)** plan, projet (de qch)

bluff /blʌf/ ◆ *vi* bluffer ◆ *n* (coup de) bluff

blunder /ˈblʌndə(r)/ ◆ *n* bourde ◆ *vi* faire une bourde

blunt /blʌnt/ ◆ *vt* émousser ◆ *adj* (**-er**, **-est**) **1** (*aiguille*) épointé **2** (*couteau, ciseaux*) émoussé **3** franc : *To be blunt...* Pour être tout à fait franc... **4** (*refus*) catégorique

blur /blɜː(r)/ ◆ *n* image floue ◆ *vt* (**-rr-**) **1** rendre flou **2** (*différence*) atténuer **blurred** *adj* flou

blurt /blɜːt/ PHR V **to blurt sth out** laisser échapper qch

blush /blʌʃ/ ◆ *vi* rougir ◆ *n* [*dénombrable*] rougissement **blusher** *n* fard à joues

boar /bɔː(r)/ *n* (*pl* **boar** *ou* **~s**) **1** sanglier **2** verrat ☛ *Voir note sous* COCHON

board /bɔːd/ ◆ *n* **1** planche : *an ironing board* une planche à repasser **2** (*aussi* **blackboard**) tableau (*noir*) **3** (*aussi* **noticeboard**) panneau d'affichage (*pour annonces*) **4** (*échiquier*) plateau **5** carton **6 the board** (*aussi* **the board of directors**) [*v sing ou pl*] le conseil d'administration **7** pension : *full/half board* pension complète/demi-pension ◊ *board and lodgings* le gîte et le couvert LOC **above board** tout à fait dans les règles **across the board** à tous les niveaux : *a pay increase across the board* une augmentation de salaire à tous les niveaux **on board** à bord ◆ **1** *vt* ~ **sth (up/over)** condamner qch (*avec des planches*) **2** *vi* monter à bord **3** *vt* monter dans

boarder /ˈbɔːdə(r)/ *n* **1** pensionnaire **2** (*École*) interne, pensionnaire

boarding card (*aussi* **boarding pass**) *n* carte d'embarquement

boarding house *n* pension (*de famille*)

boarding school *n* internat, pension

boast /bəʊst/ ◆ **1** *vi* ~ **(about/of sth)** se vanter (de qch) **2** *vt* (*sout*) s'enorgueillir de : *The town boasts a famous museum.* La ville se prévaut d'un célèbre musée. ◆ *n* vantardise **boastful** *adj* vantard

boat /bəʊt/ *n* **1** bateau : *to go by boat* aller en bateau ◊ *a rowing boat* un bateau à rames ◊ *a boat race* une régate **2** navire LOC *Voir* ROCK, SAME

> Le terme **boat** est normalement utilisé pour une petite embarcation mais s'emploie également pour faire référence à des navires et plus particulièrement à ceux transportant des passagers.

bob /bɒb/ *vi* (**-bb-**) **to bob (up and down)** danser (*sur l'eau*), apparaître et disparaître PHR V **to bob up** remonter brusquement, refaire surface

bobby /ˈbɒbi/ *n* (*pl* **-ies**) (*GB, fam*) policier

bode /bəʊd/ *vt* (*sout*) LOC **to bode ill/well (for sb/sth)** être mauvais/bon signe (pour qn/qch)

bodice /ˈbɒdɪs/ *n* corsage (*de robe*)

bodily /ˈbɒdɪli/ ◆ *adj* **1** corporel, physique : *bodily fluids* fluides organiques ◊ *bodily functions* fonctions physiologiques **2** (*besoins*) matériel ◆ *adv* à bras-le-corps

body /ˈbɒdi/ *n* (*pl* **bodies**) **1** corps **2** corps, cadavre **3** [*v sing ou pl*] organisme : *a government body* un organisme gouvernemental **4** (*eau*) étendue **5** (*USA* **bodysuit**) body LOC **body and soul** corps et âme

bodybuilding /ˈbɒdɪbɪldɪŋ/ *n* culturisme

bodyguard /ˈbɒdigɑːd/ *n* garde du corps

bodywork /ˈbɒdiwɜːk/ *n* [*indénombrable*] carrosserie

bog /bɒg/ ◆ *n* **1** marécage **2** (*GB, fam*) petit coin ◆ *v* (**-gg-**) PHR V **to get bogged down** (*pr et fig*) s'enliser **boggy** *adj* marécageux

bogey (*aussi* **bogy**) /ˈbəʊgi/ *n* (*pl*

bogeys) (*aussi* **bogeyman**) croque-mitaine

bogus /ˈbəʊgəs/ *adj* faux

boil[1] /bɔɪl/ *n* furoncle

boil[2] /bɔɪl/ ◆ **1** *vt, vi* (faire) bouillir : *to boil dry* s'évaporer **2** *vi* crever de chaleur PHR V **to boil down to sth** se résumer à qch **to boil over** déborder (*liquide*) ◆ *n* LOC **to bring sth to the boil** faire bouillir qch **to come to the boil** commencer à bouillir **boiling** *adj* bouillant : *boiling point* point d'ébullition ◊ *boiling hot* torride

boiler /ˈbɔɪlə(r)/ *n* chaudière

boiler suit *n* bleu de travail

boisterous /ˈbɔɪstərəs/ *adj* turbulent, exubérant

bold /bəʊld/ *adj* (**-er**, **-est**) **1** intrépide, audacieux **2** effronté **3** (*contour*) net, bien démarqué **4** (*couleur*) vif **5** (*caractères*) gras LOC **to be/make so bold (as to do sth)** (*sout*) avoir l'audace (de faire qch) *Voir aussi* FACE[1] **boldly** *adv* **1** audacieusement **2** avec beaucoup d'assurance **boldness** *n* **1** audace **2** effronterie

bolster /ˈbəʊlstə(r)/ *vt* **1** ~ **sth (up)** soutenir qch **2** ~ **sb (up)** encourager qn ; soutenir qn

bolt[1] /bəʊlt/ ◆ *n* **1** verrou **2** boulon **3** *a bolt of lightning* un éclair ◆ *vt* **1** (*porte*) verrouiller **2** ~ **A to B** ; ~ **A and B together** boulonner A sur B

bolt[2] /bəʊlt/ ◆ **1** *vi* (*cheval*) s'emballer **2** *vi* décamper **3** *vt* ~ **sth (down)** engloutir, avaler qch ◆ *n* LOC **to make a bolt/dash/run for it** décamper à toute vitesse, se sauver à toutes jambes

bomb /bɒm/ ◆ *n* **1** bombe : *a bomb disposal squad* une équipe de déminage ◊ *a bomb scare* une alerte à la bombe ◊ *to plant a bomb* poser une bombe **2 the bomb** la bombe atomique LOC **to go like a bomb** (*fam*) être une vraie fusée (*voiture*) *Voir aussi* COST ◆ **1** *vt* bombarder **2** *vt* faire sauter **3** *vi* ~ **along, down, up, etc.** (*GB, fam*) foncer, bomber

bombard /bɒmˈbɑːd/ *vt* bombarder **bombardment** *n* bombardement

bomber /ˈbɒmə(r)/ *n* **1** (*avion*) bombardier **2** poseur, -euse de bombes

bombing /ˈbɒmɪŋ/ *n* **1** bombardement **2** attentat à la bombe

bombshell /ˈbɒmʃel/ *n* choc : *The news came as a bombshell.* Cette nouvelle a fait l'effet d'une bombe.

bond /bɒnd/ ◆ *vt* coller ◆ *n* **1** lien **2** (*Fin*) obligation : *Government bonds* obligations d'État **3 bonds** [*pl*] (*surtout fig*) liens

bone /bəʊn/ ◆ *n* **1** os **2** (*poisson*) arête LOC **bone dry** complètement sec **to be a bone of contention** être un sujet de dispute **to have a bone to pick with sb** avoir un compte à régler avec qn **to make no bones about doing sth** n'avoir aucune hésitation à faire qch *Voir aussi* CHILL, WORK[2] ◆ *vt* désosser

bone marrow *n* moelle osseuse

bonfire /ˈbɒnfaɪə(r)/ *n* **1** feu de joie **2** feu (*de jardin*)

Bonfire Night *n* (*GB*)

> Se célèbre en Grande-Bretagne le soir du 5 novembre par des feux de bois et des feux d'artifice, à l'occasion de l'anniversaire de l'attentat contre le Parlement perpétré par Guy Fawkes en 1605.

bonnet /ˈbɒnɪt/ *n* **1** bonnet **2** (*USA* **hood**) (*voiture*) capot

bonus /ˈbəʊnəs/ *n* **1** prime : *a productivity bonus* une prime de productivité **2** (*fig*) avantage

bony /ˈbəʊni/ *adj* **1** osseux **2** plein d'os/d'arêtes

boo /buː/ ◆ **1** *vt* huer **2** *vi* pousser des huées ◆ *n* (*pl* **boos**) huée ◆ **boo!** *excl* hou !

booby trap /ˈbuːbi træp/ *n* objet piégé

book[1] /bʊk/ *n* **1** livre **2** cahier **3 the books** [*pl*] les livres de compte, la comptabilité : *to do the books* faire la comptabilité **4** carnet LOC **to be in sb's good books** être dans les petits papiers de qn **to do sth by the book** faire qch dans les règles de l'art *Voir aussi* BAD, COOK, LEAF, TRICK

book[2] /bʊk/ **1** *vt* (*table, chambre*) réserver, retenir **2** *vi* faire une réservation **3** *vt* (*musicien, etc.*) engager **4** *vt* (*fam*) (*police*) dresser un procès-verbal à : *I was booked for speeding.* J'ai été poursuivie pour excès de vitesse. **5** *vt* (*Sport*) donner un carton jaune à LOC **to be booked up** être complet PHR V **to book in** se présenter à la réception

bookcase /ˈbʊkkeɪs/ *n* bibliothèque (*meuble*)

booking /ˈbʊkɪŋ/ *n* (*surtout GB*) réservation

booking office *n* (*surtout GB*) bureau de location

booklet /'bʊklət/ *n* livret
bookmaker /'bʊkmeɪkə(r)/ (*aussi* **bookie**) *n* bookmaker
bookmark /'bʊkmɑːk/ ◆ *n* **1** marque-pages, signet **2** (*Informatique*) signet ◆ *vt* (*Informatique*) créer un signet sur
bookseller /'bʊkselə(r)/ *n* libraire
bookshelf /'bʊkʃelf/ *n* (*pl* **-shelves** /-ʃelvz/) étagère, rayon (*de bibliothèque*)
bookshop /'bʊkʃɒp/ (*USA aussi* **bookstore**) *n* librairie
book token *n* chèque-livre
bookworm /'bʊkwɜːm/ *n* mordu, -e de lecture
boom /buːm/ ◆ *vi* **1** (*tonnerre, canon*) gronder **2** prospérer ◆ *n* **1** grondement **2** boom, période de forte expansion
boost /buːst/ ◆ *vt* **1** (*vente*) faire monter, stimuler **2** (*moral*) remonter **3** (*valeur*) augmenter **4** (*réputation*) améliorer ◆ *n* **1** amélioration, augmentation : *a boost in car sales* une augmentation du volume des ventes automobiles **2** (*fig*) coup de fouet : *to give sb a boost* remonter le moral de qn
boot /buːt/ ◆ *n* **1** botte, bottine : *hiking boots* chaussures de marche ☛ *Voir illustration sous* CHAUSSURE **2** (*USA* **trunk**) (*voiture*) coffre LOC **to get the boot** être viré **to give sb the boot** virer qn *Voir aussi* TOUGH ◆ **1** *vt* donner un coup de pied à **2** *vt, vi* (*Informatique*) ~ **(sth) (up)** démarrer, amorcer (qch) PHR V **to boot sb out** (*fam*) mettre qn à la porte
booth /buːð ; *USA* buːθ/ *n* **1** stand, baraque **2** cabine : *a telephone booth* une cabine téléphonique ◊ *a polling booth* un isoloir
booty /'buːti/ *n* butin
booze /buːz/ ◆ *n* [*indénombrable*] (*fam*) alcool ◆ *vi* (*fam*) picoler
border /'bɔːdə(r)/ ◆ *n* **1** frontière

> **Border** et **frontier** sont tous deux employés pour indiquer les frontières d'un État mais **border** s'emploie surtout pour faire référence aux frontières naturelles : *The river forms the border between the two countries.* Le fleuve marque la frontière entre les deux pays. **Boundary** s'emploie surtout pour indiquer les limites d'un comté.

2 bord, marge **3** (*jardin*) bordure ◆ *vt* border : *Andorra borders France and Spain.* Andorre a une frontière commune avec la France et l'Espagne. PHR V **to border on sth** toucher qch, friser qch
borderline /'bɔːdəlaɪn/ *n* limite LOC **a borderline case** un cas limite
bore¹ *prét de* BEAR²
bore² /bɔː(r)/ ◆ **1** *vt* ennuyer, raser : *to bore sb to death* faire mourir qn d'ennui **2** *vt* forer **3** *vt* (*trou*) percer ◆ *n* **1** (*personne*) raseur, -euse **2** corvée : *What a bore!* Quelle barbe ! **3** (*pistolet*) calibre **bored** *adj* : *to be bored* s'ennuyer ☛ *Voir note sous* ENNUYEUX **boredom** *n* ennui **boring** *adj* ennuyeux, rasoir : *He's a boring speaker.* Ses discours sont ennuyeux. ☛ *Voir note sous* ENNUYEUX
born /bɔːn/ ◆ *pp* né LOC **to be born** naître : *I was born in 1988.* Je suis née en 1988. ◆ *adj* [*toujours devant le nom*] né : *He's a born actor.* C'est un acteur né.
borne *pp de* BEAR²
borough /'bʌrə ; *USA* -rəʊ/ *n* municipalité

borrow

She's **lending** her son some money — He's **borrowing** some money from his mother

borrow /'bɒrəʊ/ *vt* ~ **sth (from sb/sth)** emprunter qch (à qn/qch) **borrower** *n* emprunteur, -euse **borrowing** *n* emprunt : *public sector borrowing* financement du secteur public
bosom /'bʊzəm/ *n* **1** (*sout*) poitrine **2** (*fig*) sein
boss /bɒs/ ◆ *n* (*fam*) patron, -onne, chef ◆ *vt* ~ **sb about/around** (*péj*) mener qn à la baguette **bossy** *adj* (**-ier**, **-iest**) (*péj*) autoritaire
botany /'bɒtəni/ *n* botanique **botanical** /bə'tænɪkl/ (*aussi* **botanic**) *adj* botanique **botanist** /'bɒtənɪst/ *n* botaniste
both /bəʊθ/ ◆ *pron, adj* (tous) les deux, (toutes) les deux : *both (of) the children*

les deux enfants ◊ *They're both coming.* Ils viennent tous les deux. ◊ *Both of you/You are both invited.* Vous êtes invités tous les deux. ◆ *adv* **both... and...** aussi bien... que... : *He is both secretary and treasurer.* Il est à la fois secrétaire et trésorier. ◊ *both you and me* vous et moi ◊ *He both plays and sings.* Il chante et interprète. LOC *Voir* NOT ONLY... BUT ALSO *sous* ONLY

bother /'bɒðə(r)/ ◆ **1** *vt* ennuyer, embêter : *My back has been bothering me.* J'ai mal au dos depuis un moment. **2** *vt* tracasser, préoccuper : *What's bothering you?* Qu'est-ce qui te préoccupe ? **3** *vi* ~ **(to do sth)** prendre la peine (de faire qch) : *He didn't even bother to say thank you.* Il n'a même pas pris la peine de dire merci. **4** *vi* ~ **about sb/sth** se tracasser au sujet de qn/qch LOC **I can't be bothered (to do sth)** ça ne me dit rien (de faire qch) **I'm not bothered** ça m'est égal ◆ *n* **1** ennui, embêtement **2** dérangement, tracas ◆ **bother!** *excl* et puis zut !

bottle /'bɒtl/ ◆ *n* **1** bouteille **2** flacon **3** biberon ◆ *vt* **1** mettre en bouteille **2** mettre en conserve

bottle bank *n* conteneur de collecte du verre usagé

bottle opener *n* ouvre-bouteilles

bottom /'bɒtəm/ *n* **1** (*page, escalier*) bas **2** (*sac, mer*) fond **3** (*montagne*) pied **4** (*Anat*) derrière **5** *to be bottom of the class* être dernier de la classe **6** *bikini bottom* bas de maillot de bain ◊ *pyjama bottoms* pantalon de pyjama LOC **to be at the bottom of sth** être à l'origine de qch **to get to the bottom of sth** découvrir le fin fond de qch *Voir aussi* ROCK[1]

bough /baʊ/ *n* branche

bought *prét, pp de* BUY

boulder /'bəʊldə(r)/ *n* rocher

bounce /baʊns/ ◆ **1** *vt, vi* (faire) rebondir, (faire) sauter **2** *vi* (*fam*) (*chèque*) être refusé pour non-provision PHR V **to bounce back** (*fam*) se remettre, repartir ◆ *n* **1** rebond **2** élasticité **bouncy** *adj* **1** (*balle*) qui rebondit bien **2** (*personne*) plein d'entrain

bouncer /'baʊnsə(r)/ *n* videur (*de boîte de nuit*)

bound[1] /baʊnd/ ◆ *vi* bondir, faire des bonds ◆ *n* bond

bound[2] /baʊnd/ *adj* ~ **for...** en route pour ; à destination de

bound[3] *prét, pp de* BIND[1]

bound[4] /baʊnd/ *adj* **1 to be ~ to do sth** être certain de faire qch : *He's bound to win.* Il va certainement gagner. **2** tenu, obligé LOC **bound up with sth** lié à qch

boundary /'baʊndri/ *n* (*pl* **-ies**) limite, confins ☛ *Voir note sous* BORDER

boundless /'baʊndləs/ *adj* sans bornes, illimité

bounds /baʊndz/ *n* [*pl*] limites LOC **out of bounds (to sb)** interdit (à qn)

bouquet /bu'keɪ/ *n* bouquet

bourgeois /ˌbʊə'ʒwɑː/ *adj, n* bourgeois, -e

bout /baʊt/ *n* **1** période : *a drinking bout* une beuverie **2** (*maladie*) crise, accès **3** (*boxe*) combat

bow[1] /bəʊ/ *n* **1** nœud ☛ *Voir illustration sous* NŒUD **2** (*Mus*) archet **3** (*Sport*) arc

bow[2] /baʊ/ ◆ **1** *vi* saluer (*s'incliner*) **2** *vt* incliner ◆ *n* **1** salut (*inclination*) **2** (*aussi* **bows** [*pl*]) (*Navig*) avant, proue

bowel /'baʊəl/ *n* **1** (*Méd*) [*souvent pl*] intestin **2 bowels** [*pl*] (*fig*) profondeurs

bowl[1] /bəʊl/ *n* **1** bol ☛ **Bowl** s'emploie dans de nombreux mots composés qui sont souvent traduits par un seul mot : *a sugar bowl* un sucrier ◊ *a salad bowl* un saladier **2** (*cuillère*) creux **3** (*pipe*) fourneau **4** assiette creuse **5** (*toilettes*) cuvette

bowl[2] /bəʊl/ ◆ *n* **1** boule **2 bowls** [*sing*] jeu de boules sur gazon ◆ *vt, vi* lancer

bowler /'bəʊlə(r)/ *n* **1** (*Sport*) lanceur, -euse **2** (*aussi* **bowler hat**) chapeau melon

bowling /'bəʊlɪŋ/ *n* [*indénombrable*] bowling : *a bowling alley* une piste de bowling

bow tie *n* nœud-papillon

box[1] /bɒks/ ◆ *n* **1** boîte, caisse : *a cardboard box* un carton ☛ *Voir illustration sous* CONTAINER **2** (*poste*) boîte postale **3** (*Théâtre*) loge **4** (*Jur*) : *the witness box* la barre des témoins **5** (*cheval*) box **6** (*téléphone*) : *a telephone box* une cabine téléphonique **7 the box** (*fam, GB*) la télé ◆ *vt* (*aussi* **to box up**) mettre en boîte

box[2] /bɒks/ *vt, vi* boxer

boxer /'bɒksə(r)/ *n* **1** boxeur **2** (*chien*) boxer

boxers /ˈbɒksə(r)z/ (*aussi* **boxer shorts**) *n* [*pl*] caleçon : *a pair of boxer shorts* un caleçon ☛ *Voir note sous* PAIR

boxing /ˈbɒksɪŋ/ *n* boxe

Boxing Day *n* lendemain de Noël ☛ *Voir note sous* NOËL

box number *n* numéro de boîte postale

box office *n* (*Théâtre*) guichet

boy /bɔɪ/ *n* **1** garçon : *It's a boy!* C'est un garçon ! ◊ *Good morning, boys and girls!* Bonjour les enfants ! **2** fils : *his eldest boy* son fils aîné ◊ *I've got three children, two boys and a girl.* J'ai trois enfants, deux garçons et une fille.

boycott /ˈbɔɪkɒt/ ◆ *vt* boycotter ◆ *n* boycott

boyfriend /ˈbɔɪfrend/ *n* copain, petit ami : *Is he your boyfriend, or just a friend?* C'est ton petit-ami ou juste un copain ?

boyhood /ˈbɔɪhʊd/ *n* enfance

boyish /ˈbɔɪɪʃ/ *adj* d'enfant, gamin

bra /brɑː/ *n* soutien-gorge

brace /breɪs/ ◆ *n* **1** appareil dentaire **2 braces** [*pl*] bretelles

On dit également **suspenders**.

◆ *v réfléchi* ~ **yourself (for sth)** se préparer (à qch) **bracing** *adj* vivifiant

bracelet /ˈbreɪslət/ *n* bracelet

bracket /ˈbrækɪt/ ◆ *n* **1** parenthèses : *in brackets* entre parenthèses ☛ *Voir pp. 392-3.* **2** (*Techn*) équerre **3** tranche : *the 20-30 age bracket* la tranche des 20 à 30 ans ◆ *vt* **1** mettre entre parenthèses **2** mettre ensemble

brag /bræg/ *vi* (**-gg-**) ~ **(about sth)** se vanter (de qch)

braid /breɪd/ *n* (*USA*) natte

brain /breɪn/ *n* **1** cerveau **2 brains** [*pl*] (*Cuisine*) cervelle **3** (*aussi* **brains** [*pl*]) intelligence, cervelle : *Use your brains!* Fais marcher ta cervelle ! **4** (*personne*) cerveau LOC **to have sth on the brain** (*fam*) être obsédé par qch *Voir aussi* PICK, RACK **brainless** *adj* stupide, qui n'a rien dans la tête **brainy** *adj* (**-ier, -iest**) (*fam*) intelligent, doué

brainstorming /ˈbreɪnstɔːmɪŋ/ *n* brainstorming, remue-méninges : *We had a brainstorming session on the new project.* Nous avons planché sur le nouveau projet.

brainwash /ˈbreɪnwɒʃ/ *vt* ~ **sb (into doing sth)** faire un lavage de cerveau à qn ; finir par convaincre qn (de faire qch) **brainwashing** *n* lavage de cerveau

brake /breɪk/ ◆ *n* frein : *to put on/apply the brake(s)* freiner ◆ *vi* freiner : *to brake hard* freiner à fond

bramble /ˈbræmbl/ *n* **1** ronce **2** (*fruit*) mûre

bran /bræn/ *n* son (*de blé*)

branch /brɑːntʃ ; *USA* bræntʃ/ ◆ *n* **1** branche **2** embranchement, ramification **3** succursale, agence, filiale : *your nearest/local branch* votre succursale la plus proche/locale PHR V **to branch off** **1** (*route*) bifurquer **2** (*personne*) tourner **to branch out (into sth)** étendre ses activités (à qch)

brand /brænd/ ◆ *n* **1** (*Comm*) marque ☛ *Comparer avec* MAKE² **2** marque au fer rouge **3** type : *a strange brand of humour* un type d'humour bizarre ◆ *vt* **1** (*bétail*) marquer au fer **2** ~ **sb (as sth)** étiqueter qn (comme étant qch)

brandish /ˈbrændɪʃ/ *vt* brandir

brand new *adj* tout neuf, flambant neuf

brandy /ˈbrændi/ *n* cognac

brash /bræʃ/ *adj* (*péj*) effronté, impertinent **brashness** *n* impertinence

brass /brɑːs ; *USA* bræs/ *n* **1** cuivre jaune, laiton **2 the brass** [*v sing ou pl*] (*Mus*) les cuivres

bravado /brəˈvɑːdəʊ/ *n* bravade

brave /breɪv/ ◆ *vt* braver ◆ *adj* (**-er, -est**) courageux LOC **to put a brave face on it/on sth** faire bonne contenance

brawl /brɔːl/ *n* bagarre

breach /briːtʃ/ ◆ *n* **1** (*normes de sécurité*) manquement **2** (*contrat*) rupture **3** (*loi*) infraction **4** (*relations*) brouille, désaccord LOC **breach of confidence/faith/trust** abus de confiance ◆ *vt* **1** (*contrat*) ne pas respecter **2** (*mur*) ouvrir une brèche dans

bread /bred/ *n* **1** [*indénombrable*] pain : *a bread roll* un petit pain ◊ *I bought a loaf/two loaves of bread.* J'ai acheté un pain/deux pains. ◊ *a slice of bread and butter* une tartine de pain beurre

breadcrumbs /ˈbredkrʌmz/ *n* [*pl*] **1** miettes de pain **2** chapelure : *fish in breadcrumbs* poisson pané

breadth /bredθ/ *n* **1** largeur **2** (*fig*) étendue

break¹ /breɪk/ (*prét* **broke** /brəʊk/ *pp* **broken** /ˈbrəʊkən/) **1** *vt, vi* (se) casser, (se) briser : *to break sth in two/in half* casser qch en deux ◊ *She's broken her leg.* Elle s'est cassé la jambe. **2** *vt* (*loi*) enfreindre **3** *vt* (*promesse*) manquer à **4** *vt* (*contrat, liens, etc.*) rompre : *to break your silence* rompre son silence **5** *vt* (*record*) battre **6** *vt* (*chute*) amortir **7** *vt* (*voyage*) interrompre **8** *vi* faire une pause : *Let's break for lunch.* Faisons une pause pour déjeuner. **9** *vt* (*volonté, esprit*) briser, abattre **10** *vi* craquer : *to break under questioning* craquer pendant l'interrogatoire **11** *vt* (*vice*) se défaire de **12** *vt* (*code*) déchiffrer **13** *vi* (*temps*) se gâter, se détériorer **14** *vi* (*orage, nouvelle, scandale*) éclater **15** *vi* (*voix sous l'émotion*) se briser **16** *vi* (*voix de jeune garçon*) muer **17** *vi* (*jour*) se lever **18** *vi* (*vague*) déferler, se briser LOC **break it up!** ça suffit comme ça ! **to break the bank** (*fam*) : *A meal out won't break the bank.* Une sortie au restaurant ne va pas nous ruiner. **to break the news (to sb)** annoncer la nouvelle (à qn) **to break your back (to do sth)** s'échiner (à faire qch) *Voir aussi* WORD

PHR V **to break away (from sth)** **1** s'échapper (de qch) **2** se dissocier (de qch) **3** devenir indépendant (de qch)

to break down **1** (*voiture*) tomber en panne : *We broke down.* Nous sommes tombés en panne. **2** (*personne*) s'éffondrer : *He broke down and cried.* Il s'est effondré et s'est mis à pleurer. **3** (*négotiations*) échouer **4** (*couple*) être en rupture **to break sth down** **1** abattre qch, démolir qch **2** décomposer qch

to break in entrer par effraction : *Thieves broke in while we were on holiday.* Nous nous sommes fait cambrioler pendant que nous étions en vacances. **to break into sth** **1** (*cambrioleur*) entrer dans qch par effraction **2** (*se mettre à faire qch*) : *to break into a run* se mettre à courir ◊ *He broke into a sweat.* Il eut des sueurs froides.

to break off **1** (*morceau*) se détacher **2** s'arrêter de parler **to break sth off** **1** (*morceau*) casser qch **2** (*fiançailles, négotiations*) rompre qch

to break out **1** (*épidémie*) se déclarer **2** (*violence, guerre*) éclater **3** *to break out in spots* être couvert de boutons

to break through sth se frayer un passage à travers qch

to break up **1** (*navire*) se disloquer **2** (*réunion*) se disperser **3** (*couple*) se séparer, rompre **4** *Schools break up on 20 July.* Les vacances scolaires commencent le 20 juillet. **to break (up) with sb** rompre avec qn **to break with sth** rompre avec qch **to break sth up** **1** (*groupe*) disperser qch **2** diviser qch **3** (*vieilles machines*) disloquer qch **4** (*manifestation, bagarre*) mettre fin à

break[2] /breɪk/ *n* **1** rupture, coupure **2** pause : *a coffee break* une pause-café ◊ *a weekend break by the sea* un week-end à la mer **3** interruption : *a break in the routine* un changement **4** (*fam*) chance : *a lucky break* un coup de veine LOC **to give sb a break** donner une chance à qn **to make a break (for it)** se faire la belle *Voir aussi* CLEAN

breakdown /ˈbreɪkdaʊn/ *n* **1** panne **2** (*santé*) défaillance : *a nervous breakdown* une dépression nerveuse **3** (*statistiques*) ventilation (*des prix*)

breakfast /ˈbrekfəst/ *n* petit déjeuner : *to have breakfast* déjeuner *Voir aussi* BED AND BREAKFAST

break-in /ˈbreɪk ɪn/ *n* cambriolage

breakthrough /ˈbreɪkθruː/ *n* percée, découverte : *to make a breakthrough* faire une découverte capitale

breast /brest/ *n* **1** sein, poitrine : *breast cancer* le cancer du sein **2** (*poulet*) blanc

breaststroke /ˈbreststrəʊk/ *n* brasse : *to do breaststroke* nager la brasse

breath /breθ/ *n* souffle, respiration : *to take a deep breath* respirer à fond LOC **a breath of fresh air** une bouffée d'air frais **to be out of/short of breath** être essoufflé **to get your breath (again/back)** reprendre son souffle **to say sth, speak, etc. under your breath** dire qch, parler, etc. à voix basse **to take sb's breath away** couper le souffle de qn *Voir aussi* CATCH, HOLD, WASTE

breathe /briːð/ **1** *vt, vi* respirer **2** *vi* ~ **in/out** inspirer/expirer **3** *vt* ~ **sth in/out** inhaler/expirer qch LOC **not to breathe a word (of/about sth) (to sb)** ne pas souffler mot (de qch) (à qn) **to breathe down sb's neck** (*fam*) être sur le dos de qn **to breathe life into sb/sth** redonner courage à qn/animer qch **breathing** *n* respiration, souffle : *heavy breathing* respiration bruyante

breathless /ˈbreθləs/ *adj* essoufflé, hors d'haleine

breathtaking /ˈbreθteɪkɪŋ/ *adj* époustouflant : *a breathtaking view* une vue à vous couper le souffle

breed /bri:d/ ◆ (*prét, pp* **bred** /bred/) **1** *vi* (*animaux*) se reproduire **2** *vt* (*bétail*) élever **3** *vt* engendrer : *Dirt breeds disease.* La saleté entraîne des maladies. ◆ *n* (*chiens*) race

breeze /bri:z/ *n* brise

brew /bru:/ **1** *vt* (*bière*) brasser **2** *vt* (*thé*) préparer **3** *vi* (*thé*) infuser **4** *vi* (*fig*) se préparer : *Trouble is brewing.* Il y a de l'orage dans l'air.

bribe /braɪb/ ◆ *n* pot-de-vin ◆ *vt* ~ **sb (into doing sth)** soudoyer, suborner qn (pour qu'il fasse qch) **bribery** *n* corruption

brick /brɪk/ ◆ *n* brique LOC *Voir* DROP[2] PHR V **to brick sth in/up** murer qch

bride /braɪd/ *n* (jeune) mariée LOC **the bride and groom** les (jeunes) mariés ☛ *Voir note sous* MARIAGE

bridegroom /'braɪdgru:m/ (*aussi* **groom**) *n* (jeune) marié ☛ *Voir note sous* MARIAGE

bridesmaid /'braɪdzmeɪd/ *n* demoiselle d'honneur ☛ *Voir note sous* MARIAGE

bridge /brɪdʒ/ ◆ *n* pont ◆ *vt* LOC **to bridge a/the gap between...** combler le fossé entre...

bridle /'braɪdl/ *n* bride

brief /bri:f/ *adj* (**-er**, **-est**) bref LOC **in brief** en bref **briefly** *adv* **1** brièvement **2** en bref

briefcase /'bri:fkeɪs/ *n* serviette, porte-documents ☛ *Voir illustration sous* BAGAGE

briefs /bri:fs/ *n* [*pl*] slip

bright /braɪt/ *adj* (**-er**, **-est**) **1** brillant, éclatant : *bright eyes* des yeux vifs **2** (*couleur*) vif **3** (*sourire, expression*) radieux **4** intelligent : *a bright idea* une idée géniale LOC *Voir* LOOK[1]

brighten /'braɪtn/ **1** *vi* ~ **(up)** (*personne*) retrouver le sourire **2** (*temps*) s'éclaircir **3** *vt* ~ **sth (up)** (*pièce*) égayer qch

brightly /'braɪtli/ *adv* **1** brillamment, avec éclat : *brightly lit* brillamment éclairé ◊ *brightly painted* (peint) en couleurs vives **2** d'un air radieux

brightness /'braɪtnəs/ *n* **1** éclat **2** intelligence

brilliant /'brɪliənt/ *adj* **1** éclatant, brillant **2** génial, brillant **3** (*fam*) excellent **brilliance** *n* **1** éclat **2** intelligence

brim /brɪm/ *n* bord : *full to the brim* plein à ras bord

bring /brɪŋ/ *vt* (*prét, pp* **brought** /brɔ:t/) **1** apporter : *to bring good news* apporter de bonnes nouvelles **2** amener : *Bring your boyfriend.* Viens avec ton copain. ☛ *Voir illustration sous* TAKE **3** (*honte, déshonneur*) attirer **4** (*désastre, problème*) provoquer **5** (*procès*) intenter LOC **to be able to bring yourself to do sth** pouvoir (se résoudre à) faire qch : *Can't you bring yourself to forgive him?* Ne peux-tu pas lui pardonner ? **to bring sb to justice** traduire qn en justice **to bring sb up to date** mettre qn au courant **to bring sth up to date** mettre qch à jour **to bring sth home to sb** faire comprendre qch à qn **to bring sth (out) into the open** révéler qch au grand jour **to bring sth to a close** terminer qch, conclure qch **to bring sth to life** animer qch **to bring tears to sb's eyes** faire pleurer qn **to bring a smile to sb's face** faire sourire qn **to bring up the rear** fermer la marche *Voir aussi* CHARGE, PEG, QUESTION
PHR V **to bring sth about/on** provoquer qch

to bring sth back 1 rétablir qch **2** ramener qch

to bring sth down 1 (*avion*) abattre qch **2** (*inflation, etc.*) faire baisser qch

to bring sth forward avancer qch

to bring sth in introduire qch

to bring sth off (*fam*) réussir qch, décrocher qch

to bring sth on yourself attirer qch

to bring sth out 1 (*produit*) lancer qch, sortir qch **2** faire ressortir qch, mettre qch en évidence

to bring sb round/over (to sth) convaincre qn (de qch) **to bring sb round/to** réanimer qn

to bring sb and sb together rapprocher qn de qn

to bring sb up élever : *She was brought up by her granny.* Elle a été élevée par sa grand-mère. ☛ *Comparer avec* EDUCATE, RAISE 5 **to bring sth up 1** vomir qch **2** (*sujet*) soulever qch

brink /brɪŋk/ *n* bord : *on the brink of disaster* au bord du désastre ◊ *on the brink of an exciting discovery* à deux doigts d'une découverte passionnante

brisk /brɪsk/ *adj* (**-er**, **-est**) **1** (*pas*) rapide **2** (*commerce*) florissant

brittle /'brɪtl/ *adj* (*pr et fig*) cassant

broach /brəʊtʃ/ *vt* aborder (*sujet*)

broad /brɔ:d/ *adj* (**-er**, **-est**) **1** large

2 (*étendue*) vaste 3 général : *in the broadest sense of the word* au sens large du terme

On emploie plutôt **wide** que **broad** quand on parle de la distance séparant les deux bords d'une chose : *The road is four metres wide.* La route fait douze mètres de large. **Broad** s'emploie avec des termes géographiques : *a broad expanse of desert* une vaste étendue désertique ou dans des expressions telles que : *broad shoulders* large d'épaules.

LOC **in broad daylight** en plein jour

broad bean *n* fève (*haricot*)

broadcast /ˈbrɔːdkɑːst ; *USA* ˈbrɔːdkæst/ ◆ (*prét, pp* **broadcast**) 1 *vt, vi* (*Radio, Télé*) diffuser, émettre 2 *vt* (*opinion*) diffuser ◆ *n* émission : *a party political broadcast* un communiqué d'un parti politique

broaden /ˈbrɔːdn/ *vt, vi* ~ **(out)** (s')élargir, (s')agrandir

broadly /ˈbrɔːdli/ *adv* 1 *to smile broadly* sourire de toutes ses dents 2 en général : *broadly speaking* en règle générale

broad-minded /ˌbrɔːd ˈmaɪndɪd/ *adj* ouvert (*personne*)

broccoli /ˈbrɒkəli/ *n* [*indénombrable*] brocolis

brochure /ˈbrəʊʃə(r) ; *USA* brəʊˈʃʊər/ *n* brochure

broke /brəʊk/ ◆ *adj* (*fam*) fauché LOC **to go broke** faire faillite ◆ *prét de* BREAK[1]

broken /ˈbrəʊkən/ ◆ *adj* 1 cassé, détraqué : *My radio's broken.* Ma radio ne marche pas. 2 (*cœur*) brisé 3 (*famille, foyer*) désuni ◆ *pp de* BREAK[1]

broker /ˈbrəʊkə(r)/ *Voir* STOCKBROKER

brolly /ˈbrɒli/ *n* (*pl* **-ies**) (*GB, fam*) parapluie

bronchitis /brɒŋˈkaɪtɪs/ *n* [*indénombrable*] bronchite

bronze /brɒnz/ ◆ *n* bronze ◆ *adj* bronze

brooch /brəʊtʃ/ *n* broche (*bijou*)

brood /bruːd/ *vi* ~ **(on/over sth)** ruminer (qch)

brook /brʊk/ *n* ruisseau

broom /bruːm, brʊm/ *n* 1 balai ☛ *Voir illustration sous* BRUSH 2 (*Bot*) genêt **broomstick** *n* manche à balai

broth /brɒθ ; *USA* brɔːθ/ *n* [*indénombrable*] bouillon

brother /ˈbrʌðə(r)/ *n* 1 frère : *Does she have any brothers or sisters?* Est-ce qu'elle a des frères et sœurs ? 2 (*fig*) camarade **brotherhood** *n* [*v sing ou pl*] 1 fraternité 2 communauté, corporation **brotherly** *adj* fraternel

brother-in-law /ˈbrʌðər ɪn lɔː/ *n* (*pl* **-ers-in-law**) beau-frère

brought *prét, pp de* BRING

brow /braʊ/ *n* 1 (*Anat*) front ☛ Le terme **forehead** est plus courant. 2 [*gén pl*] (*aussi* **eyebrow**) sourcil 3 (*colline*) sommet

brown /braʊn/ ◆ *adj* (**-er**, **-est**) 1 marron 2 (*cheveux*) brun 3 (*peau*) bronzé 4 *brown bread/rice* pain/riz complet ◊ *brown sugar* sucre roux ◆ *n* marron, brun ◆ *vt, vi* (faire) dorer **brownish** *adj* tirant sur le brun

brownie /ˈbraʊni/ *n* 1 petit gâteau au chocolat et aux noix 2 **Brownie** jeannette

browse /braʊz/ *vi* 1 ~ **(in/through sth)** regarder (qch) (*sans acheter*) 2 ~ **(through sth)** (*revue*) feuilleter (qch) 3 (*animal*) brouter, paître

browser /ˈbraʊzə(r)/ *n* (*Informatique*) navigateur

bruise /bruːz/ ◆ *n* 1 bleu, ecchymose 2 (*fruit*) talure ◆ 1 *vt, vi* ~ **(yourself)** se faire un bleu 2 *vt* (*jambe, etc.*) se faire un bleu à 3 *vt* (*fruit*) abîmer, taler **bruising** *n* [*indénombrable*] : *He had a lot of bruising.* Il était couvert de bleus.

brush /brʌʃ/ ◆ *n* **1** brosse **2** balai, balayette **3** pinceau **4** coup de brosse **5** accrochage : *to have a brush with the law* avoir des démêlés avec la justice ◆ **1** *vt* brosser : *to brush your hair/teeth* se brosser les cheveux/les dents **2** *vt* frôler **3** *vt, vi* ~ **(past/against) sb/sth** frôler qn/qch PHR V **to brush sth aside** balayer qch, repousser qch **to brush sth up/to brush up on sth** se remettre à qch

brusque /bru:sk ; *USA* brʌsk/ *adj* brusque

Brussels sprout (*aussi* **sprout**) *n* chou de Bruxelles

brutal /'bru:tl/ *adj* brutal **brutality** /bru:'tæləti/ *n* (*pl* **-ies**) brutalité

brute /bru:t/ ◆ *n* **1** brute **2** bête ◆ *adj* brutal **brutish** *adj* brutal, bestial

bubble /'bʌbl/ ◆ *n* bulle : *to blow bubbles* faire des bulles ◆ *vi* **1** bouillonner **2** ~ **(over) with sth** déborder de qch **bubbly** *adj* (**-ier**, **-iest**) **1** pétillant **2** (*personne*) pétillant, plein de vitalité

bubble bath *n* bain moussant

bubblegum /'bʌblgʌm/ *n* chewing-gum (*qui fait des bulles*)

buck¹ /bʌk/ *n* mâle (*daim, lapin*) ☛ *Voir note sous* CERF, LAPIN

buck² /bʌk/ *vi* ruer LOC **to buck the system** se rebeller contre l'ordre établi **to buck the trend** aller à contre-courant PHR V **to buck sb up** (*fam*) remonter le moral à qn

buck³ /bʌk/ *n* **1** (*Can, USA, fam*) dollar **2** [*pl*] (*fam*) fric : *to make big bucks* se faire beaucoup de fric LOC **the buck stops here** c'est moi qui endosse la responsabilité **to make a fast/quick buck** se faire facilement du fric

bucket /'bʌkɪt/ *n* seau LOC *Voir* KICK

buckle /'bʌkl/ ◆ *n* boucle (*de ceinture, chaussure*) ◆ **1** *vt* ~ **sth (up)** boucler qch **2** *vi* se gondoler, se déformer

bud /bʌd/ *n* bourgeon, bouton

Buddhism /'bʊdɪzəm/ *n* bouddhisme **Buddhist** *adj, n* bouddhiste

budding /'bʌdɪŋ/ *adj* naissant : *a budding poet* un poète en herbe

buddy /'bʌdi/ *n* (*pl* **-ies**) (*fam*) pote ☛ Employé surtout par les jeunes et principalement aux États-Unis.

budge /bʌdʒ/ *vt, vi* **1** bouger **2** faire changer d'avis à, changer d'avis

budgerigar /'bʌdʒərigɑ:(r)/ (*fam* **budgie**) *n* perruche

budget /'bʌdʒɪt/ ◆ *n* budget : *the budget deficit* le déficit budgétaire ◆ **1** *vt* budgétiser **2** *vi* (*dépenses*) dresser un budget : *to budget carefully* gérer prudemment son budget **3** *vi* ~ **for sth** budgétiser pour qch **budgetary** *adj* budgétaire

buff /bʌf/ ◆ *n* mordu : *a wine buff* un connaisseur en vins ◆ *adj, n* (*couleur*) chamois

buffalo /'bʌfələʊ/ *n* (*pl* **buffalo** *ou* **~es**) **1** buffle **2** (*USA*) bison

buffer /'bʌfə(r)/ *n* **1** (*pr et fig*) tampon **2** (*aussi* **buffer state**) État tampon **3** (*GB, fam*) (*aussi* **old buffer**) vieux schnock

buffet¹ /'bʊfeɪ ; *USA* bə'feɪ/ *n* buffet : *a buffet car* une voiture-buffet

buffet² /'bʌfɪt/ *vt* secouer **buffeting** *n* **1** (*vagues*) assaut, déferlement **2** (*vent*) rafales, bourrasque

bug /bʌg/ ◆ *n* **1** bestiole **2** (*fam*) virus **3** (*Informatique*) bogue, bug **4** (*fam*) micro caché ◆ *vt* (**-gg-**) **1** (*pièce*) poser des micros dans **2** (*conversation*) enregistrer furtivement **3** (*fam, surtout USA*) embêter, casser les pieds à

buggy /'bʌgi/ *n* (*pl* **-ies**) **1** (*voiture*) buggy **2** (*surtout USA*) poussette

build /bɪld/ *vt* (*prét, pp* **built** /bɪlt/) construire PHR V **to build sth in 1** encastrer qch **2** (*fig*) intégrer qch **to build on sth** consolider qch **to build up** s'intensifier, monter **to build sb up 1** donner des forces à qn **2** exagérer les qualités de qn **to build sth up 1** (*collection*) constituer qch **2** (*entreprise*) monter qch **3** (*événement*) faire du battage autour de qch

builder /'bɪldə(r)/ *n* **1** ouvrier du bâtiment **2** entrepreneur, constructeur

building /'bɪldɪŋ/ *n* **1** bâtiment **2** construction

building site *n* chantier

building society *n* (*GB*) société de crédit immobilier

build-up /'bɪld ʌp/ *n* **1** intensification **2** accumulation **3** ~ **(to sth)** préparatifs (pour qch) **4** battage (*médiatique*)

built *prét, pp de* BUILD

built-in /ˌbɪlt ˈɪn/ *adj* **1** encastré **2** intégré, incorporé

built-up /ˌbɪlt ˈʌp/ *adj* bâti : *in built-up areas* en agglomération

bulb /bʌlb/ *n* **1** (*Bot*) bulbe, oignon **2** (*aussi* **light bulb**) ampoule

bulge /bʌldʒ/ ◆ *n* **1** bosse **2** (*fam*) augmentation : *a bulge in the birth rate* une poussée démographique ◆ *vi* **1** ~ **(with sth)** être gonflé, être bourré (de qch) **2** (*yeux*) être globuleux

bulimia /buˈlɪmiə/ *n* boulimie **bulimic** *adj, n* boulimique

bulk /bʌlk/ *n* **1** volume : *bulk buying* achats en gros **2** forme corpulente **3 the bulk (of sth)** le plus gros (de qch) LOC **in bulk** en gros **bulky** *adj* (**-ier, -iest**) volumineux

bull /bʊl/ *n* taureau

bulldozer /ˈbʊldəʊzə(r)/ *n* bulldozer **bulldoze** *vt* **1** passer au bulldozer **2** ~ **sb into doing sth** forcer qn à faire qch

bullet /ˈbʊlɪt/ *n* balle (*munitions*)

bulletin /ˈbʊlətɪn/ *n* bulletin : *a news bulletin* un bulletin d'informations ◊ *a bulletin board* un tableau d'affichage

bulletproof /ˈbʊlɪtpruːf/ *adj* **1** (*véhicule*) blindé **2** (*gilet*) pare-balles

bullion /ˈbʊliən/ *n* [*indénombrable*] or en lingots

bullseye /ˈbʊlzaɪ/ *n* mille (*centre*)

bully /ˈbʊli/ ◆ *n* (*pl* **-ies**) petite brute ◆ *vt* (*prét, pp* **bullied**) malmener, intimider

bum /bʌm/ ◆ *n* (*fam*) **1** (*GB*) derrière **2** (*USA*) clodo ◆ *v* (**-mm-**) (*fam*) PHR V **to bum around** vadrouiller

bumbag /ˈbʌmbæg/ *n* banane (*sac*)

bumblebee /ˈbʌmblbiː/ *n* bourdon

bump /bʌmp/ ◆ **1** *vt* ~ **sth (against/on sth)** cogner qch (contre/sur qch) **2** *vi* ~ **into sb/sth** butter contre, rentrer dans qn/qch PHR V **to bump into sb** rencontrer qn par hasard **to bump sb off** (*fam*) descendre qn **to bump sth up** (*fam*) faire grimper qch ◆ *n* **1** secousse **2** coup, choc **3** bosse

bumper /ˈbʌmpə(r)/ ◆ *n* pare-chocs : *bumper cars* autos tamponneuses ◆ *adj* record

bumpy /ˈbʌmpi/ *adj* (**-ier, -iest**) **1** (*surface*) bosselé, irrégulier **2** (*route*) accidenté, cahoteux **3** (*vol, voyage*) agité

bun /bʌn/ *n* **1** petit pain **2** chignon

bunch /bʌntʃ/ ◆ *n* **1** (*fleurs*) bouquet **2** (*bananes*) régime **3** (*raisin*) grappe **4** (*clés*) trousseau **5** [*v sing ou pl*] (*fam*) (*personnes*) groupe, bande ◆ *vt, vi* rassembler

bundle /ˈbʌndl/ ◆ *n* **1** (*journaux*) paquet **2** (*bois*) fagot **3** (*vêtements*) ballot ◆ *vt* (*aussi* **to bundle sth together/up**) fourrer qch en tas, mettre qch en paquet

bung /bʌŋ/ ◆ *n* bonde (*de tonneau*) ◆ *vt* **1** boucher **2** (*GB, fam*) balancer, envoyer

bungalow /ˈbʌŋgələʊ/ *n* pavillon de plain-pied ☛ *Voir note sous* MAISON

bungee jumping /ˈbʌndʒi dʒʌmpɪŋ/ *n* saut à l'élastique

bungle /ˈbʌŋgl/ **1** *vt* gâcher, bousiller **2** *vi* s'y prendre mal

bunk /bʌŋk/ ◆ *n* **1** bannette, couchette **2** (*aussi* **bunk bed**) lit superposé LOC **to do a bunk** (*GB, fam*) se faire la malle ◆ *v* PHR V **to bunk off** (*fam*) **1** sécher les cours **2** ne pas aller au boulot **to bunk off sth** (*fam*) : *to bunk off school* sécher les cours ◊ *to bunk off work* ne pas aller au boulot

bunny /ˈbʌni/ (*aussi* **bunny rabbit**) *n* lapin

bunting /ˈbʌntɪŋ/ *n* [*indénombrable*] banderoles

buoy /bɔɪ ; *USA* ˈbuːi/ ◆ *n* bouée PHR V **to buoy sb up** remonter le moral à qn **to buoy sth up** maintenir qch à flot

buoyant /ˈbɔɪənt ; *USA* ˈbuːjənt/ *adj* **1** qui flotte **2** (*humeur*) enjoué, gai **3** (*Écon*) soutenu

burble /ˈbɜːbl/ *vi* **1** (*ruisseau*) glouglouter **2** ~ **(on) (about sth)** radoter (à propos de qch)

burden /ˈbɜːdn/ ◆ *n* **1** fardeau **2** (*fig*) poids ◆ *vt* **1** charger **2** (*fig*) accabler, encombrer **burdensome** *adj* lourd, pesant

bureau /ˈbjʊərəʊ/ *n* (*pl* **-reaux** *ou* **-reaus** /-rəʊz/) **1** (*GB*) secrétaire, bureau **2** (*USA*) commode **3** (*surtout USA*) (*Polit*) service (gouvernemental) **4** agence

bureaucracy /bjʊəˈrɒkrəsi/ *n* (*pl* **-ies**) bureaucratie **bureaucrat** /ˈbjʊərəkræt/ *n* bureaucrate **bureaucratic** /ˌbjʊərəˈkrætɪk/ *adj* bureaucratique

burger /ˈbɜːgə(r)/ *n* (*fam*) steak haché, hamburger

Burger s'emploie surtout dans des mots composés tels que *cheeseburger*.

burglar /ˈbɜːglə(r)/ *n* cambrioleur, -euse : *a burglar alarm* un système d'alarme ☛ *Voir note sous* THIEF **burglary** *n* (*pl* **-ies**) cambriolage ☛ *Voir note sous* THEFT **burgle** *vt* cambrioler ☛ *Voir note sous* ROB

burgundy /ˈbɜːgəndi/ *n* **1** (*aussi* **Burgundy**) (*vin*) bourgogne **2** (*couleur*) bordeaux

burial /ˈberiəl/ *n* enterrement

burly /ˈbɜːli/ *adj* (**-ier**, **-iest**) costaud

burn /bɜːn/ ◆ (*prét, pp* **burnt** /bɜːnt/ *ou* **burned**) ☛ *Voir note sous* DREAM **1** *vt* brûler, incendier : *Two children were burnt to death.* Deux enfants sont décédés dans un incendie. ◇ *a burning building* un bâtiment en feu ◇ *I burnt my tongue.* Je me suis brûlé la langue. **2** *vi* brûler, se consumer **3** *vt* (*aliments*) faire brûler **4** *vi* : *to be burning to do sth* brûler d'envie de faire qch **5** *vi* (*lumière, etc.*) : *He left the light burning.* Il a laissé la lampe allumée. **6** *vt* : *The boiler burns oil.* La chaudière marche au mazout. PHR V **to burn down** brûler complètement, être réduit en cendres **to burn sth down** incendier qch, réduire qch en cendres ◆ *n* brûlure

burner /ˈbɜːnə(r)/ *n* (*cuisinière à gaz*) brûleur

burning /ˈbɜːnɪŋ/ *adj* (*pr et fig*) brûlant

burnt /bɜːnt/ *prét, pp de* BURN ◆ *adj* brûlé

burp /bɜːp/ ◆ **1** *vi* roter **2** *vt* (*enfant*) faire faire son rot à ◆ *n* rot

burrow /ˈbʌrəʊ/ ◆ *n* terrier ◆ *vt* creuser

burst /bɜːst/ ◆ *vt, vi* (*prét, pp* **burst**) **1** (faire) éclater, crever **2** rompre, déborder : *The river burst its banks.* La rivière est sortie de son lit. LOC **to be bursting to do sth** mourir d'envie de faire qch **to burst open** s'ouvrir violemment PHR V **to burst into sth** **1** faire irruption dans qch : *He burst into the room.* Il a fait irruption dans la pièce. **2** *to burst into tears/laughter/song* éclater en sanglots/éclater de rire/se mettre à chanter **3** *to burst into flames* s'enflammer PHR V **to burst out** **1** sortir en trombe **2** *to burst out laughing* éclater de rire ◆ *n* **1** (*colère, etc.*) éclatement **2** accès : *a burst of energy/speed* un accès d'énergie/une pointe de vitesse **3** (*balles*) rafale **4** (*applaudissements*) tonnerre

bury /ˈberi/ *vt* (*pp* **buried**) **1** enterrer **2** (*couteau*) plonger **3** cacher, enfouir : *She buried her face in her hands.* Elle enfouit son visage dans ses mains.

bus /bʌs/ *n* (*pl* **buses**) **1** bus : *Shall we go by bus?* On y va en bus ? ◇ *a bus stop* un arrêt de bus ◇ *a bus driver* un conducteur de bus ◇ *a bus conductor/conductress* un receveur/une receveuse **2** car : *the bus station* la gare routière

bush /bʊʃ/ *n* **1** buisson : *a rose bush* un rosier ☛ *Comparer avec* SHRUB **2 the bush** la brousse LOC *Voir* BEAT **bushy** *adj* **1** (*terrain, sourcils*) broussailleux **2** (*queue*) touffu

busily /ˈbɪzɪli/ *adv* activement

business /ˈbɪznəs/ *n* **1** [*indénombrable*] affaires **2** [*devant un nom*] : *a business card* une carte de visite (professionnelle) ◇ *business studies* études commerciales ◇ *on a business trip* en voyage d'affaires **3** entreprise, société **4** affaires : *It's none of your business!* Ça ne te regarde pas ! **5** (*à une réunion*) : *any other business* divers LOC **on business** pour affaires **to do business with sb** faire affaire avec qn **to get down to business** se mettre au travail, passer aux choses sérieuses **to go out of business** faire faillite **to have no business doing sth** : *She has no business being here.* Elle n'a pas à être ici. ◇ *You have no business telling us what to do.* Ce n'est pas à toi de nous dire ce qu'il faut faire. *Voir aussi* BIG, MEAN[1], MIND

businesslike /ˈbɪznəslaɪk/ *adj* **1** efficace, professionnel **2** (*aspect, attitude*) sérieux

businessman /ˈbɪznəsmən/ *n* (*pl* **-men** /-mən/) homme d'affaires

businesswoman /ˈbɪznəswʊmən/ *n* (*pl* **-women**) femme d'affaires

busk /bʌsk/ *vi* jouer/chanter dans la rue **busker** *n* chanteur, -euse des rues, musicien ambulant, musicienne ambulante

bust[1] /bʌst/ *n* **1** (*sculpture*) buste **2** (tour de) poitrine

bust[2] /bʌst/ ◆ *vt* (*prét, pp* **bust** *ou* **busted**) (*fam*) bousiller ☛ *Voir note sous* DREAM ◆ *adj* (*fam*) fichu LOC **to go bust** faire faillite

bustle /ˈbʌsl/ ◆ *vi* ~ **(about)** s'affairer

◆ *n* (*aussi* **hustle and bustle**) effervescence, agitation **bustling** *adj* (*ville*) animé

busy /ˈbɪzi/ ◆ *adj* (**busier**, **busiest**) **1** ~ **(at/with sth)** occupé (à qch) **2** (*ville*) animé **3** (*journée, programme*) chargé **4** (*USA*) *The line is busy.* Ça sonne occupé. ◆ *v réfléchi* ~ **yourself doing sth/with sth** trouver de quoi s'occuper en faisant qch

busybody /ˈbɪzibɒdi/ *n* (*pl* **-ies**) personne qui se mêle de tout

but /bʌt, bət/ ◆ *conj* **1** mais : *She doesn't want to, but I do.* Elle ne veut pas mais moi si. ◊ *I had no choice but to sign.* Je n'avais pas d'autre choix que de signer. ◆ *prép* sauf, à part : *nobody but you* personne à part toi ◊ *last but one* l'avant-dernier LOC **but for sb/sth** sans qn/qch ◆ *adv* : *We can but try.* Nous ne pouvons qu'essayer. ◊ *Tom Hanks and Julia Roberts, to name but two.* Tom Hanks et Julia Roberts, pour n'en citer que deux.

butcher /ˈbʊtʃə(r)/ ◆ *n* **1** boucher, -ère **2 butcher's** boucherie ◆ *vt* **1** (*animal*) abattre **2** (*viande*) débiter **3** (*personne*) massacrer

butler /ˈbʌtlə(r)/ *n* majordome, maître d'hôtel

butt /bʌt/ ◆ *n* **1** tonneau **2** (*pistolet*) crosse **3** (*cigarette*) mégot **4** (*fam, USA*) cul **5** objet (*d'une plaisanterie*) ◆ *vt* donner un coup de tête à PHR V **to butt in** (*fam*) interrompre, mettre son grain de sel dans la conversation

butter /ˈbʌtə(r)/ ◆ *n* beurre ◆ *vt* beurrer

buttercup /ˈbʌtəkʌp/ *n* bouton d'or

butterfly /ˈbʌtəflaɪ/ *n* (*pl* **-ies**) papillon ☛ *Voir illustration sous* PAPILLON LOC **to have butterflies (in your stomach)** avoir le trac

buttock /ˈbʌtək/ *n* fesse

button /ˈbʌtn/ ◆ *n* bouton ◆ *vt, vi* ~ **(sth) (up)** boutonner qch ; se boutonner

buttonhole /ˈbʌtnhəʊl/ *n* **1** boutonnière **2** fleur portée à la boutonnière

buttress /ˈbʌtrəs/ *n* **1** contrefort **2** soutien

buy /baɪ/ ◆ *vt* (*prét, pp* **bought** /bɔːt/) **1 to buy sth (for sb)** ; **to buy (sb) sth** acheter qch (à/pour qn) : *She bought him a car.* Elle lui a acheté une voiture. **2 to buy sth from sb** acheter qch à qn : *We bought the car from my parents.* Nous avons racheté la voiture de mes parents. ◆ *n* **1** achat **2** affaire : *a good buy* une bonne affaire **buyer** *n* acheteur, -euse

buzz /bʌz/ ◆ *n* **1** bourdonnement **2** (*voix*) bourdonnement, brouhaha **3** *I get a real buzz out of flying.* Je prends mon pied quand je prends l'avion. **4** (*fam*) coup de téléphone ◆ *vi* bourdonner PHR V **buzz off!** (*fam*) dégage !

buzzard /ˈbʌzəd/ *n* buse

buzzer /ˈbʌzə(r)/ *n* sonnerie, bip

by /baɪ/ ◆ *prép* **1** par : *made by robots* fait par des robots ◊ *to be overcome by fumes* être suffoqué par la fumée ◊ *a book by Steinbeck* un livre de Steinbeck ◊ *by post* par la poste ◊ *ten (multiplied) by six* dix multiplié par six ◊ *to pay by cheque* payer par chèque ◊ *by force* par la force **2** près de, à côté de : *Come and sit by me.* Viens t'asseoir à côté de moi. ◊ *by the sea(side)* au bord de la mer **3** pour, avant : *to be home by 7 o'clock* être de retour pour 7 heures ◊ *She should be there by now.* Elle devrait être arrivée maintenant. ◊ *By the time I arrived, he'd gone.* Le temps que j'arrive, il était parti. **4** de : *by day/night* de jour/nuit ◊ *by birth* de naissance ◊ *He's a plumber by trade.* Il est plombier de son métier. **5** en : *to go by plane/car/bicycle* aller en avion/en voiture/à vélo **6** d'après : *by my watch* à ma montre **7 by doing sth** en faisant qch, à force de faire qch : *by working hard* en travaillant dur ◊ *Let me begin by saying...* Permettez-moi tout d'abord de dire... LOC **to have/keep sth by you** avoir/garder qch à portée de la main ◆ *adv* LOC **by and by** bientôt **by the by** au fait, à propos **to go, drive, run, etc. by** passer, passer en voiture, passer en vitesse, etc. **to keep/put sth by** laisser/mettre qch de côté *Voir aussi* LARGE

bye! /baɪ/ (*aussi* **bye-bye!** /ˌbaɪˈbaɪ, bəˈbaɪ/) *excl* (*fam*) au revoir !, salut !

by-election /ˈbaɪ ɪlekʃn/ *n* élection partielle

bygone /ˈbaɪgɒn/ *adj* d'antan, révolu : *in bygone days* autrefois

by-law (*aussi* **bye-law**) /ˈbaɪ lɔː/ *n* arrêté municipal

bypass /ˈbaɪpɑːs ; *USA* -pæs/ ◆ *n*

1 rocade, bretelle de contournement **2** (*Méd*) pontage ◆ *vt* **1** (*ville, obstacle*) contourner **2** (*personne*) éviter de passer par

by-product /'baɪ prɒdʌkt/ *n* **1** (*pr*) dérivé **2** (*fig*) effet secondaire

bystander /'baɪstændə(r)/ *n* passant, -e

byte /baɪt/ *n* (*Informatique*) octet

Cc

C, c /siː/ *n* (*pl* **C's, c's** /siːz/) **1** C, c : *C for Charlie* C comme Charlie ☛ *Voir exemples sous* A, A **2** (*Mus*) do **3** (*École*) ☛ *Voir note sous* MARK

cab /kæb/ *n* **1** taxi **2** (*camion*) cabine

cabbage /'kæbɪdʒ/ *n* chou

cabin /'kæbɪn/ *n* **1** (*Navig, Aéron*) cabine : *the pilot's cabin* la cabine de pilotage **2** cabane, chalet

cabinet /'kæbɪnət/ *n* **1** petit placard, meuble (de rangement) : *a medicine cabinet* une armoire à pharmacie **2 the Cabinet** [*v sing ou pl*] le cabinet, le Conseil des ministres

cable /'keɪbl/ ◆ *n* **1** câble **2** câble, télégramme ◆ *vt* câbler

cable car *n* téléphérique

cackle /'kækl/ ◆ *n* **1** caquet **2** gloussement ◆ *vi* **1** (*poule*) caqueter **2** (*personne*) glousser

cactus /'kæktəs/ *n* (*pl* **~es** *ou* **cacti** /'kæktaɪ/) cactus

cadet /kə'det/ *n* élève officier, stagiaire

Caesarean (*USA* **Cesarian**) /si'zeəriən/ (*aussi* **Caesarean section**) *n* césarienne

cafe /'kæfeɪ ; *USA* kæ'feɪ/ *n* snack-bar, café

cafeteria /ˌkæfə'tɪəriə/ *n* cafétéria, cantine

caffeine /'kæfiːn/ *n* caféine

cage /keɪdʒ/ ◆ *n* cage ◆ *vt* mettre en cage

cagey /'keɪdʒi/ *adj* (**cagier**, **cagiest**) (*fam*) réticent : *He's very cagey about his family.* Il n'aime pas beaucoup parler de sa famille.

cake /keɪk/ *n* gâteau : *a birthday cake* un gâteau d'anniversaire LOC **to have your cake and eat it** (*fam*) vouloir le beurre et l'argent du beurre *Voir aussi* PIECE

caked /keɪkt/ *adj* ~ **with sth** couvert de qch : *caked with mud* couvert de boue

calamity /kəl'æməti/ *n* (*pl* **-ies**) calamité, catastrophe

calcium /'kælsiəm/ *n* calcium

calculate /'kælkjuleɪt/ *vt* calculer LOC **to be calculated to do sth** être conçu pour faire qch **calculating** *adj* calculateur **calculation** *n* calcul : *I'm out in my calculations.* Je me suis trompée dans mes calculs.

calculator /'kælkjuleɪtə(r)/ *n* calculatrice

caldron *Voir* CAULDRON

calendar /'kælɪndə(r)/ *n* calendrier : *a calendar month* un mois (de calendrier)

calf[1] /kɑːf ; *USA* kæf/ *n* (*pl* **calves** /kɑːvz ; *USA* kævz/) **1** veau (*animal, cuir*) **2** petit (*animal*) : *an elephant calf* un éléphanteau

calf[2] /kɑːf ; *USA* kæf/ *n* (*pl* **calves** /kɑːvz ; *USA* kævz/) mollet

calibre (*USA* **caliber**) /'kælɪbə(r)/ *n* calibre

call /kɔːl/ ◆ *n* **1** appel, cri **2** (*animal*) cri **3** visite **4** (*aussi* **phone call, ring**) appel (*téléphonique*) : *to give sb a call* passer un coup de fil à qn **5** ~ **for sth** demande de/pour qch : *Is there much call for that?* Est-ce qu'il y a beaucoup de demande pour ça ? ◊ *There's no call for concern.* Il n'y a aucune raison de s'inquiéter. LOC **(to be) on call** (être) de garde *Voir aussi* CLOSE[1], PORT ◆ **1** *vt, vi* ~ **(sth) (out)** appeler (qch) ; crier (qch) : *'Is anyone at home?' she called.* « Il y a quelqu'un ? » a-t-elle crié. **2** *vi* ~ **(out) (to sb) (for sth)** appeler (qn) (pour obtenir qch) : *He called to his brother for help.* Il a appelé son frère au secours. **3** *vt* appeler : *Please call me by my first name.* Je vous en prie, appelez-moi par mon prénom. ◊ *What's it called?* Comment ça s'appelle ? ◊ *Are you calling me a liar?* Tu me traites de menteur ? **4** *vt, vi* appeler, téléphoner (à) : *Could you call a taxi for me please?* Pourriez-vous m'appeler un taxi, s'il vous plaît ? **5** *vi* ~ **(in/round) (on sb/at...)** passer (chez qn) ; passer voir qn : *Let's call (in) on John.* Et si on passait voir John ? ◊ *He was out when I called (round) (to see him).* Il n'était pas là quand je suis passé (le voir). ◊ *Will you call in at the post office for some stamps?* Est-ce que tu peux passer à la poste pour acheter des timbres ? **6** *vi* ~ **at** (*train*) s'arrêter à **7** *vt* (*réunion*) convoquer **8** *vt* (*élections*) annoncer LOC **to call it a day** (*fam*) arrêter de travailler : *Let's call it a day.* Arrêtons-nous là pour aujourd'hui. **to call sb names** injurier qn

PHR V **to call by** (*fam*) passer : *Could you call by on your way home?* Est-ce que tu peux passer au retour ?

to call for sb passer chercher qn : *I'll call for you at 7 o'clock.* Je passe te chercher à 7 heures. **to call for sth** demander qch : *Courage is called for.* Il nous faudra du courage.

to call sth off annuler qch

to call sb out appeler qn, faire venir qn : *to call out the troops* faire appel à l'armée ◊ *to call out the fire brigade* appeler les pompiers

to call sb up 1 (*surtout USA*) appeler qn, passer un coup de fil à qn **2** appeler qn sous les drapeaux

call box *Voir* PHONE BOX

caller /ˈkɔːlə(r)/ *n* **1** personne qui appelle **2** visiteur, -euse

callous /ˈkæləs/ *adj* inhumain, insensible

calm /kɑːm ; *USA* kɑːlm/ ◆ *adj* (**-er**, **-est**) calme, tranquille ◆ *n* calme, tranquillité ◆ *vt, vi* ~ **(sb) (down)** calmer qn ; se calmer : *Just calm down!* Calme-toi !

calorie /ˈkæləri/ *n* calorie

calves *pl de* CALF[1, 2]

camcorder /ˈkæmkɔːdə(r)/ *n* caméscope®

came *prét de* COME

camel /ˈkæml/ *n* **1** chameau **2** fauve (*couleur*)

camera /ˈkæmərə/ *n* **1** appareil photo **2** caméra

camouflage /ˈkæməflɑːʒ/ ◆ *n* camouflage ◆ *vt* camoufler

camp /kæmp/ ◆ *n* camp, campement : *a concentration camp* un camp de concentration ◆ *vi* camper : *to go camping* faire du camping

campaign /kæmˈpeɪn/ ◆ *n* campagne (*électorale, publicitaire, etc.*) ◆ *vi* ~ **(for/against sb/sth)** mener une campagne (pour/contre qn/qch) **campaigner** *n* militant, -e

camping /ˈkæmpɪŋ/ *n* camping

> Le mot anglais **camping** ne signifie jamais le lieu ou l'on peut camper. *Un camping* se dit **a campsite** en anglais.

campsite /ˈkæmpsaɪt/ (*aussi* **camping site**) *n* (terrain de) camping

campus /ˈkæmpəs/ *n* (*pl* ~**es**) campus

can[1] /kæn/ ◆ *n* **1** boîte (*de conserves*) : *a can of sardines* une boîte de sardines ☛ *Voir illustration sous* CONTAINER *et note sous* BOÎTE **2** canette : *a can of Coke* une canette de coca ☛ *Voir illustration sous* CONTAINER **3** bidon : *a petrol can* un bidon d'essence LOC *Voir* CARRY ◆ *vt* (**-nn-**) mettre en boîte

can[2] /kən, kæn/ *v aux modal* (*nég* **cannot** /ˈkænɒt/ *ou* **can't** /kɑːnt ; *USA* kænt/ *prét* **could** /kəd, kʊd/ *nég* **could not** *ou* **couldn't** /ˈkʊdnt/)

> L'auxiliaire modal **can** est suivi de l'infinitif sans TO. La forme interrogative et négative se construisent sans l'auxiliaire *do*. **Can** se conjugue uniquement au présent : *I can't swim.* Je ne sais pas nager. ; et au passé, qui fait également fonction de conditionnel : *He couldn't do it.* Il n'a pas pu le faire. ◊ *Could you come?* Est-ce que tu pourrais venir ? À tous les autres temps, on emploie **to be able to** : *Will you be able to come?* Est-ce que tu pourras venir ? ◊ *I hope to be able to go.* J'espère pouvoir y aller.

• **possibilité** pouvoir : *You can buy it by the metre.* Ça peut s'acheter au mètre. ◊ *Many toys can be dangerous.* Beaucoup de jouets peuvent être dangereux.

• **capacité** savoir : *They can't cook.* Ils ne savent pas cuisiner. ◊ *Can you swim?* Est-ce que tu sais nager ? ◊ *He couldn't answer the questions.* Il n'a pas su répondre aux questions.

• **permission** pouvoir : *Can I have another potato?* Je peux avoir une autre pomme de terre ? ◊ *You can't take my* *bike.* Tu ne peux pas te servir de mon vélo. ☛ *Voir note sous* MAY

- **offre, demande, suggestion** pouvoir : *Can I help?* Est-ce que je peux faire quelque chose ? ◊ *Could you help me with this case?* Pourriez-vous m'aider à porter cette valise ? ◊ *We can go for a drive to try out the new car.* On peut faire un tour pour essayer la nouvelle voiture.
- **avec les verbes de perception** : *I can see a light far off.* Je vois une lumière au loin. ◊ *I could hear footsteps.* J'entendais des bruits de pas. ◊ *I can smell something strange in the kitchen.* Il y a une drôle d'odeur dans la cuisine.
- **incrédulité** : *Where can my glasses be?* Où est-ce que mes lunettes peuvent bien être ? ◊ *That can't be true!* Ce n'est pas possible !

canal /kə'næl/ *n* **1** canal **2** conduit, canal : *the alimentary canal* le tube digestif

canary /kə'neəri/ *n* (*pl* **-ies**) canari

cancel /'kænsl/ *vt, vi* (**-ll-**, *USA* **-l-**) **1** (*vacances, commande*) annuler ☛ *Comparer avec* POSTPONE **2** (*contrat*) résilier, annuler PHR V **to cancel (sth) out** s'annuler, annuler qch, se neutraliser, neutraliser qch **cancellation** *n* annulation

Cancer /'kænsə(r)/ *n* Cancer ☛ *Voir exemples sous* AQUARIUS

cancer /'kænsə(r)/ *n* [*indénombrable*] cancer

candid /'kændɪd/ *adj* franc

candidate /'kændɪdət, -deɪt/ *n* candidat, -e **candidacy** *n* candidature

candle /'kændl/ *n* **1** bougie, chandelle **2** (*Relig*) cierge

candlelight /'kændllaɪt/ *n* lueur d'une bougie

candlestick /'kændlstɪk/ *n* bougeoir, chandelier

candy /'kændi/ *n* (*USA*) **1** [*indénombrable*] bonbons **2** (*pl* **-ies**) bonbon

cane /keɪn/ *n* **1** canne **2** rotin **3 the cane** verge, baguette : *to give sb the cane* fouetter qn

canister /'kænɪstə(r)/ *n* **1** boîte métallique **2** bombe (*flacon*)

cannabis /'kænəbɪs/ *n* cannabis

cannibal /'kænɪbl/ *n* cannibale

cannon /'kænən/ *n* (*pl* **cannon** *ou* **~s**) canon

canoe /kə'nu:/ *n* canoë **canoeing** *n* canoë-kayak (*sport*)

can-opener /'kæn əʊpnə(r)/ *Voir* TIN-OPENER

canopy /'kænəpi/ *n* (*pl* **-ies**) **1** dais, baldaquin **2** canopée **3** (*fig*) voûte (*céleste*)

canteen /kæn'ti:n/ *n* **1** cantine **2** ménagère (*couverts*) **3** gamelle

canter /'kæntə(r)/ *n* petit galop

canvas /'kænvəs/ *n* toile (*soutien, tableau*)

canvass /'kænvəs/ **1** *vt, vi* ~ **(sb) (for sth)** faire du démarchage (auprès de qn) (pour qch) : *to canvass for/on behalf of sb* solliciter des voix pour qn ◊ *to go out canvassing (for votes)* faire du démarchage électoral **2** *vt* (*opinion*) sonder

canyon /'kænjən/ *n* cañon

cap /kæp/ ◆ *n* **1** casquette, képi **2** bonnet de bain **3** capuchon, bouchon, capsule ◆ *vt* (**-pp-**) renchérir sur, surpasser LOC **to cap it all** pour couronner le tout

capability /ˌkeɪpə'bɪləti/ *n* (*pl* **-ies**) **1** capacité, aptitude **2 capabilities** [*pl*] capacités

capable /'keɪpəbl/ *adj* **1** ~ **of sth/doing sth** capable de (faire) qch **2** compétent, capable

capacity /kə'pæsəti/ *n* (*pl* **-ies**) **1** capacité, contenance : *filled to capacity* plein **2** *at full capacity* à plein rendement LOC **in my, your, etc. capacity as sth** en ma, ta, etc. qualité de qch

cape /keɪp/ *n* **1** cape **2** (*Géogr*) cap

caper /'keɪpə(r)/ ◆ *vi* ~ **(about)** gambader ◆ *n* (*fam*) farce

capillary /kə'pɪləri ; *USA* 'kæpɪləri/ *n* (*pl* **-ies**) capillaire

capital¹ /'kæpɪtl/ ◆ *n* **1** (*aussi* **capital city**) capitale (*ville*) **2** (*aussi* **capital letter**) majuscule **3** (*Archit*) chapiteau ◆ *adj* **1** capital : *capital punishment* peine capitale **2** majuscule

capital² /'kæpɪtl/ *n* capital, capitaux : *capital gains tax* impôt sur les plus-values ◊ *capital goods* biens d'équipement LOC **to make capital (out) of sth** tirer parti de qch **capitalism** *n* capitalisme **capitalist** *adj, n* capitaliste **capitalize, -ise** *vt* (*Fin*) capitaliser PHR V **to capitalize on sth** tirer parti de qch

capitulate /kə'pɪtʃuleɪt/ *vi* ~ **(to sb/sth)** capituler (devant qn/qch)

capricious /kə'prɪʃəs/ *adj* capricieux

Capricorn /'kæprɪkɔːn/ *n* Capricorne ☛ *Voir exemples sous* AQUARIUS

capsize /kæp'saɪz ; *USA* 'kæpsaɪz/ *vt, vi* (faire) chavirer

capsule /'kæpsjuːl ; *USA* 'kæpsl/ *n* capsule

captain /'kæptɪn/ ◆ *n* capitaine ◆ *vt* commander, être le capitaine de **captaincy** *n* grade de capitaine

caption /'kæpʃn/ *n* **1** légende **2** sous-titre

captivate /'kæptɪveɪt/ *vt* fasciner, captiver **captivating** *adj* fascinant, captivant

captive /'kæptɪv/ ◆ *adj* captif, prisonnier LOC **to hold/take sb captive** garder qn en captivité/faire qn prisonnier ◆ *n* captif, -ive, prisonnier, -ière **captivity** /kæp'tɪvəti/ *n* captivité

captor /'kæptə(r)/ *n* ravisseur, -euse

capture /'kæptʃə(r)/ ◆ *vt* **1** capturer **2** prendre, s'emparer de **3** (*Art*) rendre, saisir : *Her photographs capture the charm of Paris.* Ses photos rendent à merveille le charme de Paris. ◆ *n* **1** capture **2** (*ville*) prise

car /kɑː(r)/ *n* **1** (*aussi* **motor car**, *USA* **automobile**) voiture : *by car* en voiture ◊ *a car accident* un accident de voiture ◊ *a car bomb* une voiture piégée **2** (*USA*) (*Chemin de fer*) wagon, voiture : *a sleeping car* une voiture-lit

caramel /'kærəmel/ *n* **1** caramel **2** couleur caramel

carat (*USA* **karat**) /'kærət/ *n* carat

caravan /'kærəvæn/ *n* **1** (*USA* **trailer**) caravane : *a caravan site* un camping (pour caravanes) **2** roulotte **3** (*convoi*) caravane

carbohydrate /ˌkɑːbə'haɪdreɪt/ *n* **1** hydrate de carbone **2 carbohydrates** glucides

carbon /'kɑːbən/ *n* **1** carbone : *carbon dating* datation au carbone 14 ◊ *carbon dioxide/monoxide* dioxyde/monoxyde de carbone **2** *carbon paper* papier carbone ☛ *Comparer avec* COAL

carbon copy *n* (*pl* **-ies**) **1** copie carbone **2** (*fig*) réplique : *He's a carbon copy of his brother.* C'est le portrait tout craché de son frère.

carburettor /ˌkɑːbə'retə(r)/ (*USA* **carburetor** /ˌkɑːrbə'reɪtər/) *n* carburateur

carcass (*aussi* **carcase**) /'kɑːkəs/ *n* carcasse (*d'un animal*)

card /kɑːd/ *n* **1** carte : *a Christmas/birthday card* une carte de Noël/d'anniversaire ◊ *a business/visiting card* une carte de visite ◊ *an identity card* une pièce d'identité ◊ *a boarding card* une carte d'embarquement **2** fiche : *a card index* un fichier **3** (*aussi* **playing card**) carte (à jouer) : *a card game* un jeu de cartes **4** [*indénombrable*] carton LOC **on the cards** (*fam*) bien possible : *Rain is on the cards.* Il est bien possible qu'il pleuve. **to get your cards** (*fam*) être renvoyé **to give sb their cards** (*fam*) renvoyer qn *Voir aussi* LAY[1], PLAY

cardboard /'kɑːdbɔːd/ *n* carton

cardholder /'kɑːdhəʊldə(r)/ *n* titulaire (*d'une carte de crédit*)

cardiac /'kɑːdiæk/ *adj* cardiaque

cardigan /'kɑːdɪgən/ *n* cardigan

cardinal /'kɑːdɪnl/ ◆ *adj* **1** cardinal **2** (*péché*) capital **3** (*importance*) capital ◆ *n* (*Relig*) cardinal

care /keə(r)/ ◆ *n* **1** attention, soin : *to take care* faire attention **2** garde, soins : *The child was left in his sister's care.* L'enfant a été confié à sa sœur. **3** souci, ennui LOC **care of sb** (*adresse*) chez qn **that takes care of that** c'est réglé **to take care of sb/sth 1** prendre soin de qn/qch : *Take good care of it.* Prends-en bien soin. **2** s'occuper de qn/qch : *Are you being taken care of?* On s'occupe de vous ? **to take care to do sth** prendre soin de faire qch : *Take care not to lose them.* Fais attention de ne pas les perdre. **to take a child into in care** retirer un enfant à la garde de ses parents ◆ *vi* **1** ~ **about sth** s'intéresser, se soucier de qch : *She never cares what people think.* Elle se moque de ce que pensent les gens. ◊ *I don't care/See if I care.* Ça m'est complètement égal. **2** ~ **to do sth** vouloir faire qch LOC **for all I, you, etc. care** pour ce que ça peut me, te, etc. faire **I, you, etc. couldn't care less** ça m'est, t'est, etc. complètement égal PHR V **to care for sb 1** aimer qn **2** s'occuper de qn, soigner qn **to care for sth 1** vouloir qch **2** aimer qch

career /kəˈrɪə(r)/ ◆ *n* carrière : *career prospects* possibilités d'avancement ◆ *vi* aller à toute vitesse

carefree /ˈkeəfriː/ *adj* insouciant

careful /ˈkeəfl/ *adj* **1** prudent : *Be careful not to break the eggs.* Fais attention de ne pas casser les œufs. **2** (*travail, etc.*) soigneux, méticuleux **carefully** *adv* **1** prudemment **2** attentivement, soigneusement : *Listen carefully!* Soyez attentifs ! ◊ *to think carefully* bien réfléchir LOC *Voir* TREAD

careless /ˈkeələs/ *adj* **1** ~ **(about sth)** insouciant (de qch) **2** négligent **3** imprudent **4** négligé, peu soigné : *a careless mistake* une faute d'inattention

carer /ˈkeərə(r)/ *n* personne ayant un parent âgé ou malade à charge

caress /kəˈres/ ◆ *n* caresse ◆ *vt* caresser

caretaker /ˈkeəteɪkə(r)/ ◆ *n* (*GB*) concierge, gardien, -ienne ◆ *adj* intérimaire

cargo /ˈkɑːgəʊ/ *n* (*pl* ~**es**, *USA* ~**s**) chargement, cargaison : *a cargo ship* un cargo

caricature /ˈkærɪkətʃʊə(r)/ ◆ *n* caricature ◆ *vt* caricaturer

caring /ˈkeərɪŋ/ *adj* affectueux, bienveillant : *a caring society* une société humaine

carnation /kɑːˈneɪʃn/ *n* œillet

carnival /ˈkɑːnɪvl/ *n* carnaval

carnivore /ˈkɑːnɪvɔː(r)/ *n* carnivore **carnivorous** *adj* carnivore

carol /ˈkærəl/ *n* chant de Noël

carousel /ˌkærəˈsel/ *Voir* ROUNDABOUT 1

car park *n* parking

carpenter /ˈkɑːpəntə(r)/ *n* menuisier, charpentier **carpentry** *n* menuiserie, charpenterie

carpet /ˈkɑːpɪt/ ◆ *n* **1** tapis **2** moquette ◆ *vt* mettre de la moquette dans **carpeting** *n* [*indénombrable*] moquette

carriage /ˈkærɪdʒ/ *n* **1** voiture à cheval **2** (*USA* **car**) (*Chemin de fer*) voiture, wagon **3** (*marchandises*) transport, port **carriageway** *n* chaussée

carrier /ˈkæriə(r)/ *n* **1** porteur, -euse **2** transporteur, compagnie aérienne

carrier bag *n* (*GB*) sac en plastique, sac

carrot /ˈkærət/ *n* (*aussi fig*) carotte

carry /ˈkæri/ (*prét, pp* **carried**) **1** *vt* porter, transporter : *to carry a gun* porter un revolver ☛ *Voir note sous* WEAR **2** *vt* soutenir, supporter **3** *vt* (*proposition*) voter, approuver : *The motion was carried.* La motion a été votée. **4** *v réfléchi* ~ **yourself** se tenir **5** *vi* (*son*) porter LOC **to carry the can (for sth)** (*fam*) porter le chapeau, endosser la responsabilité de qch **to carry the day** l'emporter **to carry weight** avoir du poids

PHR V **to carry sb/sth away 1** (*pr*) emmener qn/emporter qch **2** (*fig*) : *to get carried away* s'emballer

to carry sth off 1 réussir qch **2** remporter qch

to carry on (with sb) (*fam*) avoir une liaison (avec qn) **to carry on (with sth/doing sth)**; **to carry sth on** continuer (qch/à faire qch)

to carry sth out 1 (*projet*) réaliser qch **2** (*enquête*) mener qch **3** (*promesse*) tenir qch **4** (*ordre*) exécuter qch

to carry sth through mener qch à bien

carry-on /ˈkæri ɒn/ *n* (*fam, surtout GB*) histoires

cart /kɑːt/ ◆ *n* charrette, carriole ◆ *vt* charrier PHR V **to cart sth about/around** (*fam*) trimballer qch **to cart sb off** (*fam*) emmener qn de force : *He was carted off to prison.* Il a été expédié en prison.

carton /ˈkɑːtn/ *n* **1** (*lait*) carton **2** (*cigarettes*) cartouche ☛ *Voir illustration sous* CONTAINER

cartoon /kɑːˈtuːn/ *n* **1** dessin humoristique **2** dessin animé **3** (*Art*) carton **cartoonist** *n* **1** dessinateur, -trice humoristique **2** dessinateur, -trice de bandes dessinées **3** dessinateur, -trice de films d'animation

cartridge /ˈkɑːtrɪdʒ/ *n* cartouche

carve /kɑːv/ **1** *vt, vi* tailler, sculpter : *carved out of/from/in marble* taillé dans du marbre **2** *vt* (*initiales, etc.*) graver **3** *vt, vi* (*Cuisine*) découper (la viande) PHR V **to carve sth out (for yourself)** se tailler qch, se faire qch **to carve sth up** (*fam*) partager qch **carving** *n* **1** sculpture **2** gravure

cascade /kæˈskeɪd/ *n* cascade

case[1] /keɪs/ *n* **1** cas : *in that case* dans ce cas ◊ *It's a case of...* Il s'agit de... **2** arguments : *There is a case for banning guns.* Il y a beaucoup d'arguments en faveur de l'interdiction des armes à feu. **3** (*Jur*) affaire, procès : *the case for the defence/prosecution* la défense/l'accusation LOC **in any case** de toute façon, en tout cas **in case...** au cas où... : *Take an umbrella in case it rains.* Prends un parapluie au cas où il pleuvrait. **(just) in case** au cas où **to make (out) a case (for sth)** présenter des arguments (en faveur de qch) *Voir aussi* BORDERLINE, JUST

case² /keɪs/ *n* **1** valise **2** (*vin*) caisse **3** (*musée*) vitrine **4** étui, écrin

cash /kæʃ/ ◆ *n* [*indénombrable*] **1** (argent) liquide, espèces : *to pay (in) cash* payer en liquide ◊ *a cash card* une carte de retrait ◊ *cash price* prix (au) comptant ◊ *cash flow* marge brute d'autofinancement ◊ *the cash desk* la caisse **2** (*fam*) argent : *to be short of cash* être à court d'argent LOC **cash down** comptant **cash on delivery** (*abrév* COD) envoi contre remboursement *Voir aussi* HARD ◆ *vt* encaisser PHR V **to cash in on sth** tirer profit de qch **to cash sth in** se faire rembourser qch

cashew /'kæ'ʃuː/ (*aussi* **cashew nut**) *n* cajou

cashier /kæ'ʃɪə(r)/ *n* caissier, -ière

cash machine (*GB aussi* **cash dispenser, cashpoint®**) *n* distributeur automatique de billets

cashmere /ˌkæʃ'mɪə(r)/ *n* cachemire

casino /kə'siːnəʊ/ *n* (*pl* ~**s**) casino

cask /kɑːsk ; *USA* kæsk/ *n* fût, tonneau

casket /'kɑːskɪt ; *USA* 'kæskɪt/ *n* **1** coffret (*à bijoux, etc.*) **2** (*USA*) cercueil

casserole /'kæsərəʊl/ *n* **1** (*aussi* **casserole dish**) cocotte ☛ *Voir illustration sous* SAUCEPAN **2** ragoût

cassette /kə'set/ *n* cassette : *a cassette player* un lecteur de cassettes ◊ *a cassette recorder* un magnétophone à cassettes

cast /kɑːst ; *USA* kæst/ ◆ *n* **1** [*v sing ou pl*] (*Théâtre*) distribution, acteurs **2** moule, moulage ◆ *vt* (*prét, pp* **cast**) **1** (*Théâtre*) distribuer les rôles de : *to cast sb as Evita* donner le rôle d'Evita à qn **2** lancer, jeter : *to cast a glance at sth* jeter un coup d'œil à qch **3** *to cast your vote* voter LOC **to cast an eye/your eye(s) over sth** parcourir qch du regard **to cast a spell on sb/sth** jeter un sort à qn/qch **to cast doubt (on sth)** émettre des doutes sur qch PHR V **to cast about/around for sth** chercher qch **to cast sb/sth aside** rejeter qn/qch, se débarrasser de qn/qch **to cast sth off** enlever qch, se défaire de qch

castaway /'kɑːstəweɪ ; *USA* 'kæst-/ *n* naufragé, -e

caste /kɑːst ; *USA* kæst/ *n* caste : *the caste system* le système des castes

cast iron *n* fonte **cast-iron** *adj* **1** de/en fonte **2** (*garantie*) en béton

castle /'kɑːsl ; *USA* 'kæsl/ *n* **1** château **2** (*Échecs*) (*aussi* **rook**) tour

castrate /kæ'streɪt ; *USA* 'kæstreɪt/ *vt* castrer **castration** *n* castration

casual /'kæʒuəl/ *adj* **1** (*tenue*) décontracté **2** (*travail*) temporaire, occasionnel : *casual workers* travailleurs temporaires **3** désinvolte : *He's just a casual acquaintance.* Je le connais très peu. ◊ *a casual glance* un coup d'œil rapide ◊ *casual sex* rapports sexuels de rencontre **4** (*rencontre*) de hasard **casually** *adv* **1** en passant **2** simplement **3** nonchalamment, avec désinvolture

casualty /'kæʒuəlti/ *n* (*pl* **-ies**) **1** victime, blessé, -e **2** (*aussi* **casualty department**) service des urgences : *to be rushed to casualty* être transporté d'urgence à l'hôpital

cat /kæt/ *n* **1** chat : *cat food* aliments pour chats ☛ *Voir note sous* CHAT **2** félin : *the big cats* les grands félins LOC *Voir* LET¹

catalogue (*aussi USA* **catalog**) /'kætəlɒg ; *USA* -lɔːg/ ◆ *n* **1** catalogue **2** (*fig*) : *a catalogue of disasters* une série de catastrophes ◆ *vt* cataloguer, faire le catalogue de

catalyst /'kætəlɪst/ *n* catalyseur

catalytic converter /kætəˌlɪtɪk kən'vɜːtə(r)/ *n* pot catalytique

catapult /'kætəpʌlt/ ◆ *n* **1** lance-pierres **2** catapulte ◆ *vt* projeter, catapulter

cataract /'kætərækt/ *n* cataracte

catarrh /kə'tɑː(r)/ *n* catarrhe

catastrophe /kə'tæstrəfi/ *n* catastrophe **catastrophic** /ˌkætə'strɒfɪk/ *adj* catastrophique

catch /kætʃ/ ◆ (*prét, pp* **caught** /kɔːt/) **1** *vt, vi* attraper, prendre : *Here, catch!* Tiens, attrape ! ◊ *to get caught* se faire prendre ◊ *We can still catch the bus.* Nous avons encore le temps d'attraper l'autobus. ◊ *I managed to catch her before she left.* J'ai réussi à la voir avant

qu'elle ne parte. ◊ *I'll catch you later!* À tout à l'heure ! **2** *vt* ~ **sb (doing sth)** surprendre qn (à faire qch) **3** *vt* (*USA, fam*) (*film*) aller voir **4** *vt* ~ **sth (in/on sth)** accrocher qch (à qch) : *I caught my fingers in the door.* Je me suis coincé les doigts dans la porte. **5** *vt* (*maladie*) attraper **6** *vt* (*mots*) saisir, comprendre **7** *vi* (*feu*) prendre LOC **to catch fire** prendre feu **to catch it** (*fam*) : *You'll catch it!* Qu'est-ce que tu vas prendre ! **to catch sb off balance** prendre qn au dépourvu **to catch sb's attention/eye** attirer l'attention de qn **to catch sight/a glimpse of sb/sth** apercevoir qn/qch **to catch your breath** reprendre son souffle **to catch your death (of cold)** (*fam*) attraper la crève Voir aussi CROSSFIRE, EARLY, FANCY
PHR V **to catch at sth** essayer d'attraper qch, s'agripper à qch
to catch on (*fam*) devenir populaire, bien marcher **to catch on (to sth)** (*fam*) saisir (qch), comprendre (qch)
to catch sb out 1 prendre qn en défaut, prendre qn sur le fait **2** (*Sport*) éliminer qn
to be caught up in sth être très pris par qch, être mêlé à qch **to catch up (on sth) 1** rattraper son retard, rattraper qch **2** se remettre au courant (de qch) : *We had a lot to catch up on.* Nous avions beaucoup de choses à nous dire. **to catch up with sb/to catch sb up** rattraper qn
◆ *n* **1** prise **2** pêche, prise **3** (*fam*) (*fig*) : *He's a good catch.* C'est un bon parti. **4** fermoir, fermeture **5** (*fig*) piège : *It's a catch-22 (situation).* Il n'y a pas moyen de s'en sortir. **catching** *adj* contagieux **catchy** *adj* (**-ier**, **-iest**) entraînant, accrocheur

catchment area *n* secteur (*École*)

catchphrase /ˈkætʃfreɪz/ *n* petite phrase, rengaine

catechism /ˈkætəkɪzəm/ *n* catéchisme

categorical /ˌkætəˈgɒrɪkl ; *USA* -ˈgɔːr-/ (*aussi* **categoric**) *adj* catégorique **categorically** *adv* catégoriquement

categorize, -ise /ˈkætəgəraɪz/ *vt* classer

category /ˈkætəgəri ; *USA* -gɔːri/ *n* (*pl* **-ies**) catégorie

cater /ˈkeɪtə(r)/ *vi* **1** s'occuper de la nourriture, fournir le repas : *to cater for a wedding* fournir le repas pour un mariage **2** ~ **for/to sb/sth** s'adresser à qn ; répondre à qch ; satisfaire qch : *We cater for all needs.* Nous pouvons satisfaire toutes les exigences. **caterer** *n* traiteur **catering** *n* restauration : *the catering industry* l'industrie de la restauration

caterpillar /ˈkætəpɪlə(r)/ *n* **1** chenille **2** (*aussi* **Caterpillar track®**) chenille (*Autom*)

cathedral /kəˈθiːdrəl/ *n* cathédrale

Catholic /ˈkæθlɪk/ *adj*, *n* catholique **Catholicism** /kəˈθɒləsɪzəm/ *n* catholicisme

cattle /ˈkætl/ *n* [*pl*] bétail

caught *prét, pp de* CATCH *Voir aussi* CROSSFIRE

cauldron (*USA* **caldron**) /ˈkɔːldrən/ *n* chaudron

cauliflower /ˈkɒliflaʊə(r) ; *USA* ˈkɔːli-/ *n* chou-fleur

cause /kɔːz/ ◆ *vt* causer, provoquer : *to cause problems* créer des problèmes ◆ *n* **1** ~ **(of sth)** cause (de qch) **2** ~ **(for sth)** raison, motif (de qch) : *There is no cause for concern.* Il n'y a aucune raison de s'inquiéter. LOC *Voir* ROOT

causeway /ˈkɔːzweɪ/ *n* chaussée (*surélevée*)

caustic /ˈkɔːstɪk/ *adj* caustique

caution /ˈkɔːʃn/ ◆ **1** *vt, vi* ~ **(sb) against sth** déconseiller qch (à qn) ; mettre qn en garde contre qch **2** *vt* réprimander, donner un avertissement à ◆ *n* **1** prudence, circonspection : *to exercise extreme caution* faire preuve de beaucoup de vigilance **2** (*Jur*) avertissement LOC **to throw/fling caution to the winds** faire fi de toute prudence **cautionary** *adj* d'avertissement : *a cautionary tale* un récit édifiant ◊ *to sound a cautionary note* donner un avertissement

cautious /ˈkɔːʃəs/ *adj* ~ **(about/of sth)** prudent (en ce qui concerne qch) **cautiously** *adv* prudemment, avec prudence

cavalry /ˈkævlri/ *n* [*v sing ou pl*] cavalerie

cave /keɪv/ ◆ *n* caverne, grotte : *cave paintings* peintures rupestres PHR V **to cave in 1** s'effondrer, céder **2** (*fig*) céder

cavern /ˈkævən/ *n* caverne **cavernous** *adj* **1** caverneux **2** profond, immense

caviar (*aussi* **caviare**) /ˈkæviɑː(r)/ *n* caviar

cavity /'kævəti/ *n* (*pl* **-ies**) cavité

CD /ˌsiː 'diː/ *n* CD : *a CD player* une platine laser

CD-ROM /ˌsiː diː 'rɒm/ *n* CD-ROM ☛ *Voir illustration sous* ORDINATEUR

cease /siːs/ *vt, vi* (*sout*) cesser, (s')arrêter : *You never cease to amaze me!* Tu m'étonneras toujours !

ceasefire /'siːsfaɪə(r)/ *n* cessez-le-feu

ceaseless /'siːsləs/ *adj* incessant

cede /siːd/ *vt* ~ **sth (to sb)** céder qch (à qn)

cedilla /sɪ'dɪlə/ *n* cédille

ceiling /'siːlɪŋ/ *n* plafond

celebrate /'selɪbreɪt/ **1** *vt* fêter, célébrer **2** *vi* faire la fête : *Let's celebrate!* Il faut fêter ça ! **3** *vt* (*sout*) (*personne, rite*) célébrer **celebrated** *adj* ~ **(for sth)** célèbre (pour qch) **celebration** *n* **1** célébration : *in celebration of sth* pour fêter qch **2** fête, festivités **celebratory** /ˌselə'breɪtəri/ *adj* de fête, commémoratif

celebrity /sə'lebrəti/ *n* (*pl* **-ies**) célébrité

celery /'seləri/ *n* céleri

cell /sel/ *n* **1** cellule **2** (*Électr*) élément

cellar /'selə(r)/ *n* cave : *a wine cellar* une cave (à vin)

cellist /'tʃelɪst/ *n* violoncelliste

cello /'tʃeləʊ/ *n* (*pl* ~**s**) violoncelle

cellphone /'selfəʊn/ (*aussi* **cellular phone**) *n* portable (*téléphone*)

cellular /'seljələ(r)/ *adj* cellulaire

cement /sɪ'ment/ ◆ *n* **1** ciment **2** mastic ◆ *vt* (*aussi fig*) cimenter

cemetery /'semətri ; *USA* -teri/ *n* (*pl* **-ies**) cimetière ☛ *Comparer avec* CHURCHYARD

censor /'sensə(r)/ ◆ *n* censeur (*Cin, Théâtre*) ◆ *vt* censurer **censorship** *n* [*indénombrable*] censure (*Cin, Théâtre*)

censure /'senʃə(r)/ ◆ *vt* ~ **sb (for sth)** critiquer qn (pour qch) ◆ *n* censure (*Polit*)

census /'sensəs/ *n* (*pl* ~**es**) recensement

cent /sent/ *n* cent (*monnaie*)

centenary /sen'tiːnəri ; *USA* -'tenəri/ (*USA* **centennial** /sen'teniəl/) *n* (*pl* **-ies**) centenaire

center (*USA*) *Voir* CENTRE

centimetre (*USA* **-meter**) /'sentɪmiːtə(r)/ *n* (*abrév* **cm**) centimètre ☛ *Voir Appendice 1.*

centipede /'sentɪpiːd/ *n* mille-pattes

central /'sentrəl/ *adj* **1** central : *in central London* dans le centre de Londres **2** au centre : *The flat is very central.* L'appartement est en plein centre-ville. **3** principal, essentiel : *the central question* la question essentielle LOC **central heating** chauffage central **centralize, -ise** *vt* centraliser **centralization, -isation** *n* centralisation **centrally** *adv* **1** en centre-ville **2** de façon centralisée

centre (*USA* **center**) /'sentə(r)/ ◆ *n* **1** centre : *the town centre* le centre-ville ◇ *a shopping centre* un centre commercial **2 the centre** [*v sing ou pl*] (*Polit*) le centre : *a centre party* un parti du centre **3** (*Sport*) centre ◆ *vt, vi* centrer PHR V **to centre (sth) on/upon/(a)round sb/sth** concentrer qch sur qch, se concentrer sur qn/qch

centre forward (*aussi* **centre**) *n* avant-centre

centre half *n* défenseur central

century /'sentʃəri/ *n* (*pl* **-ies**) **1** siècle **2** (*Cricket*) score de 100

ceramic /sə'ræmɪk/ ◆ *n* céramique ◆ *adj* en céramique

cereal /'sɪəriəl/ *n* **1** céréale **2** [*indénombrable*] céréales

cerebral /'serəbrəl ; *USA* sə'riːbrəl/ *adj* cérébral

ceremonial /ˌserɪ'məʊniəl/ ◆ *adj* de cérémonie ◆ *n* cérémonial

ceremony /'serəməni ; *USA* -məʊni/ *n* (*pl* **-ies**) cérémonie

certain /'sɜːtn/ ◆ *adj* **1** certain, sûr : *That's far from certain.* C'est loin d'être sûr. ◇ *It's certain that he'll win.* C'est sûr qu'il va gagner. **2** certain : *to a certain extent* dans une certaine mesure ◇ *a certain Mr Brown* un certain M. Brown LOC **for certain** : *I know for certain that...* Je suis certain que... ◇ *I can't say for certain.* Je ne sais pas au juste. **to make certain (that...)** vérifier (que...), s'en assurer **to make certain of sth** s'assurer de qch ◆ *pron* ~ **of...** : *certain of those present* certaines des personnes présentes **certainly** *adv* **1** certainement ☛ *Comparer avec* SURELY **2** (*comme réponse*) certainement, bien sûr : *Certainly not!* Certainement pas ! **certainty** *n* (*pl* **-ies**) certitude

certificate /sə'tɪfɪkət/ *n* **1** certificat : *a doctor's certificate* un certificat médical **2** (*École*) diplôme

certify /'sɜːtɪfaɪ/ *vt* (*prét, pp* **-fied**) **1** certifier, attester **2** (*aussi* **to certify insane**) : *He was certified (insane).* Il a été déclaré atteint d'aliénation mentale. **certification** *n* certification

Cesarian (*USA*) *Voir* CAESAREAN

CFC /ˌsiː ef 'siː/ *abrév* **chlorofluorocarbon** CFC

chain /tʃeɪn/ ◆ *n* **1** chaîne : *a chain store* un magasin faisant partie d'une chaîne ◊ *a chain reaction* une réaction en chaîne ◊ *a chain of mountains* une chaîne de montagnes **2** série, enchaînement LOC **in chains** enchaîné ◆ *vt* ~ **sb/sth (up)** enchaîner qn/qch

chainsaw /'tʃeɪnsɔː/ *n* tronçonneuse

chain-smoker /'tʃeɪn sməʊkə(r)/ *n* gros fumeur, grosse fumeuse

chair /tʃeə(r)/ ◆ *n* **1** chaise : *Pull up a chair.* Prenez une chaise. ◊ *an easy chair* un fauteuil **2 the chair** (*réunion*) le président, la présidente **3 the (electric) chair** la chaise électrique **4** (*Université*) chaire ◆ *vt* présider (*réunion*)

chairman /'tʃeəmən/ *n* (*pl* **-men** /-mən/) président ☛ On emploie de préférence le terme **chairperson**, qui désigne aussi bien un homme qu'une femme.

chairperson /'tʃeəpɜːsn/ *n* président, -e

chairwoman /'tʃeəwʊmən/ *n* (*pl* **-women**) présidente ☛ On emploie de préférence le terme **chairperson**, qui désigne aussi bien un homme qu'une femme.

chalet /'ʃæleɪ/ *n* chalet

chalk /tʃɔːk/ ◆ *n* [*gén indénombrable*] craie : *a piece/stick of chalk* une craie PHR V **to chalk sth up** marquer qch : *to chalk up a victory* remporter une victoire

challenge /'tʃælɪndʒ/ ◆ *n* **1** défi : *to issue a challenge to sb* lancer un défi à qn **2** épreuve, défi ◆ *vt* **1** défier, lancer un défi à **2** faire une sommation à **3** (*vérité, etc.*) contester **4** (*travail, etc.*) mettre à l'épreuve, stimuler **challenger** *n* challenger **challenging** *adj* stimulant, difficile

chamber /'tʃeɪmbə(r)/ *n* chambre : *chamber music* musique de chambre ◊ *the chamber of commerce* la chambre de commerce

chambermaid /'tʃeɪmbəmeɪd/ *n* femme de chambre

champagne /ʃæm'peɪn/ *n* champagne

champion /'tʃæmpiən/ ◆ *n* **1** (*Sport, etc.*) champion, -ionne : *the defending/reigning champion* le champion en titre **2** (*cause*) champion, -ionne, défenseur ◆ *vt* se faire le champion de, défendre **championship** *n* championnat : *the world championship* le championnat du monde

chance /tʃɑːns ; *USA* tʃæns/ ◆ *n* **1** chance : *There's a chance I may be late.* Il y a des chances que je sois en retard. **2** occasion : *I don't often get the chance to go to the theatre.* Ce n'est pas souvent que j'ai l'occasion d'aller au théâtre. **3** risque **4** hasard : *a lucky chance* un coup de chance ◊ *a chance meeting* une rencontre fortuite LOC **by (any) chance** par hasard **on the off chance** au cas où **the chances are (that)...** (*fam*) il y a de grandes chances que... **to take a chance (on sth)** prendre le risque (de faire qch), tenter sa chance **to take chances** prendre des risques *Voir aussi* STAND ◆ *vt* ~ **doing sth** prendre le risque de faire qch LOC **to chance your arm/luck** (*fam*) tenter sa chance PHR V **to chance on/upon sb/sth** tomber sur qn/qch, rencontrer qn/trouver qch par hasard

chancellor /'tʃɑːnsələ(r) ; *USA* 'tʃæns-/ *n* **1** chancelier : *the Chancellor of the Exchequer* le ministre des Finances **2** (*GB*) (*Université*) président, -e

chandelier /ˌʃændə'lɪə(r)/ *n* lustre

change /tʃeɪndʒ/ ◆ **1** *vt, vi* changer (de) : *to change a wheel* changer une roue ◊ *to change dollars into euros* changer des dollars en euros ◊ *He's changed so much!* Comme il a changé ! ◊ *to change sides* changer de côté ◊ *We change trains at Victoria.* On change de train à Victoria. ◊ *Can you change this ten-pound note?* Pouvez-vous me faire la monnaie de dix livres ? **2** *vt* ~ **sth (for sth)** échanger qch (contre qch) **3** *vt* ~ **sb/sth (into sth)** changer, transformer qn/qch (en qch) **4** *vi* ~ **(from sth) (in)to sth** se transformer (de qch) en qch ; passer de qch à qch **5** *vi* ~ **(into sth)** mettre qch ; se changer : *to change into something cooler* mettre qch de plus léger LOC **to change hands** changer de propriétaire **to change places (with sb) 1** changer de place (avec qn) **2** (*fig*) être à la place de qn, intervertir les rôles : *I wouldn't change places with you.* Je n'aimerais pas être à ta place. **to change your mind** changer d'avis **to change your tune** (*fam*) changer d'avis, tenir un tout autre langage *Voir aussi* CHOP **PHR V to change back into sth 1** (*vêtement*) remettre qch **2** redevenir qch **to change over (from sth) (to sth)** passer (de qch) à qch, abandonner qch, changer ◆ *n* **1** changement, changements : *his ability to accept change* sa capacité d'accepter les changements **2** changement, correspondance **3** [*indénombrable*] monnaie : *loose change* petite monnaie **4** *a change of clothing* des vêtements de rechange LOC **a change for the better/worse** une amélioration/dégradation **for a change** pour changer **the change of life** la ménopause **to have a change of heart** changer d'avis **to make a change** : *It makes a change to get good news.* Une bonne nouvelle, voilà qui change un peu. ◊ *It makes a change from pasta.* Ça nous change des pâtes. ◊ *That makes a change from the usual nonsense.* Ça nous change des inepties habituelles. **changeable** *adj* **1** (*personne*) changeant **2** (*temps*) variable

changeover /'tʃeɪndʒəʊvə(r)/ *n* (phase de) changement, passage

changing room *n* **1** cabine d'essayage **2** vestiaire

channel /'tʃænl/ ◆ *n* **1** (*Télé*) chaîne **2** (*Radio*) canal **3** chenal **4** détroit, bras de mer : *the (English) Channel* la Manche **5** (*fig*) voie, canal ◆ *vt* (-ll-, *USA aussi*-l-) **1** canaliser **2** creuser

chant /tʃɑːnt ; *USA* tʃænt/ ◆ *n* **1** (*Relig*) chant, psalmodie **2** chant scandé ◆ *vt, vi* **1** (*Relig*) psalmodier **2** (*foule*) scander (des slogans)

chaos /'keɪɒs/ *n* [*indénombrable*] chaos, désordre : *to cause chaos* semer la pagaille **chaotic** /keɪ'ɒtɪk/ *adj* chaotique, désordonné

chap /tʃæp/ *n* (*fam, GB*) type, mec : *He's a good chap.* C'est un chic type.

chapel /'tʃæpl/ *n* chapelle

chaplain /'tʃæplɪn/ *n* aumônier

chapped /tʃæpt/ *adj* gercé, crevassé

chapter /'tʃæptə(r)/ *n* chapitre LOC **to give/quote chapter and verse** donner la référence exacte

char /tʃɑː(r)/ *vt, vi* (-rr-) (se) carboniser

character /'kærəktə(r)/ *n* **1** caractère : *character references* références **2** (*fam*) individu : *He's an odd character.* C'est un drôle d'individu. **3** (*Littér*) personnage : *the main character* le protagoniste **4** réputation : *character assassination* diffamation LOC **in/out of character** : *His comment was quite in/out of character.* Cette remarque lui ressemble tout à fait/ne lui ressemble pas du tout.

characteristic /ˌkærəktə'rɪstɪk/ ◆ *adj* caractéristique ◆ *n* caractéristique **characteristically** *adv* typiquement

characterize, -ise /'kærəktəraɪz/ *vt* **1** ~ **sb/sth as sth** dépeindre qn/qch comme qch **2** caractériser **characterization, -isation** *n* **1** caractérisation **2** représentation des personnages

charade /ʃə'rɑːd ; *USA* ʃə'reɪd/ *n* (*fig*) comédie

charcoal /'tʃɑːkəʊl/ *n* **1** charbon de bois **2** (*Art*) fusain **3** (*aussi* **charcoal grey**) gris anthracite

charge /tʃɑːdʒ/ ◆ *n* **1** inculpation **2** (*Mil, Électr, animaux*) charge **3** (*Sport*) attaque **4** frais : *free of charge* gratuit **5** responsabilité : *to leave a child in a friend's charge* confier un enfant à un ami LOC **in charge (of sb/sth)** responsable (de qn/qch) : *Who's in charge here?* Qui est le responsable ? **in/under sb's charge** sous la responsabilité de qn **to bring/press charges against sb** porter plainte contre qn, engager des poursuites contre qn **to have charge of sth** être chargé de qch **to take charge (of sth)** prendre la direction de qch, prendre les choses en mains *Voir aussi* EARTH, REVERSE ◆ **1** *vt* ~ **sb (with sth)** accuser, inculper qn (de qch) **2** *vt, vi* ~ **(at) (sb/sth)** (*Mil*) charger (qn/qch) : *Charge!* À l'attaque ! **3** *vt, vi* ~ **(at) (sb/sth)** (*animal*) foncer (sur qn/qch) ; charger **4** *vi* ~ **in, out, etc.** entrer, sortir, etc. à toute vitesse : *The children charged up/down the stairs.* Les enfants ont monté/descendu les escaliers à toute vitesse. **5** *vt, vi* ~ **(sb) (for sth)** faire payer qch (à qn) ; faire payer qn ; se faire payer **6** *vt* prendre : *How much do you charge?* Combien est-ce que vous prenez ? **7** *vt* ~ **sth to sth** mettre qch sur qch : *Charge it to my account.* Mettez-le sur mon compte. **8** *vt* (*batterie*) charger **9** *vt* ~ **sb to do sth** (*sout*) charger qn de faire qch **chargeable** *adj* **1** passible de poursuites : *a chargeable offence* un délit **2 to be ~ to sb** être à la charge de qn

chariot /ˈtʃæriət/ *n* char

charisma /kəˈrɪzmə/ *n* charisme **charismatic** /ˌkærɪzˈmætɪk/ *adj* charismatique

charitable /ˈtʃærətəbl/ *adj* **1** charitable **2** indulgent **3** (*organisation*) caritatif : *to have charitable status* avoir le statut d'association caritative

charity /ˈtʃærəti/ *n* (*pl* **-ies**) **1** charité **2** (*organisation*) association caritative : *for charity* au profit d'œuvres caritatives

charity shop *n* (*GB*) magasin vendant des articles d'occasion au profit d'une organisation caritative

charm /tʃɑːm/ ◆ *n* **1** charme **2** amulette : *a good-luck charm* un porte-bonheur LOC *Voir* WORK[2] ◆ *vt* charmer : *to lead a charmed life* être béni des dieux **charming** *adj* charmant

chart /tʃɑːt/ ◆ *n* **1** carte **2** graphique, tableau : *a flow chart* un organigramme **3 the charts** [*pl*] (*musique*) le hit-parade ◆ *vt* **1** porter sur une carte **2** faire le graphique/la courbe de, enregistrer : *to chart the course/the progress of sth* enregistrer le parcours/la progression de qch

charter /ˈtʃɑːtə(r)/ ◆ *n* **1** charte **2** *a charter flight* un charter ◆ *vt* affréter **chartered** *adj* agréé : *a chartered accountant* un expert-comptable

chase /tʃeɪs/ ◆ *vt, vi* (*pr et fig*) ~ **(after) sb/sth** poursuivre qn/qch ; courir (après) qn/qch : *He's always chasing (after) women.* Il court les femmes. PHR V **to chase about, around, etc.** courir en tous sens **to chase sb/sth away, off, out, etc.** chasser qn/qch **to chase sb up** (*fam*) relancer qn **to chase sth up** (*GB, fam*) **1** rechercher qch **2** réclamer qch, activer qch ◆ *n* **1** poursuite **2** (*animaux*) chasse

chasm /ˈkæzəm/ *n* gouffre, abîme

chassis /ˈʃæsi/ *n* (*pl* **chassis** /ˈʃæsiz/) châssis

chaste /tʃeɪst/ *adj* **1** chaste **2** (*style*) sobre

chastened /ˈtʃeɪsnd/ *adj* assagi, calmé **chastening** *adj* qui fait réfléchir

chastity /ˈtʃæstəti/ *n* chasteté

chat /tʃæt/ ◆ *n* conversation : *a chat show* un talk-show ◆ *vi* (**-tt-**) ~ **(to/with sb)** causer, bavarder (avec qn) PHR V **to chat sb up** (*GB, fam*) draguer qn, baratiner qn **chatty** *adj* (**-ier, -iest**) **1** (*personne*) bavard **2** (*lettre*) plein de bavardages

chatter /ˈtʃætə(r)/ ◆ *vi* **1** ~ **(away)** bavarder **2** (*singes*) babiller **3** (*oiseaux*) piailler, crier **4** (*dents*) : *His teeth were chattering.* Il claquait des dents. **5** (*machines*) cliqueter ◆ *n* **1** (*personnes*) bavardage **2** (*singes, oiseaux*) jacassement **3** (*dents*) claquement **4** (*machines*) cliquetis

chatterbox /ˈtʃætərbɒks/ *n* moulin à paroles

chauffeur /ˈʃəʊfə(r) ; *USA* ʃəʊˈfɜːr/ ◆ *n* chauffeur ◆ *vt* ~ **sb around** conduire qn

chauvinism /ˈʃəʊvɪnɪzəm/ *n* **1** chauvinisme **2** machisme

chauvinist /ˈʃəʊvɪnɪst/ ◆ *n* **1** macho **2** chauvin, -e ◆ *adj* (*aussi* **chauvinistic**) /ˌʃəʊvɪˈnɪstɪk/ **1** macho **2** chauvin

cheap /tʃiːp/ ◆ *adj* (**-er, -est**) **1** bon marché, pas cher : *the cheapest way* le moyen le moins cher **2** de mauvaise qualité **3** (*fam*) (*remarque*) facile **4** (*fam*) (*coup*) sale, bas **5** (*fam, USA*) radin, mesquin ◆ *adv* (*fam*) (**-er, -est**) bon marché, pour pas cher LOC **not to come cheap** (*fam*) : *Good quality doesn't come cheap.* La qualité se paye. **to be going cheap** (*fam*) être au rabais ◆ *n* LOC **on the cheap** (*fam*) au rabais **cheapen** *vt* rabaisser, abaisser : *to cheapen yourself* s'abaisser **cheaply** *adv* à bas prix, à bon marché

cheat /tʃiːt/ ◆ **1** *vt* duper **2** *vi* ~ **(at sth)** tricher (à qch) PHR V **to cheat on sb** tromper qn (*être infidèle*) **to cheat sb (out) of sth** escroquer qch à qn ◆ *n* **1** tricheur, -euse **2** tricherie

check /tʃek/ ◆ **1** *vt* vérifier, contrôler *Voir aussi* DOUBLE-CHECK **2** *vt* enrayer, freiner **3** *vt* (*émotions*) maîtriser LOC **to check (sth) for sth** vérifier qu'il n'y a pas qch (dans/sur qch) : *Check the car for signs of rust.* Vérifie qu'il n'y a pas de traces de rouille sur la voiture. PHR V **to check in** se présenter à l'enregistrement **to check in (at...)** ; **to check into...** arriver (à...), remplir une fiche (à...) (*à l'hôtel*) **to check sth in** enregistrer qch (*valise*) **to check sth off** cocher qch **to check out (of sth)** partir, quitter qch (*hôtel*) **to check sb/sth out**

(*fam*) regarder qn/qch : *Check out that car!* Vise un peu la voiture ! **to check sth out** (*USA*) vérifier qch **to check (up) on sb** faire une enquête sur qn, surveiller qn **to check (up) on sth** vérifier qch ◆ *n* **1** contrôle, vérification **2** échec *Voir aussi* CHECKMATE **3** (*USA*) *Voir* CHEQUE **4** (*USA*) addition (*au restaurant*) **5** carreau LOC **to hold/keep sth in check** contenir qch, maîtriser qch **checked** (*aussi* **check**) *adj* à carreaux

check-in /ˈtʃek ɪn/ *n* enregistrement (*à l'aéroport*)

checklist /ˈtʃeklɪst/ *n* liste de contrôle

checkmate /ˈtʃekmeɪt/ (*aussi* **mate**) *n* échec et mat

checkout /ˈtʃekaʊt/ *n* caisse (*supermarché*)

checkpoint /ˈtʃekpɔɪnt/ *n* poste de contrôle

check-up /ˈtʃek ʌp/ *n* bilan de santé

cheek /tʃiːk/ *n* **1** joue **2** culot, toupet : *What (a) cheek!* Quel culot ! LOC *Voir* TONGUE **cheeky** *adj* (**-ier**, **-iest**) effronté, impertinent

cheer /tʃɪə(r)/ ◆ **1** *vt* acclamer **2** *vi* pousser des acclamations **3** *vt* remonter le moral à, réjouir : *We were cheered by the news.* La nouvelle nous a réjouis. PHR V **to cheer sb on** encourager qn (par des acclamations) **to cheer up** reprendre courage, se ressaisir : *Cheer up!* Courage ! **to cheer sb up** remonter le moral à qn **to cheer sth up** égayer qch ◆ *n* hourra, acclamations : *Three cheers for...* Hourra pour... **cheerful** *adj* joyeux, gai **cheery** *adj* (**-ier**, **-iest**) joyeux, gai

cheering /ˈtʃɪərɪŋ/ ◆ *n* [*indénombrable*] acclamations ◆ *adj* réconfortant, réjouissant

cheerio! /ˌtʃɪəriˈəʊ/ *excl* (*GB*) salut !, au revoir !

cheerleader /ˈtʃɪəliːdə(r)/ *n* majorette (*qui encourage une équipe sportive*)

cheers! /tʃɪəz/ *excl* (*GB*) **1** à la tienne !, à la vôtre ! **2** salut !, au revoir ! **3** merci !

cheese /tʃiːz/ *n* fromage : *Would you like some cheese?* Voulez-vous du fromage ? ◊ *a wide variety of cheeses* une grande sélection de fromages LOC *Voir* BIG

cheesecake /ˈtʃiːzkeɪk/ *n* gâteau au fromage blanc

cheetah /ˈtʃiːtə/ *n* guépard

chef /ʃef/ *n* chef (*cuisinier*)

chemical /ˈkemɪkl/ ◆ *adj* chimique ◆ *n* produit chimique

chemist /ˈkemɪst/ *n* **1** pharmacien, -ienne ☛ *Comparer avec* PHARMACIST **2 chemist's** pharmacie ☛ *Voir note sous* PHARMACY **3** chimiste

chemistry /ˈkemɪstri/ *n* chimie

cheque (*USA* **check**) /tʃek/ *n* chèque : *to pay by cheque* payer par chèque ◊ *a cheque card* une carte de garantie bancaire

cheque book (*USA* **checkbook**) *n* chéquier

cherish /ˈtʃerɪʃ/ *vt* **1** (*personne*) chérir, aimer **2** (*liberté, tradition, souvenir*) chérir **3** (*espoir*) caresser

cherry /ˈtʃeri/ *n* (*pl* **-ies**) **1** cerise **2** (*aussi* **cherry tree**) cerisier : *cherry blossom* fleurs de cerisier **3** (*aussi* **cherry red**) rouge cerise

cherub /ˈtʃerəb/ *n* (*pl* **~s** *ou* **~im**) chérubin

chess /tʃes/ *n* échecs

chessboard /ˈtʃesbɔːd/ *n* échiquier

chest /tʃest/ *n* **1** coffre, caisse : *a chest of drawers* une commode **2** poitrine ☛ *Comparer avec* BREAST LOC **to get it/something off your chest** (*fam*) vider son sac

chestnut /ˈtʃesnʌt/ ◆ *n* **1** marron, châtaigne **2** marronnier, châtaignier **3** (*fam*) plaisanterie éculée ◆ *adj*, *n* marron, châtain

chew /tʃuː/ *vt* ~ **sth (up)** mâcher, mordiller qch PHR V **to chew sth over** (*fam*) cogiter sur qch **chewy** *adj* (**-ier**, **-iest**) **1** (*caramel*) mou **2** (*aliment*) difficile à mâcher

chewing gum *n* [*indénombrable*] chewing-gum

chick /tʃɪk/ *n* **1** oisillon **2** poussin

chicken /ˈtʃɪkɪn/ ◆ *n* **1** poulet, poule *Voir aussi* COCK, HEN **2** (*fam*) poule mouillée ◆ *v* PHR V **to chicken out** (*fam*) se dégonfler ◆ *adj* (*fam*) froussard

chickenpox /ˈtʃɪkɪnpɒks/ *n* [*indénombrable*] varicelle

chickpea /ˈtʃɪkpiː/ *n* pois chiche

chicory /ˈtʃɪkəri/ *n* [*indénombrable*] endive

chief /tʃiːf/ ◆ *n* chef, dirigeant, -e ◆ *adj* principal **chiefly** *adv* surtout, principalement

chieftain /ˈtʃiːftən/ *n* chef (*de tribu*)

child /tʃaɪld/ *n* (*pl* **~ren** /ˈtʃɪldrən/) enfant : *child benefit* allocations familiales ◊ *children's clothes/television* vêtements/émissions pour enfants ◊ *Her children are all grown up now.* Ses enfants sont tous grands maintenant. ◊ *an only child* un fils unique LOC **child's play** (*fam*) un jeu d'enfant **childbirth** *n* [*indénombrable*] accouchement **childcare** *n* protection de l'enfance **childhood** *n* enfance **childish** *adj* puéril : *to be childish* se comporter de façon infantile **childless** *adj* sans enfants **childlike** *adj* (*sens positif*) enfantin

childminder /ˈtʃaɪldmaɪndə(r)/ *n* nourrice

chili (*USA*) *Voir* CHILLI

chill /tʃɪl/ ◆ *n* **1** fraîcheur : *There's a chill in the air.* Le fond de l'air est frais. **2** coup de froid : *to catch/get a chill* prendre froid **3** frisson : *His story sent a chill down her spine.* Son histoire lui a fait froid dans le dos. ◆ **1** *vt* glacer **2** *vt* (*nourriture*) mettre au frais : *frozen and chilled foods* aliments surgelés et réfrigérés LOC **chilled to the bone/marrow** gelé jusqu'à la moelle PHR V **to chill out** (*fam*) se détendre **chilling** *adj* qui glace le sang **chilly** *adj* (**-ier**, **-iest**) frais : *to feel chilly* avoir froid

chilli (*USA* **chili**) /ˈtʃɪli/ *n* (*pl* **~es**) (*aussi* **chilli pepper**) piment rouge, chili

chime /tʃaɪm/ ◆ *n* carillon ◆ *vi* sonner, carillonner PHR V **to chime in (with sth)** (*fam*) intervenir, ajouter qch

chimney /ˈtʃɪmni/ *n* (*pl* **-eys**) cheminée : *chimney pots* mitrons ◊ *a chimney sweep* un ramoneur

chimp /tʃɪmp/ *n* (*fam*) *Voir* CHIMPANZEE

chimpanzee /ˌtʃɪmpænˈziː/ *n* chimpanzé

chin /tʃɪn/ *n* menton LOC **to keep your chin up** (*fam*) tenir le coup *Voir aussi* CUP

china /ˈtʃaɪnə/ *n* **1** porcelaine **2** porcelaines

chink /tʃɪŋk/ *n* fente, fissure LOC **a chink in sb's armour** le point faible de qn

chip /tʃɪp/ ◆ *n* **1** éclat, fragment **2** copeau **3** ébréchure **4** frite **5** (*USA*) *Voir* CRISP **6** (*casino*) jeton **7** (*Informatique*) puce LOC **a chip off the old block** (*fam*) : *He's a chip off the old block.* Il est bien le fils de son père. **to have a chip on your shoulder** (*fam*) en vouloir à tout le monde ◆ *vt, vi* (**-pp-**) (s')ébrécher PHR V **to chip in (with sth)** (*fam*) **1** (*discours*) mettre son grain de sel, ajouter qch **2** (*argent*) contribuer, donner qch **chippings** *n* [*pl*] **1** gravillons **2** (*aussi* **wood chippings**) copeaux de bois

chiropodist /kɪˈrɒpədɪst/ *n* pédicure, podologue

chirp /tʃɜːp/ ◆ *n* **1** pépiement **2** (*cigale*) chant ◆ *vi* **1** pépier **2** (*cigale*) chanter **chirpy** *adj* gai, pétillant

chisel /ˈtʃɪzl/ ◆ *n* ciseau, burin ◆ *vt* tailler au ciseau, ciseler : *finely chiselled features* traits finement ciselés

chivalry /ˈʃɪvəlri/ *n* **1** galanterie **2** chevalerie

chive /tʃaɪv/ *n* [*gén pl*] **chives** ciboulette

chloride /ˈklɔːraɪd/ *n* chlorure

chlorine /ˈklɔːriːn/ *n* chlore

chock-a-block /ˌtʃɒk ə ˈblɒk/ *adj* ~ **(with sth)** plein à craquer (de qch)

chock-full /ˌtʃɒk ˈfʊl/ *adj* ~ **(of sth)** plein à craquer (de qch)

chocolate /ˈtʃɒklət/ ◆ *n* chocolat : *milk/plain chocolate* chocolat au lait/noir ◊ *a box of chocolates* une boîte de chocolats ◆ *adj* **1** (*gâteau*) au chocolat **2** (*couleur*) chocolat

choice /tʃɔɪs/ ◆ *n* **1** ~ **(between...)** choix (entre...) : *to make a choice* choisir **2** choix, sélection LOC **out of/from choice** par choix **to have no choice** ne pas avoir le choix ◆ *adj* (**-er**, **-est**) de choix

choir /ˈkwaɪə(r)/ *n* [*v sing ou pl*] chorale, chœur : *a choirboy* un jeune choriste

choke /tʃəʊk/ ◆ **1** *vi* ~ **(on sth)** s'étouffer (avec qch/en avalant qch de travers) : *to choke to death* mourir étouffé **2** *vt* étouffer **3** *vt* étrangler **4** *vt, vi* étouffer : *to be choked with anger* étouffer de colère **5** *vt* ~ **sth (up) (with sth)** boucher qch (avec qch) PHR V **to choke sth back** retenir qch, étouffer qch ◆ *n* starter

cholera /ˈkɒlərə/ *n* choléra

cholesterol /kəˈlestərɒl/ *n* cholestérol

choose /tʃuːz/ (*prét* **chose** /tʃəʊz/ *pp* **chosen** /ˈtʃəʊzn/) **1** *vt* ~ **sb/sth (as sth)** choisir qn/qch (comme qch) **2** *vi* ~ **(between A and/or B)** choisir (entre A et B) **3** *vt* ~ **to do sth** décider de faire qch **4** *vt* (*Sport*) sélectionner **5** *vi* vouloir : *whenever you choose* quand tu veux LOC *Voir* PICK **choosy** *adj* (**-ier**, **-iest**) (*fam*) difficile (*à satisfaire*)

chop /tʃɒp/ ◆ *vt, vi* (**-pp-**) **1** ~ **sth (up) (into sth)** couper qch (en qch) : *to chop sth in two* couper qch en deux ◊ *a chopping board* une planche à découper **2** (*GB, fam*) (*fonds, dépenses*) réduire LOC **to chop and change** changer d'avis comme de chemise PHR V **to chop sth down** abattre qch **to chop sth off (sth)** couper qch (de qch) ◆ *n* **1** coup de hache **2** coup (*avec le tranchant de la main*) **3** (*viande*) côtelette **chopper** *n* **1** hache **2** (*viande*) hachoir **3** (*fam*) hélico **choppy** *adj* (**-ier**, **-iest**) agité (*mer*)

chopsticks /'tʃɒpstɪks/ *n* [*pl*] baguettes (*pour manger*)

choral /'kɔːrəl/ *adj* choral

chord /kɔːd/ *n* accord (*Mus*)

chore /tʃɔː(r)/ *n* tâche, corvée : *household chores* tâches ménagères

choreography /ˌkɒri'ɒgrəfi ; *USA* ˌkɔːri-/ *n* chorégraphie **choreographer** *n* chorégraphe

chorus /'kɔːrəs/ ◆ *n* **1** [*v sing ou pl*] (*Mus, Théâtre*) chœur, chorale : *chorus girls* danseuses de revue **2** refrain LOC **in chorus** en chœur, à l'unisson ◆ *vt* crier à l'unisson

chose *prét de* CHOOSE

chosen *pp de* CHOOSE

Christ /kraɪst/ (*aussi* **Jesus**, **Jesus Christ**) *n* le Christ

christen /'krɪsn/ *vt* baptiser **christening** *n* baptême

Christian /'krɪstʃən/ *n, adj* chrétien, -ienne **Christianity** /ˌkrɪsti'ænəti/ *n* christianisme

Christian name (*aussi* **first name**) *n* nom de baptême, prénom

Christmas /'krɪsməs/ *n* Noël : *Christmas Day* le jour de Noël ◊ *Christmas Eve* la veille de Noël ◊ *Merry/Happy Christmas!* Joyeux Noël ! ◊ *a Christmas card* une carte de Noël ☛ *Voir note sous* NOËL

Christmas pudding *n* pudding traditionnel de Noël à base de fruits secs et d'épices ☛ *Voir note sous* NOËL

chrome /krəʊm/ *n* chrome

chromium /'krəʊmiəm/ *n* chrome : *chromium-plated* chromé

chromosome /'krəʊməsəʊm/ *n* chromosome

chronic /'krɒnɪk/ *adj* chronique

chronicle /'krɒnɪkl/ ◆ *n* chronique ◆ *vt* faire la chronique de

chrysalis /'krɪsəlɪs/ *n* (*pl* ~**es**) chrysalide

chubby /'tʃʌbi/ *adj* (**-ier**, **-iest**) potelé, joufflu *Voir aussi* FAT

chuck /tʃʌk/ *vt* (*fam*) **1** jeter, lancer **2** ~ **sth (in/up)** laisser tomber qch (*travail, etc.*) PHR V **to chuck sth away/out** jeter qch, balancer qch **to chuck sb out** vider qn, éjecter qn

chuckle /'tʃʌkl/ ◆ *vi* glousser, rire ◆ *n* gloussement, petit rire

chum /tʃʌm/ *n* (*fam*) copain, copine

chunk /tʃʌŋk/ *n* morceau, partie **chunky** *adj* (**-ier**, **-iest**) gros, trapu

church /tʃɜːtʃ/ *n* église : *a church hall* une salle paroissiale LOC **to go to church** aller à l'église ☛ *Voir note sous* SCHOOL

churchyard /'tʃɜːtʃjɑːd/ (*aussi* **graveyard**) *n* cimetière (*autour d'une église*) ☛ *Comparer avec* CEMETERY

churn /tʃɜːn/ **1** *vt* ~ **sth (up)** (*eau*) faire des remous dans qch **2** *vi* (*eau*) bouillonner **3** *vt* ~ **sth (up)** (*terre*) remuer qch **4** *vi* (*estomac*) : *My stomach was churning.* J'avais l'estomac noué. PHR V **to churn sth out** (*fam*) pondre qch en série

chute /ʃuːt/ *n* **1** vide-ordures **2** (*piscine*) toboggan

cider /'saɪdə(r)/ *n* cidre

cigar /sɪ'gɑː(r)/ *n* cigare

cigarette /ˌsɪgə'ret ; *USA* 'sɪgərət/ *n* cigarette : *a cigarette butt/end* un mégot de cigarette

cinder /'sɪndə(r)/ *n* cendre

cinema /'sɪnəmə/ *n* cinéma

cinnamon /'sɪnəmən/ *n* cannelle

circle /'sɜːkl/ ◆ *n* **1** cercle, rond : *the circumference of a circle* la circonférence d'un cercle ◊ *in a circle* en cercle **2** (*amis*) cercle, groupe **3** (*Théâtre*) balcon LOC **to go round in circles** tourner en rond *Voir aussi* FULL, VICIOUS ◆ *vt* **1** tourner autour de **2** *vi* (*oiseau, avion*) décrire des cercles, tourner en rond **3** *vt* encercler

circuit /'sɜːkɪt/ *n* **1** (*Électr*) circuit **2** piste **3** tour

circular /'sɜːkjələ(r)/ *adj, n* circulaire, rond

circulate /'sɜːkjəleɪt/ *vt, vi* (faire) circuler

circulation /ˌsɜːkjə'leɪʃn/ *n* **1** circulation **2** (*journal*) tirage

circumcise /'sɜːkəmsaɪz/ *vt* circoncire **circumcision** /ˌsɜːkəm'sɪʒn/ *n* circoncision

circumference /sə'kʌmfərəns/ *n* circonférence : *the circumference of the earth* la circonférence de la Terre

circumflex /'sɜːkəmfleks/ *n* (*aussi* **circumflex accent**) accent circonflexe

circumstance /'sɜːkəmstəns/ *n* **1** circonstance **2 circumstances** [*pl*] situation, moyens LOC **in/under no circumstances** en aucun cas **in/under the circumstances** dans les circonstances actuelles, vu la situation actuelle

circus /'sɜːkəs/ *n* cirque

cistern /'sɪstən/ *n* **1** réservoir de chasse d'eau **2** citerne

cite /saɪt/ *vt* citer

citizen /'sɪtɪzn/ *n* **1** citoyen, -enne, ressortissant, -e **2** habitant, -e : *the citizens of Paris* les habitants de Paris **citizenship** *n* citoyenneté, nationalité

citrus /'sɪtrəs/ *n* : *citrus fruit(s)* agrumes

city /'sɪti/ *n* (*pl* **cities**) **1** ville : *the city centre* le centre-ville ☛ *Voir note sous* VILLE **2 the City** la City (*centre des affaires à Londres*)

civic /'sɪvɪk/ *adj* **1** municipal : *a civic centre* un centre administratif municipal **2** civique

civil /'sɪvl/ *adj* **1** civil : *civil strife* conflit interne ◊ *civil law* droit civil ◊ *civil rights* droits civils ◊ *the Civil Service* la fonction publique ◊ *a civil servant* un fonctionnaire **2** courtois

civilian /sə'vɪliən/ *n* civil, -e

civilization, -isation /ˌsɪvəlaɪ'zeɪʃn ; *USA* -əlɪ'z-/ *n* civilisation

civilized, -ised /'sɪvəlaɪzd/ *adj* civilisé

clad /klæd/ *adj* (*sout*) ~ **(in sth)** vêtu (de qch)

claim /kleɪm/ ◆ **1** *vt* revendiquer, réclamer **2** *vt* prétendre, déclarer **3** *vt* (*attention*) demander **4** *vt* (*victimes*) faire : *The floods claimed 40 lives.* Les inondations ont fait 40 victimes. ◆ *n* **1** ~ **(for sth)** réclamation (pour qch) ; demande (de qch) **2** ~ **(on sb)** droit (sur qn) **3** ~ **(on/to sth)** droit, prétention (à qch) **4** affirmation LOC *Voir* LAY[1], STAKE **claimant** *n* demandeur, -eresse

clam /klæm/ ◆ *n* palourde ◆ *v* (**-mm-**) PHR V **to clam up** (*fam*) la boucler

clamber /'klæmbə(r)/ *vi* grimper, se hisser : *to clamber over a wall* escalader un mur

clammy /'klæmi/ *adj* (**-ier**, **-iest**) moite, collant

clamour (*USA* **clamor**) /'klæmə(r)/ ◆ *n* **1** clameur **2** réclamations ◆ *vi* **1** vociférer **2** ~ **for sth** réclamer qch à grands cris

clamp /klæmp/ ◆ *n* **1** (*aussi* **cramp**) presse, valet (*d'établi*) **2** (*aussi* **wheel clamp**) sabot de Denver ◆ *vt* **1** cramponner, fixer à l'aide d'un valet **2** mettre un sabot à : *My car was clamped.* On a mis un sabot à ma voiture. PHR V **to clamp down (on sb/sth)** (*fam*) sévir, serrer la vis à qn/mettre un frein à qch

clampdown /'klæmpdaʊn/ *n* ~ **(on sth)** répression (contre qch)

clan /klæn/ *n* [*v sing ou pl*] clan

clandestine /klæn'destɪn/ *adj* (*sout*) clandestin

clang /klæŋ/ ◆ *n* fracas, bruit métallique ◆ *vt, vi* (faire) retentir avec fracas, résonner (d'un bruit métallique)

clank /klæŋk/ *vi* cliqueter, s'entrechoquer

clap /klæp/ ◆ (**-pp-**) **1** *vt, vi* applaudir, taper des mains **2** *vt* taper, donner une tape à : *to clap sb on the back* taper qn dans le dos ◆ *n* **1** battement de mains, applaudissements **2** *a clap of thunder* un coup de tonnerre **clapping** *n* [*indénombrable*] applaudissements

clarify /'klærəfaɪ/ *vt* (*prét, pp* **-fied**) clarifier, éclaircir **clarification** *n* clarification, éclaircissement

clarinet /ˌklærə'net/ *n* clarinette

clarity /'klærəti/ *n* clarté

clash /klæʃ/ ◆ **1** *vt, vi* frapper, (s')entrechoquer **2** *vi* ~ **(with sb)** s'affronter, se heurter à qn **3** *vi* ~ **(with sb) (on/over sth)** s'affronter, se quereller avec qn (au sujet de qch) **4** *vi* ~ **(with sth)** (*dates*) tomber en même temps (que qch) **5** *vi* ~ **(with sth)** (*couleurs*) jurer (avec qch) ◆ *n* **1** retentissement, fracas **2** ~ **(on/over sth)** conflit (à propos de qch) : *a clash of opinion* un conflit d'opinions

clasp /klɑːsp ; *USA* klæsp/ ◆ *n* fermoir, boucle ◆ *vt* serrer, étreindre

class /klɑːs ; *USA* klæs/ ◆ *n* **1** classe, cours : *They're in class.* Ils sont en cours. ◊ *I go to cookery classes.* Je prends des cours de cuisine. **2** classe : *the class struggle/system* la lutte des classes/le système de classes **3** classe, catégorie : *She's not in the same class as Maggie Smith.* Elle n'est pas de la même trempe que Maggie Smith. **4** classe, distinction : *to have class* avoir de la classe LOC **in a class of your/its own** unique, sans égal ◆ *vt* **1** classer **2** ~ **sb/sth as sth** considérer qn/qch comme qch

classic /ˈklæsɪk/ *adj, n* classique : *a classic case* un cas typique

classical /ˈklæsɪkl/ *adj* classique

classification /ˌklæsɪfɪˈkeɪʃn/ *n* **1** classification, classement **2** classification, catégorie

classify /ˈklæsɪfaɪ/ *vt* (*prét, pp* **-fied**) classer **classified** *adj* **1** classifié : *classified advertisements/ads* petites annonces **2** confidentiel, secret

classmate /ˈklɑːsmeɪt ; *USA* ˈklæs-/ *n* camarade de classe

classroom /ˈklɑːsruːm, -rʊm ; *USA* ˈklæs-/ *n* salle de classe

classy /ˈklɑːsi ; *USA* ˈklæsi/ *adj* (**-ier**, **-iest**) chic

clatter /ˈklætə(r)/ ◆ *n* (*aussi* **clattering** /ˈklætərɪŋ/) **1** cliquetis **2** (*train*) fracas ◆ **1** *vt, vi* (s')entrechoquer, cliqueter **2** *vi* (*train*) rouler avec fracas

clause /klɔːz/ *n* **1** (*Gramm*) proposition **2** (*Jur*) clause

claw /klɔː/ ◆ *n* **1** serre **2** (*chat, etc.*) griffe **3** (*crabe, etc.*) pince **4** (*outil*) arrache-clou ◆ *vt* griffer, déchirer avec ses griffes

clay /kleɪ/ *n* argile, terre glaise

clean /kliːn/ ◆ *adj* (**-er**, **-est**) **1** propre : *to wipe sth clean* nettoyer qch (d'un coup de chiffon) **2** (*Sport*) loyal **3** (*feuille*) blanc, vierge **4** (*blague*) qui n'a rien de choquant LOC **to make a clean break (with sth)** rompre avec qch, tourner la page ◆ *vt, vi* nettoyer PHR V **to clean sth from/off sth** enlever qch de qch **to clean sb out** (*fam*) plumer qn **to clean sth out** nettoyer qch à fond **to clean (sth) up 1** nettoyer (qch) : *to clean up your image* redorer son blason **2** expurger qch **cleaning** *n* ménage, nettoyage **cleanliness** /ˈklenlinəs/ *n* propreté **cleanly** *adv* avec précision, franchement

clean-cut /ˌkliːn ˈkʌt/ *adj* **1** net **2** propre, soigné

cleaner /ˈkliːnə(r)/ *n* **1** agent d'entretien, femme de ménage **2 cleaners** [*pl*] teinturerie

cleanse /klenz/ *vt* ~ **sb/sth (of sth) 1** enlever qch de qn/qch ; nettoyer qn/qch **2** (*fig*) purifier, délivrer qn/qch (de qch) **cleanser** *n* **1** produit d'entretien **2** (*pour le visage*) lait démaquillant

clean-shaven /ˌkliːn ˈʃeɪvn/ *adj* rasé de près

clean-up /ˈkliːn ʌp/ *n* nettoyage à fond

clear /klɪə(r)/ ◆ *adj* (**-er**, **-est**) **1** (*explication*) clair : *The meaning is clear.* Le sens est clair. ◊ *It's clear we'll need more time.* Il est évident que nous avons besoin de plus de temps. ◊ *I'm not clear what you expect me to do.* Je ne sais pas très bien ce que tu attends de moi. **2** (*temps, ciel*) clair, dégagé **3** (*verre*) transparent **4** (*eau*) limpide **5** (*photo*) net **6** (*conscience*) tranquille **7** dégagé, libre : *clear of debt* libre de dettes ◊ *Keep next weekend clear.* Ne prévois rien pour le week-end qui vient. LOC **(as) clear as day** clair comme le jour **in the clear** (*fam*) **1** au-dessus de tout soupçon **2** hors de danger **to be (as) clear as mud** ne pas être clair : *It's as clear as mud!* C'est d'un clair ! **to make sth clear/plain (to sb)** faire comprendre qch (à qn) **to make yourself clear** se faire comprendre : *Do I make myself clear?* Est-ce que c'est clair ? *Voir aussi* CRYSTAL ◆ **1** *vi* (*temps*) se dégager **2** *vt* (*doute*) dissiper **3** *vi* (*liquide*) s'éclaircir **4** *vt* (*débris, objets*) enlever **5** *vt* (*lieu*) dégager, débarrasser **6** *vt* ~ **sb (of sth)** disculper qn (de qch) : *to clear your name* se blanchir **7** *vt* (*obstacle*) franchir, éviter LOC **to clear the air** détendre l'atmosphère **to clear the table** débarrasser la table PHR V **to clear away/up** débarrasser, ranger **to clear sth away/up** enlever qch, ranger qch **to clear off** (*fam*) filer, ficher le camp **to clear sth out** ranger qch, débarrasser qch **to clear up** s'éclaircir, se dégager **to clear sth up 1** ranger qch **2** dissiper qch, résoudre qch ◆ *adv* (**-er**, **-est**) : *I hear you loud and clear.* Je t'entends très bien. LOC **to keep/stay/steer clear (of sb/sth)** éviter qn/qch, se tenir à distance

clearance /'klɪərəns/ *n* **1** défrichage, déblaiement **2** espace, hauteur libre **3** autorisation **4** (*Comm*) liquidation : *a clearance sale* une liquidation

clear-cut /ˌklɪə 'kʌt/ *adj* net, clair, précis

clear-headed /ˌklɪə 'hedɪd/ *adj* lucide

clearing /'klɪərɪŋ/ *n* clairière

clearly /'klɪəli/ *adv* **1** clairement, nettement **2** manifestement

clear-sighted /ˌklɪə 'saɪtɪd/ *adj* perspicace, lucide

cleavage /'kli:vɪdʒ/ *n* décolleté

clef /klef/ *n* clé (*Mus*)

clench /klentʃ/ *vt* serrer (*dents*)

clergy /'klɜ:dʒi/ *n* [*pl*] clergé

clergyman /'klɜ:dʒimən/ *n* (*pl* **-men** /-mən/) ecclésiastique

clerical /'klerɪkl/ *adj* **1** de bureau : *clerical staff* employés de bureau **2** (*Relig*) clérical, du clergé

clerk /klɑ:k ; *USA* klɜ:rk/ *n* **1** employé, -e (*de bureau*) **2** (*Jur*) greffier, -ière **3** (*USA*) (*aussi* **desk clerk**) réceptionniste **4** (*USA*) (*dans un magasin*) vendeur, -euse

clever /'klevə(r)/ *adj* (**-er**, **-est**) **1** intelligent **2** doué : *to be clever at sth* être doué en/pour qch **3** (*idée, plan*) astucieux **4** rusé, malin **cleverness** *n* **1** intelligence **2** ingéniosité **3** ruse

cliché /'kli:ʃeɪ/ *n* cliché, lieu commun

click /klɪk/ ◆ *n* **1** petit bruit sec, déclic **2** claquement ◆ **1** *vt* claquer de : *to click your heels* claquer des talons ◊ *to click your fingers* faire claquer ses doigts **2** *vi* (*mécanisme*) faire un déclic, faire un petit bruit sec **3** *vi* (*Informatique*) cliquer : *Click on the icon.* Cliquez sur l'icône. **4** *vi* sympathiser tout de suite **5** *vi* faire tilt : *It clicked.* Ça a fait tilt. LOC **to click open/shut** s'ouvrir/se fermer avec un bruit sec

client /'klaɪənt/ *n* client, -e

clientele /ˌkli:ən'tel ; *USA* ˌklaɪən'tel/ *n* clientèle

cliff /klɪf/ *n* falaise

climate /'klaɪmət/ *n* **1** climat **2** (*fig*) atmosphère, climat : *the economic climate* la conjoncture économique

climax /'klaɪmæks/ *n* **1** apogée, point culminant **2** orgasme

climb /klaɪm/ ◆ **1** *vt, vi* escalader, grimper (à), faire l'ascension de **2** *vi* (*pr et fig*) monter : *The road climbs steeply.* La route monte en pente raide. LOC **to go climbing** faire de l'escalade *Voir aussi* BANDWAGON PHR V **to climb down** **1** (*fig*) revenir sur sa décision **2** (*pr*) descendre **to climb out of sth** sortir de qch : *to climb out of bed* sortir du lit **to climb over sth** escalader qch, passer par-dessus qch **to climb (up) on to sth** grimper sur qch **to climb up sth** grimper à qch, monter sur qch ◆ *n* **1** ascension, escalade **2** montée

climber /'klaɪmə(r)/ *n* grimpeur, -euse, alpiniste

clinch /klɪntʃ/ *vt* **1** (*accord*) conclure **2** (*commande, contrat*) décrocher **3** (*discussion, dispute*) régler **4** (*match, victoire*) remporter : *to clinch it* l'emporter

cling /klɪŋ/ *vi* (*prét, pp* **clung** /klʌŋ/) ~ **(on) to sb/sth** (*pr et fig*) s'accrocher, se cramponner à qn/qch : *to cling to each other* se cramponner l'un à l'autre **clinging** (*aussi* **clingy**) *adj* **1** (*vêtement*) moulant **2** (*péj*) (*personne*) collant

clinic /'klɪnɪk/ *n* **1** centre médical **2** clinique

clinical /'klɪnɪkl/ *adj* **1** clinique **2** (*fig*) froid

clink /klɪŋk/ *vt, vi* (faire) tinter : *They clinked glasses.* Ils ont trinqué.

clip /klɪp/ ◆ *n* **1** pince, trombone **2** (*bijou*) broche, clip ◆ *vt* (**-pp-**) **1** couper, tailler **2** ~ **sth (on) to sth** attacher qch à qch (*avec un trombone*) PHR V **to clip sth together** attacher qch, agrafer qch

clique /kli:k/ *n* clique, bande

cloak /kləʊk/ ◆ *n* cape ◆ *vt* masquer : *cloaked in mystery* enveloppé de mystère

cloakroom /'kləʊkru:m/ *n* **1** vestiaire **2** (*GB, euph*) toilettes ☛ *Voir note sous* TOILET

clock /klɒk/ ◆ *n* **1** pendule, horloge **2** (*fam*) compteur (*d'une voiture, d'un taxi*) LOC **(a)round the clock** 24 heures sur 24 ◆ *vt* faire un temps de PHR V **to clock in/on** pointer **to clock off/out** pointer à la sortie **to clock sth up** faire qch (au compteur) : *We clocked up 7 000 km.* Nous avons fait 7 000 km. **clockwise** *adv, adj* dans le sens des aiguilles d'une montre

clockwork /'klɒkwɜ:k/ ◆ *adj* mécanique ◆ *n* **1** mouvement (d'horloge) **2** mécanisme LOC **like clockwork** comme sur des roulettes

clog /klɒg/ ◆ *n* sabot ◆ *vt, vi* ~ **(sth) (up)** boucher qch ; se boucher

cloister /ˈklɔɪstə(r)/ *n* cloître

clone /kləʊn/ ◆ *n* (*Biol, Informatique*) clone ◆ *vt* cloner

close[1] /kləʊs/ ◆ *adj* (**-er, -est**) **1** ~ **(to sth)** près, proche (de qch) : *close to tears* au bord des larmes **2** (*parent, ami*) proche **3** (*famille*) uni **4** (*examen, inspection*) minutieux : *On closer examination...* En regardant de plus près... **5** (*match*) serré **6** (*temps*) lourd **7** (*ressemblance*) frappant LOC **it/that was a close call/shave** (*fam*) je l'ai, tu l'as, etc. échappé belle **to keep a close eye/watch on sb/sth** surveiller qn/qch de près ◆ *adv* (**-er, -est**) (*aussi* **close by**) tout près : *close behind* juste derrière LOC **close on** près de, presque **close together** serrés les uns contre les autres **closely** *adv* **1** de près, attentivement **2** de près, étroitement : *a closely-fought contest* une compétition serrée ◊ *a closely-guarded secret* un secret bien gardé **closeness** *n* **1** proximité **2** intimité, liens étroits

close[2] /kləʊz/ ◆ **1** *vt, vi* (se) fermer **2** *vt* (*réunion*) clore, mettre fin à **3** *vi* (*réunion*) prendre fin, se terminer LOC **to close your mind to sth** refuser de penser à qch, se fermer à qch PHR V **to close down 1** (*usine*) fermer (*définitivement*) **2** (*TV*) terminer les émissions **to close sth down** fermer qch (*définitivement*) **to close in** (*jours*) raccourcir **to close in (on sb/sth) 1** (*police*) se rapprocher (de qn/qch) **2** (*brouillard, nuit*) descendre, se refermer (sur qn/qch) ◆ *n* fin : *towards the close of* vers la fin de LOC **to come/draw to a close** tirer à sa fin *Voir aussi* BRING **closed** *adj* fermé : *a closed door* une porte fermée

close-knit /ˌkləʊs ˈnɪt/ *adj* très uni (*famille, communauté*)

closet /ˈklɒzɪt/ *n* (*USA*) placard

close-up /ˈkləʊs ʌp/ *n* gros plan

closing /ˈkləʊzɪŋ/ *adj* **1** final, de clôture **2** de fermeture : *the closing date* la date limite **3** *closing time* heure de fermeture

closure /ˈkləʊʒə(r)/ *n* fermeture

clot /klɒt/ *n* **1** caillot **2** (*GB, fam, hum*) empoté, -e

cloth /klɒθ ; *USA* klɔːθ/ *n* (*pl* ~**s** /klɒθs ; *USA* klɔːðz/) **1** tissu ☛ *Voir note sous* TISSU **2** torchon, chiffon

clothe /kləʊð/ *vt* ~ **sb/yourself (in sth)** habiller qn (de qch) ; s'habiller (de qch)

clothes /kləʊðz ; *USA* kləʊz/ *n* [*pl*] vêtements : *a clothes line* une corde à linge ◊ *a clothes peg* une pince à linge

clothing /ˈkləʊðɪŋ/ *n* [*indénombrable*] vêtements, habits : *an item of clothing* un vêtement ◊ *the clothing industry* la confection

cloud /klaʊd/ ◆ *n* nuage ◆ *vt* **1** (*raisonnement*) obscurcir **2** (*question*) brouiller **3** (*miroir*) embuer PHR V **to cloud (over) 1** (*ciel*) se couvrir **2** (*expression*) s'assombrir **cloudless** *adj* sans nuages, serein **cloudy** *adj* (**-ier, -iest**) **1** nuageux **2** (*liquide*) trouble

clout /klaʊt/ ◆ *n* (*fam*) **1** coup, claque **2** (*fig*) influence ◆ *vt* (*fam*) donner un coup/une claque à

clove /kləʊv/ *n* **1** clou de girofle **2 a clove of garlic** une gousse d'ail

clover /ˈkləʊvə(r)/ *n* trèfle

clown /klaʊn/ *n* clown

club /klʌb/ ◆ *n* **1** club **2** *Voir* NIGHTCLUB **3** massue, matraque **4** (*Golf*) club **5 clubs** [*pl*] (*Cartes*) trèfles ☛ *Voir note sous* CARTE ◆ *vt* (**-bb-**) **1** frapper à coups de massue, matraquer : *to club sb to death* tuer qn à coups de massue **2** *vi* : *to go clubbing* aller en boîte PHR V **to club together (to do sth)** se cotiser (pour faire qch)

clue /kluː/ *n* **1** ~ **(to sth)** indice (de qch) **2** (*mots croisés*) définition LOC **not to have a clue** (*fam*) **1** n'en avoir aucune idée **2** ne rien y connaître **3** ne se douter de rien

clump /klʌmp/ *n* **1** touffe (*d'herbe*) **2** (*arbustes*) massif

clumsy /ˈklʌmzi/ *adj* (**-ier, -iest**) maladroit, gauche

clung *prét, pp de* CLING

cluster /ˈklʌstə(r)/ ◆ *n* **1** grappe, touffe **2** groupe, ensemble PHR V **to cluster/be clustered (together) (round sb/sth)** se rassembler (autour de qn/qch), se grouper (autour de qn/qch)

clutch /klʌtʃ/ ◆ *vt* **1** serrer, tenir fermement **2** saisir PHR V **to clutch at sth** essayer d'attraper qch, s'agripper à qch ◆ *n* **1** embrayage **2 clutches** [*pl*] (*péj*) griffes : *to fall into sb's clutches* tomber dans les griffes de qn

clutter /ˈklʌtə(r)/ (*péj*) ◆ *n* désordre, fouillis ◆ *vt* ~ **sth (up)** encombrer qch

coach /kəʊtʃ/ ◆ *n* **1** car, autocar **2** (*Chemin de fer*) wagon *Voir aussi* CARRIAGE 2 **3** carrosse, diligence **4** entraîneur, -euse **5** professeur particulier ◆ **1** *vt* (*Sport*) entraîner : *to coach a swimmer for the Olympics* entraîner un nageur pour les Jeux olympiques **2** *vt, vi* ~ **(sb) (in sth)** donner des cours particuliers (à qn) (de qch) **coaching** *n* **1** entraînement **2** cours particuliers

coal /kəʊl/ *n* charbon : *hot/live coals* charbons ardents

coalfield /'kəʊlfi:ld/ *n* bassin houiller

coalition /ˌkəʊə'lɪʃn/ *n* [*v sing ou pl*] coalition

coal mine (*aussi* **pit**) *n* mine de charbon

coarse /kɔ:s/ *adj* (**-er, -est**) **1** (*sel, sable*) gros **2** (*tissu, peau*) épais, rugueux **3** (*personne, geste*) grossier, vulgaire

coast /kəʊst/ ◆ *n* côte ◆ *vi* (*voiture, vélo*) avancer en roue libre **coastal** *adj* côtier, littoral

coastguard /'kəʊstgɑ:d/ *n* **1** garde-côte **2** gendarmerie maritime

coastline /'kəʊstlaɪn/ *n* littoral

coat /kəʊt/ ◆ *n* **1** manteau, pardessus **2** (*aussi* **white coat**) blouse blanche **3** (*animal*) pelage, robe **4** (*peinture, vernis*) couche ◆ *vt* ~ **sth (in/with sth)** enrober, couvrir qch (de qch) **coating** *n* couche, revêtement

coat hanger *n* cintre

coat of arms *n* (*pl* **coats of arms**) blason, armoiries

coax /kəʊks/ *vt* ~ **sb into/out of (doing) sth** persuader qn de faire/ne pas faire qch à force de cajoleries PHR V **to coax sth out of/from sb** obtenir qch de qn par des cajoleries

cobble /'kɒbl/ (*aussi* **cobblestone**) *n* pavé

cobweb /'kɒbweb/ *n* toile d'araignée

cocaine /kəʊ'keɪn/ *n* cocaïne

cock /kɒk/ ◆ *n* **1** coq **2** (*oiseau*) mâle ◆ *vt* **1** (*oreilles*) dresser **2** (*fusil*) armer

cockney /'kɒkni/ *n, adj* **1** (*pl* **-eys**) cockney, personne née dans les quartiers de l'est de Londres **2** (*dialecte*) cockney

cockpit /'kɒkpɪt/ *n* cabine de pilotage, cockpit

cockroach /'kɒkrəʊtʃ/ *n* cafard

cocktail /'kɒkteɪl/ *n* **1** (*pr et fig*) cocktail **2** salade, cocktail : *a fruit cocktail* une salade de fruits ◊ *a prawn cocktail* un cocktail de crevettes

cocoa /'kəʊkəʊ/ *n* **1** cacao **2** (*boisson*) chocolat

coconut /'kəʊkənʌt/ *n* noix de coco

cocoon /kə'ku:n/ *n* (*pr et fig*) cocon

cod /kɒd/ *n* (*pl* **cod**) **1** morue **2** cabillaud

code /kəʊd/ *n* **1** code : *a code name* un nom de code ◊ *a code of practice for doctors* la déontologie médicale **2** (*Télécom*) indicatif

coercion /kəʊ'ɜ:ʃn/ *n* coercition, contrainte

coffee /'kɒfi ; *USA* 'kɔ:fi/ *n* **1** café **2** (*couleur*) café au lait

coffin /'kɒfɪn/ *n* cercueil

cog /kɒg/ *n* dent (*d'engrenage*)

cogent /'kəʊdʒənt/ *adj* convaincant

coherent /kəʊ'hɪərənt/ *adj* cohérent

coil /kɔɪl/ ◆ *n* **1** (*corde*) rouleau **2** (*serpent*) anneau **3** (*contraceptif*) stérilet ◆ **1** *vt* ~ **sth (up)** enrouler qch **2** *vt, vi* ~ **(yourself) up (around sth)** se lover, s'enrouler autour de qch

coin /kɔɪn/ ◆ *n* pièce (*de monnaie*) ◆ *vt* **1** (*monnaie*) frapper **2** (*expression*) forger

coincide /ˌkəʊɪn'saɪd/ *vi* ~ **(with sth)** coïncider (avec qch)

coincidence /kəʊ'ɪnsɪdəns/ *n* coïncidence

coke /kəʊk/ *n* **1** **Coke®** coca **2** (*fam*) (*cocaïne*) coke **3** (*combustible*) coke

cold /kəʊld/ ◆ *adj* (**-er, -est**) froid ☛ *Voir note sous* FROID LOC **to be cold** **1** (*personne*) avoir froid **2** (*temps*) faire froid **3** (*objet*) être froid **to get cold** **1** (*personne*) prendre froid **2** (*nourriture, temps*) se refroidir **to get/have cold feet** (*fam*) avoir la trouille ◆ *n* **1** froid **2** rhume : *to have a cold* être enrhumé ◊ *to catch a cold* s'enrhumer ◆ *adv* à froid

cold-blooded /ˌkəʊld 'blʌdɪd/ *adj* **1** (*Biol*) à sang froid **2** sans pitié, insensible

coleslaw /'kəʊlslɔ:/ *n* salade de chou cru

collaboration /kəˌlæbə'reɪʃn/ *n* collaboration

collapse /kə'læps/ ◆ *vi* **1** s'effondrer, s'écrouler **2** (*personne*) s'écrouler, s'effondrer : *He collapsed and died.* Il est mort subitement. **3** (*société*) faire faillite

4 (*affaire, négociations*) échouer **5** (*chaise*) se plier ◆ *n* **1** effondrement, écroulement **2** échec

collar /ˈkɒlə(r)/ *n* **1** (*chemise, etc.*) col **2** (*chien*) collier

collateral /kəˈlætərəl/ *n* nantissement

colleague /ˈkɒliːg/ *n* collègue

collect /kəˈlekt/ ◆ **1** *vt* ~ **sth (up/together)** rassembler, ramasser qch : *collected works* œuvres complètes **2** *vt* (*personne*) aller chercher, passer prendre **3** *vt* (*impôts*) percevoir **4** *vt* (*timbres, etc.*) collectionner **5** *vi* (*foule*) se rassembler **6** *vi* (*poussière*) s'accumuler ◆ *adj, adv* (*USA*) en PCV LOC *Voir* REVERSE **collection** *n* **1** collection **2** ramassage, rassemblement **3** (*argent*) collecte, quête **4** amas, tas **5** (*courrier*) levée **collector** *n* collectionneur, -euse

collective /kəˈlektɪv/ ◆ *adj* collectif ◆ *n* coopérative

college /ˈkɒlɪdʒ/ *n* **1** établissement d'enseignement supérieur *Voir aussi* TECHNICAL COLLEGE **2** (*GB*) collège dans les universités d'Oxford et de Cambridge, organisation indépendante d'enseignants et d'étudiants **3** (*USA*) université

collide /kəˈlaɪd/ *vi* ~ **(with sb/sth)** heurter (qn/qch) ; entrer en collision (avec qn/qch)

colliery /ˈkɒliəri/ *n* (*pl* **-ies**) (*GB*) houillère *Voir aussi* COAL MINE

collision /kəˈlɪʒn/ *n* collision

colloquial /kəˈləʊkwiəl/ *adj* familier, parlé

collusion /kəˈluːʒn/ *n* connivence

colon /ˈkəʊlən/ *n* **1** deux-points ☛ *Voir pp. 392-3.* **2** côlon

colonel /ˈkɜːnl/ *n* colonel

colonial /kəˈləʊniəl/ *adj* colonial

colony /ˈkɒləni/ *n* [*v sing ou pl*] (*pl* **-ies**) colonie

colossal /kəˈlɒsl/ *adj* colossal

colour (*USA* **color**) /ˈkʌlə(r)/ ◆ *n* **1** couleur : *a colour TV* une télé couleur ☛ *Voir note sous* COULEUR **2** couleurs : *to get some colour back in your cheeks* reprendre des couleurs **3 colours** [*pl*] (*équipe, parti*) couleurs **4 colours** [*pl*] (*Mil*) drapeau, couleurs **5 colours** [*pl*] (*Navig*) pavillon LOC **to be/feel off colour** (*fam*) ne pas être dans son assiette ◆ **1** *vt, vi* colorer, colorier **2** *vt* (*opinion*) fausser **3** *vt* (*faits*) enjoliver PHR V **to colour sth in** colorier qch **to colour (up) (at sth)** rougir (à cause de qch) **coloured** (*USA* **colored**) *adj* **1** coloré, en couleur : *cream-coloured wallpaper* un papier peint de couleur crème **2** (*injurieux*) (*personne*) de couleur **colourful** (*USA* **colorful**) *adj* **1** coloré, vif **2** (*personne, vie*) haut en couleur, pittoresque **colouring** (*USA* **coloring**) *n* **1** coloriage **2** couleurs **3** colorant **4** (*visage*) teint **colourless** (*USA* **colorless**) *adj* **1** incolore **2** (*personne, style*) terne

colour-blind (*USA* **color-blind**) /ˈkʌlə blaɪnd/ *adj* daltonien

colt /kəʊlt/ *n* poulain ☛ *Voir note sous* POULAIN

column /ˈkɒləm/ *n* **1** colonne **2** (*Journal*) rubrique

coma /ˈkəʊmə/ *n* coma : *in a coma* dans le coma

comb /kəʊm/ ◆ *n* peigne ◆ **1** *vt* peigner : *to comb your hair* se peigner **2** *vt, vi* ~ **(through) sth (for sb/sth)** passer qch au peigne fin (à la recherche de qn/qch)

combat /ˈkɒmbæt/ ◆ *n* combat ◆ *vt* combattre, lutter contre

combination /ˌkɒmbɪˈneɪʃn/ *n* combinaison, association

combine /kəmˈbaɪn/ *vt, vi* (se) combiner, (se) mélanger **1** *vi* ~ **with sb/sth** (*Comm*) s'associer à qn/qch **2** *vt* (*qualités*) allier

come /kʌm/ *vi* (*prét* **came** /keɪm/ *pp* **come**) **1** venir, arriver : *Come and look at this!* Viens voir ça ! ◊ *I'm coming!* J'arrive ! ☛ *Voir note sous* ALLER **2** (*distance*) faire : *We've only come three kilometres.* Nous n'avons fait que trois kilomètres. **3** exister : *These shirts come in four colours.* Ces chemises existent en quatre couleurs. ◊ *What comes next?* Qu'est-ce qu'il y a après ? **4** (*position*) arriver, être : *I came first.* Je suis arrivé premier. **5** (*avoir pour effet*) : *Her success came as a surprise.* Sa réussite nous a surpris. **6** ~ **to/into + nom** : *to come to a halt* s'arrêter ◊ *to come into a fortune* hériter d'une fortune **7** devenir : *to come true* se réaliser ◊ *to come undone* se défaire LOC **come what may** quoi qu'il arrive **to come to nothing**; **not to come to anything** échouer, ne pas aboutir **when it comes to (doing) sth**

lorsqu'il s'agit de (faire) qch ☛ Les autres expressions formées avec **come** sont traitées sous le nom, l'adjectif, etc. correspondant : pour **to come of age**, par exemple, voir AGE.
PHR V **to come about** se produire : *How does it come about (that)...?* Comment se fait-il que... ?
to come across sb/sth tomber sur qn/qch
to come along 1 arriver, se présenter **2** venir : *Just come along.* Viens avec nous. **3** *Voir* TO COME ON
to come apart se déchirer, se casser
to come away (from sth) 1 quitter qch, sortir (de qch) **2** se détacher (de qch) **to come away (with sth)** repartir (avec qch)
to come back revenir, rentrer
to come by sth 1 (*travail, etc.*) trouver qch, obtenir qch **2** (*égratignure, etc.*) se faire qch : *How did you come by that scar?* Comment est-ce que tu t'es fait cette cicatrice ?
to come down 1 descendre **2** (*prix, température*) baisser **3** s'écrouler, tomber
to come forward se présenter
to come from... 1 venir de..., être originaire de... : *Where do you come from?* D'où êtes-vous ? ◊ *I come from Scotland.* Je suis écossais. **2** provenir de...
to come in 1 entrer : *Come in!* Entrez ! **2** arriver **3** (*marée*) monter **to come in for sth** (*critique, etc.*) faire l'objet de qch
to come off 1 (*tache*) partir **2** (*poignée, etc.*) se détacher, s'enlever **3** (*fam*) (*projet*) réussir, se réaliser **to come off sth** se détacher de qch, s'enlever de qch
to come on 1 (*acteur*) entrer en scène **2** s'allumer **3** (*aussi* to come along) faire des progrès, avancer, pousser **4** commencer, apparaître **5** *Come on!* Allez ! **6** *Come on!* Pas possible ! **to come out 1** sortir **2** (*soleil*) apparaître, se montrer **3** (*fleur*) sortir, éclore **4** (*photo*) : *The photos didn't come out.* Les photos sont ratées. ◊ *You've come out well in this one.* Tu es bien sur cette photo. **5** (*tache*) partir **6** (*qualité*) ressortir, se manifester **7** ne plus cacher son homosexualité
to come out with sth sortir qch, dire qch
to come over (to...) (*aussi* **to come round (to...)**) venir (à...) **to come over sb** (*sentiment*) envahir qn : *I can't think what came over you.* Je me demande ce qui t'a pris !
to come round (*aussi* **to come to**) reprendre connaissance
to come through (sth) se tirer de qch, survivre (à qch)
to come to sth 1 s'élever à qch **2** *What are things coming to?* Où va-t-on ?
to come up 1 monter **2** (*plante*) sortir **3** (*soleil*) se montrer, se lever **4** (*sujet*) être mentionné **5** (*problème*) être soulevé **6** (*occasion*) se présenter **to come up against sth** se heurter à qch **to come up to sb** s'approcher de qn, aborder qn **to come up with sth** trouver qch

comeback /ˈkʌmbæk/ *n* retour, comeback : *to make/stage a comeback* faire un come-back/une rentrée

comedian /kəˈmiːdiən/ *n* (*fém* **comedienne** /kəˌmiːdiˈen/) comique, acteur, -trice comique

comedy /ˈkɒmədi/ *n* (*pl* **-ies**) **1** comédie **2** (*d'une situation*) comique

comet /ˈkɒmɪt/ *n* comète

comfort /ˈkʌmfət/ ◆ *n* **1** confort, aisance **2** réconfort, soulagement ◆ *vt* réconforter, consoler

comfortable /ˈkʌmftəbl ; *USA* -fərt-/ *adj* **1** confortable **2** (*personne*) à l'aise : *Are you comfortable?* Êtes-vous bien installé ? ◊ *to feel comfortable in sth* être bien dans qch **3** (*victoire, majorité*) confortable **4** (*financièrement*) aisé **comfortably** *adv* **1** confortablement : *to be sitting comfortably* être bien assis **2** (*vaincre*) facilement, aisément LOC **to be comfortably off** être à l'aise

comic /ˈkɒmɪk/ ◆ *adj* comique ◆ *n* **1** (*USA* **comic book**) bande dessinée **2** comique, acteur, -trice comique

coming /ˈkʌmɪŋ/ ◆ *n* **1** arrivée, approche **2** (*Relig*) avènement ◆ *adj* à venir, prochain

comma /ˈkɒmə/ *n* virgule ☛ *Voir pp. 392-3.*

command /kəˈmɑːnd ; *USA* -ˈmænd/ ◆ **1** *vt* ~ **sb to do sth** ordonner à qn de faire qch **2** *vt, vi* commander **3** *vt* (*resources*) disposer de **4** *vt* (*château*) dominer **5** *vt* (*respect*) inspirer, imposer **6** *vt* (*attention*) exiger ◆ *n* **1** ordre **2** (*Informatique*) commande **3** (*langue*) maîtrise **4** (*Mil*) commandement LOC **to have/take command (of sth)** avoir/prendre le commandement (de qch) **commander** *n* **1** (*Mil*) commandant **2** chef

commemorate /kəˈmeməreɪt/ *vt* commémorer

commence /kəˈmens/ *vt, vi* (*sout*) commencer

commend /kəˈmend/ *vt* **1** louer, faire l'éloge de **2** (*sout*) ~ **sb (to sb)** recommander qn (à qn) **commendable** *adj* louable

comment /ˈkɒment/ ◆ *n* **1** commentaire, remarque : *No comment!* Je ne ferai aucune déclaration ! **2** [*indénombrable*] commentaires, critiques ◆ **1** *vt* ~ **(that)...** remarquer que... **2** *vi* faire des commentaires, faire des remarques **3** *vi* ~ **on sth** commenter qch ; faire des remarques sur qch

commentary /ˈkɒməntri ; *USA* -teri/ *n* (*pl* **-ies**) (*Sport, Littér*) commentaire, analyse

commentator /ˈkɒmenteɪtə(r)/ *n* commentateur, -trice

commerce /ˈkɒmɜːs/ *n* commerce ☛ Le terme **trade** est plus courant.

commercial /kəˈmɜːʃl/ ◆ *adj* commercial ☛ *Voir note sous* TELEVISION ◆ *n* publicité, spot publicitaire

commission /kəˈmɪʃn/ ◆ *n* **1** commission **2** commande **3** (*Mil*) brevet ◆ *vt* **1** commander **2** ~ **sb to do sth** charger qn de faire qch

commissioner /kəˈmɪʃənə(r)/ *n* membre d'une commission

commit /kəˈmɪt/ (**-tt-**) **1** *vt* commettre **2** *vt* ~ **sth to sth** consacrer qch à qch **3** *vt* ~ **sth to sth** confier qch à qch : *to commit sth to memory* apprendre qch par cœur **4** *vt* : *to be committed to a psychiatric hospital* être interné **5** *v réfléchi* ~ **yourself (to sth/to doing sth)** s'engager (à qch/à faire qch) ☛ *Comparer avec* ENGAGED *sous* ENGAGE **6** *v réfléchi* ~ **yourself (on sth)** se prononcer (sur qch) **commitment** *n* **1** ~ **(to sth/to do sth)** engagement (à faire qch) ☛ *Comparer avec* ENGAGEMENT 2 **2** dévouement

committee /kəˈmɪti/ *n* [*v sing ou pl*] comité, commission ☛ *Voir note sous* JURY

commodity /kəˈmɒdəti/ *n* (*pl* **-ies**) **1** produit, article **2** (*Fin*) matière première

common /ˈkɒmən/ ◆ *adj* **1** ~ **(to sb/sth)** commun (à qn/qch) **2** courant : *a common problem/word* un problème/mot courant ◊ *common sense* bon sens ☛ *Comparer avec* ORDINARY **3** (*péj*) commun, vulgaire LOC **in common** en commun ◆ *n* **1** (*aussi* **common land**) terrain communal **2 the Commons** *Voir* THE HOUSE OF COMMONS **commonly** *adv* couramment

commonplace /ˈkɒmənpleɪs/ *adj* courant, banal

common room *n* (*École, Université*) foyer, salle de détente

commotion /kəˈməʊʃn/ *n* **1** agitation, émoi **2** vacarme

communal /ˈkɒmjənl, kəˈmjuːnl/ *adj* **1** commun, collectif **2** communautaire

commune /ˈkɒmjuːn/ *n* [*v sing ou pl*] communauté (*personnes vivant ensemble*)

communicate /kəˈmjuːnɪkeɪt/ **1** *vt* ~ **sth (to sb/sth)** communiquer, transmettre qch (à qn/qch) **2** *vi* ~ **(with sb/sth)** communiquer (avec qn/qch) **communication** *n* **1** communication **2** (*maladie*) transmission

communion /kəˈmjuːniən/ (*aussi* **Holy Communion**) *n* communion

communiqué /kəˈmjuːnɪkeɪ ; *USA* kəˌmjuːnəˈkeɪ/ *n* communiqué

communism /ˈkɒmjunɪzəm/ *n* communisme **communist** *adj, n* communiste

community /kəˈmjuːnəti/ *n* [*v sing ou pl*] (*pl* **-ies**) communauté : *a community centre* un foyer socio-éducatif

commute /kəˈmjuːt/ *vi* faire chaque jour la navette entre son domicile et son travail : *I commute from London to Oxford.* Je fais tous les jours la navette entre Londres et Oxford. **commuter** *n* personne qui fait chaque jour la navette entre son domicile et son travail : *the commuter belt* la grande banlieue

compact[1] /kəmˈpækt/ *adj* compact

compact[2] /ˈkɒmpækt/ *n* (*aussi* **powder compact**) poudrier

compact disc *n* (*abrév* **CD**) (disque) compact, CD : *a CD player* un lecteur de CD

companion /kəmˈpæniən/ *n* compagnon, compagne **companionship** *n* compagnie

company /ˈkʌmpəni/ *n* (*pl* **-ies**) **1** compagnie **2** visiteurs : *We're expecting company.* Nous attendons du monde. **3** [*v sing ou pl*] (*Comm*) société, compagnie LOC **to keep sb company** tenir compagnie à qn *Voir aussi* PART

comparable /ˈkɒmpərəbl/ *adj* ~ **(to/with sb/sth)** comparable (à qn/qch)

comparative /kəmˈpærətɪv/ *adj* **1** comparatif **2** relatif

compare /kəmˈpeə(r)/ **1** *vt* ~ **sth with/to sth** comparer qch (à/avec qch) **2** *vi* ~ **(with sb/sth)** être comparable (à qn/qch)

comparison /kəmˈpærɪsn/ *n* ~ **(with sth)** comparaison (avec qch) : *in comparison with sth* par rapport à qch LOC **there's no comparison** il n'y a aucune comparaison

compartment /kəmˈpɑːtmənt/ *n* compartiment

compass /ˈkʌmpəs/ *n* **1** boussole, compas **2** (*aussi* **compasses** [*pl*]) compas (*pour tracer des cercles*)

compassion /kəmˈpæʃn/ *n* compassion **compassionate** *adj* compatissant

compatible /kəmˈpætəbl/ *adj* compatible

compel /kəmˈpel/ *vt* (-ll-) (*sout*) **1** contraindre, obliger **2** (*admiration*) imposer, forcer **compelling** *adj* **1** irrésistible **2** (*argument*) convaincant **3** (*récit*) fascinant *Voir aussi* COMPULSION

compensate /ˈkɒmpenseɪt/ **1** *vt* ~ **sb (for sth)** dédommager, indemniser qn (de qch) **2** *vi* ~ **(for sth)** compenser (qch) **compensation** *n* **1** compensation **2** dédommagement, indemnisation

compete /kəmˈpiːt/ *vi* **1** ~ **(against/with sb) (for sth)** rivaliser (avec qn) (pour obtenir qch) ; faire concurrence à qn (pour obtenir qch) **2** ~ **(in sth)** (*Sport*) être en compétition, participer à qch

competent /ˈkɒmpɪtənt/ *adj* **1** ~ **(as/at/in sth)** capable, compétent en tant que/pour/en qch **2** ~ **to do sth** capable de faire qch ; compétent pour faire qch **3** (*travail*) honorable **competence** *n* compétence

competition /ˌkɒmpəˈtɪʃn/ *n* **1** compétition, concours **2** ~ **(with sb/between...) (for sth)** concurrence, compétition (avec qn/entre...) (pour qch) **3 the competition** [*v sing ou pl*] la concurrence

competitive /kəmˈpetətɪv/ *adj* **1** (*personne*) qui a l'esprit de compétition **2** (*produit*) compétitif **3** (*sport*) de compétition

competitor /kəmˈpetɪtə(r)/ *n* concurrent, -e *Voir aussi* CONTESTANT *sous* CONTEST

compile /kəmˈpaɪl/ *vt* **1** compiler **2** constituer, établir

complacency /kəmˈpleɪsnsi/ *n* suffisance, autosatisfaction **complacent** *adj* suffisant, content de soi

complain /kəmˈpleɪn/ *vi* **1** ~ **(to sb) (about/at/of sth)** se plaindre (à/auprès de qn) (de qch) **2** ~ **(that...)** se plaindre (que...) **3** (*officiellement*) ~ **(to sb) (about sth)** faire une réclamation, se plaindre (auprès de qn) (de qch) **complaint** *n* **1** plainte **2** réclamation **3** (*Méd*) maladie

complement /ˈkɒmplɪmənt/ ◆ *n* **1** ~ **(to sth)** complément (de qch) **2** effectif, personnel ◆ *vt* compléter ☛ *Comparer avec* COMPLIMENT **complementary** /ˌkɒmplɪˈmentri/ *adj* ~ **(to sth)** complémentaire (de qch)

complete /kəmˈpliːt/ ◆ *vt* **1** compléter **2** achever, finir **3** (*formulaire*) remplir ◆ *adj* **1** complet **2** terminé **3** parfait, total : *a complete stranger* un parfait inconnu **completely** *adv* complètement : *completely successful* un succès total **completion** *n* **1** achèvement **2** exécution, signature (*du contrat de vente d'une propriété*)

complex /ˈkɒmpleks/ ◆ *adj* complexe ◆ *n* complexe, ensemble

complexion /kəmˈplekʃn/ *n* **1** teint : *a dark/fair complexion* un teint mat/clair **2** (*fig*) aspect

compliance /kəmˈplaɪəns/ *n* conformité : *in compliance with* conformément à

complicate /ˈkɒmplɪkeɪt/ *vt* compliquer **complicated** *adj* compliqué **complication** *n* complication

compliment /ˈkɒmplɪmənt/ ◆ *n* **1** compliment : *to pay sb a compliment* faire un compliment à qn **2 compliments** [*pl*] (*sout*) compliments : *with the compliments of* avec les compliments/hommages de ◆ *vt* ~ **sb (on sth)** complimenter qn (sur qch) ; féliciter qn (de qch) ☛ *Comparer avec* COMPLEMENT **complimentary** /ˌkɒmplɪˈmentri/ *adj* **1** flatteur **2** (*billet*) gratuit

comply /kəmˈplaɪ/ *vi* (*prét, pp* **complied**) ~ **(with sth)** s'exécuter, se conformer à qch

component /kəmˈpəʊnənt/ ◆ *n* **1** composante **2** (*Mécan*) pièce ◆ *adj* :

the component parts les parties constituantes

compose /kəm'pəʊz/ **1** *vt* (*discours, lettre, musique*) composer **2** *vt* (*pensées*) mettre de l'ordre dans **3** *v réfléchi* ~ **yourself** se ressaisir **composed** *adj* calme **composer** *n* compositeur, -trice

composition /ˌkɒmpə'zɪʃn/ *n* **1** composition **2** (*École*) rédaction *Voir aussi* ESSAY

compost /'kɒmpɒst/ *n* compost

composure /kəm'pəʊʒə(r)/ *n* calme

compound /'kɒmpaʊnd/ ◆ *adj* composé ◆ *n* **1** (*cour*) enceinte **2** (*Chimie*) composé **3** mot composé ◆ /kəm'paʊnd/ *vt* aggraver

comprehend /ˌkɒmprɪ'hend/ *vt* comprendre *Voir aussi* UNDERSTAND **comprehensible** *adj* ~ **(to sb)** compréhensible (pour qn) **comprehension** *n* compréhension

comprehensive /ˌkɒmprɪ'hensɪv/ *adj* complet, détaillé

comprehensive school *n* (*GB*) école secondaire publique

compress /kəm'pres/ *vt* **1** comprimer **2** (*idées*) condenser **compression** *n* **1** compression **2** réduction

comprise /kəm'praɪz/ *vt* **1** comprendre **2** constituer

compromise /'kɒmprəmaɪz/ ◆ *n* compromis ◆ **1** *vi* ~ **(on sth)** parvenir à un compromis (sur qch) **2** *vt* compromettre **3** *vt* (*sécurité*) risquer **compromising** *adj* compromettant

compulsion /kəm'pʌlʃn/ *n* ~ **(to do sth) 1** obligation (de faire qch) : *You are under no compulsion to pay immediately.* Rien ne vous oblige à payer tout de suite. **2** compulsion, envie irrésistible de faire qch

compulsive /kəm'pʌlsɪv/ *adj* **1** (*livre*) fascinant **2** (*comportement*) compulsif **3** (*joueur, menteur*) invétéré

compulsory /kəm'pʌlsəri/ *adj* obligatoire LOC **compulsory purchase** expropriation pour cause d'utilité publique

computer /kəm'pju:tə(r)/ *n* ordinateur : *a computer program* un programme informatique ◊ *a computer programmer* un programmeur ◊ *computer-literate* qui a des connaissances en informatique ◊ *a computer game* un jeu informatique ◊ *computer studies* informatique ☛ *Voir illustration sous* ORDINATEUR

computerize, -ise *vt* informatiser **computing** *n* informatique

comrade /'kɒmreɪd ; *USA* -ræd/ *n* **1** camarade **2** compagnon, compagne

con /kɒn/ ◆ *n* (*fam*) arnaque : *a con artist/man* un escroc LOC *Voir* PRO ◆ *vt* (*fam*) (**-nn-**) **to con sb (out of sth)** escroquer qch à qn ; arnaquer qn

conceal /kən'si:l/ *vt* ~ **sth (from sb)** cacher, dissimuler qch (à qn)

concede /kən'si:d/ *vt* **1** concéder **2** céder **3** ~ **(that)...** admettre que...

conceit /kən'si:t/ *n* suffisance, vanité **conceited** *adj* suffisant, vaniteux

conceivable /kən'si:vəbl/ *adj* concevable : *There is no conceivable reason for doing such a thing.* Il n'est pas concevable de faire une chose pareille. **conceivably** *adv* : *She may conceivably not want to do it.* Il se peut qu'elle ne veuille pas le faire.

conceive /kən'si:v/ *vt, vi* **1** concevoir **2** ~ **(of) sth** concevoir, imaginer qch

concentrate /'kɒnsntreɪt/ *vt, vi* (se) concentrer **concentration** *n* concentration

concept /'kɒnsept/ *n* concept

conception /kən'sepʃn/ *n* conception

concern /kən'sɜ:n/ ◆ **1** *vt* concerner : *As far as I am concerned, she's wrong.* Pour moi, elle a tort. ◊ *as far as payment is concerned* en ce qui concerne le paiement **2** *v réfléchi* ~ **yourself with sth** s'occuper de qch **3** *vt* inquiéter ◆ *n* **1** préoccupation : *There's no cause for concern.* Il n'y a pas de quoi s'inquiéter. **2** affaire : *It's none of your concern.* Ça ne te regarde pas. **3** entreprise, affaire : *a going concern* une affaire rentable **concerned** *adj* **1** concerné, intéressé **2** ~ **(about sb/sth)** inquiet (pour qn/qch) LOC **to be concerned with sth** traiter de qch **concerning** *prép* à propos de

concert /'kɒnsət/ *n* concert : *a concert hall* une salle de concert

concerted /kən'sɜ:tɪd/ *adj* **1** (*attaque*) concerté **2** (*effort*) sérieux

concerto /kən'tʃɜ:təʊ/ *n* concerto (*pl* **-os**)

concession /kən'seʃn/ *n* concession

conciliation /kənˌsɪli'eɪʃn/ *n* conciliation **conciliatory** /kən'sɪliətəri/ *adj* conciliant

concise /kən'saɪs/ *adj* concis

conclude /kən'klu:d/ **1** *vt* conclure **2** *vi* se terminer, conclure **3** *vt* ~ **that...** conclure que... **conclusion** *n* conclusion : *to come to the conclusion that...* en arriver à la conclusion que... LOC *Voir* JUMP

conclusive /kən'klu:sɪv/ *adj* concluant

concoct /kən'kɒkt/ *vt* **1** (*souvent péj*) concocter **2** (*excuse*) inventer **concoction** *n* mélange

concord /'kɒŋkɔ:d/ *n* accord, harmonie

concourse /'kɒŋkɔ:s/ *n* hall (*dans bâtiment*)

concrete /'kɒŋkri:t/ ◆ *adj* concret ◆ *n* béton : *a concrete mixer* une bétonnière

concur /kən'kɜ:(r)/ *vi* (-rr-) (*sout*) ~ **(with sb/sth) (in sth)** être d'accord (avec qn/qch) (sur qch) **concurrence** *n* accord **concurrent** *adj* simultané **concurrently** *adv* simultanément

concussion /kən'kʌʃn/ *n* commotion cérébrale

condemn /kən'dem/ *vt* **1** condamner **2** ~ **sb (to sth/to do sth)** condamner qn (à qch/à faire qch) **3** (*bâtiment*) condamner **condemnation** *n* condamnation

condensation /ˌkɒnden'seɪʃn/ *n* **1** condensation, buée **2** (*texte*) résumé

condense /kən'dens/ **1** *vt, vi* (se) condenser **2** *vt* ~ **sth (into/to sth)** réduire qch (à qch)

condescend /ˌkɒndɪ'send/ *vi* ~ **to do sth** condescendre à faire qch **condescending** *adj* condescendant

condition /kən'dɪʃn/ ◆ *n* **1** condition, état : *in good condition* en bon état ◊ *weather conditions* conditions météorologiques ◊ *He's in no condition to travel.* Il n'est pas en état de voyager. **2** condition : *without conditions* sans condition ◊ *the conditions of the treaty* les termes du traité **3** *to be out of condition* ne pas être en forme LOC **on condition (that)...** à condition que... **on no condition** (*sout*) à aucune condition **on one condition** (*sout*) à une condition *Voir aussi* MINT ◆ *vt* conditionner, déterminer **conditional** *adj* conditionnel : *to be conditional on/upon sth* dépendre de qch **conditioner** *n* **1** (*cheveux*) après-shampooing **2** (*linge*) assouplisseur

condolence /kən'dəʊləns/ *n* [*gén pl*] condoléances : *to give/send your condolences* offrir/envoyer ses condoléances

condom /'kɒndɒm/ *n* préservatif

condone /kən'dəʊn/ *vt* fermer les yeux sur, admettre

conducive /kən'dju:sɪv ; *USA* -'du:s-/ *adj* ~ **to sth** favorable, propice à qch

conduct /'kɒndʌkt/ ◆ *n* **1** conduite, comportement **2** ~ **of sth** conduite de qch : *the conduct of the war* la façon dont la guerre est menée ◆ /kən'dʌkt/ **1** *vt* (*électricité*) conduire **2** *vt* (*négociations*) mener **3** *vt* (*réunion, orchestre*) diriger **4** *v réfléchi* ~ **yourself** (*sout*) se conduire, se comporter **conductor** *n* **1** (*Mus*) chef d'orchestre **2** (*GB*) (*autobus*) receveur, -euse

Pour un conducteur d'autobus on emploie le terme **driver**.

3 (*USA*) (*GB* **guard**) (*Chemin de fer*) chef de train **4** (*Électr*) conducteur

cone /kəʊn/ *n* **1** cône **2** (*Autom*) (*aussi* **traffic cone**) cône de signalisation **3** (*Bot*) pomme de pin

confectionery /kən'fekʃənəri/ *n* [*indénombrable*] confiserie

confederation /kənˌfedə'reɪʃn/ *n* confédération

confer /kən'fɜ:(r)/ *vt* (-rr-) **1** ~ **sth on sb** (*titre*) conférer qch à qn **2** ~ **with sb** conférer avec qn

conference /'kɒnfərəns/ *n* **1** conférence : *a conference hall* une salle de conférence ☛ *Comparer avec* LECTURE LOC **in conference** en réunion

confess /kən'fes/ **1** *vt* avouer **2** *vi* avouer, passer aux aveux : *to confess to sth* avouer qch **confession** *n* **1** aveux **2** (*Relig*) confession

confide /kən'faɪd/ *vt* ~ **sth to sb** faire part de qch à qn PHR V **to confide in sb** se confier à qn

confidence /'kɒnfɪdəns/ *n* **1** ~ **(in sb/sth)** confiance (en qn/qch) : *a confidence trick* une escroquerie **2** assurance LOC **in confidence** en confidence **to take sb into your confidence** se confier à qn *Voir aussi* BREACH, STRICT, VOTE **confident** *adj* **1** sûr de soi **2** ~ **(of sth/that...)** sûr (de qch/que...) : *He feels confident of succeeding.* Il pense réussir. **confidential** /ˌkɒnfɪ'denʃl/ *adj* confidentiel **confidently** *adv* avec assurance

confine /kən'faɪn/ *vt* **1** enfermer : *to be confined to bed* être alité **2** limiter **confined** *adj* **1** (*air*) confiné **2** (*espace*) restreint **confinement** *n* détention LOC *Voir* SOLITARY

confines /ˈkɒnfaɪnz/ *n* [*pl*] (*sout*) limites

confirm /kənˈfɜːm/ *vt* confirmer **confirmed** *adj* invétéré : *a confirmed bachelor* un célibataire endurci

confirmation /ˌkɒnfəˈmeɪʃn/ *n* confirmation

confiscate /ˈkɒnfɪskeɪt/ *vt* confisquer

conflict /ˈkɒnflɪkt/ ◆ *n* conflit ◆ /kənˈflɪkt/ *vi* ~ **(with sth)** être en contradiction (avec qch) **conflicting** *adj* contradictoire : *conflicting emotions* des sentiments contradictoires

conform /kənˈfɔːm/ *vi* **1** ~ **(to/with sth)** se conformer à qch ; être conformiste : *She has never conformed.* Elle n'a jamais rien fait comme les autres. **2** ~ **to sth** être conforme à qch **conformist** *n* conformiste **conformity** *n* (*sout*) **1** conformité : *in conformity with* conformément à **2** conformisme

confront /kənˈfrʌnt/ *vt* **1** faire face à : *to confront a problem* devoir affronter un problème **2** ~ **sb with sth** mettre qn face à qch : *They confronted him with the facts.* Ils l'ont mis face aux faits. **confrontation** *n* confrontation

confuse /kənˈfjuːz/ *vt* **1** ~ **sb/sth (with sb/sth)** confondre qn/qch (avec qn/qch) **2** embrouiller : *That will only confuse the issue.* Cela ne fera que compliquer les choses. **confused** *adj* confus : *to get confused* s'y perdre **confusing** *adj* déroutant, compliqué **confusion** *n* confusion : *There has been some confusion.* Il y a eu un malentendu.

congeal /kənˈdʒiːl/ *vi* coaguler

congenial /kənˈdʒiːniəl/ *adj* **1** sympathique **2** ~ **(to sb)** agréable (pour qn) ; plaisant **3** ~ **to sth** favorable à qch

congenital /kənˈdʒenɪtl/ *adj* congénital

congested /kənˈdʒestɪd/ *adj* encombré, embouteillé **congestion** *n* encombrement, embouteillage

conglomerate /kənˈglɒmərət/ *n* conglomérat

congratulate /kənˈgrætʃuleɪt/ *vt* ~ **sb (on sth)** féliciter qn (de qch) **congratulation** *n* LOC **congratulations!** félicitations !

congregate /ˈkɒŋgrɪgeɪt/ *vi* se regrouper, se rassembler **congregation** *n* [*v sing ou pl*] assemblée (*des fidèles*)

congress /ˈkɒŋgres ; *USA* -grəs/ *n* [*v sing ou pl*] congrès **congressional** /kənˈgreʃənl/ *adj* du congrès

conical /ˈkɒnɪkl/ *adj* conique

conifer /ˈkɒnɪfə(r)/ *n* conifère

conjecture /kənˈdʒektʃə(r)/ *n* conjecture, conjectures

conjunction /kənˈdʒʌŋkʃn/ *n* (*Gramm*) conjonction LOC **in conjunction with** conjointement avec

conjure /ˈkʌndʒə(r)/ *vi* faire des tours de prestidigitation PHR V **to conjure sth up 1** faire apparaître qch **2** (*esprit, souvenir*) évoquer qch **conjuror** (*aussi* **conjurer**) *n* prestidigitateur, -trice

connect /kəˈnekt/ **1** *vt* (*gén*) relier **2** *vi* (*pièces*) communiquer **3** *vt* (*Télécom, Informatique*) raccorder **4** *vt* (*Électr*) brancher **5** *vt* : *connected by marriage* apparenté (par le mariage) **6** *vt* ~ **sb/sth (with sb/sth)** associer qn/qch (à qn/qch) **7** *vt* ~ **sb (with sb)** (*téléphone*) mettre en communication qn (avec qn) **connection** *n* **1** raccordement **2** lien, rapport **3** (*transports*) correspondance LOC **in connection with** à propos de **to have connections** avoir des contacts

connoisseur /ˌkɒnəˈsɜː(r)/ *n* connaisseur, -euse

conquer /ˈkɒŋkə(r)/ *vt* **1** conquérir **2** vaincre **conqueror** *n* conquérant, -e, vainqueur

conquest /ˈkɒŋkwest/ *n* conquête

conscience /ˈkɒnʃəns/ *n* conscience LOC **to have sth on your conscience** avoir qch sur la conscience *Voir aussi* EASE

conscientious /ˌkɒnʃiˈenʃəs/ *adj* consciencieux : *a conscientious objector* un objecteur de conscience

conscious /ˈkɒnʃəs/ *adj* **1** conscient **2** (*décision*) réfléchi **consciously** *adv* consciemment **consciousness** *n* **consciousness (of sth)** conscience (de qch) : *to lose/regain consciousness* perdre/reprendre connaissance

conscript /ˈkɒnskrɪpt/ *n* conscrit **conscription** *n* conscription

consecrate /ˈkɒnsɪkreɪt/ *vt* consacrer

consecutive /kənˈsekjətɪv/ *adj* consécutif

consent /kənˈsent/ ◆ *vi* ~ **(to sth)** consentir (à qch) ◆ *n* consentement LOC *Voir* AGE

consequence /ˈkɒnsɪkwəns ; *USA* -kwens/ *n* **1** [*souvent pl*] conséquence : *as a/in consequence of sth* en conséquence de qch **2** (*sout*) importance : *It's of no consequence.* Ça n'a aucune importance.

consequent /ˈkɒnsɪkwənt/ *adj* (*sout*) **1** consécutif **2** ~ **on/upon sth** résultant de qch **consequently** *adv* en conséquence, par conséquent

conservation /ˌkɒnsəˈveɪʃn/ *n* protection, sauvegarde : *a conservation area* un site classé

conservative /kənˈsɜːvətɪv/ ◆ *adj* **1** conservateur **2 Conservative** (*Polit*) conservateur *Voir aussi* TORY LOC **at a conservative estimate** au bas mot ◆ *n* **1** conservateur, -trice **2 Conservative** (*Polit*) Conservateur, -trice

conservatory /kənˈsɜːvətri ; *USA* -tɔːri/ *n* (*pl* **-ies**) **1** jardin d'hiver **2** (*Mus*) conservatoire

conserve /kənˈsɜːv/ *vt* **1** conserver **2** (*énergie*) économiser **3** (*forces*) ménager **4** (*nature*) protéger

consider /kənˈsɪdə(r)/ *vt* **1** considérer **2** réfléchir à, songer à : *to consider doing sth* envisager de faire qch **3** prendre en considération

considerable /kənˈsɪdərəbl/ *adj* considérable **considerably** *adv* considérablement

considerate /kənˈsɪdərət/ *adj* ~ **(towards sb)** prévenant, attentionné (envers qn) : *It was considerate of you to wait for me.* C'est gentil à toi de m'avoir attendu.

consideration /kənˌsɪdəˈreɪʃn/ *n* **1** considération : *under consideration* à l'étude **2** facteur LOC **to take sth into consideration** prendre qch en considération

considering /kənˈsɪdərɪŋ/ ◆ *conj* étant donné que ◆ *prép* étant donné

consign /kənˈsaɪn/ *vt* ~ **sb/sth (to sth)** envoyer, reléguer qn/qch (à qch) : *consigned to oblivion* envoyé aux oubliettes **consignment** *n* **1** envoi, livraison **2** (*marchandise*) arrivage, lot

consist /kənˈsɪst/ *v* PHR V **to consist in sth/doing sth** (*sout*) consister en/dans qch, consister à faire qch **to consist of sth** être constitué de qch

consistency /kənˈsɪstənsi/ *n* (*pl* **-ies**) **1** consistance **2** (*de position*) cohérence

consistent /kənˈsɪstənt/ *adj* **1** (*personne*) cohérent **2** ~ **(with sth)** en accord (avec qch) : *That's not consistent with what you said before.* Cela ne correspond pas à ce que vous disiez. **consistently** *adv* **1** invariablement, constamment **2** systématiquement

consolation /ˌkɒnsəˈleɪʃn/ *n* consolation : *the consolation prize* le prix de consolation

console /kənˈsəʊl/ *vt* consoler

consolidate /kənˈsɒlɪdeɪt/ **1** *vt* consolider **2** *vi* s'affermir

consonant /ˈkɒnsənənt/ *n* consonne

consortium /kənˈsɔːtiəm ; *USA* -ˈsɔːrʃɪəm/ *n* (*pl* **-tia** /-tɪə ; *USA* -ʃɪə/) consortium

conspicuous /kənˈspɪkjuəs/ *adj* **1** bien visible : *to make yourself conspicuous* se faire remarquer **2 to be** ~ **for sth** se distinguer, se faire remarquer par qch LOC **to be conspicuous by your absence** briller par son absence **conspicuously** *adv* de façon voyante

conspiracy /kənˈspɪrəsi/ *n* (*pl* **-ies**) conspiration **conspiratorial** /kənˌspɪrəˈtɔːriəl/ *adj* de conspirateur

conspire /kənˈspaɪə(r)/ *vi* comploter

constable /ˈkʌnstəbl ; *USA* ˈkɒn-/ *n* agent de police

constant /ˈkɒnstənt/ ◆ *adj* **1** constant, continuel **2** (*ami*) fidèle ◆ *n* constante **constantly** *adv* constamment, continuellement

constipated /ˈkɒnstɪpeɪtɪd/ *adj* constipé

constipation /ˌkɒnstɪˈpeɪʃn/ *n* constipation

constituency /kənˈstɪtjuənsi/ *n* (*pl* **-ies**) **1** circonscription électorale **2** électeurs

constituent /kənˈstɪtjuənt/ *n* **1** (*Polit*) électeur, -trice **2** composante

constitute /ˈkɒnstɪtjuːt/ *vt* constituer

constitution /ˌkɒnstɪˈtjuːʃn ; *USA* -ˈtuːʃn/ *n* constitution **constitutional** *adj* constitutionnel

constraint /kənˈstreɪnt/ *n* contrainte

constrict /kənˈstrɪkt/ *vt* **1** comprimer, serrer **2** (*fig*) limiter

construct /kənˈstrʌkt/ *vt* construire ☛ Le terme **build** est plus courant. **construction** *n* construction **constructive** *adj* construction

construe /kənˈstruː/ *vt* interpréter

consul /ˈkɒnsl/ *n* consul

container

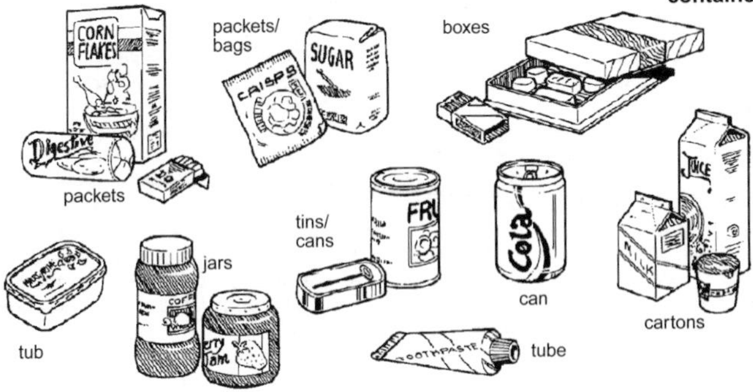

consulate /'kɒnsjələt; *USA* -səl-/ *n* consulat

consult /kən'sʌlt/ *vt* consulter : *a consulting room* un cabinet de consultation **consultant** *n* **1** expert-conseil, consultant **2** (*Méd*) spécialiste **consultancy** *n* conseils, service d'expertise **consultation** *n* consultation

consume /kən'sju:m; *USA* -'su:m/ *vt* consommer : *He was consumed with anxiety.* Il était rongé d'angoisse. **consumer** *n* consommateur, -trice : *consumer goods* produits de consommation

consummate /kən'sʌmət/ ◆ *adj* (*sout*) consommé, achevé ◆ /'kɒnsəmeɪt/ *vt* (*sout*) consommer (*mariage*)

consumption /kən'sʌmpʃn/ *n* **1** consommation **2** (*vieilli, Méd*) tuberculose pulmonaire

contact /'kɒntækt/ ◆ *n* (*gén, Électr*) contact LOC **to make contact (with sb/sth)** se mettre en contact (avec qn/qch) ◆ *vt* contacter, se mettre en contact avec

contact lens *n* (*pl* **contact lenses**) lentille (*de contact*)

contagious /kən'teɪdʒəs/ *adj* contagieux

contain /kən'teɪn/ *vt* contenir : *to contain yourself* se maîtriser

container /kən'teɪnə(r)/ *n* **1** récipient **2** conteneur : *a container lorry/ship* un porte-conteneurs

contaminate /kən'tæmɪneɪt/ *vt* contaminer

contemplate /'kɒntəmpleɪt/ **1** *vt, vi* contempler **2** *vt* envisager : *to contemplate doing sth* envisager de faire qch

contemporary /kən'temprəri; *USA* -pəreri/ ◆ *adj* contemporain ◆ *n* (*pl* **-ies**) **1** *Jack and I were contemporaries.* Jack et moi avions à peu près le même âge. **2** contemporain, -e

contempt /kən'tempt/ *n* **1** mépris **2** (*aussi* **contempt of court**) outrage à magistrat LOC **beneath contempt** méprisable *Voir aussi* HOLD **contemptible** *adj* méprisable **contemptuous** *adj* méprisant, de mépris

contend /kən'tend/ **1** *vi* ~ **with sth** affronter qch : *She has a lot of problems to contend with.* Elle doit faire face à de nombreux problèmes. **2** *vi* ~ **(for sth)** se battre (pour obtenir qch) **3** *vt* ~ **that...** avancer que... **contender** *n* concurrent, -e

content[1] /'kɒntent/ (*aussi* **contents** [*pl*]) *n* contenu : *table of contents* table des matières

content[2] /kən'tent/ ◆ *adj* **1** ~ **(with sth)** satisfait (de qch) **2** **to be** ~ **to do sth** se contenter de faire qch ◆ *v réfléchi* ~ **yourself with sth** se contenter de qch **contented** *adj* satisfait **contentment** *n* contentement

contention /kən'tenʃn/ *n* **1** compétition : *the teams are in contention for...* les équipes se disputent... **2** dispute LOC *Voir* BONE

contentious /kən'tenʃəs/ *adj* **1** querelleur **2** controversé

contest /kən'test/ ◆ *vt* **1** (*point*) contester **2** (*Jur*) attaquer **3** (*élection*) se présenter à ◆ /ˈkɒntest/ *n* **1** concours **2** (*fig*) lutte **contestant** /kənˈtestənt/ *n* concurrent, -e

context /ˈkɒntekst/ *n* contexte

continent /ˈkɒntɪnənt/ *n* **1** (*Géogr*) continent **2 the Continent** (*GB*) l'Europe continentale **continental** /ˌkɒntɪˈnentl/ *adj* continental : *a continental quilt* une couette ◊ *a continental breakfast* un petit déjeuner à la française

contingency /kənˈtɪndʒənsi/ *n* (*pl* **-ies**) imprévu : *contingency plans* projets de réserve

contingent /kənˈtɪndʒənt/ *n* [*v sing ou pl*] contingent

continual /kənˈtɪnjuəl/ *adj* continuel **continually** *adv* continuellement

Continual ou **continuous? Continual** et **continually** sont employés pour décrire de façon plutôt négative des actions qui se répètent : *His continual phone calls started to annoy her.* Ses appels incessants commencèrent à l'agacer. **Continuous** et **continuously** sont employés pour décrire des actions continues : *There has been a continuous improvement in his work.* Il progresse régulièrement. ◊ *It has rained continuously for three days.* Il n'a pas cessé de pleuvoir pendant trois jours.

continuation /kənˌtɪnjuˈeɪʃn/ *n* continuation, suite

continue /kənˈtɪnjuː/ *vt, vi* continuer : *to continue doing sth/to do sth* continuer à/de faire qch ◊ *To be continued...* À suivre... **continued** *adj* continu **continuing** *adj* continuel : *a continuing problem* un problème permanent

continuity /ˌkɒntɪˈnjuːəti ; USA -ˈnuː-/ *n* continuité

continuous /kənˈtɪnjuəs/ *adj* continu **continuously** *adv* continuellement, sans arrêt ☛ *Voir note sous* CONTINUAL

contort /kənˈtɔːt/ *vt, vi* (se) tordre

contour /ˈkɒntʊə(r)/ *n* contour

contraband /ˈkɒntrəbænd/ *n* contrebande

contraception /ˌkɒntrəˈsepʃn/ *n* contraception **contraceptive** *adj, n* contraceptif

contract¹ /ˈkɒntrækt/ *n* contrat

contract² /kənˈtrækt/ **1** *vi* se contracter **2** *vt* (*mariage, maladie, dette*) contracter **3** *vt* : *to be contracted to do sth* être employé pour faire qch **contractor** *n* entrepreneur : *building contractors* entrepreneurs en bâtiments

contraction /kənˈtrækʃn/ *n* contraction

contradict /ˌkɒntrəˈdɪkt/ *vt* contredire **contradiction** *n* contradiction **contradictory** *adj* contradictoire

contralto *n* (*pl* **-os**) contralto

contrary /ˈkɒntrəri ; *USA* -treri/ ◆ *adj* **1** contraire **2** contradictoire, opposé **3** ~ **to sth** contrairement à qch ◆ **the contrary** *n* le contraire LOC **on the contrary** au contraire

contrast /kənˈtrɑːst ; *USA* -ˈtræst/ ◆ **1** *vt* ~ **A and/with B** mettre en contraste A avec B **2** *vi* ~ **(with sth)** contraster (avec qch) ◆ /ˈkɒntrɑːst ; *USA* -træst/ *n* contraste

contribute /kənˈtrɪbjuːt/ **1** *vt* ~ **sth to sth** donner, apporter qch à qch **2** *vi* ~ **to sth** contribuer à qch **3** *vi* ~ **to sth** (*discussion*) participer, prendre part à qch **contributor** *n* **1** (*revue*) collaborateur, -trice **2** donateur, -trice **contributory** *adj* contribuant

contribution /ˌkɒntrɪˈbjuːʃn/ *n* **1** contribution, don **2** (*revue*) article

control /kənˈtrəʊl/ ◆ *n* **1** contrôle : *to be in control of the situation* maîtriser la situation **2 controls** [*pl*] commandes LOC **to be out of control 1** être incontrôlable : *Her car went out of control.* Elle a perdu le contrôle de sa voiture. **2** (*personne*) être déchaîné **to lose control (of sth)** perdre le contrôle (de qch) **to take control (of sth)** prendre qch en main, prendre la situation en main ◆ **1** *vt* maîtriser, dominer **2** *vt* (*voiture*) avoir la maîtrise de **3** *v réfléchi* ~ **yourself** se maîtriser **4** *vt* (*loi*) réglementer **5** *vt* (*dépenses, inflation*) maîtriser, juguler

controversial /ˌkɒntrəˈvɜːʃl/ *adj* controversé, discutable

controversy /ˈkɒntrəvɜːsi, kənˈtrɒvəsi/ *n* (*pl* **-ies**) ~ **(about/over sth)** controverse (à propos de qch)

convene /kənˈviːn/ **1** *vt* (*réunion*) organiser **2** *vi* se réunir

convenience /kənˈviːniəns/ *n* **1** commodité : *convenience food* plats tout préparés **2** *public conveniences* toilettes publiques

convenient /kənˈviːniənt/ *adj* **1** *Would*

it be convenient for you to start tomorrow? Cela vous convient-il de commencer demain ? **2** (*moment*) propice **3** pratique **4** ~ **(for sth)** bien situé, bien placé (pour qch) **conveniently** *adv* **1** de façon pratique, facilement **2** *The hotel is conveniently situated close to the beach.* L'hôtel est très bien situé car il est à proximité de la plage.

convent /'kɒnvənt ; *USA* -vent/ *n* couvent

convention /kən'venʃn/ *n* **1** congrès **2** convention **conventional** *adj* conventionnel, traditionnel LOC **conventional wisdom** sagesse populaire

converge /kən'vɜ:dʒ/ *vi* ~ **(on sth)** converger (vers qch) **convergence** *n* convergence

conversant /kən'vɜ:snt/ *adj* (*sout*) ~ **with sth** au fait de qch : *to become conversant with sth* se familiariser avec qch

conversation /ˌkɒnvə'seɪʃn/ *n* conversation : *to make conversation* faire la conversation

converse[1] /kən'vɜ:s/ *vi* (*sout*) converser

converse[2] /'kɒnvɜ:s/ **the converse** *n* l'inverse **conversely** *adv* inversement

conversion /kən'vɜ:ʃn ; *USA* kən'vɜ:rʒn/ *n* ~ **(from sth) (into/to sth)** conversion (de qch) (en qch)

convert /kən'vɜ:t/ ◆ **1** *vt* ~ **sth (from sth) (into/to sth)** convertir qch (de qch) (en qch) **2** *vi* ~ **(from sth) (into/to sth)** se transformer de qch en qch ; être convertible : *The sofa converts (in)to a bed.* Le canapé se transforme en lit. **3** *vt, vi* ~ **(sb) (to sth)** (*Relig*) convertir qn (à qch) ; se convertir à qch : *She converted from Catholicism to Buddhism.* Elle a abandonné la foi catholique pour se convertir au bouddhisme. ◆ /'kɒnvɜ:t/ *n* ~ **(to sth)** converti, -e (à qch)

convertible /kən'vɜ:təbl/ ◆ *adj* ~ **(into/to sth)** convertible (en qch) ◆ *n* décapotable

convey /kən'veɪ/ *vt* **1** (*sout*) amener **2** (*idée, sentiment*) rendre, communiquer **3** (*salutations*) transmettre **conveyor** (*aussi* **conveyor belt**) *n* tapis roulant

convict /kən'vɪkt/ ◆ *vt* ~ **sb (of sth)** reconnaître coupable qn (de qch) ◆ /'kɒnvɪkt/ *n* détenu, -e : *an escaped convict* un prisonnier échappé **conviction** *n* **1** ~ **(for sth)** condamnation (pour qch) **2** ~ **(that...)** conviction (que...) : *to carry/lack conviction* être/ne pas être très convaincant

convince /kən'vɪns/ *vt* ~ **sb (that.../of sth)** convaincre qn (que.../de qch) **convinced** *adj* convaincu **convincing** *adj* convaincant

convulse /kən'vʌls/ *vt* convulser : *convulsed with laughter* tordu de rire **convulsion** *n* **1** convulsion **2** [*gén pl*] : *to be in convulsions* se tordre de rire

cook /kʊk/ ◆ **1** *vt, vi* cuisiner **2** *vt* (*aliments*) cuire : *The potatoes aren't cooked.* Les pommes de terre ne sont pas cuites. LOC **to cook the books** (*fam, péj*) trafiquer la comptabilité PHR V **to cook sth up** (*fam*) inventer qch : *to cook up an excuse* inventer une excuse ◆ *n* cuisinier, -ière

cooker /'kʊkə(r)/ *n* cuisinière (*appareil*) *Voir aussi* STOVE

cookery /'kʊkəri/ *n* [*indénombrable*] cuisine (*pratique*) : *Italian cookery* la cuisine italienne

cookie /'kʊki/ *n* (*surtout USA*) biscuit

cooking /'kʊkɪŋ/ *n* [*indénombrable*] cuisine (*pratique*) : *French cooking* la cuisine française ◊ *to do the cooking* faire la cuisine ◊ *a cooking apple* une pomme à cuire

cool /ku:l/ ◆ *adj* (**-er**, **-est**) **1** (*température*) frais ☛ *Voir note sous* FROID **2** (*fam*) calme **3** (*fam*) super, génial, branché : *a really cool guy* un type génial ◊ *What a cool car!* Elle est super, cette voiture ! ◊ *'I'll meet you at twelve.' 'Cool.'* « Je te retrouve à midi. — Super. » **4** ~ **(towards sb/about sth)** indifférent (envers qn/qch) **5** (*accueil*) froid LOC **to keep/stay cool** garder la tête froide : *Keep cool!* Ne panique pas ! ◆ *vt, vi* **1** ~ **(sth) (down/off)** rafraîchir qch ; se rafraîchir, refroidir **2** ~ **(sb) (down/off)** calmer qn ; se calmer ◆ **the cool** *n* [*indénombrable*] la fraîcheur LOC **to keep/lose your cool** (*fam*) garder la tête froide/perdre son sang-froid

cooperate /kəʊ'ɒpəreɪt/ *vi* ~ **(with sb) (on sth)** coopérer (avec qn) (à qch) **cooperation** *n* coopération

cooperative /kəʊ'ɒpərətɪv/ ◆ *adj* coopératif ◆ *n* coopérative

coordinate /kəʊ'ɔ:dɪnəɪt/ *vt* coordonner

cop /kɒp/ *n* (*fam*) flic

cope /kəʊp/ *vi* ~ **(with sth)** se sortir de qch ; se débrouiller, s'en sortir : *I can't cope any more.* Je n'en peux plus.

copious /'kəʊpiəs/ *adj* (*sout*) copieux

copper /'kɒpə(r)/ *n* **1** cuivre **2** pièce jaune **3** (*fam, GB*) flic

copy /'kɒpi/ ◆ *n* (*pl* **copies**) **1** copie **2** (*revue, etc.*) exemplaire **3** [*indénombrable*] texte ◆ *vt* (*prét, pp* **copied**) **1** ~ **sth (down/out) (in/into sth)** copier qch (dans qch) **2** photocopier **3** ~ **sb/sth** copier qn/qch ; imiter qn/qch

copyright /'kɒpiraɪt/ ◆ *n* droits d'auteur, copyright ◆ *adj* protégé par copyright

coral /'kɒrəl ; *USA* 'kɔːrəl/ ◆ *n* corail : *a coral island* une île corallienne ◆ *adj* rouge corail

cord /kɔːd/ *n* **1** corde **2** (*USA*) *Voir* FLEX **3** (*fam*) velours côtelé **4 cords** [*pl*] pantalon en velours côtelé

cordless /'kɔːdləs/ *adj* (*téléphone*) sans fil

cordon /'kɔːdn/ ◆ *n* cordon PHR V **to cordon sth off** (*zone, rue*) boucler qch

corduroy /'kɔːdərɔɪ/ *n* velours côtelé

core /kɔː(r)/ *n* **1** (*fruit*) trognon **2** cœur, noyau : *a hard core of protesters* un noyau dur de manifestants LOC **to the core 1** jusqu'à la moelle **2** jusqu'au fond de l'âme

cork /kɔːk/ *n* **1** bouchon **2** liège

corkscrew /'kɔːkskruː/ *n* tire-bouchon

corn /kɔːn/ *n* **1** (*GB*) blé **2** (*USA*) maïs **3** cor (*au pied*)

corner /'kɔːnə(r)/ ◆ *n* coin : *the corner shop* le magasin du coin **1** (*Foot*) (*aussi* **corner kick**) corner LOC **(just) round the corner** à deux pas d'ici ◆ **1** *vt* acculer **2** *vi* prendre un virage **3** *vt* (*marché*) accaparer : *to corner the market in sth* accaparer le marché de qch

cornerstone /'kɔːnəstəʊn/ *n* **1** pierre d'angle **2** (*fig*) pierre angulaire

cornflour /'kɔːnflaʊə(r)/ *n* maïzena™

corollary /kə'rɒləri ; *USA* 'kɒrəleri/ *n* ~ **(of/to sth)** (*sout*) corollaire (de qch)

coronation /ˌkɒrə'neɪʃn ; *USA* ˌkɔːr-/ *n* couronnement

coroner /'kɒrənə(r) ; *USA* 'kɔːr-/ *n* médecin légiste

corporal /'kɔːpərəl/ ◆ *n* (*Mil*) caporal ◆ *adj* : *corporal punishment* châtiment corporel

corporate /'kɔːpərət/ *adj* **1** commun, collectif **2** de société

corporation /ˌkɔːpə'reɪʃn/ *n* [*v sing ou pl*] **1** société (commerciale), entreprise **2** conseil municipal

corps /kɔː(r)/ *n* [*v sing ou pl*] (*pl* **corps** /kɔːz/) corps (*d'armée, etc.*)

corpse /kɔːps/ *n* cadavre

correct /kə'rekt/ ◆ *adj* correct, exact : *Would I be correct in saying...?* Ai-je raison de penser que... ? ◆ *vt* corriger, rectifier

correlation /ˌkɒrə'leɪʃn ; *USA* ˌkɔːr-/ *n* ~ **(with sth)/(between...)** corrélation (avec qch) (entre...)

correspond /ˌkɒrə'spɒnd ; *USA* ˌkɔːr-/ *vi* **1** ~ **(to/with sth)** correspondre (à qch) **2** ~ **(with sb)** correspondre (avec qn) **correspondence** *n* correspondance **correspondent** *n* correspondant, -e **corresponding** *adj* correspondant

corridor /'kɒrɪdɔː(r) ; *USA* 'kɔːr-/ *n* corridor, couloir

corrosion /kə'rəʊʒn/ *n* corrosion

corrugated /'kɒrəgeɪtɪd/ *adj* (*tôle*) ondulé

corrupt /kə'rʌpt/ ◆ *adj* **1** corrompu, malhonnête **2** dépravé ◆ *vt* corrompre **corruption** *n* corruption

cosmetic /kɒz'metɪk/ *adj* cosmétique : *cosmetic surgery* chirurgie esthétique **cosmetics** *n* [*pl*] cosmétiques

cosmopolitan /ˌkɒzmə'pɒlɪtən/ *adj, n* cosmopolite

cost /kɒst ; *USA* kɔːst/ ◆ *vt* **1** (*prét, pp* **cost**) coûter **2** (*prét, pp* **costed**) (*Comm*) estimer qch (*à un prix*) LOC **to cost a bomb** coûter les yeux de la tête *Voir aussi* EARTH ◆ *n* **1** coût : *whatever the cost* à n'importe quel prix ◊ *cost-effective* rentable *Voir aussi* PRICE **2 costs** [*pl*] frais LOC **at all costs** à tout prix *Voir aussi* COUNT[1] **costly** *adj* (**-ier**, **-iest**) coûteux

co-star /'kəʊ stɑː(r)/ *n* co-vedette

costume /'kɒstjuːm ; *USA* -tuːm/ *n* costume

cosy (*USA* **cozy**) /'kəʊzi/ *adj* (**-ier**, **-iest**) douillet, confortable

cot /kɒt/ *n* **1** (*USA* **crib**) lit d'enfant **2** (*USA*) lit de camp

cottage /'kɒtɪdʒ/ *n* petite maison champêtre, cottage ☛ *Voir note sous* MAISON

cotton /ˈkɒtn/ *n* **1** coton **2** fil (*de coton*)

cotton wool *n* coton hydrophile, ouate

couch /kaʊtʃ/ ◆ *n* canapé, divan ◆ *vt* (*sout*) ~ **sth (in sth)** formuler qch (en qch)

cough /kɒf ; *USA* kɔːf/ ◆ **1** *vi* tousser **2** *vt* ~ **sth up** cracher qch PHR V **to cough (sth) up** (*GB, fam*) cracher qch, cracher le morceau ◆ *n* toux

could *prét de* CAN²

council /ˈkaʊnsl/ *n* [*v sing ou pl*] **1** conseil municipal : *a council flat/house* une HLM **2** conseil **councillor** (*USA aussi* **councilor**) *n* conseiller

counsel /ˈkaʊnsl/ ◆ *n* **1** (*sout*) [*indénombrable*] conseils *Voir aussi* ADVICE **2** (*pl* **counsel**) avocat, -e ☛ *Voir note sous* AVOCAT, -E ◆ *vt* (**-ll-**, *USA* **-l-**) (*sout*) **1** ~ **sb/sth** conseiller qn/qch **2** ~ **sb to do sth** conseiller à qn de faire qch **3** offrir une aide psychosociale à **counselling** (*USA aussi* **counseling**) *n* aide psychosociale **counsellor** (*USA aussi* **counselor**) *n* **1** conseiller, -ère **2** (*USA ou Irl*) avocat, -e

count¹ /kaʊnt/ **1** *vt, vi* ~ **(sth) (up)** compter (qch) **2** *vi* ~ **(as sth)** compter, être considéré comme qch **3** *vi* ~ **(for sth)** compter (pour qch) **4** *v réfléchi* : *to count yourself lucky* s'estimer heureux LOC **to count the cost (of sth)** faire le bilan (de qch) PHR V **to count down** déclencher le compte à rebours **to count sb/sth in** inclure qn/qch **to count on sb/sth** compter sur qn/qch **to count sb out** (*fam*) ne pas inclure qn : *If you're going out tonight you'll have to count me out.* Si tu sors ce soir, ne compte pas sur moi. **to count sth out** compter qch (*argent*) **to count towards sth** compter pour qch

count² /kaʊnt/ *n* **1** compte, calcul : *to lose count of sth* perdre le compte de qch **2** comte

countdown /ˈkaʊntdaʊn/ *n* ~ **(to sth)** compte à rebours (de qch)

countenance /ˈkaʊntənəns/ ◆ *vt* (*sout*) admettre, tolérer ◆ *n* expression du visage, mine

counter /ˈkaʊntə(r)/ ◆ **1** *vi* riposter **2** *vt* (*attaque*) répondre à ◆ *n* **1** (*jeu*) pion, jeton **2** compteur **3** comptoir (*magasin*) **4** guichet (*banque*) ◆ *adv* ~ **to sth** à l'encontre de qch

counteract /ˌkaʊntərˈækt/ *vt* neutraliser

counter-attack /ˈkaʊntər ətæk/ *n* contre-attaque

counterfeit /ˈkaʊntəfɪt/ *adj* faux (*contrefaçon*)

counterpart /ˈkaʊntəpɑːt/ *n* **1** homologue **2** équivalent

counter-productive /ˌkaʊntə prəˈdʌktɪv/ *adj* contre-productif

countess /ˈkaʊntəs/ *n* comtesse

countless /ˈkaʊntləs/ *adj* innombrable

country /ˈkʌntri/ *n* (*pl* **-ies**) **1** pays **2** patrie **3** [*indénombrable*] **the country** la campagne : *country life* la vie à la campagne **4** région

countryman /ˈkʌntrimən/ *n* (*pl* **-men** /-mən/) **1** compatriote *m* **2** campagnard

countryside /ˈkʌntrisaɪd/ *n* [*indénombrable*] campagne

countrywoman /ˈkʌntriwʊmən/ *n* (*pl* **-women**) **1** compatriote *f* **2** campagnarde

county /ˈkaʊnti/ *n* (*pl* **-ies**) comté

coup /kuː/ *n* (*pl* **~s** /kuːz/) (*Fr*) **1** (*aussi* **coup d'état** /kuː deɪˈtɑː/) (*pl* **~s d'état**) coup d'État **2** beau coup

couple /ˈkʌpl/ ◆ *n* couple : *a married couple* un couple LOC **a couple of** quelques, deux ou trois ◆ *vt* **1** associer : *coupled with sth* ajouté à qch **2** (*wagons*) atteler

coupon /ˈkuːpɒn/ *n* **1** bon **2** bulletin-réponse

courage /ˈkʌrɪdʒ/ *n* courage LOC *Voir* DUTCH, PLUCK **courageous** /kəˈreɪdʒəs/ *adj* courageux

courgette /kʊəˈʒet/ *n* courgette

courier /ˈkʊriə(r)/ *n* **1** accompagnateur, -trice **2** coursier, -ière

course /kɔːs/ *n* **1** (*temps, rivière*) cours **2** (*navire, avion*) cap : *The ship is on/off course.* Le navire suit son cap/a dévié de son cap. **3** ~ **(in/on sth)** (*École*) cours (de qch) **4** ~ **of sth** (*Méd*) série de qch : *a course of treatment* un traitement ◊ *a course of antibiotics* des antibiotiques **5** (*golf*) terrain **6** (*course*) circuit **7** plat : *first course* entrée LOC **a course of action** la marche à suivre **in the course of sth** durant qch, lors de qch **of course** bien sûr : *of course not!* bien sûr que non ! *Voir aussi* DUE, MATTER

court /kɔːt/ ◆ *n* **1** (*aussi* ~ **of law**) cour de justice, tribunal : *a court case* un procès ◊ *a court order* une ordonnance du tribunal *Voir aussi* HIGH COURT **2** (*Sport*) court **3** cour (*d'un souverain*) LOC **to go to court (over sth)** aller devant les tribunaux (pour qch) **to take sb to court** faire un procès à qn, poursuivre qn en justice ◆ *vt* **1** courtiser **2** (*désastre, etc.*) courir à

courteous /ˈkɜːtiəs/ *adj* courtois

courtesy /ˈkɜːtəsi/ *n* (*pl* **-ies**) courtoisie LOC **(by) courtesy of sb** avec la gracieuse permission de qn

court martial *n* (*pl* **~s martial**) cour martiale

courtship /ˈkɔːtʃɪp/ *n* cour (*amoureuse*)

courtyard /ˈkɔːtjɑːd/ *n* cour (*espace clos*)

cousin /ˈkʌzn/ *n* cousin, -e

cove /kəʊv/ *n* crique

covenant /ˈkʌvənənt/ *n* **1** engagement (*contractuel*), convention **2** acte de donation

cover /ˈkʌvə(r)/ ◆ **1** *vt* ~ **sth (up/over) (with sth)** couvrir, recouvrir qch (avec qch) **2** *vt* ~ **sb/sth (in/with sth)** couvrir, recouvrir qn/qch (de qch) **3** *vt* (*meuble*) recouvrir **4** *vt* (*timidité, etc.*) cacher, dissimuler **5** *vt* (*aspect, catégorie*) comprendre, inclure **6** *vt* (*sujet*) traiter de, couvrir **7** *vt* (*distance*) couvrir, parcourir **8** *vi* ~ **for sb** remplacer qn PHR V **to cover sth up** (*péj*) dissimuler qch, camoufler qch **to cover up for sb** couvrir qn ◆ *n* **1** abri **2** housse **3** couverture **4 the covers** [*pl*] les couvertures **5** ~ **(for sth)** (*fig*) couverture (à qch) **6** remplacement **7** ~ **(against sth)** couverture (contre qch) LOC **from cover to cover** de la première à la dernière page **to take cover (from sth)** s'abriter (de qch) **under cover of sth** à la faveur de qch *Voir aussi* DIVE **coverage** *n* couverture **covering** *n* **1** couverture **2** couche (*épaisseur*)

covert /ˈkʌvət ; *USA* ˈkəʊvɜːrt/ *adj* **1** dissimulé **2** (*regard*) furtif

cover-up /ˈkʌvər ʌp/ *n* (*péj*) opération de camouflage

covet /ˈkʌvət/ *vt* convoiter

cow /kaʊ/ *n* vache

coward /ˈkaʊəd/ *n* lâche **cowardice** *n* [*indénombrable*] lâcheté **cowardly** *adj* lâche

cowboy /ˈkaʊbɔɪ/ *n* **1** cow-boy **2** (*GB, fam*) fumiste : *a cowboy builder* un entrepreneur pas sérieux

coy /kɔɪ/ *adj* (**coyer**, **coyest**) **1** faussement timide **2** évasif

cozy /ˈkəʊzi/ *adj* (*USA*) *Voir* COSY

crab /kræb/ *n* crabe

crack /kræk/ ◆ *n* **1** ~ **(in sth)** (*pr et fig*) fêlure (dans qch) **2** fente **3** craquement **4** (*fouet*) claquement LOC **at the crack of dawn** (*fam*) à l'aube ◆ **1** *vt, vi* (se) fêler, (se) craqueler **2** *vt* (*noix, œuf*) casser **3** *vt* ~ **sth (on/against sth)** cogner qch (contre qch) **4** *vt, vi* (faire) craquer **5** *vt, vi* (*fouet*) (faire) claquer **6** *vi* (*personne*) craquer **7** *vt* (*opposition*) faire craquer **8** *vt* (*fam*) (*problème*) résoudre **9** *vt* (*fam*) (*code*) déchiffrer **10** *vi* (*voix*) se casser **11** *vt* (*fam*) (*blague*) sortir LOC **to get cracking** (*fam*) s'y mettre PHR V **to crack down (on sb/sth)** prendre des mesures sévères (contre qn/qch) **to crack up** (*fam*) **1** (*s'effondrer*) craquer **2** éclater de rire

crackdown /ˈkrækdaʊn/ *n* ~ **(on sth)** mesures énergiques (contre qch)

cracker /ˈkrækə(r)/ *n* **1** biscuit salé **2** pétard **3** (*aussi* **Christmas cracker**) diablotin

crackle /ˈkrækl/ ◆ *vi* crépiter ◆ *n* (*aussi* **crackling**) crépitement

cradle /ˈkreɪdl/ ◆ *n* (*pr et fig*) berceau ◆ *vt* bercer, tenir dans ses bras

craft /krɑːft ; *USA* kræft/ ◆ *n* **1** métier : *the potter's craft* le métier de potier ◊ *crafts* l'artisanat **2** art : *to learn your craft* apprendre son métier **3** embarcation, petit bateau ◆ *vt* fabriquer, faire (*à la main*)

craftsman /ˈkrɑːftsmən ; *USA* ˈkræfts-/ *n* (*pl* **-men** /-mən/) **1** artisan **2** (*fig*) artiste **craftsmanship** *n* **1** artisanat **2** art

crafty /ˈkrɑːfti ; *USA* ˈkræfti/ *adj* (**-ier**, **-iest**) rusé

crag /kræg/ *n* rocher escarpé **craggy** *adj* rocheux

cram /kræm/ (**-mm-**) **1** *vt* ~ **A into B** fourrer A dans B ; bourrer B de A : *The bus was crammed with people.* Le bus était bondé. **2** *vi* ~ **into sth** s'entasser dans qch **3** *vi* (*fam*) potasser

cramp /kræmp/ ◆ *n* **1** [*indénombrable*] crampe **2** **cramps** [*pl*] crampes d'estomac

On dit également **stomach cramps**.

◆ *vt* (*progrès*) gêner, empêcher **cramped** *adj* (*espace*) restreint, exigu : *We're cramped for space here.* Nous sommes à l'étroit.

crane /kreɪn/ *n* grue

crank /kræŋk/ *n* **1** (*Mécan*) manivelle **2** (*fam*) farfelu, -e

crash /kræʃ/ ◆ *n* **1** fracas **2** accident : *a crash helmet* un casque **3** (*Bourse*) crash **4** (*Informatique*) panne ◆ **1** *vt* ~ **sth (into sth)** avoir un accident de qch ; rentrer dans qch avec qch : *I've crashed the car.* J'ai eu un accident de voiture. ◊ *He crashed the car into a lamp post.* Il a percuté un lampadaire. **2** *vi* ~ **(into sth)** s'écraser, percuter qch : *The plane crashed.* L'avion s'est écrasé. ◊ *The bus crashed into a tree.* Le bus a percuté un arbre. **3** *vi* (*Informatique*) tomber en panne, planter **4** *vi* ~ **(out)** (*fam*) s'endormir ◆ *adj* : *a crash course* un cours intensif ◊ *a crash diet* un régime d'amaigrissement intensif

crash landing *n* atterrissage en catastrophe

crass /kræs/ *adj* (*péj*) **1** crasse **2** stupide, idiot

crate /kreɪt/ *n* cageot, caisse

crater /ˈkreɪtə(r)/ *n* cratère

crave /kreɪv/ **1** *vt, vi* ~ **(for) sth** avoir une envie irrésistible de qch **2** *vt* (*vieilli*) implorer **craving** *n* ~ **(for sth)** envie irrésistible (de qch)

crawl /krɔːl/ ◆ *vi* **1** ramper, se traîner **2** marcher à quatre pattes **3** (*aussi* **to crawl along**) (*circulation*) avancer au pas **4** (*fam*) ~ **(to sb)** faire du lèche-bottes (à qn) LOC **to be crawling with sth** grouiller de qch ◆ *n* **1** *Traffic was reduced to a crawl.* On circulait au pas. **2** (*natation*) crawl

crayon /ˈkreɪən/ *n* **1** craie grasse **2** crayon de couleur

craze /kreɪz/ *n* vogue, engouement

crazy /ˈkreɪzi/ *adj* (**-ier**, **-iest**) (*fam*) **1** fou : *like crazy* comme un fou **2** (*idée*) insensé

creak /kriːk/ *vi* grincer

cream¹ /kriːm/ ◆ *n* **1** crème : *cream cheese* fromage à tartiner ◊ *cream tea* thé servi avec des scones, de la confiture et de la crème fraîche ◊ *a face cream* une crème de soins **2 the cream** la crème, la fine fleur ◆ *adj, n* (couleur) crème **creamy** *adj* (**-ier**, **-iest**) crémeux

cream² /kriːm/ *vt* malaxer PHR V **to cream sth off** sélectionner qch

crease /kriːs/ ◆ *n* **1** (faux) pli **2** pli ◆ *vt, vi* (se) froisser

create /kriˈeɪt/ *vt* créer : *to create a fuss* faire des histoires **creation** *n* création **creative** *adj* créatif

creator /kriˈeɪtə(r)/ *n* créateur, -trice

creature /ˈkriːtʃə(r)/ *n* **1** animal : *sea creatures* animaux marins **1** être, créature : *a creature of habit* quelqu'un qui a ses petites habitudes

crèche /kreʃ/ *n* (*GB*) crèche, garderie

credentials /krəˈdenʃlz/ *n* [*pl*] **1** références, pièces d'identité **2** (*pour un travail*) qualités requises

credibility /ˌkredəˈbɪləti/ *n* crédibilité

credible /ˈkredəbl/ *adj* crédible

credit /ˈkredɪt/ ◆ *n* **1** crédit : *on credit* à crédit ◊ *to be in credit* être approvisionné **2** mérite : *He gets most of the credit.* En général c'est lui qui se voit attribuer le mérite. **3 the credits** [*pl*] le générique LOC **to be a credit to sb/sth** honorer qn/qch **to do sb credit** honorer qn ◆ *vt* **1** ~ **sb/sth with sth** attribuer qch à qn/qch : *I've always credited you with more sense.* J'ai toujours cru que tu avais plus de bon sens. **2** (*Fin*) créditer **3** croire (à) **creditable** *adj* honorable **creditor** *n* créancier, -ière

credit card *n* carte de crédit

creed /kriːd/ *n* croyance, credo

creek /kriːk ; *USA* krɪk/ *n* **1** (*GB*) crique, anse **2** (*USA*) ruisseau LOC **to be up the creek (without a paddle)** (*fam*) être dans le pétrin

creep /kriːp/ ◆ *vi* (*prét, pp* **crept**) **1** ramper, se faufiler sans bruit : *to creep up on sb* s'approcher de qn à pas de loup **2** (*fig*) envahir : *A feeling of drowsiness crept over him.* Une sensation d'engourdissement l'envahit. **3** (*plante*) grimper ◆ *n* (*fam*) **1** lèche-bottes **2** sale type LOC **to give sb the creeps** (*fam*) donner la chair de poule à qn **creepy** *adj* (**-ier**, **-iest**) (*fam*) *adj* qui donne la chair de poule

cremation /krəˈmeɪʃn/ *n* incinération

crematorium /ˌkreməˈtɔːriəm/ *n* (*pl* **-riums** *ou* **-ria** /-ɔːrɪə/) (*USA* **crematory** /ˈkremətɔːri/) crématorium

crept *prét, pp de* CREEP

crescent /'kresnt/ *n* **1** croissant : *a crescent moon* un croissant de lune **2** rue en arc de cercle

cress /kres/ *n* cresson

crest /krest/ *n* **1** (*oiseau*) crête **2** (*colline*) crête, sommet **3** (*Hérald*) armoiries

crestfallen /'krestfɔːlən/ *adj* déconfit

crevice /'krevɪs/ *n* fissure

crew /kruː/ *n* [*v sing ou pl*] **1** équipage : *the cabin crew* l'équipage **2** (*aviron, Cin, Télé*) équipe

crew cut *n* : *to have a crew cut* avoir les cheveux en brosse

crib /krɪb/ ◆ *n* **1** râtelier **2** (*USA*) lit d'enfant **3** antisèche ◆ *vt, vi* (**-bb-**) copier, plagier

cricket /'krɪkɪt/ *n* **1** (*Zool*) criquet **2** (*Sport*) cricket **cricketer** *n* joueur, -euse de cricket

crime /kraɪm/ *n* **1** crime, délit **2** criminalité, délinquance

criminal /'krɪmɪnl/ ◆ *adj* **1** criminel : *a criminal offence* un délit ◊ *a criminal record* un casier judiciaire **2** (*droit*) pénal **3** (*action*) criminel ◆ *n* criminel, -le

crimson /'krɪmzn/ *adj* pourpre, cramoisi

cringe /krɪndʒ/ *vi* **1** (*de peur*) avoir un mouvement de recul **2** (*de gêne*) avoir envie de rentrer sous terre

cripple /'krɪpl/ ◆ *n* infirme ◆ *vt* **1** estropier **2** (*fig*) paralyser **crippling** *adj* **1** (*maladie*) invalidant **2** (*dette*) écrasant

crisis /'kraɪsɪs/ *n* (*pl* **crises** /-siːz/) crise

crisp /krɪsp/ ◆ *adj* (**-er, -est**) **1** croustillant **2** (*salade, fruit*) croquant **3** (*billet de banque*) tout neuf **4** (*air*) vif **5** (*façon de faire*) brusque, sec ◆ *n* (*aussi* **potato crisp**) (*USA* **potato chip, chip**) chip **crisply** *adv* brusquement, sèchement **crispy** *adj* (**-ier, -iest**) croustillant, croquant

criterion /kraɪ'tɪəriən/ *n* (*pl* **-ria** /-rɪə/) critère

critic /'krɪtɪk/ *n* critique **critical** *adj* **1** critique : *to be critical of sb/sth* critiquer qn/qch ◊ *to receive critical acclaim* être acclamé par la critique **2** (*moment, état*) critique **3** (*patient*) dans un état critique **critically** *adv* **1** sévèrement **2** *critically ill* gravement malade

criticism /'krɪtɪsɪzəm/ *n* **1** critique **2** [*indénombrable*] critique : *He can't take criticism.* Il prend mal les critiques. **3** [*indénombrable*] critique : *literary criticism* critique littéraire

criticize, -ise /'krɪtɪsaɪz/ *vt* **1** faire la critique de **2** critiquer

critique /krɪ'tiːk/ *n* critique

croak /krəʊk/ ◆ *vi* **1** (*grenouille*) coasser **2** (*corbeau*) croasser **3** (*personne*) parler d'une voix rauque ◆ *n* (*aussi* **croaking**) **1** coassement **2** croassement

crochet /'krəʊʃeɪ; *USA* krəʊ'ʃeɪ/ *n* crochet (*travail d'aiguille*)

crockery /'krɒkəri/ *n* [*indénombrable*] vaisselle (*objets*)

crocodile /'krɒkədaɪl/ *n* crocodile

crocus /'krəʊkəs/ *n* (*pl* **~es** /-sɪz/) crocus

crony /'krəʊni/ *n* (*pl* **-ies**) (*péj*) copain, copine

crook /krʊk/ *n* (*fam*) escroc

crooked /'krʊkɪd/ *adj* (**-er, -est**) **1** courbé, de travers **2** (*chemin*) tortueux **3** (*fam*) (*personne, action*) malhonnête

crop /krɒp/ ◆ *n* **1** récolte **2** (*dans champ*) culture **3** (*fig*) foule, série ◆ *vt* (**-pp-**) **1** (*cheveux*) couper court **2** (*animaux*) brouter PHR V **to crop up** **1** surgir **2** être mentionné : *Your name cropped up.* Votre nom a été mentionné.

croquet /'krəʊkeɪ; *USA* krəʊ'keɪ/ *n* croquet

cross /krɒs; *USA* krɔːs/ ◆ *n* **1** croix **2** ~ **(between...)** croisement (entre...) ◆ **1** *vt, vi* traverser : *Shall we cross over?* On traverse ? **2** *vt, vi* ~ **(each other/one another)** se croiser **3** *v réfléchi* ~ **yourself** se signer **4** *vt* contrarier **5** *vt* ~ **sth with sth** (*Zool, Bot*) croiser qch avec qch LOC **to cross your fingers** croiser les doigts **to cross your mind** traverser l'esprit, venir à l'esprit *Voir aussi* DOT PHR V **to cross sth off/out/through** rayer qch, barrer qch : *to cross somebody off the list* rayer quelqu'un de la liste ◆ *adj* (**-er, -est**) **1** en colère, fâché : *to get cross* se fâcher **2** (*vent*) contraire

crossbar /'krɒsbɑː(r); *USA* 'krɔːs-/ *n* **1** barre (*de vélo*) **2** (*Sport*) barre transversale

crossbow /'krɒsbəʊ; *USA* 'krɔːs-/ *n* arbalète

cross-country /ˌkrɒs 'kʌntri; *USA*

ˌkrɔːs/ ◆ *adj* de fond, de cross ◆ *adv* à travers champs

cross-examine /ˌkrɒs ɪg'zæmɪn ; *USA* ˌkrɔːs/ *vt* faire subir un contre-interrogatoire à

cross-eyed /ˌkrɒs 'aɪd ; *USA* ˌkrɔːs/ *adj* qui louche

crossfire /'krɒsfaɪə(r) ; *USA* 'krɔːs-/ *n* tirs croisés LOC **to get caught in the crossfire** être pris entre deux feux

crossing /'krɒsɪŋ ; *USA* 'krɔːs-/ *n* **1** (*voyage*) traversée **2** (*rue*) croisement **3** passage à niveau **4** passage pour piétons *Voir* ZEBRA CROSSING **5** *a border crossing* un poste de frontière

cross-legged

cross-legged /ˌkrɒs 'legd ; *USA* ˌkrɔːs/ *adj, adv* les jambes croisées

crossly /'krɒsli/ *adv* avec humeur

crossover /'krɒsəʊvə(r)/ *n* pont routier

cross purposes *n* LOC **to be, talk, etc. at cross purposes** mal se comprendre

cross-reference /ˌkrɒs 'refrəns ; *USA* ˌkrɔːs/ *n* renvoi (*dans texte*)

crossroads /'krɒsrəʊdz ; *USA* 'krɔːs-/ *n* (*pr et fig*) carrefour

cross section *n* **1** coupe transversale **2** échantillon représentatif

crossword /'krɒswɜːd ; *USA* 'krɔːs-/ (*aussi* **crossword puzzle**) *n* mots croisés

crotch /krɒtʃ/ (*aussi* **crutch**) *n* entre-jambe

crouch /kraʊtʃ/ *vi* s'accroupir

crow /krəʊ/ ◆ *n* corbeau LOC **as the crow flies** à vol d'oiseau ◆ *vi* **1** (*coq*) chanter **2** ~ **(over sth)** crier victoire, exulter (à propos de qch)

crowbar /'krəʊbɑː(r)/ *n* pied-de-biche

crowd /kraʊd/ ◆ *n* [*v sing ou pl*] **1** foule **2** (*spectateurs*) public **3 the crowd** (*péj*) la foule **4** (*fam*) bande LOC **crowds of/a crowd of** des masses de *Voir aussi* FOLLOW ◆ *vt* (*lieu*) remplir PHR V **to crowd (a)round (sb/sth)** s'attrouper, se presser autour de qn/qch **to crowd in** s'entasser **to crowd sb/sth in** entasser qn/qch **crowded** *adj* encombré, bondé

crown /kraʊn/ ◆ *n* **1** couronne : *a crown prince* un prince héritier **2 the Crown** (*GB*) (*Jur*) la Couronne **3** (*tête*) sommet de la tête **4** (*chapeau*) fond **5** (*colline*) sommet **6** (*dent*) couronne ◆ *vt* couronner

crucial /'kruːʃl/ *adj* ~ **(to/for sb/sth)** d'une importance vitale, crucial (pour qn/qch)

crucifix /'kruːsəfɪks/ *n* crucifix

crucify /'kruːsɪfaɪ/ *vt* (*prét, pp* **-fied**) **1** (*pr*) crucifier **2** (*fig*) faire payer

crude /kruːd/ *adj* (**-er, -est**) **1** brut ☛ *Comparer avec* RAW **2** (*personne*) grossier **3** (*objet*) rudimentaire

crude oil *n* pétrole brut

cruel /'kruːəl/ *adj* (**-ller, -llest**) ~ **(to sb/sth)** cruel (envers qn/qch) **cruelty** *n* (*pl* **-ies**) cruauté

cruise /kruːz/ ◆ *vi* **1** faire une croisière **2** (*navire*) croiser **3** (*avion, voiture*) voler, rouler (*à sa vitesse de croisière*) ◆ *n* croisière **cruiser** *n* **1** (*navire*) croiseur **2** (*aussi* **cabin cruiser**) petit bateau à moteur, cruiser

crumb /krʌm/ ◆ *n* **1** miette **2** (*fig*) : *a few crumbs of comfort/information* une maigre consolation/des bribes de renseignements ◆ **crumbs!** *excl* (*fam*) mince alors !

crumble /'krʌmbl/ **1** *vi* ~ **(away)** se désagréger, s'effondrer **2** *vt, vi* (*Cuisine*) (s')émietter **crumbly** *adj* (**-ier, -iest**) friable

crumple /'krʌmpl/ *vt, vi* ~ **(sth) (up)** froisser qch ; se froisser

crunch /krʌntʃ/ ◆ **1** *vt* ~ **sth (up)** broyer qch **2** *vt* croquer **3** *vt, vi* (*gravier, neige*) (faire) crisser ◆ *n* craquement, crissement **crunchy** *adj* (**-ier, -iest**) croquant

crusade /kruː'seɪd/ *n* (*pr et fig*) croisade **crusader** *n* **1** (*Hist*) croisé **2** (*fig*) militant, -e

crush /krʌʃ/ ◆ *vt* **1** écraser : *to be crushed to death* se faire écraser **2** ~ **sth (up)** (*rocher, etc.*) écraser, broyer qch : *crushed ice* glace pilée **3** (*tissu*) chiffonner, froisser **4** (*espoirs*) anéantir **5** (*révolte*) écraser ◆ *n* **1** (*foule*) bousculade **2** ~ **(on sb)** (*fam*) : *to have a crush on sb* avoir le béguin pour qn **crushing** *adj* **1** écrasant **2** (*remarque*) cinglant

crust /krʌst/ *n* **1** croûte **2** *the earth's crust* l'écorce terrestre ☛ *Voir illustration sous* PAIN **crusty** *adj* (**-ier**, **-iest**) croustillant

crutch /krʌtʃ/ *n* **1** (*pr et fig*) béquille **2** *Voir* CROTCH

crux /krʌks/ *n* **the** ~ **of sth** l'essentiel de qch

cry /kraɪ/ ◆ (*prét, pp* **cried**) **1** *vi* **to cry (over sth)** pleurer (sur qch) : *to cry for joy* pleurer de joie **2** *vt, vi* **to cry (sth) (out)** crier qch ; s'écrier LOC **it's no use crying over spilt milk** ce qui est fait est fait **to cry your eyes/heart out** pleurer à chaudes larmes PHR V **to cry off** se décommander **to cry out for sth** (*fig*) réclamer qch à grands cris ◆ *n* (*pl* **cries**) **1** cri **2** pleurs : *to have a good cry* pleurer un bon coup LOC *Voir* HUE **crying** *adj* LOC **a crying shame** : *It's a crying shame.* C'est une honte.

crybaby /ˈkraɪbeɪbi/ *n* (*pl* **-ies**) (*fam*) pleurnicheur, -euse

crypt /krɪpt/ *n* crypte

cryptic /ˈkrɪptɪk/ *adj* énigmatique, sibyllin

crystal /ˈkrɪstl/ *n* (*gén, Chim*) cristal LOC **crystal clear** **1** (*eau*) cristallin **2** (*sens*) clair comme de l'eau de roche

cub /kʌb/ *n* **1** petit (*jeune animal*) : *a lion/wolf/fox cub* un lionceau/louveteau/renardeau **2 the Cubs** [*pl*] les Louveteaux

cube /kjuːb/ *n* **1** cube **2** (*nourriture*) dé : *a sugar cube* un morceau de sucre **cubic** *adj* **1** cubique **2** *one cubic metre* un mètre cube

cubicle /ˈkjuːbɪkl/ *n* **1** (*plage, piscine*) cabine **2** cabine d'essayage **3** (*toilettes*) cabinet

cuckoo /ˈkʊkuː/ *n* (*pl* ~**s**) coucou

cucumber /ˈkjuːkʌmbə(r)/ *n* concombre

cuddle /ˈkʌdl/ ◆ *vt, vi* faire un câlin à, se câliner PHR V **to cuddle up (to sb)** se blottir (contre qn) ◆ *n* câlin **cuddly** *adj* (**-ier**, **-iest**) (*fam*) câlin : *a cuddly toy* une peluche

cue /kjuː/ ◆ *n* **1** signal **2** (*Théâtre*) réplique : *He missed his cue.* Il a manqué sa réplique. **3** exemple : *to take your cue from sb* suivre l'exemple de qn **4** (*aussi* **billiard cue**) queue de billard LOC **(right) on cue** au moment juste ◆ *vt* **1** donner le signal à **2** (*Théâtre*) donner la réplique à

cuff /kʌf/ ◆ *n* **1** (*chemise*) manchette **2** claque, calotte LOC **off the cuff** au pied levé ◆ *vt* donner une claque à

cuff link *n* bouton de manchette

cuisine /kwɪˈziːn/ *n* (*Fr*) cuisine (*pratique*)

cul-de-sac /ˈkʌl də sæk/ *n* (*pl* ~**s**) (*Fr*) cul-de-sac

cull /kʌl/ *vt* **1** (*informations*) extraire **2** (*animaux*) abattre

culminate /ˈkʌlmɪneɪt/ *vi* (*sout*) ~ **in sth** aboutir à qch **culmination** *n* aboutissement

culottes /kjuːˈlɒts/ *n* [*pl*] jupe-culotte

culprit /ˈkʌlprɪt/ *n* coupable

cult /kʌlt/ *n* ~ **(of sb/sth)** culte (de qn/qch) : *a cult movie* un film culte

cultivate /ˈkʌltɪveɪt/ *vt* (*pr et fig*) cultiver **cultivated** *adj* cultivé **cultivation** *n* culture

cultural /ˈkʌltʃərəl/ *adj* culturel

culture /ˈkʌltʃə(r)/ *n* culture : *culture shock* choc culturel **cultured** *adj* **1** (*personne*) cultivé **2** *a cultured pearl* une perle de culture

cum /kʌm/ *prép* : *a kitchen-cum-dining room* une cuisine-salle à manger

cumbersome /ˈkʌmbəsəm/ *adj* encombrant, volumineux

cumulative /ˈkjuːmjələtɪv ; *USA* -leɪtɪv/ *adj* cumulatif

cunning /ˈkʌnɪŋ/ ◆ *adj* **1** (*personne, action*) malin, rusé : *a cunning trick* un coup habile **2** (*dispositif*) ingénieux, astucieux ◆ *n* fourberie, ruse **cunningly** *adv* astucieusement

cup /kʌp/ ◆ *n* **1** tasse : *a paper cup* un gobelet en carton ☛ *Voir illustration sous* MUG **2** (*prix*) coupe LOC **(not) my, your, etc. cup of tea** (*fam*) (pas) mon, ton, etc. truc ◆ *vt* (**-pp-**) (*mains*) mettre en corolle : *She cupped a hand over the receiver.* Elle a placé sa main sur le combiné. LOC **to cup your chin/face in your hands** prendre son menton/enfoncer son visage dans ses mains

cupboard /ˈkʌbəd/ *n* placard

cupful /ˈkʌpfʊl/ *n* tasse (*quantité*)

curate /ˈkjʊərət/ *n* (*Relig*) vicaire

curative /ˈkjʊərətɪv/ *adj* curatif

curator /kjʊə'reɪtə(r) ; *USA* 'kjʊərətər/ *n* conservateur, -trice (*de musée*)

curb /kɜːb/ ◆ *n* **1** frein (*fig*) **2** (*USA*) (*aussi* **kerb**) bord du trottoir ◆ *vt* freiner (*fig*)

curd /kɜːd/ *n* lait caillé

curdle /'kɜːdl/ *vt, vi* (faire) cailler, (faire) tourner

cure /kjʊə(r)/ ◆ *vt* **1** guérir **2** (*fig*) remédier à **3** (*aliments*) saler, fumer (*pour conservation*) ◆ *n* **1** (*aussi fig*) remède **2** guérison

curfew /'kɜːfjuː/ *n* couvre-feu

curious /'kjʊəriəs/ *adj* curieux

> Lorsque l'adjectif *curieux* signifie *étrange*, il se traduit généralement par **odd** ou **strange**. Par contre, lorsqu'il signifie *fouineur*, il se traduit par **inquisitive** ou **nosy**.

curiosity /ˌkjʊəri'ɒsəti/ *n* (*pl* **-ies**) **1** curiosité **2** curiosité, phénomène

curl /kɜːl/ ◆ *n* **1** boucle (*de cheveux*) **2** (*fumée*) spirale, volute ◆ **1** *vt, vi* boucler **2** *vi* : *The smoke curled upwards.* La fumée s'élevait en volutes. PHR V **to curl up 1** se pelotonner **2** (*papier*) se corner **curly** *adj* (**-ier**, **-iest**) bouclé ☛ *Voir illustration sous* CHEVEU

currant /'kʌrənt/ *n* **1** raisin de Corinthe **2** groseille

currency /'kʌrənsi/ *n* (*pl* **-ies**) **1** monnaie, devise : *foreign currency* devises étrangères ◊ *hard currency* monnaie forte **2** cours, circulation : *to gain currency* se répandre

current /'kʌrənt/ ◆ *n* courant ◆ *adj* **1** actuel : *current affairs* actualités ◊ *the current year* cette année *Voir aussi* ACCOUNT **2** en usage : *The word is no longer current.* Ce mot n'est plus usité. **currently** *adv* actuellement

curriculum /kə'rɪkjələm/ *n* (*pl* **~s** *ou* **-a** /-lə/) programme (*scolaire*)

curry /'kʌri/ ◆ *n* (*pl* **-ies**) curry ◆ *vt* (*prét, pp* **curried**) LOC **to curry favour with sb** chercher à gagner la faveur de qn

curse /kɜːs/ ◆ *n* **1** juron **2** malédiction **3** fléau ◆ **1** *vt* maudire **2** *vi* jurer LOC **to be cursed with sth** être affligé de qch

cursor /'kɜːsə(r)/ *n* curseur

cursory /'kɜːsəri/ *adj* hâtif, superficiel

curt /kɜːt/ *adj* sec, brusque

curtail /kɜː'teɪl/ *vt* écourter **curtailment** *n* **1** (*pouvoir*) limitation **2** raccourcissement

curtain /'kɜːtn/ *n* **1** rideau : *to draw the curtains* tirer les rideaux ◊ *lace/net curtains* voilage ◊ *to raise the curtain* lever le rideau **2** (*fam*) **curtains** [*pl*] ~ **(for sb/sth)** la fin (de qn/qch)

curtsy (*aussi* **curtsey**) /'kɜːtsi/ ◆ *vi* (*prét, pp* **curtsied** *ou* **curtseyed**) faire la révérence (*femme*) ◆ *n* (*pl* **-ies** *ou* **-eys**) révérence (*femme*)

curve /kɜːv/ ◆ *n* courbe ◆ *vi* courber, décrire une courbe **curved** *adj* courbe, arrondi

cushion /'kʊʃn/ ◆ *n* **1** coussin **2** (*fig*) garantie ◆ *vt* **1** amortir **2** ~ **sb/sth (against sth)** (*fig*) protéger qn/qch (contre qch)

custard /'kʌstəd/ *n* [*indénombrable*] crème anglaise

custodian /kʌ'stəʊdiən/ *n* **1** gardien, -ienne **2** (*musée, etc.*) conservateur, -trice

custody /'kʌstədi/ *n* **1** garde : *in safe custody* entre de bonnes mains **2** détention préventive : *to remand sb in custody* renvoyer qn à une audience ultérieure

custom /'kʌstəm/ *n* **1** coutume **2** clientèle : *to have sb's custom* avoir qn comme client **customary** *adj* habituel : *It is customary to...* C'est la coutume de...

customer /'kʌstəmə(r)/ *n* **1** client, -e **2** type : *a queer/awkward customer* un drôle d'oiseau/quelqu'un de peu accommodant

customs /'kʌstəmz/ *n* **1** (*aussi* **Customs**) [*pl*] la douane **2** [*pl*] (*aussi* **customs duty**) droits de douane

cut /kʌt/ ◆ (**-tt-**) (*prét, pp* **cut**) **1** *vt, vi* (se) couper : *to cut sth in half* couper qch en deux *Voir aussi* CHOP ☛ *Voir note sous* CARTE **2** *vt* (*pierre précieuse*) tailler : *cut glass* verre taillé **3** *vt* (*fig*) blesser **4** *vt* (*prix*) réduire *Voir aussi* SLASH **5** *vt* (*texte*) abréger **6** *vt* (*disque*) enregistrer **7** *vt* (*fam, surtout USA*) (*cours*) sécher LOC **cut it/that out!** (*fam*) ça suffit ! **to cut it fine** ne pas se laisser de marge **to cut sb/sth short** interrompre qn/qch PHR V **to cut across sth 1** passer outre qch **2** traverser qch

to cut back réduire les dépenses **to cut sth back** couper ras qch **to cut back on sth** réduire qch

to cut down (on sth) réduire sa consommation (de qch) : *to cut down on smoking* fumer moins **to cut sth down 1** abattre qch **2** réduire qch
to cut in (on sb/sth) 1 (*voiture*) faire une queue de poisson (à qn/qch) **2** interrompre qn/qch, intervenir
to cut sb off 1 déshériter qn **2** (*téléphone*) couper qn : *I've been cut off.* J'ai été coupée. **to cut sth off 1** couper qch : *to cut ten seconds off the record* améliorer le record de dix secondes **2** isoler qn : *to be cut off* être isolé
to be cut out to be sth ; to be cut out for sth (*fam*) être fait pour qch **to cut out** (*fam*) (*moteur*) caler **to cut sth out 1** découper qch **2** (*informations*) couper qch, supprimer qch **3** renoncer à qch : *to cut out sweets* ne plus manger de sucreries
to cut sth up couper qch en petits morceaux, découper qch
◆ *n* **1** entaille **2** coupure **3** coupe **4** réduction, baisse **5** (*fam*) (*bénéfice*) part LOC **to be a cut above sb/sth** (*fam*) être nettement mieux que qn/qch *Voir aussi* SHORT CUT

cutback /ˈkʌtbæk/ *n* réduction

cute /kjuːt/ *adj* (**cuter**, **cutest**) (*fam, parfois injurieux*) mignon

cutlery /ˈkʌtləri/ *n* [*indénombrable*] couverts (*fourchettes, couteaux, etc.*)

cutlet /ˈkʌtlət/ *n* côtelette

cut-off /ˈkʌt ɒf/ (*aussi* **cut-off point**) *n* limite

cut-price /ˌkʌt ˈpraɪs/ *adj* à prix réduit, au rabais

cut-throat /ˈkʌt θrəʊt/ *adj* acharné, impitoyable : *cut-throat competition* une concurrence acharnée

cutting /ˈkʌtɪŋ/ ◆ *n* **1** coupure (*de journal*) **2** (*Bot*) bouture ◆ *adj* **1** (*remarque*) cinglant, mordant **2** (*vent*) cinglant

CV (*aussi* **cv**) /ˌsiːˈviː/ *abrév* **curriculum vitae** curriculum vitae

cyanide /ˈsaɪənaɪd/ *n* cyanure

cybercafe /ˈsaɪbəkæfeɪ/ *n* cybercafé

cyberspace /ˈsaɪbəspeɪs/ *n* cyberespace

cycle /ˈsaɪkl/ ◆ *n* **1** cycle **2** vélo ◆ *vi* aller en vélo : *to go cycling* faire du vélo **cyclic** (*aussi* **cyclical**) *adj* cyclique **cycling** *n* cyclisme **cyclist** *n* cycliste

cyclone /ˈsaɪkləʊn/ *n* cyclone

cylinder /ˈsɪlɪndə(r)/ *n* **1** cylindre **2** (*gaz*) bouteille **cylindrical** /səˈlɪndrɪkl/ *adj* cylindrique

cymbal /ˈsɪmbl/ *n* cymbale

cynic /ˈsɪnɪk/ *n* cynique **cynical** *adj* cynique **cynicism** *n* cynisme

cypress /ˈsaɪprəs/ *n* cyprès

cyst /sɪst/ *n* kyste

cystic fibrosis /ˌsɪstɪk faɪˈbrəʊsɪs/ *n* [*indénombrable*] mucoviscidose

czar *Voir* TSAR

czarina *Voir* TSARINA

Dd

D, d /diː/ *n* (*pl* **D's**, **d's** /diːz/) **1** D, d : *D for David* D comme Denise ☛ *Voir exemples sous* A, A **2** (*Mus*) ré **3** (*École*) ☛ *Voir note sous* MARK

dab /dæb/ ◆ *vt, vi* (**-bb-**) **to dab (at) sth** tamponner qch PHR V **to dab sth on (sth)** appliquer qch (sur qch) à petits coups ◆ *n* touche, goutte

dad /dæd/ (*aussi* **daddy** /ˈdædi/) *n* (*fam*) papa

daffodil /ˈdæfədɪl/ *n* jonquille

daft /dɑːft ; *USA* dæft/ *adj* (**-er**, **-est**) (*fam*) bête, idiot

dagger /ˈdægə(r)/ *n* poignard

daily /ˈdeɪli/ ◆ *adj* quotidien, journalier ◆ *adv* quotidiennement, tous les jours ◆ *n* (*pl* **-ies**) quotidien (*journal*)

dairy /ˈdeəri/ ◆ *n* (*pl* **-ies**) **1** crémerie **2** laiterie ◆ *adj* [*toujours devant le nom*] laitier : *a dairy farm* une exploitation laitière ◊ *dairy farming* industrie laitière ◊ *dairy products/produce* produits laitiers

daisy /ˈdeɪzi/ *n* (*pl* **-ies**) pâquerette

dale /deɪl/ *n* vallée

dam /dæm/ ◆ *n* barrage ◆ *vt* construire un barrage sur, endiguer

damage /ˈdæmɪdʒ/ ◆ *vt* endommager,

abîmer ◆ *n* **1** [*indénombrable*] dégâts **2 damages** [*pl*] dommages-intérêts : *to claim damages* demander des dommages-intérêts **damaging** *adj* **1** nuisible **2** préjudiciable

Dame /deɪm/ *n* (*GB*) titre donné à une femme décorée d'un ordre de chevalerie

damn /dæm/ ◆ *vt* **1** damner **2** condamner ◆ (*aussi* **damned**) *adj* (*fam*) fichu : *You damn fool!* Espèce de crétin ! ◆ **damn!** *excl* (*fam*) oh merde ! **damnation** *n* damnation **damning** *adj* accablant

damp /dæmp/ ◆ *adj* (**-er**, **-est**) humide ☛ *Voir note sous* MOIST ◆ *n* humidité ◆ *vt* ~ **sth (down)** freiner qch : *Nothing could damp his spirits.* Rien ne pouvait le décourager.

dampen /ˈdæmpən/ *vt* humidifier

dance /dɑːns ; *USA* dæns/ ◆ *vt, vi* danser ◆ *n* **1** danse **2** soirée dansante **dancer** *n* danseur, -euse **dancing** *n* danse (*activité*)

dandelion /ˈdændɪlaɪən/ *n* pissenlit

dandruff /ˈdændrʌf/ *n* [*indénombrable*] pellicules (*cheveux*)

danger /ˈdeɪndʒə(r)/ *n* **1** danger **2** ~ **of sth** risques de qch LOC **to be in danger of (doing) sth** risquer (de faire) qch : *They're in danger of losing their jobs.* Ils risquent d'être licenciés. **dangerous** *adj* dangereux

dangle /ˈdæŋgl/ *vt, vi* (se) balancer

dank /dæŋk/ *adj* (**-er**, **-est**) (*péj*) froid et humide

dare[1] /deə(r)/ *v aux modal, vi* (*nég* **dare not** *ou* **daren't** /deənt/ *ou* **don't/doesn't dare** *prét* **dared not** *ou* **didn't dare**) (*dans des phrases négatives et dans des requêtes*) oser LOC **don't you dare** tu n'as pas intérêt de faire ça ! : *Don't you dare do that again!* Ne t'avise pas de recommencer ! **how dare you!** comment oses-tu ? **I dare say** j'imagine : *I dare say you know about it already.* J'imagine que vous en avez déjà entendu parler.

Quand **dare** est employé comme verbe modal, il est suivi de l'infinitif sans TO et dans les phrases négatives et interrogatives ainsi qu'au prétérit il s'emploie sans l'auxiliaire *do* : *Nobody dared speak.* Personne n'osait parler. ◊ *I daren't ask my boss for a day off.* Je n'ose pas demander un jour de congé à mon chef.

dare[2] /deə(r)/ *vt* ~ **sb (to do sth)** défier qn (de faire qch)

daring /ˈdeərɪŋ/ ◆ *n* audace ◆ *adj* intrépide, audacieux

dark /dɑːk/ ◆ **the dark** *n* le noir, l'obscurité LOC **before/after dark** avant/après la tombée de la nuit ◆ *adj* (**-er**, **-est**) **1** sombre : *to get/grow dark* faire nuit **2** foncé : *dark green* vert foncé **3** (*peau, personne*) brun **4** (*fig*) sombre : *These are dark days.* C'est une sombre époque. LOC **to be a dark horse** avoir des talents cachés

darken /ˈdɑːkən/ *vt, vi* **1** (s')obscurcir **2** (s')assombrir

dark glasses *n* [*pl*] lunettes noires

darkly /ˈdɑːkli/ *adv* **1** énigmatiquement **2** sombrement

darkness /ˈdɑːknəs/ *n* obscurité : *to be in darkness* être plongé dans l'obscurité

darkroom /ˈdɑːkruːm/ *n* chambre noire

darling /ˈdɑːlɪŋ/ *n* **1** amour **2** chéri, -e : *Yes, darling!* Oui, mon chéri !

dart[1] /dɑːt/ *n* fléchette : *to play darts* jouer aux fléchettes

dart[2] /dɑːt/ *vi* se précipiter PHR V **to dart away/off** partir comme une flèche

dash /dæʃ/ ◆ *n* **1** ~ **(of sth)** goutte, soupçon (de qch) : *a dash of blue* une touche de bleu **2** tiret ☛ *Voir pp. 392-3.* **3** course folle LOC **to make a dash for sth** se précipiter vers qch *Voir aussi* BOLT[2] ◆ **1** *vi* se précipiter : *He dashed out of the room.* Il est sorti de la pièce en vitesse. ◊ *They dashed across the road.* Ils ont traversé la rue en courant. ◊ *I must dash.* Il faut que je me sauve. **2** *vt* (*espoir, etc.*) anéantir *vi* PHR V **to dash sth off** écrire qch en vitesse

dashboard /ˈdæʃbɔːd/ *n* tableau de bord

data /ˈdeɪtə, ˈdɑːtə ; *USA* ˈdætə/ *n* **1** [*sing*] (*Informatique*) données **2** [*v sing ou pl*] données, informations

database /ˈdeɪtəbeɪs/ *n* base de données

date[1] /deɪt/ ◆ *n* **1** date **2** (*fam*) rendez-vous LOC **out of date 1** démodé **2** vieux **3** périmé **to date** à ce jour **up to date 1** à la mode, moderne **2** à jour, récent **3** au courant *Voir aussi* BRING ◆ *vt* dater PHR V **to date back to...** ; **to date from...** dater de..., remonter à... : *The cathedral dates back to the 12th century.* La cathédrale date du XIIe siècle. **dated** *adj* **1** démodé **2** vieilli

date² /deɪt/ *n* datte

daughter /'dɔːtə(r)/ *n* fille

daughter-in-law /'dɔːtər ɪn lɔː/ *n* (*pl* **-ers-in-law**) belle-fille

daunting /'dɔːntɪŋ/ *adj* décourageant, intimidant : *a daunting task* une tâche ardue

dawn /dɔːn/ ◆ *n* aube : *from dawn till dusk* du matin au soir LOC *Voir* CRACK ◆ *vi* se lever (*jour*)

day /deɪ/ *n* **1** jour : *every day* tous les jours **2** journée : *all day* toute la journée **3** (*aussi* **days** [*pl*]) époque, temps : *in my parents' day* du temps de mes parents LOC **by day/night** de jour/nuit **day by day** de jour en jour **day in, day out** jour après jour **from day to day** ; **from one day to the next** d'un jour à l'autre **one/some day** un jour **one of these days** un de ces jours **the day after tomorrow** après-demain **the day before yesterday** avant-hier **these days 1** ces temps-ci **2** de nos jours **to this day** aujourd'hui encore *Voir aussi* BETTER, CALL, CARRY, CLEAR, EARLY, FINE

daydream /'deɪdriːm/ ◆ *n* rêverie, rêves ◆ *vi* rêver, rêvasser

daylight /'deɪlaɪt/ *n* jour, lumière du jour : *in daylight* de jour LOC *Voir* BROAD

day off *n* jour de congé

day return *n* aller-retour valable une journée

daytime /'deɪtaɪm/ *n* journée : *in the daytime* pendant la journée

day-to-day /ˌdeɪ tə 'deɪ/ *adj* quotidien : *on a day-to-day basis* au jour le jour

day trip *n* excursion (*d'une journée*)

daze /deɪz/ *n* LOC **in a daze** étourdi, abruti **dazed** *adj* étourdi, abruti

dazzle /'dæzl/ *vt* éblouir, aveugler

dead /ded/ ◆ *adj* **1** mort : *a dead body* un cadavre ☛ *Voir note sous* MORT, -E **2** (*bras*) engourdi **3** (*pile*) à plat **4** (*téléphone*) : *The line's gone dead.* Il n'y a plus de tonalité. **5** (*fam*) (*moteur, machine*) foutu ◆ *adv* absolument : *You're dead right.* Tu as entièrement raison. ◊ *dead on time* pile à l'heure ◊ *dead drunk/easy/tired* ivre mort/super facile/claqué LOC *Voir* FLOG, DROP², STOP ◆ *n* LOC **in the/at dead of night** en pleine nuit **deaden** *vt* **1** (*son*) assourdir **2** (*douleur*) calmer, endormir

dead end *n* impasse : *a dead-end job* un travail sans perspectives d'avenir

dead heat *n* arrivée ex aequo : *It was a dead heat between Peters and Phillips.* Peters et Phillips sont arrivées ex aequo.

deadline /'dedlaɪn/ *n* date limite, délai

deadlock /'dedlɒk/ *n* impasse

deadly /'dedli/ *adj* (**-ier**, **-iest**) mortel, meurtrier LOC *Voir* EARNEST

deaf /def/ *adj* (**-er**, **-est**) sourd **deafen** *vt* assourdir, rendre sourd **deafening** *adj* assourdissant : *deafening cheers* des applaudissements à tout rompre **deafness** *n* surdité

deal¹ /diːl/ *n* LOC **a good/great deal** beaucoup : *It's a good/great deal warmer today.* Il fait beaucoup plus chaud aujourd'hui.

deal² /diːl/ *n* **1** affaire **2** marché : *to make a deal* conclure un marché ◊ *It's a deal!* Marché conclu ! LOC **a raw/rough deal** mauvais traitements : *We got a raw deal.* Nous n'avons vraiment pas eu de chance.

deal³ /diːl/ *vt, vi* (*prét, pp* **dealt** /delt/) distribuer (*cartes*) ☛ *Voir note sous* CARTE PHR V **to deal in sth** être dans le commerce de qch : *to deal in drugs/arms* revendre de la drogue/vendre des armes **to deal with sb 1** traiter avec qn **2** s'occuper de qn **to deal with sth 1** (*problème*) s'occuper de qch **2** (*situation*) faire face à qch **3** (*sujet*) traiter de qch

dealer /'diːlə(r)/ *n* **1** marchand, -e, négociant, -e **2** (*drogue*) dealer, revendeur de drogue **3** (*armes*) trafiquant **4** (*cartes*) donneur, -euse

dealing /'diːlɪŋ/ *n* (*drogue, armes*) trafic LOC **to have dealings with sb/sth** traiter avec qn/qch

dealt *prét, pp de* DEAL³

dean /diːn/ *n* doyen, -enne

dear /dɪə(r)/ ◆ *adj* (**-er**, **-est**) **1** cher **2** (*lettre*) : *Dear Sir...* Monsieur... ◊ *Dear Jason...* Cher Jason... **3** (*GB*) (*coûteux*) cher LOC **oh dear!** mon Dieu ! ◆ *n* **1** chéri, -e **2** amour **dearly** *adv* **1** beaucoup : *He would dearly love to see his sister again.* Il aimerait beaucoup revoir sa sœur. **2** chèrement

death /deθ/ *n* mort : *a death certificate* un acte de décès ◊ *the death penalty* la peine de mort ◊ *a death sentence* une condamnation à mort ◊ *to be burnt to* *death* mourir brûlé LOC **to put sb to death** exécuter qn *Voir aussi* CATCH, MATTER, SICK **deathly** *adj* (**-lier**, **-liest**) mortel, de mort : *to look deathly pale* être d'une pâleur mortelle

debase /dɪ'beɪs/ *vt* rabaisser : *to debase yourself* se rabaisser

debatable /dɪ'beɪtəbl/ *adj* discutable

debate /dɪ'beɪt/ ◆ *n* débat ◆ **1** *vt* débattre (de), discuter de **2** *vi* discuter : *I'm debating what to do.* Je me demande ce que je dois faire.

debit /'debɪt/ ◆ *n* débit ◆ *vt* débiter

debit card *n* carte de paiement (*à débit immédiat*)

debris /'deɪbri: ; *USA* də'bri:/ *n* [*indénombrable*] débris, décombres

debt /det/ *n* dette LOC **to be in debt** avoir des dettes **debtor** *n* débiteur, -trice

decade /'dekeɪd ; *USA* di'keɪd/ *n* décennie

decadent /'dekədənt/ *adj* décadent **decadence** *n* décadence

decaffeinated /ˌdi:'kæfɪneɪtɪd/ *adj* décaféiné

decay /dɪ'keɪ/ ◆ *vi* **1** (*dent*) se carier **2** (*cadavre*) se décomposer **3** (*nourriture*) pourrir **4** (*immeuble*) se délabrer **5** (*civilisation*) décliner ◆ *n* [*indénombrable*] **1** (*aussi* **tooth decay**) [*indénombrable*] carie **2** (*cadavre*) décomposition **3** (*immeuble*) délabrement **4** (*civilisation*) déclin

deceased /dɪ'si:st/ ◆ *adj* (*sout*) décédé, défunt ◆ **the deceased** *n* le défunt, la défunte

deceit /dɪ'si:t/ *n* supercherie, tromperie **deceitful** *adj* trompeur, malhonnête

deceive /dɪ'si:v/ *vt* tromper

December /dɪ'sembə(r)/ *n* (*abrév* **Dec**) décembre ☛ *Voir note et exemples sous* JANUARY

decency /'di:snsi/ *n* **1** convenances, décence **2** politesse

decent /'di:snt/ *adj* **1** décent, convenable **2** bon, convenable **3** sympa, bien

deception /dɪ'sepʃn/ *n* **1** tromperie **2** subterfuge

deceptive /dɪ'septɪv/ *adj* trompeur

decide /dɪ'saɪd/ **1** *vt, vi* ~ **(to do sth)** décider (de faire qch) **2** *vt* décider de, déterminer PHR V **to decide against sb/sth** ne pas choisir qn/qch **to decide on sb/sth** se décider pour qn/qch, choisir qn/qch **decided** *adj* **1** (*clair*) net, incontestable **2** décidé, résolu

decimal /'desɪml/ *adj, n* décimal : *a decimal point* une virgule (de fraction décimale)

decipher /dɪ'saɪfə(r)/ *vt* déchiffrer

decision /dɪ'sɪʒn/ *n* décision : *decision-making* prise de décision

decisive /dɪ'saɪsɪv/ *adj* **1** décisif **2** décidé, résolu

deck /dek/ *n* **1** (*Navig*) pont **2** (*autobus*) étage **3** (*surtout USA*) jeu (*de cartes*) **4** (*aussi* **cassette deck**, **tape deck**) platine cassette

deckchair /'dektʃeə(r)/ *n* transat

declaration /ˌdeklə'reɪʃn/ *n* déclaration

declare /dɪ'kleə(r)/ **1** *vt* déclarer **2** *vi* ~ **for/against sb/sth** se déclarer en faveur de/contre qn/qch

decline /dɪ'klaɪn/ ◆ **1** *vt* décliner, refuser **2** *vi* ~ **to do sth** refuser de faire qch **3** *vi* (*pouvoir, ventes*) décliner, baisser ◆ *n* **1** baisse **2** déclin

decode /ˌdi:'kəʊd/ *vt* décoder, déchiffrer

decoder /ˌdi:'kəʊdə(r)/ *n* décodeur

decompose /ˌdi:kəm'pəʊz/ *vi* se décomposer

decor /'deɪkɔ:(r) ; *USA* deɪ'kɔ:r/ *n* [*indénombrable*] décor

decorate /'dekəreɪt/ **1** *vt* ~ **sth (with sth)** décorer qch (avec qch) **2** *vt* peindre, tapisser **3** *vi* faire des travaux de décoration **4** *vt* ~ **sb (for sth)** décorer qn (pour qch) (*courage, etc.*) **decoration** *n* décoration

decorative /'dekərətɪv ; *USA* 'dekəreɪtɪv/ *adj* décoratif

decoy /'di:kɔɪ/ *n* **1** (*pr*) leurre **2** (*fig*) appât, piège

decrease /dɪ'kri:s/ ◆ **1** *vt* diminuer, réduire **2** *vi* baisser, diminuer ◆ /'di:kri:s/ *n* ~ **(in sth)** baisse, diminution (de qch)

decree /dɪ'kri:/ ◆ *n* décret ◆ *vt* (*prét, pp* **decreed**) décréter

decrepit /dɪ'krepɪt/ *adj* délabré, décrépit

dedicate /'dedɪkeɪt/ *vt* **1** consacrer **2** ~ **sth to sb** dédier qch à qn **dedication** *n* **1** dévouement **2** dédicace

deduce /dɪ'dju:s ; *USA* dɪ'du:s/ *vt* déduire (*conclure*)

deduct /dɪ'dʌkt/ *vt* déduire (*frais*)

deduction /dɪ'dʌkʃn/ *n* **1** (*raisonnement*) déduction **2** (*frais*) déduction, retenue

deed /diːd/ *n* **1** (*sout*) action, acte **2** (*sout*) exploit **3** (*Jur*) acte notarié

deem /diːm/ *vt* (*sout*) juger, estimer

deep /diːp/ ◆ *adj* (**-er**, **-est**) **1** profond : *deep in the woods* au fond des bois **2** de profondeur : *The snow is a metre deep.* Il y a un mètre de neige. **3** (*couleur*) intense, profond **4** (*voix*) grave, profond **5** ~ **in sth** plongé dans qch : *deep in debt* endetté jusqu'au cou ◆ *adv* (**-er**, **-est**) profondément : *Don't go in too deep!* Ne va pas où tu n'as pas pied ! ◊ *deep into the night* tard dans la nuit LOC **deep down** (*fam*) au fond **to go/run deep** être profond **deeply** *adv* profondément

deepen /'diːpən/ **1** *vt* creuser **2** *vi* devenir profond **3** *vi* s'aggraver **4** *vi* augmenter

deep freeze *n Voir* FREEZER

deer /dɪə(r)/ *n* (*pl* **deer**) cerf ☛ *Voir note sous* CERF

default /dɪ'fɔːlt/ ◆ *n* **1** défaut de paiement **2** (*Informatique*) défaut : *the default option* l'option par défaut LOC **by default** **1** par défaut **2** (*Sport*) par forfait ◆ *vi* ~ **(on sth)** ne pas honorer qch ; manquer à ses engagements

defeat /dɪ'fiːt/ ◆ *vt* **1** battre, vaincre **2** faire échouer **3** (*fig*) : *This crossword has defeated me.* Ces mots croisés sont trop difficiles pour moi. ◆ *n* défaite : *to admit/accept defeat* s'avouer vaincu

defect¹ /dɪ'fekt/ *vi* faire défection : *to defect from one country to another* s'enfuir d'un pays pour aller dans un autre ◊ *to defect to the West* passer à l'Ouest **defection** *n* défection **defector** *n* transfuge

defect² /'diːfekt, dɪ'fekt/ *n* défaut ☛ *Voir note sous* MISTAKE **defective** /dɪ'fektɪv/ *adj* défectueux

defence (*USA* **defense**) /dɪ'fens/ *n* **1** ~ **(of sth) (against sth)** défense, protection (de qch) (contre qch) **2 the defence** [*v sing ou pl*] (*procès*) la défense **defenceless** *adj* sans défense

defend /dɪ'fend/ *vt* ~ **sb/sth (against/from sb/sth)** défendre, protéger qn/qch (contre/de qn/qch) **defendant** *n* **1** défendeur, -eresse **2** accusé, -e ☛ *Comparer avec* PLAINTIFF **defender** *n* défenseur

defensive /dɪ'fensɪv/ *adj* défensif, sur la défensive LOC **to put sb/to be on the defensive** mettre qn/être sur la défensive

defer /dɪ'fɜː(r)/ *vt* (**-rr-**) ~ **sth (to sth)** reporter qch (à qch)

deference /'defərəns/ *n* déférence, égard LOC **in deference to sb/sth** par considération pour qn/qch

defiance /dɪ'faɪəns/ *n* défi : *in defiance of sb/sth* au mépris de qn/qch **defiant** *adj* provocateur, de défi

deficiency /dɪ'fɪʃnsi/ *n* (*pl* **-ies**) manque, carence **deficient** *adj* **1** insuffisant **2** ~ **in sth** qui manque de qch

deficit /'defɪsɪt/ *n* déficit

define /dɪ'faɪn/ *vt* ~ **sth (as sth)** définir qch (comme qch)

definite /'defɪnət/ *adj* **1** (*date, proposition*) précis : *a definite answer* une réponse claire et nette **2** certain, bien déterminé : *Our holiday plans are now definite.* Nos projets de vacances sont maintenant bien arrêtés. **3** net, marqué **4** ~ **(about sth/that...)** sûr, certain (de qch/que...) **5** (*Gramm*) : *the definite article* l'article défini **definitely** *adv* **1** catégoriquement, d'une manière bien déterminée : *to state sth definitely* déclarer qch catégoriquement ◊ *I haven't decided definitely.* Je n'ai pas encore pris ma décision. **2** sans aucun doute : *I'll definitely come.* Je viendrai sans faute. **3** *Definitely!* Absolument !

definition /ˌdefɪ'nɪʃn/ *n* définition

definitive /dɪ'fɪnətɪv/ *adj* définitif

deflate /dɪ'fleɪt, ˌdiː'fleɪt/ **1** *vt, vi* (se) dégonfler **2** *vt* (*personne*) démonter

deflect /dɪ'flekt/ *vt* ~ **sth (from sth)** dévier, détourner qch (de qch)

deform /dɪ'fɔːm/ *vt* déformer **deformed** *adj* difforme **deformity** *n* (*pl* **-ies**) difformité

defrost /ˌdiː'frɒst ; *USA* ˌdiː'frɔːst/ *vt* **1** (*frigidaire*) dégivrer **2** (*aliment*) décongeler

deft /deft/ *adj* adroit, habile

defunct /dɪ'fʌŋkt/ *adj* (*sout*) **1** défunt **2** révolu

defuse /ˌdiː'fjuːz/ *vt* désamorcer

defy /dɪ'faɪ/ *vt* (*prét, pp* **defied**) **1** défier **2** ~ **sb to do sth** mettre qn au défi de faire qch

degenerate /dɪ'dʒenəreɪt/ *vi* ~ **(from sth) (into sth)** dégénérer (de qch) (en qch) **degeneration** *n* dégradation, déclin

degrade /dɪ'greɪd/ *vt* dégrader **degradation** *n* dégradation, déchéance **degrading** *adj* avilissant, dégradant

degree /dɪ'griː/ *n* **1** degré **2** licence : *to choose a degree course* choisir un cursus universitaire LOC **by degrees** petit à petit

deity /'deɪəti/ *n* (*pl* **-ies**) divinité

dejected /dɪ'dʒektɪd/ *adj* abattu, découragé

delay /dɪ'leɪ/ ◆ **1** *vt* retarder : *The train was delayed.* Le train a eu du retard. ☛ *Comparer avec* LATE **2** *vi* tarder : *Don't delay!* Fais vite ! **3** *vt* reporter ◆ *n* retard **delaying** *adj* dilatoire : *delaying tactics* manœuvres dilatoires

delegate /'delɪgət/ ◆ *n* délégué, -e ◆ /'delɪgeɪt/ *vt* ~ **sth (to sb)** déléguer qch (à qn) **delegation** *n* [*v sing ou pl*] délégation

delete /dɪ'liːt/ *vt* supprimer, effacer **deletion** *n* suppression

deliberate[1] /dɪ'lɪbərət/ *adj* **1** délibéré, volontaire **2** mesuré, posé

deliberate[2] /dɪ'lɪbəreɪt/ *vi* ~ **(about/on sth)** (*sout*) **1** réfléchir (sur qch) **2** délibérer (sur qch) **deliberation** *n* [*gén pl*] **1** réflexion **2** délibération

delicacy /'delɪkəsi/ *n* (*pl* **-ies**) **1** délicatesse, fragilité **2** finesse **3** mets raffiné

delicate /'delɪkət/ *adj* **1** délicat, fin : *delicate china* porcelaine fine **2** (*personne*) fragile, délicat

delicatessen /ˌdelɪkə'tesn/ (*aussi* **deli** /'deli/) *n* épicerie fine

delicious /dɪ'lɪʃəs/ *adj* délicieux

delight[1] /dɪ'laɪt/ *n* joie, plaisir : *the delights of living in the country* les joies de la vie à la campagne LOC **to take delight in (doing) sth** prendre plaisir à (faire) qch : *He takes great delight in annoying his sister.* Il prend un malin plaisir à embêter sa sœur.

delight[2] /dɪ'laɪt/ **1** *vt* ravir, réjouir **2** *vi* ~ **in (doing) sth** prendre plaisir à (faire) qch ; adorer (faire) qch **delighted** *adj* **1** ~ **(at/with sth)** ravi (de qch) **2** ~ **(to do sth/that...)** ravi (de faire qch/que...) : *I'd be delighted to!* Avec plaisir !

delightful /dɪ'laɪtfl/ *adj* charmant, merveilleux

delinquent /dɪ'lɪŋkwənt/ *adj, n* délinquant, -e **delinquency** *n* délinquance

delirious /dɪ'lɪriəs/ *adj* **1** délirant : *to be delirious* délirer **2** délirant, en délire : *delirious with joy* délirant de joie **delirium** *n* délire

deliver /dɪ'lɪvə(r)/ *vt* **1** (*courrier*) distribuer **2** (*marchandises*) livrer **3** (*message*) remettre, transmettre **4** (*discours*) prononcer **5** (*enfant*) mettre au monde : *Her husband delivered the baby.* C'est son mari qui a mis le bébé au monde. **6** (*coup*) asséner **delivery** *n* (*pl* **-ies**) **1** livraison **2** distribution **3** accouchement **4** élocution, débit LOC *Voir* CASH

delta /'deltə/ *n* delta

delude /dɪ'luːd/ *vt* tromper : *to delude yourself* se faire des illusions

deluge /'deljuːdʒ/ ◆ *n* (*sout*) **1** déluge **2** (*fig*) déluge, avalanche : *a deluge of complaints* un déluge de réclamations ◆ *vt* ~ **sb/sth (with sth)** submerger qn/qch (de qch)

delusion /dɪ'luːʒn/ *n* **1** illusion **2** délire

de luxe /də 'lʌks, -'lʊks/ *adj* de luxe, luxueux

demand /dɪ'mɑːnd ; *USA* dɪ'mænd/ ◆ *n* **1** exigence **2** ~ **(for sb/sth)** demande (de qn/qch) LOC **in demand** très demandé **on demand** sur demande *Voir aussi* SUPPLY ◆ *vt* **1** exiger **2** demander : *The job demands a lot of patience.* Ce travail demande beaucoup de patience. **demanding** *adj* exigeant

demise /dɪ'maɪz/ *n* (*sout*) mort, disparition : *the demise of the Soviet Union* la fin de l'Union soviétique

demo /'deməʊ/ *n* (*pl* ~**s**) (*fam*) **1** manif **2** démo

democracy /dɪ'mɒkrəsi/ *n* (*pl* **-ies**) démocratie **democrat** /'deməkræt/ *n* démocrate **democratic** /ˌdemə'krætɪk/ *adj* démocratique

demographic /ˌdemə'græfɪk/ *adj* démographique

demolish /dɪ'mɒlɪʃ/ *vt* démolir **demolition** *n* démolition

demon /'diːmən/ *n* démon **demonic** *adj* diabolique, infernal

demonstrate /'demənstreɪt/ **1** *vt* démontrer **2** *vt* faire la démonstration de : *I'll demonstrate how it works.* Je vais vous montrer comment ça marche. **3** *vi* ~ **(against/in favour of sb/sth)** manifester (contre/en faveur de qn/

qch) **demonstration** *n* **1** démonstration **2** ~ **(against/in favour of sb/sth)** manifestation (contre/en faveur de qn/qch)

demonstrative /dɪˈmɒnstrətɪv/ *adj* démonstratif

demonstrator /ˈdemənstreɪtə(r)/ *n* **1** manifestant, -e **2** démonstrateur, -trice

demoralize, -ise /dɪˈmɒrəlaɪz ; *USA* -ˈmɔːr-/ *vt* démoraliser

demure /dɪˈmjʊə(r)/ *adj* modeste, pudique

den /den/ *n* **1** antre, tanière **2** repaire

denial /dɪˈnaɪəl/ *n* **1** ~ **(of sth)** démenti (de qch) **2** ~ **of sth** (*demande*) refus, négation de qch : *a denial of justice* un déni de justice **3** ~ **of sth** (*désaveu*) reniement de qch

denim /ˈdenɪm/ *n* jean (*toile*)

denomination /dɪˌnɒmɪˈneɪʃn/ *n* confession (*culte*)

denounce /dɪˈnaʊns/ *vt* ~ **sb/sth (to sb) (as sth)** dénoncer qn/qch (à qn) (comme qch)

dense /dens/ *adj* (**-er**, **-est**) **1** dense **2** (*fam*) bouché **density** *n* (*pl* **-ies**) densité

dent /dent/ ◆ *n* bosse ◆ *vt* cabosser

dental /ˈdentl/ *adj* dentaire : *dental floss* fil dentaire ◊ *a dental surgeon* un chirurgien-dentiste

dentist /ˈdentɪst/ *n* dentiste

dentures /ˈdentʃəz/ *n* [*pl*] dentier

denunciation /dɪˌnʌnsiˈeɪʃn/ *n* dénonciation

deny /dɪˈnaɪ/ *vt* (*prét, pp* **denied**) **1** nier **2** (*déclaration*) démentir **3** (*droit*) refuser

deodorant /diˈəʊdərənt/ *n* déodorant

depart /dɪˈpɑːt/ *vi* (*sout*) **1** ~ **(for...) (from...)** partir (pour...) (de...) **2** ~ **(from sth)** s'écarter (de qch)

department /dɪˈpɑːtmənt/ *n* (*abrév* **Dept**) **1** (*société*) service **2** (*magasin*) rayon **3** (*université*) département **4** ministère **departmental** /ˌdiːpɑːtˈmentl/ *adj* du service, du département

department store *n* grand magasin

departure /dɪˈpɑːtʃə(r)/ *n* **1** ~ **(from...)** départ (de...) : *the departure lounge* la salle d'embarquement **2** ~ **(from sth)** rupture (par rapport à qch) ; entorse (à qch)

depend /dɪˈpend/ *vi* LOC **that depends** ; **it (all) depends** ça dépend PHR V **to depend on/upon sb/sth** compter sur qn/qch **to depend on/upon sb/sth (for sth)** dépendre de qn/qch (pour qch) **dependable** *adj* fiable, digne de confiance

dependant (*surtout USA* **-ent**) /dɪˈpendənt/ *n* personne à charge **dependence** *n* ~ **(on/upon sb/sth)** dépendance (vis-à-vis de qn/qch) **dependent** *adj* **1 to be** ~ **on/upon sb/sth** dépendre de qn/qch **2** (*personne*) dépendant

depict /dɪˈpɪkt/ *vt* représenter, dépeindre

depleted /dɪˈpliːtɪd/ *adj* réduit, appauvri

deplore /dɪˈplɔː(r)/ *vt* déplorer

deploy /dɪˈplɔɪ/ *vt, vi* (se) déployer

deport /dɪˈpɔːt/ *vt* expulser, déporter **deportation** *n* expulsion, déportation

depose /dɪˈpəʊz/ *vt* déposer (*roi*)

deposit /dɪˈpɒzɪt/ ◆ *vt* **1** déposer, poser **2** ~ **sth (with sb)** (*argent, bijoux*) déposer qch (chez qn) ; confier qch (à qn) ◆ *n* **1** (*Fin*) dépôt : *a deposit account* un compte de dépôts ◊ *a safety deposit box* un coffre-fort **2** (*loyer*) caution **3** ~ **(on sth)** acompte, arrhes (sur qch) **4** (*Géol*) dépôt, gisement

depot /ˈdepəʊ ; *USA* ˈdiːpəʊ/ *n* **1** (*Comm*) dépôt **2** (*autobus*) dépôt, garage **3** (*USA*) gare

depress /dɪˈpres/ *vt* **1** déprimer **2** appuyer sur **depression** *n* dépression

deprivation /ˌdeprɪˈveɪʃn/ *n* privation

deprive /dɪˈpraɪv/ *vt* ~ **sb/sth of sth** priver qn/qch de qch **deprived** *adj* défavorisé

depth /depθ/ *n* profondeur LOC **in depth** à fond, en profondeur **to be out of your depth 1** ne plus avoir pied **2** être complètement perdu

deputation /ˌdepjuˈteɪʃn/ *n* [*v sing ou pl*] délégation

deputize, -ise /ˈdepjutaiz/ *vi* ~ **(for sb)** assurer l'intérim (de qn) ; remplacer qn

deputy /ˈdepjuti/ *n* (*pl* **-ies**) **1** adjoint, -e, remplaçant, -e : *the deputy chairman* le vice-président **2** (*Polit*) député

La traduction normale de *député* au sens politique est **Member of Parliament** (*abrév.* **MP**).

derail /dɪ'reɪl/ *vt* faire dérailler **derailment** déraillement

deranged /dɪ'reɪndʒd/ *adj* dérangé, fou

deregulation /ˌdiːregjʊ'leɪʃn/ *n* déréglementation

derelict /'derəlɪkt/ *adj* abandonné, en ruines

deride /dɪ'raɪd/ *vt* tourner en dérision, ridiculiser

derision /dɪ'rɪʒn/ *n* dérision **derisive** /dɪ'raɪsɪv/ *adj* moqueur **derisory** /dɪ'raɪsəri/ *adj* dérisoire

derivation /ˌderɪ'veɪʃn/ *n* **1** origine **2** dérivation **derivative** *n* dérivé

derive /dɪ'raɪv/ **1** *vt* ~ **sth from sth** tirer qch de qch : *to derive comfort from sth* trouver un réconfort dans qch **2** *vt, vi* ~ **(sth) from sth** dériver (qch) de qch

derogatory /dɪ'rɒgətri ; *USA* -tɔːri/ *adj* **1** désobligeant **2** péjoratif

descend /dɪ'send/ *vt, vi* **1** (*sout*) descendre **2 be descended from sb/sth** descendre de qn/qch **descendant** *n* descendant, -e

descent /dɪ'sent/ *n* **1** descente **2** descendance : *of Norman descent* d'origine normande

describe /dɪ'skraɪb/ *vt* ~ **sb/sth (as sth)** décrire qn/qch (comme qch) **description** *n* **1** description **2** signalement

desert¹ /'dezət/ *n* désert : *desert areas* zones désertiques ◊ *a desert island* une île déserte

desert² /dɪ'zɜːt/ **1** *vt* abandonner, déserter **2** *vi* (*Mil*) déserter **deserted** *adj* **1** désert **2** abandonné **deserter** *n* déserteur

deserve /dɪ'zɜːv/ *vt* mériter LOC *Voir* RICHLY *sous* RICH **deserving** *adj* méritant, méritoire

design /dɪ'zaɪn/ ◆ *n* **1** ~ **(for/of sth)** modèle, plan (de qch) **2** conception **3** motif **4** design : *fashion design* stylisme ◆ *vt* dessiner, concevoir

designate /'dezɪgneɪt/ *vt* **1** ~ **sth (as sth)** (*sout*) classer qch comme qch ; choisir qch comme qch **2** ~ **sb (as) sth** (*sout*) désigner qn comme qch ; nommer qn (comme) qch **3** indiquer, montrer

designer /dɪ'zaɪnə(r)/ ◆ *n* **1** (*mode*) couturier, -ière, styliste **2** (*voiture*) concepteur, -trice **3** (*meubles*) designer ◆ *adj* [*toujours devant le nom*] de marque : *designer jeans* jean de marque

desirable /dɪ'zaɪərəbl/ *adj* **1** (*objet, situation*) beau, tentant **2** (*solution*) souhaitable **3** (*personne*) désirable

desire /dɪ'zaɪə(r)/ ◆ *n* **1** ~ **(for sth)** désir (de qch) **2** ~ **(to do sth)** désir (de faire qch) **3** ~ **(for sth/to do sth)** envie (de qch/de faire qch) : *I've no desire to read all these articles.* Je n'ai pas envie de lire tous ces articles. **4** désir : *to feel desire for sb* désirer qn ◆ *vt* désirer

desk /desk/ *n* **1** bureau (*meuble*) **2** table (*d'écolier*)

desktop /'desktɒp/ *n* : *a desktop computer* un ordinateur de bureau ◊ *desktop publishing* publication assistée par ordinateur

desolate /'desələt/ *adj* **1** (*paysage*) désolé, désert **2** (*personne*) triste, abattu **desolation** *n* **1** désolation, aspect désert **2** solitude **3** désolation, affliction

despair /dɪ'speə(r)/ ◆ *vi* (*sout*) ~ **(of sth/doing sth)** désespérer (de qch/de faire qch) ◆ *n* désespoir **despairing** *adj* désespéré

despatch /dɪ'spætʃ/ *n, vt Voir* DISPATCH

desperate /'despərət/ *adj* désespéré, prêt à tout : *He's desperate for work.* Il lui faut absolument du travail.

despicable /dɪ'spɪkəbl/ *adj* méprisable, ignoble

despise /dɪ'spaɪz/ *vt* mépriser

despite /dɪ'spaɪt/ *prép* malgré, en dépit de

despondent /dɪ'spɒndənt/ *adj* abattu, découragé

despot /'despɒt/ *n* despote

dessert /dɪ'zɜːt/ (*aussi* **sweet**) *n* dessert ☛ Le terme **pudding** est plus courant.

dessertspoon /dɪ'zɜːtspuːn/ *n* **1** cuillère à dessert **2** (*aussi* **dessertspoonful**) cuillère à dessert (*quantité*)

destination /ˌdestɪ'neɪʃn/ *n* destination

destined /'destɪnd/ *adj* (*sout*) destiné : *It was destined to fail.* C'était voué à l'échec.

destiny /'destəni/ *n* (*pl* **-ies**) destin, destinée

destitute /'destɪtjuːt ; *USA* -tuːt/ *adj* dans la misère

destroy /dɪ'strɔɪ/ *vt* **1** détruire **2** (*fig*) détruire, anéantir **destroyer** *n* contre-torpilleur, destroyer

destruction /dɪ'strʌkʃn/ *n* destruction

destructive *adj* **1** destructif **2** destructeur

detach /dɪˈtætʃ/ *vt* ~ **sth (from sth)** détacher qch (de qch) **detachable** *adj* détachable, amovible

detached /dɪˈtætʃt/ *adj* **1** objectif **2** détaché **3** *a detached house* une maison individuelle ☛ *Voir note sous* MAISON

detachment /dɪˈtætʃmənt/ *n* **1** détachement, indifférence **2** séparation, décollement **3** (*Mil*) détachement

detail /ˈdiːteɪl ; *USA* dɪˈteɪl/ ◆ *n* détail LOC **in detail** en détail **to go into detail(s)** entrer dans les détails ◆ *vt* exposer en détail, énumérer **detailed** *adj* détaillé

detain /dɪˈteɪn/ *vt* **1** retenir **2** (*police*) détenir **detainee** *n* détenu, -e

detect /dɪˈtekt/ *vt* **1** détecter, repérer **2** (*erreur*) déceler, découvrir **detectable** *adj* décelable **detection** *n* détection, découverte : *to escape detection* ne pas être découvert

detective /dɪˈtektɪv/ *n* **1** détective : *a detective story* un roman policier **2** agent de la police judiciaire

detention /dɪˈtenʃn/ *n* **1** détention : *a detention centre* un centre de détention **2** (*École*) retenue

deter /dɪˈtɜː(r)/ *vt* (**-rr-**) ~ **sb (from doing sth)** dissuader qn (de faire qch)

detergent /dɪˈtɜːdʒənt/ *adj, n* détergent

deteriorate /dɪˈtɪəriəreɪt/ *vi* se détériorer **deterioration** *n* détérioration, dégradation

determination /dɪˌtɜːmɪˈneɪʃn/ *n* détermination

determine /dɪˈtɜːmɪn/ *vt* déterminer : *to determine the cause of an accident* déterminer la cause d'un accident ◊ *a determining factor* un facteur déterminant **determined** *adj* ~ **(to do sth)** résolu, bien décidé à faire qch

determiner /dɪˈtɜːmɪnə(r)/ *n* (*Gramm*) déterminant

deterrent /dɪˈterənt ; *USA* -ˈtɜː-/ *n* moyen de dissuasion : *the nuclear deterrent* la force de dissuasion nucléaire

detest /dɪˈtest/ *vt* détester *Voir aussi* HATE

detonate /ˈdetəneɪt/ *vt, vi* (faire) exploser

detour /ˈdiːtʊə(r) ; *USA* dɪˈtʊər/ *n* détour, déviation ☛ *Comparer avec* DIVERSION

detract /dɪˈtrækt/ *vi* ~ **from sth** diminuer qch : *The incident detracted from our enjoyment of the evening.* L'incident nous a gâché la soirée.

detriment /ˈdetrɪmənt/ *n* détriment LOC **to the detriment of sb/sth** au détriment de qn/qch, au préjudice de qn/qch **detrimental** /ˌdetrɪˈmentl/ *adj* ~ **(to sb/sth)** nuisible, préjudiciable (à qn/qch)

devalue /ˌdiːˈvæljuː/ *vt, vi* dévaluer, être dévalué **devaluation** *n* dévaluation

devastate /ˈdevəsteɪt/ *vt* **1** dévaster **2** (*personne*) anéantir **devastating** *adj* **1** dévastateur **2** accablant **devastation** *n* dévastation

develop /dɪˈveləp/ **1** *vt, vi* (se) développer **2** *vt* (*projet, produit*) élaborer, mettre au point **3** *vt* (*symptôme, signe*) présenter **4** *vi* (*symptôme, signe*) se manifester **5** *vt* (*Phot*) développer **6** *vt* (*terrain*) mettre en valeur, aménager **developed** *adj* développé **developer** *n* promoteur **developing** *adj* en expansion : *developing countries* les pays en voie de développement

development /dɪˈveləpmənt/ *n* **1** développement **2** changement : *There's been a new development.* Il y a du nouveau. **3** (*d'une méthode*) mise au point **4** aménagement, exploitation : *a development area* une zone d'aménagement **5** (*aussi* **developing**) (*Phot*) développement

deviant /ˈdiːviənt/ ◆ *adj* **1** déviant, anormal **2** (*sexuellement*) pervers ◆ *n* **1** déviant, -e **2** (*sexuel*) pervers, -e

deviate /ˈdiːvieɪt/ *vi* ~ **(from sth)** dévier, s'écarter (de qch) **deviation** *n* **1** ~ **(from sth)** déviation, écart (par rapport à qch) **2** déviance

device /dɪˈvaɪs/ *n* **1** appareil, dispositif : *an explosive device* un engin explosif ◊ *a nuclear device* un engin nucléaire **2** ruse, stratagème LOC *Voir* LEAVE

devil /ˈdevl/ *n* diable, démon : *You lucky devil!* Veinard !

devious /ˈdiːviəs/ *adj* **1** (*personne*) sournois, retors **2** (*moyens*) détourné **3** (*chemin*) tortueux

devise /dɪˈvaɪz/ *vt* concevoir, inventer

devoid /dɪˈvɔɪd/ *adj* ~ **of sth** dépourvu de qch

devolution /ˌdiːvəˈluːʃn ; *USA* ˌdev-/ *n* décentralisation

devote /dɪˈvəʊt/ **1** *v réfléchi* ~ **yourself to sb/sth** se consacrer à qn/qch **2** *vt* ~ **sth to sb/sth** consacrer qch à qn/qch **3** *vt* ~ **sth to sth** (*ressources*) affecter, consacrer qch à qch **devoted** *adj* ~ **(to sb/sth)** dévoué à qn/qch ; loyal : *They're devoted to each other.* Ils sont très attachés l'un à l'autre.

devotee /ˌdevəˈtiː/ *n* **1** passionné, -e **2** adepte

devotion /dɪˈvəʊʃn/ *n* ~ **(to sb/sth)** dévouement (à qn/qch) : *devotion to duty* le sens du devoir

devour /dɪˈvaʊə(r)/ *vt* dévorer

devout /dɪˈvaʊt/ *adj* **1** pieux, dévot **2** (*espoir, désir*) fervent **devoutly** *adv* **1** pieusement **2** ardemment

dew /djuː ; *USA* duː/ *n* rosée

dexterity /dekˈsterəti/ *n* dextérité

diabetes /ˌdaɪəˈbiːtiːz/ *n* diabète **diabetic** *adj, n* diabétique

diabolic /ˌdaɪəˈbɒlɪk/ (*aussi* **diabolical**) *adj* diabolique

diagnose /ˈdaɪəgnəʊz ; *USA* ˌdaɪəgˈnəʊs/ *vt* diagnostiquer : *I've been diagnosed as having anaemia.* On a découvert que j'étais anémique. **diagnosis** /ˌdaɪəgˈnəʊsɪs/ *n* (*pl* **-oses** /-siːz/) diagnostic **diagnostic** *adj* diagnostique

diagonal /daɪˈægənl/ ◆ *adj* diagonal ◆ *n* diagonale **diagonally** *adv* en diagonale

diagram /ˈdaɪəgræm/ *n* diagramme, schéma

dial /ˈdaɪəl/ ◆ *n* **1** (*horloge*) cadran **2** (*radio*) bouton de réglage ◆ *vt* (**-ll-**, *USA* **-l-**) composer (*numéro*) : *to dial a wrong number* faire un mauvais numéro

dialect /ˈdaɪəlekt/ *n* dialecte

dialling code *n* indicatif (*Télécom*)

dialling tone *n* tonalité (*Télécom*)

dialogue (*USA aussi* **dialog**) /ˈdaɪəlɒg ; *USA* -lɔːg/ *n* dialogue

diameter /daɪˈæmɪtə(r)/ *n* diamètre : *It's 15 cm in diameter.* Ça fait 15 cm de diamètre.

diamond /ˈdaɪəmənd/ *n* **1** diamant : *a diamond necklace* une rivière de diamants **2** losange **3** *their diamond wedding* leurs noces de diamant ◊ *the queen's diamond jubilee* le soixantième anniversaire de l'accession au trône de la reine **4 diamonds** [*pl*] (*Cartes*) carreaux ☛ *Voir note sous* CARTE

diaper /ˈdaɪəpə(r)/ *n* (*USA*) couche (*de bébé*)

diaphragm /ˈdaɪəfræm/ *n* diaphragme

diarrhoea (*USA* **diarrhea**) /ˌdaɪəˈrɪə/ *n* diarrhée

diary /ˈdaɪəri/ *n* (*pl* **-ies**) **1** journal (*intime*) : *to keep a diary* tenir un journal **2** agenda

dice[1] /daɪs/ *n* (*pl* **dice**) dé : *to roll/throw the dice* lancer les dés

dice[2] /daɪs/ *vt* couper en cubes

dictate /dɪkˈteɪt ; *USA* ˈdɪkteɪt/ *vt, vi* ~ **(sth) (to sb)** dicter (qch) (à qn) PHR V **to dictate to sb** donner des ordres à qn, imposer sa volonté à qn : *I won't be dictated to.* Je n'ai pas d'ordres à recevoir. **dictation** *n* dictée

dictator /dɪkˈteɪtə(r) ; *USA* ˈdɪkteɪtər/ *n* dictateur **dictatorship** *n* dictature

dictionary /ˈdɪkʃənri ; *USA* -neri/ *n* (*pl* **-ies**) dictionnaire

did *prét de* DO

didactic /daɪˈdæktɪk/ *adj* (*sout, parfois péj*) didactique

didn't /ˈdɪd(ə)nt/ = DID NOT *Voir* DO[1,2]

die /daɪ/ *vi* (*prét, pp* **died** *part présent* **dying**) **1** mourir : *to die of/from sth* mourir de qch ☛ *Voir note sous* MORT, -E **2** (*fig*) s'éteindre LOC **to be dying for sth/to do sth** avoir une envie folle de (faire) qch PHR V **to die away** disparaître, s'affaiblir **to die down 1** (*feu*) baisser, diminuer **2** (*vent*) se calmer **to die off** mourir les uns après les autres **to die out 1** (*animaux*) disparaître **2** (*tradition*) s'éteindre

diesel /ˈdiːzl/ *n* diesel : *diesel fuel/oil* gazole

diet /ˈdaɪət/ ◆ *n* **1** alimentation **2** régime : *diet drinks* boissons à basses calories LOC **to be/go on a diet** être au régime/faire un régime ◆ *vi* faire un régime **dietary** *adj* **1** diététique **2** alimentaire

differ /ˈdɪfə(r)/ *vi* **1** ~ **(from sb/sth)** différer, être différent (de qn/qch) **2** ~ **(with sb) (about/on sth)** être en désaccord (avec qn) (au sujet de qch) ; ne pas être d'accord (avec qn) (sur qch)

difference /ˈdɪfrəns/ *n* différence : *to make up the difference (in price)* mettre la différence ◊ *a difference of opinion* une divergence d'opinion LOC **it makes all the difference** ça change tout **it**

makes little, no, etc. difference ça a peu d'importance, ça n'a aucune importance, etc. : *It won't make much difference whether you go today or tomorrow.* Ça ne fera pas une grosse différence que tu partes aujourd'hui ou demain. **what difference does it make?** qu'est-ce que ça change ?

different /'dɪfrənt/ *adj* ~ **(from sb/sth)** ; ~ **(than sb/sth)** (*USA*) différent (de qn/qch) **differently** *adv* différemment, autrement

differentiate /ˌdɪfə'renʃieɪt/ **1** *vt* ~ **A from B** différencier, distinguer A de B **2** *vi* ~ **between A and B** faire la différence entre A et B **differentiation** *n* différenciation

difficult /'dɪfɪkəlt/ *adj* **1** difficile **2** (*personne*) difficile, pas commode **difficulty** *n* (*pl* **-ies**) **1** difficulté : *with great difficulty* avec beaucoup de mal **2** (*situation difficile*) problème, difficulté : *to get/run into difficulties* se trouver en difficulté ◊ *to make difficulties for sb* créer des difficultés à qn

diffident /'dɪfɪdənt/ *adj* qui manque de confiance en soi **diffidence** *n* manque de confiance en soi

dig /dɪg/ *vt, vi* ◆ (**-gg-**) (*prét, pp* **dug** /dʌg/) **1** *vt, vi* creuser : *to dig for sth* creuser pour trouver qch **2** *vt* bêcher **3** *vt, vi* **to dig (sth) into sth** enfoncer qch dans qch ; s'enfoncer dans qch : *The chair was digging into his back.* Le dossier de la chaise lui rentrait dans le dos. LOC **to dig your heels in** se braquer PHR V **to dig in** (*fam*) (*repas*) commencer à manger **to dig sb/sth out** dégager qn/qch **to dig sth up 1** (*plante*) arracher qch **2** (*sol*) retourner qch, bêcher qch **3** (*objet*) déterrer qch **4** (*route*) excaver qch **5** (*information*) dénicher qch ◆ *n* fouilles (*archéologiques*) **digger** *n* excavatrice

digest[1] /'daɪdʒest/ *n* résumé

digest[2] /daɪ'dʒest/ **1** *vt, vi* digérer **2** *vt* (*information*) assimiler, digérer **digestion** *n* digestion

digit /'dɪdʒɪt/ *n* chiffre **digital** *adj* numérique

dignified /'dɪgnɪfaɪd/ *adj* digne

dignitary /'dɪgnɪtəri ; *USA* -teri/ *n* dignitaire

dignity /'dɪgnəti/ *n* dignité

digression /daɪ'greʃn/ *n* digression

dike *Voir* DYKE

dilapidated /dɪ'læpɪdeɪtɪd/ *adj* **1** délabré **2** (*voiture*) déglingué

dilemma /dɪ'lemə, daɪ-/ *n* dilemme

dilute /daɪ'lju:t ; *USA* -'lu:t/ *vt* diluer

dim /dɪm/ ◆ *adj* (**dimmer, dimmest**) **1** (*lumière, vue*) faible **2** (*pièce*) sombre **3** (*souvenir, idée*) vague **4** (*avenir*) sombre **5** (*fam*) (*personne*) bouché (**-mm-**) ◆ *vt, vi* **1** (*lumière*) baisser **2** (*fig*) (s')affaiblir, (se) ternir

dime /daɪm/ *n* (*USA*) pièce de dix cents

dimension /daɪ'menʃn, dɪ-/ *n* **1** dimension : *the dimensions of the kitchen* les dimensions de la cuisine **2 dimensions** [*pl*] étendue

diminish /dɪ'mɪnɪʃ/ *vt, vi* diminuer

diminutive /dɪ'mɪnjətɪv/ ◆ *adj* **1** minuscule **2** (*personne*) tout petit **3** (*Gramm*) diminutif ◆ *n* (*Gramm*) diminutif

dimly /'dɪmli/ *adv* **1** (*éclairer*) faiblement **2** (*se souvenir*) vaguement **3** (*voir*) indistinctement, à peine

dimple /'dɪmpl/ *n* fossette

din /dɪn/ *n* [*sing*] **1** (*gens*) tapage, chahut **2** (*machines*) vacarme

dine /daɪn/ *vi* (*sout*) ~ **(on sth)** dîner (de qch) *Voir aussi* DINNER PHR V **to dine out** dîner dehors **diner** *n* **1** dîneur, -euse **2** (*USA*) café-restaurant

dinghy /'dɪŋgi/ *n* (*pl* **dinghies**) **1** dériveur **2** canot pneumatique

dingy /'dɪndʒi/ *adj* (**-ier, -iest**) miteux

dining car *n* wagon-restaurant

dining room *n* salle à manger

dinner /'dɪnə(r)/ *n* **1** [*indénombrable*] dîner : *to have dinner* dîner **2** déjeuner : *to have dinner* déjeuner ☛ *Voir note sous* NOËL **3** (*aussi* **dinner party**) (*sur invitation*) dîner

L'emploi des termes **dinner**, **lunch**, **supper** et **tea** varie beaucoup en Grande-Bretagne suivant les régions. **Lunch** fait toujours référence au repas de midi, qui est généralement léger (salade ou sandwich). Certaines personnes utilisent le mot dinner pour ce repas. Le mot **dinner** tout comme **supper** et **tea** peuvent être employés pour parler du repas principal de la journée, qui se prend en début de soirée. **Supper** peut également désigner un snack léger que l'on prend avant d'aller se coucher. **Tea** peut ne consister qu'en un thé avec des biscuits ou des scones en milieu d'après-midi. On peut également dire pour cela **afternoon tea**. Le repas que les élèves prennent à l'école s'appelle **school dinner**, si c'est la cantine du collège qui le prépare ou **packed lunch**, si ce sont les élèves qui l'apportent tout préparé de chez eux.

dinner jacket *n* smoking

dinosaur /ˈdaɪnəsɔː(r)/ *n* dinosaure

diocese /ˈdaɪəsɪs/ *n* diocèse

dioxide /daɪˈɒksaɪd/ *n* dioxyde : *carbon dioxide* gaz carbonique

dip /dɪp/ ◆ (**-pp-**) **1** *vt* **to dip sth (in/into sth)** tremper qch (dans qch) ; plonger qch dans qch **2** *vi* descendre **3** *vt, vi* baisser : *to dip your headlights* se mettre en codes ◆ *n* **1** (*fam*) baignade **2** (*route*) affaissement **3** déclivité **4** (*prix, température*) baisse **5** (*Cuisine*) sauce froide (*dans laquelle on trempe des légumes crus ou des biscuits salés*)

diploma /dɪˈpləʊmə/ *n* diplôme

diplomacy /dɪˈpləʊməsi/ *n* diplomatie **diplomat** /ˈdɪpləmæt/ *n* diplomate **diplomatic** /ˌdɪpləˈmætɪk/ *adj* **1** diplomatique **2** diplomate **diplomatically** *adv* diplomatiquement

dire /ˈdaɪə(r)/ (**direr**, **direst**) *adj* **1** (*sout*) extrême : *They're in dire need of help.* Ils ont un besoin d'aide urgent. **2** (*fam*) terrible, affreux : *Their living conditions are dire.* Leurs conditions de vie sont terribles.

direct /dɪˈrekt, daɪ-/ ◆ *vt* **1** diriger **2** *Could you direct me to...?* Pouvez-vous m'indiquer le chemin pour aller à... ? **3** (*question*) adresser **4** (*film*) réaliser **5** (*pièce*) mettre en scène ◆ *adj* **1** direct **2** absolu : *the direct opposite* tout le contraire ◆ *adv* directement : *You can fly direct to London.* Il y a un vol direct pour Londres.

direct debit *n* prélèvement automatique

direction /dɪˈrekʃn, daɪ-/ *n* **1** direction **2 directions** [*pl*] indications : *to ask (sb) for directions* demander son chemin (à qn)

directive /dɪˈrektɪv, daɪ-/ *n* directive

directly /dɪˈrektli, daɪ-/ *adv* **1** directement **2** exactement : *directly opposite (sth)* juste en face (de qch) **3** immédiatement

directness /dɪˈrektnəs, daɪ-/ *n* franchise

director /dɪˈrektə(r), daɪ-/ *n* **1** directeur, -trice, administrateur, -trice **2** (*Cin, Théâtre*) metteur en scène, réalisateur, -trice

directorate /dɪˈrektərət, daɪ-/ *n* **1** conseil d'administration **2** direction

directory /dəˈrektəri, daɪ-/ *n* (*pl* **-ies**) annuaire, répertoire d'adresses : *the telephone directory* l'annuaire du téléphone

dirt /dɜːt/ *n* **1** saleté, crasse : *to treat sb like dirt* traiter qn comme un chien **2** terre, boue **3** (*fam*) obscénité LOC *Voir* TREAT

dirty /ˈdɜːti/ ◆ *adj* (**-ier**, **-iest**) **1** (*pr et fig*) sale **2** (*histoire, livre, etc.*) cochon, grossier : *a dirty word* un gros mot **3** (*fam*) sale, déloyal : *a dirty trick* un sale tour ◆ *vt* (*prét, pp* **dirtied**) salir

disability /ˌdɪsəˈbɪləti/ *n* (*pl* **-ies**) **1** invalidité, incapacité **2** handicap, infirmité

disabled /dɪsˈeɪbld/ ◆ *adj* handicapé ◆ **the disabled** *n* [*pl*] les handicapés

disadvantage /ˌdɪsədˈvɑːntɪdʒ ; *USA* -ˈvæn-/ *n* inconvénient LOC **to be at a disadvantage** être désavantagé **to put sb at a disadvantage** désavantager qn **disadvantaged** *adj* défavorisé **disadvantageous** *adj* défavorable

disagree /ˌdɪsəˈgriː/ *vi* (*prét, pp* **-reed**) ~ **(with sb/sth) (about/on sth)** ne pas être d'accord (avec qn/qch) (sur qch) : *He disagreed with her on how to spend the money.* Il n'était pas d'accord avec elle sur la façon de dépenser l'argent. PHR V **to disagree with sb** ne pas réussir à qn (*nourriture, climat*) **disagreeable** *adj* désagréable, déplaisant **disagreement** *n* **1** désaccord **2** querelle **3** divergence

disappear /ˌdɪsəˈpɪə(r)/ *vi* disparaître : *It disappeared into the bushes.* Il a disparu dans les buissons. **disappearance** *n* disparition

disappoint /ˌdɪsəˈpɔɪnt/ *vt* décevoir **disappointed** *adj* **1** ~ **(about/at/by sth)** déçu (par qch) **2** ~ **(in/with sb)** : *I'm disappointed in you.* Tu me déçois. **disappointing** *adj* décevant **disappointment** *n* déception

disapproval /ˌdɪsəˈpruːvl/ *n* désapprobation

disapprove /ˌdɪsəˈpruːv/ *vi* ~ **(of sb/sth)** désapprouver (qn/qch) ; ne pas être d'accord **disapproving** *adj* désapprobateur

disarm /dɪs'ɑːm/ *vt, vi* désarmer **disarmament** *n* désarmement

disassociate /ˌdɪsə'səʊʃieɪt/ *Voir* DISSOCIATE

disaster /dɪ'zɑːstə(r) ; *USA* -'zæs-/ *n* catastrophe, désastre **disastrous** *adj* catastrophique, désastreux

disband /dɪs'bænd/ *vt, vi* (se) dissoudre, (se) disperser

disbelief /ˌdɪsbɪ'liːf/ *n* incrédulité

disc (*aussi USA* **disk**) /dɪsk/ *n* disque *Voir aussi* DISK

discard /dɪ'skɑːd/ *vt* se débarrasser de, jeter

discern /dɪ'sɜːn/ *vt* discerner, distinguer

discernible /dɪ'sɜːnəbl/ *adj* visible, perceptible

discharge /dɪs'tʃɑːdʒ/ ◆ *vt* **1** (*déchets*) déverser **2** (*gaz*) émettre **3** (*Mil*) renvoyer à la vie civile **4** (*Méd, patient*) renvoyer **5** (*devoir*) s'acquitter de ◆ /'dɪstʃɑːdʒ/ *n* **1** (*électrique, d'une arme*) décharge **2** (*déchets*) déversement **3** (*gaz*) émission **4** (*Mil*) libération **5** (*Jur*) : *a conditional discharge* un sursis simple **6** (*Méd*) suintement

disciple /dɪ'saɪpl/ *n* disciple

discipline /'dɪsəplɪn/ ◆ *n* discipline ◆ *vt* discipliner, punir **disciplinary** *adj* disciplinaire

disc jockey *n* (*pl* **-eys**) *Voir* DJ

disclose /dɪs'kləʊz/ *vt* (*sout*) divulguer, révéler **disclosure** /dɪs'kləʊʒə(r)/ *n* divulgation, révélation

disco /'dɪskəʊ/ *n* (*pl* ~**s**) boîte (*de nuit*)

discolour (*USA* **discolor**) /dɪs'kʌlə(r)/ *vt, vi* (se) décolorer

discomfort /dɪs'kʌmfət/ *n* gêne

disconcerted /ˌdɪskən'sɜːtɪd/ *adj* déconcerté **disconcerting** *adj* déconcertant

disconnect /ˌdɪskə'nekt/ *vt* **1** débrancher **2** (*électricité, gaz*) couper **disconnected** *adj* décousu

discontent /ˌdɪskən'tent/ (*aussi* **discontentment**) *n* ~ **(with/over sth)** mécontentement (à propos de qch) **discontented** *adj* mécontent

discontinue /ˌdɪskən'tɪnjuː/ *vt* cesser, interrompre

discord /'dɪskɔːd/ *n* **1** (*sout*) désaccord, discorde **2** (*Mus*) dissonance **discordant** /dɪs'kɔːdənt/ *adj* **1** (*opinions*) divergent, incompatible **2** (*son*) discordant, dissonant

discount[1] /dɪs'kaʊnt ; *USA* 'dɪskaʊnt/ *vt* **1** ne pas tenir compte de **2** (*Comm*) faire une remise sur

discount[2] /'dɪskaʊnt/ *n* remise LOC **at a discount** au rabais

discourage /dɪs'kʌrɪdʒ/ *vt* **1** ~ **sb (from doing sth)** décourager qn (de faire qch) **2** ~ **sth** déconseiller qch **discouraging** *adj* décourageant

discover /dɪs'kʌvə(r)/ *vt* découvrir **discovery** *n* (*pl* **-ies**) découverte

discredit /dɪs'kredɪt/ *vt* discréditer, mettre en doute

discreet /dɪ'skriːt/ *adj* discret

discrepancy /dɪs'krepənsi/ *n* (*pl* **-ies**) divergence, contradiction

discretion /dɪ'skreʃn/ *n* **1** discrétion **2** jugement : *Use your discretion.* C'est à vous de juger. LOC **at sb's discretion** à la discrétion de qn

discriminate /dɪ'skrɪmɪneɪt/ *vi* **1** ~ **(between...)** faire une distinction (entre...) **2** ~ **against sb** faire de la discrimination envers qn **3** ~ **in favour of sb** favoriser qn **discriminating** *adj* (*goût*) fin, délicat **discrimination** *n* **1** discrimination **2** discernement, bon goût

discus /'dɪskəs/ *n* disque (*Sport*)

discuss /dɪ'skʌs/ *vt* ~ **sth (with sb)** discuter de qch (avec qn) **discussion** *n* discussion, débat ☛ *Comparer avec* ARGUMENT LOC **under discussion** en discussion

disdain /dɪs'deɪn/ *n* dédain, mépris

disease /dɪ'ziːz/ *n* maladie

> **Disease** s'emploie généralement pour désigner une maladie précise telle que *heart disease, Parkinson's disease*, tandis que **illness** désigne le fait d'être malade ou la période où l'on est malade. *Voir exemples sous* ILLNESS.

diseased *adj* malade

disembark /ˌdɪsɪm'bɑːk/ *vi* ~ **(from sth)** débarquer (de qch)

disenchanted /ˌdɪsɪn'tʃɑːntɪd/ *adj* ~ **(with sth)** déçu (par qch) ; désabusé

disentangle /ˌdɪsɪn'tæŋgl/ *vt* **1** démêler, dénouer **2** ~ **sb/sth (from sth)** dégager qn/qch (de qch)

disfigure /dɪs'fɪgə(r) ; *USA* -gjər/ *vt* défigurer

disgrace /dɪs'greɪs/ ◆ *vt* **1** faire honte à **2** déshonorer : *to disgrace yourself* se conduire mal ◆ *n* **1** honte, déshonneur **2 a ~ (to sb/sth)** une honte (de qn/qch) LOC **in disgrace (with sb)** en disgrâce (auprès de qn) **disgraceful** *adj* honteux, scandaleux

disgruntled /dɪs'grʌntld/ *adj* **1 ~ (at/about sth)** mécontent (de qch) **2 ~ (with sb)** mécontent (de qn)

disguise /dɪs'gaɪz/ ◆ *vt* **1** déguiser **2** (*sentiment*) cacher ◆ *n* déguisement LOC **in disguise** déguisé *Voir aussi* BLESSING

disgust /dɪs'gʌst/ *n* dégoût, écœurement

disgusting /dɪs'gʌstɪŋ/ *adj* dégoûtant, écœurant

dish /dɪʃ/ ◆ *n* **1** assiette **2** plat : *the national dish* le plat national **3 the dishes** la vaisselle : *to wash/do the dishes* faire la vaisselle PHR V **to dish sth out 1** (*nourriture*) servir qch **2** (*argent*) distribuer qch **to dish sth up** mettre qch dans un plat

disheartened /dɪs'hɑːtnd/ *adj* démoralisé, abattu **disheartening** *adj* démoralisant

dishevelled (*USA* **disheveled**) /dɪ'ʃevld/ *adj* **1** (*cheveux*) ébouriffé **2** (*vêtements, aspect*) débraillé

dishonest /dɪs'ɒnɪst/ *adj* malhonnête **dishonesty** *n* malhonnêteté

dishonour (*USA* **dishonor**) /dɪs'ɒnə(r)/ ◆ *n* déshonneur ◆ *vt* déshonorer **dishonourable** (*USA* **dishonorable**) *adj* déshonorant, peu honorable

dishwasher /'dɪʃwɒʃə(r)/ *n* lave-vaisselle

disillusion /ˌdɪsɪ'luːʒn/ ◆ *n* (*aussi* **disillusionment**) **~ (with sth)** désillusion (en ce qui concerne qch) ◆ *vt* faire perdre ses illusions à

disinfect /ˌdɪsɪn'fekt/ *vt* désinfecter **disinfectant** *n* désinfectant

disintegrate /dɪs'ɪntɪgreɪt/ *vt, vi* (se) désintégrer, (se) désagréger **disintegration** *n* désintégration, désagrégation

disinterested /dɪs'ɪntrəstɪd/ *adj* désintéressé

disjointed /dɪs'dʒɔɪntɪd/ *adj* décousu, incohérent

disk /dɪsk/ *n* **1** (*surtout USA*) *Voir* DISC **2** (*Informatique*) disque, disquette

disk drive *n* lecteur de disquettes ☛ *Voir illustration sous* ORDINATEUR

diskette /dɪs'ket/ *n* disquette

dislike /dɪs'laɪk/ ◆ *vt* ne pas aimer ◆ *n* **~ (of sb/sth)** aversion (pour qn/qch) LOC **to take a dislike to sb/sth** prendre qn/qch en grippe

dislocate /'dɪsləkeɪt ; *USA* -ləʊk-/ *vt* se démettre : *He's dislocated his shoulder.* Il s'est démis l'épaule. **dislocation** *n* luxation

dislodge /dɪs'lɒdʒ/ *vt* **~ sb/sth (from sth)** déloger qn (de qch) ; déplacer qch (de qch)

disloyal /dɪs'lɔɪəl/ *adj* **~ (to sb/sth)** déloyal (envers qn/qch) **disloyalty** *n* déloyauté

dismal /'dɪzməl/ *adj* **1** lugubre **2** (*fam*) lamentable

dismantle /dɪs'mæntl/ *vt* **1** démonter **2** (*structure*) démanteler

dismay /dɪs'meɪ/ ◆ *n* consternation, désarroi : *He couldn't hide his dismay at the result.* Il ne n'a pas pu dissimuler son désarroi en voyant le résultat. ◆ *vt* consterner

dismember /dɪs'membə(r)/ *vt* démembrer

dismiss /dɪs'mɪs/ *vt* **1 ~ sb (from sth)** renvoyer qn (de qch) ; licencier qn **2** écarter, ne pas prendre au sérieux : *Vegetarians are no longer dismissed as cranks.* Les végétariens ne sont plus considérés comme des excentriques. **3** (*pensée*) écarter **dismissal** *n* **1** licenciement, renvoi **2** rejet **dismissive** *adj* dédaigneux : *to be dismissive of sb/sth* ne faire aucun cas de qn/qch

dismount /dɪs'maʊnt/ *vi* **~ (from sth)** descendre (de qch)

disobedient /ˌdɪsə'biːdiənt/ *adj* désobéissant **disobedience** *n* désobéissance

disobey /ˌdɪsə'beɪ/ *vt, vi* désobéir (à)

disorder /dɪs'ɔːdə(r)/ *n* **1** désordre : *in disorder* en désordre **2** trouble **3** (*Méd*) trouble(s), maladie : *eating disorders* troubles du comportement alimentaire **disorderly** *adj* **1** en désordre **2** agité LOC *Voir* DRUNK[1]

disorganized, -ised /dɪs'ɔːgənaɪzd/ *adj* désorganisé

disorientate /dɪs'ɔːrienteɪt/ (*surtout USA* **disorient**) *vt* désorienter

disown /dɪs'əʊn/ *vt* **1** renier **2** désavouer

dispatch (*aussi* **despatch**) /dɪ'spætʃ/ ◆ *vt* (*sout*) **1** envoyer **2** (*réunion, repas*) expédier ◆ *n* **1** envoi, expédition **2** (*Journal*) dépêche

dispel /dɪ'spel/ *vt* (**-ll-**) dissiper, chasser

dispense /dɪ'spens/ *vt* **1** distribuer **2** exercer PHR V **to dispense with sb/sth** se passer de qn/qch

disperse /dɪ'spɜːs/ *vt, vi* (se) disperser **dispersal** (*aussi* **dispersion**) *n* dispersion

displace /dɪs'pleɪs/ *vt* **1** déplacer **2** supplanter

display /dɪ'spleɪ/ ◆ *vt* **1** exposer **2** (*sentiment, etc.*) montrer, manifester **3** (*Informatique*) afficher ◆ *n* **1** étalage, exposition **2** démonstration **3** (*Informatique*) affichage LOC **to be on display** être exposé

disposable /dɪ'spəʊzəbl/ *adj* **1** jetable **2** (*Fin*) disponible

disposal /dɪ'spəʊzl/ *n* enlèvement, élimination : *bomb disposal* déminage LOC **at sb's disposal** à la disposition de qn

disposed /dɪ'spəʊzd/ *adj* **to be ~ (to do sth)** être disposé (à faire qch) LOC **to be ill/well disposed towards sb/sth** être mal/bien disposé envers qn/qch

disposition /ˌdɪspə'zɪʃn/ *n* caractère, tempérament

disproportionate /ˌdɪsprə'pɔːʃənət/ *adj* disproportionné

disprove /ˌdɪs'pruːv/ *vt* réfuter

dispute /dɪ'spjuːt/ ◆ *n* **1** dispute, conflit : *to be in dispute with sb* être en conflit avec qn **2** controverse **3** (*Jur*) litige LOC **in dispute 1** contesté **2** (*Jur*) en litige ◆ *vt* contester

disqualify /dɪs'kwɒlɪfaɪ/ *vt* (*prét, pp* **-fied**) **1 ~ sb (from sth/from doing sth)** exclure qn (de qch) ; interdire à qn de faire qch : *He was disqualified (from driving) for six months* On lui a retiré son permis de conduire pour six mois. **2** (*Sport*) disqualifier

disregard /ˌdɪsrɪ'gɑːd/ ◆ *vt* ne pas tenir compte de ◆ *n* **~ (for/of sb/sth)** indifférence (envers qn/qch)

disreputable /dɪs'repjətəbl/ *adj* peu recommandable, mal famé

disrepute /ˌdɪsrɪ'pjuːt/ *n* discrédit

disrespect /ˌdɪsrɪ'spekt/ *n* manque de respect

disrupt /dɪs'rʌpt/ *vt* interrompre, perturber **disruption** *n* interruption, perturbation

disruptive /dɪs'rʌptɪv/ *adj* perturbateur

dissatisfaction /ˌdɪsˌsætɪs'fækʃn/ *n* mécontentement

dissatisfied /dɪs'sætɪsfaɪd/ *adj* **~ (with sb/sth)** mécontent (de qn/qch)

dissent /dɪ'sent/ *n* désaccord, contestation **dissenting** *adj* divergent, contestataire

dissertation /ˌdɪsə'teɪʃn/ *n* **~ (on sth)** mémoire, thèse (sur qch)

dissident /'dɪsɪdənt/ *adj, n* dissident, -e

dissimilar /dɪ'sɪmɪlə(r)/ *adj* **~ (from/to sb/sth)** différent (de qn/qch) ; dissemblable

dissociate /dɪ'səʊʃieɪt/ (*aussi* **disassociate** /ˌdɪsə'səʊʃieɪt/) **1** *v réfléchi* **~ yourself from sb/sth** se désolidariser de qn/qch **2** *vt* dissocier, séparer

dissolve /dɪ'zɒlv/ **1** *vt, vi* (se) dissoudre **2** *vt* (*mariage, parlement*) dissoudre **3** *vi* se disperser

dissuade /dɪ'sweɪd/ *vt* **~ sb (from sth/from doing sth)** dissuader qn (de qch/de faire qch)

distance /'dɪstəns/ ◆ *n* distance : *at a distance* à distance LOC **in the distance** au loin ◆ *v réfléchi* **~ yourself (from sb/sth)** prendre ses distances (par rapport à qn/qch) **distant** *adj* **1** lointain, éloigné **2** (*parent*) éloigné **3** (*personne*) distant

distaste /dɪs'teɪst/ *n* **~ (for sb/sth)** dégoût, répugnance (pour qn/qch) **distasteful** *adj* déplaisant, de mauvais goût

distil (*USA* **distill**) /dɪ'stɪl/ *vt* (**-ll-**) **~ sth (from sth)** distiller qch (à partir de qch) **distillery** *n* (*pl* **-ies**) distillerie

distinct /dɪ'stɪŋkt/ *adj* **1** distinct, net **2 ~ (from sth)** distinct (de qch) : *rural areas, as distinct from cities* les zones rurales par opposition aux villes **distinction** *n* **1 ~ (between A and B)** distinction (entre A et B) **2** distinction : *a writer of distinction* un écrivain très réputé **3** mention : *to get a distinction in an exam* réussir un examen avec mention **distinctive** *adj* distinctif, caractéristique

distinguish /dɪ'stɪŋgwɪʃ/ **1** *vt* **~ A (from B)** distinguer A (de B) **2** *vi* **~ between A and B** faire la distinction entre A et B

3 *v réfléchi* ~ **yourself** se distinguer **distinguished** *adj* distingué, réputé

distort /dɪ'stɔ:t/ *vt* **1** déformer **2** (*fig*) déformer, dénaturer **distortion** *n* **1** déformation, distorsion **2** (*fig*) déformation

distract /dɪ'strækt/ *vt* ~ **sb (from sth)** distraire qn (de qch) **distracted** *adj* fou, affolé **distraction** *n* **1** distraction **2** *to drive sb to distraction* rendre qn fou

distraught /dɪ'strɔ:t/ *adj* bouleversé, affolé

distress /dɪ'stres/ *n* **1** désarroi, souffrance : *He caused his parents great distress.* Il a beaucoup fait souffrir ses parents. **2** détresse : *in distress* en détresse ◊ *a distress signal* un signal de détresse **distressed** *adj* bouleversé, affligé **distressing** *adj* pénible

distribute /dɪ'strɪbju:t/ *vt* ~ **sth (to/among sb/sth)** distribuer qch (à/entre qn/qch) **distribution** *n* distribution, répartition **distributor** *n* distributeur

district /'dɪstrɪkt/ *n* **1** quartier, district **2** région

distrust /dɪs'trʌst/ ◆ *n* [*sing*] méfiance ◆ *vt* se méfier de **distrustful** *adj* méfiant

disturb /dɪ'stɜ:b/ *vt* déranger : *I'm sorry to disturb you.* Je suis désolé de vous déranger. LOC **do not disturb** (prière de) ne pas déranger **to disturb the peace** troubler l'ordre public **disturbance** *n* **1** dérangement : *to cause a disturbance* faire du tapage **2** troubles **disturbed** *adj* **1** troublé, perturbé **2** souffrant de troubles psychologiques **disturbing** *adj* **1** troublant **2** inquiétant

disuse /dɪs'ju:s/ *n* abandon : *to fall into disuse* ne plus être utilisé **disused** *adj* désaffecté, abandonné

ditch /dɪtʃ/ ◆ *n* fossé ◆ *vt* (*fam*) **1** abandonner, laisser tomber **2** (*amant*) plaquer

dither /'dɪðə(r)/ *vi* (*fam*) ~ **(about sth)** hésiter (à propos de qch)

ditto /'dɪtəʊ/ *n* idem

Ditto désigne le symbole (") que l'on utilise pour éviter les répétitions dans une liste.

dive /daɪv/ ◆ *vi* (*prét* **dived** *ou USA* **dove** /dəʊv/ *pp* **dived**) **1** ~ **(from/off sth) (into sth)** plonger (de qch) (dans qch) **2** (*avion*) piquer, plonger **3** ~ **into/under sth** s'engouffrer dans qch; se jeter sous qch : *He dived into his pocket.* Il a plongé la main dans sa poche. LOC **to dive for cover** foncer à l'abri ◆ *n* **1** plongeon **2** (*fam*) bouge (*bar*) **diver** *n* plongeur, -euse

diverge /daɪ'vɜ:dʒ/ *vi* **1** (*routes, lignes*) se séparer **2** ~ **(from sth)** diverger, s'éloigner (de qch) **3** (*sout*) (*opinions*) diverger **divergence** *n* divergence **divergent** *adj* divergent

diverse /daɪ'vɜ:s/ *adj* divers, différent **diversification** *n* diversification **diversify** *vt, vi* (*prét, pp* **-fied**) (se) diversifier

diversion /daɪ'vɜ:ʃn ; *USA* -'vɜ:rʒn/ *n* **1** détournement, déviation **2** diversion : *to create a diversion* faire diversion

diversity /daɪ'vɜ:səti/ *n* diversité

divert /daɪ'vɜ:t/ *vt* **1** ~ **sth (from sth) (to sth)** dévier qch (de qch) (vers/sur qch) **2** ~ **sb (from sth)** détourner qn (de qch)

divide /dɪ'vaɪd/ **1** *vt* ~ **sth (up) (into sth)** diviser, partager qch (en qch) **2** *vi* ~ **(up) into sth** se diviser en qch **3** *vt* ~ **sth (out/up) (between/among sb)** diviser, partager qch (entre qn) **4** *vt* séparer **5** *vt* ~ **sth by sth** (*Math*) diviser qch par qch **divided** *adj* divisé

dividend /'dɪvɪdend/ *n* dividende

divine /dɪ'vaɪn/ *adj* divin

diving /'daɪvɪŋ/ *n* **1** plongeon **2** plongée (sous-marine)

diving board *n* plongeoir

division /dɪ'vɪʒn/ *n* **1** division **2** service, division **divisional** *adj* de service, de division

divorce /dɪ'vɔ:s/ ◆ *n* divorce ◆ *vt, vi* divorcer (d'avec) : *to get divorced* divorcer **divorcee** /dɪˌvɔ:'si:/ *n* divorcé, -e

divulge /daɪ'vʌldʒ/ *vt* ~ **sth (to sb)** divulguer qch (à qn)

DIY /ˌdi: aɪ 'waɪ/ *abrév* **do it yourself** bricolage

dizzy /'dɪzi/ *adj* (**-ier, -iest**) : *to get/feel dizzy* avoir la tête qui tourne **dizziness** *n* vertiges

DJ /ˌdi: 'dʒeɪ/ *abrév* **disc jockey** disc-jockey

do[1] /du:/ *v aux* ☛ L'auxiliaire **do** n'a pas d'équivalent en français. Il permet d'indiquer le temps du verbe et il s'accorde avec le sujet de la phrase.

- **phrases interrogatives et négatives** : *Does she know you?* Est-ce qu'elle te connaît ? ◊ *Did you lock the door?* Est-ce que tu as fermé la porte à clé ? ◊ *Did he have to say that?* Avait-il besoin de

do	
présent	*forme négative contractée*
I **do**	I **don't**
you **do**	you **don't**
he/she/it **does**	he/she/it **doesn't**
we **do**	we **don't**
you **do**	you **don't**
they **do**	they **don't**
prétérit	**did**
forme en -ing	**doing**
participe passé	**done**

dire ça ? ◊ *There doesn't appear to be any problem.* Il ne semble pas y avoir de problème. ◊ *Don't worry about it.* Ne t'en fais pas pour ça.

- **question tags 1** [*dans les phrases affirmatives*]: **do** + n't + sujet (pron pers)? : *Andy lives there, doesn't he?* Andy habite bien ici, n'est-ce pas ? **2** [*dans les phrases négatives*]: **do**+ sujet (pron pers)? : *Kay doesn't know, does she?* Kay n'est pas au courant, hein ? ◊ *She didn't say that, did she?* Elle n'a pas dit ça tout de même ? **3** [*dans les phrases affirmatives*]: **do**+ sujet (pron pers)? : *We leave on Saturday, do we?* Nous partons samedi, c'est ça ?
- **emploi emphatique dans les phrases affirmatives** : *He does look tired.* Il a vraiment l'air fatigué. ◊ *Well, I did warn you.* Ma foi, je t'avais bien prévenu. ◊ *Oh, do be quiet!* Tais-toi à la fin ! ◊ *Do have some more cake.* Je vous en prie, reprenez du gâteau.
- **pour éviter une répétition** : *He drives better than he did a year ago.* Il conduit mieux que l'année dernière. ◊ *He works much harder than you do.* Il travaille beaucoup plus dur que toi. ◊ *'Who broke the window?' 'I did.'* « Qui a cassé la fenêtre ? — C'est moi. » ◊ *'He smokes.' 'So do I.'* « Il fume. — Moi aussi. » ◊ *She didn't agree and neither did I.* Elle n'a pas donné son accord et moi non plus. ◊ *She doesn't want it but I do.* Elle ne le veut pas mais moi oui.

do² /du:/ (*3e pers sing prés* **does** /dʌz/ *prét* **did** /dɪd/ *pp* **done** /dʌn/)

- *vt, vi* faire ☛ Le verbe **to do** s'utilise lorsqu'on parle d'une activité sans la préciser. Il est souvent suivi de *something, nothing, anything, everything*, etc. : *What are you doing?* Qu'est-ce que tu fais ? ◊ *Are you doing anything tomorrow?* Est-ce que tu as quelque chose de prévu demain ? ◊ *Can I do anything to help?* Est-ce que je peux faire quelque chose ? ◊ *What is she going to do?* Qu'est-ce qu'elle va faire ? ◊ *There are lots of things to do in the garden.* Il y a plein de choses à faire dans le jardin. ◊ *Do what you like.* Fais ce que tu veux. ◊ *Do as you're told!* Fais ce qu'on te dit !
- **to do + the, my, etc. + -ing** *vt* (*tâches, loisirs*) faire : *to do the washing up* faire la vaisselle ◊ *to do the ironing* repasser ◊ *to do the/your shopping* faire les courses
- **to do + (the, my, etc.) + nom** *vt* : *to do your homework* faire ses devoirs ◊ *to do an exam* passer un examen ◊ *to do an English course* suivre des cours d'anglais ◊ *to do business* faire des affaires ◊ *to do your duty* faire son devoir ◊ *to do your job* faire son travail ◊ *to do the housework* faire le ménage ◊ *to do your hair* se coiffer ◊ *to have your hair done* se faire coiffer
- **autres emplois 1** *vt* : *to do your best* faire de son mieux ◊ *to do good* faire du bien ◊ *to do sb a favour* rendre un service à qn **2** *vi* aller : *Will £10 do?* 10 livres, ça suffit ? ◊ *All right, a pencil will do.* D'accord, un crayon fera l'affaire. ◊ *Will next Friday do?* Vendredi prochain, ça vous va ? **3** *vi* s'en sortir : *The bookshop is doing well.* La librairie marche bien. ◊ *She's been doing well at school.* Elle a bien travaillé à l'école. ◊ *He did badly in the exam.* Il a eu de mauvais résultats à l'examen.

LOC **it/that will never/won't do** : *It (simply) won't do.* Ça ne peut pas continuer comme ça. ◊ *It would never do to...* Ça ne serait pas bien de... **that does it!** (*fam*) cette fois c'en est trop ! **that's done it!** (*fam*) et voilà, il ne manquait plus que ça ! **that will do!** ça suffit ! **to be/have to do with sb/sth** avoir à voir avec qn/qch : *What's it got to do with you?* En quoi est-ce que ça te regarde ? ☛ Les autres expressions formées avec **do** sont traitées sous le nom, l'adjectif, etc. correspondant : pour **to do your bit**, par exemple, voir BIT.

PHR V **to do away with sth** abolir qch, se débarrasser de qch

to do sth up 1 fermer qch, boutonner qch **2** emballer qch **3** refaire qch, remettre qch à neuf

to do with sb : *She won't have anything to do with him.* Elle ne veut plus rien avoir à faire avec lui. **to do with sth** : *We could do with a holiday.* Nous aurions bien besoin de partir en vacances.
to do without (sb/sth) se passer de qn/qch, faire sans ☛ *Voir aussi exemples sous* MAKE.

do[3] /duː/ *n* (*pl* **dos** *ou* **do's** /duːz/) (*GB, fam*) fête LOC **do's and don'ts** les choses à faire et à ne pas faire

docile /ˈdəʊsaɪl ; *USA* ˈdɒsl/ *adj* docile

dock[1] /dɒk/ ◆ *n* **1** dock, bassin **2 the docks** [*pl*] les docks ◆ **1** *vt, vi* (*Navig*) (se) mettre à quai **2** *vt, vi* (*Aéron*) (s')arrimer

dock[2] /dɒk/ *n* banc des accusés

dock[3] /dɒk/ *vt* faire une retenue sur, enlever

doctor /ˈdɒktə(r)/ ◆ *n* (*abrév* **Dr**) **1** (*Méd*) médecin, docteur **2** ~ **(of sth)** (*titre*) docteur (en qch) ◆ *vt* (*fam*) **1** falsifier **2** (*aliments*) frelater

doctorate /ˈdɒktərət/ *n* doctorat

doctrine /ˈdɒktrɪn/ *n* doctrine

document /ˈdɒkjumənt/ ◆ *n* document ◆ *vt* documenter

documentary /ˌdɒkjuˈmentri/ *adj, n* (*pl* **-ies**) documentaire

dodge /dɒdʒ/ **1** *vt* (*coup*) esquiver, éviter : *to dodge awkward questions* éluder des questions difficiles **2** *vi* s'esquiver : *I dodged behind a tree.* Je me suis esquivé derrière un arbre. **3** *vt* (*travail*) se dérober à : *to dodge the washing-up* se défiler pour ne pas laver la vaisselle

dodgy /ˈdɒdʒi/ *adj* (**-ier, -iest**) (*fam, surtout GB*) louche, douteux : *Sounds a bit dodgy to me.* Ça m'a l'air louche. ◊ *He's a dodgy character.* C'est un type louche. ◊ *a dodgy situation* une situation délicate ◊ *a dodgy wheel* une roue en mauvais état

doe /dəʊ/ *n* **1** biche **2** lapine **3** hase ☛ *Voir note sous* CERF, LAPIN

does /dəz, dʌz/ *Voir* DO[1,2]

doesn't /ˈdʌz(ə)nt/ = DOES NOT *Voir* DO[1,2]

dog /dɒg ; *USA* dɔːg/ ◆ *n* chien LOC *Voir* TREAT ◆ *vt* (**-gg-**) poursuivre : *He was dogged by misfortune.* Il était poursuivi par la malchance.

dogged /ˈdɒgɪd ; *USA* ˈdɔːgɪd/ *adj* (*sens positif*) tenace, obstiné **doggedly** *adv* obstinément, avec ténacité

doggie (*aussi* **doggy**) /ˈdɒgi ; *USA* ˈdɔːgi/ *n* (*fam*) toutou

dogsbody /ˈdɒgzbɒdi ; *USA* ˈdɔːg-/ *n* (*pl* **-ies**) (*GB*) bonne à tout faire

do it yourself /ˌduːþ ɪtþ jəˈself/ *n Voir* DIY

the dole /dəʊl/ *n* (*GB, fam*) le chômage : *to be/go on the dole* être/s'inscrire au chômage

doll /dɒl ; *USA* dɔːl/ *n* poupée

dollar /ˈdɒlə(r)/ *n* dollar : *a ten dollar bill* un billet de dix dollars

dolly /ˈdɒli ; *USA* ˈdɔːli/ *n* (*pl* **-ies**) poupée

dolphin /ˈdɒlfɪn/ *n* dauphin

domain /dəˈmeɪn/ *n* domaine

dome /dəʊm/ *n* coupole, dôme **domed** *adj* à dôme, bombé

domestic /dəˈmestɪk/ *adj* **1** domestique, ménager **2** (*politique, vol*) intérieur **domesticated** *adj* **1** domestiqué **2** (*personne*) popote : *I'm not at all domesticated.* Je déteste les tâches ménagères.

dominant /ˈdɒmɪnənt/ *adj* dominant, prédominant **dominance** *n* dominance, prédominance

dominate /ˈdɒmɪneɪt/ *vt, vi* dominer **domination** *n* domination

domineering /ˌdɒmɪˈnɪərɪŋ/ *adj* autoritaire

dominion /dəˈmɪniən/ *n* **1** ~ **(over sb/sth)** domination (sur qn/qch) **2** territoire **3** dominion

domino /ˈdɒmɪnəʊ/ *n* **1** (*pl* ~**es**) domino **2 dominoes** [*sing*] dominos

donate /dəʊˈneɪt ; *USA* ˈdəʊneɪt/ *vt* faire un don de **donation** *n* don, donation

done /dʌn/ *pp de* DO[2] ◆ *adj* **1** cuit **2** fini

donkey /ˈdɒŋki/ *n* (*pl* **-eys**) âne

donor /ˈdəʊnə(r)/ *n* donateur, -trice, donneur, -euse

don't /dəʊnt/ = DO NOT *Voir* DO[1,2]

doom /duːm/ *n* [*sing*] **1** (*sout*) perte, mort : *to send a man to his doom* envoyer un homme à sa perte **2** pessimisme **doomed** *adj* condamné : *doomed to failure* voué à l'échec

door /dɔː(r)/ *n* **1** porte **2** (*voiture*) portière, porte **3** *Voir* DOORWAY LOC **(from) door to door** à domicile : *a door-to-door salesman* un démarcheur **out of doors** en plein air

doorbell /ˈdɔːbel/ *n* sonnette (*de porte*)

doormat /ˈdɔːmæt/ *n* paillasson

doorstep /ˈdɔːstep/ *n* pas de porte LOC **on your doorstep** dans les environs immédiats

doorway /ˈdɔːweɪ/ *n* embrasure (*de porte*)

dope[1] /dəʊp/ *n* (*fam*) **1** crétin, -e **2** cannabis **3** [*indénombrable*] dopant

dope[2] /dəʊp/ *vt* doper

dope test *n* contrôle antidopage

dormant /ˈdɔːmənt/ *adj* **1** latent **2** (*volcan*) en sommeil

dormitory /ˈdɔːmətri ; *USA* -tɔːri/ *n* (*pl* **-ies**) dortoir

dosage /ˈdəʊsɪdʒ/ *n* dosage, posologie

dose /dəʊs/ *n* dose

dot /dɒt/ ◆ *n* **1** point **2** (*motif*) pois LOC **on the dot** (*fam*) à l'heure pile ◆ *vt* (**-tt-**) **1** mettre un point sur **2** *There are lots of cash machines dotted about.* Il y a des distributeurs automatiques un peu partout. **3** *a dotted line* une ligne en pointillé LOC **to dot your/the i's and cross your/the t's** mettre au point les derniers détails

dote /dəʊt/ *vi* ~ **on sb/sth** adorer qn/qch ; raffoler de qch **doting** *adj* qui adore : *a doting father* un père très aimant

double[1] /ˈdʌbl/ ◆ *adj* double : *Inflation is in double figures.* Le taux d'inflation est à deux chiffres. ◊ *She earns double what he does.* Elle gagne deux fois plus que lui. ◆ *adv* : *to see double* voir double ◊ *bent double* plié en deux ◊ *to fold a blanket double* plier une couverture en deux

double[2] /ˈdʌbl/ *n* **1** (*whisky, etc.*) double **2** (*personne*) sosie **3** (*Cin*) doublure **4 doubles** [*pl*] (*Sport*) double : *mixed doubles* doubles mixtes

double[3] /ˈdʌbl/ **1** *vt, vi* doubler **2** *vt* ~ **sth (up/over/across/back)** plier en deux qch **3** *vi* ~ **as sth** servir aussi de qch ; avoir aussi fonction de qch PHR V **to double back** faire demi-tour, revenir sur ses pas **to double (sb) up** : *to be doubled up with laughter* être plié de rire ◊ *to double up with pain* être plié en deux de douleur

double-barrelled /ˌdʌbl ˈbærəld/ *adj* **1** (*fusil*) à deux coups **2** (*GB*) (*nom*) à particule

double bass *n* contrebasse

double bed *n* grand lit, lit à deux places

double-breasted /ˌdʌbl ˈbrestɪd/ *adj* (*veste*) croisé

double-check /ˌdʌbl ˈtʃek/ *vt* revérifier

double-click /ˌdʌbl ˈklɪk/ *vi* ~ **(on sth)** (*Informatique*) cliquer deux fois (sur qch)

double-cross /ˌdʌbl ˈkrɒs/ *vt* doubler, trahir

double-decker /ˌdʌbl ˈdekə(r)/ (*aussi* **double-decker bus**) *n* bus à impériale, bus à deux étages

double-edged /ˌdʌbl ˈedʒd/ *adj* à double tranchant

double glazed *adj* à double vitrage

double glazing *n* double vitrage

doubly /ˈdʌbli/ *adv* doublement : *to make doubly sure of sth* bien vérifier qch

doubt /daʊt/ ◆ *n* **1** ~ **(about sth)** doute (à propos de qch) **2** ~ **as to (whether)...** : *There is doubt as to whether the business will survive.* Il n'est pas sûr que la société réussisse à s'en sortir. ◊ *There is doubt as to his true identity.* Sa véritable identité est mise en doute. LOC **beyond a/all/any doubt** sans aucun doute **in doubt** incertain **no doubt** sans doute : *No doubt the flight's been delayed.* Le vol a dû être retardé. **without (a) doubt** sans aucun doute *Voir aussi* BENEFIT, CAST ◆ *vt, vi* douter (de) **doubter** *n* sceptique **doubtless** *adv* sans doute

doubtful /ˈdaʊtfl/ *adj* **1** pas sûr : *to be doubtful about sth* ne pas être sûr de qch ◊ *to be doubtful about doing sth* hésiter à faire qch **2** incertain, douteux : *The future looks very doubtful.* L'avenir est plus qu'incertain. **doubtfully** *adv* d'un air sceptique

dough /dəʊ/ *n* pâte (*à pain, à gâteau*)

doughnut /ˈdəʊnʌt/ *n* beignet

dour /dʊə(r)/ *adj* (*sout*) renfrogné, austère

douse (*aussi* **dowse**) /daʊs/ *vt* ~ **sb/sth (in/with sth)** arroser qn/qch (de qch)

dove[1] /dʌv/ *n* colombe

dove[2] (*USA*) *prét de* DIVE

dowdy /ˈdaʊdi/ *adj* (**-ier**, **-iest**) (*péj*) **1** démodé, ringard **2** (*personne*) vieux-jeu

down[1] /daʊn/ *particule* **1** en bas : *to go down* descendre ◊ *face down* retourné **2** en baisse : *The temperature is down.*

La température a baissé. ◊ *We are ten per cent down on last year's sales.* Nos ventes sont en baisse de dix pour cent par rapport à l'année dernière. **3** *Ten down, five to go.* Dix de fait, il n'en reste plus que cinq. **4** (*Informatique*) : *The computer's down.* L'ordinateur est en panne. LOC **down with sb/sth!** à bas qn/qch ! **to be/feel down** (*fam*) être déprimé ☛ Les verbes à particule formés avec **down** sont traités sous le verbe correspondant: pour **to go down**, par exemple, voir GO.

down[2] /daʊn/ *prép* en bas de : *She ran down the hill.* Elle a descendu la colline en courant. ◊ *I live down the road.* J'habite un peu plus loin dans la rue. ◊ *He ran his eyes down the list.* Il parcourut rapidement la liste.

down[3] /daʊn/ *n* duvet

down and out *n* clochard, -e

downcast /ˈdaʊnkɑːst ; *USA* -kæst/ *adj* triste, abattu

downfall /ˈdaʊnfɔːl/ *n* [*sing*] chute : *Drink will be your downfall.* L'alcool mènera à votre perte.

downgrade /ˈdaʊngreɪd/ *vt* rétrograder, déclasser

downhearted /ˌdaʊnˈhɑːtɪd/ *adj* abattu

downhill /ˌdaʊnˈhɪl/ *adv, adj* en pente LOC **to be (all) downhill (from here/there)** ne faire qu'empirer (à partir de maintenant/de ce moment-là) **to go downhill** être sur le déclin

download /ˌdaʊnˈləʊd/ *vt* (*Informatique*) télécharger

downmarket /ˌdaʊnˈmɑːkɪt/ *adj* bas de gamme

downpour /ˈdaʊnpɔː(r)/ *n* forte averse

downright /ˈdaʊnraɪt/ ◆ *adj* absolu : *downright stupidity* de la bêtise pure ◊ *a downright lie* un mensonge éhonté ◆ *adv* extrêmement, franchement

downside /ˈdaʊnsaɪd/ *n* inconvénient

Down's syndrome *n* trisomie 21

downstairs /ˌdaʊnˈsteəz/ ◆ *adv* en bas : *He fell downstairs.* Il est tombé dans les escaliers. ◆ *adj* en bas ◆ *n* [*sing*] rez-de-chaussée

downstream /ˌdaʊnˈstriːm/ *adv* en aval

down-to-earth /ˌdaʊn tuː ˈɜːθ/ *adj* simple, qui a les pieds sur terre

downtown /ˌdaʊnˈtaʊn/ *adj, adv* (*USA*) du centre

downtrodden /ˈdaʊntrɒdn/ *adj* opprimé

downturn /ˈdaʊntɜːn/ *n* baisse, chute : *a downturn in sales* une baisse des ventes

down under *adv* (*fam*) en Australie

downward /ˈdaʊnwəd/ ◆ *adj* en pente, vers le bas : *a downward trend* une tendance à la baisse ◆ *adv* (*aussi* **downwards**) vers le bas, en bas

downy /ˈdaʊni/ *adj* duveteux

dowry /ˈdaʊri/ *n* (*pl* **-ies**) dot

dowse *Voir* DOUSE

doze /dəʊz/ ◆ *vi* faire un somme PHR V **to doze off** s'assoupir ◆ *n* petit somme

dozen /ˈdʌzn/ *n* (*abrév* **doz**) douzaine : *two dozen eggs* deux douzaines d'œufs ◊ *There were dozens of people.* Il y avait des dizaines de personnes.

dozy /ˈdəʊzi/ *adj* (**-ier**, **-iest**) **1** somnolent **2** (*fam*) empoté, pas très dégourdi

drab /dræb/ *adj* terne, morne

draft /drɑːft ; *USA* dræft/ ◆ *n* **1** brouillon, préliminaire : *a draft bill* un avant-projet de loi **2** (*Fin*) traite **3** (*USA*) **the draft** le service militaire **4** (*USA*) *Voir* DRAUGHT ◆ *vt* **1** faire le brouillon de **2** (*USA*) (*Mil*) incorporer **3** ~ **sb (in)** impliquer qn

drafty (*USA*) *Voir* DRAUGHTY

drag[1] /dræg/ *n* (*fam*) **1 a drag** un raseur, une raseuse **2 a drag** une corvée : *It's such a drag.* Ce n'est pas marrant. **3** *a man in drag* un homme en travesti

drag[2] /dræg/ (**-gg-**) **1** *vt* tirer, traîner **2** *vi* traîner **3** *vt* (*Navig*) draguer **4** *vi* (*temps*) s'éterniser : *Time seemed to drag.* Le temps semblait s'éterniser. **5** *vi* ~ **(on)** (*réunion, cours*) traîner en longueur, s'éterniser

dragon /ˈdrægən/ *n* dragon

dragonfly /ˈdrægənflaɪ/ *n* libellule

drain /dreɪn/ ◆ *n* canalisation, égout LOC **to be a drain on sth** épuiser qch ◆ *vt* **1** (*légumes, pâtes*) égoutter **2** (*marécage*) drainer LOC **to be/feel drained** se sentir épuisé : *She felt drained of all energy.* Elle se sentait sans énergie. PHR V **to drain away 1** (*pr*) s'écouler **2** (*fig*) s'épuiser **drainage** *n* drainage

draining board *n* égouttoir

drainpipe /ˈdreɪnpaɪp/ *n* tuyau d'écoulement

drama /ˈdrɑːmə/ *n* **1** drame **2** théâtre, art dramatique : *drama school* école d'art dramatique ◊ *a drama student* un étudiant en art dramatique **dramatic** *adj* **1** théâtral **2** spectaculaire **dramatically** *adv* **1** de manière dramatique **2** de façon spectaculaire

dramatist /ˈdræmətɪst/ *n* dramaturge **dramatization, -isation** *n* version théâtrale/pour la télévision **dramatize, -ise** **1** *vt* adapter pour la scène/l'écran **2** *vi, vt* dramatiser, faire un drame de

drank *prét de* DRINK

drape /dreɪp/ *vt* **1** ~ **sth across/round sth** (*vêtement, tissu*) draper qch sur/autour de qch **2** ~ **sth (in/with sth)** couvrir qch (de qch)

drastic /ˈdræstɪk/ *adj* draconien, radical **drastically** *adv* considérablement, radicalement

draught /drɑːft/ (*USA* **draft** /dræft/) *n* **1** courant d'air **2 draughts** [*sing*] jeu de dames LOC **on draught** à la pression

draughtsman /ˈdrɑːftsmən/ (*USA* **draftsman** /ˈdræfts-/) *n* (*pl* **-men** /-mən/) dessinateur, -trice

draughty /ˈdrɑːfti/ (*USA* **drafty** /ˈdræfti/) *adj* (**-ier, -iest**) plein de courants d'air

draw[1] /drɔː/ *n* **1** match nul : *The game ended in a draw.* La partie s'est terminée par un match nul. **2** [*gén sing*] tirage au sort ☛ *Comparer avec* RAFFLE

draw[2] /drɔː/ (*prét* **drew** /druː/ *pp* **drawn** /drɔːn/) **1** *vt, vi* dessiner : *to draw a picture* faire un dessin ◊ *to draw a straight line* tracer une ligne droite **2** *vi* : *to draw near* s'approcher ◊ *to draw level* se rejoindre **3** *vt* tirer : *I drew my chair closer to the fire.* J'ai rapproché ma chaise de la cheminée. **4** *vt* (*rideaux*) tirer **5** *vt* ~ **sth (out of/from sth)** tirer, extraire qch (de qch) **6** *vt* (*véhicule*) tracter **7** *vt* ~ **sb/sth (to sb/sth)** attirer qn/qch (à qn/qch) **8** *vi* (*Sport*) faire match nul LOC *Voir* CLOSE[2]
PHR V **to draw back** s'écarter, reculer **to draw sth back 1** retirer qch **2** ouvrir qch

to draw in 1 (*train*) entrer en gare **2** (*jours*) raccourcir

to draw on/upon sth puiser dans qch

to draw out 1 (*jours*) rallonger **2** (*train*) sortir de gare

to draw up s'arrêter **to draw sth up 1** (*siège*) approcher qch **2** (*document*) rédiger qch

drawback /ˈdrɔːbæk/ *n* ~ **(of/to sth/to doing sth)** inconvénient (de qch/à faire qch)

drawer /drɔː(r)/ *n* tiroir

drawing /ˈdrɔːɪŋ/ *n* dessin

drawing pin *n* punaise ☛ *Voir illustration sous* PIN

drawing room *n* salon

drawl /drɔːl/ *n* voix traînante

drawn[1] *pp de* DRAW[2]

drawn[2] /drɔːn/ *adj* fatigué, tiré

dread /dred/ ◆ *n* hantise ◆ *vt* appréhender, redouter : *I dread to think what will happen.* Je n'ose même pas imaginer ce qui va se passer. **dreadful** *adj* **1** épouvantable **2** affreux : *I feel dreadful.* Je ne me sens vraiment pas bien. ◊ *I feel dreadful about what happened.* Je m'en veux vraiment pour ce qui est arrivé. **dreadfully** *adv* terriblement

dreadlocks /ˈdredlɒks/ (*fam* **dreads**) *n* [*pl*] coiffure rasta

dream /driːm/ ◆ *n* (*pr et fig*) rêve : *to have a dream about sb/sth* rêver de qn/qch ◊ *to go around in a dream/live in a dream world* ne pas avoir les pieds sur terre ◆ (*prét, pp* **dreamt** /dremt/ *ou* **dreamed**) **1** *vt, vi* ~ **(about/of sth)** rêver (de qch) : *I dreamt (that) I could fly.* J'ai rêvé que je pouvais voler. **2** *vi* ~ **of doing sth** (*espérer*) rêver de faire qch : *She dreamt of being famous one day.* Elle rêvait d'être célèbre un jour. **3** *vt* imaginer, songer : *I never dreamt (that) I'd see you again.* Je pensais ne jamais te revoir. ◊ *I wouldn't dream of doing such a thing.* Il ne me viendrait jamais à l'esprit de faire une chose pareille.

> Certains verbes adoptent soit la forme régulière ou la forme irrégulière du prétérit ou du participe passé : **dream** : **dreamed/dreamt**, **spoil** : **spoiled/spoilt**, etc. En anglais britannique, la forme irrégulière est davantage utilisée (**dreamt**, **spoilt**, etc.), tandis qu'en anglais américain on emploie les formes régulières (**dreamed**, **spoiled**, etc.). Cependant, quand le participe passé a une valeur adjectivale, on utilise toujours la forme irrégulière : *a spoilt child* un enfant gâté.

dreamer *n* rêveur, -euse **dreamy** *adj* (**-ier, -iest**) **1** rêveur **2** (*atmosphère*) irréel **dreamily** *adv* d'un air rêveur

dreary /ˈdrɪəri/ *adj* (**-ier, -iest**) **1** (*temps, paysage*) morne **2** (*personne*) ennuyeux

dredge /dredʒ/ *vt, vi* draguer (*rivière*) **dredger** (*aussi* **dredge**) *n* **1** dragueur **2** drague

drench /drentʃ/ *vt* tremper : *drenched (to the skin)* trempé jusqu'aux os

dress /dres/ ◆ *n* **1** robe **2** [*indénombrable*] habillement : *to have no dress sense* s'habiller n'importe comment *Voir aussi* FANCY DRESS ◆ **1** *vt, vi* (s')habiller : *to dress as sth* se déguiser en qch ◊ *to dress smartly* bien s'habiller

Quand on veut faire référence à l'action de s'habiller, on emploie l'expression **get dressed**.

2 *vt* (*blessure*) panser **3** *vt* (*salade*) assaisonner LOC **(to be) dressed in sth** (être) vêtu de qch PHR V **to dress (sb) up (as sb/sth)** déguiser qn (en qn/qch), se déguiser (en qn/qch) **to dress sth up** enjoliver qch **to dress up** mettre quelque chose d'habillé

dress circle *n* (*GB*) premier balcon

dresser /ˈdresə(r)/ *n* **1** buffet, vaisselier **2** (*USA*) coiffeuse (*meuble*)

dressing /ˈdresɪŋ/ *n* **1** pansement **2** assaisonnement

dressing gown *n* robe de chambre, peignoir

dressing room *n* **1** (*pour acteurs*) loge **2** (*pour sportifs*) vestiaire

dressing table *n* coiffeuse (*meuble*)

dressmaker /ˈdresmeɪkə(r)/ *n* couturier, -ière **dressmaking** *n* couture (*confection*)

drew *prét de* DRAW[2]

dribble /ˈdrɪbl/ **1** *vi* dégouliner, couler **2** *vi* (*personne*) baver **3** *vt, vi* (*Sport*) dribbler

dried *prét, pp de* DRY

drier *Voir* DRYER

drift /drɪft/ ◆ *vi* **1** (*bateau*) dériver **2** (*sable, neige*) s'amonceler, s'entasser **3** (*personne*) se laisser aller : *She drifts from one job to another.* Elle passe d'un travail à l'autre. ◊ *We seem to have drifted apart.* Nous ne sommes plus aussi proches qu'auparavant. ◆ *n* **1** [*sing*] sens général **2** congère (*de neige*) **drifter** *n* paumé, -e

drill /drɪl/ ◆ *n* **1** perceuse : *a pneumatic drill* un marteau-piqueur **2** roulette (*de dentiste*) **3** exercices, manœuvres **4** exercice : *a fire drill* un exercice d'évacuation **5** (*École*) exercice de répétition ◆ *vt* **1** percer : *to drill a hole* percer un trou **2** entraîner

drily (*aussi* **dryly**) /ˈdraɪli/ *adv* sèchement

drink /drɪŋk/ ◆ *n* boisson : *Have a drink of water.* Bois de l'eau. ◊ *to go for a drink* aller prendre un pot ◊ *a soft drink* une boisson non-alcoolisée ◆ *vt, vi* (*prét* **drank** /dræŋk/ *pp* **drunk** /drʌŋk/) boire : *Don't drink and drive.* Boire ou conduire, il faut choisir. LOC **to drink a toast to sth** boire à qch **to drink sb's health** boire à la santé de qn PHR V **to drink sth down** avaler qch **to drink sth in** (*histoire, film*) être captivé par **to drink sth up** finir qch **drinker** *n* buveur, -euse **drinking** *n* consommation d'alcool

drinking water *n* eau potable

drip /drɪp/ ◆ *vi* (**-pp-**) goutter LOC **to be dripping with sth** dégouliner de qch : *His hand was dripping with blood.* Sa main dégoulinait de sang. ◆ *n* **1** goutte **2** (*Méd*) perfusion : *He was on a drip.* Il était sous perfusion.

drive /draɪv/ ◆ (*prét* **drove** /drəʊv/ *pp* **driven** /ˈdrɪvn/) **1** *vt, vi* conduire : *Can you drive?* Tu sais conduire ? **2** *vi* aller en voiture : *Shall we drive?* On y va en voiture ? **3** *vt* conduire, emmener (*en voiture*) **4** *vt* pousser : *to drive sb crazy* rendre qn fou ◊ *to drive sb to drink* pousser qn à boire **5** *vt* (*roues, moteur*) entraîner LOC **to be driving at sth** en venir à qch, vouloir dire qch : *What are you driving at?* Où veux-tu en venir ? **to drive a hard bargain** négocier ferme PHR V **to drive away**; **to drive off** partir (*en voiture*) **to drive sb/sth back** repousser qn/qch **to drive sb/sth off** chasser qn/qch **to drive sb on** pousser qn, encourager qn ◆ *n* **1** promenade (*en voiture*) : *to go for a drive* faire un tour en voiture ◊ *The station is an hour's drive from here.* La gare est à une heure de route d'ici. **2** (*USA* **driveway**) allée (*de maison*) **3** (*Sport*) drive **4** besoin **5** énergie, dynamisme **6** campagne (*commerciale*) **7** (*Mécan*) transmission : *It's four-wheel drive.* Elle a quatre roues motrices. ◊ *a left-hand drive car* une voiture à la conduite à gauche **8** (*Informatique*) unité de disque

drive-in /ˈdraɪv ɪn/ *n* (*USA*) drive-in

driven *pp de* DRIVE

driver /ˈdraɪvə(r)/ *n* **1** conducteur, -trice : *a train driver* un conducteur de train **2** chauffeur : *a taxi driver* un chauffeur de taxi LOC **to be in the driver's seat** être aux commandes

driving licence (*USA* **driver's license**) *n* permis de conduire

driving school *n* auto-école

driving test *n* examen du permis de conduire

drizzle /ˈdrɪzl/ ◆ *n* bruine ◆ *vi* bruiner

drone /drəʊn/ ◆ *vi* parler d'une voix monotone : *to drone on about sth* faire de longs discours sur qch ◆ *n* bourdonnement, ronronnement

drool /druːl/ *vi* **1** baver **2** ~ **(over sb/sth)** s'emballer (à propos de qn/qch) ; (au sujet de qn/qch)

droop /druːp/ *vi* **1** s'affaisser **2** (*fleur*) se faner, flétrir **3** (*se démoraliser*) flancher **drooping** (*aussi* **droopy**) *adj* **1** tombant **2** (*fleur*) fané

drop[1] /drɒp/ *n* **1** goutte : *Would you like a drop of wine?* Vous prendriez bien une goutte de vin ? **2** [*sing*] (*dénivellation*) précipice : *a sheer drop* une descente à pic **3** [*sing*] baisse, chute : *a drop in prices/in temperature* une chute des prix/de température LOC **a drop in the ocean** une goutte d'eau dans la mer **at the drop of a hat** sans hésiter

drop[2] /drɒp/ (**-pp-**) **1** *vi* tomber : *He dropped to his knees.* Il est tombé à genoux. **2** *vt* laisser tomber, lâcher : *Be careful you don't drop that plate!* Fais attention de ne pas faire tomber cette assiette ! ◊ *to drop a bomb* lâcher une bombe ◊ *to drop anchor* jeter l'ancre **3** *vi* (*personne, animal*) s'effondrer : *I feel ready to drop.* Je suis claqué. ◊ *to work till you drop* s'épuiser à la tâche **4** *vt, vi* baisser, diminuer **5** *vt* ~ **sb/sth (off)** (*paquet, passager*) déposer qn/qch **6** *vt* écarter : *He's been dropped from the team.* Il a été exclu de l'équipe. **7** *vt* (*ami*) laisser tomber **8** *vt* (*idée, habitude*) abandonner, renoncer à : *Drop everything!* Laisse tout tomber ! ◊ *Can we drop the subject?* On ne pourrait pas parler d'autre chose ? LOC **to drop a brick** (*fam*) faire une gaffe **to drop a hint (to sb)/drop (sb) a hint** faire une allusion (à qn) **to drop dead** (*fam*) tomber raide : *Drop dead!* Va te faire voir ! **to drop sb a line** (*fam*) écrire un mot à qn *Voir aussi* LET[1] PHR V **to drop back** ; **to drop behind 1** se laisser distancer : *She dropped back to third position.* Elle est retombée en troisième position. **2** prendre du retard **to drop by/in/over/round** passer : *Why don't you drop by/over/round?* Passe nous voir. ◊ *They dropped in for lunch.* Ils sont arrivés juste à l'heure du déjeuner. **to drop in on sb** passer voir qn **to drop off** (*fam*) s'endormir, s'assoupir **to drop out (of sth)** abandonner qch, se retirer (de qch) : *to drop out (of university)* abandonner ses études ◊ *to drop out (of society)* choisir de vivre marginalement

drop-dead /ˈdrɒp ded/ *adv* (*fam*) : *He's drop-dead gorgeous!* Il est super beau !

drop-out /ˈdrɒp aʊt/ *n* **1** drop-out, marginal, -e **2** personne qui abandonne ses études

droppings /ˈdrɒpɪŋz/ *n* [*pl*] **1** (*animal*) crottes **2** (*oiseau*) fientes

drought /draʊt/ *n* sécheresse

drove *prét de* DRIVE

drown /draʊn/ *vt, vi* (se) noyer PHR V **to drown sb out** couvrir la voix de qn **to drown sth out** (*son, voix*) étouffer qch

drowsy /ˈdraʊzi/ *adj* (**-ier**, **-iest**) somnolent : *This drug can make you drowsy.* Ce médicament peut avoir un effet soporifique. **drowsiness** *n* somnolence

drudgery /ˈdrʌdʒəri/ *n* [*indénombrable*] corvées

drug /drʌg/ ◆ *n* **1** (*Méd*) médicament : *a drug company* une compagnie pharmaceutique **2** drogue **3 drugs** [*pl*] drogue : *to be on drugs* se droguer ◆ *vt* (**-gg-**) **1** (*boisson, aliment*) mettre un somnifère dans **2** (*personne*) droguer

drug abuse *n* usage de stupéfiants

drug addict *n* toxicomane, drogué, -e **drug addiction** *n* toxicomanie

drugstore /ˈdrʌgstɔː(r)/ *n* (*USA*) drugstore *Voir aussi* PHARMACY

drum /drʌm/ ◆ *n* **1** tambour **2 the drums** la batterie : *to play the drums* jouer de la batterie **3** bidon (*récipient*) ◆ (**-mm-**) **1** *vi* battre le tambour **2** *vt, vi* ~ **(your fingers) on sth** tambouriner sur qch (avec ses doigts) PHR V **to drum sth into sb/into sb's head** mettre qch dans le crâne de qn **to drum sb out (of sth)** expulser qn (de qch) **to drum sth up** (*soutien*) rallier **drummer** *n* **1** joueur, -euse de tambour **2** batteur, -euse

drumstick /ˈdrʌmstɪk/ *n* **1** (*Mus*) baguette (*de tambour*) **2** (*Cuisine*) pilon (*de poulet*)

drunk[1] /drʌŋk/ ◆ *adj* **1** soûl, ivre

2 ivre : *drunk with joy* ivre de joie LOC **drunk and disorderly** : *to be charged with being drunk and disorderly* être accusé d'état d'ivresse sur la voie publique **to get drunk** se soûler ◆ *n Voir* DRUNKARD

drunk² *pp de* DRINK

drunkard /'drʌŋkəd/ *n* ivrogne

drunken /'drʌŋkən/ *adj* **1** ivre, soûl : *drunken driving* conduite en état d'ivresse **2** alcoolique, ivrogne **drunkenness** *n* **1** état d'ébriété **2** alcoolisme

dry /draɪ/ ◆ *adj* (**drier**, **driest**) **1** sec : *dry white wine* vin blanc sec ◊ *Tonight will be dry.* Il ne pleuvra pas cette nuit. **2** pince-sans-rire, caustique : *to have a dry sense of humour* être pince-sans-rire **3** (*sujet*) aride LOC *Voir* BONE, HIGH¹, HOME, RUN ◆ (*prét, pp* **dried**) **1** *vt, vi* sécher **2** *vt* essuyer : *to dry the dishes* essuyer la vaisselle PHR V **to dry out** sécher **to dry up 1** (*cours d'eau*) s'assécher **2** (*source*) se tarir **to dry sth up** essuyer qch ◆ *n* LOC **in the dry** au sec

dry-clean /draɪ 'kli:n/ *vt* nettoyer à sec **dry-cleaner's** *n* teinturerie, pressing **dry-cleaning** *n* nettoyage à sec

dryer (*aussi* **drier**) /'draɪə(r)/ *n* séchoir *Voir aussi* TUMBLE-DRYER

dry land *n* terre ferme

dryly *Voir* DRILY

dryness /'draɪnəs/ *n* **1** sécheresse **2** aridité **3** causticité

dual /'dju:əl ; *USA* 'du:əl/ *adj* double

dual carriageway *n* (*GB*) route à quatre voies

dub /dʌb/ *vt* (**-bb-**) doubler (*film*) **dubbing** *n* doublage

dubious /'dju:biəs ; *USA* 'du:-/ *adj* **1 to be ~ about sth** être incertain de qch ; avoir des doutes sur qch **2** (*péj*) (*comportement*) douteux, suspect **dubiously** *adv* **1** d'un ton dubitatif, d'un air dubitatif **2** de façon suspecte

duchess (*aussi* **Duchess** *dans les titres*) /'dʌtʃəs/ *n* duchesse

duck /dʌk/ ◆ *n* canard ☛ *Voir note sous* CANARD ◆ **1** *vt, vi* baisser (la tête) : *He ducked behind a rock.* Il se cacha derrière un rocher. **2** *vt* (*responsabilité*) se dérober à PHR V **to duck out of sth** (*fam*) s'arranger pour ne pas faire qch : *She tried to duck out of the meeting.* Elle a essayé d'esquiver la réunion.

duct /dʌkt/ *n* **1** (*Anat*) canal **2** (*Mécan*) conduite

dud /dʌd/ ◆ *adj* (*fam*) **1** nul **2** (*chèque*) en bois ◆ *n* (*fam*) objet défectueux : *He sold me a dud.* Il m'a vendu de la camelote.

due /dju: ; *USA* du:/ ◆ *adj* **1** dû : *the money due to him* l'argent qui lui est dû ◊ *Our thanks are due to...* Nous nous devons de remercier... ◊ *When is the rent due?* Quand est-ce qu'il faut payer le loyer ? ◊ *with all due respect* sauf votre respect ◊ *It's all due to her.* C'est entièrement grâce à elle. **2** prévu : *The train is due (in) at 1.30.* Le train doit arriver à 1 h 30. ◊ *She's due to arrive soon.* Elle doit arriver sous peu. **3 due (for) sth** : *I reckon I'm due (for) a holiday.* Je pense que je mérite bien des vacances. LOC **in due course** en temps utile **to be due to sth** être dû à qch : *The delay was due to bad weather.* Ce retard a été occasionné par le mauvais temps. ◆ **dues** *n* [*pl*] cotisation, droits LOC **to give sb their due** rendre justice à qn ◆ *adv* : *due south* vers le sud

duel /'dju:əl ; *USA* 'du:əl/ *n* duel

duet /dju'et ; *USA* du:'et/ *n* duo

duffel coat /'dʌfl kəʊt/ *n* duffel-coat

dug *prét, pp de* DIG

duke (*aussi* **Duke** *dans les titres*) /dju:k ; *USA* du:k/ *n* duc

dull /dʌl/ *adj* (**-er**, **-est**) **1** (*temps*) maussade **2** (*couleur*) terne **3** (*surface*) mat **4** (*lumière*) faible **5** (*douleur, bruit*) sourd **6** (*livre, fête*) ennuyeux **7** (*lame*) émoussé **dully** *adv* d'un ton morne

duly /'dju:li ; *USA* 'du:li/ *adv* **1** dûment, en bonne et due forme **2** comme prévu

dumb /dʌm/ *adj* (**-er**, **-est**) **1** muet : *to be deaf and dumb* être sourd-muet **2** (*fam*) stupide **dumbly** *adv* sans rien dire

dumbfounded (*aussi* **dumfounded**) /dʌm'faʊndɪd/ (*aussi* **dumbstruck** /'dʌmstrʌk/) *adj* sidéré, abasourdi

dummy /'dʌmi/ ◆ *n* (*pl* **-ies**) **1** mannequin (*pour couture*) **2** objet factice **3** tétine **4** (*fam*) idiot, -e ◆ *adj* factice : *a dummy run* un essai

dump /dʌmp/ ◆ **1** *vt* jeter, déposer : *I dumped my bags on the floor.* J'ai déposé mes sacs par terre. **2** *vt, vi* (*ordures*) jeter : *No dumping.* Interdiction de déposer des ordures. ◊ *a dumping ground* une décharge publique **3** *vt* (*fam, péj*) larguer ◆ *n* **1** décharge publique **2** (*Mil*) dépôt **3** (*fam, péj*) trou (*ville, village*)

dumpling /'dʌmplɪŋ/ *n* boulette (*de pâte*)

dumps /dʌmps/ *n* [*pl*] LOC **to be (down) in the dumps** (*fam*) avoir le moral à zéro

dune /djuːn ; *USA* duːn/ (*aussi* **sand dune**) *n* dune

dung /dʌŋ/ *n* crottin, fumier

dungarees /ˌdʌŋgəˈriːz/ *n* [*pl*] salopette

dungeon /ˈdʌndʒən/ *n* cachot, oubliettes

duo /ˈdjuːəʊ ; *USA* ˈduːəʊ/ *n* (*pl* **duos**) duo

dupe /djuːp ; *USA* duːp/ *vt* duper

duplicate /ˈdjuːplɪkeɪt ; *USA* ˈduː-/ ◆ *vt* **1** (*document*) faire un double de **2** (*action*) répéter ◆ /ˈdjuːplɪkət ; *USA* ˈduː-/ *n* double, duplicata : *a duplicate letter* un duplicata de la lettre ◊ *duplicate keys* un double de clés

durable /ˈdjʊərəbl ; *USA* ˈdʊə-/ ◆ *adj* **1** (*matériau*) résistant **2** (*amitié*) durable ◆ **durables** (*aussi* **consumer durables**) *n* [*pl*] biens de consommation durables **durability** /ˌdjʊərəˈbɪləti ; *USA* ˌdʊə-/ *n* durabilité, résistance

duration /djuˈreɪʃn ; *USA* du-/ *n* durée

duress /djuˈres ; *USA* du-/ *n* LOC **to do sth under duress** faire qch sous la contrainte

during /ˈdjʊərɪŋ ; *USA* ˈdʊər-/ *prép* durant, pendant

dusk /dʌsk/ *n* crépuscule, nuit tombante : *at dusk* à la nuit tombante

dusky /ˈdʌski/ *adj* (**-ier**, **-iest**) sombre, foncé

dust /dʌst/ ◆ *n* poussière : *gold dust* poudre d'or ◆ *vt, vi* **1** épousseter **2** ~ **sth with sth** saupoudrer qch de qch PHR V **to dust sb/sth down/off** épousseter qn/qch

dustbin /ˈdʌstbɪn/ *n* poubelle ☛ *Voir illustration sous* BIN ☛ *Voir note sous* TRASH

duster /ˈdʌstə(r)/ *n* chiffon à poussière : *a feather duster* un plumeau

dustman /ˈdʌstmən/ *n* (*pl* **-men** /-mən/) éboueur

dustpan /ˈdʌstpæn/ *n* pelle à poussière

dusty /ˈdʌsti/ *adj* (**-ier**, **-iest**) poussiéreux

Dutch /dʌtʃ/ *adj* LOC **Dutch courage** (*fam, hum*) courage puisé dans la bouteille **to go Dutch (with sb)** partager la note (avec qn)

dutiful /ˈdjuːtɪfl ; *USA* ˈduː-/ *adj* (*sout*) dévoué **dutifully** *adv* consciencieusement, respectueusement

duty /ˈdjuːti ; *USA* ˈduːti/ *n* (*pl* **duties**) **1** devoir : *to do your duty (by sb)* faire son devoir (envers qn) **2** fonction **3** ~ **(on sth)** taxe, droit (sur qch) *Voir aussi* TARIFF 2 LOC **to be on/off duty** être/ne pas être de service

duty-free /ˈdjuːtɪ friː ; *USA* ˈduːti-/ *adj* hors taxes

duvet /ˈduːveɪ/ *n* couette (*de lit*)

dwarf /dwɔːf/ ◆ *n* (*pl* **dwarfs** *ou* **dwarves** /dwɔːvz/) nain, -e ◆ *vt* faire paraître minuscule : *a house dwarfed by skyscrapers* une maison écrasée par les gratte-ciel

dwell /dwel/ *vi* (*prét, pp* **dwelt** /dwelt/ *ou* **dwelled**) (*vieilli, sout*) habiter PHR V **to dwell on/upon sth** **1** insister sur qch **2** s'attarder sur qch, ressasser qch **dwelling** (*aussi* **dwelling place**) *n* (*sout*) habitation

dwindle /ˈdwɪndl/ *vi* s'amenuiser, diminuer : *to dwindle (away) to nothing* disparaître peu à peu

dye /daɪ/ ◆ *vt, vi* (*3e pers sing prés* **dyes** *prét, pp* **dyed** *part présent* **dyeing**) teindre : *to dye your hair* se teindre les cheveux ◊ *to dye sth blue* teindre qch en bleu ◆ *n* **1** teinture **2** (*cheveux*) colorant

dying /ˈdaɪɪŋ/ *adj* **1** (*personne*) mourant : *a dying breed* une espèce en voie de disparition **2** (*mot, moment*) dernier : *her dying wish* son dernier souhait

dyke (*aussi* **dike**) /daɪk/ *n* **1** digue **2** fossé

dynamic /daɪˈnæmɪk/ *adj* dynamique

dynamics /daɪˈnæmɪks/ *n* [*pl*] dynamique

dynamism /ˈdaɪnəmɪzəm/ *n* dynamisme`

dynamite /ˈdaɪnəmaɪt/ ◆ *n* [*indénombrable*] **1** dynamite **2** (*fig*) sujet explosif ◆ *vt* dynamiter

dynamo /ˈdaɪnəməʊ/ *n* (*pl* **~s**) dynamo

dynasty /ˈdɪnəsti ; *USA* ˈdaɪ-/ *n* (*pl* **-ies**) dynastie

dysentery /ˈdɪsəntri ; *USA* -teri/ *n* dysenterie

dyslexia /dɪsˈleksiə/ *n* dyslexie **dyslexic** *adj, n* dyslexique

dystrophy /ˈdɪstrəfi/ *n* dystrophie

Ee

E, e /iː/ *n* (*pl* **E's**, **e's** /iːz/) **1** E, e : *E for Edward* E comme Eugène ☛ *Voir exemples sous* A, A **2** (*Mus*) mi **3** (*École*) ☛ *Voir note sous* MARK

each /iːtʃ/ ◆ *adj* chaque : *Each one is a different colour.* Ils ont chacun une couleur différente.

Each se traduit presque toujours par *chaque* et **every** par *tous/toutes les*. Il y a une exception lorsque l'on fait référence à quelque chose qui se répète à intervalles réguliers : *The Olympics are held every four years.* Les Jeux olympiques ont lieu tous les quatre ans. *Voir note sous* EVERY

◆ *pron* chacun : *each for himself* chacun pour soi ◆ *adv* chacun, chacune : *We have two each.* Nous en avons chacun deux.

each other *pron* l'un (à) l'autre ☛ En principe **each other** est employé pour faire référence à deux personnes et **one another** pour plus de deux personnes : *We love each other.* Nous nous aimons. ◊ *They smiled at one another.* Ils se sont souri. Cependant cette distinction est de moins en moins respectée. On peut dire soit : *They all looked at each other.* soit : *They all look at one another.* Ils se sont tous regardés. ☛ *Voir illustration sous* SE

eager /ˈiːgə(r)/ *adj* ~ **(for sth/to do sth)** désireux (de qch/de faire qch) : *to be eager to please* ne demander qu'à faire plaisir **eagerly** *adv* avec enthousiasme **eagerness** *n* **1** enthousiasme **2** impatience

eagle /ˈiːgl/ *n* aigle

ear[1] /ɪə(r)/ *n* oreille : *to have an ear/a good ear for sth* avoir de l'oreille pour qch LOC **to be all ears** (*fam*) être tout ouïe **to be up to your ears/eyes in sth** avoir trop de qch : *to be up to your ears in debt* être endetté jusqu'au cou *Voir aussi* PLAY, PRICK

ear[2] /ɪə(r)/ *n* épi (*de blé, etc.*)

earache /ˈɪəreɪk/ *n* otite, mal d'oreilles

eardrum /ˈɪədrʌm/ *n* tympan

earl /ɜːl/ *n* comte

early /ˈɜːli/ ◆ *adj* (**-ier**, **-iest**) **1** tôt **2** de bonne heure **3** en avance : *We're ten minutes early.* Nous avons dix minutes d'avance. **4** (*mort*) prématuré **5** (*souvenirs, habitants*) premier : *my earliest memories* mes tout premiers souvenirs ◊ *at an early age* à un jeune âge ◊ *in the early 21st century* au début du XXIe siècle ◆ *adv* (**-ier**, **-iest**) **1** tôt, de bonne heure **2** en avance **3** prématurément **4** au début de : *early last week* au début de la semaine dernière LOC **as early as...** dès... : *as early as 1963* dès 1963 **at the earliest** au plus tôt : *Monday at the earliest* lundi au plus tôt **early on** au début **early bird** (*hum*) lève-tôt **it's early days (yet)** (*surtout GB*) il est trop tôt pour juger **the early bird catches the worm** (*proverbe*) l'avenir appartient à ceux qui se lèvent tôt **the early hours** les premières heures

earmark /ˈɪəmɑːk/ *vt* réserver

earn /ɜːn/ *vt* **1** (*argent*) gagner **2** mériter

earnest /ˈɜːnɪst/ *adj* **1** (*caractère*) sérieux **2** (*désir*) sincère LOC **in earnest** **1** pour de bon **2** avec sérieux : *She was in deadly earnest.* Elle ne plaisantait pas. **earnestly** *adv* sérieusement, sincèrement **earnestness** *n* sincérité

earnings /ˈɜːnɪŋz/ *n* [*pl*] revenus

earphones /ˈɪəfəʊnz/ *n* [*pl*] casque (*d'écoute*)

earring /ˈɪərɪŋ/ *n* boucle d'oreille

earshot /ˈɪəʃɒt/ *n* LOC **to be out of/within earshot** être hors de/à portée de voix

earth /ɜːθ/ ◆ *n* **1** (*aussi* **Earth**, **the Earth**) (*planète*) la Terre **2** terre, sol **3** (*Électr*) terre LOC **how/where/why, etc. on earth/in the world** (*fam*) mais comment/où/pourquoi, etc. : *What on earth are you doing?* Mais qu'est-ce que tu fabriques ? **to charge/cost/pay the earth** (*fam*) faire payer/coûter/payer les yeux de la tête **to come back/down to earth (with a bang/bump)** (*fam*) redescendre (brutalement) sur terre ◆ *vt* (*Électr*) (*surtout GB*) mettre à la masse

earthly /ˈɜːθli/ *adj* **1** (*pr*) terrestre **2** (*fam*) (*fig*) moindre : *You haven't an earthly chance of winning.* Tu n'as pas la moindre chance de gagner.

earthquake /ˈɜːθkweɪk/ (*aussi* **quake**) *n* tremblement de terre

earthworm /ˈɜːθwɜːm/ *Voir* WORM

ease /iːz/ ◆ *n* **1** facilité **2** aisance LOC **(to be/feel) at (your) ease** (être/se sentir) à l'aise *Voir aussi* ILL, MIND ◆ *vt* **1** (*douleur*) soulager, atténuer **2** (*tension*) diminuer, réduire **3** (*situation*) détendre **4** (*restrictions*) relâcher **5** (*circulation*) diminuer LOC **to ease sb's conscience** soulager la conscience de qn **to ease sb's mind** tranquilliser qn PHR V **to ease yourself/sth into, onto, etc. sth** se glisser/glisser qch dans, sur, etc. qch **to ease off 1** (*tension*) diminuer, se relâcher **2** (*circulation, pluie*) diminuer **to ease up 1** (*voiture*) ralentir **2** (*situation*) se détendre **to ease up on sb/sth** se montrer moins strict envers qn/en ce qui concerne qch

easel /ˈiːzl/ *n* chevalet

easily /ˈiːzəli/ *adv* **1** facilement *Voir aussi* EASY **2** de loin : *It's easily the best.* C'est de loin le meilleur.

east (*aussi* **East**) /iːst/ ◆ *n* **1** (*abrév* **E**) est : *Newcastle is in the east of England.* Newcastle se trouve dans l'est de l'Angleterre. **2 the East** l'Orient ◆ *adj* d'est, oriental : *east winds* vents d'est ◆ *adv* à l'est, vers l'est : *They travelled east.* Ils ont voyagé vers l'est. *Voir aussi* EASTWARD(S)

eastbound /ˈiːstbaʊnd/ *adj* vers l'est

Easter /ˈiːstə(r)/ *n* Pâques : *an Easter egg* un œuf de Pâques

eastern (*aussi* **Eastern**) /ˈiːstən/ *adj* de l'est, oriental

eastward(s) /ˈiːstwəd(z)/ *adv* vers l'est *Voir aussi* EAST

easy /ˈiːzi/ ◆ *adj* (**-ier**, **-iest**) **1** facile **2** décontracté : *My mind is easier now.* Je me sens rassuré. LOC **I'm easy** (*fam, surtout GB*) ça m'est égal ◆ *adv* (**-ier**, **-iest**) LOC **easier said than done** plus facile à dire qu'à faire **take it easy!** n'en fais pas de trop ! **to go easy on/with sb** (*fam*) être indulgent envers qn **to go easy on/with sth** (*fam*) y aller doucement avec qch **to take it/things easy** ne pas s'en faire *Voir aussi* FREE

easy-going /ˌiːzi ˈɡəʊɪŋ/ *adj* facile à vivre, décontracté

eat /iːt/ *vt, vi* (*prét* **ate** /et ; *USA* eɪt/ *pp* **eaten** /ˈiːtn/) manger LOC **to be eaten up with sth** être rongé par qch **to be eating sb** : *What's eating you?* Qu'est-ce qui te tracasse ? **to eat out of sb's hand** faire les quatre volontés de qn **to eat your words** ravaler ses paroles *Voir aussi* CAKE PHR V **to eat away at sth/eat sth away 1** (*pr*) attaquer qch **2** (*fig*) éroder qch **to eat into sth 1** attaquer qch **2** (*économies*) entamer qch **to eat out** aller au restaurant **to eat (sth) up** finir de manger (qch) **to eat sth up** (*fig*) engloutir qch : *Legal costs had eaten up her savings.* Les frais juridiques avaient englouti toutes ses économies. **eater** *n* mangeur, -euse : *He's a big eater.* Il a un gros appétit.

eavesdrop /ˈiːvzdrɒp/ *vi* (**-pp-**) ~ **(on sb/sth)** espionner qn, écouter qch qui ne vous est pas destiné, écouter aux portes

ebb /eb/ ◆ *vi* **1** (*marée*) descendre **2 to ebb (away)** (*fig*) diminuer, décliner ◆ **the ebb** *n* [*sing*] le reflux LOC **the ebb and flow (of sth)** le flux et le reflux (de qch)

ebony /ˈebəni/ *n* ébène

eccentric /ɪkˈsentrɪk/ ◆ *adj* excentrique ◆ *n* excentrique, original, -e **eccentricity** *n* (*pl* **-ies**) excentricité

echo /ˈekəʊ/ ◆ *n* (*pl* ~**oes**) (*aussi fig*) écho ◆ **1** *vt* ~ **sth (back)** renvoyer qch : *The tunnel echoed back their words.* Le tunnel leur renvoyait leurs paroles. **2** *vi* résonner **3** *vt* se faire l'écho de : *I echo those sentiments.* Je me fais l'écho de ces sentiments. **4** *vt* rappeler

eclipse /ɪˈklɪps/ ◆ *n* éclipse ◆ *vt* éclipser

eco-friendly /ˌiːkəʊ ˈfrendli/ *adj* qui respecte l'environnement, écologique

ecological /ˌiːkəˈlɒdʒɪkl/ *adj* écologique **ecologically** *adv* d'un point de vue écologique

ecology /iˈkɒlədʒi/ *n* écologie **ecologist** *n* écologiste

e-commerce /ˈiː kɒmɜːs/ *n* commerce électronique

economic /ˌiːkəˈnɒmɪk, ˌekəˈnɒmɪk/ *adj* **1** (*développement, politique*) économique ☛ *Comparer avec* ECONOMICAL **2** rentable

economical /ˌiːkəˈnɒmɪkl, ˌekəˈnɒmɪkl/ *adj* **1** (*véhicule, appareil*) économique **2** (*personne*) économe ☛ Contrairement à **economic**, **economical** peut être accompagné de divers mots tels que *more*, *less*, *very*, etc. : *a more economical car* une voiture plus économique. LOC **to be economical with the truth** ne pas dire toute la vérité **economically** *adv* économiquement : *economically viable* rentable

economics /ˌiːkəˈnɒmɪks, ˌekəˈnɒmɪks/ *n* [*sing*] économie **economist** *n* économiste

economize, -ise /ɪˈkɒnəmaɪz/ *vi* économiser

economy /ɪˈkɒnəmi/ *n* (*pl* **-ies**) économie : *to make economies* faire des économies

ecosystem /ˈiːkəʊsɪstəm/ *n* écosystème

ecstasy /ˈekstəsi/ *n* (*pl* **-ies**) extase : *to be in/go into ecstasy/ecstasies (over sth)* tomber d'extase (devant qch) **ecstatic** /ɪkˈstætɪk/ *adj* extatique

edge /edʒ/ ◆ *n* **1** bord **2** (*couteau, rasoir*) tranchant LOC **to be on edge** être à cran **to have an/the edge on/over sb/sth** (*fam*) avoir un avantage sur qn/qch **to take the edge off sth** (*appétit, rage*) calmer qch ◆ *vt* ~ **sth (with sth)** border qch (de qch) PHR V **to edge (your way) along, away, etc.** avancer à petits pas : *I edged my way along the ledge.* J'ai avancé à petits pas sur le rebord de la fenêtre.

edgy /ˈedʒi/ *adj* (*fam*) anxieux, nerveux

edible /ˈedəbl/ *adj* comestible, mangeable

edit /ˈedɪt/ *vt* **1** (*livre*) éditer **2** (*article, traduction*) réviser **3** (*journal*) être rédacteur, -trice en chef de **edition** *n* édition

editor /ˈedɪtə(r)/ *n* **1** (*journal*) rédacteur, -trice en chef **2** (*article*) correcteur, -trice **3** (*livre*) correcteur, -trice

educate /ˈedʒukeɪt/ *vt* éduquer, instruire : *He was educated abroad.* Il a fait ses études à l'étranger. ☛ *Comparer avec* RAISE, TO BRING SB UP *sous* BRING **educated** *adj* instruit, cultivé LOC **an educated guess** une hypothèse

education /ˌedʒuˈkeɪʃn/ *n* **1** éducation, instruction : *a good education.* une bonne éducation **2** pédagogie **educational** *adj* **1** (*système*) éducatif **2** (*méthode*) pédagogique **3** (*expérience*) instructif

eel /iːl/ *n* anguille

eerie /ˈɪəri/ *adj* (**-ier**, **-iest**) sinistre, angoissant

effect /ɪˈfekt/ ◆ *n* effet : *It had no effect on her.* Ça ne lui a fait aucun effet. LOC **for effect** pour faire de l'effet **in effect** en réalité **to come into effect** entrer en vigueur **to no effect** en vain **to take effect 1** faire effet **2** prendre effet **to this effect** dans ce sens *Voir aussi* WORD ◆ *vt* (*sout*) effectuer ☛ *Comparer avec* AFFECT

effective /ɪˈfektɪv/ *adj* **1** (*système, médicament*) ~ **(in doing sth)** efficace (pour faire qch) **2** qui fait de l'effet, frappant **3** (*règlement*) en vigueur **effectively** *adv* **1** efficacement **2** effectivement **effectiveness** *n* efficacité

effeminate /ɪˈfemɪnət/ *adj* efféminé

efficient /ɪˈfɪʃnt/ *adj* efficace **efficiency** *n* efficacité **efficiently** *adv* efficacement

effort /ˈefət/ *n* **1** effort : *I will make every effort to help.* Je ferai tout ce que je peux pour t'aider. **2** tentative : *That was a good effort.* Ce n'était pas mal.

EFL /ˌiː ef ˈel/ *abrév* **English as a Foreign Language** anglais langue étrangère

e.g. /ˌiː ˈdʒiː/ *abrév* par exemple (= par ex.)

egg /eg/ ◆ *n* œuf LOC **to put all your eggs in one basket** mettre tous ses œufs dans le même panier PHR V **to egg sb on (to do sth)** pousser qn (à faire qch)

egg cup *n* coquetier

eggplant /ˈegplɑːnt/ *n* (*surtout USA*) aubergine

eggshell /ˈegʃel/ *n* coquille d'œuf

egg timer *n* sablier (*Cuisine*)

ego /ˈegəʊ; *USA* ˈiːgəʊ/ *n* **1** amour-propre, vanité : *to boost sb's ego* flatter son amour-propre **2** (*Psychologie*) moi

eight /eɪt/ *adj, pron, n* huit ☛ *Voir exemples sous* FIVE **eighth** *adj, pron, adv, n* huitième ☛ *Voir exemples sous* FIFTH

eighteen /ˌeɪˈtiːn/ *adj, pron, n* dix-huit ☛ *Voir exemples sous* FIVE **eighteenth** *adj, pron, adv, n* dix-huitième ☛ *Voir exemples sous* FIFTH

eighty /ˈeɪti/ *adj, pron, n* quatre-vingts ☛ *Voir exemples sous* FIFTY, FIVE **eightieth** *adj, pron, adv, n* quatre-vingtième ☛ *Voir exemples sous* FIFTH

either /ˈaɪðə(r), ˈiːðə(r)/ ◆ *adj* **1** l'un ou l'autre : *Either kind of flour will do.* Ces deux types de farine conviennent aussi bien l'une que l'autre. ◊ *either way* de l'une ou l'autre façon **2** chaque : *on* *either side of the road* des deux côtés de la rue **3** [*dans les phrases négatives*] aucun (*des deux*) ◆ *pron* **1** l'un ou l'autre **2** [*dans les phrases négatives*] aucun des deux : *I don't want either of them.* Je ne veux aucun des deux. ☛ *Voir note sous* AUCUN ◆ *adv* **1** non plus : *'I don't like that.' 'I don't either.'* « Je n'aime pas ça. — Moi non plus. » **2 either... or...** soit... soit... ☛ *Comparer avec* ALSO, TOO *et voir note sous* NEITHER

eject /i'dʒekt/ **1** *vt* (*sout*) éjecter **2** *vi* s'éjecter : *The pilot had to eject.* Le pilote a dû s'éjecter.

elaborate[1] /ɪ'læbərət/ *adj* élaboré, complexe

elaborate[2] /ɪ'læbəreɪt/ **1** *vi* ~ **(on sth)** donner des détails (sur qch) ; développer (qch) **2** *vt* élaborer, développer

elapse /ɪ'læps/ *vi* (*sout*) s'écouler

elastic /ɪ'læstɪk/ ◆ *adj* élastique ◆ *n* élastique (*matière*)

elastic band *n* élastique (*fil de caoutchouc*)

elated /i'leɪtɪd/ *adj* fou de joie

elbow /'elbəʊ/ *n* coude

elder /'eldə(r)/ *adj, pron* aîné : *Pitt the Elder* Pitt l'Ancien

> Le comparatif et le superlatif de **old** sont respectivement **older** et **oldest** : *He's older than me.* Il est plus âgé que moi. ◊ *the oldest building in the city* le bâtiment le plus ancien de la ville. Quand on compare l'âge de différentes personnes et surtout lorsqu'il s'agit des membres d'une même famille, on emploie souvent **elder** et **eldest** comme adjectif et comme pronom : *my eldest brother* mon frère aîné ◊ *the elder of the two brothers* l'aîné des deux frères. Noter que **elder** et **eldest** ne peuvent pas être employés avec *than* et qu'en tant qu'adjectifs ils ne peuvent être placés que devant un nom.

elderly *adj* âgé : *the elderly* les personnes âgées ☛ *Voir note sous* AGED

eldest /'eldɪst/ *adj, pron* aîné : *the eldest* l'aîné ☛ *Voir note sous* ELDER

elect /ɪ'lekt/ *vt* élire **election** *n* élection **electoral** *adj* électoral : *the electoral register* les listes électorales **electorate** *n* [*v sing ou pl*] électorat

electric /ɪ'lektrɪk/ *adj* électrique **electrical** *adj* électrique : *electrical engineering* l'électrotechnique ☛ *Voir note sous* ÉLECTRIQUE **electrician** /ɪˌlek'trɪʃn/ *n* électricien, -ne **electricity** /ɪˌlek'trɪsəti/ *n* électricité : *to switch off the electricity* éteindre l'électricité **electrification** *n* électrification **electrify** *vt* (*prét, pp* **-fied**) **1** électrifier **2** (*fig*) électriser

electrocute /ɪ'lektrəkju:t/ *vt* électrocuter

electrode /ɪ'lektrəʊd/ *n* électrode

electron /ɪ'lektrɒn/ *n* électron

electronic /ɪˌlek'trɒnɪk/ *adj* électronique **electronics** *n* [*sing*] électronique

elegant /'elɪgənt/ *adj* élégant **elegance** *n* élégance

element /'elɪmənt/ *n* **1** élément **2** part : *There's an element of truth in what he says.* Il y a une part de vérité dans ce qu'il dit. **3** (*Électr*) résistance

elementary /ˌelɪ'mentri/ *adj* élémentaire

elephant /'elɪfənt/ *n* éléphant

elevator /'elɪveɪtə(r)/ *n* (*USA*) ascenseur

eleven /ɪ'levn/ *adj, pron, n* onze ☛ *Voir exemples sous* FIVE **eleventh** *adj, pron, adv, n* onzième ☛ *Voir exemples sous* FIFTH LOC **at the eleventh hour** à la toute dernière minute

elicit /i'lɪsɪt/ *vt* (*sout*) obtenir

eligible /'elɪdʒəbl/ *adj* **1** *to be eligible for sth* avoir droit à qch ◊ *to be eligible to do sth* être en droit de faire qch **2** *an eligible bachelor* un bon parti

eliminate /ɪ'lɪmɪneɪt/ *vt* éliminer

elk /elk/ *n* élan (*animal*)

elm /elm/ (*aussi* **elm tree**) *n* orme

elope /ɪ'ləʊp/ *vi* s'enfuir (*pour se marier*)

eloquent /'eləkwənt/ *adj* éloquent

else /els/ *adv* [*avec pronoms indéfinis, interrogatifs ou négatifs et avec adverbes*] d'autre : *Did you see anybody else?* As-tu vu quelqu'un d'autre ? ◊ *everyone/everything else* tous les autres/tout le reste ◊ *somebody else's coat* le manteau de quelqu'un d'autre ◊ *nobody else* personne d'autre ◊ *Anything else?* Rien d'autre ? ◊ *Did you go anywhere else?* Tu es allé autre part ? ◊ *somewhere else* ailleurs ◊ *What else would you like?* Qu'est-ce que tu voudrais d'autre ? ◊ *How else could she have known?* Comment est-ce qu'elle aurait pu le savoir autrement ? LOC **or**

else 1 sinon, ou bien : *Run or else you'll be late.* Dépêche-toi, sinon tu vas être en retard. **2** (*fam*) (*pour menacer*) : *Stop that, or else!* Arrête, sinon... ! **elsewhere** *adv* ailleurs

ELT /ˌiː el ˈtiː/ *abrév* **English Language Teaching** anglais langue étrangère

elude /iˈluːd/ *vt* échapper à **elusive** *adj* insaisissable : *an elusive quality* une qualité indéfinissable

emaciated /ɪˈmeɪʃieɪtɪd/ *adj* émacié

email /ˈiːmeɪl/ ◆ *n* e-mail, courrier électronique : *My email address is colin@oup.co.uk* Mon adresse électroniqe est colin@oup.co.uk.

☛ Se lit « colin at oup dot co dot uk ».

◆ *vt* **1** envoyer un e-mail à : *As soon as she found out she emailed me.* Dès qu'elle s'en est aperçue elle m'a contacté par email. **2** envoyer par e-mail : *I'll email you the results.* Je t'enverrai les résultats par e-mail.

emanate /ˈeməneɪt/ *vi* ~ **from sb/sth** provenir de qn ; émaner de qch

emancipation /ɪˌmænsɪˈpeɪʃn/ *n* émancipation

embankment /ɪmˈbæŋkmənt/ *n* talus

embargo /ɪmˈbɑːɡəʊ/ *n* (*pl* **-es**) embargo

embark /ɪmˈbɑːk/ *vi* **1** ~ **(for...)** s'embarquer (pour...) **2** ~ **on sth** entreprendre qch

embarrass /ɪmˈbærəs/ *vt* gêner **embarrassed** *adj* gêné : *to feel embarrassed* se sentir gêné **embarrassing** *adj* gênant **embarrassment** *n* **1** gêne **2** (*personne, chose*) source d'embarras : *to be an embarrassment to sb* faire honte à qn

embassy /ˈembəsi/ *n* (*pl* **-ies**) ambassade

embedded /ɪmˈbedɪd/ *adj* **1** encastré **2** (*dents, épée*) enfoncé **3** (*fig*) ancré : *attitudes embedded in our society* les attitudes qui prévalent dans notre société

ember /ˈembə(r)/ *n* **embers** [*pl*] braises

embezzlement /ɪmˈbezlmənt/ *n* détournement de fonds

embittered /ɪmˈbɪtəd/ *adj* aigri

embody /ɪmˈbɒdi/ *vt* (*prét, pp* **-died**) (*sout*) incarner **embodiment** *n* incarnation

embrace /ɪmˈbreɪs/ ◆ *vt, vi* (s')embrasser, serrer dans ses bras ◆ *n* étreinte

embroider /ɪmˈbrɔɪdə(r)/ **1** *vt* broder **2** *vi* faire de la broderie **embroidery** *n* [*indénombrable*] broderie

embryo /ˈembriəʊ/ *n* (*pl* **~s** /-əʊz/) embryon

emerald /ˈemərəld/ *n* émeraude

emerge /iˈmɜːdʒ/ *vi* **1** ~ **(from sth)** sortir (de qch) **2** ressortir : *It emerged that...* Il est apparu que... **emergence** *n* apparition

emergency /iˈmɜːdʒənsi/ *n* (*pl* **-ies**) cas d'urgence : *the emergency exit* la sortie de secours

emigrate /ˈemɪɡreɪt/ *vi* émigrer **emigrant** *n* émigrant, -e **emigration** *n* émigration

eminent /ˈemɪnənt/ *adj* éminent

emission /iˈmɪʃn/ *n* (*sout*) émission

emit /iˈmɪt/ *vt* (**-tt-**) émettre

emotion /ɪˈməʊʃn/ *n* **1** sentiment **2** (*trouble*) émotion **emotional** *adj* **1** (*personne*) émotif **2** (*problème*) affectif **3** (*musique, histoire*) émouvant **emotive** *adj* qui soulève les passions : *an emotive issue* une question qui soulève les passions

empathy /ˈempəθi/ *n* empathie

emperor /ˈempərə(r)/ *n* empereur

emphasis /ˈemfəsɪs/ *n* (*pl* **-ases** /-əsiːz/) **1** accent : *The emphasis is on the first syllable.* L'accent est sur la première syllable. **2** ~ **(on sth)** accent (sur qch) **emphatic** *adj* catégorique

emphasize, -ise /ˈemfəsaɪz/ *vt* **1** mettre l'accent sur **2** mettre en valeur **3** ~ **(that)...** insister sur le fait que...

empire /ˈempaɪə(r)/ *n* empire

employ /ɪmˈplɔɪ/ *vt* employer : *They employ 600 people.* Ils emploient 600 personnes. ◊ *He's employed in a biscuit factory.* Il travaille dans une usine de biscuits. **employee** *n* employé, -e **employer** *n* employeur, -euse **employment** *n* emploi, travail : *to be in employment* avoir un emploi ☛ *Voir note sous* WORK[1]

empress /ˈemprəs/ *n* impératrice

empty /ˈempti/ ◆ *adj* **1** vide **2** (*maison*) inoccupé **3** (*promesse, menace*) en l'air ◆ (*prét, pp* **emptied**) **1** *vt* ~ **sth (out) (onto/into sth)** vider qch (sur/dans qch) **2** *vi* se vider **emptiness** *n* **1** vide **2** vacuité

empty-handed /ˌempti ˈhændɪd/ *adj* les mains vides

EMU /ˌiː em 'juː/ *abrév* **Economic and Monetary Union** UEM, Union économique et monétaire

emu /'iːmjuː/ *n* émeu

enable /ɪ'neɪbl/ *vt* ~ **sb to do sth** permettre à qn de faire qch ; donner à qn la possibilité de faire qch

enact /ɪ'nækt/ *vt* (*sout*) **1** (*Théâtre*) jouer **2** (*loi*) voter, promulguer

enamel /ɪ'næml/ *n* émail

enchanting /ɪn'tʃɑːntɪŋ ; *USA* -'tʃænt-/ *adj* ravissant

encircle /ɪn'sɜːkl/ *vt* entourer

enclose /ɪn'kləʊz/ *vt* **1** ~ **sth (with sth)** clôturer qch (avec qch) **2** joindre : *I enclose/please find enclosed a cheque for £50.* Ci-joint un chèque de 50 livres. **enclosure** *n* pièce jointe

encore /'ɒŋkɔː(r)/ ◆ *excl* bis ! ◆ *n* rappel : *She gave three encores.* Elle a fait trois rappels.

encounter /ɪn'kaʊntə(r)/ ◆ *vt* (*sout*) **1** (*difficultés, danger*) se heurter à **2** (*personne*) rencontrer ◆ *n* rencontre

encourage /ɪn'kʌrɪdʒ/ *vt* **1** ~ **sb (in sth/to do sth)** encourager, inciter qn (à qch/à faire qch) **2** favoriser **encouragement** *n* ~ **(to sb) (to do sth)** encouragement (reçu par qn) (pour faire qch) **encouraging** *adj* encourageant

encyclopedia (*aussi* **encyclopaedia**) /ɪnˌsaɪklə'piːdiə/ *n* encyclopédie

end /end/ ◆ *n* **1** fin : *at the end of the month* à la fin du mois ◊ *from beginning to end* du début jusqu'à la fin **2** (*bâton, fil, etc.*) bout, extrémité : *from end to end* d'un bout à l'autre **3** *the east end of town* les quartiers est de la ville **4** (*objectif*) but **5** (*Sport*) côté LOC **end to end** bout à bout **in the end 1** finalement **2** au bout du compte **on end 1** debout **2** de suite : *for hours on end* des heures de suite **to be at the end of your tether** être au bout du rouleau **to come to an end** tirer à sa fin **to make (both) ends meet** joindre les deux bouts *Voir aussi* LOOSE, MEANS, ODDS, WIT ◆ *vt, vi* (se) terminer PHR V **to end in sth 1** (*mot*) finir par qch **2** (*résultat*) se terminer par qch : *It will all end in tears.* Ça va mal finir. **to end up (as sth/doing sth)** finir (par devenir qch/faire qch) **to end up in...** se retrouver dans...

endanger /ɪn'deɪndʒə(r)/ *vt* compromettre : *an endangered species* une espèce en voie de disparition

endear /ɪn'dɪə(r)/ *vt* (*sout*) ~ **sb to sb** faire aimer qn de qn ~ **yourself to sb** se faire aimer de qn **endearing** *adj* attachant

endeavour (*USA* **-vor**) /ɪn'devə(r)/ ◆ *n* (*sout*) effort, tentative ◆ *vi* (*sout*) ~ **to do sth** faire tout son possible pour faire qch

ending /'endɪŋ/ *n* fin : *a happy ending* une fin heureuse

endive /'endaɪv/ *n* chicorée frisée

endless /'endləs/ *adj* **1** interminable **2** sans fin

endorse /ɪn'dɔːs/ *vt* **1** approuver **2** (*chèque*) endosser **endorsement** *n* **1** approbation **2** (*sur permis de conduire*) infraction : *He has an endorsement.* On lui a retiré des points sur son permis de conduire.

endow /ɪn'daʊ/ *vt* **1** (*institution*) subventionner **2 be endowed with sth** être doté de qch **endowment** *n* dotation

endurance /ɪn'djʊərəns ; *USA* -'dʊə-/ *n* endurance : *beyond endurance* intolérable

endure /ɪn'djʊə(r) ; *USA* -'dʊər/ **1** *vt* supporter ☛ Dans les phrases négatives **can't bear** ou **can't stand** sont plus courants. **2** *vi* durer **enduring** *adj* durable

enemy /'enəmi/ *n* (*pl* **-ies**) ennemi, -e

energy /'enədʒi/ *n* [*gén indénombrable*] (*pl* **-ies**) énergie **energetic** /ˌenə'dʒetɪk/ *adj* **1** (*personne*) énergique **2** (*exercice*) vigoureux

enforce /ɪn'fɔːs/ *vt* **1** (*discipline*) imposer **2** (*loi*) faire respecter, appliquer **enforcement** *n* application

engage /ɪn'geɪdʒ/ **1** *vt* ~ **sb (as sth)** (*sout*) engager qn (en qualité de qch) **2** *vt* (*sout*) (*pensées*) occuper **3** *vt* (*sout*) (*attention*) retenir **4** *vi* ~ **(with sth)** (*Mécan*) s'enclencher (dans qch) PHR V **to engage in sth** se livrer à qch, se lancer dans qch **to engage sb in sth** : *I engaged him in conversation.* J'ai lié conversation avec lui. **engaged** *adj* **1** ~ **(to sb)** fiancé (à qn) : *to get engaged* se fiancer **2** (*toilettes*) occupé **3** (*GB*) (*USA* **busy**) (*téléphone*) occupé **engaging** *adj* attrayant, attachant

engagement /ɪn'geɪdʒmənt/ *n* **1** fiançailles : *a long engagement* de longues fiançailles ◊ *an engagement ring* une bague de fiançailles **2** rendez-vous

engine /'endʒɪn/ *n* **1** moteur : *The engine is overheating.* Le moteur chauffe.

Le mot **engine** s'emploie pour le moteur d'un véhicule et **motor** pour celui d'appareils électroménagers. **Engine** est souvent un moteur qui marche à l'essence tandis que **motor** est électrique.

2 (*aussi* **locomotive**) locomotive : *an engine driver* un mécanicien

engineer /ˌendʒɪ'nɪə(r)/ ◆ *n* **1** ingénieur **2** (*téléphone, manutention, etc.*) technicien, -ienne **3** (*navire, avion*) mécanicien, -ienne **4** (*USA*) mécanicien, -ienne (*conducteur de locomotive*) ◆ *vt* **1** (*fam, souvent péj*) manigancer **2** construire

engineering /ˌendʒɪ'nɪərɪŋ/ *n* ingénierie

engrave /ɪn'greɪv/ *vt* **to ~ B on A/A with B** graver B sur A **engraving** *n* gravure

engrossed /ɪn'grəʊst/ *adj* absorbé

engulf /ɪn'gʌlf/ *vt* engloutir : *engulfed in flames* englouti par les flammes

enhance /ɪn'hɑːns ; *USA* -'hæns/ *vt* **1** accroître **2** (*aspect*) rehausser, mettre en valeur

enigma /ɪ'nɪgmə/ *n* énigme

enjoy /ɪn'dʒɔɪ/ *vt* **1** aimer : *I enjoyed the show.* Le spectacle m'a plu. ◊ *Enjoy your meal!* Bon appétit ! **2 ~ doing sth** aimer faire qch : *He enjoys playing tennis.* Il aime jouer au tennis. **3** jouir de LOC **to enjoy yourself** s'amuser : *Enjoy yourselves!* Amusez-vous bien ! **enjoyable** *adj* agréable **enjoyment** *n* plaisir : *He spoiled my enjoyment of the film.* Il m'a gâché tout le plaisir du film.

enlarge /ɪn'lɑːdʒ/ **1** *vt* agrandir, élargir **2** *vi* **~ on/upon sth** (*sout*) s'étendre sur qch **enlargement** *n* agrandissement, élargissement

enlighten /ɪn'laɪtn/ *vt* **~ sb (about/as to/on sth)** éclairer qn (sur qch) **enlightened** *adj* éclairé **enlightenment** *n* (*sout*) **1** éclaircissements **2 the Enlightenment** le Siècle des lumières

enlist /ɪn'lɪst/ **1** *vi* **~ (in/for sth)** (*Mil*) s'enrôler (dans qch) **2** *vt* **~ sb (in/for sth)** faire appel à qn (pour qch) : *Can I enlist your help?* Est-ce que je peux compter sur votre aide ?

enmity /'enməti/ *n* inimitié

enormous /ɪ'nɔːməs/ *adj* énorme, prodigieux **enormously** *adv* énormément : *I enjoyed it enormously.* Ça m'a beaucoup plu.

enough /ɪ'nʌf/ ◆ *adj, pron* assez (de) : *You've eaten enough biscuits.* Tu as mangé assez de biscuits. ◊ *That's enough!* Ça suffit ! ◊ *I've saved up enough to go on holiday.* J'ai économisé suffisamment d'argent pour partir en vacances. LOC **to have had enough (of sb/sth)** en avoir assez (de qn/qch) : *I've had enough of your nonsense.* J'en ai assez de tes bêtises. ◆ *adv* **1 ~ (for sb/sth)** assez (pour qn/ qch) : *Is it warm enough for you?* Avez-vous assez chaud ? **2 ~ (to do sth)** assez (pour faire qch) : *Is it near enough to go on foot?* Est-ce que c'est suffisamment près pour y aller à pied ? ☛ **Enough** est toujours placé après l'adjectif alors que **too** le précède : *You're not old enough/You're too young.* Tu n'es pas assez grande/Tu es trop jeune. *Comparer avec* TOO LOC **curiously, oddly, strangely, etc. enough...** chose curieuse...

enquire (*aussi* **inquire**) /ɪn'kwaɪə(r)/ (*sout*) **1** *vt* demander **2** *vi* **~ (about sb/sth)** se renseigner (sur qn/qch) **enquiring** (*aussi* **inquiring**) *adj* **1** (*esprit*) curieux **2** (*regard*) interrogateur

enquiry (*aussi* **inquiry**) /ɪn'kwaɪəri ; *USA* 'ɪnkwəri/ *n* (*pl* **-ies**) **1** (*sout*) demande (*de renseignements*) **2 enquiries** [*pl*] renseignements (*service*) **3 ~ (into sth)** enquête (sur qch)

enrage /ɪn'reɪdʒ/ *vt* rendre furieux

enrich /ɪn'rɪtʃ/ *vt* **~ sth (with sth)** enrichir qch (de qch)

enrol (*surtout USA* **enroll**) /ɪn'rəʊl/ *vt, vi* (**-ll-**) **~ (sb) (in sth)** inscrire qn (à qch) ; s'inscrire (à qch) **enrolment** (*surtout USA* **enrollment**) *n* inscription

ensure (*USA* **insure**) /ɪn'ʃʊə(r)/ *vt* **1** garantir, assurer **2 ~ (that)...** s'assurer, faire en sorte que...

entail /ɪn'teɪl/ *vt* entraîner, nécessiter

entangle /ɪn'tæŋgl/ *vt* **1** enchevêtrer, emmêler : *to be entangled in/with sth* être pris dans qch **2 ~ sb (in/with sth)** impliquer qn (dans qch) **entanglement** *n* imbroglio

enter /'entə(r)/ **1** *vt, vi* entrer (dans) : *to enter a room* entrer dans une pièce ◊ *The thought never entered my head.* Cette pensée ne m'a jamais traversé l'esprit. **2** *vt, vi* ~ **(for) sth** s'inscrire à qch **3** *vt* (*école, université*) s'inscrire à **4** *vt* ~ **sth (in sth)** inscrire qch (dans qch) PHR V **to enter into sth** **1** (*relations*) entrer en qch **2** (*négotiations*) entamer qch **3** (*accord*) conclure qch **4** entrer dans qch : *What he wants doesn't enter into it.* Ce qu'il veut n'a rien à voir là-dedans.

enterprise /'entəpraɪz/ *n* **1** (*société*) entreprise **2** entreprise, aventure **3** esprit d'initiative **enterprising** *adj* entreprenant, audacieux

entertain /ˌentə'teɪn/ **1** *vt, vi* recevoir (*invités*) **2** *vt* ~ **sb (with sth)** divertir, distraire qn (avec qch) **3** *vt* (*idée*) considérer **entertainer** *n* comique, amuseur, -euse **entertaining** *adj* amusant, divertissant **entertainment** *n* **1** [*indénombrable*] divertissement : *The film is good family entertainment.* Ce film est un bon divertissement familial. **2** [*dénombrable*] spectacle

enthralling /ɪn'θrɔːlɪŋ/ *adj* captivant

enthusiasm /ɪn'θjuːziæzəm ; *USA* -'θuː-/ *n* ~ **(for/about sth)** enthousiasme (pour qch) **enthusiast** *n* passionné, -e **enthusiastic** /ɪnˌθjuːzi'æstɪk/ *adj* enthousiaste

entice /ɪn'taɪs/ *vt* inciter

entire /ɪn'taɪə(r)/ *adj* entier : *the entire family* toute la famille **entirely** *adv* entièrement, complètement **entirety** *n* ensemble, totalité : *in its entirety* dans son ensemble

entitle /ɪn'taɪtl/ *vt* **1** ~ **sb to sth** autoriser, donner droit à qn à qch : *We're entitled to two free tickets each.* Nous avons le droit à deux billets gratuits chacun. **1** ~ **sb to do sth** donner le droit à qn de faire qch ; autoriser qn à faire qch : *This ticket doesn't entitle you to travel first class.* Ce billet ne vous autorise pas à voyager en première classe. **2** (*livre*) intituler **entitlement** *n* droit

entity /'entəti/ *n* (*pl* **-ies**) entité

entrance /'entrəns/ *n* **1** ~ **(to sth)** (*porte*) entrée (de qch) **2** ~ **(to sth)** (*droit*) entrée, admission (à/dans qch) : *I was refused entrance.* On ne m'a pas laissé entrer. **3** ~ **(into sth)** (*action*) entrée (à/dans qch)

entrant /'entrənt/ *n* ~ **(for sth)** candidat, -e, participant, -e (à qch)

entrepreneur /ˌɒntrəprə'nɜː(r)/ *n* entrepreneur, -euse

entrust /ɪn'trʌst/ *vt* ~ **sb with sth/sth to sb** confier qch à qn

entry /'entri/ *n* (*pl* **-ies**) **1** ~ **(into sth)** entrée (dans qch) **2** (*agenda*) inscription **3** (*dictionnaire*) entrée **4** (*encyclopédie*) article LOC **no entry** **1** (*personnes*) défense d'entrée **2** (*véhicules*) sens interdit

enunciate /ɪ'nʌnsieɪt/ **1** *vt, vi* articuler **2** *vt* énoncer, exprimer

envelop /ɪn'veləp/ *vt* ~ **sb/sth (in sth)** envelopper qn/qch (dans qch)

envelope /'envələʊp, 'ɒn-/ *n* enveloppe

enviable /'enviəbl/ *adj* enviable **envious** *adj* envieux

environment /ɪn'vaɪrənmənt/ *n* **1 the environment** l'environnement **2** milieu, ambiance : *in a friendly environment* dans une bonne ambiance **environmental** /ɪnˌvaɪrən'mentl/ *adj* de l'environnement, écologique : *environmental issues* problèmes de l'environnement ◊ *environmental damage* dégradation de l'environnement ◊ *the environmental movement* le mouvement écologique **environmentalist** *n* écologiste **environmentally** *adv* : *environmentally friendly products* des produits qui respectent l'environnement

envisage /ɪn'vɪzɪdʒ/ *vt* prévoir, envisager

envoy /'envɔɪ/ *n* envoyé, -e, émissaire

envy /'envi/ ◆ *n* envie LOC **to be the envy of sb** faire envie à qn ◆ *vt* (*prét, pp* **envied**) **1** ~ **sb** envier qn **2** ~ **(sb) sth** envier qch (à qn)

enzyme /'enzaɪm/ *n* enzyme

ephemeral /ɪ'femərəl/ *adj* éphémère

epic /'epɪk/ ◆ *n* **1** épopée, poème épique **2** (*genre littéraire*) épopée **3** (*Cin*) film à grand spectacle ◆ *adj* épique

epidemic /ˌepɪ'demɪk/ *n* épidémie

epilepsy /'epɪlepsi/ *n* épilepsie **epileptic** /ˌepɪ'leptɪk/ *adj, n* épileptique : *an epileptic fit* une crise d'épilepsie

episode /'epɪsəʊd/ *n* épisode

epitaph /'epɪtɑːf ; *USA* -tæf/ *n* épitaphe

epitome /ɪ'pɪtəmi/ *n* LOC **to be the epitome of sth** être l'exemple même de qch

epoch /'iːpɒk ; *USA* 'epək/ *n* (*sout*) époque, ère

equal /'iːkwəl/ ◆ *adj* égal : *equal opportunities* égalité des chances LOC **to be on equal terms (with sb)** être sur un pied d'égalité (avec qn) ◆ *n* égal, -e : *without equal* sans égal ◆ *vt* (-ll-) (*USA* -l-) **1** égaler **2** (*Math*) être égal à : *13 plus 29 equals 42.* 13 plus 29 égalent 42. **equality** /ɪ'kwɒləti/ *n* égalité **equally** *adv* **1** également, aussi **2** tout aussi : *equally clever* tout aussi intelligent **3** (*partager*) en parts égales **4** de même

equalize, -ise /'i:kwəlaɪz/ *vi* (*Sport*) égaliser

equate /i'kweɪt/ *vt* ~ **sth (to/with sth)** assimiler qch (à qch)

equation /ɪ'kweɪʒn/ *n* équation

equator /ɪ'kweɪtə(r)/ *n* équateur

equilibrium /ˌi:kwɪ'lɪbriəm, ˌek-/ *n* équilibre

equinox /'i:kwɪnɒks, 'ek-/ *n* équinoxe

equip /ɪ'kwɪp/ *vt* (-pp-) **1** ~ **sb/sth (with sth) (for sth)** équiper qn/qch (de qch) (pour qch) **2** ~ **sb (for sth)** préparer qn (à qch) **equipment** *n* [*indénombrable*] équipement, matériel : *a piece of equipment* un appareil

equitable /'ekwɪtəbl/ *adj* (*sout*) équitable

equivalent /ɪ'kwɪvələnt/ *adj, n* ~ **(to sth)** équivalent (à qch) : *What's $25 equivalent to in euros?* Quel est l'équivalent de 25 dollars en euros ?

era /'ɪərə/ *n* ère

eradicate /ɪ'rædɪkeɪt/ *vt* éradiquer, éliminer

erase /ɪ'reɪz ; *USA* ɪ'reɪs/ *vt* ~ **sth (from sth)** effacer, gommer qch (de qch) ☛ *Gommer* se traduit plus couramment par **rub out**. **eraser** (*surtout USA*) (*GB* **rubber**) *n* gomme (*pour effacer*)

erect /ɪ'rekt/ ◆ *vt* **1** (*monument*) ériger **2** (*bâtiment*) construire **3** (*tente*) dresser ◆ *adj* **1** droit, debout **2** (*pénis*) en érection **erection** *n* érection

erode /ɪ'rəʊd/ *vt* éroder

erotic /ɪ'rɒtɪk/ *adj* érotique

errand /'erənd/ *n* course, commission : *to run errands for sb* faire les commissions de qn

erratic /ɪ'rætɪk/ *adj* (*souvent péj*) **1** irrégulier **2** (*comportement*) imprévisible

error /'erə(r)/ *n* (*sout*) erreur, faute : *to make a spelling error* faire une faute d'orthographe ◊ *in error* par erreur ☛ **Mistake** est employé plus couramment que **error**. Cependant certaines expressions se construisent uniquement avec **error** : *human error* erreur humaine ◊ *an error of judgement* une erreur de jugement. *Voir note sous* MISTAKE LOC *Voir* TRIAL

erupt /ɪ'rʌpt/ *vi* **1** (*volcan*) entrer en éruption **2** (*violence*) éclater

escalate /'eskəleɪt/ **1** *vi* (*prix, niveau*) monter en flèche **2** *vt, vi* (s')intensifier **escalation** *n* **1** montée en flèche **2** escalade, intensification

escalator /'eskəleɪtə(r)/ *n* escalator®

escapade /ˌeskə'peɪd, 'eskəpeɪd/ *n* équipée, aventure

escape /ɪ'skeɪp/ ◆ **1** *vi* ~ **(from sb/sth)** échapper (à qn) ; s'échapper (de qch) : *They escaped unharmed.* Ils s'en sont sortis indemnes. **2** *vt* échapper à **3** *vi* (*gaz, liquide*) fuir LOC **to escape (sb's) notice** échapper à (l'attention de) qn, passer inaperçu *Voir aussi* LIGHTLY ◆ *n* **1** évasion, fuite : *to make your escape* s'échapper **2** (*gaz, liquide*) fuite LOC *Voir* NARROW

escort /'eskɔ:t/ ◆ *n* **1** [*v sing ou pl*] escorte **2** (*sout*) cavalier, hôtesse ◆ /ɪ'skɔ:t/ *vt* ~ **sb (to sth)** accompagner, escorter qn (à qch)

especially /ɪ'speʃəli/ *adv* **1** particulièrement **2** surtout **3** exprès ☛ *Voir note sous* SPECIALLY

espionage /'espiənɑ:ʒ/ *n* espionnage

essay /'eseɪ/ *n* **1** (*Littér*) essai **2** (*Université, École*) dissertation, rédaction

essence /'esns/ *n* essence LOC **in essence** essentiellement, surtout **essential** *adj* **1** ~ **(to/for sth)** essentiel (pour qch) indispensable (à qch) **2** essentiel, fondamental **essentially** *adv* **1** essentiellement **2** avant tout

establish /ɪ'stæblɪʃ/ *vt* **1** (*organisation*) constituer, établir **2** (*rapport, usage*) établir **3** (*causes, identité*) établir **4** ~ **yourself** s'établir, s'installer **established** *adj* **1** (*société*) établi **2** (*religion*) d'État **establishment** *n* **1** constitution, création **2** établissement **3 the Establishment** (*GB*) la classe dominante, l'establishment

estate /ɪ'steɪt/ *n* **1** propriété **2** (*biens*) fortune, succession **3** *Voir* HOUSING ESTATE

estate agent *n* agent immobilier

estate (car) *n* break

esteem /ɪ'sti:m/ *n* LOC **to hold sb/sth in high/low esteem** tenir qn/qch en haute estime/ne pas avoir beaucoup d'estime pour qn/qch

esthetic (*USA*) *Voir* AESTHETIC

estimate /'estɪmət/ ◆ *n* **1** estimation, évaluation **2** devis ◆ /'estɪmeɪt/ *vt* évaluer, estimer **LOC** *Voir* CONSERVATIVE

estimation /ˌestɪ'meɪʃn/ *n* opinion : *in my estimation* à mon avis

estranged /ɪ'streɪndʒd/ *adj* (*époux*) séparé : *his estranged wife* sa femme, dont il est séparé **LOC to be/become estranged (from sb)** être brouillé (avec qn), se détacher de qn

estuary /'estʃuəri ; *USA* -ueri/ *n* (*pl* **-ies**) estuaire

etching /'etʃɪŋ/ *n* eau-forte

eternal /ɪ'tɜːnl/ *adj* **1** éternel **2** continuel, sempiternel **eternity** *n* éternité

ether /'iːθə(r)/ *n* éther **ethereal** *adj* éthéré

ethics /'eθɪks/ *n* **1** [*sing*] éthique **2** [*pl*] morale, moralité **ethical** *adj* éthique, moral

ethnic /'eθnɪk/ *adj* ethnique

ethos /'iːθɒs/ *n* (*sout*) esprit, philosophie

etiquette /'etɪket, -kət/ *n* étiquette, protocole : *medical etiquette* déontologie médicale

EU /ˌiː 'juː/ *abrév* **European Union** Union européenne

euro /'jʊərəʊ/ *n* (*pl* **~s**) euro

Euro-MP /'jʊərəʊ empiː/ *n* député européen

euthanasia /ˌjuːθə'neɪziə/ *n* euthanasie

evacuate /ɪ'vækjueɪt/ *vt* **1** (*ville*) évacuer **2** (*habitants*) évacuer **evacuee** /ɪˌvækju'iː/ *n* évacué, -e

evade /ɪ'veɪd/ *vt* **1** (*personne, danger*) échapper à : *to evade one's responsibilities* fuir devant ses responsabilités ◊ *So far he has evaded capture.* Il est toujours en fuite. **2** (*coup*) esquiver, éviter **3** (*impôts*) : *to evade tax* se rendre coupable d'évasion fiscale **4** (*question*) éluder : *You're evading the issue.* Tu éludes le problème.

evaluate /ɪ'væljueɪt/ *vt* évaluer

evaporate /ɪ'væpəreɪt/ **1** *vt, vi* faire évaporer, s'évaporer **2** *vi* (*fig*) s'évaporer **evaporation** *n* évaporation

evasion /ɪ'veɪʒn/ *n* **1** fuite, dérobade **2** *tax evasion* évasion fiscale **evasive** *adj* évasif

eve /iːv/ *n* veille ☛ *Voir note sous* VEILLE

even[1] /'iːvn/ ◆ *adj* **1** (*surface*) régulier, égal **2** (*couleur*) uniforme **3** (*température*) constant **4** (*quantité, valeur*) égal **5** (*chiffre*) pair ☛ *Comparer avec* ODD **PHR V to even out** s'égaliser, s'aplanir **to even sth out** répartir qch **to even sth up** équilibrer qch

even[2] /'iːvn/ *adv* **1** [*emploi emphatique*] même : *He didn't even open the letter.* Il n'a même pas ouvert la lettre. **2** [*avec comparatif*] encore : *even busier than usual* encore plus occupé que d'habitude **LOC even if** même si **even so** quand même **even though** bien que ☛ *Voir note sous* BIEN[1]

evening /'iːvnɪŋ/ *n* **1** soir : *tomorrow evening* demain soir ◊ *an evening class* un cours du soir ◊ *evening dress* tenue de soirée ◊ *the evening meal* le repas du soir ◊ *an evening paper* un journal du soir ☛ *Voir note sous* MORNING **2** soirée **LOC good evening** bonsoir

evenly /'iːvənli/ *adv* **1** (*respirer*) régulièrement **2** (*partager*) en parts égales **3** (*appliquer*) uniformément

event /ɪ'vent/ *n* événement **LOC at all events/in any event** en tout cas, de toute façon **in the event** en l'occurrence, en fait **in the event of sth** en cas de qch **eventful** *adj* mouvementé

eventual /ɪ'ventʃuəl/ *adj* final **eventually** *adv* finalement ☛ *Voir note sous* ÉVENTUELLEMENT

ever /'evə(r)/ *adv* **1** jamais : *Nothing ever happens here.* Il ne se passe jamais rien ici. ◊ *more than ever* plus que jamais ◊ *If you ever do that again, I'll tell your father.* Si jamais tu recommences, je le dirai à ton père. **2** *for ever (and ever)* pour toujours **3** jamais, déjà : *Have you ever been to Cairo?* Est-ce que tu es déjà allé au Caire ? ◊ *Did he ever reply to your letter?* A-t-il jamais répondu à ta lettre ? **LOC ever since** depuis (que) ☛ *Voir note sous* ALWAYS ☛ *Voir note sous* JAMAIS

every /'evri/ *adj* chaque : *every (single) time* chaque fois ◊ *every day* tous les jours ◊ *every two hours* toutes les deux heures ◊ *every third Monday* un lundi sur trois

On emploie **every** quand on considère tous les éléments d'un ensemble : *Every player was on top form.* Tous les joueurs étaient en pleine forme. On emploie **each** quand on considère chaque personne séparément : *The Queen shook hands with each player after the game.* La reine a serré la main à chaque joueur après le match. *Voir note sous* EACH .

LOC **every last...** tous, toutes : *He ate every last biscuit.* Il a mangé tous les gâteaux jusqu'au dernier. **every now and again/then** de temps en temps **every other...** : *every other day* un jour sur deux ◊ *every other week* une semaine sur deux **every so often** de temps en temps

everybody /'evribɒdi/ (*aussi* **everyone** /'evriwʌn/) *pron* tout le monde

Everybody, **anybody** et **somebody** se construisent avec un verbe singulier mais sont généralement suivis de **they**, **their** et **them**, qui sont des formes plurielles, sauf dans la langue formelle : *Somebody has left their jacket behind.* Quelqu'un a oublié sa veste.

everyday /'evrideɪ/ *adj* quotidien, de tous les jours : *for everyday use* de tous les jours ◊ *in everyday use* d'usage courant

L'adjectif **everyday** est toujours suivi d'un nom. Il ne doit pas être confondu avec l'expression **every day**, qui signifie *tous les jours.*

everything /'evriθɪŋ/ *pron* tout

everywhere /'evriweə(r)/ *adv* partout : *Everywhere we went there were cars.* Partout où nous allions, il y avait des voitures.

evict /ɪ'vɪkt/ *vt* ~ **sb (from sth)** expulser qn (de qch)

evidence /'evɪdəns/ *n* [*indénombrable*] **1** preuve(s) : *insufficient evidence* preuves insuffisantes **2** témoignage : *to give evidence* témoigner **evident** *adj* ~ **(to sb) (that...)** évident (pour qn) (que...) **evidently** *adv* **1** de toute évidence, manifestement **2** apparemment

evil /'i:vl/ ◆ *adj* mauvais, méchant ◆ *n* (*sout*) mal

evocative /ɪ'vɒkətɪv/ *adj* évocateur : *That smell is evocative of my childhood.* Cette odeur me rappelle mon enfance.

evoke /ɪ'vəʊk/ *vt* évoquer

evolution /ˌi:və'lu:ʃn ; *USA* ˌev-/ *n* évolution

evolve /i'vɒlv/ *vi* **1** (*plante, animal*) évoluer **2** (*théorie, projet*) évoluer, se développer

ewe /ju:/ *n* brebis

exact /ɪg'zækt/ *adj* **1** (*chiffre*) exact : *Give me his exact words.* Répète-moi exactement ce qu'il a dit. **2** (*personne*) précis

exacting /ɪg'zæktɪŋ/ *adj* astreignant

exactly /ɪg'zæktli/ *adv* exactement, précisément LOC **exactly!** exactement !, parfaitement !

exaggerate /ɪg'zædʒəreɪt/ *vt* exagérer **exaggerated** *adj* exagéré

exam /ɪg'zæm/ *n* (*Scol*) examen : *to sit/take an exam* passer un examen

examination /ɪgˌzæmɪ'neɪʃn/ *n* **1** (*sout*) examen **2** inspection **3** examen médical **examine** *vt* examiner, inspecter

example /ɪg'zɑ:mpl ; *USA* -'zæmpl/ *n* exemple LOC **for example** (*abrév* e g.) par exemple *Voir aussi* SET[2]

exasperate /ɪg'zɑ:spəreɪt/ *vt* exaspérer **exasperation** *n* exaspération

excavate /'ekskəveɪt/ **1** *vt* creuser **2** *vt* exhumer **3** *vt, vi* faire des fouilles (sur)

exceed /ɪk'si:d/ *vt* dépasser **exceedingly** *adv* extrêmement

excel /ɪk'sel/ *vi* (-ll-) ~ **in/at sth** exceller en/dans qch

excellent /'eksələnt/ *adj* excellent **excellence** *n* excellence

except /ɪk'sept/ *prép* **1** ~ **(for) sb/sth** sauf, à part qn/qch **2** ~ **that...** sauf que... **exception** *n* exception **exceptional** *adj* exceptionnel

excerpt /'eksɜ:pt/ *n* ~ **(from sth)** extrait (de qch)

excess /ɪk'ses/ *n* excès **excessive** *adj* excessif

exchange /ɪks'tʃeɪndʒ/ ◆ *n* **1** échange : *in exchange for sb/sth* en échange de qn/qch **2** (*Fin*) : *the exchange rate* le taux de change ◆ *vt* **1** ~ **A for B** échanger A contre B **2** ~ **sth (with sb)** échanger qch (avec qn)

the Exchequer /ɪks'tʃekə(r)/ *n* (*GB*) le ministère des Finances (*en Grande-Bretagne*)

excite /ɪk'saɪt/ *vt* **1** (*personne*) exciter, enthousiasmer **2** (*intérêt*) susciter, éveiller **excitable** *adj* nerveux, qui s'excite facilement **excited** *adj* excité, enthousiaste ☛ *Voir note sous* ENNUYEUX **excitement** *n* excitation, enthousiasme

exciting *adj* passionnant, excitant ☛ *Voir note sous* ENNUYEUX

exclaim /ɪk'skleɪm/ *vt* s'écrier, s'exclamer **exclamation** *n* exclamation

exclamation mark *n* point d'exclamation ☛ *Voir p. 404-405.*

exclude /ɪk'skluːd/ *vt* ~ **sb/sth (from sth)** exclure qn/qch (de qch) **exclusion** *n* ~ **(of sb/sth) (from sth)** exclusion (de qn/qch) (de qch)

exclusive /ɪk'skluːsɪv/ *adj* **1** huppé, fermé **2** exclusif **3** ~ **of sb/sth** sans compter qn/qch

excursion /ɪk'skɜːʃn ; *USA* -ɜːrʒn/ *n* excursion

excuse /ɪk'skjuːs/ ◆ *n* ~ **(for sth/doing sth)** excuse, prétexte (à qch/pour faire qch) ◆ /ɪk'skjuːz/ *vt* **1** ~ **sb/sth (for sth/doing sth)** excuser qn/qch (de qch/d'avoir fait qch) **2** ~ **sb (from sth)** dispenser qn (de qch)

On emploie **excuse me** pour se frayer un passage, pour interrompre quelqu'un ou pour l'interpeller : *Excuse me, madam!* Pardon, madame !

On emploie **sorry** pour s'excuser : *I'm sorry I'm late.* Je suis désolé d'être en retard. ◇ *Did I hit you? I'm sorry!* Je vous ai fait mal ? Excusez-moi ! En anglais américain, on emploie **excuse me** à la place de **sorry**.

execute /'eksɪkjuːt/ *vt* **1** (*personne*) exécuter **2** (*travail*) exécuter **execution** *n* exécution **executioner** *n* bourreau

executive /ɪg'zekjətɪv/ *n* cadre

exempt /ɪg'zempt/ ◆ *adj* ~ **(from sth)** exempt (de qch) ◆ *vt* ~ **sb/sth (from sth)** exempter, dispenser qn/qch (de qch) **exemption** *n* exemption, exonération

exercise /'eksəsaɪz/ ◆ *n* exercice ◆ **1** *vi* faire de l'exercice **2** *vt* (*droit, pouvoir*) exercer

exert /ɪg'zɜːt/ **1** *vt* ~ **sth (on sb/sth)** exercer qch (sur qn/qch) **2** *v réfléchi* ~ **yourself** se donner du mal **exertion** *n* effort

exhaust¹ /ɪg'zɔːst/ *n* **1** (*aussi* **exhaust pipe**) pot d'échappement **2** (*aussi* **exhaust fumes** [*pl*]) gaz d'échappement

exhaust² /ɪg'zɔːst/ *vt* épuiser **exhausted** *adj* épuisé **exhausting** *adj* épuisant **exhaustion** *n* épuisement **exhaustive** *adj* exhaustif, approfondi

exhibit /ɪg'zɪbɪt/ ◆ *n* objet exposé, œuvre exposée ◆ *vt* **1** (*tableau*) exposer **2** (*tendance, caractéristique*) manifester

exhibition /ˌeksɪ'bɪʃn/ *n* exposition

exhilarating /ɪg'zɪləreɪtɪŋ/ *adj* exaltant, grisant **exhilaration** *n* exaltation, euphorie

exile /'eksaɪl/ ◆ *n* **1** exil **2** exilé, -e ◆ *vt* exiler

exist /ɪg'zɪst/ *vi* **1** exister **2** ~ **(on sth)** vivre (de qch) **existence** *n* existence **existing** *adj* actuel

exit /'eksɪt/ *n* sortie

exotic /ɪg'zɒtɪk/ *adj* exotique

expand /ɪk'spænd/ *vt, vi* **1** (s')accroître **2** (*métal*) (se) dilater **3** (*société*) (s')agrandir, (se) développer PHR V **to expand on sth** s'étendre sur qch

expanse /ɪk'spæns/ *n* ~ **(of sth)** étendue (de qch)

expansion /ɪk'spænʃn/ *n* **1** expansion **2** dilatation **3** développement

expansive /ɪk'spænsɪv/ *adj* **1** expansif **2** large

expatriate /ˌeks'pætriət ; *USA* -'peɪt-/ *n* expatrié, -e

expect /ɪk'spekt/ *vt* **1** attendre ☛ *Voir note sous* ATTENDRE **2** ~ **sth (from sb/sth)** s'attendre à qch (de la part de qn/de qch) : *I expect you to let him know.* Je compte sur toi pour le prévenir. ◇ *I expect you to behave yourself.* Surtout, sois sage ! **3** (*surtout GB*) supposer, penser : *I expect so.* Je pense. **expectant** *adj* **1** plein d'attente **2** *an expectant mother* une future maman **expectancy** *n* attente *Voir aussi* LIFE EXPECTANCY **expectation** *n* ~ **(of sth)** attente, espoir (de qch) LOC **against/contrary to (all) expectation(s)** contre toute attente

expedition /ˌekspə'dɪʃn/ *n* expédition (*voyage*)

expel /ɪk'spel/ *vt* (-ll-) ~ **sb/sth (from sth)** expulser, exclure qn/qch (de qch)

expend /ɪk'spend/ *vt* ~ **sth (on/upon sth/doing sth)** (*sout*) consacrer qch (à qch) ; dépenser qch (pour qch/pour faire qch)

expendable /ɪk'spendəbl/ *adj* (*sout*) **1** (*chose, personne*) superflu, qui n'est pas indispensable **2** (*Mil*) sacrifiable

expenditure /ɪk'spendɪtʃə(r)/ *n* dépense

expense /ɪk'spens/ *n* frais, dépense LOC **at the expense of sth** au détriment de qch **expensive** *adj* cher

experience /ɪk'spɪəriəns/ ◆ *n* expérience ♦ *vt* connaître, éprouver **experienced** *adj* expérimenté : *an experienced teacher* un professeur qui a du métier

experiment /ɪk'sperɪmənt/ ♦ *n* expérience (*test*) ♦ *vi* **1** ~ **(on sb/sth)** faire des expériences (sur qn/qch) **2** ~ **with sth** expérimenter, essayer qch

expert /'ekspɜːt/ *adj*, *n* ~ **(at/in/on sth/ at doing sth)** spécialiste (en/de qch) ; expert, -e (en qch/dans l'art de faire qch) **expertise** /ˌekspɜː'tiːz/ *n* compétences, expertise

expire /ɪk'spaɪə(r)/ *vi* expirer : *My passport has expired.* Mon passeport est périmé. **expiry** *n* expiration

explain /ɪk'spleɪn/ *vt* ~ **sth (to sb)** expliquer qch (à qn)

Souvenez-vous qu'en anglais britannique le pronom personnel objet est toujours précédé de la préposition **to** : *Explain the problem to me.* Explique-moi le problème.

explanation *n* ~ **(of/for sth)** explication (de/à qch) **explanatory** /ɪk'splænətri ; *USA* -tɔːri/ *adj* explicatif

explicit /ɪk'splɪsɪt/ *adj* explicite

explode /ɪk'spləʊd/ **1** *vt, vi* (faire) exploser **2** *vt* (*théorie*) pulvériser

exploit¹ /'eksplɔɪt/ *n* exploit

exploit² /ɪk'splɔɪt/ *vt* exploiter **exploitation** *n* exploitation

explore /ɪk'splɔː(r)/ **1** *vt* explorer **2** *vi* faire une exploration **3** *vt* étudier **exploration** *n* exploration **explorer** *n* explorateur, -trice

explosion /ɪk'spləʊʒn/ *n* explosion **explosive** *adj*, *n* explosif

export /'ekspɔːt/ ♦ *n* exportation ♦ /ɪk'spɔːt/ *vt, vi* exporter

expose /ɪk'spəʊz/ **1** *vt* ~ **sb/sth (to sth)** exposer qn/qch (à qch) **2** *v réfléchi* ~ **yourself (to sth)** s'exposer (à qch) **3** *vt* (*coupable*) découvrir, dénoncer **exposed** *adj* exposé **exposure** *n* **1** ~ **(to sth)** exposition (à qch) **2** *to die of exposure* mourir de froid **3** révélation, dénonciation

express /ɪk'spres/ ♦ *adj* **1** exprès **2** formel **3** (*train*) express ♦ *adv* en exprès ♦ *vt* ~ **sth (to sb)** exprimer qch (à qn) : *to express yourself* s'exprimer ♦ *n* **1** (*aussi* **express train**) (train) express

expression /ɪk'spreʃn/ *n* expression

expressive /ɪk'spresɪv/ *adj* expressif, éloquent

expressly /ɪk'spresli/ *adv* **1** expressément **2** formellement

expulsion /ɪk'spʌlʃn/ *n* expulsion

exquisite /'ekskwɪzɪt, ɪk'skwɪzɪt/ *adj* exquis

extend /ɪk'stend/ **1** *vt* (*largeur*) étendre, agrandir **2** *vt* (*longueur, temps*) prolonger **3** *vi* s'étendre **4** *vt* (*échéance*) proroger **5** *vt* (*main*) tendre **6** *vt* (*remerciements*) offrir, présenter : *to extend an invitation to sb* inviter qn ◊ *to extend a warm welcome to sb* accueillir qn chaleureusement

extension /ɪk'stenʃn/ *n* **1** extension **2** ~ **(to sth)** annexe (de qch) **3** (*période*) prolongation **4** (*échéance, crédit*) délai supplémentaire, prorogation **5** (*Télécom, maison*) poste supplémentaire **6** (*Télécom, bureau*) poste **7** (*câble, table*) rallonge

extensive /ɪk'stensɪv/ *adj* **1** (*surface*) vaste **2** (*dégâts*) important, considérable **3** (*connaissances, pouvoir*) étendu **extensively** *adv* considérablement, beaucoup : *He's travelled extensively in China.* Il a beaucoup voyagé en Chine.

extent /ɪk'stent/ *n* étendue : *the full extent of the losses* le montant exact des pertes subies LOC **to a large/great extent** dans une grande mesure **to a lesser extent** dans une moindre mesure **to some/a certain extent** dans une certaine mesure **to what extent** dans quelle mesure, jusqu'à quel point

exterior /ɪk'stɪəriə(r)/ ♦ *adj* extérieur ♦ *n* **1** extérieur **2** (*personne*) extérieur, apparence

exterminate /ɪk'stɜːmɪneɪt/ *vt* exterminer

external /ɪk'stɜːnl/ *adj* externe, extérieur : *external affairs* affaires extérieures

extinct /ɪk'stɪŋkt/ *adj* **1** (*animal*) disparu : *to become extinct* disparaître **2** (*volcan*) éteint **extinction** *n* extinction, disparition

extinguish /ɪk'stɪŋgwɪʃ/ *vt* éteindre (*feu*) ☛ L'expression **put out** est plus courante. **extinguisher** *n* extincteur

extort /ɪk'stɔːt/ *vt* ~ **sth (from sb)** extorquer qch (à qn) **extortion** *n* extorsion

extortionate /ɪk'stɔːʃənət/ *adj* exorbitant

extra /'ekstrə/ ♦ *adj* **1** supplémentaire : *an extra charge* un supplément ◊ *Wine is extra.* Le vin n'est pas compris.

2 (*Sport*) : *extra time* prolongations ◆ *adv* **1** plus, davantage : *to pay extra* payer plus **2** extrêmement ◆ *n* **1** option, supplément **2** (*Cin*) figurant, -e

extract /ɪk'strækt/ ◆ *vt* **1** ~ **sth (from sth)** extraire qch (de qch) **2** (*dent*) arracher, extraire : *to have a tooth extracted* se faire arracher une dent **3** ~ **sth (from sb/sth)** soutirer qch (à qn) ; tirer qch (de qn/qch) ◆ /'ekstrækt/ *n* **1** extrait **2** (*livre, musique*) extrait, morceau

extra-curricular /ˌekstre kə'rɪkjələ(r)/ *adj* parascolaire

extraordinary /ɪk'strɔːdnri ; *USA* -dəneri/ *adj* extraordinaire

extravagant /ɪk'strævəgənt/ *adj* **1** (*personne*) dépensier **2** (*goût*) coûteux **3** (*idée, comportement*) extravagant, excessif **extravagance** *n* **1** prodigalité, gaspillage **2** luxe, folie

extreme /ɪk'striːm/ *adj, n* extrême : *with extreme care* avec beaucoup de soin **extremely** *adv* extrêmement **extremist** *n* extrémiste **extremity** /ɪk'streməti/ *n* (*pl* **-ies**) **1** extrémité **2** degré extrême

extricate /'ekstrɪkeɪt/ *vt* (*sout*) ~ **sb/sth (from sth)** **1** dégager qn/qch (de qch) **2** sortir qn/qch (de qch)

extrovert /'ekstrəvɜːt/ *n, adj* extraverti, -e

exuberant /ɪg'zjuːbərənt ; *USA* -'zuː-/ *adj* exubérant

exude /ɪg'zjuːd ; *USA* -'zuːd/ *vt, vi* **1** (*sout*) exsuder, (se) dégager **2** (*fig*) déborder (de), respirer

eye /aɪ/ ◆ *n* œil : *Her eyes were blue/ She had blue eyes.* Elle avait les yeux bleus. ◊ *with your eyes closed* les yeux fermés LOC **before your very eyes** sous mes, tes, etc. yeux **in the eyes of sb/in sb's eyes** aux yeux de qn **in the eyes of the law** aux yeux de la loi **to have an eye for sth** s'y connaître en qch : *I have an eye for a bargain.* Je sais repérer les bonnes affaires. **to have your eye on sth** avoir envie de qch, avoir qch en vue **to keep an eye on sb/sth** surveiller qn/qch **(not) to see eye to eye with sb** (ne pas) voir les choses du même œil que qn, (ne pas) être de l'avis de qn *Voir aussi* BRING, CAST, CATCH, CLOSE[1], CRY, EAR[1], MEET[1], MIND, NAKED, TURN ◆ *vt* (*part présent* **eyeing**) regarder PHR V **to eye sb up** lorgner qn

eyeball /'aɪbɔːl/ *n* globe oculaire

eyebrow /'aɪbraʊ/ *n* sourcil LOC *Voir* RAISE

eye-catching /'aɪ kætʃɪŋ/ *adj* attrayant, accrocheur

eyelash /'aɪlæʃ/ (*aussi* **lash**) *n* cil

eye-level /'aɪ levl/ *adj* qui est à la hauteur des yeux

eyelid /'aɪlɪd/ (*aussi* **lid**) *n* paupière LOC *Voir* BAT[2]

eyeshadow /'aɪʃædəʊ/ *n* fard à paupières

eyesight /'aɪsaɪt/ *n* vue

eyewitness /'aɪwɪtnəs/ *n* témoin oculaire

Ff

F, f /ef/ *n* (*pl* **F's, f's** /efs/) **1** F, f : *F for Frederick* F comme Frédéric ☛ *Voir exemples sous* A, A **2** (*Mus*) fa **3** (*École*) ☛ *Voir note sous* MARK

fable /'feɪbl/ *n* fable, légende

fabric /'fæbrɪk/ *n* **1** tissu ☛ *Voir note sous* TISSU **2 the ~ of sth** [*sing*] (*pr et fig*) le tissu, la structure de qch

fabulous /'fæbjələs/ *adj* **1** sensationnel **2** fabuleux

façade /fə'sɑːd/ *n* (*pr et fig*) façade

face[1] /feɪs/ *n* **1** visage, figure : *to wash your face* se laver la figure ◊ *face down(wards)/up(wards)* sur le ventre/ sur le dos **2** face, surface : *the north face of Mont Blanc* la face nord du mont Blanc ◊ *a rock face* une paroi rocheuse **3** cadran (*d'une montre*) **4** air : *a long face* une tête d'enterrement **5** aspect : *the unacceptable face of capitalism* le côté inadmissible du capitalisme LOC **face to face** face à face : *to come face to face with sth* se retrouver face à qch **in the face of sth 1** en dépit de qch **2** face à qch, devant qch **on the**

face of it (*fam*) à première vue **to make/pull faces** faire des grimaces **to sb's face** : *I'll tell her to her face.* Je vais le lui dire en face. ☛ *Comparer avec* BEHIND SB'S BACK *sous* BACK[1] *Voir aussi* BRAVE, BRING, CUP, SAVE, STRAIGHT

face[2] /feɪs/ *vt* **1** être en face de : *They sat down facing each other.* Ils se sont assis l'un en face de l'autre. **2** donner sur : *a house facing the park* une maison qui donne sur le parc **3** faire face à : *to face facts* voir les choses comme elles sont ◊ *Let's face it.* Regardons la réalité en face. **4** se présenter à, se poser à : *the situation facing us* la situation à laquelle nous devons faire face **5** (*peine, amende*) encourir, risquer **6** revêtir LOC *Voir* LET[1] PHR V **to face up to sb/sth** faire face à qn/qch

faceless /'feɪsləs/ *adj* anonyme

facelift /'feɪslɪft/ *n* **1** lifting **2** (*fig*) rénovation

facet /'fæsɪt/ *n* **1** aspect **2** facette

facetious /fə'siːʃəs/ *adj* (*péj*) facétieux

face value *n* valeur nominale LOC **to accept/take sth at its face value** prendre qch au pied de la lettre

facial /'feɪʃl/ ◆ *adj* du/pour le visage ◆ *n* nettoyage de peau

facile /'fæsaɪl ; *USA* 'fæsl/ *adj* (*péj*) facile, superficiel

facilitate /fə'sɪlɪteɪt/ *vt* (*sout*) faciliter

facility /fə'sɪləti/ *n* **1 facilities** [*pl*] : *sports facilities* équipements sportifs ◊ *cooking facilities* coin cuisine **2** [*sing*] facilité, aptitude **3** [*sing*] fonction

fact /fækt/ *n* fait : *the fact that...* le fait que... LOC **the facts and figures** (*fam*) les détails **in fact 1** en fait, effectivement **2** en fait, en réalité **the facts of life** (*euph*) comment les enfants viennent au monde *Voir aussi* ACTUAL, MATTER, POINT

factor /'fæktə(r)/ *n* facteur

factory /'fæktəri/ *n* (*pl* **-ies**) usine : *a shoe factory* une usine de chaussures ◊ *factory workers* ouvriers d'usine

factual /'fæktʃuəl/ *adj* factuel, basé sur les faits

faculty /'fæklti/ *n* (*pl* **-ies**) **1** faculté : *the Arts Faculty* la faculté de lettres **2** (*USA*) corps enseignant

fad /fæd/ *n* engouement

fade /feɪd/ **1** *vt, vi* (se) faner, (se) décolorer **2** *vi* (*fleur, beauté*) se faner PHR V **to fade away 1** disparaître **2** dépérir

fag /fæg/ *n* **1** [*sing*] (*fam*) corvée **2** (*GB, fam*) clope **3** (*USA, injurieux*) pédé

fail /feɪl/ ◆ **1** *vt* (*examen*) échouer à : *I failed my driving test.* J'ai raté mon permis. **2** *vt* (*candidat*) recaler, refuser **3** *vi* ~ **(in sth)** échouer, ne pas réussir (à/en qch) : *to fail in your duty* manquer à son devoir **4** *vi* ~ **to do sth** négliger de faire qch : *They failed to notice anything unusual.* Ils ne remarquèrent rien d'anormal. **5** *vi* (*force*) baisser **6** *vi* (*santé*) décliner **7** *vi* (*récolte*) être mauvais **8** *vi* (*moteur*) tomber en panne **9** *vi* (*freins*) lâcher **10** *vi* (*société*) faire faillite ◆ *n* échec LOC **without fail** sans faute

failing /'feɪlɪŋ/ ◆ *n* défaut ◆ *prép* à défaut de : *failing that* faute de quoi

failure /'feɪljə(r)/ *n* **1** échec **2** (*personne*) raté, -e **3** panne, défaillance : *engine failure* panne de moteur ◊ *heart failure* défaillance cardiaque **4** ~ **to do sth** : *His failure to help us was disappointing.* Nous étions déçus qu'il ne nous ait pas aidés.

faint /feɪnt/ ◆ *adj* (**-er**, **-est**) **1** (*son, espoir*) faible **2** (*trace, odeur*) léger **3** (*ressemblance*) vague : *I haven't the faintest idea what you mean.* Je ne vois pas du tout ce que tu veux dire. **4** faible : *to be faint from/with hunger* défaillir de faim ◊ *to feel faint* se sentir mal ◆ *vi* s'évanouir ◆ *n* [*sing*] évanouissement **faintly** *adv* **1** faiblement **2** vaguement

fair /feə(r)/ ◆ *adj* (**-er**, **-est**) **1** ~ **(to/on sb)** juste, équitable (envers qn) : *It's not fair.* Ce n'est pas juste. **2** (*temps*) beau **3** (*cheveux*) blond ☛ *Voir note sous* BLOND **4** (*teint*) clair **5** (*connaissances, résultat, etc.*) assez bon : *a fair size* assez grand LOC **fair and square 1** loyalement **2** indiscutablement **fair game** une proie facile : *The older children consider the younger ones fair game.* Les grands pensent qu'il est facile de s'en prendre aux petits. **fair play** fair-play **to have, etc. (more than) your fair share of sth** : *We've had more than our fair share of trouble.* Nous avons largement eu notre part d'ennuis. ◆ *n* **1** foire, kermesse **2** salon : *a trade fair* un salon

fair-haired /ˌfeə 'heəd/ *adj* blond

fairly /'feəli/ *adv* **1** de façon équitable **2** honnêtement, loyalement **3** [*avant adj ou adv*] assez : *It's fairly easy.* C'est assez facile. ◊ *It's fairly good.* Ce n'est pas mauvais. ◊ *fairly quickly* plutôt vite

Les adverbes **fairly**, **quite**, **rather** et **pretty** modifient l'intensité de l'adjectif ou de l'adverbe auxquels ils se rapportent. **Fairly** est le moins fort de ces adverbes.

fairy /'feəri/ *n* (*pl* **-ies**) fée : *a fairy tale* un conte de fées ◊ *her fairy godmother* sa bonne fée

faith /feɪθ/ *n* **1** ~ **(in sb/sth)** foi, confiance (en qn/dans qch) **2** (*Relig*) ~ **(in sth)** foi (en qch) LOC **in bad/good faith** de mauvaise foi/en toute bonne foi **to put your faith in sb/sth** mettre tous ses espoirs en qn/dans qch *Voir aussi* BREACH

faithful /'feɪθfl/ *adj* fidèle **faithfully** *adv* fidèlement LOC *Voir* YOURS

fake /feɪk/ ◆ *n* **1** (*tableau*) faux **2** (*objet*) imitation **3** imposteur ◆ *adj* faux ◆ **1** *vt* (*signature, document*) contrefaire **2** *vt* feindre **3** *vi* faire semblant

falcon /'fɔːlkən ; *USA* 'fælkən/ *n* faucon

fall /fɔːl/ ◆ *vi* (*prét* **fell** /fel/ *pp* **fallen** /'fɔːlən/) **1** (*pr et fig*) tomber **2** (*prix, température*) baisser

Le verbe **fall** indique parfois un changement d'état, par exemple : *She fell asleep.* Elle s'est endormie. ◊ *He fell ill.* Il est tombé malade.

LOC **to fall in love (with sb)** tomber amoureux (de qn) **to fall short of sth** ne pas atteindre qch **to fall victim to sth** être victime de qch *Voir aussi* FOOT

PHR V **to fall apart** tomber en morceaux, se désagréger

to fall back reculer **to fall back on sb/sth** avoir recours à qn/qch

to fall behind (sb/sth) se laisser distancer (par qn/qch) **to fall behind with sth** prendre du retard dans qch

to fall down 1 (*personne*) tomber **2** (*bâtiment*) s'effondrer, s'écrouler

to fall for sb (*fam*) tomber amoureux de qn

to fall for sth (*fam*) se laisser prendre à qch : *You fell for it.* Tu t'es fait avoir.

to fall in 1 (*plafond*) s'effondrer **2** (*Mil*) se mettre en rang

to fall off 1 tomber **2** baisser

to fall on/upon sb incomber à qn

to fall out (with sb) se brouiller (avec qn)

to fall over tomber, se renverser **to fall over sth** trébucher sur qch

to fall through tomber à l'eau ◆ *n* **1** (*pr et fig*) chute **2** baisse **3** *a fall of snow* une chute de neige **4** (*USA*) automne **5** [*gén pl*] (*Géogr*) chutes

fallen /'fɔːlən/ ◆ *adj* tombé, mort *pp de* FALL

false /fɔːls/ *adj* **1** faux **2** (*cils, etc.*) faux : *my false teeth* mon dentier **3** (*moyens*) frauduleux LOC **a false alarm** une fausse alerte **a false move** un faux pas **a false start** un faux départ

falsify /'fɔːlsɪfaɪ/ *vt* (*prét, pp* **-fied**) falsifier

falter /'fɔːltə(r)/ *vi* **1** (*personne*) chanceler, vaciller **2** (*voix*) hésiter

fame /feɪm/ *n* renommée

familiar /fə'mɪliə(r)/ *adj* **1** familier, connu **2 to be** ~ **with sb/sth** bien connaître qn/qch **familiarity** /fəˌmɪli'ærəti/ *n* **1** ~ **with sth** connaissance de qch, familiarité avec qch **2** familiarité

family /'fæməli/ *n* [*v sing ou pl*] (*pl* **-ies**) famille : *your family name* votre nom de famille ◊ *a family man* un bon père de famille ◊ *my family tree* mon arbre généalogique ☛ *Voir note sous* FAMILLE LOC *Voir* RUN

famine /'fæmɪn/ *n* famine ☛ *Voir note sous* FAIM

famous /'feɪməs/ *adj* célèbre

fan /fæn/ ◆ *n* **1** fan : *football fans* des supporters de foot **2** ventilateur **3** éventail ◆ *vt* (**-nn-**) **1** rafraîchir : *to fan yourself* s'éventer **2** (*dispute, feu*) attiser PHR V **to fan out** se déployer

fanatic /fə'nætɪk/ *n* fanatique **fanatical** *adj* fanatique

fanciful /'fænsɪfl/ *adj* **1** (*idée*) extravagant, excentrique **2** (*objet*) fantaisie, recherché

fancy /'fænsi/ ◆ *n* **1** caprice, fantaisie **2** imagination LOC **to catch/take sb's fancy** faire envie à qn : *whatever takes your fancy* ce qui vous chante **to take a fancy to sb/sth** s'enticher de qn/qch ◆ *adj* recherché, extravagant : *nothing fancy* rien de spécial ◆ *vt* (*prét, pp* **fancied**) **1** (*fam*) avoir envie de : *Do you fancy a drink?* Ça te dit d'aller boire un verre ? **2** (*GB, fam*) : *I don't fancy him.* Il ne me plaît pas. **3** imaginer LOC **fancy (that)!** ça alors ! **to fancy yourself as sth** (*fam*) se prendre pour qch

fancy dress *n* [*indénombrable*] déguisement, costume

fantastic /fæn'tæstɪk/ *adj* **1** formidable, fantastique **2** invraisemblable

fantasy /'fæntəsi/ *n* (*pl* **-ies**) rêve, fantasme

far /fɑ:(r)/ ◆ *adj* (*compar* **farther** /'fɑ:ðə(r)/ *ou* **further** /'fɜ:ðə(r)/ *superl* **farthest** /'fɑ:ðɪst/ *ou* **furthest** /'fɜ:ðɪst/) **1** extrême : *the far north* l'extrême nord **2** autre : *the far end* l'autre bout ◊ *on the far bank* de l'autre côté **3** (*vieilli*) lointain ◆ *adv* (*compar* **farther** /'fɑ:ðə(r)/ *ou* **further** /'fɜ:ðə(r)/ *superl* **furthest** /'fɜ:ðɪst/) *Voir aussi* FURTHER, FURTHEST **1** loin : *Is it far?* Est-ce que c'est loin ? ◊ *How far is it?* C'est à combien d'ici ? ☛ **Far** s'emploie dans ce sens dans les phrases négatives ou interrogatives. Dans les phrases affirmatives, on emploie plutôt **a long way**. **2** [*suivi d'une préposition, d'un comparatif*] beaucoup, bien : *far above/far beyond sth* bien au-dessus/au-delà de qch ◊ *It's far easier for him.* C'est beaucoup plus facile pour lui. LOC **as far as** jusqu'à **as/so far as** : *as far as I know* (pour) autant que je sache **as/so far as sb/sth is concerned** en ce qui concerne qn/qch **by far** de loin **far and wide** partout **far away** loin **far from it** (*fam*) loin de là, au contraire **far from (doing) sth** loin d'être qch/loin de faire qch **go too far** exagérer, dépasser les bornes **in so far as** dans la mesure où **so far 1** jusqu'ici **2** jusqu'à un certain point **so far, so good** jusqu'ici tout va bien *Voir aussi* AFIELD, FEW

faraway /'fɑ:rəweɪ/ *adj* **1** (*lieu*) lointain **2** (*regard*) absent

fare /feə(r)/ ◆ *n* prix du ticket/du billet/de la course ◆ *vi* (*sout*) : *to fare well/badly* bien/mal se débrouiller

farewell /ˌfeə'wel/ ◆ *excl* (*vieilli, sout*) adieu ◆ *n* adieu : *a farewell dinner* un dîner d'adieu LOC **bid/say farewell to sb/sth** dire adieu à qn/qch

farm /fɑ:m/ ◆ *n* ferme ◆ **1** *vi* être fermier **2** *vt* cultiver, exploiter

farmer /'fɑ:mə(r)/ *n* fermier, -ière, agriculteur, -trice

farmhouse /'fɑ:mhaʊs/ *n* ferme (*bâtiment*)

farming /'fɑ:mɪŋ/ *n* agriculture

farmyard /'fɑ:mjɑ:d/ *n* cour de ferme

fart /fɑ:t/ ◆ *n* (*fam*) pet ◆ *vi* (*fam*) péter

farther /'fɑ:ðə(r)/ *adv* (*compar de* **far**) plus loin : *I can swim farther than you.* J'arrive à nager plus loin que toi. ☛ *Voir note sous* FURTHER

farthest /'fɑ:ðɪst/ *adj, adv* (*superl de* **far**) *Voir* FURTHEST

fascinate /'fæsɪneɪt/ *vt* fasciner **fascinating** *adj* fascinant

fascism /'fæʃɪzəm/ *n* fascisme **fascist** *adj, n* fasciste

fashion /'fæʃn/ ◆ *n* **1** mode **2** [*sing*] façon, manière LOC **to be/go out of fashion** être démodé/se démoder **to be in/come into fashion** être/devenir à la mode *Voir aussi* HEIGHT ◆ *vt* fabriquer, façonner

fashionable /'fæʃnəbl/ *adj* à la mode

fast[1] /fɑ:st ; *USA* fæst/ ◆ *adj* (**-er**, **-est**) **1** rapide

> **Fast** et **quick** se traduisent tous les deux par rapide, mais **fast** désigne les personnes, les animaux et les choses qui se déplacent rapidement : *a fast horse/runner/car* un cheval/un coureur/une voiture rapide, alors que **quick** désigne quelque chose que l'on effectue rapidement : *a quick decision/visit* une décision/visite rapide.

2 (*montre*) : *to be fast* avancer ◊ *My watch is five minutes fast.* Ma montre avance de cinq minutes. LOC *Voir* BUCK[3] ◆ *adv* (**-er**, **-est**) vite, rapidement

fast[2] /fɑ:st ; *USA* fæst/ ◆ *adj* **1** bien attaché, bien fermé **2** (*couleur*) grand teint ◆ *adv* : *fast asleep* profondément endormi LOC *Voir* HOLD, STAND

fast[3] /fɑ:st ; *USA* fæst/ ◆ *vi* jeûner ◆ *n* jeûne

fasten /'fɑ:sn ; *USA* 'fæsn/ **1** *vt* ~ **sth (down)** attacher qch : *Please fasten your seat belts.* Veuillez attacher vos ceintures. **2** *vt* ~ **sth (up)** attacher, boutonner qch : *Fasten up your coat.* Attache ton manteau. **3** *vt* fixer, attacher : *fasten sth together* attacher qch **4** *vi* s'attacher, se boutonner

fastidious /fə'stɪdiəs, fæ-/ *adj* difficile, exigeant

fat /fæt/ ◆ *adj* (**fatter**, **fattest**) **1** gros : *You're getting fat.* Tu prends de l'embonpoint. ☛ Les termes suivants sont moins directs que **fat** : **chubby**, **stout**, **plump** et **overweight**. **2** gras ◆ *n* gras, graisse

fatal /ˈfeɪtl/ *adj* **1** ~ **(to sb/sth)** mortel (pour qn/qch) ; fatal (à qn/qch) **2** (*sout*) fatidique **fatality** /fəˈtæləti/ *n* (*pl* **-ies**) mort, -e, victime (*d'un accident*)

fate /feɪt/ *n* destin, sort **fated** *adj* ~ **to do sth** destiné à faire qch **fateful** *adj* fatal, fatidique

father /ˈfɑːðə(r)/ ◆ *n* père : *Father Christmas* le Père Noël ☛ *Voir note sous* NOËL LOC **like father, like son** tel père, tel fils ◆ *vt* engendrer **fatherhood** *n* paternité **fatherly** *adj* paternel

father-in-law /ˈfɑːðər ɪn lɔː/ *n* (*pl* **-ers-in-law**) beau-père

Father's Day *n* fête des pères

fatigue /fəˈtiːg/ ◆ *n* épuisement ◆ *vt* épuiser

fatten /ˈfætn/ *vt* **1** (*animal*) engraisser **2** (*personne*) faire grossir *Voir aussi* TO LOSE/PUT ON WEIGHT *sous* WEIGHT **fattening** *adj* qui fait grossir : *Butter is very fattening.* Le beurre fait beaucoup grossir.

fatty /ˈfæti/ *adj* **1** (*nourriture*) gras **2** (**-ier**, **-iest**) (*Méd*) adipeux

faucet /ˈfɔːsɪt/ *n* (*USA*) robinet

fault /fɔːlt/ ◆ *n* **1** défaut ☛ *Voir note sous* MISTAKE **2** anomalie **3** faute : *Whose fault is it?* À qui la faute ? ◊ *It's your fault.* C'est de ta faute. **4** (*Sport*) faute **5** (*Géol*) faille LOC **be at fault** être en tort *Voir aussi* FIND ◆ *vt* critiquer : *She can't be faulted.* On ne peut pas la prendre en défaut.

faultless /ˈfɔːltləs/ *adj* impeccable, irréprochable

faulty /ˈfɔːlti/ *adj* (**-ier**, **-iest**) défectueux

fauna /ˈfɔːnə/ *n* faune

favour (*USA* **favor**) /ˈfeɪvə(r)/ ◆ *n* service : *to ask a favour of sb* demander un service à qn ◊ *to do sb a favour* rendre un service à qn LOC **to be in favour of (doing) sth** être pour (faire) qch *Voir aussi* CURRY ◆ *vt* **1** être favorable à, être pour **2** préférer

favourable (*USA* **favor-**) /ˈfeɪvərəbl/ *adj* **1** ~ **(for sth)** bon (pour qch) ; favorable **2** ~ **(to/towards sb/sth)** favorable (à qn/qch)

favourite (*USA* **favor-**) /ˈfeɪvərɪt/ ◆ *n* **1** préféré, -e **2** chouchou, chouchoute **3** (*Sport*) favori, -ite ◆ *adj* préféré, favori

fawn /fɔːn/ ◆ *n* faon ☛ *Voir note sous* CERF ◆ *adj, n* fauve

fax /fæks/ ◆ *n* fax ◆ *vt* **1 to fax sb** envoyer un fax à qn **2 to fax sth (to sb)** faxer qch (à qn)

fear /fɪə(r)/ ◆ *n* crainte, peur : *to shake with fear* trembler de peur LOC **for fear of (doing) sth** de peur de faire qch, par peur de qch **for fear (that)...** de peur que... **in fear of sb/sth** dans la crainte de qn/qch ◆ *vt* craindre : *I fear so/not.* Je crains bien que oui/non.

fearful /ˈfɪəfl/ *adj* **1** terrible, affreux **2** craintif

fearless /ˈfɪələs/ *adj* intrépide

fearsome /ˈfɪəsəm/ *adj* **1** effrayant **2** effroyable

feasible /ˈfiːzəbl/ *adj* faisable **feasibility** /ˌfiːzəˈbɪləti/ *n* possibilité

feast /fiːst/ ◆ *n* **1** festin **2** (*Relig*) fête ◆ *vi* ~ **(on sth)** se régaler (de qch)

feat /fiːt/ *n* prouesse, exploit

feather /ˈfeðə(r)/ *n* plume

feature /ˈfiːtʃə(r)/ ◆ *n* **1** caractéristique, trait **2 features** [*pl*] traits ◆ *vt* : *featuring Leonardo DiCaprio* avec Leonardo DiCaprio **featureless** *adj* sans caractère

February /ˈfebruəri ; *USA* -ueri/ *n* (*abrév* **Feb**) février ☛ *Voir note et exemples sous* JANUARY

fed *prét, pp de* FEED

federal /ˈfedərəl/ *adj* fédéral

federation /ˌfedəˈreɪʃn/ *n* fédération

fed up *adj* **to be ~ (about/with sb/sth)** (*fam*) en avoir marre (de qn/qch)

fee /fiː/ *n* **1** [*gén pl*] honoraires **2** cotisation (*à une association*) **3** *school fees* frais de scolarité **4** prix, tarif

feeble /ˈfiːbl/ *adj* (**-er**, **-est**) **1** faible **2** (*péj*) (*excuse*) piètre

feed /fiːd/ ◆ (*prét, pp* **fed** /fed/) **1** *vt* nourrir : *Have you fed the cats?* Est-ce que tu as donné à manger aux chats ? **2** *vi* ~ **(on sth)** se nourrir (de qch) ; manger (qch) **3** *vt* (*données, etc.*) entrer, introduire ◆ *n* **1** biberon, tétée **2** nourriture (*pour animaux*)

feedback /ˈfiːdbæk/ *n* [*indénombrable*] commentaires, réactions

feel /fiːl/ ◆ (*prét, pp* **felt** /felt/) **1** *vt* toucher : *She felt the water.* Elle a contrôlé la température de l'eau. ☛ *Voir note sous* SENTIR **2** *vt* sentir, ressentir **3** *vi* se sentir : *I felt like a fool.* Je me suis senti bête. ◊ *to feel happy* être heureux ◊ *to feel cold/hungry* avoir froid/faim **4** *vt, vi* penser : *How do you feel about him?* Qu'est-ce que tu penses de lui ? **5** *vi* (*objet*) être, avoir l'air (*au toucher*) : *These sheets feel soft.* Ces draps sont doux au toucher. ◊ *It feels like leather.* On dirait du cuir. LOC **to feel as if/as though...** avoir l'impression que... : *I feel as if I'm going to be sick.* J'ai l'impression que je vais vomir. **to feel good** se sentir bien **to feel like (doing) sth** avoir envie de (faire) qch : *I felt like hitting him.* J'avais envie de le frapper. **to feel sorry for yourself** s'apitoyer sur son sort **to feel yourself** être dans son assiette **to feel your way 1** avancer à tâtons **2** avancer avec précaution LOC *Voir* COLOUR, DOWN[1], DRAIN, EASE, SORRY PHR V **to feel about (for sth)** chercher qch à tâtons, tâtonner **to feel for sb** plaindre qn **to feel up to (doing) sth** se sentir capable de (faire) qch ◆ *n* : *Let me have a feel.* Laisse-moi toucher. LOC **to get the feel of (doing) sth** (*fam*) s'habituer à (faire) qch

feeling /'fi:lɪŋ/ *n* **1** ~ **(of...)** sensation (de...) **2** impression : *I've got a feeling that...* J'ai l'impression que... **3** [*sing*] opinion **4 feelings** [*pl*] sentiment : *Have I hurt your feelings?* Est-ce que je t'ai blessé ? **5** sensibilité : *to lose all feeling* devenir insensible LOC **bad/ill feeling** ressentiment *Voir aussi* MIXED *sous* MIX

feet *pl de* FOOT

fell /fel/ **1** *prét de* FALL **2** *vt* (*arbre*) abattre **3** *vt* (*personne*) assommer

fellow /'feləʊ/ ◆ *n* **1** (*fam*) type : *He's a nice fellow.* C'est un type bien. **2** compagnon, compagne, confrère, consœur ◆ *adj* : *their fellow countrymen* leurs compatriotes ◊ *our fellow passengers* nos compagnons de voyage ◊ *my fellow Scots* mes compatriotes écossais

fellowship /'feləʊʃɪp/ *n* camaraderie

felt[1] *prét, pp de* FEEL

felt[2] /felt/ *n* feutre

felt-tip pen /ˌfelt tɪp 'pen/ (*aussi* **felt tip**) *n* feutre (*stylo*)

female /'fi:meɪl/ ◆ *adj* **1** féminin, de la femme ☛ **Female** s'emploie dans ce sens pour désigner les caractéristiques physiques de la femme : *the female figure* le corps de la femme *Comparer avec* FEMININE. **2** femelle ☛ **Female** et **male** s'emploient pour préciser le sexe des personnes ou des animaux : *a female friend* une amie ◊ *a male colleague* un collègue ◊ *a female rabbit* une lapine **3** de la femme, des femmes : *female emancipation* l'émancipation de la femme ◆ *n* **1** femelle **2** femme

feminine /'femənɪn/ *adj* féminin

Feminine s'emploie pour désigner les qualités considérées comme typiques des femmes. Comparer avec EFFEMINATE.

feminism /'femənɪzəm/ *n* féminisme **feminist** *n* féministe

fence[1] /fens/ ◆ *n* clôture ◆ *vt* clôturer

fence[2] /fens/ *vi* faire de l'escrime **fencing** *n* escrime

fend /fend/ PHR V **to fend for yourself** se débrouiller tout seul **to fend sb off** repousser qn **to fend sth off** parer qch, se dérober à qch

ferment /fə'ment/ ◆ *vt, vi* (faire) fermenter ◆ /'fɜ:ment/ *n* agitation, effervescence

fern /fɜ:n/ *n* fougère

ferocious /fə'rəʊʃəs/ *adj* féroce

ferocity /fə'rɒsəti/ *n* férocité

ferry /'feri/ ◆ *n* (*pl* **-ies**) ferry : *a car ferry* un ferry ◆ *vt* (*prét, pp* **ferried**) transporter

fertile /'fɜ:taɪl ; *USA* 'fə:rtl/ *adj* **1** fertile, fécond **2** (*imagination*) fertile : *fertile debate* une discussion productive

fertility /fə'tɪləti/ *n* fertilité, fécondité

fertilization, -isation /ˌfɜ:təlaɪ'zeɪʃn/ *n* **1** fécondation **2** fertilisation

fertilize, -ise /'fɜ:təlaɪz/ *vt* **1** féconder **2** fertiliser **fertilizer, -iser** *n* engrais

fervent /'fɜ:vənt/ (*aussi* **fervid**) *adj* fervent

fester /'festə(r)/ *vi* suppurer

festival /'festɪvl/ *n* **1** festival **2** (*Relig*) fête

fetch /fetʃ/ *vt* **1** aller chercher ☛ *Voir illustration sous* TAKE **2** apporter, rapporter **3** (*somme*) rapporter : *What price did it fetch?* Ça a atteint quel prix ?

fête /feɪt/ *n* kermesse, fête : *the village fête* la fête du village *Voir aussi* BAZAAR

fetus *Voir* FOETUS

feud /fju:d/ ◆ *n* querelle ◆ *vi* ~ **(with sb/sth)** se quereller (avec qn/qch)

feudal /'fju:dl/ *adj* féodal **feudalism** *n* féodalisme

fever /'fi:və(r)/ *n* (*pr et fig*) fièvre **feverish** *adj* **1** fiévreux **2** fébrile

few /fju:/ *adj, pron* **1** (**fewer**, **fewest**)

peu de : *There are very few differences.* Il y a très peu de différences. ◊ *Few would disagree.* Peu de gens diraient le contraire. ◊ *fewer than six items* moins de six articles ☛ *Voir note sous* LESS **2 a few** quelques : *a few minutes* quelques minutes ◊ *every few minutes* toutes les deux minutes ◊ *I made a few myself.* J'en ai fait quelques-uns.

Few ou **a few**? *Few* a un sens plutôt négatif et se traduit par *peu de*. **A few** a un sens positif et correspond à *quelques, des*. Comparez les exemples suivants : *Few people turned up.* Peu de personnes sont venues. ◊ *I've got a few friends coming for dinner.* J'ai des amis à dîner.

LOC **a good few**; **not a few**; **quite a few** un bon nombre (de), pas mal (de) **few and far between** rarissimes

fiancé (*fém* **fiancée**) /fi'ɒnseɪ; *USA* ˌfiːɑːn'seɪ/ *n* fiancé, -e

fiasco /fi'æskəʊ/ *n* (*pl* **-os**) fiasco

fib /fɪb/ ◆ *n* (*fam*) bobard ◆ *vi* (*fam*) (**-bb-**) raconter des bobards

fibre (*USA* **fiber**) /'faɪbə(r)/ *n* **1** fibre **2** (*alimentation*) fibres **3** courage **fibrous** *adj* fibreux

fickle /'fɪkl/ *adj* inconstant

fiction /'fɪkʃn/ *n* **1** [*indénombrable*] romans **2** fiction

fiddle /'fɪdl/ ◆ *n* (*fam*) **1** violon **2** magouille LOC *Voir* FIT[1] ◆ **1** *vt* (*fam*) (*comptes, etc.*) falsifier, truquer **2** *vi* jouer du violon **3** *vi* ~ **(about/around) with sth** tripoter qch PHR V **to fiddle around** traînasser **fiddler** *n* violoniste

fiddly /'fɪdli/ *adj* (*fam*) délicat, difficile à manier

fidelity /fɪ'deləti/ *n* ~ **(to sb/sth)** fidélité (à qn/qch) ☛ Le terme **faithfulness** est plus courant.

fidget /'fɪdʒɪt/ *vi* gigoter

field /fiːld/ *n* **1** champ **2** (*fig*) domaine **3** (*Sport*) terrain

fiend /fiːnd/ *n* **1** monstre **2** (*fam*) fana, mordu, -e **3** démon **fiendish** *adj* (*fam*) monstrueux, diabolique

fierce /fɪəs/ *adj* (**-er**, **-est**) **1** (*animal*) féroce **2** (*chaleur, émotion, etc.*) intense **3** (*résistance*) farouche, acharné

fifteen /ˌfɪf'tiːn/ *adj, pron, n* quinze ☛ *Voir exemples sous* FIVE **fifteenth** *adj, pron, adv, n* quinzième ☛ *Voir exemples sous* FIFTH

fifth (*abrév* **5th**) /fɪfθ/ ◆ *adj, pron, adv, n* cinquième : *We live on the fifth floor.* Nous habitons au cinquième étage. ◊ *It's his fifth birthday today.* Il a cinq ans aujourd'hui. ◊ *She came fifth in the world championships.* Elle est arrivée cinquième au championnat mondial. ◊ *the fifth to arrive* Il est arrivé cinquième ◊ *I was fifth on the list.* J'étais le cinquième sur la liste. ◊ *I've had four cups of coffee already, so this is my fifth.* J'ai déjà bu quatre cafés, c'est donc mon cinquième. ◊ *three fifths* trois cinquièmes ◆ *n* **1 the fifth** le cinq : *They'll be arriving on the fifth of March.* Ils arrivent le cinq mars. **2** (*aussi* **fifth gear**) cinquième (*vitesse*) : *to change into fifth* passer la cinquième

Pour abréger les nombres ordinaux, on fait généralement suivre le chiffre des deux dernières lettres du mot: *1st, 2nd, 3rd, 20th, etc.* ☛ *Voir Appendice 1.*

fifty /'fɪfti/ *adj, pron, n* cinquante : *the fifties* les années cinquante ◊ *to be in your fifties* avoir la cinquantaine ☛ *Voir exemples sous* FIVE LOC **to go fifty-fifty** faire moitié-moitié **fiftieth** *adj, pron, adv, n* cinquantième ☛ Voir Appendice 1 et exemples sous FIFTH.

fig /fɪg/ *n* **1** figue **2** (*aussi* **fig tree**) figuier

fight /faɪt/ ◆ *n* **1** bagarre : *A fight broke out in the pub.* Il y a eu une bagarre au pub. **2** combat, affrontement

Lorsqu'il s'agit de combats continus, notamment pendant une guerre, on emploie souvent le terme **fighting** : *There has been heavy/fierce fighting in the capital.* Des combats acharnés ont eu lieu dans la capitale.

3 ~ **(for/against sb/sth)** lutte (pour/contre qn/qch) **4** dispute LOC **to give up without a fight** abandonner sans opposer de résistance **to put up a good/poor fight** bien/mal se défendre *Voir aussi* PICK ◆ (*prét, pp* **fought** /fɔːt/) **1** *vi, vt* ~ **(against/with sb/sth) (about/over sth)** lutter (contre qn/qch) (pour qch); se battre (contre qn/qch) (pour qch) **2** *vi, vt* ~ **(sb/with sb) (about/over sth)** se disputer (avec qn) (à propos de qch) : *They fought (with) each other about/over the inheritance.* Ils se sont disputé l'héritage. **3** *vt* (*corruption, drogue*) lutter contre, combattre LOC **to fight a battle (against sth)** se battre (contre qch) **to fight it out** se battre

aɪ	aʊ	ɔɪ	ɪə	eə	ʊə	ʒ	h	ŋ
five	now	join	near	hair	pure	vision	how	sing

pour régler un problème : *They must fight it out between them.* Ils doivent régler ça entre eux. **to fight tooth and nail** se battre avec acharnement **to fight your way across, into, through, etc. sth** se frayer un passage à travers, dans, etc. qch PHR V **to fight back** se défendre **to fight for sth** lutter pour qch **to fight sb/sth off** repousser qn/qch

fighter /ˈfaɪtə(r)/ *n* **1** combattant, -e **2** boxeur, -euse **3** battant, -e **4** avion de chasse

figure /ˈfɪɡə(r) ; *USA* ˈfɪɡjər/ ◆ *n* **1** chiffre **2** [*gén sing*] montant, somme **3** personnage, personnalité : *a key figure in Australian politics* un personnage important de la scène politique australienne **4** ligne, silhouette : *to have a good figure* être bien fait **5** figure LOC **to put a figure on sth** chiffrer qch, préciser qch *Voir aussi* FACT ◆ **1** *vi* ~ **(in sth)** apparaître, figurer dans qch **2** (*fam*) *vi* : *It/That figures.* Ça se comprend. **3** *vt* (*surtout USA*) penser : *It's what I figured.* C'est ce que je pensais. PHR V **to figure sth out** **1** arriver à comprendre qch **2** calculer qch

file /faɪl/ ◆ *n* **1** chemise, classeur **2** dossier : *to be on file* être fiché **3** (*Informatique*) fichier **4** lime **5** file : *in single file* en file indienne LOC *Voir* RANK ◆ **1** *vt* ~ **sth (away)** classer qch **2** *vt* (*demande*) déposer **3** *vt* limer **4** *vi* ~ **(past sth)** défiler (devant qch) ; marcher en file indienne **5** *vi* ~ **in, out, etc.** entrer, sortir, etc. l'un après l'autre

fill /fɪl/ **1** *vt* ~ **sth (with sth)** remplir qch (de qch) **2** *vi* ~ **(with sth)** se remplir (de qch) **3** *vt* (*dent*) plomber **4** *vt* (*poste*) occuper LOC *Voir* BILL[1] PHR V **to fill in for sb** remplacer qn **to fill sb in (on sth)** mettre qn au courant (de qch) **to fill sth in/out** remplir qch (*formulaire*)

fillet /ˈfɪlɪt/ *n* filet

filling /ˈfɪlɪŋ/ *n* **1** plombage **2** garniture, farce

film /fɪlm/ ◆ *n* **1** film : *a film star* une vedette de cinéma **2** pellicule ◆ *vt* filmer **filming** *n* tournage

film-maker /ˈfɪlm meɪkə(r)/ *n* cinéaste **film-making** *n* le cinéma

filter /ˈfɪltə(r)/ ◆ *n* filtre ◆ *vt, vi* (faire) passer, filtrer

filth /fɪlθ/ *n* **1** crasse **2** obscénités

filthy /ˈfɪlθi/ *adj* (**-ier**, **-iest**) **1** (*mains, vêtements*) dégoûtant, crasseux **2** (*langage*) grossier, obscène **3** (*habitude, temps*) épouvantable

fin /fɪn/ *n* nageoire, aileron

final /ˈfaɪnl/ ◆ *adj* dernier LOC *Voir* ANALYSIS, STRAW ◆ *n* **1** *the men's final(s)* la finale masculine **2** (*Université*) **finals** [*pl*] examens de dernière année

finalist /ˈfaɪnəlɪst/ *n* finaliste

finally /ˈfaɪnəli/ *adv* **1** pour finir, enfin **2** finalement, enfin **3** définitivement, une fois pour toutes

finance /ˈfaɪnæns, fəˈnæns/ ◆ *n* finance : *a finance company* une société de financement ◊ *the finance minister* le ministre des Finances ◆ *vt* financer **financial** /faɪˈnænʃl, fəˈnæ-/ *adj* financier : *the financial year* l'année budgétaire

find /faɪnd/ *vt* (*prét, pp* **found** /faʊnd/) **1** trouver, retrouver **2** déclarer : *to find sb guilty* déclarer qn coupable LOC **to find fault (with sb/sth)** critiquer (qn/qch) **to find your feet** s'adapter **to find your way** trouver son chemin *Voir aussi* MATCH[2], NOWHERE PHR V **to find out** se renseigner **to find sb out** découvrir qn **to find sth out** découvrir qch, apprendre qch **finding** *n* **1** [*souvent pl*] conclusion, découverte **2** verdict

fine /faɪn/ ◆ *adj* (**finer**, **finest**) **1** très bien : *I'm fine.* Ça va bien. ◊ *Tomorrow's fine for me.* Demain, ça me va. **2** (*soie, sable, traits*) fin **3** (*temps*) beau : *a fine day* une belle journée **4** (*distinction*) subtil LOC **one fine day** un beau jour ◆ *adv* (*fam*) très bien : *That will suit me fine.* Ce sera très bien. LOC *Voir* CUT ◆ *n* amende, contravention ◆ *vt* ~ **sb (for doing sth)** donner une contravention à qn (pour avoir fait qch) : *I was fined £20.* J'ai eu une amende de 20 livres à payer.

fine art (*aussi* **the fine arts** [*pl*]) *n* beaux-arts

finger /ˈfɪŋɡə(r)/ *n* doigt (*de la main*) : *your little finger* l'auriculaire ◊ *your first finger* l'index ◊ *your middle finger* le majeur ◊ *your ring finger* l'annulaire *Voir aussi* THUMB ☛ *Comparer avec* TOE LOC **to be all fingers and thumbs** être très maladroit **to put your finger on sth** mettre le doigt sur qch *Voir aussi* CROSS, WORK[2]

fingernail /ˈfɪŋɡəneɪl/ *n* ongle (*de la main*)

fingerprint /ˈfɪŋɡəprɪnt/ *n* empreinte digitale

fingertip /ˈfɪŋɡətɪp/ *n* bout du doigt LOC **to have sth at your fingertips** connaître qch sur le bout des doigts

finish /ˈfɪnɪʃ/ ◆ **1** *vt, vi* ~ **(sth/doing sth)** finir (qch/de faire qch) ; se terminer **2** *vt* ~ **sth (off/up)** (*repas*) finir, terminer qch PHR V **to finish up** se retrouver : *You'll finish up in hospital.* Tu vas te retrouver à l'hôpital. **to finish with sb** rompre avec qn ◆ *n* **1** fin **2** arrivée **3** fini : *a gloss/matt finish* peinture brillante/mate

finishing line *n* ligne d'arrivée

fir /fɜː(r)/ (*aussi* **fir tree**) *n* sapin

fire /ˈfaɪə(r)/ ◆ *n* **1** feu **2** appareil de chauffage **3** incendie : *the fire alarm* l'alarme d'incendie **4** (*Mil*) feu LOC **to be on fire** être en feu **to be/come under fire 1** essuyer le feu de l'ennemi **2** (*fig*) être vivement critiqué *Voir aussi* CATCH, FRYING PAN, SET[2] ◆ **1** *vt, vi* tirer : *to fire at sb/sth* tirer sur qn/qch **2** *vt* décharger : *to fire a gun* décharger une arme **3** *vt* : *to fire questions at sb* bombarder qn de questions **4** *vt* (*fam*) virer **5** *vt* (*imagination*) enflammer

firearm /ˈfaɪərɑːm/ *n* [*gén pl*] arme à feu

fire brigade (*USA* **fire department**) *n* [*v sing ou pl*] pompiers

fire engine *n* voiture de pompiers

fire escape *n* escalier de secours

fire extinguisher (*aussi* **extinguisher**) *n* extincteur

firefighter /ˈfaɪəfaɪtə(r)/ *n* pompier

fireman /ˈfaɪəmən/ *n* (*pl* **-men** /-mən/) pompier ☛ *Voir note sous* POMPIER

fireplace /ˈfaɪəpleɪs/ *n* cheminée

fire station *n* caserne de pompiers

firewood /ˈfaɪəwʊd/ *n* bois à brûler

firework /ˈfaɪəwɜːk/ *n* feu d'artifice

firing /ˈfaɪərɪŋ/ *n* tir : *the firing line* la ligne de tir ◊ *a firing squad* un peloton d'exécution

firm /fɜːm/ ◆ *n* [*v sing ou pl*] entreprise, société ◆ *adj* (**-er**, **-est**) **1** solide, ferme **2** (*personne*) ferme LOC **a firm hand** : *The children need a firm hand.* Les enfants ont besoin qu'on soit ferme avec eux. **to be on firm ground** être sûr de son fait *Voir aussi* BELIEVER *sous* BELIEVE ◆ *adv* LOC *Voir* HOLD

first (*abrév* **1st**) /fɜːst/ ◆ *adj, pron* premier : *a first night* une première ◊ *my first name* mon prénom ◆ *adv* **1** en premier : *to come first in the race* se classer premier à la course **2** pour la première fois : *I first came to Oxford in 1981.* Je suis venu pour la première fois à Oxford en 1981. **3** d'abord : *Finish your dinner first.* Finis de dîner d'abord. **4** d'abord, avant tout ◆ *n* **1 the first** le premier (*du mois*) **2** (*aussi* **first gear**) la première (*vitesse*) ☛ *Voir exemples sous* FIFTH LOC **at first** au début **at first hand** de première main **first come, first served** les premiers arrivés sont les premiers servis **first of all** tout d'abord **first thing** à la première heure **first things first** commençons par le commencement **from first to last** du début à la fin **from the (very) first** dès le début **to put sb/sth first** faire passer qn/qch avant tout *Voir aussi* HEAD[1]

first aid *n* premiers secours : *a first aid kit* une trousse de premiers secours

first class ◆ *n* **1** première classe **2** tarif normal (*pour le courrier*) ☛ *Voir note sous* STAMP ◆ *adv* en première classe : *to travel first class* voyager en première classe ◊ *to send sth first class* envoyer qch au tarif normal **first-class** *adj* **1** excellent, de premier ordre : *a first-class meal* un repas excellent **2** de première classe : *a first-class ticket* un billet de première classe **3** *a first-class stamp* un timbre au tarif normal

first-hand /ˌfɜːst ˈhænd/ *adj* de première main *adv* de première main

firstly /ˈfɜːstli/ *adv* premièrement

first-rate /ˌfɜːst ˈreɪt/ *adj* excellent

fish /fɪʃ/ ◆ *n* poisson : *fish and chips* poisson frit avec des frites

> Le nom dénombrable **fish** a deux pluriels : **fish** et **fishes**. La forme **fish** est la plus courante : *I caught a lot of fish.* J'ai pris beaucoup de poissons. Le pluriel **fishes**, vieilli, est réservé au langage littéraire ou technique.

LOC **an odd/a queer fish** (*fam*) un drôle de spécimen **to feel like a fish out of water** ne pas se sentir dans son élément *Voir aussi* BIG ◆ *vi* ~ **(for sth)** pêcher (qch) : *to go fishing* aller à la pêche PHR V **to fish sth out** sortir qch

fisherman /ˈfɪʃəmən/ *n* (*pl* **-men** /-mən/) pêcheur

fish finger *n* doigt de poisson pané

fishing /ˈfɪʃɪŋ/ *n* pêche

fishmonger /ˈfɪʃmʌŋgə(r)/ *n* (*GB*) **1** poissonnier, -ière **2 fishmonger's** poissonnerie

fishy /ˈfɪʃi/ *adj* (**-ier**, **-iest**) **1** de poisson (*odeur, goût*) **2** (*fam*) louche : *There's something fishy going on.* Il se passe quelque chose de louche.

fist /fɪst/ *n* poing **fistful** poignée

fit[1] /fɪt/ *adj* (**fitter**, **fittest**) **1** en forme **2 to be fit for sb/sth** convenir à qn/qch ; être bon à qch : *He's not fit for the job.* Il ne convient pas au poste. ◊ *Do as you think fit.* Faites comme bon vous semble. ◊ *The food is not fit to eat.* La nourriture n'est pas propre à la consommation. **3 fit to do sth** (*fam*) capable de faire qch : *He isn't fit to drive.* Il n'est pas en état de conduire. LOC **(as) fit as a fiddle** en pleine forme **to keep fit** se maintenir en forme

fit[2] /fɪt/ ◆ (**-tt-**) (*prét, pp* **fitted**, *USA* **fit**) **1** *vi* **to fit (in/into sth)** tenir, entrer (dans qch) : *It doesn't fit in/into the box.* Ça ne rentre pas dans la boîte. **2** *vt, vi* être à la taille de, aller : *These shoes don't fit (me).* Ces chaussures ne sont pas à ma taille. **3** *vt* **to fit sth with sth** équiper qch de qch **4** *vt* **to fit sth on(to) sth** mettre, installer qch sur qch **5** *vt* correspondre à : *She fits the description.* Elle correspond à la description. LOC **to fit sb like a glove** aller à qn comme un gant *Voir aussi* BILL[1] PHR V **to fit in (with sb/sth)** s'adapter (à qn/qch) **to fit sb/sth in** trouver du temps pour qn/qch ◆ *n* LOC **to be a good, tight, etc. fit** aller bien, être juste, etc.

fit[3] /fɪt/ *n* crise LOC **to have/throw a fit** piquer une crise

fitness /ˈfɪtnəs/ *n* forme (*condition physique*)

fitted /ˈfɪtɪd/ *adj* : *fitted carpet* moquette ◊ *a fitted kitchen* une cuisine aménagée ◊ *fitted wardrobes* des penderies

fitting /ˈfɪtɪŋ/ ◆ *adj* opportun, juste ◆ *n* **1 fittings** [*pl*] installations **2** (*vêtement*) essayage : *a fitting room* une cabine d'essayage

five /faɪv/ *adj, pron, n* cinq : *page five* page cinq ◊ *five past nine* neuf heures cinq ◊ *on 5 May* le 5 mai ◊ *all five of them* tous les cinq ◊ *There were five of us.* Nous étions cinq. ☛ *Voir Appendice 1.*

fiver /ˈfaɪvə(r)/ *n* (*GB, fam*) (billet de) cinq livres

fix /fɪks/ ◆ *vt* **1 to fix sth (on sth)** fixer qch (sur qch) **2** réparer **3** (*heure, date*) fixer, convenir de **4 to fix sth (for sb)** (*repas*) préparer qch (pour qn) **5** (*fam*) (*elections*) truquer **6** (*fam*) **to fix sb** régler son compte à qn PHR V **to fix on sb/sth** se décider pour qn/qch **to fix sb up with sth** (*fam*) trouver qch à qn **to fix sth up** arranger qch ◆ *n* (*fam*) pétrin : *to be in/get yourself into a fix* être/se mettre dans le pétrin

fixed /fɪkst/ *adj* fixé LOC **of no fixed abode/address** sans domicile fixe

fixture /ˈfɪkstʃə(r)/ *n* **1 fixtures** [*pl*] équipements. **2** (*Sport*) rencontre **3** (*fam*) personne qui fait partie du décor

fizz /fɪz/ *vi* **1** pétiller **2** siffler

fizzy /ˈfɪzi/ *adj* (**-ier**, **-iest**) gazeux

flabby /ˈflæbi/ *adj* (**-ier**, **-iest**) (*fam, péj*) flasque

flag /flæg/ ◆ *n* drapeau ◆ *vi* (**-gg-**) faiblir

flagrant /ˈfleɪgrənt/ *adj* flagrant

flair /fleə(r)/ *n* **1** [*sing*] ~ **for sth** don pour qch **2** style, classe

flake /fleɪk/ ◆ *n* **1** (*neige*) flocon **2** (*peinture*) écaillure **3** (*savon*) paillette ◆ *vi* ~ **(off/away)** s'écailler

flamboyant /flæmˈbɔɪənt/ *adj* **1** (*personne*) exubérant, haut en couleur **2** (*vêtement*) voyant

flame /fleɪm/ *n* flamme

flammable /ˈflæməbl/ (*aussi* **inflammable**) *adj* inflammable

flan /flæn/ *n* tarte

flank /flæŋk/ ◆ *n* flanc ◆ *vt* flanquer, border

flannel /ˈflænl/ *n* **1** flanelle **2** gant de toilette (*carré de tissu éponge*)

flap /flæp/ ◆ *n* **1** (*enveloppe, poche*) rabat **2** (*table*) abattant **3** (*Aéron*) volet ◆ (**-pp-**) *vt, vi* **1** *vt, vi* (*ailes*) battre (de) **2** *vi* voleter **3** *vt* secouer

flare /fleə(r)/ ◆ *n* **1** flamboiement, éclat **2** fusée de détresse **3** évasement **4 flares** [*pl*] pantalon à pattes d'éléphant : *a pair of flares* un pantalon à pattes d'éléphant ◆ *vi* **1** flamboyer **2** (*fig*) éclater, se déchaîner : *Tempers flared.* Les esprits se sont échauffés. PHR V **to flare up** **1** (*feu*) flamboyer **2** (*révolte*) éclater **3** (*maladie*) se déclarer

flash /flæʃ/ ◆ *n* **1** (*pr et fig*) éclat : *a flash of lightning* un éclair ◊ *a flash of* *inspiration* une inspiration soudaine **2** (*Phot*) flash **3** flash d'informations LOC **a flash in the pan** un feu de paille **in a/like a flash** en un clin d'œil ◆ **1** *vi* clignoter : *It flashed on and off.* Ça clignotait. **2** *vi* étinceler **3** *vt* (*lumière*) projeter : *The driver flashed his headlights.* Le conducteur a fait un appel de phares. **4** *vt* (*nouvelle*) transmettre PHR V **to flash by, past, etc.** passer comme un éclair

flashlight /'flæʃlaɪt/ *n* (*USA*) lampe de poche

flashy /'flæʃi/ *adj* (**-ier**, **-iest**) voyant, tape-à-l'œil

flask /flɑːsk ; *USA* flæsk/ *n* **1** thermos® **2** (*pour alcool*) flasque

flat /flæt/ ◆ *n* **1** appartement : *a block of flats* un immeuble **2** plat : *the flat of your hand* la paume de la main **3** [*gén pl*] (*Géogr*) : *mud flats* marécages **4** (*Mus*) bémol ☛ *Comparer avec* SHARP **5** (*USA, fam*) pneu à plat ◆ *adj* (**flatter**, **flattest**) **1** plat **2** (*pneu*) à plat, dégonflé **3** (*batterie*) à plat **4** (*boisson*) éventé **5** (*Mus*) faux **6** (*tarif*) forfaitaire, fixe ◆ *adv* (**flatter**, **flattest**) **1** à plat : *to lie down flat* s'allonger **2** (*Mus*) faux LOC **flat out** d'arrache-pied **in ten seconds, etc. flat** en dix secondes, etc. pile

flatly /'flætli/ *adv* catégoriquement, fermement

flatten /'flætn/ **1** *vt* ~ **sth (out)** aplatir, aplanir qch **2** *vt* (*fam*) ~ **sb** démolir qn **3** *vt* ~ **sth** détruire qch **4** *vi* ~ **(out)** (*terrain*) s'aplanir

flatter /'flætə(r)/ **1** *vt* flatter : *I was flattered by your invitation.* J'ai été flatté par votre proposition. **2** *vt* (*vêtement, etc.*) flatter **3** *v réfléchi* ~ **yourself** se flatter : *Don't flatter yourself!* Ne prends pas ça pour un compliment ! **flattering** *adj* flatteur

flaunt /flɔːnt/ *vt* (*péj*) étaler, afficher

flavour (*USA* **flavor**) /'fleɪvə(r)/ ◆ *n* **1** goût **2** parfum (*d'aliment*) **3** (*fig*) pointe : *the book's exotic flavour* l'atmosphère exotique de ce livre ◆ *vt* donner du goût à, parfumer

flaw /flɔː/ *n* **1** défaut, imperfection **2** (*dans argument*) faille **flawed** *adj* défectueux **flawless** *adj* sans faille, impeccable

flea /fliː/ *n* puce : *a flea market* un marché aux puces

fleck /flek/ *n* **1** (*poussière*) particule **2** moucheture : *a few flecks of grey* quelques cheveux gris

flee /fliː/ (*prét, pp* **fled** /fled/) **1** *vi* fuir **2** *vt* fuir, s'enfuir de

fleece /fliːs/ *n* **1** toison **2** polaire (*vêtement*)

fleet /fliːt/ *n* [*v sing ou pl*] **1** flotte, flottille **2** (*voitures*) parc

flesh /fleʃ/ *n* chair LOC **flesh and blood** de chair et de sang **in the flesh** en chair et en os **your own flesh and blood** la chair de sa chair

flew *prét de* FLY

flex /fleks/ ◆ *n* (*USA* **cord**) fil (*d'appareil électrique*) ◆ *vt* (*muscles*) faire jouer, fléchir

flexible /'fleksəbl/ *adj* souple, flexible

flick /flɪk/ ◆ *n* **1** petit coup **2** petit mouvement ◆ *vt* **1** donner un petit coup à, envoyer d'une chiquenaude **2** ~ **sth on/off** allumer/éteindre qch PHR V **to flick through sth** feuilleter qch

flicker /'flɪkə(r)/ ◆ *vi* trembloter : *a flickering light* une lueur vacillante ◆ *n* **1** (*lumière*) scintillement **2** (*fig*) lueur

flight /flaɪt/ *n* **1** vol (*avion, oiseau*) **2** fuite **3** (*groupe d'oiseaux*) vol, volée **4** (*marches*) volée : *a flight of stairs* un escalier LOC **to take flight** prendre la fuite

flight attendant *n* steward, hôtesse de l'air

flimsy /'flɪmzi/ *adj* (**-ier**, **-iest**) **1** (*tissu*) léger **2** (*objet*) fragile **3** (*excuse*) mince, futile

flinch /flɪntʃ/ *vi* **1** tressaillir : *without flinching* sans broncher **2** ~ **from sth** reculer devant qch

fling /flɪŋ/ ◆ *vt* (*prét, pp* **flung** /flʌŋ/) **1** ~ **sth (at sth)** lancer qch (à qch) : *She flung her arms around him.* Elle lui sauta au cou. **2** *He flung the door open.* Il a ouvert grand la porte. LOC *Voir* CAUTION ◆ *n* aventure (*sexuelle*)

flint /flɪnt/ *n* **1** silex **2** pierre à briquet

flip /flɪp/ (**-pp-**) **1** *vt* donner un petit coup à, donner une chiquenaude à : *to flip a coin* tirer à pile ou face **2** *vt* ~ **sth (over)** retourner qch **3** *vi* ~ **(over)** se retourner (*sens dessus-dessous*) **4** *vi* (*fam*) sortir de ses gonds **5** *vi* (*fam*) perdre la boule

flippant /'flɪpənt/ *adj* désinvolte

flirt /flɜːt/ ◆ *vi* flirter ◆ *n* dragueur, -euse

flit /flɪt/ *vi* (**-tt-**) voleter

float /fləʊt/ ◆ **1** *vi* flotter **2** *vi* (*nageur*) faire la planche **3** *vt* (*bateau*) faire flotter **4** *vt* (*suggestion, idée*) lancer ◆ *n* **1** bouchon (*pêche à la ligne*) **2** flotteur **3** (*carnaval*) char

flock /flɒk/ ◆ *n* **1** (*moutons*) troupeau **2** (*oiseaux*) vol, volée **3** (*gens*) foule ◆ *vi* **1** se rassembler, s'assembler **2** ~ **to sth** prendre qch d'assaut

flog /flɒg/ *vt* (**-gg-**) **1** flageller **2** ~ **sth (to sb)** ; ~ **sth (off)** (*GB, fam*) fourguer qch (à qn) LOC **to flog a dead horse** s'acharner en pure perte

flood /flʌd/ ◆ *n* **1** inondation **2 the Flood** (*Relig*) le Déluge **3** (*fig*) torrent, déluge ◆ **1** *vt* inonder : *We've been flooded with requests.* Nous avons été inondés de demandes. **2** *vi* être inondé PHR V **to flood in** affluer

flooding /ˈflʌdɪŋ/ *n* [*indénombrable*] inondations

floodlight /ˈflʌdlaɪt/ ◆ *n* projecteur (*lumière*) ◆ *vt* (*prét, pp* **floodlit** /-lɪt/) éclairé par des projecteurs

floor /flɔː(r)/ ◆ *n* **1** sol, plancher : *on the floor* par terre **2** étage : *on the ground/top floor* au rez-de-chaussée/au dernier étage **3** (*mer, vallée*) fond ◆ *vt* (*fam*) **1** écraser, terrasser **2** décontenancer, dérouter

floorboard /ˈflɔːbɔːd/ *n* latte, planche (*de plancher*)

flop /flɒp/ ◆ *n* (*fam*) fiasco, four ◆ *vi* (**-pp-**) **1** s'affaler **2** (*fam*) (*pièce de théâtre*) faire un four, être un fiasco **3** (*fam*) (*société*) être un fiasco

floppy /ˈflɒpi/ *adj* (**-ier**, **-iest**) **1** pendant, mou **2** (*oreilles d'animal*) tombant

floppy disk (*aussi* **floppy**, **diskette**) *n* disquette ☛ *Voir illustration sous* ORDINATEUR

flora /ˈflɔːrə/ *n* flore

floral /ˈflɔːrəl/ *adj* floral, à fleurs : *a floral tribute* une composition florale

florist /ˈflɒrɪst ; *USA* ˈflɔːr-/ *n* **1** fleuriste **2 florist's** fleuriste (*commerce*)

flounder /ˈflaʊndə(r)/ *vi* **1** se débattre **2** (*économie, projet*) piétiner **3** (*personne*) perdre tous ses moyens

flour /ˈflaʊə(r)/ *n* farine

flourish /ˈflʌrɪʃ/ ◆ **1** *vi* prospérer, être en pleine forme **2** *vt* (*agiter*) brandir ◆ *n* **1** geste théâtral **2** fioriture

flow /fləʊ/ ◆ *n* **1** écoulement **2** (*marée*) flux **3** circulation **4** (*fig*) flot ◆ *vi* (*prét, pp* **-ed**) **1** (*pr et fig*) couler, s'écouler : *to flow into the sea* se jeter dans la mer **2** circuler **3** (*marée*) monter LOC *Voir* EBB PHR V **to flow in/out** : *Is the tide flowing in or out?* La marée monte-t-elle ou descend-elle ?

flower /ˈflaʊə(r)/ ◆ *n* fleur ☛ *Comparer avec* BLOSSOM ◆ *vi* fleurir

flower bed *n* parterre de fleurs

flowering /ˈflaʊərɪŋ/ ◆ *n* floraison ◆ *adj* (*plante*) à fleurs

flowerpot /ˈflaʊəpɒt/ *n* pot de fleurs

flown *pp de* FLY

flu /fluː/ *n* [*indénombrable*] (*fam*) grippe : *to have flu* avoir la grippe

fluctuate /ˈflʌktʃueɪt/ *vi* ~ **(between...)** fluctuer, varier (entre...)

fluent /ˈfluːənt/ *adj* **1** *She's fluent in Spanish/She speaks fluent Spanish.* Elle parle espagnol couramment. **2** (*orateur*) éloquent **3** (*style*) coulant

fluff /flʌf/ *n* **1** peluche, poussière : *a piece of fluff* une petite poussière **2** (*poussin*) duvet **fluffy** *adj* (**-ier, -iest**) **1** duveteux **2** doux, moelleux

fluid /ˈfluːɪd/ ◆ *adj* **1** fluide **2** (*projet*) flou **3** (*situation*) fluide, fluctuant **4** (*style, mouvement*) fluide ◆ *n* **1** liquide **2** (*Chim, Biol*) fluide

fluke /fluːk/ *n* (*fam*) coup de veine

flung *prét, pp de* FLING

fluorescent /flɔːˈresnt/ *adj* fluorescent

flurry /ˈflʌri/ *n* (*pl* **-ies**) **1** rafale : *a flurry of snow* une rafale de neige **2** ~ **(of sth)** (*activité*) tourbillon (de qch) : *a flurry of excitement* un tourbillon d'agitation

flush /flʌʃ/ ◆ *n* rougeur : *hot flushes* des bouffées de chaleur ◆ **1** *vi* rougir **2** *vt* : *to flush the toilet* tirer la chasse d'eau

fluster /ˈflʌstə(r)/ *vt* mettre en émoi : *to get flustered* s'énerver

flute /fluːt/ *n* flûte (*traversière*)

flutter /ˈflʌtə(r)/ ◆ **1** *vi* (*oiseau, papillon*) voleter **2** *vt, vi* (*ailes*) battre (de) **3** *vi* (*drapeau*) flotter **4** *vt* (*cils*) battre de ◆ *n* **1** (*drapeau*) flottement **2** (*ailes, cils*) battement **3** *to be all of a/in a flutter* être agité

fly /flaɪ/ ◆ *n* (*pl* **flies**) **1** mouche

2 (*aussi* **flies** [*pl*]) braguette ◆ (*prét* **flew** /fluː/ *pp* **flown** /fləʊn/) **1** *vi* voler : *to fly away/off* s'envoler **2** *vi* voyager en avion : *to fly in/out/back* venir/partir/revenir en avion **3** *vt* (*avion*) piloter **4** *vt* (*passagers, marchandises*) transporter par avion **5** *vi* : *I must fly.* Il faut que je file. **6** *vi* : *The wheel flew off.* La roue s'est détachée brusquement. ◊ *The door flew open.* La porte s'est ouverte brusquement. **7** *vi* (*cheveux*) flotter **8** *vt* (*drapeau*) arborer **9** *vt* (*cerf-volant*) faire voler LOC *Voir* CROW, LET[1], TANGENT PHR V **to fly at sb** sauter sur qn

flying /ˈflaɪɪŋ/ ◆ *n* vol, pilotage : *flying lessons* des cours de pilotage ◆ *adj* volant

flying saucer *n* soucoupe volante

flying start *n* LOC **to get off to a flying start** démarrer sur les chapeaux de roues

flyover /ˈflaɪəʊvə(r)/ *n* pont-route

foal /fəʊl/ *n* poulain ☛ *Voir note sous* POULAIN

foam /fəʊm/ ◆ *n* **1** écume, mousse **2** (*aussi* **foam rubber**) caoutchouc mousse ◆ *vi* mousser, écumer

focus /ˈfəʊkəs/ ◆ *n* (*pl* ~**es** *ou* **foci** /ˈfəʊsaɪ/) foyer (*point image*) LOC **to be in focus/out of focus** être net/flou ◆ (**-s-** *ou* **-ss-**) **1** *vt, vi* mettre au point **2** *vt* ~ **sth on sth** concentrer qch sur qch LOC **to focus your attention/mind on sth** se concentrer sur qch

fodder /ˈfɒdə(r)/ *n* fourrage

foetus (*USA* **fetus**) /ˈfiːtəs/ *n* fœtus

fog /fɒg ; *USA* fɔːg/ ◆ *n* brouillard, brume ☛ *Comparer avec* HAZE, MIST ◆ *vi* (**-gg-**) (*aussi* **to fog up**) s'embuer

foggy /ˈfɒgi ; *USA* ˈfɔːgi/ *adj* (**-ier**, **-iest**) brumeux : *a foggy day* une jour de brouillard

foil /fɔɪl/ ◆ *n* feuille de métal : *aluminium foil* papier alu ◆ *vt* **1** (*tentative*) déjouer **2** (*projet*) contrecarrer

fold /fəʊld/ ◆ **1** *vt, vi* (se) plier **2** *vi* (*fam*) (*société*) faire faillite, fermer **3** *vi* (*fam*) (*pièce de théâtre*) quitter l'affiche LOC **to fold your arms** croiser les bras ☛ *Voir illustration sous* ARM PHR V **to fold (sth) back/down/up** plier/replier (qch) ◆ *n* **1** pli **2** parc (*à moutons*)

folder /ˈfəʊldə(r)/ *n* classeur, dossier, chemise

folding /ˈfəʊldɪŋ/ *adj* pliant ☛ S'emploie toujours devant un nom : *a folding table/bed* une table pliante/un lit pliant

folk /fəʊk/ ◆ *n* **1** [*pl*] personnes, gens : *country folk* les gens de la campagne **2** **folks** [*pl*] (*fam*) gens **3** **folks** [*pl*] (*fam*) parents : *my folks* mes parents ◆ *adj* folklorique

follow /ˈfɒləʊ/ **1** *vt, vi* suivre **2** *vt, vi* (*explication*) suivre, comprendre **3** *vi* ~ **(from sth)** s'ensuivre, résulter de qch LOC **as follows** comme suit **to follow the crowd** faire comme les autres PHR V **to follow on** suivre : *to follow on from sth* découler de qch **to follow sth through** poursuivre qch jusqu'au bout **to follow sth up** **1** (*indice*) suivre **2** (*contact, proposition*) donner suite à : *Follow up your phone call with a letter.* Confirmez votre coup de téléphone par écrit.

follower /ˈfɒləʊə(r)/ *n* disciple, adepte, partisan, -e

following /ˈfɒləʊɪŋ/ ◆ *adj* suivant ◆ *n* **1 the following** [*v sing ou pl*] les personnes, choses, etc. suivantes **2** [*sing*] adeptes, partisans ◆ *prép* après, à la suite de : *following the burglary* à la suite du cambriolage

follow-up /ˈfɒləʊ ʌp/ ◆ *n* **1** suite **2** suivi ◆ *adj* complémentaire : *a follow-up letter* une lettre de rappel

fond /fɒnd/ *adj* (**-er**, **-est**) **1** [*devant un nom*] affectueux, tendre : *fond memories* un très bon souvenir ◊ *a fond smile* un sourire affectueux **2 to be ~ of sb/of (doing) sth** aimer beaucoup qn/(faire) qch **3** (*espoir*) naïf

fondle /ˈfɒndl/ *vt* caresser

font /fɒnt/ *n* **1** fonts baptismaux **2** (*Informatique*) police (*de caractères*), fonte

food /fuːd/ *n* **1** nourriture : *There wasn't enough food at the party.* Il n'y avait pas assez à manger à la soirée. ◊ *Chinese food* cuisine chinoise ◊ *food poisoning* intoxication alimentaire **2** aliment, aliments LOC **to give sb food for thought** donner à réfléchir à qn

food processor *n* robot ménager

foodstuff /ˈfuːdstʌf/ *n* denrée alimentaire

fool /fuːl/ ◆ *n* (*péj*) idiot, -e LOC **to act/play the fool** faire l'imbécile **to be no/nobody's fool** : *She's no/nobody's fool.* Elle n'est pas bête. **to make a fool of sb** faire passer qn pour un imbécile **to**

make a fool of yourself se ridiculiser ◆ **1** *vt* tromper, duper **2** *vi* plaisanter PHR V **to fool about/around 1** faire l'imbécile : *Stop fooling about with that knife!* Arrête de jouer avec ce couteau ! **2** perdre son temps

foolish /'fu:lɪʃ/ *adj* **1** bête, idiot **2** ridicule

foolproof /'fu:lpru:f/ *adj* infaillible, très simple

foot /fʊt/ ◆ *n* **1** (*pl* **feet** /fi:t/) pied : *at the foot of the stairs* en bas de l'escalier **2** (*pl* **feet** *ou* **foot**) (*abrév* **ft**) (*unité de mesure*) pied (anglais) (*30,48 cm*) ☛ *Voir Appendice 1.* LOC **on foot** à pied **to fall/land on your feet** retomber sur ses pieds **to put your feet up** se reposer **to put your foot down 1** faire acte d'autorité **2** accélérer **to put your foot in it** faire une gaffe *Voir aussi* COLD, FIND, SWEEP ◆ *vt* LOC **to foot the bill (for sth)** payer la facture (pour qch)

football /'fʊtbɔ:l/ *n* **1** football ☛ *Voir note sous* FOOTBALL **2** ballon (*de football*) **footballer** *n* joueur, -euse de football

footing /'fʊtɪŋ/ *n* [*sing*] **1** équilibre, prise : *to lose your footing* perdre pied **2** (*fig*) base : *on an equal footing* sur un pied d'égalité ☛ Attention, **footing** est un faux ami et ne signifie jamais *course à pied* en anglais. *Faire un footing* se traduit par **to go jogging**.

footnote /'fʊtnəʊt/ *n* note de bas de page

footpath /'fʊtpɑ:θ ; *USA* -pæθ/ *n* sentier

footprint /'fʊtprɪnt/ *n* [*gén pl*] empreinte (*de pas*)

footstep /'fʊtstep/ *n* **1** pas : *to follow in sb's footsteps* suivre les traces de qn **2** bruit de pas

footwear /'fʊtweə(r)/ *n* [*indénombrable*] chaussures

for /fə(r), fɔ:(r)/ ◆ *prép* **1** pour : *a letter for you* une lettre pour toi ◊ *What's it for?* Ça sert à quoi ? ◊ *the train for Glasgow* le train pour Glasgow ◊ *It's time for bed.* C'est l'heure d'aller au lit. ◊ *for her own good* pour son bien ◊ *What can I do for you?* Que puis-je faire pour vous ? **2** (*dans le temps*) pendant, depuis : *They are going for a month.* Ils partent pour un mois. ◊ *How long are you here for?* Vous êtes là pour combien de temps ? ◊ *I haven't seen him for two days.* Je ne l'ai pas vu depuis deux jours.

For ou **since**? *Depuis* peut se traduire par **for** ou **since**, mais ces deux prépositions ne doivent pas être confondues. **For** est utilisé pour exprimer la durée d'une action alors que **since** s'emploie pour indiquer le moment précis où elle a commencé : *I've been living here for three months.* J'habite ici depuis trois mois. ◊ *I've been living here since August.* J'habite ici depuis le mois d'août. Dans les deux cas, le verbe est au passé composé en anglais, jamais au présent. Voir aussi note sous DEPUIS

3 [*avec infinitif*] : *There's no need for you to go.* Tu n'as pas besoin d'y aller. ◊ *It's impossible for me to do it.* Il m'est impossible de le faire. **4** (*autres emplois*) : *I for Irene* I comme Irène ◊ *for miles and miles* pendant des kilomètres ◊ *I bought it for £50.* Je l'ai payé 50 livres. LOC **for all** malgré : *for all his money* malgré tout l'argent qu'il a **to be for sth** être pour qch **to be for it** (*fam*) : *He's for it now!* Qu'est-ce qu'il va prendre ! ☛ Les verbes à particule formés avec **for** sont traités sous le verbe correspondant : pour **to look for**, par exemple, voir LOOK. ◆ *conj* (*sout, vieilli*) car, parce que

forbade *prét de* FORBID

forbid /fə'bɪd/ *vt* (*prét* **forbade** /fə'bæd ; *USA* fə'beɪd/ *pp* **forbidden** /fə'bɪdn/) interdire : *It is forbidden to smoke.* Il est interdit de fumer. ◊ *They forbade them from entering.* Ils leur ont interdit d'entrer. **forbidding** *adj* sévère, menaçant

force /fɔ:s/ ◆ *n* (*pr et fig*) force : *the armed forces* les forces armées LOC **by force** par la force **in force** en vigueur : *to be in/come into force* être/entrer en vigueur ◆ *vt* ~ **sb (to do sth)** forcer qn (à faire qch) : *We were forced to turn back.* Nous avons été obligés de rebrousser chemin. PHR V **to force sth on sb** imposer qch à qn **forceful** *adj* **1** énergique, fort **2** (*argument*) convaincant **3** par la force

forcible /'fɔ:səbl/ *adj* **1** de force, forcé **2** puissant, vigoureux **forcibly** *adv* **1** de force, par la force **2** énergiquement

ford /fɔ:d/ ◆ *n* gué ◆ *vt* passer à gué

fore /fɔ:(r)/ ◆ *adj* à l'avant, antérieur ◆ *n* LOC **to be/come to the fore** se faire remarquer, se manifester

forearm /'fɔ:rɑ:m/ *n* avant-bras

forecast /ˈfɔːkɑːst ; *USA* -kæst/ ◆ *vt* (*prét, pp* **forecast** *ou* **forecasted**) prévoir ◆ *n* prévision

forefinger /ˈfɔːfɪŋgə(r)/ *n* index

forefront /ˈfɔːfrʌnt/ *n* LOC **at/in the forefront of sth** à la pointe de qch, au premier rang de qch

foreground /ˈfɔːgraʊnd/ *n* premier plan

forehead /ˈfɒrɪd, ˈfɔːhed ; *USA* ˈfɔːrɪd/ *n* (*Anat*) front

foreign /ˈfɒrən ; *USA* ˈfɔːr-/ *adj* **1** étranger : *foreign exchange* devises étrangères ◊ *Foreign Office/Secretary* ministère/ministre des Affaires étrangères **2** (*commerce*) extérieur **3** (*sout*) ~ **to sb/sth** étranger à qn/qch

foreigner /ˈfɒrənə(r)/ *n* étranger, -ère

foremost /ˈfɔːməʊst/ ◆ *adj* principal, le plus en vue ◆ *adv* avant tout

forerunner /ˈfɔːrʌnə(r)/ *n* **1** précurseur **2** signe avant-coureur

foresee /fɔːˈsiː/ *vt* (*prét* **foresaw** /fɔːˈsɔː/ *pp* **foreseen** /fɔːˈsiːn/) prévoir **foreseeable** *adj* prévisible LOC **for/in the foreseeable future** dans un avenir proche

foresight /ˈfɔːsaɪt/ *n* prévoyance

forest /ˈfɒrɪst ; *USA* ˈfɔːr-/ *n* forêt

foretell /fɔːˈtel/ *vt* (*prét, pp* **foretold** /fɔːˈtəʊld/) (*sout*) prédire

forever /fəˈrevə(r)/ *adv* **1** (*aussi* **for ever**) (pour) toujours **2** toujours : *You're forever getting in the way.* Tu es toujours dans le passage.

foreword /ˈfɔːwɜːd/ *n* avant-propos

forgave *prét de* FORGIVE

forge /fɔːdʒ/ ◆ *n* forge ◆ *vt* **1** (*métal, amitié*) forger **2** (*signature, billet*) contrefaire PHR V **to forge ahead** accélérer, prendre de l'avance

forgery /ˈfɔːdʒəri/ *n* (*pl* **-ies**) **1** contrefaçon, falsification **2** faux

forget /fəˈget/ (*prét* **forgot** /fəˈgɒt/ *pp* **forgotten** /fəˈgɒtn/) **1** *vt, vi* ~ **(sth/to do sth)** oublier (qch/de faire qch) : *He forgot to pay me.* Il a oublié de me payer. LOC **not forgetting...** sans oublier... PHR V **to forget about sb/sth** oublier qn/qch **forgetful** *adj* distrait, étourdi

forgive /fəˈgɪv/ *vt* (*prét* **forgave** /fəˈgeɪv/ *pp* **forgiven** /fəˈgɪvn/) pardonner : *Forgive me for interrupting.* Excusez-moi de vous interrompre. **forgiveness** *n* pardon, indulgence : *to ask (for) forgiveness (for sth)* demander pardon (pour qch) **forgiving** *adj* indulgent, clément

forgot *prét de* FORGET

forgotten *pp de* FORGET

fork /fɔːk/ ◆ *n* **1** fourchette **2** fourche **3** fourche, bifurcation ◆ *vi* **1** (*route*) bifurquer **2** (*personne*) : *to fork left/right* prendre à gauche/droite PHR V **to fork out (for/on sth)** (*fam*) casquer (pour qch)

form /fɔːm/ ◆ *n* **1** forme : *life forms* formes de vie ◊ *in the form of sth* sous forme de qch **2** formulaire : *an application form* un dossier de candidature **3** forme, politesse : *as a matter of form* pour la forme **4** (*École*) classe LOC **in form** en forme *Voir aussi* SHAPE ◆ **1** *vt, vi* (se) former : *to form an idea (of sb/sth)* se faire une idée (de qn/qch) ◊ *to form bad habits* prendre de mauvaises habitudes ◊ *to form a relationship with sb* nouer des relations avec qn

formal /ˈfɔːml/ *adj* **1** (*langage*) soutenu **2** (*manière*) cérémonieux **3** (*déclaration*) officiel **4** (*occasion*) solennel : *formal dress* tenue de soirée **5** (*qualification*) reconnu

formality /fɔːˈmæləti/ *n* (*pl* **-ies**) formalité : *legal formalities* formalités juridiques

formally /ˈfɔːməli/ *adv* **1** officiellement **2** cérémonieusement : *formally dressed* en tenue de soirée

format /ˈfɔːmæt/ ◆ *n* format ◆ *vt* (**-tt-**) (*Informatique*) formater

formation /fɔːˈmeɪʃn/ *n* formation

former /ˈfɔːmə(r)/ ◆ *adj* **1** ancien : *the former champion* l'ex-champion **2** *in former times* autrefois **3** premier : *the former solution* la première solution ◆ **the former** *pron* le premier, la première, etc. : *The former was much better than the latter.* Le premier était bien mieux que le dernier. ☛ *Comparer avec* LATTER

formerly /ˈfɔːməli/ *adv* **1** anciennement **2** autrefois

formidable /ˈfɔːmɪdəbl/ *adj* **1** redoutable, terrible **2** remarquable, impressionnant

formula /ˈfɔːmjələ/ *n* (*pl* ~**s** *ou dans le langage scientifique* **-lae** /ˈfɔːmjʊliː/) **1** formule **2** recette : *a formula for success* le secret de la réussite

forsake /fəˈseɪk/ *vt* (*prét* **forsook**

/fəˈsʊk/ *pp* **forsaken** /fəˈseɪkən/) (*sout*) abandonner, renoncer à

fort /fɔːt/ *n* fort (*forteresse*)

forth /fɔːθ/ *adv* (*sout*) en avant : *from that day forth* à dater de ce jour LOC **and (so on and) so forth** et ainsi de suite *Voir aussi* BACK[1]

forthcoming /ˌfɔːθˈkʌmɪŋ/ *adj* **1** à venir, prochain : *the forthcoming election* les prochaines élections **2** (*livre*) à paraître **3** (*aide, informations*) disponible ☛ jamais avant le nom dans ce sens : *No offer was forthcoming.* Nous n'avons reçu aucune offre. **4** (*personne*) ouvert, affable ☛ jamais avant le nom dans ce sens

forthright /ˈfɔːθraɪt/ *adj* franc, direct

fortieth *Voir* FORTY

fortification /ˌfɔːtɪfɪˈkeɪʃn/ *n* fortification

fortify /ˈfɔːtɪfaɪ/ *vt* (*prét, pp* **fortified**) **1** fortifier **2** ~ **sb/yourself** réconforter qn ; se remonter

fortnight /ˈfɔːtnaɪt/ *n* quinzaine, quinze jours : *a fortnight on Sunday* dimanche en quinze

fortnightly /ˈfɔːtnaɪtli/ ◆ *adj* bimensuel ◆ *adv* tous les quinze jours

fortress /ˈfɔːtrəs/ *n* forteresse

fortunate /ˈfɔːtʃənət/ *adj* heureux, chanceux

fortune /ˈfɔːtʃuːn/ *n* **1** fortune : *to be worth a fortune* valoir une fortune **2** chance, hasard LOC *Voir* SMALL

forty /ˈfɔːti/ *adj, pron, n* quarante ☛ *Voir exemples sous* FIFTY, FIVE **fortieth** *adj, pron, adv, n* quarantième ☛ *Voir exemples sous* FIFTH

forward /ˈfɔːwəd/ ◆ *adj* **1** en avant, vers l'avant **2** avant **3** *forward planning* planification à long terme **4** avancé : *We're no further forward than last week.* Nous ne sommes pas plus avancés que la semaine dernière. **5** effronté ◆ *adv* **1** (*aussi* **forwards**) en avant **2** *from that day forward* désormais LOC *Voir* BACKWARD(S) ◆ *vt* **1** ~ **sth (to sb)** ; ~ **(sb) sth** envoyer, expédier qch (à qn) **2** ~ **sth (to sb)** réexpédier qch (à qn) ; faire suivre qch : *please forward* prière de faire suivre ◊ *forwarding address* nouvelle adresse (*pour faire suivre le courrier*) ◆ *n* avant

fossil /ˈfɒsl/ *n* (*pr et fig*) fossile

foster /ˈfɒstə(r)/ *vt* **1** encourager, favoriser **2** prendre en placement

fought *prét, pp de* FIGHT

foul /faʊl/ ◆ *adj* **1** (*odeur, goût*) infect **2** (*eau*) putride **3** (*air*) fétide **4** (*humeur*) massacrant **5** (*temps*) pourri, épouvantable **6** (*langage*) grossier ◆ *n* faute, coup défendu (*Sport*) ◆ *vt* commettre une faute contre (*Sport*) PHR V **to foul sth up** gâcher qch, ficher qch en l'air

foul play *n* [*indénombrable*] **1** acte criminel **2** (*Sport*) jeu irrégulier

found[1] *prét, pp de* FIND

found[2] /faʊnd/ *vt* **1** fonder **2** ~ **sth (on sth)** fonder qch (sur qch) : *The arguments are founded on fact.* Les arguments s'appuient sur les faits.

foundation /faʊnˈdeɪʃn/ *n* **1** fondation **2 the foundations** [*pl*] les fondations **3** fondement **4** (*aussi* **foundation cream**) fond de teint

founder /ˈfaʊndə(r)/ *n* fondateur, -trice

fountain /ˈfaʊntən ; *USA* -tn/ *n* fontaine

fountain pen *n* stylo plume

four /fɔː(r)/ *adj, pron, n* quatre ☛ *Voir exemples sous* FIVE

fourteen /ˌfɔːˈtiːn/ *adj, pron, n* quatorze ☛ *Voir exemples sous* FIVE **fourteenth** *adj, pron, adv, n* quatorzième ☛ *Voir exemples sous* FIFTH

fourth (*abrév* **4th**) /fɔːθ/ ◆ *adj, pron, adv* quatrième ◆ *n* **1 the fourth** le quatre : *the fourth of September* le quatre septembre **2** (*aussi* **fourth gear**) quatrième (*Autom*) ☛ *Voir exemples sous* FIFTH

> La fraction *un quart* se traduit par **a quarter** : *He ate a quarter of the cake.* Il a mangé un quart du gâteau.

fowl /faʊl/ *n* (*pl* **fowl** *ou* ~**s**) volaille, volatile

fox /fɒks/ *n* (*fém* **vixen** /ˈvɪksn/) renard

foyer /ˈfɔɪeɪ ; *USA* ˈfɔɪər/ *n* **1** (*théâtre*) foyer **2** (*hôtel*) hall, vestibule

fraction /ˈfrækʃn/ *n* fraction : *We finished it in a fraction of the time.* Nous l'avons fini en un rien de temps.

fracture /ˈfræktʃə(r)/ ◆ *n* fracture ◆ *vt, vi* (se) fracturer

fragile /ˈfrædʒaɪl ; *USA* -dʒl/ *adj* (*pr et fig*) fragile

fragment /ˈfrægmənt/ ◆ *n* fragment, morceau : *fragments of their conversation* des bribes de leur conversation ◆ /frægˈment/ **1** *vt* morceler **2** *vi* se fractionner

fragrance /ˈfreɪgrəns/ *n* parfum

fragrant /'freɪgrənt/ *adj* parfumé

frail /freɪl/ *adj* fragile, frêle ☛ **Frail** s'emploie surtout pour les personnes âgées ou malades.

frame /freɪm/ ◆ *n* **1** cadre **2** (*porte*) encadrement **3** (*lunettes*) monture **4** (*bâtiment*) charpente **5** (*voiture*) châssis LOC **frame of mind** état d'esprit ◆ *vt* **1** (*photo, tableau*) encadrer **2** (*question*) formuler **3** (*fam*) ~ **sb** monter un coup contre qn

framework /'freɪmwɜːk/ *n* structure, cadre

franc /fræŋk/ *n* franc (*monnaie*)

frank /fræŋk/ *adj* franc, direct

frantic /'fræntɪk/ *adj* **1** (*personne*) affolé : *He was frantic with worry.* Il était fou d'inquiétude. **2** (*activité*) frénétique

fraternal /frə'tɜːnl/ *adj* fraternel

fraternity /frə'tɜːnəti/ *n* (*pl* **-ies**) **1** fraternité **2** confrérie

fraud /frɔːd/ *n* **1** (*acte*) fraude **2** (*personne*) imposteur

fraught /frɔːt/ *adj* **1** ~ **with sth** lourd de qch **2** tendu

fray /freɪ/ **1** *vt, vi* (s')effilocher **2** *vt* (*nerfs*) mettre à vif : *to fray sb's nerves* mettre les nerfs de qn à vif **3** *vi* (*esprits*) s'échauffer : *Tempers were starting to fray.* Les gens commençaient à s'énerver.

freak /friːk/ ◆ *n* (*fam, péj*) **1** monstre, phénomène **2** mordu, -e, fana : *a health/fitness freak* un obsédé de la diététique/forme ◆ *adj* [*toujours avant le nom*] insolite, anormal

freckle /'frekl/ *n* tache de rousseur **freckled** *adj* couvert de taches de rousseur

free /friː/ ◆ *adj* (**freer** /'friːə(r)/ **freest** /'friːɪst/) **1** libre : *free will* libre arbitre ◊ *free speech* liberté d'expression ◊ *to set sb free* libérer qn ◊ *to pull (yourself) free* se dégager **2** gratuit : *admission free* entrée gratuite ◊ *free of charge* gratuit ◊ *a free gift* un cadeau **3** (*personne*) libre, disponible **4** ~ **from/of sth** dépourvu de qch : *to be free of pain* ne pas souffrir **5** ~ **of sb** libéré de qn **6** ~ **with sth** généreux avec qch ; prodigue de qch **7** (*péj*) : *to be too free (with sb)* prendre des libertés (avec qn) LOC **to feel free (to do sth)** : *Please feel free to ask my advice.* N'hésite pas à me demander conseil. **free and easy** décontracté, désinvolte **to get, have, etc. a free hand** avoir carte blanche **of your own free will** de son plein gré ◆ *vt* (*prét, pp* **freed**) **1** ~ **sb/sth (from sth)** libérer qn/qch (de qch) **2** ~ **sb/sth (of sth)** dégager qn/qch (de qch) ◆ *adv* gratuitement **freely** *adv* **1** librement **2** sans compter

freedom /'friːdəm/ *n* **1** liberté : *freedom of speech* liberté d'expression **2** ~ **(to do sth)** liberté (de faire qch) **3** ~ **from sth** absence de qch

free kick *n* coup franc

free-range /ˌfriː 'reɪndʒ/ *adj* fermier : *free-range eggs* œufs de ferme ☛ *Comparer avec* BATTERY 3

freeway /'friːweɪ/ *n* (*USA*) autoroute

freeze /friːz/ ◆ (*prét* **froze** /frəʊz/ *pp* **frozen** /'frəʊzn/) **1** *vt, vi* geler : *I'm freezing!* Je gèle ! ◊ *freezing point* point de congélation **2** *vt, vi* (*nourriture*) (se) congeler **3** *vt* (*prix, salaires*) bloquer **4** *vi* se figer : *Freeze!* Que personne ne bouge ! PHR V **to freeze over** geler **to freeze up** geler ◆ *n* **1** gel **2** (*salaires, prix*) gel, blocage

freezer /'friːzə(r)/ *n* (*aussi* **deep freeze**) congélateur

freight /freɪt/ *n* **1** fret, marchandises **2** transport

French fry *n* (*pl* **fries**) (*surtout USA*) *Voir* FRY

French window (*USA aussi* **French door**) *n* porte-fenêtre

frenzied /'frenzid/ *adj* frénétique, déchaîné

frenzy /'frenzi/ *n* [*gén sing*] frénésie

frequency /'friːkwənsi/ *n* (*pl* **-ies**) fréquence

frequent /'friːkwənt/ ◆ *adj* fréquent ◆ /fri'kwent/ *vt* fréquenter

frequently /'friːkwəntli/ *adv* fréquemment ☛ *Voir note sous* ALWAYS

fresh /freʃ/ *adj* (**-er**, **-est**) **1** (*nourriture, air*) frais **2** nouveau : *a fresh sheet of paper* une feuille de papier blanche **3** (*linge*) propre **4** (*souvenir*) récent **5** *fresh water* eau douce LOC **make a fresh start** recommencer à zéro *Voir aussi* BREATH **freshly** *adv* fraîchement, récemment : *freshly baked bread* du pain tout frais **freshness** *n* **1** fraîcheur **2** originalité

freshen /'freʃn/ **1** *vt* ~ **sth (up)** rafraîchir qch **2** *vi* (*air*) se rafraîchir PHR V **to**

freshen (yourself) up faire un brin de toilette

freshwater /'freʃwɔːtə(r)/ *adj* d'eau douce

fret /fret/ ◆ *vi* (-tt-) ~ **(about/at/over sth)** s'énerver, s'inquiéter (pour qch) ◆ *n* touche (*de guitare*)

friar /'fraɪə(r)/ *n* frère, moine

friction /'frɪkʃn/ *n* (*pr et fig*) friction

Friday /'fraɪdeɪ, 'fraɪdi/ *n* (*abrév* **Fri**) vendredi ☛ *Voir exemples sous* MONDAY LOC **Good Friday** Vendredi saint

fridge /frɪdʒ/ *n* (*fam*) frigo, réfrigérateur : *a fridge-freezer* un réfrigérateur avec partie congélateur

fried /fraɪd/ *prét, pp de* FRY ◆ *adj* frit

friend /frend/ *n* **1** ami, -e **2** ~ **of/to sth** (*allié*) ami, -e de qch LOC **to be friends (with sb)** être ami avec qn, être amis **to have friends in high places** avoir des amis influents **to make friends with sb** se lier d'amitié avec qn, se faire des amis

friendly /'frendli/ *adj* (-ier, -iest) **1** (*personne*) amical, sympathique ☛ Noter que **sympathetic** signifie *compréhensif*. **2** (*relation, match, geste*) amical **3** (*conseil*) d'ami **4** (*lieu*) accueillant, convivial **friendliness** *n* gentillesse, bienveillance

friendship /'frendʃɪp/ *n* amitié

fright /fraɪt/ *n* frayeur, peur : *to give sb a fright* faire peur à qn ◊ *I got a fright.* J'ai eu peur.

frighten /'fraɪtn/ *vt* effrayer, faire peur à PHR V **to frighten sb/sth away** effaroucher qn/qch **frightened** *adj* effrayé, apeuré : *to be frightened (of sb/sth)* avoir peur (de qn/qch) LOC *Voir* WIT **frightening** *adj* effrayant, terrifiant

frightful /'fraɪtfl/ *adj* **1** terrible, épouvantable **2** (*fam*) (*pour emphase*) : *a frightful mess* un désordre monstre **frightfully** *adv* (*fam*) terriblement : *I'm frightfully sorry.* Je suis terriblement désolé.

frill /frɪl/ *n* **1** (*robe*) volant **2** (*chemise*) jabot **3** [*gén pl*] (*fig*) fioritures : *no frills* sans façons

fringe /frɪndʒ/ ◆ *n* **1** frange ☛ *Voir illustration sous* CHEVEU **2** (*fig*) marge ◆ *vt* LOC **to be fringed by/with sth** être bordé de qch

frisk /frɪsk/ **1** *vt* (*suspect*) fouiller **2** *vi* gambader **frisky** *adj* vif, joueur

frivolity /frɪ'vɒləti/ *n* frivolité

frivolous /'frɪvələs/ *adj* frivole, insouciant

fro /frəʊ/ *adv Voir* TO

frock /frɒk/ *n* robe

frog /frɒg ; *USA* frɔːg/ *n* **1** grenouille **2** (*fam, injurieux*) Français, -e

from /frəm, frɒm/ *prép* **1** (*provenance, temps, position*) de : *from Paris to London* de Paris à Londres ◊ *I'm from Scotland.* Je suis écossais. ◊ *from bad to worse* de pire en pire ◊ *the train from Bordeaux* le train en provenance de Bordeaux ◊ *a letter from my brother* une lettre de mon frère ◊ *to take sth away from sb* prendre qch à qn ◊ *from above/below* d'au-dessus/d'en-dessous ◊ *from time to time* de temps en temps ◊ *from midnight* à partir de minuit ☛ *Voir note sous* SINCE **2** *from choice* par choix ◊ *from what I can gather* d'après ce que j'ai entendu **3** parmi : *to choose from...* choisir parmi... **4** avec : *Wine is made from grapes.* Le vin est fait avec du raisin. **5** (*Math*) : *13 from 34 leaves 21.* 34 moins 13 égalent 21. LOC **from... on** : *from now on* à partir de maintenant ◊ *from then on* à partir de ce moment-là ☛ Les verbes à particule formés avec **from** sont traités sous le verbe correspondant : pour **to hear from**, par exemple, voir HEAR.

front

front /frʌnt/ ◆ *n* **1 the ~ (of sth)** le devant (de qch) : *If you can't see the board, sit at the front.* Si vous ne voyez pas bien le tableau, venez vous asseoir au premier rang. ◊ *at the front of the queue* à l'avant de la file **2 the front** (*Mil*) le front **3** couverture : *a front for sth* une couverture pour qch **4** (*Météo, pr et fig*) front : *on the financial front* sur le plan financier ◆ *adj* de front, de face ◆ *adv* LOC **in front** devant, à l'avant : *the row in front* la rangée de devant ☛ *Voir illustration sous* DEVANT **up front** (*fam*) d'avance *Voir aussi* BACK[1] ◆ *prép* LOC **in front of** devant

front cover *n* couverture (*livre*)

front door *n* porte d'entrée

frontier /'frʌntɪə(r) ; *USA* frʌn'tiər/ *n* ~ **(with sth/between...)** frontière (avec qch/entre...) ☛ *Voir note sous* BORDER

front page *n* **the front page** la une

front row *n* premier rang

frost /frɒst ; *USA* frɔːst/ ◆ *n* **1** gel **2** givre ◆ *vt, vi* couvrir de givre, se givrer PHR V **to frost over** se couvrir de givre **frosty** *adj* (**-ier**, **-iest**) **1** glacial **2** couvert de givre

froth /frɒθ ; *USA* frɔːθ/ ◆ *n* mousse, écume ◆ *vi* mousser, écumer

frown /fraʊn/ ◆ *n* froncement de sourcils ◆ *vi* froncer les sourcils PHR V **to frown on/upon sth** désapprouver qch

froze *prét de* FREEZE

frozen *pp de* FREEZE

fruit /fruːt/ *n* **1** [*gén indénombrable*] fruit, fruits : *fruit and vegetables* fruits et légumes ◊ *a piece of fruit* un fruit ◊ *a fruit salad* une salade de fruits **2** (*fig*) fruit : *the fruit(s) of your labours* le fruit de son travail

fruitful /'fruːtfl/ *adj* fructueux

fruition /fru'ɪʃn/ *n* : *to come to fruition* se réaliser

fruitless /'fruːtləs/ *adj* vain, stérile

frustrate /frʌ'streɪt ; *USA* 'frʌstreɪt/ *vt* **1** (*personne*) empêcher **2** (*tentative*) contrarier **frustrated** *adj* **1** frustré **2** énervé **frustrating** *adj* **1** frustrant **2** énervant

fry /fraɪ/ ◆ *vt, vi* (*prét, pp* **fried** /fraɪd/) (faire) frire ◆ (*aussi* **French fry**) *n* (*pl* **fries**) (*surtout USA*) frite

frying pan (*USA aussi* **frypan**) *n* poêle (*à frire*) ☛ *Voir illustration sous* SAUCEPAN LOC **out of the frying pan into the fire** de mal en pire

fudge /fʌdʒ/ *n* caramel

fuel /'fjuːəl/ *n* **1** combustible **2** carburant

fugitive /'fjuːdʒətɪv/ *adj, n* fugitif, -ive : *a fugitive from justice* une personne qui fuit la justice

fulfil (*USA* **fulfill**) /fʊl'fɪl/ *vt* (**-ll-**) **1** (*ambition*) réaliser **2** (*promesse*) tenir **3** (*désir, demande*) répondre à **4** (*besoin*) satisfaire **5** (*rôle*) remplir

full /fʊl/ ◆ *adj* (**-er**, **-est**) **1** ~ **(of sth)** plein (de qch) **2 to be** ~ **of sth** ne parler que de qch : *He was full of his new job.* Il ne parlait plus que de son nouvel emploi. **3** ~ **(up)** rassasié : *I'm full up.* J'ai assez mangé. **4** (*hôtel, avion*) complet **5** (*instructions*) complet **6** (*heure*) entier **7** (*vêtements*) ample LOC **(at) full blast** à fond **(at) full speed** à toute vitesse **full of yourself** (*péj*) imbu de sa personne **in full** en entier **to be in full swing** battre son plein **to come full circle** revenir à la case départ **to the full** pleinement ◆ *adv* **1** *full in the face* en plein visage **2** *You know full well that...* Tu sais très bien que...

full board *n* pension complète

full-length /ˌfʊl 'leŋθ/ *adj* **1** (*photo*) en pied **2** (*vêtement*) long

full stop (*USA* **period**) *n* point (*ponctuation*) ☛ *Voir pp. 392-3.*

full-time /ˌfʊl 'taɪm/ *adj, adv* à temps complet : *She's a full-time student.* Elle est étudiante à plein temps. ◊ *I work full time.* Je travaille à plein temps.

fully /'fʊli/ *adv* **1** pleinement, complètement **2** au moins : *fully two hours* au moins deux heures

fumble /'fʌmbl/ *vi* ~ **(with sth)** tripoter qch, tâtonner

fume /fjuːm/ *vi* fulminer, être furibond

fumes /fjuːmz/ *n* [*pl*] émanations, fumées : *poisonous fumes* des fumées toxiques

fun /fʌn/ ◆ *n* plaisir, amusement : *to have fun* s'amuser ◊ *to be great/good fun* être très amusant ☛ **Fun** ou **funny**? Il ne faut pas confondre **fun** et **funny**. **Fun** s'emploie avec le verbe pour dire que quelqu'un ou quelque chose est marrant ou divertissant. Il a le même sens que **enjoyable** mais est un peu plus familier : *The party was good/great fun.* On s'est bien amusés à la soirée. ◊ *Aerobics is more fun than jogging.* L'aérobic est plus marrant que le jogging. **Funny** est un adjectif qui s'emploie pour parler de quelque chose qui fait rire ou qui est drôle : *She told me a funny joke.* Elle m'a raconté une blague marrante. ◊ *The clowns were very funny.* Les clowns étaient très drôles. Ainsi, si on trouve un livre très divertissant on dit : *the book was great fun* ; et par contre s'il vous fait rire on dira : *the book was very funny.* **Funny**

peut également signifier *étrange, bizarre* : *The car was making a funny noise.* La voiture faisait un drôle de bruit. LOC **to make fun of sb/sth** se moquer de qn/qch *Voir aussi* POKE ◆ *adj* (*fam*) amusant

function /ˈfʌŋkʃn/ ◆ *n* **1** fonction, rôle **2** réception, cérémonie ◆ *vi* **1** fonctionner **2** ~ **as sth** servir de qch

fund /fʌnd/ ◆ *n* **1** fonds (*ressources*) : *a relief fund* une caisse de secours **2 funds** [*pl*] fonds (*argent*) ◆ *vt* financer

fundamental /ˌfʌndəˈmentl/ ◆ *adj* ~ **(to sth)** fondamental, essentiel (à qch) : *This is absolutely fundamental.* C'est absolument essentiel. ◆ *n* [*gén pl*] fondements

funeral /ˈfjuːnərəl/ *n* obsèques, funérailles : *a funeral parlour* une entreprise de pompes funèbres

funfair /ˈfʌnfeə(r)/ *n* fête foraine

fungus /ˈfʌŋgəs/ *n* (*pl* **-gi** /-gaɪ, -dʒaɪ/ *ou* **-guses** /-gəsɪz/) champignon, moisissure

funnel /ˈfʌnl/ ◆ *n* **1** entonnoir **2** cheminée (*de navire, machine*) ◆ *vt* (**-ll-**, *USA* **-l-**) faire passer

funny /ˈfʌni/ *adj* (**-ier**, **-iest**) **1** drôle, amusant **2** étrange, curieux, bizarre

fur /fɜː(r)/ *n* **1** poils, pelage **2** fourrure : *a fur coat* un manteau de fourrure

furious /ˈfjʊəriəs/ *adj* **1** ~ **(at sth/with sb)** furieux (de qch/contre qn) **2** (*attaque, dispute*) violent **furiously** *adv* furieusement, avec acharnement

furnace /ˈfɜːnɪs/ *n* **1** fourneau, four **2** chaudière

furnish /ˈfɜːnɪʃ/ *vt* **1** ~ **sth (with sth)** meubler qch (avec qch) : *a furnished flat* un meublé **2** ~ **sb/sth with sth** fournir qch à qn/qch **furnishings** *n* [*pl*] ameublement

furniture /ˈfɜːnɪtʃə(r)/ *n* [*indénombrable*] meubles, mobilier : *a piece of furniture* un meuble ☛ *Voir note sous* INFORMATION

furrow /ˈfʌrəʊ/ ◆ *n* **1** sillon **2** pli, ride ◆ *vt* plisser, sillonner : *a furrowed brow* le front plissé

furry /ˈfɜːri/ *adj* (**-ier**, **-iest**) **1** (*animal*) à poils **2** (*jouet*) en peluche

further /ˈfəːðə(r)/ ◆ *adj* **1** (*aussi* **farther**) plus éloigné : *Which is further?* Lequel est situé le plus loin ? **2** davantage de, plus de : *until further notice* jusqu'à nouvel ordre ◊ *for further details/information...* pour un complément d'informations... ◆ *adv* **1** (*aussi* **farther**) plus loin : *How much further is it to Oxford?* Nous sommes encore à combien de kilomètres d'Oxford ? **2** de plus, en outre : *Further to my letter...* Suite à mon courrier... **3** plus loin, davantage : *to hear nothing further* ne plus en entendre parler LOC *Voir* AFIELD

Farther ou **further**? Tous deux sont des comparatifs de **far**, mais ne sont synonymes que lorsqu'ils font référence à une distance : *Which is further/farther?* Lequel est situé le plus loin ?

furthermore /ˌfɜːðəˈmɔː(r)/ *adv* de plus, en outre

furthest /ˈfɜːðɪst/ (*aussi* **farthest**) *adj, adv* (*superl de* **far**) plus éloigné, plus loin : *the furthest corner of Europe* la partie la plus reculée d'Europe

fury /ˈfjʊəri/ *n* fureur, accès de rage

fuse /fjuːz/ ◆ *n* **1** fusible, plomb **2** mèche (*engin explosif*) **3** (*USA aussi* **fuze**) détonateur ◆ **1** *vi* (*métal*) fondre **2** *vi* : *The lights had fused.* Les plombs avaient sauté. **3** *vt* ~ **sth (together)** souder qch

fusion /ˈfjuːʒn/ *n* **1** (*Phys*) fusion **2** (*fig*) mélange

fuss /fʌs/ ◆ *n* [*indénombrable*] histoires (*difficultés*) LOC **to make a fuss of/over sb** être aux petits soins pour qn **to make/kick up a fuss (about/over sth)** faire des histoires (à propos de qch) ◆ *vi* **1** ~ **(about)** s'affairer, s'agiter **2** ~ **over sb** être aux petits soins pour qn

fussy /ˈfʌsi/ *adj* (**-ier**, **-iest**) **1** ~ **(about sth)** tatillon, maniaque (sur qch) **2** trop élaboré, surchargé

futile /ˈfjuːtaɪl ; *USA* -tl/ *adj* vain, futile

future /ˈfjuːtʃə(r)/ ◆ *n* **1** avenir : *in the near future* dans un avenir proche **2** (*aussi* **future tense**) futur LOC **in future** à l'avenir *Voir aussi* FORESEE ◆ *adj* futur, à venir

fuzzy /ˈfʌzi/ *adj* (**-ier**, **-iest**) **1** (*tissu*) pelucheux **2** (*cheveux*) crépu **3** (*photo*) flou **4** (*esprit*) confus, désorienté

Gg

G, g /dʒiː/ *n* (*pl* **G's, g's** /dʒiːz/) **1** G, g : *G for George* G comme Gaston ☛ *Voir exemples sous* A, A **2** (*Mus*) sol

gab /gæb/ *n* LOC *Voir* GIFT

gable /ˈgeɪbl/ *n* pignon

gadget /ˈgædʒɪt/ *n* gadget

gag /gæg/ ◆ *n* **1** (*pr et fig*) bâillon **2** blague, plaisanterie ◆ *vt* (**-gg-**) (*pr et fig*) bâillonner

gage (*USA*) *Voir* GAUGE

gaiety /ˈgeɪəti/ *n* gaieté

gain /geɪn/ ◆ *n* **1** augmentation **2** gain, profit ◆ **1** *vt* acquérir, obtenir : *to gain control* prendre le contrôle **2** *vt* prendre, gagner : *to gain two kilos* prendre deux kilos ◊ *to gain speed* prendre de la vitesse **3** *vi* ~ **by/from (doing) sth** gagner à (faire) qch **4** *vt, vi* (*montre*) avancer (de) PHR V **to gain on sb/sth** rattraper qn/qch

gait /geɪt/ *n* [*sing*] démarche, allure

galaxy /ˈgæləksi/ *n* (*pl* **-ies**) **1** galaxie **2** (*fig*) pléiade

gale /geɪl/ *n* grand vent

gallant /ˈgælənt/ *adj* **1** (*sout*) brave **2** *aussi* /ˌgəˈlænt/ galant **gallantry** *n* **1** bravoure **2** galanterie

gallery /ˈgæləri/ *n* (*pl* **-ies**) **1** (*aussi* **art gallery**) (*public*) musée **2** (*privé*) galerie **3** (*dans bâtiment*) galerie **4** (*théâtre*) dernier balcon

galley /ˈgæli/ *n* (*pl* **-eys**) **1** cambuse **2** (*Navig*) galère

gallon /ˈgælən/ *n* (*abrév* **gall**) gallon (*4,454 litres*) ☛ *Voir Appendice 1.*

gallop /ˈgæləp/ ◆ *vt, vi* (faire) galoper ◆ *n* galop

the gallows /ˈgæləʊz/ *n* (*pl* **the gallows**) le gibet, la potence

gamble /ˈgæmbl/ ◆ *vt, vi* (*argent*) parier, jouer PHR V **to gamble on (doing) sth** prendre le risque de faire qch ; miser sur qch ◆ *n* **1** pari **2** (*fig*) : *to be a gamble* être risqué **gambler** *n* joueur, -euse **gambling** *n* jeu d'argent

game /geɪm/ ◆ *n* **1** jeu : *to play a game* faire un jeu **2** partie **3** (*Tennis*) jeu ☛ *Comparer avec* MATCH[2] **4 games** [*pl*] jeux (*sportifs*) **5** [*indénombrable*] gibier LOC *Voir* FAIR, MUG ◆ *adj* : *Are you game?* Tu es partant ?

gammon /ˈgæmən/ *n* [*indénombrable*] jambon ☛ *Comparer avec* BACON, HAM

gang /gæŋ/ ◆ *n* [*v sing ou pl*] **1** gang **2** (*travailleurs*) équipe **3** (*amis*) bande ◆ *v* PHR V **to gang up on sb** se liguer contre qn

gangster /ˈgæŋstə(r)/ *n* gangster, truand

gangway /ˈgæŋweɪ/ *n* **1** passerelle **2** (*GB*) (*bus*) allée

gaol /dʒeɪl/ *Voir* JAIL

gap /gæp/ *n* **1** trou, ouverture, espace **2** blanc, vide **3** (*temps*) interruption : *a gap in the conversation* une pause dans la conversation **4** (*manque de connaissances*) lacune **5** (*fig*) divergence LOC *Voir* BRIDGE

gape /geɪp/ *vi* **1** ~ **(at sb/sth)** regarder qn/qch bouche bée, rester bouche bée **2** être béant **gaping** *adj* (*gouffre, blessure*) béant : *a gaping wound* une blessure béante

garage /ˈgærɑːʒ, ˈgærɪdʒ ; *USA* gəˈrɑːʒ/ *n* **1** garage **2** station-service

garbage /ˈgɑːbɪdʒ/ *n* (*USA*) [*indénombrable*] (*pr et fig*) déchets, ordures : *a garbage can* une poubelle

garbled /ˈgɑːbld/ *adj* confus

garden /ˈgɑːdn/ ◆ *n* jardin ◆ *vi* jardiner **gardener** *n* jardinier, -ière **gardening** *n* jardinage

garden centre *n* jardinerie

gargle /ˈgɑːgl/ *vi* se gargariser

garish /ˈgeərɪʃ/ *adj* tape-à-l'œil, voyant

garland /ˈgɑːlənd/ *n* guirlande

garlic /ˈgɑːlɪk/ *n* [*indénombrable*] ail : *a clove of garlic* une gousse d'ail

garment /ˈgɑːmənt/ *n* (*sout*) vêtement

garnish /ˈgɑːnɪʃ/ ◆ *vt* garnir ◆ *n* garniture

garrison /ˈgærɪsn/ *n* [*v sing ou pl*] garnison

gas /gæs/ ◆ *n* (*pl* ~**es**) **1** gaz : *a gas mask* un masque à gaz **2** (*USA, fam*) essence ◆ *vt* (**-ss-**) gazer, asphyxier

gash /gæʃ/ ◆ *n* entaille, déchirure ◆ *vt* entailler, déchirer

gasoline /ˈgæsəliːn/ *n* (*USA*) essence

gasp /gɑːsp/ ◆ **1** *vi* avoir le souffle coupé **2** *vi* haleter : *to gasp for air* suffoquer **3** *vt* ~ **sth (out)** dire qch en haletant ◆ *n* halètement

gas station *n* (*USA*) station-service

gate /geɪt/ *n* **1** (*champ*) barrière **2** (*bâtiment*) portail **3** (*aéroport, jardin*) porte

gatecrash /ˈgeɪtkræʃ/ **1** *vi* se pointer sans invitation **2** *vt* : *to gatecrash a party* aller à une soirée sans invitation

gateway /ˈgeɪtweɪ/ *n* **1** porte, entrée **2 the ~ to sth** (*fig*) la clé de qch

gather /ˈgæðə(r)/ **1** *vi* se rassembler, se regrouper **2** *vi* (*nuages*) s'amonceler **3** *vt* ~ **sb (together)** rassembler qn **4** *vt* ~ **sth (together)** rassembler, recueillir qch : *to gather information* recueillir des informations **5** *vt* (*fleurs, fruit*) cueillir **6** *vt* déduire **7** *vt* ~ **sth (in)** (*tissu*) froncer qch **8** *vt* (*force*) prendre : *to gather speed* prendre de la vitesse PHR V **to gather round (sb/sth)** se rassembler (autour de qn/qch), se regrouper autour de qn/qch **to gather sth up** rassembler qch, ramasser qch **gathering** *n* réunion, rassemblement

gaudy /ˈgɔːdi/ *adj* (**-ier**, **-iest**) (*péj*) voyant, tape-à-l'œil

gauge /geɪdʒ/ ◆ *n* **1** calibre **2** (*Chemin de fer*) écartement **3** jauge, indicateur ◆ *vt* **1** mesurer, jauger **2** évaluer, juger

gaunt /gɔːnt/ *adj* décharné

gauze /gɔːz/ *n* gaze

gave *prét de* GIVE

gay /geɪ/ ◆ *adj* **1** homosexuel, gay **2** (*vieilli*) gai, joyeux ◆ *n* homosexuel, -elle, gay

gaze /geɪz/ ◆ *vi* **1** ~ **at sb/sth** regarder fixement, contempler qn/qch **2** regarder : *They gazed into each other's eyes.* Ils se regardaient les yeux dans les yeux. ◆ *n* [*sing*] regard fixe

GCSE /ˌdʒiː siː es ˈiː/ *abrév* (*GB*) **General Certificate of Secondary Education**

Les **GCSEs** sont des examens que les élèves de 15-16 ans passent à la fin du premier cycle du secondaire.

gear /gɪə(r)/ ◆ *n* **1** matériel, équipement : *camping gear* matériel de camping ◊ *sports gear* tenue de sport **2** (*voiture*) vitesse : *to change gear* changer de vitesse *Voir aussi* REVERSE **3** (*Mécan*) engrenage ◆ *v* PHR V **to gear sth to/towards sth** destiner qch à qch **to gear (sb/sth) up (for/to do sth)** préparer qn/qch (pour qch/pour faire qch), se préparer (pour qch/pour faire qch)

gearbox /ˈgɪəbɒks/ *n* boîte de vitesses

geese *pl de* GOOSE

gem /dʒem/ *n* **1** pierre précieuse, gemme **2** (*fig*) merveille, perle

Gemini /ˈdʒemɪnaɪ/ *n* Gémeaux ☛ *Voir exemples sous* AQUARIUS

gender /ˈdʒendə(r)/ *n* **1** sexe **2** (*Gramm*) genre

gene /dʒiːn/ *n* gène

general /ˈdʒenrəl/ ◆ *adj* général : *as a general rule* en règle générale ◊ *the general public* le grand public ◊ *general knowledge* culture générale LOC **in general** en général ◆ *n* général

general election *n* élections législatives

generalize, -ise /ˈdʒenrəlaɪz/ *vi* **1** ~ **(about sth)** généraliser (sur qch) **2** ~ **(from sth)** généraliser (à partir de qch) **generalization, -isation** *n* généralisation

generally /ˈdʒenrəli/ *adv* en général, généralement : *generally speaking*... en règle générale...

general practice *n* (*GB*) médecine générale

general practitioner *n* (*GB*) *Voir* GP

general-purpose /ˌdʒenrəl ˈpɜːpəs/ *adj* à usages multiples, polyvalent

generate /ˈdʒenəreɪt/ *vt* produire, générer

generation /ˌdʒenəˈreɪʃn/ *n* génération : *the generation gap* le conflit des générations

generator /ˈdʒenəreɪtə(r)/ *n* générateur

generosity /ˌdʒenəˈrɒsəti/ *n* générosité

generous /ˈdʒenərəs/ *adj* **1** (*personne, don*) généreux **2** (*nourriture*) copieux, abondant

genetic /dʒəˈnetɪk/ *adj* génétique **genetics** *n* [*sing*] génétique

genetically modified *adj* (*abrév* **GM**) transgénique : *genetically modified foods* aliments transgéniques

genial /ˈdʒiːniəl/ *adj* cordial, aimable

genital /ˈdʒenɪtl/ *adj* génital **genitals** (*aussi* **genitalia** /ˌdʒenɪˈteɪliə/) *n* [*pl*] (*sout*) organes génitaux

genius /ˈdʒiːniəs/ *n* (*pl* **geniuses**) génie

genocide /ˈdʒenəsaɪd/ *n* génocide

genome /ˈdʒiːnəʊm/ *n* génome

gent /dʒent/ *n* **1** (*fam, hum*) monsieur **2 the Gents** [*sing*] (*GB, fam*) les toilettes pour hommes

genteel /dʒenˈtiːl/ *adj* (*souvent péj*) distingué **gentility** /dʒenˈtɪləti/ *n* [*sout*] distinction

gentle /ˈdʒentl/ *adj* (**-er**, **-est**) **1** (*personne, caractère, pente*) doux **2** (*exercice*) modéré **3** (*brise, toucher, pression*) léger **gentleness** *n* **1** douceur **2** légèreté **gently** *adv* **1** doucement, avec douceur **2** gentiment **3** (*cuire*) à feu doux

gentleman /ˈdʒentlmən/ *n* (*pl* **-men** /-mən/) **1** gentleman **2** monsieur *Voir aussi* LADY

genuine /ˈdʒenjuɪn/ *adj* **1** (*tableau*) authentique, véritable **2** (*personne*) sincère, sérieux

geography /dʒiˈɒɡrəfi/ *n* **1** géographie **2** topographie **geographer** /dʒiˈɒɡrəfə(r)/ *n* géographe **geographical** /ˌdʒiːəˈɡræfɪkl/ *adj* géographique

geology /dʒiˈɒlədʒi/ *n* géologie **geological** /ˌdʒiːəˈlɒdʒɪkl/ *adj* géologique **geologist** /dʒiˈɒlədʒɪst/ *n* géologue

geometry /dʒiˈɒmətri/ *n* géométrie **geometric** /dʒiəˈmetrɪk/ (*aussi* **geometrical** /-ɪkl/) *adj* géométrique

geriatric /ˌdʒeriˈætrɪk/ ◆ *adj* gériatrique ◆ *n* vieux, vieille

germ /dʒɜːm/ *n* microbe, germe

gesture /ˈdʒestʃə(r)/ ◆ *n* geste : *a gesture of friendship* un témoignage d'amitié ◆ *vi* ~ **(to sb)** faire un signe (à qn) : *to gesture at/to/towards sth* désigner qch d'un geste

get /ɡet/ (**-tt-**) (*prét* **got** /ɡɒt/ *pp* **got**, *USA* **gotten** /ˈɡɒtn/)

• **to get + s/pron** *vt* **1** obtenir, avoir : *to get a shock* avoir un choc ◊ *to get a letter* recevoir une lettre ◊ *What did you get for your birthday?* Qu'est-ce que tu as eu pour ton anniversaire ? ◊ *How much did you get for your car?* Combien tu as revendu ta voiture ? ◊ *She gets bad headaches.* Elle souffre de violents maux de tête. **2** aller chercher : *Get my slippers for me.* Va me chercher mes pantoufles. ◊ *Can I get you anything?* Puis-je vous offrir quelque chose ? **3** préparer, faire : *to get breakfast* préparer le petit déjeuner **4** (*bus, train, etc.*) prendre **5** (*maladie*) attraper **6** (*blague*) comprendre

• **to get + objet + infinitif ou -ing** *vt* **to get sb/sth doing sth/to do sth** faire en sorte que qn/qch fasse qch : *Get him to call you.* Demande-lui de t'appeler. ◊ *to get the car to start* faire démarrer la voiture ◊ *to get sb talking* faire parler qn

• **to get + objet + participe** *vt* : *to get your hair cut* se faire couper les cheveux ◊ *You should get your watch repaired.* Tu devrais faire réparer ta montre. ☛ *Comparer avec* HAVE 5

• **to get + objet + adj** *vt* : *to get the question right* donner la bonne réponse ◊ *to get the children ready for school* préparer les enfants pour l'école ◊ *to get (yourself) ready* se préparer

• **to get + adj** *vi* devenir : *to get wet* se faire mouiller ◊ *It's getting late.* Il se fait tard. ◊ *to get better* commencer à aller mieux ◊ *to get hungry* commencer à avoir faim

• **to get + participe** *vi* : *to get fed up with sth* en avoir marre de qch ◊ *to get used to sth* s'habituer à qch ◊ *to get lost* se perdre

> Certaines expressions formées avec **to get + participe** se traduisent par un verbe pronominal : *to get bored* s'ennuyer ◊ *to get dressed* s'habiller ◊ *to get drunk* se soûler ◊ *to get married* se marier. Le verbe **get** se conjugue normalement : *She soon got used to it.* Elle s'y est vite habituée. ◊ *I'm getting dressed.* Je m'habille. ◊ *We'll get married next year.* Nous nous marierons l'année prochaine. **Get + participe** s'emploie également pour exprimer une action qui a lieu par hasard, de manière soudaine ou imprévue : *I got caught in a heavy rainstorm.* J'ai été surpris par l'orage. ◊ *Simon got hit by a stone.* Simon a reçu une pierre.

• **autres emplois 1** *vi* **to get to do sth** : *to get to know sb/sth* apprendre à connaître qn/qch ◊ *to get to like sb/sth* finir par apprécier qn/qch **2** *vi* **to get to do sth** avoir l'occasion de faire qch : *We didn't get to see the match.* Nous n'avons pas pu voir le match. ◊ *The winner gets to wear the crown.* Une couronne est remise au gagnant. **3** *vi* **to get to...** (*mouvement*) arriver à un endroit : *to get to the top of the mountain* atteindre le sommet de la montagne ◊ *Where have* *they got to?* Où sont-ils passés ? **4 have got** *Voir* HAVE 1, 2, 3, 4

LOC to get away from it all (*fam*) s'évader (*pour oublier ses soucis*) **to get (sb) nowhere**; **not to get (sb) anywhere** (*fam*) ne mener (qn) à rien **to get there** y arriver ☛ Les autres expressions formées avec **get** sont traitées sous le nom, l'adjectif, etc. correspondant : pour **to get the hang of sth**, par exemple, voir HANG.

PHR V to get about/(a)round 1 (*personne, animal*) se déplacer **2** (*rumeur, nouvelle*) se répandre

to get across (sth) traverser (qch) **to get sth across (to sb)** faire comprendre qch (à qn), communiquer qch (à qn)

to get ahead (of sb) prendre de l'avance (sur qn)

to get along *Voir* TO GET ON

to get around to (doing) sth trouver le temps de s'occuper de qch/de faire qch : *I'll get around to it soon.* Je vais m'en occuper bientôt.

to get at sb (*fam*) s'en prendre à qn **to get at sth** (*fam*) **1** découvrir qch **2** vouloir dire qch : *What are you getting at?* Où veux-tu en venir ?

to get away (from sth) quitter qch, partir **to get away with sth 1** (*voleur*) s'enfuir avec qch **2** s'en tirer avec qch : *He got away with a fine.* Il s'en est tiré avec une amende. **to get away with (doing) sth** : *Nobody gets away with insulting me like that.* Je ne tolérerai pas qu'on m'insulte de la sorte. ◊ *You'll never get away with it!* Tu ne vas pas t'en tirer comme ça ! ◊ *He thought he could get away with it.* Il a cru que personne ne lui dirait rien.

to get back rentrer, revenir **to get back at sb** (*fam*) se venger de qn **to get back to sb** rappeler qn **to get sth back** récupérer qch

to get behind (with sth) 1 prendre du retard (dans qch) **2** être en retard (dans le paiement de qch)

to get by se débrouiller, s'en sortir

to get down 1 descendre **2** (*enfants*) sortir de table **to get down to (doing) sth** se mettre à (faire) qch **to get sb down** (*fam*) démoraliser qn

to get in; **to get into sth 1** entrer (dans qch) **2** (*train*) arriver (à/en qch) **3** (*personne*) rentrer (dans qch) **4** monter (dans qch) (*voiture*) **5** entrer (à/dans qch) (*université, club, etc.*) **to get sth in** rentrer qch

to get off (sth) 1 finir (qch) (*travail*) **2** (*voiture, train*) descendre (de qch) **3** échapper à qch, s'en tirer **to get sth off (sth)** enlever qch (de qch)

to get on 1 (*aussi* **to get along**) aller : *How are you getting on?* Comment ça va ? **2** progresser, avancer **3** (*aussi* to get along) se débrouiller **4** *It's getting on.* Il se fait tard. **5** devenir vieux : *He's getting on.* Il commence à se faire vieux.

to get on; **to get onto sth** monter (dans/sur qch) **to get on to sth** s'occuper de qch, aborder qch **to get on with sb**; **to get on (together)** (*aussi* **to get along**) bien s'entendre (avec qn) **to get on with sth** continuer qch : *Get on with your work!* Remettez-vous au travail ! **to get sth on** mettre qch (*vêtement*)

to get out (of sth) 1 sortir (de qch) : *Get out (of here)!* Sortez ! **2** (*voiture*) descendre (de qch) **to get out of (doing) sth** éviter (de faire) qch **to get sth out of sb/sth** obtenir qch de qn/qch

to get over sb oublier qn : *He never got over Jane.* Il n'a jamais oublié Jane. **to get over sth 1** (*problème, timidité*) surmonter qch **2** (*choc, maladie*) se remettre de qch : *I can't get over how much he's changed!* Qu'est-ce qu'il a changé, je n'en reviens pas ! **to get sth over to sb** faire comprendre qch à qn

to get round sb (*fam*) convaincre qn **to get round sth** contourner qch **to get round to (doing) sth** trouver le temps de s'occuper de qch/de faire qch

to get through sth 1 (*provisions*) consommer qch **2** (*argent*) dépenser qch **3** (*repas, tâche*) finir qch **to get through (to sb)** (*au téléphone*) avoir qn au téléphone, obtenir la communication **to get through to sb** communiquer avec qn

to get together (with sb) rencontrer qn, se réunir **to get sb/sth together** réunir qn/qch **to get up** se lever **to get up to sth 1** arriver à qch, atteindre qch **2** faire qch : *What's he getting up to now?* Qu'est-ce qu'il fabrique maintenant ? **to get sb up** faire lever qn

getaway /ˈgetəweɪ/ *n* fuite (*après un délit*) : *to make your getaway* s'enfuir ◊ *Their getaway car has been found.* On a retrouvé la voiture qui leur a permis de s'enfuir.

ghastly /ˈgɑːstli ; *USA* ˈgæstli/ *adj* (**-ier, -iest**) horrible, affreux : *the whole ghastly business* cette horrible histoire

ghetto /ˈgetəʊ/ *n* (*pl* ~**s**) ghetto

ghost /gəʊst/ *n* fantôme LOC **to give up the ghost** rendre l'âme **ghostly** *adj* (**-ier**, **-iest**) spectral

ghost story *n* histoire de fantômes

giant /ˈdʒaɪənt/ *n, adj* géant, -e

gibberish /ˈdʒɪbərɪʃ/ *n* charabia

giddy /ˈgɪdi/ *adj* (**-ier**, **-iest**) pris de vertige : *I feel giddy.* J'ai la tête qui tourne.

gift /gɪft/ *n* **1** cadeau, don *Voir aussi* PRESENT[1] **2 to have a ~ (for sth/doing sth)** avoir un don (pour qch) ; avoir le don de faire qch **3** (*fam*) : *That exam question was a real gift!* Ce sujet d'examen, c'était du gâteau ! LOC **to have the gift of the gab** avoir du bagout *Voir aussi* LOOK[1] **gifted** *adj* doué, talentueux

gift token (*aussi* **gift voucher**) *n* chèque-cadeau

gift-wrap /ˈgɪft ræp/ *vt* faire un paquet cadeau de

gig /gɪg/ *n* (*fam*) concert (*de rock, de jazz*)

gigantic /dʒaɪˈgæntɪk/ *adj* gigantesque, énorme

giggle /ˈgɪgl/ ◆ *vi* ~ **(at sb/sth)** rire bêtement, rire nerveusement (de qn/qch) ◆ *n* **1** ricanement, rire nerveux **2** *I only did it for a giggle.* J'ai fait ça pour rigoler. **3 the giggles** [*pl*] : *to have the giggles* avoir le fou rire

gilded /ˈgɪldɪd/ (*aussi* **gilt** /gɪlt/) *adj* doré

gimmick /ˈgɪmɪk/ *n* truc, gadget

gin /dʒɪn/ *n* gin : *a gin and tonic* un gin-tonic

ginger /ˈdʒɪndʒə(r)/ ◆ *n* gingembre ◆ *adj* roux : *ginger hair* cheveux roux ◊ *a ginger cat* un chat au poil roux

gingerly /ˈdʒɪndʒəli/ *adv* avec précaution

gipsy *Voir* GYPSY

giraffe /dʒəˈrɑːf ; *USA* -ˈræf/ *n* girafe

girl /gɜːl/ *n* fille

girlfriend /ˈgɜːlfrend/ *n* **1** copine, (petite) amie **2** (*surtout USA*) amie

gist /dʒɪst/ *n* LOC **to get the gist of sth** comprendre l'essentiel de qch

give /gɪv/ ◆ (*prét* **gave** /geɪv/ *pp* **given** /ˈgɪvn/) **1** *vt* ~ **sth (to sb)** ; ~ **(sb) sth** donner qch (à qn) ; offrir qch (à qn) : *I gave each of the boys an apple.* J'ai donné une pomme à chacun des garçons. ◊ *The news gave us rather a shock.* La nouvelle nous a bouleversés. ◊ *to give sb a message* transmettre un message à qn **2** *vi* ~ **(to sth)** faire un don (à qch) **3** *vi* s'affaisser, céder **4** *vt* (*temps, énergie*) consacrer, donner **5** *vt* donner, passer : *You've given me your cold.* Tu m'as passé ton rhume. **6** *vt* reconnaître : *I'll give you that.* Je te l'accorde. **7** *vt* (*concert, spectacle, etc.*) donner : *to give a lecture* donner un cours magistral LOC **don't give me that!** ne me raconte pas d'histoires ! **give or take sth** : *an hour and a half, give or take a few minutes* une heure et demie, à quelques minutes près **not to give a damn, a hoot, etc. (about sb/sth)** (*fam*) se ficher de qn/qch, s'en ficher : *She doesn't give a damn about it.* Elle s'en fiche complètement. ☛ Les autres expressions formées avec **give** sont traitées sous le nom, l'adjectif, etc. correspondant : pour **to give rise to sth**, par exemple, voir RISE.

PHR V **to give sth away 1** donner qch **2** révéler qch **to give sb away 1** dénoncer qn, trahir qn **2** conduire qn à l'autel

to give (sb) back sth ; **to give sth back (to sb)** rendre qch (à qn)

to give in (to sb/sth) céder (à qn/qch)

to give sth in rendre qch

to give sth off dégager qch

to give out s'épuiser **to give sth out 1** distribuer qch **2** annoncer qch

to give up abandonner : *I give up!* Je renonce ! **to give sth up** ; **to give up doing sth 1** arrêter qch/de faire qch : *to give up smoking* arrêter de fumer **2** renoncer à qch/à faire qch, céder qch : *to give up hope* perdre espoir **3** (*travail*) quitter qch, arrêter de faire qch : *to give up a well-paid job* laisser tomber un travail bien payé **to give yourself up** se rendre

◆ *n* LOC **give and take** concessions mutuelles

given /ˈgɪvn/ *pp de* GIVE ◆ *adj* donné, convenu ◆ *prép* étant donné

glad /glæd/ *adj* (**gladder**, **gladdest**) **1** ~ **(about sth/to do sth/that...)** content (de qch/de faire qch/que...) : *I'm glad (that) I did it.* Je suis content de l'avoir fait. **2 to be ~ to do sth** faire qch volontiers, faire qch avec plaisir : *'Can you help?' 'I'd be glad to.'* « Pouvez-vous m'aider ? — Avec plaisir. » **3 to be ~ of sth** être reconnaissant de qch

Glad et **pleased** s'emploient pour indiquer que l'on est content d'une situation ou d'un événement : *Are you glad/pleased about getting the job?* Est-ce que tu es content d'avoir obtenu ce poste ? **Happy**, qui peut précéder le nom, désigne plutôt un état d'âme : *Are you happy in your new job?* Est-ce que ton nouveau travail te plaît ? ◊ *a happy ending* un dénouement heureux ◊ *happy memories* de bons souvenirs.

gladly *adv* avec plaisir

glamour (*USA* **glamor**) /ˈglæmə(r)/ *n* séduction, prestige **glamorous** *adj* **1** (*personne*) séduisant **2** (*travail*) prestigieux

glance /glɑːns ; *USA* glæns/ ◆ *vi* **1** ~ **at/over sth** jeter un coup d'œil sur qch **2** ~ **through sth** parcourir, feuilleter qch ◆ *n* coup d'œil, regard : *to take a glance at sth* jeter un coup d'œil sur qch LOC **at a glance** d'un coup d'œil

gland /glænd/ *n* glande

glare /gleə(r)/ ◆ *n* **1** lumière éblouissante, éclat **2** feux : *in the full glare of publicity* sous les feux des média **3** regard furieux ◆ *vi* ~ **at sb/sth** lancer un regard furieux à qn/qch **glaring** *adj* **1** (*injustice, erreur*) flagrant **2** (*expression*) furieux **3** (*lumière*) éblouissant **glaringly** *adv* : *It's glaringly obvious.* Cela saute aux yeux.

glass /glɑːs ; *USA* glæs/ *n* **1** [*indénombrable*] verre : *a pane of glass* une vitre ◊ *broken glass* verres brisés **2** (*récipient*) verre : *a glass of water* un verre d'eau LOC *Voir* RAISE

glasses /glɑːsɪz ; *USA* glæsɪz/ *n* (*aussi* **spectacles**) [*pl*] lunettes : *a new pair of glasses* une nouvelle paire de lunettes

glaze /gleɪz/ ◆ *n* **1** (*céramique*) vernis **2** (*Cuisine*) glaçage ◆ *vt* **1** (*céramique*) vernir, vernisser **2** (*Cuisine*) glacer (*avec couche de gelée ou sucre*) *Voir aussi* DOUBLE GLAZING PHR V **to glaze over** devenir vitreux **glazed** *adj* **1** (*yeux*) vitreux **2** (*céramique*) vernissé

gleam /gliːm/ ◆ *n* **1** rayon **2** (*fig*) lueur ◆ *vi* luire, reluire, miroiter **gleaming** *adj* **1** brillant **2** (*de propreté*) étincelant

glean /gliːn/ *vt* glaner

glee /gliː/ *n* joie **gleeful** *adj* joyeux

glen /glen/ *n* vallée encaissée

glide /glaɪd/ ◆ *n* **1** vol plané **2** glissement ◆ *vi* **1** glisser **2** (*dans l'air*) planer **3** faire du planeur **glider** *n* planeur

glimmer /ˈglɪmə(r)/ *n* **1** faible lueur **2** ~ **(of sth)** (*fig*) lueur (de qch) : *a glimmer of hope* une lueur d'espoir

glimpse /glɪmps/ ◆ *n* vision fugitive, aperçu LOC *Voir* CATCH ◆ *vt* entrevoir

glint /glɪnt/ ◆ *vi* **1** luire, reluire, miroiter **2** (*yeux*) briller ◆ *n* **1** rayon **2** (*yeux*) lueur

glisten /ˈglɪsn/ *vi* briller, scintiller, miroiter

glitter /ˈglɪtə(r)/ ◆ *vi* scintiller, briller ◆ *n* **1** scintillement **2** (*fig*) éclat

gloat /gləʊt/ *vi* ~ **(about/over sth)** exulter, se réjouir (de qch)

global /ˈgləʊbl/ *adj* **1** mondial : *global warming* réchauffement de la planète ◊ *the global village* le village planétaire **2** (*vision*) global

globalization /ˌgləʊbəlaɪˈzeɪʃn/ *n* mondialisation

globe /gləʊb/ *n* **1** globe **2 the globe** la planète, la Terre **3** globe, bocal

gloom /gluːm/ *n* **1** obscurité **2** tristesse, mélancolie **3** morosité **gloomy** *adj* (**-ier**, **-iest**) **1** (*lieu*) sombre, morne **2** (*journée*) morose **3** (*perspective*) morose, déprimant **4** (*expression, voix, etc.*) triste

glorious /ˈglɔːriəs/ *adj* **1** magnifique **2** (*temps*) splendide

glory /ˈglɔːri/ ◆ *n* **1** gloire **2** splendeur ◆ *vi* ~ **in sth** se glorifier de qch

gloss /glɒs/ ◆ *n* **1** lustre, vernis **2** (*aussi* **gloss paint**) peinture laquée, laque ☛ *Comparer avec* MATT **3** (*fig*) vernis **4** ~ **(on sth)** glose (sur qch) ◆ *v* PHR V **to gloss over sth** glisser sur qch, passer qch sous silence **glossy** *adj* (**-ier**, **-iest**) **1** brillant **2** *glossy magazines* magazines de luxe

glossary /ˈglɒsəri/ *n* (*pl* **-ies**) glossaire

glove /glʌv/ *n* gant LOC *Voir* FIT²

glow /gləʊ/ ◆ *vi* **1** rougeoyer **2** briller **3** (*joues*) être rouge : *Their cheeks were glowing.* Ils avaient les joues toutes rouges. **4** ~ **(with sth)** rayonner (de qch) : *glowing with health* éclatant de santé ◆ *n* **1** rougeoiement **2** (*teint, etc.*) éclat **3** rayonnement, éclat

glucose /ˈgluːkəʊs/ *n* glucose

glue /gluː/ ◆ *n* colle ◆ *vt* (*part présent* **gluing**) coller

glum /glʌm/ *adj* morose

glutton /ˈglʌtn/ *n* **1** goinfre, glouton, -onne **2** ~ **for sth** (*fam*) (*fig*) : *a glut-*

ton for punishment/work un masochiste/un bourreau du travail

gnarled /nɑːld/ *adj* noueux

gnaw /nɔː/ *vt, vi* ~ **(at) sth/sb** (*pr et fig*) ronger qch/qn

gnome /nəʊm/ *n* gnome

go[1] /gəʊ/ *vi* (*3e pers sing prés* **goes** /gəʊz/ *prét* **went** /went/ *pp* **gone** /gɒn ; *USA* gɔːn/) **1** aller : *He went to bed earlier than usual.* Il est allé se coucher plus tôt que d'habitude. ◊ *to go home* rentrer chez soi

Been est employé comme participe passé de **go** quand on veut indiquer que quelqu'un est allé quelque part et en est revenu : *Have you ever been to London?* Etes-vous déjà allé à Londres ? **Gone** implique que quelqu'un s'est rendu quelque part et n'en est pas encore revenu : *John's gone to Peru. He'll be back in May.* John est parti au Pérou. Il sera de retour en mai.

2 partir : *They've gone on holiday.* Ils sont partis en vacances. **3** voyager : *go by bus/plane* voyager en bus/avion **4 to go + -ing** aller : *to go fishing/swimming/camping* aller à la pêche/se baigner/camper **5 to go for a + nom** aller : *to go for a walk* aller se promener **6** (*progression*) se passer, progresser : *How's it going?* Comment ça va ? ◊ *All went well.* Tout s'est bien passé. **7** (*machine*) marcher, fonctionner **8** devenir : *to go mad/blind/pale* devenir fou/devenir aveugle/pâlir ◊ *to go bad/sour/stale/flat* ne plus être bon/tourner/se rassir/s'éventer *Voir aussi* BECOME **9** faire (*son*) : *Cats go miaow.* Les chats font miaou. **10** disparaître : *My headache's gone.* Mon mal de tête est passé. ◊ *Is it all gone?* Il n'en reste plus ? ◊ *That wardrobe will have to go.* Il va falloir se débarrasser de cette armoire. **11** (*tissu*) être usé **12** (*freins*) lâcher **13** (*temps*) passer **LOC to be going to do sth** aller faire qch : *What are you going to do?* Qu'est-ce que tu vas faire ? ◊ *She's going to be sixteen next month.* Elle va avoir seize ans le mois prochain. ☛ Les autres expressions formées avec **go** sont traitées sous le nom, l'adjectif, etc. correspondant : pour **to go astray**, par exemple, voir ASTRAY.

PHR V to go about (*aussi* to go (a)round) **1** [*avec adj ou -ing*] se promener, circuler : *to go about naked* se promener tout nu **2** (*rumeur*) circuler, courir **to go about (doing) sth** se mettre à (faire) qch : *How should I go about telling him?* Comment puis-je m'y prendre pour le lui dire ?

to go ahead (with sth) décider (de faire qch), y aller : *Go ahead and buy it.* Vas-y, achète-le.

to go along with sb/sth être d'accord avec qn/qch

to go around *Voir* TO GO ABOUT

to go away partir, s'en aller

to go back retourner **to go back on sth** revenir (*sur qch*)

to go by passer : *as time goes by* avec le temps

to go down 1 baisser **2** (*navire*) couler **3** (*soleil*) se coucher **to go down (with sb)** (*film, remarque*) être accueilli (par qn) : *My suggestion didn't go down very well.* Ma suggestion n'a pas été très bien accueillie.

to go for sb attaquer qn **to go for sb/sth** s'appliquer à qn/qch : *That goes for you too.* C'est bon pour toi aussi.

to go in entrer **to go in for sth 1** aimer qch, s'intéresser à qch **2** (*examen, concours*) se présenter à qch

to go in (sth) entrer (dans qch), rentrer (dans qch) **to go into sth 1** entrer dans qch **2** examiner qch : *to go into detail* entrer dans les détails

to go off 1 partir **2** (*arme*) : *The gun went off by accident.* Le coup est parti par accident. **3** (*bombe*) exploser **4** (*alarme*) se déclencher **5** (*lumière*) s'éteindre **6** (*aliment*) s'avarier : *The meat has gone off.* La viande n'est plus bonne. **7** (*événement*) se passer, se dérouler : *It went off well.* Tout s'est bien passé. **to go off sb/sth** ne plus aimer qn/qch **to go off with sth** partir avec qch

to go on 1 poursuivre son chemin, continuer **2** (*lumière*) s'allumer **3** se passer : *What's going on here?* Qu'est-ce qui se passe ? **4** (*situation*) continuer, se prolonger **to go on (about sb/sth)** parler constamment de qn/qch, s'étendre sur qch, radoter **to go on (with sth/doing sth)** continuer (qch/à faire qch)

to go out 1 sortir **2** (*lumière*) s'éteindre

to go out with sb sortir avec qn

to go over sth 1 vérifier qch **2** (*de nouveau*) revoir qch **to go over to sth** passer à qch

to go round 1 tourner, circuler **2** (*quantité*) suffire : *Is there enough cream to go* *round?* Est-ce qu'il y a assez de crème pour tout le monde ? **3** [*avec adj ou -ing*] circuler **4** (*rumeur*) courir, circuler

to go through être approuvé, être conclu (*affaire*) **to go through sth 1** examiner qch, passer qch en revue **2** (*souffrir*) subir qch, endurer qch **3** (*utiliser complètement*) dépenser : *to go through a whole packet of biscuits* descendre un paquet de biscuits **4** fouiller qch **to go through with sth** mettre qch à exécution

to go together aller ensemble

to go under 1 couler (*se noyer*) **2** faire faillite

to go up 1 augmenter **2** (*bâtiment*) être construit **3** sauter, exploser : *The theatre went up in flames.* Le théâtre a été détruit par les flammes. **to go up to sb** aborder qn

to go with sth aller avec qch

to go without s'en passer **to go without sth** se passer de qch, se priver de qch : *She went without sleep for three days.* Elle n'a pas dormi pendant trois jours.

go[2] /gəʊ/ *n* (*pl* **goes** /gəʊz/) **1** tour, coup : *Whose go is it?* À qui le tour ? ◊ *It's your go.* C'est à toi. *Voir* TURN **2** (*fam*) dynamisme LOC **to be on the go** (*fam*) ne pas souffler **to have a go (at sth/doing sth)** (*fam*) essayer (qch/de faire qch)

goad /gəʊd/ *vt* ~ **sb (into doing sth)** piquer qn à faire qch ; stimuler qn

go-ahead /'gəʊ əhed/ ◆ *n* **the go-ahead** le feu vert : *to give sb/sth the go-ahead* donner le feu vert à qn/qch ◆ *adj* déterminé, motivé

goal /gəʊl/ *n* but **goalkeeper** (*aussi fam* **goalie**) *n* gardien, -ienne de but **goal-post** *n* poteau de but

goat /gəʊt/ *n* chèvre

gobble /'gɒbl/ *vt* ~ **sth (up/down)** engloutir qch ; engouffrer qch

go-between /'gəʊ bɪtwiːn/ *n* intermédiaire

god /gɒd/ *n* **1** dieu **2 God** [*sing*] Dieu LOC *Voir* KNOW, SAKE

godchild /'gɒdtʃaɪld/ *n* filleul, -e

god-daughter /'gɒd dɔːtə(r)/ *n* filleule

goddess /'gɒdes/ *n* déesse

godfather /'gɒdfɑːðə(r)/ *n* parrain

godmother /'gɒdmʌðə(r)/ *n* marraine

godparent /'gɒdpeərənt/ *n* parrain, marraine

godsend /'gɒdsend/ *n* aubaine

godson /'gɒdsʌn/ *n* filleul

goggles /'gɒglz/ *n* [*pl*] lunettes (*protectrices, de plongée, etc.*)

going /'gəʊɪŋ/ ◆ *n* **1** [*sing*] départ **2** *That's pretty good going!* Ce n'est pas mal du tout ! ◊ *It was hard going getting up at 5 o'clock every morning.* C'était dur de se lever à 5 heures tous les matins. LOC **to get out, etc. while the going is good** partir, etc. tant que c'est encore possible ◆ *adj* LOC **a going concern** une affaire prospère **the going rate (for sth)** le tarif en vigueur (pour qch)

gold /gəʊld/ *n* or : *a gold ring* une bague en or LOC **(as) good as gold** sage comme une image

gold dust *n* **1** poudre d'or **2** (*fig*) : *Good plumbers are like gold dust.* Les plombiers compétents sont une denrée rare.

golden /'gəʊldən/ *adj* **1** en or **2** doré LOC *Voir* WEDDING

goldfish /'gəʊldfɪʃ/ *n* poisson rouge

golf /gɒlf/ *n* golf : *a golf course* un terrain de golf **golfer** *n* joueur, -euse de golf

golf club *n* **1** club de golf **2** crosse de golf, club (*de golf*)

gone /gɒn ; *USA* gɔːn/ *pp de* GO[1] ◆ *prép* : *It was gone midnight.* Il était plus de minuit.

gonna /'gɒnə/ (*fam*) = GOING TO *Voir* GO[1]

good /gʊd/ ◆ *adj* (*compar* **better** /'betə(r)/ *superl* **best** /best/) **1** bon : *her good nature* son bon caractère **2** ~ **at sth** bon en/à qch : *He's good at drawing.* Il dessine bien. **3** sage : *as good as gold* sage comme une image **4** ~ **to sb** bon envers qn **5** bon, bénéfique : *Vegetables are good for you.* Les légumes sont bons pour la santé. LOC **as good as** pratiquement : *as good as new* pratiquement neuf **good for you, her, etc.!** (*fam*) bravo ! ☛ Les autres expressions formées avec **good** sont traitées sous le nom, l'adjectif, etc. correspondant : pour **a good many**, par exemple, voir MANY. ◆ *n* **1** bon, bien **2 the good** [*pl*] les bons LOC **for good** pour de bon **it's no good (doing sth)** ça ne sert à rien (de faire qch) **to do sb good** faire du bien à qn **(not) any/much good** : *Was his advice any good?* Est-ce-qu'il t'a bien conseillé ? ◊ *This tool isn't any/much* *good.* Cet outil ne vaut rien/pas grand-chose.

goodbye /ˌɡʊd'baɪ/ *excl, n* au revoir : *to say goodbye to sb* dire au revoir à qn

Bye, **cheerio** et **cheers** sont des expressions plus familières pour dire **au revoir**.

good-humoured /ˌɡʊd 'hjuːməd/ *adj* **1** de bonne humeur, jovial **2** (*dispute*) amical

good-looking /ˌɡʊd 'lʊkɪŋ/ *adj* beau

good-natured /ˌɡʊd 'neɪtʃəd/ *adj* **1** agréable **2** (*plaisanterie*) bon enfant

goodness /'ɡʊdnəs/ ◆ *n* **1** bonté **2** valeur nutritive ◆ **goodness!** *excl* mon Dieu !, juste ciel ! LOC *Voir* KNOW

goods /ɡʊdz/ *n* [*pl*] **1** marchandise, articles **2** biens

goodwill /ˌɡʊd'wɪl/ *n* bienveillance, bonne volonté

goose /ɡuːs/ *n* (*pl* **geese** /ɡiːs/) (*masc* **gander** /'ɡændə(r)/) oie ☛ *Voir note sous* OIE

gooseberry /'ɡʊzbəri ; *USA* 'ɡuːsberi/ *n* (*pl* **-ies**) **gooseberries** groseille à maquereau

goose pimples *n* [*pl*] (*aussi* **goose-flesh**) chair de poule

gorge /ɡɔːdʒ/ *n* gorge, défilé

gorgeous /'ɡɔːdʒəs/ *adj* (*fam*) magnifique, superbe

gorilla /ɡə'rɪlə/ *n* gorille

gory /'ɡɔːri/ *adj* (**gorier**, **goriest**) **1** sanglant **2** horrible

gosh! /ɡɒʃ/ *excl* Ça alors !

go-slow /ˌɡəʊ 'sləʊ/ *n* grève du zèle

gospel /'ɡɒspl/ *n* **1** Évangile **2** (*fig*) parole d'évangile **3** (*Mus*) gospel

gossip /'ɡɒsɪp/ ◆ *n* **1** [*indénombrable*] (*péj*) commérages **2** potins : *a gossip column* échos ◊ *a gossip columnist* un échotier **3** (*péj*) bavard, -e, commère ◆ *vi* ~ **(with sb) (about sth)** faire des commérages, papoter (avec qn) (sur qch)

got *prét, pp de* GET ☛ *Voir note sous* AVOIR

Gothic /'ɡɒθɪk/ *adj* gothique

gotten (*USA*) *pp de* GET

gouge /ɡaʊdʒ/ *vt* : *to gouge a hole in sth* creuser un trou dans qch PHR V **to gouge sth out** creuser qch, retirer qch

gout /ɡaʊt/ *n* goutte (*maladie*)

govern /'ɡʌvn/ *vt, vi* gouverner **governing** *adj* au pouvoir

governess /'ɡʌvənəs/ *n* gouvernante

government /'ɡʌvənmənt/ *n* [*v sing ou pl*] gouvernement ☛ *Voir note sous* JURY LOC **in government** au pouvoir **governmental** /ˌɡʌvn'mentl/ *adj* gouvernemental

governor /'ɡʌvənə(r)/ *n* **1** gouverneur **2** directeur, -trice

gown /ɡaʊn/ *n* **1** robe : *an evening gown* une robe du soir **2** (*Université, Jur*) robe, toge **3** (*Méd*) blouse

GP /ˌdʒiː 'piː/ *abrév* **general practitioner** (*GB*) médecin généraliste

grab /ɡræb/ ◆ (**-bb-**) **1** *vt* saisir **2** *vt* (*attention*) accaparer **3** *vi* ~ **at sb/sth** essayer d'agripper qn/qch **4** *vt* ~ **sth (from sb)** arracher qch (à qn) LOC **to grab hold of sb/sth** saisir qn/qch ◆ *n* LOC **to make a grab for/at sth** essayer d'attraper qch

grace /ɡreɪs/ ◆ *n* **1** grâce **2** répit : *five days' grace* cinq jours de répit **3** bénédicité, grâces : *to say grace* dire le bénédicité ◆ *vt* **1** orner **2** ~ **sb/sth (with sth)** honorer qn/qch (de qch) **graceful** *adj* **1** gracieux **2** élégant

gracious /'ɡreɪʃəs/ *adj* **1** affable **2** élégant

grade /ɡreɪd/ ◆ *n* **1** échelon, niveau **2** qualité, catégorie **3** (*École*) note **4** (*USA*) (*École*) classe **5** (*USA*) (*Géogr*) pente LOC **to make the grade** (*fam*) se montrer à la hauteur ◆ *vt* **1** classer **2** (*USA*) (*École*) noter, corriger (*devoirs*) **grading** *n* classification

gradient /'ɡreɪdiənt/ *n* (*GB*) pente

gradual /'ɡrædʒuəl/ *adj* **1** progressif **2** (*pente*) doux **gradually** *adv* progressivement, petit à petit

graduate /'ɡrædʒuət/ ◆ *n* **1** ~ **(in sth)** diplômé, -e, licencié, -e (en qch) : *She's a chemistry graduate.* Elle a une licence de chimie. ◊ *a graduate student* un étudiant de troisième cycle **2** (*USA*) bachelier, -ière : *a high-school graduate* un bachelier ◆ /'ɡrædʒueɪt/ **1** *vi* ~ **(in sth)** obtenir son diplôme, obtenir sa licence (de qch) **2** *vi* (*USA*) obtenir son baccalauréat : *to graduate from high school* terminer ses études secondaires **3** *vi* ~ **(from sth) to sth** passer (de qch) à qch **4** *vt* graduer **graduation** *n* remise des diplômes

graffiti /ɡrə'fiːti/ *n* [*indénombrable*] graffiti

graft /ɡrɑːft ; *USA* ɡræft/ ◆ *n* (*Bot,*

Méd) greffe ◆ *vt* ~ **sth (onto sth)** greffer qch (sur qch)

grain /greɪn/ *n* **1** grain **2** [*indénombrable*] céréales **3** (*bois*) veine, grain

gram (*aussi* **gramme**) /græm/ *n* (*abrév* **g**) gramme ☛ *Voir Appendice 1.*

grammar /ˈgræmə(r)/ *n* grammaire

grammar school *n* (*GB*) école secondaire à recrutement sélectif

grammatical /grəˈmætɪkl/ *adj* **1** grammatical **2** grammaticalement correct

gramme /græm/ *n Voir* GRAM

gramophone /ˈgræməfəʊn/ *n* (*vieilli*) gramophone

grand /grænd/ ◆ *adj* (**-er**, **-est**) **1** magnifique, grandiose **2** (*vieilli, fam*) formidable, super **3 Grand** (*titres*) grand ◆ *n* (*pl* **grand**) (*fam*) mille livres, mille dollars

grandad /ˈgrændæd/ *n* (*fam*) grand-père, papi

grandchild /ˈgræntʃaɪld/ *n* (*pl* **-children**) petit-fils, petite-fille

granddaughter /ˈgrændɔːtə(r)/ *n* petite-fille

grandeur /ˈgrændʒə(r)/ *n* splendeur, grandeur

grandfather /ˈgrænfɑːðə(r)/ *n* grand-père

grandma /ˈgrænmɑː/ *n* (*fam*) grand-mère, mamie

grandmother /ˈgrænmʌðə(r)/ *n* grand-mère

grandpa /ˈgrænpɑː/ *n* (*fam*) grand-père, papi

grandparent /ˈgrænpeərənt/ *n* grand-père, grand-mère : *my grandparents* mes grands-parents

grand piano *n* piano à queue

grandson /ˈgrænsʌn/ *n* petit-fils

grandstand /ˈgrændstænd/ *n* (*Sport*) tribune

granite /ˈgrænɪt/ *n* granit

granny /ˈgræni/ *n* (*pl* **-ies**) (*fam*) mamie

grant /grɑːnt/ ◆ *vt* **1** ~ **sth (to sb)** accorder qch (à qn) **2** accéder à : *to grant a request* accéder à une requête LOC **to take sb for granted** ne plus faire cas de qn **to take sth for granted** considérer qch comme allant de soi ◆ *n* **1** subvention **2** (*Université*) bourse

grape /greɪp/ *n* [*dénombrable*] grain de raisin : *grapes* raisin ◊ *a bunch of grapes* une grappe de raisin

grapefruit /ˈgreɪpfruːt/ *n* (*pl* **grapefruit** *ou* ~**s**) pamplemousse

grapevine /ˈgreɪpvaɪn/ *n* **the grapevine** (*fig*) le téléphone arabe : *to hear sth on the grapevine* entendre dire qch

graph /grɑːf ; *USA* græf/ *n* graphique

graphic /ˈgræfɪk/ *adj* **1** graphique **2** (*description*) vivant, cru **graphics** *n* [*pl*] illustrations : *computer graphics* infographie

grapple /ˈgræpl/ *vi* **1** ~ **(with sb)** lutter (avec qn) **2** ~ **with sth** (*fig*) être aux prises avec qch

grasp /grɑːsp ; *USA* græsp/ ◆ *vt* **1** saisir : *to grasp an opportunity* saisir une occasion **2** saisir, comprendre ◆ *n* **1** (*fig*) : *to be within/beyond the grasp of sb* être/ne pas être à la portée de qn **2** maîtrise : *to have a thorough grasp of sth* très bien maîtriser qch **grasping** *adj* avide, cupide

grass /grɑːs ; *USA* græs/ *n* herbe, pelouse

grasshopper /ˈgrɑːshɒpə(r)/ *n* sauterelle

grassland /ˈgrɑːslænd, -lənd/ (*aussi* **grasslands** [*pl*]) *n* prairie

grass roots *n* [*pl*] base (*d'un parti*)

grassy /ˈgrɑːsi ; *USA* ˈgræsi/ *adj* (**-ier**, **-iest**) herbeux

grate /greɪt/ ◆ **1** *vt* râper **2** *vi* grincer **3** *vi* ~ **(on sb/sth)** (*fig*) agacer qn/qch ; être agaçant ◆ *n* grille de foyer

grateful /ˈgreɪtfl/ *adj* **1** ~ **(to sb) (for sth)** reconnaissant (à qn) (de qch) **2** ~ **(that...)** heureux (que...)

grater /ˈgreɪtə(r)/ *n* râpe

gratitude /ˈgrætɪtjuːd ; *USA* -tuːd/ *n* ~ **(to sb) (for sth)** gratitude (envers qn) (pour qch)

grave[1] /greɪv/ ◆ *adj* (**-er**, **-est**) (*sout*) grave, sérieux ☛ Le terme **serious** est plus courant. ◆ *n* tombe

grave[2] /grɑːv/ (*aussi* **grave accent**) *n* accent grave

gravel /ˈgrævl/ *n* gravier

graveyard /ˈgreɪvjɑːd/ (*aussi* **churchyard**) *n* cimetière (*autour d'une église*) ☛ *Comparer avec* CEMETERY

gravity /ˈgrævəti/ *n* **1** (*Phys*) pesanteur **2** gravité

gravy /ˈgreɪvi/ *n* sauce (*au jus de viande*)

gray /greɪ/ (*USA*) *Voir* GREY

graze /greɪz/ ◆ **1** *vi* paître, brouter **2** *vt* ~ **sth (against/on sth)** s'écorcher qch (sur qch) **3** *vt* frôler, effleurer ◆ *n* écorchure

grease /gri:s/ ◆ *n* **1** graisse **2** (*Mécan*) graisse ◆ *vt* graisser, lubrifier **greasy** *adj* (**-ier**, **-iest**) gras, graisseux : *greasy hair* cheveux gras

great /greɪt/ ◆ *adj* (**-er**, **-est**) **1** grand : *the world's greatest tennis player* le plus grand joueur de tennis du monde ◊ *a great friend of mine* un très bon ami à moi ◊ *I'm not a great reader.* Je n'aime pas beaucoup lire. ◊ *to take great care of sth* prendre grand soin de qch ◊ *great heat* grande chaleur ◊ *in great detail* dans les moindres détails **2** (*âge*) avancé **3** (*fam*) formidable : *We had a great time.* On s'est bien amusés. ◊ *It's great to see you!* Ça fait plaisir de te revoir ! ◊ *I feel great.* Je me sens en pleine forme. **4** ~ **at sth** très doué pour qch **5** (*fam*) très : *a great big dog* un très gros chien **6 Greater** : *Greater London* l'agglomération londonienne LOC *Voir* BELIEVER *sous* BELIEVE, DEAL[1], EXTENT ◆ *n* [*gén pl*] (*fam*) : *one of the jazz greats* un des grands du jazz **greatly** *adv* beaucoup : *It varies greatly.* Ça varie considérablement. **greatness** *n* grandeur, importance

great-grandfather /ˌgreɪt ˈgrænfɑ:ðə(r)/ *n* arrière-grand-père

great-grandmother /ˌgreɪt ˈgrænmʌðə(r)/ *n* arrière-grand-mère

greed /gri:d/ *n* **1** ~ **(for sth)** avidité (de qch) **2** gloutonnerie **greedily** *adv* **1** avidement **2** gloutonnement, avec voracité **greedy** *adj* (**-ier**, **-iest**) **1** ~ **(for sth)** avide (de qch) **2** glouton

green /gri:n/ ◆ *adj* (**-er**, **-est**) vert ◆ *n* **1** vert **2 greens** [*pl*] légumes verts **3** pelouse **greenery** *n* verdure

green fingers *n* [*pl*] main verte

greengrocer /ˈgri:ngrəʊsə(r)/ *n* (*GB*) **1** marchand, -e de fruits et légumes **2 greengrocer's** magasin de fruits et légumes

greenhouse /ˈgri:nhaʊs/ *n* serre : *the greenhouse effect* l'effet de serre

greet /gri:t/ *vt* **1** accueillir, saluer : *He greeted me with a smile.* Il m'a accueilli avec le sourire. ☛ *Comparer avec* SALUTE **2** ~ **sth with sth** : *to be greeted with sth* provoquer qch **3** (*vue*) s'offrir à **greeting** *n* **1** salutation **2** accueil

grenade /grəˈneɪd/ *n* grenade (*Mil*)

grew *prét de* GROW

grey (*USA aussi* **gray**) /greɪ/ ◆ *adj* (**-er**, **-est**) **1** (*pr et fig*) gris : *to go/turn grey* grisonner ◊ *grey-haired* aux cheveux gris ◆ *n* (*pl* **greys**) gris

greyhound /ˈgreɪhaʊnd/ *n* lévrier

grid /grɪd/ *n* **1** grille **2** (*électricité, gaz*) réseau **3** (*carte*) quadrillage

grief /gri:f/ *n* chagrin : *his grief at her death* le chagrin qu'il a éprouvé à sa mort LOC **to come to grief** (*fam*) **1** échouer **2** (*personne*) avoir de graves ennuis

grievance /ˈgri:vns/ *n* **1** ~ **(against sb)** grief (contre qn) **2** revendication

grieve /gri:v/ (*sout*) **1** *vt* peiner, faire de la peine à **2** *vi* ~ **(for/over/about sb/sth)** pleurer (qn/qch) ; avoir de la peine **3** *vi* ~ **at/about/over sth** avoir de la peine à cause de qch

grill /grɪl/ ◆ *n* **1** gril **2** grillade **3** *Voir* GRILLE ◆ **1** *vt*, *vi* (faire) griller **2** *vt* (*fam*) (*fig*) cuisiner (*interroger*)

grille (*aussi* **grill**) /grɪl/ *n* grille

grim /grɪm/ *adj* (**grimmer**, **grimmest**) **1** (*aspect, personne*) sévère, grave **2** (*lieu*) sinistre, lugubre **3** sinistre, sombre **4** macabre

grimace /grɪˈmeɪs ; *USA* ˈgrɪməs/ ◆ *n* grimace ◆ *vi* grimacer, faire une grimace : *to grimace at the sight of sth* faire une grimace en voyant qch

grime /graɪm/ *n* crasse, saleté **grimy** *adj* (**-ier**, **-iest**) crasseux, sale

grin /grɪn/ ◆ *vi* (**-nn-**) ~ **(at sb/sth)** faire un grand sourire (à qn/qch) LOC **to grin and bear it** souffrir en silence ◆ *n* grand sourire

grind /graɪnd/ ◆ (*prét, pp* **ground** /graʊnd/) **1** *vt* moudre, broyer **2** *vt* (*couteau*) aiguiser **3** *vt* (*dents*) grincer de **4** *vt* (*surtout USA*) (*viande*) hacher LOC **to grind to a halt/standstill 1** (*véhicule*) s'arrêter en grinçant **2** (*production*) s'arrêter progressivement *Voir aussi* AXE ◆ *n* (*fam*) corvée : *the daily grind* le train-train quotidien

grip /grɪp/ ◆ (**-pp-**) **1** *vt* saisir, serrer **2** *vt*, *vi* adhérer (à), accrocher (à) **3** *vt* (*intéresser*) captiver, passionner : *I was totally gripped by her story.* Son histoire m'a passionné. **4** *vt* (*terreur*) saisir ◆ *n* **1** prise **2** ~ **(on sb/sth)** (*fig*) contrôle (de qn/qch) : *She's got a good grip on the* *situation.* Elle a la situation bien en main. **3** poignée LOC **to come/get to grips with sth** (*pr et fig*) s'attaquer à qch **gripping** *adj* captivant, passionnant

grit /grɪt/ ◆ *n* **1** gravier **2** poussière, saletés **3** cran ◆ *vt* (**-tt-**) sabler LOC **to grit your teeth** (*pr et fig*) serrer les dents

groan /grəʊn/ ◆ *vi* **1** ~ **(with sth)** gémir (de qch) ; grogner **2** (*porte, etc.*) gémir, grincer **3** ~ **(on) (about/over sth)** râler (à propos de qch) **4** ~ **(at sth)** grogner contre qch : *We all groaned at his terrible jokes.* Nous avons tous protesté lorsqu'il s'est mis à raconter ses plaisanteries nulles. ◆ *n* **1** gémissement, grognement **2** grincement

grocer /ˈgrəʊsə(r)/ *n* **1** épicier, -ière **2 grocer's** épicerie

grocery /ˈgrəʊsəri/ *n* (*pl* **-ies**) **1** (*USA* **grocery store**) épicerie **2 groceries** [*pl*] provisions

groggy /ˈgrɒgi/ *adj* (**-ier**, **-iest**) groggy, faible

groin /grɔɪn/ *n* aine

groom /gruːm/ ◆ *n* **1** palefrenier **2** = BRIDEGROOM LOC *Voir* BRIDE ◆ *vt* **1** (*cheval*) panser **2** *immaculately groomed* très soigné **3** ~ **sb (for sth/to do sth)** préparer qn (à qch/à faire qch) ; former qn (à qch)

groove /gruːv/ *n* **1** rainure **2** (*disque*) sillon

groovy /ˈgruːvi/ *adj* (**-ier**, **-iest**) (*fam*) super

grope /grəʊp/ *vi* **1** tâtonner **2** ~ **(about) for sth** chercher qch à tâtons

gross /grəʊs/ ◆ *n* (*pl* **gross** *ou* **grosses**) grosse, douze douzaines ◆ *adj* (**-er**, **-est**) **1** (*poids, salaire*) brut **2** (*injustice*) flagrant **3** (*faute*) grave **4** (*manière*) grossier **5** obèse ◆ *vt* faire un bénéfice brut de **grossly** *adv* **1** grossièrement **2** extrêmement, scandaleusement

grotesque /grəʊˈtesk/ *adj* grotesque

ground /graʊnd/ ◆ *n* **1** sol, terre **2** terrain : *a piece of ground* un terrain **3** (*fig*) terrain : *He's on more familiar ground there.* Il est sur son terrain. **4** terrain (*de sport*) **5 grounds** [*pl*] parc **6** [*gén pl*] raison, motif **7 grounds** [*pl*] marc (*de café*) LOC **on the ground** au sol, par terre **to get off the ground 1** décoller, démarrer **2** (*avion*) décoller **to give/lose ground (to sb/sth)** perdre du terrain (par rapport à qn/qch) être en perte de vitesse **razed to the ground** entièrement rasé *Voir aussi* FIRM, MIDDLE, THIN ◆ *vt* **1** (*avion*) immobiliser **2** (*fam*) interdire de sortie ◆ *prét, pp de* GRIND ◆ *adj* **1** (*café*) moulu **2** (*surtout USA*) (*viande*) haché **grounding** *n* [*sing*] **a** ~ **(in sth)** les bases (en/de qch) **groundless** *adj* sans fondement

ground floor *n* rez-de-chaussée **ground-floor** *adj* [*toujours devant le nom*] au rez-de-chaussée

group /gruːp/ ◆ *n* [*v sing ou pl*] (*gén, Mus*) groupe ◆ *vt, vi* ~ **(sb/sth) (together)** grouper qn/qch ; se grouper **grouping** *n* groupement

grouse /graʊs/ *n* (*pl* **grouse**) grouse, coq de bruyère

grove /grəʊv/ *n* bosquet : *an olive grove* une oliveraie

grovel /ˈgrɒvl/ *vi* (**-ll-**, *USA* **-l-**)) (*péj*) ~ **(to sb)** ramper, s'aplatir (devant qn) **grovelling** *adj* servile, obséquieux

grow /grəʊ/ (*prét* **grew** /gruː/ *pp* **grown** /grəʊn/) **1** *vi* grandir **2** *vi* augmenter **3** *vt* (*plante*) cultiver **4** *vi* (*plante*) pousser **5** *vt, vi* (*barbe*) (se laisser) pousser **6** *vi* [+ *adj*] devenir : *to grow old/rich* vieillir/s'enrichir **7** *vi* ~ **to do sth** finir par faire qch : *He grew to rely on her.* Il a fini par dépendre d'elle. PHR V **to grow into sth** devenir qch : *She'd grown into a beautiful young woman.* Elle était devenue une belle jeune femme. **to grow on sb** s'imposer petit à petit à qn, finir par plaire à qn : *This song grows on you.* On finit par apprécier cette chanson. **to grow out of sth 1** devenir trop grand pour qch **2** être trop vieux pour qch **to grow up** devenir adulte : *when I grow up* quand je serai grand ◊ *Children grow up fast.* Les enfants grandissent vite. ◊ *Oh, grow up!* Arrête tes enfantillages ! *Voir aussi* GROWN-UP **growing** *adj* croissant, grandissant

growl /graʊl/ ◆ *vi* grogner ◆ *n* grognement

grown /grəʊn/ ◆ *adj* adulte : *a grown man* un adulte *pp de* GROW

grown-up /ˌgrəʊn ˈʌp/ ◆ *adj* adulte ◆ /ˈgrəʊn ʌp/ *n* adulte, grande personne

growth /grəʊθ/ *n* **1** croissance, développement **2** ~ **(in/of sth)** augmentation (de qch) **3** [*sing*] pousse : *three days'* *growth of beard* une barbe de trois jours **4** grosseur, tumeur

grub /grʌb/ *n* **1** larve **2** (*fam*) bouffe

grubby /ˈgrʌbi/ *adj* (**-ier**, **-iest**) (*fam*) sale, pas net

grudge /grʌdʒ/ ◆ *vt* **1** ~ **sb sth** en vouloir à qn de qch **2** donner à contrecœur ◆ *n* rancune : *to have a grudge against sb* en vouloir à qn LOC *Voir* BEAR[2] **grudgingly** *adv* à contrecœur

gruelling (*USA* **grueling**) /ˈgruːəlɪŋ/ *adj* exténuant, très difficile

gruesome /ˈgruːsəm/ *adj* horrible

gruff /grʌf/ *adj* bourru

grumble /ˈgrʌmbl/ ◆ *vi* ~ **(about/at/over sth)** se plaindre de qch ; ronchonner ◆ *n* ronchonnement

grumpy /ˈgrʌmpi/ *adj* (**-ier**, **-iest**) (*fam*) grognon

grunt /grʌnt/ ◆ *vi* grogner ◆ *n* grognement

guarantee /ˌgærənˈtiː/ ◆ *n* **1** ~ **(of sth)** garantie (de qch) **2** ~ **(that...)** assurance (que...) : *He gave me a guarantee that it would never happen again.* Il m'a assuré que cela ne se reproduirait plus. ◆ *vt* garantir

guard /gɑːd/ ◆ *vt* garder, protéger, surveiller PHR V **to guard against sth** se prémunir contre qch ◆ *n* **1** garde : *to be on guard* être de garde ◊ *a guard dog* un chien de garde **2** garde, sentinelle **3** [*v sing ou pl*] garde (*groupe de soldats*) **4** (*machine*) protection, dispositif de sûreté **5** (*GB*) (*Chemin de fer*) chef de train LOC **to be on your guard** être sur ses gardes **to catch sb off guard** prendre qn au dépourvu **guarded** *adj* prudent, circonspect : *They gave the news a guarded welcome.* Ils ont accueilli cette nouvelle avec circonspection.

guardian /ˈgɑːdiən/ *n* **1** gardien, -ienne : *her guardian angel* son ange gardien **2** tuteur, -trice

guerrilla (*aussi* **guerilla**) /gəˈrɪlə/ *n* guérillero : *guerrilla warfare* guérilla

guess /ges/ ◆ **1** *vt, vi* deviner **2** *vi* ~ **at sth** essayer de deviner qch **3** *vi* (*fam, surtout USA*) penser, croire : *I guess so/not.* Probablement que oui/que non. ◆ *n* supposition : *to have/make a guess (at sth)* essayer de deviner (qch) LOC **it's anybody's guess** Dieu seul le sait *Voir aussi* HAZARD

guesswork /ˈgeswɜːk/ *n* [*indénombrable*] suppositions, hypothèses

guest /gest/ *n* **1** invité, -e **2** (*hôtel*) client, -e : *a guest house* une pension de famille

guidance /ˈgaɪdns/ *n* [*indénombrable*] conseils

guide /gaɪd/ ◆ *n* **1** (*personne*) guide **2** (*aussi* **guidebook**) (*livre*) guide **3** (*aussi* **Guide**, **Girl Guide**) guide, éclaireuse ◆ *vt* guider, conduire : *to guide sb to sth* montrer le chemin de qch à qn ◊ *to be guided by sb/sth* se laisser guider par qn/qch

guide dog *n* chien d'aveugle

guideline /ˈgaɪdlaɪn/ *n* directive, indication

guilt /gɪlt/ *n* **1** culpabilité **2** sentiment de culpabilité **guilty** *adj* (**-ier**, **-iest**) coupable LOC *Voir* PLEAD

guinea pig /ˈgɪni pɪg/ *n* **1** cochon d'Inde, cobaye **2** (*fig*) cobaye

guise /gaɪz/ *n* forme, apparence

guitar /gɪˈtɑː(r)/ *n* guitare **guitarist** *n* guitariste

gulf /gʌlf/ *n* **1** (*Géogr*) golfe **2** (*fig*) gouffre

gull /gʌl/ (*aussi* **seagull**) *n* mouette, goéland

gullible /ˈgʌləbl/ *adj* crédule, dupe

gulp /gʌlp/ ◆ **1** *vt* ~ **sth (down)** engloutir qch ; boire qch à grands traits **2** *vi* déglutir ◆ *n* gorgée, bouchée

gum /gʌm/ *n* **1** (*Anat*) gencive **2** gomme **3** chewing-gum *Voir* BUBBLEGUM, CHEWING GUM

gun /gʌn/ ◆ *n* **1** arme à feu, revolver, fusil **2** canon **3** signal du départ *Voir aussi* MACHINE-GUN, PISTOL, RIFLE, SHOTGUN ◆ *v* (**-nn-**) PHR V **to gun sb down** (*fam*) abattre qn, descendre qn

gunfire /ˈgʌnfaɪə(r)/ *n* [*indénombrable*] coups de feu

gunman /ˈgʌnmən/ *n* (*pl* **-men** /-mən/) homme armé

gunpoint /ˈgʌnpɔɪnt/ *n* LOC **at gunpoint** sous la menace d'une arme à feu

gunpowder /ˈgʌnpaʊdə(r)/ *n* poudre à canon

gunshot /ˈgʌnʃɒt/ *n* portée de fusil

gurgle /ˈgɜːgl/ *vi* gargouiller, gazouiller

gush /gʌʃ/ *vi* **1** ~ **(out) (from sth)** jaillir (de qch) **2** ~ **(over sb/sth)** (*péj*) se répandre en compliments (sur qn) ; s'extasier (devant qch)

gust /gʌst/ *n* rafale (*vent, neige*)
gusto /ˈgʌstəʊ/ *n* (*fam*) enthousiasme
gut /gʌt/ ◆ *n* **1 guts** [*pl*] (*fam*) intestin **2 guts** [*pl*] (*fam*) (*fig*) cran **3** intestin **4** (*instinct*) : *What's your gut reaction?* Comment est-ce que tu ressens ça ? ◆ *vt* (**-tt-**) **1** vider (*animal, poisson*) **2** (*maison*) tout refaire dans
gutter /ˈgʌtə(r)/ *n* **1** caniveau **2** gouttière **3** *the gutter press* la presse à scandales
guy /gaɪ/ *n* (*fam*) type, mec
guzzle /ˈgʌzl/ *vt* ~ **sth (down/up)** (*fam*) bâfrer, descendre qch
gymnasium /dʒɪmˈneɪziəm/ (*pl* **-siums** *ou* **-sia** /-ziə/) (*fam* **gym**) *n* gymnase
gymnastics /dʒɪmˈnæstɪks/ (*fam* **gym**) *n* [*sing*] gymnastique **gymnast** /ˈdʒɪmnæst/ *n* gymnaste
gynaecologist (*USA* **gyne-**) /ˌgaɪnəˈkɒlədʒɪst/ *n* gynécologue
gypsy (*aussi* **gipsy**, **Gypsy**) /ˈdʒɪpsi/ *n* (*pl* **-ies**) gitan, -e

Hh

H, h /eɪtʃ/ *n* (*pl* **H's**, **h's** /ˈeɪtʃɪz/) H, h : *H for Harry* H comme Hector ☛ *Voir exemples sous* A, A
habit /ˈhæbɪt/ *n* **1** habitude **2** (*Relig*) habit LOC **to fall/get into bad habits** prendre de mauvaises habitudes
habitation /ˌhæbɪˈteɪʃn/ *n* habitation : *not fit for human habitation* inhabitable
habitual /həˈbɪtʃuəl/ *adj* **1** habituel **2** (*fumeur, menteur, etc.*) invétéré
hack[1] /hæk/ *vt, vi* ~ **(at) sth** tailler (dans) qch ; hacher qch
hack[2] /hæk/ *vt, vi* ~ **(into) sth** (*fam*) (*Informatique*) pirater qch ; s'introduire dans qch **hacker** *n* pirate informatique **hacking** *n* piratage informatique
had /həd, hæd/ *prét, pp de* HAVE
haddock /ˈhædək/ *n* (*pl* **haddock**) églefin
hadn't /ˈhæd(ə)nt/ = HAD NOT *Voir* HAVE
haemoglobin (*USA* **hem-**) /ˌhiːməˈgləʊbɪn/ *n* hémoglobine
haemorrhage (*USA* **hem-**) /ˈhemərɪdʒ/ *n* hémorragie
haggard /ˈhægəd/ *adj* **1** (*personne*) épuisé, exténué **2** (*visage*) défait
haggis /ˈhægɪs/ *n* panse de brebis farcie
haggle /ˈhægl/ *vi* ~ **(over/about sth)** débattre le prix de qch ; marchander
hail[1] /heɪl/ ◆ *n* [*indénombrable*] grêle ◆ *vi* grêler
hail[2] /heɪl/ *vt* **1** (*taxi*) héler **2** ~ **sb/sth as sth** acclamer qn/qch comme qch
hailstone /ˈheɪlstəʊn/ *n* grêlon
hailstorm /ˈheɪlstɔːm/ *n* averse de grêle
hair /heə(r)/ *n* **1** [*indénombrable*] cheveux : *She's got straight hair.* Elle a les cheveux raides. ☛ *Voir note sous* INFORMATION ☛ *Voir illustration sous* CHEVEU **2** [*dénombrable*] cheveu, poil LOC **to let your hair down** se détendre *Voir aussi* PART
hairbrush /ˈheəbrʌʃ/ *n* brosse à cheveux ☛ *Voir illustration sous* BRUSH
haircut /ˈheəkʌt/ *n* coupe (*de cheveux*) : *to have/get a haircut* se faire couper les cheveux
hairdo /ˈheəduː/ *n* (*pl* ~**s**) (*fam*) coiffure (*arrangement*)
hairdresser /ˈheədresə(r)/ *n* **1** coiffeur, -euse ☛ *Voir note sous* BARBER **2 hairdresser's** coiffeur, -euse (*commerce*) **hairdressing** *n* : *a hairdressing course* un cours de coiffure
hairdryer /ˈheədraɪə(r)/ *n* sèche-cheveux
hairpin /ˈheəpɪn/ *n* épingle à cheveux : *a hairpin bend* un virage en épingle à cheveux
hairspray /ˈheəspreɪ/ *n* laque
hairstyle /ˈheəstaɪl/ *n* coiffure (*arrangement*)
hairy /ˈheəri/ *adj* (**-ier**, **-iest**) poilu, velu
half /hɑːf ; *USA* hæf/ ◆ *n* (*pl* **halves** /hɑːvz ; *USA* hævz/) **1** moitié : *The second half of the book is more interesting.* La deuxième partie du livre est plus intéressante. ◊ *two and a half hours* deux heures et demie **2** (*Sport*) mi-temps LOC **to cut, etc. sth in half** couper, etc. qch en deux **to go halves**

(with sb) partager qch (avec qn) ◆ *adj, pron* demi, moitié : *half my time* la moitié de mon temps ◊ *half a kilo* un demi kilo ◊ *half an hour* une demi-heure ◊ *to cut sth by half* réduire qch de moitié LOC **half (past) one, two, etc.** une heure, deux heures, etc. et demie

Noter que la construction **half one, half two**, etc. est plus familière que **half past one, half past two**, etc. Cette construction ne s'emploie pas en anglais américain : *I finish at half five.* Je finis à cinq heures et demie.

◆ *adv* à moitié, à demi : *The job is only half done.* Le travail n'a été fait qu'à moitié. ◊ *half French and half Scottish* moitié français, moitié écossais

half board *n* demi-pension

half-brother /ˈhɑːf brʌðə(r) ; *USA* ˈhæf-/ *n* demi-frère

half-hearted /ˌhɑːf ˈhɑːtɪd ; *USA* ˈhæf-/ *adj* peu enthousiaste, tiède **half-heartedly** *adv* sans grand enthousiasme, avec tiédeur

half-sister /ˈhɑːf sɪstə(r) ; *USA* ˈhæf-/ *n* demi-sœur

half-term /ˌhɑːf ˈtɜːm ; *USA* ˌhæf-/ *n* (*GB*) vacances de demi-trimestre

half-time /ˌhɑːf ˈtaɪm ; *USA* ˌhæf-/ *n* (*Sport*) mi-temps : *at half-time* à la mi-temps

halfway /ˌhɑːfˈweɪ ; *USA* ˌhæf-/ *adv* à mi-chemin : *halfway between London and Glasgow* à mi-chemin entre Londres et Glasgow ◊ *halfway through the film* au milieu du film

halfwit /ˈhɑːfwɪt ; *USA* ˈhæf-/ *n* imbécile

hall /hɔːl/ *n* **1** (*aussi* **hallway**) entrée, hall **2** salle **3** (*aussi* **hall of residence**) résidence universitaire

hallmark /ˈhɔːlmɑːk/ *n* **1** (*sur métal précieux*) poinçon **2** (*fig*) marque

Hallowe'en /ˌhæləʊˈiːn/ *n*

Hallowe'en (le 31 octobre) signifie *vigile de tous les saints* et c'est la nuit des revenants et des sorcières. La tradition veut que l'on creuse une citrouille pour lui donner une apparence de visage et que l'on y place une bougie. Les enfants se déguisent et vont de maison en maison pour demander des bonbons ou un peu d'argent. Quand quelqu'un ouvre la porte, ils lui disent alors **trick or treat**, ce qui signifie *donnez-nous quelque chose ou nous vous jouerons un tour.*

hallucination /həˌluːsɪˈneɪʃn/ *n* hallucination

hallway *Voir* HALL

halo /ˈheɪləʊ/ *n* (*pl* **haloes** *ou* ~**s**) **1** auréole **2** (*astre*) halo

halt /hɔːlt/ ◆ *n* arrêt : *The train came to a halt.* Le train s'arrêta. LOC *Voir* GRIND ◆ *vt, vi* s'arrêter : *Halt!* Halte !

halting /ˈhɔːltɪŋ/ *adj* hésitant **haltingly** *adv* avec hésitation

halve /hɑːv ; *USA* hæv/ *vt* **1** couper en deux **2** réduire de moitié

halves *pl de* HALF

ham /hæm/ *n* jambon

hamburger /ˈhæmbɜːgə(r)/ (*aussi* **burger**) *n* steak haché, hamburger

hamlet /ˈhæmlət/ *n* hameau

hammer /ˈhæmə(r)/ ◆ *n* marteau LOC **to come/go under the hammer** être vendu aux enchères ◆ **1** *vt* marteler **2** *vi* (*cœur*) battre fort **3** *vt* (*fam*) (*fig*) écraser, démolir PHR V **to hammer at sth** tambouriner à/contre qch **to hammer sth in** enfoncer qch au marteau

hammock /ˈhæmək/ *n* hamac

hamper[1] /ˈhæmpə(r)/ *n* (*GB*) panier (*garni*)

hamper[2] /ˈhæmpə(r)/ *vt* handicaper, gêner

hamster /ˈhæmstə(r)/ *n* hamster

hand /hænd/ ◆ *n* **1** main **2** [*sing*] (*aussi* **handwriting**) écriture **3** (*horloge, montre*) aiguille **4** ouvrier, -ière, manœuvre **5** membre d'équipage, matelot **6** (*Cartes*) main, jeu **7** unité de mesure qui correspond à 10,16 cm utilisée pour indiquer la hauteur d'un cheval LOC **at hand** à portée de la main, à proximité **by hand 1** à la main : *made by hand* fait à la main **2** de la main à la main : *to deliver a letter by hand* remettre une lettre en mains propres **close/near at hand** tout près, à proximité : *He lives close at hand.* Il habite tout près. **hand in hand 1** main dans la main **2** (*fig*) de pair **hands off!** pas touche ! **hands up! 1** haut les mains ! **2** levez la main ! : *Hands up if you know the answer.* Levez la main si vous connaissez la réponse. **in hand 1** disponible **2** (*travail*) en cours

3 (*situation*) bien en main **on hand** disponible **on the one hand... on the other (hand)...** d'une part... d'autre part... **out of hand 1** impossible **2** d'emblée **to give/lend sb a hand** donner un coup de main à qn **to hand** à portée de main **to have a hand in sth** jouer un rôle dans qch, être impliqué dans qch *Voir aussi* CHANGE, CUP, EAT, FIRM, FIRST, FREE, HEAVY, HELP, HOLD, MATTER, PALM, SHAKE, UPPER ◆ *vt* donner, passer PHR V **to hand sth back (to sb)** rendre qch (à qn) **to hand sth in (to sb)** remettre qch (à qn) **to hand sth out (to sb)** distribuer qch (à qn)

handbag /'hændbæg/ (*USA* **purse**) *n* sac à main

handbook /'hændbʊk/ *n* manuel

handbrake /'hændbreɪk/ *n* frein à main

handcuff /'hændkʌf/ *vt* passer les menottes à **handcuffs** *n* [*pl*] menottes

handful /'hændfʊl/ *n* (*pl* ~**s**) **1** poignée **2** *a handful of students* une poignée d'étudiants LOC **to be a (real) handful** (*fam*) être épuisant, ne pas être de tout repos

handicap /'hændikæp/ ◆ *n* handicap ◆ *vt* (**-pp-**) handicaper **handicapped** *adj* handicapé

handicrafts /'hændikrɑ:fts ; *USA* -kræfts/ *n* [*pl*] artisanat, travail artisanal

handkerchief /'hæŋkətʃɪf, -tʃi:f/ *n* (*pl* **-chiefs** *ou* **-chieves** /-tʃi:vz/) mouchoir

handle

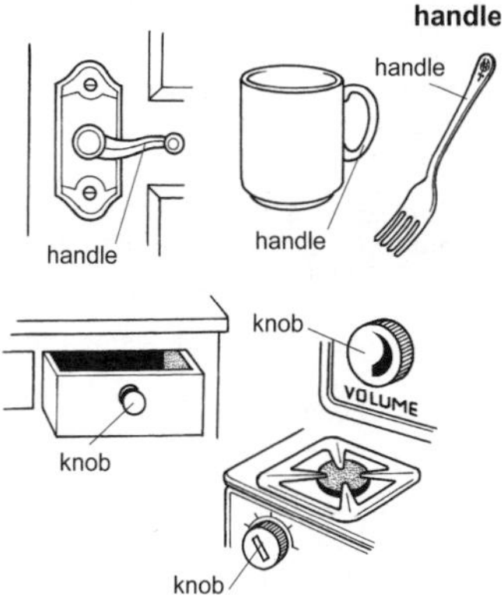

handle /'hændl/ ◆ *n* **1** (*porte, valise*) poignée **2** (*balai, couteau*) manche **3** (*tasse, seau*) anse ☛ *Voir illustration sous* MUG **4** (*casserole*) queue ☛ *Voir illustration sous* SAUCEPAN ◆ *vt* **1** toucher (à), manipuler **2** (*machine*) manier **3** (*gens*) traiter **4** (*situation*) contrôler, faire face à

handlebars /'hændlbɑ:z/ *n* [*pl*] guidon

handmade /ˌhænd'meɪd/ *adj* fait à la main, artisanal

> En anglais on peut former des adjectifs composés pour toutes les activités manuelles: par exemple **hand-built** (fait à la main), **hand-painted** (peint à la main), **hand-knitted** (tricoté à la main), etc.

handout /'hændaʊt/ *n* **1** don, aide : *to be dependent on handouts* vivre de charité **2** (*conférence, cours*) polycopié

handshake /'hændʃeɪk/ *n* poignée de main

handsome /'hænsəm/ *adj* **1** beau ☛ Employé surtout pour un homme. **2** (*cadeau*) généreux

handwriting /'hændraɪtɪŋ/ *n* écriture

handwritten /ˌhænd'rɪtn/ *adj* manuscrit, écrit à la main

handy /'hændi/ *adj* (**-ier**, **-iest**) **1** pratique **2** (*personne*) adroit, habile **3** à portée de la main : *Our flat is very handy for the shops.* Notre appartement est à proximité des commerces. LOC **to come in handy** servir, être utile

hang /hæŋ/ ◆ (*prét, pp* **hung** /hʌŋ/) **1** *vt, vi* suspendre, être suspendu **2** *vi* pendre, tomber **3** (*prét, pp* **hanged**) *vt, vi* pendre, être pendu **4** *vi* ~ **(above/over sb/sth)** menacer (qn/qch) ; peser (sur qn/qch) PHR V **to hang about/around** (*fam*) traîner (*à ne rien faire*) **to hang on** (*fam*) **1** tenir bon **2** patienter : *Hang on a minute!* Attends un instant ! **to hang onto sth** conserver qch **to hang out** (*fam*) traîner **to hang sth out** étendre qch **to hang up** (*fam*) raccrocher (*téléphone*) : *She hung up on me.* Elle m'a raccroché au nez. ◆ *n* LOC **to get the hang of sth** (*fam*) comprendre le fonctionnement de qch, attraper le coup pour faire qch

hangar /'hæŋə(r)/ *n* hangar

hanger /'hæŋə(r)/ (*aussi* **clothes hanger**, **coat hanger**) *n* cintre, portemanteau

hang-glider /'hæŋ glaɪdə(r)/ *n* deltaplane (*appareil*) **hang-gliding** *n* deltaplane (*activité*) : *to go hang-gliding* faire du deltaplane

hangman /'hæŋmən/ *n* (*pl* **-men** /-mən/) **1** bourreau (*exécuteur*) **2** (*jeu*) pendu

hangover /'hæŋəʊvə(r)/ *n* gueule de bois

hang-up /'hæŋ ʌp/ *n* (*fam*) complexe, obsession

haphazard /hæp'hæzəd/ *adj* (fait) au hasard : *in a haphazard fashion* un peu n'importe comment

happen /'hæpən/ *vi* **1** arriver : *whatever happens* quoi qu'il arrive **2** *if you happen to go into town* s'il t'arrive d'aller en ville ◊ *I happened to be out when he called.* Il se trouve que j'étais sortie quand il a appelé. **happening** *n* événement

happy /'hæpi/ *adj* (**-ier**, **-iest**) **1** heureux : *a happy marriage* un couple uni ◊ *a happy memory* un bon souvenir ◊ *a story with a happy ending* une histoire qui se termine bien **2** content, satisfait ☛ *Voir note sous* GLAD **happily** *adv* **1** joyeusement **2** heureusement **happiness** *n* bonheur

harass /'hærəs, hə'ræs/ *vt* harceler **harassment** *n* harcèlement

harbour (*USA* **harbor**) /'hɑːbə(r)/ ◆ *n* port ◆ *vt* **1** receler, héberger **2** (*soupçon*) nourrir

hard /hɑːd/ ◆ *adj* (**-er**, **-est**) **1** dur **2** difficile : *It's hard to tell.* C'est difficile à dire. ◊ *It's hard for me to say no.* Je peux difficilement refuser. ◊ *hard to please* exigeant **3** (*travail*) difficile, dur : *He's a hard worker.* Il est travailleur. **4** (*personne*) dur **5** (*fort*) : *hard liquor* alcool fort ◊ *hard drugs* drogues dures **6** (*eau*) calcaire LOC **hard cash** espèces (*argent*) **hard luck!** (*fam*) pas de chance ! **the hard way** à ses dépens **to give sb a hard time** rendre la vie impossible à qn **to have a hard time** traverser une période difficile **to have a hard time doing sth** avoir du mal à faire qch **to take a hard line (on/over sth)** se montrer intransigeant (sur qch) *Voir aussi* DRIVE ◆ *adv* (**-er**, **-est**) **1** (*travailler*) dur : *to try hard* essayer de toutes ses forces **2** (*tirer, pleuvoir, frapper*) fort **3** (*réfléchir, regarder*) bien LOC **to be hard put to do sth** avoir du mal à faire qch **to be hard up** être fauché

hardback /'hɑːdbæk/ *n* livre relié : *a hardback edition* une édition reliée ☛ *Comparer avec* PAPERBACK

hard disk *n* (*Informatique*) disque dur

harden /'hɑːdn/ **1** *vt, vi* durcir : *Her voice hardened.* Son ton a durci. **2** *vt* endurcir : *a hardened criminal* un criminel endurci **hardening** *n* durcissement

hardly /'hɑːdli/ *adv* **1** à peine : *I hardly know her.* Je la connais à peine. **2** guère : *It's hardly surprising.* Ce n'est guère surprenant. ◊ *I can hardly believe it!* J'ai du mal à le croire ! ◊ *You can hardly expect me to lend you money.* Vous ne vous attendez tout de même pas à ce que je vous prête de l'argent. ◊ *I need hardly say that I am innocent.* Il va de soi que je suis innocent. **3** presque : *hardly anybody* presque personne ◊ *hardly ever* presque jamais ◊ *You hardly speak to me any more.* Tu ne m'adresses pratiquement plus la parole.

hardship /'hɑːdʃɪp/ *n* [*indénombrable*] privations

hardware /'hɑːdweə(r)/ *n* **1** articles de quincaillerie : *a hardware store* une quincaillerie **2** (*Informatique, Mil*) matériel

hard-working /ˌhɑːd 'wɜːkɪŋ/ *adj* travailleur

hardy /'hɑːdi/ *adj* (**-ier**, **-iest**) **1** robuste **2** (*Bot*) vivace

hare /heə(r)/ *n* lièvre

harm /hɑːm/ ◆ *n* mal : *He meant no harm.* Il ne pensait pas à mal. ◊ *There's no harm in asking.* Ça ne coûte rien de demander. ◊ *(There's) no harm done.* Ce n'est pas grave. LOC **out of harm's way** en sûreté **to come to harm** : *You'll come to no harm.* Tu ne risques rien. **to do more harm than good** faire plus de mal que de bien ◆ *vt* **1** (*personne*) faire du mal à **2** (*chose*) endommager **harmful** *adj* nuisible, nocif **harmless** *adj* **1** inoffensif **2** (*personne*) sans malice

harmony /'hɑːməni/ *n* (*pl* **-ies**) harmonie, accord

harness /'hɑːnɪs/ ◆ *n* harnais ◆ *vt* **1** (*cheval*) harnacher **2** (*énergie*) exploiter

harp /hɑːp/ ◆ *n* harpe ◆ *v* PHR V **to harp on (about) sth** rabâcher la même chose à propos de qch

harsh /hɑːʃ/ *adj* (**-er**, **-est**) **1** (*surface*) rêche **2** (*couleur*) criard **3** (*lumière*) cru

have

présent	*forme contractée*	*forme contractée négative*	*forme contractée du prétérit*
I **have**	I**'ve**	I **haven't**	I**'d**
you **have**	you**'ve**	you **haven't**	you**'d**
he/she/it **has**	he**'s**/she**'s**/it**'s**	he/she/it **hasn't**	he**'d**/she**'d**/it**'d**
we **have**	we**'ve**	we **haven't**	we**'d**
you **have**	you**'ve**	you **haven't**	you**'d**
they **have**	they**'ve**	they **haven't**	they**'d**
prétérit **had**	*forme en -ing* **having**	*participe passé* **had**	

4 (*voix*) rude **5** (*son*) discordant **6** (*climat*) rude, rigoureux **7** (*punition*) sévère **harshly** *adv* sévèrement, durement

harvest /ˈhɑːvɪst/ ◆ *n* moisson, récolte : *the grape harvest* les vendanges ◆ *vt* moissonner, récolter

has /həz, hæz/ *Voir* HAVE

hasn't /ˈhæz(ə)nt/ = HAS NOT *Voir* HAVE

hassle /ˈhæsl/ ◆ *n* (*fam*) (*tracas*) embêtement, complications : *Don't give me any hassle!* Ne m'embête pas avec ça ! ◆ *vt* (*fam*) talonner

haste /heɪst/ *n* empressement, hâte LOC **in haste** à la hâte, en hâte **hasten** /ˈheɪsn/ **1** *vi* ~ **to do sth** s'empresser de faire qch **2** *vt* précipiter **hastily** *adv* précipitamment, hâtivement **hasty** *adj* (**-ier**, **-iest**) précipité, hâtif

hat /hæt/ *n* chapeau LOC *Voir* DROP[1]

hatch[1] /hætʃ/ *n* **1** (*Navig*) écoutille **2** passe-plat

hatch[2] /hætʃ/ **1** *vi* ~ **(out)** (*poussin*) éclore **2** *vt, vi* (*œuf*) (faire) éclore **3** *vt* ~ **sth (up)** tramer qch

hatchback /ˈhætʃbæk/ *n* voiture avec hayon

hate /heɪt/ ◆ *vt* **1** détester, haïr **2** *I would hate him to think I don't care.* Je ne voudrais surtout pas qu'il pense que je m'en moque. ◊ *I hate to bother you, but...* Je suis désolé de vous déranger mais... ◆ *n* **1** haine **2** (*fam*) : *my pet hate* ma bête noire **hateful** *adj* odieux **hatred** *n* haine

haul /hɔːl/ ◆ *vt* tirer, traîner ◆ *n* **1** trajet, voyage **2** prise (*pêche*) **3** butin

haunt /hɔːnt/ ◆ *vt* hanter ◆ *n* lieu de prédilection **haunted** *adj* : *a haunted house* une maison hantée

have /həv, hæv/ ◆ *aux* : *'I've finished my work.' 'So have I.'* « J'ai fini mon travail. — Moi aussi. » ◊ *I've never been to Inverness.* Je ne suis jamais allé à Inverness. ◊ *'Have you seen it?' 'Yes, I have./No, I haven't.'* « Est-ce que tu es allé le voir ? — Oui/Non. » ◊ *He's finished, hasn't he?* Il a fini, n'est-ce pas ? ◆ *vt* **1** (*aussi* **have got**) avoir : *She's got blue eyes.* Elle a les yeux bleus. ◊ *Have you got any money on you?* Est-ce que tu as de l'argent sur toi ? ◊ *to have a headache* avoir mal à la tête ☛ *Voir note sous* AVOIR **2** ~ **(got) sth to do** avoir qch à faire : *I've got loads to do.* J'ai plein de choses à faire. ◊ *I've got a bus to catch.* Je dois aller prendre le bus. **3** ~ **(got) to do sth** devoir faire qch : *I've got to fill in this form.* Il faut que je remplisse ce formulaire. ◊ *Did you have to pay a fine?* Est-ce que tu as dû payer une amende ? ◊ *It has to be done.* Il faut le faire. **4** prendre : *to have a bath* prendre un bain ◊ *to have breakfast* prendre son petit déjeuner ◊ *to have lunch/dinner* déjeuner/dîner ◊ *to have a cup of coffee* prendre un café **5** faire : *to have a picnic* faire un pique-nique ◊ *to have a party* inviter des amis

Noter que la construction **to have + nom** est souvent rendue par un verbe en français : *to have a swim* nager ◊ *to have a look/go* regarder/essayer

6 ~ **sth done** faire faire qch : *He's had his hair cut.* Il s'est fait couper les cheveux. ◊ *I'm having my car repaired.* Ma voiture est actuellement au garage pour des réparations. ◊ *I had my watch stolen.* On m'a volé ma montre. **7** permettre, tolérer : *I won't have it!* Je ne tolérerai pas ça ! LOC **to have had it** (*fam*) : *The TV's had it.* La télé est fichue. **to have it (that)** : *Rumour has it that...* Le bruit court que... ◊ *As luck would have it...* Le sort a voulu que... **to have to do with sb/sth** avoir à voir avec qn/qch ☛ Les autres expressions formées avec **have** sont traitées sous le nom, l'adjectif, etc. correspondant : pour **to**

have a sweet tooth, par exemple, voir TOOTH. **PHR V to have sth back** récupérer qch : *I promise you'll have it back by tonight.* Je promets de vous le rendre d'ici ce soir. **to have sth on 1** (*vêtement*) porter qch : *He's got a tie on today.* Il porte une cravate aujourd'hui. **2** avoir qch à faire : *I've got a lot on.* J'ai beaucoup à faire. ◊ *Have you got anything on tonight?* Est-ce que tu fais quelque chose ce soir ? **to have sth out** (*dent, épine*) se faire retirer qch **to have it out (with sb)** s'expliquer (avec qn) **to have sb over** ; **to have sb round** recevoir qn

haven /ˈheɪvn/ *n* refuge, havre

haven't /ˈhæv(ə)nt/ = HAVE NOT *Voir* HAVE

havoc /ˈhævək/ *n* [*indénombrable*] dégâts : *to cause havoc* infliger des dégâts **LOC** *Voir* PLAY, WREAK

hawk /hɔːk/ *n* faucon

hay /heɪ/ *n* foin : *hay fever* rhume des foins

hazard /ˈhæzəd/ ◆ *n* risque, danger : *to be a health hazard* être un risque pour la santé ◆ *vt* mettre en danger **LOC to hazard a guess** hasarder une hypothèse **hazardous** *adj* dangereux

haze /heɪz/ *n* brume ☛ *Comparer avec* FOG, MIST

hazel /ˈheɪzl/ ◆ *n* noisetier ◆ *adj* noisette

hazelnut /ˈheɪzlnʌt/ *n* noisette

hazy /ˈheɪzi/ *adj* (**-ier**, **-iest**) **1** (*journée*) brumeux **2** (*souvenir*) vague **3** (*personne*) : *I'm a bit hazy about what actually happened.* Je ne suis pas très sûre de ce qui s'est vraiment passé.

he /hiː/ ◆ *pron pers* il, lui : *He rang the bell.* Il a appuyé sur la sonnette. ◆ *n* mâle : *Is it a he or a she?* Est-ce un mâle ou une femelle ?

head[1] /hed/ *n* **1** tête : *It never entered my head.* Je n'y ai jamais songé. **2 a/per head** par personne : *ten pounds a head* dix livres par personne **3** (*file, lit*) bout : *at the head of the table* en bout de table **4** (*organisme*) chef : *the heads of government* les chefs de gouvernement **5** (*École*) directeur, -trice **6** (*magnétophone*) tête de lecture **7** (*bière*) mousse **LOC to be/go above/over sb's head** dépasser qn **from head to foot/toe** de la tête aux pieds **to get sth into your head** se mettre qch dans la tête **to go to sb's head** monter à la tête de qn **to have a good head for sth** être doué en qch : *to have a good head for business* avoir le sens des affaires **head first** la tête la première **head over heels 1** *to fall head over heels* culbuter **2** éperdument : *to be head over heels in love* être éperdument amoureux **heads or tails?** pile ou face ? **not to make head or tail of sth** ne rien comprendre à qch **off the top of your head** sans réfléchir *Voir aussi* HIT, SHAKE, TOP[1]

head[2] /hed/ *vt* **1** (*liste*) être en tête de : *to head a procession* être à la tête d'une procession **2** (*organisme*) être à la tête de, mener **3** (*ballon*) : *to head the ball* faire une tête **PHR V to head for sth** se diriger vers qch

headache /ˈhedeɪk/ *n* **1** mal de tête : *I've got a headache.* J'ai mal à la tête. **2** casse-tête

heading /ˈhedɪŋ/ *n* titre (*de document*)

headlight /ˈhedlaɪt/ (*aussi* **headlamp**) *n* phare (*de voiture*)

headline /ˈhedlaɪn/ *n* **1** (*journal*) gros titre **2 the headlines** [*pl*] les titres de l'actualité

headmaster /ˌhedˈmɑːstə(r)/ *n* directeur (*d'école*)

headmistress /ˌhedˈmɪstrəs/ *n* directrice (*d'école*)

head office *n* siège social

head-on /hed ˈɒn/ ◆ *adj* frontal ◆ *adv* de front

headphones /ˈhedfəʊnz/ *n* [*pl*] casque (*d'écoute*)

headquarters /ˌhedˈkwɔːtəz/ *n* (*abrév* **HQ**) [*v sing ou pl*] **1** (*Mil*) quartier général **2** siège social

head start *n* : *You had a head start over me.* Tu avais une longueur d'avance sur moi.

head teacher *n* (*aussi* **head**) directeur, -trice (*d'école*) ☛ *Comparer avec* HEADMASTER, HEADMISTRESS

headway /ˈhedweɪ/ *n* **LOC to make headway** faire des progrès

heal /hiːl/ **1** *vi* guérir, se cicatriser **2** *vt* guérir **3** *vt, vi* (*douleur, chagrin*) (s')apaiser

health /helθ/ *n* santé **LOC** *Voir* DRINK

health centre *n* centre médico-social

healthy /ˈhelθi/ *adj* (**-ier**, **-iest**) **1** (*personne*) sain, en bonne santé **2** (*lieu*) sain, salubre **3** (*appétit*) bon

heap /hiːp/ ◆ *n* tas : *heaps of books* des

tas de livres ◊ *We have heaps of time.* Nous avons tout notre temps. ◆ *vt* ~ **sth (up)** entasser, empiler qch : *a heaped spoonful* une bonne cuillerée

hear /hɪə(r)/ (*prét, pp* **heard** /hɜːd/) **1** *vt, vi* (*son*) entendre : *I can't hear a thing.* Je n'entends rien du tout. ◊ *I heard someone laughing.* J'ai entendu quelqu'un rire. ☛ *Voir note sous* SENTIR **2** *vt* apprendre : *I heard you're getting married.* J'ai appris que vous alliez vous marier. **3** *vt* (*discours*) écouter **4** *vt* (*Jur*) entendre PHR V **to hear about sth** entendre parler de qch **to hear from sb** recevoir des nouvelles de qn **to hear of sb/sth** entendre parler de qn/qch : *I've never heard of him.* Son nom ne me dit rien. PHR V **to hear of sth** : *I refuse to hear of it.* Il n'en est pas question. ◊ *I offered to pay but she wouldn't hear of it.* J'ai proposé de payer mais elle n'a pas voulu en entendre parler. **to hear sb out** écouter qn jusqu'au bout

hearing /ˈhɪərɪŋ/ *n* **1** (*aussi* **sense of hearing**) ouïe : *Her hearing is poor.* Elle entend mal. ◊ *a hearing aid* une prothèse auditive **2** (*Jur*) audience

heart /hɑːt/ *n* **1** cœur : *a heart attack* une crise cardiaque ◊ *heart failure* insuffisance cardiaque ◊ *His heart wasn't in it.* Le cœur n'y était pas. ◊ *the heart of the matter* le fond du problème **2 hearts** [*pl*] (*Cartes*) cœur : *the four of hearts* le quatre de cœur ☛ *Voir note sous* CARTE LOC **at heart** au fond **by heart** par cœur **to have your heart in the right place** avoir bon cœur **in your heart of hearts** au fond de soi-même **to take heart** prendre courage **to take sth to heart** prendre qch à cœur **with all your heart** de tout son cœur **your/sb's heart sinks** : *When I saw the queue my heart sank.* Quand j'ai vu la queue qu'il y avait je me suis sentie découragée. *Voir aussi* CHANGE, CRY, SET[2]

heartbeat /ˈhɑːtbiːt/ *n* battement de cœur

heartbreak /ˈhɑːtbreɪk/ *n* déchirement **heartbreaking** *adj* déchirant **heartbroken** *adj* : *to be heartbroken* avoir le cœur brisé

hearten /ˈhɑːtn/ *vt* encourager **heartening** *adj* encourageant

heartfelt /ˈhɑːtfelt/ *adj* sincère

hearth /hɑːθ/ *n* foyer, cheminée

heartless /ˈhɑːtləs/ *adj* sans cœur, cruel

hearty /ˈhɑːti/ *adj* (**-ier**, **-iest**) **1** (*accueil*) chaleureux **2** (*personne*) vigoureux **3** (*repas*) solide **4** (*rire*) franc

heat /hiːt/ ◆ *n* **1** chaleur : *I can't stand the heat.* Je ne supporte pas la chaleur. ◊ *on a low heat* à petit feu **2** (*Sport*) épreuve éliminatoire LOC **to be on heat** (*USA* **to be in heat** être en chaleur ◆ *vt, vi* ~ **(sth) (up)** (faire) chauffer qch **heated** *adj* **1** *a heated pool* une piscine chauffée ◊ *The house is centrally heated.* La maison a le chauffage central. **2** (*dispute*) animé **heater** *n* **1** radiateur, appareil de chauffage **2** chauffe-eau

heath /hiːθ/ *n* lande

heathen /ˈhiːðn/ *n* païen, païenne

heather /ˈheðə(r)/ *n* bruyère

heating /ˈhiːtɪŋ/ *n* chauffage

heatwave /ˈhiːtweɪv/ *n* vague de chaleur

heave /hiːv/ ◆ **1** *vt* tirer : *We heaved the wardrobe up the stairs.* Nous avons monté à grand peine l'armoire dans l'escalier. **2** *vi* ~ **(at/on sth)** tirer (sur qch) **3** *vt* pousser : *to heave a sigh* pousser un soupir **4** *vt* (*fam*) lancer ◆ *n* effort

heaven (*aussi* **Heaven**) /ˈhevn/ *n* (*Relig*) paradis, ciel : *Good heavens!* Juste ciel !

> Noter que **heaven** ne prend pas d'article : *She has gone to heaven.* Elle est au paradis.

LOC *Voir* KNOW, SAKE

heavenly /ˈhevnli/ *adj* **1** (*Relig*) divin, paradisiaque **2** (*Astron*) céleste **3** (*fam*) divin, sublime

heavily /ˈhevɪli/ *adv* **1** fortement : *heavily loaded* lourdement chargé ◊ *to drink heavily* boire beaucoup ◊ *to rain heavily* pleuvoir très fort **2** (*appuyer, tomber*) lourdement **3** (*dormir*) profondément

heavy /ˈhevi/ *adj* (**-ier**, **-iest**) **1** lourd : *How heavy is it?* Ça pèse combien ? **2** (*circulation, pluie, critique*) fort **3** (*rhume,*) gros **4** (*pertes*) lourd **5** *to be a heavy smoker* être un gros fumeur ◊ *to be a heavy drinker* boire beaucoup **6** (*travail*) gros, difficile **7** (*journée*) chargé

heavyweight /ˈheviweɪt/ *n* **1** poids lourd **2** (*fig*) grosse pointure

heckle /ˈhekl/ *vt, vi* interpeller

hectare /ˈhekteə(r)/ *n* hectare

hectic /ˈhektɪk/ *adj* intense, mouvementé : *to lead a hectic life* avoir une vie trépidante

he'd /hiːd/ **1** = HE HAD *Voir* HAVE **2** = HE WOULD *Voir* WOULD

hedge /hedʒ/ ◆ *n* **1** haie **2 a ~ (against sth)** protection contre qch ◆ *vi* se dérober, esquiver la question LOC **to hedge your bets** se couvrir

hedgehog /ˈhedʒhɒg ; *USA* -hɔːg/ *n* hérisson

heed /hiːd/ ◆ *vt* (*sout*) tenir compte de ◆ *n* LOC **to take heed of sth** tenir compte de qch

heel /hiːl/ *n* talon ☛ *Voir illustration sous* CHAUSSURE *Voir aussi* DIG

hefty /ˈhefti/ *adj* (**-ier**, **-iest**) **1** (*personne*) costaud **2** (*chose*) pesant **3** (*coup*) gros **4** (*prix, amende*) fort

height /haɪt/ *n* **1** hauteur, taille : *What's your height?* Combien mesures-tu ? **2** (*Géogr*) hauteur, altitude **3** (*fig*) sommet : *at/in the height of summer* en plein été LOC **the height of fashion** la pointe de la mode

heighten /ˈhaɪtn/ *vt, vi* (s')intensifier, augmenter

heir /eə(r)/ *n* ~ **(to sth)** héritier, -ière (de qch)

heiress /ˈeərəs/ *n* héritière

held *prét, pp de* HOLD

helicopter /ˈhelɪkɒptə(r)/ *n* hélicoptère

he'll /hiːl/ = HE WILL *Voir* WILL

hell /hel/ *n* enfer : *to go to hell* aller en enfer ☛ Noter que **hell** ne prend pas d'article. LOC **a/one hell of a...** (*fam*) : *I got a hell of a shock!* Ça m'a fait un de ces coups ! **for the hell of it** pour le plaisir **hellish** *adj* infernal

hello /həˈləʊ/ *excl, n* **1** bonjour : *Say hello to her for me.* Dis-lui bonjour de ma part.

Les autres expressions plus familières sont **hi** et **hiya**.

2 (*téléphone*) allô

helm /helm/ *n* (*Navig*) barre

helmet /ˈhelmɪt/ *n* casque

help /help/ ◆ **1** *vt, vi* aider : *Help!* Au secours ! ◊ *Can I help you?* Vous désirez ? **2** *vi* servir : *Some flowers would help to make the place look brighter.* La pièce serait plus agréable avec quelques fleurs. ◊ *Apologizing might help.* Ce serait peut-être une bonne idée de t'excuser. **3** *v réfléchi* ~ **yourself (to sth)** se servir (de qch) (*plat*) LOC **a helping hand** : *to give/lend sb a helping hand* donner un coup de main à qn **cannot/could not help doing sth** ne pas pouvoir s'empêcher de faire qch : *I couldn't help laughing.* Je n'ai pas pu m'empêcher de rire. ◊ *He can't help it.* Il ne peut pas s'en empêcher. **it can't/couldn't be helped** on n'y peut/pouvait rien PHR V **to help sth along** faire avancer qch **to help (sb) out** donner un coup de main (à qn) ◆ *n* [*indénombrable*] aide : *It wasn't much help.* Ça n'a pas servi à grand-chose.

helper /ˈhelpə(r)/ *n* aide, assistant, -e

helpful /ˈhelpfl/ *adj* **1** (*personne*) serviable **2** (*conseil*) utile

helping /ˈhelpɪŋ/ *n* portion

helpless /ˈhelpləs/ *adj* **1** sans défense, vulnérable **2** impuissant

helter-skelter /ˌheltə ˈskeltə(r)/ ◆ *n* toboggan en spirale ◆ *adv* n'importe comment

hem /hem/ ◆ *n* ourlet ◆ *vt* (**-mm-**) faire un ourlet à PHR V **to hem sb/sth in** **1** cerner qn/qch **2** *to feel hemmed in by sb/sth* se sentir coincé par qn/qch

hemisphere /ˈhemɪsfɪə(r)/ *n* hémisphère

hemo- (*USA*) *Voir* HAEMO-

hen /hen/ *n* poule

hence /hens/ *adv* (*sout*) **1** (*temps*) d'ici : *a week hence* dans une semaine **2** (*pour cette raison*) d'où, donc

henceforth /ˌhensˈfɔːθ/ *adv* (*sout*) dorénavant, désormais

hen party (*aussi* **hen night**) *n* (*GB, fam*) soirée entre copines : *to have a hen night* enterrer sa vie de célibataire

hepatitis /ˌhepəˈtaɪtɪs/ *n* [*indénombrable*] hépatite

her /hə, ɜː(r), ə(r), hɜː(r)/ ◆ *pron pers* **1** [*complément d'objet direct*] la : *I saw her.* Je l'ai vue. **2** [*complément d'objet indirect*] lui (*à elle*) : *I told her the truth.* Je lui ai dit la vérité. **3** [*après une préposition ou le verbe* **to be**] elle : *I think of her often.* Je pense souvent à elle. ◊ *She took it with her.* Elle l'a emmené avec elle. ◊ *It wasn't her that did it.* Ce n'est pas elle qui l'a fait. ☛ *Comparer avec* SHE ◆ *adj poss* son, sa, ses (*à elle*) : *her book* son livre ◊ *her books* ses livres ☛ **Her** est souvent utilisé pour faire référence à une voiture, un bateau ou à une nation. *Comparer avec* HERS, MY

herald /'herəld/ ◆ *n* **1** héraut **2** signe avant-coureur ◆ *vt* annoncer (*arrivée, commencement*) **heraldry** *n* héraldique

herb /hɜːb ; *USA* ɜːrb/ *n* herbe (*aromatique, médicinale*) **herbal** *adj* à base de plantes : *a herbal tea* une infusion

herd /hɜːd/ ◆ *n* troupeau ☛ *Comparer avec* FLOCK ◆ *vt* **1** rassembler **2** garder (*bétail*)

here /hɪə(r)/ ◆ *adv* ici : *I live five minutes from here.* J'habite à cinq minutes d'ici. ◊ *Please sign here.* Veuillez apposer ici votre signature. ◊ *Ben's not here.* Ben n'est pas là. ◊ *my friend here* mon ami que voici

Dans les phrases qui commencent par **here** le verbe est placé derrière le sujet si celui-ci est un pronom : *Here they are, at last!* Les voilà, enfin ! ◊ *Here it is, on the table!* Le voilà, il est sur la table ! et devant le sujet s'il s'agit d'un nom : *Here comes the bus.* Voilà le bus.

LOC **here and there** par-ci par-là, un peu partout **here you are!** tiens !, voilà ! **to be here** être là : *They'll be here any minute.* Ils seront là d'un moment à l'autre. **here's to sb/sth** à qn/qch : *Here's to the bride and groom!* Aux mariés ! ◆ **here!** *excl* **1** hé là ! **2** (*en offrant qch*) tiens !, voilà ! **3** (*liste d'appel*) présent !

hereditary /hə'redɪtri ; *USA* -teri/ *adj* héréditaire

heresy /'herəsi/ *n* (*pl* **-ies**) hérésie

heritage /'herɪtɪdʒ/ *n* [*gén sing*] héritage

hermit /'hɜːmɪt/ *n* hermite

hero /'hɪərəʊ/ *n* (*pl* **~es**) héros, héroïne : *sporting heroes* les stars du sport **heroic** /hə'rəʊɪk/ *adj* héroïque **heroism** /'herəʊɪzəm/ *n* héroïsme

heroin /'herəʊɪn/ *n* héroïne (*drogue*)

heroine /'herəʊɪn/ *n* héroïne (*personnage*)

herring /'herɪŋ/ *n* (*pl* **herring** *ou* **~s**) hareng LOC *Voir* RED

hers /hɜːz/ *pron poss* le sien, la sienne, les siens, les siennes (*à elle*) : *She lent me hers.* Elle m'a prêté le sien. ◊ *a friend of hers* un de ses amis ◊ *These earrings are hers.* Ces boucles d'oreille sont à elle.

herself /hɜː'self/ *pron* **1** [*emploi réfléchi*] se (*elle-même*) : *Did she hurt herself?* Est-ce qu'elle s'est fait mal ? **2** [*après prép*] elle : *She bought it for herself.* Elle se l'est acheté pour elle. ◊ *'I'm free,' she said to herself.* « Je suis libre », s'est-elle dit. **3** [*emploi emphatique*] elle-même : *She told me the news herself.* Elle m'a appris elle-même la nouvelle. LOC **by herself 1** par elle-même : *She did it all by herself.* Elle a tout fait par elle-même. **1** toute seule : *She was sitting all by herself.* Elle était assise toute seule.

he's /hiːz/ **1** = HE IS *Voir* BE **2** = HE HAS *Voir* HAVE

hesitant /'hezɪtənt/ *adj* hésitant

hesitate /'hezɪteɪt/ *vi* hésiter : *Don't hesitate to call.* N'hésite pas à appeler. **hesitation** *n* hésitation

heterogeneous /ˌhetərə'dʒiːniəs/ *adj* hétérogène

heterosexual /ˌhetərə'sekʃuəl/ *adj, n* hétérosexuel, -elle

hexagon /'heksəgən ; *USA* -gɒn/ *n* hexagone

hey! /heɪ/ *excl* hé !, dis donc !

heyday /'heɪdeɪ/ *n* âge d'or, beaux jours

hi! /haɪ/ (*aussi* **hiya!**) *excl* (*fam*) salut !

hibernate /'haɪbəneɪt/ *vi* hiberner **hibernation** *n* hibernation

hiccup (*aussi* **hiccough**) /'hɪkʌp/ *n* **1** hoquet : *I've got (the) hiccups.* J'ai le hoquet. **2** (*fam*) contretemps

hid *prét de* HIDE¹

hidden /'hɪdn/ **1** *pp de* HIDE¹ **2** *adj* caché

hide¹ /haɪd/ *vt, vi* (*prét* **hid** /hɪd/ *pp* **hidden** /'hɪdn/) ~ **(sth) (from sb)** cacher qch, se cacher (de qn) : *Dave was hiding under the bed.* Dave se cachait sous le lit. ◊ *The trees hid the house from view.* Les arbres cachaient la maison.

hide² /haɪd/ *n* peau, cuir

hide-and-seek /ˌhaɪd n 'siːk/ *n* cache-cache : *to play hide-and-seek* jouer à cache-cache

hideous /'hɪdiəs/ *adj* affreux, horrible

hiding¹ /'haɪdɪŋ/ *n* LOC **to be in/go into hiding** se cacher

hiding² /'haɪdɪŋ/ *n* (*fam*) LOC **to give sb a hiding** donner une raclée à qn, donner une correction à qn

hierarchy /'haɪərɑːki/ *n* (*pl* **-ies**) hiérarchie

hieroglyphics /ˌhaɪərə'glɪfɪks/ *n* [*pl*] hiéroglyphes

hi-fi /'haɪ faɪ/ *n* **1** hi-fi : *a hi-fi system* une chaîne hi-fi **2** chaîne (hi-fi)

high¹ /haɪ/ *adj* (**-er, -est**) **1** haut : *to have a high opinion of sb* avoir une haute opinion de qn ◊ *to set high standards* placer haut la barre ◊ *I have it on the highest authority.* Je le tiens de bonne source. ◊ *She has friends in high places.* Elle a des amis haut placés. ◊ *the high point of the evening* le clou de la soirée ☛ *Voir note sous* HAUT

High peut se combiner avec un nom pour créer un adjectif comme dans **high-speed** *à grande vitesse*, **high-fibre** *riche en fibres* et **high-risk** *à haut risque.*

2 (*prix, température, taux*) élevé : *high hopes* de grands espoirs **3** (*vitesse, vent*) grand **4** (*idéaux, principes*) élevé, noble : *high aims* de grands idéaux **5** (*son*) aigu **6** (*note*) haut **7** *in high summer* en plein été ◊ *high season* la haute saison **8** (*fam*) ~ **(on sth)** défoncé (à qch) LOC **the high life** la grande vie **to leave sb high and dry** laisser qn en plan **to be x metres, feet, etc. high** faire x mètres, pieds, etc. de haut : *The wall is two metres high.* Le mur fait deux mètres de haut. ◊ *How high is it?* Quelle est sa hauteur ? *Voir aussi* ESTEEM

high² /haɪ/ ◆ *n* **1** niveau élevé : *an all-time high* un niveau record ◊ *highs in the region of 25°* des pointes de températures de 25° **2** effet euphorisant : *He was on a high after winning the race.* Le fait de gagner la course l'a rendu euphorique. ◆ *adv* (**-er**, **-est**) haut LOC **high and low** : *to hunt/look/search high and low for sth* remuer ciel et terre pour trouver qch

highbrow /ˈhaɪbraʊ/ *adj* (*souvent péj*) intellectuel

high chair *n* chaise haute

high-class /ˌhaɪ ˈklɑːs/ *adj* de premier ordre, de luxe

High Court *n* cour suprême

higher education *n* enseignement supérieur

high jump *n* saut en hauteur

highland /ˈhaɪlənd/ *n* [*gén pl*] région montagneuse, montagnes

high-level /ˌhaɪ ˈlevl/ *adj* de haut niveau

highlight /ˈhaɪlaɪt/ ◆ *n* **1** point fort **2** [*gén pl*] (*cheveux*) mèches ◆ *vt* souligner, mettre l'accent sur

highly /ˈhaɪli/ *adv* **1** très : *highly unlikely* peu vraisemblable **2** *to think highly of sb* avoir une haute opinion de qn

highly strung *adj* très nerveux

Highness /ˈhaɪnəs/ *n* Altesse

high-pitched /ˌhaɪ ˈpɪtʃd/ *adj* (*son*) aigu

high-powered /ˌhaɪ ˈpaʊəd/ *adj* **1** (*voiture, moteur*) puissant **2** (*personne*) de haut vol **3** (*travail*) de haute responsabilité

high pressure ◆ *n* (*Météo*) haute pression ◆ **high-pressure** *adj* (*méthode de vente*) agressif

high-rise /ˈhaɪ raɪz/ ◆ *n* tour (*habitation*) ◆ *adj* (*immeuble*) de plusieurs étages

high school *n* (*surtout USA*) lycée

high street *n* grand-rue : *high-street shops* les magasins appartenant à des chaînes

high-tech (*aussi* **hi-tech**) /ˌhaɪ ˈtek/ *adj* (*fam*) de pointe

high tide *n* marée haute

highway /ˈhaɪweɪ/ *n* **1** (*surtout USA*) route nationale **2** *the Highway Code* le code de la route

hijack /ˈhaɪdʒæk/ ◆ *vt* **1** détourner **2** (*fig*) s'emparer de ◆ *n* détournement **hijacker** *n* pirate de l'air/de la route

hike /haɪk/ ◆ *n* randonnée (*pédestre*) ◆ *vi* faire une randonnée (*pédestre*) : *to go hiking* faire de la randonnée **hiker** *n* randonneur, -euse

hilarious /hɪˈleəriəs/ *adj* hilarant

hill /hɪl/ *n* **1** colline **2** côte, pente LOC **to be over the hill** ne plus être de première jeunesse, se faire vieux **hilly** *adj* (**-ier**, **-iest**) vallonné

hillside /ˈhɪlsaɪd/ *n* flanc de coteau

hilt /hɪlt/ *n* poignée LOC **(up) to the hilt** **1** jusqu'au cou, à fond **2** (*soutenir*) quoi qu'il arrive

him /hɪm/ *pron pers* **1** [*complément d'objet direct*] le : *I saw him.* Je l'ai vu. **2** [*complément d'objet indirect*] lui (*à lui*) : *I told him the truth.* Je lui ai dit la vérité. **3** [*après prép ou le verbe* **to be**] lui : *The present is for him.* Ce cadeau est pour lui. ◊ *He always has it with him.* Il l'a toujours sur lui. ◊ *It must be him.* Ce doit être lui. ☛ *Comparer avec* HE

himself /hɪmˈself/ *pron* **1** [*emploi réfléchi*] se (*lui-même*) : *Did he hurt himself?* Est-ce qu'il s'est fait mal ? **2** [*après prép*] lui : *He bought it for himself.* Il se l'est acheté pour lui. ◊ *'I tried,' he said to himself.* « J'ai essayé », s'est-il dit.

3 [*emploi emphatique*] lui-même : *He said so himself.* C'est lui-même qui l'a dit. LOC **by himself 1** par lui-même : *He did it all by himself.* Il a tout fait par lui-même. **2** tout seul : *He was sitting all by himself.* Il était assis tout seul.

hinder /ˈhɪndə(r)/ *vt* entraver, gêner : *Don't hinder me in my work.* Ne m'empêche pas de faire mon travail. ◊ *Our progress was hindered by bad weather.* Notre progression a été freinée par le mauvais temps.

hindrance /ˈhɪndrəns/ *n* entrave, gêne : *to be a hindrance to sb/sth* gêner qn/qch ◊ *You're more of a hindrance than a help.* Tu me gênes plus que tu ne m'aides.

hindsight /ˈhaɪndsaɪt/ *n* recul : *with (the benefit of)/in hindsight* avec du recul

Hindu /ˌhɪnˈduː ; *USA* ˈhɪnduː/ ◆ *adj* hindou ◆ *n* Hindou **Hinduism** *n* hindouisme

hinge /hɪndʒ/ ◆ *n* gond, charnière PHR V **to hinge on sth** dépendre de qch

hint /hɪnt/ ◆ *n* **1** allusion : *He took the hint and left.* Il a compris sans qu'on ait besoin de lui expliquer et est parti. **2** soupçon : *There was a hint of sadness in his voice.* Il y avait comme de la tristesse dans sa voix. **3** conseil pratique ◆ **1** *vi* ~ **at sth** faire allusion à qch **2** *vt* ~ **(that)...** laisser entendre que...

hip /hɪp/ ◆ *n* hanche ◆ *adj* (**hipper, hippest**) (*fam*) branché

hippo /ˈhɪpəʊ/ *n* (*pl* ~**s**) hippopotame

hippopotamus /ˌhɪpəˈpɒtəməs/ *n* (*pl* **-muses** /-məsɪz/ *ou* **-mi** /-maɪ/) hippopotame

hire /ˈhaɪə(r)/ ◆ *vt* **1** louer ☛ *Voir note sous* LOUER **2** (*employé*) embaucher ◆ *n* location : *"bicycles for hire"* « vélos à louer » ◊ *to buy sth on hire purchase* acheter qch à crédit

his /hɪz/ **1** *adj poss* son, sa, ses (*à lui*) : *his case* sa valise ◊ *his cases* ses valises **2** *pron poss* le sien, la sienne, les siens, les siennes (*à lui*) : *He lent me his.* Il m'a prêté le sien. ◊ *a friend of his* un de ses amis ◊ *These sunglasses are his.* Ces lunettes de soleil sont à lui. ☛ *Voir note sous* MY

hiss /hɪs/ ◆ **1** *vi* siffler (*vapeur, serpent*) **2** *vt* ~ **sb** siffler qn ◆ *n* sifflement

historian /hɪˈstɔːriən/ *n* historien, -ienne

historic /hɪˈstɒrɪk ; *USA* -ˈstɔːr-/ *adj* historique **historical** *adj* historique

history /ˈhɪstri/ *n* (*pl* **-ies**) **1** histoire : *history of art* l'histoire de l'art **2** (*Méd*) antécédents

hit /hɪt/ ◆ *vt* (**-tt-**) (*prét, pp* **hit**) **1** frapper, taper sur **2** atteindre : *to hit the target* atteindre la cible ◊ *Prices hit a new low.* Les prix ont atteint leur niveau le plus bas. **3** heurter : *He's been hit in the leg by a bullet.* Il a reçu une balle dans la jambe. **4** (*voiture*) percuter **5** (*fig*) toucher : *Rural areas have been worst hit by the strike.* Ce sont les zones rurales qui ont été le plus durement touchées par la grève. **6 to hit sth (on/against sth)** : *I hit my knee against the table.* Je me suis cogné le genou contre la table. LOC **to hit it off (with sb)** (*fam*) bien s'entendre (avec qn) : *Liz and Rufus hit it off immediately.* Liz et Rufus se sont tout de suite bien entendus. **to hit the nail on the head** mettre le doigt dessus, deviner juste *Voir aussi* HOME PHR V **to hit back (at sb/sth)** riposter (à qn/qch) **to hit on sth** trouver qch : *to hit on an idea/a solution* trouver une idée/solution **to hit out (at sb/sth)** lancer une attaque (contre qn/qch), s'en prendre à qn/qch ◆ *n* **1** coup **2** gros succès : *their latest hit* leur dernier tube

hit-and-run /ˌhɪt ən ˈrʌn/ *adj* : *a hit-and-run driver* un chauffeur en délit de fuite

hitch[1] /hɪtʃ/ *vt, vi* : *to hitch (a ride)* faire du stop ◊ *Can I hitch a lift with you as far as the station?* Est-ce que tu peux me déposer à la gare ? PHR V **to hitch sth up** (*pantalon, jupe*) remonter qch

hitch[2] /hɪtʃ/ *n* problème, pépin : *to go off without a hitch* se dérouler sans problème

hitch-hike /ˈhɪtʃ haɪk/ *vi* faire du stop **hitch-hiker** *n* auto-stoppeur, -euse

hi-tech *Voir* HIGH-TECH

hive /haɪv/ (*aussi* **beehive**) *n* ruche

hiya! /ˈhaɪjə/ *excl* (*fam*) salut !

hoard /hɔːd/ ◆ *n* **1** trésor **2** provisions, réserves ◆ *vt* amasser

hoarding /ˈhɔːdɪŋ/ (*USA* **billboard**) *n* panneau d'affichage

hoarse /hɔːs/ *adj* enroué, rauque : *to shout yourself hoarse* s'enrouer à force de crier

hoax /həʊks/ *n* canular : *a hoax bomb warning* une fausse alerte à la bombe

hob /hɒb/ *n* table de cuisson

hobby /ˈhɒbi/ *n* (*pl* **hobbies**) passe-temps, hobby

hockey /ˈhɒki/ *n* hockey

hoe /həʊ/ ◆ *n* binette ◆ *vt, vi* biner, sarcler

hog /hɒg ; *USA* hɔːg/ ◆ *n* porc castré LOC **to go the whole hog** aller jusqu'au bout, faire les choses en grand ◆ *vt* (*fam*) accaparer

Hogmanay /ˈhɒgməneɪ ; *USA* ˌhɑːgməˈneɪ/ *n* (*Écosse*) Saint-Sylvestre

hoist /hɔɪst/ *vt* hisser

hold /həʊld/ ◆ (*prét, pp* **held** /held/) **1** *vt* tenir : *She was holding the baby in her arms.* Elle tenait le bébé dans ses bras. ◊ *to hold hands* se tenir par la main **2** *vt, vi* tenir : *I don't think the bridge will hold much longer.* Je ne pense pas que le pont va tenir bien plus longtemps. ◊ *The ladder won't hold my weight.* Je suis trop lourde pour cette échelle. **3** *vt* détenir : *They are holding three people hostage.* Ils détiennent trois personnes en otages. **4** *vt* (*opinion, conversation*) avoir **5** *vt* contenir : *The car won't hold you all.* La voiture n'est pas assez grande pour vous tous. **6** *vt* (*position*) occuper **7** *vt* (*sout*) considérer : *to hold yourself responsible for sth* se considérer responsable de qch ◊ *I still hold that the company was to blame.* Je maintiens que la société était responsable. **8** *vi* (*offre*) tenir toujours **9** *vi* (*accord*) demeurer valable **10** *vt* (*titre, record, passeport*) détenir **11** *vt* garder : *Can you hold these tickets for me till tomorrow?* Pouvez-vous me garder ces billets jusqu'à demain ? ◊ *What does the future hold for us?* Qu'est-ce que l'avenir nous réserve ? **12** *vt* organiser, mener : *to hold an election/inquiry* organiser une élection/mener une enquête **13** *vt* (*informations*) conserver **14** *vt* captiver : *to hold the viewers' attention* retenir l'attention des spectateurs **15** *vi* (*temps*) se maintenir **16** *vi* (*au téléphone*) ne pas quitter LOC **don't hold your breath!** n'y compte pas trop ! **hold it!** (*fam*) un moment ! **to hold fast to sth** se raccrocher à qch **to hold firm to sth** tenir fermement à qch **to hold hands (with sb)** tenir qn par la main, se tenir par la main **to hold sb to ransom 1** garder qn en otage (*contre le paiement d'une rançon*) **2** (*fig*) exercer un chantage sur qn **to hold sb/sth in contempt** mépriser qn/qch **to hold the line** rester en ligne **to hold your breath** retenir son souffle *Voir aussi* BAY, CAPTIVE, CHECK, ESTEEM

PHR V **to hold sth against sb** (*fam*) en vouloir à qn de qch

to hold sb back empêcher qn de progresser **to hold sb/sth back** retenir qn/qch **to hold sth back** cacher qch : *to hold back information* dissimuler une information

to hold sb down tenir qn, maîtriser qn **to hold sth down** maintenir qch en place

to hold forth disserter

to hold on 1 (*fam*) attendre : *Hold on!* Attends ! **2** tenir, tenir le coup **to hold on to sb** s'agripper à qn **to hold on (to sth)** serrer qch, s'agripper à qch, tenir bon **to hold sth on** maintenir qch en place

to hold out 1 (*provisions*) durer **2** (*personne*) tenir bon **to hold sth out** tendre qch

to hold up sth faire un hold-up dans qch **to hold sb up** retenir qn **to hold sth up 1** lever qch **2** ralentir qch

to hold with sth approuver qch

◆ *n* **1** prise : *Keep hold of my hand.* Ne me lâche pas la main. **2** (*Sport*) prise **3** ~ **(on/over sb/sth)** emprise (sur qn/qch) **4** (*navire, avion*) soute LOC **to get hold of sb** joindre qn **to get hold of sth** se procurer qch **to take hold of sb/sth** attraper qn/qch

holdall /ˈhəʊldɔːl/ *n* fourre-tout

holder /ˈhəʊldə(r)/ *n* **1** (*passeport, poste*) titulaire **2** (*billet*) détenteur, -trice **3** *a cigarette holder* un porte-cigarette

hold-up /ˈhəʊld ʌp/ *n* **1** (*circulation*) embouteillage, bouchon **2** retard **3** attaque à main armée, hold-up

hole /həʊl/ *n* **1** trou : *a hole in the road* un nid-de-poule **2** (*fam*) pétrin LOC *Voir* PICK

holiday /ˈhɒlədeɪ/ ◆ *n* **1** (*USA* **vacation**) vacances : *on holiday* en vacances ◊ *I'm entitled to 20 days' holiday a year.* J'ai 20 jours de congé par an. **2** jour férié ◆ *vi* passer ses vacances

holiday maker /ˈhɒlədeɪ meɪkə(r)/ *n* vacancier, -ière

holiness /ˈhəʊlinəs/ *n* sainteté

hollow /ˈhɒləʊ/ ◆ *adj* **1** creux **2** (*son*) creux, caverneux **3** (*fig*) faux, vain : *a* *hollow laugh* un rire forcé ◊ *a hollow victory* une victoire superficielle ◆ *n* **1** creux **2** trou ◆ *vt* (*aussi* **to hollow sth out**) creuser qch

holly /'hɒli/ *n* houx

holocaust /'hɒləkɔːst/ *n* holocauste

holy /'həʊli/ *adj* (**-ier**, **-iest**) **1** saint **2** sacré **3** pieux

homage /'hɒmɪdʒ/ *n* [*indénombrable*] (*sout*) hommage : *to pay homage to sb/sth* rendre hommage à qn/qch

home /həʊm/ ◆ *n* **1** maison, foyer **2** (*pour orphelins, etc.*) maison, établissement spécialisé : *a children's home* une maison pour enfants ◊ *an old people's home* une maison de retraite **3** (*fig*) patrie **4** (*Zool*) habitat LOC **at home 1** à la maison, chez soi **2** chez soi : *Please make yourself at home.* Je vous en prie, faites comme chez vous. **3** (*Sport*) à domicile ◆ *adj* **1** (*vie*) familial : *home comforts* son petit confort **2** (*cuisine*) familial, maison **3** (*non étranger*) national : *the Home Office* le ministère de l'Intérieur **4** (*Sport*) à domicile **5** (*pays, ville*) natal ◆ *adv* **1** chez soi, à la maison : *Is he home yet?* Est-ce qu'il est déjà rentré ? **2** (*enfoncer, etc.*) à fond : *to drive a nail home* enfoncer complètement un clou LOC **home and dry** sauvé **to hit/strike home** toucher juste *Voir aussi* BRING

homeland /'həʊmlænd/ *n* patrie, pays d'origine

homeless /'həʊmləs/ ◆ *adj* sans abri ◆ **the homeless** *n* [*pl*] les sans-abri

homely /'həʊmli/ *adj* (**-ier**, **-iest**) **1** (*GB*) (*personne*) simple **2** (*lieu*) accueillant **3** (*USA, péj*) sans attraits

home-made /ˌhəʊm 'meɪd/ *adj* maison : *home-made jam* de la confiture maison

home page *n* (*Informatique*) page d'accueil

homesick /'həʊmsɪk/ *adj* : *to be/feel homesick* avoir le mal du pays

homework /'həʊmwɜːk/ *n* [*indénombrable*] devoirs (*scolaires*)

homicide /'hɒmɪsaɪd/ *n* homicide ☛ *Comparer avec* MANSLAUGHTER, MURDER **homicidal** /ˌhɒmɪ'saɪdl/ *adj* homicide

homogeneous /ˌhɒmə'dʒiːniəs/ *adj* homogène

homosexual /ˌhɒmə'sekʃuəl/ *adj, n* homosexuel, -elle **homosexuality** /ˌhɒməsekʃu'æləti/ *n* homosexualité

honest /'ɒnɪst/ *adj* **1** (*personne*) honnête **2** (*réponse, opinion*) sincère, franc **3** *to earn an honest wage/penny* gagner honnêtement sa vie LOC **to be honest** à vrai dire **honestly** *adv* **1** honnêtement **2** [*emploi emphatique*] à vrai dire, franchement : *Well, honestly!* Franchement !

honesty /'ɒnəsti/ *n* **1** honnêteté **2** franchise : *in all honesty* en toute honnêteté

honey /'hʌni/ *n* **1** miel **2** (*fam, USA*) (*nom affectif*) chéri, chérie

honeymoon /'hʌnimuːn/ *n* **1** lune de miel, voyage de noces **2** (*fig*) état de grâce

honk /hɒŋk/ *vt, vi* : *to honk (your horn)* klaxonner.

honorary /'ɒnərəri ; *USA* 'ɒnəreri/ *adj* **1** (*poste, titre*) honoraire **2** (*diplôme*) honorifique

honour (*USA* **honor**) /'ɒnə(r)/ ◆ *n* **1** honneur **2** distinction honorifique **3 honours** [*pl*] : *(first class) honours degree* licence (avec mention très bien) **4 your Honour, his/her Honour** : *your Honour* Votre Honneur ◊ *his/her Honour Judge Hawkins* le juge Hawkins LOC **in honour of sb/sth** ; **in sb's/sth's honour** en l'honneur de qn/qch ◆ *vt* **1** ~ **sb/sth (with sth)** honorer qn/qch (avec qch) **2** ~ **sb/sth with sth** récompenser qn/qch avec qch **3** (*promesse*) tenir **4** (*traite, contrat*) honorer

honourable (*USA* **honorable**) /'ɒnərəbl/ *adj* honorable

hood /hʊd/ *n* **1** capuche, capuchon **2** (*landau, voiture*) capote **3** (*USA*) *Voir* BONNET

hoof /huːf/ *n* (*pl* **~s** *ou* **hooves** /huːvz/) sabot (*d'animal*)

hook /hʊk/ ◆ *n* **1** crochet **2** (*pêche*) hameçon LOC **off the hook** décroché (*téléphone*) **to get sb off the hook** (*fam*) tirer qn d'affaire **to let sb off the hook** (*fam*) laisser filer qn ◆ **1** *vt* attraper **2** *vt, vi* (s')attacher LOC **to be hooked (on sb)** (*fam*) être mordu (de qn) **to be hooked (on sth)** (*fam*) être accro (à qch)

hooligan /'huːlɪgən/ *n* vandale, hooligan **hooliganism** *n* vandalisme

hoop /huːp/ *n* cerceau

hooray! /hʊ'reɪ/ *excl Voir* HURRAH!

hoot /hu:t/ ◆ *n* **1** (*hibou*) hululement **2** coup de klaxon ◆ **1** *vi* (*hibou*) hululer **2** *vi* ~ **(at sb/sth)** klaxonner (à qn/qch) **3** *vt* : *to hoot your horn* klaxonner

Hoover® /'hu:və(r)/ *n* aspirateur **hoover** *vt, vi* passer l'aspirateur (sur/ dans)

hooves /hu:vz/ *pl de* HOOF

hop /hɒp/ ◆ *vi* (**-pp-**) **1** (*personne*) sauter à cloche-pied **2** (*animal*) sautiller, sauter **3** faire un saut : *to hop over to France* faire un saut en France ◊ *Hop in!* Monte ! ◆ *n* **1** bond, saut **2 hops** [*pl*] (*Bot*) houblon

hope /həʊp/ ◆ *n* **1** ~ **(of/for sth)** espoir (de qch) **2** ~ **(of doing sth/that...)** espoir (de faire qch/que...) LOC **not to have a hope (of sth)** n'avoir aucune chance (de qch) *Voir aussi* RAISE ◆ **1** *vi* ~ **(for sth)** espérer (qch) : *We're hoping for good weather.* Nous espérons qu'il fera beau. **2** *vt* ~ **to do sth/that...** espérer faire qch/que... : *I hope so.* J'espère que oui. ◊ *I hope not.* J'espère que non. LOC **I should hope not!** j'espère bien que non !

hopeful /'həʊpfl/ *adj* **1** (*personne*) plein d'espoir : *to be hopeful that...* avoir bon espoir que... **2** (*situation*) encourageant **3** (*signe*) prometteur **hopefully** *adv* **1** avec optimisme **2** *Hopefully...* Avec un peu de chance...

hopeless /'həʊpləs/ *adj* **1** (*personne, situation*) désespéré **2** (*tâche*) impossible **3** ~ **at sth** nul en qch **4** ~ **at doing sth** incapable de faire qch **hopelessly** *adv* (*emphatique*) désespérément, complètement : *hopelessly in love* éperdument amoureux

horde /hɔ:d/ *n* (*parfois péj*) foule : *hordes of people* une foule de gens

horizon /hə'raɪzn/ *n* **1 the horizon** l'horizon **2 horizons** [*pl*] (*fig*) horizons

horizontal /ˌhɒrɪ'zɒntl ; *USA* ˌhɔ:r-/ ◆ *adj* horizontal ◆ *n* horizontale

hormone /'hɔ:məʊn/ *n* hormone

horn /hɔ:n/ *n* **1** corne **2** (*Mus*) cor **3** (*voiture*) klaxon

horoscope /'hɒrəskəʊp ; *USA* 'hɔ:r-/ *n* horoscope

horrendous /hɒ'rendəs/ *adj* **1** épouvantable, effroyable **2** (*fam*) (*excessif*) effroyable

horrible /'hɒrəbl ; *USA* 'hɔ:r-/ *adj* épouvantable, horrible

horrid /'hɒrɪd ; *USA* 'hɔ:rɪd/ *adj* **1** affreux **2** ignoble

horrific /hə'rɪfɪk/ *adj* atroce

horrify /'hɒrɪfaɪ ; *USA* 'hɔ:r-/ *vt* (*prét, pp* **-fied**) horrifier : *We were horrified at/by what we saw.* Nous avons été horrifiés par ce que nous avons vu. **horrifying** *adj* effroyable, effrayant

horror /'hɒrə(r) ; *USA* 'hɔ:r-/ *n* horreur : *a horror film* un film d'épouvante

horse /hɔ:s/ *n* cheval LOC *Voir* DARK, FLOG, LOOK[1]

horseman /'hɔ:smən/ *n* (*pl* **-men** /-mən/) cavalier

horsepower /'hɔ:spaʊə(r)/ *n* (*pl* **horsepower**) (*abrév* **hp**) cheval-vapeur

horse riding (*aussi* **riding**) *n* équitation

horseshoe /'hɔ:sʃu:/ *n* fer à cheval

horsewoman /'hɔ:swʊmən/ *n* (*pl* **-women**) cavalière

horticulture /'hɔ:tɪkʌltʃə(r)/ *n* horticulture **horticultural** /ˌhɔ:tɪ'kʌltʃərəl/ *adj* horticole

hose /həʊz/ (*aussi* **hosepipe**) *n* **1** (*aussi* **garden hose**) tuyau d'arrosage **2** (*aussi* **fire hose**) lance d'incendie

hospice /'hɒspɪs/ *n* établissement de soins palliatifs +

hospitable /hɒ'spɪtəbl, 'hɒspɪtəbl/ *adj* hospitalier, accueillant

hospital /'hɒspɪtl/ *n* hôpital ☛ *Voir note sous* SCHOOL

hospitality /ˌhɒspɪ'tæləti/ *n* hospitalité

host /həʊst/ ◆ *n* **1** (*fém aussi* **hostess**) hôte **2** (*Télé*) animateur, -trice **3** foule : *a host of admirers* une foule d'admirateurs **4 the Host** (*Relig*) l'hostie ◆ *vt* accueillir : *Sydney hosted the 2000 Olympic Games.* Sydney a accueilli les Jeux olympiques de 2000.

hostage /'hɒstɪdʒ/ *n* otage

hostel /'hɒstl/ *n* **1** *Voir* YOUTH HOSTEL **2** (*pour étudiants*) foyer **3** (*pour sans-abri*) foyer

hostess /'həʊstəs, -tes/ *n* **1** hôtesse **2** (*Télé*) animatrice **3** (*dans boîte de nuit*) entraîneuse

hostile /'hɒstaɪl ; *USA* -tl/ *adj* **1** hostile **2** (*territoire*) ennemi

hostility /hɒ'stɪləti/ *n* hostilité

hot /hɒt/ *adj* (**hotter**, **hottest**) **1** chaud : *in hot weather* pendant les grosses chaleurs ☛ *Voir note sous* FROID **2** (*goût*) très épicé LOC **to be hot 1** (*personne*) avoir chaud **2** (*temps*) faire chaud : *It's* *very hot today.* Il fait très chaud aujourd'hui. **3** (*object*) être très chaud : *Be careful — it's hot.* Attention, c'est très chaud. *Voir aussi* PIPING *sous* PIPE

hot dog *n* hot-dog

hotel /həʊ'tel/ *n* hôtel

hotly /'hɒtli/ *adv* violemment : *The title is hotly disputed.* Le titre est l'objet d'une compétition acharnée.

hot-water bottle *n* bouillotte

hound /haʊnd/ ◆ *n* chien de chasse ◆ *vt* harceler

hour /'aʊə(r)/ *n* **1** heure : *half an hour* une demi-heure **2** **hours** [*pl*] heures : *office/opening hours* heures de bureau/d'ouverture LOC **after hours** en dehors des heures d'ouverture **on the hour** à l'heure juste *Voir aussi* EARLY **hourly** *adj* **1** horaire : *hourly rates of pay* une rémunération horaire **2** *The buses are hourly.* Les bus passent toutes les heures. ◊ *at hourly intervals* toutes les heures **hourly** *adv* toutes les heures

house /haʊs/ ◆ *n* (*pl* ~**s** /'haʊzɪz/) **1** maison **2** (*Théâtre*) public, salle : *a full house* une salle comble LOC **on the house** aux frais de la maison *Voir aussi* MOVE ◆ /haʊz/ *vt* héberger, abriter

household /'haʊshəʊld/ ◆ *n* ménage, maisonnée : *a large household* une grande maisonnée ◆ *adj* [*toujours avant le nom*] du ménage, ménager : *household chores* tâches ménagères **householder** *n* occupant, -e

housekeeper /'haʊskiːpə(r)/ *n* gouvernante **housekeeping** *n* **1** gestion de l'argent du ménage **2** argent du ménage

the House of Commons (*aussi* **the Commons**) *n* [*v sing ou pl*] la Chambre des Communes ☛ *Voir note sous* PARLIAMENT

the House of Lords (*aussi* **the Lords**) *n* [*v sing ou pl*] la Chambre des Lords ☛ *Voir note sous* PARLIAMENT

the Houses of Parliament *n* [*pl*] le Parlement

housewife /'haʊswaɪf/ *n* (*pl* **-wives**) femme au foyer, ménagère

housework /'haʊswɜːk/ *n* ménage, tâches ménagères

housing /'haʊzɪŋ/ *n* [*indénombrable*] logement

housing estate *n* cité, lotissement

hover /'hɒvə(r) ; *USA* 'hʌvər/ *vi* **1** (*oiseau, hélicoptère*) planer **2** (*personne*) tourner et virer

how /haʊ/ ◆ *adv interr* **1** comment : *How do you spell it?* Comment ça s'écrit ? ◊ *How can that be?* Comment cela se fait-il ? ◊ *How was the weather?* Quel temps a-t-il fait ? **2** *How tall are you?* Tu fais quelle taille ? ◊ *How old are you?* Quel âge as-tu ? ◊ *How fast were you going?* Tu faisais quelle vitesse ? ◊ *How often do you go to the dentist?* Tu vas chez le dentiste tous les combien de temps ? ◊ *How long can he survive without water?* Combien de temps est-ce qu'il peut survivre sans eau ? LOC **how about...?** : *How about Greece this year?* Et si on allait en Grèce cette année ? ◊ *How about it?* Qu'est-ce que tu en penses ? **how are you?** comment vas-tu ? : *How's your mother?* Comment va ta mère ? **how come...?** comment se fait-il que... ? **how do you do?** enchanté !

> **How do you do?** s'utilise dans le cadre de présentations formelles. On répond alors *how do you do?*. Par contre, **how are you?** est utilisé pour s'enquérir de la santé de l'autre personne. On peut alors répondre: *fine, very well, not too well*, etc.

how much/many combien (de) : *How much is it?* Combien ça fait ? ◊ *How many legs has it got?* Combien de pattes a-t-il ? **how's that?** (*fam*) comment ça se fait ?, pourquoi ça ? ◆ *adv* (*sout*) comme : *How he's changed!* Comme il a changé ! ◊ *How warm it is today!* Comme il fait chaud aujourd'hui ! ◊ *How nice of you to remember!* Comme c'est gentil d'y avoir pensé ! ◆ *conj* comme : *I dress how I like.* Je m'habille comme il me plaît.

however /haʊ'evə(r)/ ◆ *adv* **1** cependant, néanmoins **2** *however strong you are...* tu as beau être fort... ◊ *however hard he tries...* il a beau essayer... ◆ *conj* **1** *however you look at it* quelle que soit la façon dont on considère les choses **2** (*aussi* **how**) comme : *how(ever) you like* comme tu veux ◆ *adv interr* comment donc : *However did he do it?* Comment donc s'y est-il pris ?

howl /haʊl/ ◆ *n* hurlement : *howls of laughter* d'énormes éclats de rire ◆ *vi* **1** hurler **2** *to howl with laughter* rire aux éclats

hub /hʌb/ *n* **1** moyeu **2** (*fig*) centre

hubbub /'hʌbʌb/ *n* tohu-bohu

huddle /'hʌdl/ ◆ *vi* **1** se blottir **2** se

presser (*les uns contre les autres*) ◆ *n* groupe

hue /hjuː/ *n* (*sout*) **1** teinte **2** (*fig*) tendance LOC **hue and cry** tollé

huff /hʌf/ *n* (*fam*) : *to be in a huff* être en pétard

hug /hʌg/ ◆ *n* étreinte : *to give sb a big hug* serrer qn bien fort dans ses bras ◆ *vt* (**-gg-**) **1** serrer dans ses bras **2** (*véhicule*) longer, raser : *The ship hugged the shore.* Le navire serrait la côte.

huge /hjuːdʒ/ *adj* immense, énorme

hull /hʌl/ *n* coque (*de bateau*)

hullo *Voir* HELLO

hum /hʌm/ ◆ *n* bourdonnement ◆ (**-mm-**) **1** *vi* bourdonner **2** *vt, vi* fredonner **3** *vi* (*fam*) ~ **(with sth)** bourdonner (de qch) : *to hum with activity* bourdonner d'activité

human /ˈhjuːmən/ ◆ *adj* humain : *a human being* un être humain ◊ *human nature* la nature humaine ◊ *the human race* l'espèce humaine ◊ *human rights* les droits de l'homme ◆ *n* être humain

humane /hjuːˈmeɪn/ *adj* (*traitement*) humain

humanitarian /hjuːˌmænɪˈteəriən/ *adj* humanitaire

humanity /hjuːˈmænəti/ *n* **1** humanité **2 (the) humanities** [*pl*] les lettres (*études*)

humble /ˈhʌmbl/ ◆ *adj* (**-er**, **-est**) humble ◆ *vt* rabaisser : *to humble yourself* se rabaisser

humid /ˈhjuːmɪd/ *adj* humide et chaud, lourd **humidity** /hjuːˈmɪdəti/ *n* humidité

Humid et **humidity** font exclusivement référence à l'humidité atmosphérique. ☛ *Voir note sous* MOIST

humiliate /hjuːˈmɪlieɪt/ *vt* humilier **humiliating** *adj* humiliant **humiliation** *n* humiliation

humility /hjuːˈmɪləti/ *n* humilité

hummingbird /ˈhʌmɪŋbɜːd/ *n* colibri, oiseau-mouche

humorous /ˈhjuːmərəs/ *adj* **1** humoristique **2** drôle, amusant

humour (*USA* **humor**) /ˈhjuːmə(r)/ ◆ *n* **1** humour **2** comique (*côté drôle*) ◆ *vt* **1** (*personne*) faire les quatre volontés de **2** (*caprice*) céder à

hump /hʌmp/ *n* **1** (*ralentisseur*) dos-d'âne **2** (*personne, chameau*) bosse

hunch¹ /hʌntʃ/ *n* pressentiment, intuition

hunch² /hʌntʃ/ *vt, vi* ~ **(sth) (up)** arrondir (qch) : *shoulders hunched* les épaules rentrées ◊ *She hunched over her desk.* Elle se tenait penchée sur son bureau.

hundred /ˈhʌndrəd/ *adj, pron, n* cent, centaine : *hundreds of people* des centaines de gens ☛ *Voir exemples sous* FIVE ☛ *Voir note sous* CENT **hundredth** *adj, pron, adv, n* centième ☛ *Voir exemples sous* FIFTH

hung *prét, pp de* HANG

hunger /ˈhʌŋgə(r)/ ◆ *n* faim ☛ *Voir note sous* FAIM ◆ *v* PHR V **to hunger for/after sth** désirer ardemment qch

hungry /ˈhʌŋgri/ *adj* (**-ier**, **-iest**) affamé : *I'm hungry.* J'ai faim.

hunk /hʌŋk/ *n* **1** gros morceau **2** (*fam*) beau mec

hunt /hʌnt/ ◆ *vt, vi* **1** chasser : *to go hunting* aller à la chasse **2** ~ **for sb/sth** rechercher qn/qch ◆ *n* **1** chasse **2** ~ **for sb/sth** recherche de qn/qch **hunter** *n* chasseur, -euse

hunting /ˈhʌntɪŋ/ *n* chasse

hurdle /ˈhɜːdl/ *n* (*Sport, fig*) obstacle

hurl /hɜːl/ *vt* **1** jeter, lancer (*avec violence*) **2** (*insultes*) lancer

hurrah! /həˈrɑː/ (*aussi* **hooray!**) *excl* **1** hourra ! **2** ~ **for sb/sth!** vive qn/qch !

hurricane /ˈhʌrɪkən ; *USA* -keɪn/ *n* ouragan

hurried /ˈhʌrid/ *adj* bâclé, vite expédié

hurry /ˈhʌri/ ◆ *n* hâte LOC **to be in a hurry** être pressé **in a hurry** à la hâte ◆ (*prét, pp* **hurried**) **1** *vi* se presser, se dépêcher **2** *vt* (*personne*) faire se dépêcher, bousculer **3** *vt* (*repas, discours*) précipiter PHR V **to hurry up** (*fam*) se presser, se dépêcher

hurt /hɜːt/ (*prét, pp* **hurt**) **1** *vt* blesser, faire mal à : *to get hurt* se faire mal ◊ *These boots hurt my feet.* Ces bottes me font mal aux pieds. **2** *vi* faire mal : *My toe hurts.* J'ai mal à l'orteil. **3** *vt* (*sentiment*) blesser **hurtful** *adj* blessant

hurtle /ˈhɜːtl/ *vi* ~ **down, past, etc.** descendre, passer, etc. à toute allure

husband /ˈhʌzbənd/ *n* mari

hush /hʌʃ/ ◆ *n* [*sing*] silence PHR V **to hush sb up** faire taire qn **to hush sth up** étouffer qch

husky /ˈhʌski/ ◆ *adj* (**-ier**, **-iest**) rauque ◆ *n* (*pl* **-ies**) husky

hustle /ˈhʌsl/ ◆ *vt* **1** bousculer **2** (*fam*) fourguer ◆ *n* LOC **hustle and bustle** effervescence, agitation

hut /hʌt/ *n* cabane, hutte

hybrid /ˈhaɪbrɪd/ *adj, n* hybride

hydrant /ˈhaɪdrənt/ *n* bouche d'incendie

hydraulic /haɪˈdrɔːlɪk/ *adj* hydraulique

hydroelectric /ˌhaɪdrəʊɪˈlektrɪk/ *adj* hydroélectrique

hydrogen /ˈhaɪdrədʒən/ *n* hydrogène

hyena (*aussi* **hyaena**) /haɪˈiːnə/ *n* hyène

hygiene /ˈhaɪdʒiːn/ *n* hygiène **hygienic** *adj* hygiénique

hymn /hɪm/ *n* cantique

hype /haɪp/ ◆ *n* (*fam*) battage (*publicitaire*) ◆ *v* PHR V **to hype sth (up)** (*fam*) faire un énorme battage autour de qch

hypermarket /ˈhaɪpəmɑːkɪt/ *n* (*GB*) hypermarché

hyphen /ˈhaɪfn/ *n* trait d'union ☛ *Voir pp. 392-3.*

hypnosis /hɪpˈnəʊsɪs/ *n* hypnose

hypnotic /hɪpˈnɒtɪk/ *adj* hypnotique

hypnotism /ˈhɪpnətɪzəm/ *n* hypnotisme **hypnotist** *n* hypnotiseur, -euse

hypnotize, -ise /ˈhɪpnətaɪz/ *vt* (*pr et fig*) hypnotiser

hypochondriac /ˌhaɪpəˈkɒndriæk/ *n* hypocondriaque

hypocrisy /hɪˈpɒkrəsi/ *n* hypocrisie

hypocrite /ˈhɪpəkrɪt/ *n* hypocrite **hypocritical** /ˌhɪpəˈkrɪtɪkl/ *adj* hypocrite

hypothesis /haɪˈpɒθəsɪs/ *n* (*pl* **-ses** /-siːz/) hypothèse

hypothetical /ˌhaɪpəˈθetɪkl/ *adj* hypothétique

hysteria /hɪˈstɪəriə/ *n* hystérie : *mass hysteria* hystérie collective

hysterical /hɪˈsterɪkl/ *adj* **1** hystérique **2** (*fam*) tordant

hysterics /hɪˈsterɪks/ *n* [*pl*] **1** crise de nerfs **2** (*fam*) crise de fou rire

Ii

I, i /aɪ/ *n* (*pl* **I's, i's** /aɪz/) I, i : *I for Isaac* I comme Irène ☛ *Voir exemples sous* A, A

I /aɪ/ *pron pers* je, moi : *I am 15 (years old).* J'ai 15 ans. ◊ *you and I* toi et moi

ice /aɪs/ ◆ *n* [*indénombrable*] glace : *ice cubes* des glaçons ◊ *the Ice Age* la période glaciaire LOC **to break the ice** briser la glace ◆ *vt* glacer (*gâteau*)

iceberg /ˈaɪsbɜːg/ *n* iceberg

icebox /ˈaɪsbɒks/ *n* **1** compartiment à glace **2** (*USA*) réfrigérateur

ice cream *n* glace (*dessert*)

ice hockey *n* hockey sur glace

ice lolly /ˌaɪsþ ˈlɒli/ *n* (*pl* **-ies**) sucette glacée

ice rink *n* patinoire

ice skate *n* patin à glace

ice-skate /ˈaɪsþ skeɪt/ *vi* faire du patin à glace **ice-skating** *n* patinage sur glace

icicle /ˈaɪsɪkl/ *n* glaçon (*stalactite*)

icing /ˈaɪsɪŋ/ *n* glaçage : *icing sugar* sucre glace

icon /ˈaɪkɒn/ *n* **1** (*Informatique, Relig*) icône **2** idole

icy /ˈaɪsi/ *adj* (**icier**, **iciest**) **1** (*route*) gelé, verglacé **2** (*vent, personne*) glacial

I'd /aɪd/ **1** = I HAD *Voir* HAVE **2** = I WOULD *Voir* WOULD

idea /aɪˈdɪə/ *n* idée LOC **to get/have the idea that...** avoir dans l'idée que... **to get ideas** se mettre des idées en tête **to get the idea** voir (*comprendre*) **to give sb ideas** mettre des idées dans la tête de qn **to have no idea** n'avoir aucune idée

ideal /aɪˈdiːəl/ *adj, n* idéal

idealism /aɪˈdiːəlɪzəm/ *n* idéalisme **idealist** *n* idéaliste **idealistic** /ˌaɪdiəˈlɪstɪk/ *adj* idéaliste

idealize, -ise /aɪˈdiːəlaɪz/ *vt* idéaliser

ideally /aɪˈdiːəli/ *adv* **1** idéalement : *She's ideally suited to the job.* Elle est parfaite pour ce poste. **2** dans l'idéal : *Ideally, they should all help.* L'idéal serait qu'ils donnent tous un coup de main.

identical /aɪˈdentɪkl/ *adj* ~ **(to/with sb/**

sth) identique (à qn/qch) : *identical twins* de vrais jumeaux

identification /aɪˌdentɪfɪˈkeɪʃn/ *n* **1** identification : *an identification parade* une séance d'identification **2** [*indénombrable*] pièce d'identité : *identification papers* papiers d'identité

identify /aɪˈdentɪfaɪ/ (*prét, pp* **-fied**) **1** *vt* ~ **sb/sth (as sb/sth)** identifier qn/qch (comme étant qn/qch) **2** *vt* ~ **sb/sth with sth** identifier qn/qch à qch **3** *vi* ~ **with sb/sth** s'identifier à qn/qch

identity /aɪˈdentəti/ *n* (*pl* **-ies**) identité : *a case of mistaken identity* une erreur d'identité

ideology /ˌaɪdiˈɒlədʒi/ *n* (*pl* **-ies**) idéologie

idiom /ˈɪdiəm/ *n* **1** idiome **2** (*mode d'expression*) style

idiosyncrasy /ˌɪdiəˈsɪŋkrəsi/ *n* (*pl* **-ies**) particularité

idiot /ˈɪdiət/ *n* (*fam*) idiot, -e **idiotic** /ˌɪdiˈɒtɪk/ *adj* bête

idle /ˈaɪdl/ ◆ *adj* (**idler**, **idlest**) **1** paresseux **2** oisif **3** (*machine*) à l'arrêt **4** sans emploi, au chômage **5** (*propos*) oiseux ◆ *v* PHR V **to idle sth away** passer qch à ne rien faire : *to idle your time away* fainéanter à longueur de journée **idleness** *n* paresse, oisiveté

idol /ˈaɪdl/ *n* idole **idolize, -ise** *vt* adorer, idolâtrer

idyllic /ɪˈdɪlɪk ; *USA* aɪˈd-/ *adj* idyllique

i.e. /ˌaɪ ˈiː/ *abrév* c.-à-d.

if /ɪf/ *conj* **1** si : *If he were here...* S'il était ici... ◊ *if in doubt* en cas de doute **2** (*aussi* **even if**) même si LOC **if it was/were not for sb/sth** sans qn/qch : *If it was/were not for my family...* Sans ma famille... **if I were you** si j'étais toi, à ta place **if not** sinon **if only** si seulement : *If only we'd thought about it!* Si seulement on y avait pensé ! **if so** dans ce cas

igloo /ˈɪgluː/ *n* (*pl* ~**s**) igloo

ignite /ɪgˈnaɪt/ **1** *vi* prendre feu **2** *vt* enflammer **ignition** *n* (*moteur*) allumage, contact

ignominious /ˌɪgnəˈmɪniəs/ *adj* ignominieux, infamant

ignorance /ˈɪgnərəns/ *n* ignorance

ignorant /ˈɪgnərənt/ *adj* ignorant : *to be ignorant of sth* ignorer qch

ignore /ɪgˈnɔː(r)/ *vt* ne pas faire attention à

Noter que *ignorer* dans le sens de *ne pas connaître* se traduit en anglais par **not to know sth** : *I don't know if they've come.* J'ignore s'ils sont venus.

I'll /aɪl/ **1** = I SHALL *Voir* SHALL **2** = I WILL *Voir* WILL

ill /ɪl/ ◆ *adj* **1** (*USA* **sick**) malade : *to fall/be taken ill* tomber malade ◊ *to feel ill* ne pas se sentir bien ☛ *Voir note sous* MALADE **2** mauvais, néfaste ◆ *adv* mal : *to speak ill of sb* dire du mal de qn ☛ Employé dans de nombreux mots composés, par exemple **ill-fated** malheureux, **ill-bred** mal élevé, **ill-advised** malavisé. LOC **ill at ease** mal à l'aise *Voir aussi* BODE, DISPOSED, FEELING ◆ *n* (*sout*) mal

illegal /ɪˈliːgl/ *adj* illégal

illegible /ɪˈledʒəbl/ *adj* illisible

illegitimate /ˌɪləˈdʒɪtəmət/ *adj* illégitime

ill feeling *n* ressentiment

ill health *n* mauvaise santé

illicit /ɪˈlɪsɪt/ *adj* illégal, illicite

illiterate /ɪˈlɪtərət/ *adj* analphabète, illettré

illness /ˈɪlnəs/ *n* maladie : *mental illness* maladie mentale ☛ *Voir note sous* DISEASE

illogical /ɪˈlɒdʒɪkl/ *adj* illogique

ill-treatment /ˌɪl ˈtriːtmənt/ *n* mauvais traitements

illuminate /ɪˈluːmɪneɪt/ *vt* **1** (*expliquer*) éclaircir, clarifier **2** (*rendre moins sombre*) éclairer **3** (*pour décorer*) illuminer **illuminating** *adj* éclairant **illumination** *n* **1** éclairage, illumination **2 illuminations** [*pl*] (*GB*) illuminations

illusion /ɪˈluːʒn/ *n* illusion LOC **to be under the illusion that...** s'imaginer que... **to have no illusions about sb/sth** ne se faire aucune illusion sur qn/qch

illusory /ɪˈluːsəri/ *adj* illusoire

illustrate /ˈɪləstreɪt/ *vt* illustrer **illustration** *n* **1** illustration **2** exemple

illustrious /ɪˈlʌstriəs/ *adj* illustre

I'm /aɪm/ = I AM *Voir* BE

image /ˈɪmɪdʒ/ *n* **1** image **2** idée **imagery** *n* [*indénombrable*] images (*artistiques*)

imaginary /ɪˈmædʒɪnəri ; *USA* -əneri/ *adj* imaginaire

imagination /ɪˌmædʒɪˈneɪʃn/ *n* imagination **imaginative** /ɪ'mædʒɪnətɪv/ *adj* imaginatif, plein d'imagination

imagine /ɪ'mædʒɪn/ *vt* imaginer : *Don't imagine that...* Ne va pas t'imaginer que...

imbalance /ɪm'bæləns/ *n* déséquilibre

imbecile /'ɪmbəsi:l ; *USA* -sl/ *n* imbécile

imitate /'ɪmɪteɪt/ *vt* imiter

imitation /ˌɪmɪ'teɪʃn/ *n* **1** imitation **2** copie, faux : *imitation leather* imitation cuir

immaculate /ɪ'mækjələt/ *adj* **1** immaculé **2** impeccable, irréprochable

immaterial /ˌɪmə'tɪəriəl/ *adj* sans importance

immature /ˌɪmə'tjʊə(r) ; *USA* -'tʊər/ *adj* immature

immeasurable /ɪ'meʒərəbl/ *adj* incommensurable

immediate /ɪ'mi:diət/ *adj* immédiat : *to take immediate action* agir immédiatement ◊ *my immediate neighbours* mes voisins immédiats ◊ *the immediate future* l'avenir immédiat

immediately /ɪ'mi:diətli/ ◆ *adv* **1** immédiatement, tout de suite : *Come here immediately!* Viens ici tout de suite ! **2** juste, immédiatement : *immediately behind the man in the red shirt* juste derrière l'homme à la chemise rouge **3** (*concerner*) directement ◆ *conj* (*GB*) dès que : *immediately the contract is signed* dès que le contrat aura été signé

immense /ɪ'mens/ *adj* immense

immerse /ɪ'mɜ:s/ *vt* (*pr et fig*) plonger : *She was immersed in her book.* Elle était plongée dans son livre. **immersion** *n* immersion : *an immersion heater* un chauffe-eau électrique

immigrant /'ɪmɪgrənt/ *adj, n* immigrant, -e, immigré, -e

immigration /ˌɪmɪ'greɪʃn/ *n* immigration

imminent /'ɪmɪnənt/ *adj* imminent

immobile /ɪ'məʊbaɪl ; *USA* -bl/ *adj* immobile

immobilize, -ise /ɪ'məʊbəlaɪz/ *vt* immobiliser

immoral /ɪ'mɒrəl ; *USA* ɪ'mɔ:rəl/ *adj* immoral

immortal /ɪ'mɔ:tl/ *adj* immortel **immortality** /ˌɪmɔ:'tæləti/ *n* immortalité

immovable /ɪ'mu:vəbl/ *adj* **1** (*objet*) immeuble **2** (*personne*) inébranlable, inflexible

immune /ɪ'mju:n/ *adj* **1** ~ **(to sth)** immunisé (contre qch) **2** ~ **(to sth)** insensible (à qch) **3** ~ **(from sth)** à l'abri (de qch) : *to be immune from prosecution* bénéficier de l'immunité **immunity** *n* immunité

immunize, -ise /'ɪmjʊnaɪz/ *vt* ~ **sb (against sth)** immuniser qn (contre qch) **immunization, -isation** *n* immunisation

imp /ɪmp/ *n* **1** lutin **2** (*enfant*) petit diable

impact /'ɪmpækt/ *n* **1** impact, choc **2** (*fig*) impact

impair /ɪm'peə(r)/ *vt* diminuer, affaiblir : *impaired vision* des troubles de la vue **impairment** *n* troubles

impart /ɪm'pɑ:t/ *vt* **1** ~ **sth (to sb)** transmettre qch (à qn) **2** donner

impartial /ɪm'pɑ:ʃl/ *adj* impartial

impasse /'æmpɑ:s ; *USA* 'ɪmpæs/ *n* impasse (*situation*)

impassioned /ɪm'pæʃnd/ *adj* passionné

impassive /ɪm'pæsɪv/ *adj* impassible

impatience /ɪm'peɪʃns/ *n* impatience

impatient /ɪm'peɪʃnt/ *adj* impatient

impeccable /ɪm'pekəbl/ *adj* impeccable, irréprochable

impede /ɪm'pi:d/ *vt* gêner

impediment /ɪm'pedɪmənt/ *n* **1** ~ **(to sth)** obstacle (à qch) **2** (*Med*) défaut : *a speech impediment* un défaut d'élocution

impel /ɪm'pel/ *vt* (**-ll-**) pousser : *He felt impelled to investigate further.* il se sentait poussé à/comme obligé de poursuivre ses recherches.

impending /ɪm'pendɪŋ/ *adj* imminent

impenetrable /ɪm'penɪtrəbl/ *adj* impénétrable

imperative /ɪm'perətɪv/ ◆ *adj* **1** impératif, essentiel **2** (*ton*) impérieux ◆ *n* impératif

imperceptible /ˌɪmpə'septəbl/ *adj* imperceptible

imperfect /ɪm'pɜ:fɪkt/ *adj, n* imparfait, défectueux

imperial /ɪm'pɪəriəl/ *adj* impérial **imperialism** *n* impérialisme

impersonal /ɪm'pɜːsənl/ *adj* impersonnel

impersonate /ɪm'pɜːsəneɪt/ *vt* **1** imiter **2** se faire passer pour

impertinent /ɪm'pɜːtɪnənt/ *adj* impertinent

impetus /'ɪmpɪtəs/ *n* impulsion, élan

implant /'ɪmplɑːnt/ ◆ *n* implant ◆ /ɪm'plɑːnt ; *USA* -'plænt/ *vt* **1** (*Méd*) greffer, implanter **2** ~ **sth (in sb)** inculquer qch (à qn)

implausible /ɪm'plɔːzəbl/ *adj* invraisemblable

implement /'ɪmplɪmənt/ ◆ *n* instrument, ustensile ◆ *vt* **1** (*projet*) exécuter, mettre en application **2** (*loi*) mettre en application **implementation** *n* **1** (*projet*) exécution **2** (*loi*) application

implicate /'ɪmplɪkeɪt/ *vt* ~ **sb (in sth)** impliquer qn (dans qch)

implication /ˌɪmplɪ'keɪʃn/ *n* **1** insinuation **2** implication

implicit /ɪm'plɪsɪt/ *adj* **1** ~ **(in sth)** implicite (dans qch) : *an implicit agreement* un accord tacite **2** absolu

implore /ɪm'plɔː(r)/ *vt* implorer

imply /ɪm'plaɪ/ *vt* (*prét, pp* **implied**) **1** insinuer **2** impliquer

import /ɪm'pɔːt/ ◆ *vt* importer ◆ *n* /'ɪmpɔːt/ **1** produit importé **2** importation

important /ɪm'pɔːtnt/ *adj* important : *vitally important* d'une importance vitale ◊ *It's not important.* Ça n'a pas d'importance. **importance** *n* importance

impose /ɪm'pəʊz/ *vt* ~ **sth (on sb/sth)** imposer qch (à qn/qch) PHR V **to impose on/upon sb** s'imposer à qn, déranger qn **to impose on/upon sth** abuser de qch **imposing** *adj* imposant **imposition** *n* **1** imposition **2** gêne : *I'd like to stay, if it's not too much of an imposition.* Je veux bien rester si cela ne vous gêne pas de trop.

impossible /ɪm'pɒsəbl/ ◆ *adj* **1** impossible **2** insupportable ◆ **the impossible** *n* l'impossible **impossibility** /ɪmˌpɒsə'bɪləti/ *n* impossibilité

impotence /'ɪmpətəns/ *n* impuissance **impotent** *adj* impuissant

impoverished /ɪm'pɒvərɪʃt/ *adj* appauvri

impractical /ɪm'præktɪkl/ *adj* **1** peu pratique **2** (*personne*) qui manque d'esprit pratique

impress /ɪm'pres/ **1** *vt* impressionner **2** *vt* ~ **sth on/upon sb** faire comprendre qch à qn **3** *vi* faire bonne impression

impression /ɪm'preʃn/ *n* **1** impression : *to be under the impression that...* avoir l'impression que... **2** imitation (*parodie*)

impressive /ɪm'presɪv/ *adj* impressionnant

imprison /ɪm'prɪzn/ *vt* emprisonner **imprisonment** *n* emprisonnement *Voir aussi* LIFE

improbable /ɪm'prɒbəbl/ *adj* **1** improbable **2** (*explication*) invraisemblable

impromptu /ɪm'prɒmptjuː ; *USA* -tuː/ *adj* impromptu

improper /ɪm'prɒpə(r)/ *adj* **1** (*utilisation*) impropre, abusif **2** (*suggestion, conduite*) déplacé, malséant **3** (*contrat, transaction*) irrégulier

improve /ɪm'pruːv/ *vt, vi* (s')améliorer PHR V **to improve on/upon sth** surpasser qch **improvement** *n* **1** ~ **(on/in sth)** amélioration (par rapport à/de qch) : *It's an improvement on the old one.* C'est une amélioration par rapport à ce qu'il y avait auparavant. **2** aménagement

improvise /'ɪmprəvaɪz/ *vt, vi* improviser

impulse /'ɪmpʌls/ *n* impulsion LOC **on impulse** par impulsion

impulsive /ɪm'pʌlsɪv/ *adj* impulsif

in /ɪn/ ◆ *prép* **1** dans, en : *in the newspapers* dans les journaux ◊ *in Scotland/in Canada* en Écosse/au Canada ◊ *in here/there* ici/là ◊ *in the rain/in the sun* sous la pluie/au soleil ◊ *in bed/prison/hospital* au lit/en prison/à l'hôpital **2** (*suivi de noms de villes*) à : *in London* à Londres **3** [*après superl*] : *the best shops in town* les meilleurs magasins de la ville **4** (*temps*) : *in 1988* en 1988 ◊ *in the winter/spring* en hiver/au printemps ◊ *in the morning* le matin ◊ *in the daytime* dans la journée ◊ *10 o'clock in the morning* 10 heures du matin **5** (*durée d'une action*) en : *He ran the 100 meters in ten seconds.* Il a fait le 100 mètres en dix secondes. **6** (*avec expression de futur*) dans : *in two days/two days' time* dans deux jours **7** *25p in the pound* 25 pence par livre ◊ *one in ten people* une personne sur dix **8** (*descrip-*

tion, manière) : *the boy in blue* le garçon en bleu ◊ *a woman in her forties* une femme d'une quarantaine d'années ◊ *covered in mud* couvert de boue ◊ *in English* en anglais ◊ *20 metres in length* 20 mètres de longueur ◊ *to write in ink* écrire à l'encre **9 + ing** : *In saying that...* En disant que... LOC **in it** : *There's nothing/very little in it.* Il n'y a aucune/Il y a très peu de différence entre les deux. **in that...** dans la mesure où... ◆ *particule* **1 to be in** être chez soi : *Is anyone in?* Est-ce qu'il y a quelqu'un ? ◊ *We stayed in all day.* Nous ne sommes pas sortis de la journée. **2** (*train, etc.*) : *to be/get in* être arrivé/arriver ◊ *Applications must be in by the 31 January.* Les candidatures doivent être déposées le 31 janvier au plus tard. **3** à la mode LOC **to be in for sth** (*fam*) : *We're in for a storm.* Nous allons avoir un orage. ◊ *He's in for a surprise!* Il va avoir un de ces chocs ! **to be in on sth** (*fam*) **1** participer à qch **2** être au courant de qch **to have (got) it in for sb** (*fam*) avoir une dent contre qn : *He's got it in for me.* Il a une dent contre moi. ☛ Les verbes à particule formés avec **in** sont traités sous le verbe correspondant : pour **to go in**, par exemple, voir GO[1]. ◆ *n* LOC **the ins and outs (of sth)** les tenants et les aboutissants (de qch)

inability /ˌɪnəˈbɪləti/ *n* ~ **(of sb) (to do sth)** incapacité (de qn) (à faire qch)

inaccessible /ˌɪnækˈsesəbl/ *adj* ~ **to sb** inaccessible à qn

inaccurate /ɪnˈækjərət/ *adj* inexact

inaction /ɪnˈækʃn/ *n* inaction

inadequate /ɪnˈædɪkwət/ *adj* **1** (*en quantité*) insuffisant **2** (*en qualité*) inadéquat : *to feel inadequate* ne pas se sentir à la hauteur

inadvertently /ˌɪnədˈvɜːtəntli/ *adv* par inadvertance, par mégarde

inappropriate /ˌɪnəˈprəʊpriət/ *adj* ~ **(to/for sth)** pas approprié (pour qch) : *It would be inappropriate for me to comment.* Il ne m'appartient pas de faire des commentaires.

inaugural /ɪˈnɔːgjərəl/ *adj* inaugural

inaugurate /ɪˈnɔːgjəreɪt/ *vt* **1** ~ **sb (as sth)** investir qn dans ses fonctions (en tant que qch) **2** inaugurer

incapable /ɪnˈkeɪpəbl/ *adj* **1** ~ **of (doing) sth** incapable de (faire) qch **2** incompétent

incapacity /ˌɪnkəˈpæsəti/ *n* ~ **(to do sth)** incapacité (de faire qch)

incense /ˈɪnsens/ *n* encens

incensed /ɪnˈsenst/ *adj* ~ **(by/at sth)** furieux, outré (de qch)

incentive /ɪnˈsentɪv/ *n* ~ **(to do sth)** motivation (pour faire qch)

incessant /ɪnˈsesnt/ *adj* incessant **incessantly** *adv* sans cesse

incest /ˈɪnsest/ *n* inceste

inch /ɪntʃ/ ◆ *n* (*abrév* **in**) pouce (*mesure*) ☛ *Voir Appendice 1.* LOC **not to give an inch** ne pas bouger d'un pouce ~ **forward, along, etc.** avancer petit à petit

incidence /ˈɪnsɪdəns/ *n* ~ **of sth** fréquence de qch

incident /ˈɪnsɪdənt/ *n* **1** incident **2** *without incident* sans incident

incidental /ˌɪnsɪˈdentl/ *adj* **1** secondaire, accessoire : *incidental expenses* faux-frais **2** fortuit **3** ~ **to sth** : *to be incidental to sth* accompagner qch **incidentally** *adv* **1** à propos **2** par la même occasion

incisive /ɪnˈsaɪsɪv/ *adj* **1** incisif **2** (*personne*) perspicace

incite /ɪnˈsaɪt/ *vt* **1** ~ **sth** inciter à qch **2** ~ **sb (to sth)** inciter qn (à faire qch)

inclination /ˌɪnklɪˈneɪʃn/ *n* **1** ~ **to/towards sth** goût pour qch **2** ~ **for sth/to do sth** envie de qch/de faire qch : *She had neither the time nor the inclination to help them.* Elle n'avait ni le temps ni l'envie de les aider.

incline[1] /ɪnˈklaɪn/ **1** *vt, vi* (s')incliner **2** *vi* ~ **towards sth/to do sth** avoir tendance à qch/à faire qch : *I incline to the view that we should take no action.* Je suis plutôt d'avis que nous ne devrions pas nous engager. **3** *vt* ~ **sb towards sth** pousser qn à qch **inclined** *adj* **to be ~ to do sth 1** (*volonté*) avoir envie de faire qch **2** (*tendance*) être enclin, tendre à faire qch

incline[2] /ˈɪnklaɪn/ *n* pente

include /ɪnˈkluːd/ *vt* ~ **sb/sth (in/among sth)** inclure, comprendre qn/qch (dans qch) **including** *prép* dont, y compris

inclusion /ɪnˈkluːʒn/ *n* inclusion

inclusive /ɪnˈkluːsɪv/ *adj* **1** forfaitaire, tout compris ◊ *inclusive of tax* TTC **2** inclus, compris : *from Monday to*

Friday inclusive de lundi à vendredi inclus

incoherent /ˌɪnkəʊˈhɪərənt/ *adj* incohérent

income /ˈɪnkʌm/ *n* revenu, revenus : *income tax* l'impôt sur le revenu

incoming /ˈɪnkʌmɪŋ/ *adj* **1** (*gouvernement*) nouveau **2** (*marée*) montant

incompetent /ɪnˈkɒmpɪtənt/ *adj, n* incompétent

incomplete /ˌɪnkəmˈpliːt/ *adj* incomplet

incomprehensible /ɪnˌkɒmprɪˈhensəbl/ *adj* incompréhensible

inconceivable /ˌɪnkənˈsiːvəbl/ *adj* inconcevable

inconclusive /ˌɪnkənˈkluːsɪv/ *adj* peu concluant

incongruous /ɪnˈkɒŋgruəs/ *adj* déconcertant, déplacé

inconsiderate /ˌɪnkənˈsɪdərət/ *adj* **1** (*personne*) peu attentionné, qui manque d'égards **2** (*remarque, action*) inconsidéré, maladroit

inconsistent /ˌɪnkənˈsɪstənt/ *adj* incohérent : *to be inconsistent with sth* être en contradiction avec qch

inconspicuous /ˌɪnkənˈspɪkjuəs/ *adj* **1** discret : *to make yourself inconspicuous* passer inaperçu **2** (*couleur*) discret

inconvenience /ˌɪnkənˈviːniəns/ ◆ *n* dérangement ◆ *vt* déranger

inconvenient /ˌɪnkənˈviːniənt/ *adj* **1** incommode, peu pratique **2** (*moment*) inopportun

incorporate /ɪnˈkɔːpəreɪt/ *vt* **1** ~ **sth (in/into sth)** incorporer qch (dans qch) **2** (*USA*) (*Comm*) constituer en société commerciale

incorrect /ˌɪnkəˈrekt/ *adj* incorrect

increase /ˈɪŋkriːs/ ◆ *n* ~ **(in sth)** augmentation (de qch) LOC **on the increase** en augmentation ◆ *vt, vi* augmenter **increasing** *adj* croissant **increasingly** *adv* de plus en plus

incredible /ɪnˈkredəbl/ *adj* incroyable

indecent /ɪnˈdiːsnt/ *adj* indécent

indecisive /ˌɪndɪˈsaɪsɪv/ *adj* **1** (*personne*) indécis **2** (*résultat*) peu concluant

indeed /ɪnˈdiːd/ *adv* **1** [*emploi emphatique*] vraiment : *very big indeed* vraiment très gros ◊ *Thank you very much indeed.* Merci mille fois. **2** (*pour exprimer incrédulité*) : *Did you indeed?* Vraiment ? **3** (*oui intensif*) en effet **4** (*sout*) en fait

indefensible /ˌɪndɪˈfensəbl/ *adj* inexcusable, injustifiable

indefinite /ɪnˈdefɪnət/ *adj* **1** vague **2** indéterminé **3** *the indefinite article* l'article indéfini **indefinitely** *adv* indéfiniment

indelible /ɪnˈdeləbl/ *adj* indélébile

indemnity /ɪnˈdemnəti/ *n* (*pl* **-ies**) **1** assurance **2** dédommagement, indemnité

independence /ˌɪndɪˈpendəns/ *n* indépendance

Independence Day *n* fête de l'Indépendance

Independence Day est une fête des États-Unis qui tombe le 4 juillet, et que l'on appelle aussi de ce fait **Fourth of July**. Les célébrations consistent en des feux d'artifices et des défilés.

independent /ˌɪndɪˈpendənt/ *adj* **1** indépendant **2** (*chaîne, école*) privé

in-depth /ˌɪn ˈdepθ/ *adj* approfondi

indescribable /ˌɪndɪˈskraɪbəbl/ *adj* indescriptible

index /ˈɪndeks/ *n* **1** (*pl* **indexes**) (*livre*) index : *index-linked* indexé **2** *index finger* index **3** (*pl* **indexes**) (*aussi* **card index**) fichier **4** (*pl* **indices** /ˈɪndɪsiːz/) (*Math*) exposant

indicate /ˈɪndɪkeɪt/ **1** *vt* indiquer **2** *vi* (*Autom*) mettre son clignotant

indication /ˌɪndɪˈkeɪʃn/ *n* **1** indication **2** signe : *There is every indication that...* Tout porte à croire que...

indicative /ɪnˈdɪkətɪv/ *adj* indicatif : *to be indicative of sth* être signe de qch

indicator /ˈɪndɪkeɪtə(r)/ *n* **1** indicateur **2** (*Autom*) clignotant

indices *pl de* INDEX 4

indictment /ɪnˈdaɪtmənt/ *n* **1** accusation, mise en examen **2** (*fig*) mise en cause

indifference /ɪnˈdɪfrəns/ *n* indifférence

indifferent /ɪnˈdɪfrənt/ *adj* **1** indifférent **2** (*péj*) médiocre

indigenous /ɪnˈdɪdʒənəs/ *adj* (*sout*) indigène

indigestion /ˌɪndɪˈdʒestʃən/ *n* [*indénombrable*] indigestion

indignant /ɪnˈdɪgnənt/ *adj* indigné

indignation /ˌɪndɪɡ'neɪʃn/ *n* indignation

indignity /ɪn'dɪɡnəti/ *n* (*pl* **-ies**) indignité

indirect /ˌɪndə'rekt, -daɪ'r-/ *adj* indirect **indirectly** *adv* indirectement

indiscreet /ˌɪndɪ'skriːt/ *adj* indiscret

indiscretion /ˌɪndɪ'skreʃn/ *n* indiscrétion

indiscriminate /ˌɪndɪ'skrɪmɪnət/ *adj* sans discernement, aveugle

indispensable /ˌɪndɪ'spensəbl/ *adj* indispensable

indisputable /ˌɪndɪ'spjuːtəbl/ *adj* incontestable, indiscutable

indistinct /ˌɪndɪ'stɪŋkt/ *adj* indistinct, vague

individual /ˌɪndɪ'vɪdʒuəl/ ◆ *adj* **1** (*portion*) individuel **2** pris séparément : *each individual person* chaque individu **3** (*style*) personnel, particulier ◆ *n* individu **individually** *adv* individuellement

individualism /ˌɪndɪ'vɪdʒuəlɪzəm/ *n* individualisme

indoctrination /ɪnˌdɒktrɪ'neɪʃn/ *n* endoctrinement

indoor /'ɪndɔː(r)/ *adj* d'intérieur : *an indoor (swimming) pool* une piscine couverte

indoors /ˌɪn'dɔːz/ *adv* à l'intérieur

induce /ɪn'djuːs ; *USA* -'duːs/ *vt* **1** ~ **sb to do sth** persuader, pousser qn à faire qch **2** provoquer **3** (*Méd*) : *to induce labour* déclencher l'accouchement

induction /ɪn'dʌkʃn/ *n* introduction, induction : *an induction course* un stage de formation préliminaire

indulge /ɪn'dʌldʒ/ **1** *vt* : *to indulge yourself* se faire plaisir **2** *vt* (*caprice, désir*) satisfaire, donner cours à **3** *vi* ~ **(in sth)** se laisser tenter (par qch) ; se permettre qch

indulgence /ɪn'dʌlɡəns/ *n* **1** plaisir, gourmandise **2** péché mignon **indulgent** *adj* indulgent

industrial /ɪn'dʌstriəl/ *adj* **1** industriel : *an industrial estate* une zone industrielle ◊ *industrial action* grève **2** (*accident*) du travail **industrialist** *n* industriel

industrialization, -isation /ɪnˌdʌstriəlaɪ'zeɪʃn ; *USA* -lɪ'z-/ *n* industrialisation

industrialize, -ise /ɪn'dʌstriəlaɪz/ *vt* industrialiser

industrious /ɪn'dʌstriəs/ *adj* travailleur

industry /'ɪndəstri/ *n* (*pl* **-ies**) **1** industrie **2** (*sout*) zèle (*au travail*)

inedible /ɪn'edəbl/ *adj* (*sout*) **1** non comestible **2** immangeable

ineffective /ˌɪnɪ'fektɪv/ *adj* **1** inefficace **2** (*personne*) incapable

inefficiency /ˌɪnɪ'fɪʃnsi/ *n* inefficacité **inefficient** *adj* **1** inefficace **2** incompétent

ineligible /ɪn'elɪdʒəbl/ *adj* **to be ~ (for sth/to do sth)** ne pas avoir le droit (à qch/de faire qch)

inept /ɪ'nept/ *adj* **1** incompétent **2** (*remarque, propos*) maladroit

inequality /ˌɪnɪ'kwɒləti/ *n* (*pl* **-ies**) inégalité

inert /ɪ'nɜːt/ *adj* inerte

inertia /ɪ'nɜːʃə/ *n* inertie

inescapable /ˌɪnɪ'skeɪpəbl/ *adj* inévitable, indéniable

inevitable /ɪn'evɪtəbl/ *adj* inévitable **inevitably** *adv* inévitablement

inexcusable /ˌɪnɪk'skjuːzəbl/ *adj* inexcusable

inexhaustible /ˌɪnɪɡ'zɔːstəbl/ *adj* inépuisable

inexpensive /ˌɪnɪk'spensɪv/ *adj* bon marché

inexperience /ˌɪnɪk'spɪəriəns/ *n* inexpérience **inexperienced** *adj* inexpérimenté : *to be inexperienced in sth* n'avoir aucune expérience de qch

inexplicable /ˌɪnɪk'splɪkəbl/ *adj* inexplicable

infallible /ɪn'fæləbl/ *adj* infaillible **infallibility** /ɪnˌfælə'bɪləti/ *n* infaillibilité

infamous /'ɪnfəməs/ *adj* tristement célèbre

infancy /'ɪnfənsi/ *n* **1** petite enfance **2** (*fig*) débuts : *The project was halted while it was still in its infancy.* Un terme a été mis au projet alors qu'il n'en était qu'à ses débuts.

infant /'ɪnfənt/ ◆ *n* enfant (*en bas âge*) : *infant school* école maternelle ◊ *infant mortality rate* taux de mortalité infantile ☛ Les termes **baby**, **toddler** et **child** sont plus courants. ◆ *adj* à ses débuts

infantile /'ɪnfəntaɪl/ *adj* (*péj*) puéril, infantile

infantry /'ɪnfəntri/ *n* [*v sing ou pl*] infanterie

infatuated /ɪn'fætʃueɪtɪd/ *adj* ~ **(with sb/sth)** entiché (de qn) ; mordu (de qch) **infatuation** *n* **1** passade **2** ~ **(with/for sb/sth)** engouement (pour qn/qch)

infect /ɪn'fekt/ *vt* **1** infecter, contaminer **2** (*fig*) contaminer **infection** *n* infection **infectious** *adj* **1** infectieux **2** (*fig*) contagieux

infer /ɪn'fɜː(r)/ *vt* (**-rr-**) déduire **inference** *n* **1** déduction : *by inference* par déduction **2** conclusion

inferior /ɪn'fɪəriə(r)/ *adj*, *n* inférieur **inferiority** /ɪn,fɪəri'ɒrəti/ *n* infériorité

infertile /ɪn'fɜːtaɪl ; *USA* -tl/ *adj* infertile, stérile **infertility** /,ɪnfɜː'tɪləti/ *n* infertilité, stérilité

infest /ɪn'fest/ *vt* infester **infestation** *n* infestation

infidelity /,ɪnfɪ'deləti/ *n* (*sout*) infidélité

infiltrate /'ɪnfɪltreɪt/ *vt*, *vi* s'infiltrer (dans)

infinite /'ɪnfɪnət/ *adj* infini : *infinite patience* une patience infinie **infinitely** *adv* infiniment

infinitive /ɪn'fɪnətɪv/ *n* infinitif

infinity /ɪn'fɪnəti/ *n* **1** infini **2** infinité

infirm /ɪn'fɜːm/ *adj* infirme, invalide **infirmity** *n* (*pl* **-ies**) infirmité

infirmary /ɪn'fɜːməri/ *n* (*pl* **-ies**) **1** hôpital **2** infirmerie

inflamed /ɪn'fleɪmd/ *adj* **1** (*Méd*) enflammé **2** ~ **(by/with sth)** (*fig*) : *to be inflamed with desire/passion* brûler de désir/être dévoré par une passion

inflammable /ɪn'flæməbl/ *adj* inflammable

> Noter que **inflammable** et **flammable** sont synonymes.

inflammation /,ɪnflə'meɪʃn/ *n* inflammation

inflate /ɪn'fleɪt/ *vt*, *vi* gonfler

inflation /ɪn'fleɪʃn/ *n* inflation

inflexible /ɪn'fleksəbl/ *adj* (*pr et fig*) inflexible

inflict /ɪn'flɪkt/ *vt* ~ **sth (on sb) 1** infliger qch (à qn) **2** (*fam, souvent hum*) imposer qch (à qn)

influence /'ɪnfluəns/ ◆ *n* influence ◆ *vt* influencer

influential /,ɪnflu'enʃl/ *adj* influent, d'influence

influenza /,ɪnflu'enzə/ (*sout*) (*fam* **flu** /fluː/) *n* [*indénombrable*] grippe

influx /'ɪnflʌks/ *n* flot, afflux

inform /ɪn'fɔːm/ **1** *vt* ~ **sb (of/about sth)** informer qn (de qch) **2** *vi* ~ **against/on sb** dénoncer qn **informant** *n* informateur, -trice

informal /ɪn'fɔːml/ *adj* **1** informel, décontracté **2** (*visite*) non officiel

information /,ɪnfə'meɪʃn/ *n* [*indénombrable*] informations, renseignements : *a piece of information* un renseignement ◊ *I need some information on...* Je voudrais me renseigner sur... ☛ *Voir note sous* INFORMATION

information superhighway /,ɪnfə,meɪʃn suːpə'haɪweɪ/ *n* (*Informatique*) autoroute de l'information

information technology *n* informatique

informative /ɪn'fɔːmətɪv/ *adj* instructif

informer /ɪn'fɔːmə(r)/ *n* indicateur, -trice (*délateur*)

infrastructure /'ɪnfrəstrʌktʃə(r)/ *n* infrastructure

infrequent /ɪn'friːkwənt/ *adj* rare, peu fréquent

infringe /ɪn'frɪndʒ/ *vt* **1** (*loi, règlement*) enfreindre, transgresser **2** (*droits, liberté*) empiéter sur

infuriate /ɪn'fjʊərieɪt/ *vt* exaspérer **infuriating** *adj* exaspérant

ingenious /ɪn'dʒiːniəs/ *adj* ingénieux, astucieux

ingenuity /,ɪndʒə'njuːəti ; *USA* -'nuː-/ *n* ingéniosité

ingrained /ɪn'greɪnd/ *adj* **1** (*préjudice, habitude*) enraciné, tenace **2** (*crasse*) incrusté

ingredient /ɪn'griːdiənt/ *n* ingrédient

inhabit /ɪn'hæbɪt/ *vt* habiter

inhabitant /ɪn'hæbɪtənt/ *n* habitant, -e

inhale /ɪn'heɪl/ **1** *vt* aspirer, inhaler **2** *vi* inspirer **3** *vt*, *vi* avaler (la fumée)

inherent /ɪn'hɪərənt/ *adj* ~ **in sb/sth** inhérent à qn/qch **inherently** *adv* naturellement

inherit /ɪn'herɪt/ *vt* hériter de **inheritance** *n* héritage

inhibit /ɪn'hɪbɪt/ *vt* **1** inhiber **2** ~ **sb from doing sth** empêcher qn de faire qch **inhibited** *adj* inhibé, complexé **inhibition** *n* inhibition, complexe

inhospitable /ˌɪnhɒ'spɪtəbl/ *adj* inhospitalier

inhuman /ɪn'hju:mən/ *adj* inhumain

initial /ɪ'nɪʃl/ ◆ *adj* initial ◆ *n* initiale ◆ *vt* (-ll-, *USA* -l-)) parapher **initially** *adv* au départ, à l'origine

initiate /ɪ'nɪʃieɪt/ *vt* (*sout*) amorcer, lancer **initiation** *n* **1** initiation **2** amorce, lancement

initiative /ɪ'nɪʃətɪv/ *n* initiative

inject /ɪn'dʒekt/ *vt* **1** injecter **2** ~ **sb with sth** faire une injection de qch à qn **injection** *n* injection, piqûre

injure /'ɪndʒə(r)/ *vt* blesser : *Five people were injured in the crash.* Il y a eu cinq blessés dans l'accident. ◊ *The old man fell and injured his back.* Le vieil homme est tombé et s'est fait mal au dos. ☛ *Voir note sous* BLESSURE **injured** *adj* **1** blessé **2** (*ton*) blessé, offensé

injury /'ɪndʒəri/ *n* (*pl* **-ies**) **1** blessure : *injury time* arrêts de jeu ☛ *Voir note sous* BLESSURE **2** (*fig*) atteinte, préjudice

injustice /ɪn'dʒʌstɪs/ *n* injustice

ink /ɪŋk/ *n* encre

inkling /'ɪŋklɪŋ/ *n* **an** ~ **(of sth/that...)** une petite idée (de qch/que...) : *He had no inkling of what was going on.* Il n'avait aucune idée de ce qui se passait.

inland /'ɪnlənd/ ◆ *adj* intérieur ◆ /ˌɪn'lænd/ *adv* à l'intérieur des terres

Inland Revenue *n* (*GB*) service des impôts britanniques

in-laws /'ɪn lɔ:z/ *n* [*pl*] (*fam*) **1** (*beau-père, belle-mère*) beaux-parents **2** (*sens plus large*) belle-famille

inlet /'ɪnlet/ *n* **1** bras de mer **2** arrivée, admission (*de carburant, air*)

in-line skate /ˌɪn laɪn 'skeɪt/ *n* *Voir* ROLLERBLADE®

inmate /'ɪnmeɪt/ *n* détenu, -e

inn /ɪn/ *n* (*GB*) auberge

innate /ɪ'neɪt/ *adj* inné, naturel

inner /'ɪnə(r)/ *adj* **1** intérieur **2** intime

innermost /'ɪnəməʊst/ *adj* le plus intime

innocent /'ɪnəsnt/ *adj* **1** innocent **2** naïf **innocence** *n* innocence

innocuous /ɪ'nɒkjuəs/ *adj* inoffensif

innovate /'ɪnəveɪt/ *vi* innover **innovation** *n* innovation **innovative** (*aussi* **innovatory**) *adj* **1** (*personne*) innovateur **2** (*idée, concept*) novateur

innuendo /ˌɪnju'endəʊ/ *n* (*péj*) sous-entendu, insinuation

innumerable /ɪ'nju:mərəbl ; *USA* ɪ'nu:-/ *adj* innombrable

inoculate /ɪ'nɒkjuleɪt/ *vt* vacciner **inoculation** *n* vaccination, inoculation

input /'ɪnpʊt/ *n* **1** apport, contribution **2** (*Informatique*) données à traiter

inquest /'ɪŋkwest/ *n* ~ **(on sb/into sth)** information judiciaire, enquête (sur qn/qch)

inquire *Voir* ENQUIRE

inquiry *n* (*surtout USA*) *Voir* ENQUIRY

inquisition /ˌɪnkwɪ'zɪʃn/ *n* (*sout*) interrogatoire

inquisitive /ɪn'kwɪzətɪv/ *adj* curieux

insane /ɪn'seɪn/ *adj* fou

insanity /ɪn'sænəti/ *n* folie

insatiable /ɪn'seɪʃəbl/ *adj* insatiable

inscribe /ɪn'skraɪb/ *vt* ~ **sth (in/on sth)** inscrire qch (dans/sur qch)

inscription /ɪn'skrɪpʃn/ *n* **1** inscription (*écriture*) **2** dédicace (*manuscrite*)

insect /'ɪnsekt/ *n* insecte **insecticide** /ɪn'sektɪsaɪd/ *n* insecticide

insecure /ˌɪnsɪ'kjʊə(r)/ *adj* **1** précaire **2** (*personne*) : *to be insecure* manquer d'assurance **insecurity** *n* **1** manque d'assurance **2** précarité

insensitive /ɪn'sensətɪv/ *adj* **1** ~ **(to sth)** (*personne*) insensible (à qch) **2** (*acte*) indélicat **insensitivity** /ɪnˌsensə'tɪvəti/ *n* insensibilité

inseparable /ɪn'seprəbl/ *adj* inséparable

insert /ɪn'sɜ:t/ *vt* introduire, insérer

inside /ɪn'saɪd/ ◆ *n* **1** intérieur : *The door was locked from the inside.* La porte était fermée à clé de l'intérieur. **2 insides** [*pl*] (*fam*) ventre LOC **inside out 1** à l'envers (*retourné*) : *You've got your cardigan on inside out.* Ton cardigan est à l'envers. ☛ *Voir illustration sous* ENVERS[2] **2** par cœur, à fond : *She knows these streets inside out.* Elle connaît ces rues comme sa poche. ◆ *adj* [*devant un substantif*] **1** intérieur : *the inside pocket* la poche intérieure **2** interne : *inside information* des informations d'initié ◆ *prép* (*USA* **inside of**) à l'intérieur de : *Is there anything inside the box?* Est-ce qu'il y a quelque chose à l'intérieur de cette boîte ? ◆

adv à l'intérieur : *Let's go inside.* Rentrons. ◊ *Pete's inside.* Pete est à l'intérieur. **insider** *n* initié, -e

insight /ˈɪnsaɪt/ *n* **1** aperçu, idée **2** ~ **(into sth)** compréhension (de qch)

insignificant /ˌɪnsɪɡˈnɪfɪkənt/ *adj* insignifiant, négligeable **insignificance** *n* insignifiance

insincere /ˌɪnsɪnˈsɪə(r)/ *adj* hypocrite, pas sincère **insincerity** *n* manque de sincérité, hypocrisie

insinuate /ɪnˈsɪnjueɪt/ *vt* insinuer **insinuation** *n* insinuation

insist /ɪnˈsɪst/ *vi* **1** ~ **(on sth/on doing sth)** insister (pour avoir qch/pour faire qch) ; exiger (qch/de faire qch) : *She always insists on a room to herself.* Elle exige toujours une chambre personnelle. **2** ~ **(on sth)** affirmer (qch) ; protester (de qch) **3** ~ **(that)...** affirmer que...

insistence /ɪnˈsɪstəns/ *n* insistance **insistent** *adj* insistant

insolent /ˈɪnsələnt/ *adj* insolent **insolence** *n* insolence

insomnia /ɪnˈsɒmniə/ *n* insomnie

inspect /ɪnˈspekt/ *vt* **1** examiner, inspecter **2** (*Mil*) inspecter **inspection** *n* inspection **inspector** *n* **1** inspecteur, -trice **2** contrôleur, -euse

inspiration /ˌɪnspəˈreɪʃn/ *n* **1** inspiration **2** source d'inspiration

inspire /ɪnˈspaɪə(r)/ *vt* **1** inspirer **2** ~ **sth (in sb)** ; ~ **sb with sth** inspirer qch (à qn)

instability /ˌɪnstəˈbɪləti/ *n* instabilité

install (*USA aussi* **instal**) /ɪnˈstɔːl/ *vt* installer

installation /ˌɪnstəˈleɪʃn/ *n* installation

instalment (*USA aussi* **installment**) /ɪnˈstɔːlmənt/ *n* **1** (*histoire*) épisode **2** (*télévision*) épisode **3** ~ **(on sth)** versement partiel (de qch) : *to pay in monthly instalments* payer par mensualités

instance /ˈɪnstəns/ *n* exemple LOC **for instance** par exemple

instant /ˈɪnstənt/ ◆ *n* instant ◆ *adj* **1** immédiat **2** instantané : *instant coffee* café instantané **instantly** *adv* immédiatement

instantaneous /ˌɪnstənˈteɪniəs/ *adj* instantané

instead /ɪnˈsted/ ◆ *adv* à ma, ta, etc. place ◆ *prép* ~ **of sb/sth** à la place de qn/qch : *Why don't you do something instead of just crying?* Pourquoi est-ce que tu ne fais pas quelque chose au lieu de pleurer ?

instigate /ˈɪnstɪɡeɪt/ *vt* **1** (*attaque*) lancer **2** (*enquête*) ouvrir **instigation** *n* instigation

instil (*USA* **instill**) /ɪnˈstɪl/ *vt* (**-ll-**) ~ **sth (in/into sb)** inculquer qch (à qn)

instinct /ˈɪnstɪŋkt/ *n* instinct **instinctive** /ɪnˈstɪŋktɪv/ *adj* instinctif

institute /ˈɪnstɪtjuːt ; *USA* -tuːt/ ◆ *n* institut ◆ *vt* (*sout*) **1** (*règles, système*) instituer, établir **2** (*enquête*) ouvrir

institution /ˌɪnstɪˈtjuːʃn ; *USA* -ˈtuːʃn/ *n* institution **institutional** *adj* institutionnel

instruct /ɪnˈstrʌkt/ *vt* **1** ~ **sb (in sth)** enseigner (qch) à qn **2** ~ **sb (to do sth)** donner l'ordre à qn (de faire qch)

instruction /ɪnˈstrʌkʃn/ *n* **1** instruction, ordre **2 instructions** instructions, mode d'emploi **3** ~ **(in sth)** enseignement (de qch)

instructive /ɪnˈstrʌktɪv/ *adj* instructif

instructor /ɪnˈstrʌktə(r)/ *n* moniteur, -trice

instrument /ˈɪnstrəmənt/ *n* instrument

instrumental /ˌɪnstrəˈmentl/ *adj* **1 to be ~ in doing sth** contribuer à faire qch **2** (*Mus*) instrumental

insufferable /ɪnˈsʌfrəbl/ *adj* insupportable

insufficient /ˌɪnsəˈfɪʃnt/ *adj* insuffisant

insular /ˈɪnsjələ(r) ; *USA* -sələr/ *adj* borné, étriqué

insulate /ˈɪnsjuleɪt ; *USA* -səl-/ *vt* **1** isoler **2** (*personne*) tenir à l'écart **insulation** *n* isolation (*contre le froid*)

insult /ˈɪnsʌlt/ ◆ *n* insulte ◆ /ɪnˈsʌlt/ *vt* insulter **insulting** *adj* insultant

insurance /ɪnˈʃɔːrəns ; *USA* -ˈʃʊər-/ *n* [*indénombrable*] assurance

insure /ɪnˈʃʊə(r)/ *vt* **1** ~ **sb/sth (against sth)** assurer qn/qch (contre qch) : *to insure sth for £5 000* assurer qch pour 5 000 livres **2** (*USA*) *Voir* ENSURE

intact /ɪnˈtækt/ *adj* intact

intake /ˈɪnteɪk/ *n* **1** (*personnes*) admissions, inscriptions : *an annual intake of 20* 20 admissions par an **2** (*nourriture*) consommation

integral /ˈɪntɪɡrəl/ *adj* intégrant : *to be an integral part of sth* faire partie intégrante de qch

integrate /ˈɪntɪɡreɪt/ *vt, vi* (s')intégrer **integration** *n* intégration

integrity /ɪnˈteɡrəti/ *n* intégrité

intellectual /ˌɪntəˈlektʃuəl/ *adj, n* intellectuel, -elle **intellectually** *adv* intellectuellement

intelligence /ɪnˈtelɪdʒəns/ *n* **1** intelligence **2** renseignements, informations **intelligent** *adj* intelligent **intelligently** *adv* intelligemment

intend /ɪnˈtend/ *vt* **1** ~ **to do sth** avoir l'intention de faire qch **2** ~ **sth for sb/sth** destiner qch à qn/qch : *It's intended for Sally.* C'est pour Sally. ◊ *They're not intended for eating/to be eaten.* Ce n'est pas pour manger. **3** ~ **sb to do sth** vouloir que qn fasse qch : *I intend you to succeed me.* Je voudrais que vous preniez ma succession. ◊ *You weren't intended to hear that remark.* Tu n'étais pas supposé entendre cette remarque. **4** ~ **sth as sth** : *It was intended as a joke.* C'était supposé être une plaisanterie.

intense /ɪnˈtens/ *adj* **1** intense **2** (*émotion*) fort **3** (*personne*) sérieux **intensely** *adv* extrêmement, profondément **intensify** *vt, vi* (*prét, pp* **-fied**) (s')intensifier **intensity** *n* intensité

intensive /ɪnˈtensɪv/ *adj* intensif, approfondi : *intensive care* réanimation

intent /ɪnˈtent/ ◆ *adj* **1** (*concentré*) attentif **2 to be** ~ **on/upon doing sth** être résolu à faire qch **3 to be** ~ **on/upon sth** être absorbé par qch ◆ *n* LOC **to all intents (and purposes)** quasiment

intention /ɪnˈtenʃn/ *n* intention : *I have no intention of apologizing.* Je n'ai aucune intention de présenter des excuses. **intentional** *adj* intentionnel, voulu : *It wasn't intentional.* Je ne l'ai pas fait exprès. *Voir aussi* DELIBERATE[1] **intentionally** *adv* intentionnellement

intently /ɪnˈtentli/ *adv* attentivement

interact /ˌɪntərˈækt/ *vi* agir l'un sur l'autre, avoir une action réciproque **interaction** *n* interaction **interactive** *adj* interactif : *interactive video games* jeux vidéo interactifs

intercept /ˌɪntəˈsept/ *vt* intercepter

interchange /ˌɪntəˈtʃeɪndʒ/ ◆ *vt* échanger ◆ /ˈɪntətʃeɪndʒ/ *n* **1** échange **2** échangeur (*routier*) **interchangeable** /ˌɪntəˈtʃeɪndʒəbl/ *adj* interchangeable

interconnect /ˌɪntəkəˈnekt/ *vi* **1** communiquer (entre eux/elles) **2** (*pièces*) communiquer **interconnected** *adj* : *to be interconnected* être étroitement lié **interconnection** *n* lien

intercourse /ˈɪntəkɔːs/ *n* (*sout*) rapports sexuels

interest /ˈɪntrəst/ ◆ *n* **1** intérêt ~ **(in sth)** intérêt (pour qch) : *It is of no interest to me.* Ça ne m'intéresse pas. ◊ *to lose interest* se désintéresser **2** centre d'intérêt : *her main interest in life* son principal centre d'intérêt **3** (*Fin*) intérêts : *the interest rate* le taux d'intérêt LOC **in sb's interest(s)** dans l'intérêt de qn **in the interest(s) of sth** dans l'intérêt de qch : *in the interest(s) of safety* par souci de sécurité *Voir aussi* VESTED INTEREST ◆ *vt* **1** intéresser **2** ~ **sb in sth** intéresser qn à qch

interested /ˈɪntrəstɪd/ *adj* intéressé : *to be interested in sth* s'intéresser à qch ☛ *Voir note sous* ENNUYEUX

interesting /ˈɪntrəstɪŋ/ *adj* intéressant ☛ *Voir note sous* ENNUYEUX **interestingly** *adv* chose curieuse

interface /ˈɪntəfeɪs/ *n* (*Informatique*) interface

interfere /ˌɪntəˈfɪə(r)/ *vi* **1** ~ **(in sth)** se mêler (de qch) **2** ~ **with sth** (*tripoter*) toucher à qch **3** ~ **with sth** (*gêner*) perturber, affecter qch **interference** *n* [*indénombrable*] **1** ~ **(in sth)** ingérence (dans qch) **2** (*Radio*) interférences **3** (*USA*) (*Sport*) *Voir* OBSTRUCTION **interfering** *adj* envahissant (*personne*)

interim /ˈɪntərɪm/ ◆ *adj* provisoire ◆ *n* LOC **in the interim** entre-temps

interior /ɪnˈtɪəriə(r)/ ◆ *adj* intérieur ◆ *n* intérieur

interlude /ˈɪntəluːd/ *n* intervalle, interlude

intermediate /ˌɪntəˈmiːdiət/ *adj* moyen, intermédiaire

intermission /ˌɪntəˈmɪʃn/ *n* entracte

intern /ɪnˈtɜːn/ *vt* interner

internal /ɪnˈtɜːnl/ *adj* **1** interne : *internal injuries* lésions internes **2** (*dans un pays*) intérieur : *internal affairs* affaires internes ◊ *the internal market* le marché domestique **internally** *adv* à l'intérieur

international /ˌɪntəˈnæʃnəl/ ◆ *adj* international ◆ *n* (*Sport*) **1** international (*match*) **2** international, -e (*joueur*) **internationally** *adv* internationalement

Internet /ˈɪntənet/ (*aussi* **the Net**) *n* Internet : *to look for sth on the Internet* chercher qch sur l'Internet ◊ *Internet access* accès à l'Internet ☛ *Voir note sous* INTERNET

interpret /ɪnˈtɜːprɪt/ **1** *vt* interpréter **2** *vi* servir d'interprète **interpretation** *n* interprétation **interpreter** *n* interprète ☛ *Comparer avec* TRANSLATOR *sous* TRANSLATE

interrelated /ˌɪntərɪˈleɪtɪd/ *adj* étroitement lié

interrogate /ɪnˈterəgeɪt/ *vt* interroger **interrogation** *n* interrogation **interrogator** *n* interrogateur, -trice

interrogative /ˌɪntəˈrɒgətɪv/ *adj* interrogatif

interrupt /ˌɪntəˈrʌpt/ *vt, vi* interrompre : *Don't interrupt!* Ne m'interromps pas ! **interruption** *n* interruption

intersect /ˌɪntəˈsekt/ *vi* (se) croiser **intersection** *n* intersection

interspersed /ˌɪntəˈspɜːst/ *adj* ~ **with sth** parsemé, émaillé de qch

intertwine /ˌɪntəˈtwaɪn/ *vt, vi* (s')entrelacer

interval /ˈɪntəvl/ *n* **1** intervalle **2** entracte

intervene /ˌɪntəˈviːn/ *vi* (*sout*) **1** ~ **(in sth)** intervenir (dans qch) **2** (*temps*) s'écouler **3** (*événement*) survenir **intervening** *adj* : *in the intervening time* entre-temps

intervention /ˌɪntəˈvenʃn/ *n* intervention

interview /ˈɪntəvjuː/ ◆ *n* **1** (*journalisme*) interview **2** (*de travail*) entretien ◆ *vt* **1** interviewer **2** faire passer un entretien à : *I was interviewed for the manager's job.* J'ai passé un entretien pour le poste de directeur. **interviewee** *n* **1** personne interviewée **2** (*travail*) candidat **interviewer** *n* **1** (*journalisme*) interviewer **2** (*travail*) personne faisant passer l'entretien

interweave /ˌɪntəˈwiːv/ *vt, vi* (*prét* **-wove** /-ˈwəʊv/ *pp* **-woven** /-ˈwəʊvn/) (s')entrelacer

intestine /ɪnˈtestɪn/ *n* intestin : *the small/large intestine* le gros intestin/ l'intestin grêle

intimacy /ˈɪntɪməsi/ *n* intimité

intimate[1] /ˈɪntɪmət/ *adj* **1** (*ami, restaurant*) intime **2** (*amitié*) profonde **3** (*sout*) (*connaissance*) approfondi

intimate[2] /ˈɪntɪmeɪt/ *vt* ~ **sth (to sb)** (*sout*) annoncer qch (à qn) **intimation** *n* (*sout*) **1** indication (*signe*) **2** annonce (*communiqué*)

intimidate /ɪnˈtɪmɪdeɪt/ *vt* intimider **intimidation** *n* intimidation

into /ˈɪntə/ ☛ Devant une voyelle et en fin de phrase se prononce /ˈɪntuː/ . *prép* **1** (*directions*) dans, en : *to come into the kitchen* entrer dans la cuisine ◊ *He put his hand into his pocket.* Il a mis la main dans sa poche. ◊ *She got into her car.* Elle est montée dans sa voiture. ◊ *I broke it into several pieces.* Je l'ai cassé en plusieurs morceaux. ◊ *to go into town* aller en ville ◊ *to translate into Gaelic* traduire en gaélique **2** *to drive into a wall* rentrer dans un mur **3** (*temps, distance*) : *long into the night* plus bien tard dans la nuit ◊ *far into the distance* tout au loin **4** (*Math*) : *12 into 144 goes 12 times.* 144 divisé par 12 égale 12. LOC **to be into sth** (*fam*) : *She's into motor bikes.* Elle se passionne pour la moto. ☛ Les verbes à particule formés avec **into** sont traités sous le verbe correspondant : pour **to look into**, par exemple, voir LOOK[1].

intolerable /ɪnˈtɒlərəbl/ *adj* intolérable

intolerance /ɪnˈtɒlərəns/ *n* intolérance

intolerant /ɪnˈtɒlərənt/ *adj* (*péj*) intolérant

intonation /ˌɪntəˈneɪʃn/ *n* intonation

intoxicated /ɪnˈtɒksɪkeɪtɪd/ *adj* (*sout*) **1** ivre **1** (*fig*) grisé : *She was intoxicated by her success.* Elle était grisée par le succès.

intoxication /ɪnˌtɒksɪˈkeɪʃn/ *n* ébriété

intranet /ˈɪntrənet/ *n* intranet

intrepid /ɪnˈtrepɪd/ *adj* intrépide

intricate /ˈɪntrɪkət/ *adj* compliqué, complexe

intrigue /ˈɪntriːg, ɪnˈtriːg/ ◆ *n* intrigue ◆ /ɪnˈtriːg/ **1** *vt* intriguer (*curiosité*) : *I'm intrigued by your accent.* Je suis intrigué par votre accent. **2** *vi* comploter **intriguing** *adj* fascinant

intrinsic /ɪnˈtrɪnsɪk, -zɪk/ *adj* intrinsèque

introduce /ˌɪntrəˈdjuːs ; *USA* -ˈduːs/ *vt* **1** ~ **sb (to sb)** présenter qn (à qn) ☛ *Voir note sous* PRÉSENTER **2** ~ **sb to sth** faire connaître qch à qn **3** (*produit, réforme*) introduire

introduction /ˌɪntrəˈdʌkʃn/ *n* **1** présentation (*de personne*) **2** ~ **(to sth)** introduction (de qch) **3** [*sing*] ~ **to sth** initiation à qch

introductory /ˌɪntrəˈdʌktəri/ *adj* préliminaire, d'introduction : *an introductory offer* une offre de lancement

introvert /ˈɪntrəvɜːt/ *n* introverti, -e

intrude /ɪnˈtruːd/ *vi* (*sout*) **1** s'imposer, être importun **2** ~ **(on/upon sth)** s'immiscer (dans qch) **intruder** *n* intrus, -e **intrusion** *n* intrusion **intrusive** *adj* importun

intuition /ˌɪntjuˈɪʃn ; *USA* -tu-/ *n* intuition

intuitive /ɪnˈtjuːɪtɪv ; *USA* -ˈtuː-/ *adj* intuitif

inundate /ˈɪnʌndeɪt/ *vt* ~ **sb/sth (with sth)** inonder qn/qch (de qch) : *to be inundated with requests for help* être submergé de demandes d'aide

invade /ɪnˈveɪd/ **1** *vt* envahir **2** *vi* lancer l'invasion **invader** *n* envahisseur, -euse

invalid /ˈɪnvəlɪd, ˈɪnvəliːd/ ◆ *n* infirme, invalide ◆ /ɪnˈvælɪd/ *adj* non valable, nul

invalidate /ɪnˈvælɪdeɪt/ *vt* **1** annuler **2** contredire

invaluable /ɪnˈvæljuəbl/ *adj* inestimable

invariably /ɪnˈveəriəbli/ *adv* invariablement

invasion /ɪnˈveɪʒn/ *n* invasion

invent /ɪnˈvent/ *vt* inventer **invention** *n* invention **inventive** *adj* inventif **inventiveness** *n* créativité, esprit d'invention **inventor** *n* inventeur, -trice

inventory /ˈɪnvəntri ; *USA* -tɔːri/ *n* (*pl* **-ies**) inventaire

invert /ɪnˈvɜːt/ *vt* inverser

invertebrate /ɪnˈvɜːtɪbrət/ *adj*, *n* invertébré

inverted commas /ɪnˌvɜːtɪd ˈkɒməz/ *n* [*pl*] guillemets : *in inverted commas* entre guillemets

invest /ɪnˈvest/ **1** *vt* investir **2** *vi* ~ **in sth** investir (de l'argent) dans qch **3** *vi* ~ **in sth** s'offrir qch : *It's time I invested in a new pair of shoes.* Il est temps que je m'offre une paire de chaussures neuves.

investigate /ɪnˈvestɪgeɪt/ *vt, vi* faire une enquête sur

investigation /ɪnˌvestɪˈgeɪʃn/ *n* ~ **(into sth)** enquête (sur qch)

investigative /ɪnˈvestɪgətɪv ; *USA* -geɪtɪv/ *adj* d'investigation

investigator /ɪnˈvestɪgeɪtə(r)/ *n* enquêteur, -trice

investment /ɪnˈvestmənt/ *n* ~ **(in sth)** investissement, placement (dans qch)

investor /ɪnˈvestə(r)/ *n* investisseur, -euse

invigorating /ɪnˈvɪgəreɪtɪŋ/ *adj* revigorant, tonifiant

invincible /ɪnˈvɪnsəbl/ *adj* invincible

invisible /ɪnˈvɪzəbl/ *adj* invisible

invitation /ˌɪnvɪˈteɪʃn/ *n* invitation

invite /ɪnˈvaɪt/ ◆ *vt* **1** ~ **sb (to/for sth)/(to do sth)** inviter qn (à qch)/(à faire qch) **2** (*commentaires*) solliciter : *to invite trouble* chercher des ennuis PHR V **to invite sb back** inviter qn chez soi : *He invited me back for coffee.* Il m'a invité à prendre un café chez lui. **to invite sb in** inviter qn à entrer **to invite sb out** inviter qn à sortir **to invite sb over/round** inviter qn chez soi ◆ /ˈɪnvaɪt/ *n* (*fam*) invitation **inviting** /ɪnˈvaɪtɪŋ/ *adj* tentant, alléchant

invoice /ˈɪnvɔɪs/ ◆ *n* ~ **(for sth)** facture (pour qch) ◆ *vt* **1** ~ **sth** facturer qch **2** ~ **sb** envoyer la facture à qn **3** ~ **sb for sth** facturer qch à qn

involuntary /ɪnˈvɒləntri/ *adj* involontaire

involve /ɪnˈvɒlv/ *vt* **1** impliquer, exiger : *The job involves me/my living in London.* Ce poste implique que j'habite à Londres. **2** ~ **sb in sth** faire participer qn à qch : *The teacher tries to involve as many of the students as possible.* Le professeur essaie de faire participer autant d'étudiants que possible. **3** ~ **sb in sth** mêler qn à qch : *Don't involve me in your problems.* Ne me mêle pas à tes problèmes. **4** ~ **sb in sth** impliquer qn dans qch : *to be/get involved in sth* être impliqué/se laisser entraîner dans qch **5 be/become/get involved with sb** avoir une liaison avec qn **involved** *adj* (*problème, discussion*) compliqué **involvement** *n* **1** engagement **2** ~ **(with sb)** liaison (avec qn)

inward /ˈɪnwəd/ ◆ *adj* **1** (*pensée, sentiment*) intérieur **2** (*direction*) vers l'intérieur ◆ *adv* (*aussi* **inwards**) vers l'intérieur **inwardly** *adv* intérieurement, en son for intérieur

IQ /ˌaɪ ˈkjuː/ *abrév* **intelligence quotient**

QI : *She's got an IQ of 120.* Elle a un QI de 120.

iris /'aɪrɪs/ *n* (*Anat, Bot*) iris

iron /'aɪən ; *USA* 'aɪərn/ ◆ *n* **1** (*Chim*) fer : *the Iron Age* l'âge de fer **2** fer à repasser ◆ *vt* repasser PHR V **to iron sth out 1** (*plis*) faire partir qch au fer **2** (*problème, difficulté*) aplanir qch **ironing** *n* **1** repassage : *to do the ironing* faire le repassage ◊ *an ironing board* une planche à repasser **2** repassage

ironic /aɪ'rɒnɪk/ *adj* ironique : *It is ironic that...* Il est ironique que... ☛ *Comparer avec* SARCASTIC *sous* SARCASM **ironically** *adv* ironiquement : *Ironically,...* L'ironie de la chose, c'est que...

ironmonger /'aɪənmʌŋgə(r) ; *USA* 'aɪərn-/ *n* quincaillier, -ière **ironmongery** *n* quincaillerie

irony /'aɪrəni/ *n* (*pl* **-ies**) ironie

irrational /ɪ'ræʃənl/ *adj* irrationnel **irrationality** /ɪræʃə'næləti/ *n* irrationalité **irrationally** *adv* de façon irrationnelle

irrelevant /ɪ'reləvənt/ *adj* non pertinent : *Her comments were totally irrelevant.* Ses commentaires étaient complètement hors de propos. **irrelevance** *n* manque d'à-propos

irresistible /ˌɪrɪ'zɪstəbl/ *adj* irrésistible **irresistibly** *adv* irrésistiblement

irrespective of /ˌɪrɪ'spektɪv əv/ *prép* sans tenir compte de

irresponsible /ˌɪrɪ'spɒnsəbl/ *adj* irresponsable **irresponsibility** /ˌɪrɪˌspɒnsə'bɪləti/ *n* irresponsabilité **irresponsibly** *adv* de façon irresponsable

irrigation /ˌɪrɪ'geɪʃn/ *n* irrigation

irritable /'ɪrɪtəbl/ *adj* irritable **irritability** /ˌɪrɪtə'bɪləti/ *n* irritabilité **irritably** *adv* avec irritation

irritate /'ɪrɪteɪt/ *vt* irriter, agacer : *He's easily irritated.* Il est irritable. **irritating** *adj* irritant, agaçant : *How irritating!* C'est vraiment agaçant ! **irritation** *n* irritation

is /s, z, ɪz/ *Voir* BE

Islam /ɪz'lɑːm, 'ɪzlɑːm/ *n* Islam

island /'aɪlənd/ *n* (*abrév* **I**, **Is**) **1** île : *a desert island* une île déserte **2** (*fig*) îlot : *an island of tranquility* un îlot de paix **islander** *n* habitant, -e d'une île

isle /aɪl/ *n* (*abrév* **I**, **Is**) île ☛ Employé surtout avec des noms géographiques, par exemple : *the Isle of Man. Comparer avec* ISLAND.

isn't /'ɪznt/ = IS NOT *Voir* BE

isolate /'aɪsəleɪt/ *vt* ~ **sb/sth (from sb/sth)** isoler qn/qch (de qn/qch) **isolated** *adj* isolé **isolation** *n* isolement LOC **in isolation (from sb/sth)** séparément (de qn/qch) : *Looked at in isolation...* Considéré séparément...

issue /'ɪʃuː, 'ɪsjuː/ ◆ *n* **1** question, problème **2** (*journal*) numéro **3** (*passeport*) délivrance **4** (*monnaie*) émission LOC **at issue** en question **to make an issue (out) of sth** ériger qch en problème **to take issue with sb** exprimer son désaccord à qn **to take issue with sth** refuser d'accepter qch ◆ **1** *vt* ~ **sth (to sb)/**~ **sb with sth** fournir qch (à qn) **2** *vt* publier, sortir **3** *vt* (*passeport*) délivrer **4** *vt* (*ordre, instructions*) donner **5** *vt* (*monnaie*) émettre **6** *vi* ~ **from sth** (*sout*) (*liquide*) s'écouler de qch

IT /ˌaɪ 'tiː/ *abrév* **information technology**

it /ɪt/ *pron pers*

- **comme sujet ou complément** ☛ It fait référence à un animal ou à une chose. On peut également l'utiliser pour parler d'un nouveau-né. **1** [*sujet*] il, elle, ce : *Where is it?* Où est-ce que c'est ? ◊ *What is it?* Qu'est-ce que c'est ? ◊ *It's green and hairy.* C'est vert avec des poils. ◊ *The baby's crying. I think it's hungry.* Le bébé pleure. Je pense qu'il a faim. **2** [*complément d'objet direct*] le, la : *We can mend it.* On peut le réparer. ◊ *Give it to me.* Donne-le-moi. **3** [*complément d'objet indirect*] lui : *Give it some milk.* Donne-lui du lait. **4** [*après prép*] : *This box is heavy. What's inside it?* Cette boîte est lourde. Qu'est-ce qu'il y a à l'intérieur ? ◊ *Tell me about it.* Raconte-moi tout. ◊ *I'll have to think about it.* Il faut que j'y réfléchisse.
- **pronom impersonnel 1** (*temps, distance et météo*) : *It's quarter past two.* Il est deux heures et quart. ◊ *It's Monday 16 August.* Nous sommes le lundi 16 août. ◊ *It's dangerous to play with matches.* Il est dangereux de jouer avec des allumettes. ◊ *It's ages since I last saw them.* Ça fait une éternité que je ne les ai pas vus. ◊ *It's raining.* Il pleut ◊ *It's hot.* Il fait chaud. ◊ *It's five kilometres to the village.* Le village est à cinq kilomètres. **2** (*autres constructions*) : *It's a girl!* C'est une fille. ◊ *'Who*

is it?' 'It's me.' « Qui est là ? — C'est moi. » ◊ *It must be your mother.* Ce doit être ta mère. ◊ *Does it matter what colour the hat is?* Est-ce que la couleur du chapeau a de l'importance ? ◊ *I'll come at 7 o'clock if it's convenient.* Je passerai à 7 heures si ça te va. ◊ *It's Jim I want to see, not his brother.* C'est Jim que je veux voir et non pas son frère.
LOC **that's it! 1** c'est ça ! **2** ça y est ! **3** ça suffit ! **that's just it!** exactement !

italics /ɪ'tælɪks/ *n* [*pl*] italique

itch /ɪtʃ/ ◆ *n* démangeaison ◆ *vi* **1** démanger : *My leg itches.* La jambe me démange. **2** (*personne*) : *to be itching to do sth* brûler d'envie de faire qch **itchy** *adj* : *My skin is itchy.* J'ai la peau qui me démange.

it'd /'ɪtəd/ **1** = IT HAD *Voir* HAVE **2** = IT WOULD *Voir* WOULD

item /'aɪtəm/ *n* **1** article, morceau **2** (*aussi* **news item**) information LOC **to be an item** (*fam*) sortir ensemble (*couple*)

itinerary /aɪ'tɪnərəri ; *USA* -reri/ *n* (*pl* **-ies**) itinéraire

it'll /'ɪtl/ = IT WILL *Voir* WILL

it's /ɪts/ **1** = IT IS *Voir* BE **2** = IT HAS *Voir* HAVE ☛ *Comparer avec* ITS

its /ɪts/ *adj poss* son, sa, ses (*chose*) : *The table isn't in its place.* La table n'est pas à sa place. ☛ *Voir note sous* MY

itself /ɪt'self/ *pron* **1** [*emploi réfléchi*] se : *The cat was washing itself.* Le chat se léchait. **2** [*après prép*] lui-même, elle-même **3** [*emploi emphatique*] lui-même, elle-même **4** *She is kindness itself.* C'est la gentillesse personnifiée. LOC **by itself** tout seul, toute seule **in itself** en soi

I've /aɪv/ = I HAVE *Voir* HAVE

ivory /'aɪvəri/ *n* ivoire

ivy /'aɪvi/ *n* lierre

Jj

J, j /dʒeɪ/ *n* (*pl* **J's, j's** /dʒeɪz/) J, j : *J for Jack* J comme Jean ☛ *Voir exemples sous* A, A

jab /dʒæb/ ◆ *vt, vi* (**-bb-**) donner un petit coup (dans) : *She jabbed at a potato with her fork.* Elle a piqué sa fourchette dans une pomme de terre. PHR V **to jab sth into sb/sth** planter qch dans qn/qch ◆ *n* **1** piqûre **2** petit coup

jack /dʒæk/ *n* **1** (*Mécan*) cric **2** (*aussi* **knave**) (*Cartes*) valet ☛ *Voir note sous* CARTE

jackal /'dʒækl/ *n* chacal

jackdaw /'dʒækdɔː/ *n* choucas

jacket /'dʒækɪt/ *n* **1** veste ☛ *Comparer avec* CARDIGAN **2** jaquette **3** gaine (*pour tuyaux, cuve*)

jacket potato *n* pomme de terre en robe des champs au four

jackpot /'dʒækpɒt/ *n* gros lot

jade /dʒeɪd/ *adj, n* jade

jaded /'dʒeɪdɪd/ *adj* (*péj*) épuisé

jagged /'dʒægɪd/ *adj* **1** déchiqueté **2** (*côte*) très découpé

jaguar /'dʒægjuə(r)/ *n* jaguar

jail /dʒeɪl/ ◆ *n* **1** prison **2** emprisonnement ◆ *vt* ~ **sb (for sth)** emprisonner, incarcérer qn (pour qch)

jam /dʒæm/ ◆ *n* **1** confiture ☛ *Comparer avec* MARMALADE **2** embouteillage, encombrement : *a traffic jam* un embouteillage **3** blocage **4** (*fam*) : *to be in/get into a jam* être/se mettre dans le pétrin ◆ (**-mm-**) **1** *vt, vi* (*machine*) (se) bloquer **2** *vt, v* (*personnes*) ~ **(into) sth** s'entasser dans qch : *Over a thousand students jammed into the hall.* Plus d'un millier d'étudiants se sont entassés dans la salle. ◊ *Hundreds of callers jammed the telephone lines.* Des centaines d'appels encombraient les lignes téléphoniques. **3** *vt* **to jam sth into, under, etc. sth** entasser qch dans, sous, etc. qch : *He jammed the flowers into a vase.* Il fourra les fleurs dans un vase. ◊ *The three of them were jammed into a phone booth.* Ils étaient entassés à trois dans une cabine téléphonique. **4** *vt* coincer : *The window was jammed shut.* La fenêtre était coincée. ◊ *I jammed my finger in the drawer.* Je me suis coincé le doigt dans le tiroir. **5** *vt* (*Radio*) brouiller

jangle /ˈdʒæŋgl/ *vt, vi* (faire) cliqueter

January /ˈdʒænjuəri ; *USA* -jʊeri/ *n* (*abrév* **Jan**) janvier : *They are getting married this January/in January.* Ils se marient en janvier. ◊ *on January 2nd* le deux janvier ◊ *every January* chaque année en janvier ◊ *next January* en janvier prochain

En anglais les mois de l'année prennent une majuscule.

jar[1] /dʒɑː(r)/ *n* pot, bocal ☛ *Voir illustration sous* CONTAINER

jar[2] /dʒɑː(r)/ (**-rr-**) **1** *vi* être discordant : *to jar on sb's nerves* taper sur les nerfs de qn **2** *vi* **to jar (with sth)** jurer (avec qch) **3** *vt* ébranler

jargon /ˈdʒɑːgən/ *n* jargon

jasmine /ˈdʒæzmɪn ; *USA* ˈdʒæzmən/ *n* jasmin

jaundice /ˈdʒɔːndɪs/ *n* [*indénombrable*] jaunisse **jaundiced** *adj* négatif, aigri

javelin /ˈdʒævlɪn/ *n* javelot

jaw /dʒɔː/ *n* **1** [*gén pl*] mâchoire **2 jaws** [*pl*] mâchoires **3 jaws** [*pl*] (*fig*) griffes, étreinte

jazz /dʒæz/ ◆ *n* jazz ◆ *v* PHR V **to jazz sth up** ranimer qch, égayer qch **jazzy** *adj* (*fam*) qui en jette, voyant

jealous /ˈdʒeləs/ *adj* jaloux **jealousy** *n* [*gén indénombrable*] (*pl* **-ies**) jalousie

jeans /dʒiːnz/ *n* [*pl*] jean

Jeep® /dʒiːp/ *n* jeep

jeer /dʒɪə(r)/ ◆ *vt, vi* ~ **(at) sb/sth** se moquer de qn/qch ◆ *n* moquerie

jelly /ˈdʒeli/ *n* (*pl* **-ies**) gelée

jellyfish /ˈdʒelifɪʃ/ *n* (*pl* **jellyfish** *ou* **~es**) méduse

jeopardize, -ise /ˈdʒepədaɪz/ *vt* compromettre, mettre en danger

jeopardy /ˈdʒepədi/ *n* LOC **in jeopardy** menacé : *That could put your career in jeopardy.* Cela pourrait compromettre votre carrière.

jerk /dʒɜːk/ ◆ *n* **1** secousse, tressautement **2** (*fam, péj*) crétin ◆ **1** *vi* avancer en cahotant : *The car jerked to a halt.* La voiture s'arrêta avec une secousse. **2** *vt* tirer/pousser d'un coup sec

jet[1] /dʒet/ *n* **1** (*aussi* **jet aircraft**) jet, avion à réaction **2** (*eau, gaz*) jet

jet[2] /dʒet/ *n* jais : *jet-black* de jais

jetty /ˈdʒeti/ *n* (*pl* **-ies**) jetée, appontement

Jew /dʒuː/ *n* Juif, Juive *Voir aussi* JUDAISM

jewel /ˈdʒuːəl/ *n* **1** bijou ☛ *Voir note sous* BIJOU **2** pierre précieuse **jeweller** (*USA* **jeweler**) *n* **1** bijoutier, -ière **2 jeweller's** (*magasin*) bijouterie **jewellery** (*USA* **jewelry**) *n* [*indénombrable*] bijoux : *a jewellery box/case* une boîte/un coffret à bijoux

Jewish /ˈdʒuːɪʃ/ *adj* juif

jigsaw /ˈdʒɪgsɔː/ (*aussi* **jigsaw puzzle**) *n* puzzle

jingle /ˈdʒɪŋgl/ ◆ *n* **1** [*sing*] tintement, cliquetis **2** (*publicité*) jingle ◆ *vt, vi* (faire) tinter, (faire) cliqueter

jinx /dʒɪŋks/ ◆ *n* (*fam*) **1** poisse **2** personne qui porte la poisse ◆ *vt* (*fam*) porter la poisse à

job /dʒɒb/ *n* **1** emploi, travail ☛ *Voir note sous* WORK[1] **2** rôle LOC **a good job** (*fam*) une bonne chose : *It's a good job you've come.* C'est une bonne chose que tu sois venue. **to have a job doing sth** avoir du mal à faire qch **to make a good/poor job of sth** bien/mal faire qch **out of a job** au chômage

jobcentre /ˈdʒɒbsentə(r)/ *n* (*GB*) ≈ bureau de l'ANPE

jobless /ˈdʒɒbləs/ *adj* au chômage

jockey /ˈdʒɒki/ *n* (*pl* **-eys**) jockey

jog /dʒɒg/ ◆ *n* [*sing*] **1**jogging ◊ *to go for a jog* aller faire un jogging ◊ *I go jogging every day.* Je fais du jogging tous les jours. **2** petite secousse ◆ (**-gg-**) **1** *vi* faire du jogging **2** *vt* donner une petite secousse à LOC **to jog sb's memory** rafraîchir la mémoire de qn

jogger /ˈdʒɒgə(r)/ *n* joggeur, -euse

jogging /ˈdʒɒgɪŋ/ *n* jogging

join /dʒɔɪn/ ◆ *n* raccord ◆ **1** *vt* ~ **sth (on)to sth** joindre, attacher qch à qch : *to join hands* se donner la main **2** *vt* se joindre à **3** *vi* ~ **up (with sb/sth)** rejoindre qn/qch ; se rejoindre **4** *vt, vi* (*club, parti*) devenir membre (de) **5** *vt, vi* (*société*) entrer (dans) : *to join the army* s'engager dans l'armée PHR V **to join in (sth)** participer (à qch)

joiner /ˈdʒɔɪnə(r)/ *n* (*GB*) menuisier

joint[1] /dʒɔɪnt/ *adj* collectif

joint[2] /dʒɔɪnt/ *n* **1** (*Anat*) articulation **2** articulation, jointure **3** rôti : *the Sunday joint* le rôti du dimanche **4** (*pop, péj*) bouge, boui-boui **5** (*pop*) joint (*haschisch*) **jointed** *adj* **1** (*poupée*) articulé **2** démontable

joke /dʒəʊk/ ◆ *n* **1** plaisanterie, blague : *to tell a joke* raconter une blague ◊ *I didn't get the joke.* Je n'ai pas saisi la plaisanterie. **2** tour, farce : *to play a joke on sb* jouer un tour à qn **3** [*sing*] : *As a painter he's a joke.* Comme peintre il ne vaut rien. ◆ *vi* ~ **(with sb)** plaisanter (avec qn) LOC **joking apart** blague à part **you're joking/you must be joking!** **1** tu veux rire ! **2** sans blague !

joker /'dʒəʊkə(r)/ *n* **1** (*fam*) blagueur, -euse **2** (*fam*) petit rigolo **3** (*Cartes*) joker

jolly /'dʒɒli/ ◆ *adj* (**-ier**, **-iest**) joyeux ◆ *adv* (*GB*, *fam*) drôlement : *jolly good* drôlement bon

jolt /dʒəʊlt/ ◆ **1** *vi* cahoter **2** *vt* secouer ◆ *n* **1** choc, secousse **2** (*surprise*) choc

jostle /'dʒɒsl/ *vt, vi* (se) bousculer

jot /dʒɒt/ *v* (**-tt-**) PHR V **to jot sth down** griffonner qch, noter rapidement qch

journal /'dʒɜːnl/ *n* **1** revue (*spécialisée*) **2** journal **journalism** *n* journalisme **journalist** *n* journaliste

journey /'dʒɜːni/ *n* (*pl* **-eys**) voyage ☛ *Voir note sous* VOYAGE

joy /dʒɔɪ/ *n* joie : *to jump for joy* sauter de joie LOC *Voir* PRIDE **joyful** *adj* joyeux **joyfully** *adv* joyeusement

joyriding /'dʒɔɪraɪdɪŋ/ *n* faire une virée dans une voiture volée **joyrider** *n* personne qui fait une virée dans une voiture volée

joystick /'dʒɔɪstɪk/ *n* **1** (*Informatique*) manette (*de jeu*) **2** (*Aéron*) manche à balai

jubilant /'dʒuːbɪlənt/ *adj* réjoui **jubilation** *n* jubilation

jubilee /'dʒuːbɪliː/ *n* jubilé

Judaism /'dʒuːdeɪɪzəm ; *USA* -dəɪzəm/ *n* judaïsme

judge /dʒʌdʒ/ ◆ *n* juge : *to be a good judge of sth* s'y connaître en qch ◊ *to be a good judge of character* être fin psychologue ◊ *I'll be the judge of that.* C'est à moi de juger. ◆ *vt, vi* juger : *judging by/from...* à en juger par...

judgement (*aussi* **judgment** *surtout Jur*) /'dʒʌdʒmənt/ *n* jugement : *to use your own judgement* faire comme bon vous semble

judicious /dʒu'dɪʃəs/ *adj* judicieux **judiciously** *adv* judicieusement

judo /'dʒuːdəʊ/ *n* judo

jug /dʒʌg/ (*USA* **pitcher**) *n* **1** (*en verre*) carafe **2** (*en terre*) cruche : *a milk jug* un pot à lait

juggle /'dʒʌgl/ *vt, vi* **1** ~ **(sth/with sth)** jongler (avec qch) **2** ~ **(with) sth** (*fig*) jongler avec qch : *She has to juggle career and family.* Elle jongle pour concilier carrière et vie de famille.

juice /dʒuːs/ *n* **1** jus **2** (*Biol*) suc **juicy** *adj* (**-ier**, **-iest**) **1** juteux **2** (*fam*) (*histoire*) croustillant

jukebox /'dʒuːkbɒks/ *n* juke-box

July /dʒu'laɪ/ *n* (*abrév* **Jul**) juillet ☛ *Voir note et exemples sous* JANUARY

jumble /'dʒʌmbl/ ◆ *vt* ~ **sth (up)** mélanger qch ◆ *n* **1** tas, fouillis **2** (*GB*) bric-à-brac : *a jumble sale* une vente de charité

jumbo /'dʒʌmbəʊ/ *adj* (*fam*) géant

jump /dʒʌmp/ ◆ *n* **1** saut *Voir aussi* HIGH JUMP, LONG JUMP **2** bond **3** (*prix*) flambée ◆ **1** *vt, vi* sauter : *to jump up and down* sauter ◊ *to jump up* faire un bond **2** *vi* faire un bond, sursauter : *It made me jump.* Ça m'a fait sursauter. **3** *vi* (*prix*) grimper LOC **to jump the queue** (*GB*) passer devant tout le monde **to jump to conclusions** tirer des conclusions hâtives **jump to it!** (*fam*) et que ça saute ! *Voir aussi* BANDWAGON PHR V **to jump at sth** sauter sur qch : *She jumped at the chance of a holiday.* Elle a sauté sur l'occasion de partir en vacances.

jumper /'dʒʌmpə(r)/ *n* **1** (*GB*) pull-over ☛ *Voir note sous* SWEATER **2** sauteur, -euse

jumpy /'dʒʌmpi/ *adj* (**-ier**, **-iest**) (*fam*) nerveux

junction /'dʒʌŋkʃn/ *n* **1** carrefour **2** (*autoroute*) échangeur **3** (*Chemin de fer*) nœud ferroviaire

June /dʒuːn/ *n* (*abrév* **Jun**) juin ☛ *Voir note et exemples sous* JANUARY

jungle /'dʒʌŋgl/ *n* jungle

junior /'dʒuːniə(r)/ ◆ *adj* **1** subalterne **2** (*abrév* **Jr**) fils, junior **3** (*GB*) *a junior school* une école primaire ◆ *n* **1** subalterne **2** [*précédé d'un adjectif possessif*] cadet, -ette : *He is three years her junior.* Il est de trois ans son cadet. **3** (*GB*) élève (*dans le primaire*)

junk /dʒʌŋk/ *n* [*indénombrable*] **1** (*fam*) camelote **2** bric-à-brac : *a junk shop* un magasin de bric-à-brac

junk food *n* (*fam, péj*) [*indénombrable*] aliments peu sains

junk mail *n* prospectus (*envoyés par la poste*)

Jupiter /'dʒu:pɪtə(r)/ *n* Jupiter

juror /'dʒʊərə(r)/ *n* juré, -e

jury /'dʒʊəri/ *n* [*v sing ou pl*] (*pl* **-ies**) jury ☛ *Voir note sous* JURY

just /dʒʌst/ ◆ *adv* **1** juste : *It's just what I need.* C'est exactement ce qu'il me faut. ◊ *That's just it!* C'est tout à fait ça ! ◊ *just here* juste ici **2** seulement, juste : *It's just a kilometre from here.* Ce n'est qu'à un kilomètre d'ici. ◊ *I waited an hour just to see you.* J'ai attendu une heure juste pour te voir. ◊ *just for fun* pour rigoler ◊ *I just meant...* Tout ce que je voulais dire c'est que... **3** ~ **as** juste au moment où : *She arrived just as we were leaving.* Elle est arrivée juste au moment où l'on partait. **4** ~ **as... as...** : *She's just as beautiful as her mother.* Elle est aussi belle que sa mère. **5** juste : *She's just gone on holiday.* Elle vient de partir en vacances. ◊ *We had just arrived when...* Nous venions tout juste d'arriver lorsque... ◊ *They were just married.* Ils étaient jeunes mariés. **6 (only)** ~ de justesse, tout juste : *I can (only) just reach the shelf.* Je peux tout juste atteindre l'étagère. ◊ *We (only) just caught the train.* Nous avons eu le train de justesse. ◊ *We had just enough time for a coffee.* Nous avons tout juste eu le temps de prendre un café. **7** ~ **over/under** : *It's just over/under a kilo.* Ça fait un peu plus/moins d'un kilo. **8** à l'instant : *We're just going.* Nous partons à l'instant. **9 to be** ~ **about/going to do sth** être sur le point de faire qch : *I was just about/going to phone you.* J'étais sur le point de t'appeler. **10** tout simplement : *It's just one of those things.* C'est comme ça. **11** (*avec un ordre ou une requête*) : *Just stay here until I get back.* Reste ici jusqu'à ce que je revienne. ◊ *Just listen to that nonsense!* Non mais écoute un peu ces idioties ! ◊ *Just a minute, please.* Un instant s'il vous plaît. ◊ *Just a moment!* Attends ! ◊ *Just sign here, please.* Si vous voulez bien signer ici. LOC **it is just as well (that...)** heureusement (que...) **just about** (*fam*) presque : *I know just about everyone.* Je connais presque tout le monde. ◊ *I just about died when she told me.* Ça m'a fait un de ces chocs lorsqu'elle m'a appris la nouvelle ! **just in case** au cas où **just like 1** exactement comme : *It was just like old times.* C'était exactement comme autrefois. **2** *It's just like her to be late.* C'est bien elle d'être en retard comme ça. **just like that** comme ça **just now 1** (*en ce moment*) pour l'instant **2** (*récemment*) à l'instant, tout à l'heure ◆ *adj* juste, légitime : *a just cause* une cause juste ◊ *without just cause* sans raison valable

justice /'dʒʌstɪs/ *n* **1** justice **2** juge : *a justice of the peace* un juge de paix LOC **to do justice to sb** rendre justice à qn **to do justice to sth** faire honneur à qch : *We couldn't do justice to her cooking.* Nous n'avons pas pu faire honneur à son repas. **to do yourself justice** : *He didn't do himself justice in the exam.* Il n'a pas montré ce dont il était capable à l'examen. *Voir aussi* BRING, MISCARRIAGE

justifiable /ˌdʒʌstɪ'faɪəbl, 'dʒʌstɪfaɪəbl/ *adj* justifiable **justifiably** *adv* à juste titre : *She was justifiably angry.* Elle était en colère à juste titre.

justify /'dʒʌstɪfaɪ/ *vt* (*prét, pp* **-fied**) justifier

justly /'dʒʌstli/ *adv* à juste titre

jut /dʒʌt/ *v* (**-tt-**) PHR V **to jut out** faire saillie

juvenile /'dʒu:vənaɪl/ ◆ *n* mineur ◆ *adj* **1** pour enfants **2** (*criminalité*) juvénile **3** (*péj*) puéril

juxtapose /ˌdʒʌkstə'pəʊz/ *vt* (*sout*) juxtaposer **juxtaposition** *n* juxtaposition

Kk

K, k /keɪ/ *n* (*pl* **K's, k's** /keɪz/) K, k : *K for king* K comme Kléber ☛ *Voir exemples sous* A, A

kaleidoscope /kə'laɪdəskəʊp/ *n* kaléidoscope

kangaroo /ˌkæŋgə'ruː/ *n* (*pl* ~**s**) kangourou

karat *Voir* CARAT

karate /kə'rɑːti/ *n* karaté

kebab /kɪ'bæb/ *n* brochette (*de viande*), chiche-kebab

keel /kiːl/ ◆ *n* quille (*de bateau*) ◆ *v* PHR V **to keel over** (*fam*) s'effondrer

keen /kiːn/ *adj* (**-er, -est**) **1** enthousiaste **2 to be ~ to do sth** tenir à faire qch **3** (*intérêt, intellect*) vif **4** (*odorat, ouïe*) fin **5** (*vue*) perçant LOC **to be keen on sb** avoir un faible pour qn **to be keen on sth** être passionné de qch : *He's very keen on tennis.* Il est complètement passionné de tennis. **keenly** *adv* **1** vivement **2** (*ressentir*) profondément

keep /kiːp/ ◆ (*prét, pp* **kept** /kept/) **1** *vi* rester : *Keep still!* Ne bouge pas ! ◊ *Keep quiet!* Taisez-vous ! ◊ *You must keep warm.* Protège-toi bien du froid. ◊ *I hope you're all keeping well.* J'espère que vous allez tous bien. **2** *vi* ~ **(on) doing sth** continuer à faire qch : *He keeps laughing at me.* Il n'arrête pas de se moquer de moi. ◊ *Keep smiling!* Gardez le sourire ! **3** *vt* [*avec adj, adv ou -ing*] : *to keep sb waiting* faire attendre qn ◊ *to keep sb amused* amuser qn ◊ *to keep sb happy* tenir qn tranquille ◊ *Don't keep us in suspense.* Ne nous laisse pas attendre comme ça ! **4** *vt* garder : *Do you want to keep these old newspapers?* Est-ce que tu veux garder ces vieux journaux ? ◊ *Keep the change.* Gardez la monnaie. ◊ *Will you keep my place in the queue?* Est-ce tu pourrais garder ma place dans la queue ? ◊ *to keep a secret* garder un secret **5** *vt* retenir : *What kept you?* Qu'est-ce qui t'a retenu ? **6** *vt* (*commerce*) avoir **7** *vt* (*animaux de basse-cour*) élever **8** *vt* (*promesse*) tenir **9** *vi* (*nourriture*) se garder **10** *vt* (*comptes, journal personnel*) tenir **11** *vt* (*famille, personne*) faire vivre **12** *vt* (*rendez-vous*) aller à (*comme prévu*) ☛ Pour les expressions avec **keep** regardez sous l'entrée du substantif, de l'adjectif, etc., par ex. **to keep your word** à **word**.

PHR V **to keep away (from sb/sth)** rester à l'écart (de qn/qch) : *Keep away from the fire.* Ne t'approche pas du feu. **to keep sb/sth away (from sb/sth)** tenir qn/qch éloigné (de qn/qch), empêcher qn/qch de s'approcher (de qn/qch)

to keep sth back (*larmes*) retenir **to keep sth (back) (from sb)** (*vérité*) cacher qch (à qn)

to keep down rester allongé **to keep sth down 1** (*prix, dépenses*) limiter qch **2** (*tête*) garder qch baissé **3** *to keep your voice down* parler bas

to keep sb from doing sth empêcher qn de faire qch **to keep sth from sb** cacher qch à qn **to keep (yourself) from doing sth** se retenir de faire qch

to keep sb in garder qn en retenue

to keep off : *I hope the rain keeps off.* J'espère qu'il ne pleuvra pas. **to keep off (sth)** ne pas s'approcher (de qch), ne pas toucher (à qch) : *Keep off the grass.* Pelouse interdite. **to keep sb/sth off (sb/sth)** éloigner qn/qch (de qn/qch) : *Keep your hands off me!* Ne me touche pas !

to keep on (at sb) (about sb/sth) harceler qn (à propos de qn/qch), ne pas cesser de parler de qn/qch

to keep out (of sth) ne pas entrer (dans qch), rester en dehors (de qch) : *Keep out!* Défense d'entrer. ◊ *Keep out of the sun.* Ne vous exposez pas au soleil. **to keep sb/sth out (of sth)** laisser qn/qch en dehors (de qch)

to keep to sth 1 rester sur qch : *Keep to the right on the stairs.* Restez bien à droite dans les escaliers. **2** respecter qch **to keep (yourself) to yourself** éviter les autres **to keep sth to yourself** garder qch pour soi

to keep up (with sb/sth) suivre (qn/qch) (*se maintenir à la hauteur*) **to keep up with sth** se tenir au courant de qch, suivre qch **to keep sth up 1** empêcher qch de tomber : *Keep your chin up!* Gardez la tête haute ! **2** (*tradition, standard*) maintenir qch **3** continuer à faire qch : *Keep it up!* Continue comme ça ! ◊ *to keep up the payments* continuer à payer

◆ *n* pension : *to earn your keep* gagner de quoi vivre

keeper /ˈkiːpə(r)/ *n* **1** (*zoo, musée*) gardien, -ienne **2** (*Sport*) gardien, -ienne de but

keeping /ˈkiːpɪŋ/ *n* LOC **in/out of keeping (with sth)** conforme/non conforme (à qch) **in sb's keeping** à la garde de qn

kennel /ˈkenl/ *n* **1** niche **2** (*aussi* **kennels** [*pl*]) chenil

kept *prét, pp de* KEEP

kerb (*surtout USA* **curb**) /kɜːb/ *n* bord du trottoir

ketchup /ˈketʃəp/ *n* ketchup

kettle /ˈketl/ *n* bouilloire

key /kiː/ ◆ *n* (*pl* **keys**) **1** clé : *the car keys* les clés de la voiture **2** (*Mus*) ton, tonalité : *the key of C major* do majeur ◊ *to change key* changer de ton **3** touche (*de clavier*) **4 key (to sth)** (*succès, mystère*) clé (de qch) **5** solutions (*exercice, problème*) ◆ *adj* clé ◆ *vt* **to key sth (in)** (*données*) saisir qch

keyboard /ˈkiːbɔːd/ *n* clavier ☛ *Voir illustration sous* ORDINATEUR

keyhole /ˈkiːhəʊl/ *n* trou de (la) serrure

key ring *n* porte-clés

khaki /ˈkɑːki/ *adj, n* kaki

kick /kɪk/ ◆ **1** *vt* donner un coup de pied à/dans **2** *vt* (*ballon*) frapper (*du pied*) : *to kick the ball into the river* envoyer le ballon dans la rivière d'un coup de pied **3** *vi* (*personne*) donner des coups de pied **4** *vi* (*animal*) ruer LOC **to kick the bucket** (*fam*) casser sa pipe *Voir aussi* ALIVE, FUSS PHR V **to kick off 1** donner le coup d'envoi **2** commencer, démarrer **to kick sb out (of sth)** (*fam*) virer qn (de qch) ◆ *n* **1** (*personne*) coup de pied **2** (*animal*) coup de sabot **3** (*fam*) sensation de plaisir : *to do sth for kicks* faire qch pour le plaisir

kick-off /ˈkɪk ɒf/ *n* coup d'envoi

kid /kɪd/ ◆ *n* **1** (*fam*) gamin, -e **2** (*fam, surtout USA*) *his kid sister* sa petite sœur **3** (*Zool*) chevreau ◆ (**-dd-**) **1** *vt* (*fam*) faire marcher (*blague*) **2** *vi* (*fam*) rigoler : *You're kidding!* Tu rigoles ! **3** *v réfléchi* **to kid yourself** se faire des illusions

kidnap /ˈkɪdnæp/ *vt* (**-pp-**, *USA* **-p-**)) kidnapper, enlever **kidnapper** *n* ravisseur, -euse **kidnapping** *n* enlèvement

kidney /ˈkɪdni/ *n* (*pl* **-eys**) **1** rein **2** (*Cuisine*) rognon

kill /kɪl/ ◆ *vt, vi* tuer : *She was killed in a car crash.* Elle a été tuée dans un accident de voiture. LOC **to kill time** tuer le temps PHR V **to kill sb/sth off** faire disparaître qn/qch ◆ *n* **1** (*animal*) proie **2** (*action*) mise à mort LOC **to go/move in for the kill** guetter le dénouement **killer** *n* tueur, -euse, assassin

killing /ˈkɪlɪŋ/ *n* meurtre LOC **to make a killing** s'en mettre plein les poches

kiln /kɪln/ *n* four (*de potier*)

kilo /ˈkiːləʊ/ (*aussi* **kilogramme**, **kilogram**) /ˈkɪləgræm/ *n* (*pl* ~**s**) (*abrév* **kg**) kilo ☛ *Voir Appendice 1.*

kilometre (*USA* **-meter**) /kɪlˈɒmɪtə(r)/ *n* (*abrév* **km**) kilomètre ☛ *Voir Appendice 1.*

kilt /kɪlt/ *n* kilt

kin /kɪn/ (*aussi* **kinsfolk**) *n* [*pl*] (*vieilli, sout*) famille, parents *Voir aussi* NEXT OF KIN

kind[1] /kaɪnd/ (**-er**, **-est**) *adj* gentil

kind[2] /kaɪnd/ *n* sorte, espèce : *the best of its kind* ce que l'on fait de mieux LOC **in kind 1** (*payer*) en nature **2** (*fig*) en retour : *to respond in kind* rendre la pareille **kind of** (*fam*) plutôt : *kind of scared* plutôt paniqué *Voir aussi* NOTHING

kindly /ˈkaɪndli/ ◆ *adv* **1** gentiment, avec gentillesse **2** *Kindly wait outside.* Veuillez attendre à l'extérieur. LOC **not to take kindly to sth** ne pas apprécier qch : *He didn't take kindly to the idea.* Il n'a pas du tout apprécié. ◆ *adj* (**-ier**, **-iest**) bienveillant

kindness /ˈkaɪndnəs/ *n* gentillesse

king /kɪŋ/ *n* roi ☛ *Voir note sous* CARTE

kingdom /ˈkɪŋdəm/ *n* **1** royaume **2** règne : *the animal kingdom* le règne animal

kingfisher /ˈkɪŋfɪʃə(r)/ *n* martin-pêcheur

kinship /ˈkɪnʃɪp/ *n* parenté

kiosk /ˈkiːɒsk/ *n* kiosque (*à journaux*)

kipper /ˈkɪpə(r)/ *n* hareng fumé

kiss /kɪs/ ◆ *vt, vi* (s')embrasser, faire une bise à ◆ *n* baiser, bise LOC **the kiss of life** le bouche-à-bouche

kit /kɪt/ *n* **1** (*nécessaire*) trousse **2** (*à monter soi-même*) kit **3** (*soldat*) paquetage **4** affaires (*de sport, etc.*)

kitchen /ˈkɪtʃɪn/ *n* cuisine (*pièce*)

kite /kaɪt/ *n* cerf-volant

kitten /ˈkɪtn/ *n* chaton ☛ *Voir note sous* CHAT

kitty /ˈkɪti/ *n* (*pl* **-ies**) (*fam*) cagnotte

knack /næk/ *n* coup de main (*dextérité*) : *to get the knack of it* comprendre le truc

knave /neɪv/ *Voir* JACK 2

knead /niːd/ *vt* pétrir

knee /niː/ *n* genou LOC **to be/go (down) on your knees** être/se mettre à genoux

kneecap /ˈniːkæp/ *n* rotule

kneel /niːl/ *vi* (*prét, pp* **knelt** /nelt/ , surtout USA **kneeled**) ☛ *Voir note sous* DREAM ~ **(down)** s'agenouiller

knew *prét de* KNOW

knickers /ˈnɪkəz/ *n* [*pl*] (*GB*) petite culotte

knife /naɪf/ ◆ *n* (*pl* **knives** /naɪvz/) couteau ◆ *vt* donner un coup de couteau à

knight /naɪt/ ◆ *n* **1** chevalier **2** (*Échecs*) cavalier ◆ *vt* faire chevalier **knighthood** *n* titre de chevalier

knit /nɪt/ (**-tt-**) (*prét, pp* **knitted**) **1** *vt* ~ **(sb) sth** tricoter qch (à qn) **2** *vi* faire du tricot, tricoter **3** *Voir* CLOSE-KNIT **knitting** *n* [*indénombrable*] tricot : *a knitting needle* une aiguille à tricoter

knitwear /ˈnɪtweə(r)/ *n* [*indénombrable*] tricots

knob /nɒb/ *n* **1** (*porte*) poignée ☛ *Voir illustration sous* HANDLE **2** (*radio, télévision*) bouton **3** *a knob of butter* une noix de beurre

knock /nɒk/ ◆ **1** *vt, vi* (se) cogner : *He knocked his head on/against the ceiling.* Il s'est cogné la tête au/contre le plafond. **2** *vi* frapper : *to knock at/on the door* frapper à la porte **3** *vt* (*fam*) (*critiquer*) descendre PHR V **to knock sb down 1** jeter qn à terre **2** (*accidentellement*) renverser qn **to knock sth down** démolir qch **to knock off (sth)** (*fam*) arrêter qch : *to knock off (work)* arrêter le travail ◊ *Knock it off!* Ça suffit ! **to knock sth off (sth)** : *He knocked £10 off the price.* Il a fait une réduction de 10 livres sur le prix. **to knock sth off (sth)** faire tomber qch (de qch) **to knock sb out 1** (*boxe*) mettre qn au tapis **2** assommer qn **3** (*fam*) scier qn **4** éliminer qn **to knock sb/sth over** renverser qn/qch **to knock sth together/up** bricoler qch ◆ *n* **1** (*pr et fig*) coup **2** *There was a knock at the door.* Quelqu'un frappa à la porte.

knockout /ˈnɒkaʊt/ *n* **1** knock-out **2** *a knockout (tournament)* une compétition avec épreuves éliminatoires

knot /nɒt/ ◆ *n* **1** nœud ☛ *Voir illustration sous* NŒUD **2** petit groupe ◆ *vt* (**-tt-**) nouer

know /nəʊ/ ◆ (*prét* **knew** /njuː ; *USA* nuː/ *pp* **known** /nəʊn/) **1** *vt, vi* ~ **(how to do sth)** savoir (faire qch) : *Do you know how to drive?* Tu sais conduire ? ◊ *She knows a little English.* Elle sait parler un peu anglais. ◊ *I know (that...)* Je sais (que...) ◊ *to know about sth* être au courant de qch ◊ *Let me know if...* Faites-moi savoir si... **2** *vt* connaître : *to get to know sb* apprendre à connaître qn **3** savoir reconnaître : *I know a bargain when I see one.* Je sais repérer les bonnes affaires. **4** *vt* : *I've never known him to be so late.* Autant que je sache il n'a jamais été autant en retard. LOC **for all I know** à ma connaissance **God/goodness/Heaven knows** va savoir **to know best** : *You know best.* Tu as toujours raison. **to know better (than that/than to do sth)** : *You ought to know better!* Réfléchis donc un peu ! ◊ *I should have known better.* Je n'aurais vraiment pas dû. **you know** (*fam*) **1** eh bien : *Well, you know, it's difficult to explain.* Bon, eh bien, c'est difficile à expliquer. **2** tu sais **you never know** on ne sait jamais *Voir aussi* ANSWER, ROPE PHR V **to know of sb/sth** connaître qn/qch : *Not that I know of.* Pas à ma connaissance. ◆ *n* LOC **to be in the know** (*fam*) être au courant

know-all /ˈnəʊ ɔːl/ (*aussi* **know-it-all**) *n* (*fam*) monsieur je-sais-tout, madame je-sais-tout

knowing /ˈnəʊɪŋ/ *adj* (*regard*) entendu **knowingly** *adv* **1** délibérément **2** (*sourire*) d'un air entendu

knowledge /ˈnɒlɪdʒ/ *n* [*indénombrable*] **1** connaissance : *Not to my knowledge.* Pas à ma connaissance. **2** connaissances LOC **in the knowledge that...** sachant que... **knowledgeable** *adj* (*personne*) qui s'y connaît : *She's very knowledgeable about computers.* Elle s'y connaît vraiment en informatique.

known *pp de* KNOW

knuckle /ˈnʌkl/ ◆ *n* articulation du doigt ◆ *v* PHR V **to knuckle down (to sth)** (*fam*) se mettre sérieusement à qch, s'y mettre sérieusement **to knuckle under** (*fam*) se soumettre, céder

Koran /kəˈrɑːn ; *USA* -ˈræn/ *n* **the Koran** le Coran

Ll

L, l /el/ *n* (*pl* **L's, l's** /elz/) L, l : *L for Lucy* L comme Louis ☛ *Voir exemples sous* A, A

label /ˈleɪbl/ ◆ *n* étiquette, marque : *designer labels* grandes marques ◆ *vt* (**-ll-**, *USA* **-l-**)) **1** étiqueter **2** ~ **sb/sth as sth** (*fig*) étiqueter, cataloguer qn/qch comme étant qch

laboratory /ləˈbɒrətri ; *USA* ˈlæbrətɔːri/ *n* (*pl* **-ies**) laboratoire

laborious /ləˈbɔːriəs/ *adj* laborieux

labour (*USA* **labor**) /ˈleɪbə(r)/ ◆ *n* **1** [*indénombrable*] travail **2** [*indénombrable*] main-d'œuvre : *parts and labour* pièces et main-d'œuvre ◊ *labour relations* relations du travail **3** [*indénombrable*] accouchement, travail : *to be in labour* être en train d'accoucher **4 Labour** (*aussi* **the Labour Party**) [*v sing ou pl*] (*GB*) le Parti travailliste ☛ *Comparer avec* LIBERAL 2, TORY ◆ *vi* **1** travailler, œuvrer **2** avancer avec peine : *The old man laboured up the hillside.* Le vieil homme montait la colline avec peine. **laboured** (*USA* **labored**) *adj* **1** difficile **2** (*style*) lourd, laborieux **labourer** (*USA* **laborer**) *n* ouvrier, manœuvre

labyrinth /ˈlæbərɪnθ/ *n* labyrinthe

lace /leɪs/ ◆ *n* **1** dentelle **2** (*aussi* **shoelace**) lacet (*chaussure*) ☛ *Voir illustration sous* CHAUSSURE ◆ *vt, vi* (se) lacer

lack /læk/ ◆ *vt* ~ **sth** manquer de qch : *We lack time.* Le temps presse. LOC **to be lacking** manquer, faire défaut : *Their enthusiasm was lacking.* Le cœur n'y était pas. **to be lacking in sth** manquer de qch ◆ *n* manque

lacquer /ˈlækə(r)/ *n* laque

lacy /ˈleɪsi/ *adj* en dentelle

lad /læd/ *n* (*fam*) gars

ladder /ˈlædə(r)/ *n* échelle

laden /ˈleɪdn/ *adj* ~ **(with sth)** chargé (de qch)

ladies /ˈleɪdiz/ *n* **1** *pl de* LADY **2** *Voir* LADY 4

lady /ˈleɪdi/ *n* (*pl* **ladies**) **1** dame : *Ladies and gentlemen...* Mesdames et Messieurs... *Voir aussi* GENTLEMAN **2** femme distinguée **3 Lady** lady *Voir aussi* LORD **4 the Ladies** [*sing*] (*GB*) toilettes pour dames

ladybird /ˈleɪdibɜːd/ *n* coccinelle

lag /læg/ ◆ *vi* (**-gg-**) LOC **to lag behind (sb/sth)** être en retard (sur qn/qch), être à la traîne ◆ *n* (*aussi* **time lag**) décalage horaire

lager /ˈlɑːgə(r)/ *n* bière blonde ☛ *Comparer avec* BEER

lagoon /ləˈguːn/ *n* **1** lagune **2** (*de corail*) lagon

laid *prét, pp de* LAY[1]

laid-back /ˌleɪd ˈbæk/ *adj* (*fam*) décontracté

lain *pp de* LIE[2]

lake /leɪk/ *n* lac

lamb /læm/ *n* agneau

lame /leɪm/ *adj* **1** boiteux **2** (*excuse*) mauvais, piètre

lament /ləˈment/ *vt* se lamenter sur

lamp /læmp/ *n* lampe : *a street lamp* un réverbère

lamp post *n* réverbère

lampshade /ˈlæmpʃeɪd/ *n* abat-jour

land /lænd/ ◆ *n* **1** [*indénombrable*] terre : *by land* par terre ◊ *on dry land* sur la terre ferme **2** [*indénombrable*] terre : *arable land* terre cultivable ◊ *a plot of land* un terrain ◊ *to work on the land* travailler la terre **3** [*indénombrable*] terrain, terres : *a piece of land* un terrain **4** pays : *a land of opportunity* un pays où chacun a ses chances ◆ **1** *vt, vi* débarquer **2** *vt, vi* (*avion*) (se) poser, atterrir **3** *vi* atterrir : *The ball landed in the water.* Le ballon a atterri dans l'eau. **4** *vt* (*poisson*) prendre, attraper **5** *vt* (*fam*) (*travail, contrat*) dégoter, décrocher LOC *Voir* FOOT PHR V **to land up** se retrouver **to land sb with sb/sth** (*fam*) charger qn de qn/qch : *I got landed with cleaning the floor.* Je me suis retrouvé de corvée pour nettoyer le sol.

landing /ˈlændɪŋ/ *n* **1** atterrissage **2** débarquement, déchargement **3** palier (*escalier*) **4** étage

landlady /ˈlændleɪdi/ *n* (*pl* **-ies**) **1** propriétaire **2** patronne (*d'un pub*)

landlord /ˈlændlɔːd/ *n* **1** propriétaire **2** patron (*d'un pub*)

landmark /ˈlændmɑːk/ *n* **1** (*pr*) point de repère **2** (*fig*) moment marquant

landmine /ˈlændmaɪn/ *n* mine terrestre

landowner /ˈlændəʊnə(r)/ *n* propriétaire foncier

landscape /ˈlændskeɪp/ *n* paysage : *landscape gardening* paysagisme ☛ *Voir note sous* SCENERY

landslide /ˈlændslaɪd/ *n* **1** (*pr*) glissement de terrain **2** (*aussi* **landslide victory**) (*fig*) victoire écrasante

lane /leɪn/ *n* **1** (*à la campagne*) chemin **2** (*en ville*) ruelle **3** (*Autom*) file, voie : *the slow/fast lane* la file de droite/gauche **4** (*Sport*) couloir

language /ˈlæŋgwɪdʒ/ *n* **1** langage : *bad language* langage grossier **2** langue

lantern /ˈlæntən/ *n* lanterne

lap¹ /læp/ *n* genoux : *to sit in/on sb's lap* s'asseoir sur les genoux de qn

lap² /læp/ *n* tour (*de piste*)

lap³ /læp/ (**-pp-**) **1** *vi* (*eau*) clapoter **2** *vt* **to lap sth (up)** laper qch PHR V **to lap sth up** (*fam*) boire qch comme du petit lait

lapel /ləˈpel/ *n* revers (*de veste*)

lapse /læps/ ◆ *n* **1** faute, défaillance : *a lapse of memory* un trou de mémoire **2** écart, manque : *a lapse in taste* une faute de goût **3** (*temps*) laps de temps, intervalle : *after a lapse of six years* au bout d'un intervalle de six ans ◆ *vi* **1** *to lapse into bad habits* prendre de mauvaises habitudes ◊ *to lapse into silence* se taire **2** (*temps*) s'écouler **3** (*contrat*) expirer **4** (*loi*) tomber en désuétude

laptop /ˈlæptɒp/ *n* (*Informatique*) portable (*ordinateur*)

larder /ˈlɑːdə(r)/ *n* garde-manger

large /lɑːdʒ/ ◆ *adj* (**-er**, **-est**) **1** grand : *small, medium or large* petit, moyen ou grand ◊ *to a large extent* dans une large mesure **2** (*personne, animal*) gros **3** (*somme*) gros, important ☛ *Voir note sous* BIG LOC **by and large** en général *Voir aussi* EXTENT ◆ *n* LOC **at large 1** en liberté **2** en général : *the world at large* le monde entier

largely /ˈlɑːdʒli/ *adv* en grande partie

large-scale /ˈlɑːdʒ skeɪl/ *adj* **1** de grande envergure, à grande échelle **2** (*carte, modèle*) à grande échelle

lark /lɑːk/ *n* alouette

laser /ˈleɪzə(r)/ *n* laser : *a laser printer* une imprimante laser

lash /læʃ/ ◆ *n* **1** coup de fouet **2** *Voir* EYELASH **3** lanière ◆ *vt* **1** fouetter **2** (*queue*) faire claquer **3** ~ **sb/sth to sth** arrimer qn/qch à qch PHR V **to lash out at sb/sth 1** devenir violent avec qn, se débattre contre qch **2** invectiver qn/qch

lass /læs/ (*aussi* **lassie** /ˈlæsi/) *n* (*Écosse*) jeune fille

last /lɑːst ; *USA* læst/ ◆ *adj* **1** dernier : *last thing at night* juste avant de se coucher ◊ *last week* la semaine dernière ◊ *She's been in Toronto for the last two months.* Cela fait deux mois qu'elle est à Toronto. ◊ *I saw a good film on TV last night.* J'ai vu un bon film à la télé hier soir. ◊ *I dreamt about you last night.* J'ai rêvé de toi la nuit dernière. ◊ *the night before last* avant-hier soir ☛ *Voir note sous* DERNIER **2** *He's the last person I expected to see.* Je ne m'attendais vraiment pas à le voir. ◊ *That's the last thing I need!* Il ne manquait plus que ça ! LOC **as a/in the last resort** en dernier recours **to have the last laugh** avoir le dernier mot **to have the last word** avoir le dernier mot *Voir aussi* ANALYSIS, EVERY, FIRST, STRAW, THING ◆ *n* **the last (of sth)** le dernier, la dernière (de qch) : *the last but one* l'avant-dernier ◊ *That's the last of the chocolate.* C'est tout ce qui reste comme chocolat. LOC **at (long) last** enfin ◆ *adv* **1** en dernier : *He came last.* Il est arrivé en dernier. **2** la dernière fois : *I last saw her on Tuesday.* Je l'ai vue mardi pour la dernière fois. LOC **(and) last but not least** enfin et surtout ◆ *vi* durer **lasting** *adj* durable **lastly** *adv* enfin

last name *n* nom de famille

latch /lætʃ/ ◆ *n* **1** loquet **2** serrure de sûreté ◆ *v* PHR V **to latch on (to sth)** (*fam*) piger, saisir (qch)

late /leɪt/ ◆ *adj* (**later**, **latest**) **1** tard : *It's getting late.* Il se fait tard. ◊ *It's a bit late for that.* C'est un peu tard pour ça. **2** en retard : *You're late.* Tu es en retard. ◊ *She was an hour late.* Elle avait une heure de retard. ◊ *our late arrival* notre arrivée tardive **3** tardif : *in the late 19th century* à la fin du XIXe siècle ◊ *She's in her late twenties.* Elle approche la trentaine. **4 latest** (tout) dernier ☛ *Voir note sous* DERNIER **5** [*devant un nom*] défunt : *my late father* mon pauvre père

LOC **at the latest** au plus tard ◆ *adv* (**later**, **latest**) **1** tard : *He arrived five minutes too late.* Il est arrivé cinq minutes trop tard. **2** en retard : *He arrived half an hour late.* Il est arrivé une demi-heure en retard. LOC **later on** plus tard *Voir aussi* BETTER, SOON

lately /ˈleɪtli/ *adv* récemment

lather /ˈlɑːðə(r) ; *USA* ˈlæð-/ *n* mousse

latitude /ˈlætɪtjuːd ; *USA* -tuːd/ *n* latitude

the latter /ˈlætə(r)/ *pron* ce dernier, cette dernière, ces derniers, ces dernières, celui-ci, celle-ci, ceux-ci, celles-ci ☛ *Comparer avec* FORMER

laugh /lɑːf ; *USA* læf/ ◆ *vi* rire LOC *Voir* BURST PHR V **to laugh at sb/sth** se moquer de qn/qch **to laugh at sth** (*blague, situation*) rire de qch ◆ *n* **1** rire : *We had a good laugh.* Nous avons bien ri. **2** (*fam*) (*événement*) : *What a laugh!* On a bien rigolé ! **3** (*fam*) (*personne*) : *She's a good laugh.* On rigole bien avec elle. LOC **to be good for a laugh** : *He's always good for a laugh.* On rigole bien avec lui. *Voir aussi* LAST **laughable** *adj* risible **laughter** *n* [*indénombrable*] rire, rires : *to roar with laughter* se tordre de rire

launch[1] /lɔːntʃ/ ◆ *vt* **1** (*pr et fig*) lancer **2** (*navire*) mettre à l'eau, lancer PHR V **to launch into sth** (*discours, etc.*) se lancer dans qch ◆ *n* lancement

launch[2] /lɔːntʃ/ *n* vedette (*bateau*)

launderette /lɔːnˈdret/ *n* laverie automatique ☛ *Comparer avec* LAUNDRY

laundry /ˈlɔːndri/ *n* (*pl* **-ies**) **1** linge : *to do the laundry* faire la lessive ☛ Le terme **washing** est plus courant. **2** laverie, blanchisserie : *laundry service* service de blanchissage ☛ *Comparer avec* LAUNDERETTE

lava /ˈlɑːvə/ *n* lave

lavatory /ˈlævətri/ *n* (*pl* **-ies**) (*sout*) toilettes ☛ *Voir note sous* TOILET

lavender /ˈlævəndə(r)/ *n* lavande

lavish /ˈlævɪʃ/ *adj* **1** abondant **2** (*personne, hospitalité*) généreux

law /lɔː/ *n* **1** loi : *against the law* illégal **2** droit : *She's studying law.* Elle fait des études de droit. ◊ *civil/criminal law* droit civil//pénal LOC **law and order** ordre public *Voir aussi* EYE **lawful** *adj* légal *Voir aussi* LEGAL

lawn /lɔːn/ *n* pelouse, gazon

lawnmower /ˈlɔːnməʊə(r)/ *n* tondeuse (*à gazon*)

lawsuit /ˈlɔːsuːt/ *n* procès

lawyer /ˈlɔːjə(r)/ *n* **1** (*au tribunal*) avocat, -e **2** (*pour ventes, testaments, etc.*) notaire ☛ *Voir note sous* AVOCAT nm-nf

lay[1] /leɪ/ (*prét, pp* **laid** /leɪd/) **1** *vt* poser **2** *vt* (*cable, tuyau*) poser, installer **3** *vt* coucher ☛ *Voir note sous* LIE[2] **4** *vt, vi* pondre LOC **to lay claim to sth** revendiquer qch **to lay your cards on the table** mettre cartes sur table *Voir aussi* BLAME, TABLE PHR V **to lay sth aside** (*livre, etc.*) poser qch **to lay sth down** **1** (*paquet, bagages*) poser qch **2** (*armes*) déposer qch **3** (*règle, principe*) établir qch **to lay sb off** (*fam*) licencier qn **to lay sth on** **1** (*électricité, gaz*) installer qch **2** (*fam*) organiser qch **to lay sth out** **1** disposer qch **2** (*arguments*) exposer qch **3** (*ville, jardin*) concevoir qch

lay[2] *prét de* LIE[2]

lay[3] /leɪ/ *adj* **1** laïque **2** (*non expert*) profane

lay-by /ˈleɪ baɪ/ *n* (*pl* **-bys**) (*GB*) aire de stationnement

layer /ˈleɪə(r)/ *n* couche (*épaisseur*) **layered** *adj* **1** disposé en couches **2** (*cheveux*) coupé en dégradé

lazy /ˈleɪzi/ *adj* (**lazier**, **laziest**) paresseux

lead[1] /led/ *n* plomb **leaded** *adj* **1** (*essence*) au plomb **2** (*fenêtre*) à petits carreaux

lead[2] /liːd/ ◆ *n* **1** (*course*) première place : *to be in the lead* être en tête **2** avance : *a 30-second lead* 30 secondes d'avance **3** exemple **4** (*Théâtre*) rôle principal : *the band's lead singer/guitarist* le chanteur principal/le premier guitariste du groupe **5** (*Cartes*) : *It's your lead.* C'est à toi de jouer en premier. **6** indice **7** laisse **8** (*Électr*) fil ◆ (*prét, pp* **led** /led/) **1** *vt* conduire, mener **2** *vt* ~ **sb to do sth** amener qn à faire qch **3** *vi* ~ **to/into sth** (*chemin, etc.*) mener à qch : *This door leads into the garden.* Cette porte ouvre sur le jardin. **4** *vi* ~ **to sth** déboucher sur qch : *Your stupid behaviour will lead to trouble.* Tes bêtises vont nous causer des ennuis. **5** *vt* (*vie*) mener **6** *vi* mener, être en tête **7** *vt* diriger LOC **to lead sb to believe (that)...** amener qn à croire que... **to lead the way** **1** montrer le chemin **2** (*fig*) être en tête PHR V **to lead up to sth** aboutir à qch **leader** *n* **1** dirigeant, -e, chef **2** (*Polit*) leader **3** leader, numéro un **4** (*Sport*) premier, -ière **5** (*Journal*) éditorial **leadership** *n* **1** (*fonction*) direction **2** (*personnes*) [*v sing ou pl*] direction, dirigeants **3** (*qualité*) qualités de dirigeant **leading** *adj* principal

leaf /li:f/ *n* (*pl* **leaves** /li:vz/) **1** feuille **2** page LOC **to take a leaf out of sb's book** prendre exemple sur qn *Voir aussi* TURN **leafy** *adj* (**-ier**, **-iest**) feuillu, boisé, vert : *leafy vegetables* légumes dont on consomme les feuilles

leaflet /'li:flət/ *n* prospectus, dépliant

league /li:g/ *n* **1** ligue **2** (*Sport*) championnat, ligue **3** (*fam*) : *They're just not in the same league.* Ils ne sont pas du tout comparables. LOC **in league with sb** allié avec qn, de connivence avec qn

leak /li:k/ ◆ *n* **1** fuite (*écoulement*) **2** (*fig*) fuite (*d'informations*) ◆ **1** *vi* (*récipient*) fuir **2** *vi* (*liquide, gaz*) fuir, s'échapper **3** *vt* (*informations*) divulguer

lean[1] /li:n/ *adj* (**-er**, **-est**) maigre

lean

She is **leaning against** a tree

He is **leaning out of** a window

lean[2] /li:n/ (*prét, pp* **leant** /lent/ *ou* **leaned**) ☛ *Voir note sous* DREAM **1** *vi* se pencher : *to lean out of the window* se pencher par la fenêtre ◊ *to lean back* se pencher en arrière ◊ *to lean forward* se pencher en avant **2** *vt, vi* ~ **(sth) against/on sth** appuyer qch contre/sur qch ; s'appuyer contre/sur qch **leaning** *n* disposition

leap /li:p/ ◆ *vi* (*prét, pp* **leapt** /lept/ *ou* **leaped**) ☛ *Voir note sous* DREAM sauter, bondir : *My heart leapt.* Mon cœur a fait un bond. ◆ *n* saut, bond

leap year *n* année bissextile

learn /lɜ:n/ (*prét, pp* **learnt** /lɜ:nt/ *ou* **learned**) ☛ *Voir note sous* DREAM *vt, vi* ~ **(of/about) sth** apprendre qch LOC **to learn your lesson** : *He has learnt his lesson.* Ça lui a servi de leçon. *Voir aussi* ROPE **learner** *n* débutant, -e, élève **learning** *n* **1** (*action*) apprentissage **2** érudition

lease /li:s/ ◆ *n* bail LOC *Voir* NEW ◆ *vt* **1** ~ **sth (to sb)** louer qch (à qn) **2** ~ **sth (from sb)** louer qch (à qn)

least /li:st/ ◆ *pron* (*superl de* **little**) le moins : *It's the least I can do.* C'est la moindre des choses. LOC **at least** au moins **not in the least** pas du tout **not least** notamment *Voir aussi* LAST ◆ *adj* le moins de ◆ *adv* le moins : *the least ambitious worker* l'employé le moins ambitieux ◊ *when I least expected it* quand je m'y attendais le moins

leather /'leðə(r)/ *n* cuir

leave /li:v/ ◆ (*prét, pp* **left** /left/) **1** *vt* quitter : *She left the room.* Elle est sortie de la pièce. **2** *vt* laisser : *Leave me alone!* Laisse-moi tranquille ! ◊ *Leave it to me.* Je m'en occupe. **3** *vi* partir **4** *vt* (*parapluie, etc.*) oublier **5** *vt* **to be left** rester : *You've only got two days left.* Il ne te reste que deux jours. **6** *vt* ~ **sth to sb** léguer qch à qn LOC **to leave sb to their own devices/to themselves** laisser qn se débrouiller *Voir aussi* ALONE PHR V **to leave sth behind** oublier qch, laisser qch **to leave sb/sth out** omettre qn/qch, exclure qn/qch ◆ *n* congé LOC **on leave** en congé

leaves *pl de* LEAF

lecture /'lektʃə(r)/ ◆ *n* **1** cours magistral : *to give a lecture* faire un cours **2** conférence : *to give a lecture* donner une conférence ☛ *Comparer avec* CONFERENCE **3** sermon (*remontrances*) ◆ **1** *vi* ~ **(on sth)** faire un cours, donner une conférence (sur qch) **2** *vt* ~ **sb (about sth)** sermonner qn (sur qch) **lecturer** *n* **1** ~ **(in sth)** (*Université*) maître-assistant, -e (de qch) **2** conférencier, -ière

lecture theatre (*USA* **lecture theater**) *n* amphithéâtre (*d'une université*)

led *prét, pp de* LEAD[2]

ledge /ledʒ/ *n* **1** rebord : *a window ledge* un rebord de fenêtre **2** (*Géogr*) aspérité, corniche

leek /li:k/ *n* poireau

left[1] *prét, pp de* LEAVE

left[2] /left/ ◆ *n* **1** gauche : *on the left* à gauche **2 the Left** [*v sing ou pl*] (*Polit*) la gauche ◆ *adj* gauche ◆ *adv* à gauche : *Turn/Go left.* Tournez à gauche.

left-hand /'left hænd/ *adj* de gauche, à gauche : *on the left-hand side* sur la gauche **left-handed** *adj* **1** gaucher **2** pour gauchers

left luggage office *n* consigne

leftover /'leftəʊvə(r)/ *adj* qui reste, en surplus : *leftover chicken* restes de poulet **leftovers** *n* [*pl*] restes

left wing *adj* de gauche (*Polit*)

leg /leg/ *n* **1** (*personne, pantalon*) jambe ☛ *Voir illustration sous* CROSS-LEGGED **2** (*animal*) patte **3** (*table, chaise*) pied **4** (*viande*) cuisse, gigot LOC **not to have a leg to stand on** (*fam*) n'avoir aucun argument valable *Voir aussi* PULL, STRETCH

legacy /'legəsi/ *n* (*pl* **-ies**) **1** legs **2** (*fig*) héritage

legal /'li:gl/ *adj* **1** légal **2** judiciaire : *to take legal action against sb* engager des poursuites judiciaires contre qn **3** juridique *Voir aussi* LAWFUL *sous* LAW **legality** /li:'gæləti/ *n* légalité **legalization, -isation** *n* légalisation **legalize, -ise** *vt* légaliser

legend /'ledʒənd/ *n* légende **legendary** *adj* légendaire

leggings /'legɪŋz/ *n* [*pl*] caleçon (*pantalon*)

legible /'ledʒəbl/ *adj* lisible

legion /'li:dʒən/ *n* **1** légion **1** (*fig*) grand nombre

legislate /'ledʒɪsleɪt/ *vi* ~ **(for/against sth)** légiférer, faire des lois (pour/contre qch) **legislation** *n* législation **legislative** *adj* législatif **legislature** *n* (*sout*) corps législatif

legitimacy /lɪ'dʒɪtɪməsi/ *n* (*sout*) légitimité

legitimate /lɪ'dʒɪtɪmət/ *adj* **1** légitime **2** valable

leg-up /'leg ʌp/ *n* LOC **to give sb a leg-up** (*fam*) **1** faire la courte échelle à qn **2** donner un coup de pouce à qn

leisure /'leʒə(r) ; *USA* 'li:ʒər/ *n* loisir : *leisure time* temps libre LOC **at your leisure** en prenant son temps

leisure centre *n* centre de loisirs

leisurely /'leʒəli ; *USA* 'li:ʒərli/ ◆ *adj* détendu, tranquille ◆ *adv* tranquillement

lemon /'lemən/ *n* citron

lemonade /ˌlemə'neɪd/ *n* **1** limonade **2** citronnade

lend /lend/ *vt* (*prét, pp* **lent** /lent/) prêter LOC *Voir* HAND ☛ *Voir illustration sous* BORROW

length /leŋθ/ *n* **1** longueur : *The river is 300 km in length.* La rivière fait 300 km de long. **2** durée : *for some length of time* pendant quelque temps LOC **at length 1** longuement **2** à fond **3** finalement **to go to any, great, etc. lengths (to do sth)** se donner toutes les peines du monde, beaucoup de mal, etc. (pour faire qch) **lengthen 1** *vt, vi* rallonger **2** *vi* s'allonger **lengthy** *adj* (**-ier**, **-iest**) long

lenient /'li:niənt/ *adj* **1** indulgent **2** (*punition*) léger

lens /lenz/ *n* (*pl* **lenses**) **1** (*Phot*) objectif **2** lentille (*de contact*) **3** (*lunettes*) verre

lent *prét, pp de* LEND

lentil /'lentl/ *n* lentille (*légume sec*)

Leo /'li:əʊ/ *n* (*pl* **Leos**) Lion ☛ *Voir exemples sous* AQUARIUS

leopard /'lepəd/ *n* léopard

lesbian /'lezbiən/ ◆ *adj* lesbien ◆ *n* lesbienne

less /les/ ◆ *adv* ~ **(than...)** moins (de/que...) : *I see him less often these days.* Je le vois moins souvent ces temps-ci. LOC **less and less** de moins en moins *Voir aussi* EXTENT, MORE ◆ *adj, pron* ~ **(than...)** moins (de/que...) : *I have less than you.* J'en ai moins que toi.

Less comparatif de **little** s'emploie en règle générale avec les noms indénombrables : *'I've got very little money.' 'I have even less money (than you).'* « J'ai très peu d'argent. — J'ai encore moins d'argent que toi. » **Fewer** comparatif de **few** s'emploie en règle générale avec les noms au pluriel : *fewer accidents, people, etc.* moins d'accidents, de monde, etc. Cependant, dans la langue parlée, **less** est couramment utilisé à la place de **fewer** devant les noms au pluriel.

lessen *vi, vt* diminuer, (s')atténuer **lesser** *adj* moindre : *to a lesser extent* dans une moindre mesure

lesson /'lesn/ *n* leçon, cours : *I have four English lessons a week.* J'ai cours d'anglais quatre fois par semaine. LOC *Voir* LEARN, TEACH

let[1] /let/ *vt* (**-tt-**) (*prét, pp* **let**) laisser :

My dad won't let me smoke in my bedroom. Mon père ne veut pas que je fume dans ma chambre. ☛ *Voir note sous* ALLOW

Pour faire une suggestion, on utilise **Let us** suivi de l'infinitif sans TO. On emploie généralement la forme contractée **let's**, sauf dans la langue soutenue : *Let's go!* Allons-y ! À la forme négative, on emploie **let's not** ou **don't let's** : *Let's not argue.* Ne nous disputons pas.

LOC **let alone** encore moins : *I can't afford new clothes, let alone a holiday.* Je n'ai pas les moyens de m'acheter de nouveaux vêtements, encore moins de partir en vacances. **let's face it** (*fam*) il faut être honnête **let's say** disons **to let fly at sb/sth** s'en prendre à qn/qch **to let fly with sth** lancer qch **to let off steam** (*fam*) se défouler **to let sb know sth** faire savoir qch à qn **to let sb/sth go**; **to let go of sb/sth** lâcher qn/qch **to let sb loose** laisser qn **to let sth loose** lâcher qch **to let sb past** laisser passer qn **to let sth slip** laisser échapper qch (*remarque*) **to let the cat out of the bag** vendre la mèche **to let the matter drop/rest** en rester là **to let yourself go** se laisser aller *Voir aussi* HOOK PHR V **to let sb down** décevoir qn **to let sb in/out** laisser entrer/sortir qn **to let sb off** ne pas punir qn, dispenser qn : *I'll let you off this time.* Je laisse passer pour cette fois. ◊ *For once my mum let me off washing up.* Pour une fois, ma mère m'a dispensé de faire la vaisselle. **to let sth off 1** (*bombe*) faire exploser qch **2** (*fusil, feux d'artifice*) faire partir qch **to let sth out** laisser échapper qch

let² /let/ *vt* (**-tt-**) (*prét, pp* **let**) (*GB*) **to let sth (to sb)** louer qch (à qn) ☛ *Voir note sous* LOUER LOC **to let** à louer

lethal /ˈliːθl/ *adj* mortel

lethargy /ˈleθədʒi/ *n* léthargie **lethargic** /ləˈθɑːdʒɪk/ *adj* léthargique

let's /lets/ = LET US *Voir* LET¹

letter /ˈletə(r)/ *n* lettre : *to post a letter* poster une lettre ◊ *a five-letter word* un mot de cinq lettres LOC **to the letter** à la lettre

letter box *n* **1** (*aussi* **postbox**) (*rue*) boîte à lettres **2** (*porte*) boîte à lettres

lettuce /ˈletɪs/ *n* laitue

leukaemia (*USA* **leukemia**) /luːˈkiːmiə/ *n* leucémie

level /ˈlevl/ ◆ *adj* **1** plat : *a level spoonful* une cuillerée rase **2** droit, horizontal **3** ~ **(with sb/sth)** à la même hauteur, au même niveau (que qn/qch) LOC *Voir* BEST ◆ *n* niveau : *1 000 metres above sea level* 1 000 mètres au-dessus du niveau de la mer ◊ *high-level negotiations* des négociations à haut niveau ◆ *vt* (**-ll-**, *USA* **-l-**) aplanir, niveler PHR V **to level sth at sb/sth** lancer qch contre qn/qch (*accusation*) **to level off/out** se stabiliser

level crossing *n* passage à niveau

lever /ˈliːvə(r) ; *USA* ˈlevər/ *n* levier, manette **leverage** *n* **1** (*fig*) influence, moyen de pression **2** (*pr*) : *to get some leverage on sth* avoir une prise sur qch

levy /ˈlevi/ ◆ *vt* (*prét, pp* **levied**) prélever, percevoir ◆ *n* (*pl* **-ies**) **1** prélèvement **2** impôt, taxe

liability /ˌlaɪəˈbɪləti/ *n* (*pl* **-ies**) **1** ~ **(for sth)** responsabilité (de qch) **2** (*fam*) poids mort, boulet **liable** *adj* **1** ~ **(for sth)** responsable (de qch) **2** ~ **to sth** passible de qch ; sujet à qch **3** ~ **to do sth** susceptible de faire qch

liaison /liˈeɪzn ; *USA* ˈlɪəzɒn/ *n* **1** coordination, liaison **2** liaison (*amoureuse*)

liar /ˈlaɪə(r)/ *n* menteur, -euse

libel /ˈlaɪbl/ *n* diffamation

liberal /ˈlɪbərəl/ *adj* **1** libéral **2 Liberal** (*Polit*) libéral : *the Liberal Democrats* les libéraux-démocrates ☛ *Comparer avec* LABOUR 4, TORY

liberate /ˈlɪbəreɪt/ *vt* ~ **sb/sth (from sth)** libérer qn/qch (de qch) **liberated** *adj* libéré **liberation** *n* libération

liberty /ˈlɪbəti/ *n* (*pl* **-ies**) liberté *Voir aussi* FREEDOM LOC **to take liberties** prendre des libertés

Libra /ˈliːbrə/ *n* Balance ☛ *Voir exemples sous* AQUARIUS

library /ˈlaɪbrəri ; *USA* -breri/ *n* (*pl* **-ies**) bibliothèque **librarian** /laɪˈbreəriən/ *n* bibliothécaire

lice *pl de* LOUSE

licence (*USA* **license**) /ˈlaɪsns/ *n* **1** permis, licence : *my driving licence* mon permis de conduire ◊ *the TV licence* la redevance télé *Voir* OFF-LICENCE **2** (*sout*) autorisation

lick /lɪk/ ◆ *vt* lécher ◆ *n* coup de langue

licorice (*USA*) *Voir* LIQUORICE

lid /lɪd/ *n* **1** couvercle ☛ *Voir illustration sous* SAUCEPAN **2** *Voir* EYELID

lie[1] /laɪ/ ◆ *vi* (*prét, pp* **lied** *part présent* **lying**) **to lie (to sb) (about sth)** mentir (à qn) (à propos de qch) ◆ *n* mensonge : *to tell lies* raconter des mensonges

lie[2] /laɪ/ *vi* (*prét* **lay** /leɪ/ *pp* **lain** /leɪn/ *part présent* **lying**) **1** être allongé, être couché, s'allonger **2** résider : *The problem lies in...* Le problème, c'est de... **3** (*ville*) se trouver, être PHR V **to lie about/around** traîner : *Don't leave all your clothes lying around.* Ne laisse pas traîner tous tes vêtements. **to lie back** s'allonger, s'adosser **to lie down** **1** s'allonger **2** se coucher **to lie in** (*GB*) (*USA* to sleep in) (*fam*) faire la grasse matinée

Comparer les verbes **lie** et **lay**. Le verbe **lie (lay, lain, lying)**, intransitif, signifie *s'allonger, être allongé* : *I was feeling ill, so I lay down on the bed for a while.* Je me suis allongé sur le lit un moment car je ne me sentais pas bien. Attention à ne pas le confondre avec le verbe **lie (lied, lied, lying)**, qui veut dire *mentir*. Quant au verbe transitif **lay (laid, laid, laying)**, il signifie *poser* : *She laid her dress on the bed.* Elle a posé sa robe sur le lit.

lieutenant /lefˈtenənt ; *USA* luːˈt-/ *n* lieutenant

life /laɪf/ *n* (*pl* **lives** /laɪvz/) **1** vie : *late in life* vers la fin de sa vie ◊ *a friend for life* un ami pour la vie ◊ *his private life* sa vie privée *Voir aussi* LONG-LIFE **2** (*aussi* **life sentence**, **life imprisonment**) réclusion à perpétuité LOC **to come to life** s'animer **to get a life** (*fam*) sortir, profiter de la vie : *Stop complaining and get a life!* Tu n'as rien de mieux à faire que de te plaindre ! **to take your (own) life** se donner la mort *Voir aussi* BREATHE, BRING, FACT, KISS, MATTER, NEW, PRIME, TIME, TRUE, WALK, WAY

lifebelt /ˈlaɪfbelt/ (*aussi* **lifebuoy**) *n* bouée de sauvetage

lifeboat /ˈlaɪfbəʊt/ *n* canot de sauvetage

life expectancy *n* (*pl* **-ies**) espérance de vie

lifeguard /ˈlaɪfgɑːd/ *n* maître nageur, surveillant, -e de baignade

life jacket *n* gilet de sauvetage

lifelong /ˈlaɪflɒŋ/ *adj* de toute une vie

lifestyle /ˈlaɪfstaɪl/ *n* style de vie

lifetime /ˈlaɪftaɪm/ *n* vie LOC **the chance of a lifetime** la chance de sa vie

lift /lɪft/ ◆ **1** *vt* ~ **sb/sth (up)** soulever qn/qch ; lever qch **2** *vt* (*interdiction*) lever **3** *vi* (*brume*) se lever PHR V **to lift off** décoller ◆ *n* **1** *Can you give me a lift to the station?* Est-ce que tu peux me déposer à la gare ? **2** (*USA* **elevator**) ascenseur **3** coup de fouet (*fig*) LOC *Voir* THUMB

light /laɪt/ ◆ *n* **1** lumière : *to turn on/off the light* allumer/éteindre la lumière **2** **(traffic) lights** [*pl*] feu rouge **3** **a light** du feu : *Have you got a light?* Tu as du feu ? LOC **in the light of sth** à la lumière de qch **to come to light** être découvert *Voir aussi* SET[2] ◆ *adj* (**-er, -est**) **1** clair : *to get light* faire jour **2** (*couleur*) clair **3** (*personne, objet*) léger : *two kilos lighter* deux kilos de moins ◆ (*prét, pp* **lit** /lɪt/ *ou* **lighted**) **1** *vt, vi* (s')allumer **2** *vt* éclairer ☛ La forme **lighted** s'utilise en règle générale comme adjectif devant le nom : *a lighted candle* une bougie allumée alors que la forme **lit** s'emploie pour le verbe : *He lit a candle.* Il a allumé une bougie. PHR V **to light up (with sth)** s'éclairer (de qch) (*visage*) ◆ *adv* : *to travel light* voyager léger

light bulb *Voir* BULB

lighten /ˈlaɪtn/ *vt, vi* **1** (*couleur*) (s')éclaircir **2** (s')alléger **3** (s')égayer

lighter /ˈlaɪtə(r)/ *n* briquet

light-headed /ˌlaɪt ˈhedɪd/ *adj* étourdi

light-hearted /ˌlaɪt ˈhɑːtɪd/ *adj* **1** enjoué **2** (*remarque*) amusant, peu sérieux

lighthouse /ˈlaɪthaʊs/ *n* phare (*en mer*)

lighting /ˈlaɪtɪŋ/ *n* éclairage : *street lighting* éclairage des rues

lightly /ˈlaɪtli/ *adv* **1** légèrement **2** à la légère LOC **to get off/escape lightly** (*fam*) s'en tirer à bon compte

lightness /ˈlaɪtnəs/ *n* **1** clarté **2** légèreté

lightning /ˈlaɪtnɪŋ/ *n* [*indénombrable*] éclairs : *a flash of lightning* un éclair ◊ *to be struck by lightning* être frappé par la foudre

lightweight /ˈlaɪtweɪt/ ◆ *n* poids léger (*boxe*) ◆ *adj* **1** léger **2** des poids légers (*boxe*)

like[1] /laɪk/ *vt* **1** aimer : *I like children/driving.* J'aime les enfants/conduire. ◊ *Do you like carrots?* Est-ce que tu aimes les carottes ? ◊ *Did you like the play?* Est-ce que la pièce t'a plu ? ☛ *Voir note sous* AIMER **2** (*demande, désir*) : *I would like to come, but I can't.* Je voudrais venir mais je ne peux pas. ◊ *I'd like a coffee.* Je voudrais un café. ◊ *I'd like a new car.* Je voudrais une nouvelle voiture. ◊ *I'd like you to meet her.* J'aimerais que tu la rencontres. LOC **if you like** si tu veux **likeable** *adj* sympathique, agréable

like[2] /laɪk/ ◆ *prép* comme : *to look/be like sb* ressembler à qn ◊ *He cried like a child.* Il a pleuré comme un enfant. ◊ *He acted like an idiot.* Il s'est comporté comme un imbécile. ◊ *European countries like Italy, France, etc.* Les pays européens comme l'Italie, la France, etc. ◊ *What's the weather like?* Quel temps fait-il ? ◊ *What's she like?* Comment elle est ? ◊ *What's your new house like?* Elle est comment ta nouvelle maison ? ◊ *Do it like this.* Voilà comment il faut faire. ☛ *Comparer avec* AS *Voir aussi* JUST ◆ *conj* (*fam*) **1** comme : *It didn't end quite like I expected it to.* Ça ne s'est pas vraiment terminé comme je m'y attendais. **2** comme si : *I feel like I've been here before.* J'ai l'impression d'être déjà venu ici. ◊ *You look like you need a drink.* Tu as l'air d'avoir besoin d'un remontant. *Voir aussi* AS IF/THOUGH *sous* AS

likely /ˈlaɪkli/ ◆ *adj* (**-ier**, **-iest**) **1** probable : *It's likely to rain.* Il va sûrement pleuvoir. ◊ *She's very likely to ring me/It's very likely that she'll ring me.* Elle va très probablement m'appeler. **2** (*candidat, lieu*) prometteur, idéal ◆ *adv* LOC **not likely!** (*fam*) sûrement pas ! **likelihood** *n* [*sing*] probabilité

liken /ˈlaɪkən/ *vt* (*sout*) ~ **sth to sth** comparer qch à qch

likeness /ˈlaɪknəs/ *n* ressemblance : *There's a family likeness.* Il y a un air de famille entre eux.

likewise /ˈlaɪkwaɪz/ *adv* (*sout*) **1** également, de même : *to do likewise* faire de même **2** aussi, de même

liking /ˈlaɪkɪŋ/ *n* LOC **to be to sb's liking** (*sout*) plaire à qn **to take a liking to sb** se prendre d'affection pour qn

lilac /ˈlaɪlək/ *n* **1** (*fleur*) lilas **2** (*couleur*) lilas

lily /ˈlɪli/ *n* (*pl* **lilies**) lys

limb /lɪm/ *n* (*Anat*) **1** membre **2** branche (maîtresse)

lime /laɪm/ ◆ *n* **1** chaux **2** citron vert **3** (*arbre*) tilleul ◆ *adj, n* (*aussi* **lime green**) vert anis

limelight /ˈlaɪmlaɪt/ *n* : *in the limelight* en vedette

limestone /ˈlaɪmstəʊn/ *n* calcaire

limit[1] /ˈlɪmɪt/ *n* limite : *the speed limit* la limitation de vitesse LOC **within limits** dans une certaine mesure **limitation** *n* limitation, limite **limitless** *adj* illimité

limit[2] /ˈlɪmɪt/ *vt* limiter : *We limit him to one bar of chocolate a day.* Il n'a droit qu'à une barre de chocolat par jour. **limited** *adj* limité **limiting** *adj* contraignant

limousine /ˈlɪməziːn, ˌlɪməˈziːn/ *n* limousine

limp[1] /lɪmp/ *adj* **1** mou **2** faible

limp[2] /lɪmp/ ◆ *vi* boiter ◆ *n* : *to have a limp* boiter

line[1] /laɪn/ *n* **1** ligne **2** rangée, rang **3** queue **4** (*Littér*) vers **5 lines** [*pl*] : *to learn your lines* apprendre son texte **6** ride **7** corde : *a clothes line* une corde à linge ◊ *a fishing line* une ligne de pêche **8** (*Télécom*) ligne : *The line is engaged.* La ligne est occupée. ◊ *Hold the line.* Ne quittez pas. **9** [*sing*] : *the official line* la position officielle ◊ *take a firm line* se montrer ferme LOC **along/on the same lines** du même genre **in line with sth** en accord avec qch *Voir aussi* DROP[2], HARD, HOLD, TOE

line[2] /laɪn/ *vt* **1** border : *a street lined with trees* une rue bordée d'arbres **2** *Thousands of people lined the streets.* Des milliers de personnes s'étaient massées sur les trottoirs. PHR V **to line up (for sth)** faire la queue (pour qch) **lined** *adj* **1** (*papier*) réglé **2** (*visage*) ridé

line[3] /laɪn/ *vt* ~ **sth (with sth)** doubler qch (avec qch) ; tapisser qch (de qch) **lined** *adj* doublé, tapissé **lining** *n* doublure

line drawing *n* dessin au trait

linen /ˈlɪnɪn/ *n* **1** lin **2** linge (de maison)

liner /ˈlaɪnə(r)/ *n* paquebot

linger /ˈlɪŋgə(r)/ *vi* **1** (*personne*) s'attarder **2** (*souvenir, odeur, tradition*) persister

linguist /ˈlɪŋgwɪst/ *n* **1** linguiste **2** polyglotte **linguistic** /lɪŋˈgwɪstɪk/ *adj* linguistique **linguistics** *n* [*sing*] linguistique

link /lɪŋk/ ♦ *n* **1** maillon **2** lien : *a satellite link* une liaison par satellite ♦ *vt* **1** relier : *to link arms* se donner le bras PHR V **to link up (with sb/sth)** s'associer (avec qn/qch), se rejoindre

lion /ˈlaɪən/ *n* lion : *a lion-tamer* un dompteur de lions ◊ *a lion cub* un lionceau

lip /lɪp/ *n* lèvre

lip-read /ˈlɪp riːd/ *vi* (*prét, pp* **lip-read** /-red/) lire sur les lèvres

lipstick /ˈlɪpstɪk/ *n* rouge à lèvres

liqueur /lɪˈkjʊə(r) ; *USA* -ˈkɜːr/ *n* liqueur

liquid /ˈlɪkwɪd/ *n, adj* liquide **liquidize, -ise** *vt* passer au mixeur **liquidizer, -iser** (*aussi* **blender**) *n* mixeur

liquor /ˈlɪkə(r)/ *n* **1** (*GB*) alcool **2** (*USA*) alcool, spiritueux

liquorice (*USA* **licorice**) /ˈlɪkərɪs/ *n* réglisse

lisp /lɪsp/ ♦ *n* zézaiement ♦ **1** *vi* zézayer **2** *vt* dire en zézayant

list /lɪst/ ♦ *n* liste : *to make a list* faire une liste ◊ *a waiting list* une liste d'attente ♦ *vt* **1** faire une liste de **2** énumérer

listen /ˈlɪsn/ *vi* ~ **(to sb/sth)** écouter (qn/qch) PHR V **to listen (out) for** : *Listen (out) for the phone.* Fais attention au cas où le téléphone sonnerait. **listener** *n* **1** (*Radio*) auditeur, -trice **2** *He's a good listener.* Il sait écouter.

lit *prét, pp de* LIGHT

literacy /ˈlɪtərəsi/ *n* **1** capacité de lire et d'écrire **2** taux d'alphabétisation

literal /ˈlɪtərəl/ *adj* littéral **literally** *adv* littéralement

literary /ˈlɪtərəri ; *USA* -reri/ *adj* littéraire

literate /ˈlɪtərət/ *adj* qui sait lire et écrire

literature /ˈlɪtrətʃə(r) ; *USA* -tʃʊər/ *n* **1** littérature **2** brochures, documentation

litre (*USA* **liter**) /ˈliːtə(r)/ *n* (*abrév* **l**) litre ☛ *Voir Appendice 1.*

litter /ˈlɪtə(r)/ ♦ *n* **1** [*indénombrable*] ordures, détritus ☛ *Voir illustration sous* BIN **2** portée (*de chiots, de chatons*) ♦ *vt* (*détritus*) joncher : *Newspapers littered the floor.* Le sol était couvert de journaux.

litter bin *n* boîte à ordures, poubelle ☛ *Voir illustration sous* BIN

little /ˈlɪtl/ ♦ *adj* ☛ Le comparatif **littler** et le superlatif **littlest** sont peu usités. On leur préfère les formes **smaller** et **smallest**. **1** petit : *When I was little...* Quand j'étais petit... ◊ *my little brother* mon petit frère ◊ *my little finger* mon petit doigt ◊ *Poor little thing!* Pauvre petit ! ☛ *Voir note sous* SMALL **2** peu de : *We've very little time left.* Il ne nous reste pas beaucoup de temps. ☛ *Voir note sous* LESS

> **Little** ou **a little**? **Little** a un sens négatif et correspond généralement à *peu*. **A little** a un sens beaucoup plus positif et se traduit le plus souvent par *un peu de*. Cependant avec **only**, on utilise en règle générale **a little**. Comparer les exemples suivants : *I've got little hope.* J'ai peu d'espoir. ◊ *You should always carry a little money with you.* Tu devrais toujours avoir un peu d'argent sur toi.

♦ *n, pron* peu : *There was little anyone could do.* On n'a pas pu faire grand-chose. ◊ *Let's keep a little for tomorrow.* Gardons-en un peu pour demain. ♦ *adv* peu : *little more than an hour ago* il y a un peu plus d'une heure ◊ *I'm a little tired.* Je suis un peu fatigué. LOC **as little as possible** le moins possible **little by little** petit à petit **little or nothing** quasiment rien

live¹ /laɪv/ ♦ *adj* **1** vivant **2** (*balles, bombe*) réel, non explosé **3** (*Électr*) sous tension **4** (*Télé*) en direct **5** (*concert, musique*) live ♦ *adv* en direct

live² /lɪv/ *vi* **1** vivre **2** (*fig*) habiter : *Where do you live?* Où habites-tu ? **3** (*fig*) rester PHR V **to live for sth** ne vivre que pour qch **to live on** continuer à vivre, perdurer **to live on sth** vivre de qch, se nourrir de qch **to live through sth** connaître qch, traverser qch **to live up to sth** être fidèle à qch, être à la hauteur de qch **to live with sth** se faire à qch

livelihood /ˈlaɪvlihʊd/ *n* moyens d'existence

lively /ˈlaɪvli/ *adj* (**-ier**, **-iest**) **1** plein d'entrain **2** vif **3** animé

liven /ˈlaɪvn/ *vt, vi* PHR V **to liven sb/sth up** animer qn/qch : *How can we liven things up?* Comment va-t-on mettre un peu d'animation ? **to liven up** s'animer

liver /ˈlɪvə(r)/ *n* foie

lives *pl de* LIFE

livestock /ˈlaɪvstɒk/ *n* bétail

living /ˈlɪvɪŋ/ ♦ *n* vie : *to earn/make a*

living gagner sa vie ◊ *What do you do for a living?* Qu'est-ce que vous faites dans la vie ? ◊ *cost/standard of living* coût de la vie/niveau de vie ◆ *adj* [*toujours devant le nom*] vivant : *living creatures* les êtres vivants ☛ *Comparer avec* ALIVE LOC **in/within living memory** de mémoire d'homme

living room (*GB* **sitting room**) *n* (salle de) séjour

lizard /ˈlɪzəd/ *n* lézard

load /ləʊd/ ◆ *n* **1** charge, chargement **2 loads (of sth)** [*pl*] (*fam*) des tas de LOC **a load of (old) rubbish, etc.** (*fam*) : *What a load of rubbish!* C'est vraiment n'importe quoi ! ◆ **1** *vt* ~ **sth (into/onto sth)** charger qch (dans/sur qch) **2** *vt* ~ **sth (up) (with sth)** charger qch (de qch) **3** *vt* ~ **sb/sth down** charger qn/qch **4** *vi* ~ **(up)/(up with sth)** charger (de qch) **loaded** *adj* chargé LOC **a loaded question** une question piège

loaf /ləʊf/ *n* (*pl* **loaves** /ləʊvz/) pain, miche : *a loaf of bread* un pain ☛ *Voir illustration sous* PAIN

loan /ləʊn/ *n* **1** prêt **2** emprunt

loathe /ləʊð/ *vt* détester, haïr **loathing** *n* répugnance

loaves *pl de* LOAF

lobby /ˈlɒbi/ ◆ *n* (*pl* **-ies**) **1** hall **2** [*v sing ou pl*] (*Polit*) groupe de pression, lobby ◆ *vt, vi* (*prét, pp* **lobbied**) ~ **(sb) (for sth)** faire pression (sur qn) (pour obtenir qch)

lobster /ˈlɒbstə(r)/ *n* homard

local /ˈləʊkl/ *adj* **1** local, du quartier : *the local authority* l'administration locale **2** (*Méd*) local : *local anaesthetic* anesthésie locale **locally** *adv* localement, dans le quartier : *Do you live locally?* Vous habitez par ici ?

locate /ləʊˈkeɪt ; *USA* ˈləʊkeɪt/ *vt* **1** repérer, localiser **2** implanter

location /ləʊˈkeɪʃn/ *n* **1** emplacement **2** repérage **3** (*Cin, Télé*) extérieurs LOC **to be on location** tourner en extérieur

loch /lɒk, lɒx/ *n* (*Écosse*) lac

lock /lɒk/ ◆ *n* **1** serrure **2** antivol **3** (*canal*) écluse ◆ *vt, vi* **1** (se) fermer à clé **2** (*mécanisme*) (se) bloquer PHR V **to lock sth away/up** mettre qch sous clé **to lock sb up** mettre qn sous les verrous

locker /ˈlɒkə(r)/ *n* vestiaire, casier

locomotive *Voir* ENGINE 2

lodge /lɒdʒ/ ◆ *n* **1** loge (*du gardien*) **2** (*chasse, pêche*) pavillon **3** conciergerie ◆ **1** *vi* ~ **(with sb/at...)** loger (chez qn/à...) **2** *vt, vi* ~ **(sth) in sth** loger qch dans qch ; se loger dans un endroit **lodger** *n* locataire (*chez quelqu'un*) **lodging** *n* **1** logement : *board and lodging* (chambre avec) pension **2 lodgings** [*pl*] chambre louée, meublé

loft /lɒft ; *USA* lɔːft/ *n* grenier

log¹ /lɒg ; *USA* lɔːg/ *n* **1** rondin **2** (*pour feu*) bûche

log² /lɒg ; *USA* lɔːg/ ◆ *n* journal de bord ◆ *vt* (**-gg-**) noter (*écrire*) PHR V **to log in/on** (*Informatique*) se connecter **to log off/out** (*Informatique*) se déconnecter

logic /ˈlɒdʒɪk/ *n* logique **logical** *adj* logique

logo /ˈləʊgəʊ/ *n* (*pl* ~**s**) logo

lollipop /ˈlɒlipɒp/ *n* sucette

lonely /ˈləʊnli/ *adj* **1** solitaire : *to feel lonely* se sentir seul ☛ *Voir note sous* ALONE **2** (*maison, village*) isolé, reculé **loneliness** *n* solitude **loner** *n* solitaire

long¹ /lɒŋ ; *USA* lɔːŋ/ ◆ *adj* (**longer** /ˈlɒŋgə(r)/ **longest** /ˈlɒŋgɪst/) long : *It's two metres long.* Il fait deux mètres de long. ◊ *a long time ago* il y a longtemps ◊ *How long are the holidays?* Combien de temps durent les vacances ? ◊ *a long way away* loin LOC **in the long run** à la longue *Voir aussi* TERM ◆ *adv* (**longer** /lɒŋgə(r)/ **longest** /lɒŋgɪst/) **1** longtemps : *How long does the film last?* Combien de temps dure le film ? ◊ *Stay as long as you like.* Restez autant de temps que vous voulez. ◊ *How long have you been here?* Ça fait combien de temps que tu es ici ? ◊ *long ago* il y a longtemps ◊ *long before/after* bien avant/longtemps après **2** *the whole night long* toute la nuit ◊ *all day long* toute la journée LOC **as/so long as 1** aussi longtemps que **2** à condition que **for long 1** longtemps **2** depuis longtemps **no longer/not any longer** plus : *I'm no longer interested.* Ça ne m'intéresse plus.

long² /lɒŋ ; *USA* lɔːŋ/ *vi* **1** ~ **for sth** avoir très envie, rêver de qch **2** ~ **(for sb) to do sth** avoir très envie que qn fasse qch/de faire qch **longing** *n* désir, envie

long-distance /ˌlɒŋ ˈdɪstəns/ ◆ *adj* **1** (*appel téléphonique*) interurbain

2 (*vol*) long-courrier ◆ *adv* : *to phone long-distance* appeler de loin

longitude /ˈlɒndʒɪtjuːd ; *USA* -tuːd/ *n* longitude ☛ *Comparer avec* LATITUDE

long jump *n* saut en longueur

long-life /ˌlɒŋ ˈlaɪf/ *adj* (*lait*) longue conservation

long-range /ˌlɒŋ ˈreɪndʒ/ *adj* **1** (*prévisions*) à long terme **2** (*missile*) longue portée **3** (*avion*) long courrier

long-sighted /ˈlɒŋ saɪtɪd/ *adj* presbyte

long-standing /ˌlɒŋ ˈstændɪŋ/ *adj* de longue date

long-suffering /ˌlɒŋ ˈsʌfərɪŋ/ *adj* d'une patience à toute épreuve

long-term /ˌlɒŋ ˈtɜːm/ *adj* à long terme

loo /luː/ *n* (*pl* **loos**) (*GB, fam*) toilettes, W.-C. ☛ *Voir note sous* TOILET

look[1] /lʊk/ *vi* **1** ~ **(at sb/sth)** regarder (qn/qch) : *She looked out of the window.* Elle regarda par la fenêtre. ◊ *Well, look at her!* Regarde-moi ça ! ☛ *Voir note sous* REGARDER **2** avoir l'air, sembler : *You look tired/thirsty.* Tu as l'air fatigué/d'avoir soif. ◊ *You look as if you've seen a ghost!* À voir la tête que tu fais on dirait que tu as vu un fantôme ! ◊ *It looks as if it will be a good day.* On dirait qu'il va faire beau. **3** ~ **like sb/sth** ressembler à qn/qch : *He doesn't look at all like his father.* Il ne ressemble pas du tout à son père. ◊ *That looks like an interesting book.* Ce livre a l'air intéressant. LOC **don't look a gift horse in the mouth** (*proverbe*) on ne fait pas la bouche fine devant un cadeau qui vous est offert **look here!** écoute ! **(not) to look yourself** (ne pas) avoir l'air en forme : *Since she got ill she hasn't looked herself.* Depuis sa maladie elle n'a pas l'air en forme. **to look on the bright side** voir le bon côté des choses **to look sb up and down** toiser qn du regard **to look your age** faire son âge : *She's fifty, but she doesn't look it.* Elle a cinquante ans mais elle ne fait pas son âge. **to look your best** être à son avantage

PHR V **to look after sth 1** surveiller qch **2** s'occuper de qch **to look after sb** s'occuper de qn **to look after yourself** prendre soin de soi

to look at sth 1 regarder qch **2** (*problème, question*) examiner qch

to look back (on sth) repenser à qch, revenir sur le passé : *Looking back...* Avec du recul...

to look down on sb/sth (*fam*) mépriser qn/qch

to look for sb/sth chercher qn/qch

to look forward to (doing) sth avoir hâte de faire qch, attendre qch avec impatience : *I'm looking forward to meeting you.* J'ai hâte de vous rencontrer.

to look into sth examiner qch

to look on regarder

to look onto sth donner sur qch

to look out faire attention : *Look out!* Attention ! **to look out for sb/sth** être à la recherche de qn/qch, guetter qn/qch

to look sth over examiner qch

to look round 1 se retourner (*regarder derrière soi*) **2** regarder autour de soi **to look round sth** visiter qch

to look through sth parcourir qch

to look up 1 lever les yeux **2** (*fam*) aller mieux **to look sth up** chercher qch (*dans un dictionnaire, annuaire, etc.*) **to look up to sb** admirer qn

look[2] /lʊk/ *n* **1** coup d'œil, regard : *to have/take a look at sth* jeter un coup d'œil à qch **2** *to have a look for sth* chercher qch **3** air, aspect **4** look, style **5 looks** [*pl*] beauté : *good looks* beauté

lookout /ˈlʊkaʊt/ *n* guet, guetteur LOC **to be on the lookout for sb/sth** ; **to keep a lookout for sb/sth** guetter qn/qch *Voir* TO LOOK OUT (FOR SB/STH) *sous* LOOK[1]

loom /luːm/ ◆ *n* métier à tisser ◆ *vi* **1** ~ **(up)** surgir, apparaître **2** (*fig*) menacer

loony /ˈluːni/ *n* (*pl* **-ies**) (*fam, péj*) dingue, taré

loop /luːp/ ◆ *n* boucle ◆ **1** *vi* former une boucle **2** *vt* : *to loop sth round/over sth* enrouler qch autour de /sur qch

loophole /ˈluːphəʊl/ *n* lacune, faille

loose /luːs/ ◆ *adj* (**-er**, **-est**) **1** (*bouton*) qui se découd **2** (*vis*) desserré **3** (*nœud*) dénoué **4** (*cheveux*) dénoué, flottant **5** (*fruits, bonbons*) en vrac, au poids : *loose change* petite monnaie **6** (*animal*) échappé **7** (*vêtement*) ample **8** (*traduction*) approximatif, libre **9** (*regroupement*) vague LOC **to be at a loose end** ne pas trop savoir quoi faire *Voir aussi* LET[1] ◆ *n* LOC **to be on the loose** s'être échappé **loosely** *adv* **1** (*attacher, tenir*) sans serrer **2** approximativement

loosen /ˈluːsn/ *vt, vi* (se) desserrer : *The wine had loosened his tongue.* Le vin lui a délié la langue. PHR V **to loosen up** **1** (*Sport*) s'échauffer **2** se détendre

loot /lu:t/ ◆ *n* butin ◆ **1** *vt* piller, mettre à sac **2** *vi* se livrer au pillage **looting** *n* pillage

lop /lɒp/ *vt* (**-pp-**) tailler, élaguer PHR V **to lop sth off/away** élaguer qch

lopsided /ˌlɒp'saɪdɪd/ *adj* **1** de travers **2** (*fig*) déformé

lord /lɔ:d/ *n* **1** seigneur **2 the Lord** le Seigneur : *the Lord's Prayer* le Notre-Père **3 the Lords** *Voir* THE HOUSE OF LORDS **4 Lord** (*GB*) (*titre*) lord : *Lord Britten* lord Britten *Voir aussi* LADY **lordship** *n* LOC **your/his Lordship** **1** Monsieur le Comte, Baron, etc. **2** Monsieur le Juge **3** Monseigneur

lorry /'lɒri ; *USA* 'lɔ:ri/ *n* (*pl* **-ies**) (*GB*) (*aussi* **truck**, *GB, USA*)) camion

lose /lu:z/ (*prét, pp* **lost** /lɒst ; *USA* lɔ:st/) **1** *vt, vi* perdre : *He lost his title to the Russian.* Le Russe lui a ravi son titre de champion. **2** *vt* ~ **sb sth** faire perdre, coûter qch à qn : *It lost us the game.* Cela nous a coûté la partie. **3** *vi* (*horloge*) retarder **4** *vt* embrouiller : *You've lost me.* Je ne vous suis plus. LOC **to lose your mind** perdre la tête **to lose your nerve** perdre son sang-froid **to lose sight of sb/sth** perdre qn/qch de vue : *We must not lose sight of the fact that...* Nous ne devons pas perdre de vue le fait que... **to lose your touch** perdre la main **to lose your way** se perdre *Voir aussi* COOL, GROUND, TEMPER[1], TOSS, TRACK, WEIGHT PHR V **to lose out (on sth)** (*fam*) perdre dans qch/être perdant **to lose out (to sb/sth)** (*fam*) se faire dépasser (par qn/qch) **loser** *n* **1** perdant, -e **2** (*fam*) raté, -e : *He's such a loser!* C'est vraiment un raté !

loss /lɒs ; *USA* lɔ:s/ *n* perte LOC **to be at a loss for words** ne pas savoir quoi dire : *She was at a loss for words.* Les mots lui manquaient.

lost /lɒst/ ◆ *adj* perdu : *to get lost* se perdre LOC **get lost!** (*pop*) fiche le camp ! ◆ *prét, pp de* LOSE

lost property *n* objets trouvés

lot[1] /lɒt/ ◆ **the (whole) lot** *n* tout : *That's the lot!* Tout est là ! ◆ **a lot**, **lots** *pron* (*fam*) beaucoup : *But that wouldn't cost a lot!* Mais ça ne coûterait pas si cher que ça ! ☛ *Voir note sous* BEAUCOUP ◆ **a lot of**, **lots of** *adj* (*fam*) beaucoup de : *lots of people* beaucoup de gens ◊ *What a lot of presents!* Ça en fait des cadeaux ! ☛ *Voir note sous* MANY *Voir aussi* BEAUCOUP LOC **to see a lot of sb** voir beaucoup qn ◆ *adv* beaucoup, bien : *I'm feeling a lot better today.* Je me sens bien mieux aujourd'hui. ◊ *Thanks a lot.* Merci beaucoup.

lot[2] /lɒt/ *n* **1** lot **2** (*gens*) : *What do you lot want?* Qu'est-ce que vous voulez ? ◊ *I don't go out with that lot.* Je ne sors pas avec ces gens-là. **3** (*destinée*) sort

lotion /'ləʊʃn/ *n* lotion

lottery /'lɒtəri/ *n* (*pl* **-ies**) loterie

loud /laʊd/ ◆ *adj* (**-er**, **-est**) **1** (*bruit*) fort **2** (*couleur*) criard **3** (*personne*) exubérant ◆ *adv* (**-er**, **-est**) fort : *Speak louder.* Parle plus fort. LOC **out loud** à voix haute

loudspeaker /laʊd'spi:kə(r)/ (*aussi* **speaker**) *n* haut-parleur, enceinte

lounge /laʊndʒ/ ◆ *vi* ~ **(about/around)** traîner, lambiner ◆ *n* **1** salon, salle de séjour **2** (*aéroport*) hall : *the departure lounge* la salle d'embarquement **3** (*dans un hôtel*) salon

louse /laʊs/ *n* (*pl* **lice** /laɪs/) pou

lousy /'laʊzi/ *adj* (**-ier**, **-iest**) (*fam*) infecte, nul : *to feel lousy* être mal fichu

lout /laʊt/ *n* voyou

lovable /'lʌvəbl/ *adj* adorable

love /lʌv/ ◆ *n* **1** amour : *a love story/song* une histoire/chanson d'amour ☛ Noter que pour parler de personnes on emploie **love** *for* **somebody** tandis que pour les choses l'expression utilisée est **love** *of* **something** **2** (*Sport*) zéro LOC **to be in love (with sb)** être amoureux (de qn) **to give/send sb your love** transmettre ses amitiés à qn : *Give my love to Henry.* Embrasse bien Henry de ma part. **to make love (to sb)** faire l'amour (à qn) *Voir aussi* FALL ◆ *vt* aimer, adorer : *She loves horses.* Elle adore les chevaux. ◊ *He loves swimming.* Il adore la natation. ◊ *I'd love to go.* J'aimerais beaucoup y aller. ◊ *'Will you come with me?' 'I'd love to'.* « Tu viens avec moi ? — Volontiers. »

love affair *n* liaison (*amoureuse*)

lovely /'lʌvli/ *adj* (**-ier**, **-iest**) **1** beau **2** ravissant **3** agréable : *We had a lovely time.* Nous nous sommes bien amusés.

lovemaking /'lʌvmeɪkɪŋ/ *n* amour, rapports sexuels

lover /'lʌvə(r)/ *n* **1** amant **2** maîtresse **3** ~ **(of sth)** amateur (de qch)

loving /ˈlʌvɪŋ/ *adj* affectueux, tendre **lovingly** *adv* tendrement

low /ləʊ/ ◆ *adj* (**lower**, **lowest**) **1** bas : *lower lip* lèvre inférieure ◊ *low pressure over Ireland* une dépression sur l'Irlande ◊ *low quality TV* des émissions de piètre qualité ◊ *lower case* minuscule ◊ *the lower middle classes* la petite bourgeoisie ☛ *Comparer avec* HIGH[1], UPPER **2** déprimé : *to feel low* être déprimé LOC **to keep a low profile** adopter un profil bas, se faire discret *Voir aussi* ESTEEM ◆ *adv* (**lower**, **lowest**) bas : *to fly low* voler à basse altitude LOC *Voir* STOOP ◆ *n* minimum

low-alcohol /ˌləʊ ˈælkəhɒl/ *adj* peu alcoolisé, à faible teneur en alcool

low-calorie /ˌləʊ ˈkæləri/ *adj* **1** à faible teneur en calories

Low-calorie est un terme générique qui s'applique aux produits basses calories ou *light*. Pour les boissons, on utilise **diet** : *diet drinks* des boissons light.

2 (*régime*) hypocalorique

low-cost /ˌləʊ ˈkɒst/ *adj* bon marché, pas cher

lower /ˈləʊə(r)/ *vt* baisser, diminuer

low-fat /ˌləʊ ˈfæt/ *adj* **1** (*produit*) allégé : *low-fat yogurt* yaourt allégé **2** (*régime*) pauvre en matières grasses

low-key /ˌləʊ ˈkiː/ *adj* discret

lowlands /ˈləʊləndz/ *n* [*pl*] basses-terres, plaine **lowland** *adj* de plaine

low tide *n* marée basse

loyal /ˈlɔɪəl/ *adj* ~ **(to sb/sth)** loyal (envers qn/qch) **loyalist** *n* loyaliste **loyalty** *n* (*pl* **-ies**) loyauté

luck /lʌk/ *n* chance : *to have bad luck* ne pas avoir de chance ◊ *a stroke of luck* un coup de chance LOC **no such luck!** pas de chance ! **to be in/out of luck** avoir de la chance/ne pas avoir de chance *Voir aussi* CHANCE, HARD

lucky /ˈlʌki/ *adj* (**-ier**, **-iest**) **1** *to be lucky* avoir de la chance **2** *It's lucky she's still here.* Heureusement qu'elle est encore là. **luckily** *adv* heureusement

ludicrous /ˈluːdɪkrəs/ *adj* ridicule

luggage /ˈlʌɡɪdʒ/ (*surtout USA* **baggage**) *n* [*indénombrable*] bagages ☛ *Voir illustration sous* BAGAGE ☛ *Voir note sous* INFORMATION

luggage rack *n* porte-bagages

lukewarm /ˌluːkˈwɔːm/ *adj* tiède

lull /lʌl/ ◆ *vt* **1** apaiser **2** bercer ◆ *n* pause

lumber /ˈlʌmbə(r)/ **1** *vt* ~ **sb with sb/sth** mettre qn/qch sur les bras de qn : *I got lumbered with the washing-up.* Je me suis coltiné la vaisselle. **2** *vi* se déplacer lourdement **lumbering** *adj* lourd, pesant

lump /lʌmp/ ◆ *n* **1** morceau : *a sugar lump* un morceau de sucre **2** grumeau **3** bosse **4** (*Méd*) grosseur ◆ *vt* ~ **sb/sth together** mettre qn/qch dans le même panier **lumpy** *adj* (**-ier**, **-iest**) **1** (*sauce*) plein de grumeaux **2** (*surface*) bosselé

lump sum *n* somme forfaitaire

lunacy /ˈluːnəsi/ *n* [*indénombrable*] folie, démence

lunatic /ˈluːnətɪk/ *n* fou, folle

lunch /lʌntʃ/ ◆ *n* déjeuner : *We had lunch.* Nous avons déjeuné. ◊ *the lunch hour* l'heure du déjeuner ☛ *Voir note sous* DINNER *Voir aussi* PACKED *sous* PACK ◆ *vi* déjeuner

lunchtime /ˈlʌntʃtaɪm/ *n* l'heure du déjeuner

lung /lʌŋ/ *n* poumon : *lung cancer* le cancer du poumon

lurch /lɜːtʃ/ ◆ *n* embardée ◆ *vi* **1** (*personne*) tituber **2** (*voiture*) faire une embardée **3** (*navire*) tanguer

lure /lʊə(r)/ ◆ *n* **1** attrait **2** (*pêche, chasse*) leurre ◆ *vt* attirer

lurid /ˈlʊərɪd/ *adj* **1** (*couleur*) criard **2** (*description, récit*) atroce, cru

lurk /lɜːk/ *vi* être tapi

luscious /ˈlʌʃəs/ *adj* succulent

lush /lʌʃ/ *adj* luxuriant

lust /lʌst/ ◆ *n* **1** désir sexuel **2** ~ **for sth** désir de qch ◆ *vi* **1** ~ **after/for sth** convoiter qch **2** ~ **after sb** avoir envie de qn

luxurious /lʌɡˈʒʊəriəs/ *adj* luxueux

luxury /ˈlʌkʃəri/ *n* (*pl* **-ies**) luxe : *a luxury hotel* un hôtel de luxe

lying *Voir* LIE[1,2]

lyric /ˈlɪrɪk/ (*aussi* **lyrical** /ˈlɪrɪkl/) *adj* lyrique

lyrics /ˈlɪrɪks/ *n* [*pl*] paroles (*de chanson*)

Mm

M, m /em/ *n* (*pl* **M's, m's** /emz/) M, m : *M for Mary* M comme Marie ☛ *Voir exemples sous* A, A

mac (*aussi* **mack**) /mæk/ *n* (*GB, fam*) *Voir* MACKINTOSH

macabre /mə'kɑːbrə/ *adj* macabre

macaroni /ˌmækə'rəʊni/ *n* [*indénombrable*] macaronis

machine /mə'ʃiːn/ *n* machine

machine-gun /mə'ʃiːn gʌn/ *n* mitraillette

machinery /mə'ʃiːnəri/ *n* [*indénombrable*] machines, mécanismes

mackintosh /'mækɪntɒʃ/ (*aussi* **mac, mack** /mæk/) *n* (*GB*) imperméable

mad /mæd/ *adj* (**madder, maddest**) **1** fou : *to go mad* devenir fou ◊ *to be mad about sb/sth* être fou de qn/qch **2** (*fam, surtout USA*) **mad (at/with sb)** furieux (contre qn) LOC **like mad** (*fam*) comme un fou **madly** *adv* **1** follement : *to be madly in love with sb* être éperdument amoureux de qn **2** frénétiquement **madness** *n* folie

madam /'mædəm/ *n* [*sing*] (*sout*) madame

maddening /'mædnɪŋ/ *adj* exaspérant

made *prét, pp de* MAKE[1]

magazine /ˌmægə'ziːn ; *USA* 'mægəziːn/ *n* (*fam* **mag**) magazine, revue

maggot /'mægət/ *n* asticot

magic /'mædʒɪk/ ◆ *n* magie LOC **like magic** comme par magie ◆ *adj* **1** magique **2** (*fam*) génial **magical** *adj* magique **magician** *n* magicien, -ienne *Voir aussi* CONJUROR *sous* CONJURE

magistrate /'mædʒɪstreɪt/ *n* magistrat : *the magistrates' court* le tribunal d'instance

magnet /'mægnət/ *n* aimant **magnetic** /mæg'netɪk/ *adj* **1** magnétique, aimanté **2** (*sourire, charme*) irrésistible **magnetism** /'mægnətɪzəm/ *n* magnétisme **magnetize, -ise** *vt* aimanter

magnificent /mæg'nɪfɪsnt/ *adj* magnifique, splendide **magnificence** *n* splendeur

magnify /'mægnɪfaɪ/ *vt* (*prét, pp* **-fied**) grossir (*amplifier*) **magnification** *n* grossissement

magnifying glass *n* loupe

magnitude /'mægnɪtjuːd ; *USA* -tuːd/ *n* **1** grandeur **2** ampleur **3** (*Astron*) magnitude

mahogany /mə'hɒgəni/ *n* acajou

maid /meɪd/ *n* **1** femme de chambre **2** femme de ménage **3** (*vieilli*) jeune fille

maiden /'meɪdn/ *n* (*vieilli*) jeune fille

maiden name *n* nom de jeune fille

mail /meɪl/ ◆ *n* **1** [*indénombrable*] (*surtout USA*) courrier

> En anglais britannique, le mot **post** est beaucoup plus courant que **mail** qui est cependant entré dans la langue surtout dans les mots composés comme **electronic mail**, **junk mail** et **airmail**.

2 (*Informatique*) courrier électronique **3** (*Informatique*) message, courrier (*électronique*) ◆ *vt* **1** ~ **sth (to sb)** envoyer, expédier qch (à qn) **2** ~ **sb** (*Informatique*) contacter qn ; envoyer un message à qn (*par courrier électronique*) : *I'll mail you later.* Je t'envoie un message tout à l'heure.

mailbox /'meɪlbɒks/ (*USA*) *n* **1** (*GB* **letter box**) boîte aux lettres (*dans un immeuble*) **2** (*GB* **postbox**) boîte aux lettres (*dans la rue*) **3** (*Informatique*) messagerie

mailman /'meɪlmæn/ *n* (*USA*) (*pl* **-men** /-men/) facteur

mail order *n* vente par correspondance

maim /meɪm/ *vt* estropier

main[1] /meɪn/ *adj* principal : *the main course* le plat de résistance LOC **in the main** dans l'ensemble **the main thing** l'essentiel **mainly** *adv* principalement, surtout

main[2] /meɪn/ *n* **1** canalisation : *a gas/water main* une canalisation d'eau/de gaz **2 the mains** [*pl*] le réseau de distribution (*eau, gaz, etc.*)

mainland /'meɪnlænd/ *n* continent (*et non île*)

main line *n* (*Chemin de fer*) grande ligne

mainstream /ˈmeɪnstriːm/ *n* courant dominant

maintain /meɪnˈteɪn/ *vt* **1** conserver, maintenir : *to maintain friendly relations* conserver des relations amicales **2** (*propriété*) entretenir : *well maintained* bien entretenu **3** (*famille*) subvenir aux besoins de **4** ~ **sth/that...** affirmer qch/que...

maintenance /ˈmeɪntənəns/ *n* **1** maintien **2** entretien **3** pension alimentaire

maize /meɪz/ *n* maïs ☛ Pour faire référence au maïs de table, on utilise le mot **sweetcorn**. *Comparer avec* CORN

majestic /məˈdʒestɪk/ *adj* majestueux

majesty /ˈmædʒəsti/ *n* (*pl* **-ies**) **1** majesté **2 Majesty** : *Your/Her Majesty* Votre/Sa Majesté

major /ˈmeɪdʒə(r)/ ◆ *adj* **1** majeur, important : *to make major changes* introduire des changements importants ◊ *a major problem* un problème majeur **2** (*Mus*) majeur ◆ *n* (*Mil*) commandant

majority /məˈdʒɒrəti ; *USA* -ˈdʒɔːr-/ *n* (*pl* **-ies**) **1** [*v sing ou pl*] majorité : *The majority was/were in favour.* La majorité y était favorable.

Noter que la forme habituelle de dire en anglais *la majorité des gens/de mes amis* est **most people/most of my friends**. Cette expression se construit avec un verbe au pluriel : *La majorité de mes amis vont à la même école que moi.* Most of my friends go to the same school as me.

2 [*devant un nom*] majoritaire : *majority rule* gouvernement majoritaire

make[1] /meɪk/ *vt* (*prét, pp* **made** /meɪd/) **1** ~ **sth (from/out of sth)** faire qch (avec qch) ; fabriquer qch (avec qch) : *We made Christmas decorations from paper and string.* Nous avons fait des décorations de Noël avec du papier et de la ficelle. ◊ *What's it made (out) of?* C'est en quoi ? ◊ *made in Japan* fabriqué au Japon ◊ *I'll make you a cup of coffee.* Je vais te faire un café. **2** (*créer*) : *to make a noise/hole/list* faire du bruit/un trou/une liste ◊ *to make plans* faire des projets ◊ *to make an impression* faire bonne impression **3** (*réaliser, exécuter*) : *She makes films for children.* Elle fait des films pour enfants. ◊ *to make a phone call* donner un coup de téléphone ◊ *to make a visit/trip* faire une visite/un voyage ◊ *to make an improvement* faire des progrès ◊ *to make an effort* faire un effort ◊ *to make a change* changer **4** (*convertir*) ~ **sth into sth** transformer qch en qch : *We can make this room into a bedroom.* On pourrait transformer cette pièce en chambre. **5** (*obliger*) ~ **sb/sth do sth** faire qn faire qch : *She made me wash the dishes.* Elle m'a fait faire la vaisselle. ◊ *The onions made her cry.* Les oignons l'ont fait pleurer. ☛ **make** est suivi de l'infinitif sans TO, sauf dans les expressions à la voix passive : *I can't make him do it.* Je ne peux pas le forcer à le faire. ◊ *You've made her feel guilty.* Tu lui as donné mauvaise conscience. ◊ *He was made to wait at the police station.* On l'a fait attendre au commissariat de police. **6** ~ **sb/sth + adjectif/nom** rendre : *He makes me happy.* Il me rend heureux. ◊ *He makes me angry.* Il me met en colère. ◊ *That will only make things worse.* Cela ne fera qu'aggraver les choses. ◊ *She made my life hell.* Elle m'a rendu la vie impossible. **7** (*nommer*) ~ **sb sth** faire de qn qch : *to be made a partner in a law firm* être fait associé dans un cabinet juridique **8** (*devenir*) : *He'll make a good teacher.* Il fera un bon professeur. **9** gagner : *She makes lots of money.* Elle gagne très bien sa vie. **10** (*dire*) : *to make an offer/a promise* faire une proposition/une promesse ◊ *to make an excuse* trouver une excuse ◊ *to make a comment* faire une remarque **11** (*fam*) (*arriver, finir*) : *Can you make it (to the party)?* Est-ce tu peux venir (à la soirée) ? ◊ *Can you make it to the top?* Tu penses réussir à aller jusqu'en haut ? **12** (*évaluer*) faire : *I make the total cost £95.* D'après moi, ça fait 95 livres en tout. ◊ *What time do you make it?* Quelle heure avez-vous ? LOC **to make do with sth** se débrouiller avec qch **to make it** (*fam*) y arriver, réussir : *We made it!* On y est arrivés ! **to make the most of sth** profiter au maximum de qch ☛ Les autres expressions formées avec **make** sont traitées sous le nom, l'adjectif, etc. correspondant : pour **to make love**, par exemple, voir LOVE.

PHR V **to be made for sb/each other** être fait pour qn/l'un pour l'autre **to make for sb/sth** se diriger vers qn/qch : *to make for home* prendre le chemin du retour **to make for sth** permettre qch

to make sth of sb/sth penser qch de qn/qch : *What do you make of it all?* Qu'est-ce que tu penses de tout ça ?
to make off (with sth) se tirer avec qch, filer
to make sb/sth out 1 distinguer qn/qch : *to make out sb's handwriting* réussir à lire l'écriture de qn **2** comprendre qn/qch **to make sth out** : *to make out a cheque for £34* faire un chèque de 34 livres
to make sb/yourself up maquiller qn, se maquiller **to make sth up 1** préparer qch **2** composer qch, constituer qch : *the groups that make up our society* les groupes qui constituent notre société **3** inventer qch : *to make up an excuse* inventer une excuse **to make up for sth** compenser qch **to make up (with sb)** se réconcilier (avec qn)

make² /meɪk/ *n* marque (*de fabrication*) ☛ *Comparer avec* BRAND

maker /'meɪkə(r)/ *n* fabricant, -e

makeshift /'meɪkʃɪft/ *adj* de fortune, improvisé

make-up /'meɪk ʌp/ *n* **1** [*indénombrable*] maquillage **2** composition **3** caractère, tempérament

making /'meɪkɪŋ/ *n* fabrication LOC **to be the making of sb** former le caractère de qn : *University was the making of Ben.* C'est l'université qui a tout déterminé pour Ben. **to have the makings of sth 1** (*personne*) avoir l'étoffe de qch **2** (*chose*) avoir tout pour faire qch

male /meɪl/ ◆ *adj* **1** (*Biol*) mâle : *a male goat* un bouc **2** (*trait, sexe*) masculin **3** (*Électr*) mâle ☛ *Voir note sous* FEMALE ◆ *n* mâle

malice /'mælɪs/ *n* méchanceté **malicious** /mə'lɪʃəs/ *adj* méchant, malveillant

malignant /mə'lɪgnənt/ *adj* (*Méd*) malin

mall /mæl, mɔːl/ (*aussi* **shopping mall**) *n* centre commercial

malnutrition /ˌmælnjuː'trɪʃn ; *USA* -nuː-/ *n* malnutrition

malt /mɔːlt/ *n* malt

mammal /'mæml/ *n* mammifère

mammoth /'mæməθ/ ◆ *n* mammouth ◆ *adj* gigantesque

man¹ /mæn/ *n* (*pl* **men** /men/) homme : *a young man* un jeune homme ◊ *a man's shirt* une chemise d'homme LOC **the man in the street** (*GB*) l'homme de la rue

Man et **mankind** s'utilisent pour signifier de façon générique *tous les hommes et toutes les femmes*. Cet usage est parfois considéré comme abusif et on lui préfère d'autres mots tels que **humanity**, **the human race** (au singulier) ou **humans**, **human beings**, **people** (au pluriel).

man² /mæn/ *vt* (**-nn-**) **1** (*bureau*) assurer une permanence à **2** (*navire*) équiper en personnel

manage /'mænɪdʒ/ **1** *vt* (*entreprise*) gérer **2** *vt* (*propriété*) administrer **3** *vi* ~ **(without sb/sth)** s'en sortir (sans qn/qch) : *I can't manage on £50 a week.* Je ne peux pas m'en sortir avec 50 livres par semaine. ◊ *I can manage quite well without you.* Je peux très bien me débrouiller sans toi. **4** *vt, vi* réussir (à faire), se débrouiller : *to manage to do sth* réussir à faire qch ◊ *Can you manage it?* Ça ne fait pas trop pour toi ? ◊ *Can you manage 6 o'clock?* 6 heures, ça vous convient ? ◊ *I couldn't manage another mouthful.* Je ne pourrais pas avaler une bouchée de plus. **manageable** *adj* **1** gérable **2** (*enfant, animal*) docile **3** (*cheveux*) facile à coiffer

management /'mænɪdʒmənt/ *n* gestion, direction : *a management consultant* un conseiller en gestion

manager /'mænɪdʒə(r)/ *n* **1** (*entreprise*) responsable, directeur **2** (*magasin*) gérant **3** (*exploitation agricole*) exploitant **4** (*Théâtre*) imprésario, directeur artistique **5** (*Sport*) manager **manageress** *n* gérante **managerial** /ˌmænə'dʒɪəriəl/ *adj* d'encadrement

managing director *n* directeur général

mandate /'mændeɪt/ *n* ~ **(to do sth)** mandat (de faire qch) **mandatory** /'mændətəri ; *USA* -tɔːri/ *adj* obligatoire

mane /meɪn/ *n* crinière

maneuver (*USA*) *Voir* MANOEUVRE

manfully /'mænfəli/ *adv* vaillamment

mangle /'mæŋgl/ *vt* mutiler, déchiqueter

manhood /'mænhʊd/ *n* âge d'homme

mania /'meɪniə/ *n* manie **maniac** *adj, n* **1** maniaque : *to drive like a maniac* conduire comme un fou **2** (*passionné*) mordu, -e

manic /ˈmænɪk/ *adj* **1** frénétique, survolté **2** maniaco-dépressif, obsessionnel

manicure /ˈmænɪkjʊə(r)/ *n* manucure

manifest /ˈmænɪfest/ *vt* manifester : *to manifest itself* se manifester **manifestation** *n* manifestation **manifestly** *adv* manifestement

manifesto /ˌmænɪˈfestəʊ/ *n* (*pl* ~**s**) manifeste

manifold /ˈmænɪfəʊld/ *adj* (*sout*) multiple

manipulate /məˈnɪpjuleɪt/ *vt* manipuler **manipulation** *n* manipulation **manipulative** *adj* manipulateur

mankind /mænˈkaɪnd/ *n* l'espèce humaine ☛ *Voir note sous* MAN[1]

manly /ˈmænli/ *adj* (**-ier**, **-iest**) viril

man-made /ˌmæn ˈmeɪd/ *adj* synthétique, artificiel

manned /mænd/ *adj* avec équipage à bord : *a manned space flight* un vol spatial habité

manner /ˈmænə(r)/ *n* **1** manière **2** attitude **3 manners** [*pl*] manières : *(good) manners* bonnes manières ◊ *bad manners* mauvaises manières ◊ *It's bad manners to stare.* Ce n'est pas bien de regarder fixement les gens. ◊ *He has no manners.* Il n'a aucun savoir-vivre.

mannerism /ˈmænərɪzəm/ *n* maniérisme

manoeuvre (*USA* **maneuver**) /məˈnuːvə(r)/ ◆ *n* manœuvre ◆ *vt, vi* manœuvrer

manor /ˈmænə(r)/ *n* **1** (*Hist*) domaine seigneurial **2** (*aussi* **manor house**) manoir

manpower /ˈmænpaʊə(r)/ *n* main-d'œuvre

mansion /ˈmænʃn/ *n* hôtel particulier, château

manslaughter /ˈmænslɔːtə(r)/ *n* homicide involontaire ☛ *Comparer avec* HOMICIDE, MURDER

mantelpiece /ˈmæntlpiːs/ (*aussi* **chimney piece**) *n* (manteau de) cheminée

manual /ˈmænjuəl/ ◆ *adj* manuel ◆ *n* manuel : *a training manual* un manuel d'instruction **manually** *adv* manuellement

manufacture /ˌmænjuˈfæktʃə(r)/ *vt* **1** fabriquer, confectionner ☛ *Comparer avec* PRODUCE[1] **2** (*excuse*) fabriquer, inventer **manufacturer** *n* fabricant, constructeur

manure /məˈnjʊə(r)/ *n* fumier

manuscript /ˈmænjuskrɪpt/ *n* manuscrit

many /ˈmeni/ *adj, pron* **1** beaucoup (de) : *Many people disagree.* Beaucoup ne partagent pas cet avis. ◊ *I haven't got many left.* Il ne m'en reste pas beaucoup. ◊ *In many ways, I regret it.* Je le regrette à bien des égards.

La traduction de **beaucoup** dépend du nom qu'il remplace ou qui le suit. Dans les phrases affirmatives on emploie **a lot (of)** : *This fish has a lot of bones.* Ce poisson a beaucoup d'arêtes. Dans les phrases négatives et interrogatives on emploie **many** ou **a lot of** quand le nom est au pluriel : *Not many people would agree.* Peu de gens seraient d'accord. On emploie **much** ou **a lot of** quand le nom est au singulier : *We haven't got much time left.* Il ne nous reste pas beaucoup de temps.

2 ~ **a sth** plus d'un, plus d'une : *Many a politician has been ruined by scandal.* Plus d'un homme politique a vu sa carrière brisée à la suite d'un scandale. ◊ *many a time* maintes fois LOC **a good/great many** pas mal (de) *Voir aussi* AS, HOW, SO, TOO

map /mæp/ ◆ *n* carte (*routière*) LOC **to put sb/sth on the map** faire connaître qn/qch ◆ *vt* (**-pp-**) faire la carte de PHR V **to map sth out** élaborer qch, préparer qch

maple /ˈmeɪpl/ *n* érable

marathon /ˈmærəθən ; *USA* -θɒn/ *n* marathon : *to run a marathon* courir un marathon ◊ *The interview was a real marathon.* L'entretien a été un véritable marathon.

marble /ˈmɑːbl/ *n* **1** marbre : *a marble statue* une statue de marbre **2** bille

March /mɑːtʃ/ *n* (*abrév* **Mar**) mars ☛ *Voir note et exemples sous* JANUARY

march /mɑːtʃ/ ◆ *vi* **1** marcher au pas **2** manifester (*pour protester*) LOC **to get your marching orders 1** se faire envoyer promener **2** être flanqué à la porte **to give sb their marching orders 1** envoyer qn promener **2** flanquer qn à la porte PHR V **to march sb away/off to sth** emmener qn d'autorité à qch **to march in** entrer d'un pas résolu **to march past (sb)** passer (devant qn) avec un air décidé **to march up to sb** s'avancer vers qn d'un air décidé ◆ *n* **1** marche **2** marche, manifestation LOC **on the march** en marche *Voir aussi* QUICK **marcher** *n* manifestant, -e

mare /meə(r)/ *n* jument

margarine /ˌmɑːdʒəˈriːn ; *USA* ˈmɑːrdʒərɪn/ (*GB, fam* **marge** /mɑːdʒ/) *n* margarine

margin /ˈmɑːdʒɪn/ *n* marge **marginal** *adj* **1** insignifiant, négligeable **2** (*commentaires*) dans la marge **marginally** *adv* très légèrement

marijuana (*aussi* **marihuana**) /ˌmærəˈwɑːnə/ *n* marijuana

marina /məˈriːnə/ *n* marina

marine /məˈriːn/ ◆ *adj* marin, maritime ◆ *n* fusilier marin

marital /ˈmærɪtl/ *adj* conjugal : *marital status* situation de famille

maritime /ˈmærɪtaɪm/ *adj* maritime

mark¹ /mɑːk/ (*aussi* **Deutschmark**) *n* mark (*monnaie*)

mark² /mɑːk/ ◆ *n* **1** marque, tache **2** marque : *punctuation marks* signes de ponctuation **3** note : *a good/poor mark* une bonne/mauvaise note

En Grande-Bretagne, il existe diverses façons de noter le travail scolaire. En classe, le professeur peut utiliser des lettres (généralement entre A et C ou D) ou un nombre (sur dix ou vingt) : *He gave me 6 out of 10 for my homework.* Il m'a mis 6 sur 10 à mon devoir. Si un professeur met un commentaire comme *very good* cela ne correspond pas à une note concrète. Lors des examens les notes sont des lettres. A est la note la plus haute et suivant le niveau de l'examen, les catégories vont jusqu'à E ou G. La note U signifie qu'on a échoué. : *She got a D for French.* ◊ *I got two B's and a C at A level.*

LOC **on your marks, (get) set, go!** à vos marques, prêts, partez ! **to be up to the mark** être à la hauteur **to make your mark** faire ses preuves *Voir aussi* OVERSTEP ◆ *vt* **1** faire une marque à **2** cocher **3** (*copie*) corriger LOC **mark my words** crois-moi **to mark time** (*Mil, fig*) marquer le pas PHR V **to mark sth up/down** majorer/baisser le prix de qch **marked** /mɑːkt/ *adj* net, sensible **markedly** /ˈmɑːkɪdli/ *adv* (*sout*) nettement

marker /ˈmɑːkə(r)/ *n* **1** repère : *a marker buoy* une balise **2** (*aussi* **marker pen**) marqueur (*stylo*) **3** (*personne*) correcteur, -trice **4** (*Sport*) marqueur, -euse

market /ˈmɑːkɪt/ ◆ *n* marché LOC **to be in the market for sth** (*fam*) chercher à acquérir qch **on the market** en vente : *I'm putting my house on the market.* Je vais mettre ma maison en vente. ◆ *vt* commercialiser, mettre sur le marché **marketable** *adj* vendable

marketing /ˈmɑːkətɪŋ/ *n* marketing

market place (*aussi* **market square**) *n* place du marché

market research *n* [*indénombrable*] études de marché

marmalade /ˈmɑːməleɪd/ *n* marmelade (*d'oranges, de citron, etc.*)

maroon /məˈruːn/ *adj, n* bordeaux (*couleur*)

marooned /məˈruːnd/ *adj* abandonné, coincé : *marooned on a desert island* abandonné sur une île déserte

marquee /mɑːˈkiː/ *n* grand auvent, chapiteau

marriage /ˈmærɪdʒ/ *n* mariage ☛ *Voir note sous* MARIAGE

married /ˈmærid/ *adj* ~ **(to sb)** marié (à qn) : *to get married* se marier

marrow¹ /ˈmærəʊ/ *n* moelle LOC *Voir* CHILL

marrow² /ˈmærəʊ/ *n* courge

marry /ˈmæri/ (*prét, pp* **married**) **1** *vt* épouser **2** *vi* se marier **3** *vt* marier, unir *Voir aussi* MARRIED

Mars /mɑːz/ *n* Mars

marsh /mɑːʃ/ *n* marais, marécage

marshal /ˈmɑːʃl/ ◆ *n* **1** maréchal **2** (*USA*) (*shérif*) marshal ◆ *vt* (**-ll-**, *USA* **-l-**) **1** (*troupe, idées*) rassembler **2** (*foule*) canaliser

marshy /ˈmɑːʃi/ *adj* (**-ier, -iest**) marécageux

martial /ˈmɑːʃl/ *adj* martial

Martian /ˈmɑːʃn/ *adj, n* martien

martyr /ˈmɑːtə(r)/ *n* martyr, -e **martyrdom** *n* martyre (*torture*)

marvel /ˈmɑːvl/ ◆ *n* merveille ◆ *vi* (**-ll-**, *USA* **-l-**) ~ **at sth** s'émerveiller de qch **marvellous** (*USA* **marvelous**) *adj* merveilleux, formidable : *We had a marvellous time.* C'était vraiment très bien. ◊ *(That's) marvellous!* Formidable !

Marxism /'mɑːksɪzəm/ *n* marxisme **Marxist** *adj, n* marxiste

marzipan /'mɑːzɪpæn, ˌmɑːzɪ'pæn/ *n* pâte d'amandes

mascara /mæ'skɑːrə ; *USA* -'skærə/ *n* mascara

mascot /'mæskət, -skɒt/ *n* mascotte

masculine /'mæskjəlɪn/ *adj* masculin **masculinity** /ˌmæskju'lɪnəti/ *n* masculinité

mash /mæʃ/ ◆ *n* (*GB, fam*) purée ◆ *vt* ~ **sth (up)** écraser qch : *mashed potatoes* de la purée

mask /mɑːsk ; *USA* mæsk/ ◆ *n* (*pr et fig*) masque ◆ *vt* masquer **masked** *adj* masqué

mason[1] /'meɪsn/ *n* maçon

mason[2] (*aussi* **Mason**) /'meɪsn/ *n* franc-maçon **masonic** (*aussi* **Masonic**) /mə'sɒnɪk/ *adj* maçonnique

masonry /'meɪsənri/ *n* maçonnerie

masquerade /ˌmɑːskə'reɪd ; *USA* ˌmæsk-/ ◆ *n* mascarade ◆ *vi* ~ **as sth** se faire passer pour qch

mass[1] (*aussi* **Mass**) /mæs/ *n* (*Relig, Mus*) messe

mass[2] /mæs/ ◆ *n* **1** masse, amas : *a mass of snow* un amas de neige **2 masses (of sth)** [*pl*] (*fam*) des tas (de qch) : *masses of letters* des tas de lettres **3** [*avant nom*] de masse : *a mass grave* un charnier ◊ *mass hysteria* hystérie collective **4 the masses** [*pl*] les masses LOC **the (great) mass of...** la grande majorité de... **to be a mass of sth** être couvert de qch ◆ *vt, vi* **1** (se) rassembler **2** (*Mil*) (se) regrouper

massacre /'mæsəkə(r)/ ◆ *n* massacre ◆ *vt* massacrer

massage /'mæsɑːʒ ; *USA* mə'sɑːʒ/ ◆ *vt* masser ◆ *n* massage

massive /'mæsɪv/ *adj* **1** énorme **2** (*victoire, majorité*) écrasant **massively** *adv* considérablement, énormément

mass-produce /ˌmæs prə'djuːs/ *vt* fabriquer en série

mass production *n* fabrication en série

mast /mɑːst ; *USA* mæst/ *n* **1** (*bateau*) mât **2** (*télévision*) pylône

master /'mɑːstə(r) ; *USA* 'mæs-/ ◆ *n* **1** maître **2** (*Navig*) capitaine, commandant **3** original (*de copie*) **4** *master bedroom* chambre principale LOC **a master plan** un schéma directeur ◆ *vt* maîtriser **masterful** *adj* **1** autoritaire **2** magistral

masterly /'mɑːstəli ; *USA* 'mæs-/ *adj* magistral

mastermind /'mɑːstəmaɪnd ; *USA* 'mæs-/ ◆ *n* génie, cerveau ◆ *vt* échafauder

masterpiece /'mɑːstəpiːs ; *USA* 'mæs-/ *n* chef-d'œuvre

master's degree (*aussi* **master's**) *n* maîtrise

mastery /'mɑːstəri ; *USA* 'mæs-/ *n* **1** ~ **(of sth)** maîtrise (de qch) **2** ~ **(over sb/sth)** domination (de qn/qch)

masturbate /'mæstəbeɪt/ *vi* se masturber **masturbation** *n* masturbation

mat /mæt/ *n* **1** (petit) tapis **2** (*Sport*) tapis **3** dessous-de-plat, set de table **4** enchevêtrement *Voir aussi* MATTED

match[1] /mætʃ/ *n* allumette

match[2] /mætʃ/ *n* **1** (*Sport*) match **2** *This is an exact match.* C'est exactement pareil. LOC **to be a good, perfect, etc. match (for sb/sth) 1** aller bien avec qch, aller bien ensemble **2** *Jo and Ian are a perfect match for each other.* Jo et Ian sont vraiment faits l'un pour l'autre **to find/to meet your match** avoir affaire à forte partie

match[3] /mætʃ/ **1** *vt, vi* être assorti (à) : *matching shoes and handbag* des chaussures et un sac à main assortis **2** *vt* égaler PHR V **to match up** aller ensemble **to match sth up (with sth)** assortir qch (à qch) **to match up to sb/sth** être à la hauteur de qn/qch

matchbox /'mætʃbɒks/ *n* boîte d'allumettes

mate[1] /meɪt/ ◆ *n* **1** (*GB, fam*) copain **2** (*plombier, électricien*) aide, assistant **3** (*Navig*) second capitaine **4** (*Zool*) mâle, femelle ◆ *vt, vi* (s')accoupler

mate[2] /meɪt/ (*aussi* **checkmate**) *n* échec et mat

material /mə'tɪəriəl/ ◆ *n* **1** (*substance*) matière : *raw materials* matières premières **2** tissu ☛ *Voir note sous* TISSU **3** matériel : *teaching material* matériel pédagogique ◆ *adj* matériel **materially** *adv* matériellement **materialist** *n* matérialiste **materialistic** /məˌtɪəriə'lɪstɪk/ *adj* matérialiste

materialism /mə'tɪəriəlɪzəm/ *n* matérialisme

materialize, -ise /mə'tɪəriəlaɪz/ *vi* se matérialiser, se concrétiser

maternal /mə'tɜːnl/ *adj* maternel : *his maternal grandmother* sa grand-mère maternelle

maternity /mə'tɜːnəti/ *n* maternité

mathematical /ˌmæθə'mætɪkl/ *adj* mathématique **mathematician** /ˌmæθəmə'tɪʃn/ *n* mathématicien, -ienne **mathematics** /ˌmæθə'mætɪks/ *n* [*sing*] mathématiques

maths /mæθs/ *n* [*sing*] (*fam*) maths

matinee (*aussi* **matinée**) /'mætɪneɪ ; *USA* ˌmætn'eɪ/ *n* matinée (*Théâtre*)

mating /'meɪtɪŋ/ *n* accouplement LOC **the mating season** la saison des amours

matrimony /'mætrɪməni ; *USA* -məʊni/ *n* (*sout*) mariage **matrimonial** /ˌmætrɪ'məʊniəl/ *adj* matrimonial

matron /'meɪtrən/ *n* infirmière en chef

matt (*aussi* **matte**) /mæt/ *adj* mat ☛ *Comparer avec* GLOSS

matted /'mætɪd/ *adj* emmêlé

matter /'mætə(r)/ ◆ *n* **1** question, affaire : *I have nothing further to say on the matter.* Je n'ai rien à rajouter sur ce point. **2** (*Phys*) matière **3** (*documents*) : *printed matter* imprimés ◊ *reading matter* de quoi lire LOC **a matter of life and death** une question de vie ou de mort **a matter of opinion** une question de point de vue **as a matter of course** systématiquement, tout naturellement **as a matter of fact** en fait **for that matter** d'ailleurs **in a matter of hours, minutes, etc.** en l'espace de quelques heures, minutes, etc. **no matter who, what, where, etc.** qui que, quoi que, où que, etc. ce soit : *no matter what the others say* quoi qu'en disent les autres ◊ *no matter how rich he is* quel que soit le montant de sa fortune **(to be) a matter of...** (être) une question de... **to be the matter (with sb/sth)** (*fam*) : *What's the matter?* Qu'est-ce qu'il y a ? ◊ *What's the matter with him?* Qu'est-ce qui lui prend ? ◊ *Is anything the matter?* Qu'est-ce qui ne va pas ? ◊ *What's the matter with my dress?* Qu'est-ce qu'elle a, ma robe ? **to take matters into your own hands** prendre les choses en main *Voir aussi* LET[1], MINCE, WORSE ◆ *vi* ~ **(to sb)** importer (à qn) : *It doesn't matter.* Ça n'a aucune importance. ◊ *It doesn't matter (to me) whether you stay or go.* Peu (m')importe que tu partes ou que tu restes.

matter-of-fact /ˌmætər əv 'fækt/ *adj* **1** (*style*) prosaïque **2** (*personne*) terre-à-terre

mattress /'mætrəs/ *n* matelas

mature /mə'tjʊə(r) ; *USA* -'tʊər/ ◆ *adj* **1** adulte, mûr **2** (*Comm*) arrivé à échéance ◆ **1** *vt, vi* (*fromage*) (s')affiner **2** *vt, vi* (*vin*) (laisser) vieillir **3** *vi* (*Comm*) arriver à échéance **maturity** *n* maturité

maul /mɔːl/ *vt* **1** déchiqueter **2** malmener, attaquer

mausoleum /ˌmɔːsə'liːəm/ *n* mausolée

mauve /məʊv/ *adj, n* mauve

maverick /'mævərɪk/ *n, adj* non-conformiste

maxim /'mæksɪm/ *n* maxime

maximize, -ise /'mæksɪmaɪz/ *vt* maximiser

maximum /'mæksɪməm/ ◆ *n* (*pl* **maxima** /'mæksɪmə/) (*abrév* **max**) maximum ◆ *adj* maximum, maximal

May /meɪ/ *n* mai ☛ *Voir note et exemples sous* JANUARY

may /meɪ/ *v aux* (*prét* **might** /maɪt/ *nég* **might not** *ou* **mightn't** /'maɪtnt/)

> **May** est un verbe modal suivi de l'infinitif sans TO. Les phrases interrogatives et négatives sont construites sans l'auxiliaire *do*. **May** n'a que deux formes : le présent **may** et le passé **might**.

1 (*permission*) pouvoir : *You may come if you wish.* Vous pouvez venir si vous le désirez. ◊ *May I go to the toilet?* Est-ce que je peux aller aux toilettes ?

Pour demander la permission, **may** est considéré comme étant plus poli que **can**. **Can** est cependant employé plus couramment : *Can I come in?* Est-ce que je peux entrer ? ◊ *May I get down from the table?* Est-ce que je peux sortir de table ? ◊ *I'll take a seat, if I may.* Je vais prendre un siège, si cela ne vous dérange pas. Au passé on emploi davantage **could** que **might** : *She asked if she could come in.* Elle demanda si elle pouvait entrer.

2 (*aussi* **might**) (*possibilité*) pouvoir : *That may or may not be true.* C'est peut-être vrai mais pas forcément. ◊ *He may have missed the train.* Il est possible qu'il ait raté le train. ☛ *Voir note sous* POUVOIR[1] LOC **be that as it may** advienne que pourra

maybe /ˈmeɪbi/ *adv* peut-être

mayhem /ˈmeɪhem/ *n* [*indénombrable*] désordre, pagaille

mayonnaise /ˌmeɪəˈneɪz ; *USA* ˈmeɪəneɪz/ *n* mayonnaise

mayor /meə(r) ; *USA* ˈmeɪər/ *n* maire **mayoress** /meəˈres/ *n* **1** (*aussi* **lady mayor**) mairesse **2** femme du maire

maze /meɪz/ *n* labyrinthe, dédale

me /mi:/ *pron pers* **1** [*complément d'objet*] me, moi : *He loves me.* Il m'aime. ◊ *Call me.* Appelle-moi. ◊ *Tell me all about it.* Raconte-moi. **2** [*après prép*] moi : *Will you come with me?* Tu viens avec moi ? ◊ *as for me* quant à moi **3** [*seul ou après le verbe* **to be**] moi : *It's me.* C'est moi. ☛ *Comparer avec* I

meadow /ˈmedəʊ/ *n* pré, prairie

meagre (*USA* **meager**) /ˈmi:gə(r)/ *adj* maigre, piètre

meal /mi:l/ *n* repas : *to go out for a meal* sortir dîner LOC **to make a meal of sth** (*fam*) faire tout un plat de qch *Voir aussi* SQUARE

mean[1] /mi:n/ *vt* (*prét, pp* **meant** /ment/) **1** signifier, vouloir dire : *What do you mean?* Qu'est-ce que tu veux dire ? ◊ *Do you know what I mean?* Tu vois ce que je veux dire ? ◊ *What does "stapler" mean?* Que signifie le mot « stapler » ? **2** ~ **sth (to sb)** dire qch (à qn) : *That name doesn't mean anything to me.* Ce nom ne me dit rien. ◊ *Your friendship means a great deal to me.* Ton amitié compte beaucoup pour moi. **3** entraîner : *His new job means him travelling more.* Son nouveau travail entraîne de plus nombreux déplacements. **4** avoir l'intention : *I didn't mean to.* Je ne l'ai pas fait exprès. ◊ *I meant to have washed the car today.* J'avais l'intention de laver la voiture aujourd'hui. ◊ *She meant it as a joke.* Elle a dit cela pour rire. ◊ *Do you mean Louise Sharp or Louise Roberts?* Tu veux parler de Louise Sharp ou de Louise Roberts ? **5** ne pas plaisanter : *I'm never coming back — I mean it!* Je ne reviendrai pas, et je ne plaisante pas ! LOC **I mean** (*fam*) je veux dire : *It's very warm, isn't it? I mean, for this time of year.* Il fait vraiment chaud, n'est-ce pas ? Je veux dire, pour cette époque de l'année. ◊ *We went there on Tuesday, I mean Thursday.* Nous y sommes allés mardi, non, jeudi. **to be meant for each other** être fait l'un pour l'autre **to be meant to do sth** être censé faire qch : *Is this meant to happen?* Est-ce que c'était prévu comme ça ? **to mean business** (*fam*) ne pas plaisanter **to mean well** avoir de bonnes intentions

mean[2] /mi:n/ *adj* (**-er, -est**) **1** ~ **(with sth)** avare (de qch) **2** ~ **(to sb)** méchant (envers qn)

mean[3] /mi:n/ *n* moyenne **mean** *adj* moyen

meander /miˈændə(r)/ *vi* **1** (*rivière*) serpenter **2** (*personne*) flâner **3** (*conversation*) traîner en longueur

meaning /ˈmi:nɪŋ/ *n* sens, signification **meaningful** *adj* significatif **meaningless** *adj* insensé

means /mi:nz/ *n* (*pl* **means**) **1** moyen : *a means of transport* un moyen de transport **2 means** [*pl*] moyens : *to live beyond/within your means* vivre au-dessus de/selon ses moyens LOC **a means to an end** un moyen d'arriver à ses fins **by all means** (*sout*) certainement, bien sûr *Voir aussi* WAY

meant *prét, pp de* MEAN[1]

meantime /ˈmi:ntaɪm/ *adv* en attendant LOC **in the meantime** en attendant

meanwhile /ˈmi:nwaɪl/ *adv* pendant ce temps

measles /ˈmi:zlz/ *n* [*indénombrable*] rougeole

measurable /ˈmeʒərəbl/ *adj* **1** mesurable **2** (*augmentation*) sensible

measure /ˈmeʒə(r)/ ◆ *vt, vi* mesurer PHR V **to measure sb/sth up (for sth)** prendre les mesures de qn/qch (pour qch) : *The tailor measured me up for a suit.* Le tailleur a pris mes mesures pour un costume. **to measure up (to sth)** être à la hauteur (de qch) ◆ *n* **1** mesure : *weights and measures* poids et mesures ◊ *to take measures to do sth* prendre des mesures pour faire qch **2** mesure, quantité : *a measure of freedom* une certaine liberté LOC **a measure of sth** un signe de qch **for good measure** pour faire bonne mesure **half measures** demi-mesures **to make sth to measure** faire qch sur mesure

measured /ˈmeʒəd/ *adj* **1** (*langage*) modéré, mesuré **2** (*pas*) compté, mesuré

measurement /ˈmeʒəmənt/ *n* **1** mesurage **2** (*personne*) mensurations : *to have your measurements taken* se faire prendre ses mensurations **3** (*pièce, objet*) dimensions

meat /miːt/ *n* viande

meatball /ˈmiːtbɔːl/ *n* boulette de viande

meaty /ˈmiːti/ *adj* (**-ier**, **-iest**) **1** (*goût*) de viande **2** (*fig*) riche

mechanic /məˈkænɪk/ *n* mécanicien, -ienne **mechanical** *adj* **1** mécanique **2** machinal **mechanically** *adv* **1** mécaniquement : *I'm not mechanically minded.* Je ne m'y connais pas en mécanique. **2** machinalement

mechanics /məˈkænɪks/ *n* **1** [*sing*] mécanique (*matière*) **2 the mechanics** [*pl*] (*fig*) le mécanisme, la méthode

mechanism /ˈmekənɪzəm/ *n* mécanisme

medal /ˈmedl/ *n* médaille **medallist** (*USA* **medalist**) *n* médaillé, -e : *a gold/silver medallist* un médaillé d'or/d'argent

medallion /məˈdæliən/ *n* médaillon

meddle /ˈmedl/ *vi* (*péj*) **1** ~ **(in sth)** s'ingérer (dans qch) ; se mêler (de qch) **2** ~ **with sth** toucher à qch

media /ˈmiːdiə/ *n* **1 the media** [*pl*] les médias : *media studies* études de communication **2** *pl de* MEDIUM[1]

mediaeval *Voir* MEDIEVAL

mediate /ˈmiːdieɪt/ *vi* servir de médiateur **mediation** *n* médiation **mediator** *n* médiateur, -trice

medic /ˈmedɪk/ *n* (*fam*) **1** toubib **2** étudiant, -e de médecine

medical /ˈmedɪkl/ ◆ *adj* **1** médical **2** de médecine : *a medical student* un étudiant de médecine ◆ *n* (*fam*) visite médicale

medication /ˌmedɪˈkeɪʃn/ *n* **1** traitement **2** médicaments

medicinal /məˈdɪsɪnl/ *adj* thérapeutique

medicine /ˈmedsn ; *USA* ˈmedɪsn/ *n* **1** médecine **2** médicament

medieval (*aussi* **mediaeval**) /ˌmediˈiːvl ; *USA* ˌmiːd-/ *adj* médiéval

mediocre /ˌmiːdiˈəʊkə(r)/ *adj* médiocre **mediocrity** /ˌmiːdiˈɒkrəti/ *n* **1** médiocrité **2** (*personne*) médiocre

meditate /ˈmedɪteɪt/ *vi* ~ **(on sth)** méditer (sur qch) **meditation** *n* méditation

medium[1] /ˈmiːdiəm/ ◆ *n* **1** (*pl* **media**) moyen d'expression *Voir aussi* MEDIA **2** support ◆ *adj* moyen : *I'm medium.* Je prends une taille moyenne.

medium[2] /ˈmiːdiəm/ *n* médium

medley /ˈmedli/ *n* (*pl* **-eys**) pot-pourri

meek /miːk/ *adj* (**-er**, **-est**) docile, doux **meekly** *adv* docilement

meet[1] /miːt/ (*prét, pp* **met** /met/) **1** *vt, vi* (se) rencontrer, (se) retrouver : *What time shall we meet?* À quelle heure est-ce que l'on se retrouve ? ◊ *Our eyes met.* Nos regards se sont croisés. ◊ *Will you meet me at the station?* Tu peux venir me chercher à la gare ? **2** *vi* se réunir **3** *vt, vi* faire la connaissance de, faire connaissance : *Pleased to meet you.* Heureux de faire votre connaissance. ◊ *I'd like you to meet...* J'aimerais vous présenter... ◊ *We've already met.* Nous avons déjà fait connaissance. **4** *vt* (*exigence*) satisfaire à **5** *vt* (*coût, dépenses*) couvrir **6** *vt* (*traite*) payer : *They failed to meet payments on their loan.* Ils n'ont pas payé les traites sur leur emprunt. LOC **to meet sb's eye** croiser le regard de qn *Voir aussi* MATCH[2] **PHR V to meet up (with sb)** retrouver qn, se retrouver **to meet with sb** (*USA*) rencontrer qn **to meet with sth** (*USA*) subir qch

meet[2] /miːt/ *n* **1** (*GB*) rendez-vous de chasse **2** (*USA*) rencontre (*sportive*) *Voir aussi* MEETING 3

meeting /ˈmiːtɪŋ/ *n* **1** réunion : *Annual General Meeting* Assemblée générale annuelle **2** rencontre : *a meeting place* un lieu de rendez-vous **3** (*Sport*) meeting *Voir aussi* MEET[2]

megaphone /ˈmegəfəʊn/ *n* porte-voix

melancholy /ˈmelənkɒli/ ◆ *n* mélancolie ◆ *adj* **1** (*personne*) mélancolique **2** (*chose*) triste

melee /ˈmeleɪ ; *USA* ˈmeɪleɪ/ *n* mêlée

mellow /ˈmeləʊ/ ◆ *adj* (**-er**, **-est**) **1** (*son, couleur*) doux **2** (*vin*) moelleux **3** (*fruit*) fondant **4** (*attitude*) serein **5** (*fam*) éméché ◆ **1** *vt, vi* (*personne*) (s')adoucir **2** *vi* (*vin*) prendre du moelleux

melodious /məˈləʊdiəs/ *adj* mélodieux

melodrama /ˈmelədrɑːmə/ *n* mélodrame **melodramatic** /ˌmelədrəˈmætɪk/ *adj* mélodramatique

melody /ˈmelədi/ *n* (*pl* **-ies**) mélodie **melodic** /məˈlɒdɪk/ *adj* mélodique

melon /ˈmelən/ *n* melon

melt /melt/ **1** *vt, vi* (faire) fondre : *melting point* point de fusion ◊ *to melt* *in the mouth* fondre dans la bouche **2** *vt, vi* (*fig*) (se) fondre, se dissiper PHR V **to melt away** fondre complètement, se dissiper **to melt sth down** fondre qch **melting** *n* **1** fonte **2** fusion (*par la chaleur*)

melting pot *n* melting-pot LOC **to be in the melting pot** être en discussion

member /'membə(r)/ *n* **1** membre : *a Member of Parliament (MP)* un député ◊ *a member of the audience* un auditeur **2** (*club*) membre, adhérent, -e **3** (*Anat*) membre **membership** *n* **1** adhésion : *to apply for membership* faire une demande d'adhésion ◊ *a membership card* une carte d'adhérent **2** *The club has a membership of 80.* Le club compte 80 membres.

membrane /'membreɪn/ *n* membrane

memento /mə'mentəʊ/ *n* (*pl* **-os** *ou* **-oes**) souvenir (*objet*)

memo /'meməʊ/ *n* (*pl* **~s**) (*fam*) note de service

memoir /'memwɑː(r)/ *n* **memoirs** [*pl*] mémoires

memorabilia /ˌmemərə'bɪliə/ *n* [*pl*] souvenirs (*objets*)

memorable /'memərəbl/ *adj* mémorable

memorandum /ˌmemə'rændəm/ *n* (*pl* **-anda** /-də/ *ou* **~s**) **1 ~ (to sb)** note de service (à l'attention de qn) **2** (*Jur*) mémorandum

memorial /mə'mɔːriəl/ *n* **~ (to sb/sth)** monument commémoratif, mémorial (à qn/qch)

memorize, -ise /'meməraɪz/ *vt* mémoriser

memory /'meməri/ *n* (*pl* **-ies**) **1** mémoire : *from memory* de mémoire *Voir aussi* BY HEART *sous* HEART **2** souvenir (*à l'esprit*) LOC **in memory of sb/to the memory of sb** en mémoire de qn *Voir aussi* JOG, LIVING, REFRESH

men *pl de* MAN[1]

menace /'menəs/ ◆ *n* **1 ~ (to sb/sth)** menace (pour qn/qch) **2** (*fam, hum*) plaie ◆ *vt* **~ sb/sth (with sth)** menacer qn/qch (de qch) **menacing** *adj* menaçant

menagerie /mə'nædʒəri/ *n* ménagerie

mend /mend/ ◆ **1** *vt* réparer, raccommoder *Voir aussi* FIX **2** *vi* guérir LOC **to mend your ways** s'amender ◆ *n* réparation, raccommodage LOC **on the mend** (*fam*) en voie de guérison **mending** *n* **1** raccommodage **2** vêtements à raccommoder

menfolk /'menfəʊk/ *n* [*pl*] hommes

meningitis /ˌmenɪn'dʒaɪtɪs/ *n* méningite

menopause /'menəpɔːz/ *n* ménopause

menstrual /'menstruəl/ *adj* menstruel

menstruation /ˌmenstru'eɪʃn/ *n* menstruation

menswear /'menzweə(r)/ *n* prêt-à-porter masculin

mental /'mentl/ *adj* **1** mental : *mental arithmetic* calcul mental ◊ *a mental hospital* un hôpital psychiatrique **2** (*fam, péj*) cinglé **mentally** *adv* mentalement : *the mentally ill/disturbed* les malades mentaux/les déséquilibrés

mentality /men'tæləti/ *n* (*pl* **-ies**) mentalité

mention /'menʃn/ ◆ *vt* mentionner : *It's worth mentioning that...* Il est intéressant de voir que... ◊ *It's not worth mentioning.* Cela ne vaut pas la peine d'en parler. LOC **don't mention it** je vous en prie **not to mention...** sans parler de... ◆ *n* mention

mentor /'mentɔː(r)/ *n* mentor

menu /'menjuː/ *n* menu

mercantile /'mɜːkəntaɪl ; *USA* -tiːl, -tɪl/ *adj* marchand, commercial

mercenary /'mɜːsənəri ; *USA* -neri/ ◆ *adj* **1** mercenaire **2** (*fig*) intéressé ◆ *n* (*pl* **-ies**) mercenaire

merchandise /'mɜːtʃəndaɪz/ *n* [*indénombrable*] marchandise **merchandising** *n* marchandisage

merchant /'mɜːtʃənt/ *n* **1** négociant *Voir aussi* DEALER **2** (*Hist*) marchand, négociant

merchant bank *n* banque d'affaires

merchant navy *n* marine marchande

merciful *Voir* MERCY

Mercury /'mɜːkjəri/ *n* Mercure

mercury /'mɜːkjəri/ *n* mercure

mercy /'mɜːsi/ *n* (*pl* **-ies**) **1** clémence : *to have mercy on sb* avoir pitié de qn ◊ *mercy killing* euthanasie **2** *It's a mercy that...* C'est une chance que... LOC **at the mercy of sb/sth** à la merci de qn/qch **merciful** *adj* **1 ~ (to/towards sb)** clément (envers qn) **2** (*événement*) : *a merciful relief* une délivrance **mercifully** *adv* **1** par bonheur **2** avec clémence **merciless** *adj* ~ **(to/towards sb)** impitoyable (envers qn)

mere /mɪə(r)/ *adj* simple : *He's a mere child.* Ce n'est qu'un enfant. ◊ *mere coincidence* une simple coïncidence ◊ *the mere thought of him* rien qu'à penser à lui LOC **the merest...** le moindre... : *The merest glimpse was enough.* Un petit coup d'œil fut suffisant. **merely** *adv* simplement

merge /mɜːdʒ/ **1** *vt, vi* ~ **(sth) (with sth)** (*Comm*) fusionner (qch) (avec qch) : *Two departments have been merged.* Deux services ont fusionné. ◊ *Three small companies merged into one large one.* Trois petites sociétés ont fusionné pour n'en former qu'une plus importante. **2** *vi* (*fig*) ~ **(into sth)** se fondre (avec qch) ; se mélanger (à qch) **merger** *n* fusion

meringue /məˈræŋ/ *n* meringue

merit /ˈmerɪt/ ◆ *n* mérite : *to judge sth on its merits* juger qch en fonction de ses mérites ◆ *vt* (*sout*) mériter

mermaid /ˈmɜːmeɪd/ *n* sirène (*mythologie*)

merry /ˈmeri/ *adj* (**-ier, -iest**) **1** joyeux : *Merry Christmas!* Joyeux Noël ! **2** (*fam*) éméché LOC **to make merry** (*vieilli*) s'amuser **merriment** *n* (*sout*) joie

merry-go-round /ˈmeri gəʊ raʊnd/ *n* manège

mesh /meʃ/ ◆ *n* **1** filet, mailles : *wire mesh* treillis métallique **2** (*fig*) engrenage ◆ *vi* ~ **(with sth)** **1** s'emboîter (dans qch) **2** (*fig*) concorder (avec qch)

mesmerize, -ise /ˈmezməraɪz/ *vt* hypnotiser

mess /mes/ ◆ *n* **1** désordre : *This kitchen's a mess!* La cuisine est en pagaille ! **2** (*fam, euph*) (*excréments*) saletés **3** désastre : *I made a mess of my exams.* Je me suis planté dans mes examens. **4** *He looks a mess.* Il est dans un état épouvantable. **5** (*USA aussi* **mess hall**) (*Mil*) mess ◆ *vt* (*USA, fam*) salir PHR V **to mess about/around** **1** faire l'imbécile **2** traîner, ne rien faire de particulier **to mess about/around with sb** coucher avec qn **to mess about/around with sth** **1** toucher à qch **2** s'amuser avec qch **to mess sb about/around** faire tourner qn en bourrique **to mess sb up** (*fam*) **1** traumatiser qn **2** détruire qn **to mess sth up** **1** salir qch **2** mettre la pagaille dans qch : *Don't mess up my hair!* Ne me décoiffe pas ! **3** massacrer qch, bâcler qch
to mess with sb (*fam*) chercher des noises à qn **to mess with sth** (*fam*) toucher à qch

message /ˈmesɪdʒ/ *n* message LOC **to get the message** (*fam*) piger

messenger /ˈmesɪndʒə(r)/ *n* messager, -ère

Messiah (*aussi* **messiah**) /məˈsaɪə/ *n* messie

messy /ˈmesi/ *adj* (**-ier, -iest**) **1** sale **2** négligé **3** (*fig*) délicat, compliqué

met *prét, pp de* MEET[1]

metabolism /məˈtæbəlɪzəm/ *n* métabolisme

metal /ˈmetl/ *n* métal **metallic** /məˈtælɪk/ *adj* métallique

metalwork /ˈmetlwɜːk/ *n* ferronnerie

metamorphose /ˌmetəˈmɔːfəʊz/ *vt, vi* (*sout*) (se) métamorphoser, (se) transformer **metamorphosis** /ˌmetəˈmɔːfəsɪs/ *n* (*pl* **-oses** /-əsiːz/) (*sout*) métamorphose

metaphor /ˈmetəfə(r)/ *n* métaphore **metaphorical** /ˌmetəˈfɒrɪkl ; *USA* -ˈfɔːr-/ *adj* métaphorique ☛ *Comparer avec* LITERAL

metaphysics /ˌmetəˈfɪzɪks/ *n* [*indénombrable*] métaphysique **metaphysical** *adj* métaphysique

meteor /ˈmiːtiɔː(r)/ *n* météore **meteoric** /ˌmiːtiˈɒrɪk ; *USA* -ˈɔːr-/ *adj* fulgurant

meteorite /ˈmiːtiəraɪt/ *n* météorite

meter /ˈmiːtə(r)/ ◆ *n* **1** compteur **2** (*USA*) *Voir* METRE ◆ *vt* mesurer

methane /ˈmiːθeɪn/ *n* méthane

method /ˈmeθəd/ *n* méthode : *methods of payment* modes de paiement **methodical** /məˈθɒdɪkl/ *adj* méthodique **methodology** *n* (*pl* **-ies**) méthodologie

Methodist /ˈmeθədɪst/ *adj, n* méthodiste

methylated spirit /ˌmeθəleɪtɪd ˈspɪrɪt/ (*GB, fam* **meths**) *n* alcool à brûler

meticulous /məˈtɪkjələs/ *adj* méticuleux

metre (*USA* **meter**) /ˈmiːtə(r)/ *n* (*abrév* **m**) mètre ☛ *Voir Appendice 1.* **metric** /ˈmetrɪk/ *adj* métrique : *the metric system* le système métrique

metropolis /məˈtrɒpəlɪs/ *n* (*pl* **-lises**) métropole **metropolitan** /ˌmetrəˈpɒlɪtən/ *adj* métropolitain, urbain

miaow /mi'aʊ/ ◆ *excl* miaou ◆ *n* miaou ◆ *vi* miauler

mice *pl de* MOUSE

mickey /'mɪki/ *n* LOC **to take the mickey (out of sb)** (*fam*) se payer la tête de qn/des gens

micro /'maɪkrəʊ/ (*pl* ~**s**) (*aussi* **micro-computer**) *n* micro (*ordinateur*)

microbe /'maɪkrəʊb/ *n* microbe

microchip /'maɪkrəʊtʃɪp/ (*aussi* **chip**) *n* (*Électr*) puce

microcosm /'maɪkrəkɒzəm/ *n* microcosme

micro-organism /ˌmaɪkrəʊ 'ɔːgənɪzəm/ *n* micro-organisme

microphone /'maɪkrəfəʊn/ *n* microphone

microprocessor /ˌmaɪkrəʊ'prəʊsesə(r)/ *n* microprocesseur

microscope /'maɪkrəskəʊp/ *n* microscope **microscopic** /ˌmaɪkrə'skɒpɪk/ *adj* microscopique

microwave /'maɪkrəweɪv/ *n* **1** micro-onde **2** (*aussi* **microwave oven**) four à micro-ondes

mid /mɪd/ *adj* : *in mid-July* à la mi-juillet ◊ *mid-morning* en milieu de matinée ◊ *in mid sentence* en plein milieu d'une phrase ◊ *a mid-life crisis* une crise de la cinquantaine

mid-air /ˌmɪd 'eə(r)/ *n* : *in mid-air* en plein ciel ◊ *to leave sth in mid-air* laisser qch en suspens

midday /ˌmɪd'deɪ/ *n* midi

middle /'mɪdl/ ◆ *n* **1 the middle** [*sing*] le milieu : *in the middle of the night* en plein milieu de la nuit ◊ *We're in the middle of dinner.* Nous sommes en train de dîner. **2** (*fam*) taille (*tronc*) LOC **in the middle of nowhere** (*fam*) en pleine brousse ◆ *adj* du milieu : *my middle finger* mon majeur ◊ *middle management* cadres moyens LOC **the middle ground** le juste milieu **(to take/follow) a middle course** (adopter) une position intermédiaire

middle age *n* âge mûr **middle-aged** *adj* d'âge mûr

middle class *n* classe moyenne : *the middle classes* les classes moyennes **middle-class** *adj* de la classe moyenne

middleman /'mɪdlmæn/ *n* (*pl* **-men** /-men/) intermédiaire

middle name *n* deuxième prénom

Dans les pays de langue anglaise, en plus du prénom et du nom, beaucoup de gens ont également un deuxième prénom ou **middle name**.

middle-of-the-road /ˌmɪdl əv ðə 'rəʊd/ *adj* (*souvent péj*) passe-partout

middleweight /'mɪdlweɪt/ *n* poids moyen

midfield /ˌmɪd'fiːld/ *n* milieu de terrain : *a midfield player* un joueur de milieu de terrain **midfielder** *n* milieu de terrain

midge /mɪdʒ/ *n* moucheron

midget /'mɪdʒɪt/ *n* (*injurieux*) nain, -e

midnight /'mɪdnaɪt/ *n* minuit

midriff /'mɪdrɪf/ *n* ventre

midst /mɪdst/ *n* centre : *in the midst of* au milieu de LOC **in our midst** parmi nous

midsummer /ˌmɪd'sʌmə(r)/ *n* milieu de l'été : *Midsummer('s) Day* la Saint-Jean

midway /ˌmɪd'weɪ/ *adv* ~ **(between...)** à mi-chemin (entre...) ; à mi-parcours

midweek /ˌmɪd'wiːk/ *n* milieu de semaine LOC **in midweek** en milieu de semaine

midwife /'mɪdwaɪf/ *n* (*pl* **-wives** /-waɪvz/) sage-femme **midwifery** /ˌmɪd'wɪfəri/ *n* profession de sage-femme

midwinter /ˌmɪd'wɪntə(r)/ *n* milieu de l'hiver

miffed /mɪft/ *adj* (*fam*) vexé

might[1] /maɪt/ *v aux modal* (*nég* **might not** *ou* **mightn't** /'maɪtnt/) **1** *prét de* MAY **2** (*aussi* **may**) (*possibilité*) pouvoir : *The situation might have disastrous consequences.* Cette situation pourrait avoir des conséquences désastreuses. ◊ *They might not come.* Il est possible qu'ils ne viennent pas. ◊ *I might be able to.* Je pourrai peut-être. **3** (*sout*) : *Might I make a suggestion?* Puis-je suggérer quelque chose ? ◊ *And who might she be?* Et qui peut-elle donc bien être ? ◊ *You might at least offer to help!* Vous pourriez au moins proposer votre aide ! ◊ *You might have told me!* Tu aurais pu me le dire ! ☛ *Voir note sous* MAY ☛ *Voir note sous* POUVOIR[1]

might[2] /maɪt/ *n* [*indénombrable*] force : *with all his might* de toutes ses forces ◊ *military might* puissance militaire **mightily** *adv* (*fam*) vigoureusement

mighty *adj* (**-ier**, **-iest**) **1** puissant **2** imposant

migraine /ˈmiːgreɪn ; *USA* ˈmaɪgreɪn/ *n* migraine

migrant /ˈmaɪgrənt/ ◆ *adj* **1** (*personne*) migrant **2** (*oiseau*) migrateur ◆ *n* migrant, -e

migrate /maɪˈgreɪt ; *USA* ˈmaɪgreɪt/ *vi* **1** (*personne*) émigrer **2** (*oiseau*) migrer **migration** /maɪˈgreɪʃn/ *n* migration **migratory** /ˈmaɪgrətri, maɪˈgreɪtəri ; *USA* ˈmaɪgrətɔːri/ *adj* migrateur

mike /maɪk/ *n* micro (*microphone*)

mild /maɪld/ *adj* (**-er**, **-est**) **1** (*caractère*) doux **2** (*climat*) doux, tempéré : *a mild winter* un hiver doux **3** (*goût, etc.*) doux, peu relevé **4** (*punition, maladie*) léger **mildly** *adv* doucement, légèrement : *mildly surprised* légèrement surpris LOC **to put it mildly** c'est le moins que l'on puisse dire

mildew /ˈmɪldjuː ; *USA* ˈmɪlduː/ *n* moisissure, mildiou

mild-mannered /ˌmaɪld ˈmænəd/ *adj* doux

mile /maɪl/ *n* **1** mile ☛ *Voir Appendice 1.* **2 miles** (*fam*) : *This one is miles better.* Celui-ci est beaucoup mieux. **3** (*surtout* **the mile**) le mile LOC **miles from anywhere/nowhere** loin de tout **to be miles away** (*fam*) être complètement ailleurs **to see/tell, etc. sth a mile off** (*fam*) reconnaître qch de loin **mileage** *n* **1** kilométrage **2** (*fam*) (*fig*) usage : *The newspapers got a lot of mileage from that story.* Les journaux ont exploité cette histoire au maximum. ◊ *My granny's still got a lot of mileage in her.* Ma grand-mère pète encore la forme.

milestone /ˈmaɪlstəʊn/ *n* **1** borne **2** (*fig*) étape importante

milieu /ˈmiːljɜː ; *USA* ˌmiːˈljɜː/ *n* (*pl* **-eus** *ou* **-eux**) milieu (*social*)

militant /ˈmɪlɪtənt/ *adj, n* militant, -e

military /ˈmɪlətri ; *USA* -teri/ ◆ *adj* militaire ◆ **the military** *n* [*v sing ou pl*] l'armée

militia /məˈlɪʃə/ *n* [*v sing ou pl*] milice **militiaman** *n* (*pl* **-men** /-mən/) milicien

milk /mɪlk/ ◆ *n* lait : *milk products* produits laitiers ◊ *a milk shake* un milkshake LOC *Voir* CRY ◆ *vt* **1** traire **2** (*fig*) pomper **milky** *adj* (**-ier**, **-iest**) **1** (*café, thé, etc.*) avec beaucoup de lait **2** (*teint*) laiteux

milkman /ˈmɪlkmən/ *n* (*pl* **-men** /-mən/) laitier

mill /mɪl/ ◆ *n* **1** moulin : *a pepper mill* un moulin à poivre **2** fabrique : *a steel mill* une aciérie ◆ *vt* moudre PHR V **to mill about/around** grouiller **miller** *n* meunier, -ière

millennium /mɪˈleniəm/ *n* (*pl* **-ia** /-nɪə/ *ou* **-iums**) **1** millénaire **2 the millennium** le millénium

millet /ˈmɪlɪt/ *n* millet

milligram /ˈmɪligræm/ *n* (*abrév* **mg**) milligramme ☛ *Voir Appendice 1.*

millimetre (*USA* **-meter**) /ˈmɪlimiːtə(r)/ *n* (*abrév* **mm**) millimètre ☛ *Voir Appendice 1.*

million /ˈmɪljən/ *adj, pron, n* (*aussi fig*) million : *two million people* deux millions de personnes ◊ *millions of stars* des millions d'étoiles ☛ *Voir exemples sous* FIVE LOC **one, etc. in a million** unique : *He's one in a million.* Il n'y en a pas deux comme lui. **millionth** *adj, pron, n* millionième ☛ *Voir exemples sous* FIFTH

millionaire /ˌmɪljəˈneə(r)/ *n* millionnaire

millstone /ˈmɪlstəʊn/ *n* meule LOC **a millstone round your neck** un boulet au pied

mime /maɪm/ ◆ *n* mime : *a mime artist* un mime ◆ *vt, vi* mimer

mimic /ˈmɪmɪk/ ◆ *vt* (*prét, pp* **mimicked** *part présent* **mimicking**) imiter ◆ *n* imitateur, -trice **mimicry** *n* imitation

mince /mɪns/ ◆ *vt* hacher (*viande*) LOC **not to mince (your) words** ne pas mâcher ses mots ◆ *n* (*USA* **ground beef**) viande hachée

mincemeat /ˈmɪnsmiːt/ *n* garniture de fruits secs et d'épices LOC **to make mincemeat of sb/sth** (*fam*) faire de la chair à pâté de qn/pulvériser qch

mince pie *n* tartelette de Noël (*aux fruits secs*)

mind /maɪnd/ ◆ *n* **1** (*intellect*) esprit : *to be sound in mind and body* être sain de corps et d'esprit **2** pensée : *My mind was on other things.* J'avais l'esprit ailleurs. **3** raison : *to lose your mind* perdre la raison LOC **in your mind's eye** dans son imagination **to be in two minds about (doing) sth** ne pas être sûr de (vouloir faire) qch **to be on your mind** : *What's on your mind?* Qu'est-ce qui te préoccupe ? **to be out of your mind** (*fam*) avoir perdu la tête **to come/spring to mind** venir à l'esprit **to have a (good) mind to do sth** (*fam*) être prêt à faire qch **to have a mind of your own** avoir ses idées **to have sb/sth in mind (for sth)** penser à qn/qch (pour qch) **to keep your mind on sth** se concentrer sur qch **to make up your mind** se décider : *My mind is made up.* Je suis décidée. **to my mind** à mon avis **to put/set sb's mind at ease/rest** rassurer qn **to put/set/turn your mind to sth** se concentrer sur qch **to take your/sb's mind off sth** se distraire/distraire qn de qch *Voir aussi* BACK[1], BEAR[2], CHANGE, CLOSE[2], CROSS, FOCUS, FRAME, GREAT, PREY, SIGHT, SLIP, SOUND[2], SPEAK, STATE[1], UPPERMOST ◆ **1** *vt* s'occuper de **2** *vt, vi* : *Do you mind if I smoke?* Est-ce que cela vous dérange si je fume ? ◊ *I don't mind.* Ça m'est égal. ◊ *Would you mind going tomorrow?* Est-ce que tu pourrais y aller demain ? ◊ *I wouldn't mind a cold beer.* Une bière bien fraîche ne serait pas de refus. **3** *vt* se préoccuper de : *Don't mind him.* Ne fais pas attention à lui. **4** *vt, vi* faire attention (à) : *Mind your head!* Attention à votre tête ! ◊ *Mind your language.* Surveille ton langage. ◊ *Mind you don't lose it.* Fais attention de ne pas le perdre. LOC **do you mind?** (*iron, péj*) si ce n'est pas trop demander **mind you** ; **mind** (*fam*) note bien, remarque **never mind** ça ne fait rien **never you mind** (*fam*) mêle toi de ce qui te regarde **to mind your own business** s'occuper de ses affaires PHR V **to mind out (for sb/sth)** faire attention (à qn/qch) **minder** *n* **1** nourrice (*garde d'enfants*) **2** garde du corps **mindful** *adj* (*sout*) soucieux **mindless** *adj* (*personne, émission*) idiot, bête : *mindless violence* violence gratuite ◊ *mindless work* travail abrutissant

mind-boggling /ˈmaɪnd bɒglɪŋ/ *adj* (*fam*) ahurissant

mine[1] /maɪn/ *pron poss* le mien, la mienne, les miens, les miennes : *a friend of mine* un ami à moi ◊ *Where's mine?* Où est le mien ? ◊ *It's mine.* C'est à moi. ☛ *Comparer avec* MY

mine[2] /maɪn/ ◆ *n* mine ◆ *vt* **1** extraire (*minéraux*) **2** (*placer des mines*) miner **miner** *n* mineur

minefield /ˈmaɪnfiːld/ *n* **1** champ de mines **2** (*fig*) chausse-trappe

mineral /ˈmɪnərəl/ *n* minéral : *mineral water* eau minérale

mingle /ˈmɪŋgl/ **1** *vi* ~ **with sb** se mêler à qn : *The president mingled with his guests.* Le président s'est mêlé à ses invités. **2** *vi* ~ **(with sth)** se mêler (à qch) **3** *vt* mélanger

miniature /ˈmɪnətʃə(r) ; *USA* ˈmɪnətʃʊr/ *n* miniature

minibus /ˈmɪnibʌs/ *n* (*GB*) minibus

minicab /ˈmɪnikæb/ *n* (*GB*) radio-taxi

minidisc /ˈmɪnɪdɪsk/ *n* Minidisc®

minimal /ˈmɪnɪməl/ *adj* minime, minimal

minimize, -ise /ˈmɪnɪmaɪz/ *vt* minimiser

minimum /ˈmɪnɪməm/ ◆ *n* (*pl* **minima** /-mə/) (*abrév* **min**) [*gén sing*] minimum : *with a minimum of effort* avec un minimum d'effort ◆ *adj* minimum, minimal : *There is a minimum charge of...* Le coût minimal est de...

mining /ˈmaɪnɪŋ/ *n* exploitation minière : *the mining industry* l'industrie minière

miniskirt /ˈmɪniskɜːt/ (*aussi* **mini**) *n* mini-jupe

minister /ˈmɪnɪstə(r)/ ◆ *n* **1** (*USA* **secretary**) ~ **(for/of sth)** ministre (de qch) ☛ *Voir note sous* MINISTRE **2** (*Relig*) ministre, pasteur ☛ *Voir note sous* PRIEST ◆ *vi* (*sout*) **1** ~ **to sb** apporter des soins à qn **2** ~ **to sth** pourvoir à qch **ministerial** /ˌmɪnɪˈstɪəriəl/ *adj* ministériel

ministry /ˈmɪnɪstri/ *n* (*pl* **-ies**) **1** (*USA* **department**) (*Polit*) ministère **2** (*Relig*) **the ministry** le ministère : *to enter the ministry* devenir pasteur

mink /mɪŋk/ *n* vison

minor /ˈmaɪnə(r)/ ◆ *adj* **1** mineur : *minor repairs* de petites réparations ◊ *minor injuries* de légères blessures **2** (*Mus*) mineur ◆ *n* mineur, -e

minority /maɪˈnɒrəti ; *USA* -ˈnɔːr-/ *n* (*pl* **-ies**) [*v sing ou pl*] minorité : *a minority group* un groupe minoritaire LOC **to be in a/the minority** être en minorité

mint /mɪnt/ ◆ *n* **1** menthe **2** pastille de menthe **3** hôtel des Monnaies **4 a mint** [*sing*] (*fam*) : *to make a mint* gagner de l'or LOC **in mint condition** en parfait état ◆ *vt* frapper (*monnaie*)

minus /ˈmaɪnəs/ ◆ *prép* **1** moins

2 (*température*) moins : *minus five* moins cinq **3** (*fam*) ~ **sth** sans qch : *I'm minus my car today.* Je n'ai pas la voiture aujourd'hui. ◆ *adj* **1** (*Mat*) négatif **2** (*École*) moins : *B minus (B-)* B moins (B-) ◆ *n* **1** (*aussi* **minus sign**) (signe) moins **2** (*fam*) inconvénient : *the pluses and minuses of sth* les avantages et les inconvénients de qch

minute[1] /'mɪnɪt/ *n* **1** minute : *the minute hand* l'aiguille des minutes **2** instant, moment : *Wait a minute!/Just a minute!* Attendez ! **3** instant : *at that very minute* à l'instant même **4 minutes** [*pl*] procès-verbal, compte-rendu LOC **not for a/one minute/moment** (*fam*) pas un seul instant **the minute/moment (that)...** dès que...

minute[2] /maɪ'nju:t ; *USA* -'nu:t/ *adj* (**-er**, **-est**) **1** minuscule, infime **2** (*très détaillé*) minutieux **minutely** *adv* minutieusement

miracle /'mɪrəkl/ *n* miracle : *a miracle cure* une guérison miraculeuse LOC **to do/work miracles/wonders** (*fam*) marcher à merveille **miraculous** /mɪ'rækjələs/ *adj* miraculeux : *He had a miraculous escape.* Il en est réchappé miraculeusement.

mirage /'mɪrɑ:ʒ, mɪ'rɑ:ʒ/ *n* mirage

mirror /'mɪrə(r)/ ◆ *n* **1** miroir, glace : *a mirror image* une image inversée **2** (*voiture*) rétroviseur **3** (*fig*) reflet ◆ *vt* refléter

mirth /mɜ:θ/ *n* (*sout*) **1** joie **2** hilarité

misadventure /ˌmɪsəd'ventʃə(r)/ *n* **1** (*sout*) mésaventure **2** (*Jur*) : *death by misadventure* mort accidentelle

misbehave /ˌmɪsbɪ'heɪv/ *vi* mal se conduire **misbehaviour** (*USA* **misbehavior**) *n* mauvaise conduite

miscalculation /ˌmɪskælkju'leɪʃn/ *n* mauvais calcul

miscarriage /ˌmɪs'kærɪdʒ, 'mɪs-/ *n* (*Méd*) fausse couche LOC **miscarriage of justice** erreur judiciaire

miscellaneous /ˌmɪsə'leɪniəs/ *adj* divers : *miscellaneous expenditure* frais divers

mischief /'mɪstʃɪf/ *n* [*indénombrable*] **1** bêtises, espièglerie : *to keep out of mischief* être sage **2** dommages **mischievous** *adj* espiègle

misconceive /ˌmɪskən'si:v/ *vt* (*sout*) mal interpréter, se méprendre sur : *a misconceived project* un projet mal conçu **misconception** *n* idée fausse : *It is a popular misconception that...* On croit souvent à tort que...

misconduct /ˌmɪs'kɒndʌkt/ *n* (*sout*) **1** (*Jur*) inconduite : *professional misconduct* faute professionnelle **2** (*Comm*) mauvaise gestion

miser /'maɪzə(r)/ *n* avare **miserly** *adj* (*péj*) **1** (*personne*) avare **2** (*salaire, augmentation*) dérisoire

miserable /'mɪzrəbl/ *adj* **1** malheureux **2** lamentable, minable **3** déprimant : *miserable weather* un temps pourri ◊ *I had a miserable time.* Ça a été un vrai cauchemar. **miserably** *adv* **1** d'un ton/air malheureux **2** lamentablement : *Their efforts failed miserably.* Leurs efforts n'ont abouti à rien.

misery /'mɪzəri/ *n* (*pl* **-ies**) **1** détresse, souffrance : *a life of misery* une vie de misère **2** [*gén pl*] malheurs **3** (*GB, fam*) grincheux, -euse LOC **to put sb out of their misery 1** (*pr*) mettre fin aux souffrances de qn **2** (*fig*) ne pas laisser qn languir plus longtemps

misfortune /ˌmɪs'fɔ:tʃu:n/ *n* **1** malheur **2** [*indénombrable*] malheurs

misgiving /ˌmɪs'gɪvɪŋ/ *n* [*gén pl*] doute, appréhension

misguided /ˌmɪs'gaɪdɪd/ *adj* (*sout*) malavisé

mishap /'mɪshæp/ *n* incident, mésaventure : *without mishap* sans encombre

misinform /ˌmɪsɪn'fɔ:m/ *vt* ~ **sb (about sth)** (*sout*) mal renseigner qn (sur qch)

misinterpret /ˌmɪsɪn'tɜ:prɪt/ *vt* mal interpréter **misinterpretation** *n* interprétation erronée

misjudge /ˌmɪs'dʒʌdʒ/ *vt* **1** (*personne*) se tromper sur le compte de **2** (*distance, quantité*) mal calculer

mislay /ˌmɪs'leɪ/ *vt* (*prét, pp* **mislaid**) égarer

mislead /ˌmɪs'li:d/ *vt* (*prét, pp* **misled** /-'led/) ~ **sb (about/as to sth)** tromper qn (sur qch) : *Don't be misled by...* Ne te laisse pas tromper par... **misleading** *adj* trompeur

mismanagement /ˌmɪs'mænɪdʒmənt/ *n* mauvaise gestion

misogynist /mɪ'sɒdʒɪnɪst/ *n* misogyne

misplace /ˌmɪs'pleɪs/ *vt* égarer **misplaced** *adj* déplacé (*remarque*)

misprint /'mɪsprɪnt/ *n* faute d'impression

misread /ˌmɪsˈriːd/ *vt* (*prét, pp* **misread** /-ˈred/) **1** mal lire **2** mal interpréter

misrepresent /ˌmɪsˌreprɪˈzent/ *vt* **1** (*faits*) déformer **2** (*personne*) présenter sous un faux jour

Miss /mɪs/ *n* mademoiselle ☛ *Voir note sous* MADEMOISELLE

miss /mɪs/ ◆ **1** *vt, vi* manquer : *to miss your footing* glisser **2** *vt* rater : *You can't miss it.* Tu ne peux pas le rater. ◊ *I missed what you said.* Je n'ai pas entendu ce que tu viens de dire. ◊ *to miss the point* ne pas saisir **3** *vt* rater : *The flight was delayed, so I missed my connection.* Le vol a été retardé, si bien que j'ai raté ma correspondance. ◊ *We missed the start of the film.* Nous avons raté le début du film. ◊ *Don't miss this opportunity!* Ne laisse pas passer cette chance ! **4** *vt* remarquer la disparition de : *I didn't miss my wallet until I got home.* C'est seulement une fois rentré que j'ai remarqué la disparition de mon portefeuille. **5** *vt* regretter l'absence de : *I miss you.* Tu me manques. **6** *vt* éviter : *to narrowly miss (hitting) sth* éviter qch de justesse LOC **not to miss much** ; **not to miss a trick** (*fam*) avoir l'esprit vif : *She doesn't miss much.* Rien ne lui échappe. PHR V **to miss out (on sth)** (*fam*) laisser passer qch **to miss sb/sth out** omettre qn/qch ◆ *n* coup manqué LOC **to give sth a miss** (*fam*) décider de ne pas faire qch

missile /ˈmɪsaɪl ; *USA* ˈmɪsl/ *n* **1** projectile **2** (*Mil*) missile

missing /ˈmɪsɪŋ/ *adj* **1** disparu : *My watch was missing.* Ma montre avait disparu. ◊ *missing persons* les disparus **2** qui manque : *He has a tooth missing.* Il a perdu une dent.

mission /ˈmɪʃn/ *n* mission

missionary /ˈmɪʃənri ; *USA* -neri/ *n* (*pl* **-ies**) missionnaire

mist /mɪst/ ◆ *n* **1** brume ☛ *Comparer avec* FOG, HAZE **2** (*sur vitre*) buée **3** (*fig*) : *lost in the mists of time* perdu dans la nuit des temps ◆ *v* PHR V **to mist over/up** s'embrumer, s'embuer **misty** *adj* (**-ier**, **-iest**) **1** (*journée*) brumeux **2** (*fig*) flou

mistake /mɪˈsteɪk/ ◆ *n* faute, erreur : *to make a mistake* se tromper

> Les mots **mistake**, **error**, **fault** et **defect** ont différentes nuances de sens. **Mistake** et **error** ont le même sens bien que **error** soit plus formel, tandis que **fault** indique la culpabilité de quelqu'un : *It's all your fault.* C'est de ta faute. On peut aussi l'utiliser pour faire référence à une panne : *an electrical fault* une panne électrique ◊ *He has many faults.* Il a de nombreux défauts. **Defect** fait référence à une imperfection peu grave.

LOC **and no mistake** (*fam*) il n'y a pas de doute **by mistake** par erreur ◆ *vt* (*prét* **mistook** /mɪˈstʊk/ *pp* **mistaken** /mɪˈsteɪkən/) **1** mal comprendre, mal interpréter : *I mistook your meaning/what you meant.* J'ai mal compris ce que vous vouliez dire. **2** ~ **sb/sth for sb/sth** prendre qn/qch pour qn/qch ; confondre qn/qch avec qn/qch LOC **there's no mistaking sb/sth** il est impossible de ne pas reconnaître qn/qch **mistaken** *adj* **to be ~ (about sb/sth)** se tromper (sur qn/qch) : *if I'm not mistaken* si je ne me trompe pas **mistakenly** *adv* à tort

mister /ˈmɪstə(r)/ *n* (*abrév* **Mr**) monsieur

mistletoe /ˈmɪsltəʊ/ *n* gui

mistook *prét de* MISTAKE

mistreat /ˌmɪsˈtriːt/ *vt* maltraiter

mistress /ˈmɪstrəs/ *n* **1** maîtresse (*patronne*) *Voir aussi* MASTER **2** (*surtout GB*) professeur (*femme*) **3** maîtresse (*liaison*)

mistrust /ˌmɪsˈtrʌst/ ◆ *vt* ne pas faire confiance à, se méfier de ◆ *n* ~ **(of sb/sth)** méfiance (de qn/qch)

misty *Voir* MIST

misunderstand /ˌmɪsʌndəˈstænd/ *vt, vi* (*prét, pp* **misunderstood** /ˌmɪsˌʌndəˈstʊd/) **1** mal comprendre **2** ne pas comprendre : *She felt misunderstood.* Elle se sentait incomprise. **misunderstanding** *n* malentendu

misuse /ˌmɪsˈjuːs/ *n* **1** (*outil*) mauvais usage **2** (*mot*) usage impropre, usage abusif **3** (*fonds*) détournement **4** (*pouvoir*) abus

mitigate /ˈmɪtɪgeɪt/ *vt* (*sout*) atténuer : *mitigating circumstances* circonstances atténuantes

mix /mɪks/ ◆ **1** *vt, vi* (se) mélanger **2** *vi* **to mix (with sb)** fréquenter qn ; être sociable : *She mixes well with other children.* Elle s'entend bien avec les autres enfants en général. LOC **to be/get mixed up in sth** (*fam*) être/se retrouver impliqué dans qch PHR V **to**

mix sth in(to sth) incorporer qch (à qch) **to mix sb/sth up (with sb/sth)** méprendre qn/qch (pour qn/qch) **to mix sth up** mélanger qch ◆ *n* **1** mélange **2** (*Cuisine*) préparation **mixed** *adj* **1** (*couple, classe*) mixte **2** (*assortiment*) varié **3** (*temps*) variable LOC **to have mixed feelings (about sb/sth)** éprouver des sentiments contradictoires (à propos de qn/qch) **mixer** *n* **1** batteur électrique **2** (*fam*) personne à l'aise en société : *to be a good/bad mixer* être très/peu sociable **mixture** *n* mélange

mix-up /'mɪks ʌp/ *n* (*fam*) confusion

moan /məʊn/ ◆ *vi* **1** gémir **2** ~ **(about sth)** (*fam*) se plaindre (de qch) ◆ *n* **1** gémissement **2** (*fam*) plainte

moat /məʊt/ *n* douves

mob /mɒb/ ◆ *n* [*v sing ou pl*] **1** foule **2** (*fam*) gang ◆ *vt* (**-bb-**) assaillir

mobile /'məʊbaɪl ; *USA* -bl *aussi* -bi:l/ ◆ *adj* **1** mobile : *a mobile library* un bibliobus ◆ *n* **1** (*aussi* **mobile phone**) (téléphone) mobile **2** mobile (*Art*) **mobility** /məʊ'bɪləti/ *n* mobilité

mobilize, -ise /'məʊbəlaɪz/ *vt, vi* (*Mil*) (se) mobiliser

mock /mɒk/ ◆ **1** *vt* se moquer de **2** *vi* ~ **(at sb/sth)** se moquer (de qn/qch) : *a mocking smile* un sourire moqueur ◆ *adj* **1** simulé : *a mock battle* un combat simulé **2** (*cuir, etc.*) faux **mockery** *n* [*indénombrable*] **1** moquerie **2** ~ **(of sth)** parodie (de qch) LOC **to make a mockery of sth** tourner qch en dérision

mode /məʊd/ *n* (*sout*) **1** mode **2** (*transport*) moyen

model /'mɒdl/ ◆ *n* **1** modèle **2** modèle, mannequin : *a male model* un modèle homme **3** maquette : *a scale model* une maquette à l'échelle ◊ *a model railway* une maquette de chemin de fer ◆ (**-ll-**, *USA* **-l-**) **1** *vt* (*mannequin*) présenter **2** *vi* être mannequin **3** *vt* modeler PHR V **to model sth on sb/sth** modeler qch sur/à l'image de qn/qch **to model yourself on sb/sth** prendre modèle sur qn/qch **modelling** (*USA* **modeling**) *n* **1** modélisme, maquettisme **2** profession de mannequin : *to take up modelling* devenir mannequin

modem /'məʊdem/ *n* modem

moderate /'mɒdərət/ ◆ *adj* **1** modéré : *Cook over a moderate heat.* Cuire à feux moyen. ◆ *n* modéré, -e ◆ /'mɒdəreɪt/ *vt, vi* (se) modérer : *a moderating influence* une influence modératrice **moderation** *n* modération LOC **in moderation** avec modération

modern /'mɒdn/ *adj* moderne : *modern languages* langues vivantes **modernity** /mə'dɜ:nəti/ *n* modernité **modernize, -ise** *vt, vi* (se) moderniser

modest /'mɒdɪst/ *adj* **1** modeste **2** modique **3** ~ **(about sth)** (*sens positif*) pudique (sur qch) **modesty** *n* **1** modestie **2** pudeur

modify /'mɒdɪfaɪ/ *vt* (*prét, pp* **-fied**) modifier

Le terme **change** est plus courant.

module /'mɒdju:l ; *USA* -dʒu:l/ *n* module **modular** *adj* modulaire

mogul /'məʊgl/ *n* nabab : *a movie mogul* un nabab du cinéma

moist /mɔɪst/ *adj* humide : *a rich, moist fruit cake* un cake riche et moelleux

Moist et **damp** se traduisent tous deux par le mot *humide* ; cependant, **damp** a souvent une connotation négative : *damp walls* des murs humides ◊ *cold damp rainy weather* un temps froid, humide et pluvieux.

moisten /'mɔɪsn/ **1** *vt* humecter **2** *vi* se mouiller, devenir humide **moisture** /'mɔɪstʃə(r)/ *n* humidité, moiteur **moisturize, -ise** *vt* hydrater **moisturizer, -iser** *n* crème hydratante, lait hydratant

molar /'məʊlə(r)/ *n* molaire

mold (*USA*) *Voir* MOULD[1,2]

moldy (*USA*) *Voir* MOULDY *sous* MOULD[2]

mole /məʊl/ *n* **1** grain de beauté **2** (*pr et fig*) taupe

molecule /'mɒlɪkju:l/ *n* molécule **molecular** *adj* moléculaire

molest /mə'lest/ *vt* **1** agresser **2** agresser sexuellement ☛ *Comparer avec* BOTHER, DISTURB

mollify /'mɒlɪfaɪ/ *vt* (*prét, pp* **-fied**) apaiser, calmer

molten /'məʊltən/ *adj* en fusion

mom (*USA, fam*) *Voir* MUM

moment /'məʊmənt/ *n* instant : *One moment/Just a moment/Wait a moment.* Un instant. ◊ *I'll only be/I won't be a moment.* Il n'y en a pas pour longtemps. LOC **at a moment's notice** sur le champ **at the moment** en ce moment **for the moment/present** pour le moment **the**

moment of truth le moment de vérité *Voir aussi* MINUTE[1], SPUR

momentary /'məʊməntri ; *USA* -teri/ *adj* momentané **momentarily** *adv* momentanément

momentous /mə'mentəs, məʊ'm-/ *adj* capital

momentum /mə'mentəm, məʊ'm-/ *n* **1** élan **2** (*Phys*) moment, vitesse : *to gain/gather momentum* prendre de la vitesse

monarch /'mɒnək/ *n* monarque **monarchy** *n* (*pl* **-ies**) monarchie

monastery /'mɒnəstri ; *USA* -teri/ *n* (*pl* **-ies**) monastère

monastic /mə'næstɪk/ *adj* monastique

Monday /'mʌndeɪ, 'mʌndi/ *n* (*abrév* **Mon**) lundi ☛ En anglais les jours de la semaine prennent toujours une majuscule : *every Monday* tous les lundis ◊ *last/next Monday* lundi dernier/prochain ◊ *the Monday before last/after next* l'autre lundi/lundi en huit ◊ *on Monday morning/evening* lundi matin/soir ◊ *Monday week/a week on Monday* lundi en huit ◊ *Let's meet (on) Monday.* Retrouvons-nous lundi. ◊ *We usually play badminton on Mondays/on a Monday.* Nous jouons généralement au badminton le lundi. ◊ *The museum is open Monday to Friday.* Le musée est ouvert du lundi au vendredi. ◊ *Did you read the article in Monday's paper?* As-tu lu cet article dans le journal de lundi ?

monetary /'mʌnɪtri ; *USA* -teri/ *adj* monétaire

money /'mʌni/ *n* [*indénombrable*] argent : *to spend/save money* dépenser de l'argent/mettre de l'argent de côté ◊ *to earn/make money* gagner de l'argent ◊ *money worries* problèmes financiers LOC **to get your money's worth** en avoir pour son argent

monitor /'mɒnɪtə(r)/ ◆ *n* **1** (*Télé, Informatique*) écran ☛ *Voir illustration sous* ORDINATEUR **2** (*élections*) observateur, -trice ◆ *vt* **1** contrôler, surveiller **2** (*Radio*) être à l'écoute de **monitoring** *n* **1** surveillance **2** (*Radio*) service d'écoute

monk /mʌŋk/ *n* moine

monkey /'mʌŋki/ *n* (*pl* **-eys**) **1** singe **2** (*fam*) (*enfant*) polisson, -onne : *You little monkey!* Petit coquin !

monogamy /mə'nɒgəmi/ *n* monogamie **monogamous** *adj* monogame

monolithic /ˌmɒnə'lɪθɪk/ *adj* (*pr et fig*) monolithique

monologue (*USA aussi* **monolog**) /'mɒnəlɒg ; *USA* -lɔːg/ *n* monologue

monopolize, -ise /mə'nɒpəlaɪz/ *vt* monopoliser

monopoly /mə'nɒpəli/ *n* (*pl* **-ies**) monopole

monoxide /mɒ'nɒksaɪd/ *n* monoxyde

monsoon /ˌmɒn'suːn/ *n* mousson

monster /'mɒnstə(r)/ *n* monstre **monstrous** /'mɒnstrəs/ *adj* **1** monstrueux **2** scandaleux

monstrosity /mɒn'strɒsəti/ *n* (*pl* **-ies**) monstruosité

month /mʌnθ/ *n* mois : *£50 a month* 50 livres par mois ◊ *We haven't seen each other for months.* Ça fait des mois qu'on ne s'est pas vus.

monthly /'mʌnθli/ ◆ *adj* mensuel ◆ *adv* mensuellement ◆ *n* (*pl* **-ies**) mensuel

monument /'mɒnjumənt/ *n* ~ **(to sth)** monument (à sth) **monumental** /ˌmɒnju'mentl/ *adj* **1** monumental **2** (*fig*) monumental, gigantesque

moo /muː/ *vi* meugler

mood /muːd/ *n* **1** humeur : *to be in a good/bad mood* être de bonne/mauvaise humeur **2** saute d'humeur : *He's in a mood.* Il est de mauvaise humeur. **3** ambiance, état d'esprit **4** (*Gramm*) mode LOC **to be in the/in no mood to do sth/for (doing) sth** avoir envie de/ne pas être d'humeur à faire qch **moody** *adj* (**-ier, -iest**) **1** lunatique **2** de mauvaise humeur

moon /muːn/ ◆ *n* lune : *a new/full moon* la nouvelle/pleine lune LOC **over the moon** (*fam*) ravi, aux anges ◆ *vi* ~ **(about/around)** (*fam*) traînasser

moonlight /'muːnlaɪt/ ◆ *n* clair de lune ◆ *vi* (*prét, pp* **-lighted**) (*fam*) travailler au noir **moonlit** *adj* éclairé par la lune

moor[1] /mʊə(r)/ *n* lande

moor[2] /mʊə(r)/ **1** *vt* ~ **sth (to sth)** amarrer qch (à qch) **2** *vi* (*bateau*) mouiller **moorings** *n* [*pl*] amarres

moorland /'mʊərlənd/ *n* lande

mop /mɒp/ ◆ *n* **1** balai à franges **2** (*cheveux*) tignasse ◆ *vt* (**-pp-**) **1** (*sol*) laver **2** (*visage*) s'éponger PHR V **to mop sth up** éponger qch

mope /məʊp/ *vi* broyer du noir PHR V **to mope about/around** traîner comme une âme en peine

moped /'məʊped/ *n* vélomoteur

moral /'mɒrəl ; *USA* 'mɔːrəl/ ◆ *n* **1** morale **2 morals** [*pl*] moralité ◆ *adj* moral : *a moral tale* un conte moral **moralistic** /mɒrə'lɪstɪk/ *adj* (*souvent péj*) moralisateur **morality** /mə'ræləti/ *n* moralité : *standards of morality* des principes moraux **moralize, -ise** *vi* ~ **(about/on sth)** (*souvent péj*) moraliser (sur qch) **morally** *adv* moralement : *to behave morally* se comporter décemment

morale /mə'rɑːl ; *USA* -'ræl/ *n* moral

morbid /'mɔːbɪd/ *adj* morbide **morbidity** /mɔː'bɪdəti/ *n* morbidité

more /mɔː(r)/ ◆ *adj* plus de : *more money* plus d'argent ◊ *More tea?* Reprendrez-vous du thé ? ◆ *pron* plus : *You've had more to drink than me/than I have.* Tu as bu davantage que moi. ◊ *more than £50* plus de 50 livres ◊ *I hope we'll see more of you.* J'espère que nous nous reverrons plus souvent. ◆ *adv* **1** plus ☛ On emploie **more** pour former le comparatif des *adjectifs* et des *adverbes* de plus de deux syllabes : *more quickly* plus vite ◊ *more complicated* plus compliqué **2** davantage, plus : *You're more of a hindrance than a help.* Tu me gênes plus que tu ne m'aides. ◊ *That's more like it!* C'est bien mieux ! ◊ *even more so* encore plus **3** plus, encore : *once more* encore une fois LOC **more and more** de plus en plus : *more and more important* de plus en plus important **more or less** plus ou moins : *more or less finished* plus ou moins fini **to be more than happy, glad, willing, etc. to do sth** être content de faire qch **what is more** en plus *Voir aussi* ALL

moreover /mɔːr'əʊvə(r)/ *adv* de plus

morgue /mɔːg/ *n* morgue (*dépôt mortuaire*)

morning /'mɔːnɪŋ/ *n* **1** matin, matinée : *on Sunday morning* dimanche matin ◊ *in the early hours of Monday morning* très tôt lundi matin ◊ *at 6 o'clock in the morning* à 6 heures du matin **2** [*devant un nom*] du matin, matinal : *the morning papers* les journaux du matin LOC **good morning!** bonjour ! ☛ Dans la langue courante on emploie souvent **morning!** tout seul au lieu de dire **good morning!** **in the morning 1** le matin **2** (*demain*) demain matin : *I'll ring her up in the morning.* Je l'appellerai demain matin.

Avec **morning, afternoon** et **evening** on emploie la préposition **in** quand on fait référence à un moment précis de la journée : *at 3 o'clock in the afternoon* à 3 heures de l'après-midi et **on** quand on se réfère à une période de l'année : *on a cool May morning* par une matinée fraîche de mai ◊ *on the morning of 4 September* le matin du 4 septembre. Dans les expressions où **morning, afternoon** et **evening** sont précédés de **tomorrow, this, that** ou **yesterday**, aucune préposition n'est utilisée : *Let's have dinner at home this evening.* Mangeons à la maison ce soir. ◊ *I saw her yesterday morning.* Je l'ai vue hier matin.

moron /'mɔːrɒn/ *n* (*fam, injurieux*) crétin, -e

morose /mə'rəʊs/ *adj* morose **morosely** *adv* d'un air/ton morose

morphine /'mɔːfiːn/ *n* morphine

morsel /'mɔːsl/ *n* morceau : *not a morsel of food* pas une miette de nourriture

mortal /'mɔːtl/ ◆ *n* mortel, -elle ◆ *adj* mortel **mortality** /mɔː'tæləti/ *n* mortalité

mortar /'mɔːtə(r)/ *n* mortier

mortgage /'mɔːgɪdʒ/ ◆ *n* emprunt-logement, prêt immobilier : *mortgage (re)payments* mensualités de remboursement ◆ *vt* hypothéquer

mortify /'mɔːtɪfaɪ/ *vt* (*prét, pp* **-fied**) mortifier

mortuary /'mɔːtʃəri ; *USA* 'mɔːtʃʊeri/ *n* (*pl* **-ies**) morgue (*dépôt mortuaire*)

mosaic /məʊ'zeɪɪk/ *n* mosaïque

Moslem *Voir* MUSLIM

mosque /mɒsk/ *n* mosquée

mosquito /məs'kiːtəʊ, mɒs-/ *n* (*pl* **-oes**) moustique : *a mosquito net* une moustiquaire

moss /mɒs ; *USA* mɔːs/ *n* (*Bot*) mousse

most /məʊst/ ◆ *adj* **1** le plus de : *Who got (the) most votes?* Qui a remporté le plus de votes ? **2** la plupart de, la majorité de : *Most people like chips.* La plupart des gens aiment les frites.

Most est le superlatif de **much** et de **many** et s'emploie avec des noms indénombrables ou au pluriel : *Who's got most money?* Qui a le plus d'argent ? ◊ *most students* la plupart des étudiants. Cependant, devant un pronom ou quand le nom est précédé de *the* ou d'un adjectif possessif ou démonstratif, on emploie **most of** : *most of us* la plupart d'entre nous ◊ *most of my friends* la plupart de mes amis ◊ *most of these newspapers* la plupart de ces journaux.

◆ *pron* **1** le plus : *He ate (the) most.* C'est lui qui en a mangé le plus. ◊ *the most I could offer you* le mieux que je puisse vous offrir **2** la plupart, la majeure partie : *Most of you know the reason.* La plupart d'entre vous savez pourquoi. ◊ *most of the day* la majeure partie de la journée ◆ *adv* **1** le plus, la plus, les plus ☛ S'emploie pour le superlatif des locutions adverbiales et des adjectifs et adverbes de deux syllabes ou plus : *This is the most interesting book I've ever read.* C'est le livre le plus intéressant que j'aie jamais lu. ◊ *What annoyed me (the) most was that...* Ce qui m'a agacée le plus c'était que... ◊ *most of all* surtout **2** très : *most likely* très probablement ◊ *a most unusual present* un cadeau très original LOC **at (the) most** tout au plus **mostly** *adv* **1** la plupart du temps **2** essentiellement

moth /mɒθ ; *USA* mɔːθ/ *n* **1** papillon de nuit ☛ *Voir illustration sous* PAPILLON **2** (*aussi* **clothes moth**) mite

mother /ˈmʌðə(r)/ ◆ *n* mère : *a mother-to-be* une future maman ◊ *my mother tongue* ma langue maternelle ◆ *vt* **1** materner **2** dorloter **motherhood** *n* maternité **motherly** *adj* maternel

mother-in-law /ˈmʌðər ɪn lɔː/ *n* (*pl* **-ers-in-law**) belle-mère

Mother's Day *n* la fête des Mères

motif /məʊˈtiːf/ *n* **1** motif **2** thème

motion /ˈməʊʃn/ ◆ *n* **1** mouvement : *a motion picture* un film **2** motion LOC **to go through the motions (of doing sth)** (*fam*) faire semblant (de faire qch) **to put/set sth in motion** mettre qch en marche, mettre qch en route *Voir aussi* SLOW ◆ **1** *vi* ~ **to/for sb to do sth** faire signe à qn de faire qch **2** *vt* : *to motion sb in/forward* faire signe à qn d'entrer/d'avancer **motionless** *adj* immobile

motivate /ˈməʊtɪveɪt/ *vt* motiver

motive /ˈməʊtɪv/ *n* ~ **(for sth)** motif (de qch) : *He had an ulterior motive.* Il avait quelque chose d'autre dans la tête.

motor /ˈməʊtə(r)/ *n* **1** moteur ☛ *Voir note sous* ENGINE **2** (*GB, vieilli, hum*) voiture **motoring** *n* : *the stresses of motoring in big cities* la tension que l'on ressent en conduisant dans les grandes agglomérations **motorist** *n* automobiliste **motorize, -ise** *vt* motoriser

motorbike /ˈməʊtəbaɪk/ *n* (*fam*) moto

motor boat *n* bateau à moteur

motor car *n* (*sout, vieilli*) automobile

motorcycle /ˈməʊtəsaɪkl/ *n* moto **motorcycling** *n* motocyclisme

motor racing *n* course automobile

motorway /ˈməʊtəweɪ/ *n* (*USA* **freeway**) autoroute

mottled /ˈmɒtld/ *adj* marbré, tacheté

motto /ˈmɒtəʊ/ *n* (*pl* **-oes**) devise (*armoiries*)

mould[1] (*USA* **mold**) /məʊld/ ◆ *n* moule ◆ *vt* modeler

mould[2] (*USA* **mold**) /məʊld/ *n* moisissure **mouldy** (*USA* **moldy**) *adj* moisi

mound /maʊnd/ *n* **1** monticule **2** montagne, masse

mount /maʊnt/ ◆ *n* **1** mont **2** support **3** (*cheval*) monture **4** (*photo*) carton de montage ◆ **1** *vi* monter en selle **2** *vt* (*cheval, vélo*) monter sur, enfourcher **3** *vt* (*échelle, escalier*) monter **4** *vt* (*photo, timbre*) coller **5** *vt* (*exposition*) monter, organiser **6** (*bijou*) monter **7** *vi* ~ **(up)** augmenter **mounting** *adj* croissant, de plus en plus important

mountain /ˈmaʊntən ; *USA* -ntn/ *n* **1** montagne : *a mountain range* une chaîne de montagnes **2 the mountains** [*pl*] (*en contraste avec la mer*) la montagne **3 a ~ of sth** (*fig*) une montagne de qch ; une pile de qch **mountaineer** /ˌmaʊntəˈnɪə(r)/ *n* alpiniste **mountaineering** /ˌmaʊntɪˈnɪərɪŋ/ *n* alpinisme **mountainous** /ˈmaʊntənəs/ *adj* montagneux

mountain bike *n* vélo tout-terrain, VTT

mountainside /ˈmaʊntənsaɪd/ *n* flanc d'une montagne, versant d'une montagne

mourn /mɔːn/ **1** *vi* être en deuil **2** *vt, vi*

~ **(for) sb/sth** pleurer qn/qch **mourner** *n* parent ou ami du défunt **mournful** *adj* triste, mélancolique **mourning** *n* deuil : *to be dressed in mourning* porter le deuil

mouse /maʊs/ *n* (*pl* **mice** /maɪs/) **1** souris **2** (*Informatique*) souris : *a mouse mat* un tapis de souris ☛ *Voir illustration sous* ORDINATEUR

mousetrap /ˈmaʊstræp/ *n* souricière

mousse /muːs/ *n* mousse (*dessert*)

moustache /məˈstɑːʃ/ (*USA* **mustache** /ˈmʌstæʃ/) *n* moustache

mouth /maʊθ/ *n* (*pl* **~s** /maʊðz/) **1** bouche **2** (*animal*) gueule **3** (*rivière*) embouchure LOC *Voir* LOOK[1] **mouthful** *n* **1** bouchée (*de nourriture*) **2** gorgée

mouthpiece /ˈmaʊθpiːs/ *n* **1** (*Mus*) embouchure **2** microphone (*de téléphone*) **3** (*fig*) porte-parole

movable /ˈmuːvəbl/ *adj* mobile

move /muːv/ ◆ *n* **1** mouvement, déplacement **2** déménagement **3** (*travail*) mutation, transfert **4** (*Échecs*) coup, tour : *It's your move.* C'est à toi de jouer. **5** manœuvre LOC **to get a move on** (*fam*) se magner **to make a move 1** agir **2** partir *Voir aussi* FALSE ◆ **1** *vt, vi* (se) déplacer : *I'm going to move the car before they give me a ticket.* Je vais déplacer la voiture avant de recevoir une contravention. ◊ *Move your chair nearer the fire.* Rapproche ta chaise de la cheminée. **2** *vt, vi* remuer, (faire) bouger : *Don't move!* Ne bouge pas ! **3** *vt, vi* (*Échecs*) jouer **4** *vi* déménager, s'installer : *They sold the house and moved to Scotland.* Ils ont vendu leur maison et sont allés s'installer en Écosse. ◊ *They had to move out.* Ils ont dû déménager. **5** *vt* muter : *He's been moved to London.* Il a été muté à Londres. **6** *vt* (*bureaux, siège*) transférer **7** *vi* changer d'emploi **8** *vt* toucher, émouvoir **9** *vt* ~ **sb (to do sth)** pousser qn (à faire qch) LOC **to move house** déménager *Voir aussi* KILL

PHR V **to move about/around** se déplacer

to move (sth) away éloigner qch, s'éloigner

to move forward avancer

to move in emménager

to move on 1 avancer **2** se remettre en route, repartir

to move out 1 déménager **2** (*armée*) se retirer

to move over se pousser

movement /ˈmuːvmənt/ *n* **1** mouvement **2** ~ **(towards/away from sth)** tendance (en faveur de/à rejeter qch)

movie /ˈmuːvi/ (*surtout USA*) *n* **1** film **2 the movies** [*pl*] le cinéma : *to go to the movies* aller au cinéma ◊ *movie stars* vedettes de cinéma

moving /ˈmuːvɪŋ/ *adj* **1** (*pièce*) mobile **2** (*véhicule*) en marche **3** (*histoire*) émouvant

mow /məʊ/ *vt* (*prét* **mowed** *pp* **mown** /məʊn/ *ou* **mowed**) tondre (*gazon*) PHR V **to mow sb down** faucher qn **mower** *n* tondeuse à gazon

MP /ˌem ˈpiː/ *abrév* (*GB*) **Member of Parliament** député ☛ *Voir note sous* PARLIAMENT

Mr /ˈmɪstə(r)/ *abrév* Monsieur

Mrs /ˈmɪsɪz/ *abrév* Madame

Ms /mɪz, məz/ *abrév* Madame ☛ *Voir note sous* MADEMOISELLE

MSP /ˌem es ˈpiː/ *abrév* (*GB*) **Member of the Scottish Parliament** député du Parlement écossais

much /mʌtʃ/ ◆ *adj* beaucoup de : *not much enthusiasm* pas beaucoup d'enthousiasme ◊ *too much sun* trop de soleil ◆ *pron* beaucoup : *Much of what you say is true.* Une grande part de ce que tu dis est vrai. ◊ *for much of the day* une grande partie de la journée ◊ *How much is it?* Combien ça coûte ? ◊ *too much* trop ◊ *Give me as much as you can.* Donne-m'en autant que tu peux. ☛ *Voir note sous* MANY ◆ *adv* beaucoup : *Much to her surprise...* À sa grande surprise... ◊ *a much-needed holiday* des vacances bien méritées ◊ *much too hot* bien trop chaud ◊ *much heavier* beaucoup plus lourd ◊ *We worked as much as you.* Nous avons autant travaillé que vous. ☛ *Voir note sous* BEAUCOUP LOC **much as** bien que : *Much as I'd like to, I can't.* Ce n'est pas je ne veuille pas, mais je ne peux pas. **much the same** à peu près pareil **not much of a...** : *He's not much of an actor.* Il ne vaut pas grand-chose comme acteur. *Voir aussi* AS, HOW, SO, TOO

muck /mʌk/ ◆ *n* **1** fumier **2** (*surtout GB, fam*) saleté **3** (*fam, surtout GB*) (*nourriture*) cochonneries, n'importe quoi ◆ *v* (*surtout GB, fam*) PHR V **to muck about/around** traînasser, fainéanter **to muck about/around with**

sth toucher à qch **to muck sth up** bâcler qch **mucky** *adj* (**-ier**, **-iest**) sale

mucus /ˈmjuːkəs/ *n* [*indénombrable*] mucosités

mud /mʌd/ *n* boue LOC *Voir* CLEAR **muddy** *adj* (**-ier**, **-iest**) **1** boueux **2** (*couleur*) sale

muddle /ˈmʌdl/ ◆ *vt* **1** ~ **sth (up)** semer la pagaille dans qch **2** ~ **sb (up)** embrouiller les idées de qn **3** ~ **A (up) with B** ; ~ **A and B (up)** confondre A avec B ; prendre A pour B ◆ *n* **1** pagaille : *in a muddle* en désordre **2** ~ **(about/over sth)** confusion (à propos de qch) : *to get (yourself) into a muddle* s'embrouiller **muddled** *adj* confus

mudguard /ˈmʌdgɑːd/ *n* garde-boue

muffin /ˈmʌfɪn/ *n* **1** petit pain rond et plat, que l'on sert chaud avec du beurre et de la confiture **2** petit gâteau aux fruits ou au chocolat

muffled /ˈmʌfld/ *adj* **1** (*cri*) étouffé **2** (*son*) assourdi **3** ~ **(up) (in sth)** emmitouflé (dans qch)

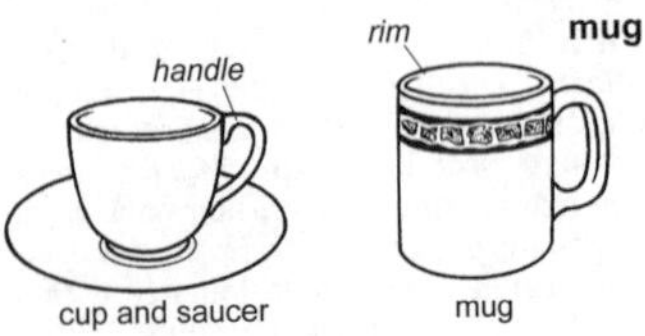

mug /mʌg/ ◆ *n* **1** grande tasse **2** (*fam, péj, hum*) gueule, tronche **3** (*fam*) poire LOC **it's a mug's game** (*GB, péj*) c'est un piège à con ◆ *vt* (**-gg-**) agresser **mugger** *n* agresseur **mugging** *n* agression

muggy /ˈmʌgi/ *adj* (**-ier**, **-iest**) lourd et humide

mulberry /ˈmʌlbəri ; *USA* ˈmʌlberi/ *n* **1** (*aussi* **mulberry tree**, **mulberry bush**) mûrier **2** mûre (*fruit de l'arbre*)

mule /mjuːl/ *n* **1** mulet, mule **2** (*chausson*) mule

mull /mʌl/ *v* PHR V **to mull sth over** réfléchir à qch : *I'd like to mull it over.* J'aimerais y réfléchir.

multicoloured (*USA* **multicolored**) /ˌmʌltiˈkʌləd/ *adj* multicolore

multilingual /ˌmʌltiˈlɪŋgwəl/ *adj* multilingue

multimedia /ˌmʌltiˈmiːdiə/ *adj* multimédia

multinational /ˌmʌltiˈnæʃnəl/ ◆ *adj* multinational ◆ *n* multinationale

multiple /ˈmʌltɪpl/ ◆ *adj* multiple ◆ *n* multiple

multiple sclerosis /ˌmʌltɪpl skləˈrəʊsɪs/ *n* sclérose en plaques

multiplex /ˈmʌltɪpleks/ (*GB* **multiplex cinema**) *n* complexe multisalles

multiplication /ˌmʌltɪplɪˈkeɪʃn/ *n* multiplication : *multiplication tables* tables de multiplication

multiplicity /ˌmʌltɪˈplɪsəti/ *n* ~ **of sth** multiplicité de qch

multiply /ˈmʌltɪplaɪ/ (*prét, pp* **-lied**) *vt, vi* (se) multiplier

multi-purpose /ˌmʌlti ˈpɜːpəs/ *adj* à usages multiples, polyvalent

multi-storey /ˌmʌlti ˈstɔːri/ (*aussi* **multi-storey car park**) *n* parking à niveaux multiples

multitude /ˈmʌltɪtjuːd ; *USA* -tuːd/ *n* (*sout*) multitude

mum /mʌm/ (*USA* **mom** /mɒm/) *n* (*fam*) maman

mumble /ˈmʌmbl/ *vt, vi* marmonner : *Don't mumble.* Parle correctement.

mummy /ˈmʌmi/ *n* (*pl* **-ies**) **1** (*USA* **mommy** /ˈmɒmi/) (*fam*) maman **2** momie

mumps /mʌmps/ *n* [*sing*] oreillons

munch /mʌntʃ/ *vt, vi* ~ **(on) sth** mâchonner qch

mundane /mʌnˈdeɪn/ *adj* quelconque, sans intérêt

municipal /mjuːˈnɪsɪpl/ *adj* municipal

munitions /mjuːˈnɪʃnz/ *n* [*pl*] munitions

mural /ˈmjʊərəl/ *n* peinture murale

murder /ˈmɜːdə(r)/ ◆ *n* meurtre ☛ *Comparer avec* HOMICIDE, MANSLAUGHTER LOC **to be murder** (*fam*) (*fig*) : *Driving in London is murder.* Conduire à Londres, c'est infernal. **to get away with murder** (*souvent hum, fam*) s'en tirer à bon compte ◆ *vt* assassiner ☛ *Voir note sous* ASSASSINER **murderer** *n* assassin, meurtrier **murderous** *adj* meurtrier, assassin : *a murderous look* un regard assassin

murky /ˈmɜːki/ *adj* (**-ier**, **-iest**) **1** sombre, obscur **2** (*pr et fig*) trouble

murmur /ˈmɜːmə(r)/ ◆ *n* murmure LOC **without a murmur** sans broncher ◆ *vt, vi* murmurer

muscle /ˈmʌsl/ ◆ *n* **1** muscle : *Don't move a muscle!* Ne bouge surtout pas ! **2** (*fig*) poids, puissance ◆ *v* PHR V **to muscle in (on sth)** (*fam, péj*) s'immiscer (dans qch) **muscular** *adj* **1** musculaire **2** musclé

muse /mju:z/ ◆ *n* muse ◆ **1** *vi* ~ **(about/over/on/upon sth)** songer (à qch) **2** *vt* : *'How interesting,' he mused.* « Comme c'est intéressant », songea-t-il.

museum /mju:ˈziəm/ *n* musée

> Le mot **museum** désigne les musées de sculpture, d'histoire, des sciences, etc. **Gallery** ou **art gallery** s'appliquent aux musées dont les collections sont composées principalement de tableaux et de sculptures.

mushroom /ˈmʌʃrʊm, -ru:m/ ◆ *n* champignon ◆ *vi* (*parfois péj*) pousser comme des champignons

mushy /ˈmʌʃi/ *adj* **1** en bouillie **2** (*fam, péj*) mièvre

music /ˈmju:zɪk/ *n* **1** musique : *a piece of music* un morceau de musique **2** (*texte*) partition **musical** *adj* **1** musical **2** (*personne*) musicien **musical** (*aussi* **musical comedy**) *n* comédie musicale **musician** *n* musicien, -ienne **musicianship** *n* sens de la musique

musk /mʌsk/ *n* musc

musket /ˈmʌskɪt/ *n* mousquet

Muslim /ˈmʊzlɪm ; *USA* ˈmʌzləm/ (*aussi* **Moslem** /ˈmɒzləm/) *adj, n* musulman, -e *Voir aussi* ISLAM

muslin /ˈmʌzlɪn/ *n* mousseline

mussel /ˈmʌsl/ *n* moule (*mollusque*)

must /məst, mʌst/ ◆ *v aux modal* (*nég* **must not** *ou* **mustn't** /ˈmʌsnt/)

> **Must** est un verbe modal suivi de l'infinitif sans TO. Les phrases interrogatives et négatives se construisent sans l'auxiliaire *do* : *I must look after myself.* Je dois prendre soin de moi. ◊ *You must finish your work.* Il faut que tu finisses ton travail. ◊ *You mustn't be back late.* Tu ne dois pas rentrer tard. **Must** n'a uniquement que les formes du présent : *I must go home.* Il faut que je rentre. Pour tous les autres temps on utilise **to have to** : *We'll have to get rid of this wardrobe.* Il va falloir qu'on se débarrasse de cette armoire. ◊ *I had to start the course again.* Il a fallu que je reprenne le cours à zéro.

• **obligations et interdits** devoir : *'Must you go so soon?' 'Yes, I must.'* « Faut-il vraiment que tu partes si tôt ? — Oui, il le faut. »

> On emploie **must** pour donner un ordre ou quand on veut que quelqu'un fasse quelque chose : *The children must be back by 4.20.* Les enfants doivent être rentrés pour 4 h 20. ◊ *I must stop smoking.* Il faut que j'arrête de fumer. Lorsque l'ordre est imposé de l'extérieur, par exemple par une loi, un règlement, etc., on emploie **to have to** : *The doctor says I have to stop smoking.* Le docteur dit qu'il faut que j'arrête de fumer. ◊ *You have to send it before Tuesday.* Vous devez l'expédier avant mardi. La forme négative **must not** ou **mustn't** exprime une défense : *You mustn't believe everything in the newspapers.* Il ne faut pas croire tout ce qu'il y a dans les journaux. **Haven't got to** ou **don't have to** indique l'absence d'obligation : *You don't have to if you don't want to.* Tu n'es pas obligé si tu ne veux pas.

• **suggestion** devoir : *You must come to lunch one day.* Tu devrais venir déjeuner à la maison un de ces jours. ☛ Dans la plupart des cas, pour faire une suggestion ou pour donner un conseil on emploie **ought to** ou **should**.

• **probabilité** devoir : *You must be tired.* Tu dois être fatigué. ◊ *There must be a mistake.* Il doit y avoir une erreur.

LOC **if you must** si vous y tenez

◆ *n* (*fam*) must : *It's a must.* C'est un must. ◊ *His new book is a must.* Son nouveau livre est à lire absolument.

mustache (*USA*) *Voir* MOUSTACHE

mustard /ˈmʌstəd/ *n* moutarde

muster /ˈmʌstə(r)/ **1** *vt, vi* (se) rassembler **2** *vt* (*aide, soutien*) rallier **3** *vt* (*forces*) rassembler : *to muster (up) enthusiasm* trouver assez d'enthousiasme ◊ *to muster a smile* réussir à sourire ◊ *to muster one's courage* rassembler son courage

musty /ˈmʌsti/ *adj* (**-ier**, **-iest**) **1** *to smell musty* sentir le moisi **2** (*péj*) (*fig*) vieux jeu

mutant /ˈmju:tənt/ *adj, n* mutant, -e

mutate /mju:ˈteɪt ; *USA* ˈmju:teɪt/ **1** *vi* ~ **(into sth)** se transformer (en qch) **2** *vi* (*Biol*) subir une mutation **3** *vt* transformer **mutation** *n* mutation (*transformation*)

mute /mju:t/ ◆ *adj* muet ◆ *n* **1** (*Mus*) sourdine **2** (*vieilli*) (*personne*) muet, -ette ◆ *vt* **1** modérer, tempérer **2** (*Mus*) mettre la sourdine à **muted** *adj* **1** (*son, couleur*) sourd **2** (*critique*) voilé **3** (*Mus*) en sourdine

mutilate /ˈmju:tɪleɪt/ *vt* mutiler

mutiny /ˈmju:təni/ ◆ *n* (*pl* **-ies**) mutinerie ◆ *vi* se mutiner **mutinous** *adj* mutiné, mutin

mutter /ˈmʌtə(r)/ **1** *vt, vi* ~ **(sth) (to sb) (about sth)** marmonner (qch) (à qn) (à propos de qch) **2** *vi* ~ **(about/against/at sb/sth)** maugréer (contre qn/qch)

mutton /ˈmʌtn/ *n* mouton (*viande*)

mutual /ˈmju:tʃuəl/ *adj* **1** mutuel, réciproque **2** commun : *a mutual friend* un ami commun **mutually** *adv* mutuellement, réciproquement : *mutually beneficial* avantageux pour tous les deux

muzzle /ˈmʌzl/ ◆ *n* **1** museau **2** muselière **3** (*d'arme à feu*) canon ◆ *vt* (*pr et fig*) museler

my /maɪ/ *adj poss* mon, ma, mes : *It's my fault.* C'est ma faute. ◊ *My God!* Mon Dieu ! ◊ *My feet are cold.* J'ai froid aux pieds.

> En anglais, l'adjectif possessif s'emploie plus fréquemment qu'en français devant les parties du corps et les vêtements. *Comparez avec* MINE[1]

myopia /maɪˈəʊpiə/ *n* myopie **myopic** /maɪˈɒpɪk/ *adj* myope

myriad /ˈmɪriəd/ ◆ *n* myriade ◆ *adj* : *their myriad activities* leurs activités innombrables

myself /maɪˈself/ *pron* **1** [*emploi réfléchi*] me, moi : *I hurt myself.* Je me suis fait mal. ◊ *I must look after myself.* Je dois prendre soin de moi. **2** [*emploi emphatique*] moi-même : *If I hadn't seen it myself...* Si je ne l'avais pas vu de mes propres yeux... LOC **by myself** tout seul : *I did it all by myself.* Je l'ai fait tout seul. ◊ *I was all by myself.* J'étais tout seul.

mysterious /mɪˈstɪəriəs/ *adj* mystérieux

mystery /ˈmɪstri/ *n* (*pl* **-ies**) **1** mystère **2** *a mystery disease* une maladie mystérieuse **3** histoire à suspense

mystery tour *n* voyage surprise (*dont la destination est inconnue des participants*)

mystic /ˈmɪstɪk/ ◆ *n* mystique ◆ *adj* (*aussi* **mystical**) mystique **mysticism** *n* mysticisme

mystification /ˌmɪstɪfɪˈkeɪʃn/ *n* **1** perplexité **2** (*péj*) mystification

mystify /ˈmɪstɪfaɪ/ *vt* (*prét, pp* **-fied**) intriguer, rendre perplexe **mystifying** *adj* déconcertant

mystique /mɪˈsti:k/ *n* (*sens positif*) [*sing*] mystique, mystère

myth /mɪθ/ *n* mythe **mythical** *adj* mythique, chimérique

mythology /mɪˈθɒlədʒi/ *n* mythologie **mythological** /ˌmɪθəˈlɒdʒɪkl/ *adj* mythologique

Nn

N, n /en/ *n* (*pl* **N's, n's** /enz/) N, n : *N for Nellie* N comme Nicolas ☛ *Voir exemples sous* A, A

naff /næf/ *adj* (*GB, fam*) ringard

nag /næg/ **1** *vt, vi* **(-gg-) to nag (at) sb** harceler qn **2** *vi* faire des remarques continuelles **nagging** *adj* **1** (*douleur, doute*) tenace, obsédant **2** enquiquineur

nail /neɪl/ ◆ *n* **1** ongle : *a nail file* une lime à ongles ◊ *nail varnish/polish* vernis à ongles *Voir aussi* FINGERNAIL, TOENAIL **2** clou LOC *Voir* FIGHT, HIT ◆ *v* PHR V **nail sb down (to sth)** obliger qn à préciser qch, mettre qn au pied du mur : *to nail sb down to a date/a price* obtenir de qn qu'il fixe une date/un prix **nail sth to sth** clouer qch sur qch

naive (*aussi* **naïve**) /naɪˈi:v/ *adj* naïf

naked /ˈneɪkɪd/ *adj* nu : *stark naked* nu comme un ver ◊ *a naked flame* une flamme nue

> Il existe trois façons de traduire l'adjectif *nu* en anglais : **bare**, **naked** et **nude**. **Bare** s'utilise pour les parties du corps : *bare arms*, **naked** qualifie généralement tout le corps : *a naked*

body et **nude** s'emploie dans un sens artistique ou érotique : *a nude figure.*
LOC **with the naked eye** à l'œil nu

name /neɪm/ ◆ *n* **1** nom : *What's your name?* Comment t'appelles-tu ? ◊ *first/ Christian name* prénom ◊ *last name* nom de famille ☛ *Comparer avec* SURNAME **2** réputation **3** nom, célébrité LOC **by name** de nom : *She knows all the pupils by name.* Elle connaît le nom de tous les élèves. LOC **by/of the name of** (*sout*) du nom de **in the name of sb/ sth** au nom de qn/qch ◆ *vt* **1** nommer, appeler : *They named her Sarah.* Ils l'ont appelée Sarah. **2** ~ **sb/sth after sb** (*USA*) ~ **sb/sth for sb** donner à qn/qch le nom de qn **3** (*identifier*) citer, dénommer **4** (*prix, date*) fixer, indiquer

nameless /ˈneɪmləs/ *adj* anonyme, innommable

namely /ˈneɪmli/ *adv* à savoir

namesake /ˈneɪmseɪk/ *n* homonyme

nanny /ˈnæni:/ *n* (*pl* **-ies**) (*GB*) bonne d'enfant, nurse

nap /næp/ *n* sieste : *to have/take a nap* faire un petit somme

nape /neɪp/ (*aussi* **nape of the neck**) *n* nuque

napkin /ˈnæpkɪn/ (*aussi* **table napkin**) *n* serviette (*de table*)

nappy /ˈnæpi:/ *n* (*pl* **-ies**) (*USA* **diaper**) couche (*de bébé*)

narcotic /nɑ:ˈkɒtɪk/ *adj, n* narcotique

narrate /nəˈreɪt ; *USA* ˈnæreɪt/ *vt* narrer, raconter **narrator** *n* narrateur, -trice

narrative /ˈnærətɪv/ ◆ *n* narration, récit ◆ *adj* narratif

narrow /ˈnærəʊ/ ◆ *adj* (**-er**, **-est**) **1** étroit **2** restreint, limité **3** (*majorité*) faible LOC **to have a narrow escape** l'échapper belle ◆ *vt, vi* **1** (se) rétrécir **2** (se) réduire, (se) limiter PHR V **to narrow sth down to sth** réduire qch à qch **narrowly** *adv* : *She narrowly escaped drowning.* Elle a failli se noyer.

narrow-minded /ˌnærəʊˈmaɪndɪd/ *adj* borné

nasal /ˈneɪzl/ *adj* **1** nasal **2** nasillard

nasty /ˈnɑ:sti ; *USA* ˈnæs-/ *adj* (**-ier**, **-iest**) **1** méchant, mauvais : *to be nasty to sb* être méchant avec qn ◊ *a nasty temper* un sale caractère **2** (*situation, temps*) mauvais, désagréable **3** (*blessure*) vilain

nation /ˈneɪʃn/ *n* nation

national /ˈnæʃnəl/ ◆ *adj* national : *national service* service militaire ◆ *n* ressortissant, -e

National Health Service *n* (*abrév* **NHS**) services de santé britanniques

National Insurance *n* (*GB*) sécurité sociale britannique : *National Insurance contributions* cotisations à la sécurité sociale

nationalism /ˈnæʃnəlɪzəm/ *n* nationalisme **nationalist** *adj, n* nationaliste

nationality /ˌnæʃəˈnæləti/ *n* (*pl* **-ies**) nationalité

nationalize, -ise /ˈnæʃnəlaɪz/ *vt* nationaliser

nationally /ˈnæʃnəli/ *adv* à l'échelle nationale, sur/dans l'ensemble du pays

nationwide /ˌneɪʃnˈwaɪd/ *adj, adv* dans tout le pays, national

native /ˈneɪtɪv/ ◆ *n* **1** natif, -ive : *He's a native of Aberdeen.* Il est né à Aberdeen. ◊ *The kangaroo is a native of Australia.* Le kangourou est originaire d'Australie. **2** (*souvent péj*) indigène ◆ *adj* **1** natal : *her native land* son pays natal ◊ *his native language/tongue* sa langue maternelle **2** du pays, indigène **3** naturel, inné **4** ~ **to...** originaire de...

natural /ˈnætʃrəl/ *adj* **1** naturel : *It's only natural.* C'est tout à fait normal. **2** né : *She's a natural musician.* C'est une musicienne née. **3** naturel, inné

naturalist /ˈnætʃrəlɪst/ *n* naturaliste

naturally /ˈnætʃrəli/ *adv* **1** naturellement **2** de nature **3** avec (beaucoup de) naturel

nature /ˈneɪtʃə(r)/ *n* **1** (*aussi* **Nature**) nature **2** nature : *good nature* bon caractère ◊ *It's not in my nature to...* Ce n'est pas dans ma nature de... **3** nature, sorte : *in cases of this nature* dans les cas de ce genre

naughty /ˈnɔ:ti/ *adj* (**-ier**, **-iest**) **1** (*fam*) vilain, méchant : *to be naughty* faire des bêtises **2** osé

nausea /ˈnɔ:ziə ; *USA* ˈnɔ:ʒə/ *n* nausée

nauseating /ˈnɔ:zieɪtɪŋ/ *adj* écœurant

nautical /ˈnɔ:tɪkl/ *adj* nautique, de marine

naval /ˈneɪvl/ *adj* naval, de la marine, maritime : *naval officers* officiers de marine

nave /neɪv/ *n* nef

navel /ˈneɪvl/ *n* nombril

navigate /ˈnævɪgeɪt/ **1** *vi* naviguer **2** *vi* (*en voiture*) indiquer la route **3** *vt* (*bateau*) gouverner **4** *vt* (*avion*) piloter **5** *vt* (*mer*) naviguer sur **navigation** *n* navigation **navigator** *n* navigateur, -trice

navy /ˈneɪvi/ *n* (*pl* **-ies**) **1** marine : *to join the navy* s'engager dans la marine **2** flotte (*navires*) **3** (*aussi* **navy blue**) bleu marine

Nazi /ˈnɑːtsi/ *n, adj* nazi, -e

NB (*aussi* **N.B.**) /ˌen ˈbiː/ *abrév* **nota bene** NB

near /nɪə(r)/ ◆ *adj* (**-er, -est**) **1** proche : *Which town is nearer?* Quelle est la ville la plus proche ? ◊ *to get nearer* approcher

Devant les noms, on emploie l'adjectif **nearby** au lieu de **near** : *the nearby villages* les villages voisins ◊ *The village is very near.* Le village est tout près. Cependant, le comparatif et le superlatif se forment avec l'adjectif **near**, même devant les noms : *the nearest shop* le magasin le plus proche.

2 (*fig*) proche : *in the near future* dans un avenir proche ◆ *prép* près de : *I live near Brighton.* J'habite près de Brighton. ◊ *Is there a bank near here?* Est-ce qu'il y a une banque près d'ici ? ◊ *near the beginning* vers le début ◆ *adv* (**-er, -est**) près : *I live very near.* J'habite tout près. ◊ *Summer is getting nearer.* L'été approche.

I live nearby s'emploie plus couramment que *I live near*, mais après **quite**, **very**, etc. on utilise **near** : *I live quite near.*

LOC **not anywhere near sth** ; **nowhere near sth** loin d'être qch *Voir aussi* HAND ◆ *vt, vi* approcher (de)

nearby /ˌnɪəˈbaɪ/ ◆ *adj* proche ◆ *adv* tout près, tout à côté : *She lives nearby.* Elle habite tout près. ☛ *Voir note sous* NEAR

nearly /ˈnɪəli/ *adv* presque : *He nearly fell.* Il a failli tomber.

Dans la plupart des cas, **almost** et **nearly** sont interchangeables. Toutefois, seul **almost** peut s'utiliser devant les adverbes qui se terminent en **-ly** : *almost completely* presque entièrement. Seul **nearly** peut être modifié par un autre adverbe : *I very nearly left.* J'ai bien failli partir.

LOC **not nearly** loin d'être

neat /niːt/ (**-er, -est**) *adj* **1** soigneux, ordonné **2** (*écriture, travail*) soigné **3** (*solution*) habile **4** (*surtout USA, fam*) super **5** (*alcool*) sec, pur **neatly** *adv* **1** (*travailler, s'habiller*) avec soin **2** (*expliquer, organiser*) habilement, parfaitement

necessarily /ˌnesəˈserəli, ˈnesəsərəli/ *adv* forcément

necessary /ˈnesəsəri ; *USA* -seri/ *adj* **1** nécessaire : *Is it necessary for us to meet/necessary that we meet?* Faut-il que nous nous rencontrions ? ◊ *if necessary* si besoin est **2** (*conséquence*) inévitable, inéluctable

necessitate /nəˈsesɪteɪt/ *vt* (*sout*) nécessiter, rendre nécessaire

necessity /nəˈsesəti/ *n* (*pl* **-ies**) **1** nécessité **2** chose essentielle

neck /nek/ *n* **1** cou : *to break your neck* se casser le cou **2** col, encolure **3** goulot *Voir aussi* PAIN LOC **neck and neck (with sb/sth)** à égalité (avec qn/qch) **to be up to your neck in sth** être dans qch jusqu'au cou *Voir aussi* BREATHE, MILLSTONE, RISK, SCRUFF, WRING

necklace /ˈnekləs/ *n* collier

neckline /ˈneklaɪn/ *n* encolure, décolleté

necktie /ˈnektaɪ/ *Voir* TIE

need /niːd/ ◆ *v aux modal* (*nég* **need not** *ou* **needn't** /ˈniːdnt/) (*obligation*) devoir, avoir besoin de : *You needn't have come.* Ce n'était pas la peine de venir. ◊ *Need I explain everything twice?* Faut-il que j'explique tout deux fois ?

Lorsque **need** est auxiliaire modal, il est suivi de l'infinitif sans TO et les phrases interrogatives et négatives se construisent sans l'auxiliaire *do*.

◆ *vt* **1** avoir besoin de : *Do you need any help?* Est-ce que tu as besoin d'aide ? ◊ *The grass needs cutting.* La pelouse a besoin d'être tondue. **2** ~ **to do sth** (*obligation*) avoir besoin de faire qch : *Do we really need to leave so early?* Faut-il vraiment partir si tôt ? ☛ Dans ce dernier cas, il est également possible d'utiliser l'auxiliaire modal, dans une langue plus soutenue : *Need we really leave so early?* ◆ *n* ~ **(for sth)** besoin (de qch) LOC **if need be** si nécessaire, au besoin **to be in need of sth** avoir besoin de qch

needle /ˈniːdl/ *n* aiguille LOC *Voir* PIN

needless /ˈniːdləs/ *adj* inutile LOC **needless to say...** inutile de dire que...

needlework /ˈniːdlwɜːk/ *n* [*indénombrable*] travaux d'aiguille

needy /ˈniːdi/ *adj* dans le besoin

negative /ˈnegətɪv/ *adj, n* négatif

neglect /nɪˈglekt/ ◆ *vt* **1** négliger **2** ~ **to do sth** omettre, négliger de faire qch ◆ *n* négligence, manque d'entretien : *in a state of neglect* à l'abandon

negligent /ˈneglɪdʒənt/ *adj* négligent **negligence** *n* négligence

negligible /ˈneglɪdʒəbl/ *adj* négligeable

negotiate /nɪˈgəʊʃieɪt/ **1** *vt, vi* ~ **(sth) (with sb)** négocier (qch) (avec qn) **2** *vt* (*obstacle*) franchir, surmonter **negotiation** *n* [*souvent pl*] négociation

neigh /neɪ/ ◆ *vi* hennir ◆ *n* hennissement

neighbour (*USA* **neighbor**) /ˈneɪbə(r)/ *n* **1** voisin, -e **2** prochain, -e **neighbourhood** (*USA* **-borhood**) *n* voisinage, quartier **neighbouring** (*USA* **-boring**) *adj* voisin

neither /ˈnaɪðə(r), ˈniːðə(r)/ ◆ *adj, pron* aucun (des deux), ni l'un ni l'autre ☛ *Voir note sous* AUCUN ◆ *adv* **1** non plus

Lorsque **neither** signifie *non plus*, on peut le remplacer par **nor**. Dans les deux cas, il faut utiliser la construction suivante: **neither/nor + v aux/aux modal + sujet** : *'I don't like it.' 'Neither/nor do I.'* « Je n'aime pas ça. — Moi non plus. » ◊ *I can't swim and neither/nor can my brother.* Je ne sais pas nager et mon frère non plus.

Either peut également s'employer dans les tournures négatives pour signifier *non plus*. Il se place à la fin de la phrase : *He can't sing and he can't dance either.* Il ne sait pas chanter et il ne sait pas danser non plus. ◊ *My sister didn't go either.* Ma sœur n'y est pas allée non plus. ◊ *'I haven't seen that film.' 'I haven't either.'* « Je n'ai pas vu ce film. — Moi non plus. »

2 neither… nor… ni… ni… ☛ *Voir note sous* NI

neon /ˈniːɒn/ *n* néon

nephew /ˈnevjuː, ˈnefjuː/ *n* neveu : *I've got lots of nephews and nieces.* J'ai beaucoup de neveux et de nièces.

Neptune /ˈneptjuːn ; *USA* -tuːn/ *n* Neptune

nerd /nɜːd/ *n* (*fam, péj*) **1** ringard, -e **2** (*aussi* **computer nerd**) : *He's a complete computer nerd.* C'est un passionné d'informatique.

nerve /nɜːv/ *n* **1** nerf **2** courage, cran **3** (*péj, fam*) culot : *What a nerve!* Quel culot ! LOC **get on sb's nerves** (*fam*) taper sur les nerfs de qn *Voir aussi* LOSE

nerve-racking /ˈnɜːvrækɪŋ/ *adj* angoissant

nervous /ˈnɜːvəs/ *adj* **1** (*Méd*) nerveux : *to have a nervous breakdown* avoir une dépression nerveuse **2** angoissé, timide : *I was really nervous before my interview.* J'avais le trac avant mon entretien. **3 to be ~ about/of sth/doing sth** avoir peur de qch/de faire qch **nervousness** *n* anxiété, trac, nervosité

nest /nest/ *n* (*pr et fig*) nid

nestle /ˈnesl/ **1** *vi* se blottir, se caler **2** *vi* (*village*) être niché **3** *vt, vi* ~ **(sth) against, on, etc. sb/sth** appuyer qch contre/sur qn/qch ; s'appuyer contre/sur qn/qch

net /net/ ◆ *n* **1** filet : *net curtains* voilage **2 the Net** (*fam*) le Net : *to surf the Net* naviguer sur le Net ◊ *on the Net* sur le Net ◆ *adj* (*aussi* **nett**) **1** (*poids, salaire*) net **2** (*résultat*) final **netting** *n* [*indénombrable*] filet : *wire netting* grillage

netball /ˈnetbɔːl/ *n* sport féminin proche du basket-ball

nettle /ˈnetl/ *n* ortie

network /ˈnetwɜːk/ ◆ *n* réseau ◆ *vt* **1** (*Télé*) diffuser **2** (*Informatique*) interconnecter

neurotic /njʊəˈrɒtɪk ; *USA* nʊ-/ *adj, n* névrosé, -e

neutral /ˈnjuːtrəl ; *USA* ˈnuː-/ ◆ *adj* neutre ◆ *n* (*Autom*) : *in neutral* au point mort

never /ˈnevə(r)/ *adv* **1** jamais **2** *That will never do.* Ça ne va pas du tout. ◊ *I never thought I'd make it.* Jamais je n'aurais cru que j'y serais arrivé. LOC **well, I never (did)!** ça alors ! ☛ *Voir note sous* ALWAYS *et* JAMAIS

nevertheless /ˌnevəðəˈles/ *adv* (*sout*) malgré tout, néanmoins

new /njuː ; *USA* nuː/ *adj* (**newer**, **newest**) **1** neuf : *What's new?* Quoi de neuf ? **2** nouveau : *my new school* ma nouvelle école ◊ *a new job* un nouveau travail **3 new to sth** pas habitué à qch : *I'm new to this job.* Je viens de commencer ce travail. LOC **a new lease of life** (*USA* **a new lease on life** un second souffle **(as) good as new** comme neuf *Voir aussi* TURN **newly** *adv* fraîchement, nouvellement **newness** *n* nouveauté (*état*)

newborn /ˈnjuːbɔːn/ *adj* nouveau-né ◊ *a newborn baby* un nouveau-né

newcomer /ˈnjuːkʌmə(r)/ *n* nouveau venu, nouvelle venue

news /njuːz ; *USA* nuːz/ *n* [*indénombrable*] **1** nouvelle, nouvelles : *The news is not good.* C'est une mauvaise nouvelle. ◊ *a piece of news* une nouvelle ◊ *Have you any news of her?* Est-ce que tu as de ses nouvelles ? ◊ *Have you got any news?* Tu as du nouveau ? ◊ *It's news to me!* Première nouvelle ! ☛ *Voir note sous* INFORMATION **2 the news** les informations, le journal **LOC** *Voir* BREAK[1]

newsagent /ˈnjuːzeɪdʒənt/ (*USA* **newsdealer**) *n* marchand, -e de journaux **1 newsagent's** marchand de journaux (*magasin*) ☛ *Voir note sous* BUREAU

newsletter /ˈnjuːzletə(r) ; *USA* ˈnuːz-/ *n* bulletin (*d'une entreprise, d'une association, etc.*)

newspaper /ˈnjuːzpeɪpə(r) ; *USA* ˈnuːz-/ *n* journal

news-stand /ˈnjuːzstænd ; *USA* ˈnuːz/ *n* kiosque à journaux ☛ *Voir note sous* BUREAU

new year *n* nouvel an : *Happy New Year!* Bonne Année ! ◊ *New Year's Day* le jour de l'an ◊ *New Year's Eve* la Saint-Sylvestre ☛ *Voir note sous* SAINT-SYLVESTRE

next /nekst/ ◆ *adj* **1** prochain, suivant : *(the) next time you see her* la prochaine fois que tu la vois ◊ *(the) next day* le lendemain ◊ *next week* la semaine prochaine ◊ *It's not ideal, but it's the next best thing.* Ce n'est pas l'idéal, mais c'est ce qu'il y a de mieux. **2** (*arrêt, rue*) prochain **3** (*maison*) d'à côté, voisin **LOC the next few days, months, etc.** les prochains jours, mois, etc. *Voir aussi* DAY ◆ **next to** *prép* **1** à côté de **2** (*série*) après **3** presque : *next to nothing* presque rien ◊ *next to last* avant-dernier ◆ *adv* **1** après, ensuite : *What did they do next?* Qu'est-ce qu'ils ont fait après ? ◊ *What shall we do next?* Qu'est-ce qu'on fait maintenant ? **2** *when we next meet* la prochaine fois que nous nous verrons **3** (*comparaison*) : *He's the next oldest after Simon.* C'est lui le plus âgé après Simon. ◆ **the next** *n* [*sing*] le prochain, la prochaine, le suivant, la suivante : *Who's next?* À qui le tour ?

next door *adv* à côté : *the room next door* la pièce d'à côté ◊ *They live next door.* Ils habitent à côté. **next-door** *adj* d'à côté : *my next-door neighbour* mon voisin immédiat

next of kin *n* parent le plus proche, famille *Voir aussi* KIN

nibble /ˈnɪbl/ *vt, vi* ~ **(at) sth** grignoter qch

nice /naɪs/ *adj* (**nicer**, **nicest**) **1** ~ **(to sb)** gentil, sympathique (avec qn) ☛ Attention, l'adjectif anglais **sympathetic** ne signifie pas sympathique mais *compréhensif*. **2** (*journée, temps, sourire*) beau : *You look nice.* Tu es très bien. ◊ *to have a nice time* bien s'amuser **3** (*odeur, goût*) bon : *It smells nice.* Ça sent bon. **LOC nice and...** (*fam*) : *nice and easy* tout doucement ◊ *nice and warm* bien chaud **nicely** *adv* **1** bien : *That will do nicely.* Ça ira très bien. **2** gentiment, agréablement

niche /nɪtʃ, niːʃ/ *n* **1** niche **2** (*fig*) place

nick /nɪk/ ◆ *n* **1** encoche **2 the nick** (*GB, fam*) la taule **3 the nick** (*GB, fam*) le poste (*de police*) **LOC in the nick of time** juste à temps ◆ *vt* **1** couper, entailler **2** (*fam*) ~ **sth (from sb/sth)** piquer qch (à qn/qch)

nickel /ˈnɪkl/ *n* **1** nickel **2** (*USA*) pièce de cinq cents

nickname /ˈnɪkneɪm/ ◆ *n* surnom ◆ *vt* surnommer

nicotine /ˈnɪkətiːn/ *n* nicotine

niece /niːs/ *n* nièce

night /naɪt/ *n* **1** nuit, soir : *the night before last* avant-hier soir ◊ *night school* cours du soir ◊ *night shift* travail de nuit **2** (*Théâtre*) soirée : *the first/opening night* la première **LOC at night 1** la nuit, de nuit **2** du soir : *8 o'clock at night* 8 heures du soir **good night** bonne nuit *Voir aussi* DAY, DEAD

nightclub /ˈnaɪtklʌb/ *n* boîte de nuit

nightdress /ˈnaɪtdres/ *n* (*fam* **nightie**) *n* chemise de nuit

nightfall /ˈnaɪtfɔːl/ *n* tombée de la nuit

nightingale /ˈnaɪtɪŋgeɪl ; *USA* -tng-/ *n* rossignol

nightlife /ˈnaɪtlaɪf/ *n* vie nocturne

nightly /ˈnaɪtli/ ◆ *adv* tous les soirs, toutes les nuits ◆ *adj* **1** nocturne **2** de toutes les nuits, de tous les soirs

nightmare /'naɪtmeə(r)/ *n* (*pr et fig*) cauchemar **nightmarish** *adj* cauchemardesque

night-time /'naɪttaɪm/ *n* nuit

nil /nɪl/ *n* **1** (*Sport*) zéro **2** nul

nimble /'nɪmbl/ *adj* (**-er**, **-est**) **1** agile, habile **2** (*esprit*) vif

nine /naɪn/ *adj, pron, n* neuf ☛ *Voir exemples sous* FIVE **ninth** *adj, pron, adv, n* neuvième ☛ *Voir exemples sous* FIFTH

nineteen /ˌnaɪn'tiːn/ *adj, pron, n* dix-neuf ☛ *Voir exemples sous* FIVE **nineteenth** *adj, pron, adv, n* dix-neuvième ☛ *Voir exemples sous* FIFTH

ninety /'naɪnti/ *adj, pron, n* quatre-vingt-dix ☛ *Voir exemples sous* FIFTY, FIVE **ninetieth** *adj, pron, adv, n* quatre-vingt-dixième ☛ *Voir exemples sous* FIFTH

nip /nɪp/ (**-pp-**) **1** *vt* pincer **2** mordre légèrement **3** *vi* (*fam*) : *to nip out* sortir un instant ◊ *to nip down to the bank* faire un saut à la banque

nipple /'nɪpl/ *n* mamelon

nitrogen /'naɪtrədʒən/ *n* azote

no /nəʊ/ ◆ *adj* [*avant le nom*] **1** pas de, aucun : *We've no time to lose.* Nous n'avons pas de temps à perdre. ◊ *No two people think alike.* Il n'y a pas deux personnes qui pensent pareil. ☛ *Voir note sous* AUCUN **2** (*interdiction*) : *No smoking.* Défense de fumer. ◊ *No parking.* Stationnement interdit. **3** (*pour insister*) : *She's no fool.* Elle n'est pas bête. ◊ *It's no joke!* Ce n'est pas drôle ! ◆ *adv* [*avant comparatif*] pas : *He's feeling no better.* Il ne se sent pas mieux. ◆ **no!** *excl* non !

nobility /nəʊ'bɪləti/ *n* noblesse

noble /'nəʊbl/ *adj, n* (**-er**, **-est**) noble

nobody /'nəʊbədi/ ◆ *pron* (*aussi* **no one** /'nəʊwʌn/) personne

En anglais, une proposition ne peut comporter qu'une seule négation. Les pronoms indéfinis négatifs **nobody**, **nothing** et **nowhere** doivent donc toujours être utilisés avec un verbe à la forme affirmative : *Nobody spoke to him.* Personne ne lui a adressé la parole. ◊ *She said nothing.* Elle n'a rien dit. ◊ *Nothing's been decided yet.* Rien n'a encore été décidé. Lorsque le verbe est à la forme négative, il faut utiliser **anybody**, **anything** et **anywhere** : *I didn't see anybody.* Je n'ai vu personne. ◊ *She didn't say anything.* Elle n'a rien dit. **Nobody** se construit avec un verbe au singulier, mais est généralement suivi de **they**, **them** et **their**, qui sont des formes plurielles : *Nobody else came, did they?* Personne d'autre n'est venu, hein ?

◆ *n* (*pl* **-ies**) inconnu, -e, moins que rien

nocturnal /nɒk'tɜːnl/ *adj* nocturne

nod /nɒd/ ◆ (**-dd-**) **1** *vi* faire oui de la tête **2** *vi* **to nod (to/at sb)** faire un signe de la tête (à qn) **3** *vi* **to nod at sth** indiquer qch d'un signe de tête **4** *vi* sommeiller LOC **to nod (your head)** faire oui de la tête : *He nodded his head.* Il a fait oui de la tête. PHR V **to nod off** (*fam*) s'endormir ◆ *n* signe de (la) tête LOC **to give (sb) the nod** donner le feu vert (à qn)

noise /nɔɪz/ *n* bruit : *to make a noise* faire du bruit ◊ *I heard a noise.* J'ai entendu un bruit. LOC **to make a noise (about sth)** faire beaucoup de bruit (autour de qch) *Voir aussi* BIG **noisily** *adv* bruyamment **noisy** *adj* (**-ier**, **-iest**) bruyant

nomad /'nəʊmæd/ *n* nomade **nomadic** /nəʊ'mædɪk/ *adj* nomade

nominal /'nɒmɪnl/ *adj* **1** nominal **2** insignifiant, dérisoire **nominally** *adv* nominalement, théoriquement

nominate /'nɒmɪneɪt/ *vt* **1** ~ **sb (for sth)** proposer qn (pour/comme qch) **2** ~ **sb (as sth)** nommer qn (qch) **3** ~ **sth (as sth)** désigner qch (comme qch) **nomination** *n* **1** proposition de candidat **2** nomination

nominee /ˌnɒmɪ'niː/ *n* **1** candidat, -e **2** personne désignée

none /nʌn/ ◆ *pron* **1** aucun, aucune : *None of the visitors has/have returned.* Aucun des visiteurs n'est revenu. **2** [*avec noms ou pronoms indénombrables*] : *There was none.* Il n'y en avait pas. ◊ *'Is there any bread left?' 'No, none.'* « Est-ce qu'il reste du pain ? — Non, il n'y en a plus. » **3** (*sout*) personne : *Everybody has worked hard, and none more so than Max.* Tout le monde a beaucoup travaillé, en particulier Max. LOC **none but** seulement **none other than...** personne d'autre que... ◆ *adv* **1** *I'm none the wiser.* Je ne suis pas plus avancé. ◊ *He's none the worse for it.* Il ne s'en porte pas plus mal. **2** *none too clean* pas très propre

nonetheless *adv* /ˌnʌnðə'les/ néanmoins, pourtant

non-existent /ˌnɒnɪgˈzɪstənt/ *adj* inexistant

non-fiction /ˌnɒnˈfɪkʃn/ *n* littérature non romanesque

nonsense /ˈnɒnsns ; *USA* -sens/ *n* [*indénombrable*] absurdités **nonsensical** /nɒnˈsensɪkl/ *adj* absurde

non-stop /ˌnɒnˈstɒp/ ◆ *adj* **1** (*vol*) direct **2** incessant, sans arrêt ◆ *adv* **1** sans escale **2** sans arrêt

noodles /ˈnuːdlz/ *n* [*pl*] nouilles

noon /nuːn/ *n* (*sout*) midi : *twelve noon* midi

no one *Voir* NOBODY

noose /nuːs/ *n* nœud coulant

nope /nəʊp/ *excl* (*fam*) non

nor /nɔː(r)/ *conj, adv* **1** ni **2** non plus : *Nor do I.* Moi non plus. ☛ *Voir note sous* NEITHER

norm /nɔːm/ *n* norme, moyenne

normal /ˈnɔːml/ ◆ *adj* normal ◆ *n* la norme : *Things are back to normal.* Les choses sont redevenues normales. **normally** *adv* normalement ☛ *Voir note sous* ALWAYS

north (*aussi* **North**) /nɔːθ/ ◆ *n* (*abrév* **N**) nord : *Leeds is in the North of England.* Leeds est dans le nord de l'Angleterre. ◆ *adj* du nord : *north winds* vents du nord ◆ *adv* vers le nord, au nord : *They headed north.* Ils se sont dirigés vers le nord. *Voir aussi* NORTHWARD(S)

northbound /ˈnɔːθbaʊnd/ *adj* en direction du nord

north-east /ˌnɔːθˈiːst/ ◆ *n* (*abrév* **NE**) nord-est ◆ *adj* du nord-est ◆ *adv* vers le nord-est, au nord-est **north-eastern** *adj* du nord-est

northern (*aussi* **Northern**) /ˈnɔːðən/ *adj* du nord : *She has a northern accent.* Elle a un accent du nord. ◊ *the northern hemisphere* l'hémisphère nord ◊ *northern France* le nord de la France **northerner** *n* personne née ou habitant dans le nord

northward(s) /ˈnɔːθwəd(z)/ *adv* vers le nord *Voir aussi* NORTH

north-west /ˌnɔːθˈwest/ ◆ *n* (*abrév* **NW**) nord-ouest ◆ *adj* du nord-ouest ◆ *adv* vers le nord-ouest **north-western** *adj* du nord-ouest

nose /nəʊz/ ◆ *n* **1** nez **2** (*voiture*) avant **3** (*pr et fig*) flair LOC *Voir* BLOW ◆ *v* PHR V **to nose about/around** (*fam*) fouiner

nosebleed /ˈnəʊzbliːd/ *n* saignement de nez

nostalgia /nɒˈstældʒə/ *n* nostalgie

nostril /ˈnɒstrəl/ *n* narine

nosy (*aussi* **nosey**) /ˈnəʊzi/ *adj* (**-ier**, **-iest**) (*fam, péj*) curieux : *She's very nosy.* Elle fourre son nez partout.

not /nɒt/ *adv* pas, ne... pas : *Certainly not!* Certainement pas ! ◊ *Not any more.* Plus maintenant. ◊ *Not even...* Même pas... ◊ *Why not?* Pourquoi pas ? ◊ *I hope not.* J'espère que non. ◊ *I'm afraid not.* Je crains que non.

Not s'utilise pour construire la forme négative des verbes auxiliaires et des auxiliaires modaux (**be**, **do**, **have**, **can**, **must**, etc.). On emploie couramment la forme contractée **-n't** : *She is not/isn't going.* ◊ *We did not/didn't go.* ◊ *I must not/mustn't go.* La forme non contractée (**not**) appartient à la langue soutenue ou s'utilise pour insister. On l'emploie également dans les propositions subordonnées négatives : *He asked us not to be late.* Il nous a demandé de ne pas être en retard. ◊ *I expect not.* J'imagine que non.

LOC **not all that...** : *He's not all that stupid.* Il n'est pas si bête que ça. **not as... as all that** pas si... que ça : *They're not as rich as all that.* Ils ne sont pas si riches que ça. **not at all 1** (*réponse*) de rien *Voir aussi* WELCOME **2** pas du tout **not that...** non pas que..., ce n'est pas que... : *It's not that I mind.* Ce n'est pas que ça me dérange.

notably /ˈnəʊtəbli/ *adv* **1** notamment **2** particulièrement, nettement

notch /nɒtʃ/ ◆ *n* **1** encoche, entaille **2** cran ◆ *v* PHR V **to notch sth up** (*fam*) remporter qch

note /nəʊt/ ◆ *n* **1** (*aussi Mus*) note : *to make a note of sth* noter qch ◊ *to take notes* prendre des notes **2** petit mot **3** (*aussi* **banknote**, *USA* **bill**) billet de banque ◆ *vt* remarquer, constater PHR V **to note sth down** noter qch **noted** *adj* ~ **(for/as sth)** connu (pour/comme qch)

notebook /ˈnəʊtbʊk/ *n* **1** carnet **2** (*aussi* **notebook computer**) (*Informatique*) portable (*ordinateur*)

notepaper /ˈnəʊtpeɪpə(r)/ *n* papier à lettres

noteworthy /ˈnəʊtwɜːði/ *adj* remarquable

nothing /ˈnʌθɪŋ/ *pron* **1** rien ☛ *Voir note sous* NOBODY **2** zéro LOC **for nothing 1** gratuitement **2** pour rien **nothing much** pas grand-chose **nothing of the kind/sort** rien de pareil : *I was told she was very pleasant but she's nothing of the kind/sort.* On m'avait dit qu'elle était charmante mais il n'en est rien. **to have nothing to do with sb/sth** ne rien avoir à voir avec qn/qch : *This has nothing to do with you.* Ça ne te regarde pas.

notice /ˈnəʊtɪs/ ◆ *n* **1** annonce, affiche **2** avis, préavis : *until further notice* jusqu'à nouvel ordre ◊ *to give one month's notice* donner un mois de préavis **3** *to hand in your notice* donner sa démission **4** critique LOC **to take no notice/not to take any notice of sb/sth** ne pas faire attention à qn/qch *Voir aussi* ESCAPE, MOMENT ◆ *vt* remarquer, s'apercevoir de **noticeable** *adj* visible, net

noticeboard /ˈnəʊtɪsbɔːd/ *n* panneau d'affichage

notify /ˈnəʊtɪfaɪ/ *vt* (*prét, pp* **-fied**) (*sout*) ~ **sb (of sth)** ; ~ **sth to sb** aviser, avertir qn (de qch)

notion /ˈnəʊʃn/ *n* **1** ~ **(that...)** idée (que...) **2** ~ **(of sth)** idée (de qch) : *without any notion of what he would do* sans avoir la moindre idée de ce qu'il allait faire

notorious /nəʊˈtɔːriəs/ *adj* (*péj*) ~ **(for/as sth)** notoire, connu (pour/comme qch)

notwithstanding /ˌnɒtwɪθˈstændɪŋ/ *prép* (*sout*) malgré, en dépit de

nought /nɔːt/ *n* zéro

noughts and crosses *n* morpion (*jeu*)

noun /naʊn/ *n* nom, substantif

nourish /ˈnʌrɪʃ/ *vt* nourrir **nourishing** *adj* nourrissant, énergétique

novel /ˈnɒvl/ ◆ *adj* neuf, original ◆ *n* roman **novelist** *n* romancier, -ière

novelty /ˈnɒvlti/ *n* (*pl* **-ies**) **1** nouveauté **2** babiole

November /nəʊˈvembə(r)/ *n* (*abrév* **Nov**) novembre ☛ *Voir note et exemples sous* JANUARY

novice /ˈnɒvɪs/ *n* **1** débutant, -e **2** novice

now /naʊ/ ◆ *adv* **1** maintenant : *They should have been here by now.* Ils devraient déjà être là. ◊ *right now* tout de suite ◊ *any day now* d'un jour à l'autre **2** bon, allez **3** or LOC **(every) now and again/then** de temps en temps ◆ *conj* **now (that)...** maintenant que...

nowadays /ˈnaʊədeɪz/ *adv* de nos jours, aujourd'hui

nowhere /ˈnəʊweə(r)/ *adv* nulle part : *There's nowhere to park.* Il n'y a pas d'endroit où se garer. ◊ *It was nowhere to be found.* Impossible de le retrouver. ☛ *Voir note sous* NOBODY *Voir aussi* MIDDLE, NEAR

nozzle /ˈnɒzl/ *n* jet, suceur

nuance /ˈnjuːɑːns ; *USA* ˈnuː-/ *n* nuance

nuclear /ˈnjuːkliə(r) ; *USA* ˈnuː-/ *adj* nucléaire : *nuclear power/energy* énergie nucléaire ◊ *nuclear waste* déchets nucléaires

nucleus /ˈnjuːkliəs ; *USA* ˈnuː-/ *n* (*pl* **nuclei** /-kliaɪ/) noyau

nude /njuːd ; *USA* nuːd/ ◆ *adj* nu ☛ *Voir note sous* NAKED ◆ *n* nu LOC **in the nude** nu **nudity** *n* nudité

nudge /nʌdʒ/ *vt* **1** donner un petit coup de coude à *Voir aussi* ELBOW **2** pousser

nuisance /ˈnjuːsns ; *USA* ˈnuː-/ *n* **1** désagrément, embêtement : *That's a nuisance.* C'est embêtant. **2** casse-pieds

null /nʌl/ *adj* LOC **null and void** nul et non avenu

numb /nʌm/ ◆ *adj* engourdi, gourd : *numb with shock* sous le choc ◆ *vt* **1** engourdir, insensibiliser **2** (*fig*) paralyser, anéantir

number /ˈnʌmbə(r)/ ◆ *n* (*abrév* **No**) **1** nombre **2** chiffre **3** numéro *Voir* REGISTRATION NUMBER LOC **a number of...** un certain nombre de : *a number of times* plusieurs fois ◆ *vt* **1** numéroter **2** compter

number plate *n* plaque d'immatriculation

numerical /njuːˈmerɪkl ; *USA* nuː-/ *adj* numérique

numerous /ˈnjuːmərəs ; *USA* ˈnuː-/ *adj* (*sout*) nombreux

nun /nʌn/ *n* religieuse

nurse /nɜːs/ ◆ *n* **1** infirmier, -ière **2** (*aussi* **nursemaid**) nurse, bonne d'enfants *Voir aussi* NANNY ◆ **1** *vt* (*pr et fig*) soigner **2** *vt* allaiter **3** *vi* téter **4** *vt* bercer **5** *vt* (*sentiments*) nourrir **nursing** *n* **1** profession d'infirmier : *She's decided to go into nursing.* Elle a décidé de devenir infirmière. **2** soins : *a nursing home* une maison de repos

nursery /'nɜːsəri/ *n* (*pl* **-ies**) **1** école maternelle : *nursery education* enseignement de l'école maternelle **2** crèche *Voir aussi* CRÈCHE, PLAYGROUP **3** chambre d'enfants **4** pépinière

nurture /'nɜːtʃə(r)/ *vt* **1** (*enfant*) élever **2** soigner, entretenir **3** (*talent, amitié*) cultiver, nourrir

nut /nʌt/ *n* **1** noix ☛ **Nut** est un terme générique qui désigne les noix, les noisettes, les cacahuètes, les amandes, etc. **2** écrou **3** (*fam, péj*) (*GB aussi* **nutter**) cinglé, -e **4** fana **nutty** *adj* (**-ier, -iest**) **1** *a nutty flavour* un goût de noix **2** (*fam*) cinglé

nutcase /'nʌtkeɪs/ *n* (*fam*) cinglé, -e

nutcrackers /'nʌtkrækəz/ *n* [*pl*] casse-noix, casse-noisettes

nutmeg /'nʌtmeg/ *n* (noix de) muscade

nutrient /'njuːtriənt ; *USA* 'nuː-/ *n* (*sout*) élément nutritif

nutrition /nju'trɪʃn ; *USA* nu-/ *n* nutrition **nutritional** *adj* nutritif **nutritious** *adj* nourrissant

nuts /nʌts/ *adj* (*fam*) **1** cinglé **2** ~ **about sb/sth** fou de qn/qch

nutshell /'nʌtʃel/ *n* coquille (*de noix, de noisette, etc.*) LOC **(to put sth) in a nutshell** (résumer qch) en un mot

nutter *Voir* NUT

nutty *Voir* NUT

nylon /'naɪlɒn/ *n* nylon

nymph /nɪmf/ *n* nymphe

Oo

O, o /əʊ/ *n* (*pl* **O's, o's** /əʊz/) **1** O, o : *O for Oliver* O comme Olivier ☛ *Voir exemples sous* A, A **2** zéro

> Dans une série de nombres, par exemple 01865, le zéro se prononce comme la lettre **O** : /ˌəʊ wʌn eɪt sɪks 'faɪv/ .

oak /əʊk/ (*aussi* **oak tree**) *n* chêne

oar /ɔː(r)/ *n* rame

oasis /əʊ'eɪsɪs/ *n* (*pl* **oases** /-siːz/) (*pr et fig*) oasis

oath /əʊθ/ *n* **1** serment **2** juron LOC **to be on/under oath** être sous serment

oats /əʊts/ *n* [*pl*] avoine

obedient /ə'biːdiənt/ *adj* obéissant **obedience** *n* obéissance

obese /əʊ'biːs/ *adj* (*sout*) obèse

obey /ə'beɪ/ *vt, vi* obéir (à)

obituary /ə'bɪtʃuəri ; *USA* -tʃʊeri/ *n* (*pl* **-ies**) nécrologie

object /'ɒbdʒɪkt/ ◆ *n* **1** objet **2** but **3** (*Gramm*) complément d'objet ◆ /əb'dʒekt/ *vi* ~ **(to sb/sth)** protester (contre qn/qch) ; s'opposer à qn/qch : *if he doesn't object* s'il n'y voit pas d'inconvénient

objection /əb'dʒekʃn/ *n* ~ **(to/against sth/doing sth)** objection (à qch/à faire qch) : *I've no objection to her coming.* Je ne vois pas d'objection à ce qu'elle vienne.

objective /əb'dʒektɪv/ *adj, n* objectif

obligation /ˌɒblɪ'geɪʃn/ *n* **1** devoir **2** obligation, engagement LOC **to be under an/no obligation (to do sth)** être/ne pas être obligé (de faire qch)

obligatory /ə'blɪgətri ; *USA* -tɔːri/ *adj* (*sout*) obligatoire

oblige /ə'blaɪdʒ/ *vt* **1** obliger, forcer **2** ~ **sb (with sth/by doing sth)** (*sout*) obliger qn (en faisant qch) ; rendre service à qn (en faisant qch) **obliged** *adj* ~ **(to sb) (for sth/doing sth)** reconnaissant (à qn) (de qch/d'avoir fait qch) LOC **much obliged** merci beaucoup **obliging** *adj* serviable, aimable

obliterate /ə'blɪtəreɪt/ *vt* (*sout*) effacer, détruire

oblivion /ə'blɪviən/ *n* oubli

oblivious /ə'blɪviəs/ *adj* ~ **of/to sth** inconscient de qch

oblong /'ɒblɒŋ ; *USA* -lɔːŋ/ ◆ *n* rectangle ◆ *adj* rectangulaire

oboe /'əʊbəʊ/ *n* hautbois

obscene /əb'siːn/ *adj* obscène

obscure /əb'skjʊə(r)/ ◆ *adj* **1** obscur **2** inconnu, obscur ◆ *vt* obscurcir,

observant /əb'zɜːvənt/ *adj* observateur

observation /ˌɒbzə'veɪʃn/ *n* observation

observatory /əb'zɜːvətri ; *USA* -tɔːri/ *n* (*pl* **-ies**) observatoire

observe /əb'zɜːv/ *vt* **1** observer **2** (*sout*) (*fête*) observer **3** respecter **observer** *n* observateur, -trice

obsess /əb'ses/ *vt* obséder : *to be obsessed by/with sb/sth* être obsédé par qn/qch **obsession** *n* obsession : *to have an obsession with sb/sth* être obsédé par qn/qch **obsessive** *adj* (*péj*) obsessionnel

obsolete /'ɒbsəliːt/ *adj* obsolète

obstacle /'ɒbstəkl/ *n* obstacle

obstetrician /ˌɒbstə'trɪʃn/ *n* obstétricien, -ienne

obstinate /'ɒbstɪnət/ *adj* obstiné, têtu

obstruct /əb'strʌkt/ *vt* **1** obstruer, bloquer **2** entraver, gêner, faire obstacle à

obstruction /əb'strʌkʃn/ *n* **1** obstruction **2** obstacle

obtain /əb'teɪn/ *vt* obtenir **obtainable** *adj* disponible

obvious /'ɒbviəs/ *adj* évident **obviously** *adv* **1** bien sûr, évidemment : *Obviously it needs another coat of paint.* Il est clair qu'il faut passer une autre couche de peinture. **2** manifestement

occasion /ə'keɪʒn/ *n* **1** occasion, fois

> Noter que lorsque **occasion** a le sens d'*opportunité* il se traduit par **chance** ou **opportunity** : *I didn't get the chance to do it.* Je n'ai pas eu l'occasion de le faire.

2 occasion, événement LOC **on occasion(s)** de temps en temps **on the occasion of sth** (*sout*) à l'occasion de qch

occasional /ə'keɪʒənl/ *adj* occasionnel : *He pays me the occasional visit.* Il me rend visite de temps en temps. **occasionally** *adv* de temps en temps, parfois ☛ *Voir note sous* ALWAYS

occupant /'ɒkjəpənt/ *n* **1** occupant, -e **2** passager, -ère **3** titulaire

occupation /ˌɒkju'peɪʃn/ *n* **1** occupation **2** profession ☛ *Voir note sous* WORK[1]

occupational /ˌɒkju'peɪʃənl/ *adj* professionnel : *occupational hazards* les risques du métier ◊ *occupational therapy* ergothérapie

occupier /'ɒkjupaɪə(r)/ *n* occupant, -e

occupy /'ɒkjupaɪ/ (*prét, pp* **occupied**) **1** *vt* occuper **2** *v réfléchi* ~ **yourself (in doing sth/with sth)** s'occuper (en faisant qch/à qch)

occur /ə'kɜː(r)/ *vi* (**-rr-**) **1** se produire, arriver **2** (*sout*) se trouver **3** ~ **to sb** venir à l'esprit de qn

occurrence /ə'kʌrəns/ *n* **1** cas, événement, occurrence **2** (*sout*) fréquence

ocean /'əʊʃn/ *n* océan LOC *Voir* DROP[1] ☛ *Voir note sous* OCÉAN

o'clock /ə'klɒk/ *adv* : *6 o'clock* 6 heures

> Noter que **o'clock** peut être omis lorsque le contexte est clair et que l'on sait qu'on parle de l'heure : *between five and six (o'clock)* entre cinq et six. Par contre on ne peut pas l'omettre lorsqu'il se construit avec un nom : *the ten o'clock news* le journal de vingt-deux heures.

October /ɒk'təʊbə(r)/ *n* (*abrév* **Oct**) octobre ☛ *Voir note et exemples sous* JANUARY

octopus /'ɒktəpəs/ *n* (*pl* ~**es**) pieuvre

odd /ɒd/ *adj* **1** (**odder**, **oddest**) bizarre, étrange **2** (*nombre*) impair **3** (*chaussure, chaussette*) dépareillé **4** qui reste **5** et quelques : *thirty-odd* trente et quelques **6** *He has the odd cigarette.* Il lui arrive de fumer une cigarette de temps en temps. LOC **to be the odd man/one out** **1** être l'exception **2** se retrouver tout seul *Voir aussi* FISH

oddity /'ɒdəti/ *n* (*pl* **-ies**) **1** (*aussi* **oddness**) curiosité **2** (*personne*) original, -e

oddly /'ɒdli/ *adv* bizarrement : *Oddly enough...* Aussi étrange que cela puisse paraître...

odds /ɒdz/ *n* [*pl*] **1** cote : *odds of ten to one* cote de dix contre un **2** chances : *The odds are that...* Il y a de fortes chances que... LOC **it makes no odds** ça n'a pas d'importance **odds and ends** (*GB, fam*) objets divers, bricoles **to be at odds (with sb) (over/on sth)** être en conflit, être en désaccord (avec qn) (sur qch)

odour (*USA* **odor**) /'əʊdə(r)/ *n* (*sout*) odeur : *body odour* odeur corporelle ☛ **Odour** appartient à un registre plus soutenu que **smell**. On l'emploie le plus souvent pour désigner une odeur désagréable.

of /əv, ɒv/ *prép* **1** de : *the countries of Europe* les pays d'Europe ◊ *the Mayor of London* le maire de Londres ◊ *the cause of the accident* la cause de l'accident ◊ *It was very kind of him.* C'était très gentil de sa part. ◊ *a girl of six* une fille de six ans **2** (*possession*) : *a friend of his* un ami à lui ◊ *a cousin of mine* un de mes cousins **3** (*quantité*) : *a kilo of sugar* un kilo de sucre ◊ *most of us* la plupart d'entre nous ◊ *six of them* six d'entre eux ◊ *There were five of us.* Nous étions cinq. **4** *the first of March* le premier mars **5** (*composition*) en : *It's made of wood.* C'est en bois. **6** (*cause*) de : *What did she die of?* De quoi est-elle morte ?

off /ɒf ; *USA* ɔːf/ ◆ *adj* **1** (*nourriture*) pourri **2** (*lait*) tourné ◆ *particule* **1** (*distance*) : *five kilometres off* à cinq kilomètres ◊ *some way off* assez loin ◊ *not far off* pas loin **2** *You left the lid off.* Tu n'as pas remis le couvercle. ◊ *with her shoes off* sans ses chaussures **3** *I must be off.* Il faut que je parte. **4** (*fam*) annulé : *The meeting is off.* La réunion est annulée. **5** (*gaz, électricité*) coupé **6** (*appareil, lumière*) éteint **7** (*robinet*) fermé **8** *a day off* un jour de congé **9** *five per cent off* cinq pour cent de réduction *Voir* WELL OFF LOC **off and on** ; **on and off** de temps en temps, par intermittence **to be off (for sth)** (*fam*) : *How are you off for cash?* Est-ce que tu as assez d'argent ? ☛ *Comparer avec* BADLY, BETTER ◆ *prép* **1** de : *to fall off sth* tomber de qch **2** *a street off the main road* une rue qui donne sur l'avenue principale **3** *off the coast of Ireland* au large des côtes irlandaises **4** (*fam*) : *to be off your food* avoir perdu l'appétit LOC **come off it!** arrête ton char ! ☛ Les verbes à particule formés avec **off** sont traités sous le verbe correspondant : pour **to go off**, par exemple, voir GO[1].

offal /'ɒfl ; *USA* 'ɔːfl/ *n* [*indénombrable*] abats

off-duty /'ɒf djuːti/ *adj* qui n'est pas de service

offence (*USA* **offense**) /ə'fens/ *n* **1** infraction **2** offense LOC **to take offence (at sth)** s'offenser (de qch)

offend /ə'fend/ *vt* offenser, vexer : *to be offended* être vexé **offender** *n* **1** délinquant, -e : *a young offenders institution* un centre de détention pour délinquants **2** coupable

offensive /ə'fensɪv/ ◆ *adj* **1** injurieux, répugnant **2** (*odeur, etc.*) repoussant ◆ *n* offensive

offer /'ɒfə(r) ; *USA* 'ɔːf-/ ◆ **1** *vt* offrir **2** *vi* ~ **to do sth** proposer de faire qch ◆ *n* offre **offering** *n* **1** offre **2** offrande

offhand /ˌɒf'hænd ; *USA* ˌɔːf-/ ◆ *adv* au pied levé, à l'improviste ◆ *adj* désinvolte

office /'ɒfɪs ; *USA* 'ɔːf-/ *n* **1** bureau : *office hours* heures de bureau ◊ *the ticket office* le guichet ◊ *an office block* un immeuble de bureaux **2** fonction LOC **to be in office 1** être en fonction **2** être au pouvoir **to take office 1** entrer en fonction **2** arriver au pouvoir

officer /'ɒfɪsə(r) ; *USA* 'ɔːf-/ *n* **1** (*armée*) officier **2** (*administration*) responsable, fonctionnaire **3** (*aussi* **police officer**) agent de police

official /ə'fɪʃl/ ◆ *adj* officiel ◆ *n* fonctionnaire, employé, -e **officially** *adv* officiellement

off-licence /'ɒf laɪsns/ *n* (*GB*) magasin de vins et spiritueux

off-peak /ˌɒf 'piːk ; *USA* ˌɔːf/ *adj* **1** (*prix, tarif*) réduit : *off-peak calls* appels au tarif réduit **2** (*période*) en période creuse, en dehors des heures de pointe

off-putting /'ɒf pʊtɪŋ ; *USA* 'ɔːf/ *adj* (*fam*) **1** rébarbatif, décourageant **2** (*personne*) désagréable

offset /'ɒfset ; *USA* 'ɔːf-/ *vt* (**-tt-**) (*prét, pp* **offset**) compenser, équilibrer

offshore /ˌɒf'ʃɔː(r) ; *USA* ˌɔːf-/ *adj* **1** (*île*) près de la côte **2** (*vent*) de terre **3** (*pêche, exploration*) côtier

offside /ˌɒf'saɪd ; *USA* ˌɔːf-/ *adj, adv* hors jeu

offspring /'ɒfsprɪŋ ; *USA* 'ɔːf-/ *n* (*pl* **offspring**) (*sout*) progéniture

often /'ɒfn, 'ɒftən ; *USA* 'ɔːfn/ *adv* souvent : *How often do you see her?* Vous vous voyez tous les combien ? ☛ *Voir note sous* ALWAYS *Voir aussi* EVERY

oh! /əʊ/ *excl* **1** oh ! **2** *Oh yes I will!* Oh que si ! ◊ *Oh no you won't!* Oh que non !

oil /ɔɪl/ ◆ *n* **1** pétrole : *an oilfield* un gisement de pétrole ◊ *an oil rig* une plate-forme pétrolière ◊ *an oil tanker* un pétrolier ◊ *an oil well* un puits de pétrole **2** huile : *sunflower oil* huile de tournesol ◊ *an oil painting* une peinture à l'huile ◆ *vt* huiler, lubrifier **oily**

adj (**oilier**, **oiliest**) **1** huileux, gras **2** plein d'huile, gras

oil slick *n* marée noire

OK (*aussi* **okay**) /ˌəʊˈkeɪ/ ◆ *adj, adv* (*fam*) bien ◆ **OK!/okay!** *excl* d'accord !, OK ! ◆ *vt* donner son accord pour ◆ *n* accord

old /əʊld/ ◆ *adj* (**older**, **oldest**) ☛ *Voir note sous* ELDER, AGED **1** vieux : *old age* vieillesse ◊ *the Old Testament* l'Ancien Testament **2** *How old are you?* Quel âge as-tu ? ◊ *She is two (years old).* Elle a deux ans.

Pour traduire *j'ai dix ans* on peut dire **I am ten** ou **I am ten years old** ; en revanche, *un enfant de dix ans* se traduit par *a boy of ten* ou *a ten-year-old boy.* ☛ *Voir note sous* YEAR

3 ancien : *my old French teacher* mon ancien professeur de français LOC *Voir* CHIP ◆ **the old** *n* [*pl*] les personnes âgées

old-fashioned /ˌəʊld ˈfæʃnd/ *adj* **1** démodé, vieilli **2** (*personne*) vieux jeu

olive /ˈɒlɪv/ ◆ *n* **1** olive : *olive oil* huile d'olive **2** (*aussi* **olive tree**) olivier ◆ *adj* **1** (*aussi* **olive green**) vert olive **2** (*teint*) olivâtre

the Olympic Games *n* [*pl*] **1** (*aussi* **the Olympics**) les Jeux olympiques **2** (*Hist*) les Jeux olympiques

omelette (*aussi* **omelet**) /ˈɒmlət/ *n* omelette

omen /ˈəʊmən/ *n* présage

ominous /ˈɒmɪnəs/ *adj* menaçant : *an ominous sign* un signe inquiétant

omission /əˈmɪʃn/ *n* omission

omit /əˈmɪt/ *vt* (**-tt-**) **1** omettre **2** ~ **doing/to do sth** omettre de faire qch : *I omitted to mention (that)...* J'ai omis de signaler que...

omnipotent /ɒmˈnɪpətənt/ *adj* omnipotent, tout-puissant

on /ɒn/ ◆ *particule* **1** (*exprimant la continuité*) : *to play on* continuer à jouer ◊ *further on* plus loin ◊ *from that day on* à partir de ce jour-là **2** (*vêtements*) : *to have sth on* porter qch **3** (*appareil, lumière*) allumé **4** (*robinet*) ouvert **5** *There's a good film on at the Odeon.* Il y a un bon film à l'Odeon. LOC **on and on** sans arrêt *Voir aussi* OFF ◆ *prép* **1** (*aussi* **upon**) sur : *on the table* sur la table ◊ *on the wall* au mur **2** (*transports*) : *to go on the train/bus* aller en train/bus ◊ *to go on foot* aller à pied **3** (*date*) : *on Sunday* dimanche ◊ *on Sundays* le dimanche ◊ *on 3 May* le 3 mai **4** (*aussi* **upon**) [+ *-ing*] : *On arriving home...* En rentrant chez lui... **5** (*relatif à*) sur, au sujet de : *a book on psychology* un livre de psychologie **6** (*consommation*) : *to live on fruit* se nourrir de fruits ◊ *to live on £100 a week* vivre avec 100 livres par semaine ◊ *to be on drugs* se droguer **7** *on the phone* au téléphone **8** (*activité, état, etc.*) : *on holiday* en vacances ◊ *to be on duty* être de service ☛ Les verbes à particule formés avec **on** sont traités sous le verbe correspondant : pour **to get on**, par exemple, voir GET.

once /wʌns/ ◆ *adv* **1** une fois : *once a month* une fois par mois **2** autrefois LOC **at once 1** tout de suite, immédiatement **2** en même temps, à la fois **once again/more** encore une fois **once and for all** une fois pour toutes **once in a while** de temps en temps **once or twice** une ou deux fois **once upon a time there was...** Il était une fois... ◆ *conj* une fois que, dès que : *Once he'd gone...* Dès qu'il fut parti... ◊ *once you're ready* dès que tu seras prêt

oncoming /ˈɒnkʌmɪŋ/ *adj* venant en sens inverse

one /wʌn/ ◆ *adj* **1** un, une : *one day* un jour

Noter que **one** ne fonctionne jamais en tant qu'article indéfini (**a** /**an**), et que lorsqu'il précède un nom il a la fonction d'adjectif numéral : *I'm going with just one friend.* J'y vais avec un ami seulement. ◊ *I'm going with a friend, not with my family.* J'y vais avec un ami, pas avec ma famille.

2 seul, unique : *the one way to succeed* le seul moyen de réussir **3** le même, la même : *of one mind* du même avis ◆ *pron* **1** [*après adj*] : *the little ones* les petits ◊ *I prefer this/that one.* Je préfère celui-ci/celui-là. ◊ *Which one?* Lequel ? ◊ *another one* un autre ◊ *It's better than the old one.* C'est mieux que l'ancien. **2** celui, celle : *the one I like* celui que j'aime ◊ *the ones in the middle* celles qui sont au milieu **3** un, une : *Can you lend me one?* Tu peux m'en prêter un ? ◊ *one of her friends* une de ses amies ◊ *One is big and the other is small.* L'un est grand, l'autre est petit. ◊ *to tell one from the other* distinguer (l'un de l'autre) **4** [*sujet*] (*sout*) on : *One must say what one thinks.* Il faut dire ce qu'on pense.

☛ *Voir note sous* YOU **LOC (all) in one** à la fois **one by one** un par un **one or two** un ou deux ◆ *n* **1** un **2** une heure : *half past one* une heure et demie

one another *pron* l'un l'autre, les uns les autres : *They congratulated one another.* Ils se sont félicités. ☛ *Voir note sous* EACH OTHER

one-off /ˌwʌn 'ɒf/ *adj, n* (événement) unique, (chose) qui ne se reproduira pas

oneself /wʌn'self/ *pron* **1** [*emploi réfléchi*] se, soi-même : *to cut oneself* se couper **2** [*emploi emphatique*] : *to do it oneself* le faire soi-même **LOC by oneself 1** (par) soi-même : *to do sth by oneself* faire qch soi-même **2** seul : *to be by oneself* être seul

one-way /ˌwʌn 'weɪ/ *adj* **1** à sens unique **2** (*billet*) simple

ongoing /'ɒngəʊɪŋ/ *adj* **1** en cours **2** continu

onion /'ʌnjən/ *n* oignon

online /ˌɒn'laɪn/ *adj, adv* en ligne (*Informatique*)

onlooker /'ɒnlʊkə(r)/ *n* spectateur, -trice

only /'əʊnli/ ◆ *adv* **1** seulement : *It'll only take a minute.* Ça ne prendra qu'une minute. **2** (*temps*) : *It was only this morning that the truth became known.* La vérité n'a été dévoilée que ce matin. **LOC not only... but also...** non seulement... mais aussi... **only just 1** *I've only just arrived.* Je viens juste d'arriver. **2** de justesse : *I can only just see.* J'y vois à peine. *Voir aussi* IF ◆ *adj* **1** seul : *our only hope* notre seul espoir **2** unique : *He is an only child.* Il est fils unique. ◆ *conj* (*fam*) mais

onset /'ɒnset/ *n* début

onslaught /'ɒnslɔːt/ *n* ~ **(on sb/sth)** attaque (contre qn/qch)

onto (*aussi* **on to**) /'ɒntə, 'ɒntuː/ *prép* sur : *to climb (up) onto sth* monter sur qch ◊ *to get onto the bus* monter dans le bus **PHR V to be onto sb** (*fam*) être sur la piste de qn **to be onto sth** être sur le point de trouver qch : *They're onto something big.* Ils sont sur le point de faire une importante découverte.

onward /'ɒnwəd/ ◆ *adj* (*sout*) en avant : *your onward journey* la suite de votre voyage ◆ *adv* (*aussi* **onwards**) **1** en avant **2** *from then onwards* à partir de ce moment-là

oops! /ʊps/ *Voir* WHOOPS!

ooze /uːz/ **1** *vt, vi* ~ **(with) sth** déborder de qch : *The wound was oozing blood.* Du sang coulait de la blessure. **2** *vi* ~ **from/out of sth** suinter de qch **3** *vt, vi* ~ **(with) sth** (*assurance, bonheur*) déborder de qch ; respirer qch

opaque /əʊ'peɪk/ *adj* opaque

open /'əʊpən/ ◆ *adj* **1** ouvert : *Don't leave the door open.* Ne laisse pas la porte ouverte. **2** (*vue*) dégagé **3** *to be open about sth* être franc à propos de qch ◊ *an open secret* un secret de Polichinelle **4** (*fig*) non résolu : *to leave a matter open* laisser une question en suspens **LOC in the open air** en plein air *Voir aussi* BURST, CLICK, WIDE ◆ **1** *vt, vi* (s')ouvrir : *What time do the shops open?* À quelle heure ouvrent les magasins ? **2** *vt* (*procédure*) ouvrir, entamer, engager **PHR V to open into/onto sth** donner sur qch **to open sth out** déplier qch, ouvrir qch **to open up** (*fam*) parler franchement **to open (sth) up** ouvrir (qch), (s')ouvrir : *Open up!* Ouvrez ! ◆ **the open** *n* le plein air **LOC to come (out) into the open** être révélé *Voir aussi* BRING **opener** *n* : *a tin-opener* un ouvre-boîte ◊ *a bottle-opener* un ouvre-bouteille **openly** *adv* franchement, honnêtement, ouvertement **openness** *n* franchise

open-air /ˌəʊpən 'eə(r)/ *adj* en plein air

opening /'əʊpnɪŋ/ ◆ *n* **1** ouverture **2** début **3** (*aussi* **opening night**) (*Théâtre*) première **4** inauguration **5** (*dans une société*) poste vacant **6** (*dans un domaine*) débouché **7** occasion ◆ *adj* premier, d'ouverture

open-minded /ˌəʊpən 'maɪndɪd/ *adj* à l'esprit ouvert

opera /'ɒprə/ *n* opéra : *an opera house* un opéra

operate /'ɒpəreɪt/ **1** *vt, vi* (*machine*) (faire) marcher **2** *vi* (*entreprise*) opérer, travailler **3** *vt* (*magasin, service*) gérer **4** *vi* ~ **(on sb) (for sth)** (*Méd*) opérer (qn) (de qch)

operating theatre (*USA* **operating room**) *n* salle d'opération

operation /ˌɒpə'reɪʃn/ *n* **1** opération : *to have an operation* se faire opérer **2** fonctionnement **LOC to be in/come into operation 1** être/entrer en service **2** (*Jur*) être/entrer en vigueur **operational** *adj* **1** opérationnel, de fonctionnement **2** d'exploitation **3** opérationnel, en service

operative /ˈɒpərətɪv ; *USA* -reɪt-/ ◆ *adj* **1** en service, opérationnel **2** (*Jur*) en vigueur **3** (*Méd*) opératoire ◆ *n* ouvrier, -ière

operator /ˈɒpəreɪtə(r)/ *n* opérateur, -trice : *a radio operator* un opérateur radio ◊ *a switchboard operator* un standardiste

opinion /əˈpɪniən/ *n* ~ **(of/about sb/sth)** opinion (de qn/qch) LOC **in my opinion** à mon avis *Voir aussi* MATTER

opinion poll *n* sondage d'opinion

opponent /əˈpəʊnənt/ *n* **1** ~ **(at/in sth)** adversaire (dans qch) **2** opposant, -e

opportunity /ˌɒpəˈtjuːnəti ; *USA* -ˈtuːn-/ *n* (*pl* **-ies**) ~ **(for/of doing sth)** ; ~ **(to do sth)** occasion (de qch/de faire qch) LOC **to take the opportunity to do sth/of doing sth** profiter de l'occasion pour faire qch

oppose /əˈpəʊz/ *vt* s'opposer à **opposed** *adj* opposé : *to be opposed to sth* être contre qch LOC **as opposed to** par opposition à : *quality as opposed to quantity* la qualité plutôt que la quantité **opposing** *adj* adverse

opposite /ˈɒpəzɪt/ ◆ *adj* **1** opposé, d'en face : *the house opposite* la maison d'en face ◊ *on the opposite side of the road* de l'autre côté de la rue **2** contraire, inverse : *the opposite sex* le sexe opposé ◆ *adv* en face : *She was sitting opposite.* Elle était assise en face. ◆ *prép* en face de : *opposite each other* en face l'un de l'autre ☛ *Voir illustration sous* DEVANT ◆ *n* **the** ~ **(of sth)** le contraire (de qch)

opposition /ˌɒpəˈzɪʃn/ *n* ~ **(to sb/sth)** opposition (à qn/qch)

oppress /əˈpres/ *vt* **1** opprimer **2** oppresser, accabler **oppressed** *adj* opprimé **oppression** *n* oppression **oppressive** *adj* **1** oppressif **2** oppressant, accablant

opt /ɒpt/ *vi* **to opt to do sth** choisir de faire qch PHR V **to opt for sth** opter pour qch, choisir qch **to opt out (of sth)** décider de ne pas participer (à qch)

optical /ˈɒptɪkl/ *adj* optique

optician /ɒpˈtɪʃn/ *n* **1** opticien, -ienne **2** optométriste **3 optician's** (*magasin*) opticien

optimism /ˈɒptɪmɪzəm/ *n* optimisme **optimist** *n* optimiste **optimistic** /ˌɒptɪˈmɪstɪk/ *adj* ~ **(about sth)** optimiste (quant à qch)

optimum /ˈɒptɪməm/ (*aussi* **optimal**) *adj* optimal, optimum

option /ˈɒpʃn/ *n* **1** choix **2** option **optional** *adj* facultatif

or /ɔː(r)/ *conj* **1** ou *Voir aussi* EITHER **2** (*autrement*) ou, sinon **3** [*après négatif*] ni *Voir aussi* NEITHER **4** ou bien *Voir aussi* NEITHER LOC **or so** à peu près : *an hour or so* environ une heure **somebody/something/somewhere or other** (*fam*) quelqu'un/quelque chose/quelque part *Voir aussi* RATHER, WHETHER

oral /ˈɔːrəl/ ◆ *adj* **1** oral **2** buccal ◆ *n* oral

orange /ˈɒrɪndʒ ; *USA* ˈɔːr-/ ◆ *n* **1** orange : *orange juice* jus d'orange **2** (*aussi* **orange tree**) oranger **3** (*couleur*) orange ◆ *adj* orange

orbit /ˈɔːbɪt/ ◆ *n* (*pr et fig*) orbite ◆ *vt, vi* ~ **(around) sth** décrire une orbite autour de qch

orchard /ˈɔːtʃəd/ *n* verger

orchestra /ˈɔːkɪstrə/ *n* [*v sing ou pl*] orchestre

orchid /ˈɔːkɪd/ *n* orchidée

ordeal /ɔːˈdiːl, ˈɔːdiːl/ *n* épreuve

order /ˈɔːdə(r)/ ◆ *n* **1** ordre : *in alphabetical order* par ordre alphabétique **2** (*Comm*) commande **3** [*v sing ou pl*] (*Relig*) ordre LOC **in order 1** en ordre, en règle **2** (*acceptable*) approprié **in order that...** pour que..., afin que... **in order to...** pour..., afin de... **in running/working order** en état de marche **on order** commandé **out of order** en panne : *It's out of order.* Ça ne fonctionne pas. *Voir aussi* LAW, MARCHING *sous* MARCH, PECKING *sous* PECK ◆ **1** *vt* ~ **sb to do sth** ordonner à qn de faire qch

Pour donner un ordre à quelqu'un on peut employer les verbes **tell**, **order** et **command**. **Tell** est le verbe le plus couramment employé. Il n'a pas un sens très autoritaire et s'emploie dans des situations quotidiennes : *She told him to put everything away.* Elle lui a dit de tout ranger. **Order** a un sens plus fort et peut être employé par des personnes qui ont une autorité : *I'm not asking you, I'm ordering you.* Je ne te le demande pas, je te l'ordonne. Enfin, **command** a un sens essentiellement militaire : *He commanded his troops to retreat.* Il a ordonné à ses troupes de se retirer.

2 *vt, vi* (*nourriture, boisson, etc.*) commander **3** *vt* (*sout*) organiser PHR V **to order sb about/around** donner des ordres à qn

orderly /ˈɔːdəli/ *adj* **1** ordonné, régulier, méthodique **2** ordonné, calme : *in an orderly fashion* dans le calme

ordinary /ˈɔːdnri ; *USA* ˈɔː rdəneri/ *adj* ordinaire, normal : *ordinary people* des gens ordinaires ☛ *Comparer avec* COMMON 3 LOC **out of the ordinary** exceptionnel, hors du commun

ore /ɔː(r)/ *n* minerai : *gold/iron ore* minerai d'or/de fer

oregano /ˌɒrɪˈgɑːnəʊ/ *n* origan

organ /ˈɔːgən/ *n* **1** (*Anat*) organe **2** (*Mus*) orgue

organic /ɔːˈgænɪk/ *adj* **1** organique **2** (*produit, agriculture*) biologique

organism /ˈɔːgənɪzəm/ *n* organisme

organization, -isation /ˌɔːgənaɪˈzeɪʃn ; *USA* -nɪˈz-/ *n* **1** organisation, organisme **2** ~ **(of sth)** organisation (de qch) **organizational, -isational** *adj* d'organisation

organize, -ise /ˈɔːgənaɪz/ *vt, vt* **1** organiser **2** (*idées*) mettre de l'ordre dans **organizer, -iser** *n* organisateur, -trice

orgy /ˈɔːdʒi/ *n* (*pl* **-ies**) (*pr et fig*) orgie

orient /ˈɔːriənt/ ◆ *vt* (*surtout USA*) *Voir* ORIENTATE ◆ **the Orient** *n* l'Orient **oriental** /ˌɔːriˈentl/ *adj* oriental, d'Orient

orientate /ˈɔːriənteɪt/ (*USA* **orient**) *vt* ~ **sb/sth (towards sb/sth)** orienter qn/qch (vers qn/qch) : *to orientate yourself* s'adapter **orientation** *n* orientation

origin /ˈɒrɪdʒɪn/ *n* origine : *their country of origin* leur pays d'origine ◊ *her humble origins* ses origines modestes

original /əˈrɪdʒənl/ ◆ *adj* **1** original **2** premier, originel ◆ *n* original LOC **in the original** en version originale **originality** /əˌrɪdʒəˈnæləti/ *n* originalité **originally** *adv* **1** de façon originale **2** à l'origine

originate /əˈrɪdʒɪneɪt/ **1** *vi* ~ **in sth** avoir son origine dans qch **2** *vi* ~ **from sth** provenir de qch **3** *vi* ~ **from sth** être originaire de qch **4** *vt* donner naissance à

ornament /ˈɔːnəmənt/ *n* **1** ornement **2** bibelot **ornamental** /ˌɔːnəˈmentl/ *adj* ornemental, décoratif

ornate /ɔːˈneɪt/ *adj* (*souvent péj*) **1** richement orné **2** (*langage, style*) très fleuri

orphan /ˈɔːfn/ ◆ *n* orphelin, -e ◆ *vt* : *to be orphaned* se retrouver orphelin **orphanage** *n* orphelinat

orthodox /ˈɔːθədɒks/ *adj* orthodoxe

ostrich /ˈɒstrɪtʃ/ *n* autruche

other /ˈʌðə(r)/ ◆ *adj* autre : *All their other children have left home.* Tous les autres enfants ont quitté la maison. ◊ *Have you got other plans?* Est-ce que tu as d'autres projets ? ◊ *That other car was better.* L'autre voiture était mieux. ◊ *some other time* une autre fois ☛ *Voir note sous* AUTRE LOC **the other day, morning, week, etc.** l'autre jour, matin, semaine, etc. *Voir aussi* EVERY, OR, WORD ◆ *pron* **1 others** [*pl*] d'autres : *Others have said this before.* D'autres l'ont déjà dit. ◊ *Have you got any others?* Est-ce que vous en avez d'autres ? **2 the other** l'autre : *I'll keep one and she can have the other.* J'en garde un et elle peut prendre l'autre. **3 the others** [*pl*] les autres : *This shirt is too small and the others are too big.* Cette chemise est trop petite et les autres sont trop grandes. ◆ **other than** *prép* **1** à part **2** autrement que **3** différemment de

otherwise /ˈʌðəwaɪz/ ◆ *adv* **1** (*sout*) autrement **2** autrement, à part ça ◆ *conj* sinon ◆ *adj* autre

otter /ˈɒtə(r)/ *n* loutre

ouch! /aʊtʃ/ *excl* aïe !

ought to /ˈɔːt tə, ˈɔːt tuː/ *v aux modal* (*nég* **ought not** *ou* **oughtn't** /ˈɔːtnt/)

L'auxiliaire modal **ought** est suivi de l'infinitif complet avec TO. La forme interrogative et la forme négative se construisent sans l'auxiliaire *do*.

1 *You ought to see a doctor.* Tu devrais consulter un médecin. ◊ *You ought to have done it sooner.* Tu aurais dû le faire plus tôt. ☛ *Comparer avec* MUST **2** *This ought to be enough.* Ça devrait suffire.

ounce /aʊns/ *n* (*abrév* **oz**) once (*mesure*) ☛ *Voir Appendice 1.*

our /ɑː(r), ˈaʊə(r)/ *adj poss* notre, nos : *Our team lost.* Notre équipe a perdu. ☛ *Voir note sous* MY

ours /ɑːz, ˈaʊəz/ *pron poss* le/la nôtre :

Where's ours? Où est le nôtre ? ◊ *a friend of ours* un de nos amis

ourselves /ɑː'selvz, aʊə'selvz/ *pron* **1** [*emploi réfléchi*] nous : *We enjoyed ourselves.* Nous nous sommes bien amusés. **2** [*après prép*] nous **3** [*emploi emphatique*] nous-mêmes LOC **by ourselves** **1** nous-mêmes : *We did it all by ourselves.* Nous l'avons fait tout seuls. **2** seuls : *We were all by ourselves.* Nous étions tout seuls.

out /aʊt/ ◆ *particule* **1** dehors : *I'll be out until 3 o'clock.* Je ne serai pas là avant 3 heures. **2** démodé **3** (*fam*) (*projet, etc.*) impossible **4** (*lumière, etc.*) éteint **5** *The sun is out.* Le soleil brille. **6** *to call out (loud)* appeler à voix haute **7** (*calcul*) faux : *The bill is out by five pounds.* Il y a une erreur de cinq livres dans l'addition. **8** (*joueur*) éliminé **9** (*balle*) : *The ball is out.* La balle est sortie. *Voir aussi* OUT OF LOC **to be out to do sth** être décidé à faire qch ☛ Les verbes à particule formés avec **out** sont traités sous le verbe correspondant : pour **to pick out**, par exemple, voir PICK. ◆ *n* LOC *Voir* IN

outbreak /'aʊtbreɪk/ *n* **1** éruption **2** (*guerre*) déclenchement

outburst /'aʊtbɜːst/ *n* éclat, accès, explosion

outcast /'aʊtkɑːst ; *USA* -kæst/ *n* exclu, -e, paria

outcome /'aʊtkʌm/ *n* résultat

outcry /'aʊtkraɪ/ *n* (*pl* **-ies**) tollé

outdated /ˌaʊt'deɪtɪd/ *adj* dépassé, démodé

outdo /ˌaʊt'duː/ *vt* (*3e pers sing prés* **outdoes** /-'dʌz/ *prét* **outdid** /-'dɪd/ *pp* **outdone** /-'dʌn/) surpasser

outdoor /'aʊtdɔː(r)/ *adj* en/de plein air : *an outdoor swimming pool* une piscine découverte

outdoors /ˌaʊt'dɔːz/ *adv* en plein air, dehors

outer /'aʊtə(r)/ *adj* extérieur : *outer space* espace intersidéral

outfit /'aʊtfɪt/ *n* tenue

outgoing /'aʊtgəʊɪŋ/ *adj* **1** ouvert, sociable **2** (*Polit*) sortant **3** (*marée*) descendant

outgrow /ˌaʊt'grəʊ/ *vt* (*prét* **outgrew** /-'gruː/ *pp* **outgrown** /-'grəʊn/) **1** devenir trop grand pour : *He's outgrown his shoes.* Ses chaussures ne lui vont plus. **2** (*habitude, etc.*) se lasser de

outing /'aʊtɪŋ/ *n* sortie

outlandish /aʊt'lændɪʃ/ *adj* extravagant, bizarre

outlaw /'aʊtlɔː/ ◆ *vt* déclarer illégal, interdire ◆ *n* hors-la-loi

outlet /'aʊtlet/ *n* **1** ~ **(for sth)** (*pour une émotion*) exutoire (à qch) **2** ~ **(for sth)** (*pour un talent*) débouché (pour qch) **3** (*Comm*) point de vente **4** tuyau de sortie/d'écoulement

outline /'aʊtlaɪn/ ◆ *n* **1** contour, profil **2** ébauche, plan **3** grandes lignes, idée générale ◆ *vt* **1** esquisser, souligner le contour de **2** ébaucher, donner les grandes lignes de

outlive /ˌaʊt'lɪv/ *vt* ~ **sb/sth** survivre à qn/qch

outlook /'aʊtlʊk/ *n* **1** ~ **(on sth)** conception (de qch) ; point de vue (sur qch) **2** ~ **(for sth)** perspectives (de qch) **3** ~ **(onto/over sth)** vue (sur qch)

outnumber /ˌaʊt'nʌmbə(r)/ *vt* être plus nombreux que

out of /'aʊt əv/ *prép* **1** hors de : *out of season* hors saison ◊ *I want that dog out of the house.* Je ne veux pas de ce chien à la maison. ◊ *to jump out of bed* sauter du lit **2** (*cause*) par : *out of interest* par intérêt **3** sur : *eight out of ten people* huit personnes sur dix **4** dans, de : *to copy sth out of a book* copier qch dans un livre ◊ *to drink out of a cup* boire dans une tasse **5** (*composition*) en, de : *made out of plastic* en plastique **6** sans : *to be out of work* être au chômage

outpost /'aʊtpəʊst/ *n* avant-poste

output /'aʊtpʊt/ *n* **1** production, rendement **2** (*Électr*) puissance **3** (*Informatique*) sortie

outrage /'aʊtreɪdʒ/ ◆ *n* **1** atrocité, attentat **2** outrage, scandale **3** indignation ◆ /aʊt'reɪdʒ/ *vt* **1** ~ **sb** scandaliser qn **2** ~ **sth** faire outrage à qch **outrageous** /aʊt'reɪdʒəs/ *adj* **1** scandaleux **2** extravagant

outright /'aʊtraɪt/ ◆ *adv* **1** franchement **2** sur le coup, sur le champ **3** en bloc **4** nettement, catégoriquement ◆ *adj* **1** (*majorité, opposition*) absolu, total **2** (*victoire*) incontesté **3** (*refus*) catégorique, net : *an outright liar* un fieffé menteur

outset /'aʊtset/ *n* LOC **at/from the outset (of sth)** au/dès le début (de qch)

outside /ˌaʊt'saɪd/ ◆ *n* extérieur : *on/from the outside* à/de l'extérieur ◆

prép (*surtout USA* **outside of**) en dehors de, hors de : *Wait outside the door.* Attendez à la porte. ◆ *adv* dehors, à l'extérieur ◆ /'aʊtsaɪd/ *adj* extérieur

outsider /ˌaʊt'saɪdə(r)/ *n* **1** étranger, -ère **2** (*péj*) intrus, -e **3** (*concurrent*) outsider

outskirts /'aʊtskɜːts/ *n* [*pl*] périphérie

outspoken /aʊt'spəʊkən/ *adj* franc

outstanding /aʊt'stændɪŋ/ *adj* **1** exceptionnel, remarquable **2** (*événement*) marquant, mémorable **3** (*paiement, facture*) en attente, impayé **4** (*problème, question*) en suspens

outstretched /ˌaʊt'stretʃt/ *adj* étendu, tendu : *with outstretched arms* les bras tendus

outward /'aʊtwəd/ *adj* **1** extérieur **2** *outward journey* aller **outwardly** *adv* en apparence **outwards** *adv* vers l'extérieur

outweigh /ˌaʊt'weɪ/ *vt* l'emporter sur : *The advantages far outweigh the disadvantages.* Les avantages l'emportent largement sur les inconvénients.

oval /'əʊvl/ *adj* ovale

ovary /'əʊvəri/ *n* (*pl* **-ies**) ovaire

oven /'ʌvn/ *n* four *Voir aussi* STOVE

over /'əʊvə(r)/ ◆ *particule* **1** *to fall over* tomber ◊ *to knock sth over* faire tomber qch **2** *to turn over* se retourner ◊ *to turn sth over* retourner qch **3** *over there/here* là-bas/par ici ◊ *They came over to see us.* Ils sont venus nous voir. **4 left over** qui reste : *Is there any left over?* Est-ce qu'il en reste ? **5** (*plus*) : *children of five and over* les enfants âgés de cinq ans au moins **6** fini, terminé LOC **(all) over again** à zéro **over and done with** fini pour de bon **over and over (again)** je ne sais combien de fois *Voir aussi* ALL ◆ *prép* **1** au-dessus de, sur : *She was wearing an apron over her skirt.* Elle portait un tablier par-dessus sa jupe. ◊ *We flew over the Alps.* Nous avons survolé les Alpes. ☛ *Voir illustration sous* AU-DESSUS **2** par-dessus : *to look over the wall* regarder par-dessus le mur **3** de l'autre côté de : *He lives over the road.* Il habite en face. **4** plus de : *(for) over a month* (pendant) plus d'un mois **5** (*temps*) pendant, au cours de : *We'll discuss it over lunch.* Nous en parlerons pendant le déjeuner. **6** (*au sujet de*) : *an argument over money* une dispute pour des questions d'argent LOC **over and above** en plus de ☛ Les verbes à particule formés avec **over** sont traités sous le verbe correspondant : pour **to think over**, par exemple, voir THINK.

over- /'əʊvə(r)/ *préf* **1** trop : *overanxious* trop anxieux ◊ *overexcited* surexcité **2** (*âge*) : *the over-60s* les plus de 60 ans

overall /ˌəʊvər'ɔːl/ ◆ *adj* **1** total, global **2** général, d'ensemble **3** (*majorité*) absolu **4** (*vainqueur*) au classement général ◆ *adv* **1** en tout **2** dans l'ensemble ◆ /'əʊvərɔːl/ *n* **1** (*GB*) blouse **2 overalls** [*pl*] bleu de travail

overbearing /ˌəʊvə'beərɪŋ/ *adj* dominateur

overboard /'əʊvəbɔːd/ *adv* par-dessus bord

overcame *prét de* OVERCOME

overcast /ˌəʊvə'kɑːst ; *USA* -'kæst/ *adj* couvert (*ciel, temps*)

overcharge /ˌəʊvə'tʃɑːdʒ/ *vt, vi* ~ **(sb) (for sth)** faire payer trop cher (qch) (à qn)

overcoat /'əʊvəkəʊt/ *n* pardessus

overcome /ˌəʊvə'kʌm/ *vt* (*prét* **overcame** /-'keɪm/ *pp* **overcome**) **1** (*difficulté, etc.*) surmonter **2** *He was overcome by tiredness.* La fatigue a eu raison de lui. ◊ *to be overcome by emotion/sadness/fumes* succomber à l'émotion/être accablé par le chagrin/être suffoqué par la fumée

overcrowded /ˌəʊvə'kraʊdɪd/ *adj* bondé, surpeuplé **overcrowding** *n* surpeuplement

overdo /ˌəʊvə'duː/ *vt* (*3e pers sing prés* **overdoes** /-'dʌz/ *prét* **overdid** /-'dɪd/ *pp* **overdone** /-'dʌn/) **1** exagérer **2** trop cuire LOC **to overdo it/things 1** se surmener **2** en faire trop

overdose /'əʊvədəʊs/ *n* **1** (*drogue*) overdose **2** (*médicaments*) dose excessive, surdose

overdraft /'əʊvədrɑːft ; *USA* -dræft/ *n* découvert

overdue /ˌəʊvə'djuː ; *USA* -'duː/ *adj* **1** en retard : *The time for reform is overdue.* La réforme se fait attendre depuis longtemps. **2** (*Fin*) en retard, impayé

overestimate /ˌəʊvər'estɪmeɪt/ *vt* surestimer, surévaluer

overflow /ˌəʊvə'fləʊ/ ◆ **1** *vi* déborder **2** *vt* : *The river overflowed its banks.* La rivière est sortie de son lit. **3** *vi* déborder : *The town was overflowing with* *tourists.* La ville regorgeait de touristes. ◆ /ˈəʊvəfləʊ/ *n* **1** débordement **2** trop-plein (*de liquide*) **3** (*aussi* **overflow pipe**) trop-plein, tuyau d'écoulement

overgrown /ˌəʊvəˈɡrəʊn/ *adj* **1** qui a grandi trop vite : *He behaves like an overgrown schoolboy.* Il se conduit en collégien. **2** (*jardin*) envahi par les mauvaises herbes

overhang /ˌəʊvəˈhæŋ/ (*prét, pp* **overhung** /-ˈhʌŋ/) **1** *vt* surplomber **2** *vi* être en surplomb : *overhanging* en surplomb

overhaul /ˌəʊvəˈhɔːl/ ◆ *vt* réviser ◆ /ˈəʊvəhɔːl/ *n* révision

overhead /ˈəʊvəhed/ ◆ *adj* aérien ◆ /ˌəʊvəˈhed/ *adv* au-dessus

overhear /ˌəʊvəˈhɪə(r)/ *vt* (*prét, pp* **overheard** /-ˈhɜːd/) entendre par hasard

overhung *prét, pp de* OVERHANG

overjoyed /ˌəʊvəˈdʒɔɪd/ *adj* **1** ~ **(at sth)** ravi (de qch) ; fou de joie **2** ~ **(to do sth)** ravi (de faire qch)

overland /ˈəʊvəlænd/ ◆ *adj* par voie de terre ◆ *adv* par route

overlap /ˌəʊvəˈlæp/ ◆ **(-pp-) 1** *vt, vi* (se) recouvrir, (se) chevaucher **2** *vi* (*fig*) coïncider, se chevaucher ◆ /ˈəʊvəlæp/ *n* chevauchement

overleaf /ˌəʊvəˈliːf/ *adv* au verso

overload /ˌəʊvəˈləʊd/ ◆ *vt* ~ **sb/sth (with sth)** surcharger qn/qch (de qch) ◆ /ˈəʊvələʊd/ *n* surcharge

overlook /ˌəʊvəˈlʊk/ *vt* **1** donner sur **2** négliger **3** ne pas voir **4** (*pardonner*) laisser passer

overnight /ˌəʊvəˈnaɪt/ ◆ *adv* **1** dans la nuit : *to travel overnight* voyager de nuit ◊ *I stayed overnight at a friend's house.* J'ai passé la nuit chez un ami. **2** du jour au lendemain ◆ /ˈəʊvənaɪt/ *adj* **1** de nuit **2** (*changement*) soudain

overpower /ˌəʊvəˈpaʊə(r)/ *vt* maîtriser, vaincre **overpowering** *adj* **1** dominateur, écrasant **2** (*odeur*) suffocant

overran *prét de* OVERRUN

overrate /ˌəʊvəˈreɪt/ *vt* surestimer

overreact /ˌəʊvəriˈækt/ *vi* réagir de façon excessive, dramatiser

override /ˌəʊvəˈraɪd/ *vt* (*prét* **overrode** /-ˈrəʊd/ *pp* **overridden** /-ˈrɪdn/) **1** annuler **2** passer outre à **overriding** /ˌəʊvəˈraɪdɪŋ/ *adj* primordial, premier

overrule /ˌəʊvəˈruːl/ *vt* annuler (*décision*)

overrun /ˌəʊvəˈrʌn/ (*prét* **overran** /-ˈræn/ *pp* **overrun**) **1** *vt* envahir **2** *vi* dépasser le temps prévu

oversaw *prét de* OVERSEE

overseas /ˌəʊvəˈsiːz/ ◆ *adj* de l'étranger, d'outre-mer ◆ *adv* à l'étranger, outre-mer

oversee /ˌəʊvəˈsiː/ *vt* (*prét* **oversaw** /-ˈsɔː/ *pp* **overseen** /-ˈsiːn/) superviser

overshadow /ˌəʊvəˈʃædəʊ/ *vt* **1** assombrir **2** (*personne, événement*) éclipser

oversight /ˈəʊvəsaɪt/ *n* omission, erreur

oversleep /ˌəʊvəˈsliːp/ *vi* (*prét, pp* **overslept** /-ˈslept/) se réveiller en retard

overspend /ˌəʊvəˈspend/ (*prét, pp* **overspent** /-ˈspent/) **1** *vi* trop dépenser **2** *vt* (*budget*) dépasser

overstate /ˌəʊvəˈsteɪt/ *vt* exagérer

overstep /ˌəʊvəˈstep/ *vt* **(-pp-)** dépasser, outrepasser LOC **to overstep the mark** dépasser les bornes

overt /əʊˈvɜːt/ *adj* (*sout*) manifeste

overtake /ˌəʊvəˈteɪk/ (*prét* **overtook** /-ˈtʊk/ *pp* **overtaken** /-ˈteɪkən/) **1** *vt, vi* (*voiture*) dépasser, doubler **2** *vt* (*fig*) saisir, surprendre

overthrow /ˌəʊvəˈθrəʊ/ ◆ *vt* (*prét* **overthrew** /-ˈθruː/ *pp* **overthrown** /-ˈθrəʊn/) renverser (*régime*) ◆ /ˈəʊvəθrəʊ/ *n* renversement

overtime /ˈəʊvətaɪm/ ◆ *n* heures supplémentaires ◆ *adv* : *to work overtime* faire des heures supplémentaires

overtone /ˈəʊvətəʊn/ *n* [*gén pl*] nuance

overtook *prét de* OVERTAKE

overture /ˈəʊvətjʊə(r)/ *n* **1** (*Mus*) ouverture **2 overtures** ouvertures, avances

overturn /ˌəʊvəˈtɜːn/ **1** *vt, vi* (se) renverser, (faire) chavirer **2** *vt* (*décision*) annuler

overview /ˈəʊvəvjuː/ *n* (*sout*) vue d'ensemble

overweight /ˌəʊvəˈweɪt/ *adj* **1** trop gros **2** trop lourd ☛ *Voir note sous* FAT

overwhelm /ˌəʊvəˈwelm/ *vt* écraser, submerger **overwhelming** *adj* **1** (*victoire, majorité*) écrasant **2** (*désir*) irrésistible

overwork /ˌəʊvəˈwɜːk/ *vt, vi* (se) surmener

ow! /aʊ/ *excl* aïe !

owe /əʊ/ *vt* ~ **sth to sb** ; ~ **sb sth** devoir qch à qn

owing to /'əʊɪŋ tu/ *prép* en raison de

owl /aʊl/ *n* hibou, chouette

own /əʊn/ ◆ *adj, pron* propre : *It was my own idea.* L'idée venait de moi. LOC **(all) on your own** (tout) seul **of your own** propre : *a room of your own* sa propre chambre *Voir aussi* BACK[1] ◆ *vt* posséder, être propriétaire de PHR V **to own up to sth** (*fam*) avouer qch

owner /'əʊnə(r)/ *n* propriétaire **ownership** *n* [*indénombrable*] propriété, possession

ox /ɒks/ *n* (*pl* **oxen** /'ɒksn/) bœuf

oxygen /'ɒksɪdʒən/ *n* oxygène

oyster /'ɔɪstə(r)/ *n* huître

ozone /'əʊzəʊn/ *n* ozone : *the ozone layer* la couche d'ozone

Pp

P, p /piː/ *n* (*pl* **P's, p's** /piːz/) P, p : *P for Peter* P comme Pierre ☛ *Voir exemples sous* A, A

pace /peɪs/ ◆ *n* **1** pas **2** rythme, allure LOC **to keep pace (with sb/sth)** arriver à suivre (qn/qch) ◆ **1** *vt* arpenter **2** *vi* marcher à pas lents LOC **to pace up and down (a room, etc.)** faire les cent pas (dans une pièce, etc.)

pacemaker /'peɪsmeɪkə(r)/ *n* **1** (*Méd*) stimulateur cardiaque **2** (*aussi* **pacesetter**) (*coureur*) meneur, -euse de terrain, lièvre

pacify /'pæsɪfaɪ/ *vt* (*prét, pp* **-fied**) **1** (*critiques, créanciers*) apaiser **2** (*région*) pacifier

pack /pæk/ ◆ *n* **1** paquet, emballage : *The pack contains a pen, ten envelopes and twenty sheets of writing paper.* L'emballage contient un stylo, dix enveloppes et vingt feuilles de papier à lettres. ☛ *Voir note sous* PARCEL **2** (*cartes*) (*surtout USA* **deck**) jeu **3** sac à dos **4** [*v sing ou pl*] (*chiens*) meute **5** [*v sing ou pl*] (*loups*) bande ◆ **1** *vt, vi* faire (ses valises) **2** *vt* mettre dans sa valise **3** *vt* ~ **sth in sth** emballer qch dans qch **4** *vt* ~ **sth into sth** entasser, caser qch dans qch **5** *vt* (*caisse*) remplir **6** *vt* (*nourriture*) conditionner, emballer **7** *vt* (*lieu*) remplir complètement LOC **to pack your bags** faire ses valises PHR V **to pack sth in** (*fam*) arrêter de faire qch : *I've packed in my job.* J'ai plaqué mon boulot. **to pack (sb/sth) into sth** entasser qn/qch dans qch, s'entasser dans qch **to pack up** (*fam*) tomber en panne **packed** *adj* **1** bondé, comble : *The show played to packed houses.* Le spectacle a fait salle comble. **2** ~ **with sth** plein (à craquer) de qch

package /'pækɪdʒ/ ◆ *n* paquet, colis ☛ *Voir note sous* PARCEL ◆ *vt* emballer, conditionner **packaging** *n* emballage, conditionnement

package holiday (*aussi* **package tour**) *n* voyage organisé, forfait

packed lunch *n* panier-repas

packet /'pækɪt/ *n* paquet ☛ *Voir illustration sous* CONTAINER *et note sous* PARCEL

packing /'pækɪŋ/ *n* **1** *I'm doing my packing.* Je suis en train de faire mes valises. **2** emballage, conditionnement

pact /pækt/ *n* pacte

pad /pæd/ ◆ *n* **1** tampon : *a pad of cotton wool* un tampon de coton **2** *shoulder pads* épaulettes **3** (*Sport*) protection : *shin pads* protège-tibias ◊ *knee pads* genouillères **4** (*papier*) bloc : *a writing pad* un bloc-notes ◆ *vt* (**-dd-**) rembourrer, capitonner, protéger PHR V **to pad along, around, etc.** avancer, aller et venir, etc. à pas feutrés **to pad sth out** (*fig*) délayer qch (*idées*) **padding** *n* **1** rembourrage, capitonnage **2** (*fig*) délayage, remplissage

paddle /'pædl/ ◆ *n* pagaie LOC **to have a paddle** faire trempette *Voir aussi* CREEK ◆ **1** *vt, vi* : *to paddle (a canoe)* pagayer **2** *vi* patauger

paddock /'pædək/ *n* enclos, paddock

padlock /'pædlɒk/ *n* cadenas, antivol

paediatrician (*USA* **pedi-**) /ˌpiːdiəˈtrɪʃn/ *n* pédiatre

pagan /'peɪgən/ *adj, n* païen, païenne

page /peɪdʒ/ ◆ *n* page ◆ *vt* **1** appeler (*par haut-parleur*) **2** biper

pager /'peɪdʒə(r)/ *n* bip, récepteur de poche

paid /peɪd/ *prét, pp de* PAY ◆ *adj* payé, rémunéré LOC **to put paid to sth** gâcher qch

pain /peɪn/ *n* **1** douleur : *Is she in pain?* Est-ce qu'elle souffre ? ◊ *I've got a pain in my neck.* J'ai mal au cou. **2** ~ **(in the neck)** (*fam*) casse-pieds LOC **to be at pains to do sth** prendre grand soin de faire qch **to take great pains with/over sth** se donner beaucoup de mal pour qch **pained** *adj* **1** affligé **2** blessé **painful** *adj* **1** douloureux : *to be painful* faire mal **2** (*souvenir*) pénible **3** (*décision*) pénible **painfully** *adv* péniblement : *He's painfully thin.* Sa maigreur fait peine à voir. **painless** *adj* indolore, sans souffrance

painkiller /'peɪnkɪlə(r)/ *n* analgésique

painstaking /'peɪnzteɪkɪŋ/ *adj* **1** (*travail*) minutieux **2** (*personne*) soigneux

paint /peɪnt/ ◆ *n* peinture ◆ *vt, vi* peindre, faire de la peinture **painter** *n* peintre **painting** *n* **1** peinture **2** toile, tableau

paintbrush /'peɪntbrʌʃ/ *n* pinceau ☛ *Voir illustration sous* BRUSH

paintwork /'peɪntwɜːk/ *n* peinture

pair /peə(r)/ ◆ *n* **1** paire : *a pair of trousers* un pantalon

Lorsqu'un mot désigne un objet composé de deux éléments (par exemple des tenailles, des ciseaux, etc.), le verbe qui suit est au pluriel : *My trousers are very tight.* Mon pantalon est très serré. Lorsqu'on veut parler de plusieurs de ces objets, on utilise le mot **pair** : *I've got two pairs of trousers.* J'ai deux pantalons.

2 [*v sing ou pl*] paire, couple : *the winning pair* le couple gagnant ☛ *Comparer avec* COUPLE LOC **in pairs** deux par deux ◆ *v* PHR V **to pair off/up (with sb)** se mettre avec qn, se mettre deux par deux **to pair sb off with sb** mettre qn avec qn

pajamas (*USA*) *Voir* PYJAMAS

pal /pæl/ *n* (*fam*) copain, copine

palace /'pæləs/ *n* palais

palate /'pælət/ *n* **1** palais (*Anat*) **2** palais, goût

pale /peɪl/ ◆ *adj* (**paler**, **palest**) pâle LOC **to go/turn pale** pâlir ◆ *n* LOC **beyond the pale** (*comportement*) inadmissible

pall /pɔːl/ ◆ *vi* **1** perdre son charme **2** ~ **on sb** lasser qn ◆ *n* **1** drap mortuaire **2** (*fig*) rideau, nuage (*de fumée*)

pallid /'pælɪd/ *adj* pâle, blafard

pallor /'pælə(r)/ *n* pâleur

palm /pɑːm/ ◆ *n* **1** paume **2** (*aussi* **palm tree**) palmier LOC **to have sb in the palm of your hand** tenir qn à sa merci ◆ *v* PHR V **to palm sth off (on sb)** ; **to palm sb off with sth** (*fam*) refiler qch à qn, se débarrasser de qch

paltry /'pɔːltri/ *adj* (**-ier**, **-iest**) dérisoire

pamper /'pæmpə(r)/ *vt* (*souvent péj*) choyer

pamphlet /'pæmflət/ *n* brochure, tract

pan /pæn/ *n* casserole ☛ *Voir illustration sous* SAUCEPAN *Voir aussi* FLASH

pancake /'pænkeɪk/ *n* crêpe ☛ *Voir note sous* MARDI

panda /'pændə/ *n* panda

pander /'pændə(r)/ *v* PHR V **to pander to sb/sth** (*péj*) céder aux exigences de qn, céder à qch

pane /peɪn/ *n* vitre, carreau : *a pane of glass* une vitre

panel /'pænl/ *n* **1** (*mur, porte*) panneau **2** (*commandes*) panneau, tableau **3** [*v sing ou pl*] (*Télé, Radio*) comité, jury, invités **panelled** (*USA* **paneled**) *adj* lambrissé **panelling** (*USA* **paneling**) *n* lambris

pang /pæŋ/ *n* (*pr et fig*) crampe, douleur : *hunger pangs* crampes d'estomac ◊ *pangs of conscience* remords

panic /'pænɪk/ ◆ *n* panique **1** *vi* ◆ (**-ck-**) s'affoler **2** *vt* (**-ck-**) affoler

panic-stricken /'pænɪk strɪkən/ *adj* pris de panique

pant /pænt/ *vi* haleter

panther /'pænθə(r)/ *n* **1** panthère **2** (*USA*) puma

panties /'pæntiz/ *n* (*fam*) [*pl*] (petite) culotte

pantomime /'pæntəmaɪm/ *n* **1** (*GB*) spectacle de Noël pour enfants s'inspirant généralement de contes traditionnels **2** (*fig*) comédie

pantry /'pæntri/ *n* (*pl* **-ies**) office, garde-manger

pants /pænts/ *n* [*pl*] **1** (*GB*) slip **2** (*USA*) pantalon

paper /ˈpeɪpə(r)/ ◆ *n* **1** [*indénombrable*] papier : *a piece of paper* un bout de papier **2** journal **3** (*aussi* **wallpaper**) papier peint **4 papers** [*pl*] papiers **5 papers** [*pl*] documents **6** épreuve **7** (*scientifique*) article LOC **on paper 1** par écrit : *to put sth on paper* mettre qch par écrit **2** (*fig*) sur le papier, en théorie ◆ *vt* tapisser

paperback /ˈpeɪpəbæk/ ◆ *n* livre de poche ◆ *adj* de poche ☛ *Comparer avec* HARDBACK

paper clip *n* trombone (*pour papiers*)

paperwork /ˈpeɪpəwɜːk/ *n* [*indénombrable*] travail administratif

par /pɑː(r)/ *n* LOC **below par** (*fam*) pas en forme **to be on a par with sb/sth** être au même niveau que qn/qch

parable /ˈpærəbl/ *n* parabole (*récit*)

parachute /ˈpærəʃuːt/ *n* parachute

parade /pəˈreɪd/ ◆ *n* parade, défilé : *the parade ground* le terrain de manœuvres ◆ **1** *vt, vi* (faire) défiler **2** *vt* (*péj*) (*culture, richesse*) faire étalage de

paradise /ˈpærədaɪs/ *n* paradis

paradox /ˈpærədɒks/ *n* paradoxe

paraffin /ˈpærəfɪn/ *n* pétrole

paragraph /ˈpærəgrɑːf ; *USA* -græf/ *n* **1** paragraphe, alinéa **2** entrefilet

parallel /ˈpærəlel/ ◆ *adj* **1** parallèle : *parallel bars* barres parallèles **2** analogue ◆ *n* parallèle

paralyse (*USA* **paralyze**) /ˈpærəlaɪz/ *vt* paralyser

paralysis /pəˈræləsɪs/ *n* [*indénombrable*] paralysie

paramedic /ˌpærəˈmedɪk/ *n* auxiliaire médical, -e

paramount /ˈpærəmaʊnt/ *adj* capital, suprême : *of paramount importance* de la plus haute importance

paranoid /ˈpærənɔɪd/ *adj* **1** paranoïde **2** paranoïaque

paraphrase /ˈpærəfreɪz/ *vt* paraphraser

parasite /ˈpærəsaɪt/ *n* parasite

parcel /ˈpɑːsl/ (*USA* **package**) *n* colis, paquet

> Le terme **parcel** (*USA* **package**) désigne les paquets et les colis que l'on expédie. Le terme **package** s'utilise également pour les paquets et les colis. Pour désigner les paquets et les emballages contenant des produits en vente dans le commerce, on emploie généralement **packet** (*USA* **pack**) : *a packet of cigarettes/crisps* un paquet de cigarettes/chips. Lorsque l'emballage regroupe plusieurs articles vendus comme un tout, on utilise le terme **pack** : *The pack contains needles and thread.* L'emballage contient des aiguilles et du fil. *Voir aussi* PACKAGING *sous* PACKAGE et illustration sous CONTAINER

parched /pɑːtʃt/ *adj* **1** aride, desséché **2** (*personne*) assoiffé : *I'm parched!* Je meurs de soif !

parchment /ˈpɑːtʃmənt/ *n* **1** parchemin **2** papier-parchemin

pardon /ˈpɑːdn/ ◆ *n* **1** pardon **2** (*Jur*) pardon, grâce LOC *Voir* BEG ◆ *vt* (*sout*) pardonner, gracier LOC **pardon?** (*USA* **pardon me?**) pardon ? **pardon me!** excusez-moi !

parent /ˈpeərənt/ *n* père, mère : *my parents* mes parents ◊ *the parent company* la société mère

> En anglais, *parent* signifie uniquement le père ou la mère. Pour désigner une personne avec laquelle on a un lien de parenté, on emploie le terme *relative*.

parentage *n* origine **parental** /pəˈrentl/ *adj* parental **parenthood** /ˈpeərənthʊd/ *n* paternité, maternité

parents-in-law /ˈpeərənts ɪn lɔː/ *n* [*pl*] beaux-parents

parish /ˈpærɪʃ/ *n* paroisse : *a parish priest* un pasteur/un curé

park /pɑːk/ ◆ *n* **1** parc **2** (*USA*) terrain de sport ◆ *vt, vi* (se) garer

parking /ˈpɑːkɪŋ/ *n* [*indénombrable*] stationnement : *no parking* stationnement interdit ◊ *to get a parking ticket* attraper une contravention ◊ *a parking space* une place (de stationnement) ◊ *a parking meter* un parcmètre

> Noter qu'en anglais *un parking* se dit **a car park**.

parliament /ˈpɑːləmənt/ *n* [*v sing ou pl*] parlement : *the European/Scottish Parliament* le Parlement européen/écossais ◊ *a Member of Parliament* un député

> Le parlement britannique est composé de deux chambres : la Chambre des communes (**the House of Commons**) et la Chambre des lords (**the House of Lords**). La Chambre des communes

compte 659 députés (**Members of Parliament** ou **MPs**), qui sont élus par les citoyens britanniques.

parliamentary /ˌpɑːlə'mentri/ *adj* parlementaire

parlour (*USA* **parlor**) /'pɑːlə(r)/ *n* petit salon, salon

parody /'pærədi/ *n* (*pl* **-ies**) parodie

parole /pə'rəʊl/ *n* liberté conditionnelle

parrot /'pærət/ *n* perroquet

parsley /'pɑːsli/ *n* persil

parsnip /'pɑːsnɪp/ *n* panais

part /pɑːt/ ◆ *n* **1** partie : *to take sth in part exchange* reprendre qch **2** pièce : *spare parts* pièces détachées **3** (*TV*) épisode **4** (*Cin, Théâtre*) rôle **5 parts** [*pl*] région, contrée : *She's not from these parts.* Elle n'est pas d'ici. LOC **for my part** pour ma part **for the most part** dans l'ensemble **on the part of sb/on sb's part** : *It was a mistake on my part.* C'était une erreur de ma part. **the best/better part of sth** la plus grande partie de qch : *for the best part of the summer* une bonne partie de l'été **to take part (in sth)** prendre part (à qch) **to take sb's part** prendre le parti de qn ◆ **1** *vt, vi* (se) séparer, se quitter : *We parted on good terms.* Nous nous sommes quittés bons amis. **2** *vt, vi* (*rideaux, lèvres*) ouvrir LOC **to part company (with sb)** se séparer (de qn) **to part your hair** se faire une raie PHR V **to part with sth 1** se séparer de qch **2** (*argent*) débourser qch

partial /'pɑːʃl/ *adj* **1** partiel **2** ~ **(towards sb/sth)** partial (envers qn/qch) LOC **to be partial to sb/sth** avoir un faible pour qn/qch **partially** *adv* partiellement, en partie

participant /pɑː'tɪsɪpənt/ *n* participant, -e

participate /pɑː'tɪsɪpeɪt/ *vi* ~ **(in sth)** participer (à qch) **participation** *n* participation

particle /'pɑːtɪkl/ *n* particule

particular /pə'tɪkjələ(r)/ ◆ *adj* **1** particulier : *in this particular case* dans ce cas précis **2** ~ **(about sth)** difficile (pour qch) ◆ **particulars** *n* [*pl*] renseignements, détails **particularly** *adv* particulièrement

parting /'pɑːtɪŋ/ *n* **1** séparation **2** (*cheveux*) raie

partisan /ˌpɑːtɪ'zæn, 'pɑːtɪzæn ; *USA* 'pɑːrtɪzn/ ◆ *adj* partisan ◆ *n* partisan

partition /pɑː'tɪʃn/ *n* **1** cloison **2** (*Polit*) division, partition

partly /'pɑːtli/ *adv* en partie, partiellement

partner /'pɑːtnə(r)/ *n* **1** (*Comm*) associé, -e **2** (*concubin*) compagnon, compagne **3** (*Sport*) partenaire **4** (*Danse*) cavalier, -ière **partnership** *n* **1** association, équipe **2** (*Comm*) partenariat, association

partridge /'pɑːtrɪdʒ/ *n* perdrix

part-time /ˌpɑːt 'taɪm/ *adj, adv* à temps partiel

party /'pɑːti/ *n* (*pl* **-ies**) **1** fête **2** (*Polit*) parti **3** groupe **4** (*Jur*) partie LOC **to be (a) party to sth** être partie prenante dans qch

pass /pɑːs ; *USA* pæs/ ◆ *n* **1** (*examen*) moyenne : *to get a pass* avoir la moyenne **2** (*autorisation*) laissez-passer **3** (*autobus, etc.*) carte d'abonnement **4** (*Sport*) passe **5** (*montagne*) col LOC **to make a pass at sb** (*fam*) faire des avances à qn ◆ **1** *vt, vi* passer **2** *vt* croiser **3** *vt, vi* (*examen*) réussir, être reçu à : *They passed (the examination).* Ils ont réussi (l'examen). **4** *vt* (*obstacle, ligne d'arrivée*) franchir, passer **5** *vi* se passer

PHR V **to pass as sb/sth** *Voir* TO PASS FOR SB/STH

to pass away (*euph*) décéder

to pass by (sb/sth) passer à côté (de qn/qch) **to pass sb/sth by 1** ne pas affecter qn **2** ignorer qn/qch

to pass for sb/sth passer pour qn/qch

to pass sb/sth off as sb/sth faire passer qn/qch pour qn/qch

to pass out s'évanouir

to pass sth round faire passer qch

to pass sth up (*fam*) laisser passer qch

passable /'pɑːsəbl ; *USA* 'pæs-/ *adj* **1** passable, assez bon **2** praticable, franchissable

passage /'pæsɪdʒ/ *n* **1** (*aussi* **passageway**) passage, corridor **2** passage, extrait **3** voyage, traversée

passenger /'pæsɪndʒə(r)/ *n* passager, -ère, voyageur, -euse

passer-by /ˌpɑːsə 'baɪ ; *USA* ˌpæsər/ *n* (*pl* **-s-by** /ˌpɑːsəz 'baɪ/) passant, -e

passing /'pɑːsɪŋ ; *USA* 'pæs-/ ◆ *adj* **1** passager **2** (*coup d'œil*) rapide **3** (*remarque*) en passant **4** (*voiture, personne*) qui passe ◆ *n* **1** passage : *with the passing of time* avec le temps **2** disparition, fin : *the passing of an era* la fin d'une époque **3** (*sout*) disparition, mort LOC **in passing** en passant

passion /'pæʃn/ *n* passion **passionate** *adj* passionné

passive /'pæsɪv/ ◆ *adj* passif ◆ *n* (*aussi* **passive voice**) voix passive

passport /'pɑːspɔːt ; *USA* 'pæs-/ *n* passeport

password /'pɑːswɜːd/ *n* mot de passe

past /pɑːst ; *USA* pæst/ ◆ *adj* **1** passé **2** ancien : *past students* anciens élèves **3** dernier : *in the past few days* ces derniers jours ◆ *n* **1** passé **2** (*aussi* **past tense**) passé (*Gramm*) ◆ *prép* **1** *quarter past two* deux heures et quart **2** (*avec des verbes de mouvement*) : *to walk past sth* passer devant qch **3** passé, plus de : *It's past 5 o'clock.* Il est 5 heures passées. ◊ *It's past your bedtime.* Tu devrais être au lit depuis longtemps. LOC **not to put it past sb (to do sth)** croire qn bien capable (de faire qch) : *I wouldn't put it past her to take the chocolates.* Cela ne m'étonnerait pas d'elle qu'elle prenne les chocolats. ◆ *adv* : *to walk/run past* passer devant/passer en courant devant

paste /peɪst/ *n* **1** (*mélange*) pâte **2** (*à tartiner*) pâte, pâté **3** colle

pastime /'pɑːstaɪm ; *USA* 'pæs-/ *n* passe-temps

pastor /'pɑːstə(r) ; *USA* 'pæs-/ *n* pasteur (*prêtre*)

pastoral /'pɑːstərəl ; *USA* 'pæs-/ *adj* pastoral

pastry /'peɪstri/ *n* **1** [*indénombrable*] pâte (*à tarte*) **2** (*pl* **-ies**) pâtisserie (*gâteau*)

pasture /'pɑːstʃə(r) ; *USA* 'pæs-/ *n* pré, pâturage

pat /pæt/ ◆ *vt* (**-tt-**) **1** tapoter **2** (*animal*) caresser ◆ *n* **1** tape **2** caresse **3** (*beurre*) noix LOC **to give sb a pat on the back** féliciter qn

patch /pætʃ/ ◆ *n* **1** (*pour réparer*) pièce, rustine® **2** (*sur l'œil*) bandeau **3** (*étendue*) zone, plaque : *patches of fog* des nappes de brouillard **4** parcelle : *a patch of ground* une parcelle de terrain ◊ *a vegetable patch* un potager **5** (*couleur*) tache **6** (*GB, fam*) (*territoire*) secteur LOC **not to be a patch on sb/sth** ne pas arriver à la cheville de qn, ne pas valoir qch *Voir aussi* BAD ◆ *vt* mettre une pièce à PHR V **to patch sth up 1** rapiécer qch **2** *to patch up your differences with sb* se réconcilier avec qn

patchy *adj* (**-ier**, **-iest**) **1** irrégulier : *patchy fog* des nappes de brouillard **2** (*qualité*) inégal **3** (*connaissances*) incomplet

patchwork /'pætʃwɜːk/ *n* **1** patchwork **2** (*fig*) mosaïque

patent /'peɪtnt ; *USA* 'pætnt/ ◆ *adj* **1** manifeste **2** (*Comm*) breveté ◆ *n* brevet ◆ *vt* (faire) breveter **patently** *adv* manifestement, de toute évidence

paternal /pə'tɜːnl/ *adj* paternel

paternity /pə'tɜːnəti/ *n* paternité

path /pɑːθ ; *USA* pæθ/ *n* **1** (*aussi* **pathway**, **footpath**) sentier, chemin **2** route, passage : *The tree blocked our path.* L'arbre nous coupait la route. **3** trajectoire, cours **4** (*fig*) voie, chemin

pathetic /pə'θetɪk/ *adj* **1** pitoyable **2** (*fam*) lamentable, minable

pathological /ˌpæθə'lɒdʒɪkl/ *adj* **1** pathologique **2** invétéré **pathology** /pə'θɒlədʒi/ *n* pathologie

pathos /'peɪθɒs/ *n* pathétique

patience /'peɪʃns/ *n* **1** patience **2** (*GB*) réussite, patience (*jeu*) LOC *Voir* TRY

patient /'peɪʃnt/ ◆ *n* patient, -e, malade ◆ *adj* patient

patio /'pætiəʊ/ *n* (*pl* **~s**) **1** terrasse **2** patio

patriarch /'peɪtriɑːk ; *USA* 'pæt-/ *n* patriarche

patriot /'pætrɪət ; *USA* 'peɪt-/ *n* patriote **patriotic** /ˌpætrɪ'ɒtɪk ; *USA* ˌpeɪt-/ *adj* patriote, patriotique **patriotism** /'pætrɪətɪzəm ; *USA* 'peɪt-/ *n* patriotisme

patrol /pə'trəʊl/ ◆ *vt* (**-ll-**) patrouiller dans ◆ *n* patrouille

patron /'peɪtrən/ *n* **1** protecteur, -trice **2** mécène, bienfaiteur, -trice **3** (*restaurant*) client **patronage** *n* **1** parrainage **2** clientèle : *If the service isn't good enough I can take my patronage elsewhere.* Si le service n'est pas satisfaisant, j'irai ailleurs. **3** pouvoir de nomination

patronize, -ise /'pætrənaɪz ; *USA* 'peɪt-/ *vt* **1** traiter avec condescendance **2** parrainer, protéger **3** (*lieu*) se fournir chez, fréquenter, accorder sa clientèle à **patronizing, -ising** *adj* condescendant

pattern /'pætn/ *n* **1** motif (*dessin*) **2** (*couture, etc.*) patron, modèle

3 schéma, tendance **patterned** *adj* à motifs

pause /pɔːz/ ◆ *n* **1** silence **2** pause *Voir aussi* BREAK[2] ◆ *vi* **1** marquer une pause **2** faire une pause

pave /peɪv/ *vt* paver LOC **to pave the way (for sb/sth)** ouvrir la voie (à qn/ qch)

pavement /ˈpeɪvmənt/ *n* **1** (*USA* **sidewalk**) trottoir **2** (*USA*) revêtement (*de la chaussée*)

pavilion /pəˈvɪliən/ *n* **1** (*GB*) pavillon abritant la buvette et les vestiaires sur un terrain de sport **2** pavillon, tente

paving /ˈpeɪvɪŋ/ *n* dallage : *paving stones* dalles

paw /pɔː/ ◆ *n* patte ◆ *vt* **1** donner un coup de patte à **2** tripoter, peloter

pawn[1] /pɔːn/ *n* (*pr et fig*) pion

pawn[2] /pɔːn/ *vt* mettre en gage

pawnbroker /ˈpɔːnbrəʊkə(r)/ *n* prêteur, -euse sur gages

pay /peɪ/ ◆ *n* [*indénombrable*] paie, salaire : *a pay rise/increase* une augmentation de salaire ◊ *a pay claim* une demande d'augmentation (de salaire) ◊ *pay day* jour de paie ◊ *pay packet* enveloppe de paie *Voir aussi* INCOME ◆ (*prét, pp* **paid**) **1** *vt* **to pay sth (to sb) (for sth)** payer qch (à qn) (pour qch) **2** *vt, vi* **to pay sb (for sth)** payer qn (pour qch) **3** *vi* **to pay (for sth)** payer (qch) **4** *vi* payer, rapporter LOC **to pay attention (to sb/ sth)** prêter attention (à qn/qch), écouter qn **to pay sb a compliment/ pay a compliment to sb** faire un compliment à qn **to pay sb a visit** rendre visite à qn **to pay sth a visit** visiter qch, aller voir qch *Voir aussi* EARTH

PHR V **to pay sb back** rembourser qn **to pay sb back sth ; to pay sth back** restituer qch (à qn)

to pay sth in verser qch (*argent*)

to pay off (*fam*) marcher, être payant **to pay sb off** licencier qn **to pay sth off** rembourser qch, payer qch : *He paid off his debts.* Il a remboursé ses dettes.

to pay up payer

payable *adj* payable

payment /ˈpeɪmənt/ *n* **1** paiement **2** [*indénombrable*] : *in/as payment for...* en règlement de...

pay-off /ˈpeɪ ɒf/ *n* (*fam*) **1** pot-de-vin **2** indemnité de licenciement **3** récompense

payroll /ˈpeɪrəʊl/ *n* **1** registre du personnel **2** masse salariale

PC /ˌpiː ˈsiː/ *abrév* **1** (*pl* **PCs**) **personal computer** PC **2** (*pl* **PCs**) **police constable** agent de police **3 politically correct** politiquement correct

PE /ˌpiː ˈiː/ *abrév* **physical education** EPS

pea /piː/ *n* petit pois

peace /piːs/ *n* **1** paix **2** tranquillité, paix : *peace of mind* tranquillité d'esprit LOC **peace and quiet** calme **to be at peace (with sb/sth)** vivre en paix (avec qn/qch) **to make (your) peace (with sb)** faire la paix (avec qn) *Voir aussi* DISTURB **peaceful** *adj* **1** pacifique, en paix **2** paisible

peach /piːtʃ/ *n* **1** pêche **2** (*aussi* **peach tree**) pêcher **3** couleur pêche

peacock /ˈpiːkɒk/ *n* paon

peak /piːk/ ◆ *n* **1** (*montagne*) pic **2** pointe **3** visière **4** sommet, apogée : *the peak of perfection* le summum de la perfection ◆ *adj* maximum : *peak hours* les heures de pointe ◊ *in peak condition* en excellente santé ◆ *vi* culminer, atteindre un maximum **peaked** *adj* **1** pointu **2** (*chapeau*) à visière

peal /piːl/ *n* **1** (*sonnerie*) carillon **2** *peals of laughter* éclats de rire

peanut /ˈpiːnʌt/ *n* **1** cacahuète **2 peanuts** [*pl*] (*fam*) clopinettes

pear /peə(r)/ *n* **1** poire **2** (*aussi* **pear tree**) poirier

pearl /pɜːl/ *n* (*pr et fig*) perle : *pearls of wisdom* des trésors de sagesse

peasant /ˈpeznt/ *n* **1** paysan, -anne ☛ *Voir note sous* PAYSAN **2** (*fam, péj*) péquenaud, -e

peat /piːt/ *n* tourbe

pebble /ˈpebl/ *n* caillou, galet

peck /pek/ ◆ **1** *vt* donner un coup de bec à, picorer **2** *vi* ~ **(at sth)** picorer (qch) **3** *vt* (*fam*) faire une bise à LOC **pecking order** (*fam*) ordre hiérarchique ◆ *n* **1** coup de bec **2** (*fam*) bise

peckish /ˈpekɪʃ/ *adj* (*fam*) : *to feel peckish* avoir un petit creux

peculiar /pɪˈkjuːliə(r)/ *adj* **1** étrange : *a peculiar smell* une drôle d'odeur **2** ~ **(to sb/sth)** particulier (à qn/qch) **peculiarity** /pɪˌkjuːliˈærəti/ *n* (*pl* **-ies**) **1** particularité **2** bizarrerie **peculiarly** *adv* **1** particulièrement **2** bizarrement

pedal /ˈpedl/ ◆ *n* pédale ◆ (**-ll-**, *USA* **-l-**) **1** *vi* pédaler **2** *vt* faire avancer en pédalant

pedantic /pɪˈdæntɪk/ *adj* (*péj*) pédant

pedestrian /pəˈdestriən/ ◆ *n* piéton, -onne : *a pedestrian precinct* une zone piétonnière ◊ *a pedestrian crossing* un passage pour piétons ◆ *adj* **1** piétonnier, piéton **2** (*péj*) banal

pediatrician (*USA*) *Voir* PAEDIATRICIAN

pedigree /ˈpedɪgriː/ ◆ *n* **1** (*animal*) pedigree **2** (*personne*) lignée, ascendance ◆ *adj* de pure race

pee /piː/ ◆ *vi* (*fam*) faire pipi ◆ *n* (*fam*) pipi : *to have a pee* faire pipi

peek /piːk/ *vi* ~ **at sb/sth** jeter un coup d'œil à qn/qch

peel /piːl/ ◆ **1** *vt* peler, éplucher **2** *vi* (*peau*) peler : *I'm starting to peel.* Je commence à peler. **3** *vi* ~ **(away/off)** (*papier peint*) se décoller **4** *vi* ~ **(away/off)** (*peinture*) s'écailler PHR V **to peel sth away/back/off** détacher qch, décoller qch, enlever qch ◆ *n* [*indénombrable*] **1** (*banane*) peau **2** (*citron*) écorce **3** (*oignon*) pelure

L'écorce du citron se traduit par **rind** ou **peel**, mais pour l'orange on emploie **peel**. **Skin** s'utilise pour désigner la peau de la banane ou la peau fine de certains fruits tels que la pêche. *Voir illustration sous* FRUIT

peeler /ˈpiːlə(r)/ *n* économe, éplucheur

peep /piːp/ ◆ *vi* **1** ~ **at sb/sth** jeter un coup d'œil à qn/qch **2** ~ **over, through, etc. sth** jeter un coup d'œil par-dessus, par, etc. qch PHR V **to peep out/through** se montrer, apparaître ◆ *n* **1** coup d'œil **2** pépiement, couinement : *I haven't heard a peep out of him all day.* Il n'a pas dit un mot de la journée. LOC **to have/take a peep at sb/sth** jeter un coup d'œil à qn/qch

peer /pɪə(r)/ ◆ *vi* ~ **at sb/sth** s'efforcer de voir, regarder attentivement qn/qch PHR V **to peer out (of sth)** regarder (par qch) ◆ *n* **1** égal **2** personne du même âge **3** (*GB*) pair **the peerage** *n* [*v sing ou pl*] la pairie

peeved /piːvd/ *adj* (*fam*) énervé, fâché

peg /peg/ ◆ *n* **1** (*aussi* **clothes peg**) pince à linge **2** (*au mur*) patère **3** (*aussi* **tent peg**) piquet de tente LOC **to bring/take sb down a peg (or two)** rabattre le caquet à qn ◆ *vt* (**-gg-**) **1** (*prix, salaires*) stabiliser **2 to peg sth to sth** fixer qch sur qch PHR V **to peg sth out** (*linge*) étendre qch

pejorative /pɪˈdʒɒrətɪv ; *USA* -ˈdʒɔːr-/ *adj* (*sout*) péjoratif

pelican /ˈpelɪkən/ *n* pélican

pellet /ˈpelɪt/ *n* **1** (*papier, pain, etc.*) boulette **2** (*fusil*) plomb **3** (*engrais*) granulé

pelt /pelt/ ◆ *n* fourrure, peau ◆ *vt* (*fam*) ~ **sb (with sth)** bombarder qn (de qch) LOC **to pelt down (with rain)** pleuvoir à verse PHR V **to pelt along, down, up, etc. (sth)** : *They pelted down the hill.* Ils ont dévalé la colline à fond de train.

pelvis /ˈpelvɪs/ *n* bassin, pelvis **pelvic** *adj* pelvien

pen /pen/ *n* **1** stylo, plume **2** (*animaux*) enclos

penalize, -ise /ˈpiːnəlaɪz/ *vt* pénaliser

penalty /ˈpenəlti/ *n* (*pl* **-ies**) **1** (*châtiment*) peine, pénalité **2** amende **3** prix, conséquence **4** (*Sport*) pénalité, penalty

pence /pens/ *n* (*abrév* **p**) pence

pencil /ˈpensl/ *n* crayon

pencil case *n* trousse (*à crayons*)

pencil sharpener /ˈpensl ʃɑːpnə(r)/ *n* taille-crayon

pendant /ˈpendənt/ *n* pendentif

pending /ˈpendɪŋ/ ◆ *adj* (*sout*) en instance ◆ *prép* en attendant

pendulum /ˈpendjələm ; *USA* -dʒʊləm/ *n* pendule, balancier

penetrate /ˈpenɪtreɪt/ *vt* **1** pénétrer, percer **2** (*organisation*) infiltrer PHR V **to penetrate into sth** pénétrer dans qch **to penetrate through sth** traverser qch **penetrating** *adj* **1** pénétrant **2** (*regard, son*) pénétrant, perçant

penfriend /ˈpenfrend/ *n* correspondant, -e

penguin /ˈpeŋgwɪn/ *n* pingouin, manchot

penicillin /ˌpenɪˈsɪlɪn/ *n* pénicilline

peninsula /pəˈnɪnsjələ ; *USA* -nsələ/ *n* péninsule

penis /ˈpiːnɪs/ *n* pénis

penknife /ˈpennaɪf/ *n* (*pl* **-knives** /-naɪvz/) canif

penniless /ˈpeniləs/ *adj* sans le sou

penny /ˈpeni/ *n* (*pl* **pence** /pens/ *ou* **pennies** /ˈpeniz/) **1** penny : *It was worth every penny.* J'en ai eu pour mon argent. **2** (*fig*) sou : *It cost a pretty penny.* Ça a coûté une petite fortune. **3** (*Can, USA*) cent

pension /ˈpenʃn/ ◆ *n* retraite, pension ◆ *v* PHR V **to pension sb off** mettre qn à la retraite **to pension sth off** mettre qch au rancart **pensioner** *n* retraité, -e

penthouse /ˈpenthaʊs/ *n* appartement luxueux généralement au dernier étage d'un immeuble

pent-up /ˈpent ʌp/ *adj* rentré, refoulé

penultimate /penˈʌltɪmət/ *adj* avant-dernier, pénultième

people /ˈpiːpl/ ◆ *n* **1** [*pl*] gens : *People are saying that...* On dit que... **2** [*pl*] personnes : *ten people* dix personnes ☛ *Comparer avec* PERSON **3** [*dénombrable*] (*nation*) peuple **4 the people** [*pl*] les habitants **5 the people** [*pl*] le public, le peuple ◆ *vt* peupler

pepper /ˈpepə(r)/ *n* **1** poivre **2** poivron

peppercorn /ˈpepəkɔːn/ *n* grain de poivre

peppermint /ˈpepəmɪnt/ *n* **1** menthe poivrée **2** (*aussi* **mint**) pastille de menthe

per /pə(r)/ *prép* par : *per person* par personne ◊ *£60 per day* 60 livres par jour ◊ *£30 000 per annum* 30 000 livres par an

perceive /pəˈsiːv/ *vt* (*sout*) **1** percevoir **2** remarquer, s'apercevoir de

per cent /pə ˈsent/ *adj, adv* pour cent **percentage** *n* pourcentage : *a high percentage of office workers* une grande partie des employés de bureau

perceptible /pəˈseptəbl/ *adj* perceptible

perception /pəˈsepʃn/ *n* (*sout*) **1** perception **2** finesse, perspicacité **3** idée, point de vue

perceptive /pəˈseptɪv/ *adj* (*sout*) perspicace

perch /pɜːtʃ/ ◆ *n* **1** (*oiseaux*) perchoir **2** position élevée **3** perche ◆ *vi* se percher : *to be perched on sth* être perché sur qch

percussion /pəˈkʌʃn/ *n* [*sing*] percussions

perennial /pəˈreniəl/ *adj* **1** perpétuel, sempiternel **2** (*plante*) vivace

perfect[1] /ˈpɜːfɪkt/ *adj* **1** parfait **2** ~ **for sb/sth** parfait, idéal pour qn/qch **3** parfait, total : *a perfect stranger* un parfait inconnu

perfect[2] /pəˈfekt/ *vt* perfectionner, parfaire, mettre au point

perfection /pəˈfekʃn/ *n* perfection LOC **to perfection** à la perfection **perfectionist** *n* perfectionniste

perfectly /ˈpɜːfɪktli/ *adv* **1** parfaitement **2** parfaitement, tout à fait

perforate /ˈpɜːfəreɪt/ *vt* perforer **perforated** *adj* perforé **perforation** *n* **1** perforation **2** pointillés

perform /pəˈfɔːm/ **1** *vt* (*fonction, devoir*) remplir **2** *vt* (*opération, travail*) exécuter **3** *vt, vi* (*pièce, morceau de musique*) jouer **4** *vi* (*acteur*) jouer

performance /pəˈfɔːməns/ *n* **1** (*Cin, Théâtre, Mus*) représentation : *the evening performance* la représentation en soirée **2** (*acteur, chanteur, etc.*) interprétation **3** (*sportif, voiture*) performance **4** (*étudiant, société*) résultats **5** (*tâche, travail*) exécution **6** (*fonction*) exercice

performer /pəˈfɔːmə(r)/ *n* artiste, interprète

perfume /ˈpɜːfjuːm ; *USA* pərˈfjuːm/ *n* parfum

perhaps /pəˈhæps, præps/ *adv* peut-être : *perhaps not* peut-être que non *Voir aussi* MAYBE

peril /ˈperəl/ *n* péril, danger

perimeter /pəˈrɪmɪtə(r)/ *n* périmètre

period /ˈpɪəriəd/ *n* **1** période : *over a period of three years* en trois ans **2** période, époque : *period dress/furniture* costume/meuble d'époque **3** (*École*) cours **4** (*Méd*) règles **5** (*USA*) *Voir* FULL STOP

periodic /ˌpɪəriˈɒdɪk/ (*aussi* **periodical** /ˌpɪəriˈɒdɪkl/) *adj* périodique

periodical /ˌpɪəriˈɒdɪkl/ *n* périodique

perish /ˈperɪʃ/ *vi* (*sout*) **1** périr **2** (*caoutchouc*) s'abîmer **perishable** *adj* périssable

perjury /ˈpɜːdʒəri/ *n* faux témoignage

perk /pɜːk/ ◆ *v* PHR V **to perk up** (*fam*) **1** se ragaillardir, retrouver le moral **2** (*affaires*) reprendre **to perk sb up** ragaillardir qn, remonter le moral à qn **to perk sth up** égayer qch ◆ *n* (*fam*) avantage (*lié à un emploi*)

perm /pɜːm/ ◆ *n* permanente ◆ *vt* : *to have your hair permed* se faire faire une permanente

permanent /ˈpɜːmənənt/ *adj* permanent **permanently** *adv* **1** (*paralysé, etc.*) de façon permanente **2** (*s'installer, etc.*) définitivement **3** (*fatigué, etc.*) en permanence

permissible /pəˈmɪsəbl/ *adj* autorisé, permis

permission /pəˈmɪʃn/ *n* ~ **(for sth/to do sth)** permission, autorisation (de qch/de faire qch)

permissive /pəˈmɪsɪv/ *adj* (*souvent péj*) permissif

permit /pəˈmɪt/ ◆ **(-tt-)** (*sout*) **1** *vt* autoriser **2** *vt, vi* permettre : *If time permits...* Si on a le temps... ◊ *weather permitting* si le temps le permet ☛ *Voir note sous* ALLOW ◆ /ˈpɜːmɪt/ *n* **1** autorisation **2** laissez-passer

perpendicular /ˌpɜːpənˈdɪkjələ(r)/ *adj* **1** ~ **(to sth)** perpendiculaire (à qch) **2** (*falaise*) escarpé, à pic

perpetrate /ˈpɜːpətreɪt/ *vt* (*sout*) perpétrer

perpetual /pəˈpetʃuəl/ *adj* **1** perpétuel **2** permanent, incessant

perpetuate /pəˈpetʃueɪt/ *vt* perpétuer

perplexed /pəˈplekst/ *adj* perplexe

persecute /ˈpɜːsɪkjuːt/ *vt* ~ **sb (for sth)** persécuter qn (pour qch) **persecution** *n* persécution

persevere /ˌpɜːsɪˈvɪə(r)/ *vi* **1** ~ **(in/with sth)** persévérer (dans qch) **2** ~ **(with sb)** persévérer (avec qn) **perseverance** *n* persévérance

persist /pəˈsɪst/ *vi* **1** ~ **(in sth/in doing sth)** persister (dans qch/à faire qch) **2** ~ **with sth** persévérer dans qch **3** persister, continuer **persistence** *n* **1** persévérance, obstination **2** persistance **persistent** *adj* **1** persévérant, obstiné **2** persistant, continuel

person /ˈpɜːsn/ *n* personne ☛ Le pluriel de **person** est généralement **people** : *one hundred people* cent personnes. Le pluriel **persons** existe mais ne s'utilise que dans la langue formelle ou judiciaire : *The police have a list of missing persons.* La police possède une liste des personnes disparues. *Comparer avec* PEOPLE LOC **in person** en personne **personal** *adj* personnel, en personne, intime : *a personal assistant* un secrétaire de direction ◊ *the personal column(s)* les petites annonces LOC **to become/get personal** prendre un tour personnel **personality** /ˌpɜːsəˈnæləti/ *n* (*pl* **-ies**) personnalité **personalized, -ised** *adj* personnalisé **personally** *adv* en personne, personnellement : *to know sb personally* connaître qn personnellement LOC **to take it personally** se sentir visé **to take sth personally** se sentir visé par qch

personal stereo *n* baladeur, walkman®

personify /pəˈsɒnɪfaɪ/ *vt* (*prét, pp* **-fied**) personnifier : *He is kindness personified.* C'est la bonté en personne.

personnel /ˌpɜːsəˈnel/ *n* [*v sing ou pl*] **1** personnel : *the personnel manager* le directeur du personnel **2** service du personnel

perspective /pəˈspektɪv/ *n* perspective LOC **to get sth in/into perspective** relativiser qch **to put sth in perspective** voir qch dans son contexte

perspire /pəˈspaɪə(r)/ *vi* (*sout*) transpirer **perspiration** *n* **1** transpiration **2** sueur, transpiration ☛ Le terme **sweat** est plus courant.

persuade /pəˈsweɪd/ *vt* **1** ~ **sb to do sth** convaincre, persuader qn de faire qch **2** ~ **sb (of sth)** convaincre, persuader qn (de qch) **persuasion** *n* **1** persuasion **2** conviction **persuasive** *adj* persuasif, convaincant

pertinent /ˈpɜːtɪnənt ; *USA* -tənənt/ *adj* (*sout*) pertinent

perturb /pəˈtɜːb/ *vt* (*sout*) perturber

pervade /pəˈveɪd/ *vt* **1** (*odeur, sensation*) imprégner **2** (*idée*) se répandre dans **pervasive** (*aussi* **pervading**) *adj* **1** (*odeur*) pénétrant **2** (*idée, sensation*) envahissant

perverse /pəˈvɜːs/ *adj* **1** (*personne*) entêté **2** (*comportement*) illogique **3** (*désir*) tenace : *to take a perverse delight/pleasure in doing sth* prendre un malin plaisir à faire qch **perversion** *n* **1** perversion **2** (*de la vérité*) déformation

pervert /pəˈvɜːt/ ◆ *vt* **1** déformer, travestir **2** corrompre, pervertir ◆ /ˈpɜːvɜːt/ *n* pervers, -e

pessimist /ˈpesɪmɪst/ *n* pessimiste **pessimistic** /ˌpesɪˈmɪstɪk/ *adj* pessimiste

pest /pest/ *n* **1** insect nuisible, animal nuisible : *pest control* désinsectisation **2** (*fam*) (*fig*) plaie, casse-pieds

pester /ˈpestə(r)/ *vt* harceler

pesticide /ˈpestɪsaɪd/ *n* pesticide

pet /pet/ ◆ *n* **1** animal domestique **2** chouchou, chouchoute ◆ *adj* **1** favori **2** (*animal*) apprivoisé : *We have a pet iguana.* Nous avons un iguane chez nous. **3** (*aliments*) pour animaux

petal /ˈpetl/ *n* pétale

peter /'pi:tə(r)/ *v* PHR V **to peter out** **1** (*enthousiasme*) diminuer, décliner **2** (*chemin*) s'arrêter

petition /pə'tɪʃn/ *n* pétition

petrol /'petrəl/ (*USA* **gasoline**, **gas**) *n* essence

petroleum /pə'trəʊliəm/ *n* pétrole

petrol station (*USA* **gas station**) *n* station-service

petticoat /'petɪkəʊt/ *n* jupon, combinaison

petty /'peti/ *adj* (**-ier**, **-iest**) (*péj*) **1** insignifiant **2** *petty cash* caisse des dépenses courantes **3** (*personne, comportement*) mesquin **4** *petty crime* petite délinquance

pew /pju:/ *n* banc (*d'église*)

phantom /'fæntəm/ *n, adj* fantôme

pharmaceutical /ˌfɑ:mə'sju:tɪkl ; *USA* -'su:-/ *adj* pharmaceutique

pharmacist /'fɑ:məsɪst/ *n* pharmacien, -ienne ☛ *Comparer avec* CHEMIST

pharmacy /'fɑ:məsi/ *n* (*pl* **-ies**) pharmacie

Pharmacie, lorsqu'il s'agit du magasin, se traduit par **pharmacy** ou **chemist's (shop)** en anglais britannique et par **drugstore** en américain.

phase /feɪz/ ◆ *n* phase, étape ◆ *vt* échelonner PHR V **to phase sth in/out** introduire/supprimer progressivement qch

pheasant /'feznt/ *n* (*pl* **pheasant** *ou* **~s**) faisan

phenomena *pl de* PHENOMENON

phenomenal /fə'nɒmɪnl/ *adj* phénoménal

phenomenon /fə'nɒmɪnən ; *USA* -nɒn/ *n* (*pl* **-ena** /-ɪnə/) phénomène

phew! /fju:/ *excl* ouf !

philanthropist /fɪ'lænθrəpɪst/ *n* philanthrope

philosopher /fɪ'lɒsəfə(r)/ *n* philosophe

philosophical /ˌfɪlə'sɒfɪkl/ (*aussi* **philosophic**) *adj* philosophique

philosophy /fə'lɒsəfi/ *n* (*pl* **-ies**) philosophie

phlegm /flem/ *n* **1** glaire **2** flegme **phlegmatic** /fleg'mætɪk/*adj* flegmatique

phobia /'fəʊbiə/ *n* phobie

phone /fəʊn/ ◆ *n* téléphone : *a phone call* un coup de téléphone ◊ *the phone book/directory* l'annuaire ◊ *my phone number* mon numéro de téléphone ◆ *vt, vi* (*surtout GB*) ~ **(sth/sb) (up)** téléphoner (à qn/qch) ; appeler qn/qch : *I was just phoning for a chat.* Je t'appelais juste pour bavarder. PHR V **to phone in** (*surtout GB*) téléphoner (*à une émission de radio ou de télévision*)

phone box (*aussi* **call box**) *n* cabine téléphonique

phonecard /'fəʊnkɑ:d/ *n* Télécarte®

phone-in /'fəʊn ɪn/ *n* émission à standard ouvert

phonetic /fə'netɪk/ ◆ *adj* phonétique ◆ **phonetics** *n* [*sing*] phonétique

phoney (*aussi* **phony**) /'fəʊni/ *adj* (**-ier**, **-iest**) (*fam*) bidon, faux

photo /'fəʊtəʊ/ *n* (*pl* **~s** /-təʊz/) *Voir* PHOTOGRAPH

photocopier /'fəʊtəʊkɒpiə(r)/ *n* photocopieuse

photocopy /'fəʊtəʊkɒpi/ ◆ *vt* (*prét, pp* **-pied**) photocopier ◆ *n* (*pl* **-ies**) photocopie

photograph /'fəʊtəgrɑ:f ; *USA* -græf/ ◆ *n* (*aussi* **photo**) photographie, photo : *to take a photograph of sb* prendre qn en photo ◆ **1** *vt* photographier **2** *vi* (*personne*) être photogénique : *He photographs well.* Il est très photogénique. **photographer** /fə'tɒgrəfə(r)/ *n* photographe **photographic** /ˌfəʊtə'græfɪk/ *adj* photographique **photography** /fə'tɒgrəfi/ *n* photographie (*technique*)

phrasal verb /ˌfreɪzl 'vɜ:b/ *n* verbe à particule

phrase /freɪz/ ◆ *n* **1** syntagme **2** expression, locution : *a phrase book* un guide de conversation **3** (*Mus*) phrase *Voir aussi* CATCHPHRASE LOC *Voir* TURN ◆ *vt* **1** tourner, exprimer **2** (*Mus*) phraser

physical /'fɪzɪkl/ ◆ *adj* physique : *physical fitness* forme physique ◆ *n* visite médicale **physically** *adv* physiquement : *physically fit* en bonne forme physique ◊ *to be physically handicapped* être handicapé physique

physician /fɪ'zɪʃn/ *n* médecin ☛ Le terme **doctor** est plus courant.

physicist /'fɪzɪsɪst/ *n* physicien, -ienne

physics /'fɪzɪks/ *n* [*sing*] physique

physiology /ˌfɪzi'ɒlədʒi/ *n* physiologie

physiotherapy /ˌfɪziəʊ'θerəpi/ *n* kinésithérapie **physiotherapist** *n* kinésithérapeute

physique /fɪ'zi:k/ *n* physique (*apparence*)

pianist /'pɪənɪst/ *n* pianiste

piano /pɪ'ænəʊ/ *n* (*pl* ~ **s**/-nəʊz/) piano : *a piano stool* un tabouret de piano

pick /pɪk/ ◆ **1** *vt* sélectionner, choisir **2** *vt* (*fleur, fruit*) cueillir **3** *vt* gratter : *to pick your nose* se mettre les doigts dans le nez ◊ *to pick your teeth* se curer les dents ◊ *to pick a hole (in sth)* faire un trou (dans qch) **4** *vt* ~ **sth from/off sth** enlever qch de qch **5** *vt* (*serrure*) crocheter **6** *vi* ~ **at sth** manger qch du bout des dents LOC **to pick a fight/quarrel (with sb)** chercher à se bagarrer (avec qn), chercher querelle (à qn) **to pick and choose** choisir avec soin, faire le difficile **to pick holes in sth** trouver des failles à qch **to pick sb's brains** avoir recours aux lumières de qn **to pick sb's pocket** faire les poches à qn **to pick up speed** prendre de la vitesse *Voir aussi* BONE

PHR V **to pick on sb 1** s'en prendre à qn **2** choisir qn (*pour une tâche désagréable*)

to pick sb/sth out 1 repérer qn/qch **2** choisir qn/qch

to pick up 1 (*affaires*) s'améliorer, reprendre **2** (*vent*) augmenter de force **3** recommencer, reprendre **to pick sb up 1** (*en voiture*) prendre qn **2** aller chercher qn, passer prendre qn **3** (*fam*) draguer qn **4** (*police*) pincer qn **to pick sth up 1** ramasser qch **2** apprendre qch **3** (*maladie*) attraper qch **4** (*accent, habitude*) prendre qch **5** (*signal*) repérer qch **to pick yourself up** se relever ◆ *n* **1** choix : *Take your pick.* Faites votre choix. **2 the pick (of sth)** le meilleur (de qch) : *the pick of the bunch* le dessus du panier **3** pic (*outil*)

pickle /'pɪkl/ *n* [*indénombrable*] pickles LOC **to be in a pickle** être dans le pétrin

pickpocket /'pɪkpɒkɪt/ *n* pickpocket

picnic /'pɪknɪk/ *n* pique-nique : *to have a picnic* faire un pique-nique

pictorial /pɪk'tɔ:riəl/ *adj* **1** illustré **2** (*Art*) en images

picture /'pɪktʃə(r)/ ◆ *n* **1** tableau, peinture **2** dessin **3** illustration, image **4** photo, photographie **5** portrait **6** (*fig*) tableau, portrait **7** image, idée : *to be the picture of health* respirer la santé **8** (*Télé*) image **9** film **10 the pictures** [*pl*] (*GB*) le cinéma LOC **to put sb in the picture** mettre qn au courant ◆ *vt* **1** imaginer **2** représenter, dépeindre

picturesque /ˌpɪktʃə'resk/ *adj* pittoresque

pie /paɪ/ *n* **1** (*sucré*) tarte : *an apple pie* une tarte aux pommes **2** (*salé*) tourte

piece /pi:s/ ◆ *n* **1** morceau **2** (*papier*) bout **3** parcelle **4** *a piece of advice/news* un conseil/une nouvelle ◊ *a piece of furniture/clothing* un meuble/vêtement ☛ **A piece of...** (au pluriel **pieces of...**) s'utilise avec les noms indénombrables. **5** pièce : *a 50p piece* une pièce de 50 pence LOC **in one piece 1** intact **2** sain et sauf **it is, was, etc. a piece of cake** (*fam*) c'est, c'était, etc. du gâteau *Voir aussi* BIT[1] ◆ *v* PHR V **to piece sth together 1** rassembler qch **2** reconstituer qch

piecemeal /'pi:smi:l/ ◆ *adv* petit à petit ◆ *adj* fragmentaire

pier /pɪə(r)/ *n* embarcadère, jetée

pierce /pɪəs/ *vt* **1** (*balle, flèche*) percer, transpercer **2** percer : *to have your ears pierced* se faire percer les oreilles **3** (*son*) percer

piercing /'pɪəsɪŋ/ ◆ *adj* **1** (*cri, yeux*) perçant **2** (*froid*) pénétrant ◆ *n* piercing

piety /'paɪəti/ *n* piété

pig /pɪg/ *n* **1** porc, cochon **2** (*fam, péj*) cochon, -onne ☛ *Voir note sous* COCHON **3** (*aussi* **greedy pig**) goinfre

pigeon /'pɪdʒɪn/ *n* pigeon

pigeon-hole /'pɪdʒɪn həʊl/ ◆ *n* case, casier (*à courrier*) ◆ *vt* ~ **sb (as sth)** étiqueter, cataloguer qn (comme qch)

piglet /'pɪglət/ *n* porcelet, cochonnet ☛ *Voir note sous* COCHON

pigment /'pɪgmənt/ *n* pigment

pigsty /'pɪgstaɪ/ *n* (*pl* **-ies**) (*pr et fig*) porcherie

pigtail /'pɪgteɪl/ *n* natte

pile /paɪl/ ◆ *n* **1** pile, tas **2 a** ~ **of sth** (*fam*) un tas de qch ◆ *vt* empiler : *to be piled with sth* être recouvert de qch PHR V **to pile in/out** entrer/sortir en se bousculant **to pile up** s'accumuler **to pile sth up** accumuler qch

piles /paɪlz/ *n* hémorroïdes

pile-up /'paɪl ʌp/ *n* carambolage

pilgrim /'pɪlgrɪm/ *n* pèlerin **pilgrimage** *n* pèlerinage

pill /pɪl/ *n* **1** cachet, pilule **2 the pill** (*fam*) (*contraceptif*) la pilule

pillar /ˈpɪlə(r)/ *n* pilier, colonne

pillar box *n* (*GB*) boîte aux lettres (*en forme de colonne*)

pillow /ˈpɪləʊ/ *n* oreiller

pillowcase /ˈpɪləʊkeɪs/ *n* taie d'oreiller

pilot /ˈpaɪlət/ ◆ *n* **1** pilote **2** (*Télé*) émission pilote ◆ *adj* pilote (*projet*)

pimple /ˈpɪmpl/ *n* bouton (*sur la peau*)

PIN /pɪn/ (*aussi* **PIN number**) *abrév* **personal identification number** code confidentiel (*carte bancaire*)

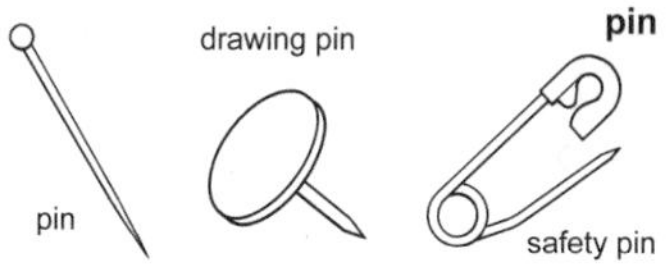

pin /pɪn/ ◆ *n* **1** épingle **2** (*Méd, Électr*) broche **3** goujon, goupille LOC **to have pins and needles** avoir des fourmis ◆ *vt* (**-nn-**) **1** épingler, attacher avec une épingle/punaise **2** (*personne, bras*) coincer, clouer PHR V **to pin sb down to sth 1** amener qn à décider qch : *to pin sb down to a date* obtenir de qn une date précise **2** (*à terre, contre un mur*) coincer qn à/contre qch, immobiliser qn à/contre qch

pincer /ˈpɪnsə(r)/ *n* **1** (*Zool*) pince **2 pincers** [*pl*] tenailles

pinch /pɪntʃ/ ◆ **1** *vt* pincer **2** *vt, vi* (*chaussures, etc.*) serrer **3** *vt* ~ **sth (from sb/sth)** (*fam*) piquer qch (à qn/qch) ◆ *n* **1** pincement **2** (*sel, etc.*) pincée LOC **at a pinch** à la rigueur

pine /paɪn/ ◆ *n* (*aussi* **pine tree**) pin ◆ *vi* **1** ~ **(away)** dépérir **2** ~ **for sb/sth** se languir de qn/désirer ardemment qch

pineapple /ˈpaɪnæpl/ *n* ananas

ping /pɪŋ/ *n* tintement

ping-pong /ˈpɪŋ pɒŋ/ *n* (*fam*) (*aussi* **table tennis**) ping-pong

pink /pɪŋk/ ◆ *adj* **1** rose **2** (*de honte*) rouge ◆ *n* **1** rose (*couleur*) **2** (*Bot*) œillet

pinnacle /ˈpɪnəkl/ *n* **1** (*fig*) sommet, apogée **2** (*Archit*) pinacle **3** (*de montagne*) sommet, cime

pinpoint /ˈpɪnpɔɪnt/ *vt* **1** localiser **2** déterminer, mettre le doigt sur

pint /paɪnt/ *n* **1** (*abrév* **pt**) pinte (*0,568 litre*) ☛ *Voir Appendice 1.* **2** *to have a pint* prendre une bière

pin-up /ˈpɪn ʌp/ *n* pin-up

pioneer /ˌpaɪəˈnɪə(r)/ ◆ *n* (*pr et fig*) pionnier, -ière ◆ *vt* **to ~ sth** être un des premiers à faire qch **pioneering** *adj* novateur, d'avant-garde

pious /ˈpaɪəs/ *adj* **1** pieux **2** (*péj*) bigot

pip /pɪp/ *n* pépin (*de fruit*)

pipe /paɪp/ ◆ *n* **1** tuyau **2** pipe **3** (*Mus*) pipeau **4 pipes** [*pl*] *Voir* BAGPIPES ◆ *vt* transporter par tuyau PHR V **to pipe down** (*fam*) faire moins de bruit **piping** *adj* LOC **piping hot** brûlant

pipeline /ˈpaɪplaɪn/ *n* pipeline, oléoduc, gazoduc LOC **to be in the pipeline** (*changement, projet*) être en cours, être en route

piracy /ˈpaɪrəsi/ *n* **1** piraterie **2** piratage

pirate /ˈpaɪrət/ ◆ *n* pirate ◆ *vt* pirater, contrefaire

Pisces /ˈpaɪsiːz/ *n* Poissons ☛ *Voir exemples sous* AQUARIUS

pistol /ˈpɪstl/ *n* pistolet

piston /ˈpɪstən/ *n* piston

pit /pɪt/ ◆ *n* **1** fosse **2** mine (*souterraine*) **3** cicatrice, marque **4 the pit** (*GB*) (*Théâtre*) le parterre **5 the pits** [*pl*] (*automobile*) stand **6** (*surtout USA*) noyau LOC **it's the pits!** (*fam*) c'est l'horreur ! ◆ *v* (**-tt-**) PHR V **to pit sb/sth against sb/sth** opposer qn/qch à qn/qch

pitch /pɪtʃ/ ◆ *n* **1** (*Sport*) terrain **2** (*Mus*) hauteur, ton **3** (*toit*) pente, inclinaison **4** (*GB*) emplacement (*d'un étal*) **5** poix : *pitch-black* tout noir ◆ **1** *vt* (*tente*) monter **2** *vt* (*camp*) établir **3** *vt* (*discours*) adapter **4** *vt* (*ballon*) lancer **5** *vi* (*personne*) tomber **6** *vi* (*navire, avion*) tanguer PHR V **to pitch in** (*fam*) se mettre au boulot **to pitch in (with sth)** venir en aide (avec qch) **pitched** *adj* (*bataille*) rangé

pitcher /ˈpɪtʃə(r)/ *n* cruche

pitfall /ˈpɪtfɔːl/ *n* écueil (*difficulté*)

pith /pɪθ/ *n* peau blanche (*des agrumes*)

pitiful /ˈpɪtɪfl/ *adj* **1** pitoyable **2** lamentable, minable

pitiless /ˈpɪtiləs/ *adj* sans pitié, impitoyable

pity /ˈpɪti/ ◆ *n* **1** pitié **2** *What a pity!* Quel dommage ! ◊ *It's a pity she's not here.* C'est dommage qu'elle ne soit pas là. LOC **to take pity on sb** avoir pitié de qn ◆ *vt* (*prét, pp* **pitied**) avoir pitié de, plaindre

pivot /ˈpɪvət/ *n* pivot

pizza /ˈpiːtsə/ *n* pizza

placard /ˈplækɑːd/ *n* pancarte, affiche

placate /pləˈkeɪt ; *USA* ˈpleɪkeɪt/ *vt* apaiser, calmer

place /pleɪs/ ◆ *n* **1** endroit, lieu **2** (*pour s'asseoir, dans une équipe, à l'université*) place : *to get a place at Cambridge* être admis à Cambridge **3** *It's not my place to...* Ce n'est pas à moi de... **4** (*fam*) : *my/your place* chez moi/toi LOC **all over the place** (*fam*) **1** partout **2** n'importe comment **in place** en place, à sa place **in the first, second, etc. place** premièrement, deuxièmement, etc. **out of place 1** pas à sa place **2** déplacé **to take place** avoir lieu *Voir aussi* CHANGE ◆ *vt* **1** placer **2** ~ **sb** (se) remettre qn **3** ~ **sth (with sb/sth)** : *to place an order with sb/sth* passer une commande auprès de qn/qch **4** *to be placed fifth* arriver cinquième ◊ *to be placed* arriver placé

plague /pleɪg/ ◆ *n* **1** peste **2 a** ~ **of sth** une invasion de qch ◆ *vt* harceler

plaice /pleɪs/ *n* (*pl* **plaice**) plie, carrelet

plain /pleɪn/ ◆ *adj* (**-er**, **-est**) **1** clair, évident **2** franc : *in plain language* en clair **3** simple : *a plain croissant* un croissant nature ◊ *plain paper* papier libre ◊ *plain fabric* tissu uni ◊ *plain flour* farine sans levure ◊ *a plain omelette* une omelette nature ◊ *plain chocolate* chocolat à croquer **4** (*aspect, personne*) quelconque LOC **to make sth plain** faire comprendre clairement qch : *Do I make myself plain?* Suis-je bien clair ? *Voir aussi* CLEAR ◆ *adv* tout simplement : *It's just plain stupid.* C'est complètement stupide. **plainly** *adv* **1** clairement **2** franchement **3** simplement

plain clothes *n* : *to be in plain clothes* être en civil ◊ *a plain-clothes policeman* un agent de police en civil

plaintiff /ˈpleɪntɪf/ *n* plaignant, -e

plait /plæt/ (*USA* **braid**) *n* natte

plan /plæn/ ◆ *n* **1** plan, projet **2** plan (*carte*) LOC *Voir* MASTER ◆ (**-nn-**) **1** *vt* projeter, prévoir : *What do you plan to do?* Qu'est-ce que tu as l'intention de faire ? **2** *vt* préparer, organiser **3** *vi* faire des projets PHR V **to plan sth out** planifier qch, préparer qch dans le détail

plane /pleɪn/ *n* **1** (*aussi* **aeroplane**, *USA* **airplane**) avion : *a plane crash* un accident d'avion **2** (*Géom*) plan **3** rabot

planet /ˈplænɪt/ *n* planète

plank /plæŋk/ *n* **1** planche **2** (*fig*) point (*d'un programme politique*)

planner /ˈplænə(r)/ *n* **1** (*aussi* **town planner**) urbaniste **2** planificateur, -trice

planning /ˈplænɪŋ/ *n* **1** planification, organisation **2** urbanisme : *planning permission* permis de construire

plant /plɑːnt ; *USA* plænt/ ◆ *n* **1** (*Bot*) plante : *a plant pot* un pot de fleurs **2** (*Mécan*) équipement, matériel **3** usine ◆ *vt* **1** planter **2** (*jardin*) cultiver : *to plant your garden with roses* planter des rosiers dans son jardin **3** (*fam*) (*objet volé*) cacher (*pour incriminer qn*) **4** (*soupçon, idée*) donner : *Who planted such a notion in your head?* Qui t'a mis une chose pareille dans la tête ? ◊ *to plant doubt in sb's mind* semer le doute dans l'esprit de qn

plantation /plænˈteɪʃn, plɑːn-/ *n* plantation : *a plantation of firs* une sapinière

plaque /plɑːk ; *USA* plæk/ *n* **1** plaque **2** plaque dentaire

plaster /ˈplɑːstə(r) ; *USA* ˈplæs-/ ◆ *n* **1** plâtre **2** (*aussi* **plaster of Paris**) plâtre (à mouler) : *to put sth in plaster* plâtrer qch **3** (*aussi* **sticking plaster**) pansement ◆ *vt* **1** plâtrer **2** ~ **sth on sth** ; ~ **sth with sth** enduire qch de qch ; étaler qch sur qch **3** (*fig*) couvrir : *The town was plastered with posters.* Les murs de la ville étaient recouverts d'affiches.

plastic /ˈplæstɪk/ ◆ *n* plastique ◆ *adj* **1** en plastique **2** (*malléable*) plastique

plasticine® /ˈplæstəsiːn/ *n* pâte à modeler

plate¹ /pleɪt/ *n* **1** assiette **2** (*métal, etc.*) plaque : *plate glass* verre à vitre **3** argenterie, orfèvrerie **4** (*Typographie*) planche **5** (*illustration*) planche, hors-texte

plate² /pleɪt/ *vt* plaquer : *silver-plated* plaqué argent

plateau /ˈplætəʊ ; *USA* plæˈtəʊ/ *n* (*pl* ~**s** *ou* **-eaux** /-təʊz/) plateau

platform /ˈplætfɔːm/ *n* **1** estrade, tribune **2** quai (*d'une gare*) : *The train leaves from platform five.* Le train partira voie cinq. **3** (*Polit*) plate-forme électorale

platinum /'plætɪnəm/ *n* platine

platoon /plə'tu:n/ *n* (*Mil*) section

plausible /'plɔ:zəbl/ *adj* **1** (*excuse, version*) plausible, crédible **2** (*personne*) convaincant

play /pleɪ/ ◆ *n* **1** pièce (*de théâtre*) **2** (*Sport*) jeu, partie : *Rain stopped play at Wimbledon today.* Les matchs d'aujourd'hui à Wimbledon ont été interrompus par la pluie. **3** jeu : *to learn through play* apprendre par le jeu ◊ *children at play* des enfants en train de jouer **4** (*espace, interaction*) jeu LOC **a play on words** un jeu de mots *Voir aussi* CHILD, FAIR ◆ **1** *vt, vi* jouer (à) : *to play football/cards* jouer au football/aux cartes ◊ *Let's play a game.* Et si on faisait un jeu ? **2** *vt* ~ **sb** (*Sport*) jouer contre qn **3** *vt* (*carte*) jouer **4** *vt, vi* (*instrument*) jouer (de) : *to play the guitar* jouer de la guitare **5** *vt* (*CD*) mettre **6** *vi* (*musique*) jouer **7** *vt* : *to play a trick on sb* jouer un tour à qn **8** *vt* (*rôle, scène*) jouer **9** *vi* (*pièce*) se jouer : *'Saint Joan' is playing at the National Theatre.* On joue « Sainte Jeanne » au National Theatre. **10** *vt* : *to play the fool* faire l'idiot LOC **to play havoc with sth** bouleverser qch **to play it by ear** (*fam*) improviser **to play (sth) by ear** jouer (qch) à l'oreille **to play truant** faire l'école buissonnière **to play your cards well/right** bien mener son jeu PHR V **to play along (with sb)** entrer dans le jeu (de qn) **to play sth down** minimiser qch **to play A off against B** monter A contre B **to play (sb) up** (*fam*) taquiner qn, faire des siennes : *My knee is playing me up again.* Mon genou me joue encore des tours. **player** *n* joueur, -euse : *a football player* un joueur de football ◊ *a horn player* un joueur de cor **playful** *adj* **1** (*personne, animal*) joueur **2** (*caractère*) enjoué, gai **3** (*remarque*) taquin

playground /'pleɪgraʊnd/ *n* **1** cour de récréation **2** terrain de jeu

playgroup /'pleɪgru:p/ *n* jardin d'enfants

playing card (*aussi* **card**) *n* carte à jouer

playing field *n* terrain de sport

play-off /'pleɪ ɒf/ *n* (match de) barrage

playpen /'pleɪpen/ *n* parc (*pour bébé*)

playtime /'pleɪtaɪm/ *n* récréation

playwright /'pleɪraɪt/ *n* dramaturge, auteur dramatique

plea /pli:/ *n* **1** ~ **for sth** appel à qch **2** prière **3** prétexte : *on a plea of ill health* sous prétexte qu'il était malade **4** (*Jur*) argument : *to enter a plea of guilty/not guilty* plaider coupable/non coupable

plead /pli:d/ (*prét, pp* **pleaded**, *USA* **pled** /pled/) **1** *vi* ~ **with sb** implorer qn **2** *vi* ~ **for sth** plaider qch **3** *vi* ~ **for sb** plaider pour qn **4** *vt* (*excuse*) invoquer, prétexter LOC **to plead guilty/not guilty** plaider coupable/non coupable

pleasant /'pleznt/ *adj* (**-er**, **-est**) **1** agréable **2** (*personne*) aimable **pleasantly** *adv* **1** agréablement **2** aimablement

please /pli:z/ ◆ **1** *vt* satisfaire **2** *vt, vi* faire plaisir (à), plaire (à) **3** *vi* : *for as long as you please* aussi longtemps que tu veux ◊ *I'll do whatever I please.* Je ferai ce que je veux. LOC **as you please** comme tu veux **please yourself!** (fais) comme tu veux ! ◆ *excl* s'il te plaît, s'il vous plaît : *Could you pass the jam, please?* Tu me passes la confiture ? ◊ *Please come in.* Entrez, je vous en prie. ◊ *Please do not smoke.* Prière de ne pas fumer. LOC **please do!** bien sûr !, je vous en prie ! **pleased** *adj* **1** heureux ☛ *Voir note sous* GLAD **2** ~ **(with sb/sth)** content (de qn/qch) LOC **pleased to meet you!** enchanté ! **to be pleased to do sth** être content de faire qch, avoir le plaisir de faire qch : *I'll be pleased to come.* Je me ferai une joie de venir. **pleasing** *adj* agréable, plaisant

pleasure /'pleʒə(r)/ *n* plaisir : *It gives me pleasure to introduce...* J'ai le plaisir de vous présenter... LOC **my pleasure** je vous en prie **to take pleasure in sth** : *She takes great pleasure in her work.* Son travail lui donne beaucoup de satisfaction. **with pleasure!** avec plaisir ! *Voir aussi* BUSINESS **pleasurable** *adj* agréable

pled (*USA*) *prét, pp de* PLEAD

pledge /pledʒ/ ◆ *n* **1** promesse **2** gage ◆ *vt* **1** (*sout*) promettre **2** ~ **sb to sth** faire promettre qch à qn : *to be pledged to secrecy* être tenu au secret

plentiful /'plentɪfl/ *adj* abondant, copieux LOC **to be in plentiful supply** abonder

plenty /ˈplenti/ ◆ *pron* **1** beaucoup : *plenty to do* beaucoup à faire **2** assez : *I've plenty of time.* J'ai largement le temps. ◊ *That's plenty, thank you.* Ça suffit amplement, merci. ◆ *adv* **1** (*fam*) : *plenty high enough* bien assez haut **2** (*USA*) beaucoup LOC **plenty more** : *There's plenty more tea.* Il reste encore beaucoup de thé.

pliable /ˈplaɪəbl/ (*aussi* **pliant** /ˈplaɪənt/) *adj* **1** flexible **2** malléable

pliers /ˈplaɪəz/ *n* [*pl*] pince

plight /plaɪt/ *n* situation désespérée

plod /plɒd/ *vi* (**-dd-**) marcher d'un pas lourd PHR V **to plod away (at sth)** travailler ferme (sur qch)

plonk /plɒŋk/ *v* PHR V **to plonk sth down** poser qch bruyamment

plot /plɒt/ ◆ *n* **1** terrain **2** lopin, parcelle : *a vegetable plot* un potager **3** (*livre, film*) intrigue **4** complot ◆ (**-tt-**) **1** *vt* (*sur une carte*) tracer, reporter **2** *vt* (*sur un graphique*) tracer, faire le tracé de **3** *vt, vi* (*attentat*) comploter

plough (*USA* **plow**) /plaʊ/ ◆ *n* charrue ◆ *vt, vi* labourer LOC **to plough (your way) through sth** **1** avancer péniblement dans qch **2** défoncer qch PHR V **to plough sth back** (*profit*) réinvestir qch **to plough into sb/sth** rentrer dans qn/qch

ploy /plɔɪ/ *n* ruse, stratagème

pluck /plʌk/ ◆ *vt* **1** arracher **2** plumer **3** (*sourcil*) épiler **4** (*cordes*) pincer **5** (*fleur, fruit*) cueillir LOC **to pluck up courage (to do sth)** trouver le courage de faire qch, prendre son courage à deux mains ◆ *n* (*fam*) courage, cran

plug /plʌg/ ◆ *n* **1** bonde **2** (*Électr*) prise (*de courant*) ☛ *Voir illustration sous* PRISE **3** (*voiture*) bougie **4** (*fam*) pub (*pour un disque, un livre*) ◆ *vt* (**-gg-**) **1** (*trou*) boucher **2** (*fam*) faire de la pub à PHR V **to plug sth in(to sth)** brancher qch (sur qch)

plum /plʌm/ *n* **1** prune **2** (*aussi* **plum tree**) prunier

plumage /ˈpluːmɪdʒ/ *n* plumage

plumber /ˈplʌmə(r)/ *n* plombier **plumbing** *n* plomberie

plummet /ˈplʌmɪt/ *vi* **1** tomber, plonger **2** (*fig*) s'effondrer, chuter

plump /plʌmp/ ◆ *adj* rond, potelé *Voir aussi* FAT ◆ *v* PHR V **to plump for sb/sth** opter pour qn/qch

plunder /ˈplʌndə(r)/ *vt* piller

plunge /plʌndʒ/ ◆ **1** *vi* tomber, piquer **2** *vi* plonger **3** *vt* (*pr et fig*) plonger : *We were plunged into confusion.* La nouvelle nous a plongés dans l'embarras. ◊ *The house was plunged into darkness.* La maison était plongée dans l'obscurité. **4** *vt* (*main, couteau*) plonger ◆ *n* **1** plongeon **2** chute LOC **to take the plunge** se jeter à l'eau

plural /ˈplʊərəl/ *adj, n* pluriel

plus /plʌs/ ◆ *prép* **1** (*Math*) plus : *Five plus six equals eleven.* Cinq plus six font onze. **2** plus : *plus the fact that…* plus le fait que… ◆ *conj* et (en plus) ◆ *adj* **1** *£500 plus* plus de 500 livres ◊ *He must be 40 plus.* Il doit bien avoir plus de 40 ans. **2** (*Math*) plus : *The temperature is plus four degrees.* La température est de quatre degrés. ◆ *n* **1** (*aussi* **plus sign**) signe plus **2 a ~ (for sb)** (*fam*) un plus, un avantage pour qn : *the pluses and minuses of sth* les avantages et les inconvénients de qch

plush /plʌʃ/ *adj* (*fam*) luxueux

Pluto /ˈpluːtəʊ/ *n* Pluton

plutonium /pluːˈtəʊniəm/ *n* plutonium

ply /plaɪ/ ◆ *n* **1** *Voir* PLYWOOD **2** (*papier*) épaisseur **3** (*laine*) brin ◆ (*prét, pp* **plied** /plaɪd/) **1** *vt* (*sout*) (*outil*) manier : *to ply your trade* exercer son métier **2** *vi* (*navire, autobus*) faire la navette PHR V **to ply sb with drink/food** ne cesser de remplir le verre/l'assiette de qn **to ply sb with questions** assaillir qn de questions

plywood /ˈplaɪwʊd/ *n* contreplaqué

p.m. (*USA* **P.M.**) /ˌpiː ˈem/ *abrév* de l'après-midi, du soir : *at 8 p.m.* à 8 heures du soir

> Lorsque l'heure est suivie de **a.m.** ou **p.m.**, on n'emploie pas **o'clock** : *Shall we meet at 3 o'clock/3 p.m.?* On se retrouve à 3 heures/3 heures de l'après-midi ?

pneumatic /njuːˈmætɪk ; *USA* nuː-/ *adj* pneumatique, à air comprimé : *a pneumatic drill* un marteau-piqueur

pneumonia /njuːˈməʊniə ; *USA* nuː-/ *n* [*indénombrable*] pneumonie

PO /ˌpiː ˈəʊ/ *abrév* **post office**

poach /pəʊtʃ/ **1** *vt* pocher **2** *vt, vi* prendre en braconnant, braconner **3** *vt* (*idée, etc.*) s'approprier, débaucher **poacher** *n* braconnier

pocket /ˈpɒkɪt/ ◆ *n* **1** poche : *pocket money* argent de poche ◊ *a pocket knife* un canif ◊ *a pocket-sized guide* un guide de poche **2** (*fig*) : *pockets of resistance/unemployment* des poches de résistance/de chômage LOC **to be out of pocket** en être de sa poche *Voir aussi* PICK ◆ *vt* **1** mettre dans sa poche **2** empocher

pod /pɒd/ *n* gousse, cosse

podium /ˈpəʊdiəm/ *n* podium

poem /ˈpəʊɪm/ *n* poème

poet /ˈpəʊɪt/ *n* poète

poetic /pəʊˈetɪk/ *adj* poétique : *poetic justice* justice immanente

poetry /ˈpəʊətri/ *n* poésie

poignant /ˈpɔɪnjənt/ *adj* poignant

point /pɔɪnt/ ◆ *n* **1** (*aussi Géom*) point **2** (*aussi Géogr*) pointe **3** (*Math*) virgule (*décimale*) **4** point essentiel : *The point is...* Ce qui est important c'est que... ◊ *come to/get to the point* en venir à l'essentiel **5** but, intérêt : *What's the point?* À quoi ça sert ? ◊ *There's no point in protesting.* Cela ne sert à rien de protester. **6** moment, stade : *at some point* à un moment donné **7** (*aussi* **power point**) prise (*de courant*) **8 points** [*pl*] (*GB*) (*Chemin de fer*) aiguillage LOC **to be on the point of doing sth** être sur le point de faire qch **in point of fact** en fait **point of view** point de vue **to be beside the point** n'avoir rien à voir avec la question **to make a point of doing sth** tenir à faire qch, s'efforcer de faire qch **to make your point** dire ce qu'on a à dire **to take sb's point** comprendre ce que qn veut dire **to the point** pertinent, judicieux *Voir aussi* PROVE, SORE, STRONG ◆ **1** *vi* ~ **(at/to sb/sth)** montrer (qn/qch) du doigt **2** *vi* ~ **to sth** (*fig*) indiquer qch **3** *vt* ~ **sth at sb** diriger, braquer qch sur qn : *to point your finger at sb/sth* montrer qn/qch du doigt PHR V **to point sth out (to sb)** faire remarquer qch (à qn)

point-blank /ˌpɔɪnt ˈblæŋk/ ◆ *adj* **1** *at point-blank range* à bout portant **2** (*refus*) catégorique ◆ *adv* **1** à bout portant **2** (*refuser*) catégoriquement **3** de but en blanc

pointed /ˈpɔɪntɪd/ *adj* **1** pointu **2** (*fig*) plein de sous-entendus

pointer /ˈpɔɪntə(r)/ *n* **1** aiguille (*d'une balance, etc.*) **2** baguette (*bâton*) **3** (*fam*) conseil **4** indice

pointless /ˈpɔɪntləs/ *adj* **1** inutile **2** (*violence*) gratuit

poise /pɔɪz/ *n* **1** port, maintien **2** aisance, assurance **poised** *adj* **1** suspendu **2** plein d'assurance, posé

poison /ˈpɔɪzn/ ◆ *n* poison ◆ *vt* **1** empoisonner **2** (*fig*) corrompre, envenimer **poisoning** *n* **1** empoisonnement **2** intoxication : *food poisoning* intoxication alimentaire **poisonous** *adj* **1** vénéneux, toxique **2** venimeux

poke /pəʊk/ *vt* **1** pousser, donner un coup dans (*avec le doigt, un objet pointu, etc.*) : *to poke your finger into sth* enfoncer le doigt dans qch **2** tisonner LOC **to poke fun at sb/sth** se moquer de qn/qch PHR V **to poke about/around** (*fam*) fouiner, fourrager **to poke out (of sth)/through (sth)** dépasser (de qch), sortir (de qch)

poker /ˈpəʊkə(r)/ *n* **1** tisonnier **2** poker

poker-faced /ˌpəʊkə ˈfeɪst/ *adj* impassible

poky /ˈpəʊki/ *adj* (*fam*) (**-ier**, **-iest**) minuscule : *I've got a poky little room.* Ma chambre est toute petite.

polar /ˈpəʊlə(r)/ *adj* polaire : *a polar bear* un ours polaire

pole /pəʊl/ *n* **1** (*Géogr*, *Phys*) pôle **2** perche **3** (*d'un drapeau*) mât LOC **to be poles apart** être diamétralement opposé

pole vault *n* saut à la perche

police /pəˈliːs/ ◆ *n* [*pl*] police : *a police constable/officer* un agent de police ◊ *a police force* un corps de police ◊ *a police state* un État policier ◊ *the police station* le poste de police ◆ *vt* surveiller, maintenir l'ordre dans

policeman /pəˈliːsmən/ *n* (*pl* **-men** /-mən/) agent de police ☛ *Voir note sous* POLICIER

policewoman /pəˈliːswʊmən/ *n* (*pl* **-women**) femme policier

policy /ˈpɒləsi/ *n* (*pl* **-ies**) **1** politique, ligne de conduite **2** (*assurance*) police : *an insurance policy* une police d'assurance ◊ *the policy-holder* l'assuré

polio /ˈpəʊliəʊ/ (*sout* **poliomyelitis**) *n* polio

polish /ˈpɒlɪʃ/ ◆ *vt* **1** cirer **2** (*voiture*) lustrer **3** (*pierre*) polir **4** (*fig*) peaufiner PHR V **to polish sb off** (*fam*) liquider qn **to polish sth off** (*fam*) **1** (*nourriture*) finir **2** (*travail*) expédier ◆ *n* **1** cirage

2 éclat : *Your shoes need a polish.* Tes chaussures ont besoin d'être cirées. **3** (*meubles*) cire **4** (*à ongles*) vernis **5** (*fig*) raffinement **polished** *adj* **1** brillant, poli **2** (*style*) raffiné **3** (*exécution*) léché, impeccable

polite /pə'laɪt/ *adj* **1** poli **2** (*milieu*) raffiné

political /pə'lɪtɪkl/ *adj* politique

politically correct *adj* (*abrév* **PC**) politiquement correct

politician /ˌpɒlə'tɪʃn/ *n* homme politique, femme politique

politics /'pɒlətɪks/ *n* **1** [*v sing ou pl*] politique **2** [*pl*] opinions politiques **3** [*sing*] (*discipline*) sciences politiques

poll /pəʊl/ *n* **1** élections **2** scrutin, vote : *to take a poll on sth* procéder à un vote sur qch **3 the polls** [*pl*] : *to go to the polls* se rendre aux urnes **4** sondage

pollen /'pɒlən/ *n* pollen : *the pollen count* le taux de pollen dans l'atmosphère

pollute /pə'luːt/ *vt* **1** ~ **sth (with sth)** polluer qch (avec qch) **2** (*fig*) corrompre, contaminer **pollution** *n* **1** pollution **2** (*fig*) corruption

polo /'pəʊləʊ/ *n* polo (*sport*)

polo neck *n* col roulé

polyester /ˌpɒli'estə(r) ; *USA* 'pɒliestər/ *n* polyester

polystyrene /ˌpɒli'staɪriːn/ *n* polystyrène

polythene /'pɒlɪθiːn/ *n* polyéthylène

pomp /pɒmp/ *n* pompe, faste

pompous /'pɒmpəs/ *adj* (*péj*) **1** pompeux **2** prétentieux

pond /pɒnd/ *n* étang, bassin

ponder /'pɒndə(r)/ *vt, vi* ~ **sth** ; ~ **(on/over sth)** considérer qch ; réfléchir (à qch)

pony /'pəʊni/ *n* (*pl* **ponies**) poney : *pony-trekking* randonnée à dos de poney

ponytail /'pəʊniteɪl/ *n* queue de cheval

poodle /'puːdl/ *n* caniche

pool /puːl/ ◆ *n* **1** flaque : *a pool of blood* une mare de sang **2** (*aussi* **swimming pool**) piscine **3** (*lumière*) rond **4** pool, équipe : *a pool of cars* un parc de voitures ◊ *a pool of doctors* une équipe de médecins **5** étang, mare **6** (*poker*) mises **7** billard américain **8 the (football) pools** [*pl*] ≈ le loto sportif ◆ *vt* (*fonds, idées*) mettre en commun

poor /pʊə(r)/ ◆ *adj* (**-er**, **-est**) **1** pauvre : *a poor area* un quartier pauvre ◊ *Poor thing!* Le pauvre ! **2** mauvais, médiocre : *in poor health* en mauvaise santé ◊ *poor quality* mauvaise qualité **3** (*lumière, visibilité*) mauvais **LOC** *Voir* FIGHT ◆ **the poor** *n* [*pl*] les pauvres

poorly /'pɔːli ; *USA* 'pʊərli/ ◆ *adv* **1** mal **2** pauvrement ◆ *adj* malade : *She's feeling poorly.* Elle ne se sent pas très bien.

pop /pɒp/ ◆ *n* **1** pan **2** (*fam*) (*boisson*) soda, boisson gazeuse **3** (*USA*) papa **4** pop : *a pop star* une pop star ◆ *adv* **LOC to go pop 1** sauter **2** éclater ◆ (**-pp-**) **1** *vi* sauter **2** *vi* éclater, crever **3** *vt, vi* (*ballon*) (faire) éclater **4** *vt, vi* (*bouchon*) (faire) sauter **PHR V to pop across, back, down, out, etc.** (*fam*) traverser, revenir, descendre, sortir, etc. : *I'm just popping out to the bank.* Je fais un saut à la banque. **to pop sth back** (*fam*) remettre qch **to pop sth in(to sth)** (*fam*) mettre qch (dans qch) **to pop in** passer, faire un saut **to pop out (of sth)** sortir (de qch) **to pop up** surgir : *This question keeps popping up.* Cette question revient toujours sur le tapis.

popcorn /'pɒpkɔːn/ *n* pop-corn

pope /pəʊp/ *n* pape

poplar /'pɒplə(r)/ *n* peuplier

poppy /'pɒpi/ *n* (*pl* **-ies**) pavot, coquelicot

popular /'pɒpjələ(r)/ *adj* **1** populaire : *(not) to be popular with sb* (ne pas) être bien vu de qn **2** à la mode **3** *the popular press* la presse à grand tirage **4** (*opinion*) courant, répandu **popularize, -ise** *vt* **1** populariser **2** vulgariser

population /ˌpɒpju'leɪʃn/ *n* population : *the population explosion* l'explosion démographique

porcelain /'pɔːsəlɪn/ *n* [*indénombrable*] porcelaine

porch /pɔːtʃ/ *n* **1** porche **2** (*USA*) véranda

pore /pɔː(r)/ ◆ *n* pore ◆ *v* **PHR V to pore over sth** se plonger dans qch

pork /pɔːk/ *n* porc (*viande*)

porn /pɔːn/ *n* (*fam*) porno

pornography /pɔː'nɒgrəfi/ *n* pornographie

porous /'pɔːrəs/ *adj* poreux

porpoise /'pɔːpəs/ *n* marsouin

porridge /ˈpɒrɪdʒ ; *USA* ˈpɔːr-/ *n* [*indénombrable*] porridge, bouillie de flocons d'avoine

port /pɔːt/ *n* **1** port **2** (*navire, avion*) bâbord **3** (*vin*) porto LOC **port of call** **1** escale **2** arrêt

portable /ˈpɔːtəbl/ *adj* portatif, portable

porter /ˈpɔːtə(r)/ *n* **1** (*gare*) porteur **2** (*hôtel*) portier

porthole /ˈpɔːthəʊl/ *n* hublot

portion /ˈpɔːʃn/ *n* **1** part, partie **2** (*repas*) portion

portrait /ˈpɔːtreɪt, -trət/ *n* (*pr et fig*) portrait

portray /pɔːˈtreɪ/ *vt* **1** représenter **2** ~ **sb/sth (as sth)** décrire qn/qch (comme étant qch) **portrayal** *n* portrait, description

pose /pəʊz/ ◆ **1** *vi* (*modèle*) poser **2** *vi* (*péj*) frimer **3** *vi* ~ **as sb/sth** se faire passer pour qn/qch **4** *vt* (*difficulté, question*) poser ◆ *n* **1** pose **2** (*péj*) frime, façade

posh /pɒʃ/ *adj* (**-er**, **-est**) **1** (*personne*) huppé **2** (*hôtel, voiture, quartier*) chic **3** (*péj*) (*personne, accent*) snob

position /pəˈzɪʃn/ ◆ *n* **1** position **2** ~ **(on sth)** (*opinion*) position (au sujet de qch) **3** (*travail*) poste LOC **to be in a/no position to do sth** être bien/mal placé pour faire qch ◆ *vt* placer, positionner

positive /ˈpɒzətɪv/ *adj* **1** positif **2** certain, sûr **3** ~ **(about sth/that...)** certain (de qch/que...) **4** pur, véritable : *It's a a positive disgrace!* C'est une véritable honte ! **positively** *adv* **1** de façon constructive **2** de façon positive **3** indéniablement **4** catégoriquement **5** vraiment, absolument

possess /pəˈzes/ *vt* **1** posséder, avoir **2** *What possessed you?* Qu'est-ce qui t'a pris ? **possession** *n* **1** possession **2** **possessions** [*pl*] biens LOC **to be in possession of sth** être en possession de qch

possibility /ˌpɒsəˈbɪləti/ *n* (*pl* **-ies**) **1** possibilité : *within/beyond the bounds of possibility* dans la limite du possible/au-delà des limites du possible **2** **possibilities** [*pl*] possibilités, perspectives *Voir aussi* CHANCE

possible /ˈpɒsəbl/ *adj* possible : *if possible* si possible ◊ *as quickly as possible* le plus vite possible LOC **to make sth possible** rendre qch possible **possibly** *adv* peut-être : *Could you possibly open the window?* Pourriez-vous ouvrir la fenêtre ? ◊ *It can't possibly be true!* Ce n'est pas possible ! ◊ *You can't possibly go out like that!* Tu ne peux pas sortir comme ça !

post /pəʊst/ ◆ *n* **1** poteau **2** (*travail*) poste **3** (*aussi* **mail**) poste **4** (*aussi* **mail**) courrier : *the first/second post* le premier/deuxième courrier ☛ *Voir note sous* MAIL ◆ *vt* **1** (*USA* **to mail**) poster, mettre à la poste **2** affecter (*employé*) **3** (*sentinelle*) poster LOC **to keep sb posted (about sth)** tenir qn au courant (de qch)

postage /ˈpəʊstɪdʒ/ *n* affranchissement, tarif postal : *a postage stamp* un timbre-poste

postal /ˈpəʊstl/ *adj* postal : *a postal vote* un vote par correspondance

postbox /ˈpəʊstbɒks/ *n* boîte aux lettres ☛ *Comparer avec* LETTER BOX

postcard /ˈpəʊstkɑːd/ *n* carte postale

postcode /ˈpəʊstkəʊd/ *n* code postal

poster /ˈpəʊstə(r)/ *n* **1** (*annonce*) affiche **2** poster

posterity /pɒˈsterəti/ *n* postérité

postgraduate /ˌpəʊstˈgrædʒuət/ ◆ *adj* de troisième cycle ◆ *n* étudiant, -e de troisième cycle

posthumous /ˈpɒstjʊməs ; *USA* ˈpɒstʃəməs/ *adj* posthume

postman /ˈpəʊstmən/ (*USA* **mailman**) *n* (*pl* **-men** /-mən/) facteur

postmark /ˈpəʊstmɑːk/ *n* cachet de la poste

post-mortem /ˌpəʊst ˈmɔːtəm/ *n* autopsie

post office *n* (bureau de) poste : *the Post Office* la poste ☛ *Voir note sous* BUREAU

postpone /pəˈspəʊn/ *vt* reporter, remettre (à plus tard)

postscript /ˈpəʊstskrɪpt/ *n* **1** postscriptum **2** (*fig*) épilogue

posture /ˈpɒstʃə(r)/ *n* **1** posture, maintien **2** (*fig*) position

post-war /ˌpəʊst ˈwɔː(r)/ *adj* d'après-guerre

postwoman /ˈpəʊstwʊmən/ *n* (*pl* **-women**) factrice

pot /pɒt/ *n* **1** casserole : *pots and pans* casseroles **2** (*de peinture, fleurs, etc.*) pot **3** (*aussi* **teapot**) théière **4** (*fam*) herbe (*drogue*) LOC **to go to pot** (*fam*) **1** aller à la dérive **2** se laisser complètement aller

potassium /pəˈtæsiəm/ *n* potassium

potato /pəˈteɪtəʊ/ *n* (*pl* **-oes**) pomme de terre

potent /ˈpəʊtnt/ *adj* **1** puissant **2** (*boisson*) fort **potency** *n* force, puissance

potential /pəˈtenʃl/ ◆ *adj* potentiel ◆ *n* ~ **(for sth)** potentiel (de qch) **potentially** *adv* potentiellement

pothole /ˈpɒthəʊl/ *n* **1** (*Géol*) gouffre, grotte **2** (*sur une route*) nid-de-poule

potted /ˈpɒtɪd/ *adj* **1** en pot **2** en conserve, en terrine **3** (*récit*) abrégé, condensé

potter /ˈpɒtə(r)/ ◆ *v* PHR V **to potter about/around (sth)** bricoler (dans qch) ◆ *n* potier, -ière **pottery** *n* [*indénombrable*] **1** (*art*) poterie **2** (*objets*) poteries : *a piece of pottery* une poterie

potty /ˈpɒti/ ◆ *adj* (**-ier, -iest**) (*GB, fam*) **1** cinglé **2 to be** ~ **about sb/sth** être dingue de qn/qch ◆ *n* (*pl* **-ies**) (*fam*) pot (de chambre) (*d'enfant*)

pouch /paʊtʃ/ *n* **1** petit sac, bourse **2** (*à tabac*) blague **3** (*Zool*) poche

poultry /ˈpəʊltri/ *n* [*indénombrable*] **1** volailles **2** volaille

pounce /paʊns/ *vi* **1** ~ **(on sb/sth)** bondir (sur qn/qch) **2** (*fig*) sauter (sur qn/qch)

pound /paʊnd/ ◆ *n* **1** (*monnaie*) livre **2** (*abrév* **lb**) (*poids*) livre (*453,6 grammes*) ☛ *Voir Appendice 1.* ◆ **1** *vi* ~ **(away) (at sth)** taper, cogner (sur qch) **2** *vi* avancer d'un pas lourd **3** *vi* ~ **(with sth)** (*cœur*) battre fort (pour qch) **4** *vt* piler : *to pound sth to pieces* réduire qch en miettes ◊ *to pound sth to a pulp* réduire qch en bouillie **5** *vt* frapper, marteler **pounding** *n* **1** (*pr et fig*) martèlement, battements **2** *to take a pounding* prendre une raclée

pour /pɔː(r)/ **1** *vt* verser **2** *vi* ~ **(with rain)** pleuvoir à verse **3** *vi* se déverser PHR V **to pour in 1** entrer à flots **2** (*visiteurs, lettres*) affluer, arriver en masse **to pour sth in** verser qch **to pour out (of sth) 1** jaillir (de qch) **2** sortir en masse (de qch) **to pour sth out 1** (*boisson*) servir qch, verser qch **2** (*émotions*) donner libre cours à qch

pout /paʊt/ *vi* faire la moue

poverty /ˈpɒvəti/ *n* pauvreté **poverty-stricken** *adj* dans un grand dénuement

powder /ˈpaʊdə(r)/ *n* [*gén indénombrable*] poudre ◆ *vt* poudrer : *to powder your face* se poudrer le visage **powdered** *adj* en poudre

power /ˈpaʊə(r)/ ◆ *n* **1** pouvoir : *in power* au pouvoir ◊ *power-sharing* partage du pouvoir **2 powers** [*pl*] capacités, facultés **3** force **4** puissance **5** énergie : *nuclear power* énergie nucléaire **6** (*electricité*) courant : *a power cut* une panne de courant ◊ *a power point* une prise de courant LOC **the powers that be** (*surtout iron*) les autorités **to do sb a power of good** (*fam*) faire beaucoup de bien à qn ◆ *vt* faire fonctionner **powerful** *adj* **1** puissant **2** (*coup, émotion*) fort **powerless** *adj* **1** impuissant (*sans défense*) **2** ~ **to do sth** impuissant à faire qch : *He was powerless to help them.* Il n'a rien pu faire pour les aider.

power station *n* centrale électrique : *a nuclear power station* une centrale nucléaire

practicable /ˈpræktɪkəbl/ *adj* réalisable, praticable

practical /ˈpræktɪkl/ *adj* pratique : *a practical joke* une farce **practically** *adv* **1** pratiquement, presque **2** d'une manière pratique

practice /ˈpræktɪs/ *n* **1** pratique : *in practice* en pratique **2** (*Sport*) entraînement **3** (*Mus*) [*indénombrable*] exercices **4** (*Méd*) cabinet *Voir aussi* GENERAL PRACTICE **5** (*profession*) exercice : *to be in practice* exercer LOC **to be out of practice** manquer d'entraînement

practise (*USA* **practice**) /ˈpræktɪs/ **1** *vt, vi* s'entraîner (à) : *to practise the guitar* s'exercer à la guitare **2** *vi* (*Sport*) s'entraîner **3** *vt* (*sport, religion*) pratiquer **4** *vt, vi* ~ **(as sth)** (*profession*) exercer (la profession de qch) **5** *vt* (*qualité*) : *to practise self-discipline* pratiquer l'autodiscipline **practised** (*USA* **practiced**) *adj* ~ **(in sth)** expert (en qch) ; expérimenté

practitioner /prækˈtɪʃənə(r)/ *n* **1** praticien, -ienne **2** médecin *Voir aussi* GENERAL PRACTITIONER

pragmatic /prægˈmætɪk/ *adj* pragmatique

praise /preɪz/ ◆ *vt* **1** féliciter, louer ◆ *n* [*indénombrable*] **1** éloges, louanges

2 (*Relig*) louange **praiseworthy** *adj* digne d'éloges

pram /præm/ (*USA* **baby carriage**) *n* landau

prank /præŋk/ *n* farce, tour

prawn /prɔːn/ *n* crevette (*rose*)

pray /preɪ/ *vi* prier

prayer /preə(r)/ *n* prière

preach /priːtʃ/ **1** *vt, vi* (*Relig*) prêcher **2** *vi* ~ **(at/to sb)** (*péj*) sermonner (qn) **3** *vt* prêcher : *to preach caution* prêcher la prudence **preacher** *n* prédicateur, -trice

precarious /prɪ'keəriəs/ *adj* précaire

precaution /prɪ'kɔːʃn/ *n* précaution **precautionary** *adj* de précaution

precede /prɪ'siːd/ *vt* **1** précéder **2** (*discours*) faire précéder

precedence /'presɪdəns/ *n* priorité, préséance

precedent /'presɪdənt/ *n* précédent

preceding /prɪ'siːdɪŋ/ *adj* précédent

precinct /'priːsɪŋkt/ *n* **1** (*GB*) *a pedestrian precinct* une zone piétonnière **2** (*aussi* **precincts** [*pl*]) enceinte (*d'un château, etc.*)

precious /'preʃəs/ ◆ *adj* **1** précieux **2** ~ **to sb** précieux à qn ◆ *adv* LOC **precious few/little** fort peu (de)

precipice /'presəpɪs/ *n* précipice

precise /prɪ'saɪs/ *adj* **1** précis **2** méticuleux **precisely** *adv* **1** précisément **2** (*horaire*) : *at 2 o'clock precisely* à 2 heures précises **3** exactement, justement **precision** /prɪ'sɪʒn/ *n* précision

preclude /prɪ'kluːd/ *vt* (*sout*) exclure, empêcher

precocious /prɪ'kəʊʃəs/ *adj* précoce

preconceived /ˌpriːkən'siːvd/ *adj* préconçu **preconception** *n* idée préconçue

precondition /ˌpriːkən'dɪʃn/ *n* condition préalable

predator /'predətə(r)/ *n* prédateur **predatory** *adj* prédateur

predecessor /'priːdɪsesə(r) ; *USA* 'predə-/ *n* prédécesseur

predicament /prɪ'dɪkəmənt/ *n* situation difficile, guêpier

predict /prɪ'dɪkt/ *vt* prédire **predictable** *adj* prévisible **prediction** *n* prévision, prédiction

predominant /prɪ'dɒmɪnənt/ *adj* prédominant **predominantly** *adv* principalement, essentiellement

pre-empt /priː'empt/ *vt* devancer, anticiper

preface /'prefəs/ *n* **1** préface **2** (*discours*) introduction

prefer /prɪ'fɜː(r)/ *vt* (**-rr-**) préférer : *Would you prefer cheese or dessert?* Qu'est-ce que tu préfères, du fromage ou un dessert ? ☛ *Voir note sous* PRÉFÉRER **preferable** /'prefrəbl/ *adj* préférable **preferably** /'prefrəbli/ *adv* de préférence **preference** /'prefrəns/ *n* préférence LOC **in preference to sb/sth** plutôt que qn/qch **preferential** /ˌprefə'renʃl/ *adj* préférentiel : *to get preferential treatment* avoir un traitement de faveur

prefix /'priːfɪks/ *n* préfixe

pregnant /'pregnənt/ *adj* **1** enceinte **2** (*animal*) pleine **3** (*fig*) éloquent, lourd de sens **pregnancy** *n* (*pl* **-ies**) grossesse

prehistoric /ˌpriːhɪ'stɒrɪk ; *USA* -'stɔːr-/ *adj* préhistorique **prehistory** /ˌpriː'hɪstri/ *n* préhistoire

prejudice /'predʒudɪs/ ◆ *n* **1** [*indénombrable*] préjugés **2** préjugé ◆ *vt* **1** (*personne*) influencer **2** porter préjudice à, compromettre **prejudiced** *adj* partial LOC **to be prejudiced against sb/sth** avoir des préjugés contre qn/qch

preliminary /prɪ'lɪmɪnəri ; *USA* -neri/ ◆ *adj* **1** préliminaire **2** (*Sport*) éliminatoire ◆ **preliminaries** *n* [*pl*] préliminaires

prelude /'preljuːd/ *n* (*aussi Mus*) prélude

premature /'premətʃə(r) ; *USA* ˌpriːmə'tʊər/ *adj* prématuré

premier /'premiə(r) ; *USA* 'priːmiər/ ◆ *n* Premier ministre, chef du gouvernement ◆ *adj* premier, principal

premiere /'premieə(r) ; *USA* prɪ'mɪər/ *n* première (*Théâtre*)

premises /'premɪsɪz/ *n* [*pl*] **1** locaux, lieux **2** (*société*) bureaux

premium /'priːmiəm/ *n* prime (*assurance*) LOC **to be at a premium** valoir de l'or

preoccupation /priˌɒkju'peɪʃn/ *n* **1** préoccupation : *my main preoccupation* ma principale préoccupation **2** ~ **(with sth)** obsession (de qch) **preoccupied** *adj* préoccupé : *preoccupied with money* obsédé par l'argent

preparation /ˌprepəˈreɪʃn/ *n* **1** préparation **2 preparations** [*pl*] **(for sth)** préparatifs (de qch)

preparatory /prɪˈpærətri ; *USA* -tɔːri/ *adj* préparatoire

prepare /prɪˈpeə(r)/ **1** *vi* ~ **(for sth/to do sth)** se préparer (à qch/à faire qch) **2** *vt* préparer LOC **to be prepared to do sth** être prêt à faire qch

preposition /ˌprepəˈzɪʃn/ *n* (*Gramm*) préposition

preposterous /prɪˈpɒstərəs/ *adj* grotesque

prerequisite /ˌpriːˈrekwəzɪt/ (*aussi* **precondition**) *n* (*sout*) ~ **(for/of sth)** condition préalable (à qch)

prerogative /prɪˈrɒgətɪv/ *n* prérogative

prescribe /prɪˈskraɪb/ *vt* **1** (*médicament*) prescrire **2** (*fig*) recommander

prescription /prɪˈskrɪpʃn/ *n* **1** ordonnance **2** (*action*) prescription **3** (*fig*) recette, prescription

presence /ˈprezns/ *n* présence : *presence of mind* présence d'esprit

present[1] /ˈpreznt/ ◆ *adj* **1** ~ **(at/in sth)** présent (à/dans qch) **2** (*temps*) actuel **3** (*mois, année*) en cours **4** (*Gramm*) présent LOC **to the present day** jusqu'à présent, jusqu'à aujourd'hui ◆ *n* **1** cadeau, présent : *to give sb a present* faire un cadeau à qn **2 the present** (*temps*) le présent **3 the present** (*aussi* **the present tense**) le présent LOC **at present** en ce moment *Voir aussi* MOMENT

present[2] /prɪˈzent/ *vt* **1** présenter : *to present yourself* se présenter **2** ~ **sb with sth** ; ~ **sth (to sb)** remettre qch (à qn) : *to present sb with a problem* poser un problème à qn **3** (*sujet*) présenter, soumettre **4** ~ **itself (to sb)** (*occasion*) se présenter (à qn) **5** (*Théâtre*) donner, présenter **presentable** /prɪˈzentəbl/ *adj* présentable

presentation /ˌpreznˈteɪʃn ; *USA* ˌpriːzen-/ *n* **1** présentation **2** (*orale*) exposé **3** (*Théâtre*) représentation **4** (*d'un prix*) remise

present-day /ˌpreznt ˈdeɪ/ *adj* actuel

presenter /prɪˈzentə(r)/ *n* présentateur, -trice

presently /ˈprezntli/ *adv* **1** (*GB*) [*surtout en fin de phrase*] bientôt : *I'll follow on presently.* Je vous rejoins dans un instant. **2** (*GB*) [*au passé: surtout en début de phrase*] peu après : *Presently he got up to go.* Au bout de quelques minutes, il se leva et s'en alla. **3** (*surtout USA*) actuellement, en ce moment

> En anglais britannique il est plus courant d'utiliser **currently** dans le sens d'*actullement.*

preservation /ˌprezəˈveɪʃn/ *n* conservation, préservation

preservative /prɪˈzɜːvətɪv/ *adj*, *n* conservateur

preserve /prɪˈzɜːv/ ◆ *vt* **1** conserver (*aliments*) **2** ~ **sth (for sth)** préserver, entretenir qch (pour qch) **3** ~ **sb (from sb/sth)** préserver, protéger qn (de qn/qch) ◆ *n* **1** [*gén pl*] confiture **2** [*gén pl*] conserves **3** (*chasse, pr et fig*) chasse gardée : *Travelling is no longer the preserve of the wealthy.* Les voyages ne sont plus uniquement l'apanage des riches.

preside /prɪˈzaɪd/ *vi* ~ **(over/at sth)** présider (qch)

presidency /ˈprezɪdənsi/ *n* (*pl* **-ies**) présidence

president /ˈprezɪdənt/ *n* **1** président **2** président-directeur général **presidential** /ˌprezɪˈdenʃl/ *adj* présidentiel, du président

press /pres/ ◆ *n* **1** (*aussi* **the Press**) [*v sing ou pl*] la presse : *a press conference* une conférence de presse ◊ *press cuttings* des coupures de presse ◊ *a press release* un communiqué de presse **2** coup de fer : *Can you give my shirt a press?* Est-ce que tu pourrais donner un coup de fer à ma chemise ? **3** presse, pressoir **4** (*aussi* **printing press**) presse (*d'imprimerie*) ◆ **1** *vt, vi* appuyer (sur) **2** *vt* serrer **3** *vi* ~ **(up) against sb** se presser contre qn **4** *vt* (*raisin, fleurs*) presser **5** *vt* repasser **6** *vt* ~ **sb (for sth/to do sth)** faire pression sur qn (pour qch/pour qu'il fasse qch) ; presser qn (de faire qch) LOC **to be pressed for time** manquer de temps *Voir aussi* CHARGE PHR V **to press ahead/on (with sth)** faire avancer qch, aller de l'avant **to press for sth** faire pression pour obtenir qch

pressing /ˈpresɪŋ/ *adj* urgent, pressant

press-up /ˈpres ʌp/ (*aussi* **push-up**) *n* pompe (*sport*)

pressure /ˈpreʃə(r)/ ◆ *n* pression : *a pressure gauge* un manomètre ◊ *a pressure group* un groupe de pression LOC **to put pressure on sb (to do sth)** faire pression sur qn/qch (pour qu'il fasse qch) ◆ *vt Voir* PRESSURIZE

pressure cooker *n* cocotte-minute ☛ *Voir illustration sous* SAUCEPAN

pressurize, -ise /ˈpreʃəraɪz/ *vt* **1** (*aussi* **pressure**) ~ **sb (into sth/into doing sth)** faire pression sur qn (pour qch/pour qu'il fasse qch) ; contraindre qn (à qch/à faire qch) **2** (*Phys*) pressuriser

prestige /preˈstiːʒ/ *n* prestige **prestigious** *adj* prestigieux

presumably /prɪˈzjuːməbli/ *adv* sans doute, probablement

presume /prɪˈzjuːm ; *USA* -ˈzuːm/ *vt* présumer, supposer : *I presume so.* Je suppose.

presumption /prɪˈzʌmpʃn/ *n* **1** supposition **2** présomption

presumptuous /prɪˈzʌmptʃuəs/ *adj* présomptueux

presuppose /ˌpriːsəˈpəʊz/ *vt* présupposer

pretence (*USA* **pretense**) /prɪˈtens/ *n* **1** [*indénombrable*] faux-semblant, simulacre : *They abandoned all pretence of objectivity.* Ils ne se donnent plus la peine de faire semblant d'être objectifs. **2** (*sout*) prétention

pretend /prɪˈtend/ ◆ **1** *vt, vi* ~ **(to do sth)** faire semblant (de faire qch) **1** *vt* ~ **that...** faire comme si... **2** *vt* ~ **to be sth** se faire passer pour qch : *They're pretending to be explorers.* Ils jouent aux explorateurs. ◆ *adj* (*fam*) imaginaire, faux

pretentious /prɪˈtenʃəs/ *adj* prétentieux

pretext /ˈpriːtekst/ *n* prétexte

pretty /ˈprɪti/ ◆ *adj* (**-ier**, **-iest**) joli LOC **not to be a pretty sight** ne pas être beau à voir ◆ *adv* vraiment, assez *Voir aussi* QUITE 1 ☛ *Voir note sous* FAIRLY LOC **pretty much/well** plus ou moins, presque

prevail /prɪˈveɪl/ *vi* **1** (*conditions*) prédominer **2** prévaloir PHR V **to prevail (up)on sb to do sth** (*sout*) persuader qn de faire qch **prevailing** *adj* (*sout*) **1** qui prévaut, courant **2** (*conditions*) actuel **3** (*vent*) dominant

prevalent /ˈprevələnt/ *adj* (*sout*) **1** répandu **2** qui prévaut **prevalence** *n* **1** fréquence **2** prédominance

prevent /prɪˈvent/ *vt* **1** ~ **sb from doing sth** empêcher qn de faire qch **2** ~ **sth** éviter, prévenir qch

prevention /prɪˈvenʃn/ *n* prévention : *Prevention is better than cure.* Mieux vaut prévenir que guérir.

preventive /prɪˈventɪv/ (*aussi* **preventative**) *adj* préventif

preview /ˈpriːvjuː/ *n* avant-première

previous /ˈpriːviəs/ *adj* précédent LOC **previous to doing sth** avant de faire qch **previously** *adv* précédemment, auparavant

pre-war /ˌpriː ˈwɔː(r)/ *adj* d'avant-guerre

prey /preɪ/ ◆ *n* [*indénombrable*] (*pr et fig*) proie ◆ *vi* LOC **to prey on sb's mind** préoccuper qn PHR V **to prey on sb** attaquer qn **to prey on sth** chasser qch

price /praɪs/ ◆ *n* prix : *to go up/down in price* augmenter/baisser LOC **at any price** à tout prix **not at any price** pour rien au monde *Voir aussi* CHEAP ◆ *vt* **1** fixer le prix de **2** évaluer **3** marquer le prix de **priceless** *adj* sans prix, d'une valeur inestimable

prick /prɪk/ ◆ *n* piqûre ◆ *vt* **1** piquer, picoter **2** (*conscience*) : *His conscience pricked him.* Il avait mauvaise conscience. LOC **to prick up your ears** dresser l'oreille

prickly /ˈprɪkli/ *adj* (**-ier**, **-iest**) **1** épineux, qui a des piquants **2** qui gratte **3** (*fam*) irritable, susceptible

pride /praɪd/ ◆ *n* **1** fierté **2** (*péj*) amour-propre, orgueil LOC **to be sb's pride and joy** faire la fierté de qn **to take pride in sth 1** être fier de qch **2** soigner qch ◆ *vt* LOC **to pride yourself on sth** être fier de qch

priest /priːst/ *n* prêtre **priesthood** *n* **1** prêtrise **2** clergé

En anglais, le terme **priest** désigne généralement les prêtres catholiques. Les pasteurs anglicans sont appelés **vicar** et ceux des autres confessions protestantes, **minister**.

prig /prɪɡ/ *n* (*péj*) bégueule **priggish** *adj* bégueule

prim /prɪm/ *adj* (**primmer**, **primmest**) (*péj*) **1** (*personne*) collet monté, guindé **2** (*aspect*) très comme il faut, impeccable

primarily /ˈpraɪmərəli ; *USA* praɪˈmerəli/ *adv* essentiellement

primary /ˈpraɪməri ; *USA* -meri/ ◆ *adj* **1** primaire **2** (*importance*) premier, primordial **3** (*objectif*) principal ◆ *n* (*pl*

-ies) (*USA*) (*aussi* **primary election**) (élection) primaire

primary school *n* école primaire : *He's at primary school.* Il va à l'école primaire.

prime /praɪm/ ◆ *adj* **1** principal, primordial **2** de premier choix, de premier ordre : *a prime example* un excellent exemple ◆ *n* LOC **in your prime/in the prime of life** dans la fleur de l'âge ◆ *vt* **1** ~ **sb (for sth)** préparer qn (à qch) **2** ~ **sb (with sth)** mettre au courant qn (de qch)

prime minister *n* Premier ministre

primeval (*aussi* **primaeval**) /praɪ'mi:vl/ *adj* primitif

primitive /'prɪmətɪv/ *adj* primitif

primrose /'prɪmrəʊz/ ◆ *n* primevère ◆ *adj*, *n* jaune pâle

prince /prɪns/ *n* prince

princess /ˌprɪn'ses/ *n* princesse

principal /'prɪnsəpl/ ◆ *adj* principal ◆ *n* directeur, -trice, proviseur

principle /'prɪnsəpl/ *n* principe : *a woman of principle* une femme de principes LOC **in principle** en principe **on principle** par principe

print /prɪnt/ ◆ *vt* **1** imprimer **2** écrire en caractères d'imprimerie : *Please print your name and address.* Veuillez inscrire votre nom et votre adresse en lettres d'imprimerie. PHR V **to print (sth) out** imprimer (qch) (*Informatique*) ◆ *n* **1** (*Typographie*) [*indénombrable*] caractères **2** empreinte **3** (*Art*) estampe, gravure **4** (*Phot*) épreuve **5** imprimé LOC **to be in print 1** (*livre*) être disponible **2** (*auteur*) être publié **out of print** épuisé *Voir aussi* SMALL **printer** *n* **1** (*personne*) imprimeur **2** (*machine*) imprimante **3 the printers** [*pl*] l'imprimeur (*entreprise*) **printing** *n* **1** imprimerie (*technique*) : *a printing error* une coquille **2** (*nombre de copies*) impression, tirage **printout** *n* sortie papier (*Informatique*)

prior /'praɪə(r)/ ◆ *adj* **1** antérieur, préalable **2** prioritaire : *a prior claim* un droit de priorité ◆ **prior to** *prép* avant **priority** *n* (*pl* **-ies**) **1** priorité : *It's not a priority for me.* Ce n'est pas le plus important pour moi. **2** ~ **(over sb/sth)** priorité (sur qn/qch) LOC **to get your priorities right** distinguer ce qui est important de ce qui ne l'est pas

prise (*USA aussi* **prize**) /praɪz/ *v* PHR V **to prise sth apart, off, open, etc. (with sth)** séparer, enlever, ouvrir, etc. qch en forçant (avec qch)

prison /'prɪzn/ *n* prison : *a prison camp* un camp de prisonniers **prisoner** *n* **1** prisonnier, -ière **2** détenu, -e LOC *Voir* CAPTIVE

privacy /'prɪvəsi ; *USA* 'praɪv-/ *n* vie privée, intimité

private /'praɪvət/ ◆ *adj* **1** privé : *private enterprise* libre entreprise ◊ *a private eye* un détective privé **2** (*d'un individu*) privé, personnel : *a private letter* une lettre personnelle **3** (*personne*) réservé **4** (*lieu*) privé, tranquille ◆ *n* **1** (*Mil*) simple soldat **2 privates** [*pl*] (*fam*) parties génitales LOC **in private** en privé **privately** *adv* en privé **privatize, -ise** *vt* privatiser

privilege /'prɪvəlɪdʒ/ *n* **1** privilège **2** (*Jur*) prérogative **privileged** *adj* **1** privilégié **2** (*information*) confidentiel

privy /'prɪvi/ *adj* LOC **to be privy to sth** (*sout*) être au courant de qch

prize[1] /praɪz/ ◆ *n* prix ◆ *adj* **1** primé **2** de premier ordre **3** (*iron*) parfait : *a prize idiot* un parfait imbécile **prize** *vt* priser

prize[2] (*USA*) *Voir* PRISE

pro[1] /prəʊ/ *n* LOC **the pros and (the) cons** le pour et le contre

pro[2] /prəʊ/ *adj*, *n* (*pl* **pros**) (*fam*) pro

probable /'prɒbəbl/ *adj* probable : *It seems probable that he'll arrive tomorrow.* Il est probable qu'il arrive demain. **probability** /prɒbə'bɪləti/ *n* (*pl* **-ies**) probabilité, chances LOC **in all probability** selon toute probabilité **probably** *adv* probablement

probation /prə'beɪʃn ; *USA* prəʊ-/ *n* **1** sursis avec mise à l'épreuve **2** (*employé*) période d'essai : *She's on a three-month probation period.* Elle est à l'essai pendant trois mois.

probe /prəʊb/ ◆ *n* **1** sonde **2** enquête ◆ **1** *vt*, *vi* sonder **2** *vt* ~ **sb about/on sth** sonder qn sur qch **3** *vi* ~ **(into sth)** enquêter (sur qch) **probing** *adj* (*question*) poussé

problem /'prɒbləm/ *n* problème : *No problem!* Pas de problème ! LOC *Voir* TEETHE **problematic(al)** *adj* **1** problématique **2** (*discutable*) incertain

procedure /prə'si:dʒə(r)/ *n* procédure

proceed /prə'si:d, prəʊ-/ *vi* **1** procéder, agir **2** ~ **(to sth/to do sth)** passer (à qch) ; se mettre à faire qch **3** (*sout*) se passer, se dérouler **4** ~ **(with sth)** (*continuer*) poursuivre (qch) **proceedings** *n* [*pl*] **1** événement **2** (*Jur*) poursuites **3** (*compte rendu*) actes, rapport

proceeds /'prəʊsi:dz/ *n* [*pl*] ~ **(of/from sth)** produit, recette (de qch)

process /'prəʊses ; *USA* 'prɒses/ ◆ *n* **1** processus **2** procédé LOC **in the process** en même temps **to be in the process of (doing) sth** être en train de faire qch ◆ *vt* **1** traiter : *processed cheese* fromage fondu **2** (*Phot*) développer *Voir aussi* DEVELOP **processing** *n* **1** traitement **2** (*Phot*) développement

procession /prə'seʃn/ *n* procession, défilé : *a funeral procession* un cortège funèbre

processor /'prəʊsesə(r)/ *n Voir* MICROPROCESSOR, FOOD PROCESSOR, WORD PROCESSOR

proclaim /prə'kleɪm/ *vt* proclamer, déclarer **proclamation** *n* proclamation

prod /prɒd/ ◆ (**-dd-**) **1** *vt, vi* ~ **(at) sb/sth** donner des petits coups à qn ; pousser qch **2** *vt* ~ **sb (into sth/into doing sth)** pousser qn (à faire qch) ◆ *n* **1** petit coup **2** aiguillon (*bâton*) **3** (*fig*) : *to give sb a prod* secouer qn

prodigious /prə'dɪdʒəs/ *adj* prodigieux

prodigy /'prɒdədʒi/ *n* (*pl* **-ies**) prodige

produce[1] /prə'dju:s ; *USA* -'du:s/ *vt* **1** produire ☛ *Comparer avec* MANUFACTURE **2** (*réaction*) susciter, provoquer **3** (*Théâtre*) mettre en scène **4** (*Cin, Télé*) produire **producer** *n* **1** (*gén*) producteur, -trice, fabricant, -e ☛ *Comparer avec* CONSUMER *sous* CONSUME **2** (*Cin, Télé*) producteur, -trice ☛ *Comparer avec* DIRECTOR **3** (*Théâtre*) metteur en scène

produce[2] /'prɒdju:s ; *USA* -du:s/ *n* [*indénombrable*] produits : *produce of France* produit en France ☛ *Voir note sous* PRODUCT

product /'prɒdʌkt/ *n* produit

Product désigne les produits industriels alors que **produce** désigne les produits agricoles.

production /prə'dʌkʃn/ *n* production, fabrication : *a production line* une chaîne de fabrication

productive /prə'dʌktɪv/ *adj* productif **productivity** /ˌprɒdʌk'tɪvəti/ *n* productivité

profess /prə'fes/ *vt* (*sout*) **1** ~ **to be sth** prétendre être qch **2** ~ **(yourself) sth** professer, (se) déclarer qch **professed** *adj* **1** prétendu, supposé **2** déclaré

profession /prə'feʃn/ *n* profession, métier ☛ *Voir note sous* WORK[1] **professional** *adj* professionnel

professor /prə'fesə(r)/ *n* (*abrév* **Prof**) **1** (*GB*) professeur d'université titulaire d'une chaire **2** (*USA*) professeur (*d'université*)

proficiency /prə'fɪʃnsi/ *n* ~ **(in sth/doing sth)** compétence (en qch/pour faire qch) ; maîtrise (de qch) **proficient** *adj* ~ **(in/at sth)** compétent (en qch) ; expérimenté : *She's very proficient in/at swimming.* C'est une très bonne nageuse.

profile /'prəʊfaɪl/ *n* profil, silhouette

profit /'prɒfɪt/ ◆ *n* **1** profit, bénéfice : *to do sth for profit* faire qch dans un but lucratif ◊ *to make a profit of £20* réaliser un bénéfice de 20 livres ◊ *to sell at a profit* vendre à profit ◊ *profit-making* à but lucratif **2** (*fig*) profit, avantage ◆ *v* PHR V **to profit from sth** tirer profit de qch **profitable** *adj* **1** rentable, lucratif **2** fructueux

profound /prə'faʊnd/ *adj* profond **profoundly** *adv* profondément, extrêmement

profusely /prə'fju:sli/ *adv* abondamment, avec effusion

profusion /prə'fju:ʒn/ *n* profusion, abondance LOC **in profusion** à profusion

programme (*USA* **program**) /'prəʊgræm ; *USA* -grəm/ ◆ *n* **1** programme **2** émission ☛ Pour désigner un programme informatique, on emploie l'orthographe **program**. ◆ *vt, vi* (**-mm-**) programmer **programmer** (*aussi* **computer programmer**) *n* programmeur, -euse **programming** *n* programmation

progress /'prəʊgres ; *USA* 'prɒg-/ ◆ *n* [*indénombrable*] **1** progrès : *to make progress* faire des progrès **2** (*mouvement*) progression : *to make progress* progresser LOC **in progress** en cours ◆ /prə'gres/ *vi* **1** progresser, avancer **2** faire des progrès

progressive /prə'gresɪv/ *adj* **1** progressif **2** (*Polit*) progressiste

prohibit /prə'hɪbɪt ; *USA* prəʊ-/ *vt* (*sout*) **1** ~ **sth** interdire qch **2** ~ **sb (from doing sth)** interdire à qn (de faire qch)

3 ~ **sb/sth (from doing sth)** empêcher qn/qch (de faire qch) **prohibition** *n* interdiction, défense

project[1] /'prɒdʒekt/ *n* **1** projet **2** (*École*) dossier

project[2] /prə'dʒekt/ **1** *vt* projeter **2** *vt* projeter, prévoir **3** *vi* faire saillie, dépasser **projection** *n* **1** projection **2** prévision **projector** *n* projecteur (*d'images*) : *an overhead projector* un rétroprojecteur

prolific /prə'lɪfɪk/ *adj* prolifique, fécond

prologue (*USA aussi* **prolog**) /'prəʊlɒg ; *USA* -lɔːg/ *n* ~ **(to sth)** (*pr et fig*) prologue (à qch)

prolong /prə'lɒŋ ; *USA* -'lɔːŋ/ *vt* prolonger

promenade /ˌprɒmə'nɑːd ; *USA* -'neɪd/ (*GB, fam* **prom**) *n* promenade, front de mer

prominent /'prɒmɪnənt/ *adj* **1** important, éminent **2** proéminent, bien visible : *prominent cheekbones* pommettes saillantes

promiscuous /prə'mɪskjuəs/ *adj* facile, aux mœurs légères

promise /'prɒmɪs/ ◆ *n* **1** promesse : *to break your promise* manquer à sa promesse **2** *to show promise* être prometteur ◆ *vt, vi* promettre **promising** *adj* prometteur

promote /prə'məʊt/ *vt* **1** promouvoir : *to be promoted* être promu **2** (*Comm*) promouvoir, faire de la publicité pour **promotion** *n* promotion, avancement

prompt /prɒmpt/ ◆ *adj* **1** rapide, prompt **2** (*personne*) ponctuel ◆ *adv* pile ◆ **1** *vt* ~ **sb to do sth** pousser, inciter qn à faire qch **2** *vt* (*réaction*) provoquer **3** *vt, vi* (*Théâtre*) souffler une réplique (à) **promptly** *adv* **1** promptement **2** ponctuellement

prone /prəʊn/ *adj* ~ **to sth** sujet à qch

pronoun /'prəʊnaʊn/ *n* pronom

pronounce /prə'naʊns/ *vt* **1** prononcer **2** prononcer, déclarer **pronounced** *adj* **1** (*accent, tendance*) prononcé **2** (*effet, changement*) marqué

pronunciation /prəˌnʌnsi'eɪʃn/ *n* prononciation

proof /pruːf/ *n* **1** [*indénombrable*] preuve, preuves **2** (*Typographie*) épreuve

prop /prɒp/ ◆ *n* **1** étai **2** (*fig*) soutien **3** (*Théâtre*) accessoire ◆ *vt* (**-pp-**) ~ **sth (up) against sth** appuyer qch contre qch PHR V **to prop sth up 1** soutenir qch, étayer qch **2** (*péj*) (*fig*) soutenir qch

propaganda /ˌprɒpə'gændə/ *n* propagande

propel /prə'pel/ *vt* (**-ll-**) propulser **propellant** *n* gaz propulseur, propergol®

propeller /prə'pelə(r)/ *n* hélice

propensity /prə'pensəti/ *n* (*sout*) ~ **(for/to sth)** propension, tendance (à qch)

proper /'prɒpə(r)/ *adj* **1** (*ustensile, moment, lieu*) bon, qui convient **2** (*véritable*) vrai **3** (*manière, ordre*) bon, correct **4** (*comportement, personne*) convenable, correct **5** proprement dit : *the house proper* la maison proprement dite **properly** *adv* correctement, convenablement

property /'prɒpəti/ *n* (*pl* **-ies**) **1** propriété **2** [*indénombrable*] propriété, biens : *personal property* biens personnels

prophecy /'prɒfəsi/ *n* (*pl* **-ies**) prophétie

prophesy /'prɒfəsaɪ/ (*prét, pp* **-sied**) **1** *vt* prophétiser, prédire **2** *vi* faire des prophéties

prophet /'prɒfɪt/ *n* prophète

proportion /prə'pɔːʃn/ *n* **1** proportion : *to keep a sense of proportion* relativiser les choses **2** partie, part LOC **out of (all) proportion 1** de manière exagérée **2** disproportionné *Voir aussi* THING **proportional** *adj* ~ **(to sth)** proportionnel, en proportion (à qch)

proposal /prə'pəʊzl/ *n* **1** proposition **2** (*aussi* **proposal of marriage**) demande en mariage

propose /prə'pəʊz/ **1** *vt* (*solution*) proposer **2** *vt* ~ **to do sth/doing sth** proposer de faire qch **3** *vi* ~ **(to sb)** faire sa demande en mariage (à qn) ; demander qn en mariage

proposition /ˌprɒpə'zɪʃn/ *n* **1** proposition **2** (*Math*) proposition

proprietor /prə'praɪətə(r)/ *n* propriétaire

prose /prəʊz/ *n* prose

prosecute /'prɒsɪkjuːt/ *vt* poursuivre en justice : *"trespassers will be prosecuted"* « défense d'entrer sous peine de poursuites » **prosecution** *n* **1** poursuites **2 the prosecution** [*v sing ou pl*] partie plaignante **prosecutor** *n* procureur, avocat de la partie civile

prospect /'prɒspekt/ *n* **1** perspective

2 ~ **(of sth/doing sth)** chance, espoir (de qch/de faire qch) **3** (*vieilli*) vue **prospective** /prə'spektɪv/ *adj* **1** futur **2** potentiel

prospectus /prə'spektəs/ *n* prospectus

prosper /'prɒspə(r)/ *vi* prospérer **prosperity** /prɒ'sperəti/ *n* prospérité **prosperous** *adj* prospère

prostitute /'prɒstɪtju:t ; *USA* -tu:t/ *n* **1** prostituée **2 male prostitute** prostitué **prostitution** *n* prostitution

prostrate /'prɒstreɪt/ *adj* **1** (couché) à plat ventre **2** ~ **(with sth)** accablé (de qch) ; prostré

protagonist /prə'tægənɪst/ *n* protagoniste

protect /prə'tekt/ *vt* ~ **sb/sth (against/from sth)** protéger qn/qch (contre/de qch) **protection** *n* ~ **(against sth)** protection (contre qch)

protective /prə'tektɪv/ *adj* protecteur, de protection

protein /'prəʊti:n/ *n* protéine

protest /'prəʊtest/ ◆ *n* protestation ◆ /prə'test/ **1** *vi* ~ **(about/at/against sth)** protester (contre qch) **2** *vt* affirmer, protester de **protester** *n* manifestant, -e

Protestant /'prɒtɪstənt/ *adj*, *n* protestant, -e

prototype /'prəʊtətaɪp/ *n* prototype

protrude /prə'tru:d ; *USA* prəʊ-/ *vi* ~ **(from sth)** dépasser (de qch) : *to have protruding teeth* avoir les dents en avant

proud /praʊd/ *adj* (**-er**, **-est**) **1** (*sens positif*) ~ **(of sb/sth)** fier (de qn/qch) **2** (*sens positif*) ~ **(to do sth/that...)** fier (de faire qch/que...) **3** (*péj*) orgueilleux **proudly** *adv* fièrement, avec fierté

prove /pru:v/ *vt* (*pp* **proved**, *USA* **proven** /'pru:vn/) **1** *vt* ~ **sth (to sb)** prouver, démontrer qch (à qn) **2** *vi* ~ **(to be) sth** se révéler, s'avérer (être) qch : *The task proved (to be) very difficult.* La tâche s'est avérée très difficile. LOC **to prove your point** prouver ce que l'on avance

proven /'pru:vn/ ◆ *adj* éprouvé, qui a fait ses preuves (*USA*) *pp de* PROVE

proverb /'prɒvɜ:b/ *n* proverbe **proverbial** *adj* proverbial

provide /prə'vaɪd/ *vt* **1** ~ **sb with sth** fournir qch à qn **2** ~ **sth (for sb)** fournir qch (à qn) PHR V **to provide for sb** subvenir aux besoins de qn **to provide for sth 1** se préparer à qch **2** (*Jur*) prévoir qch

provided /prə'vaɪdɪd/ (*aussi* **providing**) *conj* ~ **(that)...** à condition que..., pourvu que...

province /'prɒvɪns/ *n* **1** province **2 the provinces** [*pl*] la province : *in the provinces* en province **3** domaine, compétence : *It's not my province.* Ce n'est pas de mon ressort. **provincial** /prə'vɪnʃl/ *adj* **1** provincial, de province **2** (*péj*) provincial

provision /prə'vɪʒn/ *n* **1** ~ **of sth** mise à disposition de qch ; approvisionnement en qch **2** précautions, dispositions : *to make provision for sb* pourvoir aux besoins de qn ◊ *to make provision against/for sth* prendre des dispositions contre/pour qch **3 provisions** [*pl*] provisions **4** (*Jur*) disposition, clause

provisional /prə'vɪʒənl/ *adj* provisoire

proviso /prə'vaɪzəʊ/ *n* (*pl* ~**s**) condition, stipulation

provocation /ˌprɒvə'keɪʃn/ *n* provocation **provocative** /prə'vɒkətɪv/ *adj* **1** provocateur **2** provocant

provoke /prə'vəʊk/ *vt* **1** (*personne*) provoquer **2** ~ **sb into doing sth/to do sth** pousser qn à faire qch **3** ~ **sth** provoquer, causer qch

prow /praʊ/ *n* proue

prowess /'praʊəs/ *n* [*indénombrable*] prouesses, habileté

prowl /praʊl/ *vt*, *vi* ~ **(about/around) (sth)** rôder (dans qch)

proximity /prɒk'sɪməti/ *n* proximité

proxy /'prɒksi/ *n* (*pl* **-ies**) **1** mandataire **2** procuration : *by proxy* par procuration

prude /pru:d/ *n* (*péj*) prude, bégueule

prudent /'pru:dnt/ *adj* prudent, avisé

prune[1] /pru:n/ *n* pruneau

prune[2] /pru:n/ *vt* **1** tailler, élaguer **2** (*fig*) élaguer, réduire **pruning** *n* taille

pry /praɪ/ (*prét*, *pp* **pried** /praɪd/) **1** *vi* **to pry (into sth)** fouiner, mettre son nez (dans qch) **2** *vt* (*surtout USA*) *Voir* PRISE

PS /ˌpi: 'es/ *abrév* **postscript** post-scriptum (= PS)

psalm /sɑ:m/ *n* psaume

pseudonym /'sju:dənɪm ; *USA* 'su:dənɪm/ *n* pseudonyme

psyche /'saɪki/ *n* psychisme, psyché

psychiatry /saɪ'kaɪətri ; *USA* sɪ-/ *n* psychiatrie **psychiatric** /ˌsaɪki'ætrɪk/ *adj* psychiatrique **psychiatrist** /saɪ'kaɪətrɪst/ *n* psychiatre

psychic /'saɪkɪk/ *adj* **1** (*aussi* **psychical**) psychique **2** (*personne*) : *to be psychic* être doué de seconde vue

psychoanalysis /ˌsaɪkəʊə'næləsɪs/ (*aussi* **analysis**) *n* psychanalyse

psychology /saɪ'kɒlədʒi/ *n* psychologie **psychological** /ˌsaɪkə'lɒdʒɪkl/ *adj* psychologique **psychologist** /saɪ'kɒlədʒɪst/ *n* psychologue

PTO /ˌpi:ti:'əʊ/ *abrév* **please turn over** TSVP

pub /pʌb/ *n* (*GB*) pub (*bar*)

puberty /'pju:bəti/ *n* puberté

pubic /'pju:bɪk/ *adj* pubien : *pubic hair* poils du pubis

public /'pʌblɪk/ ◆ *adj* public : *public conveniences* toilettes publiques ◊ *a public house* un pub ◆ *n* **the public** [*v sing ou pl*] le public LOC **in public** en public

publication /ˌpʌblɪ'keɪʃn/ *n* publication

publicity /pʌb'lɪsəti/ *n* [*indénombrable*] publicité : *a publicity campaign* une campagne publicitaire

publicize, -ise /'pʌblɪsaɪz/ *vt* **1** rendre public **2** faire de la publicité pour

publicly /'pʌblɪkli/ *adv* publiquement, en public

public school *n* **1** (*GB*) école privée ☛ *Voir note sous* ÉCOLE **2** (*USA*) école publique

publish /'pʌblɪʃ/ *vt* **1** publier **2** rendre public **publisher** *n* éditeur, -trice, maison d'édition **publishing** *n* édition : *a publishing house* une maison d'édition

pudding /'pʊdɪŋ/ *n* **1** (*GB*) dessert **2** pudding ☛ *Voir note sous* NOËL **3** *black pudding* boudin noir

puddle /'pʌdl/ *n* flaque d'eau

puff /pʌf/ ◆ *n* **1** souffle **2** (*fumée, vapeur*) bouffée **3** (*fam*) (*cigarette*) bouffée **4** (*fam*) : *I'm out of puff.* Je suis essoufflée. ◆ **1** *vi* souffler, haleter **2** *vi* ~ **(away) at/on sth** (*pipe, etc.*) tirer des bouffées de qch ; tirer sur qch **3** *vt* (*fumée*) lancer des bouffées de **4** *vt* (*cigare, etc.*) tirer des bouffées de PHR V **to puff sb out** (*fam*) essouffler qn **to puff sth out** gonfler qch, bomber qch **to puff up** enfler **puffed** (*aussi* **puffed out**) *adj* (*fam*) : *to be puffed out* être essoufflé **puffy** *adj* (**-ier**, **-iest**) bouffi, enflé

puke /pju:k/ (*fam*) ◆ *vt, vi* ~ **(sth) (up)** vomir, dégueuler (qch) ◆ *n* vomi, dégueulis

pull /pʊl/ ◆ *n* **1** ~ **(at/on sth)** coup (sur qch) : *to give sth a pull* tirer sur qch **2 the** ~ **of sth** l'attrait de qch **3** grand effort : *It was a long pull to the top of the mountain.* L'escalade jusqu'au sommet a été très dure. ◆ **1** *vt* tirer, traîner **2** *vi* ~ **(at/on sth)** tirer (sur qch) **3** *vt* : *to pull a muscle* se froisser un muscle **4** *vt* (*détente*) appuyer sur **5** *vt* (*arme*) sortir **6** *vt* (*dent*) extraire, arracher LOC **to pull sb's leg** (*fam*) faire marcher qn **to pull strings (for sb)** (*fam*) faire jouer le piston (pour qn), pistonner qn **to pull your socks up** (*GB, fam*) se secouer les puces **to pull your weight** y mettre du sien *Voir aussi* FACE[1]

PHR V **to pull sth apart 1** démonter qch **2** déchirer qch, mettre qch en pièces

to pull sth down 1 descendre qch, baisser qch **2** (*bâtiment*) démolir

to pull in 1 (*train*) entrer en gare : *The train pulled in (to the station).* Le train est entré en gare. **2** (*voiture*) se rabattre, s'arrêter

to pull sth off (*fam*) réussir qch, décrocher qch

to pull out (of sth) 1 (*train*) partir (de qch) **2** (*voiture*) déboîter (de qch) **3** se retirer (de qch) **to pull sth out** retirer qch, extraire qch **to pull sb/sth out (of sth)** retirer qn/qch (de qch)

to pull over s'arrêter sur le côté

to pull yourself together se ressaisir

to pull through s'en sortir

to pull up s'arrêter **to pull sth up 1** remonter qch **2** (*plante*) arracher qch

pulley /'pʊli/ *n* (*pl* **-eys**) poulie

pullover /'pʊləʊvə(r)/ *n* pull-over ☛ *Voir note sous* SWEATER

pulp /pʌlp/ *n* **1** pulpe **2** (*aussi* **wood pulp**) (*de bois*) pâte

pulpit /'pʊlpɪt/ *n* chaire (*dans une église*)

pulsate /pʌl'seɪt ; *USA* 'pʌlseɪt/ (*aussi* **pulse**) *vi* palpiter

pulse /pʌls/ *n* **1** (*Méd*) pouls **2** rythme **3** impulsion (*électricité, etc.*) **4 pulses** [*pl*] légumes secs

pumice /'pʌmɪs/ (*aussi* **pumice stone**) *n* pierre ponce

pummel /'pʌml/ *vt* (**-ll-**, *USA aussi* **-l-**)) marteler

pump /pʌmp/ ◆ *n* **1** pompe : *a petrol pump* une pompe à essence **2** ballerine (*chaussure*) ◆ **1** *vt, vi* pomper **2** *vi* (*cœur*) battre fort **3** *vt* ~ **sb (for sth)** (*fam*) soutirer qch à qn (*informations*), interroger qn PHR V **to pump sth up** gonfler qch

pumpkin /ˈpʌmpkɪn/ *n* citrouille

pun /pʌn/ *n* **pun (on sth)** jeu de mots (sur qch)

punch /pʌntʃ/ ◆ *n* **1** coup de poing **2** poinçon, poinçonneuse **3** (*boisson*) punch ◆ *vt* **1** perforer, poinçonner : *to punch a hole in sth* faire un trou dans qch **2** donner un coup de poing à

punch-up /ˈpʌntʃ ʌp/ *n* (*GB, fam*) bagarre

punctual /ˈpʌŋktʃuəl/ *adj* ponctuel ☛ *Voir note sous* PONCTUEL **punctuality** /ˌpʌŋktʃuˈæləti/ *n* ponctualité

punctuate /ˈpʌŋktʃueɪt/ *vt* **1** (*Gramm*) ponctuer **2** ~ **sth (with sth)** ponctuer qch (de qch)

punctuation /ˌpʌŋktʃuˈeɪʃn/ *n* ponctuation : *punctuation marks* signes de ponctuation

puncture /ˈpʌŋktʃə(r)/ ◆ *n* crevaison : *I've had a puncture.* J'ai crevé. ◆ **1** *vt, vi* crever **2** *vt* (*Méd*) perforer

pundit /ˈpʌndɪt/ *n* expert

pungent /ˈpʌndʒənt/ *adj* **1** (*goût*) âcre, piquant **2** (*odeur*) fort **3** (*fig*) mordant, virulent

punish /ˈpʌnɪʃ/ *vt* punir **punishment** *n* punition, peine

punitive /ˈpjuːnətɪv/ *adj* (*sout*) **1** punitif **2** très sévère

punk /pʌŋk/ ◆ *n* **1** (*aussi* **punk rock**) punk **2** (*aussi* **punk rocker**) punk **3** (*péj, surtout USA, fam*) voyou, vaurien ◆ *adj* punk

punt /pʌnt/ *n* (*GB*) barque à fond plat

punter /ˈpʌntə(r)/ *n* (*GB*) **1** parieur, -euse **2** (*fam*) client, -e

pup /pʌp/ *n* **1** *Voir* PUPPY **2** petit (*d'un animal*)

pupil /ˈpjuːpl/ *n* **1** élève ☛ *Voir note sous* ÉLÈVE **2** pupille (*de l'œil*)

puppet /ˈpʌpɪt/ *n* **1** marionnette **2** (*fig*) pantin, fantoche

puppy /ˈpʌpi/ (*pl* **-ies**) (*aussi* **pup** /pʌp/) *n* chiot ☛ *Voir note sous* CHIEN

purchase /ˈpɜːtʃəs/ ◆ *n* (*sout*) achat LOC *Voir* COMPULSORY ◆ *vt* (*sout*) acheter **purchaser** *n* (*sout*) acheteur, -euse

pure /pjʊə(r)/ *adj* (**purer**, **purest**) pur **purely** *adv* purement, uniquement

purée /ˈpjʊəreɪ ; *USA* pjʊəˈreɪ/ *n* purée, compote

purge /pɜːdʒ/ ◆ *vt* **1** éliminer, purger **2** ~ **sb/sth of/from sth** débarrasser qn/qch de qch ◆ *n* **1** purge, épuration **2** (*Méd*) purge

purify /ˈpjʊərɪfaɪ/ *vt* (*prét, pp* **-fied**) purifier, épurer

puritan /ˈpjʊərɪtən/ *adj, n* puritain, -e **puritanical** /ˌpjʊərɪˈtænɪkl/ *adj* (*péj*) puritain

purity /ˈpjʊərəti/ *n* pureté

purple /ˈpɜːpl/ *adj, n* violet

purport /pəˈpɔːt/ *vt* (*sout*) prétendre : *It purports to be...* Il prétend être...

purpose /ˈpɜːpəs/ *n* **1** but, raison : *purpose-built offices* des bâtiments construits pour être des bureaux **2** détermination : *to have a/no sense of purpose* savoir/ne pas savoir ce que l'on veut LOC **for the purpose of** pour les besoins de **for this purpose** à cet effet **on purpose** exprès *Voir aussi* INTENT **purposeful** *adj* résolu **purposely** *adv* exprès

purr /pɜː(r)/ *vi* ronronner ☛ *Voir note sous* CHAT

purse /pɜːs/ ◆ *n* **1** porte-monnaie ☛ *Comparer avec* WALLET **2** (*USA*) sac à main ◆ *vt* : *to purse your lips* pincer les lèvres

pursue /pəˈsjuː ; *USA* -ˈsuː/ *vt* (*sout*) **1** poursuivre ☛ Le terme **chase** est plus courant. **2** (*activité*) se livrer à **3** (*études*) poursuivre **4** (*raisonnement, piste*) suivre

pursuit /pəˈsjuːt ; *USA* -ˈsuːt/ *n* (*sout*) **1** poursuite **2** ~ **of sth** recherche de qch **3** [*gén pl*] occupation, passe-temps LOC **in pursuit of sb/sth** **1** à la recherche de qn/qch **2** à la poursuite de qn/qch

push /pʊʃ/ ◆ **1** *vt, vi* **to** ~ **(against) sb/sth** pousser qn/qch : *to push past sb* bousculer qn en passant **2** *vt* (*bouton*) appuyer sur **3** *vt* (*fam*) (*produit*) faire la promotion de **4** *vt* (*fam*) (*idée*) mettre en avant LOC **to be pushed for sth** (*fam*) être à court de qch PHR V **to push ahead/forward/on (with sth)** continuer (qch), persévérer (dans qch) **to push sb around** (*fam*) donner des ordres à qn **to push in** se faufiler **to push off** (*fam*) filer, s'en aller ◆ *n* poussée : *to give sth* *a push* pousser qch LOC **to get the push** (*GB, fam*) **1** se faire virer **2** se faire plaquer **to give sb the push** (*GB, fam*) **1** virer qn **2** plaquer qn

pushchair /'pʊʃtʃeə(r)/ (*USA* **stroller**) *n* poussette

pusher /'pʊʃə(r)/ (*aussi* **drug pusher**) *n* revendeur, -euse de drogue, dealer

push-up /'pʊʃ ʌp/ *n Voir* PRESS-UP

pushy /'pʊʃi/ *adj* (**-ier**, **-iest**) (*fam, péj*) qui se met toujours en avant

puss /pʊs/ *n* minet **pussy** *n* (*pl* **-ies**) (*aussi* **pussy cat**) *n* minou

put /pʊt/ *vt* (**-tt-**) (*prét, pp* **put**) **1** mettre : *Did you put sugar in my tea?* Est-ce que tu as mis du sucre dans mon thé ? ◊ *to put sb out of work* mettre qn au chômage **2** (*clairement, etc.*) dire, exprimer **3** (*question*) poser **4** (*temps, énergie*) consacrer ☛ Les expressions composées avec **put** sont traitées sous le nom, l'adjectif, ou l'adverbe correspondant : pour **to put sth right**, par exemple, voir sous RIGHT.

PHR V **to put sth across/over** communiquer qch **to put yourself across/over** se mettre en valeur

to put sth aside mettre qch de côté

to put sth away 1 ranger qch **2** mettre qch de côté

to put sth back 1 remettre qch en place **2** (*montre*) retarder qch **3** (*réunion*) repousser qch

to put sth by mettre qch de côté

to put sb down (*fam*) humilier qn **to put sth down 1** poser qch **2** écrire qch, inscrire qch **3** (*révolte*) réprimer qch **4** (*animal*) abattre qch, piquer qch **to put sth down to sth** mettre qch sur le compte de qch

to put sth forward 1 (*proposition*) soumettre qch, présenter qch **2** (*montre*) avancer qch

to put sth into (doing) sth passer qch à faire qch, consacrer qch à qch

to put sb off 1 décommander qn **2** déranger qn, distraire qn **to put sb off (sth/doing sth)** dégoûter qn (de qch), repousser qn **to put sth off** remettre qch à plus tard

to put sth on 1 (*vêtement, crème*) mettre qch **2** (*lumière, radio*) allumer qch **3** prendre : *to put on weight* grossir ◊ *to put on two kilos* prendre deux kilos **4** (*pièce*) monter qch **5** feindre qch, prendre qch

to put sb out [*gén passif*] déranger qn, contrarier qn **to put sth out 1** sortir qch **2** (*lumière, feu*) éteindre qch **3** (*main*) tendre qch **to put yourself out (to do sth)** (*fam*) se mettre en quatre (pour faire qch)

to put sb through (to sb) passer qn à qn : *I'll put you through to Mr Roberts.* Je vous passe M. Roberts. **to put sb through sth** soumettre qn à qch **to put sth through** (*réforme*) faire passer qch

to put sth to sb suggérer qch à qn

to put sth together assembler qch, monter qch

to put sb up héberger qn **to put sth up 1** (*main*) lever qch **2** (*prix*) augmenter qch **3** (*bâtiment*) construire qch, ériger qch **4** (*annonce*) afficher qch, mettre qch **5** installer qch **to put up with sb/sth** supporter qn/qch

putrid /'pju:trɪd/ *adj* **1** putride **2** (*couleur*) horrible

putty /'pʌti/ *n* mastic

puzzle /'pʌzl/ ◆ *n* **1** casse-tête **2** mystère **3** (*aussi* **jigsaw puzzle**) puzzle ◆ *vt* déconcerter, dérouter PHR V **to puzzle sth out** trouver la réponse à qch, résoudre qch **to puzzle over sth** essayer de comprendre qch

pygmy /'pɪgmi/ ◆ *n* (*pl* **-ies**) pygmée ◆ *adj* **1** pygmée **2** nain : *pygmy chimpanzees* des chimpanzés nains

pyjamas /pə'dʒɑ:məz/ (*USA* **pajamas** /-'dʒæm-/) *n* [*pl*] pyjama : *a pair of pyjamas* un pyjama ☛ Devant un nom, on utilise le singulier : *pyjama trousers* un pantalon de pyjama.

pylon /'paɪlən ; *USA* 'paɪlɒn/ *n* pylône

pyramid /'pɪrəmɪd/ *n* pyramide

python /'paɪθn ; *USA* 'paɪθɒn/ *n* python

Qq

Q, q /kjuː/ *n* (*pl* **Q's**, **q's** /kjuːz/) Q, q : *Q for Queenie* Q comme Quentin ☛ *Voir exemples sous* A, A

quack /kwæk/ ◆ *n* **1** coin-coin **2** *n* (*fam, péj*) charlatan ◆ *vi* cancaner

quadruple /ˈkwɒdrʊpl ; *USA* kwɒˈdruːpl/ ◆ *adj* quadruple ◆ *vt, vi* quadrupler

quagmire /ˈkwægmaɪə(r), ˈkwɒg-/ *n* (*pr et fig*) bourbier

quail /kweɪl/ ◆ *n* (*pl* **quail** *ou* ~**s**) caille ◆ *vi* ~ **(at sb/sth)** trembler, perdre courage (devant qn/qch)

quaint /kweɪnt/ *adj* **1** (*lieu, bâtiment*) pittoresque **2** (*idée, habitude*) bizarre

quake /kweɪk/ ◆ *vi* trembler ◆ *n* (*fam*) tremblement de terre

qualification /ˌkwɒlɪfɪˈkeɪʃn/ *n* **1** (*titre*) diplôme, qualification **2** qualité requise **3** restriction, condition : *without qualification* sans réserve **4** (*Sport*) qualification

qualified /ˈkwɒlɪfaɪd/ *adj* **1** diplômé, qualifié : *a qualified teacher* un professeur diplômé **2** (*modéré*) nuancé, mitigé

qualify /ˈkwɒlɪfaɪ/ (*prét, pp* **-fied**) **1** *vt* ~ **sb (for sth/to do sth)** habiliter, autoriser qn (à faire qch) **2** *vi* ~ **for sth/to do sth** avoir droit à qch ; avoir le droit de faire qch **3** *vt* (*déclaration*) nuancer, préciser **4** *vi* ~ **(as sth)** obtenir son diplôme (de qch) **5** *vi* ~ **(as sth)** : *He hardly qualifies as an artist.* C'est loin d'être un artiste. **6** *vi* ~ **(for sth)** avoir droit à qch ; remplir les conditions requises (pour qch) **7** *vi* ~ **(for sth)** (*Sport*) se qualifier (pour qch) **qualifying** *adj* **1** (*match*) éliminatoire **2** (*examen*) d'entrée

qualitative /ˈkwɒlɪtətɪv ; *USA* -teɪt-/ *adj* qualitatif

quality /ˈkwɒləti/ *n* (*pl* **-ies**) qualité

qualm /kwɑːm/ *n* scrupule

quandary /ˈkwɒndəri/ *n* LOC **to be in a quandary** être devant un dilemme

quantify /ˈkwɒntɪfaɪ/ *vt* (*prét, pp* **-fied**) évaluer avec précision

quantitative /ˈkwɒntɪtətɪv ; *USA* -teɪt-/ *adj* quantitatif

quantity /ˈkwɒntəti/ *n* (*pl* **-ies**) quantité

quarantine /ˈkwɒrəntiːn ; *USA* ˈkwɔːr-/ *n* quarantaine

quarrel /ˈkwɒrəl ; *USA* ˈkwɔːrəl/ ◆ *n* **1** dispute, querelle **2** différend LOC *Voir* PICK ◆ *vi* (**-ll-**, *USA* **-l-**)) ~ **(with sb) (about/over sth)** se disputer (avec qn) (à propos de qch) **quarrelsome** *adj* querelleur

quarry /ˈkwɒri ; *USA* ˈkwɔːri/ *n* (*pl* **-ies**) **1** carrière **2** gibier, proie

quart /kwɔːt/ *n* (*abrév* **qt**) quart de gallon (*1,14 litres*)

quarter /ˈkwɔːtə(r)/ *n* **1** quart : *It's (a) quarter to/past six.* Il est six heures moins le quart/six heures et quart. ◊ *a quarter full* plein au quart **2** (*paiement*) trimestre **3** quartier **4** (*Can, USA*) vingt-cinq cents **5 quarters** [*pl*] (*surtout Mil*) quartiers LOC **in/from all quarters** de tous côtés

quarter-final /ˌkwɔːtə ˈfaɪnl/ *n* quart de finale

quarterly /ˈkwɔːtəli/ ◆ *adj* trimestriel ◆ *adv* tous les trois mois ◆ *n* (*pl* **-ies**) publication trimestrielle

quartet /kwɔːˈtet/ *n* quatuor, quartette

quartz /kwɔːts/ *n* quartz

quash /kwɒʃ/ *vt* **1** (*décision*) annuler **2** (*révolte*) réprimer, étouffer **3** (*rumeur*) faire taire

quay /kiː/ (*aussi* **quayside**) /ˈkiːsaɪd/ *n* quai

queasy /ˈkwiːzi/ *adj* (**-ier**, **-iest**) : *to feel queasy* avoir mal au cœur

queen /kwiːn/ *n* **1** reine **2** (*Cartes*) dame, reine ☛ *Voir note sous* CARTE

queer /kwɪə(r)/ ◆ *adj* étrange, bizarre LOC *Voir* FISH ◆ *n* (*vulg, souvent injurieux*) pédé ☛ *Comparer avec* GAY

quell /kwel/ *vt* **1** (*révolte*) étouffer, réprimer **2** (*passion*) maîtriser **3** (*peur, doutes*) dissiper

quench /kwentʃ/ *vt* **1** (*soif*) étancher **2** (*feu, passion*) éteindre

query /ˈkwɪəri/ ◆ *n* (*pl* **-ies**) question, doute : *Have you got any queries?* Est-ce que vous avez des questions ? ◆ *vt* (*prét, pp* **queried**) mettre en doute

quest /kwest/ *n* (*sout*) quête

question /ˈkwestʃən/ ◆ *n* **1** question :

to ask a question poser une question ◊ *to answer a question* répondre à une question **2** ~ **(of sth)** question, problème (de qch) **LOC to be out of the question** être hors de question **to bring/call sth into question** remettre qch en question *Voir aussi* LOADED *sous* LOAD ◆ *vt* **1** interroger **2** ~ **sth** douter de qch **questionable** *adj* discutable, douteux

questioning /ˈkwestʃənɪŋ/ ◆ *n* **1** interrogation **2** interrogatoire ◆ *adj* **1** interrogateur **2** d'interrogatoire

question mark *n* point d'interrogation ☛ *Voir pp. 392-3.*

questionnaire /ˌkwestʃəˈneə(r)/ *n* questionnaire

queue /kjuː/ ◆ *n* file (d'attente), queue **LOC** *Voir* JUMP ◆ *vi* ~ **(up)** faire la queue

quick /kwɪk/ ◆ *adj* (**-er**, **-est**) **1** rapide : *Be quick!* Dépêche-toi ! ☛ *Voir note sous* FAST[1] **2** (*personne, esprit*) vif **LOC to have a quick temper** s'emporter facilement **quick march!** en avant, marche ! **to be quick to do sth** être prompt à faire qch : *They're quick to learn.* Ils apprennent vite. ◊ *He's quick to take offence.* Il se vexe pour un rien. **LOC** *Voir* BUCK[3] ◆ *adv* (**-er**, **-est**) vite, rapidement

quicken /ˈkwɪkən/ **1** *vt, vi* (s')accélérer **2** *vi* (*intérêt, curiosité*) augmenter

quickly /ˈkwɪkli/ *adv* vite, rapidement

quid /kwɪd/ *n* (*pl* **quid**) (*GB, fam*) livre (*sterling*) : *five quid each* cinq livres chacun

quiet /ˈkwaɪət/ ◆ *adj* (**-er**, **-est**) **1** (*lieu, vie*) calme, tranquille **2** silencieux : *Be quiet!* Taisez-vous ! ◆ *n* **1** silence **2** calme, tranquillité **LOC on the quiet** discrètement, en douce *Voir aussi* PEACE **quieten** (*surtout USA* **quiet**) *vt* ~ **sb/sth (down)** (*surtout GB*) **1** calmer qn/qch **2** faire taire qn/qch **PHR V to quieten down 1** se calmer **2** se taire

quietly /ˈkwaɪətli/ *adv* **1** sans bruit, en silence **2** tranquillement, calmement **3** doucement

quietness /ˈkwaɪətnəs/ *n* tranquillité, calme

quilt /kwɪlt/ *n* **1** couette **2** édredon

quintet /kwɪnˈtet/ *n* quintette

quirk /kwɜːk/ *n* **1** excentricité, manie **2** caprice (*du destin*) **quirky** *adj* excentrique, bizarre

quit /kwɪt/ (**-tt-**) (*prét, pp* **quit** *ou* **quitted**) **1** *vt* (*travail, école*) quitter **2** *vi* arrêter, partir **3** *vt* (*fam*) ~ **doing sth** arrêter de faire qch **4** *vi* (*fam*) démissionner

quite /kwaɪt/ *adv* **1** assez, plutôt : *He played quite well.* Il a plutôt bien joué. **2** tout à fait, complètement : *quite empty* complètement vide ◊ *quite sure* tout à fait sûr ◊ *She played quite brilliantly.* Elle a très bien joué. ☛ *Voir note sous* FAIRLY **LOC quite a**; **quite some** (*sens positif*) : *It's been quite a day!* Quelle journée ! ◊ *It gave me quite a shock!* J'ai eu un de ces chocs ! **quite a few** un bon nombre de

quiver /ˈkwɪvə(r)/ ◆ *vi* trembler, frémir ◆ *n* tremblement, frémissement

quiz /kwɪz/ ◆ *n* (*pl* **quizzes**) jeu de questions-réponses ◆ *vt* (**-zz-**) ~ **sb (about sb/sth)** questionner qn (au sujet de qn/qch) **quizzical** *adj* interrogateur, perplexe

quorum /ˈkwɔːrəm/ *n* [*gén sing*] quorum

quota /ˈkwəʊtə/ *n* quota, part

quotation /kwəʊˈteɪʃn/ *n* **1** (*aussi* **quote**) (*extrait*) citation **2** (*Fin*) cote **3** (*aussi* **quote**) devis

quotation marks (*aussi* **quotes**) *n* [*pl*] guillemets ☛ *Voir pp. 392-3.*

quote /kwəʊt/ ◆ **1** *vt, vi* citer **2** *vt* indiquer (*un prix*) **3** *vt* coter ◆ *n* **1** *Voir* QUOTATION 1 **2** *Voir* QUOTATION 3 **3 quotes** [*pl*] *Voir* QUOTATION MARKS

Rr

R, r /ɑː(r)/ *n* (*pl* **R's, r's** /ɑːz/) R, r : *R for Robert* R comme Robert ☛ *Voir exemples sous* A, A

rabbit /'ræbɪt/ *n* lapin ☛ *Voir note sous* LAPIN

rabid /'ræbɪd/ *adj* enragé

rabies /'reɪbiːz/ *n* [*indénombrable*] rage (*maladie*)

race[1] /reɪs/ *n* race : *race relations* relations inter-raciales

race[2] /reɪs/ ◆ *n* **1** course **2** (*chevaux*) **the races** les courses LOC *Voir* RAT ◆ **1** *vi* faire la course **2** *vi* aller à toute allure : *She raced across the road.* Elle a traversé la rue en courant. **3** *vi* courir **4** *vi* (*cœur*) battre précipitamment **5** *vt* ~ **sb** faire la course avec qn : *I'll race you to school!* À qui arrivera le premier à l'école ! **6** *vt* (*cheval*) faire courir

racecourse /'reɪskɔːs/ (*USA* **racetrack**) *n* champ de courses

racehorse /'reɪshɔːs/ *n* cheval de course

racetrack /'reɪstræk/ *n* **1** piste (*automobile*) **2** (*USA*) *Voir* RACECOURSE

racial /'reɪʃl/ *adj* racial

racing /'reɪsɪŋ/ *n* **1** course : *horse racing* course de chevaux ◊ *a racing car/bike* une voiture/un vélo de course **2** courses

racism /'reɪsɪzəm/ *n* racisme **racist** *adj*, *n* raciste

rack /ræk/ ◆ *n* **1** étagère : *a plate rack* un égouttoir ◊ *a clothes rack* un portant **2** (*aussi* **luggage rack**) (*pour bagages*) porte-bagages *Voir aussi* ROOF RACK **3** (*aussi* **wine rack**) (*pour bouteilles*) casier **4** (*pour vélos, outils, etc.*) râtelier **5 the rack** le chevalet (*instrument de torture*) ◆ *vt* (*aussi* **wrack**) LOC **to rack your brain(s)** se creuser la cervelle

racket /'rækɪt/ *n* **1** (*aussi* **racquet**) raquette **2** (*fam*) vacarme, raffut **3** (*fam*) escroquerie, racket

racquet *Voir* RACKET 1

racy /'reɪsi/ *adj* (**racier**, **raciest**) **1** (*style*) plein de verve **2** (*histoire*) osé

radar /'reɪdɑː(r)/ *n* [*indénombrable*] radar

radiant /'reɪdiənt/ *adj* **1** ~ **(with sth)** rayonnant (de qch) : *radiant with joy* rayonnant de joie **2** (*Phys*) radiant **radiance** *n* éclat

radiate /'reɪdieɪt/ **1** *vt, vi* (*lumière*) rayonner **2** *vt, vi* (*bonheur*) rayonner (de) **3** *vi* (*routes, etc.*) rayonner

radiation /ˌreɪdi'eɪʃn/ *n* **1** radiation : *radiation sickness* mal des rayons **2** rayonnement

radiator /'reɪdieɪtə(r)/ *n* radiateur

radical /'rædɪkl/ *adj*, *n* radical

radio /'reɪdiəʊ/ *n* (*pl* ~**s**) radio : *a radio station* une station de radio

radioactive /ˌreɪdiəʊ'æktɪv/ *adj* radioactif **radioactivity** /ˌreɪdiəʊæk'tɪvəti/ *n* radioactivité

radish /'rædɪʃ/ *n* radis

radius /'reɪdiəs/ *n* (*pl* **radii** /'reɪdiaɪ/) **1** (*Géom*) rayon **2** (*Anat*) radius

raffle /'ræfl/ *n* tombola

raft /rɑːft ; *USA* ræft/ *n* radeau : *a life raft* un radeau de sauvetage

rafter /'rɑːftə(r) ; *USA* 'ræf-/ *n* chevron (*du toit*)

rag /ræg/ *n* **1** chiffon **2 rags** [*pl*] loques, haillons **3** (*fam, péj*) torchon (*journal*)

rage /reɪdʒ/ ◆ *n* rage, colère : *to fly into a rage* entrer dans une colère noire LOC **to be all the rage** faire fureur ◆ *vi* **1** être furieux, s'emporter **2** (*tempête, bataille*) faire rage

ragged /'rægɪd/ *adj* **1** (*vêtement*) en loques, en lambeaux **2** (*personne*) déguenillé, en haillons

raging /'reɪdʒɪŋ/ *adj* **1** (*douleur, soif*) atroce **2** (*mer*) déchaîné

raid /reɪd/ ◆ *n* **1** ~ **(on sth)** raid (sur qch) **2** ~ **(on sth)** hold-up, cambriolage (de qch) **3** (*police*) rafle, descente (*de police*) ◆ *vt* **1** (*police*) faire une rafle dans **2** (*fig*) faire un raid sur **raider** *n* attaquant, -e

rail /reɪl/ *n* **1** barre, barreau **2** rampe **3** balustrade, bastingage **4** (*rideaux*) tringle **5** rail **6** (*Chemin de fer*) : *a rail strike* une grève des trains ◊ *by rail* en train

railing /'reɪlɪŋ/ (*aussi* **railings** [*pl*]) *n* grille

railroad /'reɪlrəʊd/ *n* (*USA*) chemin de fer

railway /ˈreɪlweɪ/ *n* **1** chemin de fer : *the railway station* la gare (de chemin de fer) ◊ *a railway line* une ligne de chemin de fer **2** (*aussi* **railway line**, **railway track**) voie ferrée

rain /reɪn/ ◆ *n* (*pr et fig*) pluie : *It's pouring with rain.* Il pleut à verse. ◆ *vi* (*pr et fig*) pleuvoir : *It's raining hard.* Il pleut à verse.

rainbow /ˈreɪnbəʊ/ *n* arc-en-ciel

raincoat /ˈreɪnkəʊt/ *n* imperméable

rainfall /ˈreɪnfɔːl/ *n* [*indénombrable*] niveau de précipitations

rainforest /ˈreɪnfɒrɪst/ *n* forêt tropicale humide

rainy /ˈreɪni/ *adj* (**-ier**, **-iest**) pluvieux

raise /reɪz/ ◆ *vt* **1** soulever, lever **2** (*salaire*) augmenter **3** (*question, problème*) soulever **4** (*fonds*) collecter **5** (*enfants, animaux*) élever ☛ *Comparer avec* EDUCATE, TO BRING SB UP *sous* BRING **6** (*emprunt*) obtenir LOC **to raise sb's hopes** donner de l'espoir à qn **to raise the alarm** sonner l'alarme **to raise your eyebrows (at sth)** tiquer (sur qch), hausser les sourcils **to raise your glass (to sb)** lever son verre (à la santé de qn) ◆ *n* (*USA*) augmentation (*de salaire*)

raisin /ˈreɪzn/ *n* raisin sec *Voir aussi* SULTANA

rake /reɪk/ ◆ *n* râteau ◆ *vt, vi* ratisser LOC **to rake it in** ramasser de l'argent à la pelle PHR V **to rake sth up** (*fam*) réveiller, remuer (*passé*)

rally /ˈræli/ ◆ (*prét, pp* **rallied**) **1** *vi* ~ **(round)** se rallier **2** *vt* ~ **sb (round sb)** rassembler qn (autour de qn) **3** *vi* se remettre ◆ *n* (*pl* **-ies**) **1** rassemblement **2** (*tennis, etc.*) échange **3** (*voiture*) rallye

RAM /ræm/ *n* **random access memory** (*Informatique*) RAM, mémoire vive

ram /ræm/ ◆ *n* bélier ◆ (**-mm-**) **1** *vi* **to ram into sth** rentrer dans qch **2** *vt* (*porte*) enfoncer **3** *vt* **to ram sth in, into, etc. sth** fourrer qch dans qch

ramble /ˈræmbl/ ◆ *vi* ~ **(on) (about sb/sth)** parler pour ne rien dire (au sujet de qn/qch) ◆ *n* randonnée (pédestre) **rambler** *n* randonneur, -euse **rambling** *adj* **1** (*maison*) plein de coins et de recoins **2** (*Bot*) grimpant **3** (*discours*) décousu

ramp /ræmp/ *n* **1** rampe **2** dénivellation

rampage /ræmˈpeɪdʒ/ ◆ *vi* se déchaîner ◆ /ˈræmpeɪdʒ/ *n* LOC **to be/go on the rampage** tout saccager

rampant /ˈræmpənt/ *adj* **1** endémique **2** (*végétation*) exubérant

ramshackle /ˈræmʃækl/ *adj* **1** (*maison*) délabré **2** (*véhicule*) déglingué

ran *prét de* RUN

ranch /rɑːntʃ ; *USA* ræntʃ/ *n* ranch

rancid /ˈrænsɪd/ *adj* rance

random /ˈrændəm/ ◆ *adj* au hasard ◆ *n* LOC **at random** au hasard

rang *prét de* RING2

range /reɪndʒ/ ◆ *n* **1** (*montagne*) chaîne **2** gamme, éventail **3** échelle, éventail **4** (*son, arme*) portée ◆ **1** *vi* ~ **from sth to sth** varier, aller de qch à qch **2** *vi* ~ **between sth and sth** varier entre qch et qch **3** *vt* aligner, ranger **4** *vi* ~ **(over/through sth)** parcourir qch ; errer (dans qch)

rank /ræŋk/ ◆ *n* rang LOC **the rank and file** la base (*d'un parti, etc.*) ◆ **1** *vt* ~ **sb/sth (as sth)** considérer qn/qch (comme qch) **2** *vi* se classer, compter : *He ranks second in the world.* Il est classé numéro deux mondial. ◊ *high-ranking* de haut rang

ransack /ˈrænsæk/ *vt* **1** ~ **sth (for sth)** fouiller qch (pour trouver qch) **2** mettre qch à sac

ransom /ˈrænsəm/ *n* rançon LOC *Voir* HOLD

rap /ræp/ ◆ *n* **1** coup sec **2** (*Mus*) rap ◆ *vt, vi* (**-pp-**) frapper, donner des coups secs **rapper** *n* rappeur, -euse, chanteur, -euse de rap

rape /reɪp/ ◆ *vt* violer ◆ *n* **1** viol **2** (*Bot*) colza **rapist** *n* violeur

rapid /ˈræpɪd/ *adj* rapide **rapidity** /rəˈpɪdəti/ *n* (*sout*) rapidité **rapidly** *adv* rapidement

rapids /ˈræpɪdz/ *n* [*pl*] rapide, rapides (*cours d'eau*)

rapport /ræˈpɔː(r) ; *USA* -ˈpɔːrt/ *n* rapport

rapt /ræpt/ *adj* ~ **(in sth)** absorbé (par qch)

rapture /ˈræptʃə(r)/ *n* ravissement **rapturous** *adj* extasié, enthousiaste

rare /reə(r)/ *adj* (**rarer**, **rarest**) **1** rare **2** saignant (*viande*) **rarely** *adv* rarement ☛ *Voir note sous* ALWAYS **rarity** *n* (*pl* **-ies**) **1** rareté **2** chose rare

rash¹ /ræʃ/ *n* rougeurs, éruption cutanée

rash² /ræʃ/ *adj* (**rasher**, **rashest**) irréfléchi, imprudent : *In a rash moment...* Dans un moment de folie...

raspberry /ˈrɑːzbəri ; *USA* ˈræzberi/ *n* (*pl* **-ies**) framboise

rat /ræt/ *n* rat LOC **the rat race** (*fam, péj*) la jungle des affaires

rate¹ /reɪt/ *n* **1** taux : *the exchange rate/the rate of exchange* le taux de change ◊ *the interest rate* le taux d'intérêt **2** rythme : *at a rate of 50 a/per week* au rythme de 50 par semaine **3** tarif, salaire : *an hourly rate of pay* un salaire horaire LOC **at any rate** en tout cas, au moins **at this/that rate** (*fam*) à ce train-là

rate² /reɪt/ **1** *vt* estimer, considérer : *highly rated* coté **2** *vi* se classer, se situer

rather /ˈrɑːðə(r) ; *USA* ˈræð-/ *adv* plutôt, assez : *I rather suspect...* Je pense plutôt que...

> L'emploi de **rather** devant un adjectif de sens favorable indique que la personne qui parle est agréablement surprise : *It was a rather nice colour.* Cette couleur n'est pas mal du tout. **Rather** s'emploie également devant les adjectifs de sens défavorable : *This room looks rather untidy.* Cette chambre m'a plutôt l'air d'être mal rangée.

☛ *Voir note sous* FAIRLY LOC **I'd, you'd, etc. rather... (than)** : *I'd rather walk than wait for the bus.* Je préfère y aller à pied plutôt qu'attendre le bus. ◊ *I'd rather you didn't smoke.* J'aimerais mieux que tu ne fumes pas. ☛ *Voir note sous* PRÉFÉRER **or rather** ou plus exactement, ou plutôt **rather than** *prép* plutôt que

rating /ˈreɪtɪŋ/ *n* **1** cote : *his popularity rating* sa cote de popularité **2 the ratings** [*pl*] (*Télé*) l'indice d'écoute

ratio /ˈreɪʃiəʊ/ *n* (*pl* ~**s**) rapport, proportion : *The ratio of boys to girls in this class is three to one.* Il y a trois fois plus de garçons que de filles dans cette classe.

ration /ˈræʃn/ ◆ *n* ration ◆ *vt* ~ **sb/sth to sth** rationner qn/qch à qch **rationing** *n* rationnement

rational /ˈræʃnəl/ *adj* rationnel, logique **rationality** /ræʃəˈnæləti/ *n* rationalité **rationalization, -isation** *n* **1** rationalisation **2** justification **rationalize, -ise** *vt* **1** (*fait*) trouver une explication logique à, justifier **2** (*entreprise*) rationaliser

rattle /ˈrætl/ ◆ **1** *vt* agiter, secouer **2** *vi* faire du bruit, s'entrechoquer PHR V **to rattle along, off, past, etc.** rouler, démarrer, passer, etc. dans un bruit de ferraille **to rattle sth off** débiter qch à toute allure (*discours, etc.*) **to rattle through sth** expédier qch (*faire à toute vitesse*) ◆ *n* **1** cliquetis, bruit de ferraille **2** hochet (*de bébé*)

ravage /ˈrævɪdʒ/ *vt* ravager

rave /reɪv/ ◆ *vi* **1** ~ **(at sb about sth)** tempêter (contre qn à propos de qch) **2** ~ **(on) about sb/sth** (*fam*) s'emballer à propos de qn/qch ◆ *n* bringue

raven /ˈreɪvn/ *n* grand corbeau

raw /rɔː/ *adj* **1** cru **2** brut : *raw silk* soie sauvage ◊ *raw material* matières premières **3** (*peau*) à vif

ray /reɪ/ *n* rayon : *X-rays* rayons X ◊ *a ray of hope* une lueur d'espoir

razor /ˈreɪzə(r)/ *n* rasoir

razor blade *n* lame de rasoir

reach /riːtʃ/ ◆ **1** *vi* ~ **for sth** tendre le bras pour attraper qch **2** *vi* ~ **out (to sb/sth)** tendre le bras (pour toucher qn/prendre qch) **3** *vt* (*lieu*) atteindre, parvenir à **4** *vt* (*fig*) arriver à, parvenir à : *to reach an agreement* aboutir à un accord **5** *vt* joindre ◆ *n* LOC **beyond/out of (your) reach** hors de portée **within (your) reach** à portée de la main **within (easy) reach of sth** à proximité de qch

react /riˈækt/ *vi* **1** ~ **(to sb/sth)** réagir (face à qn/à qch) **2** ~ **(against sb/sth)** réagir (contre qn/qch) **reaction** *n* ~ **(to sb/sth)** réaction (face à qn/à qch) **reactionary** *adj* réactionnaire

reactor /riˈæktə(r)/ *n* **1** (*aussi* **nuclear reactor**) réacteur nucléaire **2** (*Chim*) réacteur

read /riːd/ (*prét, pp* **read** /red/) **1** *vt, vi* ~ **(sth) (about sb/sth)** lire (qch) (sur qn/qch) **2** *vt* ~ **sth (as sth)** interpréter qch (comme étant qch) **3** *vt* (*lettre, télégramme, etc.*) dire **4** *vt* (*compteur*) indiquer PHR V **to read sth into sth** lire qch derrière qch **to read on** continuer à lire **to read sth out** lire qch à voix haute **to read up on sth** étudier qch à fond **readable** *adj* **1** (*écriture*) lisible **2** (*livre*) agréable à lire **reading** *n* **1** lecture : *my reading glasses* mes lunettes pour lire **2** interprétation **3** indication (*de mesure*)

reader /ˈriːdə(r)/ *n* **1** lecteur, -trice **2** livre de lecture **readership** *n* [*sing*] (nombre de) lecteurs

ready /ˈredi/ *adj* (**-ier**, **-iest**) **1** ~ **(for sth/to do sth)** prêt (à qch/à faire qch) : *to get ready* se préparer **2** ~ **to do sth** prêt, disposé à faire qch LOC **ready to hand** à portée de main **readily** *adv* **1** (*répondre, accepter*) sans hésiter **2** (*comprendre, obtenir*) facilement **readiness** *n* **1** (*to do sth*) *in readiness for sth* (faire qch) en prévision de qch **2** empressement : *her readiness to help* son empressement à nous aider

ready-made /ˌredi ˈmeɪd/ *adj* **1** (*vêtement*) prêt-à-porter **2** (*réponse, excuse*) tout prêt

real /riːəl/ *adj* **1** vrai, réel, véritable : *a real Picasso* un authentique Picasso ◊ *in real life* dans la réalité ◊ *That's not his real name.* Ce n'est pas son vrai nom. **2** vrai : *The meal was a real disaster.* Le repas a été une vraie catastrophe.

realism /ˈriːəlɪzəm/ *n* réalisme **realist** *n* réaliste **realistic** /ˌriːəˈlɪstɪk/ *adj* réaliste

reality /riˈæləti/ *n* (*pl* **-ies**) **1** réalité **2** réalisme LOC **in reality** en réalité

realize, -ise /ˈriːəlaɪz/ *vt* **1** ~ **sth** se rendre compte de qch : *Not realizing that...* Ignorant que... **2** (*projet, rêve, espoir*) réaliser **realization, -isation** *n* **1** prise de conscience **2** réalisation

really /ˈriːəli/ *adv* vraiment, réellement : *I really mean that.* Je suis sérieux. ◊ *Is it really true?* Est-ce que c'est vrai ?

realm /relm/ *n* (*fig*) royaume, domaine : *within/beyond the realms of possibility* dans les limites du possible

reap /riːp/ *vt* **1** recueillir, moissonner **2** (*fig*) récolter

reappear /ˌriːəˈpɪə(r)/ *vi* réapparaître **reappearance** *n* réapparition

rear[1] /rɪə(r)/ ◆ *n* **the rear** [*sing*] (*sout*) l'arrière LOC *Voir* BRING ◆ *adj* arrière, de derrière : *a rear window* une vitre arrière

rear[2] /rɪə(r)/ **1** *vt* élever (*enfant, animal*) **2** *vi* ~ **(up)** (*cheval*) se cabrer **3** *vt* (*monument*) dresser, ériger

rearrange /ˌriːəˈreɪndʒ/ *vt* **1** réorganiser, réarranger **2** (*programme*) modifier

reason /ˈriːzn/ ◆ *n* **1** ~ **(for sth/doing sth)** raison (de qch) : *What are your reasons for leaving the job?* Quelles sont les raisons de votre départ ? **2** ~ **(why.../that...)** raison (pour laquelle...) : *The reason why we are not going is...* La raison pour laquelle nous n'y allons pas est que... **3** (*faculté mentale*) raison LOC **by reason of sth** (*sout*) en raison de qch **in/within reason** dans la limite du raisonnable **to make sb see reason** faire entendre raison à qn *Voir aussi* STAND ◆ **1** *vi* raisonner **2** *vt* ~ **that...** soutenir que... **reasonable** *adj* **1** raisonnable **2** (*temps, nourriture*) convenable **reasonably** *adv* **1** assez, relativement **2** raisonnablement **reasoning** *n* raisonnement

reassure /ˌriːəˈʃʊə(r)/ *vt* rassurer **reassurance** *n* réconfort **reassuring** *adj* rassurant

rebate /ˈriːbeɪt/ *n* remise

rebel /ˈrebl/ ◆ *n* rebelle ◆ /rɪˈbel/ *vi* (**-ll-**) se rebeller **rebellion** /rɪˈbeljən/ *n* rébellion, révolte **rebellious** /rɪˈbeljəs/ *adj* rebelle

rebirth /ˌriːˈbɜːθ/ *n* renaissance, renouveau

reboot /riːˈbuːt/ (*Informatique*) **1** *vt* réinitialiser **2** *vi* redémarrer

rebound /rɪˈbaʊnd/ ◆ *vi* **1** ~ **(from/off sth)** rebondir (contre qch) **2** ~ **(on sb)** se retourner (contre qn) ◆ /ˈriːbaʊnd/ *n* rebond LOC **on the rebound** au rebond

rebuff /rɪˈbʌf/ ◆ *n* rebuffade ◆ *vt* rabrouer

rebuild /ˌriːˈbɪld/ *vt* (*prét, pp* **rebuilt** /ˌriːˈbɪlt/) reconstruire, rebâtir

rebuke /rɪˈbjuːk/ ◆ *vt* réprimander ◆ *n* réprimande

recall /rɪˈkɔːl/ *vt* **1** se rappeler, se souvenir de *Voir aussi* REMEMBER **2** rappeler (*faire revenir*) **3** (*bibliothèque*) demander le retour de **4** (*parlement*) convoquer en session extraordinaire

recapture /ˌriːˈkæptʃə(r)/ *vt* **1** (*prisonnier, proie*) recapturer **2** (*territoire*) reprendre **3** (*atmosphère*) recréer **4** (*sensation*) retrouver

recede /rɪˈsiːd/ *vi* **1** s'éloigner : *a receding chin* un menton fuyant ◊ *a receding* *hairline* le front dégarni **2** (*marée*) descendre **3** (*espoir*) s'amenuiser

receipt /rɪ'siːt/ *n* **1** réception : *to acknowledge receipt of sth* accuser réception de qch **2** reçu **3 receipts** [*pl*] recette(s), rentrées

receive /rɪ'siːv/ *vt* **1** recevoir **2** (*film*) accueillir

receiver /rɪ'siːvə(r)/ *n* **1** (*radio, TV*) récepteur **2** (*téléphone*) combiné : *to lift/pick up the receiver* décrocher **3** (*lettre*) destinataire

recent /'riːsnt/ *adj* récent : *in recent years* ces dernières années **recently** *adv* récemment : *until recently* jusqu'à ces derniers temps ◊ *a recently-appointed director* un directeur récemment nommé

reception /rɪ'sepʃn/ *n* **1** réception **2** *the reception desk* la réception **3** accueil **receptionist** *n* réceptionniste

receptive /rɪ'septɪv/ *adj* ~ **(to sth)** réceptif (à qch)

recess /rɪ'ses ; *USA* 'riːses/ *n* **1** vacances (*parlementaires*) **2** (*USA*) (*École*) récréation **3** (*dans mur*) alcôve, niche **4 recesses** [*pl*] recoins

recession /rɪ'seʃn/ *n* récession

recharge /ˌriː'tʃɑːdʒ/ *vt* recharger

recipe /'resəpi/ *n* **1** ~ **(for sth)** (*Cuisine*) recette (de qch) **2** ~ **for sth** (*fig*) : *What is your recipe for success?* Quelle est votre recette pour réussir ? ◊ *a recipe for disaster* le meilleur moyen de s'attirer de gros ennuis

recipient /rɪ'sɪpiənt/ *n* **1** destinataire **2** (*argent*) bénéficiaire

reciprocal /rɪ'sɪprəkl/ *adj* réciproque

reciprocate /rɪ'sɪprəkeɪt/ (*sout*) **1** *vt* rendre, retourner **2** *vi* rendre la pareille

recital /rɪ'saɪtl/ *n* récital

recite /rɪ'saɪt/ *vt* **1** réciter **2** énumérer

reckless /'rekləs/ *adj* **1** (*chauffeur*) imprudent, inconscient **2** (*décision*) irréfléchi **3** (*dépense*) irresponsable

reckon /'rekən/ *vt* **1** considérer, estimer **2** penser : *I reckon he won't come.* Je pense qu'il ne viendra pas. **3** calculer, estimer PHR V **to reckon on sb/sth** compter sur qn/qch **to reckon with sb/sth** ne pas pouvoir passer outre qn/qch : *There is still your father to reckon with.* Il reste encore ton père auquel on ne peut pas passer outre. **reckoning** *n* [*sing*] **1** calculs : *by my reckoning* d'après mes calculs **2** (*fig*) règlements de comptes

reclaim /rɪ'kleɪm/ *vt* **1** récupérer **2** (*marais*) assécher **3** (*terrain pollué*) assainir **4** (*matériaux*) recycler **reclamation** *n* **1** (*terre*) défrichage, assèchement, assainissement **2** (*matériaux*) recyclage

recline /rɪ'klaɪn/ **1** *vi* (*personne*) s'allonger **2** *vt* appuyer, incliner **reclining** *adj* inclinable

recognition /ˌrekəg'nɪʃn/ *n* reconnaissance : *in recognition of sth* en reconnaissance de qch ◊ *to have changed beyond recognition* être méconnaissable

recognize, -ise /'rekəgnaɪz/ *vt* reconnaître **recognizable, -isable** *adj* reconnaissable

recoil /rɪ'kɔɪl/ *vi* ~ **(at/from sb/sth)** reculer (devant qn/qch)

recollect /ˌrekə'lekt/ *vt* se souvenir de, se rappeler **recollection** *n* souvenir (*dans l'esprit*)

recommend /ˌrekə'mend/ *vt* recommander, conseiller **recommendation** *n* recommandation

recompense /'rekəmpens/ ◆ *vt* (*sout*) ~ **sb (for sth) 1** récompenser qn (de qch) **2** dédommager qn (de qch) ◆ *n* [*sing*] (*sout*) **1** récompense **2** dédommagement

reconcile /'rekənsaɪl/ *vt* **1** réconcilier **2** ~ **sth (with sth)** concilier, faire concorder qch (avec qch) **3** *to reconcile yourself to sth* se résigner à qch **reconciliation** *n* [*sing*] **1** conciliation **2** réconciliation

reconnaissance /rɪ'kɒnɪsns/ *n* reconnaissance

reconsider /ˌriːkən'sɪdə(r)/ **1** *vt* reconsider, réexaminer **2** *vi* changer d'avis

reconstruct /ˌriːkən'strʌkt/ *vt* ~ **sth (from sth)** reconstruire, reconstituer qch (à partir de qch)

record² /'rekɔːd ; *USA* 'rekərd/ *n* **1** registre : *to make/keep a record of sth* prendre note de qch ◊ *We have no record of your application.* Nous n'avons aucune trace de votre demande. **2** archive, dossier : *a criminal record* un casier judiciaire **3** disque : *a record company* une maison de disques **4** record : *to beat/break a record* battre un record LOC **to put/set the record straight** mettre les choses au clair

record² /rɪ'kɔ:d/ **1** *vt* noter, enregistrer **2** *vt, vi* (*musique*) enregistrer **3** *vt* (*thermomètre*) enregistrer, indiquer

record-breaking /'rekɔ:d breɪkɪŋ/ *adj* record

recorder /rɪ'kɔ:də(r)/ *n* **1** flûte à bec **2** *Voir* TAPE RECORDER, VIDEO

recording /rɪ'kɔ:dɪŋ/ *n* enregistrement

record player *n* tourne-disque

recount /rɪ'kaʊnt/ *vt* ~ **sth (to sb)** raconter qch (à qn)

recourse /rɪ'kɔ:s/ *n* recours LOC **to have recourse to sb/sth** (*sout*) avoir recours à qn/qch

recover /rɪ'kʌvə(r)/ **1** *vt* récupérer, retrouver : *to recover consciousness* reprendre conscience **2** *vi* ~ **(from sth)** se rétablir, se remettre (de qch) **3** *vi* se ressaisir

recovery /rɪ'kʌvəri/ *n* (*pl* **-ies**) **1** ~ **(from sth)** guérison de qch ; rétablissement **2** ~ **(in sth)** reprise, redressement (de qch) **3** récupération

recreation /ˌrekri'eɪʃn/ *n* **1** loisir **2** récréation : *a recreation ground* un terrain de jeux

recruit /rɪ'kru:t/ ◆ *n* recrue ◆ *vt* ~ **sb (as/to sth)** recruter qn (comme qch/dans qch) **recruitment** *n* recrutement

rectangle /'rektæŋgl/ *n* rectangle

rector /'rektə(r)/ *n* pasteur (*anglican*) *Voir aussi* VICAR **rectory** *n* (*pl* **-ies**) presbytère (*anglican*)

recuperate /rɪ'ku:pəreɪt/ **1** (*sout*) *vi* ~ **(from sth)** se rétablir (de qch) **2** *vt* récupérer, retrouver

recur /rɪ'kɜ:(r)/ *vi* (**-rr-**) se reproduire

recycle /ˌri:'saɪkl/ *vt* recycler **recyclable** *adj* recyclable **recycling** *n* recyclage

red /red/ ◆ *adj* (**redder**, **reddest**) rouge : *the red carpet* le tapis rouge LOC **a red herring** une fausse piste ◆ *n* rouge : *The traffic lights are on red.* Les feux sont au rouge. LOC **in the red** à découvert **reddish** *adj* rougeâtre

redeem /rɪ'di:m/ *vt* **1** racheter : *to redeem yourself* se racheter ◊ *The holiday had one redeeming feature.* Les vacances ont eu un côté positif. **2** rembourser **3** échanger (*coupon, bon*)

redemption /rɪ'dempʃn/ *n* (*sout*) **1** rédemption : *beyond/past redemption* irrécupérable **2** (*dette*) remboursement

redevelopment /ˌri:dɪ'veləpmənt/ *n* réaménagement (*immobilier*)

redo /ˌri:'du:/ *vt* (*3e pers sing prés* **redoes** /-'dʌz/ *prét* **redid** /-'dɪd/ *pp* **redone** /-'dʌn/) refaire

red tape *n* bureaucratie

reduce /rɪ'dju:s ; *USA* -'du:s/ **1** *vt* ~ **sth (from sth to sth)** réduire qch (de qch à qch) **2** *vt* ~ **sth (by sth)** réduire qch (de qch) **3** *vi* diminuer **4** *vt* ~ **sb/sth (from sth) to sth** réduire qn/qch (de qch) à qch : *The house was reduced to ashes.* La maison a été réduite en cendres. ◊ *to reduce sb to tears* faire pleurer qn **reduced** *adj* réduit

reduction /rɪ'dʌkʃn/ *n* **1** ~ **(in sth)** réduction (de qch) : *a reduction of five per cent* une réduction de cinq pour cent **2** rabais

redundancy /rɪ'dʌndənsi/ *n* (*pl* **-ies**) licenciement (*économique*) : *redundancy pay* indemnité de licenciement

redundant /rɪ'dʌndənt/ *adj* **1** *to be made redundant* être licencié **2** superflu, redondant

reed /ri:d/ *n* **1** roseau **2** (*Mus*) anche

reef /ri:f/ *n* récif

reek /ri:k/ *vi* (*péj*) ~ **(of sth)** (*pr et fig*) empester (qch)

reel /ri:l/ ◆ *n* **1** bobine **2** (*canne à pêche*) moulinet ◆ *vi* **1** tituber, chanceler **2** (*tête*) tourner PHR V **to reel sth off** débiter qch (*liste*)

re-enter /ˌri: 'entə(r)/ *vt* ~ **sth** rentrer dans qch **re-entry** *n* rentrée, retour

refer /rɪ'fɜ:(r)/ (**-rr-**) **1** *vi* ~ **to sb/sth** faire allusion à qn/qch **2** *vi* ~ **to sb/sth** consulter qn/qch **3** *vt* ~ **sb to sb/sth** adresser qn à qn/qch

referee /ˌrefə'ri:/ ◆ *n* **1** (*Sport*) arbitre **2** (*GB*) (*travail*) personne susceptible de fournir des références ◆ *vt, vi* arbitrer

reference /'refərəns/ *n* **1** référence : *a reference book* un ouvrage de référence **2** (*travail*) référence : *to write sb a reference* fournir des références à qn **3** allusion **4** renvoi (*pour lecteur*) **5** (*lettre*) référence : *reference number* numéro de référence LOC **in/with reference to sb/sth** (*Comm*) au sujet de qn/qch, suite à qch

referendum /ˌrefə'rendəm/ *n* (*pl* ~**s**) référendum

refill /ˌri:'fɪl/ ◆ *vt* **1** remplir à nouveau **2** (*stylo, briquet*) recharger ◆ /'ri:fɪl/ *n* recharge (*cartouche*)

refine /rɪˈfaɪn/ *vt* **1** raffiner **2** (*technique*) peaufiner, affiner **3** (*appareil*) perfectionner **refinement** *n* **1** raffinement **2** (*Mécan*) perfectionnement **refinery** *n* (*pl* **-ies**) raffinerie

reflect /rɪˈflekt/ **1** *vt* refléter **2** *vt* (*lumière, son*) renvoyer, réfléchir **3** *vi* ~ **(on/upon sth)** réfléchir (à qch) LOC **to reflect on sb/sth** : *to reflect well/badly on sb/sth* faire honneur/du tort à qn/qch **reflection** (*GB aussi* **reflexion**) *n* **1** reflet **2** (*action, pensée*) réflexion LOC **on reflection** à la réflexion **to be a reflection on sb/sth** porter atteinte à qn/qch

reflex /ˈriːfleks/ (*aussi* **reflex action**) *n* réflexe

reform /rɪˈfɔːm/ ◆ *vt, vi* (se) réformer ◆ *n* réforme **reformation** *n* **1** réforme **2 the Reformation** la Réforme

refrain[1] /rɪˈfreɪn/ *n* refrain

refrain[2] /rɪˈfreɪn/ *vi* (*sout*) ~ **(from sth)** se retenir, s'abstenir (de faire qch) : *Please refrain from smoking.* Ayez l'obligeance de ne pas fumer.

refresh /rɪˈfreʃ/ *vt* **1** (*boisson, douche*) rafraîchir **2** (*sommeil, vacances*) reposer LOC **to refresh sb's memory (about sb/sth)** rafraîchir la mémoire à qn (à propos de qn/qch) **refreshing** *adj* **1** rafraîchissant **2** (*fig*) agréable **3** reposant

refreshments /rɪˈfreʃmənts/ *n* [*pl*] rafraîchissements : *The restaurant offers delicious meals and refreshments.* Le restaurant propose d'excellents repas et rafraîchissements.

Refreshment est au singulier quand il est précédé d'un autre nom : *There will be a refreshment stop.* Il y aura un arrêt pour se restaurer.

refrigerate /rɪˈfrɪdʒəreɪt/ *vt* réfrigérer **refrigeration** *n* réfrigération

refrigerator /rɪˈfrɪdʒəreɪtə(r)/ (*fam* **fridge** /frɪdʒ/) *n* réfrigérateur *Voir aussi* FREEZER

refuel /riːˈfjuːəl/ *vi* (**-ll-**, *USA* **-l-**)) se ravitailler en carburant

refuge /ˈrefjuːdʒ/ *n* **1** ~ **(from sb/sth)** refuge (pour échapper à qn/qch) : *to take refuge* se réfugier **2** ~ **(from sth)** abri (de qch) : *to take refuge* s'abriter

refugee /ˌrefjuˈdʒiː ; *USA* ˈrefjʊdʒɪː/ *n* réfugié, -e

refund /rɪˈfʌnd/ ◆ *vt* rembourser ◆ /ˈriːfʌnd/ *n* remboursement

refusal /rɪˈfjuːzl/ *n* ~ **(to do sth)** refus (de faire qch)

refuse[1] /rɪˈfjuːz/ **1** *vt* refuser : *to refuse sb entry/entry* refuser de laisser entrer qn **2** *vi* ~ **(to do sth)** refuser (de faire qch)

refuse[2] /ˈrefjuːs/ *n* [*indénombrable*] ordures, déchets

regain /rɪˈgeɪn/ *vt* retrouver, reprendre : *to regain consciousness* reprendre conscience

regal /ˈriːgl/ *adj* royal

regard /rɪˈgɑːd/ ◆ *vt* **1** ~ **sb/sth as sth** considérer qn/qch comme étant qch **2** (*sout*) considérer : *to regard sb/sth with contempt* considérer qn/qch avec mépris LOC **as regards sb/sth** en ce qui concerne qn/qch ◆ *n* **1** ~ **to/for sb/sth** estime pour qn ; égard pour qch : *with no regard for/to speed limits* sans respecter les limitations de vitesse **2 regards** [*pl*] (*dans correspondance*) amitiés LOC **in this regard** à cet égard **in/with regard to sb/sth** en ce qui concerne qn/qch **regarding** *prép* en ce qui concerne **regardless** *adv* (*fam*) malgré tout : *She had to carry on regardless.* Elle a dû continuer malgré tout. **regardless of** *prép* sans tenir compte de

regime /reɪˈʒiːm/ *n* régime (*organisation*) ☛ *Comparer avec* DIET

regiment /ˈredʒɪmənt/ *n* [*v sing ou pl*] régiment **regimented** *adj* trop strict, soumis à une discipline militaire

region /ˈriːdʒən/ *n* région LOC **in the region of** environ : *in the region of £10 000* environ 10 000 livres

register /ˈredʒɪstə(r)/ ◆ *n* **1** registre **2** cahier des absences : *to call the register* faire l'appel ◆ **1** *vt* ~ **sth (in sth)** enregistrer qch (dans qch) **2** (*naissance, etc.*) déclarer **3** *vi* ~ **(at/for/with sth)** s'inscrire (à qch) **4** *vi* ~ **(with sb)** (*médecin*) : *I'm registered with Doctor Smiley.* Je suis inscrit sur la liste des patients du docteur Smiley. **5** *vt* (*sentiment*) exprimer **6** *vt* (*lettre*) envoyer en recommandé

registered post *n* envoi recommandé : *to send sth by registered post* envoyer qch en recommandé

registrar /ˌredʒɪˈstrɑː(r), ˈredʒɪstrɑː(r)/ *n* **1** officier d'état civil **2** responsable de la scolarité (*université*) **3** ≈ chef de clinique

registration /ˌredʒɪˈstreɪʃn/ *n* **1** (*véhicule*) immatriculation **2** inscription **3** déclaration

registration number *n* numéro d'immatriculation

registry office /ˈredʒɪstri ɒfɪs/ (*aussi* **register office**) *n* bureau d'état civil

regret /rɪˈgret/ ◆ *n* **1** ~ **(at/about sth)** regret (à propos de qch) **2** ~ **(for sth)** regret, nostalgie (de qch) ◆ *vt* (**-tt-**) **1** regretter **2** *I regret to say*… J'ai bien peur que… **regretfully** *adv* **1** à regret **2** malheureusement **regrettable** *adj* regrettable

regular /ˈregjələ(r)/ ◆ *adj* régulier : *to take regular exercise* faire régulièrement de l'exercice ◊ *He's a regular visitor.* Il vient nous voir régulièrement. LOC **on a regular basis** régulièrement ◆ *n* habitué, -e **regularity** /ˌregju-ˈlærəti/ *n* régularité **regularly** *adv* régulièrement

regulate /ˈregjuleɪt/ *vt* **1** contrôler, réguler **2** (*appareil, température*) régler **regulation** *n* **1** réglementation **2** [*gén pl*] norme, règlement : *safety regulations* normes de sécurité

rehabilitate /ˌriːəˈbɪlɪteɪt/ *vt* **1** (*dans société*) réinsérer **2** (*médicalement*) rééduquer **rehabilitation** *n* **1** réinsertion **2** rééducation

rehearse /rɪˈhɜːs/ **1** *vt* répéter (*théâtre*) **2** *vi* ~ **(for sth)** répéter (pour qch) **3** *vt* ~ **sb (for sth)** faire répéter qn (pour qch) **rehearsal** *n* répétition : *a dress rehearsal* une répétition générale

reign /reɪn/ ◆ *n* règne ◆ *vi* ~ **(over sb/sth)** régner (sur qn/qch)

reimburse /ˌriːɪmˈbɜːs/ *vt* **1** ~ **sth (to sb)** rembourser qch (à qn) **2** ~ **sb (for sth)** rembourser qn (de qch)

rein /reɪn/ *n* rêne

reincarnation /ˌriːɪnkɑːˈneɪʃn/ *n* réincarnation

reindeer /ˈreɪndɪə(r)/ *n* (*pl* **reindeer**) renne

reinforce /ˌriːɪnˈfɔːs/ *vt* renforcer **reinforcement** *n* **1** renforcement **2 reinforcements** [*pl*] (*Mil*) renforts

reinstate /ˌriːɪnˈsteɪt/ *vt* (*sout*) **1** ~ **sb (in/as sth)** réintégrer, rétablir qn (dans/en tant que qch) **2** (*loi, tradition*) rétablir

reject /rɪˈdʒekt/ ◆ *vt* **1** rejeter, repousser **2** (*candidat*) rejeter ◆ /ˈriːdʒekt/ *n* article de deuxième choix **rejection** *n* refus, rejet

rejoice /rɪˈdʒɔɪs/ *vi* (*sout*) ~ **(at/in/over sth)** se réjouir (de qch)

rejoin /ˌriːˈdʒɔɪn/ *vt* **1** (*club*) se réinscrire à **2** (*personne*) rejoindre

relapse /rɪˈlæps/ ◆ *vi* rechuter ◆ *n* rechute

relate /rɪˈleɪt/ *vt* **1** ~ **sth (to sb)** (*sout*) raconter qch (à qn) **2** ~ **sth to/with sth** établir un rapport entre qch et qch PHR V **to relate to sb/sth 1** se rapporter à qn/qch, concerner qn/qch **2** communiquer avec qn, s'identifier à qch : *Many adults can't relate to children.* Beaucoup d'adultes ont du mal à communiquer avec les enfants. **related** *adj* **1** lié **2 to be** ~ **(to sb)** être apparenté (à qn) : *to be related by marriage* être parents par alliance

relation /rɪˈleɪʃn/ *n* **1** ~ **(to sth/between…)** rapport (avec qch/entre…) **2** parent, -e : *all my relations* toute ma famille **3** lien de parenté : *What relation are you to him?* Quel lien de parenté y a-t-il entre vous ? ◊ *Is he any relation (to you)?* Est-ce que vous êtes apparentés ? LOC **in/with relation to** (*sout*) en ce qui concerne, au sujet de *Voir aussi* BEAR[2] **relationship** *n* **1** ~ **(between A and B)** ; ~ **(of A to/with B)** rapport (entre A et B) **2** lien de parenté **3** relation (*dans un couple*)

relative /ˈrelətɪv/ ◆ *n* parent, -e ☛ *Voir note sous* PARENT ◆ *adj* relatif

relax /rɪˈlæks/ **1** *vt, vi* (se) décontracter, se détendre **2** *vt* (*règlement, discipline*) assouplir **relaxation** *n* **1** décontraction **2** relaxation **3** détente **relaxing** *adj* relaxant

relay /ˈriːleɪ/ ◆ *n* **1** relais **2** (*aussi* **relay race**) course de relais ◆ /ˈriːleɪ, rɪˈleɪ/ *vt* (*prét, pp* **relayed**) **1** (*message*) transmettre **2** (*GB*) (*Télé, Radio*) retransmettre

release /rɪˈliːs/ ◆ *vt* **1** libérer, relâcher **2** lâcher : *to release sb's arm* lâcher le bras de qn ◊ *to release your grip on sb/sth* lâcher qn/qch **3** (*gaz*) émettre **4** (*nouvelle*) communiquer **5** (*disque, livre*) sortir, faire paraître **6** (*film*) (faire) sortir ◆ *n* **1** libération **2** (*film, disque, livre*) sortie : *on general release* sur tous les écrans **3** (*CD, film*) sortie : *their new release* leur dernier disque

relegate /ˈrelɪgeɪt/ *vt* **1** reléguer **2** (*surtout GB*) (*Sport*) reléguer : *to be* *relegated to division two* descendre en seconde division **relegation** *n* **1** relégation **2** (*surtout GB*) (*Sport*) relégation

relent /rɪ'lent/ *vi* céder **relentless** *adj* implacable, incessant

relevant /'reləvənt/ *adj* pertinent : *to be relevant to sth* avoir rapport à qch **relevance** (*aussi* **relevancy**) *n* pertinence, intérêt

reliable /rɪ'laɪəbl/ *adj* **1** fiable **2** (*source*) sûr **3** (*témoin*) digne de foi, intègre **reliability** /rɪˌlaɪə'bɪləti/ *n* **1** fiabilité **2** sérieux, intégrité

reliance /rɪ'laɪəns/ *n* ~ **on sb/sth** dépendance vis-à-vis de qn/qch

relic /'relɪk/ *n* **1** relique **2** (*fig*) relique, vestige

relief /rɪ'li:f/ *n* **1** soulagement : *much to my relief* à mon grand soulagement **2** aide, soutien **3** (*personne*) relève **4** (*Art, Géogr*) relief

relieve /rɪ'li:v/ **1** *vt* soulager **2** *v réfléchi* ~ **yourself** (*euph*) se soulager **3** *vt* relever (*de fonctions*) PHR V **to relieve sb of sth 1** (*paquet, etc.*) soulager qn de qch, débarrasser qn de qch **2** (*devoir, ordre*) décharger qn de qch

religion /rɪ'lɪdʒən/ *n* religion **religious** *adj* religieux

relinquish /rɪ'lɪŋkwɪʃ/ *vt* (*sout*) **1** ~ **sth (to sb)** renoncer à qch (en faveur de qn) **2** abandonner ☛ L'expression **give sth up** est plus courante.

relish /'relɪʃ/ ◆ *n* ~ **(for sth)** goût (pour qch) ◆ *vt* apprécier

reluctant /rɪ'lʌktənt/ *adj* ~ **(to do sth)** réticent (à faire qch) **reluctance** *n* réticence, répugnance **reluctantly** *adv* à contrecœur, avec réticence

rely /rɪ'laɪ/ *v* (*prét, pp* **relied**) PHR V **to rely on/upon sb/sth (to do sth)** compter sur qn/qch (pour faire qch)

remain /rɪ'meɪn/ *vi* (*sout*) rester

Le terme **stay** est plus courant.

remainder *n* [*sing*] reste **remains** *n* [*pl*] restes, vestiges

remand /rɪ'mɑ:nd ; *USA* -'mænd/ ◆ *vt* déférer, renvoyer (*à une audience ultérieure*) : *to remand sb in custody* mettre qn en détention provisoire ◊ *to remand sb on bail* mettre qn en liberté sous caution ◆ *n* LOC **on remand** en détention provisoire

remark /rɪ'mɑ:k/ ◆ *vt, vi* faire remarquer PHR V **to remark on/upon sb/sth** faire une remarque sur qn/qch ◆ *n* remarque **remarkable** *adj* ~ **(for sth)** remarquable (par qch) : *He is remarkable for his maturity.* Il surprend par sa maturité.

remedial /rɪ'mi:diəl/ *adj* **1** (*action, mesure*) de redressement, correctif **2** (*cours*) de rattrapage

remedy /'remədi/ ◆ *n* (*pl* **-ies**) remède ◆ *vt* (*prét, pp* **-died**) remédier à

remember /rɪ'membə(r)/ *vt, vi* se souvenir (de), se rappeler : *as far as I remember* autant que je m'en souvienne ◊ *Remember that we have visitors tonight.* N'oublie pas que nous avons des invités ce soir. ◊ *Remember to phone your mother.* N'oublie pas d'appeler ta mère.

Remember change de sens selon qu'il est suivi de l'infinitif ou de la forme en **-ing**. Quand il est suivi de l'infinitif complet il fait référence à une action qui ne s'est pas encore déroulée : *Remember to post that letter.* N'oublie pas de poster cette lettre. Quand il est suivi de la forme en **-ing** il fait référence à une action qui s'est déjà déroulée : *I remember posting that letter.* Je me rappelle avoir posté cette lettre.

☛ *Comparer avec* REMIND PHR V **to remember sb to sb** rappeler qn au bon souvenir de qn : *Remember me to Simone.* Rappelle-moi au bon souvenir de Simone. **remembrance** *n* souvenir

Remembrance Sunday /rɪ'membrəns sʌndeɪ/ (*aussi* **Remembrance Day**) *n* (*GB*)

Remembrance Sunday se fête en Grande-Bretagne le dimanche qui tombe le plus près du 11 novembre. Son but est de rendre hommage aux personnes mortes pendant la guerre, principalement ceux qui sont morts au cours des deux guerres mondiales. Dans la rue, on vend des coquelicots (**poppies**) de papier qui se portent à la boutonnière. Cette journée s'appelle aussi **Poppy Day**. En plus de cela, des services religieux et des défilés sont organisés dans tout le pays.

remind /rɪ'maɪnd/ *vt* ~ **sb (to do sth)** rappeler à qn (de faire qch) : *Remind me to phone my mother.* Rappelle-moi d'appeler ma mère. ☛ *Comparer avec "Remember to phone your mother" sous*

REMEMBER **PHR V to remind sb of sb/sth** rappeler qn/qch à qn : *Your brother reminds me of John.* Ton frère me rappelle John. ◊ *This song reminds me of my first boyfriend.* Cette chanson me rappelle mon premier petit ami. **reminder** *n* **1** pense-bête, mémento **2** (*pour facture*) lettre de rappel

reminisce /ˌremɪˈnɪs/ *vi* ~ **(about sth)** évoquer ses souvenirs (de qch)

reminiscent /ˌremɪˈnɪsnt/ *adj* **be ~ of sb/sth** rappeler qn/qch ; faire penser à qn/qch **reminiscence** *n* réminiscence, souvenir

remnant /ˈremnənt/ *n* **1** reste **2** (*fig*) vestige **3** (*tissu*) coupon

remorse /rɪˈmɔːs/ *n* [*indénombrable*] ~ **(for sth)** remords (de qch) **remorseless** *adj* **1** impitoyable, sans pitié **2** implacable

remote /rɪˈməʊt/ ◆ *adj* **(-er, -est) 1** (*pr et fig*) lointain, éloigné : *the remote control* la télécommande **2** (*personne*) distant **3** (*possibilité*) vague ◆ *n Voir* REMOTE CONTROL **remotely** *adv* vaguement : *I'm not remotely interested.* Ça ne m'intéresse pas le moins du monde.

remote control *n* **1** télécommande, commande à distance **2** (*fam* **remote**) télécommande

remove /rɪˈmuːv/ *vt* **1 ~ sth (from sb/sth)** enlever qch (à qn/de qch) : *to remove your coat* enlever son manteau

Les expressions **take off** et **take out** sont plus courantes.

2 (*tuer*) éliminer, liquider **3 ~ sb (from sth)** renvoyer qn (de qch) **4** (*tache*) faire partir **removable** *adj* amovible **removal** *n* **1** suppression **2** (*employé*) renvoi **3** déménagement : *a removal van* un camion de déménagement

the Renaissance /rɪˈneɪsns ; *USA* ˈrenəsɑːns/ *n* la Renaissance

render /ˈrendə(r)/ *vt* (*sout*) rendre : *She was rendered speechless.* Cela lui coupa la parole.

rendezvous /ˈrɒndɪvuː/ *n* (*pl* **rendezvous** /-z/) rendez-vous (*amoureux*) *Voir aussi* APPOINTMENT *sous* APPOINT

renegade /ˈrenɪgeɪd/ *n* (*sout, péj*) renégat, -e

renew /rɪˈnjuː ; *USA* -ˈnuː/ *vt* **1** raviver, renouveler **2** (*connaissance*) renouer **3** (*contact*) reprendre **4** recommencer, reprendre **renewable** *adj* renouvelable **renewal** *n* renouvellement

renounce /rɪˈnaʊns/ *vt* (*sout*) **1** (*droit*) renoncer à **2** (*foi*) renier

renovate /ˈrenəveɪt/ *vt* rénover, restaurer

renowned /rɪˈnaʊnd/ *adj* ~ **(as/for sth)** renommé (pour qch)

rent /rent/ ◆ *n* loyer, location **LOC for rent** (*surtout USA*) à louer ◆ *vt* **1 ~ sth (from sb)** louer qch (à qn) (*point de vue du locataire*) : *I rent a garage from a neighbour.* Je loue un garage à un voisin. **2 ~ sth (out) (to sb)** louer qch (à qn) (*point de vue du propriétaire*) : *We rented out the house to some students.* Nous avons loué la maison à des étudiants. **3 ~ sth (from sb)** (*voiture, télévision*) louer qch (à qn) ; prendre qch en location **4 ~ sth (out) (to sb)** (*voiture, télévision*) louer qch (à qn) ☛ *Voir note sous* LOUER **rental** *n* location

reorganize, -ise /ˌriˈɔːgənaɪz/ *vt, vi* (se) réorganiser

rep /rep/ *n* (*fam*) *Voir* REPRESENTATIVE

repaid *prét, pp de* REPAY

repair /rɪˈpeə(r)/ ◆ *vt* réparer *Voir aussi* FIX, MEND ◆ *n* réparation : *It's beyond repair.* C'est irréparable. **LOC in a good state of/in good repair** en bon état

repay /rɪˈpeɪ/ *vt* (*prét, pp* **repaid**) **1** (*argent*) rembourser, rendre **2** (*personne*) rembourser **3** (*dette*) s'acquitter de **4** (*service, faveur*) rendre **repayment** *n* remboursement

repeat /rɪˈpiːt/ ◆ *vt* répéter ◆ *n* **1** répétition (*récurrence*) **2** (*Radio, Télé*) reprise **repeated** *adj* répété **repeatedly** *adv* plusieurs fois, à plusieurs reprises

repel /rɪˈpel/ *vt* **(-ll-) 1** repousser **2** dégoûter

repellent /rɪˈpelənt/ ◆ *adj* ~ **(to sb)** repoussant, abject ◆ *n* : *an insect repellent* un insectifuge

repent /rɪˈpent/ *vt, vi* ~ **(of) sth** se repentir de qch ; regretter qch **repentance** *n* repentir

repercussion /ˌriːpəˈkʌʃn/ *n* [*gén pl*] répercussion

repertoire /ˈrepətwɑː(r)/ *n* répertoire

repertory /ˈrepətri ; *USA* -tɔːri/ (*aussi* **repertory company/theatre** *ou fam* **rep**) *n* (troupe de) théâtre de province

repetition /ˌrepəˈtɪʃn/ *n* répétition

(*réoccurrence*) **repetitive** /rɪ'petətɪv/ *adj* répétitif

replace /rɪ'pleɪs/ *vt* **1** remettre (en place) **2** (*téléphone*) : *to replace the receiver* raccrocher **3** remplacer : *to replace a broken window* remplacer une vitre cassée **replacement** *n* **1** remplacement, remise en place **2** (*personne*) remplaçant, -e **3** (*objet*) pièce de rechange

replay /'ri:pleɪ/ *n* **1** match rejoué **2** (*Télé*) reprise

reply /rɪ'plaɪ/ ◆ *vi* (*prét, pp* **replied**) répondre *Voir aussi* ANSWER ◆ *n* (*pl* **-ies**) réponse, réplique

report /rɪ'pɔ:t/ ◆ **1** *vt* signaler **2** *vt* ~ **sth (to sb)** (*crime*) signaler qch (à qn) **3** *vt* ~ **sb (to sb)** (*coupable*) dénoncer qn (à qn) **4** *vi* ~ **(on sth)** faire un compte-rendu (sur qch) **5** *vi* ~ **to/for sth** (*travail, etc.*) se présenter (pour qch) : *to report sick* se faire porter malade **6** *vi* ~ **to sb** être sous les ordres de qn ◆ *n* **1** rapport, compte rendu **2** (*Journal*) reportage **3** bulletin scolaire **4** (*bruit*) détonation, explosion **reportedly** *adv* à ce que l'on dit : *They have reportedly decided to split up.* Ils auraient décidé de se séparer. **reporter** *n* journaliste, reporter

represent /ˌreprɪ'zent/ *vt* représenter **representation** *n* représentation

representative /ˌreprɪ'zentətɪv/ ◆ *adj* représentatif ◆ *n* **1** représentant, -e **2** (*USA*) (*Polit*) député

repress /rɪ'pres/ *vt* réprimer, refouler **repression** *n* **1** répression **2** refoulement

reprieve /rɪ'pri:v/ *n* **1** remise de peine **2** (*fig*) grâce

reprimand /'reprɪmɑ:nd ; *USA* -mænd/ ◆ *vt* réprimander, blâmer ◆ *n* réprimande, blâme

reprisal /rɪ'praɪzl/ *n* représailles

reproach /rɪ'prəʊtʃ/ ◆ *vt* ~ **sb (for/with sth)** reprocher qch à qn ; faire des reproches à qn ◆ *n* reproche LOC **above/beyond reproach** irréprochable

reproduce /ˌri:prə'dju:s ; *USA* -'du:s/ *vt, vi* (se) reproduire **reproduction** *n* reproduction **reproductive** *adj* reproducteur

reptile /'reptaɪl ; *USA* -tl/ *n* reptile

republic /rɪ'pʌblɪk/ *n* république **republican** *adj* républicain

repugnant /rɪ'pʌgnənt/ *adj* répugnant

repulsive /rɪ'pʌlsɪv/ *adj* repoussant

reputable /'repjətəbl/ *adj* **1** (*personne*) digne de confiance, honorable **2** (*entreprise*) de bonne réputation

reputation /ˌrepju'teɪʃn/ *n* réputation : *He's got a reputation for strictness.* Il a la réputation d'être strict.

repute /rɪ'pju:t/ *n* (*sout*) réputation **reputed** *adj* **1** putatif **2** ~ **to be sth** réputé comme étant qch : *He is reputed to be the best.* Il a la réputation d'être le meilleur. **reputedly** *adv* à ce que l'on dit

request /rɪ'kwest/ ◆ *n* ~ **(for sth)** requête, demande (de qch) : *to make a request for sth* faire une demande de qch ◆ *vt* ~ **sth (from/of sb)** demander qch (à qn) : *Visitors are requested not to touch the paintings.* Prière de ne pas toucher les tableaux. ☛ Le terme **ask** est plus courant.

require /rɪ'kwaɪə(r)/ *vt* **1** exiger **2** (*sout*) avoir besoin de ☛ Le terme **need** est plus courant. **3** (*sout*) ~ **sb to do sth** demander à qn de faire qch ; prier qn de faire qch **requirement** *n* **1** besoin, exigence **2** condition requise **3** obligation

rescue /'reskju:/ ◆ *vt* sauver ◆ *n* sauvetage, secours LOC **to come/go to sb's rescue** venir au secours de qn **rescuer** *n* sauveteur

research /rɪ'sɜ:tʃ, 'ri:sɜ:tʃ/ ◆ *n* [*indénombrable*] ~ **(into/on sth)** recherches (sur qch) ◆ *vt, vi* ~ **(into/on) sth** faire des recherches sur qch **researcher** *n* chercheur, -euse

resemble /rɪ'zembl/ *vt* ressembler à **resemblance** *n* ressemblance LOC *Voir* BEAR2

resent /rɪ'zent/ *vt* ne pas supporter, ne pas apprécier **resentful** *adj* plein de ressentiment **resentment** *n* ressentiment

reservation /ˌrezə'veɪʃn/ *n* **1** réservation **2** (*doute*) réserve **3** *the central reservation of the motorway* la bande médiane de l'autoroute

reserve /rɪ'zɜ:v/ ◆ *vt* **1** réserver **2** (*droit*) se réserver ◆ *n* **1** réserve **2** **reserves** [*pl*] (*Mil*) réserve, réservistes **3** (*Sport*) remplaçant, -e LOC **in reserve** en réserve **reserved** *adj* réservé

reservoir /'rezəvwɑ:(r)/ *n* **1** (*pr*) réservoir **2** (*fig*) source, puits

reshuffle /ˌri:'ʃʌfl/ *n* remaniement : *a*

cabinet reshuffle un remaniement ministériel

reside /rɪˈzaɪd/ *vi* (*sout*) résider

residence /ˈrezɪdəns/ *n* (*sout*) **1** résidence : *halls of residence* résidences universitaires **2** (*sout*) résidence, maison

resident /ˈrezɪdənt/ ◆ *n* **1** résident, -e **2** (*hôtel*) pensionnaire ◆ *adj* résident **residential** /ˌrezɪˈdenʃl/ *adj* **1** résidentiel **2** (*cours*) avec hébergement

residue /ˈrezɪdjuː ; *USA* -duː/ ◆ *n* résidu, reste

resign /rɪˈzaɪn/ **1** *vi* ~ **(from sth)** démissionner (de qch) **2** *vt* (*fonction, emploi*) démissionner de PHR V **to resign yourself to sth** se résigner à qch **resignation** *n* **1** démission **2** résignation

resilient /rɪˈzɪliənt/ *adj* **1** (*matériau*) élastique **2** (*personne*) qui a du ressort **resilience** *n* **1** élasticité **2** résistance, faculté d'adaptation

resist /rɪˈzɪst/ **1** *vt, vi* résister (à) : *I can't resist chocolate.* Je craque pour le chocolat. **2** *vt* (*pression, changement*) s'opposer à

resistance /rɪˈzɪstəns/ *n* ~ **(to sb/sth)** résistance (à qn/qch) : *He didn't put up/offer much resistance.* Il n'a pas beaucoup résisté. ◊ *the body's resistance to diseases* la résistance de l'organisme aux maladies

resolute /ˈrezəluːt/ *adj* résolu ☛ Le terme **determined** est plus courant. **resolutely** *adv* **1** résolument **2** (*refuser*) fermement

resolution /ˌrezəˈluːʃn/ *n* résolution : *New Year resolutions* bonnes résolutions pour la nouvelle année

resolve /rɪˈzɒlv/ *vt* (*sout*) **1** ~ **to do sth** décider, résoudre de faire qch **2** résoudre : *The senate resolved that...* Le sénat a résolu que... **3** (*dispute*) résoudre

resort[1] /rɪˈzɔːt/ ◆ *vi* ~ **to sth** avoir recours, recourir à qch : *to resort to violence* recourir à la violence ◆ *n* LOC *Voir* LAST

resort[2] /rɪˈzɔːt/ *n* lieu de villégiature : *a seaside resort* une station balnéaire ◊ *a ski resort* une station de ski

resounding /rɪˈzaʊndɪŋ/ *adj* retentissant : *a resounding success* un succès retentissant

resource /rɪˈsɔːs/ *n* ressource **resourceful** *adj* plein de ressources, ingénieux : *She's very resourceful.* Elle est très ingénieuse.

respect /rɪˈspekt/ ◆ *n* **1** ~ **(for sb/sth)** respect (pour qn/qch) ; estime (pour qn) **2** *in this respect* à cet égard LOC **with respect to sth** (*sout*) quant à qch, en ce qui concerne qch ◆ *vt* ~ **sb (as/for sth)** respecter qn (pour/en tant que qch) : *I respect them for their honesty.* Je les respecte pour leur honnêteté. ◊ *He respected her as a detective.* Il la respectait en tant que détective. **respectful** *adj* respectueux

respectable /rɪˈspektəbl/ *adj* **1** respectable **2** (*satisfaisant*) respectable, honorable

respective /rɪˈspektɪv/ *adj* respectif : *They each got on with their respective jobs.* Ils ont chacun poursuivi leurs tâches respectives.

respite /ˈrespaɪt/ *n* **1** répit **2** sursis, prorogation

respond /rɪˈspɒnd/ *vi* **1** ~ **(to sth)** réagir (à qch) : *The patient is responding to treatment.* Le patient réagit bien au traitement. **2** répondre : *I wrote to them last week but they haven't responded.* Je leur ai écrit la semaine dernière mais ils ne m'ont pas répondu. ☛ Dans le sens de *répondre*, les termes **answer** et **reply** sont plus courants.

response /rɪˈspɒns/ *n* ~ **(to sb/sth)** **1** réponse (à qn/qch) : *In response to your inquiry...* En réponse à votre demande... **2** réaction (à qn/qch)

responsibility /rɪˌspɒnsəˈbɪləti/ *n* (*pl* **-ies**) ~ **(for/to sb)** ; ~ **(for sth)** responsabilité (de qn/qch) : *to take full responsibility for sb/sth* répondre de qn/qch

responsible /rɪˈspɒnsəbl/ *adj* **1** ~ **(for sth/doing sth)** responsable (de qch) ; chargé (de faire qch) : *to be responsible for organizing the party* être chargé d'organiser la soirée ◊ *to act in a responsible way* se comporter de façon responsable **2** ~ **(for sth)** responsable (de qch) : *Who's responsible for this mess?* Qui a mis tout ce désordre ? ◊ *The bad weather was responsible for many deaths.* Le mauvais temps a fait de nombreuses victimes. **3** ~ **to sb/sth** : *to be responsible to sb/sth* être responsable devant qn/face à qch

responsive /rɪˈspɒnsɪv/ *adj* **1** réceptif : *a responsive audience* un public réceptif **2** *to be responsive to treatment* réagir au traitement

rest¹ /rest/ ◆ **1** *vt, vi* laisser reposer, se reposer **2** *vt, vi* ~ **(sth) on/against sth** appuyer qch, s'appuyer sur/contre qch **3** *vi* (*sout*) reposer : *The matter cannot rest there.* Les choses ne peuvent pas en rester là. ◊ *She won't let the matter rest.* Elle ne veut pas en rester là. ◆ *n* repos : *to have a rest* se reposer ◊ *to get some rest* se reposer LOC **at rest** au repos **to come to rest** s'arrêter *Voir aussi* MIND **restful** *adj* reposant, paisible

rest² /rest/ *n* **the** ~ **(of sth)** **1** [*indénombrable*] le reste (de qch) **2** [*pl*] les autres : *the rest of the players* les autres joueurs

restaurant /'restrɒnt ; *USA* -tərənt/ *n* restaurant

restless /'restləs/ *adj* agité : *to become/grow restless* s'agiter ◊ *to have a restless night* passer une nuit agitée

restoration /ˌrestə'reɪʃn/ *n* **1** restitution **2** restauration **3** rétablissement

restore /rɪ'stɔː(r)/ *vt* **1** ~ **sth (to sb/sth)** (*sout*) rendre, restituer qch (à qn/qch) **2** (*confiance*) redonner **3** (*santé*) rendre **4** (*ordre, paix*) rétablir **5** (*bâtiment*) restaurer

restrain /rɪ'streɪn/ **1** *vt* ~ **sb** retenir qn **2** *v réfléchi* ~ **yourself** se retenir, se dominer **3** *vt* (*colère*) maîtriser **restrained** *adj* réservé, mesuré

restraint /rɪ'streɪnt/ *n* (*sout*) **1** modération : *to act with restraint* faire preuve de modération **2** restriction, contrôle

restrict /rɪ'strɪkt/ *vt* limiter **restricted** ~ **(to sth)** limité, restreint (à qch) **restriction** *n* limitation, restriction **restrictive** *adj* restrictif

result /rɪ'zʌlt/ ◆ *n* résultat : *As a result of...* Suite à... ◆ *vi* ~ **(from sth)** résulter (de qch) PHR V **to result in sth** entraîner qch, occasionner qch

resume /rɪ'zjuːm ; *USA* -'zuːm/ (*sout*) *vt, vi* reprendre (*recommencer*) **resumption** *n* [*sing*] (*sout*) reprise (*recommencement*)

resurgence /rɪ'sɜːdʒəns/ *n* (*sout*) résurgence, reprise

resurrect /ˌrezə'rekt/ *vt* ressusciter : *to resurrect old traditions* rétablir de vieilles traditions **resurrection** *n* résurrection

resuscitate /rɪ'sʌsɪteɪt/ *vt* réanimer **resuscitation** *n* réanimation

retail /'riːteɪl/ ◆ *n* vente au détail : *the retail price* le prix de détail ◆ **1** *vt* vendre au détail **2** *vi* ~ **at...** se vendre au détail à... **retailer** *n* détaillant, -e

retain /rɪ'teɪn/ *vt* (*sout*) **1** garder, conserver **2** (*eau, faits*) retenir

retaliate /rɪ'tælieɪt/ *vi* ~ **(against sb/sth)** réagir, exercer des représailles (contre qn/qch) **retaliation** *n* [*indénombrable*] ~ **(against sb/sth)** représailles (contre qn/qch)

retarded /rɪ'tɑːdɪd/ *adj* arriéré (*mentalement*)

retch /retʃ/ *vi* avoir des haut-le-cœur

retention /rɪ'tenʃn/ *n* (*sout*) maintien

rethink /ˌriː'θɪŋk/ *vt* (*prét, pp* **rethought** /ˌriː'θɔːt/) repenser

reticent /'retɪsnt/ *adj* réservé, réticent **reticence** *n* réticence, réserve

retire /rɪ'taɪə(r)/ **1** *vi* prendre sa retraite **2** *vt* mettre à la retraite **3** *vi* (*sout*) (*Mil*) (*hum*) se retirer **retired** *adj* retraité **retiring** *adj* **1** réservé **2** qui part en retraite

retirement /rɪ'taɪəmənt/ *n* retraite

retort /rɪ'tɔːt/ ◆ *n* riposte, réplique ◆ *vt* riposter, rétorquer

retrace /rɪ'treɪs/ *vt* **1** revenir sur : *to retrace your steps* revenir sur ses pas **1** reconstituer : *to retrace sb's movements* reconstituer les mouvements de qn

retract /rɪ'trækt/ (*sout*) **1** *vt* (*déclaration*) revenir sur, rétracter **2** *vt, vi* (*griffe*) (se) rétracter

retreat /rɪ'triːt/ ◆ *vi* se replier, battre en retraite ◆ *n* **1** retraite (*repli*) **2** retraite, refuge

retrial /ˌriː'traɪəl/ *n* révision de procès

retribution /ˌretrɪ'bjuːʃn/ *n* (*sout*) châtiment

retrieval /rɪ'triːvl/ *n* **1** (*sout*) récupération **2** (*argent*) recouvrement **3** (*Informatique*) extraction

retrieve /rɪ'triːv/ *vt* **1** (*sout*) récupérer **2** (*Informatique*) extraire **3** (*chien*) rapporter (*proie*) **retriever** *n* chien d'arrêt

retrograde /'retrəgreɪd/ *adj* (*sout*) rétrograde : *a retrograde step* une mesure rétrograde

retrospect /'retrəspekt/ *n* LOC **in retrospect** rétrospectivement : *In retrospect, I think I was wrong.* Avec le recul, je pense que j'ai eu tort.

retrospective /ˌretrə'spektɪv/ ◆ *adj* **1** rétrospectif **2** rétroactif ◆ *n* rétrospective

return /rɪ'tɜːn/ ◆ **1** *vi* revenir, retourner, rentrer **2** *vt* rendre, rapporter, retourner **3** *vt* (*Polit*) élire **4** *vi* (*symptôme*) réapparaître ◆ *n* **1** ~ **(to sth)** retour (à qch) : *on my return* à mon retour **2** réapparition **3** restitution **4** déclaration : *(income) tax return* déclaration de revenus **5** ~ **(on sth)** rendement, rapport (de qch) **6** (*aussi* **return ticket**) (billet) aller-retour ☛ *Comparer avec* SINGLE **7** [*devant un nom*] de retour : *the return journey* le voyage de retour LOC **in return (for sth)** en échange (de qch)

returnable /rɪ'tɜːnəbl/ *adj* **1** (*somme, arrhes*) remboursable **2** (*bouteille*) consigné

reunion /riː'juːniən/ *n* réunion (*célébration*)

reunite /ˌriːjuː'naɪt/ *vt, vi* **1** (se) réunir : *be reunited with your family* retrouver les siens **2** (se) réconcilier

rev /rev/ ◆ *n* [*gén pl*] (*fam*) tour (*de moteur, roue, etc.*) ◆ *v* (**-vv-**) PHR V **to rev (sth) up** : *to rev up (the engine)* emballer le moteur

revalue /ˌriː'væljuː/ *vt* réévaluer **revaluation** *n* réévaluation

revamp /ˌriː'væmp/ *vt* (*fam*) **1** retaper **2** (*image*) rajeunir

reveal /rɪ'viːl/ *vt* **1** (*secret, informations*) révéler **2** montrer **revealing** *adj* **1** révélateur **2** (*robe, chemisier*) très décolleté

revel /'revl/ *vi* (**-ll-**, *USA* **-l-**) PHR V **to revel in sth/doing sth** se délecter de qch, prendre grand plaisir à faire qch

revelation /ˌrevə'leɪʃn/ *n* révélation

revenge /rɪ'vendʒ/ ◆ *n* vengeance LOC **to take (your) revenge (on sb)** se venger (de qn), prendre sa revanche (sur qn) ◆ *vt* venger, se venger de LOC **to revenge yourself/be revenged (on sb)** se venger (de qn)

revenue /'revənjuː ; *USA* -ənuː/ *n* revenus : *a source of government revenue* une source de revenus publics

reverberate /rɪ'vɜːbəreɪt/ *vi* **1** retentir, résonner **2** (*fig*) se propager **reverberation** *n* **1** résonance **2 reverberations** [*pl*] (*fig*) répercussions

revere /rɪ'vɪə(r)/ *vt* (*sout*) révérer

reverence /'revərəns/ *n* profond respect, vénération

reverend (*aussi* **Reverend**) /'revərənd/ *adj* (*abrév* **Rev**, **Revd**) révérend

reverent /'revərənt/ *adj* révérencieux, respectueux

reversal /rɪ'vɜːsl/ *n* **1** (*tendance, rôles*) inversion **2** (*situation*) renversement, revirement **3** (*Jur*) annulation

reverse /rɪ'vɜːs/ ◆ *n* **1 the ~ (of sth)** le contraire (de qch) : *Quite the reverse!* Au contraire ! **2** revers, envers **3** (*feuille de papier*) verso **4** (*aussi* **reverse gear**) marche arrière ◆ **1** *vt* inverser **2** *vt, vi* : *to reverse (the car)* faire marche arrière ◊ *I reversed the car into the garage.* J'ai rentré la voiture au garage en marche arrière. **3** *vt* (*décision*) annuler LOC **to reverse (the) charges** (*USA* to call collect) appeler en PCV

revert /rɪ'vɜːt/ *vi* **1** ~ **to sth** revenir à qch (*à un choix antérieur*) **2** ~ **(to sb/sth)** (*propriété, droit*) retourner, revenir (à qn/qch)

review /rɪ'vjuː/ ◆ *n* **1** révision **2** bilan **3** critique (*article*) **4** revue (*militaire*) ◆ *vt* **1** réviser, reconsidérer **2** faire la critique de **3** (*Mil*) passer en revue **reviewer** *n* critique (*personne*)

revise /rɪ'vaɪz/ **1** *vt* (*texte*) réviser **2** (*opinion*) modifier, revenir sur **3** *vt, vi* (*GB*) réviser (*pour examen*)

revision /rɪ'vɪʒn/ *n* **1** révision, modification **2** (*GB*) révision : *to do some revision* faire des révisions

revival /rɪ'vaɪvl/ *n* **1** renouveau **2** (*intérêt*) regain **3** (*économie*) redressement, reprise **4** (*Théâtre*) reprise

revive /rɪ'vaɪv/ **1** *vt* réanimer **2** *vi* reprendre connaissance **3** *vt* (*souvenirs*) raviver, ranimer **4** *vt* (*mode, débat, économie*) relancer **5** *vi* (*économie*) reprendre **6** *vt* (*Théâtre*) reprendre

revoke /rɪ'vəʊk/ *vt* (*sout*) **1** (*permis*) retirer **2** (*loi*) annuler, révoquer

revolt /rɪ'vəʊlt/ ◆ **1** *vi* ~ **(against sb/sth)** se révolter (contre qn/qch) **2** *vt* révolter, dégoûter ◆ *n* révolte, rébellion

revolting /rɪ'vəʊltɪŋ/ *adj* dégoûtant, répugnant

revolution /ˌrevə'luːʃn/ *n* **1** révolution **2** tour, révolution **revolutionary** *adj, n* (*pl* **-ies**) *adj* révolutionnaire

revolve /rɪ'vɒlv/ *vt, vi* (faire) tourner PHR V **to revolve around sb/sth** être axé sur qn/qch : *Her life revolves around her job/children.* Sa vie est centrée sur son travail/ses enfants.

revolver /rɪ'vɒlvə(r)/ *n* revolver

revulsion /rɪ'vʌlʃn/ *n* dégoût, répulsion

reward /rɪ'wɔːd/ ◆ *n* récompense ◆ *vt* récompenser **rewarding** *adj* gratifiant

rewind /riː'waɪnd/ *vt* (*prét, pp* **rewound** /-'waʊnd/) rembobiner

rewrite /ˌriː'raɪt/ *vt* (*prét* **rewrote** /-'rəʊt/ *pp* **rewritten** /-'rɪtn/) réécrire

rhetoric /'retərɪk/ *n* rhétorique

rheumatism /'ruːmətɪzəm/ *n* rhumatisme, rhumatismes

rhino /'raɪnəʊ/ *n* (*pl* ~**s**) rhinocéros

rhinoceros /raɪ'nɒsərəs/ *n* (*pl* **rhinoceros** *ou* ~**es**) rhinocéros

rhubarb /'ruːbɑːb/ *n* rhubarbe

rhyme /raɪm/ ◆ *n* **1** rime **2** vers **3** comptine *Voir* NURSERY ◆ *vt, vi* (faire) rimer

rhythm /'rɪðəm/ *n* rythme

rib /rɪb/ *n* côte

ribbon /'rɪbən/ *n* ruban LOC **to tear, cut, etc. sth to ribbons** mettre qch en lambeaux

ribcage /'rɪbkeɪdʒ/ *n* cage thoracique

rice /raɪs/ *n* riz : *a rice field* une rizière ◊ *brown rice* riz complet ◊ *rice pudding* riz au lait

rich /rɪtʃ/ ◆ *adj* (**-er, -est**) **1** riche : *to become/get rich* s'enrichir ◊ *to be rich in sth* être riche en qch **2** (*décor, vêtement*) somptueux, luxueux **3** (*sol*) riche, fertile **4** (*péj*) (*nourriture*) riche ◆ **the rich** *n* [*pl*] les riches **riches** *n* [*pl*] richesses **richly** *adv* LOC **to richly deserve sth** amplement mériter qch

rickety /'rɪkəti/ *adj* (*fam*) branlant, délabré

rid /rɪd/ *vt* (**-dd-**) (*prét, pp* **rid**) **to rid sb/sth of sb/sth** débarrasser qn/qch de qn/qch LOC **to be/get rid of sb/sth** être débarrassé/se débarrasser de qn/qch

ridden /'rɪdn/ *pp de* RIDE ◆ *adj* ~ **with sth 1** (*puces*) infesté de qch **2** (*remords*) tourmenté par qch

riddle[1] /'rɪdl/ *n* **1** devinette **2** énigme

riddle[2] /'rɪdl/ *vt* **1** (*balles*) cribler **2** (*péj*) (*fig*) : *to be riddled with sth* être plein de qch

ride /raɪd/ ◆ (*prét* **rode** /rəʊd/ *pp* **ridden** /'rɪdn/) **1** *vt* (*cheval*) monter : *to ride a horse* monter à cheval **2** *vt* : *to ride a bike* faire du vélo **3** *vi* faire du cheval : *to go riding* faire du cheval **4** *vi* (*en train, voiture, etc.*) aller : *to ride in a bus/taxi* prendre un bus/taxi ◆ *n* **1** promenade à cheval **2** (*à vélo, en voiture, etc.*) promenade, tour : *to go for a ride* aller faire un tour LOC **to take sb for a ride** (*fam*) faire marcher qn **rider** *n* **1** cavalier, -ière **2** cycliste **3** motocycliste

ridge /rɪdʒ/ *n* **1** (*montagne*) arête, crête **2** (*toit*) faîte

ridicule /'rɪdɪkjuːl/ ◆ *n* ridicule ◆ *vt* tourner en ridicule, ridiculiser **ridiculous** /rɪ'dɪkjələs/ *adj* ridicule

riding /'raɪdɪŋ/ *n* équitation : *I like riding.* J'aime monter à cheval.

rife /raɪf/ *adj* (*sout, péj*) répandu : *Speculation is rife.* Les conjectures vont bon train. ◊ *to be rife (with sth)* abonder (en qch)

rifle /'raɪfl/ *n* fusil

rift /rɪft/ *n* **1** (*fig*) désaccord, rupture **2** (*Géogr*) fissure

rig /rɪg/ ◆ *vt* (**-gg-**) truquer, manipuler PHR V **to rig sth up** improviser qch, installer qch ◆ *n* **1** (*aussi* **rigging**) gréement **2** appareil, système **3** (*aussi* **oil rig**) derrick, plate-forme pétrolière

right /raɪt/ ◆ *adj* **1** juste, bien : *I try to do what's right.* J'essaye de faire ce qu'il faut. ◊ *Is this the right colour for the curtains?* Est-ce que c'est la bonne couleur pour les rideaux ? **2** correct, exact : *The answers are all right.* Toutes les réponses sont correctes. ◊ *Is your watch right?* Est-ce que ta montre est à l'heure ? ◊ *Is that the right time?* Est-ce que c'est l'heure exacte ? ◊ *to be on the right road* être sur la bonne route ◊ *What she said isn't right.* Ce qu'elle a dit n'est pas vrai. **3** *to be right* avoir raison ◊ *You were quite right to refuse.* Tu as eu tout à fait raison de refuser. **4** bon : *The time isn't right for selling the house.* Ce n'est pas le bon moment pour vendre la maison. ◊ *She's the right person for the job.* Elle est la personne qu'il faut pour ce travail. **5** (*pied, main*) droit **6** (*GB, fam*) vrai, complet : *a right fool* un vrai imbécile *Voir aussi* ALL RIGHT LOC **to get sth right** faire qch correctement, faire qch comme il faut : *I got it right first time.* J'ai réussi du premier coup. **to get sth right/straight** mettre qch au clair **to put/set sb right** détromper qn **to put/set sth right 1** (*erreur*) corriger qch **2** (*situation*) arranger qch **3** (*injustice*) réparer qch *Voir aussi* CUE, SIDE ◆ *adv* **1** bien, correctement : *Have I spelt your name right?* Est-ce que j'ai bien écrit votre nom ? **2** juste : *right beside me* juste à côté de moi **3** complètement : *right to the end* jusqu'à la fin **4** à droite : *to turn right* tourner à droite **5** tout de suite : *I'll be right there.* J'arrive tout de suite. LOC **right now 1** pour le moment **2** tout de suite **right/straight away/off** tout de suite *Voir aussi* SERVE ◆ *excl* (*GB, fam*) **1 right!** bon !, bien ! **2 right?** d'accord ? : *That's £50 each, right?* Ça fait 50 livres chacun, d'accord ? ◆ *n* **1** bien : *right and wrong* le bien et le mal **2** ~ **(to sth/to do sth)** droit (à qch/ de faire qch) : *human rights* droits de l'homme **3** (*aussi Politique*) droite : *on the right* à droite LOC **by rights 1** de plein droit **2** en principe **in your own right 1** à part entière **2** de son propre chef **to be in the right** avoir raison ◆ *vt* **1** redresser, rétablir **2** réparer, redresser

right angle *n* angle droit

righteous /ˈraɪtʃəs/ *adj* **1** (*sout*) (*personne*) vertueux **2** (*indignation*) justifié

rightful /ˈraɪtfl/ *adj* [*toujours devant le nom*] légitime : *the rightful heir* l'héritier légitime

right-hand /ˈraɪt hænd/ *adj* droit : *on the right-hand side* à droite LOC **right-hand man** bras droit **right-handed** *adj* **1** droitier **2** pour droitiers

rightly /ˈraɪtli/ *adv* **1** à juste titre : *rightly or wrongly* à tort ou à raison **2** correctement

right wing ◆ *n* droite (*politique*) ◆ *adj* de droite

rigid /ˈrɪdʒɪd/ *adj* **1** rigide, raide **2** (*attitude*) rigide, strict

rigour (*USA* **rigor**) /ˈrɪgə(r)/ *n* (*sout*) rigueur **rigorous** *adj* rigoureux, sévère

rim /rɪm/ *n* **1** bord ☛ *Voir illustration sous* MUG **2** [*gén pl*] (*lunettes*) monture **3** jante

rind /raɪnd/ *n* **1** (*citron*) écorce **2** (*fromage*) croûte **3** (*lard*) couenne ☛ *Voir note sous* PEEL

ring¹ /rɪŋ/ ◆ *n* **1** bague, anneau : *a wedding ring* une alliance **2** cercle **3** (*aussi* **circus ring**) piste (*de cirque*) **4** (*aussi* **boxing ring**) ring ◆ *vt* (*prét, pp* **-ed**) **1** ~ **sb/sth (with sth)** encercler, entourer qn/qch (de qch) **2** (*oiseau*) baguer

ring² /rɪŋ/ ◆ (*prét* **rang** /ræŋ/ *pp* **rung** /rʌŋ/) **1** *vt, vi* (*cloche, sonnette*) (faire) sonner **2** *vi* ~ **(for sb/sth)** sonner (qn/ pour demander qch) **3** *vi* (*oreilles*) bourdonner **4** *vt, vi* (*GB*) ~ **(sb/sth) (up)** téléphoner (à qn/qch) PHR V **to ring (sb) back** rappeler (qn) **to ring off** (*GB*) raccrocher ◆ *n* **1** (*sonnette*) coup de sonnette **2** (*téléphone*) sonnerie **3** [*sing*] (*métal*) son **4** (*GB, fam*) : *to give sb a ring* appeler qn

ringleader /ˈrɪŋliːdə(r)/ *n* (*péj*) meneur, -euse

ring road *n* (*GB*) périphérique

rink /rɪŋk/ *n* patinoire, piste *Voir aussi* ICE RINK

rinse /rɪns/ ◆ *vt* ~ **sth (out)** (se) rincer qch ◆ *n* rinçage

riot /ˈraɪət/ ◆ *n* émeute LOC *Voir* RUN ◆ *vi* participer à une émeute **rioter** *n* émeutier, -ière, manifestant, -e **rioting** *n* [*indénombrable*] émeutes **riotous** *adj* **1** bruyant, tapageur **2** (*sout*) (*Jur*) déchaîné, séditieux

rip /rɪp/ ◆ *vt, vi* (**-pp-**) (se) déchirer : *to rip open a letter* ouvrir une lettre en déchirant l'enveloppe PHR V **to rip sb off** (*fam*) arnaquer qn **to rip sth off/out** arracher qch **to rip sth up** déchirer qch ◆ *n* accroc, déchirure

ripe /raɪp/ *adj* (**riper**, **ripest**) **1** (*fruit*) mûr **2** (*fromage*) fait **3** ~ **(for sth)** mûr, prêt (pour qch) : *The time is ripe.* C'est le bon moment.

ripen /ˈraɪpən/ *vt, vi* mûrir

rip-off /ˈrɪp ɒf/ *n* (*fam*) arnaque

ripple /ˈrɪpl/ ◆ *n* **1** ondulation **2** clapotis, murmure **3** cascade (*de rires*) ◆ *vt, vi* (se) rider, (faire) onduler

rise /raɪz/ ◆ *vi* (*prét* **rose** /rəʊz/ *pp* **risen** /ˈrɪzn/) **1** monter, augmenter **2** *Her voice rose in anger.* La colère lui a fait élever la voix. **3** (*sout*) (*personne*) se lever ☛ Dans ce contexte, l'expression **get up** est plus courante. **4** (*sout*) (*vent*) se lever **5** ~ **(up) (against sb/sth)** (*sout*) se soulever (contre qn/qch) **6** (*soleil, lune*) se lever **7** réussir **8** (*fleuve*) prendre sa source **9** (*niveau d'une rivière*) monter **10** (*gâteau*) lever ◆ *n* **1** ascension, essor **2** (*quantité*) augmentation, hausse **3** butte, montée **4** (*USA* **raise**) augmentation (*de salaire*) LOC **to give rise to sth** (*sout*) donner lieu à qch, entraîner qch

rising /ˈraɪzɪŋ/ ◆ *n* **1** (*Polit*) insurrection, soulèvement **2** (*soleil, lune*) lever ◆ *adj* **1** en pleine ascension, prometteur **2** en augmentation, en hausse **3** (*soleil*) levant

risk /rɪsk/ ◆ *n* ~ **(of sth)** risque, danger (de qch) : *There's a risk that he'll arrive late.* Il risque d'arriver en retard. LOC **at risk** menacé, en danger **to take a risk/risks** courir un risque/prendre des risques *Voir aussi* RUN ◆ *vt* **1** risquer, compromettre **2** ~ **doing sth** courir le risque de faire qch LOC **to risk your neck** risquer sa peau **risky** *adj* (**-ier**, **-iest**) risqué

rite /raɪt/ *n* rite

ritual /ˈrɪtʃuəl/ ◆ *n* rituel, rites ◆ *adj* **1** rituel **2** traditionnel

rival /ˈraɪvl/ ◆ *n* ~ **(for/in sth)** rival, -e (en qch) ◆ *adj* rival, opposé ◆ *vt* (**-ll-**, *USA* **-l-**) ~ **sb/sth (for/in sth) 1** rivaliser avec, être en concurrence avec qn/qch (pour qch) **2** égaler qn/qch (en qch) **rivalry** *n* (*pl* **-ies**) rivalité

river /ˈrɪvə(r)/ *n* rivière, fleuve : *the river bank* la rive ☛ *Voir note sous* FLEUVE **riverside** *n* bord de l'eau, rive

rivet /ˈrɪvɪt/ *vt* **1** (*Mécan*) riveter **2** (*fixer*) : *to be riveted to sth* être rivé sur qch ◊ *to be riveted to the spot* être cloué sur place **3** fasciner **riveting** *adj* captivant

road /rəʊd/ *n* **1** route : *the road to London* la route de Londres ◊ *a road sign* un panneau de signalisation ◊ *road safety* la sécurité routière ◊ *across/over the road* de l'autre côté de la route ◊ *a road accident* un accident de la route **2 Road** (*abrév* **Rd**) (*dans les noms de rue*) rue : *Woodstock Road* LOC **by road** par la route **on the road to sth** sur la voie de qch **roadside** *n* bord de la route : *a roadside inn* une auberge située au bord de la route **roadway** *n* chaussée

roadblock /ˈrəʊdblɒk/ *n* barrage routier

road rage *n* agressivité au volant

roadworks /ˈrəʊdwɜːks/ *n* [*pl*] travaux (*d'entretien des routes*)

roam /rəʊm/ **1** *vi* errer **2** *vt* parcourir, faire le tour de

roar /rɔː(r)/ ◆ *n* **1** (*lion*) rugissement **2** clameur : *roars of laughter* des éclats de rire **3** grondement ◆ **1** *vi*, *vt* hurler : *to roar with laughter* rire à gorge déployée **2** *vi* (*lion*) rugir **3** *vi* (*moteur*) vrombir **4** *vi* (*tonnerre*) gronder **roaring** *adj* LOC **to do a roaring trade (in sth)** faire des affaires en or (dans qch)

roast /rəʊst/ ◆ **1** *vt*, *vi* (*viande*) rôtir **2** *vt* (*café*) torréfier **3** *vi* (*personne*) se rôtir ◆ *adj*, *n* rôti

rob /rɒb/ *vt* (**-bb-**) **1 to rob sb (of sth)** dérober qch à qn ; voler qn **2** (*banque*) dévaliser **3 to rob sb/sth (of sth)** priver qn/qch (de qch)

> Comparez les verbes **rob**, **steal** et **burgle**. **Rob** a pour complément d'objet l'établissement ou la personne victime d'un vol : *He robbed me (of all my money).* Il m'a volé (tout mon argent). **Steal** a pour complément d'objet la chose volée (à une personne ou à un établissement) : *He stole all my money.* Il m'a volé tout mon argent. **Burgle** s'emploie lorsqu'il s'agit d'un cambriolage : *The house has been burgled.* La maison a été cambriolée.

robber *n* **1** voleur **2** (*aussi* **bank robber**) cambrioleur, -euse de banque ☛ *Voir note sous* THIEF **robbery** *n* (*pl* **-ies**) vol ☛ *Voir note sous* THEFT

robe /rəʊb/ *n* **1** robe **2** robe, toge

robin /ˈrɒbɪn/ *n* rouge-gorge

robot /ˈrəʊbɒt/ *n* robot

robust /rəʊˈbʌst/ *adj* robuste, solide

rock[1] /rɒk/ *n* **1** roche **2** rocher **3** sucre d'orge : *a stick of rock* un sucre d'orge **4** (*USA*) pierre LOC **at rock bottom** au plus bas **on the rocks 1** qui bat de l'aile **2** (*boisson*) avec des glaçons

rock[2] /rɒk/ **1** *vt*, *vi* (se) balancer **2** *vt* (*enfant*) bercer **3** *vt* (*pr et fig*) secouer **4** *vi* trembler LOC **to rock the boat** jouer les trouble-fête

rock[3] /rɒk/ (*aussi* **rock music**) *n* rock

rock climbing *n* escalade, varappe

rocket /ˈrɒkɪt/ ◆ *n* fusée ◆ *vi* monter en flèche : *He rocketed to stardom overnight.* Il est devenu célèbre du jour au lendemain.

rocking chair *n* fauteuil à bascule

rocky /ˈrɒki/ *adj* (**-ier**, **-iest**) **1** rocheux, rocailleux **2** (*fig*) peu stable, précaire

rod /rɒd/ *n* **1** tringle **2** tige **3** (*aussi* **fishing rod**) canne à pêche

rode *prét de* RIDE

rodent /ˈrəʊdnt/ *n* rongeur

rogue /rəʊg/ *n* **1** (*vieilli*) filou **2** (*hum*) coquin

role (*aussi* **rôle**) /rəʊl/ *n* rôle : *a role model* un modèle

role-play /'rəʊl pleɪ/ *n* jeu de rôle

roll /rəʊl/ ◆ *n* **1** rouleau **2** petit pain ☛ *Voir illustration sous* PAIN **3** roulis **4** liste : *roll-call* appel **5** roulement, grondement ◆ **1** *vt, vi* faire rouler, (se) rouler **2** *vt, vi* ~ **(sth) (up)** enrouler qch ; s'enrouler : *The hedgehog rolled up into a ball.* Le hérisson s'est mis en boule. **3** *vt* (*cigarette*) rouler **4** *vt* (*pâte*) étendre **5** *vt* (*pelouse*) rouler **6** *vi* tanguer, se balancer LOC **to be rolling in it** (*fam*) rouler sur l'or *Voir aussi* BALL PHR V **to roll in** (*fam*) affluer **to roll on** (*temps*) passer **to roll sth out** étendre qch **to roll over** se retourner **to roll up** (*fam*) s'amener **rolling** *adj* onduleux

roller /'rəʊlə(r)/ *n* **1** rouleau **2** bigoudi

Rollerblade® /'rəʊləbleɪd/ (*aussi* **in-line skate**) ◆ *n* roller, patin en ligne ◆ **rollerblade** *vi* faire du roller, aller en rollers

roller coaster *n* montagnes russes

roller skate ◆ *n* patin à roulettes ◆ *vi* faire du patin à roulettes, aller en patins à roulettes

rolling pin *n* rouleau à pâtisserie

ROM /rɒm/ *n* **read only memory** (*Informatique*) ROM, mémoire morte

romance /rəʊ'mæns/ *n* **1** charme : *the romance of foreign lands* le charme des pays étrangers **2** histoire d'amour, aventure : *a holiday romance* un amour de vacances **3** roman d'amour

romantic /rəʊ'mæntɪk/ *adj* **1** romantique **2** sentimental

romp /rɒmp/ ◆ *vi* ~ **(about/around)** s'ébattre ◆ *n* **1** ébats **2** (*fam*) (*Cin, Théâtre*) farce, comédie

roof /ru:f/ *n* (*pl* **~s**) toit **roofing** *n* toiture, couverture

roof rack *n* galerie (*pour bagages*)

rooftop /'ru:ftɒp/ *n* toit : *the rooftops of Paris* les toits de Paris

rook /rʊk/ *n* **1** freux **2** (*Échecs*) *Voir* CASTLE 2

room /ru:m, rʊm/ *n* **1** pièce, chambre *Voir* DINING ROOM, LIVING ROOM **2** place, espace : *Is there room for me?* Est-ce qu'il y a de la place pour moi ? ◊ *to make room for sb/sth* faire de la place pour qn/qch **3** *There's no room for doubt.* Il n'y a aucun doute. ◊ *There's room for improvement in your work.* Ton travail laisse à désirer. **roomy** *adj* (**-ier**, **-iest**) spacieux, grand

room service *n* service des chambres

room temperature *n* température ambiante

roost /ru:st/ ◆ *n* perchoir ◆ *vi* se percher, se nicher

root /ru:t/ ◆ *n* racine : *the square root of 49* la racine carrée de 49 LOC **the root cause (of sth)** la cause profonde (de qch) **to put down (new) roots** se créer de nouvelles racines ◆ *v* PHR V **to root about/around (for sth)** fouiller (pour trouver qch) **to root for sb/sth** (*fam*) encourager qn/qch **to root sth out** **1** extirper qch, supprimer qch **2** (*fam*) dénicher qch

rope /rəʊp/ ◆ *n* corde LOC **to show sb/know/learn the ropes** montrer à qn/connaître/apprendre les ficelles du métier ◆ *v* PHR V **to rope sb in (to do sth)** (*fam*) enrôler qn (pour faire qch) **to rope sth off** délimiter qch par une corde, interdire l'accès de qch

rope ladder *n* échelle de corde

rosary /'rəʊzəri/ *n* (*pl* **-ies**) rosaire, chapelet

rose[1] *prét de* RISE

rose[2] /rəʊz/ *n* **1** rose **2** rosier

rosé /'rəʊzeɪ ; *USA* rəʊ'zeɪ/ *n* rosé

rosemary /'rəʊzməri/ *n* romarin

rosette /rəʊ'zet/ *n* rosette, cocarde

rosy /'rəʊzi/ *adj* (**rosier**, **rosiest**) **1** rose **2** (*fig*) prometteur

rot /rɒt/ *vt, vi* (**-tt-** /'rɒtn/) (laisser) pourrir

rota /'rəʊtə/ *n* (*pl* **~s**) (*GB*) **1** tableau de service, planning **2** *on a rota basis* par roulement

rotate /rəʊ'teɪt ; *USA* 'rəʊteɪt/ **1** *vt, vi* (faire) tourner, (faire) pivoter **2** *vt* tourner (*personnel*) **3** *vi* faire à tour de rôle **rotation** *n* **1** rotation **2** roulement LOC **in rotation** par roulement, à tour de rôle

rotten /'rɒtn/ *adj* **1** pourri **2** infect, exécrable : *What rotten luck!* Quel manque de bol ! ◊ *I feel rotten.* Je me sens patraque.

rough /rʌf/ ◆ *adj* (**-er**, **-est**) **1** (*surface*) rêche, rugueux : *rough terrain* terrain accidenté **2** (*mer*) agité **3** (*comportement*) brutal, violent **4** (*quartier*) mal fréquenté **5** (*calcul*) sommaire, rapide

6 (*fam*) mal en point : *I feel a bit rough.* Je me sens un peu patraque. **7** (*expérience*) dur : *She's having a rough time.* Elle traverse une période difficile. LOC **to be rough (on sb)** (*fam*) **1** être dur (pour qn) **2** être dur (avec qn) ◆ *adv* **1** (**-er**, **-est**) brutalement : *He plays rough.* Il est brutal quand il joue. **2** à la dure ◆ *n* LOC **in rough** au brouillon ◆ *vt* LOC **to rough it** (*fam*) vivre à la dure **roughly** *adv* **1** brusquement **2** brutalement, violemment : *to treat sb roughly* traiter qn avec brutalité **3** à peu près, approximativement : *roughly speaking* en gros

roulette /ruːˈlet/ *n* roulette (*jeu*)

round[1] /raʊnd/ *adj* **1** rond, circulaire **2** *in round figures* en chiffres ronds

round[2] /raʊnd/ *particule* **1** *Voir* AROUND[2] ☛ Les verbes à particule formés avec **round** sont traités sous le verbe correspondant : pour **to come round**, par exemple, voir COME. **2** *all year round* toute l'année ◊ *a long way round* un grand détour ◊ *round the clock* 24 heures sur 24 ◊ *round at Sophie's* chez Sophie LOC **round about 1** des environs : *the villages round about* les villages des environs **2** environ, à peu près : *round about 10 o'clock* vers 10 heures

round[3] /raʊnd/ (*aussi* **around**) *prép* **1** *to look round a house* visiter une maison **2** autour de : *She wrapped the towel round herself.* Elle s'est enveloppée dans une serviette. **3** *just round the corner* tout près

round[4] /raʊnd/ *n* **1** tournée (*au bar*) : *It's my round.* C'est ma tournée. **2** série : *a round of talks* une série de négociations **3** (*Boxe*) reprise, round : *a boxing match of ten rounds* un match de boxe en dix reprises **4** (*Golf*) partie : *a round of golf* une partie de golf **5** *a round of applause* des applaudissements **6** cartouche (*munitions*)

round[5] /raʊnd/ *vt* **1** (*virage*) prendre : *We rounded the bend at high speed.* Nous avons pris le virage à toute vitesse. **2** (*obstacle*) contourner PHR V **to round sth off** finir qch, conclure qch **to round sb/sth up** regrouper qn, rassembler qch **to round sth up/down** arrondir qch au chiffre supérieur/inférieur

roundabout /ˈraʊndəbaʊt/ ◆ *adj* détourné : *in a roundabout way* de façon détournée ◆ *n* **1** (*aussi* **carousel**, **merry-go-round**) manège **2** rond-point

rouse /raʊz/ *vt* **1** ~ **sb (from/out of sth)** (*sout*) tirer qn (de qch) ; réveiller qn **2** stimuler, éveiller **rousing** *adj* **1** (*discours*) vibrant **2** (*applaudissements*) enthousiaste

rout /raʊt/ ◆ *n* déroute ◆ *vt* mettre en déroute

route /ruːt ; *USA* raʊt/ *n* chemin, itinéraire

routine /ruːˈtiːn/ ◆ *n* routine ◆ *adj* de routine, d'usage **routinely** *adv* **1** systématiquement **2** régulièrement

row[1] /rəʊ/ *n* rangée, rang LOC **in a row** de suite, d'affilée : *the third week in a row* la troisième semaine d'affilée

row[2] /rəʊ/ ◆ **1** *vi* ramer : *I rowed across the lake.* J'ai traversé le lac en barque. **1** *vt* faire avancer à la rame, transporter en barque : *She rowed the boat to the bank.* Elle a ramé jusqu'à la rive. ◊ *Will you row me across the river?* Pouvez-vous me faire traverser la rivière en barque ? ◆ *n* promenade en barque : *to go for a row* faire une promenade en barque **rowing** *n* aviron

row[3] /raʊ/ ◆ *n* (*fam*) **1** dispute, querelle : *to have a row* se disputer ☛ On peut remplacer **row** par **argument**. **2** tapage ◆ *vi* se disputer, se quereller

rowdy /ˈraʊdi/ *adj* (**-ier**, **-iest**) (*péj*) **1** (*personne*) tapageur, chahuteur **2** (*réunion*) houleux

royal /ˈrɔɪəl/ *adj* royal : *the royal family* la famille royale

Royal Highness *n* : *your/his/her Royal Highness* Votre/Son Altesse Royale

royalty /ˈrɔɪəlti/ *n* **1** [*sing*] la famille royale **2** (*pl* **-ties**) redevance, droits d'auteur

rub /rʌb/ ◆ (**-bb-**) **1** *vt* frotter, frictionner : *to rub your hands together* se frotter les mains **2** *vt* **to rub sth into/onto sth** appliquer qch sur qch ; faire pénétrer qch dans qch **3** *vi* **to rub (on/against sth)** frotter, se frotter contre qch PHR V **to rub off on/onto sb** (*qualité*) déteindre sur qn **to rub sth out** effacer qch ◆ *n* **1** friction, frottement : *to give sth a rub* frictionner qch **2** coup de chiffon

rubber /ˈrʌbə(r)/ *n* **1** caoutchouc : *a rubber stamp* un tampon **2** (*GB*) (*aussi* **eraser**, *GB, USA*)) gomme (*pour effacer*)

rubber band *n* élastique

rubbish /ˈrʌbɪʃ/ (*USA* **garbage**, **trash**) *n* [*indénombrable*] **1** déchets, ordures : *a rubbish dump/tip* une décharge ☛ *Voir note sous* TRASH ☛ *Voir illustration sous* BIN **2** (*péj, fam*) camelote **3** (*péj, fam*) idioties

rubble /ˈrʌbl/ *n* [*indénombrable*] **1** décombres, gravats **2** blocaille

ruby /ˈruːbi/ *n* (*pl* **-ies**) rubis

rucksack /ˈrʌksæk/ (*aussi* **backpack**) *n* sac à dos ☛ *Voir illustration sous* BAGAGE

rudder /ˈrʌdə(r)/ *n* gouvernail

rude /ruːd/ *adj* (**ruder**, **rudest**) **1** mal élevé, impoli : *It's rude to point.* C'est mal élevé de montrer du doigt. **2** (*histoire*) osé, grossier

rudimentary /ˌruːdɪˈmentri/ *adj* rudimentaire, de base

ruffle /ˈrʌfl/ *vt* **1** (*surface*) rider, agiter **2** (*cheveux*) ébouriffer **3** (*plumes*) hérisser **4** (*personne*) troubler

rug /rʌg/ *n* **1** tapis **2** couverture

rugby /ˈrʌgbi/ *n* rugby

rugged /ˈrʌgɪd/ *adj* **1** (*terrain*) accidenté, rocailleux **2** (*côte*) déchiqueté **3** (*visage*) rude

ruin /ˈruːɪn/ ◆ *n* (*pr et fig*) ruine ◆ *vt* **1** ruiner **2** gâcher

rule /ruːl/ ◆ *n* **1** règle, règlement : *He makes it a rule never to borrow any money.* Il a pour règle de ne jamais emprunter d'argent. **2** domination, gouvernement **3** (*instrument*) règle LOC **as a (general) rule** généralement, en règle générale ◆ **1** *vt, vi* ~ **(over sb/sth)** gouverner (qn/qch) ; régner (sur qn/qch) **2** *vt* (*personne, passions*) dominer, maîtriser **3** *vi* (*Jur*) statuer **4** *vt* ~ **that...** (*Jur*) décider, déclarer que... **5** *vt* tirer, tracer (*trait*) PHR V **to rule sb/sth out** exclure qn/qch

ruler /ˈruːlə(r)/ *n* **1** *n* dirigeant, -e **2** règle (*instrument*)

ruling /ˈruːlɪŋ/ ◆ *adj* **1** dominant **2** (*Polit*) au pouvoir ◆ *n* décision

rum /rʌm/ *n* rhum

rumble /ˈrʌmbl/ ◆ *vi* **1** gronder, grommeler **2** (*estomac*) gargouiller ◆ *n* grondement

rummage /ˈrʌmɪdʒ/ *vi* **1** ~ **about/around** fouiller **2** ~ **among/in/through sth (for sth)** fouiller dans qch (à la recherche de qch)

rumour (*USA* **rumor**) /ˈruːmə(r)/ *n* rumeur, bruit : *Rumour has it that...* Le bruit court que...

rump /rʌmp/ *n* **1** croupe **2** (*aussi* **rump steak**) rumsteck

run /rʌn/ ◆ (**-nn-**) (*prét* **ran** /ræn/ *pp* **run**) **1** *vt, vi* courir : *I had to run to catch the bus.* J'ai dû courir pour attraper le bus. ◊ *I ran nearly ten kilometres.* J'ai couru pendant près de dix kilomètres. **2** *vi* couler : *The tears ran down her cheeks.* Des larmes coulèrent sur son visage. ◊ *A shiver ran down his spine.* Un frisson lui parcourut le dos. **3** *vt* passer : *to run your fingers through sb's hair* passer la main dans les cheveux de qn ◊ *to run your eyes over sth* parcourir qch des yeux ◊ *She ran her eye around the room.* Elle parcourut la pièce du regard. ◊ *A thought ran through my mind.* Une pensée me traversa l'esprit. **4** *vt, vi* (*appareil, système*) (faire) marcher, (faire) fonctionner : *Everything is running smoothly.* Tout va très bien. ◊ *Run the engine for a few minutes before you start.* Laisse tourner le moteur pendant quelques minutes avant de démarrer. **5** *vi* passer : *The cable runs the length of the wall.* Le câble longe tout le mur. ◊ *A fence runs round the field.* Une clôture entoure le champ. ◊ *He had a scar running across his cheek.* Il avait une cicatrice sur la joue. **6** *vi* (*autobus, train*) circuler, être en service : *The buses run every hour.* Les autobus passent toutes les heures. ◊ *The train is running an hour late.* Le train a une heure de retard. **7** *vt* accompagner, transporter (*en voiture*) : *I'll run you home.* Je te raccompagne. **8** *vi* **to run (for...)** (*Théâtre*) tenir l'affiche (pendant...) **9** *vt* : *to run a bath* faire couler un bain **10** *vi* : *to leave the tap running* laisser le robinet ouvert **11** *vi* (*nez*) couler **12** *vi* (*couleur*) déteindre **13** *vt* (*entreprise, etc.*) diriger, gérer **14** *vt* (*service, cours*) organiser **15** *vt* (*Informatique*) exécuter **16** *vt* (*véhicule*) entretenir : *I can't afford to run a car.* Je n'ai pas les moyens d'avoir une voiture. **17** *vi* **to run (for sth)** (*Polit*) se présenter (à qch) **18** *vt* (*article*) publier LOC **to run dry** s'assécher **to run for it** se sauver **to run in the family** être de famille **to run out of steam** (*fam*) s'essouffler, ne pas tenir le coup **to run riot** se déchaîner **to run the risk (of doing**

sth) courir le risque (de faire qch) *Voir aussi* DEEP, TEMPERATURE, WASTE
PHR V **to run about/around** courir (çà et là)
to run across sb/sth tomber sur qn/qch
to run after sb courir après qn
to run at sth : *Inflation is running at five per cent.* Le taux d'inflation est de cinq pour cent.
to run away (from sb/sth) fuir (qn/qch)
to run sb/sth down 1 renverser qn/qch (*en voiture*) **2** dénigrer qn/qch, rabaisser qn/qch
to run sth in roder qch
to run into sb/sth 1 rencontrer qn/qch, tomber sur qn **2** rentrer dans qn/qch **to run sth into sth** : *He ran the car into a tree.* Il est rentré dans un arbre avec sa voiture.
to run off (with sth) partir (avec qch)
to run out 1 expirer **2** s'épuiser, manquer **to run out of sth** ne plus avoir de qch
to run over sth 1 revoir qch **2** répéter qch **to run sb over** renverser qn
to run through sth 1 faire le tour de qch, parcourir qch **2** passer qch en revue, revoir qch **3** répéter qch
to run sth up 1 hisser qch **2** coudre qch à la hâte **3** (*dettes*) laisser s'accumuler qch **to run up against sth** se heurter à qch ◆ *n* **1** course : *to go for a run* aller courir ◊ *to break into a run* se mettre à courir **2** tour (*en voiture, etc.*) **3** série : *a run of bad luck* une période de malchance **4** (*Théâtre*) : *The play had a run of six months.* La pièce a tenu l'affiche pendant six mois. LOC **to be on the run** être en fuite *Voir aussi* BOLT[2], LONG[1]

runaway /ˈrʌnəweɪ/ ◆ *adj* **1** (*enfant*) fugueur **2** (*train, camion*) fou **3** (*cheval*) emballé **4** (*victoire*) éclatant : *a runaway success* un succès éclatant **5** incontrôlé : *runaway inflation* inflation galopante ◆ *n* **1** fugitif, -ive **2** fugueur, -euse

run-down /ˌrʌn ˈdaʊn/ *adj* **1** (*bâtiment*) délabré **2** (*personne*) épuisé

rung[1] *pp de* RING[2]

rung[2] /rʌŋ/ *n* **1** barreau **2** (*fig*) échelon

runner /ˈrʌnə(r)/ *n* coureur, -euse

runner-up /ˌrʌnər ˈʌp/ *n* (*pl* **-s-up** /ˌrʌnəz ˈʌp/) second, -e (*dans un concours*)

running /ˈrʌnɪŋ/ ◆ *n* **1** course (à pied) **2** gestion **3** fonctionnement : *running costs* dépenses courantes LOC **to be in/out of the running (for sth)** (*fam*) être/ne plus être dans la course (pour obtenir qch) ◆ *adj* **1** continu **2** de suite : *four days running* quatre jours de suite **3** (*eau*) courant LOC *Voir* ORDER

runny /ˈrʌni/ *adj* (**-ier**, **-iest**) (*fam*) **1** liquide **2** *to have a runny nose* avoir le nez qui coule

run-up /ˈrʌn ʌp/ *n* ~ **(to sth)** dernière ligne droite (avant qch)

runway /ˈrʌnweɪ/ *n* piste d'atterrissage/de décollage

rupture /ˈrʌptʃə(r)/ ◆ *n* (*sout*) rupture ◆ **1** *vt* se faire éclater **2** *vi* se rompre

rural /ˈrʊərəl/ *adj* rural

rush /rʌʃ/ ◆ **1** *vi* se précipiter, se ruer : *They rushed out of school.* Ils se sont précipités hors de l'école. ◊ *They rushed to help her.* Ils se sont précipités pour l'aider. **2** *vi* se dépêcher **3** *vt* bousculer, presser : *Don't rush me!* Ne me bouscule pas ! **4** *vt* transporter d'urgence : *He was rushed to hospital.* Il a été transporté d'urgence à l'hôpital. ◆ *n* **1** [*sing*] ruée, bousculade : *There was a rush to the exit.* Tout le monde s'est rué vers la sortie. **2** (*fam*) hâte : *I'm in a terrible rush.* Je suis très pressée. ◊ *There's no rush.* Ça ne presse pas. ◊ *the rush hour* les heures de pointe

rust /rʌst/ ◆ *n* rouille ◆ *vt, vi* (se) rouiller

rustic /ˈrʌstɪk/ *adj* rustique

rustle /ˈrʌsl/ ◆ **1** *vt* froisser **2** *vi* bruire PHR V **to rustle sth up** (*fam*) préparer qch en vitesse : *I'll rustle up an omelette for you.* Je vais te faire une omelette en vitesse. ◆ *n* froissement, bruissement

rusty /ˈrʌsti/ *adj* (**-ier**, **-iest**) (*pr et fig*) rouillé

rut /rʌt/ *n* ornière LOC **to be (stuck) in a rut** être enlisé dans la routine

ruthless /ˈruːθləs/ *adj* impitoyable **ruthlessness** *n* caractère impitoyable, dureté

rye /raɪ/ *n* seigle

Ss

S, s /es/ *n* (*pl* **S's, s's** /'esɪz/) S, s : *S for sugar* S comme Sophie ☛ *Voir exemples sous* A, A

the Sabbath /'sæbəθ/ *n* **1** (*chrétien*) jour du Seigneur **2** (*juif*) sabbat

sabotage /'sæbətɑːʒ/ ◆ *n* sabotage ◆ *vt* saboter

saccharin /'sækərɪn/ *n* saccharine

sachet /'sæʃeɪ ; *USA* sæ'ʃeɪ/ *n* sachet

sack¹ /sæk/ *n* sac

sack² /sæk/ *vt* (*surtout GB, fam*) virer, renvoyer **the sack** *n* : *to give sb the sack* virer qn ◊ *to get the sack* se faire virer

sacred /'seɪkrɪd/ *adj* sacré

sacrifice /'sækrɪfaɪs/ ◆ *n* sacrifice : *to make sacrifices* faire des sacrifices ◆ *vt* ~ **sth (to/for sb/sth)** sacrifier qch (à/pour qn/qch)

sacrilege /'sækrəlɪdʒ/ *n* sacrilège

sad /sæd/ *adj* (**sadder, saddest**) **1** triste **2** (*situation*) triste, navrant **3** (*fam, péj*) grave, craignos : *'She spends all weekend playing computer games.' 'That's so sad!'* « Elle passe le week-end à jouer à des jeux informatiques. — Elle est très grave ! » **sadden** *vt* attrister

saddle /'sædl/ ◆ *n* selle ◆ *vt* **1** seller **2** ~ **sb with sth** (*tâche*) refiler qch à qn

sadism /'seɪdɪzəm/ *n* sadisme

sadly /'sædli/ *adv* **1** tristement **2** malheureusement

sadness /'sædnəs/ *n* tristesse

safari /sə'fɑːri/ *n* (*pl* ~**s**) safari

safe¹ /seɪf/ *adj* (**safer, safest**) **1** ~ **(from sb/sth)** à l'abri (de qn/qch) ; en sécurité **2** (*voiture, méthode*) sûr : *in a safe place* en lieu sûr ◊ *Your secret is safe with me.* Ne t'en fais pas, je ne le répéterai pas. **3** (*échelle*) solide **4** indemne, sûr **5** (*chauffeur*) prudent LOC **safe and sound** sain et sauf **to be on the safe side** pour plus de sûreté : *It's best to be on the safe side.* Mieux vaut prévenir que guérir. *Voir aussi* BETTER **safely** *adv* **1** prudemment, en toute sécurité **2** sans problème, sans risque : *to arrive safely* faire bon voyage **3** bien : *safely locked away* en lieu sûr

safe² /seɪf/ *n* coffre-fort

safeguard /'seɪfgɑːd/ ◆ *n* ~ **(against sth)** garantie, protection (contre qch) ◆ *vt* ~ **sb/sth (against sb/sth)** protéger qn/qch (contre qn/qch)

safety /'seɪfti/ *n* sécurité

safety belt *n* ceinture de sécurité

safety net *n* **1** filet (*de protection*) **2** (*fig*) filet de sécurité

safety pin *n* épingle de sûreté ☛ *Voir illustration sous* PIN

safety valve *n* soupape de sûreté

sag /sæg/ *vi* (**-gg-**) **1** (*lit, canapé*) s'affaisser **2** (*tente*) ne pas être bien tendu **3** (*peau*) être flasque

sage /seɪdʒ/ *n* sauge

Sagittarius /ˌsædʒɪ'teəriəs/ *n* Sagittaire ☛ *Voir exemples sous* AQUARIUS

said *prét, pp de* SAY

sail /seɪl/ ◆ *n* voile (*bateau*) LOC *Voir* SET² ◆ **1** *vi* voyager en bateau : *to sail around the world* faire le tour du monde en bateau **2** *vi* naviguer : *The boats sailed into the harbour.* Les bateaux sont entrés dans le port. **3** *vi* faire du bateau, faire de la voile : *to go sailing* faire de la voile **4** *vt* traverser en bateau **5** *vt* (*bateau*) piloter, manœuvrer **6** *vi* ~ **(from...) (for/to...)** aller en bateau (de...) (à...) ; partir (pour...) : *When does this ship sail?* Quand ce bateau prend-il la mer ? **7** *vi* (*objet*) voler PHR V **to sail through (sth)** réussir (qch) facilement : *She sailed through the interview.* Elle a passé l'entretien avec beaucoup d'aisance.

sailing /'seɪlɪŋ/ *n* **1** voile (*activité*) **2** départ : *There are three sailings a day.* Il y a trois départs par jour.

sailing boat *n* voilier

sailor /'seɪlə(r)/ *n* marin

saint /seɪnt, snt/ *n* (*abrév* **St**) saint, -e

sake /seɪk/ *n* LOC **for God's, goodness', Heaven's, etc. sake** pour l'amour de Dieu **for sb's/sth's sake** ; **for the sake of sb/sth** par égard pour qn/qch

salad /'sæləd/ *n* salade

salary /'sæləri/ *n* (*pl* **-ies**) salaire ☛ *Comparer avec* WAGE

sale /seɪl/ *n* **1** vente : *the sales department* le service des ventes **2** soldes : *to hold/have a sale* faire des soldes **3** vente aux enchères LOC **for sale** à vendre **on sale** en vente

salesman /'seɪlzmən/ *n* (*pl* **-men** /-mən/) représentant, vendeur ☛ *Voir note sous* POLICIER

salesperson /'seɪlzpɜːsn/ *n* (*pl* **-people**) représentant, -e, vendeur, -euse

saleswoman /'seɪlzwʊmən/ *n* (*pl* **-women**) représentante, vendeuse

saliva /sə'laɪvə/ *n* salive

salmon /'sæmən/ *n* (*pl* **salmon**) saumon

salon /'sælɒn ; *USA* sə'lɒn/ *n* salon (*de beauté, coiffure*)

saloon /sə'luːn/ *n* **1** (*aussi* **saloon bar**) bar (*salle confortable dans un pub*) **2** (*USA*) bar, saloon **3** (*aussi* **saloon car**) (*GB*) berline

salt /sɔːlt/ *n* sel **salted** *adj* salé **salty** (**-ier, -iest**) (*aussi* **salt**) *adj* salé

saltwater /'sɔːltwɔːtə(r)/ *adj* (*poisson*) de mer

salutary /'sæljətri ; *USA* -teri/ *adj* salutaire

salute /sə'luːt/ ◆ *vt, vi* saluer, faire un salut ☛ *Comparer avec* GREET ◆ *n* **1** salut (*de la main*) **2** (*avec canon*) salve

salvage /'sælvɪdʒ/ ◆ *n* **1** sauvetage **1** (*d'objets*) récupération ◆ *vt* récupérer (*pour recyclage*)

salvation /sæl'veɪʃn/ *n* salut (*de l'âme*)

same /seɪm/ ◆ *adj* même : *the same thing* la même chose ◊ *I left that same day.* Je suis parti le jour même. ☛ On emploie parfois **same** pour donner de l'emphase : *the very same man* le même homme LOC **at the same time 1** à la fois, en même temps **2** d'un autre côté **to be in the same boat** être tous dans le même bateau ◆ **the same** *adv* de la même façon : *to treat everyone the same* traiter tout le monde de la même façon ◆ *pron* **the same (as sb/sth)** pareil, la même chose (que qn/qch) : *All men are the same.* Les hommes sont tous pareils. ◊ *I think the same as you.* Je pense la même chose que toi. LOC **all/just the same 1** quand même : *Thanks all the same.* Merci quand même. **2** *It's all the same to me.* Ça m'est égal. **same here** (*fam*) moi aussi **(the) same to you** toi aussi

sample /'sɑːmpl ; *USA* 'sæmpl/ ◆ *n* échantillon ◆ *vt* (*nouveau produit, aliment*) goûter à, essayer

sanatorium /ˌsænə'tɔːriəm/ (*USA aussi* **sanitarium** /ˌsænə'teəriəm/) *n* (*pl* **~s** *ou* **-ria** /-rɪə/) sanatorium

sanction /'sæŋkʃn/ ◆ *n* sanction ◆ *vt* autoriser

sanctuary /'sæŋktʃuəri ; *USA* -ueri/ *n* (*pl* **-ies**) **1** asile, refuge **2** sanctuaire **3** (*pour animaux*) réserve

sand /sænd/ *n* **1** sable **2** [*gén pl*] plage

sandal /'sændl/ *n* sandale ☛ *Voir illustration sous* CHAUSSURE

sandcastle /'sændkɑːsl ; *USA* -kæsl/ *n* château de sable

sand dune (*aussi* **dune**) *n* dune

sandpaper /'sændpeɪpə(r)/ *n* papier de verre

sandwich /'sænwɪdʒ ; *USA* -wɪtʃ/ ◆ *n* sandwich ◆ *vt* prendre en sandwich, coincer

sandy /'sændi/ *adj* (**-ier, -iest**) sableux, de sable

sane /seɪn/ *adj* (**saner, sanest**) **1** sain d'esprit **2** sensé

sang *prét de* SING

sanitarium (*USA*) *Voir* SANATORIUM

sanitary /'sænətri ; *USA* -teri/ *adj* **1** hygiénique, propre **2** sanitaire

sanitary towel *n* serviette hygiénique

sanitation /ˌsænɪ'teɪʃn/ *n* [*indénombrable*] mesures sanitaires

sanity /'sænəti/ *n* **1** équilibre mental **2** bon sens

sank *prét de* SINK

Santa Claus /'sæntə klɔːz/ (*fam* **Santa**) *n* (*surtout USA*) le père Noël

sap /sæp/ ◆ *n* sève ◆ *vt* (**-pp-**) saper

sapphire /'sæfaɪə(r)/ ◆ *n* saphir ◆ *adj* bleu saphir

sarcasm /'sɑːkæzəm/ *n* sarcasme **sarcastic** /sɑː'kæstɪk/ *adj* sarcastique

sardine /ˌsɑː'diːn/ *n* sardine

sash /sæʃ/ *n* ceinture, écharpe (*sur uniforme*)

sat *prét, pp de* SIT

satchel /'sætʃəl/ *n* cartable

satellite /'sætəlaɪt/ *n* satellite : *satellite television/TV* télévision par satellite

satellite dish *n* parabole, antenne parabolique

satin /'sætɪnː ; *USA* 'sætn/ *n* satin

satire /'sætaɪə(r)/ *n* satire **satirical** /sə'tɪrɪkl/ *adj* satirique

satisfaction /ˌsætɪs'fækʃn/ *n* satisfaction

satisfactory /ˌsætɪsˈfæktəri/ *adj* satisfaisant

satisfy /ˈsætɪsfaɪ/ *vt* (*prét, pp* **-fied**) **1** satisfaire **2** (*faim*) assouvir **3** ~ **sb (as to sth)** convaincre qn (de qch) **satisfied** *adj* ~ **(with sth)** satisfait (de qch) **satisfying** *adj* très agréable, satisfaisant : *a satisfying meal* un repas substantiel ◊ *satisfying work* travail qui apporte de la satisfaction

satsuma /sætˈsuːmə/ *n* sorte de mandarine

saturate /ˈsætʃəreɪt/ *vt* ~ **sth (with sth)** **1** tremper qn/qch (de qch) **2** saturer : *The market is saturated.* Le marché est saturé. **saturation** *n* saturation

Saturday /ˈsætədeɪ, ˈsætədi/ *n* (*abrév* **Sat**) samedi ☛ *Voir exemples sous* MONDAY

Saturn /ˈsætən/ *n* Saturne

sauce /sɔːs/ *n* sauce

saucepan /ˈsɔːspən ; *USA* -pæn/ *n* casserole

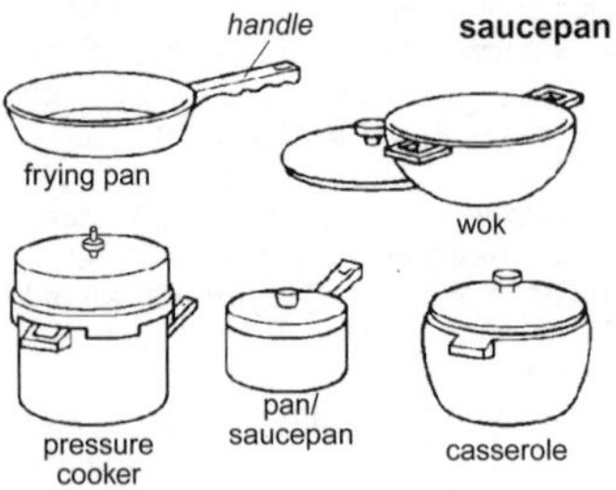

saucer /ˈsɔːsə(r)/ *n* soucoupe ☛ *Voir illustration sous* MUG

sauna /ˈsɔːnə, ˈsaʊnə/ *n* sauna

saunter /ˈsɔːntə(r)/ *vi* se balader, marcher d'un pas nonchalant : *He sauntered over to the bar.* Il se dirigea vers le bar d'un pas nonchalant.

sausage /ˈsɒsɪdʒ ; *USA* ˈsɔːs-/ *n* saucisse

sausage roll *n* feuilleté à la saucisse

savage /ˈsævɪdʒ/ ◆ *adj* **1** sauvage **2** (*chien*) féroce **3** (*attaque, critique*) violent : *savage cuts in the budget* des coupes claires dans le budget ◆ *n* sauvage ◆ *vt* **1** attaquer **2** (*fig*) descendre en flammes **savagery** *n* sauvagerie, barbarie

save /seɪv/ ◆ **1** *vt* ~ **sb (from sth)** sauver qn (de qch) **2** *vt* économiser : *We should try to save water.* Nous devrions essayer d'économiser l'eau. **3** *vi* ~ **(up) (for sth)** mettre de l'argent de côté (pour qch) **4** ~ **(sb) sth** épargner qch (à qn) : *That will save us a lot of trouble.* Ça nous épargnera bien des ennuis. **5** (*Informatique*) sauvegarder **6** (*Sport*) arrêter LOC **to save face** sauver la face **to save time** gagner du temps : *We can save time if we drive.* On peut gagner du temps en y allant en voiture. ◆ *n* arrêt de but

saving /ˈseɪvɪŋ/ *n* **1** gain, économie : *a saving of £15* une économie de 15 livres **2 savings** [*pl*] économies

saviour (*USA* **savior**) /ˈseɪvɪə(r)/ *n* sauveur

savoury (*USA* **savory**) /ˈseɪvəri/ *adj* **1** (*GB*) salé (*non sucré*) **2** savoureux

saw[1] *prét de* SEE

saw[2] /sɔː/ ◆ *n* scie ◆ *vt, vi* (*prét* **sawed** *pp* **sawn** /sɔːn/ (*USA* **sawed**)) scier *Voir aussi* CUT PHR V **to saw sth down** couper qch à la scie **to saw sth off (sth)** scier qch (de qch) : *a sawn-off shotgun* un fusil à canon scié **to saw sth up** scier qch **sawdust** *n* sciure

saxophone /ˈsæksəfəʊn/ (*fam* **sax**) *n* saxophone

say /seɪ/ ◆ *vt* (*3e pers sing prés* **says** /sez/ *prét, pp* **said** /sed/) **1 to say sth (to sb)** dire qch (à qn) : *to say yes* dire oui

> On emploie **say** pour introduire un discours direct ou un discours indirect précédé de **that** : *'I'll leave at 9 o'clock', he said.* « Je partirai à 9 heures », dit-il. ◊ *He said that he would leave at 9 o'clock.* Il a dit qu'il partirait à 9 heures. **Tell** est employé pour introduire un discours indirect et doit toujours être suivi d'un nom, d'un pronom ou d'un nom propre indiquant la personne à qui l'on dit quelque chose : *He told me that he would leave at 9 o'clock.* Il m'a dit qu'il partirait à 9 heures. Pour donner des ordres ou des conseils on emploie **tell** : *I told him to hurry up.* Je lui ai dit de se dépêcher. ◊ *She's always telling me what I ought to do.* Elle me dit toujours ce que je dois faire.

2 (*utilisé pour donner un exemple*) : *Let's take any writer, say Scott...* Prenons un auteur au hasard, mettons Scott... ◊ *Say there are 30 in a class...* Mettons qu'ils soient 30 par classe... **3** indiquer : *What* *time does it say on that clock?* Quelle heure indique la pendule ? ◊ *The map says the hotel is on the right.* La carte indique que l'hôtel est sur la droite. LOC **it goes without saying that…** il va sans dire que… **that is to say** c'est-à-dire *Voir aussi* DARE[1], FAREWELL, LET[1], NEEDLESS, SORRY, WORD ◆ *n* LOC **to have a/some say (in sth)** avoir son mot à dire (sur qch) **to have your say** exprimer son opinion

saying /'seɪɪŋ/ *n* dicton, adage *Voir aussi* PROVERB

scab /skæb/ *n* croûte (*sur une blessure*)

scaffold /'skæfəʊld/ *n* échafaud

scaffolding /'skæfəldɪŋ/ *n* [*indénombrable*] échafaudage

scald /skɔːld/ ◆ *vt* ébouillanter ◆ *n* brûlure (*causée par un liquide bouillant*) **scalding** *adj* brûlant

scale[1] /skeɪl/ *n* **1** (*gén, graduation*) échelle : *a small-scale map* une carte à petite échelle ◊ *on a large scale* à grande échelle ◊ *a scale model* une reproduction à l'échelle **2** proportion, étendue : *the scale of the problem* l'étendue du problème **3** (*Mus*) gamme LOC **to scale** à l'échelle

scale[2] /skeɪl/ *n* **1** écaille **2** (dépôt) calcaire

scale[3] /skeɪl/ *vt* escalader

scales /skeɪlz/ *n* [*pl*] balance (*pour peser*)

scalp /skælp/ *n* cuir chevelu

scalpel /'skælpəl/ *n* scalpel

scamper /'skæmpə(r)/ *vi* gambader, trottiner

scampi /'skæmpi/ *n* scampi

scan /skæn/ ◆ *vt* (**-nn-**) **1** scruter, examiner **2** faire un scanner/une échographie de **3** parcourir (*des yeux*) ◆ *n* scanner, échographie

scandal /'skændl/ *n* **1** scandale **2** potins, histoires scandaleuses **3 a scandal** [*sing*] un scandale : *It's a scandal!* C'est scandaleux ! **scandalize, -ise** *vt* scandaliser **scandalous** *adj* scandaleux

scanner /'skænə(r)/ *n* scanner

scant /skænt/ *adj* (*sout*) sommaire, insuffisant : *I paid scant attention to her advice.* Je n'ai guère prêté attention à ses conseils. **scanty** *adj* (**-ier, -iest**) sommaire, limité : *a scanty bikini* un bikini minuscule **scantily** *adv* : *scantily dressed* en tenue légère

scapegoat /'skeɪpgəʊt/ *n* bouc émissaire

scar /skɑː(r)/ ◆ *n* cicatrice, balafre ◆ *vt* (**-rr-**) laisser une cicatrice sur/à

scarce /skeəs/ *adj* (**scarcer, scarcest**) rare, peu abondant : *Food was scarce.* La nourriture manquait.

scarcely /'skeəsli/ *adv* **1** à peine : *There were scarcely a hundred people present.* Il y avait à peine cent personnes. **2** *You can scarcely expect me to believe that.* Et tu penses vraiment que je vais croire ça ? *Voir aussi* HARDLY

scarcity /'skeəsəti/ *n* (*pl* **-ies**) rareté, pénurie

scare /skeə(r)/ ◆ *vt* effrayer, faire peur à PHR V **to scare sb away/off** faire fuir qn ◆ *n* **1** peur : *I got a scare.* J'ai eu peur. **2** alerte : *a bomb scare* une alerte à la bombe **scared** *adj* : *to be scared* avoir peur ◊ *He's scared of the dark.* Il a peur du noir. LOC **to be scared stiff** (*fam*) avoir la peur de sa vie *Voir aussi* WIT

scarecrow /'skeəkrəʊ/ *n* épouvantail

scarf /skɑːf/ *n* (*pl* **scarves** /skɑːvz/) **1** écharpe **2** foulard

scarlet /'skɑːlət/ *adj, n* écarlate, cramoisi

scary /'skeəri/ *adj* (**-ier, -iest**) (*fam*) effrayant, angoissant

scathing /'skeɪðɪŋ/ *adj* **1** (*critique, reproche*) sévère **2** ~ **(about sb/sth)** cinglant, virulent (à l'égard de qn/qch)

scatter /'skætə(r)/ **1** *vt, vi* (se) disperser **2** *vt* éparpiller, répandre **scattered** *adj* épars, éparpillé : *scattered showers* averses éparses

scavenge /'skævɪndʒ/ *vi* **1** (*animal, rapace*) être un charognard **2** (*personne*) faire les poubelles **scavenger** *n* **1** charognard **2** personne qui fait les poubelles

scenario /sə'nɑːriəʊ ; *USA* -'nær-/ *n* (*pl* **~s**) (*Théâtre, aussi fig*) scénario

scene /siːn/ *n* **1** (*gén, Théâtre*) scène, décor : *to need a change of scene* avoir besoin de changer de décor **2** lieu, théâtre : *the scene of the crime* le lieu du crime **3** scène : *to make a scene* faire une scène **4 the scene** [*sing*] (*fam*) le monde (*de…*) : *the music scene* le monde de la musique LOC *Voir* SET[2]

scenery /'siːnəri/ *n* [*indénombrable*] **1** paysage

Le mot **scenery** a une connotation très positive. Il est très souvent employé avec des adjectifs tels que *beautiful, spectacular* ou *stunning*. On l'emploie pour décrire des paysages naturels. En revanche, on emploie le terme **landscape** pour décrire les paysages créés par l'homme : *an urban/industrial landscape* un paysage urbain/industriel ◊ *Trees and hedges are typical features of the English landscape.* Les arbres et les haies sont des éléments caractéristiques du paysage anglais.

2 (*Théâtre*) décors **3** (*fig*) : *to need a change of scenery* avoir besoin de changer de décor

scenic /ˈsiːnɪk/ *adj* **1** (*paysage*) pittoresque **2** (*vue, route*) panoramique

scent /sent/ *n* **1** parfum **2** fumet, odeur (*d'animal*) **3** piste, trace : *to lose the scent* perdre la trace **scented** *adj* parfumé

sceptic (*USA* **skeptic**) /ˈskeptɪk/ *n* sceptique **sceptical** (*USA* **skep-**) *adj* ~ **(of/about sth)** sceptique (à propos de qch) **scepticism** (*USA* **skep-**) *n* scepticisme

schedule /ˈʃedjuːl ; *USA* ˈskedʒʊl/ ◆ *n* **1** programme : *to be two months ahead of/behind schedule* être en avance/en retard de deux mois sur le planning ◊ *to arrive on schedule* arriver à l'heure prévue **2** (*USA*) horaire ◆ *vt* programmer, prévoir : *a scheduled flight* un vol régulier

scheme /skiːm/ ◆ *n* **1** plan, projet : *a training scheme* un programme de formation ◊ *a savings scheme* un plan d'épargne ◊ *a pension scheme* un plan de retraite **2** combine **3** *colour scheme* (assortiment de) couleurs ◆ *vi* comploter

schizophrenia /ˌskɪtsəˈfriːniə/ *n* schizophrénie

schizophrenic /ˌskɪtsəˈfrenɪk/ *adj, n* schizophrène

scholar /ˈskɒlə(r)/ *n* **1** érudit, -e, lettré, -e **2** boursier, -ière **scholarship** *n* **1** bourse (*d'études*) **2** érudition, savoir

school /skuːl/ *n* **1** école : *school age* âge scolaire ◊ *school uniform* uniforme scolaire *Voir aussi* COMPREHENSIVE SCHOOL

On emploie les mots **school**, **church** et **hospital** sans article quand on fait référence aux institutions : *She's gone into hospital.* Elle a été admise à l'hôpital. ◊ *I enjoyed being at school.* J'aimais bien aller à l'école ◊ *We go to church every Sunday.* Nous allons à l'église tous les dimanches. Quand on parle du lieu, on utilise l'article : *I have to go to the school to talk to John's teacher.* Il faut que j'aille à l'école pour parler au professeur de John. ◊ *She works at the hospital.* Elle travaille à l'hôpital.

2 (*USA*) université **3** cours : *School begins at 9 o'clock.* Les cours commencent à 9 heures. **4** école, faculté : *to go to law school* faire des études de droit LOC **school of thought** école de pensée

school bag *n* cartable

schoolboy /ˈskuːlbɔɪ/ *n* **1** écolier **2** collégien **3** lycéen

schoolchild /ˈskuːltʃaɪld/ *n* **1** écolier, -ière **2** collégien, -ienne **3** lycéen, -enne

schoolgirl /ˈskuːlgɜːl/ *n* **1** écolière **2** collégienne **3** lycéenne

schooling /ˈskuːlɪŋ/ *n* instruction, études

school leaver *n* jeune ayant fini sa scolarité

schoolmaster /ˈskuːlmɑːstə(r)/ *n* **1** instituteur **2** professeur (*homme*)

schoolmistress /ˈskuːlmɪstrəs/ *n* **1** institutrice **2** professeur (*femme*)

schoolteacher /ˈskuːltiːtʃə(r)/ *n* **1** enseignant, -e **2** instituteur, -trice **3** professeur

science /ˈsaɪəns/ *n* science : *I study science.* Je fais des études de sciences. **scientific** *adj* scientifique **scientifically** *adv* scientifiquement **scientist** *n* scientifique

science fiction (*fam* **sci-fi** /ˈsaɪ faɪ/) *n* science-fiction

scissors /ˈsɪzəz/ *n* ciseaux

scoff /skɒf ; *USA* skɔːf/ *vi* ~ **(at sb/sth)** se moquer (de qn/qch)

scold /skəʊld/ *vt* ~ **sb (for sth)** gronder, réprimander qn (pour avoir fait qch)

scoop /skuːp/ ◆ *n* **1** pelle : *ice cream scoop* cuillère à glace **2** pelletée : *a scoop of ice cream* une boule de glace **3** (*Journal*) scoop, exclusivité ◆ *vt* creuser (*avec une pelle*) PHR V **to scoop sth out** creuser qch (*avec une pelle, etc.*)

scooter /ˈskuːtə(r)/ *n* **1** scooter **2** trottinette

scope /skəʊp/ *n* **1** ~ **(for sth/to do sth)** possibilité (de qch/de faire qch) **2** champ, portée : *to be within/beyond the scope of a report* être couvert/ne pas être couvert par un rapport

scorch /skɔːtʃ/ **1** *vt* brûler **2** *vt, vi* (se) dessécher, griller **scorching** *adj* brûlant, torride

score /skɔː(r)/ ◆ *n* **1** score : *to keep the score* compter les points ◊ *The final score was 4-3.* Le score final était de 4 à 3. **2** vingtaine **3 scores of** [*pl*] des tas de **4** (*Mus*) partition LOC **on that score** à ce sujet ◆ **1** *vt, vi* (*Sport*) marquer (un point/un but) **2** *vt* (*note scolaire*) avoir : *I scored nine out of ten.* J'ai eu neuf sur dix. **scoreboard** *n* tableau d'affichage (*pour les points*)

scorn /skɔːn/ ◆ *n* ~ **(for sb/sth)** mépris (pour qn/qch) ◆ **1** *vt* mépriser **2** (*offre, conseil*) rejeter avec mépris **scornful** *adj* méprisant, dédaigneux

Scorpio /ˈskɔːpiəʊ/ *n* (*pl* ~s) Scorpion ☛ *Voir exemples sous* AQUARIUS

scorpion /ˈskɔːpiən/ *n* scorpion

Scotch /skɒtʃ/ *n* whisky, scotch

scour /ˈskaʊə(r)/ *vt* **1** récurer **2** ~ **sth (for sb/sth)** parcourir, écumer qch (à la recherche de qn/qch)

scourge /skɜːdʒ/ *n* fléau

scout /skaʊt/ *n* **1** (*Mil*) éclaireur **2** (*aussi* **Scout, Boy Scout**) scout, éclaireur

scowl /skaʊl/ ◆ *n* air renfrogné ◆ *vi* prendre un air renfrogné

scrabble /ˈskræbl/ *v* PHR V **to scrabble about (for sth)** fouiller (pour trouver qch)

scramble /ˈskræmbl/ ◆ *vi* **1** grimper : *to scramble over a wall* escalader un mur **2** ~ **for sth** se précipiter sur qch ; se disputer qch ◆ *n* [*sing*] ~ **(for sth)** course (pour qch)

scrambled eggs *n* [*pl*] œufs brouillés

scrap /skræp/ ◆ *n* **1** petit morceau, fragment : *a scrap of paper* un morceau de papier ◊ *There wasn't a scrap of food left.* Il ne restait plus une miette de nourriture. **2** [*sing*] (*fig*) miette, once : *without a scrap of evidence* sans la moindre preuve **3** [*indénombrable*] déchets : *scrap metal* ferraille ◊ *a scrap dealer* un ferrailleur ◊ *scrap paper* papier de brouillon **4** (*fam*) bagarre ◆ (**-pp-**) **1** *vt* jeter **2** *vt* abandonner **3** *vi* (*fam*) se bagarrer

scrapbook /ˈskræpbʊk/ *n* album (*pour coupures de journaux, photos, etc.*)

scrape /skreɪp/ ◆ **1** *vt* gratter, racler : *I scraped my knee.* Je me suis égratigné le genou. **2** *vt* ~ **sth away/off** enlever en grattant qch **3** *vt* ~ **sth off sth** enlever en grattant qch de qch **4** *vi* ~ **against sth** érafler contre qch PHR V **to scrape in/into sth** entrer de justesse (dans qch) : *She just scraped into university.* Elle a réussi de justesse à entrer à l'université. **to scrape sth together/up** arriver à amasser qch **to scrape through (sth)** réussir (qch) de justesse ◆ *n* **1** raclement, grattement **2** égratignure **3** pétrin

scratch /skrætʃ/ ◆ **1** *vt* égratigner, érafler **2** *vt, vi* (se) gratter : *to scratch your head* se gratter la tête **3** *vt* graver PHR V **to scratch sth away, off, etc.** effacer qch en grattant, retirer qch en grattant ◆ *n* **1** égratignure, griffure **2** [*sing*] grattement : *to have a scratch* se gratter LOC **to be/come up to scratch** être/se montrer à la hauteur **to start from scratch** partir de zéro

scrawl /skrɔːl/ ◆ *vt, vi* gribouiller, griffonner ◆ *n* gribouillage, griffonnage

scream /skriːm/ ◆ *vt, vi* crier, hurler : *to scream with laughter* hurler de rire ◆ *n* **1** cri, hurlement : *screams of pain* cris de douleur **2** [*sing*] (*fam*) : *It was a scream.* C'était à mourir de rire.

screech /skriːtʃ/ ◆ *vi* **1** pousser des cris stridents **2** (*pneus*) crisser ◆ *n* [*sing*] **1** cri strident **2** (*pneus*) crissement

screen /skriːn/ *n* **1** écran **2** rideau **3** cloison (*amovible*), paravent

screen saver *n* économiseur d'écran

screw /skruː/ ◆ *n* vis ◆ *vt* visser PHR V **to screw sth up 1** (*papier*) froisser qch **2** (*yeux, etc.*) plisser qch : *to screw up your face* faire la grimace **3** (*fam*) (*projets, situation, etc.*) gâcher qch, faire foirer qch

screwdriver /ˈskruːdraɪvə(r)/ *n* tournevis

scribble /ˈskrɪbl/ ◆ *vt, vi* griffonner, gribouiller ◆ *n* griffonnage, gribouillage

script /skrɪpt/ *n* **1** script, texte **2** écriture

scripture /ˈskrɪptʃə(r)/ (*aussi* **Scripture, the Scriptures**) *n* les Saintes Écritures

scroll /skrəʊl/ ◆ *n* rouleau (*manuscrit*) ◆ *vi* (*Informatique*) se déplacer (*dans un document*) PHR V **to scroll down/up** se déplacer vers le bas/vers le haut (*dans un document*)

scrounge /skraʊndʒ/ **1** *vt, vi* quémander : *Can I scrounge a cigarette off you?* Je peux te taper une cigarette ? **2** *vi* ~ **off sb** vivre aux crochets de qn

scrub¹ /skrʌb/ *n* [*indénombrable*] broussailles

scrub² /skrʌb/ ◆ *vt* (**-bb-**) brosser, frotter ◆ *n* nettoyage : *The floor needs a good scrub.* Le sol a bien besoin d'être nettoyé.

scruff /skrʌf/ *n* LOC **by the scruff of the neck** par la peau du cou

scruffy /'skrʌfi/ *adj* (**-ier, -iest**) (*fam*) débraillé

scrum /skrʌm/ *n* mêlée

scruples /'skru:plz/ *n* [*pl*] scrupules

scrupulous /'skru:pjələs/ *adj* scrupuleux **scrupulously** *adv* scrupuleusement : *scrupulously clean* d'une propreté irréprochable

scrutinize, -ise /'skru:tənaɪz/ *vt* scruter, examiner minutieusement

scrutiny /'skru:təni/ *n* examen minutieux

scuba-diving /'sku:bə daɪvɪŋ/ (*aussi* **scuba**) *n* plongée sous-marine (*autonome*)

scuff /skʌf/ *vt* érafler

scuffle /'skʌfl/ *n* bagarre

sculptor /'skʌlptə(r)/ *n* sculpteur

sculpture /'skʌlptʃə(r)/ *n* sculpture

scum /skʌm/ *n* **1** écume, mousse **2** crasse **3** racaille

scurry /'skʌri/ *vi* (*prét, pp* **scurried**) se précipiter, filer à toute allure PHR V **to scurry about/around** courir dans tous les sens

scuttle /'skʌtl/ *vi* se précipiter : *She scuttled back to her car.* Elle retourna précipitamment à sa voiture. ◊ *to scuttle away/off* filer

scythe /saɪð/ *n* faux (*outil*)

sea /si:/ *n* **1** mer : *the sea air* l'air marin ◊ *the sea breeze* le vent du large ◊ *sea port* port maritime ☛ *Voir note sous* MER **2 seas** [*pl*] mer : *heavy/rough seas* mer houleuse/agitée **3** ~ **of sth** nuée, avalanche de qch : *a sea of people* une multitude de gens LOC **at sea** en mer **to be all at sea** être perdu

sea bed *n* [*sing*] fonds marins

seafood /'si:fu:d/ *n* [*indénombrable*] fruits de mer

seagull /'si:gʌl/ *n* mouette

seal¹ /si:l/ *n* phoque

seal² /si:l/ ◆ *n* sceau, cachet ◆ *vt* **1** cacheter, apposer un sceau sur **2** (*enveloppe, sac*) fermer PHR V **to seal sth off** interdire l'accès de qch

sea level *n* niveau de la mer

seam /si:m/ *n* **1** couture **2** (*charbon*) veine

search /sɜ:tʃ/ ◆ **1** *vi* ~ **for sth** chercher qch **2** *vt* ~ **sb/sth (for sth)** fouiller qn/qch (pour trouver qch) : *They searched the house for drugs.* Ils ont fouillé toute la maison à la recherche de stupéfiants. ◆ *n* **1** ~ **(for sb/sth)** recherches (pour qn/qch) **2** (*police*) perquisition **3** (*Informatique*) recherche **searching** *adj* **1** (*regard*) scrutateur **2** (*question*) perspicace

search engine *n* (*Informatique*) moteur de recherche

searchlight /'sɜ:tʃlaɪt/ *n* projecteur (*de prison*)

search party *n* équipe de secours

search warrant *n* mandat de perquisition

seashell /'si:ʃel/ *n* coquillage

seashore /'si:ʃɔ:(r)/ *n* **1** littoral **2** rivage, plage

seasick /'si:sɪk/ *adj* : *to be seasick* avoir le mal de mer

seaside /'si:saɪd/ *n* : *at the seaside* au bord de la mer ◊ *We're going to the seaside tomorrow.* Demain nous allons au bord de la mer.

season¹ /'si:zn/ *n* saison : *a season ticket* un abonnement LOC **in season** **1** (*fruit*) de saison : *Strawberries are in season.* C'est la saison des fraises. **2** (*vacances*) en haute saison **3** (*animal*) en chaleur *Voir aussi* MATING **seasonal** *adj* saisonnier

season² /'si:zn/ *vt* assaisonner **seasoned** *adj* **1** assaisonné **2** (*personne*) expérimenté, chevronné **seasoning** *n* assaisonnement

seat /si:t/ ◆ *n* **1** (*voiture, Polit*) siège **2** (*avion, train, théâtre*) place **3** *Take a seat!* Asseyez-vous ! LOC *Voir* DRIVER ◆ *vt* avoir assez de places pour : *This theatre can seat 500 people.* Ce théâtre peut accueillir 500 personnes.

seat belt (*aussi* **safety belt**) *n* ceinture de sécurité

seating /'si:tɪŋ/ *n* [*indénombrable*] places assises

seaweed /'si:wi:d/ *n* [*indénombrable*] algues (*marines*) ☛ *Voir note sous* ALGUES

secluded /sɪ'klu:dɪd/ *adj* **1** (*lieu*) isolé **2** (*vie*) retiré **seclusion** *n* **1** isolement : *to live in seclusion* vivre retiré **2** solitude

second (*abrév* **2nd**) /'sekənd/ ◆ *adj, pron, adv* deuxième, second LOC **second thoughts** : *We had second thoughts.* Nous avons changé d'avis. ◊ *On second thoughts...* Réflexion faite... ◆ *n* **1 the second** le 2 : *the second of May* le 2 mai **2** (*aussi* **second gear**) seconde (*vitesse*) **3** (*unité de temps*) seconde : *the second hand* la trotteuse ☛ *Voir exemples sous* FIFTH ◆ *vt* **1** (*personne*) seconder **2** (*décision*) appuyer **3** (*Sport*) être le soigneur de

secondary /'sekəndri/ *adj* secondaire

secondary school *n* école secondaire : *She's at secondary school.* Elle va à l'école secondaire.

second-best /ˌsekənd 'best/ *adj* de moindre qualité : *my second-best suit* ma tenue de tous les jours

second class /ˌsekənd 'klɑ:s/ ◆ *n* **1** deuxième classe **2** (*poste*) courrier à tarif réduit ☛ *Voir note sous* STAMP ◆ *adv* **1** en seconde : *to travel second class* voyager en seconde **2** *to send sth second class* envoyer qch au tarif lent **second-class** *adj* **1** de qualité inférieure, de second ordre : *second-class citizens* des citoyens de seconde zone **2** de deuxième classe : *a second-class ticket* un billet de deuxième classe **3** *a second-class stamp* un timbre au tarif réduit

second-hand /ˌsekənd 'hænd/ *adj, adv* **1** d'occasion **2** de seconde main, indirectement

secondly /'sekəndli/ *adv* deuxièmement, en second lieu

second-rate /ˌsekənd 'reɪt/ *adj* de second ordre

secret /'si:krət/ *adj, n* secret : *to keep a secret* garder un secret **secrecy** *n* secret, discrétion

secretarial /ˌsekrə'teəriəl/ *adj* de secrétariat

secretary /'sekrətri ; *USA* -rəteri/ *n* (*pl* **-ies**) **1** secrétaire **2 Secretary** (*USA*) ministre

Secretary of State *n* **1** (*GB*) ministre ☛ *Voir note sous* MINISTRE **2** (*USA*) secrétaire d'État

> Le **Secretary of State** des États-Unis correspond au ministre des Affaires étrangères.

secrete /sɪ'kri:t/ *vt* (*sout*) **1** sécréter **2** cacher **secretion** *n* sécrétion

secretive /'si:krətɪv/ *adj* secret, cachottier

secretly /'si:krətli/ *adv* secrètement, en secret

sect /sekt/ *n* secte

sectarian /sek'teəriən/ *adj* sectaire

section /'sekʃn/ *n* **1** partie, tronçon **2** élément **3** (*société*) service, section **4** (*loi, code*) article

sector /'sektə(r)/ *n* secteur

secular /'sekjələ(r)/ *adj* **1** (*État*) laïque **2** (*musique*) profane **3** (*pouvoir*) séculier

secure /sɪ'kjʊə(r)/ ◆ *adj* **1** en sécurité : *to feel secure about the future* ne pas s'inquiéter pour l'avenir **2** solide, stable **3** (*prison*) de haute sécurité ◆ *vt* **1** (*porte, fenêtre*) bien fermer **2** (*corde*) bien attacher **3** (*échelle*) stabiliser **4** (*travail, contrat*) réussir à obtenir **securely** *adv* **1** (*attacher*) solidement, bien **2** (*mettre*) en sûreté **security** *n* (*pl* **-ies**) **1** sécurité **2** (*prêt*) garantie, caution

security guard *n* vigile, garde

sedate /sɪ'deɪt/ ◆ *adj* posé, tranquille ◆ *vt* mettre sous calmants **sedation** *n* sédation LOC **to be under sedation** être sous calmants

sedative /'sedətɪv/ ◆ *n* sédatif, calmant ◆ *adj* sédatif

sedentary /'sedntri ; *USA* -teri/ *adj* sédentaire

sediment /'sedɪmənt/ *n* **1** sédiment **2** (*vin*) lie, dépôt

sedition /sɪ'dɪʃn/ *n* sédition

seduce /sɪ'dju:s ; *USA* -'du:s/ *vt* séduire **seduction** *n* séduction **seductive** *adj* séduisant

see /si:/ (*prét* **saw** /sɔ:/ *pp* **seen** /si:n/) **1** *vt, vi* voir : *to go and see a film* aller voir un film ◊ *She'll never see again.* Elle a perdu la vue. ◊ *See page 158.* Voir page 158. ◊ *Go and see if the postman's been.* Va voir si le facteur est passé. ◊ *Let's see.* Voyons. ◊ *I'm seeing Sue* *tonight.* Je vais voir Sue ce soir. **2** *vt* reconduire, raccompagner : *He saw her to the door.* Il l'a raccompagnée jusqu'à la porte. ☛ *Voir note sous* SENTIR **3** *vt* s'assurer : *I'll see that it's done.* Je veillerai à ce que ce soit fait. **4** *vt, vi* voir, comprendre : *I see.* Je vois. LOC **seeing that...** étant donné que... **see you (around)** ; **(I'll) be seeing you** (*fam*) à bientôt ! **you see** (*fam*) tu vois, tu comprends ☛ Les autres expressions formées avec **see** sont traitées sous le nom, l'adjectif, etc. correspondant : pour **to make sb see reason**, par exemple, voir REASON. PHR V **to see about sth** s'occuper de qch **to see sb off 1** dire au revoir à qn **2** mettre qn à la porte **to see through sb** voir clair dans le jeu de qn **to see through sth** voir à travers qch **to see to sth** s'occuper de qch : *I'll see to it.* J'y veillerai.

seed /si:d/ *n* **1** pépin, graine **2** (*Agric*) [*indénombrable*] sémences **3** (*Sport*) tête de série

seedy /'si:di/ *adj* (**-ier, -iest**) miteux, minable

seek /si:k/ *vt, vi* (*prét, pp* **sought** /sɔ:t/) (*sout*) **1** *vt, vi* ~ **(after/for) sb/sth** chercher qn/qch **2** *vt* ~ **to do sth** chercher à faire qch PHR V **to seek sb/sth out** chercher qn/qch

seem /si:m/ *vi* sembler, paraître : *It seems that...* Il semble que... ◊ *You seem tired.* Tu as l'air fatigué. ☛ Ne s'emploie pas à la forme progressive. *Voir aussi* APPEAR 2 **seemingly** *adv* apparemment, à ce qu'il paraît

seen *pp de* SEE

seep /si:p/ *vi* suinter : *Blood began to seep through the bandages.* Le sang a commencé à suinter à travers le pansement.

seethe /'si:ðɪŋ/ *vi* ~ **(with sth) 1** (*rage*) bouillir (de qch) : *She was seething with rage.* Elle bouillait de rage. **2** (*foule*) grouiller (de qch) : *The place is seething with tourists.* C'est un endroit qui grouille de touristes.

see-through /'si: θru:/ *adj* transparent

segment /'segmənt/ *n* **1** (*Géom*) segment **2** (*d'orange, etc.*) quartier

segregate /'segrɪgeɪt/ *vt* ~ **sb/sth (from sb/sth)** séparer qn/qch (de qn/qch)

seize /si:z/ *vt* **1** saisir : *to seize hold of sth* saisir qch ◊ *We were seized by panic.* Nous avons été pris de panique. **2** (*armes, drogue, etc.*) confisquer, saisir **3** (*personne*) arrêter, appréhender **4** (*occasion*) saisir, profiter de : *to seize the initiative* prendre l'initiative PHR V **to seize on/upon sth** sauter sur qch **to seize up** (*moteur*) se gripper **seizure** /'si:ʒə(r)/ *n* **1** (*d'armes, de drogue, etc.*) saisie **2** (*territoire*) prise **3** (*Méd*) attaque, crise

seldom /'seldəm/ *adv* rarement : *We seldom go out.* Nous ne sortons que rarement. ☛ *Voir note sous* ALWAYS

select /sɪ'lekt/ ◆ *vt* ~ **sb/sth (as sth)** choisir, sélectionner qn/qch (comme qch) ◆ *adj* sélect, chic **selection** *n* sélection, choix **selective** *adj* sélectif : *to be selective about sb/sth* choisir soigneusement qn/qch

self /self/ *n* (*pl* **selves** /selvz/) : *his true self* sa véritable identité ◊ *She's not her usual self.* Elle n'est pas elle-même.

self-centred (*USA* **-centered**) /ˌself 'sentəd/ *adj* égocentrique

self-confident /ˌself 'kɒnfɪdənt/ *adj* sûr de soi

self-conscious /ˌself 'kɒnʃəs/ *adj* peu naturel, complexé

self-contained /ˌself kən'teɪnd/ *adj* (*appartement*) indépendant

self-control /ˌself kən'trəʊl/ *n* maîtrise de soi

self-defence /ˌself dɪ'fens/ *n* **1** légitime défense **2** autodéfense

self-determination /ˌself dɪˌtɜ:mɪ'neɪʃn/ *n* autodétermination

self-employed /ˌself ɪm'plɔɪd/ *adj* (*travailleur*) indépendant

self-interest /ˌself 'ɪntrəst/ *n* intérêt personnel

selfish /'selfɪʃ/ *adj* égoïste

self-pity /ˌself 'pɪti/ *n* apitoiement sur soi-même

self-portrait /ˌself 'pɔ:treɪt, -trɪt/ *n* autoportrait

self-raising flour /'self reɪzɪŋ flaʊə(r)/ *n* farine avec levure incorporée

self-respect /ˌself rɪ'spekt/ *n* respect de soi-même

self-satisfied /ˌself 'sætɪsfaɪd/ *adj* content de soi, suffisant

self-service *adj* /ˌself 'sɜ:vɪs/ en libre-service : *a self-service cafeteria* un self-service

sell /sel/ (*pp, prét* **sold** /səʊld/) **1** *vt* ~ **sth (at/for sth)** vendre qch (pour qch) : *What did you sell it for?* Tu l'as vendu combien ? **2** *vi* ~ **(at/for sth)** se vendre (qch) ; faire qch : *The badges sell at 50p each.* Les badges font 50 pence pièce. LOC **to be sold out (of sth)** ne plus avoir (de qch) PHR V **to sell sth off** liquider qch, solder qch **to sell out 1** (*billets*) se vendre **2** (*personne*) retourner sa veste

sell-by date /'sel baɪ deɪt/ *n* date limite de vente

seller /'selə(r)/ *n* vendeur, -euse

selling /'selɪŋ/ *n* vente

Sellotape® /'seləteɪp/ ◆ *n* (*GB*) (*aussi* **sticky tape**) scotch® ◆ *vt* scotcher

selves *pl de* SELF

semi /'semi/ *n* (*pl* **semis** /'semiz/) (*GB, fam*) maison jumelée ☛ *Voir note sous* MAISON

semicircle /'semisɜːkl/ *n* demi-cercle

semicolon /ˌsemi'kəʊlən ; *USA* 'semik-/ *n* point-virgule ☛ *Voir p. 392-3.*

semi-detached /ˌsemi dɪ'tætʃt/ *adj* jumelé : *a semi-detached house* une maison jumelée ☛ *Voir note sous* MAISON

semi-final /ˌsemi 'faɪnl/ *n* demi-finale

semi-finalist /ˌsemi 'faɪnəlɪst/ *n* demi-finaliste

seminar /'semɪnɑː(r)/ *n* séminaire (*colloque*)

senate (*aussi* **Senate**) /'senət/ *n* [*v sing ou pl*] **1** (*Polit*) sénat **2** (*Université*) conseil d'université **senator** (*aussi* **Senator**) /'senətə(r)/ *n* (*abrév* **Sen**) sénateur

send /send/ *vt* (*prét, pp* **sent** /sent/) **1** envoyer : *She was sent to bed without any supper.* On l'a envoyée se coucher sans dîner. **2** rendre : *to send sb mad* rendre qn fou ◊ *to send sb to sleep* endormir qn ◊ *The story sent shivers down my spine.* Cette histoire m'a donné des sueurs froides. LOC *Voir* LOVE PHR V **to send for sb** appeler qn **to send (off) for sth** commander qch par correspondance

to send sb in faire entrer qn **to send sth in** envoyer qch : *I sent my application in last week.* J'ai soumis ma candidature la semaine dernière.

to send sb off (*Sport*) expulser qn **to send sth off** envoyer qch, expédier qch **to send sth on** faire suivre qch, réexpédier qch

to send sth out 1 (*rayons, etc.*) émettre qch **2** (*invitations, etc.*) envoyer qch

to send sb/sth up (*GB, fam*) parodier qn/qch **sender** *n* expéditeur, -trice

senile /'siːnaɪl/ *adj* sénile : *to go senile* perdre la raison **senility** /sə'nɪləti/ *n* sénilité

senior /'siːniə(r)/ ◆ *adj* **1** (*en âge*) aîné **1** (*dans hiérarchie*) plus haut placé : *a senior partner in a law firm* un associé principal dans un cabinet juridique **2** *John Brown, Senior* John Brown, père ◆ *n* : *She is two years my senior.* Elle est mon aînée de deux ans. **seniority** /ˌsiːni'ɒrəti ; *USA* -'ɔːr-/ *n* ancienneté (*dans hiérarchie*)

senior citizen *n* personne âgée, personne du troisième âge ☛ *Voir note sous* AGED

sensation /sen'seɪʃn/ *n* sensation : *to create a sensation* faire sensation **sensational** *adj* **1** sensationnel **2** (*péj*) à sensation

sense /sens/ ◆ *n* **1** sens : *sense of smell/touch/taste* odorat/toucher/goût ◊ *a sense of humour* le sens de l'humour ◊ *It gives him a sense of security.* Cela lui procure un sentiment de sécurité. **2** bon sens : *to come to your senses* revenir à la raison ◊ *to make sb see sense* ramener qn à la raison LOC **in a sense** dans un sens **to make sense** avoir du sens : *It just doesn't make sense.* Ça n'a vraiment aucun sens. **to make sense of sth** arriver à comprendre qch **to see sense** entendre raison ◆ *vt* **1** deviner, sentir **2** (*instrument, machine*) détecter

senseless /'sensləs/ *adj* **1** insensé **2** inconscient, sans connaissance

sensibility /ˌsensə'bɪləti/ *n* sensibilité

sensible /'sensəbl/ *adj* **1** sensé, raisonnable : *Be sensible!* Sois raisonnable ! **2** (*chaussures*) pratique

Noter que le mot français *sensible* se traduit en anglais par **sensitive**.

sensibly *adv* **1** (*se comporter*) de façon raisonnable **2** (*s'habiller*) de façon pratique

sensitive /'sensətɪv/ *adj* **1** sensible

Noter que le mot anglais **sensible** se traduit en français par *sensé*.

2 susceptible : *She's very sensitive to criticism.* Elle est très susceptible. **3** (*sujet*) délicat : *sensitive documents* documents confidentiels ☛ *Comparer avec* SENSIBLE **sensitivity** /ˌsensəˈtɪvəti/ *n* **1** sensibilité **2** susceptibilité **3** (*sujet*) délicatesse

sensual /ˈsenʃuəl/ *adj* sensuel **sensuality** /ˌsenʃuˈæləti/ *n* sensualité

sensuous /ˈsenʃuəs/ *adj* sensuel, voluptueux

sent *prét, pp de* SEND

sentence /ˈsentəns/ ◆ *n* **1** (*Gramm*) phrase **2** condamnation, peine : *a life sentence* emprisonnement à vie ◆ *vt* condamner

sentiment /ˈsentɪmənt/ *n* **1** sentimentalité **2** sentiment **sentimental** /ˌsentɪˈmentl/ *adj* sentimental **sentimentality** /ˌsentɪmenˈtæləti/ *n* sentimentalité, sensiblerie

sentry /ˈsentri/ *n* (*pl* **-ies**) sentinelle

separate /ˈseprət/ ◆ *adj* **1** séparé, distinct **2** différent : *It happened on three separate occasions.* C'est arrivé à trois reprises. ◆ /ˈsepəreɪt/ **1** *vt, vi* (se) séparer **2** *vt* diviser : *We separated the children into three groups.* Nous avons divisé les enfants en trois groupes. **separately** *adv* séparément **separation** *n* séparation

September /sepˈtembə(r)/ *n* (*abrév* **Sept**) septembre ☛ *Voir note et exemples sous* JANUARY

sequel /ˈsiːkwəl/ *n* **1** (*film, livre*) suite **2** conséquence

sequence /ˈsiːkwəns/ *n* **1** série **2** séquence, ordre : *in sequence* par ordre **3** (*film*) séquence

serene /səˈriːn/ *adj* serein

sergeant /ˈsɑːdʒənt/ *n* **1** (*armée*) sergent **2** (*police*) brigadier

serial /ˈsɪəriəl/ *n* feuilleton : *a radio serial* un feuilleton radiophonique

series /ˈsɪəriːz/ *n* (*pl* **series**) série

serious /ˈsɪəriəs/ *adj* **1** sérieux : *Is he serious?* Est-ce qu'il parle sérieusement ? ◊ *to be serious about sth* prendre qch au sérieux **2** (*maladie, erreur, situation*) grave **seriously** *adv* **1** sérieusement **2** gravement **seriousness** *n* **1** sérieux **2** gravité

sermon /ˈsɜːmən/ *n* sermon

servant /ˈsɜːvənt/ *n* domestique LOC *Voir* CIVIL

serve /sɜːv/ ◆ **1** *vt* ~ **sth (up) (to sb)** servir qch (à qn) **2** *vi* ~ **(with sth)** servir (dans qch) : *He served with the eighth squadron.* Il a servi dans le huitième escadron. **3** *vt* (*client*) servir : *Are you being served?* On s'occupe de vous, Madame ? **4** *vt* (*peine*) purger **5** *vt, vi* ~ **(sth) (to sb)** (*Tennis*) servir (qch) (à qn) LOC **to serve sb right** servir de leçon à qn : *It serves you right!* Ça t'apprendra ! *Voir aussi* FIRST PHR V **to serve sth out** servir qch ◆ *n* (*tennis*) service : *Whose serve is it?* À qui est-ce de servir ?

server /ˈsɜːvə(r)/ *n* **1** (*Informatique*) serveur **2** (*Tennis*) serveur, -euse **3** (*Cuisine*) [*gén pl*] couvert de service : *salad servers* couverts à salade

service /ˈsɜːvɪs/ ◆ *n* **1** service : *on active service* en service actif ◊ *a 10% service charge* 10 % pour le service **2** (*voiture*) révision **3** office (*religieux*) : *the morning service* l'office du matin ◆ *vt* réviser, faire la révision de

serviceman /ˈsɜːvɪsmən/ *n* (*pl* **-men** /-mən/) militaire (*homme*)

service station *n* station-service

servicewoman /ˈsɜːvɪswʊmən/ *n* (*pl* **-women**) femme soldat

serviette /ˌsɜːviˈet/ *n* (*GB*) serviette (*de table*) ☛ On dit également **napkin**.

session /ˈseʃn/ *n* séance

set[1] /set/ *n* **1** jeu, service, assortiment : *a set of tools* un jeu d'outils ◊ *a dinner/tea set* un service de table/à thé ◊ *a set of cutlery* une ménagère **2** (*groupe de personnes*) milieu : *the golfing set* le milieu du golf **3** poste : *a TV/radio set* un poste de télévision/de radio **4** (*Tennis*) set **5** (*Cin*) plateau **6** (*Théâtre*) décor : *a set designer* un décorateur de théâtre **7** mise en plis : *a shampoo and set* un shampooing et mise en plis

set[2] /set/ (**-tt-**) (*prét, pp* **set**) **1** *vt* placer : *He set a bowl of soup in front of me.* Il a placé un bol de soupe devant moi. **2** *vt* (*changement d'état*) : *They set the prisoners free.* Ils ont libéré les prisonniers. ◊ *It set me thinking.* Ça m'a fait réfléchir. **3** *vt* (*se passer*) situer : *The film is set in Australia.* L'action se situe en Australie. **4** *vt* (*préparer*) mettre : *He set the alarm clock for 7.25.* Il a mis le réveil à sonner pour 7 h 25. ◊ *I've set the video to record the match.* J'ai programmé le magnétoscope pour enregistrer le match. **5** *vt* (*couvert*) mettre **6** *vt* fixer : *They haven't* *set a date for their wedding yet.* Ils n'ont pas encore fixé la date du mariage. ◊ *Can we set a limit to the cost of the trip?* Est-ce que l'on pourrait fixer un prix à ne pas dépasser pour le voyage ? **7** *vt* (*record*) établir : *She's set a new world record.* Elle a établi un nouveau record du monde. **8** *vt* (*assigner*) donner : *We've been set a lot of homework today.* On nous a donné beaucoup de devoirs aujourd'hui. **9** *vi* (*soleil*) se coucher **10** *vi* (*gélatine, ciment*) prendre : *Put the jelly in the fridge to set.* Mets la gélatine au frigo pour qu'elle prenne. **11** *vt* (*os fracturé*) ressouder **12** *vt* (*cheveux*) : *to set sb's hair* faire une mise en plis à qn **13** *vt* (*pierre précieuse*) sertir LOC **to set a good/bad example (to sb)** donner le bon/mauvais exemple (à qn) **to set a trend** lancer une mode **to set fire to sth/to set sth on fire** mettre le feu à qch **to set light to sth** mettre le feu à qch **to set sail (to/for...)** partir à destination de..., prendre la mer **to set sth alight** mettre le feu à qch **to set the scene (for sth) 1** planter le décor (pour qch) **2** préparer le terrain (pour qch) **to set your heart on (having/doing) sth** vouloir à tout prix (avoir/faire) qch *Voir aussi* BALL, MIND, MOTION, RECORD, RIGHT, WORK[1]

PHR V **to set about (doing) sth** se mettre à (faire) qch

to set sb back sth coûter qch à qn **to set sth back** retarder qch

to set off partir, se mettre en route : *to set off on a journey* partir en voyage **to set sth off 1** faire partir qch **2** déclencher qch

to set out partir, se mettre en route : *to set out from London* partir de Londres ◊ *They set out for Australia.* Ils sont partis en Australie. **to set out to do sth** entreprendre de faire qch

to set sth up 1 (*monument, etc.*) ériger qch, dresser qch **2** (*fonds*) créer qch **3** (*enquête*) lancer qch

set[3] /set/ *adj* **1** situé **2** fixe : *a set meal* un menu à prix fixe ◊ *a set phrase* une expression figée LOC **to be all set (for sth/to do sth)** être prêt (pour qch/à faire qch) *Voir aussi* MARK[2]

setback /'setbæk/ *n* revers, contretemps : *to suffer a setback* essuyer un revers

settee /se'ti:/ *n* canapé

setting /'setɪŋ/ *n* **1** cadre (*décor*) **2** (*bijou*) monture **3** [*sing*] (*soleil*) coucher

settle /'setl/ **1** *vi* s'installer **2** *vi* ~ **(on sth)** (*oiseau*) se poser (sur qch) **3** *vt* (*nerfs, maux d'estomac*) calmer **4** *vt* ~ **sth (with sb)** (*dispute*) régler qch (avec qn) **5** *vt* (*compte*) régler **6** *vi* (*sédiments*) se déposer, se tasser PHR V **to settle down 1** se calmer **2** s'installer confortablement **3** se ranger, mener une vie stable : *to marry and settle down* se marier et se ranger **to settle for sth** accepter qch, se contenter de qch **to settle in/into sth** s'installer dans qch **to settle on sth** choisir qch **to settle up (with sb)** payer ses dettes (à qn) **settled** *adj* stable, installé

settlement /'setlmənt/ *n* **1** règlement, accord **2** village, colonie

settler /'setlə(r)/ *n* colon

seven /'sevn/ *adj, pron, n* sept ☛ *Voir exemples sous* FIVE **seventh** *adj, pron, adv, n* septième ☛ *Voir exemples sous* FIFTH

seventeen /ˌsevn'ti:n/ *adj, pron, n* dix-sept ☛ *Voir exemples sous* FIVE **seventeenth** *adj, pron, adv, n* dix-septième ☛ *Voir exemples sous* FIFTH

seventy /'sevnti/ *adj, pron, n* soixante-dix ☛ *Voir exemples sous* FIFTY, FIVE **seventieth** *adj, pron, adv, n* soixante-dixième ☛ *Voir exemples sous* FIFTH

sever /'sevə(r)/ *vt* (*sout*) **1** ~ **sth (from sth)** séparer qch de qch ; sectionner, rompre qch **2** (*relation*) rompre

several /'sevrəl/ *adj, pron* plusieurs

severe /sɪ'vɪə(r)/ *adj* (**-er, -est**) **1** (*regard, punition*) sévère **2** (*tempête*) violent **3** (*gelée*) fort **4** (*douleur*) vif **5** (*blessure, problème*) grave

sew /səʊ/ *vt, vi* (*prét* **sewed** *pp* **sewn** /səʊn/ *ou* **sewed**) coudre PHR V **to sew sth up 1** coudre qch **2** (*affaire*) conclure qch

sewage /'su:ɪdʒ, 'sju:-/ *n* [*indénombrable*] eaux usées

sewer /'su:ə(r), 'sju:-/ *n* égout

sewing /'səʊɪŋ/ *n* couture (*activité*) : *a sewing machine* une machine à coudre

sewn *pp de* SEW

sex /seks/ *n* sexe : *to have sex (with sb)* avoir des rapports (sexuels) (avec qn)

sexism /'seksɪzəm/ *n* sexisme **sexist** *n, adj* sexiste

sexual /'sekʃuəl/ *adj* sexuel : *sexual*

intercourse rapports sexuels **sexuality** /ˌsekʃuˈæləti/ *n* sexualité

sexy /ˈseksi/ *adj* (**-ier, -iest**) (*fam*) (*personne, tenue*) sexy

shabby /ˈʃæbi/ *adj* (**-ier, -iest**) **1** (*vêtement*) miteux **2** (*personne*) d'aspect misérable **3** (*objet*) en mauvais état **4** (*comportement*) mesquin

shack /ʃæk/ *n* cabane

shade /ʃeɪd/ ◆ *n* **1** ombre (*ombrage*) ☛ *Voir illustration sous* OMBRE **2** abat-jour **3** store **4** (*couleur*) ton, nuance **5** (*sens*) nuance ◆ *vt* **1** faire de l'ombre à **2** hachurer **shady** *adj* (**-ier, -iest**) **1** ombragé **2** suspect, louche

shadow /ˈʃædəʊ/ ◆ *n* **1** ombre (*contours*) ☛ *Voir illustration sous* OMBRE **2 shadows** [*pl*] obscurité ◆ *vt* former une ombre sur ◆ *adj* (*Polit*) : *the Shadow Cabinet* le cabinet fantôme ◊ *the Shadow Foreign Secretary* le porte-parole de l'opposition pour les Affaires étrangères **shadowy** *adj* **1** (*lieu*) ombragé, sombre **2** (*fig*) vague, confus

shaft /ʃɑːft ; *USA* ʃæft/ *n* **1** puits (*de mine, etc.*) : *the ventilation shaft* le conduit d'aération ◊ *a lift shaft* une cage d'ascenseur **1** (*lance, etc.*) hampe **2** (*outil*) manche **3** (*Mécan*) axe **4** fût (*de colonne*) **5** ~ **(of sth)** rayon (de qch)

shaggy /ˈʃægi/ *adj* (**-ier, -iest**) hirsute, broussailleux

shake /ʃeɪk/ ◆ (*prét* **shook** /ʃʊk/ *pp* **shaken** /ˈʃeɪkən/) **1** *vt* ~ **sb/sth (about/around)** secouer qn/qch **2** *vi* trembler **3** *vt* ~ **sb (up)** ébranler, secouer qn LOC **to shake sb's hand/shake hands (with sb)/shake sb by the hand** serrer la main à qn, se serrer la main **to shake your head** hocher la tête PHR V **to shake sb off** semer qn **to shake sth off** se débarrasser de qch **to shake sb up** faire réagir qn **to shake sth up 1** secouer qch **2** remettre qch en forme ◆ *n* [*gén sing*] hochement : *a shake of the head* un hochement de tête **shaky** *adj* (**-ier, -iest**) **1** tremblant **2** mal assuré : *My French is a little shaky.* Mon français est un peu hésitant.

shall /ʃəl, ʃæl/ (*contraction* **'ll** *nég* **shall not** *ou* **shan't** /ʃɑːnt/) ◆ *v aux* (*surtout GB*) pour former le futur : *As we shall see...* Comme nous allons le voir... ◊ *I shall tell her tomorrow.* Je le lui dirai demain.

Shall et **will** sont employés en anglais pour former le futur. **Shall** est employé avec la première personne du singulier et du pluriel, **I** et **we**, tandis que **will** est normalement réservé aux autres personnes. Cependant, à l'heure actuelle dans la langue parlée, on a tendance à employer **will** (ou **'ll**) avec tous les pronoms.

◆ *v aux modal*

Shall est un verbe modal suivi de l'infinitif sans TO, les formes interrogatives et négatives étant construites sans l'auxiliaire *do*.

1 (*sout*) (*volonté*) : *He shall be given a fair trial.* Il sera jugé équitablement. ◊ *I shan't go.* Je n'irai pas.

L'emploi de **shall** dans ce sens est plus formel que **will**, surtout lorsqu'il est combiné avec des pronoms autres que **I** et **we**.

2 (*offre, suggestion*) : *Shall we pick you up?* Nous passons vous prendre ? ◊ *Shall we dance?* Voulez-vous danser ?

shallow /ˈʃæləʊ/ *adj* (**-er, -est**) **1** (*eau*) peu profond **2** (*péj*) superficiel

shambles /ˈʃæmblz/ *n* [*sing*] (*fam*) désordre, pagaille : *to be (in) a shambles* être une vraie pagaille

shame /ʃeɪm/ ◆ *n* **1** honte **2 a shame** dommage : *What a shame!* Quel dommage ! LOC **to put sb/sth to shame** faire honte à qn/qch *Voir aussi* CRY ◆ *vt* **1** ~ **sb (into doing sth)** obliger qn à faire qch en lui faisant honte ; faire honte à qn **2** déshonorer

shameful /ˈʃeɪmfl/ *adj* honteux

shameless /ˈʃeɪmləs/ *adj* dévergondé, impudique

shampoo /ʃæmˈpuː/ ◆ *n* (*pl* ~**s**) shampooing ◆ *vt* (*prét, pp* **-ooed** *part présent* **-ooing**) shampouiner

shan't /ʃɑːnt/ = SHALL NOT *Voir* SHALL

shanty town /ˈʃænti taʊn/ *n* bidonville

shape /ʃeɪp/ ◆ *n* **1** forme **2** silhouette LOC **in any shape (or form)** (*fam*) sous quelque forme que ce soit **in shape** en forme **out of shape 1** déformé **2** en piètre forme **to give shape to sth** (*fig*) mettre qch au point **to take shape** prendre forme ◆ *vt* **1** ~ **sth (into sth)** façonner qch dans qch ; donner forme à qch **2** modeler **shapeless** *adj* informe

share /ʃeə(r)/ ◆ *n* **1** ~ **(in/of sth)** part (de qch) **2** (*Fin*) action LOC *Voir* FAIR ◆

1 *vt* ~ **sth (out) (among/between sb)** partager qch (entre qn) **2** *vt, vi* ~ **(sth) (with sb)** partager (qch) (avec qn)

shareholder /'ʃeəhəʊldə(r)/ *n* actionnaire

shark /ʃɑːk/ *n* requin

sharp /ʃɑːp/ ◆ *adj* (**-er, -est**) **1** (*couteau*) tranchant, affûté **2** (*crayon*) bien taillé **3** (*virage*) serré **4** (*augmentation, baisse*) brusque **5** (*bien défini*) clair, net **6** (*son*) aigu **7** (*douleur*) vif **8** (*goût, odeur*) piquant, âcre **9** (*vent*) cinglant, pénétrant **10** (*personne*) vif, dégourdi **11** (*Mus*) dièse : *in C sharp minor* en do dièse mineur **12** aigu, trop haut ◆ *n* dièse ☛ *Comparer avec* FLAT ◆ *adv* (*fam*) précis : *at 7 o'clock sharp* à 7 heures précises **sharpen** **1** *vt* (*couteau*) affûter, aiguiser **2** *vt* (*crayon*) tailler **3** *vt, vi* (*fig*) (s')aviver

shatter /'ʃætə(r)/ **1** *vt, vi* (se) fracasser **2** *vt* briser **shattering** *adj* bouleversant

shave /ʃeɪv/ *vt, vi* (se) raser **LOC** *Voir* CLOSE[1]

she /ʃiː/ ◆ *pron pers* elle (*sujet*) : *She's still in bed.* Elle est encore au lit. ☛ *Comparer avec* HER 3 ◆ *n* [*sing*] femelle : *Is it a he or a she?* Est-ce que c'est un mâle ou une femelle ?

shear /ʃɪə(r)/ *vt* (*prét* **sheared** *pp* **shorn** /ʃɔːn/ *ou* **sheared**) tondre **shears** /ʃɪəz/ *n* [*pl*] **1** cisailles **2** tondeuse

sheath /ʃiːθ/ *n* (*pl* **~s** /ʃiːðz/) fourreau, gaine (*pour épée*)

she'd /ʃiːd/ **1** = SHE HAD *Voir* HAVE **2** = SHE WOULD *Voir* WOULD

shed[1] /ʃed/ *n* remise (*cabane*)

shed[2] /ʃed/ *vt* (**-dd-**) (*prét, pp* **shed**) **1** (*feuilles*) perdre **2** (*peau*) : *Some animals shed their skins.* Certains animaux muent. **3** (*sout*) (*sang, larmes*) verser **4** ~ **sth (on sb/sth)** (*lumière*) répandre qch (sur qn/qch) : *Can you shed any light on the matter?* Vous pouvez nous éclairer sur ce point ?

sheep /ʃiːp/ *n* (*pl* **sheep**) mouton *Voir aussi* EWE, RAM **sheepish** *adj* penaud

sheer /ʃɪə(r)/ *adj* **1** (*absolu*) pur **2** (*bas*) extra-fin **3** (*vertical*) escarpé, abrupt

sheet /ʃiːt/ *n* **1** (*lit*) drap **2** (*papier*) feuille **3** (*verre, métal*) plaque **4** (*glace*) large plaque

sheikh /ʃeɪk/ *n* cheikh

shelf /ʃelf/ *n* (*pl* **shelves** /ʃelvz/) étagère, rayon : *the top shelf* l'étagère du haut ◊ *to put up shelves* poser des étagères

she'll /ʃiːl/ = SHE WILL *Voir* WILL

shell[1] /ʃel/ *n* **1** (*mollusque, œuf, noix*) coquille **2** coquillage **3** (*tortue, crustacé*) carapace **4** (*navire*) coque **5** (*bâtiment*) charpente

shell[2] /ʃel/ ◆ *n* obus ◆ *vt* **1** (*petits pois*) écosser **2** pilonner, bombarder (*d'obus*)

shellfish /'ʃelfɪʃ/ *n* (*pl* **shellfish**) **1** (*crevette, etc.*) crustacé **2** (*mollusque*) coquillage **3** [*pl*] (*aliments*) fruits de mer

shelter /'ʃeltə(r)/ ◆ *n* **1** ~ **(from sth)** (*protection*) abri (de qch) : *to take shelter from the storm* s'abriter de l'orage **2** (*lieu*) abri : *a bus shelter* un abribus® ◆ **1** *vt* ~ **sb/sth (from sb/sth)** protéger qn/qch (de qn/qch) **2** *vi* ~ **(from sth)** se mettre à l'abri, s'abriter (de qch) **sheltered** *adj* **1** (*lieu*) abrité **2** (*vie*) protégé

shelve /ʃelv/ *vt* (*projet, etc.*) mettre en suspens

shelves *pl de* SHELF

shelving /'ʃelvɪŋ/ *n* [*indénombrable*] rayonnage, étagères

shepherd /'ʃepəd/ *n* berger, -ère

sherry /'ʃeri/ *n* (*pl* **-ies**) sherry, xérès

she's /ʃiːz/ **1** = SHE IS *Voir* BE **2** = SHE HAS *Voir* HAVE

shield /ʃiːld/ ◆ *n* **1** bouclier **2** écusson ◆ *vt* ~ **sb/sth (from sb/sth)** protéger qn/qch (de qn/qch)

shift /ʃɪft/ ◆ **1** *vt* déplacer, changer de place à : *Help me shift the sofa.* Aide-moi à déplacer le canapé. **2** *vi* bouger, remuer : *She shifted in her seat.* Elle s'agitait sur sa chaise. **3** (*aussi* **shift key**) touche de majuscule ◆ *n* **1** changement : *a shift in public opinion* un retournement de l'opinion publique **2** (*travail*) équipe (*poste*) : *to be on night shift* être d'équipe de nuit

shifty /'ʃɪfti/ *adj* (**-ier, -iest**) sournois, faux

shimmer /'ʃɪmə(r)/ *vi* scintiller

shin /ʃɪn/ *n* **1** tibia **2** (*aussi* **shin bone**) tibia (*os*)

shine /ʃaɪn/ ◆ (*prét, pp* **shone** /ʃɒn ; *USA* ʃəʊn/) **1** *vi* briller : *His face shone with excitement.* Son visage rayonnait d'excitation. **2** *vt* (*torche*) braquer **3** *vi* ~ **(at/in sth)** briller en qch ; exceller : *She's always shone at languages.* Elle a toujours brillé en langues. ◆ *n* éclat, brillant

shingle /ˈʃɪŋgl/ *n* [*indénombrable*] galets

shiny /ˈʃaɪni/ *adj* (**-ier, -iest**) brillant

ship /ʃɪp/ ◆ *n* navire, bateau : *The captain went on board ship.* Le capitaine est monté à bord. ◊ *a merchant ship* un bateau de commerce ☛ *Voir note sous* BOAT ◆ *vt* (**-pp-**) transporter

shipbuilding /ˈʃɪpbɪldɪŋ/ *n* construction navale

shipment /ˈʃɪpmənt/ *n* **1** chargement **2** cargaison

shipping /ˈʃɪpɪŋ/ *n* [*indénombrable*] **1** navigation : *shipping lanes/routes* voies de navigation **2** navires

shipwreck /ˈʃɪprek/ ◆ *n* naufrage ◆ *vt* : *to be shipwrecked* faire naufrage

shirt /ʃɜːt/ *n* chemise

shiver /ˈʃɪvə(r)/ ◆ *vi* ~ **(with sth)** trembler (de qch) ; frissonner ◆ *n* frisson

shoal /ʃəʊl/ *n* banc (*de poissons*)

shock /ʃɒk/ ◆ *n* **1** choc **2** (*aussi* **electric shock**) décharge (électrique) **3** (*Méd*) choc, commotion ◆ *vt* **1** choquer, secouer **2** choquer, scandaliser **shocking** *adj* **1** (*comportement*) choquant **2** (*nouvelle, crime*) atroce **3** (*fam*) affreux : *shocking weather* un temps affreux

shod *prét, pp de* SHOE

shoddy /ˈʃɒdi/ *adj* (**-ier, -iest**) de mauvaise qualité, mal fait

shoe /ʃuː/ ◆ *n* **1** chaussure : *a shoe shop* un magasin de chaussures ◊ *shoe polish* du cirage ◊ *What's your shoe size?* Quelle pointure faites-vous ? ☛ *Voir illustration sous* CHAUSSURE **2** *Voir* HORSESHOE ◆ *vt* (*prét, pp* **shod** /ʃɒd/) **1** (*cheval*) ferrer **2** chausser

shoelace /ˈʃuːleɪs/ *n* lacet (*de chaussures*)

shoestring /ˈʃuːstrɪŋ/ *n* (*USA*) lacet (*de chaussures*) LOC **on a shoestring** à peu de frais

shone *prét, pp de* SHINE

shook *prét de* SHAKE

shoot /ʃuːt/ ◆ (*prét, pp* **shot** /ʃɒt/) **1** *vt* tirer sur : *to shoot rabbits* chasser le lapin ◊ *She was shot in the leg.* Elle a reçu une balle dans la jambe. ◊ *to shoot sb dead* abattre qn **2** *vt* (*coup, flèche*) tirer **3** *vi* ~ **(at sb/sth)** tirer (sur qn/qch) **4** *vt* (*exécuter*) fusiller **5** *vt* (*regard*) lancer, décocher **6** *vt* (*film*) tourner **7** *vi* ~ **along, past, out, etc.** filer, passer, sortir, etc. à toute vitesse **8** *vi* (*Sport*) tirer PHR V **to shoot sb/sth down** abattre qn/qch **to shoot up 1** (*prix*) monter en flèche **2** (*plante, enfant*) pousser vite ◆ *n* pousse

shop /ʃɒp/ ◆ *n* **1** (*USA* **store**) magasin, boutique : *a clothes shop* une boutique de vêtements ◊ *I'm going to the shops.* Je vais faire des courses. ◊ *a shop window* une vitrine **2** *Voir* WORKSHOP LOC *Voir* TALK ◆ *vi* (**-pp-**) faire des courses : *to shop for sth* chercher qch PHR V **to shop around** (*fam*) comparer les prix

shop assistant *n* vendeur, -euse

shopkeeper /ˈʃɒpkiːpə(r)/ (*USA* **storekeeper**) *n* commerçant, -e

shoplifting /ˈʃɒplɪftɪŋ/ *n* vol à l'étalage **shoplifter** *n* voleur, -euse à l'étalage

shopper /ˈʃɒpə(r)/ *n* personne qui fait ses courses, client, -e

shopping /ˈʃɒpɪŋ/ *n* [*indénombrable*] courses : *to do the shopping* faire les courses ◊ *Let's go shopping.* Allons faire un tour en ville. ◊ *a shopping bag/trolley* un sac à provisions/un caddie®

shopping centre (*aussi* **shopping mall**) *n* centre commercial

shore /ʃɔː(r)/ *n* **1** côte, littoral : *to go on shore* aller à terre **2** (*lac*) rive : *on the shore(s) of Loch Ness* sur les rives du Loch Ness ☛ *Comparer avec* BANK[1]

shorn *pp de* SHEAR

short[1] /ʃɔːt/ *adj* (**-er, -est**) **1** court : *I was only there for a short while.* Je n'y suis resté que peu de temps. ◊ *a short time ago* il y a peu de temps **2** (*personne*) petit ☛ *Voir note sous* HAUT **3** ~ **of sth** à court de qch : *I'm a bit short of time just now.* Je n'ai pas beaucoup de temps à l'instant. **4** *Water is short.* Il y a une pénurie d'eau. ◊ *I'm £50 short.* Il me manque 50 livres. **5** ~ **for sth** : *Ben is short for Benjamin.* Ben est le diminutif de Benjamin. LOC **for short** : *He's called Ben for short.* On l'appelle simplement Ben. **in short** en bref **to get/receive short shrift** se faire expédier **to have a short temper** être coléreux *Voir aussi* BREATH, TERM

short[2] /ʃɔːt/ ◆ *adv* LOC **to be taken short** être pris d'un besoin pressant **to go short (of sth)** manquer de qch, manquer du nécessaire *Voir* CUT, FALL,

STOP ◆ *n* **1** *Voir* SHORT CIRCUIT **2** (*Cin*) court métrage *Voir aussi* SHORTS

shortage /ˈʃɔːtɪdʒ/ *n* pénurie

short circuit *n* (*aussi fam* short) court-circuit

short-circuit /ˌʃɔːt ˈsɜːkɪt/ (*aussi fam* short) **1** *vi* faire court-circuit **2** *vt* court-circuiter

shortcoming /ˈʃɔːtkʌmɪŋ/ *n* défaut, point faible : *severe shortcomings in police tactics* de graves anomalies dans les pratiques policières

short cut *n* raccourci

shorten /ˈʃɔːtn/ *vt, vi* raccourcir

shorthand /ˈʃɔːthænd/ *n* sténographie : *a shorthand typist* une sténodactylo

shortlist /ˈʃɔːtlɪst/ *n* liste des candidats sélectionnés

short-lived /ˌʃɔːt ˈlɪvd ; *USA* ˈlaɪvd/ *adj* bref

shortly /ˈʃɔːtli/ *adv* **1** bientôt **2** peu de temps : *shortly afterwards* peu après

shorts /ʃɔːts/ *n* [*pl*] **1** short **2** (*USA*) caleçon (*sous-vêtement*)

short-sighted /ˌʃɔːt ˈsaɪtɪd/ *adj* **1** myope **2** (*fig*) peu clairvoyant : *a short-sighted decision* une décision à courte vue

short-term /ˌʃɔːt ˈtɜːm/ *adj* à court terme : *short-term plans* des projets à court terme

shot[1] /ʃɒt/ *n* **1** coup de feu **2** tentative : *to have a shot at (doing) sth* essayer (de faire) qch **3** (*Sport*) coup **4 the shot** [*sing*] (*Sport*) : *to put the shot* lancer le poids **5** (*Phot*) photo **6** (*fam*) piqûre (*injection*) LOC *Voir* BIG

shot[2] *prét, pp de* SHOOT

shotgun /ˈʃɒtgʌn/ *n* fusil

should /ʃəd, ʃʊd/ *v aux modal* (*nég* **should not** *ou* **shouldn't** /ˈʃʊdnt/)

> **Should** est un verbe modal suivi de l'infinitif sans TO, les phrases interrogatives et négatives étant formées sans l'auxiliaire *do*.

1 (*suggestions et conseils*) : *You shouldn't drink and drive.* Tu ne devrais pas boire d'alcool si tu prends le volant. ☛ *Comparer avec* MUST **2** (*reproche*) : *She should have warned you.* Elle aurait dû te prévenir. **3** (*probabilité*) : *She should be there by now.* Elle devrait y être à l'heure qu'il est. ◊ *I should have saved enough money by then.* Je devrais avoir économisé suffisamment d'argent d'ici là. **4** (*après 'that'*) : *It's strange that Fran should be so worried.* C'est bizarre que Fran soit si inquiète. **5** *How should I know?* Comment veux-tu que je sache ?

shoulder /ˈʃəʊldə(r)/ ◆ *n* épaule LOC *Voir* CHIP ◆ *vt* (*responsabilité*) endosser

shoulder blade *n* omoplate

shout /ʃaʊt/ ◆ *n* cri ◆ **1** *vt, vi* ~ **(sth) (out) (to sb)** crier (qch) (à qn) : *She shouted the number out to me from the car.* Elle m'a crié le numéro de la voiture. **2** *vi* ~ **(at sb)** crier (contre/après qn) : *Don't shout at me!* Ne me crie pas après ! PHR V **to shout sb down** faire taire qn en criant plus fort que lui

shove /ʃʌv/ ◆ **1** *vt, vi* pousser **2** *vt* (*fam*) fourrer, mettre : *He shoved it in his pocket.* Il l'a fourré dans sa poche. ◆ *n* [*gén sing*] poussée

shovel /ˈʃʌvl/ ◆ *n* pelle ◆ *vt* (**-ll-**, *USA* **-l-**) déblayer à la pelle

show /ʃəʊ/ ◆ *n* **1** spectacle : *a TV show* une émission télévisée **2** exposition, salon : *a fashion show* un défilé de mode ◊ *the Geneva motor show* le salon de l'automobile de Genève **3** démonstration : *a show of force* une démonstration de force ◊ *to make a show of sth* prétendre qch LOC **for show** pour frimer **on show** exposé ◆ (*prét* **showed** *pp* **shown** /ʃəʊn/ *ou* **showed**) **1** *vt* montrer **2** *vi* (*tache, etc.*) se voir **3** *vt* (*fait*) prouver, montrer : *Tests have shown that...* Les tests de laboratoire ont montré que... **4** *vt* (*film*) passer **5** *vt* (*Art*) exposer **6** conduire : *Let me show you to your seat.* Je vais vous conduire jusqu'à votre place. LOC *Voir* ROPE PHR V **to show off (to sb)** (*fam, péj*) crâner, frimer devant qn **to show sb/sth off 1** (*sens positif*) faire valoir qn/qch, mettre en valeur qn/qch **2** (*péj*) faire étalage de qch, exhiber qn/qch **to show sb round** faire visiter les lieux à qn **to show up** (*fam*) **1** ressortir, se détacher **2** arriver, débarquer **to show sb up** (*fam*) faire honte à qn

show business *n* show-business

showdown /ˈʃəʊdaʊn/ *n* confrontation

shower /ˈʃaʊə(r)/ ◆ *n* **1** douche : *to take/have a shower* prendre une douche **2** ~ **(of sth)** pluie (de qch) **3** averse : *April showers* giboulées de mars ◆ **1** *vi* prendre une douche **2** *vt* ~ **sb with sth** (*attentions, cadeaux*) couvrir qn de qch

showing /ˈʃəʊɪŋ/ *n* **1** (*Cin*) projection, séance **2** prestation, performance : *On this showing, you'll never pass your test.* À en juger d'après cette prestation, vous n'aurez jamais votre permis.

shown *pp de* SHOW

show-off /ˈʃəʊ ɒf/ *n* (*péj*) crâneur, -euse, frimeur, -euse

showroom /ˈʃəʊruːm/ *n* salle d'exposition

shrank *prét de* SHRINK

shrapnel /ˈʃræpnəl/ *n* [*indénombrable*] éclats d'obus

shred /ʃred/ ◆ *n* **1** morceau, lambeau **2** ~ **of sth** (*fig*) parcelle, miette de qch : *There's not a shred of evidence against him.* Il n'y a pas la moindre preuve contre lui. ◆ *vt* (**-dd-**) déchiqueter

shrewd /ʃruːd/ *adj* (**-er, -est**) habile, astucieux

shriek /ʃriːk/ ◆ *vt, vi* crier, hurler : *to shriek with laughter* hurler de rire ◆ *n* hurlement, cri perçant

shrift /ʃrɪft/ *n Voir* SHORT[1]

shrill /ʃrɪl/ *adj* (**-er, -est**) **1** perçant, strident **2** (*protestation*) vigoureux

shrimp /ʃrɪmp/ *n* crevette (*grise*)

shrine /ʃraɪn/ *n* lieu de pèlerinage

shrink /ʃrɪŋk/ *vt, vi* (*prét* **shrank** /ʃræŋk/ ou **shrunk** /ʃrʌŋk/ *pp* **shrunk**) **1** (faire) rétrécir **2** (faire) reculer PHR V **to shrink from sth/doing sth** reculer devant qch, hésiter à faire qch

shrivel /ˈʃrɪvl/ *vt, vi* (**-ll-**, *USA* **-l-**)) ~ **(sth) (up) 1** dessécher qch, se dessécher **2** flétrir qch, se flétrir

shroud /ʃraʊd/ ◆ *n* **1** linceul, suaire **2** ~ **(of sth)** (*fig*) voile (de qch) ◆ *vt* ~ **sth in sth** envelopper qch dans qch : *shrouded in mist/mystery* plongé dans le brouillard/enveloppé de mystère

Shrove Tuesday /ˌʃrəʊv ˈtjuːzdeɪ/ *n* Mardi gras ☛ *Voir note sous* MARDI

shrub /ʃrʌb/ *n* arbuste ☛ *Comparer avec* BUSH

shrug /ʃrʌg/ ◆ *vt, vi* (**-gg-**) ~ **(your shoulders)** hausser les épaules PHR V **to shrug sth off** ignorer qch, ne pas faire cas de qch ◆ *n* haussement d'épaules

shrunk *prét, pp de* SHRINK

shudder /ˈʃʌdə(r)/ ◆ *vi* **1** ~ **(with sth)** frissonner (de qch) **2** (*terre, bâtiment*) trembler ◆ *n* **1** frisson **2** tremblement

shuffle /ˈʃʌfl/ **1** *vt, vi* (*Cartes*) battre (les cartes) ☛ *Voir note sous* CARTE **2** *vt* (*papiers*) brasser **3** *vt* : *to shuffle your feet* traîner les pieds **4** *vi* ~ **(along)** marcher en traînant les pieds

shun /ʃʌn/ *vt* (**-nn-**) fuir, éviter

shut /ʃʌt/ ◆ *vt, vi* (**-tt-**) (*prét, pp* **shut**) (se) fermer LOC *Voir* CLICK

PHR V **to shut sb/sth away** enfermer qn/qch

to shut (sth) down 1 (*société*) fermer (qch) (*définitivement*) **2** (*machine*) arrêter qch

to shut sth in sth enfermer qch dans qch

to shut sth off (*gaz, eau*) couper qch **to shut sb/sth off (from sth)** isoler qn/qch (de qch)

to shut sb out (of sth) empêcher qn d'entrer (dans qch) : *to feel shut out* se sentir exclu **to shut sth out (of sth) 1** empêcher qch de pénétrer (dans qch) : *The trees shut out the view.* Les arbres bloquent la vue. **2** repousser qch (de qch)

to shut up (*fam*) se taire **to shut sb up** (*fam*) faire taire qn **to shut sth up** fermer qch **to shut sb/sth up (in sth)** enfermer qn/qch (dans qch)

◆ *adj* [*toujours après le verbe*] fermé : *The door was shut.* La porte était fermée. ☛ *Comparer avec* CLOSED *sous* CLOSE[2]

shutter /ˈʃʌtə(r)/ *n* **1** volet (*sur fenêtre*) **2** (*Phot*) obturateur

shuttle /ˈʃʌtl/ *n* **1** navette : *a shuttle service* un service de navette **2** (*aussi* **space shuttle**) navette spatiale

shy /ʃaɪ/ ◆ *adj* (**shyer, shyest**) timide, sauvage : *to be shy of sb/sth* avoir peur de qn/qch ◆ *vi* (*prét, pp* **shied** /ʃaɪd/) **to shy (at sth)** (*cheval*) faire un écart (devant qch) PHR V **to shy away from sth/doing sth** éviter qch/de faire qch **shyness** *n* timidité

sick /sɪk/ ◆ *adj* (**-er, -est**) **1** malade : *to be off sick* être en congé de maladie ☛ *Voir note sous* MALADE **2** *to feel sick* avoir envie de vomir **3 be** ~ **of sb/sth/doing sth** (*fam*) en avoir assez, en avoir marre de qn/qch/de faire qch **4** (*fam*) (*plaisanterie*) de mauvais goût LOC **to be sick** vomir **to be sick to death of/sick and tired of sb/sth** (*fam*) en avoir par-dessus la tête de qn/qch **to make sb sick** dégoûter qn ◆ *n* (*fam*) vomi **sicken** *vt* dégoûter **sickening** *adj* **1** écœurant **2** (*agaçant*) insupportable

sickly /'sɪkli/ *adj* **(-ier, -iest) 1** (*personne*) maladif **2** (*goût, odeur*) écœurant

sickness /'sɪknəs/ *n* **1** maladie **2** vomissements

side /saɪd/ ◆ *n* **1** (*personne, page*) côté : *to sit at/by sb's side* s'asseoir à côté de qn ◊ *on the other side of the Channel* de l'autre côté de la Manche ◊ *from side to side* d'un côté à l'autre ◊ *a side door* une entrée latérale **2** (*disque, cassette, pièce*) face : *on the other side* sur l'autre face **3** (*rivière*) rive, berge **4** (*montagne*) versant, flanc **5** camp, côté : *to change sides* changer de camp ◊ *She's on our side.* Elle est avec nous. ◊ *Whose side are you on?* Tu es dans quel camp ? **6** (*GB*) (*Sport*) équipe **7** côté, aspect : *to study all sides of a question* étudier une question sous tous ses aspects ◊ *There are two sides to every argument.* Il y a toujours deux points de vue dans une dispute. **8** *She's a little on the heavy side.* Elle est un peu forte. ◊ *Prices are on the high side.* Les prix sont plutôt élevés. LOC **on/from all sides**; **on/from every side** de tous côtés **side by side** côte à côte **to get on the right/wrong side of sb** se mettre bien avec qn/se faire mal voir par qn **to put sth on/to one side** mettre qch de côté **to take sides (with sb)** prendre parti (pour qn) *Voir aussi* LOOK[1], SAFE[1] PHR V **to side with/against sb** se mettre du côté de qn/se liguer contre qn

sideboard /'saɪdbɔːd/ *n* buffet (*meuble*)

side dish *n* plat d'accompagnement

side effect *n* effet secondaire

side street *n* petite rue (*transversale*)

sidetrack /'saɪdtræk/ *vt* faire dévier

sidewalk /'saɪdwɔːk/ *n* (*USA*) trottoir

sideways /'saɪdweɪz/ *adv, adj* **1** de biais **2** (*regard*) de biais, de côté

siege /siːdʒ/ *n* siège (*assaut*)

sieve /sɪv/ ◆ *n* passoire, tamis ◆ *vt* tamiser

sift /sɪft/ *vt* **1** tamiser **2** ~ **(through) sth** (*fig*) passer qch au crible

sigh /saɪ/ ◆ *vi* soupirer ◆ *n* soupir

sight /saɪt/ *n* **1** vue : *to have poor sight* avoir mauvaise vue **2 the sights** [*pl*] les attractions touristiques : *to see the sights of York* visiter York **3** spectacle : *What a sad sight!* C'est vraiment triste à voir ! ◊ *She does look a sight!* Elle a une de ces allures ! LOC **at/on sight** à vue **by sight** de vue **in sight** en vue **out of sight, out of mind** loin des yeux, loin du cœur *Voir aussi* CATCH, LOSE, PRETTY

sightseeing /'saɪtsiːɪŋ/ *n* tourisme : *to go sightseeing* faire du tourisme

sign[1] /saɪn/ *n* **1** signe : *the signs of the zodiac* les signes du zodiaque **2** panneau **3** signe, geste : *to give sb a sign* faire signe à qn **4** ~ **(of sth)** signe (de qch) : *a good/bad sign* un bon/mauvais signe

sign[2] /saɪn/ **1** *vt, vi* signer **2** *vi* s'exprimer en langage des signes **3** *vt* signer, traduire en langage des signes PHR V **to sign on** pointer au chômage **to sign sb up** engager qn **to sign up (for sth) 1** s'engager (à qch) **2** s'inscrire (à qch)

signal /'sɪgnəl/ ◆ *n* signal ◆ *vt, vi* **(-ll-,** *USA* **-l-) 1** faire signe (à) : *to signal (to) sb to do sth* faire signe à qn de faire qch **2** marquer, indiquer : *This signalled the beginning of the celebrations.* Cela a marqué le début des célébrations. ◊ *to signal your discontent* montrer son mécontentement **3** signaler

signature /'sɪgnətʃə(r)/ *n* signature

significant /sɪg'nɪfɪkənt/ *adj* **1** (*effet, quantité*) important, significatif **2** (*augmentation*) sensible **significance** *n* **1** signification **2** importance, portée

signify /'sɪgnɪfaɪ/ *vt* (*prét, pp* **-fied**) **1** signifier **2** être signe de

sign language *n* langage des signes

signpost /'saɪnpəʊst/ *n* panneau (indicateur)

silence /'saɪləns/ ◆ *n, excl* silence ◆ *vt* faire taire

silent /'saɪlənt/ *adj* **1** silencieux **2** *Everybody was silent.* Personne ne parlait. **3** (*lettre, film*) muet

silhouette /ˌsɪlu'et/ ◆ *n* silhouette ◆ *vt* LOC **to be silhouetted (against sth)** se découper (contre qch)

silk /sɪlk/ *n* soie **silky** *adj* **(-ier, -iest)** soyeux

sill /sɪl/ *n* rebord (*de fenêtre*)

silly /'sɪli/ *adj* **(-ier, -iest) 1** stupide, bête : *That was a very silly thing to say.* Ce n'était vraiment pas une chose à dire. ☛ *Voir note sous* BÊTE **2** ridicule : *to feel/look silly* se sentir/avoir l'air ridicule

silver /'sɪlvə(r)/ ◆ *n* **1** argent (*métal*) : *silver paper* papier d'argent ◊ *silver-plated* argenté **2** monnaie (*en pièces*

u	ɒ	ɔː	ɜː	ə	j	w	eɪ	əʊ
sit**u**ation	g**o**t	s**aw**	f**ur**	**a**go	**y**es	**w**oman	p**ay**	g**o**

d'argent ou de nickel) **3** argenterie LOC *Voir* WEDDING ◆ *adj* **1** en argent **2** (*couleur*) argenté **silvery** *adj* argenté

similar /'sɪmələ(r)/ *adj* ~ **(to sb/sth)** semblable (à qn/qch) **similarity** /ˌsɪmə'lærəti/ *n* (*pl* **-ies**) ressemblance, similitude **similarly** *adv* **1** de la même façon, de façon similaire **2** *Similarly...* De même...

simile /'sɪməli/ *n* comparaison

simmer /'sɪmə(r)/ *vt, vi* (faire) mijoter, cuire à feu doux

simple /'sɪmpl/ *adj* (**-er, -est**) **1** simple **2** (*personne*) naïf, simplet

simplicity /sɪm'plɪsəti/ *n* simplicité

simplify /'sɪmplɪfaɪ/ *vt* (*prét, pp* **-fied**) simplifier

simplistic /sɪm'plɪstɪk/ *adj* simpliste

simply /'sɪmpli/ *adv* **1** simplement **2** absolument : *simply the best* ce que l'on fait de mieux

simulate /'sɪmjuleɪt/ *vt* simuler

simultaneous /ˌsɪml'teɪniəs ; *USA* ˌsaɪm-/ *adj* ~ **(with sth)** en même temps que qch, simultané **simultaneously** *adv* simultanément

sin /sɪn/ ◆ *n* péché ◆ *vi* (**-nn-**) **to sin (against sth)** pécher (contre qch)

since /sɪns/ ◆ *conj* **1** depuis que : *I've known him since we were kids.* Je le connais depuis l'enfance. ◊ *How long is it since we visited your mother?* Cela fait combien de temps que nous n'avons pas été voir ta mère ? **2** étant donné que, comme ◆ *prép* depuis : *He's been asleep since 9 o'clock.* Il dort depuis 9 heures. ◊ *Since then I've lived on my own.* Depuis, je vis seul. ◊ *It was the first time they'd won since 1974.* C'était la première fois qu'ils gagnaient depuis 1974.

> **Since** et **from** s'emploient tous deux pour indiquer le point de départ de l'action du verbe. **Since** s'emploie quand l'action s'étend d'un moment précis au moment actuel : *She's been here since 11 a.m.* Elle est ici depuis 11 heures. **From** est employé quand l'action est déjà terminée ou qu'elle n'est pas encore commencée : *I was there from 10 a.m. until 11 a.m.* J'étais là de 10 heures à 11 heures. ◊ *I'll be there from 9 a.m.* Je serai là à partir de 9 heures.

☛ *Voir note sous* FOR 2 ☛ *Voir note sous* DEPUIS ◆ *adv* depuis : *We haven't heard from him since.* Depuis, nous n'avons pas de nouvelles de lui.

sincere /sɪn'sɪə(r)/ *adj* sincère **sincerely** *adv* sincèrement LOC *Voir* YOURS **sincerity** /sɪn'serəti/ *n* sincérité

sinful /'sɪnfl/ *adj* **1** immoral **2** (*fam*) honteux, scandaleux

sing /sɪŋ/ *vt, vi* (*prét* **sang** /sæŋ/ *pp* **sung** /sʌŋ/) chanter **singer** *n* chanteur, -euse **singing** *n* chant

single /'sɪŋgl/ ◆ *adj* **1** seul : *every single day* chaque jour ◊ *the (European) single currency* la monnaie unique (européenne) **2** (*lit*) à une place **3** (*chambre*) pour une personne, individuelle **4** (*USA* **one-way**) (*billet*) simple ☛ *Comparer avec* RETURN **5** célibataire : *a single parent* un père/une mère célibataire LOC **in single file** en file indienne *Voir aussi* BLOW ◆ *n* **1** aller simple **2** (*disque*) single ☛ *Comparer avec* ALBUM **3 singles** [*pl*] (*Sport*) simple ◆ *v* PHR V **to single sb/sth out (for sth)** choisir qn/qch (pour qch) : *I don't want to single anybody out for criticism.* Je ne veux pas critiquer qui que ce soit en particulier.

single-handedly /ˌsɪŋgl 'hændɪdli/ (*aussi* **single-handed**) *adv* tout seul, à lui seul, à elle seule

single-minded /ˌsɪŋgl 'maɪndɪd/ *adj* résolu

single-parent family *n* famille monoparentale

singular /'sɪŋgjələ(r)/ ◆ *adj* **1** (*Gramm*) singulier **2** (*sout*) exceptionnel ◆ *n* singulier : *in the singular* au singulier

sinister /'sɪnɪstə(r)/ *adj* sinistre

sink /sɪŋk/ ◆ (*prét* **sank** /sæŋk/ *pp* **sunk** /sʌŋk/) **1** *vt, vi* (faire) couler **2** *vi* baisser, chuter **3** *vi* (*soleil*) disparaître **4** s'effondrer **5** *vt* (*fam*) (*projets*) ruiner LOC **to be sunk in sth** être plongé dans qch *Voir aussi* HEART PHR V **to sink in 1** (*liquide*) pénétrer **2** faire son effet, rentrer : *It hasn't sunk in yet that...* J'ai encore du mal à réaliser que... **to sink into sth 1** (*liquide*) pénétrer dans qch **2** (*fig*) sombrer dans qch **to sink sth into sth** enfoncer qch dans qch, planter qch dans qch ◆ *n* **1** évier **2** (*surtout USA*) lavabo ☛ *Comparer avec* WASHBASIN

sinus /'saɪnəs/ *n* sinus (*cavité*)

sip /sɪp/ ◆ *vt, vi* (**-pp-**) boire à petites gorgées ◆ *n* petite gorgée

sir /sɜː(r)/ *n* **1** Monsieur : *Yes, sir!* Oui mon commandant ! **2 Sir** : *Dear Sir...* Monsieur... **3 Sir** /sə(r)/ : *Sir Michael Tippett* sir Michael Tippett

siren /ˈsaɪrən/ *n* sirène

sister /ˈsɪstə(r)/ *n* **1** sœur **2** (*GB*) (*Méd*) infirmière chef **3 Sister** (*Relig*) sœur **4** (*navire*) *her sister ship* son sistership ◊ *our sister organization* notre société sœur

sister-in-law /ˈsɪstər ɪn lɔː/ *n* (*pl* **-ers-in-law**) belle-sœur

sit /sɪt/ (**-tt-**) (*prét, pp* **sat** /sæt/) **1** *vi* être assis, s'asseoir : *Sit still!* Tiens-toi tranquille ! **2** *vt* **to sit sb (down)** faire asseoir, installer qn **3** *vi* **to sit (for sb)** (*Art*) poser (pour qn) **4** *vi* (*parlement*) siéger, être en séance **5** *vi* (*comité*) siéger **6** *vi* (*objet*) être placé, se trouver **7** *vt* (*examen*) passer, se présenter à

PHR V **to sit around** traîner : *to sit around doing nothing* traîner à ne rien faire

to sit back s'asseoir confortablement, se détendre : *How can you sit back and let them suffer?* Comment peux-tu rester sans rien faire alors qu'ils souffrent ?

to sit (yourself) down s'asseoir

to sit up 1 se mettre en position assise **2** s'asseoir droit

site /saɪt/ *n* **1** terrain, emplacement : *a building site* un chantier **2** (*d'un événement*) site, lieu

sitting /ˈsɪtɪŋ/ *n* **1** séance **2** (*pour repas*) service

sitting room (*surtout GB*) *Voir* LIVING ROOM

situated /ˈsɪtʃueɪtɪd/ *adj* situé

situation /ˌsɪtʃuˈeɪʃn/ *n* **1** situation **2** (*sout*) poste : *situations vacant* offres d'emploi

six /sɪks/ *adj, pron, n* six ☛ *Voir exemples sous* FIVE **sixth** *adj, pron, adv, n* sixième ☛ *Voir exemples sous* FIFTH

sixteen /ˌsɪksˈtiːn/ *adj, pron, n* seize ☛ *Voir exemples sous* FIVE **sixteenth** *adj, pron, adv, n* seizième ☛ *Voir exemples sous* FIFTH

sixth form *n* (*GB*) (*École*) terminale

sixty /ˈsɪksti/ *adj, pron, n* soixante ☛ *Voir exemples sous* FIFTY, FIVE **sixtieth** *adj, pron, adv, n* soixantième ☛ *Voir exemples sous* FIFTH

size /saɪz/ ◆ *n* **1** grandeur, dimensions **2** (*vêtements*) taille : *I take size ten.* Je fais du 36. **3** (*chaussures*) pointure PHR V **to size sb/sth up** (*fam*) jauger qn/qch : *She sized him up immediately.* Elle le jugea sur le champ. **sizeable** (*aussi* **sizable**) *adj* non négligeable

skate /skeɪt/ ◆ *n* **1** (*aussi* **ice skate**) patin à glace **2** (*aussi* **roller skate**) patin à roulettes ◆ *vi* patiner **skater** *n* patineur, -euse **skating** *n* patinage (*sur glace*)

skateboard /ˈskeɪtbɔːd/ ◆ *n* skateboard, planche à roulettes (*objet*) ◆ *vi* faire du skate-board **skateboarding** *n* skate-board, planche à roulettes (*activité*)

skeleton /ˈskelɪtn/ ◆ *n* squelette ◆ *adj* minimum : *skeleton staff/service* personnel/service minimum

skeptic (*USA*) *Voir* SCEPTIC

sketch /sketʃ/ ◆ *n* **1** esquisse, croquis **2** (*Théâtre*) sketch ◆ *vt, vi* faire un croquis de, croquer, faire des esquisses **sketchy** *adj* (**-ier, -iest**) (*souvent péj*) rapide, vague

ski /skiː/ ◆ *vi* (*prét, pp* **skied** *part présent* **skiing**) faire du ski, skier : *to go skiing* faire du ski ◆ *n* ski (*équipement*) **skiing** *n* ski (*activité*)

skid /skɪd/ ◆ *vi* (**-dd-**) **1** (*voiture*) déraper **2** (*personne*) glisser ◆ *n* dérapage **skier** *n* skieur, -euse

skies *pl de* SKY

ski lift *n* remontée mécanique

skill /skɪl/ *n* **1** ~ **(at/in sth/doing sth)** habileté, adresse (à qch/à faire qch) **2** aptitude, compétence **skilful** (*USA* **skillful**) *adj* ~ **(at/in sth/doing sth)** adroit, habile (en qch/à faire qch) **skilled** *adj* **1** qualifié : *skilled work* travail qualifié ◊ *skilled workers* travailleurs qualifiés **2** ~ **(at/in sth/doing sth)** expert (en qch) : *She's skilled at dealing with people.* Elle sait très bien comment s'y prendre avec les gens.

skim /skɪm/ (**-mm-**) **1** *vt* écumer, écrémer **2** *vt* frôler, raser **3** *vt, vi* ~ **(through/over) sth** (*liste, page*) parcourir rapidement qch, lire qch en diagonale

skin /skɪn/ ◆ *n* peau ☛ *Voir note sous* PEEL LOC **by the skin of your teeth** (*fam*) de justesse ◆ *vt* (**-nn-**) dépouiller, écorcher

skinhead /ˈskɪnhed/ *n* (*GB*) skinhead

skinny /ˈskɪni/ *adj* (**-ier, -iest**) (*fam, péj*) maigre ☛ *Voir note sous* MINCE

skip /skɪp/ ◆ (**-pp-**) **1** *vi* sautiller **2** *vi* sauter à la corde : *a skipping rope* une corde à sauter **3** *vt* sauter : *to skip a line* sauter une ligne ◆ *n* **1** petit bond **2** benne (*à ordures*)

skipper /ˈskɪpə(r)/ *n* (*fam*) **1** capitaine, patron **2** skipper

skirmish /ˈskɜːmɪʃ/ *n* escarmouche

skirt /skɜːt/ ◆ *n* jupe ◆ *vt* contourner PHR V **to skirt (a)round sth** (*problème, sujet*) contourner qch

skirting board *n* plinthe

skive /skaɪv/ *vi* ~ **(off)** (*fam*) **1** sécher les cours **2** ne pas aller au boulot

skull /skʌl/ *n* crâne

sky /skaɪ/ *n* (*pl* **skies**) ciel

sky-high /ˌskaɪ ˈhaɪ/ *n* **1** très haut **2** (*prix*) exorbitant

skylight /ˈskaɪlaɪt/ *n* lucarne

skyline /ˈskaɪlaɪn/ *n* ligne d'horizon : *the Miami skyline* les toits de Miami

skyscraper /ˈskaɪskreɪpə(r)/ *n* gratte-ciel

slab /slæb/ *n* **1** (*pierre*) dalle **2** (*gâteau*) part **3** (*chocolat*) plaque

slack /slæk/ *adj* (**-er, -est**) **1** lâche (*détendu*) **2** (*personne*) négligent **3** (*période*) creux, calme

slacken /ˈslækən/ *vt, vi* **1** (se) relâcher, (se) desserrer **2** ~ **(sth) (off/up)** ralentir, diminuer (qch)

slain *pp de* SLAY

slam /slæm/ (**-mm-**) **1** *vi* claquer **2** *vt* ~ **sth (shut)** faire claquer qch, refermer qch en claquant **3** *vt* poser brutalement : *She slammed down the phone angrily.* Elle a raccroché brutalement. ◇ *to slam the brakes on* freiner à mort **4** *vt* (*fam*) (*critiquer*) éreinter

slander /ˈslɑːndə(r) ; *USA* ˈslæn-/ ◆ *n* calomnie ◆ *vt* calomnier

slang /slæŋ/ *n* argot

slant /slɑːnt ; *USA* slænt/ ◆ **1** *vi, vt* (faire) pencher **2** *vt* (*souvent péj*) présenter avec parti pris ◆ *n* **1** pente **2** (*fig*) point de vue : *to get a new slant on the political situation* voir la situation politique sous un nouveau angle

slap /slæp/ ◆ *vt* (**-pp-**) **1** gifler, donner une claque à : *to slap sb's face* gifler qn **2** donner une grande tape à : *to slap sb on the back* donner une grande tape à qn dans le dos **3** poser brusquement, flanquer ◆ *n* **1** (*visage*) claque, gifle **2** (*dos*) claque, tape ◆ *adv* (*fam*) en plein : *slap in the middle* en plein milieu

slash /slæʃ/ ◆ *vt* **1** balafrer, entailler **2** (*tissu*) taillader **3** (*prix, etc.*) casser, baisser considérablement ◆ *n* **1** coup de couteau **2** entaille, balafre

slate /sleɪt/ *n* ardoise

slaughter /ˈslɔːtə(r)/ ◆ *n* **1** (*animaux*) abattage **2** (*personnes*) massacre ◆ *vt* **1** (*animaux*) abattre **2** (*personnes*) massacrer **3** (*fam*) (*Sport*) écraser

slave /sleɪv/ ◆ *n* ~ **(of/to sb/sth)** esclave (de qn/qch) ◆ *vi* ~ **(away) (at sth)** trimer (sur qch)

slavery /ˈsleɪvəri/ *n* esclavage

slay /sleɪ/ *vt* (*prét* **slew** /sluː/ *pp* **slain** /sleɪn/) (*sout ou USA*) tuer

sleaze /ˈsliːz/ *n* corruption

sleazy /ˈsliːzi/ *adj* (**-ier, -iest**) (*fam*) sordide, miteux

sledge /sledʒ/ (*aussi* **sled**) *n* traîneau, luge ☛ *Comparer avec* SLEIGH

sleek /sliːk/ *adj* (**-er, -est**) **1** (*cheveux*) lisse et brillant **2** (*poils d'animaux*) soyeux, lustré

sleep /sliːp/ ◆ *n* sommeil LOC **to go to sleep** s'endormir ◆ (*prét, pp* **slept** /slept/) **1** *vi* dormir : *sleeping pills* somnifères ☛ *Voir note sous* ASLEEP **2** *vt* pouvoir loger : *This chalet sleeps ten.* Ce chalet a de la place pour coucher dix personnes. PHR V **to sleep in** (*USA*) *Voir* TO LIE IN *sous* LIE[2] **to sleep on it** attendre le lendemain pour prendre une décision **to sleep sth off** se remettre de qch en dormant : *to sleep it off* cuver son vin **to sleep through sth** (*bruit, orage*) ne pas être réveillé par qch **to sleep with sb** coucher avec qn

sleeper /ˈsliːpə(r)/ *n* **1** dormeur, -euse : *to be a heavy/light sleeper* avoir le sommeil lourd/léger **2** (*rails*) traverse **3** (*de train*) wagon-lit, voiture-lit

sleeping bag *n* sac de couchage

sleepless /ˈsliːpləs/ *adj* sans sommeil : *to have a sleepless night* passer une nuit blanche

sleepwalker /ˈsliːpwɔːkə(r)/ *n* somnambule

sleepy /ˈsliːpi/ *adj* (**-ier, -iest**) **1** ensommeillé **2** (*lieu*) endormi, somnolent LOC **to be sleepy** avoir sommeil

sleet /sliːt/ *n* neige fondue

sleeve /sliːv/ *n* **1** manche **2** pochette (*de disque*) LOC **to have/keep sth up your sleeve** avoir qch en réserve **sleeveless** *adj* sans manches

sleigh /sleɪ/ *n* traîneau ☛ *Comparer avec* SLEDGE

slender /ˈslendə(r)/ *adj* (**-er, -est**) **1** mince, svelte *Voir aussi* THIN **2** effilé **3** limité : *a slender majority* une faible majorité

slept *prét, pp de* SLEEP

slew *prét de* SLAY

slice /slaɪs/ ◆ *n* **1** tranche ☛ *Voir illustration sous* PAIN **2** partie : *a slice of the profits* une partie des bénéfices ◆ **1** *vt* couper en tranches **2** *vi* ~ **through/into sth** trancher, fendre qch PHR V **to slice sth up** couper qch (en tranches)

slick /slɪk/ ◆ *adj* (**-er, -est**) **1** (*représentation, production*) rondement mené **2** (*vendeur*) habile, qui a du bagout **3** (*propos*) superficiel ◆ *n Voir* OIL SLICK

slide /slaɪd/ ◆ *n* **1** chute, glissade **2** toboggan (*jeu*) **3** diapositive : *a slide projector* un projecteur de diapositives **4** (*microscope*) lame porte-objet ◆ (*prét, pp* **slid** /slɪd/) **1** *vt, vi* (faire) glisser **2** *vi* (*tiroir*) coulisser **3** *vi* (*prix, etc.*) baisser

sliding door *n* porte coulissante

slight /slaɪt/ *adj* (**-er, -est**) **1** léger : *without the slightest difficulty* sans la moindre difficulté **2** (*personne*) mince LOC **not in the slightest** pas le moins du monde **slightly** *adv* légèrement : *He's slightly better.* Il va un peu mieux.

slim /slɪm/ ◆ *adj* (**slimmer, slimmest**) **1** (*sens positif*) (*personne*) mince ☛ *Voir note sous* MINCE **2** (*chances, espoirs*) faible, mince ◆ *vi* (**-mm-**) ~ **(down)** maigrir

slime /slaɪm/ *n* **1** vase **2** (*escargot*) bave **slimy** *adj* (**-ier, -iest**) visqueux, gluant

sling[1] /slɪŋ/ *n* écharpe (*bandage*) : *to have your arm in a sling* avoir le bras en écharpe

sling[2] /slɪŋ/ *vt* (*prét, pp* **slung** /slʌŋ/) **1** (*fam*) lancer, jeter **2** (*hamac*) suspendre

slink /slɪŋk/ *vi* (*prét, pp* **slunk** /slʌŋk/) : *to slink away* partir discrètement

slip /slɪp/ ◆ *n* **1** glissade **2** erreur, faute d'étourderie : *a slip of the tongue* un lapsus **3** combinaison, jupon **4** (*papier*) bout de papier LOC **to give sb the slip** (*fam*) semer qn ◆ (**-pp-**) **1** *vt, vi* (faire) glisser **2** *vi* ~ **from/out of/through sth** se faufiler, glisser hors de/à travers qch **3** *vt* ~ **sth (in/into sth)** glisser qch (dans qch) LOC **to slip sb's mind** : *It slipped my mind.* Ça m'est sorti de l'esprit. *Voir aussi* LET[1] PHR V **to slip away** partir discrètement, s'esquiver **to slip sth off** enlever qch **to slip sth on** enfiler qch **to slip out 1** sortir un instant **2** partir discrètement, s'esquiver **3** *It slipped out that...* Il s'est avéré que... **to slip up (on sth)** (*fam*) faire une gaffe (à propos de qch)

slipper /ˈslɪpə(r)/ *n* chausson, pantoufle ☛ *Voir illustration sous* CHAUSSURE

slippery /ˈslɪpəri/ *adj* **1** (*trottoir*) glissant **2** (*personne*) sur qui on ne peut pas compter

slit /slɪt/ ◆ *n* **1** fente **2** incision, entaille ◆ *vt* (**-tt-**) (*prét, pp* **slit**) faire une fente dans : *to slit sb's throat* trancher la gorge à qn LOC **to slit sth open** ouvrir qch avec un coupe-papier

slither /ˈslɪðə(r)/ *vi* **1** glisser **2** (*serpent*) onduler

sliver /ˈslɪvə(r)/ *n* **1** éclat (*de bois, verre*) **2** mince tranche

slob /slɒb/ *n* (*fam, GB*) fainéant

slog /slɒg/ *vi* (**-gg-**) avancer péniblement PHR V **to slog (away) at sth** (*fam*) s'échiner sur qch

slogan /ˈsləʊgən/ *n* slogan

slop /slɒp/ (**-pp-**) *vt, vi* (se) renverser, déborder

slope /sləʊp/ ◆ *n* **1** pente, inclinaison **2** pente **3** (*Ski*) piste de ski ◆ *vi* être en pente

sloppy /ˈslɒpi/ *adj* (**-ier, -iest**) **1** peu soigné, bâclé **2** (*fam*) sentimental, à l'eau de rose

slot /slɒt/ ◆ *n* **1** fente **2** créneau : *a ten-minute slot on TV* un créneau de dix minutes à l'écran ◆ *v* (**-tt-**) PHR V **to slot in** s'encastrer, s'emboîter **to slot sb in** caser qn **to slot sth in** insérer qch

slot machine *n* **1** (*GB*) distributeur **2** (*USA*) machine à sous

slow /sləʊ/ ◆ *adj* (**-er, -est**) **1** lent : *We're making slow progress.* Nous progressons lentement. **2** *He's a bit slow.* Il a l'esprit un peu lent. **3** *Business is rather slow today.* Les affaires ne marchent pas très fort aujourd'hui. **4** (*montre*) qui retarde : *It's five minutes slow.* Elle retarde de cinq minutes. LOC **in slow motion** au ralenti **to be slow to do sth/in doing sth** mettre du temps à faire qch ◆ *adv* (**-er, -est**) lentement, doucement ◆ *vt, vi* ~ **(sth) (up/down)** ralentir (qch) : *to slow up the development of research* ralentir l'avancée des recherches **slowly** *adv* **1** lentement **2** peu à peu

sludge /slʌdʒ/ *n* **1** vase, boue **2** vidange, cambouis

slug /slʌg/ *n* limace **sluggish** *adj* **1** lent, sans énergie, léthargique **2** (*circulation*) engorgé **3** (*affaires*) stagnant

slum /slʌm/ *n* **1** (*aussi* **slum area**) bidonville **2** taudis

slump /slʌmp/ ◆ *vi* **1** ~ **(down)** s'effondrer, s'affaler **2** (*Écon*) s'effondrer ◆ *n* (*Écon*) effondrement, récession

slung *prét, pp de* SLING[2]

slunk *prét, pp de* SLINK

slur[1] /slɜː(r)/ *vt* (**-rr-**) marmonner, mal articuler

slur[2] /slɜː(r)/ *n* insulte

slush /slʌʃ/ *n* neige fondue

sly /slaɪ/ *adj* (**slyer, slyest**) **1** sournois **2** (*regard, sourire*) narquois, entendu

smack /smæk/ ◆ *n* tape, claque, gifle ◆ *vt* taper, gifler, donner une fessée à PHR V **to smack of sth** avoir un relent de qch

small /smɔːl/ *adj* (**-er, -est**) **1** petit : *a small number of people* peu de gens ◊ *small change* de la monnaie ◊ *the small hours* le petit matin ◊ *small ads* les petites annonces ◊ *to make small talk* faire la conversation ☛ *Voir note sous* HAUT **2** (*lettre*) minuscule LOC **a small fortune** une fortune **it's a small world** (*proverbe*) le monde est petit **the small print** les clauses restrictives

> **Small** est employé pour signifier le contraire de **big** ou de **large** et peut être modifié par un adverbe : *Our house is smaller than yours.* Notre maison est plus petite que la vôtre. ◊ *I have a fairly small income.* Mes revenus sont assez modestes. **Little** est rarement accompagné d'un adverbe et est souvent placé à la suite d'un autre adjectif : *He's a horrid little man.* C'est un petit homme horrible. ◊ *What a lovely little house!* Quelle jolie petite maison !

smallpox /ˈsmɔːlpɒks/ *n* variole

small-scale /ˈsmɔːl skeɪl/ *adj* petit, à petite échelle

smart /smɑːt/ ◆ *adj* (**-er, -est**) **1** élégant, chic **2** intelligent ◆ *vi* brûler, piquer **smarten** *v* PHR V **to smarten sth up** bien arranger qch **to smarten (yourself) up** se faire beau

smash /smæʃ/ ◆ *vt, vi* (se) fracasser PHR V **to smash against, into, etc. sth** se fracasser contre qch **to smash sth against, into, etc. sth** écraser qch contre qch **to smash sth up 1** démolir qch, complètement détruire qch **2** (*voiture*) amocher qch, bousiller qch ◆ *n* **1** fracas **2** accident, collision **3** (*aussi* **smash hit**) (*fam*) succès foudroyant

smashing /ˈsmæʃɪŋ/ *adj* (*GB, fam*) épatant, super

smear /smɪə(r)/ *vt* **1** ~ **sth on/over sth** barbouiller qch de qch **2** ~ **sth with sth** maculer qch de qch **3** (*fig*) salir (*réputation, etc.*)

smell /smel/ ◆ *n* **1** odeur : *a smell of gas* une odeur de gaz ☛ *Voir note sous* ODOUR, SENTIR **2** (*aussi* **sense of smell**) odorat ◆ (*prét, pp* **smelt** /smelt/ *ou* **smelled**) ☛ *Voir note sous* DREAM **1** *vi* ~ **of sth** sentir qch ; avoir une odeur de qch : *It smells of fish.* Ça sent le poisson. ◊ *What does it smell like?* Ça a quelle odeur ? **2** *vt* sentir : *Smell this rose!* Sens le parfum de cette rose ! ☛ *Voir note sous* SENTIR **3** *vi* (*de façon désagréable*) sentir mauvais **smelly** *adj* (**-ier, -iest**) (*fam*) qui sent mauvais : *It's smelly in here.* Ça sent mauvais.

smile /smaɪl/ ◆ *n* sourire : *to give sb a smile* sourire à qn LOC *Voir* BRING ◆ *vi* sourire

smirk /smɜːk/ ◆ *n* sourire affecté ◆ *vi* sourire de façon affectée

smock /smɒk/ *n* blouse (*de peintre*)

smog /smɒg/ *n* smog

smoke /sməʊk/ ◆ **1** *vt, vi* fumer : *to smoke a pipe* fumer la pipe **2** *vi* fumer : *smoking factory chimneys* des cheminées d'usine qui fument **3** *vt* (*viande, poisson*) fumer : *smoked ham* du jambon fumé ◆ *n* **1** fumée **2** (*fam*) : *to have a smoke* fumer (une cigarette) **smoker** *n* fumeur, -euse **smoking** *n* tabac (*fait de fumer*) : *"no smoking"* « défense de fumer » **smoky** *adj* (**-ier, -iest**) **1** enfumé **2** (*goût, couleur*) fumé

smooth /smuːð/ ◆ *adj* (**-er, -est**) **1** (*cheveux, tissu*) lisse, soyeux **2** (*goût*) moelleux **3** (*route, surface*) plan **4** (*voyage*) calme, sans heurts **5** (*sauce,* *mélange*) onctueux, velouté **6** (*péj*) (*personne*) mielleux ◆ *vt* lisser PHR V **to smooth sth over** (*problème, difficulté*) atténuer qch **smoothly** *adv* en douceur, sans problèmes : *to go smoothly* bien se passer

smother /ˈsmʌðə(r)/ *vt* **1** étouffer **2** ~ **sb/sth with/in sth** couvrir qn/qch de qch

smoulder (*USA* **smolder**) /ˈsməʊldə(r)/ *vi* (*feu, cigarette*) se consumer

smudge /smʌdʒ/ ◆ *n* trace ◆ **1** *vt* faire des traces sur **2** *vi* (*maquillage*) couler

smug /smʌg/ *adj* (**smugger, smuggest**) (*souvent péj*) suffisant

smuggle /ˈsmʌgl/ *vt* faire passer en contrebande PHR V **to smuggle sb/sth in/out** introduire/faire sortir qn/qch clandestinement **smuggler** *n* contrebandier, trafiquant, -e : *drug smugglers* trafiquants de drogue **smuggling** *n* contrebande : *drug smuggling* trafic de drogue

snack /snæk/ ◆ *n* en-cas : *to have a snack* manger un morceau ◆ *vi* (*fam*) grignoter

snag /snæg/ *n* hic, os

snail /sneɪl/ *n* escargot

snake /sneɪk/ ◆ *n* serpent ◆ *vi* (*route, rivière*) serpenter

snap /snæp/ ◆ (**-pp-**) **1** *vt, vi* (se) casser net **2** *vt, vi* (faire) claquer **3** *vi* lâcher : *His patience snapped.* Il a craqué. PHR V **to snap at sb** parler sèchement à qn **to snap sth up** se jeter sur qch, s'arracher qch ◆ *n* **1** claquement **2** (*aussi* **snapshot**) photo ◆ *adj* (*fam*) subit

snapshot /ˈsnæpʃɒt/ *n* photo

snare /sneə(r)/ ◆ *n* piège ◆ *vt* prendre au piège

snarl /snɑːl/ ◆ *n* **1** grondement **2** grognement ◆ *vi* **1** (*chien*) gronder (*en montrant les dents*) **2** grogner

snatch /snætʃ/ ◆ *vt* **1** saisir brusquement, arracher **2** (*fam*) voler (*à l'arraché*) **3** (*personne*) enlever **4** (*occasion*) saisir, sauter sur PHR V **to snatch at sth 1** (*objet*) essayer d'attraper qch **2** (*occasion*) saisir au vol qch ◆ *n* **1** bribe : *snatches of conversation* des bribes de conversation **2** (*fam*) vol (*à l'arraché*) **3** enlèvement

sneak /sniːk/ ◆ *vt* : *to sneak a look at sb/sth* regarder qn/qch à la dérobée PHR V **to sneak away** s'esquiver **to sneak in, out, etc.** entrer, sortir, etc. sans se faire remarquer **to sneak sth in/out** faire entrer/sortir qch discrètement **to sneak into, out of, past, etc. sth** entrer dans, sortir de, passer devant, etc. qch sans se faire remarquer ◆ *n* (*fam*) faux-jeton

sneaker /ˈsniːkə(r)/ *n* (*USA*) tennis, basket (*chaussure*)

sneer /snɪə(r)/ ◆ *n* **1** ricanement **2** sarcasme, raillerie ◆ *vi* **1** ricaner **2** ~ **at sb/sth** se moquer de qn/qch ; regarder d'un air méprisant qn/qch

sneeze /sniːz/ ◆ *n* éternuement ◆ *vi* éternuer LOC **not to be sneezed at** à ne pas dédaigner

sniff /snɪf/ ◆ **1** *vi* renifler **2** *vt* renifler, humer **3** *vt* (*drogue*) sniffer ◆ *n* reniflement

snigger /ˈsnɪgə(r)/ ◆ *n* ricanement ◆ *vi* ~ **(at sb/sth)** se moquer de qn/qch ; ricaner

snip /snɪp/ *vt* (**-pp-**) couper : *to snip sth off* couper qch

sniper /ˈsnaɪpə(r)/ *n* tireur embusqué

snob /snɒb/ *n* snob **snobbery** *n* snobisme **snobbish** *adj* snob

snoop /snuːp/ ◆ *vi* (*aussi* **to snoop (about/around)**) (*fam*) fouiner ◆ *n* LOC **to have a snoop about/around (sth)** fouiner, fouiller (dans qch)

snore /snɔː(r)/ ◆ *vi* ronfler ◆ *n* ronflement

snorkel /ˈsnɔːkl/ *n* tuba (*plongée*)

snort /snɔːt/ ◆ *vi* **1** grogner **2** grommeler ◆ *n* grognement

snout /snaʊt/ *n* groin

snow /snəʊ/ ◆ *n* neige ◆ *vi* neiger LOC **to be snowed in/up** être bloqué par la neige **to be snowed under (with sth)** être débordé (de qch) : *I was snowed under with work.* J'ai été débordée de travail.

snowball /ˈsnəʊbɔːl/ ◆ *n* boule de neige ◆ *vi* faire boule de neige

snowboarding /ˈsnəʊbɔːdɪŋ/ *n* surf des neiges : *to go snowboarding* faire du surf des neiges

snowdrift /ˈsnəʊdrɪft/ *n* congère

snowdrop /ˈsnəʊdrɒp/ *n* perce-neige

snowfall /ˈsnəʊfɔːl/ *n* **1** chute de neige **2** enneigement

snowflake /ˈsnəʊfleɪk/ *n* flocon de neige

snowman /ˈsnəʊmæn/ *n* (*pl* **-men** /-men/) bonhomme de neige

snowplough (*USA* **snowplow**) /ˈsnəʊplaʊ/ *n* chasse-neige

snowy /ˈsnəʊi/ *adj* (**-ier, -iest**) **1** enneigé **2** (*journée, temps*) neigeux

snub /snʌb/ *vt* (**-bb-**) snober

snug /snʌg/ *adj* (**snugger, snuggest**) **1** (*pièce, maison*) douillet, confortable : *to feel snug* être bien au chaud **2** (*vêtement*) bien ajusté

snuggle /ˈsnʌgl/ *vi* **1** ~ **down** se pelotonner **2** ~ **up to sb** se blottir contre qn

so /səʊ/ *adv, conj* **1** tellement, si : *Don't be so silly!* Ne fais pas l'idiot ! ◊ *It's so cold!* Qu'est-ce qu'il fait froid ! ◊ *I'm so sorry!* Je suis vraiment désolé ! ◊ *The table is about so big.* La table est grande comme ça à peu près. ◊ *If so...* Si c'est le cas... **2** ainsi : *Hold out your hand, (like) so.* Tendez la main, comme ceci. ◊ *So it seems.* Il paraît. ◊ *I believe/think so.* Je crois/pense. ◊ *I hope so.* J'espère que oui. **3** (*de même*) : *'I'm hungry.' 'So am I.'* « J'ai faim. — Moi aussi. » ☛ Le pronom ou le nom est dans ce cas placé après le verbe. **4** (*pour exprimer la surprise*) : *'Philip's gone home.' 'So he has.'* « Philip est rentré chez lui. — C'est ce que je vois. » **5** [*emploi emphatique*] : *He's as clever as his brother, maybe more so.* Il est aussi intelligent que son frère, sinon plus. ◊ *She has complained, and rightly so.* Elle s'est plainte, à juste titre. **6** donc : *The shops were closed so I didn't get any milk.* Les magasins étaient fermés donc je n'ai pas pu acheter de lait. **7** alors : *So why did you do it?* Alors, pourquoi tu l'as fait ? LOC **and so on (and so forth)** et ainsi de suite **is that so?** vraiment ? **so as to do sth** pour faire qch **so much/many** tant de **so?** ; **so what?** (*fam*) et alors ? **so that 1** pour que, afin que **2** de façon à ce que

soak /səʊk/ *vt, vi* (faire) tremper LOC **to get soaked (through)** se faire tremper PHR V **to soak into sth** être absorbé par qch **to soak through** pénétrer **to soak sth up 1** (*liquide*) absorber qch **2** (*fig*) s'imprégner de qch **soaked** *adj* trempé

soap /səʊp/ *n* [*indénombrable*] savon : *a bar of soap* un savon

soap opera *n* feuilleton, soap opera

soapy /ˈsəʊpi/ *adj* (**-ier, -iest**) savonneux

soar /sɔː(r)/ *vi* **1** (*avion*) monter **2** (*prix*) monter en flèche **3** (*oiseau*) planer

sob /sɒb/ ◆ *vi* (**-bb-**) sangloter ◆ *n* sanglot **sobbing** *n* [*indénombrable*] sanglots

sober /ˈsəʊbə(r)/ *adj* **1** qui n'est pas ivre **2** sérieux **3** sobre

so-called /ˌsəʊ ˈkɔːld/ *adj* (*péj*) soi-disant

soccer /ˈsɒkə(r)/ *n* football ☛ *Voir note sous* FOOTBALL

sociable /ˈsəʊʃəbl/ *adj* (*sens positif*) sociable, amical

social /ˈsəʊʃl/ *adj* social

socialism /ˈsəʊʃəlɪzəm/ *n* socialisme **socialist** *n, adj* socialiste

socialize, -ise /ˈsəʊʃəlaɪz/ *vi* ~ **(with sb)** sortir avec qn ; rencontrer des gens : *He doesn't socialize much.* Il ne voit pas beaucoup de monde.

social security (*USA* **welfare**) *n* aide sociale

social services *n* [*pl*] services sociaux

social work *n* assistance sociale **social worker** *n* assistant social, assistante sociale

society /səˈsaɪəti/ *n* (*pl* **-ies**) **1** société : *polite society* le beau monde **2** (*sout*) compagnie **3** association

sociological /ˌsəʊsiəˈlɒdʒɪkl/ *adj* sociologique

sociologist /ˌsəʊsiˈɒlədʒɪst/ *n* sociologue **sociology** *n* sociologie

sock /sɒk/ *n* chaussette ☛ *Voir note sous* PAIR *Voir aussi* PULL

socket /ˈsɒkɪt/ *n* **1** prise (*de courant*) ☛ *Voir illustration sous* PRISE **2** (*aussi* **light socket**) douille (*d'ampoule électrique*) **3** (*œil*) orbite

soda /ˈsəʊdə/ *n* **1** soude **2** (*aussi* **soda water**) eau de Seltz **3** (*aussi* **soda pop**) (*USA*) soda

sodden /ˈsɒdn/ *adj* trempé, détrempé

sodium /ˈsəʊdiəm/ *n* sodium

sofa /ˈsəʊfə/ *n* canapé

sofa bed *n* canapé-lit

soft /sɒft ; *USA* sɔːft/ *adj* (**-er, -est**) **1** mou, moelleux **2** (*couleur, lumière, voix*) doux **3** (*brise*) léger **4** facile : *the soft option* la solution de facilité **5** indulgent LOC **to have a soft spot for sb/sth** (*fam*) avoir un faible pour qn/qch **softly** *adv* doucement

soft drink *n* boisson non alcoolisée

soften /'sɒfn ; *USA* 'sɔ:fn/ *vt, vi* **1** (s')assouplir, (se) ramollir, (s')adoucir **2** (*lumière*) (s')atténuer

soft-spoken /ˌsɒft 'spəʊkən/ *adj* à la voix douce

software /'sɒftweə(r)/ *n* [*indénombrable*] logiciel : *a software package* un logiciel

soggy /'sɒgi/ *adj* (**-ier**, **-iest**) **1** détrempé, trempé **2** (*pain*) mou

soil /sɔɪl/ ◆ *n* terre, sol ◆ *vt* (*sout*) (*aussi fig*) salir

solace /'sɒləs/ *n* (*sout*) réconfort, consolation

solar /'səʊlə(r)/ *adj* solaire : *solar energy* énergie solaire

sold *prét, pp de* SELL

soldier /'səʊldʒə(r)/ *n* soldat

sole1 /səʊl/ *n* (*pl* **sole**) sole (*poisson*)

sole2 /səʊl/ *n* **1** (*pied*) plante **2** semelle ☛ *Voir illustration sous* CHAUSSURE

sole3 /səʊl/ *adj* **1** seul, unique : *her sole interest* son seul centre d'intérêt **2** exclusif

solemn /'sɒləm/ *adj* solennel **solemnity** /sə'lemnəti/ *n* (*sout*) solennité

solicitor /sə'lɪsɪtə(r)/ *n* (*GB*) avocat, notaire ☛ *Voir note sous* AVOCAT nm-nf

solid /'sɒlɪd/ ◆ *adj* **1** solide **2** (*parti, électeurs*) unanime **3** massif, plein **4** *I slept for ten hours solid.* J'ai dormi dix heures d'affilée. ◆ *n* **1** **solids** [*pl*] aliments solides **2** (*Géom*) solide **solidly** *adv* **1** solidement **2** sans interruption **3** (*voter*) massivement

solidarity /ˌsɒlɪ'dærəti/ *n* solidarité

solidify /sə'lɪdɪfaɪ/ *vi* (*prét, pp* **-fied**) se solidifier

solidity /sə'lɪdəti/ (*aussi* **solidness**) *n* solidité

solitary /'sɒlətri ; *USA* -teri/ *adj* **1** solitaire : *to lead a solitary life* mener une vie solitaire **2** (*lieu*) reculé, isolé **3** seul, unique LOC **solitary confinement** (*aussi fam* solitary) régime cellulaire

solitude /'sɒlɪtju:d ; *USA* -tu:d/ *n* solitude

solo /'səʊləʊ/ ◆ *n* (*pl* **~s**) solo ◆ *adj* solo ◆ *adv* en solo, en solitaire **soloist** *n* soliste

soluble /'sɒljəbl/ *adj* soluble

solution /sə'lu:ʃn/ *n* solution

solve /sɒlv/ *vt* résoudre, élucider

solvent /'sɒlvənt/ ◆ *n* solvant ◆ *adj* solvable

sombre (*USA* **somber**) /'sɒmbə(r)/ *adj* sombre

some /səm/ *adj, pron* **1** du, de la, des : *There's some milk in the fridge.* Il y a du lait au frigidaire. ◊ *Do you want some crisps?* Tu veux des chips ? **2** certains, certaines : *Some people stayed until the end and some left early.* Certaines personnes sont restées jusqu'à la fin, d'autres sont parties tôt. ◊ *Some of you look untidy.* Certains d'entre vous ont une apparence peu soignée. **3** en : *Would you like some?* Est-ce que tu en veux ?

Some ou **any**? **Some** et **any** peuvent tous les deux précéder un nom dénombrable ou indénombrable. En règle générale, **some** s'emploie dans les phrases affirmatives et **any** dans les phrases interrogatives et négatives : *I've got some money.* J'ai de l'argent. ◊ *Have you got any children?* Est-ce que vous avez des enfants ? ◊ *I don't want any sweets.* Je ne veux pas de bonbons. Cependant, **some** peut s'utiliser dans une phrase interrogative pour demander ou offrir quelque chose, lorsque l'on s'attend à une réponse affirmative : *Would you like some coffee?* Tu veux du café ? ◊ *Can I have some bread, please?* Est-ce que je peux avoir du pain, s'il vous plaît ? **Any** peut s'employer dans certaines phrases affirmatives. Il signifie dans ce cas *n'importe quel* : *Any parent would have worried.* N'importe quel parent se serait inquiété. Voir aussi exemples sous ANY.

4 plusieurs, quelque : *It's some distance from the hotel.* C'est assez loin de l'hôtel. ◊ *I'll be away for some time.* Je vais être absent pendant quelque temps. **5** *I read it in some book or other.* J'ai lu ça dans un livre, je ne sais plus lequel. ◊ *Why don't you ring me some time?* Tu n'as qu'à m'appeler un de ces jours. ◊ *We waited for some months.* Nous avons attendu plusieurs mois.

somebody /'sʌmbədi/ (*aussi* **someone** /'sʌmwʌn/) *pron* quelqu'un : *somebody else* quelqu'un d'autre ☛ Les différences d'emploi entre **some** et **any** s'appliquent également à **somebody** et **anybody**, ainsi qu'à **someone** et **anyone**. Voir note sous SOME.

somehow /'sʌmhaʊ/ *adv* **1** (*USA aussi* **someway** /'sʌmweɪ/) d'une manière ou d'une autre, je ne sais comment : *Somehow we'd got completely lost.* Nous avions trouvé le moyen de nous perdre. **2** je ne sais pas pourquoi : *I somehow get the feeling that I've been here before.* Je ne sais pas pourquoi, mais j'ai l'impression que je suis déjà venue ici.

someone /'sʌmwʌn/ *pron Voir* SOMEBODY

somersault /'sʌməsɔːlt/ *n* **1** culbute, saut périlleux : *to do a forward/backward somersault* faire un saut périlleux avant/arrière **2** (*voiture*) tonneau

something /'sʌmθɪŋ/ *pron* quelque chose : *something else* quelque chose d'autre ◊ *something to eat* quelque chose à manger ☛ Les différences d'emploi entre **some** et **any** s'appliquent également à **something** et **anything**. Voir note sous SOME.

sometime /'sʌmtaɪm/ *adv* **1** un de ces jours : *sometime or other* un jour ou l'autre **2** *Can I see you sometime today?* Est-ce qu'on peut se voir aujourd'hui ? ◊ *Phone me sometime next week.* Appelle-moi dans le courant de la semaine prochaine.

sometimes /'sʌmtaɪmz/ *adv* quelquefois, parfois ☛ *Voir note sous* ALWAYS

somewhat /'sʌmwɒt/ *adv* [*avec adj ou adv*] quelque peu, un peu : *I have a somewhat different question.* J'ai une question quelque peu différente. ◊ *We missed the bus, which was somewhat unfortunate.* Nous avons raté l'autobus, ce qui était plutôt embêtant.

somewhere /'sʌmweə(r)/ (*USA aussi* **someplace**) ◆ *adv* quelque part : *I've seen your glasses somewhere downstairs.* J'ai vu tes lunettes quelque part en bas. ◊ *Let's go somewhere else.* Allons ailleurs. ◆ *pron* un endroit : *to have somewhere to go* avoir un endroit où aller. ☛ Les différences d'emploi entre **some** et **any** s'appliquent également à **somewhere** et **anywhere**. Voir note sous SOME.

son /sʌn/ *n* fils LOC *Voir* FATHER

song /sɒŋ ; *USA* sɔːŋ/ *n* **1** chanson **2** (*oiseau*) chant

son-in-law /'sʌn ɪn lɔː/ *n* (*pl* **sons-in-law**) gendre

soon /suːn/ *adv* (**-er, -est**) **1** bientôt **2** tôt LOC **as soon as** dès que : *as soon as possible* dès que possible **I, etc. would sooner do sth (than sth else)** : *I'd sooner stay at home than go out.* Je préfère rester chez moi que sortir. **(just) as soon do sth (as do sth)** : *I'd (just) as soon stay at home as go out.* Je veux bien rester ou sortir, ça m'est égal. **sooner or later** tôt ou tard **the sooner the better** le plus tôt sera le mieux

soot /sʊt/ *n* suie

soothe /suːð/ *vt* **1** apaiser, calmer **2** (*douleur*) soulager

sophisticated /sə'fɪstɪkeɪtɪd/ *adj* **1** sophistiqué **2** raffiné **sophistication** *n* raffinement

soppy /'sɒpi/ *adj* (*GB, fam*) sentimental, mélo

soprano /sə'prɑːnəʊ ; *USA* -'præn-/ *n* (*pl* **-os**) soprano

sordid /'sɔːdɪd/ *adj* sordide

sore /sɔː(r)/ ◆ *n* plaie ◆ *adj* douloureux : *a sore throat* un mal de gorge ◊ *I've got sore eyes.* J'ai mal aux yeux. LOC **a sore point** un point sensible **sorely** *adv* (*sout*) : *She'll be sorely missed.* Elle va beaucoup nous manquer. ◊ *I was sorely tempted to do it.* J'ai été très tenté de le faire.

sorrow /'sɒrəʊ/ *n* chagrin : *to my great sorrow* à mon grand regret

sorry /'sɒri/ ◆ *excl* **1 sorry!** excusez-moi !, désolé ! ☛ *Voir note sous* EXCUSE **2 sorry?** pardon ? ◆ *adj* **1** désolé : *I'm sorry I'm late.* Je suis désolé d'être en retard. ◊ *I'm so sorry.* Je suis vraiment désolé. **2** *Aren't you sorry for what you did?* Tu ne regrettes pas ce que tu as fait ? ◊ *You'll be sorry!* Tu vas le regretter !

Sorry for ou **sorry about**? Lorsque **sorry** s'emploie pour dire *pardon*, on peut dire **sorry for sth/doing sth** ou **sorry about sth/doing sth** : *I'm sorry for waking you up last night.* Je suis désolé de t'avoir réveillé la nuit dernière. ◊ *We're sorry about the mess.* Désolé pour le désordre. Pour dire que quelqu'un vous fait de la peine on emploie **to feel sorry for sb** : *I feel sorry for his sister.* Sa sœur me fait de la peine. ◊ *Stop feeling sorry for yourself!* Arrête de t'apitoyer sur ton sort ! Lorsqu'on veut dire qu'on est désolé d'apprendre que quelque chose est arrivé à quelqu'un d'autre on emploie **to be sorry about sb/sth** : *I'm sorry* *about your car/sister.* Je suis désolé pour ta voiture/J'ai été désolé d'apprendre à propos de ta sœur.

3 (**-ier, -iest**) (*état*) triste, piteux LOC **to be/feel sorry for sb** plaindre qn : *I felt sorry for the children.* Les enfants me faisaient de la peine. **to say you are sorry** demander pardon *Voir aussi* BETTER, FEEL

sort /sɔːt/ ◆ *n* **1** genre, sorte : *They sell all sorts of gifts.* Ils vendent toutes sortes de cadeaux. **2** (*vieilli, fam*) : *He's not a bad sort.* C'est quelqu'un de bien. LOC **a sort of** une sorte de, un genre de : *It's a sort of autobiography.* C'est une sorte d'autobiographie. **sort of** (*fam*) un peu, plutôt : *I feel sort of uneasy.* Je me sens plutôt mal à l'aise. *Voir aussi* NOTHING ◆ *vt* **1** trier, classer **2** séparer PHR V **to sort sth out** arranger qch **to sort through sth** trier qch

so-so /ˌsəʊ ˈsəʊ, ˈsəʊ səʊ/ *adj* (*fam*) comme ci comme ça, quelconque

sought *prét, pp de* SEEK

sought-after /ˈsɔːt ɑːftə(r) ; *USA* -æf-/ *adj* recherché, prisé

soul /səʊl/ *n* âme : *I won't tell a soul.* Je ne le dirai à personne. ◊ *Poor soul!* Le pauvre ! LOC *Voir* BODY

sound[1] /saʊnd/ ◆ *n* **1** son : *sound waves* ondes sonores ◊ *sound effects* bruitage **2** bruit : *We heard the sound of voices.* Nous avons entendu des bruits de voix. ◊ *She opened the door without a sound.* Elle a ouvert la porte sans bruit. **3 the sound** le son : *Can you turn the sound up/down?* Tu peux monter/baisser le son ? ◆ **1** *vi* : *Your voice sounds a bit odd.* Ta voix est bizarre. **2** *vi* sembler, avoir l'air : *She sounded very surprised.* Elle avait l'air très surprise. ◊ *He sounds a very nice person from his letter.* À en juger par sa lettre, il a l'air très bien. ◊ *It sounds like you had a good time!* J'ai l'impression que vous vous êtes bien amusés ! **3** *vt* prononcer : *You don't sound the 'h'.* On ne prononce pas le « h ». **4** *vt* (*trompette, alarme*) sonner

sound[2] /saʊnd/ ◆ *adj* (**-er, -est**) **1** en bonne santé, sain **2** (*structure*) solide **3** (*avis, idée*) sensé, valable : *sound advice* de bons conseils LOC **to be of sound mind** être sain d'esprit *Voir aussi* SAFE[1] ◆ *adv* LOC **to be sound asleep** dormir profondément

sound[3] /saʊnd/ *vt* (*mer*) sonder PHR V **to sound sb out (about/on sth)** sonder qn (à propos de qch)

soundproof /ˈsaʊndpruːf/ ◆ *adj* insonorisé ◆ *vt* insonoriser

soundtrack /ˈsaʊndtræk/ *n* bande sonore

soup /suːp/ *n* soupe : *a soup spoon* une cuillère à soupe ◊ *pea soup* soupe aux pois

sour /ˈsaʊə(r)/ *adj* **1** (*goût*) aigre **2** (*lait*) tourné **3** (*air*) revêche LOC **to go/turn sour** tourner

source /sɔːs/ *n* **1** ~ **(of sth)** (*informations, énergie, etc.*) source (de qch) : *They didn't reveal their sources.* Ils n'ont pas révélé leurs sources. ◊ *a source of income* une source de revenus **2** (*fleuve*) source

south (*aussi* **South**) /saʊθ/ ◆ *n* (*abrév* **S**) sud : *Brighton is in the south of England.* Brighton est dans le sud de l'Angleterre. ◆ *adj* sud, du sud : *south winds* vents du sud ◆ *adv* au sud : *The house faces south.* La maison est exposée au sud. *Voir aussi* SOUTHWARD(S)

southbound /ˈsaʊθbaʊnd/ *adj* en direction du sud

south-east /ˌsaʊθ ˈiːst/ ◆ *n* (*abrév* **SE**) sud-est ◆ *adj* sud-est, du sud-est ◆ *adv* au sud-est **south-eastern** *adj* sud-est, du sud-est

southern (*aussi* **Southern**) /ˈsʌðən/ *adj* sud, du sud : *southern Italy* l'Italie du Sud ◊ *the southern hemisphere* l'hémisphère Sud **southerner** *n* homme, femme du sud, méridional, -e

southward(s) /ˈsaʊθwədz/ *adv* vers le sud *Voir aussi* SOUTH avv

south-west /ˌsaʊθ ˈwest/ ◆ *n* (*abrév* **SW**) sud-ouest ◆ *adj* sud-ouest, du sud-ouest ◆ *adv* au sud-ouest **south-western** *adj* sud-ouest, du sud-ouest

souvenir /ˌsuːvəˈnɪə(r) ; *USA* ˈsuːvənɪr/ *n* souvenir (*objet*)

sovereign /ˈsɒvrɪn/ *adj, n* souverain, -e **sovereignty** *n* souveraineté

sow[1] /saʊ/ *n* truie ☛ *Voir note sous* COCHON

sow[2] /səʊ/ *vt* (*prét* **sowed** *pp* **sown** /səʊn/ *ou* **sowed**) semer

soya /ˈsɔɪə/ (*USA* **soy** /sɔɪ/) *n* soja : *soya beans* graines de soja

spa /spɑː/ *n* **1** source minérale **2** station thermale

space /speɪs/ ◆ *n* **1** espace, place :

Leave some space for the dogs. Laisse de la place pour les chiens. ◊ *There's no space for my suitcase.* Il n'y a pas de place pour ma valise. ◊ *to stare into space* regarder dans le vide **2** (*Aéron*) espace : *space travel* voyages dans l'espace ◊ *a space flight* un vol spatial **3** *in a short space of time* en très peu de temps ◊ *in the space of two hours* en l'espace de deux heures ◆ *vt* ~ **sth (out)** espacer qch

spacecraft /'speɪskrɑːft ; *USA* -kræft/ *n* (*pl* **spacecraft**) (*aussi* **spaceship** /'speɪsʃɪp/) vaisseau spatial

space shuttle (*aussi* **shuttle**) *n* navette spatiale

spacesuit /'speɪssuːt/ *n* combinaison spatiale

spacious /'speɪʃəs/ *adj* spacieux

spade /speɪd/ *n* **1** bêche, pelle **2 spades** [*pl*] (*Cartes*) pic ☛ *Voir note sous* CARTE

spaghetti /spə'geti/ *n* [*indénombrable*] spaghettis

span /spæn/ ◆ *n* **1** (*temps*) durée : *time span/span of time* espace de temps ◊ *over a span of six years* sur une période de six ans **2** (*pont*) travée ◆ *vt* **(-nn-)** **1** (*pont*) enjamber **2** (*fig*) s'étendre sur

spank /spæŋk/ *vt* donner une fessée à

spanner /'spænə(r)/ (*surtout USA* **wrench**) *n* clé (*à molette*)

spare /speə(r)/ ◆ *adj* **1** en plus : *There are no spare seats.* Il ne reste plus de places. ◊ *the spare room* la chambre d'amis **2** de rechange, de secours : *a spare tyre/part* une roue de secours/ une pièce détachée **3** (*temps*) libre ◆ *n* pièce détachée ◆ *vt* **1** ~ **sth (for sb/sth)** (*temps, argent*) avoir qch (pour qn/ qch) : *Can you spare some change?* Tu n'as pas dix balles ? ◊ *Can you spare me a few minutes of your time?* Pouvez-vous me consacrer quelques instants ? **2** (*personne*) épargner, ménager **3** (*critique*) épargner : *No expense was spared.* Ils ont dépensé sans compter. ◊ *Spare me the gory details.* Épargne-moi les détails sanglants. **LOC to spare** d'avance : *with two minutes to spare* avec deux minutes d'avance **sparing** *adj* ~ **with/of/in sth** avare de qch

spark /spɑːk/ ◆ *n* **1** étincelle **2** ~ **of sth** lueur de qch ◆ *v* **PHR V to spark sth (off)** (*fam*) déclencher qch

sparkle /'spɑːkl/ ◆ *vi* scintiller ◆ *n* étincelle **sparkling** *adj* **1** (*aussi* **sparkly**) scintillant **2** (*vin*) mousseux, pétillant **3** (*eau*) gazeux

sparrow /'spærəʊ/ *n* moineau

sparse /spɑːs/ *adj* **1** (*cheveux, population*) clairsemé **2** (*informations*) disséminé

spartan /'spɑːtn/ *adj* spartiate, austère

spasm /'spæzəm/ *n* spasme

spat *prét, pp de* SPIT

spate /speɪt/ *n* série, avalanche

spatial /'speɪʃl/ *adj* (*sout*) spatial ☛ *Comparer avec* SPACE

spatter /'spætə(r)/ *vt* ~ **sb with sth** ; ~ **sth on sb** éclabousser qn de qch

speak /spiːk/ (*prét* **spoke** /spəʊk/ *pp* **spoken** /'spəʊkən/) **1** *vi* ~ **(to sb)** parler (à qn) : *Can I speak to you a minute?* Je peux te parler une minute ? ☛ *Voir note sous* PARLER **2** *vt* (*langue*) parler : *Do you speak French?* Parlez-vous français ? **3** *vt* dire : *to speak the truth* dire la vérité ◊ *He spoke only two words the whole evening.* Il n'a prononcé que deux mots durant toute la soirée. **4** *vi* ~ **(on/ about sth)** parler (de qch) **5** *vi* (*fam*) se parler : *They're not speaking (to each other).* Ils sont fâchés. **LOC generally, etc. speaking** en règle générale, en gros **so to speak** si l'on peut dire **to speak for itself** parler de soi-même : *The statistics speak for themselves.* Les statistiques se passent de commentaire. **to speak your mind** dire ce que l'on pense *Voir aussi* STRICTLY *sous* STRICT **PHR V to speak for sb** parler pour qn **to speak out (against sb/sth)** se prononcer contre qn/qch, parler franchement **to speak up 1** parler plus fort **2** s'exprimer

speaker /'spiːkə(r)/ *n* **1** *a native speaker of English* un anglophone ◊ *French speakers* les francophones **2** (*en public*) intervenant, -e, orateur, -trice **3** haut-parleur, enceinte ☛ *Voir illustration sous* ORDINATEUR

spear /spɪə(r)/ *n* lance

special /'speʃl/ ◆ *adj* **1** spécial, particulier : *nothing special* rien de spécial ◊ *special effects* effets spéciaux **2** (*réunion*) extraordinaire **3** (*édition*) spécial ◆ *n* **1** (*programme, etc.*) émission spéciale **2** plat du jour **3** (*fam*) offre spéciale **specialist** *n* spécialiste

speciality /ˌspeʃi'æləti/ (*surtout USA* **specialty** /'speʃəlti/) *n* (*pl* **-ies**) spécialité

specialize, -ise /'speʃəlaɪz/ *vi* ~ **(in sth)** se spécialiser (en qch) **specialization, -isation** *n* spécialisation **specialized, -ised** *adj* spécialisé

specially /'speʃəli/ *adv* **1** spécialement, particulièrement

Bien que **specially** et **especially** aient un sens similaire, ils ne s'emploient pas de la même façon, **specially** étant employé avec des participes tandis que **especially** sert de lien entre deux propositions : *specially designed for schools* spécialement conçu pour le milieu scolaire ◊ *He likes dogs, especially poodles.* Il aime les chiens, surtout les caniches.

2 (*aussi* **especially**) surtout

species /'spiːʃiːz/ *n* (*pl* **species**) espèce (*biologique*)

specific /spə'sɪfɪk/ *adj* précis, spécifique **specifically** *adv* spécialement, expressément

specification /ˌspesɪfɪ'keɪʃn/ *n* **1** spécification **2 specifications** spécifications, caractéristiques

specify /'spesɪfaɪ/ *vt* (*prét, pp* **-fied**) spécifier, préciser

specimen /'spesɪmən/ *n* **1** échantillon **2** (*Méd*) prélèvement

speck /spek/ *n* **1** (*saleté*) tache **2** (*poussière*) grain **3** point : *a speck on the horizon* un petit point à l'horizon **4** (*petite quantité*) : *not a speck of initiative* pas le moindre esprit d'initiative

spectacle /'spektəkl/ *n* spectacle

spectacles /'spektəklz/ *n* (*abrév* **specs**) [*pl*] (*sout*) lunettes ☛ Le terme **glasses** est plus courant.

spectacular /spek'tækjələ(r)/ *adj* spectaculaire

spectator /spek'teɪtə(r) ; *USA* 'spekteɪtər/ *n* spectateur, -trice

spectre (*USA* **specter**) /'spektə(r)/ *n* (*sout*) (*pr et fig*) spectre : *the spectre of war* le spectre de la guerre

spectrum /'spektrəm/ *n* (*pl* **-tra** /'spektrə/) **1** (*Phys*) spectre **2** (*éventail*) gamme

speculate /'spekjuleɪt/ *vi* **1** ~ **(about sth)** spéculer, s'interroger (sur qch) **2** ~ **(in sth)** (*Fin*) spéculer (sur qch) **speculation** *n* **1** [*indénombrable*] ~ **(on/about sth)** supposition, spéculations (sur qch) **2** ~ **(in sth)** (*Fin*) spéculation (sur qch)

speculative /'spekjələtɪv ; *USA* 'spekjəleɪtɪv/ *adj* spéculatif

speculator /'spekjuleɪtə(r)/ *n* spéculateur, -trice

sped *prét, pp de* SPEED

speech /spiːtʃ/ *n* **1** parole : *freedom of speech* liberté d'expression ◊ *to lose the power of speech* perdre l'usage de la parole **2** discours : *to make/deliver/give a speech* faire/prononcer un discours **3** langage : *children's speech* langage enfantin ◊ *speech therapy* orthophonie **4** (*Théâtre*) réplique

speechless /'spiːtʃləs/ *adj* muet, sans voix : *I was speechless.* Je suis resté sans voix.

speed /spiːd/ ◆ *n* vitesse LOC **at speed** vite, à toute vitesse *Voir aussi* FULL, PICK ◆ *vt* (*prét, pp* **speeded**) filer, aller à toute allure PHR V **to speed (sth) up** accélérer (qch) ◆ *vi* (*prét, pp* **sped** /sped/) filer, aller à toute allure : *He was fined for speeding.* Il a eu une amende pour excès de vitesse.

speedboat /'spiːdbəʊt/ *n* **1** hors-bord **2** vedette (*bateau*)

speedily /'spiːdɪli/ *adv* rapidement

speedometer /spiː'dɒmɪtə(r)/ *n* compteur de vitesse

speedy /'spiːdi/ *adj* (**-ier, -iest**) (*souvent fam*) prompt, rapide : *a speedy recovery* un prompt rétablissement

spell /spel/ ◆ *n* **1** formule magique : *to cast a spell over sb* jeter un sort à qn **2** période : *sunny spells* éclaircies ◊ *Shall I have a spell at the wheel?* Tu veux que je conduise un peu ? LOC *Voir* CAST ◆ (*prét, pp* **spelt** /spelt/ *ou* **spelled**) ☛ *Voir note sous* DREAM **1** *vt* épeler : *How do you spell it?* Comment ça s'écrit ? **2** *vi* : *I can't spell.* Je suis mauvais en orthographe. **3** *vt* entraîner, signifier : *This spells disaster for farmers.* Ça n'augure rien de bon pour les agriculteurs. PHR V **to spell sth out** expliquer qch clairement

spellchecker /'speltʃekə(r)/ *n* correcteur orthographique

spelling /'spelɪŋ/ *n* orthographe

spelt *prét, pp de* SPELL

spend /spend/ *vt* (*prét, pp* **spent** /spent/) **1** ~ **sth (on sth)** dépenser qch (en qch) **2** ~ **sth (on sth/doing sth)** (*temps*) passer qch (sur qch/à faire qch) **3** ~ **sth on sth** (*énergie*) consacrer qch à qch **spending** *n* dépenses : *public spending* dépenses publiques

sperm /spɜːm/ *n* (*pl* **sperm**) sperme

sphere /sfɪə(r)/ *n* **1** sphère **2** (*fig*) domaine, sphère

sphinx /sfɪŋks/ (*aussi* **the Sphinx**) *n* le Sphinx

spice /spaɪs/ ◆ *n* **1** épice **2** (*fig*) piment : *to add spice to a situation* pimenter une situation ◆ *vt* épicer PHR V **to spice sth up** (*fig*) pimenter qch, mettre du piment dans qch **spicy** *adj* (**-ier, -iest**) **1** épicé *Voir aussi* HOT 3 **2** (*détail, histoire*) croustillant

spider /ˈspaɪdə(r)/ *n* araignée : *a spider's web* une toile d'araignée *Voir aussi* COBWEB

spied *prét, pp de* SPY

spike /spaɪk/ *n* pointe **spiky** *adj* (**-ier, -iest**) pointu : *spiky hair* des cheveux en brosse

spill /spɪl/ ◆ *vt, vi* (*prét, pp* **spilt** /spɪlt/ *ou* **spilled**) ☛ *Voir note sous* DREAM (se) renverser LOC *Voir* CRY PHR V **to spill over** déborder ◆ (*aussi* **spillage**) *n* déversement accidentel

spin /spɪn/ ◆ (**-nn-**) (*prét, pp* **spun** /spʌn/) **1** *vi* ~ **(round)** tourner : *My head is spinning.* J'ai la tête qui tourne. **2** *vt* ~ **sth (round)** faire tourner qch **3** *vt* (*machine à laver*) essorer **4** *vt* (*laine, etc.*) filer **5** *vt* (*araignée*) tisser PHR V **to spin sth out** faire durer qch ◆ *n* **1** rotation **2** (*fam*) petit tour, balade : *to go for a spin* aller faire un petit tour

spinach /ˈspɪnɪdʒ ; *USA* -ɪtʃ/ *n* [*indénombrable*] épinards

spinal /ˈspaɪnl/ *adj* de la colonne vertébrale : *the spinal column* la colonne vertébrale

spine /spaɪn/ *n* **1** (*Anat*) colonne vertébrale, épine dorsale **2** (*Bot*) épine **3** (*Zool*) piquant, épine **4** (*livre*) dos

spinster /ˈspɪnstə(r)/ *n* (*souvent injurieux*) célibataire *f*, vieille fille

spiral /ˈspaɪrəl/ ◆ *n* spirale ◆ *adj* en spirale : *a spiral staircase* un escalier en colimaçon

spire /ˈspaɪə(r)/ *n* flèche (*d'église*)

spirit /ˈspɪrɪt/ *n* **1** esprit **2** état d'esprit **3 spirits** [*pl*] alcool (fort) **4 spirits** [*pl*] humeur : *in high spirits* de bonne humeur **spirited** *adj* animé, plein d'entrain

spiritual /ˈspɪrɪtʃuəl/ *adj* spirituel

spit /spɪt/ ◆ (**-tt-**) (*prét, pp* **spat** /spæt/ *aussi USA* **spit**) **1** *vt, vi* cracher **2** *vi* (*feu*) crépiter **3** *vi* (*graisse*) grésiller PHR V **to spit sth out 1** cracher qch **2** (*injures*) cracher qch, proférer qch ◆ *n* **1** salive **2** (*Cuisine*) broche **3** pointe, langue de terre

spite /spaɪt/ ◆ *n* méchanceté, malveillance : *out of/from spite* par pure méchanceté LOC **in spite of** malgré, en dépit de ◆ *vt* agacer, énerver **spiteful** *adj* méchant

splash /splæʃ/ ◆ *n* **1** plouf, éclaboussement **2** jet, giclée **3** tache, éclaboussure LOC **to make a splash** (*fam*) faire un tabac ◆ **1** *vi* faire des éclaboussures **2** *vt* ~ **sb/sth (with sth)** éclabousser, asperger qn/qch (de qch) PHR V **to splash about** patauger **to splash out (on sth)** (*fam*) claquer de l'argent (dans qch)

splatter /ˈsplætə(r)/ (*aussi* **spatter**) *vt* éclabousser

splendid /ˈsplendɪd/ *adj* **1** splendide **2** (*idée*) génial

splendour (*USA* **splendor**) /ˈsplendə(r)/ *n* splendeur

splint /splɪnt/ *n* attelle (*pour membre cassé*)

splinter /ˈsplɪntə(r)/ ◆ *n* écharde ◆ *vt, vi* **1** (se) fendre **2** (*fig*) se scinder, se fragmenter

split /splɪt/ ◆ (**-tt-**) (*prét, pp* **split**) **1** *vt, vi* (se) fendre : *to split sth in two* casser qch en deux **2** *vt, vi* (*groupe*) (se) diviser **3** *vt* (*gâteau, etc.*) partager PHR V **to split up** se séparer **to split up with sb** rompre avec qn, se séparer de qn **to split sb/sth up** (*groupe, objets*) diviser qn/qch, séparer qn/qch ◆ *n* **1** fente **2** déchirure **3** (*fig*) scission **4 the splits** [*pl*] : *to do the splits* faire le grand écart ◆ *adj* **1** fendu **2** déchiré

splutter /ˈsplʌtə(r)/ ◆ **1** *vt, vi* bafouiller, bredouiller **2** *vi* crachoter, postillonner **3** *vi* (*aussi* **sputter**) (*feu*) crépiter ◆ *n* bafouillage, bredouillement

spoil /spɔɪl/ (*prét, pp* **spoilt** /spɔɪlt/ *ou* **spoiled**) ☛ *Voir note sous* DREAM **1** *vt* gâter, gâcher **2** *vt* (*enfant*) gâter **3** *vi* (*aliments*) se gâter, s'abîmer

spoils /spɔɪlz/ *n* [*pl*] butin

spoilsport /ˈspɔɪlspɔːt/ *n* (*fam*) rabat-joie

spoilt *prét, pp de* SPOIL ◆ *adj* gâté

spoke /spəʊk/ *prét de* SPEAK ◆ *n* rayon (*de roue*)

spoken *pp de* SPEAK

spokesman /'spəʊksmən/ *n* (*pl* **-men** /-mən/) porte-parole (*homme*) ☛ Le terme **spokesperson** est souvent privilégié car il peut être employé pour un homme comme pour une femme.

spokesperson /'spəʊkspɜːsn/ *n* porte-parole ☛ Fait référence à un homme ou à une femme. *Comparer* SPOKESMAN et SPOKESWOMAN.

spokeswoman /'spəʊkswʊmən/ *n* (*pl* **-women**) porte-parole (*femme*) ☛ Le terme **spokesperson** est souvent privilégié car il peut être employé pour un homme comme pour une femme

sponge /spʌndʒ/ ◆ *n* **1** éponge **2** (*aussi* **sponge cake**) génoise ◆ *v* **PHR V to sponge on/off sb** (*fam*) taper qn, vivre aux crochets de qn

sponsor /'spɒnsə(r)/ ◆ *n* **1** sponsor **2** initiateur, -trice ◆ *vt* **1** parrainer, sponsoriser **2** promouvoir **sponsorship** *n* parrainage, sponsorisation

spontaneous /spɒn'teɪniəs/ *adj* spontané **spontaneity** /ˌspɒntə'neɪəti/ *n* spontanéité

spooky /'spuːki/ *adj* (**-ier, -iest**) (*fam*) sinistre

spoon /spuːn/ ◆ *n* **1** cuillère **2** (*aussi* **spoonful**) cuillerée, cuillère ◆ *vt* prendre avec une cuillère : *She spooned the mixture out of the bowl.* Elle a retiré le mélange du bol à l'aide d'une cuillère.

sporadic /spə'rædɪk/ *adj* sporadique

sport /spɔːt/ *n* **1** sport : *sports facilities* installations sportives ◊ *a sports field* un terrain de sport **2** (*fam*) : *to be a good/bad sport* être/ne pas être chic/sympa **sporting** *adj* chic, sympa : *Give him a sporting chance.* Donne-lui une chance.

sports car *n* voiture de sport

sports centre *n* centre sportif

sportsman /'spɔːtsmən/ *n* (*pl* **-men** /-mən/) sportif **sportsmanlike** *adj* sportif (*beau joueur*) **sportsmanship** *n* sportivité

sportsperson /'spɔːtspɜːsn/ *n* (*pl* **-persons** *ou* **-people**) sportif, -ive ☛ *Voir note sous* POLICIER

sportswoman /'spɔːtswʊmən/ *n* (*pl* **-women**) sportive

sporty /'spɔːti/ *adj* (**-ier, -iest**) **1** (*surtout GB, fam*) sportif **2** (*tenue*) sport **3** (*voiture*) classe

spot¹ /spɒt/ *vt* (**-tt-**) apercevoir, repérer : *He finally spotted a shirt he liked.* Il a fini par repérer une chemise qui lui plaisait. ◊ *Nobody spotted the mistake.* Personne n'a repéré l'erreur.

spot² /spɒt/ *n* **1** (*motif*) pois : *a shirt with red spots on it* une chemise à pois rouges **2** (*animal*) tache **3** (*visage*) bouton **4** endroit : *a nice spot for a picnic* un endroit agréable pour pique-niquer **5 a ~ of sth** (*GB, fam*) un peu de qch : *Would you like a spot of lunch?* Vous mangerez bien un petit quelque chose avec nous ? ◊ *You seem to be having a spot of bother.* Tu as l'air d'avoir des ennuis. **6** *Voir* SPOTLIGHT **LOC** *Voir* SOFT **LOC on the spot 1** sur les lieux **2** immédiatement : *The driver was killed on the spot.* Le conducteur a été tué sur le coup.

spotless /'spɒtləs/ *adj* **1** (*maison*) impeccable **2** (*réputation*) sans tache

spotlight /'spɒtlaɪt/ *n* **1** (*aussi* **spot**) projecteur **2** (*fig*) : *to be in the spotlight* être mis en vedette

spotted /'spɒtɪd/ *adj* **1** (*animal*) tacheté **2** (*vêtement*) à pois

spotty /'spɒti/ *adj* (**-ier, -iest**) **1** boutonneux **2** (*tissu*) à pois

spouse /spaʊs ; *USA* spaʊz/ *n* (*Jur*) époux, épouse

spout /spaʊt/ ◆ *n* **1** (*théière*) bec verseur **2** jet ◆ **1** *vi* ~ **(out/up)** jaillir **2** *vi* ~ **(out of/from sth)** jaillir (de qch) **3** *vt* ~ **sth (out/up)** faire jaillir qch **4** *vt, vi* (*fam, souvent péj*) débiter, discourir

sprain /spreɪn/ ◆ *vt* fouler, faire une entorse à : *to sprain your ankle* se fouler la cheville ◆ *n* foulure, entorse

sprang *prét de* SPRING

sprawl /sprɔːl/ *vi* **1** ~ **(out) (across/in/on sth)** s'étaler, se vautrer (sur qch) **2** (*ville*) s'étendre

spray /spreɪ/ ◆ *n* **1** (*vaporisateur*) aérosol, bombe **2** nuage (*de fines gouttelettes*) **3** (*mer*) embruns ◆ **1** *vt* ~ **sth on/over sb/sth** ; ~ **sb/sth with sth** vaporiser qch sur qn/qch **2** *vi* ~ **(out) (over, across, etc. sb/sth)** gicler (sur qn/qch)

spread /spred/ ◆ (*prét, pp* **spread**) **1** *vt* ~ **sth (out) (on/over sth)** étendre qch (sur qch) **2** *vt* ~ **sth with sth** couvrir qch de qch **3** *vt, vi* (s')étaler **4** *vt* tartiner, beurrer **5** *vi* se répandre **6** *vt, vi* (*nouvelle, maladie, feu*) (se) propager **7** *vt* (*ailes*) déployer **8** *vt* (*paiements*) étaler PHR V **to spread out** se disperser ◆ *n* **1** étendue **2** (*ailes*) envergure **3** propagation, diffusion **4** pâte à tartiner **5** festin : *What a spread!* Comme c'est appétissant !

spree /spriː/ *n* : *to go on a shopping/spending spree* dépenser des sommes folles dans les magasins/faire des folies

spring /sprɪŋ/ ◆ *n* **1** printemps : *spring clean(ing)* grand nettoyage de printemps **2** bond **3** (*eau*) source **4** ressort **5** élasticité ◆ (*prét* **sprang** /spræŋ/ *pp* **sprung** /sprʌŋ/) *vi* **1** sauter : *to spring into action* passer à l'action *Voir aussi* JUMP **2** (*liquide*) jaillir LOC *Voir* MIND PHR V **to spring back** reculer d'un bond **to spring from sth** sortir de qch **to spring sth on sb** (*fam*) annoncer qch de but en blanc à qn **to spring up** surgir, apparaître

springboard /ˈsprɪŋbɔːd/ *n* (*pr et fig*) tremplin

springtime /ˈsprɪŋtaɪm/ *n* printemps

sprinkle /ˈsprɪŋkl/ *vt* **1** ~ **sth (with sth)** saupoudrer, parsemer qch (de qch) : *to sprinkle sth with water* asperger qch d'eau **2** ~ **sth (on/onto/over sth)** répandre qch (sur qch) **sprinkling** *n* ~ **(of sb/sth)** : *a sprinkling of thyme* une pincée de thym ◊ *a sprinkling of film stars* quelques stars de cinéma

sprint /sprɪnt/ ◆ *vi* **1** piquer un sprint **2** (*Sport*) sprinter ◆ *n* sprint, course de vitesse : *the women's 100 metres sprint* le 100 mètres dames

sprout /spraʊt/ ◆ **1** *vi* ~ **(out/up) (from sth)** germer, pousser (de qch) **2** *vt* produire ◆ *n* **1** pousse, germe **2** *Voir* BRUSSELS SPROUT

sprung *pp de* SPRING

spun *prét, pp de* SPIN

spur /spɜː(r)/ ◆ *n* **1** éperon **2 to be a** ~ **(to sth)** (*fig*) être une incitation à qch LOC **on the spur of the moment** sur le coup, sans réfléchir ◆ *vt* (**-rr-**) ~ **sb/sth (on)** inciter, encourager qn/qch

spurn /spɜːn/ *vt* (*sout*) dédaigner, repousser

spurt /spɜːt/ ◆ *vi* ~ **(out) (from sth)** jaillir, gicler (de qch) ◆ *n* **1** jaillissement, giclée **2** regain, sursaut

sputter /ˈspʌtə(r)/ *Voir* SPLUTTER 2

spy /spaɪ/ ◆ *n* (*pl* **spies**) espion, -ionne : *spy thrillers* romans d'espionnage ◆ *vi* (*prét, pp* **spied**) **to spy (on sb/sth)** espionner (qn/qch)

squabble /ˈskwɒbl/ ◆ *vi* ~ **(with sb) (about/over sth)** se quereller (avec qn) (à propos de qch) ◆ *n* querelle

squad /skwɒd/ *n* [*v sing ou pl*] **1** escouade **2** (*Sport*) sélection : *the England squad* l'équipe anglaise **3** brigade

squadron /ˈskwɒdrən/ *n* [*v sing ou pl*] escadron, escadrille

squalid /ˈskwɒlɪd/ *adj* sordide

squalor /ˈskwɒlə(r)/ *n* [*indénombrable*] conditions sordides, misère

squander /ˈskwɒndə(r)/ *vt* ~ **sth (on sth)** gaspiller qch (à/pour qch)

square /skweə(r)/ ◆ *adj* **1** carré **2** *one square metre* un mètre carré LOC **a square meal** un bon repas **to be (all) square (with sb)** être à égalité (avec qn) **to be square** être quitte *Voir aussi* FAIR ◆ *n* **1** (*Math*) carré **2** équerre **3** (*damier, mots croisés*) case **4** (*abrév* **Sq**) place (= Pl.) ◆ *v* PHR V **to square up (with sb)** régler ses comptes (avec qn) **to square with sth** correspondre à qch, cadrer avec qch

squarely /ˈskweəli/ *adv* carrément

square root *n* racine carrée

squash /skwɒʃ/ ◆ *vt, vi* (s')écraser : *It was squashed flat.* C'était complètement écrasé. ◆ *n* **1** cohue : *What a squash!* Quelle bousculade ! **2** (*GB*) sirop **3** (*sout* **squash rackets**) (*Sport*) squash

squat /skwɒt/ ◆ *vi* (**-tt-**) **1** ~ **(down)** (*personne*) s'accroupir, être accroupi **2** squatter ◆ *adj* (**-tter, -ttest**) trapu ◆ *n* squat

squawk /skwɔːk/ ◆ *vi* pousser un cri rauque ◆ *n* cri rauque

squeak /skwiːk/ ◆ *n* **1** (*souris*) couinement **2** (*porte*) grincement **3** (*chaussures*) craquement ◆ *vi* **1** (*souris*) couiner **2** (*porte*) grincer **3** (*chaussures*) craquer **squeaky** *adj* (**-ier, -iest**) **1** (*voix*) aigu **2** (*porte*) grinçant **3** *squeaky shoes* des chaussures qui craquent

squeal /skwiːl/ ◆ *n* cri perçant : *squeals of laughter* des rires perçants ◊ *the squeal of brakes* un grincement de freins ◆ **1** *vi* pousser un cri perçant **2** *vt* crier

squeamish /ˈskwiːmɪʃ/ *adj* facilement impressionnable, sensible

squeeze /skwi:z/ ◆ **1** *vt* (*éponge, citron*) presser **2** *vt* (*liquide*) exprimer, extraire **3** *vt* (*main*) serrer **4** *vt, vi* ~ **(sb/sth) into, past, through, etc. (sth)** : *to squeeze through a gap in the hedge* se faufiler par le trou d'une haie ◊ *Can you squeeze past/by?* Tu peux passer ? ◊ *Can you squeeze anything else into that case?* Est-ce que tu peux faire entrer autre chose dans la valise ? ◆ *n* **1** situation difficile : *a credit squeeze* un resserrement du crédit **2** *a squeeze of lemon* quelques gouttes de citron **3** étreinte : *to give sb a squeeze* serrer qn dans ses bras **4** pression : *to give sb's hand a squeeze* serrer la main à qn **5** cohue

squid /skwɪd/ *n* (*pl* **squid** *ou* ~**s**) calamar

squint /skwɪnt/ ◆ *vi* **1** ~ **(at sth)** regarder qch en plissant les yeux, plisser les yeux **2** loucher ◆ *n* strabisme

squirm /skwɜ:m/ *vi* **1** se tortiller **2** être très mal à l'aise

squirrel /'skwɪrəl ; *USA* 'skwɜ:rəl/ *n* écureuil

squirt /skwɜ:t/ ◆ **1** *vt* faire gicler : *to squirt soda water into a glass* verser de l'eau de Seltz dans un verre ◊ *to squirt perfume on your wrist* se vaporiser du parfum sur le poignet **2** *vt* ~ **sb/sth (with sth)** arroser qn/qch (de qch) **3** *vi* ~ **(out of/from sth)** jaillir (de qch) ◆ *n* **1** giclée, jet **2** quelques gouttes

stab /stæb/ ◆ *vt* **(-bb-) 1** donner un coup de couteau à, poignarder **2** piquer **3** enfoncer, planter ◆ *n* coup de couteau LOC **to have a stab at (doing) sth** (*fam*) s'essayer à (faire) qch

stabbing /'stæbɪŋ/ ◆ *adj* lancinant ◆ *n* agression à coups de couteau

stability /stə'bɪləti/ *n* stabilité

stabilize, -ise /'steɪbəlaɪz/ *vt, vi* (se) stabiliser

stable[1] /'steɪbl/ *adj* **1** stable **2** (*personne*) équilibré, stable

stable[2] /'steɪbl/ *n* **1** écurie **2** **stables** [*v sing ou pl*] écurie (*de courses*)

stack /stæk/ ◆ *n* **1** tas, pile **2** ~ **of sth** [*gén pl*] (*fam*) tas de qch ◆ *vt* ~ **sth (up)** empiler qch

stadium /'steɪdiəm/ *n* (*pl* ~**s** *ou* **-dia** /-diə/) stade (*Sport*)

staff /stɑ:f ; *USA* stæf/ ◆ *n* [*v sing ou pl*] personnel : *the teaching staff* le personnel enseignant ◊ *The staff are all working long hours.* L'ensemble du personnel fait de longues journées. ☛ *Voir note sous* JURY ◆ *vt* pourvoir en personnel : *The centre is staffed by volunteers.* Le personnel du centre est bénévole.

stag /stæg/ ◆ *n* cerf ☛ *Voir note sous* CERF

stage /steɪdʒ/ ◆ *n* **1** scène (*plateau*) **2 the stage** [*sing*] la scène (*art dramatique*) **3** phase, stade : *at this stage* à ce stade LOC **in stages** par étapes **stage by stage** petit à petit **to be/go on the stage** être acteur, -trice/monter sur les planches ◆ *vt* **1** mettre en scène **2** (*grève*) organiser

stagger /'stægə(r)/ ◆ **1** *vi* tituber, chanceler : *He staggered to his feet.* Il s'est relevé en chancelant. **2** *vt* stupéfier **3** *vt* (*paiements, vacances*) échelonner, étaler ◆ *n* démarche titubante, pas chancelant **staggering** *adj* ahurissant

stagnant /'stægnənt/ *adj* stagnant

stagnate /stæg'neɪt ; *USA* 'stægneɪt/ *vi* stagner **stagnation** *n* stagnation

stag night (*aussi* **stag party**) *n* (*GB, fam*) : *to have a stag night* enterrer sa vie de garçon

stain /steɪn/ ◆ *n* **1** tache **2** teinture (*pour bois*) ☛ *Comparer avec* DYE ◆ **1** *vt, vi* (se) tacher **2** *vt* teindre

stained glass *n* [*indénombrable*] **1** verre coloré : *a stained glass window* un vitrail **2** vitraux

stainless steel /ˌsteɪnləs 'sti:l/ *n* acier inoxydable

stair /steə(r)/ *n* **1 stairs** [*pl*] escalier : *to go up/down the stairs* monter/descendre les escaliers ◊ *at the bottom of the stairs* en bas de l'escalier **2** marche

staircase /'steəkeɪs/ (*aussi* **stairway** /'steəweɪ/) *n* escalier ☛ *Comparer avec* LADDER

stake /steɪk/ ◆ *n* **1** pieu, piquet **2 the stake** le bûcher **3** [*gén pl*] enjeu **4** (*investissement*) participation LOC **at stake** en jeu : *His reputation is at stake.* Sa réputation est en jeu. ◆ *vt* **1** ~ **sth (on sth)** miser qch (sur qch) **2** mettre un tuteur à LOC **to stake (out) a/your claim to sth** revendiquer qch

stale /steɪl/ *adj* **1** (*pain*) rassis **2** (*air*) confiné, vicié **3** (*idées, etc.*) éculé, dépassé **4** (*personne*) usé : *I feel I'm getting stale in this job.* J'ai l'impression de m'encroûter dans ce travail.

stalemate /'steɪlmeɪt/ *n* **1** (*Échecs*) pat **2** (*fig*) impasse

stalk /stɔːk/ ◆ *n* **1** tige **2** (*fruit*) queue ◆ **1** *vt* (*animal, personne*) traquer **2** *vi* ~ **(along)** marcher avec raideur

stall /stɔːl/ ◆ *n* **1** (*marché*) étal, stand **2** (*de cheval*) stalle **3 the stalls** [*pl*] (*GB*) (*Théâtre*) l'orchestre ◆ **1** *vt, vi* (*voiture, moteur*) caler **2** *vi* chercher à gagner du temps

stallion /'stæliən/ *n* étalon (*cheval*)

stalwart /'stɔːlwət/ ◆ *n* fidèle ◆ *adj* **1** loyal, inconditionnel **2** (*sout*) robuste

stamina /'stæmɪnə/ *n* résistance, endurance

stammer /'stæmə(r)/ (*aussi* **stutter**) ◆ *vi, vt* bégayer ◆ *n* bégaiement

stamp /stæmp/ ◆ *n* **1** timbre

En Grande-Bretagne, il existe deux tarifs pour l'affranchissement du courrier : *first class*, le tarif normal, et *second class*, tarif réduit pour les lettres et les paquets non urgents.

2 (*sur un passeport, etc.*) cachet **3** (*instrument*) tampon **4** piétinement : *with a stamp* en tapant du pied ◆ **1** *vt, vi* : *to stamp (your foot)* taper du pied **2** *vi* marcher d'un pas lourd **3** *vt* (*lettre*) affranchir **4** *vt* tamponner, marquer PHR V **to stamp on sth** marcher sur qch **to stamp sth out** (*fig*) écraser qch, éradiquer qch

stamp collecting *n* philatélie

stampede /stæm'piːd/ ◆ *n* **1** (*animaux*) débandade **2** (*personnes*) ruée ◆ *vi* s'enfuir à la débandade, se ruer

stance /stɑːns ; *USA* stæns/ *n* **1** position **2** ~ **(on sth)** position (sur qch)

stand /stænd/ ◆ *n* **1** ~ **(on sth)** (*fig*) position (sur qch) **2** (*meuble*) support : *an umbrella stand* un porte-parapluies ◊ *a music stand* un pupitre à musique **3** stand, kiosque, étal **4** (*Sport*) [*gén pl*] tribune **5** (*USA*) (*Jur*) barre LOC **to make a stand (against sb/sth)** prendre position (contre qn/qch) **to take a stand (on sth)** prendre position (sur qch) ◆ (*prét, pp* **stood** /stʊd/) **1** *vi* être debout : *Stand still!* Ne bouge pas ! **2** *vi* ~ **(up)** se lever, se mettre debout **3** *vt* poser, mettre : *Stand the ladder against the wall.* Mets l'échelle contre le mur. **4** *vi* mesurer, faire : *He stands two metres tall.* Il mesure deux mètres. **5** *vi* se trouver : *A house once stood here.* Autrefois il y avait une maison ici. **6** *vi* (*offre, etc.*) rester valable **7** *vi* être : *as things stand* dans l'état actuel des choses **8** *vt* supporter : *I can't stand him.* Je ne le supporte pas. **9** *vi* ~ **(for sth)** (*Polit*) se présenter, être candidat (à qch) **10** ~ **sb sth** offrir, payer qch à qn LOC **it/that stands to reason** cela va de soi **to stand a chance (of doing sth)** avoir de bonnes chances (de faire qch) **to stand fast** tenir bon *Voir aussi* BAIL, LEG, TRIAL PHR V **to stand aside** s'écarter **to stand back 1** reculer **2** être en retrait **3** (*fig*) prendre du recul **to stand by 1** se tenir prêt, être prêt à intervenir **2** rester là : *How can you stand by and do nothing?* Comment peux-tu rester là à ne rien faire ? **to stand by sb** soutenir qn **to stand down** démissionner, se désister **to stand for sth 1** représenter qch, signifier qch **2** soutenir qch **3** (*fam*) tolérer qch **to stand in (for sb)** remplacer qn, assurer le remplacement **to stand out** ressortir **to stand out (from sb/sth)** (*être meilleur*) se distinguer (de qn/qch) **to stand sb up** (*fam*) poser un lapin à qn **to stand up for sb/sth** défendre qn/qch **to stand up to sb** tenir tête à qn

standard /'stændəd/ ◆ *n* niveau LOC **to be up to/below standard** être/ne pas être à la hauteur, être/ne pas être satisfaisant ◆ *adj* **1** standard **2** habituel, normal : *standard practice* procédure habituelle

standardize, -ise /'stændədaɪz/ *vt* standardiser, normaliser

standard of living *n* niveau de vie

standby /'stændbaɪ/ *n* (*pl* **-bys**) **1** remplaçant, -e **2** remplacement **3** (*Aéron*) : *the standby list* la liste d'attente ◊ *a standby ticket* un billet en stand-by LOC **to be on standby 1** être prêt à intervenir **2** être sur la liste d'attente

stand-in /'stænd ɪn/ *n* remplaçant, -e

standing /'stændɪŋ/ ◆ *n* **1** réputation, rang **2** durée : *of long standing* de longue date ◆ *adj* permanent

standing order *n* prélèvement automatique

standpoint /'stændpɔɪnt/ *n* point de vue

standstill /'stændstɪl/ *n* arrêt : *to be at/come to a standstill* être à l'arrêt/

s'arrêter ◊ *to bring sth to a standstill* arrêter qch **LOC** *Voir* GRIND

stank *prét de* STINK

staple[1] /'steɪpl/ *adj* de base, principal : *their staple diet* leur nourriture de base

staple[2] /'steɪpl/ ◆ *n* agrafe ◆ *vt* agrafer **stapler** *n* agrafeuse

star /stɑː(r)/ ◆ *n* **1** étoile **2** star, vedette **3** (*fam*) ange : *Thanks for helping me — you're a star!* Merci pour ton aide, tu es un ange ! **4 stars** [*pl*] horoscope : *to read your stars* lire son horoscope ◆ (**-rr-**) **1** *vi* ~ **(in sth)** jouer (dans qch) ; être la vedette (de qch) **1** *vt* avoir pour vedette : *'Cabaret', starring Liza Minelli* « Cabaret », avec Liza Minelli

starboard /'stɑːbəd/ *n* tribord

starch /stɑːtʃ/ *n* **1** féculents **2** amidon **starched** *adj* amidonné

stardom /'stɑːdəm/ *n* célébrité

stare /steə(r)/ ◆ *vi* ~ **(at sb/sth)** regarder (qn/qch) fixement **LOC to be staring sb in the face 1** être sous le nez de qn **2** sauter aux yeux ◆ *n* regard fixe, regard insistant

stark /stɑːk/ *adj* (**-er, -est**) **1** (*paysage*) désolé **2** (*conditions*) dur **3** (*fait*) brut **4** (*pièce*) nu **5** (*contraste*) saisissant : *in stark contrast to...* en opposition totale avec...

starry /'stɑːri/ *adj* (**-ier, -iest**) étoilé

star sign *n* signe (*du zodiaque*) : *What star sign are you?* De quel signe es-tu ?

start /stɑːt/ ◆ *n* **1** début **2 the start** [*sing*] le départ **3** sursaut : *with a start* en sursaut **LOC for a start** pour commencer **to get off to a good/bad start** bien/mal commencer *Voir aussi* FRESH ◆ **1** *vt, vi* commencer : *He started to cry.* Il s'est mis à pleurer. ☛ *Voir note sous* BEGIN **2** *vt, vi* (*voiture, moteur*) (faire) démarrer, (se) mettre en marche **3** *vt* (*rumeur*) faire naître **4** *vt* (*dispute*) provoquer **LOC to start with** pour commencer *Voir aussi* BALL, FALSE, SCRATCH **PHR V to start off 1** partir **2** commencer **to start out (on sth/to do sth)** commencer (qch/à faire qch) **to start (sth) up 1** (*moteur*) faire démarrer qch, démarrer **2** (*entreprise*) créer qch, se lancer

starter /'stɑːtə(r)/ *n* **1** (*surtout GB*) entrée **2** (*Autom*) démarreur, starter

starting point *n* point de départ

startle /'stɑːtl/ *vt* surprendre, faire sursauter **startling** *adj* surprenant, saisissant

starve /stɑːv/ **1** *vi* souffrir de la faim, être affamé : *to starve (to death)* mourir de faim **2** *vt* priver de nourriture, affamer **3** *vt* ~ **sb/sth of sth** (*fig*) priver qn/qch de qch **LOC to be starving** (*fam*) mourir de faim **starvation** *n* faim, famine ☛ *Voir note sous* FAIM

state[1] /steɪt/ ◆ *n* **1** état : *to be in a fit state to drive* être en état de conduire **2 the State** l'État **3 the States** [*sing*] (*fam*) les États-Unis **LOC state of affairs** circonstances **state of mind** état d'esprit *Voir aussi* REPAIR ◆ *adj* (*aussi* **State**) de l'État : *state schools* les écoles publiques ◊ *a state visit* une visite officielle

state[2] /steɪt/ *vt* **1** déclarer, énoncer : *State your name.* Donnez vos nom et prénoms. **2** spécifier : *at stated times* à dates fixes

stately /'steɪtli/ *adj* (**-ier, -iest**) majestueux : *a stately home* un château

statement /'steɪtmənt/ *n* **1** déclaration, communiqué : *to issue a statement* faire une déclaration **2** (*banque*) relevé de compte **3** (*police*) déposition, déclaration

statesman /'steɪtsmən/ *n* (*pl* **-men** /-mən/) homme d'État

static[1] /'stætɪk/ *adj* **1** stationnaire **2** statique

static[2] /'stætɪk/ *n* [*indénombrable*] **1** (*Radio*) parasites **2** (*aussi* **static electricity**) électricité statique

station[1] /'steɪʃn/ *n* **1** gare : *a railway station* une gare ◊ *a tube station* une station de métro **2** *the police station* le commissariat de police ◊ *the fire station* la caserne de pompiers **3** (*Radio*) station

station[2] /'steɪʃn/ *vt* poster, stationner (*garde, troupes*)

stationary /'steɪʃənri ; *USA* -neri/ *adj* stationnaire

stationer /'steɪʃnə(r)/ *n* **1** papetier, -ière **2 stationer's** papeterie **stationery** /'steɪʃənri ; *USA* -neri/ *n* papeterie

statistic /stə'tɪstɪk/ *n* statistique : *the unemployment statistics* les chiffres du chômage **statistics** *n* [*sing*] statistique (*méthode*)

statue /'stætʃuː/ *n* statue

stature /'stætʃə(r)/ *n* **1** stature, taille **2** (*fig*) envergure

status /ˈsteɪtəs/ *n* **1** position : *their social status* leur position sociale ◊ *marital status* situation de famille **2** prestige : *a status symbol* un signe extérieur de richesse

statute /ˈstætʃuːt/ *n* **1** loi : *the statute book* le code **2** règle **statutory** /ˈstætʃətri ; USA -tɔːri/ *adj* légal, officiel

staunch /stɔːntʃ/ *adj* (**-er, -est**) loyal, constant

stave /steɪv/ *v* PHR V **to stave sth off** éviter qch, empêcher qch

stay /steɪ/ ◆ *vi* **1** rester : *to stay (at) home* rester à la maison ◊ *to stay calm* rester calme **2** loger, séjourner : *What hotel are you staying at?* À quel hôtel êtes-vous ? LOC *Voir* CLEAR, COOL PHR V **to stay away (from sb/sth)** ne pas aller (chez qn/à qch), ne pas s'approcher (de qn/qch) **to stay behind** rester **to stay in** ne pas sortir, rester à la maison **to stay on (at...)** rester (à...) : *to stay on at school* continuer ses études **to stay up** ne pas se coucher, veiller : *to stay up late* se coucher tard ◆ *n* séjour

steady /ˈstedi/ ◆ *adj* (**-ier, -iest**) **1** stable, ferme : *to hold sth steady* maintenir fermement qch **2** régulier : *a steady boyfriend* un petit ami attitré ◊ *a steady job/income* un emploi stable/des revenus réguliers ◆ (*prét, pp* **steadied**) **1** *vi* se stabiliser **2** *v réfléchi* ~ **yourself** rétablir son équilibre **3** *vt* calmer : *to steady your nerves* se calmer

steak /steɪk/ *n* steak, bifteck : *a salmon steak* une darne de saumon

steal /stiːl/ (*prét* **stole** /stəʊl/ *pp* **stolen** /ˈstəʊlən/) **1** *vt, vi* ~ **(sth) (from sb/sth)** voler (qch) (à qn/qch) ☛ *Voir note sous* ROB **2** *vi* ~ **in, out, away, etc.** entrer, sortir, partir, etc. à pas feutrés, entrer, sortir, partir, etc. subrepticement : *to steal up on sb* s'approcher de qn à pas de loups

stealth /stelθ/ *n* : *by stealth* furtivement, à la dérobée **stealthy** *adj* (**-ier, -iest**) furtif

steam /stiːm/ ◆ *n* **1** vapeur : *a steam engine* une locomotive à vapeur **2** buée LOC *Voir* LET[1], RUN ◆ **1** *vi* (*liquide*) fumer : *steaming hot coffee* un café brûlant **2** *vt* cuire à la vapeur LOC **to get (all) steamed up (about/over sth)** (*fam*) se mettre dans tous ses états (à propos de qch) PHR V **to steam up** s'embuer

steamer /ˈstiːmə(r)/ *n* **1** bateau à vapeur, paquebot **2** cuiseur-vapeur

steamroller /ˈstiːmrəʊlə(r)/ *n* rouleau compresseur

steel /stiːl/ ◆ *n* acier ◆ *v réfléchi* ~ **yourself (against sth)** se blinder (contre qch)

steep /stiːp/ *adj* (**-er, -est**) **1** raide, à pic, abrupt **2** (*fam*) (*prix*) élevé, excessif

steeply /ˈstiːpli/ *adv* abruptement : *The plane was climbing steeply.* L'avion montait en flèche. ◊ *Share prices fell steeply.* Le cours des actions a fortement chuté.

steer /stɪə(r)/ **1** *vt, vi* conduire, diriger **2** *vt* (*navire*) gouverner **3** *vi* se guider : *to steer north* se diriger vers le nord ◊ *to steer by the stars* se guider sur les étoiles **4** *vt* (*fig*) diriger : *He steered the discussion away from the subject.* Il a éloigné la conversation de ce sujet. LOC *Voir* CLEAR **steering** *n* **1** (*mécanisme*) direction **2** (*action*) conduite

steering wheel *n* volant (*Autom*)

stem[1] /stem/ ◆ *n* tige, queue ◆ *v* (**-mm-**) PHR V **to stem from sth** provenir de qch, découler de qch

stem[2] /stem/ *vt* (**-mm-**) (*hémorragie, fuite*) arrêter

stench /stentʃ/ *n* puanteur, odeur nauséabonde

step /step/ ◆ *vi* (**-pp-**) marcher, faire un pas : *to step on sth* marcher sur qch ◊ *to step over sth* enjamber qch PHR V **to step aside** s'écarter **to step back** reculer **to step down** se retirer **to step in** intervenir **to step sth up** augmenter qch, accroître qch ◆ *n* **1** pas **2** (*escalier*) marche **3 steps** [*pl*] escalier LOC **step by step** pas à pas, progressivement **to be in/out of step (with sb/sth) 1** être en phase (avec qn/qch)/être déphasé (par rapport à qn/qch) **2** (*fig*) être d'accord/ne pas être d'accord (avec qn/qch) **to take steps to do sth** prendre des mesures pour faire qch *Voir aussi* WATCH

stepbrother /ˈstepbrʌðə(r)/ *n* demi-frère (*fils d'un beau-père ou d'une belle-mère*)

stepchild /ˈsteptʃaɪld/ *n* (*pl* **-children**) beau-fils, belle-fille (*fils/fille du conjoint issu d'une autre union*)

stepdaughter /ˈstepdɔːtə(r)/ *n* belle-fille (*fille d'un beau-père ou d'une belle-mère*)

stepfather /ˈstepfɑːðə(r)/ *n* beau-père (*conjoint de la mère*)

stepladder /ˈsteplædə(r)/ *n* escabeau

stepmother /ˈstepmʌðə(r)/ *n* belle-mère (*conjoint du père*)

step-parent /ˈstep peərənt/ *n* beau-père, belle-mère (*conjoint du père/de la mère*)

stepsister /ˈstepsɪstə(r)/ *n* demi-sœur (*fille d'un beau-père ou d'une belle-mère*)

stepson /ˈstepsʌn/ *n* beau-fils (*fils du conjoint issu d'une autre union*)

stereo /ˈsteriəʊ/ *n* (*pl* ~**s**) **1** stéréo **2** chaîne stéréo

stereotype /ˈsteriətaɪp/ *n* stéréotype

sterile /ˈsteraɪl ; *USA* ˈsterəl/ *adj* stérile **sterility** /stəˈrɪləti/ *n* stérilité **sterilize, -ise** /ˈsterəlaɪz/ *vt* stériliser

sterling /ˈstɜːlɪŋ/ ◆ *adj* **1** (*argent*) fin **2** (*fig*) remarquable : *sterling work* un travail remarquable ◆ *n* (*aussi* **pound sterling**) livre sterling

stern[1] /stɜːn/ *adj* (**-er, -est**) sévère, strict

stern[2] /stɜːn/ *n* poupe

stew /stjuː ; *USA* stuː/ ◆ *vt, vi* cuire à l'étouffée ◆ *n* ragoût

steward /ˈstjuːəd ; *USA* ˈstuːərd/ *n* (*fém* **stewardess** /ˌstjuːəˈdes ; *USA* ˈstuːərdəs/) steward, organisateur : *an air stewardess* une hôtesse de l'air

stick[1] /stɪk/ *n* **1** canne **2** bâton **3** morceau, bâton : *a stick of celery* une branche de céleri ◊ *a stick of dynamite* un bâton de dynamite

stick[2] /stɪk/ (*prét, pp* **stuck** /stʌk/) **1** *vt* planter, piquer : *to stick a needle in your finger* se piquer le doigt avec une aiguille ◊ *to stick your fork into a potato* planter sa fourchette dans une pomme de terre **2** *vt, vi* (se) coller : *Jam sticks to your fingers.* La confiture colle aux doigts. **3** *vt* (*fam*) mettre, placer, fourrer : *He stuck the pen behind his ear.* Il a placé le stylo derrière son oreille. **4** *vi* se coincer **5** *vt* (*fam*) supporter : *I can't stick it any longer.* J'en ai vraiment assez. **6** *vi* ~ **at sth** persévérer dans qch **7** *vi* ~ **by sb** soutenir qn **8** *vi* ~ **to sth** s'en tenir à qch LOC **to get stuck** se coincer, se bloquer : *The bus got stuck in the mud.* Le car s'est embourbé. ◊ *The lift got stuck between floors six and seven.* L'ascenseur est resté coincé entre le sixième et le septième étage.

PHR V **to stick around** (*fam*) rester dans les parages

to stick out dépasser, ressortir : *His ears stick out.* Il a les oreilles décollées. **to stick it/sth out** (*fam*) tenir bon, tenir le coup, persévérer dans qch **to stick sth out 1** (*langue*) tirer qch **2** (*tête*) sortir qch

to stick together être solidaires, rester ensemble

to stick up se dresser, dépasser **to stick up for yourself/sb** ne pas se laisser faire/prendre le parti de qn

sticker /ˈstɪkə(r)/ *n* autocollant

sticky /ˈstɪki/ *adj* (**-ier, -iest**) **1** collant **2** (*fam*) (*situation*) délicat

stiff /stɪf/ ◆ *adj* (**-er, -est**) **1** raide, rigide **2** (*articulations*) raide : *to have a stiff neck* avoir un torticolis **3** (*sauce*) consistant **4** (*examen, leçon*) difficile **5** (*peine*) lourd, sévère **6** (*personne*) guindé **7** (*boisson alcoolisée*) fort : *a stiff drink* un verre bien tassé **8** (*brise*) fort ◆ *adv* (*fam*) extrêmement : *to be bored/scared stiff* mourir d'ennui/être mort de trouille

stiffen /ˈstɪfn/ **1** *vt, vi* (se) raidir **2** *vi* s'ankyloser **3** *vt* (*amidonner*) empeser

stifle /ˈstaɪfl/ **1** *vt, vi* (*pleurs*) étouffer, retenir **2** *vi* étouffer **3** *vt* (*rébellion, idée*) réprimer **stifling** *adj* étouffant

stigma /ˈstɪgmə/ *n* stigmate

still[1] /stɪl/ *adv* **1** encore, toujours

Still ou **yet**? **Still** est employé dans les phrases affirmatives et interrogatives et se place toujours derrière les verbes auxiliaires ou modaux et devant les autres verbes : *He still talks about her.* Il parle encore d'elle. ◊ *Are you still there?* Tu es toujours là ? **Yet** est employé dans les phrases négatives et est toujours placé à la fin de la phrase : *Aren't they here yet?* Ils ne sont pas encore arrivés ? ◊ *He hasn't done it yet.* Il ne l'a pas encore fait. Cependant **still** peut être employé dans les phrases négatives pour donner de l'emphase. Dans ce cas il est toujours placé devant le verbe, même s'il s'agit d'un verbe auxiliaire ou modal : *He still hasn't done it.* Il ne l'a toujours pas fait. ◊ *He still can't do it.* Il ne sait toujours pas le faire.

2 quand même, pourtant : *Still, it didn't turn out badly.* Tout compte fait, ça ne s'est pas si mal passé.

still² /stɪl/ *adj* **1** immobile : *Stand still!* Ne bouge pas ! ☛ *Comparer avec* QUIET **2** (*air, eau*) calme **3** (*boisson*) non gazeux

still life *n* nature morte

stillness /'stɪlnəs/ *n* tranquillité, calme

stilt /stɪlt/ *n* échasse

stilted /'stɪltɪd/ *adj* affecté, guindé

stimulant /'stɪmjələnt/ *n* stimulant

stimulate /'stɪmjuleɪt/ *vt* stimuler, encourager **stimulating** *adj* stimulant

stimulus /'stɪmjələs/ *n* (*pl* **-li** /-laɪ/) **1** stimulant **2** stimulus

sting /stɪŋ/ ◆ *n* **1** (*d'insecte*) dard, aiguillon **2** (*blessure*) piqûre **3** (*douleur*) sensation de brûlure ◆ (*prét, pp* **stung** /stʌŋ/) **1** *vt, vi* piquer **2** *vi* brûler, piquer **3** *vt* (*fig*) blesser au vif

stingy /'stɪndʒi/ *adj* (*fam*) **1** (*personne*) radin **2** (*portion*) mesquin

stink /stɪŋk/ ◆ *vi* (*prét* **stank** /stæŋk/ ou **stunk** /stʌŋk/ *pp* **stunk**) (*fam*) ~ **(of sth)** (*aussi fig*) puer (qch) ; sentir mauvais PHR V **to stink sth out** empester qch ◆ *n* (*fam*) puanteur : *What a stink!* Qu'est-ce que ça pue ! **stinking** *adj* (*fam*) puant

stint /stɪnt/ *n* période : *a training stint in Dundee* une période de formation à Dundee

stipulate /'stɪpjuleɪt/ *vt* (*sout*) stipuler

stir /stɜː(r)/ ◆ (**-rr-**) **1** *vt* remuer **2** *vt, vi* agiter, (faire) bouger **3** *vt* (*imagination*) exciter PHR V **to stir sth up** provoquer qch ◆ *n* **1** *to give sth a stir* remuer qch **2** agitation **stirring** *adj* passionnant, vibrant

stirrup /'stɪrəp/ *n* étrier

stitch /stɪtʃ/ ◆ *n* **1** (*Couture*) point **2** (*tricot*) maille **3** (*douleur*) point de côté : *I've got a stitch.* J'ai un point (de côté). LOC **to be in stitches** (*fam*) se tordre de rire ◆ *vt* coudre, recoudre **stitching** *n* couture (*points*)

stock /stɒk/ ◆ *n* **1** stock **2** ~ **(of sth)** stock, provisions (de qch) **3** (*aussi* **livestock**) bétail **4** (*Fin*) [*gén pl*] actions **5** (*d'une société*) valeurs, titres **6** (*Cuisine*) bouillon LOC **to be out of/in stock** être épuisé/disponible **to take stock (of sth)** faire l'inventaire (de qch) **to take stock (of the situation)** faire le point (sur qch) ◆ *adj* classique, banal : *a stock phrase* une expression toute faite ◆ *vt* (*commerce*) avoir, vendre PHR V **to stock up (on/with sth)** s'approvisionner (en qch)

stockbroker /'stɒkbrəʊkə(r)/ (*aussi* **broker**) *n* agent de change

stock exchange (*aussi* **stock market**) *n* Bourse (*des valeurs*)

stocking /'stɒkɪŋ/ *n* bas (*dessous féminin*)

stocktaking /'stɒkteɪkɪŋ/ *n* inventaire

stocky /'stɒki/ *adj* (**-ier, -iest**) trapu, râblé

stodgy /'stɒdʒi/ *adj* (**-ier, -iest**) (*fam, péj*) lourd, bourratif

stoke /stəʊk/ *vt* ~ **sth (up) (with sth)** (*fourneau*) alimenter qch (en qch)

stole *prét de* STEAL

stolen *pp de* STEAL

stolid /'stɒlɪd/ *adj* (*péj*) impassible, flegmatique

stomach /'stʌmək/ ◆ *n* **1** estomac **2** ventre **3** ~ **for sth** (*fig*) envie de qch ◆ *vt* supporter, encaisser : *I can't stomach violence in films.* Je ne supporte pas la violence dans les films.

stomach-ache /'stʌmək eɪk/ *n* mal au ventre

stone /stəʊn/ ◆ *n* **1** pierre : *the Stone Age* l'âge de la pierre **2** (*surtout USA* **pit**) (*fruit*) noyau **3** (*GB*) (*pl* **stone**) unité de poids équivalente à 14 livres, soit à 6,356 kg ☛ *Voir Appendice 1.* ◆ *vt* lapider **stoned** *adj* (*fam*) **1** défoncé (*drogue*) **2** soûl

stony /'stəʊni/ *adj* (**-ier, -iest**) **1** pierreux **2** (*regard, silence*) glacial

stood *prét, pp de* STAND

stool /stuːl/ *n* tabouret

stoop /stuːp/ ◆ *vi* **1** ~ **(down)** se pencher **2** être voûté LOC **to stoop so low (as to do sth)** s'abaisser (à faire qch) ◆ *n* : *to walk with a stoop* marcher voûté

stop /stɒp/ ◆ (**-pp-**) **1** *vt, vi* (s')arrêter **2** *vt* (*processus, déroulement*) interrompre **3** *vi* (*pluie, bruit*) s'arrêter, cesser **4** *vt* ~ **doing sth** s'arrêter de faire qch : *Stop it!* Arrête ! **5** *vt* ~ **sb/sth (from) doing sth** empêcher qn/qch de faire qch : *to stop yourself doing sth* s'empêcher de faire qch

> **To stop doing sth** signifie *s'arrêter de faire qch* tandis que **to stop to do sth** signifie *s'arrêter pour faire qch.*

6 *vt* (*trou*) boucher **7** *vt* (*paiement*) suspendre **8** *vt* (*chèque*) faire opposition à **9** *vi* (*GB, fam*) rester LOC **to stop dead/short** s'arrêter net **to stop short of**

(doing) sth manquer de faire qch, friser qch : *She stopped short of calling him a liar.* Elle s'est retenue pour ne pas le traiter de menteur. *Voir aussi* BUCK[3] **PHR V to stop off (at/in...)** faire un arrêt (à...) ◆ *n* **1** arrêt, halte : *to come to a stop* s'arrêter **2** (*bus, train*) arrêt **3** (*ponctuation*) point **LOC to put a stop to sth** mettre un terme à qch **stoppage** *n* **1** interruption de travail **2 stoppages** [*pl*] retenue (*sur salaire*)

stopgap /'stɒpgæp/ *n* bouche-trou

stopover /'stɒpəʊvə(r)/ *n* escale

stopper /'stɒpə(r)/ (*USA* **plug**) *n* bouchon, bonde

stopwatch /'stɒpwɒtʃ/ *n* chronomètre

storage /'stɔːrɪdʒ/ *n* **1** stockage, entreposage : *storage space* espace de rangement **2** garde-meuble

store /stɔː(r)/ ◆ *n* **1** réserve, stock **2 stores** [*pl*] provisions **3** (*surtout USA*) boutique, magasin : *a department store* un grand magasin **LOC to be in store for sb** être réservé à qn (*surprise*) **to have sth in store for sb** réserver qch à qn (*surprise*) ◆ *vt* ~ **sth (up/away)** **1** faire des réserves/provisions de qch **2** stocker qch

storeroom /'stɔːruːm/ *n* réserve, magasin

storey /'stɔːri/ *n* (*pl* **storeys**) (*USA* **story**) étage

stork /stɔːk/ *n* cigogne

storm /stɔːm/ ◆ *n* orage, tempête : *a storm of criticism* un tollé général ◆ **1** *vi* ~ **in/off/out** entrer/partir/sortir furibond **2** *vt* (*bâtiment*) prendre d'assaut **stormy** *adj* (**-ier, -iest**) (*aussi fig*) orageux

story[1] /'stɔːri/ *n* (*pl* **-ies**) **1** histoire (*racontée*) **2** conte **3** (*Journal*) article

story[2] (*USA*) *Voir* STOREY

stout /staʊt/ *adj* **1** (*souvent euph*) gros, corpulent *Voir aussi* FAT **2** (*chaussures*) solide, gros **3** (*résistance, défence*) acharné

stove /stəʊv/ *n* **1** cuisinière (*appareil*) **2** poêle (*chauffage*)

stow /stəʊ/ *vt* ~ **sth (away)** ranger qch

straddle /'strædl/ *vt* enfourcher, être à califourchon sur

straggle /'strægl/ *vi* **1** (*personne*) traîner, être à la traîne **2** (*plante*) pousser dans tous les sens **straggler** *n* traînard, -e **straggly** *adj* (**-ier, -iest**) **1** (*cheveux*) en désordre **2** (*plante*) qui pousse dans tous les sens

straight /streɪt/ ◆ *adj* (**-er, -est**) **1** droit **2** (*cheveux*) raide ☛ *Voir illustration sous* CHEVEU **3** hétéro **LOC to be straight (with sb)** être franc (avec qn) **to keep a straight face** garder son sérieux **to put/get sth straight** mettre qch au clair *Voir aussi* RECORD ◆ *adv* (**-er, -est**) **1** droit : *Keep straight on.* Continuez tout droit. ◊ *Look straight ahead.* Regarde droit devant toi. **2** (*se tenir*) bien droit **3** (*penser*) : *to think straight* y voir clair **4** (*aller*) directement **LOC to go straight** (*délinquant*) se ranger **straight away** immédiatement, tout de suite **straight out** sans hésiter

straighten /'streɪtn/ **1** *vt, vi* (se) redresser, devenir droit **2** *vt* (*cravate, jupe*) ajuster **PHR V to straighten sb out** remettre qn dans la bonne voie **to straighten sth out** arranger qch, mettre de l'ordre dans qch **to straighten up** se redresser

straightforward /ˌstreɪt'fɔːwəd/ *adj* **1** (*personne*) franc, direct **2** (*style*) clair

strain /streɪn/ ◆ **1** *vt* froisser : *to strain a muscle* se froisser un muscle **2** *vi* forcer : *without straining* sans forcer **3** *vt* forcer : *to strain your eyes* s'abîmer la vue **4** *vt* (*ressources*) grever **5** *vt* (*patience, relations*) mettre à rude épreuve **6** *vt* ~ **sth (off)** égoutter qch ◆ *n* **1** effort, tension : *Their relationship is showing signs of strain.* Leur relation est tendue. **2** entorse : *to have eye strain* avoir les yeux fatigués **strained** *adj* **1** (*rire, ton*) forcé **2** stressé

strainer /'streɪnə(r)/ *n* égouttoir, passoire

straitjacket /'streɪtdʒækɪt/ *n* camisole de force

straits /streɪts/ *n* [*pl*] **1** détroit : *the Straits of Gibraltar* le détroit de Gibraltar **2** *in desperate/dire straits* aux abois

strand /strænd/ *n* **1** fil **2** (*cheveux*) mèche

stranded /'strændɪd/ *adj* bloqué, en rade : *to be left stranded* être laissé en plan

strange /streɪndʒ/ *adj* (**-er, -est**) **1** étrange, bizarre : *I find it strange that...* Je trouve bizarre que... **2** inconnu **stranger** *n* **1** inconnu, -e **2** étranger, -ère

strangle /'stræŋgl/ *vt* étrangler

strap /stræp/ ◆ *n* **1** lanière **2** (*montre*) bracelet **3** (*sac*) bandoulière **4** (*vêtement*) bretelle ◆ *vt* (**-pp-**) ~ **sth (up)** (*Méd*) bander qch PHR V **to strap sb in** attacher qn avec une ceinture de sécurité/un harnais **to strap sth on** attacher qch

strategy /'strætədʒi/ *n* (*pl* **-ies**) stratégie **strategic** /strə'ti:dʒɪk/ *adj* stratégique

straw /strɔ:/ *n* paille : *a straw hat* un chapeau de paille LOC **the last/final straw** la goutte d'eau qui fait déborder le vase

strawberry /'strɔ:bəri ; *USA* -beri/ *n* (*pl* **-ies**) fraise

stray /streɪ/ ◆ *vi* **1** s'écarter, s'éloigner **2** (*pensée, esprit*) errer ◆ *adj* **1** vagabond, errant : *a stray dog* un chien errant **2** isolé : *a stray bullet* une balle perdue

streak /stri:k/ ◆ *n* **1** traînée **2** (*caractère*) côté : *a streak of cruelty* un côté cruel **3** (*chance*) période : *to be on a winning/losing streak* être dans une bonne/mauvaise passe ◆ **1** *vt* ~ **sth (with sth)** strier qch (de qch) **2** *vi* passer comme un éclair

stream /stri:m/ ◆ *n* **1** ruisseau **2** (*liquide, personnes, voitures*) flot **3** (*insultes*) torrent ◆ *vi* **1** (*eau, sang, larmes*) ruisseler **2** (*personnes*) affluer

streamer /'stri:mə(r)/ *n* banderole

streamline /'stri:mlaɪn/ *vt* **1** donner un profil aérodynamique à : *The cars all have a streamlined design.* Toutes les voitures ont un profil aérodynamique. **2** (*fig*) rationaliser, simplifier

street /stri:t/ *n* (*abrév* **St**) rue : *the High Street* la rue principale ☛ Le mot **street** s'écrit avec une majuscule lorsqu'il suit le nom de la rue. *Voir* ROAD *et note sous* RUE. LOC **(right) up your street** : *This job seems right up your street!* Ce travail, c'est exactement ce qu'il te faut ! **to be streets ahead (of sb/sth)** être bien meilleur (que qn/qch) *Voir aussi* MAN[1]

streetcar /'stri:tkɑ:(r)/ *n* (*USA*) tramway

strength /streŋθ/ *n* **1** force **2** (*objet, matériau*) résistance, solidité **3** point fort, force LOC **to go from strength to strength** prospérer **in strength** en force, en grand nombre **on the strength of sth** grâce à qch, sur la foi de qch **strengthen** **1** *vt* renforcer, consolider **2** *vt, vi* (*muscles*) (se) fortifier **3** *vi* augmenter, se renforcer

strenuous /'strenjuəs/ *adj* **1** difficile, ardu **2** énergique, vigoureux

stress /stres/ ◆ *n* **1** stress, tension **2** ~ **(on sth)** insistance (sur qch) **3** (*Ling*) accentuation, accent **4** (*Mus*) accent **5** (*Mécan*) effort, contrainte ◆ *vt* **1** mettre l'accent sur, insister sur **2** (*syllabe*) accentuer **stressful** *adj* stressant

stretch /stretʃ/ ◆ **1** *vt, vi* (s')étirer, (s')élargir **2** *vt* (*corde*) tendre **3** *vt* (*bras, main*) tendre **4** *vi* (*personne*) s'étirer **5** *vi* (*terrain*) s'étendre **6** *vt* (*personne, fig*) pousser au maximum de ses possibilités LOC **to stretch your legs** se dégourdir les jambes PHR V **to stretch out (for sth)** tendre le bras (pour attraper qch) **to stretch (yourself) out** s'allonger ◆ *n* **1** *to have a stretch* s'étirer **2** élasticité **3** ~ **(of sth)** (*terrain*) étendue (de qch) **4** ~ **(of sth)** (*temps*) période (de qch) LOC **at a stretch** d'affilée

stretcher /'stretʃə(r)/ *n* civière, brancard

strewn /stru:n/ *adj* **1** ~ **(all) over sth** éparpillé sur qch **2** ~ **with sth** parsemé de qch

stricken /'strɪkən/ *adj* ~ **by/with sth** frappé, accablé par/de qch : *drought-stricken areas* les zones frappées par la sécheresse ◊ *poverty-stricken* dans la misère

strict /strɪkt/ *adj* (**-er, -est**) **1** strict, sévère **2** strict, précis LOC **in strictest confidence** à titre strictement confidentiel **strictly** *adv* **1** avec sévérité **2** strictement : *strictly prohibited* strictement interdit LOC **strictly speaking** à proprement parler

stride /straɪd/ ◆ *vi* (*prét* **strode** /strəʊd/) **1** marcher à grands pas **2** ~ **up to sb/sth** avancer vers qn/qch à grands pas ◆ *n* **1** enjambée **2** démarche LOC **to take sth in your stride** ne pas se laisser démonter par qch

strident /'straɪdnt/ *adj* strident

strife /straɪf/ *n* [*indénombrable*] conflits

strike /straɪk/ ◆ *n* **1** grève : *to go on strike* faire grève **2** (*Mil*) attaque ◆ (*prét, pp* **struck** /strʌk/) **1** *vt* frapper **2** *vt* heurter **3** *vi* attaquer **4** *vt, vi* (*heure*) sonner **5** *vt* (*pétrole, or*) trouver, découvrir **6** *vt* (*allumette*) frotter **7** *vt* (*accord, marché*) conclure **8** *vt* : *It strikes me that...* J'ai l'impression que... ◊ *Doesn't it strike you as odd?* Tu ne trouves pas ça bizarre ? **9** *vt* frapper : *I was struck by the similarity between them.* J'ai été frappé par leur ressemblance. **10** *vi* ~ **(for/against sth)** faire grève (pour obtenir/protester contre qch) LOC *Voir* HOME PHR V **to strike at sth** s'attaquer à qch **to strike back (at sb/sth)** se venger (de qn), riposter (à qch) **to strike sb down 1** faire tomber qn **2** frapper qn : *She was struck down by cancer.* Elle a été terrassée par un cancer. **to strike sb off (sth)** radier qn (de qch) **to strike up (sth)** commencer à jouer (qch) **to strike up sth (with sb)** commencer qch (avec qn) : *to strike up a conversation* engager la conversation ◊ *to strike up a friendship with sb* se lier d'amitié avec qn

striker /'straɪkə(r)/ *n* **1** gréviste **2** (*Sport*) attaquant, -e

striking /'straɪkɪŋ/ *adj* **1** saisissant, frappant **2** d'une beauté frappante

string /strɪŋ/ ◆ *n* **1** ficelle : *I need some string to tie up this parcel.* J'ai besoin de ficelle pour attacher ce paquet. **2** (*violon, guitare*) corde **3 the strings** (*Mus*) les cordes **4** (*perles*) collier **5** série, succession : *a string of wins* une série de victoires LOC **(with) no strings attached/without strings** (*fam*) sans conditions *Voir aussi* PULL ◆ *vt* (*prét, pp* **strung** /strʌŋ/) **1** enfiler **2** ~ **sth (up)** suspendre qch (*avec de la ficelle*) PHR V **to string sb along** mener qn en bateau **to string (sth) out** échelonner qch, s'échelonner **to string sth together** aligner qch, enchaîner qch

stringent /'strɪndʒənt/ *adj* rigoureux

strip¹ /strɪp/ (**-pp-**) **1** *vt, vi* ~ **(sb) (off)** déshabiller qn, se déshabiller **2** *vt* (*papier, peinture*) enlever **3** *vt* (*machine*) démonter **4** *vt* ~ **sth of sth** enlever qch de qch : *They stripped the house of all its furnishings.* Ils ont vidé la maison de tous ses meubles. **5** *vt* ~ **sb of sth** dépouiller qn de qch

strip² /strɪp/ *n* **1** bande **2** (*Sport*) tenue

stripe /straɪp/ *n* **1** rayure **2** galon **striped** *adj* à rayures, rayé

strive /straɪv/ *vi* (*prét* **strove** /strəʊv/ *pp* **striven** /'strɪvn/) (*sout*) **1** ~ **for/after sth** s'efforcer d'obtenir qch **2** ~ **to do sth** s'efforcer de faire qch

strode *prét de* STRIDE

stroke¹ /strəʊk/ *n* **1** coup : *a stroke of luck* un coup de chance ◊ *What a beautiful stroke!* Quel beau coup ! **2** nage (*style*) **3** (*Natation*) mouvement des bras **4** trait, touche (*d'un pinceau, etc.*) **5** caresse **6** (*heure*) coup : *on the stroke of midnight* à minuit sonnant **7** (*Méd*) attaque LOC **at a stroke** d'un seul coup **not to do a stroke (of work)** ne pas en ficher une rame

stroke² /strəʊk/ *vt* caresser

stroll /strəʊl/ ◆ *n* promenade : *to go for/take a stroll* aller faire un tour ◆ *vi* se promener, flâner

strong /strɒŋ ; *USA* strɔːŋ/ *adj* (**-er, -est**) **1** fort : *to have a strong will* avoir beaucoup de volonté **2** solide, résistant **3** profond, acharné **4** (*boisson*) alcoolisé **5** (*langage*) grossier LOC **to be going strong** (*fam*) **1** être toujours d'attaque **2** marcher toujours bien **to be your/sb's strong point/suit** être son fort, être le point fort de qn

strong-minded /ˌstrɒŋ 'maɪndɪd/ *adj* déterminé, résolu

strove *prét de* STRIVE

struck *prét, pp de* STRIKE

structure /'strʌktʃə(r)/ ◆ *n* **1** structure **2** construction, édifice ◆ *vt* structurer, organiser **structural** **1** structurel **2** de construction : *structural damage* dégâts matériels

struggle /'strʌgl/ ◆ *vi* **1** ~ **(against/with sb/sth)** se battre (contre/avec qn/qch) ; lutter (contre qn/qch) **2** se démener, s'efforcer **3** se débattre ◆ *n* **1** lutte, bagarre **2** *to have a struggle to do sth* avoir du mal à faire qch

strung *prét, pp de* STRING

strut /strʌt/ ◆ *n* support, étai ◆ *vi* (**-tt-**) ~ **(about/along)** se pavaner

stub /stʌb/ *n* **1** (*cigarette*) mégot **2** (*crayon*) bout **3** (*chèque*) talon

stubble /'stʌbl/ *n* **1** chaume **2** barbe de plusieurs jours

stubborn /'stʌbən/ *adj* **1** têtu, obstiné **2** (*tache, toux*) tenace, rebelle

stuck /stʌk/ *prét, pp de* STICK² ◆ *adj* **1** coincé : *to get stuck* se coincer **2** (*fam*) : *to be/get stuck with sb/sth* avoir/se retrouver avec qn/qch sur les bras

stuck-up /ˌstʌk 'ʌp/ *adj* (*fam*) bêcheur

stud /stʌd/ *n* **1** clou **2** (*chaussures de sport*) crampon **3** étalon **4** (*aussi* **stud farm**) haras

student /'stju:dnt ; *USA* 'stu:-/ *n* étudiant, -e ☛ *Voir note sous* ÉLÈVE
studied /'stʌdid/ *adj* étudié, délibéré
studio /'stju:diəʊ ; *USA* 'stu:-/ *n* (*pl* ~**s**) studio, atelier : *a recording studio* un studio d'enregistrement
studious /'stju:diəs ; *USA* 'stu:-/ *adj* **1** studieux **2** (*sout*) étudié, délibéré
study /'stʌdi/ ◆ *n* (*pl* **-ies**) **1** étude **2 studies** études : *to continue your studies* continuer ses études **3** bureau ◆ *vt, vi* (*prét, pp* **studied**) étudier
stuff /stʌf/ ◆ *n* [*indénombrable*] **1** (*fam*) truc, chose : *What's that sticky stuff?* Qu'est-ce que c'est que ce truc collant ? *Voir aussi* FOODSTUFF **2** (*fam*) affaires : *Put your stuff there.* Pose tes affaires ici. **3** (*sout*) étoffe : *He is not the stuff heroes are made of.* Il n'a pas l'étoffe d'un héros. LOC **do your stuff** faire ce qu'on a à faire *Voir aussi* KNOW ◆ **1** *vt* ~ **sth (up) (with sth)** rembourrer, bourrer qch (de qch) **2** *vt* ~ **sth in** ; ~ **sth into sth** fourrer qch (dans qch) **3** *vt* ~ **sth (with sth)** farcir qch (de qch) **4** *v réfléchi* ~ **yourself (with sth)** s'empiffrer, se goinfrer (de qch) **5** *vt* (*animal*) empailler LOC **get stuffed!** (*GB, fam*) va te faire voir ! **stuffing** *n* **1** farce **2** rembourrage
stuffy /'stʌfi/ *adj* (**-ier, -iest**) **1** étouffant, mal aéré **2** (*fam*) (*personne*) guindé
stumble /'stʌmbl/ *vi* **1** ~ **(over sth)** trébucher (sur qch) **2** ~ **(over sth)** (*en parlant*) buter sur qch ; bafouiller : *He stumbled over his words.* Il a buté sur les mots. PHR V **to stumble across/on sb/sth** tomber sur qn/qch
stumbling block *n* obstacle
stump /stʌmp/ *n* **1** souche **2** bout **3** moignon
stun /stʌn/ *vt* (**-nn-**) **1** (*pr*) assommer **2** (*fig*) stupéfier **stunning** *adj* (*fam, sens positif*) **1** superbe **2** stupéfiant
stung *prét, pp de* STING
stunk *prét, pp de* STINK
stunt¹ /stʌnt/ *n* (*fam*) **1** tour de force **2** (*Cin*) cascade
stunt² /stʌnt/ *vt* retarder, freiner la croissance de
stuntman /'stʌntmən/ *n* (*pl* **-men** /-mən/) cascadeur
stuntwoman /'stʌntwʊmən/ *n* (*pl* **-women**) cascadeuse
stupendous /stju:'pendəs ; *USA* stu:-/ *adj* prodigieux, extraordinaire
stupid /'stju:pɪd ; *USA* 'stu:-/ *adj* (**-er, -est**) stupide ☛ *Voir note sous* BÊTE **stupidity** /stju:'pɪdəti ; *USA* stu:-/ *n* stupidité, bêtise
stupor /'stju:pə(r) ; *USA* 'stu:-/ *n* [*gén sing*] abrutissement : *in a drunken stupor* abruti par l'alcool
sturdy /'stɜ:di/ *adj* (**-ier, -iest**) robuste, solide
stutter /'stʌtə(r)/ (*aussi* **stammer**) ◆ *vi* bégayer ◆ *n* bégaiement
sty¹ /staɪ/ *n* (*pl* **sties**) porcherie
sty² /staɪ/ *n* (*pl* **sties**) (*aussi* **stye**) orgelet
style /staɪl/ *n* **1** style **2** manière **3** classe, allure **4** modèle, sorte **5** mode, tendance : *the latest style* la dernière mode **stylish** *adj* chic, élégant
suave /swɑ:v/ *adj* (*parfois péj*) mielleux
subconscious /ˌsʌb'kɒnʃəs/ *adj, n* subconscient
subdivide /ˌsʌbdɪ'vaɪd/ **1** *vt* ~ **sth (into sth)** subdiviser qch (en qch) **2** *vi* ~ **(into sth)** se subdiviser (en qch)
subdue /səb'dju: ; *USA* -'du:/ *vt* **1** soumettre, réprimer **2** maîtriser **subdued** *adj* **1** (*voix, son*) bas **2** (*lumière*) tamisé **3** (*couleur*) doux **4** (*personne*) abattu
sub-heading /'sʌb hedɪŋ/ *n* sous-titre
subject¹ /'sʌbdʒɪkt/ *n* **1** sujet **2** (*École, Université*) matière **3** (*Gramm*) sujet **4** sujet, -ette LOC *Voir aussi* CHANGE
subject² /'sʌbdʒekt/ *adj* **1** ~ **to sth** sujet à qch **2** ~ **to sth** dépendant de qch : *The plan is subject to confirmation.* Le projet doit encore être confirmé. **3** ~ **to sb/sth** soumis à qn/qch
subject³ /səb'dʒekt/ *vt* ~ **sb/sth (to sth)** soumettre qn/qch (à qch) ; faire subir qch à qn/qch **subjection** *n* assujettissement, soumission
subjective /səb'dʒektɪv/ *adj* subjectif
subject matter *n* sujet
subjunctive /səb'dʒʌŋktɪv/ *n* subjonctif
sublime /sə'blaɪm/ *adj* **1** sublime **2** suprême
submarine /ˌsʌbmə'ri:n ; *USA* 'sʌbməri:n/ *adj, n* sous-marin
submerge /səb'mɜ:dʒ/ **1** *vi* s'immerger **2** *vt* submerger
submission /səb'mɪʃn/ *n* **1** ~ **(to sb/sth)** soumission (à qn/qch) **2** (*document, pétition*) soumission

submissive /səb'mɪsɪv/ *adj* soumis, docile

submit /səb'mɪt/ (-tt-) **1** *vi* ~ **(to sb/sth)** se soumettre, céder (à qn/qch) **2** *vt* ~ **sth (to sb/sth)** soumettre qch (à qn/qch) : *Applications must be submitted by 31 March.* La date limite de dépôt des candidatures est le 31 mars.

subordinate /sə'bɔːdɪnət ; *USA* -dənət/ ◆ *adj, n* subalterne ◆ /sə'bɔːdɪneɪt ; *USA* -dəneɪt/ *vt* ~ **sth (to sth)** subordonner qch (à qch)

subscribe /səb'skraɪb/ *vi* ~ **(to sth)** s'abonner, être abonné (à qch) PHR V **to subscribe to sth** (*sout*) souscrire à qch **subscriber** *n* abonné, -e **subscription** *n* **1** abonnement **2** cotisation

subsequent /'sʌbsɪkwənt/ *adj* [*toujours devant le nom*] suivant, ultérieur **subsequently** *adv* par la suite **subsequent to** *prép* (*sout*) à la suite de, après

subside /səb'saɪd/ *vi* **1** s'affaisser, se tasser **2** (*eau*) se retirer **3** (*bruit*) diminuer **4** (*douleur, émotion, vent*) se calmer **subsidence** /səb'saɪdns, 'sʌbsɪdns/ *n* affaissement, tassement

subsidiary /səb'sɪdiəri ; *USA* -dieri/ ◆ *adj* secondaire, subsidiaire ◆ *n* (*pl* **-ies**) filiale

subsidize, -ise /'sʌbsɪdaɪz/ *vt* subventionner

subsidy /'sʌbsədi/ *n* (*pl* **-ies**) subvention

subsist /səb'sɪst/ *vi* ~ **(on sth)** (*sout*) vivre de qch ; subsister **subsistence** *n* subsistance

substance /'sʌbstəns/ *n* **1** substance **2 the ~ of sth** l'essentiel de qch

substantial /səb'stænʃl/ *adj* **1** important, considérable **2** copieux, substantiel **3** (*construction*) solide **substantially** *adv* **1** considérablement **2** en grande partie

substitute /'sʌbstɪtjuːt ; *USA* -tuːt/ ◆ *n* **1** ~ **(for sb)** remplaçant, -e (de qn) **2** ~ **(for sth)** produit de substitution (pour qch) **3** (*Sport*) remplaçant, -e ◆ **1** *vt* ~ **A (for B)/B with A** substituer A (à B) ; remplacer B par A : *Substitute honey for sugar/sugar with honey.* Remplacez le sucre par du miel. **2** *vi* ~ **for sb/sth** remplacer qn/qch

subtitle /'sʌbtaɪtl/ ◆ *n* sous-titre : *a Polish film with English subtitles* un film polonais sous-titré en anglais ◆ *vt* sous-titrer

subtle /'sʌtl/ *adj* (**-er, -est**) **1** (*humour, distinction*) subtil **2** (*goût, couleur*) délicat, subtil **3** (*personne*) perspicace, subtil **subtlety** *n* (*pl* **-ies**) subtilité

subtract /səb'trækt/ *vt* ~ **sth (from sth)** soustraire qch (de qch) **subtraction** *n* soustraction

suburb /'sʌbɜːb/ *n* banlieue **suburban** /sə'bɜːbən/ *adj* de banlieue

subversive /səb'vɜːsɪv/ *adj* subversif

subway /'sʌbweɪ/ *n* **1** passage souterrain **2** (*USA*) métro *Voir* TUBE

succeed /sək'siːd/ **1** *vi* réussir : *to succeed in doing sth* réussir à faire qch **2** *vt, vi* ~ **(sb)** succéder (à qn) **3** *vi* ~ **(to sth)** succéder (à qch) : *to succeed to the throne* monter sur le trône

success /sək'ses/ *n* succès, réussite : *to be a success* avoir du succès ◊ *to make a success of sth* réussir qch **successful** *adj* **1** à succès, qui a du succès : *a successful writer* un écrivain à succès ◊ *the successful candidates* les heureux candidats ◊ *to be successful in doing sth* réussir à faire qch **2** (*tentative*) réussi

succession /sək'seʃn/ *n* **1** succession **2** série LOC **in succession** de suite : *three times in quick succession* trois fois coup sur coup

successor /sək'sesə(r)/ *n* ~ **(to sb/sth)** successeur (de qn/à qch)

succumb /sə'kʌm/ *vi* ~ **(to sth)** succomber (à qch)

such /sʌtʃ/ *adj, pron* **1** pareil, tel : *Whatever gave you such an idea?* Où as-tu été chercher une idée pareille ? ◊ *I did no such thing!* Je n'ai rien fait de pareil ! ◊ *There's no such thing as ghosts.* Les fantômes n'existent pas. **2** [*emploi emphatique*] tel : *She made such a lot of mistakes.* Elle a fait tant d'erreurs. ◊ *He's such a nice person.* Il est si gentil. ◊ *We had such a good time!* Nous nous sommes tellement bien amusés ! ☛ **Such** s'utilise avec les adjectifs suivis d'un nom alors que **so** s'utilise avec les adjectifs employés seuls. Comparez les exemples suivants : *The food was so good.* ◊ *We had such good food.* Nous avons tellement bien mangé. ◊ *You're so intelligent.* ◊ *You're such an intelligent person.* Tu es tellement intelligent. LOC **as such** en tant que tel : *It's not a promotion as such.* Ce n'est pas vraiment une promotion. **in such a way that...** de telle manière que... **such as** tel que

suck /sʌk/ *vt, vi* **1** sucer **2** (*pompe*) aspirer PHR V **to suck sth up** aspirer qch **to suck up to sb** (*fam*) lécher les bottes de qn **sucker** *n* **1** ventouse **2** (*fam*) (*personne*) pigeon

sudden /'sʌdn/ *adj* soudain, subit LOC **all of a sudden** tout à coup, tout d'un coup **suddenly** *adv* soudainement, tout à coup

suds /sʌdz/ *n* [*pl*] mousse, eau savonneuse

sue /suː, sjuː/ *vt, vi* ~ **(sb) (for sth)** intenter un procès (à qn) (pour qch)

suede /sweɪd/ *n* daim (*cuir*)

suffer /'sʌfə(r)/ **1** *vi* ~ **(from sth)** souffrir (de qch) : *He suffers terribly with his feet.* Ses pieds le font beaucoup souffrir. **2** *vt* (*attaque, crise cardiaque*) avoir : *to suffer serious injuries* être gravement blessé ◊ *He suffered a massive heart attack.* Il a eu une crise cardiaque foudroyante. **3** *vt* (*défaite, perte*) subir **4** *vi* souffrir, se détériorer **suffering** *n* [*indénombrable*] souffrance, souffrances

sufficient /sə'fɪʃnt/ *adj* ~ **(for sb/sth)** suffisant (pour qn/qch) : *Allow sufficient time to get there.* Prévoyez assez de temps pour le trajet.

suffix /'sʌfɪks/ *n* suffixe ☛ *Comparer avec* PREFIX

suffocate /'sʌfəkeɪt/ *vt, vi* suffoquer, étouffer **suffocating** *adj* étouffant **suffocation** *n* étouffement, asphyxie

sugar /'ʃʊgə(r)/ *n* sucre : *the sugar bowl* le sucrier ◊ *a sugar lump* un morceau de sucre

suggest /sə'dʒest ; *USA* səg'dʒ-/ *vt* **1** suggérer, proposer : *I suggest you go to the doctor.* Je pense que tu devrais aller voir le médecin. ◊ *I suggested putting the picture on the other wall.* J'ai suggéré de suspendre ce tableau sur l'autre mur. **2** indiquer, suggérer : *This suggests that...* Ceci indique que... **3** insinuer : *Are you trying to suggest that...?* Veux-tu dire par là que... ? **suggestion** *n* **1** suggestion **2** soupçon, trace **3** insinuation **suggestive** *adj* **1 to be ~ of sth** suggérer qch **2** suggestif, osé

suicidal /ˌsuːɪ'saɪdl/ *adj* suicidaire

suicide /'suːɪsaɪd/ *n* **1** suicide : *to commit suicide* se suicider **2** (*personne*) suicidé, -e

suit /suːt/ ◆ *n* **1** (*d'homme*) costume, complet **2** (*de femme*) tailleur, ensemble **3** (*Cartes*) couleur ☛ *Voir note sous* CARTE **LOC** *Voir* STRONG ◆ *vt* **1** bien aller à : *Your new haircut suits you.* Ta nouvelle coiffure te va bien. **2** convenir à, arranger : *Does 3 o'clock suit you?* Est-ce que 3 heures vous convient ? **3** convenir à : *The climate didn't suit me.* Le climat ne me convenait pas.

suitability /ˌsuːtə'bɪləti/ (*aussi* **suitableness**) *n* **1** aptitude, qualités requises **2** caractère approprié

suitable /'suːtəbl/ *adj* ~ **(for sb/sth)** **1** approprié (à qn/qch) **2** *Would next Monday be suitable for you?* Est-ce que lundi prochain vous conviendrait ? **suitably** *adv* convenablement, comme il faut

suitcase /'suːtkeɪs/ *n* valise ☛ *Voir illustration sous* BAGAGE

suite /swiːt/ *n* **1** salon (*mobilier*) : *a three-piece suite* un salon composé d'un canapé et de deux fauteuils **2** (*hôtel*) suite

suited /'suːtɪd/ *adj* **to be ~ (for/to sb/sth)** convenir (à qn/qch) : *He and his wife are well suited (to each other).* Sa femme et lui sont faits l'un pour l'autre.

sulk /sʌlk/ *vi* (*péj*) bouder, faire la tête **sulky** *adj* (**-ier, -iest**) boudeur

sullen /'sʌlən/ *adj* (*péj*) renfrogné, maussade

sulphur (*USA* **sulfur**) /'sʌlfə(r)/ *n* soufre

sultan /'sʌltən/ *n* sultan

sultana /sʌl'tɑːnə ; *USA* -ænə/ *n* raisin de Smyrne

sultry /'sʌltri/ *adj* (**-ier, -iest**) **1** (*temps*) lourd **2** (*femme*) sensuel

sum /sʌm/ ◆ *n* **1** somme, total : *the sum of £200* la somme de 200 livres **2** calcul : *to be good at sums* être bon en calcul ◆ *v* (**-mm-**) PHR V **to sum (sth) up** résumer (qch) : *to sum up...* pour récapituler... **to sum sb/sth up** se faire une idée de qn/qch

summarize, -ise /'sʌməraɪz/ *vt, vi* résumer **summary** *n* (*pl* **-ies**) résumé

summer /'sʌmə(r)/ *n* été : *a summer's day* un jour d'été ◊ *summer weather* temps estival **summery** *adj* d'été

summit /'sʌmɪt/ *n* **1** sommet **2** (*aussi* **summit conference**) sommet (*conférence*)

summon /'sʌmən/ *vt* **1** convoquer **2** (*médecin, pompiers*) appeler : *to summon help* demander de l'aide **3** ~

sth (up) (*courage, etc.*) rassembler qch : *I couldn't summon (up) the energy.* Je n'ai pas réussi à trouver l'énergie nécessaire. PHR V **to summon sth up** évoquer qch

summons /'sʌmənz/ *n* (*pl* **-onses**) citation (*à comparaître*)

sun /sʌn/ ◆ *n* soleil : *The sun was shining.* Le soleil brillait. ◆ *v réfléchi* (**-nn-**) **to sun yourself** se dorer au soleil

sunbathe /'sʌnbeɪð/ *vi* prendre un bain de soleil

sunbeam /'sʌnbi:m/ *n* rayon de soleil

sunburn /'sʌnbɜ:n/ *n* [*indénombrable*] coup de soleil : *to get sunburn* attraper des coups de soleil ☛ *Comparer avec* SUNTAN **sunburnt** *adj* brûlé par le soleil

sundae /'sʌndeɪ; *USA* -di:/ *n* coupe glacée

Sunday /'sʌndeɪ, 'sʌndi/ *n* (*abrév* **Sun**) dimanche ☛ *Voir exemples sous* MONDAY

sundry /'sʌndri/ *adj* divers : *on sundry occasions* à diverses occasions LOC **all and sundry** (*fam*) n'importe qui

sunflower /'sʌnflaʊə(r)/ *n* tournesol

sung *pp de* SING

sunglasses /'sʌnglɑ:sɪz/ *n* [*pl*] lunettes de soleil

sunk *pp de* SINK

sunken /'sʌŋkən/ *adj* **1** (*navire*) englouti **2** (*joues*) creux

sunlight /'sʌnlaɪt/ *n* (lumière du) soleil

sunlit /'sʌnlɪt/ *adj* ensoleillé

sunny /'sʌni/ *adj* (**-ier, -iest**) **1** ensoleillé : *It's sunny today.* Il y a du soleil aujourd'hui. **2** (*personnalité*) enjoué

sunrise /'sʌnraɪz/ *n* lever du soleil

sunset /'sʌnset/ *n* coucher du soleil

sunshine /'sʌnʃaɪn/ *n* soleil : *Let's sit in the sunshine.* Allons nous asseoir au soleil.

sunstroke /'sʌnstrəʊk/ *n* insolation : *to get sunstroke* attraper une insolation

suntan /'sʌntæn/ *n* bronzage : *to get a suntan* bronzer ☛ *Comparer avec* SUNBURN **suntanned** *adj* bronzé

super /'su:pə(r)/ *adj* super

superb /su:'pɜ:b/ *adj* superbe, magnifique **superbly** *adv* superbement : *a superbly situated house* une maison très bien située

superficial /ˌsu:pə'fɪʃl/ *adj* superficiel **superficiality** /ˌsu:pəˌfɪʃi'æləti/ *n* caractère superficiel **superficially** *adv* superficiellement

superfluous /su:'pɜ:fluəs/ *adj* superflu

superhuman /ˌsu:pə'hju:mən/ *adj* surhumain

superimpose /ˌsu:pərɪm'pəʊz/ *vt* ~ **sth (on sth)** superposer qch (à qch)

superintendent /ˌsu:pərɪn'tendənt/ *n* **1** commissaire (*de police*) **2** responsable

superior /su:'pɪəriə(r)/ ◆ *adj* ~ **(to sb/sth)** supérieur (à qn/qch) ◆ *n* supérieur, -e : *Mother Superior* Mère supérieure **superiority** /su:ˌpɪəri'ɒrəti/ *n* ~ **(in sth)** ; ~ **(over/to sb/sth)** supériorité (en qch) ; (par rapport à qn/qch)

superlative /su:'pɜ:lətɪv/ ◆ *adj* **1** (*qualité, performance*) excellent, exceptionnel **2** superlatif ◆ *n* superlatif

supermarket /'su:pəmɑ:kɪt/ *n* supermarché

supernatural /ˌsu:pə'nætʃrəl/ ◆ *adj* **1** surnaturel ◆ **the supernatural** *n* le surnaturel

superpower /'su:pəpaʊə(r)/ *n* superpuissance

supersede /ˌsu:pə'si:d/ *vt* remplacer, supplanter

supersonic /ˌsu:pə'sɒnɪk/ *adj* supersonique

superstition /ˌsu:pə'stɪʃn/ *n* superstition **superstitious** *adj* superstitieux

superstore /'su:pəstɔ:(r)/ *n* hypermarché

supervise /'su:pəvaɪz/ *vt* superviser, surveiller **supervision** /ˌsu:pə'vɪʒn/ *n* supervision, surveillance **supervisor** *n* **1** surveillant **2** (*Université*) directeur de recherches

supper /'sʌpə(r)/ *n* dîner, souper : *to have supper* dîner ☛ *Voir note sous* DINNER

supple /'sʌpl/ *adj* souple

supplement /'sʌplɪmənt/ ◆ *n* supplément ◆ *vt* ajouter à : *supplemented by* complémenté par

supplementary /ˌsʌplɪ'mentri; *USA aussi* -təri/ *adj* supplémentaire, complémentaire

supplier /sə'plaɪə(r)/ *n* fournisseur

supply /sə'plaɪ/ ◆ *vt* (*prét, pp* **supplied**) **1** ~ **sb (with sth)** fournir qch à qn ; fournir qn **2** ~ **sth (to sb)** fournir qch (à qn) ◆ *n* (*pl* **-ies**) **1** (*action*) fourniture **2 supplies** [*pl*] provisions, réserves : *medical supplies* matériel médical

◊ *office supplies* fournitures de bureau **3 supplies** [*pl*] (*Mil*) approvisionnement LOC **supply and demand** l'offre et la demande *Voir aussi* PLENTIFUL

support /sə'pɔːt/ ◆ *vt* **1** (*poids*) soutenir, supporter **2** (*cause*) soutenir : *a supporting role* un second rôle **3** (*Sport*) être supporter de : *Which team do you support?* Tu es supporter de quelle équipe ? **4** (*personne, famille*) subvenir aux besoins de ◆ *n* **1** appui **2** soutien **supporter** *n* **1** sympathisant, -e, partisan **2** (*Sport*) supporter **supportive** *adj* d'un grand secours, qui offre une aide appréciable : *to be supportive* être d'un grand secours

suppose /sə'pəʊz/ *vt* **1** supposer : *I suppose so.* Je suppose que oui. **2** (*suggestion*) : *Suppose we change the subject?* Et si l'on changeait de sujet ? LOC **to be supposed to do sth** être censé faire qch : *You're supposed to write in pen, not pencil.* Tu es censé écrire avec un stylo et non un crayon à papier. ◊ *What's this painting supposed to be of?* Qu'est-ce que ce tableau est censé représenter ? ◊ *That wasn't supposed to happen.* Ce n'est pas ce qui était prévu. **supposed** *adj* prétendu, soi-disant **supposedly** *adv* soi-disant **supposing** (*aussi* **supposing that**) *conj* supposé que : *Supposing he doesn't come?* Et s'il ne venait pas ?

suppress /sə'pres/ *vt* **1** (*révolte, sentiment*) réprimer **2** (*preuves*) supprimer **3** (*bâillement*) étouffer

supremacy /suː'preməsi, sjuː-/ *n* ~ **(over sb/sth)** suprématie (sur qn/qch) ; supériorité (par rapport à qn/qch)

supreme /suː'priːm, sjuː-/ *adj* **1** suprême **2** (*stupidité, arrogance*) extrême

surcharge /'sɜːtʃɑːdʒ/ *n* ~ **(on sth)** supplément, surcharge (sur qch)

sure /ʃʊə(r)/ ◆ *adj* (**surer, surest**) **1** sûr, certain : *One thing is sure...* Une chose est sûre... ◊ *He's sure to be elected.* Il est certain d'être élu. **2** (*assuré*) sûr : *a sure hand* une main sûre LOC **for sure** (*fam*) pour sûr, sans aucun doute **sure!** (*fam, surtout USA*) bien sûr ! **to be sure of sth** être certain de qch **to be sure to do sth** ; **to be sure and do sth** être sûr de faire qch **to make sure (of sth/that...)** s'assurer (de qch/que...) : *Make sure you're home by midnight.* Fais en sorte d'être rentré pour minuit. ◆ *adv* LOC **sure enough** effectivement

surely /'ʃʊəli ; *USA* 'ʃʊərli/ *adv* (*surprise*) : *Surely you can't agree?* Tu n'es quand même pas d'accord ? ◊ *Surely there's been a mistake.* Il doit certainement y avoir eu une erreur.

surf /sɜːf/ ◆ *n* **1** grosses vagues, déferlantes **2** écume, embruns ◆ **1** *vi* surfer : *to go surfing* faire du surf **2** *vt, vi* (*Informatique*) naviguer (sur), surfer (sur) : *to surf the Net* naviguer sur l'Internet **surfer** *n* surfeur, -euse **surfing** *n* surf

surface /'sɜːfɪs/ ◆ *n* **1** surface : *the earth's surface* la surface de la Terre ◊ *a surface wound* une blessure superficielle ◊ *by surface mail* par voie de terre **2** *the road surface* la chaussée ◊ *a work surface* un plan de travail **3** (*fig*) : *On the surface everything seemed normal.* En apparence tout semblait normal. ◆ **1** *vt* ~ **sth (with sth)** revêtir qch (de qch) **2** *vi* remonter à la surface, faire surface **3** *vi* (*fig*) faire surface, se manifester

surfboard /'sɜːfbɔːd/ *n* (planche de) surf

surge /sɜːdʒ/ ◆ *vi* déferler : *The gates opened and the crowd surged forward.* Les portes s'ouvrirent et la foule avança en masse. ◆ *n* ~ **(of sth)** montée, accès (de qch)

surgeon /'sɜːdʒən/ *n* chirurgien **surgery** *n* (*pl* **-ies**) **1** chirurgie : *brain surgery* une opération au cerveau ◊ *to undergo surgery* se faire opérer **2** (*GB*) cabinet (*médical*) **3** (*GB*) heures de consultation **surgical** *adj* chirurgical

surly /'sɜːli/ *adj* (**-ier, -iest**) revêche

surmount /sə'maʊnt/ *vt* surmonter

surname /'sɜːneɪm/ *n* nom de famille

> Dans les pays anglophones on prend généralement le nom de son père. C'est le **surname** ou le **family name** ou le **last name**. Certaines personnes ont des noms composés reliés par un trait d'union, comme Bonham-Carter. Ces noms s'appellent des **double-barrelled names**. *Comparer avec* NAME

surpass /sə'pɑːs ; *USA* -'pæs/ (*sout*) **1** *vt* surpasser **2** *v réfléchi* ~ **yourself** se surpasser

surplus /'sɜːpləs/ ◆ *n* **1** surplus, excédent **2** (*Fin*) excédent ◆ *adj* en trop : *surplus to requirements* excédentaire

surprise /sə'praɪz/ ◆ *n* surprise : *a surprise visit* une visite-surprise LOC **to take sb/sth by surprise** prendre qn au dépourvu/attaquer qch par surprise ◆ *vt* **1** surprendre, étonner : *I wouldn't be surprised if she won.* Ça ne m'étonnerait pas qu'elle gagne. **2** surprendre, pincer **surprised** *adj* ~ **(at sb/ sth)** étonné (de qch) : *I'm not surprised!* Je ne suis pas étonnée !

surrender /sə'rendə(r)/ ◆ **1** *vi* ~ **(to sb)** se rendre (à qn) ; capituler (devant qn) **2** *vt* ~ **sth (to sb)** (*sout*) céder, remettre qch (à qn) ◆ *n* capitulation

surreptitious /ˌsʌrəp'tɪʃəs/ *adj* furtif

surrogate /'sʌrəgət/ *n* (*sout*) de remplacement : *a surrogate mother* une mère porteuse

surround /sə'raʊnd/ *vt* **1** entourer **2** encercler **surrounding** *adj* alentour, environnant **surroundings** *n* [*pl*] **1** alentours **2** environnement : *to watch animals in their natural surroundings* observer les animaux dans leur environnement naturel

surveillance /sɜː'veɪləns/ *n* surveillance : *to keep sb under surveillance* surveiller qn

survey /sə'veɪ/ ◆ *vt* **1** inspecter **2** (*Géogr*) faire le levé topographique de **3** (*GB*) (*bâtiment*) faire une expertise de **4** /'sɜːveɪ/ enquêter sur, faire un sondage auprès de ◆ /'sɜːveɪ/ *n* **1** sondage, enquête **2** (*GB*) expertise (*bâtiment*) **3** vue d'ensemble **surveyor** /sə'veɪə(r)/ *n* **1** expert (*immobilier*) **2** géomètre

survive /sə'vaɪv/ **1** *vt, vi* ~ **(sb/sth)** (*naufrage, incendie*) survivre (à qn/ qch) ; réchapper (de qch) **2** *vi* ~ **(on sth)** subsister, vivre (de qch) **survival** *n* survie **survivor** *n* survivant, -e, rescapé, -e

susceptible /sə'septəbl/ *adj* **1** ~ **(to sth)** (*vulnérable*) sensible (à qch) : *He's very susceptible to flattery.* Il est très sensible à la flatterie. **2** ~ **to sth** (*Méd*) prédisposé à qch

suspect /sə'spekt/ ◆ *vt* **1** ~ **sb (of sth/ of doing sth)** soupçonner qn (de qch/ d'avoir fait qch) : *I suspect you may be right.* Je pense que vous avez sans doute raison. **2** (*motifs*) douter de ◆ /'sʌspekt/ *adj* suspect ◆ /'sʌspekt/ *n* suspect, -e

suspend /sə'spend/ *vt* **1** ~ **sth (from sth)** suspendre qch (à qch) : *to suspend sth from the ceiling* suspendre qch au plafond ☛ Le terme **hang** est plus courant. **2** (*interrompre*) suspendre : *a suspended sentence* une condamnation avec sursis

suspender /sə'spendə(r)/ *n* **1** (*GB*) jarretelle **2 suspenders** [*pl*] (*USA*) *Voir* BRACE 2

suspense /sə'spens/ *n* incertitude, attente : *to keep sb in suspense* tenir qn en suspens

suspension /sə'spenʃn/ *n* suspension : *a suspension bridge* un pont suspendu

suspicion /sə'spɪʃn/ *n* soupçon : *arrested on suspicion of murder* arrêté sur présomption de meurtre

suspicious /sə'spɪʃəs/ *adj* **1** ~ **(about/ of sb/sth)** méfiant (de qn/qch) : *They're suspicious of foreigners.* Ils se méfient des étrangers. **2** suspect : *He died in suspicious circumstances.* Ils est décédé dans des circonstances suspectes.

sustain /sə'steɪn/ *vt* **1** maintenir : *Few planets can sustain life.* Peu de planètes ont un environnement propice à la vie. **2** soutenir : *It is difficult to sustain this argument.* Il est difficile de soutenir ce point de vue. ◊ *sustained economic growth* expansion économique soutenue **3** (*sout*) (*défaite, perte*) subir **4** (*sout*) (*blessure*) recevoir

sustainable /sə'steɪnəbl/ *adj* **1** durable : *sustainable forestry* exploitation durable des forêts **2** (*ressources*) renouvelable **3** viable : *sustainable (economic) growth* croissance (économique) viable

swagger /'swægə(r)/ *vi* se pavaner

swallow¹ /'swɒləʊ/ *n* hirondelle

swallow² /'swɒləʊ/ ◆ **1** *vt, vi* (*pr et fig*) avaler **2** *vt* (*fam*) (*croire*) avaler, gober **3** *vt* ~ **sb/sth (up)** (*fig*) engloutir qn/qch ◆ *n* bouchée, gorgée

swam *prét de* SWIM

swamp /swɒmp/ ◆ *n* marais, marécage ◆ *vt* **1** (*pr*) inonder **2** ~ **sb/ sth (with sth)** (*fig*) inonder qn/qch (de qch)

swan /swɒn/ *n* cygne

swap (*aussi* **swop**) /swɒp/ (**-pp-**) (*fam*) **1** *vt* échanger : *to swap sth round* permuter qch **2** *vi* faire un échange

swarm /swɔːm/ ◆ *n* **1** (*insectes*) essaim, nuée **2** (*gens*) masse : *swarms of people* une masse de gens ◆ *v* PHR V **to swarm in/out** entrer/sortir en masse **to swarm with sb/sth** grouiller de qn/qch

swat /swɒt/ *vt* (**-tt-**) écraser (*insecte*)

sway /sweɪ/ ◆ **1** *vt, vi* se balancer, osciller **2** *vt, vi* (*bateau*) (faire) tanguer **3** *vt* (*personne, opinion*) influencer ◆ *n* **1** oscillation, balancement **2** (*fig*) emprise

swear /sweə(r)/ (*prét* **swore** /swɔː(r)/ *pp* **sworn** /swɔːn/) **1** *vi* jurer, pester : *Your sister swears a lot.* Ta sœur dit beaucoup de gros mots. **2** *vt, vi* jurer : *to swear to tell the truth* jurer de dire la vérité. PHR V **to swear by sth** (*fam*) : *I swear by my mobile.* Je ne jure plus que par mon portable. **to swear sb in** faire prêter serment à qn

swear word *n* juron, gros mot

sweat /swet/ ◆ *n* transpiration, sueur ◆ *vi* transpirer, suer LOC **to sweat it out** (*fam*) s'armer de patience **sweaty** *adj* (**-ier, -iest**) **1** en sueur : *sweaty hands* mains moites **2** (*vêtement*) collant de sueur **3** (*odeur*) de sueur

sweater /ˈswetə(r)/ *n* pull

> Les termes **sweater**, **jumper**, **pullover** signifient tous trois la même chose. *Comparer avec* CARDIGAN

sweatshirt /ˈswetʃɜːt/ *n* sweat-shirt

swede /swiːd/ *n* rutabaga

sweep /swiːp/ ◆ (*prét, pp* **swept** /swept/) **1** *vt, vi* balayer **2** *vt* (*cheminée*) ramoner **3** *vi* : *She swept out of the room.* Elle sortit de la pièce d'un pas majestueux. **4** *vt, vi* ~ **(through, over, across, etc.) sth** ravager qch ; déferler sur qch LOC **to sweep sb off their feet** faire perdre la tête à qn PHR V **to sweep sth away/up** balayer qch **to sweep up** balayer ◆ *n* **1** coup de balai **2** grand geste **3** (*terre*) étendue **4** (*police*) ratissage, fouille

sweeping /ˈswiːpɪŋ/ *adj* **1** (*changement*) radical **2** (*péj*) (*déclaration*) à l'emporte-pièce

sweet /swiːt/ ◆ *adj* (**-er, -est**) **1** sucré, doux **2** (*fam*) gentil LOC **to have a sweet tooth** (*fam*) aimer les sucreries ◆ *n* **1** (*USA* **candy**) bonbon **2** (*GB*) *Voir* DESSERT **sweetness** *n* **1** goût sucré **2** douceur **3** (*personne*) gentillesse

sweetcorn /ˈswiːtkɔːn/ *n* maïs ☛ *Comparer avec* MAIZE

sweeten /ˈswiːtn/ *vt* **1** sucrer **2** ~ **sb (up)** (*fam*) amadouer qn **sweetener** *n* édulcorant

sweetheart /ˈswiːthɑːt/ *n* **1** (*vieilli*) petit ami, petite amie **2** (*terme affectueux*) chéri, -e

sweet pea *n* pois de senteur

swell /swel/ *vt, vi* (*prét* **swelled** *pp* **swollen** /ˈswəʊlən/ *ou* **swelled**) gonfler **swelling** *n* enflure

swept *prét, pp de* SWEEP

swerve /swɜːv/ *vi* faire une embardeé : *The car swerved to avoid the child.* La voiture a fait une embardeé pour éviter l'enfant.

swift /swɪft/ *adj* (**-er, -est**) rapide : *a swift reaction* une réaction instantanée

swill /swɪl/ *vt* ~ **sth (out/down)** (*surtout GB*) laver qch (*à grande eau*)

swim /swɪm/ ◆ (**-mm-**) (*prét* **swam** /swæm/ *pp* **swum** /swʌm/) **1** *vi* nager : *to swim breaststroke* faire la brasse ◊ *to go swimming* aller à la piscine **2** *vt* : *to swim the Channel* traverser la Manche à la nage ◊ *to swim three lengths* faire trois longueurs de piscine **3** *vi* (*tête*) tourner ◆ *n* baignade : *to go for a swim* aller se baigner **swimmer** *n* nageur, -euse : *She's a good swimmer.* C'est une bonne nageuse.

swimming /ˈswɪmɪŋ/ *n* natation

swimming costume *Voir* SWIMSUIT

swimming pool *n* piscine

swimming trunks (*USA* **swimming shorts**) *n* [*pl*] maillot de bain, slip de bain (*d'homme*) : *a pair of swimming trunks* un slip de bain

swimsuit /ˈswɪmsuːt/ *n* maillot de bain (*de femme*)

swindle /ˈswɪndl/ ◆ *vt* (*fam*) escroquer ◆ *n* escroquerie **swindler** *n* escroc

swing /swɪŋ/ ◆ (*prét, pp* **swung** /swʌŋ/) **1** *vt, vi* (faire) osciller **2** *vt, vi* (se) balancer **3** *vi* [*suivi d'un adverbe*] : *The door swung open.* La porte s'est ouverte. ◊ *The door swung shut.* La porte s'est refermée. PHR V **to swing (a)round** se retourner ◆ *n* **1** balancement, oscillation **2** balançoire **3** changement : *mood swings* sautes d'humeur LOC *Voir* FULL

swirl /swɜːl/ *vt, vi* (faire) tournoyer, (faire) tourbillonner

switch /swɪtʃ/ ◆ *n* **1** interrupteur, bouton **2** (*aussi* **switch-over**) (*fam*) changement : *a switch to Labour* un glissement en faveur des travaillistes ◆ **1** *vi* ~ **(from sth) (to sth)** passer (de qch) à qch ; changer **2** *vt* ~ **sth (with sb/sth)** échanger qch avec qn/contre qch ; changer de qch PHR V **to switch off** décrocher (*se déconcentrer*) **to switch sth off** éteindre qch **to switch sth on** allumer qch

switchboard /'swɪtʃbɔːd/ *n* standard (*Télécom*)

swivel /'swɪvl/ *v* (**-ll-**, *USA* **-l-**)) PHR V **to swivel round** pivoter, tourner

swollen *pp de* SWELL

swoop /swuːp/ ◆ *vi* ~ **(down) (on sb/sth)** s'abattre sur qn/qch ; piquer ◆ *n* **1** descente en piqué **2** descente : *Police made a dawn swoop.* La police a fait une descente à l'aube.

swop *Voir* SWAP

sword /sɔːd/ *n* épée

swore *prét de* SWEAR

sworn *pp de* SWEAR

swum *pp de* SWIM

swung *prét, pp de* SWING

syllable /'sɪləbl/ *n* syllabe

syllabus /'sɪləbəs/ *n* (*pl* **-buses**) programme (*scolaire*)

symbol /'sɪmbl/ *n* ~ **(of sth)** symbole (de qch) **symbolic** /sɪm'bɒlɪk/ *adj* symbolique : *to be ~ of sth* être le symbole de qch **symbolism** /'sɪmbəlɪzəm/ *n* symbolisme **symbolize, -ise** /'sɪmbəlaɪz/ *vt* symboliser

symmetry /'sɪmətri/ *n* symétrie **symmetrical** /sɪ'metrɪkl/ (*aussi* **symmetric**) *adj* symétrique

sympathetic /ˌsɪmpə'θetɪk/ *adj* **1** ~ **(to/towards/with sb)** compatissant (envers qn) ☛ Attention, *sympathique* se traduit par **nice** ou **friendly**. **2** ~ **(to sb/sth)** bien disposé (envers qn) ; favorable (à qn/qch) : *lawyers sympathetic to the peace movement* des avocats qui soutiennent le mouvement pacifique

sympathize, -ise /'sɪmpəθaɪz/ *vi* ~ **with sb/sth 1** compatir à la douleur de qn/à qch ; plaindre qn ; comprendre qn/qch **2** soutenir qn/qch **sympathy** *n* (*pl* **-ies**) **1** ~ **(for/towards sb)** compassion (envers qn) **2** condoléances

symphony /'sɪmfəni/ *n* (*pl* **-ies**) symphonie

symptom /'sɪmptəm/ *n* symptôme : *The riots are a symptom of a deeper problem.* Les émeutes sont le symptôme d'un problème plus profond. **symptomatic** /ˌsɪmptə'mætɪk/ *adj* symptomatique : *to be symptomatic of sth* être symptomatique de qch

synagogue /'sɪnəgɒg/ *n* synagogue

synchronize, -ise /'sɪŋkrənaɪz/ *vt, vi* ~ **(sth) (with sth)** synchroniser qch (avec qch) ; être synchronisé (avec qch)

syndicate /'sɪndɪkət/ *n* consortium, syndicat

syndrome /'sɪndrəʊm/ *n* (*Méd, fig*) syndrome

synonym /'sɪnənɪm/ *n* synonyme **synonymous** /sɪ'nɒnɪməs/ *adj* ~ **(with sth)** synonyme (de qch)

syntax /'sɪntæks/ *n* syntaxe

synthesizer, -iser /'sɪnθəsaɪzə(r)/ *n* synthétiseur

synthetic /sɪn'θetɪk/ *adj* **1** synthétique **2** (*fam, péj*) artificiel

syringe /sɪ'rɪndʒ/ *n* seringue

syrup /'sɪrəp/ *n* sirop

system /'sɪstəm/ *n* système : *the metric/solar system* le système métrique/solaire ◊ *different systems of government* des régimes différents LOC **to get it out of your system** (*fam*) se défouler **systematic** /ˌsɪstə'mætɪk/ *adj* **1** systématique **2** (*travailleur*) méthodique

Tt

T, t /tiː/ *n* (*pl* **T's, t's** /tiːz/) T, t : *T for Tommy* T comme Thomas ☛ *Voir exemples sous* A, A

ta! /tɑː/ *excl* (*GB, fam*) merci !

tab /tæb/ *n* **1** languette, patte **2** étiquette **3** (*USA*) addition, note LOC **to keep tabs on sb/sth** avoir qn à l'œil/avoir l'œil sur qch

table /ˈteɪbl/ *n* **1** table : *a bedside table* une table de chevet ◊ *a coffee table* une table basse **2** tableau, table : *table of contents* table des matières LOC **to lay/set the table** mettre la table *Voir aussi* CLEAR, LAY[1]

tablecloth /ˈteɪblklɒθ/ *n* nappe

tablespoon /ˈteɪblspuːn/ *n* **1** cuillère à soupe **2** (*aussi* **tablespoonful**) cuillerée à soupe

tablet /ˈtæblət/ *n* **1** comprimé, cachet **2** plaque

table tennis *n* tennis de table, ping-pong

tabloid /ˈtæblɔɪd/ *n* journal populaire, tabloïd : *the tabloid press* la presse à sensation

taboo /təˈbuː; *USA* tæˈbuː/ *adj, n* (*pl* **~s**) tabou : *a taboo subject* un sujet tabou

tacit /ˈtæsɪt/ *adj* tacite

tack /tæk/ ◆ *vt* **1** clouer **2** (*Couture*) bâtir PHR V **to tack sth on (to sth)** (*fam*) ajouter qch (à qch) ◆ *n* clou, clou tapissier

tackle /ˈtækl/ ◆ *n* **1** [*indénombrable*] matériel, équipement : *fishing tackle* matériel de pêche **2** (*Foot*) tacle **3** (*Rugby*) plaquage ◆ *vt* **1** ~ **sth** s'attaquer à qch : *to tackle a problem* aborder un problème **2** ~ **sb about/on/over sth** parler franchement à qn de qch **3** (*Foot*) tacler **4** (*Rugby*) plaquer

tacky /ˈtæki/ *adj* (**-ier, -iest**) **1** (*peinture, colle*) pas tout à fait sec **2** (*fam*) ringard

tact /tækt/ *n* tact, délicatesse **tactful** *adj* plein de tact, diplomatique

tactic /ˈtæktɪk/ *n* **1** tactique **2 tactics** [*pl*] tactique (*Mil, Sport*) **tactical** *adj* **1** tactique **2** de tactique : *a tactical decision* une décision stratégique ◊ *a tactical error* une erreur de tactique

tactless /ˈtæktləs/ *adj* qui manque de tact, peu délicat : *It was tactless of you to ask him his age.* Ce n'était pas très délicat de ta part de lui demander son âge.

tadpole /ˈtædpəʊl/ *n* têtard

tag /tæg/ ◆ *n* étiquette ◆ *vt* (**-gg-**) étiqueter, marquer PHR V **to tag along** : *I'll tag along.* Je viens aussi. **to tag along behind/with sb** suivre qn, venir avec qn

tail[1] /teɪl/ *n* **1** queue (*d'animal*) **2 tails** [*pl*] queue-de-pie **3 tails** [*pl*] pile : *Heads or tails?* Pile ou face ? LOC *Voir* HEAD[1]

tail[2] /teɪl/ *vt* suivre, filer PHR V **to tail away/off 1** (*nombre*) diminuer **2** (*voix*) s'affaiblir

tailor /ˈteɪlə(r)/ ◆ *n* tailleur (*couturier*) ◆ *vt* (*fig*) ~ **sth for/to sb/sth** adapter qch à qn/qch

tailor-made /ˌteɪlə ˈmeɪd/ *adj* **1** (fait) sur mesure **2** (*fig*) ~ **for sth** conçu spécialement pour qch

taint /teɪnt/ *vt* **1** gâter, polluer **2** (*réputation*) souiller

take

Bring the newsapaper.

Fetch the newsapaper.

Take the newsapaper.

take /teɪk/ *vt* (*prét* **took** /tʊk/ *pp* **taken** /ˈteɪkən/) **1** prendre : *She took my handbag by mistake.* Elle a pris mon sac par erreur. ◊ *to take sb's hand/take sb by the hand* prendre qn par la main ◊ *I took the knife from the baby.* J'ai pris le couteau des mains du bébé. ◊ *to take the bus* prendre l'autobus ◊ *She took it as a compliment.* Elle l'a bien pris. **2** ~ **sb (with you)** emmener qn (avec soi) : *I'll take you to Brussels with me.* Je t'emmène à Bruxelles. **3** ~ **sth (to sb)** apporter qch (à qn) : *Should I take some flowers?* Est-ce que je dois apporter des fleurs ? **4** ~ **sth (with you)** prendre, emporter qch (avec soi) : *Don't forget to take your swimming costume.* N'oublie pas ton maillot de bain. **5** (*sans autorisation*) prendre, voler : *Somebody's taken my bike.* Quelqu'un m'a pris mon vélo. **6** accepter : *Do you take cheques?* Est-ce que vous acceptez les chèques ? **7** (*tolérer*) supporter : *I can't take any more.* Je n'en peux plus. **8** (*temps*) mettre : *How long did you take to read it?* Tu as mis combien de temps à le lire ? **9** (*temps, patience, travail*) [*emploi impersonnel*] demander, prendre : *It takes an hour to get there.* On met une heure pour y arriver. ◊ *It won't take long.* Ça ne sera pas long. ◊ *How long did it take you?* Il t'a fallu combien de temps ? ◊ *It takes courage to speak out.* Oser parler demande du courage. **10** (*taille*) faire : *What size shoes do you take?* Quelle pointure faites-vous ? **11** (*personnes, objets*) pouvoir accueillir, contenir : *The school can take 1 000 children.* L'école peut accueillir 1 000 élèves. **12** (*photo*) prendre LOC **to take it (that)...** supposer que... **to take some/a lot of doing** (*fam*) ne pas être facile ☛ Les autres expressions formées avec **take** sont traitées sous le nom, l'adjectif, etc. correspondant: pour **to take place**, par exemple, voir PLACE.
PHR V **to take sb aback** [*gén passif*] étonner qn, déconcerter qn
to take after sb ressembler à qn, tenir de qn
to take sth apart démonter qch
to take sb/sth away (from sb/sth) emporter qch, emmener qn (loin de qn/qch), enlever qch (à qn/de qch) **to take sth away (from sth)** soustraire qch (de qch) : *5 take away 3 is 2.* 5 moins 3 égale 2.
to take sth back 1 (*magasin*) reprendre qch **2** (*marchandise*) rapporter qch **3** retirer qch
to take sth down 1 descendre qch **2** démonter qch **3** noter, prendre qch
to take sb for sb prendre qn pour qn : *What do you take me for?* Pour qui est-ce que tu me prends ?
to take sb in 1 héberger qn, prendre qn **2** tromper qn **to take sth in 1** comprendre qch, saisir qch **2** (*vêtement*) reprendre qch
to take off 1 décoller, s'envoler **2** marcher, décoller **to take sth off 1** (*vêtement, couvercle*) enlever qch **2** *to take the day off* prendre un jour de congé
to take sb on 1 embaucher qn **2** jouer contre qn, se battre contre qn **to take sth on** (*tâche, responsabilité*) accepter qch, prendre qch
to take sb out emmener qn, sortir avec qn : *I'm taking him out to dinner tonight.* Je l'emmène dîner ce soir. **to take sth out 1** sortir qch, prendre qch **2** enlever qch, arracher qch **to take it out on sb** s'en prendre à qn
to take sth out on sb : *to take your anger out on sb* passer sa colère sur qn
to take over from sb remplacer qn, succéder à qn **to take sth over 1** (*Comm, entreprise*) racheter qch **2** reprendre qch : *to take over sb's job* remplacer qn **3** (*pays*) prendre le contrôle de qch
to take to sb/sth se prendre d'amitié pour qn, prendre goût à qch : *I took to his parents immediately.* Ses parents m'ont tout de suite plu.
to take sb up on sth (*fam*) : *I'll take you up on your offer.* J'accepte ton offre. **to take sth up 1** (*activité*) se mettre à qch **2** (*histoire*) reprendre qch **3** (*vêtement*) raccourcir qch **to take sth up with sb** aborder qch avec qn **to take up sth 1** (*espace*) occuper qch **2** (*temps*) prendre qch

takeaway /ˈteɪkəweɪ/ (*USA* **takeout**) *n* **1** restaurant qui fait des plats à emporter **2** plat à emporter : *We ordered a takeaway.* Nous avons commandé des plats à emporter.

taken *pp de* TAKE

take-off /ˈteɪk ɒf/ *n* décollage

takeover /ˈteɪkəʊvə(r)/ *n* **1** (*société*) prise de contrôle : *a takeover bid* une offre publique d'achat **2** (*Mil*) prise de pouvoir

takings /ˈteɪkɪŋz/ *n* [*pl*] recette

talc /tælk/ (*aussi* **talcum powder** /ˈtælkəm paʊdə(r)/) *n* talc

tale /teɪl/ *n* **1** conte, histoire **2** histoire

talent /ˈtælənt/ *n* ~ **(for sth)** talent, don (pour qch) **talented** *adj* talentueux, doué

talk /tɔːk/ ◆ *n* **1** conversation, discussion : *to have a talk with sb* parler à qn **2** présentation, conférence : *to give a talk on sailing* faire une conférence sur la voile **3 talks** [*pl*] négociations, conférence **4** commérages ◆ **1** *vi* ~ **(to/with sb) (about/of sb/sth)** parler (de qn/qch) (à/avec qn) ☛ *Voir note sous* PARLER **2** *vt* parler (de) : *to talk business* parler affaires ◇ *He talks sense.* Ce qu'il dit est plein de bon sens. **3** *vi* se parler : *They're not talking.* Ils ne se parlent plus. **4** *vi* jaser LOC **to talk shop** (*péj*) parler boutique **to talk your way out of (doing) sth** réussir à éviter (de faire) qch avec de belles paroles : *He talked his way out of it.* Il s'en est sorti avec de belles paroles. PHR V **to talk down to sb** parler à qn avec condescendance **to talk sb into/out of doing sth** convaincre/dissuader qn de faire qch **to talk sth over (with sb)** discuter de qch (avec qn) **to talk sb through sth** expliquer à qn comment faire qch **talkative** *adj* bavard

tall /tɔːl/ *adj* (**-er**, **-est**) grand, haut : *How tall are you?* Combien mesurez-vous ? ◇ *James is six feet tall.* James fait un mètre quatre-vingts. ◇ *a tall tree* un grand arbre ◇ *a tall tower* une tour haute ☛ *Voir note sous* HAUT

tambourine /ˌtæmbəˈriːn/ *n* tambourin

tame /teɪm/ ◆ *adj* (**tamer**, **tamest**) **1** (*animal*) apprivoisé **2** (*personne*) docile **3** (*histoire, film*) plat, sans relief **4** (*fête*) morne ◆ *vt* **1** (*singe, etc.*) apprivoiser **2** (*lion, etc.*) dompter **3** (*chien*) dresser

tamper /ˈtæmpə(r)/ *v* PHR V **to tamper with sth** trafiquer qch, toucher à qch

tampon /ˈtæmpɒn/ *n* tampon (*périodique*)

tan /tæn/ ◆ *vt, vi* (**-nn-**) bronzer ◆ *n* (*aussi* **suntan**) bronzage : *to get a tan* bronzer ◆ *adj* brun roux

tangent /ˈtændʒənt/ *n* tangente LOC **to go/fly off at a tangent** partir dans une digression

tangerine /ˌtændʒəˈriːn ; *USA* ˈtændʒəriːn/ ◆ *n* mandarine ◆ *adj, n* mandarine

tangle /ˈtæŋgl/ ◆ *n* **1** enchevêtrement **2** imbroglio : *to get into a tangle* s'embrouiller ◆ **1** *vt, vi* ~ **(sth) (up)** emmêler qch, s'emmêler **2** *vi* ~ **with sb** se frotter à qn (*lors d'une dispute*) **tangled** *adj* **1** emmêlé **2** embrouillé

tank /tæŋk/ *n* **1** réservoir, citerne : *a petrol tank* un réservoir d'essence **2** aquarium **3** (*Mil*) char d'assaut, tank

tanker /ˈtæŋkə(r)/ *n* **1** navire-citerne **2** camion-citerne

tanned /tænd/ (*aussi* **suntanned**) *adj* bronzé, hâlé

tantalize, -ise /ˈtæntəlaɪz/ *vt* tourmenter **tantalizing, -ising** *adj* alléchant, tentant

tantrum /ˈtæntrəm/ *n* caprice, crise de colère : *Peter threw/had a tantrum.* Peter a piqué une colère.

tap¹ /tæp/ (*USA* **faucet**) ◆ *n* robinet : *to turn the tap on/off* ouvrir/fermer le robinet LOC **on tap** disponible ◆ (**-pp-**) **1** *vt, vi* ~ **(into) sth** exploiter qch **2** *vt* (*téléphone*) mettre sur écoute **3** *vt* (*conversation*) capter

tap² /tæp/ ◆ *n* petite tape, petit coup ◆ *vt* (**-pp-**) **to tap sth (against/on sth)** taper qch (contre/sur qch) ; tapoter qch : *to tap sb on the shoulder* taper qn sur l'épaule

tape /teɪp/ ◆ *n* **1** ruban **2** cassette, bande : *to have sth on tape* avoir qch en cassette **3** scotch®, ruban adhésif **4** *Voir* TAPE MEASURE **5** (*course*) fil d'arrivée ◆ **1** *vt* ~ **sth (up)** attacher qch avec du scotch ; coller qch avec du scotch **2** *vt* enregistrer

tape deck *n* platine cassette

tape measure (*aussi* **tape**, **measuring tape**) *n* mètre (ruban), centimètre

tape recorder *n* magnétophone

tapestry /ˈtæpəstri/ *n* (*pl* **-ies**) tapisserie (*tenture, broderie*)

tar /tɑː(r)/ *n* goudron

target /ˈtɑːgɪt/ ◆ *n* **1** cible, objectif : *military targets* objectifs militaires **2** objectif : *I'm not going to meet my weekly target.* Je ne vais pas atteindre mon objectif cette semaine. ◆ *vt* **1** ~ **sb/sth** viser, cibler qn/qch : *We're targeting young drivers.* Nous visons les jeunes conducteurs. **2** ~ **sth at/on sb** (*publicité*) adresser qch à qn **3** ~ **sth at/on sth** (*missile*) diriger qch sur qch

tariff /ˈtærɪf/ *n* **1** tarif **2** droit de douane

Tarmac® /ˈtɑːmæk/ *n* **1** (*aussi* **tarmac-**

adam) macadam **2 tarmac** piste (*dans un aéroport*)

tarnish /ˈtɑːnɪʃ/ **1** *vt, vi* (se) ternir **2** *vt* (*fig*) ternir

tart /tɑːt/ *n* tarte, tartelette

tartan /ˈtɑːtn/ *n* tartan, tissu écossais

task /tɑːsk ; *USA* tæsk/ *n* tâche, travail : *Your first task will be to type these letters.* Vous devez tout d'abord taper ces lettres. LOC **to take sb to task (for sth)** réprimander qn (pour qch)

taste /teɪst/ ◆ *n* **1** goût **2** ~ **(for sth)** goût, penchant (pour qch) **3 a** ~ **(of sth)** (*petite quantité*) un petit peu (de qch) : *to have a taste of sth* goûter qch **4** ~ **(of sth)** aperçu (de qch) : *her first taste of life in a big city* sa première expérience de la vie dans une grande ville ◆ **1** *vt* sentir (le goût de) : *I can't taste anything.* Je ne sens rien. ☛ *Voir note sous* SENTIR **2** *vi* ~ **of sth** avoir un goût de qch **3** *vt* goûter **4** *vt* (*fig*) goûter à, connaître

tasteful /ˈteɪstfl/ *adj* de bon goût

tasteless /ˈteɪstləs/ *adj* **1** fade, insipide **2** de mauvais goût

tasty /ˈteɪsti/ *adj* (**-ier**, **-iest**) savoureux, succulent

tattered /ˈtætəd/ *adj* déchiré, en lambeaux

tatters /ˈtætəz/ *n* [*pl*] lambeaux LOC **in tatters** en lambeaux

tattoo /təˈtuː ; *USA* tæˈtuː/ ◆ *n* (*pl* ~**s**) tatouage ◆ *vt* tatouer

tatty /ˈtæti/ *adj* (**-ier**, **-iest**) (*GB, fam*) en piteux état, délabré

taught *prét, pp de* TEACH

taunt /tɔːnt/ ◆ *vt* railler ◆ *n* raillerie, sarcasme

Taurus /ˈtɔːrəs/ *n* Taureau ☛ *Voir exemples sous* AQUARIUS

taut /tɔːt/ *adj* tendu (*droit*)

tavern /ˈtævən/ *n* (*vieilli*) taverne

tax /tæks/ ◆ *n* **1** impôt, taxe **2** [*indénombrable*] impôts : *tax returns* déclarations d'impôts ◆ *vt* **1** (*produit*) taxer **2** (*personne*) imposer **3** (*patience*) mettre à l'épreuve **taxable** *adj* imposable **taxation** *n* **1** taxation, imposition **2** impôts, contributions **taxing** *adj* ardu, pénible

tax-free /ˌtæks ˈfriː/ *adj* exempté d'impôts

taxi /ˈtæksi/ ◆ *n* (*aussi* **taxicab**, *surtout USA* **cab**) taxi : *a taxi driver* un chauffeur de taxi ◆ *vi* (*prét, pp* **taxied** *part présent* **taxiing**) avancer doucement (*avion*)

taxpayer /ˈtækspeɪə(r)/ *n* contribuable

tea /tiː/ *n* **1** thé : *tea bags* sachets de thé **2** (*collation*) thé, goûter **3** dîner, repas du soir *Voir aussi* DINNER LOC *Voir* CUP

teach /tiːtʃ/ (*prét, pp* **taught** /tɔːt/) *vt* enseigner, apprendre : *Jeff is teaching us how to use the computer.* Jeff nous apprend à utiliser l'ordinateur. *Voir aussi* COACH LOC **to teach sb a lesson** donner une bonne leçon à qn

teacher /ˈtiːtʃə(r)/ *n* professeur, enseignant, -e : *I'm an English teacher.* Je suis professeur d'anglais.

teaching /ˈtiːtʃɪŋ/ *n* enseignement : *teaching materials* matériaux pédagogiques

teacup /ˈtiːkʌp/ *n* tasse à thé

team /tiːm/ ◆ *n* [*v sing ou pl*] équipe ☛ *Voir note sous* JURY ◆ *v* PHR V **to team up (with sb)** faire équipe (avec qn)

teamwork /ˈtiːmwɜːk/ *n* travail en équipe

teapot /ˈtiːpɒt/ *n* théière

tear[1] /tɪə(r)/ *n* larme : *He was in tears.* Il était en larmes. LOC *Voir* BRING **tearful** *adj* en larmes, fortement ému

tear[2] /teə(r)/ ◆ (*prét* **tore** /tɔː(r)/ *pp* **torn** /tɔːn/) **1** *vt, vi* (se) déchirer **2** *vi* ~ **along/past** aller/passer à toute allure PHR V **to be torn between A and B** être tiraillé entre A et B **to tear sth down** **1** arracher qch **2** (*bâtiment*) démolir qch **to tear sth out** arracher qch, détacher qch **to tear sth up** déchirer qch ◆ *n* déchirure, accroc LOC *Voir* WEAR

tearoom /ˈtiːruːm, -rʊm/ (*aussi* **tea shop**) *n* salon de thé

tease /tiːz/ *vt* taquiner

teaspoon /ˈtiːspuːn/ *n* **1** petite cuillère, cuillère à café **2** (*aussi* **teaspoonful**) cuillerée à café

teatime /ˈtiːtaɪm/ *n* **1** heure du thé **2** heure du dîner

technical /ˈteknɪkl/ *adj* **1** technique : *a technical point* un point de détail **technicality** /ˌteknɪˈkæləti/ *n* (*pl* **-ies**) **1** détail technique **2** formalité : *a mere technicality* une simple formalité **3** (*Jur*) point de procédure **technically** *adv* sur le plan technique, techniquement

technical college *n* (*GB*) ≈ institut d'enseignement technique

technician /tek'nɪʃn/ *n* technicien, -ienne

technique /tek'ni:k/ *n* technique

technology /tek'nɒlədʒi/ *n* (*pl* **-ies**) technologie **technological** /ˌteknə'lɒdʒɪkl/ *adj* technologique

teddy /'tedi/ (*aussi* **teddy bear**) *n* ours en peluche, nounours

tedious /'ti:diəs/ *adj* ennuyeux

tedium /'ti:diəm/ *n* ennui

teem /ti:m/ *vi* ~ **with sth** fourmiller, grouiller de qch : *to teem with rain* tomber des cordes

teenage /'ti:neɪdʒ/ *adj* **1** (*problème*) des adolescents **2** (*mode*) pour adolescents **teenager** *n* adolescent, -e

teens /ti:nz/ *n* [*pl*] adolescence (*entre 13 et 19 ans*) : *When I was in my teens...* Lorsque j'étais adolescent...

tee shirt *Voir* T-SHIRT

teeth *pl de* TOOTH

teethe /ti:ð/ *vi* faire ses dents LOC **teething problems/troubles** difficultés initiales

telecommunications /ˌtelikəˌmju:nɪ'keɪʃnz/ *n* [*pl*] télécommunications

teleconference /'telikɒnfərəns/ *n* téléconférence

telegraph /'telɪgrɑ:f ; *USA* -græf/ *n* télégraphe

telephone /'telɪfəʊn/ (*aussi* **phone**) ◆ *n* téléphone : *a telephone call* un coup de téléphone ◊ *the telephone book/directory* l'annuaire LOC **on the telephone 1** *We're not on the telephone.* Nous n'avons pas le téléphone. **2** *She's on the telephone.* Elle est au téléphone. ◆ *vt, vi* téléphoner (à), appeler

telephone box *n* cabine téléphonique

telescope /'telɪskəʊp/ *n* télescope, lunette d'approche

televise /'telɪvaɪz/ *vt* téléviser

television /'telɪvɪʒn/ (*GB, fam* **telly**) *n* (*abrév* **TV**) **1** télévision : *to watch television* regarder la télévision **2** (*aussi* **television set**) poste de télévision

En Grande-Bretagne il existe cinq chaînes de télévision nationales : BBC1, BBC2, ITV, Channel 4, et Channel 5. ITV, Channel 4 et Channel 5 passent des spots publicitaires (ce sont des **commercial channels**) tandis qu'il n'y a pas de publicité sur BBC1 et sur BBC2, ces deux chaînes étant financées par le paiement d'une redevance publique (**TV licence**). Il existe également des chaînes numériques (**digital TV**) et la télévision par satellite (**satellite TV**).

tell /tel/ (*prét, pp* **told** /təʊld/) **1** *vt* dire : *to tell the truth* dire la vérité

Tell n'est jamais directement suivi d'un complément d'objet indirect. Le complément d'objet direct est toujours placé avant le complément d'objet indirect : *She told me her name.* Elle m'a dit son nom. ◊ *Tell him to wait.* Dis-lui d'attendre un instant. *Voir note sous* SAY

2 *vt* raconter : *Tell me all about it.* Raconte-moi tout. **3** *vi* ~ **(on sb)** dénoncer qn ; parler : *Promise you won't tell.* Promets-moi de ne rien dire. **4** *vt, vi* savoir : *You can tell she's French.* On voit tout de suite qu'elle est française. **5** *vt* ~ **A from B** distinguer A de B LOC **I told you (so)** (*fam*) je t'avais bien dit **there's no telling** impossible de savoir **to tell the time** (*USA* to tell time) donner l'heure **you never can tell** on ne peut jamais savoir **you're telling me!** (*fam*) à qui le dis-tu ! PHR V **to tell sb off (for sth/doing sth)** (*fam*) passer un savon à qn (pour qch/pour avoir fait qch)

telling /'telɪŋ/ *adj* révélateur

telling-off /ˌtelɪŋ 'ɒf/ *n* reproche, réprimande

telly /'teli/ *n* (*pl* **-ies**) (*GB, fam*) télé

temp /temp/ *n* (*fam*) intérimaire

temper[1] /'tempə(r)/ *n* humeur : *to get into a temper* se mettre en colère LOC **in a (bad, foul, rotten, etc.) temper** de mauvaise humeur **to keep/lose your temper** garder/perdre son calme *Voir aussi* QUICK, SHORT[1]

temper[2] /'tempə(r)/ *vt* ~ **sth (with sth)** tempérer qch (par qch)

temperament /'temprəmənt/ *n* tempérament

temperamental /ˌtemprə'mentl/ *adj* **1** capricieux **2** naturel, de tempérament

temperate /'tempərət/ *adj* **1** (*climat*) tempéré **2** (*caractère*) modéré

temperature /'temprətʃə(r) ; *USA* -tʃʊər/ *n* température LOC **to have/run a temperature** avoir de la fièvre

template /'templeɪt/ *n* modèle, gabarit

temple /'templ/ *n* **1** (*Relig*) temple **2** (*Anat*) tempe

tempo /'tempəʊ/ *n* **1** (*Mus*) (*pl* **tempi** /'tempiː/) tempo **2** (*pl* ~**s**) (*fig*) rythme

temporary /'temprəri ; *USA* -pəreri/ *adj* temporaire, provisoire **temporarily** *adv* temporairement, provisoirement

tempt /tempt/ *vt* tenter **temptation** *n* tentation **tempting** *adj* **1** (*offre*) tentant, alléchant **2** (*nourriture*) appétissant

ten /ten/ *adj, pron, n* dix ☛ *Voir exemples sous* FIVE **tenth** *adj, pron, adv, n* dixième ☛ *Voir exemples sous* FIFTH

tenacious /tə'neɪʃəs/ *adj* tenace, obstiné

tenacity /tə'næsəti/ *n* ténacité, obstination

tenant /'tenənt/ *n* locataire **tenancy** *n* (*pl* **-ies**) location (*maison, appartement*)

tend /tend/ **1** *vt* soigner, s'occuper de **2** *vi* ~ **to do sth** avoir tendance à faire qch **tendency** *n* (*pl* **-ies**) tendance

tender /'tendə(r)/ *adj* **1** (*viande, regard*) tendre **2** (*blessure*) douloureux **tenderly** *adv* tendrement, avec tendresse **tenderness** *n* tendresse

tendon /'tendən/ *n* tendon

tenement /'tenəmənt/ *n* : *a tenement block/house* un immeuble

tenner /'tenə(r)/ *n* (*GB, fam*) (billet de) dix livres

tennis /'tenɪs/ *n* tennis

tenor /'tenə(r)/ *n* ténor

tense[1] /tens/ *adj* (**-er**, **-est**) tendu (*contracté*)

tense[2] /tens/ *n* (*Gramm*) temps : *in the past tense* au passé

tension /'tenʃn/ *n* tension

tent /tent/ *n* tente

tentacle /'tentəkl/ *n* tentacule

tentative /'tentətɪv/ *adj* **1** provisoire **2** (*geste, pas*) hésitant : *a tentative smile* un sourire timide

tenth *Voir* TEN

tenuous /'tenjuəs/ *adj* ténu, faible, mince

tenure /'tenjʊə(r) ; *USA* -jər/ *n* **1** (*fonction*) titularisation **2** (*propriété*) jouissance : *security of tenure* bail assuré

tepid /'tepɪd/ *adj* tiède

term /tɜːm/ ◆ *n* **1** période, terme : *his term of office* son mandat ◊ *the long-term risks* les risques à long terme **2** trimestre : *the autumn/spring/summer term* le premier/deuxième/troisième trimestre **3** terme, limite *Voir aussi* TERMS LOC **in the long/short term** à long/court terme ◆ *vt* (*sout*) appeler, nommer

terminal /'tɜːmɪnl/ ◆ *adj* **1** (*maladie*) incurable **2** terminal, final ◆ *n* **1** (*autobus*) terminus **2** (*aéroport*) aérogare **3** (*Informatique*) terminal

terminate /'tɜːmɪneɪt/ **1** *vi* s'arrêter : *This train will terminate at Charing Cross.* Terminus, Charing Cross. **2** *vt* (*contrat*) résilier

terminology /ˌtɜːmɪ'nɒlədʒi/ *n* (*pl* **-ies**) terminologie

terminus /'tɜːmɪnəs/ *n* (*pl* **termini** /'tɜːmɪnaɪ/ ou ~**es** /-nəsɪz/) terminus

terms /tɜːmz/ *n* [*pl*] **1** termes, conditions **2** (*relations*) termes LOC **to be on good/bad terms (with sb)** être en bons/mauvais termes (avec qn) **to come to terms with sb/sth** accepter qn/qch, se faire à qn/à l'idée de qch *Voir aussi* EQUAL

terrace /'terəs/ *n* **1** terrace **2 the terraces** [*pl*] (*Sport*) les gradins **3** alignement de maisons (*mitoyennes*) **4** (*aussi* **terraced house**) maison mitoyenne

terrain /tə'reɪn/ *n* terrain

terrible /'terəbl/ *adj* **1** terrible, épouvantable **2** (*temps*) affreux **3** (*fam*) effroyable : *The food was terrible.* La nourriture était infecte. ◊ *It's a terrible shame.* C'est vraiment dommage. **terribly** *adv* **1** (*très mal*) terriblement mal : *They sang terribly.* Ils chantaient terriblement mal. **2** (*très*) extrêmement, terriblement : *I'm terribly sorry.* Je suis vraiment désolé.

terrific /tə'rɪfɪk/ *adj* (*fam*) **1** épouvantable : *a terrific storm* un orage épouvantable **2** formidable, super : *The food is terrific value.* On mange super bien pour le prix.

terrify /'terɪfaɪ/ *vt* (*prét, pp* **-fied**) terrifier **terrified** *adj* terrifié : *She's terrified of flying.* Elle est morte de peur à l'idée de prendre l'avion. LOC *Voir* WIT **terrifying** *adj* terrifiant

territorial /ˌterə'tɔːriəl/ *adj* territorial

territory /'terətri ; *USA* -tɔːri/ *n* (*pl* **-ies**) territoire

terror /'terə(r)/ *n* terreur : *to scream with terror* pousser des cris de terreur

terrorism /'terərɪzəm/ *n* terrorisme **terrorist** *n* terroriste

terrorize, -ise /'terəraɪz/ *vt* terroriser

terse /tɜːs/ *adj* concis

test /test/ ◆ *n* **1** (*système, produit*) contrôle, essai **2** (*Méd*) analyse : *a blood test* une analyse de sang ◊ *a pregnancy test* un test de grossesse **3** (*École*) interrogation écrite **4** (*intelligence*) test d'aptitude ◆ *vt* **1** ~ **sb (on sth)** évaluer les connaissances de qn sur qch ; évaluer qn : *They tested my Spanish.* Ils ont évalué mes connaissances d'espagnol. **2** mettre à l'essai **3** ~ **sth for sth** soumettre qch à des essais pour vérifier qch **4** ~ **sb/sth for sth** (*Méd*) faire subir à qn un test de dépistage de qch, analyser qch pour vérifier qch

testament /ˈtestəmənt/ *n* (*sout*) **1** ~ **(to sth)** témoignage (de qch) **2** *Voir* WILL

testicle /ˈtestɪkl/ *n* testicule

testify /ˈtestɪfaɪ/ *vt, vi* (*prét, pp* **-fied**) témoigner (de)

testimony /ˈtestɪməni ; *USA* -məʊni/ *n* (*pl* **-ies**) témoignage, déposition

test tube *n* éprouvette : *test-tube baby* bébé-éprouvette

tether /ˈteðə(r)/ ◆ *vt* (*animal*) attacher ◆ *n* LOC *Voir* END

text /tekst/ ◆ *n* texte ◆ *vt* envoyer un message texte à

textbook /ˈtekstbʊk/ *n* manuel scolaire, livre scolaire

textile /ˈtekstaɪl/ *n* [*gén pl*] textile : *the textile industry* les industries textiles

text message *n* message texte

texture /ˈtekstʃə(r)/ *n* texture

than /ðən, ðæn/ *conj, prép* **1** [*après comparatif*] que : *He's slightly taller than you.* Il est un peu plus grand que toi. ◊ *faster than ever* plus vite que jamais ◊ *better than he thought* mieux qu'il n'aurait pensé **2** (*suivi d'un chiffre*) de : *more than an hour/a kilometre* plus d'une heure/d'un kilomètre

thank /θæŋk/ *vt* ~ **sb (for sth/doing sth)** remercier qn (pour/de qch/d'avoir fait qch) LOC **thank you** merci

thankful /ˈθæŋkfl/ *adj* reconnaissant

thanks /θæŋks/ ◆ *excl* (*fam*) merci : *Thanks for coming!* Merci de votre visite ! ◆ *n* [*pl*] remerciements LOC *Voir* VOTE

thanksgiving /ˌθæŋksˈɡɪvɪŋ/ *n* **1** action de grâces : *Thanksgiving (Day)* Thanksgiving

Thanksgiving se fête le quatrième jeudi de novembre aux États-Unis. À l'origine c'était une fête religieuse pour remercier Dieu de la récolte. Le repas traditionnel consiste en de la dinde rôtie (**turkey**) et une tourte au potiron (**pumpkin pie**).

that¹ /ðət, ðæt/ *conj* que : *the fact that smoking is harmful* le fait que le tabac nuise à la santé ◊ *I told him that he should wait.* Je lui ai dit d'attendre.

that² /ðət, ðæt/ *pron rel* **1** [*sujet*] qui : *The letter that came is from him.* La lettre qui est arrivée était de lui. **2** [*complément*] que : *These are the books (that) I bought.* Voici les livres que j'ai achetés. ◊ *the job (that) I applied for* le poste auquel j'ai postulé **3** [*avec expressions temporelles*] où : *the year that he died* l'année où il est décédé

that³ /ðæt/ ◆ *adj* (*pl* **those** /ðəʊz/) ce, cette ◆ *pron* (*pl* **those** /ðəʊz/) cela, ça : *What's that you're reading?* Qu'est-ce que tu lis comme ça ? ◊ *That's a nice skirt!* Quelle jolie jupe ! ☛ *Comparer avec* THIS LOC **that is (to say)** c'est-à-dire **that's right** exact **that's it** ça y est

that⁴ /ðæt/ *adv* : *It's that long.* C'est grand comme ça.

thatch /θætʃ/ *vt* couvrir de chaume (*toit*) **thatched** *adj* couvert de chaume : *a thatched cottage* une chaumière

thaw /θɔː/ ◆ **1** *vi* (*neige*) fondre **2** *vt, vi* (*nourriture*) (faire) décongeler ◆ *n* dégel

the /ðə/ ☛ Devant une voyelle se prononce /ði/ et si l'on veut insister sur le mot qui suit /ðiː/ *art déf* le/la, les LOC **the more/less... the more/less...** plus/moins... plus/moins... : *The more I study, the less I understand.* Plus je passe du temps là-dessus, moins je comprends.

L'article défini en anglais :

1 Ne s'emploie pas avec le pluriel de mots dénombrables quand on parle de façon générale : *Books are expensive.* Les livres sont chers. ◊ *Children learn very fast.* Les enfants apprennent très vite.

2 Est omis avec les mots indénombrables quand on parle d'une substance ou d'une idée en général : *I like cheese/classical music.* J'aime le fromage/la musique classique.

3 Est généralement omis avec les noms propres et avec les noms qui indiquent

un lien de parenté : *Dr Smith* le Docteur Smith ◊ *Anna's mother* la mère d'Anna ◊ *Uncle Peter* oncle Peter
4 Avec les parties du corps on emploie l'adjectif possessif plutôt que l'article défini : *Give me* **your hand**. Donne-moi la main
5 Les mots **hospital**, **school** et **church** peuvent être employés avec ou sans article, leur sens différant selon le cas. *Voir note sous* SCHOOL

theatre (*USA* **theater**) /'θɪətə(r) ; *USA* 'θiːətər/ *n* **1** théâtre **2** amphithéâtre, salle de conférences LOC *Voir* LECTURE

theatrical /θi'ætrɪkl/ *adj* théâtral

theft /θeft/ *n* vol (*crime*)

Le terme **theft** s'emploie pour les vols effectués en l'absence de témoins et sans violence : *car/cattle thefts* vols de voitures/de bétail. **Robbery** s'applique aux vols avec violences ou menaces : *armed/bank robbery* vol à main armée/hold-up d'une banque Enfin, **burglary** désigne les cambriolages effectués dans les maisons ou les magasins en l'absence des propriétaires. Voir aussi notes sous THIEF et ROB

their /ðeə(r)/ *adj poss* leur/leurs : *What colour is their cat?* De quelle couleur est leur chat ? ☛ *Voir note sous* MY

theirs /ðeəz/ *pron poss* le leur, la leur, les leurs : *a friend of theirs* un de leurs amis ◊ *Our flat is not as big as theirs.* Notre appartement n'est pas aussi grand que le leur.

them /ðəm, ðem/ *pron pers* **1** [*complément d'objet direct*] les : *I saw them yesterday.* Je les ai vus hier. **2** [*complément d'objet indirect*] leur : *Tell them to wait.* Dis-leur d'attendre. **3** [*après prép*] eux, elles : *Go with them.* Va avec eux. ◊ *They took it with them.* Ils l'ont pris avec eux. ☛ *Comparer avec* THEY

theme /θiːm/ *n* thème, sujet

theme park *n* parc à thème

themselves /ðəm'selvz/ *pron* **1** [*emploi réfléchi*] se : *They enjoyed themselves a lot.* Ils se sont bien amusés. **2** [*après prép*] eux, elles, eux-mêmes, elles-mêmes : *They were talking among themselves.* Ils discutaient entre eux. **3** [*emploi emphatique*] eux-mêmes, elles-mêmes LOC **by themselves** tout seuls, toutes seules : *They did it all by themselves.* Ils l'ont fait tout seuls. ◊ *They were by themselves.* Ils étaient tout seuls.

then /ðen/ *adv* **1** alors, à l'époque : *Life was harder then.* La vie était plus dure à l'époque. ◊ *until then* jusque-là ◊ *from then on* à partir de ce moment-là **2** alors, donc : *You're not coming, then?* Alors, tu ne viens pas ? **3** ensuite, puis : *the soup and then the chicken* la soupe et puis le poulet

theology /θi'ɒlədʒi/ *n* théologie **theological** /ˌθiːə'lɒdʒɪkl/ *adj* théologique

theoretical /ˌθɪə'retɪkl/ *adj* théorique

theory /'θɪəri/ *n* (*pl* **-ies**) théorie : *in theory* en théorie

therapeutic /ˌθerə'pjuːtɪk/ *adj* thérapeutique

therapist /'θerəpɪst/ *n* thérapeute

therapy /'θerəpi/ *n* (*pl* **-ies**) thérapie

there /ðeə(r)/ ◆ *adv* là, y : *My car is there, in front of the pub.* Ma voiture est là, devant le pub. LOC **there and then** sur-le-champ *Voir aussi* HERE ◆ *pron* LOC **there is/are** il y a : *How many are there?* Il y en a combien ? ◊ *There'll be twelve guests at the party.* Il y aura douze invités à la fête. ◊ *There was a terrible accident yesterday.* Il y a eu un très grave accident hier. ◊ *There has been very little rain recently.* Il n'a pas beaucoup plu ces derniers temps. **there + modal + be** : *There must be no mistakes.* Il ne doit pas y avoir d'erreurs. ◊ *There shouldn't be any problems.* Il ne devrait pas y avoir de problèmes. ◊ *How can there be that many?* Comment se fait-il qu'il y en ait autant ?

There s'emploie également avec **seem** et **appear** : *There seems to be a mistake.* Il semble y avoir une erreur.

thereafter /ˌðeər'ɑːftə(r) ; *USA* -'æf-/ *adv* (*sout*) par la suite

thereby /ˌðeə'baɪ/ *adv* (*sout*) de ce fait, ainsi

therefore /'ðeəfɔː(r)/ *adv* par conséquent, donc

thermal /'θɜːml/ *adj* **1** thermique **2** (*source*) thermal

thermometer /θə'mɒmɪtə(r)/ *n* thermomètre

thermostat /'θɜːməstæt/ *n* thermostat

these /ðiːz/ ◆ *adj* ces ◆ *pron* [*pl*] ceux-ci, celles-ci *Voir aussi* THIS

thesis /'θi:sɪs/ *n* (*pl* **theses** /'θi:si:z/) thèse, mémoire

they /ðeɪ/ *pron pers* ils, elles : *They're Scottish.* Ils sont écossais. ◊ *They didn't like it.* Ça ne leur a pas plu.

They, **their** et **them** s'utilisent également dans la langue parlée pour faire référence à une personne lorsqu'on ne connaît pas son sexe : *If one of Tim's friends calls, tell them he's not feeling well.* Si un des amis de Tim appelle, dis-lui qu'il ne se sent pas bien. *Comparer avec* THEM

they'd /ðeɪd/ **1** = THEY HAD *Voir* HAVE **2** = THEY WOULD *Voir* WOULD

they'll /ðeɪl/ = THEY WILL *Voir* WILL

they're /ðeə(r)/ = THEY ARE *Voir* BE

they've /ðeɪv/ = THEY HAVE *Voir* HAVE

thick /θɪk/ ◆ *adj* (**-er**, **-est**) **1** épais, gros : *The ice was fifteen centimetres thick.* La couche de glace faisait quinze centimètres d'épaisseur. **2** épais : *This sauce is too thick.* Cette sauce est trop épaisse. **3** (*barbe*) touffu **4** (*accent*) fort **5** (*brouillard*) dense, épais **6** (*fam*) (*personne*) bouché ◆ *adv* (**-er**, **-est**) (*aussi* **thickly**) : *Don't spread the butter too thick.* Ne mets pas trop de beurre. ◆ *n* LOC **in the thick of sth** au beau milieu de qch **through thick and thin** contre vents et marées **thicken** *vt, vi* **1** (s')épaissir **2** (*sauce*) épaissir **thickly** *adv* **1** *thickly cut bread* pain coupé en tranches épaisses **2** (*peuplé*) très **thickness** *n* épaisseur

thief /θi:f/ *n* (*pl* **thieves** /θi:vz/) voleur, -euse

Thief est un terme générique désignant un voleur qui opère le plus souvent sans être vu et sans violence. Un **robber** est une personne qui attaque des banques, des magasins, etc., souvent avec violences ou menaces. **Burglar** s'applique aux cambrioleurs qui s'introduisent dans les maisons ou les magasins en l'absence des propriétaires, et **shoplifter** aux voleurs qui opèrent dans les magasins pendant la journée. Voir aussi notes sous ROB et THEFT

thigh /θaɪ/ *n* cuisse

thimble /'θɪmbl/ *n* dé à coudre

thin /θɪn/ ◆ *adj* (**thinner**, **thinnest**) **1** (*personne*) maigre ☛ *Voir note sous* MINCE **2** (*couche*) mince, fin **3** (*livre*) pas épais, mince **4** (*soupe*) clair, peu épais **5** (*cheveux*) clairsemé LOC **thin on the ground** rare **to vanish, etc. into thin air** se volatiliser *Voir aussi* THICK ◆ *adv* (**thinner**, **thinnest**) (*aussi* **thinly**) finement, en couche mince ◆ (**-nn-**) **1** *vt* ~ **sth (down)** (*sauce*) diluer, allonger qch **2** *vi* (*cheveux*) se raréfier **3** *vi* ~ **(out)** (*foule*) se disperser **4** *vt* ~ **sth (out)** (*plantes*) éclaircir

thing /θɪŋ/ *n* **1** chose : *What's that thing on the table?* Qu'est-ce que c'est que ce truc sur la table ? ◊ *I can't see a thing.* Je n'y vois rien. ◊ *Forget the whole thing.* N'en parlons plus. ◊ *to take things too seriously* prendre les choses trop au sérieux ◊ *The way things are going...* Au train où vont les choses... ◊ *How are things?* Comment ça va ? **2 things** [*pl*] affaires : *You can put your things in that drawer.* Tu peux mettre tes affaires dans ce tiroir. **3** *Poor (little) thing!* Le pauvre ! **4 the thing** : *Just the thing for me.* C'est tout à fait ce qu'il me faut. LOC **a good thing (that)...** heureusement que... : *It was a good thing that...* Heureusement que... **first/last thing** à la première heure/tard le soir **for one thing** (tout) d'abord, pour commencer **the thing is...** le problème, c'est que... **to get/keep things in proportion** ramener les choses à leur juste valeur

thingy /'θɪŋi/ *n* (*pl* **-ies**) (*fam*) **1** truc, machin **2** Machin, -e : *Is thingy going?* Est-ce que Machin y va ?

think /θɪŋk/ (*prét, pp* **thought** /θɔ:t/) **1** *vt, vi* réfléchir (à), penser (à) : *What are you thinking (about)?* À quoi penses-tu ? ◊ *The job took longer than we thought.* Le travail a pris plus longtemps qu'on ne pensait. ◊ *What do you think (of her)?* Que penses-tu d'elle ? **2** *vi, vt* penser, croire : *I think so/I don't think so.* Je crois/Je ne crois pas. ◊ *It would be nice, don't you think?* Ça serait bien, tu ne penses pas ? ◊ *I think this is the house.* Je crois que c'est cette maison. **3** *vt, vi* (s')imaginer : *Just think!* Imagine un peu ! ◊ *Who'd have thought it?* Qui l'aurait cru ? LOC **I should think so!** J'espère bien ! **to think the world of sb** ne jurer que par qn *Voir aussi* GREAT

PHR V **to think about sb/sth** penser à qn/qch **to think about doing sth** envisager de faire qch, penser à faire qch : *I'll think about it.* Je vais y réfléchir. **to think of sth** penser à qch

to think sth out : *a well-thought-out plan* un projet bien conçu
to think sth over (bien) réfléchir à qch
to think sth up (*fam*) inventer qch, trouver qch

thinker /ˈθɪŋkə(r)/ *n* penseur, -euse

thinking /ˈθɪŋkɪŋ/ ◆ *n* [*indénombrable*] **1** réflexion : *to do some quick thinking* réfléchir vite **2** point de vue : *What's your thinking on this?* Quel est votre point de vue à ce sujet ? LOC *Voir* WISHFUL *sous* WISH ◆ *adj* [*toujours devant le nom*] rationnel, qui réfléchit : *thinking people* les personnes sensées

third (*abrév* **3rd**) /θɜːd/ ◆ *adj, pron, adv, n* troisième ◆ *n* **1 the third** le trois **2** (*aussi* **third gear**) la troisième (*Autom*) ☛ *Voir exemples sous* FIFTH **thirdly** *adv* troisièmement

third party *n* tiers, tierce personne : *third party insurance* assurance au tiers

the Third World *n* le tiers-monde

thirst /θɜːst/ *n* ~ **(for sth)** soif (de qch) **thirsty** *adj* (**-ier**, **-iest**) assoiffé : *to be thirsty* avoir soif ◊ *thirsty work* un travail qui donne soif

thirteen /ˌθɜːˈtiːn/ *adj, pron, n* treize ☛ *Voir exemples sous* FIVE **thirteenth** *adj, pron, adv, n* treizième ☛ *Voir exemples sous* FIFTH

thirty /ˈθɜːti/ *adj, pron, n* trente ☛ *Voir exemples sous* FIFTY, FIVE **thirtieth** *adj, pron, adv, n* trentième ☛ *Voir exemples sous* FIFTH

this /ðɪs/ ◆ *adj* (*pl* **these** /ðiːz/) ce, cette, ces : *I don't like this colour.* Je n'aime pas cette couleur. ◊ *These shoes are more comfortable than those.* Ces chaussures-ci sont plus confortables que celles-là. ◊ *This one suits me.* Celui-ci me va bien. ☛ *Comparer avec* THAT[3], TONIGHT ◆ *pron* (*pl* **these** /ðiːz/) **1** ceci, ce : *This is an excellent wine.* C'est un excellent vin. ◊ *This is John's father.* Je vous présente le père de John. **2** celui-ci, celle-ci, ceux-ci, celles-ci : *I prefer these.* Je préfère ceux-ci. **3** ça : *Listen to this...* Écoute un peu ça... **4** (*au téléphone*) : *This is Gaby.* C'est Gaby. ◆ *adv* : *this long* long comme ça ◊ *Now that we've come this far...* Au point où nous en sommes...

thistle /ˈθɪsl/ *n* chardon

thorn /θɔːn/ *n* épine (*de fleur*) **thorny** *adj* (**-ier**, **-iest**) (*sujet*) épineux

thorough /ˈθʌrə ; *USA* ˈθʌrəʊ/ *adj* **1** (*connaissances*) approfondi **2** (*enquête*) minutieux **3** (*personne*) consciencieux **thoroughly** *adv* **1** à fond, minutieusement **2** tout à fait, complètement

those /ðəʊz/ ◆ *adj* ces ◆ *pron* [*pl*] ceux-là, celles-là *Voir aussi* THAT[3]

though /ðəʊ/ ◆ *conj* bien que ☛ *Voir note sous* BIEN[1] ◆ *adv* (*fam*) pourtant, quand même

thought[1] *prét, pp de* THINK

thought[2] /θɔːt/ *n* **1** pensée : *deep/lost in thought* plongé dans ses pensées **2** ~ **(of doing sth)** idée (de faire qch) **3** considération LOC *Voir* FOOD, SCHOOL, SECOND, TRAIN[1] **thoughtful** *adj* **1** pensif **2** prévenant, attentionné : *It was very thoughtful of you.* C'était très gentil de ta part. **thoughtless** *adj* **1** indélicat : *a thoughtless person* une personne indélicate **2** irréfléchi : *a thoughtless action* un acte irréfléchi

thousand /ˈθaʊznd/ *adj, pron, n* mille : *thousands of people* des milliers de gens ☛ *Voir exemples sous* FIVE **thousandth** *adj, pron, adv, n* millième ☛ *Voir exemples sous* FIFTH

thrash /θræʃ/ *vt* **1** rouer de coups **2** (*vaincre*) écraser **3** ~ **about/around** se débattre, s'agiter dans tous les sens PHR V **to thrash sth out 1** débattre de qch **2** démêler qch **thrashing** *n* **1** raclée : *to give sb a thrashing* donner une bonne raclée à qn **2** *to give sb a thrashing* battre qn à plates coutures

thread /θred/ ◆ *n* **1** fil : *a needle and thread* une aiguille et du fil **2** pas (*d'une vis*) ◆ *vt* **1** (*aiguille, perles*) enfiler **2** introduire

threat /θret/ *n* ~ **(to sb/sth) (of sth)** menace (de qch) (pour qn/qch) : *a threat to national security* une menace pour la sécurité nationale **threaten** *vt* **1** ~ **sb/sth (with sth)** menacer qn/qch (de qch) **2** ~ **to do sth** menacer de faire qch **threatening** *adj* **1** menaçant **2** (*lettre*) de menace

three /θriː/ *adj, pron, n* trois ☛ *Voir exemples sous* FIVE

three-dimensional /ˌθriː daɪˈmenʃənl/ (*aussi* **3-D** /ˌθriː ˈdiː/) *adj* en trois dimensions

threshold /ˈθreʃhəʊld/ *n* seuil

threw *prét de* THROW[1]

thrill /θrɪl/ *n* **1** frisson **2** sensation, émotion : *What a thrill!* Quelle émotion ! **thrilled** *adj* ravi, enchanté **thriller** *n* thriller, roman/film à suspense **thrilling** *adj* palpitant, passionnant

thrive /θraɪv/ *vi* **1** s'épanouir : *He thrives on hard work.* Travailler dur lui réussit. **2** prospérer **thriving** *adj* **1** florissant, prospère : *a thriving industry* une industrie florissante **2** bien portant

throat /θrəʊt/ *n* gorge : *a sore throat* un mal de gorge

throb /θrɒb/ ◆ *vi* (**-bb-**) **1** (*cœur*) battre, palpiter : *My toe was throbbing with pain.* Mon doigt de pied me faisait très mal. **2** (*moteur, bruit*) vibrer ◆ *n* **1** (*moteur, bruit*) vibration **2** (*douleur*) élancement **3** (*cœur*) battement

throne /θrəʊn/ *n* trône

through (*USA aussi* **thru**) /θruː/ ◆ *prép* **1** à travers : *She made her way through the traffic.* Elle s'est faufilée entre les voitures. ◊ *to breathe through your nose* respirer par le nez ◊ *through here* par ici **2** *I'm halfway through the book.* Je suis arrivé à la moitié du livre. **3** à cause de : *through carelessness* par négligence **4** par, par l'intermédiaire de : *I heard of it through a friend.* Je l'ai su par un ami. ◊ *I got the job through Daniel.* C'est par l'intermédiaire de Daniel que j'ai eu ce travail. **5** (*USA*) jusqu'à : *Tuesday through Friday* du mardi au vendredi ◆ *particule* **1** *Can you get through?* Est-ce que tu peux passer ? **2** de bout en bout : *I've read the poem through once.* J'ai lu le poème en entier une fois. ◊ *all night through* toute la nuit ☛ Les verbes à particule formés avec **through** sont traités sous le verbe correspondant : pour **to break through**, par exemple, voir BREAK. ◆ *adj* direct : *a through train* un train direct ◊ *"no through road"* « voie sans issue »

throughout /θruːˈaʊt/ ◆ *prép* **1** partout dans : *throughout the country* dans tout le pays **2** pendant : *Throughout his life he has had to make many sacrifices.* Il a dû faire des sacrifices toute sa vie durant. ◆ *adv* **1** partout **2** tout le temps

throw¹ /θrəʊ/ *vt* (*prét* **threw** /θruː/ *pp* **thrown** /θrəʊn/) **1** ~ **sth (to sb)** lancer, jeter qch (à qn) **2** *vt* ~ **sth (at sb/sth)** lancer, jeter qch (à qn/contre qch) ☛ **To throw sth at sb/sth** indique l'intention de faire du mal à quelqu'un ou d'abîmer quelque chose : *Don't throw stones at the cat.* Ne lance pas de pierres au chat. **3** [+ *adv*] : *He threw back his head.* Il rejeta la tête en arrière. ◊ *She threw up her hands in horror.* Elle leva les bras au ciel horrifiée. **4** (*cavalier*) désarçonner **5** (*fam*) désarçonner, déconcerter **6** plonger (*dans un état*) : *to be thrown out of work* être licencié ◊ *We were thrown into confusion by the news.* La nouvelle nous a déconcertés. **7** (*lumière, ombre*) projeter **8** (*dé*) : *to throw a six* faire un six **LOC** *Voir* CAUTION, FIT³ **PHR V to throw sth about/around** lancer qch, éparpiller qch **to throw sth away 1** (*ordures*) jeter qch **2** gâcher qch **to throw sb out** mettre qn à la porte, renvoyer qn **to throw sth out 1** (*ordures*) jeter qch **2** (*proposition*) rejeter qch **to throw (sth) up** vomir (qch)

throw² /θrəʊ/ *n* jet, lancer : *It's your throw.* C'est ton tour.

thrown *pp de* THROW¹

thru (*USA*) *Voir* THROUGH

thrust /θrʌst/ ◆ (*prét, pp* **thrust**) **1** *vt* enfoncer brusquement, pousser violemment **2** *vi* : *She thrust past him.* Elle est passée devant lui en le bousculant. **3** *vi* ~ **at sb (with sth)/sth at sb** se jeter sur qn (avec qch) **PHR V to thrust sb/sth on/upon sb** imposer qn/qch à qn ◆ *n* **1** poussée **2** (*épée*) coup **3** ~ **(of sth)** aspect principal (de qch)

thud /θʌd/ ◆ *n* bruit sourd ◆ *vi* (**-dd-**) **1** faire un bruit sourd : *to thud against/into sth* cogner contre qch en faisant un bruit sourd **2** (*cœur*) battre fort

thug /θʌg/ *n* voyou, casseur

thumb /θʌm/ ◆ *n* pouce **LOC** *Voir* TWIDDLE ◆ *vi* ~ **through sth** feuilleter qch **LOC to thumb a lift** faire du stop *Voir aussi* FINGER

thump /θʌmp/ ◆ **1** *vt* donner un coup de poing à/sur **2** *vi* (*cœur*) battre rapidement ◆ *n* **1** coup de poing, coup **2** bruit sourd

thunder /ˈθʌndə(r)/ ◆ *n* [*indénombrable*] tonnerre : *a clap of thunder* un coup de tonnerre ◆ *vi* **1** tonner **2** retentir, gronder

thunderstorm /ˈθʌndəstɔːm/ *n* orage

Thursday /ˈθɜːzdi, ˈθɜːzdeɪ/ *n* (*abrév* **Thur, Thurs**) jeudi ☛ *Voir exemples sous* MONDAY

thus /ðʌs/ *adv* (*sout*) **1** ainsi **2** ainsi, par conséquent

thwart /θwɔːt/ *vt* contrecarrer, contrarier

thyme /taɪm/ *n* thym

tick /tɪk/ ◆ *n* **1** (*horloge*) tic-tac **2** (*marque*) coche ◆ **1** *vi* (*horloge*) faire tic-tac **2** *vt* ~ **sth (off)** cocher qch PHR V **to tick away/by** passer (*temps*) **to tick over** tourner au ralenti (*moteur*)

ticket /ˈtɪkɪt/ *n* **1** (*train, cinéma*) billet **2** (*métro*) ticket **3** (*bibliothèque*) carte **4** (*prix, mesure*) étiquette **5** contravention

tickle /ˈtɪkl/ ◆ *vt, vi* chatouiller : *My nose tickles.* J'ai le nez qui me chatouille. ◆ *n* chatouillement, chatouilles

ticklish /ˈtɪklɪʃ/ *adj* **1** chatouilleux **2** épineux, délicat

tidal /ˈtaɪdl/ *adj* (*fleuve, estuaire*) à marées

tidal wave *n* raz-de-marée

tide /taɪd/ *n* **1** marée : *The tide is coming in/going out.* La marée monte/descend. **2** (*fig*) vague

tidy /ˈtaɪdi/ ◆ *adj* (**tidier**, **tidiest**) **1** bien rangé, ordonné **2** (*aspect*) soigné ◆ *vt, vi* (*prét, pp* **tidied**) ~ **(sth) (up)** ranger (qch) ; mettre de l'ordre dans qch PHR V **to tidy sth away** ranger qch

tie /taɪ/ ◆ *n* **1** (*USA* **necktie**) cravate **2** [*gén pl*] lien : *family ties* les liens familiaux **3** (*Sport*) match nul ◆ (*prét, pp* **tied** *part présent* **tying**) **1** *vt* attacher, ficeler **2** *vt* (*cravate*) nouer **3** *vt* : *to tie a knot* faire un nœud **4** *vi* s'attacher **5** *vi* (*Sport*) faire match nul **6** *vi* (*élections*) obtenir le même nombre de voix/points PHR V **to tie sb/yourself down** restreindre la liberté de qn/perdre sa liberté **to tie sb/sth up 1** (*paquet*) ficeler qch **2** (*personne*) ligoter qn **3** (*animal*) attacher qch

tier /tɪə(r)/ *n* **1** (*gâteau*) étage **2** (*administration*) échelon, niveau **3** (*stade*) gradin

tiger /ˈtaɪgə(r)/ *n* tigre **tigress** *n* tigresse

tight /taɪt/ ◆ *adj* (**-er**, **-est**) **1** serré, étroit : *These shoes are too tight.* Ces chaussures sont trop serrées. ◊ *The drawer is really tight.* Le tiroir est vraiment dur à ouvrir. **2** tendu **3** (*contrôle*) strict, sévère ◆ *adv* (**-er**, **-est**) **1** (*tenir*) bien, fermement : *Hold tight!* Accroche-toi ! **2** (*serrer*) très fort **3** (*fermer*) bien

tighten *vt, vi* ~ **(sth) (up) 1** resserrer qch, se resserrer, serrer qch, se serrer **2** tendre qch, se tendre **3** (*contrôle*) renforcer qch, être renforcé **tightly** *adv* **1** (*tenir*) fermement, bien **2** (*serrer*) très fort **3** (*fermer*) bien

tightrope /ˈtaɪtrəʊp/ *n* corde raide

tights /taɪts/ *n* [*pl*] **1** collant(s) : *a pair of tights* un collant

tile /taɪl/ ◆ *n* **1** tuile **2** carreau ◆ *vt* **1** couvrir de tuiles **2** carreler

till[1] *Voir* UNTIL

till[2] /tɪl/ *n* caisse (*enregistreuse*) : *Please pay at the till.* Veuillez payer à la caisse.

tilt /tɪlt/ ◆ *vt, vi* pencher, incliner, être incliné ◆ *n* inclinaison

timber /ˈtɪmbə(r)/ *n* **1** bois (*de construction*) **2** arbres, bois **3** poutre, madrier

time /taɪm/ ◆ *n* **1** temps : *You've been a long time!* Tu en as mis du temps ! **2** *What time is it?/What's the time?* Quelle heure est-il ? ◊ *a time zone* un fuseau horaire ◊ *It's time I was going/time for me to go.* Il est temps que j'y aille. ◊ *by the time I arrived* le temps que j'arrive ◊ *(by) this time next year* dans un an exactement ◊ *at the present time* à l'heure actuelle **3** fois : *last time* la dernière fois ◊ *every time* chaque fois ◊ *for the first time* pour la première fois **4** temps, époque LOC **ahead of time** en avance **all the time 1** tout le temps **2** depuis le début **(and) about time (too)!** (*fam*) ce n'est pas trop tôt ! **at all times** toujours **at a time** à la fois : *two at a time* deux par deux **at one time** il fut un temps où, pendant un moment **at the time** à l'époque **at times** parfois **for a time** pendant un certain temps **for the time being** pour l'instant **from time to time** de temps en temps **in good time** en temps voulu : *Be there in good time.* Arrive assez tôt. **in time** avec le temps **in time (for sth/to do sth)** à temps (pour qch/pour faire qch) **on time** à l'heure ☛ *Voir note sous* PONCTUEL **time after time**; **time and (time) again** à maintes reprises **to have a good time** bien s'amuser **to have the time of your life** s'éclater, s'amuser follement **to take your time (over sth/to do sth/doing sth)** prendre son temps (pour faire qch) *Voir aussi* BIDE, BIG, HARD, KILL, MARK[2], NICK, ONCE, PRESS, SAME, TELL ◆ *vt* **1** prévoir, fixer : *to time sth well/badly* bien/mal choisir son moment pour qch **2** chronométrer **timer** *n* minuteur, minuterie **timing** *n* **1** *the timing of the election* la date choisie pour les élections **2** chronométrage

timely /ˈtaɪmli/ *adj* (**-ier**, **-iest**) opportun, qui tombe à point nommé

times /taɪmz/ *prép* fois : *Three times five is fifteen.* Trois fois cinq font quinze.

timetable /ˈtaɪmteɪbl/ (*surtout USA* **schedule**) *n* **1** emploi du temps **2** horaire

timid /ˈtɪmɪd/ *adj* **1** timide **2** craintif

tin /tɪn/ *n* **1** étain **2** (*aussi* **tin plate**) ferblanc **3** (*aussi* **can**) boîte (*de conserve*) : *a tin of paint* un pot de peinture ☛ *Voir illustration sous* CONTAINER *et note sous* BOÎTE

tinge /tɪndʒ/ ◆ *vt* **1** ~ **sth (with sth)** (*pr et fig*) teinter qch (de qch) **2 be tinged with sth** être teinté de qch ◆ *n* nuance, soupçon

tingle /ˈtɪŋgl/ *vi* **1** (*doigts*) picoter **2** ~ **with sth** (*fig*) frissonner de qch

tinker /ˈtɪŋkə(r)/ *vi* ~ **(with sth)** bricoler (qch)

tinned /tɪnd/ *adj* en boîte (*de conserve*)

tin-opener /ˈtɪn əʊpnə(r)/ (*surtout USA* **can-opener**) *n* ouvre-boîtes

tinsel /ˈtɪnsl/ *n* guirlandes (*argentées*)

tint /tɪnt/ *n* **1** teinte, nuance **2** (*cheveux*) shampooing colorant **tinted** *adj* teinté

tiny /ˈtaɪni/ *adj* (**tinier**, **tiniest**) tout petit, minuscule

tip /tɪp/ ◆ *n* **1** pointe, bout : *the tips of your fingers* le bout des doigts **2** décharge (*dépotoir*) *Voir aussi* DUMP **3** pourboire **4** conseil, tuyau **5** fouillis : *Your room is a tip!* Ta chambre est dans un de ces fouillis ! ◆ (**-pp-**) **1** *vt, vi* **to tip (sth) (up)** incliner qch, s'incliner **2** *vt* renverser, pencher **3** *vt, vi* donner un pourboire (à) PHR V **to tip sb off** (*fam*) avertir qn, donner un tuyau à qn **to tip over** se renverser **to tip sth over** renverser qch

tiptoe /ˈtɪptəʊ/ ◆ *n* LOC **on tiptoe** sur la pointe des pieds ◆ *vi* : *to tiptoe in/out* entrer/sortir sur la pointe des pieds

tire[1] /ˈtaɪə(r)/ **1** *vt, vi* (se) fatiguer **2** *vi* ~ **of sb/sth/of doing sth** se lasser de qn/qch/de faire qch PHR V **to tire sb/yourself out** épuiser qn/s'épuiser **tired** *adj* fatigué LOC **tired out** épuisé **to be (sick and) tired of sb/sth/doing sth** en avoir assez de qn/qch/de faire qch

tire[2] /ˈtaɪə(r)/ *n* (*USA*) *Voir* TYRE

tireless /ˈtaɪələs/ *adj* infatigable, inlassable

tiresome /ˈtaɪəsəm/ *adj* agaçant, fatigant

tiring /ˈtaɪərɪŋ/ *adj* fatigant : *a long and tiring journey* un voyage long et fatigant

tissue /ˈtɪʃuː/ *n* **1** (*Biol*) tissu **2** mouchoir en papier **3** (*aussi* **tissue paper**) papier de soie

tit /tɪt/ *n* **1** (*Ornithol*) mésange **2** (*fam*) néné LOC **tit for tat** un prêté pour un rendu

title /ˈtaɪtl/ *n* **1** titre : *the title role* le rôle-titre **2** ~ **(to sth)** (*Jur*) droit (à qch) : *the title deeds* le titre constitutif de propriété

titter /ˈtɪtə(r)/ ◆ *n* rire bête, gloussement ◆ *vi* rire bêtement, glousser

to /tə, tuː/ *prép* **1** (*direction*) à, en : *to go to the beach* aller à la plage ◊ *to go back to Brazil/Italy* retourner au Brésil/en Italie ◊ *the road to Edinburgh* la route qui mène à Édimbourg ◊ *Move to the left.* Va à gauche. **2** [*avec complément d'objet indirect*] à : *He gave it to Bob.* Il l'a donné à Bob. ◊ *Explain it to me.* Explique-le-moi. **3** jusqu'à : *to count to a hundred* compter jusqu'à cent ◊ *faithful to the end/last* fidèle jusqu'au bout ◊ *It lasts two to three hours.* Ça dure entre deux et trois heures. **4** (*heure*) : *five to nine* neuf heures moins cinq **5** de : *the key to the door* la clé de la porte **6** (*comparaison*) à : *I prefer football to rugby.* Je préfère le foot au rugby. **7** (*proportions*) à : *How many miles to the gallon?* Elle fait du combien aux cent ? **8** (*but*) pour : *We did it to help.* Nous l'avons fait pour rendre service. **9** (*réaction*) : *to my surprise* à ma grande surprise **10** (*opinion*) : *to my mind* à mon avis ◊ *It looks red to me.* Pour moi c'est rouge LOC **to and fro** de long en large

La particule **to** est employée pour former l'infinitif et a divers usages : *to go* aller ◊ *to eat* manger ◊ *I went to see her.* Je suis allé la voir. ◊ *He didn't know what to do.* Il ne savait pas quoi faire. ◊ *There's too much to do.* Il y a trop à faire. ◊ *Try to calm down.* Essaie de te calmer. ◊ *It's for you to decide.* C'est à toi de décider.

toad /təʊd/ *n* crapaud

toadstool /'təʊdstuːl/ *n* champignon vénéneux

toast /təʊst/ ◆ *n* **1** [*indénombrable*] pain grillé : *a slice/piece of toast* une tranche de pain grillé **2** toast ◆ *vt* **1** faire griller : *a toasted sandwich* un croque-monsieur **2** boire à la santé de, proposer un toast pour **toaster** *n* grille-pain

tobacco /tə'bækəʊ/ *n* (*pl* ~**s**) tabac **tobacconist** *n* **1** buraliste **2** **tobacconist's** bureau de tabac ☛ *Voir note sous* BUREAU

today /tə'deɪ/ *adv*, *n* aujourd'hui : *Today's computers are much smaller.* Les ordinateurs actuels sont bien plus petits.

toddler /'tɒdlə(r)/ *n* jeune enfant (*qui commence à marcher*)

toe /təʊ/ ◆ *n* **1** orteil, doigt de pied : *my big toe* mon gros orteil ☛ *Comparer avec* FINGER **2** (*chaussette, chaussure*) bout LOC **on your toes** sur le qui-vive ◆ *vt* (*prét, pp* **toed** *part présent* **toeing**) LOC **to toe the line** se mettre au pas

toenail /'təʊneɪl/ *n* ongle de pied

toffee /'tɒfi ; *USA* 'tɔːfi/ *n* caramel

together /tə'geðə(r)/ *particule* **1** ensemble : *Shall we have lunch together?* Et si nous déjeunions ensemble ? **2** en même temps : *Don't all talk together.* Ne parlez pas tous en même temps. LOC **together with** avec, ainsi que *Voir aussi* ACT ☛ Les verbes à particule formés avec **together** sont traités sous le verbe correspondant : pour **to pull yourself together**, par exemple, voir PULL. **togetherness** *n* intimité, harmonie

toil /tɔɪl/ ◆ *vi* (*sout*) peiner ◆ *n* (*sout*) labeur *Voir aussi* WORK[1]

toilet /'tɔɪlət/ *n* **1** toilettes : *toilet paper* papier hygiénique **2** cabinet de toilette

En anglais britannique on emploie les termes **toilet** ou **loo** *(fam)* pour les toilettes d'une maison particulière (les termes **lavatory** et **WC** étant maintenant inusités). Les expressions **the Gents**, **the Ladies**, **the toilets**, **the cloakroom** et **public conveniences** font référence aux toilettes d'un restaurant, d'un cinéma, etc. ou à des toilettes publiques.

En anglais américain on emploie les termes **lavatory**, **toilet** ou **bathroom** dans le cadre de résidences privées et **washroom** ou **restroom** pour des lieux publics.

toiletries *n* [*pl*] articles de toilette

token /'təʊkən/ ◆ *n* **1** jeton **2** coupon, bon **3** signe, témoignage ◆ *adj* (*paiement, grève*) symbolique

told *prét, pp de* TELL

tolerate /'tɒləreɪt/ *vt* tolérer, supporter **tolerance** *n* tolérance, indulgence **tolerant** *adj* ~ **(of/towards sb/sth)** tolérant, indulgent (envers qn/qch)

toll /təʊl/ *n* **1** péage **2** nombre des victimes : *The death toll has risen to 34.* Le nombre des victimes est passé à 34. LOC **to take its toll (of sth)** sérieusement ébranler qch, faire des ravages

tomato /tə'mɑːtəʊ ; *USA* tə'meɪtəʊ/ *n* (*pl* **-oes**) tomate : *tomato purée* concentré de tomate

tomb /tuːm/ *n* tombe, tombeau **tombstone** *n* pierre tombale

tomcat /'tɒmkæt/ (*aussi* **tom**) *n* matou ☛ *Voir note sous* CHAT

tomorrow /tə'mɒrəʊ/ *n*, *adv* demain : *tomorrow morning* demain matin ◊ *a week tomorrow* demain en huit ◊ *See you tomorrow.* À demain ! LOC *Voir* DAY

ton /tʌn/ *n* **1** tonne (*mesure britannique*) 2 240 livres ou 1 016 kg ☛ *Comparer avec* TONNE **2** **tons (of sth)** [*pl*] (*fam*) des tonnes (de qch)

tone /təʊn/ ◆ *n* **1** ton : *Don't speak to me in that tone of voice.* Ne me parle pas sur ce ton. **2** (*téléphone*) tonalité ◆ *v* PHR V **to tone sth down** atténuer qch

tongs /tɒŋz/ *n* [*pl*] pinces (*instrument*)

tongue /tʌŋ/ *n* **1** langue **2** (*sout*) (*langage*) langue

Le terme **language** est plus courant.

Voir aussi MOTHER TONGUE *sous* MOTHER LOC **to put/stick your tongue out** tirer la langue **(with) tongue in cheek** en plaisantant

tonic /'tɒnɪk/ *n* **1** remontant **2** (*aussi* **tonic water**) Schweppes® : *a gin and tonic* un gin tonic

tonight /tə'naɪt/ *n*, *adv* ce soir, cette nuit : *What's on TV tonight?* Qu'est-ce qu'il y a à la télé ce soir ?

tonne /tʌn/ *n* tonne (*métrique (1000 kg)*) ☛ *Comparer avec* TON

tonsil /'tɒnsl/ *n* amygdale **tonsillitis** /ˌtɒnsə'laɪtɪs/ *n* [*indénombrable*] amygdalite

too /tuː/ *adv* **1** aussi : *I've been to*

Madrid too. Moi aussi, je suis allée à Madrid. ☛ *Voir note sous* AUSSI **2** trop : *It's too cold outside.* Il fait trop froid dehors. ◊ *too good to be true* trop beau pour être vrai ◊ *too many chips* trop de frites ◊ *too much work* trop de travail **3** en plus, par-dessus le marché : *Her purse was stolen. And on her birthday too.* Elle s'est fait voler son porte-monnaie. Et il a fallu que ça tombe le jour de son anniversaire. **4** très : *I'm not too sure.* Je n'en suis pas trop sûr.

took *prét de* TAKE

tool /tu:l/ *n* outil, instrument : *a tool box/kit* une boîte/trousse à outils

toolbar /'tu:lbɑ:(r)/ *n* barre d'outils

tooth /tu:θ/ *n* (*pl* **teeth** /ti:θ/) dent : *to have a tooth out* se faire arracher une dent ◊ *false teeth* un dentier **LOC** *Voir* FIGHT, GRIT, SKIN, SWEET

toothache /'tu:θeɪk/ *n* mal de dents, rage de dents

toothbrush /'tu:θbrʌʃ/ *n* brosse à dents ☛ *Voir illustration sous* BRUSH

toothpaste /'tu:θpeɪst/ *n* dentifrice

toothpick /'tu:θpɪk/ *n* cure-dents

top¹ /tɒp/ ◆ *n* **1** dessus : *at the top of the page* en haut de la page **2** sommet, cime **3** (*fig*) haut : *to get to the top* réussir **4** (*classification, liste*) tête : *to be top* arriver premier **5** bouchon, couvercle **6** (*vêtement, pyjama*) haut **LOC at the top of your voice** à tue-tête **off the top of your head** (*fam*) approximativement **on top** par-dessus **on top of sb/sth 1** par-dessus qn/qch **2** en plus de qn/qch : *And on top of all that...* Et pour couronner le tout... **to be on top of sth** bien dominer qch ◆ *adj* **1** du haut, supérieur : *a top floor flat* un appartement au dernier étage ◊ *on the top shelf* sur l'étagère du haut **2** meilleur : *top quality* de qualité supérieure **3** de haut niveau : *the top jobs* les emplois les plus prestigieux ◊ *a top French scientist* un scientifique français éminent ◊ *at top speed* à vitesse maximale ◆ *vt* (**-pp-**) couvrir, recouvrir : *ice cream topped with chocolate sauce* de la glace nappée de sauce au chocolat ◊ *and to top it all...* et par-dessus le marché... **PHR V to top sth up** remplir qch : *He topped up my glass.* Il a rempli mon verre.

top² /tɒp/ *n* toupie

top hat (*aussi* **topper**) *n* haut-de-forme

topic /'tɒpɪk/ *n* sujet, thème **topical** *adj* d'actualité

topple /'tɒpl/ **1** *vt* ~ **sth (over)** renverser qch **2** *vi* ~ **(over)** s'effondrer, se renverser

top secret *adj* top secret

torch /tɔ:tʃ/ *n* **1** torche, lampe de poche **2** flambeau, torche

tore *prét de* TEAR²

torment /'tɔ:ment/ ◆ *n* tourment, supplice ◆ /tɔ:'ment/ *vt* **1** tourmenter **2** harceler

torn *pp de* TEAR²

tornado /tɔ:'neɪdəʊ/ *n* (*pl* **~es**) tornade

torpedo /tɔ:'pi:dəʊ/ ◆ *n* (*pl* **~es**) torpille ◆ *vt* (*prét, pp* **torpedoed** *part présent* **torpedoing**) torpiller

tortoise /'tɔ:təs/ *n* tortue ☛ *Comparer avec* TURTLE

torture /'tɔ:tʃə(r)/ ◆ *n* **1** torture **2** (*fig*) torture, supplice ◆ *vt* (*pr et fig*) torturer **torturer** *n* tortionnaire

Tory /'tɔ:ri/ *adj, n* (*pl* **-ies**) (*fam*) conservateur, tory : *the Tory Party* le parti conservateur *Voir aussi* CONSERVATIVE ☛ *Comparer avec* LABOUR 4, LIBERAL 3

toss /tɒs ; *USA* tɔ:s/ ◆ **1** *vt* lancer, jeter **2** *vt* (*tête*) rejeter en arrière **3** *vi* être ballotté : *to toss and turn* tourner et se retourner (*au lit*) **4** *vt, vi* : *to toss a coin* tirer à pile ou face ◊ *to toss sb for sth* jouer qch à pile ou face avec qn ◊ *to toss (up) for sth* jouer qch à pile ou face ◆ *n* **1** (*tête*) mouvement brusque **2** (*pièce de monnaie*) : *The outcome was decided by the toss of a coin.* Une décision a été prise en jouant à pile ou face. **LOC to win/lose the toss** perdre/remporter le tirage au sort

total /'təʊtl/ ◆ *adj, n* total ◆ *vt* (**-ll-**, *USA aussi* **-l-**) **1** additionner **2** s'élever à **totally** *adv* complètement, totalement

totter /'tɒtə(r)/ *vi* **1** (*personne*) chanceler, vaciller, tituber **2** (*objet*) vaciller **3** (*gouvernement*) chanceler

touch¹ /tʌtʃ/ **1** *vt, vi* (se) toucher, toucher à : *You've hardly touched your fish.* Tu as à peine touché à ton poisson. **2** *vt* valoir, égaler : *No one can touch him as a journalist.* Personne ne le vaut comme journaliste. **LOC touch wood!** touche du bois ! **PHR V to touch down** atterrir **to touch on/upon sth** effleurer qch

touch² /tʌtʃ/ *n* **1** touche : *the finishing touches* la touche finale **2** (*aussi* **sense**

of touch) toucher : *soft to the touch* doux au toucher **3 a** ~ **(of sth)** une pointe, un peu (de qch) : *I've got a touch of flu.* Je suis un peu grippé. ◊ *a touch more garlic* un tout petit peu plus d'ail ◊ *It's a touch colder today.* Il fait un petit peu plus froid aujourd'hui. **4** (*style*) main : *He hasn't lost his touch.* Il n'a pas perdu la main. LOC **at a touch** au simple toucher **to be in/out of touch (with sb)** être/ne pas être en contact (avec qn) **to be in/out of touch with sth** être/ne pas être au courant de qch **to get/keep in touch with sb** se mettre/rester en contact avec qn *Voir aussi* LOSE

touched /tʌtʃt/ *adj* touché, ému **touching** *adj* touchant, émouvant

touchy /ˈtʌtʃi/ *adj* (**-ier**, **-iest**) **1** (*personne*) susceptible **2** (*situation, sujet*) délicat

tough /tʌf/ *adj* (**-er**, **-est**) **1** (*matériau*) résistant **2** (*personne*) robuste, qui a de la résistance **3** (*criminel*) endurci : *a tough guy* un dur **4** (*viande*) dur, coriace **5** (*décision*) difficile : *to have a tough time* passer par des moments difficiles **6** (*fam*) : *Tough luck!* C'est vraiment pas de chance ! LOC **(as) tough as old boots** (*fam*) dur comme de la semelle **to be/get tough (with sb)** se montrer peu complaisant (avec qn) **toughen** *vt, vi* ~ **(sth) (up)** endurcir qch, s'endurcir **toughness** *n* **1** résistance, robustesse **2** fermeté, sévérité

tour /tʊə(r)/ ◆ *n* **1** circuit, voyage : *to go on a tour of Scotland* visiter l'Écosse **2** visite : *a guided tour* une visite guidée **3** tournée : *to be on tour/go on tour* être en tournée ☛ *Voir note sous* VOYAGE ◆ **1** *vt* visiter **2** *vi* faire du tourisme **3** *vt, vi* être en tournée (dans)

tourism /ˈtʊərɪzəm, ˈtɔːr-/ *n* tourisme

tourist /ˈtʊerɪst, ˈtɔːr-/ *n* touriste : *a tourist attraction* un site touristique ◊ *tourist class* classe touriste

tournament /ˈtɔːnəmənt ; *USA* ˈtɜːrn-/ *n* tournoi

tow /təʊ/ ◆ *vt* tirer, remorquer PHR V **to tow sth away 1** remorquer qch **2** emmener qch à la fourrière ◆ *n* [*gén sing*] remorquage LOC **in tow** (*fam*) : *He had his family in tow.* Il était accompagné de sa famille.

towards /təˈwɔːdz ; *USA* tɔːrdz/ (*aussi* **toward** /təˈwɔːd ; *USA* tɔːrd/) *prép* **1** vers : *towards the end of the film* vers la fin du film **2** à l'égard de, envers : *to be friendly towards sb* être aimable avec qn **3** (*contribution*) pour : *to put money towards sth* mettre de l'argent de côté pour qch

towel /ˈtaʊəl/ *n* serviette (*de toilette*)

tower /ˈtaʊə(r)/ ◆ *n* tour : *a tower block* une tour d'habitation ◆ *v* PHR V **to tower above/over sb/sth** dominer qn/qch

town /taʊn/ *n* ville : *to go into town* aller en ville ◊ *the town centre* le centre-ville ☛ *Voir note sous* VILLE LOC **to go (out) on the town** faire la java (en ville) **to go to town (on sth)** (*fam*) mettre le paquet (pour qch)

town hall *n* mairie, hôtel de ville

toxic /ˈtɒksɪk/ *adj* toxique : *toxic waste* déchets toxiques

toy /tɔɪ/ ◆ *n* jouet : *a toy soldier/car* un soldat de plomb/une petite voiture PHR V **to toy with sth 1** jouer avec qch **2** (*idée*) caresser qch : *to toy with the idea of doing sth* songer à faire qch

trace /treɪs/ ◆ *n* trace : *to disappear without trace* disparaître sans laisser de traces ◊ *She speaks without a trace of an Irish accent.* Elle n'a pas du tout l'accent irlandais. ◆ *vt* **1** suivre la trace de **2** retrouver : *The man was traced to an address in Rome.* On a retrouvé la trace de cet homme à Rome. **3** faire remonter à : *This custom can be traced back to the Middle Ages.* On fait remonter cette coutume au Moyen Âge. **4** ~ **sth (out)** tracer, dessiner qch **5** décalquer

track /træk/ ◆ *n* **1** [*gén pl*] trace, piste **2** chemin, sentier *Voir aussi* PATH **3** (*Sport*) piste **4** (*Chemin de fer*) voie : *The train hit a tree and left the track.* Le train a heurté un arbre et a déraillé. **5** morceau, chanson *Voir aussi* SOUNDTRACK LOC **to be off track** être à côté de la plaque : *He's way off track!* Il est complètement à côté de la plaque ! **to be on sb's track** être sur la piste de qn, être sur la trace de qn **to be on the right/wrong track** être sur la bonne voie/faire fausse route **to keep/lose track of sb/sth** rester en contact/perdre contact avec qn, suivre/ne plus suivre qch : *to keep track of current events* se tenir au courant de ce qui se passe dans le monde ◊ *to lose track of time* perdre la notion du temps **to make tracks (for...)** (*fam*) partir (à/chez...) *Voir aussi* BEAT ◆ *vt* ~ **sb (to**

sth) suivre la trace de qn (jusqu'à qch) PHR V **to track sb/sth down** retrouver qn/qch

tracksuit /'træksu:t/ *n* survêtement

tractor /'træktə(r)/ *n* tracteur

trade /treɪd/ ◆ *n* **1** commerce **2** industrie : *She works in the tourist trade.* Elle travaille dans le tourisme. **3** métier : *He's a carpenter by trade.* Il est menuisier de son métier. ☛ *Voir note sous* WORK[1] LOC *Voir* ROARING *sous* ROAR, TRICK ◆ **1** *vi* faire du commerce, commercer **2** *vt* ~ **(sb) sth for sth** donner qch (à qn) en échange de qch ; échanger qch contre qch PHR V **to trade sth in (for sth)** faire reprendre qch, échanger qch contre qch

trademark /'treɪdmɑ:k/ *n* **1** marque déposée **2** signe particulier

trader /'treɪdə(r)/ *n* commerçant, -e, négociant, -e

tradesman /'treɪdzmən/ *n* (*pl* **-men** /-mən/) **1** livreur : *the tradesmen's entrance* l'entrée de service **2** commerçant

trade union *n* syndicat

trading /'treɪdɪŋ/ *n* commerce

tradition /trə'dɪʃn/ *n* tradition **traditional** /trə'dɪʃənl/ *adj* traditionnel

traffic /'træfɪk/ ◆ *n* circulation, trafic : *a traffic jam* un embouteillage ◆ *vi* (*prét, pp* **trafficked** *part présent* **trafficking**) ~ **(in sth)** trafiquer, faire du trafic de qch **trafficker** *n* trafiquant, -e

traffic light (*aussi* **traffic lights** [*pl*]) *n* feu (*de signalisation*)

traffic warden *n* contractuel, -elle

tragedy /'trædʒədi/ *n* (*pl* **-ies**) tragédie

tragic /'trædʒɪk/ *adj* tragique : *He died in a tragic accident.* Il est mort dans un accident tragique.

trail /treɪl/ ◆ *n* **1** traînée, trace **2** sentier **3** trace, piste : *to be on sb's trail* être sur la piste de qn ◆ **1** *vi* ~ **along behind sb/sth** avancer en traînant des pieds derrière qn/qch **2** *vi* être à la traîne : *Slovenia was trailing by two goals to three.* La Slovénie perdait par deux buts à trois.

trailer /'treɪlə(r)/ *n* **1** remorque **2** (*USA*) *Voir* CARAVAN **3** (*Cin*) bande-annonce

train[1] /treɪn/ *n* **1** train : *by train* en train ◊ *train driver* conducteur de train **2** file, cortège **3** suite, série : *a train of events* une suite d'événements LOC **train of thought** enchaînement d'idées

train[2] /treɪn/ **1** *vi* être formé, étudier : *She trained to be a lawyer.* Elle a fait des études de droit. ◊ *to train as a translator* recevoir une formation de traducteur **2** *vt* (*personne*) former **3** *vt* (*animal*) dresser **4** *vt, vi* (*Sport*) (s')entraîner **5** *vt* ~ **sth on sb/sth** (*caméra*) braquer qch sur qn/qch : *to train a gun on sb/sth* braquer un revolver sur qn/qch **trainee** /treɪ'ni:/ *n* stagiaire **trainer** *n* **1** (*chiens, etc.*) dresseur, -euse **2** (*lions, etc.*) dompteur, -euse **3** (*Sport*) entraîneur **4** (*USA* **sneaker**) chaussure de sport ☛ *Voir illustration sous* CHAUSSURE **training** *n* **1** (*Sport*) entraînement **2** formation, apprentissage

trait /treɪt/ *n* trait, caractéristique

traitor /'treɪtə(r)/ *n* traître, -esse *Voir aussi* BETRAY

tram /træm/ (*aussi* **tramcar** /'træmkɑ:(r)/ (*USA* **streetcar**, **trolley**) *n* tram

tramp /træmp/ ◆ **1** *vi* marcher d'un pas lourd **2** *vt* parcourir ◆ *n* **1** clochard, -e **2 the** ~ **of sth** le bruit des pas de qch **3** marche

trample /'træmpl/ **1** *vt, vi* ~ **sb/sth (down)** ; ~ **on sth** piétiner qn/qch **2** *vi* ~ **on/over sb/sth** (*fig*) bafouer qn/qch

trampoline /'træmpəli:n/ *n* trampoline

trance /trɑ:ns ; *USA* træns/ *n* transe : *to fall/go into a trance* entrer en transe

tranquillize, -ise /'træŋkwəlaɪz/ *vt* calmer, mettre sous tranquillisants **tranquillizer, -iser** *n* tranquillisant, calmant : *She's on tranquillizers.* Elle est sous calmants.

transfer /træns'fɜ:(r)/ ◆ (**-rr-**) **1** *vt, vi* transférer, être transféré **2** *vt, vi* muter, être muté **3** *vt* (*Jur*) céder **4** *vi* ~ **(from...) (to...)** être transféré (de...) (à...) (*moyen de transport*) ◆ /'trænsfɜ:(r)/ *n* **1** transfert **2** mutation **3** (*Jur*) cession, transmission **4** (*GB*) décalcomanie

transform /træns'fɔ:m/ *vt* transformer **transformation** *n* transformation **transformer** /træns'fɔ:mə(r)/ *n* (*Électr*) transformateur

translate /træns'leɪt/ *vt, vi* (se) traduire : *to translate sth from English (in)to French* traduire qch d'anglais en français ◊ *It translates as 'French-speaking'.* Ça se traduit par « French-speaking ». **translation** *n* traduction :

translation into/from French traduction en/du français ◊ *to do a translation* faire une traduction LOC **in translation** : *Shakespeare in translation* l'œuvre traduite de Shakespeare **translator** *n* traducteur, -trice

transmit /træns'mɪt/ *vt* (**-tt-**) transmettre **transmitter** *n* **1** émetteur **2** transmetteur

transparent /træns'pærənt/ *adj* transparent

transplant /træns'plɑːnt ; *USA* -'plænt/ ◆ *vt* (*Bot*, *Méd*) transplanter, greffer ◆ /'trænsplɑːnt/ *n* transplantation, greffe : *a heart transplant* une greffe du cœur

transport /træn'spɔːt/ ◆ *vt* transporter ◆ /'trænspɔːt/ *n* (*USA* **transportation**) **1** transport **2** moyen de locomotion : *Have you got transport?* Est-ce que tu as un moyen de locomotion ?

transvestite /trænz'vestaɪt/ *n* travesti, -e

trap /træp/ ◆ *n* piège : *to lay/set a trap* tendre un piège ◆ *vt* (**-pp-**) **1** (*pr et fig*) piéger **2** coincer, immobiliser : *trapped under the rubble* immobilisé sous les décombres **3 to ~ sb (into doing sth)** amener qn à faire qch ; prendre qn au piège : *She trapped him into revealing the truth.* Elle l'a piégé et il a admis la vérité.

trapdoor /'træpdɔː(r)/ (*aussi* **trap**) *n* trappe

trapeze /trə'piːz ; *USA* træ-/ *n* trapèze (*cirque*)

trash /træʃ/ *n* (*USA*) [*indénombrable*] **1** (*lit et fig*) ordures : *a trash can* une poubelle ◊ *The film is trash.* Le film est nul.

> En anglais britannique, **trash** s'emploie uniquement au sens figuré. Au sens propre, *poubelle* se traduit par **dustbin** et *ordures* par **rubbish**.

2 (*fam*, *péj*) racaille **trashy** *adj* nul

trauma /'trɔːmə ; *USA* 'traʊmə/ *n* traumatisme **traumatic** /trɔː'mætɪk ; *USA* 'traʊ-/ *adj* **1** (*Méd*) traumatique **2** traumatisant

travel /'trævl/ ◆ *n* **1** [*indénombrable*] voyages, voyage : *a travel bag* un sac de voyage **2 travels** [*pl*] : *to be on your travels* être en voyage ◊ *Did you see Mike on your travels?* Est-ce que tu as rencontré Mike par hasard ? ☛ *Voir note sous* VOYAGE ◆ (**-ll-**, *USA* **-l-**)) **1** *vi* voyager : *to travel by car, bus, etc.* voyager en voiture, en autobus, etc. **2** *vt* parcourir

travel agency *n* (*pl* **-ies**) agence de voyages

travel agent *n* agent de voyages

traveller (*USA* **traveler**) /'trævələ(r)/ *n* voyageur, -euse

traveller's cheque (*USA* **traveler's check**) *n* chèque de voyage

tray /treɪ/ *n* plateau (*de cuisine*)

treacherous /'tretʃərəs/ *adj* traître **treachery** *n* traîtrise : *an act of treachery* une trahison ☛ *Comparer avec* TREASON

tread /tred/ ◆ (*prét* **trod** /trɒd/ *pp* **trodden** /'trɒdn/ ou **trod**) **1** *vi* ~ **on/in sth** marcher sur qch ; piétiner qch **2** *vt* ~ **sth in** écraser qch **3** *vt* ~ **sth out** (*cigarette*) écraser qch (*du pied*) **4** *vt* ~ **sth down** (*terre*) tasser qch du pied **5** *vt* (*chemin*) fouler LOC **to tread carefully** y aller doucement ◆ *n* [*sing*] **1** pas **2** (*Autom*) sculptures

treason /'triːzn/ *n* trahison ☛ Le terme **treason** désigne le fait de trahir son pays. *Comparer avec* TREACHERY *sous* TREACHEROUS

treasure /'treʒə(r)/ ◆ *n* trésor ◆ *vt* tenir beaucoup à, chérir : *her most treasured possession* ce qu'elle possède de plus précieux

treasurer /'treʒərə(r)/ *n* trésorier, -ière

the Treasury /'treʒəri/ *n* [*v sing ou pl*] le ministère des Finances

treat /triːt/ ◆ **1** *vt* traiter : *to treat sth as a joke* ne pas prendre qch au sérieux **2** *vt* ~ **sb (to sth)** offrir qch à qn ; inviter qn : *Let me treat you.* C'est moi qui offre. **3** *v réfléchi* ~ **yourself to sth** s'offrir qch **4** *vt* (*patient*) soigner, traiter LOC **to treat sb like dirt/a dog** (*fam*) traiter qn comme un chien ◆ *n* **1** petit plaisir, cadeau : *as a special treat* pour nous faire plaisir ◊ *to give yourself a treat* s'offrir un petit plaisir **2** *This is my treat.* C'est moi qui offre. LOC **a treat** (*fam*) (*fonctionner*) à merveille

treatment /'triːtmənt/ *n* **1** traitement **2** soins, traitement

treaty /'triːti/ *n* (*pl* **-ies**) **1** traité **2** accord

treble[1] /'trebl/ ◆ *adj*, *n* triple ◆ *vt*, *vi* tripler

treble[2] /'trebl/ ◆ *n* (*Mus*) **1** soprano (*de*

garçon) **2 the treble** [*indénombrable*] les aigus ◆ *adj* : *treble recorder* flûte à bec alto ◊ *the treble clef* clé de sol ☛ *Comparer avec* BASS

tree /tri:/ *n* arbre

trek /trek/ ◆ *n* randonnée ◆ *vi* (**-kk-**) faire une randonnée : *to go trekking* faire de la randonnée **trekking** *n* randonnée (en haute montagne), trekking

tremble /'trembl/ *vi* ~ **(with sth)** trembler (de qch) : *He trembled at the thought.* Cette pensée le fit frémir.

trembling /'tremblɪŋ/ ◆ *adj* tremblant ◆ *n* tremblement

tremendous /trə'mendəs/ *adj* **1** énorme, immense : *a tremendous number* un très grand nombre **2** formidable **tremendously** *adv* extrêmement, énormément

tremor /'tremə(r)/ *n* **1** tremblement, frisson **2** secousse (*sismique*)

trench /trentʃ/ *n* **1** (*Mil*) tranchée **2** fossé

trend /trend/ *n* tendance, mode LOC *Voir* BUCK², SET²

trendy /'trendi/ *adj* (**-ier**, **-iest**) (*fam*) à la mode, branché

trespass /'trespəs/ *vi* ~ **(on sth)** entrer sans autorisation (dans qch) : *"no trespassing"* « défense d'entrer » **trespasser** *n* intrus, -e (*dans une propriété privée*) : *"trespassers will be prosecuted"* « défense d'entrer sous peine de poursuites »

trial /'traɪəl/ *n* **1** procès **2** essai : *a trial period* une période d'essai ◊ *to take sth on trial* prendre qch à l'essai **3** (*Sport*) épreuve LOC **to be/go on trial/stand trial (for sth)** passer en jugement (pour qch) **trial and error** : *She learnt to type by trial and error.* Elle a appris à taper à la machine à force de s'exercer. **trials and tribulations** tribulations

triangle /'traɪæŋgl/ *n* triangle **triangular** /traɪ'æŋgjələ(r)/ *adj* triangulaire

tribe /traɪb/ *n* tribu

tribulation /ˌtrɪbju'leɪʃn/ *n* LOC *Voir* TRIAL

tribute /'trɪbju:t/ *n* **1** hommage **2 a** ~ **(to sth)** : *That is a tribute to his skill.* Cela témoigne de ses compétences.

trick /trɪk/ ◆ *n* **1** tour, farce : *to play a trick on sb* jouer un tour à qn ◊ *His memory played tricks on him.* Sa mémoire lui jouait des tours. ◊ *a dirty trick* un sale tour ◊ *a trick question* une question piège **2** astuce, truc : *The trick is to wait.* L'astuce c'est d'attendre. ◊ *a trick of the light* un effet d'optique **3** (*magie*) : *conjuring tricks* tours de passe-passe ◊ *card tricks* tours de cartes LOC **every/any trick in the book** : *I tried every trick in the book.* J'ai tout essayé. **the tricks of the trade** les ficelles du métier **to do the trick** faire l'affaire *Voir aussi* MISS ◆ *vt* tromper, rouler : *to trick sb into (doing) sth* amener qn à faire qch par la ruse ◊ *to trick sb out of sth* soutirer qch à qn par la ruse **trickery** *n* [*indénombrable*] ruse, supercherie

trickle /'trɪkl/ ◆ *vi* couler goutte à goutte, dégouliner ◆ *n* **1** filet : *a trickle of blood* un filet de sang **2 a** ~ **(of sth)** (*fig*) un petit nombre (de qch)

tricky /'trɪki/ *adj* (**-ier**, **-iest**) difficile, délicat

tried *prét, pp de* TRY

trifle /'traɪfl/ ◆ *n* **1** ≈ diplomate (*dessert*) **2** bagatelle, détail LOC **a trifle** un peu : *a trifle short* un peu court ◆ *vi* **1** ~ **with sb** traiter qn à la légère **2** ~ **with sth** jouer avec qch

trigger /'trɪgə(r)/ ◆ *n* gâchette ◆ *vt* ~ **sth (off) 1** (*fig*) déclencher, provoquer qch **2** (*alarme*) déclencher qch

trillion /'trɪljən/ *adj, n* billion ☛ *Voir note sous* BILLION

trim¹ /trɪm/ *adj* (**trimmer**, **trimmest**) (*sens positif*) **1** soigné, bien tenu **2** svelte

trim² /trɪm/ ◆ *vt* (**-mm-**) **1** couper, tailler **2** ~ **sth off (sth)** couper qch (de qch) **3** ~ **sth (with sth)** (*vêtement*) orner qch (de qch) ◆ *n* **1** coupe : *I had a trim.* Je me suis fait rafraîchir ma coupe. **2** garniture **trimming** *n* **1** garniture, passementerie **2 trimmings** [*pl*] accessoires **3 trimmings** [*pl*] (*repas*) garniture

trip¹ /trɪp/ (**-pp-**) **1** *vi* ~ **(over/up)** trébucher : *She tripped on a stone.* Elle a trébuché sur une pierre. **2** *vt* ~ **sb (up)** faire trébucher, faire un croche-pied à qn PHR V **to trip (sb) up** désarçonner qn, être désarçonné

trip² /trɪp/ *n* **1** voyage, sortie : *to go on a trip* faire un voyage ◊ *a business trip* un voyage d'affaires **2** excursion : *to go on a trip* faire une excursion ◊ *a coach trip* une excursion en autocar ☛ *Voir note sous* VOYAGE

triple /'trɪpl/ ◆ *adj, n* triple : *at triple the speed* trois fois plus vite ◆ *vt, vi* tripler

triplet /'trɪplət/ *n* triplé, -e

triumph /'traɪʌmf/ ◆ *n* triomphe : *one of the triumphs of modern science* l'une des victoires de la science moderne ◊ *a shout of triumph* un cri de triomphe ◆ *vi* ~ **(over sb/sth)** triompher (de qn/qch) **triumphal** /traɪ'ʌmfl/ *adj* triomphal **triumphant** *adj* triomphant, triomphal **triumphantly** *adv* triomphalement

trivial /'trɪviəl/ *adj* insignifiant, banal **triviality** /ˌtrɪvi'æləti/ *n* (*pl* **-ies**) **1** banalité **2** futilité

trod *prét de* TREAD

trodden *pp de* TREAD

trolley /'trɒli/ *n* (*pl* **~s**) **1** chariot : *a shopping trolley* un caddie® **2** *Voir* TRAM

trombone /trɒm'bəʊn/ *n* trombone (*instrument*)

troop /tru:p/ ◆ *n* **1** groupe, troupe **2 troops** [*pl*] troupes ◆ *v* **PHR V to troop in, out, etc.** entrer, sortir, etc. en groupe

trophy /'trəʊfi/ *n* (*pl* **-ies**) trophée

tropic /'trɒpɪk/ *n* **1** tropique **2 the tropics** [*pl*] les tropiques **tropical** *adj* tropical

trot /trɒt/ ◆ *vi* (**-tt-**) aller au trot, trotter ◆ *n* trot **LOC on the trot** (*fam*) d'affilée

trouble /'trʌbl/ ◆ *n* **1** [*gén indénombrable*] ennuis, problèmes : *The trouble is (that)...* Le problème, c'est que... ◊ *What's the trouble?* Qu'est-ce qui ne va pas ? **2 troubles** [*pl*] soucis, problèmes : *to tell sb your troubles* raconter ses problèmes à qn ◊ *money troubles* des problèmes d'argent **3** [*indénombrable*] mal, peine : *It's no trouble.* Cela ne me dérange pas. ◊ *It's not worth the trouble.* Cela n'en vaut pas la peine. **4** [*indénombrable*] troubles, conflits **5** [*indénombrable*] (*Méd*) ennuis, problèmes : *to have heart trouble* avoir une maladie du cœur **LOC to be in trouble** avoir des ennuis : *If I don't get home by midnight, I'll be in trouble.* Si je ne suis pas rentré pour minuit, je vais avoir des ennuis. **to get into trouble** s'attirer des ennuis : *He got into trouble with the police.* Il a eu des ennuis avec la police. **to go to a lot of trouble (to do sth)** se donner beaucoup de mal (pour faire qch) *Voir aussi* ASK, TEETHE ◆ **1** *vt* déranger : *Don't trouble yourself.* Ne vous dérangez pas. **2** inquiéter, troubler : *What's troubling you?* Qu'est-ce qui vous inquiète ? **troubled** *adj* **1** (*personne, air*) inquiet **2** (*période, vie*) mouvementé **troublesome** *adj* **1** (*enfant*) difficile **2** (*toux*) pénible

trouble-free /ˌtrʌbl 'fri:/ *adj* sans ennuis, sans problèmes

troublemaker /'trʌblmeɪkə(r)/ *n* fauteur, -trice de troubles, frondeur, -euse

trough /trɒf ; *USA* trɔ:f/ *n* **1** abreuvoir **2** auge **3** chenal **4** (*Météo*) dépression

trousers /'traʊzəz/ *n* [*pl*] pantalon : *a pair of trousers* un pantalon ☛ *Voir note sous* PANTALON **trouser** *adj* : *a trouser leg/pocket* une jambe/poche de pantalon

trout /traʊt/ *n* (*pl* **trout**) truite

truant /'tru:ənt/ *n* (*École*) : *to play truant* faire l'école buissonnière

truce /tru:s/ *n* trêve

truck /trʌk/ *n* **1** (*surtout USA*) camion **2** (*GB*) (*Chemin de fer*) wagon de marchandises

true /tru:/ *adj* (**truer, truest**) **1** vrai : *It's too good to be true.* C'est trop beau pour être vrai. **2** véritable, vrai **3** fidèle : *to be true to your word/principles* tenir sa promesse/respecter ses principes **LOC to come true** se réaliser **true to life** réaliste

truly /'tru:li/ *adv* **1** véritablement, vraiment **2** vraiment, sincèrement **LOC** *Voir* WELL[2]

trump /trʌmp/ *n* atout : *Hearts are trumps.* Atout cœur.

trumpet /'trʌmpɪt/ *n* trompette

trundle /'trʌndl/ **1** *vi* avancer péniblement **2** *vt* traîner péniblement **3** *vt* pousser péniblement

trunk /trʌŋk/ *n* **1** (*Anat, Bot*) tronc **2** (*bagages*) malle ☛ *Voir illustration sous* BAGAGE **3** (*éléphant*) trompe **4 trunks** [*pl*] maillot de bain, slip de bain (*d'homme*) **5** (*USA*) (*Autom*) coffre

trust /trʌst/ ◆ *n* **1** ~ **(in sb/sth)** confiance (en qn/qch) **2** responsabilité : *As a teacher you are in a position of trust.* En tant qu'enseignant vous avez un poste à responsabilité. **3** propriété fiduciaire **4** (*arrangement*) fidéicommis **LOC** *Voir* BREACH ◆ *vt* **1** faire confiance à, avoir confiance en **2** ~ **sb with sth** confier qch à qn **PHR V to trust to sth** se fier à qch **trusted** *adj* digne de confiance **trusting** *adj* confiant

trustee /trʌ'sti:/ *n* **1** (*fonds*) fidéicommissaire, fiduciaire **2** (*société*) administrateur, -trice

trustworthy /'trʌstwɜ:ði/ *adj* fiable, digne de confiance

truth /tru:θ/ *n* (*pl* ~**s** /tru:ðz/) vérité : *To tell the truth...* À dire vrai... LOC *Voir* ECONOMICAL, MOMENT **truthful** *adj* **1** honnête, franc : *to be truthful* dire la vérité **2** vrai

try /traɪ/ ◆ (*prét, pp* **tried**) **1** *vi* essayer ☛ *Voir note sous* ESSAYER ☛ Dans le langage de tous les jours **try to + infinitif** peut être remplacé par **try and + infinitif** : *I'll try to/and finish it.* Je vais essayer de le finir. **2** *vt* goûter : *Can I try the soup?* Est-ce que je peux goûter la soupe ? **3** *vt* (*Jur, affaire*) juger **4** *vt* **to try sb (for sth)** (*Jur*) juger qn (pour qch) LOC **to try and do sth** essayer de faire qch **to try sb's patience** mettre la patience de qn à rude épreuve *Voir aussi* BEST PHR V **to try sth on** (*vêtement*) essayer qch **to try sth out** tester qch, essayer qch ◆ *n* (*pl* **tries**) **1** essai, tentative : *I'll give it a try.* Je vais essayer. ◊ *Let me have a try.* Laisse-moi essayer. **2** (*Rugby*) essai **trying** *adj* pénible, éprouvant

tsar (*aussi* **czar**) /zɑ:(r)/ *n* tsar

tsarina (*aussi* **czarina**) /zɑ:'ri:nə/ *n* tsarine

T-shirt /'ti: ʃɜ:t/ *n* T-shirt

tub /tʌb/ *n* **1** bac, baquet ☛ *Voir illustration sous* CONTAINER **2** (*fleurs*) bac **3** baignoire

tuba /tju:bə ; *USA* tu:bə/ *n* tuba (*instrument*)

tube /tju:b ; *USA* tu:b/ *n* **1** ~ **(of sth)** tube (de qch) ☛ *Voir illustration sous* CONTAINER **2 tube** (*fam*) (*aussi* **underground**) (*GB*) métro : *by tube* en métro

tuck /tʌk/ *vt* **1** ~ **sth into sth** rentrer qch dans qch **2** ~ **sth round sb/sth** enrouler qch autour de qn/qch : *to tuck sth round yourself* s'envelopper dans qch PHR V **to be tucked away** (*fam*) **1** (*argent*) être mis de côté : *He's got a fortune tucked away.* Il a mis de côté une petite fortune. **2** (*village, maison*) être niché **to tuck sth in** (*chemise*) rentrer qch **to tuck sb up** border qn

Tuesday /'tju:zdeɪ, 'tju:zdi ; *USA* 'tu:-/ *n* (*abrév* **Tue**, **Tues**) mardi ☛ *Voir exemples sous* MONDAY

tuft /tʌft/ *n* touffe

tug /tʌg/ ◆ (**-gg-**) **1** *vi* **to tug (at sth)** tirer (sur qch) : *He tugged at his mother's coat.* Il a tiré sur le manteau de sa mère. **2** *vt* tirer, traîner ◆ *n* **1 tug (at/on sth)** coup sec (sur qch) **2** (*aussi* **tugboat**) remorqueur

tuition /tju'ɪʃn ; *USA* tu-/ *n* [*indénombrable*] (*sout*) cours : *private tuition* cours particuliers ◊ *tuition fees* frais de scolarité

tulip /'tju:lɪp ; *USA* 'tu:-/ *n* tulipe

tumble /'tʌmbl/ ◆ *vi* **1** tomber, culbuter **2** s'écrouler ◆ *n* chute, culbute

tumble-dryer (*aussi* **tumble-drier**) /ˌtʌmbl 'draɪə(r)/ *n* sèche-linge

tumbler /'tʌmblə(r)/ *n* verre droit, gobelet

tummy /'tʌmi/ *n* (*pl* **-ies**) (*fam*) ventre : *tummy ache* mal de ventre

tumour (*USA* **tumor**) /'tju:mə(r) ; *USA* 'tu:-/ *n* tumeur

tuna /'tju:nə ; *USA* 'tu:nə/ (*pl* **tuna** *ou* ~**s**) (*aussi* **tuna fish**) *n* thon

tune /tju:n ; *USA* tu:n/ ◆ *n* air (*mélodie*) LOC **in/out of tune 1** (*chanter, jouer*) juste/faux **2** (*instrument*) accordé/désaccordé **in/out of tune with sb/sth** en accord/en désaccord avec qn/qch *Voir aussi* CHANGE ◆ *vt* **1** (*instrument*) accorder **2** (*moteur*) régler PHR V **to tune in (to sth)** se régler (sur qch) **to tune up** accorder son instrument **tuneful** *adj* mélodieux

tunic /'tju:nɪk ; *USA* 'tu:-/ *n* **1** tunique **2** vareuse

tunnel /'tʌnl/ ◆ *n* tunnel (**-ll-**, *USA* **-l-**)) ◆ *vi* ~ **(into/through/under sth)** creuser un tunnel (dans/à travers/sous qch)

turban /'tɜ:bən/ *n* turban

turbulence /'tɜ:bjələns/ *n* turbulence, agitation **turbulent** *adj* agité, turbulent

turf /tɜ:f/ ◆ *n* **1** gazon **2** tourbe ◆ *vt* gazonner PHR V **to turf sb/sth out (of sth)** (*GB, fam*) virer qn/qch (de qch)

turkey /'tɜ:ki/ *n* (*pl* ~**s**) dinde

turmoil /'tɜ:mɔɪl/ *n* désarroi

turn /tɜ:n/ ◆ **1** *vt, vi* tourner, se retourner : *to turn left* tourner à gauche ◊ *She turned her back and walked off.* Elle fit demi-tour et s'en alla. **2** *vi* devenir : *to turn white/red* pâlir/rougir **3** *vt, vi* ~ **(sb/sth) (from A) into B** transformer qn/qch (de A) en B ; se transformer (de A) en B **4** *vt* : *She's turning 40.* Elle va sur ses 40 ans. LOC **to turn a blind eye (to sth)** fermer les yeux (sur qch) **to turn back the clock** revenir en arrière **to turn over a new leaf** tourner la page **to turn your back on sb/sth** laisser tomber qn/qch *Voir aussi* MIND, PALE, SOUR

PHR V **to turn around** se retourner

to turn away (from sb/sth) se détourner (de qn/qch) **to turn sb away** refuser qn **to turn sb away (from sth)** ne pas laisser entrer qn (dans qch)

to turn back rebrousser chemin, faire demi-tour **to turn sb back** faire faire demi-tour à qn

to turn sb/sth down refuser qn/qch, rejeter qch **to turn sth down** (*son*) baisser qch

to turn off tourner, sortir : *Turn off at the next exit.* Prenez la prochaine sortie.

to turn sb off (*fam*) dégoûter qn **to turn sth off 1** (*lumière, télé*) éteindre qch **2** (*robinet*) fermer qch

to turn sb on (*fam*) exciter qn **to turn sth on 1** (*lumière, télé*) allumer qch **2** (*robinet*) ouvrir qch

to turn out 1 venir **2** s'avérer **to turn sb out (of/from sth)** mettre qn à la porte (de qch) **to turn sth out** (*lumière*) éteindre qch

to turn over 1 se retourner **2** (*voiture*) faire des tonneaux **to turn sth over** retourner qch : *please turn over* TSVP

to turn (sb/sth) round (*aussi* to turn around) faire tourner qn/qch, retourner qn/qch, se retourner

to turn to sb s'adresser à qn

to turn up 1 arriver, se présenter **2** réapparaître **to turn sth up** (*radio, télé*) mettre plus fort, monter le son de

◆ *n* **1** tour **2** tournant : *to take a wrong turn* ne pas tourner dans la bonne rue **3** virage **4** tournure : *to take a turn for the better/worse* aller de mieux en mieux/de plus en plus mal **5** tour : *It's your turn to wash up.* C'est ton tour de faire la vaisselle. **6** (*fam*) coup, choc **7** (*fam*) crise, attaque LOC **a turn of phrase** une tournure de phrase **in turn** à tour de rôle **to do sb a good turn** rendre service à qn **to take turns (at sth)** faire qch à tour de rôle, se relayer (pour faire qch)

turning /ˈtɜːnɪŋ/ *n* virage

turning point *n* tournant (*moment décisif*)

turnip /ˈtɜːnɪp/ *n* navet

turnout /ˈtɜːnaʊt/ *n* taux de participation, nombre de gens dans l'assistance

turnover /ˈtɜːnəʊvə(r)/ *n* **1** chiffre d'affaires **2** (*marchandise, personnel*) renouvellement, rotation

turntable /ˈtɜːnteɪbl/ *n* (*tourne-disques*) platine

turpentine /ˈtɜːpəntaɪn/ (*aussi fam* **turps** /tɜːps/) *n* essence de térébenthine

turquoise /ˈtɜːkwɔɪz/ *n, adj* turquoise

turret /ˈtʌrət/ *n* tourelle

turtle /ˈtɜːtl/ *n* tortue (*marine*) ☛ *Comparer avec* TORTOISE

tusk /tʌsk/ *n* défense (*d'éléphant, etc.*)

tutor /ˈtjuːtə(r) ; *USA* ˈtuː-/ *n* **1** professeur particulier **2** (*GB*) (*université*) chargé, -e de travaux dirigés

tutorial /tjuːˈtɔːriəl ; *USA* tuː-/ *n* classe de travaux dirigés

TV /ˌtiː ˈviː/ *abrév* **television** télé : *What's on TV?* Qu'est-ce qu'il y a à la télé ?

twang /twæŋ/ *n* **1** vibration **2** voix nasillarde

tweezers /ˈtwiːzəz/ *n* [*pl*] pince à épiler ☛ *Voir note sous* PAIR

twelve /twelv/ *adj, pron, n* douze ☛ *Voir exemples sous* FIVE **twelfth** *adj, pron, adv, n* douzième ☛ *Voir exemples sous* FIFTH

twenty /ˈtwenti/ *adj, pron, n* vingt ☛ *Voir exemples sous* FIFTY, FIVE **twentieth** *adj, adv, pron, n* vingtième ☛ *Voir exemples sous* FIFTH

twice /twaɪs/ *adv* deux fois : *twice as much* deux fois plus ◊ *twice as many* deux fois plus nombreux LOC *Voir* ONCE

twiddle /ˈtwɪdl/ *vt, vi* ~ **(with) sth** faire tourner qch LOC **to twiddle your thumbs** se tourner les pouces

twig¹ /twɪg/ *n* brindille

twig² /twɪg/ *vi* piger, comprendre

twilight /ˈtwaɪlaɪt/ *n* **1** crépuscule, tombée du jour **2** aube naissante

twin /twɪn/ *n* **1** jumeau, -elle **2** (*d'une paire*) : *a twin(-bedded) room* une chambre avec lits jumeaux

twinge /twɪndʒ/ *n* élancement

twinkle /ˈtwɪŋkl/ *vi* **1** scintiller **2** ~ **(with sth)** (*yeux*) pétiller (de qch)

twirl /twɜːl/ **1** *vt, vi* (faire) tournoyer **2** *vt* entortiller, enrouler

twist /twɪst/ ◆ **1** *vt, vi* (s')entortiller, (s')enrouler **2** *vt, vi* (*couvercle*) (se) visser **3** *vi* (*route, rivière*) serpenter **4** *vt* (*paroles*) déformer **5** *vt* (*cheville, poignet*) se tordre ◆ *n* **1** torsion **2** (*route*) zigzag **3** (*rivière*) coude **4** (*changement*) rebondissement

twit /twɪt/ *n* (*GB, fam*) idiot, -e

twitch /twɪtʃ/ ◆ *n* **1** soubresaut, mouvement convulsif **2** tic **3** coup sec ◆ **1** *vi* trembloter, trembler **2** *vt, vi* (se) remuer

twitter /ˈtwɪtə(r)/ *vi* **1** gazouiller, pépier **2** (*personne*) parler avec agitation

two /tuː/ *adj, pron, n* deux ☛ *Voir exemples sous* FIVE **LOC to put two and two together** faire le rapprochement

two-faced /ˌtuː ˈfeɪst/ *adj* hypocrite

two-way /ˌtuː ˈweɪ/ *adj* **1** (*circulation*) dans les deux sens **2** (*rue*) à double sens **3** (*communication, processus*) bilatéral

tycoon /taɪˈkuːn/ *n* magnat

tying *Voir* TIE

type /taɪp/ ◆ *n* type, sorte, espèce : *all types of jobs* toutes sortes d'emplois ◊ *He's not my type (of person).* Ce n'est pas mon genre. ◊ *She's not the artistic type.* Elle n'a pas le tempérament artistique. ◆ *vt, vi* taper (*à la machine*) ☛ Souvent suivi de **out** ou de **up** : *to type sth up* taper qch

typescript /ˈtaɪpskrɪpt/ *n* texte dactylographié

typewriter /ˈtaɪpraɪtə(r)/ *n* machine à écrire

typhoid /ˈtaɪfɔɪd/ (*aussi* **typhoid fever**) *n* typhoïde

typhoon /taɪˈfuːn/ *n* typhon

typical /ˈtɪpɪkl/ *adj* typique, caractéristique **typically** *adv* **1** typiquement **2** comme d'habitude

typify /ˈtɪpɪfaɪ/ *vt* (*prét, pp* **-fied**) caractériser, être l'exemple parfait de

typing /ˈtaɪpɪŋ/ *n* dactylographie

typist /ˈtaɪpɪst/ *n* dactylo

tyranny /ˈtɪrəni/ *n* tyrannie, abus de pouvoir

tyrant /ˈtaɪrənt/ *n* tyran

tyre (*USA* **tire**) /ˈtaɪə(r)/ *n* pneu

Uu

U, u /juː/ *n* (*pl* **U's, u's** /juːz/) U, u : *U for uncle* U comme Ursule ☛ *Voir exemples sous* A, A

ubiquitous /juːˈbɪkwɪtəs/ *adj* (*sout*) omniprésent

UFO (*aussi* **ufo**) /ˌjuː efˈəʊ, ˈjuːfəʊ/ *abrév* (*pl* ~**s**) ovni

ugh! /ɜː, ʊx/ *excl* berk !

ugly /ˈʌgli/ *adj* (**uglier, ugliest**) **1** laid, hideux, moche **2** (*foule*) menaçant

ulcer /ˈʌlsə(r)/ *n* **1** ulcère : *a stomach ulcer* un ulcère de l'estomac **2** (*aussi* **mouth ulcer**) aphte

ultimate /ˈʌltɪmət/ *adj* **1** final, définitif **2** (*le meilleur*) suprême : *Silk sheets are the ultimate luxury.* Les draps en soie sont le summum du luxe. **3** fondamental, premier **ultimately** *adv* **1** en fin de compte **2** en définitive

umbrella /ʌmˈbrelə/ *n* **1** parapluie : *beach umbrellas* parasols **2** protection : *under the umbrella of...* sous l'égide de... **3** *an umbrella organization* un organisme de tutelle

umpire /ˈʌmpaɪə(r)/ ◆ *n* arbitre (*Sport*) ◆ **1** *vt* arbitrer **2** *vi* être l'arbitre

UN /ˌjuː ˈen/ *abrév* **United Nations** ONU

unable /ʌnˈeɪbl/ *adj* (*souvent sout*) ~ **to do sth** incapable de faire qch

unacceptable /ˌʌnəkˈseptəbl/ *adj* inacceptable, inadmissible

unaccustomed /ˌʌnəˈkʌstəmd/ *adj* **1** *to be unaccustomed to (doing) sth* ne pas avoir l'habitude de (faire) qch **2** inhabituel

unambiguous /ˌʌnæmˈbɪgjuəs/ *adj* sans équivoque

unanimous /juˈnænɪməs/ *adj* ~ **(in sth)** unanime (au sujet de qch)

unarmed /ˌʌnˈɑːmd/ *adj* non armé, sans armes

unattractive /ˌʌnəˈtræktɪv/ *adj* peu attrayant, peu attirant

unavailable /ˌʌnəˈveɪləbl/ *adj* non disponible : *The director was unavailable.* Le directeur n'était pas disponible.

unavoidable /ˌʌnəˈvɔɪdəbl/ *adj* inévitable

unaware /ˌʌnəˈweə(r)/ *adj* **to be ~ of sth 1** ne pas être au courant de qch : *He was unaware that...* Il ignorait que... **2** être inconscient de qch

unbearable /ʌnˈbeərəbl/ *adj* insupportable, intolérable

unbeatable /ʌnˈbiːtəbl/ *adj* imbattable

unbeaten /ʌnˈbiːtn/ *adj* (*Sport*) invaincu, qui n'a pas été battu

unbelievable /ˌʌnbɪˈliːvəbl/ *adj* incroyable *Voir aussi* INCREDIBLE

unbroken /ʌnˈbrəʊkən/ *adj* **1** intact **2** ininterrompu **3** (*record*) qui n'a pas été battu **4** (*esprit*) indompté

uncanny /ʌnˈkæni/ *adj* (**-ier, -iest**) **1** étrange, mystérieux **2** troublant

uncertain /ʌnˈsɜːtn/ *adj* **1** incertain **2** *It is uncertain whether...* Il n'est pas sûr que... **3** instable, variable **uncertainty** *n* (*pl* **-ies**) incertitude

unchanged /ʌnˈtʃeɪndʒd/ *adj* inchangé

uncle /ˈʌŋkl/ *n* oncle

unclear /ˌʌnˈklɪə(r)/ *adj* peu clair, incertain

uncomfortable /ʌnˈkʌmftəbl ; *USA* -fərt-/ *adj* **1** (*fauteuil*) inconfortable, peu confortable **2** (*personne*) mal à l'aise **uncomfortably** *adv* désagréablement : *The exams are getting uncomfortably close.* L'approche des examens devient angoissante.

uncommon /ʌnˈkɒmən/ *adj* rare, peu commun

uncompromising /ʌnˈkɒmprəmaɪzɪŋ/ *adj* intransigeant, inflexible

unconcerned /ˌʌnkənˈsɜːnd/ *adj* **1 ~ (about/by sth)** indifférent (à qch) **2** qui ne s'inquiète pas, imperturbable

unconditional /ˌʌnkənˈdɪʃənl/ *adj* **1** (*appui*) inconditionnel **2** (*amour*) absolu **3** (*offre, reddition*) sans conditions

unconscious /ʌnˈkɒnʃəs/ ◆ *adj* **1** sans connaissance **2** inconscient **3 to be ~ of sth** ne pas être conscient de qch ◆ **the unconscious** *n* l'inconscient ☛ *Comparer avec* SUBCONSCIOUS

uncontrollable /ˌʌnkənˈtrəʊləbl/ *adj* **1** incontrôlable, qu'on ne peut maîtriser **2** (*personne, caractère*) impossible

unconventional /ˌʌnkənˈvenʃənl/ *adj* peu conventionnel

unconvincing /ˌʌnkənˈvɪnsɪŋ/ *adj* peu convaincant

uncouth /ʌnˈkuːθ/ *adj* grossier, rustre

uncover /ʌnˈkʌvə(r)/ *vt* (*pr et fig*) découvrir

undecided /ˌʌndɪˈsaɪdɪd/ *adj* **1** non résolu **2** indécis, incertain : *I'm undecided about what to do.* Je ne sais pas quoi faire.

undeniable /ˌʌndɪˈnaɪəbl/ *adj* indéniable **undeniably** *adv* incontestablement

under /ˈʌndə(r)/ *prép* **1** sous : *It was under the bed.* C'était sous le lit. ◊ *under the new government* sous le nouveau gouvernement **2** (*quantité*) moins de **3** (*âge*) moins de, en dessous de **4** (*Jur*) conformément à, selon **5** *under construction* en (cours de) construction

under- /ˈʌndə(r)/ *préf* **1** sous-, insuffisamment : *Women are under-represented in the group.* Les femmes sont insuffisamment représentées dans ce groupe. ◊ *under-used* sous-exploité **2** (*âge*) : *the under-fives* les enfants de moins de cinq ans ◊ *the under-21s* les personnes de moins de 21 ans ◊ *the under-21 team* l'équipe junior ◊ *under-age drinking* consommation d'alcool par les mineurs

undercover /ˌʌndəˈkʌvə(r)/ *adj* **1** (*agent*) secret **2** (*opération*) secret, clandestin

underestimate /ˌʌndərˈestɪmeɪt/ *vt* sous-estimer

undergo /ˌʌndəˈgəʊ/ *vt* (*prét* **underwent** /-ˈwent/ *pp* **undergone** /-ˈgɒn ; *USA* -ˈgɔːn/) **1** (*opération, changement, test*) subir **2** (*souffrances*) éprouver **3** (*formation, traitement*) suivre

undergraduate /ˌʌndəˈgrædʒuət/ *n* étudiant qui prépare une licence

underground /ˌʌndəˈgraʊnd/ ◆ *adv* **1** souterrain **2** (*fig*) clandestin ◆ /ˌʌndəˈgraʊnd/ *adj* **1** souterrain **2** (*fig*) clandestin ◆ /ˈʌndəgraʊnd/ *n* **1** (*GB fam* tube, *USA* **subway**) métro **2** mouvement clandestin

undergrowth /ˈʌndəgrəʊθ/ *n* sous-bois

underlie /ˌʌndəˈlaɪ/ *vt* (*prét* **underlay** /ˌʌndəˈleɪ/ *pp* **underlain** /-ˈleɪn/) (*fig*) sous-tendre, être à la base de

underline /ˌʌndəˈlaɪn/ (*aussi* **underscore** /ˌʌndəˈskɔː(r)/) *vt* souligner

undermine /ˌʌndəˈmaɪn/ *vt* saper, ébranler

underneath /ˌʌndəˈniːθ/ ◆ *prép* sous, au-dessous de ◆ *adv* (en) dessous ◆ **the underneath** *n* [*sing*] dessous

underpants /ˈʌndəpænts/ (*aussi fam* pants) *n* [*pl*] slip (*d'homme*)

underprivileged /ˌʌndəˈprɪvəlɪdʒd/ *adj* défavorisé

underside /ˈʌndəsaɪd/ *n* dessous

understand /ˌʌndəˈstænd/ (*prét, pp* **understood** /-ˈstʊd/) **1** *vt, vi* comprendre : *Suddenly I understood her hurry.* Tout à coup j'ai compris pourquoi elle était pressée. **2** *vt* (*souvent sout*) croire, comprendre : *I understand she is in Paris.* J'ai cru comprendre qu'elle est à Paris. **understandable** *adj* compréhensible **understandably** *adv* naturellement

understanding /ˌʌndəˈstændɪŋ/ ◆ *adj* compréhensif ◆ *n* **1** compréhension **2** connaissance **3** entente **4** accord **5** ~ **(of sth)** (*souvent sout*) interprétation (de qch)

understate /ˌʌndəˈsteɪt/ *vt* minimiser

understatement /ˈʌndəsteɪtmənt/ *n* : *To say they were disappointed would be an understatement.* Dire qu'ils étaient déçus, c'est peu dire.

understood *prét, pp de* UNDERSTAND

undertake /ˌʌndəˈteɪk/ *vt* (*prét* **undertook** /-ˈtʊk/ *pp* **undertaken** /-ˈteɪkən/) (*sout*) **1** entreprendre **2** ~ **to do sth** s'engager à faire qch **undertaking** *n* **1** (*sout*) garantie, engagement **2** entreprise

undertaker /ˈʌndəteɪkə(r)/ *n* **1** entrepreneur des pompes funèbres **2 undertaker's** entreprise de pompes funèbres

undertook *prét de* UNDERTAKE

underwater /ˌʌndəˈwɔːtə(r)/ ◆ *adj* sous-marin, sous l'eau ◆ *adv* sous l'eau

underwear /ˈʌndəweə(r)/ *n* [*indénombrable*] sous-vêtements

underwent *prét de* UNDERGO

the underworld /ˈʌndəwɜːld/ *n* **1** les enfers **2** le milieu, la pègre

undesirable /ˌʌndɪˈzaɪərəbl/ ◆ *adj* indésirable ◆ *n* indésirable

undid *prét de* UNDO

undisputed /ˌʌndɪˈspjuːtɪd/ *adj* incontesté

undisturbed /ˌʌndɪˈstɜːbd/ *adj* **1** (*personne*) tranquille **2** (*objets*) non dérangé

undo /ʌnˈduː/ *vt* (*prét* **undid** /ʌnˈdɪd/ *pp* **undone** /ʌnˈdʌn/) **1** (*nœud, etc.*) défaire **2** (*paquet*) ouvrir **3** annuler : *to undo the damage* réparer les dégâts **undone** *adj* **1** défait : *to come undone* se défaire **2** non accompli

undoubtedly /ʌnˈdaʊtɪdli/ *adv* indubitablement

undress /ʌnˈdres/ *vt, vi* (se) déshabiller ☛ L'expression **to get undressed** est plus courante. **undressed** *adj* déshabillé

undue /ˌʌnˈdjuː ; *USA* -ˈduː/ *adj* [*toujours devant le nom*] (*sout*) excessif **unduly** *adv* (*sout*) excessivement

unearth /ʌnˈɜːθ/ *vt* **1** déterrer **2** dénicher, découvrir

unease /ʌnˈiːz/ *n* **1** inquiétude **2** malaise

uneasy /ʌnˈiːzi/ *adj* (**-ier, -iest**) **1** ~ **(about/at sth)** inquiet (au sujet de qch) **2** mal à l'aise **3** (*silence*) gêné **4** (*conscience*) pas tranquille

uneducated /ʌnˈedʒukeɪtɪd/ *adj* sans instruction

unemployed /ˌʌnɪmˈplɔɪd/ *adj* au chômage **the unemployed** *n* [*pl*] les chômeurs

unemployment /ˌʌnɪmˈplɔɪmənt/ *n* chômage

unequal /ʌnˈiːkwəl/ *adj* **1** inégal **2** (*sout*) : *to feel unequal to sth* ne pas se sentir à la hauteur de qch

uneven /ʌnˈiːvn/ *adj* **1** irrégulier **2** inégal

uneventful /ˌʌnɪˈventfl/ *adj* ordinaire, sans histoires

unexpected /ˌʌnɪkˈspektɪd/ *adj* inattendu, imprévu

unfair /ˌʌnˈfeə(r)/ *adj* **1** ~ **(to/on sb)** injuste (envers qn) **2** (*concurrence*) déloyal **3** (*licenciement*) abusif

unfaithful /ʌnˈfeɪθfl/ *adj* **1** infidèle **2** (*vieilli*) déloyal

unfamiliar /ˌʌnfəˈmɪliə(r)/ *adj* **1** peu familier **2** (*personne, visage*) inconnu **3** ~ **with sth** pas familiarisé avec qch

unfashionable /ʌnˈfæʃnəbl/ *adj* qui n'est pas à la mode

unfasten /ʌnˈfɑːsn/ *vt* **1** défaire **2** ouvrir **3** (*ceinture*) détacher

unfavourable /ʌnˈfeɪvərəbl/ *adj* défavorable, désavantageux

unfinished /ʌnˈfɪnɪʃt/ *adj* inachevé, incomplet : *unfinished business* affaires à régler

unfit /ʌn'fɪt/ *adj* **1** ~ **(for sth/to do sth)** inapte, impropre (à qch/à faire qch) **2** pas en forme

unfold /ʌn'fəʊld/ **1** *vt* (*carte, tissu*) déplier **2** *vt* (*ailes*) déployer **3** *vt, vi* (*fig*) (se) dévoiler

unforeseen /ˌʌnfɔː'siːn/ *adj* imprévu, inattendu

unforgettable /ˌʌnfə'getəbl/ *adj* inoubliable

unforgivable /ˌʌnfə'gɪvəbl/ *adj* impardonnable

unfortunate /ʌn'fɔːtʃənət/ *adj* **1** malheureux : *It is unfortunate (that)...* Il est regrettable que... **2** (*incident*) fâcheux **3** (*remarque*) malencontreux **unfortunately** *adv* malheureusement

unfriendly /ʌn'frendli/ *adj* (**-ier, -iest**) ~ **(to/towards sb)** froid (avec qn) ; peu amical, hostile

ungrateful /ʌn'greɪtfl/ *adj* ~ **(to sb)** ingrat (envers qn)

unhappy /ʌn'hæpi/ *adj* (**-ier, -iest**) **1** malheureux, triste **2** ~ **(about/at sth)** insatisfait, mécontent (de qch) **unhappiness** *n* tristesse, chagrin

unharmed /ʌn'hɑːmd/ *adj* **1** indemne **2** intact

unhealthy /ʌn'helθi/ *adj* (**-ier, -iest**) **1** maladif **2** malsain, insalubre **3** (*intérêt*) malsain

unheard-of /ʌn'hɜːd ɒv/ *adj* inouï, sans précédent

unhelpful /ʌn'helpfl/ *adj* peu serviable, inutile

unhurt /ʌn'hɜːt/ *adj* indemne, sain et sauf

uniform /'juːnɪfɔːm/ ◆ *adj* constant, identique ◆ *n* uniforme LOC **in uniform** en uniforme

unify /'juːnɪfaɪ/ *vt* (*prét, pp* **-fied**) unifier

unimportant /ˌʌnɪm'pɔːt(ə)nt/ *adj* sans importance, insignifiant

uninhabited /ˌʌnɪn'hæbɪtɪd/ *adj* inhabité, désert

unintentionally /ˌʌnɪn'tenʃənəli/ *adv* involontairement

uninterested /ʌn'ɪntrəstɪd/ *adj* ~ **(in sb/sth)** indifférent (à qn/qch)

union /'juːniən/ *n* **1** union : *the Union Jack* le drapeau du Royaume-Uni **2** *Voir* TRADE UNION

unique /ju'niːk/ *adj* **1** unique **2** exceptionnel, unique **3** ~ **to sb/sth** particulier, propre à qn/qch

unison /'juːnɪsn, 'juːnɪzn/ *n* LOC **in unison (with sb)** de concert avec qn, à l'unisson

unit /'juːnɪt/ *n* **1** unité **2** *kitchen units* éléments de cuisine

unite /ju'naɪt/ **1** *vt, vi* (s')unir **2** *vi* ~ **(in doing sth/to do sth)** s'unir (pour faire qch)

unity /'juːnəti/ *n* **1** unité, union **2** (*entente*) harmonie

universal /ˌjuːnɪ'vɜːsl/ *adj* universel, général **universally** *adv* universellement

universe /'juːnɪvɜːs/ *n* l'univers

university /ˌjuːnɪ'vɜːsəti/ *n* (*pl* **-ies**) université : *to go to university* aller à l'université ☛ *Voir note sous* SCHOOL

unjust /ˌʌn'dʒʌst/ *adj* injuste

unkempt /ˌʌn'kempt/ *adj* **1** négligé, mal entretenu **2** (*cheveux*) mal peigné

unkind /ˌʌn'kaɪnd/ *adj* **1** (*personne*) peu aimable, pas très gentil **2** (*remarque*) désobligeant

unknown /ˌʌn'nəʊn/ *adj* ~ **(to sb)** inconnu (de qn)

unlawful /ʌn'lɔːfl/ *adj* illégal, illicite

unleaded /ˌʌn'ledɪd/ *adj* sans plomb

unleash /ʌn'liːʃ/ *vt* ~ **sth (against/on sb/sth)** **1** (*animal*) lâcher qch (sur qn/qch) **2** (*fig*) déchaîner qch (contre qn/qch)

unless /ən'les/ *conj* à moins que, sauf si : *unless Kate has changed her mind* à moins que Kate n'ait changé d'avis

unlike /ˌʌn'laɪk/ ◆ *prép* **1** différent de **2** (*peu typique*) : *It's unlike him to be late.* Ça ne lui ressemble pas du tout d'être en retard. **3** à la différence de, contrairement à ◆ *adj* différent

unlikely /ʌn'laɪkli/ *adj* (**-ier, -iest**) **1** improbable, peu probable **2** (*excuse, histoire*) invraisemblable

unlimited /ʌn'lɪmɪtɪd/ *adj* illimité

unload /ˌʌn'ləʊd/ **1** *vt, vi* décharger **2** *vt* se débarrasser de, se décharger de

unlock /ˌʌn'lɒk/ *vt, vi* (s')ouvrir (*avec une clé*)

unlucky /ʌn'lʌki/ *adj* **1** malchanceux, de malchance **2** qui porte malheur

unmarried /ˌʌn'mærid/ *adj* célibataire : *an unmarried mother* une mère célibataire

unmistakable /ˌʌnmɪˈsteɪkəbl/ *adj* facilement reconnaissable, évident

unmoved /ˌʌnˈmuːvd/ *adj* indifférent, insensible

unnatural /ʌnˈnætʃrəl/ *adj* **1** anormal **2** contre nature **3** affecté, peu naturel

unnecessary /ʌnˈnesəsəri ; *USA* -seri/ *adj* **1** inutile **2** (*remarque*) déplacé

unnoticed /ˌʌnˈnəʊtɪst/ *adj* inaperçu : *to go unnoticed* passer inaperçu

unobtrusive /ˌʌnəbˈtruːsɪv/ *adj* effacé, discret

unofficial /ˌʌnəˈfɪʃl/ *adj* **1** non officiel, officieux **2** (*grève*) sauvage

unorthodox /ʌnˈɔːθədɒks/ *adj* peu orthodoxe

unpack /ˌʌnˈpæk/ **1** *vt* déballer **2** *vi* défaire ses bagages **3** *vt* (*valise*) défaire

unpaid /ˌʌnˈpeɪd/ *adj* **1** impayé, non payé **2** (*personne, travail*) non rémunéré

unpleasant /ʌnˈpleznt/ *adj* désagréable

unplug /ʌnˈplʌg/ *vt* (**-gg-**) débrancher

unpopular /ˌʌnˈpɒpjələ(r)/ *adj* impopulaire

unprecedented /ʌnˈpresɪdentɪd/ *adj* sans précédent

unpredictable /ˌʌnprɪˈdɪktəbl/ *adj* imprévisible

unqualified /ʌnˈkwɒlɪfaɪd/ *adj* **1** non qualifié **2** inconditionnel, sans condition

unravel /ʌnˈrævl/ *vt, vi* (**-ll-**, *USA* **-l-**)) (*pr et fig*) (se) défaire, (se) démêler, (se) dénouer

unreal /ˌʌnˈrɪəl/ *adj* **1** irréel, imaginaire **2** incroyable

unrealistic /ˌʌnrɪəˈlɪstɪk/ *adj* peu réaliste, irréaliste

unreasonable /ʌnˈriːznəbl/ *adj* **1** déraisonnable, irréaliste **2** excessif

unreliable /ˌʌnrɪˈlaɪəbl/ *adj* peu fiable

unrest /ʌnˈrest/ *n* agitation, troubles

unroll /ʌnˈrəʊl/ *vt, vi* (se) dérouler

unruly /ʌnˈruːli/ *adj* indiscipliné

unsafe /ʌnˈseɪf/ *adj* dangereux, peu sûr

unsatisfactory /ˌʌnˌsætɪsˈfæktəri/ *adj* peu satisfaisant

unsavoury (*USA* **unsavory**) /ʌnˈseɪvəri/ *adj* **1** répugnant **2** peu recommandable

unscathed /ʌnˈskeɪðd/ *adj* **1** indemne **2** (*fig*) non affecté

unscrew /ˌʌnˈskruː/ *vt, vi* (se) dévisser

unscrupulous /ʌnˈskruːpjələs/ *adj* sans scrupules, peu scrupuleux

unseen /ˌʌnˈsiːn/ *adj* invisible, inaperçu

unsettle /ˌʌnˈsetl/ *vt* troubler, perturber **unsettled** *adj* **1** (*personne*) perturbé, inquiet **2** (*situation, temps*) instable **3** (*question*) qui n'a pas été réglé **unsettling** *adj* troublant

unshaven /ˌʌnˈʃeɪvn/ *adj* non rasé

unsightly /ʌnˈsaɪtli/ *adj* disgracieux, laid

unskilled /ˌʌnˈskɪld/ *adj* **1** (*travail*) qui n'exige pas de qualification professionnelle **2** (*ouvrier*) non qualifié

unspoilt /ˌʌnˈspɔɪlt/ (*aussi* **unspoiled**) *adj* (*paysage*) préservé

unspoken /ˌʌnˈspəʊkən/ *adj* tacite, inexprimé

unstable /ʌnˈsteɪbl/ *adj* instable

unsteady /ʌnˈstedi/ *adj* (**-ier, -iest**) **1** chancelant, instable **2** (*main*) tremblant

unstuck /ˌʌnˈstʌk/ *adj* décollé LOC **to come unstuck 1** se décoller **2** (*fam*) (*fig*) tomber à l'eau

unsuccessful /ˌʌnsəkˈsesfl/ *adj* **1** (*tentative*) infructueux, sans succès **2** (*candidat*) malheureux : *to be unsuccessful in doing sth* ne pas réussir à faire qch **unsuccessfully** *adv* sans succès

unsuitable /ˌʌnˈsuːtəbl/ *adj* inapproprié, inopportun

unsure /ˌʌnˈʃʊə(r)/ *adj* **1 to be ~ of yourself** manquer de confiance en soi **2 to be ~ (about/of sth)** ne pas savoir très bien (que faire à propos de qch)

unsuspecting /ˌʌnsəˈspektɪŋ/ *adj* naïf, sans méfiance

unsympathetic /ˌʌnˌsɪmpəˈθetɪk/ *adj* **1** peu compatissant **2** (*désagréable*) antipathique

untangle /ʌnˈtæŋgl/ *vt* démêler

unthinkable /ʌnˈθɪŋkəbl/ *adj* impensable, inconcevable

untidy /ʌnˈtaɪdi/ *adj* (**-ier, -iest**) **1** (*pièce*) en désordre **2** (*habitude*) désordonné **3** (*apparence*) négligé

untie /ʌnˈtaɪ/ *vt* (*prét, pp* **untied** *part présent* **untying**) défaire, dénouer

until /ənˈtɪl/ (*aussi* **till**) ◆ *conj* jusqu'à ce que : *until this point is cleared up* jusqu'à ce que ce point soit tiré au clair ◆ *prép* jusqu'à : *until now* jusqu'à présent ◇ *until recently* jusqu'à ce qu'il y a peu de temps ☛ *Voir note sous* JUSQUE

untouched /ʌn'tʌtʃt/ *adj* **1** intact **2** (*nourriture*) : *She left her meal untouched.* Elle n'a pas touché à son repas. **3** ~ **(by sth)** insensible (à qch) **4** ~ **(by sth)** non affecté (par qch) **5** indemne

untrue /ʌn'tru:/ *adj* **1** faux **2** ~ **(to sb/sth)** infidèle (à qn)

unused *adj* **1** /ˌʌn'ju:zd/ inutilisé, non usagé **2** /ˌʌn'ju:st/ ~ **to sb/sth** pas habitué à qn/qch : *I was unused to to such a hectic schedule.* Je n'avais pas l'habitude d'un programme aussi chargé.

unusual /ʌn'ju:ʒuəl/ *adj* **1** peu commun, inhabituel **2** original **3** rare, exceptionnel : *It's unusual for it to be so warm in March.* Il est rare qu'il fasse aussi chaud en mars. **unusually** *adv* exceptionnellement : *Unusually for him, he wore a tie.* Contrairement à son habitude, il portait une cravate.

unveil /ˌʌn'veɪl/ *vt* dévoiler

unwanted /ˌʌn'wɒntɪd/ *adj* **1** indésirable, inopportun : *to feel unwanted* se sentir de trop ◊ *an unwanted pregnancy* une grossesse non désirée **2** superflu

unwarranted /ʌn'wɒrəntɪd ; *USA* -'wɔ:r-/ *adj* injustifié

unwelcome /ʌn'welkəm/ *adj* **1** (*visiteur*) importun **2** (*nouvelle*) fâcheux : *to make sb feel unwelcome* faire sentir à qn qu'il n'est pas le bienvenu

unwell /ʌn'wel/ *adj* malade, souffrant : *I feel unwell.* Je ne me sens pas très bien.

unwilling /ʌn'wɪlɪŋ/ *adj* réticent : *They were unwilling to help.* Ils n'étaient pas disposés à nous aider. **unwillingness** *n* réticence

unwind /ˌʌn'waɪnd/ (*prét, pp* **unwound** /-'waʊnd/) **1** *vt, vi* (se) dérouler **2** *vi* (*fam*) se détendre, se relaxer

unwise /ˌʌn'waɪz/ *adj* imprudent, malavisé

unwittingly /ʌn'wɪtɪŋli/ *adv* involontairement, accidentellement

unwound *prét, pp de* UNWIND

unwrap /ʌn'ræp/ *vt* **(-pp-)** déballer, ouvrir

unzip /ʌn'zɪp/ *vt* **(-pp-)** défaire la fermeture éclair de, ouvrir

up /ʌp/ ◆ *particule* **1** levé : *Is he up yet?* Est-ce qu'il est déjà levé ? **2** vers le haut : *Pull your socks up.* Remonte tes chaussettes. **3 up (to sb/sth)** : *He came up (to me).* Il est venu (me voir). **4** en morceaux : *to tear sth up* déchirer qch **5** (*terminé*) : *Your time is up.* C'est l'heure ! LOC **not to be up to much** ne pas valoir grand-chose **to be up to sb** dépendre de qn : *It's up to you.* C'est à toi de voir. **to be up (with sb)** (*fam*) : *What's up with you?* Qu'est-ce qui ne va pas ? **up and down 1** *The boat bobbed up and down in the water.* Le bateau dansait sur les vagues. ◊ *to jump up and down* faire des bonds **2** de long en large : *to walk up and down* faire les cent pas **up to sth 1** (*aussi* up until sth) jusqu'à qch : *up to now* jusqu'à présent **2** d'attaque pour qch : *I don't feel up to it.* Je ne m'en sens pas le courage. **3** (*fam*) : *What are they up to now?* Qu'est-ce qu'ils peuvent bien fabriquer maintenant ? ◊ *He's up to no good.* Il manigance quelque chose. ☛ Les verbes à particule formés avec **up** sont traités sous le verbe correspondant : pour **to go up**, par exemple, voir GO[1]. ◆ *prép* (*direction*) : *up the road* un peu plus loin dans cette rue LOC **up and down sth** : *She looked up and down the street.* Elle a parcouru la rue du regard. ◊ *They travel up and down the country.* Ils sillonnent le pays. ◆ *n* LOC **ups and downs** des hauts et des bas

upbringing /'ʌpbrɪŋɪŋ/ *n* éducation

update /ˌʌp'deɪt/ ◆ *vt* **1** mettre à jour, remettre à jour, actualiser **2** ~ **sb (on sth)** mettre qn au courant (de qch) ◆ /'ʌpdeɪt/ *n* mise à jour

upgrade /ˌʌp'greɪd/ ◆ *vt* **1** (*Informatique*) améliorer **2** (*personne*) promouvoir (*à un poste*) ◆ /'ʌpgreɪd/ *n* (*Informatique*) **1** mise à jour **2** extension

upheaval /ʌp'hi:vl/ *n* bouleversement

upheld *prét, pp de* UPHOLD

uphill /ˌʌp'hɪl/ ◆ *adj* (*route*) qui monte : *It's an uphill struggle.* Ce n'est vraiment pas évident. ◆ *adv* en montée

uphold /ʌp'həʊld/ *vt* (*prét, pp* **upheld** /-'held/) **1** (*décision*) confirmer, maintenir **2** (*tradition*) respecter

upholstered /ˌʌp'həʊlstəd/ *adj* recouvert de tissu d'ameublement **upholstery** *n* [*indénombrable*] **1** tissu d'ameublement **2** tapisserie (*de meuble*)

upkeep /'ʌpki:p/ *n* (frais d')entretien

uplifting /ʌp'lɪftɪŋ/ *adj* édifiant

upon /ə'pɒn/ *prép* (*sout*) *Voir* ON *Voir aussi* ONCE

upper /ˈʌpə(r)/ *adj* **1** supérieur, du dessus : *the upper limit* la limite maximale ◊ *upper case letters* majuscules **2** supérieur, du haut : *the upper class* l'aristocratie ☛ *Voir exemples sous* LOW LOC **to gain, get, etc. the upper hand** prendre le dessus

uppermost /ˈʌpəməʊst/ *adj* plus haut, plus élevé LOC **to be uppermost in sb's mind** occuper la première place dans l'esprit de qn

upright /ˈʌpraɪt/ ◆ *adj* **1** (*position*) (tout) droit, vertical **2** (*honnête*) droit ◆ *adv* droit

uprising /ˈʌpraɪzɪŋ/ *n* soulèvement, insurrection

uproar /ˈʌprɔː(r)/ *n* **1** tumulte, agitation **2** indignation

uproot /ˌʌpˈruːt/ *vt* **1** déraciner **2** ~ **sb/yourself (from sth)** (*fig*) arracher qn de qch ; s'arracher de qch ; déraciner qn ; se déraciner

upset /ˌʌpˈset/ ◆ *vt* (*prét, pp* **upset**) **1** perturber, contrarier : *Don't upset yourself.* Ne t'en fais pas. **2** (*programme*) bouleverser **3** (*récipient*) retourner, renverser ◆ *adj* ☛ Devant un nom se prononce /ˌʌpset/. **1** contrarié, vexé **2** (*estomac*) dérangé ◆ /ˈʌpset/ *n* **1** revers, bouleversement **2** (*Méd*) : *a stomach upset* des maux d'estomac

upshot /ˈʌpʃɒt/ *n* **the ~ (of sth)** le résultat (de qch)

upside down /ˌʌpsaɪd ˈdaʊn/ *adj, adv* **1** à l'envers ☛ *Voir illustration sous* ENVERS[2] **2** (*fam*) (*fig*) sens dessus dessous

upstairs /ˌʌpˈsteəz/ ◆ *adv* à l'étage, en haut : *to go/walk upstairs* monter ◆ *adj* **1** (*pièce*) d'en haut, à l'étage **2** (*voisin*) du dessus ◆ *n* [*sing*] étage : *We've converted the upstairs into an office.* Nous avons aménagé l'étage en bureau.

upstream /ˌʌpˈstriːm/ *adv* en amont

upsurge /ˈʌpsɜːdʒ/ *n* **1** ~ **(in sth)** regain (de qch) **2** ~ **(of sth)** recrudescence (de qch) ; montée (de qch)

up to date /ˌʌp tə ˈdeɪt/ *adj* **1** (*style, personne*) moderne, à la mode **2** à jour **3** (*nouvelles*) récent

upturn /ˈʌptɜːn/ *n* ~ **(in sth)** redressement, amélioration (de qch)

upturned /ˌʌpˈtɜːnd/ *adj* **1** (*boîte*) renversé **2** (*bateau*) chaviré **3** (*nez*) retroussé, en trompette

upward /ˈʌpwəd/ ◆ *adj* vers le haut : *an upward trend* une tendance à la hausse ◆ *adv* (*aussi* **upwards**) vers le haut **upwards of** *prép* plus de : *upwards of 10 000 people* plus de 10 000 personnes

uranium /juˈreɪniəm/ *n* uranium

Uranus /ˈjʊərənəs, jʊˈreɪnəs/ *n* Uranus

urban /ˈɜːbən/ *adj* urbain

urge /ɜːdʒ/ ◆ *vt* ~ **sb (to do sth)** pousser qn (à faire qch) ; conseiller vivement à qn (de faire qch) PHR V **to urge sb on** encourager qn ◆ *n* désir, forte envie

urgency /-dʒənsi/ *n* urgence

urgent /ˈɜːdʒənt/ *adj* **1** urgent : *to be in urgent need of sth* avoir besoin de qch d'urgence **2** (*ton*) insistant, pressant

urine /ˈjʊərɪn/ *n* urine

us /əs, ʌs/ *pron pers* **1** [*complément d'objet*] nous : *He ignored us.* Il a fait comme s'il ne nous voyait pas. ◊ *Write to us soon.* Écris-nous bientôt. ☛ *Voir note sous* LET[1] **2** [*après une prép ou le verbe* **to be**] nous : *behind us* derrière nous ◊ *Take both of us!* Emmène-nous tous les deux ! ◊ *It's us.* C'est nous. ☛ *Comparer avec* WE

usage /ˈjuːsɪdʒ, ˈjuːzɪdʒ/ *n* utilisation, usage

use[1] /juːz/ *vt* (*prét, pp* **used** /juːzd/) **1** se servir de, utiliser, employer **2** (*personne*) se servir de, exploiter **3** (*carburant*) consommer, utiliser PHR V **to use sth up** finir qch, épuiser qch

use[2] /juːs/ *n* **1** utilisation, emploi : *for your own use* pour votre usage personnel ◊ *a tool with many uses* un outil qui sert à beaucoup de choses ◊ *to find a use for sth* tirer parti de qch **2** *What's the use of crying?* À quoi sert de pleurer ? LOC **in use** en usage **to be of use** servir à quelque chose, être utile **to be no use** ne servir à rien **to have the use of sth** pouvoir utiliser qch **to make use of sth** tirer parti de qch

used[1] /juːzd/ *adj* usé, usagé : *a used car* une voiture d'occasion

used[2] /juːst/ *adj* habitué : *to get used to sth/doing sth* s'habituer à qch/à faire qch ◊ *I am used to being alone.* J'ai l'habitude d'être seul.

Used to do ou **used to doing** ? Quand **used to** est précédé du verbe **to be** ou **to get** et qu'il est suivi d'un nom, d'un pronom ou de la forme en **-ing** d'un

aɪ	aʊ	ɔɪ	ɪə	eə	ʊə	ʒ	h	ŋ
five	now	join	near	hair	pure	vision	how	sing

verbe, il a le sens de *être habitué à* ou de *s'habituer à* : *You'll soon get used to driving on the right.* Tu vas vite t'habituer à conduire à droite. ◊ *You must be used to it by now.* Tu dois en avoir l'habitude maintenant. Quand **used to** est suivi d'un verbe à l'infinitif, il sert à exprimer des actions ou des événements qui se sont produits dans le passé et qui ne se sont pas reproduits depuis. *Voir note sous* USED TO.

used to /'ju:st tə, 'ju:st tu/ *v aux modal*

Used to + infinitif est employé pour parler d'habitudes et de situations au passé. En français cela est rendu par un verbe à l'imparfait, parfois accompagné d'une expression de temps ou de fréquence : *He always used to bring me flowers.* Il m'apportait toujours des fleurs. ◊ *Scotland used to be independent.* L'Écosse était autrefois indépendante. ◊ *I used to be a teacher but now I work for the Council.* Avant j'étais enseignant mais maintenant je travaille pour la municipalité. Les formes négative et interrogative se forment généralement avec **did** : *He didn't use to be fat.* Avant il n'était pas gros. ◊ *You used to smoke, didn't you?* Tu fumais avant, n'est-ce pas ? *Voir note sous* USED2

useful /'ju:sfl/ *adj* utile, pratique *Voir aussi* HANDY **usefulness** *n* utilité

useless /'ju:sləs/ *adj* **1** inutile **2** (*fam*) ~ **at sth** nul en qch : *I'm useless at maths.* Je suis nul en maths.

user /'ju:zə(r)/ *n* utilisateur, -trice, usager

user-friendly /ˌju:zə 'frendli/ *adj* convivial : *a user-friendly guide to London* un guide convivial de Londres

usual /'ju:ʒuəl/ *adj* habituel, usuel : *more than usual* plus que d'ordinaire ◊ *later than usual* plus tard que d'habitude ◊ *the usual* la même chose que d'habitude LOC **as usual** comme d'habitude

usually /'ju:ʒuəli/ *adv* d'habitude, normalement ☛ *Voir note sous* ALWAYS

utensil /ju:'tensl/ *n* [*gén pl*] ustensile

utility /ju:'tɪləti/ *n* (*pl* **-ies**) **1** utilité **2** [*gén pl*] service public

utmost /'ʌtməʊst/ ◆ *adj* maximum, extrême : *with the utmost care* avec le plus grand soin ◆ *n* LOC **to do your utmost (to do sth)** faire tout son possible (pour faire qch)

utter1 /'ʌtə(r)/ *vt* **1** (*soupir, cri*) pousser **2** (*parole, menace*) prononcer

utter2 /'ʌtə(r)/ *adj* complet, total, parfait : *I felt an utter fool.* Je me suis senti complètement idiot. **utterly** *adv* complètement

Vv

V, v /vi:/ *n* (*pl* **V's, v's** /vi:z/) **1** V, v : *V for Victor* V comme Victoire ☛ *Voir exemples sous* A, A **2** *V-neck* encolure en V ◊ *V-shaped* en V

vacant /'veɪkənt/ *adj* **1** (*chambre, salle de bain*) libre *Voir aussi* SITUATION **2** (*regard*) absent **vacancy** *n* (*pl* **-ies**) **1** poste vacant : *We have vacancies for typists.* Nous recherchons des dactylos. **2** chambre libre : *'no vacancies'* « complet » **vacantly** *adv* d'un air absent

vacate /və'keɪt ; *USA* 'veɪkeɪt/ *vt* (*sout*) **1** (*maison*) quitter **2** (*chambre*) libérer **3** (*poste*) démissionner de

vacation /və'keɪʃn ; *USA* veɪ-/ *n* vacances

En Grande-Bretagne **vacation** s'emploie surtout pour les vacances universitaires et dans un contexte judiciaire. Le terme **holiday** est plus courant dans tous les autres cas. Aux États-Unis **vacation** est employé de façon plus générale.

vaccination /ˌvæksɪ'neɪʃn/ *n* vaccination : *polio vaccinations* vaccinations contre la polio

vaccine /'væksi:n ; *USA* væk'si:n/ *n* vaccin

vacuum /'vækjuəm/ ◆ *n* **1** (*Phys*)

vide : *vacuum-packed* emballé sous vide **2** (*aussi* **vacuum cleaner**) aspirateur LOC **in a vacuum** dans le vide ◆ *vt, vi* passer l'aspirateur (sur/dans)

vagina /və'dʒaɪnə/ *n* (*pl* ~**s**) vagin

vague /veɪg/ *adj* (**-er, -est**) **1** vague : *She was a bit vague about the dates.* Elle est restée évasive sur les dates. **2** (*personne*) pas certain : *I'm a bit vague about what's happening tomorrow.* Je ne sais pas très bien comment la journée de demain va s'organiser. **3** (*geste, expression*) distrait **vaguely** *adv* **1** vaguement **2** distraitement

vain /veɪn/ *adj* (**-er, -est**) **1** vaniteux **2** (*inutile*) vain LOC **in vain** en vain

valentine /'væləntaɪn/ (*aussi* **valentine card**) *n* carte de la Saint-Valentin

Valentine's Day *n* la Saint-Valentin ☛ *Voir note sous* SAINT-VALENTIN

valiant /'væliənt/ *adj* vaillant

valid /'vælɪd/ *adj* **1** valable, valide **2** légitime **validity** /və'lɪdəti/ *n* **1** validité **2** bien-fondé

valley /'væli/ *n* (*pl* **-eys**) vallée

valuable /'væljuəbl/ *adj* précieux, de valeur ☛ *Comparer avec* INVALUABLE **valuables** *n* [*pl*] objets de valeur

valuation /ˌvælju'eɪʃn/ *n* **1** évaluation, expertise **2** (*valeur octroyée*) estimation

value /'vælju:/ ◆ *n* **1** valeur **2 values** [*pl*] (*morales*) valeurs LOC **to be good value** être intéressant (*avantageux*) ◆ *vt* **1** ~ **sth (at sth)** évaluer, estimer qch (à qch) **2** ~ **sb/sth (as sth)** apprécier, avoir de l'estime pour qn (en tant que qch)

valve /vælv/ *n* **1** soupape, valve **2** (*Anat*) valvule **3** (*Radio*) lampe

vampire /'væmpaɪə(r)/ *n* vampire

van /væn/ *n* camionnette, fourgonnette

vandal /'vændl/ *n* vandale **vandalism** *n* vandalisme **vandalize, -ise** *vt* vandaliser

the vanguard /'væŋgɑ:d/ *n* l'avant-garde

vanilla /və'nɪlə/ *n* vanille

vanish /'vænɪʃ/ *vi* disparaître, se volatiliser

vanity /'vænəti/ *n* vanité

vantage point /'vɑ:ntɪdʒ pɔɪnt/ *n* position avantageuse

vapour (*USA* **vapor**) /'veɪpə(r)/ *n* vapeur

variable /'veəriəbl/ *adj, n* variable

variance /'veəriəns/ *n* désaccord LOC **to be at variance (with sb/sth)** (*sout*) être en désaccord (avec qn/qch) **to be at variance with sth** (*sout*) ne pas concorder avec qch

variant /'veəriənt/ *n* variante

variation /ˌveəri'eɪʃn/ *n* ~ **(in sth)** variation, différence (de qch)

varied /'veərid/ *adj* varié, diversifié

variety /və'raɪəti/ *n* (*pl* **-ies**) **1** variété : *a variety of subjects* un grand nombre de sujets ◇ *a variety act* un numéro de variétés **2** type, espèce

various /'veəriəs/ *adj* différent, divers

varnish /'vɑ:nɪʃ/ ◆ *n* vernis ◆ *vt* vernir

vary /'veəri/ *vt, vi* (*prét, pp* **varied**) (faire) varier **varying** *adj* variable : *in varying amounts* en quantités variables

vase /vɑ:z ; *USA* veɪs,veɪz/ *n* vase (*récipient*)

vast /vɑ:st ; *USA* væst/ *adj* **1** vaste, immense : *the vast majority* l'immense majorité **2** (*fam*) (*nombre, quantité*) énorme **vastly** *adv* considérablement, énormément

VAT /ˌvi: eɪ 'ti:/ *abrév* **value added tax** TVA

vat /væt/ *n* cuve

vault /vɔ:lt/ ◆ *n* **1** (*aussi* **bank vault**) chambre forte **2** caveau (*tombeau*) **3** voûte **4** saut ◆ *vt, vi* ~ **(over) sth** sauter par-dessus qch

VDU /ˌvi: di: 'ju:/ *abrév* **visual display unit** (*Informatique*) moniteur, écran (*d'ordinateur*)

veal /vi:l/ *n* veau (*viande*)

veer /vɪə(r)/ *vi* **1** tourner, virer : *to veer off course* dévier de sa route **2** (*vent*) tourner

veg /vedʒ/ ◆ *n* (*pl* **veg**) (*GB, fam*) légume, légumes ◆ *v* (**-gg-**) PHR V **to veg out** (*fam*) paresser

vegan /'vi:gən/ *n* végétalien, -ienne

vegetable /'vedʒtəbl/ *n* **1** légume : *fruit and vegetables* fruits et légumes ◇ *the vegetable kingdom* le règne végétal **2** (*personne*) épave

vegetarian /ˌvedʒə'teəriən/ *adj, n* végétarien, -ienne

vegetation /ˌvedʒə'teɪʃn/ *n* végétation

vehement /'vi:əmənt/ *adj* véhément

vehicle /'vi:əkl ; *USA* 'vi:hɪkl/ *n* **1** véhicule **2** ~ **(for sth)** (*fig*) véhicule (de qch)

veil /veɪl/ ◆ *n* voile ◆ *vt* (*fig*) voiler, cacher **veiled** *adj* (*menace*) à peine voilé: *veiled in secrecy* dans le plus grand secret

vein /veɪn/ *n* **1** (*Anat*) veine **2** (*Géol*) veinure **3** (*Bot*) nervure **4** ~ **(of sth)** (*fig*) élément de qch ; tendance **5** style, esprit : *If he carries on in that vein...* S'il continue dans ce goût là...

velocity /vəˈlɒsəti/ *n* (*pl* **-ies**) vélocité, vitesse

Le terme **velocity** se rencontre surtout dans le langage scientifique ou soutenu. Le terme **speed** est plus général.

velvet /ˈvelvɪt/ *n* velours

vending machine /ˈvendɪŋ məʃiːn/ *n* distributeur automatique

vendor /ˈvendə(r)/ *n* **1** marchand, -e **2** (*Jur*) vendeur, -euse

veneer /vəˈnɪə(r)/ *n* **1** (*bois*) placage **2** ~ **(of sth)** (*souvent péj*) (*fig*) vernis (de qch)

vengeance /ˈvendʒəns/ *n* vengeance : *to take vengeance on sb* se venger de qn LOC **with a vengeance** de plus belle

venison /ˈvenɪzn, ˈvenɪsn/ *n* chevreuil

venom /ˈvenəm/ *n* venin **venomous** *adj* venimeux

vent /vent/ ◆ *n* **1** conduit : *an air vent* une bouche d'aération **2** (*veste, etc.*) fente LOC **to give (full) vent to sth** donner libre cours à qch ◆ *vt* ~ **sth (on sb/sth)** décharger qch (sur qn/qch)

ventilator /ˈventɪleɪtə(r)/ *n* aérateur, ventilateur

venture /ˈventʃə(r)/ ◆ *n* projet, entreprise *Voir aussi* ENTERPRISE ◆ **1** *vi* s'aventurer, se hasarder : *They rarely ventured into the city.* Ils s'aventuraient rarement dans la ville. **2** *vt* hasarder

venue /ˈvenjuː/ *n* **1** salle (*de spectacle, de réunion, etc.*) **2** stade

Venus /ˈviːnəs/ *n* Vénus

verb /vɜːb/ *n* verbe

verbal /ˈvɜːbl/ *adj* verbal, oral

verdict /ˈvɜːdɪkt/ *n* verdict

verge /vɜːdʒ/ ◆ *n* bord, accotement LOC **on the verge of doing sth** sur le point de faire qch **on the verge of sth** au bord de qch ◆ *v* PHR V **to verge on sth** approcher de qch, friser qch

verification /ˌverɪfɪˈkeɪʃn/ *n* vérification

verify /ˈverɪfaɪ/ *vt* (*prét, pp* **-fied**) **1** vérifier **2** confirmer

veritable /ˈverɪtəbl/ *adj* (*sout, hum*) véritable

versatile /ˈvɜːsətaɪl ; *USA* -tl/ *adj* aux talents multiples, polyvalent, souple

verse /vɜːs/ *n* **1** [*indénombrable*] vers, poésie **2** strophe, couplet **3** verset LOC *Voir* CHAPTER

versed /vɜːst/ *adj* ~ **in sth** versé dans qch

version /ˈvɜːʃn ; *USA* -ʒn/ *n* version

versus /ˈvɜːsəs/ *prép* (*Sport*) contre

vertebra /ˈvɜːtɪbrə/ *n* (*pl* **-brae** /-riː/) vertèbre

vertical /ˈvɜːtɪkl/ ◆ *adj* vertical ◆ *n* verticale

verve /vɜːv/ *n* brio, verve

very /ˈveri/ ◆ *adv* **1** très : *I'm very sorry.* Je suis vraiment désolé. ◊ *Thank you very much.* Merci beaucoup. ◊ *not very much* pas beaucoup **2** *the very best* le meilleur ◊ *at the very latest* au plus tard ◊ *your very own room* une chambre pour toi tout seul **3** exactement : *the very next day* le lendemain même ◆ *adj* **1** *at that very moment* juste à ce moment-là ◊ *You're the very man I need.* Vous êtes juste l'homme qu'il me faut. **2** *at the very end/beginning* tout à la fin/au début **3** *the very idea/thought of...* la seule idée de... LOC *Voir* EYE, FIRST

vessel /ˈvesl/ *n* **1** (*sout*) vaisseau **2** (*sout*) récipient **3** (*Biol*) vaisseau

vest /vest/ *n* **1** maillot de corps **2** débardeur **3** *a bullet-proof vest* un gilet pare-balles **4** (*USA*) *Voir* WAISTCOAT

vested interest *n* intérêt : *to have a vested interest in doing sth* avoir directement intérêt à faire qch

vestige /ˈvestɪdʒ/ *n* vestige, trace

vet¹ /vet/ *vt* (**-tt-**) (*GB*) vérifier soigneusement, enquêter sur

vet² /vet/ *n* **1** vétérinaire **2** *Voir* VETERAN

veteran /ˈvetərən/ ◆ *n* **1** vétéran : *a veteran performer* un artiste chevronné **2** (*USA, fam* **vet**) ancien combattant, vétéran ◆ *n*

veterinary surgeon *n* (*sout*) vétérinaire

veto /ˈviːtəʊ/ ◆ *n* (*pl* **~es**) veto ◆ *vt* (*part présent* **~ing**) opposer son veto à

via /ˈvaɪə/ *prép* **1** en passant par, via : *via Paris* en passant par Paris **2** par, au moyen de

viable /'vaɪəbl/ *adj* viable, réalisable : *commercially viable* valable sur le plan commercial
vibrate /vaɪ'breɪt ; *USA* 'vaɪbreɪt/ *vt, vi* (faire) vibrer **vibration** *n* vibration
vicar /'vɪkə(r)/ *n* pasteur (*de l'Église anglicane*) ☛ *Voir note sous* PRIEST **vicarage** *n* presbytère
vice1 /vaɪs/ *n* vice
vice2 (*USA* **vise**) /vaɪs/ *n* étau
vice- /vaɪs/ *préf* vice-
vice versa /ˌvaɪs 'vɜːsə/ *adv* vice versa
vicinity /və'sɪnəti/ *n* LOC **in the vicinity (of sth)** (*sout*) dans les environs (de qch)
vicious /'vɪʃəs/ *adj* **1** méchant, malveillant **2** (*agression*) brutal **3** (*chien*) méchant LOC **a vicious circle** un cercle vicieux
victim /'vɪktɪm/ *n* victime LOC *Voir* FALL **victimize, -ise** *vt* persécuter
victor /'vɪktə(r)/ *n* (*sout*) vainqueur **victorious** /vɪk'tɔːriəs/ *adj* **1** victorieux : *to be victorious in sth* remporter qch **2 to be ~ (over sb/sth)** remporter la victoire (sur qn/qch)
victory /'vɪktəri/ *n* (*pl* **-ies**) victoire
video /'vɪdiəʊ/ ◆ *n* (*pl* **~s**) **1** vidéo : *video games* jeux vidéo ◊ *a video camera* un caméra vidéo **2** (*aussi* **video (cassette) recorder**) magnétoscope ◆ *vt* (*prét, pp* **videoed** *part présent* **videoing**) **1** enregistrer (*sur magnétoscope*) **2** filmer en vidéo **videotape** *n* cassette vidéo
videophone /'vɪdiəʊfəʊn/ *n* visiophone
view /vjuː/ ◆ *n* **1** vue **2** (*aussi* **viewing**) : *We had a private viewing of the film.* Nous avons vu le film en avant-première. **3** [*gén pl*] **~ (about/on sth)** avis, opinion (sur qch) **4** point de vue LOC **in my, etc. view** (*sout*) à mon, etc. avis **in view of sth** étant donné qch **with a view to doing sth** (*sout*) en vue de faire qch *Voir aussi* POINT ◆ *vt* **1** voir, regarder **2 ~ sth (as sth)** considérer qch (comme qch) **3** (*Informatique*) visualiser **viewer** *n* **1** téléspectateur, -trice **2** visiteur, -euse **3** (*diapositives*) visionneuse **viewpoint** *n* point de vue
vigil /'vɪdʒɪl/ *n* veille, veillée
vigilant /'vɪdʒɪlənt/ *adj* vigilant : *to be vigilant* être vigilant
vigorous /'vɪgərəs/ *adj* vigoureux, énergique
vile /vaɪl/ *adj* (**viler**, **vilest**) **1** (*fam*) exécrable, abominable **2** (*sout*) vil, ignoble
village /'vɪlɪdʒ/ *n* village **villager** *n* villageois, -e
villain /'vɪlən/ *n* **1** (*Théâtre, Cin*) méchant, -e **2** (*GB, fam*) bandit
vindicate /'vɪndɪkeɪt/ *vt* **1** (*fait*) justifier **2** (*personne*) donner raison à **3** (*accusé*) innocenter
vine /vaɪn/ *n* **1** vigne **2** plante grimpante
vinegar /'vɪnɪgə(r)/ *n* vinaigre
vineyard /'vɪnjəd/ *n* vignoble
vintage /'vɪntɪdʒ/ ◆ *n* **1** année, millésime **2** vendanges ◆ *adj* **1** (*vin*) millésimé **2** (*fig*) classique **3** (*GB*) (*voiture*) d'époque (*construite entre 1917 et 1930*)
vinyl /'vaɪnl/ *n* vinyle
viola /vi'əʊlə/ *n* alto (*violon*)
violate /'vaɪəleɪt/ *vt* violer

> On emploie rarement **violate** dans le sens sexuel. Le terme **rape** est plus courant.

violence /'vaɪələns/ *n* violence
violent /'vaɪələnt/ *adj* violent
violet /'vaɪələt/ ◆ *n, adj* violet ◆ *n* violette
violin /ˌvaɪə'lɪn/ *n* violon
virgin /'vɜːdʒɪn/ ◆ *n* vierge, puceau ◆ *adj* vierge
Virgo /'vɜːgəʊ/ Vierge (*signe du Zodiaque*) ☛ *Voir exemples sous* AQUARIUS
virile /'vɪraɪl ; *USA* 'vɪrəl/ *adj* viril
virtual /'vɜːtʃuəl/ *adj* **1** quasi-total : *the virtual extinction of the tiger* la disparition quasi totale du tigre ◊ *They are virtual prisoners.* Ils sont quasiment prisonniers. **2** (*Informatique*) virtuel : *virtual reality* réalité virtuelle **virtually** *adv* pratiquement, quasiment
virtue /'vɜːtʃuː/ *n* **1** vertu **2** mérite, avantage LOC **by virtue of sth** (*sout*) en vertu de qch **virtuous** *adj* vertueux
virus /'vaɪrəs/ *n* (*pl* **viruses**) virus : *a computer virus* un virus informatique
visa /'viːzə/ *n* visa
vis-à-vis /ˌviːz ɑː 'viː/ *prép* (*Fr*) **1** en ce qui concerne **2** par rapport à, vis-à-vis de
vise *n* (*USA*) *Voir* VICE2
visible /'vɪzəbl/ *adj* **1** visible **2** (*fig*) évident, apparent **visibly** *adv* visiblement
vision /'vɪʒn/ *n* **1** vue **2** (*idée, rêve*) vision **3** (*perspicacité*) prévoyance
visit /'vɪzɪt/ ◆ **1** *vt* (*personne*) rendre visite à **2** *vt* (*musée, pays*) visiter **3** *vi*

être en visite **4** *vt* (*école, restaurant*) inspecter ◆ *n* **1** visite **2** séjour LOC *Voir* PAY **visiting** *adj* (*équipe*) en déplacement : *visiting hours* heures de visite **visitor** *n* **1** visiteur, -euse **2** invité, -e **3** touriste

vista /'vɪstə/ *n* (*sout*) **1** vue, panorama **2** (*fig*) perspective

visual /'vɪʒuəl/ *adj* visuel : *visual aids* supports visuels ◊ *a visual display unit* un écran de visualisation **visualize, -ise** *vt* **1** ~ **(yourself)** s'imaginer **2** envisager

vital /'vaɪtl/ *adj* **1** ~ **(for/to sb/sth)** essentiel, indispensable à qn/qch : *vital statistics* mensurations **2** (*personne*) plein de vitalité **vitally** *adv* : *vitally important* extrêmement important

vitamin /'vɪtəmɪn ; *USA* 'vaɪt-/ *n* vitamine

vivacious /vɪ'veɪʃəs/ *adj* plein de vivacité

vivid /'vɪvɪd/ *adj* **1** vif **2** vivant **3** net, frappant **vividly** *adv* **1** de façon frappante **2** clairement

vocabulary /və'kæbjələri ; *USA* -leri/ *n* (*pl* **-ies**) (*aussi fam* vocab /'vəʊkæb/) vocabulaire

vocal /'vəʊkl/ ◆ *adj* **1** vocal : *vocal cords* cordes vocales **2** *a vocal minority* une minorité qui se fait bien entendre ◆ *n* [*gén pl*] : *to do the/be on vocals* chanter/être le chanteur

vocation /vəʊ'keɪʃn/ *n* ~ **(for/to sth)** vocation (de qch) **vocational** *adj* professionnel : *vocational training* formation professionnelle

vociferous /və'sɪfərəs ; *USA* vəʊ-/ *adj* véhément

vodka /'vɒdkə/ *n* vodka

vogue /vəʊg/ *n* ~ **(for sth)** mode (de qch) LOC **in vogue** en vogue

voice /vɔɪs/ ◆ *n* voix : *to raise/lower your voice* élever/baisser la voix ◊ *to have no voice in the matter* ne pas avoir voix au chapitre LOC **to make your voice heard** s'exprimer *Voir aussi* TOP[1] ◆ *vt* exprimer (*opinion*)

voicemail /'vɔɪsmeɪl/ *n* **1** messagerie vocale **2** boîte vocale

void /vɔɪd/ ◆ *n* (*sout*) vide ◆ *adj* (*sout*) **1** nul : *to make sth void* annuler qch **2** ~ **of sth** dépourvu de qch LOC *Voir* NULL

volatile /'vɒlətaɪl ; *USA* -tl/ *adj* **1** (*souvent péj*) (*personne*) inconstant, lunatique **2** (*situation*) instable

volcano /vɒl'keɪnəʊ/ *n* (*pl* **-oes**) volcan

volition /və'lɪʃn ; *USA* vəʊ-/ *n* (*sout*) LOC **of your own volition** de son propre gré

volley /'vɒli/ *n* (*pl* **-eys**) **1** (*Sport*) volée **2 a** ~ **of sth** (*projectiles*) volée de qch **3 a** ~ **of sth** (*insultes*) torrent de qch

volleyball /'vɒlibɔːl/ *n* volley

volt /vəʊlt/ *n* volt **voltage** *n* voltage, tension : *high voltage* haute tension

volume /'vɒljuːm ; *USA* -jəm/ *n* volume

voluminous /və'luːmɪnəs/ *adj* (*sout*) volumineux

voluntary /'vɒləntri ; *USA* -teri/ *adj* **1** volontaire **2** facultatif **3** bénévole

volunteer /ˌvɒlən'tɪə(r)/ ◆ *n* **1** volontaire **2** bénévole ◆ **1** *vi* ~ **(for sth/to do sth)** se porter volontaire (pour qch/pour faire qch) **2** *vt* offrir (*informations, conseils*)

vomit /'vɒmɪt/ ◆ *vt, vi* vomir ☛ L'expression **to be sick** est plus courante. ◆ *n* vomi **vomiting** *n* vomissements

voracious /və'reɪʃəs/ *adj* vorace, avide

vote /vəʊt/ ◆ *n* **1** vote : *to take a vote on sth* voter sur qch ◊ *to put sth to the vote* mettre qch aux voix **2 the vote** le droit de vote LOC **vote of confidence** vote de confiance **vote of no confidence** motion de censure **vote of thanks** discours de remerciement : *to propose a vote of thanks to sb* remercier chaleureusement qn ◆ **1** *vt, vi* voter : *to vote for/against sb/sth* voter pour/contre qn/qch **2** *vt* ~ **(that...)** (*fam*) proposer (que...) **voter** *n* électeur, -trice **voting** *n* vote, scrutin

vouch /vaʊtʃ/ *vi* ~ **for sb/sth** se porter garant, répondre de qn/qch

voucher /'vaʊtʃə(r)/ *n* (*GB*) **1** bon **2** reçu

vow /vaʊ/ ◆ *n* vœu, serment ◆ *vt* **to vow (that).../to do sth** jurer que.../de faire qch

vowel /'vaʊəl/ *n* voyelle

voyage /'vɔɪɪdʒ/ *n* voyage

> Le terme **voyage** s'emploie surtout au sens figuré ou pour désigner les voyages en mer ou dans l'espace. *Voir note sous* VOYAGE.

vulgar /'vʌlgə(r)/ *adj* **1** vulgaire **2** grossier

vulnerable /'vʌlnərəbl/ *adj* vulnérable

vulture /'vʌltʃə(r)/ *n* vautour

Ww

W, w /ˈdʌbljuː/ *n* (*pl* **W's, w's** /ˈdʌbljuːz/) W, w : *W for William* W comme William ☛ *Voir exemples sous* A, A

wade /weɪd/ **1** *vi* avancer en pataugeant **2** *vt, vi* (*rivière*) traverser à gué PHR V **to wade in** (*fam*) s'y mettre (*dans une querelle*) **to wade into sb** (*fam*) se jeter sur qn **to wade into sth** (*fam*) se mettre à qch **to wade through sth** s'atteler à qch

wafer /ˈweɪfə(r)/ *n* gaufrette

wag /wæg/ *vt, vi* (**-gg-**) **1** (*doigt*) agiter **2** (*tête*) hocher **3** *The dog wagged its tail.* Le chien remua la queue.

wage /weɪdʒ/ ◆ *n* [*gén pl*] salaire, paye ☛ *Comparer avec* SALARY ◆ *vt* LOC **to wage (a) war/a battle (against/on sb/sth)** faire la guerre (contre/à qn/qch)

wagon (*GB aussi* **waggon**) /ˈwægən/ *n* **1** chariot (*à traction animale*) **2** (*Chemin de fer*) wagon (*de marchandises*)

wail /weɪl/ ◆ *vi* **1** gémir **2** (*sirène*) hurler ◆ *n* **1** gémissement **2** hurlement

waist /weɪst/ *n* taille (*partie du corps, d'un vêtement*)

waistband /ˈweɪstbænd/ *n* ceinture (*d'une jupe, d'un pantalon*)

waistcoat /ˈweɪskəʊt ; *USA* ˈweskət/ (*USA aussi* **vest**) *n* gilet (*de costume*)

waistline /ˈweɪstlaɪn/ *n* taille (*partie du corps*) : *to watch your waistline* surveiller sa ligne

wait /weɪt/ ◆ *vi* ~ **(for sb/sth)** attendre (qn/qch) : *Wait for me!* Attendez-moi ! ◊ *Wait a minute!* Un instant ! ☛ *Voir note sous* ATTENDRE LOC **I, they, etc. can't wait** : *I can't wait to see them again.* J'ai hâte de les revoir. ◊ *They can't wait for Christmas to come.* Ils attendent Noël avec impatience. ◊ *I can hardly wait!* Je meurs d'impatience ! **to keep sb waiting** faire attendre qn **wait and see** on verra bien **(just) you wait!** tu vas voir ! PHR V **to wait on sb** servir qn **to wait up (for sb)** veiller (jusqu'au retour de qn) ◆ *n* attente : *We had a three-hour wait for the bus.* Nous avons attendu l'autobus pendant trois heures. ☛ *Comparer avec* AWAIT **waiter** *n* serveur, garçon **waitress** *n* serveuse

waive /weɪv/ *vt* (*sout*) **1** (*droit*) renoncer à **2** (*condition*) supprimer

wake /weɪk/ ◆ *vt, vi* (*prét* **woke** /wəʊk/ *pp* **woken** /ˈwəʊkən/) ~ **(sb) (up)** réveiller qn ; se réveiller ☛ Voir note sous AWAKE et comparer avec AWAKEN PHR V **to wake (sb) up** (*fig*) ouvrir les yeux (à qn) **to wake up to sth** prendre conscience de qch ◆ *n* **1** veillée funèbre **2** (*Navig*) sillage LOC **in the wake of sth** à la suite de qch

walk /wɔːk/ ◆ **1** *vi* marcher, aller à pied **2** *vt* promener : *She's out walking the dog.* Elle est partie promener le chien. **3** *vt* raccompagner : *Shall I walk you home?* Est-ce que tu veux que je te raccompagne ? **4** *vt* parcourir PHR V **to walk away/off** partir **to walk into sb/sth** rentrer dans qn/qch **to walk out** (*fam*) se mettre en grève **to walk out of sth** quitter qch en signe de protestation ◆ *n* **1** promenade, marche : *to go for a walk* aller se promener ◊ *The station is a ten minute walk from my house.* La gare est à dix minutes à pied de chez moi. **2** démarche LOC **walk of life** : *people of all walks of life* des gens de tous les milieux **walker** *n* marcheur, -euse, promeneur, -euse **walking** *n* marche : *walking boots* chaussures de marche **walkout** *n* grève surprise

walking stick *n* canne

Walkman® /ˈwɔːkmən/ *n* (*pl* **-mans**) baladeur, walkman®

wall /wɔːl/ *n* **1** (*aussi fig*) mur **2** paroi LOC *Voir* BACK[1] **walled** *adj* **1** (*ville*) fortifié **2** (*jardin*) clos

wallet /ˈwɒlɪt/ *n* portefeuille ☛ *Comparer avec* PURSE

wallpaper /ˈwɔːlpeɪpə(r)/ *n* papier peint

walnut /ˈwɔːlnʌt/ *n* **1** noix **2** (*arbre, bois*) noyer

waltz /wɔːls ; *USA* wɔːlts/ ◆ *n* valse ◆ *vi* valser, danser la valse

wand /wɒnd/ *n* baguette : *a magic wand* une baguette magique

wander /ˈwɒndə(r)/ **1** *vi* traîner, errer

Wander est souvent suivi de **around**, **about**, d'une autre préposition ou d'un autre adverbe et signifie *au hasard*, *sans but* : *to wander in* entrer par hasard ◊ *He wandered through the corridors.* Il erra le long des couloirs.

2 *vi* (*pensées, regard*) s'égarer **3** *vt* (*rues, etc.*) errer dans PHR V **to wander away/off** s'éloigner

wane /weɪn/ *vi* **1** (*lune*) décroître **2** diminuer, être sur le déclin LOC **on the wane** sur le déclin

wanna /'wɒnə/ (*fam*) **1** *Voir* WANT TO *sous* WANT **2** *Voir* WANT A *sous* WANT

want /wɒnt ; *USA* wɔːnt/ ◆ **1** *vt, vi* vouloir, désirer : *I want a better job.* Je veux un meilleur travail. ◊ *She wants to go to Italy.* Elle veut aller en Italie. ◊ *Do you want me to go with you?* Est-ce que tu veux que je t'accompagne ? ◊ *You're wanted upstairs.* On t'appelle en haut. ◊ *You're wanted on the phone.* Il y a quelqu'un pour toi au téléphone.

Noter que **like** signifie aussi *vouloir* mais que ce verbe est employé dans ce sens uniquement pour offrir quelque chose ou pour inviter quelqu'un : *Would you like to come to dinner?* Voudriez-vous venir dîner ? ◊ *Would you like something to eat?* Veux-tu manger quelque chose ?

2 *vt* avoir besoin de : *It wants fixing.* Ça a besoin d'être réparé. **3** *vt* : *He's wanted by the police.* Il est recherché par la police. ◆ *n* **1** [*gén pl*] besoin **2** ~ **of sth** manque de qch : *for want of* par manque de ◊ *It's not for want of trying.* Ce n'est pas faute d'essayer. **3** pauvreté, indigence **wanting** *adj* **to be ~ (in sth)** (*sout*) manquer de qch ; faire défaut

war /wɔː(r)/ *n* **1** guerre **2** ~ **(against sb/sth)** guerre, lutte (contre qn/qch) LOC **at war** en guerre **to make/wage war on sb/sth** faire la guerre à qn/qch *Voir aussi* WAGE

ward /wɔːd/ ◆ *n* service (*hôpital*) ◆ *v* PHR V **to ward sth off 1** (*coup*) parer qch, éviter qch **2** (*maladie, danger*) éviter qch

warden /'wɔːdn/ *n* **1** (*parc, réserve*) gardien, -ienne **2** (*institution*) directeur, -trice *Voir aussi* TRAFFIC

wardrobe /'wɔːdrəʊb/ *n* **1** (*USA* **closet**) armoire, penderie **2** (*vêtements*) garde-robe

warehouse /'weəhaʊs/ *n* entrepôt

wares /weəz/ *n* [*pl*] (*vieilli*) marchandises

warfare /'wɔːfeə(r)/ *n* guerre : *chemical/psychological warfare* guerre chimique/psychologique

warlike /'wɔːlaɪk/ *adj* guerrier, belliqueux

warm /wɔːm/ ◆ *adj* (**-er**, **-est**) **1** chaud ☛ *Voir note sous* FROID **2** (*temps*) : *to be warm* faire chaud **3** (*personne*) : *to be warm* avoir chaud ◊ *to get warm* se réchauffer **4** (*fig*) chaleureux, enthousiaste ◆ *vt, vi* ~ **(sth/yourself) (up)** réchauffer, chauffer qch ; se réchauffer PHR V **to warm up 1** (*Sport*) s'échauffer **2** (*moteur*) se réchauffer **to warm sth up** réchauffer qch **warming** *n* : *global warming* le réchauffement de la planète **warmly** *adv* **1** chaleureusement **2** *warmly dressed* chaudement habillé **3** (*recommander*) chaudement **warmth** *n* (*aussi fig*) chaleur

warn /wɔːn/ *vt* **1** ~ **sb (about/of sth)** mettre qn en garde (contre qch) ; avertir qn : *They warned us about/of the strike.* Ils nous ont avertis qu'il y aurait grève. ◊ *They warned us about the neighbours.* Ils nous ont mis en garde contre les voisins. **2** ~ **sb that...** prévenir qn que... : *I warned them that it would be expensive.* Je les ai prévenus que ça reviendrait cher. **3** ~ **sb against doing sth** déconseiller à qn de faire qch ; conseiller à qn de ne pas faire qch : *They warned us against going into the forest.* Ils nous ont déconseillé de nous aventurer dans la forêt. **4** ~ **sb (not) to do sth** déconseiller à qn de faire qch ; conseiller à qn de ne pas faire qch **warning** *n* **1** mise en garde : *a government health warning* une mise en garde du ministère de la Santé ◊ *The bridge collapsed without (any) warning.* Le pont s'est écroulé subitement. **2** avertissement : *to give sb a verbal/written/final warning* donner un avertissement verbal/écrit/final à qn

warp /wɔːp/ *vt, vi* (se) déformer **warped** *adj* **1** déformé **2** tordu, perverti

warrant /'wɒrənt ; *USA* 'wɔːr-/ ◆ *n* (*Jur*) mandat : *a search warrant* un mandat de perquisition ◆ *vt* (*sout*) justifier

warranty /'wɒrənti ; *USA* 'wɔːr-/ *n* (*pl* **-ies**) garantie *Voir aussi* GUARANTEE

warren /'wɒrən ; *USA* 'wɔːrən/ *n* **1** (*aussi* **rabbit warren**) garenne, terriers **2** (*fig*) labyrinthe

warrior /'wɒriə(r) ; *USA* 'wɔːr-/ *n* guerrier, -ière

warship /ˈwɔːʃɪp/ *n* navire de guerre

wart /wɔːt/ *n* verrue

wartime /ˈwɔːtaɪm/ *n* temps de guerre

wary /ˈweəri/ *adj* (**warier**, **wariest**) prudent : *to be wary of sb/sth* se méfier de qn/qch

was /wəz, wɒz ; USA wʌz/ *prét de* BE

wash /wɒʃ/ ◆ *n* **1** nettoyage : *to give sth a wash* laver qch ◊ *to have a wash* se laver **2 the wash** [*sing*] le linge : *All my shirts are in the wash.* Toutes mes chemises sont au sale. **3** [*sing*] (*Navig*) remous ◆ **1** *vt, vi* (se) laver : *to wash your hands* se laver les mains **2** *vi* ~ **over sth** (*vagues*) balayer qch : *Water washed over the deck.* Les vagues balayaient le pont. **3** *vt* emporter, entraîner : *to be washed overboard* être emporté par-dessus bord PHR V **to wash sb/sth away** emporter qn/qch, éroder qch **to wash off/out** partir au lavage **to wash sth off/out** faire partir qch au lavage **to wash over sb** (*critiques*) glisser sur qn **to wash up 1** (*GB*) faire la vaisselle **2** (*USA*) se débarbouiller **to wash sth up 1** (*GB*) (*vaisselle*) laver qch **2** (*mer*) rejeter qch **washable** *adj* lavable

washbasin /ˈwɒʃbeɪsn/ (*USA* **washbowl**) *n* lavabo

washing /ˈwɒʃɪŋ ; USA ˈwɔː-/ *n* **1** lessive **2** linge (*vêtements*)

washing machine *n* machine à laver

washing powder *n* lessive (*détergent*)

washing-up /ˌwɒʃɪŋ ˈʌp/ *n* vaisselle : *to do the washing-up* faire la vaisselle ◊ *washing-up liquid* produit à vaisselle

washroom /ˈwɒʃruːm/ *n* (*USA, euph*) toilettes ☛ *Voir note sous* TOILET

wasn't /ˈwɒz(ə)nt/ = WAS NOT *Voir* BE

wasp /wɒsp/ *n* guêpe

waste /weɪst/ ◆ *adj* **1** *waste material/products* déchets **2** (*terrain*) à l'abandon : *waste ground* terrain vague ◆ *vt* **1** gaspiller **2** (*temps, occasion*) perdre LOC **to waste your breath** perdre son temps PHR V **to waste away** dépérir ◆ *n* **1** gaspillage : *a waste of energy* un gaspillage d'énergie **2** perte : *It's a waste of time.* C'est une perte de temps. **3** [*indénombrable*] déchets : *waste disposal* traitement des déchets ◊ *nuclear waste* déchets nucléaires LOC **a waste of space** (*fam*) un nul, une nulle : *He's a complete waste of space.* Il est vraiment nul. **to go/run to waste** se perdre, être gaspillé **wasted** *adj* inutile, vain **wasteful** *adj* **1** (*personne*) gaspilleur, dépensier **2** (*processus*) peu économique

wasteland /ˈweɪstlænd/ *n* terrain vague

waste-paper basket /ˌweɪst ˈpeɪpə bɑːskɪt/ *n* corbeille à papier ☛ *Voir illustration sous* BIN

watch /wɒtʃ/ ◆ *n* **1** montre **2** quart (*surveillance*) **3** (*personne*) garde LOC **to keep watch (over sb/sth)** surveiller qn/qch, faire le guet *Voir aussi* CLOSE[1] ◆ **1** *vt, vi* regarder : *to watch TV/the match* regarder la télé/le match ☛ *Voir note sous* REGARDER **2** *vt, vi* ~ **(over) sb/sth** veiller sur qn ; surveiller qch **3** *vi* ~ **for sth** faire attention à qch ; guetter qch **4** *vt* faire attention à : *Watch your language!* Surveille ton langage ! LOC **to watch your step** faire attention PHR V **to watch out** faire attention, prendre garde : *Watch out!* Attention ! **to watch out for sb/sth** guetter qn/qch : *Watch out for that hole.* Fais attention au trou. **watchful** *adj* vigilant, attentif

watchdog /ˈwɒtʃdɒg/ *n* (*fig*) organisme de surveillance (*droits des consommateurs*)

water /ˈwɔːtə(r)/ ◆ *n* eau : *water sports* sports nautiques LOC **under water 1** (*nager*) sous l'eau **2** (*champ, route*) inondé *Voir aussi* FISH ◆ **1** *vt* (*plante*) arroser **2** *vi* (*yeux*) : *The smoke made my eyes water.* La fumée m'a fait pleurer. **3** *vi* (*bouche*) : *My mouth is watering.* J'en ai l'eau à la bouche. PHR V **to water sth down 1** couper qch d'eau **2** (*fig*) édulcorer qch, atténuer qch

watercolour (*USA* **-color**) /ˈwɔːtəkʌlə(r)/ *n* aquarelle

watercress /ˈwɔːtəkres/ *n* cresson

waterfall /ˈwɔːtəfɔːl/ *n* chute d'eau, cascade

watermelon /ˈwɔːtəmelən/ *n* pastèque

waterproof /ˈwɔːtəpruːf/ *adj, n* imperméable

watershed /ˈwɔːtəʃed/ *n* tournant, instant critique

water-skiing /ˈwɔːtə skiːɪŋ/ *n* ski nautique

watertight /ˈwɔːtətaɪt/ *adj* **1** étanche **2** (*excuse, alibi*) inattaquable, irréfutable

waterway /ˈwɔːtəweɪ/ *n* voie navigable

watery /ˈwɔːtəri/ *adj* **1** (*sauce, peinture*)

where we are. On ferait aussi bien de rester là. **to do well 1** faire des progrès, réussir : *James did well at school last year.* James a bien marché à l'école l'année dernière. **2** [*toujours à la forme progressive*] (*malade*) aller mieux, être sur la voie de la guérison **well and truly** (*fam*) bel et bien *Voir aussi* DISPOSED, JUST, MEAN[1], PRETTY

well[3] /wel/ *excl* **1 well!** (*surprise*) eh bien ! : *Well, look who's here!* Ça alors, regarde qui est là ! **2 well!** (*résignation, doute*) bon !, enfin ! : *Oh well, that's that then.* Bon, n'en parlons plus. ◊ *Well, I don't know...* Eh bien, je ne sais pas... **3 well?** (*interrogative*) alors ?

well behaved *adj* bien élevé, sage : *to be well behaved* bien se tenir, être sage

Noter que les adjectifs formés avec **well** + un autre mot s'écrivent généralement en deux mots lorsqu'ils sont employés après le verbe : *They are always well behaved* et avec un trait d'union lorsqu'ils sont suivis d'un nom : *well-behaved children.*

well-being /ˈwel biːɪŋ/ *n* bien-être

well earned /ˈwel ɜːnd/ *adj* bien mérité

wellington /ˈwelɪŋtən/ (*aussi* **wellington boot**) *n* [*gén pl*] (*surtout GB*) botte en caoutchouc ☛ *Voir illustration sous* CHAUSSURE

well kept /ˈwel kept/ *adj* **1** soigné, bien tenu **2** (*secret*) bien gardé

well known *adj* connu : *It's a well known fact that...* Il est bien connu que...

well meaning *adj* bien intentionné

well off *adj* riche, aisé

well-to-do /ˌwel tə ˈduː/ *adj* aisé

welly /ˈweli/ *n* (*pl* **-ies**) (*GB, fam*) *Voir* WELLINGTON

went *prét de* GO[1]

wept *prét, pp de* WEEP

we're /wɪə(r)/ = WE ARE *Voir* BE

were /wə(r), wɜː(r)/ *prét de* BE

weren't /wɜːnt/ = WERE NOT *Voir* BE

west (*aussi* **West**) /west/ ◆ *n* **1** (*abrév* **W**) l'ouest : *in the west of Scotland* dans l'ouest de l'Écosse **2 the West** l'Occident, l'Ouest ◆ *adj* d'ouest : *west winds* vents d'ouest ◆ *adv* vers l'ouest : *to go west* aller vers l'ouest *Voir aussi* WESTWARD(S)

westbound /ˈwestbaʊnd/ *adj* vers l'ouest

western /ˈwestən/ ◆ *adj* (*aussi* **Western**) occidental, de l'ouest ◆ *n* western **westerner** *n* Occidental, -e

westward(s) /ˈwestwəd(z)/ *adv* vers l'ouest *Voir aussi* WEST adv

wet /wet/ ◆ *adj* (**wetter**, **wettest**) **1** mouillé : *Did you get wet?* Est-ce que tu t'es fait mouiller ? ◊ *They got their feet wet.* Ils se sont mouillé les pieds. **2** humide : *in wet places* dans les endroits humides **3** (*temps*) pluvieux **4** (*peinture*) frais **5** (*GB, fam, péj*) (*personne*) mou, qui manque de caractère ◆ *n* **1 the wet** la pluie : *Come in out of the wet.* Entre t'abriter de la pluie. **2** humidité ◆ (*prét, pp* **wet** *ou* **wetted**) **1** *vt* mouiller : *to wet the/your bed* mouiller le/son lit **2** *v réfléchi* **to wet yourself** mouiller sa culotte

we've /wiːv/ = WE HAVE *Voir* HAVE

whack /wæk/ ◆ *vt* (*fam*) battre, frapper ◆ *n* grand coup

whale /weɪl/ *n* baleine

wharf /wɔːf/ *n* (*pl* ~**s** *ou* **-ves** /wɔːvz/) quai

what /wɒt/ ◆ *adj interr* quel : *Tell me what films you've seen.* Dis-moi les films que tu as vus. ◊ *What colour/size/shape is it?* De quelle couleur/taille/forme est-ce que c'est ? ◊ *What's your favourite subject?* Quelle est ta matière favorite ? ◊ *What's her phone number?* Quel est son numéro de téléphone ? ◊ *What time is it?* Quelle heure est-il ? ◊ *What's her name?* Comment s'appelle-t-elle ? ◆ *pron interr* que : *What do you want?* Que veux-tu ? ◊ *What can I say?* Que puis-je dire ? ◊ *Tell me what happened.* Raconte-moi ce qui s'est passé.

Which ou **what**? **Which** fait référence à un élément ou plus d'un groupe restreint : *Which is your car, this one or that one?* Laquelle est ta voiture, celle-ci ou celle-là ? **What** s'emploie quand on parle de façon plus générale : *What are your favourite books?* Quels sont tes livres favoris ?

LOC **what about...? 1** et... ? **2** *What about me?* Et moi ? **what if...?** et si... ? : *What if it rains?* Et s'il pleut ? ◆ *adj rel* : *Give me what money you can afford.* Donne-moi ce que tu peux. ◊ *what few friends she had* les quelques rares amis qu'elle avait ◆ *pron rel* ce qui, ce que :

Show me what he wrote. Montre-moi ce qu'il a écrit. ◊ *I don't know what to do.* Je ne sais pas quoi faire. ◊ *Do what you think best.* Fais comme tu penses. ◊ *What he says is not important.* Ce qu'il dit n'a aucune importance. ◆ *adj* (*dans des exclamations*) quel, quelle, quels, quelles : *What a good idea!* Quelle bonne idée ! ◊ *What big teeth you have!* Comme tu as de grandes dents ! ◊ *What a pity!* Quel dommage ! ◆ *excl* **1 what!** (*incrédulité*) quoi ? **2 what?** (*quand on n'a pas compris qch*) comment ?, quoi ?

whatever /wɒt'evə(r)/ ◆ *pron* **1** ce qui, ce que : *Do whatever you like.* Fais ce que tu veux. **2** quoi que : *whatever happens* quoi qu'il arrive LOC **or whatever** (*fam*) ou quelque chose du genre : *basketball, swimming or whatever* du basket, de la natation ou quelque chose du genre ◆ *adj* : *I'll be in whatever time you come.* Je serai là quelle que soit l'heure à laquelle vous arriverez. ◆ *pron interr* : *Whatever can it be?* Qu'est-ce que ça peut bien être ? ◆ *adv* (*aussi* **whatsoever**) : *nothing whatsoever* absolument rien ◊ *There can be no doubt whatever about it.* Il n'y a absolument aucun doute là-dessus.

wheat /wi:t/ *n* blé

wheel /wi:l/ ◆ *n* **1** roue **2** (*pour conduite*) volant ◆ **1** *vt* (*bicyclette*) pousser, faire rouler **2** *vt* (*personne*) pousser (*dans un fauteuil roulant, etc.*) **3** *vi* (*oiseau*) tournoyer **4** *vi* ~ **(around/round)** se retourner brusquement, faire demi-tour

wheelbarrow /'wi:lbærəʊ/ (*aussi* **barrow**) *n* brouette

wheelchair /'wi:ltʃeə(r)/ *n* fauteuil roulant

wheeze /wi:z/ *vi* respirer bruyamment

when /wen/ ◆ *adv interr* quand : *When will you grow up?* Quand est-ce que tu vas grandir un peu ? ◊ *I don't know when she arrived.* Je ne sais pas quand elle est arrivée. ◆ *adv rel* où : *There are times when...* Il y a des moments où... ◆ *conj* quand : *It was snowing when I arrived.* Il neigeait quand je suis arrivé. ◊ *I'll call you when I'm ready.* Je t'appellerai quand je serai prête.

whenever /wen'evə(r)/ ◆ *conj* **1** quand : *I'll discuss it with you whenever you like.* J'en discuterai avec toi quand tu voudras. **2** quand, (à) chaque fois que : *You can borrow my car whenever you want.* Tu peux emprunter ma voiture quand tu veux. ◆ *adv interr* quand : *Whenever shall we be there?* Quand est-ce que l'on va finir par arriver ?

where /weə(r)/ ◆ *adv interr* où : *Where are you going?* Où vas-tu ? ◊ *I don't know where it is.* Je ne sais pas où c'est. ◆ *adv rel* où : *the town where I was born* la ville où je suis né ◆ *conj* là où : *Sit where you prefer.* Assieds-toi où tu veux. ◊ *This is where I found it.* C'est là que je l'ai trouvé.

whereabouts /ˌweərə'baʊts/ ◆ *adv interr* où ◆ /'weərəbaʊts/ *n* [*v sing ou pl*] : *Her whereabouts is/are still unknown.* On ne sait toujours pas où elle se trouve.

whereas /ˌweər'æz/ *conj* (*sout*) alors que, tandis que

whereby /weə'baɪ/ *adv rel* (*sout*) selon lequel, selon laquelle, etc., grâce auquel, grâce à laquelle, etc.

whereupon /ˌweərə'pɒn/ *conj* sur quoi, après quoi

wherever /ˌweər'evə(r)/ ◆ *conj* où : *wherever you like* où tu veux ◆ *adv interr* où : *Wherever can they be?* Où est-ce qu'ils peuvent bien être ?

whet /wet/ *vt* (**-tt-**) LOC **to whet sb's appetite** aiguiser l'appétit de qn

whether /'weðə(r)/ *conj* si : *I'm not sure whether we should take a bus or walk.* Je ne sais pas si nous ferions mieux de prendre un bus ou de marcher. ◊ *It depends on whether the letter arrives on time.* Cela dépend si la lettre arrive à temps ou non. LOC **whether or not** : *whether or not it works/whether it works or not* si ça marche ou pas

which /wɪtʃ/ ◆ *adj interr* quel, quelle, quels, quelles : *Which languages do you speak?* Quelles langues parles-tu ? ◊ *Tell me which one is yours.* Dis-moi lequel est le tien. ☛ *Voir note sous* WHAT ◆ *pron interr* lequel, laquelle, lesquels, lesquelles : *Which is yours?* Lequel est à toi ? ◊ *I can't decide which to buy.* Je n'arrive pas à décider lequel acheter. ☛ *Voir note sous* WHAT ◆ *adj rel, pron rel* **1** [*sujet*] qui : *the book which is on the table* le livre qui est sur la table **2** [*complément d'objet direct*] que : *the book which you were reading* le livre que tu lisais **3** (*sout*) [*après prép*] lequel, laquelle, lesquels, lesquelles : *The computer, for which she paid £2 000, can* *do many things.* L'ordinateur, qu'elle a payé 2 000 livres, est très performant. ◊ *the time at which he arrived* l'heure à laquelle il est arrivé ◊ *in which case* auquel cas ◊ *the situation in which he found himself* la situation dans laquelle il s'est trouvé ☛ Cet usage est très formel. La préposition est le plus souvent rejetée à la fin : *the situation which he found himself in* et **which** est souvent omis : *the situation he found himself in* **4** ce qui, ce que : *He said he'd lost the book, which was untrue.* Il a dit qu'il avait perdu le livre, ce qui était faux. ◊ *The car behaved well, which was nice.* La voiture a bien marché, ce qui a été agréable. ◊ *She advised me to add more salt, which I did.* Elle m'a recommandé de rajouter du sel et c'est ce que j'ai fait.

whichever /wɪtʃ'evə(r)/ ◆ *adj* quel que soit… qui/que, quelle que soit… qui/que : *Whichever career you choose, you'll be successful.* Quelle que soit la carrière que tu choisiras, tu réussiras. ◆ *pron* celui qui/que, celle qui/que : *Take whichever you want.* Prends celui que tu veux.

whiff /wɪf/ *n* ~ **(of sth)** odeur, bouffée (de qch) : *I caught a whiff of her perfume.* J'ai senti l'odeur de son parfum.

while /waɪl/ ◆ *n* [*sing*] : *He'll be here in a while.* Il sera là dans un moment. ◊ *I haven't seen you for a while.* Ça fait longtemps que je ne t'ai pas vue. LOC Voir ONCE, WORTH (*aussi* **whilst** /waɪlst/) ◆ *conj* **1** (*temporel*) pendant que **2** (*opposition*) alors que : *I drink coffee while she prefers tea.* Je prends du café alors qu'elle préfère le thé. **3** (*sout*) bien que : *While I admit that…* Bien que j'admette que… LOC **while you're at it** tant que tu y es ◆ *v* PHR V **to while sth away** faire passer qch : *to while the evening away* faire passer la soirée

whim /wɪm/ *n* caprice

whimper /'wɪmpə(r)/ ◆ *vi* gémir ◆ *n* gémissement

whine /waɪn/ ◆ **1** *vi* geindre, gémir **2** *vi, vt* se plaindre, pleurnicher **3** *vt* dire en gémissant **4** *vi* ~ **about sth** se plaindre de qch ◆ *n* gémissement, geignement

whip /wɪp/ ◆ *n* **1** fouet, cravache **2** (*Polit*) député chargé d'assurer la discipline parlementaire des membres de son parti ◆ *vt* (**-pp-**) **1** fouetter **2** ~ **sth (up)** (*Cuisine*) battre en neige qch : *whipped cream* crème fouettée PHR V **to whip sth up 1** (*dîner, etc.*) préparer qch en vitesse **2** (*émotions*) attiser qch

whirl /wɜːl/ ◆ **1** *vt, vi* (faire) tournoyer, (faire) tourbillonner **2** *vi* (*tête*) : *His head whirled.* Tout tourbillonnait dans sa tête. ◆ *n* [*sing*] tourbillon : *a whirl of dust* un tourbillon de poussière (*fig*) : *My head is in a whirl.* Tout tourbillonne dans ma tête.

whirlpool /'wɜːlpuːl/ *n* tourbillon, remous

whirlwind /'wɜːlwɪnd/ ◆ *n* tourbillon (*de vent*) ◆ *adj* (*fig*) éclair, fulgurant

whirr (*surtout USA* **whir**) /wɜː(r)/ ◆ *n* vrombissement ◆ *vi* vrombir

whisk /wɪsk/ ◆ *n* fouet, batteur ◆ *vt* (*Cuisine*) battre PHR V **to whisk sb away/off** emmener qn d'urgence **to whisk sth away/off** enlever qch d'un geste rapide

whiskers /'wɪskəz/ *n* [*pl*] **1** (*animal*) moustaches **2** (*homme*) favoris

whisky /'wɪski/ *n* (*pl* **-ies**) (*USA ou Irl* **whiskey**) whisky

whisper /'wɪspə(r)/ ◆ *vi, vt* chuchoter, murmurer : *to whisper a word to sb* dire un mot à l'oreille de qn ◆ *n* chuchotement, murmure : *He answered in a whisper.* Il a répondu en chuchotant.

whistle /'wɪsl/ ◆ *n* **1** sifflement **2** sifflet ◆ *vt, vi* siffler

white /waɪt/ ◆ *adj* (**-er**, **-est**) **1** blanc : *white coffee* café au lait **2** ~ **(with sth)** pâle (de qch) ◆ *n* **1** blanc **2** blanc (*d'œuf*) ☛ *Comparer avec* YOLK

white-collar /ˌwaɪt 'kɒlə(r)/ *adj* d'employé de bureau, de col blanc : *white-collar workers* des cols blancs

whiteness /'waɪtnəs/ *n* blancheur

White Paper *n* (*GB*) livre blanc

whitewash /'waɪtwɒʃ/ ◆ *n* lait de chaux ◆ *vt* **1** blanchir à la chaux, chauler **2** (*fig*) camoufler

who /huː/ ◆ *pron interr* qui : *Who are they?* Qui sont-ils ? ◊ *Who did you meet?* Qui est-ce que tu as rencontré ? ◊ *Who is it?* Qui est-ce ? ◊ *They wanted to know who had rung.* Ils voulaient savoir qui avait appelé. ◆ *pron rel* **1** [*sujet*] qui : *people who eat garlic* ceux qui mangent de l'ail ◊ *the man who wanted to see you* l'homme qui voulait vous voir ◊ *all those who want to go* tous ceux qui veulent y aller **2** [*complément d'objet direct*] que : *I bumped into a woman (who) I knew.* J'ai rencontré une dame que je connaissais. **3** [*avec préposition*] lequel, laquelle, lesquels, lesquelles : *the man (who) I had spoken to* l'homme auquel j'avais parlé ☛ *Voir note sous* WHOM

whoever /huːˈevə(r)/ ◆ *pron* **1** qui que : *whoever you are* qui que vous soyez ◊ *Whoever gets the job will have a lot to do.* Celui qui obtiendra le poste aura du pain sur la planche. **2** qui que ce soit : *whoever you like* la personne de votre choix **3** quiconque ◆ *pron interr* qui : *Whoever can it be?* Qui est-ce que ça peut bien être ?

whole /həʊl/ ◆ *adj* tout, entier : *a whole hour* une heure entière ◊ *the whole country* l'ensemble du pays ◊ *to forget the whole thing* tout oublier ◆ *n* tout : *the whole of August* tout le mois d'août LOC **on the whole** dans l'ensemble

wholehearted /ˌhəʊlˈhɑːtɪd/ *adj* sans réserve **wholeheartedly** *adv* sans réserve, totalement

wholemeal /ˈhəʊlmiːl/ *adj* complet (*avec du son*) : *wholemeal bread* pain complet

wholesale /ˈhəʊlseɪl/ ◆ *adj* **1** de gros **2** total, complet : *wholesale destruction* destruction systématique ◆ *adv* en gros

wholesome /ˈhəʊlsəm/ *adj* sain : *a wholesome climate* un climat sain

wholly /ˈhəʊlli/ *adv* complètement, entièrement

whom /huːm/ ◆ *pron interr* (*sout*) [*complément d'objet direct et après une préposition*] qui : *Whom did you meet there?* Qui y as-tu rencontré ? ◊ *To whom did you give the money?* À qui as-tu donné cet argent ? ☛ Cet usage est très formel. On dit plus communément : *Who did you meet there?* ◊ *Who did you give the money to?* ◆ *pron rel* (*sout*) que, qui : *the patients whom he treated* les malades qu'il a soignés ◊ *the students, some of whom are Italian* les étudiants, dont certains sont italiens ◊ *the person to whom this letter was addressed* la personne à qui cette lettre était adressée ☛ Cet usage est très formel. On dit plus communément : *the person this letter was addressed to*

whoops! /wʊps/ (*aussi* **oops!**) *excl* **1** houp-là ! **2** oh là là !

whose /huːz/ ◆ *pron interr*, *adj interr* à qui : *Whose house is that?* À qui est cette maison ? ◊ *I wonder whose it is.* Je me demande à qui c'est. ◆ *adj rel* dont : *the man whose house was burnt down* l'homme dont la maison a brûlé ◊ *the people whose house we stayed in* les gens chez qui nous avons logé

why /waɪ/ **1** *adv interr* pourquoi : *Why was she crying?* Pourquoi est-ce qu'elle pleurait ? **2** *adv rel* pour lequel, pour laquelle, pour lesquels, pour lesquelles : *That's the reason why I left.* C'est la raison pour laquelle je suis parti. LOC **why not** pourquoi pas : *Why not go to the cinema?* Pourquoi ne pas aller au cinéma ?

wicked /ˈwɪkɪd/ *adj* (**-er**, **-est**) **1** méchant, cruel **2** malicieux **3** (*fam*) génial **wickedness** *n* **1** cruauté, méchanceté **2** malice

wicker /ˈwɪkə(r)/ *n* osier

wicket /ˈwɪkɪt/ *n* guichet (*de cricket*)

wide /waɪd/ ◆ *adj* (**wider**, **widest**) **1** large : *How wide is it?* Il fait quelle largeur ? ◊ *It's two metres wide.* Il fait deux mètres de large. ☛ *Voir note sous* BROAD **2** (*fig*) large, vaste : *a wide range of possibilities* un large éventail de possibilités ◆ *adv* : *Stand with your legs wide apart.* Tiens-toi debout avec les jambes bien écartées. ◊ *wide awake* bien éveillé LOC **wide open 1** (*porte*) grand ouvert : *The window was wide open.* La fenêtre était grande ouverte. **2** (*compétition*) à l'issue incertaine *Voir aussi* FAR **widely** *adv* largement : *widely used* d'utilisation courante ◊ *It is widely known that...* Tout le monde sait que... **widen 1** *vt*, *vi* (s')élargir, (s')agrandir **2** *vt* (*connaissances*) élargir

wide-ranging /ˌwaɪd ˈreɪndʒɪŋ/ *adj* **1** (*enquête*) de grande envergure **2** (*influence*) étendu

widespread /ˈwaɪdspred/ *adj* généralisé, très répandu

widow /ˈwɪdəʊ/ *n* veuve **widowed** *adj* veuf **widower** *n* veuf

width /wɪdθ, wɪtθ/ *n* largeur

wield /wiːld/ *vt* **1** (*arme*) brandir **2** (*pouvoir*) exercer

wife /waɪf/ *n* (*pl* **wives** /waɪvz/) femme, épouse

wig /wɪɡ/ *n* perruque

wiggle /ˈwɪgl/ (*fam*) **1** *vt* remuer, agiter **2** *vi* se tortiller

wild /waɪld/ ◆ *adj* (**-er**, **-est**) **1** sauvage : *wild flowers* fleurs des champs **2** (*temps*) gros **3** (*mer*) démonté **4** (*vent*) déchaîné **5** (*en colère*) fou : *He was wild with anger.* Il était fou furieux. **6** (*fam*) ~ **about sb/sth** emballé par qn/qch ◆ *n* **1 the wild** la nature : *in the wild* à l'état sauvage **2 the wilds** [*pl*] des zones reculées : *in the wilds of Alaska* au fin fond de l'Alaska

wilderness /ˈwɪldənəs/ *n* **1** étendue sauvage, désert **2** (*fig*) jungle

wildlife /ˈwaɪldlaɪf/ *n* faune

wildly /ˈwaɪldli/ *adv* **1** frénétiquement, follement **2** furieusement, violemment **3** extrêmement : *wildly funny* extrêmement drôle ◊ *wildly exaggerated* très exagéré

wilful (*USA aussi* **willful**) /ˈwɪlfl/ *adj* (*péj*) **1** (*action*) volontaire, délibéré **2** (*personne*) volontaire, têtu **wilfully** *adv* volontairement, délibérément

will /wɪl/ (*contraction* **'ll** *nég* **will not** ou **won't** /wəʊnt/) ◆ *v aux* (*pour former le futur*) : *He'll come, won't he?* Il va venir, non ? ◊ *I hope it won't be too late.* J'espère qu'il ne sera pas trop tard. ◊ *You'll do as you're told.* Tu feras ce qu'on te dira. ☛ *Voir note sous* SHALL ◆ *v aux modal*

L'auxiliaire modal **will** est suivi de l'infinitif sans TO. La forme interrogative et la forme négative se construisent sans l'auxiliaire *do*.

1 (*volonté*) : *He won't let me in.* Il ne veut pas me laisser rentrer. ◊ *The car won't start.* La voiture ne veut pas démarrer. ☛ *Voir note sous* SHALL **2** (*offre, requête*) : *Will you help me?* Tu peux m'aider ? ◊ *Will you stay for dinner?* Vous restez dîner ? ◊ *Close the window, will you?* Ferme la fenêtre, s'il te plaît. ◊ *Won't you stay a little longer?* Vous ne voulez pas rester un peu plus longtemps ? **3** (*probabilité*) : *That'll be the postman.* Ça doit être le facteur. **4** (*vérités générales, habitude*) : *Oil will float on water.* L'huile flotte sur l'eau. ◆ *n* **1** volonté **2** désir : *against his will* contre son gré **3** testament LOC **at will** à ma, ta, etc. guise *Voir aussi* FREE

willing /ˈwɪlɪŋ/ *adj* **1** ~ **(to do sth)** prêt (à faire qch) **2** de bonne volonté **3** (*aide*) spontané **willingly** *adv* volontiers, de bon cœur **willingness** *n* **1** ~ **(to do sth)** volonté (de faire qch) **2** bonne volonté

willow /ˈwɪləʊ/ (*aussi* **willow tree**) *n* saule

will power /ˈwɪl paʊə(r)/ *n* volonté

wilt /wɪlt/ *vi* **1** se faner **2** (*fig*) s'affaiblir

win /wɪn/ ◆ (**-nn-**) (*prét, pp* **won** /wʌn/) **1** *vi, vt* gagner **2** *vt* (*victoire*) remporter **3** *vt* (*soutien*) obtenir LOC *Voir* TOSS PHR V **to win sb back** reconquérir qn **to win sth back** reprendre qch **to win sb over/round (to sth)** convaincre qn (de qch), s'attirer la sympathie de qn ◆ *n* victoire

wince /wɪns/ *vi* faire une grimace, grimacer (*de douleur, de dégoût, etc.*)

wind¹ /wɪnd/ *n* **1** vent **2** souffle **3** [*indénombrable*] gaz, vents (*dans le tube digestif*) **4** (*Mus*) : *wind instruments* instruments à vent LOC **to get wind of sth** avoir vent de qch *Voir aussi* CAUTION

wind² /waɪnd/ (*prét, pp* **wound** /waʊnd/) **1** *vi* serpenter **2** *vt* ~ **sth round/onto sth** enrouler qch autour de/sur qch **3** *vt* donner un tour de **4** *vt* ~ **sth (up)** remonter qch (*pendule*) PHR V **to wind down 1** (*personne*) se détendre **2** (*activité*) toucher à sa fin **to wind sb up** (*fam*) **1** énerver qn **2** faire marcher qn **to wind sth up 1** (*discours*) terminer qch, mettre fin à qch **2** (*société*) liquider qch **to wind up** finir : *You'll wind up in hospital.* Tu vas te retrouver à l'hôpital. **winding** *adj* **1** tortueux **2** (*escalier*) en colimaçon

windfall /ˈwɪndfɔːl/ *n* **1** fruit tombé d'un arbre **2** (*fig*) aubaine

windmill /ˈwɪndmɪl/ *n* moulin à vent

window /ˈwɪndəʊ/ *n* **1** fenêtre **2** (*voiture*) vitre **3** (*aussi* **window pane**) vitre, carreau **4** vitrine

window-shopping /ˈwɪndəʊ ʃɒpɪŋ/ *n* : *to go window-shopping* faire du lèche-vitrines

window sill (*aussi* **window ledge**) *n* rebord de fenêtre

windscreen /ˈwɪndskriːn/ (*USA* **windshield**) *n* pare-brise : *windscreen wipers* essuie-glace

windsurfing /ˈwɪndsɜːfɪŋ/ *n* planche à voile (*activité*)

windy /ˈwɪndi/ *adj* (**-ier**, **-iest**) venteux : *a windy day* un jour de vent

wine /waɪn/ *n* vin : *a wine glass* un verre à vin

wing /wɪŋ/ *n* **1** (*gén, Archit, Polit*) aile :

the right/left wing of the party l'aile droite/gauche du parti **2 the wings** [*pl*] les coulisses

wink /wɪŋk/ ◆ **1** *vi* ~ **(at sb)** faire un clin d'œil (à qn) **2** *vi* (*lumière*) clignoter ◆ *n* clin d'œil

winner /ˈwɪnə(r)/ *n* vainqueur, gagnant, -e

winning /ˈwɪnɪŋ/ *adj* **1** gagnant **2** (*sourire, manières*) charmant, engageant **winnings** *n* [*pl*] gains

winter /ˈwɪntə(r)/ ◆ *n* hiver : *winter sports/clothes* sports/vêtements d'hiver ◆ *vi* passer l'hiver

wipe /waɪp/ *vt* **1** ~ **sth (on/with sth)** essuyer qch (sur/avec qch) : *to wipe your hands* s'essuyer les mains **2** ~ **sth (from/off sth)** (*tache*) enlever qch (de qch) **3** ~ **sth (from/off sth)** (*éliminer*) effacer qch (de qch) PHR V **to wipe sth away/off/up** essuyer qch, enlever qch **to wipe sth out 1** anéantir qch **2** effacer qch, annuler qch **3** (*maladie, crime*) éliminer qch

wiper /ˈwaɪpə(r)/ (*aussi* **windscreen wiper**) *n* essuie-glace

wire /ˈwaɪə(r)/ ◆ *n* **1** fil de fer : *a wire fence* une clôture **2** (*Électr*) fil **3** (*USA*) télégramme ◆ *vt* **1** installer l'électricité dans **2** ~ **sth (up) to sth** brancher qch sur qch ; relier qch à qch **3** (*USA*) télégraphier à **wiring** *n* [*indénombrable*] installation électrique

wireless /ˈwaɪələs/ *n* (*vieilli*) TSF

wisdom /ˈwɪzdəm/ *n* **1** sagesse : *a wisdom tooth* une dent de sagesse **2** prudence LOC *Voir* CONVENTIONAL *sous* CONVENTION

wise /waɪz/ *adj* (**wiser**, **wisest**) **1** sage **2** sensé, prudent LOC **to be no wiser/none the wiser**; **not to be any the wiser** ne pas être plus avancé

wish /wɪʃ/ ◆ **1** *vi* ~ **for sth** souhaiter qch **2** *vt* ~ **sb sth** souhaiter qch à qn : *to wish sb ill/well* vouloir du mal à/le bien de qn **3** *vt* (*sout*) vouloir **4** *vt* (*exprimant un souhait impossible*) : *I wish he'd go away.* Si seulement il pouvait s'en aller ! ◊ *She wished she had gone.* Elle regrettait de ne pas y être allée. ◊ *I wish I knew what's happening.* J'aimerais bien savoir ce qui se passe. ☛ Après les pronoms **I, he** ou **she** et le verbe **wish**, la forme **were** est considérée plus correcte que **was** : *I wish I were rich!* Si seulement j'étais riche ! **5** *vi* faire un vœu ◆ *n* **1** ~ **(for sth/to do sth)** désir (de qch/de faire qch) : *against my wishes* contre ma volonté **2** vœu, souhait : *to make a wish* faire un vœu **3 wishes** [*pl*] : *best wishes* meilleurs vœux ◊ *(with) best wishes, Diana* amicalement, Diana LOC *Voir* BEST **wishful** *adj* LOC **wishful thinking** : *It's wishful thinking on my part.* Je prends mes désirs pour des réalités.

wistful /ˈwɪstfl/ *adj* mélancolique, nostalgique

wit /wɪt/ *n* **1** (*humour*) esprit **2** homme d'esprit, femme d'esprit **3 wits** [*pl*] présence d'esprit, intelligence LOC **to be at your wits' end** ne plus savoir quoi faire **to be frightened/terrified/scared out of your wits** être mort de peur **have/keep your wits about you** rester attentif, conserver sa présence d'esprit

witch /wɪtʃ/ *n* sorcière

witchcraft /ˈwɪtʃkrɑːft ; *USA* -kræft/ *n* sorcellerie

witch-hunt /ˈwɪtʃ hʌnt/ *n* (*pr et fig*) chasse aux sorcières

with /wɪð, wɪθ/ *prép* **1** avec : *a house with a garden* une maison avec jardin ◊ *the man with the scar* l'homme à la cicatrice ◊ *I'll be with you in a minute.* Je suis à toi dans une minute. ◊ *He's with BA.* Il travaille chez BA. **2** (*dans la maison de*) chez : *I'll be staying with a friend.* Je vais loger chez un ami. **3** (*exprimant l'accord, le soutien*) d'accord avec : *I'm with you all the way.* Je suis avec toi. **4** (*à cause de*) de : *to tremble with fear* trembler de peur LOC **to be with sb** (*fam*) suivre qn : *I'm not with you.* Je ne te suis pas. **with it** (*fam*) **1** à la mode **2** dégourdi : *I'm not quite with it this morning.* J'ai la tête ailleurs aujourd'hui. ☛ Les verbes à particule formés avec **with** sont traités sous le verbe correspondant : pour **to bear with**, par exemple, voir BEAR.

withdraw /wɪðˈdrɔː, wɪθˈd-/ (*prét* **withdrew** /-ˈdruː/ *pp* **withdrawn** /-ˈdrɔːn/) **1** *vt, vi* (se) retirer **2** *vt* ~ **sth (from sth)** (*argent*) retirer qch (de qch) **withdrawal** /-ˈdrɔːəl/ *n* **1** retrait, désistement **2** (*Méd*) : *withdrawal symptoms* symptômes de manque **3** (*argent*) retrait **withdrawn** *adj* renfermé

wither /ˈwɪðə(r)/ *vi* **1** (*fleur*) se flétrir **2** (*membre*) s'atrophier **3** (*espoir*) s'évanouir

withhold /wɪðˈhəʊld, wɪθˈh-/ *vt* (*prét, pp*

withheld /-ˈheld/) (*sout*) **1** retenir **2** (*informations*) ne pas divulguer, cacher **3** (*consentement*) refuser

within /wɪˈðɪn/ ◆ *prép* **1** (*temps*) en moins de : *within two days* dans les deux jours ◊ *within a week of having left* moins d'une semaine après son départ **2** (*distance*) à moins de : *within 10 km* à moins de 10 km ◊ *It's within walking distance.* On peut y aller à pied. **3** (*sout*) dans : *within herself* au fond d'elle-même ◆ *adv* (*sout*) à l'intérieur

without /wɪˈðaʊt/ *prép* sans : *without saying goodbye* sans dire au revoir ◊ *I did that without him/his knowing.* Je l'ai fait sans qu'il le sache.

withstand /wɪðˈstænd, wɪθˈstænd/ *vt* (*prét, pp* **withstood** /-ˈstʊd/) (*sout*) résister à

witness /ˈwɪtnəs/ ◆ *n* ~ **(to sth)** témoin (de qch) ◆ *vt* être témoin de, assister à

witness box (*USA* **witness stand**) *n* barre des témoins

witty /ˈwɪti/ *adj* (**-ier**, **-iest**) spirituel, plein d'esprit

wives *pl de* WIFE

wizard /ˈwɪzəd/ *n* **1** magicien **2** génie, as

wobble /ˈwɒbl/ **1** *vi* (*personne*) chanceler **2** *vi* (*chaise*) branler **3** *vi* (*gélatine, voix*) trembler **4** *vt* faire bouger **wobbly** *adj* (*fam*) **1** branlant, chancelant **2** tremblant

woe /wəʊ/ *n* chagrin, malheur LOC **woe betide sb** gare à qn : *Woe betide me if I forget!* Malheur à moi si j'oublie !

wok /wɒk/ *n* wok ☛ *Voir illustration sous* SAUCEPAN

woke *prét de* WAKE

woken *pp de* WAKE

wolf /wʊlf/ *n* (*pl* **wolves** /wʊlvz/) loup *Voir aussi* PACK

woman /ˈwʊmən/ *n* (*pl* **women** /ˈwɪmɪn/) femme : *a woman doctor* une femme médecin

womb /wuːm/ *n* utérus

won *prét, pp de* WIN

wonder /ˈwʌndə(r)/ ◆ **1** *vt, vi* se demander : *I wonder if/whether he's coming.* Je me demande s'il va venir. ◊ *I was wondering about that.* Je me posais la question. **2** (*sout*) *vi* ~ **(at sth)** s'étonner, s'émerveiller (de qch) : *It makes you wonder.* Cela donne à réfléchir. **3** *vt* : *I wonder if you could help me.* Pourriez-vous m'aider s'il vous plaît ? ◊ *I was wondering if you'd like to come.* Voulez-vous venir avec nous ? ◆ *n* **1** émerveillement **2** merveille LOC **it's a wonder (that)...** c'est étonnant que..., c'est extraordinaire que... **no wonder (that...)** ce n'est pas (très) étonnant (que...) *Voir aussi* MIRACLE

wonderful /ˈwʌndəfl/ *adj* merveilleux, extraordinaire

won't /wəʊnt/ = WILL NOT *Voir* WILL

wood /wʊd/ *n* **1** bois **2** [*souvent pl*] bois : *We went to the woods.* Nous sommes allés au bois. LOC *Voir* TOUCH[1] **wooded** *adj* boisé **wooden** *adj* **1** de/en bois **2** figé

woodland /ˈwʊdlənd/ *n* [*indénombrable*] bois

woodwind /ˈwʊdwɪnd/ *n* [*v sing ou pl*] bois (*Mus*)

woodwork /ˈwʊdwɜːk/ *n* [*indénombrable*] **1** boiseries **2** menuiserie

wool /wʊl/ *n* laine **woollen** (*aussi* **woolly**) *adj* de/en laine

word /wɜːd/ ◆ *n* **1** mot **2** parole : *Do you know the words to this song?* Est-ce que tu connais les paroles de cette chanson ? LOC **in other words** en d'autres termes **to give sb your word (that...)** donner sa parole à qn (que...) **to have a word (with sb) (about sth)** parler (à qn) (de qch) **to keep/break your word** tenir/ne pas tenir sa parole **to put in/say a (good) word for sb** glisser un mot en faveur de qn **to take sb's word for it (that...)** croire qn sur parole (que...) **without a word** sans un mot **words to that effect** : *He told me to get out, or words to that effect.* Il m'a dit de sortir, ou quelque chose dans le genre. *Voir aussi* BREATHE, EAT, LAST, MARK[2], MINCE, PLAY ◆ *vt* formuler **wording** *n* termes, formulation

word processor *n* **1** machine à traitement de texte **2** logiciel de traitement de texte **word processing** *n* traitement de texte

wore *prét de* WEAR

work[1] /wɜːk/ *n* **1** [*indénombrable*] travail : *to leave work* quitter son travail ◊ *to do work experience* faire un stage **2** travail, ouvrage : *Is this your own work?* Est-ce que tu l'as fait tout seul ? ◊ *a good piece of work* du bon travail **3** œuvre : *the complete works of Shakespeare* les œuvres complètes de

Shakespeare **4 works** [*pl*] travaux ☛ Le terme **roadworks** est plus courant. LOC **at work** au travail **to be at work on sth** travailler à qch **to get (down)/go/set to work (on sth/to do sth)** se mettre au travail, se mettre à travailler sur qch/pour faire qch **out of work** au chômage *Voir aussi* STROKE[1]

Contrairement à **work**, le terme **job** est indénombrable : *I've found work/a new job at the hospital.* J'ai trouvé du travail/un autre poste à l'hôpital. Le terme **employment**, plus soutenu que **work** et **job**, désigne généralement la condition des travailleurs : *Many women are in part-time employment.* De nombreuses femmes travaillent à mi-temps. Le terme **occupation** se rencontre surtout dans le langage administratif : *Occupation: student.* Profession : étudiant. Le terme **profession** désigne les emplois qui nécessitent des études universitaires : *the medical profession* la profession de médecin. Le terme **trade** signifie *métier* : *He's a carpenter by trade.* Il est menuisier de son métier.

work[2] /wɜːk/ (*prét, pp* **worked**) **1** *vi* ~ **(away) (at/on sth)** travailler (à/sur qch) : *to work as a waiter* travailler comme serveur ◊ *to work on the assumption that...* partir du principe que... **2** *vi* marcher, fonctionner : *It will never work.* Ça ne marchera jamais. **3** *vt* (*appareil*) faire marcher, faire fonctionner **4** *vt* (*personne*) faire travailler **5** *vt* (*mine*) exploiter **6** *vt* (*terre*) travailler, cultiver LOC **to work free/loose** se desserrer **to work like a charm** (*fam*) marcher à merveille **to work your fingers to the bone** s'épuiser à la tâche *Voir aussi* MIRACLE PHR V **to work out 1** *It works out cheaper to get a taxi.* Ça revient moins cher de prendre un taxi. **2** se résoudre, réussir **3** s'entraîner **to work sth out 1** calculer qch **2** résoudre qch **3** mettre qch au point, trouver qch **4** comprendre qch **to work sb up (into sth)** : *to work sb up into a temper* mettre qn en colère ◊ *to get worked up* s'énerver **to work sth up 1** développer qch **2** *to work up an appetite* s'ouvrir l'appétit **workable** *adj* réalisable, faisable

workaholic /ˌwɜːkəˈhɒlɪk/ *n* (*fam*) bourreau de travail

Workaholic est un dérivé humoristique qui résulte du mot **work** et du suffixe **-holic**, la désinence de **alcoholic**. D'autres mots ont été inventés sur ce modèle comme **chocaholic** (personne accro de chocolat) et **shopaholic** (personne accro du shopping).

worker /ˈwɜːkə(r)/ *n* **1** ouvrier, -ière **2** employé, -e

workforce /ˈwɜːkfɔːs/ *n* [*v sing ou pl*] main-d'œuvre

working /ˈwɜːkɪŋ/ ◆ *adj* **1** actif, qui travaille **2** de travail : *working conditions* conditions de travail **3** ouvrable : *five working days* cinq jours ouvrables **4** (*appareil*) qui fonctionne **5** (*connaissances*) : *a working knowledge of English* des bases en anglais LOC *Voir* ORDER ◆ *n* **workings** [*pl*] ~ **(of sth)** rouages, mécanisme (de qch)

working class ◆ *n* (*aussi* **working classes**) classe ouvrière ◆ *adj* (*aussi* **working-class**) ouvrier, de la classe ouvrière

workload /ˈwɜːkləʊd/ *n* charge de travail

workman /ˈwɜːkmən/ *n* (*pl* **-men** /-mən/) ouvrier **workmanship** *n* **1** (*d'une personne*) habileté professionnelle **2** (*d'un produit*) exécution

workmate /ˈwɜːkmeɪt/ *n* collègue de travail

workout /ˈwɜːkaʊt/ *n* séance d'entraînement, exercice

workplace /ˈwɜːkpleɪs/ *n* lieu de travail

workshop /ˈwɜːkʃɒp/ *n* atelier : *a drama workshop* un atelier de théâtre

workstation /ˈwɜːksteɪʃn/ *n* poste de travail

worktop /ˈwɜːktɒp/ *n* plan de travail (*d'une cuisine*)

world /wɜːld/ *n* monde : *all over the world/the world over* dans le monde entier ◊ *the world population* la population mondiale ◊ *the tallest building in the world* le plus haut bâtiment du monde ◊ *a world power* une puissance mondiale ◊ *world-famous* de renommée mondiale LOC *Voir* EARTH, SMALL, THINK **worldly** *adj* (**-ier**, **-iest**) **1** matériel, de ce monde : *worldly power* pouvoir temporel **2** qui a l'expérience du monde

worldwide /ˈwɜːldwaɪd/ ◆ *adj* mondial ◆ *adv* dans le monde entier

the World Wide Web (*abrév* **WWW**) (*aussi* **the Web**) *n* le World Wide Web

worm /wɜːm/ ◆ *n* **1** ver **2** (*aussi* **earthworm**) ver de terre LOC *Voir* EARLY ◆ *v* PHR V **to worm sth out of sb** soutirer qch à qn

worn *pp de* WEAR

worn out *adj* **1** complètement usé **2** (*personne*) épuisé

worry /ˈwʌri/ ◆ (*prét, pp* **worried**) **1** *vi* ~ **(yourself) (about sb/sth)** s'inquiéter (pour qn/qch) **2** *vt* inquiéter : *to be worried by sth* être inquiet de qch ◆ *n* (*pl* **-ies**) **1** [*indénombrable*] inquiétude **2** souci : *financial worries* soucis d'argent **worried** *adj* **1** ~ **(about sb/sth)** inquiet (pour qn/qch) ; soucieux **2 to be ~ that...** avoir peur que... : *I'm worried that he might get lost.* J'ai peur qu'il se perde. **worrying** *adj* inquiétant, préoccupant

worse /wɜːs/ ◆ *adj* (*compar de* **bad**) ~ **(than sth/than doing sth)** pire (que qch/que de faire qch) : *to get worse* s'aggraver ◊ *My eyesight is getting worse.* Ma vue baisse. *Voir aussi* BAD, WORST LOC **to make matters/things worse** envenimer les choses : *And then, to make matters worse, his parents turned up.* Et pour tout arranger, ses parents sont arrivés. ◆ *adv* (*compar de* **badly**) plus mal, moins bien : *She speaks German worse than I do.* Elle parle allemand moins bien que moi. ◆ *n* le pire : *to take a turn for the worse* s'aggraver **worsen** **1** *vi* s'aggraver **2** *vt* empirer

worship /ˈwɜːʃɪp/ ◆ *n* **1** ~ **(of sb/sth)** adoration (de qn/qch) **2** ~ **(of sb/sth)** (*Relig*) culte (de qn/qch) ◆ (**-pp-**, *USA* **-p-**)) **1** *vt* adorer, vénérer **2** *vi* faire ses dévotions **worshipper** *n* fidèle, adorateur, -trice

worst /wɜːst/ ◆ *adj* (*superl de* **bad**) pire : *the worst storm for five years* l'orage le plus violent depuis cinq ans ◊ *My worst fears were confirmed.* Ce que je craignais le plus est arrivé. *Voir aussi* BAD, WORSE ◆ *adv* (*superl de* **badly**) le plus mal : *the worst hit areas* les zones les plus touchées ◆ **the worst** *n* le pire LOC **at (the) worst** ; **if the worst comes to the worst** dans le pire des cas

worth /wɜːθ/ ◆ *adj* **1** *a painting worth $600 000* un tableau qui vaut 600 000 dollars ◊ *to be worth £50* valoir 50 livres **2** *This book is worth reading.* Ce livre mérite d'être lu. ◊ *It's hardly worth worrying about.* Ça ne vaut pas vraiment la peine de s'inquiéter. LOC **for all you are worth** de toutes ses forces : *He was running for all he was worth.* Il courait le plus vite possible. **for what it's worth** pour ce que ça vaut **to be worth it** en valoir la peine **to be worth sb's while** : *It's not worth your while to work so hard.* Cela ne vaut pas la peine de te donner tant de mal. ◆ *n* **1** valeur **2** (*argent, temps*) : *£15 worth of petrol* 15 livres d'essence ◊ *two weeks' worth of supplies* suffisamment de provisions pour deux semaines LOC *Voir* MONEY **worthless** *adj* **1** sans valeur **2** (*personne*) incapable **3** (*action, tentative*) inutile

worthwhile /ˌwɜːθˈwaɪl/ *adj* qui en vaut la peine, intéressant : *to be worthwhile doing/to do sth* valoir la peine de faire qch ◊ *His smile made it all worthwhile.* Rien que pour son sourire, ça en valait la peine.

worthy /ˈwɜːði/ *adj* (**-ier, -iest**) **1** *to be worthy of sth* être digne de qch **2** (*cause*) louable, digne **3** (*personne*) digne, méritant

would /wəd, wʊd/ (*contraction* **'d** *nég* **would not** *ou* **wouldn't** /ˈwʊdnt/) ◆ *v aux* (*conditionnel*) : *Would you do it if I paid you?* Est-ce que tu le ferais si je te payais ? ◊ *He promised that he would phone me.* Il m'a promis qu'il me téléphonerait. ◆ *v aux modal* **1** (*offre, demande*) : *Would you like a drink?* Voulez-vous boire quelque chose ? ◊ *Would you come this way?* Suivez-moi s'il vous plaît. **2** (*but*) : *I left a note so (that) they'd call us.* J'ai laissé un mot pour qu'ils nous appellent. **3** (*volonté*) : *He wouldn't shake my hand.* Il n'a pas voulu me serrer la main. **4** (*caractère inévitable*) : *She would say that.* Ça ne m'étonne pas qu'elle ait dit ça.

wouldn't = WOULD NOT *Voir* WOULD

wound[1] /wuːnd/ ◆ *n* blessure, plaie ◆ *vt* blesser : *He was wounded in the back during the war.* Il a été blessé au dos pendant la guerre. ☛ *Voir note sous* BLESSURE **the wounded** *n* [*pl*] les blessés

wound[2] *pass, prét, pp de* WIND[2]

wove *prét de* WEAVE

woven *pp de* WEAVE

wow! /waʊ/ *excl* (*fam*) oh là là !

wrangle /ˈræŋgl/ ◆ *n* ~ **(about/over sth)** querelle (à propos de qch) ◆ *vi* se disputer

wrap /ræp/ ◆ *vt* (**-pp-**) **1** ~ **sb/sth (up) (in sth)** envelopper qn/qch (dans qch) ; emballer qch (dans qch) : *to wrap up a present* emballer un cadeau **2** ~ **sth (a)round sb/sth** nouer qch autour de qn/qch LOC **to be wrapped up in sb** ne vivre que pour qn **to be wrapped up in sth** être absorbé par qch PHR V **to wrap (sb/yourself) up** bien couvrir qn, bien se couvrir **to wrap sth up** (*fam*) conclure qch ◆ *n* châle, étole **wrapper** *n* papier (*de bonbon*) **wrapping** *n* emballage

wrapping paper *n* papier cadeau

wrath /rɒθ ; *USA* ræθ/ *n* (*sout*) courroux, colère

wreak /riːk/ *vt* LOC **to wreak havoc on sth** ravager qch

wreath /riːθ/ *n* (*pl* ~**s** /riːðz/) couronne (*de fleurs*)

wreck /rek/ ◆ *n* **1** épave **2** naufrage **3** (*fam*) (*fig*) loque : *a nervous wreck* une vraie boule de nerfs **4** tas de ferraille (*voiture*) ◆ *vt* **1** détruire, dévaster **2** (*fig*) gâcher, ruiner **wreckage** *n* débris, décombres

wrench /rentʃ/ ◆ *vt* **1** ~ **sth off (sth)** arracher qch (de qch) **2** ~ **sth from sb/out of sth** : *He wrenched it from me/out of my hand.* Il me l'a arraché (des mains). ◆ *n* **1** mouvement brusque **2** (*fig*) déchirement **3** (*surtout USA*) clé (*outil*)

wrestle /ˈresl/ *vi* **1** (*Sport*) ~ **with sb** lutter contre qn **2** (*fig*) ~ **with sth** se débattre avec qch **wrestler** *n* catcheur, -euse **wrestling** *n* catch

wretch /retʃ/ *n* **1** (pauvre) malheureux, -euse **2** misérable, scélérat, -e

wretched /ˈretʃɪd/ *adj* **1** malheureux **2** (*fam*) fichu, maudit

wriggle /ˈrɪgl/ **1** *vt* remuer, tortiller **2** *vi* ~ **(about)** se tortiller, gigoter : *to wriggle free* se dégager

wring /rɪŋ/ *vt* (*prét, pp* **wrung** /rʌŋ/) **1** ~ **sth (out)** tordre, essorer qch **2** ~ **sth out of/from sb** arracher qch à qn LOC **to wring sb's neck** (*fam*) tordre le cou à qn

wrinkle /ˈrɪŋkl/ ◆ *n* **1** (*peau*) ride **2** (*tissu*) pli ◆ **1** *vt, vi* (se) rider **2** *vt, vi* faire des plis (dans) **3** *vt* (*front*) plisser **4** *vt* (*nez*) froncer

wrist /rɪst/ *n* poignet

write /raɪt/ *vt, vi* (*prét* **wrote** /rəʊt/ *pp* **written** /ˈrɪtn/) écrire

> Souvenez-vous qu'en anglais britannique le pronom personnel objet est toujours précédé de la préposition **to** : *I'm writing to you to ask...* Je vous écris pour vous demander...

PHR V **to write back (to sb)** répondre (à qn) (*par écrit*)

to write sth down écrire qch, noter qch

to write off/away (to sb/sth) for sth écrire (à qn/qch) pour demander qch, commander qch (à qn/qch) (*par écrit*) **to write sb off** : *He was written off as a failure.* On a considéré qu'il n'y avait rien de bon à en tirer. **to write sth off** **1** annuler qch, renoncer à qch : *The first episode wasn't very good, but don't write it off yet.* Le premier épisode n'était pas très bien, mais c'est encore trop tôt pour juger. **2** (*dette*) passer qch aux profits et pertes **3** (*voiture*) bousiller qch

to write sth out **1** écrire qch **2** (*chèque, liste*) faire qch **3** copier qch, recopier qch

to write sth up rédiger qch, faire un compte rendu de qch

write-off /ˈraɪt ɒf/ *n* épave (*voiture*) : *The car was a write-off.* La voiture était bonne pour la casse.

writer /ˈraɪtə(r)/ *n* écrivain, auteur

writhe /raɪð/ *vi* se tortiller : *to writhe in agony* se tordre de douleur

writing /ˈraɪtɪŋ/ *n* **1** écriture : *to take up writing* commencer à écrire **2** écrit **3** style **4** (*calligraphie*) écriture **5** **writings** [*pl*] œuvres, écrits LOC **in writing** par écrit

writing paper *n* papier à lettres

written /ˈrɪtn/ *pp de* WRITE ◆ *adj* écrit

wrong /rɒŋ ; *USA* rɔːŋ/ ◆ *adj* **1** *It is wrong to...* C'est mal de... ◊ *He was wrong to stop her.* Il a eu tort de l'arrêter. **2** faux, mauvais : *the wrong way up/round* à l'envers **3** *to be wrong* avoir tort ◊ *You got it wrong.* Tu t'es trompée. **4** *What's wrong?* Qu'est-ce qui ne va pas ? ◊ *What's wrong with your bike?* Qu'est-ce qu'il a ton vélo ? LOC *Voir* SIDE ◆ *adv* mal : *You've spelt my name wrong.* Tu as fait une faute dans mon nom. *Voir aussi* WRONGLY LOC **to get sb wrong** (*fam*) mal comprendre qn : *Don't get me wrong...*

Comprenez-moi bien... **to get sth wrong 1** se tromper dans qch **2** se tromper de qch **to go wrong 1** se tromper **2** (*appareil*) ne plus marcher **3** (*situation, etc.*) se gâter **4** faire fausse route ◆ *n* **1** mal **2** (*sout*) tort LOC **to be in the wrong** se tromper, être dans son tort **wrongful** *adj* arbitraire, injuste **wrongly** *adv* **1** (*écrire, traduire*) mal **2** (*penser, accuser*) à tort

wrote *prét de* WRITE

wrought iron /ˌrɔːt ˈaɪən/ *n* fer forgé

wrung *prét, pp de* WRING

Xx

X, x /eks/ *n* (*pl* **X's, x's** /ˈeksɪz/) X, x : *X for Xmas* X comme Xavier ☛ *Voir exemples sous* A, A

xenophobia /ˌzenəˈfəʊbiə/ *n* xénophobie

Xmas /ˈeksməs, ˈkrɪsməs/ *n* (*fam*) Noël

X-ray /ˈeksþreɪ/ ◆ *n* **1** radio (*Méd*) **2 X-rays** rayons X ◆ *vt* radiographier, faire une radio de/à

xylophone /ˈzaɪləfəʊn/ *n* xylophone

Yy

Y, y /waɪ/ *n* (*pl* **Y's, y's** /waɪz/) Y, y : *Y for yellow* Y comme Yolande ☛ *Voir exemples sous* A, A

yacht /jɒt/ *n* **1** voilier **2** yacht **yachting** *n* yachting, navigation de plaisance

Yank /jæŋk/ (*aussi* **Yankee**) *n* (*fam, souvent péj*) Amerloque

yank /jæŋk/ *vt* (*fam*) tirer d'un coup sec PHR V **to yank sth off/out** arracher qch

yard /jɑːd/ *n* **1** cour **2** (*USA*) jardin **3** (*abrév* **yd**) yard (*0,914 m*) ☛ *Voir Appendice 1.*

yardstick /ˈjɑːdstɪk/ *n* critère

yarn /jɑːn/ *n* **1** fil (à tricoter) **2** histoire

yawn /jɔːn/ ◆ *vi* bâiller ◆ *n* bâillement **yawning** *adj* béant

yeah /jeə/ *excl* (*fam*) ouais

year /jɪə(r), jɜː(r)/ *n* **1** année, an : *for years* pendant des années **2** (*École*) année **3** *a ten-year-old (child)* un enfant de dix ans ◊ *I am twenty (years old).* J'ai vingt ans ☛ Pour indiquer l'âge, il est possible d'omettre **years old**. *Voir note sous* OLD

yearly /ˈjɪəli/ ◆ *adj* annuel ◆ *adv* annuellement

yearn /jɜːn/ *vi* **1** ~ **for sth** désirer ardemment qch **2** ~ **for sb** languir après qn **3** ~ **to do sth** avoir très envie de faire qch **yearning** *n* **1** ~ **(for sb/sth)** désir ardent (de revoir qn/de qch) **2** ~ **(to do sth)** désir ardent (de faire qch)

yeast /jiːst/ *n* levure

yell /jel/ ◆ *vi* ~ **(out) (at sb/sth)** crier (après qn/qch) ; hurler ◆ *n* cri, hurlement

yellow /ˈjeləʊ/ *adj, n* jaune

yelp /jelp/ *vi* **1** (*animal*) glapir, japper **2** (*personne*) crier

yep /jep/ *excl* (*fam*) ouais

yes /jes/ ◆ *excl* oui, si : *Yes, please!* Oui, s'il vous plaît ! ◆ *n* (*pl* **yeses** /ˈjesɪz/) oui

yesterday /ˈjestədi, -deɪ/ *adv, n* hier : *yesterday morning* hier matin LOC *Voir* DAY

yet /jet/ ◆ *adv* **1** [*dans les phrases négatives*] encore : *not yet* pas encore ◊ *They haven't phoned yet.* Ils n'ont pas encore appelé. ☛ *Voir note sous* STILL[1] **2** [*dans les phrases interrogatives*] déjà : *Has the postman been yet?* Est-ce que le facteur est déjà passé ?

Yet ou **already**? **Yet** s'emploie à la forme interrogative et se place toujours en fin de phrase : *Have you finished it yet?* Est-ce que tu l'as fini ? **Already** s'utilise à la forme affirmative et à la forme interrogative. Il se place généralement après les verbes auxiliaires et modaux et avant les autres verbes : *Have you finished already?* Tu as déjà fini ? ◊ *He already knew her.* Il la connaissait déjà. **Already** peut se placer en fin de phrase pour indiquer la surprise : *He's found a job already!* Il a déjà trouvé un travail ! ◊ *Is it there already?* C'est déjà arrivé ? *Voir exemples sous* ALREADY

3 [*après superl*] : *her best novel yet* son meilleur roman jusqu'ici **4** [*avant compar*] encore : *yet more problems* encore plus de problèmes **5** *He may surprise us all yet.* Il pourrait bien nous surprendre un de ces jours. LOC **as yet** jusqu'ici : *She has no job as yet.* Elle n'a pas encore de travail. **yet again** encore une fois ◆ *conj* pourtant : *It's incredible yet true.* C'est incroyable mais vrai.

yew /juː/ (*aussi* **yew tree**) *n* if (*arbre*)

yield /jiːld/ ◆ **1** *vt* produire, donner **2** *vt* (*Fin*) rapporter **3** *vi* ~ **(to sb/sth)** (*sout*) céder (à qn/qch) ☛ L'expression **give in** est plus courante. ◆ *n* **1** production, rendement **2** (*Agric*) récolte **3** (*Fin*) bénéfice **yielding** *adj* **1** mou, flexible **2** docile

yogurt (*aussi* **yoghurt**, **yoghourt**) /ˈjɒgət ; *USA* ˈjəʊgərt/ *n* yaourt

yoke /jəʊk/ *n* joug

yolk /jəʊk/ *n* jaune (*d'œuf*) ☛ *Comparer avec* WHITE 2

you /juː/ *pron pers* **1** [*sujet*] tu, vous : *You said that...* Tu as dit que... **2** [*complément d'objet direct*] te, vous : *I can't hear you.* Je ne t'entends/vous entends pas **3** [*complément d'objet indirect*] te, vous : *I told you to wait.* Je t'avais dit d'attendre. **4** [*après prép*] toi, vous **5** [*dans les tournures impersonnelles*] on, te, vous : *You can't smoke in here.* On ne peut pas fumer ici. ◊ *It does you good.* Ça te fait du bien. ☛ Dans les tournures impersonnelles, on peut remplacer **you** par le pronom **one**, plus soutenu.

you'd /juːd/ **1** = YOU HAD *Voir* HAVE **2** = YOU WOULD *Voir* WOULD

you'll /juːl/ = YOU WILL *Voir* WILL

young /jʌŋ/ ◆ *adj* (**younger** /ˈjʌŋgə(r)/, **youngest** /ˈjʌŋgɪst/) jeune : *young people* les jeunes ◊ *He's two years younger than me.* Il a deux ans de moins que moi. ◆ *n* [*pl*] **1** (*animaux*) petits **2 the young** [*pl*] les jeunes

youngster /ˈjʌŋstə(r)/ *n* jeune

your /jɔː(r) ; *USA* jʊər/ *adj poss* **1** ton, ta, tes, votre, vos **2** [*emploi impersonnel*] son, sa, ses : *to break your arm* se casser le bras ☛ *Voir note sous* MY

you're /jʊə(r), jɔː(r)/ = YOU ARE *Voir* BE

yours /jɔːz ; *USA* jʊərz/ *pron poss* le tien, la tienne, les tiens, les tiennes, le vôtre, la vôtre, les vôtres : *Where's yours?* Où est le tien ? ◊ *Is she a friend of yours?* Est-ce une de vos amies ? ◊ *Is this pen yours?* Est-ce que ce stylo est à vous ? LOC **Yours faithfully/sincerely** Veuillez agréer mes salutations distinguées

yourself /jɔːˈself ; *USA* jʊərˈself/ *pron* (*pl* **-selves** /-ˈselvz/) **1** [*emploi réfléchi*] te, vous : *Did you hurt yourself?* Est-ce que tu t'es fait mal ? ◊ *Enjoy yourselves!* Amusez-vous bien ! **2** [*après prép*] toi, vous : *Look after yourself.* Prends bien soin de toi. **3** [*emploi emphatique*] toi-même, vous-même(s) **4** [*emploi impersonnel*] : *to look at yourself in the mirror* se regarder dans la glace LOC **by yourself/yourselves** tout seul : *You did it all by yourself.* Tu l'as fait tout seul. ◊ *You were all by yourself.* Tu étais tout seul. **to be yourself/yourselves** être soi-même

youth /juːθ/ *n* **1** jeunesse : *In my youth...* Quand j'étais jeune... **2** *pl* jeunes : *the youth of today* les jeunes d'aujourd'hui **3** (*pl* ~**s** /juːðz/) (*souvent péj*) jeune **youthful** *adj* **1** (*aspect*) jeune **2** (*erreur*) de jeunesse

youth hostel *n* auberge de jeunesse

you've /juːv/ = YOU HAVE *Voir* HAVE

Yo yo™ (*aussi* **yo-yo**) /ˈjəʊ jəʊ/ *n* (*pl* ~**s**) yo-yo™

yuk! /jʌk/ *excl* berk !

Zz

Z, z /zed ; *USA* ziː/ *n* (*pl* **Z's**, **z's** /zedz ; *USA* ziːz/) Z, z : *Z for zebra* Z comme Zoé ☛ *Voir exemples sous* A, A

zeal /ziːl/ *n* zèle : *religious zeal* ferveur religieuse **zealous** /'zeləs/ *adj* zélé

zebra /'zebrə, 'ziːbrə/ *n* (*pl* **zebra** *ou* ~**s**) zèbre

zebra crossing *n* (*GB*) passage pour piétons

zenith /'zenɪθ/ *n* **1** zénith **2** (*fig*) apogée

zero /'zɪərəʊ/ *n* (*pl* ~**s**) *adj, pron* zéro : *It was ten degrees below zero.* Il faisait moins dix.

zest /zest/ *n* **1** ~ **(for sth)** goût pour qch ; entrain **2** zeste

zigzag /'zɪgzæg/ ◆ *adj* en zigzag ◆ *n* zigzag ◆ *n* zigzaguer

zinc /zɪŋk/ *n* zinc

zip /zɪp/ ◆ *n* (*USA* **zipper**) fermeture éclair® ◆ (**-pp-**) **1** *vt* **to zip sth (up)** fermer la fermeture éclair de qch **2** *vi* **to zip (up)** (*pantalon*) se fermer avec une fermeture éclair

zodiac /'zəʊdiæk/ *n* zodiaque

zone /zəʊn/ *n* zone

zoo /zuː/ (*pl* **zoos**) (*sout* **zoological gardens**) *n* zoo

zoology /zu'ɒlədʒi/ *n* zoologie **zoologist** /zu'ɒlədʒɪst/ *n* zoologue, zoologiste

zoom /zuːm/ *vi* **1** aller à toute allure : *to zoom past* passer en trombe **2** ~ **(up)** monter en flèche PHR V **to zoom in (on sb/sth)** faire un zoom (sur qn/qch)

zoom lens *n* zoom

zucchini /zu'kiːni/ *n* (*pl* **zucchini** ou ~**s**) (*surtout USA*) courgette

Appendices

Dans cette section vous trouverez les annexes mentionnées au début du dictionnaire :

Appendice 1

Nombres et unités de mesure

Nombres

Cardinaux		Ordinaux	
1	one	**1st**	first
2	two	**2nd**	second
3	three	**3rd**	third
4	four	**4th**	fourth
5	five	**5th**	fifth
6	six	**6th**	sixth
7	seven	**7th**	seventh
8	eight	**8th**	eighth
9	nine	**9th**	ninth
10	ten	**10th**	tenth
11	eleven	**11th**	eleventh
12	twelve	**12th**	twelfth
13	thirteen	**13th**	thirteenth
14	fourteen	**14th**	fourteenth
15	fifteen	**15th**	fifteenth
16	sixteen	**16th**	sixteenth
17	seventeen	**17th**	seventeenth
18	eighteen	**18th**	eighteenth
19	nineteen	**19th**	nineteenth
20	twenty	**20th**	twentieth
21	twenty-one	**21st**	twenty-first
22	twenty-two	**22nd**	twenty-second
30	thirty	**30th**	thirtieth
40	forty	**40th**	fortieth
50	fifty	**50th**	fiftieth
60	sixty	**60th**	sixtieth
70	seventy	**70th**	seventieth
80	eighty	**80th**	eightieth
90	ninety	**90th**	ninetieth
100	a/one hundred	**100th**	hundredth
101	a/one hundred and one	**101st**	hundred and first
200	two hundred	**200th**	two hundredth
1 000	a/one thousand	**1 000th**	thousandth
10 000	ten thousand	**10 000th**	ten thousandth
100 000	a/one hundred thousand	**100 000th**	hundred thousandth
1 000 000	a/one million	**1 000 000th**	millionth

Exemples

528	*five hundred and twenty-eight*
2 976	*two thousand, nine hundred and seventy-six*
50 439	*fifty thousand, four hundred and thirty-nine*
2 250 321	*two million, two hundred and fifty thousand, three hundred and twenty-one*

☛ *Attention !* En anglais on peut utiliser la virgule au lieu de l'espace pour séparer les milliers, par exemple *25 000* ou *25,000*.

Les nombres tels que 100, 1 000, 1 000 000, etc. peuvent se lire de deux façons : ***one hundred*** ou ***a hundred***, ***one thousand*** ou ***a thousand***, etc.

0 (zéro) peut se lire ***nought***, ***zero***, ***nothing***, ou ***o*** /əʊ/ selon le contexte.

Signes mathématiques

+	plus	%	per cent
−	minus	3^2	three squared
×	times *ou* multiplied by	5^3	five cubed
÷	divided by	6^{10}	six to the power of ten
=	equals		

Exemples

6 + 9 = 15 *Six **plus** nine equals/is fifteen.*

5 × 6 = 30 *Five **times** six equals thirty. / Five **multiplied by** six is thirty.*

75% *Seventy-five **per cent** of the class passed the test*

Décimales

0.1	(nought) point one	(zero) point one (*USA*)
0.25	(nought) point two five	(zero) point two five (*USA*)
1.75	one point seven five	

☛ *Attention !* En anglais on emploie le point (et NON la virgule) pour séparer les décimales.

Fractions

½	a half	⅒	a/one tenth
⅓	a/one third	1/16	a/one sixteenth
¼	a quarter	1½	one and a half
⅖	two fifths	2⅜	two and three eighths
⅛	an/one eighth		

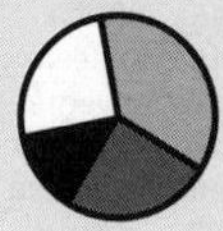

Mesures de longueur

Système anglo-saxon				Système métrique	
		1 inch	(in)	= 25.4 millimetres	(mm)
12 inches	=	**1 foot**	(ft)	= 30.48 centimetres	(cm)
3 feet	=	**1 yard**	(yd)	= 0.914 metre	(m)
1 760 yards	=	**1 mile**		= 1.609 kilometres	(km)

Exemples

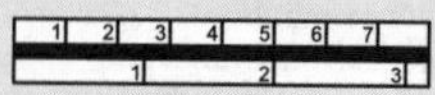

Height: 5 ft 9 in (five foot nine/five feet nine).
The hotel is 30 yds (thirty yards) from the beach.
The car was doing 50 mph (fifty miles per hour).
The room is 11' x 9'6" (eleven foot by nine foot six/eleven feet by nine feet six).

Superficie

Système anglo-saxon				Système métrique
		1 square inch	(sq in)	= 6.452 square centimetres
144 square inches	=	**1 square foot**	(sq ft)	= 929.03 square centimetres
9 square feet	=	**1 square yard**	(sq yd)	= 0.836 square metre
4 840 square yards	=	**1 acre**		= 0.405 hectare
640 acres	=	**1 square mile**		= 2.59 square kilometres/259 hectares

Exemples

They have a 200-acre farm.
The fire destroyed 40 square miles of woodland.

Poids

	Système anglo-saxon	Système métrique	
	1 ounce (oz)	= 28.35 grams	(g)
16 ounces	= **1 pound** (lb)	= 0.454 kilogram	(kg)
14 pounds	= **1 stone** (st)	= 6.356 kilograms	(m)

Exemples

The baby weighed 7 lb 4 oz (seven pounds four ounces).
For this recipe you need 500g (five hundred grams) of flour.

Capacité

	Système anglo-saxon	Système métrique
	1 pint (pt)	= 0.568 litre (ℓ)
8 pints	= **1 gallon** (gall)	= 4.546 litres

Exemples

I bought three pints of milk. *The petrol tank holds 40 litres.*

Date

S'écrit...	Se lit...
15/4/98 (*USA* **4/15/98**)	*April the fifteenth, nineteen ninety-eight*
15(th) April 1998	*The fifteenth of April, nineteen ninety-eight*
April 15(th) 1998 (*surtout USA*)	(*USA April fifteenth*)

Exemples

Her birthday is on April 9th (April the ninth/the ninth of April).
The new store is opening in 2005 (two thousand and five).

Système monétaire du Royaume-Uni

	Valeur de la pièce/du billet		Nom de la pièce/du billet
1p	a penny	(one p*)	a penny
2p	two pence	(two p*)	a two-pence piece
5p	five pence	(five p*)	a five-pence piece
10p	ten pence	(ten p*)	a ten-pence piece
20p	twenty pence	(twenty p*)	a twenty-pence piece
50p	fifty pence	(fifty p*)	a fifty-pence piece
£1	a pound		a pound (coin)
£2	two pounds		a two-pound coin
£5	five pounds		a five-pound note
£10	ten pounds		a ten-pound note
£20	twenty pounds		a twenty-pound note
£50	fifty pounds		a fifty-pound note

* Les expressions qui apparaissent entre parenthèses sont plus familières. Notez que one p, two p, etc. se prononcent /wʌn piː/, /tuː piː/, etc.

Exemples

£5.75 : five pounds seventy-five *The apples are 65p a pound.*
25p : twenty-five pence *We pay £250 a month in rent.*

Appendice 2
Noms de personnes

Noms féminins

Alice /ˈælɪs/
Alison /ˈælɪsn/
Amanda /əˈmændə/; Mandy /ˈmændi/
Angela /ˈændʒələ/
Ann, Anne /æn/
Barbara /ˈbɑːbrə/
Carol, Carole /ˈkærəl/
Caroline /ˈkærəlaɪn/
Catherine, Katherine /ˈkæθrɪn/; Cathy, Kathy /ˈkæθi/; Kate /keɪt/; Katie /ˈkeɪti/
Charlotte /ˈʃɑːlət/
Chloe /ˈkləʊi/
Christine /ˈkrɪstiːn/; Chris /krɪs/
Clare, Claire /kleə(r)/
Deborah /ˈdebərə/; Debbie /ˈdebi/
Diana /daɪˈænə/; Diane /daɪˈæn/; Di /daɪ/
Elizabeth, Elisabeth /ɪˈlɪzəbəθ/; Liz /lɪz/
Emily /ˈeməli/
Emma /ˈemə/
Fiona /fiˈəʊnə/
Frances /ˈfrɑːnsɪs/; Fran /fræn/
Gillian /ˈdʒɪliən/; Gill /dʒɪl/
Helen /ˈhelən/
Jacqueline /ˈdʒækəlɪn/; Jackie /ˈdʒæki/
Jane /dʒeɪn/
Janet /ˈdʒænɪt/; Jan /dʒæn/
Jennifer /ˈdʒenɪfə(r)/; Jenny, Jennie /ˈdʒeni/
Joanna /dʒəʊˈænə/; Joanne /dʒəʊˈæn/; Jo /dʒəʊ/
Judith /ˈdʒuːdɪθ/; Judy /ˈdʒuːdi/
Julia /ˈdʒuːliə/; Julie /ˈdʒuːli/
Karen /ˈkærən/
Linda /ˈlɪndə/
Lucy /ˈluːsi/
Margaret /ˈmɑːgrət/; Maggie /ˈmægi/
Mary /ˈmeəri/
Michelle /mɪˈʃel/
Nicola /ˈnɪkələ/; Nicky /ˈnɪki/
Patricia /pəˈtrɪʃə/; Pat /pæt/
Penny /ˈpeni/
Rachel /ˈreɪtʃl/
Rebecca /rɪˈbekə/; Becky /ˈbeki/
Rosemary /ˈrəʊzməri/; Rosie /ˈrəʊzi/
Sally /ˈsæli/
Sarah, Sara /ˈseərə/
Sharon /ˈʃærən/
Susan /ˈsuːzn/; Sue /suː/
Tracy, Tracey /ˈtreɪsi/
Victoria /vɪkˈtɔːriə/; Vicky /ˈvɪki/

Noms masculins

Alan, Allan, Allen /ˈælən/
Alexander /ˌælɪgˈzɑːndə(r)/; Alex /ˈælɪks/
Andrew /ˈændruː/; Andy /ˈændi/
Anthony /ˈæntəni/; Tony /ˈtəʊni/
Benjamin /ˈbendʒəmɪn/; Ben /ben/
Brian /ˈbraɪən/
Charles /tʃɑːlz/
Christopher /ˈkrɪstəfə(r)/; Chris /krɪs/
Colin /ˈkɒlɪn/
Daniel /ˈdæniəl/; Dan /dæn/
David /ˈdeɪvɪd/; Dave /deɪv/
Edward /ˈedwəd/; Ed /ed/; Ted /ted/
Gary /ˈgæri/
Geoffrey, Jeffrey /ˈdʒefri/; Geoff, Jeff /dʒef/
George /dʒɔːdʒ/
Graham, Grahame, Graeme /ˈgreɪəm/
Henry /ˈhenri/; Harry /ˈhæri/
Ian /ˈiːən/
Jack /dʒæk/
James /dʒeɪmz/; Jim /dʒɪm/
Jeremy /ˈdʒerəmi/
John /dʒɒn/; Johnny /ˈdʒɒni/
Jonathan /ˈdʒɒnəθən/; Jon /dʒɒn/
Joseph /ˈdʒəʊzɪf/; Joe /dʒəʊ/
Joshua /ˈdʒɒʃjuːə/; Josh /dʒɒʃ/
Keith /kiːθ/
Kevin /ˈkevɪn/
Malcolm /ˈmælkəm/
Mark /mɑːk/
Martin /ˈmɑːtɪn; *USA* ˈmɑːrtn/
Matthew /ˈmæθjuː/; Matt /mæt/
Michael /ˈmaɪkl/; Mike /maɪk/
Neil, Neal /niːl/
Nicholas /ˈnɪkələs/; Nick /nɪk/
Nigel /ˈnaɪdʒl/
Patrick /ˈpætrɪk/
Paul /pɔːl/
Peter /ˈpiːtə(r)/; Pete /piːt/
Philip /ˈfɪlɪp/; Phil /fɪl/
Richard /ˈrɪtʃəd/; Dick /dɪk/; Rick /rɪk/
Robert /ˈrɒbət/; Bob /bɒb/
Samuel /ˈsæmjuəl/; Sam /sæm/
Sean /ʃɔːn/
Simon /ˈsaɪmən/
Stephen, Steven /ˈstiːvn/; Steve /stiːv/
Thomas /ˈtɒməs/; Tom /tɒm/
Timothy /ˈtɪməθi/; Tim /tɪm/
William /ˈwɪljəm/; Bill /bɪl/

Appendice 3

Noms de lieux

Afghanistan /æf'gænɪstɑːn; *USA* -stæn/; Afghan /'æfgæn/
Africa /'æfrɪkə/; African /'æfrɪkən/
Albania /æl'beɪniə/; Albanian /æl'beɪniən/
Algeria /æl'dʒɪəriə/; Algerian /æl'dʒɪəriən/
America /ə'merɪkə/; American /ə'merɪkən/
Andorra /æn'dɔːrə/; Andorran /æn'dɔːrən/
Angola /æŋ'gəʊlə/; Angolan /æŋ'gəʊlən/
Antarctica /æn'tɑːktɪkə/; Antarctic
Antigua and Barbuda /æn,tiːgə ən bɑː'bjuːdə/; Antiguan /æn'tiːgən/, Barbudan /bɑː'bjuːdən/
(**the**) **Arctic Ocean** /,ɑːktɪk 'əʊʃn/; Arctic
Argentina /,ɑːdʒən'tiːnə/; Argentinian /,ɑːdʒən'tɪniən/, Argentine /'ɑːdʒəntaɪn/
Armenia /ɑː'miːniə/; Armenian /ɑː'miːniən/
Asia /'eɪʃə, 'eɪʒə/; Asian /'eɪʃn, 'eɪʒn/
Australia /ɒ'streɪliə; *USA* ɔː's-/; Australian /ɒ'streɪliən; *USA* ɔː's-/
Austria /'ɒstriə; *USA* 'ɔːs-/; Austrian /'ɒstriən; *USA* 'ɔːs-/
(**the**) **Bahamas** /bə'hɑːməz/; Bahamian /bə'heɪmiən/
Bangladesh /,bæŋglə'deʃ/; Bangladeshi /,bæŋglə'deʃi/
Barbados /bɑː'beɪdɒs/; Barbadian /bɑː'beɪdiən/
Belarus /bi,elə'rʊs/; Belarusian /,belə'ruːsiən/, Belarussian /,belə'rʌʃn/
Belgium /'beldʒəm/; Belgian /'beldʒən/
Belize /bə'liːz/; Belizean /bə'liːziən/
Bolivia /bə'lɪviə/; Bolivian /bə'lɪviən/
Bosnia and Herzegovina /,bɒzniə ən ,hɜːtsəgə'viːnə/; Bosnian /'bɒzniən/, Herzegovinian /,hɜːtsəgə'vɪniən
Botswana /bɒt'swɑːnə/; Botswanan /bɒt'swɑːnən/ (*personne*: Motswana /mɒt'swɑːnə/, *peuple*: Batswana /bæt'swɑːnə/)
Brazil /brə'zɪl/; Brazilian /brə'zɪliən/
Bulgaria /bʌl'geəriə/; Bulgarian /bʌl'geəriən/
Cambodia /kæm'bəʊdiə/; Cambodian /kæm'bəʊdiən/
Cameroon /,kæmə'ruːn/; Cameroonian /,kæmə'ruːniən/
Canada /'kænədə/; Canadian /kə'neɪdiən/
(**the**) **Caribbean Sea** /,kærə,biːən 'siː; *USA* kə'rɪbiən/; Caribbean
Central African Republic /,sentrəl ,æfrɪkən rɪ'pʌblɪk/
Chad /tʃæd/; Chadian /'tʃædiən/
Chile /'tʃɪli/; Chilean /'tʃɪliən/
China /'tʃaɪnə/; Chinese /,tʃaɪ'niːz/
Colombia /kə'lɒmbiə/; Colombian /kə'lɒmbiən/
Congo /'kɒŋgəʊ/; Congolese /,kɒŋgə'liːz/
(**the Democratic Republic of the**) **Congo** /'kɒŋgəʊ/
Costa Rica /,kɒstə 'riːkə/; Costa Rican /,kɒstə 'riːkən/
Côte d'Ivoire /,kəʊt diː'vwɑː/
Croatia /krəʊ'eɪʃə/; Croatian /krəʊ'eɪʃən/
Cuba /'kjuːbə/; Cuban /'kjuːbən/
Cyprus /'saɪprəs/; Cypriot /'sɪpriət/
(**the**) **Czech Republic** /,tʃek rɪ'pʌblɪk/; Czech /tʃek/
Denmark /'denmɑːk/; Danish /'deɪnɪʃ/, Dane /deɪn/
(**the**) **Dominican Republic** /də,mɪnɪkən rɪ'pʌblɪk/; Dominican /də'mɪnɪkən/
Ecuador /'ekwədɔː(r)/; Ecuadorian, Ecuadorean /,ekwə'dɔːriən/
Egypt /'iːdʒɪpt/; Egyptian /i'dʒɪpʃn/
El Salvador /el 'sælvədɔː(r)/; Salvadorean /,sælvə'dɔːriən/
Equatorial Guinea /,ekwə,tɔːriəl 'gɪni/; Equatorial Guinean /,ekwə,tɔːriəl 'gɪniən/
Estonia /e'stəʊniə/; Estonian /e'stəʊniən/
Ethiopia /,iːθi'əʊpiə/; Ethiopian /,iːθi'əʊpiən/
Europe /'jʊərəp/; European /,jʊərə'piːən/
Fiji /'fiːdʒiː/; Fijian /,fiː'dʒiːən; *USA* 'fiːdʒiən/
Finland /'fɪnlənd/; Finnish /'fɪnɪʃ/, Finn /fɪn/
France /frɑːns; *USA* fræns/; French /frentʃ/, Frenchman /'frentʃmən/, Frenchwoman /'frentʃwʊmən/
Gabon /gæ'bɒn; *USA* -'bəʊn/; Gabonese /,gæbə'niːz/

The Gambia /ˈgæmbiə/; Gambian /ˈgæmbiən/
Georgia /ˈdʒɔːdʒə/; Georgian /ˈdʒɔːdʒən/
Germany /ˈdʒɜːməni/; German /ˈdʒɜːmən/
Ghana /ˈgɑːnə/; Ghanaian /gɑːˈneɪən/
Gibraltar /dʒɪˈbrɔːltə(r)/; Gibraltarian /ˌdʒɪbrɔːlˈteəriən/
Great Britain/ˌgreɪt ˈbrɪtn/; British /ˈbrɪtɪʃ/
Greece /griːs/; Greek /griːk/
Guatemala /ˌgwɑːtəˈmɑːlə/; Guatemalan /ˌgwɑːtəˈmɑːlən/
Guinea /ˈgɪni/; Guinean /ˈgɪniən/
Guinea-Bissau /ˌgɪni bɪˈsaʊ/
Guyana /gaɪˈænə/; Guyanese /ˌgaɪəˈniːz/
Haiti /ˈheɪti/; Haitian /ˈheɪʃn/
Holland /ˈhɒlənd/ ☛ (the) Netherlands
Honduras /hɒnˈdjʊərəs; *USA* -ˈdʊə-/; Honduran /hɒnˈdjʊərən; *USA* -ˈdʊə-/
Hungary /ˈhʌŋgəri/; Hungarian /hʌŋˈgeəriən/
Iceland /ˈaɪslənd/; Icelandic /aɪsˈlændɪk/
India /ˈɪndiə/; Indian /ˈɪndiən/
Indonesia /ˌɪndəˈniːziə; *USA* -ˈniːʒə/; Indonesian /ˌɪndəˈniːzɪən; *USA* -ʒn/
Iran /ɪˈrɑːn/; Iranian /ɪˈreɪniən/
Iraq /ɪˈrɑːk/; Iraqi /ɪˈrɑːki/
(the Republic of) Ireland /ˈaɪələnd/; Irish /ˈaɪrɪʃ/
Israel /ˈɪzreɪl/; Israeli /ɪzˈreɪli/
Italy /ˈɪtəli/; Italian /ɪˈtæliən/
Jamaica /dʒəˈmeɪkə/; Jamaican /dʒəˈmeɪkən/
Japan /dʒəˈpæn/; Japanese /ˌdʒæpəˈniːz/
Jordan /ˈdʒɔːdn/; Jordanian /dʒɔːˈdeɪniən/
Kenya /ˈkenjə/; Kenyan /ˈkenjən/
Korea /kəˈriə/; North Korea, North Korean /ˌnɔːθ kəˈriən/; South Korea, South Korean /ˌsaʊθ kəˈriən/
Kuwait /kuˈweɪt/; Kuwaiti /kuˈweɪti/
Laos /laʊs/; Laotian /ˈlaʊʃn; *USA* leɪˈəʊʃn/
Latvia /ˈlætviə/; Latvian /ˈlætviən/
Lebanon /ˈlebənən; *USA* -nɒn/; Lebanese /ˌlebəˈniːz/
Libya /ˈlɪbiə/; Libyan /ˈlɪbiən/
Liechtenstein /ˈlɪktənstaɪn, ˈlɪxt-/; Liechtenstein, Liechtensteiner /ˈlɪktənstaɪnə(r), ˈlɪxt-/
Lithuania /ˌlɪθjuˈeɪniə/; Lithuanian /ˌlɪθjuˈeɪniən/
Luxembourg /ˈlʌksəmbɜːg/; Luxembourg, Luxembourger /ˈlʌksəmbɜːgə(r)/
(the Former Yugoslav Republic of) Macedonia (FYROM) /mæsəˈdəʊniə/; Macedonian /mæsəˈdəʊniən/
Madagascar /ˌmædəˈgæskə(r)/; Madagascan /ˌmædəˈgæskən/, Malagasy /ˌmæləˈgæsi/
Malawi /məˈlɑːwi/; Malawian /məˈlɑːwiən/
Malaysia /məˈleɪziə; *USA* -ˈleɪʒə/; Malaysian /məˈleɪziən; *USA* -ˈleɪʒn/
Maldives /ˈmɔːldiːvz/; Maldivian /mɔːlˈdɪviən/
Mali /ˈmɑːli/; Malian /ˈmɑːliən/
Malta /ˈmɔːltə/; Maltese /ˌmɔːlˈtiːz/
Mauritania /ˌmɒrɪˈteɪniə; *USA* ˌmɔːr-/; Mauritanian /ˌmɒrɪˈteɪniən; *USA* ˌmɔːr-/
Mauritius /məˈrɪʃəs; *USA* mɔː-/; Mauritian /məˈrɪʃn; *USA* mɔː-/
Mexico /ˈmeksɪkəʊ/; Mexican /ˈmeksɪkən/
Moldova /mɒlˈdəʊvə/; Moldovan /mɒlˈdəʊvən/
Monaco /ˈmɒnəkəʊ/; Monegasque /ˌmɒniˈgæsk/
Mongolia /mɒŋˈgəʊliə/; Mongolian /mɒŋˈgəʊliən/, Mongol /ˈmɒŋgl/
Montenegro /ˌmɒntɪˈniːgrəʊ/; Montenegrin /ˌmɒntɪˈniːgrɪn/
Montserrat /ˌmɒntsəˈræt/; Montserratian /ˌmɒntsəˈreɪʃn/
Morocco /məˈrɒkəʊ/; Moroccan /məˈrɒkən/
Mozambique /ˌməʊzæmˈbiːk/; Mozambican /ˌməʊzæmˈbiːkən/
Namibia /nəˈmɪbiə/; Namibian /nəˈmɪbiən/
Nepal /nɪˈpɔːl/; Nepalese /ˌnepəˈliːz/
(the) Netherlands /ˈneðələndz/; Dutch /dʌtʃ/, Dutchman /ˈdʌtʃmən/, Dutchwoman /ˈdʌtʃwʊmən/
New Zealand /ˌnjuː ˈziːlənd; *USA* ˌnuː-/; New Zealand, New Zealander /ˌnjuː ˈziːləndə(r); *USA* ˌnuː-/
Nicaragua /ˌnɪkəˈrægjuə; *USA* -ˈrɑːgwə/; Nicaraguan /ˌnɪkəˈrægjuən; *USA* -ˈrɑːgwən/
Niger /niːˈʒeə(r); *USA* ˈnaɪdʒər/; Nigerien /niːˈʒeəriən/
Nigeria /naɪˈdʒɪəriə/ Nigerian /naɪˈdʒɪəriən/
Norway /ˈnɔːweɪ/; Norwegian /nɔːˈwiːdʒən/
Oman /əʊˈmɑːn/; Omani /əʊˈmɑːni/
Pakistan /ˌpɑːkɪˈstɑːn; *USA* ˈpækɪstæn/; Pakistani /ˌpɑːkɪˈstɑːni; *USA* ˌpækɪˈstæni/

Panama /ˈpænəmɑː/; Panamanian /ˌpænəˈmeɪniən/
Papua New Guinea /ˌpæpuə ˌnjuː ˈɡɪni; *USA* -ˌnuː-/; Papua New Guinean /ˌpæpuə ˌnjuː ˈɡɪniən; *USA* -ˌnuː-/
Paraguay /ˈpærəɡwaɪ/; Paraguayan /ˌpærəˈɡwaɪən/
Peru /pəˈruː/; Peruvian /pəˈruːviən/
(**the**) **Philippines** /ˈfɪlɪpiːnz/; Philippine /ˈfɪlɪpiːn/, a Filipino /ˌfɪlɪˈpiːnəʊ/
Poland /ˈpəʊlənd/; Polish /ˈpəʊlɪʃ/, Pole /pəʊl/
Portugal /ˈpɔːtʃʊɡl/; Portuguese /ˌpɔːtʃʊˈɡiːz/
Romania /ruˈmeɪniə/; Romanian /ruˈmeɪniən/
Russia /ˈrʌʃə/; Russian /ˈrʌʃn/
Rwanda /ruˈændə/; Rwandan /ruˈændən/
San Marino /ˌsæn məˈriːnəʊ/
Saudi Arabia /ˌsaʊdi əˈreɪbiə/; Saudi /ˈsaʊdi/, Saudi Arabian /ˌsaʊdi əˈreɪbiən/
Senegal /ˌsenɪˈɡɔːl/; Senegalese /ˌsenɪɡəˈliːz/
Serbia /ˈsɜːbiə/; Serbian /ˈsɜːbiən/, Serb /sɜːb/
(**the**) **Seychelles** /seɪˈʃelz/; Seychellois /ˌseɪʃelˈwa/
Sierra Leone /siˌerə liˈəʊn/; Sierra Leonean /siˌerə liˈəʊniən/
Singapore /ˌsɪŋəˈpɔː(r), ˌsɪŋɡə-; *USA* ˈsɪŋɡəpɔːr/; Singaporean /ˌsɪŋəˈpɔːriən, ˌsɪŋɡə-/
Slovakia /sləˈvækiə; *USA* sləʊ-/; Slovak /ˈsləʊvæk/, Slovakian /sləˈvækiən; *USA* sləʊ-/
Slovenia /sləˈviːniə; *USA* sləʊ-/; Slovene /ˈsləʊviːn/, Slovenian /sləˈviːniən; *USA* sləʊ-/
Somalia /səˈmɑːliə/; Somali /səˈmɑːli/
South Africa /ˌsaʊθ ˈæfrɪkə/; South African /ˌsaʊθ ˈæfrɪkən/
Spain /speɪn/; Spanish /ˈspænɪʃ/, Spaniard /ˈspænɪəd/
Sri Lanka /sri ˈlæŋkə; *USA* -ˈlɑːŋ-/; Sri Lankan /sri ˈlæŋkən; *USA* -ˈlɑːŋ-/
Sudan /suˈdɑːn; *USA* -ˈdæn/; Sudanese /ˌsuːdəˈniːz/
Suriname /ˌsʊərɪˈnæm/; Surinamese /ˌsʊərɪnæˈmiːz/
Swaziland /ˈswɑːzilænd/; Swazi /ˈswɑːzi/
Sweden /ˈswiːdn/; Swedish /ˈswiːdɪʃ/, Swede /swiːd/
Switzerland /ˈswɪtsələnd/; Swiss /swɪs/
Syria /ˈsɪriə/; Syrian /ˈsɪriən/
Tanzania /ˌtænzəˈniːə/; Tanzanian /ˌtænzəˈniːən/
Thailand /ˈtaɪlænd/; Thai /taɪ/
Togo /ˈtəʊɡəʊ/; Togolese /ˌtəʊɡəˈliːz/
Trinidad and Tobago /ˌtrɪnɪdæd ən təˈbeɪɡəʊ/; Trinidadian /ˌtrɪnɪˈdædiən/, Tobagan /təˈbeɪɡən/, Tobagonian /ˌtəʊbəˈɡəʊniən/
Tunisia /tjuˈnɪziə; *USA* tuˈniːʒə/; Tunisian /tjuˈnɪziən; *USA* tuˈniːʒn/
Turkey /ˈtɜːki/; Turkish /ˈtɜːkɪʃ/, Turk /tɜːk/
Uganda /juːˈɡændə/; Ugandan /juːˈɡændən/
Ukraine /juˈkreɪn/; Ukrainian /juˈkreɪniən/
United Arab Emirates /juˌnaɪtɪd ˌærəb ˈemɪrəts/
(**the**) **United Kingdom** /juˌnaɪtɪd ˈkɪŋdəm/
(**the**) **United States of America** /juˌnaɪtɪd ˌsteɪts əv əˈmerɪkə/; American /əˈmerɪkən/
Uruguay /ˈjʊərəɡwaɪ/; Uruguayan /ˌjʊərəˈɡwaɪən/
Vatican City /ˌvætɪkən ˈsɪti/
Venezuela /ˌvenəˈzweɪlə/; Venezuelan /ˌvenəˈzweɪlən/
Vietnam /viˌetˈnæm; *USA* -ˈnɑːm/; Vietnamese /viˌetnəˈmiːz/
(**the**) **West Indies** /ˌwest ˈɪndiz/; West Indian /ˌwest ˈɪndiən/
Yemen /ˈjemən; Yemeni /ˈjeməni/
Zambia /ˈzæmbiə/; Zambian /ˈzæmbiən/
Zimbabwe /zɪmˈbɑːbwi/; Zimbabwean /zɪmˈbɑːbwiən/

La formation du pluriel

Pour former le pluriel on doit ajouter un *-s* à la fin du mot (par exemple, *a Haitian, two Haitians*), sauf pour le nom ***Swiss*** et les noms qui finissent en *-ese* (comme *Japanese*) qui sont invariables. Les noms de nationalité composés avec *-man* ou *-woman* se terminent en *-men* ou en *-women* au pluriel, comme par exemple *three Frenchmen*.

Appendice 4

Les îles Britanniques

La Grande-Bretagne, **Great Britain** (**GB**), est constituée de l'Angleterre – England /ˈɪŋglənd/, de l'Écosse – **Scotland** /ˈskɒtlənd/ et du Pays de Galles – **Wales** /weɪlz/.

Le nom officiel de l'État est **the United Kingdom (of Great Britain and Northern Ireland) (UK)** qui, outre la Grande-Bretagne, comprend l'Irlande du Nord. Le terme **Britain** est toutefois souvent utilisé pour faire référence au **Royaume-Uni**.

The British Isles est un terme géographique qui regroupe les îles de la Grande-Bretagne et de l'Irlande /ˈaɪələnd/ ainsi que les petites îles environnantes.

Villes principales des îles Britanniques

Aberdeen /ˌæbəˈdiːn/
Bath /bɑːθ; *USA* bæθ/
Belfast /ˌbelˈfɑːst/
Berwick-upon-Tweed /ˌberɪk əpɒn ˈtwiːd/
Birmingham /ˈbɜːmɪŋəm/
Blackpool /ˈblækpuːl/
Bournemouth /ˈbɔːnməθ/
Bradford /ˈbrædfəd/
Brighton /ˈbraɪtn/
Bristol /ˈbrɪstl/
Caernarfon /kəˈnɑːvn/
Cambridge /ˈkeɪmbrɪdʒ/
Canterbury /ˈkæntəbəri/
Cardiff /ˈkɑːdɪf/
Carlisle /kɑːˈlaɪl/
Chester /ˈtʃestə(r)/
Colchester /ˈkəʊltʃɪstə(r)/
Cork /kɔːk/
Coventry /ˈkɒvəntri/
Derby /ˈdɑːbi/
Douglas /ˈdʌgləs/
Dover /ˈdəʊvə(r)/
Dublin /ˈdʌblɪn/
Dundee /dʌnˈdiː/
Durham /ˈdʌrəm/
Eastbourne /ˈiːstbɔːn/
Edinburgh /ˈedɪnbərə/
Ely /ˈiːli/
Exeter /ˈeksɪtə(r)/
Galway /ˈgɔːlweɪ/
Glasgow /ˈglɑːzgəʊ/
Gloucester /ˈglɒstə(r)/
Hastings /ˈheɪstɪŋz/
Hereford /ˈherɪfəd/
Holyhead /ˈhɒlihed/
Inverness /ˌɪnvəˈnes/
Ipswich /ˈɪpswɪtʃ/
Keswick /ˈkezɪk/
Kingston upon Hull /ˌkɪŋstən əpɒn ˈhʌl/
Leeds /liːdz/
Leicester /ˈlestə(r)/
Limerick /ˈlɪmərɪk/
Lincoln /ˈlɪŋkən/
Liverpool /ˈlɪvəpuːl/
London /ˈlʌndən/
Londonderry /ˈlʌndənderi/
Luton /ˈluːtn/
Manchester /ˈmæntʃɪstə(r)/
Middlesbrough /ˈmɪdlzbrə/
Newcastle upon Tyne /ˌnjuːkɑːsl əpɒn ˈtaɪn/
Norwich /ˈnɒrɪdʒ/
Nottingham /ˈnɒtɪŋəm/
Oxford /ˈɒksfəd/
Plymouth /ˈplɪməθ/
Poole /puːl/
Portsmouth /ˈpɔːtsməθ/
Ramsgate /ˈræmzgeɪt/
Reading /ˈredɪŋ/
Salisbury /ˈsɔːlzbəri/
Sheffield /ˈʃefiːld/
Shrewsbury /ˈʃrəʊzbəri/
Southampton /saʊˈθæmptən/
St Andrews /snt ˈændruːz; *USA* seɪnt/
Stirling /ˈstɜːlɪŋ/
Stoke-on-Trent /ˌstəʊk ɒn ˈtrent/
Stratford-upon-Avon /ˌstrætfəd əpɒn ˈeɪvn/
Swansea /ˈswɒnzi/
Taunton /ˈtɔːntən/
Warwick /ˈwɒrɪk/
Worcester /ˈwʊstə(r)/
York /jɔːk/

Les îles Britanniques

Appendice 5
Les États-Unis et le Canada

Les États des États-Unis

Alabama /ˌæləˈbæmə/
Alaska /əˈlæskə/
Arizona /ˌærɪˈzəʊnə/
Arkansas /ˈɑːkənsɔː/
California /ˌkælɪˈfɔːniə/
Colorado /ˌkɒləˈrɑːdəʊ/
Connecticut /kəˈnetɪkət/
Delaware /ˈdeləweə(r)/
Florida /ˈflɒrɪdə/
Georgia /ˈdʒɔːdʒə/
Hawaii /həˈwaɪi/
Idaho /ˈaɪdəhəʊ/
Illinois /ˌɪlɪˈnɔɪ/
Indiana /ˌɪndɪˈænə/
Iowa /ˈaɪəwə/
Kansas /ˈkænzəs, ˈkænsəs/
Kentucky /kenˈtʌki/
Louisiana /luːˌiːzɪˈænə/
Maine /meɪn/
Maryland /ˈmeərilænd/
Massachusetts /ˌmæsəˈtʃuːsɪts/
Michigan /ˈmɪʃɪgən/
Minnesota /ˌmɪnɪˈsəʊtə/
Mississippi /ˌmɪsɪˈsɪpi/
Missouri /mɪˈzʊri/
Montana /mɒnˈtænə/
Nebraska /nəˈbræskə/
Nevada /nəˈvɑːdə/
New Hampshire /ˌnjuː ˈhæmpʃə(r)/
New Jersey /ˌnjuː ˈdʒɜːzi/
New Mexico /ˌnjuː ˈmeksɪkəʊ/
New York /ˌnjuː ˈjɔːk/
North Carolina /ˌnɔːθ kærəˈlaɪnə/
North Dakota /ˌnɔːθ dəˈkəʊtə/
Ohio /əʊˈhaɪəʊ/
Oklahoma /ˌəʊkləˈhəʊmə/
Oregon /ˈɒrɪgən/
Pennsylvania /ˌpensəlˈveɪniə/
Rhode Island /ˌrəʊd ˈaɪlənd/
South Carolina /ˌsaʊθ kærəˈlaɪnə/
South Dakota /ˌsaʊθ dəˈkəʊtə/
Tennessee /ˌtenəˈsiː/
Texas /ˈteksəs/
Utah /ˈjuːtɑː/
Vermont /vɜːˈmɒnt/
Virginia /vəˈdʒɪniə/
Washington /ˈwɒʃɪŋtən/
West Virginia /ˌwest vəˈdʒɪniə/
Wisconsin /wɪsˈkɒnsɪn/
Wyoming /waɪˈəʊmɪŋ/

Les Provinces et les Territoires du Canada

Alberta /ælˈbɜːtə/
British Columbia /ˌbrɪtɪʃ kəˈlʌmbiə/
Manitoba /ˌmænɪˈtəʊbə/
New Brunswick /ˌnjuː ˈbrʌnzwɪk/
Newfoundland /ˈnjuːfəndlənd/
Northwest Territories /ˌnɔːθwest ˈterətriz/
Nova Scotia /ˌnəʊvə ˈskəʊʃə/
Nunavut /ˈnʊnəvʊt/
Ontario /ɒnˈteəriəʊ/
Prince Edward Island /ˌprɪns ˈedwəd aɪlənd/
Quebec /kwɪˈbek/
Saskatchewan /səˈskætʃəwən/
Yukon Territory /ˈjuːkɒn terətri/

Villes principales

Atlanta /ətˈlæntə/
Anchorage /ˈæŋkərɪdʒ/
Baltimore /ˈbɔːltɪmɔː(r)/
Boston /ˈbɒstən/
Chicago /ʃɪˈkɑːgəʊ/
Cincinnati /ˌsɪnsɪˈnæti/
Cleveland /ˈkliːvlənd/
Dallas /ˈdæləs/
Denver /ˈdenvə(r)/
Detroit /dɪˈtrɔɪt/
Honolulu /ˌhɒnəˈluːluː/
Houston /ˈhjuːstən/
Indianapolis /ˌɪndiəˈnæpəlɪs/
Kansas City /ˌkænzəs ˈsɪti/
Los Angeles /lɒs ˈændʒəliːz/
Miami /maɪˈæmi/
Milwaukee /mɪlˈwɔːki/
Minneapolis /ˌmɪniˈæpəlɪs/
Montreal /ˌmɒntriˈɒl/
New Orleans /ˌnjuː ɔːˈliːənz/
New York /ˌnjuː ˈjɔːk/
Ottawa /ˈɒtəwə/
Philadelphia /ˌfɪləˈdelfiə/
Pittsburgh /ˈpɪtsbɜːg/
Quebec City /kwəˌbek ˈsɪti/
San Diego /ˌsæn diˈeɪgəʊ/
San Francisco /ˌsæn frənˈsɪskəʊ/
Seattle /siˈætl/
St Louis /snt ˈluːɪs/
Toronto /təˈrɒntəʊ/
Vancouver /ˌvænˈkuːvə(r)/
Washington D.C. /ˈwɒʃɪŋtən ˌdiː ˈsiː/
Winnipeg /ˈwɪnɪpeg/

Les États-Unis et le Canada

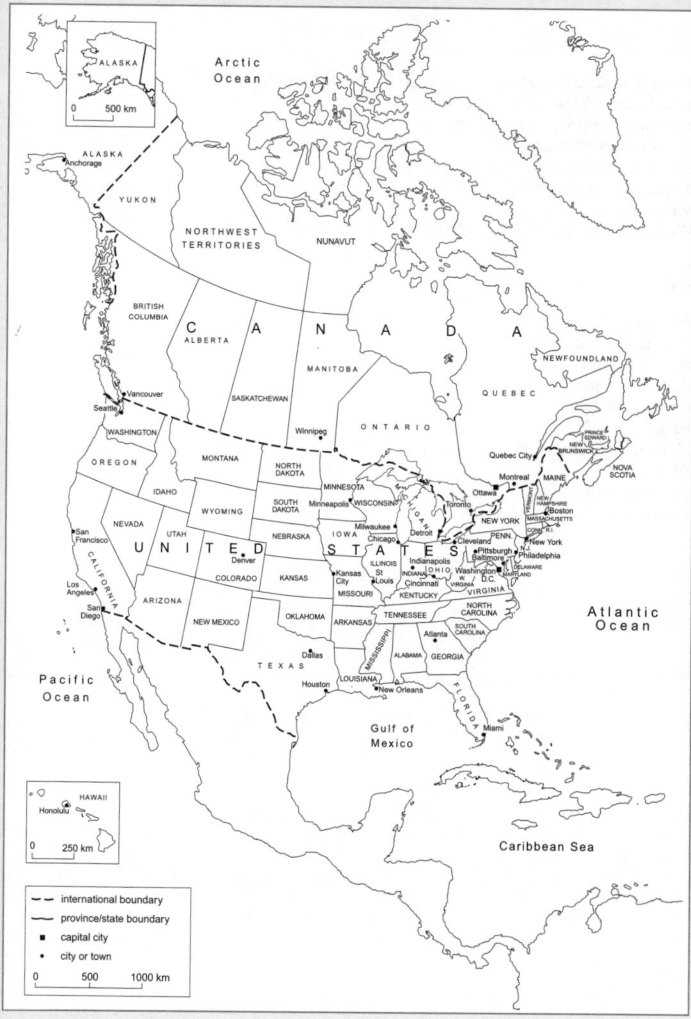

Appendice 6

L'Australie et la Nouvelle-Zélande

Les États de l'Australie

Australian Capital Territory /ɒˌstreɪliən ˌkæpɪtl ˈterətri, ɔːs-/
New South Wales /ˌnjuː saʊθ ˈweɪlz ; *US* ˌnuː/
Northern Territory /ˌnɔːðən ˈterətri/
Queensland /ˈkwiːnzlənd/
South Australia/ˌsaʊθ ɒˈstreɪliə, ɔːˈs-/
Tasmania /tæzˈmemiə//
Victoria /vɪkˈtɔːriə/
Western Australia /ˌwestən ɒˈstreɪliə, ɔːˈs-/

Villes principales

Adelaide /ˈædəleɪd/
Auckland /ˈɔːklənd/
Brisbane /ˈbrɪzbən/
Canberra /ˈkænbərə/
Darwin /ˈdɑːwɪn/
Hobart /ˈhəʊbɑːt/
Melbourne /ˈmelbən/
Perth /pɜːθ/
Sydney /ˈsɪdni/
Wellington /ˈwelɪŋtən/

L'Australie et la Nouvelle-Zélande

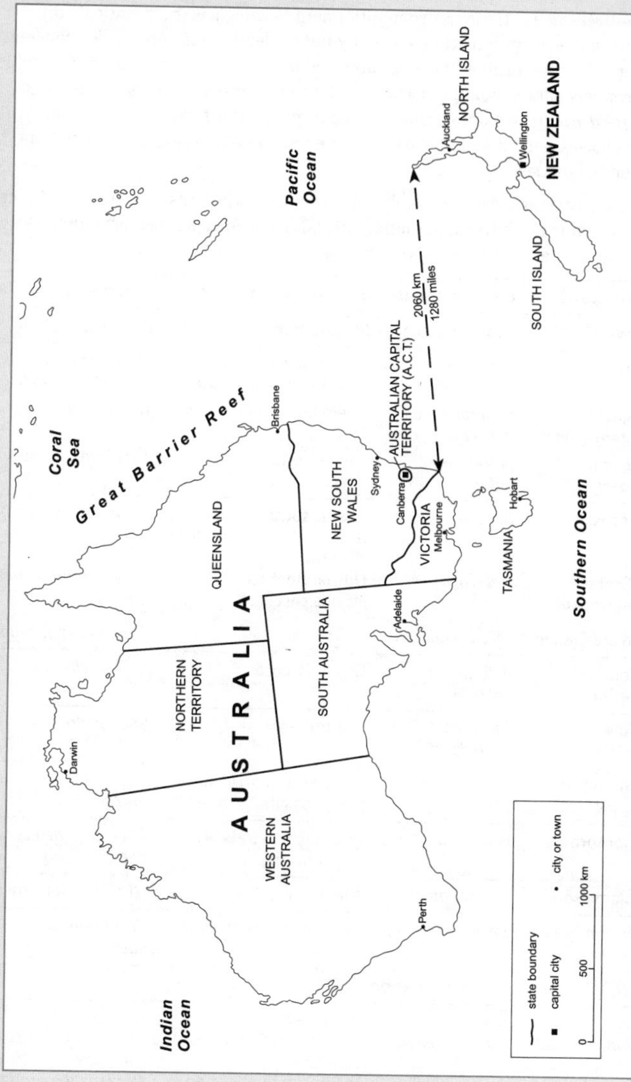

Appendice 7
Termes grammaticaux

Les entrées de ce dictionnaire mentionnent la catégorie grammaticale du terme : adverbe, préposition, etc. On y fait également référence à des concepts tels que « dénombrable » et « indénombrable ». Vous trouverez ici des exemples en français et en anglais illustrant les termes dont nous nous servons dans l'***Oxford Poche***. N'oubliez cependant pas que certains concepts (tels que celui des verbes à particule ou *phrasal verbs* en anglais) n'existent que dans l'une des deux langues.

Pour des raisons d'espace, nombre de ces termes apparaissent sous une forme abrégée dans les entrées du dictionnaire. L'Appendice 8 répertorie toutes les abréviations et tous les symboles utilisés.

terme français	terme anglais	exemple en français	exemple en anglais
abréviation	*abbreviation*	**M. [Monsieur]**	***PO*** [*Post Office*]
adjectif	*adjective*	La chemise est **jaune**. C'est une chemise **jaune**.	*She's a **tall** girl.* *Rachel's very **tall**.*
adjectif interrogatif	*interrogative adjective*	Quel jour sommes-nous ?	***Whose** pen is this?*
adjectif possessif	*possessive adjective*	Laisse tes livres sur la table.	*This is **my** house.*
adverbe	*adverb*	Je suis **toujours** fatiguée. Il est rentré **directement** chez lui.	*We **often** play football.* *I was **completely** lost.*
adverbe interrogatif	*interrogative adverb*	**Où** habitent tes grands-parents ?	***Why** are they running?*
adverbe relatif	*relative adverb*		*This is **why** she did it.*
article défini	*definite article*	Ouvre **la** porte.	*Look at **the** cat.*
article indéfini	*indefinite article*	J'ai **un** vélo.	*She's got **a** dog.*
conjonction	*conjunction*	Je voudrais sortir **mais** je n'ai pas d'argent.	*The flag is red, white **and** blue.*
dénombrable	*countable*	Ils ont deux **chats** et trois **chiens**.	*They have two **cats** and three **dogs**.*
exclamation	*exclamation*	**Aïe**, tu me fais mal !	***Hi** there! How are you?*
indénombrable	*uncountable*	Est-ce que je peux avoir du **lait** ?	*Can I have some **sugar**?*
interjection	*voir* **exclamation**		
nom	*noun*	Regarde la **lune** !	*He's got a **boat**.*
nom attributif	*attributive noun*	Nous avons fait un voyage **éclair**.	He owns a **record** company.
nom propre	*proper noun* (ou *proper name*)	**Irène** et moi allons au cinéma.	***Paris** is the capital of **France**.*

participe passé	*past participle*	L'enfant est endormi.	*I was* **born** *in London.*
particule adverbiale	*adverbial particle*	———	*When he saw me, he walked* **away**.
préfixe	*prefix*	**agro- (agrochimie)**	***vice-*** [***vice-president***]
pronom	*pronoun*		
pronom interrogatif	*interrogative pronoun*	**Qui** vit dans cette maison ?	***What*** *did you say?*
pronom personnel	*personal pronoun*	C'est **toi** ? **Tu** as oublié ton pull.	***They*** *were talking about* ***you***.
pronom possessif	*possessive pronoun*	Ce chemisier est celui de Rose. Où est le **mien** ?	*This money is* ***yours***.
pronom relatif	*relative pronoun*	Tu as le livre que je t'ai prêté hier ?	*That is the woman* ***who*** *lives next door.*
suffixe	*suffix*	**-eur [footballeur]**	***-ology*** [***biology***]
substantif	*voir* **nom**		
verbe	*verb*		
verbe à particule	*phrasal verb*	———	She **put on** her coat.
verbe auxiliaire	*auxiliary verb*	Il **est** tombé.	**Do** *you know where I live?*
		Ils **ont été** emportés par le courant.	*He* **has** *written a book.*
verbe impersonnel	*impersonal verb*	La nuit dernière il **a plu** pendant deux heures.	———
verbe intransitif	*intransitive verb*	Il **vit** à Brest.	*When did it* ***happen?***
verbe modal	*modal verb*	———	***Can*** *you see the ball?*
verbe pronominal	*pronominal verb*	**Nous nous sommes** tout de suite bien **entendus**.	———
verbe pronominal réfléchi	*reflexive verb*	Je **me lève**.	*Don't* ***kid yourself!***
verbe transitif	*transitive verb*	Je **regarde** la télé.	*She* ***kissed*** *him.*

Appendice 8
Prononciation

Certains mots peuvent être prononcés de diverses façons. Dans ce cas, le dictionnaire ***Oxford Poche*** vous donne les prononciations les plus courantes par ordre de fréquence d'usage : **either** /ˈaɪðə(r), ˈiːðə(r)/

Si la prononciation d'un mot est très différente en anglais américain, celle-ci est introduite par l'abréviation *USA* : **address** /əˈdres; *USA* ˈædres/

/ˈ/ Indique l'accent tonique du mot :
money /ˈmʌni/ l'accent est placé sur la première syllabe.
lagoon /ləˈguːn/ l'accent est placé sur la deuxième syllabe.

/ˌ/ Indique l'accent secondaire d'un mot :
pronunciation /prəˌnʌnsɪˈeɪʃn/ a un accent secondaire sur la syllabe /ˌnʌn/ et un accent principal sur la syllabe /ˈeɪ/.

(r) En anglais le r final ne se prononce pas à moins que le mot suivant ne commence par une voyelle.
Ainsi, le **r** de **car** ne se prononce pas dans la phrase *His car broke down*, mais il est prononcé dans *His car is brand new*.

Comment est indiquée cette différence ?

Dans la transcription phonétique le **r** est placé entre parenthèses :
car /kɑː(r)/

En américain le **r** est toujours prononcé.

Formes toniques et inaccentuées

Certains mots couramment employés tels que **an, as, from, that, of**, etc. peuvent avoir deux prononciations, une qui est tonique et l'autre inaccentuée : cette dernière est la plus fréquente.

Prenons par exemple le cas de la préposition **from** /frəm, frɒm/ qui se prononce normalement /frəm/ comme dans la phrase :
He comes from Spain.

Si **from** se trouve en fin de phrase ou si l'on veut insister sur cette préposition, on peut utiliser la forme tonique /frɒm/, comme dans :
The ˌpresent's not ˈfrom John, it's ˈfor him.

Mots dérivés

Dans beaucoup de cas la prononciation d'un mot dérivé correspond à la prononciation de la somme des éléments le constituant. Dans ces cas la transcription phonétique n'est pas spécifiée car elle est prévisible :

slowly = **slow** + **ly**
/ˈsləʊli/ /sləʊ + li/

astonishingly = **astonish** + **ing** + **ly**
/əˈstɒnɪʃɪŋli/ /əˈstɒnɪʃ + ɪŋ + li/

Nous avons cependant précisé la prononciation des entrées dans les cas où l'accentuation du mot change lorsqu'on y ajoute une désinence :

photograph	/ˈfəʊtəgrɑːf/
photographer	/fəˈtɒgrəfə(r)/
photographic	/ˌfəʊtəˈgræfɪk/
photography	/fəˈtɒgrəfi/

Dans le cas des mots dérivés par l'ajout du suffixe **-tion**, la règle stipule que l'accent tombe sur l'avant-dernière syllabe. La prononciation de ces mots en **-tion** n'est donc pas précisée.

alter	/ˈɔːltə(r)/
alteration	/ˌɔːltəˈreɪʃn/
celebrate	/ˈselɪbreɪt/
celebration	/ˌselɪˈbreɪʃn/